Curso de Direito
Administrativo

www.editorasaraiva.com.br/direito
Visite nossa página

REINALDO COUTO
ÁLVARO CAPAGIO

Curso de Direito
Administrativo

5ª edição

2022

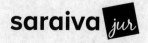

Av. Paulista, 901, 3º andar
Bela Vista – São Paulo – SP – CEP: 01311-100

SAC | sac.sets@saraivaeducacao.com.br

Diretoria executiva	Flávia Alves Bravin
Diretoria editorial	Ana Paula Santos Matos
Gerência editorial e de projetos	Fernando Penteado
Novos projetos	Aline Darcy Flôr de Souza Dalila Costa de Oliveira
Gerência editorial	Isabella Sánchez de Souza
Edição	Estevão Bula Gonçalves
Produção editorial	Daniele Debora de Souza (coord.) Cintia Aparecida dos Santos Rosana Peroni Fazolari
Arte e digital	Mônica Landi (coord.) Camilla Felix Cianelli Chaves Claudirene de Moura Santos Silva Deborah Mattos Guilherme H. M. Salvador Tiago Dela Rosa
Projetos e serviços editoriais	Daniela Maria Chaves Carvalho Emily Larissa Ferreira da Silva Kelli Priscila Pinto Klariene Andrielly Giraldi
Diagramação	SBNigri Artes e Textos Ltda.
Revisão	Simone Silberschimidt
Capa	Herbert Junior
Produção gráfica	Marli Rampim Sergio Luiz Pereira Lopes
Impressão e acabamento	Edições Loyola

DADOS INTERNACIONAIS DE CATALOGAÇÃO NA PUBLICAÇÃO (CIP)
DE ACORDO COM ISBD
ELABORADO POR VAGNER RODOLFO DA SILVA - CRB-8/9410

C871c   Couto, Reinaldo
            Curso de Direito Administrativo / Reinaldo Couto, Álvaro do
        Canto Capagio. - 5. ed. - São Paulo : SaraivaJur, 2022.
            1460 p.

            ISBN: 978-65-5362-187-9

            1. Direito. 2. Direito Administrativo. I. Capagio, Álvaro do
        Canto. II. Título

                                                            CDD 341.3
2022-6   CDU 342.9

Índices para catálogo sistemático:
1. Direito Administrativo   341.3
2. Direito Administrativo   342.9

Data de fechamento da edição: 27-01-2022

Dúvidas? Acesse www.editorasaraiva.com.br/direito

Nenhuma parte desta publicação poderá ser reproduzida por qualquer meio ou forma sem a prévia autorização da Editora Saraiva. A violação dos direitos autorais é crime estabelecido na Lei n. 9.610/98 e punido pelo art. 184 do Código Penal.

| CL | 607237 | CAE | 791526 |

Aos meus grandes amores: Raquel, minha filha; Pedro, meu filho; Maíra, minha esposa; Maria Lygia, minha tia; e Cícera, minha mãe.

Reinaldo Couto

Aos meus pais, Nélis e Nilda, e meus irmãos, Lauro e Márcia.

Álvaro Capagio

AGRADECIMENTOS

A elaboração de manual jurídico representa um trabalho tão árduo que somente é possível com o estímulo dos amigos e da família.

Dois amigos foram fundamentais:

O Ministro Humberto Martins, do STJ, que me deu valiosas lições de Direito e, principalmente, de vida, mostrando-me que a humildade e o respeito ao próximo, independentemente da sua posição na sociedade, são virtudes inesquecíveis; e

O fraterno Otavio Luiz Rodrigues Júnior, além de fonte inesgotável de saber, mostrou-me que as metas devem ser ultrapassadas anualmente, exatamente como fazíamos à época dos bancos escolares, e que os irmãos sempre atuam em bloco tal como fazem os búfalos quando os leões se aproximam.

Não posso esquecer os meus amigos Marcos Antônio Cavalcante, Jadson Santana de Sousa e Josefa Tereza Roque de Araújo, que sempre me apoiaram e incentivaram durante minha estada no STJ. Além disso, devo render homenagens à minha editora Iris Lopes de Mello Dias Ferrão pelo inestimável suporte.

Sou muito grato à ajuda, na revisão, do amigo Vitor Cássio Gomes Silva que demonstra muito talento na área jurídica e que, sem dúvida, terá lugar entre os grandes.

Os amigos Henrique Araújo Galvão de Carvalho e Durval Carneiro Neto também ajudaram bastante com debates valiosos sobre a disciplina.

A família ajudou de todas as formas. Não há nenhuma dúvida de que família é para a vida inteira, auxilia sempre, não apenas na confecção de um manual jurídico.

Duas pessoas foram indispensáveis para a formação do meu caráter: o meu tio Luiz e a minha tia Bernadete, pessoas iluminadas cuja bondade permitiu que eu tivesse uma infância maravilhosa, cercado de muito respeito, carinho e suporte em todos os momentos, a ponto de fazer com que eu me sentisse especial.

Agradeço à minha mãe, que sempre me apoiou – sendo que, em virtude da obviedade da relevância causada pelo laço maternal, dispenso-me de agradecimentos pormenorizados, sob pena de elaboração de outro livro –, e à minha tia Maria Lygia, que, no fim da minha adolescência, deu-me grande apoio para que eu prosseguisse na carreira jurídica.

Por fim, agradeço à minha filha Raquel, sem a qual eu não viveria, por ser parte integrante de mim; ao meu querido filho Pedro, também parte absolutamente inseparável do meu ser, sem o qual eu não viveria, e à minha esposa Maíra, que tanto amo e que me deu tranquilidade para a tarefa solitária do escritor.

Reinaldo Couto

A Deus, criador da vida, e à família, a quem devo minha formação.

Agradeço especialmente ao meu pai, Nélis Alves Capagio, que não mensurou esforços para assegurar meus estudos.

Ao amigo Alessandro Magalhães de Moraes, pelos constantes incentivos, valiosas lições e exemplo de vida.

Ao amigo Felipe Freire da Costa, pelos profícuos debates em matérias regulatórias, e por sua trajetória de coragem e espírito público.

Ao estimado professor Everton das Neves Gonçalves, cuja sabedoria e compaixão aproxima o estudo do Direito da essência humana.

Ao querido professor Noel Antônio Baratieri, por seu empenho pela democratização do conhecimento na seara do Direito Administrativo.

Ao jovem Rodrigo Santos Hosken, cujo talento é merecedor de admiração.

À querida Elke Braid Petersen, por seus ensinamentos e apoio de sempre.

Imprescindível realçar a importância dos amigos Edson Magalhães Dias, Thiago Ferreira Carvalho, Paulo Alexandre Silva, Humbert Leite de Brito, Valdir Monteiro Oliveira Júnior e Luís Jorge de Arruda Rosas, sempre presentes nesta jornada.

Álvaro Capagio

NOTA DOS AUTORES

Quando resolvemos reescrever este livro, tomamos a decisão de fazer parte de toda a vida acadêmica e profissional de nossos leitores.

Pensamos em colocar à disposição uma **obra completa** que pudesse dar segurança ao estudante no seu primeiro contato com o Direito Administrativo, que fosse fundamental para a sua aprovação na disciplina e para a compreensão consistente e duradoura dos temas, que se apresentasse como um instrumento eficaz para a superação dos diversos desafios enfrentados no mundo jurídico e que valesse como livro de consulta nas diversas atividades profissionais a serem desempenhadas pelos que, de alguma forma, utilizam o Direito.

Cada mudança feita neste Curso de Direito Administrativo levou em conta as necessidades das fases da vida adulta de formação e atuação dos operadores jurídicos bacharéis ou não.

Pensamos em escrever de maneira mais clara e objetiva sem perder a densidade nos conteúdos importantes, tornando a matéria assimilável e as classificações precisas.

É conveniente lembrar que as soluções básicas e simplificadas no Direito nem sempre levam aos melhores resultados, portanto, apesar de a maioria dos assuntos desta obra ser de fácil compreensão, alguns tópicos exigem uma leitura mais concentrada e paciente. **Quando estes tópicos surgirem, lembre-se dos resultados que espera alcançar na sua vida e siga em frente com a perseverança dos fortes.**

Sem dúvida, não menosprezamos a sua inteligência com exemplos infantis ou linguagem inapropriada, tendo a convicção de que os nossos leitores buscam aprimoramento profissional em todos os níveis.

Nesta edição, abordamos as inovações trazidas pela Nova Lei de Licitações e Contratos Administrativos (Lei n. 14.133/2021) e leis esparsas de natureza excepcional, referentes às medidas de enfrentamento à pandemia de Covid-19.

Tratamos da Nova Lei de Improbidade Administrativa. Embora não se trate exatamente de lei nova, mas de alterações promovidas pela Lei n. 14.230/2021 no texto da Lei n. 8.429/92, o diploma legal resultante das alterações tem sido chamado de Nova Lei de Improbidade Administrativa em virtude da profundidade das alterações efetuadas, que lhe conferiram significativa reforma.

Quanto à Lei do Processo Administrativo Federal (Lei n. 9.784/99), merece atenção a alteração feita pela Lei n. 14.210/2021, que trata da decisão coordenada, instrumento que tem potencial para aperfeiçoar o nível de governança e segurança jurídica sobre as decisões levadas a efeito pela Administração Pública.

Em alguns trechos desta obra, haverá a transcrição de conteúdo já abordado em passagens anteriores, a fim de que aqueles que fazem consultas pontuais sobre determinados assuntos sem a leitura completa do livro possam ter as suas expectativas atendidas e também para possibilitar uma visão completa do tema no próprio capítulo sem que haja necessidade de interrupção para retornar a passagens já vistas e garantir a fixação mais duradoura do conteúdo.

Foram necessárias inserções de leis e jurisprudência no corpo dos textos, pois a doutrina dialoga com as diversas fontes do Direito para a constante busca da Justiça.

Assim, gostaríamos de pedir a sua licença e confiança para fazer parte de toda a sua trajetória, do início, nos bancos da faculdade ou nos cursos preparatórios, até o último dia antes do descanso merecido da aposentadoria.

Vamos juntos!

Cordialmente,

Reinaldo Couto
Instagram: @couto_reinaldo
Email: reifilho@hotmail.com

Álvaro Capagio
Instagram: @alvarocapagio
Email: alvarocapagio@gmail.com

ABREVIATURAS E SIGLAS

ABNT – Associação Brasileira de Normas Técnicas

ADA – Agência de Desenvolvimento da Amazônia

ADCT – Ato das Disposições Constitucionais Transitórias

ADENE – Agência de Desenvolvimento do Nordeste

ADI – Ação Direta de Inconstitucionalidade

ADPF – Arguição de Descumprimento de Preceito Fundamental

AgRg – Agravo Regimental

AGU – Advocacia-Geral da União

AI – Agravo de Instrumento

AIA – Ação de Improbidade Administrativa

ANA – Agência Nacional de Águas

ANAC – Agência Nacional de Aviação Civil

ANATEL – Agência Nacional de Telecomunicações

ANCINE – Agência Nacional do Cinema

ANEEL – Agência Nacional de Energia Elétrica

ANM – Agência Nacional de Mineração

ANP – Agência Nacional do Petróleo, Gás Natural e Biocombustíveis

ANS – Agência Nacional de Saúde Suplementar

ANTAQ – Agência Nacional de Transportes Aquaviários

ANTT – Agência Nacional de Transportes Terrestres

ANVS – Agência Nacional de Vigilância Sanitária

BACEN – Banco Central do Brasil

BB – Banco do Brasil

BVerwG – Bundesverwaltungsgerichts

CADE – Conselho Administrativo de Defesa Econômica

CAMEX – Câmara de Comércio Exterior

CAPES – Coordenação de Aperfeiçoamento de Pessoal de Nível Superior

CAUC – Cadastro Único de Convênios

CC – Código Civil

C/C – Combinado com

CComp – Conflito de Competência

CDC – Código de Defesa do Consumidor

CEF – Caixa Econômica Federal

CF/88 – Constituição Federal de 1988

CGU – Controladoria-Geral da União

CLT – Consolidação das Leis do Trabalho

CNJ – Conselho Nacional de Justiça

CNPq – Conselho Nacional de Desenvolvimento Científico e Tecnológico

CP – Código Penal

CPA – Código de Procedimento Administrativo de Portugal

CPC – Código de Processo Civil

CPP – Código de Processo Penal

CTN – Código Tributário Nacional

DJ – Diário da Justiça

DNIT – Departamento Nacional de Infraestrutura de Transportes

DOE – Diário Oficial do Estado

DOU – Diário Oficial da União

EC – Emenda Constitucional

ECT – Empresa Brasileira de Correios e Telégrafos

EDcl – Embargos de Declaração

EREsp – Embargos de Divergência em Recurso Especial

FGTS – Fundo de Garantia do Tempo de Serviço

FINEP – Financiadora de Estudos e Projetos

HC – *Habeas Corpus*

IBAMA – Instituto Brasileiro do Meio Ambiente e dos Recursos Naturais Renováveis

IBGE – Instituto Brasileiro de Geografia e Estatística

INCRA – Instituto Nacional de Colonização e Reforma Agrária

INSS – Instituto Nacional do Seguro Social

ISO – *International Organization for Standardization*

LINDB – Lei de Introdução às normas do Direito Brasileiro
LLC – Lei de Licitações e Contratos Administrativos
MI – Mandado de Injunção
MPDG – Ministério do Planejamento, Desenvolvimento e Gestão
MS – Mandado de Segurança
OAB – Ordem dos Advogados do Brasil
ONG – Organização Não Governamental
OS – Organização Social
OSCIP – Organização da Sociedade Civil de Interesse Público
PAC – Programa de Aceleração do Crescimento
PAD – Processo Administrativo Disciplinar
Pet. – Petição
PPP – Parceria Público-Privada
PREVI – Caixa de Previdência dos Funcionários do Banco do Brasil
QO – Questão de Ordem
Rcl – Reclamação
RGPS – Regime Geral de Previdência Social
REsp – Recurso Especial
RDC – Regime Diferenciado de Contratações Públicas
RISTJ – Regimento Interno do Superior Tribunal de Justiça
RMS – Recurso Ordinário em Mandado de Segurança
S/A – Sociedade Anônima
SENAI – Serviço Nacional de Aprendizagem Industrial
SENAT – Serviço Nacional de Aprendizagem do Transporte
SESC – Serviço Social do Comércio
SESI – Serviço Social da Indústria
SEST – Serviço Social do Transporte
SLS – Suspensão de Liminar e de Sentença
STF – Supremo Tribunal Federal
STJ – Superior Tribunal de Justiça
TCU – Tribunal de Contas da União
TDA – Título da Dívida Agrária
TIC – Tecnologia da Informação e Comunicação
TST – Tribunal Superior do Trabalho
UnB – Universidade de Brasília
v. g. – verbi gratia

SUMÁRIO

Agradecimentos 7

Nota dos autores... 9

Abreviaturas e siglas 11

Prefácio.. 35

Apresentação 39

1 Introdução 43

2 Conceito de direito administrativo 44

3 Direito administrativo como direito público 57

4 Objeto da ciência do direito administrativo 61

5 Direito administrativo e ciência da administração 65

6 Atuação estatal e funções estatais............................... 67

7 Conceito de Administração Pública sob os aspectos formal
  (orgânico ou subjetivo) e material (funcional ou objetivo) 70

8 Fontes do direito administrativo 76
  8.1. Lei 80
      8.1.1. Legitimidade para legislar........................84
  8.2. Tratados internacionais....................................84
  8.3. Costume 86
  8.4. Princípios gerais do direito................................87
  8.5. Jurisprudência 91
  8.6. Doutrina 94

9 Competência para legislar sobre direito administrativo............. 95

10 Sistemas administrativos francês e inglês 97

11 Sistema administrativo brasileiro................................ 100

16 CURSO DE DIREITO ADMINISTRATIVO

12 Interpretação do direito administrativo **102**
12.1. Teoria geral da interpretação 102
12.2. Interpretação específica do direito administrativo 105

13 Princípios da administração pública **107**
13.1. Introdução 107
13.2. Princípio da supremacia do interesse público sobre o privado 108
   13.2.1. Teoria do equilíbrio 116
13.3. Princípio da indisponibilidade do interesse público pela administração....119
13.4. Princípio da legalidade 121
13.5. Princípio da reserva legal 125
13.6. Princípio da segurança jurídica.......................................126
   13.6.1. Prescrição, decadência, ato jurídico perfeito, coisa julgada e
      direito adquirido...129
13.7. Princípio da impessoalidade..132
13.8. Princípio da moralidade 134
13.9. Princípio da publicidade..137
   13.9.1. Acesso à informação pública..................................140
   13.9.2. Proteção de dados pessoais 144
13.10. Princípio da eficiência...151
13.11. Princípios do contraditório e da ampla defesa.........................154
13.12. Princípio da proporcionalidade 157
13.13. Princípio da razoabilidade 160
13.14. Princípio da boa-fé..161
13.15. Princípio da motivação 163
   13.15.1. Introdução..163
   13.15.2. Conceito..164
   13.15.3. Evolução doutrinária e jurisprudencial........................165
   13.15.4. Motivação aliunde 167
   13.15.5. Motivação padronizada......................................168
   13.15.6. Motivação administrativa nos demais poderes 168
13.16. Princípio da autotutela 168
13.17. Princípio da finalidade 171
13.18. Princípio da cortesia 172
   13.18.1. Aspectos gerais 172
   13.18.2. Princípio da cortesia no PAD e na sindicância 173
13.19. Princípio da continuidade 175
   13.19.1. Aspectos gerais 175
   13.19.2. Princípio da continuidade do exercício da função administrativa....176
13.20. Princípio da especialidade 177
13.21. Princípio da discrição 177

14 Regime jurídico-administrativo **179**

15 Organização administrativa **184**
15.1. Introdução 184
15.2. Princípios fundamentais das atividades da Administração Pública
   federal do Decreto-Lei n. 200/67......................................186
15.3. Descentralização e desconcentração da atividade administrativa.........188
15.4. Administração direta 194
15.5. Administração indireta...200
   15.5.1. Autarquia...200
      15.5.1.1. Introdução 200
      15.5.1.2. Regime jurídico 202

15.5.1.3. Controle 203
15.5.1.4. Patrimônio 204
15.5.1.5. Regime de pessoal 204
15.5.1.6. Orçamento 205
15.5.1.7. Competência para processar e julgar as suas causas 206
15.5.1.8. Responsabilidade civil................................206
15.5.1.9. Imunidade 207
15.5.1.10. Licitação e contratos administrativos.....................207
15.5.1.11. Prerrogativas...208
15.5.1.12. Tipos 210
   15.5.1.12.1. Autarquias corporativas ou profissionais 210
   15.5.1.12.2. Autarquias educacionais, culturais ou universitárias.........214
   15.5.1.12.3. Agências reguladoras 216
      15.5.1.12.3.1. Regime jurídico das agências reguladoras 221
      15.5.1.12.3.2. Pessoal das agências reguladoras.....................227
      15.5.1.12.3 3. Licitação e contratos administrativos.................229
      15.5.1.12.3.4. Tipos de agências reguladoras 230
      15.5.1.12.3.5. Regulação econômica e regulação técnica..............231
      15.5.1.12.3.6. Processo regulatório................................236
      15.5.1.12.3.7. Teoria da Captura 240
   15.5.1.12.4. Agências executivas 243
   15.5.1.12.5. Associações públicas.................................245
   15.5.1.12.6. Autarquias territoriais 246
15.5.2. Fundação pública de direito público e de direito privado............247
15.5.2.1. Fundação pública de direito público.......................247
   15.5.2.1.1. Introdução 247
   15.5.2.1.2. Regime jurídico.................................248
   15.5.2.1.3. Controle.......................................249
   15.5.2.1.4. Patrimônio.....................................250
   15.5.2.1.5. Regime de pessoal...............................251
   15.5.2.1.6. Orçamento.....................................252
   15.5.2.1.7. Competência para processar e julgar as suas causas.........252
   15.5.2.1.8. Responsabilidade civil 253
   15.5.2.1.9. Imunidade 254
   15.5.2.1.10. Licitação e contratos administrativos.................254
   15.5.2.1.11. Prerrogativas 254
15.5.2.2. Fundação pública de direito privado.......................256
   15.5.2.2.1. Introdução 256
   15.5.2.2.2. Regime jurídico.................................257
   15.5.2.2.3. Controle.......................................257
   15.5.2.2.4. Patrimônio.....................................258
   15.5.2.2.5. Regime de pessoal...............................260
   15.5.2.2.6. Orçamento.....................................260
   15.5.2.2.7. Competência para julgar causas 261
   15.5.2.2.8. Responsabilidade civil 261
   15.5.2.2.9. Imunidade 262
   15.5.2.2.10. Licitação e contratos administrativos.................263
15.5.3. Empresas estatais 263
15.5.3.1. Introdução 263
15.5.3.2. Estatuto jurídico 265
15.5.3.3. Controle 274
15.5.3.4. Patrimônio 276

CURSO DE DIREITO ADMINISTRATIVO

15.5.3.5. Regime de pessoal 277
15.5.3.6. Orçamento 277
15.5.3.7. Competência para processar e julgar as suas causas 279
15.5.3.8. Responsabilidade civil....................................280
15.5.3.9. Regime tributário 280
15.5.3.10. Licitação e contratos administrativos 281
15.5.3.11. Tipos 282
  15.5.3.11.1. Empresas públicas....................................282
    15.5.3.11.1.1. Conceito antigo..................................282
    15.5.3.11.1.2. Conceito atual...................................283
    15.5.3.11.1.3. Exemplos 283
    15.5.3.11.1.4. Finalidade.......................................283
    15.5.3.11.1.5. Regime societário 283
    15.5.3.11.1.6. Prestação anormal de serviço público 284
    15.5.3.11.1.7. Interfederatividade...............................285
    15.5.3.11.1.8. Espécies 285
  15.5.3.11.2. Sociedade de economia mista 286
    15.5.3.11.2.1. Conceito antigo..................................286
    15.5.3.11.2.2. Conceito atual...................................286
    15.5.3.11.2.3. Exemplos 286
    15.5.3.11.2.4. Forma societária 286
    15.5.3.11.2.5. Finalidade.......................................286
  15.5.3.12. Diferenças básicas entre as empresas estatais..............287
  15.5.3.13. Subsidiárias...288
    15.5.3.13.1. Possibilidade de criação 288
    15.5.3.13.2. Conceito normativo 288
    15.5.3.13.3. Necessidade de autorização legal.....................288
    15.5.3.13.4. Objeto social 289
    15.5.3.13.5. Controle 289
    15.5.3.13.6. Posicionamento do TCU 289

16 Órgãos públicos 295
16.1. Teorias sobre a manifestação da vontade 295
16.2. Conceito 297
16.3. Inexistência de personalidade jurídica 297
16.4. Criação e extinção 298
16.5. Capacidade de estar em juízo................................299
16.6. CNPJ 300
16.7. Natureza jurídica..300
16.8. Classificações 301

17 Domicílio dos entes da federação e das pessoas jurídicas estatais..... 304

18 Reforma administrativa 306

19 Contrato de gestão.. 310

20 Entidade paraestatal 312
20.1. Conceito 312
20.2. Forma de constituição......................................313
20.3. Fontes de recursos 313
20.4. Capacidade tributária e imunidade...........................314
20.5. Prescrição 314
20.6. Fiscalização...315
20.7. Competência para processar e julgar as suas causas 315
20.8. Principais características 316

21 Terceiro setor ... 317

21.1. Introdução ... 317
21.2. Competência para processar e julgar as suas causas ... 318
21.3. Imunidade. ... 318
21.4. Tipos ... 319
   21.4.1. Entidades de apoio ... 320
      21.4.1.1. Conceito. ... 320
      21.4.1.2. Forma de constituição. ... 320
      21.4.1.3. Vínculo com o poder público. ... 320
      21.4.1.4. Fontes de recursos ... 321
      21.4.1.5. Dispensa de licitação ... 321
   21.4.2. Organizações sociais (OS). ... 322
      21.4.2.1. Conceito ... 322
      21.4.2.2. Publicização ... 322
      21.4.2.3. Requisitos de qualificação ... 323
      21.4.2.4. Contrato de gestão. ... 324
      21.4.2.5. Recursos materiais e humanos públicos ... 325
      21.4.2.6. Desnecessidade de licitação ... 326
      21.4.2.7. Desqualificação ... 326
   21.4.3. Organização da sociedade civil de interesse público (OSCIP) ... 327
      21.4.3.1. Conceito e finalidades. ... 327
      21.4.3.2. Qualificação. ... 327
      21.4.3.3. Termo de parceria ... 329
      21.4.3.4. Perda da qualificação ... 330
   21.4.4. Organização da sociedade civil. ... 331
      21.4.4.1. Pessoas que podem ser ... 332
      21.4.4.2. Instrumentos ... 332
      21.4.4.3. Plano de trabalho. ... 333
      21.4.4.4. Procedimento de manifestação de interesse social ... 333
      21.4.4.5. Proposta ... 334
      21.4.4.6. Chamamento público ... 334
      21.4.4.7. Requisitos exigidos das organizações da sociedade civil ... 336
      21.4.4.8. Formalização das parcerias ... 339
      21.4.4.9. Recursos transferidos ... 340
      21.4.4.10. Prestação de contas ... 341
      21.4.4.11. Sanções ... 342
      21.4.4.12. Prescrição das sanções. ... 342
      21.4.4.13. Transparência e controle. ... 342
   21.4.5. Organização gestora de fundos patrimoniais ... 343
      21.4.5.1. Cláusula de exclusividade. ... 343
      21.4.5.2. Obrigações ... 344
      21.4.5.3. Ato constitutivo ... 344
      21.4.5.4. Receitas. ... 345
      21.4.5.5. Instrumento de parceria ... 345
      21.4.5.6. Descumprimento do termo de execução e do encerramento do instrumento de parceria ... 346

22 Consórcio público ... 348

22.1. Introdução ... 348
22.2. Participação da união ... 349
22.3. Área de saúde ... 349
22.4. Objetivos. ... 349
22.5. Cobrança de tarifas e preços públicos. ... 350

20 CURSO DE DIREITO ADMINISTRATIVO

22.6. Outorga de concessão, permissão ou autorização pelo consórcio público...350
22.7. Forma de constituição: protocolo de intenções..........................350
22.8. Área de atuação 351
22.9. Número de votos de cada ente 352
22.10. Vedação de contribuição financeira ou econômica....................352
22.11. Cessão de servidores 352
22.12. Publicidade...352
22.13. Ratificação 352
22.14. Aquisição da personalidade jurídica................................353
22.15. Contrato de rateio 353
22.16. Contas 354
22.17. Exclusão de membro 354
22.18. Execução financeira..354
22.19. Fiscalização...354
22.20. Responsabilidade dos agentes públicos..............................354
22.21. Retirada ou extinção 354
22.22. Bens e responsabilidade dos entes 355
22.23. Contrato de programa..355
22.24. Descentralização 356
22.25. Disciplina 356
22.26. Flexibilização do regime de direito público licitatório 357

23 Poderes administrativos...................................... 359
23.1. Introdução 359
23.2. Poder vinculado...360
23.3. Poder discricionário 361
23.4. Poder hierárquico 365
   23.4.1. Aspectos gerais 365
   23.4.2. Competência administrativa.................................368
      23.4.2.1. Conceito 368
      23.4.2.2. Características 369
      23.4.2.3. Critérios de distribuição............................369
      23.4.2.4. Delegação e avocação...............................370
      23.4.2.5. Agente ou funcionário de fato 372
      23.4.2.6. Abuso de poder 374
23.5. Poder disciplinar 375
   23.5.1. Conceito..375
   23.5.2. Aspectos gerais 376
   23.5.3. Discricionariedade e vinculação.............................377
   23.5.4. Direito subjetivo da administração 378
   23.5.5. Vínculos específicos ou especiais............................379
23.6. Poder de polícia 380
   23.6.1. Conceito e surgimento.....................................380
   23.6.2. Elementos incipientes do direito econômico 383
   23.6.3. Poder de polícia e estado de polícia 383
   23.6.4. Polícia administrativa e polícia judiciária....................384
   23.6.5. Custeio da atividade de polícia..............................386
   23.6.6. Poder negativo...386
   23.6.7. Características...386
   23.6.8. Discricionariedade e vinculação do poder de polícia 387
   23.6.9. Autoexecutoriedade 388
   23.6.10. Coercibilidade..388
   23.6.11. Desnecessidade de indenização 388

23.6.12. Competência para o exercício do poder de polícia...................389
23.6.13. Fases ou ciclo do poder de polícia 391
23.6.14. Prescrição das sanções decorrentes do poder de polícia............392
23.7. Poder regulamentar...394
23.7.1. Introdução..394
23.7.2. Conceito..396
23.7.3. Limites..396
23.7.4. Indelegabilidade...397
23.7.5. Decretos regulamentares ou de execução........................397
23.7.6. Decretos autônomos...398
23.7.7. Princípio da similitude das formas.............................399
23.8. Poder extroverso 400
23.9. Poderes implícitos...401

24 Autocomposição de conflitos em que for parte pessoa jurídica de direito público 404
24.1. Princípios..404
24.2. Câmaras de prevenção e resolução administrativa de conflitos..........405
24.3. Facultatividade..405
24.4. Título executivo extrajudicial 405
24.5. Competência..405
24.6. Instauração e suspensão da prescrição...............................406
24.7. Transação por adesão 406
24.8. Administração pública federal.......................................407
24.9. Responsabilidade...408

25 Fatos jurídicos e suas espécies.......................................409
25.1. Fatos jurídicos em sentido amplo 409
25.1.1. Fato jurídico administrativo em sentido amplo...................410
25.1.1.1. Fato jurídico administrativo em sentido restrito...............410
25.1.1.2. Ato jurídico administrativo em sentido amplo................410
25.1.1.2.1. Ato jurídico administrativo em sentido estrito.............411
25.1.1.2.2. Negócio jurídico administrativo...........................411
25.2. Ato administrativo ilícito...411
25.3. Atos do poder público...412
25.3.1. Introdução..412
25.3.2. Atos de governo ou políticos...................................412
25.3.3. Atos do poder legislativo.......................................414
25.3.4. Atos judiciais...414
25.3.5. Atos da administração...414

26 Ato administrativo 416
26.1. Conceito...416
26.2. Elementos..420
26.2.1. Competência..422
26.2.1.1. Incompetência 424
26.2.2. Forma..425
26.2.2.1. Vício de forma...427
26.2.3. Objeto...428
26.2.3.1. Vício de objeto...430
26.2.4. Motivo...430
26.2.4.1. Vício de motivo..432
26.2.5. Finalidade...432
26.2.5.1. Desvio de finalidade ou desvio de poder.....................433

22 CURSO DE DIREITO ADMINISTRATIVO

26.2.6. Causa 434
26.3. Fases de constituição do ato administrativo 435
   26.3.1. Perfeição 435
   26.3.2. Validade...436
   26.3.3. Eficácia...437
     26.3.3.1. Efeitos 438
       26.3.3.1.1. Efeito típico 439
       26.3.3.1.2. Efeito atípico reflexo.........................439
       26.3.3.1.3. Efeito atípico prodrômico 439
   26.3.4. Conclusão 440
26.4. Atributos...441
   26.4.1. Veracidade..441
   26.4.2. Legitimidade...442
   26.4.3. Imperatividade...443
   26.4.4. Autoexecutoriedade 444
   26.4.5. Tipicidade 447
26.5. Mérito do ato administrativo. Motivação e teoria dos motivos
   determinantes..447
   26.5.1. Mérito do ato administrativo 447
   26.5.2. Motivação e teoria dos motivos determinantes 449
     26.5.2.1. Motivação..449
     26.5.2.2. Teoria dos motivos determinantes.....................453
26.6. Classificação dos atos administrativos 454
   26.6.1. Ato de império, ato de gestão e ato de mero expediente (quanto
     ao objeto)..454
   26.6.2. Ato administrativo vinculado e discricionário (quanto à
     liberdade na edição).......................................455
   26.6.3. Ato administrativo geral e individual (quanto aos destinatários).....459
   26.6.4. Ato administrativo interno e externo (quanto ao alcance)..........460
   26.6.5. Ato administrativo simples, complexo e composto (quanto à
     manifestação da vontade) 461
   26.6.6. Ato administrativo unilateral, bilateral e multilateral (quanto à
     formação) 463
   26.6.7. Ato administrativo concreto e abstrato (quanto à estrutura do ato)...464
   26.6.8. Ato administrativo ampliativo e restritivo (quanto aos direitos
     dos administrados).......................................465
   26.6.9. Ato administrativo constitutivo, extintivo ou desconstitutivo,
     declaratório, alienativo, modificativo e abdicativo (quanto ao
     conteúdo)..465
   26.6.10. Ato administrativo subjetivo, ato-condição, ato-regra,
     suspensível, autoexecutório e não autoexecutório (quanto aos efeitos) 466
   26.6.11. Ato administrativo inexistente...............................467
26.7. Extinção do ato administrativo 470
   26.7.1. Cumprimento dos seus efeitos 470
   26.7.2. Desaparecimento do sujeito ou do objeto (extinção subjetiva ou
     objetiva)...472
   26.7.3. Retirada do ato administrativo pelo poder público.................472
     26.7.3.1. Vícios do ato administrativo 472
       26.7.3.1.1. Anulação ou invalidação 474
       26.7.3.1.1.1. Ato administrativo anulável e convalidação 477
       26.7.3.1.1.2. Conversão...478
       26.7.3.1.1.3. Ato administrativo meramente irregular...............479

26.7.3.1.2. Revogação..479
26.7.3.1.3. Contraposição.......................................482
26.7.3.1.4. Caducidade 483
26.7.3.1.5. Cassação..483
26.7.4. Renúncia 483
26.8. Estabilização dos efeitos do ato administrativo.......................484
26.8.1. Funcionário de fato 485
26.8.2. Modulação de efeitos......................................486
26.8.3. Decadência 486
26.9. Atos administrativos em espécie...............................486
26.9.1. Atos normativos..486
26.9.2. Atos negociais 487
26.9.3. Atos enunciativos...491
26.9.4. Atos punitivos..494
26.9.5. Atos ordinatórios e de comunicação 495

27 Silêncio da administração pública 499

28 Licitação 501
28.1. Introdução 501
28.2. Conceito 502
28.3. Obrigatoriedade...504
28.4. Competência para legislar......................................507
28.5. Marco regulatório da licitação..................................509
28.5.1 Lei n. 14.133/2021 (Nova Lei de Licitações e Contratos
Administrativos) 514
28.5.1.1 Vigência ambivalente 514
28.5.1.2 Revogação diferida 516
28.5.2 Quadro legal transitório 517
28.6. Princípios da licitação...519
28.6.1 Princípios básicos...520
28.6.2 Princípios correlatos.......................................524
28.7. Pessoas que devem licitar 528
28.8. Objetos da licitação 532
28.9. Exceções à obrigatoriedade da licitação (contratação direta) 534
28.9.1. Introdução..534
28.9.2. Pressupostos para a licitação...............................535
28.9.3. Procedimento da contratação direta 536
28.10. Licitação proibida 539
28.11. Licitação dispensada 540
28.12. Dispensa de licitação ou licitação dispensável 543
28.13. Inexigibilidade de licitação....................................559
28.14. Modalidades de licitação......................................562
28.14.1. Concorrência...566
28.14.2. Tomada de preços...568
28.14.3. Convite..568
28.14.4. Concurso 569
28.14.5. Leilão 570
28.14.6. Pregão...572
28.14.7. Consulta...574
28.15. Fracionamento do objeto da licitação 576
28.16. Registro de preços 577
28.17. Tipos de licitação (Lei n. 8.666/93) 579

24 CURSO DE DIREITO ADMINISTRATIVO

28.17.1. Menor preço 579
28.17.2. Melhor técnica 582
28.17.3. Técnica e preço 583
28.17.4. Maior lance 584
28.18. Procedimento da licitação 584
28.18.1. Fase interna 587
28.18.1.1. Introdução 587
28.18.1.2. Projeto básico, termo de referência e exposição de motivos.......588
28.18.1.3. Adequação orçamentária 589
28.18.1.4. Cotação no mercado 591
28.18.1.5. Designação da comissão de licitação.......................591
28.18.1.6. Vedações relacionadas a pessoas e ao objeto da licitação 592
28.18.1.7. Elaboração de edital e instrumento convocatório substitutivo 594
28.18.1.8. Audiência pública 597
28.18.1.9. Parecer jurídico 598
28.18.2. Fase externa...599
28.18.2.1. Publicização do edital ou do instrumento convocatório
substitutivo (ICS)..600
28.18.2.2. Habilitação 603
28.18.2.3. Julgamento e classificação 611
28.18.2.3.1. Desempate 614
28.18.2.3.2. Regras de preferência 615
28.18.2.3.3. Microempresas e empresas de pequeno porte............617
28.18.2.3.3.1. Habilitação.....................................618
28.18.2.3.3.2. Desempate 618
28.18.2.3.3.3. Cédula de crédito microempresarial 619
28.18.2.3.3.4. Outros privilégios...............................619
28.18.2.4. Homologação 620
28.18.2.5. Adjudicação 621
28.18.3. Dupla instância administrativa (recursos) 623
28.18.4. Anulação e revogação..624
28.18.5. Aspectos específicos de alguns procedimentos licitatórios..........626
28.18.5.1. Procedimento de tomada de preços........................626
28.18.5.2. Procedimento de convite 626
28.18.5.3. Procedimento de concurso................................627
28.18.5.4. Procedimento de leilão 627
28.18.5.5. Procedimento do pregão..................................628
28.18.5.6. Licitação internacional 637
28.18.5.7. Licitação de grande vulto e alta complexidade técnica..........639
28.18.5.8. Licitação das empresas estatais 640
28.18.5.8.1. Contratação direta 640
28.18.5.8.1.1. Dispensa.......................................640
28.18.5.8.1.2. Inexigibilidade..................................643
28.18.5.8.1.3. Instrução do procedimento de contratação direta 644
28.18.5.8.2. Modalidade preferencial de licitação 644
28.18.5.8.3. Tipos de licitação ou critérios de julgamento 644
28.18.5.8.4. Intervalo mínimo 645
28.18.5.8.5. Rito da licitação.....................................646
28.18.5.8.6. Pré-qualificação permanente 651
28.18.5.8.7. Cadastramento 652
28.18.5.8.8. Sistema de registro de preços...........................652
28.18.5.8.9. Catálogo eletrônico de padronização....................653

28.18.5.9. Regime diferenciado de contratação 653
    28.18.5.9.1. Aplicação 653
    28.18.5.9.2. Objetivos 654
    28.18.5.9.3. Histórico...654
    28.18.5.9.4. Opção 656
    28.18.5.9.5. Inovações 656
    28.18.5.9.6. Contratação integrada 656
    28.18.5.9.7. Hipóteses de sigilo..657
    28.18.5.9.8. Remuneração variável......................................658
    28.18.5.9.9. Possibilidade de negociar................................658
    28.18.5.9.10. Indicação de marca 659
    28.18.5.9.11. Certificação..659
    28.18.5.9.12. *Built to suit*...659
    28.18.5.9.13. Procedimento licitatório 659
    28.18.5.9.14. Sanções administrativas 667
28.19. Nova lei de licitações e contratos administrativos (lei n. 14.133/2021) 667
  28.19.1. Introdução...667
  28.19.2. Âmbito da lei...668
  28.19.3. Vigência ambivalente e revogação diferida 669
  28.19.4. Regulamentação 669
  28.19.5. Regras e prazos de adequação para as compras públicas...........670
    28.19.5.1. Categorias de bens de consumo 671
      28.19.5.1.1 Bem de qualidade comum 672
      28.19.5.1.2 Bem de luxo 672
    28.19.5.2. Cláusulas específicas para os municípios.....................673
  28.19.6. Princípios...674
    28.19.6.1. Princípio da eficiência.......................................675
    28.19.6.2. Princípio do interesse público 676
    28.19.6.3. Princípio do planejamento..................................677
    28.19.6.4. Princípio da transparência..................................677
    28.19.6.5. Princípio da eficácia 678
    28.19.6.6. Princípio da segregação de funções.........................679
    28.19.6.7. Princípio da motivação.....................................680
    28.19.6.8. Princípio da segurança jurídica 680
    28.19.6.9. Princípio da razoabilidade 681
    28.19.6.10. Princípio da competitividade 682
    28.19.6.11. Princípio da proporcionalidade 682
    28.19.6.12. Princípio da celeridade 683
    28.19.6.13. Princípio do desenvolvimento nacional sustentável 683
    28.19.6.14. Princípios tabulados na LINDB 686
  28.19.7. Agentes públicos 686
    28.19.7.1. Agente de contratação 687
    28.19.7.2. Comissão de contratação 688
    28.19.7.3. Assessores jurídicos e auditores internos 688
  28.19.8. Processo licitatório 689
    28.19.8.1. Objetivos..690
      28.19.8.1.1. Vantajosidade....................................690
      28.19.8.1.2. Isonomia..690
      28.19.8.1.3. Preço justo 691
      28.19.8.1.4. Inovação e sustentabilidade....................691
    28.19.8.2. Fases...692
      28.19.8.2.1. Preparatória....................................692

CURSO DE DIREITO ADMINISTRATIVO

28.19.8.2.1.1 Estudo técnico preliminar......................692
28.19.8.2.1.2 Termo de referência......................694
28.19.8.2.1.3 Projeto básico......................695
28.19.8.2.1.4 Anteprojeto......................697
28.19.8.2.1.5 Projeto executivo......................698
28.19.8.2.1.6 Pesquisa de preços......................701
28.19.8.2.1.7 Orçamento......................701
28.19.8.2.2. Divulgação do edital de licitação......................702
28.19.8.2.3. Apresentação de propostas e lances......................703
28.19.8.2.4. Julgamento......................705
28.19.8.2.4.1 Menor preço......................706
28.19.8.2.4.2 Maior desconto......................707
28.19.8.2.4.3 Melhor técnica ou conteúdo artístico......................707
28.19.8.2.4.4 Técnica e preço......................708
28.19.8.2.4.5 Maior lance......................709
28.19.8.2.4.6 Maior retorno econômico......................709
28.19.8.2.5. Habilitação......................709
28.19.8.2.6. Recursal......................710
28.19.8.2.7. Homologação......................711
28.19.8.3. Modalidades......................711
28.19.8.3.1. Pregão......................712
28.19.8.3.2. Concorrência......................712
28.19.8.3.3. Concurso......................713
28.19.8.3.4. Leilão......................713
28.19.8.3.5. Diálogo competitivo......................713
28.19.9. Procedimentos auxiliares......................715
28.19.9.1. Credenciamento......................715
28.19.9.2. Pré-qualificação......................716
28.19.9.2.1 Bens......................717
28.19.9.2.2 Licitantes......................717
28.19.9.3. Procedimento de manifestação de interesse......................717
28.19.9.4. Sistema de registro de preços......................719
28.19.9.5. Registro cadastral......................721
28.19.10. Especificações técnicas......................721
28.19.10.1. Catálogo eletrônico de padronização......................722
28.19.10.2. Ciclo de vida......................723
28.19.10.3. Certificação......................724
28.19.10.4. Acreditação......................726
28.19.10.5. Amostras......................728
28.19.11. Novos regimes de contratação de obras e serviços de engenharia....729
28.19.11.1. Contratação integrada......................730
28.19.11.2. Contratação semi-integrada......................730
28.19.11.3. Fornecimento e prestação de serviço associado......................731
28.19.12. Contratação direta......................732
28.19.12.1. Inexigibilidade de licitação......................732
28.19.12.2. Dispensa de licitação......................733
28.19.13. Portal nacional de contratações públicas......................734
28.19.14. Controle interno e externo......................735
28.19.14.1. Primeira linha de defesa......................737
28.19.14.2. Segunda linha de defesa......................737
28.19.14.3. Terceira linha de defesa......................738

28.19.15. Responsabilidades 739
28.19.15.1. Sanções 740
28.19.15.2. Acordo de leniência 741
28.19.15.3. Desconsideração da personalidade jurídica 741
28.19.16. Crimes 742

29 Contrato administrativo 744

29.1. Contratos privados da administração pública e contratos administrativos ..744
29.1.1.Contratos privados da Administração Pública 746
29.1.2. Contrato administrativo 748
29.1.2.1. Conceito 748
29.1.2.2. Competência legislativa 750
29.1.2.3. Características 750
29.1.2.4. Cláusulas exorbitantes (Lei n. 8.666/93) 752
29.1.2.5. Cláusulas obrigatórias (Lei n. 8.666/93) 755
29.1.2.6. Garantias (Lei n. 8.666/93) 756
29.1.2.7. Duração e prorrogação 758
29.1.2.8. Alteração contratual 759
29.1.2.8.1. Bilateral 761
29.1.2.8.2. Unilateral (cláusula exorbitante) 762
29.1.2.9. Reequilíbrio econômico-financeiro do contrato 763
29.1.2.9.1. Reajuste ou reajustamento 763
29.1.2.9.2. Revisão 764
29.1.2.10. Formalização do contrato 767
29.1.2.11. Fiscalização contratual (cláusula exorbitante) 772
29.1.2.12. Recebimento do objeto 777
29.1.2.13. Inexecução contratual 778
29.1.2.13.1. Inexecução culposa 780
29.1.2.13.2. Inexecução sem culpa 780
29.1.2.13.2.1. Exceção do contrato não cumprido 781
29.1.2.13.2.2. Teoria da imprevisão 783
29.1.2.13.2.3. Fato do príncipe 787
29.1.2.13.2.4. Fato da administração 789
29.1.2.13.2.5. Caso fortuito e força maior 790
29.1.2.14. Extinção do contrato 791
29.1.2.14.1. Extinção subjetiva (pleno direito) 791
29.1.2.14.2. Extinção em virtude do cumprimento do objeto ou do decurso do prazo 792
29.1.2.14.3. Extinção por impossibilidade fática (pleno direito) ou jurídica 793
29.1.2.14.4. Nulidade 793
29.1.2.14.5. Rescisão 795
29.1.2.14.5.1. Rescisão consensual ou amigável 796
29.1.2.14.5.2. Rescisão judicial 797
29.1.2.14.5.3. Rescisão unilateral ou administrativa (cláusula exorbitante) 797
29.1.2.14.5.4. Rescisão arbitral 798

28 CURSO DE DIREITO ADMINISTRATIVO

29.1.2.15. Sanções ou penalidades administrativas (cláusula exorbitante) . . .800
29.1.2.16. Ocupação temporária (cláusula exorbitante). 803
29.1.2.17. Subcontratação nos contratos administrativos 804
29.1.2.18. Contatos administrativos das empresas estatais 805
29.2. Regras da Lei n. 14.133/2021 sobre contratos administrativos. 810
29.2.1. Publicidade 811
29.2.2. Forma. 812
29.2.3. Matriz de riscos. 812
29.2.4. Modelo de gestão 813
29.2.5. Prazos de duração dos contratos 813
29.2.6. Reajustamento de preço. 815
29.2.7. Garantias 816
29.2.8. Retomada. 817
29.2.9. Nulidades. 817
29.2.9.1. Declaração de nulidade 819
29.2.9.2. Modulação dos efeitos da declaração de nulidade 819
29.2.10. Meios alternativos de solução de controvérsias 820
29.2.10.1. Arbitragem 821
29.2.10.2. Conciliação e mediação 822
29.2.10.3. Comitê de Resolução de Disputas (*Dispute Board*) 823
29.2.11. Programa de integridade 824
29.3. Regras excepcionais de contratação durante a pandemia (Covid-19). 826
29.3.1. Lei n. 14.124/2021 (medidas excepcionais para aquisição de vacinas). .826
29.3.2. Lei n. 14.217/2021 (medidas excepcionais para aquisição de bens
e contratação de serviços) 830

30 Convênio administrativo 833
30.1. Conceito e objetivos. 833
30.2. Vedações 835
30.3. Celebração e execução. 836

31 Parceria público-privada (PPP) 844

32 Programa de parcerias de investimentos 854

33 Serviço público. 859
33.1. Conceito 859
33.2. Princípios 863
33.3. Maneiras de prestação de serviço público 869
33.4. Classificação 872
33.5. Concessão de serviço público. 875
33.5.1. Natureza jurídica e conceito 875
33.5.2. Espécies de concessão de serviço público .876
33.5.3. Poder concedente 878
33.5.4. Encargos do poder concedente 880
33.5.5. Concessionária 881
33.5.5.1. Encargos da concessionária 881
33.5.5.2. Subconcessão 882
33.5.5.3. Transferência de concessão ou controle acionário da
concessionária 882
33.5.6. Responsabilidade da concessionária 883
33.5.7. Licitação da concessão 884
33.5.8. Contrato de concessão 888
33.5.9. Remuneração 889

33.5.10. Direitos e deveres do usuário 891
   33.5.10.1. Serviços públicos prestados por concessionárias e permissionárias...891
   33.5.10.2. Serviços públicos prestados pela Administração Pública direta e indireta 893
33.5.11. Regime jurídico-financeiro....................................899
33.5.12. Intervenção 900
33.5.13. Extinção da concessão de serviço público e reversão dos bens........901
33.6. Permissão de serviço público..905
33.7. Autorização de serviço público 906

34 Bens públicos 908
34.1. Domínio público, domínio eminente e domínio patrimonial.............908
34.2. Conceito 909
34.3. Classificação e caracteres jurídicos 913
34.4. Regime jurídico 918
  34.4.1. Inalienabilidade 918
  34.4.2. Imprescritibilidade...919
  34.4.3. Impenhorabilidade...920
  34.4.4. Impossibilidade de oneração...................................920
  34.4.5. Formas de aquisição..921
  34.4.6. Uso de bem público por terceiro................................926
    34.4.6.1. Autorização de uso 927
    34.4.6.2. Permissão de uso 928
    34.4.6.3. Concessão de uso 929
    34.4.6.4. Concessão de direito real de uso 930
    34.4.6.5. Concessão de uso especial para fins de moradia 931
    34.4.6.6. Cessão de uso 932
34.5. Bens públicos em espécie 933
  34.5.1. Terras devolutas 933
  34.5.2. Mar territorial...935
  34.5.3. Plataforma continental 935
  34.5.4. Faixa de fronteira 936
  34.5.5. Terrenos de marinha e seus acrescidos 937
  34.5.6. Terras tradicionalmente ocupadas pelos índios 938
  34.5.7. Ilhas 939
  34.5.8. Terrenos reservados 940
  34.5.9. Vias e logradouros públicos 941
  34.5.10. Domínio aéreo 942
  34.5.11. Recursos minerais 942
    34.5.11.1. Águas...942
    34.5.11.2. Minas e jazidas.....................................944
  34.5.12. Cavidades naturais subterrâneas e sítios arqueológicos e pré-históricos..945

35 Intervenções do estado na propriedade 947
35.1. Introdução 947
35.2. Modalidades de intervenção..949
35.3. Limitação administrativa 950
35.4. Ocupação temporária 952
35.5. Requisição administrativa 955
35.6. Tombamento 956
35.7. Servidão administrativa 961
35.8. Desapropriação 964

30 CURSO DE DIREITO ADMINISTRATIVO

35.8.1. Tipos 964
    35.8.1.1. Desapropriação ordinária 969
    35.8.1.2. Desapropriação-sanção 969
    35.8.1.3. Desapropriação por necessidade pública 971
    35.8.1.4. Desapropriação por utilidade pública 972
    35.8.1.5. Desapropriação por interesse social 973
    35.8.1.6. Desapropriação por zona 974
    35.8.1.7. Desapropriação indireta 976
35.8.2. Ritos 980
    35.8.2.1. Por utilidade pública 980
       35.8.2.1.1. Fase declaratória 980
       35.8.2.1.2. Fase executória 981
       35.8.2.1.3. Honorários advocatícios 986
    35.8.2.2. Por interesse social 987
35.8.3. Objeto 988
35.8.4. Vedação à desapropriação relacionada a precatório 989
35.8.5. Juros 989
35.8.6. Correção monetária 994
35.8.7. Direito de extensão 996
35.8.8. Preferência, tredestinação e retrocessão 997

36 Controle interno e externo da administração pública 1000
36.1. Introdução 1000
36.2. Controle interno ou administrativo 1004
36.3. Controle externo legislativo 1005
36.4. Controle externo jurisdicional da administração pública 1009
36.5. Controle e a lei de introdução às normas do direito brasileiro 1015
    36.5.1. Novos dispositivos legais 1015
    36.5.2. Regulamentação 1017
       36.5.2.1. Motivação e decisão 1017
       36.5.2.2. Revisão quanto à validade por mudança de orientação geral 1018
       36.5.2.3. Regime de transição 1019
       36.5.2.4. Interpretação de normas sobre gestão pública 1019
       36.5.2.5. Compensação 1019
       36.5.2.6. Compromisso 1019
       36.5.2.7. Termo de ajustamento de gestão 1020
       36.5.2.8. Responsabilização do agente público 1021
          36.5.2.8.1. Responsabilização na hipótese de dolo ou erro grosseiro 1021
          36.5.2.8.2. Análise de regularidade da decisão .1022
          36.5.2.8.3. Direito de regresso, defesa judicial e extrajudicial 1022
          36.5.2.8.4. Decisão que impuser sanção ao agente público 1022
       36.5.2.9. Da segurança jurídica na aplicação das normas 1023
          36.5.2.9.1. Consulta pública para edição de atos normativos 1023
          36.5.2.9.2. Segurança jurídica na aplicação das normas 1023
          36.5.2.9.3. Parecer do Advogado-Geral da União e de consultorias
              jurídicas e súmulas da Advocacia-Geral da União 1023
          36.5.2.9.4. Orientações normativas 1024
          36.5.2.9.5. Enunciados e transparência 1024
36.6. Ações judiciais 1024
    36.6.1. *Habeas data* 1024
    36.6.2. Mandado de injunção 1027

36.6.3.	Mandado de segurança	1030
36.6.4.	Ação popular	1037
36.6.5.	Ação civil pública	1040

37 Responsabilidade civil do estado 1045

37.1.	Evolução histórica e fundamentos jurídicos	1045
37.2.	Responsabilidade civil na prestação de serviço público: responsabilidade objetiva (teoria do risco administrativo)	1050
37.3.	Responsabilidade por obra pública	1056
37.4.	Responsabilidade civil por conduta omissiva do estado	1057
37.5.	Responsabilidade civil do estado pela edição de ato legislativo	1061
37.6.	Responsabilidade civil do estado por ato judicial e dos titulares de cartórios extrajudiciais	1062
	37.6.1. Ato judicial	1062
	37.6.2. Titulares de cartórios extrajudiciais	1066
37.7.	Prescrição	1067

38 Lei anticorrupção 1068

38.1.	Surgimento	1068
38.2.	Sujeitos	1070
38.3.	Atos lesivos	1071
38.4.	Responsabilização administrativa	1072
38.5.	Dosimetria das sanções	1073
38.6.	Processo administrativo de responsabilização	1074
38.7.	Acordo de leniência	1075
38.8.	Responsabilização judicial	1076
38.9.	Cadastro nacional de empresas punidas	1077
38.10.	Prescrição	1077
38.11.	Outras esferas	1078

39 Improbidade administrativa 1079

39.1.	Introdução	1079
	39.1.1. Ancedentes históricos	1079
	39.1.2. Evolução da probidade no brasil	1083
	39.1.3. A casuística disfuncional nas ações de improbidade	1087
	39.1.4. A fuga da responsabilização dos agentes públicos	1092
	39.1.5. Reforma promovida pela lei n. 14.230/2021	1096
39.2.	Sujeito ativo	1104
39.3.	Prerrogativa de foro	1109
39.4.	Sujeitos passivos	1112
39.5.	Ressarcimento do dano, perda do acréscimo patrimonial ilícito e indisponibilidade dos bens	1113
39.6.	Tipos de atos de improbidade administrativa	1114
39.7.	Gravidade da lesão à moralidade	1120
39.8.	Sanções aos atos de improbidade administrativa	1121
39.9.	Elementos subjetivos	1124
39.10.	Declaração de bens	1125
39.11.	Processo	1126
39.12.	Prescrição	1130
	39.13. Ressarcimento	1132

40 Processo administrativo 1134

40.1.	Introdução	1134
40.2.	Conceito	1135

32 CURSO DE DIREITO ADMINISTRATIVO

40.3. Processo administrativo e procedimento administrativo 1136
40.4. Aplicabilidade e finalidade...1137
40.5. Princípios específicos do processo administrativo 1138
    40.5.1. Princípios do contraditório e da ampla defesa 1138
    40.5.2. Princípio da oficialidade 1139
    40.5.3. Princípio do formalismo moderado............................1140
    40.5.4. Princípio da verdade real......................................1140
40.6. Definições e critérios no processo administrativo 1141
40.7. Direitos dos administrados...1143
40.8. Deveres do administrado 1144
40.9. Início do processo administrativo.....................................1145
40.10. Interessados 1145
40.11. Competência...1146
40.12. Impedimentos e da suspeição...1147
40.13. Forma, tempo e lugar dos atos do processo...........................1147
40.14. Comunicação dos atos..1148
40.15. Instrução...1149
40.16. Dever de decidir..1151
40.17. Decisão coordenada..1151
40.18. Motivação 1154
40.19. Desistência e outros casos de extinção do processo 1155
40.20. Anulação, revogação e convalidação..................................1155
40.21. Recurso administrativo, reconsideração e revisão.....................1155
40.22. Súmula vinculante...1158
40.23. Prazos 1159
40.24. Prioridade na tramitação 1159
40.25. Reclamação administrativa 1160
40.26. Representação...1160
40.27. Recurso hierárquico próprio e impróprio 1161

41 Agentes públicos **1165**
41.1. Conceito 1165
41.2. Cargos públicos, empregos públicos, funções públicas e mandatos
    públicos..1167
41.3. Nepotismo 1172
41.4. Tipos de agentes públicos 1176
    41.4.1. Agentes políticos...1176
    41.4.2. Militares...1177
        41.4.2.1. Considerações iniciais................................1177
        41.4.2.2. Estatuto dos militares (Lei n. 6.880/80) 1179
    41.4.3. Empregados públicos...1179
        41.4.3.1. Conceito 1179
        41.4.3.2. Histórico...1182
    41.4.4. Contratados por tempo determinado (inciso IX do art. 37 da CF/88) 1186
    41.4.5. Particulares em colaboração com o poder público 1188
    41.4.6. Servidores públicos 1189
        41.4.6.1. Concurso público.....................................1193
        41.4.6.2. Provimento e investidura 1206
        41.4.6.3. Posse e exercício......................................1211
        41.4.6.4. Vacância 1211
        41.4.6.5. Estabilidade 1218
        41.4.6.5.1. Estabilidade sem concurso público.......................1223
        41.4.6.6. Vitaliciedade...1223

41.4.6.7. Remoção 1224
41.4.6.8. Redistribuição 1225
41.4.6.9. Substituição 1226
41.4.6.10. Greve no serviço público.......................................1226
41.4.6.11. Salário, vencimento, remuneração, soldo e subsídio............1229
41.4.6.12. Vantagens 1237
41.4.6.13. Indenizações..1237
41.4.6.14. Gratificações..1240
41.4.6.15. Adicionais...1242
41.4.6.16. Férias..1244
41.4.6.17. Licenças..1245
41.4.6.18. Afastamentos 1248
41.4.6.19. Concessões 1253
41.4.6.20. Tempo de serviço..1254
41.4.6.21. Direito de petição...1255
41.4.6.22. Seguridade social do servidor público 1257
41.4.6.22.1. Competência para legislar 1260
41.4.6.22.2. Regimes previdenciários 1260
41.4.6.22.2.1. Regime Geral de Previdência Social...................1261
41.4.6.22.2.2. Regime Próprio de Previdência Social................1262
41.4.6.22.2.3. Regime de Previdência Complementar 1263
41.4.6.22.3. Sucessivas emendas à Constituição Federal.................1266
41.4.6.22.4. Emenda Constitucional n. 103/2019 (Reforma da Previdência)...1270
41.4.6.22.5. Princípios constitucionais da previdência do servidor público ...1276
41.4.6.22.5.1. Princípio da filiação obrigatória.....................1276
41.4.6.22.5.2. Princípio do caráter contributivo....................1278
41.4.6.22.5.3. Princípio do equilíbrio financeiro e atuarial.........1283
41.4.6.22.5.4. Princípio da solidariedade..........................1286
41.4.6.22.6. Benefícios...1288
41.4.6.22.6.1. Aposentadoria...................................1289
41.4.6.22.6.1.1. Natureza jurídica do ato de concessão de aposentadoria 1290
41.4.6.22.6.1.2. Proventos de aposentadoria....................1294
41.4.6.22.6.1.3. Modalidades de aposentadoria 1299
41.4.6.22.6.2. Auxílio-natalidade 1310
41.4.6.22.6.3. Salário-família...................................1311
41.4.6.22.6.4. Licença para tratamento de saúde................1311
41.4.6.22.6.5. Licença à gestante, à adotante e licença-paternidade 1312
41.4.6.22.6.6. Licença por acidente em serviço 1314
41.4.6.22.6.7. Assistência à saúde do servidor e dos seus dependentes...1315
41.4.6.22.6.8. Garantia de condições individuais e ambientais de trabalho satisfatórias 1315
41.4.6.22.6.9. Pensão vitalícia ou temporária ao dependente 1316
41.4.6.22.6.10. Auxílio-funeral 1321
41.4.6.22.6.11. Auxílio-reclusão aos dependentes.................1321
41.4.6.23. Regime disciplinar dos servidores públicos.................1322
41.4.6.23.1. Ilícito administrativo disciplinar 1322
41.4.6.23.1.1. Aspectos gerais 1322
41.4.6.23.1.2. Tipicidade, antijuridicidade e culpabilidade disciplinares ...1327
41.4.6.23.1.3. Extraterritorialidade............................1329
41.4.6.23.2. Garantias constitucionais 1330
41.4.6.23.3. Previsão constitucional 1333

34 CURSO DE DIREITO ADMINISTRATIVO

41.4.6.23.4. Pessoas sujeitas ao processo administrativo disciplinar e à sindicância da Lei n. 8.112/90: Servidores públicos 1334
41.4.6.23.5. Normas aplicáveis 1341
41.4.6.23.6. Objeto do processo administrativo disciplinar e da sindicância acusatória...............................1343
41.4.6.23.7. Sanções...1348
41.4.6.23.8. Prescrição...1357
41.4.6.23.9. Denúncia 1366
41.4.6.23.10. Deveres de delação, de promoção da apuração e de apuração 1367
41.4.6.23.11. Verificação preliminar..............................1369
41.4.6.23.12. Termo de ajustamento de conduta....................1372
41.4.6.23.13. Sindicância 1376
  41.4.6.23.13.1.Sindicância investigativa 1377
    41.4.6.23.13.1.1. Sindicância patrimonial 1379
  41.4.6.23.13.2. Sindicância acusatória 1380
41.4.6.23.14. Processo administrativo disciplinar (PAD) 1384
  41.4.6.23.14.1. Conceito legal 1385
  41.4.6.23.14.2. Instauração 1386
  41.4.6.23.14.3. Medida cautelar de afastamento preventivo 1390
  41.4.6.23.14.4. Comissão processante 1391
  41.4.6.23.14.5. Natureza dos atos da comissão: vinculação e discricionariedade 1403
  41.4.6.23.14.6. Prazo de conclusão do processo administrativo disciplinar 1406
  41.4.6.23.14.7. Inquérito 1408
  41.4.6.23.14.8. Julgamento 1422
    41.4.6.23.14.8.1. Aspectos gerais 1422
    41.4.6.23.14.8.2. Julgamento contrário ao relatório 1425
  41.4.6.23.14.9.Reconsideração e recurso 1426
  41.4.6.23.14.10. Revisão,.....................................1433
  41.4.6.23.14.11. Processo administrativo disciplinar sumário.........1434
  41.4.7. Outros agentes públicos 1436

42 Intervenção do estado no domínio econômico.....................1438
42.1. Introdução 1438
42.2. Criação de empresas estatais (executor) 1440
42.3. Monopólio (executor) 1441
42.4. Controle do abastecimento (normativo e regulador) 1443
42.5. Tabelamento de preços (normativo e regulador).....................1443
42.6 Repressão ao abuso do poder econômico (normativo e regulador) 1444

Referências bibliográficas 1449

PREFÁCIO

Muito me alegra prefaciar o livro *Curso de direito administrativo*, de autoria de Reinaldo Couto.

Sei que esta obra é fruto da experiência profissional do advogado da União e professor de Direito Administrativo da Universidade do estado da Bahia que, em seus anos de advocacia pública e magistério, pôde acumular conhecimento – teórico e prático – do exercício da advocacia perante os Tribunais Superiores.

Sei também que este livro é fruto – especialmente – da convivência que tivemos no STJ. Aqui, no âmago dos julgamentos das grandes questões da legislação federal e, certamente, do direito administrativo, que o jurista Reinaldo Couto, enquanto cedido pela Advocacia-Geral da União, teve a brilhante ideia de elaborar um livro doutrinário que espelhasse a jurisprudência dos Tribunais Superiores.

Obra inédita no mercado editorial, cujo conteúdo me fascina. A preocupação com a didática, sem perder sua profundidade com cada um dos temas abordados, é marca patente deste trabalho, um verdadeiro presente a todos os que militam na área de direito administrativo.

Temas tormentosos que passaram pelo julgamento dos Tribunais Superiores são tratados sob o ponto de vista acadêmico, destacando, exemplificativamente:

– os limites da função dos guardas municipais (STJ, AgRg no AgRg no Ag 1.078.217/SP);

– os princípios da Administração Pública para explicar a "improbidade administrativa e boa-fé do administrador público", quando inexiste prejuízo para os cofres públicos, por exemplo, na contratação e efetivo serviço de pessoal para serviços de carreira (STJ, EREsp 575.551/SP; STJ, REsp 711.732/SP, EREsp 260.821);

– questões atinentes a inexigibilidade de licitação, como a discutida no REsp 932.821/RS, em que a Administração Pública contratou publicitário sem licitação, sob o pretexto de que a criação da propaganda é um trabalho artístico, tese rechaçada pela 2ª Turma do STJ;

– os ensinamentos a respeito da "finalidade do ato administrativo", caso em que o instituto da remoção dos servidores por exclusivo interesse da administração foi utilizado como meio de sanção disciplinar (STJ, RMS 26.965/RS);

– a autoexecutoriedade do ato administrativo, com o exemplo jurisprudencial da possibilidade de o município determinar o fechamento de prédio irregular (REsp 696.993/SP);

– a questão de mérito do ato administrativo, insindicável no Poder Judiciário, exceto em suas formalidades e competência do agente (STJ, MS 13.742/DF);

– explicações a respeito da "potestade revocatória", com o exemplo do fim da delegação de serviço cartorário após a aposentadoria voluntária do delegatário (STJ, RMS 29.403/MS), entre outros exemplos que permeiam a obra para bem ilustrar os temas clássicos do direito administrativo.

É, sem dúvida, uma abordagem nunca antes vista pela doutrina nacional. A preocupação do autor em apresentar conceitos doutrinários sólidos, conciliando-os com a jurisprudência do Superior Tribunal de Justiça e a do Supremo Tribunal Federal, torna o livro essencial para o estudo dos casos reais.

Na verdade, cada julgado representa, em si mesmo, um ensinamento que pode ser traduzido para fins didáticos. O difícil é enxergar essas lições e dispô-las de forma sistematizada, como fez o jurista Reinaldo Couto.

Interessante observar que, apesar de fundada em precedentes jurisprudenciais, a obra não se desfaz com o tempo. Os conceitos arraigados na doutrina e esmiuçados pela jurisprudência servem como lastro para qualquer peça judicial, trabalho doutrinário ou estudos para fins acadêmicos. Diria que esta obra é atemporal, permanece vívida nas estantes das bibliotecas e será de consulta permanente para aqueles que aspiram entender um pouco mais o complexo direito administrativo brasileiro.

Encerro este prefácio com palavras de agradecimento ao advogado Reinaldo Couto, pelo assessoramento a mim proporcionado no período em que esteve no Superior Tribunal de Justiça. Quantas discussões de teses jurídicas? Quantos desassossegos da alma para chegar a uma decisão justa? Quantas possibilidades existem de interpretação? Mas somente uma pode ser tomada! É fundamental estar cercado, nesta difícil tarefa de Ministro do Superior Tribunal de Justiça, de pessoas brilhantes, que possam discutir e apresentar perspectivas particulares a respeito de cada um dos processos colocados em julgamento.

É por isso que pessoas de elevado caráter, profundo conhecimento científico e que não tenham medo de trabalhar duro, enquadram-se no perfil que busco para meus assessores. E digo, sem pestanejar, que Reinaldo Couto preenche, com folga, todos esses requisitos.

Desejo a todos uma ótima e proveitosa leitura.

Humberto Martins
Ministro do Superior Tribunal de Justiça

APRESENTAÇÃO

O Direito Administrativo foi definido por Fritz Werner como o "Direito Constitucional concretizado"[1]. É interessante analisar essa correlação entre o Direito Constitucional e o Direito Administrativo, especialmente quando alguns sustentam que o último teve como marco inaugural o Estado de Direito e o surgimento de instituições como o Conselho de Estado, em França[2].

Creio não ser essa correlação totalmente correta. O Direito Administrativo, como instrumento de organização jurídica das relações de *competência, ordenação, tributação* e de *demanda*, como querem autores como Hartmut Maurer[3], preexiste ao Estado moderno. Não há como se negar a existência de normas tipicamente administrativas, apenas para citar dois exemplos, nas Ordenações Filipinas e no Código Civil da Áustria de 1811. Haveria, nesse sentido, a necessidade de se distinguir o Direito Administrativo *moderno*, da Ilustração, subordinado à lei e ao Estado de Direito, de um Direito Administrativo *antigo*, serviente do *princeps legibus solutus est*, que remonta ao imperador bizantino Justiniano e que foi utilizado como fundamento jurídico do conflito entre os gibelinos e guelfos, como meio de afirmação da supremacia do poder temporal e da vontade do soberano (do Sacro Império Romano-Germânico) em face dos poderes espirituais do Papado.

O Direito Constitucional, que se concretizaria no Direito Administrativo, conforme a célebre frase de Fritz Werner, ele mesmo é muito recente e passou

---

[1] Fritz Werner, Verwaltungsrecht als konkretisiertes Verfassungsrecht, *DVBl – Deutsche Verwaltungsblatt*, 1959, S. 527 bis 533.

[2] É o que defende Celso Antônio Bandeira de Mello (*Curso de direito administrativo*. 27. ed. São Paulo: Malheiros, 2010, p. 38-48), especialmente quando afirma que "o Direito Administrativo nasce com o Estado de Direito. Nada semelhante àquilo que chamamos de Direito Administrativo existia no período histórico que precede a submissão do Estado à ordem jurídica".

[3] Hartmut Maurer, *Allgemeines Verwaltungsrecht*, 14. Auflage, München: C. H. Beck, 2002, §1º, 14-20.

por diversas claudicações, a começar por seu próprio nome. É interessante ler na obra de Horst Dippel a curiosa história de sua formação onomástica no Direito alemão, a partir da própria denominação de seu objeto primário, a Constituição, que teve diferentes acepções, ora significando a estrutura política de um Estado, ora representando sua estrutura jurídica[4]. Daí se falar em *Konstitution* ou em *Verfassung*, esta última usada como sinônimo para o latim *status*, mas que terminou por prevalecer, a ponto de hoje o Direito Constitucional, na Alemanha, ser conhecido como *Verfassungsrecht*.

E por que essas afirmações, que de certo modo contestam algumas verdades estabelecidas sobre o Direito Administrativo, guardam conexão com o *Curso de direito administrativo*, de autoria de Reinaldo Couto, meu ilustre colega de Advocacia-Geral da União e dileto amigo? O leitor terá a oportunidade, nas páginas que seguem, de encontrar essa correlação, pois travará contato com uma obra *diferente* e *inovadora* sobre essa importante província do Direito Público.

O Direito Administrativo brasileiro, até os anos 1990, foi profundamente influenciado pela Escola francesa, com alguns aportes do Direito espanhol (Eduardo García de Enterría)[5] e do Direito italiano (Renato Alessi)[6]. A teoria administrativa brasileira forjou-se na análise de grandes institutos como o ato administrativo, o contrato, os serviços públicos, a estrutura da Administração, o poder de polícia, a discricionariedade e as licitações. Havia significativa indiferença em relação ao que decidiam os tribunais. Algo parecido dava-se com o Direito Constitucional, coerentemente com a experiência francesa, mais preocupada com a Teoria do Estado e com a Ciência Política, até que surgisse o movimento reformador de Louis Favoreu, que deu à jurisprudência da Corte Constitucional um papel de preeminência no constitucionalismo francês contemporâneo[7].

Nos anos 1990, com a abertura do Estado brasileiro e os movimentos de liberalização da Economia, com a privatização e a queda das barreiras protecionistas da indústria nacional, o Direito Administrativo passou a sofrer intensa

---

[4] Horst Dippel, Constitución, in *Constitucionalismo moderno*, tradución de Clara Álvarez Alonso y María Salvador Martínez, Madrid: Marcial Pons, 2007, p. 13-16.

[5] Eduardo Garcia de Enterría e Tomas-Ramon Fernandez, *Curso de derecho administrativo*. 3. ed. Madrid: Civitas, 1980, t. 1.

[6] Com a contribuição fundamental para os conceitos de interesse público primário e secundário.

[7] Recomenda-se a consulta de: Louis Favoreu (Coord.), *Droit des libertés fondamentales*. 3. ed. Paris: Dalloz, 2005; Louis Favoreu e Loïc Philip, *Le Conseil Constitutionnel*. 2. ed. Paris: PUF, 1978. Para uma visão crítica de contribuição para o Direito Constitucional: Cheryl Saunders, The Interesting times of Louis Favoreu, *International Journal of Constitutional Law*. v.5, n. 1, p. 1-16, jan. de 2007.

influência da Escola inglesa. A regulação dos serviços públicos, as agências reguladoras, as parcerias público-privadas, as concessões e os contratos de gestão terminaram por ocupar espaços privilegiados na doutrina brasileira, com a fundação de revistas jurídicas e a reformulação de programas universitários.

Em paralelo, o Direito Constitucional transformou-se cada vez mais em uma área de forte subordinação ao pensamento pretoriano, especificamente o que decide o Supremo Tribunal Federal. O processo de *jurisprudencialização*, com a licença do neologismo, ocorreu de forma intensa, como já tive a oportunidade de denunciar alhures[8].

Essas renovações – e a discussão de seus méritos, ou da ausência deles – são importantes. Em relação ao Direito Administrativo, creio que o Brasil não chegou ainda à tão esperada estabilização de seus fundamentos teóricos. O debate entre as tradições francesa e anglo-saxã permanece, sem que disso haja a definição de uma vertente segura para os estudantes e os estudiosos da disciplina.

É por essa razão que a obra de Reinaldo Couto traz inegável alento aos administrativistas e aos não administrativistas, como é o meu caso, a quem se cometeu o agradável mister de apresentar o *Curso de direito administrativo*, em razão da generosidade do autor.

A obra rompe com certas verdades axiomáticas, que pouco têm de verdade e nada de axiomas. Reinaldo Couto, na abertura de seu livro, acentua a preexistência do Direito Administrativo ao período da Revolução Francesa, além de reconhecer sua ligação histórica com o Direito Civil.

Assume Reinaldo Couto, à partida, sua opção teórica por soluções contemporâneas da Teoria do Direito, valendo-se da contribuição do sociólogo germânico Niklas Luhmann, o pai da teoria dos sistemas, que possui em Gunther Teubner um de seus grandes discípulos, ao lado de Marcelo Neves, jurista brasileiro de renome internacional. Reinaldo Couto rompe com o culto ao Estado-administrador, tão ligado a certa expressão do Direito Administrativo no Brasil, fortemente comprometida com os regimes políticos autoritários dos anos 1930-1940 e 1960-1980.

Outra significativa contribuição deste novo manual de Direito Administrativo está na forma como os institutos são apresentados ao leitor. Reinaldo Couto, de modo explícito, afirma que a obra tem o compromisso de expor a visão do Superior Tribunal de Justiça (onde ele foi um brilhante assessor do não menos insigne ministro Humberto Martins) e do Supremo Tribunal Federal sobre os institutos jurídico-administrativos. Longe de se inscrever na escola da *jurispru-*

---

[8] Otavio Luiz Rodrigues Júnior, Dogmática e crítica da jurisprudência (ou da vocação da doutrina em nosso tempo), *Revista dos Tribunais*, São Paulo, v. 99, n. 891, p. 65-106, jan. 2010.

denciolatria, tão pouco benfazeja à doutrina jurídica, ele usa corretamente os julgados dos dois mais importantes tribunais do país como índice de aplicação teórica. E nesse aspecto, Reinaldo Couto revela-se fiel seguidor da proposta epistemológica de Louis Favoreu, a saber, de propiciar o diálogo do Direito dos livros, dos professores, com o Direito dos juízes, da vida quotidiana.

Reinaldo Couto, advogado da União, meu colega da turma de 2001, é bacharel pela Universidade Católica do Salvador e mestre pela Faculdade de Direito da Universidade Federal da Bahia, ambos concluídos com distinção acadêmica. Cursou pós-graduação na Universidade Clássica de Lisboa e foi assessor de ministro do Superior Tribunal de Justiça, atuando na Segunda Turma e na Primeira Seção, ambas especializadas em Direito Administrativo. Profundo conhecedor do idioma de Balzac, recebe inegáveis aportes da Escola francesa, o que se percebe pela estrutura do livro.

É, por assim, um autor com vivência prática singular nos temas que são objeto de seu Curso, além de possuir o necessário referencial teórico e filosófico. O leitor não correrá o risco de afogar-se nas platitudes teóricas, muito menos de ficar sedento nas esterilidades da pragmática.

Orienta-se o *Curso de direito administrativo*, de Reinaldo Couto, também para os que prestam provas de concursos públicos. A vinculação desses candidatos à *resposta correta* das bancas examinadoras é atroz, pois, muita vez, é necessário renunciar ao debate mais aprofundado em nome da objetividade de um posicionamento. A esses, o livro terá inegável utilidade, com a vantagem adicional de não ser apenas voltado para esse fim.

Ao leitor apresento uma obra com diversas qualidades. Acredito na franca acolhida deste manual pelo público, que dele se aproveitará para os mais diversos fins, seja ele formado por universitários, profissionais do Direito, seja composto por candidatos a exames públicos.

Em tempos de coisas novas que não são boas e de que coisas boas que não são novas na literatura jurídica, o surgimento deste *Curso de direito administrativo* é uma inovadora contribuição ao Direito Público brasileiro, que é agora publicado pelo prestigioso selo da Editora Saraiva.

Reinaldo Couto, admirável jurista, com imenso esforço pessoal, oferece o melhor de seu espírito e de sua inteligência nesta obra. E o faz com absoluta competência. A apresentação, nesse sentido, é por demais favorecida pelos méritos do autor e da obra, que falarão por si mesmos nas próximas páginas.

Otavio Luiz Rodrigues Júnior
Advogado da União e Professor Doutor da Universidade de São Paulo – USP
Pós-doutor em Direito Constitucional – Universidade de Lisboa

INTRODUÇÃO

"Sempre que você descobrir que está no lado da maioria, é tempo de corrigir-se."[1]

O Direito Administrativo atual representa mais um **estatuto protetivo do administrado** do que fonte de poder estatal, não existindo para acentuar a real desigualdade entre o indivíduo e o Estado, mas, sobretudo, para diminuir a hipertrofia dos órgãos e agentes públicos e reduzir a fragilidade do ser humano. Dessa forma, é indubitável que a sua presença nos Estados democráticos de Direito tem como objetivo maior preservar direitos fundamentais.

É imprescindível que as normas da Administração Pública sejam interpretadas e aplicadas com a finalidade de garantir a **máxima efetividade dos Direitos Fundamentais**. Deve estar gravado na mente do agente público que a sua atuação não tem como objetivo apenas atender ao interesse público, devendo conformar-se também com os **legítimos interesses privados**.

---

[1] KAPLAN, Fred. *The singular Mark Twain*. New York: Doubleday, 2003.

2

CONCEITO DE DIREITO ADMINISTRATIVO

Precisar o **surgimento do Direito Administrativo** é tarefa impossível, pois a Ciência do Direito analisa objeto cultural, baseada na imputação e no subjetivismo humano. Não há, nas Ciências Humanas, relação de causalidade; existe, sim, a atribuição de consequências e valores aos fatos individuais e sociais relevantes.

O aparecimento de um fenômeno estudado pelas ciências naturais pode se dar em um preciso e exato momento. Por exemplo, os terremotos surgem em data precisa, não sendo necessária grande atividade intelectual para identificar a manifestação de tal fenômeno na natureza.

Dessa forma, o conceito de Direito Administrativo é construído com base na evolução das relações travadas na sociedade.

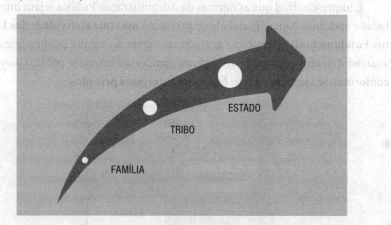

No Brasil, o Direito Administrativo começou a ser estudado com mais rigor científico com a instituição da cadeira ou disciplina nas faculdades de Ciências Jurídicas e Sociais através do Decreto n. 608, de 16 de agosto de 1851. Eis o seu art. 2º:

Art. 2º He autorisado tambem o Governo a crear mais duas Cadeiras, huma de **Direito Administrativo**, e outra de Direito Romano, continuando porêm a ser de cinco annos o curso completo das Sciencias Juridicas e Sociaes.

O Direito Administrativo é, segundo a **ótica subjetiva**, um conjunto de normas, regras e princípios que regem as **relações internas** da Administração Pública e as **relações externas** que são travadas entre ela e os administrados.

RELAÇÕES	
INTERNAS	EXTERNAS

O conceito objetivo leva em conta não os atores da relação, mas, sim, como o próprio nome diz, o objeto da relação jurídica travada.

Sob a **ótica objetiva**, o Direito Administrativo é o conjunto de normas que regulam a atividade da Administração Pública de atendimento ao interesse público.

ÓTICA SUBJETIVA	ÓTICA OBJETIVA
LEVA EM CONTA OS SUJEITOS DA RELAÇÃO	LEVA EM CONTA O OBJETO DA RELAÇÃO (INTERESSE PÚBLICO)

Assim, observados os dois aspectos acima, tem-se que o Direito Administrativo é o *conjunto de normas – regras e princípios – de direito público que regem as relações internas da Administração Pública e as relações externas que são travadas entre ela e os administrados, sob um regime jurídico diferenciado, para a satisfação do interesse público.*

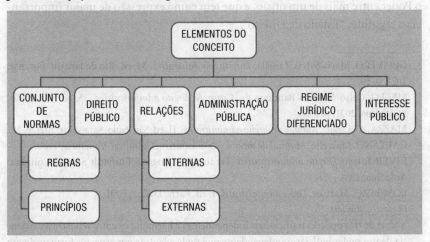

Maria Sylvia Zanella Di Pietro[2] afirma que o Direito Administrativo é o ramo do Direito Público que "tem por objeto os órgãos, agentes e pessoas jurídicas administrativas que integram a Administração Pública, a atividade jurídica não contenciosa que exerce e os bens e meios de que se utiliza para a consecução dos seus fins, de natureza pública".

Para Celso Antônio Bandeira de Mello[3], o Direito Administrativo é o "ramo do direito público que disciplina a função administrativa, bem como pessoas e órgãos que a exercem".

Alexandre Mazza[4] ensina que Direito Administrativo "é o ramo que estuda princípios e normas reguladores do exercício da função administrativa". Marcello Caetano[5] considera que o Direito Administrativo é sistema de normas jurídicas que disciplinam as relações por meio de que o Estado, ou pessoa que com ele coopere, persegue interesses públicos utilizando o privilégio da execução prévia.

Jean Rivero[6] leciona que o **Direito Administrativo descritivo** tem por objeto a delimitação do estatuto dos órgãos administrativos do Estado e das coletividades locais, a forma dos serviços públicos e os procedimentos perante a Administração Pública.

Para Martine Lombard[7], o Direito Administrativo atual é definido como um conjunto de regras aplicáveis à Administração Pública cuja inobservância pode ser sancionada por julgadores independentes. Seu conceito remete à separação de Poderes apresentada formalmente por Montesquieu[8], com a ideia de limites ao Poder Absoluto[9]. Lombard mostra claramente que divide o Direito Administrativo em duas fases, quais sejam, a moderna e a antiga.

O conceito de Lombard pode ser encaixado na fase moderna, que dispersa o Poder entre mais de um órgão, e que tem como expressão de maior importância a seguinte: "Estado de Direito".

---

[2] DI PIETRO, Maria Sylvia Zanella. *Direito administrativo*. 34. ed. Rio de Janeiro: Forense, 2021. p. 59.

[3] MELLO, Celso Antônio Bandeira de. *Curso de direito administrativo*. 35. ed. São Paulo: Malheiros, 2021. p. 33.

[4] MAZZA, Alexandre. *Manual de direito administrativo*. 11. ed. São Paulo: SaraivaJur, 2021. p. 38.

[5] CAETANO, Marcello. *Manual de direito administrativo*. Coimbra: Almedina, 1980.

[6] RIVERO, Jean *Direito administrativo*. Tradução de Rogério Ehrhardt Soares. Coimbra: Amedina, 1981.

[7] LOMBARD, Martine. *Droit administratif*. 4. ed. Paris: Dalloz, 2001.

[8] *O espírito das leis*.

[9] A ideia de três poderes tradicionais independentes e harmônicos entre si ilustra a existência de um poder judiciário independente que pode adentrar nos aspectos formais do ato administrativo e, em alguns casos, sindicar os aspectos materiais.

O **aparecimento do Estado** não se confunde, porém, com o surgimento do Estado de Direito, e o Direito Administrativo, ainda que qualificado como antigo, surgiu com o aparecimento do Estado, pois mesmo nas épocas em que os direitos fundamentais não eram respeitados havia normas administrativas que disciplinavam as relações estatais.

A nação egípcia, por exemplo, na época dos faraós, tinha as suas regras que tratavam do funcionamento da Administração Pública.

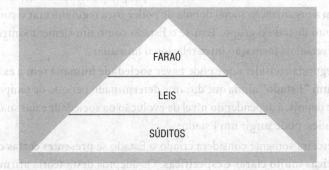

Limitar o conceito com a exigência de órgãos independentes para assegurar a sua observância representa restringir o seu período de existência e termina por vincular o seu estudo à existência de um Estado Constitucional Moderno. Contudo, não se pode negar que um marco para o Direito Administrativo moderno foi a criação do Conselho de Estado francês.

Não havia Administração Pública na França pré-constitucional? É claro que havia, pois existia um poder estatal central que estava dividido em órgãos e que travava relações contratuais ou estatutárias com os administrados.

Tanto nas relações internas quanto nas relações externas existia desproporção, como há no atual Estado de Direito: um dos atores sobrepunha-se aos demais. O Estado tende a sobrepor-se aos cidadãos.

A Administração Pública sempre será **mais forte**, e o administrado, ou os seus elementos internos, será sempre **mais fraco**, pois, para atingir a finalidade pública, a Administração deve ser dotada de poderes extraordinários.

No Direito Administrativo antigo, tais poderes não sofriam as limitações do atual **Estado de Direito**.

O Estado representa a sociedade política dotada de certa organização, devendo ficar bem claras as formas de aquisição, exercício, manutenção, perda do Poder e de fixação das normas de convivência entre os seus membros.

Há três posições fundamentais sobre o surgimento do Estado[10]:

a) a primeira considera o **Estado como a própria sociedade**, confundindo-se com a organização social dotada de poder para regulamentar o comportamento de todo o grupo. Tem-se o Estado como um elemento intrínseco e universal na formação inter-relacional humana;

b) a segunda considera que pode haver **sociedade humana sem a existência de um "Estado"** ainda que durante determinado período de tempo, sendo que depois, a depender do nível de evolução da sociedade e das suas necessidades, pode surgir um Estado;

c) a terceira somente considera criado o Estado se **presentes certas características muito claras e específicas**. Os adeptos desta teoria afirmam, inclusive, que podem precisar com absoluto grau de certeza a data do surgimento de um determinado Estado.

SURGIMENTO DO ESTADO	
CONFUSÃO	ESTADO COMO A PRÓPRIA SOCIEDADE
SEPARAÇÃO	EXISTÊNCIA DE ESTADO SEM SOCIEDADE
PRECISÃO	EXISTÊNCIA DO ESTADO QUANDO HÁ CARACTERÍSTICAS CLARAS E ESPECÍFICAS

As afirmações de Dallari[11] mostram que as duas primeiras teorias sobre o surgimento do Estado são compatíveis com a classificação bipartite de Estado (antigo e moderno). A terceira mostra que pode haver um marco temporal exato para o surgimento do Estado, consubstanciado em um fato histórico preciso.

A terceira teoria desconsidera o Direito como um objeto em plena evolução de acordo com os valores escolhidos pela sociedade da época, fixando

---

[10] DALLARI, Dalmo de Abreu. *Elementos de teoria geral do estado*. 26. ed. São Paulo: Saraiva, 2007.

[11] DALLARI, Dalmo de Abreu. *Elementos de teoria geral do estado*. 26. ed. São Paulo: Saraiva, 2007.

marcos formais para o surgimento de ideias, algo impensável no campo das ciências sociais.

Sem dúvida, o Estado surge com a sociedade organizada para a satisfação do bem comum ou geral, sendo certo que não há como precisar o momento exato de organização da sociedade. É lógico que, para a sua existência, é indispensável um conjunto mínimo de regras consolidado e compreensível aos seus membros.

Houve épocas em que as normas de Direito Administrativo estavam inseridas em repositórios de **Direito Civil**. Por isso, pode-se afirmar que o Direito Administrativo como hoje conhecemos surgiu de uma evolução sistemática das normas de Direito Civil.

Esta evolução, com o consequente aparecimento de novos ramos do Direito derivados dos ramos clássicos, aconteceu também com o Direito Econômico, que, antes de tornar-se um ramo autônomo, com princípios próprios, podia ter as suas regras encontradas em repositórios legais de Direito Administrativo.

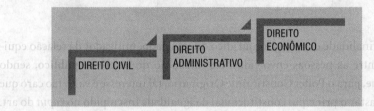

O conceito de Direito Administrativo enceta também como elemento próprio um regime jurídico diferenciado, pois, em regra, as relações travadas pela Administração Pública ilustram claro **desequilíbrio entre as partes**.

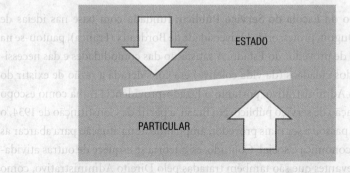

As **relações estatutárias**, ou seja, baseadas somente no que foi estabelecido pela lei sem opção para negociações entre as partes envolvidas, implicam impossibilidade de alteração do conteúdo da relação jurídica, sendo facultada, normalmente, apenas a adesão. Assim, futuro servidor público que tenha sido convocado a apresentar documentos para a nomeação, depois deste ato, poderá ou não tomar posse, mas, se o fizer, deverá, na esfera da União, observar, sem possibilidade de negociação, o disposto na Lei n. 8.112/90, que trata do regime jurídico dos servidores públicos civis da União, das autarquias e das fundações públicas federais.

As **relações contratuais** são, em regra, firmadas com cláusula geral de poderes extraordinários ou exorbitantes para a Administração Pública, pois, em alguns casos, podem ser alteradas ou pode ser rescindido o contrato administrativo unilateralmente.

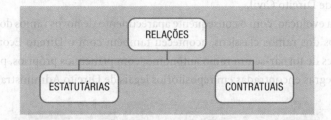

A finalidade deste regime jurídico diferenciado, mitigador da relação equitativa entre as pessoas envolvidas, é a satisfação do **interesse público**, sendo certo que, para o Poder Constituinte Originário, tal interesse é valor tão caro que pode afastar o princípio constitucional da igualdade insculpido no *caput* do art. 5º da CF/88.

A evolução do Direito Administrativo mostra que, em diversas fases, apresentaram-se conceitos de Direito Administrativo com base em concepções ideológicas. Merecem nota os critérios abaixo listados:

1) **Critério da Escola do Serviço Público:** fundada com base nas ideias de Leon Duguit, professor da Universidade de Bordeaux (França), pautou-se na função de provedor do Estado. A satisfação das comodidades e das necessidades dos cidadãos (da vida coletiva) era considerada a razão de existir do Direito Administrativo, portanto o Estado-providência tinha como escopo a prestação de serviço público. No Brasil, a partir da Constituição de 1934, o Estado passou a ser mais provedor, ampliando a sua atuação para abarcar as áreas econômica e social. Contudo, essa teoria se esquece de outras atividades relevantes que são também tratadas pelo Direito Administrativo, como as aquisições de bens e serviços, as relações entre a Administração Pública e seus agentes, o exercício do poder de polícia etc. Sem dúvida, a Escola do Serviço Público inspirou-se na jurisprudência do Conselho de Estado fran-

cês, segundo a qual a competência dos tribunais administrativos passou a ser fixada em função da execução de serviços públicos.

2) **Critério do Poder Executivo**: alguns autores limitam o Direito Administrativo ao Poder Executivo, porém, a Constituição de 1988 mostra que a atividade de Administração Pública pode ser vista em todos os Poderes. O Legislativo e o Judiciário desempenham cotidianamente atividades relacionadas aos seus agentes públicos, à aquisição de bens e serviços através de instrumentos licitatórios, editam atos administrativos entre outras atividades-meio para o bom desempenho das suas atividades-fim.

3) **Critério legalista, empírico, caótico ou exegético**: o conceito deve levar em conta a mera atividade de compilação de leis, deixando de lado as demais fontes do Direito. Dessa forma, a função do jurista seria apenas reunir o conteúdo normativo e aplicá-lo sem analisar de maneira mais profunda.

4) **Critério das relações jurídicas**: para os juristas que o adotam, haveria preponderância nas relações entre a Administração Pública e os administrados. Contudo, mostra-se insuficiente, pois o Direito Administrativo trata também dos aspectos subjetivos da formação das pessoas jurídicas estatais, da escolha dos agentes públicos etc. Além disso, há outros ramos do Direito Público que estabelecem relações entre o Poder Público e os particulares, por exemplo, o Direito Tributário.

5) **Critério teleológico ou finalístico**: adota como elemento principal do Direito Administrativo o seu fim. Apesar de considerar como objetivo mais relevante a satisfação ao interesse público, o conceito de Direito Administrativo abarca o aspecto subjetivo, portanto, não despreza os sujeitos que irão executar para o atendimento e para a preservação do seu maior objetivo, e contempla também a natureza diferenciada da relação jurídico-administrativa.

6) **Critério negativo ou residual**: leva em consideração a exclusão, pois se o ato não for legislativo, de governo ou judicial será da esfera do Direito Administrativo. Assim, como no teleológico, abarcaria, em sentido positivo, a atuação do Estado para a realização dos seus fins e, no sentido negativo, atos que não fossem de outros Poderes ou tratassem da função de governo.

7) **Critério da distinção entre atividade jurídica e social do Estado**: segundo Maria Sylvia Zanella Di Pietro[12], "alguns doutrinadores brasileiros pre-

---

[12] DI PIETRO, Maria Sylvia Zanella. *Direito administrativo*. 34. ed. Rio de Janeiro: Forense, 2021. p. 57.

ferem definir o Direito Administrativo considerando, de um lado, o tipo de atividade exercida (a atividade jurídica não contenciosa) e, de outro, os órgãos que regula; vale dizer, leva-se em consideração o sentido objetivo (atividade concreta exercida) e o sentido subjetivo (órgãos do estado que exercem aquela atividade). Tal é o conceito de Mário Masagão (1926:21), para quem o Direito Administrativo é o 'conjunto dos princípios que regulam a atividade jurídica não contenciosa do Estado e a constituição dos órgãos e meios de sua ação em geral'. Do mesmo feitio é o conceito de José Cretella Júnior (1966, t. 1:182): Direito Administrativo é o 'ramo do direito público interno que regula a atividade jurídica não contenciosa do Estado e a constituição dos órgãos e meios de sua ação em geral".

8) **Critério da Administração Pública:** de acordo com esse critério, a Administração Pública seria o elemento mais relevante do conceito, sobrepondo-se à relação jurídica e à finalidade, representando o Direito Administrativo o conjunto de princípios que a regem. Hely Lopes Meirelles[13] utiliza esse conceito ao afirmar que Direito Administrativo é "o conjunto harmônico de princípios jurídicos que regem os órgãos, os agentes e as atividades públicas tendentes a realizar concreta, direta e imediatamente os fins desejados pelo Estado".

Segundo Diogenes Gasparini, os critérios utilizados para apresentar o conceito de Direito Administrativo podem ser **unitários ou conjugados**. Enquadram-se no **critério unitário**: o legalista, o do Poder Executivo, o da relação jurídica, o do serviço público, o teleológico e o negativo. Os **conjugados** valem-se de, no mínimo, dois dos unitários para definir o Direito Administrativo.

O Direito, de maneira geral, pode ser conceituado, sob a ótica sociológica moderna, como conjunto de normas, regras e princípios, formado por expectativas[14] de comportamentos humanos que o seu criador tem convicção de que não serão atendidas.

A frustração ilustra contradição aparente, pois representa um problema para o Direito e, ao mesmo tempo, nada mais é do que a sua razão de existir.

A convicção do atendimento das expectativas de comportamentos humanos torna desnecessário e inútil o conjunto normativo. Se os criadores das normas regulassem condutas pautadas na inexistência de opção contrária, a norma não

---

[13] MEIRELLES, Hely Lopes; BURLE FILHO, José Emannuel. *Direito administrativo brasileiro*. 42. ed. São Paulo: Malheiros, 2016. p. 42.

[14] LUHMANN, Niklas. *I diritti fondamentali come istituzione*. Bari: Dedalo, 2002.

seria cumprida em virtude da vontade do indivíduo, mas por não haver outra conduta possível.

Precisa ficar claro que o não atendimento às expectativas esperado pelo criador do Direito deve sempre ser planejado como exceção, pois, se fosse regra, a norma gerada careceria de consensualismo e a conduta contrária à norma seria desejo da sociedade.

Todavia, os desejos da maioria da sociedade não são absolutos. Caso contrário, nada impediria a maioria de exterminar a minoria. Não se deve confundir democracia com ditadura da maioria, pois os direitos fundamentais mostram-se limitadores claros e consistentes dos desejos da sociedade. O mais caro valor fundamental no Estado Democrático de Direito substancial é o direito de existência da minoria.

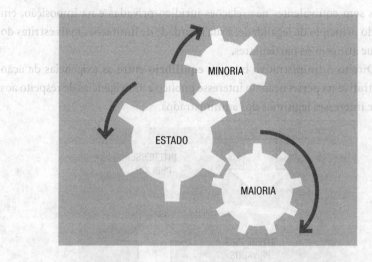

Hipoteticamente, pode ser dado como exemplo, para ilustrar a ausência de opção, norma jurídica que determinasse a todos os seres humanos a adoção da respiração como prática para sua sobrevivência.

Há como ser diferente?

É claro que não, pois existiria como objeto da norma uma descrição biológica que não se processa de outra maneira, não havendo opção. Assim, deve haver, ao menos, a potencialidade real de frustração da expectativa do criador da norma, a fim de que sejam notadas a sua necessidade e a sua utilidade.

Observe-se, porém, que os conceitos variam de acordo com o seu autor e de acordo com as referências que são usadas na sua elaboração. Não há conceito correto ou conceito incorreto dentro do consensualismo mínimo.

Fernando Alves Correia[15], professor da Faculdade de Direito da Universidade de Coimbra (Portugal), afirma que o Direito Administrativo é o sistema de normas jurídicas, distintas das do direito privado, que regulam a organização e o funcionamento da Administração Pública e, bem assim, a função ou atividade materialmente administrativa dos órgãos administrativos.

É sistema de normas jurídicas, porquanto apresenta-se como conjunto de normas dotadas de lógica interna, inspirado por princípios comuns e que constituem algo de homogêneo e específico.

É distinto do Direito Privado por tratar-se de corpo de normas, nas palavras de Correia, de Direito Público, cujos princípios, conceitos e institutos afastam-se do Direito Privado, sendo que as especificidades das normas de Direito Administrativo manifestam-se no reconhecimento à Administração Pública de prerrogativas sem equivalentes nas relações jurídico-privadas e na imposição, em virtude do princípio da legalidade, à sua liberdade de limitações mais estritas do que as que atingem os particulares.

O Direito Administrativo busca o **equilíbrio** entre as exigências da ação administrativa na persecução do interesse público e as exigências de respeito aos direitos e interesses legítimos dos administrados.

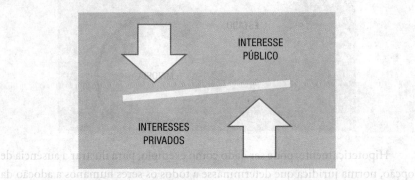

As normas que formam o Direito Administrativo disciplinam a organização e o funcionamento da Administração Pública, definindo os entes e as entidades públicas que a compõem e as suas atribuições, os respectivos órgãos e competências e a estrutura dos serviços públicos, bem como o seu modo de agir específico, e regulam a função ou a atividade materialmente administrativa.

---

[15] CORREIA, Fernando Alves. *Alguns conceitos de direito administrativo*. 2. ed. Coimbra: Almedina, 2001.

Correia[16] entende que somente com o surgimento do Estado de Direito e com o acolhimento do princípio da separação dos poderes é que se pode falar em Direito Administrativo.

Outro conceito de Direito Administrativo qualifica-o como o ramo do Direito Público que tem "por objeto os órgãos, agentes e pessoas jurídicas administrativas que integram a Administração Pública, a atividade jurídica não contenciosa que exerce e os bens de que se utiliza para a consecução de seus fins de natureza pública"[17].

Oswaldo Aranha Bandeira de Mello[18] afirma, com precisão, em seu **conceito analítico**, que o Direito Administrativo juridicamente ordena a atividade do Estado, quanto à organização, ou seja, quanto aos modos e aos meios da sua ação, e quanto à forma da sua própria ação, ou seja, legislativa e executiva, por meio de atos jurídicos normativos ou concretos, na consecução do seu fim de criação de utilidade pública, em que participa, de maneira direta e imediata, bem como das pessoas de direito que façam as vezes do Estado-poder.

Tais atos jurídicos envolvem a ação na disciplina, na fiscalização, na garantia e publicidade dos atos jurídicos dos particulares; no fomento das atividades livres dos particulares; nas limitações à liberdade, à igualdade e propriedade deles em favor do bem comum; na execução de obras públicas e na efetivação de serviços públicos de oferecimento de comodidades de coisas e prestações; e na exigência de encargos análogos aos particulares, para atender ao interesse do todo social.

A busca por um conceito completo de Direito Administrativo não é recente, pois Albert Venn Dicey[19] afirmava que o "Direito Administrativo, ou leis administrativas, tem sido definido pelas autoridades francesas, em termos gerais, como o corpo de normas que regula as relações da administração ou das autoridades administrativas com os cidadãos".

Dicey apresenta, de fato, o **conceito subjetivista** baseado nos atores das relações tratadas pelo Direito Administrativo, deixando de considerar os elementos do regime jurídico diferenciado e satisfação do interesse público.

---

[16] CORREIA, Fernando Alves. *Alguns conceitos de direito administrativo*. 2. ed. Coimbra: Almedina, 2001.

[17] DI PIETRO, Maria Sylvia Zanella. *Direito administrativo*. 34. ed. Rio de Janeiro: Forense, 2021. p. 59.

[18] MELLO, Oswaldo Aranha Bandeira de. *Princípios gerais de direito administrativo*. 2. ed. Rio de Janeiro: Forense, 1979.

[19] DICEY, Albert Venn. *Introduction to the study of the law of the Constitution*. 8. ed. London: Macmillan, 1915. p. 216, tradução nossa.

Ressalte-se que Renato Alessi[20] diferencia o **interesse público primário** do **interesse público secundário**, afirmando, em resumo, que o primeiro seria o interesse da sociedade e o segundo o interesse do Estado. De fato, a dicotomia orgânica Ministério Público/Advocacia Pública adotada pelo Constituinte de 1987 ilustra a existência de tal diferença, visto que o interesse da sociedade nem sempre confunde-se com o estatal, principalmente quando as políticas de governo chocam-se com as políticas públicas, o que será tratado com mais profundidade em tópico próprio.

A Administração Pública deve, entretanto, buscar a **satisfação do interesse público como um todo**, pois a sua natureza somente resta preservada quando deixa de existir como fim em si mesmo para existir como instrumento de realização do bem comum, independentemente do conceito de Direito Administrativo escolhido.

---

[20] ALESSI, Renato. *Principi di diritto amministrativo*. Milano: Giuffrè, 1974.

3
DIREITO ADMINISTRATIVO COMO DIREITO PÚBLICO

O Direito é **uno**, pois constitui um só conjunto de imperativos hipotéticos (normas) que disciplinam o comportamento inter-relacional humano, sendo essencialmente um sistema de harmonização de interesses conflitantes. Contudo, para fim de estudo, faz-se uma divisão metodológica em ramos que apresentam princípios correlatos ou idênticos.

A primeira divisão metodológica do Direito que se pode notar é entre **Direito Público e Direito Privado**. Os doutrinadores apresentam diversas justificativas para a divisão e os mais diversos conceitos desses ramos. Há, inclusive, autores que repudiam veementemente tal classificação, pois entendem que, em todos os momentos, o Direito Público toca o Privado e vice-versa.

O Direito Público é o destinado a disciplinar os **interesses gerais da sociedade**, competindo a ele a organização do Estado (Direito Constitucional), a sua atividade na consecução dos seus fins políticos e financeiros, cuidando da hierarquia entre seus órgãos, das relações com seus funcionários (Direito Administrativo), a distribuição da Justiça (Direito Judiciário), a repressão aos delitos (Direito Penal)[1].

---
[1] RODRIGUES, Silvio. *Direito civil*: parte geral. 29. ed. rev. São Paulo: Saraiva, 1999.

Já o Direito Privado é o que regula as relações entre as pessoas, tendo em vista de forma imediata os seus **interesses particulares ou a ordem privada**.

Não há dúvida de que, como bem afirmado por Oswaldo Aranha Bandeira de Mello[2], o Direito, desde os tempos romanos, vem sendo considerado sob esses dois aspectos. O Direito Público relativo às normas que regulam o Estado-Poder, enquanto independente na ordem externa e soberano na ordem interna, e às relações jurídicas consequentes por ele formadas. O Direito Privado relativo às normas que regulam atividades dos particulares e às relações jurídicas consequentes por eles formadas.

A **preponderância dos bens da vida ou dos interesses envolvidos** é que mostra a natureza da norma jurídica de Direito Público ou de Direito Privado. Há elementos subjetivos, objetivos e formais que podem ilustrar bem a divisão desses ramos.

Em regra, quando um dos atores da relação jurídica é o Estado ou quem faça suas vezes, quando o objeto está relacionado a um interesse transindividual – que ultrapassa a esfera da pessoa envolvida – e quando há regime jurídico diferenciado outorgando poderes extraordinários a um dos atores, as normas de regência têm natureza de Direito Público.

Logo, quando, em regra, os atores não são pessoas jurídicas estatais nem façam as suas vezes, quando o objeto da relação jurídica não ultrapassar as esferas dos envolvidos e quando o regime jurídico encetar relação de igualdade entre os atores, as normas de regência têm natureza jurídica de Direito Privado, sendo, portanto, horizontal a relação entre os envolvidos.

No Direito Público, a **autonomia** da vontade somente pode existir na formação da vontade inicial do ato jurídico, porém, os direitos e deveres relativos à situação jurídica dela resultante, a sua natureza e extensão são regulamentados por ato unilateral do Estado, não por disposições criadas pelas partes. Assim, a relação é marcada pela **verticalidade** e pela **desigualdade**.

Já a manifestação de vontade dos particulares, na conformidade das normas de Direito Privado, realiza-se, em princípio, no plano da **igualdade**, em que as partes, livremente, acordam sobre questões pertinentes aos seus interesses, em que fixam, de maneira específica, o regime jurídico das suas relações.

Para Norberto Bobbio[3] há apenas dois critérios para distinguir o Direito

---

[2]   MELLO, Oswaldo Aranha Bandeira de. *Princípios gerais de direito administrativo*. 2. ed. Rio de Janeiro: Forense, 1979.

[3]   BOBBIO, Norberto. *Direito e Estado no pensamento de Emanuel Kant*. 2. ed., trad. Alfredo Fait. São Paulo: Mandarim, 2000.

Privado do Direito Público, quais sejam, o baseado na forma e o baseado na matéria da relação jurídica. Sendo que, com base na forma, distinguem-se relações de **coordenação** entre sujeitos de nível igual e relações de **subordinação** entre sujeitos em níveis diferentes, dos quais um é superior e outro é inferior.

As relações de **Direito Privado** seriam caracterizadas pela **igualdade** entre os sujeitos; seriam, portanto, relações de coordenação. As relações de **Direito Público** seriam caracterizadas pela **desigualdade dos sujeitos**; seriam, assim, relações de subordinação.

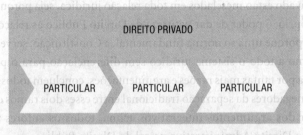

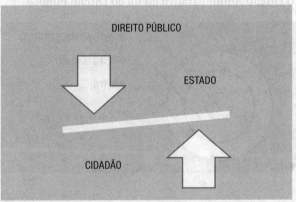

Com base na matéria, distinguem-se interesses individuais de interesses gerais. Levando-se em conta essa distinção, o Direito Privado seria caracterizado pela proteção que oferece aos interesses privados e o Direito Público pela proteção que oferece aos interesses públicos.

Os juristas modernos afirmam que está cada vez mais difícil classificar uma regra jurídica como de Direito Público ou de Direito Privado, visto que os interesses envolvidos, apesar de apresentarem naturezas preponderantes, sempre tocam, como já foi dito, a esfera pública e a privada.

Tem-se como exemplo de relação jurídica que apresenta as duas naturezas referentes aos interesses os **direitos do consumidor e da criança e do adolescen-**

te, pois, nestes casos, entre outros, a natureza pública e a natureza privada, em determinados momentos, confundem-se.

Sob esse prisma, Antônio Luís Machado Neto[4] diz que numerosos são os autores e as concepções que **negam razão ou procedência a todos os critérios distintivos entre Direito Público e Direito Privado**. Por caminhos diferentes e com argumentações e raciocínio independentes, estão nessa perspectiva autores das mais variadas tendências, tais como Kelsen e Duguit.

Para eles, a questão envolve **separação ociosa**, seja porque o interesse público e o privado estão mesclados em toda relação jurídica, seja porque o Estado tem, ele próprio, o poder de dar natureza de Direito Público às relações que escolher, seja porque uma só norma fundamental, a Constituição, serve de fundamento último a todo o sistema jurídico sem diferenciação para o público e o privado, seja por tantas mais razões e argumentações, concluem todos na mesma vertente os negadores da separação tradicional entre esses dois ramos do Direito.

Apesar dos argumentos integrativos acima, todos os autores modernos classificam o Direito Administrativo no rol do Direito Público.

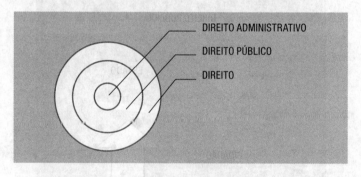

---

[4] MACHADO NETO, Antônio Luís. *Compêndio de introdução à ciência do direito*. 4. ed. São Paulo: Saraiva, 1977.

4

OBJETO DA CIÊNCIA DO DIREITO ADMINISTRATIVO

O **objeto do Direito Administrativo**, segundo a doutrina exegética, são as leis administrativas e os seus atos normativos e concretos suplementares que abrangem a organização interna e externa da atividade executiva e das pessoas estatais, a relação entre a Administração Pública e os Administrados, as limitações à liberdade e à propriedade.

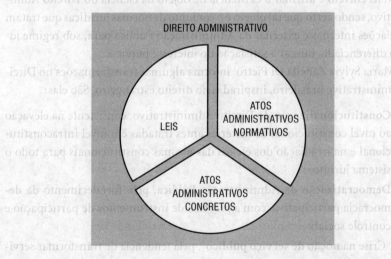

A precisão terminológica exigida na Ciência do Direito impede o jurista de afirmar que o objeto do Direito Administrativo é o ordenamento jurídico administrativo, pois o Direito Administrativo não se confunde com a Ciência do Direito Administrativo. Esta, sim, tem como objeto o estudo do ordenamento jurídico administrativo, ou seja, o estudo do próprio Direito Administrativo para traçar princípios, conceitos e diretrizes deste ramo do Direito.

O Direito Administrativo é o objeto de estudo da Ciência do Direito Administrativo, sendo certo que tal ciência utiliza-se de instrumental diferenciado para traçar as premissas gerais do sistema normativo em questão.

O rigor filosófico mostra que existem três níveis de estudo, quais sejam, a **epistemologia**, a **ciência** e o **objeto**. A primeira é a teoria da ciência e trata do estudo dos pressupostos do saber científico em geral. A segunda estuda determinado objeto, chegando a conclusões gerais e sistêmicas. O terceiro é o conjunto de fenômenos apresentados.

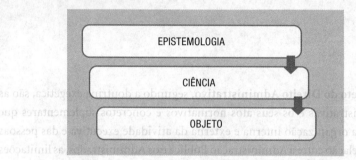

Mais correto é afirmar a existência de objeto da ciência do Direito Administrativo, sendo certo que tal objeto é o conjunto de normas jurídicas que tratam das relações internas e externas da Administração Pública para, sob regime jurídico diferenciado, buscar a satisfação do interesse público.

Maria Sylvia Zanella Di Pietro[1] informa algumas transformações no Direito Administrativo brasileiro, inspiradas no direito estrangeiro. São elas:

1) **Constitucionalização** do Direito Administrativo, consistente na elevação ao nível constitucional de matérias antes tratadas em nível infraconstitucional e na irradiação dos efeitos das normas constitucionais para todo o sistema jurídico;
2) **Democratização** da Administração Pública, pelo fortalecimento da democracia participativa, com a previsão de instrumentos de participação e controle social;
3) "Crise na **noção de serviço público**", pela tendência de transformar serviços públicos exclusivos do Estado em atividades privadas abertas à livre iniciativa e à livre concorrência;
4) Movimento de **agencificação**, com a outorga de função regulatórias às agências reguladoras, instituídas como autarquias de regime especial;

---

[1] DI PIETRO, Maria Sylvia Zanella. *Direito administrativo*. 34. ed. Rio de Janeiro: Forense, 2021. p. 25.

5) Aplicação do **princípio da subsidiariedade**, com a privatização de empresas estatais, privatização de atividades antes consideradas serviços públicos, ampliação da atividade de fomento e das formas de parceria do setor público com o privado e crescimento do terceiro setor;

6) Reforma da Administração, pela instauração da chamada **Administração Pública Gerencial**, maior discricionariedade para as autoridades administrativas, substituição do controle formal pelo controle de resultados, autonomia administrativa, financeira e orçamentária;

7) **Consensualidade** como novo instrumento de atuação da Administração Pública;

8) **Centralidade da pessoa humana** *versus* princípio da supremacia do interesse público;

9) Privatização ou fuga do Direito Administrativo ou **fuga para o direito privado**.

Observa-se que as transformações do Direito Administrativo mencionadas pela autora abrangem, em grande medida, a reordenação da legislação pátria em alinhamento à reforma neoliberal promovida no início da década de 90, na esteira do Programa Nacional de Desestatização (PND), criado pela Medida Provisória n. 155, de 15 de março de 1990, convertida na Lei n. 8.031, de 12 de abril de 1990.

A reforma alicerçou-se em três eixos: programa de desestatização, liberalização dos fluxos financeiros e nova política industrial e de comércio exterior, baseada na redução de tarifas e mitigação de restrições não tarifárias para importações e exportações. O eixo de desestatização concretizou-se por meio da privatização de empresas estatais, mediante análise e inclusão no PND, e da outorga da prestação de serviços públicos à iniciativa privada, nos nichos de atividade em que a atuação empresarial fosse compatível com o objeto do serviço. Esse momento histórico é marcado pelo reconhecimento da importância da infraestrutura para o desenvolvimento do país, ante a insuficiência de recursos públicos para sua implementação, assinalando-se que a maioria dos países em desenvolvimento voltaram-se "para o setor privado para financiar e operar serviços de infraestrutura, buscando investimentos e conhecimento para acelerar melhorias nos níveis de serviço e qualidade. A participação privada é frequentemente precedida de reestruturação do setor e de novas leis e regulamentos"[2].

---

[2] GUASCH, Jose Luis. *Granting and renegotiating infrastructure concessions*: doing it right. Washington, D.C.: The World Bank, 2004. p. 6, tradução nossa.

A transferência da execução de serviço público em favor de particular constitui-se por ato de delegação, configurando-se prestação indireta, hipótese em que a titularidade do serviço público é conservada pelo Poder Público, mas sua execução é delegada ao particular. O fenômeno inerente à mutação do serviço público observado no Brasil ocorre também no continente europeu. Pedro Antônio Pimenta da Costa Gonçalves[3], professor da Universidade de Coimbra, afirma que por meio da delegação por colaboração:

> [...] uma entidade privada vê-se investida da responsabilidade da execução de uma tarefa pública, cabendo-lhe assumir, com autonomia, a gestão ou direção da tarefa de que fica incumbida. A privatização orgânica tem, portanto, subjacente um processo de transferência de responsabilidades públicas. A entidade privada a quem se dirige a medida de privatização passa a ser uma instância de exercício do "poder público".

As transformações em curso potencializam o comando do art. 174 da CF/88 – que atribui ao Estado o papel de agente normativo e regulador da atividade econômica – seguida das Emendas Constitucionais n. 8 e 9, de 1995, e consequentes reformas infralegais, inerentes à transição do modelo de Estado prestador para a formação do Estado regulador no Brasil. Nos dizeres de José Joaquim Gomes Canotilho, "o Estado Social assume hoje a forma moderna de Estado Regulador de serviços públicos essenciais"[4].

A essa mudança do modelo constitucional e forma de atuação do Estado no ambiente das atividades econômicas e serviços públicos relacionam-se, em significativo grau, as transformações experimentadas no seio do Direito Administrativo.

---

[3] GONÇALVES, Pedro Antônio Pimenta da Costa. *Entidades privadas com poderes públicos*: o exercício de poderes públicos de autoridade por entidades privadas com funções administrativas. Coimbra: Almedina, 2008. p. 391.

[4] CANOTILHO, J. J. Gomes. *Direito constitucional e teoria da constituição*, 5. ed. Coimbra: Almedina, 2002. p. 350.

5
DIREITO ADMINISTRATIVO E CIÊNCIA DA ADMINISTRAÇÃO

Apesar de as duas expressões estarem relacionadas a **administração**, não possuem significado idêntico. O **Direito Administrativo** representa atividade jurídica do Estado. A **Ciência da Administração**, apesar de ser utilizada pelo Estado, não representa atividade jurídica, mas sua atividade social.

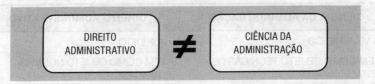

A **Ciência da Administração** é o sistema de conhecimento com o qual os homens podem desenvolver relações, predizer efeitos e influir sobre os resultados, em qualquer situação em que haja pessoas trabalhando conjuntamente, de forma organizada, para um fim comum

Sem dúvidas a consecução dos fins estatais exige a utilização dos dois instrumentos, mas o objeto da Ciência da Administração, sob a ótica estatal, é o conjunto de técnicas e instrumentos de interferência do Estado na sociedade e na economia com base em aspectos técnicos e com base em planejamento, direção, execução e controle, no que tange à gestão governamental.

Dessa maneira, a **ciência da Administração Pública** é uma disciplina que se ocupa do estudo das instituições que visam a satisfação das necessidades coletivas de uma comunidade, procurando assegurar a boa governação, ou seja, a formulação e implementação de políticas públicas conducentes à resolução dos problemas da comunidade, fazendo um uso eficaz e eficiente dos recursos escassos à sua disposição[1].

---

[1] CARVALHO, Elisabete de. Decisão na Administração Pública: Diálogos de racionalidades (http://sociologiapp.iscte-iul.pt/pdfs/10360/10506.pdf).

O Direito Administrativo apresenta as limitações jurídicas para a Ciência da Administração, o que pode ser visto, por exemplo, na colisão entre a legalidade administrativa e a eficiência administrativa.

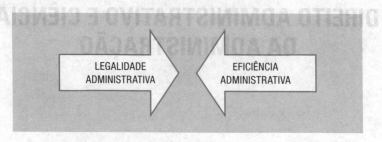

Para a Ciência da Administração, por exemplo, a contratação direta de fornecimento de um bem ou a prestação de um serviço pode ser a forma mais vantajosa para o Estado, o que privilegiaria a eficiência e a boa gestão dos recursos públicos, porém, existe no inciso XXI do art. 37 da CF/88 a obrigatoriedade de que se observe, em regra, o procedimento de licitação.

CIÊNCIA DA ADMINISTRAÇÃO	DIREITO ADMINISTRATIVO
– NÃO JURÍDICO	– JURÍDICO
– TEM COMO OBJETO TÉCNICAS DE GESTÃO	– TEM COMO OBJETO NORMAS JURÍDICAS
– VOLTADA PARA A EFICIÊNCIA	– VOLTADO PARA A LEGALIDADE

6
ATUAÇÃO ESTATAL E FUNÇÕES ESTATAIS

Atuação estatal é o exercício pelo Estado das suas funções com a finalidade de alcançar os objetivos propostos pela sociedade. Relevantes para o ordenamento jurídico são a atuação estatal e a atuação privada. A primeira divide-se em **atuação estatal própria** e **atuação estatal anômala ou anormal**.

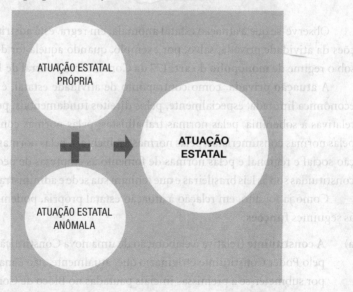

Tanto a atuação estatal quanto a atuação privada, em um Estado Democrático de Direito, são estabelecidas e limitadas pela Constituição.

A **atuação estatal própria**, segundo a Constituição Federal de 1988, ocorre quando a União desempenha uma das suas seis funções, são elas: **a função constituinte; a função reformadora; a função política; a função legislativa; a função administrativa e a função judiciária**.

A **atuação estatal anômala** acontece quando o Estado exerce, excepcionalmente, a atividade econômica necessária aos imperativos da segurança nacional ou a relevante interesse público, na forma do art. 173 da Carta Maior, sob o regime jurídico próprio das empresas privadas, inclusive quanto aos direitos e obrigações civis, comerciais, trabalhistas e tributárias.

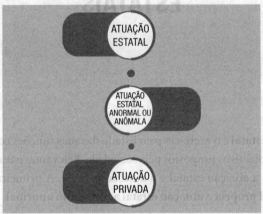

Observe-se que a atuação estatal anômala, em regra, está adstrita às limitações da atividade privada, salvo, por exemplo, quando aquela for desenvolvida sob o regime de **monopólio** do art. 177 da Constituição Federal de 1988.

A **atuação privada**, como contraponto de atividade estatal, é a atividade econômica limitada, especialmente, pelos direitos fundamentais, pelas normas relativas à soberania, pelas normas trabalhistas, pelas normas concorrenciais, pelas normas consumeristas, pelas normas ambientais, pelas normas de integração social e regional e pelas normas de fomento às empresas de pequeno porte constituídas sob as leis brasileiras e que tenham sua sede e administração no país.

Como já foi dito, em relação à atuação estatal própria, podem ser listadas as seguintes **funções**:

a) A **constituinte** (relativa à elaboração de uma nova Constituição e exercida pelo Poder Constituinte Originário que, atualmente, não é mais ilimitado por submeter-se a premissas iniciais pautadas no Bloco de Constitucionalidade, deixando de existir após a promulgação da Constituição);

b) A **reformadora** (relativa à alteração da Constituição Federal);

c) A **política** (relativa aos atos discricionários previstos na Carta Maior que ultrapassam as finalidades da Administração Pública e baseada no pacto social, por exemplo, celebração de tratados);

d) A **legislativa** (relativa à elaboração das leis);

6

ATUAÇÃO ESTATAL E FUNÇÕES ESTATAIS

Atuação estatal é o exercício pelo Estado das suas funções com a finalidade de alcançar os objetivos propostos pela sociedade. Relevantes para o ordenamento jurídico são a atuação estatal e a atuação privada. A primeira divide-se em **atuação estatal própria** e **atuação estatal anômala ou anormal**.

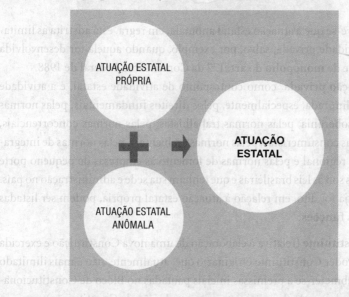

Tanto a atuação estatal quanto a atuação privada, em um Estado Democrático de Direito, são estabelecidas e limitadas pela Constituição.

A **atuação estatal própria**, segundo a Constituição Federal de 1988, ocorre quando a União desempenha uma das suas seis funções, são elas: **a função constituinte; a função reformadora; a função política; a função legislativa; a função administrativa e a função judiciária**.

A **atuação estatal anômala** acontece quando o Estado exerce, excepcionalmente, a atividade econômica necessária aos imperativos da segurança nacional ou a relevante interesse público, na forma do art. 173 da Carta Maior, sob o regime jurídico próprio das empresas privadas, inclusive quanto aos direitos e obrigações civis, comerciais, trabalhistas e tributárias.

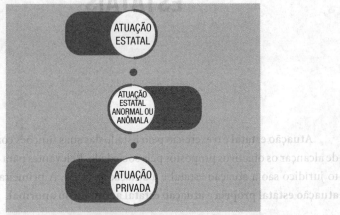

Observe-se que a atuação estatal anômala, em regra, está adstrita às limitações da atividade privada, salvo, por exemplo, quando aquela for desenvolvida sob o regime de **monopólio** do art. 177 da Constituição Federal de 1988.

A **atuação privada**, como contraponto de atividade estatal, é a atividade econômica limitada, especialmente, pelos direitos fundamentais, pelas normas relativas à soberania, pelas normas trabalhistas, pelas normas concorrenciais, pelas normas consumeristas, pelas normas ambientais, pelas normas de integração social e regional e pelas normas de fomento às empresas de pequeno porte constituídas sob as leis brasileiras e que tenham sua sede e administração no país.

Como já foi dito, em relação à atuação estatal própria, podem ser listadas as seguintes **funções**:

a) A **constituinte** (relativa à elaboração de uma nova Constituição e exercida pelo Poder Constituinte Originário que, atualmente, não é mais ilimitado por submeter-se a premissas iniciais pautadas no Bloco de Constitucionalidade, deixando de existir após a promulgação da Constituição);

b) A **reformadora** (relativa à alteração da Constituição Federal);

c) A **política** (relativa aos atos discricionários previstos na Carta Maior que ultrapassam as finalidades da Administração Pública e baseada no pacto social, por exemplo, celebração de tratados);

d) A **legislativa** (relativa à elaboração das leis);

e) A **administrativa** (relativa à atividade de gestão de coisa e interesse público adstrita à observância e execução da lei); e
f) A **judiciária** (relativa à aplicação da lei com força definitiva).

Apesar de serem seis as funções estatais, há, no sistema constitucional posto, **três Poderes**, que são a reunião da função estatal própria com os órgãos competentes para o seu desempenho. Eis os três: o Poder Legislativo, o Poder Executivo e o Poder Judiciário.

PODERES CLÁSSICOS		
LEGISLATIVO	EXECUTIVO	JUDICIÁRIO

A função política é desempenhada, em regra, pelo Poder Executivo e a função constituinte é desempenhada pelo Poder Constituinte Originário que desaparece após a promulgação da Carta Maior.

Poder-se-ia afirmar que a função política ensejaria a formação de um novo Poder por estar associada ao Chefe do Executivo, mas deve ser lembrado que tal função está essencial e indissociavelmente vinculada aos órgãos legitimados pelo sufrágio universal, fazendo parte da essência do Chefe do Executivo e do Congresso Nacional. Assim, a função política não forma um novo Poder. A celebração de tratados pelo chefe do executivo com a ratificação pelo Congresso Nacional em casos de encargos ou compromissos gravosos ao patrimônio nacional é um exemplo de exercício de função política. Contudo, a função política não é objeto de estudo do Direito Administrativo, visto que tal disciplina ocupa-se da função administrativa.

Por fim, fato é que a atividade estatal e a atividade privada devem coexistir de maneira harmônica para que a sociedade seja preservada, sejam produzidas riquezas para a nação, sejam garantidos os direitos fundamentais e o interesse público seja protegido.

7

CONCEITO DE ADMINISTRAÇÃO PÚBLICA SOB OS ASPECTOS FORMAL (orgânico ou subjetivo) E MATERIAL (funcional ou objetivo)

Administrar envolve a prestação, execução, direção, governança de serviço com a intenção de obter determinado resultado. Este conceito geral pode ser usado também na atividade desenvolvida pelo Estado-Poder[1].

São dois os aspectos conceituais de Administração Pública: o material (funcional ou objetivo) e o formal (orgânico ou subjetivo):

a) O primeiro está relacionado basicamente à atividade desenvolvida pelos órgãos administrativos do Estado para a satisfação do interesse público, sendo basicamente a **função administrativa**. Abarca normalmente a prestação de serviço público, a atividade de polícia administrativa, de fomento e de intervenção.

b) O segundo está relacionado ao **conjunto de órgãos, pessoas jurídicas e agentes públicos** que formam, por determinação legal, o Estado.

---

[1] MELLO, Oswaldo Aranha Bandeira de. *Princípios gerais de direito administrativo*. 2. ed. Rio de Janeiro: Forense, 1979.

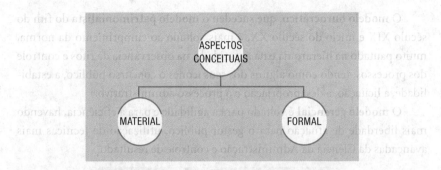

A noção conceitual da Administração Pública é controvertida no campo doutrinário, pois, normalmente, implica opção de prevalência de um dos dois aspectos, objetivo ou subjetivo.

Sublinhe-se que, na escolha de um ou outro, estará sempre presente aspecto formal, visto que, se a prevalência for a natureza do sujeito ou se a prevalência for o objeto público, sempre será necessário um conjunto de órgãos sob regime de regência formalmente diferenciado[2].

Atualmente, fala-se em **Estado em Rede** para demonstrar que, sob o aspecto subjetivo, a Administração Pública deve considerar, além das pessoas jurídicas, órgãos e agentes públicos, a participação dos cidadãos – através das audiências públicas e das consultas públicas – nas suas decisões fundamentais.

Outro aspecto modernizador da Administração Pública é o seu afastamento do modelo burocrático para aproximar-se, dentro do que a lei permitir, do modelo gerencial.

---

[2] MARIENHOFF, Miguel S. *Tratado de derecho administrativo*. 3. ed. atual. Buenos Aires: Abeledo-Perrot, 1980.

O **modelo burocrático**, que sucedeu o **modelo patrimonialista** do fim do século XIX e início do século XX, é mais voltado ao cumprimento da norma, muito pautado na hierarquia e na autoridade, na observância de ritos e controle dos processos, tendo como alguns dos seus ícones o concurso público, a estabilidade, a licitação, a desapropriação e o processo administrativo.

O **modelo gerencial** é voltado para a agilidade e para a eficiência, havendo mais liberdade de atuação para o gestor público, utilização de técnicas mais avançadas da Ciência da Administração e controle de resultado.

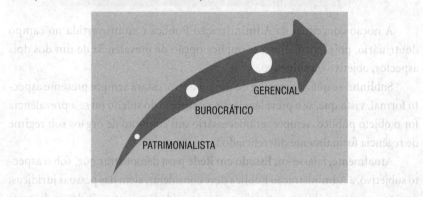

A Administração Pública pode ser também classificada como **introversa (interna)** e **extroversa (externa)**:

a) a primeira diz respeito às relações internas ou endógenas que envolvem os agentes públicos, os órgãos estatais e as pessoas jurídicas estatais;

b) a segunda diz respeito às relações externas ou exógenas.

A atividade da Administração Pública (função administrativa) não se confunde com a **atividade de governo**, pois esta é uma atividade – ou função – política e discricionária que envolve os Poderes do Estado fundada no pacto social estabelecido na Carta Maior e aquela é uma atividade de gestão de coisa e interesse públicos adstrita à observância e execução da lei.

A atividade de governo está relacionada, inclusive, à soberania da nação[3], sendo alguns dos seus exemplos a celebração de tratados, a intervenção e a extradição. O estatuto primordial da função de governo é a Constituição Federal.

Não obstante esse entendimento, há autores que classificam a Administração Pública em sentido amplo e em sentido estrito, sendo que, no primeiro caso, abrangeria os órgãos, os agentes públicos e as pessoas jurídicas estatais que desempenham função de governo e função administrativa e, no segundo caso, somente os órgãos, agentes públicos e pessoas jurídicas estatais que desempenham apenas função administrativa e de execução.

A Administração Pública é a atividade e o conjunto de órgãos, pessoas jurídicas e agentes públicos que buscam aplicar a lei de ofício ou por provocação, sob um regime jurídico especial, para a consecução do interesse público, podendo ser vista não somente no Poder Executivo, mas também nos outros Poderes. Sob o viés da atividade, a Administração Pública pode ser igualada à função executiva.

Não se pode desconsiderar que a função administrativa pode ser mais notada na atuação do Poder Executivo do que nos demais Poderes, pois é a sua **atividade-fim** e, nos demais, é exercida como **atividade-meio**. Assim, o Poder Judiciário e o Poder Legislativo, em menor grau, desempenham função administrativa.

A doutrina aponta que a Administração Pública desempenha basicamente quatro atividades, são elas:

a)   o exercício do poder de polícia;

b)   a prestação de serviços públicos;

c)   o fomento de atividades privadas; e

d)   o controle da atuação do Estado.

---

[3]   MEIRELLES, Hely Lopes; BURLE FILHO, José Emannuel. *Direito administrativo brasileiro*. 42. ed. São Paulo: Malheiros, 2016.

Cada uma dessas atividades será tratada em item próprio desta obra.

Ressalte-se que a Administração Pública, apesar de ser **atividade-fim** do Poder Executivo, será encontrada como **atividade-meio** dos Poderes Legislativo e Judiciário[4], pois não há dúvida sobre a existência de servidores públicos, de contratos administrativos, de processos administrativos disciplinares, de procedimentos licitatórios e de órgãos administrativos em todos os Poderes Constituídos.

Viés fundamental para o exercício da atividade administrativa pública é a gestão de coisa alheia através da execução da lei. O Administrador Público não gere coisa própria e sim coisa alheia, cujo titular, na forma do *caput* e do parágrafo único do art. 1º combinado com o *caput* do art. 37 da CF/88, é o povo.

Observe-se que o poder descrito no parágrafo único citado envolve também o direito de propriedade dos bens públicos. Segue o texto: "Todo o poder emana do povo, que o exerce por meio de representantes eleitos ou diretamente, nos termos desta Constituição".

O Ministro Humberto Martins, do Superior Tribunal de Justiça (STJ), afirmou em decisão monocrática[5] o seguinte: "Ora, o titular da *coisa pública*,

---

[4] O Poder Legislativo tem como atividade-fim a criação das leis e o Poder Judiciário tem como atividade-fim a aplicação das leis ao caso concreto de forma definitiva (coisa julgada).

[5] STJ, REsp 1.179.759/SP, rel. Min. Humberto Martins, decisão monocrática, publicado em 23-3-2010.

em um *regime republicano* como o brasileiro, é o *povo*, na forma do parágrafo único do art. 1º da CF/88. Assim, somente os seus representantes, através das leis, podem dispor do patrimônio público".

De fato, no regime republicano, o **administrador público** não tem, sem previsão legal, qualquer dos poderes inerentes à propriedade sobre os bens ou interesses públicos, sendo, portanto, **mero gestor**. Gize-se que a ausência de mais poderes não representa qualquer demérito para o gestor da coisa pública, pois a sua submissão às leis mostra observância à vontade externada pelo povo através de seus representantes eleitos pelo voto direto.

O STJ tem ratificado as sanções aplicadas aos Administradores Públicos que adotam postura de titulares da coisa pública[6].

---

[6]   STJ, REsp 695.718/SP, rel. Min. José Delgado, 1ª Turma, julgado em 16-8-2005, *DJ* 12-9-2005. p. 234.

8

FONTES DO DIREITO ADMINISTRATIVO

O vocábulo *fonte* vem do latim e significa o *lugar onde brota*, na superfície da terra, água, sendo que deste sentido passa a abranger o ponto de partida de algo. As fontes do Direito são os comandos dos quais emanam as normas que **determinam e vinculam, com base em consenso, a atuação do aplicador do Direito.**

Na linguagem popular, fonte representa a origem, sendo tudo aquilo de onde provém algo. Sob a ótica jurídica, é a origem do Direito, incluídos fatores sociais, econômicos, históricos, entre outros.[1]

As fontes podem ser **materiais** – também conhecidas como reais – sendo as que representam apenas **substrato fático ou o fato social** relacionado ao conteúdo da norma. As fontes materiais caracterizam-se pelos **conflitos ou problemas vividos pelos membros da sociedade** que são ou serão tratados pelo Direito para se buscar ou tentar buscar uma solução. Como fatores culturais, essas fontes são mais estudadas pela sociologia jurídica e pela filosofia do Direito.

As fontes podem ser também **formais**, aquelas que traduzem a exteriorização dos fatos por meio de regra jurídica, sendo que estas fontes podem ser impostas de maneira coercitiva, compelindo de forma geral.

Exemplo de substrato fático ou fato social é a criação pelos químicos de substância desconhecida que causa dependência e danos à saúde do ser humano, sendo a sua inclusão, através de ato administrativo, na lista de substâncias proibidas medida necessária para evitar a produção e a comercialização.

Exemplo de fonte formal é, no caso acima, a lei que proíbe a produção e comercialização de substâncias listadas pelo órgão técnico, através de atos administrativos, como causadoras de dependência e danos à saúde do ser humano.

---

[1] BARROS, Alice Monteiro de. *Curso de direito do trabalho.* 3. ed. rev. e ampl. São Paulo: LTr, 2007.

FONTES DO DIREITO	
MATERIAIS	O FATO SOCIAL (SUBSTRATO FÁTICO)
FORMAIS	A NORMA

É certo que as fontes têm papel fundamental na manutenção da segurança jurídica, pois sistematizam o que o cidadão (administrado) pode esperar do Estado e dos seus pares sociais.

A Lei de Introdução às normas do Direito Brasileiro, Decreto-Lei n. 4.657, de 4 de setembro de 1942, trata de regras jurídicas gerais do ordenamento jurídico aplicáveis, salvo exceções expressas, a todas as normas infraconstitucionais. Tal norma, porém, não deve ser observada para a criação e vigência das normas constitucionais, pois a regência de aspectos formais das normas que se encontram no topo do sistema não pode ser feita por norma de hierarquia inferior.

A única **hierarquia normativa** reconhecida pelo sistema é a que se apresenta entre as **normas constitucionais** e as **normas infraconstitucionais**, não havendo, assim, qualquer relação hierárquica entre as normas infraconstitucionais, mas apenas reserva de competência estabelecida pela própria CF/88. Ressalte-se que, sem embargo de entendimento majoritário contrário, mesmo na relação lei/decreto regulamentar, há apenas limites de competência, não podendo o decreto, ou outras normas administrativas, invadir a esfera de competência constitucional da lei.

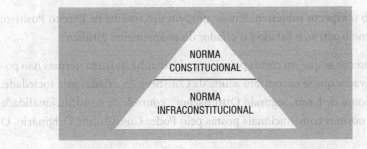

A propósito, são relevantes os ensinamentos do Ministro Humberto Martins, do STJ, sobre o tema, ao afirmar que "inicialmente, cumpre ressalvar o entendimento deste julgador acerca da inexistência endógena de hierarquia entre normas infraconstitucionais, havendo apenas reserva de competência constitucional. A CF/88 disciplina qual instrumento normativo pode tratar de determinada matéria, sem que isso estabeleça qualquer hierarquia entre as normas jurídicas infraconstitucionais. Hierarquia existe sim entre as normas constitucionais – sejam

78 CURSO DE DIREITO ADMINISTRATIVO

elas de qualquer natureza – e as normas infraconstitucionais, ou seja, uma submissão exógena de todo o sistema não constitucional ao sistema constitucional"[2].

Há, entretanto, precedentes[3] que aceitam a **teoria da hierarquia entre normas infraconstitucionais**.

Pacífica, sem dúvidas, entre todos os autores é a hierarquia entre normas constitucionais e infraconstitucionais. Assim, a Lei de Introdução às normas do Direito Brasileiro não se aplica às normas de Direito Administrativo de natureza constitucional, inclusive às emendas à Constituição, mas apenas às normas de Direito Administrativo infraconstitucionais.

Tal assertiva ilustra que a Constituição Federal de 1988 é a **fonte suprema do Direito nacional, inclusive em relação ao Direito Administrativo.**

As fontes do Direito aplicáveis de forma geral ao ordenamento jurídico infraconstitucional[4] são, segundo o art. 4º da Lei de Introdução às normas do Direito Brasileiro, a lei, a analogia, os costumes e os princípios gerais do Direito. Todavia, a este rol limitado de fontes cada ramo do Direito acrescenta as suas fontes próprias e específicas.

A analogia foi citada como fonte do Direito, porém, a sua natureza, segundo a maioria da doutrina, é de **forma de integração normativa** através da aplicação a determinado fato – em virtude da inexistência de norma que possa incidir sobre ele – norma relativa a fato semelhante.

As **fontes** podem ser classificadas sob vários critérios, mas a maioria dos autores utiliza os critérios subjetivo e objetivo para classificá-las:

a) Sob o **aspecto subjetivo**, tem-se que, em um sistema de Direito Positivo, como o pátrio, o Estado é o criador do ordenamento jurídico[5].

Observe-se que em certos países, *v. g.*, Alemanha, existem normas não positivadas que se encontram acima da Constituição, criadas pela sociedade, a ponto de haver, segundo Otto Bachof[6], controle de constitucionalidade de normas constitucionais postas pelo Poder Constituinte Originário. O

---

[2] STJ, REsp 829.458/MG (2006/0056563-1), Voto-Vista do Min. Humberto Martins.

[3] STJ, AgRg no AgRg no REsp 899.160/MS, rel. Min. José Delgado, 1ª Turma, julgado em 4-9-2007, *DJ* 20-9-2007, p. 250.

[4] É claro que a fonte máxima do Direito Administrativo é a Constituição.

[5] Deve ser ressaltado que o costume não é criado pelo Estado, entretanto, não pode existir em Direito Administrativo costume *contra legem*.

[6] BACHOF, Otto. *Verfassungswidrige verfassungsnormen?*. Verlang J. C. B. Mohr (Paul Siebeck): Tübingen, 1951 (Recht e Staat, 163/164).

parâmetro de confrontação que, na Alemanha, está acima da Constituição não emana do Estado e, sim, da sociedade, portanto, naquele país, há direito natural que se encontra acima do ordenamento jurídico.

b) Sob o **aspecto objetivo**, surge um problema de lógica colocado em segundo plano pela maioria dos autores: a lei é fonte do Direito ou é elemento do Direito? O Direito surge da lei ou a lei faz parte do Direito?

A lei faz parte do Direito, sendo fonte do Direito o fato social reputado relevante para a sociedade a ponto de ser previsto pelo ordenamento jurídico. Assim, se o desejo for usar a lógica precisa, somente o fato seria fonte do Direito.

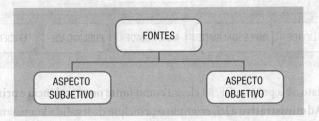

A **ciência do Direito**, entretanto, deve ser, antes de tudo, prática, não devendo ocupar-se de debates estéreis que estimulam a visão do Direito como fim em si mesmo. Assim, se a classificação atual de fontes do Direito tem aplicabilidade prática e ajuda o intérprete, dever-se-á, sem isenção de crítica, adotá-la. Dessa forma, a lei não é apenas fonte do Direito, mas é a sua fonte primária.

São, portanto, fontes objetivas do Direito Administrativo as normas jurídicas que constituem o seu sistema, entre elas: a lei (fonte primária), os tratados internacionais (fonte primária), os costumes (fonte secundária), os princípios gerais do Direito (fonte secundária), a jurisprudência (fonte secundária) e a doutrina (fonte secundária).

FONTES OBJETIVAS DO DIREITO	
FONTES PRIMÁRIAS	LEI
	TRATADOS
FONTES SECUNDÁRIAS	COSTUMES
	PRINCÍPIOS GERAIS DO DIREITO
	JURISPRUDÊNCIA
	DOUTRINA

8.1. LEI

A CF/88 é o conjunto normativo que estabelece a terminologia do Direito quando apresenta algum conceito jurídico formal, sendo certo que é a própria Carta Maior que elege a lei como mais importante fonte do Direito Administrativo. Eis o *caput* do seu art. 37: "A administração pública direta e indireta de qualquer dos Poderes da União, dos Estados, do Distrito Federal e dos Municípios obedecerá aos princípios de **legalidade**, **impessoalidade**, **moralidade**, **publicidade** e **eficiência** e, também, ao seguinte".

De fato, se a própria CF/88 elegeu como **fonte por excelência e primária do Direito Administrativo a lei**, erigindo o princípio da legalidade a patamar constitucional, não poderá – com base na supremacia da norma constitucional – qualquer norma infraconstitucional afastar a sua importância. Por óbvio, a Constituição também é fonte por excelência e primária do Direito Administrativo.

O **princípio da legalidade** está, inclusive, protegido pelo inciso IV do §4º do art. 60 da Carta Maior, pois representa garantia do administrado em relação à atuação do Estado (Administração Pública). Assim, nem o Poder Constituinte (ou Constituído) Derivado pode afastar a sua relevância[7].

A Constituição Federal de 1988 apresentou como tendência o alargamento do princípio da legalidade.

Certo é que existem diversos conceitos de fontes do Direito, porém, deve ser ressaltado que o melhor conceito tem como elementos a determinação e a vinculação da atuação do aplicador do Direito. Portanto, somente os comandos de **observância compulsória ou consensual** podem ser considerados fontes objetivas do Direito.

---

[7] Por isso, existem sérias dúvidas sobre a constitucionalidade da alteração promovida pela Emenda Constitucional n. 32/2001 no inciso VI do art. 84 da CF/88, que criou a figura do decreto autônomo no ordenamento jurídico pátrio, afastando a exigência de lei formal para dispor sobre o funcionamento e a organização da Administração Pública Federal.

Martine Lombard[8] oferece lição valiosa ao tratar das fontes da legalidade, afirmando que a Administração Pública está submetida ao Direito, ainda que ela mesma contribua para a sua formulação através, por exemplo, do exercício do poder regulamentar, sendo, portanto, efetivamente criadora do Direito e, simultaneamente, serva das regras superiores.

O **princípio da legalidade**, segundo o mestre francês, anuncia o comando fundamental de que os atos da Administração Pública devem respeitar todas as normas que lhes são superiores, emanadas diretamente ou indiretamente do povo.

A lei tem sido considerada como **fonte primacial do Direito**, especialmente no sistema legislativo ou continental, sendo certo que, atualmente, mesmo no sistema do *common law* é crescente a sua importância[9].

O vocábulo *lei* pode ter significado amplo ou estrito. No primeiro plano, abarca toda disposição normativa de caráter geral e abstrato, compreendendo, inclusive, os decretos regulamentares. No segundo plano, é a **lei formal**, ou seja, aquela norma jurídica cujo procedimento formalmente estabelecido pela Constituição foi observado na sua criação.

A necessidade de ser uma norma geral é o traço distintivo entre **lei meramente formal** e **lei material**. A **primeira**, se criada pelo órgão competente como a observância do procedimento estabelecido, pode ser, inclusive, uma disposição individual, faltando-lhe, todavia, o conteúdo de disposição geral para que seja materialmente uma lei. Exemplo de lei meramente formal é a Lei n. 13.625/18 que atribui ao elevado que liga a rodovia BR-282 com a Avenida Rio Ponte Grande, no Município de Lages, no Estado de Santa Catarina, o nome "Elevado Casemiro Vitório Colombo". A **segunda** tem características de generalidade e abstração para abranger uma ampla gama de hipóteses. Exemplo de lei formal e material é a Lei n. 8.112/90.

Interessante notar que o STJ somente permite a interposição de recurso especial quando violada lei formal. Eis precedente:

PROCESSUAL CIVIL E PREVIDENCIÁRIO. VIOLAÇÃO AO ART. 5º, LV, DA CONSTITUIÇÃO FEDERAL. INVIABILIDADE. COMPETÊNCIA EXCLUSIVA DO STF. VIOLAÇÃO A DECRETO. IMPOSSIBILIDADE. ATO NORMATIVO QUE NÃO SE ENQUADRA NO CONCEITO DE TRATADO OU LEI FEDERAL. NECESSIDADE DE DILAÇÃO PROBATÓRIA. REFORMA

---

[8] LOMBARD, Martine. *Droit administratif*. 4. ed. Paris: Dalloz, 2001.

[9] MACHADO NETO, Antônio Luís. *Compêndio de introdução à ciência do direito*. 4. ed. São Paulo: Saraiva, 1977.

DESSA CONCLUSÃO. SÚMULA 7/STJ. CONCESSÃO DO BENEFÍCIO. REQUISITOS. REVISÃO DO CONTEXTO FÁTICO-PROBATÓRIO. APLICAÇÃO DA SÚMULA 7 DO STJ.

1. A análise de violação a matéria constitucional, nos termos do art. 102, III, da Constituição da República, refoge à jurisdição do STJ, sendo de competência exclusiva do STF.

2. O STJ possui entendimento de que o comando legal inserido em decreto não se enquadra no conceito de lei federal, o que inviabiliza a discussão quanto à sua inteligência em Recurso Especial[10]. (grifo)

Há, todavia, julgados mais antigos permitindo a interposição de recurso especial quando violados decretos e regulamentos. Eis precedente:

PROCESSUAL CIVIL. ALEGAÇÃO DE AFRONTA A DISPOSITIVO REGIMENTAL. PRINCÍPIO DA FUNGIBILIDADE. FALTA DE INTERESSE DE AGIR.

(...)

2. O termo "lei federal", a que alude o art. 105, III, *a*, da Constituição da República, deve ser interpretado a partir de uma concepção ampla, como sinônimo de "legislação federal infraconstitucional", abrangendo, além das leis propriamente ditas e das medidas provisórias, que têm força de lei, os decretos e regulamentos expedidos pelo Chefe do Poder Executivo para fiel execução das leis.

3. Os regimentos internos de tribunais não se enquadram na concepção de "lei federal" a que se refere o art. 105, III, *a*, da Constituição Federal. Ao revés, enquadram-se na definição de lei local, cujo conhecimento é vedado, consoante o verbete da Súmula 280/STF.

4. Recurso especial não conhecido[11]. (grifo)

Os doutrinadores de Direito Administrativo têm atribuído sentido mais elástico ao vocábulo "lei" para abarcar os atos normativos infralegais, inclusive os decretos e regulamentos administrativos. Assim, tanto a lei formal quanto a lei material são fontes primárias.

Os atos fundamentais emanados do Poder Legislativo são as fontes do Direito pátrio, pois representam mandamentos gerais, vinculantes e de observância obrigatória tanto para os encarregados da aplicação do Direito quanto para os cidadãos. Já os atos praticados pelo Poder Judiciário podem ser vistos apenas como formas de aplicação e interpretação do Direito, ressaltando-se que os atos

---

[10] STJ, REsp 1656911/SP, rel. Min. Herman Benjamin, 2ª Turma, julgado em 20-4-2017, *DJe* 11-5-2017.

[11] STJ, REsp 965.246/PE, rel. Min. Castro Meira, 2ª Turma, julgado em 18-10-2007, *DJ* 5-11-2007.

produzidos pelo citado Poder **não vinculam** as decisões posteriores tomadas pelos seus membros, salvo a Súmula Vinculante e as decisões nas ações declaratórias de constitucionalidade ou inconstitucionalidade do STF[12].

A decisão do **juiz** deve ser uma reprodução ajustada ao **caso concreto** do que fora produzido pelo legislador como Direito válido e vigente, visto que ao magistrado não deve ser deixada qualquer liberdade para o exercício da sua fantasia legislativa. Se os juízes pudessem modificar o Direito posto pelo órgão legitimado com base em critérios equitativos – observe-se que o subjetivismo exagerado gera contradições –, juízes de diferentes competências territoriais, mas subordinados à mesma jurisdição (a jurisdição é una e a competência é a sua medida), poderiam exarar decisões completamente diferentes em casos idênticos. Além disso, o princípio da separação dos poderes, adotado pela CF/88, seria negado pela presença de dois legisladores. A obrigatória observância da lei tende a garantir dois valores absolutamente importantes para o sistema jurídico nacional:

1) a **segurança jurídica**; e
2) a **democracia**.

O cidadão precisa saber de modo **claro e absoluto** se a sua conduta está ou não de acordo com a lei, não podendo, portanto, ficar ao livre-arbítrio do juiz o que pode ou não ser aplicado como lei, visto que, além do subjetivismo já trata-

---

[12] Inclusive a ADPF, na forma do §3º do art. 10 da Lei n. 9.882/99. Entretanto, a possibilidade da decisão judicial adotada na Arguição de Descumprimento de Preceito Fundamental vincular os demais órgãos dos Poderes Públicos e ter eficácia contra todos é de duvidosa constitucionalidade. Primeiro, não foram previstos tais efeitos na norma constitucional que criou a ADPF, mas apenas na citada Lei. Segundo, mesmo nos casos que a CF/88 fixa tais efeitos para as ações declaratórias de constitucionalidade e inconstitucionalidade, não há vinculação para os órgãos dos demais Poderes Públicos, pois os órgãos do Poder Legislativo que desempenham atividade-fim não estão vinculados. Assim, a Lei da ADPF atribuiu-lhe efeitos que sequer foram previstos pela CF/88 para as citadas ações constitucionais, sendo que a inconstitucionalidade mais grave está na inclusão dos órgãos que desempenham atividade-fim do Poder Legislativo como sujeitos dos seus efeitos.

CURSO DE DIREITO ADMINISTRATIVO

do e da disformidade da fonte, haveria o risco da concentração de poderes que representa um dos meios de condução ao regime absolutista.

No Direito Administrativo brasileiro, podem ser mencionadas como leis relevantes as seguintes: Lei n. 9.784/99 (trata do processo administrativo geral), Lei n. 8.112/90 (trata dos servidores civis da União, autarquias e fundações públicas federais), Lei n. 8.429/92 (trata de improbidade administrativa), Lei n. 8.987/95 (trata das concessões e permissões de prestação de serviços públicos) e Lei n. 14.133/2021 (trata de licitações e contratos administrativos).

8.1.1. Legitimidade para legislar

A questão da **legitimação** também deve ser observada, pois o Poder Legislativo é o órgão legitimado pela sociedade para, em regra, produzir as suas normas oficiais de convivência e tal legitimação é o principal fundamento da democracia representativa adotada como pilar do Estado, na qual todo poder emana do povo e em seu nome será exercido. Em casos excepcionais, o Poder Executivo pode legislar. Por exemplo, quando edita Medidas Provisórias e Leis Delegadas.

A CF/88 estabeleceu como **cláusulas pétreas** a separação dos poderes e o sufrágio universal e determinou que o Poder Legislativo deve ser exercido pelo Congresso Nacional (vide art. 44), que se compõe da Câmara dos Deputados e do Senado Federal, ressalvando-se que a primeira Casa abriga os representantes eleitos do povo e a segunda Casa os representantes eleitos dos Estados e Distrito Federal.

Por fim, deve ser lembrado que as Leis Complementares, as Medidas Provisórias e as Leis Delegadas – apesar de as duas últimas possuírem menor carga de legitimidade – são também espécies de leis.

8.2. TRATADOS INTERNACIONAIS

Os **tratados internacionais** são também fontes do Direito Administrativo, visto que a sua natureza jurídica, após a ratificação, é, em regra, de **lei ordinária**. Dessa maneira, os tratados internacionais, no Brasil, devem ser considerados fontes primárias do Direito Administrativo.

O tratado é todo acordo formal concluído entre sujeitos de Direito Internacional Público destinado a produzir efeitos jurídicos. O princípio reitor do tratado é o *pacta sunt servanda*[13].

---

[13] REZEK, José Francisco. *Direito internacional público*: curso elementar. 9. ed. rev. São Paulo: Saraiva, 2002.

São três as **fases de integração** do tratado ao ordenamento jurídico pátrio:

a) a **celebração** do tratado internacional pelo Poder Executivo ou posterior adesão, observado o disposto no art. 7º da Convenção de Viena sobre o Direito dos Tratados (1969);

b) a **aprovação** pelo Congresso Nacional dos que acarretarem encargos ou compromissos gravosos ao patrimônio nacional através de Decreto Legislativo (inciso I do art. 49 da CF/88);

c) a **promulgação** por decreto do presidente da República Federativa do Brasil (inciso VIII do art. 84 da CF/88), seguida da publicação do texto em língua portuguesa (art. 13 da CF/88) no Diário Oficial da União, sendo que, a partir deste momento, serão usadas as normas da Lei de Introdução às normas do Direito Brasileiro que tratam de vigência de lei ordinária, pois esta é a natureza jurídica do tratado após a sua promulgação.

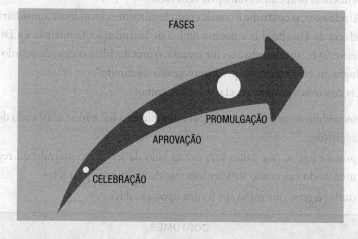

O ordenamento jurídico pátrio e também a maioria dos países baseados no sistema positivista qualificam os tratados como leis ordinárias. Miguel S. Marienhoff[14] mostra que a Argentina também fez essa opção:

Dentro de la jerarquía de las normas a que hace referencia el artículo 31 de la Constitución, el "tratado" constituye una fuente de gran importancia, incluso para el derecho administrativo. Son numerosas las materias de esta índole que, por su trascendencia internacional, aparecen reguladas por tratados; verbigracia: correos y telecomunicaciones; trata de blancas; tránsito de personas de un país

---

[14] MARIENHOFF, Miguel S. *Tratado de derecho administrativo*. 3. ed. atual. Buenos Aires: Abeledo-Perrot 1980. t. I. p. 124.

CURSO DE DIREITO ADMINISTRATIVO

a otro, especialmente entre países fronterizos o vecinos (documentos personales que deban exhibirse); lucha contra ciertas enfermedades, etcétera.[15]

Por fim, deve ser salientado que – na forma do §3º do art. 5º da CF/88, incluído pela Emenda à Constituição n. 45/2004 – os tratados e convenções internacionais sobre direitos humanos aprovados, em cada Casa do Congresso Nacional, em dois turnos, por três quintos dos votos dos respectivos membros, serão equivalentes às emendas constitucionais.

8.3. COSTUME

O **costume** é a **prática reiterada** de determinada conduta com a legítima convicção da sua **compulsoriedade**. Representa, sem a menor dúvida, a mais antiga fonte do Direito, pois os povos primitivos, por não dominarem a escrita, não tinham outro meio de objetividade e uniformidade de conduta que não a jurisprudência oral conservada pela reiteração.

Ainda hoje, o **costume** é considerado legalmente como fonte subsidiária ou secundária do Direito. Eis a norma da Lei de Introdução às normas do Direito Brasileiro: "Art. 4º Quando a lei for omissa, o juiz decidirá o caso de acordo com a analogia, os costumes e os princípios gerais de direito".

Os costumes podem ser classificados como:

a) *secundum legem*, que servem para completar a lei, não se afastando do seu espírito;

b) *praeter legem*, que estão fora ou ao lado da lei, conceituando ou regulamentando casos não suficientemente disciplinados pela lei; e

c) *contra legem*, que estão em franca oposição à lei.

COSTUMES		
SECUNDUM LEGEM	*PRAETER LEGEM*	*CONTRA LEGEM*

O costume que pode ser utilizado como fonte do direito é o que não contraria a lei, portanto, tanto o *secundum legem* quanto o *praeter legem* podem suprir as omissões legislativas.

---

[15] "Dentro da hierarquia das normas referida no art. 31 da Constituição, o 'tratado' constitui uma fonte de grande importância, inclusive para o Direito Administrativo. São muitas as matérias deste tipo que, por sua transcendência internacional, aparecem reguladas por tratados, *v. g.*, correios e telecomunicações, bancos, movimento de pessoas de um país para outro, especialmente entre países fronteiriços ou vizinhos (documentos pessoais que devem ser apresentados), luta contra certas doenças etc."

Já o *contra legem*, contrário à lei, não pode ser utilizado por uma questão de legitimação. A lei é fruto da vontade do povo, na forma do parágrafo único do art. 1º da CF/88; o costume também tem origem no seio da sociedade, mas é consensual apenas para parte dos cidadãos, enquanto a lei é consensual para todos os cidadãos. O costume *contra legem* pode surgir da omissão do Estado, todavia nem dessa forma tornar-se-á legítimo[16].

Em relação à Administração Pública, a possibilidade de utilização do costume como fonte é muito restrita, sendo possível somente se for *secundum legem*, quando inexistir norma jurídica de qualquer espécie ou grau sobre determinada conduta, quando a sua singeleza for manifesta, quando a ação ou omissão for faticamente inafastável e quando não houver qualquer ônus, ou restrição de direito, ao particular e ao Poder Público[17].

Exemplo de costume na Administração Pública é a atribuição de precedência aos professores universitários com mais tempo de serviço público na escolha de disciplinas e horários nas universidades públicas mesmo, em alguns casos, sem existir norma jurídica prevendo tal possibilidade.

8.4. PRINCÍPIOS GERAIS DO DIREITO

Faz-se necessária, de logo, a diferenciação entre princípio e regra jurídicos.

Para Kelsen[18], a norma funciona como esquema de interpretação, ou seja, é o juízo enunciativo de que determinada conduta humana constitui, segundo interpretação específica, ato jurídico ou antijurídico.

A **norma jurídica** é, segundo a maioria dos autores, o gênero, tendo como espécies os princípios jurídicos e as regras jurídicas. De acordo com Larenz[19], uma regra jurídica pode estar expressa numa lei, pode resultar do Direito Consuetudinário ou de consequências implícitas do Direito vigente, ou da concretização ou consubstanciação dos princípios jurídicos. Já os princípios não têm qualquer especificação de previsão e consequência jurídica, mas sim ideia jurídica geral pela qual se orienta a concretização, sendo um fio condutor.

---

[16] STJ, REsp 54.716/PR, rel. Min. Assis Toledo, 5ª Turma, julgado em 9-11-1994, *DJ* 28-11-1994, p. 32.634.

[17] STJ, REsp 762.988/MG, rel. Min. Nilson Naves, 6ª Turma, julgado em 17-6-2008, *DJe* 29-9-2008.

[18] KELSEN, Hans. *Teoria pura do direito*. Tradução de João Baptista Machado. 6. ed. São Paulo: Martins Fontes, 1998.

[19] LARENZ, Karl. *Metodologia da ciência do direito*. 3. ed. Lisboa: Fundação Calouste Gulbenkian, 1997.

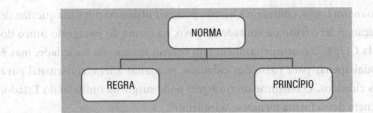

Os princípios, fontes secundárias do Direito Administrativo, funcionam como **pautas diretivas** e normatização jurídica que, em virtude da sua força de convicção, podem justificar as regras e decisões jurídicas, sendo que alguns deles estão expressamente declarados na Constituição ou em leis; outros podem ser deduzidos da ordem legal e alguns, por fim, foram descobertos ou declarados, de forma inédita, pela doutrina ou pela jurisprudência, em regra, atendendo, nessa última hipótese, a casos determinados, não solucionáveis de outro modo, que passam a povoar a consciência jurídica geral.

José Joaquim Gomes Canotilho[20] afirma que a teoria da metodologia jurídica tradicional distinguia entre **normas** e **princípios** (*Norm-Prinzip, Priciples--Rules, Norm and Grundsatz*). Contudo, abandonou-se aquela teoria para, em sua substituição, sugerir que as regras e princípios são duas espécies de norma, ratificando o entendimento já exposto.

O jurista português apresenta os seguintes critérios para distinguir as espécies citadas:

a) **grau de abstração**: os princípios são normas com um grau de abstração relativamente elevado; de modo diverso, as regras possuem uma abstração reduzida;

b) **grau de determinalidade na aplicação ao caso concreto**: os princípios, por serem vagos e indeterminados, carecem de mediações concretizadas (do legislador? Do juiz?), enquanto as regras são suscetíveis de aplicação direta;

c) **caráter de fundamentalidade no sistema das fontes do Direito**: os princípios são normas de natureza ou com um papel fundamental no ordenamento jurídico devido à sua posição privilegiada no sistema das fontes (ex.: princípios constitucionais) ou à sua importância estruturante dentro do sistema jurídico;

---

[20] CANOTILHO, José Joaquim Gomes. *Direito constitucional*. 3. ed. Coimbra: Almedina, 1998. p. 1086.

d) **proximidade da ideia de Direito e justiça**: os princípios são *standards* juridicamente vinculantes radicados nas exigências de justiça ou na ideia de Direito; as regras podem ser normas vinculativas com conteúdo meramente funcional;

e) **natureza normogenética**: os princípios são fundamentos de regras, ou seja, são normas que estão na base ou constituem *a ratio* de regras jurídicas, desempenhando, assim, uma função de meio de gênese.

Os **princípios** são normas jurídicas impositivas de otimização, compatíveis com vários graus de concretização, consoante os conhecimentos fáticos e jurídicos; as **regras** são normas que prescrevem imperativamente uma exigência (obrigam, proíbem ou facultam), que será ou não cumprida. Ressalte-se que os princípios, ainda que antagônicos, coexistem. Entretanto, as regras antinômicas não podem, segundo Bobbio[21], coexistir.

Adotar-se-á aqui a moderna classificação que tem as normas como gênero e os princípios e regras como espécies.

Os **princípios têm alto grau de abstração**, precisam, normalmente, de outro veículo para tocar o caso concreto, têm importância fundamental para o sistema, são carregados de valores sociais, fundamentam as regras, não observam, salvo os consubstanciados em regra[22], os critérios formais de validade e vigência das regras. Devem ser entendidos como pautas abertas carentes de concretização.

Os princípios, segundo Karl Larenz[23], são pautas gerais de valoração ou preferências valorativas em relação à ideia do Direito, que, todavia, não chegaram a condensar-se em regras jurídicas imediatamente aplicáveis, mas que permitem apresentar fundamentos justificativos delas.

O ponto decisivo da **distinção entre regras e princípios** é que estes são normas que determinam a realização de algo na maior medida possível dentro das possibilidades jurídicas e fáticas existentes. Princípios são, portanto, mandamentos de otimização, caracterizados pela possibilidade de satisfação em graus variados e pelo fato de que a medida devida de sua satisfação não depende so-

---

[21] BOBBIO, Norberto. *Teoria do ordenamento jurídico*. Trad. Maria Celeste C. J. Santos. 10. ed. Brasília: Ed. UnB, 1999.

[22] Os princípios jurídicos consubstanciados em regras são os citados explicitamente em textos legais, por exemplo, os princípios da legalidade, da impessoalidade, moralidade, publicidade e eficiência, citados no *caput* do art. 37 da CF/88.

[23] LARENZ, Karl. *Metodologia da ciência do direito*. 3. ed. Lisboa: Fundação Calouste Gulbenkian, 1997.

mente das possibilidades fáticas, mas também das possibilidades jurídicas. O âmbito das possibilidades jurídicas é determinado pelos princípios e regras colidentes.

Os princípios gerais do Direito são **proposições enunciativas gerais** hipotéticas extraídas das regras postas no ordenamento jurídico. Este conceito é baseado na concepção positivista do Direito e utiliza tais proposições como instrumento de aplicação, compreensão e integração das regras jurídicas postas.

Segundo os jusnaturalistas, os princípios gerais do Direito são proposições gerais que embasam a criação das regras, portanto, são anteriores ao ordenamento jurídico. Esta concepção insere no sistema jurídico elementos externos valorativos reputados importantes para a sociedade em determinada época.

Oswaldo Aranha Bandeira de Mello[24] diz que os princípios gerais do Direito possuem duas ordens:

(i) a de **direito positivo**; e
(ii) a de **cunho valorativo**.

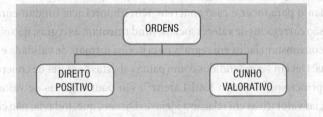

Correspondem os primeiros aos princípios gerais que decorrem dos textos legais do Estado em referência, do seu sistema normativo, distinguindo-se, entretanto, das disposições isoladas da lei, a fim de formar um regime jurídico nela imperante.

Correspondem os segundos aos princípios gerais inerentes às relações de vida, defluindo da ordem das coisas, em face das instituições morais, políticas e econômicas de determinada sociedade.

A Lei de Introdução às normas do Direito Brasileiro, Decreto-Lei n. 4.657/42, afirma, no seu art. 4º, que os princípios gerais têm a função de integrar o sistema jurídico, sanando as suas omissões, sendo instrumento garantidor da integridade lógica do arcabouço positivo.

---

[24] MELLO, Oswaldo Aranha Bandeira de. *Princípios gerais de direito administrativo*. 2. ed. Rio de Janeiro: Forense, 1979.

A moderna teoria dos princípios os divide em **duas espécies**:

* os **abstratos**, que não estão listados em regras; e
* os **consubstanciados em regras**.

ESPÉCIES	
ABSTRATOS	CONSUBSTANCIADOS EM REGRAS (EXPLÍCITOS)

Tem-se como exemplo dos primeiros o princípio da coerência do ordenamento jurídico e como exemplos dos segundos os listados no *caput* do art. 37 da CF/88: "A administração pública direta e indireta de qualquer dos Poderes da União, dos Estados, do Distrito Federal e dos Municípios obedecerá aos princípios de legalidade, impessoalidade, moralidade, publicidade e eficiência e, também ao seguinte".

O STJ entende que os princípios gerais do Direito têm **função integrativa** do sistema jurídico[25].

8.5. JURISPRUDÊNCIA

A **jurisprudência**, fonte secundária do Direito Administrativo, é a reiteração de decisões judiciais de um órgão julgador sobre temas ou casos idênticos ou cuja pequena variação não afeta a uniformidade do objeto.

A sua característica é o **nacionalismo**, pois, ao contrário da doutrina que se inspira tanto no Direito nacional quanto no Direito de outros países, a jurisprudência tem como objeto o ordenamento jurídico brasileiro.

Pode ser classificada inicialmente em **jurisprudência indicativa ou não vinculante** e **jurisprudência cogente ou vinculante**:

a) no primeiro grupo, estão todas as decisões reiteradas de órgãos julgadores que foram proferidas para casos concretos, mas, em virtude da reiteração do posicionamento, poderão servir de balizas para casos futuros;

b) no segundo grupo, encontram-se as Súmulas Vinculantes trazidas pelo art. 103-A da CF/88. Eis o texto: "O Supremo Tribunal Federal poderá, de ofício ou por provocação, mediante decisão de dois terços dos seus membros, após reiteradas decisões sobre matéria constitucional, aprovar súmula que, a partir de sua publicação na imprensa oficial, terá efeito

---

[25] STJ, AgRg no Ag 1043100/BA, rel. Min. Denise Arruda, 1ª Turma, julgado em 16-10-2008, *DJe* 6-11-2008.

vinculante em relação aos demais órgãos do Poder Judiciário e à Administração Pública direta e indireta, nas esferas federal, estadual e municipal, bem como proceder à sua revisão ou cancelamento, na forma estabelecida em lei".

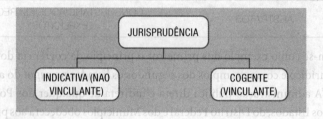

A utilização da jurisprudência deve ser feita através de uma metodologia coerente, a fim de que a vontade do órgão julgador não seja alterada. Assim, faz-se necessário entender a diferença entre jurisprudência ultrapassada, divergência jurisprudencial e jurisprudência pacífica.

A **jurisprudência ultrapassada** é aquela que, embora pacífica no passado, não mais reflete o pensamento dos membros do Tribunal a respeito de determinado tema, não sendo utilizada mais por qualquer das Turmas ou Seções nos julgados atuais.

A **divergência jurisprudencial** dá-se quando, na mesma época, as Turmas, Câmaras ou Seções possuem entendimento diverso sobre a mesma matéria. A incongruência deve estar revestida do elemento **atualidade**.

No STJ, por exemplo, quando a divergência for entre as Turmas, podem ocorrer duas situações: uma das Turmas convencer-se do acerto da outra e passar a julgar conforme o novo entendimento ou a submissão do tema à Seção para pacificar os diversos posicionamentos.

Quando a divergência for entre Seções do STJ, podem ocorrer também duas hipóteses: uma das Seções convencer-se do acerto da outra e passar a julgar conforme o novo entendimento ou a submissão do tema à Corte Especial para pacificar a questão[26].

---

[26] Regimento Interno do STJ:
"Art. 118. No processo em que haja sido suscitado o incidente de uniformização de jurisprudência, o julgamento terá por objeto o reconhecimento da divergência acerca da interpretação do direito.
§ 1º Reconhecida a divergência acerca da interpretação do direito, lavrar-se-á o acórdão.
(...)

A **jurisprudência pacífica** é aquela adotada, na mesma época, por todos os órgãos do Tribunal. Ressalte-se que a jurisprudência não deixa de ser pacífica se houver jurisprudência defasada em sentido diverso.

Não é a inexistência de acórdãos em sentido diverso que torna a jurisprudência pacífica; é, na verdade, a coincidência atual (últimos julgados) dos entendimentos sobre o tema em órgãos diversos igualmente competentes.

Sublinhe-se que, apesar de as Seções do STJ possuírem competência material diversa, há hipóteses de divergências quanto a institutos de Direito Processual que são utilizados em ambos os órgãos.

Assim, por exemplo, não haverá divergência jurisprudencial entre um acórdão de 2001 que fixa um determinado prazo prescricional em vinte anos e outro de 2021 que fixa o mesmo prazo em cinco anos, desde que este último entendimento seja atualmente adotado por ambas as Turmas.

Trata-se de jurisprudência pacífica o prazo prescricional de cinco anos e jurisprudência ultrapassada o prazo prescricional de vinte anos. Entretanto, se, em 2021, o último julgado da Turma "A" entender que o prazo é de vinte anos e o último julgado da Turma "B" entender que o prazo é de cinco anos, restará configurada a divergência jurisprudencial.

Estes esclarecimentos são importantes para o bom uso da jurisprudência, visto que não raro alguns operadores afirmam existir divergência jurisprudencial quando, na verdade, a questão já está pacificada, em virtude de já restar completamente superado o entendimento anterior.

Por fim, fala-se também em **jurisprudência administrativa** que representa o conjunto de reiteradas decisões proferidas por órgão julgador administrativo sobre determinados temas ou casos idênticos ou cuja pequena variação não afeta a uniformidade do objeto. A jurisprudência administrativa pode ser usada pelo cidadão em seu favor, posto que a Administração Pública deve agir pautada na boa-fé e na impessoalidade, não devendo apresentar conduta contraditória nem decidir diferentemente, salvo mudança legislativa, sobre pedidos idênticos ou cuja dessemelhança seja irrelevante.

Art. 119. No julgamento de uniformização de jurisprudência, a Corte Especial e as Seções se reunirão com o *quorum* mínimo de dois terços de seus membros.

(...)

§ 3º Proferido o julgamento, em decisão tomada pela maioria absoluta dos membros que integram o órgão julgador, o relator deverá redigir o projeto de súmula, a ser aprovado pelo Tribunal na mesma sessão ou na primeira sessão ordinária seguinte".

8.6. DOUTRINA

A **doutrina**, fonte secundária, representa a opinião dos estudiosos sobre o ordenamento jurídico e sobre os fatos sociais relevantes para o Direito que serve de base e influencia a atuação dos diversos operadores.

Há, ao menos, **três papéis** que podem ser desempenhados pela doutrina:

a) **originário**: relativo à criação de novos institutos jurídicos e novas normas sobre determinado fato social;

b) **interpretativo**: relativo à interpretação das normas e institutos jurídicos já existentes;

c) **integrativo**: relativo ao suprimento das lacunas do ordenamento jurídico com a aplicação de normas já existentes para casos semelhantes ao caso que não foi normatizado.

PAPÉIS DA DOUTRINA		
ORIGINÁRIO	INTERPRETATIVO	INTEGRATIVO

A doutrina tem destaque na formação dos futuros juristas, sendo o caminho inicial para os que pretendem exercer qualquer das atividades relacionadas ao Direito. A doutrina nacional considera os ordenamentos jurídicos, a jurisprudência e a própria doutrina de outros países, sendo que a sua tendência é universalizar-se para buscar as boas práticas das nações estrangeiras.

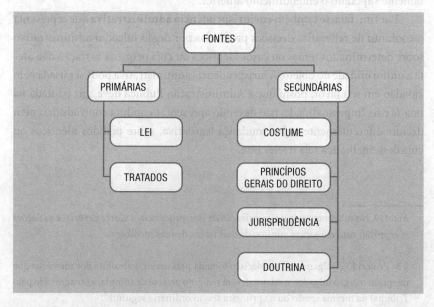

9

COMPETÊNCIA PARA LEGISLAR SOBRE DIREITO ADMINISTRATIVO

A competência para cada ente da federação – a União, os Estados, o Distrito Federal e os Municípios – legislar sobre Direito Administrativo decorre, especificamente, do *caput* do art. 18 da Constituição de 1988, visto que é assegurada autonomia a cada um deles para definir a sua organização administrativa e para praticar os atos necessários ao desempenho das suas atribuições.

Cumpre salientar que as normas constitucionais que tratam dos bens e das competências dos entes federados terminam por estabelecer várias hipóteses de competência relacionada a Direito Administrativo.

Por vezes, a Carta Maior atribui a possibilidade de legislar sobre normas gerais à União e aos demais entes a possibilidade de legislar sobre normas específicas. Por exemplo, compete à União, na forma do inciso XXVII do art. 22 da CF/88, legislar sobre "normas gerais de licitação e contratação, em todas as modalidades, para as administrações públicas diretas, autárquicas e fundacionais da União, Estados, Distrito Federal e Municípios, obedecido o disposto no art. 37, XXI, e para as empresas públicas e sociedades de economia mista, nos termos do art. 173, §1º, III".

Outro exemplo é o inciso XXI do artigo acima citado que afirma ser competência legislativa da União a edição de "normas gerais de organização, efetivos, material bélico, garantias, convocação e mobilização das polícias militares e corpos de bombeiros militares".

Há também exemplos de normas de Direito Administrativo que são de competência concorrente entre a União, os Estados e o Distrito Federal. Em especial, a possibilidade de os entes citados legislarem sobre "organização, garantias, direitos e deveres das polícias civis" descrita no inciso XVI do art. 24 da CF/88.

Devendo ficar claro que, no caso de competência concorrente do art. 24 descrito, quatro fatores precisam ser observados:

a) no âmbito da legislação concorrente, a competência da União limitar-se-á a estabelecer normas gerais (§1º);

b) a competência da União para legislar sobre normas gerais não exclui a competência suplementar dos Estados (§2º);

c) inexistindo lei federal sobre normas gerais, os Estados exercerão a competência legislativa plena, para atender a suas peculiaridades (§3º);

d) a superveniência de lei federal sobre normas gerais suspende a eficácia da lei estadual, no que lhe for contrário (§4º).

Por fim, tem-se que, em relação a Direito Administrativo, o §1º do art. 25 da CF/88 estabelece: "são reservadas aos Estados as competências que não lhes sejam vedadas por esta Constituição". O inciso I do art. 30 da Carta Maior afirma competir aos Municípios legislar sobre interesse local e, ao Distrito Federal, na forma do §1º do art. 32 da CF/88, são atribuídas as competências legislativas reservadas aos Estados e Municípios.

COMPETÊNCIA LEGISLATIVA EM DIREITO ADMINISTRATIVO

UNIÃO	ESTADOS	DISTRITO FEDERAL	MUNICÍPIOS
CONCORRENTE (ART. 24 DA CF/88)	CONCORRENTE (ART. 24 DA CF/88)	CONCORRENTE (ART. 24 DA CF/88)	X
PRIVATIVA (ART. 22 DA CF/88)	RESIDUAL (§1º DO ART. 25 DA CF/88)	RESIDUAL (§1º DO ART. 25 DA CF/88)	X
X	X	INTERESSE LOCAL (§1º DO ART. 32 DA CF/88)	INTERESSE LOCAL (§1º DO ART. 32 DA CF/88)

10

SISTEMAS ADMINISTRATIVOS FRANCÊS E INGLÊS

O Direito Administrativo brasileiro é muito influenciado pelo sistema administrativo francês.

Inicialmente, a Declaração de Direitos do Homem e do Cidadão (1789) estabeleceu diversas balizas para a atuação do Estado, criando, por exemplo, normas de controle da Administração Pública, ao afirmar, no seu art. 15, que "a sociedade tem o direito de exigir contas a todo agente da Administração Pública".

Mais tarde, foi editada a Lei de 28 pluvioso do ano VIII (1800), organizando a Administração Pública naquele país. A maioria dos juristas entende que a sua entrada em vigor marcou o início ou nascimento do Direito Administrativo.

O Conselho de Estado francês – que, apesar de ter surgido no final da Idade Média – foi, com nova feição, restabelecido por Napoleão em 1800 e, por meio da sua vasta jurisprudência, consolidou o Direito Administrativo separando-o do Direito Civil.

Os revolucionários da França sempre se mostraram desconfiados em relação ao Poder Judiciário que, à época, era extremamente corrupto. Dessa forma, preferiu-se a adoção do sistema de duplicidade de jurisdição.

Existe, em França, a jurisdição comum, exercida pelo Poder Judiciário e a jurisdição administrativa, exercida por diversos órgãos que estão submetidos ao Conselho de Estado.

A natureza jurídica do Conselho de Estado é mista, pois exerce a função consultiva e jurisdicional. Esta função foi garantida pelo art. 13 da Lei de 16-24 de agosto de 1790, integrado pelo Decreto de 16 fructidor ano III, ao afirmar que "as funções judiciárias são distintas e permanecerão sempre separadas das funções administrativas, não podendo os juízes, sob pena de prevaricação, perturbar de qualquer modo as operações dos corpos administrativos, nem citar diante de si os administradores por motivo das funções que exercem".

A doutrina entende que o Direito Administrativo consolidou a sua autonomia com o julgamento pelo Conselho de Estado do caso Blanco, de 1873, que colocou em julgamento a responsabilidade civil da Companhia Nacional de Manufatura de Fumo por ter atropelado a menina Agnès Blanco quando atravessava uma rua da cidade francesa de Bordeaux. O Conselho de Estado afastou a aplicabilidade ao caso do Código Civil de Napoleão e, entendendo que a competência era da jurisdição administrativa e não da jurisdição comum, julgou o caso em termos de Direito Público, uma vez que o Estado, proprietário da Companhia, era parte da relação jurídica.

SISTEMA FRANCÊS

JURISDIÇÃO COMUM	JURISDIÇÃO ADMINISTRATIVA
– ÓRGÃO DE CÚPULA: CORTE DE CASSAÇÃO	– ÓRGÃO DE CÚPULA: CONSELHO DE ESTADO
– FUNÇÃO: JURISDICIONAL	– FUNÇÕES: CONSULTIVA E JURISDICIONAL
– FAZ COISA JULGADA	– FAZ COISA JULGADA
– DECISÕES QUE NÃO PODEM SER REVISTAS PELA JURISDIÇÃO ADMINISTRATIVA	– DECISÕES QUE NÃO PODEM SER REVISTAS PELA JURISDIÇÃO COMUM
– OS MEMBROS POSSUEM AS GARANTIAS DA MAGISTRATURA	– OS MEMBROS POSSUEM AS GARANTIAS DA MAGISTRATURA
– ASSEGURA DIREITOS FUNDAMENTAIS DO CIDADÃO	– ASSEGURA DIREITOS FUNDAMENTAIS DO CIDADÃO

O Direito Administrativo inglês não tem como base o sistema romano que tanto influenciou a França, Portugal e o Brasil. A sua base é o *common law*, pautado no direito costumeiro, não escrito e nos precedentes judiciais.

A equidade serve como fonte importante do *common law*, pois embasa as decisões dos Tribunais que depois formarão os precedentes. Apesar de a lei escrita gozar de grande prestígio, os precedentes judiciais possuem também grande importância, podendo inclusive inovar e suprir as lacunas.

Outra característica do sistema inglês é a adoção da **jurisdição** una **ou unicidade de jurisdição**, possibilitando que todas as matérias sejam julgadas na mesma jurisdição, inclusive todas as relações da Administração Pública.

Não se fala em jurisdição administrativa, portanto, impera a inafastabilidade da jurisdição e a coisa julgada não poderá revestir os atos e julgamentos meramente administrativos.

A possibilidade de a Administração Pública julgar e decidir os seus feitos não é retirada, porém, os seus julgamentos poderão ser revistos pelo Poder Judiciário se houver provocação de algum interessado.

SISTEMA FRANCÊS	SISTEMA INGLÊS
– JURISDIÇÃO ADMINISTRATIVA E COMUM	– JURISDIÇÃO COMUM
– COISA JULGADA NAS DUAS ESFERAS	– INEXISTÊNCIA DE COISA JULGADA NA ESFERA ADMINISTRATIVA
– *CIVIL LAW*	– *COMMON LAW*

11

SISTEMA ADMINISTRATIVO BRASILEIRO

Apesar da grande influência da França no Direito Administrativo brasileiro, tem-se que o Brasil sempre adotou, em relação à jurisdição, o **sistema inglês ou de jurisdição única**.

O inciso XXXV do art. 5º da CF/88 aduz que: "a lei não excluirá da apreciação do Poder Judiciário lesão ou ameaça a direito".

A Constituição brasileira não previu a criação de tribunais ou conselhos administrativos com função jurisdicional, ressaltando-se que as Cortes de Contas têm natureza não jurisdicional, segundo a maioria da doutrina.

A regra do inciso acima transcrito é a inafastabilidade da jurisdição. Contudo, a própria Carta Maior estabeleceu, no seu art. 217, §1º, que "o Poder Judiciário só admitirá ações relativas à disciplina e às competições desportivas após esgotarem-se as instâncias da justiça desportiva, regulada em lei".

Ressalte-se que foi criada a condição de esgotamento das instâncias desportivas, o que não significa, porém, que as lides decorrentes daquela atividade não serão analisadas pelo Poder Judiciário. Assim, não há falar em exceção à inafastabilidade da jurisdição, mas apenas em esgotamento daquela via.

É o Poder Judiciário que julga as ações relacionadas à Administração Pública, não existindo, como ocorre em França, um órgão judiciário próprio para os feitos do Estado.

Somente ter-se-á coisa julgada quando o Poder Judiciário apreciar a questão. Fala-se em **coisa julgada administrativa** quando a matéria não pode ser mais apreciada pela Administração Pública, porém, o administrado poderá socorrer-se do Poder Judiciário sempre.

Pode ser atribuída a inafastabilidade da jurisdição do Poder Judiciário em relação à atuação da Administração Pública ao sistema de freios e contrapesos ou *checks and balances* trazida pela CF/88 no seu art. 2º. Eis o texto: "são Poderes da União, independentes e harmônicos entre si, o Legislativo, o Executivo e o Judiciário".

A harmonia implica equilíbrio entre os Poderes, a fim de que não haja hipertrofia ou sobreposição.

12

INTERPRETAÇÃO DO DIREITO ADMINISTRATIVO

12.1. TEORIA GERAL DA INTERPRETAÇÃO

Interpretar é extrair o sentido de algo, seja um texto, uma obra de arte, determinados gestos ou um objeto. A interpretação busca conhecer através da causa, sendo, portanto, segundo Kelsen[1], uma "operação mental que acompanha o processo da aplicação do Direito no seu progredir de um escalão superior para um escalão inferior". É a busca do conhecimento sobre o conteúdo que inicia a interpretação. No Direito, o processo de conhecimento terá como objeto de cognição as normas jurídicas apresentadas à sociedade.

Segundo Carlos Maximiliano[2], a **hermenêutica jurídica** tem por objeto o estudo e a sistematização dos processos aplicáveis para determinar o sentido e o alcance das expressões do Direito, possuindo, por sua vez, técnicas e meios para chegar aos fins desejados. Para ele, a hermenêutica é a ciência da interpretação. São as suas palavras: "A hermenêutica é a teoria científica da arte de interpretar".

Assim, antes do estudo da interpretação em si, deve ser resolvida a seguinte questão: o texto é aberto ou existem limites para a interpretação?

Umberto Eco[3] afirma que o estudo dos níveis de mensagem representa o estudo da lógica dos significantes através da qual qualquer texto desenvolve a sua dupla função: de estimulação das interpretações e de controle do campo de li-

---

[1] KELSEN, Hans. *Teoria pura do direito*. Tradução de João Batista Machado. 6. ed. São Paulo: Martins Fontes, 1998. p. 245.

[2] MAXIMILIANO, Carlos. *Hermenêutica e aplicação do direito*. 19. ed. Rio de Janeiro: Forense, 2003. p. 1.

[3] ECO, Umberto. *Os limites da interpretação*. Tradução de Pérola de Carvalho. São Paulo: Perspectiva, 2000.

berdade dessas interpretações.

Toda forma de interpretação determina alguma **abertura**, no sentido de que a mensagem, fonte ofertada ao intérprete, apresenta-se como forma de significante a **preencher**. Entretanto, as convenções linguísticas apresentadas em determinada sociedade forçam uma fidelidade ao contexto estruturado da mensagem, evitando que a **liberdade interpretativa** produza interpretações absurdas e arbitrárias ou a ausência de comunicação.

A **compreensão** da mensagem baseia-se na dialética entre **aceitação e repúdio aos códigos léxicos do autor**. É uma dialética, segundo Eco, entre a fidelidade e a liberdade interpretativa, na qual, de um lado, o leitor procura captar os convites da ambiguidade da mensagem e preencher a forma incerta com os próprios códigos, e, de outro, o mesmo é reconduzido pelas relações contextuais a assimilar a mensagem tal como fora construída, num ato de fidelidade ao autor e à época de emissão da mensagem.

Tal **convencionalismo** existe tanto em relação aos aspectos sintáticos do texto quanto em relação aos aspectos semânticos. Há, por exemplo, determinadas modalidades de poesia que guardam características estruturais próprias e somente se tais características estiverem presentes o texto poderá ser classificado nessa ou naquela escola ou tendência. Os signos, por sua vez, têm significados convencionais que são aceitos pela maior parte dos intérpretes, apesar das ambiguidades. Ressalte-se que, mesmo havendo ambiguidade, existirá um número também convencional e limitado de possíveis significados.

Alf Ross[4] mostra a importância do **convencionalismo na interpretação**, ao afirmar que: "A resposta se acha, talvez, numa convenção. Uma vez admitida a importância dos antecedentes legislativos, tal convenção servirá de base para a conclusão razoável de que a passividade dos membros que votaram pode ser

---

[4] ROSS, Alf. *Direito e justiça*. Bauru: Edipro, 2000.

considerada como expressão da aprovação das opiniões explicativas da lei formulada no curso do processo de sanção da lei. Isto porque, de acordo precisamente com essa convenção, os membros da legislatura têm um motivo para se familiarizarem com o que ocorre durante esse processo, tal atitude será interpretada como aprovação. Pode-se, também, dizer que o que se submete à votação não é unicamente o texto, mas o texto à luz das notas explicativas que o acompanham e de outras partes antecedentes da lei".

A interpretação é feita por cada intérprete com base na **autonomia,** mas deve ser limitada pela **heteronomia.** Assim, o maior e mais consistente limitador da interpretação é o que fora convencionado para evitar a inexistência de comunicação.

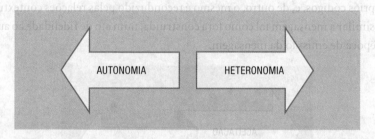

A **abertura total do texto** termina por inviabilizar completamente a interação comunicativa entre o leitor, o autor e os outros leitores. E, em sendo o principal objetivo do texto revelar a mensagem do autor, não seria, nesse caso, atingido o fim colimado.

Alexandre Pasqualini[5], ao tratar dos limites da interpretação das regras jurídicas, diz que o jurista tem também como limites à sua interpretação os princípios e os valores que alimentam as diferentes leituras. Afirma também que a abertura do texto leva à teoria de que todas as exegeses são boas, na qual cada interpretação é considerada regra autônoma e o vazio se projeta como o único sentido da lei. O vazio é como argila, aceita qualquer forma, e, se qualquer leitura é pertinente, tudo se mostra factível e a própria interpretação absurda, dessa maneira, transforma-se em norma.

Na prática, percebe-se que a ausência de convencionalismo configura a maior das prisões e o texto se rebaixa à categoria de pretexto. Nesse vazio, qualquer leitura se apresenta privilegiada e exclusiva, tornando inútil o trabalho de hermenêutica.

---

[5] PASQUALINI, Alexandre. *Hermenêutica e sistema jurídico*: uma introdução à interpretação sistemática do direito. Porto Alegre: Livraria do Advogado, 1999.

Roland Barthes[6] afirma que o sistema de comunicação é uma instituição social, não representando apenas um ato, e não comporta qualquer **premeditação**, não podendo o indivíduo criá-lo ou modificá-lo sozinho. Trata-se essencialmente de um contrato coletivo ao qual os seres humanos se submetem em bloco.

Franz Kafka mostra, no seu livro clássico[7], um exemplo literário da ausência de convenção entre o emissor e o receptor da mensagem e da autonomia interna do intérprete da norma que pode prejudicar o jurisdicionado.

Durante a sua narrativa, o personagem não sabe do que está sendo acusado, quais os **critérios** a serem utilizados no seu julgamento e quais as potenciais penas às quais estaria sujeito. Além de escritor, Kafka era jurista e tinha convicção de quanto é prejudicial para um sistema democrático de direito a autonomia exacerbada do órgão julgador, gerada pela ausência de critérios uniformes de significação.

Assim, é certo que:

a)   a cognição interpretativa tem como limites as convenções das línguas;
b)   seria um ato de loucura – se o intérprete não tiver o poder de submeter os outros à sua vontade – a atribuição autônoma de significados não convencionados a determinados signos; e
c)   seria arbitrariedade – se o intérprete tiver poder de submeter os outros à sua vontade – a atribuição autônoma de significado a um signo e a criação de uma estrutura sintética apenas sua.

Além do **convencionalismo linguístico**, toda interpretação de norma jurídica deve observar os limites impostos pela Constituição do seu Estado soberano, pois é a Carta Magna que traz e concretiza os mais importantes e fundamentais valores eleitos por determinada sociedade.

12.2. INTERPRETAÇÃO ESPECÍFICA DO DIREITO ADMINISTRATIVO

Hely Lopes Meirelles[8] apresentou três pressupostos para a interpretação e aplicação das normas de Direito Administrativo. Assim, além da teoria geral da interpretação que é usada em todos os ramos do Direito, devem ser consideradas as seguintes regras:

---

[6]   BARTHES, Roland. *Elementos de semiologia*. Tradução de Izidoro Blikstein. 14. ed. São Paulo: Cultrix, 2001. p. 18.

[7]   KAFKA, Franz. *O processo*. Tradução de Modesto Carone. São Paulo: Companhia das Letras, 1997.

[8]   MEIRELLES, Hely Lopes; BURLE FILHO, José Emannuel. *Direito administrativo brasileiro*. 42. ed. São Paulo: Malheiros, 2016.

a) **desigualdade jurídica entre a Administração Pública e os administra-dos**: a relação jurídica de Direito Administrativo é, normalmente, pautada pela verticalidade, visto que há um desequilíbrio a favor da coletividade quando os interesses públicos e privados entram em conflito;

b) **presunção de legitimidade dos atos da Administração Pública**: opera-se verdadeira inversão de ônus probatório, pois não é a Administração que deve provar a legitimidade dos seus atos e sim o particular que deve demonstrar os seus defeitos ou invalidade;

c) **necessidade de poderes discricionários para a Administração Pública alcançar o seu fim**: a revolta dos fatos contra as leis mostra que o Poder Legislativo não consegue dar respostas às constantes mudanças sociais, não haveria como produzir leis na velocidade das alterações no mundo dos fatos. Assim, o Legislador, quando necessário, estabelece certa liberdade dentro da lei para o gestor público adotar a opção mais conveniente e oportuna, de maneira fundamentada, conforme os fatos exigirem.

O Decreto n. 13.655/18 alterou a Lei de Introdução às normas do Direito Brasileiro (Decreto-Lei n. 4.657/42), estabelecendo normas de interpretação do Direito Administrativo que serão estudadas no item relativo ao controle e a Lei de Introdução às normas do Direito Brasileiro.

Além dos pressupostos citados acima, deve ser ressaltado que o inciso XIII do parágrafo único do art. 2º da Lei n. 9.784/99 diz que, nos processos administrativos, a norma administrativa deve ser interpretada da forma que melhor garanta o atendimento do fim público a que se dirige, **vedada aplicação retroativa de nova interpretação**.

13

PRINCÍPIOS DA ADMINISTRAÇÃO PÚBLICA

13.1. INTRODUÇÃO

Os mais importantes princípios da Administração Pública aparecem no ordenamento jurídico consubstanciados em regra, ou seja, encontram-se explícitos em textos normativos.

O art. 37 da CF/88 lista, entre outros, os cinco princípios mais relevantes: o da **legalidade**, o da **impessoalidade**, o da **moralidade**, o da **publicidade** e o da **eficiência**.

Podem ser extraídos outros princípios da Administração Pública da Carta Maior, *v. g.*, o da **segurança jurídica** não está consubstanciado em regra naquele texto, mas poderá ser claramente visto no inciso XXXVI do art. 5º: "Art. 5º Todos são iguais perante a lei, sem distinção de qualquer natureza, garantindo-se aos brasileiros e aos estrangeiros residentes no país a inviolabilidade do direito à vida, à liberdade, à igualdade, à segurança e à propriedade, nos termos seguintes: (...) XXXVI – a lei não prejudicará o direito adquirido, o ato jurídico perfeito e a coisa julgada".

Interessante notar que o princípio da segurança jurídica está consubstanciado na regra do art. 2º da Lei n. 9.784/99: "Art. 2º A Administração Pública obedecerá, dentre outros, aos princípios da legalidade, finalidade, motivação, razoabilidade, proporcionalidade, moralidade, ampla defesa, contraditório, segurança jurídica, interesse público e eficiência".

De fato, não é apenas a CF/88 que veicula princípios para a Administração Pública; normas infraconstitucionais podem também apresentar tais enunciados gerais.

A Lei n. 14.133/2021 lista no seu art. 5º diversos princípios relacionados às licitações e aos contratos administrativos:

Na aplicação desta Lei, serão observados os princípios da legalidade, da impessoalidade, da moralidade, da publicidade, da eficiência, do interesse público, da probidade administrativa, da igualdade, do planejamento, da transparência, da eficácia, da segregação de funções, da motivação, da vinculação ao edital, do julgamento objetivo, da segurança jurídica, da razoabilidade, da competitividade, da proporcionalidade, da celeridade, da economicidade e do desenvolvimento nacional sustentável, assim como as disposições do Decreto-Lei n. 4.657, de 4 de setembro de 1942 (Lei de Introdução às Normas do Direito Brasileiro).

A Lei n. 8.429/92 também lista princípios no seu art. 11: "Constitui ato de improbidade administrativa que atenta contra os princípios da administração pública a ação ou omissão dolosa que viole os deveres de honestidade, de imparcialidade e de legalidade, caracterizada por uma das seguintes condutas".

Assim, em virtude da ausência de codificação, vários princípios da Administração Pública poderão ser vistos espalhados pelo conjunto de textos legais.

13.2. PRINCÍPIO DA SUPREMACIA DO INTERESSE PÚBLICO SOBRE O PRIVADO

O primeiro aspecto que diferencia a relação jurídico-administrativa das demais relações está ligado ao seu objeto, pois, segundo a maioria dos autores, existe a sua supremacia sobre o objeto da relação jurídica de Direito Privado.

Nicolas Jean Baptiste Gaston Guibourt[1] foi, aparentemente, o primeiro autor a usar a expressão *supremacia do interesse público sobre o interesse privado*. Eis o texto:

> Mais la société a aussi sur les inventions nouvelles, surtout lorsqu'elles intéressent la vie des citoyens, des droits que résultent d'abord, de **la suprématie de l'intérêt public sur l'intérêt privé**; en second lieu, de ce que toute découverte s'appuie sur des travaux antérieurs dont la société est déjà en possession, et qu'on ne peut retirer de ses mains pour les livrer au monopole d'un seul[2] (grifo).

---

[1] GUIBOURT, Nicolas Jean Baptiste Gaston. *Manuel légal des pharmaciens et des élèves en pharmacie*. Paris: Baillière, 1852. p. 202.

[2] Tradução livre: "Mas a sociedade tem também sobre as novas invenções, sobretudo quando elas interessam à vida dos cidadãos, os direitos que resultam, primeiramente, da supremacia do interesse público sobre o interesse privado e, em segundo lugar, de qualquer descoberta que se apoia sobre trabalhos anteriores dos quais a sociedade já tem domínio e que não se pode retirar das suas mãos para entregar ao monopólio de um só".

O repositório administrativo da Ville de Gand[3] também usou a expressão, ao afirmar:

> Avant 1795 aucune loi générale d'ailleurs n'imposait dans notre pays l'obligation de l'alignement à ceux qui voulaient bâtir ou planter le long des grandes routes. Il a fallu qu'en 1789 une nouvelle organisation administrative vint se substituer à l'ancien ordre de choses et fit prévaloir un des principes les plus féconds de notre civilisation moderne, celui de **la suprématie de l'intérêt public sur l'intérêt privé**, pour qu'une des lois les plus utiles celle de l'expropriation pour cause d'utilité publique, pût prendre place dans notre législation. Le décret du 6 septembre 1790, publié dans notre pays par arrêté des représentants du peuple du 23 novembre 1795, attribua aux corps administratifs, l'administration en matière de grande voirie, et celui du 7 octobre 1790, publié le 10 décembre 1795, décida que cette administration comprenait dans toute l'etendue du Royaume l'alignement des rues des villes, bourgs et villeges qui servent de grandes routes[4] (grifo).

Certamente, inspirado nessas obras, Celso Antônio Bandeira de Mello[5] introduziu a expressão na doutrina brasileira.

O interesse público pode ser conceituado como o anseio de satisfação de uma necessidade social ou estatal considerada relevante à sua época, podendo ser encontrado nos fragmentos comuns extraídos de alguns interesses privados juridicamente protegidos.

Alice Gonzales Borges[6] afirma que o interesse público é um "somatório de interesses individuais coincidentes em torno de um bem da vida que lhes

---

[3] Ville de Gand. *Mémorial administratif de Gand*. Annoot-Braeckman, 1861. p. 242.

[4] Tradução livre: "Antes de 1795 nenhuma lei geral impunha em nosso país a obrigação de alinhamento para aqueles que queriam construir ou plantar ao longo das estradas.

Fez-se necessário que, em 1789, uma nova organização administrativa viesse substituir a antiga ordem das coisas e fizesse prevalecer um dos princípios mais fecundos da nossa civilização moderna, a supremacia do interesse público sobre o interesse privado para que uma das leis mais úteis, a da expropriação em caso de utilidade pública, pudesse tomar lugar em nossa legislação. O Decreto de 6 de setembro de 1790, publicado em nosso país pela deliberação dos representantes do povo em 23 de novembro de 1795, atribuía aos órgãos administrativos a administração em matéria de estradas e o de 7 de outubro de 1790, publicado em 10 de dezembro de 1795, decidiu que essa administração compreendia, em toda extensão do Reino, o alinhamento de ruas das cidades, dos burgos e das vilas que serviam de estradas".

[5] MELLO, Celso Antônio Bandeira de. *Curso de direito administrativo*. 35. ed. São Paulo: Malheiros, 2021.

[6] BORGES, Alice Gonzalez. Supremacia do interesse público: desconstrução ou reconstrução? *Revista Diálogo Jurídico*, Salvador, Centro de Atualização Jurídica, n. 15, jan./mar. 2007. p. 1.

significa um valor, proveito ou utilidade de ordem moral ou material, que cada pessoa deseja adquirir, conservar ou manter em sua própria esfera de valores".

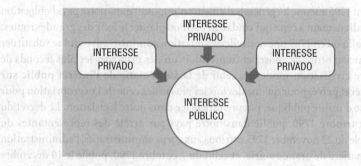

Renato Alessi[7] ilustra que qualquer grupo social tem densa rede de interesses em várias relações, alguns coincidentes e outros conflitantes entre si. Qualquer interesse é sempre individual, pois todo interesse em sociedade somente existe em razão de, ao menos, um indivíduo o encampar, mas se o mesmo interesse é de comunidade mais ampla de cidadãos torna-se interesse geral sentido por todos ou quase todos como expressão unitária de multiplicidade de interesses individuais coincidentes.

A organização jurídica da sociedade é a preponderância de determinado conjunto de interesses gerais sobre todos os outros interesses, individuais ou coletivos, existentes no seio da própria sociedade. Esses interesses prevalentes são chamados, de forma concisa, **interesses públicos primários ou interesses da sociedade**.

Já o **interesse público secundário ou meramente estatal** seria o interesse patrimonial do ente federativo ou das pessoas jurídicas de direito público, podendo ser visualizado quando o Estado pretende aumentar o máximo possível determinado tributo.

---

[7] ALESSI, Renato. *Principi di diritto amministrativo*. 3. ed. Milano: Giuffrè, 1974, p. 226-227. Ele afirma que: Questi interessi pubblici, collettivi, dei quali l'amministrazione deve curare il soddisfacimento, non sono, si noti bene, semplicemente l'interesse dell'Amministrazione intesa come apparato organizzativo autonomo, sibbene quello che è stato chimato l'interesse collettivo primario, formato dal complesso degli interessi individuali prevalenti una determinata organizzazzione giuridica della collettività, mente l´interesse dell'apparato, se può esser concepito un interesse dell'apparato unitariamente considerato, sarebbe semplicemente uno degli interessi secondari che si fanno sentire in seno alla collettività, e che possono essere realizzati soltanto in caso di coincidenza, e nei limiti di siffatta coincidenza, con l'interesse collettivo primario. La peculiarità della posizione giuridica della pubblica Amministrazione sta appunto in ciò, che la sua funzione consiste nella realizzazione dell'interesse colletivo, pubblico, primario.

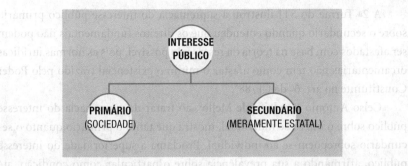

O interesse público secundário pode, em muitas situações, **colidir** com o interesse público primário. Ciente desta potencial colisão, o Poder Constituinte Originário de 1988 criou a Advocacia-Geral da União.

Antes da CF/88, tanto a União quanto a sociedade eram defendidas pela Procuradoria-Geral da República, ou seja, não raro dois procuradores da República estavam em lados opostos da lide defendendo interesses públicos colidentes.

Atualmente, os interesses primários e secundários são defendidos pela Advocacia-Geral da União e os interesses primários pelo Ministério Público. O Estado deve sempre defender tanto o interesse primário quanto o interesse secundário, mas, em algumas situações, pode haver antagonismo. Por exemplo, quando a União causar algum dano ambiental, o Ministério Público deve defender o interesse difuso ambiental e a Advocacia Pública deve defender a observância do contraditório, da ampla defesa, da razoabilidade e da proporcionalidade da eventual sanção.

Gize-se que a doutrina defendida por Renato Alessi foi apresentada na sua obra já citada, que data de 1974, portanto existia muito antes da CF/88.

Em consequência, segundo a maioria dos autores, pode ser encontrada, no ordenamento jurídico atual, a seguinte gradação de interesses:

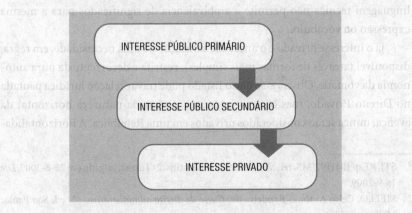

A 2ª Turma do STJ ilustrou a supremacia do interesse público primário sobre o secundário quando entendeu que os direitos fundamentais não podem ser afastados com base na teoria da reserva do possível, pois as normas jurídicas orçamentárias não têm como afastar o mínimo existencial trazido pelo Poder Constituinte no art. 6º da CF/88[8].

Celso Antônio Bandeira de Mello[9], ao tratar da supremacia do interesse público sobre o interesse individual, mostra que tanto o primário quanto o secundário sobrepõem-se ao individual. Proclama a superioridade do interesse público, afirmando a sua prevalência sobre o particular como condição, até mesmo, da sobrevivência e segurança deste último. A proteção do objeto, interesse público, irradia poderes diferenciados ao seu curador, encetando verdadeira supremacia dotada de poderes-deveres para um dos sujeitos da relação jurídica, qual seja, a Administração Pública.

Feita a análise conceitual sobre o interesse público, deve ser observado que o interesse coletivo, segundo o inciso II do parágrafo único do art. 81 da Lei n. 8.078/90 (CDC), apresenta-se como o anseio transindividual, de natureza indivisível, de satisfação de uma necessidade titularizada por grupo, categoria ou classe de pessoas ligadas entre si ou com a parte contrária por uma relação jurídica base.

Apesar de a doutrina e de o legislador tratarem o interesse público e o interesse coletivo como sinônimos, após a entrada em vigor do CDC, foi criada pela norma uma clara distinção entre ambos, pois não se pode afirmar que o anseio de apenas um grupo, de uma categoria ou de uma classe confunda-se necessariamente com um anseio social ou estatal. Observe-se que, apesar do conceito de interesse ou direito coletivo restar restrito ao CDC, o Direito deve ser interpretado de maneira sistêmica, a fim de que sejam evitadas incongruências. A sua linguagem técnica não permite a ambivalência de significados para a mesma expressão ou vocábulo.

Já o interesse privado é o anseio de satisfação de uma necessidade, em regra, disponível (através de formas mais simples), restrita e decorrente da pura autonomia da vontade. Observe-se que o Estado pode travar relação jurídica pautada no Direito Privado, mas os seus interesses, apesar da natureza horizontal da avença, nunca serão considerados privados em uma República. A horizontalida-

---

[8] STJ, REsp 1041197/MS, rel. Min. Humberto Martins, 2ª Turma, julgado em 25-8-2009, *DJe* 16-9-2009.

[9] MELLO, Celso Antônio Bandeira de. *Curso de direito administrativo*. 35. ed. São Paulo: Malheiros, 2021.

de não tem o condão de transformar os interesses finalísticos do Estado em interesses privados.

Apresentados os conceitos acima, nota-se que há duas formas de supremacia do interesse público sobre o privado: a geral e a especial. A primeira é a ascendência da Administração Pública sobre os administrados não abrangidos por normas específicas relacionadas a situações jurídicas peculiares. Exemplo: a regulação da concorrência que tem reflexo indireto nas relações privadas de consumo. A segunda é a ascendência sobre determinados administrados em virtude de situação jurídica peculiar, cuja disciplina normativa pode ultrapassar ou suprir os preceitos legais desde que não lhes seja contrária. Não há, por exemplo, lei federal regulamentadora da relação entre o usuário e uma biblioteca pública, incidindo, portanto, a supremacia especial da Administração Pública que poderá normatizar internamente os procedimentos da biblioteca.

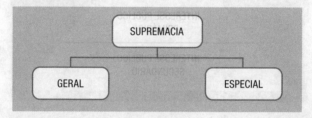

Em relação aos direitos fundamentais, a análise é mais complexa, pois aqueles não encontram limite no interesse público primário nem no interesse público secundário; ao contrário, é o interesse público que encontra limite nos direitos fundamentais, conforme pode ser notado, inclusive, no discurso dos defensores da inoponibilidade da reserva do possível[10] à efetivação de direitos fundamentais.

---

[10] O princípio da reserva do possível tem como escopo conciliar as prestações sociais relacionadas ao mínimo existencial com a escassez dos recursos públicos. O seu surgimento remonta a década de 50, quando o Poder Judiciário da Alemanha (BVerwG) construiu jurisprudencialmente a "cláusula de comunidade", que impedia o exercício de direitos fundamentais que se opusessem aos interesses relevantes da comunidade. Porém, o princípio da reserva do possível é mais restrito do que a "cláusula de comunidade", pois aquele não trata dos interesses legítimos da comunidade e, sim, das restrições financeiras faticamente estabelecidas do Estado. A impossibilidade fática de satisfação de todas as prestações exigíveis do Estado resta bem ilustrada nas leis orçamentárias que refletem a programação de dispêndio do Poder Público. Apesar de o Estado existir em função do indivíduo, não o contrário, concepção que não é tão atual como pregam alguns juristas, todas as prestações exigíveis do Poder Público geram custos, conforme bem asseverado por Stephen Holmes e Cass Sunstein, *The costs of rights*: why liberty depends on taxes, New

Segundo Daniel Sarmento[11], existem direitos fundamentais individuais, ou seja, cujo exercício é encetado por um só indivíduo. Sobre esta possibilidade afirma que: "Há, assim, interesses privados que constituem direitos fundamentais, mas há outros interesses particulares que não recebem da ordem jurídica proteção tão reforçada".

Daniel Sarmento entende que não apenas o interesse público secundário curva-se ante direito fundamental, mas que o interesse público primário também deve ceder a direito fundamental, inclusive de natureza privada.

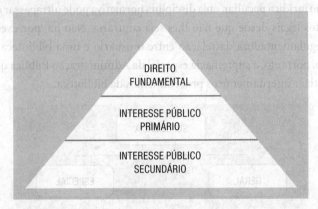

Luís Roberto Barroso[12] é menos radical, entendendo que os direitos fundamentais encetam sempre interesses públicos primários. Eis as suas palavras:

> O interesse público primário, consubstanciado em valores fundamentais como justiça e segurança, há de desfrutar de supremacia em um sistema constitucional e democrático. Deverá ele pautar todas as relações jurídicas e sociais – dos particulares entre si. O interesse público primário desfruta de supremacia porque não é passível de ponderação. Ele é o parâmetro da ponderação. Em suma: o interesse público primário consiste na melhor realização possível, à vista da situação concreta a ser apreciada, da vontade constitucional, dos valores fundamentais que ao intérprete cabe preservar ou promover.

York: W. W. Norton, 1999. A ponderação entre a reserva do possível e a satisfação do mínimo existencial deve ser feita através dos legítimos meios ofertados pela sociedade ou a própria sociedade pode optar pela tributação em percentuais mais elevados para atender a um maior número de demandas relacionadas aos direitos sociais.

[11] SARMENTO, Daniel (Org.). *Interesses públicos versus interesses privados*: desconstruindo o princípio da supremacia do interesse público. Rio de Janeiro: Lumen Juris, 2010.

[12] Prefácio. In: SARMENTO, Daniel (Org.). *Interesses públicos versus interesses privados*: desconstruindo o princípio da supremacia do interesse público. Rio de Janeiro: Lumen Juris, 2010. p. xiii.

O problema ganha em complexidade quando há confronto entre o interesse público primário consubstanciado em uma meta coletiva e o interesse público primário que se realiza mediante a garantia de um direito fundamental.

Alice Gonzales Borges[13] também é menos radical do que Daniel Sarmento, afirmando que:

O interesse público – o mais indeterminado dos conceitos – sempre esteve ameaçado pelos donos do poder. Objeto das mais solertes manipulações, sempre tem sido invocado, através dos tempos, a torto e a direito, para acobertar as "razões de Estado", quando não interesses menos nobres, e até inconfessáveis. Mais especificamente, tem sido manejado por certas administrações públicas como verdadeiro escudo, que imunizaria de quaisquer críticas suas posições autoritárias, e as resguardaria até, em nome de pretensa independência de poderes, do imprescindível controle do Poder Judiciário.
Mas agora surge de outra parte uma nova espécie de ataque, até então inimaginável. De repente, uma plêiade de jovens e conceituados juristas – animados, força é que se diga, pela mais cristalina e louvável das intenções – ergue-se na defesa da eficácia e efetividade dos direitos fundamentais, em salutar movimento em prol da constitucionalização do direito. Para tanto, resolve congregar forças para desconstruir o princípio da supremacia do interesse público, como sendo a base de um autoritarismo retrógrado, ultrapassado e reacionário do direito administrativo.
À primeira vista, tais colocações assustam os aplicadores do direito, em sua cruzada contra as prerrogativas da Administração Pública, baseadas na necessidade e preservação da supremacia do interesse público, agora tidas como resquício de uma concepção reacionária do direito administrativo, e trazem uma certa perplexidade.
Se a Administração Pública, no exercício de suas funções, não pudesse usar, por exemplo, de certas prerrogativas de potestade pública, tais como a imperatividade, a exigibilidade e a presunção de legitimidade dos seus atos, nem, em circunstâncias especiais perfeitamente delineadas pela lei, a autoexecutoriedade de certas medidas urgentes, então teríamos verdadeiro caos. Ficaríamos com uma sociedade anárquica e desorganizada, e os cidadãos ver-se-iam privados de um de seus bens mais preciosos, que é o mínimo de segurança jurídica indispensável para a vida em sociedade.

Alice Gonzalez Borges e Luís Roberto Barroso têm razão sob um aspecto, pois o cumprimento da esmagadora maioria dos direitos fundamentais é interesse público primário, a sociedade exige sejam tais direitos tutelados pelos seus representantes e pelos Poderes Constituídos, inclusive pelo Ministério Público.

---

[13] BORGES, Alice Gonzalez. Supremacia do interesse público: desconstrução ou reconstrução? *Revista Diálogo Jurídico*, Salvador, Centro de Atualização Jurídica, n. 15, jan./mar. 2007, p. 1-2.

Em primeira análise, quase todos os direitos fundamentais são exigíveis pelo *Parquet*, logo, mesmo havendo colisão entre o direito fundamental vazado pelo interesse público primário e qualquer outro interesse público primário, a natureza daquele resta intacta pela utilização da ponderação de valores para o caso concreto.

Daniel Sarmento também tem razão, pois existe um direito fundamental não tutelado pelo Ministério Público e relativo a interesse privado, qual seja, o direito de herança consignado no inciso XXX do art. 5º da CF/88 que, mesmo com tal natureza jurídica, não deve ser limitado pelo interesse público primário.

É inaplicável ao direito de herança[14] a "supremacia do interesse público sobre o interesse privado", uma vez que, havendo colisão entre o citado direito e o interesse público primário, aquele deverá prevalecer.

O conflito de ideias acima descrito mostra que existem, no Direito Administrativo brasileiro, duas Escolas, quais sejam, a paulista e a carioca. A primeira formada na década de 1970, tendo como expoentes Celso Antônio Bandeira de Mello e Maria Sylvia Zanella Di Pietro. A segunda inaugurada no fim da década de 1990 pelo gaúcho Humberto Ávila, mas conduzida aos dias atuais pelos ilustres Daniel Sarmento e Gustavo Binenbojm.

13.2.1. Teoria do equilíbrio

Dois **extremos** podem ser vistos na evolução da relação entre o Estado e o cidadão: **a supremacia do interesse público** e a **supremacia do interesse privado**.

Nos Estados Absolutistas anteriores à Revolução Francesa, havia a supremacia do interesse público sobre o privado. Muitos podem se espantar com esta afirmação, mas a variação conceitual através dos tempos da expressão **interesse público** mostra que, por exemplo, na gestão do Rei Sol, Luís XIV, os interesses

---

[14] Nos primórdios da humanidade, não existia direito de herança, pois os bens eram compartilhados por todos os membros da comunidade da mesma forma que se nota em relação aos indígenas do século passado. Tudo que era colhido, produzido, cultivado e caçado deveria ser dividido, mesmo com aqueles que já não tinham condições de, em virtude da idade avançada ou de alguma moléstia, exercer o labor na comunidade. O direito de herança surgiu com a atribuição individual da propriedade, mas a citada atribuição não implicava existência daquele direito, visto que a opção política estatal, por vezes, abarcava apenas o direito de propriedade, por entender que a destinação de bens a sucessores prejudicaria a mobilidade social e a produção real de riqueza pela ambição e trabalho próprios.

reputados como públicos eram os interesses estatais e os interesses estatais eram os seus interesses.

O conceito de **interesse público** estava relativamente legitimado à época dos déspotas, pois mesmo o cidadão comum, qualquer que fosse a sua formação, sabia que havia a figura do interesse público mesmo sendo confundido com o interesse pessoal do governante.

Existia supremacia do interesse do Rei sobre o direito de propriedade, sendo possível, em diversos ordenamentos jurídicos despóticos, a expropriação através da cobrança de tributos ou através da força estatal da propriedade dos súditos.

Nas relações sociais, pode ser aplicada a Lei de Newton, pois, para toda ação, haverá uma reação contrária com a mesma intensidade. A extrema e absurda mitigação do direito de propriedade pelo Estado ensejou a proteção também radical daquele direito através das normas que veicularam liberdades públicas.

A sociedade partiu de um extremo para outro, surgindo a teoria do patrimonialismo para defender os interesses privados da burguesia que irradiou efeitos para os cidadãos comuns, visto que as liberdades conseguidas possibilitaram o exercício quase irrestrito do labor e a possibilidade de aquisição de bens.

A ferocidade do Estado cedeu lugar à extrema proteção que, no Brasil, foi incrustada no Código Civil de 1916, no qual o direito de propriedade era quase absoluto e pouco cedia perante os anseios estatais.

Somente a evolução da sociedade permitiu que a hipertrofia do ente estatal se equilibrasse com o exercício dos direitos individuais. A mitigação do extremado patrimonialismo não pode ressuscitar desproporcional supremacia do interesse público sobre o interesse privado.

Necessária é a convivência harmônica entre ambos, visto que, nos Estados Constitucionais, somente mostra-se irrestrita a supremacia dos direitos fundamentais sobre as outras espécies de direitos.

A dignidade da pessoa humana, descrita no inciso III do art. 1º da CF/88, pode, por exemplo, transpassar interesses privados, mas, mesmo assim, ninguém afirmaria que o interesse público se sobrepõe à dignidade da pessoa humana.

A Constituição Federal de 1988 alterou profundamente o Direito Administrativo sem que a maioria dos doutrinadores tivesse notado, pois ao fixar como seu troco fundamental a dignidade da pessoa humana relativizou o postulado de supremacia do interesse público sobre o interesse privado, exigindo sempre a busca pelo equilíbrio entre tais valores.

O princípio da dignidade da pessoa humana tem como parâmetro de aferição da sua efetivação a observância dos direitos e garantias fundamentais. Ingo

Wolfgang Sarlet[15] diz que a dignidade da pessoa humana na condição de valor (e princípio normativo) fundamental que atrai o conteúdo de todos os direitos fundamentais exige e pressupõe o reconhecimento e a proteção de todos os direitos e garantias fundamentais de todas as dimensões, pois se estes forem negados estará sendo negada a própria dignidade.

A ideia de patrimônio, criada no século XIX, não apresentava, inicialmente, a deturpação do patrimonialismo, tendo como escopo originário a preservação do indivíduo perante o Estado, afirmando que as pessoas teriam o seu patrimônio protegido, até certo ponto, da atuação estatal e que tal universalidade de bens estaria submetida à vontade do seu titular. Através dos tempos, entretanto, operou-se a sua desvinculação da pessoa, processo que transformou o patrimônio em um instrumento de atuação econômica[16].

Fachin afirma que, nesse modo tradicional, não só o patrimônio não é a dimensão econômica da personalidade, mas também não recebe do Direito a feição de algo visando a emancipação do seu titular, representando apenas a garantia de terceiros, credores. Dessa forma, pode-se concluir, com base na equivocada corrente da patrimonialização absoluta, que o elemento de maior destaque é a garantia dos créditos privados ou estatais e não a viabilização de uma existência digna.

Ernesto Benda[17] diz que, na Alemanha, a interpretação do art. 1.1. da Lei Fundamental de Bonn, de 1949, impunha, além da proteção contra a arbitrariedade, um respeito cada vez maior pela sobrevivência do homem. Segundo tal artigo, afigura-se inadmissível que o cidadão seja despojado dos recursos indispensáveis à sua existência digna. Assim, a intervenção estatal ou privada na propriedade não poderá privá-lo dos meios básicos para a sobrevivência.

Não há mais como justificar todas as decisões da Administração Pública com o argumento de que se buscou a satisfação do interesse público, porque o impacto das suas ações na esfera privada deve ser sempre considerado e mensurado para impedir que o particular seja afetado desproporcionalmente sem qualquer reparação.

Invocar, sem considerar o interesse privado, a satisfação do interesse público revigora o argumento utilizado na França de Luís XIV, ainda que se esteja sob a égide de um Estado Democrático de Direito.

---

[15] SARLET, Ingo Wolfgang. *A eficácia dos direitos fundamentais*. Porto Alegre: Livraria do Advogado, 1998.

[16] FACHIN, Luiz Edson. *Estatuto jurídico do patrimônio mínimo*. Rio de Janeiro: Renovar, 2001. p. 45.

[17] BENDA, Ernesto. *Manual de derecho constitucional*. Madrid: Marcial Pons, 1996. p. 126.

Ora, o **império da lei** (*the rule of law*) sofre as limitações materiais dos direitos fundamentais erigidos a normas supraconstitucionais, pois, atualmente, a preponderância dos direitos fundamentais, pautada na concepção de que o ser humano é um fim em si mesmo, dispensa os formalismos do ordenamento jurídico.

Os direitos fundamentais estão axiologicamente acima do ordenamento jurídico mesmo quando não positivados nas Constituições, visto que a positivação incompleta não tem como ensejar a subjugação de um direito fundamental não positivado a uma norma constitucional que não trate de direito fundamental.

Assim, a supremacia do interesse público sobre o interesse privado deve curvar-se a dois controles: o parâmetro de confrontação com os direitos fundamentais e o parâmetro de relevância do direito individual, a fim de que o verdadeiro equilíbrio seja encontrado. **Não se nega a supremacia do interesse público sobre o interesse privado, porém não se trata de uma regra absoluta como alguns doutrinadores defendem.**

13.3. PRINCÍPIO DA INDISPONIBILIDADE DO INTERESSE PÚBLICO PELA ADMINISTRAÇÃO

O segundo aspecto que diferencia a relação jurídica de Direito Administrativo é a **indisponibilidade** pela Administração do interesse público. A indisponibilidade tem estreita relação com a supremacia.

O interesse público – primário ou secundário – tem como titular, em uma República, o **povo**.

A **Administração Pública** exerce a função de **gestora de coisa alheia**, portanto, não tem poderes de disposição. Somente o seu titular tem tais poderes, sendo que o seu exercício dar-se-á diretamente ou através dos seus representantes.

Isto significa afirmar que os representantes do povo podem dispor, por exemplo, do patrimônio público e podem eleger interesses públicos prioritários através da alocação orçamentária de recursos públicos.

Brilhantes os ensinamentos de Celso Antônio Bandeira de Mello[18] sobre a titularidade dos interesses públicos ao afirmar que, na Administração Pública, os bens não se acham entregues à livre disposição da vontade do administrador, tendo o gestor, essencialmente, dever de cuidado.

Não há como concordar, entretanto, com o seu entendimento de que o **titular do interesse público é o Estado (povo+território+governo)**, pois como organização jurídico-política, o conceito de Estado não se confunde com o conceito de povo apenas e o parágrafo único do art. 1º da CF/88, abaixo transcrito, ilustra bem que, em uma República, o titular do interesse público é o povo: "Todo o poder emana do povo, que o exerce por meio de representantes eleitos ou diretamente, nos termos desta Constituição".

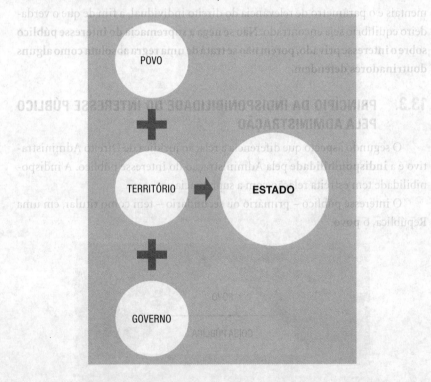

Caso o Estado fosse o titular do interesse público, a organização jurídico-política existiria como **fim em si mesma**, deixando de ser forma de agrupamento com função instrumental para tornar-se objeto principal.

---

[18] MELLO, Celso Antônio Bandeira de. *Curso de direito administrativo*. 35. ed. São Paulo: Malheiros, 2021.

Nos regimes absolutos, poder-se-ia ter o Estado como fim em si mesmo, mas, em uma República Federativa colocada pelo Poder Constituinte Originário como Estado Democrático de Direito, a **autorreferencialidade** deve ser banida.

O **Congresso Nacional**, com a participação do Chefe do Executivo no processo legislativo, pode *dispor do patrimônio público* e pode valorar entre os interesses públicos quais são os mais caros à sociedade, visto que as necessidades públicas são ilimitadas, mas a arrecadação de recursos tem limites claros no direito individual de propriedade e nos preceitos da ordem econômica.

Dessa forma, somente a lei que é a manifestação de vontade do povo através dos seus representantes pode dispor do interesse público em uma república qualificada como Estado democrático de Direito.

13.4. PRINCÍPIO DA LEGALIDADE

A compreensão do princípio da legalidade passa obrigatoriamente pela análise histórica do que os juristas de língua inglesa chamam de *the rule of law* (*império da lei*). O conceito deste instituto jurídico é impreciso inclusive para os doutrinadores ingleses.

José Joaquim Gomes Canotilho[19] ilustra a existência de quatro sentidos básicos e que se completam para a expressão *the rule of law*. São eles:

a) a obrigatoriedade instituída pela *Magna Charta* de 1215 da observância do processo justo legalmente previsto quando os cidadãos estiverem sujeitos a restrições a direitos relacionados à sua liberdade e propriedade;

b) a prevalência das leis e dos costumes perante a discricionariedade do rei;

c) a sujeição de todos os atos da Administração Pública ao Parlamento; e

d) a igualdade de acesso aos tribunais por parte dos cidadãos.

A tradução técnico-jurídica mais precisa de *the rule of law* do inglês para o português é Estado de Direito, sendo certo que a expressão portuguesa representa a tradução do vocábulo *Rechtsstaat* da língua alemã.

O *Rechtsstaat* ilustra a oposição ao Estado de Polícia e ao Estado eudemonista[20], pois estes, baseados na vontade pura do seu governante, escolhem o caminho da felicidade para os seus súditos com clara invasão da sua esfera pessoal.

A limitação do Estado pelo Direito deve ser estendida ao próprio rei, que é colocado como órgão seu e não mais como algo metajurídico de origem desconhecida ou divina.

---

[19] CANOTILHO, José Joaquim Gomes. *Direito constitucional*. 3. ed. Coimbra: Almedina, 1998.
[20] Relacionado a felicidade.

Em França, a Declaração de Direitos do Homem e do Cidadão, de 26 de agosto de 1789, apresenta claramente a noção de *L´État legal*. Eis alguns dos seus artigos:

Art. 5º A lei não proíbe senão as acções nocivas à sociedade. Tudo que não é vedado pela lei não pode ser obstado e ninguém pode ser constrangido a fazer o que ela não ordene.

Art. 6º A lei é a expressão da vontade geral. Todos os cidadãos têm o direito de concorrer, pessoalmente ou através de mandatários, para a sua formação. Ela deve ser a mesma para todos, seja para proteger, seja para punir. Todos os cidadãos são iguais a seus olhos e igualmente admissíveis a todas as dignidades, lugares e empregos públicos, segundo a sua capacidade e sem outra distinção que não seja a das suas virtudes e dos seus talentos.

Art. 7º Ninguém pode ser acusado, preso ou detido senão nos casos determinados pela lei e de acordo com as formas por esta prescritas. Os que solicitam, expedem, executam ou mandam executar ordens arbitrárias devem ser punidos; mas qualquer cidadão convocado ou detido em virtude da lei deve obedecer imediatamente, caso contrário torna-se culpado de resistência.

Art. 8º A lei apenas deve estabelecer penas estrita e evidentemente necessárias e ninguém pode ser punido senão por força de uma lei estabelecida e promulgada antes do delito e legalmente aplicada.

Ressalte-se que o seu art. 5º ilustra o princípio da legalidade sob a ótica privada.

Dois tipos de Estados devem ser contrapostos: o Estado Absolutista e o Estado de Direito.

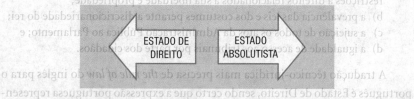

A fonte de poder nos Estados Absolutistas tem natureza autônoma, enquanto nos Estados de Direito a fonte de poder tem característica essencialmente heterônoma.

A **autonomia**, considerado o aspecto sociológico, é o **estatuto interno** do indivíduo, a sua vontade pura e independente dos fatores e elementos externos. A **heteronomia** é o **estatuto externo**, criado consensualmente, baseado na integração negociada da vontade pura, a fim de que seja alcançada uma vontade coletiva.

AUTONOMIA	HETERONOMIA
ESTATUTO INTERNO	ESTATUTO EXTERNO

Essa vontade coletiva não precisa ser unânime, mas deve tomar como decisão a vontade média, ou seja, aqueles elementos que podem ser encontrados na maioria dos estatutos internos.

A busca por falsa legitimação criou expressões como *the king was the source of law and the maintainer of order*[21]. Ora, quando o poder está centralizado no rei, a palavra **lei** tem **conteúdo meramente decorativo**, pois o rei poderá dar aos seus atos o nome que desejar: leis, normas, decretos, regras, portarias, mandos, ordenações, comandos, regulamentos, imperativos etc. Entretanto, haverá sempre a expressão da vontade pura de uma só pessoa que irá comandar as ações e omissões de diversas outras pessoas.

A verdadeira supremacia da lei implica inexistência de fonte autônoma, somente comportando um poder acima do seu: o do povo. A lei material deve ser heterônoma, extraída dos fragmentos comuns de vontade individual que podem ser notados na maioria.

Essa percepção fica mais clara quando se afirma que o ordenamento jurídico da Inglaterra, apesar de adotar sistema consuetudinário, tem como característica fundamental a supremacia da lei.

Ora, como um sistema em que alguns direitos fundamentais não estão positivados pode adotar "*the rule of law*"?

A **supremacia da lei** não reside na forma, mas no consensualismo. De fato, a forma garante segurança jurídica ao consensualismo e outorga maior precisão aos comandos construídos pela maioria, mas não é elemento indispensável.

Dicey[22] diz que "neste sentido, o Estado de Direito é contrastado com todo sistema de governo baseado no exercício pessoal de amplos poderes, arbitrários ou discricionários, de coação".

O **Estado de Direito** contrasta com qualquer sistema de governo baseado no exercício individual da autoridade de maneira arbitrária ou de forma a atacar

---

[21] "O rei era a fonte da lei e o mantenedor da ordem." DICEY, Albert Venn. *Introduction to the study of the law of the Constitution*. 8. ed. London: Macmillan, 1915. p. 107.

[22] DICEY, Albert Venn. *Introduction to the study of the law of the Constitution*. 8. ed. London: Macmillan, 1915. p. 110.

discricionariamente direitos. Tal configuração de Estado representa acima de tudo a restrição do poder encetada pela vontade coletiva.

O Estado de Direito, quando não se apresenta como simulacro, é também Estado Constitucional, visto que a supremacia da lei deve decorrer de norma fundamental. A lei, apesar da sua força institucional, deve estar abaixo do que for estipulado pelo Poder Constituinte Originário.

As garantias encetadas pelo Estado de Direito devem ter fonte suprema e completamente autônoma que forme uma nação independente e soberana, sendo tal fonte a Constituição.

A República Federativa do Brasil, sem dúvida, optou pelo Estado Democrático de Direito. Eis o *caput* e o parágrafo único do art. 1º da CF/88:

> Art. 1º A República Federativa do Brasil, formada pela união indissolúvel dos Estados e Municípios e do Distrito Federal, constitui-se em Estado Democrático de Direito e tem como fundamentos:
> (...)
> Parágrafo único. Todo o poder emana do povo, que o exerce por meio de representantes eleitos ou diretamente, nos termos desta Constituição.

O princípio da legalidade da Administração Pública e o *princípio da legalidade na esfera privada* decorrem do Estado de Direito[23]. *O primeiro é uma pauta fechada de atuação do gestor público, determinando que todas as suas ações ou omissões somente serão desencadeadas quando ordenado pela lei.* O segundo é uma pauta aberta para a atuação dos particulares, facultando as suas ações ou omissões desde que não haja vedação legal.

No primeiro caso, a inexistência de lei impede a ação. No segundo, a inexistência faculta o agir e a existência apenas fixa balizas para a ação.

O princípio da legalidade na esfera privada pode ser visto na norma constitucional que segue:

> Art. 5º Todos são iguais perante a lei, sem distinção de qualquer natureza, garantindo-se aos brasileiros e aos estrangeiros residentes no país a inviolabilidade do direito à vida, à liberdade, à igualdade, à segurança e à propriedade, nos termos seguintes:
> (...)
> II – *ninguém será obrigado a fazer ou deixar de fazer alguma coisa senão em virtude de lei.* (grifo)

---

[23] STJ, AgRg no AgRg no Ag 1078217/SP, rel. Min. Mauro Campbell Marques, 2ª Turma, julgado em 14-4-2009, *DJe* 4-5-2009.

Já o princípio da legalidade na Administração Pública é listado na seguinte norma constitucional: "Art. 37. A administração pública direta e indireta de qualquer dos Poderes da União, dos Estados, do Distrito Federal e dos Municípios obedecerá aos princípios de legalidade, impessoalidade, moralidade, publicidade e eficiência e, também, ao seguinte".

Em resumo, a legalidade[24], como princípio da Administração Pública incrustado no *caput* do artigo acima, significa que o gestor público está, em toda a sua atividade funcional, sujeito aos mandamentos da lei e às exigências do bem comum, e deles não se pode afastar ou desviar, sob pena de praticar ato inválido e sujeitar-se às sanções administrativas, cíveis e penais previstas no ordenamento jurídico[25].

Por fim, cumpre registrar que Celso Antônio Bandeira de Mello[26] entende haver três restrições excepcionais ao princípio da legalidade, todas trazidas pela CF/88, são elas:

a) a Medida Provisória (art. 62);
b) o Estado de Defesa (art. 136); e
c) o Estado de Sítio (art. 137 a 139).

RESTRIÇÕES EXCEPCIONAIS AO PRINCÍPIO DA LEGALIDADE		
MEDIDA PROVISÓRIA	ESTADO DE DEFESA	ESTADO DE SÍTIO

13.5. PRINCÍPIO DA RESERVA LEGAL

Não se pode confundir o princípio da legalidade com o **princípio da reserva legal**. O primeiro exige que a atuação seja pautada na lei. O segundo exige que

---

[24] STJ, RMS 28.259/PR, rel. Min. Benedito Gonçalves, 1ª Turma, julgado em 15-9-2009, *DJe* 23-9-2009.
[25] MEIRELLES, Hely Lopes; BURLE FILHO, José Emannuel. *Direito administrativo brasileiro*. 42. ed. São Paulo: Malheiros, 2016.
[26] MELLO, Celso Antônio Bandeira de. *Curso de direito administrativo*. 35. ed. São Paulo: Malheiros, 2021.

certas matérias somente possam ser inseridas no ordenamento jurídico através de lei. Dessa forma, havendo a reserva legal, o assunto não pode ser trazido originariamente ao mundo jurídico por decreto ou qualquer outra espécie normativa distinta da lei. Exemplo do princípio da reserva legal pode ser visto na norma da CF/88 abaixo transcrita:

> Art. 5º Todos são iguais perante a lei, sem distinção de qualquer natureza, garantindo-se aos brasileiros e aos estrangeiros residentes no país a inviolabilidade do direito à vida, à liberdade, à igualdade, à segurança e à propriedade, nos termos seguintes:
> (...)
> XXIV – a lei estabelecerá o procedimento para desapropriação por necessidade ou utilidade pública, ou por interesse social, mediante justa e prévia indenização em dinheiro, ressalvados os casos previstos nesta Constituição.

Assim, o procedimento para desapropriação por necessidade ou utilidade pública não pode ser estabelecido por decreto, portaria, resolução administrativa etc.

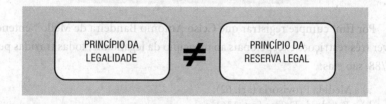

13.6. PRINCÍPIO DA SEGURANÇA JURÍDICA

Inicialmente, surge a seguinte pergunta: o **princípio da segurança** jurídica confunde-se com o direito à segurança mencionado no preâmbulo e estabelecido no *caput* do art. 5º da CF/88?

A resposta deve ser negativa, pois o direito à segurança estabelecido na norma constitucional citada apresenta-se, naquele contexto, como direito instrumental de inviolabilidade do direito à vida, à liberdade, à igualdade e à propriedade.

A segurança jurídica não existe essencialmente para prevenir violações a direitos, existe para dar estabilidade ao sistema jurídico, possibilitando inclusive que lesões a direito efetivadas não possam mais ser debatidas em juízo.

Ninguém pode afirmar que o instituto da prescrição existe para assegurar a defesa do direito à vida, posto que há prazos prescricionais listados no Código Penal para o crime de homicídio. A segurança jurídica oferta também estabilidade a lesões consumadas à propriedade quando permite, por exemplo, a aquisição daquele direito real pela usucapião.

Assim, segurança jurídica não se confunde com segurança pública, segurança alimentar, seguridade social etc. O direito à segurança não se confunde com o princípio estabilizador da segurança jurídica.

O princípio da segurança jurídica representa o conjunto de imperativos e garantias que torna possível às pessoas o conhecimento antecipado das consequências diretas dos seus atos e fatos à luz de uma liberdade conhecida; representa também a estabilização e a desejada **imutabilidade** do que foi praticado com base nesta liberdade[27].

A despeito desse posicionamento, Carlos Aurélio Mota de Souza[28] afirma que o vocábulo "segurança", inserido no art. 5º da CF/88, é gênero que comporta como espécie a segurança jurídica, portanto, o princípio da segurança jurídica restaria consubstanciado em regra naquele texto.

O **princípio da segurança jurídica** estará, normalmente, em **colisão** com o **princípio da justiça**, visto que a busca pela justiça pode durar a eternidade, mas a sociedade precisa, dentro do menor espaço de tempo possível, pacificar os seus conflitos.

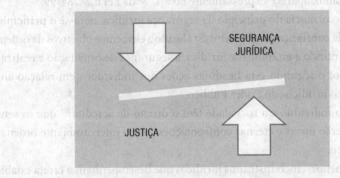

A clássica ideia de justiça representa, basicamente, os seguintes imperativos:

(i) a cada um segundo o seu mérito;
(ii) a cada um segundo a sua contribuição;
(iii) a cada um segundo as suas necessidades;
(iv) a cada um segundo a sua capacidade; e
(v) a cada um segundo a sua posição ou condição[29].

---

[27] VANOSSI, Jorge Reinaldo A. *El Estado de derecho en el constitucionalismo social*. Buenos Aires: Universitaria, 1982.
[28] SOUZA, Carlos Aurélio Mota de. *Segurança jurídica e jurisprudência*: um enfoque filosófico-jurídico. São Paulo: LTr, 1996.
[29] ROSS, Alf. *Direito e justiça*. Bauru: Edipro, 2000.

	MÉRITO
	CONTRIBUIÇÃO
JUSTIÇA	NECESSIDADES
	CAPACIDADE
	POSIÇÃO OU CONDIÇÃO

Apesar desses imperativos, as instituições, em virtude de serem compostas por seres humanos, erram e cometem injustiças tão graves que são notadas de forma consensual.

Em alguns casos, é mais valiosa uma injustiça pacificada no seio da sociedade do que a eterna busca por justiça, pois os conflitos permanentes podem gerar irresignações aptas a destruir as instituições e tornar a sociedade instável.

Mesmo não estando consubstanciado em regra na CF/88, o princípio da segurança jurídica pode, como já foi dito, ser extraído do inciso XXXVI do seu art. 5º, entretanto, aparece expressamente no art. 2º da Lei n. 9.784/99.

Como decorrência do princípio da segurança jurídica, nota-se o **princípio da proteção da confiança**[30]; o primeiro está ligado a elementos objetivos da ordem jurídica, garantindo a estabilidade jurídica, a segurança de orientação e realização do direito; o segundo está ligado às ações dos indivíduos em relação aos efeitos dos atos jurídicos do Poder Público.

Afinal, o indivíduo e a sociedade têm o direito de acreditar[31] que os seus atos não sofrerão novas e eternas confrontações com o intercambiante ordenamento jurídico.

Há, ao menos, cinco institutos jurídicos que desempenham a tarefa estabilizadora:

(i)   a prescrição;

(ii) a decadência;

(iii) o ato jurídico perfeito;

(iv) a coisa julgada; e

(v) o direito adquirido.

---

[30] CANOTILHO, José Joaquim Gomes. Direito constitucional e teoria da Constituição. 3. ed. Coimbra: Almedina, 1999.

[31] STJ, EREsp 575.551/SP, rel. Min. Nancy Andrighi, Corte Especial, julgado em 1º-4-2009, *DJe* 30-4-2009.

13.6.1. Prescrição, decadência, ato jurídico perfeito, coisa julgada e direito adquirido

A **prescrição** é a convalidação de lesão a direito pelo decurso do tempo, estando relacionada a direitos subjetivos lesados[32].

O Decreto n. 20.910/32 tratou da **prescrição geral a favor da Administração Pública**, aduzindo que as dívidas passivas da União, dos Estados e dos Municípios, bem assim todo e qualquer direito ou ação contra a Fazenda federal, estadual ou municipal, seja qual for a sua natureza, prescrevem em **cinco anos** contados da data do ato ou fato do qual se originarem.

Prescrevem igualmente no mesmo prazo todo o direito e as prestações correspondentes a pensões vencidas ou por vencerem, ao meio-soldo e ao montepio civil e militar ou a quaisquer restituições ou diferenças.

Quando o pagamento se dividir por dias, meses ou anos, a prescrição atingirá progressivamente as prestações à medida que completarem os prazos.

Não corre a prescrição durante a demora que, no estudo, ao reconhecimento ou no pagamento da dívida, considerada líquida, tiverem as repartições ou funcionários encarregados de estudar e apurá-la. A suspensão da prescrição, neste caso, verificar-se-á pela entrada do requerimento do titular do direito ou do credor nos livros ou protocolos das repartições públicas, com designação do dia, mês e ano.

---

[32] AMORIM FILHO, Agnelo. Critério científico para distinguir a prescrição da decadência e para identificar as ações imprescritíveis, *Revista de Direito Processual Civil*. São Paulo, v. 3, p. 95-132, jan./jun. 1961.

130 CURSO DE DIREITO ADMINISTRATIVO

Não tem efeito de suspender a prescrição a demora do titular do direito ou do crédito ou do seu representante em prestar os esclarecimentos que lhe forem reclamados ou o fato de não promover o andamento do feito judicial ou do processo administrativo durante os prazos respectivamente estabelecidos para extinção do seu direito à ação ou reclamação.

O direito à reclamação administrativa, **que não tiver prazo fixado em disposição de lei para ser formulada**, prescreve em um ano a contar da data do ato ou fato do qual a mesma se originar.

A citação inicial não interrompe a prescrição quando, por qualquer motivo, o processo tenha sido anulado.

A prescrição somente poderá ser interrompida uma vez.

A prescrição interrompida recomeça a correr, pela metade do prazo, da data do ato que a interrompeu ou do último ato ou termo do respectivo processo.

Em relação à **prescrição geral contra a Administração Pública**, a doutrina e a jurisprudência entendiam que as pretensões de ressarcimento do Poder Público eram imprescritíveis com base no §5º do art. 37 da CF/88. *Vide* a norma: "A lei estabelecerá os prazos de prescrição para ilícitos praticados por qualquer agente, servidor ou não, que causem prejuízos ao erário, ressalvadas as respectivas ações de ressarcimento".

Houve, porém, uma mudança radical na jurisprudência do STF, passou-se a entender que a imprescritibilidade abrange o ressarcimento pautado em atos dolosos de improbidade administrativa e que, em relação aos ilícitos civis, não se poderá mais falar em imprescritibilidade.

Eis acórdãos recentes do STF:

DIREITO CONSTITUCIONAL. DIREITO ADMINISTRATIVO. RESSARCIMENTO AO ERÁRIO. IMPRESCRITIBILIDADE. SENTIDO E ALCANCE DO ART. 37, § 5º, DA CONSTITUIÇÃO. 1. A prescrição é instituto que milita em favor da estabilização das relações sociais. 2. Há, no entanto, uma série de exceções explícitas no texto constitucional, como a prática dos crimes de racismo (art. 5º, XLII, CRFB) e da ação de grupos armados, civis ou militares, contra a ordem constitucional e o Estado Democrático (art. 5º, XLIV, CRFB). 3. O texto constitucional é expresso (art. 37, § 5º, CRFB) ao prever que a lei estabelecerá os prazos de prescrição para ilícitos na esfera cível ou penal, aqui entendidas em sentido amplo, que gerem prejuízo ao erário e sejam praticados por qualquer agente. 4. A Constituição, no mesmo dispositivo (art. 37, § 5º, CRFB) decota de tal comando para o Legislador as ações cíveis de ressarcimento ao erário, tornando-as, assim, imprescritíveis. 5. São, portanto, imprescritíveis as ações de ressarcimento ao erário fundadas na prática de ato doloso tipificado na Lei de Improbidade Administrativa. 6.

Parcial provimento do recurso extraordinário para (i) afastar a prescrição da sanção de ressarcimento e (ii) determinar que o tribunal recorrido, superada a preliminar de mérito pela imprescritibilidade das ações de ressarcimento por improbidade administrativa, aprecie o mérito apenas quanto à pretensão de ressarcimento. (RE 852475, Relator(a): Min. ALEXANDRE DE MORAES, Relator(a) p/ Acórdão: Min. EDSON FACHIN, Tribunal Pleno, julgado em 8-8-2018, PROCESSO ELETRÔNICO *DJe*-058 DIVULG 22-3-2019 PUBLIC 25-3-2019)

A **decadência** é o não exercício de direito potestativo em prazo normativamente estipulado.

Já os conceitos de **ato jurídico perfeito, direito adquirido e coisa julgada** são extraídos da própria norma jurídica, portanto representam conceitos jurídicos formais. Os §§1º, 2º e 3º do art. 6º do Decreto-Lei n. 4.657/42 (Lei de Introdução às normas do Direito Brasileiro) ilustram que:

(i) o ato jurídico perfeito é o já consumado segundo a lei vigente ao tempo em que se efetuou;

(ii) consideram-se adquiridos assim os direitos que o seu titular, ou alguém por ele, possa exercer, como aqueles cujo começo do exercício tenha termo pré-fixo, ou condição preestabelecida inalterável, a arbítrio de outrem; e

(iii) chama-se coisa julgada ou caso julgado a decisão judicial de que já não caiba recurso.

No Direito Administrativo, a força estabilizadora destes cinco institutos consiste na possibilidade de o particular os esgrimir contra os abusos da Administração Pública e desta os alegar contra o próprio particular. Observe-se que tais institutos não representam apenas proteções instrumentais ao administrado, mas revelam-se também como meios de proteção do interesse público.

Tem-se como exemplo de **norma relacionada ao princípio da segurança jurídica protetora da Administração Pública** o art. 1º do Decreto n. 20.910/35[33], que estabelece prazo prescricional quinquenal para as suas dívidas passivas. Já como exemplos de **norma protetora do administrado** há o prazo decadencial[34]

---

[33] "Art. 1º As dívidas passivas da União, dos Estados e dos Municípios, bem assim todo e qualquer direito ou ação contra a Fazenda Federal, Estadual ou Municipal, seja qual for a sua natureza, prescrevem em cinco anos contados da data do ato ou fato do qual se originarem."

[34] STJ, AgRg no REsp 882.672/RS, rel. Min. Hamilton Carvalhido, 6ª Turma, julgado em 22-5-2007, *DJe* 4-8-2008.

do art. 54 da Lei n. 9.784/99[35], a proibição de aplicação retroativa de nova interpretação prevista no inciso XIII do parágrafo único do art. 2º da Lei n. 9.784/99, os prazos prescricionais do art. 142 da Lei n. 8.112/90, entre outros.

Maria Sylvia Zanella Di Pietro[36] reduz sobremaneira a aplicabilidade do princípio da segurança jurídica no Direito Administrativo, afirmando que a sua utilização consiste, essencialmente, na **proibição de retroatividade de nova interpretação da norma no processo administrativo**[37]. Contudo, não há restringir o princípio em tela ao processo administrativo, pois, como já fora ilustrado, os cinco institutos têm aplicabilidade em todo o Direito Administrativo.

Para se aprofundar mais no tema "segurança jurídica" recomenda-se a leitura do item 36.5. intitulado "Controle e a Lei de Introdução às normas do Direito Brasileiro".

Por fim, cumpre ressaltar que o princípio da segurança jurídica não é oponível ao Poder Constituinte Originário, em virtude do seu poder de estabelecer nova ordem jurídica sem limite relacionado à ordem anterior, salvo quando se tratar de direito fundamental.

13.7. PRINCÍPIO DA IMPESSOALIDADE

O **princípio da impessoalidade** da Administração Pública decorre do **princípio constitucional da isonomia** e seu conteúdo está relacionado ao tratamento igualitário que deve ser dispensado aos administrados.

---

[35] "Art. 54. O direito da Administração de anular os atos administrativos de que decorram efeitos favoráveis para os destinatários decai em cinco anos, contados da data em que foram praticados, salvo comprovada má-fé.

§1º No caso de efeitos patrimoniais contínuos, o prazo de decadência contar-se-á da percepção do primeiro pagamento.

§2º Considera-se exercício do direito de anular qualquer medida de autoridade administrativa que importe impugnação à validade do ato."

[36] DI PIETRO, Maria Sylvia Zanella. *Direito administrativo*. 34. ed. Rio de Janeiro: Forense, 2021. p. 100.

[37] "Art. 2º A Administração Pública obedecerá, dentre outros, aos princípios da legalidade, finalidade, motivação, razoabilidade, proporcionalidade, moralidade, ampla defesa, contraditório, segurança jurídica, interesse público e eficiência.

Parágrafo único. Nos processos administrativos serão observados, entre outros, os critérios de:

(...)

XIII – interpretação da norma administrativa da forma que melhor garanta o atendimento do fim público a que se dirige, vedada aplicação retroativa de nova interpretação."

A Administração Pública não deve apresentar preferências fora dos limites finalísticos do interesse público, ou seja, somente poderá haver **preferências objetivas** para melhor satisfação da finalidade pública.

Germana de Oliveira Moraes[38] afirma que o princípio da impessoalidade evoluiu, na doutrina europeia, da concepção subjetiva do dever de **neutralidade** dos funcionários públicos, de independência da Administração Pública e de garantia da prossecução exclusiva do interesse público definido pela lei, perpassando pela ideia de igualdade, para a concepção objetiva, compreendida como o dever da Administração de proceder a uma adequada ponderação e comparação valorativa de todos os interesses jurídicos protegidos pelo ordenamento, sejam públicos ou privados, que possam ser afetados pela atividade administrativa.

Assim, o princípio da impessoalidade reflete também o princípio da finalidade que impõe ao Administrador apenas a prática de atos que busquem o seu fim legal. A finalidade terá sempre objetivo certo e inafastável pelo gestor público, qual seja, a satisfação do interesse público[39].

O princípio da impessoalidade pode ser claramente visto, por exemplo, na necessidade de concurso público para acesso aos cargos efetivos e na obrigatoriedade de licitação na maior parte das contratações relativas a serviços e a produtos para a Administração Pública.

Pode ser mencionado como exemplo de norma que protege o princípio da impessoalidade a do art. 37 da CF/88: "§1º A publicidade dos atos, programas, obras, serviços e campanhas dos órgãos públicos deverá ter caráter educativo, informativo ou de orientação social, dela não podendo constar nomes, símbolos ou imagens que caracterizem promoção pessoal de autoridades ou servidores públicos".

Dessa maneira, o agente público que se utiliza de publicidade governamental com a finalidade de se promover viola o princípio estudado e também o princípio da moralidade administrativa.

A **impessoalidade** pode também ser vista em relação ao exercício do poder pelo titular do interesse público, visto que nos Estados Democráticos de Direito restou consagrada a opção pelo imperativo *one man, one vote*, que outorga a cada cidadão, independentemente das suas qualidades pessoais, jurídicas, sociais ou políticas, apenas um voto, garantindo-se, desta maneira, quantidade idêntica de poder a todos, a fim de impedir privilégios e regalias incompatíveis com a isonomia.

---

[38] MORAES, Germana de Oliveira. *Controle jurisdicional da administração pública*. São Paulo: Dialética, 1999.

[39] MEIRELLES, Hely Lopes; BURLE FILHO, José Emannuel. *Direito administrativo brasileiro*. 42. ed. São Paulo: Malheiros, 2016.

A impessoalidade decorre do **princípio da isonomia**, pois a Administração Pública deve tratar igualmente os iguais, na medida das suas igualdades, e desigualmente os desiguais, na medida das suas desigualdades.

A igualdade deve ser formal e material, sendo que o tratamento desigual é justificado pela igualdade material ou compensatória prevista na própria Constituição Federal ou na lei.

José Afonso da Silva[40] apresenta outro aspecto do princípio da impessoalidade, afirmando que os atos ou provimentos administrativos são imputáveis não ao funcionário que os pratica, mas ao órgão, à entidade ou ao ente em nome do qual age o funcionário, pois o gestor é mero agente da Administração Pública, sendo a sua vontade pessoal irrelevante em face da Constituição, da lei e dos atos infralegais que pautam o seu agir.

Por isso, a responsabilidade civil direta – mesmo que o agente tenha, no exercício das suas funções, praticado ato ilícito – é do ente ou da entidade da qual faz parte e em nome da qual agiu. Contudo, deve ser observado também, em tais casos, o **princípio da intranscendência**, visto que, apesar de a Administração Pública ser percebida de maneira impessoal, as sanções não podem ser aplicadas a pessoas diversas das que cometeram o ilícito.

Assim, o gestor atual não poder ser sancionado pelos atos ilegalmente praticados pelo gestor anterior, pois a responsabilidade é pessoal e subjetiva do agente que não se pautou nas normas vigentes. Este responderá diretamente perante a Administração Pública e regressivamente em relação aos danos causados aos particulares.

13.8. PRINCÍPIO DA MORALIDADE

No século XIX, restou consolidada a distinção entre moral e Direito. Kant[41] ilustra que a moral faz parte da autonomia, do estatuto interno, e o Direito é consensual, faz parte do estatuto externo; é heterônomo. A **moral** está ligada à **vontade pura** como **imperativo categórico** que não comporta juízo externo de valor, está vinculada ao desejo interno e não comporta qualquer convenção. O Direito é vinculado ao dever-ser, comportando conduta contrária à convencionalmente desejada e, consequentemente, sanção.

---

[40] SILVA, José Afonso da. *Curso de direito constitucional positivo.* 29. ed. São Paulo: Malheiros, 2007.

[41] KANT, Immanuel. *Fundamentação da metafísica dos costumes.* 5. ed. Lisboa: Lisboa Editora, 1999.

A ação legal é a em conformidade com o Direito, não interessando para os neokantianos[42] o seu motivo, podendo, portanto, ser movida por qualquer desígnio. Não há relevância se o dever jurídico foi cumprido por medo de sanção, por medo da não obtenção de prêmio após a morte ou por considerar a observância da norma salutar para a sua comunidade.

O juízo é objetivo: interessa apenas o cumprimento do que foi estabelecido pela norma jurídica.

A conduta moral independe para a sua consecução de outro juízo além do puro respeito ao seu desejo. Assim, o Direito, ao contrário da moral, admite coação exterior.

Após os estudos de Kant[43] acerca da moral, surgiu a corrente capitaneada por Maurice Hauriou, ex-professor da Universidade de Toulouse, de que o Administrador Público não está sujeito apenas ao princípio da legalidade, mas também ao princípio da moralidade, em virtude de os conjuntos Direito e moral representarem círculos concêntricos, havendo, portanto, normas jurídicas pautadas em valores de uma moralidade consensual mínima.

Há, para Hauriou[44], uma moral comum e cognoscível pela maioria dentro da comunidade, existindo condutas que, apesar de não serem sancionadas pelo ordenamento jurídico, são reprovadas pelos outros membros do convívio social. A **sanção é psicológica**, pois inflige ao imoral sofrimento decorrente da rejeição da sua conduta ou presença pelos seus pares.

Para o ex-professor da Universidade de Toulouse, qualquer ser humano é capaz de distinguir o bem do mal e a atividade administrativa não foge a essa possibilidade.

---

[42] TRIVISONNO, Alexandre Travessoni Gomes; Merle, Jean-Christophe. *A moral e o direito em Kant*: ensaios analíticos. Belo Horizonte: Mandamentos, 2007.
[43] KANT, Immanuel. *Fundamentação da metafísica dos costumes*. 5. ed. Lisboa: Lisboa Editora, 1999.
[44] HAURIOU, Maurice. *Précis de droit administratif et de droit public*. 7. ed. Paris: Sirey, 1911.

Adepta desta corrente, Germana de Oliveira Moraes[45] aduz, em síntese, que o princípio da moralidade administrativa no sentido estrito de confrontação da conduta dos agentes públicos, sob a perspectiva da ética, além de conexo aos princípios da impessoalidade e da publicidade relaciona-se aos valores confiança, honestidade e lealdade e respeito aos valores culturais predominantes em determinada sociedade, aos quais correspondem as seguintes dimensões:

(i) boa-fé (tutela da confiança);
(ii) probidade administrativa (deveres de honestidade e de lealdade);
(iii) razoabilidade (expectativa de conduta -*civiliter*, do homem comum, da parte do agente público).

Essa corrente entende que, além dos deveres de licitude, o gestor público está adstrito aos imperativos de honestidade, ainda que a lei não apresente sanção clara para a violação daqueles imperativos.

A corrente que despreza o princípio da moralidade, por entender ser inútil, foi liderada por Léon Duguit[46]. Ele, usando os postulados de Kant, diz que todo ato reputado imoral implicará **desvio de finalidade** ou, como preferem alguns autores, **desvio de poder**, pois a finalidade que norteia a prática de qualquer ato da Administração é a satisfação do interesse público.

Qualquer ato que ilustre outro propósito além desse não será imoral, mas será ilegal, comportará sanção prevista no ordenamento jurídico para o agente e maculará a validade do ato.

Com toda certeza, Duguit apresenta solução mais objetiva segundo o postulado do Estado Democrático de Direito de que nenhuma sanção pode ser aplicada senão em virtude de lei.

Há verdadeiramente colisão de valores entre a reserva legal da sanção penal e administrativa e a moralidade administrativa.

---

[45] MORAES, Germana de Oliveira. *Controle jurisdicional da administração pública*. São Paulo: Dialética, 1999.
[46] DUGUIT, Léon. *Manuel de droit constitutionnel*. Paris: Fontemoing et Cie., 1927.

Antônio José Brandão[47] propõe solução intermediária ao afirmar que "o juízo do desvio de poder é, com efeito, mais do que um juiz de legalidade – isto é: da mera conformidade da Administração à lei – porque atua como juiz dos institutos morais das autoridades administrativas, na medida em que esses intuitos podem afetar a regularidade jurídica do ato praticado, e, por conseguinte, a própria ordem jurídica".

De fato, sob o aspecto prático da Administração Pública, o princípio da moralidade é de grande valia, pois possibilita controle além da legalidade, permitindo a aferição dos desejos do Administrador mesmo quando observada a lei.

Sob o ponto de vista teórico, alguns séculos de evolução da Ciência do Direito serão desprezados, mas o ordenamento jurídico não existe como fim em si mesmo, o que implica reconhecimento de todos os instrumentos que possam beneficiar a observância e a satisfação do interesse público, inclusive o instrumento de moralidade pública.

Quando a conduta do agente público, embora em consonância com a lei, ofender a moral, os bons costumes, as regras de boa administração, os princípios de justiça e de equidade, a ideia comum de honestidade, haverá violação ao princípio em tela.

Exemplo de norma que protege o princípio da moralidade é a Súmula Vinculante n. 13, do STF, que veda o nepotismo. Eis o seu conteúdo:

> A nomeação de cônjuge, companheiro ou parente em linha reta, colateral ou por afinidade, até o terceiro grau, inclusive, da autoridade nomeante ou de servidor da mesma pessoa jurídica investido em cargo de direção, chefia ou assessoramento, para o exercício de cargo em comissão ou de confiança ou, ainda, de função gratificada na administração pública direta e indireta em qualquer dos poderes da União, dos Estados, do Distrito Federal e dos Municípios, compreendido o ajuste mediante designações recíprocas, viola a Constituição Federal.

13.9. PRINCÍPIO DA PUBLICIDADE

A titularidade do interesse público pelo povo exige **ciência**, a fim de que possa ser exercido **controle** ou para **mero conhecimento**, dos atos dos seus gestores. Qualquer exercício de atos de gestão sem a titularidade da coisa, tanto na esfera privada quanto no setor público, prevê a garantia da comunicação do ato praticado.

---

[47] BRANDÃO, Antônio José. Moralidade Administrativa. *Boletim de Direito Administrativo*, v. 12, n. 2, p. 62–72, fev. 1996.

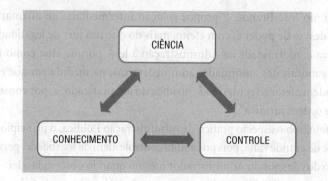

Até alguns atos da esfera privada precisam de publicidade, a fim de que a sua oponibilidade seja *erga omnes*[48], entre eles, a transferência da propriedade de bem imóvel.

Esse requisito acentua-se quando se trata dos interesses públicos vislumbrados em uma República Federativa, pois de nada adiantaria a titularidade popular da coisa sem a ciência dos atos de gestão que são praticados por terceiros.

Indubitável que o princípio da publicidade se aplica a quase todos os atos da Administração Pública, inclusive aos contratos administrativos. É óbvio, entretanto, que deverá ser compatibilizado com a regra do inciso X do art. 5º da CF/88. Segue o texto: "são invioláveis a intimidade, a vida privada, a honra e a imagem das pessoas, assegurado o direito a indenização pelo dano material ou moral decorrente de sua violação".

Existem atos administrativos que tratam da intimidade e da vida privada dos destinatários, sendo certo que a sua publicidade será obrigatória, mas a identidade dos envolvidos deverá ser devidamente preservada.

Tem-se como exemplo desse tipo de ato a remoção de agentes da Agência Brasileira de Inteligência – ABIN, para o serviço em embaixadas da República Federativa do Brasil no exterior. Na publicação, não aparece o nome do servidor, mas apenas o seu número de registro interno e secreto.

Eis exemplo de despacho sem a indicação do nome dos servidores da ABIN:

GABINETE DE SEGURANÇA INSTITUCIONAL
AGÊNCIA BRASILEIRA DE INTELIGÊNCIA
DESPACHOS DO DIRETOR-GERAL
O DIRETOR-GERAL SUBSTITUTO DA AGÊNCIA BRASILEIRA DE INTELIGÊNCIA DO GABINETE DE SEGURANÇA INSTITUCIONAL DA PRESIDÊNCIA DA REPÚBLICA, no uso das atribuições conferidas pelo Regimento Inter-

---

[48] Para todos.

no da ABIN, aprovado pela Portaria n. 037-GSIPR/CH/ABIN, de 17-10-08, publicada no *DOU* de 20-10-08, e alterado pela Portaria n. 07/GSIPR/ CH/ABIN, de 3-2-09, publicada no *DOU* de 5-2-09, e consoante os Decretos de 29-12-08 publicados na edição extra do *DOU* 252-A, de 29-12-08, e tendo em vista a competência que lhe foi subdelegada conforme inciso I do art. 2º da Portaria n. 44/GSIPR, de 14 de março de 2003, publicada no *DOU* de 17-3-03, resolve:

Autorizar o afastamento do país dos servidores da Agência Brasileira de Inteligência matrículas n. 0033967 e 0910078, com ônus para esta Agência, conforme consta nos Memorandos n. 622 e 627/82100/ABIN, datados de 5 de outubro de 2009 (Processo n. 01180000014/ 2009).

Em 7 de outubro de 2009.

Portanto, a Administração Pública, de maneira correta, tem conferido interpretação extensiva aos incisos XXXIII (regulamentado pela Lei n. 12.527/2011) e LX do art. 5º da CF/88, a fim de abarcar a **segurança da sociedade ou do Estado** e o interesse coletivo como limitadores da publicidade.

EXCEÇÕES FUNDAMENTADAS AO PRINCÍPIO DA PUBLICIDADE	– SEGURANÇA NACIONAL
	– RELEVANTE INTERESSE COLETIVO
	– INTIMIDADE
	– VIDA PRIVADA
	– HONRA

A publicidade é também requisito de eficácia do ato administrativo *lato sensu*, visto que, apesar da possibilidade de o ato postergar o início da sua entrada em vigor, isto não pode acontecer sem a ciência dos interessados[49].

Há diversos instrumentos de publicação de atos oficiais, entre eles: os diários oficiais e os boletins de serviço. De fato, nem todos os atos precisam ser publicados nos diários oficiais, tendo os boletins de serviço a função de dar publicidade aos atos administrativos de interesse interno de determinada instituição.

A veiculação do ato praticado pela Administração Pública na "Voz do Brasil", programa de âmbito nacional, dedicado a divulgar fatos e ações ocorridos ou praticados no âmbito dos três poderes da União, não é suficiente para ter-se como atendido o princípio da publicidade.

A publicidade das atividades da Administração Pública não pode ser deturpada para ensejar promoção pessoal. Na forma do §1º do art. 37 da CF/88, a

---

[49] STJ, RMS 22.508/BA, rel. Min. Arnaldo Esteves Lima, 5ª Turma, julgado em 3-4-2008, *DJe* 2-6-2008.

publicidade dos atos, programas, obras, serviços e campanhas dos órgãos públicos deverá ter caráter educativo, informativo ou de orientação social, dela não podendo constar nomes, símbolos ou imagens que caracterizem promoção pessoal de autoridades ou servidores públicos.

13.9.1. Acesso à informação pública

A Lei n. 12.527/2011 dispõe sobre os procedimentos a serem observados pela União, Estados, Distrito Federal e Municípios, com o fim de garantir o **acesso a informações** previsto no inciso XXXIII do art. 5º, no inciso II do §3º do art. 37 e no §2º do art. 216 da Constituição Federal, considerando que:

a) **todos têm direito a receber dos órgãos públicos informações de seu interesse particular, ou de interesse coletivo ou geral, que serão prestadas no prazo da lei, sob pena de responsabilidade, ressalvadas aquelas cujo sigilo seja imprescindível à segurança da sociedade e do Estado;**

b) **ao usuário de serviço público deve ser garantido o acesso dos usuários a registros administrativos e a informações sobre atos de governo; e**

c) **cabem à administração pública, na forma da lei, a gestão da documentação governamental e as providências para franquear sua consulta a quantos dela necessitem.**

Cumpre ressaltar que, apesar de ser uma norma federal, a lei em questão aplica-se aos quatro entes: União, Estados, Distrito Federal e Municípios, estando adstritos à sua observância os órgãos públicos integrantes da Administração Direta dos Poderes Executivo, Legislativo, incluindo as Cortes de Contas, e Judiciário e do Ministério Público e as autarquias, as fundações públicas, as empresas públicas, as sociedades de economia mista e demais entidades controladas direta ou indiretamente pela União, Estados, Distrito Federal e Municípios.

Aplicam-se as suas disposições, no que couber, às entidades privadas sem fins lucrativos que recebam, para realização de ações de interesse público, recursos públicos diretamente do orçamento ou mediante subvenções sociais, contrato de gestão, termo de parceria, convênios, acordo, ajustes ou outros instrumentos congêneres, sendo certo que a publicidade a que estão submetidas as entidades citadas refere-se à parcela dos recursos públicos recebidos e à sua destinação, sem prejuízo das prestações de contas a que estejam legalmente obrigadas.

As diretrizes básicas do acesso à informação estatal são (art. 3º):

I – observância da **publicidade como preceito geral** e do sigilo como exceção;

II – **divulgação de informações de interesse público**, independentemente de solicitações;

III – utilização de meios de comunicação viabilizados pela **tecnologia da informação**;

IV – fomento ao desenvolvimento da cultura de **transparência na administração pública**;

V – desenvolvimento do **controle social da administração pública**.

A crescente relevância jurídica da rede mundial de computadores (*internet*) não foi esquecida pelo legislador, pois ficou estabelecido o dever de utilizar todos os meios e instrumentos legítimos de que dispuserem, sendo obrigatória a divulgação em sítios oficiais da *internet*. Entretanto, os Municípios com população de até 10.000 (dez mil) habitantes ficam dispensados da divulgação obrigatória em questão, mantida a obrigatoriedade de divulgação, em tempo real, de informações relativas à execução orçamentária e financeira, nos critérios e prazos previstos no art. 73-B da Lei Complementar n. 101, de 4-5-2000 (Lei de Responsabilidade Fiscal).

Os órgãos e entidades públicas têm o dever de promover, independentemente de requerimentos, a divulgação em local de fácil acesso, no âmbito de suas competências, de informações de interesse coletivo ou geral por eles produzidas ou custodiadas. Assim, optou-se pela ação de ofício em relação às informações estatais.

É salutar a inexigibilidade de motivo ou explicação para o interessado solicitar e ter acesso a informações de interesse público.

Em relação ao agente público, ficou estabelecido o dever de autorizar ou conceder o acesso imediato à informação disponível, exceto quando for impossível, mas, mesmo neste caso, estará adstrito, em prazo não superior a vinte dias, a:

a) comunicar a data, local e modo para se realizar a consulta, efetuar a reprodução ou obter a certidão;

b) indicar as razões de fato ou de direito da recusa, total ou parcial, do acesso pretendido; ou

c) comunicar que não possui a informação, indicar, se for do seu conhecimento, o órgão ou a entidade que a detém, ou, ainda, remeter o requerimento a esse órgão ou entidade, cientificando o interessado da remessa de seu pedido de informação.

O prazo citado poderá ser prorrogado por mais dez dias, mediante justificativa expressa, da qual será cientificado o requerente.

Interessante notar que o serviço de busca e fornecimento da informação é **gratuito**, salvo nas hipóteses de reprodução de documentos pelo órgão ou entidade pública consultada, situação em que poderá ser cobrado exclusivamente o valor necessário ao ressarcimento do custo dos serviços e dos materiais utilizados. Contudo, estará isento de ressarcir os custos previstos no *caput* todo aquele cuja situação econômica não lhe permita fazê-lo sem prejuízo do sustento próprio ou da família, declarada nos termos da Lei n. 7.115, de 29 de agosto de 1983.

Não poderá ser negado acesso à informação necessária à tutela judicial ou administrativa de direitos fundamentais. As informações ou documentos que versem sobre condutas que impliquem violação dos direitos humanos praticada por agentes públicos ou a mando de autoridades públicas não poderão ser objeto de restrição de acesso. Todavia, com o objetivo de, observando o caso concreto, preservar valores mais relevantes que a publicidade, conservam-se as demais hipóteses legais de sigilo e de segredo de justiça e as hipóteses de segredo industrial decorrentes da exploração direta de atividade econômica pelo Estado ou por pessoa física ou entidade privada que tenha qualquer vínculo com o poder público.

Apesar da opção pela publicidade das informações estatais, o sigilo constitucional referente à segurança da sociedade ou do Estado foi mantido e regulamentado pela Lei n. 12.527/2011 da seguinte forma:

Art. 23. São considerados imprescindíveis à segurança da sociedade ou do Estado e, portanto, passíveis de classificação as informações cuja divulgação ou acesso irrestrito possam:

I – pôr em risco a defesa e a soberania nacionais ou a integridade do território nacional;

II – prejudicar ou pôr em risco a condução de negociações ou as relações internacionais do país, ou as que tenham sido fornecidas em caráter sigiloso por outros Estados e organismos internacionais;

III – pôr em risco a vida, a segurança ou a saúde da população;

IV – oferecer elevado risco à estabilidade financeira, econômica ou monetária do país;

V – prejudicar ou causar risco a planos ou operações estratégicos das Forças Armadas;

VI – prejudicar ou causar risco a projetos de pesquisa e desenvolvimento científico ou tecnológico, assim como a sistemas, bens, instalações ou áreas de interesse estratégico nacional;

VII – pôr em risco a segurança de instituições ou de altas autoridades nacionais ou estrangeiras e seus familiares; ou

VIII – comprometer atividades de inteligência, bem como de investigação ou fiscalização em andamento, relacionadas com a prevenção ou repressão de infrações.

Art. 24. A informação em poder dos órgãos e entidades públicas, observado o seu teor e em razão de sua imprescindibilidade à segurança da sociedade ou do Estado, poderá ser classificada como ultrassecreta, secreta ou reservada.

§1º Os prazos máximos de restrição de acesso à informação, conforme a classificação prevista no *caput*, vigoram a partir da data de sua produção e são os seguintes:

I – ultrassecreta: 25 (vinte e cinco) anos;
II – secreta: 15 (quinze) anos; e
III – reservada: 5 (cinco) anos.

§2º As informações que puderem colocar em risco a segurança do Presidente e Vice-Presidente da República e respectivos cônjuges e filhos(as) serão classificadas como reservadas e ficarão sob sigilo até o término do mandato em exercício ou do último mandato, em caso de reeleição.

§3º Alternativamente aos prazos previstos no §1º, poderá ser estabelecida como termo final de restrição de acesso a ocorrência de determinado evento, desde que este ocorra antes do transcurso do prazo máximo de classificação.

§4º Transcorrido o prazo de classificação ou consumado o evento que defina o seu termo final, a informação tornar-se-á, automaticamente, de acesso público.

§5º Para a classificação da informação em determinado grau de sigilo, deverá ser observado o interesse público da informação e utilizado o critério menos restritivo possível, considerados:

I – a gravidade do risco ou dano à segurança da sociedade e do Estado; e
II – o prazo máximo de restrição de acesso ou o evento que defina seu termo final.

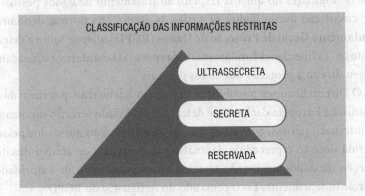

Desta forma, vista a presente síntese da Lei de Acesso à Informação Pública, percebe-se a busca do equilíbrio entre o livre acesso à informação e as restrições concernentes à preservação do Estado e da sociedade, devendo ficar claro, sobretudo, que a norma em questão não é favor feito ao cidadão pelo Estado, mas apenas a necessária regulamentação do Direito Fundamental à informação.

13.9.2. Proteção de dados pessoais

Em 14 de agosto de 2018, foi editada a Lei n. 13.709 que dispõe sobre a proteção de dados pessoais, sendo aplicável à União, aos Estados, ao Distrito Federal e aos Municípios. O seu texto é relevante também para o Direito Administrativo, pois disciplinou o tratamento de dados pessoais pelo Poder Público.

Importa destacar que a lei em tela inspira-se no ordenamento jurídico europeu de proteção de dados. Na União Europeia, a proteção de dados pessoais ocupa o palco de discussões desde a década de 80, destacando-se a Convenção para a Proteção das Pessoas relativamente ao Tratamento Automatizado de Dados de Carácter Pessoal, concluída em 28 de janeiro de 1981, em Estrasburgo.

A evolução do direito comunitário sobre proteção de dados pessoais culminou com a publicação da Diretiva 95/46/CE, do Parlamento Europeu do Conselho, de 24 de outubro de 1995, cujo Artigo 1º dispõe que "Os Estados-membros assegurarão, em conformidade com a presente directiva, a protecção das liberdades e dos direitos fundamentais das pessoas singulares, nomeadamente do direito à vida privada, no que diz respeito ao tratamento de dados pessoais".

Essa diretiva foi revogada pelo Regulamento (EU) 2016/679, do Parlamento Europeu e do Conselho, de 27 de abril de 2016, relativo à proteção das pessoas singulares no que diz respeito ao tratamento de dados pessoais e à livre circulação desses dados. O Artigo 1º, item 2, da norma, denominada **Regulamento Geral de Proteção de Dados (RGPD)**, dispõe sobre a defesa de direitos e "as liberdades fundamentais das pessoas singulares, nomeadamente o seu direito à proteção dos dados pessoais".

O Direito Europeu possibilita a decisão de adequação, por meio da qual a Comissão Europeia declara que determinado Estado terceiro ou organização internacional assegura adequado nível de proteção aos dados pessoais. Referida decisão é precedida da análise de existência de efetivo direito de proteção de dados no Estado terceiro e funcionamento de autoridade de controle independente. Eis o comando do Artigo 45º do RGPD:

> Pode ser realizada uma transferência de dados pessoais para um país terceiro ou uma organização internacional se a Comissão tiver decidido que o país terceiro, um território ou um ou mais setores específicos desse país terceiro, ou a organização internacional em causa, assegura um nível de proteção adequado. Esta transferência não exige autorização específica.

O objetivo da norma comunitária é assegurar que os dados dos residentes europeus eventualmente transferidos sejam resguardados[50]. As pretensões do Estado brasileiro no tabuleiro geoeconômico global, principalmente quando consideradas as tratativas sobre o Acordo de Associação entre Mercosul e União Europeia, requer a formação de leis brasileiras de proteção de dados.

Nesse ponto, o Direito Administrativo comparado oferece a experiência da União Europeia, onde a proteção de dados pessoais possui a estatura de direito fundamental. Por conseguinte, inspirando-se no Regulamento Geral de Proteção de Dados, o legislador pátrio editou a Lei n. 13.709/2018, Lei Geral de Proteção de Dados Pessoais (LGPD).

Segundo o conceito normativo trazido pela Lei, dado pessoal é gênero que comporta duas espécies, são elas: dado pessoal sensível e dado anonimizado.

DADO PESSOAL	
DADO PESSOAL SENSÍVEL	DADO ANONIMIZADO

Dado pessoal é a informação relacionada a pessoa natural identificada ou identificável.

Dado pessoal sensível é o dado pessoal sobre origem racial ou étnica, convicção religiosa, opinião política, filiação a sindicato ou a organização de caráter religioso, filosófico ou político, dado referente à saúde ou à vida sexual, dado genético ou biométrico, quando vinculado a uma pessoa natural.

Dado anonimizado é dado relativo a titular que não possa ser identificado, considerando a utilização de meios técnicos razoáveis e disponíveis na ocasião de seu tratamento.

O tratamento de dados pessoais pelas pessoas jurídicas de direito público deverá ser realizado para o atendimento de sua finalidade pública, na persecução do interesse público, com o objetivo de executar as competências legais ou cumprir as atribuições legais do serviço público, desde que:

I – sejam informadas as hipóteses em que, no exercício de suas competências, realizam o tratamento de dados pessoais, fornecendo informações claras e atualizadas sobre a previsão legal, a finalidade, os procedimentos e as práticas utilizadas para a execução dessas atividades, em veículos de fácil acesso, preferencialmente em seus sítios eletrônicos; e

---

[50] FRAJHOF, Isabella Z.; SOMBRA, Thiago L. A transferência internacional de dados pessoais. *In:* MULHOLLAND, Caitlin (org.). *A LGPD e o novo marco normativo no Brasil.* Porto Alegre: Arquipélago, 2020.

II – seja indicado um encarregado quando realizarem operações de tratamento de dados pessoais, nos termos do art. 39 da lei em comento.

Foi criada a figura da **Autoridade Nacional de Proteção de Dados (ANPD)**, órgão da Administração Pública responsável por zelar, implementar e fiscalizar o cumprimento desta Lei em todo o território nacional.

A ANPD poderá dispor sobre as formas de publicidade das operações de tratamento, e solicitar, a qualquer momento, aos órgãos e às entidades do Poder Público a realização de operações de tratamento de dados pessoais, informações específicas sobre o âmbito e a natureza dos dados e outros detalhes do tratamento realizado e poderá emitir parecer técnico complementar para garantir o cumprimento da lei em tela.

Os serviços notariais e de registro exercidos em caráter privado, por delegação do Poder Público, terão o mesmo tratamento dispensado às pessoas jurídicas de direito público.

Os órgãos notariais e de registro devem fornecer acesso aos dados por meio eletrônico para a Administração Pública, tendo em vista o atendimento de sua finalidade pública, na persecução do interesse público, com o objetivo de executar as competências legais ou cumprir as atribuições legais do serviço público.

As empresas públicas e as sociedades de economia mista que atuam em regime de concorrência terão o mesmo tratamento dispensado às pessoas jurídicas de direito privado particulares.

As empresas públicas e as sociedades de economia mista, quando estiverem operacionalizando políticas públicas e no âmbito da execução delas, terão o mesmo tratamento dispensado aos órgãos e às entidades do Poder Público.

Os dados deverão ser mantidos em formato interoperável e estruturado para o uso compartilhado, com vistas à execução de políticas públicas, à prestação de serviços públicos, à descentralização da atividade pública e à disseminação e ao acesso das informações pelo público em geral.

O uso compartilhado de dados pessoais pelo Poder Público deve atender a finalidades específicas de execução de políticas públicas e atribuição legal pelos órgãos e pelas entidades públicas, respeitados os princípios de proteção de dados pessoais da lei em estudo.

É vedado ao Poder Público transferir às entidades privadas dados pessoais constantes de bases de dados a que tenha acesso, exceto:

I – em casos de execução descentralizada de atividade pública que exija a transferência, exclusivamente para esse fim específico e determinado, observado o disposto na Lei de Acesso à Informação;

II – nos casos em que os dados forem acessíveis publicamente, observadas as disposições da lei ora analisada;

III – quando houver previsão legal ou a transferência for respaldada em contratos, convênios ou instrumentos congêneres; ou

IV – na hipótese de a transferência dos dados objetivar exclusivamente a prevenção de fraudes e irregularidades, ou proteger e resguardar a segurança e a integridade do titular dos dados, desde que vedado o tratamento para outras finalidades.

Os contratos e convênios relativos à transferência de dados pessoais a entidades privadas deverão ser comunicados à autoridade nacional.

A ANPD poderá estabelecer normas complementares para as atividades de comunicação e de uso compartilhado de dados pessoais. Assim, a publicização pela Administração Pública deve observar os limites trazidos nos arts. 23 a 30 da Lei n. 13.709/18.

A edição da LGPD promoveu significativa transformação do sistema de proteção de dados praticado no país, que observava normas setoriais e agora configura-se em um modelo *omnibus*.

Gustavo Gil Gasiola e Diego Machado[51] anotam que esse modelo "pressupõe que todos os tratamentos de dados pessoais, independentemente do agente e da finalidade, representam um potencial risco ao direito do titular de dados e precisa ser controlado".

A tendência jurisprudencial brasileira registra gradativo incremento do nível de proteção dos dados pessoais, enfatizando-se o julgamento da ADI n. 6387, proposta pelo Conselho Federal da Ordem dos Advogados do Brasil contra o inteiro teor da Medida Provisória n. 954, de 17 de abril de 2020, que dispõe sobre o compartilhamento de dados por empresas de telecomunicações prestadoras de Serviço Telefônico Fixo Comutado e de Serviço Móvel Pessoal com a Fundação Instituto Brasileiro de Geografia e Estatística, para fins de suporte à produção estatística oficial durante a situação de emergência de saúde pública de importância internacional decorrente do coronavírus (covid-19), de que trata a Lei n. 13.979, de 6 de fevereiro de 2020.

Em decisão de 7 de maio de 2020, por não identificar no ato normativo com força de lei mecanismos que assegurassem a proteção de dados pessoais, o STF,

---

[51] GASIOLA, Gustavo Gil; MACHADO, Diego. O tratamento de dados pessoais pela Administração Pública: transparência, bases legais e limites constitucionais. In: FRANCOSKI, Denise de Souza Luiz; TASSO, Fernando Antonio (Coords.). *A Lei Geral de Proteção de Dados Pessoais LGPD*: aspectos práticos e teóricos relevantes no setor público e privado. 1. ed. São Paulo: Thomson Reuters Brasil, 2021. p. 144.

por maioria, referendou a medida cautelar deferida para suspender a eficácia da Medida Provisória n. 954/2020. Eis parte da ementa:

> MEDIDA CAUTELAR EM AÇÃO DIRETA DE INCONSTITUCIONALIDADE. REFERENDO. MEDIDA PROVISÓRIA N. 954/2020. EMERGÊNCIA DE SAÚDE PÚBLICA DE IMPORTÂNCIA INTERNACIONAL DECORRENTE DO NOVO CORONAVÍRUS (COVID-19). COMPARTILHAMENTO DE DADOS DOS USUÁRIOS DO SERVIÇO TELEFÔNICO FIXO COMUTADO E DO SERVIÇO MÓVEL PESSOAL, PELAS EMPRESAS PRESTADORAS, COM O INSTITUTO BRASILEIRO DE GEOGRAFIA E ESTATÍSTICA. *FUMUS BONI JURIS. PERICULUM IN MORA.* DEFERIMENTO. 1. Decorrências dos direitos da personalidade, o respeito à privacidade e à autodeterminação informativa foram positivados, no art. 2º, I e II, da Lei n. 13.709/2018 (Lei Geral de Proteção de Dados Pessoais), como fundamentos específicos da disciplina da proteção de dados pessoais. 2. Na medida em que relacionados à identificação – efetiva ou potencial – de pessoa natural, o tratamento e a manipulação de dados pessoais hão de observar os limites delineados pelo âmbito de proteção das cláusulas constitucionais asseguratórias da liberdade individual (art. 5º, *caput*), da privacidade e do livre desenvolvimento da personalidade (art. 5º, X e XII), sob pena de lesão a esses direitos. O compartilhamento, com ente público, de dados pessoais custodiados por concessionária de serviço público há de assegurar mecanismos de proteção e segurança desses dados[52].

Um dos fundamentos tecidos no acórdão acima concerne à prorrogação da *vacatio legis* de dispositivos da Lei n. 13.709/2018, efetivando-se a vigência a partir de 3 de maio de 2021, por força da Medida Provisória n. 959, de 29 de abril de 2020, cuja exposição de motivos anota "possível incapacidade de parcela da sociedade em razão dos impactos econômicos e sociais da crise provocada pela pandemia do Coronavírus".

Nova prorrogação da *vacatio legis* de dispositivos da LGPD ocorreu com a publicação da Lei n. 14.010, de 10 de junho de 2020, que alterou a data de início de vigência dos arts. 52, 53 e 54 da LGPD, que tratam das sanções administrativas aplicáveis pela ANPD por infrações às normas previstas na Lei. Por conseguinte, as normas de direito administrativo sancionador em matéria de proteção de dados pessoais vigem desde **1º de agosto de 2021**.

Depreende-se, pois, que embora editada no ano de 2018, há pouco tempo (em agosto de 2021) a LGPD revela sua força cogente, dadas as sucessivas

---

[52] STF, ADI 6387 MC-Ref/*DF*, rel. Min. Rosa Weber, Plenário, julgado em 7-5-2020, *DJe* 12-11-2020.

prorrogações do início de sua vigência, o que revela a dificuldade de adaptação das estruturas organizacionais brasileiras ao novo marco legal.

Não há dispositivo legal que afirme tratar-se a LGPD de norma de ordem pública. Todavia, o comando imperativo e inescusável de suas normas depreende-se da nulidade dos atos que desrespeitem a Lei, inclusive das manifestações de consentimento – pautadas na autonomia da vontade – que não observem os pressupostos legais. Acrescente-se a isso o conjunto de cláusulas sancionatórias.

Portanto, apesar das dificuldades para a implementação das necessárias mudanças nas estruturas orgânicas públicas e privadas, esse passo é inevitável, e surge peculiar ponto de atenção para a Administração Pública, haja vista que para os agentes públicos, ao mesmo tempo em que é exigível o zelo no tratamento e conservação de dados pessoais, existem imperativos de acesso à informação.

Gustavo Gil Gasiola e Diego Machado[53] lembram que a Lei de Acesso à Informação (LAI) trata a a restrição de acesso à informação pessoal como exceção ao dever de transparência, enquanto a LGPD estabelece para agentes públicos e privados os pressupostos legais para o tratamento de dados pessoais. Portanto, "considerando-se que ambas as leis são aplicáveis à Administração Pública, faz-se necessária uma interpretação sistemática para desvendar os limites jurídicos que os agentes públicos estão sujeitos quando da realização de operações de tratamento de informação pessoal".

No que tange à instituição da autoridade nacional incumbida da função regulatória de proteção de dados pessoais, interessante notar o quanto disposto no art. 55-A, § 1º, da LGPD, que atribui natureza jurídica transitória à Autoridade Nacional de Proteção de Dados (ANPD). Eis a norma:

> Art. 55-A. Fica criada, sem aumento de despesa, a Autoridade Nacional de Proteção de Dados (ANPD), órgão da administração pública federal, integrante da Presidência da República.
>
> § 1º A natureza jurídica da ANPD é transitória e poderá ser transformada pelo Poder Executivo em entidade da administração pública federal indireta, submetida a regime autárquico especial e vinculada à Presidência da República.
>
> § 2º A avaliação quanto à transformação de que dispõe o § 1º deste artigo deverá ocorrer em até 2 (dois) anos da data da entrada em vigor da estrutura regimental da ANPD.

---

[53] GASIOLA, Gustavo Gil; MACHADO, Diego. O tratamento de dados pessoais pela Administração Pública: transparência, bases legais e limites constitucionais. In: FRANCOSKI, Denise de Souza Luiz; TASSO, Fernando Antonio (Coords.). *A Lei Geral de Proteção de Dados Pessoais LGPD*: aspectos práticos e teóricos relevantes no setor público e privado. 1. ed. São Paulo: Thomson Reuters Brasil, 2021. p. 141.

A estrutura regimental da ANPD consta do Anexo I do Decreto n. 10.474, de 26 de agosto de 2020, cujo art. 1º define o órgão em comento:

> Art. 1º A Autoridade Nacional de Proteção de Dados - ANPD, órgão integrante da Presidência da República, dotada de autonomia técnica e decisória, com jurisdição no território nacional e com sede e foro no Distrito Federal, tem o objetivo de proteger os direitos fundamentais de liberdade e privacidade e o livre desenvolvimento da personalidade da pessoa natural, orientada pelo disposto na Lei n. 13.709, de 14 de agosto de 2018.

Enquanto centro de competências integrante da estrutura da Presidência da República, não resta dúvida de que a ANPD é órgão público, conforme enumerado pelo art. 2º da Lei n. 13.844, de 18 de junho de 2019:

> Art. 2º Integram a Presidência da República:
> I - a Casa Civil;
> II - a Secretaria de Governo;
> III - a Secretaria-Geral;
> IV - o Gabinete Pessoal do Presidente da República;
> V - o Gabinete de Segurança Institucional; e
> VI - a **Autoridade Nacional de Proteção de Dados Pessoais**.

Da leitura dos órgãos integrantes da Presidência da República dispostos no comando legal sobredito, percebe-se nítida função de organização política ou diretamente relacionada às rotinas do Presidente da República, enquanto chefe de Estado e de governo.

Distintamente dos demais órgãos da Presidência da República, a ANPD possui características que lhe assemelham às agências reguladoras federais, dentre as quais se destacam: o caráter técnico das atribuições; a autonomia decisória; os poderes normativo, sancionador e de polícia que lhe são conferidos; a forma de investidura dos membros do Conselho Diretor, que requer nomeação pelo Presidente da República precedida de aprovação senatorial; o mandato fixo dos diretores; imposição de quarentena a partir do fim do mandato[54].

Portanto, a despeito de integrar a Administração Federal direta, a ANPD possui atribuições e forma de organização características de entidades da administração pública indireta, sobretudo as autarquias especiais, categoria que contém as agências reguladoras. Da opção do legislador para a definição da natureza jurí-

---

[54] O § 1º do art. 11 do Decreto n. 10.474/2020 dispõe: "Após exoneração do cargo de Diretor, é vedado aos membros do Conselho Diretor representar qualquer pessoa, física ou jurídica, ou interesse perante a ANPD, pelo período de cento e oitenta dias, contado da data em que deixada exoneração, ressalvada a defesa de direito próprio".

dica da ANPD extrai-se a inteligência do art. 55-A, §§ 1º e 2º, da LGPD, que possibilita a transformação do órgão em autarquia especial, no prazo de dois anos a partir da publicação da nomeação do Diretor-Presidente da ANPD no *Diário Oficial da União*, consoante o art. 6º do Decreto n. 10.474/2020[55].

13.10. PRINCÍPIO DA EFICIÊNCIA

O **princípio da eficiência**[56] foi consubstanciado em regra quando incluído no *caput* do art. 37 da CF/88 pela Emenda Constitucional n. 19, de 4 de junho de 1998.

Antes da Emenda citada, o inciso II do art. 74 da CF/88 já previa o seguinte:

> Art. 74. Os Poderes Legislativo, Executivo e Judiciário manterão, de forma integrada, sistema de controle interno com a finalidade de:
> (...)
> II – comprovar a legalidade e avaliar os resultados, quanto à *eficácia e eficiência*, da gestão orçamentária, financeira e patrimonial nos órgãos e entidades da administração federal, bem como da aplicação de recursos públicos por entidades de direito privado. (grifo)

Interessantes as críticas de Lúcia Valle Figueiredo[57] sobre a inclusão do princípio da eficiência no art. 37, *caput*, da Constituição Federal, anotando que:

> É de se perquirir o que muda com a inclusão do princípio da eficiência, pois, ao que se infere, com segurança, à Administração Pública sempre coube agir com eficiência em seus cometimentos. Na verdade, no novo conceito instaurado de Administração Gerencial, de "cliente", em lugar de administrado, o novo "clichê" produzido pelos reformadores, fazia-se importante, até para justificar perante o país as mudanças constitucionais pretendidas, trazer ao texto o princípio da eficiência. Tais mudanças, na verdade, redundaram em muito pouco de substancialmente novo, e em muito trabalho aos juristas para tentar compreender figuras emprestadas sobretudo do Direito Americano, absolutamente diferente do Direito brasileiro.

---

[55] A nomeação do primeiro diretor-presidente da ANPD foi publicada no Diário Oficial da União em 5 de novembro de 2020, de modo que o termo final tabulado no § 2º do art. 55-A da LGPD sobrevirá em 5 de novembro de 2022.

[56] A Constituição Espanhola de 1978 já previa, no seu art. 103, que "a administração pública serve com objetividade aos interesses gerais e atua de acordo com os princípios de eficiência, hierarquia, descentralização, desconcentração e coordenação, com obediência plena à lei e ao Direito".

[57] FIGUEIREDO, Lúcia Valle. *Curso de direito administrativo*. 5. ed. São Paulo: Malheiros, 2001. p. 63.

Cláudia Fernanda de Oliveira Pereira[58] também critica a inclusão do princípio da eficiência, afirmando que a sua utilização em detrimento do **princípio da qualidade do serviço** – que não foi adotado pelo Poder Constituinte Derivado Reformador – parece não ter sido a melhor escolha já que o aprovado tem sentido mais restrito do que o rejeitado.

A burocratização[59] e a falta de recursos no serviço público causam, além de dissabores, lesão aos direitos do administrado. Assim, apesar da impossibilidade de trazer boa parte dos preceitos da administração privada para a pública, a sua inclusão no rol do *caput* do art. 37 da CF/88, se não apresentou grandes mudanças e benefícios, males não causou.

O Princípio da Eficiência não têm sua gênese na Ciência do Direito, mas na Economia, ciência onde residem os ensaios que conceberam a eficiência segundo parâmetros científicos, ressaltando-se a importância dos estudos de Pareto, que introduziu os conceitos denominados superioridade de Pareto e optimalidade de Pareto[60].

A superioridade satisfaz-se quando, em movimento de transformação do estado das coisas, pelo menos uma pessoa tem sua posição melhorada sem que disso resulte prejuízo a qualquer outra. A optimalidade, por sua vez, situa-se no ponto em que qualquer modificação do estado das coisas provoque a piora da posição de qualquer indivíduo; daí se extrai a definição de quando uma situação é ótima ou eficiente, não sendo possível alcançar melhor situação sem que disso resulte prejuízo a alguma pessoa.

Na sequência da obra de Pareto, desenvolveram-se os estudos de Kaldor e Hicks que, aproximando a lição paretiana da realidade dinâmica das atividades econômicas, conceberam a determinação de eficiência mediante a ponderação entre benefícios e prejuízos causados pela mudança do estado das coisas, em universo onde há ganhadores e perdedores.

No mundo real, caracterizado por interesses em conflito, sempre há ganhadores e perdedores, então o ponto ótimo na curva de alteração do estado das coisas acontece quando extraído o máximo benefício, possibilitando-se a com-

---

[58] PEREIRA, Cláudia Fernanda de Oliveira. *Reforma administrativa: o Estado, o serviço público e o servidor*. Brasília: Brasília Jurídica, 1998.

[59] STJ, REsp 1044158/MS, rel. Min. Castro Meira, 2ª Turma, julgado em 27-5-2008, *DJe* 6-6-2008.

[60] Publicada em 1909, a obra *Manuale di Politica Economica*, de Wilfried Fritz Pareto, prelecionou o conceito que veio a ser denominado na Microeconomia como "ótimo de Pareto", espraiando-se por diversos campos da atividade econômica, principalmente nos segmentos da indústria e comércio.

pensação dos prejuízos causados. Quando não é possível a compensação em favor dos perdedores, não há que se dizer de eficiência. Dessa forma, assim se define a Eficiência Potencial de Kaldor-Hicks:

> [...] toda a situação em que aquilo que pode melhorar a posição de alguém é mais valoroso do que os prejuízos causados a outrem que se vê diminuído em seu bem-estar ou, ainda, eficiência potencial é verificada quando os benefícios totais - sociais - líquidos são máximos tomando possível comprar a aquiescência dos perdedores com o que obtém os ganhadores[61].

Na seara da Administração Pública, Irene Patrícia Nohara[62] aponta que a gestão eficiente perfaz-se mediante a entrega de serviços de qualidade mais elevada, em termos de resultados, produtividade e desempenho, em relação aos fatores de produção empregados, como mão de obra, material, dinheiro, máquinas e tempo.

Satisfatório nível de eficiência requer, pois, o emprego de pessoas qualificadas, equipamentos adequados – em termos de funcionalidade, operação e rendimento – para o serviço e processos organizacionais que assegurem a prestação de maneira adequada e no tempo propício ao seu fim.

Não se pode olvidar que no regime jurídico-administrativo, **a eficiência será sempre subordinada à legalidade**, visto que a busca pela eficiência implantada somente pelo gestor, de modo a desconsiderar o estabelecido pelo legislador, não encontra guarida no Estado Democrático de Direito. Consequentemente, o princípio da eficiência jamais será absoluto.

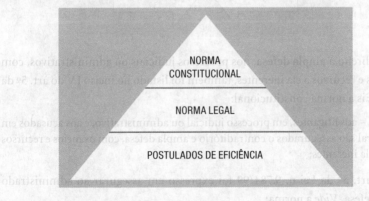

---

[61] GONÇALVES, Everton das Neves. *A Teoria de Posner e sua aplicabilidade à Ordem Constitucional Econômica Brasileira de 1988*. Dissertação (Mestrado em Ciências Humanas – especialidade Direito). Universidade Federal de Santa Catarina. Florianópolis, SC, 1997. p. 53.

[62] NOHARA, Irene Patrícia. *Reforma administrativa e burocracia*: impacto da eficiência na configuração do direito administrativo brasileiro. São Paulo: Atlas, 2012.

Assim, esse **princípio gerencial** deve ser implantado pelo gestor de acordo com a lei, existindo também como pauta de política legislativa para os representantes do povo, pois é comando constitucional.

O **princípio da eficiência** dispõe que a atividade administrativa seja exercida com presteza, busca da perfeição e bom rendimento funcional[63], derivando do direito fundamental à **boa Administração Pública**.

Representa a busca incessante, pautada na legalidade, da **maior rentabilidade social**, tendo inclusive clara atuação na atividade dos servidores públicos que podem perder o cargo por insuficiência de desempenho, na forma do inciso III do §1º do art. 41 da CF/88.

13.11. PRINCÍPIOS DO CONTRADITÓRIO E DA AMPLA DEFESA

O **contraditório** previsto no inciso LV do art. 5º da CF/88 para os processos judiciais e administrativos representa a necessidade de ciência dos atos judiciais ou administrativos e a possibilidade de apresentação de **argumentos contrários**, a fim de que seja formado julgamento entre a **tese e a antítese**, representando um **diálogo**, anterior à decisão, entre as partes ao invés do monólogo visto em processos inquisitivos.

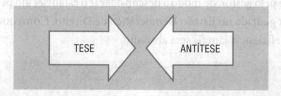

O direito à **ampla defesa**, nos processos judiciais ou administrativos, com os meios e recursos a ela inerentes, também foi listado no inciso LV do art. 5º da CF/88. Eis a norma constitucional:

> LV – aos litigantes, em processo judicial ou administrativo, e aos acusados em geral são assegurados o contraditório e ampla defesa, com os meios e recursos a ela inerentes;

O art. 3º da Lei n. 9.784/99 foi expresso em assegurar ao administrado ampla defesa. *Vide* a norma:

> Art. 3º O administrado tem os seguintes direitos perante a Administração, sem prejuízo de outros que lhe sejam assegurados:

---

[63] MEIRELLES, Hely Lopes; BURLE FILHO, José Emannuel. *Direito administrativo brasileiro*. 42. ed. São Paulo: Malheiros, 2016.

I – ser tratado com respeito pelas autoridades e servidores, que deverão facilitar o exercício de seus direitos e o cumprimento de suas obrigações;

II – ter ciência da tramitação dos processos administrativos em que tenha a condição de interessado, ter vista dos autos, obter cópias de documentos neles contidos e conhecer as decisões proferidas;

III – formular alegações e apresentar documentos antes da decisão, os quais serão objeto de consideração pelo órgão competente;

IV – fazer-se assistir, facultativamente, por advogado, salvo quando obrigatória a representação, por força de lei. (grifo)

Sobre o tema, o STF tem o seguinte posicionamento:

PROCESSO ADMINISTRATIVO – RESTRIÇÃO DE DIREITOS – OBSERVÂNCIA NECESSÁRIA DA GARANTIA CONSTITUCIONAL DO "DUE PROCESS OF LAW" (CF, ART. 5º, LV) – REEXAME DE FATOS E PROVAS, EM SEDE RECURSAL EXTRAORDINÁRIA – INADMISSIBILIDADE – RECURSO IMPROVIDO. RESTRIÇÃO DE DIREITOS E GARANTIA DO "DUE PROCESS OF LAW". – O Estado, em tema de punições disciplinares ou de restrição a direitos, qualquer que seja o destinatário de tais medidas, não pode exercer a sua autoridade de maneira abusiva ou arbitrária, desconsiderando, no exercício de sua atividade, o postulado da plenitude de defesa, pois o reconhecimento da legitimidade ético-jurídica de qualquer medida estatal – que importe em punição disciplinar ou em limitação de direitos – exige, ainda que se cuide de procedimento meramente administrativo (CF, art. 5º, LV), a fiel observância do princípio do devido processo legal. A jurisprudência do Supremo Tribunal Federal tem reafirmado a essencialidade desse princípio, nele reconhecendo uma insuprimível garantia, que, instituída em favor de qualquer pessoa ou entidade, rege e condiciona o exercício, pelo Poder Público, de sua atividade, ainda que em sede materialmente administrativa, sob pena de nulidade do próprio ato punitivo ou da medida restritiva de direitos. Precedentes. Doutrina[64].

O comando constitucional exige a conjugação da ampla **defesa formal** – previsão normativa de que a parte possa defender as suas condutas, as suas ideias, os seus interesses e os seus direitos e de recorribilidade da decisão – com a ampla **defesa material**, possibilidade fática e real de apresentação e consideração dos argumentos de defesa e de produção das provas necessárias à confirmação dos seus argumentos.

A possibilidade de **produção de provas** é um dos meios inerentes à ampla defesa.

---

[64] STF, AI 241201 AgR, rel. Min. Celso de Mello, 2ª Turma, julgado em 27-8-2002, *DJ* 20-9-2002.

O art. 38 da Lei n. 9.784/99 demonstra bem essa faculdade do administrado. Segue o seu texto:

> Art. 38. O interessado poderá, na fase instrutória e antes da tomada da decisão, juntar documentos e pareceres, requerer diligências e perícias, bem como aduzir alegações referentes à matéria objeto do processo.
> §1º Os elementos probatórios deverão ser considerados na motivação do relatório e da decisão.
> §2º Somente poderão ser recusadas, mediante decisão fundamentada, as provas propostas pelos interessados quando sejam ilícitas, impertinentes, desnecessárias ou protelatórias.

A **recorribilidade**, outro aspecto seu, deve ser **formal** e **material**, pois de nada adianta haver a possibilidade legal de recorrer condicionada, por exemplo, ao cumprimento irreversível do comando da decisão ou a depósito ou a arrolamento prévio de valores ou bens, conforme afirma a Súmula Vinculante n. 21: "É inconstitucional a exigência de depósito ou arrolamento prévios de dinheiro ou bens para admissibilidade de recurso administrativo"[65].

São elementos do princípio do contraditório e da ampla defesa:

a) a defesa técnica;
b) a defesa prévia, nos casos estabelecidos em lei;
c) o direito a recurso ou duplo grau; e
d) o direito de informação ou direito de ciência.

Por fim, tem-se que somente podem ser exercidos os direitos fundamentais aqui tratados se o dever de comunicação dos atos processuais for observado pela Administração Pública. Ressalte-se que o descumprimento do citado dever gera a nulidade dos atos praticados e pode ensejar a apuração da conduta faltosa dos próprios agentes públicos.

---

[65] No mesmo ano de edição da Súmula Vinculante 21, aprovada pelo STF em 29-10-2009, o STJ havia editado a Súmula 373, em 11-3-2019, com o seguinte enunciado: "É ilegítima a exigência de depósito prévio para admissibilidade de recurso administrativo".

13.12. PRINCÍPIO DA PROPORCIONALIDADE

O **princípio da proporcionalidade** ou da **proibição de excessos**, de origem alemã, tem nítido escopo de proteção aos direitos fundamentais, por limitar a discricionariedade do Estado perante os direitos conquistados pelos indivíduos nos Estados Constitucionais modernos.

Uma Constituição, por mais analítica que seja, não consegue limitar ou prever todas as potenciais violações a direitos individuais pelo Estado. Assim, faz-se necessário instrumento de conteúdo aberto que possa impor limites causais às ações de quem detém o poder.

A proporcionalidade é a **relação equilibrada entre causa e consequência**, é a imputação balanceada do efeito que envolve lógica (elemento metajurídico). A clássica frase de Jellinek (não se abatem pardais disparando canhões) ilustra bem a dificuldade de criação do conceito único de proporcionalidade e a facilidade de percepção do seu conteúdo quando aplicado ao caso concreto. A seta transversal abaixo representa a proporcionalidade:

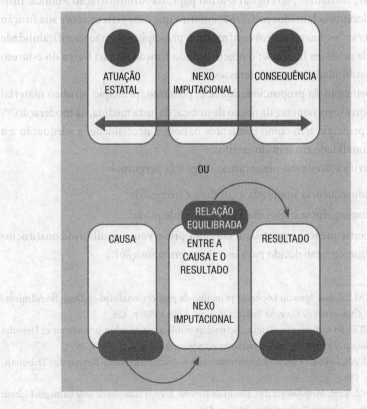

Alguns autores debatem se a sua origem deriva do Estado de Direito (*the rule of law*) ou dos direitos fundamentais. Entretanto, o princípio da proporcionalidade representa o ponto de equilíbrio que permite a proteção real dos direitos fundamentais e a existência material e efetiva do Estado de Direito.

Na atuação estatal, o Princípio da Proporcionalidade colima equilibrar a medida de intervenção nas esferas de direitos e liberdades, o que deve ser observado na regulação pública, tal como na prestação de serviços públicos. José Ignacio Lopes González[66] afirma que essas determinações "sintetizam, no princípio da proporcionalidade, um conjunto de exigências que condicionam a legalidade das intervenções administrativas na esfera dos direitos e liberdades dos particulares".

Em todos os âmbitos do Direito, há conflitos de interesses, vez que as relações jurídicas são intersubjetivas. No Direito Público, com maior ênfase, recai a missão de harmonizar os distintos interesses, balizando-se a exata medida em que cada qual deve receber o que lhe cabe[67].

Odete Medauar[68], ao cogitar o atual papel da Administração Pública, ínsita aos valores proclamados na CF/88, enfatiza que cabe refletir sobre sua função de ponderar "os interesses em confronto; o princípio é da não sacrificabilidade *a priori* de nenhum interesse; o objetivo dessa função está na busca do estatuto da compatibilidade entre os interesses".

O princípio da proporcionalidade é, portanto, princípio jurídico material que "decorre directamente da noção de justiça, da justa medida, da moderação"[69].

Tal princípio tem como elementos básicos a necessidade, a adequação e a proporcionalidade em sentido estrito.

A verificação da sua observância exige três perguntas:

a) A consequência imputada à conduta é necessária?

b) A consequência imputada à conduta é adequada?

c) A consequência imputada à conduta preservou o equilíbrio constitucionalmente estabelecido para os valores em oposição?

---

[66] GONZÁLEZ, José Ignacio López. El principio de proporcionalidad en Derecho Administrativo. *Cuadernos de Derecho Público* n. 5, set./dez. 1998. p. 155.

[67] DE ENTERRÍA, Eduardo Garcia. Actuación pública y actuación privada en el Derecho Urbanístico. *Revista española de derecho administrativo*, n. 1, p. 79-98, 1974.

[68] MEDAUAR, Odete. *O direito administrativo em evolução*. São Paulo: Revista dos Tribunais, 1992. p. 183.

[69] LARENZ, Karl. *Metodologia da Ciência do Direito*. 3. ed. Tradução de José Lamego. Lisboa: Fundação Calouste Gulbenkian, 1997. p. 586.

A resposta afirmativa às três perguntas acima formuladas implica observância ao princípio da proporcionalidade. Todavia, a resposta negativa a qualquer delas revela inobservância a tal princípio.

A **necessidade** decorre da indispensabilidade da ação. O Estado não pode resolver a situação sem agir. A **adequação** decorre da correta escolha dos meios ou instrumentos. O Estado escolherá, por exemplo, entre servidão e desapropriação.

É lógico que o agir deve, dentro da legalidade e economicidade, buscar o **menor prejuízo** para as partes envolvidas, pois, entre possibilidades legalmente previstas, não será proporcional a escolha pela que possa causar mais ônus a qualquer das partes.

A **proporcionalidade em sentido estrito** tem relação com o equilíbrio ou ponderação de bens ou valores.

A ponderação de valores tem utilidade na resolução de conflito entre princípios, pois, ao contrário das regras, a colisão de princípios não determina necessariamente o afastamento completo de um deles, mas apenas a prevalência ponderada de um ou alguns deles.

Assim, na ponderação de valores não há, obrigatoriamente, relação causa/consequência. José Joaquim Gomes Canotilho[70] afirma que o princípio da proporcionalidade pode ser usado para dirimir conflitos entre bens jurídicos.

O princípio da proporcionalidade não tem aplicação apenas nas atividades executiva e judiciária, devendo ser observado também em sede de *política legislativa*, visto que a lei deve impor o mínimo possível de restrições a direito.

Interessante notar que o princípio da proporcionalidade está consubstanciado na regra do art. 2º da Lei n. 9.784/99. Eis os seus dizeres: "Art. 2º A Administração Pública obedecerá, dentre outros, aos princípios da legalidade, finalidade, motivação, razoabilidade, proporcionalidade, moralidade, ampla defesa, contraditório, segurança jurídica, interesse público e eficiência".

---

[70] CANOTILHO, José Joaquim Gomes. *Direito constitucional*. 3. ed. Coimbra: Almedina, 1998.

O inciso VI do parágrafo único do citado artigo ilustra bem a proporcionalidade ao exigir da Administração Pública **adequação entre meios e fins, vedada a imposição de obrigações, restrições e sanções em medida superior àquelas estritamente necessárias ao atendimento do interesse público.**

Entretanto, o Poder Constituinte Originário preferiu colocá-lo como proposição geral que pode ser extraída de algumas das regras constitucionais, não o listando expressamente.

13.13. PRINCÍPIO DA RAZOABILIDADE

Germana de Oliveira Moraes[71] ilustra que o **princípio da razoabilidade** surgiu no caso *Associated Provincial Pictures Houses Ltd. versus Wednesbury Corporation*, em 1948, julgado por Tribunal britânico.

A decisão judicial criou o teste de razoabilidade. O Lord Greene, presidente do Tribunal, em *obiter dictum*, afirmou que: "É verdade, discricionariedade deve ser exercida com razoabilidade... Por exemplo, uma pessoa investida de discricionariedade deve, por assim dizer, conduzir-se dentro da lei. Ela deve chamar a sua própria atenção para as matérias que são de consideração obrigatória. Ela deve excluir das suas considerações as matérias irrelevantes. Se não obedecer a tais regras, ela pode realmente ter a sua ação classificada como irrazoável. Da mesma forma, pode haver algo tão absurdo, que nenhuma pessoa sensata poderia sonhar que estava dentro dos poderes de autoridade".

O magistrado inglês entende que o **poder discricionário** deve ser exercido de maneira razoável. A pessoa dotada desse poder deve direcionar-se ao domínio da lei. Ela deve prestar atenção aos problemas que realmente precisa considerar, devendo excluir da sua avaliação problemas reputados irrelevantes. Se não forem obedecidas tais normas, as suas ações serão qualificadas como desarrazoadas e ilustrarão algo tão absurdo que nenhuma pessoa sensata poderia sonhar que tais ações fariam parte dos poderes da autoridade.

A partir desse julgamento, formulou-se no Direito britânico o **princípio Wednesbury**, como limite às decisões irrazoáveis. Os Tribunais ingleses deixaram de se contentar apenas com o exame da legalidade e da regularidade procedimental da decisão administrativa.

De fato, os britânicos não somente passaram a buscar a racionalidade da decisão, mas também fixaram como critério de razoabilidade **preceitos morais geralmente aceitos** (*accepted moral standards*).

---

[71] MORAES, Germana de Oliveira. *Controle jurisdicional da administração pública*. São Paulo: Dialética, 1999.

Observe-se que os ingleses passaram a utilizar o critério objetivo de **homem médio**, ou seja, a sensatez vista não no homem dotado de racionalidade acima do normal nem no mais estúpido dos seres humanos, e sim na maioria dos membros da sua sociedade[72].

13.14. PRINCÍPIO DA BOA-FÉ

De Plácido e Silva[73] afirma que: "BOA-FÉ. Sempre se teve boa-fé no sentido de expressar a intenção pura, isenta de dolo ou engano, com que a pessoa realiza o negócio ou executa o ato, certa de que está agindo na conformidade do direito, consequentemente, protegida pelos preceitos legais. Dessa forma, quem age de boa-fé está capacitado de que o ato de que é agente, ou do qual participa, está sendo executado dentro do justo e do legal. É, assim, evidentemente, a justa opinião, leal e sincera, que se tem a respeito do fato ou do ato, que se vai praticar, opinião esta tida sem malícia e sem fraude, porque, se se diz justa, é que está escoimada de qualquer vício, que lhe empane a pureza da intenção. Protege a lei todo aquele que age de boa-fé, quer resilindo o ato, em que se prejudicou, quer mantendo aquele que deve ser respeitado, pela *bonae fidei actiones*. É assim que a boa-fé, provada ou deduzida de fatos que mostram a sua existência, justifica a ação pessoal, pela qual se leva à consideração do juiz o pedido para que se anule o ato praticado, ou se integre aquele que agiu de boa-fé no direito, que se assegurou, quando de sua execução. Na posse, a boa-fé sempre se presume, salvo quando a própria lei estabelece presunção contrária. E, quando assim não é aquele que alega má-fé é que deve provar. Consequentemente, na ausência de qualquer prova de malícia ou má-fé, a presunção é de que a boa-fé é a intenção, que levou a pessoa a agir daquele modo. BOA-FÉ OBJETIVA. Entre os princípios basilares do Código Civil de 2002 está o da boa-fé objetiva, como decorre do disposto em seu art. 187, indicando que se deve perquirir se o exercício dos direitos se faz com a boa-fé, que decorre do que objetivamente é demonstrado pelo agente, predominando sobre a boa-fé subjetiva, que é estado de consciência do mesmo. Assim, o juiz deve perquirir, em cada caso, se a ação ou omissão do agente resultou de boa-fé pelo que objetivamente foi demonstrado".

O administrado deve observar, nas suas ações, seja em relação aos particulares, seja em relação à Administração Pública, a boa-fé subjetiva e a boa-fé objetiva.

---

[72] STJ, REsp 658.458/PR, rel. Min. Luiz Fux, 1ª Turma, julgado em 2-6-2005, *DJ* 27-6-2005.

[73] SILVA, De Plácido e. *Vocabulário jurídico*. 27. ed. Atualizado por Nagib Slaibi Filho e Gláucia Carvalho. Rio de Janeiro: Forense, 2006.

162   CURSO DE DIREITO ADMINISTRATIVO

A sua intenção (ou seu estado psicológico) deve ser pura, isenta de dolo ou de engano para com a parte contrária; deve ser pautada na confiança incutida no coautor da relação jurídica, na publicidade dos seus propósitos e no desejo de cooperação. Tudo na forma do inciso II do art. 4º da Lei n. 9.784/99. Eis o texto:

> Art. 4º São deveres do administrado perante a Administração, sem prejuízo de outros previstos em ato normativo:
> I – expor os fatos conforme a verdade;
> II – proceder com lealdade, urbanidade e boa-fé;
> III – não agir de modo temerário;
> IV – prestar as informações que lhe forem solicitadas e colaborar para o esclarecimento dos fatos.

A Administração Pública, inclusive por ser executora da lei, também deve se pautar pela boa-fé subjetiva e pela boa-fé objetiva, na forma do inciso IV do parágrafo único do art. 2º da Lei n. 9.784/99. Eis a norma:

> Parágrafo único. Nos processos administrativos serão observados, entre outros, os critérios de:
> (...)
> IV – atuação segundo padrões éticos de probidade, decoro e boa-fé.

A teoria da **boa-fé objetiva**, entretanto, deve ser utilizada com os temperamentos estabelecidos pelo princípio da legalidade.

Não há dúvida de que os adágios *venire contra factum proprium* e *tu quoque* podem ser opostos, **quando ausente a boa-fé do agente público**, à Administração Pública sem causar danos aos seus princípios reitores, mas os adágios *supressio e surrectio* não podem ser utilizados nas relações de Direito Administrativo.

Resta configurado o *venire contra factum proprium* quando o agente adota conduta jurídica em contradição com o comportamento assumido anteriormente. O *tu quoque* pode ser visto quando busca o agente se beneficiar de ato ilícito anterior.

Sobre tais adágios, Otavio Luiz Rodrigues Júnior[74] afirma com grande pertinência: "O princípio da intangibilidade do direito ante a inércia administrativa é fartamente acolhido na jurisprudência (RTJ 111/116; RTJ 102/445; RTJ 91/174; RTJ 81/990; RTJ 81/287). Ademais, trata-se de uma derivação do primado da boa-fé objetiva, cujos deveres anexos se entremostram nos conceitos de lealdade, dever de cuidado, correção no proceder (a *corretezza* do direito italiano)

---

[74] RODRIGUES JÚNIOR, Otavio Luiz. Da renovação das concessões e permissões de serviços de radiodifusão em face do arquivamento por órgão camerário do Congresso Nacional, *Revista de Direito Privado*, v. 6, n. 22, p. 241-249, abr./jun. 2005.

e dever de informar, dentre outros. Mais especificamente, é uma verberação no Direito Público dos princípios *venire contra factum proprium (Eine Ausprügung des Handelns nach Treu und Glauben gemäß, §242, BGB) e tu quoque,* a significar que minha conduta equívoca não pode ser invocada para me beneficiar".

A *supressio* é a ausência continuada de exercício de direito que gera a real expectativa no terceiro que o seu titular não mais o exercerá. A *surrectio* é o reverso da moeda da *supressio,* pois representa o exercício de fato de determinada situação que, em virtude da sua continuidade e falta de oposição, enseja sua integração ao patrimônio jurídico do exercente.

Ora, tanto a *supressio* quanto a *surrectio* têm como característica situação fática não assegurada pela lei, portanto, incompatíveis com o princípio da legalidade administrativa.

Em relação ao *venire contra factum proprium* e ao *tu quoque,* tem-se que, quando tais condutas não violarem a lei, configurar-se-ão abusos de direito, na forma do art. 187 do CC de 2002[75], **salvo quando a Administração Pública estiver exercendo legitimamente o seu poder de autotutela.**

Assim, a oponibilidade da **boa-fé** à Administração Pública[76] é decorrência do **princípio da isonomia** estabelecido no *caput* do art. 5º da CF/88, pois, se deve ser exigida do administrado, deve também ser exigida da Administração Pública de acordo com as suas características e com o interesse público[77].

13.15. PRINCÍPIO DA MOTIVAÇÃO

13.15.1. Introdução

Os poderes estatais têm, de maneira geral, instrumentos de legitimação dos seus atos. Alguns estão relacionados à forma de escolha dos membros que os compõem. Nos Poderes Legislativo e Executivo, os principais atores são escolhidos pelo povo. Em relação ao último, considerada a ausência de pluralidade de membros que pode ser vista no Legislativo, há um elemento extra que enseja um maior controle dos seus atos pela sociedade, a motivação.

---

[75] "Art. 187. Também comete ato ilícito o titular de um direito que, ao exercê-lo, excede manifestamente os limites impostos pelo seu fim econômico ou social, pela boa-fé ou pelos bons costumes."

[76] STJ, MS 13948/DF, rel. Min. Sebastião Reis Júnior, 3ª Seção, julgado em 26-9-2012, *DJe* 7-11-2012.

[77] STJ, RMS 29.493/MS, rel. Min. Humberto Martins, 2ª Turma, julgado em 23-6-2009, *DJe* 1º-7-2009.

No Poder Judiciário, percebe-se que, apesar de seus membros não serem escolhidos pelo povo, as partes participam ativamente da decisão final do processo judicial que deve também ser motivada.

A exigência de motivação pode ser vista tanto no processo judicial quanto nos atos e processos administrativos. Ressalte-se que o processo administrativo é uma série concatenada de atos administrativos tendente a um ato final que tem como objetivo encerrar a controvérsia apresentada pelas partes.

13.15.2. Conceito

A **motivação**[78] é a **razão ou justificativa de decidir**; representa a fundamentação fática e jurídica do ato implementado. Não é somente a exposição dos motivos, mas a explicação do objeto adotado em relação aos motivos advindos. Deve ser exteriorizada antes ou durante a edição do ato, não podendo ser posterior, sob pena de invalidade.

Para Celso Antônio Bandeira de Mello[79], o Princípio da Motivação impõe à Administração Pública o "dever de justificar seus atos, apontando-lhes os fundamentos de direito e de fato, assim como a correlação lógica entre os eventos e situações que deu por existentes e a providência tomada, nos casos em que este último aclaramento seja necessário para aferir-se a consonância da conduta administrativa com a lei que lhe serviu de arrimo".

Ressalte-se que motivo e motivação não são, na linguagem técnica, sinônimos. Aquele é a situação que enseja a edição do ato administrativo, a **causa necessária** à edição do ato administrativo ou o acontecimento fático ou jurídico

---

[78] ADMINISTRATIVO. MANDADO DE SEGURANÇA. INDEFERIMENTO DE AUTORIZAÇÃO PARA FUNCIONAMENTO DE CURSO SUPERIOR. **AUSÊNCIA DE MOTIVAÇÃO DO ATO ADMINISTRATIVO. NULIDADE.**
1. A margem de liberdade de escolha da conveniência e oportunidade, conferida à Administração Pública, na prática de atos discricionários, não a dispensa do dever de motivação. O ato administrativo que nega, limita ou afeta direitos ou interesses do administrado deve indicar, de forma explícita, clara e congruente, os motivos de fato e de direito em que está fundado (art. 50, I, e §1º da Lei 9.784/99). Não atende a tal requisito a simples invocação da cláusula do interesse público ou a indicação genérica da causa do ato.
(...)
3. Segurança parcialmente concedida, para declarar a nulidade do ato administrativo (STJ, MS 9.944/DF, Rel. Ministro TEORI ALBINO ZAVASCKI, PRIMEIRA SEÇÃO, julgado em 25-5-2005, *DJ* 13-6-2005 p. 157).

[79] MELLO, Celso Antônio Bandeira de. *Curso de direito administrativo.* 35. ed. São Paulo: Malheiros, 2021. p. 94.

que exige ou faculta a ação administrativa. Esta é a justificação da existência do motivo (fato) e da adequação do ato decorrente do fato aos postulados normativos (fundamento jurídico).

13.15.3. Evolução doutrinária e jurisprudencial

Inicialmente, os doutrinadores entendiam que o ato administrativo discricionário, por implicar opção com base na conveniência e na oportunidade, deveria ser motivado e que o ato administrativo vinculado, por encetar comando fechado da lei, prescindia de motivação.

Entretanto, observando que a motivação engloba também a exposição circunstanciada dos fatos (causas) que ensejaram a aplicação da lei, os doutrinadores passaram a entender que, no Estado Democrático de Direito, inclusive para ilustrar a correta aplicação da lei aos fatos, os atos administrativos vinculados também deveriam ser motivados.

Apesar desta evolução pautada nos conceitos de Estado Democrático de Direito e República, houve clara **involução legislativa** no Direito Administrativo nacional com a edição dos incisos I a VIII do art. 50 da Lei n. 9.784/99. Eis o texto:

Art. 50. Os atos administrativos deverão ser motivados, com indicação dos fatos e dos fundamentos jurídicos, quando:

I – neguem, limitem ou afetem direitos ou interesses;

II – imponham ou agravem deveres, encargos ou sanções;

III – decidam processos administrativos de concurso ou seleção pública;

IV – dispensem ou declarem a inexigibilidade de processo licitatório;

V – decidam recursos administrativos;

VI – decorram de reexame de ofício;

VII – deixem de aplicar jurisprudência firmada sobre a questão ou discrepem de pareceres, laudos, propostas e relatórios oficiais;

VIII – importem anulação, revogação, suspensão ou convalidação de ato administrativo.

§1º A motivação deve ser explícita, clara e congruente, podendo consistir em declaração de concordância com fundamentos de anteriores pareceres, informações, decisões ou propostas, que, neste caso, serão parte integrante do ato.

§2º Na solução de vários assuntos da mesma natureza, pode ser utilizado meio mecânico que reproduza os fundamentos das decisões, desde que não prejudique direito ou garantia dos interessados.

§3º A motivação das decisões de órgãos colegiados e comissões ou de decisões orais constará da respectiva ata ou de termo escrito.

Tal artigo representa **cópia** adequada ao ordenamento jurídico nacional e aos dias atuais do art. 1º da Lei francesa n. 79-587, de 11 de julho de 1979, a propósito:

Les personnes physiques ou morales ont le droit d'être informées sans délai des motifs des décisions administratives individuelles défavorables qui les concernent.
A cet effet, doivent être motivées les décisions qui :
– restreignent l'exercice des libertés publiques ou, de manière générale, constituent une mesure de police ;
– infligent une sanction ;
– subordonnent l'octroi d'une autorisation à des conditions restrictives ou imposent des sujétions ;
– retirent ou abrogent une décision créatrice de droits ;
– opposent une prescription, une forclusion ou une déchéance ;
– refusent un avantage dont l'attribution constitue un droit pour les personnes qui remplissent les conditions légales pour l'obtenir;
– refusent une autorisation, sauf lorsque la communication des motifs pourrait être de nature à porter atteinte à l'un des secrets ou intérêts protégés par les dispositions des deuxième à cinquième alinéas de l'article 6 de la loi n. 78-753 du 17 juillet 1978 portant diverses mesures d'amélioration des relations entre l'administration et le public[80].

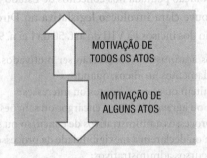

---

[80] "As pessoas físicas ou morais têm o direito de ser informadas imediatamente das razões das decisões administrativas individuais desfavoráveis que lhes digam respeito.
Para este efeito, devem ser fundamentadas as decisões que:
– Restrinjam o exercício de liberdades públicas ou, de maneira geral, constituam uma medida de polícia;
– Apliquem uma sanção;
– Subordinem a concessão de uma autorização a condições restritivas ou imponham sujeições;
– Retirem ou revoguem decisões constitutivas de direito;
– Oponham-se a uma prescrição, a uma exclusão ou a uma caducidade;
– Recusem uma vantagem em que a atribuição constitua um direito para as pessoas que implementaram as condições legais de obtenção;
– Recusem uma autorização, salvo exceto quando a divulgação dos motivos que possa servir para enfraquecer um dos segredos ou interesses protegidos pelas disposições dos parágrafos segundo ao quinto do art. 6º da Lei n. 78-753, de 17 de julho 1978, que estabelece várias medidas para melhorar as relações entre a administração e o público."

Ora, dispensam motivação os atos administrativos que concedem, ampliam ou resguardam direitos ou interesses do administrado?

Claro que, apesar de tais atos administrativos não estarem listados no artigo acima, o princípio constitucional da impessoalidade (art. 37, *caput*) exige que a Administração Pública exponha as suas justificativas[81].

Além disso, há atos administrativos discricionários que não foram listados no art. 50 da Lei n. 9.784/99 e, mesmo nos atos administrativos vinculados, a correta adequação dos fatos à lei deve ser exposta.

Exemplo de ato administrativo que, segundo os incisos I a VIII do artigo citado, não precisa ser motivado é o que – na avaliação de servidor público para a percepção de gratificação de desempenho – atribua-se-lhe a nota máxima.

A sociedade não faz jus à motivação do ato administrativo que atribuiu nota máxima na avaliação do servidor público e que gera dispêndio de recurso do Poder Público?

É cristalino que os princípios do art. 37 da CF/88 exigem tal motivação, portanto, não há dúvida de que o sistema jurídico pátrio, a despeito dos incisos I a VIII do art. 50 da Lei n. 9.784/99, exige motivação de **todos os atos administrativos**, salvo aqueles que a própria Carta Maior a dispensou, por exemplo, o ato administrativo de exoneração[82] *ad nutum*.

Saliente-se, porém, que o Superior Tribunal de Justiça e a maioria da doutrina utiliza a sistemática dos incisos I a VIII do art. 50 da Lei n. 9.784/99.

13.15.4. Motivação aliunde

O §1º do art. 50 da Lei n. 9.784/99 introduziu no ordenamento jurídico brasileiro a **motivação aliunde**, ao afirmar que "*a motivação deve ser explícita,*

---

[81] RECURSO ESPECIAL. ADMINISTRATIVO. ATO DE EXTINÇÃO DE CARGO. AUSÊNCIA DE MOTIVAÇÃO. ART. 50, §1º DA LEI 9784/99.

O ato que declarou a "desnecessidade" do cargo público de Oficial Administrativo não foi devidamente fundamentado – art. 50, §1º da Lei 9784/99.

Recurso provido, com o restabelecimento da decisão singular de concessão da ordem. (STJ, REsp 623.069/MG, Rel. Ministro JOSÉ ARNALDO DA FONSECA, QUINTA TURMA, julgado em 4-10-2005, *DJ* 14-11-2005 p. 377)

[82] Alguns autores como Hely Lopes Meirelles e Maria Sylvia Zanella Di Pietro utilizam o vocábulo "exoneração", entretanto a CF/88, por exemplo, na alínea *b* do inciso I do seu art. 54, escolheu a expressão "demissíveis *ad nutum*". Não há qualquer dúvida de que, em um Estado Constitucional, a linguagem técnico-jurídica deve ser construída a partir dos vocábulos constitucionais. Assim, apesar do vocábulo "demissão" ser usado, no Direito Administrativo, para designar uma espécie de sanção ao servidor público, a Carta Maior atribuiu-lhe, no caso em questão, conceito mais elástico.

168 CURSO DE DIREITO ADMINISTRATIVO

clara e congruente, podendo consistir em declaração de concordância com fundamentos de anteriores pareceres, informações, decisões ou propostas, que, neste caso, serão parte integrante do ato".

Assim, para a celeridade nos procedimentos e processos administrativos, o agente público pode declarar a sua concordância com fundamentos anteriores, porém a deficiência de fundamentação configurará a nulidade de todos os atos que a utilizaram.

13.15.5. Motivação padronizada

A **motivação padrão** foi oficializada pelo §2º do art. 50 da Lei n. 9.784/99, pois apesar de já ser muito utilizada na Administração Pública mesmo antes da edição da citada lei, somente através do citado parágrafo foi incluída no ordenamento jurídico. Eis a norma: "Na solução de vários assuntos da mesma natureza, pode ser utilizado meio mecânico que reproduza os fundamentos das decisões, desde que não prejudique direito ou garantia dos interessados".

13.15.6. Motivação administrativa nos demais poderes

A CF/88, no inciso X do seu art. 93, deixou claro que "as decisões administrativas dos tribunais serão motivadas e em sessão pública, sendo as disciplinares tomadas pelo voto da maioria absoluta de seus membros".

Em relação ao Poder Legislativo, a necessidade de motivação administrativa decorre do §1º do art. 1º da Lei n. 9.784/99 que aduz: "os preceitos desta Lei também se aplicam aos órgãos dos Poderes Legislativo e Judiciário da União, quando no desempenho de função administrativa".

Assim, quando os demais poderes exercem atividade-meio relacionada à função administrativa, devem motivar as suas decisões.

Para se aprofundar no tema "motivação" recomenda-se a leitura do item 36.5. intitulado "Controle e a Lei de Introdução às normas do Direito Brasileiro".

13.16. PRINCÍPIO DA AUTOTUTELA

A Administração Pública trata do interesse público cujo titular, em uma república, é o povo que exerce o poder diretamente ou através dos seus representantes, na forma do parágrafo único do art. 1º da CF/88. Consequentemente, o gestor público deve considerar permanentemente a conveniência e oportunidade do ato editado e a sua legalidade, mesmo após a sua entrada em vigor.

O controle deve ser exercido em todos os momentos e a Administração Pública deve ter instrumentos para retirar do ordenamento jurídico os atos administrativos inconvenientes e inoportunos e/ou ilegais.

A Súmula n. 473, do STF, explicitou bem os instrumentos de retirada do ato, ao aduzir que: "A administração pode anular seus próprios atos, quando eivados de vícios que os tornam ilegais, porque deles não se originam direitos; ou revogá-los, por motivo de conveniência ou oportunidade, respeitados os direitos adquiridos, e ressalvada, em todos os casos, a apreciação judicial".

ANULAÇÃO	REVOGAÇÃO
VINCULADA	DISCRICIONÁRIA
QUESTÕES DE ILEGALIDADE	QUESTÕES DE CONVENIÊNCIA E OPORTUNIDADE
PODE SER DECLARADA PELA ADMINISTRAÇÃO OU PELO PODER JUDICIÁRIO	PODE SER FEITA SOMENTE PELA ADMINISTRAÇÃO PÚBLICA
RETROAGE	EM REGRA, NÃO RETROAGE
ATACA UM ATO INVÁLIDO	RETIRA DO ORDENAMENTO UM ATO VÁLIDO
INDEPENDE DE PROVOCAÇÃO DE TERCEIROS	INDEPENDE DE PROVOCAÇÃO DE TERCEIROS
ABARCA ATOS VINCULADOS E DISCRICIONÁRIOS	ABARCA APENAS ATOS DISCRICIONÁRIOS
FORMA DE EXTINÇÃO DO ATO	FORMA DE EXTINÇÃO DO ATO
DEVEM SER RESPEITADOS OS DIREITOS ADQUIRIDOS E DE TERCEIROS DE BOA-FÉ	DEVEM SER RESPEITADOS OS DIREITOS ADQUIRIDOS E DE TERCEIROS DE BOA-FÉ

O art. 53 da Lei n. 9.784/99 trouxe a mesma possibilidade ao dizer que: "A Administração deve anular seus próprios atos, quando eivados de vício de legalidade, e pode revogá-los por motivo de conveniência ou oportunidade, respeitados os direitos adquiridos".

Assim, a Súmula n. 473, do STF, e o art. 53 da Lei n. 9.784/99 dispõem sobre o poder de autotutela da Administração Pública, sendo que a sua atuação é autônoma e poderá se dar de ofício ou mediante provocação.

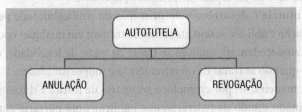

A Súmula n. 346, do STF, já previa a possiblidade de anulação, ao aduzir que a Administração pode declarar a nulidade dos seus próprios atos.

O **poder de autotutela** não afasta a apreciação pelo Poder Judiciário, pois, caso algum particular, seja beneficiário do ato ou não, sinta-se prejudicado, as vias judiciais podem ser buscadas com base no princípio da inafastabilidade da jurisdição inscrito no inciso XXXV do art. 5º da CF/88. Segue a norma: "a lei não excluirá da apreciação do Poder Judiciário lesão ou ameaça a direito".

Quando ficar constatado que o ato administrativo é inconveniente ou inoportuno, a Administração Pública terá a faculdade ou a discricionariedade de revogá-lo, pois as normas dizem que aquela poderá fazê-lo. Contudo, os direitos adquiridos durante o período de eficácia do ato devem ser respeitados.

Quando ficar constatada a ilegalidade do ato administrativo, a Administração Pública terá o dever de anulá-lo, não havendo, neste caso, margem de escolha ou discricionariedade.

O Poder Legislativo, ao fazer um juízo de ponderação dos valores sociais envolvidos na anulação de ato administrativo por vício de legalidade, aplicou o princípio da segurança jurídica para limitar no tempo o dever de a Administração Pública anular.

O art. 54 da Lei n. 9.784/99 afirma que: "O direito da Administração de anular os atos administrativos de que decorram efeitos favoráveis para os destinatários decai em cinco anos, contados da data em que foram praticados, salvo comprovada má-fé".

Considera-se exercício do direito de anular qualquer medida de autoridade administrativa que importe impugnação à validade do ato. Dessa maneira, iniciado o processo administrativo de anulação dentro do prazo quinquenal, o ato poderá ser anulado ainda que o término do processo ultrapasse o quinquênio legal.

Contudo, em decisão na qual se evidencie não acarretarem lesão ao interesse público nem prejuízo a terceiros, os atos que apresentarem defeitos sanáveis poderão ser convalidados pela própria Administração.

No caso de efeitos patrimoniais contínuos, o **prazo de decadência** mencionado contar-se-á da percepção do primeiro pagamento.

A **autotutela** é decorrência do princípio da sindicabilidade pela própria Administração Pública dos seus atos administrativos em qualquer época, respeitado o prazo decadencial, quando se tratar de vício de legalidade, e o direito adquirido, quando se tratar de inconveniência e inoportunidade.

Dessa maneira, se, por exemplo, o secretário de justiça e direitos humanos de determinado estado da federação que publicar uma portaria e, na semana seguinte, revogá-la, em nova publicação, terá praticado ato revogatório com base no princípio da autotutela.

Além da sindicabilidade exercida internamente pela própria Administração Pública, chamada de autotutela, existem as sindicabilidades do Poder Legislativo e do Poder Judiciário.

O Poder Legislativo poderá, através do Tribunal de Contas respectivo, sustar, se não atendido, a execução do ato impugnado, comunicando a decisão à Câmara dos Deputados e ao Senado Federal, na forma do inciso X do art. 71 da CF/88, ou, através do Congresso Nacional, sustar os contratos, na forma do §1º do art. 71 da CF/88.

O Poder Judiciário poderá sindicar o ato ou o contrato com base na já mencionada inafastabilidade da jurisdição.

13.17. PRINCÍPIO DA FINALIDADE

O princípio da finalidade foi muito bem analisado por Celso Antônio Bandeira de Mello[83] que aduziu não ser apenas decorrência do princípio da legalidade, colocando-se como algo essencial e inerente a esse princípio.

A finalidade é o **objetivo** relacionado ao **interesse público** que a Administração pretende alcançar.

Todos os atos da Administração Pública, sejam administrativos ou sob o regime jurídico de Direito Privado, têm como objetivo principal e mediato a satisfação ou preservação do interesse público. Não há falar em atendimento à finalidade se o ato for praticado com fim diverso, pois terá havido desvio de finalidade[84].

No julgamento do RMS 26.965/RS, do STJ, percebe-se que o administrador público utilizou objeto possível e, em certos casos, discricionário – a relotação ou remoção – com objetivo pessoal de punir a servidora pública, inclusive sem o manto do contraditório e da ampla defesa.

A finalidade da relotação ou remoção é atender ao interesse público de continuidade e eficiência do órgão envolvido e não de sancionar a servidora e, ainda que este desejo não esteja claro, deve ser nulificado o ato. Não há dúvida de que o interesse público de sancionar somente poderá surgir com a violação a um dos deveres funcionais, portanto, inexistindo violação, não haverá o interesse público.

---

[83] MELLO, Celso Antônio Bandeira de. *Curso de direito administrativo*. 35. ed. São Paulo: Malheiros, 2021.

[84] STJ, RMS 26.965/RS, rel. Min. Napoleão Nunes Maia Filho, 5ª Turma, julgado em 16-10-2008, *DJe* 10-11-2008.

De fato, a demissão de servidor público é objeto juridicamente possível, mas, ainda que observadas as regras procedimentais, se for implementada para a satisfação de interesse pessoal do superior, o ato será reputado nulo por **desvio de finalidade,** apesar de não haver vício no seu objeto.

Ressalte-se que o desvio de finalidade pode estar mascarado na aparente legalidade do objeto, portanto a verificação da validade do ato administrativo deve ser criteriosa e pautar-se sempre na busca de conclusões lógicas, razoáveis e proporcionais para bem relacionar o motivo ao objeto pretendido.

A finalidade nada mais é do que a confrontação do objeto com o interesse público, representando a qualificação do objeto.

13.18. PRINCÍPIO DA CORTESIA

13.18.1. Aspectos gerais

Os agentes públicos são investidos em suas funções para bem cuidar da coisa pública, portanto, seria correto afirmar que a sua qualidade decorre da vontade dos titulares da coisa pública.

Suas funções têm como finalidade essencial possibilitar o exercício da cidadania, sendo certo que o tratamento dispensado não somente aos particulares mas também aos seus colegas de labor deve ser respeitoso, urbano, cortês e atencioso, a fim de que os objetivos do Estado sejam alcançados.

O art. 1º da CF/88 é claro ao afirmar:

Art. 1º A República Federativa do Brasil, formada pela união indissolúvel dos Estados e Municípios e do Distrito Federal, constitui-se em Estado Democrático de Direito e tem como fundamentos:
I – a soberania;
II – a cidadania;
III – **a dignidade da pessoa humana;**
IV – os valores sociais do trabalho e da livre-iniciativa;
V – o pluralismo político.
Parágrafo único. Todo o poder emana do povo, que o exerce por meio de representantes eleitos ou diretamente, nos termos desta Constituição. (grifo)

A **dignidade da pessoa humana**, princípio inspirado nos ensinamentos de Kant, deve ser preservada não somente durante toda a existência do indivíduo, mas também após a sua concepção e a sua morte.

Ora, se o Poder Constituinte Originário colocou tal princípio no patamar mais elevado do sistema normativo, como poderiam os agentes públicos desconsiderá-lo?

Para a Constituição Federal de 1988, não há gradação ou escala entre a dignidade dos agentes públicos e a dos particulares. Tais valores íntimos são idênticos e exigem o idêntico cuidado.

Interessante notar que o princípio da cortesia – apesar da sua natureza de enunciado linguístico-normativo de caráter geral e abstrato extraído das regras jurídicas postas ou do bloco de constitucionalidade formado no seio da sociedade – possui instrumentos sancionatórios claros que preservam a sua eficácia.

A sanção à descortesia, à falta de urbanidade, à falta de respeito, ao tratamento indigno e desatencioso é legal por estar prevista também no Direito Civil e não só no Direito Administrativo.

Em relação ao Direito Administrativo, pode ser vista na própria Lei n. 8.112/90 a sanção para a violação do princípio tratado, pois o inciso XI do seu art. 116 estabelece como dever do servidor público tratar as pessoas com urbanidade sem qualquer distinção e o art. 130 estabelece a pena de suspensão no caso de sua inobservância.

A Lei n. 9.784/99, no inciso I do seu art. 3º, exigiu tratamento respeitoso ao particular, o que também converge para o princípio aqui tratado. Eis a norma: "Art. 3º O administrado tem os seguintes direitos perante a Administração, sem prejuízo de outros que lhe sejam assegurados: I – ser tratado com respeito pelas autoridades e servidores, que deverão facilitar o exercício de seus direitos e o cumprimento de suas obrigações; (...)".

Em relação ao Direito Civil, a conduta pode, em casos mais extremos, ser enquadrada no art. 186 do CC, pois aquele que, por ação ou omissão voluntária, negligência ou imprudência, violar direito e causar dano a outrem, ainda que exclusivamente moral, comete ato ilícito e tal ato, na forma do art. 927 do mesmo Código, implica obrigação de reparar.

13.18.2. Princípio da cortesia no PAD e na sindicância

O **princípio da cortesia** exige que as autoridades apuradoras e julgadoras, no processo administrativo disciplinar e na sindicância, tratem o acusado, o indiciado, as testemunhas, os advogados e defensores e todos que participarem direta ou indiretamente do feito com respeito, dignidade, cortesia, urbanidade e atenção, mesmo que, ao fim, sejam comprovadas a ilicitude e a autoria.

As autoridades julgadoras precisam afastar os preconceitos, visto que a culpabilidade do indiciado não lhes permite tratamento diverso do dispensado aos outros colegas. A sanção objetiva é apresentada pela lei, o que impede qualquer outro tipo de constrangimento, ainda que velado.

Impende ressaltar que não há relação hierárquica entre a Comissão Processante e o acusado ou indiciado, pois os poderes instrumentais de apuração concedidos pela lei não criam deveres oponíveis ao servidor processado, criam apenas ônus. Ou seja, não há previsão imperativa do acusado ou indiciado de agir, mas a omissão poderá acarretar prejuízo à sua defesa. O art. 156 da Lei n. 8.112/90 ilustra bem que o acompanhamento do processo pelo servidor é apenas um direito seu e não um dever.

Além disso, não há qualquer previsão nas normas jurídicas que tratam de processo administrativo disciplinar ou sindicância de condução coercitiva e, ainda que houvesse, tal restrição ao direito de liberdade seria inconstitucional, em virtude da ausência de previsão entre as normas postas pelo Poder Constituinte Originário.

Como já foi dito, ao contrário do que pensam os céticos, o princípio da cortesia não tem apenas conteúdo metajurídico ou ético, pois decorre diretamente de normas jurídicas constitucionais e legais e possui preceitos sancionatórios que podem ser desencadeados quando da sua violação.

O princípio em estudo decorre de dois outros princípios constitucionais, quais sejam, o da presunção de inocência e o da dignidade da pessoa humana.

O princípio da presunção de inocência descrito no inciso LVII do art. 5º da CF/88 deve, nos Estados Democráticos de Direito, ser interpretado de forma extensiva, a fim de garantir a sua máxima efetividade. Assim, deve abarcar não somente as ações penais, mas também todos os processos que possam resultar em restrição ou perda de direito ou cessação de relação jurídica considerada favorável pelo processado.

Aquele que não foi condenado pode valer-se de tal presunção não somente para impedir medidas acauteladoras abusivas mas também para exigir tratamento respeitoso e cortês.

Entretanto, surge a pergunta:

E após a condenação definitiva, o condenado não está socorrido pelo princípio da cortesia?

A resposta é: ele continua protegido, pois, ainda que constatada a sua culpa, o tratamento objetivo a ser dispensado é imperativo do princípio da dignidade da pessoa humana. Dessa forma, não há dúvida de que tanto as autoridades apuradoras quanto as autoridades julgadoras em sindicâncias e processos administrativos disciplinares devem agir com respeito, dignidade, cortesia, urbanidade e atenção.

13.19. PRINCÍPIO DA CONTINUIDADE

13.19.1. Aspectos gerais

O princípio da **continuidade** na prestação do serviço público busca impedir paralisação na prestação. Deve ser observado que esse princípio aplica-se também aos serviços públicos não essenciais.

O vocábulo "continuidade", segundo o Dicionário de português Michaelis, significa:

> Continuidade
> con.ti.nu.i.da.de
> *sf (lat continuitate)* 1 Qualidade daquilo que é contínuo, cronológica ou fisicamente. 2 Ligação ininterrupta das partes de um todo. 3 Série não interrompida. 4 Comunicação, contiguidade. 5 Repetição incessante. *Antôn: interrupção. C. cultural* ou *C. social, Sociol:* persistência de uma configuração cultural, apesar das mudanças incessantes que se observam na população. 6 *Cin* e *Telev* Conjunto de providências necessárias para conferir lógica à sucessão de cortes visuais e sonoros em uma filmagem, conservando unidade de expressão e movimento de um plano para outro. 7 *Rád* e *Telev* Desenvolvimento lógico e coerente de um programa de rádio ou de TV.

Cada servidor público que desempenhe função relevante na estrutura administrativa deve ter substituto para os casos de ausência, afastamento e impedimento, a fim de assegurar a continuidade. Além disso, a CF/88, ao prever a regulamentação da greve no serviço público, torna jurídica uma situação de fato para impedir que os movimentos paredistas prejudiquem o interesse público.

O §3º do art. 6º da Lei n. 8.987/95 prevê que não se caracteriza como descontinuidade do serviço a sua interrupção em situação de emergência ou após prévio aviso, quando:

I – motivada por razões de ordem técnica ou de segurança das instalações; e
II – por inadimplemento do usuário, considerado o interesse da coletividade.

A impossibilidade de alegação da exceção do contrato não cumprido, a possiblidade de requisição e a possiblidade de ocupação de bens, a encampação e a reversão de bens, os limites para a greve do servidor público e a afetação de bens públicos (assuntos que serão abordados nos seus capítulos próprios desta obra) são instrumentos garantidores da continuidade do serviço público.

13.19.2. Princípio da continuidade do exercício da função administrativa

O princípio da continuidade é umbilicalmente ligado à prestação de serviços públicos e, por essa razão, positivado no §1º do art. 6º da Lei n. 8.987/95 (Lei de Concessões e Permissões de Serviços Públicos) como elemento indissociável do serviço adequado. Eis a norma: "Serviço adequado é o que satisfaz as condições de regularidade, continuidade, eficiência, segurança, atualidade, generalidade, cortesia na sua prestação e modicidade das tarifas".

Serviços públicos são de titularidade do Estado, prestados diretamente ou mediante delegação. Consequentemente, nem sempre o servidor público prestará serviço público, embora possa desempenhar funções tão ou mais relevantes para a sociedade.

Os servidores que exercem cargo efetivo de professor em escola pública e aqueles que atuam como enfermeiros em hospital público, inegavelmente são servidores públicos e prestam serviços públicos, respectivamente nas áreas de educação e saúde. Fossem esses estabelecimentos particulares, os serviços conservariam a natureza de serviço público, prestados, porém, por agentes privados, mediante autorização do poder público.

Os servidores públicos incumbidos da regulação e fiscalização de serviços públicos pertencem aos quadros da Administração Pública, mas, evidentemente, não prestam serviços públicos; em vez disso, regulam-nos. Não se enquadram como serviço público a maioria das funções típicas de Estado, dentre as quais pode-se mencionar, exemplificativamente: fiscalização, tributação, regulação pública, política monetária, inteligência de Estado, diplomacia e advocacia pública.

Pode-se notar que relevantes funções administrativas que, por tão relevantes para o funcionamento do Estado não admitem delegação à iniciativa privada, não se enquadram nas espécies de serviços públicos, dos quais são exemplos os serviços de saúde, saneamento básico, transporte, educação e telecomunicações.

Daí que se constata um traço característico pouco percebido na natureza da função administrativa: comumente o servidor público não presta serviço público, mas exerce função administrativa, tendência que se acentua a partir da formação do Estado regulador, com a promulgação da Constituição Federal de 1988 e seguintes reformas constitucionais e infraconstitucionais.

A descontinuidade de atividades ínsitas ao poder de polícia da Administração, como a fiscalização sanitária, causaria consequências danosas à sociedade. Não se está a dizer, porém, da prestação de serviço público, mas do exercício de função administrativa.

Por conseguinte, a proteção jurídica que assegura o regular funcionamento dos órgãos e entidades da Administração funda-se não no princípio da continuidade do serviço público, mas no **princípio da continuidade do exercício da função administrativa**.

13.20. PRINCÍPIO DA ESPECIALIDADE

A Administração Pública ocupa-se de um número quase infindável de atribuições, o que impede a centralização ou a concentração da atividade administrativa em um ou alguns órgãos ou agentes públicos.

A fim de que o princípio da eficiência seja resguardado através da obtenção dos resultados pretendidos, a estrutura da Administração Pública deve ser hierarquizada para distribuir bem as atribuições aos órgãos e agentes públicos mais especializados e capazes de desempenhar as tarefas.

A especialização poderá acontecer de duas maneiras, quais sejam:

a) descentralização; e
b) desconcentração.

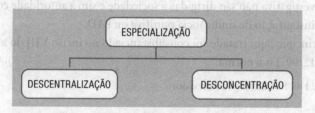

A Administração Pública gerencial tem como instrumento da sua doutrina voltada aos resultados a distribuição de tarefas na direção da base da pirâmide hierárquica.

13.21. PRINCÍPIO DA DISCRIÇÃO

Apesar de a Constituição Federal de 1988 trazer na cabeça do seu art. 37 o princípio da publicidade na Administração Pública, os agentes públicos devem pautar-se sempre pela discrição em relação aos assuntos do trabalho.

Em muitos casos, os fatos relatados ou apurados envolvem a vida privada, a honra e a intimidade dos cidadãos. Consequentemente, as informações devem ser tratadas com reservas e não devem ser expostas, ressalvados os imperativos legais e constitucionais de publicidade, de maneira indiscriminada, sob pena de cabimento de indenização por danos morais e materiais e responsabilização funcional e criminal do agente público.

As normas que determinam a publicidade devem ser interpretadas de maneira restrita, para evitar qualquer tipo de exposição desnecessária dos envolvidos, inclusive se forem agentes públicos.

Apesar de a regra ser a publicidade da atuação administrativa, a decretação de sigilo deve ocorrer sempre que a vida privada, a honra ou a intimidade dos sujeitos exigir.

Um bom exemplo, porém, não exclusivo de incidência do princípio da discrição pode ser visto na atuação disciplinar.

O procedimento de verificação preliminar, conforme ver-se-á a seguir, será sempre sigiloso. Já em relação à sindicância investigativa aconselha-se que seja também sigilosa.

Não raro, comissões de sindicância investigativa e autoridades responsáveis pela verificação preliminar devassam a vida pessoal e expõem-na irregularmente para sujeitos que não estão envolvidos no procedimento. Em alguns casos, a exposição causa mais danos do que a futura sanção ou torna o arquivamento inócuo do ponto de vista moral.

Além disso, as conclusões e relatórios da verificação preliminar e da sindicância investigativa não são dirigidas à sociedade e sim à autoridade competente para a instauração de sindicância punitiva ou PAD.

O princípio aqui tratado foi consubstanciado no inciso VIII do art. 116 da Lei n. 8.112/90. Eis a norma:

> Art. 116. São deveres do servidor:
> (...)
> VIII – guardar sigilo sobre assunto da repartição;

Assim, a discrição pode ser enquadrada como uma via de mão dupla, pois representa dever de todos os servidores e imperativo ainda mais relevante para os que possuem a competência para iniciar a apuração e apurar os ilícitos funcionais.

Além disso, o Decreto n. 1.171/94 (Código de Ética Profissional do Servidor Público Civil do Poder Executivo Federal) afirma, na alínea *t* do seu inciso XIV, que:

> XIV – São deveres fundamentais do servidor público:
> (...)
> *t*) exercer com **estrita moderação** as prerrogativas funcionais que lhe sejam atribuídas, abstendo-se de fazê-lo contrariamente aos legítimos interesses dos usuários do serviço público e dos jurisdicionados administrativos;

Dessa forma, a atuação **moderada** é um dos imperativos da atuação do servidor público federal, não cabendo qualquer tipo de exposição nefasta de colegas ou terceiros, ainda que tenham cometido atos ilegais.

14

REGIME JURÍDICO-ADMINISTRATIVO

O **regime jurídico-administrativo**, nas palavras de Maria Sylvia Zanella Di Pietro[1], representa o "conjunto de traços, de conotações, que tipificam do Direito Administrativo, colocando a Administração Pública em posição privilegiada, vertical, na relação jurídico-administrativa".

São as prerrogativas da Administração Pública e as sujeições às quais os administrados e os agentes públicos estão submetidos que marcam o regime em tela.

A **relação jurídica** tem **três elementos: os sujeitos, o objeto** e o **vínculo entre os sujeitos**. Ressalte-se que toda relação jurídica possui mais de um sujeito, pois o Direito somente pode ser concebido em função da existência de relações interpessoais.

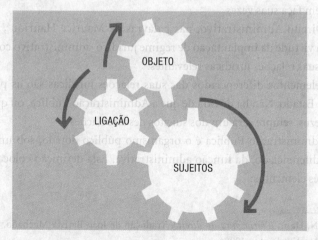

---
[1] DI PIETRO, Maria Sylvia Zanella. *Direito administrativo*. 34. ed. Rio de Janeiro: Forense, 2021. p. 76.

Para Hans Kelsen[2], a relação jurídica é o vínculo entre, ao menos, dois sujeitos jurídicos: um sujeito vinculado a um dever jurídico e um sujeito titular de um direito. O objeto da relação jurídica para o autor austríaco é o dever jurídico, mas nem sempre há um dever jurídico envolvido, pois, por exemplo, nas relações jurídicas cujo objeto é estado civil nem sempre há dever jurídico.

Por vezes, o ordenamento jurídico qualifica determinada relação como jurídica sem exigir dos seus sujeitos ou atores qualquer dever jurídico. Por exemplo, quando atribui ao ser humano o estado civil de solteiro, não há qualquer dever jurídico decorrente de tal qualidade.

Se restasse apenas um ser humano no mundo, não haveria relação tratada pelo Direito, visto que mesmo nas relações de Direito Real não existe ligação do seu titular apenas com a coisa. Existem dois sujeitos: o titular do Direito e as pessoas que devem observar tal Direito. O segundo sujeito é indeterminado, mas determinável no momento da lesão, por exemplo, esbulho, furto, roubo etc.

Relação jurídica, segundo Pontes de Miranda[3], é a relação inter-humana, a que a regra jurídica, incidindo sobre os fatos, torna jurídica. As relações entre coisas – continua o mestre – não são relações jurídicas, pois não há relação jurídica entre pessoa e coisa.

A relação jurídica de Direito Administrativo não difere das relações jurídicas dos outros ramos do Direito, apenas as qualidades, poderes, condições e limitações dos seus sujeitos e do seu objeto são diferenciados. O seu objeto é o interesse público e, entre os seus sujeitos, estará sempre a Administração Pública ou quem faça suas vezes.

O Direito Administrativo, nas palavras de Maurice Hauriou[4], somente existe em virtude da implantação de regime jurídico-administrativo como estatuto das suas relações jurídicas relevantes.

Os elementos diferenciados das suas relações jurídicas são as principais forças do Estado. Não há dúvida de que a Administração Pública, ou quem faça as suas vezes, sempre será um dos sujeitos dessas relações.

A Administração Pública é o organismo público dotado, sob um regime jurídico diferenciado, da função administrativa. Esta definição coloca em evidência três elementos:

---

[2] KELSEN, Hans. *Teoria pura do direito*. Tradução de João Batista Machado. 6. ed. São Paulo: Martins Fontes, 1998.

[3] MIRANDA, Pontes de. *Tratado de direito privado*: parte geral. 2. ed. Campinas: Bookseller, 2000, t. I.

[4] HAURIOU, Maurice. *Précis de droit administratif et de droit public*. 7. ed. Paris: Sirey, 1911.

(i) a função administrativa;
(ii) o poder administrativo; e
(iii) o organismo administrativo.

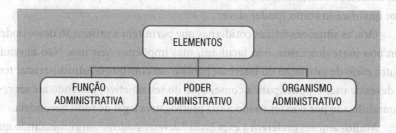

A **função administrativa** tem como instrumentos da sua atuação os atos, os procedimentos e processos administrativos para a satisfação das necessidades públicas e para a gestão dos serviços públicos.

Hauriou entende que o Poder Executivo não apenas executa leis, pois afirma que nem toda lei precisa ser executada pela Administração Pública, especialmente as de Direito Privado, e que há execução de serviços públicos por atividade administrativa que não representa, por consequência, a execução de uma lei.

O **poder administrativo**, em relação aos particulares, traduz posição de *comando* da Administração Pública indispensável para a gestão dos interesses postos em confronto: o interesse público e o interesse individual. Ilustra claramente uma desigualdade, ratificada pelo Poder Constituinte Originário, a ponto de ser possível à Administração constituir unilateralmente o particular em obrigação ou outros deveres jurídicos e modificar, da mesma forma, as relações já estabelecidas[5].

Como já foi dito, a vontade do particular, em muitos casos, é totalmente irrelevante ou limita-se à mera adesão a estatuto previamente elaborado pela Administração ou pelo Poder Legislativo.

Tal poder engloba "*l'exécution préalable des actes et des opérations de l'administration*", ou seja, a exigibilidade ou imperatividade dos atos e das operações da Administração que decorre do poder de obrigar terceiro a comportar-se da forma estabelecida unilateralmente, com observância, por óbvio, dos preceitos legais e constitucionais. Os franceses resumem tal potestade como "*privilège du préalable*".

Todas as decisões da Administração Pública são também *autoexecutáveis*, podendo ser usada a força desde que observados os limites impostos pelo

---

[5] MELLO, Celso Antônio Bandeira de. *Curso de direito administrativo*. 35. ed. São Paulo: Malheiros, 2021.

ordenamento jurídico pátrio. No Direito Administrativo francês, esse poder denomina-se *"privilège d´acion d´office"*.

A **sujeição** deste poder aos deveres impostos ao gestor da coisa pública e a sua natureza de instrumento para a satisfação dos interesses públicos terminaram por qualificá-lo como "poder-dever".

Ora, as situações fáticas cotidianas que permitem a utilização desse poder, em boa parte dos casos, não facultam, mas impõem o seu uso. Não havendo outro meio de satisfação do interesse público em conflito, o Administrador tem o dever de usar o poder para a consecução do seu objetivo, podendo até ser responsabilizado por não ter usado a sua prerrogativa legal quando necessária.

Muitos autores preferem a expressão *"deveres-poderes"*, argumentando que os poderes se sujeitam aos deveres, portanto estes devem vir antes -daqueles.

Realmente, o direito fundamental à boa Administração Pública[6] ilustra que o exercício do poder é obrigatório e inafastável quando esgotados todos os outros meios de execução do que fora determinado pelo agente público.

Observe-se, porém, que o Estado, quando atua sob o regime de Direito Privado, por exemplo, explorando atividade econômica, não dispõe, em regra, de poderes administrativos, na forma do artigo a seguir da CF/88: "Art. 173. Ressalvados os casos previstos nesta Constituição, a exploração direta de atividade econômica pelo Estado só será permitida quando necessária aos imperativos da segurança nacional ou a relevante interesse coletivo, conforme definidos em lei".

O *Estado* é **hipersuficiente** em relação ao particular, inclusive considerando-se a República Federativa do Brasil em relação a todas as empresas que operam no seu território. Assim, a desigualdade baseada no poder administrativo e em regime jurídico diferenciado não pode conviver com a ordem econômica pautada na livre-iniciativa, sob pena da destruição econômica da nação e do seu próprio enfraquecimento indireto.

---

[6] FREITAS, Juarez. *Discricionariedade administrativa e direito fundamental à boa administração pública*. 2. ed. São Paulo: Malheiros, 2009.

Outro aspecto do regime jurídico de Direito Administrativo é o **autocontrole** da Administração Pública, ou seja, o controle da relação jurídica exercido por um dos seus partícipes.

A **autotutela** permite que a Administração, independentemente do Poder Judiciário, possa revogar, por motivos de conveniência e oportunidade, ou anular, por ilegalidade, os seus próprios atos[7].

É direito potestativo seu, portanto, representa a exteriorização jurídica de vontade vinculada ou discricionária que independe do concurso de vontades ou de qualquer ato dos que serão atingidos, restando a estes apenas a sujeição à vontade da Administração.

Lúcia Valle Figueiredo[8] ensina que, como corolários de determinados princípios, outros emergem. A **autotutela administrativa** é a faculdade de a Administração rever os seus próprios atos ou de suas entidades administrativas descentralizadas. A revogabilidade dos atos administrativos assenta-se na potestade (poder) ativa da Administração de concretizar a utilidade pública, inserindo-se também na competência controladora.

A autotutela não pode ser exercida sem limites, devendo ser restringida pelos direitos fundamentais encetados na Carta Maior, inclusive o descrito no inciso LV do art. 5º que consagra o contraditório e a ampla defesa. Assim, quando o seu exercício tiver como consequência restrição ou extinção de direito de terceiro (administrado ou agente público) ou alteração de situação fática ou jurídica que lhe seja favorável, haverá necessidade de observância daquele direito fundamental.

O **organismo administrativo** representa o conjunto de pessoas e órgãos que titularizam competências para o exercício da função administrativa e dos poderes administrativos, sendo o aspecto subjetivo que possibilita a exteriorização das condutas estatais.

Por fim, tem-se que as bases do regime jurídico-administrativo são os princípios da Administração Pública tratados em capítulo próprio desta obra.

---

[7] Súmula 473 do STF: "A Administração pode anular seus próprios atos, quando eivados de vícios que os tornam ilegais, porque deles não se originam direitos; ou revogá-los, por motivo de conveniência ou oportunidade, respeitados os direitos adquiridos, e ressalvada, em todos os casos, a apreciação judicial".

[8] FIGUEIREDO, Lúcia Valle. *Curso de direito administrativo*. 9. ed. rev. ampl. e atual. São Paulo: Malheiros, 2008.

15

ORGANIZAÇÃO ADMINISTRATIVA

15.1. INTRODUÇÃO

A forma subjetiva da Administração Pública e sua estrutura representam a Organização Administrativa, tendo como relevantes sob esse aspecto as pessoas, as entidades e os órgãos que desempenham a função administrativa.

Os entes da federação e as entidades têm personalidade. Aqueles são as pessoas jurídico-políticas de direito público interno que são criadas pela CF/88: União, Estados, Distrito Federal e Municípios. Estas são as pessoas jurídicas criadas pelos entes. Exemplo: INSS.

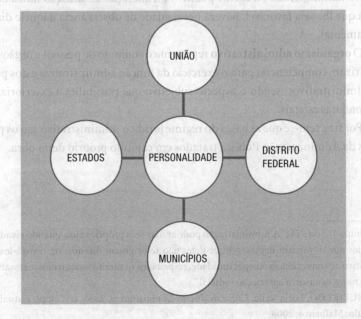

A **personalidade** é a possibilidade de ser sujeito de direito[1].

Pessoa é o titular do direito, o sujeito de direito. Personalidade é a capacidade de ser titular de direitos, pretensões, ações e exceções.

Capacidade de direito e personalidade são sinônimos.

A pessoa física ou natural é o ser humano, qualificação dada pelo ordenamento jurídico. Assim, por ser imputação do ordenamento, é uma criação do sistema posto para que tal sujeito possa figurar em relações jurídicas.

A pessoa física, em Repúblicas constituídas sob a forma de Estado Democrático de Direito, não tem personalidade de Direito Administrativo, pois o interesse público, que transcende o individual, não pode ter como titular, ou mesmo gestor isolado da estrutura orgânica, uma pessoa natural. As pessoas físicas na estrutura da Administração Pública são os agentes públicos que serão tratados em item próprio desta obra.

Destarte, não somente o ser humano tem personalidade, pois o Direito criou as pessoas jurídicas como entidades com a idoneidade de serem sujeitos de direito.

Pontes de Miranda ilustra que todas as teorias sobre a pessoa jurídica se situam no mundo das ideias, pois tanto a pessoa física quanto a pessoa jurídica são qualificações do sistema de normas.

A teoria de Brinz nega a existência da pessoa jurídica como sujeito, atribuindo-lhe a qualificação de patrimônio afetado a fim especificado pelos atos constitutivos da afetação, seja lei, seja contrato. Esta teoria termina por destruir o conceito de relação jurídica por entender possível a sua existência entre pessoa e coisa.

Ihering também inviabiliza a existência da pessoa jurídica, pois a confunde com as pessoas dos seus sócios, retirando-lhe, portanto, qualquer autonomia.

A **teoria organicista** é a que melhor explica a existência da manifestação da vontade da pessoa jurídica e, portanto, a sua existência distinta da existência dos seus integrantes e não relacionada apenas à dotação patrimonial para à consecução de determinado fim.

A pessoa jurídica não precisa outorgar mandato para atuar no mundo jurídico, pois age através dos seus órgãos constituídos, assim como nos seres vivos, há, na pessoa coletiva, conjunto de órgãos sendo cada um deles dotado de finalidades externas e internas específicas.

A personalidade de direito público tem regime um pouco diferenciado, pois a atribuição da sua capacidade de direito passa essencialmente por estatuto específico.

---

[1] MIRANDA, Pontes de. *Tratado de direito privado*: parte geral. 2. ed. Campinas: Bookseller, 2000, t. I.

A personalidade de direito privado pode ser atribuída a uma coletividade sem os rigores formais exigidos para a atribuição da personalidade de direito público. As pessoas jurídicas de direito privado podem, em regra, ser criadas de acordo com a vontade dos seus integrantes, tanto sob o aspecto material quanto sob o aspecto formal. Já as pessoas jurídicas de direito público surgem das necessidades de satisfação do interesse público e dependem de maior rigidez formal na sua criação.

15.2. PRINCÍPIOS FUNDAMENTAIS DAS ATIVIDADES DA ADMINISTRAÇÃO PÚBLICA FEDERAL DO DECRETO-LEI N. 200/67

Na esfera federal, foi o Decreto-Lei n. 200/67 que estabeleceu a organização da Administração Pública e apresentou cinco **princípios gerenciais** das suas atividades que são usados como nortes para os demais entes da federação.

O art. 6º do seu texto apresentou os seguintes princípios:

a) **PLANEJAMENTO.**

Em relação ao planejamento, o art. 7º do Decreto-Lei em tela aduz que a ação governamental obedecerá a planejamento que vise a promover o desenvolvimento econômico-social do país e a segurança nacional, norteando-se segundo planos e programas e compreenderá a elaboração e atualização dos seguintes instrumentos básicos: a) plano geral de governo; b) programas gerais, setoriais e regionais, de duração plurianual; c) orçamento-programa anual; d) programação financeira de desembolso.

b) **COORDENAÇÃO.**

Em relação à coordenação, os arts. 8º e 9º do mencionado Decreto-Lei afirmam que as atividades da Administração Federal e, especialmente, a execução dos planos e programas de governo, serão objeto de permanente coordenação.

A coordenação será exercida em todos os níveis da administração, mediante a atuação das chefias individuais, a realização sistemática de reuniões com a participação das chefias subordinadas e a instituição e funcionamento de comissões de coordenação em cada nível administrativo.

No nível superior da Administração Federal, a coordenação será assegurada através de reuniões do Ministério, reuniões de Ministros de Estado responsáveis por áreas afins, atribuição de incumbência coordenadora a um dos Ministros de Estado, funcionamento das Secretarias Gerais e coordenação central dos sistemas de atividades auxiliares.

Quando submetidos ao Presidente da República, os assuntos deverão ter sido previamente coordenados com todos os setores neles interessados, inclusive no que respeita aos aspectos administrativos pertinentes, através de consultas e entendimentos, de modo a sempre compreenderem soluções integradas e que se harmonizem com a política geral e setorial do Governo. Idêntico procedimento será adotado nos demais níveis da Administração Federal, antes da submissão dos assuntos à decisão da autoridade competente.

Os órgãos que operam na mesma área geográfica serão submetidos à coordenação com o objetivo de assegurar a programação e execução integrada dos serviços federais. Quando ficar demonstrada a inviabilidade de celebração de convênio com os órgãos estaduais e municipais que exerçam atividades idênticas, os órgãos federais buscarão com eles coordenar-se, para evitar dispersão de esforços e de investimentos na mesma área geográfica.

c) **DESCENTRALIZAÇÃO.**

Na forma do art. 10 do Decreto-Lei em estudo, a execução das atividades da Administração Federal deverá ser amplamente descentralizada.

A descentralização será posta em prática em três planos principais: I) dentro dos quadros da Administração Federal, distinguindo-se claramente o nível de direção do de execução; II) da Administração Federal para a das unidades federadas, quando estejam devidamente aparelhadas e mediante convênio; III) da Administração Federal para a órbita privada, mediante contratos ou concessões.

Em cada órgão da Administração Federal, os serviços que compõem a estrutura central de direção devem permanecer liberados das rotinas de execução e das tarefas de mera formalização de atos administrativos, para que possam concentrar-se nas atividades de planejamento, supervisão, coordenação e controle.

A Administração casuística, assim entendida a decisão de casos individuais, compete, em princípio, ao nível de execução, especialmente aos serviços de natureza local, que estão em contato com os fatos e com o público.

Compete à estrutura central de direção o estabelecimento das normas, critérios, programas e princípios, que os serviços responsáveis pela execução são obrigados a respeitar na solução dos casos individuais e no desempenho de suas atribuições.

Ressalvados os casos de manifesta impraticabilidade ou inconveniência, a execução de programas federais de caráter nitidamente local deverá ser delegada, no todo ou em parte, mediante convênio, aos órgãos estaduais ou municipais incumbidos de serviços correspondentes.

Os órgãos federais responsáveis pelos programas conservarão a autoridade normativa e exercerão controle e fiscalização indispensáveis sobre a execução local, condicionando-se a liberação dos recursos ao fiel cumprimento dos programas e convênios.

Para melhor desincumbir-se das tarefas de planejamento, coordenação, supervisão e controle e com o objetivo de impedir o crescimento desmesurado da máquina administrativa, a Administração procurará desobrigar-se da realização material de tarefas executivas, recorrendo, sempre que possível, à execução indireta, mediante contrato, desde que exista, na área, iniciativa privada suficientemente desenvolvida e capacitada a desempenhar os encargos de execução. A aplicação desse critério está condicionada, em qualquer caso, aos ditames do interesse público e às conveniências da segurança nacional.

d) **DELEGAÇÃO DE COMPETÊNCIA.**

Na forma dos arts. 11 e 12 do mencionado Decreto-Lei, a delegação de competência será utilizada como instrumento de descentralização administrativa, com o objetivo de assegurar maior rapidez e objetividade às decisões, situando-as na proximidade dos fatos, pessoas ou problemas a atender.

É facultado ao Presidente da República, aos Ministros de Estado e, em geral, às autoridades da Administração Federal delegar competência para a prática de atos administrativos, conforme se dispuser em regulamento. O ato de delegação indicará com precisão a autoridade delegante, a autoridade delegada e as atribuições objeto de delegação.

e) **CONTROLE.**

Na forma dos arts. 13 e 14 do Decreto-Lei em questão, o controle das atividades da Administração Federal deverá exercer-se em todos os níveis e em todos os órgãos, compreendendo, particularmente: I) o controle, pela chefia competente, da execução dos programas e da observância das normas que governam a atividade específica do órgão controlado; II) o controle, pelos órgãos próprios de cada sistema, da observância das normas gerais que regulam o exercício das atividades auxiliares; III) o controle da aplicação dos dinheiros públicos e da guarda dos bens da União pelos órgãos próprios do sistema de contabilidade e auditoria. O trabalho administrativo será racionalizado mediante simplificação de processos e supressão de controles que se evidenciarem como puramente formais ou cujo custo seja evidentemente superior ao risco.

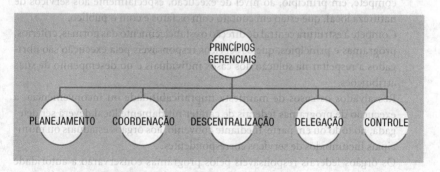

15.3. DESCENTRALIZAÇÃO E DESCONCENTRAÇÃO DA ATIVIDADE ADMINISTRATIVA

Para que a organização administrativa seja compreendida faz-se necessária a distinção entre **descentralização** e **desconcentração**, ambas distribuem competência e atribuições, mas não têm o mesmo significado.

A Administração Pública pode prestar diretamente os serviços públicos ou indiretamente. Na hipótese de prestação direta, a Administração Pública direta ou indireta (pessoas jurídicas de direito público) os titulariza e os executa. Na hipótese de prestação indireta, a titularidade é conservada pelo Poder Público, mas a sua execução é delegada a particular.

Observe-se que mesmo nos casos em que haja transferência de titularidade do serviço público as entidades estatais não estão isentas de controle pela Administração Pública direta.

PRESTAÇÃO DIRETA PELA ADMINISTRAÇÃO PÚBLICA	
ADMINISTRAÇÃO PÚBLICA DIRETA (ENTES: UNIÃO, ESTADOS, DISTRITO FEDERAL, MUNICÍPIOS)	**ADMINISTRAÇÃO PÚBLICA INDIRETA** (AUTARQUIAS, FUNDAÇÕES PÚBLICAS E ASSOCIAÇÕES PÚBLICAS)
CENTRALIZAÇÃO	**DESCENTRALIZAÇÃO POR OUTORGA** (COM TRANSFERÊNCIA DA TITULARIDADE PARA AS PESSOAS JURÍDICAS DE DIREITO PÚBLICO)

PRESTAÇÃO INDIRETA PELO PARTICULAR POR DELEGAÇÃO	
FORMA	DESCENTRALIZAÇÃO (SEM TRANSFERÊNCIA DA TITULARIDADE)
MODO	DELEGAÇÃO
INSTRUMENTOS	CONCESSÃO E PERMISSÃO

A prestação direta pela Administração Pública poderá se dar de maneira centralizada no ente ou descentralizada para as demais pessoas estatais da Administração Pública indireta. Já a prestação pelo particular através de delegação será descentralizada.

Hely Lopes Meirelles[2] ilustra, com o brilhantismo que lhe é peculiar, que a **descentralização administrativa** pressupõe a existência de pessoa distinta do ente estatal, a qual, investida de poderes administrativos e de administração, exerce atividade de consecução de interesse público. A pessoa descentralizada age sempre em nome próprio, apesar da outorga legal do serviço ou da atividade pelo ente central[3].

Dessa forma, para a prestação de um serviço público que não pode mais ser prestado com eficiência diretamente pelo ente federado, cria-se uma nova pessoa jurídica dotada de autonomia administrativa, personalidade jurídica própria e **sem relação hierárquica** com o ente criador ou delega-se mediante convênio, contrato ou concessão a prestação.

A ausência de relação hierárquica não elimina as formas de controle relacionados à finalidade da descentralização. O controle finalístico (supervisão) é

---

[2] MEIRELLES, Hely Lopes; BURLE FILHO, José Emannuel. *Direito administrativo brasileiro*. 42. ed. São Paulo: Malheiros, 2016.

[3] Observe-se que os autores que advogam a existência de descentralização por colaboração entendem que, neste caso, a entidade descentralizada não age como titular do serviço.

190 CURSO DE DIREITO ADMINISTRATIVO

exercido sobre as entidades da Administração Pública indireta pelo órgão da Administração Pública direta que trata da matéria. Por exemplo, o Ministério daEconomia exerce o controle finalístico (supervisão) sobre o Instituto Nacional do Seguro Social, entidade autárquica.

Há, segundo §1º do art. 10 do Decreto-Lei n. 200/67, **três planos** ou tipos de descentralização:

a) dentro dos quadros da Administração Federal, distinguindo-se claramente o nível de direção do de execução;

b) da Administração Federal para a das unidades federadas, quando estejam devidamente aparelhadas e mediante convênio (chamada de descentralização política); e

c) da Administração Federal para a órbita privada, mediante contratos ou concessões.

DESCENTRALIZAÇÃO DENTRO DOS QUADROS DA ADMINISTRAÇÃO FEDERAL

ENTE FEDERATIVO (UNIÃO)	AUTARQUIA (EX.: INSS)
	FUNDAÇÃO PÚBLICA (EX.: IBGE)
	EMPRESA PÚBLICA (EX.: CAIXA ECONÔMICA FEDERAL)
	SOCIEDADE DE ECONOMIA MISTA (EX.: BANCO DO BRASIL)

DESCENTRALIZAÇÃO PARA UNIDADES FEDERADAS ATRAVÉS DE CONVÊNIO

ENTE FEDERATIVO (UNIÃO)	ESTADOS
	MUNICÍPIOS
	DISTRITO FEDERAL

DESCENTRALIZAÇÃO PARA PESSOAS JURÍDICAS PRIVADAS NÃO ESTATAIS

UNIÃO	
ESTADOS	EMPRESAS PRIVADAS NÃO ESTATAIS (CONCESSIONÁRIAS E PERMISSIONÁRIAS)
DISTRITO FEDERAL	
MUNICÍPIOS	

A descentralização poderá ser por **outorga** ou **delegação**. No primeiro caso, haverá a transferência da titularidade e da execução do serviço público, já no segundo caso ter-se-á a transferência apenas da sua execução.

A **outorga** é chamada também de **delegação por serviço**, **delegação funcional** ou **outorga legal**, sendo feita, através de lei, para outra **pessoa jurídica de direito público**, por exemplo, autarquias e fundações públicas.

A **delegação** que é chamada também de **delegação por colaboração** é feita para que particulares executem através de contratos de concessão ou de permissão ou, excepcionalmente, através de autorização, serviços públicos que não podem ser desempenhados de maneira eficiente pelo Poder Público.

Questão interessante surge quando o serviço público é descentralizado para empresas públicas e sociedades de economia mista que têm natureza de pessoas jurídicas de direito privado e como finalidade, na forma do art. 173 da CF/88, explorar a atividade econômica em paridade com os particulares para resguardar relevante interesse coletivo e imperativos de segurança nacional.

Não haverá transferência da titularidade do serviço público para as citadas pessoas estatais e, em regra, a descentralização será por delegação e não outorga. Contudo, existem leis que impõem a prestação de certos serviços públicos pelas empresas públicas e sociedades de economia mista.

A descentralização poderá ser:

a) **Política**, que tem como fundamento o pacto federativo e representa a atribuição de competência para outro ente da federação pela própria Constituição;

b) **Administrativa**, que, segundo Maria Sylvia Zanella Di Pietro[4], ocorre quando as atribuições que os entes exercem somente têm o valor jurídico que lhes empresta o ente central; suas atribuições não decorrem, com força própria, da Constituição, mas do poder central.

DESCENTRALIZAÇÃO	POLÍTICA
	ADMINISTRATIVA

---

[4] DI PIETRO, Maria Sylvia Zanella. *Direito administrativo*. 34. ed. Rio de Janeiro: Forense, 2021.

A **descentralização administrativa** subdivide-se em:

I) **territorial ou geográfica**, que está relacionada à possibilidade de um ente criar uma entidade com personalidade jurídica de direito público própria com capacidade de autoadministração, sujeita ao controle central e com capacidade para o exercício de encargos públicos, cujo elemento básico é uma área territorial ou geográfica delimitada. Exemplo: os extintos territórios federais. *Alguns autores entendem não se tratar de descentralização, por não envolver diretamente a prestação de serviço público e sim a administração de área territorial com a prestação indireta ou mediata de serviço público.*

II) **funcional, técnica ou por serviços**, que está relacionada à criação de uma determinada pessoa jurídica de direito público ou direito privado pelo ente estatal, dotada de personalidade jurídica própria, capacidade de autoadministração, patrimônio e pessoal próprios, capacidade específica para a sua finalidade (princípio da especialização), sujeita ao controle ou tutela central e com atribuição de titularidade e de execução, no primeiro caso, e de execução, no segundo caso, de determinado serviço público.

Maria Sylvia Zanella Di Pietro[5] aduz, porém, que, em algumas hipóteses, a lei transfere a titularidade e a execução de determinados serviços públicos a pessoas jurídicas de direito privado criadas pelos entes.

III) **por colaboração**, que está relacionada à transferência apenas da execução de determinado serviço público, através de contrato ou ato administrativo, a pessoa jurídica de direito privado cuja criação não tenha sido obra do ente federativo delegante.

DESCENTRALIZAÇÃO ADMINISTRATIVA	TERRITORIAL OU GEOGRÁFICA
	FUNCIONAL, TÉCNICA OU POR SERVIÇO
	COLABORAÇÃO

Já a **desconcentração** significa a repartição de funções, relacionadas à prestação de serviço público ou a demais atividades administrativas, entre vários órgãos da **mesma pessoa jurídica e estrutura** ou a criação, através de lei, de outro órgão na **mesma pessoa jurídica e estrutura** para o desempenho de atribuições preexistentes ou novas, sem que reste configurada qualquer autonomia.

---

5 DI PIETRO, Maria Sylvia Zanella. *Direito administrativo*. 34. ed. Rio de Janeiro: Forense, 2021.

Pode ser citada como exemplo a destinação de atribuição do nível central do Ministério da Fazenda para órgão da sua estrutura localizado em determinado Estado ou o desmembramento de atribuições de órgão superior para outros órgãos de hierarquia menor.

Não há, quando se fala em desconcentração, criação de outra pessoa jurídica nem atribuição de competência para fora dos limites da mesma pessoa jurídica.

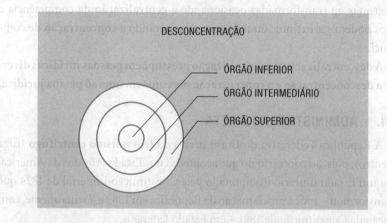

A desconcentração pode ser **territorial (geográfica)**, **material (temática)** ou **hierárquica (funcional)**.

Na primeira, as competências e atribuições são divididas por regiões, existentes ou criadas para a finalidade, áreas territoriais ou geográficas.

Na segunda, as competências e atribuições são repartidas de acordo com o tema e matéria tratados.

Na terceira, observa-se o critério de subordinação e precedência hierárquica, fazendo-se distinção entre órgãos superiores e subalternos na estrutura administrativa.

Nada obsta que os tipos de desconcentração acima sejam mesclados. Além disso, a desconcentração não elimina os vínculos hierárquicos.

Exemplo clássico de desconcentração é a criação de novos ministérios e novas secretárias no âmbito da Administração Pública direta.

Por fim, deve ser ressaltado que o movimento inverso também pode acontecer, pois pessoas jurídicas detentoras de competência descentralizada podem ser extintas ou transformadas ocasionando a **centralização** da competência e órgãos podem ser extintos ou transformados gerando a **concentração** de competência.

A descentralização e a centralização pressupõem pessoas jurídicas diversas e a desconcentração e a concentração pressupõem uma só pessoa jurídica.

15.4. ADMINISTRAÇÃO DIRETA

A República Federativa do Brasil deriva do **federalismo centrífugo** (fuga do centro), pois, ao contrário do que aconteceu nos Estados Unidos da América, havia um Estado unitário disciplinado pela Constituição Imperial de 1824 que se transformou – após a proclamação da República em 1889 e, formalmente, com a edição da Constituição de 1891 – em Estado federado.

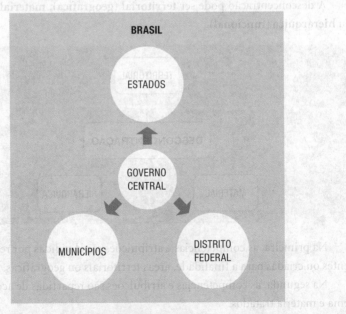

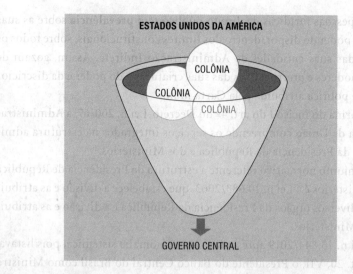

Dessa maneira, no caso brasileiro, não foram Estados independentes que se uniram para formar uma só nação, o Estado unitário foi cindido para que fossem criados outros entes da federação dotados de autonomia.

O federalismo dos Estados Unidos da América é centrípeto, uma vez que os Estados independentes se agregaram por vontade própria para a formação de um novo ente, abrindo mão somente da sua soberania, mas conservando a independência.

A criação dos entes da federação, **Administração Pública Direta**, antecede logicamente a criação das entidades da Administração Pública Indireta, configurando o marco fundamental da formação do Estado. No Brasil, segundo o *caput* do art. 1º da CF/88, os entes são: **a União, os Estados, os Municípios e o Distrito Federal**.

Os entes federados são pessoas jurídicas de direito público interno, essas pessoas gozam dos poderes, das prerrogativas e dos deveres do regime jurídico--administrativo. Por exemplo, editam atos administrativos, celebram contratos administrativos com cláusulas exorbitantes, exercem poder de polícia, submetem--se às restrições constitucionais e legais para a aquisição de bens e serviços, para a contratação ou nomeação de empregados e servidores públicos, podem intervir no domínio econômico e na propriedade privada etc.

Tais pessoas jurídicas de direito público têm **prevalência** sobre as suas criaturas, podendo dispor, dentro dos limites constitucionais, sobre todos os aspectos das suas entidades da Administração Indireta. Assim, gozam de todos os poderes e prerrogativas das suas criaturas e do poder e da discricionariedade política atribuída pela Carta Maior.

Na forma do inciso I do art. 4º do Decreto-Lei n. 200/67, a Administração Direta da União compreende os serviços integrados na estrutura administrativa da Presidência da República e dos Ministérios.

O conjunto normativo referente à estrutura da Presidência de República e dos Ministérios é a Lei n. 10.683/2003, que estabelece a divisão e as atribuições dos diversos órgãos da Presidência da República e a divisão e as atribuições dos Ministérios.

A Lei n. 13.844/2019 apresentava uma anomalia sistêmica, pois listava, no seu art. 20, VII, o Presidente do Banco Central do Brasil como Ministro de Estado, porém, o Banco Central do Brasil foi criado como autarquia resultante da extinção da Superintendência da Moeda e do Crédito, na forma do *caput* do art. 8º da Lei n. 4.595/64, tendo, dessa forma, personalidade jurídica própria e, consequentemente, não fazendo parte da Administração Pública Direta, o que, teoricamente, impediria a utilização da qualificação "Ministro de Estado" (ilustrativa de órgão da Administração Pública Direta) pelo seu Presidente que é órgão de uma entidade da Administração Pública Indireta.

Referida atecnia foi corrigida com a revogação do sobredito dispositivo legal pela Lei Complementar n. 179, de 24 de fevereiro de 2021, que define os objetivos do Banco Central do Brasil e dispõe sobre a sua autonomia e sobre a nomeação e a exoneração de seu Presidente e de seus Diretores.

A Administração Indireta é constituída, segundo o inciso II do art. 4º do Decreto-Lei n. 200/67, das autarquias, das empresas públicas, das sociedades de economia mista e das fundações públicas.

A Administração Pública indireta existe em virtude de descentralização legal de determinada função administrativa ou da necessidade de exploração direta da atividade econômica para resguardar a segurança nacional ou relevante interesse coletivo.

Gize-se que o §1º do art. 6º da Lei n. 11.107/2005 acrescentou uma nova entidade à lista do inciso acima citado, estabelecendo que o consórcio público com personalidade jurídica de direito público (*associação pública*) integra a administração indireta de todos os entes da Federação consorciados.

ADMINISTRAÇÃO PÚBLICA DIRETA (ENTES)	ADMINISTRAÇÃO PÚBLICA INDIRETA (ENTIDADES)
UNIÃO	AUTARQUIA
ESTADOS	FUNDAÇÃO PÚBLICA
DISTRITO FEDERAL	EMPRESA PÚBLICA
MUNICÍPIOS	SOCIEDADE DE ECONOMIA MISTA
	ASSOCIAÇÃO PÚBLICA (CONSÓRCIO PÚBLICO)

Como pode ser visto no quadro acima, a palavra **ente** refere-se à Administração Pública Direta como um todo, ou seja, à pessoa jurídica de direito público federativa que possui natureza política, já a palavra **entidade** refere-se às pessoas jurídicas da Administração Pública indireta. A doutrina, a jurisprudência e as leis não são unânimes na utilização da terminologia acima, porém, a maioria a utiliza.

O valor atribuído à forma de criação das pessoas jurídicas de direito público pode ser notado com desejo da sociedade, através do Poder Constituinte Originário, de que norma constitucional disciplinasse tal matéria. Segue o texto:

> Art. 37. A administração pública direta e indireta de qualquer dos Poderes da União, dos Estados, do Distrito Federal e dos Municípios obedecerá aos princípios de legalidade, impessoalidade, moralidade, publicidade e eficiência e, também, ao seguinte:
>
> (...)
>
> XIX – somente por lei específica poderá ser criada autarquia e autorizada a instituição de empresa pública, de sociedade de economia mista e de fundação, cabendo à lei complementar, neste último caso, definir as áreas de sua atuação.

Ressalte-se que, ao contrário do que se pode pensar, é o Código Civil que lista quais são as pessoas jurídicas de direito público, traço remanescente da época em que inexistia divisão entre o Direito Civil e o Direito Administrativo. Eis o texto:

> Art. 40. As pessoas jurídicas são de direito público, interno ou externo, e de direito privado.
>
> Art. 41. São pessoas jurídicas de direito público interno:
>
> I – a União;
>
> II – os Estados, o Distrito Federal e os Territórios;
>
> III – os Municípios;
>
> IV – as autarquias, inclusive as associações públicas;

V – as demais entidades de caráter público criadas por lei.

Parágrafo único. Salvo disposição em contrário, as pessoas jurídicas de direito público, a que se tenha dado estrutura de direito privado, regem-se, no que couber, quanto ao seu funcionamento, pelas normas deste Código.

Art. 42. São pessoas jurídicas de direito público externo os Estados estrangeiros e todas as pessoas que forem regidas pelo direito internacional público.

(...)

Art. 44. São pessoas jurídicas de direito privado:

I – as associações;

II – as sociedades;

III – as fundações;

IV – as organizações religiosas;

V – os partidos políticos.

No **regime jurídico de Direito Privado**, não há necessidade de lei e, na maioria dos casos, não existe necessidade de autorização legislativa para criação de pessoa jurídica. No regime jurídico de Direito Público, a lei sempre será necessária, seja para autorizar a criação seja para efetivamente criar.

Os entes federativos, União, Estados, Municípios e Distrito Federal, gozam das seguintes prerrogativas processuais:

a) prazo em dobro para todas as suas manifestações processuais em juízo, na forma do art. 183 do CPC, com intimação pessoal. Contudo, as ações com rito especial próprio, por exemplo, mandado de segurança, não terão para as suas manifestações processuais prazo em dobro, pois serão observados os prazos especiais;

b) isenção de custas judiciais, ressalvada a obrigação de reembolsar as despesas processuais realizadas pela parte vencedora, de acordo com o inciso I e o parágrafo único do art. 4º da Lei n. 9.289/96;

c) dispensa de exibição de instrumento de mandato em juízo pelos procuradores e advogados do seu quadro de pessoal, haja vista a publicidade dos seus atos de nomeação e posse;

d) dispensa de depósito prévio para a interposição de recursos, conforme o art. 1º-A da Lei n. 9.494/97, e, na forma do art. 968, §1º, do CPC, dispensa de depósito dos 5% sobre o valor da causa na propositura de ação rescisória;

e) não sujeição, na cobrança judicial da Dívida Ativa da Fazenda Pública, a concurso de credores ou habilitação em falência, concordata, liquidação, inventário ou arrolamento, em conformidade no art. 29 da Lei n. 6.830/80, observando-se somente o concurso de preferência entre pessoas jurídicas de direito público, na seguinte ordem: I – União e suas autarquias; II – Estados, Distrito Federal e Territórios e suas autarquias, conjuntamente e *pro rata*; e III – Municípios e suas autarquias, conjuntamente e *pro rata*;

f)   sujeição ao duplo grau de jurisdição, não produzindo efeito senão depois de confirmada, pelo tribunal, a sentença proferida, conforme o art. 496 do CPC. Eis a norma:

Art. 496. Está sujeita ao duplo grau de jurisdição, não produzindo efeito senão depois de confirmada pelo tribunal, a sentença:
I – proferida contra a União, os Estados, o Distrito Federal, os Municípios e suas respectivas autarquias e fundações de direito público;
II – que julgar procedentes, no todo ou em parte, os embargos à execução fiscal.
§1º Nos casos previstos neste artigo, não interposta a apelação no prazo legal, o juiz ordenará a remessa dos autos ao tribunal, e, se não o fizer, o presidente do respectivo tribunal avocá-los-á.
§2º Em qualquer dos casos referidos no §1º, o tribunal julgará a remessa necessária.
§3º Não se aplica o disposto neste artigo quando a condenação ou o proveito econômico obtido na causa for de valor certo e líquido inferior a:
I – 1.000 (mil) salários-mínimos para a União e as respectivas autarquias e fundações de direito público;
II – 500 (quinhentos) salários-mínimos para os Estados, o Distrito Federal, as respectivas autarquias e fundações de direito público e os Municípios que constituam capitais dos Estados;
III – 100 (cem) salários-mínimos para todos os demais Municípios e respectivas autarquias e fundações de direito público.
§4º Também não se aplica o disposto neste artigo quando a sentença estiver fundada em:
I – súmula de tribunal superior;
II – acórdão proferido pelo Supremo Tribunal Federal ou pelo Superior Tribunal de Justiça em julgamento de recursos repetitivos;
III – entendimento firmado em incidente de resolução de demandas repetitivas ou de assunção de competência;
IV – entendimento coincidente com orientação vinculante firmada no âmbito administrativo do próprio ente público, consolidada em manifestação, parecer ou súmula administrativa.

g)   não sujeição à execução comum, devendo ser observado o art. 100 da CF/88; e

h)   imunidade tributária, na forma da alínea *a* do inciso VI do art. 150 da Carta Maior.

Segundo o art. 1º do Decreto n. 20.910/35, "as dívidas passivas da União, dos Estados e dos Municípios, bem assim todo e qualquer direito ou ação contra a fazenda federal, estadual ou municipal, incluídas as autarquias e fundações públicas, seja qual for a sua natureza, prescrevem em cinco anos contados da data do ato ou fato do qual se originarem".

Na forma dos seus arts. 8º e 9º, "a prescrição somente poderá ser interrompida uma vez e a prescrição interrompida recomeça a correr, pela metade do prazo, da data do ato que a interrompeu ou do último ato ou termo do respectivo processo"[6].

Deve ser ressaltado que as prerrogativas processuais da Administração Pública direta e das autarquias e fundações públicas não representam privilégios imotivados, justificam-se pelos entraves provocados pela burocracia estatal que pressupõe a observância de diversos procedimentos, processos e formalidades para a consecução dos seus objetivos.

15.5. ADMINISTRAÇÃO INDIRETA

15.5.1. Autarquia

15.5.1.1. Introdução

O vocábulo **autarquia**, segundo José Cretella Júnior[7], foi incorporado há poucas décadas ao vocabulário jurídico nacional; é formado por dois elementos, "*auto*", que significa próprio, e "*arquia*", que significa governo, ilustrando, portanto, algo dotado de direção própria.

Autarquia é a pessoa jurídica de direito público interno, criada por lei, com capacidade de autoadministração, para o desempenho de serviço público descentralizado, mediante controle administrativo exercido nos limites da lei[8], que faz parte da Administração Pública Indireta.

Pode ser dito que as autarquias desempenham atividades típicas de estado na prestação do serviço público descentralizado pelo ente criador.

---

[6] Súmula 383 do STF: "A prescrição em favor da fazenda pública recomeça a correr, por dois anos e meio, a partir do ato interruptivo, mas não fica reduzida aquém de cinco anos, embora o titular do direito a interrompa durante a primeira metade do prazo".

[7] CRETELLA JÚNIOR, José. *Administração indireta brasileira*. Rio de Janeiro: Forense, 1980.

[8] DI PIETRO, Maria Sylvia Zanella. *Direito administrativo*. 34. ed. Rio de Janeiro: Forense, 2021.

A Constituição Federal trata da criação das autarquias na seguinte norma:

XIX – somente por lei específica poderá ser criada autarquia e autorizada a instituição de empresa pública, de sociedade de economia mista e de fundação, cabendo à lei complementar, neste último caso, definir as áreas de sua atuação;

Quando a autarquia for do Poder Executivo, a iniciativa da lei de criação é do seu chefe, na forma da alínea *b* do inciso II do §1º do art. 61 da CF/88.

A criação de autarquias pelos Poderes Judiciário e Legislativo fere a finalidade estabelecida no inciso I do art. 5º do Decreto-Lei n. 200/67, posto que aquela norma é clara ao afirmar que se trata de entidade voltada à execução de atividades típicas da Administração Pública. Segue a norma:

Art. 5º Para os fins desta lei, considera-se:
I – Autarquia – o serviço autônomo, criado por lei, com personalidade jurídica, patrimônio e receita próprios, para executar **atividades típicas da Administração Pública**, que requeiram, para seu melhor funcionamento, gestão administrativa e financeira descentralizada.

Somente o Poder Executivo desempenha atividades típicas de Administração Pública, sendo que os demais poderes exercem atividade-meio de Administração Pública. Contudo, era possível encontrar autarquias vinculadas a órgãos do Poder Judiciário e do Poder Legislativo. Por exemplo, o Instituto Pedro Ribeiro de Administração Judiciária – IPRAJ, vinculado ao Tribunal de Justiça do Estado da Bahia, que foi extinto.

O Conselho Nacional de Justiça, através da manifestação do Ministro Gilson Dipp, firmou o posicionamento acima na Consulta IPRAJ/TJ/BA, processo n. 337.015, aduzindo que: "Primeiro, a existência de uma autarquia judiciária, mesmo criada por lei, tecnicamente constitui um equívoco posto que essa modalidade de instituição pública tem perfil de agente de execução de atividade-fim da administração. Ou, em outros termos, é pessoa jurídica de direito público distinta do ente criador com finalidade e objetos próprios, ainda quando complementar ou convergente daqueles objetivos do interesse público".

O art. 41 do CC deixa bem clara a natureza jurídica das autarquias ao afirmar que "São pessoas jurídicas de direito público interno: (...) IV – as autarquias, inclusive as associações públicas".

Essas pessoas jurídicas de direito público não podem ser utilizadas para a exploração da atividade econômica, pois, na forma do art. 173 da CF/88, a União dispõe de outros instrumentos para atuar diretamente no mercado que são as empresas públicas e as sociedades de economia mista.

15.5.1.2. Regime jurídico

A **autarquia** somente pode ser criada por **lei**, conforme o inciso XIX do art. 37 da CF/88[9], e isto significa que todas as suas normas internas e externas relevantes deverão constar de lei formal. A extinção deste tipo de entidade dar-se-á também, com base no princípio da similitude das formas[10], por lei. Somente passa a ser dotada de personalidade jurídica própria quando a lei que a instituiu estabelece.

O inciso I do art. 5º do Decreto-Lei n. 200/67 afirma que a autarquia é o serviço **autônomo**, criado por lei, com personalidade jurídica, patrimônio e receita próprios, para executar atividades típicas da Administração Pública, que requeiram, para seu melhor funcionamento, gestão administrativa e financeira descentralizada. Importante elemento do seu conceito é a descentralização, que é, no Direito Administrativo, diferente de desconcentração, como já foi estudado.

A autarquia tem o regime jurídico de direito público. São exemplos, na esfera federal, o INSS e o IBAMA.

São **características básicas** das autarquias:

(i) criação e extinção por lei;

(ii) personalidade de direito público;

(iii) autonomia administrativa[11];

(iv) especialização das atividades e dos fins; e

(v) sujeição ao controle do ente criador somente em relação aos seus fins institucionais.

AUTARQUIAS				
CRIAÇÃO E EXTINÇÃO POR LEI	PERSONALIDADE DE DIREITO PÚBLICO	AUTONOMIA ADMINISTRATIVA	ESPECIALIZAÇÃO	SUJEIÇÃO A CONTROLE FINALÍSTICO

A sua atuação é pautada na supremacia do interesse público sobre o privado, na indisponibilidade do interesse público, na possibilidade de utilização de cláu-

---

[9] "XIX – somente por lei específica poderá ser criada autarquia e autorizada a instituição de empresa pública, de sociedade de economia mista e de fundação, cabendo à lei complementar, neste último caso, definir as áreas de sua atuação."

[10] Lei complementar revoga lei complementar, lei ordinária revoga lei ordinária, decreto revoga decreto etc.

[11] STJ, RMS 12.467/MG, rel. Min. Laurita Vaz, 5ª Turma, julgado em 20-4-2006, *DJ* 22-5-2006. p. 220.

sulas exorbitantes nos seus contratos administrativos, na possibilidade de edição de atos administrativos, na possiblidade do exercício do poder de polícia e demais poderes administrativos, inclusive da autotutela, na possibilidade de intervenção no domínio econômico, ou seja, goza de todos os instrumentos, na sua área de atuação, do ente criador de acordo com a verticalidade da atuação estatal. Assim, respeitadas as suas formas, quase todas as disposições normativas que se aplicam aos entes federados são também aplicáveis às autarquias.

15.5.1.3. Controle

O **controle** é exercido pelo ente através da nomeação e exoneração *ad nutum* dos seus dirigentes, da aferição finalística do que foi estabelecido pela lei e da possibilidade de recurso hierárquico impróprio[12] para o Ministro ou Secretário da pasta à qual a entidade está vinculada.

O controle do ente criador pode ser chamado também de poder de supervisão ou tutela administrativa.

Não há relação hierárquica com o ente criador, sendo necessário, contudo, o controle finalístico. Assim, será averiguado o atendimento à finalidade estabelecida em lei para a autarquia, a sua adequação ao orçamento aprovado pelo Congresso Nacional e o atingimento de metas e execução de planos estabelecidos pela Administração Pública direta, pela lei e pelos órgãos de controle externo.

A fiscalização contábil, financeira, orçamentária, operacional e patrimonial da União e das entidades da administração direta e indireta, quanto à legalidade, legitimidade, economicidade, aplicação das subvenções e renúncia de receitas, será exercida pelo Congresso Nacional, mediante controle externo, e pelo sistema de controle interno de cada Poder, na forma do art. 70 da Carta Maior.

Assim, além do controle interno que é feito pela própria Administração Pública criadora e pelos órgãos de controle das próprias autarquias, há o controle externo realizado pelo Poder Legislativo através do Tribunal de Contas da União.

O Ministério Público e a sociedade também exercem controle sobre as autarquias, visto que dispõem de instrumentos judiciais e extrajudiciais para a verificação do atendimento às suas finalidades gerais e específicas.

---

[12] STJ, RMS 12.386/RJ, rel. Min. Franciulli Netto, 2ª Turma, julgado em 19-2-2004, *DJ* 19-4-2004. p. 168.

15.5.1.4. Patrimônio

O patrimônio da autarquia é considerado público, gozando, portanto, das prerrogativas de impenhorabilidade, de imprescritibilidade (impossibilidade de aquisição por usucapião, §3º do art. 183 da CF/88), de não onerabilidade e de inalienabilidade relativa.

O art. 98 do CC demonstra claramente a natureza jurídica dos bens das autarquias, dispondo que "São públicos os bens do domínio nacional pertencentes às pessoas jurídicas de direito público interno; todos os outros são particulares, seja qual for a pessoa a que pertencerem".

A autarquia terá autonomia para adquirir bens e serviços, sendo que o seu patrimônio pode ser oriundo do ente criador, decorrer do aproveitamento de bens de outras pessoas jurídicas estatais ou de aquisição própria originária. Caso a autarquia seja extinta, através de lei, os seus bens, em regra, retornam ao ente criador, porém, nada impede que a lei de extinção dê outra destinação. Por exemplo, a incorporação dos bens da extinta entidade ao acervo patrimonial de uma já existente.

Os pagamentos devidos pelas autarquias, em virtude de sentença judicial, far-se-ão exclusivamente na ordem cronológica de apresentação dos precatórios e à conta dos créditos respectivos, proibida a designação de casos ou de pessoas nas dotações orçamentárias e nos créditos adicionais abertos para este fim, de acordo com o art. 100 da Carta Maior.

Ressalte-se que seus bens, caso ocorra a desafetação, podem ser alienados através dos procedimentos estabelecidos na Lei n. 14.133/2021.

15.5.1.5. Regime de pessoal

Às autarquias, devem ser aplicadas todas as normas dos arts. 37 a 41 da Carta Magna, estando assim compelida a realizar concurso público de provas ou de provas e títulos para a admissão de pessoal efetivo, a observar o teto remuneratório, a licitar, a observar a regra da vedação de acumulação de cargos, empregos e funções públicos, as normas de aposentação e de aquisição de estabilidade etc.

O *caput* do art. 39 da CF/88 denota a incidência das normas relativas ao pessoal do respectivo ente da federação às suas autarquias. *Vide* o texto: "Art. 39. A União, os Estados, o Distrito Federal e os Municípios instituirão, no âmbito de sua competência, regime jurídico único e planos de carreira para os servidores da administração pública direta, das autarquias e das fundações públicas. (*Vide* ADI n. 2.135-4)".

Os seus servidores são disciplinados pela Lei n. 8.112/90 que dispõe sobre o regime jurídico dos servidores públicos da União, das autarquias e das fundações públicas federais.

Não se deve esquecer que foi promulgada a Emenda Constitucional n. 19, em 4 de junho de 1998, que, ao alterar o *caput* do art. 39 da CF/88, excluiu a imposição de **regime jurídico único**, a fim de possibilitar a contratação de empregados públicos.

De fato, não se pode conceber que um motorista da Administração Pública seja servidor público, goze das garantias constitucionais, inclusive da estabilidade, e do regime jurídico único da Lei n. 8.112/90.

Contudo, a eficácia da alteração do *caput* do art. 39 da Carta Maior durou apenas o período compreendido entre 4 de junho de 1998 e 7 de março de 2008, em virtude do deferimento *ex nunc* da medida cautelar na ADI 2.135/DF pelos Ministros do STF que declararam inconstitucional a alteração do *caput* citado e mantiveram a redação original de 5 de outubro de 1988.

Atualmente, a **redação válida** é a que estabelece **regime jurídico único,** portanto, a que impede a contratação de empregados públicos, apesar de ter sido possível no período compreendido entre 4 de junho de 1998 e 7 de março de 2008. Assim, a Lei n. 9.962/2000, que é aplicável às autarquias, teve a sua eficácia restringida aos empregados públicos contratados naquele lapso temporal.

Consequentemente, não é possível afirmar que todos os agentes públicos de uma autarquia são servidores públicos, em virtude da possibilidade, ainda que remota, de ter havido contratação de empregado público no período que era possível.

Cumpre ressaltar que a admissão de pessoal deve, na forma do inciso II do art. 37 da CF/88 ser precedida de concurso público de provas ou de provas e títulos, somente sendo excepcionada tal imposição para as nomeações em cargos em comissão declarados em lei de livre nomeação e exoneração.

15.5.1.6. Orçamento

O orçamento e as normas de Direito Financeiro das autarquias são listados nos arts. 165 a 169 da Constituição atual.

Na forma do §5º do art. 165 da CF/88, a lei orçamentária anual compreenderá o orçamento fiscal referente aos Poderes da União, seus fundos, órgãos e entidades da administração direta e indireta, inclusive fundações mantidas pelo Poder Público.

15.5.1.7. Competência para processar e julgar as suas causas

Na forma do inciso I do art. 109 da CF/88, a competência é dos juízes federais para processar e julgar as causas nas quais entidades **autárquicas federais** forem interessadas na condição de autoras, rés, assistentes ou oponentes, exceto as de falência, as de acidentes de trabalho e as sujeitas à Justiça Eleitoral e à Justiça do Trabalho.

Quando se tratar de autarquias estaduais, distritais e municipais, a competência para julgar os seus feitos será estabelecida na lei de organização judiciária do Estado, em relação a suas autarquias e às autarquias dos seus Municípios, ou na lei de organização judiciária do Distrito Federal, em relação a suas autarquias.

Na Lei n. 10.845/2007, que dispõe sobre a Organização e Divisão Judiciária do estado da Bahia, a administração e o funcionamento da Justiça e serviços auxiliares, ficou estabelecido, por exemplo, que a competência para julgar as autarquias é dos juízes da Vara da Fazenda Pública. Eis a norma:

> Art. 70 – Aos Juízes das Varas da Fazenda Pública compete:
> (...)
> II – processar e julgar, em matéria administrativa: a) as causas em que os Municípios e o Estado da Bahia, suas autarquias e fundações sejam interessados;

15.5.1.8. Responsabilidade civil

O art. 37, §6º, da Carta Maior, estabelece que a responsabilidade das autarquias em relação à prestação de serviço público é objetiva. *Vide* a norma: "As pessoas jurídicas de direito público e as de direito privado prestadoras de serviços públicos responderão pelos danos que seus agentes, nessa qualidade, causarem a terceiros, assegurado o direito de regresso contra o responsável nos casos de dolo ou culpa".

Deve ser lembrado, porém que, em casos de omissão, a responsabilidade será, em regra, a subjetiva, na forma dos arts. 927 a 943 do CC[13]. Há autores que defendem a inaplicabilidade das normas de Direito Civil referentes à responsa-

---

[13] ADMINISTRATIVO E DIREITO PÚBLICO. ESCOLA. SAÍDA DE ALUNO. ESTUPRO DE MENOR EM REGULAR HORÁRIO ESCOLAR. LIBERAÇÃO. RESPONSABILIDADE CIVIL SUBJETIVA DO ESTADO. OMISSÃO. DEVER DE VIGILÂNCIA. NEGLIGÊNCIA. CARACTERIZAÇÃO. ARTS. 186 E 927 DO NOVO CÓDIGO CIVIL. DANO MORAL.
I – Mesmo diante das novas disposições do Novo Código Civil, persiste o entendimento no sentido de que, "No campo da responsabilidade civil do Estado, se o prejuízo adveio de uma omissão do Estado, invoca-se a teoria da responsabilidade subjetiva" (REsp n. 549.812/CE, rel. Min. FRANCIULLI NETTO, *DJ* de 31-5-2004).

bilidade civil do Estado por ato omissivo, mas não apontam os dispositivos legais que seriam utilizados.

O ente federativo a que pertencer a autarquia tem responsabilidade subsidiária em relação aos débitos da sua entidade, portanto, a demanda dirige-se à entidade, apenas tocando a União, os Estados, os Municípios e o Distrito Federal quando restar configurada a sua incapacidade financeira. O ente responderá pelos débitos das autarquias quando o patrimônio destas não for suficiente para atender os credores ou quando forem extintas.

Assim, o seu regime de responsabilidade civil é idêntico ao regime de responsabilidade civil do seu ente criador, salvo em relação à responsabilidade subsidiária que somente existe em relação a este último.

15.5.1.9. Imunidade

As autarquias gozam de imunidade, pois é vedado à União, aos Estados, ao Distrito Federal e aos Municípios instituir imposto sobre o seu patrimônio, a sua renda e os seus serviços, vinculados a suas finalidades essenciais ou às delas decorrentes, na forma da alínea *a* do inciso VI e §2º, ambos do art. 150 da Carta Maior.

15.5.1.10. Licitação e contratos administrativos

O inciso XXI do art. 37 da Carta Maior aduz que, ressalvados os casos especificados na legislação, as obras, serviços, compras e alienações da Administração

---

II – "... o Poder Público, ao receber o menor estudante em qualquer dos estabelecimentos da rede oficial de ensino, assume o grave compromisso de velar pela preservação de sua integridade física..." (RE n. 109.615-2/RJ, rel. Min. CELSO DE MELLO, *DJ* de 2-8-96).

III – A escola não pode se eximir dessa responsabilidade ao liberar os alunos, pelo simples fato de ter havido bilhete na agenda dos menores no sentido da inexistência de aulas nos dois últimos períodos de determinado dia. Liberada a recorrente naquele horário, que seria de aula regular, e dirigindo-se para casa, sem os responsáveis, culminou por ser molestada sexualmente em terreno vizinho à escola, que se sabia ser extremamente perigoso. Presentes os pressupostos da responsabilidade civil (conduta culposa, nexo causal e dano).

IV – Violação aos arts. 186 e 927 do Código Civil caracterizada, bem como a responsabilidade subjetiva do Estado na hipótese, devendo os autos retornarem ao Tribunal a quo, por ser a Corte competente para, diante do exame do quadro fático-probatório, fixar a indenização respectiva.

V – Recurso provido (STJ, REsp 819.789/RS, rel. Min. FRANCISCO FALCÃO, PRIMEIRA TURMA, julgado em 25-4-2006, *DJ* 25-5-2006, p. 191).

Pública direta e indireta serão contratados mediante processo de licitação pública que assegure igualdade de condições a todos os concorrentes, com cláusulas que estabeleçam obrigações de pagamento, mantidas as condições efetivas da proposta, nos termos da lei, o qual somente permitirá as exigências de qualificação técnica e econômica indispensáveis à garantia do cumprimento das obrigações.

A Lei n 14.133/2021 é plenamente aplicável às autarquias, pois o art. 1º daquele conjunto normativo estabelece normas gerais de licitação e contratação para as Administrações Públicas diretas, autárquicas e fundacionais da União, dos Estados, do Distrito Federal e dos Municípios.

15.5.1.11. Prerrogativas

As autarquias têm:

a) prazo em dobro para todas as suas manifestações processuais em juízo, na forma do art. 183 do CPC, com intimação pessoal. Contudo, as ações com rito especial próprio, por exemplo, mandado de segurança, não terão para as suas manifestações processuais prazo em dobro, pois serão observados os prazos especiais;

b) isenção de custas judiciais, ressalvada a obrigação de reembolsar as despesas processuais realizadas pela parte vencedora, de acordo com o inciso I e o parágrafo único do art. 4º da Lei n. 9.289/96;

c) dispensa de exibição de instrumento de mandato em juízo pelos procuradores e advogados do seu quadro de pessoal, haja vista a publicidade dos seus atos de nomeação e posse;

d) dispensa de depósito prévio para a interposição de recursos, conforme o art. 1º-A da Lei n. 9.494/97, e, na forma do art. 968, §1º, do CPC, dispensa de depósito dos 5% sobre o valor da causa na propositura de ação rescisória;

e) não sujeição, na cobrança judicial da Dívida Ativa da Fazenda Pública, a concurso de credores ou habilitação em falência, concordata, liquidação, inventário ou arrolamento, em conformidade no art. 29 da Lei n. 6.830/80, observando-se somente o concurso de preferência entre pessoas jurídicas de direito público, na seguinte ordem: I – União e suas autarquias; II – Estados, Distrito Federal e Territórios e suas autarquias, conjuntamente e *pro rata*; e III – Municípios e suas autarquias, conjuntamente e *pro rata*;

f) sujeição ao duplo grau de jurisdição, não produzindo efeito senão depois de confirmada, pelo tribunal, a sentença proferida, conforme o art. 496 do CPC. Eis a norma:

Art. 496. Está sujeita ao duplo grau de jurisdição, não produzindo efeito senão depois de confirmada pelo tribunal, a sentença:

I – proferida contra a União, os Estados, o Distrito Federal, os Municípios e suas respectivas autarquias e fundações de direito público;

II – que julgar procedentes, no todo ou em parte, os embargos à execução fiscal.

§1º Nos casos previstos neste artigo, não interposta a apelação no prazo legal, o juiz ordenará a remessa dos autos ao tribunal, e, se não o fizer, o presidente do respectivo tribunal avocá-los-á.

§2º Em qualquer dos casos referidos no §1º, o tribunal julgará a remessa necessária.

§3º Não se aplica o disposto neste artigo quando a condenação ou o proveito econômico obtido na causa for de valor certo e líquido inferior a:

I – 1.000 (mil) salários-mínimos para a União e as respectivas autarquias e fundações de direito público;

II – 500 (quinhentos) salários-mínimos para os Estados, o Distrito Federal, as respectivas autarquias e fundações de direito público e os Municípios que constituam capitais dos Estados;

III – 100 (cem) salários-mínimos para todos os demais Municípios e respectivas autarquias e fundações de direito público.

§4º Também não se aplica o disposto neste artigo quando a sentença estiver fundada em:

I – súmula de tribunal superior;

II – acórdão proferido pelo Supremo Tribunal Federal ou pelo Superior Tribunal de Justiça em julgamento de recursos repetitivos;

III – entendimento firmado em incidente de resolução de demandas repetitivas ou de assunção de competência;

IV – entendimento coincidente com orientação vinculante firmada no âmbito administrativo do próprio ente público, consolidada em manifestação, parecer ou súmula administrativa.

g) não sujeição à execução comum, devendo ser observado o art. 100 da CF/88; e

h) imunidade tributária, na forma da alínea *a* do inciso VI do art. 150 da Carta Maior.

Segundo o art. 1º do Decreto n. 20.910/35, "as dívidas passivas da União, dos Estados e dos Municípios, bem assim todo e qualquer direito ou ação contra a fazenda federal, estadual ou municipal, incluídas as autarquias e fundações públicas, seja qual for a sua natureza, prescrevem em cinco anos contados da data do ato ou fato do qual se originarem".

Na forma dos seus arts. 8º e 9º, "a prescrição somente poderá ser interrompida uma vez e a prescrição interrompida recomeça a correr, pela metade do

210 CURSO DE DIREITO ADMINISTRATIVO

prazo, da data do ato que a interrompeu ou do último ato ou termo do respectivo processo"[14].

15.5.1.12. Tipos

15.5.1.12.1. *Autarquias corporativas ou profissionais*

A doutrina lista como espécies de autarquia as *sui generis* ou corporativas, que têm como atividade essencial a fiscalização do exercício das profissões regulamentadas, *verbi gratia*, a OAB[15] e os conselhos de fiscalização de profissões regulamentadas.

A Constituição Federal estabelece, no inciso XIII do seu art. 5º que é livre o exercício de qualquer trabalho, ofício ou profissão, atendidas as qualificações profissionais que a lei estabelecer.

A regra é a liberdade no exercício do labor, porém, quando houver lei regulamentadora do trabalho, do ofício ou da profissão, o seu desempenho deverá observar rigorosamente o disposto na lei, inclusive os conselhos de fiscalização de profissões regulamentadas poderão exercer poder de polícia em relação às atividades que fazem parte da sua esfera de fiscalização.

O *caput* do art. 58 da Lei n. 9.649/98, que dispõe sobre a organização da Presidência da República e dos Ministérios, e dá outras providências, estabeleceu que os serviços de fiscalização de profissões regulamentadas **serão exercidos em caráter privado**, por delegação do poder público, mediante autorização legislativa.

Interessante notar que não foi o artigo citado que atribuiu natureza jurídica de autarquia especial aos conselhos de fiscalização de profissões regulamentadas, pelo contrário, o seu §2º afirmou textualmente que "Os conselhos de fiscalização de profissões regulamentadas, dotados de personalidade jurídica de direito privado, não manterão com os órgãos da Administração Pública qualquer vínculo funcional ou hierárquico".

A tentativa do art. 58 da lei em tela atribuir caráter privado aos atos e atribuir a natureza jurídica de direito privado aos conselhos de fiscalização de profissões

---

[14] Súmula 383 do STF: "A prescrição em favor da fazenda pública recomeça a correr, por dois anos e meio, a partir do ato interruptivo, mas não fica reduzida aquém de cinco anos, embora o titular do direito a interrompa durante a primeira metade do prazo".

[15] Apesar de o STF ter decidido que a OAB não está sujeita ao controle do TCU (ADI 3.026/DF), não se pode afirmar que a sua natureza não é autárquica. Entretanto, há muitos doutrinadores que negam a sua característica autárquica com base no julgamento da citada ADI.

foi em vão, pois o STF julgou inconstitucionais o seu *caput* e todos os seus parágrafos relevantes.

Eis a decisão da Medida Cautelar na ADI n. 1.717 que foi confirmada em julgamento definitivo:

DIREITO CONSTITUCIONAL E ADMINISTRATIVO. AÇÃO DIRETA DE INCONSTITUCIONALIDADE DO ART. 58 E SEUS PARÁGRAFOS DA LEI FEDERAL N. 9.649, DE 27-5-1998, QUE TRATAM DOS SERVIÇOS DE FISCALIZAÇÃO DE PROFISSÕES REGULAMENTADAS.

1. Está prejudicada a Ação, no ponto em que impugna o parágrafo 3º do art. 58 da Lei n. 9.649, de 27-5-1988, em face do texto originário do art. 39 da C.F. de 1988. É que esse texto originário foi inteiramente modificado pelo novo art. 39 da Constituição, com a redação que lhe foi dada pela E.C. n. 19, de 4-6-1988. E, segundo a jurisprudência da Corte, o controle concentrado de constitucionalidade, mediante a Ação Direta, é feito em face do texto constitucional em vigor e não do que vigorava anteriormente.

2. Quanto ao restante alegado na inicial, nos aditamentos e nas informações, a Ação não está prejudicada e por isso o requerimento de medida cautelar é examinado.

3. No que concerne à alegada falta dos requisitos da relevância e da urgência da Medida Provisória (que deu origem à Lei em questão), exigidos no art. 62 da Constituição, o Supremo Tribunal Federal somente a tem por caracterizada quando neste objetivamente evidenciada. E não quando dependa de uma avaliação subjetiva, estritamente política, mediante critérios de oportunidade e conveniência, esta confiada aos Poderes Executivo e Legislativo, que têm melhores condições que o Judiciário para uma conclusão a respeito.

4. Quanto ao mais, porém, as considerações da inicial e do aditamento de fls. 123/125 levam ao reconhecimento da plausibilidade jurídica da Ação, satisfeito, assim, o primeiro requisito para a concessão da medida cautelar ("*fumus boni iuris*"). Com efeito, não parece possível, a um primeiro exame, em face do ordenamento constitucional, mediante a interpretação conjugada dos arts. 5º, XIII, 22, XVI, 21, XXIV, 70, parágrafo único, 149 e 175 da C.F., a delegação, a uma entidade privada, de atividade típica de Estado, que abrange até poder de polícia, de tributar e de punir, no que tange ao exercício de atividades profissionais.

5. Precedente: M.S. n. 22.643.

6. Também está presente o requisito do "*periculum in mora*", pois a ruptura do sistema atual e a implantação do novo, trazido pela Lei impugnada, podem acarretar graves transtornos à Administração Pública e ao próprio exercício das profissões regulamentadas, em face do ordenamento constitucional em vigor.

7. Ação prejudicada, quanto ao parágrafo 3º do art. 58 da Lei n. 9.649, de 27-5-1998.

8. Medida Cautelar deferida, por maioria de votos, para suspensão da eficácia do "*caput*" e demais parágrafos do mesmo artigo, até o julgamento final da Ação (STF, ADI 1717 MC, Relator(a): Min. SYDNEY SANCHES, Tribunal

Pleno, julgado em 22-9-1999, *DJ* 25-02-2000 PP-00050 EMENT VOL-01980-01 PP-00063).

Quanto ao regime de pessoal, seguem abaixo acórdãos do STF:

RECURSO EXTRAORDINÁRIO – CONSELHO DE FISCALIZAÇÃO PRO-FISSIONAL – **SERVIDORES – REGIME JURÍDICO (ART. 41 DA CONSTI-TUIÇÃO E ART. 19 DO ADCT) – DEMISSÃO – NECESSÁRIA PRÉVIA INSTAURAÇÃO DE PROCESSO ADMINISTRATIVO** – DECISÃO QUE SE AJUSTA À JURISPRUDÊNCIA PREVALECENTE NO SUPREMO TRIBUNAL FEDERAL – CONSEQUENTE INVIABILIDADE DO RECURSO QUE A IM-PUGNA – SUBSISTÊNCIA DOS FUNDAMENTOS QUE DÃO SUPORTE À DECISÃO RECORRIDA – SUCUMBÊNCIA RECURSAL (CPC, ART. 85, §11) – NÃO DECRETAÇÃO, NO CASO, ANTE A INADMISSIBILIDADE DE CON-DENAÇÃO EM VERBA HONORÁRIA, POR TRATAR-SE DE PROCESSO DE MANDADO DE SEGURANÇA (SÚMULA 512/STF E LEI N. 12.016/2009, ART. 25) – AGRAVO INTERNO IMPROVIDO. (RE 988524 AgR, Relator (a): Min. CELSO DE MELLO, Segunda Turma, julgado em 31-3-2017, PROCESSO ELETRÔNICO *DJe*-084 DIVULG 24-04-2017 PUBLIC 25-04-2017).

Agravo regimental no recurso extraordinário. Conselhos de fiscalização pro-fissional. Natureza de autarquia. Servidor. Estabilidade. Precedentes.

1. É pacífica a jurisprudência desta Corte de que os conselhos de fiscalização profissional têm natureza jurídica de autarquia e aos seus servidores se aplicam os arts. 41 da Constituição Federal e 19 do Ato das Disposições Constitucionais Transitórias, motivo pelo qual não podem ser demitidos sem a prévia instauração de processo administrativo.

2. Agravo regimental não provido. (RE 838648 AgR, Relator (a): Min. DIAS TOFFOLI, Segunda Turma, julgado em 7-4-2015, PROCESSO ELETRÔNICO *DJe*-098 DIVULG 25-05-2015 PUBLIC 26-05-2015).

Quanto ao controle externo pelo TCU, a Suprema Corte tem o seguinte entendimento:

CONSTITUCIONAL. ADMINISTRATIVO. ENTIDADES FISCALIZADORAS DO EXERCÍCIO PROFISSIONAL. CONSELHO FEDERAL DE ODONTOLO-GIA: NATUREZA AUTÁRQUICA. Lei 4.234, de 1964, art. 2º. FISCALIZAÇÃO POR PARTE DO TRIBUNAL DE CONTAS DA UNIÃO.

I. – Natureza autárquica do Conselho Federal e dos Conselhos Regionais de Odontologia. Obrigatoriedade de prestar contas ao Tribunal de Contas da União. Lei 4.234/64, art. 2º. C.F., art. 70, parágrafo único, art. 71, II.

II. – Não conhecimento da ação de mandado de segurança no que toca à reco-mendação do Tribunal de Contas da União para aplicação da Lei 8.112/90, vencido o Relator e os Ministros Francisco Rezek e Maurício Corrêa.

III. – Os servidores do Conselho Federal de Odontologia deverão se subme-ter ao regime único da Lei 8.112, de 1990: votos vencidos do Relator e dos Ministros Francisco Rezek e Maurício Corrêa.

IV. – As contribuições cobradas pelas autarquias responsáveis pela fiscalização do exercício profissional são contribuições parafiscais, contribuições corporativas, com caráter tributário. C.F., art. 149. RE 138.284-CE, Velloso, Plenário, RTJ 143/313.

V. – Diárias: impossibilidade de os seus valores superarem os valores fixados pelo Chefe do Poder Executivo, que exerce a direção superior da administração federal (C.F., art. 84, II).

VI. – Mandado de Segurança conhecido, em parte, e indeferido na parte conhecida (MS 21797, Relator (a): Min. CARLOS VELLOSO, Tribunal Pleno, julgado em 9-3-2000, *DJ* 18-05-2001 PP-00434 EMENT VOL-02031-04 PP-00711 RTJ VOL-00177-02 PP-00751).

Podem ser extraídas as seguintes considerações das decisões acima:

a) a natureza jurídica dos conselhos de fiscalização profissional é de autarquia, aplicando-se-lhes integralmente o regime jurídico das autarquias comuns;

b) as suas receitas exigidas compulsoriamente, relativas a prestação de serviço público ou exercício do poder de polícia são tributos;

c) o Tribunal de Contas da União exerce controle externo sobre as suas atividades; e

d) o seu regime de pessoal é idêntico ao regime das autarquias comuns, podendo haver servidores públicos e, caso tenham sido contratados no período possível, empregados públicos, admitidos e contratados através de concurso público de provas ou de provas e títulos.

Em relação à OAB, tem-se que o cenário é diferente.

O Procurador-Geral da República ajuizou a ADI 3.026, entendendo que a natureza jurídica de autarquia daquele órgão de classe sujeitar-lhe-ia aos princípios da Administração Pública listados no art. 37 da Carta Maior, impondo-se, entre outras restrições, a necessidade de realização de concurso público de provas ou de provas e títulos para o provimento dos seus cargos efetivos. O acórdão daquela ADI serviu para fixar a natureza jurídica da OAB, mostrando que as suas características são ainda mais *sui generis* do que as características dos conselhos de fiscalização profissional.

Ficou assentado, no julgamento daquela Ação Direta de Inconstitucionalidade, que a OAB não é entidade da Administração Indireta da União, sendo serviço público independente e figurando como categoria ímpar no elenco das personalidades jurídicas existentes no Direito brasileiro, não guardando relação com as atuais agências como pretendem alguns.

214   CURSO DE DIREITO ADMINISTRATIVO

O ministro Eros Roberto Grau, do STF, afirmou, no seu voto, que a ausência de vinculação da OAB é formal e materialmente necessária, pois aquela entidade ocupa-se das atividades atinentes ao advogado, que exerce função constitucionalmente privilegiada por ser indispensável à Justiça, nos termos do art. 133 da Constituição Federal de 1988. Não há falar em vinculação a qualquer órgão público.

A *Ordem dos Advogados do Brasil* é, em verdade, **entidade autônoma e independente, não podendo ser tida como congênere dos demais órgãos de fiscalização profissional**, visto que a OAB não está voltada exclusivamente a finalidades corporativas, tendo como finalidade legal, especialmente, defender a Constituição, a ordem jurídica do Estado Democrático de Direito, os Direitos Fundamentais, a Justiça social, pugnando pela boa aplicação das leis, pela rápida administração da Justiça, pelo aperfeiçoamento da cultura e das instituições jurídicas.

A relevância para o sistema constitucional da OAB pode ser vista com a possibilidade que lhe foi outorgada pela Constituição de ajuizar Ações Declaratórias de Inconstitucionalidade, na forma do inciso VII do art. 103 daquela Carta Política.

Assim, chegou-se à conclusão que a **OAB não está sujeita a controle da Administração Pública, inclusive do TCU**, que o regime estatutário (servidores públicos) é incompatível com os seus empregados[16] e que é inconcebível a exigência de concurso público para a admissão dos seus contratados.

15.5.1.12.2.   *Autarquias educacionais, culturais ou universitárias*

A classificação autarquias em **regime especial** surgiu para conferir mais autonomia às universidades[17], observando-se, após a entrada em vigor da CF/88, que o seu art. 207[18] ratificou a anterior opção por maior independência para os centros de difusão do conhecimento.

---

[16]   O regime dos empregados da OAB é, atualmente, o celetista. Eis a norma da Lei n. 8.906/94:
"Art. 79. *Aos servidores da OAB, aplica-se o regime trabalhista.*
§1º Aos servidores da OAB, sujeitos ao regime da Lei n. 8.112, de 11 de dezembro de 1990, é concedido o direito de opção pelo regime trabalhista, no prazo de noventa dias a partir da vigência desta lei, sendo assegurado aos optantes o pagamento de indenização, quando da aposentadoria, correspondente a cinco vezes o valor da última remuneração.
§2º Os servidores que não optarem pelo regime trabalhista serão posicionados no quadro em extinção, assegurado o direito adquirido ao regime legal anterior."

[17]   TANAKA, Sônia Yuriko Kanashiro (Coord.). *Direito administrativo*. São Paulo: Malheiros, 2008.

[18]   STJ, REsp 1132476/PR, rel. Min. Humberto Martins, 2ª Turma, julgado em 13-10-2009, *DJe* 21-10-2009.

O art. 54 da Lei n. 9.394/96, que estabelece as diretrizes e bases da educação nacional, deixa clara a autonomia das universidades mantidas pelo Poder Público ao estabelecer que gozarão, na forma da lei, de **estatuto jurídico especial** para atender às peculiaridades de sua estrutura, organização e financiamento pelo Poder Público, assim como dos seus planos de carreira e do regime jurídico do seu pessoal.

As **universidades públicas**, no exercício da sua autonomia, poderão:

I – propor o seu quadro de pessoal docente, técnico e administrativo, assim como um plano de cargos e salários, atendidas as normas gerais pertinentes e os recursos disponíveis;

II – elaborar o regulamento de seu pessoal em conformidade com as normas gerais concernentes;

III – aprovar e executar planos, programas e projetos de investimentos referentes a obras, serviços e aquisições em geral, de acordo com os recursos alocados pelo respectivo Poder mantenedor;

IV – elaborar seus orçamentos anuais e plurianuais;

V – adotar regime financeiro e contábil que atenda às suas peculiaridades de organização e funcionamento;

VI – realizar operações de crédito ou de financiamento, com aprovação do Poder competente, para aquisição de bens imóveis, instalações e equipamentos; e

VII – efetuar transferências, quitações e tomar outras providências de ordem orçamentária, financeira e patrimonial necessárias ao seu bom desempenho.

A forma de escolha dos Reitores e Vice-Reitores das universidades públicas e a opção por mandatos completam a autonomia que lhes foi conferida. O art. 16 da Lei n. 5.540/68 estabelece que o Reitor e o Vice-Reitor de universidade federal serão nomeados pelo Presidente da República e escolhidos entre professores dos dois níveis mais elevados da carreira ou que possuam título de doutor, cujos nomes figurem em listas tríplices organizadas pelo respectivo colegiado máximo, ou outro colegiado que o englobe, instituído especificamente para este fim, sendo a votação uninominal.

Além disso, o artigo em questão dispõe que, no caso de instituição federal de ensino superior, será de quatro anos o mandato dos dirigentes a que se refere mencionado artigo, sendo permitida uma única recondução ao mesmo cargo, observado nos demais casos o que dispuserem os respectivos estatutos ou regimentos, aprovados na forma da legislação vigente, ou conforme estabelecido pelo respectivo sistema de ensino.

Outra característica que denota a autonomia das instituições federais de ensino é a possibilidade de o dirigente máximo, na forma do §3º do art. 1º do

216   CURSO DE DIREITO ADMINISTRATIVO

Decreto n. 3.035/99, por delegação do Presidente da República ao Ministro de Estado da Educação e por subdelegação deste, praticar os seguintes atos:

I – julgar processos administrativos disciplinares e aplicar penalidades, nas hipóteses de demissão e cassação de aposentadoria ou disponibilidade de servidores;

II – exonerar de ofício os servidores ocupantes de cargos de provimento efetivo ou converter a exoneração em demissão;

III – destituir ou converter a exoneração em destituição de cargo em comissão de integrantes do Grupo-Direção e Assessoramento Superiores, níveis 5 e 6, e de Chefe de Assessoria Parlamentar, código DAS-101.4; e

IV – reintegrar ex-servidores em cumprimento de decisão judicial.

Interessante notar que a possibilidade de celebração de convênios e contratos das Instituições Federais de Ensino Superior (IFES) e as demais Instituições Científicas e Tecnológicas (ICTs) com fundações de apoio a projetos de ensino, pesquisa e extensão e de desenvolvimento institucional, científico e tecnológico, inclusive na gestão administrativa e financeira estritamente necessária à execução desses projetos, descrita na Lei n. 8.958/94, regulamentada pelo Decreto n. 7.423/10, ilustra a opção constitucional pela autonomia dos centros de difusão de conhecimento.

15.5.1.12.3.   Agências reguladoras

Embora o Direito Administrativo brasileiro tenha sua base formada a partir da experiência da Europa continental, com destaque para a França, o movimento de agencificação tem inspiração do modelo americano.

Nos Estados Unidos da América, a estrutura administrativa organiza-se em sistema de *government departments* e *agencies*. Comumente, naquele país, as agências também se vinculam a autoridades centrais (*government departments*), que podem ser comparadas aos ministérios e secretarias, nas estruturas brasileiras da Administração direta da União, Estados, Distrito Federal e Municípios.

Todavia, em solo americano, observa-se elevado nível de especialização funcional, exercida por agências, que compõem estrutura predominante da administração, razão por que Rafael Carvalho Rezende Oliveira[19] afirma que "a organização administrativa americana se resume às agências".

A tradição das agências reguladoras americanas relaciona-se aos setores estratégicos para o desenvolvimento econômico daquele país, sobretudo o setor

---

[19] OLIVEIRA, Rafael Carvalho Rezende. O modelo norte-americano de agências reguladoras e sua recepção pelo direito brasileiro. *Revista da EMERJ*, Rio de Janeiro, v. 12, n. 47, p. 157-176, 2009. p. 160.

de infraestrutura, no qual as ferrovias exerceram papel significativo para a integração nacional. Conforme as estradas de ferro evoluíram, as companhias passaram a oferecer serviços que ligavam pontos do território onde existentes traçados ferroviários, ampliando-se o transporte de passageiros, de cargas e serviços de correios.

Brian Solomon[20] registra que "as ferrovias cresceram rapidamente para se tornar a forma predominante de transporte americano no século XIX porque ofereciam maior velocidade, capacidade e eficiência do que outros meios de transporte. As ferrovias americanas prosperaram como resultado da rede rodoviária subdesenvolvida do país e de um desejo intenso de transporte para pontos do interior".

O pujante crescimento da malha ferroviária não caminharia desacompanhado de conflitos econômicos entre as companhias ferroviárias e usuários. No transporte ferroviário, porém, o grupo de usuários não se limita a passageiros e embarcadores de encomendas, mas abrange produtores de *commodities* cujo transporte mediante tarifas módicas é requisito essencial para a competitividade. Por isso, não raro as disputas envolvendo transporte ferroviário é travada entre grandes companhias, que atuam em nichos econômicos distintos: indústria e transporte.

Observando-se a simples passagem de um trem, é difícil imaginar a complexidade de aspectos regulatórios jurídicos, técnicos e econômicos que envolvem a operação, como direito de passagem, usuários dependentes, fixação de tarifa, interoperabilidade, sinalização e segurança. Principalmente as questões econômicas, como valor de tarifa, regularidade e oferta do serviço logo ingressariam na pauta política, até que editado o *Interstate Commerce Act of 1887,* ato de criação da *Interstate Commerce Commission* (ICC)[21].

A marcha de agencificação da Administração americana teve significativo impulso a partir dos impactos arrasadores da conhecida *Black Thursday,* ocorrida em 24 de outubro de 1929, data que registrou a quebra da *New York Stock Exchange,* em Manhattan. Da quebra da Bolsa de Valores de New York resultou a *Great Depression,* a Crise de 1929, cujos efeitos foram sentidos até a Segunda Guerra Mundial, ao fim da qual os Estados Unidos da América despontaram como potência econômica e militar mundial.

---

[20] SOLOMON, Brian. *North american railroads:* the Illustrated encyclopedia. Beverly: Voyageur Press, 2014. P. 5, tradução nossa.

[21] Para efeito de comparação na linha do tempo, a agência de regulação ferroviária brasileira, Agência Nacional de Transportes Terrestres (ANTT), foi criada pela Lei n. 10.233, de 5 de junho de 2001.

Para a superação da crise, o governo federal, sob a presidência de Franklin Delano Roosevelt, inspirado pela teoria do economista britânico John Maynard Keynes[22], engendrou um pujante programa de recuperação econômica denominado *New Deal*, alicerçado nos seguintes pilares: investimento vultoso em infraestrutura; limitação de estoques de *commodities* agrícolas; regulação de preços e produção; redução da jornada de trabalho e benefícios de seguridade social.

Os Estados Unidos da América, símbolo do liberalismo econômico, adotaram políticas de dirigismo estatal da atividade econômica, das quais se incumbiram, nos espaços da regulação técnica e econômica, as *alphabet agencies*, conjunto de agências conhecidas por suas siglas, tais como: FCA (*Farm Credit Administration*), FCC (*Federal Communications Commission*), FDIC (*Federal Deposit Insurance Corporation*), FHA (*Federal Housing Administration*) etc. Às agências instituídas durante o *New Deal* agregaram-se as preexistentes, como a FDA (*Food and Drug Administration*).

A estrutura administrativa dos Estados Unidos comporta centenas de agências, dedicadas a diversos espectros de atuação estatal, como fomento, desenvolvimento, defesa e regulação. Quanto às agências reguladoras, enquanto o modelo americano teve especial ênfase em momento histórico de incremento da intervenção estatal na economia, no Brasil, o motivo foi exatamente o oposto.

No Brasil, principalmente no período compreendido entre a Quarta República e a promulgação da CF/88, os serviços públicos eram majoritariamente prestados por empresas públicas ou sociedades de economia mista, acentuando-se modelo que definia o Estado provedor. Atualmente, o Estado brasileiro atua com maior ênfase na regulação desses serviços, consolidando-se a tendência inaugurada pelo Programa Nacional de Desestatização (PND), instituído pela Medida Provisória n. 155, de 15 de março de 1990, convertida na Lei n. 8.031, de 12 de abril de 1990.

A reforma liberal promovida na década de 90 alicerçou-se em três eixos: programa de desestatização, liberalização dos fluxos financeiros e nova política industrial e de comércio exterior, baseada na redução de tarifas e mitigação de restrições não tarifárias para importações e exportações.

O eixo de desestatização concretizou-se por meio da privatização de empresas estatais, mediante análise e inclusão no PND, e da outorga da prestação de serviços públicos à iniciativa privada, nos nichos de atividade em que a atuação empresarial fosse compatível com o objeto do serviço. Esse período histórico é

---

[22] A obra *The General Theory of Employment, Interest and Money* foi publicada em 1936.

marcado pelo reconhecimento da importância da infraestrutura para o desenvolvimento do país, ante a insuficiência de recursos públicos para sua implementação, destacando-se que "a maioria dos países em desenvolvimento se voltaram para o setor privado para financiar e operar serviços de infraestrutura, buscando investimentos e conhecimento para acelerar melhorias nos níveis de serviço e qualidade. A participação privada é frequentemente precedida de reestruturação do setor e de novas leis e regulamentos"[23].

Atualmente, a Constituição Econômica esculpe o Estado Regulador, estruturado pelo modelo de agências, sobretudo com a promulgação da Emenda Constitucional n. 8, de 15 de agosto de 1995, que instituiu a possibilidade de delegação dos serviços de telecomunicações e determinou a criação de um **órgão regulador**. No mesmo ano, promulgou-se a Emenda Constitucional n. 9, de 9 de novembro de 1995, que redigiu mandado de regulamentação sobre a estrutura e atribuições do **órgão regulador** do monopólio da União sobre petróleo e gás natural.

Consequentemente, instituíram-se a Agência Nacional de Telecomunicações (Anatel), por meio da Lei n. 9.472, de 16 de julho de 1997, e a Agência Nacional do Petróleo (ANP), na forma da Lei n. 9.478, de 6 de agosto de 1997. Com a publicação da Lei n. 11.097, de 13 de janeiro de 2005, esta agência passou a ser denominada Agência Nacional do Petróleo, Gás Natural e Biocombustíveis.

Note-se que, embora o Constituinte Derivado Reformador tenha determinado a criação de órgãos reguladores, o legislador ordinário conferiu interpretação ampla às cláusulas constitucionais referidas, instituindo as agências reguladoras como entidades autárquicas. Nada impede, para o exercício da função regulatória, a descentralização do ente federado para uma autarquia já existente, mediante a atribuição de competência através de lei, ou para uma nova autarquia.

Haja vista esses marcos históricos, alguns afirmam que a Anatel é a primeira agência reguladora brasileira. Tanto a Anatel quanto a ANP têm previsão constitucional, mas o modelo de regulação por agências foi inaugurado pela Agência Nacional de Energia Elétrica (Aneel), criada pela Lei n. 9.417, de 26 de dezembro de 1996, na esteira do Programa Nacional de Desestatização (PND), em que abrangido o projeto de desestatização do setor elétrico. Gradativamente instituíram-se outras agências reguladoras, também por força de leis ordinárias.

A desestatização de serviços públicos e sua regulação por agências insere-se na corrente neoliberal que prega não caber ao Estado a execução direta de ativi-

---

[23] GUASCH, Jose Luis. *Granting and renegotiating infrastructure concessions*: doing it right. Washington, D.C.: The World Bank, 2004. p. 6, tradução nossa.

dades voltadas à satisfação de necessidades coletivas, ao menos não de modo monopolístico e universal. Nesta senda, Gustavo Justino de Oliveira[24] informa que "emerge com destaque a figura do Estado regulador, pois a regulação é tida por muitos como a função tipicamente estatal no mundo de hoje".

Importa assinalar que a função regulatória não é exclusiva de agências reguladoras. A regulação é função estatal, que pode ser desempenhada por órgãos e entidades não necessariamente instituídos como agências reguladoras. A título de exemplo, a Comissão de Valores Mobiliários (CVM) e a Superintendência de Seguros Privados (SUSEP) são autarquias dotadas de poder normativo e de fiscalização de atividades específicas do mercado, dimensões da função regulatória. Em matéria de regulação técnica, é difícil imaginar entidade com gama de atribuições tão ampla quanto o Instituto Nacional de Metrologia, Qualidade e Tecnologia (Inmetro).

Logo, a função regulatória pertence ao Estado. O fator distintivo das agências reguladoras é que essas entidades são instituídas especificamente para o desempenho da função regulatória setorial, por meio de quadros técnicos especializados, autonomia decisória e mandato fixo dos dirigentes.

De fato, o conceito de **regulação** de atividades não é estranho ao Direito Administrativo pátrio, mas o investimento em capacitação técnica e a autonomia dos quadros das entidades representam inovação no ordenamento jurídico brasileiro. Ressalte-se que a autonomia outorgada a tais autarquias não implica afastamento do princípio da legalidade.

A **regulação** não se confunde com **regulamentação**. A primeira é a ordenação pelo Estado de atividade econômica, a fim de que sejam preservados os imperativos constitucionais relativos àquela atividade. A segunda é o disciplinamento abstrato de comandos ainda mais gerais trazidos pela lei feito por órgãos constitucionalmente escolhidos, ou seja, é a normatização.

A CF/88 foi expressa ao atribuir ao Estado as duas funções, na forma do seguinte artigo: "Art. 174. Como **agente normativo e regulador da atividade econômica**, o Estado exercerá, na forma da lei, as funções de fiscalização, incentivo e planejamento, sendo este determinante para o setor público e indicativo para o setor privado".

Apesar de a atividade das agências reguladoras não representar prestação de serviço público, podem ser criadas **autarquias** para o seu exercício, pois o seu

---

[24] OLIVEIRA, Gustavo Justino de. Direito ao desenvolvimento como direito fundamental. *Cadernos da Escola de Direito da UniBrasil*, v. 1, n. 6, p. 85-103, 2006. p. 89.

conceito trazido pelo inciso I do art. 5º do Decreto-Lei n. 200/67 apresenta objeto mais geral quando afirma que são serviços autônomos, criados por lei, com personalidade jurídica, patrimônio e receitas próprios, **para executar atividades típicas da Administração Pública**, que requeiram para o seu melhor funcionamento, gestão administrativa e financeira descentralizadas.

As **agências reguladoras** podem ser classificadas como autarquias em regime especial, visto que a estabilidade dos seus dirigentes, outorgada através da instituição de mandatos fixos, e a impossibilidade de revisão das suas decisões por outros órgãos da Administração Pública são instrumentos que lhes asseguram mais autonomia em relação às autarquias ordinárias.

15.5.1.12.3.1. Regime jurídico das agências reguladoras

Diogo de Figueiredo Moreira Neto[25] destaca as seguintes características das agências reguladoras:

a) **independência política** dos dirigentes por serem nomeados pelo chefe do Poder Executivo sob a aprovação do Legislativo e com mandatos estáveis;
b) **independência técnico-decisional** sem recurso impróprio para o Poder Executivo tão comum às autarquias ordinárias[26];
c) **independência normativa** por ter – dentro da lei – poder não só de regular, mas também de regulamentar certas atividades; e
d) **independência gerencial, orçamentária e financeira.**

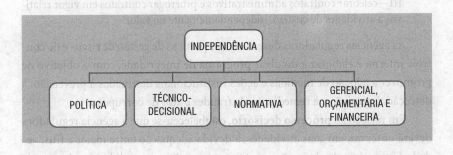

---

[25] MOREIRA NETO, Diogo de Figueiredo. *Curso de direito administrativo*. 14. ed. Rio de Janeiro: Forense, 2005.
[26] Exemplo: "§2º As decisões do Tribunal não comportam revisão no âmbito do Poder Executivo, promovendo-se, de imediato, sua execução e comunicando-se, em seguida, ao Ministério Público, para as demais medidas legais cabíveis no âmbito de suas atribuições" (art. 9º da Lei n. 12.529/2011).

Assim como acontece em relação às autarquias educacionais, os dirigentes das agências reguladoras dispõem de um sistema diferenciado de nomeação e de garantia de permanência nos seus cargos.

Em 26 de junho de 2019, foi publicada a Lei n. 13.848/2019 que trata, em especial, da gestão, da organização, do processo decisório e do controle social das agências reguladoras.

Reafirmou-se que a natureza especial conferida à agência reguladora é caracterizada pela **ausência de tutela ou de subordinação hierárquica**, pela autonomia funcional, decisória, administrativa e financeira e pela investidura a termo de seus dirigentes e **estabilidade durante os mandatos**, bem como pelas demais disposições constantes desta Lei ou de leis específicas voltadas à sua implementação.

A nova lei, conhecida como Lei das Agências Reguladoras, deixou claro os aspectos de autonomia administrativa dessas entidades, estabelecendo as seguintes competências:

I – solicitar diretamente ao Ministério da Economia:
    a) autorização para a realização de concursos públicos;
    b) provimento dos cargos autorizados em lei para seu quadro de pessoal, observada a disponibilidade orçamentária;
    c) alterações no respectivo quadro de pessoal, fundamentadas em estudos de dimensionamento, bem como alterações nos planos de carreira de seus servidores;
II – conceder diárias e passagens em deslocamentos nacionais e internacionais e autorizar afastamentos do País a servidores da agência;
III – celebrar contratos administrativos e prorrogar contratos em vigor relativos a atividades de custeio, independentemente do valor.

As agências reguladoras devem adotar práticas de gestão de riscos e de controle interno e elaborar e divulgar programa de integridade, com o objetivo de promover a adoção de medidas e ações institucionais destinadas à prevenção, à detecção, à punição e à remediação de fraudes e atos de corrupção.

Em relação ao **processo decisório**, estabeleceu-se que a agência reguladora deverá observar, em suas atividades, a devida adequação entre meios e fins, vedada a imposição de obrigações, restrições e sanções em medida superior àquela necessária ao atendimento do interesse público.

A agência reguladora deverá indicar os pressupostos de fato e de direito que determinarem suas decisões, inclusive a respeito da edição ou não de atos normativos.

A adoção e as propostas de alteração de atos normativos de interesse geral dos agentes econômicos, consumidores ou usuários dos serviços prestados serão, nos termos de regulamento, precedidas da realização de **Análise de Impacto Regulatório** (AIR), que conterá informações e dados sobre os possíveis efeitos do ato normativo.

Este regulamento disporá sobre o conteúdo e a metodologia da AIR, sobre os quesitos mínimos a serem objeto de exame, bem como sobre os casos em que será obrigatória sua realização e aqueles em que poderá ser **dispensada**.

Nos casos em que não for realizada a AIR, deverá ser disponibilizada, no mínimo, nota técnica ou documento equivalente que tenha fundamentado a proposta de decisão.

A **colegialidade** é uma característica das agências reguladoras, o art. 7º da Lei n. 13.848/2019 diz que processo de decisão da agência reguladora referente a regulação terá caráter colegiado.

O conselho diretor ou a diretoria colegiada da agência reguladora deliberará por **maioria absoluta dos votos de seus membros**, entre eles o diretor-presidente, o diretor-geral ou o presidente, conforme definido no regimento interno. É facultado à agência reguladora adotar processo de **delegação interna** de decisão, sendo assegurado ao conselho diretor ou à diretoria colegiada o direito de reexame das decisões delegadas.

Serão objeto de **consulta pública**, previamente à tomada de decisão pelo conselho diretor ou pela diretoria colegiada, as minutas e as propostas de alteração de atos normativos de interesse geral dos agentes econômicos, consumidores ou usuários dos serviços prestados.

O posicionamento da agência reguladora sobre as críticas ou as contribuições apresentadas no processo de consulta pública deverá ser disponibilizado na sede da agência e no respectivo sítio na internet em até 30 (trinta) dias úteis após a reunião do conselho diretor ou da diretoria colegiada para deliberação final sobre a matéria.

A agência reguladora, por decisão colegiada, poderá convocar **audiência pública** para formação de juízo e tomada de decisão sobre matéria considerada relevante.

O **controle externo** das agências reguladoras será exercido pelo Congresso Nacional, com auxílio do Tribunal de Contas da União.

A agência reguladora deverá elaborar, para cada período quadrienal, **plano estratégico** que conterá os objetivos, as metas e os resultados estratégicos esperados das ações da agência reguladora relativos a sua gestão e a suas competências regulatórias, fiscalizatórias e normativas, bem como a indicação dos fatores externos alheios ao controle da agência que poderão afetar significativamente o cumprimento do plano.

Haverá, em cada agência reguladora, **1 (um) ouvidor**, que atuará sem subordinação hierárquica e exercerá suas atribuições sem acumulação com outras funções.

São atribuições do ouvidor:

I – zelar pela qualidade e pela tempestividade dos serviços prestados pela agência;

II – acompanhar o processo interno de apuração de denúncias e reclamações dos interessados contra a atuação da agência;

III – elaborar relatório anual de ouvidoria sobre as atividades da agência.

O ouvidor será escolhido pelo Presidente da República e por ele nomeado, após prévia aprovação do Senado Federal, nos termos da alínea *f* do inciso III do art. 52 da Constituição Federal, devendo não se enquadrar nas hipóteses de inelegibilidade previstas no inciso I do *caput* do art. 1º da Lei Complementar n. 64, de 18 de maio de 1990, e ter notório conhecimento em Administração Pública ou em regulação de setores econômicos, ou no campo específico de atuação da agência reguladora.

O ouvidor terá mandato de 3 (três) anos, vedada a recondução, no curso do qual somente perderá o cargo em caso de renúncia, condenação judicial transitada em julgado ou condenação em processo administrativo disciplinar.

É vedado ao ouvidor ter participação, direta ou indireta, em empresa sob regulação da respectiva agência reguladora.

Com vistas à promoção da concorrência e à eficácia na implementação da legislação de defesa da concorrência nos mercados regulados, as agências reguladoras e os órgãos de defesa da concorrência devem atuar em **estreita cooperação**, privilegiando a troca de experiências.

No exercício de suas competências definidas em lei, duas ou mais agências reguladoras poderão editar atos normativos conjuntos dispondo sobre matéria cuja disciplina envolva agentes econômicos sujeitos a mais de uma regulação setorial.

No exercício de suas atribuições, e em articulação com o Sistema Nacional de Defesa do Consumidor (SNDC) e com o órgão de defesa do consumidor do Ministério da Justiça e Segurança Pública, incumbe às agências reguladoras zelar pelo cumprimento da legislação de defesa do consumidor, monitorando e acompanhando as práticas de mercado dos agentes do setor regulado.

As agências reguladoras poderão articular-se com os órgãos de defesa do meio ambiente mediante a celebração de convênios e acordos de cooperação, visando ao intercâmbio de informações, à padronização de exigências e procedimentos, à celeridade na emissão de licenças ambientais e à maior eficiência nos processos de fiscalização.

As agências reguladoras poderão promover a articulação de suas atividades com as de agências reguladoras ou órgãos de regulação dos Estados, do Distrito Federal e dos Municípios, nas respectivas áreas de competência, implementando, a seu critério e mediante acordo de cooperação, a descentralização de suas atividades fiscalizatórias, sancionatórias e arbitrais, exceto quanto a atividades do Sistema Único de Saúde (SUS), que observarão o disposto em legislação própria.

É vedada a delegação de competências normativas.

A **descentralização** será instituída desde que a agência reguladora ou o órgão de regulação da unidade federativa interessada possua serviços técnicos e administrativos competentes devidamente organizados e aparelhados para a execução das respectivas atividades, conforme condições estabelecidas em regimento interno da agência reguladora federal.

A execução, por agência reguladora ou órgão de regulação estadual, distrital ou municipal, das atividades delegadas será permanentemente acompanhada e avaliada pela agência reguladora federal, nos termos do respectivo acordo.

Na execução das atividades de fiscalização objeto de delegação, a agência reguladora ou o órgão regulador estadual, distrital ou municipal que receber a delegação observará as normas legais e regulamentares federais pertinentes.

É vedado à agência reguladora ou ao órgão regulador estadual, distrital ou municipal conveniado, no exercício de competência fiscalizatória delegada, exigir de concessionária ou permissionária obrigação não prevista previamente em contrato.

Criou-se uma nova modalidade recursal, o **recurso hierárquico impróprio interfederativo**, pois havendo delegação de competência, a agência reguladora delegante permanecerá como instância superior e recursal das decisões tomadas no exercício da competência delegada.

Além da Lei n. 13.848/2019, as agências reguladoras devem observar as normas gerais estabelecidas na Lei n. 9.986/2000.

O art. 4º da Lei n. 9.986/2000 diz que tais entidades serão dirigidas, em regime de colegiado, por um Conselho Diretor ou Diretoria composta por Conselheiros ou Diretores, sendo um deles o seu Presidente ou Diretor-Geral ou Diretor-Presidente.

Na forma do art. 5º da Lei em tela, o Presidente ou o Diretor-Geral ou o Diretor-Presidente (CD I) e os demais membros do Conselho Diretor ou da Diretoria (CD II) serão brasileiros, de reputação ilibada, formação universitária e elevado conceito no campo de especialidade dos cargos para os quais serão nomeados, devendo ser escolhidos pelo Presidente da República e por ele nomeados, após aprovação pelo Senado Federal, nos termos da alínea *f* do inciso III do art. 52 da Constituição Federal. O Presidente ou o Diretor-Geral ou o Diretor-Presidente será nomeado pelo Presidente da República dentre os integrantes do Conselho Diretor ou da Diretoria, respectivamente, e investido na função pelo prazo fixado no ato de nomeação.

O mandato dos Conselheiros e dos Diretores terá o prazo fixado na lei de criação de cada agência, sendo que, em caso de vacância no curso do mandato, este será completado por sucessor investido na forma o art. 5º acima mencionado. A lei de criação de cada agência disporá sobre a forma da não coincidência de mandato.

Os Conselheiros e Diretores poderão perder o mandato em caso (art. 9º da Lei n. 9.986/2000):

a) de **renúncia**;
b) de **condenação judicial transitada em julgado**; e
c) de **processo administrativo disciplinar**.

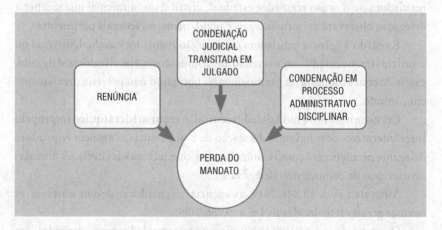

A lei de criação de cada agência reguladora pode prever outras condições para perda do mandato.

Não há dúvida de que o dirigente de uma agência tem acesso a informações privilegiadas e aos grandes atores do mercado regulado. Dessa forma, é impositivo que se tente minorar o seu poder de influência após o desligamento para evitar lesão ao interesse público e desigualdade entre pessoas que buscam colocação em empresas do setor.

Prevendo esse poder de influência do ex-dirigente, a Lei n. 9.986/2000 estabeleceu impedimentos ou quarentena no seu art. 8º.

O ex-dirigente fica impedido para o exercício de atividades ou de prestar qualquer serviço no setor regulado pela respectiva agência, por um período de **quatro meses**, contados da exoneração ou do término do seu mandato, incluindo-se no período eventuais períodos de férias não gozadas.

Nada obsta que as leis específicas de cada agência estabeleçam prazo diferenciado de quarentena ou impedimento. As leis da ANEEL, ANS e ANP estabelecem prazo diferenciado de 12 (doze) meses.

Durante o impedimento, o ex-dirigente ficará vinculado à agência, fazendo jus a remuneração compensatória equivalente à do cargo de direção que exerceu e aos benefícios a ele inerentes. Aplica-se esse benefício ao ex-dirigente exonerado a pedido, se este já tiver cumprido pelo menos 6 (seis) meses do seu mandato.

Observe-se que, na hipótese de o ex-dirigente ser servidor público, poderá optar pela remuneração compensatória equivalente à do cargo de direção que exerceu e aos benefícios a ele inerentes ou pelo retorno ao desempenho das funções de seu cargo efetivo ou emprego público, desde que não haja conflito de interesse.

O ex-dirigente que violar as normas relativas a impedimentos ou quarentena incorrerá na prática de crime de advocacia administrativa, sem prejuízo das demais sanções cabíveis, administrativas e civis.

À época da criação das primeiras agências reguladoras muito se discutiu sobre o seu poder normativo (infralegal). Afirmava-se que não havia previsão constitucional para a criação de entidades reguladoras, mas sim órgãos reguladores na própria estrutura da Administração Pública direta, e que o poder normativo somente havia sido outorgado ao Presidente da República e não aos órgãos de regulação. O STF, com base no próprio *caput* do art. 174 da CF/88 ratificou a possibilidade de as agências reguladoras exercerem o poder normativo para regulamentar leis e a possibilidade de criação de pessoas jurídicas de direito público para o exercício da atribuição.

Observe-se que o poder normativo das agências reguladoras, pautado na sua tecnicidade, está abaixo da lei e tem como instrumento de inclusão no ordenamento sempre um ato administrativo geral e abstrato, pois não são competentes para legislar como Poder Legislativo.

15.5.1.12.3.2. Pessoal das agências reguladoras

A Lei n. 10.871/04 dispõe sobre a criação de **carreiras e organização de cargos efetivos das autarquias especiais denominadas Agências Reguladoras**, e dá outras providências.

A lei em tela criou diversos cargos efetivos, listou as atribuições, estabeleceu conceitos, fixou a jornada e requisitos para investidura, tratou de remuneração, proibições e promoção e, entre outros comandos, fixou critérios de avaliação para gratificações.

O art. 6º da citada lei estabeleceu que o regime jurídico dos cargos e carreiras é o da Lei n. 8.112, de 11 de dezembro de 1990, observadas as suas disposições.

Consequentemente, o regime dos servidores das agências reguladoras é o estatutário, considerando-se:

I – **Carreira**, o conjunto de classes de cargos de mesma profissão, natureza do trabalho ou atividade, escalonadas segundo a responsabilidade e complexidade inerentes a suas atribuições;

II – **Classe**, a divisão básica da carreira integrada por cargos de idêntica denominação, atribuições, grau de complexidade, nível de responsabilidade, requisitos de capacitação e experiência para o desempenho das atribuições; e

III – **Padrão**, a posição do servidor na escala de vencimentos da carreira.

O desenvolvimento do servidor nos cargos ocorrerá mediante progressão funcional e promoção. A lei mencionada aduziu que progressão é a passagem do servidor para o padrão de vencimento imediatamente superior dentro de uma mesma classe, e promoção, a passagem do servidor do último padrão de uma classe para o primeiro padrão da classe imediatamente superior.

Segundo o art. 14, a investidura nos cargos efetivos dar-se-á por meio de concurso público de provas ou de provas e títulos, exigindo-se curso de graduação em nível superior ou certificado de conclusão de ensino médio, conforme o nível do cargo, e observado o disposto em regulamento próprio de cada entidade e a legislação aplicável.

A Lei em tela estruturou as carreiras das agências reguladoras federais segundo cargos de atribuições afetas à função regulatória (área fim) e atribuições de gestão (área meio). Conforme o art. 2º da Lei, compreendem-se entre as atribuições do cargo de Especialista em Regulação:

(i) formulação e avaliação de planos, programas e projetos relativos às atividades de regulação;

(ii) elaboração de normas para regulação do mercado;

(iii) planejamento e coordenação de ações de fiscalização de alta complexidade;

(iv) gerenciamento, coordenação e orientação de equipes de pesquisa e de planejamento de cenários estratégicos;

(v) gestão de informações de mercado de caráter sigiloso.

O art. 23 determinou que, além dos deveres e proibições previstos na Lei n. 8.112, de 11 de dezembro de 1990, aplicam-se aos servidores em efetivo exercício nas Agências Reguladoras:

I – o dever de manter **sigilo** sobre as operações ativas e passivas e serviços prestados pelas instituições reguladas de que tiverem conhecimento em razão do cargo ou da função, conforme regulamentação de cada Agência Reguladora;

II – as seguintes **proibições:**

a) prestar serviços, ainda que eventuais, a empresa cuja atividade seja controlada ou fiscalizada pela entidade, salvo os casos de designação específica;

b) firmar ou manter contrato com instituição regulada, bem como com instituições autorizadas a funcionar pela entidade, em condições mais vantajosas que as usualmente ofertadas aos demais clientes;

c) exercer outra atividade profissional, inclusive gestão operacional de empresa, ou direção político-partidária, excetuados os casos admitidos em lei;

d) contrariar súmula, parecer normativo ou orientação técnica, adotados pela Diretoria Colegiada da respectiva entidade de lotação; e

e) exercer suas atribuições em processo administrativo, em que seja parte ou interessado, ou haja atuado como representante de qualquer das partes, ou no qual seja interessado parente consanguíneo ou afim, em linha reta ou colateral, até o segundo grau, bem como cônjuge ou companheiro, bem como nas hipóteses da legislação, inclusive processual.

A não observância ao dever previsto no item I acima é considerada falta grave, sujeitando o infrator à pena de demissão ou de cassação de aposentadoria ou disponibilidade, de que tratam os arts. 132 e 134 da Lei n. 8.112, de 11 de dezembro de 1990.

As infrações das proibições estabelecidas no item II acima são punidas com a pena de advertência, de suspensão, de demissão ou de cassação de aposentadoria, de acordo com a gravidade, conforme o disposto nos arts. 129, 130 e seu §2º, 132 e 134 da Lei n. 8.112, de 11 de dezembro de 1990.

15.5.1.12.3 3. *Licitação e contratos administrativos*

O art. 37 da Lei n. 9.986/2000 estabeleceu que a aquisição de bens e a contratação de serviços pelas Agências Reguladoras poderá se dar nas modalidades consulta e pregão, observado o disposto nos arts. 55 a 58 da Lei n. 9.472/97, e nos termos de regulamento próprio.

O parágrafo único do artigo em tela dispõe que as determinações acima não se aplicam às contratações referentes a obras e serviços de engenharia, cujos procedimentos deverão observar as normas gerais de licitação e contratação para a Administração Pública.

230 CURSO DE DIREITO ADMINISTRATIVO

Deve ser ressaltado que o STF, na ADI n. 1.668, declarou inconstitucionais normas que atribuíam autonomia para a própria agência reguladora tratar do seu procedimento licitatório, por afrontarem diretamente o art. 22, XXVII, da CF/88, que trata da competência da União para legislar sobre normas gerais de licitação.

15.5.1.12.3.4. Tipos de agências reguladoras

As agências reguladoras podem ser classificadas da seguinte forma:

* **Quanto ao ente instituidor:**
a)   federais;
b)   estaduais;
c)   distritais; e
d)   municipais.

* **Quanto ao objeto da sua atividade:**
a)   **reguladoras e fiscalizadoras da prestação de serviços públicos**, que tem como foco de atuação o setor que presta serviços públicos delegados ao particular. Exemplos: ANATEL, ANTT, ANTAQ, ANEEL, ANA, ANAC e ANS (a suplementariedade não tem o condão de alterar a natureza jurídica de serviço público da saúde);
b)   **promotoras ou fomentadoras de atividades privadas de interesse coletivo**, que tem como foco de atuação o desenvolvimento social através de manifestações culturais e artísticas. Exemplo: ANCINE;
c)   **reguladoras e fiscalizadoras de atividades econômicas**, que atuam na regulação e na fiscalização de atividades econômicas relevantes para a coletividade. Exemplo: ANP e ANM; e
d)   **exercentes de poder de polícia**, que atuam primordialmente pautadas no seu poder de polícia. Ressalte-se que as demais também exercem poder de polícia e as que fazem parte desta classificação também regulam e normatizam, porém, há preponderância da atividade de polícia administrativa. Exemplo: ANVISA.

* **Quanto à geração**[27]:
a)   **primeira geração** (1996 a 1999), aquelas criadas imediatamente após as grandes privatizações com o objetivo de regular, fiscalizar e normatizar o mercado das empresas estatais que foram vendidas ao mercado. Exemplos: ANATEL, ANEEL e ANP;

---

[27]   MAZZA, Alexandre. *Manual de direito administrativo*. São Paulo: Saraiva, 2011. p. 139.

b) **segunda geração** (2000 a 2004), aquelas que foram criadas sem vinculação direta com as privatizações havidas, agregando funções preponderantes de fomento e poder de polícia. Exemplos: ANS, ANA, ANVISA, ANTT, ANTAQ e ANCINE;

c) **terceira geração** (2005 a 2007), aquelas que exercem multiplicidade de poderes e atribuições. Exemplos: poder de polícia, fomento e tarefas típicas de poder concedente.

O art. 2º da Lei n. 13.848/2019 enumera as agências reguladoras federais, que totalizam onze entidades:

(i) Agência Nacional de Energia Elétrica (Aneel);
(ii) Agência Nacional do Petróleo, Gás Natural e Biocombustíveis (ANP);
(iii) Agência Nacional de Telecomunicações (Anatel);
(iv) Agência Nacional de Vigilância Sanitária (Anvisa);
(v) Agência Nacional de Saúde Suplementar (ANS);
(vi) Agência Nacional de Águas (ANA);
(vii) Agência Nacional de Transportes Aquaviários (Antaq);
(viii) Agência Nacional de Transportes Terrestres (ANTT);
(ix) Agência Nacional do Cinema (Ancine);
(x) Agência Nacional de Aviação Civil (Anac);
(xi) Agência Nacional de Mineração (ANM).

Conforme o tipo de agência reguladora e as características do setor regulado, pode ser atribuída a vocação institucional ou predominância de atuação sobre distintas vertentes do poder regulatórios, em suas dimensões econômica, técnica e social.

15.5.1.12.3.5. *Regulação econômica e regulação técnica*

O desenvolvimento da economia, para servir aos seus propósitos existenciais, pautada no aperfeiçoamento e conservação da nação, requer o emprego de mecanismos regulatórios, promovendo-se o equilíbrio entre os interesses públicos e privados que permeiam a produção, circulação e distribuição de riquezas.

A autorregulação do mercado, isto é, o estabelecimento de normas e meios de controle pelos próprios agentes econômicos, diz respeito à noção clássica de mercado autossuficiente, sem qualquer mecanismo de intervenção, consoante a lição de Adam Smith[28], que explicando a praxe de distribuição dos produtos do solo entre os homens, diz que

---

[28] SMITH, Adam. *The theory of moral sentiments*; or, An essay towards an analysis of the principles by which men naturally judge concerning the conduct and character, first of

Eles são conduzidos por uma mão invisível para fazer quase a mesma distribuição das necessidades da vida, que teria sido feita, se a Terra tivesse sido dividida em partes iguais entre todos os seus habitantes, e assim sem pretendê-lo, sem sabê-lo, fazer avançar o interesse da sociedade, e proporcionar meios para a multiplicação das espécies.

Nessa passagem metafórica, o expoente autor do liberalismo moderno trata da autorregulação na produção, distribuição e consumo de bens, perfazendo os ciclos tradicionais da atividade econômica, induzindo-se esse axioma para todos os campos da economia liberal.

É cediço, porém, que o desempenho dos agentes econômicos comumente é orientado por direções distantes daquelas preconizadas pelo teórico do liberalismo, desprovidas de pureza e altruísmo que conduziriam a um comércio justo e equilíbrio de forças.

Arthur Cecil Pigou[29] assinala que na atividade geradora de externalidades negativas – a exemplo da poluição –, uma vez que os custos externos não se incorporam à análise de custo-benefício do indivíduo, o mercado tende a superestimar a atividade produtiva. De outra face, quando a atividade produtiva enseja externalidades positivas, que não se incorporam à análise individual, o mercado se comporta de modo a subestimar essa mesma atividade. Ambas as situações acarretam desequilíbrios nocivos à economia.

A regulação da atividade econômica pelo Estado exsurge como instrumento de intervenção na economia quando se observam falhas de mercado que afastam a atividade econômica dos desígnios de prosperidade que devem nortear o funcionamento do mercado.

O Estado, enquanto agente normativo e regulador da atividade econômica – por força do art. 174, *caput*, da CF/88 – tem função determinante para a defesa desses valores, gravando-se o universo de bens da vida a colmatar o Mínimo Ético Legal, o nível mínimo de proteção jurídica que deve se sobrepor a qualquer atividade econômica.

Dessarte, todas as forças produtivas voltadas à criação, circulação e distribuição de riquezas devem observar, em seu modo de pensar e agir, as balizadas definidoras de um patamar inolvidável, protegido pelo Estado, regido e incentivado pela regulação, em um sistema de colaboração mútua entre os componentes do sistema regulatório.

---

their neighbours, and afterward of themselves. To which is added, a dissertation on the origin of languages. London: Henry G. Bohn, 1853. p. 264-265, tradução nossa.

[29] PIGOU, A. C. *The Economics of Welfare*. New York: The Macmillan Company, 1920.

Nesse prisma, Everton das Neves Gonçalves e Joana Stelzer[30] defendem a concepção de processos normativos que orientam a vontade racional dos indivíduos submetidos a determinado paradigma jurídico-normativo que, persuasivo, antes de ser mero controlador social, deve determinar políticas econômico-sociais, por meio de sistema de incentivos e obstáculos à ação.

Na organização jurídica desse sistema, a Constituição Econômica situa-se no mais elevado patamar, cujos princípios servem de cânones hermenêutico--interpretativos para a elaboração dos marcos regulatórios a reger o funcionamento do mercado, dirigido à satisfação dos desígnios capitulados na Lei Maior, como a função social da propriedade, livre concorrência, defesa do consumidor e defesa do meio ambiente.

Richard Posner[31] informa que situações que ensejam monopólio, poluição, fraude, má gestão e outros inconvenientes do mercado "são convencionalmente vistos como falhas dos mecanismos de autorregulamentação do mercado e, portanto, como ocasiões apropriadas para a regulação pública".

Robert Baldwin, Martin Cave e Martin Lodge[32] acentuam que a manutenção de comportamento indesejável dos agentes econômicos teria alto potencial para causar, em um extremo, concorrência predatória, em outro, desabastecimento e sobrepreço. Portanto, a "regulação nesses casos é justificada porque o mercado descontrolado, por alguma razão, não produzirá comportamento ou resultados de acordo com o interesse público".

Israel Kirzner[33], ao tecer observações sobre a economia neoclássica moderna, percebe que "a tendência dominante tem sido concentrar-se em modelos de equilíbrio competitivo, isto é, em modelos em que tanto preços e qualidades de produto/materiais são tomados como dados a cada tomador de decisão, quanto independentes das decisões tomadas".

O autor discorre aspectos pertinentes a duas dimensões regulatórias: **preço** e **qualidade**. A intervenção econômica sobre a formação de preços é matéria de

---

[30] GONÇALVES, Everton das Neves; Stelzer; Joana. Princípio da Eficiência Econômico-Social no Direito Brasileiro: a tomada de decisão normativo-judicial. *Sequência*, Florianópolis, n. 68, p. 261-290, jun. 2014.

[31] POSNER, Richard A. *Economic Analysis of Law*. 4. ed. Boston: Little, Brown and Company, 1992. p. 367, tradução nossa.

[32] BALDWIN, Robert; CAVE, Martin; LODGE, Martin. *Understanding Regulation*. 2. ed. Oxford: Oxford University Press, 2012.

[33] KIRZNER, Israel M. *The driving force of the market*: essays in Austrian economics. London: Routledge, 2000. p. 230.

regulação econômica, assegurada principalmente por meio da defesa da concorrência.

A regulação econômica visa a tutelar o mercado concorrencial, tomando-se este como bem público. Imelda Maher[34] preleciona que o "direito da concorrência diz respeito à dissuasão da concorrência no mercado, proibindo principalmente os acordos anticoncorrenciais e o abuso de posições dominantes no mercado".

Assim, a **regulação econômica** atua sobre a dinâmica de preços praticados no mercado e na defesa da concorrência. Por exemplo, os preços de medicamentos comercializados no Brasil não podem exceder os preços máximos estipulados pela Câmara de Regulação do Mercado de Medicamentos, que fiscaliza a comercialização e aplica penalidades ante o descumprimento de suas normas. Está-se a dizer de regulação econômica, mediante política de preços determinada por autoridade reguladora com o fim de assegurar o amplo acesso a medicamentos.

Usualmente, a regulação de preços é realizada mediante a determinação de preço teto, isto é, o agente econômico é livre para a determinação de seus preços, desde que respeitado o limite estabelecido pela autoridade reguladora.

Questão peculiar ocorre na exploração de serviço público sob regime de monopólio, mediante a celebração de contrato de concessão com o poder concedente, como nas hipóteses de exploração de infraestruturas rodoviária e de transmissão e distribuição de energia. Nesses casos, a agência reguladora fixa o valor de tarifa, balizada pelo vetor de equilíbrio econômico-financeiro do contrato de concessão. Nos exemplos mencionados, os atos de fixação de valor de tarifa competem, respectivamente, à ANTT e à ANEEL.

O mesmo ocorre em relação ao setor de saneamento básico. Convém anotar que a Lei n. 14.026, de 15 de julho de 2020, promoveu ampla reestruturação do setor, conferindo destaque ao modelo de concessão, efetuando-se a delegação do serviço público para a iniciativa privada, mediante licitação, admitindo-se a participação de empresas estaduais de saneamento básico. Obviamente, não há que se dizer de licitação quando a prestação do serviço de saneamento seja atribuída a entidade que integre a administração do ente titular do serviço.

Um dos maiores problemas no setor de saneamento diz respeito ao seu financiamento, haja vista as dificuldades financeiras da maioria dos Estados e Municípios. O novo marco legal fixa a titularidade dos entes municipais sobre o setor.

---

[34] MAHER, Imelda. The networked (agency) regulation of competition. In: DRAHOS: Peter (Ed.). *Regulatory theory*: foundations and applications. Camberra: Australian National University Press, 2017. p. 693.

Rodrigo Hosken[35] destaca que a "tentativa do novo marco legal, através de uma maior participação da iniciativa privada, é de possibilitar a injeção de recursos privados para suprir todos os investimentos necessários para atingir a tão sonhada universalização".

Outros setores respeitam o regime de liberdade tarifária, como a aviação civil e o transporte rodoviário coletivo interestadual e internacional de passageiros, serviços públicos regulados, respectivamente, pela ANAC e ANTT. Nesses setores, que operam em regime de aberta competição e liberdade tarifária, não sendo juridicamente possível à agência reguladora a determinação de valor de tarifa, a ampla concorrência é imprescindível para que seja assegurada aos usuários a prática de preços justos, próximos dos custos marginais de produção.

Portanto, as barreiras à entrada impostas pela agência reguladora devem se limitar a fatores técnicos imperiosos, que impossibilitem a ampliação do rol de prestadores, como a limitação de capacidade de aeródromos ou de terminais rodoviários. Nesses setores, a atuação regulatória deve ocorrer segundo *standards* legais, cuja extrapolação poderia configurar abuso de poder regulatório, em afronta à norma do art. 1º da Lei de Liberdade Econômica (Lei n. 13.874/2019).

A intervenção sobre a qualidade de produtos e serviços, por sua vez, integra o espectro da **regulação técnica**, que se ocupa de aspectos não pertinentes ao preço, embora a este se relacione. Entre seus objetos, destacam-se com especial ênfase a proteção da qualidade e segurança dos produtos e serviços, em compasso com o comando do art. 8º, *caput*, do Código de Defesa do Consumidor, cujo texto dispõe que "os produtos e serviços colocados no mercado de consumo não acarretarão riscos à saúde ou segurança dos consumidores".

Durante a pandemia de Covid-19, o rito de aprovação de imunizantes pela Anvisa ocupou o noticiário nacional com significativa frequência. A avaliação dos estudos clínicos e fases de testes, com a indicação das reações aceitáveis e imunogenicidade, visa à constatação da qualidade, segurança e eficácia da vacina, requisitos para o seu registro pela Agência Reguladora, o que é necessário para que a vacina seja disponibilizada e comercializada no país. Nesse caso, a ANVISA não faz nenhuma análise do custo ou preço da vacina, mas de sua qualidade, com vistas à proteção da saúde humana. Trata-se de regulação técnica.

Um bem da vida de essencial valor para a regulação técnica consubstancia-se na conservação ambiental, cuja natureza intergeracional impõe máxima

---

[35] HOSKEN, Rodrigo Santos. Evolução histórica do saneamento básico no Brasil – do PLANASA até o Novo Marco Legal do Saneamento (Lei n. 14.026/2020). In: GOMES, Fabio Luiz. (Coord.). *Saneamento básico*: aspectos jurídicos. São Paulo: Almedina, 2021. p. 214.

atenção dos governantes, reguladores, universidades, indústria e todos aqueles que de algum modo influenciam a formulação de políticas públicas.

Richard Revesz e Robert Stavins[36] ressaltam que a qualidade ambiental é comumente desconsiderada por mercados competitivos, e assim "um possível papel surge para a regulação pública. A tradicional solução teórica para o problema da externalidade foi pensada para forçar os atores privados a 'internalizar' os custos totais de suas ações".

A exploração mineral produz impactos ambientais. Com vistas à mitigação dos riscos da atividade extrativista, editou-se a Lei n. 14.066, de 30 de setembro de 2020, que revisa a Política Nacional de Segurança de Barragens e determina a obrigação a observância de padrões de segurança de barragens de maneira a fomentar a prevenção e a reduzir a possibilidade de acidente ou desastre e suas consequências, tal como a regulamentação das ações de segurança a serem adotadas nas fases de planejamento, projeto, construção, primeiro enchimento e primeiro vertimento, operação, desativação, descaracterização e usos futuros de barragens. Compete à AMN estabelecer normas e exercer fiscalização, em caráter complementar, sobre controle ambiental, higiene e segurança das atividades de mineração.

De igual modo, a ANATEL, ao estabelecer normas para a certificação de produtos de telecomunicações, como telefones móveis, sujeitos a ensaios de compatibilidade eletromagnética e outros mecanismos de avaliação da conformidade, tem por finalidade assegurar a qualidade e segurança dos produtos, o que integra o espaço da regulação técnica.

Observa-se que as agências reguladoras dedicam-se a temas de regulação econômica e de regulação técnica, isolada ou conjuntamente, conforme a natureza do produto ou serviço e do setor regulado. As normas editadas pelas agências reguladoras, quer no âmbito da regulação econômica, quer em matéria de regulação técnica, devem respeitar critérios legítimos e proporcionais, nunca para beneficiar injustificadamente determinada empresa ou grupo de empresas, razão por que o processo regulatório submete-se a controle interno, externo e social.

15.5.1.12.3.6. *Processo regulatório*

A regulação pública tem evoluído para efetivar no processo de formação das normas a composição entre os diversos interesses representados, reunindo-se os

---

[36] REVESZ, Richard L.; STAVINS, Robert N. *Environmental Law and Public Policy*. Washington, D.C.: Resources for the Future, 2004. Discussion Paper 04–30 rev. p. 2.

participantes afetados pela regulação, promovendo-se uma força de convicção geradora de consenso[37].

A interação entre vetores de consenso, em substituição ao tradicional sistema de heteronomia singularizado pela simples sujeição às normas estatais, e a projeção de um Estado regulador dinâmico e conducente com as demandas econômico-sociais requer a participação do particular em colaboração com o Estado na realização dos esforços e compartilhamento de responsabilidades pela consecução do interesse público[38].

O sistema regulatório gravado em prerrogativas imperiais da Administração consubstancia-se na força cogente da norma jurídica, que coloca o destinatário em situação de sujeição, pois que, mesmo sem consentir, obriga-se a afeiçoar seu comportamento ao que nela se dispõe. Pressupõe-se, assim, uma relação jurídica de supremacia entre o autor da norma e seus destinatários[39].

A harmonização regulatória é indispensável para sua eficácia, e seu emprego satisfatório requer a colaboração de todas as partes envolvidas na construção do processo normativo, desde a fonte das normas até o seu destinatário: os elementos subjetivos do sistema regulatório.

Deve-se compreender que a regulação, enquanto sistema, compõe-se de um conjunto de unidades interrelacionadas, elementos que constituem uma unidade global, cujos componentes adquirem organização, revelando-se uma totalidade da qual se extraem as regras do sistema.

A organização do sistema é a disposição de relações entre componentes ou indivíduos que produz uma unidade complexa, dotada de qualidades desconhecidas no isolamento dos componentes ou indivíduos[40].

Enquanto componentes do sistema, torna-se imprescindível a participação dos setores privados e terceiras partes – como universidades e institutos de pesquisas – na função de harmonizar as regulações indispensáveis para a integração comercial, aperfeiçoando-se os desígnios dos governos nacionais[41].

---

[37] HABERMAS, Jürgen. *Teoría de la acción comunicativa*: Crítica de la razón funcionalista. Madrid: Taurus, 1992.

[38] ARANHA, Marcio Iorio. *Manual de Direito Regulatório*: fundamentos de Direito Regulatório. 3. ed. rev. ampl. Londres: Laccademia Publishing, 2015.

[39] GONÇALVES, Pedro Antônio Pimenta da Costa. *Entidades privadas com poderes públicos*: o exercício de poder públicos de autoridade por entidades privadas com funções administrativas. Coimbra: Almedina, 2008.

[40] BERTALANFFY, Ludwig von. *Théorie générale des systèmes*. Traduit par Jean-Benoit Chabrol. Paris: Dunod, 2012.

[41] SCHEPEL, Harm. *The constitution of private governance*: product standards in the regulation of integrating markets. Oxford: Hart Publishing, 2014.

Para efetividade desses propósitos, determinados institutos atinentes às boas práticas regulatórias possuem importância crucial: (i) Agenda Regulatória; (ii) Análise de Impacto Regulatório; (iii) Processo de Participação e Controle Social; (iv) Análise de Resultado Regulatório.

A Agenda Regulatória (AR), aprovada pela diretoria ou conselho da agência reguladora, enumera os temas por serem tratados em período predeterminado, oferecendo-se às partes interessadas, sociedade e órgãos de controle previsibilidade sobre a atuação regulatória.

A Análise de Impacto Regulatório (AIR) tem por finalidade identificar os custos e benefícios da norma, e mensurar seus impactos para o setor regulado, usuários e sociedade. Tem por intuito mitigar as falhas de governo, ocasiões em que a regulação pública funciona como fator de piora do cenário econômico.

O Processo de Participação e Controle Social (PCCS) materializa-se por meio de reuniões participativas, consultas públicas, audiências públicas e outros meios de diálogo com as partes interessadas durante o processo de formação da norma regulatória.

José Sérgio da Silva Cristóvam, Liliane Sonsol Gondim e Thanderson Pereira de Sousa[42] anotam a imperativa necessidade de se trazer questões valorativas para a discussão, e que uma maneira de "incluir os valores no procedimento é abrir a discussão para o maior número de atores, incluindo-se os próprios destinatários da norma".

A Análise de Resultado Regulatório (ARR) tem por objeto a mensuração dos efeitos positivos e negativos provocados no mercado, com vistas ao aperfeiçoamento do marco regulatório, sua revisão, ou mesmo a revogação dos atos normativos editados, quando constatada sua inefetividade.

Esses instrumentos de diálogo com as partes interessadas almejam atenuar as possibilidades de abuso de poder regulatório[43], efetivando-se a função regulatória em sintonia com os desígnios de desenvolvimento nacional.

Importa salientar que no processo de participação e controle social os próprios quadros técnicos das agências reguladoras têm importante contribuição, principalmente na formação de normas regulatórias em setores caracterizados por concentração de mercado ou peculiar tecnicalidade.

---

[42] CRISTÓVAM, José Sérgio da Silva; Gondim, Liliane Sonsol; SOUSA, Thanderson Pereira de. Análise de Impacto Regulatório e participação social no Brasil. *Justiça do Direito*, v. 34, n. 2, p. 351-370, maio/ago. 2020. p. 355.

[43] Cf.: OLIVEIRA, Amanda Flávio de. ROLIM, Maria João. (Orgs.). *Abuso de poder regulatório*. Rio de Janeiro: Synergia, 2021.

Explica-se: o processo de participação e controle social é destinado à ampla participação da sociedade, possibilitando-se, na formação da norma regulatória, a análise de contribuições de entidades representativas da indústria, do comércio, dos consumidores etc., a fim de que as pessoas interessadas na matéria tenham a possibilidade de colaborar no processo dialógico de formação dos marcos regulatórios.

É também admitida e incentivada a participação de órgãos de planejamento de políticas públicas, de defesa da concorrência, de controle, da advocacia e Ministério Público, haja vista o caráter coletivo ou difuso dos direitos abrangidos pelas normas regulatórias e seus impactos econômicos e sociais.

Porém, haja vista o alto grau de tecnicalidade das matérias disciplinadas pelas agências reguladoras, as partes interessadas comumente possuem hipossuficiência técnica, principalmente os consumidores. Significa dizer: as partes mais afetadas pelas normas editadas pelas agências reguladoras – os consumidores de produtos ou serviços regulados – são também as mais limitadas em termos de conhecimento técnico especializado e capacidade de organização.

Enquanto associações de indústrias possuem corpo técnico qualificado para formular contribuições durante o processo regulatório – previsivelmente de acordo com os interesses econômicos das corporações –, dificilmente os consumidores disporão da mesma capacidade de atuação, ensejando-se o desequilíbrio de forças no processo de participação e controle social, compensando-se esse déficit mediante a participação de agentes reguladores, porquanto economicamente desinteressados na matéria.

Outrossim, os reguladores são integrantes da sociedade nacional, assistindo-lhes as mesmas prerrogativas inerentes ao exercício da cidadania e de participação no processo democrático, de maneira que excluí-los do processo implicaria ofensa ao princípio da igualdade, dada a ausência de razoável razão de discrímen.

O processo regulatório é instrumento de legitimação do exercício do poder regulatório, sendo imperiosa a análise técnica das contribuições apresentadas pelas partes interessadas e pelo corpo da sociedade.

A participação dos órgãos de controle é desejável, a fim de que as agências reguladoras possam, previamente à edição da norma, processar as contribuições feitas por essas instituições. Uma vez que as respostas tecidas pelos quadros técnicos das agências devem ser fundamentadas, têm-se singular oportunidade de compreensão e justificação da modelagem regulatória engendrada, mitigando-se os riscos de excessos na atuação dos órgãos de controle, quer na esfera de controle administrativo, quer na seara da revisão judicial.

Nesse ponto, Pedro Niebuhr, Cláudio Ladeira de Oliveira e Isaac Kofi Medeiros[44] apontam que a revisão judicial pode implicar a "desnaturação das decisões da gestão pública, pois a intervenção de um órgão não dotado de expertise técnica e legitimidade democrática (Poder Judiciário) sobre matérias de política pública desorganiza a própria noção de separação de Poderes".

15.5.1.12.3.7. Teoria da Captura

O sucesso na atuação como regulador requer a aproximação do agente público investido nessa função com os agentes de mercado, agentes políticos, associações de indústria e de usuários, isto é, a plêiade de pessoas e instituições alcançadas pelo exercício do poder regulatório.

Essa interação é essencial para que a regulação seja efetiva, conectada com a realidade econômica e social. Porém, a sinergia entre reguladores e outras entidades deve respeitar limites éticos, evitando-se que os agentes do mercado regulado tenham relação promíscua com o poder público, influenciando a atuação e as decisões da agência reguladora e comprometendo a sua imparcialidade, algo que deve ser evitado através dos órgãos e processos de controle interno e externo, do poder disciplinar e das ações constitucionais.

George Stigler[45] afirma que "em regra, a regulação é adquirida pela indústria e é projetada e operada principalmente para seu benefício".

A captura da agência reguladora pelo setor regulado pode ser ensejada pela assimetria de informação existente entre as partes, de maneira que requisitos econômicos ou técnicos desejáveis pelo setor regulado, mas desfavoráveis à coletividade, sejam materializados nas normas regulatórias.

Sérgio Guerra[46] assinala que os conselheiros (*Commissioners*) que compõem o corpo dirigente das Agências não deixam de ser suscetíveis ao processo eleitoral e influência por grupos econômicos, o que repercute na "contaminação das Agências Reguladoras pelos diversos grupos de interesses, com vistas à obtenção de benefícios".

---

[44] NIEBUHR, Pedro; OLIVEIRA, Cláudio Ladeira de; MEDEIROS, Isaac Kofi. Controle e deferência judicial à Administração Pública: um ensaio sobre a doutrina Chevron e o artigo 22 da LINDB. In: MAFFINI, Rafael; RAMOS, Rafael. (Coords.) *Nova LINDB*: consequencialismo, deferência judicial, motivação e responsabilidade do gestor público. Rio de Janeiro: Lumen Juris, 2020. p. 73-92. p. 81.

[45] STIGLER, George. The Theory of Economic Regulation. *The Bell Journal of Economics and Management Science*, v. 1, n. 1, pp. 3-21, 1971. p. 3.

[46] GUERRA, Sérgio. Teoria da Captura de Agência Reguladora em Sede Pretoriana. *Revista de Direito Administrativo*, v. 244, p. 330-347, 2007 332

Por isso, deve ser cuidadosa a escolha de membros para a composição dos órgãos colegiados das Agências Reguladoras, observando-se os pressupostos de formação técnica, experiência profissional, idoneidade moral e ausência de impedimento, de acordo com a Lei das Agências Reguladoras.

Em decisão recente, o STF, no bojo da ADI 6276, julgou improcedente o pedido de declaração de inconstitucionalidade de normas que impedem a participação de membros que exerçam cargo em organização sindical do setor regulado na composição das Diretorias Colegiadas. Eis a ementa:

DIREITO CONSTITUCIONAL. AÇÃO DIRETA DE INCONSTITUCIONALIDADE. LEGITIMIDADE ATIVA DA CONFEDERAÇÃO NACIONAL DE TRANSPORTE – CNT. ALTERAÇÃO DO ART. 8º-A, II E VII, DA LEI N. 9.986/2008, COM REDAÇÃO DADA PELA LEI N.13.848/2019. VEDAÇÃO DE INDICAÇÃO DE PESSOA QUE EXERÇA CARGO EM ORGANIZAÇÃO SINDICAL PARA O CONSELHO DIRETOR OU DIRETORIA COLEGIADA DAS AGÊNCIAS REGULADORAS. OFENSA AOS ARTS. 1º, 5º, VIII, XIII E XVII, 8º, I, 19, III, e 37, I E VI, DA CONSTITUIÇÃO DA REPÚBLICA. OFENSA AOS ARTS. 4º E 5º DA CONVENÇÃO 121 DA OIT. INEXISTÊNCIA. AÇÃO DIRETA CONHECIDA E PEDIDO JULGADO IMPROCEDENTE. 1. A requerente visa à declaração de inconstitucionalidade de normas que impedem a participação de membros que exerçam cargo na organização sindical na composição das Diretorias Colegiadas, órgãos de gestão e organização, em que são discutidos os processos decisórios. Não havendo confederação que represente todos os setores regulados por agências, há interesse da CNT nas decisões proferidas no âmbito da Diretoria da ANTT. Tal interpretação vai ao encontro, assim, da desejada ampliação do debate democrático no âmbito da jurisdição constitucional, de modo que reconheço a legitimidade da entidade autora, rejeitando a preliminar arguida. 2. A regulação tem como objetivo promover o interesse público, atingindo seu objetivo quando veicula um processo político eficiente acompanhado de atuação de agências reguladoras também eficientes. 3. A atuação independente e tecnicamente justificada deve ser realizada por um Conselho Diretor ou Diretoria Colegiada imparcial, sendo os impedimentos previstos pelo legislador destinados à impessoalidade da gestão. 4. A exigência de preenchimento de certos requisitos para a ocupação de cargos públicos, quando devidamente justificada e por meio legal, não implica discriminação inconstitucional. No caso, há a justificativa racional de preservar a atuação técnica e impessoal das agências. 5. Pedido de declaração de inconstitucionalidade julgado improcedente[47].

Nos fundamentos da decisão, assinala-se que os membros da diretoria colegiada, considerando-se a necessidade de tomada de decisões imparciais, devem

---

[47] STF, ADI 6276/DF, rel. Min. Edson Fachin, Plenário, julgado em 20-9-2021, *DJe* 27-9-2021.

ser isentos de influências políticas, sociais e econômicas externas à própria finalidade da agência reguladora.

Marçal Justen Filho[48], sobre a apropriação das agências reguladoras pelo poder político, traz importantes considerações:

> A função regulatória reservada a determinados cargos torna-os especialmente relevantes no quadro da partilha de poder político-partidário. Como decorrência, incrementa-se a disputa pela titularidade dos aludidos cargos e funções. O acesso aos cargos públicos correspondentes e a permanência neles deixa de ser dependente de virtudes ou qualidades pessoais do ocupante, para transformar-se em vicissitude política. Aquilo que se poderia identificar como geopolítica partidária resulta numa espécie de feudalização das estruturas burocráticas. Determinados partidos políticos aderem ao governante mediante a obtenção do controle político sobre os órgãos encarregados da regulação. Os correligionários são indicados para ocupação de certas áreas (regulatórias, inclusive), independentemente de maior ou menor qualificação pessoal. Daí deriva a consagração de uma filosofia regulatória trágica, consistente na sua instrumentalização para projetos políticos individuais ou partidários. A regulação se configura, então, eivada de subjetivismo, parcialidade e de contradição com a técnica.

Obviamente, as agências reguladoras devem atuar em harmonia com o Poder Legislativo, máxime porque as atribuições dessas entidades estão sob a égide da lei. O que se está a apontar é o loteamento partidário das posições de cúpula das agências, em detrimento da qualidade da regulação.

A captura pode ser efetuada mesmo pela Administração direta, na figura da pasta supervisora ou do chefe do Poder Executivo, quando influenciada a agência para que tome decisões atécnicas ou ignore regulamentos ou contratos (ex: contrato de concessão de serviço público), com vistas a satisfazer pretensões políticas ilegítimas.

A captura pode ocorrer de modo patente ou, em determinadas situações (embora incomuns), sequer seja percebida pela agência, quando no processo regulatório, a agência seja induzida à inserção de requisitos técnicos nas proposições, apresentados como instrumentos salutares, porém enviesados à satisfação de determinados grupos de interesse. Tal situação é factível principalmente quando a agência não possui pessoal especializado para atuação sobre o tema regulatório de sua incumbência.

---

[48] JUSTEN FILHO, Marçal. *O direito das agências reguladoras independentes*. São Paulo: Dialética, 2002. p. 359.

Importante distinguir captura de outros institutos jurídicos. Se o regulador, no exercício de sua função ou em razão dela, exerce determinado ato em favor de terceiro, com vistas à obtenção de vantagem indevida, não se trata de captura, mas de **corrupção**.

O crime existe ainda que o ato seja praticado, tenha sua execução postergada ou não seja praticado, em contrariedade ao dever funcional, para atender a pedido ou influência de outrem, conduta tipificada no art. 317, § 2º, do Código Penal.

15.5.1.12.4. *Agências executivas*

Há também, no sistema jurídico nacional, como espécies de autarquias em regime especial ou diferenciado, as **agências executivas**, na forma dos arts. 51 e 52 da Lei n. 9.649/98. Conforme o seu teor:

> Art. 51. O Poder Executivo poderá qualificar como Agência Executiva a **autarquia ou fundação** que tenha cumprido os seguintes requisitos:
> I – ter um plano estratégico de reestruturação e de desenvolvimento institucional em andamento;
> II – ter celebrado Contrato de Gestão com o respectivo Ministério supervisor.
> § 1º A qualificação como Agência Executiva será feita em ato do Presidente da República.
> § 2º O Poder Executivo editará medidas de organização administrativa específicas para as Agências Executivas, visando assegurar a sua autonomia de gestão, bem como a disponibilidade de recursos orçamentários e financeiros para o cumprimento dos objetivos e metas definidos nos Contratos de Gestão.
> Art. 52. Os planos estratégicos de reestruturação e de desenvolvimento institucional definirão diretrizes, políticas e medidas voltadas para a racionalização de estruturas e do quadro de servidores, a revisão dos processos de trabalho, o desenvolvimento dos recursos humanos e o fortalecimento da identidade institucional da Agência Executiva.
> § 1º Os Contratos de Gestão das Agências Executivas serão celebrados com periodicidade mínima de um ano e estabelecerão os objetivos, metas e respectivos indicadores de desempenho da entidade, bem como os recursos necessários e os critérios e instrumentos para a avaliação do seu cumprimento.
> § 2º O Poder Executivo definirá os critérios e procedimentos para a elaboração e o acompanhamento dos Contratos de Gestão e dos programas estratégicos de reestruturação e de desenvolvimento institucional das Agências Executivas.

As agências executivas são autarquias ou fundações já criadas e qualificadas como tal através de ato do Presidente da República – portanto, independentemente de lei formal – após o preenchimento de dois requisitos, quais sejam:

(i) ter um **plano estratégico** de reestruturação e de desenvolvimento institucional em andamento; e
(ii) ter celebrado **contrato de gestão** com o respectivo Ministério supervisor.

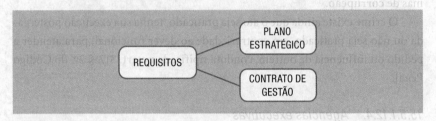

Observe-se que o plano citado tem que ser específico e não um plano geral para toda a Administração e que o segundo requisito termina por mitigar a sua autonomia, pois o contrato de gestão terá certamente cláusulas restritivas à sua independência, apesar do seu objetivo inicial de alargar a autonomia da autarquia ou fundação.

Outra questão tormentosa que surge em relação a essas agências é relativa à ausência de **personalidade jurídica** do Ministério supervisor para firmar contratos. Assim, foi criada figura contratual que desconsidera a teoria geral do Direito, mas o Poder Legislativo não está vinculado aos dogmas jurídicos, estando subordinado somente ao estabelecido pelo Poder Constituinte. Eis o dispositivo constitucional do art. 37 que respalda a criação das agências executivas:

§8º A autonomia gerencial, orçamentária e financeira dos órgãos e entidades da administração direta e indireta poderá ser ampliada mediante contrato, a ser firmado entre seus administradores e o poder público, que tenha por objeto a fixação de metas de desempenho para o órgão ou entidade, cabendo à lei dispor sobre: (Incluído pela Emenda Constitucional n. 19, de 1998)
I – o prazo de duração do contrato;
II – os controles e critérios de avaliação de desempenho, direitos, obrigações e responsabilidade dos dirigentes;
III – a remuneração do pessoal.

O **benefício** mais notado com esta certificação, além é claro da evolução organizacional, é o estabelecido no art. 75, § 2º, da Lei n. 14.133/2021:
Art. 75. É dispensável a licitação:
I - para contratação que envolva valores inferiores a R$ 100.000,00 (cem mil reais), no caso de obras e serviços de engenharia ou de serviços de manutenção de veículos automotores;
II - para contratação que envolva valores inferiores a R$ 50.000,00 (cinquenta mil reais), no caso de outros serviços e compras;

§ 2º Os valores referidos nos incisos I e II do *caput* deste artigo serão duplicados para compras, obras e serviços contratados por consórcio público ou por autarquia ou fundação qualificadas como **agências executivas** na forma da lei. (grifo)

AGÊNCIAS REGULADORAS	AGÊNCIAS EXECUTIVAS
AUTARQUIAS EM REGIME ESPECIAL	AUTARQUIAS OU FUNDAÇÕES PÚBLICAS QUALIFICADAS
NÃO EXISTE DESQUALIFICAÇÃO	PODEM SER DESQUALIFICADAS
ATUAM REGULANDO MERCADOS OU SERVIÇOS PÚBLICOS	ATUAM DE ACORDO COM AS SUAS FINALIDADES INICIALMENTE PREVISTAS
PODEM FIRMAR OU NÃO CONTRATO DE GESTÃO COM O PODER PÚBLICO. CASO FIRMEM, QUALIFICAM-SE TAMBÉM COMO AGÊNCIAS EXECUTIVAS	SOMENTE PODEM SER QUALIFICADAS COMO AGÊNCIAS EXECUTIVAS SE FIRMAREM CONTRATO DE GESTÃO COM O PODER PÚBLICO

15.5.1.12.5. Associações públicas

As **associações públicas** são, segundo a Lei n. 11.107/2005, uma das duas modalidades de consórcios públicos, sendo que a sua natureza é de pessoa jurídica de direito público e de autarquia, na forma do inciso IV do art. 41 do Código Civil.

A sua natureza é também **transfederativa** por representar a união de dois ou mais entes da federação para estabelecer uma nova pessoa jurídica de direito público pertencente a todos os entes envolvidos.

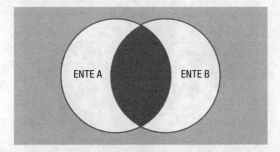

Para a sua criação será necessária a estipulação de um protocolo de intenções, porém, somente poderá ser considerada efetivamente constituída associação pública após a ratificação por lei de cada um dos entes formadores do protocolo de intenções.

A associação pública pertence à Administração Pública indireta de todos os entes instituidores.

Os seus objetivos foram estipulados pela própria Carta Maior, quando afirmou que: "Art. 241. A União, os Estados, o Distrito Federal e os Municípios disciplinarão por meio de lei os consórcios públicos e os convênios de cooperação entre os entes federados, autorizando a gestão associada de serviços públicos, bem como a transferência total ou parcial de encargos, serviços, pessoal e bens essenciais à continuidade dos serviços transferidos".

Dessa maneira, **a associação pública é a pessoa jurídica de direito público transfederativa criada por leis ratificadoras de protocolo de intenções dos entes federativos que integra a Administração Pública indireta de todos os instituidores e tem como objetivo a gestão associada de serviços públicos de interesse comum.**

Feitas as considerações acima apenas, para demonstrar que as associações públicas são autarquias, cumpre informar que o tema consórcio público, incluindo-se as referidas associações, será tratado de maneira mais profunda em item próprio.

15.5.1.12.6. Autarquias territoriais

Nos Estados unitários, as autarquias podem ser também unidades territoriais dotadas de certa autonomia em relação ao governo central, o que ilustra descentralização territorial. No Brasil, já existiram autarquias territoriais (territórios) e ainda há previsão para a sua criação.

Eis a norma constitucional:

Art. 18. A organização político-administrativa da República Federativa do Brasil compreende a União, os Estados, o Distrito Federal e os Municípios, todos autônomos, nos termos desta Constituição.

§1º Brasília é a Capital Federal.

§2º Os Territórios Federais integram a União, e sua criação, transformação em Estado ou reintegração ao Estado de origem serão reguladas em lei complementar.

§3º Os Estados podem incorporar-se entre si, subdividir-se ou desmembrar-se para se anexarem a outros, ou formarem novos Estados ou Territórios Federais, mediante aprovação da população diretamente interessada, através de plebiscito, e do Congresso Nacional, por lei complementar". (grifo)

Hoje, as autarquias existentes não possuem a característica **territorial**; estão relacionadas à prestação de serviços públicos específicos, o que ilustra a descentralização de **serviço ou funcional**.

As questões relativas a regime jurídico, controle, patrimônio, regime de pessoal, orçamento, competência para processar e julgar as suas causas, responsabilidade civil, imunidade tributária, licitação e contratos e prerrogativas das autarquias territoriais são – salvo questões específicas aqui tratadas – idênticas às autarquias gerais.

Gize-se, novamente, que a criação de territórios, segundo alguns autores, não se trata de descentralização, por não envolver diretamente a prestação de serviço público e sim a administração de área territorial com a prestação indireta ou mediata de serviço público, fazem, dessa forma, questão de afirmar que se fosse qualificada como algum tipo de descentralização deveria ser chamada de **descentralização política** por envolver discricionariedade atribuída pela Constituição para a utilização estratégica das áreas geográficas da nação.

15.5.2. Fundação pública de direito público e de direito privado

15.5.2.1. Fundação pública de direito público

15.5.2.1.1. Introdução

O inciso IV do art. 5º do Decreto-Lei n. 200/67 conceitua a **Fundação Pública** da seguinte forma: "IV – Fundação Pública – a entidade dotada de personalidade jurídica de direito privado, sem fins lucrativos, criada em virtude de autorização legislativa, para o desenvolvimento de atividades que não exijam execução por órgãos ou entidades de direito público, com autonomia administrativa, patrimônio próprio gerido pelos respectivos órgãos de direção, e funcionamento custeado por recursos da União e de outras fontes (Incluído pela Lei n. 7.596, de 1987)".

Trata-se de mais uma entidade que pode ser criada pelo Poder Executivo para descentralizar a prestação de atividades públicas, em especial, serviços públicos.

15.5.2.1.2. *Regime jurídico*

Apesar do inciso IV do art. 5º do Decreto-Lei n. 200/67 afirmar textualmente que a sua personalidade jurídica é de direito privado, as fundações públicas de direito público, segundo a maioria da doutrina e a jurisprudência pátrias, têm a mesma **natureza jurídica das autarquias**, sendo certo que o seu regime é de direito público.

Contudo, diferem destas por representarem a afetação de um determinado patrimônio para uma finalidade específica. Assim, enquanto as autarquias têm o seu patrimônio como elemento acessório, as fundações têm o patrimônio como elemento principal da sua existência.

Ressalte-se que tudo que foi estudado sobre autarquias nos itens anteriores aplica-se às fundações públicas que são chamadas, inclusive, de autarquias fundacionais ou fundações autárquicas.

Não obstante, existe fecundo debate na doutrina sobre a natureza jurídica de direito público ou privado das fundações.

Sobre a natureza jurídica da fundação pública, digladiam-se **três correntes**:

a) a que defende a **impossibilidade** do Poder Público de o Poder Público criar fundações;

b) a que defende a sua natureza ser apenas de **direito privado**, mesmo quando criadas pelo Poder Público; e

c) a que defende que o Poder Público pode criar fundações com natureza jurídica de **direito privado ou direito público** por sua escolha.

A primeira entende que as fundações somente podem ser instituídas por particulares, visto que o seu regime privado é incompatível com as finalidades e restrições que são próprias das relações estatais.

A segunda entende que o Poder Público não pode mudar a essência das fundações, portanto, apesar de poder se valer desse instrumento, não pode alterar a sua natureza jurídica de direito privado e não pode afastar a incidência completa das normas do Código Civil.

A terceira, adotada por Maria Sylvia Zanella Di Pietro[49], afirma, *com grande pertinência*, que o ente da federação pode criar, por sua escolha, a fundação com a personalidade de direito público ou com a personalidade de direito privado.

Carlos Pinto Coelho Motta (Coord.)[50] lembra bem que houve alteração normativa no conceito jurídico formal de fundação, afirmando que a Lei n. 7.596/87, ao alterar o inciso IV do art. 5º do Decreto-Lei n. 200/67, incluiu as fundações públicas entre as entidades da Administração Pública indireta e atribui-lhe a natureza de direito privado. Dessa forma, é incontestável a possibilidade legal de criação de fundações pelo Poder Público.

Além disso, a própria CF/88 possibilitou a sua criação, seja com natureza autárquica, seja com natureza de direito privado. Quando a natureza for de fundação pública de direito público (fundação autárquica), a criação dar-se-á através de lei. Quando a sua natureza for de fundação pública de direito privado, a sua criação será precedida de lei autorizativa. Eis a norma da qual podem ser extraídas as conclusões acima: "XIX – somente por lei específica poderá ser criada autarquia e autorizada a instituição de empresa pública, de sociedade de economia mista e de fundação, cabendo à lei complementar, neste último caso, definir as áreas de sua atuação".

15.5.2.1.3. Controle

O **controle** é exercido pelo ente através da nomeação e exoneração *ad nutum* dos seus dirigentes, da aferição finalística do que foi estabelecido pela lei e da possibilidade de recurso hierárquico impróprio[51] para o Ministro ou Secretário da pasta à qual a entidade está vinculada.

O controle do ente criador pode ser chamado também de poder de supervisão ou tutela administrativa.

Não há relação hierárquica com o ente criador, sendo necessário, contudo, o controle finalístico. Assim, será averiguado o atendimento à finalidade estabelecida em lei para a fundação pública de direito público, a sua adequação ao orçamento aprovado pelo Congresso Nacional e o atingimento de metas e execução

---

[49] DI PIETRO, Maria Sylvia Zanella. *Direito administrativo*. 34 ed. Rio de Janeiro: Forense, 2021.

[50] MOTTA, Carlos Pinto Coelho. *Curso prático de direito administrativo*. 2. ed. Belo Horizonte: Del Rey, 2004.

[51] STJ, RMS 12.386/RJ, rel. Min. Franciulli Netto, 2ª Turma, julgado em 19-2-2004, *DJ* 19-4-2004, p. 168.

de planos estabelecidos pela Administração Pública direta, pela lei e pelos órgãos de controle externo.

A fiscalização contábil, financeira, orçamentária, operacional e patrimonial da União e das entidades da administração direta e indireta, quanto à legalidade, legitimidade, economicidade, aplicação das subvenções e renúncia de receitas, será exercida pelo Congresso Nacional, mediante controle externo, e pelo sistema de controle interno de cada Poder, na forma do art. 70 da Carta Maior.

Assim, além do controle interno que é feito pela própria Administração Pública criadora e pelos órgãos de controle das próprias fundações públicas, há o controle externo realizado pelo Poder Legislativo através do Tribunal de Contas da União.

O Ministério Público e a sociedade também exercem controle sobre as fundações públicas, visto que dispõem de instrumentos judiciais e extrajudiciais para a verificação do atendimento às suas finalidades gerais e específicas.

15.5.2.1.4. *Patrimônio*

O patrimônio da fundação pública de direito público é considerado público, gozando, portanto, das prerrogativas de impenhorabilidade, de imprescritibilidade (impossibilidade de aquisição por usucapião, §3º do art. 183 da CF/88), de não onerabilidade e de inalienabilidade relativa.

O art. 98 do CC demonstra claramente a natureza jurídica dos bens das fundações públicas de direito público, dispondo que "São públicos os bens do domínio nacional pertencentes às pessoas jurídicas de direito público interno; todos os outros são particulares, seja qual for a pessoa a que pertencerem".

A fundação pública de direito público terá autonomia para adquirir bens e serviços, sendo que o seu patrimônio pode ser oriundo do ente criador, decorrer do aproveitamento de bens de outras pessoas jurídicas estatais ou de aquisição própria originária. Caso a fundação pública de direito público seja extinta, exige--se que seja através de lei e os seus bens, em regra, retornam ao ente criador, porém, nada impede que a lei de extinção dê outra destinação. Por exemplo, a incorporação dos bens da extinta entidade ao acervo patrimonial de uma já existente.

Os pagamentos devidos pelas fundações públicas ora tratadas, em virtude de sentença judicial, far-se-ão exclusivamente na ordem cronológica de apresentação dos precatórios e à conta dos créditos respectivos, proibida a designação de casos ou de pessoas nas dotações orçamentárias e nos créditos adicionais abertos para este fim, de acordo com o art. 100 da Carta Maior.

15.5.2.1.5. Regime de pessoal

Às fundações públicas de direito público, devem ser aplicadas todas as normas dos arts. 37 a 41 da Carta Magna, estando assim compelida a realizar concurso público de provas ou de provas e títulos para a admissão de pessoal efetivo, a observar o teto remuneratório, a licitar, a observar a regra da vedação de acumulação de cargos, empregos e funções públicos, as normas de aposentação e de aquisição de estabilidade etc.

O *caput* do art. 39 da CF/88 denota a incidência das normas relativas ao pessoal do respectivo ente da federação às suas fundações públicas de direito público. *Vide* o texto: "Art. 39. A União, os Estados, o Distrito Federal e os Municípios instituirão, no âmbito de sua competência, regime jurídico único e planos de carreira para os servidores da administração pública direta, das autarquias e das fundações públicas. (*Vide* ADI n. 2.135-4)".

Os seus servidores são disciplinados pela Lei n. 8.112/90 que dispõe sobre o regime jurídico dos servidores públicos da União, das autarquias e das fundações públicas federais.

Não se deve esquecer que foi promulgada a Emenda Constitucional n. 19, em 4 de junho de 1998, que, ao alterar o *caput* do art. 39 da CF/88, excluiu a imposição de **regime jurídico único**, a fim de possibilitar a contratação de empregados públicos.

De fato, não se pode conceber que um motorista da Administração Pública seja servidor público, goze das garantias constitucionais, inclusive da estabilidade, e do regime jurídico único da Lei n. 8.112/90.

Contudo, a eficácia da alteração do *caput* do art. 39 da Carta Maior durou apenas o período compreendido entre 4 de junho de 1998 e 7 de março de 2008, em virtude do deferimento *ex nunc* da medida cautelar na ADI 2.135/DF pelos Ministros do STF que declarou inconstitucional a alteração do *caput* citado e manteve a redação original de 5 de outubro de 1988.

Atualmente, a **redação válida** é a que estabelece **regime jurídico único,** portanto, a que impede a contratação de empregados públicos, apesar de ter sido possível no período compreendido entre 4 de junho de 1998 e 7 de março de 2008. Assim, a Lei n. 9.962/2000, que é aplicável às fundações públicas, teve a sua eficácia restringida aos empregados públicos contratados naquele lapso temporal.

Consequentemente, não é possível afirmar que todos os agentes públicos de uma fundação pública de direito público são servidores públicos, em virtude da possibilidade, ainda que remota, de ter havido contratação de empregado público no período em que era permitida.

Cumpre ressaltar que a admissão de pessoal deve, na forma do inciso II do art. 37 da CF/88, ser precedida de concurso público de provas ou de provas e títulos, somente sendo excepcionada tal imposição para as nomeações em cargos em comissão declarados em lei de livre nomeação e exoneração.

15.5.2.1.6. Orçamento

O **orçamento** e as normas de Direito Financeiro das fundações públicas são listados nos arts. 165 a 169 da Constituição atual.

Na forma do §5º do art. 165 da CF/88, a lei orçamentária anual compreenderá o orçamento fiscal referente aos Poderes da União, seus fundos, órgãos entidades da administração direta e indireta, inclusive fundações mantidas pelo Poder Público.

15.5.2.1.7. Competência para processar e julgar as suas causas

Na forma do inciso I do art. 109 da CF/88, a competência é dos juízes federais para processar e julgar as causas nas quais entidades **autárquicas federais** forem interessadas na condição de autoras, rés, assistentes ou oponentes, exceto as de falência, as de acidentes de trabalho e as sujeitas à Justiça Eleitoral e à Justiça do Trabalho.

As fundações públicas de direito público são classificadas pela doutrina e pela jurisprudência como entidades autárquicas, chegando a serem chamadas de fundações autárquicas. Assim, a competência para processar e julgar as suas causas é do mesmo juízo para julgar as causas das autarquias gerais. Eis decisão do STF sobre o tema:

RECURSO EXTRAORDINÁRIO. FUNDAÇÃO NACIONAL DE SAÚDE. CONFLITO DE COMPETÊNCIA ENTRE A JUSTIÇA FEDERAL E A JUSTIÇA COMUM. NATUREZA JURÍDICA DAS FUNDAÇÕES INSTITUÍDAS PELO PODER PÚBLICO.

1. **A Fundação Nacional de Saúde, que é mantida por recursos orçamentários oficiais da União e por ela instituída, é entidade de direito público.**

2. **Conflito de competência entre a Justiça Comum e a Federal. Art. 109, I da Constituição Federal. Compete à Justiça Federal processar e julgar ação em que figura como parte fundação pública, tendo em vista sua situação jurídica conceitual assemelhar-se, em sua origem, às autarquias.**

3. **Ainda que o art. 109, I da Constituição Federal, não se refira expressamente às fundações, o entendimento desta Corte é o de que a finalidade, a origem dos recursos e o regime administrativo de tutela absoluta a que, por lei, estão sujeitas, fazem delas espécie do gênero autarquia.**

4. **Recurso extraordinário conhecido e provido para declarar a competência da Justiça Federal.** (RE 215741, Relator (a): Min. MAURÍCIO CORRÊA, -Se-

gunda Turma, julgado em 30-3-1999, *DJ* 04-06-1999 PP-00019 EMENT VOL-01953-04 PP-00781) (grifo)

Quando se tratar de fundações públicas de direito público estaduais, distritais e municipais, a competência para julgar os seus feitos será estabelecida na lei de organização judiciária do Estado, em relação a suas fundações públicas e às fundações públicas dos seus Municípios, ou na lei de organização judiciária do Distrito Federal, em relação a suas autarquias.

Na Lei n. 10.845/2007, que dispõe sobre a Organização e Divisão Judiciária do Estado da Bahia, a administração e o funcionamento da Justiça e serviços auxiliares, ficou estabelecido, por exemplo, que a competência para julgar as fundações é dos juízes da Vara da Fazenda Pública. Eis a norma:

Art. 70 – Aos Juízes das Varas da Fazenda Pública compete:

(...)

II – processar e julgar, em matéria administrativa: a) as causas em que os Municípios e o Estado da Bahia, suas autarquias e fundações sejam interessados;

15.5.2.1.8. Responsabilidade civil

O art. 37, §6º, da Carta Maior, estabelece que a responsabilidade das fundações públicas de direito público em relação à prestação de serviço público é objetiva. *Vide* a norma: "As pessoas jurídicas de direito público e as de direito privado prestadoras de serviços públicos responderão pelos danos que seus agentes, nessa qualidade, causarem a terceiros, assegurado o direito de regresso contra o responsável nos casos de dolo ou culpa".

Deve ser lembrado, porém, que, em casos de omissão, a responsabilidade será, em regra, subjetiva, na forma do art. 927 a 943 do CC[52]. Há autores que defendem a inaplicabilidade das normas de Direito Civil referentes à responsa-

---

[52] ADMINISTRATIVO E DIREITO PÚBLICO. ESCOLA. SAÍDA DE ALUNO. ESTUPRO DE MENOR EM REGULAR HORÁRIO ESCOLAR. LIBERAÇÃO. RESPONSABILIDADE CIVIL SUBJETIVA DO ESTADO. OMISSÃO. DEVER DE VIGILÂNCIA. NEGLIGÊNCIA. CARACTERIZAÇÃO. ARTS. 186 E 927 DO NOVO CÓDIGO CIVIL. DANO MORAL. (...)

IV – Violação aos arts. 186 e 927 do Código Civil caracterizada, bem como a responsabilidade subjetiva do Estado na hipótese, devendo os autos retornarem ao Tribunal a quo, por ser a Corte competente para, diante do exame do quadro fático-probatório, fixar a indenização respectiva.

V – Recurso provido (STJ, REsp 819.789/RS, Rel. Ministro FRANCISCO FALCÃO, PRIMEIRA TURMA, julgado em 25-4-2006, *DJ* 25-5-2006, p. 191).

bilidade civil do Estado por ato omissivo, mas não apontam os dispositivos legais que seriam utilizados.

O ente federativo a que pertencer a fundação pública de direito público tem responsabilidade subsidiária em relação aos débitos da sua entidade, portanto, a demanda dirige-se à entidade, apenas tocando a União, os Estados, os Municípios e o Distrito Federal quando restar configurada a sua incapacidade financeira. O ente responderá pelos débitos das fundações públicas de direito público quando o patrimônio destas não for suficiente para atender os credores ou quando forem extintas.

Assim, o seu regime de responsabilidade civil é idêntico ao regime de responsabilidade civil do seu ente criador, salvo em relação à responsabilidade subsidiária que somente existe em relação a este último.

15.5.2.1.9. Imunidade

As fundações públicas de direito público gozam de imunidade, pois é vedado à União, aos Estados, ao Distrito Federal e aos Municípios instituir imposto sobre o seu patrimônio, a sua renda e os seus serviços, vinculados a suas finalidades essenciais ou às delas decorrentes, na forma da alínea *a* do inciso VI e §2º, ambos do art. 150 da Carta Maior.

15.5.2.1.10. Licitação e contratos administrativos

O inciso XXI do art. 37 da Carta Maior aduz que, ressalvados os casos especificados na legislação, as obras, serviços, compras e alienações da Administração Pública direta e indireta serão contratados mediante processo de licitação pública que assegure igualdade de condições a todos os concorrentes, com cláusulas que estabeleçam obrigações de pagamento, mantidas as condições efetivas da proposta, nos termos da lei, o qual somente permitirá as exigências de qualificação técnica e econômica indispensáveis à garantia do cumprimento das obrigações.

A Lei n. 14.133/2021 é plenamente aplicável às fundações públicas de direito público, pois o seu art. 1º afirma que ela estabelece normas gerais de licitação e contratação para as Administrações Públicas diretas, autárquicas e **fundacionais** da União, dos Estados, do Distrito Federal e dos Municípios.

15.5.2.1.11. Prerrogativas

As fundações públicas de direito público têm:

a)   prazo em dobro para todas as suas manifestações processuais em juízo, na forma do art. 183 do CPC, com intimação pessoal. Contudo, as ações com rito especial próprio, por exemplo, mandado de segurança, não terão para as suas manifestações processuais prazo em dobro, pois serão observados os prazos especiais;

b) isenção de custas judiciais, ressalvada a obrigação de reembolsar as despesas processuais realizadas pela parte vencedora, de acordo com o inciso I e o parágrafo único do art. 4º da Lei n. 9.289/96;

c) dispensa de exibição de instrumento de mandato em juízo pelos procuradores e advogados do seu quadro de pessoal, haja vista a publicidade dos seus atos de nomeação e posse;

d) dispensa de depósito prévio para a interposição de recursos, conforme o art. 1º-A da Lei n. 9.494/97, e, na forma do art. 968, §1º, do CPC, dispensa de depósito dos 5% sobre o valor da causa na propositura de ação rescisória;

e) não sujeição, na cobrança judicial da Dívida Ativa da Fazenda Pública, a concurso de credores ou habilitação em falência, concordata, liquidação, inventário ou arrolamento, em conformidade no art. 29 da Lei n. 6.830/80, observando-se somente o concurso de preferência entre pessoas jurídicas de direito público, na seguinte ordem: I – União e suas autarquias; II – Estados, Distrito Federal e Territórios e suas autarquias, conjuntamente e *pro rata*; e III – Municípios e suas autarquias, conjuntamente e *pro rata*;

f) sujeição ao duplo grau de jurisdição, não produzindo efeito senão depois de confirmada, pelo tribunal, a sentença proferida, conforme o art. 496 do CPC. Eis a norma:

Art. 496. Está sujeita ao duplo grau de jurisdição, não produzindo efeito senão depois de confirmada pelo tribunal, a sentença:

I – proferida contra a União, os Estados, o Distrito Federal, os Municípios e suas respectivas autarquias e fundações de direito público;

II – que julgar procedentes, no todo ou em parte, os embargos à execução fiscal.

§1º Nos casos previstos neste artigo, não interposta a apelação no prazo legal, o juiz ordenará a remessa dos autos ao tribunal, e, se não o fizer, o presidente do respectivo tribunal avocá-los-á.

§2º Em qualquer dos casos referidos no §1º, o tribunal julgará a remessa necessária.

§3º Não se aplica o disposto neste artigo quando a condenação ou o proveito econômico obtido na causa for de valor certo e líquido inferior a:

I – 1.000 (mil) salários mínimos para a União e as respectivas autarquias e fundações de direito público;

II – 500 (quinhentos) salários mínimos para os Estados, o Distrito Federal, as respectivas autarquias e fundações de direito público e os Municípios que constituam capitais dos Estados;

III – 100 (cem) salários mínimos para todos os demais Municípios e respectivas autarquias e fundações de direito público.

§4º Também não se aplica o disposto neste artigo quando a sentença estiver fundada em:

I – súmula de tribunal superior;

II – acórdão proferido pelo Supremo Tribunal Federal ou pelo Superior Tribunal de Justiça em julgamento de recursos repetitivos;

III – entendimento firmado em incidente de resolução de demandas repetitivas ou de assunção de competência;

IV – entendimento coincidente com orientação vinculante firmada no âmbito administrativo do próprio ente público, consolidada em manifestação, parecer ou súmula administrativa.

g) não sujeição à execução comum, devendo ser observado o art. 100 da CF/88; e

h) imunidade tributária, na forma da alínea *a* do inciso VI do art. 150 da Carta Maior.

Segundo o art. 1º do Decreto n. 20.910/35, "as dívidas passivas da União, dos Estados e dos Municípios, bem assim todo e qualquer direito ou ação contra a fazenda federal, estadual ou municipal, incluídas as autarquias e fundações públicas, seja qual for a sua natureza, prescrevem em cinco anos contados da data do ato ou fato do qual se originarem".

Na forma dos seus arts. 8º e 9º, "a prescrição somente poderá ser interrompida uma vez e a prescrição interrompida recomeça a correr, pela metade do prazo, da data do ato que a interrompeu ou do último ato ou termo do respectivo processo"[53].

15.5.2.2. Fundação pública de direito privado

15.5.2.2.1. *Introdução*

As **fundações** não se confundem com as associações ou sociedades, pois aquelas representam a personalização de patrimônio para uma finalidade estabelecida nos seus atos constitutivos enquanto estas têm com elemento principal a afeição pessoal entre os sócios ou associados para a consecução de objetivo comum definido nos seus atos constitutivos.

---

[53] Súmula 383 do STF: "A prescrição em favor da fazenda pública recomeça a correr, por dois anos e meio, a partir do ato interruptivo, mas não fica reduzida aquém de cinco anos, embora o titular do direito a interrompa durante a primeira metade do prazo".

A afetação de patrimônio para determinado fim pode ser feita pelo particular ou por pessoa jurídica de direito público. No primeiro caso, ter-se-á uma fundação privada não estatal, já no segundo caso criar-se-á uma fundação pública de direito privado.

15.5.2.2.2. Regime jurídico

A criação de **fundação pública de direito privado** pelo Poder Público não pode ter o escopo de afastar as normas constitucionais referentes à Administração Pública indireta, visto que até as empresas estatais estão submetidas à maioria destes imperativos. Todavia, essas fundações governamentais eminentemente privadas não gozam das prerrogativas das pessoas jurídicas de direito público.

O seu regime híbrido ou misto assemelha-se bastante ao regime privado das empresas públicas, não sendo, porém, a fundação pública de direito privado um instrumento de exploração da atividade econômica diretamente pelo Estado, e sim de prestação de serviço público ou de utilidade pública que, na forma do inciso XIX do art. 37 da CF/88, será definida por lei complementar.

As fundações públicas de direito privado fazem parte da Administração Pública indireta, portanto, incidem as normas do art. 37 da CF/88 na sua atua--ção. Contudo, não editam, por exemplo, atos administrativos, visto que esse instrumento de manifestação de vontade da Administração Pública somente pode utilizado pelas pessoas jurídicas de direito público.

A sua criação decorre da impossibilidade, da inviabilidade ou da inexistência de conveniência e oportunidade devidamente justificadas de consecução do interesse público através das pessoas jurídicas de direito público ou da necessidade de prestação de serviços de utilidade pública.

A sua instituição dar-se-á através do ato formal de criação de fundações privadas, qual seja: um estatuto, observando-se que, por tratar-se de entidade estatal, como acontece em relação às empresas públicas e às sociedades de economia mista, depende de prévia autorização legal para a sua instituição e extinção.

Exemplo de fundação privada é a Fundação Padre Anchieta (Centro Paulista de Rádio e TV Educativas), instituída pelo governo do Estado de São Paulo em 1967.

15.5.2.2.3. Controle

O **controle** pode ser exercido pelo ente através da nomeação e exoneração *ad nutum* dos seus dirigentes desde que o estatuto de criação lhe outorgue essa prerrogativa. Ressalte-se que o estatuto elaborado pelo ente estatal criador pode

258   CURSO DE DIREITO ADMINISTRATIVO

estabelecer outra forma de escolha dos seus dirigentes, por exemplo, eleição por um conselho específico da própria fundação. Neste caso, o controle pautado na escolha dos dirigentes não existirá.

Apesar de haver a possibilidade de o ente atribuir grande autonomia à fundação pública de direito privado, não se deve esquecer que para a sua criação faz-se necessária autorização por lei. A edição e a revogação da lei autorizativa fazem parte da discricionariedade do ente. Assim, caso a finalidade estabelecida em lei não esteja sendo observada, uma nova lei pode retirar a sua autorização e determinar o desfazimento da fundação em tela.

Não há relação hierárquica com o ente criador, sendo necessário, contudo, o controle finalístico, a supervisão ministerial ou a tutela administrativa. Dessa maneira, será averiguado o atendimento à finalidade estabelecida em lei para a fundação pública de direito privado, a sua adequação ao orçamento aprovado pelo Congresso Nacional e o atingimento de metas e execução de planos estabelecidos pela Administração Pública direta, pela lei e pelos órgãos de controle externo.

A fiscalização contábil, financeira, orçamentária, operacional e patrimonial da União e das entidades da administração direta e indireta, quanto à legalidade, legitimidade, economicidade, aplicação das subvenções e renúncia de receitas, será exercida pelo Congresso Nacional, mediante controle externo, e pelo sistema de controle interno de cada Poder, na forma do art. 70 da Carta Maior.

Assim, além do controle interno que é feito pela própria Administração Pública criadora e pelos órgãos de controle das próprias fundações públicas de direito privado, há o controle externo realizado pelo Poder Legislativo através do Tribunal de Contas da União.

O Ministério Público e a sociedade também exercem controle sobre as fundações públicas de direito privado, visto que dispõem de instrumentos judiciais e extrajudiciais para a verificação do atendimento às suas finalidades gerais e específicas.

15.5.2.2.4. Patrimônio

O patrimônio das fundações públicas de direito privado é privado, visto que, antes da constituição, o ente federativo destaca e desafeta parte do seu patrimônio público para a criação, mas é o seu instrumento de constituição válido, precedido de autorização legal, que transforma aquele patrimônio público em patrimônio privado.

A universalidade de bens destinada a fundação em tela deixa de ter como titular uma pessoa jurídica de direito público para ter como titular uma pessoa jurídica de direito privado. Pode ser visto, dessa forma, o mesmo fenômeno jurídico da constituição de uma empresa pública, inicialmente o patrimônio é destacado do ente para a criatura.

Consequentemente, o patrimônio da fundação citada, segundo parte da doutrina e da jurisprudência e na sua essência, é penhorável, está sujeito a usucapião, pode ser onerado e alienado. Se o bem estiver afetado à prestação de algum serviço público ou for de uso especial, dependerá de desafetação prévia para ser alienado. Ressalte-se, ainda, que o ente instituidor tem responsabilidade subsidiária em relação aos débitos da fundação instituída.

A penhorabilidade dos bens das fundações públicas de direito privado foi a tese adotada no seguinte acórdão do Tribunal Regional Federal da 2ª Região. Segue o texto:

> EMBARGOS DE TERCEIRO. FUNDAÇÃO CRIADA PELO PODER PÚBLICO MUNICIPAL. PERSONALIDADE JURÍDICA DE DIREITO PRIVADO. BENS PENHORÁVEIS. PROCEDIMENTO DE EXECUÇÃO. LEI N. 6.830/80.
>
> Em regra, os bens de fundação de direito privado, ainda que instituída pelo Poder Público, são bens particulares, nos exatos termos do art. 98 do Código Civil. **Correta a sentença que desacolheu embargos de terceiro, opostos pelo poder público municipal, objetivando a desconstituição da penhora de imóvel em execução fiscal, integrante do patrimônio de fundação.**
>
> O Supremo Tribunal Federal assinala que a distinção entre fundações públicas e privadas decorre da forma como foram criadas, da opção legal pelo regime jurídico a que se submetem, da titularidade de poderes e também da natureza dos serviços por elas prestados.
>
> As fundações de direito privado não possuem as prerrogativas aplicáveis às fundações de direito público e seus bens são, em regra, penhoráveis. Apelação desprovida (TRF-2 – AC: 201050030003697 RJ 2010.50.03.000369-7, Relator: Desembargador Federal GUILHERME COUTO, Data de Julgamento: 30-7-2012, SEXTA TURMA ESPECIALIZADA, Data de Publicação: E-DJF2R – Data: 6-8-2012 – Página: 197).

Não obstante, a penhorabilidade pode ser afastada pela afetação do patrimônio à prestação de serviço público. O Tribunal de Justiça do Rio Grande do Sul já se manifestou pela impenhorabilidade nesse caso. *Vide* acórdão abaixo:

> AGRAVO DE INSTRUMENTO. RESPONSABILIDADE CIVIL. FASE DE CUMPRIMENTO DE SENTENÇA. **FUNDAÇÃO DE DIREITO PRIVADO MANTIDA PELO ESTADO. IMPENHORABILIDADE DOS BENS. NATUREZA PÚBLICA DO SERVIÇO PRESTADO.** Embora não se desconheça que a FASE (Fundação de Atendimento Sócio-Educativo do Rio Grande do Sul) possui personalidade jurídica de direito privado, a mesma é vinculada ao Estado do Rio Grande do Sul, tendo sido criada através da Lei Estadual N. 11.800/2002, possuindo, ainda, patrimônio público, impondo-se a aplicação

das regras de execução aplicáveis à Fazenda Pública. Impenhorabilidade (TJ-RS – AG: 70041009804 RS, Relator: Paulo Roberto Lessa Franz, Data de Julgamento: 8-2-2011, Décima Câmara Cível, Data de Publicação: Diário da Justiça do dia 28-2-2011).

Normalmente, faz-se a seguinte distinção:

a) se a fundação pública de direito privado desempenhar **atividades típicas de Estado ou prestar serviço público**, os seus bens serão impenhoráveis, não podem ser adquiridos por usucapião (imprescritibilidade) e não podem ser onerados; ou

b) se a fundação pública de direito privado **não desempenhar atividades típicas de Estado e não prestar serviço público**, os seus bens serão penhoráveis, sujeitos a usucapião e a oneração.

Observe-se que as prerrogativas do item *a* acima não são decorrentes da natureza jurídica dos bens da fundação pública de direito privado, visto que os seus bens continuam sendo privados, mas sim da afetação dos seus bens ao serviço público prestado. Logo, quando o serviço prestado for de utilidade pública apenas, não há falar de qualquer blindagem dos seus bens.

Essa afetação tem a mesma natureza da afetação dos bens das concessionárias, permissionárias ou autorizatárias de serviços públicos, pois prevalece a destinação dos bens e a necessária continuidade da prestação do serviço público.

15.5.2.2.5. Regime de pessoal

O seu regime de pessoal é **celetista**, sendo regido pelas normas da CLT. Contudo, a contratação dos empregados da fundação pública de direito privado deve observar os imperativos do inciso II do art. 37 da Carta Maior, faz-se necessária a realização de concurso público de provas ou de provas e títulos.

A imposição de concurso não é por ser tratar de cargo ou emprego público, mas para preservar o princípio da impessoalidade trazido no *caput* do artigo citado e em virtude de a fundação fazer parte da Administração Pública indireta com incidência de todas as vedações e restrições. Por exemplo, a impossibilidade de acumulação de cargos, empregos e funções, salvo as exceções constitucionalmente permitidas.

15.5.2.2.6. Orçamento

O orçamento e as normas de Direito Financeiro das fundações públicas são listados nos arts. 165 a 169 da Constituição atual.

Na forma do §5º do art. 165 da CF/88, a lei orçamentária anual compreenderá o orçamento fiscal referente aos Poderes da União, seus fundos, órgãos entidades da administração direta e indireta, inclusive fundações mantidas pelo Poder Público.

15.5.2.2.7. Competência para julgar causas

As fundações públicas de direito privado equiparam-se às empresas públicas, o que, na forma do inciso I do art. 109 da CF/88, indica a competência dos Juízes Federais para processar e julgar as suas causas. Eis a norma:

Art. 109. Aos juízes federais compete processar e julgar:

I – as causas em que a União, entidade autárquica ou empresa pública federal forem interessadas na condição de autoras, rés, assistentes ou oponentes, exceto as de falência, as de acidentes de trabalho e as sujeitas à Justiça Eleitoral e à Justiça do Trabalho;

O STJ, ao apreciar o tema, decidiu da seguinte forma:

CONFLITO DE COMPETÊNCIA. JUÍZOS FEDERAL E ESTADUAL. AÇÃO ORDINÁRIA AJUIZADA CONTRA FUNDAÇÃO DE APOIO A UNIVERSIDADE PÚBLICA FEDERAL. NATUREZA JURÍDICA DE DIREITO PRIVADO. EQUIPARAÇÃO À EMPRESA PÚBLICA. COMPETÊNCIA DA JUSTIÇA FEDERAL.

1. As fundações públicas federais instituídas sob o regime jurídico de direito privado, conforme jurisprudência desta Corte, equiparam-se às empresas públicas, o que atrai a incidência do art. 109, I, da CF (CC 16.397/RJ, Rel. Ministro Sálvio de Figueiredo Teixeira, Segunda Seção, *DJ* 17-2-1997, p. 2119; CC 721/DF, Rel. Ministro Barros Monteiro, Segunda Seção, *DJ* 6-8-1990, p. 7317; e CC 76/DF, Rel. Ministro Athos Carneiro, Segunda Seção, *DJ* 18-9-1989, p. 14660).

2. Conflito conhecido para declarar competente o Juízo Federal suscitante (CC 124.289/MG, Rel. Ministro SÉRGIO KUKINA, PRIMEIRA SEÇÃO, julgado em 22-4-2015, *DJe* 27-4-2015). (grifo)

Quando se tratar de fundações públicas de direito privado estaduais, distritais e municipais, devem ser observadas as normas de organização judiciária estaduais ou distritais.

15.5.2.2.8. Responsabilidade civil

O art. 37, §6º, da Carta Maior, estabelece que a responsabilidade das fundações públicas de direito privado em relação à prestação de serviço público é objetiva. *Vide* a norma: "As pessoas jurídicas de direito público e as de direito privado prestadoras de serviços públicos responderão pelos danos que seus agentes, nessa qualidade, causarem a terceiros, assegurado o direito de regresso contra o responsável nos casos de dolo ou culpa".

Deve ser lembrado, porém, que, quando não houver prestação de serviço público pela fundação pública de direito privado ou em casos de conduta omissiva em relação a serviço público que lhe foi outorgado ou delegado, a responsabilidade será, em regra, subjetiva, na forma dos arts. 927 a 943 do CC.

Como já foi dito, o ente federativo a que pertencer a fundação pública de direito privado tem responsabilidade subsidiária em relação aos débitos da sua entidade, portanto, a demanda dirige-se à entidade, apenas tocando a União, os Estados, os Municípios e o Distrito Federal quando restar configurada a sua incapacidade financeira. O ente responderá pelos débitos das fundações quando o patrimônio destas não for suficiente para atender os credores ou quando forem extintas.

Assim, o seu regime de responsabilidade civil é idêntico ao regime de responsabilidade civil das empresas públicas.

15.5.2.2.9. Imunidade

Em relação às pessoas jurídicas de direito privado que exploram atividade econômica pertencentes ao Estado não há falar em imunidade. Contudo, as fundações públicas de direito privado não têm como finalidade a exploração de atividade econômica.

Consequentemente, as fundações públicas de direito privado gozam de imunidade, pois é vedado à União, aos Estados, ao Distrito Federal e aos Municípios instituir imposto sobre o seu patrimônio, a sua renda e os seus serviços, vinculados a suas finalidades essenciais ou às delas decorrentes, na forma da alínea *a* do inciso VI e §2º, ambos do art. 150 da Carta Maior.

Observe-se que a norma constitucional utilizou a palavra **fundações** de maneira geral sem fazer qualquer ressalva, sendo este também o entendimento do STF. Eis acórdão:

> Imunidade tributária do patrimônio das instituições de educação, sem fins lucrativos (fundação autárquica mantenedora de universidade federal) (CF, art. 150, VI, c): sua aplicabilidade de modo a preexcluir a incidência do IPTU sobre imóvel de propriedade da entidade imune, ainda quando alugado a terceiro, sempre que a renda dos aluguéis seja aplicada em suas finalidades institucionais (RE 217233, Relator (a): Min. ILMAR GALVÃO, Relator(a) p/ Acórdão: Min. SEPÚLVEDA PERTENCE, Primeira Turma, julgado em 14-8-2001, *DJ* 14-09-2001 PP-00062 EMENT VOL-02043-03 PP-00612).

15.5.2.2.10. *Licitação e contratos administrativos*

As fundações públicas de direito privado fazem parte da Administração Pública indireta. Consequentemente, as suas contratações de serviços e aquisições de bens devem, em regra, observar o procedimento licitatório da Lei n. 14.133/2021.

A Carta Maior é clara ao afirmar no inciso XXI do seu art. 37 que "ressalvados os casos especificados na legislação, as obras, serviços, compras e alienações serão contratados mediante processo de licitação pública que assegure igualdade de condições a todos os concorrentes, com cláusulas que estabeleçam obrigações de pagamento, mantidas as condições efetivas da proposta, nos termos da lei, o qual somente permitirá as exigências de qualificação técnica e econômica indispensáveis à garantia do cumprimento das obrigações".

Isto posto, chega-se à conclusão que o Estado pode criar fundações públicas de direito público e de direito privado, aquelas pessoas jurídicas de direito público semelhantes às autarquias e estas pessoas jurídicas de direito privado estatais. Ambas têm as diferenças já apontadas, mas apresentam como pontos comuns:

a) a existência de um instituidor que precisa afetar um **patrimônio** (universalidade de bens) para uma finalidade específica;

b) uma atividade ou objeto relacionado a **interesse social**; e

c) a **ausência de fins lucrativos**.

15.5.3. Empresas estatais

15.5.3.1. Introdução

A Constituição Federal de 1988 não adotou o liberalismo absoluto como concepção de Estado, determinando que – para a atendimento a imperativos de direitos fundamentais, de segurança nacional e de relevante interesse coletivo – o Poder Público deverá, em alguns momentos, intervir nas relações horizontais travadas pelos particulares e pelos agentes da ordem econômica.

O seu art. 173 privilegiou a livre concorrência e as leis de mercado ao afirmar que a União, em regra, não explorará diretamente a atividade econômica, o que evita a concorrência predatória do Poder Público com a iniciativa privada. Contudo, algumas exceções para a exploração direta da atividade econômica foram estabelecidas. Eis o texto normativo:

> Art. 173. Ressalvados os casos previstos nesta Constituição, a exploração direta de atividade econômica pelo Estado só será permitida quando necessária aos imperativos da segurança nacional ou a relevante interesse coletivo, conforme definidos em lei.

§1º A lei estabelecerá o estatuto jurídico da empresa pública, da sociedade de economia mista e de suas subsidiárias que explorem atividade econômica de produção ou comercialização de bens ou de prestação de serviços, dispondo sobre:

I – sua função social e formas de fiscalização pelo Estado e pela sociedade;

II – a sujeição ao regime jurídico próprio das empresas privadas, inclusive quanto aos direitos e obrigações civis, comerciais, trabalhistas e tributários;

III – licitação e contratação de obras, serviços, compras e alienações, observados os princípios da administração pública;

IV – a constituição e o funcionamento dos conselhos de administração e fiscal, com a participação de acionistas minoritários;

V – os mandatos, a avaliação de desempenho e a responsabilidade dos administradores.

§2º As empresas públicas e as sociedades de economia mista não poderão gozar de privilégios fiscais não extensivos às do setor privado.

§3º A lei regulamentará as relações da empresa pública com o Estado e a sociedade.

§4º A lei reprimirá o abuso do poder econômico que vise à dominação dos mer-cados, à eliminação da concorrência e ao aumento arbitrário dos lucros.

§5º A lei, sem prejuízo da responsabilidade individual dos dirigentes da pessoa jurídica, estabelecerá a responsabilidade desta, sujeitando-a às punições compatíveis com sua natureza, nos atos praticados contra a ordem econômica e financeira e contra a economia popular.

A exploração da atividade econômica somente será possível para resguardar imperativos de segurança nacional ou relevante interesse coletivo, conforme definidos em lei, sendo que o próprio art. 173 acima descrito apresentou os instrumentos dos quais o Estado pode se valer.

As empresas públicas, as sociedades de economia mista e suas subsidiárias são os instrumentos ofertados pela Constituição Federal de 1988 para a exploração direta da atividade econômica. Ressalte-se que as empresas estatais (empresas públicas e sociedades de economia mista) poderão ser prestadoras de serviços públicos através de delegação do ente federativo, porém, a titularidade manter-se-á com o ente federativo.

O Decreto-Lei n. 200/67 aduz que todas elas fazem parte da Administração Pública indireta e possuem personalidade jurídica própria e de direito privado. *Vide* o texto normativo:

Art. 4º A Administração Federal compreende:
(...)
II – A Administração Indireta, que compreende as seguintes categorias de entidades, dotadas de personalidade jurídica própria:

a) Autarquias;
b) Empresas Públicas;
c) Sociedades de Economia Mista;
d) Fundações públicas.

Os incisos II e III do art. 5º do Decreto-Lei em tela exigiam que as empresas públicas e as sociedades de economia mista fossem **criadas por lei**, porém, a CF/88 estabeleceu de maneira diversa, dispondo que tais entidades não precisariam mais ser criadas por lei e sim **a sua criação deve ser autorizada por lei**. A extinção depende também de autorização legislativa, em virtude do princípio da similitude das formas. Segue a norma do art. 37 da CF/88:

XIX – somente por lei específica poderá ser criada autarquia e **autorizada a instituição de empresa pública, de sociedade de economia mista** e de fundação, cabendo à lei complementar, neste último caso, definir as áreas de sua atuação.

15.5.3.2. Estatuto jurídico

As empresas públicas e as sociedades de economia mista por fazerem parte da Administração Pública indireta estão sujeitas a todas as restrições descritas no art. 37 da Carta Maior, apesar de, em regra, não disporem das prerrogativas das pessoas jurídicas de direito público.

Na forma do §1º do art. 173 da CF/88, a lei deve criar **estatuto jurídico** próprio das empresas públicas, das sociedades de economia mista e suas subsi-diárias que explorem atividade econômica de produção ou comercialização de bens ou de prestação de serviços, dispondo sobre:

I – sua função social e formas de fiscalização pelo Estado e pela sociedade;
II – a sujeição ao regime jurídico próprio das empresas privadas, inclusive quanto aos direitos e obrigações civis, comerciais, trabalhistas e tributários;
III – licitação e contratação de obras, serviços, compras e alienações, observados os princípios da administração pública;
IV – a constituição e o funcionamento dos conselhos de administração e fiscal, com a participação de acionistas minoritários;
V – os mandatos, a avaliação de desempenho e a responsabilidade dos administradores.

Com o objetivo de preservar os demais agentes do mercado no qual estiver inserida a empresa estatal, ficou estabelecido, no §2º do artigo acima citado que as empresas públicas e as sociedades de economia mista não poderão gozar de privilégios fiscais não extensivos às do setor privado.

Apesar de, atualmente, permitir-se a criação de empresas estatais para a prestação de serviço público, tem-se que desde a vigência do Decreto Lei n. 200/67 as finalidades das empresas públicas e sociedades de economia mista não estavam ligadas àquele objeto e sim à exploração de atividade econômica. Eis os conceitos trazidos pelo Decreto-Lei:

> Art. 5º Para os fins desta lei, considera-se:
> (...)
> II – Emprêsa Pública – a entidade dotada de personalidade jurídica de direito privado, com patrimônio próprio e capital exclusivo da União, criado por lei **para a exploração de atividade econômica que o Govêrno seja levado a exercer por fôrça de contingência ou de conveniência administrativa** podendo revestir-se de qualquer das formas admitidas em direito.
> III – Sociedade de Economia Mista – a entidade dotada de personalidade jurídica de direito privado, criada por lei **para a exploração de atividade econômica**, sob a forma de sociedade anônima, cujas ações com direito a voto pertençam em sua maioria à União ou a entidade da Administração Indireta.

Para que sejam bem utilizados os instrumentos ofertados pelas leis e pela Constituição Federal de 1988, quando houver necessidade de o ente federativo prestar serviço público de maneira descentralizada, deve ser criada uma autarquia ou uma fundação pública de direito público, a fim de que lhe seja outorgada por lei a prestação de determinado serviço público.

Não obstante, podem ser encontradas no ordenamento jurídico diversas empresas estatais prestadoras de serviço público, o que enseja um regime especial e híbrido que, em determinadas relações, tem mais características das pessoas jurídicas de direito público e, em outras, das pessoas jurídicas de direito privado.

Apesar de críticas relevantes, o debate foi encerrado pelo art. 1º da Lei n. 13.303/16 que incluiu, expressamente, a prestação de serviço público com objeto de atuação das empresas públicas e das sociedades de economia mista.

Para Maria Sylvia Zanella Di Pietro[54], as empresas estatais prestadoras de serviço público sempre o fariam como concessionárias de serviço público delegado, havendo, portanto, uma relação contratual com o ente instituidor ou com outro ente federativo.

Para boa parte da doutrina, se a lei tiver estipulado a prestação de serviço público por uma empresa estatal não será necessário contrato de concessão, visto que a própria lei autorizativa da criação já teria feito a outorga, porém, sem a transferência da titularidade do serviço.

---

[54] DI PIETRO, Maria Sylvia Zanella. *Direito administrativo.* 34. ed. Rio de Janeiro: Forense, 2021.

Deve ser ressaltado, repetidamente, que a natureza jurídica das empresas estatais, apesar da existência de figuras bastante estranhas, é de **pessoa jurídica de direito privado**.

O estatuto jurídico próprio das empresas estatais, mencionado no §1º do art. 173 da CF/88, foi trazido pela Lei n. 13.303/16, que dispõe sobre o estatuto jurídico da empresa pública, da sociedade de economia mista e de suas subsidiárias, no âmbito da União, dos Estados, do Distrito Federal e dos Municípios.

O primeiro ponto a ser destacado no mencionado estatuto é que a sua aplicação é nacional, ou seja, apesar de ser uma lei federal, os seus dispositivos são de observância compulsória para os Estados, o Distrito Federal e os Municípios, sendo que as suas normas locais não poderão dispor de maneira diversa do que foi estabelecido no conjunto normativo em tela.

A Lei n. 13.303/16 deixou claro quais são as atividades das empresas estatais, aduzindo, no seu art. 1º, que os seus objetos são:

a) a exploração de atividade econômica de produção ou comercialização de bens ou prestação de serviços, ainda que a atividade econômica esteja sujeita ao regime de monopólio da União; ou
b) prestação de serviços públicos.

Apesar das críticas acima, é, como já foi dito, livre de dúvida que as empresas estatais podem prestar serviços públicos.

A Lei n. 13.303/16 preocupou-se bastante com a governança e com a transparência das empresas estatais, afirmando que os Poderes Executivos dos outros entes da federação poderia editar atos que estabelecessem regras de governança destinadas às suas respectivas empresas públicas e sociedades de economia mista com receita bruta igual ou superior a R$ 90.000.000,00 (noventa milhões), porém, se não o fizessem no prazo de 180 (cento e oitenta) dias a partir da publicação daquela lei, deveriam observar os dispositivos daquele repositório de normas federais.

Os estatutos da empresa pública, da sociedade de economia mista e de suas subsidiárias deverão observar regras de governança corporativa, de transparência e de estruturas, práticas de gestão de riscos e de controle interno, composição da administração e, havendo acionistas, mecanismos para sua proteção, todos constantes da Lei n. 13.303/16.

O art. 2º da lei em tela deixou ainda mais claro que os instrumentos do Poder Público para a exploração da atividade econômica são a empresa pública, a sociedade de economia mista e suas subsidiárias.

Outro aspecto interessante ficou bastante cristalino, pois determinou-se, repetindo o comando constitucional do inciso XX do art. 37, que a criação de subsidiárias de empresas públicas e de sociedades de economia mista, bem como a participação de qualquer delas em empresa privadas, cujo objeto social deve estar relacionado ao da investidora, depende de **autorização legislativa**.

Aplicam-se a todas as empresas públicas, as sociedades de economia mista de capital fechado e as suas subsidiárias as disposições da Lei n. 6.404, de 15 de dezembro de 1976, e as normas da **Comissão de Valores Mobiliários** sobre escrituração e elaboração de demonstrações financeiras, inclusive a obrigatoriedade de auditoria independente por auditor registrado nesse órgão.

Na forma do art. 8º da Lei n. 13.303/16, as empresas públicas e as sociedades de economia mista deverão observar, no mínimo, os seguintes **requisitos de transparência**:

> I – elaboração de carta anual, subscrita pelos membros do Conselho de Administração, com a explicitação dos compromissos de consecução de objetivos de políticas públicas pela empresa pública, pela sociedade de economia mista e por suas subsidiárias, em atendimento ao interesse coletivo ou ao imperativo de segurança nacional que justificou a autorização para suas respectivas criações, com definição clara dos recursos a serem empregados para esse fim, bem como dos impactos econômico-financeiros da consecução desses objetivos, mensuráveis por meio de indicadores objetivos;
>
> II – adequação de seu estatuto social à autorização legislativa de sua criação;
>
> III – divulgação tempestiva e atualizada de informações relevantes, em especial as relativas a atividades desenvolvidas, estrutura de controle, fatores de risco, dados econômico-financeiros, comentários dos administradores sobre o desempenho, políticas e práticas de governança corporativa e descrição da composição e da remuneração da administração;
>
> IV – elaboração e divulgação de política de divulgação de informações, em conformidade com a legislação em vigor e com as melhores práticas;
>
> V – elaboração de política de distribuição de dividendos, à luz do interesse público que justificou a criação da empresa pública ou da sociedade de economia mista;
>
> VI – divulgação, em nota explicativa às demonstrações financeiras, dos dados operacionais e financeiros das atividades relacionadas à consecução dos fins de interesse coletivo ou de segurança nacional;

VII – elaboração e divulgação da política de transações com partes relacionadas, em conformidade com os requisitos de competitividade, conformidade, transparência, equidade e comutatividade, que deverá ser revista, no mínimo, anualmente e aprovada pelo Conselho de Administração;

VIII – ampla divulgação, ao público em geral, de carta anual de governança corporativa, que consolide em um único documento escrito, em linguagem clara e direta, as informações de que trata o inciso III;

IX – divulgação anual de relatório integrado ou de sustentabilidade.

O interesse público da empresa pública e da sociedade de economia mista, respeitadas as razões que motivaram a autorização legislativa, manifesta-se por meio do alinhamento entre seus objetivos e aqueles de políticas públicas, na forma explicitada na carta anual a que se refere o item I acima.

Os documentos resultantes do cumprimento dos requisitos de transparência constantes dos itens I a IX acima deverão ser publicamente divulgados na internet de forma permanente e cumulativa.

A empresa pública e a sociedade de economia mista adotarão regras de estruturas e práticas de gestão de riscos e controle interno que abranjam:

I – ação dos administradores e empregados, por meio da implementação cotidiana de práticas de controle interno;

II – área responsável pela verificação de cumprimento de obrigações e de gestão de riscos;

III – auditoria interna e Comitê de Auditoria Estatutário.

Além disso, deverá ser elaborado e divulgado **Código de Conduta e Integridade**, que disponha sobre:

I – princípios, valores e missão da empresa pública e da sociedade de economia mista, bem como orientações sobre a prevenção de conflito de interesses e vedação de atos de corrupção e fraude;

II – instâncias internas responsáveis pela atualização e aplicação do Código de Conduta e Integridade;

III – canal de denúncias que possibilite o recebimento de denúncias internas e externas relativas ao descumprimento do Código de Conduta e Integridade e das demais normas internas de ética e obrigacionais;

IV – mecanismos de proteção que impeçam qualquer espécie de retaliação a pessoa que utilize o canal de denúncias;

V – sanções aplicáveis em caso de violação às regras do Código de Conduta e Integridade;

VI – previsão de treinamento periódico, no mínimo anual, sobre Código de Conduta e Integridade, a empregados e administradores, e sobre a política de gestão de riscos, a administradores.

A empresa pública e a sociedade de economia mista deverão:

I – divulgar toda e qualquer forma de remuneração dos administradores;
II – adequar constantemente suas práticas ao Código de Conduta e Integridade e a outras regras de boa prática de governança corporativa, na forma estabelecida na regulamentação da Lei n. 13.303/16.

A Lei n. 13.303/16 não se descuidou da **função social das empresas estatais**, estabelecendo, no seu art. 27, que a empresa pública e a sociedade de economia mista terão a função social de realização do interesse coletivo ou de atendimento a imperativo da segurança nacional expressa no instrumento de autorização legal para a sua criação. A realização do interesse coletivo deverá ser orientada para o alcance do bem-estar econômico e para a alocação socialmente eficiente dos recursos por elas geridos, bem como para o seguinte:

I – ampliação economicamente sustentada do acesso de consumidores aos produtos e serviços da empresa pública ou da sociedade de economia mista;
II – desenvolvimento ou emprego de tecnologia brasileira para produção e oferta de produtos e serviços da empresa pública ou da sociedade de economia mista, sempre de maneira economicamente justificada.

A empresa pública e a sociedade de economia mista deverão, nos termos da lei, adotar práticas de **sustentabilidade ambiental e de responsabilidade social corporativa** compatíveis com o mercado em que atuam e poderão celebrar convênio ou contrato de patrocínio com pessoa física ou com pessoa jurídica para promoção de atividades culturais, sociais, esportivas, educacionais e de inovação tecnológica, desde que comprovadamente vinculadas ao fortalecimento de sua marca, observando-se, no que couber, as normas de licitação e contratos do estatuto jurídico da lei em tela.

Na forma do art. 13 da Lei n. 13.303/16, a lei que autorizar a criação da empresa pública e da sociedade de economia mista deverá dispor sobre as **diretrizes e restrições** a serem consideradas na elaboração do estatuto da companhia, em especial sobre:

I – constituição e funcionamento do Conselho de Administração, observados o número mínimo de 7 (sete) e o número máximo de 11 (onze) membros;
II – requisitos específicos para o exercício do cargo de diretor, observado o número mínimo de 3 (três) diretores;
III – avaliação de desempenho, individual e coletiva, de periodicidade anual, dos administradores e dos membros de comitês, observados os seguintes quesitos mínimos:
a) exposição dos atos de gestão praticados, quanto à licitude e à eficácia da ação administrativa;

b) contribuição para o resultado do exercício;

c) consecução dos objetivos estabelecidos no plano de negócios e atendimento à estratégia de longo prazo;

IV – constituição e funcionamento do Conselho Fiscal, que exercerá suas atribuições de modo permanente;

V – constituição e funcionamento do Comitê de Auditoria Estatutário;

VI – prazo de gestão dos membros do Conselho de Administração e dos indicados para o cargo de diretor, que será unificado e não superior a 2 (dois) anos, sendo permitidas, no máximo, 3 (três) reconduções consecutivas;

VII – prazo de gestão dos membros do Conselho Fiscal não superior a 2 (dois) anos, permitidas 2 (duas) reconduções consecutivas.

Consideram-se **administradores** da empresa pública e da sociedade de economia mista os membros do **Conselho de Administração e da diretoria**.

A **escolha dos administradores** tornou-se um procedimento bastante rígido que pode ser visto no artigo abaixo da Lei em tela:

Art. 17. Os membros do Conselho de Administração e os indicados para os cargos de diretor, inclusive presidente, diretor-geral e diretor-presidente, serão escolhidos entre cidadãos de reputação ilibada e de notório conhecimento, devendo ser atendidos, alternativamente, um dos requisitos das alíneas *a*, *b* e *c* do inciso I e, cumulativamente, os requisitos dos incisos II e III:

I – ter experiência profissional de, no mínimo:

a) 10 (dez) anos, no setor público ou privado, na área de atuação da empresa pública ou da sociedade de economia mista ou em área conexa àquela para a qual forem indicados em função de direção superior; ou

b) 4 (quatro) anos ocupando pelo menos um dos seguintes cargos:

1. cargo de direção ou de chefia superior em empresa de porte ou objeto social semelhante ao da empresa pública ou da sociedade de economia mista, entendendo-se como cargo de chefia superior aquele situado nos 2 (dois) níveis hierárquicos não estatutários mais altos da empresa;

2. cargo em comissão ou função de confiança equivalente a DAS-4 ou superior, no setor público;

3. cargo de docente ou de pesquisador em áreas de atuação da empresa pública ou da sociedade de economia mista;

c) 4 (quatro) anos de experiência como profissional liberal em atividade direta ou indiretamente vinculada à área de atuação da empresa pública ou sociedade de economia mista;

II – ter formação acadêmica compatível com o cargo para o qual foi indicado; e

III – não se enquadrar nas hipóteses de inelegibilidade previstas nas alíneas do inciso I do *caput* do art. 1º da Lei Complementar n. 64, de 18 de maio de 1990, com as alterações introduzidas pela Lei Complementar n. 135, de 4 de junho de 2010.

§1º O estatuto da empresa pública, da sociedade de economia mista e de suas subsidiárias poderá dispor sobre a contratação de seguro de responsabilidade civil pelos administradores.

§2º É vedada a indicação, para o Conselho de Administração e para a diretoria:

I – de representante do órgão regulador ao qual a empresa pública ou a sociedade de economia mista está sujeita, de Ministro de Estado, de Secretário de Estado, de Secretário Municipal, de titular de cargo, sem vínculo permanente com o serviço público, de natureza especial ou de direção e assessoramento superior na administração pública, de dirigente estatutário de partido político e de titular de mandato no Poder Legislativo de qualquer ente da federação, ainda que licenciados do cargo;

II – de pessoa que atuou, nos últimos 36 (trinta e seis) meses, como participante de estrutura decisória de partido político ou em trabalho vinculado a organização, estruturação e realização de campanha eleitoral;

III – de pessoa que exerça cargo em organização sindical;

IV – de pessoa que tenha firmado contrato ou parceria, como fornecedor ou comprador, demandante ou ofertante, de bens ou serviços de qualquer natureza, com a pessoa político-administrativa controladora da empresa pública ou da sociedade de economia mista ou com a própria empresa ou sociedade em período inferior a 3 (três) anos antes da data de nomeação;

V – de pessoa que tenha ou possa ter qualquer forma de conflito de interesse com a pessoa político-administrativa controladora da empresa pública ou da sociedade de economia mista ou com a própria empresa ou sociedade.

§3º A vedação prevista no inciso I do §2º estende-se também aos parentes consanguíneos ou afins até o terceiro grau das pessoas nele mencionadas.

§4º Os administradores eleitos devem participar, na posse e anualmente, de treinamentos específicos sobre legislação societária e de mercado de capitais, divulgação de informações, controle interno, código de conduta, a Lei n. 12.846, de 1º de agosto de 2013 (Lei Anticorrupção), e demais temas relacionados às atividades da empresa pública ou da sociedade de economia mista.

§5º Os requisitos previstos no inciso I do *caput* poderão ser dispensados no caso de indicação de empregado da empresa pública ou da sociedade de economia mista para cargo de administrador ou como membro de comitê, desde que atendidos os seguintes quesitos mínimos:

I – o empregado tenha ingressado na empresa pública ou na sociedade de economia mista por meio de concurso público de provas ou de provas e títulos;

II – o empregado tenha mais de 10 (dez) anos de trabalho efetivo na empresa pública ou na sociedade de economia mista;

III – o empregado tenha ocupado cargo na gestão superior da empresa pública ou da sociedade de economia mista, comprovando sua capacidade para assumir as responsabilidades dos cargos de que trata o *caput*.

O Conselho de Administração deve ser composto, no mínimo, por 25% (vinte e cinco por cento) de **membros independentes** ou por pelo menos 1 (um), caso haja decisão pelo exercício da faculdade do voto múltiplo pelos acionistas minoritários, nos termos do art. 141 da Lei n. 6.404, de 15 de dezembro de 1976. O conselheiro independente caracteriza-se por:

I – não ter qualquer vínculo com a empresa pública ou a sociedade de economia mista, exceto participação de capital;

II – não ser cônjuge ou parente consanguíneo ou afim, até o terceiro grau ou por adoção, de chefe do Poder Executivo, de Ministro de Estado, de Secretário de Estado ou Município ou de administrador da empresa pública ou da sociedade de economia mista;

III – não ter mantido, nos últimos 3 (três) anos, vínculo de qualquer natureza com a empresa pública, a sociedade de economia mista ou seus controladores, que possa vir a comprometer sua independência;

IV – não ser ou não ter sido, nos últimos 3 (três) anos, empregado ou diretor da empresa pública, da sociedade de economia mista ou de sociedade controlada, coligada ou subsidiária da empresa pública ou da sociedade de economia mista, exceto se o vínculo for exclusivamente com instituições públicas de ensino ou pesquisa;

V – não ser fornecedor ou comprador, direto ou indireto, de serviços ou produtos da empresa pública ou da sociedade de economia mista, de modo a implicar perda de independência;

VI – não ser funcionário ou administrador de sociedade ou entidade que esteja oferecendo ou demandando serviços ou produtos à empresa pública ou à sociedade de economia mista, de modo a implicar perda de independência;

VII – não receber outra remuneração da empresa pública ou da sociedade de economia mista além daquela relativa ao cargo de conselheiro, à exceção de proventos em dinheiro oriundos de participação no capital.

Podem ser membros do **Conselho Fiscal** pessoas naturais, residentes no país, com formação acadêmica compatível com o exercício da função e que tenham exercido, por prazo mínimo de 3 (três) anos, cargo de direção ou assessoramento na Administração Pública ou cargo de conselheiro fiscal ou administrador em empresa. O Conselho Fiscal contará com pelo menos 1 (um) membro indicado pelo ente controlador, que deverá ser servidor público com vínculo permanente com a Administração Pública.

Além das normas previstas na Lei n. 13.303/16, aplicam-se aos membros do Conselho Fiscal da empresa pública e da sociedade de economia mista as disposições previstas na Lei n. 6.404/76, relativas a seus poderes, deveres e responsabilidades, a requisitos e impedimentos para investidura e a remuneração, e outras estabelecidas na referida Lei.

Por fim, tem-se que, na forma do inciso II do art. 2º da Lei n. 11.101/05 (regula a recuperação judicial, a extrajudicial e a falência do empresário e da sociedade empresária), as empresas públicas e as sociedades de economia mistas não estão sujeitas à **recuperação judicial, extrajudicial ou à falência.**

NÃO SE APLICAM ÀS EMPRESAS PÚBLICAS E ÀS SOCIEDADES DE ECONOMIA MISTA	RECUPERAÇÃO JUDICIAL
	RECUPERAÇÃO EXTRAJUDICIAL
	FALÊNCIA

15.5.3.3. Controle

Apesar de a Lei n. 13.303/16 ter atribuído grande autonomia às empresas estatais em relação ao chefe do Poder Executivo, não se deve esquecer que para a sua criação é necessária autorização por lei. A edição e a revogação da lei autorizativa faz parte da discricionariedade do ente. Assim, caso a finalidade estabelecida em lei não esteja sendo observada, uma nova lei pode retirar a sua autorização e determinar o desfazimento da empresa estatal.

Não há relação hierárquica com o ente criador, sendo necessário, contudo, o controle finalístico, a supervisão ministerial ou a tutela administrativa. Dessa maneira, será averiguado o atendimento à finalidade estabelecida em lei para a empresa estatal e a observância ao que foi estabelecido na Lei n. 13.303/16, a sua adequação ao orçamento de investimento aprovado pelo Congresso Nacional e o atingimento de metas e execução de planos estabelecidos pela Administração Pública direta, pela lei e pelos órgãos de controle externo.

O art. 87 da Lei 13.303/16 trouxe importantes comandos sobre o controle das empresas estatais, ao aduzir que:

> Art. 87. O controle das despesas decorrentes dos contratos e demais instrumentos regidos por esta Lei será feito pelos órgãos do sistema de controle interno e pelo tribunal de contas competente, na forma da legislação pertinente, ficando as empresas públicas e as sociedades de economia mista responsáveis pela demonstração da legalidade e da regularidade da despesa e da execução, nos termos da Constituição.
>
> §1º Qualquer cidadão é parte legítima para impugnar edital de licitação por irregularidade na aplicação desta Lei, devendo protocolar o pedido até 5 (cinco) dias úteis antes da data fixada para a ocorrência do certame, devendo a entidade julgar e responder à impugnação em até 3 (três) dias úteis, sem prejuízo da faculdade prevista no §2º.
>
> §2º Qualquer licitante, contratado ou pessoa física ou jurídica poderá representar ao tribunal de contas ou aos órgãos integrantes do sistema de controle

interno contra irregularidades na aplicação desta Lei, para os fins do disposto neste artigo.

§3º Os tribunais de contas e os órgãos integrantes do sistema de controle interno poderão solicitar para exame, a qualquer tempo, documentos de natureza contábil, financeira, orçamentária, patrimonial e operacional das empresas públicas, das sociedades de economia mista e de suas subsidiárias no Brasil e no exterior, obrigando-se, os jurisdicionados, à adoção das medidas corretivas pertinentes que, em função desse exame, lhes forem determinadas.

A fiscalização contábil, financeira, orçamentária, operacional e patrimonial da União e das entidades da administração direta e indireta, quanto à legalidade, legitimidade, economicidade, aplicação das subvenções e renúncia de receitas, será exercida pelo Congresso Nacional, mediante controle externo, e pelo sistema de controle interno de cada Poder, na forma do art. 70 da Carta Maior.

Assim, além do controle interno que é feito pela própria Administração Pública criadora e pelos órgãos de controle das próprias estatais, há o controle externo realizado pelo Poder Legislativo através do Tribunal de Contas da União.

O STF já decidiu sobre a incidência do controle externo legislativo sobre as estatais. Eis acordão:

CONSTITUCIONAL. ADMINISTRATIVO. TRIBUNAL DE CONTAS. SOCIEDADE DE ECONOMIA MISTA: FISCALIZAÇÃO PELO TRIBUNAL DE CONTAS. ADVOGADO EMPREGADO DA EMPRESA QUE DEIXA DE APRESENTAR APELAÇÃO EM QUESTÃO RUMOROSA.

I. – Ao Tribunal de Contas da União compete julgar as contas dos administradores e demais responsáveis por dinheiros, bens e valores públicos da administração direta e indireta, incluídas as fundações e sociedades instituídas e mantidas pelo poder público federal, e as contas daqueles que derem causa a perda, extravio ou outra irregularidade de que resulte prejuízo ao erário (CF, art. 71, II; Lei 8.443, de 1992, art. 1º, I).

II. – As empresas públicas e as sociedades de economia mista, integrantes da administração indireta, estão sujeitas à fiscalização do Tribunal de Contas, não obstante os seus servidores estarem sujeitos ao regime celetista.

(...)

IV. – Mandado de segurança indeferido. (MS 25092, Relator (a): Min. CARLOS VELLOSO, Tribunal Pleno, julgado em 10-11-2005, *DJ* 17-03-2006 PP-00006 EMENT VOL-02225-03 PP-00407)

O Ministério Público e a sociedade também exercem controle sobre as estatais, visto que dispõem de instrumentos judiciais e extrajudiciais para a verificação do atendimento às suas finalidades gerais e específicas.

15.5.3.4. Patrimônio

A natureza jurídica de determinado patrimônio é sempre pautada na natureza jurídica do seu titular, conforme se extrai do art. 98 do CC. Eis a norma: "São públicos os bens do domínio nacional pertencentes às pessoas jurídicas de direito público interno; todos os outros são particulares, seja qual for a pessoa a que pertencerem".

Consequentemente, em virtude da natureza jurídica de direito privado das empresas públicas, sociedades de economia mista e suas subsidiárias, os seus bens são privados.

O patrimônio das empresas estatais é, em regra, penhorável, pode ser dado em garantia, pode ser usucapido e pode ser livremente alienado. Todavia, deve ser feita a seguinte distinção:

a) **se a empresa estatal desempenhar atividades típicas de Estado ou prestar serviço público**, os seus bens, mesmo sendo privados, serão impenhoráveis, não podem ser adquiridos por usucapião (imprescritibilidade) e não podem ser onerados[55]; ou

b) **se a empresa estatal não desempenhar atividades típicas de Estado e não prestar serviço público**, os seus bens serão penhoráveis, sujeitos a usucapião e a oneração.

Ressalte-se que, em alguns casos, as empresas públicas e as sociedades de economia mista gerem bem público, portanto, a impenhorabilidade não estará relacionada à gestão, mas sim à titularidade do bem[56].

---

[55] PROCESSO CIVIL. CORREIOS. AÇÃO DE REPARAÇÃO CIVIL. PRESCRIÇÃO QUINQUENAL. AGRAVO NÃO PROVIDO.

1. Cuida-se, na origem, de Apelação contra sentença que extinguiu Ação de Reparação Civil promovida pela Empresa Brasileira de Correios e Telégrafos (ECT) contra o particular, ante o reconhecimento da ocorrência de prescrição trienal, nos termos do art. 206, §3º, inciso V, do Código Civil.

2. A ECT, empresa pública federal, presta em exclusividade o serviço postal, que é um serviço público e assim goza de algumas prerrogativas da Fazenda Pública, como prazos processuais, custas, impenhorabilidade de bens e imunidade recíproca. Nesse sentido, o prazo de 5 anos previsto no Decreto 20.910/1932 para a Fazenda Pública deve ser aplicado também para a ECT.

3. Agravo Regimental não provido (STJ, AgRg no REsp 1400238/RN, Rel. Ministro HERMAN BENJAMIN, SEGUNDA TURMA, julgado em 5-5-2015, *DJe* 21-5-2015).

[56] ADMINISTRATIVO. EMBARGOS DE DIVERGÊNCIA. IMÓVEIS PERTENCENTES À TERRACAP. BENS PÚBLICOS. USUCAPIÃO.

Por fim, tem-se que os débitos das empresas estatais decorrentes de títulos judiciais são pagos de maneira idêntica aos débitos dos particulares, não sendo aplicável a exigência de precatório consignada no art. 100 da CF/88. A única exceção está relacionada à Empresa Brasileira de Correios e Telégrafos, empresa pública, por haver norma legal determinando a observância do rito do precatório (art. 12 do Decreto-lei n. 509/69).

15.5.3.5. Regime de pessoal

O seu regime de pessoal é celetista, sendo regido pelas normas da CLT. Contudo, a contratação dos empregados da fundação pública de direito privado deve observar os imperativos do inciso II do art. 37 da Carta Maior, faz-se necessária a realização de **concurso público de provas ou de provas e títulos**.

A imposição de concurso não é por ser tratar de cargo ou emprego público, mas para preservar o princípio da impessoalidade trazido no *caput* do artigo citado e em virtude de a fundação em estudo fazer parte da Administração Pública indireta com incidência de todas as vedações e restrições. Entre outras: a impossibilidade de acumulação de cargos, empregos e funções, salvo as exceções constitucionalmente permitidas.

O art. 173, II, da CF/88 deixa bem clara a opção pelo regime jurídico próprio das empresas privadas, inclusive quanto aos direitos e obrigações civis, comerciais, **trabalhistas** e tributárias.

Não há falar em estabilidade no emprego nos moldes da estabilidade no cargo efetivo garantida ao servidor público.

15.5.3.6. Orçamento

As empresas estatais podem ser classificadas, segundo o art. 2º da Lei Complementar n. 101/2000, como:

---

1. Tratam os autos de embargos de divergência apresentados por Maria Lúcia Pereira dos Santos em face de acórdão proferido em sede de recurso especial que exarou entendimento no sentido de que, embora a TERRACAP possua natureza jurídica privada, gere bens públicos pertencentes ao Distrito Federal, impassíveis de usucapião. Colaciona a embargante julgados oriundos desta Casa em sentido oposto, onde se externa o posicionamento de que os imóveis da TERRACAP se integram- na categoria de bens particulares.

2. Os imóveis administrados pela Companhia Imobiliária de Brasília (Terracap) são públicos, sendo insuscetíveis de usucapião.

3. Embargos de divergência não providos (STJ, EREsp 695.928/DF, Rel. Ministro JOSÉ DELGADO, CORTE ESPECIAL, julgado em 18-10-2006, *DJ* 18-12-2006, p. 278).

278 CURSO DE DIREITO ADMINISTRATIVO

a) **empresa controlada**, aquela sociedade cuja maioria do capital social com direito a voto pertença, direta ou indiretamente, a ente da Federação;

b) **empresa estatal dependente**, aquela empresa controlada que receba do ente controlador recursos financeiros para pagamento de despesas com pessoal ou de custeio em geral ou de capital, excluídos, no último caso, aqueles provenientes de aumento de participação acionária.

A Portaria STN n. 589, de 21-12-2001 estabeleceu, em relação às empresas estatais dependentes, que:

> Art. 4º Os orçamentos fiscal e da seguridade social de cada ente da Federação compreenderão a programação dos poderes, órgãos, autarquias e fundações instituídas e mantidas pelo Poder Público, **empresas estatais dependentes** e demais entidades em que o ente, direta ou indiretamente, detenha a maioria do capital social com direito a voto e que dele recebam recursos nos termos desta portaria.
>
> Parágrafo único. A partir do exercício de 2003, as **empresas estatais dependentes**, de que trata esta portaria e para efeitos da consolidação nacional das contas públicas, deverão ser incluídas nos orçamentos fiscal e da seguridade social observando toda a legislação pertinente aplicável às demais entidades.

Posteriormente, o art. 5º da Lei n. 13.473/17 estabeleceu que:

> Art. 5º **Os Orçamentos Fiscal e da Seguridade Social compreenderão o conjunto das receitas públicas, bem como das despesas** dos Poderes, do Ministério Público da União e da Defensoria Pública da União, seus fundos, órgãos, autarquias, inclusive especiais, e fundações instituídas e mantidas pelo Poder Público, **das empresas públicas, das sociedades de economia mista e das demais entidades em que a União, direta ou indiretamente, detenha a maioria do capital social com direito a voto e que dela recebam recursos do Tesouro Nacional**, devendo a correspondente execução orçamentária e financeira, da receita e da despesa, ser registrada na modalidade total no Sistema Integrado de Administração Financeira do Governo Federal – Siafi.
>
> Parágrafo único. **Excluem-se do disposto neste artigo:**
>
> I – os fundos de incentivos fiscais, que figurarão exclusivamente como informações complementares ao Projeto de Lei Orçamentária de 2018;
>
> II – os conselhos de fiscalização de profissão regulamentada, constituídos sob a forma de autarquia; e
>
> III – **as empresas públicas ou as sociedades de economia mista que recebam recursos da União apenas em virtude de:**
>
> a) **participação acionária;**
>
> b) **fornecimento de bens ou prestação de serviços;**
>
> c) **pagamento de empréstimos e financiamentos concedidos; e**
>
> d) **transferência para aplicação em programas de financiamento, nos termos da alínea c do inciso I do *caput* do art. 159 e no §1º do art. 239 da Constituição.**

Em relação às empresas estatais controladas não dependentes, extrai-se do artigo acima que não farão parte do orçamento fiscal e da seguridade social. Contudo, poderão fazer parte do orçamento de investimento, conforme determina o *caput* do art. 42 da mencionada lei. *Vide* norma: "O Orçamento de Investimento, *previsto no inciso II do § 5º do art. 165 da Constituição*, abrangerá as empresas em que a União, direta ou indiretamente, detenha a maioria do capital social com direito a voto, *ressalvado o disposto no §5º, e dele constarão todos os investimentos realizados, independentemente da fonte de financiamento utilizada*".

Assim, em regra:

a)   **quando se tratar de empresa controlada (não dependente)**, as suas contas, se houver necessidade de aporte, farão parte do orçamento de investimento; e

b)   **quando se tratar de empresas estatais dependentes**, as suas contas farão parte do orçamento fiscal e da seguridade social.

Por fim, cumpre observar que as **empresas cuja programação conste integralmente do Orçamento Fiscal ou do Orçamento da Seguridade Social, de acordo com o disposto no art. 5º acima, não integrarão o Orçamento de Investimento** e que as **normas gerais da Lei n. 4.320/64 não se aplicam às empresas integrantes do Orçamento de Investimento no que concerne ao regime contábil, à execução do orçamento e às demonstrações contábeis.**

15.5.3.7.   Competência para processar e julgar as suas causas

A competência para processar e julgar as causas vai variar de acordo com a espécie de empresa estatal.

Se for **empresa pública federal**, será do juiz federal, na forma do inciso I do art. 109 da CF/88.

Todavia, se for **sociedade de economia mista federal**, a competência, em regra, será da justiça comum.

Se a união for assistente da sociedade de economia mista, tiver interesse jurídico ou interesse econômico, na forma do artigo abaixo da Lei 9.469/97, a competência será deslocada para o juiz federal:

> Art. 5º A União poderá intervir nas causas em que figurarem, como autoras ou rés, autarquias, fundações públicas, sociedades de economia mista e empresas públicas federais.
>
> Parágrafo único. As pessoas jurídicas de direito público poderão, nas causas cuja decisão possa ter reflexos, ainda que indiretos, de natureza econômica, intervir, independentemente da demonstração de interesse jurídico, para es-

clarecer questões de fato e de direito, podendo juntar documentos e memoriais reputados úteis ao exame da matéria e, se for o caso, recorrer, hipótese em que, para fins de deslocamento de competência, serão consideradas partes.

Quando se tratar de empresas estatais estaduais, municipais ou distritais, devem ser observadas as leis de organização judiciária estaduais e distrital.

15.5.3.8. Responsabilidade civil

A responsabilidade civil das empresas estatais que exploram atividade econômica é regida pelas normas de Direito Civil e, se for o caso, Direito do Consumidor.

Se da exploração da atividade econômica não resultar relação de consumo, são aplicáveis as normas do art. 186 combinado com os arts. 927 a 943 do Código Civil.

Se da exploração da atividade econômica resultar relação de consumo, devem ser observadas as normas dos arts. 12 a 25 da Lei n. 8.078/90 (Código de Defesa do Consumidor).

Caso a empresa estatal seja prestadora de serviço público, impera a responsabilidade objetiva por atos comissivos e a responsabilidade subjetiva por atos omissivos.

O art. 37, §6º, da Carta Maior, estabelece que a responsabilidade em relação à prestação de serviço público é objetiva. *Vide* a norma: "As pessoas jurídicas de direito público e as de direito privado prestadoras de serviços públicos responderão pelos danos que seus agentes, nessa qualidade, causarem a terceiros, assegurado o direito de regresso contra o responsável nos casos de dolo ou culpa".

Deve ser lembrado, porém, que, em casos de conduta omissiva em relação a serviço público que lhe foi outorgado ou delegado, a responsabilidade será, em regra, subjetiva, na forma dos arts. 927 a 943 do CC.

Por fim, tem-se que, caso os bens da empresa estatal não sejam suficientes para a satisfação do credor, observar-se-á a responsabilidade subsidiária do ente ou dos entes criadores em relação às empresas públicas, porém, em relação às sociedades de economia mista, não há falar em responsabilidade subsidiária do ente criador por haver participação de particulares na sua estrutura societária.

15.5.3.9. Regime tributário

A definição do regime tributário ao qual a empresa estatal se submete depende da sua finalidade:

a) **se explorar atividade econômica**, não gozará de imunidade;
b) **se prestar serviço público**, gozará de imunidade.

A regra é que as empresas estatais sejam criadas para a exploração da atividade econômica, na forma do art. 173 da CF/88. Todavia, a própria Lei 13.303/16 permite a criação de empresas estatais para a prestação de serviço público outorgado pelo ente criador ou por outro ente da federação.

O STJ, no didático acórdão abaixo, esmiuçou a questão:

> DIREITO ADMINISTRATIVO. CODEVASF. EMPRESA ESTATAL PRESTADORA DE SERVIÇO PÚBLICO. ATUAÇÃO ESSENCIALMENTE ESTATAL. INFLUXO MAIOR DE NORMAS DE DIREITO PÚBLICO. PRESCRIÇÃO QUINQUENAL. DECRETO 20.910/32. APLICABILIDADE DA SÚMULA 39/ STJ RESTRITA A EMPRESAS QUE EXPLOREM A ATIVIDADE ECONÔMICA. (...)
>
> **7. Pode-se dizer, sem receios, que o serviço público está para o Estado, assim como a atividade econômica em sentido estrito está para a iniciativa privada. A prestação de serviço público é atividade essencialmente estatal, motivo pelo qual, as empresas que a desempenham sujeitam-se a regramento só aplicáveis à Fazenda Pública. São exemplos deste entendimento as decisões da Suprema Corte que reconheceram o benefício da imunidade tributária recíproca à Empresa de Correios e Telégrafos – ECT, e à Companhia de Águas e Esgotos de Rondônia – CAERD. (RE 407.099/RS e AC 1.550-2)**
>
> 8. Não é por outra razão que, nas demandas propostas contra as empresas estatais prestadoras de serviços públicos, deve-se aplicar a prescrição quinquenal prevista no Decreto 20.910/32. Precedentes: (REsp 1.196.158/SE, rel. Min. Eliana Calmon, Segunda Turma, julgado em 19-8-2010, *DJe* 30-8-2010), (AgRg no AgRg no REsp 1.075.264/RJ, rel. Min. Francisco Falcão, Primeira Turma, julgado em 2-12-2008, *DJe* 10-12-2008).
>
> Recurso especial conhecido em parte e improvido (STJ, REsp 929.758/DF, Rel. Ministro HUMBERTO MARTINS, SEGUNDA TURMA, julgado em 07-12-2010, *DJe* 14-12-2010).

15.5.3.10. Licitação e contratos administrativos

As empresas estatais e suas subsidiárias fazem parte da Administração Pública indireta, conforme foi demonstrado, o que determina a incidência do art. 37 da CF/88 nas suas diversas relações jurídicas.

O artigo mencionado, no seu inciso XXI, vaticina que, ressalvados os casos especificados na legislação, as obras, serviços, compras e alienações serão contratados mediante processo de licitação pública que assegure igualdade de condições a todos os concorrentes, com cláusulas que estabeleçam obrigações de pagamento, mantidas as condições efetivas da proposta, nos termos da lei, o qual somente permitirá as exigências de qualificação técnica e econômica indispensáveis à garantia do cumprimento das obrigações.

Já o §1º do art. 173 da Carta Maior aduz que a lei estabelecerá o estatuto jurídico da empresa pública, da sociedade de economia mista e de suas subsidiárias que explorem atividade econômica de produção ou comercialização de bens ou de prestação de serviços, dispondo, inclusive, sobre licitação e contratação de obras, serviços, compras e alienações, observados os princípios da Administração Pública.

O estatuto em tela foi trazido ao ordenamento jurídico pela Lei n. 13.303/16, sendo que finalmente foram regulamentadas as normas constitucionais para assegurar um procedimento licitatório especial para as empresas estatais e para adequar as normas sobre contratos administrativos às necessidades das empresas públicas, sociedades de economia mista e suas subsidiárias.

Em virtude de existir, nesta obra, item próprio sobre licitação e contratos administrativos, as normas sobre essa matéria da Lei n. 13.303/16, aplicáveis às empresas estatais, serão analisadas naquela oportunidade.

15.5.3.11. Tipos

15.5.3.11.1. Empresas públicas

As empresas públicas são criadas utilizando-se atos formais idênticos aos que criam pessoas jurídicas de direito privado, em regra, estatutos ou contratos sociais. Contudo, a sua criação deve ser autorizada pelo titular do interesse público através dos seus representantes com a edição de lei. O seu regime é de direito privado, apesar de pertencerem integralmente a pessoa ou a pessoas jurídicas de direito público.

15.5.3.11.1.1. Conceito antigo

O inciso II do art. 5º do Decreto-Lei n. 200/67 afirma que a empresa pública é a entidade dotada de personalidade jurídica de direito privado, com patrimônio próprio e capital exclusivo da União, criada por lei (**atualmente, a CF/88 exige, no inciso XIX do seu art. 37, apenas que a criação de empresa pública seja autorizada por lei**), para a exploração de atividade econômica que o Governo seja levado a exercer por força de contingência ou de conveniência administrativa, podendo revestir-se de qualquer das formas admitidas em direito. Tem-se como exemplos a Caixa Econômica Federal e a Empresa Brasileira de Correios e Telégrafos.

15.5.3.11.1.2. Conceito atual

O conceito acima encontra-se defasado, sendo que o atual conceito normativo de empresa pública foi trazido pelo art. 3º da Lei n. 13.303/16 (Estatuto jurídico da empresa pública, da sociedade de economia mista e de suas subsi-diárias, no âmbito da União, dos Estados, do Distrito Federal e dos Municípios). Eis o seu texto:

> **Art. 3º Empresa pública é a entidade dotada de personalidade jurídica de direito privado, com criação autorizada por lei e com patrimônio próprio, cujo capital social é integralmente detido pela União, pelos Estados, pelo Distrito Federal ou pelos Municípios.**
>
> **Parágrafo único. Desde que a maioria do capital votante permaneça em propriedade da União, do Estado, do Distrito Federal ou do Município, será admitida, no capital da empresa pública, a participação de outras pessoas jurídicas de direito público interno, bem como de entidades da administração indireta da União, dos Estados, do Distrito Federal e dos Municípios.**

15.5.3.11.1.3. Exemplos

Exemplos de empresas públicas são a Caixa Econômica Federal e a Empresa Brasileira de Correios e Telégrafos.

15.5.3.11.1.4. Finalidade

O novo conceito não apresentou a finalidade das empresas públicas, portanto, não mencionou a **exploração de atividade econômica** como seu objeto exclusivo. Assim, apesar das normas constitucionais limitarem seu objeto, não há mais impedimento, ao menos legal, para que a prestação de serviço público seja feita por empresa pública.

Além disso, o conceito atual adequou-se à Constituição Federal ao exigir apenas **autorização legal** para a criação ao invés de exigir criação por lei.

15.5.3.11.1.5. Regime societário

A Lei n. 13.303/16, ao tratar do regime societário da empresa pública e da sociedade de economia mista, estabeleceu que esta precisa ser constituída sob a forma de **sociedade anônima**, mas, em relação à empresa pública, não estipulou qualquer restrição em relação à forma societária. Dessa maneira, a empresa pública pode adotar qualquer forma societária, inclusive sociedade unipessoal.

Os seus atos constitutivos, de acordo com o art. 45 do Código Civil, devem ser registrados e somente após o registro começará a sua existência legal.

15.5.3.11.1.6. *Prestação anormal de serviço público*

A criação pelo ente federativo de empresa pública para a prestação de serviço público torna o seu regime híbrido, pois alguns preceitos aplicáveis às pessoas jurídicas de direito público devem lhe ser aplicáveis também. Por exemplo, o STF decidiu da seguinte forma a questão em relação aos Correios:

EMBARGOS DE DECLARAÇÃO NO RECURSO EXTRAORDINÁRIO. EMPRESA BRASILEIRA DE CORREIOS E TELÉGRAFOS. IMPENHORABILIDADE DE SEUS BENS, RENDAS E SERVIÇOS. RECEPÇÃO DO ART. 12 DO DECRETO-LEI N. 509/69.

1. **À empresa Brasileira de Correios e Telégrafos, pessoa jurídica equiparada à Fazenda Pública, é aplicável o privilégio da impenhorabilidade de seus bens, rendas e serviços. Recepção do art. 12 do Decreto-lei n. 509/69 e não incidência da restrição contida no art. 173, §1º, da Constituição Federal, que submete a empresa pública, a sociedade de economia mista e outras entidades que explorem atividade econômica ao regime próprio das empresas privadas, inclusive quanto às obrigações trabalhistas e tributárias.**

2. Empresa pública que não exerce atividade econômica e presta serviço público da competência da União Federal e por ela mantido. Execução. Observância ao regime de precatório, sob pena de vulneração do disposto no art. 100 da Constituição Federal. Vícios no julgamento. Embargos de declaração rejeitados (RE 230051-ED, rel. Min. Maurício Corrêa, Tribunal Pleno, julgado em 11-6-2003, *DJ* 8-8-2003).

O art. 12 do Decreto-lei n. 509/69 citado no acordão acima dispõe que: "A ECT gozará de isenção de direitos de importação de materiais e equipamentos destinados aos seus serviços, dos privilégios concedidos à Fazenda Pública, quer em relação a imunidade tributária, direta ou indireta, impenhorabilidade de seus bens, rendas e serviços, quer no concernente a foro, prazos e custas processuais".

O monopólio da ECT restringe-se ao disposto no art. 9º da Lei n. 6.538/78. Eis a norma:

Art. 9º – São exploradas pela União, em regime de monopólio, as seguintes atividades postais:
I – recebimento, transporte e entrega, no território nacional, e a expedição, para o exterior, de carta e cartão-postal;
II – recebimento, transporte e entrega, no território nacional, e a expedição, para o exterior, de correspondência agrupada:
III – fabricação, emissão de selos e de outras fórmulas de franqueamento postal.

Além disso, deve ser lembrado também que a prerrogativa da prescrição quinquenal trazida pelo art. 1º do Decreto n. 20.910/35 aplica-se à ECT, mesmo não sendo aplicável às demais empresas públicas. Consequentemente, as suas dívidas passivas prescrevem em cinco anos contados da data do ato ou fato do qual se originarem. Na forma dos seus arts. 8º e 9º, "a prescrição somente poderá ser interrompida uma vez e a prescrição interrompida recomeça a correr, pela metade do prazo, da data do ato que a interrompeu ou do último ato ou termo do respectivo processo".

15.5.3.11.1.7. Interfederatividade

O debate sobre a possibilidade de mais de um ente da federação ou demais pessoas jurídicas de direito público participarem do capital da empresa perdeu relevância, visto que o art. 3º da Lei n. 13.303/16 permite expressamente a participação. Contudo, precisa sempre ser lembrado que particulares não podem ter participação no capital de empresa pública, somente as sociedades de economia mista possibilitam a participação de particulares.

A maioria do capital deve pertencer a um dos entes da federação, pois, mesmo tendo sido possibilitada a participação de entidades de direito público da Administração Pública indireta, não poderão as autarquias, as fundações públicas de direito público ou as associações públicas deter a maioria do capital.

15.5.3.11.1.8. Espécies

As empresas públicas podem ser divididas em duas espécies:

a) **exercentes de atividade econômica**; e

b) **não exercentes de atividade econômica.**

ESPÉCIES	EXERCENTES DE ATIVIDADE ECONÔMICA
	NÃO EXERCENTE DE ATIVIDADE ECONÔMICA

Ressalte-se que a prestação de serviço público por empresa pública deveria ser anormal, pois a CF/88 oferta a possibilidade de criação de pessoa jurídica própria para desempenhar tal função: a autarquia ou a fundação pública.

Entre as **não exercentes de atividade econômica**, existem as que prestam **serviço público sem a possibilidade de lucro** e as que desempenham **atividades de interesse social** (também sem lucro).

Entre as **exercentes de atividade econômica**, existem as que **desempenham atividade econômica em sentido estrito** e as que **prestam serviços públicos com a possibilidade de lucro.**

Segundo a opção do Poder Constituinte Originário, as empresas públicas e as sociedades de economia mista jamais poderiam ter como atividade finalística o exercício de poder de polícia, a prestação jurisdicional, a manutenção da ordem pública, serviços diplomáticos e a defesa das fronteiras, portanto, as atividades exclusivas de Estado não podem fazer parte do seu objeto social.

15.5.3.11.2. Sociedade de economia mista

15.5.3.11.2.1. Conceito antigo

O defasado inciso III do art. 5º do Decreto-Lei n. 200/67 aduz que sociedade de economia mista é a entidade dotada de personalidade jurídica de *direito privado*, criada por lei (**atualmente, a CF/88 exige, no inciso XIX do seu art. 37, apenas que a criação de sociedade de economia mista seja autorizada por lei**), para a **exploração de atividade econômica**, sob a forma de **sociedade anônima**, cujas ações com direito a voto pertençam em sua **maioria** à União ou a entidade da Administração Indireta.

15.5.3.11.2.2. Conceito atual

O conceito atual de sociedade de economia mista foi trazido pelo *caput* do art. 4º da Lei n. 13.303/16. Eis o seu teor:

> **Art. 4º Sociedade de economia mista é a entidade dotada de personalidade jurídica de direito privado, com criação autorizada por lei, sob a forma de sociedade anônima, cujas ações com direito a voto pertençam em sua maioria à União, aos Estados, ao Distrito Federal, aos Municípios ou a entidade da administração indireta.**

15.5.3.11.2.3. Exemplos

Exemplos de sociedades de economia mista são Petrobras e Banco do Brasil.

15.5.3.11.2.4. Forma societária

A sociedade de economia mista, de acordo com o art. 5º da Lei n. 13.303/16, somente pode ser criada na forma de sociedade anônima (S/A). A participação de **capital privado** é permitida, fazendo parte, inclusive da sua essência.

15.5.3.11.2.5. Finalidade

Apesar de o *caput* do art. 173 da CF/88 ter estabelecido que as sociedades de economia mista são instrumentos para a exploração da atividade econômica pelo Estado, há estatais desta natureza que, além de exercerem a exploração da atividade econômica, prestam serviço público. Existem também sociedades de economia mista que são prestadoras de serviço público e que não desempenham qualquer atividade econômica[57].

Como já foi dito em relação às empresas públicas, a criação pelo ente federativo de sociedade de economia mista para a prestação de serviço público não é a opção mais técnica, pois as autarquias e fundações públicas são as formas mais indicadas de pessoas jurídicas para tal atividade, conforme pode ser deduzido do art. 173 da Carta Maior.

15.5.3.12. Diferenças básicas entre as empresas estatais

As empresas públicas e as sociedades de economia mista são denominadas **empresas estatais** e possuem grande semelhança entre si, diferindo basicamente nos seguintes aspectos:

(i) a empresa pública pode observar, na sua constituição, qualquer forma societária, a sociedade de economia mista, de acordo com o art. 5º da Lei n. 13.303/16, somente pode ser criada na forma de sociedade anônima (S/A); e

(ii) o capital da empresa pública é exclusivamente de ente ou entes da federação ou de entidade ou entidades de direito público; a sociedade de economia mista exige apenas que as ações com direito a voto pertençam, em sua maioria, a ente da federação ou de entidade de direito público, podendo, portanto, ter capital particular na sua constituição.

EMPRESA PÚBLICA FEDERAL	SOCIEDADE DE ECONOMIA MISTA FEDERAL
- CRIAÇÃO (AUTORIZADA POR LEI) ATRAVÉS DOS ATOS CONSTITUTIVOS SOCIETÁRIOS PERTINENTES	- CRIAÇÃO (AUTORIZADA POR LEI) ATRAVÉS DO ATO CONSTITUTIVO RELATIVO À SOCIEDADE ANÔNIMA
- CAPITAL EXCLUSIVO DE PESSOA OU PESSOAS JURÍDICAS DE DIREITO PÚBLICO, SENDO A MAIORIA DO CAPITAL DA UNIÃO	- CAPITAL FORMADO COM RECURSOS DA UNIÃO OU ENTIDADE DA ADMINISTRAÇÃO INDIRETA, A QUEM DEVE PERTENCER A MAIORIA DAS AÇÕES COM DIREITO A VOTO, E COM RECURSOS PRIVADOS
- PERSONALIDADE DE DIREITO PRIVADO	- PERSONALIDADE DE DIREITO PRIVADO

---

[57] MELLO, Celso Antônio Bandeira de. *Curso de direito administrativo*. 35. ed. São Paulo: Malheiros, 2021.

- EM REGRA, SUJEITA À JURISDIÇÃO DA JUSTIÇA FEDERAL	- EM REGRA, SUJEITA À JURISDIÇÃO DA JUSTIÇA ESTADUAL
- SUJEIÇÃO DOS SEUS ATOS AO TCU, SALVO RELATIVOS AOS RISCOS DA ATIVIDADE ECONÔMICA	- SUJEIÇÃO DOS SEUS ATOS AO TCU, SALVO RELATIVOS AOS RISCOS DA ATIVIDADE ECONÔMICA

15.5.3.13. Subsidiárias

15.5.3.13.1. Possibilidade de criação

A Constituição Federal de 1988 apresentou a possibilidade das empresas estatais (primeiro grau) criarem outras empresas que são denominadas de subsidiárias (segundo grau em diante). O inciso XX do seu art. 37 foi claro ao permitir a criação desde que autorizada por lei. Além disso, as empresas estatais podem também participar de empresas privadas desde que haja, da mesma forma, autorização legal. *Vide* norma: "XX – depende de autorização legislativa, em cada caso, a criação de subsidiárias das entidades mencionadas no inciso anterior, assim como a participação de qualquer delas em empresa privada".

15.5.3.13.2. Conceito normativo

O Decreto n. 8.945/16 – regulamentador, **no âmbito da União, da Lei n. 13.303/16**, que dispõe sobre o estatuto jurídico da empresa pública, da sociedade de economia mista e de suas subsidiárias, no âmbito da União, dos Estados, do Distrito Federal e dos Municípios – apresentou no inciso IV do seu art. 2º, o conceito de subsidiária. Seguem as suas palavras:

> Art. 2º Para os fins deste Decreto, considera-se:
> (...)
> IV – subsidiária – empresa estatal cuja maioria das ações com direito a voto pertença direta ou indiretamente a empresa pública ou a sociedade de economia mista;

O conceito de empresa subsidiária engloba também as subsidiárias integrais e as demais sociedades em que a empresa estatal detenha o controle acionário majoritário, inclusive as sociedades de propósito específico.

15.5.3.13.3. Necessidade de autorização legal

A constituição de subsidiária, inclusive sediada no exterior ou por meio de aquisição ou assunção de controle acionário majoritário, dependerá de prévia autorização legal, que poderá estar prevista apenas na lei de criação da empresa pública ou da sociedade de economia mista controladora.

15.5.3.13.4. Objeto social

A subsidiária deverá ter objeto social vinculado ao da estatal controladora.

A empresa estatal que possuir autorização legislativa para criar subsidiária e também para participar de outras empresas poderá constituir subsidiária cujo objeto social seja participar de outras sociedades, inclusive minoritariamente, desde que o estatuto social autorize expressamente a constituição de subsidiária como empresa de participações e que cada investimento esteja vinculado ao plano de negócios.

15.5.3.13.5. Controle

A empresa subsidiária não é controlada diretamente pelo ente federativo, representando entidade de segundo grau em diante. Contudo, faz parte da Administração Pública indireta, conforme jurisprudência pacífica do TCU.

Quando a subsidiária for criada por empresa pública deverá ser sociedade anônima, ainda que aquela adote outra forma societária.

15.5.3.13.6. Posicionamento do TCU

Didático como uma aula essencial, em relação ao regime jurídico das empresas subsidiárias, é o parecer do Ministério Público de Contas junto ao TCU elaborado no TC-013.349/2012-0. Eis as suas palavras:

'A Constituição da República, em seu art. 71, inciso II, estabelece competir ao TCU julgar as contas dos administradores e demais responsáveis por dinheiros, bens e valores públicos da administração direta e indireta, incluídas as fundações e sociedades instituídas e mantidas pelo Poder Público Federal, e as contas daqueles que derem causa a perda, extravio ou outra irregularidade de que resulte prejuízo ao erário público.

A Constituição de 1988, não obstante fazer vasta referência à administração pública indireta, não se ocupou de identificar, expressamente, as pessoas jurídicas que fariam parte dessa categoria. As entidades que compõem a administração indireta podem, todavia, ser identificadas e definidas nos arts. 4º, inciso II, e 5º, incisos I, II, III e IV, do Decreto-lei 200, de 25-2-1967. São elas: autarquias, fundações, empresas públicas e sociedades de economia mista.

A leitura dos dispositivos acima citados permite inferir que as entidades integrantes da administração indireta – autarquias, empresas públicas, sociedades de economia mista e fundações públicas – têm, em sua relação com a

União, uma característica que lhes é comum: são controladas pela União, direta ou indiretamente, o que equivale a dizer que é exclusivamente a União que detém, direta ou indiretamente, as rédeas da gestão daquelas entidades, assim o fazendo mediante a nomeação de seus dirigentes.

No entanto, a enumeração do Decreto-Lei 200, de 25-2-1967, não chega a abranger todas as entidades integrantes da administração indireta. Vale dizer, o decreto não esgota todas as possibilidades de descentralização administrativa que podem derivar da expressão constitucional 'sociedades instituídas e mantidas pelo Poder Público Federal'. Refiro-me, *in casu*, às subsidiárias das empresas públicas e das sociedades de economia mistas, bem assim às entidades controladas direta ou indiretamente pelo poder público.

Há quem entenda que as entidades controladas por sociedades de economia mista nada mais seriam do que sociedades de economia mista de segunda geração. Primeiro, esta qualificação se deve ao fato de que o controle exercido pelo poder central (União) dar-se-ia de maneira indireta. Ou seja, a União, ao deter diretamente o controle da sociedade de economia mista controladora, acaba por controlar indiretamente a entidade controlada por sua sociedade de economia mista.

Segundo, a entidade controlada também possui participação de capital privado, sendo que o controle acionário é público. Destarte, elas guardariam a mesma natureza das pessoas que lhe deram origem. Vale dizer, uma entidade controlada por uma sociedade de economia mista teria a mesma natureza jurídica da controladora, submetendo-se, portanto, às mesmas derrogações das normas de direito público, a exemplo da sujeição ao controle externo.

Sob tal perspectiva, a sujeição parcial da entidade controlada ao regime publicístico independeria da circunstância de a estatal de segunda geração (empresa controlada) ter sido criada por lei. O fato de o poder público passar a deter o controle acionário da entidade, caracterizado pela aquisição da maioria das ações com direito a voto, já seria razão bastante para que se faça incidir o regime de direito público aplicável à sociedade de economia mista controladora.

Em estudo sobre o assunto [Os limites do controle externo da União sobre as empresas controladas direta ou indiretamente por sociedades de economia mista. Sociedade democrática, direito público e controle externo. José Geraldo de Sousa Junior (org.) Brasília: Tribunal de Contas da União, 2006], o AUFC José Silva de Souza Leal cita julgado do Supremo Tribunal Federal em que o Relator 'vai ao extremo de considerar o hospital privado cujo controle acionário foi adquirido pelo INSS como sendo uma sociedade de economia mista'. Eis a ementa do julgamento referenciado:

'EMENTA: ADMINISTRATIVO. RECURSO ORDINÁRIO EM MANDADO DE SEGURANÇA. SOCIEDADE DE ECONOMIA MISTA. CONCEITO. CONCEITOS JURÍDICOS. SERVIDOR PÚBLICO. ACUMULAÇÃO DE CARGOS. NÃO EXERCÍCIO DO DIREITO DE OPÇÃO NO PRAZO LEGAL.

MÁ-FÉ CONFIGURADA. 1. Para efeitos do disposto no art. 37, XVII, da Constituição são sociedades de economia mista aquelas – anônimas ou não – sob o controle da União, dos Estados-Membros, do Distrito Federal ou dos Municípios, **independentemente da circunstância de terem sido 'criadas por lei'.** 2. Configura-se a má-fé do servidor que acumula cargos públicos de forma ilegal quando, embora devidamente notificado para optar por um dos cargos, não o faz, consubstanciando, sua omissão, disposição de persistir na prática do ilícito. 3. Recurso a que se nega provimento. (RMS 24.249/DF, Relator Ministro Eros Grau, em 14-9-2004)'

Não destoa desse entendimento a jurisprudência do Tribunal de Contas consolidada no enunciado da Súmula 75 do TCU, que assim dispõe:

'A competência conferida ao Tribunal de Contas da União pelo art. 7º da Lei 6.223, de 14-7-75, não está condicionada à feição jurídica atribuída à entidade fiscalizada, nem à sua criação por lei ou por ato presidencial; tampouco, se restringe à participação acionária direta ou primária da União e entidades da sua administração indireta, compreendendo, ao invés, as chamadas subsidiárias de segundo ou terceiro grau, mas sem obrigatoriedade de remessa das contas anuais quanto às entidades em que houver participação apenas minoritária.' (Fundamento Legal: Constituição, art. 70, §§1º e 4º; Decreto-lei n. 199, de 25-2-67, arts. 31, II, 40, I, e 42; Lei n. 6.223, de 14-7-75, art. 7º). A interpretação apresentada pelo eminente Ministro Aroldo Cedraz dá a exata noção do sentido que deve ser emprestado ao referido verbete: 'a exegese desta Súmula é no sentido de que a fiscalização promovida pelo Tribunal em entidades públicas de direito privado não se restringe à participação direta ou primária por parte da União, alcançando as chamadas subsidiárias ou controladas de segundo, terceiro e demais graus. A súmula vai além, ao mencionar que também se sujeitam à jurisdição deste Tribunal as sociedades constituídas ou em que haja aplicação de recursos da União' (trecho extraído do voto condutor ao Acórdão 2.609/2011-Plenário).

Com efeito, afigura-se extremamente temerário admitir que uma entidade integrante da administração indireta possa criar outras entidades absolutamente livres das sujeições do regime jurídico público, a despeito da participação do Estado na composição do capital dessas entidades. No ponto, cumpre trazer à colação as lúcidas considerações de Celso Antônio Bandeira de Mello [Curso de Direito Administrativo, 16ª edição, São Paulo: Malheiros, 2003, págs. 181/182], *in verbis:*

'Em despeito destas obviedades, durante largo tempo pretendeu-se que, ressalvadas taxativas disposições legais que lhes impusessem contenções explícitas, estariam em tudo o mais parificadas à generalidade das pessoas de direito privado. Calcadas nesta tese errônea, sociedades de economia mista e empresas públicas declaravam-se, com o beneplácito da doutrina e da jurisprudência (salvo vozes combativas, mas isoladas), livres do dever de licitar, razão por que os contratos para obras públicas mais vultosos eram travados ao sabor dos dirigentes de tais empresas ou mediante arremedos de licitação;

recursos destas entidades passaram a ser utilizados como válvula para acobertar dispêndios que a Administração Central não tinha como legalmente efetuar, ou mesmo para custear ostensiva propaganda governamental, mediante contratos publicitários de grande expressão econômica; a administração de pessoal, e com salários muito superiores aos vigentes no setor público, efetuava-se com ampla liberdade, sem concursos, transformando-as em 'cabides de emprego' para apaniguados; avançados sistemas de aposentadoria e previdência eram, por decisão *interna corporis*, instituídos em prol de seus agentes, em condições muito mais vantajosas do que as do sistema nacional de previdência ou do próprio regime previdenciário do setor público; despesas exageradas, úteis apenas à comodidade pessoal de seus agentes, eram liberalmente efetuadas, como, ***exempli gratia***, suntuosas hospedagens no exterior, quando de viagens internacionais dos seus dirigentes; sempre sob arguição de serem pessoas de direito privado – até que a legislação explicitamente lhes impusesse sujeição de suas despesas à fiscalização do Tribunal de Contas da União – sustentava-se que estavam livres deste controle; sob o mesmo fundamento e da correlata liberdade que lhes concerniria, multiplicaram-se sociedades de economia mista e empresas públicas, umas criando outras, surgindo, destarte, as de chamada segunda e terceira geração, aptas, pois, a prodigalizar os mesmos desmandos.

Além disto, estas, precisamente pelo fato de não terem sido criadas por lei – pasme-se – eram, por muitos, excluídas da categoria de sociedade de economia mista ou empresa pública e, consequentemente, das disposições normativas relativas ao controle que se lhes aplica, sob o argumento de que, segundo o Decreto-lei 200, ditas pessoas da administração indireta são unicamente as 'criadas por lei'. Não tendo havido lei criadora, não se lhes poderia sequer as sujeitar às regras decorrentes daquele diploma!'

Nesse quadro, quando a Constituição se refere genericamente às 'sociedades instituídas e mantidas pelo Poder Público Federal' como entidades integrantes da administração indireta, neste grupo, estão incluídas as denominadas empresas estatais, as quais compreendem as sociedades de economia mista, as empresas públicas e suas subsidiárias, bem como as empresas controladas direta ou indiretamente pelo poder público.

Por tudo que foi dito, impõe-se concluir que o Banco Patagônia, entidade controlada diretamente pelo Banco do Brasil S.A. e indiretamente pela União, submete-se à jurisdição do TCU, consoante o art. 71, inciso II, da Constituição, razão por que está obrigado a prestar contas de sua gestão diretamente ao órgão federal de controle externo, seja a sede de sua administração no país ou no exterior.

Digno de nota, ainda, que situação semelhante a que ora se coloca foi objeto de análise pelo TCU, quando do julgamento do TC 004.754/2005-9. Na ocasião, a Corte apreciou solicitação da Petróleo Brasileiro S.A. – PETROBRAS para que a estatal apresentasse ao TCU os processos de prestação de contas de suas subsidiárias e controladas sediadas no exterior de forma consolidada em suas respectivas controladoras, de acordo com a legislação vigente.

Mediante o Acórdão 1.773/2005-Plenário, o Tribunal, sem declinar da sua competência estatuída no art. 71, inciso II, da CF, manifestou-se favorável ao pleito da estatal, ao argumento de que a apresentação das contas das subsidiárias internacionais da Petrobras de forma consolidada representaria vantagens em termos de racionalização de trabalho, sem prejuízo para expectativa de controle.

Daí resulta que o TCU, embora detenha competência para julgar diretamente a gestão das entidades controladas pelo poder público, com sede no país ou no exterior, poderá, com base no seu juízo de discricionariedade acerca da melhor maneira de operacionalizar a apresentação das contas e relatórios de gestão, autorizar que a gestão das controladas seja consolidada no relatório de gestão de sua respectiva controladora, sem que isso comprometa a eficácia do controle externo.

Ante o exposto, este representante do Ministério Público junto ao TCU manifesta-se no sentido de que:

a) é plena a jurisdição do Tribunal de Contas sobre a Administração Pública Federal, seja ela direta ou indireta, aqui incluídas as empresas públicas, as sociedades de economia mista e suas subsidiárias, bem como as entidades controladas direta ou indiretamente pelo Poder Público federal, nos termos do art. 71, inciso II, da Constituição;

b) no exercício de seu juízo de discricionariedade, cabe ao TCU autorizar que a gestão das controladas seja consolidada no relatório de gestão de sua respectiva controladora, desde que isso seja conveniente para atuação do controle externo.'

AUTARQUIA	FUNDAÇÃO PÚBLICA DE DIREITO PÚBLICO	FUNDAÇÃO PÚBLICA DE DIREITO PRIVADO	EMPRESA PÚBLICA	SOCIEDADE DE ECONOMIA MISTA
PESSOA JURÍDICA DE DIREITO PÚBLICO	PESSOA JURÍDICA DE DIREITO PÚBLICO	PESSOA JURÍDICA DE DIREITO PRIVADO	PESSOA JURÍDICA DE DIREITO PRIVADO	PESSOA JURÍDICA DE DIREITO PRIVADO
CRIADA POR LEI	CRIADA POR LEI	CRIADA POR ATOS CONSTITUTIVOS PRIVADOS DESDE QUE AUTORIZADA POR LEI	CRIADA POR ATOS CONSTITUTIVOS PRIVADOS DESDE QUE AUTORIZADA POR LEI	CRIADA POR ATOS CONSTITUTIVOS PRIVADOS DESDE QUE AUTORIZADA POR LEI
BENS PÚBLICOS	BENS PÚBLICOS	BENS PRIVADOS	BENS PRIVADOS	BENS PRIVADOS

PRERROGATIVAS DA FAZENDA PÚBLICA	PRERROGATIVAS DA FAZENDA PÚBLICA	REGIME DE DIREITO PRIVADO, SALVO EM RELAÇÃO À PRESTAÇÃO DE SERVIÇOS PÚBLICOS	REGIME DE DIREITO PRIVADO, SALVO EM RELAÇÃO À PRESTAÇÃO DE SERVIÇOS PÚBLICOS	REGIME DE DIREITO PRIVADO, SALVO EM RELAÇÃO À PRESTAÇÃO DE SERVIÇOS PÚBLICOS
PESSOAL ESTATUTÁRIO	PESSOAL ESTATUTÁRIO	PESSOAL CELETISTA	PESSOAL CELETISTA	PESSOAL CELETISTA
CONTROLE DO TRIBUNAL DE CONTAS	CONTROLE DO TRIBUNAL DE CONTAS	CONTROLE DO TRIBUNAL DE CONTAS	CONTROLE DO TRIBUNAL DE CONTAS	CONTROLE DO TRIBUNAL DE CONTAS
PRESTAÇÃO DE SERVIÇO PÚBLICO OU DESEMPENHO DE ATIVIDADE ESTATAL	PRESTAÇÃO DE SERVIÇO PÚBLICO OU DESEMPENHO DE ATIVIDADE ESTATAL	PRESTAÇÃO DE SERVIÇO PÚBLICO OU DE UTILIDADE PÚBLICA	DESEMPENHO DE ATIVIDADE ECONÔMICA EM SENTIDO ESTRITO OU PRESTAÇÃO DE SERVIÇO PÚBLICO	DESEMPENHO DE ATIVIDADE ECONÔMICA EM SENTIDO ESTRITO OU PRESTAÇÃO DE SERVIÇO PÚBLICO

b) no exercício de seu juízo de discricionariedade, cabe ao TCU autorizar que a gestão das controladas seja consolidada no relatório de gestão de sua respectiva controladora, desde que isso seja conveniente para atuação do controle externo;

16

ÓRGÃOS PÚBLICOS

Preliminarmente, é forçoso ressaltar que existem órgãos públicos tanto na Administração Pública Direta (entes da federação) quanto nas pessoas jurídicas de direito público que fazem parte da Administração Pública indireta. Por exemplo, o Ministério da Fazenda tem, na sua estrutura, diversos órgãos, bem como o INSS, autarquia federal, tem diversos órgãos na sua composição.

Optou-se, dessa maneira, por tratar da teoria dos órgãos públicos fora dos itens relativos à Administração Pública direta e à Administração Pública indireta, visto que o tema não se restringe apenas a uma delas, fazendo parte de ambas.

Gize-se, porém, que as pessoas jurídicas de direito privado (empresas públicas, sociedades de economia mista e fundações privadas) não possuem órgãos públicos, somente as pessoas jurídicas de direito público possuem essa divisão.

16.1. TEORIAS SOBRE A MANIFESTAÇÃO DA VONTADE

O Estado, pessoa jurídica de direito público, apareceu para suprir as **necessidades humanas** inalcançáveis individualmente ou através de pequenos agrupamentos sociais. Considerada a sua natureza jurídica de **ente coletivo**, surge o problema da constituição e da emanação da sua vontade. Há várias teorias que tentam solucionar tal impasse, dentre elas, a **teoria da identidade**, a **teoria da representação**, a **teoria do mandato** e a **teoria do órgão.**

Ao longo do tempo, a forma de exteriorização da vontade estatal transformou-se, relacionando-se sempre à estrutura administrativa adotada na época.

a)   A **teoria da identidade** está completamente ultrapassada, pois despreza a impessoalidade ativa confundindo o agente público com o órgão público. Assim, várias situações de vacância do cargo ou emprego público poderiam ensejar a inatividade ou mesmo a extinção do órgão.

b) A **teoria da representação** ilustra que o agente público é representante da pessoa jurídica de direito público, baseando-se erroneamente na concepção privatista de que as pessoas incapazes de exprimir as suas vontades validamente devem ser representadas. Além disso, há agentes públicos que, ao contrário de representar, presentam o Estado nas relações jurídicas, *v. g.*, os diplomatas e os advogados públicos.

Atualmente, tal teoria, em virtude de reduzir o Estado à qualidade de incapaz, encontra pouca ressonância entre os doutrinadores.

c) A **teoria do mandato** afirma que o agente público é mandatário do Estado, mas não explica como a vontade inicial da outorga do mandato se exterioriza.

Tanto a *teoria da representação* quanto a teoria do mandato não prescindem da anterior existência de uma pessoa autônoma titular da vontade estatal, o que é impossível e remeteria à busca incessante de antecedentes inatingíveis.

d) A **teoria que melhor explica a manifestação de vontade do Estado é a do órgão**, pois entende inexistir personalidade jurídica autônoma do agente público na exteriorização dos desejos estatais. É chamada também de **teoria da realidade objetiva ou da imputação**, explicando a atividade interna da pessoa jurídica de acordo o funcionamento do corpo humano.

Por outras palavras, junto à pessoa natural (organismo físico), há pessoas jurídicas (organismos sociais) que têm vida autônoma e vontade própria, cuja finalidade é a realização de um objeto social. Assim, as pessoas jurídicas são corpos sociais que o direito não cria, mas se limita a declarar existentes. O principal representante dessa teoria foi Otto Gierke[1].

O Estado, tal como o corpo humano, seria formado de diversos órgãos que, por imputação, criação da norma jurídica ou presentação, colocariam no mundo jurídico a vontade da pessoa jurídica de direito público. A teoria tem aplicação concreta na hipótese da chamada função de fato. Desde que a conduta provenha de um órgão, não tem relevância o fato de ter sido exercida por um agente que não tenha a investidura legítima, imperando, assim, o princípio da impessoalidade, pois a vontade será imputada ao Estado e não ao agente público quando o trato for com o administrado.

---

[1] MONTEIRO, Washington de Barros. *Curso de direito civil*: parte geral. 27. ed. São Paulo: Saraiva, 1988.

	TEORIA DA IDENTIDADE
	TEORIA DA REPRESENTAÇÃO
TEORIAS	TEORIA DO MANDATO
	TEORIA DO ÓRGÃO

16.2. CONCEITO

Hely Lopes Meirelles[2] define órgão como centro de competência instituído para o desempenho de funções estatais, cuja atuação é imputada à pessoa jurídica do qual pertence.

Órgão público é, sem dúvida, a divisão estrutural sem personalidade jurídica que reúne atribuições exercidas por agentes públicos individual ou coletivamente com o objetivo de expressar a vontade estatal.

ÓRGÃO PÚBLICO			
DIVISÃO ESTRUTURAL	AUSÊNCIA DE PERSONALIDADE JURÍDICA	ATRIBUIÇÕES EXERCIDAS POR AGENTES PÚBLICOS	EXPRESSAR A VONTADE ESTATAL

Dirley da Cunha Júnior[3] afirma, com grande pertinência, que "o órgão público consiste num centro ou círculo de competência ou atribuições, despersonalizado e instituído por lei para o desempenho de funções estatais, através de seus agentes, cuja atuação é imputada à pessoa jurídica a que pertence".

16.3. INEXISTÊNCIA DE PERSONALIDADE JURÍDICA

José dos Santos Carvalho Filho[4] diz que, quando se trata de federação, vigora o **pluripersonalismo** porque além da pessoa jurídica central existem outras internas que compõem o sistema político.

---

[2] MEIRELLES, Hely Lopes; BURLE FILHO, José Emmanuel. *Direito administrativo brasileiro*. 42. ed. São Paulo: Malheiros, 2016.

[3] CUNHA JÚNIOR, Dirley da. *Curso de direito administrativo*. 4. ed. Salvador: JusPodivm, 2006.

[4] CARVALHO FILHO, José dos Santos. *Manual de direito administrativo*. 35. ed. Barueri: Atlas, 2021.

298 CURSO DE DIREITO ADMINISTRATIVO

O órgão público não tem personalidade jurídica própria, sendo fragmento estrutural e de competência da pessoa jurídica da qual é integrante[5]. Há conceito jurídico formal de órgão. Segue o §2º do art. 1º da Lei n. 9.784/99:

§2º Para os fins desta Lei, consideram-se:
I – **órgão** – a unidade de atuação integrante da estrutura da Administração direta e da estrutura da Administração indireta;
II – **entidade** – a unidade de atuação dotada de personalidade jurídica;
III – **autoridade** – o servidor ou agente público dotado de poder de decisão.

Celso Antônio Bandeira de Mello[6] aduz que os órgãos públicos são círculos de atribuições, os feixes individuais de poderes funcionais repartidos no interior da personalidade estatal e expressados através dos agentes neles providos.

Os órgãos não podem ser titulares de direitos ou obrigações, sendo a sua principal finalidade a especialização e a busca pela eficiência no âmbito da mesma pessoa jurídica de direito público.

16.4. CRIAÇÃO E EXTINÇÃO

Na esfera federal, a criação e extinção de órgão somente podem ser feitas através de lei ou de normas com força de lei, sendo o que se depreende da alínea *a* do inciso VI do art. 84 da CF/88. Eis a norma:

Art. 84. Compete privativamente ao Presidente da República:
(...)
VI – dispor, mediante decreto, sobre:

---

[5] AGRAVOS REGIMENTAIS. MANDADO DE SEGURANÇA. TRIBUNAL DE CONTAS DO ESTADO DA PARAÍBA. ILEGITIMIDADE RECURSAL. PRECEDENTES. RECURSO QUE NÃO IMPUGNA OS FUNDAMENTOS DA DECISÃO AGRAVADA. INCIDÊNCIA DA SÚMULA 182/STJ. VIOLAÇÃO DO ART. 535 DO CPC. NÃO OCORRÊNCIA.
1. Predomina na doutrina e na jurisprudência deste Superior Tribunal de Justiça o entendimento de que o sujeito passivo no mandado de segurança é a pessoa jurídica a qual se vincula a autoridade impetrada ou o órgão apontado como coator.
2. O Tribunal de Contas do Estado da Paraíba não tem personalidade jurídica própria, mas é órgão que integra a estrutura do Estado da Paraíba, razão pela qual não tem legitimidade para recorrer de acórdão concessivo de segurança.
(...)
5. Agravo regimental do Tribunal de Contas do Estado da Paraíba não conhecido e Agravo regimental de Oscar Mamede Santiago Melo conhecido em parte e improvido. (STJ, AgRg no REsp 866.327/PB, Rel. Ministra MARIA THEREZA DE ASSIS MOURA, SEXTA TURMA, julgado em 19-3-2009, *DJe* 13-4-2009).

[6] MELLO, Celso Antônio Bandeira de. *Curso de direito administrativo*. 35. ed. São Paulo: Malheiros, 2021.

a) organização e funcionamento da administração federal, quando não implicar aumento de despesa nem criação ou extinção de órgãos públicos;

Apesar de a citada norma tratar especificamente da esfera federal, o princípio da simetria[7] impõe a sua observância pelos demais entes, quais sejam, os Estados, o Distrito Federal e os Municípios.

Em relação ao Poder Legislativo e ao Poder Judiciário, tem-se que:

a) **Câmara dos Deputados**, a casa, na forma do inciso IV do art. 51 da CF/88, poderá dispor sobre a sua organização;

b) **Senado Federal**, a casa, na forma do inciso XIII do art. 52 da CF/88, poderá dispor sobre a sua organização;

c) **Tribunais**, a Corte, na forma da alínea *d* do inciso I do art. 69 da CF/88, poderá propor ao Poder Legislativo a criação de novas varas judiciárias;

d) **Supremo Tribunal Federal, Tribunais Superiores e Tribunais de Justiça**, as Cortes, na forma das alíneas *c* e *d* do inciso II do art. 69 da CF/88, poderão propor ao Poder Legislativo a criação ou extinção de tribunais inferiores e a alteração da organização e da divisão judiciárias.

A estruturação interna dos órgãos públicos não depende de lei, podendo ser feita por normas administrativas gerais e abstratas que tratam de regimento interno.

16.5. CAPACIDADE DE ESTAR EM JUÍZO

Como já foi dito, apesar de o órgão público não ter personalidade jurídica, o legislador pátrio tem rasgado construções doutrinárias seculares para, em alguns casos, outorgar-lhe capacidade de estar em juízo.

O inciso III do art. 82 da Lei n. 8.078/90 (Código de Defesa do Consumidor) afirma, por exemplo, que: "Art. 82. Para os fins do art. 81, parágrafo único, são

---

[7] AÇÃO DIRETA DE INCONSTITUCIONALIDADE. LEI DO ESTADO DE SÃO PAULO. CRIAÇÃO DE CONSELHO ESTADUAL DE CONTROLE E FISCALIZAÇÃO DO SANGUE – COFISAN, ÓRGÃO AUXILIAR DA SECRETARIA DE ESTADO DA SAÚDE. LEI DE INICIATIVA PARLAMENTAR. VÍCIO DE INICIATIVA. INCONSTITUCIONALIDADE RECONHECIDA.

I – **Projeto de lei que visa a criação e estruturação de órgão da administração pública: iniciativa do Chefe do Poder Executivo (art. 61, §1º, II, e, CR/88). Princípio da simetria.**

II – Precedentes do STF.

III – Ação direta julgada procedente para declarar a inconstitucionalidade da Lei estadual paulista 9.080/95. (STF, ADI 1275, Relator (a): Min. RICARDO LEWANDOWSKI, Tribunal Pleno, julgado em 16-5-2007, *DJe*-032 DIVULG 6-6-2007 PUBLIC 8-6-2007 *DJ* 8-6-2007 PP-00028 EMENT VOL-02279-01 PP-00044 RT v. 96, n. 864, 2007, p. 158-163).

legitimados concorrentemente: (...) III – as entidades e órgãos da Administração Pública, direta ou indireta, ainda que sem personalidade jurídica, especificamente destinados à defesa dos interesses e direitos protegidos por este código".

16.6. CNPJ

Outra excepcionalidade que precisa ser registrada é a obrigatoriedade de os órgãos possuírem CNPJ. O artigo abaixo transcrito da Instrução Normativa RFB n. 1.634/2016 estabelece que:

> Art. 4º São também obrigados a se inscrever no CNPJ:
> I – órgãos públicos de qualquer dos Poderes da União, dos estados, do Distrito Federal e dos municípios, desde que se constituam em unidades gestoras de orçamento.

Além disso, os órgãos públicos podem agir em juízo para garantir o exercício das suas atribuições e as suas prerrogativas através de mandado de segurança, remédio compatível com sua natureza despersonalizada.

16.7. NATUREZA JURÍDICA

Sobre a natureza jurídica dos órgãos, também foram formuladas algumas teorias, entre elas, a subjetiva, a objetiva e a eclética ou mista[8].

a) A **teoria subjetiva** confunde o órgão com o agente público, terminando por personalizar o feixe de poderes funcionais. Assim, desaparecendo o agente, desaparecerá o órgão.

b) A **teoria objetiva** vê no órgão apenas um conjunto de atribuições, inconfundível com o agente público. Podendo ser criticada, portanto, no que tange à exteriorização da vontade do Estado que não se dará apenas com as atribuições.

c) A **teoria mista ou eclética** é a mais completa, pois diz que o órgão público é formado por dois elementos: o agente público e o conjunto de atribuições.

---

[8] DI PIETRO, Maria Sylvia Zanella. *Direito administrativo*. 34. ed. Rio de Janeiro: Forense, 2021.

16.8. CLASSIFICAÇÕES

Há diversas classificações para os órgãos públicos, mas a que apresenta maior coerência é a adotada pelo mestre Hely Lopes Meirelles[9]. Segundo o autor, quanto à **posição estatal**, os órgãos podem ser:

a) **independentes**: originários diretamente da Constituição Federal, representativos dos três Poderes tradicionais (Casas Legislativas, Chefia do Executivo e os Tribunais). São órgãos sem qualquer subordinação hierárquica ou funcional, estando sujeitos apenas aos controles constitucionais de um sobre o outro (denominados "freios e contrapesos"). As atribuições destes órgãos são exercidas por agentes políticos;

b) **autônomos**: encontram-se na cúpula da Administração, com subordinação direta aos órgãos independentes. Tais órgãos gozam de autonomia administrativa, financeira, técnica, além de participarem das decisões governamentais. Entram nessa categoria os Ministérios, as Secretarias de Estado, a Advocacia-Geral da União etc.;

c) **superiores**: são órgãos de controle, direção e comando, mas sujeitos à subordinação e ao controle hierárquico de uma chefia. Não gozam de autonomia administrativa e financeira. Incluem-se nessa categoria as Procuradorias, Coordenadorias, Gabinetes etc.;

d) **subordinados ou subalternos**: estão sujeitos ao controle hierárquico dos órgãos superiores de decisão. Têm reduzido poder decisório, exercendo, principalmente, funções de execução.

Quanto à **atuação territorial**, podem ser:

a) **centrais**, os que, localizados na sede administrativa da pessoa jurídica de direito público, têm atuação sobre toda a sua circunscrição, como exemplo pode ser citado o Ministério da Justiça; e

b) **locais**, os que se encontram fora da sede administrativa, mas dentro da área de atuação do ente ou da entidade somente em determinada área territorial ou geográfica, como exemplo pode ser mencionada a Procuradoria da União no Estado da Bahia, órgão da AGU responsável pela representação judicial da AGU apenas no Estado da Bahia.

---

[9] MEIRELLES, Hely Lopes; BURLE FILHO, José Emannuel. *Direito administrativo brasileiro*. 42. ed. São Paulo: Malheiros, 2016. .

302 CURSO DE DIREITO ADMINISTRATIVO

Quanto à **pessoa federativa**, podem ser:

a) federais;

b) estaduais;

c) distritais; e

d) municipais.

Quanto ao **poder**, podem ser:

a) do Poder Legislativo;

b) do Poder Executivo; e

c) do Poder Judiciário.

Quanto à **estrutura**, podem ser:

a) **simples ou unitários**, os que não possuem divisão interna, por exemplo, a Consultoria Jurídica da União no Estado da Bahia, órgão da AGU que não apresenta divisão interna, apesar de ser formado por diversos membros e servidores daquela instituição; e

b) **compostos**, os que são formados por outros órgãos menores, como exemplo, pode ser listada a Procuradoria-Geral da União, órgão da AGU que agrega na sua estrutura diversas procuradorias nos Estados.

Quanto à **composição ou formação subjetiva**:

a) **singulares**, os que são formados por um só agente público, as suas manifestações são extraídas de um só agente público, por exemplo: a Governadoria de um Estado; e

b) **coletivos**, os que são integrados por mais de um agente público, vários agentes públicos formam a vontade do órgão, por exemplo: as assembleias legislativas que são formadas por vários deputados estaduais.

Por fim, há também quem classifique os órgãos **quanto à função desempenhada** em:

a) **ativos** que agem independentemente de provocação e executam os desejos do Estado, por exemplo: a Polícia Federal;

b) **consultivos** que emitem opiniões técnicas na forma de parecer com o objetivo de subsidiar a decisão do gestor público, por exemplo, a Consultoria-Geral da União, órgão responsável pela consultoria e assessoramento jurídicos da União; e

c) de **controle** que exercem fiscalização em relação aos demais para averiguar se as suas ações são legais, legítimas e econômicas.

POSIÇÃO ESTATAL	INDEPENDENTES
	AUTÔNOMOS
	SUPERIORES
	SUBORDINADOS OU SUBALTERNOS
ATUAÇÃO TERRITORIAL	CENTRAIS
	LOCAIS
PESSOA FEDERATIVA	FEDERAIS
	ESTADUAIS
	DISTRITAIS
	MUNICIPAIS
PODER	PODER LEGISLATIVO
	PODER EXECUTIVO
	PODER JUDICIÁRIO
ESTRUTURA	SIMPLES OU UNITÁRIOS
	COMPOSTOS
COMPOSIÇÃO OU FORMAÇÃO SUBJETIVA	SINGULARES
	COLETIVOS
QUANTO À FUNÇÃO DESEMPENHADA	ATIVOS
	CONSULTIVOS
	CONTROLE

17

DOMICÍLIO DOS ENTES DA FEDERAÇÃO E DAS PESSOAS JURÍDICAS ESTATAIS

O conceito de domicílio de pessoa jurídica leva em conta a sua existência no campo das ideias, pois não há falar, como acontece em relação às pessoas naturais, em local de residência com ânimo definitivo, na forma do art. 70 do CC vigente. Assim, a sua escolha é pautada em opções legislativas.

O domicílio dos entes da federação e das pessoas jurídicas em geral, inclusive das estatais, foi estabelecido pelo art. 75 do CC de 2002. Segue o seu texto:

Art. 75. Quanto às pessoas jurídicas, o domicílio é:
I – da União, o Distrito Federal;
II – dos Estados e Territórios, as respectivas capitais;
III – do Município, o lugar onde funcione a administração municipal;
IV – das demais pessoas jurídicas, o lugar onde funcionarem as respectivas diretorias e administrações, ou onde elegerem domicílio especial no seu estatuto ou atos constitutivos.
§1º Tendo a pessoa jurídica diversos estabelecimentos em lugares diferentes, cada um deles será considerado domicílio para os atos nele praticados.
§2º Se a administração, ou diretoria, tiver a sede no estrangeiro, haver-se-á por domicílio da pessoa jurídica, no tocante às obrigações contraídas por cada uma das suas agências, o lugar do estabelecimento, sito no Brasil, a que ela corresponder.

Apesar das disposições do Código Civil de 2002, leis específicas podem estabelecer de maneira diversa os domicílios das pessoas jurídicas de direito público, aplicando-se o princípio da especialidade, segundo o qual lei especial afasta a aplicabilidade da lei geral. Normas jurídicas inferiores à lei não podem estabelecer o domicílio das pessoas em questão.

O inciso I do artigo acima transcrito estabeleceu que o domicílio da União é o Distrito Federal, mas a própria Constituição Federal de 1988, a fim de afastar a possibilidade de lei estabelecer de forma diversa, afirmou, no §1º do seu art. 109, que as causas em que a União for autora serão aforadas na seção judiciária onde tiver domicílio a outra parte, atestando a hipersuficiência daquele ente.

DOMICÍLIO	**UNIÃO:** DISTRITO FEDERAL
	ESTADOS E TERRITÓRIOS: CAPITAIS
	MUNICÍPIOS: O LUGAR ONDE FUNCIONA A ADMINISTRAÇÃO MUNICIPAL
	DEMAIS PESSOAS JURÍDICAS: O LUGAR ONDE FUNCIONAREM AS RESPECTIVAS DIRETORIAS E ADMINISTRAÇÕES, OU ONDE ELEGEREM DOMICÍLIO ESPECIAL NO SEU ESTATUTO OU ATOS CONSTITUTIVOS

18

REFORMA ADMINISTRATIVA

Antes da reforma da década de 30 do século passado, a Administração Pública brasileira, incluídos todos os entes da federação, era **patrimonialista**, pautada na centralização e na concentração de poder, na confusão entre o interesse privado do gestor e o interesse público, na corrupção, no nepotismo, na falta de planejamento e no autoritarismo.

A Constituição de 1937 previa a criação de um departamento incumbido de organizar os órgãos do Estado, para o aperfeiçoamento da máquina pública, além de elaborar a proposta orçamentária do governo e prestar assessoria ao presidente da República.

A criação do Departamento Administrativo de Serviço Público (DASP) pelo Decreto-Lei n. 579, 30 de junho de 1938, inaugurou uma nova fase na Administração Pública que pode ser chamada de **burocrática**, baseada na valorização dos agentes públicos e seu profissionalismo, na busca por segurança jurídica, na rigidez hierárquica, na impessoalidade, no controle, no formalismo e objetividade das relações do Estado com os administrados.

Apesar de ter sido editado durante o regime militar, o Decreto-Lei n. 200/67 deu os primeiros passos para implantação do modelo gerencial de Estado, tendo sido o instrumento da reforma da Administração Pública da década de 60 do século XX.

De acordo com os defensores do Estado **gerencial**, a atividade pública passou por uma grave crise na década de 1980 do século XX, deixando de ser fonte indutora do crescimento do país para representar grande entrave ao desenvolvimento.

O crescimento do Estado estava inviabilizando a atividade privada, visto que os particulares eram cada vez mais tributados para atender às necessidades de uma estrutura pública cara e ineficiente que não tinha capacidade de oferecer as contraprestações em serviços públicos e infraestrutura exigidas pela sociedade na década de 1990 do século XX.

Luiz Carlos Bresser-Pereira[1], principal idealista do Estado gerencial, defendia a existência de um Estado mínimo que pudesse se ocupar dos serviços e atividades públicos exclusivos, destinando as demais atividades à iniciativa privada através da privatização de entidades da Administração Pública indireta.

Além disso, a atribuição da qualidade de servidor público a agentes que desempenhavam atribuições relacionadas a atividades-meio não privativas de carreiras exclusivas de Estado somente traria custos excedentes à máquina pública.

O Estado mínimo exigia a terceirização de todas as atividades que não estivessem relacionadas diretamente à representação do Estado nas suas diversas funções de arrecadação, exercício de poder de polícia, polícia judiciária, diplomacia, advocacia pública, judiciária e legislativa.

Para Bresser-Pereira, quatro deveriam ser os vetores das mudanças de um Estado burocrático para um Estado gerencial, são eles:

a) a **delimitação das funções do Estado**, reduzindo seu tamanho em termos principalmente de pessoal através de programas de privatização, terceirização e publicização (este último processo implicando a transferência para o setor público não-estatal dos serviços sociais e científicos que hoje o Estado presta);

b) a **redução do grau de interferência do Estado** ao efetivamente necessário através de programas de desregulação que aumentem o recurso aos mecanismos de controle via mercado, transformando o Estado em um promotor da capacidade de competição do país a nível internacional ao invés de protetor da economia nacional contra a competição internacional;

c) o **aumento da governança do Estado**, ou seja, da sua capacidade de tornar efetivas as decisões do governo, através do ajuste fiscal, que devolve autonomia financeira ao Estado, da reforma administrativa rumo a uma Administração Pública gerencial (ao invés de burocrática), e a separação, dentro do Estado, ao nível das atividades exclusivas de Estado, entre a formulação de políticas públicas e a sua execução; e, finalmente,

d) o **aumento da governabilidade**, ou seja, do poder do governo, graças à existência de instituições políticas que garantam uma melhor intermediação de interesses e tornem mais legítimos e democráticos os governos, aperfeiçoando a democracia representativa e abrindo espaço para o controle social ou democracia direta.

---

[1] *A Reforma do estado dos anos 90*: lógica e mecanismos de controle. Brasília: Ministério da Administração Federal e Reforma do Estado, 1997. 58 p. (Cadernos MARE da reforma do estado; v. 1)

Após o estabelecimento dos vetores principais de mudança, Bresser-Pereira listou como as principais características de um Estado gerencial as seguintes:

a) orientação da ação do Estado para o **cidadão-usuário** ou **cidadão-cliente**;

b) ênfase no **controle dos resultados** através dos **contratos de gestão** (ao invés de controle dos procedimentos);

c) **fortalecimento e aumento da autonomia da burocracia estatal**, organizada em carreiras ou corpos de Estado, e valorização do seu trabalho técnico e político de participar, juntamente com os políticos e a sociedade, da formulação e gestão das políticas públicas;

d) **separação** entre as secretarias formuladoras de políticas públicas, de caráter centralizado, e as unidades descentralizadas, executoras dessas mesmas políticas;

e) **distinção de dois tipos de unidades descentralizadas**: as agências executivas, que realizam atividades exclusivas de Estado, por definição monopolistas, e os serviços sociais e científicos de caráter competitivo, em que o poder de Estado não está envolvido;

f) **transferência** para o setor público não estatal dos serviços sociais e científicos competitivos;

g) adoção cumulativa, para controlar as unidades descentralizadas, dos mecanismos (1) de **controle social direto**, (2) do **contrato de gestão** em que os indicadores de desempenho sejam claramente definidos e os resultados medidos, e (3) da **formação de quase-mercados** em que ocorre a competição administrada;

h) **terceirização** das atividades auxiliares ou de apoio, que passam a ser licitadas competitivamente no mercado.

Luiz Carlos Bresser-Pereira não foi apenas o idealizador da reforma administrativa acima mencionada, tendo sido também o seu executor, pois foi nomeado, pelo Presidente da República Fernando Henrique Cardoso, Ministro da Administração Federal e da Reforma do Estado em janeiro de 1995.

A Emenda à Constituição n. 19/1998 foi elaborada pela sua equipe para colocar em prática as mudanças necessárias a alcançar a transição para o Estado mínimo e gerencial.

A mudança trouxe as agências executivas, a figura do contrato de gestão, o princípio da eficiência, a primeira grande onda de privatizações, a redução e extinção de cargos e empregos públicos relacionados às atividades-meio, a terceirização de atividades não essenciais, a possibilidade de criação de agências reguladoras, a ampliação da participação do cidadão nas decisões governamentais, a desconcentração, a descentralização de serviços e a descentralização política para entes estatais inferiores de serviços públicos, o controle da produtividade e da economicidade, o fortalecimento da autonomia das entidades, a necessidade de planejamento das ações estatais, a valorização das carreiras exclusivas de Estado, o estabelecimento de critérios para aferição de desempenho para servidores públicos, a possibilidade de contratação de agentes públicos como empregados públicos, a tentativa de reduzir o déficit público, a busca por resultados e por mais transparência e a valorização do terceiro setor como indutor e prestador de atividades de interesse coletivo.

ADMINISTRAÇÃO PÚBLICA PATRIMONIALISTA	ADMINISTRAÇÃO PÚBLICA BUROCRÁTICA	ADMINISTRAÇÃO PÚBLICA GERENCIAL
– NEPOTISMO – CONFUSÃO ENTRE PÚBLICO E PRIVADO – AUTORITARISMO – FALTA DE PLANEJAMENTO – CONCENTRAÇÃO E CENTRALIZAÇÃO DE PODER – CORRUPÇÃO	– PROFISSIONA-LISMO – FORMALISMO – IMPESSOALIDADE – RIGIDEZ HIERÁRQUICA – OBJETIVIDADE DAS RELAÇÕES – CONTROLE	– AGÊNCIAS EXECUTIVAS – CONTRATO DE GESTÃO – PRINCÍPIO DA EFICIÊNCIA – A PRIMEIRA GRANDE ONDA DE PRIVATIZAÇÕES – REDUÇÃO E EXTINÇÃO DE CARGOS E EMPREGOS PÚBLICOS RELACIONADOS ÀS ATIVIDADES-MEIO – TERCEIRIZAÇÃO DE ATIVIDADES NÃO ESSENCIAIS – PUBLICIZAÇÃO – POSSIBILIDADE DE CRIAÇÃO DE AGÊNCIAS REGULADORAS – AMPLIAÇÃO DA PARTICIPAÇÃO DO CIDADÃO NAS DECISÕES GOVERNAMENTAIS – DESCONCENTRAÇÃO – DESCENTRALIZAÇÃO DE SERVIÇOS – DESCENTRALIZAÇÃO POLÍTICA PARA ENTES ESTATAIS INFERIORES DE SERVIÇOS PÚBLICOS – CONTROLE DA PRODUTIVIDADE E DA ECONOMICIDADE – FORTALECIMENTO DA AUTONOMIA DAS ENTIDADES – NECESSIDADE DE PLANEJAMENTO DAS AÇÕES ESTATAIS – VALORIZAÇÃO DAS CARREIRAS EXCLUSIVAS DE ESTADO – ESTABELECIMENTO DE CRITÉRIOS PARA AFERIÇÃO DE DESEMPENHO PARA SERVIDORES PÚBLICOS – POSSIBILIDADE DE CONTRATAÇÃO DE AGENTES PÚBLICOS COMO EMPREGADOS PÚBLICOS – TENTATIVA DE REDUZIR O DÉFICIT PÚBLICO – BUSCA POR RESULTADOS E MAIS TRANSPARÊNCIA – VALORIZAÇÃO DO TERCEIRO SETOR COMO INDUTOR E PRESTADOR DE ATIVIDADES DE INTERESSE COLETIVO

19

CONTRATO DE GESTÃO

A Emenda à Constituição n. 19/1988 trouxe, para o ordenamento jurídico brasileiro, a figura do contrato de gestão através da inclusão do seguinte parágrafo no art. 37 da CF/88:

§8º A autonomia gerencial, orçamentária e financeira dos **órgãos e entidades da administração direta e indireta** poderá ser ampliada mediante contrato, a ser firmado entre seus administradores e o poder público, que tenha por objeto a fixação de metas de desempenho para o órgão ou entidade, cabendo à lei dispor sobre:
I – o prazo de duração do contrato;
II – os controles e critérios de avaliação de desempenho, direitos, obrigações e responsabilidade dos dirigentes;
III – a remuneração do pessoal.

A possibilidade de órgão público firmar contrato de gestão foi bastante criticada pelos doutrinadores, em virtude de não ser detentor de personalidade jurídica própria que lhe permita figurar como contratante. Além disso, seria algo estranho a pessoa jurídica de direito público contratar com órgão da sua estrutura para fixar metas de desempenho, estabelecer controle, critérios de avaliação de desempenho, direitos, deveres e responsabilidade dos dirigentes e a remuneração do pessoal quando pode adotar todas essas medidas através dos seus poderes hierárquico e disciplinar e da promulgação de leis.

A primeira norma que regulamentou o contrato de gestão foi o revogado Decreto n. 137/91, instituindo o Programa de Gestão das Empresas com o objetivo de promover a eficiência e a competitividade daquelas empresas.

O citado decreto previa, no seu art. 8º, que as empresas estatais poderiam submeter ao Comitê de Controle das Empresas Estatais propostas de contratos individuais de gestão, no âmbito do Programa de Gestão das Empresas, objetivando o aumento de sua eficiência e competitividade.

A primeira lei que tratou do contrato de gestão foi a Lei n. 8.246/91 que autoriza o Poder Executivo a instituir o Serviço Social Autônomo Associação das Pioneiras Sociais e dá outras providências.

A Lei Complementar n. 101/00 que trata de responsabilidade fiscal também inseriu no seu texto normas sobre contrato de gestão. Eis as suas palavras:

> Art. 47. A empresa controlada que firmar contrato de gestão em que se estabeleçam objetivos e metas de desempenho, na forma da lei, disporá de autonomia gerencial, orçamentária e financeira, sem prejuízo do disposto no inciso II do §5º do art. 165 da Constituição.

O **contrato de gestão** é chamado também de acordo-programa, podendo ser conceituado como um instrumento concessivo de maior autonomia gerencial, financeira e orçamentaria através da fixação de metas e objetivos de desempenho firmado entre os administradores da contratada e o Poder Público.

Os contratos de gestão podem ser firmados com pessoas jurídicas de direito público, com órgãos públicos e com pessoas jurídicas de direito privado desde que haja autorização legal.

Quando firmados com pessoas jurídicas de direito público, órgãos públicos e pessoas jurídicas de direito privado integrantes da Administração Pública indireta, aumentam a sua autonomia gerencial, financeira e, se for o caso, orçamentária.

Quando firmados com pessoas jurídicas de direito privado não estatais terminam fazendo o inverso, pois reduzem a autonomia daquelas pessoas, sujeitando-as parcialmente ao regime de direito público para que tenham algum benefício.

São alguns exemplos de contratos de gestão;

a)   o necessário para que seja qualificada uma autarquia ou fundação seja qualificada como **agência executiva**, na forma do inciso II do art. 51 da Lei n. 9.649/98;

b)   os que podem ser celebrados por **consórcios públicos**, na forma do inciso X do art. 4º da Lei n. 11.107/05; e

c)   os que podem ser firmados por entidade qualificada como **organização social**, de acordo com os arts. 5º a 7º da Lei n. 9.637/98.

20

ENTIDADE PARAESTATAL

20.1. CONCEITO

O vocábulo **paraestatal** é composto por dois outros, "para", que significa ao "lado de", e "estatal", que é relativo ao Estado.

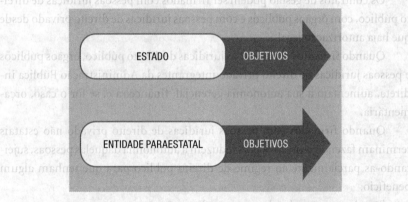

Entidade paraestatal e **serviço social autônomo** são expressões sinônimas que representam pessoa jurídica de direito privado criada por lei para, atuando sem submissão formal à Administração Pública, promover o atendimento de necessidades assistenciais e educacionais de certas atividades ou categorias profissionais, que arcam com a sua manutenção mediante contribuições compulsórias[1]. Não prestam serviço ou atividade exclusiva do Estado, não se falando em delegação ou outorga de serviços públicos às entidades paraestatais.

---

[1] JUSTEN FILHO, Marçal. *Curso de direito administrativo*. 4. ed. rev. e atual. São Paulo: Saraiva, 2009.

20.2. FORMA DE CONSTITUIÇÃO

Podem ter a forma jurídica de associação, fundação ou definida na lei que autorizar a sua criação.

Para Hely Lopes Meirelles[2], a entidade paraestatal é **pessoa jurídica de direito privado** que, por lei, é autorizada a prestar serviços ou realizar atividades de interesse público ou coletivo não exclusivas do Estado, sendo exemplos o SESI, SESC, SENAI, SEST, SENAT e outros. Trata-se de uma entidade de cooperação do Estado.

Marçal Justen Filho[3] afirma que "entidade paraestatal ou serviço social autônomo é uma pessoa jurídica de direito privado criada por lei para, atuando sem submissão à Administração Pública, promover o atendimento de necessidades assistenciais e educacionais de certas atividades ou categorias profissionais, que arcam com sua manutenção mediante contribuições compulsórias".

Não obstante o conceito de Marçal Justen Filho, a entidade paraestatal não é criada por lei, mas a sua criação é autorizada por lei.

Realmente, a entidade paraestatal não está vinculada à Administração Pública, portanto, não há relação hierárquica entre tais figuras. Entretanto, parte do seu financiamento é feita através de receitas públicas derivadas que, segundo o Manual Técnico de Orçamento da Secretaria de Orçamento Federal do Ministério do Planejamento, Orçamento e Gestão, são classificadas, no Orçamento Fiscal da União, como receitas de contribuições.

20.3. FONTES DE RECURSOS

O art. 7º da Lei n. 8.706/93 exemplifica a forma de financiamento das entidades paraestatais. Segue o seu texto:

> Art. 7º As rendas para manutenção do SEST e do SENAT, a partir de 1º de janeiro de 1994, serão compostas:
>
> I – pelas atuais contribuições compulsórias das empresas de transporte rodoviário, calculadas sobre o montante da remuneração paga pelos estabelecimentos contribuintes a todos os seus empregados e recolhidas pelo Instituto Nacional de Seguridade Social, em favor do Serviço Social da Indústria – SESI, e do Serviço Nacional de Aprendizagem Industrial – SENAI, que passarão a ser recolhidas em favor do Serviço Social do Transporte – SEST e do Serviço Nacional de Aprendizagem do Transporte – SENAT, respectivamente;

---

[2] MEIRELLES, Hely Lopes; BURLE FILHO, José Emannuel. *Direito administrativo brasileiro*. 42. ed. São Paulo: Malheiros, 2016.

[3] JUSTEN FILHO, Marçal. *Curso de direito administrativo*. 10. ed. São Paulo: Revista dos Tribunais, 2014. p. 325.

CURSO DE DIREITO ADMINISTRATIVO

II – pela contribuição mensal compulsória dos transportadores autônomos equivalente a 1,5% (um inteiro e cinco décimos por cento), e 1,0% (um inteiro por cento), respectivamente, do salário de contribuição previdenciária;

III – pelas receitas operacionais;

IV – pelas multas arrecadadas por infração de dispositivos, regulamentos e regimentos oriundos desta lei;

V – por outras contribuições, doações e legados, verbas ou subvenções decorrentes de convênios celebrados com entidades públicas ou privadas, nacionais ou internacionais.

§1º A arrecadação e fiscalização das contribuições previstas nos incisos I e II deste artigo serão feitas pela Previdência Social, podendo, ainda, ser recolhidas diretamente ao SEST e ao SENAT, através de convênios.

§2º As contribuições a que se referem os incisos I e II deste artigo ficam sujeitas às mesmas condições, prazos, sanções e privilégios, inclusive no que se refere à cobrança judicial, aplicáveis às contribuições para a Seguridade Social arrecadadas pelo INSS.

20.4. CAPACIDADE TRIBUTÁRIA E IMUNIDADE

A sua capacidade tributária ativa e a imunidade constitucional exigem que lhes sejam aplicadas as restrições à contratação direta de bens e serviços, tornando-se necessário o procedimento licitatório, exigido no inciso XXI do art. 37 da Constituição[4].

As entidades paraestatais não gozam de imunidade relativa à fazenda pública, porém, a imunidade relacionada a imposto, na forma da alínea *c* do inciso VI do art. 150 da CF/88, poderá decorrer de natureza filantrópica. Contudo, compreenderá somente o patrimônio, a renda e os serviços, relacionados com as suas finalidades essenciais.

Além da imunidade acima descrita, o §7º do art. 195 da CF/88 determinou que: "São isentas de contribuição para a seguridade social as entidades beneficentes de assistência social que atendam às exigências estabelecidas em lei".

20.5. PRESCRIÇÃO

Além disso, a prescrição das dívidas passivas das entidades paraestatais dar-se-á em **cinco anos**, visto que o art. 2º do Decreto-Lei n. 4.597/42 estendeu o regramento da prescrição para as pessoas jurídicas de direito público àquelas entidades privadas. Eis a norma:

---

[4] Há entendimento contrário à necessidade de licitar – *vide* posicionamento do Tribunal de Contas da União, no proc. TC 001.620/98-3, Decisão n. 461/98-Plenário, publicada no *DOU* 7-8-1998, em compasso com a anterior Decisão n. 907, de 11-12-1997.

Art. 2º O Decreto n. 20.910, de 6-1-1932, que regula a prescrição quinquenal, abrange as dívidas passivas das autarquias, ou *entidades e órgãos paraestatais*, criados por lei e mantidos mediante impostos, taxas ou quaisquer contribuições, exigidas em virtude de lei federal, estadual ou municipal, bem como a todo e qualquer direito e ação contra os mesmos.

20.6. FISCALIZAÇÃO

Conforme o inciso V do art. 5º da Lei n. 8.443/92, **a jurisdição do Tribunal de Contas da União abrange os responsáveis por entidades dotadas de personalidade jurídica de direito privado que recebam contribuições parafiscais e prestem serviço de interesse público ou social.** Assim, as entidades paraestatais estão sujeitas à fiscalização do TCU. Contudo, a citada Corte de Contas entendeu que, **apesar de precisarem licitar, não estão sujeitas à Lei n. 8.666/93**, devendo estabelecer procedimento objetivo para as suas contratações por serem financiadas também por tributo.

Eis trecho do acórdão do TCU relativo à TC 014.248/2015-8:

> Proposta de encaminhamento
> 208. Ante o exposto propõem-se:
> a) Recomendar para todas as entidades do Sistema 'S' a divulgação ampla nos seus sítios eletrônicos das informações sobre todos os processos licitatórios em andamento e aqueles recém finalizados, informando à sociedade os dados principais, quais sejam: modalidade da licitação, natureza do objeto, descrição do objeto, data da abertura das propostas, critério de julgamento, data da homologação, resultado do certame, identificação dos licitantes, valores das propostas, registro dos recursos apresentados e respostas aos recursos e situação da licitação (em execução, suspensa, concluída), com a publicação dos editais correspondentes.
> 3.6. Contratos e convênios
> 209. A transparência dos contratos e dos convênios é fundamental para o pleno exercício do controle social. Por manejarem recursos públicos na busca pela satisfação de objetivos intimamente relacionados ao interesse dos cidadãos, os serviços sociais autônomos estão sujeitos à fiscalização do Tribunal de Contas da União e, apesar de não submetidos aos mesmos rigores da Lei 8.666/1993, devem respeitar a principiologia que rege a atuação da Administração Pública no que se refere aos contratos e convênios firmados com terceiros.

20.7. COMPETÊNCIA PARA PROCESSAR E JULGAR AS SUAS CAUSAS

O foro competente para julgar e processar as suas causas é a justiça estadual, conforme bem assentado na Súmula 516, do STF. Segue o seu conteúdo: "O Serviço Social da Indústria – S. E. S. I. – está sujeito à jurisdição da Justiça Estadual".

20.8. PRINCIPAIS CARACTERÍSTICAS

As principais características das entidades paraestatais são:

a) a sua natureza é de pessoa jurídica de direito privado;

b) a sua criação depende de *autorização* legislativa;

c) não buscam o lucro;

d) prestam serviço de utilidade pública e não serviço público estrito;

e) não atendem toda a sociedade, mas apenas grupos restritos;

f) não pertencem a pessoa jurídica de direito público;

g) são financiadas por contribuições tributárias;

h) estão sujeitas a controle estatal, inclusive pelo TCU;

i) não precisam realizar concurso público;

j) precisam licitar;

k) podem gozar de imunidade tributária (art. 150, VI, *c*, da CF/88) relacionada à natureza filantrópica;

l) os seus empregados estão sujeitos à CLT, apesar disso, são-lhes aplicáveis as normas da Lei n. 8.429/92 (Lei de Improbidade Administrativa); e

m) os seus administradores não são escolhidos pelo Estado e sim através de procedimentos internos das próprias entidades.

Por fim, deve ser dito que parte da doutrina entende que as entidades paraestatais integram o terceiro setor, mas, em virtude da necessidade de autorização legal para a sua criação e do seu financiamento decorrer de tributo, não se pode classificar tais entidades como integrantes daquele setor. A sua natureza é híbrida por ter elementos relacionados com o primeiro e com o segundo setores.

PRINCIPAIS CARACTERÍSTICAS DAS ENTIDADES PARAESTATAIS	PESSOA JURÍDICA DE DIREITO PRIVADO
	CRIAÇÃO DEPENDE DE *AUTORIZAÇÃO* LEGISLATIVA
	NÃO BUSCAM O LUCRO
	SERVIÇO DE UTILIDADE PÚBLICA
	ATENDEM A GRUPOS RESTRITOS
	NÃO PERTENCEM A PESSOA JURÍDICA DE DIREITO PÚBLICO
	FINANCIADAS POR CONTRIBUIÇÕES TRIBUTÁRIAS
	SUJEITAS A CONTROLE DO TCU
	DESNECESSIDADE DE CONCURSO PÚBLICO
	NECESSIDADE DE LICITAR
	PODEM GOZAR DE IMUNIDADE TRIBUTÁRIA
	PESSOAL CELETISTA
	ESCOLHA PRÓPRIA DOS SEUS DIRIGENTES

21

TERCEIRO SETOR

21.1. INTRODUÇÃO

Há doutrinadores que classificam as atividades coletivas em três setores:

(i) o primeiro, encampado pelo Estado;

(ii) o segundo, encampado pela atividade econômica organizada para o lucro; e

(iii) **o terceiro, integrado por pessoas jurídicas de direito privado, não estatais, que têm como finalidade precípua a satisfação de necessidades públicas.**

A expressão **terceiro setor** surgiu da tradução dos termos de origem norte-americana *third sector, nonprofit sector, voluntary sector, independent sector, charities*. Nos Estados Unidos da América, tais denominações demonstram que o setor sobrevive graças à doação de mão de obra e dinheiro dos particulares[1].

A essência do terceiro setor é a sua completa independência em relação ao Estado, sendo que uma das expressões sinônimas no inglês é *independent sector*. Dessa maneira, qualquer forma de recurso vindo dos cofres estatais deve ser através de repasse voluntário, não se afigurando razoável que as pessoas jurídicas integrantes deste setor tenham capacidade tributária ativa.

---

[1] Beatriz Morem da Costa, Capital social de organizações do terceiro setor em Porto Alegre, disponível em: <http://www.ufrgs.br/ppgs/userfiles/file/Tese%20Beatriz.pdf>, p. 53, acesso em: 4 set. 2014.

A entidade paraestatal, mesmo sendo financiada mediante tributos, não está totalmente submetida à Administração Pública, porém, jamais poderia existir tal submissão para as organizações do terceiro setor, ainda que mínima. Consequentemente, a despeito de opinião contrária, entidade paraestatal não pode ser classificada como integrante do terceiro setor, pois o seu financiamento decorre de capacidade tributária ativa.

Em relação ao terceiro setor, não há falar em capacidade tributária ativa, sob pena do seu desvirtuamento. De fato, esta concepção deixa as paraestatais no limbo, pois gozam de prerrogativas da Administração Pública e têm a maioria das suas relações jurídicas travadas sob o regime de direito privado. Trata-se, sem dúvidas, de uma espécie de difícil classificação. Parte da doutrina acompanha Hely Lopes Meirelles[2] que classifica as paraestatais como integrantes da Administração Pública indireta; outros, acompanhando Maria Sylvia Zanella Di Pietro[3], entendem tratar-se de entidades do terceiro setor.

Ressalte-se que a pessoa jurídica do terceiro setor pode receber recursos públicos orçamentários, o que torna obrigatória a observância de certas normas de controle e qualificação, mas não existe compulsoriedade em tal forma de financiamento.

21.2. COMPETÊNCIA PARA PROCESSAR E JULGAR AS SUAS CAUSAS

O foro competente para processar e julgar as suas causas é, em regra, a justiça estadual, conforme já decidido diversas vezes pelo Superior Tribunal de Justiça.

21.3. IMUNIDADE

As pessoas jurídicas do terceiro setor não gozam de imunidade relativa à fazenda pública, porém, a imunidade relacionada a imposto, na forma da alínea *c* do inciso VI do art. 150 da CF/88, poderá decorrer de natureza filantrópica. Contudo, compreenderá somente o patrimônio, a renda e os serviços, relacionados com as suas finalidades essenciais.

---

[2]   MEIRELLES, Hely Lopes; BURLE FILHO, José Emannuel. *Direito administrativo brasileiro*. 42. ed. São Paulo: Malheiros, 2016.

[3]   DI PIETRO, Maria Sylvia Zanella. *Direito administrativo*. 34. ed. Rio de Janeiro: Forense, 2021.

Além da imunidade acima descrita, o §7º do art. 195 da CF/88 determinou que: "São isentas de contribuição para a seguridade social as entidades beneficentes de assistência social que atendam às exigências estabelecidas em lei".

21.4. TIPOS

Existem dois tipos de pessoas jurídicas do terceiro setor, quais sejam, aquelas que não pretendem qualquer vínculo com o Estado (Organizações Não Governamentais – ONGs) e aquelas que se submetem à chancela do Estado e recebem recursos públicos. Nada impede que uma ONG seja chancelada pelo Estado. No entanto, não há dúvida de que perderá parte da sua autonomia.

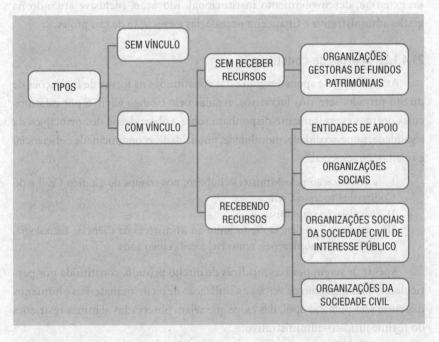

A Lei n. 13.800/19 criou a figura da organização gestora de fundo patrimonial com o objetivo de arrecadar, gerir e destinar **doações de pessoas físicas e jurídicas privadas** para programas, projetos e demais finalidades de interesse público.

Entre aquelas que recebem recursos estatais estão as *Entidades de Apoio*, as *Organizações Sociais* descritas na Lei n. 9.637/98, as *Organizações Sociais da Sociedade Civil de Interesse Público* tratadas na Lei n. 9.790/99 e *Organizações da Sociedade Civil* da Lei n. 13.019/14.

320 CURSO DE DIREITO ADMINISTRATIVO

Ressalte-se que para o Direito Administrativo interessam aquelas que possuem alguma relação ou vínculo com o Poder Público.

21.4.1. Entidades de apoio

21.4.1.1. Conceito

As **entidades de apoio** são pessoas jurídicas de direito privado, constituídas sob a forma de fundações, associações ou cooperativas, sem finalidade de lucro, que, a fim de proporcionar mais agilidade e flexibilidade para a consecução dos objetivos estatais, apoiam projetos científicos e tecnológicos, de ensino, pesquisa, extensão, desenvolvimento institucional, inovação, inclusive atuando na gestão administrativa e financeira necessárias à execução de tais projetos.

21.4.1.2. Forma de constituição

As entidades de apoio deverão estar constituídas na forma de fundações de direito privado, sem fins lucrativos, regidas pelo Código Civil, e por estatutos cujas normas expressamente disponham sobre a observância dos princípios da legalidade, impessoalidade, moralidade, publicidade, economicidade e eficiência, e sujeitas, em especial:

I – a fiscalização pelo Ministério Público, nos termos do Código Civil e do Código de Processo Civil;

II – à legislação trabalhista; e

III – ao prévio credenciamento junto ao Ministério da Ciência, Tecnologia, Inovações e Comunicações, renovável a cada cinco anos.

Apesar de serem pessoas jurídicas de direito privado, constituída por particulares, o recebimento de verbas e a utilização de recursos materiais e humanos das entidades públicas apoiadas exige que sejam observadas algumas restrições do regime jurídico-administrativo.

As entidades de apoio, mesmo quando criadas como fundações, não são fundações públicas de direito privado, portanto, não integram a Administração Pública direta ou indireta.

21.4.1.3. Vínculo com o poder público

O vínculo firmado entre a entidade de apoio e a entidade pública apoiada é formalizado através de convênio ou contrato.

Os exemplos clássicos de entidades de apoio são as fundações de apoio vinculadas às instituições federais de ensino superior disciplinadas pela Lei n. 8.958/94.

Contudo, nada impede que outras leis estabeleçam outros objetos e tipos de entidades de apoio. São exemplos de fundações de apoio a Fundação de Apoio à Pesquisa e Extensão (FAPEX) que atua junto à Universidade Federal da Bahia e a Fundação Euclides da Cunha de Apoio à Universidade Federal Fluminense (FEC). O art. 1º da citada lei aduz que:

> Art. 1º As Instituições Federais de Ensino Superior – IFES e as demais Instituições Científicas e Tecnológicas – ICTs, de que trata a Lei n. 10.973, de 2 de dezembro de 2004, poderão celebrar convênios e contratos, nos termos do inciso XIII do *caput* do art. 24 da Lei n. 8.666, de 21 de junho de 1993, por prazo determinado, com fundações instituídas com a finalidade de apoiar projetos de ensino, pesquisa, extensão, desenvolvimento institucional, científico e tecnológico e estímulo à inovação, inclusive na gestão administrativa e financeira necessária à execução desses projetos.

A título de curiosidade, tem-se que o STJ já decidiu que "é legal a instauração de procedimento disciplinar, julgamento e sanção, nos moldes da Lei n. 8.112/90 em face de servidor público que pratica atos ilícitos na gestão de fundação privada de apoio à instituição federal de ensino superior" (MS 21.669/DF, Rel. Ministro GURGEL DE FARIA, Primeira Seção, julgado em 23-8-2017, *DJe* 9-10-2017).

21.4.1.4. Fontes de recursos

As fundações de apoio, com a anuência expressa das instituições apoiadas, poderão, de acordo com o §1º do art. 3º da Lei n. 8.958/94, captar e receber diretamente os recursos financeiros necessários à formação e à execução dos projetos de pesquisa, desenvolvimento e inovação, sem ingresso na Conta Única do Tesouro Nacional. Contudo, os recursos financeiros, materiais e humanos captados pela fundação de apoio da sociedade e das entidades públicas apoiadas não poderão ser usados para:

> I – atividades como manutenção predial ou infraestrutural, conservação, limpeza, vigilância, reparos, copeiragem, recepção, secretariado, serviços administrativos na área de informática, gráficos, reprográficos e de telefonia e demais atividades administrativas de rotina, bem como as respectivas expansões vegetativas, inclusive por meio do aumento no número total de pessoal; e
> II – outras tarefas que não estejam objetivamente definidas no Plano de Desenvolvimento Institucional da instituição apoiada.

21.4.1.5. Dispensa de licitação

Por fim, deve ser lembrado que há dispensa de licitação, em virtude do disposto no inciso XV do art. 75 da Lei n. 14.133/2021, na contratação de instituição brasileira que tenha por finalidade estatutária apoiar, captar e executar atividades de ensino, pesquisa, extensão, desenvolvimento institucional, científico e tecnológico e estímulo à inovação, inclusive para gerir administrativa e financeiramente essas atividades, ou para contratação de instituição dedicada à recuperação social da pessoa presa, desde que o contratado tenha inquestionável reputação ética e profissional e não tenha fins lucrativos. Todavia, as contratações realizadas pelas fundações de apoio no mercado não se submetem às normas da lei citada.

21.4.2. Organizações sociais (OS)

21.4.2.1. Conceito

As **Organizações Sociais** (OS) são pessoas jurídicas de direito privado, **sem fins lucrativos**, cujas atividades sejam dirigidas ao ensino, à pesquisa científica, ao desenvolvimento tecnológico, à proteção e preservação do meio ambiente, à cultura e à saúde (art. 1º da Lei n. 9.637/98) qualificadas como tais através do atendimento aos requisitos legais e firmem contrato de gestão com o Poder Público.

Elas são instrumentos da chamada publicização que retira atividades da esfera do Poder Público e, sob um regime diferenciado de execução e controle, atribuem-nas a pessoas jurídicas de direito privado não estatais.

As organizações sociais foram idealizadas para substituir órgãos e entidades da Administração Pública cujas atividades deveriam ser absorvidas pela iniciativa privada.

21.4.2.2. Publicização

Os arts. 20 e 22 da lei em estudo deixam bem clara publicização. *Vide* normas:

> Art. 20. Será criado, mediante decreto do Poder Executivo, o Programa Nacional de Publicização – PNP, com o objetivo de estabelecer diretrizes e critérios para a qualificação de organizações sociais, a fim de assegurar a absorção de atividades desenvolvidas por entidades ou órgãos públicos da União, que atuem nas atividades referidas no art. 1º, por organizações sociais, qualificadas na forma desta Lei, observadas as seguintes diretrizes:
>
> I – ênfase no atendimento do cidadão-cliente;
>
> II – ênfase nos resultados, qualitativos e quantitativos nos prazos pactuados;
>
> III – controle social das ações de forma transparente.
>
> (...)

Art. 22. As extinções e a absorção de atividades e serviços por organizações sociais de que trata esta Lei observarão os seguintes preceitos:

I – os servidores integrantes dos quadros permanentes dos órgãos e das entidades extintos terão garantidos todos os direitos e vantagens decorrentes do respectivo cargo ou emprego e integrarão quadro em extinção nos órgãos ou nas entidades indicados no Anexo II, sendo facultada aos órgãos e entidades supervisoras, ao seu critério exclusivo, a cessão de servidor, irrecusável para este, com ônus para a origem, à organização social que vier a absorver as correspondentes atividades, observados os §§1º e 2º do art. 14;

II – a desativação das unidades extintas será realizada mediante inventário de seus bens imóveis e de seu acervo físico, documental e material, bem como dos contratos e convênios, com a adoção de providências dirigidas à manutenção e ao prosseguimento das atividades sociais a cargo dessas unidades, nos termos da legislação aplicável em cada caso;

III – os recursos e as receitas orçamentárias de qualquer natureza, destinados às unidades extintas, serão utilizados no processo de inventário e para a manutenção e o financiamento das atividades sociais até a assinatura do contrato de gestão;

IV – quando necessário, parcela dos recursos orçamentários poderá ser reprogramada, mediante crédito especial a ser enviado ao Congresso Nacional, para o órgão ou entidade supervisora dos contratos de gestão, para o fomento das atividades sociais, assegurada a liberação periódica do respectivo desembolso financeiro para a organização social;

V – encerrados os processos de inventário, os cargos efetivos vagos e os em comissão serão considerados extintos;

VI – a organização social que tiver absorvido as atribuições das unidades extintas poderá adotar os símbolos designativos destes, seguidos da identificação "OS".

§1º A absorção pelas organizações sociais das atividades das unidades extintas efetivar-se-á mediante a celebração de contrato de gestão, na forma dos arts. 6º e 7º.

§2º Poderá ser adicionada às dotações orçamentárias referidas no inciso IV parcela dos recursos decorrentes da economia de despesa incorrida pela União com os cargos e funções comissionados existentes nas unidades extintas.

21.4.2.3. Requisitos de qualificação

Os requisitos específicos para que entidades privadas se qualifiquem como OS são (art. 2º da Lei das OS):

I – comprovar o registro de seu ato constitutivo, dispondo sobre:

a) natureza social de seus objetivos relativos à respectiva área de atuação;

b) finalidade não lucrativa, com a obrigatoriedade de investimento de seus excedentes financeiros no desenvolvimento das próprias atividades;

324 CURSO DE DIREITO ADMINISTRATIVO

c) previsão expressa de a entidade ter, como órgãos de deliberação superior e de direção, um conselho de administração e uma diretoria definidos nos termos do estatuto, asseguradas àquele composição e atribuições normativas e de controle básicas previstas nesta Lei;

d) previsão de participação, no órgão colegiado de deliberação superior, de representantes do Poder Público e de membros da comunidade, de notória capacidade profissional e idoneidade moral;

e) composição e atribuições da diretoria;

f) obrigatoriedade de publicação anual, no Diário Oficial da União, dos relatórios financeiros e do relatório de execução do contrato de gestão;

g) no caso de associação civil, a aceitação de novos associados, na forma do estatuto;

h) proibição de distribuição de bens ou de parcela do patrimônio líquido em qualquer hipótese, inclusive em razão de desligamento, retirada ou falecimento de associado ou membro da entidade;

i) previsão de incorporação integral do patrimônio, dos legados ou das doações que lhe foram destinados, bem como dos excedentes financeiros decorrentes de suas atividades, em caso de extinção ou desqualificação, ao patrimônio de outra organização social qualificada no âmbito da União, da mesma área de atuação, ou ao patrimônio da União, dos Estados, do Distrito Federal ou dos Municípios, na proporção dos recursos e bens por estes alocados;

II – haver aprovação, quanto à conveniência e oportunidade de sua qualificação como organização social, do Ministro ou titular de órgão supervisor ou regulador da área de atividade correspondente ao seu objeto social e do Ministro de Estado da Administração Federal e Reforma do Estado.

A qualificação pelo Poder Público é discricionária, visto que o art. 1º da Lei n. 9.637/98 utiliza a expressão "o Poder Executivo poderá qualificar como organizações sociais pessoas jurídicas de direito privado". Além disso, o inciso II acima transcrito deixa claro que haverá juízo de conveniência e oportunidade da qualificação como organização social.

21.4.2.4. Contrato de gestão

A **Organização Social** (OS) firmará com a pessoa jurídica do direito público **contrato de gestão** com vistas à formação de parceria entre as partes para fomento e execução de atividades de ensino, pesquisa científica, desenvolvimento tecnológico, proteção e preservação do meio ambiente, cultura e saúde (art. 5º da Lei das OS) que deverá ser submetido, após aprovação pelo Conselho de Administração da entidade, ao Ministro de Estado ou autoridade supervisora da área correspondente à atividade fomentada (parágrafo único do art. 6º da Lei em tela). Não se trata de delegação de serviço público.

Conforme o art. 7º da Lei das OS, na elaboração do **contrato de gestão**, devem ser observados os princípios da legalidade, impessoalidade, moralidade, publicidade, economicidade e, também, os seguintes preceitos:

I – especificação do programa de trabalho proposto pela organização social, a estipulação das metas a serem atingidas e os respectivos prazos de execução, bem como previsão expressa dos critérios objetivos de avaliação de desempenho a serem utilizados, mediante indicadores de qualidade e produtividade;

II – a estipulação dos limites e critérios para despesa com remuneração e vantagens de qualquer natureza a serem percebidas pelos dirigentes e empregados das organizações sociais, no exercício de suas funções.

Os Ministros de Estado ou autoridades supervisoras da área de atuação da entidade devem definir as demais cláusulas dos contratos de gestão de que sejam signatários.

21.4.2.5. Recursos materiais e humanos públicos

As entidades qualificadas como organizações sociais são declaradas como entidades de interesse social e utilidade pública, para todos os efeitos legais, sendo que, às organizações sociais, poderão ser destinados recursos orçamentários e bens públicos necessários ao cumprimento do contrato de gestão. Além disso, é facultada ao Poder Executivo a cessão especial de servidor para as organizações sociais, com ônus para a origem.

As disposições acima integram os arts. 11, 12 e 14 da Lei n. 9.637/98 e, sem dúvida, desvirtuam a independência das Organizações Sociais, fazendo com que a sua dependência em relação ao Poder Público seja exacerbada.

As entidades qualificadas como organizações sociais são declaradas como de interesse social e utilidade pública para todos os fins (art. 11).

O art. 12 da lei acima mencionada denota que as organizações sociais podem ser destinatárias de bens e recursos públicos. *Vide* norma:

Art. 12. Às organizações sociais poderão ser destinados recursos orçamentários e bens públicos necessários ao cumprimento do contrato de gestão.

§ 1º São assegurados às organizações sociais os créditos previstos no orçamento e as respectivas liberações financeiras, de acordo com o cronograma de desembolso previsto no contrato de gestão.

§ 2º Poderá ser adicionada aos créditos orçamentários destinados ao custeio do contrato de gestão parcela de recursos para compensar desligamento de servidor cedido, desde que haja justificativa expressa da necessidade pela organização social.

§ 3º Os bens de que trata este artigo serão destinados às organizações sociais, dispensada licitação, mediante permissão de uso, consoante cláusula expressa do contrato de gestão.

Além disso, podem ser cedidos servidores públicos às organizações, conforme o art. 14 da lei em tela. Eis o texto:

> Art. 14. É facultado ao Poder Executivo a cessão especial de servidor para as organizações sociais, com ônus para a origem.
> §1º Não será incorporada aos vencimentos ou à remuneração de origem do servidor cedido qualquer vantagem pecuniária que vier a ser paga pela organização social.
> §2º Não será permitido o pagamento de vantagem pecuniária permanente por organização social a servidor cedido com recursos provenientes do contrato de gestão, ressalvada a hipótese de adicional relativo ao exercício de função temporária de direção e assessoria.
> §3º O servidor cedido perceberá as vantagens do cargo a que fizer jus no órgão de origem, quando ocupante de cargo de primeiro ou de segundo escalão na organização social.

Os empregados privados das organizações sociais e os servidores públicos cedidos estão sujeitos às normas da Lei n. 8.429/92 (Lei de Improbidade Administrativa). Além disso, as citadas organizações estão sujeitas ao controle da Administração Pública que a qualificou e do Tribunal de Contas relacionado com a esfera de qualificação.

21.4.2.6. Desnecessidade de licitação

Em virtude da norma do inciso XXIV do art. 24 da Lei n. 8.666/93, não há obrigatoriedade de licitar para a celebração de contratos de prestação de serviços com as organizações sociais, qualificadas no âmbito das respectivas esferas de governo, para atividades contempladas no contrato de gestão. Todavia, referida disposição não foi incluída no texto da Lei n. 14.133/2021.

21.4.2.7. Desqualificação

Por fim, tem-se que o Poder Executivo poderá proceder à desqualificação da entidade como organização social, quando constatado o descumprimento das disposições contidas no contrato de gestão. A desqualificação será precedida de **processo administrativo**, assegurado o direito de ampla defesa, respondendo os dirigentes da organização social, individual e solidariamente, pelos danos ou prejuízos decorrentes de sua ação ou omissão. A desqualificação importará **reversão dos bens** permitidos e dos valores entregues à utilização da organização social, sem prejuízo de outras sanções cabíveis (art. 16 da Lei das OS).

21.4.3. Organização da sociedade civil de interesse público (OSCIP)

21.4.3.1. Conceito e finalidades

As **Organizações da Sociedade Civil de Interesse Público** (OSCIP) são pessoas jurídicas de direito privado, sem fins lucrativos, que tenham sido constituídas e se encontrem em funcionamento regular há, no mínimo, três anos, desde que os respectivos objetivos sociais e normas estatutárias atendam aos requisitos estabelecidos na Lei n. 9.790/99, tendo, ao menos, uma das seguintes finalidades:

I – promoção da assistência social;

II – promoção da cultura, defesa e conservação do patrimônio histórico e artístico;

III – promoção gratuita da educação, observando-se a forma complementar de participação das organizações de que trata a lei em tela;

IV – promoção gratuita da saúde, observando-se a forma complementar de participação das organizações de que trata a lei em tela;

V – promoção da segurança alimentar e nutricional;

VI – defesa, preservação e conservação do meio ambiente e promoção do desenvolvimento sustentável;

VII – promoção do voluntariado;

VIII – promoção do desenvolvimento econômico e social e combate à pobreza;

IX – experimentação, não lucrativa, de novos modelos socioprodutivos e de sistemas alternativos de produção, comércio, emprego e crédito;

X – promoção de direitos estabelecidos, construção de novos direitos e assessoria jurídica gratuita de interesse suplementar;

XI – promoção da ética, da paz, da cidadania, dos direitos humanos, da democracia e de outros valores universais;

XII – estudos e pesquisas, desenvolvimento de tecnologias alternativas, produção e divulgação de informações e conhecimentos técnicos e científicos que digam respeito às atividades mencionadas no art. 3º da lei em estudo; e

XIII – estudos e pesquisas para o desenvolvimento, a disponibilização e a implementação de tecnologias voltadas à mobilidade de pessoas, por qualquer meio de transporte.

As OSCIP não são qualificadas para desempenhar as atribuições de órgãos ou entidades públicas que serão absorvidas por outros ou extintos.

21.4.3.2. Qualificação

Considera-se sem fins lucrativos, para efeito de **qualificação** como OSCIP, a pessoa jurídica de direito privado que não distribui, entre os seus sócios ou

associados, conselheiros, diretores, empregados ou doadores, eventuais excedentes operacionais, brutos ou líquidos, dividendos, bonificações, participações ou
parcelas do seu patrimônio, auferidos mediante o exercício de suas atividades, e
que os aplica integralmente na consecução do respectivo objeto social.

A outorga da qualificação como OSCIP é **ato vinculado** ao cumprimento
dos requisitos instituídos pela Lei n. 9.790/99.

Não são passíveis de qualificação como Organizações da Sociedade Civil de
Interesse Público:

I – as sociedades comerciais;

II – os sindicatos, as associações de classe ou de representação de categoria
profissional;

III – as instituições religiosas ou voltadas para a disseminação de credos, cultos,
práticas e visões devocionais e confessionais;

IV – as organizações partidárias e assemelhadas, inclusive suas fundações;

V – as entidades de benefício mútuo destinadas a proporcionar bens ou serviços a um círculo restrito de associados ou sócios;

VI – as entidades e empresas que comercializam planos de saúde e assemelhados;

VII – as instituições hospitalares privadas não gratuitas e suas mantenedoras;

VIII – as escolas privadas dedicadas ao ensino formal não gratuito e suas mantenedoras;

IX – as organizações sociais;

X – as cooperativas;

XI – as fundações públicas;

XII – as fundações, sociedades civis ou associações de direito privado criadas
por órgão público ou por fundações públicas;

XIII – as organizações creditícias que tenham quaisquer tipos de vinculação
com o sistema financeiro nacional a que se refere o art. 192 da Constituição
Federal.

Segundo o art. 1º do Decreto n. 3.100/99 que regulamentou a Lei n. 9.790/99,
o pedido de qualificação como Organização da Sociedade Civil de Interesse
Público será dirigido, pela pessoa jurídica de direito privado sem fins lucrativos
que preencha os requisitos dos arts. 1º, 2º, 3º e 4º da Lei n. 9.790, de 23 de
março de 1999, ao **Ministério da Justiça** por meio do preenchimento de requerimento escrito e apresentação de cópia autenticada dos seguintes documentos:

I – estatuto registrado em Cartório;

II – ata de eleição de sua atual diretoria;

III – balanço patrimonial e demonstração do resultado do exercício;

IV – declaração de isenção do imposto de renda;

V – inscrição no Cadastro Geral de Contribuintes/Cadastro Nacional da
Pessoa Jurídica – CGC/CNPJ; e

VI – declaração de estar em regular funcionamento há, no mínimo, três
anos, de acordo com as finalidades estatutárias.

Na forma do 3º do Decreto n. 3.100/99, recebido o requerimento, o Ministério da Justiça decidirá, no prazo de trinta dias, deferindo ou não o pedido.

No caso de deferimento, o Ministério da Justiça emitirá, no prazo de quinze dias da decisão, o certificado da requerente como Organização da Sociedade Civil de Interesse Público.

Deverão constar da publicação do indeferimento as razões pelas quais foi denegado o pedido.

A pessoa jurídica sem fins lucrativos que tiver seu pedido de qualificação indeferido poderá reapresentá-lo a qualquer tempo.

O pedido de qualificação somente será indeferido quando:

I – a requerente enquadrar-se nas hipóteses previstas no art. 2º da lei em lei;

II – a requerente não atender aos requisitos descritos nos arts. 3º e 4º da lei em tela;

III – a documentação apresentada estiver incompleta.

21.4.3.3. Termo de parceria

A **Organização da Sociedade Civil de Interesse Público** (OSCIP) firmará **termo de parceria** destinado à formação de vínculo de cooperação entre as partes, para o fomento e a execução das atividades de interesse público já citadas.

O **Termo de Parceria** firmado de comum acordo entre o Poder Público e as Organizações da Sociedade Civil de Interesse Público discriminará direitos, responsabilidades e obrigações das partes signatárias.

Observe-se, dessa forma, que, enquanto as organizações sociais firmam contrato de gestão, as OSCIP firmam termo de parceria.

São cláusulas essenciais do Termo de Parceria:

I – a do objeto, que conterá a especificação do programa de trabalho proposto pela Organização da Sociedade Civil de Interesse Público;

II – a de estipulação das metas e dos resultados a serem atingidos e os respectivos prazos de execução ou cronograma;

III – a de previsão expressa dos critérios objetivos de avaliação de desempenho a serem utilizados, mediante indicadores de resultado;

IV – a de previsão de receitas e despesas a serem realizadas em seu cumprimento, estipulando item por item as categorias contábeis usadas pela organização e o detalhamento das remunerações e benefícios de pessoal a serem pagos, com recursos oriundos ou vinculados ao Termo de Parceria, a seus diretores, empregados e consultores;

V – a que estabelece as obrigações da Sociedade Civil de Interesse Público, entre as quais a de apresentar ao Poder Público, ao término de cada exercício, relatório sobre a execução do objeto do Termo de Parceria, contendo comparativo específico das metas propostas com os resultados alcançados, acompanhado de prestação de contas dos gastos e receitas efetivamente realizados, independente das previsões mencionadas no inciso IV;

VI – a de publicação, na imprensa oficial do Município, do Estado ou da União, conforme o alcance das atividades celebradas entre o órgão parceiro e a Organização da Sociedade Civil de Interesse Público, de extrato do Termo de Parceria e de demonstrativo da sua execução física e financeira, conforme modelo simplificado estabelecido no regulamento desta Lei, contendo os dados principais da documentação obrigatória do inciso V, sob pena de não liberação dos recursos previstos no Termo de Parceria.

A execução do objeto do Termo de Parceria será acompanhada e fiscalizada por órgão do Poder Público da área de atuação correspondente à atividade fomentada, e pelos Conselhos de Políticas Públicas das áreas correspondentes de atuação existentes, em cada nível de governo. Além disso, estão sujeitas à fiscalização do Tribunal de Contas da União.

Outro benefício estabelecido também pela Lei n. 9.790/99 (Dispõe sobre a qualificação de pessoas jurídicas de direito privado, sem fins lucrativos, como *Organizações da Sociedade Civil de Interesse Público*, institui e disciplina o Termo de Parceria, e dá outras providências) é o recebimento de recursos públicos.

Ressalte-se que, na forma do art. 15 da lei em comento, caso a organização adquira bem imóvel com recursos provenientes da celebração de termo de parceria, este será gravado com cláusula de inalienabilidade.

21.4.3.4. Perda da qualificação

Perde-se a qualificação de Organização da Sociedade Civil de Interesse Público, a pedido ou mediante decisão proferida em processo administrativo ou judicial, de iniciativa popular ou do Ministério Público, no qual serão assegurados ampla defesa e o devido contraditório (art. 7º da Lei das OSCIP).

ORGANIZAÇÃO SOCIAL (OS)	ORGANIZAÇÃO DA SOCIEDADE CIVIL DE INTERESSE PÚBLICO (OSCIP)
Pessoa jurídica de direito privado	Pessoa jurídica de direito privado
Não integrante da Administração Pública	Não integrante da Administração Pública
Não pode ter finalidade lucrativa	Não pode ter finalidade lucrativa
Pensada para **substituir órgãos ou entidades da Administração Pública** que seriam extintos	Não foi pensada para substituir órgãos ou entidades da Administração Pública
Indispensável a assinatura de **contrato de gestão** com o Poder Público	Indispensável a assinatura de **termo de parceria** com o Poder Público

ORGANIZAÇÃO SOCIAL (OS)	ORGANIZAÇÃO DA SOCIEDADE CIVIL DE INTERESSE PÚBLICO (OSCIP)
A sua qualificação é **ato discricionário**	A sua qualificação é **ato vinculado**
A sua qualificação exige aprovação do **Ministro de Estado ou autoridade supervisora da área correspondente à atividade fomentada**	A sua qualificação será submetida ao **Ministro da Justiça**
Não pode ser qualificada também como OSCIP	Não pode ser qualificada também como OS
Necessidade de conselho de administração com assento para representantes do Poder Público, não se exige conselho fiscal	Necessidade de conselho fiscal, não se exige conselho de administração nem previsão de assento de representantes do Poder Público
A contratação de OS pelo Poder Público pode se dar com **dispensa de licitação**	Não existe hipótese definida para a contratação por dispensa de licitação, o que não impede a contratação através daquela modalidade se a compra, obra ou o serviço se enquadrar nas hipóteses legais
Quando for contratante de obras, compras ou serviços com recursos públicos deverá licitar, observando regulamento próprio	Quando for contratante de obras, compras ou serviços com recursos públicos deverá licitar, observando regulamento próprio
O Poder Executivo poderá proceder à desqualificação da entidade, quando constatado o descumprimento das disposições contidas no contrato de gestão. A desqualificação será precedida de processo administrativo, assegurado o direito de ampla defesa, respondendo os dirigentes da organização social, individual e solidariamente, pelos danos ou prejuízos decorrentes de sua ação ou omissão	Perde-se a qualificação, a pedido ou mediante decisão proferida em processo administrativo ou judicial, de iniciativa popular, vedado o anonimato, ou do Ministério Público, no qual serão assegurados, ampla defesa e o devido contraditório
Sujeição à fiscalização do Tribunal de Contas em relação aos bens, recursos e servidores públicos	Sujeição à fiscalização do Tribunal de Contas em relação aos bens e recursos públicos
Possibilidade de recebimento de recursos orçamentários e bens públicos e possibilidade de cessão especial de **servidor público** para as organizações sociais, com ônus para a origem	Possibilidade de recebimento de recursos e bens públicos, não havendo previsão legal de cessão de servidor público

21.4.4. Organização da sociedade civil

A Lei n. 13.019/14 instituiu normas gerais para as parcerias entre a Administração Pública e organizações da sociedade civil, em regime de mútua cooperação, para a consecução de finalidades de interesse público e recíproco, mediante a execução de atividades ou de projetos previamente estabelecidos em planos de trabalho inseridos em termos de colaboração, em termos de fomento ou em acordos de cooperação.

21.4.4.1. Pessoas que podem ser

Podem ser organizações da sociedade civil para fins da Lei n. 13.019/14:

a)   **entidade privada sem fins lucrativos** que não distribua entre os seus sócios ou associados, conselheiros, diretores, empregados, doadores ou terceiros eventuais resultados, sobras, excedentes operacionais, brutos ou líquidos, dividendos, isenções de qualquer natureza, participações ou parcelas do seu patrimônio, auferidos mediante o exercício de suas atividades, e que os aplique integralmente na consecução do respectivo objeto social, de forma imediata ou por meio da constituição de fundo patrimonial ou fundo de reserva;

b)   **as sociedades cooperativas** previstas na Lei n. 9.867, de 10 de novembro de 1999; as integradas por pessoas em situação de risco ou vulnerabilidade pessoal ou social; as alcançadas por programas e ações de combate à pobreza e de geração de trabalho e renda; as voltadas para fomento, educação e capacitação de trabalhadores rurais ou capacitação de agentes de assistência técnica e extensão rural; e as capacitadas para execução de atividades ou de projetos de interesse público e de cunho social; e

c)   **as organizações religiosas** que se dediquem a atividades ou a projetos de interesse público e de cunho social distintas das destinadas a fins exclusivamente religiosos.

21.4.4.2. Instrumentos

Eis os conceitos de termo de colaboração, termo de fomento e acordo de cooperação:

*   **termo de colaboração**: instrumento por meio do qual são formalizadas as parcerias estabelecidas pela Administração Pública com organizações da sociedade civil para a consecução de finalidades de interesse público e recíproco propostas pela Administração Pública que envolvam a transferência de recursos financeiros;

*   **termo de fomento**: instrumento por meio do qual são formalizadas as parcerias estabelecidas pela Administração Pública com organizações da sociedade civil para a consecução de finalidades de interesse público e recíproco

propostas pelas organizações da sociedade civil, que envolvam a transferência de recursos financeiros; e

- **acordo de cooperação**: instrumento por meio do qual são formalizadas as parcerias estabelecidas pela Administração Pública com organizações da sociedade civil para a consecução de finalidades de interesse público e recíproco que não envolvam a transferência de recursos financeiros.

TERMO DE COLABORAÇÃO	TERMO DE FOMENTO	ACORDO DE COOPERAÇÃO
– ENVOLVE TRANSFERÊNCIA DE RECURSOS FINANCEIROS	– ENVOLVE TRANSFERÊNCIA DE RECURSOS FINANCEIROS	– NÃO ENVOLVE TRANSFERÊNCIA DE RECURSOS FINANCEIROS
– PROPOSTO PELA ADMINISTRAÇÃO PÚBLICA	– PROPOSTO PELA ORGANIZAÇÃO DA SOCIEDADE CIVIL	X

21.4.4.3. Plano de trabalho

Deverá constar do **plano de trabalho** de parcerias celebradas mediante termo de colaboração ou de fomento:

a) descrição da realidade que será objeto da parceria, devendo ser demonstrado o nexo entre essa realidade e as atividades ou projetos e metas a serem atingidas;

b) descrição de metas a serem atingidas e de atividades ou projetos a serem executados;

c) previsão de receitas e de despesas a serem realizadas na execução das atividades ou dos projetos abrangidos pela parceria; e,

d) forma de execução das atividades ou dos projetos e de cumprimento das metas a eles atreladas; e,

e) definição dos parâmetros a serem utilizados para a aferição do cumprimento das metas.

21.4.4.4. Procedimento de manifestação de interesse social

A Lei n. 13.019/14 estabeleceu o **Procedimento de Manifestação de Interesse Social** como instrumento por meio do qual as organizações da sociedade civil, movimentos sociais e cidadãos poderão apresentar propostas ao poder público para que este avalie a possibilidade de realização de um chamamento público objetivando a celebração de parceria.

21.4.4.5. Proposta

A **proposta** a ser encaminhada à Administração Pública deverá atender aos seguintes **requisitos**:

I – identificação do subscritor da proposta;
II – indicação do interesse público envolvido;
III – diagnóstico da realidade que se quer modificar, aprimorar ou desenvolver e, quando possível, indicação da viabilidade, dos custos, dos benefícios e dos prazos de execução da ação pretendida.

Preenchidos os requisitos acima, a Administração Pública deverá tornar pública a proposta em seu **sítio eletrônico** e, verificada a conveniência e oportunidade para realização do Procedimento de Manifestação de Interesse Social, o instaurará para **oitiva da sociedade** sobre o tema.

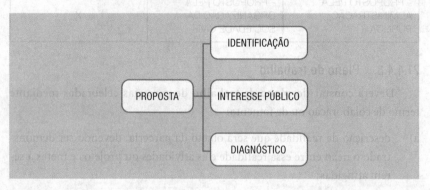

21.4.4.6. Chamamento público

A realização do **Procedimento de Manifestação de Interesse Social** não implicará, necessariamente, execução do chamamento público, que acontecerá de acordo com os interesses da administração.

O **chamamento público** é procedimento destinado a selecionar organização da sociedade civil para firmar parceria por meio de termo de colaboração ou de fomento, no qual se garanta a observância dos princípios da isonomia, da legalidade, da impessoalidade, da moralidade, da igualdade, da publicidade, da probidade administrativa, da vinculação ao instrumento convocatório, do julgamento objetivo e dos que lhes são correlatos.

Em relação ao chamamento público, a Administração Pública deverá adotar procedimentos claros, objetivos e simplificados que orientem os interessados e facilitem o acesso direto aos seus órgãos e instâncias decisórias, independentemente da modalidade de parceria.

Exceto nas hipóteses previstas na Lei n. 13.019/14, a celebração de termo de colaboração ou de fomento será precedida de chamamento público voltado a selecionar organizações da sociedade civil que tornem mais eficaz a execução do objeto.

O **edital** do chamamento público especificará, no mínimo:

a) a programação orçamentária que autoriza e viabiliza a celebração da parceria;

b) o objeto da parceria;

c) as datas, os prazos, as condições, o local e a forma de apresentação das propostas;

d) as datas e os critérios de seleção e julgamento das propostas, inclusive no que se refere à metodologia de pontuação e ao peso atribuído a cada um dos critérios estabelecidos, se for o caso;

e) o valor previsto para a realização do objeto;

f) as condições para interposição de recurso administrativo;

g) a minuta do instrumento por meio do qual será celebrada a parceria; e,

h) de acordo com as características do objeto da parceria, medidas de acessibilidade para pessoas com deficiência ou mobilidade reduzida e idosos.

O edital deverá ser amplamente divulgado em página do sítio oficial da Administração Pública na internet, com antecedência mínima de trinta dias.

É vedado admitir, prever, incluir ou tolerar, nos atos de convocação, cláusulas ou condições que comprometam, restrinjam ou frustrem o seu caráter competitivo em decorrência de qualquer circunstância impertinente ou irrelevante para o específico objeto da parceria, admitidos:

I – a seleção de propostas apresentadas exclusivamente por concorrentes sediados ou com representação atuante e reconhecida na unidade da Federação onde será executado o objeto da parceria; e

II – o estabelecimento de cláusula que delimite o território ou a abrangência da prestação de atividades ou da execução de projetos, conforme estabelecido nas políticas setoriais.

As propostas serão julgadas por uma comissão de seleção previamente designada, nos termos desta Lei, ou constituída pelo respectivo conselho gestor, se o projeto for financiado com recursos de fundos específicos.

A Administração Pública **homologará** e divulgará o resultado do julgamento em página do sítio oficial da Administração Pública na internet.

Somente depois de encerrada a etapa competitiva e ordenadas as propostas, a Administração Pública procederá à verificação dos documentos que comprovem o atendimento pela organização da sociedade civil selecionada dos requisitos legalmente exigidos.

A Administração Pública poderá **dispensar** a realização do chamamento público:

I – no caso de urgência decorrente de paralisação ou iminência de paralisação de atividades de relevante interesse público, pelo prazo de até cento e oitenta dias;
II – nos casos de guerra, calamidade pública, grave perturbação da ordem pública ou ameaça à paz social;
III – quando se tratar da realização de programa de proteção a pessoas ameaçadas ou em situação que possa comprometer a sua segurança; e
IV – no caso de atividades voltadas ou vinculadas a serviços de educação, saúde e assistência social, desde que executadas por organizações da sociedade civil previamente credenciadas pelo órgão gestor da respectiva política.

Será considerado **inexigível** o chamamento público na hipótese de inviabilidade de competição entre as organizações da sociedade civil, em razão da natureza singular do objeto da parceria ou se as metas somente puderem ser atingidas por uma entidade específica, especialmente quando:

I – o objeto da parceria constituir incumbência prevista em acordo, ato ou compromisso internacional, no qual sejam indicadas as instituições que utilizarão os recursos; e,
II – a parceria decorrer de transferência para organização da sociedade civil que esteja autorizada em lei na qual seja identificada expressamente a entidade beneficiária, inclusive quando se tratar da subvenção prevista no inciso I do §3º do art. 12 da Lei n. 4.320, de 17 de março de 1964, observado o disposto no art. 26 da Lei Complementar n. 101, de 4 de maio de 2000.

Nas hipóteses acima de dispensa e de inexigibilidade, a ausência de realização de chamamento público será justificada pelo administrador público.

21.4.4.7. Requisitos exigidos das organizações da sociedade civil

Para celebrar as parcerias, as organizações da sociedade civil deverão ser regidas por normas de organização interna que prevejam, expressamente:

I – objetivos voltados à promoção de atividades e finalidades de relevância pública e social;
II – que, em caso de dissolução da entidade, o respectivo patrimônio líquido seja transferido a outra pessoa jurídica de igual natureza que preencha os requisitos desta Lei e cujo objeto social seja, preferencialmente, o mesmo da entidade extinta;
III – escrituração de acordo com os princípios fundamentais de contabilidade e com as Normas Brasileiras de Contabilidade;

IV – possuir:

a) no mínimo, um, dois ou três anos de existência, com cadastro ativo, comprovados por meio de documentação emitida pela Secretaria da Receita Federal do Brasil, com base no Cadastro Nacional da Pessoa Jurídica – CNPJ, conforme, respectivamente, a parceria seja celebrada no âmbito dos Municípios, do Distrito Federal ou dos Estados e da União, admitida a redução desses prazos por ato específico de cada ente na hipótese de nenhuma organização atingi-los;

b) experiência prévia na realização, com efetividade, do objeto da parceria ou de natureza semelhante;

c) instalações, condições materiais e capacidade técnica e operacional para o desenvolvimento das atividades ou projetos previstos na parceria e o cumprimento das metas estabelecidas.

Na celebração de **acordos de cooperação**, somente será exigido o requisito previsto no item I. Serão dispensadas do atendimento ao disposto nos itens I e II as **organizações religiosas.**

As sociedades cooperativas deverão atender às exigências previstas na legislação específica e ao disposto no item III, estando dispensadas do atendimento aos requisitos previstos nos itens I e II acima.

Para celebração das parcerias, as **organizações da sociedade civil deverão apresentar**:

I – certidões de regularidade fiscal, previdenciária, tributária, de contribuições e de dívida ativa, de acordo com a legislação aplicável de cada ente federado;

II – certidão de existência jurídica expedida pelo cartório de registro civil ou cópia do estatuto registrado e de eventuais alterações ou, tratando-se de sociedade cooperativa, certidão simplificada emitida por junta comercial;

III – cópia da ata de eleição do quadro dirigente atual;

IV – relação nominal atualizada dos dirigentes da entidade, com endereço, número e órgão expedidor da carteira de identidade e número de registro no Cadastro de Pessoas Físicas – CPF da Secretaria da Receita Federal do Brasil – RFB de cada um deles;

V – comprovação de que a organização da sociedade civil funciona no endereço por ela declarado.

A celebração e a formalização do termo de colaboração e do termo de fomento dependerão da adoção das seguintes **providências pela Administração Pública**:

I – realização de chamamento público, ressalvadas as hipóteses previstas nesta Lei;

II – indicação expressa da existência de prévia dotação orçamentária para execução da parceria;

III – demonstração de que os objetivos e finalidades institucionais e a capacidade técnica e operacional da organização da sociedade civil foram avaliados e são compatíveis com o objeto;

IV – aprovação do plano de trabalho, a ser apresentado nos termos desta Lei;

V – emissão de parecer de órgão técnico da administração pública, que deverá pronunciar-se, de forma expressa, a respeito:

a) do mérito da proposta, em conformidade com a modalidade de parceria adotada;

b) da identidade e da reciprocidade de interesse das partes na realização, em mútua cooperação, da parceria prevista nesta Lei;

c) da viabilidade de sua execução;

d) da verificação do cronograma de desembolso;

e) da descrição de quais serão os meios disponíveis a serem utilizados para a fiscalização da execução da parceria, assim como dos procedimentos que deverão ser adotados para avaliação da execução física e financeira, no cumprimento das metas e objetivos;

f) da designação do gestor da parceria;

g) da designação da comissão de monitoramento e avaliação da parceria;

VI – emissão de parecer jurídico do órgão de assessoria ou consultoria jurídica da administração pública acerca da possibilidade de celebração da parceria.

Ficará **impedida** de celebrar qualquer modalidade de parceria prevista nesta Lei a organização da sociedade civil que:

I – não esteja regularmente constituída ou, se estrangeira, não esteja autorizada a funcionar no território nacional;

II – esteja omissa no dever de prestar contas de parceria anteriormente celebrada;

III – tenha como dirigente membro de Poder ou do Ministério Público, ou dirigente de órgão ou entidade da administração pública da mesma esfera governamental na qual será celebrado o termo de colaboração ou de fomento, estendendo-se a vedação aos respectivos cônjuges ou companheiros, bem como parentes em linha reta, colateral ou por afinidade, até o segundo grau;

IV – tenha tido as contas rejeitadas pela administração pública nos últimos cinco anos, exceto se:

a) for sanada a irregularidade que motivou a rejeição e quitados os débitos eventualmente imputados;

b) for reconsiderada ou revista a decisão pela rejeição;

c) a apreciação das contas estiver pendente de decisão sobre recurso com efeito suspensivo;

V – tenha sido punida com uma das seguintes sanções, pelo período que durar a penalidade:

a) suspensão de participação em licitação e impedimento de contratar com a administração;

b) declaração de inidoneidade para licitar ou contratar com a administração pública;

c) a prevista no inciso II do art. 73 da Lei n. 13.019/14;

d) a prevista no inciso III do art. 73 desta Lei n. 13.019/14;

VI – tenha tido contas de parceria julgadas irregulares ou rejeitadas por Tribunal ou Conselho de Contas de qualquer esfera da Federação, em decisão irrecorrível, nos últimos 8 (oito) anos;

VII – tenha entre seus dirigentes pessoa:

a) cujas contas relativas a parcerias tenham sido julgadas irregulares ou rejeitadas por Tribunal ou Conselho de Contas de qualquer esfera da Federação, em decisão irrecorrível, nos últimos 8 (oito) anos;

b) julgada responsável por falta grave e inabilitada para o exercício de cargo em comissão ou função de confiança, enquanto durar a inabilitação;

c) considerada responsável por ato de improbidade, enquanto durarem os prazos estabelecidos nos incisos I, II e III do art. 12 da Lei n. 8.429, de 2 de junho de 1992.

21.4.4.8. Formalização das parcerias

As parcerias serão **formalizadas** mediante a celebração de termo de colaboração, de termo de fomento ou de acordo de cooperação, conforme o caso, que terá como cláusulas essenciais:

I – a descrição do objeto pactuado;

II – as obrigações das partes;

III – quando for o caso, o valor total e o cronograma de desembolso;

IV – a contrapartida, quando for o caso, observado o disposto no §1º do art. 35 da Lei em comento;

V – a vigência e as hipóteses de prorrogação;

VI – a obrigação de prestar contas com definição de forma, metodologia e prazos;

VII – a forma de monitoramento e avaliação, com a indicação dos recursos humanos e tecnológicos que serão empregados na atividade ou, se for o caso, a indicação da participação de apoio técnico nos termos previstos no §1º do art. 58 da lei em tela;

VIII – a obrigatoriedade de restituição de recursos, nos casos previstos na lei em estudo;

IX – a definição, se for o caso, da titularidade dos bens e direitos remanescentes na data da conclusão ou extinção da parceria e que, em razão de sua execução, tenham sido adquiridos, produzidos ou transformados com recursos repassados pela administração pública;

X – a prerrogativa atribuída à administração pública para assumir ou transferir a responsabilidade pela execução do objeto, no caso de paralisação, de modo a evitar sua descontinuidade;

XI – quando for o caso, a obrigação de a organização da sociedade civil manter e movimentar os recursos em conta bancária específica, observado o disposto no art. 51 da lei em tela;

XII – o livre acesso dos agentes da administração pública, do controle interno e do Tribunal de Contas correspondente aos processos, aos documentos e às informações relacionadas a termos de colaboração ou a termos de fomento, bem como aos locais de execução do respectivo objeto;

XIII – a faculdade dos partícipes rescindirem o instrumento, a qualquer tempo, com as respectivas condições, sanções e delimitações claras de responsabilidades, além da estipulação de prazo mínimo de antecedência para a publicidade dessa intenção, que não poderá ser inferior a 60 (sessenta) dias;

XIV – a indicação do foro para dirimir as dúvidas decorrentes da execução da parceria, estabelecendo a obrigatoriedade da prévia tentativa de solução administrativa, com a participação de órgão encarregado de assessoramento jurídico integrante da estrutura da administração pública;

XV – a responsabilidade exclusiva da organização da sociedade civil pelo gerenciamento administrativo e financeiro dos recursos recebidos, inclusive no que diz respeito às despesas de custeio, de investimento e de pessoal;

XVI – a responsabilidade exclusiva da organização da sociedade civil pelo pagamento dos encargos trabalhistas, previdenciários, fiscais e comerciais relacionados à execução do objeto previsto no termo de colaboração ou de fomento, não implicando responsabilidade solidária ou subsidiária da administração pública a inadimplência da organização da sociedade civil em relação ao referido pagamento, os ônus incidentes sobre o objeto da parceria ou os danos decorrentes de restrição à sua execução.

Constará como anexo do termo de colaboração, do termo de fomento ou do acordo de cooperação o plano de trabalho, que deles será parte integrante e indissociável.

21.4.4.9. Recursos transferidos

As parcelas dos **recursos** transferidos no âmbito da parceria serão liberadas em estrita conformidade com o respectivo cronograma de desembolso, exceto nos casos a seguir, nos quais ficarão retidas até o saneamento das impropriedades:

I – quando houver evidências de irregularidade na aplicação de parcela anteriormente recebida;

II – quando constatado desvio de finalidade na aplicação dos recursos ou o inadimplemento da organização da sociedade civil em relação a obrigações estabelecidas no termo de colaboração ou de fomento;

III – quando a organização da sociedade civil deixar de adotar sem justificativa suficiente as medidas saneadoras apontadas pela administração pública ou pelos órgãos de controle interno ou externo.

21.4.4.10. Prestação de contas

Nas parcerias cuja duração exceda um ano, é obrigatória a **prestação de contas** ao término de cada exercício.

A Administração Pública deverá viabilizar o acompanhamento pela internet dos processos de liberação de recursos referentes às parcerias celebradas.

A **prestação de contas** deverá ser feita observando-se as regras previstas na Lei n. 13.019/14, além de prazos e normas de elaboração constantes do instrumento de parceria e do plano de trabalho.

A prestação de contas relativa à execução do termo de colaboração ou de fomento dar-se-á mediante a análise dos documentos previstos no plano de trabalho, nos termos do inciso IX do art. 22 da lei em estudo, além dos seguintes relatórios:

I – **relatório de execução do objeto**, elaborado pela organização da sociedade civil, contendo as atividades ou projetos desenvolvidos para o cumprimento do objeto e o comparativo de metas propostas com os resultados alcançados;

II – **relatório de execução financeira** do termo de colaboração ou do termo de fomento, com a descrição das despesas e receitas efetivamente realizadas e sua vinculação com a execução do objeto, na hipótese de descumprimento de metas e resultados estabelecidos no plano de trabalho.

A prestação de contas e todos os atos que dela decorram dar-se-ão em plataforma eletrônica, permitindo a visualização por qualquer interessado.

A análise da prestação de contas deverá considerar a verdade real e os resultados alcançados.

A prestação de contas da parceria observará regras específicas de acordo com o montante de recursos públicos envolvidos, nos termos das disposições e procedimentos estabelecidos conforme previsto no plano de trabalho e no termo de colaboração ou de fomento.

A organização da sociedade civil prestará contas da boa e regular aplicação dos recursos recebidos no prazo de até noventa dias a partir do término da vigência da parceria ou no fim de cada exercício, se a duração da parceria exceder um ano.

A manifestação conclusiva sobre a prestação de contas pela Administração Pública observará os prazos previstos nesta Lei, devendo concluir, alternativamente, pela:

I – aprovação da prestação de contas;

II – aprovação da prestação de contas com ressalvas; ou

III – rejeição da prestação de contas e determinação de imediata instauração de tomada de contas especial.

21.4.4.11. Sanções

Pela execução da parceria em desacordo com o plano de trabalho e com as normas desta Lei e da legislação específica, a Administração Pública poderá, garantida a prévia defesa, aplicar à organização da sociedade civil as seguintes **sanções:**

I – **advertência;**

II – **suspensão temporária** da participação em chamamento público e impedimento de celebrar parceria ou contrato com órgãos e entidades da esfera de governo da administração pública sancionadora, por prazo não superior a dois anos; e

III – **declaração de inidoneidade** para participar de chamamento público ou celebrar parceria ou contrato com órgãos e entidades de todas as esferas de governo, enquanto perdurarem os motivos determinantes da punição ou até que seja promovida a reabilitação perante a própria autoridade que aplicou a penalidade, que será concedida sempre que a organização da sociedade civil ressarcir a administração pública pelos prejuízos resultantes e após decorrido o prazo da sanção aplicada com base no item II acima.

As sanções estabelecidas nos itens II e III acima são de **competência exclusiva** de Ministro de Estado ou de Secretário Estadual, Distrital ou Municipal, conforme o caso, facultada a defesa do interessado no respectivo processo, no prazo de dez dias da abertura de vista, podendo a **reabilitação** ser requerida após dois anos de aplicação da penalidade.

SANÇÕES	ADVERTÊNCIA
	SUSPENSÃO TEMPORÁRIA
	DECLARAÇÃO DE INIDONEIDADE

21.4.4.12. Prescrição das sanções

Prescreve em cinco anos, contados a partir da data da apresentação da prestação de contas, a aplicação de penalidade decorrente de infração relacionada à execução da parceria.

A prescrição será **interrompida** com a edição de ato administrativo voltado à apuração da infração.

21.4.4.13. Transparência e controle

Para fins de **transparência e controle**, a Administração Pública deverá manter, em seu sítio oficial na internet, a relação das parcerias celebradas e dos respectivos planos de trabalho, até cento e oitenta dias após o respectivo encerramento. A Administração Pública deverá divulgar pela internet os meios de representação sobre a aplicação irregular dos recursos envolvidos na parceria.

A organização da sociedade civil também deverá divulgar na internet e em locais visíveis de suas sedes sociais e dos estabelecimentos em que exerça suas ações todas as parcerias celebradas com a Administração Pública.

21.4.5. Organização gestora de fundos patrimoniais

A Lei n. 13.800/19 criou a figura do fundo patrimonial com o objetivo de arrecadar, gerir e destinar doações de pessoas físicas e jurídicas privadas para programas, projetos e demais finalidades de interesse público.

Os fundos patrimoniais poderão apoiar instituições relacionadas à educação, à ciência, à tecnologia, à pesquisa e à inovação, à cultura, à saúde, ao meio ambiente, à assistência social, ao desporto, à segurança pública, aos direitos humanos e a demais finalidades de interesse público.

Fundo patrimonial é o conjunto de ativos de natureza privada instituído, gerido e administrado pela organização gestora de fundo patrimonial com o intuito de constituir fonte de recursos de longo prazo, a partir da preservação do principal e da aplicação de seus rendimentos.

A organização gestora de fundo patrimonial instituirá fundo patrimonial com a finalidade de constituir fonte de recursos de longo prazo para o fomento das instituições apoiadas e para a promoção de causas de interesse público, por meio de instrumentos de parceria e de execução de programas, projetos e demais finalidades de interesse público.

Organização gestora de fundo patrimonial é a instituição privada sem fins lucrativos instituída na forma de associação ou de fundação privada com o intuito de atuar exclusivamente para um fundo na captação e na gestão das doações oriundas de pessoas físicas e jurídicas e do patrimônio constituído

Instituição apoiada é a instituição pública ou privada sem fins lucrativos e os órgãos a ela vinculados dedicados à consecução de finalidades de interesse público e beneficiários de programas, projetos ou atividades financiados com recursos de fundo patrimonial.

21.4.5.1. Cláusula de exclusividade

É possível a instituição de cláusula de exclusividade, porém o ato constitutivo de organização gestora de fundo patrimonial que preveja **cláusula de exclusividade** com instituição apoiada de direito público só terá validade se estiver acompanhado de anuência prévia do dirigente máximo da instituição.

344 CURSO DE DIREITO ADMINISTRATIVO

21.4.5.2. Obrigações

As obrigações assumidas pela organização gestora de fundo patrimonial **não são responsabilidade**, direta ou indireta, da instituição apoiada ou da organização executora.

As obrigações de qualquer natureza, inclusive civil, ambiental, tributária, trabalhista e previdenciária, da instituição apoiada ou da organização executora **não são responsabilidade**, direta ou indireta, da organização gestora de fundo patrimonial.

21.4.5.3. Ato constitutivo

Sem prejuízo das formalidades legais, o ato constitutivo da organização gestora de fundo patrimonial conterá:

I – a denominação, que incluirá a expressão "gestora de fundo patrimonial";

II – as instituições apoiadas ou as causas de interesse público às quais se destinam as doações oriundas de pessoas físicas e jurídicas a serem captadas e geridas, que só poderão ser alteradas mediante aprovação de quórum qualificado, a ser definido em seu estatuto;

III – a forma de representação ativa e passiva, judicial e extrajudicial, as regras de composição, o funcionamento, as competências, a forma de eleição ou de indicação dos membros do Conselho de Administração, do Comitê de Investimentos e do Conselho Fiscal, ou órgãos semelhantes, sem prejuízo da previsão de outros órgãos, e a possibilidade de os doadores poderem ou não compor algum desses órgãos;

IV – a forma de aprovação das políticas de gestão, de investimento, de resgate e de aplicação dos recursos do fundo patrimonial, observado o disposto no art. 21 da Lei n. 13.800/19;

V – os mecanismos de transparência e prestação de contas, conforme descritos no art. 6º da Lei n. 13.800/19;

VI – a vedação de destinação de recursos a finalidade distinta da prevista no estatuto e de outorga de garantias a terceiros sobre os bens que integram o fundo patrimonial;

VII – as regras para dissolução, liquidação e transferência de patrimônio da organização gestora de fundo patrimonial; e

VIII – as regras do processo de encerramento do instrumento de parceria e do termo de execução de programas, projetos e demais finalidades de interesse público.

A ata de constituição da organização gestora de fundo patrimonial, o estatuto e, se houver, os instrumentos que formalizaram as transferências para o aporte inicial serão registrados.

O Conselho de Administração da organização gestora de fundo patrimonial será composto por, no máximo, 7 (sete) membros remunerados, possibilitada a admissão de outros membros sem remuneração.

No caso de organização gestora de fundo patrimonial que tenha celebrado instrumento de parceria com cláusula de exclusividade com instituição pública apoiada, o mandato dos membros será de 2 (dois) anos, permitida uma recondução.

Na hipótese de instituição apoiada mediante instrumento de parceria com cláusula de exclusividade, será indicado por ela 1 (um) representante com direito a voto para compor o Conselho de Administração.

21.4.5.4. Receitas

Constituem receitas do fundo patrimonial:

I – os aportes iniciais;

II – as doações financeiras e de bens móveis e imóveis e o patrocínio de pessoas físicas, de pessoas jurídicas privadas, nacionais ou estrangeiras, de Estados estrangeiros e de organismos internacionais e multilaterais;

III – os ganhos de capital e os rendimentos oriundos dos investimentos realizados com seus ativos;

IV – os recursos derivados de locação, empréstimo ou alienação de bens e direitos ou de publicações, material técnico, dados e informações;

V – os recursos destinados por testamento, nos termos da Lei n. 10.406, de 10 de janeiro de 2002 (Código Civil) ;

VI – as contribuições associativas;

VII – as demais receitas patrimoniais e financeiras;

VIII – a exploração de direitos de propriedade intelectual decorrente de aplicação de recursos do fundo patrimonial;

IX – a venda de bens com a marca da instituição apoiada; e

X – os recursos provenientes de outros fundos patrimoniais.

21.4.5.5. Instrumento de parceria

A instituição apoiada firmará **instrumento de parceria** com a organização gestora de fundo patrimonial e, no caso de instituição pública apoiada, serão firmados também termos de execução de programas, projetos e demais finalidades de interesse público, verificado o cumprimento dos requisitos de constituição.

O **instrumento de parceria** é o acordo firmado entre a organização gestora de fundo patrimonial e a instituição apoiada, que estabelece o vínculo de cooperação entre as partes e que determina a finalidade de interesse público a ser apoiada.

O instrumento de parceria firmado pelos representantes da instituição pública apoiada e da organização gestora de fundo patrimonial poderá ter prazo indeterminado e constituirá título executivo extrajudicial.

O instrumento de parceria estabelecerá a formação de vínculo de cooperação entre a instituição apoiada e a organização gestora de fundo patrimonial, sem gerar de imediato obrigações de dispêndio de recursos, as quais, no caso de instituição pública apoiada, decorrem da celebração de cada **termo de execução de programas, projetos e demais finalidades de interesse público**.

A destinação dos recursos do fundo patrimonial para programas, projetos e atividades de interesse da instituição pública apoiada será precedida da celebração de termo de execução de programas, projetos e demais finalidades de interesse público entre a instituição apoiada, a organização gestora de fundo patrimonial e, quando necessário, a organização executora.

O **termo de execução de programas, projetos e demais finalidades de interesse público** é o acordo firmado entre a organização gestora de fundo patrimonial, a instituição apoiada e, quando necessário, a organização executora, que define como serão despendidos os recursos destinados a programas, projetos ou atividades de interesse público.

21.4.5.6. Descumprimento do termo de execução e do encerramento do instrumento de parceria

A instituição apoiada, a organização executora e a organização gestora de fundo patrimonial poderão expedir **recomendações mútuas**, na hipótese de **verificação de irregularidades ou de descumprimento** do instrumento de parceria ou do termo de execução de programas, projetos e demais finalidades de interesse público celebrado.

As recomendações expedidas estipularão prazo para adoção de providências, assegurado o direito de esclarecimento pelo partícipe notificado.

A organização gestora de fundo patrimonial e a instituição apoiada, ouvida a outra parte, poderão determinar:

> I – a suspensão temporária do termo de execução de programas, projetos e demais finalidades de interesse público até a cessação das causas que a motivaram ou por até 2 (dois) anos;
>
> II – a suspensão temporária do instrumento de parceria até a cessação das causas que a motivaram ou por até 2 (dois) anos, com a consequente impossibilidade de firmar novos termos de execução e o bloqueio de movimentação:
>
> a) da sua parcela do fundo patrimonial, nos casos em que não houver cláusula de exclusividade, exceto para recebimento de doações, assegurada

a continuidade da destinação de recursos para execução dos termos de execução vigentes; ou

b) do fundo patrimonial, nos casos em que houver cláusula de exclusividade, exceto para recebimento de doações, assegurada a continuidade da destinação de recursos para execução dos termos de execução vigentes;

III – o encerramento do termo de execução ou da parceria.

O encerramento da parceria entre a instituição apoiada sem cláusula de exclusividade, a organização executora, quando necessário, e a organização gestora de fundo patrimonial implica o dever da instituição apoiada ou da organização executora de devolver integralmente os recursos cuja doação tenha sido liberada e não executada, devidamente atualizados, sem prejuízo de outras medidas a serem aplicadas conforme previsto no instrumento de parceria.

O encerramento da parceria entre a instituição apoiada com cláusula de exclusividade, a organização executora e a organização gestora de fundo patrimonial implica o dever de transferir integralmente o fundo patrimonial à nova organização gestora de fundo patrimonial que firme instrumento de parceria, em caráter exclusivo, com a instituição apoiada.

A transferência do patrimônio será realizada no prazo de 24 (vinte e quatro) meses, bloqueada a movimentação do fundo patrimonial até sua efetivação, exceto para recebimento de doações.

Os doadores que tenham estabelecido encargos para a doação serão comunicados do encerramento da parceria entre a instituição apoiada e a entidade gestora de fundo patrimonial e a eles será facultado requerer a devolução dos recursos doados.

Na hipótese de liquidação e dissolução da organização gestora de fundo patrimonial, o patrimônio líquido existente será destinado a outra organização gestora de fundo patrimonial com finalidade de interesse público similar, observadas as regras estabelecidas no estatuto e no instrumento de parceria que tenha cláusula de exclusividade.

Na hipótese de as partes preverem no instrumento de parceria o compromisso arbitral, a resolução de controvérsias jurídicas entre a instituição pública federal apoiada, a organização gestora de fundo patrimonial e a organização executora poderá ser conduzida pela Câmara de Conciliação e Arbitragem da Administração Federal da Advocacia-Geral da União.

22

CONSÓRCIO PÚBLICO

22.1. INTRODUÇÃO

Muitos autores nacionais tratam do consórcio público dentro do capítulo referente ao contrato administrativo, mas tal conjunção de vontades, além de criar direitos e deveres para as partes envolvidas, **cria nova pessoa jurídica**.

Assim, entende-se pertinente o seu tratamento próximo ao capítulo referente às pessoas jurídicas da Administração Pública.

O vocábulo **consórcio**, segundo o *Dicionário eletrônico Houaiss da língua portuguesa*, pode significar: "(i) associação, união; (ii) união matrimonial; casamento; (iii) convivência, companhia <*apartar a criança do c. dos pais*>; (iv) grupo de empresas autônomas que têm operações comuns <*a estatal foi comprada por um c.*>; (v) grupo de pessoas que assumem o compromisso formal de pagar mensalmente prestação para uma caixa comum, destinada à compra futura de bem (automóvel, eletrodoméstico etc.), cujas unidades serão entregues paulatinamente a cada um dos consorciados, a intervalos estipulados, mediante sorteio e/ou lance. Etimologia lat. *consortìum,ìi* 'associação, participação, comunidade de bens'".

No Direito Administrativo, **consórcio** é o agrupamento contratual, autorizado por lei, de entes da federação na forma de pessoa jurídica de direito público (associação pública) ou de pessoa jurídica de direito privado para o desempenho de atividades públicas comuns.

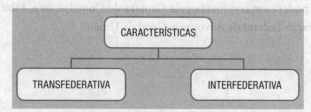

Forma-se uma entidade **transfederativa** (ultrapassa a esfera de governo) e **interfederativa** (internaliza-se à esfera de governo) pertencente à Administração Pública de cada um dos entes envolvidos. A seta transversal abaixo representa a pessoa jurídica criada pelo consórcio público:

A contratação de consórcio público tem fundamento primeiro na CF/88. Eis o artigo: "Art. 241. A União, os Estados, o Distrito Federal e os Municípios disciplinarão por meio de lei os consórcios públicos e os convênios de cooperação entre os entes federados, autorizando a gestão associada de serviços públicos, bem como a transferência total ou parcial de encargos, serviços, pessoal e bens essenciais à continuidade dos serviços transferidos".

A Emenda Constitucional n. 19/98, apesar de ter permitido a sua criação, não exigiu que fosse criada nova pessoa jurídica decorrente do consórcio, entretanto, o §1º do art. 1º da Lei n. 11.107/2005 (normas gerais de contratação de consórcios públicos) dispõe que: "§1º O consórcio público constituirá associação pública ou pessoa jurídica de direito privado".

22.2. PARTICIPAÇÃO DA UNIÃO

A **União somente participará** de consórcios públicos em que também façam parte todos os Estados em cujos territórios estejam situados os Municípios consorciados.

22.3. ÁREA DE SAÚDE

Os consórcios públicos, na **área de saúde**, deverão obedecer aos princípios, diretrizes e normas que regulam o Sistema Único de Saúde – SUS.

22.4. OBJETIVOS

Os **objetivos** dos consórcios públicos serão determinados pelos entes da Federação que se consorciarem, observados os limites constitucionais.

Para o cumprimento de seus **objetivos**, o consórcio público poderá:

I – firmar convênios, contratos, acordos de qualquer natureza, receber auxílios, contribuições e subvenções sociais ou econômicas de outras entidades e órgãos do governo;

II – nos termos do contrato de consórcio de direito público, promover desapropriações e instituir servidões nos termos de declaração de utilidade ou necessidade pública, ou interesse social, realizada pelo Poder Público; e

III – ser contratado pela administração direta ou indireta dos entes da Federação consorciados, dispensada a licitação.

22.5. COBRANÇA DE TARIFAS E PREÇOS PÚBLICOS

Os consórcios públicos poderão emitir documentos de **cobrança e exercer atividades de arrecadação de tarifas e outros preços públicos** pela prestação de serviços ou pelo uso ou outorga de uso de bens públicos por eles administrados ou, mediante autorização específica, pelo ente da Federação consorciado.

22.6. OUTORGA DE CONCESSÃO, PERMISSÃO OU AUTORIZAÇÃO PELO CONSÓRCIO PÚBLICO

Interessante notar que a pessoa jurídica de direito privado criada pelo consórcio poderá outorgar concessão, permissão ou autorização de obras ou serviços públicos mediante autorização prevista no contrato de consórcio público. Eis a norma permissiva (§ 3º do art. 2º da Lei n. 11.107/2005):

§3º Os consórcios públicos poderão outorgar concessão, permissão ou autorização de obras ou serviços públicos mediante autorização prevista no contrato de consórcio público, que deverá indicar de forma específica o objeto da concessão, permissão ou autorização e as condições a que deverá atender, observada a legislação de normas gerais em vigor.

22.7. FORMA DE CONSTITUIÇÃO: PROTOCOLO DE INTENÇÕES

O consórcio público será constituído por contrato cuja celebração dependerá da prévia subscrição de **protocolo de intenções**.

São **cláusulas necessárias do protocolo de intenções** as que estabeleçam:

I – a denominação, a finalidade, o prazo de duração e a sede do consórcio;

II – a identificação dos entes da Federação consorciados;

III – a indicação da área de atuação do consórcio;

IV – a previsão de que o consórcio público é associação pública ou pessoa jurídica de direito privado sem fins econômicos;

V – os critérios para, em assuntos de interesse comum, autorizar o consórcio público a representar os entes da Federação consorciados perante outras esferas de governo;

VI – as normas de convocação e funcionamento da assembleia geral, inclusive para a elaboração, aprovação e modificação dos estatutos do consórcio público;

VII – a previsão de que a assembleia geral é a instância máxima do consórcio público e o número de votos para as suas deliberações;

VIII – a forma de eleição e a duração do mandato do representante legal do consórcio público que, obrigatoriamente, deverá ser Chefe do Poder Executivo de ente da Federação consorciado;

IX – o número, as formas de provimento e a remuneração dos empregados públicos, bem como os casos de contratação por tempo determinado para atender à necessidade temporária de excepcional interesse público;

X – as condições para que o consórcio público celebre contrato de gestão ou termo de parceria;

XI – a autorização para a gestão associada de serviços públicos, explicitando:

a) as competências cujo exercício se transferiu ao consórcio público;

b) os serviços públicos objeto da gestão associada e a área em que serão prestados;

c) a autorização para licitar ou outorgar concessão, permissão ou autorização da prestação dos serviços;

d) as condições a que deve obedecer ao contrato de programa, no caso de a gestão associada envolver também a prestação de serviços por órgão ou entidade de um dos entes da Federação consorciados;

e) os critérios técnicos para cálculo do valor das tarifas e de outros preços públicos, bem como para seu reajuste ou revisão; e

XII – o direito de qualquer dos contratantes, quando adimplente com suas obrigações, de exigir o pleno cumprimento das cláusulas do contrato de consórcio público.

22.8. ÁREA DE ATUAÇÃO

Considera-se como **área de atuação do consórcio público**, independentemente de figurar a União como consorciada, a que corresponde à soma dos territórios:

a) dos Municípios, quando o consórcio público for constituído somente por Municípios ou por um Estado e Municípios com territórios nele contidos;

b) dos Estados ou dos Estados e do Distrito Federal, quando o consórcio público for, respectivamente, constituído por mais de 1 (um) Estado ou por 1 (um) ou mais Estados e o Distrito Federal; e

c) dos Municípios e do Distrito Federal, quando o consórcio for constituído pelo Distrito Federal e os Municípios.

22.9. NÚMERO DE VOTOS DE CADA ENTE

O protocolo de intenções deve definir o **número de votos** que cada ente da Federação consorciado possui na assembleia geral, sendo assegurado 1 (um) voto a cada ente consorciado.

22.10. VEDAÇÃO DE CONTRIBUIÇÃO FINANCEIRA OU ECONÔMICA

É nula a cláusula do contrato de consórcio que preveja determinadas contribuições financeiras ou econômicas de ente da Federação ao consórcio público, salvo a doação, destinação ou cessão do uso de bens móveis ou imóveis e as transferências ou cessões de direitos operadas por força de gestão associada de serviços públicos.

22.11. CESSÃO DE SERVIDORES

Os entes da Federação consorciados, ou os com eles conveniados, poderão ceder-lhe **servidores**, na forma e condições da legislação de cada um.

22.12. PUBLICIDADE

O protocolo de intenções deverá ser **publicado** na imprensa oficial, a fim de que todos tenham conhecimento e eventual controle e fiscalização possam ser efetivados.

22.13. RATIFICAÇÃO

O contrato de consórcio público será celebrado com a ratificação, **mediante lei**, do protocolo de intenções.

O contrato de consórcio público, caso assim preveja cláusula, pode ser celebrado por apenas 1 (uma) parcela dos entes da Federação que subscreveram o protocolo de intenções.

A **ratificação** pode ser realizada **com reserva** que, aceita pelos demais entes subscritores, implicará consorciamento parcial ou condicional.

A ratificação realizada após 2 (dois) anos da subscrição do protocolo de intenções dependerá de homologação da assembleia geral do consórcio público.

É dispensado da ratificação acima prevista o ente da Federação que, antes de subscrever o protocolo de intenções, disciplinar por lei a sua participação no consórcio público.

O protocolo de intenções do consórcio é semelhante ao do tratado internacional, pois pode haver ratificação (adesão superveniente) com reservas de determinadas cláusulas, que poderá ser aceita ou não pelos demais subscritores.

22.14. AQUISIÇÃO DA PERSONALIDADE JURÍDICA

O consórcio público adquirirá personalidade jurídica:

I – **de direito público**, no caso de constituir **associação pública**, mediante a vigência das leis de ratificação do protocolo de intenções;

II – **de direito privado**, mediante o atendimento dos requisitos da legislação civil.

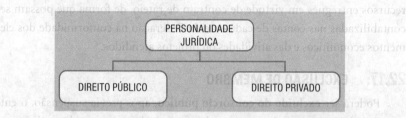

O consórcio público com personalidade jurídica de direito público integra a administração indireta de todos os entes da Federação consorciados.

O consórcio público, com personalidade jurídica de **direito público ou privado**, observará as normas de direito público no que concerne à realização de licitação, à celebração de contratos, à prestação de contas e à admissão de pessoal, que será regido pela Consolidação das Leis do Trabalho (CLT).

A contratação de pessoal pelo consórcio através do regime celetista permite que, caso o consórcio seja desfeito, possa haver dispensa dos contratados, portanto afasta qualquer vínculo de estabilidade.

Os **estatutos** disporão sobre a organização e o funcionamento de cada um dos órgãos constitutivos do consórcio público.

22.15. CONTRATO DE RATEIO

Os entes consorciados somente entregarão recursos ao consórcio público mediante **contrato de rateio**. O contrato de rateio será formalizado em cada exercício financeiro e seu prazo de vigência não será superior ao das dotações que o suportam, com exceção dos contratos que tenham por objeto exclusivamente projetos consistentes em programas e ações contemplados em plano plurianual ou a gestão associada de serviços públicos custeados por tarifas ou outros preços públicos.

É vedada a aplicação dos recursos entregues por meio de contrato de rateio para o atendimento de despesas genéricas, inclusive transferências ou operações de crédito.

Os entes consorciados, isolados ou em conjunto, bem como o consórcio público, são partes legítimas para exigir o cumprimento das obrigações previstas no contrato de rateio.

22.16. CONTAS

Com o objetivo de permitir o atendimento dos dispositivos da Lei de Responsabilidade Fiscal (Lei Complementar n. 101, de 4 de maio de 2000), o consórcio público deve fornecer as **informações** necessárias para que sejam consolidadas, nas contas dos entes consorciados, todas as despesas realizadas com os recursos entregues em virtude de contrato de rateio, de forma que possam ser contabilizadas nas contas de cada ente da Federação na conformidade dos elementos econômicos e das atividades ou projetos atendidos.

22.17. EXCLUSÃO DE MEMBRO

Poderá ser **excluído do consórcio público**, após prévia suspensão, o ente consorciado que não consignar, em sua lei orçamentária ou em créditos adicionais, as dotações suficientes para suportar as despesas assumidas por meio de contrato de rateio.

22.18. EXECUÇÃO FINANCEIRA

A **execução das receitas e despesas** do consórcio público deverá obedecer às normas de direito financeiro aplicáveis às entidades públicas.

22.19. FISCALIZAÇÃO

O consórcio público está sujeito à **fiscalização contábil, operacional e patrimonial pelo Tribunal de Contas** competente para apreciar as contas do Chefe do Poder Executivo representante legal do consórcio, inclusive quanto à legalidade, legitimidade e economicidade das despesas, atos, contratos e renúncia de receitas, sem prejuízo do controle externo a ser exercido em razão de cada um dos contratos de rateio.

22.20. RESPONSABILIDADE DOS AGENTES PÚBLICOS

Os **agentes públicos** incumbidos da gestão de consórcio não responderão pessoalmente pelas obrigações contraídas pelo consórcio público, mas responderão pelos atos praticados em desconformidade com a lei ou com as disposições dos respectivos estatutos.

22.21. RETIRADA OU EXTINÇÃO

A **retirada do ente da Federação** do consórcio público dependerá de ato formal de seu representante na assembleia geral, na forma previamente disciplinada por lei.

Os **bens destinados ao consórcio público** pelo consorciado que se retira somente serão revertidos ou retrocedidos no caso de expressa previsão no contrato de consórcio público ou no instrumento de transferência ou de alienação.

A **retirada ou a extinção** do consórcio público não prejudicará as obrigações já constituídas, inclusive os contratos de programa, cuja extinção dependerá do prévio pagamento das indenizações eventualmente devidas.

A **alteração ou a extinção** de contrato de consórcio público dependerá de instrumento aprovado pela assembleia geral, ratificado mediante lei por todos os entes consorciados.

22.22. BENS E RESPONSABILIDADE DOS ENTES

Os **bens, direitos, encargos e obrigações** decorrentes da gestão associada de serviços públicos custeados por tarifas ou outra espécie de preço público serão atribuídos aos titulares dos respectivos serviços.

Até que haja decisão que indique os responsáveis por cada obrigação, os entes consorciados responderão **solidariamente** pelas obrigações remanescentes, garantindo o direito de regresso em face dos entes beneficiados ou dos que deram causa à obrigação.

22.23. CONTRATO DE PROGRAMA

Deverão ser constituídas e reguladas por **contrato de programa**, como condição de sua validade, as obrigações que um ente da Federação constituir para com outro ente da Federação ou para com consórcio público no âmbito de gestão associada em que haja a prestação de serviços públicos ou a transferência total ou parcial de encargos, serviços, pessoal ou de bens necessários à continuidade dos serviços transferidos.

O **contrato de programa** deverá:

I – atender à legislação de concessões e permissões de serviços públicos e, especialmente no que se refere ao cálculo de tarifas e de outros preços públicos, à de regulação dos serviços a serem prestados; e

II – prever procedimentos que garantam a transparência da gestão econômica e financeira de cada serviço em relação a cada um de seus titulares.

No caso de a gestão associada originar a transferência total ou parcial de encargos, serviços, pessoal e bens essenciais à continuidade dos serviços transferidos, o contrato de programa, sob pena de nulidade, deverá conter cláusulas que estabeleçam:

356 CURSO DE DIREITO ADMINISTRATIVO

I – os encargos transferidos e a responsabilidade subsidiária da entidade que os transferiu;

II – as penalidades no caso de inadimplência em relação aos encargos transferidos;

III – o momento de transferência dos serviços e os deveres relativos a sua continuidade;

IV – a indicação de quem arcará com o ônus e os passivos do pessoal transferido;

V – a identificação dos bens que terão apenas a sua gestão e administração transferidas e o preço dos que sejam efetivamente alienados ao contratado;

VI – o procedimento para o levantamento, cadastro e avaliação dos bens reversíveis que vierem a ser amortizados mediante receitas de tarifas ou outras emergentes da prestação dos serviços.

É **nula** a cláusula de contrato de programa que atribuir ao contratado o exercício dos poderes de planejamento, regulação e fiscalização dos serviços por ele próprio prestados.

O contrato de programa continuará **vigente** mesmo quando extinto o consórcio público ou o convênio de cooperação que autorizou a gestão associada de serviços públicos.

Mediante previsão do contrato de consórcio público, ou de convênio de cooperação, o contrato de programa poderá ser celebrado por entidades de direito público ou privado que integrem a administração indireta de qualquer dos entes da Federação consorciados ou conveniados. O contrato celebrado na forma descrita será automaticamente extinto no caso de o contratado não mais integrar a administração indireta do ente da Federação que autorizou a gestão associada de serviços públicos por meio de consórcio público ou de convênio de cooperação.

As obrigações cujo descumprimento não acarrete qualquer ônus, inclusive financeiro, a ente da Federação ou a consórcio público não precisarão ser constituídas e reguladas por contrato de programa, como condição de sua validade.

22.24. DESCENTRALIZAÇÃO

A União poderá celebrar **convênios** com os consórcios públicos, com o objetivo de viabilizar a **descentralização** e a prestação de políticas públicas em escalas adequadas.

22.25. DISCIPLINA

No que não contrariar a Lei n. 11.107/05, a organização e funcionamento dos consórcios públicos serão **disciplinados** pela legislação que rege as **associações civis**.

22.26. FLEXIBILIZAÇÃO DO REGIME DE DIREITO PÚBLICO LICITATÓRIO

Nota-se exagerada flexibilização do regime jurídico-administrativo para importar formas de direito privado que servem mais para afastar os rigores do controle exigido no Direito Administrativo do que implantar gestão ágil e eficiente.

O objetivo de escapar das normas jurídicas que limitam a discricionariedade dos gestores públicos pode ser notado no §8º do art. 23 e no inciso XXVI do art. 24, ambos da Lei n. 8.666/93.

Eis as normas:

Art. 23. As modalidades de licitação a que se referem os incisos I a III do artigo anterior serão determinadas em função dos seguintes limites, tendo em vista o valor estimado da contratação (**com a redação dada pelo Decreto n. 9.412/18**):
I – para obras e serviços de engenharia:
a) convite – até R$ 330.000,00 (trezentos e trinta mil reais);
b) tomada de preços – até R$ 3.300.000,00 (três milhões e trezentos mil reais);
c) concorrência – acima de R$ 3.300.000,00 (três milhões e trezentos mil reais);
II – para compras e serviços não referidos no inciso anterior:
a) convite – até R$ 176.000,00 (cento e setenta e seis mil reais);
b) tomada de preços – até R$ 1.430.000,00 (um milhão, quatrocentos e trinta mil reais);
c) concorrência – acima de R$ 1.430.000,00 (um milhão, quatrocentos e trinta mil reais)
(...)
§8º No caso de consórcios públicos, aplicar-se-á o dobro dos valores mencionados no "caput" deste artigo quando formado por até 3 (três) entes da Federação, e o triplo, quando formado por maior número. (Incluído pela Lei n. 11.107, de 2005) (grifo)
Art. 24. É dispensável a licitação:
I – para obras e serviços de engenharia de valor até 10% (dez por cento) do limite previsto na alínea *a*, do inciso I do artigo anterior, desde que não se refiram a parcelas de uma mesma obra ou serviço ou ainda para obras e serviços da mesma natureza e no mesmo local que possam ser realizadas conjunta e concomitantemente;
II – para outros serviços e compras de valor até 10% (dez por cento) do limite previsto na alínea *a*, do inciso II do artigo anterior e para alienações, nos casos previstos nesta Lei, desde que não se refiram a parcelas de um mesmo serviço, compra ou alienação de maior vulto que possa ser realizada de uma só vez;
(...)
XXVI – na celebração de contrato de programa com ente da Federação ou com entidade de sua administração indireta, para a prestação de serviços públicos

de forma associada nos termos do autorizado em contrato de consórcio público ou em convênio de cooperação. (Incluído pela Lei n. 11.107, de 2005)

§1º Os percentuais referidos nos incisos I e II do *caput* deste artigo serão 20% (vinte por cento) para compras, obras e serviços contratados por **consórcios públicos**, sociedade de economia mista, empresa pública e por autarquia ou fundação qualificadas, na forma da lei, como Agências Executivas. (grifo)

Será que tais exceções são compatíveis com todos os princípios estabelecidos no art. 37 da Carta Maior? Certamente não, visto que a busca pela boa gestão não pode afastar-se dos comandos constitucionais republicanos.

Apesar da duvidosa constitucionalidade flexibilização em tela, não se deve descuidar da análise dos seus aspectos mais relevantes, visto que a lei tem a presunção relativa de constitucionalidade, devendo ser respeitado o Direito posto pelos órgãos legitimados.

23

PODERES ADMINISTRATIVOS

23.1. INTRODUÇÃO

A Administração Pública, para o bom desempenho da sua função de executar as leis, é dotada pelo ordenamento jurídico de **poderes ou subfunções instrumentais** na sua atuação; entretanto, no Estado Democrático de Direito, os poderes do Estado representam também deveres exigidos para a boa guarda do interesse público.

Primorosas são as palavras de Celso Antônio Bandeira de Mello[1] sobre a essencialidade do dever e instrumentalidade do poder, afirmando que existe função quando alguém está investido no dever de satisfazer dadas finalidades em prol do interesse de outrem, necessitando, para tanto, manejar os poderes requeridos para supri-las. Logo, tais poderes ou subfunções são instrumentais ao alcance das sobreditas finalidades. Sem eles, o sujeito investido na função não teria como desincumbir-se do dever posto a seu cargo. Donde, quem os titulariza maneja, na verdade, **deveres-poderes**, no interesse alheio[2].

São poderes administrativos:

a) o poder vinculado;

b) o poder discricionário;

c) o poder hierárquico;

d) o poder disciplinar;

e) o poder regulamentar;

---

[1] MELLO, Celso Antônio Bandeira de. *Curso de direito administrativo*. 35. ed. São Paulo: Malheiros, 2021.

[2] STJ, REsp 867.666/DF, rel. Min. Arnaldo Esteves Lima, 5ª Turma, julgado em 27-4-2009, *DJe* 25-5-2009.

360 CURSO DE DIREITO ADMINISTRATIVO

f)   o poder de polícia;

g)   o poder extroverso; e

h)   os poderes implícitos.

PODERES ADMINISTRATIVOS
O PODER VINCULADO
O PODER DISCRICIONÁRIO
O PODER HIERÁRQUICO
O PODER DISCIPLINAR
O PODER REGULAMENTAR
O PODER DE POLÍCIA
O PODER EXTROVERSO
OS PODERES IMPLÍCITOS

23.2.   PODER VINCULADO

O poder vinculado exige que a Administração Pública adote apenas a conduta estabelecida clara e taxativamente na lei, sem que se tenha estabelecido qualquer outra **opção** além do que prescreveu. A observância ao que fora estabelecido na lei é ponto comum a qualquer ato administrativo, portanto, o que o diferencia do ato administrativo discricionário é a inexistência de opção.

O poder vinculado não outorga ao gestor público a possibilidade de qualquer análise sobre a oportunidade ou sobre a conveniência do ato a ser praticado, portanto, verificadas as condições fáticas, a não adoção da medida determinada pela lei ensejará responsabilidade funcional ao agente.

Hely Lopes Meirelles[3] diz que o **poder vinculado ou regrado** é aquele que o Direito Positivo – a lei – confere à Administração Pública para a prática de ato de sua competência, determinando os elementos e requisitos necessários à sua formalização.

Aduz o mestre que: "Nestes atos, a norma legal condiciona sua expedição aos dados constantes de seu texto. Daí se dizer que tais atos são vinculados ou regrados, significando que, na sua prática, o agente público fica inteiramente preso ao enunciado da lei, em todas as suas especificações. Nessa categoria de atos administrativos a liberdade de ação do administrador é mínima, pois terá que se ater à enumeração minuciosa do Direito Positivo para realizá-los eficaz-

---

[3]   MEIRELLES, Hely Lopes; BURLE FILHO, José Emannuel. *Direito administrativo brasileiro*. 42. ed. São Paulo: Malheiros, 2016.

mente. Deixando de atender a qualquer dado expresso na lei, o ato é nulo, por desvinculado do seu tipo-padrão. Elementos vinculados serão sempre a competência, a finalidade e a forma, além de outros que a norma legal indicar para a consecução do ato. Realmente, ninguém pode exercer poder administrativo sem competência legal, ou desviado de seu objetivo público, ou com preterição de requisitos ou do procedimento estabelecido em lei, regulamento ou edital. Relegado qualquer desses elementos, além de outros que a norma exigir, o ato é nulo, e assim pode ser declarado pela própria Administração ou pelo Judiciário, porque a vinculação é matéria de legalidade (v. cap. IV, item VI)".

Exemplo de ato administrativo vinculado é o que outorga licença[4], pois a Administração Pública, desde que preenchidos todos os requisitos normativos, não tem a faculdade de não editar o ato. Contudo, algumas licenças concedidas a servidores públicos, *v. g.*, a licença para capacitação do art. 87 e a licença para tratar de interesses particulares do art. 91, ambos da Lei n. 8.112/90, são atos administrativos discricionários.

Apesar de os autores clássicos não tratarem de graus de vinculação do ato administrativo, Gustavo Binenbojm[5] defende a sua existência ao afirmar que "ao maior ou menor grau de vinculação do administrador à juridicidade corresponderá, via de regra, maior ou menor grau de controlabilidade judicial de seus atos. Não obstante, a definição da densidade do controle não segue uma lógica puramente normativa (que se restrinja à análise dos enunciados normativos incidentes no caso), mas deve atentar também para os procedimentos adotados pela Administração e para as competências e responsabilidades dos órgãos decisórios, compondo a pauta para um critério que se poderia intitular de jurídico-procedimentalmente adequado".

23.3. PODER DISCRICIONÁRIO

O poder discricionário possibilita a Administração Pública a adoção de uma das **opções estabelecidas pela lei**. Jamais se afastará da lei, ao contrário, sempre serão observados os seus comandos. Para a atuação discricionária, a lei estabelece mais de uma solução a ser adotada pelo agente público, sendo que a **dinâmica dos fatos** ilustrará qual a hipótese mais conveniente e oportuna para a satisfação do interesse público naquele caso.

---

[4] STJ, REsp 664.689/RJ, rel. Min. Luiz Fux, 1ª Turma, julgado em 17-5-2005, *DJ* 20-6-2005, p. 150.

[5] BINENBOJM, Gustavo. *Uma teoria do direito administrativo*. Rio de Janeiro: Renovar, 2006. p. 240.

José Cretella Júnior[6] ilustra que o poder discricionário enseja certa margem de desvinculação do agente, permitindo-lhe a formulação de juízo de valor, síntese convergente de uma série infinita de operações emotivo-intelectivas, que dão como resultado, na prática, o pronunciamento administrativo, a ação ou a inércia, a palavra ou o silêncio. O agente administrativo deve mesmo ter sensibilidade para **ajustar a ação administrativa ao meio**.

Martine Lombard[7] afirma que: "Uma autoridade administrativa dispõe de um poder discricionário quando ela tem a faculdade de escolher entre várias decisões que estão todas conforme a legalidade. Ela resta então livre para apreciar a oportunidade, em função das circunstâncias, da solução que lhe parece mais adequada à situação, a legislação em vigor lhe permite uma margem de autonomia a esse respeito".

A discricionariedade na Administração Pública ilustra bem a **revolta dos fatos contra as leis**. A dinâmica dos fatos que eclodem diariamente no seio da sociedade jamais será – ainda que em país de inflação legislativa – acompanhada pela produção legislativa, visto que o legislador, apesar de ser dotado de diversos poderes no Estado de Direito, não tem o dom da previsão dos fatos futuros ou das técnicas vindouras.

Ciente da sua incapacidade e da necessidade de ação do agente público, o legislador estabelece, em determinados casos, uma **pauta aberta** com mais de uma solução. Ressalte-se, por oportuno, que essa margem de liberdade não tem como objetivo outorgar poder ilimitado ao Administrador Público, mas tem como escopo melhor atender ao interesse público.

Não há qualquer margem para a arbitrariedade, pois a liberdade de escolha outorgada pela lei tem que observar a conveniência e a oportunidade para a satisfação das finalidades públicas e não dos interesses pessoais daqueles que detêm tal poder-dever.

A discricionariedade, adverte Maria Sylvia Zanella Di Pietro[8], ainda pode dizer respeito à escolha entre o agir e o não agir; se, diante de certa situação, a Administração Pública está obrigada a adotar determinada providência, a sua atuação é vinculada; se ela tem possibilidade de escolher entre atuar ou não, existe discricionariedade. Sirva de exemplo o caso de ocorrência de ilícito ad-

---

[6] CRETELLA JÚNIOR, José. *Curso de direito administrativo*. 10. ed. rev. e atual. Rio de Janeiro: Forense, 1989.

[7] LOMBARD, Martine. *Droit administratif*. 4. ed. Paris: Dalloz, 2001.

[8] DI PIETRO, Maria Sylvia Zanella. *Direito administrativo*. 34. ed. Rio de Janeiro: Forense, 2021.

ministrativo: a Administração é obrigada a apurá-lo e a punir os infratores, sob pena de condescendência criminosa (art. 320 do CP). Em outro caso: realizada uma licitação, a Administração pode ter de optar entre a celebração do contrato ou a revogação da licitação, segundo razões de interesse público devidamente demonstradas.

A discricionariedade pode não estar clara na lei, advindo da imprecisão linguística do conceito colocado pelo texto legal. Neste caso, serão os **conceitos jurídicos indeterminados** que atribuirão liberdade dentro da norma ao agente público.

Pode ser vista também a discricionariedade quando a imprecisão dos valores técnicos impossibilitar a estipulação de uma pauta fechada pelo legislador. Observe-se que a discricionariedade técnica (imprecisão dos valores técnicos) não é o mesmo que a discricionariedade decorrente de conceitos jurídicos indeterminados (imprecisão linguística).

Por conceitos jurídicos indeterminados, Karl Engisch[9] entende serem aqueles de conteúdo e extensão, em larga medida, incertos. Tais conceitos possibilitam extensa margem de valoração pessoal ou autônoma, portanto, ensejam juízos discricionários para o aplicador do Direito.

Sérvulo Correia[10] diz que os conceitos jurídicos indeterminados são aqueles cujo âmbito apresenta-se, em medida apreciável, incerto, mostrando apenas uma definição ambígua dos pressupostos a que o legislador conecta certo efeito de Direito. Apesar da definição pioneira, Correia considera apenas os efeitos externos quando apresenta a sua concepção de conceitos jurídicos indeterminados.

Melhor é a definição de Eduardo Garcia de Enterría e Tomás-Ramón Fernández[11], pois eles mostram que os conceitos jurídicos determinados delimitam o âmbito da realidade a que se referem de maneira precisa e inequívoca, enquanto nos indeterminados a norma se refere a esfera de realidade cujos limites não aparecem bem precisos em seu enunciado.

A imprecisão do conceito pode ser gerada por problemas linguísticos, mas pode ser criada também pelo intercâmbio dos valores eleitos pela sociedade através dos tempos e pela evolução das formas dentro de uma mesma sociedade.

---

[9]   ENGISCH, Karl. *Introdução ao pensamento jurídico*. Trad. João Baptista Machado, 6. ed. Lisboa: Fundação Calouste Gulbenkian, 1988. p. 208.

[10] CORREIA, José Manuel Sérvulo, *Interpretação administrativa das leis*: a feitura das leis. Oeiras: INA, 1986, v. II. p. 36.

[11] de ENTERRÍA, Eduardo Garcia; FERNÁNDEZ, Tomás-Ramón. *Curso de derecho administrativo*. 4. ed. Madrid: Civitas, 1994, v. I.

364 CURSO DE DIREITO ADMINISTRATIVO

Tem-se como exemplo de conceito jurídico indeterminado, que se transformou com base na mudança de valores, o de "mulher honesta", afinal, o que era considerado como "mulher honesta" no início do século passado não se compatibiliza com a época atual. Como exemplo de conceito jurídico indeterminado ligado à mudança de forma, pode ser citado o próprio conceito de residência, que em cidades do Japão, de muita densidade populacional, compreende até gavetas habitáveis.

O art. 78 do CTN, que define o poder de polícia, autoriza o seu uso, por exemplo, na regulação da prática ou abstenção de fato relacionado aos costumes. Não há dúvida de que o conceito jurídico de costume atual não é o mesmo da época da edição do CTN, 25-10-1966.

Existe também a imprecisão linguística. Por exemplo, a expressão "fundação pública" pode, como já foi dito, ensejar diversas interpretações pelo Administrador público.

Em relação à imprecisão técnica, tem-se que a previsibilidade pelo legislador da ação a ser adotada no caso de uma praga assolar determinada lavoura é limitada, somente sendo possível precisar a sua abrangência durante o ataque e através de dados extremamente técnicos.

Deve ser ressaltado que somente quando os conceitos jurídicos indeterminados ensejarem opções para ao gestor público haverá falar em discricionariedade, pois quando a questão for de mera interpretação ou atualização dos conceitos legais não haverá falar em discricionariedade.

É pertinente lembrar, mais uma vez, que a discricionariedade não pode ser confundida com arbitrariedade, visto que o gestor terá além das balizas legais para a sua atuação que observar os direitos e garantias fundamentais dos atingidos pela sua conduta, o princípio da proporcionalidade e da razoabilidade.

Exemplo de ato administrativo discricionário é autorização[12], visto que não basta o preenchimento de todos os requisitos normativos. A outorga precisa ser conveniente e oportuna para a Administração Pública em face do interesse público. Outro exemplo é a remoção de servidor público *ex officio*, pois poderá ser efetivada pela Administração Pública em caso de conveniência e oportunidade.

---

[12] STJ, MS 11.057/DF, rel. Min. Eliana Calmon, 1ª Seção, julgado em 26-4-2006, *DJ* 5-6-2006, p. 231.

23.4. PODER HIERÁRQUICO

23.4.1. Aspectos gerais

Hierarquia[13] é vocábulo derivado do grego *ierarkia*, de *ieros* (sagrado) e *akhia* (governo); designava entre os gregos a suprema autoridade do *grande sacerdote* ou a autoridade do **chefe** supremo dos sacerdotes.

Demonstrada a **existência de ordem**[14], a hierarquia exprime, no Direito Administrativo, a união de **poderes de comando** formadora de um sistema de **subordinação** (evidência concreta ou objetiva da hierarquia), em virtude do qual cada elemento representativo de cada esfera, de ordem inferior, deve *obediência e respeito* ao representante do que está colocado acima.

Segundo Celso Antônio Bandeira de Mello[15], hierarquia pode ser definida como o **vínculo de autoridade** que une órgãos e agentes, através de escalões sucessivos, numa relação de autoridade, de superior a inferior, de hierarca a subalterno. Os poderes do hierarca conferem-lhe uma contínua e permanente autoridade sobre toda a atividade administrativa dos subordinados.

Para Hely Lopes Meirelles[16], o poder hierárquico é o de que dispõe o Executivo para distribuir e escalonar as funções de seus órgãos, ordenar e rever a atuação de seus agentes, estabelecendo a relação de subordinação entre os servidores do seu quadro de pessoal.

Quando a lei estabelece relação entre os agentes ou órgãos públicos sem que haja hierarquia, utiliza a palavra **vinculação**.

Observe-se que nem sempre o titular do poder hierárquico é o titular do poder disciplinar. Na Advocacia-Geral da União, por exemplo, apesar dos Procuradores-Chefes da União nos Estados exercerem certos poderes de coordenação dos trabalhos dos advogados da União, somente o Ministro Advogado-Geral da União, na forma do inciso XV do art. 4º da Lei Complementar n. 73/93, pode proferir decisão nas sindicâncias e nos processos administrativos disciplinares promovidos pela Corregedoria-Geral e aplicar penalidades.

---

[13] SILVA, De Plácido e. *Vocabulário jurídico*. 27. ed. Atualizado por Nagib Slaibi Filho e Gláucia Carvalho. Rio de Janeiro: Forense, 2006.

[14] NÓBREGA, José Flóscolo da. *Introdução ao direito*. 6. ed. São Paulo: Sugestões Literárias, 1981: "Ordem significa a conveniente adaptação das coisas à sua finalidade. Num todo organizado, cada parte ocupa o lugar que lhe corresponde e desempenha uma função que lhe compete".

[15] MELLO, Celso Antônio Bandeira de. *Curso de direito administrativo*. 35. ed. São Paulo: Malheiros, 2021. p. 150.

[16] MEIRELLES, Hely Lopes; BURLE FILHO, José Emannuel. *Direito administrativo brasileiro*. 42. ed. São Paulo: Malheiros, 2016. .

A hierarquia forma uma **árvore organizacional**, em que todas as suas folhas e galhos ligar-se-ão ao tronco.

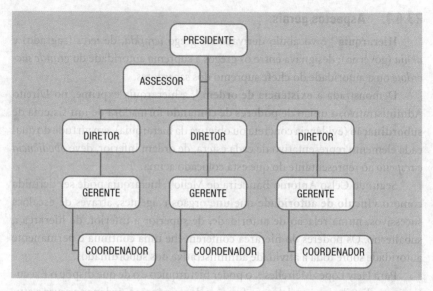

O poder hierárquico tem natureza **organizacional e revisora**, pois representa a competência da Administração Pública para **distribuir e afunilar** atribuições aos seus órgãos, de **ordenar, fiscalizar e rever** a atuação dos seus agentes e dos seus órgãos, firmando clara e exigível subordinação entre os que a compõem.

A hierarquia administrativa não se afasta da militar, principalmente no que toca **à subordinação, à coordenação, ao controle e à correção**.[17]

Subordinação, vocábulo derivado do latim *subordinatio*, representa a submissão à dependência de outra pessoa, para que sejam cumpridas ordens, imposições, determinações ou instruções.
Coordenação, também derivado do latim, é a conjugação ou concatenação de elementos, atividades ou pessoas para determinado fim.
Controle, vocábulo derivado do francês *controler*, indica fiscalização organizada das atividades realizadas em determinada estrutura, sendo que o controle decorrente do poder hierárquico é o controle interno.
Correção, do latim *correctio*, significa corrigir, emendar ou reformar, representando uma alteração do objeto para melhor.

---

[17] STJ, MS 8.358/DF, rel. Min. Laurita Vaz, 1ª Seção, julgado em 13-11-2002, *DJ* 16-12-2002. p. 231.

Maurice Hauriou[18] afirma que hierarquia representa, por si só, a sobreposição de níveis em uma organização autoritária de agentes, de modo que os agentes inferiores não executem as suas funções apenas com dever direto e único de observar a lei, mas cumprindo o dever previsto em obediência ao seu chefe, que se coloca entre os seus inferiores e a lei (concepção que pode gerar o delicado problema de obediência passiva às ordens que podem ser contrárias à lei).[19]

Miguel S. Marienhoff[20] afirma que é inconcebível organização administrativa na qual todos os seus membros – funcionários e empregados – tenham a mesma classificação, o que impediria que uns dessem ordens ou diretivas e outros as cumprissem. Assim, não haveria coordenação, imperaria o caos e o todo seria inoperante.[21]

A **delegação e a avocação**[22] de atribuições não exclusivas representam também facetas do poder hierárquico, como será analisado no item referente à competência administrativa.

O **princípio da hierarquia** tem a função de manter o sistema organizacional, pois a ligação entre os seus elementos é essencial à sua existência e a fra-

---

[18] HAURIOU, Maurice. *Précis de droit administratif et de droit public*. 7. ed. Paris: Sirey, 1911.

[19] "Hiérarchie signifie, en soi, superposition de degrés dans une organisation autoritaire des agents, de telle sorte que les agents inférieurs n'accomplissent pas leurs fonctions sous l'obligation directe et unique d'observer la loi, mais l'accomplissent sous l'obligation d'obéir au chef qui s'interpose entre eux et la loi (ce qui, d'ailleurs, pose le problème délicat de l'obéissance passive pour les ordres qui paraissent contraires à la loi)."

[20] MARIENHOFF, Miguel S. *Tratado de derecho administrativo*. 3. ed. atual. Buenos Aires: Abeledo-Perrot, 1980.

[21] "No se concibe una organización administrativa donde todos los individuos adscriptos a ella – funcionarios y empleados – tuvieren igual rango, lo cual impediría que unos dieren órdenes o directivas y otros las cumpliesen. No habría coordinación, imperaría el caos y todo sería inoperante."

[22] Delegar é, segundo Hely Lopes Meirelles, conferir a outrem atribuições que originariamente competiam ao delegante. Avocar, de acordo com o mesmo autor, é chamar de volta a si as funções atribuídas a um subordinado.

gilidade ou a inexistência de vínculo preciso terminaria por gerar confusão entre o sistema e o meio.

Sistema é o conjunto de elementos e circunstâncias ligados entre si que representam algo diverso da mera soma das suas partes[23], sendo que o fator primordial desta ligação na Administração Pública é a hierarquia. Entretanto, de nada adiantaria tal organização se o superior hierárquico não dispusesse de instrumento coercitivo para exigir a observância dos seus comandos aos subordinados, sendo este instrumento o poder disciplinar.

Deve ser ressaltado que não há relação hierárquica ente os administrados e a Administração Pública, visto que esta dispõe de outros poderes para invadir a esfera privada daqueles, não existe também hierarquia entre a União, os Estados, o Distrito Federal e os Municípios ou entre estes e suas entidades.

23.4.2. Competência administrativa

23.4.2.1. Conceito

Inúmeras são as funções da Administração Pública, logo jamais poderiam ser exercidas por apenas uma pessoa. Foi justamente a limitação individual do ser humano que motivou o surgimento do Estado.

A Administração Pública, para ser desempenhada a contento, não prescinde da atuação de diversos órgãos e agentes públicos, sendo que a competência administrativa é o núcleo normativo de atribuição dos órgãos e dos agentes públicos.

A competência, para o Direito Processual Civil, é a medida da jurisdição, mostrando-se como forma lógica de distribuição do poder de julgar. É, sem dúvida, em qualquer ramo do Direito, elemento de validade do ato a ser praticado; havendo vício de competência, o ato – apesar de existente e de, em alguns casos, produzir efeitos – será reputado inválido.

A **competência administrativa** é poder-dever atribuído normativamente a órgão ou agente público para o desempenho de funções administrativas. É **irrenunciável**, pois os órgãos e agentes públicos são apenas gestores do interesse público, mas admite delegação e avocação e tem natureza de **ordem pública**. Por ter característica de dever, o exercício da competência pelo agente titular é **obrigatório**, não pode haver **renúncia**, pois o agente exerce o poder em nome da sociedade, não em nome próprio, qualquer **modificação** depende de lei e, por fim,

---

[23] LUHMANN, Niklas. *Introdução à teoria dos sistemas*. Petrópolis: Vozes, 2009.

o seu exercício é **imprescritível**, ou seja, o mero decurso do tempo não lhe causa qualquer efeito.

23.4.2.2. Características

a) poder-dever;
b) normativa;
c) titularizada por órgãos ou agentes públicos;
d) relativa ao desempenho de funções administrativas;
e) irrenunciável;
f) natureza de ordem pública;
g) em regra, delegável e comporta avocação; e
h) imprescritível.

23.4.2.3. Critérios de distribuição

A distribuição de competência dar-se-á de acordo com o ordenamento jurídico. Há normas referentes a tal divisão na Constituição, nas leis, nos atos administrativos gerais e abstratos e, por vezes, até em atos administrativos concretos. Entretanto, os vetores primordiais da outorga de competência são a Constituição e a Lei, fontes primordiais do Direito Administrativo.

A Lei n. 9.784/99, apesar de tratar do processo administrativo, apresenta conceitos gerais para o Direito Administrativo que transcendem o processo, entre eles o de delegação e o de avocação. Eis as suas disposições:

> Art. 11. A competência é irrenunciável e se exerce pelos órgãos administrativos a que foi atribuída como própria, salvo os casos de delegação e avocação legalmente admitidos.
>
> Art. 12. Um órgão administrativo e seu titular poderão, se não houver impedimento legal, delegar parte da sua competência a outros órgãos ou titulares, ainda que estes não lhe sejam hierarquicamente subordinados, quando for conveniente, em razão de circunstâncias de índole técnica, social, econômica, jurídica ou territorial.
>
> Parágrafo único. O disposto no *caput* deste artigo aplica-se à delegação de competência dos órgãos colegiados aos respectivos presidentes.
>
> Art. 13. Não podem ser objeto de delegação:
>
> I – a edição de atos de caráter normativo;
>
> II – a decisão de recursos administrativos;
>
> III – as matérias de competência exclusiva do órgão ou autoridade.

Art. 14. O ato de delegação e sua revogação deverão ser publicados no meio oficial.

§1º O ato de delegação especificará as matérias e poderes transferidos, os limites da atuação do delegado, a duração e os objetivos da delegação e o recurso cabível, podendo conter ressalva de exercício da atribuição delegada.

§2º O ato de delegação é revogável a qualquer tempo pela autoridade delegante.

§3º As decisões adotadas por delegação devem mencionar explicitamente esta qualidade e considerar-se-ão editadas pelo delegado.

Art. 15. Será permitida, em caráter excepcional e por motivos relevantes devidamente justificados, a avocação temporária de competência atribuída a órgão hierarquicamente inferior.

Art. 16. Os órgãos e entidades administrativas divulgarão publicamente os locais das respectivas sedes e, quando conveniente, a unidade fundacional competente em matéria de interesse especial.

Art. 17. Inexistindo competência legal específica, o processo administrativo deverá ser iniciado perante a autoridade de menor grau hierárquico para decidir.

23.4.2.4. Delegação e avocação

A **delegação** consiste na atribuição de competência própria a outro órgão ou agente público.

A delegação pode ser vertical ou horizontal, visto que o art. 12 em tela permite a delegação para outros órgãos ou titulares, ainda que não exista subordinação hierárquica, podendo ser usada a seguinte classificação:

a) **delegação vertical**, transferência de competência para órgão ou agente público subordinado; e

b) **delegação horizontal**, transferência de competência para órgão ou agente que não tem relação de subordinação.

A delegação de competência pode ter efeitos no Processo Civil, visto que a Súmula n. 510, do STF, tem o seguinte conteúdo:

> Praticado o ato por autoridade, no exercício de competência delegada, contra ela cabe o mandado de segurança ou a medida judicial.

A **avocação** representa a retirada de competência da autoridade avocada (inferior) – que não foi anteriormente delegada – por órgão ou agente público de hierarquia superior (avocante).

Não há falar em avocação fora das hipóteses legais (em caráter excepcional e por motivos relevantes devidamente justificados); somente em casos excepcionais poderá existir avocação por órgão hierarquicamente superior, ocorre sem qualquer anterior delegação. Consequentemente, a avocação somente pode ser vertical, não podendo ser horizontal.

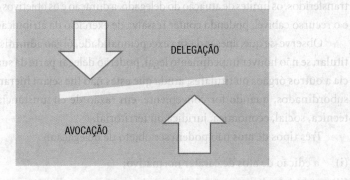

O STJ tem considerado válida a avocação baseada na teoria da encampação, pois quando o superior hierárquico defende o ato impugnado judicialmente através de mandado de segurança do seu subordinado, a competência desloca-se verticalmente. Todavia, alguns requisitos devem estar presentes:

(i) existência de vínculo hierárquico entre a autoridade que prestou informações e a que ordenou a prática do ato impugnado;
(ii) ausência de modificação de competência estabelecida na Constituição Federal; e
(iii) manifestação a respeito do mérito nas informações prestadas.

A avocação não se confunde com a revogação da delegação, visto que a avocação não exige delegação anterior, a revogação da delegação depende da delegação anterior.

A **revogação da delegação** dar-se-á a qualquer tempo, independentemente do atingimento do fim colimado pelo órgão ou agente público. As decisões ado-

372 CURSO DE DIREITO ADMINISTRATIVO

tadas por delegação devem mencionar explicitamente esta qualidade e considerar-se-ão editadas pelo delegado.

AVOCAÇÃO	REVOGAÇÃO DA DELEGAÇÃO
AUSÊNCIA DE VEDAÇÃO EXPRESSA	AUSÊNCIA DE VEDAÇÃO EXPRESSA
INEXISTÊNCIA DE DELEGAÇÃO ANTERIOR	EXISTÊNCIA DE DELEGAÇÃO ANTERIOR
EM CARÁTER EXCEPCIONAL E POR MOTIVOS RELEVANTES DEVIDAMENTE JUSTIFICADOS	A QUALQUER TEMPO

A delegação, por ser **ato excepcional**, deverá ser publicada no meio oficial de divulgação dos atos administrativos e deverá especificar as matérias e poderes transferidos, os limites de atuação do delegado, a duração e os objetivos da delegação e o recurso cabível, podendo conter ressalva de exercício da atribuição delegada.

Observe-se que, apesar da sua excepcionalidade, órgão administrativo e seu titular, se não houver impedimento legal, poderão delegar parte da sua competência a outros órgãos ou titulares, ainda que estes não lhe sejam hierarquicamente subordinados, quando for conveniente, em razão de circunstâncias de índole técnica, social, econômica, jurídica ou territorial.

Três tipos de atos não podem ser objeto de delegação:

(i)   a edição de atos de caráter normativo;

(ii)   a decisão de recursos administrativos; e

(iii)   as matérias de competência exclusiva do órgão ou autoridade.

Para que haja delegação ou avocação, o agente ou órgão público deve ser competente para a prática do ato. Caso contrário, haverá vício de competência na edição do ato material por outra autoridade e vício de competência no ato formal inicial de delegação ou avocação.

23.4.2.5. Agente ou funcionário de fato

A investidura é o elemento de validade da atuação do agente público e deve ser sindicada antes da competência, pois o funcionário pode ter **investidura** e não ter competência para determinado ato, mas jamais terá competência sem estar investido da função pública. A investidura é o ato pelo qual o agente público se vincula ao Estado com a atribuição real e efetiva de parcela de poder-dever necessária e bastante para o desempenho das suas atribuições, ocorrendo com a **posse** na função pública.

O agente público regularmente investido, ao praticar ato que esteja fora da sua esfera de competência, não será tido como funcionário de fato, terá apenas praticado ato com excesso de poder cujos efeitos poderão ser convalidados ou afastados a critério do órgão competente[24].

A CF/88 trata expressamente da investidura ao afirmar que:

> Art. 37. A administração pública direta e indireta de qualquer dos Poderes da União, dos Estados, do Distrito Federal e dos Municípios obedecerá aos princípios de legalidade, impessoalidade, moralidade, publicidade e eficiência e, também, ao seguinte:
>
> (...)
>
> II – a investidura em cargo ou emprego público depende de aprovação prévia em concurso público de provas ou de provas e títulos, de acordo com a natureza e a complexidade do cargo ou emprego, na forma prevista em lei, ressalvadas as nomeações para cargo em comissão declarado em lei de livre nomeação e exoneração.

O art. 7º da Lei n. 8.112/90 afirma: "A investidura em cargo público ocorrerá com a posse".

A **teoria do funcionário de fato** não é aplicável, em regra, ao agente público incompetente, mas ao particular não investido na função pública cuja atuação tenha aparência de legalidade.

O administrado ou outros órgãos da Administração Pública confiam sinceramente que aquela pessoa está no **exercício legítimo da função**. A consequência é a seguinte: não se convalidará a investidura da pessoa, visto que não foram observados os requisitos constitucionais e legais[25], mas convalidar-se-ão os atos praticados em relação aos terceiros de boa-fé.

Martine Lombard[26] afirma sobre a teoria do funcionário ou agente de fato que: "A teoria do 'funcionário de fato' representa, na prática, a tomada obrigatória de decisão por algum cidadão em caso de emergência relacionada ao interesse coletivo, considerada a hipótese de ausência ou desaparecimento de autoridades administrativas designadas regularmente. Embora tomadas por autoridades incompetentes, suas decisões podem, contudo, ser consideradas legais, em razão das circunstâncias (CE, 5 mars 1948, Marion, Rec., p. 113). A teoria do funcionário de fato pode ser usada também em outros casos, entre eles na aplicação da teoria

---

[24] STF, RE 79628, rel. Min. Aliomar Baleeiro, 1ª Turma, julgado em 22-10-1974, *DJ* 13-12-1974.

[25] STF, RE 81598, rel. Min. Leitão de Abreu, 2ª Turma, julgado em 29-3-1977, *DJ* 1º-7-1977.

[26] LOMBARD, Martine. *Droit administratif*. 4. ed. Paris: Dalloz, 2001.

jurídica da aparência, segundo a qual certos atos poderiam ter, no interesse da segurança jurídica, a aparência inquestionável de legalidade aos olhos dos administrados. Assim, quando um funcionário impropriamente nomeado toma várias decisões, a anulação de sua nomeação não implicará necessariamente anulação de todas as medidas que tomou ou, pelo menos, restarão válidas aquelas medidas em que parecia uma autoridade devidamente investida (CE, 2 nov. 1923, Association des Functionnaires de l'administration centrale des postes, Rec. p. 699; CE, Ass., 2 déc. 1983, Charbonnel, Rec., p. 174, concl. Roux)".

Observe-se que não se pode falar em funcionário de fato ante a existência de conluio para fraudar a Administração Pública.

A teoria pode ser usada também nos casos de **provimento judicial provisório**, visto que, apesar da revogação da tutela provisória ter efeitos retroativos (*ex tunc*), os atos praticados devem ser convalidados para assegurar os postulados da boa-fé e da segurança jurídica.

Funcionário de fato, segundo José Cretella Júnior[27], é o que não se investiu normalmente por nomeação ou eleição em cargo público ou o que, tendo recebido investidura legal, ultrapassou, no tempo, o período que lhe fora destinado por lei para a prática de seus atos.

Funcionário de direito, ao contrário, é o detentor de investidura legal, por nomeação ou eleição em cargo público, que dá legitimidade aos atos praticados, garantindo-lhe o direito ao cargo e prestigiando, no mundo jurídico, os efeitos das suas ações ou omissões relacionadas à sua atividade.

Maria Sylvia Zanella Di Pietro[28] diz que a função de fato ocorre quando a pessoa que pratica o ato está irregularmente investida no cargo, emprego ou função, mas a sua situação tem toda aparência de legalidade. Exemplos: falta de requisito legal para a investidura, como certificado de sanidade vencido; inexistência de formação universitária para a função que a exige, idade inferior ao mínimo legal etc.

23.4.2.6. Abuso de poder

O **abuso de poder** é a ação ou omissão ilegal que ultrapassa as atribuições normativas de um agente público ou que se desvia da finalidade mediata ou imediata da atuação administrativa.

---

[27] *Enciclopédia Saraiva do Direito.*

[28] DI PIETRO, Maria Sylvia Zanella. *Direito administrativo*. 34. ed. Rio de Janeiro: Forense, 2021.

O abuso de poder é um gênero que comporta duas espécies: a) o excesso de poder; e b) o desvio de finalidade.

O **excesso de poder** é a extrapolação da competência do agente público, pois, apesar de ter atribuição legal para o ato, ultrapassa para adotar condutas que não estão normativamente na sua esfera de atuação.

Exemplo de excesso de poder é quando o agente público é competente para instaurar apenas uma sindicância e instaura um Processo Administrativo Disciplinar.

O **desvio de finalidade** é a ação ou omissão no exercício regular da função administrativa que visa a fim diverso do estabelecido na norma ou relacionados com interesses pessoais.

Exemplo de desvio de finalidade é quando o agente público deseja punir o subordinado, mas, ao invés de instaurar uma sindicância ou um Processo Administrativo Disciplinar, conforme determina o art. 143 da Lei n. 8.112/90, remove o servidor, na forma do art. 36 da citada lei.

A remoção não tem como objetivo punir o servidor e sim suprir as necessidades de pessoal da Administração Pública, otimizando a distribuição nos órgãos e localidades mais carentes de mão de obra.

O excesso de poder está relacionado ao elemento competência e o desvio de finalidade está relacionado ao elemento finalidade do ato administrativo.

EXCESSO DE PODER	DESVIO DE FINALIDADE
COMPETÊNCIA	FINALIDADE

23.5. PODER DISCIPLINAR

23.5.1. Conceito

O **poder disciplinar**, nas palavras de De Plácido e Silva[29], compreende a competência que é regularmente atribuída às autoridades administrativas, de hierarquia

---

[29] SILVA, De Plácido e. *Vocabulário jurídico*. 27. ed. Atualizado por Nagib Slaibi Filho e Gláucia Carvalho. Rio de Janeiro: Forense, 2006.

superior, ou aos representantes de órgãos administrativos, para que possam **impor penas** disciplinares aos empregados ou funcionários sob sua direção ou **subordinação** pelas faltas cometidas ou pelas transgressões aos deveres funcionais.

Atualmente, apesar da pertinência do conceito acima, o poder disciplinar abrange também a possibilidade de punir ilícitos administrativos cometidos por particulares que se relacionam com a Administração Pública com algum **vínculo específico**.

O seu exercício pressupõe sempre que sejam facultados o **contraditório e a ampla defesa**, com os meios e recursos a ela inerentes, na forma do inciso LV do art. 5º da CF/88.

23.5.2. Aspectos gerais

O poder disciplinar representa a **coação lícita** para sancionar as condutas contrárias às estatuídas pelo sistema.

O Direito é a ordem coativa construída por imperativos cuja inobservância gera sanções pessoais ou sistêmicas. Exige-se um "dever-ser" que, se for inobservado, gerará consequências para o sujeito ou para o ordenamento jurídico.

O ordenamento jurídico diz que **deve ser** assim e, se não for, haverá esta ou aquela consequência.

Kelsen[30] diz que, na medida em que o ato de coação criado pela ordem jurídica surge como reação contra a conduta de um indivíduo pela mesma ordem jurídica

---

[30] KELSEN, Hans. *Teoria pura do direito*. Tradução de João Batista Machado. 6. ed. São Paulo: Martins Fontes, 1998.

especificada, esse ato coativo tem o caráter de sanção e a conduta humana contra a qual ele é dirigido tem o caráter de conduta proibida, antijurídica, de ato ilícito ou delito – quer dizer – é o contrário daquela conduta que deve ser considerada como exigida ou conforme ao Direito, conduta através da qual seria evitada a sanção.

23.5.3. Discricionariedade e vinculação

Segundo Hely Lopes Meirelles[31], o **poder disciplinar** é a faculdade de punir internamente as infrações funcionais dos servidores e demais pessoas sujeitas à disciplina dos órgãos e serviços da Administração, sendo a supremacia especial que o Estado exerce sobre todos aqueles que se vinculam à Administração por relações de qualquer natureza.

Tal concepção, apesar do brilhantismo do mestre, não pode ser adotada pelo moderno Direito Administrativo, pois não há opção entre punir ou não punir conduta descrita na regra como violadora de dever funcional. Não existe faculdade para o Administrador e sim **vinculação** ao que fora estabelecido pelo ordenamento jurídico.

O princípio geral da legalidade do art. 5º, II, da CF/88, deixa claro que o exercício do Direito Administrativo Penal ou Sancionador não comporta – se verificada a infração – discricionariedade no imediato enquadramento da conduta à regra.

Sobre a existência do Direito Administrativo Penal, afirma Marienhoff[32]: "A natureza do poder sancionador é decididamente 'penal'. Entretanto, esta penalidade, em relação ao seu conteúdo, não inclui os crimes, mas apenas as faltas, sendo então necessária uma ação rápida dos tribunais judiciais para punir as ações que transcendam do ilícito administrativo e entrem no campo do Direito Penal substantivo".

De fato, diante do viés **garantista** (*the rule of law*) da CF/88, o Direito Administrativo Penal deve ser exercido de acordo com a mais absoluta legalidade, não havendo falar mais em inexistência de vinculação à previa definição da lei sobre infração funcional.

A **discricionariedade** pode existir, caso a regra preveja limites mínimo e máximo, na **aplicação gradativa da sanção**, lembrando-se que sempre haverá a necessidade de motivação clara para, proporcional e razoavelmente, estabelecer-se relação entre a conduta e a pena aplicada, de acordo com os preceitos normativos.

---

[31] MEIRELLES, Hely Lopes; BURLE FILHO, José Emannuel. *Direito administrativo brasileiro*. 42. ed. São Paulo: Malheiros, 2016.

[32] MARIENHOFF, Miguel S. *Tratado de derecho administrativo*. 3. ed. atual. Buenos Aires: Abeledo-Perrot, 1980.

Então, podem ser vistas **duas fases**:

(i) cometida a violação, o detentor do poder disciplinar deve utilizá-lo, não podendo, prevista a violação na regra, deixar de punir; e

(ii) havendo opções, na gradação da sanção, deve discricionariamente e fundamentadamente optar pela pena mais proporcional e razoável ao caso.

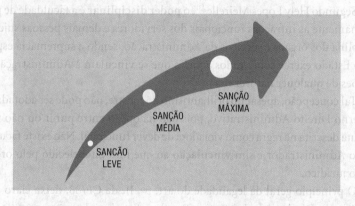

O poder disciplinar não é faculdade e, sim, dever-poder.[33]

Eis o entendimento do STJ sobre o assunto: "(...) **2. A jurisprudência do Superior Tribunal de Justiça orienta no sentido de que não há que se falar na presença de discricionariedade no exercício do poder disciplinar pela autoridade pública, sobretudo no que tange à imposição de sanção disciplinar. Por esse motivo, possível o controle judicial de tais atos administrativos de forma ampla**". (STJ, REsp 1307532/RJ, Rel. Ministro MAURO CAMPBELL MARQUES, SEGUNDA TURMA, julgado em 9-4-2013, *DJe* 16-4-2013)

Por fim, deve ser ressaltado que, a despeito do que fora dito, a maioria dos autores brasileiros entende que o poder disciplinar é discricionário.

23.5.4. Direito subjetivo da administração

Os autores argentinos, a exemplo de Marienhoff[34], chamam o poder disciplinar de potestade sancionadora[35]. Todavia, não há falar em potestade, visto que

---

[33] STJ, MS 13.242/DF, rel. Min. Napoleão Nunes Maia Filho, 3ª Seção, julgado em 5-12-2008, *DJe* 19-12-2008.

[34] MARIENHOFF, Miguel S. *Tratado de derecho administrativo*. 3. ed. atual. Buenos Aires: Abeledo-Perrot, 1980.

[35] "La potestad sancionadora de la Administración es la atribución que le compete a ésta para imponer correcciones a los ciudadanos o administrados, por actos de éstos contrarios a lo

o poder disciplinar somente será utilizado após violação ao **direito da Administração de ver as normas relativas ao estatuto disciplinar cumpridas.** O poder disciplinar não pode ser exercido sem violação do ordenamento jurídico efetivada pela pessoa que poderá sofrer a sanção, portanto, não é uma potestade como, *v. g.*, o poder familiar dos pais que é exercido independentemente de qualquer ação daquele que está sujeito ao poder.

O direito potestativo outorga ao titular uma faculdade que depende simplesmente da sua vontade e independe de intervenção ou vontade daquele que deverá sujeitar-se.

A potestade dá sempre a ideia de algo que está integrado ao poder da pessoa e constitui faculdade sua para fazê-lo ou não, segundo a sua vontade ou arbítrio.[36]

O poder hierárquico é, de fato, uma potestade, mas o disciplinar não, pois aquele é exercido independentemente de qualquer violação normativa pelo destinatário e independentemente da sua vontade ou qualquer ato seu, mas este somente será exercido diante de uma violação normativa.

23.5.5. Vínculos específicos ou especiais

O poder disciplinar nem sempre decorre do poder hierárquico, visto que diversas normas jurídicas outorgam poderes sancionatórios diretos à Administração Pública sem que haja subordinação daquele que pode sofrer as sanções.

A Lei n. 14.133/2021 estabelece, no seu art. 156, diversas sanções pelo cometimento de infrações tipificadas na lei. Eis a norma:

> Art. 156. Serão aplicadas ao responsável pelas infrações administrativas previstas nesta Lei as seguintes sanções:
> I – advertência;
> II – multa;
> III – impedimento de licitar e contratar;
> IV – declaração de inidoneidade para licitar ou contratar.

As punições em tela serão aplicadas pela própria Administração Pública, independentemente de qualquer decisão judicial, ou seja, aquela não precisa buscar o Poder Judiciário para punir os contratados.

---

ordenado por la Administración, y sanciones disciplinarias a los funcionarios o empleados por faltas cometidas en el ejercicio de su cargo, todo ello sin perjuicio de la accion de los tribunales judiciales."

[36] SILVA, De Plácido e. *Vocabulário jurídico.* 27. ed. Atualizado por Nagib Slaibi Filho e Gláucia Carvalho. Rio de Janeiro: Forense, 2006.

O vínculo jurídico especial ou específico possibilita que, em virtude de cláusulas exorbitantes, o próprio contratante, na qualidade de Poder Público, possa sancionar unilateralmente aquele que não cumpriu cláusula contratual.

Outro vínculo específico que comporta a utilização do poder disciplinar é a relação entre um leitor e uma biblioteca pública, pois, se o usuário não devolver o livro no prazo assinalado, sofrerá alguma sanção estabelecida nas normas administrativas da biblioteca.

Não se trata de exercício de poder de polícia, visto que neste há um vínculo geral entre a Administração Pública e o particular.

23.6. PODER DE POLÍCIA

23.6.1. Conceito e surgimento

A ciência do Direito ilustra a existência de três tipos de conceitos jurídicos: os analíticos, os formais e os indeterminados.

Os analíticos são os que definem uma figura jurídica mencionando diversos elementos, sendo, em regra, construídos pela doutrina. Os formais são os que se mostram de maneira clara e textual, sem análise dos elementos da figura jurídica examinada, sendo vistos normalmente nos textos legislativos. Já os indeterminados são os que apresentam imprecisão em virtude da evolução da sociedade ou de inexatidões linguísticas.

O conceito de **poder de polícia** é **formal**, visto que ofertado por uma regra jurídica. É o Código Tributário Nacional, Lei n. 5.172/66, no seu art. 78, que define o poder de polícia com o escopo de ilustrar o fato gerador do tributo denominado taxa:

> Art. 78. Considera-se poder de polícia atividade da administração pública que, limitando ou disciplinando direito, interesse ou liberdade, regula a prática de ato ou abstenção de fato, em razão de interesse público concernente à segurança, à higiene, à ordem, aos costumes, à disciplina da produção e do mercado, ao exercício de atividades econômicas dependentes de concessão ou autorização do Poder Público, à tranquilidade pública ou ao respeito à propriedade e aos direitos individuais ou coletivos *(Redação dada pelo Ato Complementar n. 31, de 28-12-1966)*.

A expressão **poder de polícia** surgiu nos Estados Unidos da América por construção jurisprudencial. Em 1827, no caso *Brown x Marland*, o juiz Marshall, então presidente da Suprema Corte, tratou do poder de polícia ou do *police power*.

Para Martine Lombard[37], autor francês, o poder de polícia deve ser entendido na sua concepção material, e não somente subjetiva (órgãos encarregados do seu exercício), como a designação da atividade consistente em prevenir as perturbações à ordem pública e em mantê-la. A legislação francesa erige como elementos da ordem pública: a segurança, a tranquilidade e a salubridade públicas.

O poder de polícia representa o direito potestativo da Administração Pública – portanto independente da vontade do administrado – de limitação de direito, liberdade ou interesse lícito em favor do interesse público.

A prestação de serviço público e o exercício do poder de polícia não se confundem, visto que aquela *é a atividade desenvolvida pelo Estado, ou por quem faça suas vezes, excluídas as funções de Legislar, Julgar e Política do Executivo, sob o regime jurídico-administrativo, para a satisfação das necessidades coletivas, inclusive, ofertando utilidades ou comodidades à população.*

Otto Mayer[38] afirma que o poder de polícia consiste na ação da autoridade para fazer cumprir o dever que se supõe geral de não perturbar, de modo algum, a boa ordem da coisa pública.

O poder de polícia é, sem dúvida, instrumento de equilíbrio entre dois interesses conflitantes: o interesse público e o interesse privado, sendo elemento de ponderação protetor de ambos, impedindo que um exclua completamente o outro.

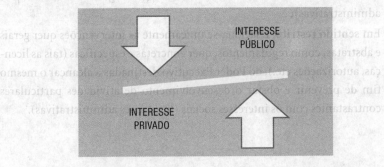

À primeira vista, pode parecer que o poder de polícia protege apenas o interesse público, mas deve ser ressaltado que os interesses individuais somente são plenamente resguardados no Estado de Direito dotado de uma boa Administração Pública.

---

[37] LOMBARD, Martine. *Droit administratif.* 4. ed. Paris: Dalloz, 2001.
[38] MAYER, Otto. *Derecho administrativo alemán.* Buenos Aires: Depalma, 1950, t. 2.

Themístocles Brandão Cavalcanti[39] diz que o poder de polícia constitui o meio de assegurar os direitos individuais porventura ameaçados pelo exercício ilimitado, sem disciplina normativa.

Ruy Cirne Lima[40] ilustra, com grande pertinência, que o poder de polícia pode ser visto em todas as restrições ou limitações **coercitivamente** impostas pelo Estado à atividade ou propriedade privada, para o efeito de tornar possível, dentro da ordem, o concorrente exercício de todas as atividades e a conservação perfeita de todas as propriedades privadas. Observe-se que as restrições ou as limitações precisam estar previstas em **lei**, conforme o inciso II do art. 5º da CF/88.

Maria Sylvia Zanella Di Pietro[41] apresenta dois conceitos de poder de polícia: o clássico e o moderno. Pelo **conceito clássico**, ligado à concepção liberal do século XVIII, poder de polícia compreendia a atividade estatal que limitava o exercício dos direitos individuais em benefício da segurança. Pelo **conceito moderno**, adotado no direito brasileiro, o poder de polícia é a atividade estatal consistente em limitar o exercício dos direitos individuais em benefício do interesse público.

Celso Antônio Bandeira de Mello[42] apresenta duas **acepções**:

a) Em **sentido amplo**, abrangeria, inclusive a edição de leis pelo Poder Legislativo, sendo a atividade estatal de condicionar a liberdade e a propriedade ajustando-as aos interesses coletivos (restrições legislativas e limitações administrativas); e

b) Em **sentido restrito**, relaciona-se unicamente às intervenções quer gerais e abstratas, como regulamentos, quer concretas e específicas (tais as licenças, autorizações etc.), do Poder Executivo destinadas a alcançar o mesmo fim de prevenir e obstar o desenvolvimento de atividades particulares contrastantes com os interesses sociais (limitações administrativas).

---

[39] CAVALCANTI, Themístocles Brandão. *Tratado de direito administrativo*. São Paulo-Rio de Janeiro: Freitas Bastos, 1956, t. 3.

[40] LIMA, Ruy Cirne. *Princípios de direito administrativo*. 5. ed. São Paulo: Revista dos Tribunais, 1982.

[41] DI PIETRO, Maria Sylvia Zanella. *Direito administrativo*. 34. ed. Rio de Janeiro: Forense, 2021.

[42] MELLO, Celso Antônio Bandeira de. *Curso de direito administrativo*. 35. ed. São Paulo: Malheiros, 2021.

Hely Lopes Meirelles[43] aduz que o poder de polícia é o poder de que dispõe a Administração Pública para, na forma da lei, condicionar ou restringir o uso de bens, o exercício de direitos e a prática de atividades privadas, visando proteger os interesses gerais da coletividade.

O conceito apresentado pelo Código Tributário Nacional apresenta incompatibilidade com o sistema constitucional vigente e com o Direito Administrativo do século XXI, visto que direitos, liberdades ou interesses lícitos não podem ser restringidos ou limitados para que **costumes** possam prevalecer.

O ordenamento jurídico não usa o seu poder de coerção para resguardar atos praticados através dos tempos com a convicção da sua obrigatoriedade, pois a tal convicção, por ser equivocada, não está, obviamente, resguardada pelos instrumentos sancionadores do Direito.

23.6.2. Elementos incipientes do direito econômico

Podem ser notados, no conceito legal de poder de polícia, elementos incipientes do Direito Econômico quando possibilita a sua utilização para disciplinar a produção, o mercado e o exercício de atividades econômicas dependentes de concessão ou autorização do Poder Público.

Realmente, o Direito Econômico, até a década de 1960, não existia como ramo autônomo em relação ao Direito Administrativo; as suas normas encontravam-se em repositórios legislativos deste último ramo do Direito.

23.6.3. Poder de polícia e estado de polícia

Não se deve confundir **poder de polícia** com **Estado de Polícia**. Aquele é instrumento essencial para o exercício das limitações que devem ser impostas aos direitos, interesses e liberdades individuais, desprovido, na sua essência, de conteúdo ideológico. Este representa uma opção político-ideológica de Estado

---

[43] MEIRELLES, Hely Lopes; BURLE FILHO, José Emannuel. *Direito administrativo brasileiro*. 42. ed. São Paulo: Malheiros, 2016.

384 CURSO DE DIREITO ADMINISTRATIVO

limitador das liberdades, direitos e interesses individuais em favor dos interesses individuais dos detentores do poder.

Óbvio que os **Estados de Polícia** buscam **aparência de legalidade**, portanto, se utilizam do poder de polícia para a defesa do interesse público formal ou suposto interesse público, sendo certo que no Estado de Direito esse instrumento é usado na defesa do interesse público material.

O Estado de Polícia não tinha, sob o aspecto fático e real, limitações jurídicas. Os monarcas, adotando princípios eudemonistas, tinham o suposto dever e, principalmente, o direito de assegurar o bem-estar da comunidade ao seu livre-arbítrio.

O Estado, então, ditava todas as normas gerais e particulares para a manutenção da boa ordem (conceito escolhido pelo titular do poder) da comunidade, intervindo, para isto, em todas as atividades individuais. Compreende-se aí o absolutismo estatal[44].

23.6.4. Polícia administrativa e polícia judiciária

A polícia do Estado pode ser dividida em atividade **administrativa** e de **segurança pública**, esta chamada pela maioria dos autores de judiciária, sendo que a principal diferença entre ambas é: a primeira preocupa-se com o ilícito administrativo e a segunda com o penal.

A polícia de segurança pública pode ser classificada em polícia judiciária e polícia ostensiva.

A **polícia judiciária** é responsável pela investigação dos **ilícitos penais**, mediante inquéritos policiais, fornecendo ao Ministério Público (em crimes de ação penal pública) ou ao querelante (em crimes de ação penal privada) o suporte probatório que configure mínimos indícios de autoria e materialidade, consubstanciando-se, assim, o *fumus comissi delicti* e a justa causa para propositura, pelo legitimado, da ação penal.

Apesar do *nomen iuris* de polícia judiciária, essa instituição, tanto quanto a polícia ostensiva, integra a estrutura do Poder Executivo. Nos Estados federados tal atribuição é exercida pelas polícias civis e, na União, pelo Departamento de Polícia Federal.

A polícia ostensiva, por sua vez, tem atuação preponderantemente preventiva, com o objetivo de impedir a ocorrência de ilícitos penais. Nos Estados

---

[44] GASOS, Iara Maria Leal. *A omissão abusiva do poder de polícia*. Rio de Janeiro: Lumen Juris, 1994.

federados essa atribuição é exercida pelas Polícias Militares e, na União, pela Polícia Rodoviária Federal e pela Polícia Ferroviária Federal.

A fonte de custeio da polícia de segurança pública não é a taxa, são os impostos que financiam a polícia judiciária e a polícia ostensiva, sendo que não é unânime a inclusão da polícia judiciária como órgão dotado de poder de polícia administrativa como sua atividade-fim.

O Desembargador Álvaro Lazzarini[45] entende que a característica do ilícito tratado pela polícia judiciária é determinante para afastar as semelhanças entre o poder de polícia e a ação da polícia judiciária, mas é fora de dúvida que, durante uma investigação policial, ocorrem também limitações a direitos, liberdades e interesses privados, através de imposição da prática de determinado ato ou de abstenção, em nome do interesse público.

A doutrina majoritária afirma que a **polícia de segurança pública** não é espécie de **polícia administrativa**, em virtude de a primeira tratar de **ilícito penal** e a segunda tratar de **ilícito administrativo** e em virtude de a primeira ser repressiva e a segunda ser preventiva[46].

Contudo, por força do art. 3º da Lei n. 10.357/2001, compete também à Polícia Federal o controle e a fiscalização dos produtos químicos que possam ser utilizados como insumo na elaboração de substâncias entorpecentes, psicotrópicas ou que determinem dependência física ou psíquica.

A Polícia Federal, órgão de segurança pública que exerce com exclusividade a função de polícia judiciária da União (art. 144, IV, da CF/88), atua, nessas hipóteses, com típico poder de polícia administrativa, expedindo licenças, mediante o pagamento de taxas, fiscalizando as atividades do setor privado, processando e impondo penalidades administrativas aos agentes submetidos ao seu poder de polícia. Tem-se, por exemplo, as atividades de segurança privada, que são reguladas, autorizadas e fiscalizadas pelo Departamento de Polícia Federal.

O Departamento de Polícia Rodoviária Federal, órgão de segurança pública responsável pelo patrulhamento ostensivo das rodovias federais, exerce também o papel de polícia administrativa de trânsito nessas rodovias e faixas de domínio, autuando e impondo penalidades aos infratores da legislação de trânsito. As Polícias Rodoviárias Estaduais, que, na verdade, são unidades (companhias, batalhões ou brigadas) das Polícias Militares, exercem essas mesmas atribuições.

---

[45] LAZZARINI, Álvaro. Do poder de polícia. *RJTJSP*, 98/20.

[46] Não deve prevalecer este entendimento, pois tanto a polícia de segurança pública quanto a polícia propriamente administrativa podem agir de forma preventiva ou repressiva.

Devem ser observadas as atividades preponderantes para a classificação, pois, muitas vezes, a polícia de segurança pública exerce também atribuições de polícia administrativa. Assim, a polícia administrativa cuida essencialmente do ilícito administrativo e a polícia judiciária cuida essencialmente do ilícito penal.

POLÍCIA ADMINISTRATIVA (PODER DE POLÍCIA)	POLÍCIA JUDICIÁRIA E POLÍCIA OSTENSIVA
– COMBATE ILÍCITOS ADMINISTRATIVOS	– COMBATEM ILÍCITOS CRIMINAIS

23.6.5. Custeio da atividade de polícia

O *caput* do art. 77 do CTN é bastante claro ao dizer que as atividades relativas ao exercício do poder de polícia são custeadas através de taxa. Eis a norma:

> Art. 77. As taxas cobradas pela União, pelos Estados, pelo Distrito Federal ou pelos Municípios, no âmbito de suas respectivas atribuições, têm como fato gerador **o exercício regular do poder de polícia**, ou a utilização, efetiva ou potencial, de serviço público específico e divisível, prestado ao contribuinte ou posto à sua disposição.

É legítima a cobrança da taxa de localização, fiscalização e funcionamento quando notório o exercício do poder de polícia pelo aparato administrativo do ente municipal, sendo dispensável a comprovação do exercício efetivo de fiscalização.

23.6.6. Poder negativo

Normalmente, o poder de polícia apresenta um dever ou uma obrigação de não fazer ao particular. Assim, pode ser considerado um **poder negativo**, em virtude das abstenções ou limitações que são impostas.

Além disso, muitas vezes, o particular precisa tolerar algo em prol do interesse público. Contudo, o próprio conceito de poder de polícia do art. 78 do CTN fala também em prática de fato, ou seja, apesar de ser mais comum a sua manifestação através da exigência de uma abstenção, nada impede que se exija a prática de determinado ato.

23.6.7. Características

Maria Sylvia Zanella Di Pietro[47] diz que são três as características do poder de polícia:

---

[47] DI PIETRO, Maria Sylvia Zanella. *Direito administrativo*. 34. ed. Rio de Janeiro: Forense, 2021.

a) discricionariedade;
b) autoexecutoriedade; e
c) coercibilidade.

23.6.8. Discricionariedade e vinculação do poder de polícia

A maioria dos autores entende que o poder de polícia é discricionário[48]. Maria Sylvia Zanella Di Pietro[49] ilustra que: "Quanto à discricionariedade, embora esteja presente na maior parte das medidas de polícia, nem sempre isso ocorre. Às vezes, a lei deixa certa margem de liberdade de apreciação quanto a determinados elementos, como o motivo ou objeto, mesmo porque ao legislador não é dado prever todas as hipóteses possíveis a exigir a atuação de polícia. Assim, em grande parte dos casos concretos, a Administração terá que decidir qual o melhor momento de agir, qual o meio de ação mais adequado, qual a sanção cabível diante das previstas na norma legal. Em tais circunstâncias, o poder de polícia será discricionário. Em outras hipóteses, a lei já estabelece que, diante de determinados requisitos, a Administração terá que adotar solução previamente estabelecida, sem qualquer possibilidade de opção. Nesse caso, o poder será vinculado. O exemplo mais comum do ato de polícia vinculado é o da licença. Para o exercício de atividades ou para a prática de atos sujeitos ao poder de polícia do Estado, a lei exige alvará de licença ou de autorização. No primeiro caso, o ato é vinculado, porque a lei prevê os requisitos diante dos quais a Administração é obrigada a conceder alvará; é o que ocorre na licença para dirigir veículos automotores, para exercer determinadas profissões, para construir. No segundo caso, o ato é discricionário, porque a lei consente que a Administração aprecie a situação concreta e decida se deve ou não conceder a autorização, diante do in-

---

[48] STJ, MS 10.597/DF, rel. Min. João Otávio de Noronha, 1ª Seção, julgado em 27-6-2007, *DJ* 22-7-2007, p. 184.

[49] DI PIETRO, Maria Sylvia Zanella. *Direito administrativo*. 34. ed. Rio de Janeiro: Forense, 2021. p. 139.

teresse público em jogo; é o que ocorre com a autorização para o porte de arma, com a autorização para circulação de veículos com peso ou altura excessivos, com a autorização para produção ou distribuição de material bélico".

Dessa forma, abandonou-se a alegação fechada de discricionariedade do poder de polícia para chegar-se à conclusão de que a sua natureza pode ser discricionária ou vinculada de acordo com o caso concreto, inclusive algumas fases do procedimento de emissão do ato podem ser discricionárias e outras vinculadas.

23.6.9. Autoexecutoriedade

O poder de polícia é **autoexequível** *(privilège d'action d'office)*, ou seja, a sua incidência sobre as pessoas e coisas independe de provimento do Poder Judiciário. A necessidade de adoção de medidas rápidas, eficazes e urgentes impede que a ação pautada no poder de polícia esteja condicionada à atuação de outro Poder. Entretanto, o administrado, caso entenda que a Administração Pública está exercendo as suas atribuições fora dos limites legais, poderá socorrer-se do Poder Judiciário para afastar o limite que lhe tenha sido imputado.

Observe-se que, apesar da autoexecutoriedade, o particular poderá judicializar as questões relativas ao poder de polícia, em razão da inafastabilidade do controle jurisdicional, e, quando o fizer, a Administração Pública possuirá interesse de agir para tutelar em juízo atos em que ela poderia atuar com base em seu poder de polícia.

23.6.10. Coercibilidade

A autoexecutoriedade implica a possibilidade de a Administração Pública valer-se, inclusive, da violência proporcional e razoável para o cumprimento das suas atividades, sendo que essa possibilidade, trazida pelo ordenamento jurídico, é classificada como coação lícita ou **coercibilidade**.

Dessa maneira, a **coercibilidade** também é vista no exercício do poder de polícia, posto que o imperativo exigido do particular não comporta descumprimento, podendo, inclusive, a Administração Pública utilizar-se de força policial ou de qualquer outro tipo de força legal, razoável e proporcional, desde que respeitados os direitos fundamentais.

23.6.11. Desnecessidade de indenização

O exercício do poder de polícia é pautado nas restrições e limitações apresentadas por lei. Dessa forma, ainda que sejam experimentadas apenas por grupos específicos, mostra-se **geral e abstrata**. Em regra, não se edita lei relativa a poder de polícia com o objetivo de disciplinar relação individual.

Quando se produz uma norma que afeta direitos de grupos sem fazer distinção em relação aos indivíduos, os ônus passam a ser suportados de maneira impessoal por todos que possam se enquadrar na situação legalmente descrita.

Consequentemente, não há falar, normalmente, em indenização ao particular que sofreu limitação ou restrição pelo exercício legal, proporcional e razoável do poder de polícia. Todavia, os excessos devem ser indenizados quando restarem comprovados prejuízo e ilegalidade, desproporcionalidade ou irrazoabilidade.

23.6.12. Competência para o exercício do poder de polícia

A Constituição Federal de 1988, ao estabelecer o pacto federativo, fixou as competências dos quatro entes, União, Estados, Distrito Federal e Municípios. O estabelecimento das competências abrange, ainda que indiretamente, os poderes necessários para o atingimento dos seus fins.

Por consequência, os entes federados possuem poderes de polícia relacionados e instrumentais às suas competências constitucionais.

No que trata do pacto federativo, deve ser ressaltado que o Município, dentro da sua competência constitucional, tem poder de polícia sobre a União e sobre o Estado.

A municipalidade pode, por exemplo, inspecionar, através da sua vigilância sanitária, instalações dos outros entes.

Bem como o Estado e o Distrito Federal podem exercer poder de polícia, se houver atribuição constitucional, sobre as atividades da União.

Todos os entes podem exercer poder de polícia sobre os outros desde que a competência tenha base constitucional e tenha sido regulamentada por lei própria.

Prevalece, dessa forma, na distribuição político-constitucional da competência dos entes federativos o **princípio da preponderância do interesse** quando a Constituição Federal não for expressa. Os interesses mais gerais serão preservados pela União, os regionais pelos Estados e os locais pelos Municípios, sendo que o Distrito Federal acumula as competências estaduais e municipais.

O poder de polícia é considerado uma atividade típica e exclusiva de Estado, portanto, segundo a maioria da doutrina, não pode haver delegação a pessoas que não tenham prerrogativas inerentes ao Poder Público e que não possam atuar pautadas na verticalidade própria ao exercício daquele poder.

O poder de império exercido é incompatível com a delegação para o particular, sendo que o STF, ao analisar a questão, afirmou o seguinte:

DIREITO CONSTITUCIONAL E ADMINISTRATIVO. AÇÃO DIRETA DE INCONSTITUCIONALIDADE DO ART. 58 E SEUS PARÁGRAFOS DA LEI FEDERAL N. 9.649, DE 27.05.1998, QUE TRATAM DOS SERVIÇOS DE FISCALIZAÇÃO DE PROFISSÕES REGULAMENTADAS.

(...)

2. Isso porque a interpretação conjugada dos arts. 5º, XIII, 22, XVI, 21, XXIV, 70, parágrafo único, 149 e 175 da Constituição Federal, leva à conclusão, no sentido da indelegabilidade, a uma entidade privada, de atividade típica de Estado, que abrange até poder de polícia, de tributar e de punir, no que concerne ao exercício de atividades profissionais regulamentadas, como ocorre com os dispositivos impugnados.

3. Decisão unânime. (STF, ADI 1717, Relator(a): Min. SYDNEY SANCHES, Tribunal Pleno, julgado em 7-11-2002, *DJ* 28-03-2003 PP-00061 EMENT VOL-02104-01 PP-00149)

A indelegabilidade do poder de polícia às pessoas físicas e às pessoas jurídicas de direito privado abarca também a impossibilidade de se atribuir tal poder às pessoas jurídicas de direito privado estatais. Contudo, há julgados do STJ que permitem às empresas estatais (sociedades de economia mista e empresas públicas) a possibilidade de consentir e fiscalizar, mas sem jamais ter como impor sanções. *Vide* trecho de acórdão daquela Corte: "(...) 3. Dessume-se que, nos termos do art. 4º, §§1º e 2º, da Lei 9.933/1999, somente os atos relativos ao consentimento e à fiscalização são delegáveis, pois aqueles referentes ao sancionamento e à normatização derivam do poder de coerção do Poder Público. (...)" (STJ, REsp 1658399/CE, Rel. Ministro HERMAN BENJAMIN, SEGUNDA TURMA, julgado em 15-08-2017, *DJe* 12-9-2017)

A própria CF/88, no inciso II do §1º do art. 173, aduz que as empresas públicas, as sociedades de economia mista e as suas subsidiárias sujeitar-se-ão ao regime jurídico próprio das empresas privadas, vedando, consequentemente, o exercício do poder de polícia na sua integralidade por essas pessoas. O STJ posicionou-se da seguinte forma:

ADMINISTRATIVO. AGRAVO INTERNO NO AGRAVO EM RECURSO ESPECIAL. PODER DE POLÍCIA. TRÂNSITO. SANÇÃO PECUNIÁRIA APLICADA POR SOCIEDADE DE ECONOMIA MISTA. IMPOSSIBILIDADE. PRECEDENTES.

1. A jurisprudência do Superior Tribunal de Justiça consolidou o entendimento de que não é possível a aplicação de sanções pecuniárias por sociedade de economia mista, facultado o exercício do poder de polícia fiscalizatório.

(...)

2. Agravo interno a que se nega provimento. (STJ, AgInt no AREsp 541.532/ MG, Rel. Ministra DIVA MALERBI (DESEMBARGADORA CONVOCADA TRF 3ª REGIÃO), SEGUNDA TURMA, julgado em 16-8-2016, *DJe* 23-8-2016)

O STF, conforme acima demonstrado, entende que o poder de polícia é **indelegável ao particular**, sendo óbvio que tal indelegabilidade não abarca a **possibilidade de delegação endógena**, ou seja, **dentro da própria Administração Pública entre seus órgãos e agentes públicos pode haver delegação**.

O poder de polícia pode ser delegado aos demais órgãos da estrutura do ente federativo e às pessoas jurídicas de direito público, na forma do art. 12 da Lei n. 9.784/99, sendo que, neste último caso, pode haver delegação, desde que precedida de lei e permitida pela CF/88, para órgãos e entidades de direito público de outras esferas federativas.

INDELEGABILIDADE	DELEGABILIDADE
ÀS PESSOAS FÍSICAS E PESSOAS JURÍDICAS DE DIREITO PRIVADO	AOS DEMAIS ÓRGÃOS DO ENTE E ÀS PESSOAS JURÍDICAS DE DIREITO PÚBLICO

Não se pode confundir, contudo, a indelegabilidade com a execução de meros **atos materiais** relacionados ao exercício do poder de polícia, pois não há falar em delegação quando, por exemplo, uma empresa privada contratada pelo Poder Público instala equipamentos, coleta, armazena, classifica, analisa dados para o exercício futuro daquela atribuição pelo órgão ou pessoa jurídica de direito público competente.

Outros exemplos são a apreensão de mercadorias e a demolição de construções que não precisam ser executadas pelo próprio poder público, sendo possível a contratação de empresa especializada nas tarefas que as fará sob a supervisão de um agente público.

O Programa de Proteção e Defesa do Consumidor – PROCON, por exemplo, detém poder de polícia para impor sanções administrativas relacionadas à transgressão dos preceitos ditados pelo Código de Defesa do Consumidor no seu art. 57 da Lei n. 8.078/90.

Isto posto, chega-se à conclusão de que o poder de polícia é uma manifestação de poder estatal para limitar direitos dos particulares, pressupondo sempre a verticalidade da relação entre do Estado e o cidadão.

23.6.13. Fases ou ciclo do poder de polícia

São quatro as **fases de execução do poder de polícia**: ordem de polícia, consentimento de polícia, fiscalização de polícia e sanção de polícia.

1	**A ordem de polícia** é o comando legal para que se faça ou deixe de fazer algo sem reserva ou com reserva de consentimento. O primeiro (sem reserva de consentimento ou negativa absoluta) impõe uma ação ou omissão ao particular limitadora de direito seu em prol do interesse público, sem possibilidade de que o gestor público possa consentir. O segundo (com reserva de consentimento ou negativa relativa), apesar da imposição legal ao particular, permite que a Administração Pública, avaliando o caso concreto, afaste a imposição.
2	**O consentimento de polícia** é outorgado quando as exigências para o exercício de certa atividade ou para a fruição de certo bem são atendidas pelo particular, podendo ser visto nas licenças e autorizações.
3	**A fiscalização de polícia** tem como objetivo a verificação do cumprimento da ordem de polícia ou da atualidade das exigências do consentimento de polícia. A verificação pode ocorrer de ofício (sem qualquer provocação externa) ou por provocação de terceiro (denúncia).
4	**A sanção de polícia** é a punição administrativa imposta com base na fiscalização de polícia ou em outra forma qualquer de constatação de que as limitações impostas ou exigências não foram observadas. Em caso de descumprimento dos requisitos estabelecidos para o consentimento de polícia, será cassada a licença ou a autorização, além de cominação das punições legalmente estabelecidas. São exemplos: a) imposição de multas administrativas; b) interdição de estabelecimentos comerciais; c) suspensão do exercício de direitos; d) demolição de construções irregulares; e) embargo administrativo de obra; f) destruição de produtos alimentícios impróprios para consumo; g) apreensão de mercadorias irregulares etc. Cumpre lembrar que devem ser observados sempre o contraditório e a ampla defesa, descritos no inciso LV do art. 5º da CF/88. Contudo, nem sempre tais garantias podem ser exercidas de imediato, pois, nos casos de urgência para a proteção da sociedade, o exercício é posterior ou diferido.

23.6.14. Prescrição das sanções decorrentes do poder de polícia

Outra questão relevante sobre o poder de polícia é a prescrição da ação punitiva intentada pela Administração Pública. O art. 1º da Lei n. 9.873/99 afirma que prescreve em **cinco anos** a ação punitiva da Administração Pública Federal, direta e indireta, no exercício do poder de polícia, objetivando apurar infração à legislação em vigor, contados da data da prática do ato ou, no caso de infração permanente ou continuada, do dia em que tiver cessado.

Foi adotada a regra do prazo quinquenal que pode ser observada em quase todos os casos de prescrição de pretensão do Poder Público no Direito Administrativo. Observe-se que foi estabelecida pela citada lei, no §1º do art. 1º, a prescrição intercorrente, incidindo a prescrição no procedimento administrativo paralisado por mais de três anos, pendente de julgamento ou despacho, cujos autos serão arquivados de ofício ou mediante requerimento da parte interessada, sem prejuízo da apuração da responsabilidade funcional decorrente da paralisação, se for o caso.

Excepciona-se o prazo quinquenal quando a infração administrativa ensejadora da incidência do poder de polícia for também qualificada como crime, porque, neste caso, a prescrição reger-se-á pelo prazo previsto na lei penal.

Uma das sanções possíveis no exercício do poder de polícia é a multa, que representará crédito não tributário do Estado, pois decorre de ato ilícito do particular. Após a constituição do citado crédito, com o término do processo administrativo, a Administração Pública Federal, na forma do art. 1º-A da lei citada, terá cinco anos para iniciar a ação de execução sob pena de prescrição.

Deve ser lembrado que, na forma do art. 5º da Lei n. 9.873/99, não se aplicará o disposto naquela lei às infrações de natureza funcional e aos processos e procedimentos de natureza tributária.

Os arts. 2º a 4º estabelecem as hipóteses de interrupção e suspensão do prazo prescricional aqui tratado:

Art. 2º Interrompe-se a prescrição da ação punitiva:
I – pela notificação ou citação do indiciado ou acusado, inclusive por meio de edital;
II – por qualquer ato inequívoco, que importe apuração do fato;
III – pela decisão condenatória recorrível;
IV – por qualquer ato inequívoco que importe em manifestação expressa de tentativa de solução conciliatória no âmbito interno da administração pública federal.
Art. 2º-A. Interrompe-se o prazo prescricional da ação executória:
I – pelo despacho do juiz que ordenar a citação em execução fiscal;
II – pelo protesto judicial;
III – por qualquer ato judicial que constitua em mora o devedor;
IV – por qualquer ato inequívoco, ainda que extrajudicial, que importe em reconhecimento do débito pelo devedor;
V – por qualquer ato inequívoco que importe em manifestação expressa de tentativa de solução conciliatória no âmbito interno da administração pública federal.
Art. 3º Suspende-se a prescrição durante a vigência:
I – dos compromissos de cessação ou de desempenho, respectivamente, previstos nos arts. 53 e 58 da Lei n. 8.884, de 11 de junho de 1994;
II – do termo de compromisso de que trata o §5º do art. 11 da Lei n. 6.385, de 7 de dezembro de 1976, com a redação dada pela Lei n. 9.457, de 5 de maio de 1997.
Art. 4º Ressalvadas as hipóteses de interrupção previstas no art. 2º, para as infrações ocorridas há mais de três anos, contados do dia 1º de julho de 1998, a prescrição operará em dois anos, a partir dessa data.

Registre-se que o prazo prescricional para as ações administrativas punitivas desenvolvidas por Estados e Municípios, quando não existir legislação local específica, é quinquenal, conforme previsto no art. 1º do Decreto n. 20.910/32, sendo inaplicáveis as disposições contidas na Lei n. 9.873/99, cuja incidência limita-se à Administração Pública Federal Direta e Indireta.

Em relação à infração ambiental, prescreve em cinco anos, contados do término do processo administrativo, a pretensão da Administração Pública de promover a execução da multa.

23.7. PODER REGULAMENTAR

23.7.1. Introdução

O **poder regulamentar**, na esfera federal, decorre especialmente do inciso IV do art. 84 da CF/88: "Art. 84. Compete privativamente ao Presidente da República: (...) IV – sancionar, promulgar e fazer publicar as leis, bem como expedir decretos e regulamentos para sua fiel execução".

Representa a atribuição constitucional de o chefe do Poder Executivo de qualquer das esferas federais, em virtude do princípio da simetria, mediante a forma de decreto, expedir atos normativos para o cumprimento das leis.

Como já foi dito, apesar do artigo descrito atribuir privativamente ao Presidente da República a competência de expedir regulamentos para a fiel execução das leis, o inciso I do §4º do art. 103-B e o inciso I do §2º do art. 130-A, ambos da CF/88, listaram entre os atos administrativos que podem ser emitidos pelo Conselho Nacional de Justiça e pelo Conselho Nacional do Ministério Público os atos regulamentares.

A Escola Nacional de Formação e Aperfeiçoamento de Magistrados, ligada ao STJ, é outro órgão que, segundo o inciso I do parágrafo único do art. 105 da

CF/88, pode regulamentar os cursos oficiais para o ingresso e promoção na carreira da magistratura. Ao Tribunal Superior Eleitoral foi atribuída competência regulamentar em relação ao plebiscito descrito no art. 2º do Ato das Disposições Constitucionais Transitórias da atual Constituição sobre forma e sistema de governo.

Além disso, as agências reguladoras podem exercer também poder regulamentar.

A Agência Nacional de Energia Elétrica (ANEEL), por exemplo, tem o seu poder regulamentar extraído do inciso I do art. 3º da Lei n. 9.427/96:

> Art. 3º Além das atribuições previstas nos incisos II, III, V, VI, VII, X, XI e XII do art. 29 e no art. 35 da Lei n. 8.987, de 13 de fevereiro de 1995, de outras incumbências expressamente previstas em lei e observado o disposto no §1º, compete à ANEEL:
>
> I – implementar as políticas e diretrizes do governo federal para a exploração da energia elétrica e o aproveitamento dos potenciais hidráulicos, *expedindo os atos regulamentares necessários ao cumprimento das normas estabelecidas pela Lei n. 9.074, de 7 de julho de 1995.* (grifo)

Questiona-se o poder regulamentar das agências reguladoras sob o argumento de que não há previsão constitucional, mas apenas previsão legal. Contudo, o STJ tem ratificado a sua aplicabilidade a tais pessoas jurídicas.[50]

O STJ também tem admitido que conselhos profissionais[51] e órgãos outros da Administração Pública exerçam poder regulamentar.

Há debates calorosos sobre a natureza regulamentar dos atos administrativos gerais e abstratos editados por outros órgãos além do chefe do Poder Executivo. Parte da doutrina entende que somente o chefe do Poder Executivo tem poder regulamentar e que os demais órgãos possuem **poder normativo**.

Assim, o poder regulamentar seria uma espécie do poder normativo da Administração Pública, o primeiro restringido a titular específico e exclusivo (o chefe do Poder Executivo) e o segundo podendo ser manejado por órgãos aos quais tenha sido atribuída por lei ou pela Constituição Federal da possibilidade de editar atos administrativos gerais e abstratos, ainda que não estejam relacionados ao chefe do Poder Executivo.

---

[50] STJ, REsp 1101040/PR, rel. Min. Denise Arruda, 1ª Turma, julgado em 16-6-2009, *DJe* 5-8-2009.

[51] STJ, AgRg no REsp 1065727/PR, rel. Min. Humberto Martins, 2ª Turma, julgado em 16-6-2009, *DJe* 29-6-2009.

Por fim, tem-se que alguns autores, por exemplo Maria Sylvia Zanella Di Pietro, entendem que poder regulamentar e poder normativo são expressões sinônimas.

23.7.2. Conceito

Geraldo Ataliba[52] afirma que consiste o chamado **poder regulamentar** na faculdade que ao Presidente da República – ou Chefe do Executivo, em geral, Governador e Prefeito – a Constituição confere para dispor sobre medidas necessárias ao fiel cumprimento da vontade legal, dando providências que estabeleçam condições para tanto. Sua função é facilitar a execução da lei, especificá-la de modo praticável e, sobretudo, acomodar o aparelho administrativo, para bem observá-la.

Poder regulamentar é, segundo definição de Dirley da Cunha Júnior[53], aquele que confere aos chefes do Executivo atribuição para explicar, esclarecer, explicitar e conferir fiel execução às leis ou disciplinar matéria que não se sujeita à iniciativa de lei. Esse poder se exerce por meio da expedição de regulamentos, que são atos administrativos normativos, portanto, gerais e abstratos.

23.7.3. Limites

Além da limitação ao estabelecido pela lei, a possibilidade de edição de decreto regulamentar é confrontada pelo próprio Poder Constituinte Originário no inciso V do art. 49 da Carta Magna. A propósito: "Art. 49. É da competência exclusiva do Congresso Nacional: (...) V – sustar os atos normativos do Poder Executivo que exorbitem do poder regulamentar ou dos limites de delegação legislativa".

A CF/88 revelou grande coerência sistêmica ao atribuir o poder de regulamentar as leis ao chefe do Poder Executivo e possibilitar ao criador das leis, **o Poder Legislativo, o controle sobre tal atribuição**.

De fato, a regulamentação, salvo a hipótese do inciso VI do art. 84 da Carta Maior, é acessória às leis, portanto, o seu exercente não pode controlar e limitar a si próprio.

A essência de qualquer controle é a separação orgânica entre o controlado e o controlador, pois a confusão entre tais funções terminaria por tornar inexistente qualquer limite.

---

[52] ATALIBA, Geraldo. Decreto regulamentar no sistema brasileiro. *Revista de Direito Administrativo*, Rio de Janeiro, v. 97, jul./set. 1969.

[53] CUNHA JÚNIOR, Dirley da. *Curso de direito administrativo*. 4. ed. Salvador: JusPodivm, 2006.

23.7.4. Indelegabilidade

O poder regulamentar, como espécie do poder normativo, tem uma característica incomum em relação aos poderes da Administração Pública, qual seja, a **indelegabilidade**, na forma do parágrafo único do art. 84 da CF/88.

Os poderes administrativos são, salvo estipulação normativa em contrário, delegáveis na esfera da própria Administração Pública, porém, em relação ao poder regulamentar, existe vedação expressa à delegação.

A indelegabilidade do poder normativo, gênero do qual o poder regulamentar é espécie, pode vista também no inciso I do art. 13 da Lei n. 9.784/99. Eis o texto:

> Art. 13. Não podem ser objeto de delegação:
> I – a edição de atos de caráter normativo.

23.7.5. Decretos regulamentares ou de execução

Inicialmente, os decretos com conteúdo normativo, ou seja, gerais e abstratos, têm como objetivo regulamentar a lei. A atividade legislativa não consegue abarcar todas as minúcias necessárias ao cumprimento das leis pelos seus destinatários.

Assim, os detalhes que não impliquem restrições ou limitações a direitos, mas toquem apenas a maneira de efetivação da norma, são deixados para os decretos regulamentares ou de execução.

O poder regulamentar deve ser exercido, em regra, sob a lei, não podendo contrariar o disposto no seu texto ou inovar para ultrapassar o conteúdo normativo do diploma legal.

Os decretos regulamentares ou de execução têm também função interpretativa da lei, podendo trazer conceitos condizentes com o que fora estabelecido em lei para a sua melhor aplicação.

A Constituição Federal de 1988 é clara ao declarar a primazia da lei quando aduz, no inciso II do art. 5º, que: "II – ninguém será obrigado a fazer ou deixar de fazer alguma coisa senão em virtude de lei".

Além disso, estabelece, no *caput* do seu art. 37, que um dos princípios da Administração Pública é o da legalidade.

Por serem acessórios à lei, as matérias desta e dos decretos confundem-se, mas o Princípio da Reserva Legal proíbe que os regulamentos veiculem restrições a direitos não previstas ou contrárias à lei. Disso decorre a **teoria da ilegalidade dos regulamentos** que nada mais é do que o confronto da norma acessória com a principal para que a compatibilidade daquela seja verificada.[54]

---

[54] STJ, REsp 174.357/GO, rel. Min. Edson Vidigal, 5ª Turma, julgado em 25-3-1999, *DJ* 10-5-1999, p. 205.

398   CURSO DE DIREITO ADMINISTRATIVO

Renato Alessi[55] considera o poder regulamentar uma potestade outorgada à Administração Pública pela Carta Maior. Eis as suas palavras traduzidas livremente: "Quais são os limites do poder regulamentar? Os limites estão, obviamente, conectados com o fundamento jurídico do poder em questão. O momento de fundação do poder regulamentar deve ser procurado, como já foi dito, na atribuição de uma potestade normativa substancial, sendo óbvio que o limite do poder em questão será marcado pela limitação, implícita ou explícita, da potestade outorgada".

Afirma também o mencionado autor que, como toda potestade, encontra limite externo no próprio poder concedente, portanto, no princípio da legalidade que foi a opção política dos Estados de Direito.

23.7.6. Decretos autônomos

Os **decretos autônomos** são atos administrativos dos chefes do Poder Executivo com **conteúdo geral e abstrato**, editados diretamente com base na Constituição Federal, inexistindo lei a ser regulamentada.

Apesar dos decretos regulamentares ou de execução existirem para a fiel execução das leis, a alínea *a* do inciso VI do art. 84 da CF/88 prevê a existência de decretos autônomos, ou seja, que independem de lei por derivarem diretamente do texto constitucional. Eis a norma:

> Art. 84. Compete privativamente ao Presidente da República:
> (...)
> VI – dispor, mediante decreto, sobre:
> *a*) organização e funcionamento da administração federal, quando não implicar aumento de despesa nem criação ou extinção de órgãos públicos.

A alínea *b* do inciso em tela que trata da **extinção de funções e cargos públicos**, quando vagos, não pode ser enquadrada na hipótese de decreto autônomo, pois o ato que extinguir não é geral e abstrato e sim concreto.

O STJ entende que a única hipótese que permite a edição de decreto autônomo encontra-se descrita na alínea acima mencionada. *Vide* acórdão:

> PROCESSUAL CIVIL – MANDADO DE SEGURANÇA – COMPETÊNCIA DA UNIÃO PARA LEGISLAR SOBRE ÁGUAS – ATO ADMINISTRATIVO BASEADO EM DECRETO ESTADUAL AUTÔNOMO CONFLITANTE COM LEIS ESTADUAL E FEDERAL – INVALIDADE.

---

[55] ALESSI, Renato. *Sistema istituzionale del diritto amministrativo italiano.* Milano: Giuffrè, 1953.

1. O ordenamento jurídico nacional não permite a edição de Decretos autônomos, salvo nos casos do inciso VI do art. 84 da Constituição Federal/88. 2. O Decreto Estadual em comento veicula restrições inexistentes nas leis regulamentadas, o que invalida as restrições apresentadas.
(...)
Agravo regimental improvido.
(STJ, AgRg no RMS 27.679/RS, Rel. Ministro HUMBERTO MARTINS, SEGUNDA TURMA, julgado em 13-10-2009, *DJe* 21-10-2009).

Os doutrinadores espanhóis, conforme Luís S. Cabral de Moncada[56], chamam os decretos autônomos de "regulamentos independentes". Os **regulamentos autônomos ou independentes** ilustram poder remanescente da antiga atribuição legislativa direta dos monarcas[57].

O Poder Estatal e o interesse público têm como titular o povo que, segundo o parágrafo único do art. 1º da CF/88, exerce o seu poder diretamente ou através dos seus representantes. Os representantes do povo são aqueles escolhidos com base no sufrágio universal, portanto, as suas manifestações são opções direta e indiretamente adotadas pelo titular do poder estatal.

Por isso, quando a CF/88 possibilitou a edição de decretos autônomos pelo chefe do Poder Executivo, impediu-o de invadir a esfera reservada à lei, o que pode ser visto na impossibilidade daqueles decretos versarem sobre aumento de despesa e criação ou extinção de órgãos públicos.

23.7.7. Princípio da similitude das formas

Assim como as leis, os regulamentos estão adstritos à observância do Princípio da Similitude das Formas. O seu conteúdo estabelece que qualquer alteração normativa somente dar-se-á por normas de forma idêntica. Assim, norma constitucional revoga norma constitucional, lei complementar revoga lei complementar, lei ordinária revoga lei ordinária, decreto revoga decreto.

Quando a norma constitucional superveniente torna incompatível norma infraconstitucional não se fala em revogação, mas em não recepção. Já quando a lei ordinária nova dispõe de maneira diversa do estipulado em decreto não há revogação e, sim, retirada da eficácia do decreto. Entretanto, o STF modificou a terminologia jurídica para considerar não recepção e revogação como designações sinônimas[58], o que torna o entendimento do autor desta obra minoritário.

---

[56] MONCADA, Luís S. Cabral de. *Lei e regulamento.* Coimbra: Coimbra Editora, 2002.

[57] MELLO, Oswaldo Aranha Bandeira de. *Princípios gerais de direito administrativo.* 2. ed. Rio de Janeiro: Forense, 1979.

[58] STF, AI 582280-AgRg, rel. Min. Celso de Mello, 2ª Turma, julgado em 12-9-2006, *DJ* 6-11-2006.

Em virtude da taxatividade constitucional que relaciona as matérias às suas formas normativas, não prospera, no Brasil, a tese da **delegificação ou deslegalização** defendida por Giuseppe de Vergottini[59], segundo a qual o próprio Poder Legislativo poderia destinar certas matérias de sua competência para o serem tratadas não por leis, mas por decreto regulamentar do Poder Executivo.

DECRETO REGULAMENTAR OU DE EXECUÇÃO	DECRETO AUTÔNOMO
DEPENDE DE LEI ANTERIOR	INDEPENDE DE LEI ANTERIOR
REGULAMENTA DISPOSITIVOS LEGAIS	REGULAMENTA DISPOSITIVO CONSTITUCIONAL
COMPETÊNCIA E OBJETO PREVISTOS NO INCISO IV DO ART. 84 DA CF/88	COMPETÊNCIA E OBJETO PREVISTOS NA ALÍNEA A DO INCISO VI DO ART. 84 DA CF/88

23.8. PODER EXTROVERSO

No Direito Administrativo, pode ser notado o **poder extroverso**, ou a **imperatividade**, dos atos administrativos, que, segundo Renato Alessi[60], é a possibilidade outorgada pela lei ao poder público de editar atos que vão além da esfera jurídica do sujeito emitente, ou seja, que interferem na esfera jurídica de outras pessoas, constituindo-as, unilateralmente, em deveres.[61]

Alguns autores franceses[62] confundem a imperatividade com a autoexecutoriedade, afirmando que os dois conceitos são abarcados pelo *"privilège du préalable"*. Todavia, maior pertinência terminológica pode ser notada quando se classifica a autoexecutoriedade como *"privilège d´action d´office"* e se conserva a imperatividade na esfera do *"privilège du préalable"*.

IMPERATIVIDADE	AUTOEXECUTORIEDADE
PRIVILÈGE DU PRÉALABLE	*PRIVILÈGE D'ACTION D'OFFICE*

---

[59] DE VERGOTTINI, Giuseppe. A *"Delegificação"* e a sua incidência no sistema de fontes do direito. Tradução de Fernando Aurélio Zilveti. *In:* BARROS, Sérgio Resende; ZILVETI, Fernando Aurélio (Coords). *Estudos em homenagem a Manoel Gonçalves Ferreira Filho.* São Paulo: Dialética, 1999.

[60] ALESSI, Renato. *Principi di diritto amministrativo.* Milano: Giuffrè, 1974.

[61] STJ, MS 10.759/DF, rel. Min. Arnaldo Esteves Lima, 3ª Seção, julgado em 10-5-2006, *DJ* 22-5-2006, p. 147.

[62] LOMBARD, Martine. *Droit administratif.* 4. ed. Paris: Dalloz, 2001.

Fernando Alves Correia[63], professor da Faculdade de Direito da Universidade de Coimbra (Portugal), ilustra bem essa impertinência terminológica, ao afirmar que: "A executoriedade – tradicionalmente designada privilégio ou benefício da execução prévia – é o poder de que goza a Administração Pública de proceder à execução, com recurso aos seus próprios meios e se necessário coercitivamente, dos actos administrativos criadores de deveres para os particulares, no caso do seu cumprimento esbarrar numa resistência activa ou passiva destes, sem necessidade de recorrer aos tribunais. Alguns autores (*v. g.*, Marcello Caetano) incluem no conceito de E. a força obrigatória dos actos administrativos, isto é, a qualidade que os mesmos possuem, à semelhança dos actos legislativos e dos actos jurisdicionais, de obrigarem por si, produzindo efeitos na esfera jurídica de terceiros, independentemente do concurso da vontade dos sujeitos que são os seus destinatários. É, no entanto, mais correcto designar esta característica como imperatividade dos actos administrativos, a qual é conatural a todos eles".

De fato, podem ser notados dois momentos do comando administrativo:

a) a constituição por vontade unilateral da obrigação, impondo ao administrado a qualidade de devedor; e

b) em caso de descumprimento voluntário da prestação, a execução do dever pela própria Administração Pública.

O **poder extroverso** é notado, basicamente, no primeiro momento, qual seja, o de imposição da prestação unilateralmente. Não há dúvida de que nem todos os atos da administração necessitam da utilização do poder em questão. Somente os atos que, sob o regime jurídico-administrativo, impõem deveres ao administrado precisam de tal privilégio.

Exemplo clássico de ato administrativo imperativo ou que ilustra o poder extroverso do Poder Público é o tombamento[64], que cria, unilateralmente, diversas obrigações para os titulares de direitos sobre o bem.

23.9. PODERES IMPLÍCITOS

As normas jurídicas não têm como *prever* todos os percalços que serão enfrentados pelo Administrador para alcançar a satisfação ao interesse público, não

---

[63] CORREIA, Fernando Alves. *Alguns conceitos de direito administrativo*. 2. ed. Coimbra: Almedina, 2001.

[64] STJ, REsp 97.852/PR, rel. Min. Garcia Vieira, 1ª Turma, julgado em 7-4-1998, *DJ* 8-6-1998, p. 15.

sendo possível, desta forma, listar todos os instrumentos e meios necessários para a consecução do fim pretendido ou desejado.

De nada adiantaria conferir poderes gerais à Administração Pública sem que se presumisse que os poderes finalísticos dispensariam **poderes-meio** expressos.

O poder de tombamento implica, por exemplo, o poder de vistoria, ainda que não houvesse previsão legal para esta.

De fato, a teoria dos poderes implícitos (*inherent powers*) ou teoria da cláusula elástica (*elastic clause*) parece encetar uma obviedade, pois quem tem poderes finalísticos possui também **poderes-meio**. Todavia, não se deve esquecer que normalmente o exercício de poder pelo Estado implica restrição a direito do administrado, sendo necessária total ciência do que deve ser suportado em nome do interesse público.

José Joaquim Gomes Canotilho[65] ensina magistralmente que: "Na actual sociedade de risco cresce a necessidade de actos provisórios e actos precários a fim de a administração poder reagir à alteração das situações fáticas e reorientar a prossecução do interesse público segundo os novos conhecimentos técnicos e científicos. Isto tem de articular-se com salvaguarda de outros princípios constitucionais, entre os quais se conta a proteção da confiança, a segurança jurídica, a boa-fé dos administrados e os direitos fundamentais".

A presente teoria surgiu nos Estados Unidos da América a partir de decisão da Suprema Corte, no caso McCulloch *vs.* Maryland, em 1819. O caso trata da abertura de determinada agência do banco dos Estados Unidos no Estado de Maryland. McCulloch, caixa do banco, negou-se a pagar uma taxa ao Estado de Maryland.

A Constituição não dizia expressamente que a União poderia criar a agência do banco, mas tratava-se, conforme demonstrou *Marshall*, de poder implícito, indispensável para a efetivação dos poderes expressos que a Constituição conferira à União em relação ao sistema financeiro. Marshall afirmou que "*the power to tax involves the power to destroy*", ou seja, o poder de tributar permitiria ao Estado impossibilitar o funcionamento daquela agência do Banco dos Estados Unidos, daí decorrendo a construção jurisprudencial da imunidade da União em face dos Estados e, posteriormente, da imunidade recíproca.

Afirmou o Juiz Marshall: "Não se pode negar que os poderes outorgados ao governo implicam os ordinários meios de execução".

---

[65] CANOTILHO, José Joaquim Gomes. *Direito constitucional*. 3. ed. Coimbra: Almedina, 1998.

A presente teoria tem a utilidade de barrar as interpretações casuísticas e literais das atribuições e dos instrumentos não apenas do Estado, mas também daqueles dados aos particulares nas relações privadas. Fora de dúvida que resta prestigiada a razoabilidade na aplicação do que a lei estabeleceu como fim, pois, ainda que os meios não estejam expressos, o homem médio sabe que a norma não pode ser tomada como letra morta.

O ordenamento jurídico brasileiro, apesar do seu formalismo, sempre se utilizou desta teoria, visto que o formalismo existe para garantir segurança jurídica às relações travadas, não estando entre os seus objetivos o fechamento absoluto que tornaria o sistema o fim em si mesmo.

Por fim, exemplo claro de poder implícito é a possibilidade de os Tribunais de Contas adotarem medidas cautelares mesmo sem previsão legal expressa.

24

AUTOCOMPOSIÇÃO DE CONFLITOS EM QUE FOR PARTE PESSOA JURÍDICA DE DIREITO PÚBLICO

24.1. PRINCÍPIOS

A Lei n. 13.140/2015, atendendo aos anseios de diminuição dos conflitos judiciais, trouxe normas que possibilitam de maneira mais efetiva a **autocomposição dos conflitos pela Administração Pública**.

A mediação, segundo o art. 2º da Lei n. 13.140/2015, será orientada pelos seguintes **princípios**:

I – imparcialidade do mediador;
II – isonomia entre as partes;
III – oralidade;
IV – informalidade;
V – autonomia da vontade das partes;
VI – busca do consenso;
VII – confidencialidade;
VIII – boa-fé.

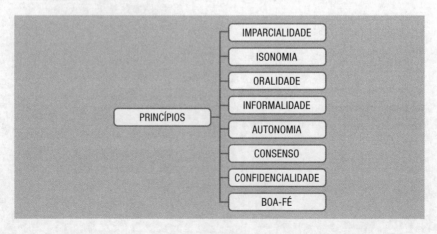

Interessante notar que se buscará, sem afastar as normas constitucionais e legais, a isonomia entre a Administração Pública e o particular e a informalidade.

Todavia, a confidencialidade somente poderá ser utilizada na mediação com a Administração Pública se já houver outra norma constitucional ou legal que permita, visto que a publicidade, na forma do *caput* do art. 37 da CF/88, é a regra aplicável à coisa pública.

24.2. CÂMARAS DE PREVENÇÃO E RESOLUÇÃO ADMINISTRATIVA DE CONFLITOS

A Lei em tela prevê que a União, os Estados, o Distrito Federal e os Municípios poderão criar **câmaras de prevenção e resolução administrativa de conflitos**, no âmbito dos respectivos órgãos da Advocacia Pública, onde houver, com competência para:

I – dirimir conflitos entre órgãos e entidades da administração pública;

II – avaliar a admissibilidade dos pedidos de resolução de conflitos, por meio de composição, no caso de controvérsia entre particular e pessoa jurídica de direito público;

III – promover, quando couber, a celebração de termo de ajustamento de conduta.

Apesar de se tratar de uma lei federal, foi preservada a autonomia dos entes federativos, estabelecendo-se que o modo de composição e funcionamento das câmaras de prevenção e resolução administrativa de conflitos será disciplinado em regulamento de cada ente federado.

24.3. FACULTATIVIDADE

A submissão do conflito às câmaras é **facultativa** e será cabível apenas nos casos previstos no regulamento do respectivo ente federado. Consequentemente, a Administração Pública não pode impor ao particular nem aos demais entes federados a mediação.

24.4. TÍTULO EXECUTIVO EXTRAJUDICIAL

Observe-se que, se houver consenso entre as partes, o acordo será reduzido a termo e constituirá **título executivo extrajudicial**. Assim, dispensará pronunciamento judicial e poderá ser exigido imediatamente.

24.5. COMPETÊNCIA

Não se incluem na competência das câmaras as controvérsias que somente possam ser resolvidas por atos ou concessão de direitos sujeitos a autorização do Poder Legislativo.

406 CURSO DE DIREITO ADMINISTRATIVO

As câmaras são competentes para a prevenção e a resolução de conflitos que envolvam **equilíbrio econômico-financeiro de contratos celebrados pela administração com particulares.**

Enquanto não forem criadas as câmaras de mediação, os conflitos poderão ser dirimidos nos termos do procedimento de mediação estabelecido na Lei n. 13.140/2015.

24.6. INSTAURAÇÃO E SUSPENSÃO DA PRESCRIÇÃO

A Advocacia Pública da União, dos Estados, do Distrito Federal e dos Municípios, onde houver, poderá instaurar, **de ofício ou mediante provocação,** procedimento de mediação coletiva de conflitos relacionados à prestação de serviços públicos.

A instauração de procedimento administrativo para a resolução consensual de conflito no âmbito da Administração Pública **suspende a prescrição**.

Considerar-se-á instaurado o procedimento quando o órgão ou entidade pública emitir **juízo de admissibilidade**, retroagindo a suspensão da prescrição à data de formalização do pedido de resolução consensual do conflito.

Em se tratando de matéria tributária, a suspensão da prescrição deverá observar o disposto no Código Tributário Nacional.

24.7. TRANSAÇÃO POR ADESÃO

As controvérsias jurídicas que envolvam a administração pública federal direta, suas autarquias e fundações poderão ser objeto de **transação por adesão**, com fundamento em:

I – autorização do Advogado-Geral da União, com base na jurisprudência pacífica do Supremo Tribunal Federal ou de tribunais superiores; ou
II – parecer do Advogado-Geral da União, aprovado pelo Presidente da República.

Os requisitos e as condições da transação por adesão serão definidos em **resolução administrativa** própria.

Ao fazer o pedido de adesão, o interessado deverá juntar prova de atendimento aos requisitos e às condições estabelecidos na resolução administrativa.

A resolução administrativa terá efeitos gerais e será aplicada aos casos idênticos, tempestivamente habilitados mediante pedido de adesão, ainda que solucione apenas parte da controvérsia.

A adesão implicará **renúncia** do interessado ao direito sobre o qual se fundamenta a ação ou o recurso, eventualmente pendentes, de natureza administrativa ou judicial, no que tange aos pontos compreendidos pelo objeto da resolução administrativa.

Se o interessado for parte em processo judicial inaugurado por **ação coletiva**, a renúncia ao direito sobre o qual se fundamenta a ação deverá ser expressa, mediante petição dirigida ao juiz da causa.

A formalização de resolução administrativa destinada à transação por adesão não implica a renúncia tácita à prescrição nem sua interrupção ou suspensão.

24.8. ADMINISTRAÇÃO PÚBLICA FEDERAL

No caso de conflitos que envolvam controvérsia jurídica entre órgãos ou entidades de direito público que integram a **Administração Pública federal**, a Advocacia-Geral da União deverá realizar composição extrajudicial do conflito, observados os procedimentos previstos em ato do Advogado-Geral da União.

Na hipótese acima, se não houver acordo quanto à controvérsia jurídica, caberá ao Advogado-Geral da União dirimi-la, com fundamento na legislação afeta.

Nos casos em que a resolução da controvérsia implicar o reconhecimento da existência de créditos da União, de suas autarquias e fundações em face de pessoas jurídicas de direito público federais, a Advocacia-Geral da União poderá solicitar ao Ministério do Planejamento, Orçamento e Gestão a adequação orçamentária para quitação das dívidas reconhecidas como legítimas.

Nas hipóteses em que a matéria objeto do litígio esteja sendo discutida em **ação de improbidade administrativa ou sobre ela haja decisão do Tribunal de Contas da União**, a conciliação dependerá da anuência expressa do juiz da causa ou do Ministro Relator.

É facultado aos Estados, ao Distrito Federal e aos Municípios, suas autarquias e fundações públicas, bem como às empresas públicas e sociedades de economia mista federais, submeter seus litígios com órgãos ou entidades da Administração Pública federal à Advocacia-Geral da União, para fins de composição extrajudicial do conflito.

Nos casos em que a controvérsia jurídica seja relativa a **tributos administrados pela Secretaria da Receita Federal do Brasil ou a créditos inscritos em dívida ativa da União:**

> I – não se aplicam as disposições dos incisos II e III do *caput* do art. 32 da Lei n. 13.140/2015;
> II – as empresas públicas, sociedades de economia mista e suas subsidiárias que explorem atividade econômica de produção ou comercialização de bens ou de prestação de serviços em regime de concorrência não poderão exercer a faculdade prevista no art. 37 da Lei n. 13.140/2015;

408   CURSO DE DIREITO ADMINISTRATIVO

III – quando forem partes as pessoas a que alude o *caput* do art. 36 da Lei n. 13.140/2015:

a) a submissão do conflito à composição extrajudicial pela Advocacia-Geral da União implica renúncia do direito de recorrer ao Conselho Administrativo de Recursos Fiscais;

b) a redução ou o cancelamento do crédito dependerá de manifestação conjunta do Advogado-Geral da União e do Ministro de Estado da Fazenda.

A **propositura de ação judicial** em que figurem concomitantemente nos polos ativo e passivo **órgãos ou entidades de direito público** que integrem a Admi-nistração Pública federal deverá ser previamente autorizada pelo Advogado-Geral da União.

24.9. RESPONSABILIDADE

A composição extrajudicial do conflito não afasta a **apuração de responsabilidade do agente público** que deu causa à dívida, sempre que se verificar que sua ação ou omissão constitui, em tese, **infração disciplinar**.

Os **servidores e empregados públicos** que participarem do processo de composição extrajudicial do conflito, somente poderão ser **responsabilizados civil**, administrativa ou criminalmente quando, mediante dolo ou fraude, receberem qualquer vantagem patrimonial indevida, permitirem ou facilitarem sua recepção por terceiro, ou para tal concorrerem.

25

FATOS JURÍDICOS E SUAS ESPÉCIES

25.1. FATOS JURÍDICOS EM SENTIDO AMPLO

Os **fatos jurídicos "lato sensu"** ou fatos jurídicos em sentido amplo são os acontecimentos em virtude dos quais nascem, subsistem, transformam-se e extinguem-se as relações jurídicas. Na definição de Savigny, são os acontecimentos em virtude dos quais as relações de direito nascem e se extinguem. Consenso é que os *fatos jurídicos*, em sentido amplo, englobam todos os eventos, provindos da atividade humana ou decorrentes de fatos naturais, capazes de ter influência na órbita do Direito, por criarem, ou transferirem, ou conservarem, ou modificarem, ou extinguirem relações jurídicas[1].

Tudo que possui consequência jurídica, previsão jurídica ou importância para o ordenamento é *fato jurídico "lato sensu"*[2].

A atribuição de importância ao fato da vida é dada pelo próprio sistema jurídico que somente disciplina o que lhe interessa; há acontecimentos que não têm qualquer descrição ou relevância jurídica, *v. g.*, o movimento das estrelas das galáxias limítrofes à Via Láctea. Já o nascimento de um ser humano, sujeito de relações juridicamente disciplinadas, mostra-se relevante para o ordenamento posto.

Ressalte-se que a atribuição de relevância para o Direito representa opção política feita pelo Poder Constituinte, pelo Poder Legislativo ou pelos órgãos incumbidos de criar normas jurídicas gerais e abstratas para a condução da vida em sociedade através da tentativa de pacificação dos conflitos existentes.

---

[1] RODRIGUES, Silvio. *Direito civil*: parte geral. 29. ed. rev. São Paulo: Saraiva, 1999.

[2] STJ, REsp 960.816/ES, rel. Min. Teori Albino Zavascki, 1ª Turma, julgado em 4-11-2008, *DJe* 12-11-2008.

Oswaldo Aranha Bandeira de Mello[3] ilustra bem o que pode motivar a opção política ao afirmar que: "Igualmente, a conservação e distribuição de bens móveis dentro de uma repartição constituem atividades irrelevantes para o direito. Se, porém, esses móveis, com matéria inflamável, fazem de repente, a sua combustão, causando danos a terceiros, verifica-se, segundo a lei, a responsabilidade do Estado de indenizar os prejuízos decorrentes dessa atividade material, que de irrelevante se torna relevante para o direito".

O **fato jurídico administrativo "lato sensu"** não se diferencia essencialmente do fato jurídico em geral, sendo que aquele tem a peculiaridade de se relacionar com o regime jurídico administrativo.

25.1.1. Fato jurídico administrativo em sentido amplo

O *fato jurídico administrativo "lato sensu"* ou fato jurídico administrativo em sentido amplo é gênero, tendo como espécies o *fato jurídico administrativo "stricto sensu"* e o *ato jurídico administrativo "lato sensu"*.

25.1.1.1. Fato jurídico administrativo em sentido restrito

O **fato jurídico administrativo "stricto sensu"** ou fato jurídico administrativo em sentido restrito é o fenômeno natural ou causal[4] ao qual o Direito atribui relevância, a cujos efeitos não é possível resistir, compreendendo, assim, os mais diversos fenômenos, entre eles: a morte (extinção do vínculo de trabalho com a Administração Pública, inciso IX do art. 33 da Lei n. 8.112/90), a enfermidade (licença por motivo de doença em pessoa da família, art. 83 da Lei n. 8.112/90) e o tempo (prescrição da pretensão punitiva disciplinar, art. 142 da Lei n. 8.112/90).

Os fatos jurídicos administrativos em sentido restrito não dependem da manifestação de vontade humana.

25.1.1.2. Ato jurídico administrativo em sentido amplo

O **ato jurídico administrativo "lato sensu"** *ou ato jurídico administrativo em sentido amplo* é a conduta humana que produz efeitos abarcados pelo ordenamento jurídico. Apesar de o efeito ser independente da vontade humana, a prática da conduta que vai desencadear o efeito faz parte do desejo humano. O *ato jurídico administrativo "lato sensu"* tem como espécies o *ato jurídico administrativo "stricto sensu"*, o *negócio jurídico administrativo* e o *ato administrativo ilícito*.

---

[3] MELLO, Oswaldo Aranha Bandeira de. *Princípios gerais de direito administrativo*. 2. ed. Rio de Janeiro: Forense, 1979.

[4] KANT, Immanuel. *Fundamentação da metafísica dos costumes*. Lisboa: Lisboa Editora, 1999.

25.1.1.2.1. Ato jurídico administrativo em sentido estrito

O **ato jurídico administrativo "stricto sensu"** ou ato jurídico administrativo em sentido estrito representa a manifestação da vontade da Administração Pública relevante e de acordo com o direito.

São exemplos de atos administrativos *stricto sensu* (ou ato administrativo) a nomeação e a punição de servidor público.

25.1.1.2.2. Negócio jurídico administrativo

O **negócio jurídico geral** é a exteriorização da autonomia privada com a finalidade de regulamentação dos interesses dos próprios envolvidos, representando o estabelecimento de vínculo entre dois ou mais sujeitos, observadas as formas possíveis estabelecidas pelo ordenamento jurídico, para que sejam gerados direitos ou deveres para as partes.

O negócio jurídico administrativo é a exteriorização da autonomia privada limitada pelo regime jurídico-administrativo com a finalidade de efetivação do interesse público da Administração. Tem-se como exemplo o contrato firmado pelo Poder Público.

25.2. ATO ADMINISTRATIVO ILÍCITO

Já o **ato administrativo ilícito** é a ação humana importante para o Direito, mas que lhe é contrária.

São exemplos de atos administrativos ilícitos a nomeação para cargo efetivo sem a prévia realização de concurso público e a contratação de fornecimento sem a prévia realização de licitação fora das hipóteses excepcionadas pela lei, em virtude do vício antecedente à contratação na vontade da Administração Pública.

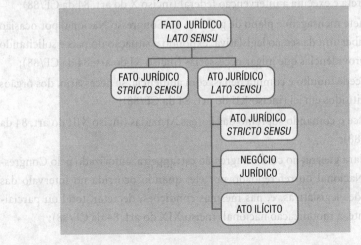

25.3. ATOS DO PODER PÚBLICO

25.3.1. Introdução

O Poder Público tem, segundo a Constituição Federal de 1988, diversas formas de se manifestar de acordo com cada função exercida.

A manifestação principal do Poder Legislativo pode ser traduzida na lei.

A manifestação principal do Poder Judiciário pode ser vista no ato judicial.

A manifestação primordial do Poder Executivo pode ser vislumbrada no ato administrativo.

25.3.2. Atos de governo ou políticos

O Poder Executivo também exerce, juntamente com o Poder Legislativo, as funções de governo editando **atos políticos ou de governo** com base na discricionariedade trazida pela CF/88.

A atuação política ou de governo pode ser vista quando o chefe do executivo:

a)   inicia o processo legislativo (inciso III do art. 84 da CF/88);

b)   sanciona ou veta leis (incisos IV e V do art. 84 da CF/88);

c)   mantém relações com Estados estrangeiros e acredita seus representantes (inciso VII do art. 84 da CF/88);

d)   celebra tratados, convenções e atos internacionais, sujeitos a referendo do Congresso Nacional (inciso VIII do art. 84 da CF/88);

e)   decreta o estado de sítio ou o estado de defesa (inciso IX do art. 84 da CF/88);

f)   decreta e executa a intervenção federal (inciso X do art. 84 da CF/88);

g)   remete mensagem e plano de governo ao Congresso Nacional por ocasião da abertura da sessão legislativa, expondo a situação do país e solicitando as providências que julgar necessárias (inciso XI do art. 84 da CF/88);

h)   concede indulto e comuta penas, com audiência, se necessário, dos órgãos instituídos em lei (inciso XII do art. 84 da CF/88);

i)   exerce o comando supremo das Forças Armadas (inciso XIII do art. 84 da CF/88);

j)   declara guerra, no caso de agressão estrangeira, autorizado pelo Congresso Nacional ou referendado por ele, quando ocorrida no intervalo das sessões legislativas, e, nas mesmas condições, decretar, total ou parcialmente, a mobilização nacional (inciso XIX do art. 84 da CF/88);

l) celebra a paz, autorizado ou com o referendo do Congresso Nacional (inciso XX do art. 84 da CF/88);

m) permite, nos casos previstos em lei complementar, que forças estrangeiras transitem pelo território nacional ou nele permaneçam temporariamente (inciso XXII do art. 84 da CF/88); e

n) envia ao Congresso Nacional o plano plurianual, o projeto de lei de diretrizes orçamentárias e as propostas de orçamento previstos nesta Constituição (inciso XXIII do art. 84 da CF/88).

Os atos políticos ou de governo são considerados essenciais à condução da República Federativa do Brasil para que os imperativos constitucionais gerais sejam alcançados.

A tônica desses atos pode ser encontrada nos seguintes comandos da Carta Maior:

Art. 1º A República Federativa do Brasil, formada pela união indissolúvel dos Estados e Municípios e do Distrito Federal, constitui-se em Estado Democrático de Direito e tem como fundamentos:

I – a soberania;

II – a cidadania;

III – a dignidade da pessoa humana;

IV – os valores sociais do trabalho e da livre iniciativa;

V – o pluralismo político.

Parágrafo único. Todo o poder emana do povo, que o exerce por meio de representantes eleitos ou diretamente, nos termos desta Constituição.

Art. 2º São Poderes da União, independentes e harmônicos entre si, o Legislativo, o Executivo e o Judiciário.

Art. 3º Constituem objetivos fundamentais da República Federativa do Brasil:

I – construir uma sociedade livre, justa e solidária;

II – garantir o desenvolvimento nacional;

III – erradicar a pobreza e a marginalização e reduzir as desigualdades sociais e regionais;

IV – promover o bem de todos, sem preconceitos de origem, raça, sexo, cor, idade e quaisquer outras formas de discriminação.

Art. 4º A República Federativa do Brasil rege-se nas suas relações internacionais pelos seguintes princípios:

I – independência nacional;

II – prevalência dos direitos humanos;

III – autodeterminação dos povos;

IV – não intervenção;

V – igualdade entre os Estados;

VI – defesa da paz;

VII – solução pacífica dos conflitos;

414   CURSO DE DIREITO ADMINISTRATIVO

VIII – repúdio ao terrorismo e ao racismo;
IX – cooperação entre os povos para o progresso da humanidade;
X – concessão de asilo político.

Parágrafo único. A República Federativa do Brasil buscará a integração econômica, política, social e cultural dos povos da América Latina, visando à formação de uma comunidade latino-americana de nações.

25.3.3. Atos do poder legislativo

O processo legislativo compreende a elaboração, segundo o art. 60 da CF/88, de:

I – emendas à Constituição;
II – leis complementares;
III – leis ordinárias;
IV – leis delegadas;
V – medidas provisórias;
VI – decretos legislativos;
VII – resoluções.

O chefe do Poder Executivo federal e os chefes dos Poderes Executivos dos demais entes, quando autorizados pelas Constituições Estaduais e Leis Orgânicas, poderão editar medida provisória com força de lei, ato legislativo.

Observe-se que, apesar de não ser um ato legislativo próprio, as emendas à Constituição foram incluídas entre as normas que são abarcadas pelo processo legislativo.

25.3.4. Atos judiciais

Os atos judiciais proferidos pelos magistrados são, segundo os arts. 203, 204 e 205 do CPC, os seguintes:

a)   sentenças;

b)   decisões interlocutórias;

c)   despachos; e

d)   acórdãos.

25.3.5. Atos da administração

Os atos da administração têm como espécies as seguintes:

a)   Os **atos privados** da Administração Pública. Aqueles editados sob o regime de Direito Privado quando a atuação acontece sem as prerrogativas e privilégios do Poder Público, estabelecendo-se relação de igualdade com o particular. Exemplos: contrato de compra e venda, locação, doação etc.

b) Os **atos materiais**. Aqueles que representam atividades de mera execução de atividades, não trazendo manifestação de vontade da Administração Pública. Exemplos: a demolição propriamente dita de um prédio, a retirada da mercadoria apreendida do estabelecimento, a colocação de asfalto nas ruas pelo próprio ente da federação etc.

c) Os **atos administrativos**. Aqueles relacionados ao exercício da função administrativa, sob o regime jurídico-administrativo que garante à Administração Pública ou que faça as suas vezes prerrogativas e privilégios em relação ao particular. Exemplos: nomeação, exoneração, desapropriação, tombamento etc.

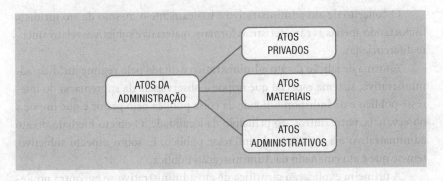

Além de exercer as funções de governo ou políticas, o Poder Executivo exerce a função administrativa, executando a lei com a sua aplicação ao caso concreto para efetivar o interesse público. Contudo, não somente o Poder Executivo exerce tal função.

O Poder Executivo tem a função administrativa como atividade-fim, já os Poderes Legislativo e Judiciário têm a função administrativa como atividade-meio.

Para o exercício da função administrativa, faz-se necessária, em muitos casos, a edição de atos administrativos.

Os atos legislativos resultantes do processo legislativo, os atos judiciais e os atos de governo ou políticos não se confundem com os atos administrativos, pois, como ver-se-á na sequência, estes são editados para executar o que fora estabelecido pela lei sem a força da imutabilidade que pode ser vista nos atos judiciais.

26

ATO ADMINISTRATIVO

26.1. CONCEITO

O conceito de ato administrativo é basicamente o mesmo de ato jurídico, importando apenas as características formais, materiais e subjetivas relativamente diferenciadas.

A forma de edição do ato administrativo é ditada pelo regime jurídico-administrativo, sistema especial que impõe a observância da supremacia do interesse público e da indisponibilidade da coisa pública pelo gestor e que impõe a observância, entre outros, ao princípio da legalidade. O objeto mediato do ato administrativo é a satisfação do interesse público. E, sob o aspecto subjetivo, tem-se que é ato emanado da Administração Pública.

A primeira explicação científica de ato administrativo se encontra no Repertório Guizot-Merlin, na sua 4ª edição, de 1812, que o define como "ordenança ou decisão de autoridade administrativa, que tenha relação com a sua função"[1].

O **ato administrativo** é toda manifestação unilateral de vontade da Administração Pública, ou de quem faça suas vezes, que, agindo sob regime jurídico diferenciado e de acordo com o interesse público, tenha como objetivo adquirir, resguardar, transferir, modificar, declarar ou extinguir direitos ou impor deveres a si própria ou a terceiros.

ATO ADMINISTRATIVO	MANIFESTAÇÃO UNILATERAL
	ADMINISTRAÇÃO PÚBLICA OU QUEM FAÇA AS SUAS VEZES
	REGIME JURÍDICO DIFERENCIADO
	INTERESSE PÚBLICO

---

[1] *Vide* MELLO, Oswaldo Aranha Bandeira de. *Princípios gerais de direito administrativo.* 2. ed. Rio de Janeiro: Forense, 1979.

O **ato administrativo** é o ponto de encontro de três princípios fundamentais historicamente ligados à ideia de Estado de Direito: o da **separação de Poderes**, o da **legalidade da atividade administrativa** e o do **controle jurisdicional**. O ato administrativo aparece, atualmente, circundado de direitos e garantias em benefício do cidadão, nos quais se incluem a garantia da participação do administrado na sua formação, o direito à informação e o direito de submetê-lo, em caso de ilegalidade, irrazoabilidade e desproporcionalidade, ao controle judicial.

Maria Sylvia Zanella Di Pietro[2] afirma que o ato administrativo é a declaração do Estado, ou de quem o represente, que produz efeitos jurídicos imediatos, com observância da lei, sob regime jurídico de direito público e sujeita a controle pelo poder judiciário.

José Cretella Júnior[3] define ato administrativo como toda medida editada pelo Estado, por meio de seus representantes, no exercício regular de suas funções, ou por qualquer pessoa que detenha, em suas mãos, fração de poder delegada pelo Estado, que tenha por finalidade imediata criar, reconhecer, modificar, resguardar ou extinguir situações jurídicas em matéria administrativa.

Segundo José dos Santos Carvalho Filho[4], o ato administrativo é a exteriorização da vontade de agentes da Administração Pública ou de seus delegatários, nessa condição, que, sob regime de direito público, vise à produção de efeitos jurídicos, com o fim de atender ao interesse público.

Dirley da Cunha Júnior[5] afirma que "cuida-se o ato administrativo de um ato jurídico por meio do qual os agentes públicos, no desempenho de uma determinada função administrativa, exteriorizam, com observância das normas legais, sob certa forma e com autoridade, o querer do Estado, consistente em, juridicamente, criar, reconhecer, enunciar, modificar e extinguir vantagens ou impor obrigações".

Para Celso Antônio Bandeira de Mello[6], é possível conceituar o ato administrativo como a declaração do Estado (ou de quem lhe faça as vezes – como,

---

[2] DI PIETRO, Maria Sylvia Zanella. *Direito administrativo*. 34. ed. Rio de Janeiro: Forense, 2021.

[3] CRETELLA JÚNIOR, José. *Curso de direito administrativo*. 10. ed. rev. e atual. Rio de Janeiro: Forense, 1989.

[4] CARVALHO FILHO, José dos Santos. *Manual de direito administrativo*. 35. ed. Barueri: Atlas, 2021.

[5] CUNHA JÚNIOR, Dirley da. *Curso de Direito Administrativo*. 9. ed. Salvador: Juspodivm, 2010.

[6] MELLO, Celso Antônio Bandeira de. *Curso de direito administrativo*. 35. ed. São Paulo: Malheiros, 2021.

418 CURSO DE DIREITO ADMINISTRATIVO

por exemplo, um concessionário de serviço público), no exercício de prerrogativas públicas, manifestada mediante providências jurídicas complementares da lei a título de lhe dar cumprimento, e sujeitas a controle de legitimidade por órgão jurisdicional.

O autor mencionado aduz que há dois tipos de conceitos de ato administrativo que podem ser extraídos do ordenamento jurídico, quais sejam: o de **sentido amplo** e o de **sentido estrito**.

A noção de **ato administrativo em sentido amplo** abrange os atos mais gerais e abstratos que costumam ser os regulamentos, as instruções e os atos convencionais, tais como os contratos administrativos.

A noção de **ato administrativo em sentido estrito** está relacionada com uma categoria menor de atos que são associados por uma quantidade menor de traços da afinidade, havendo mais concreção e unilateralidade.

A natureza do ato administrativo:

a)   **é infralegal;**
b)   **está relacionada ao exercício da função administrativa;**
c)   **é complementar à lei;**
d)   **tem como finalidade a produção de efeitos jurídicos;**
e)   **denota prerrogativas e privilégios para a Administração Pública ou quem faça as suas vezes; e**
f)   **possibilita a análise judicial quanto à legalidade, proporcionalidade e razoabilidade.**

A Administração Pública somente edita ato administrativo quando utiliza as suas prerrogativas decorrentes do seu regime jurídico diferenciado; quando se iguala ao administrado, pratica ato jurídico comum.

O ato administrativo diferencia-se do ato da administração, pois o segundo abarca também os atos praticados pela Administração Pública sob o regime jurídico de direito privado e os de mera execução. Assim, como já foi dito, os atos da administração são gênero que comportam como espécies os atos privados da Administração Pública, os atos materiais – ou de mera execução – e os próprios atos administrativos.

O ato administrativo, segundo Fernando Alves Correia[7], apesar da ainda existente controvérsia conceitual, é a declaração unilateral de vontade unilateral

---

[7]   CORREIA, Fernando Alves. *Alguns conceitos de direito administrativo.* 2. ed. Coimbra: Almedina, 2001.

e autoritária, relativa a caso concreto, dimanada de órgão da Administração, no exercício da função administrativa, com vistas à produção de efeitos jurídicos externos, positivos ou negativos.

O conceito jurídico de ato administrativo, no Direito Administrativo de Portugal, é formal, sendo ofertado pelo art. 120º do Código do Procedimento Administrativo – CPA:

> Art. 120º
> *Conceito de acto administrativo*
> Para os efeitos da presente lei, consideram-se actos administrativos as decisões dos órgãos da Administração que ao abrigo de normas de direito público visem produzir efeitos jurídicos numa situação individual e concreta.

O próprio professor da Faculdade de Direito da Universidade de Coimbra critica o conceito legal, por considerá-lo incompleto.

O Código do Procedimento Administrativo Português deixou clara a possibilidade de o ato administrativo sujeitar-se a condição, termo ou modo (consumação do ato administrativo), sendo, nesse aspecto, semelhante aos atos jurídicos gerais, tal como ocorre também no sistema jurídico pátrio. Segue o seu art. 121:

> Art. 121º
> *Condição, termo ou modo*
> Os actos administrativos podem ser sujeitos a condição, termo ou modo, desde que estes não sejam contrários à lei ou ao fim a que o acto se destina.

A **condição**, no ordenamento jurídico nacional, é conceituada pela lei, pois o art. 121 do CC de 2002 diz que condição é a cláusula derivada exclusivamente da vontade das partes que subordina o efeito do negócio jurídico a evento futuro e incerto.

O **termo** é o momento em que começa ou termina a eficácia do negócio jurídico[8]. Na linguagem técnica, representa elemento do negócio jurídico cujo fim é suspender a execução ou o efeito da obrigação, até determinado momento, ou até o advento de acontecimento futuro e certo[9].

Modo ou encargo é a cláusula pela qual se impõe obrigação a quem faz uma liberalidade[10]. Representa a limitação trazida a uma liberalidade.

---

[8] BEVILÁQUA, Clovis. *Código Civil comentado*. Rio de Janeiro: Livraria Francisco Alves, 1916, v. I.

[9] *Les nouvelles, Corpus Juris Belgici, Droit civil*, t. IV, v. II, parte III, n. 1.

[10] MONTEIRO, Washington de Barros. *Curso de direito civil*: parte geral. 27. ed. São Paulo: Saraiva, 1988.

A **perfeição do ato administrativo** confunde-se, para a maioria dos autores, com a sua existência. Outros entendem que se confunde com a validade. Contudo, **a validade atesta a inexistência de vício e a perfeição atestaria a conclusão do ciclo formal ou suas fases de produção ou formação, com ou sem vício.**

Hely Lopes Meirelles[11] afirma que o **ato perfeito** é aquele que reúne todos os elementos necessários à sua exequibilidade ou operatividade, apresentando-se apto e disponível para produzir os seus regulares efeitos, já o **ato imperfeito** é o que se encontra incompleto na sua formação ou carente de um ato complementar para tornar-se exequível e operante.

Útil também é a classificação como **pendentes** ou **consumados**.

O ato administrativo **consumado ou exaurido** é aquele no qual ocorreram, caso existam, os seus elementos externos: termo, condição e modo ou já produziu os seus efeitos esperados. Não há, nesse caso, efeitos pendentes, diz-se que ocorreu exaurimento do ato administrativo e dos seus efeitos.

Exemplo de ato administrativo consumado é a autorização para realização de um evento esportivo de um dia em um espaço público. Após a realização do evento, tem-se que o ato administrativo de autorização consumou-se.

O **pendente** é aquele no qual não ocorreram os citados elementos, portanto, cujos efeitos não foram produzidos.

Exemplo de ato administrativo pendente é também a autorização para realização de um evento esportivo de um dia em um espaço público. Antes da data da autorização, tem-se que o ato administrativo de autorização estava pendente.

26.2. ELEMENTOS

A lição clássica de Hely Lopes Meirelles[12] ilustra a existência de cinco elementos (requisitos de validade ou pressupostos) necessários à formação do ato administrativo: **a competência, a forma, o objeto, o motivo e a finalidade**.

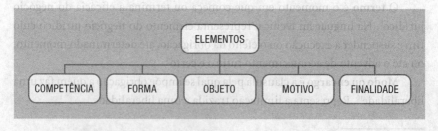

---

[11] MEIRELLES, Hely Lopes; BURLE FILHO, José Emannuel. *Direito administrativo brasileiro*. 42. ed. São Paulo: Malheiros, 2016.

[12] MEIRELLES, Hely Lopes; BURLE FILHO, José Emannuel. *Direito administrativo brasileiro*. 42. ed. São Paulo: Malheiros, 2016.

De fato, o entendimento do saudoso mestre coincide com o que fora estipulado pelo Legislador Federal como elementos do ato administrativo. Eis o art. 2º da Lei n. 4.717/65 (Lei da Ação Popular):

> Art. 2º São nulos os atos lesivos ao patrimônio das entidades mencionadas no artigo anterior, nos casos de:
> a) incompetência;
> b) vício de forma;
> c) ilegalidade do objeto;
> d) inexistência dos motivos;
> e) desvio de finalidade.
> Parágrafo único. Para a conceituação dos casos de nulidade, observar-se-ão as seguintes normas:
> a) a incompetência fica caracterizada quando o ato não se incluir nas atribuições legais do agente que o praticou;
> b) o vício de forma consiste na omissão ou na observância incompleta ou irregular de formalidades indispensáveis à existência ou seriedade do ato;
> c) a ilegalidade do objeto ocorre quando o resultado do ato importa em violação de lei, regulamento ou outro ato normativo;
> d) a inexistência dos motivos se verifica quando a matéria de fato ou de direito, em que se fundamenta o ato, é materialmente inexistente ou juridicamente inadequada ao resultado obtido;
> e) o desvio de finalidade se verifica quando o agente pratica o ato visando a fim diverso daquele previsto, explícita ou implicitamente, na regra de competência.

Com relação aos requisitos agente (competência), objeto e forma, o ato administrativo não é muito diferente dos atos jurídicos gerais, sendo, portanto, o motivo e a finalidade os seus elementos mais específicos.

Os **elementos vinculados do ato administrativo** são:

a)   competência;
b)   forma; e
c)   finalidade.

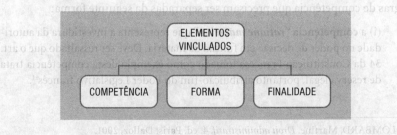

Os **elementos discricionários do ato administrativo** são:
a) objeto; e
b) motivo.

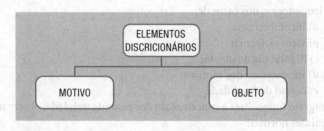

26.2.1. Competência

A competência administrativa, como já foi dito, é o **poder-dever** atribuído normativamente a órgão ou agente público para o **desempenho de funções administrativas**. É irrenunciável, pois os órgãos e agentes públicos são apenas gestores do interesse público, mas admite delegação e avocação e tem natureza de ordem pública.

O art. 11 da Lei n. 9.784/99 deixa a característica acima muito clara, ao aduzir que: "A competência é irrenunciável e se exerce pelos órgãos administrativos a que foi atribuída como própria, salvo os casos de delegação e avocação legalmente admitidos".

A distribuição de competência dá-se de acordo com o ordenamento jurídico; há normas referentes a tal divisão na Constituição, nas leis, nos atos administrativos gerais e abstratos e, por vezes, até em atos administrativos concretos. Todavia, os vetores primordiais da outorga de competência são a Constituição e a Lei, fontes primordiais do Direito Administrativo.

No Direito francês[13], a Constituição tem disposições relativas à repartição de competência entre as diversas autoridades do Estado, havendo três tipos de regras de competência que precisam ser separadas da seguinte forma:

(i) a **competência "*ratione materiae*"** que representa a investidura da autoridade no poder de decisão em função da matéria. Deve ser ressaltado que o art. 34 da Constituição Francesa tomado como exemplo desta competência trata de reserva legal, portanto atribuição-fim do Poder Legislativo francês[14].

---

[13] LOMBARD, Martine. *Droit administratif*. 4. ed. Paris: Dalloz, 2001.
[14] "Article 34. La loi est votée par le Parlement. La loi fixe les règles concernant: (...)".

No Direito Administrativo nacional, há divisão de competência de órgãos ou entidades de acordo com a matéria, *v. g.*, o Conselho Administrativo de Defesa Econômica – CADE tem competência material para a prevenção e a repressão às infrações contra a ordem econômica, orientada pelos ditames constitucionais de liberdade de iniciativa, livre concorrência, função social da propriedade, defesa dos consumidores e repressão ao abuso do poder econômico, na forma do art. 9º da Lei n. 12.529/2011.

(ii) a **competência "*ratione temporis*"** é a relacionada com o lapso temporal de competência da autoridade.

Nada impede o legislador pátrio de condicionar da competência de determinado órgão ou entidade a um período de tempo.

(iii) a **competência "*ratione loci*"** é a que se relaciona às divisões geográficas (territoriais) do Estado.

No Brasil, *v. g.*, a Procuradoria da União no Estado da Bahia, órgão da Advocacia-Geral da União, é desconcentrada territorialmente, a fim de exercer as atribuições daquela instituição no Estado da Bahia, na forma da alínea *a* do inciso II do art. 2º da Lei Complementar n. 73/93.

A separação experimentada no ordenamento jurídico francês é semelhante à que foi adotada pelo legislador brasileiro.

Deve ser frisado que a competência pode ser dividida em objetiva e subjetiva.

a) a **objetiva**, tratada neste item, é o conjunto de funções e atribuições descrito pela norma; e

b) a **subjetiva** é a capacidade de agir pessoal do servidor (desempenho) de acordo com os seus conhecimentos.

A primeira tem relevância como elemento do ato administrativo; já a segunda tem mais relevância para a avaliação funcional do servidor, na forma do inciso III do §1º do art. 41 da CF/88.

Para Celso Antônio Bandeira de Mello[15], competência é o círculo compreen-sivo de um plexo de deveres públicos a serem satisfeitos mediante o exercício de correlatos e demarcados poderes instrumentais, legalmente conferidos para a satisfação do interesse público.

Marçal Justen Filho[16] aduz que competência administrativa é a atribuição normativa da legitimação para a prática de um ato administrativo.

---

[15] MELLO, Celso Antônio Bandeira de. *Curso de direito administrativo*. 35. ed. São Paulo: Malheiros, 2021.

[16] JUSTEN FILHO, Marçal. *Curso de direito administrativo*. 10. ed. São Paulo: Revista dos Tribunais, 2014.

424 CURSO DE DIREITO ADMINISTRATIVO

Dessa forma, a competência é:

a) **obrigatória** (inafastável o dever de exercício do agente público);

b) **irrenunciável** (vide inciso II do parágrafo único do art. 2º da Lei n. 9.784/99: nos processos administrativos serão observados, entre outros, os critérios de atendimento a fins de interesse geral, **vedada a renúncia total ou parcial de poderes ou competências, salvo autorização em lei**);

c) **intransferível ao particular**;

d) **imodificável**, sem autorização legal;

e) **imprescritível** (o tempo apenas não lhe afeta); e

f) **limitada** (seria impossível a apenas um órgão ou agente público o exercício de todos os deveres e atribuições da função administrativa);

g) **improrrogável** (a inação não transfere a competência para outro órgão ou agente público);

h) **delegável internamente**, na forma dos arts. 11 a 17 da Lei n. 9.784/99;

i) excepcionalmente, **avocável**, na forma do art. 15 da Lei n. 9.784/99.

A competência pode ser delegada e avocada no âmbito interno da própria Administração Pública (tema que já foi tratado no item referente ao Poder Hierárquico), na forma dos arts. 11 a 17 da Lei n. 9.784/99.

Por fim, indubitável que a definição legal de competência pode ser extraída por via reflexa do disposto na alínea *a* do parágrafo único do art. 2º da Lei n. 4.717/65 (Lei da Ação Popular).

26.2.1.1. Incompetência

A incompetência foi definida na alínea *a* do parágrafo único do art. 2º da Lei n. 4.717/65 da seguinte forma: "a incompetência fica caracterizada quando o ato não se incluir nas atribuições legais do agente que o praticou".

A definição acima caracteriza o **excesso de poder**, pois o sujeito que praticou o ato ultrapassou a seu círculo legal de atribuições mesmo sendo agente público. O citado vício pode ser enquadrado como improbidade administrativa, na forma do inciso I do art. 11 da Lei n. 8.429/92.

Ao lado do excesso de poder, podem também, a depender do caso, macular a validade do ato administrativo o exercício da **função de fato** e a **usurpação de função pública**.

O exercício da função de fato pelo agente ou funcionário de fato (assunto que já foi abordado no item relativo ao Poder Hierárquico) configurará a falta de investidura, podendo gerar duplicidade de efeitos:

a) a validade, com base na teoria da aparência, do ato para os terceiros de boa-fé; e
b) a invalidade para os que não agiram de boa-fé.

A usurpação de função não somente gera a invalidade dos atos praticados, mas também tem consequências na esfera criminal. O art. 328 do CP estabelece o crime de usurpação de função pública. Eis a norma:

CAPÍTULO II – DOS CRIMES PRATICADOS POR PARTICULAR CONTRA A ADMINISTRAÇÃO EM GERAL
Usurpação de função pública
Art. 328 – Usurpar o exercício de função pública:
Pena – detenção, de três meses a dois anos, e multa.
Parágrafo único – Se do fato o agente aufere vantagem:
Pena – reclusão, de dois a cinco anos, e multa.

26.2.2. Forma

Os atos jurídicos regidos pelas normas de Direito Privado têm como elemento a forma prescrita ou não defesa em lei, sendo certo que no sistema privado há poucas limitações à criatividade dos sujeitos. Em regra, não há forma prescrita para a edição de atos jurídicos.

A forma garante **segurança jurídica** aos particulares. Apesar de, na maioria dos casos, não haver imposição, as partes estabelecem alguns procedimentos, processos e formas idôneos a garantir a segurança dos seus direitos.

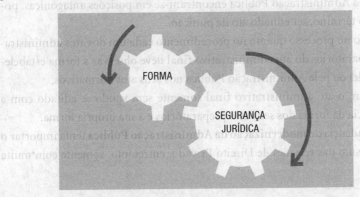

A existência de forma prescrita é regra na confecção de atos administrativos, tendo como funções assegurar a segurança jurídica e a observância, entre outros, dos princípios da legalidade, impessoalidade, moralidade e publicidade.

A **forma**, nas palavras de José Cretella Júnior[17], é o sinal tangível ou perceptível por meio do qual o ato revela-se fora do sujeito que o exprime. Não se trata de condição de existência do ato administrativo e sim de validade[18], pois todos os seus elementos estão no plano da validade.

Para Celso Antônio Bandeira de Mello[19], forma "é o revestimento exterior do ato; portanto, o modo pelo qual este aparece e revela a sua existência. A forma pode, eventualmente, não ser obrigatória, isto é, ocorrerá, por vezes, ausência de prescrição legal sobre forma determinada, exigida para a prática do ato. Contudo, não pode haver ato sem forma, porquanto o Direito não se ocupa de pensamentos ou intenções enquanto não traduzidas exteriormente. Ora, como a forma é o meio de exteriorização do ato, sem forma não pode haver ato".

O ato administrativo que não observa a forma estabelecida ou prescrita existe no mundo jurídico, podendo, inclusive, produzir efeitos, apesar de ser nulo por não ter ultrapassado a etapa da validade.

A edição de ato administrativo pode envolver procedimento ou até processo administrativo prévio. O procedimento é a série de atos concatenados, praticados pelas partes em colaboração, tendentes a um ato final dependente dos anteriores. O processo é a série de atos concatenados, praticados pelas partes em contraposição, tendentes a um ato final dependente dos anteriores.

Por exemplo, no procedimento relativo ao concurso público, os candidatos e a Administração Pública funcionam em colaboração, para que, ao fim, haja ato administrativo de nomeação. No processo administrativo disciplinar, o agente público e a Administração Pública encontram-se em posições antagônicas, podendo, ao término, ser editado ato de punição.

Tanto no processo quanto no procedimento cada um dos atos administrativos preparatórios do ato administrativo final deve observar a forma estabelecida pela lei ou pela Administração Pública nos seus atos normativos.

Assim, o ato administrativo final somente será válido se editado com a observância da forma dos seus atos preparatórios e a sua própria forma.

A tendência de **modernização da Administração Pública** tenta importar o informalismo das relações de Direito Privado, entretanto, somente com muita

---

[17] CRETELLA JÚNIOR, José. *Curso de direito administrativo*. 10. ed. rev. e atual. Rio de Janeiro: Forense, 1989.

[18] STJ, REsp 674.700/MG, rel. Min. José Arnaldo da Fonseca, 5ª Turma, julgado em 12-4-2005, *DJ* 16-5-2005, p. 395.

[19] MELLO, Celso Antônio Bandeira de. *Curso de direito administrativo*. 35. ed. São Paulo: Malheiros, 2021. p. 322-323.

reserva o legislador deve considerar essas brisas, visto que o Poder Constituinte Originário não parece, no art. 37, desejar a relativização da forma, dos procedimentos e processos administrativos.

Ao contrário do que entendem alguns autores, o art. 22 da Lei n. 9.784/99 não está relativizando o formalismo, mas apenas reafirmando o óbvio, pois, se a lei não exigir forma, de fato, a forma é livre. Eis o seu texto:

Art. 22. Os atos do processo administrativo não dependem de forma determinada senão quando a lei expressamente a exigir.

§1º Os atos do processo devem ser produzidos por escrito, em vernáculo, com a data e o local de sua realização e a assinatura da autoridade responsável.

§2º Salvo imposição legal, o reconhecimento de firma somente será exigido quando houver dúvida de autenticidade.

§3º A autenticação de documentos exigidos em cópia poderá ser feita pelo órgão administrativo.

§4º O processo deverá ter suas páginas numeradas sequencialmente e rubricadas.

A opção pelo **formalismo moderado** das manifestações de vontade da Administração Pública pode ser vista também no inciso IX do parágrafo único do art. 2º da Lei n. 9.784/99, ao afirmar que, nos processos administrativos, serão observados, entre outros, os critérios de adoção de formas simples, suficientes para propiciar adequado grau de certeza, segurança e respeito aos direitos dos administrados.

A regra, porém, é que a lei estabeleça a forma válida de edição do ato administrativo.

Maria Sylvia Zanella Di Pietro[20] lembra, com pertinência, que, excepcionalmente, admitem-se ordens verbais, gestos, apitos, sinais luminosos. Por exemplo, o agente de trânsito, conduzindo o fluxo de veículos. Há, ainda, casos excepcionais de cartazes e placas que expressam a vontade da Administração Pública.

26.2.2.1. Vício de forma

A alínea *b* do parágrafo único do art. 2º da Lei n. 4.717/65 aduz que: "o vício de forma consiste na omissão ou na observância incompleta ou irregular de formalidades indispensáveis à existência ou seriedade do ato".

Os **vícios de forma** podem ser divididos em dois grupos:

a) os vícios de forma **sanáveis** ou passivos de convalidação; e

b) os vícios de forma **insanáveis** ou que não comportam convalidação.

---

20 DI PIETRO, Maria Sylvia Zanella. *Direito administrativo*. 34. ed. Rio de Janeiro: Forense, 2021.

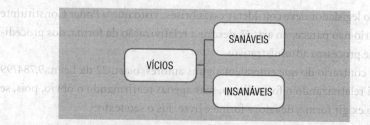

O **princípio da solenidade das formas** impõe que o ato administrativo seja normalmente escrito, registrado e publicado, não se admitindo no direito público o silêncio como forma de manifestação de vontade da administração. Ressalte-se que, na esfera privada, não há grande incidência deste princípio.

Contudo, com base no **princípio da instrumentalidade das formas**, estas não podem se sobrepor ao direito material a ser protegido.

Dessa maneira, se o vício de forma não gerar prejuízo aos interessados, não macular o interesse público nem violar comando essencial e inafastável da lei, os efeitos do ato administrativo poderão ser convalidados.

A forma, apesar de ser sempre um elemento vinculado do ato administrativo, pode ser relativizada nos casos acima, porém, se o ato administrativo formalmente viciado causar prejuízo ao particular, afastar-se do interesse público ou violar comando essencial e inafastável da lei, estar-se-á diante de um vício de forma insanável.

Exemplo de vício de forma sanável é efetivação da cessão de um servidor público federal através de instrução normativa ao invés de portaria, sabe-se que aquele instrumento não é o adequado para a cessão, por veicular normas gerais e mais abstrata, e que o §3º do art. 93 da Lei n. 8.112/90 exige que seja utilizada portaria para o caso. Todavia, a utilização do instrumento equivocado não gerou prejuízos ao interessado, não maculou o interesse público e não afrontou comando essencial e inafastável da lei, portanto, o vício de forma é sanável ou convalidável.

O mesmo não acontece no caso de rejeição de testemunha essencial para o esclarecimento dos fatos pelo acusado em processo administrativo disciplinar, pois se ficar comprovado o prejuízo à defesa, o vício formal relacionado às etapas de instrução não poderá ser convalidado.

26.2.3. Objeto

Nas relações jurídicas em geral, o objeto é o *"bem da vida"* que se coloca na relação entre dois ou mais sujeitos. A expressão "bem da vida" representa qualquer interesse juridicamente protegido.

O **objeto**, na linguagem técnico-jurídica, representa tudo aquilo que se coloca diante do sujeito[21]. O *objeto* é o efeito jurídico imediato que, na órbita administrativa, o sujeito pretende alcançar através de sua ação, sendo chamado também de conteúdo[22].

Celso Antônio Bandeira de Mello[23] chama o **objeto** de **conteúdo** do ato administrativo. Eis as suas palavras: "Conteúdo – normalmente designado objeto, por muitos doutrinadores – é aquilo que o ato dispõe, isto é, o que o ato decide, enuncia, certifica, opina ou modifica na ordem jurídica. É, em suma, a própria medida que produz a alteração na ordem jurídica. Em última instância, é o próprio ato, em sua essência".

Maria Sylvia Zanella Di Pietro[24] aduz que: "Objeto ou conteúdo é o efeito imediato que o ato produz. Sendo o ato administrativo espécie do gênero ato jurídico, ele só existe quando produz efeito jurídico, ou seja, quando, em decorrência dele, nasce, extingue-se, transforma-se um determinado direito. Esse efeito jurídico é o objeto ou conteúdo do ato jurídico".

O objeto deve ser:

a) **lícito**;
b) **moral**;
c) **possível**; e
d) **certo (determinado ou determinável)**.

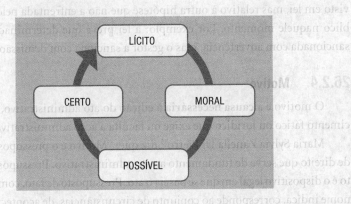

---

[21] CRETELLA JÚNIOR, José. *Curso de direito administrativo*. 10. ed. rev. e atual. Rio de Janeiro: Forense, 1989.
[22] STJ, RMS 17.375/AC, rel. Min. Denise Arruda, 1ª Turma, julgado em 6-3-2007, *DJ* 9-4-2007, p. 224.
[23] MELLO, Celso Antônio Bandeira de. *Curso de direito administrativo*. 35. ed. São Paulo: Malheiros, 2021.
[24] DI PIETRO, Maria Sylvia Zanella. *Direito administrativo*. 34. ed. Rio de Janeiro: Forense, 2021.

Não pode contrariar o ordenamento jurídico. Se o fizer, o ato não poderá ser classificado como jurídico e sim como ilícito. Tem que observar a moralidade administrativa estabelecida como princípio constitucional. Precisa ter eficácia técnica, não apenas eficácia jurídica e social, portanto, suscetível de ser realizado. Por fim, deve ser certo, precisando de maneira clara os fins colimados.

Por exemplo, o ato administrativo de demissão tem como objeto cessar a relação de labor do sujeito com o Estado; o ato administrativo de desapropriação tem como objeto reverter a propriedade do particular para o Estado.

Nos atos administrativos vinculados, normalmente, somente é ofertado um objeto pela lei. Já nos atos administrativos discricionários, há mais de um objeto para escolha com base nos critérios de conveniência e oportunidade.

26.2.3.1. Vício de objeto

A alínea *c* do parágrafo único do art. 2º da Lei n. 4.717/65 diz que: "a ilegalidade do objeto ocorre quando o resultado do ato importa em violação de lei, regulamento ou outro ato normativo".

O ato administrativo que for praticado com objeto não previsto em lei será nulo. Por exemplo: a aplicação de uma penalidade ao administrado não prevista em lei.

Também será nulo o ato administrativo que tenha optado por objeto previsto em lei, mas relativo a outra hipótese que não a enfrentada pelo gestor público naquele momento. Por exemplo: a lei prevê que determinada ação seja sancionada com advertência, mas o gestor a sanciona com demissão.

26.2.4. Motivo

O motivo é a **causa necessária** à edição do ato administrativo, é o acontecimento fático ou jurídico que exige ou faculta a ação administrativa.

Maria Sylvia Zanella Di Pietro[25] diz que: "Motivo é o pressuposto de fato e de direito que serve de fundamento ao ato administrativo. Pressuposto de direito é o dispositivo legal em que se baseia o ato. Pressuposto de fato, como o próprio nome indica, corresponde ao conjunto de circunstâncias, de acontecimentos, de situações que levam a Administração a praticar o ato".

---

[25] DI PIETRO, Maria Sylvia Zanella. *Direito administrativo*. 34. ed. Rio de Janeiro: Forense, 2021. p. 220.

Para Celso Antônio Bandeira de Mello[26], o motivo é o "pressuposto de fato que autoriza ou exige a prática do ato. É, pois, a situação do mundo empírico que deve ser tomada em conta para a prática do ato".

Ressalte-se que motivo e motivação não são, na linguagem técnica, sinônimos. Aquele é a situação que enseja a edição do ato administrativo. Esta é a justificação da existência do motivo (fato) e da adequação do ato editado para o fato aos postulados normativos (fundamento jurídico).

Dessa forma, a **motivação**, diferentemente do motivo, é a **razão ou justificativa de decidir**; representa a fundamentação fática e jurídica do ato implementado. Não é somente a exposição dos motivos, mas a explicação do objeto adotado em relação aos motivos observados. Deve ser exteriorizada antes ou durante a edição do ato, não podendo ser posterior, sob pena de invalidade.

No ato de punição de servidor público, o motivo é a infração cometida; no tombamento, o valor cultural do bem[27].

O motivo pode estar determinado na lei – ficando o Administrador Público, neste caso, vinculado ao estabelecido na norma – ou pode ser deixado pela lei a critério do agente, configurando-se a discricionariedade.

Exemplo clássico de ato administrativo discricionário é a exoneração de ocupante de cargo em comissão, inclusive dispensa qualquer motivação. Não é necessária a existência de causa fática para a exoneração nem é preciso qualquer justificativa ou fundamentação para o ato.

Contudo, o motivo fatalmente existirá, mas, em muitos casos, poderá fazer parte da esfera íntima da autoridade. A perda de confiança do superior em seu subordinado apresenta-se como algo bastante subjetivo.

Não se concebe ato administrativo sem motivo. Caso contrário, a Administração Pública estaria atuando sem o antecedente lógico da sua ação e editando ato administrativo como um fim em si mesmo.

Gize-se que o caso da exoneração *ad nutum* tem previsão constitucional, art. 37, II, e representa exceção à necessidade de fundamentação dos atos discricionários, pois, apesar de poder ser realizada segundo critérios próprios do Administrador Público, não é necessária motivação para o ato.

---

[26] MELLO, Celso Antônio Bandeira de. *Curso de direito administrativo*. 35. ed. São Paulo: Malheiros, 2021. p. 325.

[27] DI PIETRO, Maria Sylvia Zanella. *Direito administrativo*. 34. ed. Rio de Janeiro: Forense, 2021.

26.2.4.1. Vício de motivo

A alínea *d* do art. 2º da Lei n. 4.717/65 afirma que: "a inexistência dos motivos se verifica quando a matéria de fato ou de direito, em que se fundamenta o ato, é materialmente inexistente ou juridicamente inadequada ao resultado obtido".

O **motivo inexistente** é aquele que não encontra correspondência com o mundo dos fatos. As normas jurídicas descrevem hipóteses que são extraídas dos acontecimentos vividos pelo ser humano.

Exemplo de motivo inexistente é a aplicação de multa de trânsito em determinados momento e local, onde efetivamente o veículo não estava por encontrar-se em outro Estado da federação.

O **motivo ilegítimo ou inadequado** é aquele que, apesar de representar um fato existente, não poderia desencadear a consequência ou resultado visto.

Exemplo de motivo ilegítimo é a aplicação da penalidade de demissão por abandono de cargo a servidor que não está comparecendo à repartição pública em virtude de doença incapacitante. O motivo não legitima a aplicação de sanção disciplinar.

26.2.5. Finalidade

A finalidade é o **objetivo** relacionado ao **interesse público** que a Administração pretende alcançar.

José dos Santos Carvalho Filho[28] diz que a "finalidade é o elemento pelo qual todo ato administrativo deve estar dirigido ao interesse público. Realmente, não se pode conceber que o administrador, como gestor de bens e interesses da coletividade, possa estar voltado a interesses privados".

Segundo Maria Sylvia Zanella Di Pietro[29], a finalidade é o resultado que a Administração Pública pretende alcançar.

Celso Antônio Bandeira de Mello[30] afirma que a finalidade é o pressuposto teleológico do ato administrativo.

Todos os atos da Administração Pública, sejam administrativos ou sob o regime jurídico de Direito Privado, têm como objetivo principal e mediato a satisfação ou preservação do interesse público.

---

[28] CARVALHO FILHO, José dos Santos. *Manual de direito administrativo*. 35. ed. Barueri: Atlas, 2021. p. 131.

[29] DI PIETRO, Maria Sylvia Zanella. *Direito administrativo*. 34. ed. Rio de Janeiro: Forense, 2021.

[30] MELLO, Celso Antônio Bandeira de. *Curso de direito administrativo*. 35. ed. São Paulo: Malheiros, 2021.

A finalidade pode ser dividida em:

a) **finalidade geral, genérica ou mediata**, aquela prevista para todas as condutas da Administração Pública, qual seja: a satisfação e a preservação do interesse público; e

b) **finalidade específica ou imediata**, aquela relacionada ao objetivo específico do ato. Por exemplo: no ato de nomeação de servidor, preenchimento da vaga na Administração Pública.

FINALIDADE	GERAL, GENÉRICA OU MEDIATA
	ESPECÍFICA OU IMEDIATA

26.2.5.1. Desvio de finalidade ou desvio de poder

A alínea *e* do parágrafo único do art. 2º da Lei n. 4.717/65 tem o seguinte texto: "o desvio de finalidade se verifica quando o agente pratica o ato visando a fim diverso daquele previsto, explícita ou implicitamente, na regra de competência".

Dessa forma, extrai-se que não há falar em atendimento à finalidade se o ato for praticado com fim diverso, pois terá havido desvio de finalidade[31].

O desvio de finalidade pode ter as seguintes espécies:

a) **desvio de finalidade geral**, ocorre quando o agente público, completamente alheio ao interesse público, pratica o ato com o objetivo de atingir interesse privado; e

b) **desvio de finalidade específico**, acontece quando o agente público edita o ato formalmente relacionado a algum interesse público, mas com fim diverso estabelecido na regra de competência.

Exemplo da primeira espécie de desvio de finalidade é a remoção de servidor público apenas para facilitar os seus encontros amorosos com uma namorada.

Exemplo da segunda espécie de desvio de finalidade pode ser visto, no julgamento do RMS 26.965/RS, do STJ, percebe-se que o administrador público utilizou objeto possível e, em certos casos, discricionário – a remoção – com objetivo pessoal de punir a servidora pública, inclusive sem o manto do contraditório e da ampla defesa.

---

[31] STJ, RMS 26.965/RS, rel. Min. Napoleão Nunes Maia Filho, 5ª Turma, julgado em 16-10-2008, *DJe* 10-11-2008.

A finalidade da remoção é atender ao interesse público de continuidade e eficiência do órgão envolvido e não de sancionar a servidora e, ainda que este desejo não esteja claro, deve ser nulificado o ato. Não há dúvida de que o interesse público de sancionar somente poderá surgir com a violação a um dos deveres funcionais, portanto inexistindo violação, não haverá o interesse público.

De fato, a demissão de servidor público é objeto juridicamente possível, mas, ainda que observadas as regras procedimentais, se for implementada para a satisfação de interesse pessoal do superior, o ato será reputado nulo por **desvio de finalidade,** apesar não haver vício no seu objeto.

Observe-se que o desvio de finalidade pode estar mascarado na aparente legalidade do objeto, portanto, a verificação da validade do ato administrativo deve ser criteriosa e pautar-se sempre na busca de conclusões lógicas, razoáveis e proporcionais para bem relacionar o motivo ao objeto pretendido.

A finalidade nada mais é do que a confrontação do objeto com o interesse público, representando a qualificação do objeto.

26.2.6. Causa

Deve ser ressaltado, por fim, que certos autores incluem a causa como o sexto elemento do ato administrativo, conceituando-a como a relação de adequação existente entre o pressuposto de fato e o conteúdo do ato. Entretanto, a causa não pode ser uma relação, pois é um acontecimento, um fato, que se enquadrado à norma pode gerar consequência jurídica.

A relação é, em verdade, o nexo causal entre o fato e a consequência, sendo certo que a causa confunde-se com o motivo do ato administrativo. Por isso, aqui não será, a despeito de prestigiados autores, considerada elemento do ato administrativo.

Celso Antônio Bandeira de Mello[32] não trata a causa como elemento do ato administrativo, mas a classifica como seu pressuposto. Afirma o mencionado autor que: "Com efeito: motivo é o pressuposto de fato; causa é a relação entre ele e o conteúdo do ato em vista da finalidade que a lei lhe assinou como própria. (...) Através da causa vai-se examinar se os motivos em que se calçou o agente, ainda que não previstos em lei, guardam nexo lógico de pertinência com a decisão tomada, em face da finalidade que, de direito, cumpre atender".

---

[32] MELLO, Celso Antônio Bandeira de. *Curso de direito administrativo.* 35. ed. São Paulo: Malheiros, 2021. p. 334.

26.3. FASES DE CONSTITUIÇÃO DO ATO ADMINISTRATIVO

26.3.1. Perfeição

A **perfeição do ato administrativo** é, como já foi dito, o esgotamento de todas as fases previstas e necessárias para a sua edição; trata-se de conclusão do ciclo formal de gênese que lhe foi imposto.

Celso Antônio Bandeira de Mello[33] diz que: "O ato administrativo é perfeito quando esgotadas as fases necessárias à sua produção. Portanto, ato perfeito é o que completou o ciclo necessário à sua formação. Perfeição, pois, é a situação do ato cujo processo de formação está concluído".

Observe-se que a perfeição não se confunde com a validade, pois a primeira não pressupõe a inexistência de vícios e a segunda atesta que todas as fases foram superadas sem vícios.

Dessa maneira, o ato pode ser perfeito e inválido, pois, apesar de ter sido cumprido ou terminado o seu ciclo de formação, houve vício ou ilegalidade em uma ou algumas das etapas.

Para ilustrar podem ser analisados dois automóveis do mesmo modelo em uso diário.

O primeiro não tem qualquer falha ou erro de montagem, sendo, portanto, perfeito e válido por terem sido observadas todas as normas do manual de montagem.

O segundo, apesar de estar rodando, não teve os seus amortecedores e suspensão encaixados da maneira exigida pelas normas do manual de montagem, sendo, por consequência, perfeito, mas inválido.

O ato administrativo imperfeito é aquele que não ultrapassou todas as suas fases de criação.

Ressalte-se que o conceito de perfeição do ato administrativo não leva em conta o conceito natural de perfeição como se concebe no dia a dia. Na linguagem cotidiana, a perfeição envolve ou indica tanto o esgotamento do ciclo de criação quanto a observância de tudo que foi estabelecido com norma de criação.

Isto posto, a perfeição do ato administrativo não corresponde ao uso cotidiano da palavra "perfeição".

---

[33] MELLO, Celso Antônio Bandeira de. *Curso de direito administrativo*. 35. ed. São Paulo: Malheiros, 2021. p. 316.

26.3.2. Validade

A **validade ou regularidade** é o atributo do ato administrativo de ter sido editado com a mais estrita observância ao que fora estabelecido nas normas que disciplinam a sua edição em todas as etapas.

Sob outro prisma, a validade é a completa adequação da fase de criação do ato administrativo ao ordenamento jurídico. São considerados, entre outros, requisitos de validade do ato administrativo os seguintes elementos: a competência, a forma, o motivo, o objeto e a finalidade. A publicação também pode ser listada como um dos requisitos de validade.

Segundo Celso Antônio Bandeira de Mello[34], o ato administrativo é válido quando foi expedido em absoluta conformidade com as exigências do sistema normativo. Vale dizer, quando se encontra adequado aos requisitos estabelecidos pela ordem jurídica. Validade, por isso, é a adequação do ato às exigências normativas.

A validade da proposição jurídica pode ser vista como o vínculo estabelecido entre a sua existência, considerada na sua totalidade lógico-sintática, e o sistema de Direito posto, de modo que ela é válida se pertencer ao sistema, mas para pertencer a tal sistema dois aspectos devem ser observados: a adequação aos processos anteriormente estabelecidos para a criação da proposição jurídica e a competência do órgão criador.

Outro aspecto de aferição de validade da proposição jurídica é a dedutibilidade. Assim, oportuna faz-se a invocação de alguns aspectos da dinâmica jurídica, visto que a dedução acontece quando o sistema atesta a validade de uma proposição, inclusive ato administrativo, como consequência lógica das normas hierarquicamente superiores.

Assim, a validade de ato administrativo remonta às suas normas de produção anteriores, de maneira a formar uma concatenada cadeia até chegar à CF/88.

Para Paulo de Barros Carvalho[35], a **validade é a relação de pertinência da proposição com o sistema**, sendo que de tal afirmação podem ser vistos dois aspectos já tratados, a dedutibilidade extraída da dinâmica jurídica e a conformidade com os processos e órgãos estabelecidos pela Norma Maior.

A **validade não se confunde com a vigência**, uma vez que pode haver ato administrativo válido sem que esteja vigente; isso ocorre claramente quando se vislumbra a estipulação de entrada em vigor em data posterior à sua edição.

---

[34] MELLO, Celso Antônio Bandeira de. *Curso de direito administrativo*. 35. ed. São Paulo: Malheiros, 2021.

[35] CARVALHO, Paulo de Barros. *Curso de direito tributário*. 16. ed. São Paulo: Saraiva, 2004.

A **vigência** representa a característica temporal ou circunstancial de obrigatoriedade da observância de uma determinada norma, ou seja, é a qualidade da norma que permite a sua incidência no meio social.

O ato administrativo perde a vigência quando outro o modifica ou o revoga, salvo nos casos em que se destina à vigência temporária, estipulada no seu próprio texto ou em norma de hierarquia superior.

26.3.3. Eficácia

A **eficácia do ato administrativo** é a sua idoneidade ou potencialidade para provocar – através do enquadramento de um fato aos fatos jurídicos descritos hipoteticamente – as reações prescritas no consequente normativo ou no ordenamento jurídico. A eficácia deriva diretamente dos efeitos da imputação normativa, partindo-se logicamente da relação de "dever-ser".

A conceituação da eficácia do ato administrativo é o aspecto mais importante e difícil para o aplicador do Direito, dado que, enquanto alguns afirmam que vigência e eficácia se confundem (positivistas), há outros que alegam ser a eficácia imprescindível à validade (realistas). A maioria distingue os três institutos e alguns, como Paulo de Barros Carvalho[36], subdividem a eficácia em:

a) técnica;
b) jurídica; e
c) social.

O jurista Paulo de Barros Carvalho[37] traça esquema conceitual para os institutos tratados que se encaixa perfeitamente à teoria do positivismo analítico. Eis os conceitos: "Firmemos estes conceitos: 'validade' é a relação de pertinencialidade de uma norma 'n' com o sistema jurídico 's'. 'Vigência' é atributo de norma válida (norma jurídica), consistente na prontidão de produzir os efeitos para os quais está preordenada, tão logo aconteçam os fatos nela descritos, -podendo ser plena ou parcial (só para fatos passados ou só para fatos futuros, no caso de regra

---

[36] CARVALHO, Paulo de Barros. *Curso de direito tributário*. 16. ed. São Paulo: Saraiva, 2004.
[37] CARVALHO, Paulo de Barros. *Curso de direito tributário*. 16. ed. São Paulo: Saraiva, 2004.

nova). 'Eficácia técnica' é a qualidade que a norma ostenta, no sentido de descrever fatos que, uma vez ocorridos, tenham aptidão de irradiar efeitos jurídicos, já removidos os obstáculos materiais ou as impossibilidades sintáticas (na terminologia de Tércio). 'Eficácia jurídica' é o predicado dos fatos jurídicos de desencadearem as consequências que o ordenamento prevê. E, por fim, a 'eficácia social', como a produção concreta de resultados na ordem dos fatos sociais. Os quatro primeiros são conceitos jurídicos que muito interessam à Dogmática, ao passo que o último é do campo da Sociologia, mais precisamente da Sociologia Jurídica".

Em resumo, a validade do ato administrativo representa a observância pelo órgão normativamente competente do processo ou procedimento estabelecido por norma anterior para a sua edição. A eficácia jurídica é a idoneidade para produzir os efeitos desejados.

Deve ser ressaltado que a **condição** suspensiva e a estipulação de **termo** inicial obstam a eficácia do ato administrativo, pois, como foi dito, a eficácia é a **idoneidade** para produzir os efeitos.

26.3.3.1. Efeitos

Os **efeitos dos atos administrativos**, segundo Celso Antônio Bandeira de Mello[38], podem ser típicos (próprios) ou atípicos. Os primeiros decorrem do seu conteúdo específico, direto, e os segundos não.

São espécies de efeitos:

a) **próprios ou típicos**; e
b) **impróprios ou atípicos**:
b.1) **reflexos**; e
b.2) **prodrômicos**.

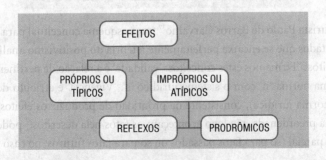

---

[38] MELLO, Celso Antônio Bandeira de. *Curso de direito administrativo*. 35. ed. São Paulo: Malheiros, 2021.

26.3.3.1.1. Efeito típico

O **efeito típico** é o efeito esperado direta e ordinariamente pelo ato administrativo. Por exemplo, um ato de exoneração de um servidor efetivo tem como efeito típico o desligamento do servidor, mas não produz apenas esse efeito, ensejando a interrupção dos descontos consignados em folha que o servidor contratou com determinado agente financeiro (efeito atípico).

Celso Antônio Bandeira de Mello[39] continua ao afirmar que os atípicos podem ser preliminares (prodrômicos) ou reflexos.

26.3.3.1.2. Efeito atípico reflexo

O **efeito atípico reflexo** é aquele que se estende para atingir outras relações jurídicas eventualmente existentes que não tenham relevância para ato administrativo em questão. Tem-se como exemplo a interrupção do desconto de empréstimo consignado no contracheque do servidor que foi demitido; o efeito típico da demissão foi encerrar o vínculo entre o servidor e a Administração Pública, e não alterar a forma de pagamento contratualmente avençada entre a instituição financeira e o ex-servidor.

26.3.3.1.3. Efeito atípico prodrômico

O **efeito atípico prodrômico** corrobora a tese de que condição suspensiva não obsta a eficácia atípica do ato administrativo, pois tal efeito existe "enquanto perdura a situação de pendência do ato, isto é, durante o período que intercorre desde a produção do ato até o desencadeamento de seus efeitos típicos"[40].

Aduz o mestre sobre o efeito atípico prodrômico que "serve de exemplo, no caso dos atos sujeitos a controle por parte de outro órgão, o dever-poder que assiste a este último de emitir o ato controlador que funciona como condição de eficácia do ato controlado. Portanto, foi efeito atípico preliminar do ato controlado acarretar para o órgão controlador o dever-poder de emitir o ato de controle".

Deve ser ressaltado que mesmo na hipótese de a condição suspensiva estar relacionada a fatos da natureza, a idoneidade do ato administrativo para produzir efeitos não estará condicionada, mas apenas a sua efetiva consumação será escrava da condição.

---

[39] MELLO, Celso Antônio Bandeira de. *Curso de direito administrativo*. 35. ed. São Paulo: Malheiros, 2021.

[40] MELLO, Celso Antônio Bandeira de. *Curso de direito administrativo*. 35. ed. São Paulo: Malheiros, 2021. p. 318.

26.3.4. Conclusão

Isto posto, chega-se à conclusão que ato administrativo pode ter, após esgotado o seu ciclo de criação, as seguintes configurações (classificação de Celso Antônio Bandeira de Mello[41]):

a) **perfeito, válido e eficaz** – quando, concluído o seu ciclo de formação, encontra-se plenamente ajustado às exigências legais de todas as suas fases e está disponível para deflagração dos efeitos que lhe são típicos;

b) **perfeito, válido e ineficaz** – quando, concluído seu ciclo de formação e, apesar de estar em conformidade com as exigências legais, não se encontra produzindo os efeitos que lhes seriam inerentes em decorrência de condição suspensiva ou termo inicial;

c) **perfeito, inválido e eficaz** – quando, concluído o seu ciclo de formação e não tendo observado os requisitos legais, encontra-se, em virtude da presunção de legitimidade, apto para eclosão dos seus efeitos típicos, mas pode ser declarado nulo e retirado do ordenamento jurídico; e

d) **perfeito inválido e ineficaz** – quando, esgotado o seu ciclo de formação, encontra-se em desconformidade com a ordem jurídica, não se encontra apto para eclosão dos seus efeitos típicos e pode ser declarado nulo e retirado do ordenamento jurídico.

PERFEITO	VÁLIDO	EFICAZ	– CUMPRIU TODAS AS ETAPAS – OBSERVOU AS NORMAS DE PRODUÇÃO – PRODUZIU EFEITOS
PERFEITO	VÁLIDO	INEFICAZ	– CUMPRIU TODAS AS ETAPAS – OBSERVOU AS NORMAS DE PRODUÇÃO – NÃO PRODUZIU EFEITOS
PERFEITO	INVÁLIDO	EFICAZ	– CUMPRIU TODAS AS ETAPAS – NÃO OBSERVOU AS NORMAS DE PRODUÇÃO – PRODUZIU EFEITO COM BASE NA PRESUNÇÃO DE LEGITIMIDADE
PERFEITO	INVÁLIDO	INEFICAZ	– CUMPRIU TODAS AS ETAPAS – NÃO OBSERVOU AS NORMAS DE PRODUÇÃO – NÃO PRODUZIU EFEITOS

---

[41] MELLO, Celso Antônio Bandeira de. *Curso de direito administrativo*. 35. ed. São Paulo: Malheiros, 2021. p. 318.

26.4. ATRIBUTOS

26.4.1. Veracidade

A atuação da Administração Pública é, em regra, pautada em um fato concreto que, segundo o comando legal, exige a sua conduta.

Nem todos os fatos são relevantes para o ordenamento jurídico e, por vezes, um fato pode ser relevante sob certas circunstâncias e irrelevante sob outras.

O espirro humano, por exemplo, é, normalmente, irrelevante para o Direito. Contudo, se o condutor de um veículo automotor, durante o seu uso, espirrar e, em virtude do fato, matar um pedestre, ter-se-á um espirro juridicamente relevante.

O Poder Público, por ser o criador das normas jurídicas, não pode violá-las, sob pena de conduta contraditória e infringência ao princípio da boa-fé.

Dessa maneira, espera-se que a Administração Pública aja com lealdade e, em virtude dessa expectativa, o ordenamento jurídico atribui aos seus atos a presunção de veracidade.

A **presunção de veracidade** está relacionada ao fato que serviu de motivo para a conduta do agente público, sendo a desnecessidade de a Administração Pública provar que o fato existiu e transcorreu da maneira alegada.

Segundo Maria Sylvia Zanella Di Pietro[42], a **presunção de veracidade** diz respeito aos fatos; em decorrência desse atributo, presumem-se verdadeiros os fatos alegados pela Administração. Assim ocorre em relação às certidões, atestados, declarações, informações por ela fornecidos, todos dotados de **fé-pública**.

A presunção de veracidade dos fatos é **relativa** (*juris et jure*), ou seja: admite prova em contrário.

A Administração Pública fica dispensada de provar, todo o tempo, a veracidade dos fatos, porém, se o particular demonstrar, a inexistência ou a desconformidade com o que foi relatado, a presunção em tela é afastada. O **ônus da prova** é do particular.

Decorrem, de acordo com Maria Sylvia Zanella Di Pietro[43], os seguintes efeitos da presunção de veracidade:

a)   enquanto não decretada a invalidade do ato pela própria Administração ou pelo Judiciário, ele produzirá efeitos da mesma forma que o ato válido, devendo ser cumprido;

---

[42]   DI PIETRO, Maria Sylvia Zanella. *Direito administrativo*. 34. ed. Rio de Janeiro: Forense, 2021.

[43]   DI PIETRO, Maria Sylvia Zanella. *Direito administrativo*. 34. ed. Rio de Janeiro: Forense, 2021.

b) o Judiciário não pode apreciar *ex officio* a validade do ato; sabe-se que, em relação ao ato jurídico de direito privado, o art. 146 do CC determina que as nulidades absolutas podem ser alegadas por qualquer interessado ou pelo Ministério Público, quando lhe couber intervir; e

c) a presunção de veracidade inverte o ônus da prova.

26.4.2. Legitimidade

A **legitimidade** do ato administrativo é a presunção *juris tantum* da sua conformidade com a lei.

Esse **atributo** é consectário do princípio da segurança jurídica e do princípio da eficácia, visto que não é dado aos administrados opor questionamentos infundados acerca dos atos administrativos[44].

O ato administrativo é editado sob o império da lei, sob a égide do Estado de Direito, sendo que os seus prolatores têm poderes-deveres para a sua edição e gozam, em regra, de fé pública no desempenho das suas atribuições.

A legitimidade somente poderá ser afastada pela própria Administração Pública ou pelo Poder Judiciário e, em casos específicos, pelo Poder Legislativo, mas não diretamente pelos administrados.

Outra consequência da **presunção relativa** de legitimidade é a inversão do ônus de provar a ilegalidade do ato administrativo para quem a alega, sendo que, até a declaração de ilegalidade, o ato terá eficácia plena[45].

Uma das demonstrações da natureza relativa da legitimidade é a possibilidade trazida pelo inciso IV do art. 116 da Lei n. 8.112/90 de ser afastado o dever de cumprir ordens superiores quando forem manifestadamente ilegais. Eis o texto: "Art. 116. São deveres do servidor: (...) IV – cumprir as ordens superiores, exceto quando manifestamente ilegais".

Apesar de alguns autores entenderem que "legitimidade" e "veracidade" são vocábulos sinônimos, Maria Sylvia Zanella Di Pietro[46] afirma, como já foi acima demonstrado, que a legitimidade diz respeito à conformidade do ato com a lei e a **veracidade** diz respeito aos fatos.

---

[44] STJ, EDcl nos EDcl no AgRg nos EDcl no Ag 794.901/SP, rel. Min. Sidnei Beneti, 3ª Turma, julgado em 5-8-2008, *DJe* 22-8-2008.

[45] STJ, RMS 22.806/AM, rel. Min. Humberto Martins, 2ª Turma, julgado em 8-5-2007, *DJ* 23-5-2007, p. 250.

[46] DI PIETRO, Maria Sylvia Zanella. *Direito administrativo*. 34. ed. Rio de Janeiro: Forense, 2021.

26.4.3. Imperatividade

A **imperatividade** decorre da natureza potestativa do ato administrativo. A edição do ato administrativo ilustra o poder de sujeição que a Administração Pública impõe ao administrado. A imperatividade, ou coercibilidade, é o efeito de sujeição de terceiro à vontade do Estado, independentemente da concordância daquele.

A Administração Pública tem o poder-dever de impor a sua vontade unilateralmente, sem que terceiro tenha praticado qualquer ilícito.

Há atos administrativos que dispensam este atributo, em virtude da sua própria natureza excluir a sujeição e da conjugação do interesse público com o interesse privado. Não há falar em imperatividade, por exemplo, nas licenças, autorizações e permissões.

Afirma-se que a imperatividade é a característica que diferencia o ato administrativo do ato jurídico privado, entretanto, existem atos jurídicos privados decorrentes de direito potestativo que impõem deveres a outrem independentemente da sua vontade.

Não se vislumbra apenas um atributo que possa diferenciar o ato administrativo dos atos jurídicos privados, mas conjunto de atributos que pode ser extraído do regime jurídico-administrativo.

Não se trata de imposição unilateral apenas de obrigações, mas sim de deveres. Observe-se que as obrigações são prestações de cunho patrimonial ou aferíveis economicamente e que os deveres englobam as prestações das obrigações e as que não têm conteúdo patrimonial ou econômico.

A imperatividade representa o poder-dever de impor unilateralmente deveres a terceiros. Renato Alessi[47] chama tal prerrogativa de **poder extroverso**.

Oswaldo Aranha Bandeira de Mello[48] afirma que a exigibilidade ou imperatividade do ato administrativo consiste na sua qualidade inerente de obrigar terceiro a se comportar em conformidade com o por ele disposto, a sujeitar-se aos seus ditames. Na verdade, a idoneidade jurídica do ato administrativo de ser exigível deflui da sua presunção de verdade, salvo prova em contrário, com referência a terceiros, sem necessidade de juízo probatório preventivo da sua validade, o que é chamado pelos autores franceses de *privilège du préalable*.

Apesar do entendimento acima de que exigibilidade e imperatividade são sinônimos, alguns autores afirmam que a imperatividade impõe e a **exigibilida-**

---

[47] ALESSI, Renato. *Principi di diritto amministrativo*. Milano: Giuffrè, 1974.

[48] MELLO, Oswaldo Aranha Bandeira de. *Princípios gerais de direito administrativo*. 2. ed. Rio de Janeiro: Forense, 1979.

444 CURSO DE DIREITO ADMINISTRATIVO

de enseja o poder de exigir com o uso de meios indiretos de coerção (por exemplo: multas ou outras penalidades administrativas); outros[49] lecionam que a exigibilidade é um aspecto da autoexecutoriedade.

26.4.4. Autoexecutoriedade

O não cumprimento espontâneo dos deveres impostos unilateralmente pela Administração Pública faz surgir o seu poder-dever de autoexecutoriedade dos atos administrativos, visto que os administrados não podem opor obstáculos à executoriedade dos comandos administrativos que prescindem, observados os direitos fundamentais estabelecidos na CF/88, de pronunciamento judicial.

A **autoexecutoriedade**[50] é o poder-dever da Administração Pública, com base no regime jurídico-administrativo, de executar diretamente os seus atos administrativos independentemente da tutela judicial, o que é chamado pelos autores franceses de *privilége d´action d´office*.

Nas palavras de Maria Sylvia Zanella Di Pietro[51], a autoexecutoriedade consiste em atributo pelo qual o ato administrativo pode ser posto em execução pela própria Administração Pública, sem necessidade de intervenção do Poder Judiciário.

Segundo a mencionada autora, somente será visto o atributo em tela nos seguintes casos:

a) quando expressamente prevista em lei. Em matéria de contrato, por exemplo, a Administração Pública dispõe de várias medidas autoexecutórias, como a retenção da caução, a utilização dos equipamentos e instalações do contratado para dar continuidade à execução do contrato, a encampação etc., também em matéria de polícia administrativa, a lei prevê medidas autoexecutórias, como apreensão de mercadorias, o fechamento de casas noturnas, a cassação de licença para dirigir;

b) quando se tratar de medida urgente que, caso não adotada de imediato, possa ocasionar prejuízo maior para o interesse público; isso acontece no âmbito também da polícia administrativa, podendo-se citar, como -exem-

---

[49] Por exemplo: DI PIETRO, Maria Sylvia Zanella. *Direito administrativo*. 34. ed. Rio de Janeiro: Forense, 2021.

[50] STJ, REsp 696.993/SP, rel. Min. Eliana Calmon, 2ª Turma, julgado em 6-12-2005, *DJ* 19-12-2005, p. 349.

[51] DI PIETRO, Maria Sylvia Zanella. *Direito administrativo*. 34. ed. Rio de Janeiro: Forense, 2021.

plo, a demolição de prédio que ameaça ruir, o internamento de pessoa com doença contagiosa, a dissolução de reunião que ponha em risco a segurança de pessoas e coisas.

Não há falar em autoexecutoriedade quando a Carta Maior estabelece submissão da restrição ao devido processo legal, ao contraditório e à ampla defesa, visto que a unilateralidade do ato administrativo impossibilita a observância de tais liberdades públicas.

O inciso LIV do art. 5º do Estatuto Maior é claro ao afirmar: "Art. 5º Todos são iguais perante a lei, sem distinção de qualquer natureza, garantindo-se aos brasileiros e aos estrangeiros residentes no país a inviolabilidade do direito à vida, à liberdade, à igualdade, à segurança e à propriedade, nos termos seguintes: (...) LIV – ninguém será privado da liberdade ou de seus bens sem o devido processo legal".

A privação da liberdade tratada no citado inciso diz respeito aos ilícitos penais, portanto, as outras liberdades públicas podem ser atingidas pela autoexe-cutoriedade do ato administrativo.

Já em relação à privação dos bens somente serão autoexecutáveis os atos administrativos que tenham como escopo a preservação de valor considerado pela CF/88 mais relevante do que o direito de propriedade, *v. g.*, o direito à vida. Portanto, em regra, não é autoexecutável ato administrativo relativo à privação de bens.

Não há falar em observância do devido processo legal quando prédio em ruínas está em vias de desabamento, pois as consequências da não atuação imediata da Administração Pública podem afetar o direito à vida e o direito à integridade física que, constitucionalmente, são mais relevantes do que o direito de propriedade.

Afinal, na forma do inciso XXIII do art. 5º da CF/88, a propriedade deve atender a sua função social, não sendo crível que tal função poderá estar dissociada da preservação do direito à vida.

As **multas** impostas pela administração não são autoexecutáveis, pois, apesar de serem aplicadas com base no *jus imperium*[52] da Administração Pública, a sua execução implica invasão do patrimônio do devedor, que somente pode ser implementada pelo Poder Judiciário.

Outro exemplo de limitação à autoexecutoriedade é a desapropriação, visto que somente judicialmente pode ser invertida a propriedade, caso o proprietário não esteja de acordo.

---

[52] Poder de império.

O inciso XXV do art. 5º da CF/88 ilustra caso clássico de possibilidade de autoexecução de ato administrativo, pois, apesar de importar privação temporária de bem, representa exceção constitucional à necessidade do devido processo legal. Eis a norma:

> XXV – no caso de iminente perigo público, a autoridade competente poderá usar de propriedade particular, assegurada ao proprietário indenização ulterior, se houver dano.

De fato, os atos administrativos editados com base no poder de polícia são os mais ilustrativos da autoexecutoriedade[53].

Oswaldo Aranha Bandeira de Mello[54] classifica a autoexecutoriedade em duas espécies: imprópria (ou parcial) e própria (ou integral).

a) **imprópria ou parcial,** quando compete à Administração Pública formar o título jurídico exigível, mas a eficácia, pela execução, é feita perante a autoridade judicial. Exemplo: a constituição da certidão de dívida ativa não tributária na forma da Lei n. 6.830/80.

b) **própria ou integral,** quando competir à Administração Pública não só formar o título, mas também proceder à execução.

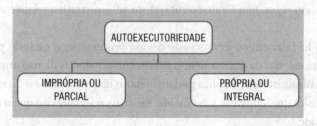

No primeiro caso, a maioria dos autores, com razão, entende não haver autoexecutoriedade.

Martine Lombard[55] diz que: "A 'força executória' das decisões administrativas não significa que a Administração Pública dispõe, em regra, do poder de recorrer à execução forçada de suas decisões. Ao contrário, a regra é que a Administração Pública não pode valer-se da força para executar as suas decisões,

---

[53] STJ, MC 4.193/SP, rel. Min. Laurita Vaz, 2ª Turma, julgado em 25-6-2002, DJ 26-8-2002, p. 188.
[54] MELLO, Oswaldo Aranha Bandeira de. *Princípios gerais de direito administrativo*. 2. ed. Rio de Janeiro: Forense, 1979
[55] LOMBARD, Martine. *Droit administratif*. 4. ed. Paris: Dalloz, 2001.

salvo em certos casos que se constituem em exceções a esta regra, exceções que devem, em virtude da sua natureza, ser entendidas estritamente".

A evolução dos direitos fundamentais de primeira geração tem limitado a autoexecutoriedade dos atos administrativos, entretanto tal poder, quando usado em situações justificadas pela urgência e irreversibilidade do potencial dano, é fundamental para a pacificação social e para a satisfação do interesse público.

26.4.5. Tipicidade

Maria Sylvia Zanella Di Pietro[56] lista também como atributo do ato administrativo, além da presunção de legitimidade, da imperatividade e da autoexecutoriedade, a **tipicidade** que, segundo as suas palavras, seria o atributo pelo qual o ato administrativo deve corresponder a figuras definidas previamente pela lei como aptas a produzir determinadas consequências. No entanto, o conteúdo da tipicidade confunde-se com o princípio da legalidade administrativa.

A mencionada autora aduz que a tipicidade somente existe com relação aos atos unilaterais; não existe nos contratos porque, com relação a eles, não há imposição de vontade da Administração, que depende sempre da aceitação do particular; nada impede que as partes convencionem um contrato inominado, desde que atenda melhor ao interesse público e ao interesse privado.

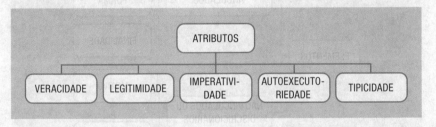

26.5. MÉRITO DO ATO ADMINISTRATIVO. MOTIVAÇÃO E TEORIA DOS MOTIVOS DETERMINANTES

26.5.1. Mérito do ato administrativo

O **mérito do ato administrativo** é o juízo de valor adotado, considerados os motivos e o interesse público, para a escolha do objeto a ser realizado pela Administração Pública.

---

[56] DI PIETRO, Maria Sylvia Zanella. *Direito administrativo*. 34. ed. Rio de Janeiro: Forense, 2021.

A realização deste juízo de valor deve ser autorizada pela lei e deve ser feita com base em critérios de conveniência e oportunidade, observados os princípios da proporcionalidade e da razoabilidade.

O mérito decorre da possibilidade de escolha do objeto, podendo ensejar, inclusive, a ausência de escolha, portanto somente será vislumbrado nos atos administrativos discricionários. Nos atos administrativos vinculados, não há falar em mérito, em virtude da impossibilidade de escolha.

Na prática, o mérito apresenta-se como a ponderação pessoal objetiva da autoridade administrativa sobre determinados fatos, que a levam a decidir num sentido ou noutro e, até mesmo, a nada decidir[57].

Saliente-se que nos atos administrativos discricionários os elementos que fazem parte do juízo meritório são os que embasam a sua natureza, quais sejam, o **motivo** e o **objeto**. Já a **competência**, a **finalidade** e a **forma** são elementos vinculados tanto nos atos administrativos vinculados quanto nos atos administrativos discricionários.

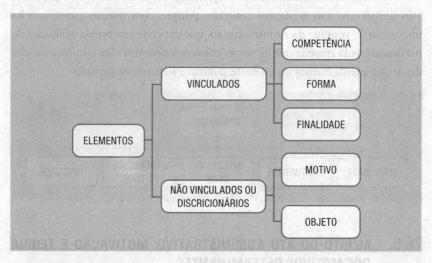

A **conveniência** e a **oportunidade** no agir estão ligadas à valoração do motivo e à escolha do objeto, mas estarão sempre limitadas pelo interesse público, pela razoabilidade e pela proporcionalidade.

---

[57] CRETELLA JÚNIOR, José. *Curso de direito administrativo*. 10. ed. rev. e atual. Rio de Janeiro: Forense, 1989.

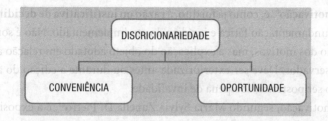

O Poder Judiciário não pode sindicar *o mérito do ato administrativo, salvo para aferir a legalidade, a proporcionalidade, a razoabilidade e a sua relação com os elementos da realidade*, **pois, se o Poder Legislativo, através de lei, facultou à Administração Pública a adoção de uma conduta dentre outra ou outras possíveis, não poderá um Poder indiretamente legitimado, e que também está adstrito à lei, afastar os comandos legislativos.**

A insindicabilidade do mérito do ato administrativo pelo Poder Judiciário[58] é decorrência do disposto no art. 2º da CF/88: "Art. 2º São Poderes da União, independentes e harmônicos entre si, o Legislativo, o Executivo e o Judiciário".

O Poder Judiciário pode julgar a legalidade do ato, mas, obviamente, dentro das balizas impostas pela lei. No ato administrativo discricionário, a opção da Administração Pública já não mais encontra confronto apenas com a norma e sim com a conveniência e com a oportunidade, inacessíveis, em regra, ao controle judicial.

A competência, a forma, a finalidade, a proporcionalidade e a razoabilidade[59] dos atos administrativos discricionários podem ser sindicadas pelo magistrado.

Assim, o mérito do ato administrativo (motivo e objeto) não pode, em regra, ser escrutinado, sendo certo que o magistrado, ao invadir o mérito fora das exceções possíveis, termina por usurpar competência exclusiva da Administração Pública.

26.5.2. Motivação e teoria dos motivos determinantes

26.5.2.1. Motivação

A motivação dos atos administrativos decorre do princípio da motivação. Dessa forma, faz-se necessário repetir, nesta parte, algumas informações já lançadas quando se tratou daquele princípio.

---

[58] STJ, REsp 973.686/PR, rel. Min. Humberto Martins, 2ª Turma, julgado em 15-9-2009, *DJe* 30-9-2009.

[59] STJ, MS 13.742/DF, rel. Min. Mauro Campbell Marques, 1ª Seção, julgado em 9-9-2009, *DJe* 21-9-2009.

A **motivação**[60] é, como já foi dito, a **razão ou justificativa de decidir**; representa a fundamentação fática e jurídica do ato implementado. Não é somente a exposição dos motivos, mas a explicação do objeto adotado em relação aos motivos observados. Deve ser exteriorizada antes ou durante a edição do ato, não podendo ser posterior, sob pena de invalidade.

A motivação, segundo Maria Sylvia Zanella Di Pietro[61], é a exposição dos motivos, ou seja, é a demonstração, por escrito, de que os pressupostos de fato realmente existiram. A motivação diz respeito às formalidades do ato, que integram o próprio ato, vindo sob a forma de "**consideranda**"; outras vezes, está contida em parecer, laudo, relatório, emitido pelo próprio órgão expedidor do ato ou por outro órgão técnico ou jurídico, hipótese em que o ato se remete a esses atos precedentes.

O §1º do art. 50 da Lei n. 9.784/99 apresentou a **motivação aliunde** ao permitir que o agente público na sua atuação administrativa possa decidir apenas, declarando concordância com fundamentos de anteriores pareceres, informações, decisões ou propostas que, neste caso, tornar-se-ão parte integrante do ato. Assim, a motivação deve ser explícita, clara e congruente, podendo consistir em declaração de concordância com fundamentos de anteriores pareceres, informações, decisões ou propostas, que, neste caso, serão parte integrante do ato.

Com o objetivo de racionalizar a Administração Pública e dar vazão às decisões relativas às demandas de massa, o §2º do artigo acima estabeleceu que, na solução de vários assuntos da mesma natureza, pode ser utilizado meio mecânico que reproduza os fundamentos das decisões, desde que não prejudique direito ou garantia dos interessados.

Outra especificidade trazida pelo citado artigo é que a motivação das decisões de órgãos colegiados e comissões ou de decisões orais constará da respectiva ata ou de termo escrito (§3º).

Inicialmente, os doutrinadores entendiam que o ato administrativo discricionário, por implicar opção com base na conveniência e na oportunidade, deveria ser motivado e que o ato administrativo vinculado, por encetar comando fechado da lei, prescindia de motivação.

Entretanto, observando que a motivação engloba também a exposição circunstanciada dos fatos (causas) que ensejaram a aplicação da lei, os doutrinado-

---

[60] STJ, MS 9.944/DF, rel. Min. Teori Albino Zavascki, 1ª Seção, julgado em 25-5-2005, *DJ* 13-6-2005, p. 157.

[61] DI PIETRO, Maria Sylvia Zanella. *Direito administrativo*. 34. ed. Rio de Janeiro: Forense, 2021.

res passaram a entender que, no Estado Democrático de Direito, inclusive para ilustrar a correta aplicação da lei aos fatos, os atos administrativos vinculados também deveriam ser motivados.

Como já foi dito, apesar desta evolução pautada nos conceitos de Estado Democrático de Direito e República, houve clara **involução legislativa** no Direito Administrativo nacional com a edição dos incisos I a VIII do art. 50 da Lei n. 9.784/99:

> Art. 50. Os atos administrativos deverão ser motivados, com indicação dos fatos e dos fundamentos jurídicos, quando:
> I – neguem, limitem ou afetem direitos ou interesses;
> II – imponham ou agravem deveres, encargos ou sanções;
> III – decidam processos administrativos de concurso ou seleção pública;
> IV – dispensem ou declarem a inexigibilidade de processo licitatório;
> V – decidam recursos administrativos;
> VI – decorram de reexame de ofício;
> VII – deixem de aplicar jurisprudência firmada sobre a questão ou discrepem de pareceres, laudos, propostas e relatórios oficiais;
> VIII – importem anulação, revogação, suspensão ou convalidação de ato administrativo.
> §1º A motivação deve ser explícita, clara e congruente, podendo consistir em declaração de concordância com fundamentos de anteriores pareceres, informações, decisões ou propostas, que, neste caso, serão parte integrante do ato.
> §2º Na solução de vários assuntos da mesma natureza, pode ser utilizado meio mecânico que reproduza os fundamentos das decisões, desde que não prejudique direito ou garantia dos interessados.
> §3º A motivação das decisões de órgãos colegiados e comissões ou de decisões orais constará da respectiva ata ou de termo escrito.

Tal artigo representa *cópia* adequada ao ordenamento jurídico nacional e aos dias atuais do art. 1º da Lei francesa n. 79-587, de 11-7-1979, a propósito:

> Les personnes physiques ou morales ont le droit d'être informées sans délai des motifs des décisions administratives individuelles défavorables qui les concernent.
> A cet effet, doivent être motivées les décisions qui:
> – restreignent l'exercice des libertés publiques ou, de manière générale, constituent une mesure de police;
> – infligent une sanction;
> – subordonnent l'octroi d'une autorisation à des conditions restrictives ou imposent des sujétions;
> – retirent ou abrogent une décision créatrice de droits;
> – opposent une prescription, une forclusion ou une déchéance;
> – refusent un avantage dont l'attribution constitue un droit pour les personnes qui remplissent les conditions légales pour l'obtenir;

452 CURSO DE DIREITO ADMINISTRATIVO

– refusent une autorisation, sauf lorsque la communication des motifs pourrait être de nature à porter atteinte à l'un des secrets ou intérêts protégés par les dispositions des deuxième à cinquième alinéas de l'article 6 de la loi n. 78-753 du 17 juillet 1978 portant diverses mesures d'amélioration des relations entre l'administration et le public[62].

Faz-se novamente a seguinte pergunta:

Ora, dispensam motivação os atos administrativos que concedem, ampliam ou resguardam direitos ou interesses do administrado?

Claro que, apesar de tais atos administrativos não estarem listados no artigo acima, o princípio constitucional da impessoalidade (art. 37, *caput*) exige que a Administração Pública exponha as suas justificativas[63].

Além disso, há atos administrativos discricionários que não foram listados no art. 50 da Lei n. 9.784/99 e, mesmo nos atos administrativos vinculados, o correto enquadramento dos fatos à lei deve ser exposto.

Exemplo de ato administrativo que, segundo os incisos I a VIII do artigo acima citado, não precisa ser motivado é o que – na avaliação de servidor público para a percepção de gratificação dependente de desempenho – lhe atribua a nota máxima.

A sociedade não faz jus à motivação do ato administrativo que atribuiu nota máxima na avaliação do servidor público e que gera dispêndio de recurso financeiro seu?

---

[62] "As pessoas físicas ou morais têm o direito de ser informadas imediatamente das razões das decisões administrativas individuais desfavoráveis que lhes digam respeito.

Para este efeito, devem ser fundamentadas as decisões que:

– restrinjam o exercício de liberdades públicas ou, de maneira geral, constituam uma medida de polícia;

– apliquem uma sanção;

– subordinem a concessão de uma autorização a condições restritivas ou imponham sujeições;

– retirem ou revoguem decisões constitutivas de direito;

– oponham-se a uma prescrição, a uma exclusão ou a uma caducidade;

– recusem uma vantagem em que a atribuição constitua um direito para as pessoas que implementaram as condições legais de obtenção;

– recusem uma autorização, exceto quando a divulgação dos motivos possa servir para enfraquecer um dos segredos ou interesses protegidos pelas disposições dos parágrafos segundo ao quinto do art. 6º da Lei n. 78-753, de 17 de julho 1978, que estabelece várias medidas para melhorar as relações entre a administração e o público."

[63] STJ, REsp 623.069/MG, rel. Min. José Arnaldo da Fonseca, 5ª Turma, julgado em 4-10-2005, *DJ* 14-11-2005, p. 377.

É cristalino que os princípios do art. 37 da CF/88 exigem tal motivação, portanto não há dúvida de que o sistema jurídico pátrio, a despeito dos incisos I a VIII do art. 50 da Lei n. 9.784/99, exige motivação de todos os atos administrativos, salvo aqueles que a própria Carta Maior a dispensou, por exemplo, o ato administrativo de exoneração *ad nutum*.

Novamente, saliente-se, porém, que o STJ utiliza a sistemática dos incisos I a VIII do art. 50 da Lei n. 9.784/99.

26.5.2.2. Teoria dos motivos determinantes

Como já foi dito, o motivo é a causa ou acontecimento fático ou jurídico que, relevante para o Direito, inicia a atuação da Administração Pública.

A **teoria dos motivos determinantes** ilustra que os atos administrativos, ainda que independam de motivação, quando motivados ficam vinculados aos motivos ou causas expostos.

Há dois aspectos da teoria:

(i) **nos atos que dependem de motivação**, os fatos narrados vinculam a Administração Pública; e

(ii) **nos que independem de motivação**, se narrados fatos, a Administração Pública a eles se vincula.

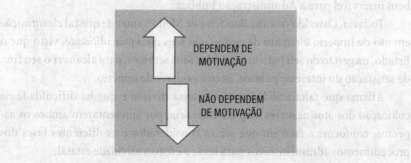

Se falsos ou inexistentes os fatos alegados, restará nulo o ato administrativo, em virtude da inexistência ou falsidade de um dos seus elementos, qual seja, o motivo[64].

A CF/88 estabelece no inciso II do seu art. 37 que os cargos em comissão são exoneráveis *ad nutum*, ou seja, independentemente de motivação[65]. Contudo, se o superior hierárquico dispensar o ocupante de cargo em comissão sob a ale-

---

[64] STJ, RMS 19.013/PR, rel. Min. Laurita Vaz, 5ª Turma, julgado em 1º-10-2009, *DJe* 3-11-2009.
[65] STJ, MS 8.958/DF, rel. Min. Paulo Medina, 3ª Seção, julgado em 14-12-2005, *DJ* 20-2-2006, p. 200.

gação de cometimento de ato de improbidade administrativa (Lei n. 8.429/92), o motivo elencado determinará a validade do ato administrativo de exoneração.

Ressalte-se que, se restar comprovada a inexistência do ato de improbidade, o ato de exoneração será nulo, mas, se o superior o dispensar sem elencar qualquer motivo – ainda que, intimamente, desconfie da prática de improbidade –, o ato administrativo de dispensa será válido.

26.6. CLASSIFICAÇÃO DOS ATOS ADMINISTRATIVOS

26.6.1. Ato de império, ato de gestão e ato de mero expediente (quanto ao objeto)

O **ato administrativo de império**[66] é o praticado pela Administração Pública, inclusive nas suas relações contratuais, baseado nos poderes outorgados pelo regime jurídico-administrativo. Por exemplo, a edição de um auto de infração para aplicação de multa de trânsito.

O **ato administrativo de gestão**[67] é o praticado pela Administração Pública sob o regime jurídico de direito privado, equiparando-se aos administrados. Ressalte-se que mesmo quando se equipara aos particulares, o Estado busca a satisfação do interesse público. Afirma-se que o ato de gestão é praticado para a gestão do patrimônio e serviços estatais. Por exemplo, a alienação ou doação de bem inservível para a Administração Pública.

Todavia, Oswaldo Aranha Bandeira de Mello[68] entende que tal *classificação* em ato de império e em ato de gestão não tem qualquer *utilidade*, visto que o Estado, na gestão do seu patrimônio e dos seus serviços, para alcançar o seu fim, de satisfação do interesse público, exerce poderes de império.

Afirma que falta *utilidade prática* nessa divisão e que há dificuldade na colocação dos atos nesta ou naquela categoria, por apresentarem ambos os aspectos, conforme a face em que sejam considerados e as diferentes fases dos procedimentos administrativos para levar a efeito a atividade estatal.

Há quem mencione a existência de **atos administrativos de mero expediente**, entretanto, ao conceituá-los, citam ações de mera execução material decorrentes de atos verdadeiramente administrativos.

---

[66] STJ, REsp 647.440/CE, rel. Min. Eliana Calmon, 2ª Turma, julgado em 17-4-2007, *DJ* 30-4-2007, p. 300.

[67] STJ, RMS 20.400/RJ, rel. Min. Maria Thereza de Assis Moura, 6ª Turma, julgado em 29-9-2009, *DJe* 19-10-2009.

[68] MELLO, Oswaldo Aranha Bandeira de. *Princípios gerais de direito administrativo*. 2. ed. Rio de Janeiro: Forense, 1979.

Assim, se fosse possível qualificar as ações de mera execução material como atos administrativos, as tarefas de limpeza e organização física realizadas pela Administração Pública teriam esta natureza.

Chega-se, por consequência, à conclusão lógica que atos ou ações de mero expediente não são atos administrativos.

Exemplos de ato de mero expediente são o cadastramento de processos ou procedimentos em sistemas informatizados e autuação e a numeração das suas páginas.

26.6.2. Ato administrativo vinculado e discricionário (quanto à liberdade na edição)

A edição de ato administrativo vinculado ou de ato administrativo discricionário é embasada nos poderes vinculado e discricionário. Assim, para efeito de fixação do conteúdo, cabe, neste ponto, a transcrição de tudo que foi dito em relação àqueles poderes.

O **ato administrativo vinculado**[69] é aquele editado *sem* que a lei tenha estabelecido qualquer outra *opção* além do que prescreveu. A observância ao que fora estabelecido na lei é ponto comum a qualquer ato administrativo, portanto o que o diferencia do ato administrativo discricionário é a inexistência de opção.

Hely Lopes Meirelles[70] diz que o **poder vinculado ou regrado** é aquele que o Direito Positivo – a lei – confere à Administração Pública para a prática de ato de sua competência, determinando os elementos e requisitos necessários à sua formalização.

Aduz o mestre que: "Nestes atos, a norma legal condiciona sua expedição aos dados constantes de seu texto. Daí se dizer que tais atos são vinculados ou regrados, significando que, na sua prática, o agente público fica inteiramente preso ao enunciado da lei, em todas as suas especificações. Nessa categoria de atos administrativos a liberdade de ação do administrador é mínima, pois terá que se ater à enumeração minuciosa do Direito Positivo para realizá-los eficazmente. Deixando de atender a qualquer dado expresso na lei, o ato é nulo, por desvinculado do seu tipo-padrão. Elementos vinculados serão sempre a competência, a finalidade e a forma, além de outros que a norma legal indicar para a consecução do ato. Realmente, ninguém pode exercer poder administrativo sem

---

[69] STJ, RMS 19.996/RJ, rel. Min. Og Fernandes, 6ª Turma, julgado em 10-11-2009, *DJe* 30-11-2009.

[70] MEIRELLES, Hely Lopes; BURLE FILHO, José Emannuel. *Direito administrativo brasileiro*. 42. ed. São Paulo: Malheiros, 2016. p. 139.

competência legal, ou desviado de seu objetivo público, ou com preterição de requisitos ou do procedimento estabelecido em lei, regulamento ou edital. Relegado qualquer desses elementos, além de outros que a norma exigir, o ato é nulo, e assim pode ser declarado pela própria Administração ou pelo Judiciário, porque a vinculação é matéria de legalidade (v. cap. IV, item VI)".

Exemplo de ato administrativo vinculado é o que outorga licença[71], pois a Administração Pública, desde que preenchidos todos os requisitos normativos, não tem a faculdade de não editar o ato. Contudo, algumas licenças concedidas a servidores públicos, *v. g.*, a licença para capacitação do art. 87 e a licença para tratar de interesses particulares do art. 91, ambos da Lei n. 8.112/90, são atos administrativos discricionários.

Apesar de os autores clássicos não tratarem de **graus de vinculação** do ato administrativo, Gustavo Binenbojm[72] defende a sua existência ao afirmar que "ao maior ou menor grau de vinculação do administrador à juridicidade corresponderá, via de regra, maior ou menor grau de controlabilidade judicial de seus atos. Não obstante, a definição da densidade do controle não segue uma lógica puramente normativa (que se restrinja à análise dos enunciados normativos incidentes no caso), mas deve atentar também para os procedimentos adotados pela Administração e para as competências e responsabilidades dos órgãos decisórios, compondo a pauta para um critério que se poderia intitular de jurídico-procedimentalmente adequado".

O **ato administrativo discricionário** é aquele editado com a adoção de uma das **opções estabelecidas pela lei**. Jamais se afastará da lei, ao contrário, sempre serão observados os seus comandos. Para o ato administrativo discricionário, a lei estabelece mais de uma solução a ser adotada pelo agente público, sendo que a **dinâmica dos fatos** ilustrará qual a hipótese mais conveniente e oportuna para a satisfação do interesse público naquele caso.

José Cretella Júnior[73] ilustra que o poder discricionário enseja certa margem de desvinculação do agente, permitindo-lhe a formulação de juízo de valor, síntese convergente de uma série infinita de operações emotivo-intelectivas, que dão como resultado, na prática, o pronunciamento administrativo, a ação ou a

---

[71] STJ, REsp 664.689/RJ, rel. Min. Luiz Fux, 1ª Turma, julgado em 17-5-2005, *DJ* 20-6-2005, p. 150.

[72] BINENBOJM, Gustavo. *Uma teoria do direito administrativo*. Rio de Janeiro: Renovar, 2006. p. 240.

[73] CRETELLA JÚNIOR, José. *Curso de direito administrativo*. 10. ed. rev. e atual. Rio de Janeiro: Forense, 1989.

inércia, a palavra ou o silêncio. O agente administrativo deve mesmo ter sensibilidade para *ajustar a ação administrativa ao meio*.

Martine Lombard[74] afirma que: "Uma autoridade administrativa dispõe de um poder discricionário quando ela tem a faculdade de escolher entre várias decisões que estão todas conforme a legalidade. Ela fica então livre para apreciar a oportunidade, em função das circunstâncias, da solução que lhe parece mais adequada à situação, a legislação em vigor lhe permite uma margem de autonomia a esse respeito".

A discricionariedade na Administração Pública ilustra bem a **revolta dos fatos contra as leis**. A dinâmica dos fatos que eclodem diariamente no seio da sociedade jamais será – ainda que em país de inflação legislativa – acompanhada pela produção legislativa, visto que o legislador, apesar de ser dotado de diversos poderes no Estado de Direito, não tem o dom da previsão dos fatos futuros ou das técnicas vindouras.

Ciente da sua incapacidade e da necessidade de ação do agente público, o legislador estabelece, em determinados casos, uma **pauta aberta** com mais de uma solução; ressalte-se que essa margem de liberdade não tem como objetivo outorgar poder ilimitado ao Administrador Público, mas tem como escopo melhor atender ao interesse público.

Não há qualquer margem para a arbitrariedade, pois a liberdade de escolha outorgada pela lei tem que observar a conveniência e a oportunidade para a satisfação das finalidades públicas e não dos interesses pessoais daqueles que detêm tal poder-dever.

A discricionariedade, adverte Maria Sylvia Zanella Di Pietro[75], ainda pode dizer respeito à escolha entre o agir e o não agir; se, diante de certa situação, a Administração Pública está obrigada a adotar determinada providência, a sua atuação é vinculada; se ela tem possibilidade de escolher entre atuar ou não, existe discricionariedade. Sirva de exemplo o caso de ocorrência de ilícito administrativo: a Administração é obrigada a apurá-lo e a punir os infratores, sob pena de condescendência criminosa (art. 320 do CP). Em outro caso: realizada uma licitação, a Administração pode ter de optar entre a celebração do contrato ou a revogação da licitação, segundo razões de interesse público devidamente demonstradas.

A discricionariedade pode não estar clara na lei, advindo da imprecisão linguística do conceito colocado pelo texto legal. Neste caso, serão os **conceitos**

---

[74] LOMBARD, Martine. *Droit administratif.* 4. ed. Paris: Dalloz, 2001.

[75] DI PIETRO, Maria Sylvia Zanella. *Direito administrativo.* 34. ed. Rio de Janeiro: Forense, 2021.

jurídicos indeterminados que atribuirão liberdade dentro da norma ao agente público.

Pode ser vista também a discricionariedade quando a imprecisão dos valores técnicos impossibilitar a estipulação de uma pauta fechada pelo legislador. Observe-se que a discricionariedade técnica (imprecisão dos valores técnicos) não é o mesmo que a discricionariedade decorrente de conceitos jurídicos indeterminados (imprecisão linguística).

Por conceitos jurídicos indeterminados, Engisch[76] entende ser aqueles de conteúdo e extensão, em larga medida, incertos. Tais conceitos possibilitam extensa margem de valoração pessoal ou autônoma, portanto ensejam juízos discricionários para o aplicador do Direito.

Sérvulo Correia[77] diz que os conceitos jurídicos indeterminados são aqueles cujo âmbito apresenta-se, em medida apreciável, incerto, mostrando apenas uma definição ambígua dos pressupostos a que o legislador conecta certo efeito de Direito. Apesar da definição pioneira, Correia considera apenas os efeitos externos quando apresenta a sua concepção de conceitos jurídicos indeterminados.

Melhor é a definição de Eduardo Garcia de Enterría e Tomás-Ramón Fernández[78], pois eles mostram que os conceitos jurídicos determinados delimitam o âmbito da realidade a que se referem de maneira precisa e inequívoca, enquanto nos indeterminados a norma se refere a esfera de realidade cujos limites não aparecem bem precisos em seu enunciado.

A imprecisão do conceito pode ser gerada por problemas linguísticos, mas pode ser criada também pelo intercâmbio dos valores eleitos pela sociedade através dos tempos e pela evolução das formas dentro de uma mesma sociedade.

Tem-se como exemplo de conceito jurídico indeterminado, que se transformou com base na mudança de valores, o de "mulher honesta", afinal o que era considerado como "mulher honesta" no início do século passado não se compatibiliza com a época atual. Como exemplo de conceito jurídico indeterminado ligado à mudança de forma, pode ser citado o próprio conceito de residência, que em cidades do Japão, de muita densidade populacional, compreende até gavetas habitáveis.

---

[76] ENGISCH, Karl. *Introdução ao pensamento jurídico.* Trad. João Baptista Machado, 6. ed. Lisboa: Fundação Calouste Gulbenkian, 1988. p. 208.

[77] CORREIA, José Manuel Sérvulo. *Interpretação administrativa das leis*: a feitura das leis. Oeiras: INA, 1986, v. II, p. 36.

[78] DE ENTERRÍA, Eduardo Garcia; FERNÁNDEZ, Tomás-Ramón. *Curso de derecho administrativo.* 4. ed. Madrid: Civitas, 1994, v. I.

O art. 78 do CTN, que define o poder de polícia, autoriza o seu uso, por exemplo, na regulação da prática ou abstenção de fato relacionado aos costumes. Não há dúvida de que o conceito jurídico de costume atual não é o mesmo da época da edição do CTN, 25-10-1966.

Existe também a imprecisão linguística. Por exemplo, a expressão "fundação pública" pode, como já foi dito, ensejar diversas interpretações pelo Administrador público.

Em relação à imprecisão técnica, tem-se que a previsibilidade pelo legislador da ação a ser adotada no caso de uma praga assolar determinada lavoura é limitada, somente sendo possível precisar a sua abrangência durante o ataque e através de dados extremamente técnicos.

Exemplo de ato administrativo discricionário é autorização[79], visto que não basta o preenchimento de todos os requisitos normativos. A outorga precisa ser conveniente e oportuna para a Administração Pública em face do interesse público. Outro exemplo é a remoção de servidor público *ex officio,* pois poderá ser efetivada pela Administração Pública em caso de conveniência e oportunidade.

26.6.3. Ato administrativo geral e individual (quanto aos destinatários)

O **ato administrativo geral ou normativo** assemelha-se, sob o aspecto material, à lei, pois é **abstrato**, não tem destinatário específico, apesar de valer para todos os abarcados nas situações fáticas ou jurídicas que descreve, e tem finalidade normativa.

É, em regra, inatacável por via judicial[80], salvo, de forma mediata, quando implementadas as suas situações concretas. Entretanto é, na forma da alínea *a* do inciso I do art. 102 da CF/88, objeto do controle concentrado de constitucionalidade.

O exemplo clássico deste tipo de ato administrativo é o regulamento, mas quaisquer outros atos administrativos normativos da Administração Pública podem ter tal qualificação. A distribuição das atribuições nos Ministérios de Estado é, *v. g.,* veiculada através de decreto regulamentar, bem como a situação jurídica do estrangeiro no Brasil foi regulamentada pelo Decreto n. 86.715/81. Ambos, atos administrativos gerais.

---

[79] STJ, MS 11.057/DF, rel. Min. Eliana Calmon, 1ª Seção, julgado em 26-4-2006, *DJ* 5-6-2006, p. 231.

[80] STJ, RMS 2.403/RJ, rel. Min. Pedro Acioli, 6ª Turma, julgado em 30-6-1993, *DJ* 23-8-1993, p. 16.591.

O **ato administrativo individual ou concreto** é o que tem destinatário ou destinatários certos e já especificados pelo seu texto, *toca situações fáticas ou jurídicas de pessoas devidamente discriminadas.*

Os seus efeitos, em regra, abarcam apenas as pessoas indicadas nos seus textos, tem-se como exemplo de atos administrativos individuais os decretos ou portarias de nomeação e exoneração de servidor público.

Apesar desta classificação, há autor que defende a existência dos **atos administrativos coletivos, plúrimos ou múltiplos**, fazendo a seguinte diferenciação:

a) quando se vislumbra apenas um destinatário, **o ato é individual ou singular**; e

b) quando se percebe um grupo específico ou mais de um destinatário, **o ato é coletivo, plúrimo ou múltiplo.**

26.6.4. Ato administrativo interno e externo (quanto ao alcance)

O **ato administrativo interno** é o que tem como escopo a produção de *efeitos endógenos*, ou seja, dentro da própria Administração Pública, seja em relação aos seus agentes, aos seus órgãos, às suas entidades ou ao ente federativo[81]. Não produz, em regra, efeitos em relação aos estranhos à estrutura administrativa.

Pode ser geral ou individual. Dentre os gerais, tem-se decreto ou portaria que fixa atribuições orgânicas e, dentre os individuais, a portaria ou decreto de movimentação de servidor público.

Dificilmente o ato administrativo interno gera direitos subjetivos ou restringe direitos dos administrados, podendo apenas afetar as suas esferas jurídicas de maneira ocasional e mediata.

O **ato administrativo externo** é o que tem como escopo a produção de *efeitos exógenos*, ou seja, os seus efeitos são sentidos fora do corpo da Administração Pública pelos administrados ou tenham repercussão além dos seus muros.

Ainda que não atinja os administrados pode ser considerado também ato administrativo externo o que deva produzir efeitos fora da repartição.

Pode ser também geral ou individual. Dentre os gerais, podem ser citados os regulamentos editados com base no poder de polícia administrativa e, dentre os individuais, as autorizações e licenças concedidas pela Administração Pública.

---

[81] STJ, HC 14.338/SP, rel. Min. José Arnaldo da Fonseca, 5ª Turma, julgado em 5-12-2000, *DJ* 5-3-2001, p. 195.

26.6.5. Ato administrativo simples, complexo e composto (quanto à manifestação da vontade)

A classificação do ato administrativo como simples, complexo ou composto diz respeito à sua formação tocando o elemento competência.

O **ato administrativo simples**[82] é o editado por *um só órgão* da Administração Pública, seja unipessoal ou colegiado.

Por exemplo, quando a Presidência da República edita ato administrativo sem que, para a sua validade e perfeição, seja necessária a manifestação de vontade de outro órgão ou agente público. Trata-se de um órgão simples ou unipessoal editando um ato administrativo simples.

A Câmara de Comércio Exterior – CAMEX, órgão colegiado integrante do Conselho de Governo, tem por objetivo a formulação, adoção, implementação e a coordenação de políticas e atividades relativas ao comércio exterior de bens e serviços, incluindo o turismo. É integrada pelo Ministro do Desenvolvimento, Indústria e Comércio Exterior, que a preside, pelos Ministros Chefe da Casa Civil, das Relações Exteriores, da Fazenda, da Agricultura, Pecuária e Abastecimento e do Planejamento, Orçamento e Gestão.

Contudo, a CAMEX representa, na estrutura do Conselho de Governo, apenas um órgão, logo os seus atos administrativos relativos ao comércio exterior são simples.

Os atos administrativos de nomeação de servidores públicos dos Ministérios são atos simples editados pelos titulares das respectivas pastas, que são órgãos unipessoais.

O **ato administrativo complexo** é formado pela *união de vontades* de mais de um órgão. Tal congregação de vontades funde-se para formar apenas um ato.

Não há dúvida de que os órgãos formadores do ato final podem ser colegiados ou unipessoais. Podem, inclusive, fazer parte de pessoas jurídicas de direito público diversas.

José Cretella Júnior[83] afirma que: "De um modo mais concreto, a escolha de nome para as altas funções de Ministro do STF é feita por meio de ato complexo, ou seja, tem início na vontade do Presidente da República, que depois envia mensagem para o Congresso Nacional. Aprovando este a designação pre-

---

[82] STJ, MS 6.604/DF, rel. Min. Milton Luiz Pereira, 1ª Seção, julgado em 13-9-2000, *DJ* 13-11-2000, p. 129.

[83] CRETELLA JÚNIOR, José. *Curso de direito administrativo*. 10. ed. rev. e atual. Rio de Janeiro: Forense, 1989.

sidencial, volta a mensagem ao Presidente que, então, nomeia o indicado, pessoa escolhida entre os cidadãos maiores de trinta e cinco anos, de notável saber jurídico e reputação ilibada (art. 118, parágrafo único)[84]. Eis aqui exemplo prático de ato complexo, do qual participam dois poderes, o Executivo e o Legislativo".

Saliente-se que alguns autores classificam o ato de nomeação de Ministro do STF como ato composto.

Outro exemplo de ato administrativo complexo, na forma da jurisprudência do STF[85] e da jurisprudência dominante do STJ[86], é a aposentadoria, pois somente se aperfeiçoa com o registro perante o Tribunal de Contas, havendo a vontade do órgão da Administração Pública e a vontade daquela Corte de Contas.

O **ato administrativo composto**[87] é o emanado da vontade de apenas um órgão, mas que depende da verificação de outro ou outros para que o seu ciclo de validade e perfeição seja formado, tornando-se exequível. Há apenas uma vontade, sendo que o ato posterior é apenas uma ratificação.

A relação entre a vontade do órgão principal e o órgão ratificador, proponente ou que homologa, é de acessoriedade, não existe simetria ou igualdade entre as suas manifestações.

O ato acessório de homologação é o ato vinculado pelo qual a Administração Pública concorda com ato jurídico já praticado, uma vez verificada a consonância dele com os requisitos legais condicionadores de sua válida emissão[88].

O ato administrativo composto não se confunde com o procedimento administrativo, visto que aquele possui um ou alguns poucos atos acessórios e este possui diversos atos acessórios. Todavia, o legislador, por vezes, trata-os como sinônimos. Segue o parágrafo único do art. 4º da Lei n. 8.666/93:

> Art. 4º Todos quantos participem de licitação promovida pelos órgãos ou entidades a que se refere o art. 1º têm direito público subjetivo à fiel observância do pertinente procedimento estabelecido nesta lei, podendo qualquer cidadão acompanhar o seu desenvolvimento, desde que não interfira de modo a perturbar ou impedir a realização dos trabalhos.

---

[84] Constituição de 1967 com a emenda de 1969.

[85] STF, MS 25697, rel. Min. Cármen Lúcia, Tribunal Pleno, julgado em 17-2-2010, *DJe*-040 5-3-2010, republ. *DJe*-045 12-3-2010.

[86] STJ, AgRg no REsp 1068703/SC, rel. Min. Laurita Vaz, 5ª Turma, julgado em 19-2-2009, *DJe* 23-3-2009.

[87] STJ, REsp 711.812/SP, rel. Min. Luiz Fux, 1ª Turma, julgado em 4-8-2005, *DJ* 29-8-2005, p. 194.

[88] MELLO, Celso Antônio Bandeira de. *Curso de direito administrativo*. 35. ed. São Paulo: Malheiros, 2021.

Parágrafo único. **O procedimento licitatório previsto nesta lei caracteriza ato administrativo formal**, seja ele praticado em qualquer esfera da Administração Pública. (grifo)

Exemplo de ato administrativo composto é o decreto do Presidente da República previsto no inciso IV do art. 84 da CF/88 que, na forma do inciso I do parágrafo único do art. 87 da Carta Maior, precisa ser referendado pelo ministro de Estado da respectiva pasta.

Não há, neste caso, como equiparar a ação do Presidente da República com a ação do seu ministro, sendo a primeira principal e a segunda meramente acessória ou homologatória. Entretanto, há autores que defendem a classificação do decreto presidencial como ato administrativo complexo.

Observe-se que há grande divergência doutrinária sobre os exemplos de atos administrativos complexos e compostos. Todavia, o critério mais seguro para a classificação do ato administrativo é aferir a relevância, constitucional ou legal, e a independência dos órgãos envolvidos na sua feitura.

Se a relevância e a independência dos órgãos forem iguais, estar-se-á, em regra, diante de um ato complexo. Se houver discrepância na relevância ou na independência dos órgãos, estar-se-á, em regra, diante de um ato composto.

Outro problema surge em relação ao momento das manifestações de vontade, pois somente será complexo ou composto o ato administrativo que precise das manifestações de vontade antes do início da sua eficácia. Não tem sentido classificar o ato como complexo ou composto quando uma das manifestações tiver possibilidade de apresentar-se apenas como condição resolutória, ou seja, quando não fizer parte da formação do ato por ser posterior à produção dos seus efeitos.

Assim, apesar de o STF considerar o registro da aposentação pelo TCU como ato complexo, surge o problema temporal, visto que a eficácia da aposentadoria independe do registro no TCU. Logo, a manifestação da Corte de Contas não é elemento constitutivo do ato, podendo apenas ter o efeito de cassação. Esta questão deverá ser amadurecida nos Tribunais de cúpula, já havendo, inclusive, acórdãos do STJ que afastam a classificação do ato em tela como complexo[89].

26.6.6. Ato administrativo unilateral, bilateral e multilateral (quanto à formação)

O ato administrativo decorre da vontade apenas da Administração Pública, independendo para a sua formação da vontade do administrado.

---

[89] STJ, EDcl no REsp 1187203/DF, rel. Min. Humberto Martins, 2ª Turma, julgado em 16-11-2010, *DJe* 29-11-2010.

Não se adota, no Brasil, a classificação ato administrativo bilateral, pois a figura jurídica emergente das vontades da Administração Pública e do administrado é o contrato, seja administrativo ou submetido ao regime jurídico de direito privado.

O Direito Administrativo francês, ilustrando uma redundância, nomina os seus atos administrativos como "*actes administratifs unilatéraux*", pois apresenta como seus contrapontos os "*actes contractuels*".

A única possibilidade de classificação do ato administrativo como bilateral ou multilateral pode ser vista na formação da vontade do ato administrativo complexo, pois alguns autores afirmam, dentre eles Fábio Brych[90], que, quando dois órgãos formam o ato, estar-se-á diante de ato bilateral e, quando mais de dois órgãos formam o ato, estar-se-á diante de ato multilateral.

Todavia, o Direito Administrativo, apesar de ser um *microssistema*, não se afasta de alguns postulados básicos da Teoria Geral do Direito. A bilateralidade e a multilateralidade não estão associadas às formas internas de elaboração da vontade de um dos atores da relação jurídica, pois a classificação não se liga à formação do ato dentro da pessoa jurídica de direito público que atua e sim à formação do ato quando ultrapassada a esfera interna da Administração Pública.

Ainda que o ato administrativo seja decorrente da formação de vontade de vários órgãos da Administração Pública, em relação ao administrado, que não participou da sua formação, será unilateral. Já nos contratos administrativos, cuja existência depende de outra, ou outras vontades, além da Administração Pública, haverá bilateralidade ou multilateralidade.

Assim, não há dúvida de que a bilateralidade e a multilateralidade são classificações externas à Administração Pública, não levam em conta a sua estrutura e a formação da sua vontade e sim a conjugação com vontades externas, o que inviabiliza a existência de atos administrativos bilaterais e multilaterais.

26.6.7. Ato administrativo concreto e abstrato (quanto à estrutura do ato)

O **ato administrativo concreto** tem como finalidade disciplinar uma situa-ção ou um caso específico, fazendo o seu comando incidir de maneira limitada e esgotando a sua aplicação ao caso ou à situação. Por exemplo, a exoneração de um servidor e a aplicação de uma multa.

---

[90] BRYCH, Fábio. Teoria geral dos atos administrativos no direito público brasileiro, *Âmbito Jurídico*, Rio Grande, 46, 31-10-2007 [Internet], disponível em: <http://www.ambito-juridico.com.br/site/index.php?n_link=revista_artigos_leitura&artigo_id=2380>, acesso em: 16 jan. 2010.

O **ato administrativo abstrato** são os que apresentam comandos gerais ou genéricos, prevendo diversas hipóteses, não esgotando a sua eficácia quando incide sobre uma situação ou caso específico e alcançando um número indeterminado de destinatários. Exemplos: portaria que fixa o horário de funcionamento de determinado órgão público e decreto que fixa as zonas de estacionamento de um município.

26.6.8. Ato administrativo ampliativo e restritivo (quanto aos direitos dos administrados)

Boa parte dos atos administrativos toca a esfera de direitos dos administrados, sendo que a Administração Pública precisa observar os direitos fundamentais quando restringe direitos de terceiros e deve observar, especialmente, os princípios da legalidade, impessoalidade, moralidade e publicidade ao ampliar direitos do particular, a fim de que haja ciência e controle pelo povo.

Os **atos restritivos** reduzem, observando os direitos fundamentais, direitos ou interesses do administrado ou imputam deveres, obrigações ou ônus. Por exemplo: ato administrativo decorrente do Poder de Polícia.

Os **atos ampliativos** aumentam, observando os princípios da Administração Pública, direitos ou atendem aos interesses do particular. Por exemplo: ato administrativo de autorização. Não se pode afirmar que a concessão de serviço público é um exemplo, visto que se aperfeiçoa através de contrato e não de ato administrativo.

26.6.9. Ato administrativo constitutivo, extintivo ou desconstitutivo, declaratório, alienativo, modificativo e abdicativo (quanto ao conteúdo)

Ato constitutivo é o que cria nova relação jurídica com a Administração Pública, colocando o destinatário em situação jurídica inédita. Tem-se como exemplo clássico a nomeação de servidor público.

Ato modificativo é o que altera relação jurídica preexistente, sem mudar a sua essência. Exemplo: alteração de horário da repartição pública.

Ato declaratório é o que reconhece a existência de relação jurídica ou de situação fática. Exemplo: certidão.

Ato extintivo ou desconstitutivo é o que encerra relação jurídica com a Administração Pública, extinguindo a situação jurídica do destinatário. Exemplo: exoneração de servidor público.

Ato alienativo é o que altera a titularidade de bens ou direitos, dependendo, em regra, de autorização legislativa. Exemplo: ato que determina a retrocessão.

466 CURSO DE DIREITO ADMINISTRATIVO

Ato abdicativo é o que ilustra o despojamento de um direito, ou seja, faz com que se abra mão de um direito, interesse ou vantagem, necessitando de autorização legislativa. Os autores que adotam tal terminologia não apresentam exemplos.

26.6.10. Ato administrativo subjetivo, ato-condição, ato-regra, suspensível, autoexecutório e não autoexecutório (quanto aos efeitos)

Apesar de **não se reputar relevantes as presentes classificações**, em virtude de alguns dos seus conceitos terem mais elementos de relação contratual do que de relação unilateral ou serem repetitivos em relações a outras classificações, faz-se necessária a sua menção, posto que vários autores as adotam.

Ato subjetivo é aquele que implica razoável liberdade de escolha, afastando a rigidez dos vínculos estatutários. Os autores listam como exemplo o contrato.

O **ato-condição** tem duas faces: a primeira o mostra como ato anterior e necessário à edição de ato posterior e a segunda mostra a submissão, sem possibilidade de livre fixação de disposições, a um regime jurídico preestabelecido, havendo apenas a liberdade em relação à adesão ou não. Exemplo da primeira face é a concorrência como ato-condição, em alguns casos, da contratação administrativa; exemplo da segunda face é a submissão incondicional do nomeado ao regime jurídico do servidor público.

O **ato-regra** é o negócio jurídico que consta na lei ou em outra norma de caráter abstrato, cuja concretude depende da condição ou da vontade individual.

Ato suspensível, segundo Hely Lopes Meirelles[91], é aquele cujos efeitos podem ser sobrestados por determinadas circunstâncias ou por certo tempo até que a Administração Pública resolva restabelecer os seus efeitos. O prestigiado autor não cita exemplo.

O **ato autoexecutório** é o que pode ser executado pela própria Administração Pública sem depender de comando judicial. Exemplo: interdição de estabelecimento comercial.

O **ato não autoexecutório** é o que depende de pronunciamento judicial para a realização fática ou jurídica dos seus efeitos. Exemplo: satisfação da multa administrativa[92].

---

[91] MEIRELLES, Hely Lopes; BURLE FILHO, José Emannuel. *Direito administrativo brasileiro*. 42. ed. São Paulo: Malheiros, 2016.

[92] SIDOU, José Maria Othon. *Dicionário jurídico*: Academia Brasileira de Letras Jurídicas. 7. ed. Rio de Janeiro: Forense Universitária, 2001. p. 83.

26.6.11. Ato administrativo inexistente

A teoria da inexistência dos atos jurídicos surgiu na doutrina francesa para solucionar problemas relativos a questões anteriores à validade do casamento, visto que as nulidades eram descritas pela norma jurídica, porém havia situações que pela sua obviedade maculavam o matrimônio, mas não estavam descritas na lei.

Aubry e Rau[93] afirmam, com base no ordenamento jurídico francês da época, que: "Três condições são, segundo o direito francês, essenciais à existência do casamento, a saber: 1º a capacidade das partes contratantes, que devem ter o estado civil geral e ser de sexos diferentes; 2º o consentimento respectivo de se terem por marido e mulher; 3º a celebração solene da união".

Após a utilização da teoria da inexistência do matrimônio para justificar os problemas de formação do ato jurídico não listados em lei, houve um processo de indução do Direito de Família para a Teoria Geral do Direito, pois os juristas notaram que o plano da existência deve ser observado em todos os ramos do Direito, inclusive no Direito Administrativo.

Aubry e Rau continuam aduzindo que: "O ato que não preenche os elementos de fato que supõem a sua natureza ou seu objeto, e sem os quais é logicamente impossível conceber a existência, deve ser considerado não apenas como nulo, mas como não havido".

No Direito Administrativo, a inexistência decorre da ausência de declaração de vontade, ilustrando que, se a Administração Pública não declarou a sua vontade, o ato administrativo é inexistente.

Pontes de Miranda[94], em lição magistral, ilustra que: "1. Atos humanos e vontade. Grande mal na ciência jurídica tem sido, até há pouco, deixar-se tratar das manifestações de vontade, em si mesmas, e dos atos-fatos, em si mesmos, em seu existirem ou não existirem. De ordinário, passava-se à consideração das nulidades e das anulabilidades, ou da eficácia dos negócios jurídicos, antes de se apurar, no plano da existência, se seria ou não o caso de se falar em declaração de vontade, ou de ato em suma, de exteriorização de vontade, ou de ato-fato. Não raro, juristas de prol tentaram inserir na teoria do erro as conclusões sobre existência da vontade, ou a consciência da exteriorização da vontade, matéria que diz respeito à existência da declaração da vontade ou do ato volitivo sem declaração, portanto anterior a qualquer noção de validade ou não validade. Só se pode cogitar da questão de ser válido ou não válido o negócio jurídico, ou de ato jurídico *stricto sensu*, depois de se saber se ele existe".

---

[93] *Cours de droit civil français*. 2. ed. Bruxelles: Société Belge de Librairie, 1842, tome second.

[94] MIRANDA, Pontes de. *Tratado de direito privado*: parte geral. 2. ed. Campinas: Bookseller, 2000, t. I.

A declaração de vontade é o suporte fático do ato administrativo, não havendo dúvida de que a existência jurídica pressupõe a existência fática, portanto a inexistência de declaração ou de outra forma qualquer de exteriorização da vontade implica inexistência fática do ato.

Alguns autores, entre eles Hely Lopes Meirelles[95], afirmam que a distinção entre ato administrativo inexistente e ato administrativo nulo é irrelevante e sem interesse prático, visto que ambos ensejam a mesma consequência, a nulidade do ato; entretanto há diversas consequências processuais e prescricionais que não se assemelham quando se trata de um ou outro tipo de ato.

Por exemplo, a nulidade, na maioria dos casos, não dispensa declaração judicial ou administrativa, já a inexistência dispensa, mas pode ser declarada por questão de segurança jurídica, a fim de que os leigos não sejam induzidos a erro pelo ato inexistente[96].

O art. 54 da Lei n. 9.784/99 fixa o prazo de cinco anos para a Administração Pública, salvo comprovada má-fé, anular os seus atos administrativos de que decorram efeitos favoráveis aos administrados, já a inexistência pode ser declarada a qualquer tempo.

Há também autores que defendem a impertinência terminológica da expressão "ato administrativo inexistente", pois algo que não existe jamais poderia ser qualificado como ato administrativo ou como qualquer outro instituto jurídico. Até porque não se tem como saber a natureza do que é inexistente.

Assim, *se houver objeção válida à teoria da inexistência dos atos jurídicos*, não é, certamente, a que afirma serem idênticos os efeitos dos atos administrativos nulos e dos atos administrativos inexistentes, mas é a que *afirma a impertinência terminológica da expressão "ato administrativo inexistente"*.

Ressalte-se que da usurpação de função resulta ato administrativo inexistente que, porém, produz um efeito jurídico, qual seja, enquadrar a conduta do sujeito ao crime descrito no art. 328 do CP[97].

---

[95] MEIRELLES, Hely Lopes; BURLE FILHO, José Emannuel. *Direito administrativo brasileiro*. 42. ed. São Paulo: Malheiros, 2016. p. 199. "*Ato inexistente*: é o que apenas tem aparência de manifestação regular da Administração, mas não chega a se aperfeiçoar como ato administrativo. É o que ocorre, p. ex., com o 'ato' praticado por um usurpador de função pública. Tais atos equiparam-se, em nosso Direito, aos atos nulos, sendo, assim, irrelevante e sem interesse prático a distinção entre nulidade e inexistência, porque ambas conduzem ao mesmo resultado – a invalidade – e se subordinam às mesmas regras de invalidação. Ato inexistente ou ato nulo é o ato ilegal e imprestável, desde o nascedouro."

[96] STJ, RMS 10.274/MG, rel. Min. Gilson Dipp, 5ª Turma, julgado em 17-2-2000, *DJ* 13-3-2000, p. 187.

[97] "Art. 328. Usurpar o exercício de função pública: Pena – detenção, de três meses a dois anos, e multa.
Parágrafo único. Se do fato o agente aufere vantagem: Pena – reclusão, de dois a cinco anos, e multa".

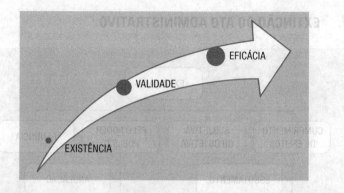

QUANTO AO OBJETO	IMPÉRIO
	GESTÃO
	MERO EXPEDIENTE
QUANTO À LIBERDADE NA EDIÇÃO	VINCULADO
	DISCRICIONÁRIO
QUANTO AOS DESTINATÁRIOS	GERAL OU NORMATIVO
	INDIVIDUAL OU CONCRETO
QUANTO AO ALCANCE	INTERNO
	EXTERNO
QUANTO À MANIFESTAÇÃO DA VONTADE	SIMPLES
	COMPLEXO
	COMPOSTO
QUANTO À FORMAÇÃO	UNILATERAL
	BILATERAL
	MULTILATERAL
QUANTO À ESTRUTURA DO ATO	CONCRETO
	ABSTRATO
QUANTO AOS DIREITOS DOS ADMINISTRADOS	AMPLIATIVO
	RESTRITIVO
QUANTO AO CONTEÚDO	CONSTITUTIVO
	MODIFICATIVO
	DECLARATÓRIO
	EXTINTIVO OU DESCONSTITUTIVO
	ALIENATIVO
	ABDICATIVO
	SUBJETIVO
	ATO-CONDIÇÃO
	SUSPENSÍVEL
	AUTOEXECUTÓRIO
	NÃO AUTOEXECUTÓRIO
INEXISTENTE	

26.7. EXTINÇÃO DO ATO ADMINISTRATIVO

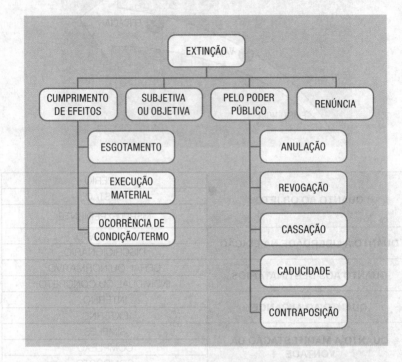

A **extinção do ato administrativo** é a sua retirada do ordenamento jurídico ou a cessão dos seus efeitos.

Existe divergência, na doutrina, pois alguns autores defendem que não há falar em extinção do ato administrativo e sim dos seus efeitos, visto que o ato continuará no ordenamento jurídico sem efeitos. Outros autores defendem que a extinção será do ato, pois, mesmo tendo produzido efeitos, a sua irrelevância para o Direito impede a sua manutenção no sistema.

Fato é que o ato administrativo pode ser extinto, segundo a maioria da doutrina, por **cumprimento integral dos seus efeitos**, **desaparecimento do sujeito ou do objeto**, retirada do ato pelo Poder Público e **renúncia**.

26.7.1. Cumprimento dos seus efeitos

Todos os atos administrativos são editados para o atingimento de duas finalidades, quais sejam, a **finalidade geral** e a **finalidade específica**.

A primeira é a preservação ou efetivação do interesse público e a segunda é o objetivo imediato do ato, por exemplo, na desapropriação, a finalidade específica é a aquisição da propriedade pela Administração Pública.

A **finalidade específica** pode ser **instantânea** ou **continuada**. Dessa maneira, o cumprimento dos efeitos pode ser instantâneo ou pode se prolongar ao longo do tempo.

O cumprimento dos efeitos ocorre nos seguintes casos:

a)   esgotamento do seu conteúdo jurídico;

b)   execução material; e

c)   efetivação de condição ou termo.

O **esgotamento do conteúdo jurídico** é observado quando a situação jurídica gerada pelo ato administrativo se completou ou findou. Tem-se como exemplo a publicação da pena de advertência ao servidor que foi sujeito de sindicância punitiva, pois depois da sua publicação não restará mais o seu efeito jurídico principal, salvo em caso de reincidência que restará um efeito jurídico acessório, porém a advertência que já foi dada não pode ser renovada, sendo necessária outra sindicância ou processo administrativo.

A **execução material** é a modificação no mundo dos fatos pretendida pelo ato administrativo. O exemplo que pode ser utilizado é a efetivação do ato administrativo que determina, com base no poder de polícia, a destruição imediata de alimentos impróprios para consumo.

A **condição**, no ordenamento jurídico nacional, é conceituada pela lei, pois o art. 121 do CC de 2002 diz que condição é a cláusula derivada exclusivamente da vontade das partes que subordina o efeito do negócio jurídico a evento futuro e incerto.

O **termo** é o momento em que começa ou termina a eficácia do negócio jurídico[98]. Na linguagem técnica, representa elemento do negócio jurídico cujo fim é suspender a execução ou o efeito da obrigação, até determinado momento, ou até o advento de acontecimento futuro e certo[99].

O ato administrativo pode estabelecer termo ou condição para a produção dos seus efeitos, sendo que a **efetivação da condição ou do termo** determinará o cumprimento dos seus efeitos.

O exemplo de cumprimento dos efeitos com base em termo é a extinção de uma autorização concedida ao particular até uma determinada data e exemplo de cumprimento dos efeitos com base em condição é a extinção de uma autorização concedida ao particular até a realização de determinada tarefa.

---

[98] BEVILÁQUA, Clovis. *Código Civil comentado*. Rio de Janeiro: Livraria Francisco Alves, 1916, v. I.

[99] *Les nouvelles, Corpus Juris Belgici, Droit civil*, t. IV, v. II, parte III, n. 1.

26.7.2. Desaparecimento do sujeito ou do objeto (extinção subjetiva ou objetiva)

O ser humano e os objetos físicos podem perecer. Os primeiros perecem com a morte, enquanto os segundos, com a sua destruição ou com a alteração da sua essência.

O desaparecimento do sujeito ou do objeto do ato administrativo gera a sua extinção, tendo-se como exemplo do desaparecimento do sujeito a morte de um servidor público, o que extinguirá o ato de nomeação; já como exemplo de extinção objetiva do ato administrativo, temos a destruição natural de um objeto móvel que seria desapropriado.

26.7.3. Retirada do ato administrativo pelo poder público

26.7.3.1. Vícios do ato administrativo

Não há grande debate acerca dos vícios dos atos administrativos, pois é a própria Lei que os lista e apresenta as suas definições. O aplicador do Direito, nos casos de conceitos jurídicos formais, tem pouca liberdade para criar, visto que, no Estado Democrático de Direito, os comandos do legislador representam a vontade popular e não podem ser afastados, em regra, por órgãos indiretamente legitimados.

O art. 2º da Lei n. 4.717/65 estabelece os seguintes vícios:

(i) *incompetência*;
(ii) *vício de forma*;
(iii) *ilegalidade do objeto*;
(iv) *inexistência dos motivos*; e
(v) *desvio de finalidade*.

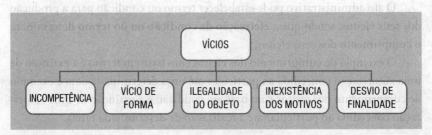

A incompetência, na forma da alínea *a* do parágrafo único do art. 2º da Lei citada, fica caracterizada quando o ato não se incluir nas atribuições legais do agente que o praticou.

O vício não reside na declaração da vontade, visto que, se residisse, o ato administrativo seria inexistente. Ocorre quando o agente público extrapola, ou ultrapassa, a competência que lhe foi atribuída na Lei. Observe-se que o vício não essencial na declaração de vontade pode, segundo a maioria dos autores, ser convalidado, segundo a discricionariedade da Administração Pública.

Trata-se de **excesso de poder**, pois o agente possui competência para determinados atos, entretanto o ato administrativo praticado vai além do que fora estabelecido como esfera da sua atuação.

A maioria dos autores entende que este é um defeito do ato administrativo que pode ser sanado através da convalidação do ato administrativo anulável pela autoridade realmente competente para a sua prática.

Exemplo de excesso de poder é a imputação da sanção de demissão a servidor público pelo superior hierárquico quando a sua competência é somente para aplicar a sanção de advertência.

O vício de forma, segundo a alínea *b* do parágrafo único do art. 2º da Lei em tela, consiste na omissão ou na observância incompleta ou irregular de formalidades indispensáveis à validade do ato.

Este também é um defeito do ato administrativo que, segundo boa parte da doutrina, pode ser sanado. Todavia, em alguns casos, não pode ser convalidado. Por exemplo, o vício de forma no procedimento licitatório, segundo a norma do art. 4º da Lei n. 8.666/93:

> Art. 4º Todos quantos participem de licitação promovida pelos órgãos ou entidades a que se refere o art. 1º têm direito público subjetivo *à fiel observância do pertinente procedimento estabelecido nesta lei*, podendo qualquer cidadão acompanhar o seu desenvolvimento, desde que não interfira de modo a perturbar ou impedir a realização dos trabalhos.
> Parágrafo único. O procedimento licitatório previsto nesta lei caracteriza ato administrativo formal, seja ele praticado em qualquer esfera da Administração Pública. (grifo)

Há casos nos quais o saneamento é possível. Por exemplo, a inexistência de visto pelo servidor público hierarquicamente inferior em ato administrativo do controle interno que aprovou determinada conta poderá ser suprida no ato administrativo final do seu superior.

A ilegalidade do objeto, segundo a alínea *c* do parágrafo único do art. 2º da Lei citada, ocorre quando o resultado do ato importa em violação de lei, regulamento ou outro ato normativo.

Este é um defeito grave do ato administrativo que não pode ser sanado, tornando-o nulo.

A inexistência dos motivos, segundo a alínea *d* do parágrafo único do art. 2º da Lei da Ação Civil Pública, verifica-se quando a matéria de fato ou de direito, em que se fundamenta o ato é materialmente inexistente ou juridicamente inadequada ao resultado obtido.

Sem dúvida, este defeito é grave e torna o ato administrativo nulo.

O **desvio de finalidade**, na forma da alínea *e* do parágrafo único do art. 2º da Lei citada, verifica-se quando o agente pratica o ato visando a fim diverso daquele previsto, explícita ou implicitamente, na regra de competência.

O desvio de finalidade é chamado também, pela maioria dos autores, de **desvio de poder**, devendo ser interpretado de forma mais larga do que a aprestada pela alínea acima citada, visto que não ocorre somente quando agente público pratica ato visando a fim diverso daquele previsto, explícita ou implicitamente, na regra de competência.

Este vício pode ser visto também quando o ato administrativo se afasta do objetivo de satisfazer ao interesse público, ainda que a regra de competência seja um simulacro para tal satisfação. Observe-se que, estando a regra de competência consubstanciada em lei, há presunção de observância do interesse público que não pode ser afastada pelo agente público até a sua declaração de inconstitucionalidade.

26.7.3.1.1. Anulação ou invalidação

A **anulação ou invalidação** é o ato jurídico declaratório, emanado da própria Administração Pública (autotutela) ou do Poder Judiciário, de que determinado ato administrativo não observou o estabelecido pela lei. A anulação não está relacionada ao mérito do ato administrativo.

A CF/88 erigiu como princípio da Administração Pública a legalidade, logo a violação à lei deve ter consequência clara no sistema jurídico, qual seja, a nulidade do ato ilegal.

O ato de anulação é **ato declaratório**, visto que a nulidade não é superveniente ao ato administrativo ilegal e sim concomitante, macula o ato desde a sua edição. Assim, o efeito da declaração é *ex tunc*, retroage ao momento da sua edição.

A possibilidade de anulação é instrumento de **estabilização do sistema jurídico**, pois a detecção de vício enseja a sua utilização para tornar o sistema novamente regular.

A *anulação ou invalidação* pela Administração Pública decorre do seu poder--dever de **autotutela**[100], não comportando qualquer discricionariedade, visto que, diante de qualquer ilegalidade, a Administração Pública tem, independentemente de provocação, o dever de declarar a nulidade do ato administrativo, em virtude da autotutela administrativa.

Todavia, a Súmula 473 do STF utiliza o vocábulo "pode". Segue o seu texto: "A Administração pode anular seus próprios atos, quando eivados de vícios que os tornam ilegais, porque deles não se originam direitos; ou revogá-los, por motivo de conveniência ou oportunidade, respeitados os direitos adquiridos, e ressalvada, em todos os casos, a apreciação judicial".

Apesar da citada súmula utilizar do vocábulo "pode" em vez de "deve", a maioria da doutrina entende não haver discricionariedade no ato declaratório de nulidade.

O STJ, alinhando-se à doutrina, entende tratar-se de *poder-dever* da Administração Pública, não havendo margem de discricionariedade ante um ato administrativo ilegal, portanto a anulação é um **ato vinculado**.

A atuação administrativa está adstrita à lei, portanto extirpar o ato administrativo ilegal do ordenamento jurídico não pode ser uma opção baseada em juízos de conveniência e oportunidade e sim um imperativo vinculativo do seu agir.

O Poder Judiciário, ao contrário da Administração Pública, não pode declarar a nulidade do ato administrativo *de ofício*. A inércia é um dos atributos da jurisdição (*ne procedat iudex ex officio*), portanto somente devidamente provocado o magistrado poderá sindicar a legalidade do ato administrativo.

Tanto a Administração Pública[101] quanto o Poder Judiciário podem declarar a nulidade do ato, sendo que, como já foi dito, os efeitos de tal ato serão *ex tunc*,

---

[100] Súmula 346 do STF: "A Administração Pública pode declarar a nulidade dos seus próprios atos".

[101] Súmula 473 do STF: "A Administração pode *anular* seus próprios atos, quando eivados de vícios que os tornam ilegais, porque deles não se originam direitos; ou revogá-los, por motivo de conveniência ou oportunidade, respeitados os direitos adquiridos, e ressalvada, em todos os casos, a apreciação judicial".

ou seja, retroagirão ao momento de edição do ato administrativo. Aqui, a Administração Pública está vinculada à nulificação.

Eis o art. 53 da Lei n. 9.784/99 que impõe à Administração Pública o dever de nulificação: "Art. 53. A Administração deve anular seus próprios atos, quando eivados de vício de legalidade, e pode revogá-los por motivo de conveniência ou oportunidade, respeitados os direitos adquiridos".

O art. 54 da mesma lei traz, prestigiando o princípio da segurança jurídica, uma exceção prazal ao poder vinculado da Administração Pública de nulificar os seus próprios atos ilegais. Segue o texto:

> Art. 54. O direito da Administração de anular os atos administrativos de que decorram efeitos favoráveis para os destinatários **decai em cinco anos**, contados da data em que foram praticados, salvo comprovada má-fé.
>
> §1º No caso de efeitos patrimoniais contínuos, o prazo de decadência contar-se-á da percepção do primeiro pagamento.
>
> §2º Considera-se exercício do direito de anular qualquer medida de autoridade administrativa que importe impugnação à validade do ato. (grifo)

Gize-se que o STJ tem entendido, corretamente, que essa limitação ao poder de autotutela da Administração Pública pode abranger atos anteriores à Lei citada, desde que o termo inicial do prazo quinquenal seja a data da sua entrada em vigor[102].

O dever da Administração Pública de nulificar ou invalidar os seus atos administrativos encontra limitação no princípio da segurança jurídica, pois não é razoável que, após a consolidação dos efeitos ou das relações jurídicas decorrentes do ato administrativo ilegal, seja o administrado de boa-fé prejudicado pela inércia do Poder Público.

A autotutela administrativa não pode ser exercida sem limites, devendo ser restringida também pelos direitos fundamentais encetados na Carta Maior, inclusive o descrito no inciso LV do art. 5º que consagra o contraditório e a ampla defesa. Assim, quando o seu exercício tiver como consequência restrição ou extinção a direito de terceiro (administrado ou agente público) ou alteração de situação fática ou jurídica que lhe seja favorável, haverá necessidade de observância daquele direito fundamental.

Foi considerando a segurança jurídica que o Legislador criou a decadência quinquenal do art. 54 da Lei n. 9.784/99, acima transcrito.

Observe-se que o agente público que der ensejo à **decadência** citada poderá responder disciplinarmente por sua omissão em cumprir o dever de invalidação.

---

[102] STJ, REsp 738.379/RS, rel. Min. Arnaldo Esteves Lima, 5ª Turma, julgado em 18-10-2007, *DJ* 5-11-2007, p. 346.

26.7.3.1.1.1. *Ato administrativo anulável e convalidação*

Inicialmente, o Direito Administrativo aplicava a teoria das nulidades do Direito Civil com muitas restrições em virtude do conteúdo diferenciado do regime jurídico administrativo.

Hely Lopes Meirelles[103], em lição clássica, afirma que não existe ato administrativo anulável em virtude da impossibilidade de preponderar o interesse privado sobre o interesse público e de não ser admissível a manutenção de ato ilegal.

Atualmente, a doutrina tem evoluído para aceitar a *existência de atos administrativos anuláveis quando a lei assim declarar e quando for verificado vício leve*, sendo o caso dos editados por sujeito relativamente incompetente, com vício leve de vontade ou com leve defeito de forma.

Observe-se que os atos administrativos nulos devem ser anulados ou invalidados e, em regra, não admitem convalidação e que os atos administrativos anuláveis por possuírem vícios considerados mais leves podem ser anulados ou convalidados se for do interesse da Administração Pública.

Hely Lopes Meirelles[104] ilustra que, mesmo nestes casos, não há falar em anulabilidade, visto que o mero aproveitamento dos elementos válidos do ato administrativo nulo para a edição de outro ato não torna compatíveis com o Direito Administrativo as hipóteses de anulabilidade do Direito Civil.

De fato, a rigidez apresentada pelos adeptos da inexistência de atos administrativos anuláveis deve ser temperada com a satisfação do interesse público e com os princípios da proporcionalidade e da razoabilidade, mas o seu rigor terminológico deve ser observado para que o princípio da legalidade não seja desatendido.

Sob pena de violação à separação de poderes, o ato administrativo ilegal não pode ser tomado como legal pelo agente público, mas, em certas situações, os seus efeitos podem ser convalidados e aceitos pelo ordenamento jurídico.

Os autores adeptos da possibilidade de existência de ato administrativo anulável demonstram que o ato não será acolhido pelo sistema jurídico, porém os seus efeitos serão.

O art. 55 da Lei n. 9.784/99 ilustra bem a possibilidade de *convalidação* dos efeitos do ato administrativo anulável, confundindo, entretanto, o ato com os seus efeitos. Eis a norma: "Art. 55. Em decisão na qual se evidencie não acarre-

---

[103] MEIRELLES, Hely Lopes; BURLE FILHO, José Emannuel. *Direito administrativo brasileiro*. 42. ed. São Paulo: Malheiros, 2016.

[104] MEIRELLES, Hely Lopes; BURLE FILHO, José Emannuel. *Direito administrativo brasileiro*. 42. ed. São Paulo: Malheiros, 2016.

tarem lesão ao interesse público nem prejuízo a terceiros, os atos que apresentarem defeitos sanáveis poderão ser convalidados pela própria Administração".

Apesar da possibilidade de **convalidação**, tal norma não especificou quais seriam os defeitos sanáveis.

A doutrina tem listado como defeitos sanáveis os relativos à competência, à vontade e à formalidade, mas a expressão "defeitos sanáveis" confere, ao administrador público, larga margem de discricionariedade para a convalidação do ato administrativo, o que exige critérios rígidos para que o interesse público não seja deixado de lado.

Maria Sylvia Zanella Di Pietro[105] ilustra bem que o principal objetivo da convalidação é manter os efeitos do ato administrativo, ao afirmar que: "*Convalidação* ou *saneamento* é o ato administrativo pelo qual é suprido o vício existente em um ato ilegal, com efeitos retroativos à data em que este foi praticado".

A **convalidação dos efeitos** dar-se-á também através de um outro ato administrativo que deve observar todos os cinco requisitos: competência, forma, objeto, motivo e finalidade. Além disso, não há dúvida de que o art. 55 da Lei n. 9.784/99, ao utilizar o vocábulo "poderão", atribuiu ao agente público, a despeito de opinião contrária[106], discricionariedade para o ato de convalidação. Saliente-se que a convalidação opera efeitos *ex tunc*, ou seja, efeitos que retroagem para considerar válido desde a origem o ato administrativo convalidado.

26.7.3.1.1.2. Conversão

A convalidação difere da **conversão**, visto que esta, também chamada de **sanatória**, representa a alteração de um ato administrativo mais complexo que não observou todos os seus requisitos em um ato administrativo mais simples que não exija os requisitos que não foram observados para o mais complexo.

Na convalidação, o ato administrativo inicial preserva a sua complexidade e o seu status, sendo o seu defeito afastado. Na conversão, não pode ser preservada a complexidade do ato, sob pena de anulação, pois a sua sobrevivência no ordenamento jurídico depende da mudança do seu status para enquadrar-se nos requisitos de um ato mais simples.

---

[105] DI PIETRO, Maria Sylvia Zanella. *Direito administrativo*. 34. ed. Rio de Janeiro: Forense, 2021.

[106] ZANCANER, Weida. *Da convalidação e da invalidação dos atos administrativos*. São Paulo: Revista dos Tribunais, 1990. Ressalte-se que esta obra é anterior à Lei n. 9.784/99, portanto o entendimento da autora de que a convalidação é, em regra, ato administrativo vinculado colide com o direito posto.

26.7.3.1.1.3. Ato administrativo meramente irregular

O **ato administrativo meramente irregular** é o que possui vício irrelevante para o Direito, cuja violação normativa foi mínima ou foi de norma pouco importante, não trazendo prejuízos ao interesse público envolvido nem ao particular. Assim, não admite anulação.

Normalmente, a irregularidade, por si só, não traz consequências para a Administração Pública nem para o particular. Contudo, em casos de irregularidade que possam configurar, por exemplo, desídia do servidor público poderá haver punição por infringência à norma do inciso XV do art. 117 da Lei n. 8.112/90.

26.7.3.1.2. Revogação

A *boa-fé objetiva* deve ser observada tanto nas relações jurídicas de direito privado quanto nas relações jurídicas travadas sob o regime jurídico-administrativo. E entre os elementos que caracterizam tal instituto pode ser encontrado o *venire contra factum proprium non valet*[107].

Nas relações jurídicas de direito privado, a proibição de conduta contraditória não pode, em regra, ser afastada, mas, no que tange a ato administrativo, esta proibição pode ser excepcionada pela possibilidade de sua revogação.

A revogação é uma conduta contraditória da Administração Pública permitida pelo ordenamento jurídico.

A **revogação** do ato administrativo é uma potestade (poder) da Administração Pública que permite conduta contraditória baseada em juízo de conveniên-cia e oportunidade para a satisfação do interesse público, desde que haja boa-fé objetiva da Administração Pública.

---

[107] Proibição de conduta contraditória.

Observe-se que não se inclui nesta possibilidade a edição de ato administrativo praticado com base no *venire contra factum proprium non valet* de má-fé, no qual não seja utilizada legitimamente a potestade revocatória e sim embuste para lesar ou enganar o administrado. Por exemplo, a revogação de concurso público, após a realização de algumas etapas, com o objetivo de realização de novo certame, a fim de arrecadar recursos financeiros com as novas inscrições.

Juntamente com os poderes exorbitantes da Administração Pública nos contratos administrativos, a revogação é uma das possibilidades de ação contraditória, entretanto essa potestade não pode ser utilizada livremente, encontrando limites na lei, na demonstração da conveniência e oportunidade e no interesse público.

A revogação do ato administrativo é a manifestação unilateral da vontade discricionária da Administração Pública que tem por escopo desfazer, total ou parcialmente, os efeitos de outro ato administrativo anterior editado pelo mesmo agente público ou inferior hierárquico por motivos de oportunidade ou conveniência[108], ou seja, por razões de mérito administrativo.

José Cretella Júnior[109] afirma que a faculdade revocatória é a manifestação de um *jus poenitendi*, direito de arrepender-se que, para certos atos, a lei atribuiu à Administração Pública.

A potestade revocatória independe da ilegalidade do ato administrativo, sendo exercida em relação aos atos válidos. Pontue-se que é também um dos aspectos da autotutela, pois independe de qualquer outro Poder Constituído para o seu exercício.

A Lei n. 9.784/99 estabeleceu o respeito aos direitos adquiridos como limite à revogabilidade do ato administrativo. Eis o seu art. 53: "A Administração deve anular seus próprios atos, quando eivados de vício de legalidade, e pode revogá-los por motivo de conveniência ou oportunidade, respeitados os direitos adquiridos".

O ato administrativo, em princípio, deve ser revogável, pois o objetivo do agir da Administração Pública é criar utilidade pública e melhorá-la constantemente, a fim de atender às novas exigências da vida em comunidade, cujos inte-

---

[108] CRETELLA JÚNIOR, José. *Curso de direito administrativo*. 10. ed. rev. e atual. Rio de Janeiro: Forense, 1989.

[109] CRETELLA JÚNIOR, José. *Curso de direito administrativo*. 10. ed. rev. e atual. Rio de Janeiro: Forense, 1989.

resses públicos variam com o passar dos tempos ou com o surgimento de outras condições sociais[110].

A possibilidade de revogação não decorre da existência de qualquer dos vícios do ato administrativo, podendo, inclusive, ter havido a **consumação de alguns dos seus efeitos.** Assim, o ato administrativo revogador produzirá *efeito "ex nunc"*, ou seja, não retroagirá para afastar os efeitos pretéritos do ato revogado.

Maria Sylvia Zanella Di Pietro[111] afirma que:

(i) não podem ser revogados os atos administrativos **vinculados**, pois, se, na sua edição, a Administração Pública não dispõe de poder discricionário, não há falar em discricionariedade na sua revogação;

(ii) não podem ser revogados os atos que já exauriram os seus efeitos ou **consumados**, em virtude da irretroatividade do ato revogador;

(iii) **exaurida a competência** do agente ou órgão público que editou o ato, a sua revogação somente poderá ser feita pelo agente ou órgão que assumiu a competência; e

(iv) não podem ser revogados os atos que integram determinado procedimento administrativo, em virtude da **preclusão.**

Além deles, não podem ser revogados:

a) os que geram **direitos adquiridos**, salvo concordância ou compensação legal ao titular do direito;

b) os **enunciativos**, pois declaram ou demonstram fatos que não podem ser mudados com base na vontade da Administração Pública;

c) os declarados por lei **irrevogáveis**;

d) os de **controle**, visto que não são discricionários na sua origem e incidem sobre outros atos do Poder Público; e

e) os **complexos**, visto que exigem mais de uma declaração de vontade para a sua edição. Contudo, se todos os órgãos ou agentes públicos envolvidos na sua edição estiverem de acordo, poderá haver revogação.

O ato administrativo revogador deve, salvo determinação legal em contrário, observar a mesma forma do ato administrativo revogado, em virtude do **princípio da similitude das formas**, postulado lógico do sistema jurídico posi-

---

[110] MELLO, Oswaldo Aranha Bandeira de. *Princípios gerais de direito administrativo*. 2. ed. Rio de Janeiro: Forense, 1979.

[111] DI PIETRO, Maria Sylvia Zanella. *Direito administrativo*. 34.ed. Rio de Janeiro: Forense, 2021.

tivo[112]. Assim, decreto deve ser revogado por decreto, portaria deve ser revogada por portaria etc.

O inciso VIII do art. 50 da Lei n. 9.784/99 exige que a revogação do ato administrativo seja motivada de forma explícita, clara e congruente, podendo consistir em declaração de concordância com fundamentos de anteriores pareceres, informações, decisões ou propostas, que, neste caso, serão parte integrante do ato.

O Código de Procedimento Administrativo Português, Decreto-Lei n. 442/91, afirma que são insusceptíveis de revogação os atos administrativos nulos ou inexistentes, os atos anulados contenciosamente, os revogados com eficácia retroativa. Pontue-se que esta última categoria, em virtude da impossibilidade de retroação dos efeitos da revogação, não existe no ordenamento jurídico nacional.

Por fim, deve ser observado que não há prazo decadencial para que a Administração Pública possa revogar os seus atos administrativos, portanto, de início, inexiste limitação temporal à revogação.

26.7.3.1.3. Contraposição

A **contraposição ou derrubada** é a edição de novo ato administrativo que esvazia ou afasta o conteúdo de ato administrativo anterior, contrapondo-se ao anterior de modo a extinguir os seus efeitos.

Alguns autores classificam a contraposição ou a derrubada como forma autônoma de extinção do ato administrativo, mas a edição de ato administrativo posterior incompatível com o anteriormente editado nada mais é do que a revogação por incompatibilidade sistêmica.

Exemplo clássico de contraposição é a exoneração de um servidor público ocupante de cargo em comissão, posto que a exoneração contrapor-se-á ao seu ato administrativo de nomeação.

---

[112] STJ, RMS 5.953/AL, rel. Min. Luiz Vicente Cernicchiaro, 6ª Turma, julgado em 13-5-1996, *DJ* 9-9-1996, p. 32.411.

26.7.3.1.4. Caducidade

A **caducidade ou decaimento** é a extinção do ato administrativo decorrente da edição de ato normativo de hierarquia superior (lei), sendo limitada pelo direito adquirido.

A caducidade ocorre, por exemplo, quando determinada atividade econômica foi autorizada por ato administrativo, mas lei superveniente a tornou ilegal.

Em regra, não haverá indenização ao terceiro prejudicado pela norma superior.

Não se trata de revogação, visto que o Poder Legislativo não revoga atos administrativos do Poder Executivo, mas a atuação deste Poder deve ser sob a lei e nunca deve editar ou manter no ordenamento jurídico atos que violem ou contrariem aquela norma.

Como será visto em tópico próprio desta obra, os conceitos de caducidade do contrato administrativo e do decreto de desapropriação são diversos do conceito aqui tratado de caducidade do ato administrativo.

26.7.3.1.5. Cassação

Os **vícios supervenientes** à consecução da validade do ato administrativo podem ensejar a sua cassação. O ato administrativo, apesar de existente, válido e eficaz, pode ser executado de forma contrária ao que fora estabelecido na lei ou no seu procedimento de edição, o que impõe o dever à Administração Pública de cassá-lo.

A **cassação** é a retirada do ordenamento jurídico do ato administrativo que já está produzindo os seus efeitos, em virtude do seu destinatário ter deixado de cumprir supervenientemente os requisitos e condições impostos na sua edição.

Pode ser dado como exemplo de cassação a retirada do ordenamento jurídico de ato administrativo que licenciou certo estabelecimento como posto de combustível, mas o proprietário, sem ciência do Poder Público, resolveu instalar um supermercado.

26.7.4. Renúncia

A **renúncia** é o ato unilateral que tem como objetivo o despojamento de um direito ou a cessação dos efeitos jurídicos favoráveis anteriormente desfrutados.

É unilateral por não precisar que outra pessoa ou órgão exteriorize a sua vontade juntamente com o renunciante.

O administrado, na maioria dos casos, pode renunciar aos efeitos jurídicos favoráveis de um determinado ato administrativo sem que seja necessária a intervenção da Administração Pública. Por óbvio, a renúncia não admite condição e mostra-se irreversível.

Sublinhe-se que a renúncia não extingue o ato administrativo, pois não se concebe que um ato do administrado extinga o editado pela Administração Pública, mas não havendo interesse público para a manutenção dos efeitos do ato poderá ser reputado válido o despojamento.

Exemplo de renúncia pode ser visto quando o particular nomeado para um cargo público declara não ter interesse em ser empossado.

26.8. ESTABILIZAÇÃO DOS EFEITOS DO ATO ADMINISTRATIVO

ESTABILIZAÇÃO DOS EFEITOS DO ATO ADMINISTRATIVO	– TEORIA DO FUNCIONÁRIO DE FATO
	– MODULAÇÃO DE EFEITOS
	– DECADÊNCIA

O Poder Público, em um Estado Democrático de Direito, é o criador das normas jurídicas, veiculando, muitas vezes, restrições a direitos dos particulares. Dessa forma, a fim de assegurar isonomia, o Estado, mesmo quando utiliza as suas prerrogativas, deve preservar os direitos fundamentais e os princípios da segurança jurídica e da boa-fé. Por óbvio, deve também observar e cumprir as leis que inseriu no ordenamento jurídico.

Os agentes e órgãos públicos não podem contrariar a lei, salvo manifesta inconstitucionalidade, portanto todos os seus atos precisam ser pautados no princípio da legalidade administrativa, insculpido no *caput* do art. 37 da CF/88.

Não obstante os imperativos de legalidade, os agentes e órgãos públicos violam, em diversas situações, a lei, sendo que, em muitos casos, sem que se perceba vontade deliberada para a violação.

Quando isso acontece, devem ser analisados os aspectos formais do ato administrativo violador da lei e seus efeitos para que, com base em um juízo de ponderação entre a legalidade e a segurança jurídica, busque-se o melhor para atender ao interesse público.

Assim, em algumas situações, extirpar o ato administrativo, afastando todos os seus efeitos, pode ser mais prejudicial ao interesse público do que a manutenção dos seus efeitos em relação à Administração Pública e os particulares de boa-fé, para que sejam prestigiadas a segurança jurídica e a estabilidade das relações sociais. Consequentemente, a estabilização dos seus efeitos será o melhor caminho.

Fernanda Marinela[113] aduz, com grande pertinência, que "na estabilização dos efeitos é preciso que a retirada comprometa outros princípios da ordem jurídica, causando prejuízos sérios que prejudiquem a sua manutenção".

26.8.1. Funcionário de fato

É considerando esse equilíbrio que os tribunais pátrios reconhecem a **teoria do funcionário de fato**.

Martine Lombard[114] afirma sobre a teoria do funcionário ou agente de fato que: "A teoria do 'funcionário de fato' representa, na prática, a tomada obrigatória de decisão por algum cidadão em caso de emergência relacionada ao interesse coletivo, considerada a hipótese de ausência ou desaparecimento de autoridades administrativas designadas regularmente. Embora tomadas por autoridades incompetentes, suas decisões podem, contudo, ser consideradas legais, em razão das circunstâncias (CE, 5 mars 1948, Marion, Rec., p. 113). A teoria do funcionário de fato pode ser usada também em outros casos, entre eles na aplicação da teoria jurídica da aparência, segundo a qual certos atos poderiam ter, no interesse da segurança jurídica, a aparência inquestionável de legalidade aos olhos dos administrados. Assim, quando um funcionário impropriamente nomeado toma várias decisões, a anulação de sua nomeação não implicará necessariamente anulação de todas as medidas que tomou ou, pelo menos, restarão válidas aquelas medidas em que parecia uma autoridade devidamente investida (CE, 2 nov. 1923, Association des Functionnaires de l'administration centrale des postes, Rec. p. 699; CE, Ass., 2 déc. 1983, Charbonnel, Rec., p. 174, concl. Roux)".

Funcionário de fato, segundo José Cretella Júnior[115], é o que não se investiu normalmente por nomeação ou eleição em cargo público ou o que, tendo recebido investidura legal, ultrapassou, no tempo, o período que lhe fora destinado por lei para a prática de seus atos.

Consequentemente, mesmo a investidura sendo irregular, os efeitos dos atos praticados em relação aos terceiros de boa-fé devem ser preservados em nome da segurança jurídica e mesmo em relação ao funcionário de fato que agiu de boa-fé.

A própria presunção de legitimidade dos atos da Administração Pública pode ser mais um elemento de prova da boa-fé do particular que sofreu os efeitos

---

[113] MARINELA, Fernanda. *Manual de Direito Administrativo*. 15 ed. Salvador: JusPodivm, 2021. p. 365.

[114] LOMBARD, Martine. *Droit administratif*. 4. ed. Paris: Dalloz, 2001.

[115] *Enciclopédia Saraiva do Direito*.

486 CURSO DE DIREITO ADMINISTRATIVO

de um ato administrativo nulo, pois não cabe ao cidadão checar sempre se o rito de criação do ato foi observado pelo agente ou órgão público que o editou.

Assim, limita-se a resistência particular ao ato, deixando a responsabilidade de verificação do cumprimento regular de todas as etapas do seu rito à Administração Pública.

A teoria do funcionário de fato é um instrumento de estabilização de efeitos de atos administrativos.

26.8.2. Modulação de efeitos

Outro instrumento é a **modulação de efeitos** que foi tratada no art. 27 da Lei n. 9.868/99 da seguinte forma: "Ao declarar a inconstitucionalidade de lei ou ato normativo, e tendo em vista razões de segurança jurídica ou de excepcional interesse social, poderá o Supremo Tribunal Federal, por maioria de dois terços de seus membros, restringir os efeitos daquela declaração ou decidir que ela só tenha eficácia a partir de seu trânsito em julgado ou de outro momento que venha a ser fixado".

Em relação ao Direito Administrativo, interessa a parte que trata de "ato normativo", visto que existem atos administrativos normativos sujeitos à declaração de inconstitucionalidade, por exemplo, decretos gerais e abstratos.

A norma permite que, mesmo sendo declarada a inconstitucionalidade do ato, os efeitos sejam preservados até o trânsito em julgado da decisão ou até outro momento que venha a ser fixado.

26.8.3. Decadência

A já mencionada **decadência** do art. 54 da Lei n. 9.784/99 que limita a possibilidade de a Administração Pública anular os atos administrativos de que decorram efeitos favoráveis para os destinatários em cinco anos, contados da data em que foram praticados, salvo comprovada má-fé, é também um instrumento de estabilização de efeitos de ato administrativo.

26.9. ATOS ADMINISTRATIVOS EM ESPÉCIE

26.9.1. Atos normativos

Os **atos administrativos normativos** são os que introduzem no ordenamento jurídico normas gerais e abstratas que pretendem regular uma grande gama de situações hipotéticas, não tendo como finalidade tratar de questões concretas e específicas.

Os **decretos** são atos privativos do Chefe do Executivo que têm a precípua finalidade de **regulamentar** abstratamente e de forma geral o que foi estabelecido em lei, conforme pode ser extraído da alínea *a* do inciso IV do art. 84 da CF/88. Apesar da generalidade, há decretos que disciplinam situações e relações jurídicas individuais. Além disso, a CF/88, no inciso VI do art. 84, prevê a edição de **decreto autônomo**, ou seja, que independe da existência de lei.

Os *regulamentos* não representam, por si só, categoria formal de ato administrativo; a sua natureza é material ou de conteúdo. Assim, são qualificadores da modalidade normativa do ato administrativo, por exemplo: os decretos abstratos e gerais são decretos regulamentares, que contrastam com os decretos individuais.

As **instruções normativas** são atos expedidos pelos Ministros de Estado ou Secretários de Estado ou de Município para a execução das leis, decretos e regulamentos, na forma do inciso II do parágrafo único do art. 87 da CF/88, das Constituições Estaduais e Leis Orgânicas Municipais.

Os **regimentos** não têm classificação formal precisa, pois podem ter diversas formas, entre elas, de decreto e de resolução. Representam atos administrativos organizacionais e têm como escopo a atuação dentro do corpo da Administração Pública. Em geral, não obrigam os particulares, mas apenas os órgãos e agentes públicos daquela instituição. Os regimentos decorrem do poder hierárquico ou da capacidade de auto-organização das corporações legislativas ou judiciárias[116].

As **resoluções** são atos administrativos editados pelos Ministros de Estado, Secretários de Estado e de Município, pelos presidentes de Tribunais, órgãos legislativos e colegiados, situados abaixo dos decretos, que têm como finalidade disciplinar questões internas.

As **deliberações** são atos administrativos normativos ou decisórios editados por órgãos colegiados; estão abaixo dos atos regulamentares e regimentais.

26.9.2. Atos negociais

Os **atos administrativos negociais** são os que explicitam declarações de vontade da Administração Pública relativas a interesses do particular, devendo observar os requisitos e deveres que lhes são impostos. Ressalte-se que não se trata de contrato, mas sim um ato administrativo de interesse do Poder Público e do particular. O instrumento formal normalmente utilizado é o **alvará**.

---

[116] MEIRELLES, Hely Lopes; BURLE FILHO, José Emannuel. *Direito administrativo brasileiro*. 42. ed. São Paulo: Malheiros, 2016.

As **licenças** são atos administrativos individuais e vinculados que, verificado o cumprimento de requisitos normativos, faculta ao particular a prática de determinado ato ou de determinada atividade. Observe-se que a prática não era vedada, mas somente poderia ser realizada após a edição de licença. Alguns autores entendem tratar-se de ato declaratório. As licenças não podem ser revogadas, mas comportam – quando houver alguma ilegalidade anterior à sua edição – anulação ou – quando estiver sendo exercida de maneira diversa da que foi estipulada ou for constatada ilegalidade posterior à sua edição – cassação. Exemplo: licença para construir em terreno próprio.

As **autorizações** são atos administrativos, em regra, discricionários, precários e constitutivos que, verificado o cumprimento dos requisitos normativos, ensejam ao particular a prática de certa atividade, a execução de serviços públicos ou a utilização exclusiva de determinado bem público. Normalmente, as autorizações estão relacionadas preponderantemente aos interesses do particular, podem ser revogadas e o destinatário não tem direito à sua manutenção. O exemplo clássico da doutrina é o porte de arma.

Entretanto, a atual norma que trata de porte de arma de fogo para particular que comprove depender do emprego desta para prover sua subsistência alimentar familiar não deixa muito clara a discricionariedade, pois usa a expressão "será concedido" ao invés de "poderá ser concedido". Eis o §5º do art. 6º da Lei n. 10.826/2003:

> §5º Aos residentes em áreas rurais, maiores de 25 (vinte e cinco) anos que comprovem depender do emprego de arma de fogo para prover sua subsistência alimentar familiar *será* concedido pela Polícia Federal o porte de arma de fogo, na categoria caçador para subsistência, de uma arma de uso permitido, de tiro simples, com 1 (um) ou 2 (dois) canos, de alma lisa e de calibre igual ou inferior a 16 (dezesseis), desde que o interessado comprove a efetiva necessidade em requerimento ao qual deverão ser anexados os seguintes documentos:
> I – documento de identificação pessoal;
> II – comprovante de residência em área rural; e
> III – atestado de bons antecedentes.

As **permissões** são atos administrativos discricionários (a maioria da doutrina entende serem discricionárias, mas há quem as classifique como vinculadas), precários, que possibilitam a execução de serviço de interesse público ou o uso especial de bem público pelo particular. Exemplo: permissão de uso de bem público para a instalação de barracas de alimentos na comemoração de data festiva.

As **aprovações** são atos administrativos, prévios ou posteriores; vinculados ou discricionários, de aferição ou verificação da conformidade de outro ato ou situação fática à lei ou de verificação ou aferição da regularidade do mérito de outro ato. Exemplo: a aprovação de serviço realizado por contratada.

As **homologações**, nas palavras de Hely Lopes Meirelles[117], são os atos administrativos vinculados de controle pelos quais a autoridade superior examina a legalidade e a conveniência de atos anteriores da própria Administração, de entidade ou de particular, para dar-lhes eficácia.

Os **vistos** são atos administrativos vinculados de controle da mera regularidade formal de outro ato.

Deve ser observado que as grandes semelhanças entre os conceitos de aprovação[118], homologação[119] e visto[120] fazem com que as leis administrativas utilizem os três vocábulos em situações quase idênticas.

A dificuldade de encontrar dessemelhanças claras foi sentida também pelo

---

[117] MEIRELLES, Hely Lopes; BURLE FILHO, José Emannuel. *Direito administrativo brasileiro.* 42. ed. São Paulo: Malheiros, 2016.

[118] Lei n. 8.666/93: "Art. 116. Aplicam-se as disposições desta Lei, no que couber, aos convênios, acordos, ajustes e outros instrumentos congêneres celebrados por órgãos e entidades da Administração.

§1º A celebração de convênio, acordo ou ajuste pelos órgãos ou entidades da Administração Pública depende de prévia *aprovação* de competente plano de trabalho proposto pela organização interessada, o qual deverá conter, no mínimo, as seguintes informações: (...)".

[119] Lei n. 8.112/90: "Art. 20. Ao entrar em exercício, o servidor nomeado para cargo de provimento efetivo ficará sujeito a estágio probatório por período de 24 (vinte e quatro) meses, durante o qual a sua aptidão e capacidade serão objeto de avaliação para o desempenho do cargo, observados os seguintes fatores: (*vide* EMC n. 19).

I – assiduidade;

II – disciplina;

III – capacidade de iniciativa;

IV – produtividade;

V – responsabilidade.

§1º 4 (quatro) meses antes de findo o período do estágio probatório, será submetida à *homologação* da autoridade competente a avaliação do desempenho do servidor, realizada por comissão constituída para essa finalidade, de acordo com o que dispuser a lei ou o regulamento da respectiva carreira ou cargo, sem prejuízo da continuidade de apuração dos fatores enumerados nos incisos I a V do *caput* deste artigo. (*Redação dada pela Lei n. 11.784, de 2008)".

[120] Decreto-Lei n. 891/38: "Art. 3º Para extrair, produzir, fabricar, transformar, preparar, possuir, importar, exportar, reexportar, expedir, transportar, expor, oferecer, vender, comprar, trocar, ceder ou ter para um desses fins, sob qualquer forma, alguma das substâncias discriminadas no art. 1º, é indispensável licença da autoridade sanitária, com o *visto* da autoridade policial competente, em conformidade com os dispositivos desta Lei".

maior mestre do Direito Administrativo brasileiro. Eis os três conceitos apresentados por Oswaldo Aranha Bandeira de Mello[121]:

> **Aprovação é o ato administrativo, discricionário, unilateral, de controle de outro ato jurídico, pelo qual se faculta a sua prática ou, se já emanado, lhe dá eficácia. Aprecia a conveniência e oportunidade da manifestação do ato controlado.**
> (...)
> **Homologação é o ato administrativo unilateral vinculado, de controle de outro ato jurídico, pelo qual se lhe dá eficácia ou se afirma a sua validade. Examina a legalidade da manifestação de vontade do ato controlado. Distingue-se do visto, em que pese a opinião em contrário de juristas italianos, que a consideram sob essa denominação.**
> (...)
> **Visto é o ato administrativo unilateral de controle de outro ato jurídico, pelo qual se afirma a sua legitimidade formal.**

Assim, não há dúvida de que o legislador não tem grande precisão terminológica mesmo quando os conceitos jurídicos estão bem claros na doutrina, portanto não pode haver grandes expectativas de rigor linguístico quando a própria doutrina não apresenta conceitos bem definidos, o que acontece em relação a aprovação, homologação e visto.

APROVAÇÃO	HOMOLOGAÇÃO	VISTO
ANTERIOR OU POSTERIOR	POSTERIOR	POSTERIOR
VINCULADA OU DISCRICIONÁRIA	VINCULADA	VINCULADO

As **admissões** são atos administrativos vinculados que, verificados todos os requisitos legais, atribuem certa situação jurídica ao particular de seu preponderante interesse. Exemplo: ingresso de aluno em instituição de ensino pública.

As **dispensas** são atos administrativos, em regra, discricionários que eximem o particular ou agente público do cumprimento de certo dever ou tarefa. Exemplo: ato que afasta a exigência de certos documentos para dar início a procedimento administrativo.

As **renúncias administrativas** são atos não reptícios que têm como objetivo o despojamento de um direito ou a cessação dos efeitos jurídicos favoráveis anteriormente desfrutados; dependem sempre de lei autorizadora para a sua validade por tratarem de disposição de interesse público. As renúncias ilustram

---

[121] MELLO, Oswaldo Aranha Bandeira de. *Princípios gerais de direito administrativo.* 2. ed. Rio de Janeiro: Forense, 1979.

a abdicação do titular, sendo atos puros e simples que não comportam condição ou reversão.

Os **protocolos administrativos** são atos que possibilitam a congregação dos interesses do particular e da Administração Pública para a realização de determinada atividade ou tarefa ou a abstenção de alguma conduta. A maioria da doutrina os classifica como atos administrativos, mas a sua bilateralidade coloca-os em zona cinzenta entre ato administrativo e contrato administrativo.

26.9.3. Atos enunciativos

Os **atos administrativos enunciativos** têm como finalidade declarar a ocorrência de certo fato ou emitir opiniões ou conclusões sobre determinada matéria técnica.

Os **pareceres** são manifestações fundamentadas em determinada técnica sobre assuntos levados à consideração de emissor que detenha o conhecimento específico, possibilitando a futura deliberação de terceiro (consulente) com dados mais aprofundados sobre o tema.

Os pareceres podem ser de emissão **obrigatória** ou **facultativa**. No primeiro caso, a lei exige a submissão do assunto ao detentor do conhecimento técnico. No segundo caso, fica a critério do agente público que está investido na competência decisória submeter ou não submeter o assunto, porém uma vez submetido o emissor tem o dever de confeccionar a peça. Exemplo de parecer de emissão obrigatória é o descrito no parágrafo único do art. 38 da Lei n. 8.666/93. Os de emissão facultativa, normalmente, não são listados em lei.

Os de emissão obrigatória poderão ser **vinculantes** ou **não vinculantes**. Os primeiros afastam a liberdade decisória da autoridade consulente. Os segundos, apesar da submissão ao detentor do conhecimento técnico ser imperativa, não têm o condão de limitar a futura decisão da autoridade.

Oswaldo Aranha Bandeira de Mello[122] afirma que o parecer é facultativo quando fica a critério da Administração solicitá-lo ou não, além de não ser vinculante para quem o solicitou. Se foi indicado como fundamento da decisão, passará a integrá-la, por corresponder à própria motivação do ato. O parecer é obrigatório quando a lei o exige como pressuposto para a prática final do ato. A obrigatoriedade diz respeito à solicitação do parecer (o que não lhe imprime caráter vinculante). Por exemplo, uma lei que exija parecer jurídico sobre todos os recursos encaminhados ao Chefe do Executivo; embora haja obrigatoriedade de ser emitido o parecer sob pena de ilegalidade do ato final, ele não perde seu caráter opinativo. Mas a autoridade que não o acolhe deverá motivar a sua decisão. O parecer é vinculante quando a Administração é obrigada a solicitá-lo e a acatar sua conclusão.

O art. 42 da Lei n. 9.784/99 determina que, quando deva ser obrigatoriamente ouvido um órgão consultivo, o parecer deverá ser emitido no prazo máximo de quinze dias, salvo norma especial ou comprovada necessidade de maior prazo.

Saliente-se que, se um parecer obrigatório e vinculante deixar de ser emitido no prazo fixado, o processo não terá seguimento até a respectiva apresentação, responsabilizando-se quem der causa ao atraso e que, se um parecer obrigatório e não vinculante deixar de ser emitido no prazo fixado, o processo poderá ter prosseguimento e ser decidido com sua dispensa, sem prejuízo da responsabilidade de quem se omitiu no atendimento.

Segundo Hely Lopes Meirelles[123], o **parecer normativo** é aquele que, analisando um caso concreto e individual, poderá, se aprovado pela autoridade, ser aplicado a casos futuros, portanto de maneira geral e abstrata. Exemplo: os pareceres da AGU aprovados pelo Presidente da República. O **parecer técnico** é aquele de eficácia limitada ao caso concreto que não pode ser contrariado por leigo ou pela autoridade superior ao emissor, sem argumentos técnicos que possam afastar as suas conclusões.

O parecer pode eximir a autoridade consulente da motivação do ato administrativo imediatamente decorrente, pois o §1º do art. 50 da Lei n. 9.784/99 reza que: "A motivação deve ser explícita, clara e congruente, podendo consistir em declaração de concordância com fundamentos de anteriores pareceres, informações, decisões ou propostas, que, neste caso, serão parte integrante do ato".

---

[122] MELLO, Oswaldo Aranha Bandeira de. *Princípios gerais de direito administrativo.* 2. ed. Rio de Janeiro: Forense, 1979.

[123] MEIRELLES, Hely Lopes; BURLE FILHO, José Emannuel. *Direito administrativo brasileiro.* 42. ed. São Paulo: Malheiros, 2016.

O STF dissecou a responsabilidade do parecerista em dois julgamentos realizados no mesmo dia e assim ementados:

ADVOGADO PÚBLICO – RESPONSABILIDADE – ART. 38 DA LEI N. 8.666/93 – TRIBUNAL DE CONTAS DA UNIÃO – ESCLARECIMENTOS. Prevendo o art. 38 da Lei n. 8.666/93 que a manifestação da assessoria jurídica quanto a editais de licitação, contratos, acordos, convênios e ajustes não se limita a simples opinião, alcançando a aprovação, ou não, descabe a recusa à convocação do Tribunal de Contas da União para serem prestados esclarecimentos[124]. CONSTITUCIONAL. ADMINISTRATIVO. CONTROLE EXTERNO. AUDITORIA PELO TCU. RESPONSABILIDADE DE PROCURADOR DE AUTARQUIA POR EMISSÃO DE PARECER TÉCNICO-JURÍDICO DE NATUREZA OPINATIVA. SEGURANÇA DEFERIDA. I. Repercussões da natureza jurídico-administrativa do parecer jurídico: (i) quando a consulta é facultativa, a autoridade não se vincula ao parecer proferido, sendo que seu poder de decisão não se altera pela manifestação do órgão consultivo; (ii) quando a consulta é obrigatória, a autoridade administrativa se vincula a emitir o ato tal como submetido à consultoria, com parecer favorável ou contrário, e se pretender praticar ato de forma diversa da apresentada à consultoria, deverá submetê-lo a novo parecer; (iii) quando a lei estabelece a obrigação de decidir à luz de parecer vinculante, essa manifestação de teor jurídica deixa de ser meramente opinativa e o administrador não poderá decidir senão nos termos da conclusão do parecer ou, então, não decidir. II. No caso de que cuidam os autos, o parecer emitido pelo impetrante não tinha caráter vinculante. Sua aprovação pelo superior hierárquico não desvirtua sua natureza opinativa, nem o torna parte de ato administrativo posterior do qual possa eventualmente decorrer dano ao erário, mas apenas incorpora sua fundamentação ao ato. III. Controle externo: É lícito concluir que é abusiva a responsabilização do parecerista à luz de uma alargada relação de causalidade entre seu parecer e o ato administrativo do qual tenha resultado dano ao erário. Salvo demonstração de culpa ou erro grosseiro, submetida às instâncias administrativo-disciplinares ou jurisdicionais próprias, não cabe a responsabilização do advogado público pelo conteúdo de seu parecer de natureza meramente opinativa. Mandado de segurança deferido[125].

As **certidões administrativas** são, segundo Hely Lopes Meirelles[126], cópias fiéis e autenticadas de atos ou fatos constantes de processo, livro ou documento que esteja em órgão público.

---

[124] STF, MS 24584, rel. Min. Marco Aurélio, Tribunal Pleno, julgado em 9-8-2007, *DJe* 20-6-2008.

[125] STF, MS 24631, rel. Min. Joaquim Barbosa, Tribunal Pleno, julgado em 9-8-2007, *DJe* 1º-2-2008.

[126] MEIRELLES, Hely Lopes; BURLE FILHO, José Emannuel. *Direito administrativo brasileiro*. 42. ed. São Paulo: Malheiros, 2016.

Na forma da alínea *b* do inciso XXXIV do art. 5º da Carta de 1988, é a todos assegurada, independentemente do pagamento de taxas, a obtenção de certidões em repartições públicas, para defesa de direitos e esclarecimento de situações de interesse pessoal.

A Lei n. 9.051/95 estipula que as certidões para a defesa de direitos e esclarecimentos de situações, requeridas aos órgãos da administração centralizada ou autárquica, às empresas públicas, às sociedades de economia mista e às fundações públicas da União, dos Estados, do Distrito Federal e dos Municípios, deverão ser expedidas no **prazo improrrogável de quinze dias**, contado do registro do pedido no órgão expedidor. Gize-se que, nos requerimentos que objetivam a obtenção das certidões a que se refere essa lei, deverão os interessados fazer constar esclarecimentos relativos aos fins e razões do pedido.

O mestre paulista Hely Lopes Meirelles entende haver diferença entre certidão e atestado, afirmando que o **atestado** é o ato pelo qual a Administração Pública comprova um fato ou situação de que tenha conhecimento por seus órgãos competentes. Explica que o atestado comprova algo que não consta dos livros, papéis ou documentos em poder do Estado.

As **apostilas** são atos meramente declaratórios ou enunciativos relevantes para a Administração Pública de uma situação já construída por lei.

26.9.4. Atos punitivos

Os **atos administrativos punitivos** têm como objetivo aplicar sanção ao particular ou aos agentes e órgãos da Administração Pública. Seguem abaixo alguns exemplos.

A **advertência** é a admoestação ou reprimenda oral ou escrita que indica a violação a deveres normativos exigidos do sancionado. Exemplo de advertência é a sanção disciplinar estabelecida no inciso I do art. 127 da Lei n. 8.112/90.

A **suspensão** é impedimento compulsório e provisório do exercício de determinada função, direito ou prerrogativa. Exemplo desta sanção pode ser visto no inciso III do art. 87 da Lei n. 8.666/93.

A **demissão** é sanção disciplinar que enseja rompimento unilateral pela Administração Pública do vínculo com o agente público, em virtude de conduta ilícita deste. Pode ser encontrado exemplo no inciso III do art. 127 da Lei n. 8.112/90.

A **cassação** é a extinção do ato administrativo válido e eficaz quando o destinatário deixa de cumprir os requisitos ou as condições necessárias para o exercício, mas, no âmbito administrativo disciplinar, a cassação de aposentadoria ou disponibilidade pode ser sanção atribuída a servidor ou ex-servidor público por violação a deveres que implicaria demissão, na forma do art. 134 da Lei n. 8.112/90.

A **destituição** é o afastamento da função ou a retirada de uma prerrogativa que somente terá caráter punitivo nas formas descritas nos incisos V e VI do art. 127 da Lei n. 8.112/90.

A **multa** é a sanção pecuniária decorrente de conduta considerada ilícita, podendo ser coercitiva ou reparatória. As suas finalidades podem evitar uma ação ou omissão indesejada pelo ordenamento jurídico ou podem restabelecer o estado anterior das coisas.

O art. 95 do Código de Trânsito Brasileiro possibilita esse tipo de sanção, ao aduzir que: "Art. 95. Nenhuma obra ou evento que possa perturbar ou interromper a livre circulação de veículos e pedestres, ou colocar em risco sua segurança, será iniciada sem permissão prévia do órgão ou entidade de trânsito com circunscrição sobre a via. (...) §3º A inobservância do disposto neste artigo será punida com multa que varia entre cinquenta e trezentas UFIR, independentemente das cominações cíveis e penais cabíveis".

A multa coercitiva precisa ter previsão em lei, pois, por possibilitar a invasão do patrimônio do sancionado, observa o princípio da legalidade descrito no inciso II do art. 5º da CF/88.

Quando a sua natureza é reparatória apenas, a previsão da sua incidência pode estar veiculada em lei ou contrato administrativo. O art. 86 da Lei n. 8.666/93 estabelece este tipo de multa, ao afirmar que: "Art. 86. O atraso injustificado na execução do contrato sujeitará o contratado à multa de mora, na forma prevista no instrumento convocatório ou no contrato".

A **interdição de atividade** é a vedação da prática de determinada ação considerada lícita pelo ordenamento jurídico, em virtude de violação às normas permissivas ou em virtude de eventos alheios à vontade do titular. A autoridade aeronáutica pode, *v. g.*, interditar aeronave, na forma do inciso IV do art. 307 do Código Brasileiro de Aeronáutica.

26.9.5. Atos ordinatórios e de comunicação

Os **atos administrativos ordinatórios e de comunicação** são os que têm como escopo organizar e disciplinar as atividades comuns ou corriqueiras relacionadas ao funcionamento da Administração Pública ou a atuação de seus agentes ou órgãos públicos, sendo pautados no poder hierárquico ou na necessidade de integração, cooperação e comunicação entre os atores administrativos.

As **instruções** são atos administrativos consubstanciados em comandos gerais do superior hierárquico que têm como escopo disciplinar a execução das tarefas de determinado órgão público e uniformizar as suas ações. Em regra, são atos internos.

As **circulares** são atos menos abrangentes que as instruções que buscam uniformizar o desempenho de certas atribuições em situações específicas.

Os **avisos** são atos emanados dos Ministros de Estado ou dos Secretários de Estado ou de Municípios, possuindo natureza semelhante aos ofícios como meio de comunicação entre órgãos.

As **portarias**, segundo Hely Lopes Meirelles[127], são atos administrativos internos pelos quais os chefes de órgãos, repartições ou serviços expedem determinações gerais ou especiais aos seus subordinados, designam servidores para o exercício de atribuições que lhes forem pertinentes ou iniciam processos administrativos ou sindicâncias. As portarias, em regra, não criam deveres para os particulares, pois veiculam, normalmente, disposições pautadas no poder hierárquico.

As **ordens de serviço** são comandos administrativos de execução imediata dirigidas aos que devem efetivar os serviços ou obras públicos.

Os **provimentos** são atos administrativos internos que têm como objetivo manter a regularidade da prestação administrativa, evitando erros e omissões; normalmente, são editados por órgãos de correição.

Os **ofícios** não podem ser considerados atos administrativos, representando meros instrumentos de comunicação entre órgãos pertencentes a organogramas diversos. Conforme apreendia-se do *Manual de Redação da Presidência da República*, aviso e ofício são modalidades de comunicação oficial praticamente idênticas. A única diferença entre eles é que o aviso é expedido exclusivamente por Ministros de Estado, para autoridades de mesma hierarquia, ao passo que o ofício é expedido para e pelas demais autoridades. Ambos têm como finalidade o tratamento de assuntos oficiais pelos órgãos da Administração Pública entre si e, no caso do ofício, também com particulares.

Já o **memorando** é a modalidade de comunicação entre unidades administrativas de um mesmo órgão, que podem estar hierarquicamente em mesmo nível ou em níveis diferentes. Trata-se, portanto, de uma forma de comunicação eminentemente interna.

Os **despachos** são decisões, com conteúdo decisório de menor monta, emitidas sobre as demandas apresentadas. O *despacho normativo* tem caráter mais abstrato, devendo ser aplicado às situações posteriores que guardem semelhança com a que ensejou a sua edição.

---

[127] MEIRELLES, Hely Lopes; BURLE FILHO, José Emannuel. *Direito administrativo brasileiro*. 42. ed. São Paulo: Malheiros, 2016.

Observe-se, por fim, que, até a segunda edição do Manual de Redação da Presidência da República, havia três tipos de expedientes que se diferenciavam antes pela finalidade do que pela forma: o **ofício**, o **aviso** e o **memorando**. Com o objetivo de uniformizá-los, a terceira edição exigiu a adoção de nomenclatura e diagramação únicas, que sigam o que se chamou de padrão ofício.

A distinção básica anterior entre os três era:

a) aviso: era expedido exclusivamente por Ministros de Estado, para autoridades de mesma hierarquia;

b) ofício: era expedido para e pelas demais autoridades; e

c) memorando: era expedido entre unidades administrativas de um mesmo órgão.

Na nova edição ficou abolida aquela distinção e passou-se a utilizar o termo ofício nas três hipóteses. Contudo, deve ser lembrado que **o Manual de Redação da Presidência da República não vincula os Estados, o Distrito Federal e os Municípios.**

NORMATIVOS	DECRETOS
	INSTRUÇÕES NORMATIVAS
	REGIMENTOS
	RESOLUÇÕES
	DELIBERAÇÕES
NEGOCIAIS	LICENÇAS
	AUTORIZAÇÕES
	PERMISSÕES
	APROVAÇÕES
	HOMOLOGAÇÕES
	VISTOS
	ADMISSÕES
	DISPENSAS
	RENÚNCIAS ADMINISTRATIVAS
	PROTOCOLOS ADMINISTRATIVOS

ENUNCIATIVOS	PARECERES
	CERTIDÕES ADMINISTRATIVAS
	ATESTADO
	APOSTILAS
PUNITIVOS	ADVERTÊNCIA
	SUSPENSÃO
	DEMISSÃO
	DESTITUIÇÃO
	MULTA
	INTERDIÇÃO DE ATIVIDADE
ORDINATÓRIOS E DE COMUNICAÇÃO	INSTRUÇÕES
	CIRCULARES
	AVISOS
	PORTARIAS
	ORDENS DE SERVIÇO
	PROVIMENTOS
	OFÍCIOS
	MEMORANDO
	DESPACHOS

27

SILÊNCIO DA ADMINISTRAÇÃO PÚBLICA

A **omissão** da Administração Pública em decidir determinado pleito, na maioria dos casos, tem o mesmo efeito da sua *negativa*. A omissão desarrazoada em decidir limita direitos dos que travam relações com o Estado e pode ser utilizada como estratégia de violação à lei.

Mesmo quando não houver prazo legal fixado para a prática de determinado ato, a omissão injustificada configurar-se-á abuso de poder[1] sanável através da via judicial.

O art. 48 da Lei n. 9.784/99 estabelece que a Administração Pública tem o dever de, explicitamente[2], emitir decisão nos processos administrativos e sobre solicitações ou reclamações, em matéria de sua competência.

Já o art. 49 da citada lei dispõe que: "Concluída a instrução de processo administrativo, a Administração tem o prazo de até trinta dias para decidir, salvo prorrogação por igual período expressamente motivada".

Assim, atentando para o bom senso, o Legislador estabeleceu que a omissão somente restará configurada em relação ao ato principal após o decurso de trinta dias prorrogáveis por igual período, portanto somente após o esgotamento do prazo o interessado terá interesse de agir na busca da tutela judicial.

Há solicitações que, em virtude da sua própria natureza, não comportam tal prazo para a apreciação. Assim, o interesse de agir deve ser analisado caso a caso pelo Poder Judiciário de acordo com o princípio da razoabilidade.

---

[1] Irregular execução da atividade administrativa.

[2] STJ, REsp 16.284/PR, rel. Min. Humberto Gomes de Barros, 1ª Turma, julgado em 16-12-1991, *DJ* 23-3-1992, p. 3.447.

A omissão não pode também dissimular a má-fé da Administração Pública, jamais podendo ser utilizada de forma espúria, visto que o Estado deve ser o guardião da legalidade mesmo quando tal dever lhe imponha prejuízos[3].

Dessa forma, se o ato administrativo pretendido pelo administrado for vinculado, o Poder Judiciário poderá, após o prazo legalmente fixado para a sua edição, substituir-se ao gestor público concedendo a tutela com o conteúdo do ato. Todavia, se o ato for discricionário, o magistrado deve fixar prazo razoável para que o agente público o edite, sob pena de multa diária.

O silêncio da Administração Pública é a **omissão qualificada pelo dever normativo de apreciar certa demanda ou de atuar**.

Celso Antônio Bandeira de Mello aduz que[4]:

> "Na verdade, o silêncio não é ato jurídico. Por isto, evidentemente, não pode ser ato administrativo. Este é uma declaração jurídica. Quem se absteve de declarar, pois, silenciou, não declarou nada e por isto não praticou ato administrativo algum. Tal omissão é um 'fato jurídico' e, *in casu*, um 'fato jurídico administrativo'. Nada importa que a lei haja atribuído determinado efeito ao silêncio: o de conceder ou negar. Este efeito resultará do fato da omissão, como imputação legal, e não de algum presumido ato, razão por que é de rejeitar a posição dos que consideram ter aí existido um 'ato tácito'."

Observe-se, por fim, que os Tribunais, em situações específicas e excepcionais, para não inviabilizar totalmente o exercício de direito do administrado, têm concedido a tutela com o conteúdo do ato discricionário.

---

[3]   STJ, REsp 571.310/PR, Min. Humberto Gomes de Barros, 1ª Turma, julgado em 18-11-2003, *DJ* 15-12-2003, p. 228.

[4]   MELLO, Celso Antônio Bandeira de. *Curso de direito administrativo*. 35. ed. São Paulo: Malheiros, 2021.

28

LICITAÇÃO

28.1. INTRODUÇÃO

Tal como as sociedades empresárias e as pessoas naturais, a Administração Pública depende, para o seu funcionamento, da aquisição de bens e prestação de serviços. O particular, para o suprimento de suas necessidades materiais, pode escolher livremente com quem contratar. A Administração Pública, porém, enquanto estrutura orgânica estatal, deve observar normas de Direito Público, com vistas à observância de princípios altaneiros tabulados na Constituição e nas leis, o que se faz por meio da licitação.

Estados democráticos contemplam normas de licitações e contratos em seus ordenamentos jurídicos, a fim de regular as relações obrigacionais entre a Administração Pública e particulares, para inibir favorecimentos injustificados na realização de negócios públicos, sobretudo em razão dos vultosos numerários comumente despendidos em compras públicas.

Interessante notar que a licitação, conquanto instituto regido pelo Direito Administrativo, por sua importância para as economias nacionais alcança o espectro do Direito Econômico Internacional, sobre o que merece destaque o Acordo sobre Compras Governamentais, pacto plurilateral formado por Estados-membros da Organização Mundial do Comércio (OMC) que visa à não discriminação entre seus membros na participação em licitações públicas.

Em 1º de janeiro de 1995, as normas editadas pela OMC iniciaram sua eficácia sobre o Brasil, que manifestou sua adesão ao regramento internacional por meio do Decreto n. 1.355, de 30 de dezembro de 1994, o qual internalizou a ata final que incorporou os resultados das negociações comerciais multilaterais da Rodada do Uruguai.

502 CURSO DE DIREITO ADMINISTRATIVO

A Rodada do Uruguai decorreu da evolução das relações comerciais internacionais cujo marco inicial remonta ao surgimento do *General Agreement on Tariffs and Trade* (Acordo Geral de Tarifas e Comércio), em seguimento aos acordos internacionais engendrados pelos países aliados contra o eixo na Segunda Guerra Mundial.

Sob a égide do GATT ocorreram oito rodadas de negociação[1]. A última dessas etapas, a Rodada do Uruguai, culminou com a instituição de um novo marco jurídico e a fundação da OMC, cujo ato constitutivo firmou-se em Marrakech, em 15 de abril de 1994. Embora a República Federativa do Brasil seja membro da OMC, não é parte do Acordo sobre Compras Governamentais. Todavia, em 19 de maio de 2020, o governo brasileiro formalizou à organização internacional o pedido de adesão ao acordo, na esteira das recentes medidas de abertura econômica que têm como principal marco a Lei n. 13.874, de 20 de setembro de 2019 (Lei de Liberdade Econômica).

A adesão ao Acordo sobre Compras Governamentais tem como efeito a abertura dos "mercados de compras públicas de seus países membros para os bens, serviços e fornecedores dos demais países signatários, exclusivamente para as compras cobertas pelo acordo"[2].

O tratamento das licitações em atos interestatais demonstra a relevância da matéria como instrumento de garantias de direitos dos administrados e dos agentes econômicos que atuam como colaboradores ou fornecedores da Administração Pública.

28.2. CONCEITO

Licitação é o procedimento administrativo realizado pela Administração Pública com o intento de selecionar a proposta mais vantajosa para uma contratação. Trata-se de procedimento prévio à celebração do contrato, que atinge a sua finalidade quando a melhor proposta é escolhida, satisfazendo-se o interesse público em questão.

---

[1] Estas foram as rodadas de negociação implementadas pelo *GATT*: Genebra (1947), Annecy (1949), Torquay (1950-1951), Genebra (1955-1956), Dillon (1960-1961), Kennedy (1964-1967), Tóquio (1973-1979) e Uruguai (1986-1993). As rodadas ocorridas até 1961 limitaram-se à discussão de tarifas. Após 1964, o campo de deliberação ampliou-se gradualmente, alcançando temas como instrumentos de defesa comercial, agricultura, serviços, medidas de investimento, propriedade intelectual e solução de controvérsias.

[2] ALCARAZ, Fernando Coppe at al. O acordo de compras governamentais da Organização Mundial do Comércio e o pedido de adesão do Brasil *Revista Brasileira de Comércio Exterior*, Rio de Janeiro, ano 34, n. 144, p. 4-13, jul/ago/set. 2020. p. 4.

Segundo a lição de Marcos Juruena Villela Souto[3], licitação é o "procedimento administrativo pelo qual a Administração seleciona, por meio de habilitação de proponentes e julgamento objetivo de propostas, candidatos que com ela estão aptos a celebrar contratos ou a assumir permissões ou concessões de serviços públicos ou do uso de bens públicos".

José dos Santos Carvalho Filho[4] explica que para conceituar objetivamente a licitação, não se pode deixar de considerar dois elementos: a natureza jurídica do instituto, isto é, como este se insere no quadro jurídico; e o objetivo a que se preordena, o que constitui sua própria *ratio essendi*. Com fundamento nessas premissas, conceitua a licitação como "procedimento administrativo vinculado por meio do qual os entes da Administração Pública e aqueles por ela controlados selecionam a melhor proposta entre as oferecidas pelos vários interessados, com dois objetivos – a celebração de contrato, ou a obtenção do melhor trabalho técnico, artístico ou científico".

Deve ser lembrado que os textos da Constituição Federal e das leis tratam, em determinadas passagens, a licitação como **procedimento** e, em outras, como **processo administrativo**, notando-se a não uniformidade dessas expressões que, embora contenham significados distintos, empregam-se com o mesmo sentido: a forma como é realizada a licitação.

De Plácido e Silva[5] traz interessante preleção etimológica sobre o vocábulo licitação, ao dizer:

Do latim *licitatio*, dos verbos *liceri* ou *licitari* (lançar em leilão, dar preço, oferecer lanço), possui o vocábulo, em sentido literal, a significação do ato de licitar ou fazer preço sobre a coisa posta em leilão ou a venda em almoeda. Assim, não se confunde com o leilão ou com a hasta pública, porque é simplesmente parte deles, isto pois que é o lançamento do preço, a oferta do preço. O leilão é o ato, em que os lançadores ou licitantes fazem a licitação. Neste sentido também compreendiam os romanos, considerando a *licitatio* como o lançamento, para a venda da coisa e distribuição entre os proprietários dela do maior preço obtido. Em verdade, anotado o sentido de *liceri* ou de *licitari*, também formado *deliceri*, *licitatio*, por sua origem, não poderia ter acepção diversa: é o ato pelo qual se

---

[3] SOUTO, Marcos Juruena Villela. *Direito administrativo contratual*: licitações, contratos administrativos. Rio de Janeiro: Lumen Juris, 2004. p. 75.

[4] CARVALHO FILHO, José dos Santos. *Manual de direito administrativo*. 35. ed. Barueri: Atlas, 2021. p. 244.

[5] SILVA, De Plácido e. *Vocabulário jurídico*. 27. ed. Atualizado por Nagib Slaibi Filho e Gláucia Carvalho. Rio de Janeiro: Forense, 2006. p. 846.

lança ou se faz o preço, para compra ou aquisição da coisa, em concorrência com outros interessados nesta aquisição.

Nesse sentido compreende-se a licitação, enquanto forma cumprida pela Administração Pública para a legitimidade e legalidade da formação de negócios jurídicos. É o meio pelo qual os administrados lançam suas ofertas e preços, isto é, apresentam suas propostas ao exame e julgamento da Administração, conforme regras predeterminadas.

Portanto, o procedimento licitatório é uma série de atos concatenados, praticados pelas partes em colaboração, tendente a um ato administrativo final dependente dos anteriores. A licitação é preordenada para a satisfação de determinado objeto, que traduz o bem ou serviço pretendido pela Administração, guiada por certos objetivos por serem alcançados.

A vantagem para o ente da federação envolvido não prescinde do respeito aos princípios da legalidade, da boa-fé, da vedação ao enriquecimento sem causa e dos direitos dos contratados.

Haja vista que as contratações celebradas pela Administração Pública visam à satisfação do interesse público, impõe-se, salvo situações bastante singulares, a obrigação de licitar.

28.3. OBRIGATORIEDADE

A obrigatoriedade de licitação para as contratações da Administração Pública é decorrente, em especial, de dois princípios constitucionais: o da **impessoalidade** (art. 37, *caput*, da CF/88) e o da **isonomia** (art. 5º, *caput*, da CF/88).

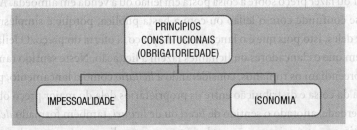

Os particulares podem, em regra, escolher os seus fornecedores de bens e serviços, pois têm plena disponibilidade sobre o seu patrimônio; podem, inclusive, aceitar propostas desvantajosas sem que haja qualquer violação ao ordenamento jurídico. A Administração Pública não pode, pois está limitada pelos princípios estabelecidos na Carta Maior.

No Brasil, a licitação deve ser a regra. Logo, sua não utilização deve ser exceção. Todavia, há países nos quais as hipóteses de licitação são taxativas. Tem-se como exemplo a Argentina, onde a licitação implica exceção ao princípio de livre escolha do cocontratante pela Administração Pública, sendo exigível somente quando a norma a requer. Por conseguinte, não havendo exigência legal, a licitação não é indispensável para a celebração de contratos administrativos[6].

A interpretação da doutrina argentina sobre as hipóteses de licitação observa mais o regime de Direito Privado do que o de Direito Público, o que é incabível no Brasil, em que o sistema normativo de licitações possui traços de compulsoriedade semelhantes aos praticados em Portugal, onde as licitações denominam-se procedimentos de adjudicação ou procedimentos de formação de contratos.

O artigo 1º-A do Código dos Contratos Públicos lusitano determina a observância, nas contratações públicas, dos "princípios da legalidade, da prossecução do interesse público, da imparcialidade, da proporcionalidade, da boa-fé, da tutela da confiança, da sustentabilidade e da responsabilidade, bem como os princípios da concorrência, da publicidade e da transparência, da igualdade de tratamento e da não discriminação"[7].

Os princípios sobreditos regem as licitações em todos os Estados-membros da União Europeia, por força do quadro normativo comunitário de contratações públicas, que tem fundamento no Tratado sobre o Funcionamento da União Europeia[8].

Nos Estados Unidos da América, há competência legiferante concorrente entre os níveis federal, estadual e local para estabelecer normas sobre licitações, apontando-se como norma geral a *Federal Acquisition Regulation*, que dispõe sobre planejamento de compras, equipes de contratação, fiscalização de contratos, conflitos de interesses, critérios de competitividade, pesquisa de mercado, padrões de desempenho e procedimentos simplificados.

---

[6] MARIENHOFF, Miguel S. *Tratado de derecho administrativo*. 3. ed. atual. Buenos Aires: Abeledo-Perrot, 1980.

[7] REPÚBLICA PORTUGUESA. Decreto-Lei n. 18/2008. Aprova o Código dos Contratos Públicos. *Diário da República* n. 20/2008, Série I, Lisboa, 29 jan. 2008.

[8] Dentre as principais normas comunitárias sobre licitações e contratos da União Europeia, destacam-se: Diretiva 2014/23/UE do Parlamento Europeu e do Conselho, de 26 de fevereiro de 2014, relativa à adjudicação de contratos de concessão; Diretiva 2014/24/UE do Parlamento Europeu e do Conselho, de 26 de fevereiro de 2014, relativa aos contratos públicos de aquisições, serviços e obras públicas e; Diretiva 2014/25/UE do Parlamento Europeu e do Conselho, de 26 de fevereiro de 2014, relativa aos contratos públicos celebrados pelas entidades que operam nos setores da água, da energia, dos transportes e dos serviços postais.

CURSO DE DIREITO ADMINISTRATIVO

A legislação americana expressa significativa adequação entre valor e natureza das contratações e procedimentos administrativos aplicáveis, de maneira a exigir formas simples para aquisições de pequeno vulto, minimizando-se o custo administrativo das aquisições, promovendo-se eficiência e economia das contratações[9].

O modelo prevalecente praticado nos Estados Democráticos funda-se na obrigatoriedade da licitação, posto que as contratações de obras e serviços, as compras, alienações e locações realizadas pela Administração Pública geram benefícios econômicos aos particulares escolhidos. Assim, devem ser facultadas a todos, desde que atendidos os requisitos referentes ao interesse público, a possibilidade de executar obras e serviços, de vender, de comprar e de locar para a Administração Pública.

O Poder Público, segundo o princípio da isonomia, tem que tratar os iguais igualmente e os desiguais desigualmente na medida das suas desigualdades, não podendo o agente público, fora das exceções constitucionais, criar discriminações entre particulares.

Caso fosse outorgada ao agente público a possibilidade de escolher com que contratar, não somente os princípios da impessoalidade e da isonomia seriam maculados, mas haveria violação também às normas constitucionais que estabelecem a titularidade da coisa pública.

Uma das demonstrações do princípio da impessoalidade é a impossibilidade de participação no certame de empresa que possua no seu quadro de pessoal servidor público, efetivo ou ocupante de cargo em comissão ou função gratificada, ou dirigente do órgão contratante ou responsável pela licitação.

O povo é o titular da coisa pública, portanto somente o povo, diretamente ou por meio dos seus representantes, pode determinar as formas de escolha de quem vai contratar com a Administração Pública, sendo certo que sua opção política, formalizada através do Poder Constituinte Originário, é a cláusula gravada no art. 37, XXI, da Constituição Federal:

> Art. 37. A administração pública direta e indireta de qualquer dos Poderes da União, dos Estados, do Distrito Federal e dos Municípios obedecerá aos princípios de legalidade, impessoalidade, moralidade, publicidade e eficiência e, também, ao seguinte:
>
> (...)
>
> XXI – ressalvados os casos especificados na legislação, as obras, serviços, compras e alienações serão contratados mediante processo de licitação pública que

---

[9] *General Services Administration*. Federal Acquisitions Regulation. Whashington, DC: MVCB, 2020.

assegure igualdade de condições a todos os concorrentes, com cláusulas que estabeleçam obrigações de pagamento, mantidas as condições efetivas da proposta, nos termos da lei, o qual somente permitirá as exigências de qualificação técnica e econômica indispensáveis à garantia do cumprimento das obrigações.

A regra, portanto, é licitar, sendo que as exceções devem estar listadas em lei, ou seja, mesmo as exceções são estabelecidas nas normas jurídicas editadas pelos representantes do povo.

28.4. COMPETÊNCIA PARA LEGISLAR

Segundo o pacto federativo brasileiro, há quatro esferas de Administração Pública que coincidem com os entes autônomos da federação: federal, estadual, distrital e municipal.

O Poder Constituinte Originário, a fim de garantir a observância dos princípios da impessoalidade e da isonomia por todos os entes federados, estabeleceu, no inciso XXVII do art. 22, que, apesar da autonomia, a competência para elaborar **normas gerais** de licitação e contratação, em todas as modalidades, para as administrações públicas diretas, autárquicas e fundacionais da União, Estados, Distrito Federal e Municípios, é da própria União. Eis o dispositivo:

> Art. 22. Compete privativamente à União legislar sobre:
> (...)
> XXVII – normas gerais de licitação e contratação, em todas as modalidades, para as administrações públicas diretas, autárquicas e fundacionais da União, Estados, Distrito Federal e Municípios, obedecido o disposto no art. 37, XXI, e para as empresas públicas e sociedades de economia mista, nos termos do art. 173, §1º, III;

As expressões jurídicas "normas gerais" e "normas específicas" comportam duas classificações. A primeira quanto ao pacto federativo e distribuição de competências constitucionais para os entes. A segunda, sistêmica e interna do ordenamento jurídico (conjunto de normas).

É preciso em relação à primeira classificação ter em mente que a União tem duas possibilidades constitucionais de legislar, podendo fazê-lo para tratar das situações apenas do âmbito federal ou das situações dos quatro entes federativos (a própria União, os Estados, o Distrito Federal e os Municípios).

Logo, o texto constitucional atribui reserva de competência à União para legislar sobre normas gerais, enquanto os outros entes federados (Estados, Distrito Federal e Municípios) podem legislar sobre normas especiais de licitações e contratos. Assim, a competência para legislar sobre normas gerais de licitações é da União, enquanto a competência para legislar sobre normas especiais de licitação é concorrente entre União, Estados, Distrito Federal e Municípios.

Por isso, além da União, as outras pessoas políticas podem legislar sobre aspectos processuais, ritos, procedimentos na área de licitações, desde que não contrariem o disposto nas normas gerais. Por exemplo, o ente político pode legislar sobre a forma de composição de uma comissão de contratação, mas não pode criar uma modalidade de licitação, haja vista que as modalidades de licitações enquadram-se entre as normas gerais, de competência legislativa reservada à União.

Saliente-se que a competência legislativa para normas específicas sobre licitação e contratos é do ente da Federação envolvido sob pena de violação às normas instituidoras da Federação contidas na CF/88. Logo, a União, os Estados, o Distrito federal e os Municípios gozam de competência legislativa plena para editar normas específicas sobre licitação e contratos administrativos.

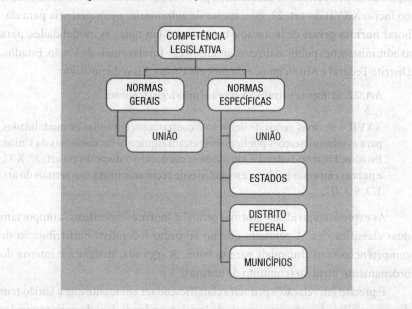

No âmbito das normas gerais e das normas específicas da União foi editada a Lei n. 8.666, de 21 de junho de 1993, que regulamenta o art. 37, XXI, da Constituição Federal, instituindo regras para licitações e contratos da Administração Pública.

A Lei n. 8.666/93 é a Lei Geral de Licitações e Contratos, que convive com leis especiais, que tratam de licitações segundo requisitos específicos atinentes à entidade da Administração Pública, à forma da licitação ou ao objeto da contratação.

REINALDO COUTO / ÁLVARO CAPAGIO   509

Desde a edição da Lei n. 14.133, de 1º de abril de 2021 (nova Lei de Licitações e Contratos Administrativos), o ordenamento jurídico brasileiro experimenta situação peculiar, configurando-se a vigência transitória de duas normas gerais no marco regulatório da licitação.

28.5. MARCO REGULATÓRIO DA LICITAÇÃO

A Lei n. 8.666/93, que regulamenta o art. 37, XXI, da CF/88, dispõe sobre as normas gerais de licitações para a União, Estados, Distrito Federal e Municípios; o diploma legal rege também as normas específicas de licitações para órgãos e entidades da Administração Pública Federal.

Importa salientar que a obrigatoriedade de licitar não abrange apenas a Administração Pública direta, mas abarca as pessoas jurídicas de direito privado integrantes da *Administração Pública indireta*, como deixa bem claro o art. 1º, parágrafo único, da Lei n. 8.666/93:

> Art.1º Esta Lei estabelece normas gerais sobre licitações e contratos administrativos pertinentes a obras, serviços, inclusive de publicidade, compras, alienações e locações no âmbito dos Poderes da União, dos Estados, do Distrito Federal e dos Municípios.
>
> Parágrafo único. Subordinam-se ao regime desta Lei, além dos órgãos da administração direta, os fundos especiais, as autarquias, as fundações públicas, as empresas públicas, as sociedades de economia mista e demais entidades controladas direta ou indiretamente pela União, Estados, Distrito Federal e Municípios.

Após a publicação da Lei n. 8.666/93, editaram-se diversas leis esparsas, com vistas ao tratamento de questões específicas na seara das licitações e contratos administrativos, as quais compõem o marco regulatório da licitação.

A Lei n. 8.987, de 13 de fevereiro de 1995 (**Lei de Concessões e Permissões**) dispõe sobre o regime de concessão e permissão da prestação de serviços públicos previsto no art. 175 da CF/88. O diploma legal, trata especificamente dessas espécies de delegação de serviços públicos, tece regras de licitações e contratos e grava princípios próprios atinentes à prestação de serviços públicos delegados à iniciativa privada.

A prestação de serviços públicos mediante delegação à iniciativa privada, mediante contrato entre o particular e o Poder Público, apresenta peculiaridades na formação das obrigações, alocação de riscos, equilíbrio econômico-financeiro e fiscalização do contrato, o que se acentua pelo prazo de duração dos contratos, que usualmente vigem durante décadas, demandando-se a projeção de cenários econômicos diversos.

510 CURSO DE DIREITO ADMINISTRATIVO

Por conseguinte, a Lei de Concessões e Permissões confere regulamentação própria à formação de contratos de delegação de serviços públicos, que abrangem principalmente os setores de infraestrutura – como energia, telecomunicações e transportes – cujas particularidades não encontram suficiente disciplina no texto da Lei n. 8.666/93, lembrando-se que "em 1993, existiam apenas alguns dispositivos esparsos sobre esse tipo de contratação. Como decorrência, havia a tendência a submeter as concessões e permissões de serviço público ao regime da Lei n. 8.666/1993"[10].

A Lei n. 9.472, de 16 de julho de 1997 (**Lei Geral das Telecomunicações**) instituiu no âmbito da Agência Nacional de Telecomunicações (Anatel) a possibilidade de emprego de licitações segundo as modalidades pregão e consulta, mediante procedimentos disciplinados pela Agência, observados os princípios e regras estabelecidos na Lei Geral de Licitações. Por força do art. 37 da Lei n. 9.986, de 18 de julho de 2000, ampliou-se a prerrogativa de uso dessas modalidades de licitação para todas as Agências Reguladoras.

A consulta destina-se à contratação de bens e serviços não classificados como comuns nem como obras e serviços de engenharia. Na forma do art. 58, parágrafo único, da Lei n. 9.472/97, a decisão nessa modalidade de licitação "ponderará o custo e o benefício de cada proposta, considerando a qualificação do proponente".

No que concerne ao pregão, também tratado pela Lei Geral das Telecomunicações, sua importância alcançou notoriedade a partir da edição da Lei n. 10.520, de 17 de julho de 2002 (**Lei do Pregão**), que institui, no âmbito da União, Estados, Distrito Federal e Municípios, nos termos do art. 37, inciso XXI, da Constituição Federal, modalidade de licitação denominada pregão, para aquisição de bens e serviços comuns.

Desde que regulamentado mediante o Decreto 3.555, de 8 de agosto de 2000, o pregão tem sido amplamente usado, especialmente na forma eletrônica, por força do Decreto n. 10.024, de 20 de setembro de 2019, o qual dispõe que a utilização da modalidade pregão, na forma eletrônica, pelos órgãos da administração pública federal direta, pelas autarquias, pelas fundações e pelos fundos especiais é obrigatória.

Interessante notar que o Decreto n. 3.555/2000, ato regulamentar, apresenta data de edição anterior à do diploma legal correspondente, a Lei n. 10.520/2002. Isso porque o mencionado ato administrativo emanou-se para o fim de regula-

---

[10] JUSTEN FILHO, Marçal. *Comentários à lei de licitações e contratos administrativos*: Lei 8.666/93. 18. ed. rev., atual. e ampl. São Paulo: Thomson Reuters Brasil, 2019. p. 16.

mentar a Medida Provisória n. 2.026-3, de 28 de julho de 2000, cuja versão originária corresponde à Medida Provisória n. 2.026, de 4 de maio de 2000, reeditada sucessivas vezes, até que convertida na Lei n. 10.520/2002.

A Lei n. 11.079, de 30 de dezembro de 2004 (**Lei das Parcerias Público-Privadas**), institui normas gerais para licitação e contratação de parceria público-privada no âmbito da Administração Pública. O instituto da parceria público-privada (PPP) tem como finalidade primordial a execução de objetos de maior vulto. A lei em tela aplica-se aos órgãos da Administração Pública direta dos Poderes Executivo e Legislativo, aos fundos especiais, às autarquias, às fundações públicas, às empresas públicas, às sociedades de economia mista e às demais entidades controladas direta ou indiretamente pela União, Estados, Distrito Federal e Municípios.

A maior vantagem existente no regime da PPP reside na possibilidade de atração de investimentos privados para a realização de projetos de interesse público, principalmente em segmentos que requerem vultosos dispêndios para implantação e operação, como infraestrutura de energia elétrica (geração, transmissão e distribuição), transporte (rodovias, ferrovias, hidrovias, portos, aeroportos e mobilidade urbana) e saneamento básico (como abastecimento de água potável e esgotamento sanitário).

Conquanto tenha destaque para a implantação de infraestrutura, a PPP também revela considerável aptidão para projetos relacionados à operação de instalações públicas, como hospitais e creches, iniciativas caracterizadas por sensíveis demandas sociais.

A Lei n. 12.232, de 29 de abril de 2010 (**Lei de Contratação de Serviços de Publicidade**) dispõe sobre as normas gerais para licitação e contratação pela Administração Pública de serviços de publicidade prestados por intermédio de agências de propaganda e dá outras providências.

A edição da lei em comento teve por motivação os fatos apurados na Ação Penal 470, promovida pelo Ministério Público Federal em 2007, julgada pelo Supremo Tribunal Federal em 2013[11]. Os fatos apurados por meio da na Ação

---

[11] STF, AP 470, rel. Min. Joaquim Barbosa, Plenário, julgamento em 17.-12-2012, *DJe* 22-4-2013. No julgamento da Ação Penal 470, consigna-se: "Restou comprovado o pagamento de vantagem indevida ao então Presidente da Câmara dos Deputados, por parte dos sócios da agência de publicidade que, poucos dias depois, viria a ser contratada pelo órgão público presidido pelo agente público corrompido. Vinculação entre o pagamento da vantagem e os atos de ofício de competência do ex-Presidente da Câmara, cuja prática os réus sócios da agência de publicidade pretenderam influenciar".

512 CURSO DE DIREITO ADMINISTRATIVO

Penal 470 ensejaram também a instauração de Comissão Parlamentar Mista de Inquérito, a CPMI "dos Correios", cujo relatório final aponta:

> Embora conste taxativamente no art. 2º da Lei n. 8.666/93 que os serviços de publicidade sejam contratados por intermédio de licitação, essa prescrição legal não conseguiu resolver o problema da contratação discricionária de empresas de publicidade que remonta aos tempos regidos pelo Decreto-Lei n. 2.300/86. Atualmente, a Administração continua a escolher discricionariamente as agências de publicidade com as quais deseja trabalhar, conforme ocorria no período anterior à Lei de Licitações e Contratos, pela via da inexigibilidade de licitação. Atualmente, os gestores públicos, ao realizarem licitações cujos critérios de seleção são altamente subjetivos, atuam de forma substancialmente discricionária, ainda que sob o manto da legalidade exarada pela Lei n. 8.666/93[12].

Os serviços de publicidade possuem diversas nuanças não abrangidas pela Lei n. 8.666/93, como o desconto-padrão e a bonificação de volume, os quais geram recursos que, se não regidos legal ou contratualmente, podem ensejar vantagens indevidas para os contratados ou agentes públicos, razão por que essas prerrogativas são objeto de disciplina explícita da Lei de Contratação de Serviços de Publicidade.

A Lei n. 12.462, de 4 de agosto de 2011, institui o Regime Diferenciado de Contratações Públicas – RDC; altera a Lei n. 10.683, de 28 de maio de 2003, que dispõe sobre a organização da Presidência da República e dos Ministérios, a legislação da Agência Nacional de Aviação Civil (Anac) e a legislação da Empresa Brasileira de Infraestrutura Aeroportuária (Infraero); cria a Secretaria de Aviação Civil, cargos de Ministro de Estado, cargos em comissão e cargos de Controlador de Tráfego Aéreo; autoriza a contratação de controladores de tráfego aéreo temporários; altera as Leis n. 11.182, de 27 de setembro de 2005, 5.862, de 12 de dezembro de 1972, 8.399, de 7 de janeiro de 1992, 11.526, de 4 de outubro de 2007, 11.458, de 19 de março de 2007, e 12.350, de 20 de dezembro de 2010, e a Medida Provisória n. 2.185-35, de 24 de agosto de 2001; e revoga dispositivos da Lei n. 9.649, de 27 de maio de 1998.

A criação do **Regime Diferenciado de Contratações (RDC)** teve entre seus principais propósitos a realização dos empreendimentos e cerimônias esportivas da Copa do Mundo de 2014 e as Olimpíadas de 2016, na cidade do Rio de Janeiro, com vistas à celeridade das contratações. O RDC traz significativas inovações

---

[12] Congresso Nacional. *Relatório Final dos Trabalhos da CPMI "dos Correios"*. v. 2. Brasília: 2006. p. 942.

em relação ao texto da Lei n. 8.666/93, como a manutenção do sigilo do orçamento até o encerramento da licitação (salvo em relação aos órgãos de controle), a exigência e apresentação de amostras, certificações e critérios de julgamento por maior desconto, maior retorno econômico, maior técnica ou conteúdo artístico.

O RDC está contido no Capítulo I da Lei n. 12.462, de 4 de agosto de 2011, enquanto os outros capítulos da Lei tratam de diversos temas, mencionados na ementa do texto legal, a exemplo da criação da Secretaria de Aviação Civil. Nesse ponto, interessa lembrar ao estudioso do Direito que o art. 7º, II, da Lei Complementar n. 95/98, determina que "a lei não conterá matéria estranha a seu objeto ou a este não vinculada por afinidade, pertinência ou conexão".

A Lei Complementar n. 95/98 dispõe sobre a elaboração, a redação, a alteração e a consolidação das leis, conforme determina o parágrafo único do art. 59 da Constituição Federal, e estabelece normas para a consolidação dos atos normativos que menciona. Não raro, sua força cogente parece esquecida pelo legislador que lhe deu vida, insculpindo-se miscelâneas de assuntos diversos, sem qualquer relação temática, em um mesmo diploma legal, o que evidentemente fere os básicos preceitos de técnica legislativa e torna mais difícil o estudo e operacionalização do ordenamento jurídico.

A Lei n. 13.303, de 30 de junho de 2016 (**Lei das Estatais**) dispõe sobre o estatuto jurídico da empresa pública, da sociedade de economia mista e de suas subsidiárias, no âmbito da União, dos Estados, do Distrito Federal e dos Municípios.

A Lei das Estatais decorre do art. 173, §1º, III, da CF/88, que determina a criação do estatuto jurídico da empresa pública, da sociedade de economia mista e de suas subsidiárias que explorem atividade econômica de produção ou comercialização de bens ou de prestação de serviços, a reger a licitação e contratação de obras, serviços, compras e alienações, observados os princípios da administração pública.

As empresas públicas e sociedades de economia mista são entidades empresariais instituídas excepcionalmente, como mecanismo de intervenção direta do Estado na atividade econômica, "quando necessária aos imperativos da segurança nacional ou a relevante interesse coletivo" (art. 173, *caput*, da CF/88). Logo, a inclusão dessas entidades no regime geral de licitações significa um fardo burocrático prejudicial à dinâmica que se requer de entidades empresariais, cuja viabilidade demanda ágil adaptação às variações e tendências do mercado. A mesma lógica aplica-se às subsidiárias das empresas públicas e das sociedades de economia mista, cuja criação requer autorização legislativa, *ex vi* do art. 37, XX, da CF/88.

A discussão sobre o regime de licitações das empresas estatais e suas subsidiárias alcança significativa magnitude quando considerada a quantidade de entidades e nichos econômicos envolvidos. Por força do art. 173, III, da CF/88, as empresas públicas, as sociedades de economia mista e suas subsidiárias são obrigadas a licitar a contratação de obras, serviços, compras e alienações, observados os princípios da administração pública. Todavia, desde a edição da Lei das Estatais, essas entidades cumprem a obrigação de licitar segundo o regramento disposto nessa lei, próprio à sua natureza empresarial.

28.5.1 Lei n. 14.133/2021 (Nova Lei de Licitações e Contratos Administrativos)

O marco regulatório da licitação teve sensível reconfiguração a partir da publicação da Lei n. 14.133/2021 (Lei de Licitações e Contratos Administrativos), resultante da aprovação do Projeto de Lei n. 4.253, de 2020, Substitutivo da Câmara dos Deputados ao Projeto de Lei do Senado n. 559, de 2013.

A Lei n. 14.133/2021 tem a natureza jurídica de norma geral de licitações e contratos, à semelhança da Lei n. 8.666/93, e visa a substituí-la. Todavia, o legislador optou por técnica peculiar para a introdução das novas regras no ordenamento jurídico, estabelecendo-se período de vigência síncrona com diplomas antigos, verificando-se situação *sui generis* no regime de vigência das leis.

28.5.1.1 Vigência ambivalente

A técnica legislativa manejada para a Lei n. 14.133/2021 inova quanto ao termo inicial de vigência. Tradicionalmente, diplomas legislativos caracterizados por alta complexidade instrumental, como códigos processuais, determinam período de *vacatio legis* para o início de sua vigência. Esse prazo em que o diploma legislativo é válido, mas não vigente, possibilita aos intérpretes da lei o tempo necessário para estudo, aperfeiçoamento e adaptação ao novo regime jurídico.

No início da vigência de nova lei, opera-se a revogação da lei antiga, de modo que apenas a lei nova discipline as relações jurídicas sob sua égide. Quanto à Lei n. 14.133/2021, porém, o legislador optou pela vigência ambivalente, tanto da antiga Lei Geral de Licitações – Lei n. 8.666/93 – quanto da Lei n. 14.133/2021, durante o prazo de dois anos a partir da publicação desta.

A regra de vigência ambivalente abrange também a Lei n. 10.520/2002 (Lei do Pregão) e o Capítulo I da Lei n 12.462/2011 (Regime Diferenciado de Contratações Públicas – RDC). Por conseguinte, desde a publicação da Lei n.

14.133/2021, em 1º de abril de 2021, o administrador público poderá optar pelo seu cumprimento imediato, ou pela observância de uma das leis antigas, não sendo permitida a aplicação combinada da Lei n. 14.133/2021 com disposições das leis antigas.

Dessarte, uma licitação promovida segundo a Lei n. 8.666/93 reger-se-á unicamente por essa lei, valendo a mesma regra para as licitações promovidas de acordo com a Lei n. 14.133/2021, que serão regidas por essa lei durante todo o certame e posterior contrato administrativo.

A escolha do legislador, embora inovadora, não é imune a críticas, haja vista que produz algum grau de insegurança jurídica, porquanto os potenciais licitantes desconhecem a tendência de opção por ser realizada pelos gestores públicos, cuja decisão é amplamente discricionária. A lei a reger a licitação e o consequente contrato administrativo deve ser explicitamente indicada no edital de licitação, de modo que não existe variância do curso procedimental por ser adotado.

Inevitavelmente, porém, a existência síncrona de dois regimes jurídicos afeta o comportamento dos agentes de mercado, porquanto impacta a quantificação dos custos de transação e os ônus administrativos. Emoldure-se, por exemplo, uma compra por dispensa de licitação. Segundo a lei antiga, o valor limite para contratação direta de obras e serviços de engenharia, mediante dispensa de licitação, corresponde a trinta e três mil reais, consoante o art. 24, I, da Lei n. 8.666/93 c/c o art. 1º, I, *a*, do Decreto n. 9.412/2018.

O art. 75, I, da Lei n. 14.133/2021, c/c o Decreto n. 10.922/2021, dispõe que é dispensável a licitação para contratação de obras e serviços de engenharia cujo valor seja inferior a cento e oito mil quarenta reais e oitenta e dois centavos. A vigência ambivalente não importa, pois, tão somente a discricionariedade quanto ao rito procedimental a ser escolhido, mas produz efeitos sobre a própria obrigação de licitar.

Na hipótese mencionada, para a contratação de serviço de engenharia cujo orçamento seja superior a trinta e três mil reais e inferior a cento e oito mil quarenta reais e oitenta e dois centavos, o gestor obriga-se a licitar, se optar pelo regime jurídico anterior, desonerando-se dessa obrigação se decidir pelo uso da Lei n. 14.133/2021. Imprescindível, pois, que a opção levada a efeito pela Administração seja motivada no instrumento editalício, para fins de controles interno, externo e social.

Nesse ponto, convém lembrar a positivação do princípio da motivação no art. 5º da Lei n. 14.133/2021, o que ressalta sua força normativa. Essa ambivalência permanecerá até o momento de revogação das leis antigas, que ocorrerá após dois anos da publicação da Lei n. 14.133/2021.

28.5.1.2 Revogação diferida

Consoante o art. 193, II, da Lei n. 14.133/2021, a Lei n. 8.666/93, a Lei n. 10.520/2002 e os arts, 1º a 47-A da Lei n. 12.462/2011 (RDC) serão revogados após decorridos dois anos da publicação da nova lei, isto é, em 1º de abril de 2023, produzindo-se **revogação diferida**.

Questão de relevo concerne aos procedimentos licitatórios em andamento no momento de revogação da Lei n. 8.666/93, da Lei n. 10.520/2002 e do Capítulo I da Lei n 12.462/2011 (RDC), em 1º de abril de 2023. Haveria de se indagar qual o elemento material apto a demonstrar se o procedimento licitatório engendrou-se segundo as regras da lei nova ou de alguma das leis antigas.

A Lei n. 8.666/93 não traz delimitação precisa sobre o conteúdo da fase interna da licitação, cujo conceito formou-se a partir das lições doutrinárias. O legislador nacional, apreendendo o conceito doutrinário, positivou no texto da Lei n. 14.133/2021 o Capítulo II, em que dispõe sobre a fase preparatória da licitação. A fase preparatória caracteriza-se pelo planejamento da licitação; é quando a Administração reúne e analisa suas necessidades, soluções, especificações técnicas e informações indispensáveis à deflagração do certame.

Decerto, não há marco temporal delimitado para a fase preparatória, que pode se dilatar segundo períodos distintos conforme a complexidade do objeto, afinal, natural presumir que o planejamento de uma licitação para a construção de usina hidrelétrica demande muito mais tempo que uma licitação para aquisição de materiais de escritório. Portanto, conforme o objeto, é natural que a fase preparatória perdure por anos, como no caso de empreendimentos de infraestrutura, perfazendo-se o tempo indispensável para os estudos, projetos, definição de traçados, condições de contorno, matriz de riscos, ciclo de vida e outros requisitos técnicos essenciais.

Com efeito, a exteriorização do procedimento licitatório ocorre mediante a edição de ato administrativo próprio: a publicação do edital, sendo esse o momento propício para caracterizar a obrigação disposta no art. 191 da Lei n. 14.133/2021. Logo, parece-nos que a opinião acertada reside em considerar que os editais publicados antes de 1º de abril de 2023 poderão reger-se por quaisquer dos diplomas legais aplicáveis: Lei n. 8.666/93, Lei n. 10.520/2002, RDC, ou Lei n. 14.133/2021. Após essa data, porém, qualquer edital deve contemplar as regras da Lei n. 14.133/2021, não se admitindo a adoção dos diplomas revogados.

A interpretação ventilada justifica-se porque considerar que o marco temporal grava-se pelo início da fase preparatória propiciaria lastimáveis abusos, a ponto de comprometer a força normativa da Lei n. 14.133/2021. Não surpreenderia a publicação de editais, vários anos após a revogação da Lei n. 8.666/93, regido pelas regras dessa lei, alegando-se que a preparação do procedimento licitatório teve início antes de sua revogação. Esse parece ser o mesmo entendimento do Tribunal de Contas da União. Em julgado no qual apreciou a adoção da Lei n. 8.666/93, em detrimento da Lei n. 13.303/2016 (Lei das Estatais), assim considerou o Tribunal:

> [...] não se pode ampliar a interpretação de concessão dada pelo legislador para uma transição de normativos. Com isso, a melhor interpretação é a de que a transição vale para licitações que tiveram seu edital "publicado" entre a edição do regulamento interno referido no § 1º ou até o dia 30 de junho de 2018, o que ocorrer primeiro.

> [...] não seria razoável supor que o legislador fornecesse tempo indeterminado para a utilização da lei antiga, pois, caso prevalecesse a tese encampada pela equipe técnica do Metrô, qualquer objeto que tivesse seus estudos iniciados anteriormente à data de publicação da Lei n. 13.303, 1º-7-2016, poderia ser licitado por uma empresa estatal com base na Lei n. 8.666/93, mesmo que decorrido um prazo elevado. Seria ampliar em demasia uma flexibilidade pensada pelo legislador para harmonizar a transição dos comandos de uma lei nova[13].

Haja vista a semelhança da questão apreciada pela Corte de Contas, conquanto distintos os diplomas legais aplicáveis, o conteúdo da decisão permite inferir certo grau de previsibilidade sobre a jurisprudência por ser formada no tribunal administrativo. O gestor inteligente realizaria a fase preparatória da licitação segundo os requisitos disciplinados na Lei n. 14.133/2021 e, uma vez apto o procedimento para a publicação do edital, reuniria as condições necessárias para decidir sobre o diploma legal aplicável. Em vereda contrária, se preparada a licitação segundo as regras da Lei n. 8.666/93, quando da publicação do edital, o procedimento licitatório careceria de elementos tidos por indispensáveis pela Lei n. 14.133/2021, como o Estudo Técnico Preliminar, inviabilizando-se a escolha desse diploma. Não é demais salientar que a escolha da lei aplicável ao procedimento deve ser motivada no edital de licitação, o que reforça a plausibilidade desse ato como marcador temporal para a opção a que alude o art. 191 da Lei n. 14.133/2021.

28.5.2 Quadro legal transitório

Até que promovida a revogação diferida da Lei n. 8.666/93, da Lei n. 10.520/2002 (Lei do Pregão) e do Capítulo I da Lei n 12.462/2011 (RDC), em 1º

---

[13] TCU, RA, Acórdão n. 2279/2019, rel. Min. Augusto Nardes, Plenário, julgado em 25-9-2019, *DOU* 11-10-2019.

de abril de 2023 – por força do art. 193, II, da Lei n. 14.133/2021– o marco regulatório da licitação configurar-se-á pela vigência ambivalente entre diplomas legais novos e antigos, configurando-se o seguinte quadro legal:

QUADRO LEGAL DA LICITAÇÃO	
DIPLOMA LEGAL	TEMA
Lei n. 8.666/1993	Lei de Licitações e Contratos Administrativos (vigente até 1º-4-2023)
Lei n. 8.987/1995	Lei de Concessões e Permissões
Lei n. 9.472/1997	Lei Geral das Telecomunicações
Lei n. 10.520/2002	Lei do Pregão (vigente até 1º-4-2023)
Lei n. 11.079/2004	Lei das Parcerias Público-Privadas
Lei n. 12.232/2010	Lei de Contratação de Serviços de Publicidade
Lei n. 12.462/2011 (Capítulo I)	Regime Diferenciado de Contratações (vigente até 1º-4-2023)
Lei n. 14.133/2021	Lei de Licitações e Contratos Administrativos

Conforme o art. 191 da Lei n. 14.133/2021, enquanto vigentes a Lei n. 8.666/93, a Lei do Pregão e o RDC, a Administração poderá optar por licitar ou contratar diretamente de acordo essas leis ou com a Lei n. 14.133/2021, que as substituirá.

Cabe importante observação pertinente aos ilícitos penais relacionados a licitações, posto que a Lei n. 14.133/2021 inclui o Capítulo II-B no texto do Código Penal, em que rege os crimes em licitações e contratos administrativos. Dessarte, a matéria penal de licitações e contratos, desde 1º de abril de 2021, data de publicação da Lei n. 14.133/2021, consta do Código Penal.

A Lei n. 14.133/2021 efetua a imediata revogação da matéria penal constante da Lei n. 8.666/93, de modo que, qualquer que seja o regime jurídico – Lei n. 8.666/93, Lei n. 10.520/2002, Lei n. 12.462/2011 ou Lei n. 14.133/2021 –, desde o dia 1º de abril de 2021, os crimes em licitações e contratos administrativos regem-se unicamente pelo Código Penal.

Feita essa ressalva, tem-se que, neste momento, todos os diplomas mencionados têm plena eficácia, de maneira que convém o estudo tanto da lei nova quanto das leis antigas. Por conseguinte, abordar-se-ão os princípios e regras atinentes ao quadro legal que tem por norma geral a Lei n. 8.666/93 e, sequencialmente, serão tratadas as inovações trazidas pela Lei n. 14.133/2021.

28.6. PRINCÍPIOS DA LICITAÇÃO

Princípios são normas finalísticas que orientam a aplicação do sistema jurídico, para o qual servem de alicerce. Não têm caráter de regra, o que não afasta sua força cogente, modulada ante a questão sob exame no caso concreto, no momento de sua aplicação.

É perfeitamente possível e natural a interação ou mesmo o conflito entre princípios, demandando-se exercício de ponderação, distinguindo-se graus de concretização.

Karl Larenz[14] ensina que no grau mais elevado, princípios não especificam previsão e consequência jurídica, mas uma ideia jurídica geral, pela qual se orienta "a concretização ulterior como por um fio condutor. Desta espécie são, por exemplo, o princípio do Estado de Direito, o princípio do Estado Social, o princípio do respeito da dignidade da pessoa humana, da autodeterminação e da responsabilidade pessoal".

No plano da eficácia direta, os princípios exercem função *integrativa*, assegurando-se o cumprimento de cláusulas fundamentais do sistema normativo quando não existente regra explícita no diploma legal aplicável. No plano da eficácia indireta, exercem as seguintes funções: *definitória*, porque especificam comando mais amplo estabelecido por sobreprincípio axiologicamente superior; *interpretativa*, restringindo ou ampliando o sentido de norma contida em texto normativo e; *bloqueadora*, afastando-se regras incompatíveis com o colimado estado ideal de coisas[15].

O art. 3º da Lei n. 8.666/93, além de fornecer o conceito jurídico formal de licitação, apresenta os seus princípios norteadores. Eis a norma:

> Art. 3º A licitação destina-se a garantir a observância do princípio constitucional da isonomia, a seleção da proposta mais vantajosa para a administração e a promoção do desenvolvimento nacional, e será processada e julgada em estrita conformidade com os princípios básicos da legalidade, da impessoalidade, da moralidade, da igualdade, da publicidade, da probidade administrativa, da vinculação ao instrumento convocatório, do julgamento objetivo e dos que lhes são correlatos (Redação dada pela Lei n. 12.349, de 2010).

O dispositivo legal traz a explícita menção aos princípios regentes da licitação que, porquanto não exaustivos, reclamam a integração com outros princípios aplicáveis ao procedimento, os princípios correlatos.

---

[14] LARENZ, Karl. *Metodologia da ciência do direito*. 3. ed. Lisboa: Fundação Calouste Gulbenkian, 1997. p. 674.

[15] ÁVILA, Humberto. *Teoria dos princípios*: da definição à aplicação dos princípios jurídicos. 20. ed. São Paulo: Malheiros, 2021.

28.6.1 Princípios básicos

Os princípios básicos da licitação decorrem do sistema jurídico regulador do procedimento licitatório, isto é, são princípios inerentes às superfícies normativas constitucional e legal que regem a condução do procedimento licitatório – ainda que não sejam princípios específicos da licitação –, quer explícitos, quando positivados na norma, quer implícitos, quando resultantes de sua interpretação.

Os princípios da **legalidade**, da **impessoalidade**, da **moralidade**, da **igualdade**, da **publicidade** e da **probidade administrativa** são princípios gerais que norteiam todo o Direito Administrativo, portanto não são específicos das licitações e já foram analisados em itens anteriores.

O **princípio da vinculação ao instrumento convocatório** é a garantia do particular que pretende contratar com a Administração Pública de que não haverá surpresa durante o procedimento licitatório. As normas jurídicas estabelecidas no instrumento convocatório são o estatuto do certame, devendo ser observadas tanto pelos particulares quanto pelo Poder Público licitante.

A licitação tem como propósito selecionar, dentre os participantes do certame, aquele que oferecer a proposta mais vantajosa para a Administração, proposta que deve estar de acordo com as regras editalícias, que dispõem sobre as condições de participação, especificação do objeto, critérios de julgamento e outros requisitos indispensáveis à regularidade do procedimento e consequente contratação. Portanto, o **princípio da seleção da proposta mais vantajosa** ou **princípio da vantajosidade** tem estreita relação com o princípio da vinculação ao instrumento convocatório.

A legalidade da licitação pressupõe que as regras determinadas pela Administração sejam respeitadas, impossibilitando-se a frustração de particulares que se engajaram para o oferecimento de propostas de acordo com as regras do edital, a fim de competir em igualdade de condições. A esse respeito, convém lembrar a clássica lição de Hely Lopes Meirelles:

> [...] a vinculação ao edital é princípio básico de toda licitação. Nem se compreenderia que a Administração fixasse no edital a forma e o modo de participação dos licitantes e no decorrer do procedimento ou na realização do julgamento se afastasse do estabelecido, ou admitisse documentação e propostas em desacordo com o solicitado. O edital é a lei interna da licitação, e, como tal, vincula aos seus termos tanto os licitantes como a Administração que o expediu[16].

---

[16] MEIRELLES, Hely Lopes; BURLE FILHO, José Emannuel. *Direito administrativo brasileiro*. 42. ed. São Paulo: Malheiros, 2016. p. 320-321.

O art. 41 da Lei n. 8.666/93 deixa claro que a Administração não pode descumprir as normas e condições do edital, ao qual se acha estritamente vinculada.

A elaboração do edital da licitação é discricionária, porém há diversas limitações que são trazidas pelas leis a serem observadas. O gestor público deve ter como desejo a busca pelo melhor formato para atender aos imperativos legais e resguardar o interesse público. Nesse sentido, importa compreender que o rigor formal extremo e exigências impertinentes não podem conduzir à interpretação contrária à finalidade da lei, sobretudo porque a existência de vários interessados na licitação é benéfica para a Administração, na medida em que facilita a escolha da proposta mais vantajosa[17].

As especificações e condições de participação discriminadas no edital são elementos essenciais para a igualdade de competição e decisão sobre a melhor proposta oferecida à Administração, mediante julgamento objetivo.

O **princípio do julgamento objetivo** denota a exigência de critérios claros e uniformes de apreciação dos elementos no procedimento de licitação, impedindo o subjetivismo do agente público na condução do certame.

Apesar de ser princípio expresso do procedimento licitatório, faz parte do rol de princípios do Direito Administrativo, pois não é dado ao agente público decidir com base nos seus sentimentos pessoais e de forma subjetiva. Ressalte-se que, nos casos de atuação discricionária, a conveniência e oportunidade são aferidas com base em critérios objetivos.

Tal princípio foi especificado nos seguintes artigos da Lei n. 8.666/93:

> Art. 44. No julgamento das propostas, a Comissão levará em consideração os critérios objetivos definidos no edital ou convite, os quais não devem contrariar as normas e princípios estabelecidos por esta Lei.
>
> §1º É vedada a utilização de qualquer elemento, critério ou fator sigiloso, secreto, subjetivo ou reservado que possa ainda que indiretamente elidir o princípio da igualdade entre os licitantes.
>
> Art. 45. O julgamento das propostas será objetivo, devendo a Comissão de licitação ou o responsável pelo convite realizá-lo em conformidade com os tipos de licitação, os critérios previamente estabelecidos no ato convocatório e de acordo com os fatores exclusivamente nele referidos, de maneira a possibilitar sua aferição pelos licitantes e pelos órgãos de controle.

O princípio da publicidade na licitação deve ser aplicado sem prejudicar a competição entre os licitantes; o procedimento, na forma do §3º do art. 3º da Lei

---

[17] STJ, RMS 62.150/SC, rel. Min. Sérgio Kukina, 1ª Turma, julgado em 8-6-2021, *DJe* 21-6-2021.

n. 8.666/93, não pode ser sigiloso, entretanto o conteúdo das propostas o será até a sua abertura. Ressalte-se que procedimentos licitatórios trazidos por lei própria ampliaram a fase sigilosa, conforme ver-se-á no item oportuno.

O **princípio do sigilo das propostas** assegura a competitividade e impede que os preços sejam artificialmente alterados ou acordados para beneficiar os licitantes e prejudicar a Administração Pública.

Não se trata de violação ao princípio da publicidade, visto que a proposta em si não se apresenta como um ato da Administração Pública e que o licitante deve apresentar sinceramente os seus custos e as suas expectativas de lucro, independentemente dos demais.

Justifica-se tal **sigilo** para que os licitantes não apresentem sua proposta com base nas propostas dos outros concorrentes. Caso contrário, a proposta vencedora poderia ser inferior às outras propostas, mas acima do preço de mercado. Sem conhecer o conteúdo das outras propostas, o licitante buscará o menor preço possível e não o menor preço comparado.

Além disso, o sigilo é momentâneo, pois, em momento próprio, as propostas tornam-se públicas. Assim, faz-se necessária a apresentação de propostas em envelopes lacrados e devem ser mantidas em sigilo.

A violação de sigilo de proposta configura o crime previsto no art. 337-J do Código Penal e ato de improbidade administrativa descrito no inciso III do art. 11 da Lei n. 8.429/92.

O **princípio do procedimento formal ou formalismo procedimental** denota que o procedimento licitatório deve observar todas as formas estabelecidas em lei. Há diversas etapas que precisam ser observadas para a validade da licitação, sendo perceptível nas normas que tratam do assunto que foi privilegiado o princípio da segurança jurídica. O art. 4º da Lei n. 8.666/93 deixa clara essa opção. Eis o seu texto:

> Art. 4º Todos quantos participem de licitação promovida pelos órgãos ou entidades a que se refere o art. 1º têm direito público subjetivo à fiel observância do pertinente procedimento estabelecido nesta lei, podendo qualquer cidadão acompanhar o seu desenvolvimento, desde que não interfira de modo a perturbar ou impedir a realização dos trabalhos. Parágrafo único. O procedimento licitatório previsto nesta lei caracteriza ato administrativo formal, seja ele praticado em qualquer esfera da Administração Pública.

Fora isso, o §8º do art. 22 da Lei n. 8.666/93 veda a criação de outras modalidades de licitação sem que haja lei instituidora e **proíbe a combinação das modalidades** estabelecidas naquela lei.

O **princípio da adjudicação compulsória** determina que, caso seja concluído regularmente o procedimento licitatório, a Administração Pública não poderá atribuir o objeto da licitação a outro que não o vencedor do certame. A Administração Pública não é obrigada a contratar, podendo, inclusive, revogar a licitação, porém, se resolver contratar, não haverá margem para afastar a pessoa que apresentou a proposta escolhida.

Não há direito subjetivo do vencedor da licitação à contratação, pois a Administração Pública tem a faculdade de revogar, motivadamente, a licitação. A jurisprudência do STJ assevera a possibilidade de "revogação do procedimento licitatório por supervenientes razões de conveniência e oportunidade da Administração Pública, devidamente comprovador, ou sua anulação, pela existência de vícios ocorridos no certame"[18].

Contudo, se o Poder Público mantiver o desejo de contratar, surgirá direito subjetivo à contratação para a pessoa que apresentou a proposta vencedora.

Observe-se que a pessoa que venceu a licitação não pode desistir da contratação com a Administração Pública, salvo se ultrapassado o prazo de validade da proposta ou se, ocorrendo fato superveniente, de natureza grave e suficientemente justificado, não existente na época do certame, o licitante vencedor peticione à Administração e tenha seu pedido deferido.

A compulsoriedade da adjudicação ou da atribuição do objeto ao vencedor do certame impede também que seja realizada nova licitação com o mesmo objeto durante o prazo de validade da licitação anterior, salvo se a contratação do vencedor já tiver sido efetivada e o volume estipulado no edital e no contrato anteriores for insuficiente e não ficar configurado o fracionamento ilegal do objeto para buscar uma modalidade menos complexa.

O **princípio do desenvolvimento nacional sustentável** aduz, na forma do *caput* do art. 3º da Lei n. 8.666/93, que a licitação deve ter também como objetivo o fomento à prosperidade do país, reduzindo as desigualdades sociais, gerando emprego, renda e arrecadação de tributos, inovação e desenvolvimento tecnológico, industrialização e crescimento da economia sem descuidar-se dos direitos e garantias fundamentais estabelecidos na CF/88.

---

[18] STJ, AgInt no RMS 63.878/DF, rel. Min, Herman Benjamin, 2ª Turma, julgado em 10-8-2021, *DJe* 23-8-2021.

PRINCÍPIOS BÁSICOS DA LICITAÇÃO POSITIVADOS NO ART. 3º DA LEI N. 8.666/93	Isonomia
	Seleção da proposta mais vantajosa
	Promoção do desenvolvimento nacional sustentável
	Legalidade
	Impessoalidade
	Moralidade
	Igualdade
	Publicidade
	Probidade administrativa
	Vinculação ao instrumento convocatório
	Julgamento objetivo

28.6.2 Princípios correlatos

Princípios correlatos são aqueles que, embora não tabulados como princípios próprios das licitações, guardam relação com o procedimento licitatório, a orientar a realização de seus atos. O art. 3º, *caput*, da Lei n. 8.666/93 faz expressa menção à força normativa dos princípios correlatos, de modo a deixar claro que os princípios enumerados na norma não têm caráter taxativo.

Para José dos Santos Carvalho Filho[19], são "correlatos aqueles princípios que derivam dos princípios básicos e que com estes têm correlação em virtude da matéria de que tratam. Por serem correlatos e derivados, encontram-se dispersos na regulação disciplinadora das licitações", apontando-se os seguintes: da competitividade; da indistinção; da inalterabilidade do edital; da vedação à oferta de vantagens; e da obrigatoriedade.

O **princípio da competitividade** mostra que a pessoa licitante não pode criar barreira ou impedimentos à participação mais universal possível na licitação, não sendo válidas disposições do edital que comprometam, restrinjam ou frustrem o caráter competitivo. Norma jurídica que exemplifica a adoção do princípio em tela pode ser vista no inciso I do §1º do art. 3º da Lei n. 8.666/93, que veda aos agentes públicos contemplar regras ou condições que "restrinjam ou frustrem o seu caráter competitivo, inclusive nos casos de sociedades cooperativas, e estabeleçam preferências ou distinções em razão da naturalidade, da

---

[19] CARVALHO FILHO, José dos Santos. *Manual de direito administrativo*. 28 ed. São Paulo: Atlas, 2015. p. 251.

sede ou domicílio dos licitantes ou de qualquer outra circunstância impertinente ou irrelevante para o específico objeto do contrato".

A regra acima é excepcionalizada quando estabelecida margem de preferência para produtos manufaturados e para serviços nacionais que atendam a normas técnicas brasileiras. Normas técnicas respondem a "necessidades da sociedade industrial e de risco, revelando fenômeno em que os organismos privados de normalização exercem alta participação na definição de normas jurídicas públicas, contidas na regulação estatal"[20].

A regra do inciso I do §1º do art. 3º da Lei n. 8.666/93 serve de proteção e estímulo à indústria nacional, atuando como critério legal de restrição da competitividade em desfavor de fornecedores de produtos manufaturados conforme normas internacionais. Em nosso sentir, tal prerrogativa pode surtir efeitos refratários aos fins almejados pela licitação quando as normas técnicas internacionais forem superiores aos padrões técnicos nacionais.

Outra razão de restrição da competitividade refere-se à margem de preferência para bens e serviços produzidos ou prestados por empresas que comprovem cumprimento de reserva de cargos prevista em lei para pessoa com deficiência ou para reabilitado da Previdência Social e que atendam às regras de acessibilidade previstas na legislação.

A República Federativa do Brasil é parte da Convenção n. 159/83 da Organização Internacional do Trabalho, que trata da reabilitação profissional e emprego de pessoas deficientes. Sedimentando-se a tutela à pessoa com deficiência no direito pátrio, o Decreto n. 3.956/2001 promulga a Convenção Interamericana para a Eliminação de Todas as Formas de Discriminação contra as Pessoas Portadoras de Deficiência, a qual dispõe que o termo deficiência significa uma restrição "física, mental ou sensorial, de natureza permanente ou transitória, que limita a capacidade de exercer uma ou mais atividades essenciais da vida diária, causada ou agravada pelo ambiente econômico e social".

O art. 24, XIV, da CF/88 dispõe sobre a competência legislativa concorrente da União, Estados e Distrito Federal para a proteção e integração social das pessoas portadoras de deficiência. A norma restritiva de competitividade da licitação visa a homenagear o princípio da dignidade da pessoa humana (art. 1º, III, da CF/88), promovendo-se os objetivos fundamentais enumerados no art. 3º da Lei Fundamental.

---

[20] CAPAGIO, Álvaro do Canto. COUTO, Reinaldo. *Nova Lei de licitações e contratos administrativos*: Lei n. 14.133/2021. São Paulo: Saraiva Jur. p. 170.

O **princípio da indistinção** impede a criação de preferências ilegais entre os licitantes; todos devem ser, na medida da lei, tratados sem qualquer privilégio ou distinção.

O inciso II do §1º do art. 3º da Lei n. 8.666/93 ilustra com pertinência o presente princípio, ao afirmar que é vedado aos agentes públicos "estabelecer tratamento diferenciado de natureza comercial, legal, trabalhista, previdenciária ou qualquer outra, entre empresas brasileiras e estrangeiras, inclusive no que se refere a moeda, modalidade e local de pagamentos, mesmo quando envolvidos financiamentos de agências internacionais".

O mesmo dispositivo, porém, excepcionaliza essa regra, admitindo como critérios de desempate o fato de os bens ou serviços especificados no edital serem produzidos no Brasil, produzidos ou prestados por empresas nacionais, produzidos ou prestados por empresas que invistam em pesquisa e no desenvolvimento de tecnologia no Brasil, ou produzidos ou prestados por empresas que comprovem cumprimento de reserva de cargos prevista em lei para pessoa com deficiência ou para reabilitado da Previdência Social e que atendam às regras de acessibilidade previstas na legislação.

Assim, a Lei de Licitações e Contratos, por seu potencial para a realização de políticas públicas, determina o uso do poder de compra do Estado para a promoção dos objetivos fundamentais gravados no art. 3º da CF/88.

Por força do art. 3º da Lei n. 8.248/91, os órgãos e entidades da Administração Pública Federal, direta ou indireta, as fundações instituídas e mantidas pelo Poder Público e as demais organizações sob o controle direto ou indireto da União darão preferência, nas aquisições de bens e serviços de informática e automação, a: bens e serviços com tecnologia desenvolvida no País; e bens e serviços produzidos de acordo com processo produtivo básico.

Desarte, o legislador instituiu critérios preferenciais em favor de processos produtivos tecnológicos desenvolvidos no país, assegurando medidas discriminatórias em licitações públicas como mecanismo de proteção do parque tecnológico nacional, haja vista a relevância dos produtos e serviços de tecnologia da informação e comunicação para o desenvolvimento e soberania nacional.

Anotados esses critérios de discrímen, cabe enfatizar que somente a lei, com base em normas constitucionais, pode estabelecer tratamento privilegiado para certos licitantes para tratar os desiguais desigualmente na medida das suas desigualdades.

O **princípio da inalterabilidade do edital** aduz, na forma do *caput* do art. 41 da Lei n. 8.666/93, que a licitante não pode alterar indiscriminadamente o edital para beneficiar ou prejudicar os licitantes. Contudo, se houver alguma alteração extremamente necessária, os prazos devem ser reabertos para os licitantes interessados.

O **princípio da vedação à oferta de vantagens** está relacionado ao critério do julgamento objetivo de acordo com as regras do edital e impede que sejam consideradas vantagens ofertadas por um dos licitantes sem que a mesma possibilidade seja dada aos demais participantes e aos potenciais participantes. Assim, eventuais benefícios ou acréscimos aos serviços e produtos não exigidos ou previstos no instrumento convocatório oferecidos pelos licitantes não poderão ser usados como critério de desempate das propostas.

O **princípio da obrigatoriedade** refere-se à imprescindibilidade do procedimento licitatório previamente à contratação pública, salvo quando presentes razões excepcionais que justifiquem a dispensa de licitação ou inviabilizem o certame, configurando-se sua inexigibilidade.

Marçal Justen Filho[21] menciona o **princípio da motivação** como inafastável do procedimento licitatório, e ressalta que "a motivação é uma decorrência inafastável do regime democrático, da vantajosidade, da legalidade, da objetividade, da moralidade, dentre outros princípios".

Assim, possibilita-se enumerar alguns princípios correlatos que, em distintos graus de concentração, atuam como cânones hermenêuticos para a condução da licitação:

PRINCÍPIOS CORRELATOS DA LICITAÇÃO ALUDIDOS NO ART. 3º DA LEI N. 8.666/93	
	Competitividade
	Indistinção
	Inalterabilidade do edital
	Vedação à oferta de vantagens
	Obrigatoriedade
	Motivação

A despeito dos princípios informados pela doutrina e elencados no quadro acima, consideramos que os princípios correlatos da licitação a que alude o art. 3º da Lei n. 8.666/93 não necessariamente devem ser contidos na legislação sobre licitações, sejam leis gerais ou esparsas, mas emanados do ordenamento jurídico conforme a hipótese de aplicabilidade, o que é da própria essência dos princípios.

A *mens legis* verte-se no sentido de não estatuir taxatividade aos princípios,

---

[21] JUSTEN FILHO, Marçal. *Comentários à lei de licitações e contratos administrativos*: Lei 8.666/93. 18. ed. São Paulo: Thomson Reuters Brasil, 2019. p. 119.

528 CURSO DE DIREITO ADMINISTRATIVO

de modo que da interpretação sistemática das leis resulte a melhor decisão, para o que cabem aos princípios as funções de integração, definição e interpretação do conteúdo e alcance das normas.

Por essa mesma razão, torna-se exercício dificílimo enumerar os princípios correlatos da licitação, uma vez que circunstâncias peculiares do caso concreto podem vindicar a aplicação de determinado princípio para a solução da questão que se apresente.

28.7. PESSOAS QUE DEVEM LICITAR

A Lei n. 8.666/93 estabelece, no parágrafo único do seu art. 1º, as pessoas que estão obrigadas a licitar. Devem licitar, **além dos órgãos da administração direta, os fundos especiais, as autarquias, as fundações públicas, as empresas públicas, as sociedades de economia mista e demais entidades controladas direta ou indiretamente pela União, Estados, Distrito Federal e Municípios.**

A norma legal acima foi inspirada no inciso XXVII do art. 22 da CF/88 que estabelece a obrigatoriedade para as administrações públicas diretas, autárquicas e fundacionais da União, Estados, Distrito Federal e Municípios e para as empresas públicas e sociedades de economia mista.

Consequentemente, extrai-se das normas acima mencionadas que têm o dever de licitar:

a) os entes da **Administração Pública direta**, compreendidos a União, os Estados, o Distrito Federal e os Municípios;

b) as entidades da **Administração Pública indireta**, compreendidas as autarquias, as associações públicas, as fundações, as empresas públicas, as sociedades de economia mista;

c) os **fundos especiais**;

d) as **demais entidades controladas diretamente ou indiretamente** pela União, Estados, Distrito Federal e Municípios.

DEVEM DE LICITAR			
ADMINISTRAÇÃO PÚBLICA DIRETA	ADMINISTRAÇÃO PÚBLICA INDIRETA	FUNDOS ESPECIAIS	DEMAIS ENTIDADES CONTROLADAS DIRETAMENTE OU INDIRETAMENTE PELOS ENTES

Ressalte-se, por oportuno, que as empresas públicas e as sociedades de economia mista exploradoras de atividade econômica, de acordo com a jurisprudência pacífica do TCU e com o disposto na alínea *e* do inciso II do art. 17 da Lei n. 8.666/93, não precisam licitar nos casos de contratações relativas ao desempenho da sua atividade-fim. Caso precisassem licitar para as suas atividades de mercado, as empresas estatais mencionadas não teriam como competir no seu mercado de atuação. Exemplo é a criação de empresa pública para vender remédios abaixo do valor de mercado, observando os custos de produção para não inviabilizar o mercado nacional. Por óbvio, não se buscará as melhores propostas para a alienação dos bens produzidos pela empresa estatal, quais sejam: os medicamentos, nem será possível fazer uma licitação para cada venda realizada ao consumidor final.

Quando não se tratar de atividade-fim de mercado, as empresas estatais exploradoras de atividade econômica deverão licitar, na forma estabelecida na Lei n. 13.303/2016, o que será visto em item próprio desta obra. Assim, considerando o exemplo anterior, a empresa estatal de medicamentos deverá licitar a aquisição dos materiais de escritório que serão usados nas suas atividades ordinárias.

Os fundos especiais, apesar de não terem personalidade jurídica própria, devem, através dos seus gestores, observar os procedimentos licitatórios estabelecidos na Lei n. 8.666/93.

Os **conselhos de classe** devem licitar, em virtude da sua qualidade de autarquias. A natureza autárquica dessas entidades voltou a ser discutida durante o julgamento da Ação Declaratória de Constitucionalidade n. 36, do que se depreende que a obrigação de licitar relaciona-se principalmente à qualidade de autarquia, a despeito de suas características *sui generis,* porquanto não inseridos na estrutura orgânica do Estado[22].

A OAB, por não ter as mesmas limitações dos demais conselhos de classe, não está submetida aos procedimentos licitatórios. É o que se define a partir do julgamento da Ação Direta de Inconstitucionalidade n. 3026, ocasião em que o STF assentou o seguinte teor:

> [...] A OAB não é uma entidade da Administração Indireta da União. A Ordem é um serviço público independente, categoria ímpar no elenco das personalidades jurídicas existentes no direito brasileiro. 4. A OAB não está incluída na categoria na qual se inserem essas que se tem referido como "autarquias espe-

---

[22] STF, ADC 36, rel. Min. Cármen Lúcia, Plenário, julgado em 8-9-2020, *DJe* 16-11-2020.

ciais" para pretender-se afirmar equivocada independência das hoje chamadas "agências". 5. Por não consubstanciar uma entidade da Administração Indireta, a OAB não está sujeita a controle da Administração, nem a qualquer das suas partes está vinculada. Essa não vinculação é formal e materialmente necessária[23].

Note-se que, conforme jurisprudência da Corte Constitucional, distintamente dos outros conselhos de classe, a OAB não tem natureza jurídica de autarquia, razão do tratamento diferenciado que lhe desobriga do regime de licitações.

Os **serviços sociais autônomos** precisam licitar, mas não se sujeitam à Lei de Licitações, bastando o cumprimento de procedimento simplificado que tenha como base os princípios da Administração Pública. Nesse sentido é a jurisprudência do STF:

> [...] as entidades do Sistema "S" têm natureza privada e possuem autonomia administrativa, motivo pelo qual não se submetem ao processo licitatório disciplinado pela Lei 8.666/93, sendo-lhes exigido apenas realizar um procedimento simplificado de licitação previsto em regulamento próprio, o qual deve observar os princípios gerais dispostos no *caput* do art. 37 da Constituição Federal[24].

O art. 1º, §3º, do Decreto n. 10.024/2019 dispõe sobre a obrigatoriedade de licitação mediante a modalidade pregão, sob a forma eletrônica, para a aquisição de bens e a contratação de serviços comuns pelos entes federativos, com a utilização de recursos da União decorrentes de transferências voluntárias, tais como convênios e contratos de repasse, exceto nos casos em que a lei ou a regulamentação específica que dispuser sobre a modalidade de transferência discipline de forma diversa as contratações com os recursos do repasse.

As organizações sociais, entidades do terceiro setor, porquanto não integrantes da Administração Pública, não se sujeitam às regras de licitações. É o que se depreende do julgamento da Ação Direta de Inconstitucionalidade n. 1.923, que trata do marco legal das organizações sociais, em que se assinala:

> [...] as Organizações Sociais não estão sujeitas às regras formais dos incisos do art. 37, de que seria exemplo a regra da licitação, mas sim apenas à observância do núcleo essencial dos princípios definidos no *caput*. Essa incidência dos princípios administrativos deve ser compatibilizada com as características mais flexíveis do setor privado, que constituem justamente a finalidade por detrás de todo o marco regulatório do Terceiro Setor, porquanto fiado na premissa

---

[23] STF, ADI 3026/DF, rel. Min. Eros Grau, Plenário, julgado em 8-6-2006, *DJ* 29-9-2006.

[24] STF, MS 33442 AgR/DF, rel. Min. Gilmar Mendes, 2ª Turma, julgado em 15-2-2019, *DJe* 22-2-2019.

de que determinadas atividades podem ser mais eficientemente desempenhadas sob as vestes do regime de direito privado[25].

Na decisão, o Tribunal, por maioria, julgou parcialmente procedente o pedido, apenas para conferir interpretação conforme à Constituição à Lei n. 9.637/98 e ao art. 24, XXIV da Lei n. 8.666/93, incluído pela Lei n. 9.648/98. A decisão esclarece a possibilidade de contratação direta entre Poder Público e Organização Social, e que os contratos celebrados pela Organização Social com terceiros, **com recursos públicos**, sejam conduzidos de **forma pública, objetiva e impessoal**, com observância dos princípios do *caput* do art. 37 da Constituição Federal, e nos termos do regulamento próprio a ser editado por cada entidade.

Portanto, quando maneja recursos próprios, a organização social é livre para contratar como lhe aprouver, ao passo que, quando do dispêndio de recursos públicos, deve observar princípios norteadores da Administração Pública. Dessas práticas não se infere licitação, mas procedimento de compras que mesmo empresas privadas usualmente praticam com vistas à seleção de fornecedores. Importa sedimentar que, quando utiliza recursos públicos, a organização social não pode contratar sem qualquer critério, mas mediante procedimento que assegure a observância da impessoalidade, da publicidade e objetividade das razões de escolha do fornecedor ou prestador de serviços.

Imprescindível, pois, a cotação de preços com vistas à verificação das condições de mercado. A esse respeito, importa ressaltar que é exigível de entidades privadas em contratações com recursos da União, "a observância dos princípios da impessoalidade, da moralidade e da economicidade, sendo necessária, no mínimo, a realização de cotação prévia de preços no mercado antes da celebração de contrato"[26].

Tecidas essas considerações, tem-se que **não precisam licitar**:

a) as empresas privadas não abrangidas na norma do parágrafo único do art. 1º da Lei n. 8.666/93 e que não utilizem recursos ou bens da União;

b) os concessionários de serviços públicos;

c) os permissionários de serviços públicos;

d) os autorizatários de serviços públicos;

e) as organizações sociais;

f) as organizações da sociedade civil de interesse público; e

g) a Ordem dos Advogados do Brasil.

---

[25] STF, ADI 1923, rel. Min. Ayres Britto, julgado em 16-4-2015, *DJe* 17-12-2015.

[26] TCU, TCE, Acórdão 11461/2021, rel. Min. Vital do Rêgo, 1ª Câmara, julgado em 24-8-2021.

	EMPRESAS PRIVADAS
	CONCESSIONÁRIOS DE SERVIÇOS PÚBLICOS
	PERMISSIONÁRIOS DE SERVIÇOS PÚBLICOS
NÃO PRECISAM LICITAR	AUTORIZATÁRIOS DE SERVIÇOS PÚBLICOS
	ORGANIZAÇÕES SOCIAIS
	ORGANIZAÇÕES DA SOCIEDADE CIVIL DE INTERESSE PÚBLICO
	ORDEM DOS ADVOGADOS DO BRASIL

28.8. OBJETOS DA LICITAÇÃO

A licitação pública, segundo o art. 1º da Lei n. 8.666/93, tem como **objetos** obras, serviços, inclusive de publicidade, compras, alienações e locações. Todavia, mais dois objetos, na forma do *caput* do art. 175 da CF/88, devem ser incluídos: a concessão e a permissão de serviço público.

O objeto da licitação sempre se confunde com o objeto do contrato, visto que a licitação não se apresenta como fim, sendo *instrumento* **para a celebração de um contrato.**

Segundo José dos Santos Carvalho Filho[27], o **objeto** do procedimento licitatório pode ser imediato e mediato. O objeto imediato é a "seleção de determinada proposta que melhor atenda aos interesses da Administração". O objeto mediato consiste na obtenção de certa obra, serviço compra, alienação (venda), locação ou prestação de serviço público, a serem produzidos ou fornecidos por particular.

---

[27] CARVALHO FILHO, José dos Santos. *Manual de direito administrativo*. 28. ed. São Paulo: Atlas, 2015. p. 247.

O art. 6º da Lei em tela aduz que:

a)   **obra** é toda construção, reforma, fabricação, recuperação ou ampliação, realizada por execução direta ou indireta;

b)   **serviço** é toda atividade destinada a obter determinada utilidade de interesse para a Administração, tais como: demolição, conserto, instalação, montagem, operação, conservação, reparação, adaptação, manutenção, transporte, locação de bens, publicidade, seguro ou trabalhos técnico-profissionais;

c)   **compra** é toda aquisição remunerada de bens para fornecimento de uma só vez ou parceladamente; e

d)   **alienação** é toda transferência de domínio de bens a terceiros.

O art. 2º da Lei n. 8.987/95, que trata das concessões e das permissões, afirma que:

a)   **concessão de serviço público** é a delegação de sua prestação, feita pelo poder concedente, mediante licitação, na modalidade concorrência ou diálogo competitivo, a pessoa jurídica ou consórcio de empresas que demonstre capacidade para seu desempenho, por sua conta e risco e por prazo determinado;

b)   **concessão de serviço público precedida da execução de obra pública** é a construção, total ou parcial, conservação, reforma, ampliação ou melhoramento de quaisquer obras de interesse público, delegados pelo poder concedente, mediante licitação, na modalidade concorrência ou diálogo competitivo, a pessoa jurídica ou consórcio de empresas que demonstre capacidade para a sua realização, por sua conta e risco, de forma que o investimento da concessionária seja remunerado e amortizado mediante a exploração do serviço ou da obra por prazo determinado; e

c)   **permissão de serviço público** é a delegação, a título precário, mediante licitação, da prestação de serviços públicos, feita pelo poder concedente à pessoa física ou jurídica que demonstre capacidade para seu desempenho, por sua conta e risco.

Todos os itens acima citados representam objetos possíveis de um procedimento licitatório.

Quando se trata de obra ou serviços, a Administração Pública poderá executar diretamente ou indiretamente.

A **execução direta** acontece, como o nome ilustra, quando a obra ou o serviço for executado pela própria Administração Pública através dos seus órgãos e agentes públicos.

A **execução indireta** ocorre quando a Administração Pública firma contrato com terceiro para a realização da obra ou do serviço. A execução indireta tem quatro espécies:

a) **empreitada por preço global** – quando se contrata a execução da obra ou do serviço por preço certo e total;

b) **empreitada por preço unitário** – quando se contrata a execução da obra ou do serviço por preço certo de unidades determinadas;

c) **tarefa** – quando se ajusta mão de obra para pequenos trabalhos por preço certo, com ou sem fornecimento de materiais; e

d) **empreitada integral** – quando se contrata um empreendimento em sua integralidade, compreendendo todas as etapas das obras, serviços e instalações necessárias, sob inteira responsabilidade da contratada até a sua entrega ao contratante em condições de entrada em operação, atendidos os requisitos técnicos e legais para sua utilização em condições de segurança estrutural e operacional e com as características adequadas às finalidades para que foi contratada.

28.9. EXCEÇÕES À OBRIGATORIEDADE DA LICITAÇÃO (CONTRATAÇÃO DIRETA)

28.9.1. Introdução

Há situações de fato que somente podem ser bem avaliadas pelos agentes da Administração Pública, pois a generalidade da análise do legislador poderia sacrificar o interesse público.

Nestas situações, recomenda-se a outorga de poder discricionário aos que estão mais próximos dos fatos. É o que acontece quando o legislador atribui faculdade discricionária ao agente da Administração para, em certos casos, realizar ou dispensar o procedimento licitatório.

Há hipótese em que a realização da licitação pode colocar bens sociais preciosos em risco, entre eles, a vida e a integridade física dos cidadãos.

Saliente-se que a licitação é possível, mas pode ser dispensada por razões de conveniência, oportunidade e economicidade devidamente fundamentadas.

A própria CF/88 estabelece a possibilidade excepcional de **contratação direta** sem o prévio procedimento licitatório no inciso XXI do seu art. 37, dispondo que **ressalvados os casos especificados na legislação**, as obras, serviços, compras e alienações serão contratados mediante processo de licitação pública que assegure igualdade de condições a todos os concorrentes, com cláusulas que estabeleçam obrigações de pagamento, mantidas as condições efetivas da proposta, nos termos da lei, o qual somente permitirá as exigências de qualificação técnica e econômica indispensáveis à garantia do cumprimento das obrigações.

As hipóteses de contratação direta são:

a) **licitação dispensada**;
b) **dispensa de licitação ou licitação dispensável**; e
c) **inexigibilidade de licitação**.

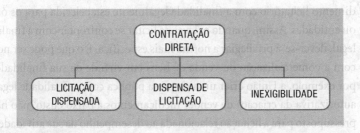

Tem-se que a contratação direta, por representar exceção constitucional, deve ser interpretada de maneira restritiva, ou seja, as hipóteses legalmente estabelecidas não podem sofrer interpretação extensiva; também não pode ser utilizada analogia para criar novas hipóteses de contratação direta.

Contudo, a alegação de nulidade contratual fundamentada na ausência de licitação não exime o dever de a Administração Pública pagar pelos serviços efetivamente prestados ou pelos prejuízos decorrentes da administração, quando comprovados, ressalvadas as hipóteses de má-fé ou de haver o contratado concorrido para a nulidade.

Por fim, deve ser lembrado que, com base na jurisprudência do STJ, a contratação direta, quando não caracterizada situação de dispensa ou de inexigibilidade de licitação, gera lesão ao erário (dano *in re ipsa* ou presumido), na medida em que o Poder Público perde a oportunidade de contratar melhor proposta.

28.9.2. Pressupostos para a licitação

A licitação visa à realização de princípios constitucionais regentes da Administração Pública – como os princípios da isonomia, da impessoalidade e da moralidade –, razão por que é obrigatória. Todavia, tal obrigação não deve se traduzir em puro formalismo, porquanto indispensável a satisfação de pressupostos para o procedimento licitatório, do qual se espera resultado útil.

Por isso, existem pressupostos necessários que motivem a instauração de procedimento licitatório, sem o que torna-se impossível que a licitação satisfaça os fins colimados pela lei, máxime no que concerne à seleção da proposta mais vantajosa para a Administração. Celso Antônio Bandeira de Mello[28] lista três pressupostos para que haja licitação, são eles:

a) o **pressuposto lógico** que exige pluralidade de objetos e pluralidade de ofertantes. Dessa forma, inexistirá esse pressuposto quando o objeto ou o serviço for singular ou quando se tratar de produtor ou fornecedor exclusivo;

b) o **pressuposto jurídico** que exige a compatibilidade da utilização do procedimento licitatório com a finalidade legalmente estabelecida para os órgãos ou entidades. Assim, quando o dever de licitar se confrontar com a finalidade legal, dever-se-á privilegiar a norma mais específica. É o que pode ser notado com a comercialização ou venda de bens em virtude da sua finalidade. Se, por exemplo, a União criar uma empresa pública com a finalidade legal (lei autorizativa da criação) de vender medicamentos a baixo custo, não haverá pressuposto para a licitação relacionada ao desempenho da sua atividade econômica, *vide* alínea *e* do inciso II do art. 17 da Lei n. 8.666/93; e

c) o **pressuposto fático** que exige a presença de interessados em participar da licitação. Os custos relativos ao procedimento somente podem ser justificados quando há mais de um interessado no objeto da licitação. Gize-se que este pressuposto não se confunde com o lógico, visto que, apesar de haver aqui pluralidade no mercado, não há interessados.

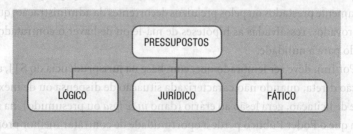

28.9.3. Procedimento da contratação direta

A contratação direta, apesar de não precisar do procedimento prévio de licitação, exige a observância de um procedimento mais simples e rápido para a sua efetivação.

---

[28] MELLO, Celso Antônio Bandeira de. *Curso de direito administrativo.* 35. ed. São Paulo: Malheiros, 2021. p. 446.

O procedimento prévio à contratação direta deve percorrer as seguintes etapas:

a) fase de requisição

Os bens e serviços somente podem ter o seu fornecimento e a sua prestação contratados se houver verdadeira e comprovada necessidade dos mesmos. Assim, o gestor da unidade requisitante deve iniciar o procedimento demonstrando claramente a sua carência através de documento formal.

Devem constar da requisição:

- Plano de Ação da Unidade, para o ano corrente, demonstrando o alinhamento da contratação às diretrizes do órgão ou unidade, indicando nos autos os resultados a serem obtidos; e

- Justificativa fundamentada dos quantitativos do bem solicitado ou do serviço pretendido, tais como demonstrativo dos exercícios anteriores e relatórios com dados objetivos que ilustrem o dimensionamento adequado da aquisição/contratação com estimativa de preço.

b) fase de autorização inicial

Após a constatação da necessidade do bem ou do serviço, o ordenador de despesa deve verificar a disponibilidade financeira e orçamentária, a possibilidade de contratação direta na forma dos arts. 24 e 25 da Lei n. 8.666/93, e o enquadramento nas hipóteses de dispensa de licitação ou inexigibilidade, com a devida fundamentação.

c) fase de projeto

Após a autorização, deve ser elaborado projeto básico com especificação dos materiais ou serviços, de forma clara e precisa, vedadas especificações que, por excessivas, irrelevantes ou desnecessárias, caracterizem preferência por produto de determinada marca.

d) fase de cotação

Exige-se a sondagem do preço praticado no mercado para escolher o fornecedor que ofereça a melhor proposta para a Administração Pública, sendo recomendada a análise de, no mínimo, três orçamentos quando possível.

Para as contratações na esfera da Administração Pública Federal, a Advocacia-Geral da União editou da Orientação Normativa AGU n. 17, de 1º de abril de 2009, a qual dispõe que "a razoabilidade do valor das contratações decorrentes de inexigibilidade de licitação poderá ser aferida por meio da comparação da proposta apresentada com os preços praticados pela futura contratada junto a outros entes públicos e/ou privados, ou outros meios igualmente idôneos".

538 CURSO DE DIREITO ADMINISTRATIVO

e) fase de escolha

Deve ser elaborado mapa comparativo de preços praticados pelos potenciais contratados com justificativa da melhor proposta ofertada, explicitando, na forma do inciso II do parágrafo único do art. 26 da Lei n. 8.666/93, a razão de escolha do fornecedor ou do executante.

Para inexigibilidades fundamentadas no art. 25 da Lei n. 8.666/93, deverá ser emitido parecer técnico emitido pela área requisitante que ateste e comprove documentalmente a inviabilidade de competição. No caso de fornecedor único, deve ser providenciada também a **carta de exclusividade**.

f) fase de certidões, comprovações e declarações

Após a escolha do fornecedor, deve ser comprovado que:

1) não há impedimento de contratar através de consulta do CNPJ da empresa e do CPF do sócio majoritário ao Cadastro Nacional de Empresas Inidôneas e Suspensas (CEIS); à Relação de Inidôneos do Tribunal de Contas da União; ao Cadastro Nacional de Condenações Cíveis por Atos de Improbidade Administrativa e Inelegibilidade, administrado pelo Conselho Nacional de Justiça; e ao Sistema de Cadastramento Unificado de Fornecedores (SICAF);

2) a certidão de falência é negativa;

3) o contatado está regularizado com a sua habilitação jurídica (contrato social ou documento equivalente, RG e CPF dos sócios e cônjuges);

4) há regularidade fiscal federal (art. 193, Lei 5.172/66), com a Seguridade Social (INSS – art. 195, §3º, CF/88), com o Fundo de Garantia por Tempo de Serviço (FGTS – art. 2º, Lei 9.012/95) e regularidade trabalhista (Lei 12.440/11); e

5) foram feitas as declarações que a lei exige do fornecedor.

g) fase de análise jurídica

O inciso VI do art. 38 da Lei n. 8.666/93 exige que seja emitido parecer técnico ou jurídico sobre licitação, **dispensa ou inexigibilidade**. Dessa maneira, após a juntada de todos os documentos e do término das fases acima descritas, os autos devem ser enviados obrigatoriamente ao órgão jurídico para manifestação sobre a legalidade e a legitimidade do procedimento prévio e da futura contratação.

h) fase de aprovação final

Após cumpridas validamente as fases anteriores, os autos serão remetidos à autoridade competente para aprovação final da escolha do fornecedor e futura contratação.

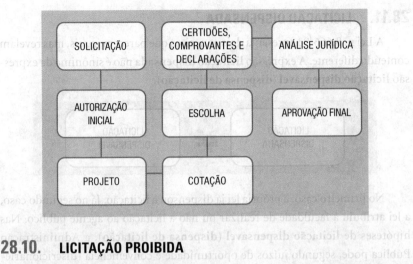

28.10. LICITAÇÃO PROIBIDA

A realização do procedimento licitatório pode, em caso especificado em lei, inviabilizar a satisfação do interesse público ou colocá-lo em grande perigo. Assim, a licitação era vedada nessas hipóteses.

O Decreto-Lei n. 2.300/86 estabeleceu no §1º do seu art. 23 que era **vedada** a licitação quando, a juízo do Presidente da República, houvesse possibilidade de comprometimento da segurança nacional.

Tal norma foi repetida no inciso IX do art. 24 da Lei n. 8.666/93 como hipótese de dispensa de licitação.

A possibilidade de dispensa de licitação denota poder discricionário para o agente público, logo não há mais a figura da licitação vedada ou proibida no ordenamento jurídico nacional.

Isto não significa que a segurança nacional ficará sujeita a risco com o poder discricionário do Presidente da República, ouvido o Conselho de Defesa Nacional, de realizar ou não a licitação, pois não se pode duvidar todo o tempo da capacidade do Chefe do Poder Executivo, que fora legitimado pela votação popular, de julgar a pertinência do procedimento de dispensa.

Ora, nem todos os casos de comprometimento da segurança nacional exigem o afastamento do procedimento licitatório, pois o resguardo deste primordial valor da nação pode exigir medidas urgentes ou medidas ordinárias e estas podem ser adotadas sem que seja suplantada a licitação.

O legislador, ao alterar a norma jurídica, observou que o Presidente da República poderá fazer o juízo de conveniência e oportunidade motivado, julgando quais são os casos que demandam medidas urgentes e quais os acontecimentos que, apesar da gravidade, não demandam tais medidas.

28.11. LICITAÇÃO DISPENSADA

A Lei n. 8.666/93 apresenta dois conceitos que parecem iguais, mas revelam conteúdo diferente. A expressão **licitação dispensada** não é sinônima da expressão **licitação dispensável (dispensa de licitação)**.

No primeiro caso, a própria lei já dispensou a licitação. Já no segundo caso, a lei atribuiu a faculdade de realizar ou não a licitação ao agente público. Nas hipóteses de **licitação dispensável (dispensa de licitação)**, a Administração Pública pode, segundo juízos de oportunidade e conveniência (discricionariedade), optar pela realização do certame. Nas hipóteses de **licitação dispensada** não pode o agente público optar pela realização do procedimento licitatório, estando vinculado pela lei a não licitar.

Marçal Justen Filho[29] não concorda com tal distinção, alegando que em qualquer das hipóteses mencionadas cabe ao administrador decidir sobre realizar o procedimento licitatório:

> Não parece de maior utilidade a distinção entre licitação dispensada e dispensável. A diferença foi afirmada a propósito das hipóteses dos arts. 17 e 24, respectivamente. Segundo alguns, o art. 17 conteria situações em que a licitação foi dispensada pelo próprio legislador. Já o art. 24 traria autorização para dispensa de licitação por parte do administrador. Com todo o respeito, não se afigura procedente a distinção. Em ambos os casos, o legislador autoriza contratação direta. Essa autorização legislativa não é vinculante para o administrador. Ou seja, cabe ao administrador escolher entre realizar ou não a licitação. Essa competência administrativa existe não apenas nos casos do art. 24. Aliás e se não fosse assim, o art. 17 conteria hipóteses de vedação de licitação. Significa reconhecer que é perfeitamente possível realizar licitação nas hipóteses do art. 17, desde que o administrador repute presentes os requisitos para tanto.

Há autores que apontam diferenças interessantes entre as hipóteses.

Segundo os incisos I e II do art. 17 da Lei n. 8.666/93, as situações nas quais a licitação é *dispensada, desde que haja autorização legislativa e avaliação prévia*, são as seguintes.

---

[29] JUSTEN FILHO, Marçal. *Comentários à lei de licitações e contratos administrativos*: Lei 8.666/93. 18. ed. rev., atual. e ampl. São Paulo: Thomson Reuters Brasil, 2019. p. 476.

Em relação a **bens imóveis:**

a) **dação em pagamento;**

b) **doação,** permitida exclusivamente para outro órgão ou entidade da Administração Pública, de qualquer esfera de governo[30], ressalvado o disposto nas alíneas *f, h* e *i* do inciso I do art. 17 da lei citada;

c) **permuta,** por outro imóvel que atenda aos requisitos constantes do inciso X do art. 24 da lei em tela[31];

d) **investidura**[32];

e) **venda a outro órgão ou entidade da Administração Pública,** de qualquer esfera de governo;

f) **alienação gratuita ou onerosa, aforamento, concessão de direito real de uso, locação ou permissão de uso de bens imóveis residenciais construí-dos,** destinados ou efetivamente utilizados no âmbito de **programas habitacionais** ou de **regularização fundiária de interesse social** desenvolvidos por órgãos ou entidades da Administração Pública;

g) procedimentos de **legitimação de posse** de que trata o art. 29 da Lei n. 6.383, de 7 de dezembro de 1976, mediante iniciativa e deliberação dos

---

[30] Apesar de já ter sido declarada a inconstitucionalidade da citada norma, a Lei n. 11.952/2009 repetiu a inconstitucionalidade ao incluir novamente a vedação para todas as esferas de governo. Eis a decisão:

"CONSTITUCIONAL. LICITAÇÃO. CONTRATAÇÃO ADMINISTRATIVA. Lei n. 8.666, de 21-6-93.

I – Interpretação conforme dada ao art. 17, I, *b* (doação de bem imóvel) e art. 17, II, *b* (permuta de bem móvel), para esclarecer que *a vedação tem aplicação no âmbito da União Federal, apenas.* Idêntico entendimento em relação ao art. 17, I, *c* e par. 1. do art. 17. Vencido o Relator, nesta parte.

II – Cautelar deferida, em parte" (STF, ADI 927/RS-MC, rel. Min. Carlos Velloso, Tribunal Pleno, julgado em 3-11-1993, *DJ* 11-11-1994).

[31] Aplica-se também a ADI 927/RS.

[32] "§3º Entende-se por investidura, para os fins desta lei:

I – a alienação aos proprietários de imóveis lindeiros de área remanescente ou resultante de obra pública, área esta que se tornar inaproveitável isoladamente, por preço nunca inferior ao da avaliação e desde que esse não ultrapasse a 50% (cinquenta por cento) do valor constante da alínea *a* do inciso II do art. 23 desta lei;

II – a alienação, aos legítimos possuidores diretos ou, na falta destes, ao Poder Público, de imóveis para fins residenciais construídos em núcleos urbanos anexos a usinas hidrelétricas, desde que considerados dispensáveis na fase de operação dessas unidades e não integrem a categoria de bens reversíveis ao final da concessão".

órgãos da Administração Pública em cuja competência legal inclua-se tal atribuição;

h) **alienação gratuita ou onerosa, aforamento, concessão de direito real de uso, locação ou permissão de uso de bens imóveis de uso comercial** de âmbito local com área de até 250 m² (duzentos e cinquenta metros quadrados) e inseridos no âmbito de programas de regularização fundiária de interesse social desenvolvidos por órgãos ou entidades da Administração Pública; e

i) **alienação e concessão de direito real de uso, gratuita ou onerosa, de terras públicas rurais da União e do Incra**, onde incidam ocupações até o limite de que trata o §1º do art. 6º da Lei n. 11.952, de 25 de junho de 2009, para fins de regularização fundiária, atendidos os requisitos legais.

A Administração também poderá conceder **título de propriedade** ou de **direito real de uso de imóveis**, dispensada licitação, quando o uso se destinar:

- a outro órgão ou entidade da Administração Pública, qualquer que seja a localização do imóvel; ou
- a pessoa natural que, nos termos de lei, regulamento ou ato normativo do órgão competente, haja implementado os requisitos mínimos de cultura, ocupação mansa e pacífica e exploração direta sobre área rural, observado o limite de que trata o §1º do art. 6º da Lei n. 11.952, de 25 de junho de 2009.

Em relação a **bens móveis, independendo de autorização legislativa:**

a) **doação**, permitida exclusivamente para fins e uso de interesse social, após avaliação de sua oportunidade e conveniência socioeconômica, relativamente à escolha de outra forma de alienação;

b) **permuta**, permitida exclusivamente entre órgãos ou entidades da Administração Pública[33];

c) **venda de ações**, que poderão ser negociadas em bolsa, observada a legislação específica;

d) **venda de títulos**, na forma da legislação pertinente;

e) **venda de bens produzidos ou comercializados por órgãos ou entidades da Administração Pública**, em virtude de suas finalidades; e

f) **venda de materiais e equipamentos para outros órgãos ou entidades da Administração Pública, sem utilização previsível por quem deles dispõe.**

---

[33] Aplica-se também a ADI 927/RS.

28.12. DISPENSA DE LICITAÇÃO OU LICITAÇÃO DISPENSÁVEL

Quando se fala de **dispensa de licitação** ou **licitação dispensável**, é possível fazer a licitação, porém a lei deixou que a Administração Pública analisasse, de maneira fundamentada, a conveniência e oportunidade de realizar o procedimento ou dispensá-lo através da realização de um procedimento mais simples e menos formal. O inciso XXI do art. 37 da CF/88 exige que as hipóteses de contratação direta, inclusive de dispensa de licitação, sejam trazidas por lei, não podendo outra espécie normativa dispor sobre o assunto.

Não há falar também, como já foi dito, em interpretação extensiva ou analogia em relação às hipóteses legalmente trazidas de dispensa de licitação. O seu rol é **taxativo**.

Marçal Justen Filho[34] classifica da seguinte maneira as hipóteses de dispensa de licitação:

CUSTO ECONÔMICO DA LICITAÇÃO	– QUANDO O CUSTO ECONÔMICO DA LICITAÇÃO FOR SUPERIOR AO BENEFÍCIO EXTRAÍDO (INCISOS I E II DO ART. 24 DA LEI N. 8.666/93)
CUSTO TEMPORAL DA LICITAÇÃO	– QUANDO A DEMORA NA REALIZAÇÃO DA LICITAÇÃO PUDER ACARRETAR A INEFICÁCIA DA CONTRATAÇÃO (INCISOS III, IV, XII, XVIII E XXXV DO ART. 24 DA LEI N. 8.666/93)
AUSÊNCIA DE POTENCIALIDADE DE BENEFÍCIO	– QUANDO INEXISTIR POTENCIALIDADE DE BENEFÍCIO (INCISOS V, VII, VIII, XI, XIV, XVII, XIX, XXIII, XXVI, XXVIII E XXIX DO ART. 24 DA LEI N. 8.666/93)
FUNÇÃO EXTRAECONÔMICA DA CONTRATAÇÃO	– QUANDO A CONTRATAÇÃO NÃO FOR NORTEADA PELO CRITÉRIO DA VANTAGEM ECONÔMICA, PORQUE O ESTADO BUSCA OUTROS FINS (INCISOS VI, IX, X, XIII, XV, XVI, XX, XXI, XXIV, XXV, XXVII, XXX, XXXI, XXXII, XXXIII E XXXV DO ART. 24 DA LEI N. 8.666/93)

É o art. 24 da Lei n. 8.666/93 que estabelece quais as hipóteses em que a licitação é **dispensável**, são elas:

I – para obras e serviços de engenharia de valor até 10% (dez por cento) do limite previsto na alínea *a*, do inciso I do art. anterior, desde que não se refiram a parcelas de uma mesma obra ou serviço ou ainda para obras e serviços da mesma natureza e no mesmo local que possam ser realizadas conjunta e concomitantemente;

---

[34] JUSTEN FILHO, Marçal. *Comentários à lei de licitações e contratos administrativos*: Lei 8.666/93. 18. ed. rev., atual. e ampl. São Paulo: Thomson Reuters Brasil, 2019. p. 479.

II – para outros serviços e compras de valor até 10% (dez por cento) do limite previsto na alínea *a*, do inciso II do artigo anterior e para alienações, nos casos previstos nesta Lei, desde que não se refiram a parcelas de um mesmo serviço, compra ou alienação de maior vulto que possa ser realizada de uma só vez.

Os dois incisos acima tratam da relação custo/benefício em relação à adoção do procedimento licitatório, pois os valores que comportam as dispensas acima tratadas são (**com a redação dada pelo Decreto n. 9.412/18 ao art. 23 da Lei n. 8.666/90**):

OBRAS E SERVIÇOS DE ENGENHARIA	ATÉ R$ 33.000,00
BENS	ATÉ R$ 17.600,00

O custo da realização de um procedimento licitatório pode ultrapassar facilmente o valor de R$ 33.000,00 (trinta e três mil reais). Consequentemente, seria absurdo realizar gastos relacionados a formas superiores ao gasto relativo ao objeto da futura contratação.

Deve ser ressaltado que o §1º do art. 24 em tela dobra os valores acima citados em relação às compras, obras e serviços contratados por:
a) consórcios públicos;
b) sociedades de economia mista;
c) empresas públicas; e
d) autarquias ou fundações qualificadas, na forma da lei, como agências executivas.
Assim, ficam:
– Para obras e serviços de engenharia até R$ 66.000,00; e
– Para bens até R$ 35.200,00.

III – nos casos de guerra ou grave perturbação da ordem;

A realização de procedimento licitatório tem como pressuposto a estabilidade social da nação, portanto, não há falar em rigores formais em situações extremas que podem gerar inclusive a destruição da República Federativa do Brasil.

As dinâmicas das guerras e das graves perturbações da ordem pública exigem soluções que, caso não adotadas com a velocidade necessária, podem colocar em risco vidas humanas, bens e instituições.

Dessa forma, apesar de não se tratar de licitação proibida, a lei concedeu a faculdade ao gestor para, com base na conveniência e oportunidade motivadas, realizar ou não o procedimento licitatório.

IV – nos casos de emergência ou de calamidade pública, quando caracterizada urgência de atendimento de situação que possa ocasionar prejuízo ou comprometer a segurança de pessoas, obras, serviços, equipamentos e outros bens, públicos ou particulares, e somente para os bens necessários ao atendimento da situação emergencial ou calamitosa e para as parcelas de obras e serviços que possam ser concluídos no prazo máximo de 180 (cento e oitenta) dias consecutivos e ininterruptos, contados da ocorrência da emergência ou calamidade, vedada a prorrogação dos respectivos contratos.

Observe-se que, no presente caso, a emergência e a calamidade pública precisam ter sido geradas por fatores externos à Administração Pública. Tais situações excepcionais geradoras da dispensa de licitação não podem ter sido criadas pela inércia do gestor público, por sua culpa ou dolo, em virtude de falta de planejamento, desídia ou má gestão de recursos públicos, o que caracteriza **emergência fabricada**. No exame de caso concreto sobre aquisição de cestas básicas mediante dispensa de licitação, o STJ assinalou:

> É preciso cautela com a referida contratação sem certame, especialmente em razão das chamadas emergências fabricadas ou fictas: "a Administração deixa de tomar tempestivamente as providências necessárias à realização da licitação previsível. Assim, atinge-se o termo final de um contrato sem que a licitação necessária à nova contratação tivesse sido realizada. [...] No caso concreto, as premissas fáticas extraídas das decisões proferidas apontam para uma dispensa indevida recorrente, derivada da postura descuidada do administrador. As decisões proferidas reconheceram que "a Administração Pública tinha cabal conhecimento da necessidade da licitação"; "não ocorreu nenhuma situação de emergência ou de calamidade pública"; "a situação foi criada pelos próprios réus que, dolosa ou culposamente, pouco importa, deixaram transcorrer o prazo para se ultimar, de acordo com a lei, a contratação do fornecimento de cestas básicas"[35].

Em outro julgado, que trata da contratação de diversos serviços, de forma fracionada, mediante dispensa de licitação, para preparação de eventos festivos, a Corte Superior fundamenta:

> "[...] não há como justificar a urgência para a manutenção dos campos um mês depois de realizada a 'Copinha' ou mesmo para a recuperação dos jardins"; que "também não se verifica a necessidade do decreto de urgência para a pintura de guias e sarjetas para os eventos 'Festa do Peão' e 'Aniversário da Cidade', pois nos dois casos, por certo, já existia a designação das festas no calendário local, para assim ser feita a devida programação pela Administração municipal"; e que, "diante das situações acima expostas, com exceção somente da situação emergencial da reconstrução do alambrado do Ginásio

---

[35] STJ, REsp 1192563/SP, rel. Min. Herman Benjamin, 2ª Turma, julgado em 12-5-2015, *DJe* 6-8-2015.

de esportes do Município, não há como se fugir da questão denominada emergência fabricada"[36].

A jurisprudência do TCU não admitia a dispensa de licitação pautada neste tipo de emergência falsa. Contudo, notando que poderia ser causado mais prejuízo se a contratação direta não fosse realizada, o TCU passou a permitir a dispensa para resguardar os bens e interesses em perigo – a sociedade não pode pagar pela falha estatal – e a exigir a responsabilização do agente causador da emergência fabricada.

V – quando não acudirem interessados à licitação anterior e esta, justificadamente, não puder ser repetida sem prejuízo para a Administração, mantidas, neste caso, todas as condições preestabelecidas.

Tal situação é classificada pela doutrina com **licitação deserta**. Apesar da publicidade do certame licitatório, não aparece qualquer interessado e a sua repetição será antieconômica. Assim, o gestor público pode optar, de maneira motivada, pela dispensa de licitação.

Observe-se que **licitação deserta** não se confunde com **licitação fracassada**, pois, no primeiro caso, não aparecem interessados e, no segundo caso, aparecem interessados, mas nenhum é selecionado por inabilitação ou desclassificação das propostas.

VI – quando a União tiver que intervir no domínio econômico para regular preços ou normalizar o abastecimento.

A intervenção no domínio econômico para regular preços ou para normalizar o abastecimento deve ser dinâmica. Caso contrário, não atingirá os seus objetivos. Além da demora do procedimento licitatório, tem-se que, nos dois casos, não há como escolher a melhor proposta, pois não se trata de opção pela vantagem econômica para a Administração Pública e sim de objeto relacionado à segurança social.

---

[36] STJ, AgInt no AREsp 1353773/SP, rel. Min. Assusete Magalhães, 2ª Turma, julgado em 31-8-2020, *DJe* 16-9-2020.

VII – quando as propostas apresentadas consignarem preços manifestamente superiores aos praticados no mercado nacional, ou forem incompatíveis com os fixados pelos órgãos oficiais competentes, casos em que, observado o parágrafo único do art. 48 desta Lei e, persistindo a situação, será admitida a adjudicação direta dos bens ou serviços, por valor não superior ao constante do registro de preços, ou dos serviços.

As contratações da Administração Pública devem observar os preços praticados no mercado, por isso busca-se a melhor proposta para que seja resguardado o princípio da economicidade. Caso as propostas estejam com preços manifestamente superiores aos praticados nacionalmente ou forem incompatíveis com os fixados pelos órgãos oficiais competentes, ter-se-á uma hipótese de **licitação fracassada**, uma vez que acudiram interessados, porém todas as propostas foram desclassificadas. Assim, poderá a Administração Pública dispensar o procedimento licitatório e contratar diretamente por valor não superior ao constante do registro de preços, ou dos serviços.

VIII – para a aquisição, por pessoa jurídica de direito público interno, de bens produzidos ou serviços prestados por órgão ou entidade que integre a Administração Pública e que tenha sido criado para esse fim específico em data anterior à vigência desta Lei, desde que o preço contratado seja compatível com o praticado no mercado.

Quando a própria Administração Pública, através de órgãos ou entidades criados para o fornecimento de bens e serviços até data anterior à vigência da Lei n. 8.666/93, puder fazê-lo, o gestor público terá a faculdade de dispensar a licitação. A esse respeito, menciona-se o seguinte enunciado do TCU:

A Administração Pública Federal não está obrigada a promover prévio procedimento licitatório destinado a contratação de instituição financeira oficial para, em caráter exclusivo, prestar serviços de pagamento de remuneração de servidores ativos, inativos e pensionistas e outros serviços similares, podendo optar por efetuar a contratação direta com fundamento no art. 37, inciso XXI (primeira parte), da Constituição Federal, c/c o art. 24, inciso VIII, da Lei 8.666/1993, hipótese em que deverá cumprir as exigências estabelecidas no art. 26 da Lei 8.666/1993, apresentando os motivos da escolha do prestador de serviços e a justificativa do preço[37].

Apesar do acórdão acima, alguns doutrinadores, com razão, consideram que a regra em tela não se aplica a empresas exploradoras de atividade econômi-

---

[37] TCU, Consulta, Acórdão 1940/2015, rel. Min. Walton Alencar Rodrigues, Plenário, julgado em 5-8-2015.

548 CURSO DE DIREITO ADMINISTRATIVO

ca, tendo em conta o que dispõe o art. 173, CF/88, que só permite a exploração direta de atividade econômica por parte do Estado quando necessária aos imperativos da segurança nacional ou a relevante interesse coletivo. Há outro acórdão do TCU, mais antigo, em sentido divergente:

> Apenas as entidades que prestam serviços públicos de suporte à Administração Pública, criadas para esse fim específico, podem ser contratadas com dispensa de licitação, nos termos do art. 24, inciso VIII, da Lei 8.666/1993. [...] As empresas públicas e sociedades de economia mista que se dedicam à exploração de atividade econômica de produção ou comercialização de bens ou de prestação de serviços sujeitam-se ao regime jurídico das empresas privadas (CF, 173), em consonância com os princípios constitucionais da livre concorrência e da isonomia, e não podem ser contratadas com dispensa de licitação fundamentada no art. 24, inciso VIII, da Lei 8.666/1993[38].

Dessa forma, a matéria não está pacificada, mas o entendimento que veda a dispensa de licitação para a contratação de empresas estatais exploradoras de atividades econômicas é o mais adequado ao art. 173 da CF/88, visto que tal norma impede sejam concedidos privilégios às empresas estatais não extensíveis aos demais agentes do mercado.

Por fim, tem-se que, na forma do §2º do art. 24 da lei em comento, o limite temporal de criação do órgão ou entidade que integre a Administração Pública estabelecido acima (data anterior à vigência da Lei n. 8.666/93) não se aplica aos órgãos ou entidades que produzem produtos estratégicos para o SUS, no âmbito da Lei n. 8.080/90, conforme elencados em ato da direção nacional do SUS.

> IX – quando houver possibilidade de comprometimento da segurança nacional, nos casos estabelecidos em decreto do Presidente da República, ouvido o Conselho de Defesa Nacional.

Esta era a antiga hipótese de **licitação proibida**, do §1º do art. 23 do Decreto-Lei n. 2.300/86, que foi colocada como uma das possibilidades de dispensa de licitação, visto que existem diversos graus de comprometimento da segurança nacional e o Presidente da República está legitimado para decidir, ouvido o Conselho de Defesa Nacional, quais são os casos de dispensa e em quais casos deve ser observado do procedimento de licitação.

> X – para a compra ou locação de imóvel destinado ao atendimento das finalidades precípuas da Administração, cujas necessidades de instalação e localização condicionem a sua escolha, desde que o preço seja compatível com o valor de mercado, segundo avaliação prévia.

---

[38] TCU, Representação, Acórdão 6931/2009, rel. Min. Walton Alencar Rodrigues, 1ª Câmara, julgado em 1º-12-2009.

Em determinadas situações, não há como a Administração Pública instalar os seus órgãos em lugar diverso daquele relacionado com as suas necessidades e finalidades. Assim, desde que o valor da compra ou da locação seja compatível com os praticados no mercado, segundo avaliação prévia, poderá ser dispensada a licitação.

Alguns entendem que esta hipótese enquadrar-se-ia melhor nos casos de inexigibilidade de licitação, em virtude da impossibilidade de competição. Tal posicionamento justifica-se porque, se identificado que um único imóvel, dentre todos os existentes, satisfaz a necessidade da Administração, por características singulares de instalações e de localização, nenhum sentido existe em promover licitação.

A regulamentar as contratações no âmbito do Poder Executivo Federal, o § 2º do art. 4º do Decreto 10.193/2019 dispõe que para aquisição ou locação de imóvel será considerada a natureza da atividade exercida pelo órgão ou pela entidade, cujas necessidades de instalação e de localização devem condicionar a escolha.

Observe-se que os critérios de instalação e localização não são alternativos, ambos devem ser satisfeitos. Assim, as instalações que serviriam para o funcionamento de um estabelecimento de saúde podem não ser adequadas para uma unidade de ensino; a localização ideal para um posto de atendimento ao turista pode ser inadequada para um almoxarifado. Portanto, deve ser realizada avaliação prévia a fim de demonstrar que tanto as instalações quanto a localização cumprem as características almejadas para as atividades a serem desempenhadas pelo órgão ou entidade.

Com vistas à identificação de imóvel que satisfaça os requisitos colimados pela Administração, merece ênfase o seguinte enunciado do TCU:

> Admite-se a utilização, como mecanismo de prospecção de mercado, de chamamentos públicos previamente às locações de imóveis, a fim de identificar aqueles que atendem às necessidades da Administração[39].

> XI – na contratação de remanescente de obra, serviço ou fornecimento, em consequência de rescisão contratual, desde que atendida a ordem de classificação da licitação anterior e aceitas as mesmas condições oferecidas pelo licitante vencedor, inclusive quanto ao preço, devidamente corrigido.

Neste inciso, busca-se a mitigar os efeitos prejudiciais da quebra de continuidade, não podendo ser escolhida pessoa que não participou da licitação an-

---

[39] TCU, RA, Acórdão 1479/2019, rel. Min. Vital do Rêgo, Plenário, julgado em 26-6-2019.

terior ou desconsiderada a classificação. Ressalte-se que as mesmas condições anteriores devem ser observadas.

XII – nas compras de hortifrutigranjeiros, pão e outros gêneros perecíveis, no tempo necessário para a realização dos processos licitatórios correspondentes, realizadas diretamente com base no preço do dia.

A natureza dos produtos em tela determina essa possibilidade de dispensa de licitação, visto que as necessidades imediatas da Administração Pública precisam ser atendidas. Contudo, o gestor somente pode se valer dessa hipótese no tempo necessário para a realização do procedimento licitatório.

XIII – na contratação de instituição brasileira incumbida regimental ou estatutariamente da pesquisa, do ensino ou do desenvolvimento institucional, ou de instituição dedicada à recuperação social do preso, desde que a contratada detenha inquestionável reputação ético-profissional e não tenha fins lucrativos.

O objetivo desta hipótese de dispensa de licitação é prestigiar as instituições idôneas que, sem fins lucrativos, desenvolvem atividades relevantes para a sociedade, fomentando a pesquisa, o ensino, o desenvolvimento institucional ou a atividade de reinserção de presos.

XIV – para a aquisição de bens ou serviços nos termos de acordo internacional específico aprovado pelo Congresso Nacional, quando as condições ofertadas forem manifestamente vantajosas para o Poder Público.

Os tratados internacionais firmados e internalizados pelo Brasil têm natureza jurídica de lei ordinária. Consequentemente, as obrigações estipuladas vinculam o gestor público e devem ser observadas quando versarem sobre bens e serviços a serem adquiridos em decorrência desses acordos, desde que as condições ofertadas sejam vantajosas para o país.

XV – para a aquisição ou restauração de obras de arte e objetos históricos, de autenticidade certificada, desde que compatíveis ou inerentes às finalidades do órgão ou entidade.

A norma em questão buscou dar mais liberdade para o gestor escolher a pessoa que melhor poderá vender e restaurar obras de arte e objetos históricos, exigindo a certificação de autenticidade. **Ressalte-se que esta poderia ser uma hipótese de inexigibilidade de licitação.** Observe-se que são duas hipóteses distintas de dispensa: uma relacionada à compra e a outra relacionada ao serviço de restauração.

XVI – para a impressão dos diários oficiais, de formulários padronizados de uso da Administração, e de edições técnicas oficiais, bem como para prestação de serviços de informática a pessoa jurídica de direito público interno, por órgãos ou entidades que integrem a Administração Pública, criados para esse fim específico.

Prestigia-se com esta norma a própria Administração Pública, pois não seria razoável que, existindo na sua própria estrutura órgão ou entidade que presta o serviço desejado, fosse contratado particular. São duas hipóteses distintas de dispensa tratadas acima: a) uma relacionada a impressão dos diários oficiais, de formulários padronizados de uso da Administração, e de edições técnicas oficiais; e b) outra relacionada a prestação de serviços de informática a pessoa jurídica de direito público interno.

Não se trata de contratação de pessoa jurídica criada pelo Poder Público para intervir na economia.

XVII – para a aquisição de componentes ou peças de origem nacional ou estrangeira, necessários à manutenção de equipamentos durante o período de garantia técnica, junto ao fornecedor original desses equipamentos, quando tal condição de exclusividade for indispensável para a vigência da garantia.

A garantia do fabricante é sem dúvida uma vantagem bastante tangível para a Administração Pública, pois, com as tecnologias atuais, já se consegue estimar o tempo de vida útil de equipamentos e de suas partes. Diversas empresas fixam como condição de manutenção da garantia ofertada a substituição de componentes danificados por itens originais, portanto, para preservar a garantia, pode ser dispensada a licitação na aquisição de componentes ou peças necessários à manutenção ou conserto de equipamento.

XVIII – nas compras ou contratações de serviços para o abastecimento de navios, embarcações, unidades aéreas ou tropas e seus meios de deslocamento quando em estada eventual de curta duração em portos, aeroportos ou localidades diferentes de suas sedes, por motivo de movimentação operacional ou de adestramento, quando a exiguidade dos prazos legais puder comprometer a normalidade e os propósitos das operações e desde que seu valor não exceda ao limite previsto na alínea *a* do inciso II do art. 23 desta Lei.

Os deslocamentos no território nacional e no estrangeiro de navios, embarcações, unidades aéreas ou tropas exige, por vezes, uma dinâmica incompatível com os rigores formais do procedimento licitatório. Assim, a critério do gestor, as compras e contratações de serviços para abastecimento podem ser objeto de dispensa de licitação. Ressaltando-se que não podem exceder o limite acima imposto de R$ 176.000,00 (cento e setenta e seis mil reais).

XIX – para as compras de material de uso pelas Forças Armadas, com exceção de materiais de uso pessoal e administrativo, quando houver necessidade de manter a padronização requerida pela estrutura de apoio logístico dos meios navais, aéreos e terrestres, mediante parecer de comissão instituída por decreto.

As Forças Armadas têm necessidades excepcionais de material. Assim, em virtude da especificidade do objeto pretendido, poderá a respectiva Força socorrer-se da dispensa de licitação, desde que comprovada a necessidade de mantença da padronização e haja parecer de comissão instituída por decreto. Trata-se de segurança nacional.

XX – na contratação de associação de portadores de deficiência física, sem fins lucrativos e de comprovada idoneidade, por órgãos ou entidades da Administração Pública, para a prestação de serviços ou fornecimento de mão de obra, desde que o preço contratado seja compatível com o praticado no mercado.

Trata-se de hipótese de dispensa de licitação relacionada ao fomento de atividades socialmente relevantes que têm como objetivo a inserção de pessoas com deficiência no mercado de trabalho. Os preços precisam ser compatíveis com o mercado e a instituição, além de ser idônea, não pode ter finalidade lucrativa. Busca-se prestigiar a isonomia entre as pessoas com deficiência e aquelas que não sofrem essas limitações.

XXI – para a aquisição ou contratação de produto para pesquisa e desenvolvimento, limitada, no caso de obras e serviços de engenharia, a 20% (vinte por cento) do valor de que trata a alínea *b* do inciso I do *caput* do art. 23.

Um dos princípios da Lei de Licitação e Contratos Administrativos é o princípio do desenvolvimento nacional sustentável. Na forma do *caput* do art. 3º da Lei n. 8.666/93, a licitação deve ter também como objetivo o fomento à prosperidade do país, reduzindo as desigualdades sociais, gerando emprego, renda e arrecadação de tributos, inovação e desenvolvimento tecnológico, industrialização e crescimento da economia sem descuidar-se dos direitos e garantias fundamentais estabelecidos na CF/88. Esta hipótese de dispensa de licitação tem como objetivo efetivar o princípio que se aplica também às contratações diretas.

Observe-se que há limite até R$ 660.000,00 (seiscentos e sessenta mil reais) para a contratação e que, na forma do §3º do art. 24 da Lei n. 8.666/93, quando a presente hipótese for aplicada a obras e serviços de engenharia, seguirá procedimentos especiais estabelecidos em regulamentação específica.

Além disso, na forma do §4º do art. 24 da Lei em tela, **não se aplica a vedação de contratação do autor do projeto básico ou executivo** do inciso I do art. 9º da Lei tratada nesta hipótese de dispensa.

XXII – na contratação de fornecimento ou suprimento de energia elétrica e gás natural com concessionário, permissionário ou autorizado, segundo as normas da legislação específica.

Os permissionários ou autorizatários que forneçam ou tenham suprimento de energia elétrica ou gás natural podem, segundo normas da legislação específica, ser contratados diretamente, porém, se houver mais de um fornecedor, a Administração Pública deverá optar pela empresa que lhe apresentar a proposta mais vantajosa.

XXIII – na contratação realizada por empresa pública ou sociedade de economia mista com suas subsidiárias e controladas, para a aquisição ou alienação de bens, prestação ou obtenção de serviços, desde que o preço contratado seja compatível com o praticado no mercado.

Trata-se de contratação interna, pois é uma contratação relacionada a empresas que fazem parte de um mesmo grupo. Muitas vezes, as empresas subsidiárias e controladas são criadas justamente para prestar serviços ou fornecer produtos às empresas controladoras por uma opção de mercado. Assim, desde que o preço seja compatível com o de mercado, é possível a dispensa de licitação.

XXIV – para a celebração de contratos de prestação de serviços com as organizações sociais, qualificadas no âmbito das respectivas esferas de governo, para atividades contempladas no contrato de gestão.

As *Organizações Sociais* (OS) são pessoas jurídicas de direito privado, sem fins lucrativos, cujas atividades sejam dirigidas ao ensino, à pesquisa científica, ao desenvolvimento tecnológico, à proteção e à preservação do meio ambiente, à cultura e à saúde (art. 1º da Lei n. 9.637/98) qualificadas como tais através do atendimento aos requisitos legais e que firmam contrato de gestão com o Poder Público.

Elas são instrumentos da chamada publicização que retira atividades da esfera do Poder Público e, sob um regime diferenciado de execução e controle, atribuem-nas a pessoas jurídicas de direito privado não estatais.

As organizações sociais foram idealizadas para substituir órgãos e entidades da Administração Pública, cujas atividades deveriam ser absorvidas pela iniciativa privada.

Assim, a Administração Pública, quando contratar organizações sociais, qualificadas na sua esfera de governo para a prestação de serviços relacionados no seu contrato de gestão, não precisará licitar.

XXV – na contratação realizada por Instituição Científica e Tecnológica – ICT ou por agência de fomento para a transferência de tecnologia e para o licenciamento de direito de uso ou de exploração de criação protegida.

554 CURSO DE DIREITO ADMINISTRATIVO

Nesta hipótese, novamente prestigia-se o princípio do desenvolvimento nacional sustentável, visto que libera o gestor para escolher a contratada que terá condições de explorar a tecnologia ou a criação em favor da sociedade.

XXVI – na celebração de contrato de programa com ente da Federação ou com entidade de sua administração indireta, para a prestação de serviços públicos de forma associada nos termos do autorizado em contrato de consórcio público ou em convênio de cooperação.

No Direito Administrativo, *consórcio é o agrupamento contratual, autorizado por lei, de entes da federação na forma de pessoa jurídica de direito público (associação pública) ou de pessoa jurídica de direito privado para o desempenho de atividades públicas comuns.* Forma-se uma entidade *transfederativa* (ultrapassa a esfera de governo) e *interfederativa* (internaliza-se à esfera de governo)[40].

Assim, a finalidade do consórcio público é justamente a prestação de serviço público para uma ou várias Administrações Públicas, portanto, a contratação pode ser direta.

Ressalte-se que esta hipótese de dispensa de licitação não abarca os contratos firmados entre o consórcio público e o particular.

XXVII – na contratação da coleta, processamento e comercialização de resíduos sólidos urbanos recicláveis ou reutilizáveis, em áreas com sistema de coleta seletiva de lixo, efetuados por associações ou cooperativas formadas exclusivamente por pessoas físicas de baixa renda reconhecidas pelo Poder Público como catadores de materiais recicláveis, com o uso de equipamentos compatíveis com as normas técnicas, ambientais e de saúde pública.

O fomento social foi a preocupação do legislador quando estabeleceu esta hipótese de dispensa de licitação, pois buscou-se dar oportunidades de trabalho às pessoas de baixa renda e preservar o meio ambiente através da coleta seletiva de lixo, da reciclagem e reutilização de produtos.

XXVIII – para o fornecimento de bens e serviços, produzidos ou prestados no país, que envolvam, cumulativamente, alta complexidade tecnológica e defesa nacional, mediante parecer de comissão especialmente designada pela autoridade máxima do órgão.

Trata-se de hipótese relacionada à natureza dos bens e serviços produzidos no país e à segurança nacional. O procedimento licitatório pode ser empecilho à proteção da segurança nacional e à obtenção da qualidade e complexidade tecnológicas das quais a Administração Pública necessita.

---

[40] Cláusula Segunda – Dos entes consorciados – Do protocolo de intenções da Lei n. 12.396/2011.

XXIX – na aquisição de bens e contratação de serviços para atender aos contingentes militares das Forças Singulares brasileiras empregadas em operações de paz no exterior, necessariamente justificadas quanto ao preço e à escolha do fornecedor ou executante e ratificadas pelo Comandante da Força.

A dinâmica das missões das Forças empregadas em operação de paz no exterior pode se mostrar incompatível com a rigidez do procedimento licitatório, inclusive a aquisição pode precisar ser feita no exterior. Assim, a previsão da possibilidade de dispensa de licitação resguarda a segurança da missão. Contudo, deve haver justificativa quanto ao preço e à escolha do fornecedor.

XXX – na contratação de instituição ou organização, pública ou privada, com ou sem fins lucrativos, para a prestação de serviços de assistência técnica e extensão rural no âmbito do Programa Nacional de Assistência Técnica e Extensão Rural na Agricultura Familiar e na Reforma Agrária, instituído por lei federal.

Busca-se com essa possibilidade de dispensa de licitação atender de maneira dinâmica as necessidades relacionadas à implantação de projetos de agricultura familiar e reforma agrária. A Lei n. 12.188/10 institui a Política Nacional de Assistência Técnica e Extensão Rural para a Agricultura Familiar e Reforma Agrária (PNATER) e o Programa Nacional de Assistência Técnica e Extensão Rural na Agricultura Familiar e na Reforma Agrária (PRONATER), altera a Lei n. 8.666/93, e dá outras providências.

A assistência técnica e a extensão rural acima mencionadas podem ser descritas como serviço de educação não formal, de caráter continuado, no meio rural, que promove processos de gestão, produção, beneficiamento e comercialização das atividades e dos serviços agropecuários e não agropecuários, inclusive das atividades agroextrativistas, florestais e artesanais.

XXXI – nas contratações visando ao cumprimento do disposto nos arts. 3º, 4º, 5º e 20 da Lei n. 10.973, de 2 de dezembro de 2004, observados os princípios gerais de contratação dela constantes.

A lei em tela trata de incentivos à inovação e à pesquisa científica e tecnológica no ambiente produtivo e dá outras providências. Assim, a presente hipótese de dispensa de licitação tem como objetivo estimular e apoiar a constituição de alianças estratégicas e o desenvolvimento de projetos de cooperação envolvendo empresas, Instituição Científica, Tecnológicas e de Inovação (ICT) e entidades privadas sem fins lucrativos voltados para atividades de pesquisa e desenvolvimento, que objetivem a geração de produtos, processos e serviços inovadores e a transferência e a difusão de tecnologia.

XXXII – na contratação em que houver transferência de tecnologia de produtos estratégicos para o Sistema Único de Saúde – SUS, no âmbito da Lei n. 8.080, de 19 de setembro de 1990, conforme elencados em ato da direção nacional do SUS, inclusive por ocasião da aquisição destes produtos durante as etapas de absorção tecnológica.

A presente hipótese de dispensa de licitação tem como objeto a transferência de tecnologia de produtos estratégicos, portanto, nem sempre a competição atende da melhor forma a finalidade de efetivar a política nacional de saúde. Fixou-se a faculdade para o gestor público, de maneira motivada, fazer a contratação direta.

XXXIII – na contratação de entidades privadas sem fins lucrativos, para a implementação de cisternas ou outras tecnologias sociais de acesso à água para consumo humano e produção de alimentos, para beneficiar as famílias rurais de baixa renda atingidas pela seca ou falta regular de água.

O art. 11 da Lei n. 12.873/13 instituiu o Programa Nacional de Apoio à Captação de Água de Chuva e Outras Tecnologias Sociais de Acesso à Água – Programa Cisternas, com a finalidade de promover o acesso à água para o consumo humano e animal e para a produção de alimentos, por meio de implementação de tecnologias sociais, destinado às famílias rurais de baixa renda atingidas pela seca ou falta regular de água.

Dessa forma, a fim de assegurar o acesso à água de maneira efetiva e com a rapidez adequada à satisfação das necessidades humanas, de produção de alimentos e animais, foi inserida a presente possibilidade de dispensa de licitação.

XXXIV – para a aquisição por pessoa jurídica de direito público interno de insumos estratégicos para a saúde produzidos ou distribuídos por fundação que, regimental ou estatutariamente, tenha por finalidade apoiar órgão da administração pública direta, sua autarquia ou fundação em projetos de ensino, pesquisa, extensão, desenvolvimento institucional, científico e tecnológico e estímulo à inovação, inclusive na gestão administrativa e financeira necessária à execução desses projetos, ou em parcerias que envolvam transferência de tecnologia de produtos estratégicos para o Sistema Único de Saúde – SUS, nos termos do inciso XXXII deste artigo, e que tenha sido criada para esse fim específico em data anterior à vigência desta Lei, desde que o preço contratado seja compatível com o praticado no mercado.

Busca-se novamente resguardar a dinâmica das contratações que tenham como objetivo efetivar o desenvolvimento nacional sustentável através do apoio a projetos de ensino, pesquisa, extensão, evolução institucional, científica e tecnológica e que estimulem a inovação. Além disso, busca-se agilizar o repasse de tecnologia de produtos estratégicos para o SUS. Tudo desde que o preço seja compatível com o praticado no mercado.

XXXV – para a construção, a ampliação, a reforma e o aprimoramento de estabelecimentos penais, desde que configurada situação de grave e iminente risco à segurança pública.

Para contextualizar a inclusão do presente inciso, transcreve-se a reportagem abaixo do periódico *EL PAÍS*, de 2-1-2017. Eis o texto:

Uma rebelião no Complexo Penitenciária Anísio Jobim (Compaj), em Manaus, deixou 56 detentos mortos – a primeira informação dava conta de 60 mortos. O levante na unidade começou na tarde de domingo, e a situação foi controlada apenas durante a manhã desta segunda-feira, após pouco mais de 17 horas. O secretário de Segurança Pública, Sérgio Fontes, falou que se trata de um 'massacre' provocado pela briga entre as facções criminosas Primeiro Comando da Capital (PCC), originária de São Paulo, e a Família do Norte, do Amazonas. A maioria dos mortos pertence ao PCC. 'Esse é mais um capítulo da guerra silenciosa que o narcotráfico mergulhou o país', afirmou. Ao menos 12 guardas prisionais foram feitos reféns e posteriormente liberados sem ferimentos. O secretário de Administração Penitenciária do Estado, Pedro Florêncio, afirmou que alguns presos agredidos foram encaminhados para hospitais da região. Esta é a segunda rebelião mais letal da história do sistema prisional brasileiro, ficando atrás apenas do Massacre do Carandiru, ocorrido em São Paulo em 1992, no qual 111 presos foram assassinados pelas tropas da Polícia. O juiz Luís Carlos Valois, que esteve no Compaj para negociar o fim da crise disse que viu muitos corpos e que era difícil precisar o número de mortos 'pois muitos estavam esquartejados'. 'Nunca vi nada igual na minha vida, aqueles corpos, o sangue', afirmou. No domingo, seis detentos foram decapitados e tiveram seus corpos arremessados para fora da unidade. Para as autoridades, o grau de crueldade com que os presos foram mortos são um sinal de que a intenção foi mandar um recado para os rivais. Vídeos com pilhas de corpos esquartejados e carbonizados empilhados dentro do Compaj circularam na Internet. Uma das imagens era a de uma cabeça decapitada ao lado de um coração. De acordo com a Umanizzare, empresa responsável pela gestão do Compaj, a unidade abriga 1072 internos, e é o maior presídio do Amazonas.

A sangrenta rebelião acima descrita foi o fato ensejador da hipótese de dispensa de licitação tratada no presente inciso. Quando a vida, a integridade física e a dignidade da pessoa humana estão em perigo, deve ser ofertada ao gestor público a possibilidade de contratação direta para proteger os valores constitucionais envolvidos.

558 CURSO DE DIREITO ADMINISTRATIVO

Na exposição de motivos da Medida Provisória n. 781/2017, convertida na Lei n. 13.500/2017, que incluiu o inciso XXXV no texto do art. 24 da Lei n. 8.666/93, explicita-se a crise do sistema prisional:

> Identifica-se um déficit de mais de 300.000 vagas no Sistema Carcerário, o que acarreta péssimas condições de encarceramento na maioria das prisões do país. O tratamento penal existente não promove a recuperação do condenado e contribui para a alarmante taxa de reincidência criminal. Cerca de 70% dos egressos das penitenciárias brasileiras torna-se reincidente e, mais grave, cometendo delitos mais violentos na maioria das vezes.

Observe-se que a Administração Pública poderá, nos editais de licitação para a contratação de serviços, exigir da contratada que um percentual mínimo de sua mão de obra seja oriundo ou egresso do sistema prisional, com a finalidade de ressocialização do reeducando, na forma estabelecida em regulamento.

Essa norma do §5º do art. 40 da Lei n. 8.666/93 foi regulamentada pelo *caput* do art. 5º do Decreto n. 9.450/2018, determinando-se que, na contratação de serviços, inclusive os de engenharia, com valor anual acima de R$ 330.000,00 (trezentos e trinta mil reais), os órgãos e entidades da Administração Pública federal direta, autárquica e fundacional deverão exigir da contratada o emprego de mão de obra formada por pessoas presas ou egressos do sistema prisional. Os percentuais de contratação foram definidos no art. 6º do próprio decreto.

Do estudo das possibilidades legais de dispensa de licitação, é possível categorizá-las segundo critérios comuns. De acordo com a lição de Maria Sylvia Zanella Di Pietro[41], hipóteses de dispensa de licitação podem ser classificadas em quatro grandes grupos:

a)   em razão do valor diminuto;
b)   em razão de fatos excepcionais;
c)   em razão do objeto; e
d)   em razão da pessoa fornecedora.

GRUPOS DE DISPENSA	– EM RAZÃO DO VALOR DIMINUTO
	– EM RAZÃO DE FATOS EXCEPCIONAIS
	– EM RAZÃO DO OBJETO
	– EM RAZÃO DA PESSOA FORNECEDORA

---

[41]   DI PIETRO, Maria Sylvia Zanella. *Direito administrativo*. 34. ed. Rio de Janeiro: Forense, 2021. p. 402.

28.13. INEXIGIBILIDADE DE LICITAÇÃO

Ocorre a **inexigibilidade de licitação** quando há **impossibilidade jurídica de competição** entre contratantes, quer pela natureza específica do negócio, quer pelos objetivos visados pela Administração Pública[42].

Existe, no caso, uma impossibilidade lógica de competição prevista pela norma jurídica.

IMPOSSIBILIDADE DE COMPETIÇÃO	– UNICIDADE (AUSÊNCIA DE ALTERNATIVAS)
	– INEXISTÊNCIA DE MERCADO
	– INVIABILIDADE DE JULGAMENTO TÉCNICO E OBJETIVO
	– AUSÊNCIA DE DEFINIÇÃO OBJETIVA DA PRESTAÇÃO

Considerados os graus de excepcionalidade, ter que licitar é a regra, a dispensa é exceção legal e a inexigibilidade é ainda mais excepcional; a configuração desta última exige situações de grande anormalidade e os seus requisitos são bem rígidos.

O seu rol, ao contrário dos casos de dispensa, é **exemplificativo**. Celso Antônio Bandeira de Mello[43], como a maioria da doutrina, aduz que o rol de inexigibilidades de licitação é exemplificativo, e explica que a lei estabelece simplesmente "uma prévia e já resoluta indicação de hipóteses nas quais ficam antecipadas situações características de inviabilidade, nos termos ali enumerados, *sem exclusão de casos não catalogados, mas igualmente possíveis*".

Não há falar em melhor proposta quando existe somente uma opção para a satisfação da necessidade administrativa, nem pode a lei exigir simulação de competição ou alterar a realidade fática.

O art. 25 da Lei n. 8.666/93 afirma que:

> Art. 25. É inexigível a licitação quando houver inviabilidade de competição, em especial:
> I – para aquisição de materiais, equipamentos, ou gêneros que só possam ser fornecidos por produtor, empresa ou representante comercial exclusivo, vedada a preferência de marca, devendo a comprovação de exclusividade ser feita através de atestado fornecido pelo órgão de registro do comércio do local em que se realizaria a licitação ou a obra ou o serviço, pelo Sindicato, Federação ou Confederação Patronal, ou, ainda, pelas entidades equivalentes.

---

[42] MEIRELLES, Hely Lopes; BURLE FILHO, José Emannuel. *Direito administrativo brasileiro*. 42. ed. São Paulo: Malheiros, 2016.

[43] MELLO, Celso Antônio Bandeira de. *Curso de direito administrativo*. 35. ed. São Paulo: Malheiros, 2021. p. 454.

Em relação ao inciso I acima transcrito, tem-se que a Administração Pública deverá providenciar comprovação de exclusividade mediante atestado emitido pelo órgão de registro do comércio local em que se realizaria a licitação ou pelo Sindicato, Federação ou Confederação Patronal, ou, ainda, pelas entidades equivalentes.

Além disso, é necessária a emissão de parecer técnico que demonstre a inexistência de material similar ou equivalente ao produto de comercialização exclusiva, conforme o §5º do art. 7º, e assegure a ausência de preferência por marca, prática vedada no inciso I do §7º do art. 15 e no próprio texto do mencionado inciso I do artigo em estudo, tudo da Lei n. 8.666/93.

> II – para a contratação de serviços técnicos enumerados no art. 13 desta Lei, de natureza singular, com profissionais ou empresas de notória especialização, vedada a inexigibilidade para serviços de publicidade e divulgação.

Em relação ao inciso II acima transcrito, tem-se que a Administração Pública deverá providenciar enquadramento do serviço em um dos incisos do art. 13 da Lei n. 8.666/93, deverá ser elaborado parecer técnico que ateste e comprove a natureza singular dos serviços pretendidos e parecer técnico que comprove a notória especialização do profissional ou empresa proponente por meio de desempenho anterior, estudos, experiências, publicações, organização, aparelhamento, equipe técnica, ou de outros requisitos relacionados com suas atividades que permitam inferir, no campo de sua especialidade, que o seu trabalho é essencial e indiscutivelmente o mais adequado à plena satisfação do objeto do contrato, conforme descrito no §1º do art. em tela.

A contratação de advogados pela Administração Pública, mediante procedimento de inexigibilidade de licitação, deve ser devidamente justificada com a demonstração de que os serviços possuem natureza singular e com a indicação dos motivos pelos quais se entende que o profissional detém notória especialização.

A esse respeito, cabe mencionar a recente Lei n. 14.039/2020, que altera o Estatuto da OAB, incluindo o art. 3º-A, o qual dispõe que "os serviços profissionais de advogado são, por sua natureza, técnicos e singulares, quando comprovada sua notória especialização, nos termos da lei".

Obviamente, o só fato de ser advogado não serve de presunção à sua singularidade, devendo existir adequada e suficiente motivação que demonstre, acerca do profissional por ser contratado, suas características singulares, a partir de fatores como seu nível de conhecimento, experiência, produções científicas e acadêmicas e atuação em *leading cases*.

A mesma lógica se aplica aos serviços profissionais de contabilidade, por força do § 1º do art. 25 do Decreto-Lei n. 9.295/46, incluído pela Lei n. 14.039/2020, dispondo que "os serviços profissionais de contabilidade são, por sua natureza, técnicos e singulares, quando comprovada sua notória especialização, nos termos da lei".

III – para contratação de profissional de qualquer setor artístico, diretamente ou através de empresário exclusivo, desde que consagrado pela crítica especializada ou pela opinião pública.

Em relação ao inciso III acima transcrito, tem-se que a Administração Pública deverá pedir a comprovação de registro do artista junto à Delegacia Regional do Trabalho, conforme previsto na Lei n. 6.533/78. No caso de contratação por meio de empresário, deve ser providenciado contrato de exclusividade do artista com o empresário contratado, registrado em cartório, comprovando preexistência de vínculo de exclusividade entre as partes. Para contratação direta do artista, devem ser providenciados contrato social da empresa ou requerimento de empresário comprovando vínculo societário do artista, documentos pessoais do artista na hipótese de contratação como pessoa física (RG, CPF, CEI, PIS) e comprovação de consagração do artista pela crítica especializada ou pela opinião pública por meio de parecer técnico emitido pela Administração Pública, demonstrando seu convencimento da consagração do artista, podendo utilizar, para tanto, citações do número de discos gravados, prêmios recebidos, obras de arte famosas, participação em grandes eventos etc.

§1º Considera-se de notória especialização o profissional ou empresa cujo conceito no campo de sua especialidade, decorrente de desempenho anterior, estudos, experiências, publicações, organização, aparelhamento, equipe técnica, ou de outros requisitos relacionados com suas atividades, permita inferir que o seu trabalho é essencial e indiscutivelmente o mais adequado à plena satisfação do objeto do contrato.

§2º Na hipótese deste artigo e em qualquer dos casos de dispensa, se comprovado superfaturamento, respondem solidariamente pelo dano causado à Fazenda Pública o fornecedor ou o prestador de serviços e o agente público responsável, sem prejuízo de outras sanções legais cabíveis.

Por fim, deve ser observado que a **vedação da inexigibilidade de licitação para prestação de serviços de publicidade e divulgação** prevista no inciso II acima transcrito ensejou a edição da Lei n. 12.232/2010, que dispõe sobre as normas gerais para licitação e contratação pela Administração Pública de serviços de publicidade prestados por intermédio de agências de propaganda e dá outras providências, havendo, portanto, estatuto jurídico diferenciado para a contratação desses serviços.

562 CURSO DE DIREITO ADMINISTRATIVO

28.14. MODALIDADES DE LICITAÇÃO

A Lei n. 8.666/93, no seu art. 22, lista como modalidades de licitação as seguintes:

(i) concorrência;

(ii) tomada de preços;

(iii) convite;

(iv) concurso; e

(v) leilão.

Os seus conceitos são trazidos nos §§1º e 5º do citado art. 22, portanto, são conceitos jurídicos formais, ou seja, apresentados pela própria norma jurídica.

Concorrência, segundo o §1º, é a modalidade de licitação entre quaisquer interessados que, na fase inicial de habilitação preliminar, comprovem possuir os requisitos mínimos de qualificação exigidos no edital para execução de seu objeto.

Tomada de preços, segundo o §2º, é a modalidade de licitação entre interessados devidamente cadastrados ou que atenderem a todas as condições exigidas para cadastramento até o terceiro dia anterior à data do recebimento das propostas, observada a necessária qualificação.

Convite, segundo o §3º, é a modalidade de licitação entre interessados do ramo pertinente ao seu objeto, cadastrados ou não, escolhidos e convidados em número mínimo de 3 (três) pela unidade administrativa, a qual afixará, em local apropriado, cópia do instrumento convocatório e o estenderá aos demais cadastrados na correspondente especialidade que manifestarem seu interesse com antecedência de até 24 (vinte e quatro) horas da apresentação das propostas[44].

Concurso, na forma do §4º, é a modalidade de licitação entre quaisquer interessados para escolha de trabalho técnico, científico ou artístico, mediante a instituição de prêmios ou remuneração aos vencedores, conforme critérios constantes de edital publicado na imprensa oficial com antecedência mínima de quarenta e cinco dias.

Leilão, segundo o § 5º, é a modalidade de licitação entre quaisquer interessados para a venda de bens móveis inservíveis para a Administração ou de pro-

---

[44] Interessante notar que existe, no ordenamento jurídico argentino, a "*licitación privada*" da qual somente podem apresentar-se como ofertante as pessoas expressamente convidadas pela Administração Pública. Assemelha-se, portanto, ao convite, sendo que no sistema brasileiro aquelas que não foram convidadas, desde que observem o prazo de 24 (vinte e quatro) horas, também poderão participar.

dutos legalmente apreendidos ou penhorados, ou para a alienação de bens imóveis prevista no art. 19, a quem oferecer o maior lance, igual ou superior ao valor da avaliação.

O §8º do art. 22 da citada lei veda **a criação de outras modalidades de licitação ou a combinação** das referidas naquele artigo; entretanto a lei poderá criar outras modalidades.

O **pregão** *é tratado atualmente pela Lei n. 10.520/2002.* A sua criação teve como objetivo tornar mais céleres as aquisições de bens e serviços comuns, cujos **padrões de desempenho e qualidade possam ser objetivamente definidos pelo edital, por meio de especificações usuais no mercado.**

Além disso, o art. 37 da Lei n. 9.986/2000 apresenta a modalidade **consulta** exclusivamente para as **agências reguladoras**. Todavia, tanto a consulta quanto o pregão não podem ser usados pelas citadas agências nas contratações referentes a obras e serviços de engenharia, cujos procedimentos deverão observar as normas gerais de licitação e contratação para a Administração Pública. A consulta não será usada pela Administração Pública direta.

Dessa forma, de acordo com as leis acima descritas, são modalidades de licitação:

a) concorrência;
b) tomada de preços;
c) convite;
d) concurso;
e) leilão;
f) pregão; e
g) consulta.

As modalidades podem ser agrupadas da seguinte forma:

1) **adotadas em razão do valor do contrato**:
a) concorrência;
b) tomada de preços; e
c) convite.

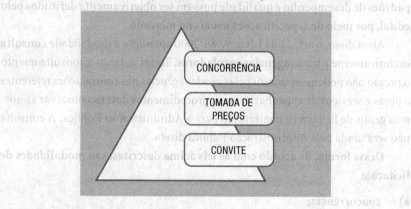

ORDEM DE COMPLEXIDADE DO PROCEDIMENTO E VALOR DO OBJETO CONTRATUAL
(MAIS RELEVANTE NO TOPO)

2) **adotadas em razão do objeto do contrato**:
a) concurso;
b) leilão;
c) pregão; e
d) consulta.

Em relação às modalidades da Lei n. 8.666/93, o seu art. 23 apresenta **critério objetivo** para a adoção de cada uma das modalidades descritas no art. 22. Eis o seu texto:

Art. 23. As modalidades de licitação a que se referem os incisos I a III do artigo anterior serão determinadas em função dos seguintes limites, tendo em vista o valor estimado da contratação (**com a redação dada pelo Decreto n. 9.412/18**):
I – para obras e serviços de engenharia:
a) convite – até R$ 330.000,00 (trezentos e trinta mil reais);
b) tomada de preços – até R$ 3.300.000,00 (três milhões e trezentos mil reais);
c) concorrência: acima de R$ 3.300.000,00 (três milhões e trezentos mil reais);
II – para compras e serviços não referidos no inciso anterior:
a) convite – até R$ 176.000,00 (cento e setenta e seis mil reais);
b) tomada de preços – até R$ 1.430.000,00 (um milhão, quatrocentos e trinta mil reais);

c) concorrência – acima de R$ 1.430.000,00 (um milhão, quatrocentos e trinta mil reais).

§1º As obras, serviços e compras efetuadas pela Administração serão divididas em tantas parcelas quantas se comprovarem técnica e economicamente viáveis, procedendo-se à licitação com vistas ao melhor aproveitamento dos recursos disponíveis no mercado e à ampliação da competitividade sem perda da economia de escala.

§2º Na execução de obras e serviços e nas compras de bens, parceladas nos termos do parágrafo anterior, a cada etapa ou conjunto de etapas da obra, serviço ou compra, há de corresponder licitação distinta, preservada a modalidade pertinente para a execução do objeto em licitação.

§3º A concorrência é a modalidade de licitação cabível, qualquer que seja o valor de seu objeto, tanto na compra ou alienação de bens imóveis, ressalvado o disposto no art. 19, como nas concessões de direito real de uso e nas licitações internacionais, admitindo-se neste último caso, observados os limites deste artigo, a tomada de preços, quando o órgão ou entidade dispuser de cadastro internacional de fornecedores ou o convite, quando não houver fornecedor do bem ou serviço no país.

§4º Nos casos em que couber convite, a Administração poderá utilizar a tomada de preços e, em qualquer caso, a concorrência.

§5º É vedada a utilização da modalidade "convite" ou "tomada de preços", conforme o caso, para parcelas de uma mesma obra ou serviço, ou ainda para obras e serviços da mesma natureza e no mesmo local que possam ser realizadas conjunta e concomitantemente, sempre que o somatório de seus valores caracterizar o caso de "tomada de preços" ou "concorrência", respectivamente, nos termos deste artigo, exceto para as parcelas de natureza específica que possam ser executadas por pessoas ou empresas de especialidade diversa daquela do executor da obra ou serviço.

§6º As organizações industriais da Administração Federal direta, em face de suas peculiaridades, obedecerão aos limites estabelecidos no inciso I deste artigo também para suas compras e serviços em geral, desde que para a aquisição de materiais aplicados exclusivamente na manutenção, reparo ou fabricação de meios operacionais bélicos pertencentes à União.

§7º Na compra de bens de natureza divisível e desde que não haja prejuízo para o conjunto ou complexo, é permitida a cotação de quantidade inferior à demandada na licitação, com vistas a ampliação da competitividade, podendo o edital fixar quantitativo mínimo para preservar a economia de escala.

§8º No caso de consórcios públicos, aplicar-se-á o dobro dos valores mencionados no *caput* deste artigo quando formado por até 3 (três) entes da Federação, e o triplo, quando formado por maior número.

Interessante notar que o §8º acima tratou dos limites dos valores relacionados aos **consórcios públicos** estabelecendo que os valores serão duplicados se formados por até três entes federativos e triplicados se formados por número maior, o que se justifica em virtude da pluralidade de entes partícipes.

566 CURSO DE DIREITO ADMINISTRATIVO

A simplicidade da modalidade de licitação está, em regra, relacionada com a menor possibilidade de participação e com valores menores, devendo o gestor observar os critérios fixados no artigo acima transcrito para escolha da modalidade.

Não obstante, caso o objeto a ser contratado seja enquadrado em uma modalidade mais complexa ou de valores mais altos, o gestor não poderá optar por uma modalidade mais simples ou que seja adotada para valores mais baixos, porém o inverso é permitido, desde que haja **motivação coerente** e **não seja violado o princípio da economicidade**, podendo ser utilizada modalidade mais complexa ou de maior valor ainda que a lei tenha estipulado modalidade mais simples e de menor valor.

Assim, tem-se o seguinte:

a) quando o objeto se enquadrar perfeitamente na modalidade convite, poderão motivadamente ser utilizadas as modalidades tomada de preços e concorrência; e

b) quando o objeto se enquadrar perfeitamente na modalidade tomada de preços, poderá motivadamente ser utilizada a modalidade concorrência.

Por fim, deve ser ressaltado que nos valores acima, apesar de estarem em uma lei ordinária, podem ser alterados por ato do Poder Executivo Federal, conforme do art. 120 da Lei n. 8.666/93. Eis o seu texto: "Art. 120. Os valores fixados por esta Lei poderão ser anualmente revistos pelo Poder Executivo Federal, que os fará publicar no Diário Oficial da União, observando como limite superior a variação geral dos preços do mercado, no período".

28.14.1. CONCORRÊNCIA

Trata-se da hipótese de procedimento mais completo e complexo de licitação, logo, busca-se, além da melhor proposta para a Administração Pública, segurança jurídica para os altos valores das futuras contratações.

A grande amplitude de participantes permite que os próprios interessados possam zelar pela observância das normas e garante também que diversas propostas poderão ser apresentadas, a fim de melhor resguardar a economicidade e a maior rentabilidade social da contratação.

A concorrência é modalidade obrigatória nas seguintes situações (**observada a redação dada pelo Decreto n. 9.412/18**):

a) Na forma da alínea *c* do inciso I do art. 23 da Lei n. 8.666/93, **obras e serviços de engenharia com valores acima de R$ 3.300.000,00 (três milhões e trezentos mil reais);**

b) Na forma da alínea *c* do inciso II do art. 23 da Lei em tela, **compra e serviços, exceto de engenharia, com valores acima de R$ 1.430.000,00 (um milhão, quatrocentos e trinta mil reais);**

c) Na forma do §3º do art. 23 da Lei citada, **compra ou alienação (venda) de bens imóveis qualquer que seja o valor;**

d) Na forma do inciso II do art. 2º da Lei n. 8.987/95, **concessão de serviço público;**

Ressalte-se que o art. 29 da Lei n. 9.074/95 permite a utilização da modalidade leilão nas licitações relativas à outorga de nova concessão com a finalidade de promover a transferência de serviço público prestado por pessoas jurídicas, a que se refere o art. 27 da mesma lei, incluídas, para os fins e efeitos da Lei n. 8.031, de 1990, no **Programa Nacional de Desestatização**, ainda que não haja a alienação das quotas ou ações representativas de seu controle societário. Nesta hipótese, os bens vinculados ao respectivo serviço público serão utilizados, pelo novo concessionário, mediante contrato de arrendamento a ser celebrado com o concessionário original.

e) Na forma do inciso III do art. 2º da Lei n. 8.987/95, **concessão de serviço público precedida da execução de obra pública;**

f) Na forma do art. 10 da Lei n. 11.079/2004, **contratação de parceria público-privada;**

g) Na forma do §3º do art. 23 da Lei n. 8.666/93, **concessão de direito real de uso, exceto nas hipóteses das alíneas *f, h* e *i* do inciso I do art. 17 da Lei n. 8.666/93;**

h) Na forma da alínea *b* do inciso I do §2º do art. 21 da Lei n. 8.666/93, **contato de obra sob o regime de empreitada integral;** e

A empreitada integral pode ser vista quando se contrata um empreendimento em sua integralidade, compreendendo todas as etapas das obras, serviços e instalações necessárias, sob inteira responsabilidade da contratada até a sua entrega ao contratante em condições de entrada em operação, atendidos os requisitos técnicos e legais para sua utilização em condições de segurança estrutural e operacional e com as características adequadas às finalidades para que foi contratada; e

i) Na forma do §3º do art. 23 da Lei n. 8.666/93, **nas licitações internacionais.**

Observe-se que, se a Administração Pública dispuser de cadastro internacional de fornecedores, poderá ser usada a modalidade tomada de preços e, se não houver fornecedor do bem ou serviço no país, poderá ser usada a modalidade convite.

28.14.2. Tomada de preços

O grau de complexidade do procedimento licitatório, em regra, começa a diminuir quando os valores envolvidos na futura contratação ficam menores.

A tomada de preços envolve valores mais reduzidos ou exceções legalmente previstas.

Somente os interessados cadastrados ou inscritos junto ao órgão ou à entidade até o terceiro dia anterior à data do recebimento das propostas poderão licitar nesta modalidade. O cadastro tem validade de um ano e deve conter toda a documentação referente à habilitação do interessado. Cabe recurso, no prazo de cinco dias, contra a decisão que indeferir o pedido de inscrição, alteração ou cancelamento, na forma da alínea *d* do inciso I do art. 109 da Lei n. 8.666/93, sem efeito suspensivo (§2º).

A administração poderá exigir do licitante não cadastrado apenas os documentos previstos nos arts. 27 a 31 da Lei n. 8.666/93, que comprovem habilitação compatível com o objeto da licitação, nos termos do edital (§9º).

O gestor público poderá, como já foi dito, utilizar modalidade licitatória mais complexa, desde que motivadamente, para não violar o princípio da economicidade. Assim, é válida a adoção da concorrência para um objeto contratual que poderia ter sido licitado na modalidade tomada de preços.

São hipóteses de tomada de preços (**observada a redação dada pelo Decreto n. 9.412/18**):

a)   Na forma da alínea *b* do inciso I do art. 23 da Lei n. 8.666/93, **obras e serviços de engenharia com valor até R$ 3.300.000,00 (três milhões e trezentos mil reais); e**

b)   Na forma da alínea *b* do inciso II do art. 23 da Lei n. 8.666/93, **compras e serviços, exceto de engenharia, com valor até R$ 1.430.000,00 (um milhão, quatrocentos e trinta mil reais).**

28.14.3. Convite

Consideradas as duas modalidades anteriores – a concorrência e a tomada de preços –, a modalidade licitatória **convite** é a menos complexa e envolve objetos contratuais com valores mais baixos.

Em relação à participação dos interessados em contratar com a Administração Pública, a presente modalidade é a mais restritiva, pois participarão da licitação (certame) apenas os **convidados, cadastrados ou não.**

O número mínimo de escolhidos e convidados pela unidade administrativa será, segundo o §3º do art. 22 da Lei n. 8.666/93, de 3 (três) convidados, cadastrados ou não. A Administração Pública estenderá o convite aos **demais cadastrados** na correspondente especialidade que manifestarem seu interesse com antecedência de até 24 (vinte e quatro) horas da apresentação das propostas.

Contudo, existindo na praça mais de 3 (três) possíveis interessados, a cada novo convite, realizado para objeto idêntico ou assemelhado, é obrigatório o convite a, no mínimo, mais um interessado, enquanto existirem cadastrados não convidados nas últimas licitações (§6º).

Quando, por limitações do mercado ou manifesto desinteresse dos convidados, for impossível a obtenção do número mínimo de licitantes exigidos, essas circunstâncias deverão ser devidamente justificadas no processo, sob pena de repetição do convite.

Não há **edital** nesta modalidade licitatória, bastando o envio da **carta--convite** com as condições e prazos exigidos pela Administração Pública. Não há publicação na imprensa oficial, porém a carta-convite deve **ser afixada em local visível e de acesso ao público na repartição**, conforme determina o próprio §3º do art. 22 da Lei n. 8.666/93 ao usar a expressão *"a qual afixará, em local apropriado, cópia do instrumento convocatório"*.

São hipóteses de utilização da modalidade convite (**com a redação dada pelo Decreto n. 9.412/18**):

a) Na forma da alínea *a* do inciso I do art. 23 da Lei n. 8.666/93, **para obras e serviços de engenharia de até R$ 330.000,00 (trezentos e trinta mil reais);** e

b) Na forma da alínea *a* do inciso II do art. 23 da Lei em tela, **para compras e serviços, exceto de engenharia, de até R$ 176.000,00 (cento e setenta e seis mil reais).**

Deve ser lembrado que, na forma do §1º do art. 51 da Lei n. 8.666/93, no caso de convite, a comissão de licitação, excepcionalmente, nas pequenas unidades administrativas e em face da exiguidade de pessoal disponível, poderá ser substituída por servidor formalmente designado pela autoridade competente.

28.14.4. Concurso

Inicialmente, não se deve confundir a modalidade de licitação chamada concurso com o concurso de provas ou provas e títulos estabelecido no inciso II do art. 37 da CF/88.

O **concurso público de provas ou de provas e títulos** é o procedimento objetivo e prévio à nomeação em cargos ou empregos públicos na Administração Pública direta ou indireta, tendo como objetivo resguardar o princípio constitucional da impessoalidade, tabulado no art. 37 da CF/88. Ressalte-se que o presente instituto será estudado em item próprio desta obra.

A **modalidade de licitação concurso** tem como objetivo a escolha, através da instituição de prêmios ou remuneração aos vencedores, de trabalhos técnicos, artísticos ou científicos pela Administração Pública para satisfazer as suas necessidades.

Na forma do §1º do art. 13 da Lei n. 8.666/93, ressalvados os casos de inexigibilidade de licitação, a modalidade de licitação concurso poderá ser usada para a escolha de serviços técnicos profissionais especializados.

O **julgamento** será feito por uma **comissão especial** integrada por pessoas de reputação ilibada e reconhecido conhecimento da matéria em exame, **servidores públicos ou não**, conforme dispõe o §5º do art. 51 da Lei em estudo.

O concurso, na forma do art. 52 da Lei n. 8.666/93, deve ser precedido de **regulamento próprio**, a ser obtido pelos interessados no local indicado no edital. O regulamento deverá indicar:

I – a qualificação exigida dos participantes;
II – as diretrizes e a forma de apresentação do trabalho; e
III – as condições de realização do concurso e os prêmios a serem concedidos.

Em se tratando de projeto, o vencedor deverá autorizar a Administração a executá-lo quando julgar conveniente.

Não serão usados os critérios de julgamento das demais modalidades de licitação, sendo que o regulamento próprio do concurso estabelecerá claramente os critérios de escolha.

A Administração só poderá contratar, pagar, premiar ou receber projeto ou serviço técnico especializado desde que o autor ceda os **direitos patrimoniais** a ele relativos e a Administração possa utilizá-lo de acordo com o previsto no regulamento de concurso ou no ajuste para sua elaboração, conforme o art. 111 da lei em análise.

28.14.5. Leilão

O **leilão** é a modalidade de licitação que busca, através de lances públicos e diretos de valor igual ou superior ao valor da avaliação, a seleção de proposta mais vantajosa para a **alienação de bem**.

O leilão tem finalidade diversa das outras modalidades de licitação, visto que o seu objetivo principal não é a aquisição de bens ou serviços e sim de alienação de bens que pode ser definida como toda transferência de domínio de bens a terceiros.

A possibilidade da apresentação de diversas propostas pelo mesmo interessado é também uma característica especial desta modalidade licitatória. Além disso, a habilitação prévia é, normalmente, desnecessária, fazendo-se presente a possibilidade de se exigir, através do edital, alguns documentos após a arrematação com a melhor proposta. O §1º do art. 32 da lei em estudo afirma que a documentação de que tratam os seus arts. 28 a 31 poderá ser dispensada, no todo ou em parte, nos casos de convite, concurso, fornecimento de bens para pronta entrega e **leilão**.

A possibilidade de participação é irrestrita, sendo certo que não há exigência de cadastros prévios. Contudo, a capacidade civil para a aquisição e disposição de bens é exigida, sob pena de invalidação do negócio subsequente ao leilão.

São três as hipóteses de utilização da modalidade leilão:

a)   venda de **bens inservíveis** para a Administração Pública;

b)   venda de **produtos legalmente apreendidos ou penhorados**; e

c)   alienação de **bens imóveis prevista no art. 19 da Lei n. 8.666/93**.

Os **bens inservíveis** são os que não têm mais utilidade para a Administração Pública ou não se destinam mais às suas finalidades essenciais. Os custos de manutenção desses bens no patrimônio público superam os seus benefícios.

Os **bens apreendidos** são os que foram confiscados pelo Poder Público, em virtude da utilização ou aquisição ilícita ou em virtude do não pagamento de prestações estatais compulsórias.

Os **bens penhorados** são aqueles oferecidos como garantia de mútuo em operação denominada penhor. Trata-se de operação muito comum para a obtenção de empréstimos junto a instituições financeiras estatais com a entrega de objeto de valor como garantia de adimplemento. Não se trata aqui de leilão judicial decorrente de penhora, visto que o leilão judicial será feito pelo próprio Poder Judiciário.

O art. 19 aduz que:

> Art. 19. Os bens imóveis da Administração Pública, cuja aquisição haja **derivado de procedimentos judiciais ou de dação em pagamento**, poderão ser alienados por ato da autoridade competente, observadas as seguintes regras:
> I – avaliação dos bens alienáveis;
> II – comprovação da necessidade ou utilidade da alienação; e

III – adoção do procedimento licitatório, sob a modalidade de concorrência ou leilão. (grifo)

Na forma do art. 53 da Lei n. 8.666/93, o leilão é conduzido por leiloeiro, que poderá ser escolhido entre os servidores ou pode ser um leiloeiro oficial. Assim, não existe comissão de licitação para esta modalidade.

Todo bem a ser leiloado será **previamente avaliado** pela Administração para fixação do **preço mínimo de arrematação**.

Os bens arrematados serão pagos à vista ou no percentual estabelecido no edital, não inferior a 5% (cinco por cento) e, após a assinatura da respectiva ata lavrada no local do leilão, imediatamente entregues ao arrematante, o qual se obrigará ao pagamento do restante no prazo estipulado no edital de convocação, sob pena de perder em favor da Administração o valor já recolhido.

Nos leilões internacionais, o pagamento da parcela à vista poderá ser feito em até vinte e quatro horas.

O **edital de leilão** deve ser amplamente divulgado, principalmente no município em que se realizará, sendo que não há procedimento legal estabelecido para esta modalidade. Dessa forma, o edital deve tratar de todas as suas fases.

O critério de escolha será sempre maior lance ou oferta, na forma do inciso IV do §1º do art. 45 da Lei n. 8.666/93.

Observe-se que a modalidade concorrência também é um instrumento de alienação de bens imóveis, porém deve ser utilizada quando não ocorram as hipóteses do art. 19 da Lei n. 8.666/93 acima transcrito ou quando a venda, isolada ou globalmente, for de bens móveis em quantia superior ao limite previsto na alínea *b* do inciso II do art. 23 da Lei n. 8.666/93 (**com a redação dada pelo Decreto n. 9.412/18**), qual seja, R$ 1.430.000,00 (um milhão, quatrocentos e trinta mil reais).

28.14.6. Pregão

A análise histórica da legislação brasileira demonstra que a modalidade **pregão** foi trazida ao ordenamento jurídico nacional pelo parágrafo único do art. 54 da Lei n. 9.472/97, que dispõe sobre a organização dos serviços de telecomunicações, a criação e o funcionamento de um órgão regulador e outros aspectos institucionais, tendo sido instituída juntamente com a modalidade consulta, de maneira subsidiária, para as hipóteses não relacionadas à contratação de obras e serviços de engenharia civil. Foi estabelecida, segundo a norma legal em tela, para a Agência Nacional de Telecomunicações (ANATEL).

A Medida Provisória n. 2.026, de 4-5-2000, convertida na Lei n. 10.520/2002, estendeu a possibilidade de utilização da modalidade licitatória **pregão** *à União como um todo, Administração Pública Federal direta e indireta, e a Lei n. 10.520/2002 estendeu aos Estados, Municípios e Distrito Federal.* Como já foi dito, a sua criação teve como objetivo tornar mais céleres as **aquisições de bens e serviços comuns**, cujos **padrões de desempenho e qualidade possam ser objetivamente definidos pelo edital, por meio de especificações usuais no mercado.**

A sua adoção é facultativa, porém a facultatividade está relacionada à sua utilização em detrimento das outras modalidades de licitação, não sendo possível o gestor público utilizar-se dessa discricionariedade para, sem observar os casos de dispensa de licitação do art. 24 da Lei n. 8.666/93, afastar o seu procedimento e efetuar a contratação direta. A facultatividade está prevista no art. 1º da Lei n. 10.520/2002.

Os objetivos principais da criação desta modalidade foram:

a) **acirramento da competitividade entre os licitantes;**
b) **desburocratização do procedimento;**
c) **agilidade nas contratações;** e
d) **redução de gastos com o próprio procedimento licitatório.**

OBJETIVOS	ACIRRAMENTO DA COMPETITIVIDADE ENTRE OS LICITANTES
	DESBUROCRATIZAÇÃO DO PROCEDIMENTO
	AGILIDADE NAS CONTRATAÇÕES
	REDUÇÃO DE GASTOS COM O PRÓPRIO PROCEDIMENTO LICITATÓRIO

Observe-se que não se buscou apenas a escolha da melhor proposta, buscou-se também reduzir os próprios custos do procedimento licitatório com a presente modalidade.

A possibilidade de oferecimento de lances verbais fez com que parte da doutrina o chamasse de **leilão reverso.** No leilão, vence a proposta mais alta e, no pregão, vence a proposta mais baixa, sendo este o motivo da utilização da expressão por alguns autores.

O critério de julgamento do pregão é o **menor preço**, observados os prazos máximos para fornecimento, as especificações técnicas e parâmetros mínimos de desempenho e qualidade definidos no edital, na forma do inciso X do art. 4º da Lei n. 10.520/02.

574 CURSO DE DIREITO ADMINISTRATIVO

Interessante notar que, apesar de a Lei do Pregão estabelecer a facultatividade na adoção da modalidade, o § 1º do art. 1º do Decreto n. 10.024/2019 dispõe que sua utilização, na forma eletrônica, no âmbito da Administração Pública Federal será obrigatória. *Ipsis litteris:*

> A utilização da modalidade de pregão, na forma eletrônica, pelos órgãos da administração pública federal direta, pelas autarquias, pelas fundações e pelos fundos especiais é **obrigatória**. (grifo)

Conforme o §4º do art. 1º do regulamento sobredito, admite-se, nas situações em que obrigatório o pregão, a utilização excepcional da forma presencial, exigida prévia justificativa da autoridade competente, demonstrando-se nos autos do procedimento licitatório a inviabilidade técnica ou a desvantagem para a administração na realização da forma eletrônica.

A evolução da internet e dos instrumentos de informática permite uma ampliação ainda maior da competitividade nos procedimentos licitatórios, em especial, no pregão eletrônico. A maior diferença entre o **pregão comum** e o **pregão eletrônico** é a necessidade ou não de **comparecimento do licitante**. No primeiro, o comparecimento é necessário e, no segundo, é desnecessário.

Como o critério de julgamento das propostas na modalidade pregão é o de menor preço e o §4º do art. 45 da Lei n. 8.666/93 estabelece como critério de julgamento das propostas para a contratação de bens e serviços de informática "técnica e preço", havia dúvida sobre a possibilidade de utilização desta modalidade para a contratação mencionada.

A polêmica foi resolvida pela Lei n. 11.077/04, que alterou a redação do §3º do art. 3º da Lei n. 8.248/91 e possibilitou a aquisição de bens e serviços de informática e automação, considerados como bens comuns, através da modalidade pregão.

Deve ser ressaltado que **não há limite de valores** para as aquisições de bens e serviços comuns através de pregão.

Por fim, tem-se que a lei de criação da modalidade **pregão** ressaltou, no seu art. 9º, a aplicação **subsidiária** das normas da Lei n. 8.666/93, portanto, o pregão faz parte do sistema geral de licitação.

28.14.7. Consulta

A análise histórica da legislação brasileira demonstra que a modalidade **consulta** foi trazida ao ordenamento jurídico nacional pelo parágrafo único do art. 54 da Lei n. 9.472/97, que dispõe sobre a organização dos serviços de telecomunicações, a criação e o funcionamento de um órgão regulador e outros aspectos institucionais, tendo sido instituída juntamente com a modalidade pregão, de maneira subsidiária, para as hipóteses não relacionadas à contratação de obras e serviços de engenharia civil. Foi estabelecida, segundo a norma legal em tela, para a Agência Nacional de Telecomunicações (ANATEL).

Posteriormente, o art. 37 da Lei n. 9.986/2000 apresentou a modalidade **consulta** exclusivamente para as **agências reguladoras, estendendo assim para as demais agências reguladoras além da ANATEL.** Todavia, tanto a consulta quanto o pregão não podem ser usados pelas citadas agências nas contratações referentes a obras e serviços de engenharia, cujos procedimentos deverão observar as normas gerais de licitação e contratação para a Administração Pública. A consulta não será usada pela Administração Pública direta.

A consulta não poderá ser usada para o fornecimento de bens e serviços comuns, conforme o art. 58 da Lei n. 9.472/97.

O art. 55 da Lei n. 9.472/97 previa que a consulta e o pregão seriam disciplinados pela ANATEL, porém, atualmente, o pregão não pode ser disciplinado pelas agências reguladores que se utilizam dessa modalidade de licitação, sendo a Lei n. 10.520/02 que o faz para toda a Administração Pública federal.

Quanto à consulta, a modalidade foi regulamentada pela Anatel por meio da Resolução n. 5, de 15 de janeiro de 1998 – posteriormente revogada pela Resolução n. 708, de 26 de março de 2019 –, mas seu uso é afetado por considerável insegurança jurídica, sobretudo em razão da Ação Direta de Inconstitucionalidade (ADI) n. 1668, distribuída em 9 de setembro de 1997 e julgada pelo Plenário do STF em 31 de março de 2021. Após mais de duas décadas, o Tribunal, por maioria, declarou inconstitucional a expressão "serão disciplinados pela Agência" do artigo 55 da Lei n. 9.472/1997, vencido o Min. Luís Roberto Barroso, para quem o dispositivo em comento é constitucional[45].

Ressalte-se que o conteúdo considerado inconstitucional pelo STF não é todo o dispositivo legal que trata da modalidade consulta, mas o texto que alude à regulamentação pela Anatel. Para a Corte Suprema, a regulamentação da matéria requer a edição de lei em sentido formal. Dado que a Lei Geral das Telecomunicações não comporta balizas suficientes para o emprego da referida modalidade – o que era disciplinado pela Agência Reguladora em nível normativo infralegal – e que atualmente não existe lei a tratar da matéria, o julgamento da ADI n. 1668 ensejou o esvaziamento do conteúdo jurídico dessa modalidade, cuja eficácia requer a edição de lei a regulamentar sua aplicação.

---

[45] STF, ADI 1.668/DF, rel. Min. Edson Fachin, Plenário, julgado em 1º-3-2021, *DJe* 10-3-2021.

28.15. FRACIONAMENTO DO OBJETO DA LICITAÇÃO

O **fracionamento fraudulento do objeto da licitação** é a divisão do serviço, da obra ou dos bens com o desejo de utilizar uma modalidade licitatória mais simples ou realizar a contratação direta através de dispensa de licitação.

A divisão do objeto não é vedada pela norma, visto que o inciso IV do art. 15 e o §1º do art. 23, ambos da Lei n. 8.666/93, impõem a repartição visando à economicidade. Todavia, o fracionamento fraudulento para escapar de modalidade licitatória mais complexa ou para realizar dispensa é proibido.

É o §5º do art. 23 da lei em tela que veda a utilização da modalidade "convite" ou "tomada de preços", conforme o caso, para parcelas de uma mesma obra ou serviço, ou ainda para obras e serviços da mesma natureza e no mesmo local que possam ser realizadas conjunta e concomitantemente, sempre que o somatório de seus valores caracterizar o caso de "tomada de preços" ou "concorrência", respectivamente, exceto para as parcelas de natureza específica que possam ser executadas por pessoas ou empresas de especialidade diversa daquela do executor da obra ou serviço.

Trata-se acima de vedação ao fracionamento para a utilização de modalidade mais simples de licitação.

Existe também a vedação ao fracionamento para os casos de dispensa de licitação pelo valor do objeto. São os incisos I e II do art. 24 da Lei n. 8.666/93 que impedem o parcelamento. Eis as normas:

Art. 24. É dispensável a licitação:

I – para obras e serviços de engenharia de valor até 10% (dez por cento) do limite previsto na alínea *a*, do inciso I do artigo anterior, **desde que não se refiram a parcelas de uma mesma obra ou serviço ou ainda para obras e serviços da mesma natureza e no mesmo local que possam ser realizadas conjunta e concomitantemente;**

II – para outros serviços e compras de valor até 10% (dez por cento) do limite previsto na alínea *a*, do inciso II do artigo anterior e para alienações, nos casos previstos nesta Lei, **desde que não se refiram a parcelas de um mesmo serviço, compra ou alienação de maior vulto que possa ser realizada de uma só vez;** (grifo)

Nesses casos de dispensa de licitação, o fracionamento pode ser, inclusive, enquadrado como o crime descrito no art. 337-E do Código Penal.

Por fim, tem-se que, se a Administração Pública optar por realizar contratações de maneira a fracionar o objeto, deverá:

a) comprovar a observância do princípio da economicidade; e

b) preservar a modalidade de licitação relativa ao todo que deveria ser contratado.

28.16. REGISTRO DE PREÇOS

O **sistema de registro de preços**, disciplinado pelo art. 15 da Lei n. 8.666/93, é o conjunto de procedimentos para registro formal de preços relativos à prestação de serviços e aquisição de bens, para contratações futuras, tendo como uma das finalidades oferecer à Administração Pública dados concretos dos valores dos bens e serviços, evitando-se a aquisição por valores superiores aos praticados no mercado e repetidas licitações para o mesmo objeto.

O sistema de registro de preços é um vínculo jurídico normativo, antecedido de licitação, que determina requisitos quantitativos e qualitativos para contratações futuras de compras ou serviços por órgão ou entidade da Administração.

Na forma do art. 3º do Decreto n. 7.892/13, o Sistema de Registro de Preços poderá ser adotado nas seguintes hipóteses:

I – quando, pelas características do bem ou serviço, houver necessidade de contratações frequentes;

II – quando for conveniente a aquisição de bens com previsão de entregas parceladas ou contratação de serviços remunerados por unidade de medida ou em regime de tarefa;

III – quando for conveniente a aquisição de bens ou a contratação de serviços para atendimento a mais de um órgão ou entidade, ou a programas de governo; ou

IV – quando, pela natureza do objeto, não for possível definir previamente o quantitativo a ser demandado pela Administração.

O Decreto n. 7.892/13, relativo ao sistema de registro de preços, determina que a sua licitação será na modalidade de concorrência, do tipo menor preço, ou pregão, e será precedida de ampla pesquisa de mercado. O julgamento por técnica e preço, na modalidade concorrência, poderá ser excepcionalmente adotado, a critério do órgão gerenciador e mediante despacho fundamentado da autoridade máxima do órgão ou entidade.

O registro de preços, por si só, não é uma modalidade de licitação.

Deve ser mencionado que, apesar do art. 15 da lei n. 8.666/93 relacionar o registro de preço apenas a compras, o Decreto n. 7.892/13 afirma que a sua utilização é válida tanto para a aquisição de bens quanto para a contratação de serviços.

Na licitação para registro de preços, não é necessário indicar a dotação orçamentária, que somente será exigida para a formalização do contrato ou outro instrumento hábil. Após a licitação, será elaborada uma **ata de registro de preços** que terá validade de até 12 (doze) meses, incluídas eventuais prorrogações.

O registro de preços possibilita futura e eventual contratação do escolhido, sendo que a existência de preços registrados não obriga a Administração a firmar as contratações que deles poderão advir, facultando-se a realização de licitação específica para a aquisição pretendida, sendo assegurado ao beneficiário do registro a preferência de fornecimento em igualdade de condições.

Assim, o preço e o fornecedor do produto ficam à disposição dos diversos órgãos e entidade da Administração Pública para novas contratações durante o período de validade da ata sem que seja necessária a realização de uma nova licitação, bastando que o órgão ou a entidade adira à ata.

Os preços registrados serão publicados trimestralmente para orientação da Administração, na imprensa oficial. Qualquer cidadão é parte legítima para impugnar preço constante do quadro geral em razão de incompatibilidade desse com o preço vigente no mercado.

Desde que devidamente justificada a vantagem, a **ata de registro de preços**, durante sua vigência, poderá ser utilizada por qualquer órgão ou entidade da Administração Pública da mesma esfera federativa que não tenha participado do certame licitatório, mediante anuência do órgão gerenciador.

Órgão gerenciador é órgão ou entidade responsável pela condução do conjunto de procedimentos para registro de preços e gerenciamento da ata de registro de preços dele decorrente.

Os órgãos e entidades que não participaram do registro de preços, quando desejarem fazer uso da ata de registro de preços, deverão consultar o órgão gerenciador da ata para manifestação sobre a possibilidade de adesão.

Por exemplo, considerando que hipoteticamente o INSS tenha realizado concorrência para a aquisição de veículos automotores com certas características e o procedimento de registro de preços tenha sido observado, o IBGE, a UFBA e a AGU, mesmo sem a realização de procedimento licitatório, poderão adquirir veículos do mesmo fornecedor com o mesmo preço, mediante anuência do órgão gerenciador.

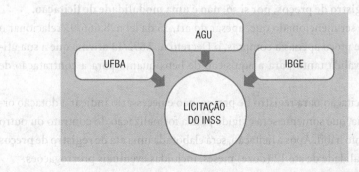

As normas sobre sistema de registro de preços são específicas, portanto os outros entes da federação podem optar pela utilização de tal procedimento ou não.

Por fim, tem-se que o sistema de registro de preços pode ser descrito como a racionalização da licitação de determinado bem ou serviço para que os demais interessados não precisem realizar nova licitação e alguns chamam-no de **licitação "carona" ou "efeito carona"**.

28.17. TIPOS DE LICITAÇÃO (LEI N. 8.666/93)

Os tipos de licitação na verdade são critérios de julgamento das propostas apresentadas, a fim de que seja escolhida a que mais atenda às necessidades da Administração Pública. Os tipos de licitação são aplicáveis, observadas as suas peculiaridades, a todas as modalidades de licitação, exceto **concurso**.

O §1º do art. 45 da Lei n. 8.666/93 estabeleceu **quatro tipos de licitação**:
 (i) menor preço;
 (ii) melhor técnica;
 (iii) técnica e preço; e
 (iv) maior lance.

Gize-se que à modalidade concurso tais tipos são inaplicáveis, pois incompatíveis com a sua finalidade de premiar ou remunerar o licitante, e que estes tipos são taxativos, portanto, não comportam ampliação no seu rol sem que haja previsão legal.

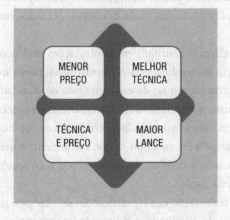

28.17.1. Menor preço

A licitação de **menor preço** tem como objetivo selecionar a proposta que contenha o menor preço, entretanto o princípio da eficiência, o princípio da economicidade na Administração Pública e o da indisponibilidade do patrimônio público impõem que sejam observados padrões mínimos de qualidade.

A aquisição de produtos de qualidade duvidosa, considerando-se apenas o seu valor nominal, pode acarretar mais custos para a Administração Pública do que a aquisição de produtos com qualidade comprovada.

Assim, o gestor público deve, no edital ou no outro ato convocatório, estabelecer **critérios mínimos de qualidade**, baseados na média ofertada pelo mercado; deve também ficar atento às tentativas de fraudar o critério de escolha através da apresentação de proposta de menor preço inexequível ou exequível mediante complementação.

Frequentemente gestores públicos justificam – ou imaginam justificar – a insatisfatória qualidade de bens adquiridos pela Administração sob o argumento de que seus processos de aquisição obedecem ao critério de menor preço e estão sujeitos, portanto, a uma restrição legal que impede o alcance da qualidade dos produtos e serviços almejados.

Essa argumentação é descabida, porque o administrador público deve trabalhar orientado permanentemente segundo a noção de interesse público, e não pode incidir no grave equívoco de considerar que a licitação trata de interesse meramente *interna corporis* do Estado, singularizado na entidade que o representa.

Não se pode considerar que o interesse da Administração – ainda que interesse público secundário, voltado ao funcionamento da estrutura estatal – seja dissociado do interesse da coletividade, como se o Poder Público fosse detentor de uma vontade própria, desvinculada da vontade geral dos verdadeiros titulares do poder.

Licitações ineficazes resultam em contratações malsucedidas que afetam não apenas o objeto pretendido pela Administração, mas a qualidade do gasto público. Por isso, conquanto no desenvolvimento de atividades de gestão, adstringe-se o administrador público à fiel observância dos preceitos legitimadores de sua competência, não se admitindo os conhecidos argumentos pautados nas restrições impostas pela lei, sabendo-se que comumente a má qualidade das licitações está associada a defeitos do instrumento convocatório, sobretudo na definição das especificações.

Portanto, na elaboração das especificações do objeto, o gestor público deve considerar critérios de qualidade, rendimento, manutenção, e todos os fatores integrantes da relação custo/benefício de determinada contratação, porquanto nem sempre o menor preço, que implicaria menor custo, é o menor preço em números absolutos.

Considerando-se essas premissas, compreende-se que na licitação do tipo menor preço a regra é a aceitação da proposta de menor preço, fator que caracteriza a vantajosidade para a Administração. No entanto, o menor preço deve ser compreendido como aquele que atenda aos mínimos parâmetros de qualidade mensurados pela Administração, e não pura e simplesmente menor preço.

Entendimento diverso levaria à desnecessidade da especificação do objeto, uma vez que apenas o critério preço seria considerado para o julgamento das propostas. Por conseguinte, o menor preço para a Administração pode corresponder a um valor nominal mais elevado, porque nele implícitos elementos de definição do objeto que garantam à Administração seu melhor aproveitamento, perfazendo-se uma relação custo/benefício mais interessante, e nisso se revela satisfação do princípio da vantajosidade.

Da observância desses fatores, pois, não pode se desviar o gestor público, porque é exatamente nesses limites que reside o mérito administrativo, em adotar a melhor solução possível, na definição do objeto, em atendimento à satisfação das necessidades motivadoras de uma licitação e à finalidade da lei. Nesse sentido, convém anotar que "o exame do rendimento e a apuração das qualidades propostas, enquanto meio de definir o melhor preço, não desnaturam a licitação"[46].

A especificação de requisitos dispostos em normas técnicas e regulamentos é medida adequada para a especificação do produto ou serviço conforme critérios objetivos de qualidade, segurança e desempenho.

Observe-se, porém, que o estabelecimento de *critérios mínimos de qualidade* não pode, em regra, implicar escolha de marcas no ato convocatório, sob pena de direcionar a licitação para a pessoa detentora daquela marca, o que fere de morte o princípio da impessoalidade[47].

Saliente-se, por fim, que, como já foi dito, o **pregão** é uma modalidade de licitação que adota o tipo *"menor preço"*[48].

---

[46] JUSTEN FILHO, Marçal. *Comentários à lei de licitações e contratos administrativos*: Lei 8.666/93. 18. ed. rev., atual. e ampl. São Paulo: Thomson Reuters Brasil, 2019. p. 1038.

[47] "§5º É vedada a realização de licitação cujo objeto inclua bens e serviços sem similaridade ou de marcas, características e especificações exclusivas, salvo nos casos em que for tecnicamente justificável, ou ainda quando o fornecimento de tais materiais e serviços for feito sob o regime de administração contratada, previsto e discriminado no ato convocatório" (art. 7º da Lei n. 8.666/93).

[48] "Art. 4º A fase externa do pregão será iniciada com a convocação dos interessados e observará as seguintes regras:

(...)

582 CURSO DE DIREITO ADMINISTRATIVO

28.17.2. Melhor técnica

A licitação de **melhor técnica** é aquela que toma como referência a qualidade técnica do objeto a ser licitado. Neste tipo, não se privilegia o preço e sim a necessidade técnica. Esse tipo de licitação será utilizado exclusivamente para serviços de natureza predominantemente intelectual.

O §1º do art. 46 da Lei n. 8.666/93 aduz que:

> Art. 46. Os tipos de licitação "melhor técnica" ou "técnica e preço" serão utilizados exclusivamente para serviços de natureza predominantemente intelectual, em especial na elaboração de projetos, cálculos, fiscalização, supervisão e gerenciamento e de engenharia consultiva em geral e, em particular, para a elaboração de estudos técnicos preliminares e projetos básicos e executivos, ressalvado o disposto no §4º do artigo anterior.
>
> *§1º Nas licitações do tipo "melhor técnica" será adotado o seguinte procedimento claramente explicitado no instrumento convocatório, o qual fixará o preço máximo que a Administração se propõe a pagar:*
>
> *I – serão abertos os envelopes contendo as propostas técnicas exclusivamente dos licitantes previamente qualificados e feita então a avaliação e classificação destas propostas de acordo com os critérios pertinentes e adequados ao objeto licitado, definidos com clareza e objetividade no instrumento convocatório e que considerem a capacitação e a experiência do proponente, a qualidade técnica da proposta, compreendendo metodologia, organização, tecnologias e recursos materiais a serem utilizados nos trabalhos, e a qualificação das equipes técnicas a serem mobilizadas para a sua execução;*
>
> *II – uma vez classificadas as propostas técnicas, proceder-se-á à abertura das propostas de preço dos licitantes que tenham atingido a valorização mínima estabelecida no instrumento convocatório e à negociação das condições propostas, com a proponente melhor classificada, com base nos orçamentos detalhados apresentados e respectivos preços unitários e tendo como referência o limite representado pela proposta de menor preço entre os licitantes que obtiveram a valorização mínima;*
>
> *III – no caso de impasse na negociação anterior, procedimento idêntico será adotado, sucessivamente, com os demais proponentes, pela ordem de classificação, até a consecução de acordo para a contratação;*
>
> *IV – as propostas de preços serão devolvidas intactas aos licitantes que não forem preliminarmente habilitados ou que não obtiverem a valorização mínima estabelecida para a proposta técnica.* (grifo)

Nota-se que, mesmo nas licitações de melhor técnica, há ponderação sobre o preço, visto que a Administração Pública fixará o preço máximo a que se dispõe a pagar.

X – para julgamento e classificação das propostas, *será adotado o critério de menor preço,* observados os prazos máximos para fornecimento, as especificações técnicas e parâmetros mínimos de desempenho e qualidade definidos no edital" (Lei n. 10.520/2002).

O critério de julgamento por melhor técnica aplica-se à licitação para a contratação de projetos e trabalhos de natureza técnica ou científica, em especial na elaboração de projetos, cálculos, fiscalização, supervisão e gerenciamento e de engenharia consultiva em geral e, em particular, para a elaboração de estudos técnicos preliminares e projetos básicos e executivos.

Esse critério de julgamento, a reger contratações peculiares, tem importância quando a Administração conhece os requisitos que pretende alcançar, mas não precisamente o seu modo, atribuindo liberdade de criação aos licitantes, para que suas propostas sejam avaliadas mediante parâmetros objetivos. Em situações dessa natureza, possibilita-se a escolha, avaliadas as propostas ofertadas à Administração, daquela que melhor realize o objeto.

Percebe-se da expressa determinação legal que o tipo melhor técnica compatibiliza-se com um reduzido espectro de licitações, haja vista a especificidade dos serviços de natureza predominantemente intelectual.

Posto que significativa quantidade dos objetos contratados tem natureza comum, o tipo largamente aplicado é o disposto no art. 45, §1º, I: "menor preço", sendo este o critério adotado na maior parte das licitações.

28.17.3. Técnica e preço

A licitação por **técnica e preço** tem como requisito clara e objetiva ponderação definida no ato convocatório entre o que existe no mercado em relação a técnica e a preço. Em similitude ao tipo de licitação de melhor técnica, o critério de técnica e preço também será utilizado exclusivamente para serviços de natureza predominantemente intelectual.

Para contratação de bens e serviços de informática, a administração adotará o tipo de licitação "técnica e preço", permitido o emprego de outro tipo de licitação nos casos indicados em decreto do Poder Executivo.

Contudo, a Lei n. 11.077/04 que alterou a redação do §3º do art. 3º da Lei n. 8.248/91 possibilitou a aquisição de bens e serviços de informática e automação, **quando considerados como bens e serviços comuns**, através da modalidade pregão, ficando estabelecido, nesses casos, com critério de julgamento o de menor preço.

O Decreto n. 7.174/2010, no §1º do seu art. 9º, também determinou o menor preço como outro critério de julgamento de propostas para a aquisição de bens e serviços de informática e automação considerados comuns quando possibilitou a utilização da modalidade pregão.

É a solução adequada à realidade fática, haja vista a significativa ampliação do mercado de tecnologia da informação e comunicação, classificam-se muitos produtos desse segmento como bens comuns, "bens de prateleira", desprovidos de características a ensejar critérios sofisticados para o julgamento em procedimento licitatório.

Assim, ficou estabelecido que a licitação do tipo técnica e preço será utilizada exclusivamente para bens e serviços de informática e automação de natureza predominantemente intelectual, justificadamente, assim considerados quando a especificação do objeto evidenciar que os bens ou serviços demandados requerem individualização ou inovação tecnológica, e possam apresentar diferentes metodologias, tecnologias e níveis de qualidade e desempenho, sendo necessário avaliar as vantagens e desvantagens de cada solução.

O §2º do art. 46 da citada lei ilustra o seu procedimento:

> Art. 46. Os tipos de licitação "melhor técnica" ou "técnica e preço" serão utilizados exclusivamente para serviços de natureza predominantemente intelectual, em especial na elaboração de projetos, cálculos, fiscalização, supervisão e gerenciamento e de engenharia consultiva em geral e, em particular, para a elaboração de estudos técnicos preliminares e projetos básicos e executivos, ressalvado o disposto no §4º do artigo anterior.
> (...)
> *§2º Nas licitações do tipo "técnica e preço" será adotado, adicionalmente ao inciso I do parágrafo anterior, o seguinte procedimento claramente explicitado no instrumento convocatório:*
> *I – será feita a avaliação e a valorização das propostas de preços, de acordo com critérios objetivos preestabelecidos no instrumento convocatório;*
> *II – a classificação dos proponentes far-se-á de acordo com a média ponderada das valorizações das propostas técnicas e de preço, de acordo com os pesos preestabelecidos no instrumento convocatório.* (grifo)

28.17.4. Maior lance

A licitação de **maior lance** é a que busca mais benefícios econômicos para a Administração Pública, em regra consiste na maior oferta em pecúnia, mas pode consistir em outras vantagens economicamente mensuráveis para o Poder Público.

28.18. PROCEDIMENTO DA LICITAÇÃO

O procedimento licitatório demonstra a **necessidade** da Administração Pública de:

a) algum produto ou serviço;

b) incentivo ou fomento a determinada área técnica, científica ou artística; ou

c) transferência de direito seu ao particular.

Para a satisfação desses propósitos, a licitação se divide em duas fases: interna e externa. Na fase interna a Administração realiza a definição do objeto, a motivação e finalidade da licitação, sua modalidade e tipo, elaboração do instrumento convocatório, análise de disponibilidade orçamentária, exame de conformidade jurídica, nomeação da comissão de licitação e autorização da autoridade competente para a deflagração do certame. A fase externa se inicia com a publicação do instrumento convocatório (viabilizando-se o conhecimento público sobre existência do procedimento) e se subdivide em dois momentos: uma primeira subfase de habilitação e propostas e; uma segunda subfase de classificação, julgamento, homologação e adjudicação.

Essa é a configuração comumente adotada para a condução do procedimento licitatório, admitindo-se variações, conforme o objeto, segmento econômico dos fornecedores ou prestadores de serviços, ou mesmo características geográficas do local da prestação. Hely Lopes Meirelles[49] assim descreve o encadeamento dos atos da licitação:

> O *procedimento* da licitação inicia-se na repartição interessada com a abertura de processo em que a autoridade competente determina sua realização, define seu objeto e indica os recursos hábeis para a despesa. Essa é a *fase interna da licitação*, à qual se segue a *fase externa*, que se desenvolve através dos seguintes atos, nesta sequência: *audiência pública*; *edital ou convite de convocação dos interessados*; *recebimento da documentação e propostas*; *habilitação dos licitantes*; *julgamento das propostas*; *adjudicação e homologação*.

Haja vista essas premissas, é indispensável a definição precisa do objeto do certame. Todavia, a necessidade apenas não é suficiente para o início da sua fase interna. É imprescindível a indicação da fonte de recurso orçamentário que irá custear o dispêndio, nos casos que houver.

Questão peculiar concerne à situação em que, embora indicada a fonte de crédito por conta de que correrão as despesas públicas, tal fonte resulte de norma inconstitucional do ente federado, havendo maior relevo quando se tratar de despesas de caráter continuado, haja vista as obrigações dispostas nos arts. 16 e 17 da Lei Complementar n. 101/2000 (Lei de Responsabilidade Fiscal), exigindo-se do ordenador de despesa, para a deflagração do procedimento licitatório, a declaração de que o aumento de despesa tem adequação orçamentária e financeira com a lei orçamentária anual e compatibilidade com o plano plurianual e com a lei de diretrizes orçamentárias.

---

[49] MEIRELLES, Hely Lopes; BURLE FILHO, José Emannuel. *Direito administrativo brasileiro*. 42. ed. São Paulo: Malheiros, 2016. p. 371.

586 CURSO DE DIREITO ADMINISTRATIVO

No exame de caso concreto, em que a licitação e posterior contrato indicava crédito orçamentário resultante de ato normativo inconstitucional, o STJ prestigiou os princípios da boa-fé e da conservação dos negócios jurídicos, apontando-se que:

> [...] Na situação tratada nesta lide, do ponto de vista orçamentário, não havia originariamente qualquer mácula na contratação, pois tanto o edital da licitação como o instrumento contratual efetivamente indicavam o crédito do orçamento [...] Eventual irregularidade orçamentária da despesa pública, assim, nasceria apenas em momento posterior à assinatura do contrato, pois, quando de sua formação, estava plenamente atendida a exigência de indicação do crédito. [...] a declaração de nulidade do contrato em razão de vício que não compromete seus elementos essenciais, mas diz respeito apenas à organização orçamentária interna da parte contratante, abandonaria, no meio da execução contratual e do período de amortização de seus investimentos, Sociedade Empresária que nenhum ilícito cometeu, mas apenas confiou no Poder Público[50].

Os autos do procedimento licitatório serão formados de acordo com o estabelecido no art. 38 da Lei n. 8.666/93, abaixo transcrito:

> Art. 38. O procedimento da licitação será iniciado com a abertura de processo administrativo, devidamente autuado, protocolado e numerado, contendo a autorização respectiva, a indicação sucinta de seu objeto e do recurso próprio para a despesa, e ao qual serão juntados oportunamente:
> I – edital ou convite e respectivos anexos, quando for o caso;
> II – comprovante das publicações do edital resumido, na forma do art. 21 desta Lei, ou da entrega do convite;
> III – ato de designação da comissão de licitação, do leiloeiro administrativo ou oficial, ou do responsável pelo convite;
> IV – original das propostas e dos documentos que as instruírem;
> V – atas, relatórios e deliberações da Comissão Julgadora;
> VI – pareceres técnicos ou jurídicos emitidos sobre a licitação, dispensa ou inexigibilidade;
> VII – atos de adjudicação do objeto da licitação e da sua homologação;
> VIII – recursos eventualmente apresentados pelos licitantes e respectivas manifestações e decisões;
> IX – despacho de anulação ou de revogação da licitação, quando for o caso, fundamentado circunstanciadamente;
> X – termo de contrato ou instrumento equivalente, conforme o caso;
> XI – outros comprovantes de publicações;
> XII – demais documentos relativos à licitação.

---

[50] STJ, AREsp 1165762/RS, rel. Min. Napoleão Nunes Maia Filho, 1ª Turma, julgado em 28-3-2019, *DJe* 4-4-2019.

Parágrafo único. As minutas de editais de licitação, bem como as dos contratos, acordos, convênios ou ajustes devem ser previamente examinadas e aprovadas por assessoria jurídica da Administração. (Redação dada pela Lei n. 8.883, de 1994)

A modalidade que apresenta procedimento relativamente diferenciado é o *pregão*, pois, em virtude da sua natureza dinâmica, as fases de apresentação, de análise das propostas e de habilitação são invertidas[51]. Ressalte-se que a modalidade concorrência, após a alteração feita na Lei n. 8.987/95 pela Lei n. 11.196/2005, também faculta tal inversão quando se tratar de concessões[52].

Para ilustrar o procedimento licitatório com todas as suas fases será utilizado o mais completo, ou seja, o relacionado à concorrência, pois poderá servir como base de análise dos procedimentos relativos às demais modalidades.

28.18.1. Fase interna

28.18.1.1. Introdução

A fase interna representa a série de atos praticados pela Administração Pública impostos pela lei antes de dar ciência à sociedade sobre o seu desejo inequívoco de contratar a prestação de determinado serviço ou a aquisição ou desfazimento de bens.

Observe-se que alguns atos públicos que servem para dar elementos para a certeza da necessidade de contratação e sobre a definição do objeto fazem parte da fase interna, por exemplo, as audiências públicas.

Apesar de ser denominada de fase interna, os atos administrativos praticados neste momento são públicos e devem ser de livre consulta e acesso ao cidadão, salvo nos casos de sigilo constitucional para preservar direitos fundamentais e a segurança do país, na forma do inciso XXXIII do art. 5º da CF/88.

---

[51] "Art. 4º A fase externa do pregão será iniciada com a convocação dos interessados e observará as seguintes regras:
XII – encerrada a etapa competitiva e ordenadas as ofertas, o pregoeiro procederá à abertura do invólucro contendo os documentos de habilitação do licitante que apresentou a melhor proposta, para verificação do atendimento das condições fixadas no edital" (Lei n. 10.520/2002).

[52] "Art. 18-A. O edital poderá prever a inversão da ordem das fases de habilitação e julgamento, hipótese em que (...).".

588 CURSO DE DIREITO ADMINISTRATIVO

28.18.1.2. Projeto básico, termo de referência e exposição de motivos

A necessidade do órgão deve ser formalmente exposta, a fim de que fique comprovada a carência de algum serviço ou bem ou que determinados bens móveis ou imóveis não são úteis ao atendimento da finalidade pública. Assim, deve ser elaborada **exposição de motivos** detalhada e fundamentada para iniciar a fase interna de qualquer licitação.

A exposição de motivos fará parte do **termo de referência** ou do **projeto básico que representam documentos elaborados a partir de estudos técnicos preliminares com elementos necessários, precisos e suficientes para caracterizar o objeto da licitação.**

O inciso IX do art. 6º da Lei n. 8.666/93 conceitua **projeto básico** da seguinte forma:

> IX – Projeto Básico – conjunto de elementos necessários e suficientes, com nível de precisão adequado, para caracterizar a obra ou serviço, ou complexo de obras ou serviços objeto da licitação, elaborado com base nas indicações dos estudos técnicos preliminares, que assegurem a viabilidade técnica e o adequado tratamento do impacto ambiental do empreendimento, e que possibilite a avaliação do custo da obra e a definição dos métodos e do prazo de execução, devendo conter os seguintes elementos:
> a) desenvolvimento da solução escolhida de forma a fornecer visão global da obra e identificar todos os seus elementos constitutivos com clareza;
> b) soluções técnicas globais e localizadas, suficientemente detalhadas, de forma a minimizar a necessidade de reformulação ou de variantes durante as fases de elaboração do projeto executivo e de realização das obras e montagem;
> c) identificação dos tipos de serviços a executar e de materiais e equipamentos a incorporar à obra, bem como suas especificações que assegurem os melhores resultados para o empreendimento, sem frustrar o caráter competitivo para a sua execução;
> d) informações que possibilitem o estudo e a dedução de métodos construtivos, instalações provisórias e condições organizacionais para a obra, sem frustrar o caráter competitivo para a sua execução;
> e) subsídios para montagem do plano de licitação e gestão da obra, compreen-dendo a sua programação, a estratégia de suprimentos, as normas de fiscalização e outros dados necessários em cada caso; e
> f) orçamento detalhado do custo global da obra, fundamentado em quantitativos de serviços e fornecimentos propriamente avaliados.

O conceito legal de projeto básico denota que esse instrumento deve ser utilizado para a licitação relacionada a serviço ou obra, portanto, por exclusão, tem-se que o termo de referência será usado para a aquisição ou o desfazimento de bens. Contudo, não há impedimento de que o termo de referência seja usado para a contratação de serviço.

28.18.1.3. Adequação orçamentária

Imediatamente após a elaboração do termo de referência ou do projeto básico, deve ser declarada a adequação orçamentária.

A CF/88 estabeleceu como princípio a responsabilidade fiscal. Eis o seu inciso II do art. 167:

> Art. 167. São vedados:
> I – o início de programas ou projetos não incluídos na lei orçamentária anual;
> II – **a realização de despesas ou a assunção de obrigações diretas que excedam os créditos orçamentários ou adicionais.** (grifo)

O inciso III do §2º do art. 7º da Lei n. 8.666/93 aduz que as obras e os serviços **somente poderão ser licitados** quando houver previsão de recursos orçamentários que assegurem o pagamento das obrigações decorrentes no exercício financeiro em curso, de acordo com o respectivo cronograma.

Ora, não somente a contratação, mas a **própria licitação depende de previsão de recursos orçamentários** consignados na Lei Orçamentária Anual (LOA), sendo que tal previsão somente se concretiza com a entrada em vigor da citada norma. O surgimento dos recursos orçamentários deve ser anterior ao início do procedimento licitatório, jamais poderá ser concomitante, visto que a inexistência da fonte dos citados recursos no momento da assinatura do Pedido de Aquisição caracteriza a abertura de licitação com expectativa de crédito, fato que viola frontalmente o disposto na Lei de Licitação e Contratos.

Logo, as despesas para execução do objeto devem corresponder a ação orçamentária específica discriminada na Lei Orçamentária Anual, não se admitindo a indicação em dotação geral, do tipo "guarda-chuva". Por conseguinte, **não é juridicamente possível iniciar procedimento licitatório sem a devida dotação orçamentária.** Ademais, quando a execução de obras e serviços transcender um exercício financeiro, a indicação da despesa deve constar do Plano Plurianual. Nesse sentido é a jurisprudência do TCU, reafirmado em recente acórdão:

> Licitações para obras e serviços cuja execução ultrapasse um exercício financeiro somente podem ser realizadas quando, cumulativamente, houver previsão de recursos orçamentários que assegurem o pagamento das obrigações decorrentes no exercício financeiro da licitação e o produto da obra estiver contemplado nas metas estabelecidas no Plano Plurianual[53].

Observe-se que os administradores públicos, não raro, recorrem à alegação de que a licitação deve ser iniciada mesmo sem a **prévia dotação orçamentária,** sob os seguintes argumentos:

---

[53] TCU, RA, Acórdão 1367/2021, rel. Min. Aroldo Cedraz, Plenário, julgado em 9-6-2021.

590 CURSO DE DIREITO ADMINISTRATIVO

a) já existe dotação no projeto de lei orçamentária anual; e

b) o princípio constitucional da eficiência deve ser observado.

O **princípio da legalidade**, no Brasil, significa que a Administração Pública somente pode fazer o que a lei manda, ao contrário dos particulares, que podem fazer tudo que a lei não proíbe. Logo, mesmo buscando a máxima eficiência, a Administração Pública somente pode proceder da forma previamente autorizada pela lei.

Portanto, o **princípio da eficiência** nunca terá mais força que o princípio da legalidade e, havendo conflito entre esses princípios, do exercício de ponderação de valores resultará a maximização do vetor da legalidade, sobrepondo-se ao princípio da eficiência de modo a afastar sua incidência. No Estado de Direito, a invocação do princípio da eficiência não pode prevalecer quando em conflito com o princípio da legalidade, pois não há razões de eficiência em justaposição aos limites da lei.

A previsão orçamentária exigida para a licitação não pressupõe a **disponibilidade financeira**, conforme a jurisprudência do STJ, retratada na seguinte ementa:

> ADMINISTRATIVO. RECURSO ESPECIAL. LICITAÇÃO. OBRA PÚBLICA. ART. 7º, §2º, INCISO III, DA LEI Nº 8.666/93. EXIGÊNCIA DE PREVISÃO DE RECURSOS ORÇAMENTÁRIOS.
>
> [...] Trata-se de discussão acerca da interpretação do disposto no art. 7º, §2º, inciso III, da Lei n. 8.666/93: se há a exigência efetiva da disponibilidade dos recursos nos cofres públicos ou apenas a necessidade da previsão dos recursos orçamentários.
>
> [...] A Lei n. 8.666/93 exige para a realização da licitação a existência de "previsão de recursos orçamentários que assegurem o pagamento das obrigações decorrentes de obras ou serviços a serem executadas no exercício financeiro em curso, de acordo com o respectivo cronograma", ou seja, **a lei não exige a disponibilidade financeira (fato da administração ter o recurso disponível ou liberado), mas, tão somente, que haja previsão destes recursos na lei orçamentária**[54].

O orçamento público apresenta uma previsão ou expectativa de receitas que pode se concretizar ou não. Consequentemente, a mera existência de dotação orçamentária não significa que os recursos correspondentes estão necessariamente disponíveis. Contudo, conforme a jurisprudência acima, basta a dotação orçamentária para autorizar a abertura de procedimento licitatório.

---

[54] STJ, REsp 1141021/SP, rel. Min. Mauro Campbell Marques, 2ª Turma, julgado em 21-8-2012, *DJe* 30-8-2012.

Por fim, deve ser lembrado que, no caso de **registro de preços** sem contratação imediata, pode ser dispensada a indicação da dotação orçamentária. Contudo, se for efetivada futura contratação não se dispensará a indicação.

28.18.1.4. Cotação no mercado

A Administração Pública deve sempre ter noção de qual é o **valor de mercado do serviço ou do bem** que será objeto da licitação. Dessa forma, a cotação do valor no mercado é indispensável para que o princípio da economicidade seja preservado e para que sejam fixados preços de referência.

Preços máximos e preços mínimos devem ser fixados pela administração em todos os tipos de licitação e também nos casos de dispensa de licitação.

O art. 40 da Lei n. 8.666/93 é claro ao demonstrar, no seu inciso X, a necessidade de fixação.

28.18.1.5. Designação da comissão de licitação

A realização dos atos mais importantes do procedimento licitatório é atribuição de uma comissão constituída pela autoridade máxima do órgão ou da entidade. A autoridade máxima é responsável pela elaboração do edital e pela ratificação da exposição de motivos para a contratação, mas não teria como conduzir todas a licitações da sua repartição.

As comissões podem ser **permanentes** ou **especiais**, tendo como atribuições receber, examinar e julgar todos os documentos e procedimentos relativos às licitações e ao cadastramento dos licitantes, observando o que está determinado em lei e no edital do certame, conforme dispõe o inciso XVI do art. 6º da Lei n. 8.666/93.

As **comissões permanentes** são as que normalmente funcionam em todas as licitações do órgão. Contudo, os seus integrantes podem figurar somente por, no máximo, um ano. As **comissões especiais** são criadas para funcionar em uma ou algumas licitações específicas do órgão.

Não podem participar como membros de comissão aqueles que tenham qualquer vínculo de natureza técnica, comercial, econômica, financeira ou trabalhista com o licitante ou responsável pelos serviços, fornecimentos e obras, incluindo-se os fornecimentos de bens e serviços a estes necessários, de acordo com o §4º do art. 9º da Lei em estudo.

A comissão, normalmente, será composta, na forma do art. 51 da Lei n. 8.666/93, por, no mínimo, 3 (três) membros, sendo, ao menos, 2 (dois) deles servidores qualificados pertencentes aos quadros permanentes dos órgãos da Administração Pública responsáveis pela licitação.

592 CURSO DE DIREITO ADMINISTRATIVO

Como já foi dito, no caso de **convite**, a comissão, nas pequenas unidades administrativas e excepcionalmente, poderá ser substituída por servidor formalmente designado pela autoridade competente.

A **investidura** dos membros das **comissões permanentes** não excederá a 1 (um) ano, vedada a recondução da totalidade de seus membros para a mesma comissão no período subsequente.

A Comissão para julgamento dos pedidos de inscrição em registro cadastral, sua alteração ou cancelamento, será integrada por profissionais legalmente habilitados no caso de obras, serviços ou aquisição de equipamentos.

Os membros das comissões de licitação responderão **solidariamente** por todos os atos praticados pela Comissão, salvo se posição individual divergente estiver devidamente fundamentada e registrada em ata lavrada na reunião em que tiver sido tomada a decisão.

Como já foi dito, no caso de **concurso**, o julgamento será feito por uma comissão especial integrada por pessoas de reputação ilibada e reconhecido conhecimento da matéria em exame, servidores públicos ou não. No caso de **leilão**, não há designação de comissão.

A modalidade **pregão** não tem o seu procedimento conduzido por comissão, pois, conforme o inciso IV do art. 3º da Lei n. 10.520/02, a autoridade competente designará, dentre os servidores do órgão ou entidade promotora da licitação, o pregoeiro e respectiva equipe de apoio, cuja atribuição inclui, dentre outras, o recebimento das propostas e lances, a análise de sua aceitabilidade e sua classificação, bem como a habilitação e a adjudicação do objeto do certame ao licitante vencedor.

A equipe de apoio deverá ser integrada em sua maioria por servidores ocupantes de cargo efetivo ou emprego da administração, preferencialmente pertencentes ao quadro permanente do órgão ou entidade promotora do evento.

No âmbito do Ministério da Defesa, as funções de pregoeiro e de membro da equipe de apoio poderão ser desempenhadas por militares.

28.18.1.6. Vedações relacionadas a pessoas e ao objeto da licitação

O art. 9º da Lei n. 8.666/93 estabelece as pessoas que estão impossibilitadas de participar do procedimento licitatório. Eis o seu texto:

Art. 9º Não poderá participar, direta ou indiretamente, da licitação ou da execução de obra ou serviço e do fornecimento de bens a eles necessários:
I – o autor do projeto, básico ou executivo, pessoa física ou jurídica;
II – empresa, isoladamente ou em consórcio, responsável pela elaboração do projeto básico ou executivo ou da qual o autor do projeto seja dirigente, geren-

te, acionista ou detentor de mais de 5% (cinco por cento) do capital com direito a voto ou controlador, responsável técnico ou subcontratado; e
III – servidor ou dirigente de órgão ou entidade contratante ou responsável pela licitação.

VEDADA A PARTICIPAÇÃO DIRETA OU INDIRETA	Autor do projeto básico ou executivo
	Empresa, isoladamente ou em consórcio, responsável pela elaboração do projeto básico ou executivo ou da qual o autor do projeto seja dirigente, gerente, acionista ou detentor de mais de 5% (cinco por cento) do capital com direito a voto ou controlador, responsável técnico ou subcontratado
	Servidor ou dirigente de órgão ou entidade contratante ou responsável pela licitação

Ressalte-se, porém, que é permitida a participação do autor do projeto ou da empresa a que se refere o inciso II acima, na licitação de obra ou serviço, ou na execução, como consultor ou técnico, nas funções de fiscalização, supervisão ou gerenciamento, exclusivamente a serviço da Administração interessada e que o disposto no art. 9º não impede a licitação ou contratação de obra ou serviço que inclua a elaboração de projeto executivo como encargo do contratado ou pelo preço previamente fixado pela Administração.

Considera-se participação indireta, portanto vedada, a existência de qualquer vínculo de natureza técnica, comercial, econômica, financeira ou trabalhista entre o autor do projeto, pessoa física ou jurídica, e o licitante ou responsável pelos serviços, fornecimentos e obras, incluindo-se os fornecimentos de bens e serviços a estes necessários.

Por fim, tem-se que não podem participar do procedimento licitatório aqueles que, na forma do inciso III do art. 87 da Lei em estudo, tenham sido sancionados com a **suspensão temporária** de participação em licitação e impedimento de contratar com a Administração, por prazo não superior a 2 (dois) anos ou que, na forma do inciso IV do mesmo artigo, tenham sido apenados com **declaração de inidoneidade** para licitar ou contratar com a Administração Pública enquanto perdurarem os motivos determinantes da punição ou até que seja promovida a reabilitação perante a própria autoridade que aplicou a penalidade, que será concedida sempre que o contratado ressarcir a Administração pelos prejuízos resultantes e após decorrido o prazo da sanção aplicada com base no inciso anterior.

Em relação ao **objeto** da licitação, extrai-se das normas de Direito Civil que a validade do negócio jurídico está condicionada aos seguintes requisitos, consoante o art. 104, II, do CC/2002: a) lícito; b) possível; e c) determinado ou determinável.

PRESSUPOSTOS DE VALIDADE DO NEGÓCIO JURÍDICO QUANTO AO OBJETO

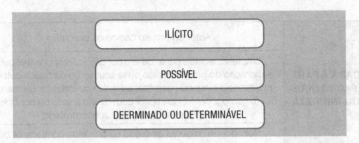

Além dessas normas gerais, a Lei n. 8.666/93 estabelece vedações no seu art. 7º. São elas:

a) É vedado incluir no objeto da licitação a **obtenção de recursos financeiros para sua execução**, qualquer que seja a sua origem, exceto nos casos de empreendimentos executados e explorados sob o regime de concessão, nos termos da legislação específica (§3º);
b) É vedada, ainda, a inclusão, no objeto da licitação, de fornecimento de materiais e serviços **sem previsão de quantidades ou cujos quantitativos não correspondam às previsões reais do projeto básico ou executivo**; e
c) É vedada a realização de licitação cujo objeto inclua bens e serviços **sem similaridade ou de marcas**, características e especificações exclusivas, salvo nos casos em que for tecnicamente justificável, ou ainda quando o fornecimento de tais materiais e serviços for feito sob o regime de administração contratada, previsto e discriminado no ato convocatório.

A infringência às vedações acima implica nulidade dos atos ou contratos realizados e a responsabilidade de quem lhes tenha dado causa (§6º).

28.18.1.7. Elaboração de edital e instrumento convocatório substitutivo

A publicação do edital é o ato inaugural da fase externa da licitação. É por meio do edital que a "Administração leva ao conhecimento público a abertura de licitação, fixa as condições de sua realização e convoca os interessados para a apresentação de suas propostas. Como lei interna da licitação, vincula inteiramente a Administração e os proponentes"[55].

---

[55] MEIRELLES, Hely Lopes; BURLE FILHO, José Emannuel. *Direito administrativo brasileiro*. 42. ed. São Paulo: Malheiros, 2016. p. 339.

O **princípio da vinculação ao instrumento convocatório** exige absoluta clareza e objetividade do edital ou do substitutivo, a fim de que os interessados possam elaborar as suas propostas.

Na forma do *caput* do art. 40 da Lei n. 8.666/93, conterá, no preâmbulo, o número de ordem em série anual, o nome da repartição interessada e de seu setor, a modalidade, o regime de execução e o tipo da licitação, a menção de que será regida pela Lei citada, o local, dia e hora para recebimento da documentação e proposta, bem como para início da abertura dos envelopes.

Deverá indicar, na forma dos incisos do art. 40 em tela, o seguinte:

a) o **objeto** da licitação, em descrição sucinta e clara;

b) o **prazo e condições para assinatura do contrato** ou retirada dos instrumentos, como previsto no art. 64 da Lei 8.666/93, para execução do contrato e para entrega do objeto da licitação;

c) as **sanções** para o caso de inadimplemento;

d) o **local** onde poderá ser examinado e adquirido o projeto básico;

e) se há **projeto executivo** disponível na data da publicação do edital de licitação e o local onde possa ser examinado e adquirido;

f) as **condições** para participação na licitação, em conformidade com os arts. 27 a 31 da Lei n. 8.666/93, e forma de apresentação das propostas;

g) o **critério para julgamento**, com disposições claras e parâmetros objetivos;

h) os **locais, horários e códigos de acesso** dos meios de comunicação à distância em que serão fornecidos elementos, informações e esclarecimentos relativos à licitação e às condições para atendimento das obrigações necessárias ao cumprimento de seu objeto;

i) as **condições equivalentes** de pagamento entre empresas brasileiras e estrangeiras, no caso de licitações internacionais;

j) o **critério de aceitabilidade dos preços unitário e global**, conforme o caso, permitida a fixação de preços máximos e vedados a fixação de preços mínimos, critérios estatísticos ou faixas de variação em relação a preços de referência, ressalvado o disposto nos §§1º e 2º do art. 48 da Lei n. 8.666/93;

k) o **critério de reajuste**, que deverá retratar a variação efetiva do custo de produção, admitida a adoção de índices específicos ou setoriais, desde a data prevista para apresentação da proposta, ou do orçamento a que essa proposta se referir, até a data do adimplemento de cada parcela;

596 CURSO DE DIREITO ADMINISTRATIVO

l) os **limites para pagamento de instalação e mobilização** para execução de obras ou serviços que serão obrigatoriamente previstos em separado das demais parcelas, etapas ou tarefas;

m) as **condições de pagamento**, prevendo:

m. 1) prazo de pagamento não superior a trinta dias, contado a partir da data final do período de adimplemento de cada parcela;

m. 2) cronograma de desembolso máximo por período, em conformidade com a disponibilidade de recursos financeiros;

m. 3) critério de atualização financeira dos valores a serem pagos, desde a data final do período de adimplemento de cada parcela até a data do efetivo pagamento;

m. 4) compensações financeiras e penalizações, por eventuais atrasos, e descontos, por eventuais antecipações de pagamentos;

m. 5) exigência de seguros, quando for o caso;

n) as **instruções e normas para os recursos** previstos na Lei n. 8.666/93;

o) as **condições de recebimento do objeto da licitação**; e

p) as outras **indicações específicas ou peculiares** da licitação.

Constituem anexos do edital, dele fazendo parte integrante:

I – o **projeto básico e/ou executivo**, com todas as suas partes, desenhos, especificações e outros complementos;

II – o **orçamento estimado** em planilhas de quantitativos e preços unitários;

III – a **minuta do contrato** a ser firmado entre a Administração e o licitante vencedor;

IV – as **especificações complementares e as normas de execução** pertinentes à licitação.

ANEXOS	– projeto básico e/ou executivo
	– orçamento estimado
	– minuta do contrato
	– especificações complementares e as normas de execução

Na modalidade **convite**, como já foi dito, o instrumento convocatório dos potenciais licitantes é a carta-convite, que nada mais é do que uma versão simplificada de edital. A sua simplicidade fica ilustrada, inclusive, pela possibilidade da Comissão de Licitação ser substituída por servidor formalmente designado pela autoridade competente (art. 51, §1º, da Lei n. 8.666/93).

Saliente-se que o rol de requisitos do edital estabelecido no artigo acima mencionado **não é taxativo**, podendo a Administração Pública inserir novos itens, de maneira a satisfazer do melhor modo possível os propósitos de completude e clareza das informações relacionadas ao certame e ao objeto colimado pela Administração.

A organização do edital e seus anexos deve atender ao princípio da proporcionalidade, evitando-se exageros que provoquem desnecessária hipertrofia dos autos com informações impertinentes. De outra face, não se pode aceitar instrumento cujo conteúdo seja insuficiente para a compreensão da licitação, do objeto e obrigações por serem pactuadas.

O **concurso**, como já foi mencionado, deve ser precedido de regulamento próprio, a ser obtido pelos interessados no local indicado no edital, sendo que são elementos do regulamento:

(i) a qualificação exigida dos participantes;

(ii) as diretrizes e a forma de apresentação do trabalho; e

(iii) as condições de realização do concurso e os prêmios a serem concedidos.

A elaboração do edital ou do instrumento convocatório substitutivo pelo órgão interessado é uma das etapas da fase interna do procedimento licitatório, sendo que a fase externa é iniciada com a sua publicização através os meios de divulgação legalmente exigidos.

28.18.1.8. Audiência pública

A **audiência pública** estabelecida no art. 39 da Lei n. 8.666/93 é um claro instrumento de efetivação do princípio da publicidade estabelecido no *caput* do art. 37 da CF/88. Outrossim, a audiência pública é meio de participação e controle social das atividades da Administração Pública.

Ouvem-se os interessados para, com os debates ocorridos, melhor realizar o certame, mas a Administração Pública não se vincula às argumentações ou conclusões dos presentes, podendo adotar ou não as suas sugestões.

Sempre que o valor estimado para uma licitação ou para um conjunto de licitações simultâneas ou sucessivas for superior a 100 (cem) vezes o limite previsto no art. 23, I, *c*, da Lei de Licitação e Contratos Administrativos será exigida audiência pública, ou seja, será exigida quando o valor for superior a R$ 330.000.000,00 (trezentos e trinta milhões de reais).

Nesses casos, o procedimento licitatório será iniciado, obrigatoriamente, com uma audiência pública concedida pela autoridade responsável com antecedência mínima de quinze dias úteis da data prevista para a publicação do edital, e divulgada, com a antecedência mínima de dez dias úteis de sua realização, pelos mesmos meios previstos para a publicidade da licitação, à qual terão acesso e direito a todas as informações pertinentes e a se manifestar todos os interessados.

Observe-se que se consideram **licitações simultâneas** aquelas com objetos similares e com realização prevista para intervalos não superiores a trinta dias e licitações sucessivas aquelas em que, também com objetos similares, o edital subsequente tenha uma data anterior a cento e vinte dias após o término do contrato resultante da licitação antecedente.

28.18.1.9. Parecer jurídico

Como já foi dito no item sobre os atos administrativos, os **pareceres** são manifestações fundamentadas em determinada técnica sobre assuntos levados à consideração de emissor que detenha o conhecimento específico, possibilitando a futura deliberação de terceiro (consulente) com dados mais aprofundados sobre o tema.

Os pareceres podem ser de emissão **obrigatória** ou **facultativa**. No primeiro caso, a lei exige a submissão do assunto ao detentor do conhecimento técnico. No segundo caso, fica a critério do agente público que está investido na competência decisória submeter ou não submeter o assunto, porém uma vez submetido o emissor tem o dever de confeccionar a peça. Os de emissão facultativa, normalmente, não são listados em lei.

Os de emissão obrigatória poderão ser **vinculantes** ou não **vinculantes**. Os primeiros afastam a liberdade decisória da autoridade consulente. Os segundos, apesar da submissão ao detentor do conhecimento técnico ser imperativa, não têm o condão de limitar a futura decisão da autoridade.

O parecer descrito no parágrafo único do art. 38 da Lei n. 8.666/93 é um exemplo de parecer **obrigatório** e **não vinculante**. Eis a norma: "As minutas de editais de licitação, bem como as dos contratos, acordos, convênios ou ajustes devem ser previamente examinadas e aprovadas por assessoria jurídica da Administração".

A norma jurídica acima não apresenta qualquer exceção, portanto **todas a minutas, contratos, acordos, convênios ou ajustes devem passar pelo crivo do órgão jurídico** que presta assessoria e consultoria aos órgãos interessados em celebrar os instrumentos em questão ou em realizar procedimento licitatório. Contudo, não existe vinculação ao parecer emitido, podendo a autoridade consulente, de maneira fundamentada, adotar posição diferente.

28.18.2. Fase externa

A fase externa foi resumidamente descrita no art. 43 da Lei n. 8.666/93. Eis o seu conteúdo:

Art. 43. A licitação será processada e julgada com observância dos seguintes procedimentos:

I – abertura dos envelopes contendo a documentação relativa à **habilitação** dos concorrentes, e sua apreciação;

II – devolução dos envelopes fechados aos concorrentes inabilitados, contendo as respectivas propostas, desde que não tenha havido recurso ou após sua denegação;

III – abertura dos envelopes contendo as propostas dos concorrentes habilitados, desde que transcorrido o prazo sem interposição de recurso, ou tenha havido desistência expressa, ou após o julgamento dos recursos interpostos;

IV – verificação da conformidade de cada proposta com os requisitos do edital e, conforme o caso, com os preços correntes no mercado ou fixados por órgão oficial competente, ou ainda com os constantes do sistema de registro de preços, os quais deverão ser devidamente registrados na ata de julgamento, promovendo-se a desclassificação das propostas desconformes ou incompatíveis;

V – **julgamento e classificação** das propostas de acordo com os critérios de avaliação constantes do edital; e

VI – deliberação da autoridade competente quanto à **homologação** e **adjudicação** do objeto da licitação.

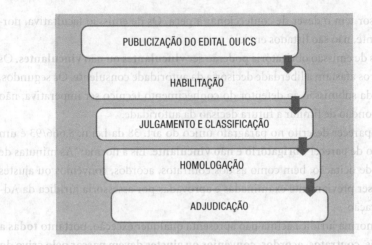

28.18.2.1. Publicização do edital ou do instrumento convocatório substitutivo (ICS)

Apesar de todos os atos da fase interna do procedimento licitatório serem, salvo imperativos de sigilo constitucional ou legalmente previstos, passíveis de consulta pelos interessados, somente com a publicização do edital terá início a fase externa.

Não se exige que o edital seja publicado na integralidade, podendo, na forma do art. 21 da Lei n. 8.666/93, ser publicado resumo do edital. Eis a norma:

> Art. 21. Os avisos contendo os **resumos** dos editais das **concorrências, das tomadas de preços, dos concursos e dos leilões**, embora realizados no local da repartição interessada, deverão ser publicados com antecedência, no mínimo, por uma vez:
> I – no **Diário Oficial da União**, quando se tratar de licitação feita por órgão ou entidade da Administração Pública Federal e, ainda, quando se tratar de obras financiadas parcial ou totalmente com recursos federais ou garantidas por instituições federais;
> II – no **Diário Oficial do Estado**, ou do Distrito Federal quando se tratar, respectivamente, de licitação feita por órgão ou entidade da Administração Pública Estadual ou Municipal, ou do Distrito Federal;
> III – em **jornal diário de grande circulação** no Estado e também, se houver, em jornal de circulação no Município ou na região onde será realizada a obra, prestado o serviço, fornecido, alienado ou alugado o bem, podendo ainda a Administração, conforme o vulto da licitação, utilizar-se de outros meios de divulgação para ampliar a área de competição.
> §1º O aviso publicado conterá a indicação do local em que os interessados poderão ler e obter o texto integral do edital e todas as informações sobre a licitação.

	DIÁRIO OFICIAL DA UNIÃO
RESUMO	DIÁRIO OFICIAL DO ESTADO
	JORNAL DIÁRIO DE GRANDE CIRCULAÇÃO

A publicação ou publicização do resumo não exime a Administração Pública de facultar acesso ao texto integral e a todas as informações sobre a licitação. Ressalte-se que a compra do edital não pode ser condição para o interessado participar do certame, devendo o órgão interessado cobrar apenas os valores relativos à sua impressão. O inciso II do art. 5º da Lei que trata da modalidade pregão deixa bem clara a impossibilidade de cobrança como condição de participação.

Em relação ao pregão, a sua fase externa, na forma do *caput* do art. 4º da Lei n. 10.520/02, será iniciada com a convocação dos interessados que será efetuada por meio de publicação de aviso em diário oficial do respectivo ente federado ou, não existindo, em jornal de circulação local, e facultativamente, por meios eletrônicos e conforme o vulto da licitação, em jornal de grande circulação, conforme regulamento.

A regra é a inalterabilidade do edital ou ICS, porém, quando for extremamente necessária e devidamente justificada, qualquer modificação no edital exigirá divulgação pela mesma forma que se deu o texto original, reabrindo-se o prazo inicialmente estabelecido, exceto quando, inquestionavelmente, a alteração não afetar a formulação das propostas.

O edital é a norma regente do procedimento licitatório. Contudo, não é inquestionável, podendo qualquer interessado apresentar impugnação, conforme o texto do art. 41 da Lei n. 8.666/93. Eis o texto:

> Art. 41. A Administração não pode descumprir as normas e condições do edital, ao qual se acha estritamente vinculada.
>
> **§1º Qualquer cidadão é parte legítima para impugnar edital de licitação por irregularidade na aplicação desta Lei, devendo protocolar o pedido até 5 (cinco) dias úteis antes da data fixada para a abertura dos envelopes de habilitação, devendo a Administração julgar e responder à impugnação em até 3 (três) dias úteis, sem prejuízo da faculdade prevista no §1º do art. 113.**
>
> §2º Decairá do direito de impugnar os termos do edital de licitação perante a administração o licitante que não o fizer até o segundo dia útil que anteceder a abertura dos envelopes de habilitação em concorrência, a abertura dos envelopes com as propostas em convite, tomada de preços ou concurso, ou a realização de leilão, as falhas ou irregularidades que viciariam esse edital, hipótese em que tal comunicação não terá efeito de recurso.

602 CURSO DE DIREITO ADMINISTRATIVO

§3º A impugnação feita tempestivamente pelo licitante não o impedirá de participar do processo licitatório até o trânsito em julgado da decisão a ela pertinente.

§4º A inabilitação do licitante importa preclusão do seu direito de participar das fases subsequentes. (grifo nosso)

A lei estabelece um prazo mínimo entre a publicação do instrumento convocatório e a abertura dos envelopes de documentação e propostas. O prazo deve ser observado pela Administração Pública sob pena de invalidação dos atos do procedimento licitatório.

Trata-se, por óbvio, de prazo mínimo, podendo a Administração Pública conceder prazo maior do que os estabelecidos em lei.

Na forma do §2º do art. 21 da Lei n. 8.666/93 e do inciso V do art. 4º da Lei n. 10.520/02, há prazos diversos para algumas modalidades licitatórias.

O prazo mínimo até o recebimento das propostas ou da realização do evento será:

a)   para CONCORRÊNCIA:

– de 45 (quarenta e cinco) dias quando o contrato a ser celebrado contemplar o regime de empreitada integral ou quando a licitação for do tipo "melhor técnica" ou "técnica e preço";

– de 30 (trinta) dias quando a licitação for de menor preço ou maior lance.

b)   para TOMADA DE PREÇOS:

– de 30 (trinta) dias quando a licitação for do tipo "melhor técnica" ou "técnica e preço";

– de 15 (quinze) dias quando a licitação for de menor preço ou maior lance.

c)   para CONVITE:

– de 5 (cinco) dias **úteis** em todos os tipos.

d)   para CONCURSO:

– de 45 (quarenta e cinco) dias.

e)   para LEILÃO:

– de 15 (quinze) dias.

f)   para PREGÃO:

– de 8 (oito) dias **úteis**.

A lei sempre deixará claro quando a contagem for em dias úteis, quando não houver menção expressa, a contagem será feita em dias corridos. Além disso, conforme o art. 110 da Lei n. 8.666/93, excluir-se-á o dia do início e incluir-se-á o do vencimento, e considerar-se-ão os dias consecutivos, exceto quando for explicitamente disposto em contrário. Só se iniciam e vencem os prazos referidos neste artigo em dia de expediente no órgão ou na entidade.

28.18.2.2. Habilitação

A habilitação compreende o ato administrativo destinado a determinar se a pessoa interessada em contratar com a Administração reúne os pressupostos exigíveis para licitar, mediante a entrega de documentos por serem submetidos ao exame e decisão da comissão de licitação.

A entrega da documentação do licitante, conforme estabelecido na lei, edital, carta-convite ou instrumento convocatório substitutivo, não precisa ocorrer pessoalmente, salvo na modalidade pregão presencial.

Pode ser enviado um representante, porém não pode ser o mesmo para mais de um interessado, sob pena de ficar caracterizado o acordo prévio de propostas ou conflito de interesses.

Os **documentos** são, basicamente, os relativos à capacidade jurídica, à capacidade técnica, à idoneidade financeira e à regularidade fiscal e trabalhista indispensáveis à habilitação do licitante.

A documentação é apresentada juntamente com a proposta em envelopes distintos, conforme pode ser extraído de diversas normas da Lei n. 8.666/93.

A proposta é a oferta feita pelo licitante para a execução do objeto licitado, indicando o seu modo de realização e preço.

A depender do tipo de licitação, serão necessários três envelopes. Caso seja menor preço ou melhor técnica, basta a apresentação de dois envelopes:

a)   um contendo a documentação para habilitação; e
b)   outro contendo a proposta.

Todavia, se o tipo for de técnica e preço, serão três envelopes:

a)   um contendo a documentação para habilitação;
b)   um contendo a proposta relacionada ao preço; e
c)   outro contendo a proposta relacionada à técnica.

Tudo deve ser devidamente estabelecido no instrumento convocatório.

A **habilitação** consiste na análise dos documentos apresentados pelo licitante para comprovar o cumprimento dos requisitos do edital, ou instrumento convocatório substitutivo, e da lei. Observe-se que na modalidade convite a fase da habilitação é substituída pelo juízo da autoridade de que os três licitantes convidados preenchem os requisitos legais.

O art. 27 da Lei n. 8.666/93 estabelece que a habilitação compreenderá, exclusivamente, a documentação relativa:

a) à habilitação jurídica. *Vide* exigências da Lei n. 8.666/93:

Art. 28. A documentação relativa à habilitação jurídica, conforme o caso, consistirá em:

I – cédula de identidade;

II – registro comercial, no caso de empresa individual;

III – ato constitutivo, estatuto ou contrato social em vigor, devidamente registrado, em se tratando de sociedades comerciais, e, no caso de sociedades por ações, acompanhado de documentos de eleição de seus administradores;

IV – inscrição do ato constitutivo, no caso de sociedades civis, acompanhada de prova de diretoria em exercício;

V – decreto de autorização, em se tratando de empresa ou sociedade estrangeira em funcionamento no país, e ato de registro ou autorização para funcionamento expedido pelo órgão competente, quando a atividade assim o exigir.

b) à qualificação técnica. *Vide* exigências da Lei n. 8.666/93:

Art. 30. A documentação relativa à qualificação técnica limitar-se-á a:

I – registro ou inscrição na entidade profissional competente;

II – comprovação de aptidão para desempenho de atividade pertinente e compatível em características, quantidades e prazos com o objeto da licitação, e indicação das instalações e do aparelhamento e do pessoal técnico adequados e disponíveis para a realização do objeto da licitação, bem como da qualificação de cada um dos membros da equipe técnica que se responsabilizará pelos trabalhos;

III – comprovação, fornecida pelo órgão licitante, de que recebeu os documentos, e, quando exigido, de que tomou conhecimento de todas as informações e das condições locais para o cumprimento das obrigações objeto da licitação;

IV – prova de atendimento de requisitos previstos em lei especial, quando for o caso.

§1º A comprovação de aptidão referida no inciso II do "*caput*" deste artigo, no caso das licitações pertinentes a obras e serviços, será feita por atestados fornecidos por pessoas jurídicas de direito público ou privado, devidamente registrados nas entidades profissionais competentes, limitadas as exigências a:

I – capacitação técnico-profissional: comprovação do licitante de possuir em seu quadro permanente, na data prevista para entrega da proposta,

REINALDO COUTO / ÁLVARO CAPAGIO   605

profissional de nível superior ou outro devidamente reconhecido pela entidade competente, detentor de atestado de responsabilidade técnica por execução de obra ou serviço de características semelhantes, limitadas estas exclusivamente às parcelas de maior relevância e valor significativo do objeto da licitação, vedadas as exigências de quantidades mínimas ou prazos máximos;

§2º As parcelas de maior relevância técnica e de valor significativo, mencionadas no parágrafo anterior, serão definidas no instrumento convocatório.

§3º Será sempre admitida a comprovação de aptidão através de certidões ou atestados de obras ou serviços similares de complexidade tecnológica e operacional equivalente ou superior.

§4º Nas licitações para fornecimento de bens, a comprovação de aptidão, quando for o caso, será feita através de atestados fornecidos por pessoa jurídica de direito público ou privado.

§5º É vedada a exigência de comprovação de atividade ou de aptidão com limitações de tempo ou de época ou ainda em locais específicos, ou quaisquer outras não previstas nesta Lei, que inibam a participação na licitação.

§6º As exigências mínimas relativas a instalações de canteiros, máquinas, equipamentos e pessoal técnico especializado, considerados essenciais para o cumprimento do objeto da licitação, serão atendidas mediante a apresentação de relação explícita e da declaração formal da sua disponibilidade, sob as penas cabíveis, vedada as exigências de propriedade e de localização prévia.

§7º (Vetado)

§8º No caso de obras, serviços e compras de grande vulto, de alta complexidade técnica, poderá a Administração exigir dos licitantes a metodologia de execução, cuja avaliação, para efeito de sua aceitação ou não, antecederá sempre à análise dos preços e será efetuada exclusivamente por critérios objetivos.

§9º Entende-se por licitação de alta complexidade técnica aquela que envolva alta especialização, como fator de extrema relevância para garantir a execução do objeto a ser contratado, ou que possa comprometer a continuidade da prestação de serviços públicos essenciais.

§10º Os profissionais indicados pelo licitante para fins de comprovação da capacitação técnico-operacional de que trata o inciso I do §1º deste artigo deverão participar da obra ou serviço objeto da licitação, admitindo-se a substituição por profissionais de experiência equivalente ou superior, desde que aprovada pela administração.

c) à qualificação econômico-financeira. *Vide* exigências da Lei n. 8.666/93:

Art. 31. A documentação relativa à qualificação econômico-financeira limitar-se-á a:

I – balanço patrimonial e demonstrações contábeis do último exercício social, já exigíveis e apresentados na forma da lei, que comprovem a boa situação financeira da empresa, vedada a sua substituição por balancetes ou balanços provisórios, podendo ser atualizados por índices oficiais quando encerrado há mais de 3 (três) meses da data de apresentação da proposta;

II – certidão negativa de falência ou concordata (recuperação judicial) expedida pelo distribuidor da sede da pessoa jurídica, ou de execução patrimonial, expedida no domicílio da pessoa física;

III – garantia, nas mesmas modalidades e critérios previstos no *"caput"* e §1º do art. 56 desta Lei, limitada a 1% (um por cento) do valor estimado do objeto da contratação.

§1º A exigência de índices limitar-se-á à demonstração da capacidade financeira do licitante com vistas aos compromissos que terá que assumir caso lhe seja adjudicado o contrato, vedada a exigência de valores mínimos de faturamento anterior, índices de rentabilidade ou lucratividade.

§2º A Administração, nas compras para entrega futura e na execução de obras e serviços, poderá estabelecer, no instrumento convocatório da licitação, a exigência de capital mínimo ou de patrimônio líquido mínimo, ou ainda as garantias previstas no §1º do art. 56 desta Lei, como dado objetivo de comprovação da qualificação econômico-financeira dos licitantes e para efeito de garantia ao adimplemento do contrato a ser ulteriormente celebrado.

§3º O capital mínimo ou o valor do patrimônio líquido a que se refere o parágrafo anterior não poderá exceder a 10% (dez por cento) do valor estimado da contratação, devendo a comprovação ser feita relativamente à data da apresentação da proposta, na forma da lei, admitida a atualização para esta data através de índices oficiais.

§4º Poderá ser exigida, ainda, a relação dos compromissos assumidos pelo licitante que importem diminuição da capacidade operativa ou absorção de disponibilidade financeira, calculada esta em função do patrimônio líquido atualizado e sua capacidade de rotação.

§5º A comprovação de boa situação financeira da empresa será feita de forma objetiva, através do cálculo de índices contábeis previstos no edital e devidamente justificados no processo administrativo da licitação que tenha dado início ao certame licitatório, vedada a exigência de índices e valores não usualmente adotados para correta avaliação de situa-ção financeira suficiente ao cumprimento das obrigações decorrentes da licitação.

d) à regularidade fiscal e trabalhista. *Vide* exigências da Lei n. 8.666/93:

Art. 29. A documentação relativa à regularidade fiscal e trabalhista, conforme o caso, consistirá em:

I – prova de inscrição no Cadastro de Pessoas Físicas (CPF) ou no Cadastro Geral de Contribuintes (CGC);

II – prova de inscrição no cadastro de contribuintes estadual ou municipal, se houver, relativo ao domicílio ou sede do licitante, pertinente ao seu ramo de atividade e compatível com o objeto contratual;

III – prova de regularidade para com a Fazenda Federal, Estadual e Municipal do domicílio ou sede do licitante, ou outra equivalente, na forma da lei;

IV – prova de regularidade relativa à Seguridade Social e ao Fundo de Garantia por Tempo de Serviço (FGTS), demonstrando situação regular no cumprimento dos encargos sociais instituídos por lei.

V – prova de inexistência de débitos inadimplidos perante a Justiça do Trabalho, mediante a apresentação de certidão negativa, nos termos do Título VII-A da Consolidação das Leis do Trabalho, aprovada pelo Decreto-Lei n. 5.452, de 1º de maio de 1943.

e) ao cumprimento da proibição de trabalho noturno, perigoso ou insalubre a menores de dezoito e de qualquer trabalho a menores de 16 anos, salvo na condição de aprendiz, a partir de 14 anos, estabelecida no inciso XXXIII do art. 7º da CF/88. Eis o seu texto:

Art. 7º São direitos dos trabalhadores urbanos e rurais, além de outros que visem à melhoria de sua condição social:

(...)

XXXIII – proibição de trabalho noturno, perigoso ou insalubre a menores de dezoito e de qualquer trabalho a menores de dezesseis anos, salvo na condição de aprendiz, a partir de quatorze anos; (Redação dada pela Emenda Constitucional n. 20, de 1998).

Em virtude da dificuldade de a Administração Pública contratante sindicar o cumprimento ao disposto no inciso XXXIII citado, permite-se **declaração do próprio licitante** de que o cumpre.

A Lei n. 12.440/2011 alterou o inciso IV art. 27 da Lei n. 8.666/93, passando a exigir, além de regularidade fiscal, **regularidade trabalhista** para a habilitação. Essa regularidade será comprovada pela **Certidão Negativa de Débitos Trabalhista (CNDT)**.

Os documentos necessários à habilitação poderão ser apresentados em original, por qualquer processo de cópia autenticada por cartório competente ou por servidor da administração ou publicação em órgão da imprensa oficial.

A documentação referente à habilitação jurídica, à qualificação técnica, à qualificação econômico-financeira e à regularidade fiscal e trabalhista poderá ser **dispensada**, no todo ou em parte, nos casos de **convite, concurso, fornecimento de bens para pronta entrega e leilão**.

O **certificado de registro cadastral** substitui os documentos referentes à habilitação jurídica, à qualificação técnica, à qualificação econômico-financeira e à regularidade fiscal e trabalhista, quanto às informações disponibilizadas em sistema informatizado de consulta direta indicado no edital, obrigando-se a parte a declarar, sob as penalidades legais, a superveniência de fato impeditivo da habilitação.

A documentação relativa à habilitação poderá ser substituída por registro cadastral emitido por órgão ou entidade pública, desde que previsto no edital e o registro tenha sido feito em obediência ao disposto nesta Lei.

As **empresas estrangeiras** que não funcionem no País, tanto quanto possível, atenderão, nas **licitações internacionais**, às exigências de habilitação mediante

608 CURSO DE DIREITO ADMINISTRATIVO

documentos equivalentes, autenticados pelos respectivos consulados e traduzidos por tradutor juramentado, devendo ter representação legal no Brasil com poderes expressos para receber citação e responder administrativa ou judicialmente.

O disposto no §4º do art. 32[56], no §1º do art. 33[57] e no §2º do art. 55[58], tudo da Lei n. 8.666/93, não se aplica às licitações internacionais para a aquisição de bens e serviços cujo pagamento seja feito com o produto de financiamento concedido por organismo financeiro internacional de que o Brasil faça parte, ou por agência estrangeira de cooperação, nem nos casos de contratação com empresa estrangeira, para a compra de equipamentos fabricados e entregues no exterior, desde que para este caso tenha havido prévia autorização do Chefe do Poder Executivo, nem nos casos de aquisição de bens e serviços realizada por unidades administrativas com sede no exterior.

Não se exigirá, para a habilitação, prévio recolhimento de taxas ou emolumentos, salvo os referentes a fornecimento do edital, quando solicitado, com os seus elementos constitutivos, limitados ao valor do custo efetivo de reprodução gráfica da documentação fornecida.

A documentação relativa à habilitação poderá ser dispensada, nos termos de regulamento, no todo ou em parte, para a contratação de produto para **pesquisa e desenvolvimento**, desde que para pronta entrega ou até o valor previsto na alínea *a* do inciso II do *caput* do art. 23 da Lei n. 8.666/93 (R$ 176.000,00).

Quando permitida na licitação a participação de empresas em consórcio, observar-se-ão, conforme o art. 33 da lei em estudo, as seguintes normas:

> I – comprovação do compromisso público ou particular de constituição de consórcio, subscrito pelos consorciados;
> II – indicação da empresa responsável pelo consórcio que deverá atender às condições de liderança, obrigatoriamente fixadas no edital;
> III – apresentação dos documentos de habilitação por parte de cada consorciado, admitindo-se, para efeito de qualificação técnica, o somatório dos quanti-

---

[56] §4º As empresas estrangeiras que não funcionem no país, tanto quanto possível, atenderão, nas licitações internacionais, às exigências dos parágrafos anteriores mediante documentos equivalentes, autenticados pelos respectivos consulados e traduzidos por tradutor juramentado, devendo ter representação legal no Brasil com poderes expressos para receber citação e responder administrativa ou judicialmente.

[57] §1º No consórcio de empresas brasileiras e estrangeiras a liderança caberá, obrigatoriamente, à empresa brasileira, observado o disposto no inciso II deste artigo.

[58] §2º Nos contratos celebrados pela Administração Pública com pessoas físicas ou jurídicas, inclusive aquelas domiciliadas no estrangeiro, deverá constar necessariamente cláusula que declare competente o foro da sede da Administração para dirimir qualquer questão contratual, salvo o disposto no §6º do art. 32 desta Lei.

tativos de cada consorciado, e, para efeito de qualificação econômico-financeira, o somatório dos valores de cada consorciado, na proporção de sua respectiva participação, podendo a Administração estabelecer, para o consórcio, um acréscimo de até 30% (trinta por cento) dos valores exigidos para licitante individual, inexigível este acréscimo para os consórcios compostos, em sua totalidade, por micro e pequenas empresas assim definidas em lei;

IV – impedimento de participação de empresa consorciada, na mesma licitação, através de mais de um consórcio ou isoladamente;

V – responsabilidade solidária dos integrantes pelos atos praticados em consórcio, tanto na fase de licitação quanto na de execução do contrato.

No consórcio de empresas brasileiras e estrangeiras a liderança caberá, obrigatoriamente, à empresa brasileira, observado o disposto no inciso II acima.

O licitante vencedor fica obrigado a promover, antes da celebração do contrato, a constituição e o registro do consórcio, nos termos do compromisso referido no inciso I acima.

O tratamento facilitado para as **microempresas e empresas de pequeno porte** abrange também a comprovação de regularidade fiscal e trabalhista, pois a norma do art. 42 da Lei Complementar n. 123/06 permitiu que esses elementos da habilitação somente fossem exigidos na assinatura do contrato.

Na forma do art. 43 da lei em tela, as microempresas e as empresas de pequeno porte, por ocasião da participação em certames licitatórios, deverão apresentar toda a documentação exigida para efeito de comprovação de regularidade fiscal e trabalhista, mesmo que esta apresente alguma restrição.

Havendo alguma restrição na comprovação da regularidade fiscal e trabalhista, será assegurado o prazo de cinco dias úteis, cujo termo inicial corresponderá ao momento em que o proponente for declarado vencedor do certame, prorrogável por igual período, a critério da Administração Pública, para regularização da documentação, para pagamento ou parcelamento do débito e para emissão de eventuais certidões negativas ou positivas com efeito de certidão negativa.

A não regularização da documentação implicará decadência do direito à contratação, sem prejuízo das sanções previstas no art. 81 da Lei n. 8.666, de 21 de junho de 1993, sendo facultado à Administração convocar os licitantes remanescentes, na ordem de classificação, para a assinatura do contrato, ou revogar a licitação.

Em relação à documentação para a habilitação, devem ser observados os comandos do instrumento de convocação e as leis, sendo, na forma do inciso I do §1º do art. 3º da Lei n. 8.666/93, vedado aos agentes públicos "admitir, prever, incluir ou tolerar, nos atos de convocação, cláusulas ou condições que comprometam, restrinjam ou frustrem o seu caráter competitivo, inclusive nos

CURSO DE DIREITO ADMINISTRATIVO

casos de sociedades cooperativas, e estabeleçam preferências ou distinções em razão da naturalidade, da sede ou domicílio dos licitantes ou de qualquer outra circunstância impertinente ou irrelevante para o específico objeto do contrato, ressalvado o disposto nos §§5º a 12 deste artigo e no art. 3º da Lei n. 8.248, de 23 de outubro de 1991".

Da fase de habilitação poderá resultar decisão de habilitação ou de não habilitação. Em relação à primeira, inexistirá interesse recursal do próprio licitante, restando a possibilidade de participar das outras fases do certame, não podendo, inclusive, salvo por motivo justo decorrente de fato superveniente e aceito pela Comissão, desistir da proposta durante o seu período de validade. Em relação à segunda, há dois caminhos:

a)   na forma do §3º do art. 48 da Lei n. 8.666/93, a fim de preservar o procedimento licitatório e observar o princípio da economicidade, quando **todos** os licitantes forem inabilitados ou **todas** as propostas forem desclassificadas, a administração poderá fixar aos licitantes o prazo de oito dias úteis para a apresentação de nova documentação ou de outras propostas livres das causas referidas neste artigo, facultada, no caso de convite, a redução deste prazo para três dias úteis; e

b)   quando for apenas alguns ou algum, poderá o licitante, no prazo de cinco dias **úteis** a contar da intimação do ato ou da lavratura da ata, interpor, na forma da alínea *a* do inciso I do art. 109 da Lei n. 8.666/93, recurso administrativo com efeito suspensivo, na forma do §2º do mesmo artigo citado.

Observe-se que, apesar da nova chance dada no item "a" acima, nada impede que os prejudicados também utilizem o recurso administrativo do item "b" acima.

A decisão que defere a habilitação não poderá ser atacada através de recurso pelo licitante beneficiado, mas poderá ser objeto de recurso dos outros licitantes, na forma da alínea *a* do inciso I do art. 109 da Lei em estudo.

Interposto, o recurso será comunicado aos demais licitantes, que poderão impugná-lo no prazo de 5 (cinco) dias úteis (§3º).

A documentação poderá ser dispensada, no todo ou em parte, nos casos de convite, concurso, fornecimento de bens para pronta entrega e leilão, poderá também ser substituída por registro cadastral emitido por órgão ou entidade pública, desde que previsto no edital e o registro tenha sido feito em obediência ao disposto na Lei n. 8.666/93.

Situação peculiar é a do comparecimento de somente **um licitante ou da habilitação de apenas um dos interessados**, entretanto não há qualquer vedação, desde que regular a sua proposta e dentro dos padrões de mercado, à adjudicação do objeto para o único interessado ou habilitado.

A habilitação permite o conhecimento da proposta que, exceto no pregão, é apresentada em envelope indevassável, mas a abertura dos envelopes contendo a documentação para habilitação e as propostas será realizada sempre em ato público previamente designado, do qual se lavrará ata circunstanciada assinada pelos licitantes presentes e pela Comissão.

28.18.2.3. Julgamento e classificação

No **julgamento das propostas**, a Comissão levará em consideração os **critérios objetivos definidos no edital, convite ou instrumento convocatório substitutivo, os quais não devem contrariar as normas e princípios estabelecidos na Lei de Licitações e Contratos Administrativos.** É vedada a utilização de qualquer elemento, critério ou fator sigiloso, secreto, subjetivo ou reservado que possa, ainda que indiretamente, elidir o princípio da igualdade entre os licitantes.

Todos os valores, preços e custos utilizados nas licitações terão como expressão monetária a moeda corrente nacional, ressalvado o disposto no art. 42 da Lei n. 8.666/93, devendo cada unidade da Administração, no pagamento das obrigações relativas ao fornecimento de bens, locações, realização de obras e prestação de serviços, obedecer, para cada fonte diferenciada de recursos, a **estrita ordem cronológica das datas de suas exigibilidades**, salvo quando presentes relevantes razões de interesse público e mediante prévia justificativa da autoridade competente, devidamente publicada.

A regularidade formal e material das propostas deve, inicialmente, ser verificada, pois os envelopes serão abertos em sessão pública para que seja checada a inviolabilidade e se as propostas foram apresentadas de acordo com o que foi estabelecido no instrumento convocatório. Acaba, neste momento, a sigilosidade das propostas. Contudo, se ficar comprovado que houve violação anterior, a licitação deverá ser declarada nula e os responsáveis punidos criminalmente com base no art. 337-J do Código Penal.

Não se considerará qualquer oferta de vantagem não prevista no edital, ou no convite, ou no instrumento convocatório substitutivo, inclusive financiamentos subsidiados ou a fundo perdido, nem preço e/ou vantagem baseada nas ofertas dos demais licitantes.

O julgamento das propostas será objetivo, devendo a comissão de licitação ou o responsável pelo convite realizá-lo, exceto na modalidade concurso, em conformidade com os **tipos de licitação (menor preço, melhor técnica, técnica** e preço, maior lance ou oferta), os critérios previamente estabelecidos no ato convocatório e de acordo com os fatores exclusivamente nele referidos, de maneira a possibilitar sua aferição pelos licitantes e pelos órgãos de controle.

Após afastar as propostas inválidas que, com base no inciso I do art. 48 da Lei n. 8.666/93, **não atendam às exigências do ato convocatório da licitação**, passa-se à análise dos seus valores.

Na forma do inciso II do artigo acima mencionado, **será desclassificada a proposta com valor global superior ao limite estabelecido ou com preços manifestamente inexequíveis, assim considerados aqueles que não venham a ter demonstrada sua viabilidade através de documentação que comprove que os custos dos insumos são coerentes com os de mercado e que os coeficientes de produtividade são compatíveis com a execução do objeto do contrato, condições estas necessariamente especificadas no ato convocatório da licitação.**

Consideram-se manifestamente inexequíveis, no caso de licitações de menor preço para obras e serviços de engenharia, as propostas inferiores a 70% (setenta por cento) do menor dos seguintes valores:

a)   média aritmética dos valores das propostas superiores a 50% (cinquenta por cento) do valor orçado pela administração, ou

b)   valor orçado pela administração.

Dos licitantes classificados cujo valor global da proposta for inferior a 80% (oitenta por cento) do menor valor a que se referem os itens "a" e "b" acima, será exigida, para a assinatura do contrato, prestação de garantia adicional, dentre as modalidades previstas no §1º do art. 56 da Lei n. 8.666/93, igual a diferença entre o valor resultante do parágrafo anterior e o valor da correspondente proposta.

Quanto à configuração de proposta inexequível, segundo os limites absolutamente estabelecidos na lei (§1º do art. 48), há de se ponderar que a aplicabilidade do comando legal não deve ocorrer de maneira mecânica e automatizada, o que poderia resultar em ferimento a princípios regentes das licitações e dos contratos, sobretudo da vantajosidade e competitividade.

A inteligência do dispositivo reside em prevenir a Administração contra riscos de inadimplemento contratual. Igualmente, estatui regramento voltado a repelir práticas anticoncorrenciais, que ofenderiam o princípio da livre concorrência, esculpido no art. 170, IV, da Constituição Federal.

Ocorre que a Administração, em sua relação com os agentes econômicos – administrados –, por mais que engendre esforços para a máxima mensuração do custo do objeto, não é "dona do negócio", acometendo-se invariavelmente dos efeitos da assimetria de informação. A interpretação sistemática das leis oferece elementos para o conteúdo hermenêutico do dispositivo em comento: o art. 36, §1º, da Lei n. 12.529/2011 diz que "a conquista de mercado resultante de processo natural fundado na maior eficiência de agente econômico em relação a seus competidores" não caracteriza o domínio de mercado relevante de bens e serviços.

Considere-se situação de uma empresa de construção civil, que no momento da licitação realiza empreendimento de infraestrutura – resultante de outra contratação sem qualquer relação com a licitação em andamento – nas proximidades de onde a Administração pretende construir. No caso em tela, presume-se que a licitante possui prévio conhecimento do local, características de solo, cursos d'água, jazidas, aspectos de flora e fauna, impactos ambientais e mecanismos de remediação, influências urbanas, interseções, nível de eficiência e de integridade dos órgãos públicos locais, isto é, um universo de informações de difícil mensuração, que lhe atribui significativa redução de custos de transação em relação a seus concorrentes.

Ademais, tal vantagem competitiva pode advir do domínio e da experiência prévia de determinadas soluções, sua realização em grande escala e, consequentemente, diminuição dos custos unitários de produção e dos custos logísticos para entrega. Considere-se que essa empresa, engajada em vencer o procedimento licitatório e firmar contrato com a Administração, ofereça proposta em valor global inferior a 70% do valor estimado e, consequentemente, seja desclassificada. Essa situação não traduziria a realização dos fins tabulados na Lei n. 8.666/93.

Por conseguinte, em casos de inexequibilidade que não revelem distorção flagrante, convém a realização de diligências pela comissão de licitações, permitindo-se ao licitante apresentar informações sobre a viabilidade de sua proposta. Tal medida funda-se em norma explícita, *ex vi* do § 3º do art. 43 da lei, o qual faculta à Comissão ou autoridade superior, em qualquer fase da licitação, a promoção de diligência destinada a esclarecer ou a complementar a instrução do processo.

A estratégia de "mergulho" no preço, obviamente, insere-se no espaço de risco do licitante, haja vista que seus argumentos podem ser motivadamente rejeitados pela Administração, servindo o comando legal em comento de presunção sobre o acerto de sua decisão.

Por fim, **não se admitirá proposta que apresente preços global ou unitários simbólicos, irrisórios ou de valor zero, incompatíveis com os preços dos insumos e salários de mercado, acrescidos dos respectivos encargos, ainda que o ato convocatório da licitação não tenha estabelecido limites mínimos, exceto** quando se referirem a materiais e instalações de propriedade do próprio licitante, para os quais ele renuncie à parcela ou à totalidade da remuneração.

28.18.2.3.1. Desempate

O texto originário do §2º do art. 171 da CF/88 dispunha que "na aquisição de bens e serviços, o Poder Público dará tratamento preferencial, nos termos da lei, à empresa brasileira de capital nacional". Porém, a revogação do art. 171 da CF/88 pela Emenda Constitucional n. 6/95 tornou **inaplicável preferência a empresa brasileira de capital nacional na aquisição de bens e serviços pelo Poder Público**.

A Lei n. 12.349/2010 alterou o §2º do art. 3º da Lei n. 8.666/93, revogando o inciso I, estabelecendo conteúdo pautado na EC n. 6/95. Posteriormente, a Lei n. 13.146/2015 promoveu a inclusão do inciso V ao art. 3º da Lei de Licitações e Contratos.

A partir dessas alterações de texto, o diploma legal estatui os seguintes critérios de desempate, assegurando-se preferência, sucessivamente, a bens e serviços: produzidos no País; produzidos ou prestados por empresas brasileiras; produzidos ou prestados por empresas que invistam em pesquisa e no desenvolvimento de tecnologia no País; produzidos ou prestados por empresas que comprovem cumprimento de reserva de cargos prevista em lei para pessoa com deficiência ou para reabilitado da Previdência Social; e que atendam às regras de acessibilidade previstas na legislação.

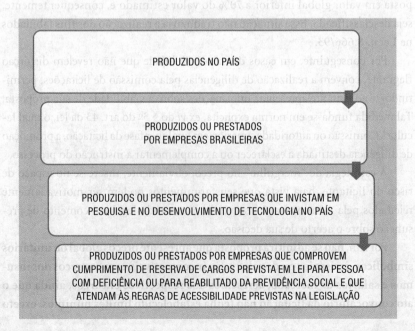

Se, entretanto, persistir o empate, o licitante vencedor será escolhido através de **sorteio em ato público** com a convocação de todos os participantes (§2º do art. 45 da Lei n. 8.666/93).

A Lei Complementar n. 123/2006 estabeleceu tratamento diferenciado para as **microempresas e empresas de pequeno porte** nas licitações, determinando que, nas licitações, será assegurada, como critério de desempate, preferência de contratação para as microempresas e empresas de pequeno porte. Esses critérios de desempate serão analisados em tópico próprio relativo a esse tipo de empresa.

28.18.2.3.2. Regras de preferência

A Lei n. 12.349/2010 instituiu como uma das finalidades da licitação a promoção do **desenvolvimento nacional**. Efetivamente, significa que o Estado, observados critérios objetivos, pretende dar prioridade aos produtos manufaturados e serviços nacionais que atendam a normas técnicas brasileiras.

O tratamento diferenciado funciona como mecanismo de proteção da indústria que atue conforme os padrões técnicos elaborados no país. Nesse sentido, a política legislativa é salutar, pois mitiga o fenômeno de desindustrialização, que pode resultar em comprometimento da soberania nacional, principalmente em suas expressões científico-tecnológica e econômica.

Não se pode olvidar, porém, que a norma também pode trazer efeitos nocivos, funcionando como barreira técnica ao comércio. A respeito, convém lembrar o que dispõe o Acordo sobre Barreiras Técnicas ao Comércio, do qual a República Federativa do Brasil é signatária:

Quando forem necessários regulamentos técnicos e existam normas internacionais pertinentes ou sua formulação definitiva for iminente, os Membros utilizarão estas normas, ou seus elementos pertinentes, como base de seus regulamentos técnicos, exceto quando tais normas internacionais ou seus elementos pertinentes sejam um meio inadequado ou ineficaz para a realização dos objetivos legítimos perseguidos, por exemplo, devido a fatores geográficos ou climáticos fundamentais ou problemas tecnológicos fundamentais[59].

Por conseguinte, a ordem econômica internacional verte-se no sentido de prevalecerem normas técnicas internacionais sobre normas técnicas nacionais,

---

[59] BRASIL. Decreto n. 1.355, de 30 de dezembro de 1994. Promulga a Ata Final que Incorpora os Resultados da Rodada Uruguai de Negociações Comerciais Multilaterais do GATT. *Diário Oficial da União*, Brasília, DF, 31-12- 1994. Seção 1, p. 21394.

616 CURSO DE DIREITO ADMINISTRATIVO

como imperativo de mitigação de barreiras técnicas, que são inexoravelmente conectadas a normas técnicas e regulamentos.

Sempre que o Estado impõe à produção e circulação de bens e à prestação de serviços condições desnecessárias, abusivas ou não aceitas internacionalmente, tem-se a configuração de uma barreira técnica. Nessa esteira, o processo de integração econômica requer a unificação de padrões técnicos, com vistas à superação das barreiras comerciais e maior desenvolvimento industrial, científico e tecnológico. Esses são os vetores que resultaram na elaboração do Acordo Sobre Barreiras Técnicas ao Comércio.

Outrossim, a norma legal de preferência por padrões técnicos nacionais pode servir de obstáculo no processo de adesão do Brasil ao Acordo sobre Compras Governamentais, solicitada pelo governo federal em 19 de maio de 2020. O Acordo tem como princípio basilar a não discriminação de fornecedores oriundos dos Estados-membros no que diz respeito aos procedimentos de contratação de bens, obras e serviços.

Feitas essas ressalvas, anota-se que a lei citada foi além para tentar proteger e desenvolver também o parque industrial do Mercosul. O desenvolvimento dos outros países integrantes do bloco econômico é fundamental para que seja possível competir também com os países em desenvolvimento cuja população representa, por vezes, mais que o triplo da população brasileira.

Concretamente, ficou estabelecido pela lei em tela que, nos processos de licitação, poderá ser estabelecida margem de preferência para **produtos manufaturados e serviços nacionais que atendam a normas técnicas brasileiras e bens e serviços produzidos ou prestados por empresas que comprovem cumprimento de reserva de cargos prevista em lei para pessoa com deficiência ou para reabilitado da Previdência Social e que atendam às regras de acessibilidade previstas na legislação.** (§5º do art. 3º).

Para os produtos manufaturados e serviços nacionais resultantes de desenvolvimento e inovação tecnológica realizados no país, poderá ser estabelecida margem de preferência adicional àquelas previstas acima.

Na forma do §6º do art. 3º, as margens de preferência acima mencionadas serão estabelecidas com base em estudos revistos periodicamente, em prazo não superior a 5 (cinco) anos, que levem em consideração:

I – geração de emprego e renda;

II – efeito na arrecadação de tributos federais, estaduais e municipais;

III – desenvolvimento e inovação tecnológica realizados no país;

IV – custo adicional dos produtos e serviços; e

V – em suas revisões, análise retrospectiva de resultados.

As margens de preferência por produto, serviço, grupo de produtos ou grupo de serviços serão definidas pelo Poder Executivo federal, não podendo a soma delas ultrapassar o montante de 25% (vinte e cinco por cento) sobre o preço dos produtos manufaturados e serviços estrangeiros (§8º do art. 3º).

As disposições relativas às preferências citadas não se aplicam aos bens e aos serviços cuja capacidade de produção ou prestação no país seja inferior (§9º do art. 3º):

I – à quantidade a ser adquirida ou contratada; ou

II – ao quantitativo fixado com fundamento no §7º do art. 23 da Lei n. 8.666/93, quando for o caso.

A margem de preferência poderá ser estendida aos bens e serviços originários dos Estados-Partes do Mercado Comum do Sul – Mercosul (§10 do art. 3º).

Os editais de licitação para a contratação de bens, serviços e obras poderão, mediante prévia justificativa da autoridade competente, exigir que o contratado promova, em favor de órgão ou entidade integrante da Administração Pública ou daqueles por ela indicados a partir de processo isonômico, medidas de compensação comercial, industrial, tecnológica ou acesso a condições vantajosas de financiamento, cumulativamente ou não, na forma estabelecida pelo Poder Executivo federal. (§11 do art. 3º).

Nas contratações destinadas à implantação, manutenção e ao aperfeiçoamento dos sistemas de tecnologia de informação e comunicação, considerados estratégicos em ato do Poder Executivo Federal, a licitação poderá ser restrita a bens e serviços com tecnologia desenvolvida no país e produzidos de acordo com o processo produtivo básico de que trata a Lei n. 10.176/2001 (§12 do art. 3º).

Será divulgada na *internet*, a cada exercício financeiro, a relação de empresas favorecidas em decorrência das excepcionalidades aqui tratadas, com indicação do volume de recursos destinados a cada uma delas (§13 do art. 3º).

As preferências devem privilegiar o tratamento diferenciado e favorecido às microempresas e empresas de pequeno porte na forma da lei (§14 do art. 3º). Estas preferências prevalecem sobre as demais preferências previstas na legislação quando estas forem aplicadas sobre produtos ou serviços estrangeiros (§15 do art. 3º).

28.18.2.3.3. *Microempresas e empresas de pequeno porte*

O inciso IX do art. 170 da CF/88 estabeleceu como um dos princípios da ordem *econômica* **tratamento favorecido para as empresas de pequeno porte constituídas sob as leis brasileiras e que tenham sua sede e administração no país.**

618   CURSO DE DIREITO ADMINISTRATIVO

O Poder Constituinte definitivamente não adotou a doutrina econômica liberal em relação às empresas de pequeno porte que, obviamente, englobam as microempresas, pois reservou-lhes tratamento diferenciado.

Os arts. 42 a 49 da Lei Complementar n. 123/2006 regulamentaram o inciso constitucional citado.

28.18.2.3.3.1.   Habilitação

Nas licitações públicas, a comprovação de regularidade fiscal e trabalhista das microempresas e das empresas de pequeno porte somente será exigida para efeito de assinatura do contrato.

As microempresas e as empresas de pequeno porte, por ocasião da participação em certames licitatórios, deverão apresentar toda a documentação exigida para efeito de comprovação de regularidade fiscal e trabalhista, mesmo que esta apresente alguma restrição.

Havendo alguma restrição na comprovação da regularidade fiscal e trabalhista, será assegurado o prazo de cinco dias úteis, cujo termo inicial corresponderá ao momento em que o proponente for declarado vencedor do certame, prorrogável por igual período, a critério da Administração Pública, para regularização da documentação, para pagamento ou parcelamento do débito e para emissão de eventuais certidões negativas ou positivas com efeito de negativa.

A não regularização da documentação, no prazo previsto, implicará decadência do direito à contratação, sem prejuízo das sanções previstas no art. 81 da Lei n. 8.666/93, sendo facultado à Administração convocar os licitantes remanescentes, na ordem de classificação, para a assinatura do contrato, ou revogar a licitação.

28.18.2.3.3.2.   Desempate

Nas licitações será assegurada, como critério de desempate, preferência de contratação para as microempresas e empresas de pequeno porte. Entende-se por empate aquelas situações em que as propostas apresentadas pelas microempresas e empresas de pequeno porte sejam iguais (**empate real**) ou até 10% (dez por cento) superiores à proposta mais bem classificada (**empate presumido ou ficto**). Na modalidade de pregão, o intervalo percentual será de até 5% (cinco por cento) superior ao melhor preço (**empate presumido ou ficto**).

Ocorrendo empate, proceder-se-á da seguinte forma, descrita no art. 45 da Lei Complementar n. 123/2006 (Estatuto Nacional da Microempresa e da Empresa de Pequeno Porte):

I – a microempresa ou empresa de pequeno porte mais bem classificada poderá apresentar proposta de preço inferior àquela considerada vencedora do certame, situação em que será adjudicado em seu favor o objeto licitado;

II – não ocorrendo a contratação da microempresa ou empresa de pequeno porte, na forma acima, serão convocadas as remanescentes que porventura se enquadrem na hipótese dos §§1º e 2º do art. 44 da Lei Complementar em tela, na ordem classificatória, para o exercício do mesmo direito; e

III – no caso de equivalência dos valores apresentados pelas microempresas e empresas de pequeno porte que se encontrem nos intervalos estabelecidos nos §§1º e 2º do art. 44 desta Lei Complementar, será realizado sorteio entre elas para que se identifique aquela que primeiro poderá apresentar melhor oferta.

28.18.2.3.3.3. Cédula de crédito microempresarial

A microempresa e a empresa de pequeno porte titular de direitos creditórios decorrentes de empenhos liquidados por órgãos e entidades da União, Estados, Distrito Federal e Municípios não pagos em até 30 (trinta) dias contados da data de liquidação poderão emitir cédula de crédito microempresarial.

28.18.2.3.3.4. Outros privilégios

Nas contratações da Administração Pública direta e indireta, autárquica e fundacional, federal, estadual e municipal, deverá ser concedido tratamento diferenciado e simplificado para as microempresas e empresas de pequeno porte objetivando a promoção do desenvolvimento econômico e social no âmbito municipal e regional, a ampliação da eficiência das políticas públicas e o incentivo à inovação tecnológica.

No que diz respeito às compras públicas, enquanto não sobrevier legislação estadual, municipal ou regulamento específico de cada órgão mais favorável à microempresa e empresa de pequeno porte, aplica-se a legislação federal.

Para o cumprimento do acima disposto, a Administração Pública:

I – deverá realizar processo licitatório destinado exclusivamente à participação de microempresas e empresas de pequeno porte nos itens de contratação cujo valor seja de até R$ 80.000,00 (oitenta mil reais);

II – poderá, em relação aos processos licitatórios destinados à aquisição de obras e serviços, exigir dos licitantes a subcontratação de microempresa ou empresa de pequeno porte;

III – deverá estabelecer, em certames para aquisição de bens de natureza divisível, cota de até 25% (vinte e cinco por cento) do objeto para a contratação de microempresas e empresas de pequeno porte.

Na hipótese do inciso II acima, os empenhos e pagamentos do órgão ou entidade da Administração Pública poderão ser destinados diretamente às microempresas e empresas de pequeno porte subcontratadas.

Os benefícios referidos poderão, justificadamente, estabelecer a prioridade de contratação para as microempresas e empresas de pequeno porte sediadas local ou regionalmente, até o limite de 10% (dez por cento) do melhor preço válido.

Não serão aplicados os privilégios em tela, quando:

I – não houver um mínimo de 3 (três) fornecedores competitivos enquadrados como microempresas ou empresas de pequeno porte sediados local ou regionalmente e capazes de cumprir as exigências estabelecidas no instrumento convocatório;

II – o tratamento diferenciado e simplificado para as microempresas e empresas de pequeno porte não for vantajoso para a Administração Pública ou representar prejuízo ao conjunto ou complexo do objeto a ser contratado;

III – a licitação for dispensável ou inexigível, nos termos dos arts. 24 e 25 da Lei n. 8.666, de 21 de junho de 1993, **excetuando-se as dispensas tratadas pelos incisos I e II do art. 24 da mesma Lei, nas quais a compra deverá ser feita preferencialmente de microempresas e empresas de pequeno porte, aplicando-se o disposto no inciso I do art. 48 da Lei Complementar n. 123/06.**

Na hipótese da não contratação nos termos previstos para as microempresas ou empresas de pequeno porte, o objeto licitado será adjudicado em favor da proposta originalmente vencedora do certame.

Por óbvio, as regras que beneficiam as microempresas ou empresas de pequeno porte somente serão aplicadas quando a melhor oferta inicial não tiver sido apresentada também por microempresa ou empresa de pequeno porte.

No caso de pregão, a microempresa ou empresa de pequeno porte mais bem classificada será convocada para apresentar nova proposta no prazo máximo de 5 (cinco) minutos após o encerramento dos lances, sob pena de preclusão.

28.18.2.4. Homologação

A homologação é ato administrativo por meio de que a autoridade competente, indicada em lei, ato normativo ou agente público investido em poderes de representação do órgão ou entidade, declara a corretude do procedimento licitatório.

Celso Antônio Bandeira de Mello afirma que a homologação é "ato pelo qual a autoridade competente, estranha à comissão, após examinar todos os atos pertinentes ao desenvolvimento do certame licitatório, proclama-lhe a correção jurídica, se esteve conforme às exigências normativas"[60].

---

[60] MELLO, Celso Antônio Bandeira de. *Curso de direito administrativo.* 35. ed. São Paulo: Malheiros, 2021. p. 504.

A homologação funda-se no poder de hierarquia e controle da autoridade superior, e contém a natureza de ato de confirmação. Quando identificada a existência de vícios insanáveis no certame, não resta à autoridade outra solução que não seja a declaração de sua nulidade, obstando-se a sua homologação. Ao invés, se não for constatada qualquer nulidade nem for o caso de revogação do certame, a autoridade superior deverá homologar o procedimento.

28.18.2.5. Adjudicação

Na sequência, como consequência natural da homologação, tem-se a adjudicação, "ato pelo qual se atribui ao vencedor o objeto da licitação para a subsequente efetivação do contrato"[61]. O ato adjudicatório surte os seguintes efeitos jurídicos:

a) a aquisição do direito de contratar com a Administração nos termos em que o adjudicatário venceu a licitação;

b) a vinculação do adjudicatário a todos os encargos estabelecidos no edital e aos prometidos na proposta;

c) a sujeição do adjudicatário às penalidades previstas no edital e normas legais pertinentes se não assinar o contrato no prazo e condições estabelecidas;

d) o impedimento de a Administração contratar o objeto licitado com outrem;

e) a liberação dos licitantes vencidos de todos os encargos da licitação e o direito de retirarem os documentos e levantarem as garantias oferecidas, salvo se obrigados a aguardar a efetivação do contrato por disposição do edital ou norma legal.

Não é possível haver adjudicação sem prévia homologação, razão por que a adjudicação é a possível consequência jurídica da homologação, acontecendo se persistir o desejo da Administração Pública de contratar.

A Lei n. 12.232/2000 estabeleceu a figura da **multiadjudicação**, ou seja, a possibilidade de mais de uma pessoa ser adjudicatária do objeto da licitação. Segue o §3º do seu art. 2º:

> §3º Na contratação dos serviços de publicidade, faculta-se a adjudicação do objeto da licitação a mais de uma agência de propaganda, sem a segregação em itens ou contas publicitárias, mediante justificativa no processo de licitação.

---

[61] MEIRELLES, Hely Lopes; BURLE FILHO, José Emannuel. *Direito administrativo brasileiro.* 42. ed. São Paulo: Malheiros, 2016. p. 362.

A adjudicação não gera, entretanto, direito à contratação, mas apenas expectativa de direito, visto que a Administração Pública poderá, por motivos de conveniência e oportunidade, revogar a licitação ou, por vício de legalidade, anulá-la. Porém, se a Administração contratar o objeto pretendido, não pode escolher outro além do licitante vencedor do certame.

A Administração Pública tem os deveres e as faculdades, ao passo que o licitante escolhido tem os ônus descritos no art. 64 da Lei n. 8.666/93: a Administração convocará regularmente o interessado para assinar o termo de contrato, aceitar ou retirar o instrumento equivalente, dentro do prazo e condições estabelecidos, sob pena de decair o direito à contratação, sem prejuízo das sanções previstas na lei.

O prazo de convocação poderá ser prorrogado uma vez, por igual período, quando solicitado pela parte durante o seu transcurso e desde que ocorra motivo justificado aceito pela Administração.

É facultado à Administração, quando o convocado não assinar o termo de contrato ou não aceitar ou retirar o instrumento equivalente no prazo e condições estabelecidos, convocar os licitantes remanescentes, na ordem de classificação, para fazê-lo em igual prazo e nas mesmas condições propostas pelo primeiro classificado, inclusive quanto aos preços atualizados de conformidade com o ato convocatório, ou revogar a licitação independentemente da cominação prevista no art. 81 da Lei n. 8.666/93.

Decorridos 60 (sessenta) dias da data da entrega das propostas, sem convocação para a contratação, ficam os licitantes liberados dos compromissos assumidos.

O art. 81 da lei em tela aduz que a recusa injustificada do adjudicatário em assinar o contrato, aceitar ou retirar o instrumento equivalente, dentro do prazo estabelecido pela Administração, caracteriza o descumprimento total da obrigação assumida, sujeitando-o às penalidades legalmente estabelecidas.

Contudo, não caracteriza descumprimento da obrigação a não aceitação da contratação pelos demais aos licitantes convocados nos termos do art. 64, §2º da lei em estudo, que não aceitarem a contratação, nas mesmas condições propostas pelo primeiro adjudicatário, inclusive quanto ao prazo e preço. Assim, somente o primeiro colocado, ou seja, o escolhido tem o ônus de contratar com a Administração Pública. Se o primeiro não aceitar, os demais somente contratarão se houver interesse, e a negativa não ensejará qualquer sanção.

Por fim, verifica-se que a superveniente homologação/adjudicação do objeto licitado não implica perda do interesse processual na ação em que se alegam nulidades no procedimento licitatório. A esse respeito, destaca-se a jurisprudência do STJ, que se consolidou no sentido de que "superveniente adjudicação não configura perda de objeto quando o certame está eivado de nulidades, uma vez que tais vícios contaminam os atos subsequentes, inclusive o contrato administrativo"[62].

28.18.3. Dupla instância administrativa (recursos)

Caso o interessado não esteja de acordo com decisão tomada pela Comissão Licitante, o inciso I do art. 109 da Lei n. 8.666/93 possibilita a interposição de **recurso administrativo** no prazo de cinco dias úteis da intimação do ato ou da lavratura da ata.

Os recursos poderão ter como objetos:

a) a habilitação ou a inabilitação do licitante;
b) o julgamento das propostas;
c) a anulação ou a revogação da licitação;
d) o indeferimento do pedido de inscrição em registro cadastral, sua alteração ou cancelamento;
e) a rescisão unilateral do contrato; e
f) a aplicação das penas de advertência, suspensão temporária ou multa.

Gize-se que os recursos referentes à habilitação, à inabilitação do licitante ou ao julgamento das propostas terão sempre efeito suspensivo, podendo também a autoridade competente, motivadamente e presentes razões de interesse público, atribuir eficácia suspensiva aos demais recursos.

Interposto, o recurso:

a) será comunicado aos demais licitantes, que poderão impugná-lo no prazo de cinco dias úteis; e
b) será encaminhado à autoridade superior, por intermédio da autoridade prolatora do ato recorrido, que poderá reconsiderar sua decisão, no prazo de cinco dias úteis, ou, no mesmo prazo, fazê-lo subir, devendo, neste caso, a decisão ser proferida dentro do prazo de cinco dias úteis, contado do seu recebimento, sob pena de responsabilidade.

Nenhum prazo de recurso, representação ou pedido de reconsideração se inicia ou corre sem que os autos do processo estejam com vista franqueada ao interessado.

---

[62] STJ, AgInt no REsp 1906423/AM, rel. Min. Herman Benjamin, 2ª Turma, julgado em 26-4-2021, *DJe* 1º-7-2021.

O inciso II do citado artigo prevê a figura da **representação**, no prazo de cinco dias úteis da intimação, contra decisão relacionada ao objeto da licitação ou do contrato, da qual não caiba recurso hierárquico.

Tanto no caso do inciso I quanto no caso do inciso II, quando se tratar de convite, os prazos serão reduzidos para dois dias úteis.

O inciso III do artigo em tela possibilita o **pedido de reconsideração**, no prazo de dez dias úteis da intimação, de decisão de Ministro de Estado, Secretário Estadual ou Municipal na hipótese do §3º do art. 87 da Lei n. 8.666/93[63].

28.18.4. Anulação e revogação

A **revogação** e a **anulação** da licitação são previstas no *caput* do art. 49 da Lei n. 8.666/93 e podem ser utilizadas pela autoridade superior a qualquer tempo, ou seja, o procedimento licitatório pode ser revogado ou anulado em qualquer fase. Assim, não é somente por ocasião da homologação que a autoridade poderá se utilizar desses instrumentos de autotutela.

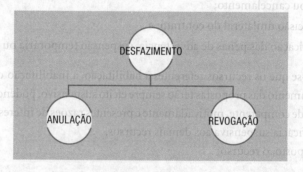

Como já foi estudado, o poder de revogação da licitação é uma potestade (prerrogativa) da Administração Pública, que permite conduta contraditória baseada em juízo de conveniência e oportunidade para a satisfação do interesse público. Observe-se que a revogação deve ser motivada.

A revogação é manifestação unilateral de vontade da Administração Pública, de natureza discricionária, que tem por escopo cessar, total ou parcialmente, os efeitos de ato administrativo anterior editado pelo mesmo agente público ou inferior hierárquico por razões de oportunidade ou conveniência.

O ato de revogação surte efeitos *ex nunc*, projetando-se para o futuro. Assim como a edição do ato revogado informa-se por motivo de conveniência e oportunidade no momento de sua emanação, "também a revogação do ato é informada

---

[63] A norma lista o §4º que, porém, é inexistente.

pelo motivo oposto (inoportunidade ou inconveniência), já que a iniciativa, considerada do interesse da administração, no passado, agora não mais se justifica"[64].

Existe, nos casos de revogação do certame, o dever de indenizar o licitante pelos prejuízos eventualmente suportados. Ressalte-se que tais prejuízos não podem ser debatidos em mandado de segurança, haja vista que a necessária instrução probatória requer o ajuizamento de ação em procedimento comum[65].

A anulação é ato jurídico declaratório, emanado da própria Administração Pública ou do Poder Judiciário, afirmando-se que outro ato administrativo não observou os pressupostos estabelecidos pela lei.

O ato de anulação tem natureza declaratória, visto que a nulidade não é superveniente ao ato administrativo ilegal, mas concomitante, porquanto macula o ato desde a sua edição. Assim, o efeito da declaração é *ex tunc*, retroage ao momento da sua edição.

A possibilidade de anulação é instrumento de estabilização do sistema jurídico, pois a detecção de vício possibilita a sua utilização para tornar o sistema novamente regular.

A anulação ou invalidação pela Administração Pública decorre do seu poder-dever de autotutela, não comportando qualquer discricionariedade, pois, diante de qualquer ilegalidade, a Administração Pública tem, independentemente de provocação, o dever de declarar a nulidade do ato administrativo. A esse respeito, convém destacar o teor da Súmula 346 do STF: "A Administração Pública pode declarar a nulidade dos seus próprios atos".

O art. 49 da Lei n. 8.666/93 traz a possibilidade de anulação e revogação, sendo que a autoridade competente para a aprovação do procedimento somente poderá revogar a licitação por razões de interesse público decorrente de fato superveniente devidamente comprovado, pertinente e suficiente para justificar tal conduta, devendo anulá-la por ilegalidade, de ofício ou por provocação de terceiros, mediante parecer escrito e devidamente fundamentado. Eis o seu texto:

> Art. 49. A autoridade competente para a aprovação do procedimento somente poderá revogar a licitação por razões de interesse público decorrente de fato superveniente devidamente comprovado, pertinente e suficiente para justificar tal conduta, devendo anulá-la por ilegalidade, de ofício ou por provocação de terceiros, mediante parecer escrito e devidamente fundamentado.

---

[64] CRETELLA JÚNIOR, José. Retroatividade do ato administrativo. *Revista de Direito Administrativo*, Rio de Janeiro, v. 127, p. 1-15, 1977. p. 9.

[65] STJ, AgRg no RMS 21.406/MS, rel. Min. Herman Benjamin, 2ª Turma, julgado em 22-9-2009, *DJe* 30-9-2009.

626   CURSO DE DIREITO ADMINISTRATIVO

§1º A anulação do procedimento licitatório por motivo de ilegalidade não gera obrigação de indenizar, ressalvado o disposto no parágrafo único do art. 59 desta Lei.

§2º A nulidade do procedimento licitatório induz à do contrato, ressalvado o disposto no parágrafo único do art. 59 desta Lei.

§3º No caso de desfazimento do processo licitatório, fica assegurado o contraditório e a ampla defesa.

§4º O disposto neste artigo e seus parágrafos aplica-se aos atos do procedimento de dispensa e de inexigibilidade de licitação.

A anulação do procedimento licitatório por motivo de ilegalidade não gera obrigação de indenizar, ressalvado o disposto no parágrafo único do art. 59 da lei em estudo, que garante a indenização ao **contratado** pelo que este houver executado até a data em que ela for declarada a nulidade e por outros prejuízos regularmente comprovados, contanto que não lhe seja imputável, promovendo-se a responsabilidade de quem lhe deu causa.

No caso de desfazimento do processo licitatório, ficam assegurados o contraditório e a ampla defesa.

As questões relativas à anulação e à revogação acima tratadas aplicam-se também aos atos do procedimento de dispensa e de inexigibilidade de licitação.

28.18.5.   Aspectos específicos de alguns procedimentos licitatórios

28.18.5.1.   Procedimento de tomada de preços

A modalidade tomada de preços exige que os licitantes estejam previamente cadastrados. Dessa forma, o seu procedimento é o mesmo da modalidade concorrência, porém, em virtude do cadastramento anterior, **não é necessária a fase de habilitação**. O §2º do art. 22 da Lei n. 8.666/93 é claro ao afirmar que tomada de preços é a modalidade de licitação entre interessados **devidamente cadastrados ou que atenderem a todas as condições exigidas para cadastramento até o terceiro dia anterior à data do recebimento das propostas**, observada a necessária qualificação.

A supressão da etapa de habilitação torna o procedimento um pouco mais célere do que o procedimento da concorrência.

28.18.5.2.   Procedimento de convite

A diminuição de etapas na modalidade convite torna-a mais simples e célere do que a concorrência e a tomada de preços. Eis alguns fatores de agilidade do procedimento:

- **O instrumento convocatório é o próprio convite** que deve ser **afixado em local apropriado**, não havendo, consequentemente, necessidade de publicação de edital.
- Na forma do §6º do art. 109 da Lei n. 8.666/93, os prazos para recursos e impugnação são de **2 (dois) dias úteis**, ao passo que, em regra, os prazos recursais e de impugnação são de 5 (cinco) dias úteis.
- O prazo para apresentação de nova documentação ou de outras propostas quando todos os licitantes forem inabilitados ou todas as propostas forem desclassificadas, na forma do §3º do art. 48 da Lei n. 8.666/93, poderá ser reduzido para **3 (três) dias úteis** em vez do prazo de 8 (oito) dias úteis nas outras modalidades.
- No caso de convite, a **comissão de licitação**, excepcionalmente, nas pequenas unidades administrativas e em face da exiguidade de pessoal disponível, poderá ser substituída por servidor formalmente designado pela autoridade competente, conforme o §1º do art. 51 da Lei n. 8.666/93.
- **Não há fase de habilitação**, em virtude do cadastramento prévio dos licitantes que podem já estar cadastrados ou podem cadastrar-se antes do início do certame. O cadastro é uma habilitação prévia e os envelopes de propostas serão abertos após a verificação dos registros cadastrais.

28.18.5.3. Procedimento de concurso

Como já foi dito, o concurso, diferentemente das demais, é a modalidade de licitação entre quaisquer interessados para escolha de trabalho técnico, científico ou artístico, mediante a instituição de prêmios ou remuneração aos vencedores, **conforme critérios constantes de edital publicado na imprensa oficial com antecedência mínima de 45 (quarenta e cinco) dias.**

Não há critérios legalmente estabelecidos, o edital deve ditar os requisitos e a forma de julgamento desta modalidade. Além disso, o julgamento será feito por uma **comissão especial** integrada por pessoas de reputação ilibada e reconhecido conhecimento da matéria em exame, servidores públicos ou não, na forma do §5º do art. 51 da Lei n. 8.666/93.

28.18.5.4. Procedimento de leilão

O procedimento de leilão tem uma característica específica, pois as melhores propostas são as que apresentam **valores maiores**, sendo assim a modalidade de licitação entre quaisquer interessados para a venda de bens móveis inservíveis para a administração ou de produtos legalmente apreendidos ou penhorados, ou para a alienação de bens imóveis prevista no art. 19 da Lei n. 8.666/93, a quem oferecer **o maior lance, igual ou superior ao valor da avaliação.**

628 CURSO DE DIREITO ADMINISTRATIVO

A habilitação, na forma do §1º do art. 32 da Lei em estudo, poderá ser dispensada.

Na forma do *caput* do art. 53 da Lei n. 8.666/93, o leilão pode ser cometido a **leiloeiro oficial ou a servidor** designado pela Administração, procedendo-se na forma da legislação pertinente.

28.18.5.5. Procedimento do pregão

O pregão, como já foi dito, surgiu da necessidade de um procedimento mais célere, menos burocrático e que pudesse assegurar, de maneira dinâmica, a escolha da melhor proposta para a Administração Pública, buscou-se resguardar os princípios da economicidade e da eficiência.

Os seus objetos foram bem definidos no primeiro artigo da Lei n. 10.520/02, quais sejam: bens e serviços comuns. O seu tipo de licitação ou critério de julgamento será o de menor preço.

A inversão das fases e a possibilidade de adjudicação antes da homologação tornam a modalidade menos burocrática e mais rápida. Certamente, a Lei do Pregão não consegue prever todas as situações que podem ocorrer durante o procedimento. **Dessa forma, aplicam-se, de acordo com o seu art. 9º, subsidiariamente ao pregão as normas da Lei n. 8.666/93**.

Existe no procedimento de pregão uma **fase interna ou preparatória** bastante parecida com a fase interna da concorrência e uma **fase externa** bastante peculiar em relação ao que ocorre na concorrência.

A **fase interna ou preparatória** terá as seguintes etapas, conforme dispõe o art. 3º da Lei n. 10.520/02:

FASE INTERNA OU PREPARATÓRIA
I – a autoridade competente justificará a necessidade de contratação e definirá o objeto do certame, as exigências de habilitação, os critérios de aceitação das propostas, as sanções por inadimplemento e as cláusulas do contrato, inclusive com fixação dos prazos para fornecimento;
II – a definição do objeto deverá ser precisa, suficiente e clara, vedadas especificações que, por excessivas, irrelevantes ou desnecessárias, limitem a competição;
III – dos autos do procedimento constarão a justificativa das definições referidas no item I acima e os indispensáveis elementos técnicos sobre os quais estiverem apoiados, bem como o orçamento, elaborado pelo órgão ou entidade promotora da licitação, dos bens ou serviços a serem licitados; e
IV – a autoridade competente designará, dentre os servidores do órgão ou entidade promotora da licitação, o pregoeiro e respectiva equipe de apoio, cuja atribuição inclui, dentre outras, o recebimento das propostas e lances, a análise de sua aceitabilidade e sua classificação, bem como a habilitação e a adjudicação do objeto do certame ao licitante vencedor.

A equipe de apoio deverá ser integrada em sua maioria por servidores ocupantes de cargo efetivo ou emprego da administração, preferencialmente pertencentes ao quadro permanente do órgão ou entidade promotora do evento. No âmbito do Ministério da Defesa, as funções de pregoeiro e de membro da equipe de apoio poderão ser desempenhadas por militares.

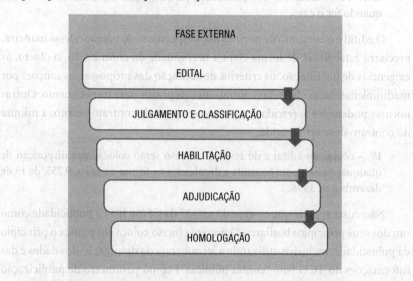

A fase externa, na forma do art. 4º da Lei n. 10.520/02, será iniciada com a convocação dos interessados e observará as seguintes regras:

I – a convocação dos interessados será efetuada por meio de publicação de aviso em diário oficial do respectivo ente federado ou, não existindo, em jornal de circulação local, e facultativamente, por meios eletrônicos e conforme o vulto da licitação, em jornal de grande circulação, nos termos de regulamento.

O primeiro ato da fase externa é a divulgação através de aviso para o público em geral do interesse da Administração Pública de contratar bens ou serviços comuns. O aviso terá caráter resumido, não se confundindo com o edital. O meio de publicação será, prioritariamente, o diário oficial do respectivo ente federado. Caso não haja diário oficial, o aviso será divulgado por meio de jornal de grande circulação local. No caso de utilização de um ou outro instrumento de publicação, faculta-se a utilização de meios eletrônicos e, conforme o tamanho da licitação, publicação em jornal de grande circulação.

O Decreto n. 3.555/00 é o regulamento que irá disciplinar a convocação em tela.

II – do aviso constarão a definição do objeto da licitação, a indicação do local, dias e horários em que poderá ser lida ou obtida a íntegra do edital.

Como já foi dito, o aviso terá conteúdo limitado, indicando o objeto da licitação, o local, o dia ou os dias e horários em que poderá ser lida ou obtida a íntegra do edital.

III – do edital constarão todos os elementos definidos na forma do inciso I do art. 3º, as normas que disciplinarem o procedimento e a minuta do contrato, quando for o caso.

O edital é o conjunto de normas mais específicas do pregão. Dessa maneira, precisará estabelecer de forma clara a necessidade da contratação, o objeto, as exigências de habilitação, os critérios de aceitação das propostas, as sanções por inadimplemento, as cláusulas contratuais e os prazos para fornecimento. Outras normas podem ser acrescidas e, quando se tratar de contrato escrito, a minuta do contrato deve ser incluída.

IV – cópias do edital e do respectivo aviso serão colocadas à disposição de qualquer pessoa para consulta e divulgadas na forma da Lei n. 9.755, de 16 de dezembro de 1998.

Não custa repetir que o *caput* do art. 37 da CF/88 lista a publicidade como um dos seus princípios basilares. O presente inciso coloca em prática o princípio da publicidade, inclusive utilizando a lei que trata da divulgação dos dados e das informações do TCU (site "contas públicas") como parâmetro de publicização do pregão a qualquer interessado.

V – o prazo fixado para a apresentação das propostas, contado a partir da publicação do aviso, não será inferior a 8 (oito) dias úteis.

Os interessados em contratar com a Administração Pública precisam se preparar com certa antecedência para analisar o objeto da licitação e checar os custos que podem ser gerados pela contratação, a fim de apresentar propostas viáveis para a sua atividade de negócio. Logo, é necessário que haja um prazo razoável entre a publicação do aviso e a apresentação das propostas.

VI – no dia, hora e local designados, será realizada sessão pública para recebimento das propostas, devendo o interessado, ou seu representante, identificar-se e, se for o caso, comprovar a existência dos necessários poderes para formulação de propostas e para a prática de todos os demais atos inerentes ao certame.

A sessão para o recebimento de proposta será pública e o interessado poderá fazer-se presente ou designar representante com poderes especiais para participar do pregão e praticar os demais atos necessários.

VII – aberta a sessão, os interessados ou seus representantes apresentarão declaração dando ciência de que cumprem plenamente os requisitos de habilitação e entregarão os envelopes contendo a indicação do objeto e do preço oferecidos, procedendo-se à sua imediata abertura e à verificação da conformidade das propostas com os requisitos estabelecidos no instrumento convocatório.

Nesta fase do procedimento, percebe-se bem a inversão em relação à modalidade concorrência, pois não serão verificados os requisitos de habilitação, sendo necessária apenas a declaração de que cumprem plenamente os citados requisitos. Após a declaração, serão entregues os envelopes contendo a indicação do objeto e do preço oferecidos.

A abertura das propostas apresentadas é imediata, procedendo-se à verificação da conformidade com a lei e os requisitos do instrumento convocatório.

Ressalte-se que, na forma do art. 6º da lei em estudo, o **prazo de validade das propostas** será de 60 (sessenta) dias se outro não estiver fixado no edital.

> VIII – no curso da sessão, o autor da oferta de valor mais baixo e os das ofertas com preços até 10% (dez por cento) superiores àquela poderão fazer novos lances verbais e sucessivos, até a proclamação do vencedor;
>
> IX – não havendo pelo menos 3 (três) ofertas nas condições definidas no inciso anterior, poderão os autores das melhores propostas, até o máximo de 3 (três), oferecer novos lances verbais e sucessivos, quaisquer que sejam os preços oferecidos;
>
> X – para julgamento e classificação das propostas, será adotado o critério de menor preço, observados os prazos máximos para fornecimento, as especificações técnicas e parâmetros mínimos de desempenho e qualidade definidos no edital;
>
> XI – examinada a proposta classificada em primeiro lugar, quanto ao objeto e valor, caberá ao pregoeiro decidir motivadamente a respeito da sua aceitabilidade.

Os quatro incisos acima ilustram a forma de competição pelos interessados, o tipo de licitação e os critérios de julgamento da melhor proposta para a Administração Pública.

Estabelece-se um teto máximo de exclusão dos demais interessados, a fim de que a sessão não se torne confusa. Verifica-se qual é a proposta com o valor mais baixo e somente se possibilita ao autor daquela proposta e aos demais que tenham apresentado propostas com preços superiores em até 10% (dez por cento) a apresentação de novos lances verbais e sucessivos, como acontece em um leilão, porém de maneira invertida, visto que aqui não se busca o valor mais alto, e sim o valor mais baixo.

O bloqueio da participação daqueles que apresentaram propostas superiores em mais de 10% (dez por cento) somente será afastado se não houver, ao menos, três propostas dentro dos 10% (dez por cento) da melhor proposta.

632 CURSO DE DIREITO ADMINISTRATIVO

Exemplo 1:

"A" apresentou proposta de R$ 100,00;
"B" apresentou proposta de R$ 102,00;
"C" apresentou proposta de R$ 105,00;
"D" apresentou proposta de R$ 111,00;
"E" apresentou proposta de R$ 115,00; e
"F" apresentou proposta de R$ 117,00.

Somente "A", "B" e "C" serão convocados para a nova rodada de propostas, a fim de, se desejarem, reduzir ainda mais aquele valor de R$ 100,00 ofertado por "A". "B", se desejar, pode apresentar uma oferta de R$ 95,00, "C", se for da sua vontade, pode oferecer proposta de R$94,00 e "A" pode manter a sua proposta ou reduzir.

Dessa forma, "C" sairá vencedor se ninguém cobrir a sua oferta.

Ressalte-se que "D", "E" e "F" estão fora dessa rodada de propostas, em virtude de o valor das suas ofertas ter superado 10% (dez por cento) da oferta mais baixa.

Exemplo 2:

"A" apresentou proposta de R$ 100,00;
"B" apresentou proposta de R$ 111,00;
"C" apresentou proposta de R$ 115,00;
"D" apresentou proposta de R$ 120,00; e
"E" apresentou proposta de R$ 130,00.

Neste caso, não houve ofertas com preço de até 10% (dez por cento) do valor mais baixo. Consequentemente, deve ser aplicado o inciso IX. Poderão os autores das melhores propostas, até o máximo de 3 (três), oferecer novos lances verbais e sucessivos, quaisquer que sejam os preços oferecidos.

"A", "B" e "C", se desejarem, poderão oferecer novas propostas, sendo que a Administração Pública escolherá a mais vantajosa, ou seja, a de menor preço.

Encerrados os exemplos acima, deve ser lembrado que, apesar do tipo de licitação ou o critério de julgamento do procedimento do pregão ser de "menor preço", as especificações técnicas e parâmetros mínimos de desempenho e qualidade devem ser bem definidos no edital, sob pena de responsabilização dos agentes públicos que permitiram ativa ou omissivamente prejuízo à Administração Pública.

A escolha da melhor proposta dever ser um ato administrativo motivado com base nos fatos apresentados, nos critérios e requisitos estabelecidos no edital e nos ditames da lei.

XII – encerrada a etapa competitiva e ordenadas as ofertas, o pregoeiro procederá à abertura do invólucro contendo os documentos de habilitação do licitante que apresentou a melhor proposta, para verificação do atendimento das condições fixadas no edital;

XIII – a habilitação far-se-á com a verificação de que o licitante está em situação regular perante a Fazenda Nacional, a Seguridade Social e o Fundo de Garantia do Tempo de Serviço – FGTS, e as Fazendas Estaduais e Municipais, quando for o caso, com a comprovação de que atende às exigências do edital quanto à habilitação jurídica e qualificações técnica e econômico-financeira;

XIV – os licitantes poderão deixar de apresentar os documentos de habilitação que já constem do Sistema de Cadastramento Unificado de Fornecedores – Sicaf e sistemas semelhantes mantidos por Estados, Distrito Federal ou Municípios, assegurado aos demais licitantes o direito de acesso aos dados nele constantes;

Novamente, fica clara a inversão no rito do pregão, pois somente após a escolha da proposta de menor preço (mais vantajosa), o pregoeiro procederá à abertura do invólucro contendo os documentos de habilitação do licitante que apresentou a melhor proposta, para verificação do atendimento das condições fixadas no edital.

A habilitação demandará a verificação de que o licitante está:

	– Regular perante a Fazenda Nacional
	– Regular perante a Seguridade Social
	– Regular perante o Fundo de Garantia do Tempo de Serviço – FGTS
HABILITAÇÃO DO PREGÃO	– Regular, se for o caso, perante a Fazenda Estadual ou Distrital
	– Regular, se for o caso, perante a Fazenda Municipal ou Distrital
	– Atendendo às exigências do edital quanto à habilitação jurídica
	– Atendendo às exigências do edital quanto às qualificações técnica e econômico-financeira

Por uma questão de racionalidade e para evitar a burocracia indesejada, os licitantes poderão deixar de apresentar os documentos de habilitação que já constem do Sistema de Cadastramento Unificado de Fornecedores – Sicaf e sistemas semelhantes mantidos por Estados, Distrito Federal ou Municípios, assegurado aos demais licitantes o direito de acesso aos dados nele constantes.

XV – verificado o atendimento das exigências fixadas no edital, o licitante será declarado vencedor.

A lei exige um ato formal de declaração do vencedor, que deve ser publicado da mesma forma que o instrumento convocatório, e o procedimento deve ficar sempre à disposição não apenas dos participantes, mas também de qualquer interessado.

XVI – se a oferta não for aceitável ou se o licitante desatender às exigências habilitatórias, o pregoeiro examinará as ofertas subsequentes e a qualificação dos licitantes, na ordem de classificação, e assim sucessivamente, até a apuração de uma que atenda ao edital, sendo o respectivo licitante declarado vencedor;

XVII – nas situações previstas nos incisos XI e XVI, o pregoeiro poderá negociar diretamente com o proponente para que seja obtido preço melhor.

A própria lei oferece uma alternativa para caso o licitante que apresentou a melhor proposta tenha a sua habilitação julgada irregular, o pregoeiro examinará as ofertas subsequentes e a qualificação dos licitantes, na ordem de classificação, e assim sucessivamente, até a apuração de uma que atenda ao edital, sendo o respectivo licitante declarado vencedor.

Ressalte-se que, mesmo escolhida a melhor proposta, o pregoeiro poderá ainda buscar um preço melhor, negociando diretamente com o vencedor.

XVIII – declarado o vencedor, qualquer licitante poderá manifestar imediata e motivadamente a intenção de recorrer, quando lhe será concedido o prazo de 3 (três) dias para apresentação das razões do recurso, ficando os demais licitantes desde logo intimados para apresentar contrarrazões em igual número de dias, que começarão a correr do término do prazo do recorrente, sendo-lhes assegurada vista imediata dos autos;

XIX – o acolhimento de recurso importará a invalidação apenas dos atos insuscetíveis de aproveitamento;

XX – a falta de manifestação imediata e motivada do licitante importará a decadência do direito de recurso e a adjudicação do objeto da licitação pelo pregoeiro ao vencedor.

Apesar de a licitação não se afigurar essencialmente um processo e sim um procedimento no qual as partes atuam em colaboração, faz-se presente a incidência do preceito do inciso LV do art. 5º da CF/88. Consequentemente, incidirão o contraditório e a ampla defesa, com os meios e recursos a esta inerentes.

No procedimento do pregão, existe a faculdade de qualquer licitante para recorrer das decisões que lhes sejam desfavoráveis e a possibilidade dos demais apresentarem contrarrazões.

Com o objetivo de manter a celeridade do pregão, a lei somente permite recurso após a declaração do vencedor. Qualquer licitante deverá imediatamente na declaração manifestar a sua vontade motivada de recorrer, ser-lhe-á concedido um prazo de 3 (três) dias e os demais licitantes, logo que intimados, terão o mesmo prazo, contado a partir do término do prazo do recorrente, para apresentar contrarrazões.

A manifestação do insatisfeito deve ser imediata e motivada, sob pena de decadência do direito de recurso e a adjudicação do objeto da licitação pelo pregoeiro ao vencedor.

Com o objetivo de preservar ao máximo os atos regulares e válidos do pregão, o acolhimento de recurso importará a invalidação apenas dos atos insuscetíveis de aproveitamento.

XXI – decididos os recursos, a autoridade competente fará a adjudicação do objeto da licitação ao licitante vencedor;

XXII – homologada a licitação pela autoridade competente, o adjudicatário será convocado para assinar o contrato no prazo definido em edital; e

XXIII – se o licitante vencedor, convocado dentro do prazo de validade da sua proposta, não celebrar o contrato, aplicar-se-á o disposto no inciso XVI.

Verificada a regularidade e validade de todos os atos do procedimento e julgados todos os recursos interpostos, a autoridade competente que instaurou o pregão homologará os atos do pregoeiro e adjudicará o objeto da contratação ao licitante vencedor, que será convocado para assinar o contrato no prazo que já é do seu conhecimento por ter sido explicitado no instrumento convocatório.

Existe o risco de o licitante escolhido recusar-se a celebrar o contrato. Se isso acontecer, o procedimento será reaberto, a homologação e a adjudicação serão revogadas e o pregoeiro examinará as ofertas subsequentes e a qualificação dos licitantes, na ordem de classificação, e assim sucessivamente, até a apuração de uma que atenda ao edital, sendo o respectivo licitante declarado vencedor.

Assim, deverão novamente ser homologada a licitação e ser adjudicado o seu objeto.

Há **sanção** para quem for convocado a assinar o contrato e não o fizer. Na forma do art. 7º da lei em tela, quem, convocado dentro do prazo de validade da sua proposta, não celebrar o contrato, deixar de entregar, ou apresentar documentação falsa exigida para o certame, ensejar o retardamento da execução de seu objeto, não mantiver a proposta, falhar ou fraudar na execução do contrato, comportar-se de modo inidôneo ou cometer fraude fiscal, ficará impedido de licitar e contratar com a União, Estados, Distrito Federal ou Municípios e, será descredenciado no Sicaf, ou nos sistemas de cadastramento de fornecedores a que se refere o inciso XIV do art. 4º da Lei n. 10.520/02, pelo **prazo de até 5 (cinco)**

anos, sem prejuízo **das multas previstas em edital e no contrato e das demais cominações legais.**

VEDAÇÕES

Conforme o art. 5º da Lei n. 10.520/02, a Administração Pública fica **impedida** de:

– Exigir **garantia de proposta**;
– Exigir, como condição de participação no certame, a **aquisição do edital** pelos licitantes;
– Exigir **pagamentos de taxas e emolumentos**, salvo os referentes a fornecimento do edital, que não serão superiores ao custo de sua reprodução gráfica, e aos custos de utilização de recursos de tecnologia da informação, quando for o caso.

A Lei n. 10.520/02 previu, no §1º do seu art. 2º, a possibilidade de realização do pregão por meio da utilização de recursos de tecnologia da informação, nos termos de regulamentação específica.

O art. 4º, *caput*, do Decreto n. 5.450/2005 dispunha que nas licitações para aquisição de bens e serviços comuns será obrigatória a modalidade pregão, sendo preferencial a utilização da sua forma eletrônica. Todavia, esse regulamento foi revogado pelo Decreto n. 10.024/2019, cujo §1º do art. 1º dispõe que a utilização da modalidade de pregão, na forma eletrônica, pelos órgãos da administração pública federal direta, pelas autarquias, pelas fundações e pelos fundos especiais é **obrigatória**.

Portanto, para a Administração Pública Federal, a aquisição de bens e serviços comuns, desde 1º de julho de 2005, ocorre obrigatoriamente por meio da modalidade pregão. A forma eletrônica do pregão, que era preferencial, tornou-se obrigatória desde 28 de outubro de 2019.

Por fim, tem-se que a licitação na modalidade de pregão, na forma eletrônica, não se aplica às contratações de obras de engenharia, bens e serviços especiais, nem às locações imobiliárias e alienações em geral. A modalidade é cabível para a contratação de serviço comum de engenharia, cujos padrões de desempenho e qualidade possam ser objetivamente definidos pela administração pública, mediante especificações usuais de mercado, de acordo com o teor da Súmula 257 do TCU: "O uso do pregão nas contratações de serviços comuns de engenharia encontra amparo na Lei 10.520/2002".

A realização de pregão presencial tem caráter excepcional e requer prévia motivação da autoridade competente, com vistas a demonstrar a inviabilidade técnica ou a desvantagem do uso da forma eletrônica.

28.18.5.6. Licitação internacional

A licitação internacional é o procedimento de escolha da melhor proposta pela Administração Pública para a aquisição de bens ou serviços, desfazimento de bens ou escolha de trabalho técnico, científico ou artístico, cuja participação é extensível a empresas estrangeiras.

As empresas brasileiras não serão excluídas do certame, a principal característica da licitação internacional é a possibilidade de participação das estrangeiras.

O conceito de empresa estrangeira é extraído por exclusão do *caput* do art. 60 do Decreto-Lei n. 2.627/40. Eis o seu texto: "São nacionais as sociedades organizadas na conformidade da lei brasileira e que têm no país a sede de sua administração".

Assim, são estrangeiras as sociedades constituídas e organizadas segundo as leis de outras nações e com sede fora do Brasil.

As licitações internacionais podem ser realizadas através de três modalidades, são elas:

a) **Concorrência** (§3º do art. 23 da Lei n. 8.666/93);
b) **Tomada de preços** (§3º do art. 23 da Lei n. 8.666/93); e
c) **Leilão** (§3º do art. 53 da Lei n. 8.666/93).

Na forma do §4º art. 32 da lei em estudo, as **empresas estrangeiras que não funcionem no país**, tanto quanto possível, atenderão, nas licitações internacionais, às exigências relativas à habilitação mediante documentos equivalentes, autenticados pelos respectivos consulados e traduzidos por tradutor juramentado, devendo ter representação legal no Brasil com poderes expressos para receber citação e responder administrativa ou judicialmente.

Observe-se que, além dos documentos de habilitação equivalentes acima descritos, faz-se necessário, na forma do inciso V do art. 28 da lei em tela, **decreto de autorização**, em se tratando de **empresa ou sociedade estrangeira em**

638   CURSO DE DIREITO ADMINISTRATIVO

funcionamento no país, e ato de registro ou autorização para funcionamento expedido pelo órgão competente, quando a atividade assim o exigir.

É sutil, mas existe distinção – apesar de todas poderem participar de licitações internacionais – entre empresas estrangeiras que não funcionam no país e empresas estrangeiras que funcionam no país, qual seja: quando a empresa ou sociedade estrangeira funcionar no país há necessidade também do decreto mencionado.

Por óbvio, quando a empresa estrangeira já funciona no Brasil, não há necessidade de constituir representante legal com poderes expressos para receber citação e responder administrativa e judicialmente.

No consórcio de empresas brasileiras e estrangeiras a liderança caberá, obrigatoriamente, à empresa brasileira.

Nos contratos celebrados pela Administração Pública com pessoas físicas ou jurídicas, inclusive aquelas domiciliadas no estrangeiro, deverá constar necessariamente cláusula que declare competente o foro da sede da Administração para dirimir qualquer questão contratual.

Todavia, as exigências de liderança do consórcio por empresa brasileira, de habilitação e de foro contratual na sede da Administração não se aplicam às licitações internacionais para a aquisição de bens e serviços cujo pagamento seja feito com o produto de **financiamento concedido por organismo financeiro internacional de que o Brasil faça parte, ou por agência estrangeira de cooperação**, nem nos casos de contratação com empresa estrangeira, para a compra de **equipamentos fabricados e entregues no exterior**, desde que para este caso tenha havido prévia autorização do Chefe do Poder Executivo, nem nos casos de aquisição de bens e serviços realizada por **unidades administrativas com sede no exterior**.

O edital da licitação internacional prevê condições equivalentes de pagamento entre empresas brasileiras e estrangeiras.

Além disso, é vedado aos agentes públicos estabelecer tratamento diferenciado de natureza comercial, legal, trabalhista, previdenciária ou qualquer outra, entre empresas brasileiras e estrangeiras, inclusive no que se refere a moeda, modalidade e local de pagamentos, mesmo quando envolvidos financiamentos de agências internacionais, ressalvado o disposto no parágrafo seguinte e no art. 3º da Lei n. 8.248, de 23 de outubro de 1991.

Por fim, as normas de adequação para as licitações internacionais são disciplinadas no art. 42 da Lei n. 8.666/93, que dispõe sobre critérios atinentes a questões monetárias, pagamento, garantia, julgamento da licitação, obras, prestação de serviços ou aquisição de bens com recursos provenientes de financiamento ou doação oriundos de agência oficial de cooperação estrangeira ou organismo financeiro multilateral de que o Brasil seja parte, e cotações.

28.18.5.7. Licitação de grande vulto e alta complexidade técnica

Obras, serviços e compras de **grande vulto** são aquelas cujo valor estimado seja superior a 25 (vinte e cinco) vezes o limite estabelecido na alínea *c* do inciso I do art. 23 da Lei n. 8.666/93. Assim, as contratações com valores superiores a R$ 37.500.000,00 (trinta e sete milhões e quinhentos mil reais).

Entende-se por licitação de **alta complexidade** técnica aquela que envolva alta especialização, como fator de extrema relevância para garantir a execução do objeto a ser contratado, ou que possa comprometer a continuidade da prestação de serviços públicos essenciais, conforme o §9º do art. 30 da Lei n. 8.666/93.

Nas licitações de grande vulto, a Administração Pública, além de utilizar os instrumentos usuais descritos pela lei para divulgação, poderá valer-se de outros meios para ampliar a área de competição.

No caso de obras, serviços e compras de grande vulto, de alta complexidade técnica, poderá a Administração exigir dos licitantes a metodologia de execução, cuja avaliação, para efeito de sua aceitação ou não, **antecederá sempre à análise dos preços e será efetuada exclusivamente por critérios objetivos**.

Excepcionalmente, os tipos de licitação "melhor técnica" ou "técnica e preço" poderão ser adotados, por autorização expressa e mediante justificativa circunstanciada da maior autoridade da Administração promotora constante do ato convocatório, para fornecimento de bens e execução de obras ou prestação de serviços de grande vulto majoritariamente dependentes de tecnologia nitidamente sofisticada e de domínio restrito, atestado por autoridades técnicas de reconhecida qualificação, nos casos em que o objeto pretendido admitir soluções alternativas e variações de execução, com repercussões significativas sobre sua qualidade, produtividade, rendimento e durabilidade concretamente mensuráveis, e estas puderem ser adotadas à livre escolha dos licitantes, na conformidade dos critérios objetivamente fixados no ato convocatório.

A **garantia** para obras, serviços e fornecimentos de grande vulto envolvendo alta complexidade técnica e riscos financeiros consideráveis, demonstrados através de parecer tecnicamente aprovado pela autoridade competente, poderá ser elevada para até 10% (dez por cento) do valor do contrato, conforme o §3º do art. 56 da Lei n. 8.666/93. Gize-se que, nas contratações normais, o limite é de até 5% (cinco por cento).

640 CURSO DE DIREITO ADMINISTRATIVO

Por fim, tem-se que, nos casos de aquisição de equipamentos de grande vulto, o recebimento far-se-á mediante termo circunstanciado e, nos demais, mediante recibo.

28.18.5.8. Licitação das empresas estatais

28.18.5.8.1. Contratação direta

28.18.5.8.1.1. Dispensa

O art. 28 da Lei n. 13.303/16 inicia o conjunto de normas que tratam das licitações das empresas estatais, aduzindo que os contratos com terceiros destinados à prestação de serviços às empresas públicas e às sociedades de economia mista, inclusive de engenharia e de publicidade, à aquisição e à locação de bens, à alienação de bens e ativos integrantes do respectivo patrimônio ou à execução de obras a serem integradas a esse patrimônio, bem como à implementação de ônus real sobre tais bens, serão precedidos de licitação nos termos da lei em tela, ressalvadas as hipóteses de dispensa e inexigibilidade também descritos na própria lei das empresas estatais.

Assim, as hipóteses de dispensa e de inexigibilidade são trazidas pela própria lei e algumas adequações para as empresas estatais ao procedimento preferencial (**pregão**) também são apresentadas.

São hipóteses taxativas de dispensa de licitação para as empresas estatais, na forma do art. 29 da lei em estudo:

I – **para obras e serviços de engenharia de valor até R$ 100.000,00 (cem mil reais)**, desde que não se refiram a parcelas de uma mesma obra ou serviço ou ainda a obras e serviços de mesma natureza e no mesmo local que possam ser realizadas conjunta e concomitantemente;

II – **para outros serviços e compras de valor até R$ 50.000,00 (cinquenta mil reais)** e para alienações, nos casos previstos nesta Lei, desde que não se refiram a parcelas de um mesmo serviço, compra ou alienação de maior vulto que possa ser realizado de uma só vez;

III – **quando não acudirem interessados à licitação anterior e essa, justificadamente, não puder ser repetida sem prejuízo** para a empresa pública ou a sociedade de economia mista, bem como para suas respectivas subsidiárias, desde que mantidas as condições preestabelecidas;

IV – quando as propostas apresentadas consignarem **preços manifestamente superiores aos praticados no mercado nacional ou incompatíveis com os fixados pelos órgãos oficiais competentes;**

V – **para a compra ou locação de imóvel destinado ao atendimento de suas finalidades precípuas, quando as necessidades de instalação e localização condicionarem a escolha do imóvel**, desde que o preço seja compatível com o valor de mercado, segundo avaliação prévia;

VI – **na contratação de remanescente de obra, de serviço ou de fornecimento, em consequência de rescisão contratual, desde que atendida a ordem de classificação da licitação anterior e aceitas as mesmas condições do contrato encerrado por rescisão ou distrato, inclusive quanto ao preço**, devidamente corrigido;

VII – **na contratação de instituição brasileira incumbida regimental ou estatutariamente da pesquisa, do ensino ou do desenvolvimento institucional ou de instituição dedicada à recuperação social do preso**, desde que a contratada detenha inquestionável reputação ético-profissional e não tenha fins lucrativos;

VIII – para a aquisição de componentes ou peças de origem nacional ou estrangeira necessários à manutenção de equipamentos **durante o período de garantia técnica**, junto ao fornecedor original desses equipamentos, **quando tal condição de exclusividade for indispensável para a vigência da garantia**;

IX – na contratação de **associação de pessoas com deficiência física**, sem fins lucrativos e de comprovada idoneidade, para a prestação de serviços ou fornecimento de mão de obra, desde que o preço contratado seja compatível com o praticado no mercado;

X – na contratação de concessionário, permissionário ou autorizado para fornecimento ou suprimento de **energia elétrica ou gás natural e de outras prestadoras de serviço público**, segundo as normas da legislação específica, desde que o objeto do contrato tenha pertinência com o serviço público;

XI – nas contratações entre **empresas públicas ou sociedades de economia mista e suas respectivas subsidiárias**, para aquisição ou alienação de bens e prestação ou obtenção de serviços, desde que os preços sejam compatíveis com os praticados no mercado e que o objeto do contrato tenha relação com a atividade da contratada prevista em seu estatuto social;

XII – na contratação de **coleta, processamento e comercialização de resíduos sólidos urbanos recicláveis ou reutilizáveis**, em áreas com sistema de coleta seletiva de lixo, efetuados por associações ou cooperativas formadas exclusivamente por pessoas físicas de baixa renda que tenham como ocupação econômica a coleta de materiais recicláveis, com o uso de equipamentos compatíveis com as normas técnicas, ambientais e de saúde pública;

XIII – para o fornecimento de bens e serviços, produzidos ou prestados no país, que envolvam, cumulativamente, **alta complexidade tecnológica e defesa nacional**, mediante parecer de comissão especialmente designada pelo dirigente máximo da empresa pública ou da sociedade de economia mista;

XIV – nas contratações visando ao cumprimento do disposto nos arts. 3º, 4º, 5º e 20 da Lei n. 10.973, de 2 de dezembro de 2004, observados os princípios gerais de contratação dela constantes;

XV – em **situações de emergência**, quando caracterizada urgência de atendimento de situação que possa ocasionar prejuízo ou comprometer a segurança de pessoas, obras, serviços, equipamentos e outros bens, públicos ou particulares, e somente para os bens necessários ao atendimento da situação emergencial e para as parcelas de obras e serviços que possam ser concluídas no prazo máximo de 180 (cento e oitenta) dias consecutivos e ininterruptos, contado da ocorrência da emergência, vedada a prorrogação dos respectivos contratos, observado o disposto no §2º;

XVI – na **transferência de bens a órgãos e entidades da administração pública**, inclusive quando efetivada mediante permuta;

XVII – na **doação de bens móveis para fins e usos de interesse social**, após avaliação de sua oportunidade e conveniência socioeconômica relativamente à escolha de outra forma de alienação;

XVIII – na **compra e venda de ações, de títulos de crédito e de dívida e de bens que produzam ou comercializem**.

Os valores estabelecidos nos itens I e II acima podem ser alterados, para refletir a variação de custos, por deliberação do Conselho de Administração da empresa pública ou sociedade de economia mista, admitindo-se valores diferenciados para cada empresa ou sociedade.

Além dessas hipóteses de dispensa, foram listadas mais duas relacionadas às próprias atividades de negócios das estatais no §3º do art. 28 da lei em estudo. *Vide* ambas abaixo:

I – **comercialização, prestação ou execução, de forma direta, de produtos, serviços ou obras especificamente relacionados com seus respectivos objetos sociais**; e

II – nos casos em que a **escolha do parceiro** esteja associada a suas características particulares, vinculada a **oportunidades de negócio** definidas e específicas, justificada a inviabilidade de procedimento competitivo.

Cumpre ressaltar que recentemente o ministro Ricardo Lewandowski, do Supremo Tribunal Federal, concedeu medida cautelar na Ação Direta de Inconstitucionalidade (ADI) 5624 para dar interpretação conforme a Constituição a dispositivo da Lei das Estatais (Lei 13.303/2016) que torna dispensável a realização de licitação por empresas públicas e sociedades de economia mista no caso de compra e venda de ações, de títulos de crédito e de dívida e de bens que produzam ou comercializem. Segundo o ministro, o dispositivo (art. 29, *caput*, XVIII, da Lei das Estatais) deve ser interpretado no sentido de afirmar que a venda de ações de empresas públicas, sociedades de economia mista ou de suas subsidiárias ou controladas exige prévia autorização legislativa, sempre que se cuide de alienar o controle acionário. Ele acrescenta que a dispensa de licitação só pode ser aplicada à venda de ações que não importem a perda de controle acionário de empresas públicas, sociedades de economia mista ou de suas subsidiárias ou controladas.

No mérito, em razão de voto médio, o Tribunal[66] referendou, em parte, a medida cautelar concedida pelo Ministro Ricardo Lewandowski (Relator), para conferir ao art. 29, *caput*, XVIII, da Lei n. 13.303/2016 interpretação conforme à Constituição Federal, nos seguintes termos:

> i) a alienação do controle acionário de empresas públicas e sociedades de economia mista exige autorização legislativa e licitação; e
>
> ii) a exigência de autorização legislativa, todavia, não se aplica à alienação do controle de suas subsidiárias e controladas. Nesse caso, a operação pode ser realizada sem a necessidade de licitação, desde que siga procedimentos que observem os princípios da administração pública inscritos no art. 37 da Constituição, respeitada, sempre, a exigência de necessária competitividade.

28.18.5.8.1.2. Inexigibilidade

Na forma do art. 30 da lei em questão, a contratação direta será feita quando houver inviabilidade de competição, em especial na hipótese de:

I – aquisição de materiais, equipamentos ou gêneros que só possam ser fornecidos por produtor, empresa ou representante comercial exclusivo;

II – contratação dos seguintes serviços técnicos especializados, com profissionais ou empresas de notória especialização, vedada a inexigibilidade para serviços de publicidade e divulgação:

  a) estudos técnicos, planejamentos e projetos básicos ou executivos;

  b) pareceres, perícias e avaliações em geral;

  c) assessorias ou consultorias técnicas e auditorias financeiras ou tributárias;

  d) fiscalização, supervisão ou gerenciamento de obras ou serviços;

  e) patrocínio ou defesa de causas judiciais ou administrativas;

  f) treinamento e aperfeiçoamento de pessoal; e

  g) restauração de obras de arte e bens de valor histórico.

Considera-se de notória especialização o profissional ou a empresa cujo conceito no campo de sua especialidade, decorrente de desempenho anterior,

---

[66] STF, ADI 5624 MC-REF/DF, rel. Min. Ricardo Lewandowski, Plenário, julgado em 6-6-2019, *DJe* 29-11-2019.

644   CURSO DE DIREITO ADMINISTRATIVO

estudos, experiência, publicações, organização, aparelhamento, equipe técnica ou outros requisitos relacionados com suas atividades, permita inferir que o seu trabalho é essencial e indiscutivelmente o mais adequado à plena satisfação do objeto do contrato.

28.18.5.8.1.3.   Instrução do procedimento de contratação direta

O processo de contratação direta será instruído, no que couber, com os seguintes elementos:

I – caracterização da situação emergencial, calamitosa ou de grave e iminente risco à segurança pública que justifique a dispensa, quando for o caso;

II – razão da escolha do fornecedor ou executante;

III – justificativa do preço;

IV – documento de aprovação dos projetos de pesquisa aos quais os bens serão alocados.

Além disso, devem ser observados as fases e os requisitos já elencados relativos à contratação direta tratados anteriormente.

28.18.5.8.2.   Modalidade preferencial de licitação

A modalidade **preferencial** para a aquisição de bens e serviços comuns, assim considerados aqueles cujos padrões de desempenho e qualidade possam ser objetivamente definidos pelo edital, por meio de especificações usuais no mercado, será o **pregão** disciplinado pela Lei n. 10.520/02.

Assim, as demais modalidades de licitação previstas na lei n. 8.666/93 deverão ser utilizadas nas hipóteses que não são objeto de pregão e poderão ser, motivadamente, usadas mesmo nas hipóteses objeto de pregão caso o gestor deseje um procedimento mais complexo por alguma razão justificável.

A execução de obras e o desfazimento de bens não podem ser licitados através de pregão, devendo ser usada a modalidade licitatória própria descrita na lei geral de licitação e contratos.

28.18.5.8.3.   Tipos de licitação ou critérios de julgamento

Na forma do art. 54 da Lei n. 13.303/16, poderão ser utilizados os seguintes critérios de julgamento:

I – menor preço;

II – maior desconto;

III – melhor combinação de técnica e preço;
IV – melhor técnica;
V – melhor conteúdo artístico;
VI – maior oferta de preço;
VII – maior retorno econômico; e
VIII – melhor destinação de bens alienados.

Os critérios de julgamento serão expressamente identificados no instrumento convocatório e poderão ser combinados na hipótese de parcelamento do objeto. A seguir, serão tratados de maneira mais minuciosa os critérios de julgamento citados.

28.18.5.8.4. Intervalo mínimo

A preparação das propostas não representa algo simples para os interessados. Assim como ocorre nas modalidades descritas na Lei n. 8.666/93 e na Lei n. 10.520/02, a Lei n. 13.303/16 estabelece, no seu art. 39, prazos mínimos entre a divulgação do instrumento convocatório e a apresentação de propostas ou lances.

Os procedimentos licitatórios, a pré-qualificação e os contratos serão divulgados em portal específico mantido pela empresa pública ou sociedade de economia mista na internet, devendo ser adotados os seguintes prazos mínimos para apresentação de propostas ou lances, contados a partir da divulgação do instrumento convocatório:

I – para aquisição de bens:
    a) 5 (cinco) dias úteis, quando adotado como critério de julgamento o menor preço ou o maior desconto;
    b) 10 (dez) dias úteis, nas demais hipóteses.
II – para contratação de obras e serviços:
    a) 15 (quinze) dias úteis, quando adotado como critério de julgamento o menor preço ou o maior desconto;
    b) 30 (trinta) dias úteis, nas demais hipóteses;
III – no mínimo 45 (quarenta e cinco) dias úteis para licitação em que se adote como critério de julgamento a melhor técnica ou a melhor combinação de técnica e preço, bem como para licitação em que haja contratação semi--integrada ou integrada.

As modificações promovidas no instrumento convocatório serão objeto de divulgação nos mesmos termos e prazos dos atos e procedimentos originais, exceto quando a alteração não afetar a preparação das propostas.

28.18.5.8.5. Rito da licitação

As licitações das empresas públicas e sociedades de economia mista observarão a seguinte sequência de 10 (dez) fases:

a) preparação;

A preparação é a fase interna da licitação que envolve a demonstração da necessidade, a definição do objeto, as cotações no mercado para definição de preços mínimos e máximos, a verificação orçamentária, a autorização da autoridade instauradora do procedimento, a elaboração do instrumento convocatório e da minuta contratual.

b) divulgação;

A divulgação é o primeiro ato da fase externa do procedimento licitatório. O §2º do art. 51 da Lei n. 13.303/16 define que os avisos contendo os resumos dos editais das licitações e contratos abrangidos pela citada lei devem ser previamente publicados no Diário Oficial da União, do Estado ou do Município e na internet.

c) apresentação de lances ou propostas, conforme o modo de disputa adotado;

Apesar de a lei em estudo definir que a modalidade prioritária de licitação será o pregão, nada impede que, de maneira justificada, seja adotada outra modalidade. Assim, a depender do procedimento escolhido e do objeto, será apresentada proposta ou será apresentado lance.

Poderão ser adotados os modos de disputa aberto ou fechado, ou, quando o objeto da licitação puder ser parcelado, a combinação de ambos, observado o disposto no inciso III do art. 32 da Lei n. 13.303/16.

No **modo de disputa aberto**, os licitantes apresentarão lances públicos e sucessivos, crescentes ou decrescentes, conforme o critério de julgamento adotado.

No **modo de disputa fechado**, as propostas apresentadas pelos licitantes serão sigilosas até a data e a hora designadas para que sejam divulgadas.

Quando for adotado o modo de disputa aberto, poderão ser admitidos:

I – a apresentação de lances intermediários;

II – o reinício da disputa aberta, após a definição do melhor lance, para definição das demais colocações, quando existir diferença de pelo menos 10% (dez por cento) entre o melhor lance e o subsequente.

Consideram-se intermediários os lances:

I – iguais ou inferiores ao maior já ofertado, quando adotado o julgamento pelo critério da maior oferta;

II – iguais ou superiores ao menor já ofertado, quando adotados os demais critérios de julgamento.

d) julgamento;

Como já foi mencionado, na forma do art. 54, poderão ser utilizados os seguintes critérios de julgamento:

I – menor preço;

II – maior desconto;

III – melhor combinação de técnica e preço;

IV – melhor técnica;

V – melhor conteúdo artístico;

VI – maior oferta de preço;

VII – maior retorno econômico;

VIII – melhor destinação de bens alienados.

Os critérios de julgamento serão expressamente identificados no instrumento convocatório e poderão ser combinados na hipótese de parcelamento do objeto, observado o disposto no inciso III do art. 32 da Lei em tela.

Na hipótese de adoção dos critérios referidos nos itens III, IV, V e VII acima, o julgamento das propostas será efetivado mediante o emprego de parâmetros específicos, definidos no instrumento convocatório, destinados a limitar a subjetividade do julgamento.

Para efeito de julgamento, não serão consideradas vantagens não previstas no instrumento convocatório.

O critério previsto no item II acima:

I – terá como referência o preço global fixado no instrumento convocatório, estendendo-se o desconto oferecido nas propostas ou lances vencedores a eventuais termos aditivos;

648 CURSO DE DIREITO ADMINISTRATIVO

II – no caso de obras e serviços de engenharia, o desconto incidirá de forma linear sobre a totalidade dos itens constantes do orçamento estimado, que deverá obrigatoriamente integrar o instrumento convocatório.

Quando for utilizado o critério referido no item III acima, a avaliação das propostas técnicas e de preço considerará o percentual de ponderação mais relevante, limitado a 70% (setenta por cento).

Quando for utilizado o critério referido no item VII, os lances ou propostas terão o objetivo de proporcionar economia à empresa pública ou à sociedade de economia mista, por meio da redução de suas despesas correntes, remunerando-se o licitante vencedor com base em percentual da economia de recursos gerada.

Na implementação do critério previsto no item VIII acima, será obrigatoriamente considerada, nos termos do respectivo instrumento convocatório, a repercussão, no meio social, da finalidade para cujo atendimento o bem será utilizado pelo adquirente.

O descumprimento da finalidade a que se refere o parágrafo acima resultará na imediata restituição do bem alcançado ao acervo patrimonial da empresa pública ou da sociedade de economia mista, vedado, nessa hipótese, o pagamento de indenização em favor do adquirente.

Em caso de empate entre 2 (duas) propostas, serão utilizados, na ordem em que se encontram enumerados, os seguintes critérios de desempate:

I – disputa final, em que os licitantes empatados poderão apresentar nova proposta fechada, em ato contínuo ao encerramento da etapa de julgamento;
II – avaliação do desempenho contratual prévio dos licitantes, desde que exista sistema objetivo de avaliação instituído;
III – os critérios estabelecidos no art. 3º da Lei n. 8.248, de 23 de outubro de 1991, e no §2º do art. 3º da Lei n. 8.666, de 21 de junho de 1993; e
IV – sorteio;
e) **verificação de efetividade dos lances ou propostas;**

Efetuado o julgamento dos lances ou propostas, será promovida a verificação de sua efetividade, promovendo-se a desclassificação daqueles que:

I – contenham vícios insanáveis;
II – descumpram especificações técnicas constantes do instrumento convocatório;
III – apresentem preços manifestamente inexequíveis;
IV – se encontrem acima do orçamento estimado para a contratação de que trata o §1º do art. 57, ressalvada a hipótese prevista no *caput* do art. 34 da lei em tela;
V – não tenham sua exequibilidade demonstrada, quando exigido pela empresa pública ou pela sociedade de economia mista;

VI – apresentem desconformidade com outras exigências do instrumento convocatório, salvo se for possível a acomodação a seus termos antes da adjudicação do objeto e sem que se prejudique a atribuição de tratamento isonômico entre os licitantes.

A verificação da efetividade dos lances ou propostas poderá ser feita exclusivamente em relação aos lances e propostas mais bem classificados.

A empresa pública e a sociedade de economia mista poderão realizar diligências para aferir a exequibilidade das propostas ou exigir dos licitantes que ela seja demonstrada, na forma do item V acima.

Nas licitações de obras e serviços de engenharia, consideram-se inexequíveis as propostas com valores globais inferiores a 70% (setenta por cento) do menor dos seguintes valores:

I – média aritmética dos valores das propostas superiores a 50% (cinquenta por cento) do valor do orçamento estimado pela empresa pública ou sociedade de economia mista; ou
II – valor do orçamento estimado pela empresa pública ou sociedade de economia mista.

Para os demais objetos, para efeito de avaliação da exequibilidade ou de sobrepreço, deverão ser estabelecidos critérios de aceitabilidade de preços que considerem o preço global, os quantitativos e os preços unitários, assim definidos no instrumento convocatório.

f) negociação;

Confirmada a efetividade do lance ou proposta que obteve a primeira colocação na etapa de julgamento, ou que passe a ocupar essa posição em decorrência da desclassificação de outra que tenha obtido colocação superior, a empresa pública e a sociedade de economia mista deverão negociar condições mais vantajosas com quem o apresentou.

A negociação deverá ser feita com os demais licitantes, segundo a ordem inicialmente estabelecida, quando o preço do primeiro colocado, mesmo após a negociação, permanecer acima do orçamento estimado.

Se depois de adotada a providência referida acima não for obtido valor igual ou inferior ao orçamento estimado para a contratação, **será revogada a licitação.**

g) habilitação;

A habilitação será apreciada exclusivamente a partir dos seguintes parâmetros:

I – exigência da apresentação de documentos aptos a comprovar a possibilidade da aquisição de direitos e da contração de obrigações por parte do licitante;

II – qualificação técnica, restrita a parcelas do objeto técnica ou economicamente relevantes, de acordo com parâmetros estabelecidos de forma expressa no instrumento convocatório;

III – capacidade econômica e financeira;

IV – recolhimento de quantia a título de adiantamento, tratando-se de licitações em que se utilize como critério de julgamento a maior oferta de preço.

Quando o critério de julgamento utilizado for a maior oferta de preço, os requisitos de qualificação técnica e de capacidade econômica e financeira poderão ser dispensados.

Na hipótese acima, reverterá a favor da empresa pública ou da sociedade de economia mista o valor de quantia eventualmente exigida no instrumento convocatório a título de adiantamento, caso o licitante não efetue o restante do pagamento devido no prazo para tanto estipulado.

h) interposição de recursos;

Salvo no caso de inversão de fases, o procedimento licitatório terá fase recursal única.

Os recursos serão apresentados no prazo de 5 (cinco) dias úteis após a habilitação e contemplarão, além dos atos praticados nessa fase, aqueles praticados em decorrência do disposto nos incisos IV e V do *caput* do art. 51 da lei em tela.

Na hipótese de inversão de fases, o prazo referido acima será aberto após a habilitação e após o encerramento da fase prevista no inciso V do *caput* do art. 51 da lei em estudo, abrangendo o segundo prazo também atos decorrentes da fase referida no inciso IV do *caput* do art. 51 citado.

i) adjudicação do objeto;
j) homologação do resultado ou revogação do procedimento.

A homologação do resultado implica a constituição de direito relativo à celebração do contrato em favor do licitante vencedor.

A empresa pública e a sociedade de economia mista não poderão celebrar contrato com preterição da ordem de classificação das propostas ou com terceiros estranhos à licitação.

Além das hipóteses previstas no §3º do art. 57 e no inciso II do §2º do art. 75, tudo da lei em comento, quem dispuser de competência para homologação do resultado poderá revogar a licitação por razões de interesse público decorrentes de fato superveniente que constitua óbice manifesto e incontornável, ou anulá-la por ilegalidade, de ofício ou por provocação de terceiros, salvo quando for viável a convalidação do ato ou do procedimento viciado.

A anulação da licitação por motivo de ilegalidade não gera obrigação de indenizar. A nulidade da licitação induz à do contrato.

Após iniciada a fase de apresentação de lances ou propostas, a revogação ou a anulação da licitação somente será efetivada depois de se conceder aos licitantes que manifestem interesse em contestar o respectivo ato no prazo apto a lhes assegurar o exercício do direito ao contraditório e à ampla defesa.

Aplicam-se essas disposições, no que couber, aos atos por meio dos quais se determine a contratação direta.

Tem-se que, conforme §2º do art. 75 da Lei n. 13.303/16, a empresa pública e a sociedade de economia mista convocarão o licitante vencedor ou o destinatário de contratação com dispensa ou inexigibilidade de licitação para assinar o termo de contrato, observados o prazo e as condições estabelecidos, sob pena de decadência do direito à contratação.

O prazo de convocação poderá ser prorrogado 1 (uma) vez, por igual período. É facultado à empresa pública ou à sociedade de economia mista, quando o convocado não assinar o termo de contrato no prazo e nas condições estabelecidos:

I – convocar os licitantes remanescentes, na ordem de classificação, para fazê-lo em igual prazo e nas mesmas condições propostas pelo primeiro classificado, inclusive quanto aos preços atualizados em conformidade com o instrumento convocatório;

II – revogar a licitação.

28.18.5.8.6. Pré-qualificação permanente

A Lei n. 13.303/16 trouxe, no seu art. 64, a figura da **pré-qualificação permanente,** que é um procedimento anterior e auxiliar à licitação destinado a identificar:

I – fornecedores que reúnam condições de habilitação exigidas para o fornecimento de bem ou a execução de serviço ou obra nos prazos, locais e condições previamente estabelecidos;

II – bens que atendam às exigências técnicas e de qualidade da administração pública.

O procedimento de pré-qualificação será público e permanentemente aberto à inscrição de qualquer interessado.

A empresa pública e a sociedade de economia mista poderão restringir a participação em suas licitações a fornecedores ou produtos pré-qualificados, nas condições estabelecidas em regulamento.

652   CURSO DE DIREITO ADMINISTRATIVO

A pré-qualificação poderá ser efetuada nos grupos ou segmentos, segundo as especialidades dos fornecedores.

A pré-qualificação poderá ser parcial ou total, contendo alguns ou todos os requisitos de habilitação ou técnicos necessários à contratação, assegurada, em qualquer hipótese, a igualdade de condições entre os concorrentes.

A pré-qualificação terá validade de 1 (um) ano, no máximo, podendo ser atualizada a qualquer tempo.

Na pré-qualificação aberta de produtos poderá ser exigida a comprovação de qualidade.

É obrigatória a divulgação dos produtos e dos interessados que forem pré--qualificados.

28.18.5.8.7.   Cadastramento

Outro procedimento auxiliar à licitação é o **cadastramento**. Segundo o art. 65 da lei em estudo, os **registros cadastrais** poderão ser mantidos para efeito de habilitação dos inscritos em procedimentos licitatórios e serão válidos por 1 (um) ano, no máximo, podendo ser atualizados a qualquer tempo.

Os registros cadastrais serão amplamente divulgados e ficarão permanentemente abertos para a inscrição de interessados.

Os inscritos serão admitidos segundo requisitos previstos em regulamento.

A atuação do licitante no cumprimento de obrigações assumidas será anotada no respectivo registro cadastral.

A qualquer tempo poderá ser alterado, suspenso ou cancelado o registro do inscrito que deixar de satisfazer as exigências estabelecidas para habilitação ou para admissão cadastral.

28.18.5.8.8.   Sistema de registro de preços

A Lei n. 13.303/16 também tratou de **registro de preços**. Segundo o seu art. 66, o sistema de registro de preços especificamente destinado às licitações de que trata a lei reger-se-á pelo disposto em decreto do Poder Executivo.

Poderão aderir ao sistema de registro de preços: empresa pública, sociedade de economia mista e suas subsidiárias, abrangendo toda e qualquer empresa pública e sociedade de economia mista da União, dos Estados, do Distrito Federal e dos Municípios que explore atividade econômica de produção ou comercialização de bens ou de prestação de serviços, ainda que a atividade econômica esteja sujeita ao regime de monopólio da União ou seja de prestação de serviços públicos.

O registro de preços observará, entre outras, as seguintes condições:

REINALDO COUTO / ÁLVARO CAPAGIO   653

I – efetivação prévia de ampla pesquisa de mercado;

II – seleção de acordo com os procedimentos previstos em regulamento;

III – desenvolvimento obrigatório de rotina de controle e atualização periódicos dos preços registrados;

IV – definição da validade do registro;

V – inclusão, na respectiva ata, do registro dos licitantes que aceitarem cotar os bens ou serviços com preços iguais ao do licitante vencedor na sequência da classificação do certame, assim como dos licitantes que mantiverem suas propostas originais.

A existência de preços registrados não obriga a Administração Pública a firmar os contratos que deles poderão advir, sendo facultada a realização de licitação específica, assegurada ao licitante registrado preferência em igualdade de condições.

28.18.5.8.9. Catálogo eletrônico de padronização

Na forma do art. 67 da lei em estudo, o **catálogo eletrônico de padronização** de compras, serviços e obras consiste em sistema informatizado, de gerenciamento centralizado, destinado a permitir a padronização dos itens a serem adquiridos pela empresa pública ou sociedade de economia mista que estarão disponíveis para a realização de licitação.

O catálogo poderá ser utilizado em licitações cujo critério de julgamento seja o menor preço ou o maior desconto e conterá toda a documentação e todos os procedimentos da fase interna da licitação, assim como as especificações dos respectivos objetos, conforme disposto em regulamento.

28.18.5.9. Regime diferenciado de contratação

28.18.5.9.1. Aplicação

O Regime Diferenciado de Contratação (RDC) foi instituído pela Lei n. 12.462/2011, sendo aplicável exclusivamente às licitações e contratos necessários à realização (art. 1º):

I – dos Jogos Olímpicos e Paralímpicos de 2016, constantes da Carteira de Projetos Olímpicos a ser definida pela Autoridade Pública Olímpica (APO); e

II – da Copa das Confederações da Federação Internacional de Futebol Associação – Fifa 2013 e da Copa do Mundo Fifa 2014, definidos pelo Grupo Executivo – Gecopa 2014 do Comitê Gestor instituído para definir, aprovar e supervisionar as ações previstas no Plano Estratégico das Ações do Governo Brasileiro para a realização da Copa do Mundo Fifa 2014 – CGCOPA 2014, restringindo-se, no caso de obras públicas, às constantes da matriz de responsabilidades celebrada entre a União, Estados, Distrito Federal e Municípios;

III – de obras de infraestrutura e de contratação de serviços para os aeroportos das capitais dos Estados da Federação distantes até 350 km (trezentos e cinquenta quilômetros) das cidades sedes dos mundiais referidos nos incisos I e II;

IV – das ações integrantes do Programa de Aceleração do Crescimento (PAC);

V – das obras e serviços de engenharia no âmbito do Sistema Único de Saúde – SUS;

VI – das obras e serviços de engenharia para construção, ampliação e reforma e administração de estabelecimentos penais e de unidades de atendimento socioeducativo;

VII – das ações no âmbito da segurança pública;

VIII – das obras e serviços de engenharia, relacionadas a melhorias na mobilidade urbana ou ampliação de infraestrutura logística; e

IX – dos contratos de locação de bens móveis e imóveis, nos quais o locador realiza prévia aquisição, construção ou reforma substancial, com ou sem aparelhamento de bens, por si mesmo ou por terceiros, do bem especificado pela administração);

X – das ações em órgãos e entidades dedicados à ciência, à tecnologia e à inovação.

Interessante notar que, apesar da redação do *caput* do art. 1º utilizar o vocábulo **exclusivamente**, o §3º amplia a possibilidade de utilização do RDC às licitações e aos contratos necessários à realização de obras e serviços de engenharia no âmbito dos sistemas públicos de ensino e de pesquisa, ciência e tecnologia.

28.18.5.9.2.   Objetivos

O RDC tem por objetivos:

I – ampliar a eficiência nas contratações públicas e a competitividade entre os licitantes;

II – promover a troca de experiências e tecnologias em busca da melhor relação entre custos e benefícios para o setor público;

III – incentivar a inovação tecnológica; e

IV – assegurar tratamento isonômico entre os licitantes e a seleção da proposta mais vantajosa para a administração pública.

28.18.5.9.3.   Histórico

Inicialmente foi editada a Medida Provisória n. 527, de 18.3.2011, que tinha como finalidade alterar a Lei n. 10.683/2003, que dispõe sobre a organização da Presidência da República e dos Ministérios, cria a Secretaria de Aviação Civil, altera a legislação da Agência Nacional de Aviação Civil – Anac e da Empresa Brasileira de Infraestrutura Aeroportuária – Infraero, cria cargos de Ministro de Estado e cargos em comissão, dispõe sobre a contratação de controladores de tráfego aéreo temporários e cria cargos de Controlador de Tráfego Aéreo.

O objeto daquela Medida Provisória não tinha qualquer relação com a criação de um Regime Diferenciado de Contratação, porém, durante a tramitação do Projeto de Lei de Conversão da MP, foram acrescentadas ao seu texto as regras do RDC.

A inclusão violou os incisos I e II do art. 7º da Lei Complementar n. 95/98:

> Art. 7º O primeiro artigo do texto indicará o objeto da lei e o respectivo âmbito de aplicação, observados os seguintes princípios:
> I – excetuadas as codificações, cada lei tratará de um único objeto;
> II – a lei não conterá matéria estranha a seu objeto ou a este não vinculada por afinidade, pertinência ou conexão.

Não se trata de codificação nem de matéria relacionada ao objeto da Medida Provisória. Esta é uma das diversas alegações apresentadas nas duas Ações Diretas de Inconstitucionalidade (ADI) que atacam o processo legislativo e diversos dispositivos da Lei em tela.

A primeira, ADI 4645, foi ajuizada pelos seguintes partidos políticos: PSDB, DEM e PPS; a segunda, ADI 4655, foi ajuizada pelo Procurador-Geral da República. Contudo, ainda não foram julgadas, o que enseja a presunção de constitucionalidade do conjunto normativo.

Causa espanto o fato de o motivo da alteração do atual regramento de licitação e contratos administrativos não se relacionar com as exigências de celeridade e eficácia das licitações e das avenças contratuais para a Administração Pública e para a sociedade produtiva como um todo. Buscou-se apenas modernizar o repositório normativo para a execução de alguns **eventos privados, jogos olímpicos e paralímpicos e copas**, que em nada expressam ou denotam interesse público primário ou, ao menos, secundário.

Mobilizaram-se o Executivo e o Legislativo para atender aos interesses privados de construção de equipamentos públicos destinados a atividades privadas e a interesses privados, visto que as entidades detentoras dos direitos relativos aos jogos e às copas mencionados são pessoas jurídicas de direito privado que buscam, nas suas atividades empresariais, o lucro.

Não se guardou o princípio da impessoalidade, visto que diversos outros eventos, jogos e copas dos mais variados esportes não foram contemplados com a criação de um regime próprio de licitação e contratação administrativa nem com os recursos públicos empregados nos eventos descritos, na redação original, dos incisos I e II do art. 1º da Lei n. 12.462/2011.

28.18.5.9.4. Opção

A opção pelo RDC deverá constar de forma expressa do instrumento convocatório e resultará no afastamento das normas contidas na Lei n. 8.666/93, exceto no que for permitido expressamente pela Lei do RDC.

28.18.5.9.5. Inovações

Diversas inovações foram introduzidas no ordenamento jurídico pelo estatuto do RDC, entre elas: **a contratação integrada, contratação integrada sem projeto básico aprovado pela autoridade, a regra de sigilo do orçamento, a possibilidade de remuneração variável do contratado, a possibilidade de negociação entre a Administração Pública e os licitantes, a possibilidade de indicação de marca, a possibilidade de exigir certificação e a contratação *built to suit*.**

Sem a natureza de inovação, pois o seu uso já podia ser visto no pregão, foi adotada a regra de realização do julgamento das propostas anteriormente à habilitação.

A **multiadjudicação** está prevista no art. 11 da Lei do RDC, mas também não pode ser considerada novidade. Neste caso, a Administração Pública poderá, mediante justificativa expressa, contratar mais de uma empresa ou instituição para executar o mesmo serviço, desde que não implique perda de economia de escala, quando o objeto da contratação puder ser executado de forma concorrente e simultânea por mais de um contatado ou quando a múltipla execução for conveniente para atender à Administração Pública.

Destaque-se que a Lei n. 12.232/2000, relativa a normas gerais para licitação e contratação pela Administração Pública de serviços de publicidade prestados por intermédio de agências de propaganda e dá outras providências, já tinha estabelecido a figura da multiadjudicação, ou seja, a possibilidade de mais de uma pessoa adjudicar o objeto da licitação no §3º do seu art. 2º.

28.18.5.9.6. Contratação integrada

A **contratação integrada** é admitida como regime na execução indireta de obras e serviços de engenharia, sendo adotada como preferencial nas licitações daqueles objetos (art. 8º). **Tal contratação compreende a elaboração e o desenvolvimento dos projetos básico e executivo, a execução de obras e serviços de engenharia, a montagem, a realização de testes, a pré-operação e**

REINALDO COUTO / ÁLVARO CAPAGIO   657

todas as demais operações necessárias e suficientes para a entrega final do objeto (§1º do art. 9º).

Nas hipóteses em que for adotada a contratação integrada, é vedada a celebração de termos aditivos aos contratos firmados, exceto nos seguintes casos:

I – para recomposição do equilíbrio econômico-financeiro decorrente de caso fortuito ou força maior; e

II – por necessidade de alteração do projeto ou das especificações para melhor adequação técnica aos objetivos da contratação, a pedido da administração pública, desde que não decorrentes de erros ou omissões por parte do contratado, observados os limites previstos no §1º do art. 65 da Lei n. 8.666, de 21-6-1993.

Interessante notar que, mesmo afastando a regra do inciso I do §2º do art. 7º da Lei n. 8.666/93[67], **contratação integrada pode ser efetivada sem projeto básico aprovado pela autoridade**, conforme o §5º do art. 8º da Lei do RDC:

Nas licitações para a contratação de obras e serviços, com exceção daquelas onde for adotado o regime previsto no inciso V do *caput* deste artigo [contratação integrada], deverá haver projeto básico aprovado pela autoridade competente, disponível para exame dos interessados em participar do processo licitatório.

28.18.5.9.7. Hipóteses de sigilo

A Lei do RDC utiliza o vocábulo **sigilo** em três passagens.

O §3º do seu art. 6º aduz que, se constar a possibilidade de divulgação no instrumento convocatório, o orçamento previamente estimado para a contratação será tornado público apenas e imediatamente após o encerramento da licitação, sem prejuízo da divulgação do detalhamento dos quantitativos e das demais informações necessárias para a elaboração das propostas.

Se não constar do instrumento convocatório a possibilidade de divulgação, o orçamento previamente estimado para a contratação possuirá caráter sigiloso e será disponibilizado estrita e permanentemente aos órgãos de controle externo e interno.

O *caput* do art. 15 da Lei citada aduz que "será dada ampla publicidade aos procedimentos licitatórios e de pré-qualificação disciplinados por esta Lei, ressalvadas as hipóteses de informações cujo sigilo seja imprescindível à segurança da sociedade e do Estado".

---

[67] "§2º As obras e os serviços somente poderão ser licitados quando:
I – houver projeto básico aprovado pela autoridade competente e disponível para exame dos interessados em participar do processo licitatório."

Finalmente, o art. 17 estabelece que "o regulamento disporá sobre as regras e procedimentos de apresentação de propostas ou lances, observado o seguinte: I – no modo de disputa aberto, os licitantes apresentarão suas ofertas por meio de lances públicos e sucessivos, crescentes ou decrescentes, conforme o critério de julgamento adotado; II – no modo de disputa fechado, as propostas apresentadas pelos licitantes serão sigilosas até a data e hora designadas para que sejam divulgadas".

Dessa forma, podem existir o sigilo relativo ao orçamento, o sigilo relativo a questões de segurança da sociedade e do Estado e o sigilo relativo às propostas, caso o interesse público possa ser justificado pelo Administrador Público.

28.18.5.9.8. Remuneração variável

Em relação à possibilidade de **remuneração variável**, o inciso IV do art. 4º da Lei do RDC estabelece como uma das diretrizes das licitações e contratos condições de aquisição, de seguros, de garantias e de pagamento compatíveis com as condições do setor privado, inclusive mediante pagamento de remuneração variável conforme desempenho.

O art. 10 exige que o desempenho seja mensurado com base em metas, padrões de qualidade, critérios de sustentabilidade ambiental e prazo de entrega definidos no instrumento convocatório e no contrato, ressaltando, no seu parágrafo único, que a utilização da remuneração variável será motivada e respeitará o limite orçamentário fixado pela Administração Pública para a contratação.

28.18.5.9.9. Possibilidade de negociar

Difícil emitir juízo de valor sobre a possibilidade trazida pelo RDC de a Administração Pública **negociar** com o licitante, pois é notória a hipersuficiência da Administração Pública sobre o licitante. Por outro lado, a negociação pode evitar o dispêndio desnecessário de recursos públicos e o enriquecimento sem causa daquele que pretende contratar com o Estado.

Novamente, depara-se com o conflito ente interesse público primário (a livre iniciativa) e o interesse público secundário (a indiscriminada economia de recursos públicos). Fato é que a regra do art. 26 da Lei do RDC possibilita a negociação, inclusive em termos desfavoráveis ao licitante. Eis o texto:

> Art. 26. Definido o resultado do julgamento, a administração pública poderá negociar condições mais vantajosas com o primeiro colocado.
>
> Parágrafo único. A negociação poderá ser feita com os demais licitantes, segundo a ordem de classificação inicialmente estabelecida, quando o preço do primeiro colocado, mesmo após a negociação, for desclassificado por sua proposta permanecer acima do orçamento estimado.

28.18.5.9.10. Indicação de marca

A possibilidade de **indicação de marca** foi prevista no inciso I do art. 7º da Lei do RDC, ficando estabelecido que, no caso de licitação para a aquisição de bens, a Administração Pública poderá, justificadamente, indicar marca ou modelo, nas seguintes hipóteses:

a) em decorrência da necessidade de padronização do objeto;

b) quando determinada marca ou modelo comercializado por mais de um fornecedor for a única capaz de atender às necessidades da entidade contratante; ou

c) quando a descrição do objeto a ser licitado puder ser melhor compreendida pela identificação de determinada marca ou modelo aptos a servir como referência, situação em que será obrigatório o acréscimo da expressão "ou similar ou de melhor qualidade".

28.18.5.9.11. Certificação

O inciso III do artigo acima descrito apresentou a possibilidade de *exigir* **certificação** da qualidade do produto ou do processo de fabricação, inclusive sob o aspecto ambiental, por qualquer órgão competente ou por entidade credenciadora.

28.18.5.9.12. Built to suit

A Lei n. 12.462/2011, que instituiu o **Regime Diferenciado de Contratações Públicas – RDC**, apresenta, no seu art. 47 – A, a possibilidade de *built to suit*, pois possibilita à Administração Pública firmar contratos de **locação de bens móveis e imóveis**, nos quais o locador realiza prévia aquisição, construção ou reforma substancial, com ou sem aparelhamento de bens, por si mesmo ou por terceiros, do bem especificado pela administração.

A contratação *built to suit* sujeita-se à mesma disciplina de **dispensa e inexigibilidade de licitação** aplicável às locações comuns, poderá prever a **reversão dos bens** à Administração Pública ao fim da locação, desde que estabelecida no contrato e não poderá exceder, ao mês, **1% (um por cento)** do valor do bem locado.

28.18.5.9.13. Procedimento licitatório

O procedimento de licitação observará as seguintes **fases**, nesta ordem:

I – preparatória;
II – publicação do instrumento convocatório;
III – apresentação de propostas ou lances;

660 CURSO DE DIREITO ADMINISTRATIVO

IV – julgamento;
V – habilitação;
VI – recursal; e
VII – encerramento.

FASES	PREPARATÓRIA
	PUBLICAÇÃO DO INSTRUMENTO CONVOCATÓRIO
	APRESENTAÇÃO DE PROPOSTAS OU LANCES
	JULGAMENTO
	HABILITAÇÃO
	RECURSAL
	ENCERRAMENTO

A fase de **habilitação** poderá, mediante ato motivado, anteceder as de apresentação de propostas ou lances e julgamento, desde que expressamente previsto no instrumento convocatório.

As licitações deverão ser realizadas **preferencialmente sob a forma eletrônica**, admitida a presencial.

Nos procedimentos realizados por meio eletrônico, a Administração Pública poderá determinar, como condição de validade e eficácia, que os licitantes pratiquem seus atos em formato eletrônico.

Na fase de habilitação das licitações realizadas em conformidade com a lei em tela, aplicar-se-á, no que couber, o disposto nos arts. 27 a 33 da Lei n. 8.666, de 21 de junho de 1993, observado o seguinte:

I – poderá ser exigida dos licitantes a declaração de que atendem aos requisitos de habilitação;

II – será exigida a apresentação dos documentos de habilitação apenas pelo licitante vencedor, exceto no caso de inversão de fases;

III – no caso de inversão de fases, só serão recebidas as propostas dos licitantes previamente habilitados; e

IV – em qualquer caso, os documentos relativos à regularidade fiscal poderão ser exigidos em momento posterior ao julgamento das propostas, apenas em relação ao licitante mais bem classificado.

Nas licitações disciplinadas pelo RDC:

I – será admitida a participação de licitantes sob a forma de consórcio, conforme estabelecido em regulamento; e

II – poderão ser exigidos requisitos de sustentabilidade ambiental, na forma da legislação aplicável.

Será dada **ampla publicidade** aos procedimentos licitatórios e de pré-qualificação disciplinados pela Lei do RDC, ressalvadas as hipóteses de informações cujo **sigilo** seja imprescindível à segurança da sociedade e do Estado, devendo ser adotados os seguintes **prazos mínimos** para apresentação de propostas, contados **a partir da data de publicação do instrumento convocatório**:

I – para aquisição de bens:

    a) 5 (cinco) dias úteis, quando adotados os critérios de julgamento pelo menor preço ou pelo maior desconto; e

    b) 10 (dez) dias úteis, nas hipóteses não abrangidas acima;

II – para a contratação de serviços e obras:

    a) 15 (quinze) dias úteis, quando adotados os critérios de julgamento pelo menor preço ou pelo maior desconto; e

    b) 30 (trinta) dias úteis, nas hipóteses não abrangidas acima;

III – para licitações em que se adote o critério de julgamento pela maior oferta: 10 (dez) dias úteis; e

IV – para licitações em que se adote o critério de julgamento pela melhor combinação de técnica e preço, pela melhor técnica ou em razão do conteúdo artístico: 30 (trinta) dias úteis.

A **publicidade**, sem prejuízo da faculdade de divulgação direta aos fornecedores, cadastrados ou não, será realizada mediante:

I – publicação de extrato do edital no *Diário Oficial da União*, do Estado, do Distrito Federal ou do Município, ou, no caso de consórcio público, do ente de maior nível entre eles, sem prejuízo da possibilidade de publicação de extrato em jornal diário de grande circulação; e

II – divulgação em sítio eletrônico oficial centralizado de divulgação de licitações ou mantido pelo ente encarregado do procedimento licitatório na rede mundial de computadores.

No caso de licitações cujo valor não ultrapasse R$ 150.000,00 (cento e cinquenta mil reais) para obras ou R$ 80.000,00 (oitenta mil reais) para bens e serviços, inclusive de engenharia, é **dispensada a publicação** de extrato do edital no *Diário Oficial da União*, do Estado, do Distrito Federal ou do Município, ou, no caso de consórcio público, do ente de maior nível entre eles, sem prejuízo da possibilidade de publicação de extrato em jornal diário de grande circulação.

No caso de **parcelamento do objeto**, deverá ser considerado, para fins da aplicação da **dispensa de publicação** de extrato do edital no *Diário Oficial da*

662 CURSO DE DIREITO ADMINISTRATIVO

União, do Estado, do Distrito Federal ou do Município, ou, no caso de consórcio público, do ente de maior nível entre eles, sem prejuízo da possibilidade de publicação de extrato em jornal diário de grande circulação, o **valor total da contratação.**

As eventuais **modificações no instrumento convocatório** serão divulgadas nos mesmos prazos dos atos e procedimentos originais, exceto quando a alteração não comprometer a formulação das propostas.

Nas licitações, poderão ser adotados os modos de disputa **aberto e fechado**, que poderão ser combinados na forma do regulamento.

O regulamento disporá sobre as regras e procedimentos de **apresentação de propostas ou lances**, observado o seguinte:

I – no **modo de disputa aberto**, os licitantes apresentarão suas ofertas por meio de lances públicos e sucessivos, crescentes ou decrescentes, conforme o critério de julgamento adotado;

II – no **modo de disputa fechado**, as propostas apresentadas pelos licitantes serão sigilosas até data e hora designadas para que sejam divulgadas; e

III – nas licitações de obras ou serviços de engenharia, após o julgamento das propostas, o licitante vencedor deverá reelaborar e apresentar à administração pública, por meio eletrônico, as planilhas com indicação dos quantitativos e dos custos unitários, bem como do detalhamento das Bonificações e Despesas Indiretas (BDI) e dos Encargos Sociais (ES), com os respectivos valores adequados ao lance vencedor.

Poderão ser admitidos, nas condições estabelecidas em regulamento:

I – a apresentação de **lances intermediários**, durante a disputa aberta; e

II – o **reinício da disputa aberta**, após a definição da melhor proposta e para a definição das demais colocações, sempre que existir uma diferença de pelo menos 10% (dez por cento) entre o melhor lance e o do licitante subsequente.

Consideram-se intermediários os lances:

I – **iguais ou inferiores ao maior já ofertado**, quando adotado o julgamento pelo critério da maior oferta; ou

II – **iguais ou superiores ao menor já ofertado**, quando adotados os demais critérios de julgamento.

Poderão ser utilizados os seguintes **critérios de julgamento**:

I – **menor preço ou maior desconto;**
II – **técnica e preço;**
III – **melhor técnica ou conteúdo artístico;**
IV – **maior oferta de preço; ou**
V – **maior retorno econômico.**

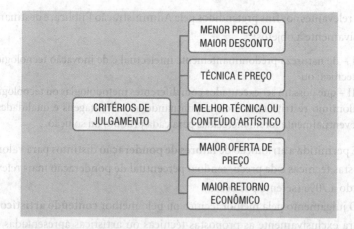

O critério de julgamento será identificado no instrumento convocatório, observado o disposto na Lei do RDC. O julgamento das propostas será efetivado pelo emprego de **parâmetros objetivos** definidos no instrumento convocatório.

Não serão consideradas vantagens não previstas no instrumento convocatório, inclusive financiamentos subsidiados ou a fundo perdido.

O julgamento pelo **menor preço ou maior desconto** considerará o menor dispêndio para a Administração Pública, atendidos os parâmetros mínimos de qualidade definidos no instrumento convocatório.

Os **custos indiretos**, relacionados com as despesas de manutenção, utilização, reposição, depreciação e impacto ambiental, entre outros fatores, poderão ser considerados para a definição do menor dispêndio, sempre que objetivamente mensuráveis, conforme dispuser o regulamento.

O julgamento por **maior desconto** terá como referência o preço global fixado no instrumento convocatório, sendo o desconto estendido aos eventuais termos aditivos.

No caso de obras ou serviços de engenharia, o percentual de desconto apresentado pelos licitantes deverá incidir linearmente sobre os preços de todos os itens do orçamento estimado constante do instrumento convocatório.

No julgamento pela **melhor combinação de técnica e preço**, deverão ser avaliadas e ponderadas as propostas técnicas e de preço apresentadas pelos licitantes, mediante a utilização de parâmetros objetivos obrigatoriamente inseridos no instrumento convocatório.

O critério de julgamento **melhor combinação de técnica e preço** será utilizado quando a avaliação e a ponderação da qualidade técnica das propostas que superarem os requisitos mínimos estabelecidos no instrumento convocatório

664 CURSO DE DIREITO ADMINISTRATIVO

forem relevantes aos fins pretendidos pela Administração Pública, e destinar-se-á exclusivamente a objetos:

I – de natureza predominantemente intelectual e de inovação tecnológica ou técnica; ou

II – que possam ser executados com diferentes metodologias ou tecnologias de domínio restrito no mercado, pontuando-se as vantagens e qualidades que eventualmente forem oferecidas para cada produto ou solução.

É permitida a atribuição de **fatores de ponderação** distintos para valorar as propostas técnicas e de preço, sendo o percentual de ponderação mais relevante limitado a 70% (setenta por cento).

O julgamento pela melhor técnica ou pelo melhor **conteúdo artístico** considerará exclusivamente as propostas técnicas ou artísticas apresentadas pelos licitantes com base em critérios objetivos previamente estabelecidos no instrumento convocatório, no qual será definido o prêmio ou a remuneração que será atribuída aos vencedores.

O critério de julgamento melhor combinação de técnica e preço poderá ser utilizado para a contratação de projetos, inclusive arquitetônicos, e trabalhos de natureza técnica, científica ou artística, excluindo-se os projetos de engenharia.

O julgamento pela **maior oferta de preço** será utilizado no caso de contratos que resultem em receita para a Administração Pública.

Quando utilizado o critério de julgamento pela maior oferta de preço, os requisitos de qualificação técnica e econômico-financeira poderão ser dispensados, conforme dispuser o regulamento.

No julgamento pela maior oferta de preço, poderá ser exigida a comprovação do recolhimento de quantia a título de garantia, como requisito de habilitação, limitada a 5% (cinco por cento) do valor ofertado. Nesta hipótese, o licitante vencedor perderá o valor da entrada em favor da Administração Pública caso não efetive o pagamento devido no prazo estipulado.

No julgamento pelo maior retorno econômico, utilizado exclusivamente para a celebração de **contratos de eficiência**, as propostas serão consideradas de forma a selecionar a que proporcionará a maior economia para a Administração Pública decorrente da execução do contrato. Nesse caso, os licitantes apresentarão propostas de trabalho e de preço, conforme dispuser o regulamento.

O **contrato de eficiência** terá por objeto a prestação de serviços, que pode incluir a realização de obras e o fornecimento de bens, com o objetivo de proporcionar economia ao contratante, na forma de redução de despesas correntes, sendo o contratado remunerado com base em percentual da economia gerada.

Nos casos em que não for gerada a economia prevista no contrato de eficiência:

I – a diferença entre a economia contratada e a efetivamente obtida será descontada da remuneração da contratada;

II – se a diferença entre a economia contratada e a efetivamente obtida for superior à remuneração da contratada, será aplicada multa por inexecução contratual no valor da diferença; e

III – a contratada sujeitar-se-á, ainda, a outras sanções cabíveis caso a diferença entre a economia contratada e a efetivamente obtida seja superior ao limite máximo estabelecido no contrato.

Serão **desclassificadas** as propostas que:

I – contenham vícios insanáveis;

II – não obedeçam às especificações técnicas pormenorizadas no instrumento convocatório;

III – apresentem preços manifestamente inexequíveis ou permaneçam acima do orçamento estimado para a contratação, inclusive nas hipóteses previstas no art. 6º da lei em tela;

IV – não tenham sua exequibilidade demonstrada, quando exigido pela administração pública; ou

V – apresentem desconformidade com quaisquer outras exigências do instrumento convocatório, desde que insanáveis.

A verificação da conformidade das propostas poderá ser feita exclusivamente em relação à proposta mais bem classificada.

A Administração Pública poderá realizar diligências para aferir a exequibilidade das propostas ou exigir dos licitantes que ela seja demonstrada, na forma do item IV acima.

No caso de obras e serviços de engenharia, para efeito de avaliação da exequibilidade e de sobrepreço, serão considerados o preço global, os quantitativos e os preços unitários considerados relevantes, conforme dispuser o regulamento.

Em caso de **empate** entre 2 (duas) ou mais propostas, serão utilizados os seguintes critérios de desempate, nesta ordem:

I – disputa final, em que os licitantes empatados poderão apresentar nova proposta fechada em ato contínuo à classificação;

II – a avaliação do desempenho contratual prévio dos licitantes, desde que exista sistema objetivo de avaliação instituído;

III – os critérios estabelecidos no art. 3º da Lei n. 8.248, de 23 de outubro de 1991, e no §2º do art. 3º da Lei n. 8.666, de 21 de junho de 1993; e

IV – sorteio.

As regras de desempate acima não prejudicam a aplicação do disposto no art. 44 da Lei Complementar n. 123, de 14 de dezembro de 2006.

Definido o resultado do julgamento, a Administração Pública poderá **negociar** condições mais vantajosas com o primeiro colocado.

A negociação poderá ser feita com os demais licitantes, segundo a ordem de classificação inicialmente estabelecida, quando o preço do primeiro colocado, mesmo após a negociação, for desclassificado por sua proposta permanecer acima do orçamento estimado.

Salvo no caso de inversão de fases, o procedimento licitatório terá uma **fase recursal única**, que se seguirá à habilitação do vencedor.

Na fase recursal, serão analisados os recursos referentes ao julgamento das propostas ou lances e à habilitação do vencedor.

Exauridos os recursos administrativos, o procedimento licitatório será encerrado e encaminhado à autoridade superior, que poderá:

I – determinar o retorno dos autos para saneamento de irregularidades que forem supríveis;
II – anular o procedimento, no todo ou em parte, por vício insanável;
III – revogar o procedimento por motivo de conveniência e oportunidade; ou
IV – adjudicar o objeto e homologar a licitação.

São procedimentos auxiliares das licitações regidas pelo disposto nesta Lei:

I – pré-qualificação permanente;
II – cadastramento;
III – sistema de registro de preços; e
IV – catálogo eletrônico de padronização.

Os procedimentos auxiliares acima descritos são muito semelhantes aos já tratados quando foi analisada a Lei das Empresas Estatais.

Por fim, tem-se que é facultado à Administração Pública, quando o **convocado não assinar** o termo de contrato ou não aceitar ou retirar o instrumento equivalente no prazo e condições estabelecidos:

I – **revogar a licitação**, sem prejuízo da aplicação das cominações previstas na Lei n. 8.666, de 21 de junho de 1993, e nesta Lei; ou
II – **convocar os licitantes remanescentes**, na ordem de classificação, para a celebração do contrato nas **condições ofertadas pelo licitante vencedor**.

Na hipótese de nenhum dos licitantes aceitar a contratação nos termos do item II acima, a Administração Pública poderá convocar os **licitantes remanescentes**, na ordem de classificação, para a celebração do contrato nas **condições ofertadas por estes**, desde que o respectivo valor seja igual ou inferior ao orçamento estimado para a contratação, inclusive quanto aos preços atualizados nos termos do instrumento convocatório.

28.18.5.9.14. Sanções administrativas

Ficará **impedido de licitar e contratar com a União, Estados, Distrito Federal ou Municípios**, pelo **prazo de até 5 (cinco) anos**, sem prejuízo das multas previstas no instrumento convocatório e no contrato, bem como das demais cominações legais, o licitante que:

I – convocado dentro do prazo de validade da sua proposta não celebrar o contrato;

II – deixar de entregar a documentação exigida para o certame ou apresentar documento falso;

III – ensejar o retardamento da execução ou da entrega do objeto da licitação sem motivo justificado;

IV – não mantiver a proposta, salvo se em decorrência de fato superveniente, devidamente justificado;

V – fraudar a licitação ou praticar atos fraudulentos na execução do contrato;

VI – comportar-se de modo inidôneo ou cometer fraude fiscal; ou

VII – der causa à inexecução total ou parcial do contrato.

A aplicação da sanção em tela implicará ainda o descredenciamento do licitante, pelo prazo estabelecido de 5 (cinco) anos, dos sistemas de cadastramento dos entes federativos que compõem a Autoridade Pública Olímpica.

As sanções administrativas e demais regras previstas no Capítulo IV da Lei n. 8.666, de 21 de junho de 1993, aplicam-se às licitações e aos contratos do Regime Diferenciado de Contratações Públicas.

28.19. NOVA LEI DE LICITAÇÕES E CONTRATOS ADMINISTRATIVOS (LEI N. 14.133/2021)

28.19.1. Introdução

Em 1º de abril de 2021, foi sancionada e publicada a Lei n. 14.133/2021, Lei de Licitações e Contratos Administrativos, que funcionará como a nova norma geral de licitações e contratos, a substituir a Lei n. 8.666/93.

A lei em comento, resultante do Projeto de Lei n. 4.253, de 2020 – Substitutivo da Câmara dos Deputados ao Projeto de Lei do Senado n. 559, de 2013 – teve como motivação a necessária modernização da Lei n. 8.866/93, que já não realiza suficientemente as diversas demandas apresentadas à Administração Pública, ante a evolução do mercado e das técnicas de contratação de bens e serviços.

A Lei n. 14.133/2021 estabelece normas gerais de licitação e contratação para as administrações públicas diretas, autárquicas e fundacionais da União, dos

Estados, do Distrito Federal e dos Municípios; altera o Código de Processo Civil, a Lei n. 8.987/95 (Lei de Concessões e Permissões), a Lei n. 11.079/2004 (Lei das PPPs), o Código Penal e; revoga os dispositivos do Capítulo I da Lei n 12.462/2011 (RDC), a Lei n. 8.666/93 e a Lei n. 10.520/2002.

A lei em estudo promove a condensação das disciplinas constantes da Lei n. 8.666/93, da Lei n. 10.520/2002 e do RDC, ao tempo em que contempla inovações regulatórias que visam ao aperfeiçoamento da forma de realização das licitações, tal como dos requisitos de governança, integridade e controle da Administração Pública.

28.19.2. Âmbito da lei

A Lei n. 14.133/2021 estabelece normas gerais de licitação e contratação para as administrações públicas diretas, autárquicas e fundacionais da União, dos Estados, do Distrito Federal e dos Municípios. Suas disposições aplicam-se também aos fundos especiais e demais entidades controladas direta ou indiretamente pela Administração Pública.

Merece ênfase a delimitação das autarquias e fundações públicas, dentre as entidades da administração indireta, suprimindo-se as empresas públicas e sociedades de economia mista.

A mudança traz significativo avanço em relação à Lei n. 8.666/93, cujo regime é anacrônico para as empresas públicas e sociedades de economia mista, dada a dinâmica de mercado característica dessas entidades. Atualmente, as licitações e contratações das empresas estatais regem-se pela Lei n. 13.303/2016.

A Lei n. 14.133/2021 aplica-se aos órgãos de todos os poderes da República, quando no exercício da função administrativa. Logo, abrange as casas legislativas, os órgãos judiciários, Ministério Público, tribunais de contas e defensoria pública, na União, Estados, Distrito Federal e Municípios, onde existentes.

Nas licitações que envolvam empréstimo ou doação de agência oficial de cooperação estrangeira ou de organismo financeiro internacional, como o Banco Interamericano de Desenvolvimento (BID), admitem-se requisitos especiais, quando exigíveis para a obtenção do empréstimo ou doação, desde que não conflitem com os princípios constitucionais.

A lei estabelece regras para as contratações que contenham os seguintes objetos: alienação e concessão de direito real de uso de bens; compra, inclusive por encomenda; locação; concessão e permissão de uso de bens públicos; prestação de serviços, inclusive os técnico-profissionais especializados; obras e serviços de arquitetura e engenharia; serviços de tecnologia da informação e de comunicação.

28.19.3. Vigência ambivalente e revogação diferida

A técnica legislativa manejada na formação da Lei n. 14.133/2021 inova quanto à revogação do diploma legal anterior. O legislador optou pela vigência ambivalente, tanto da antiga Lei Geral de Licitações – Lei n. 8.666/93 – quanto da Lei n. 14.133/2021, durante o prazo de dois anos a partir da publicação desta, 1º de abril de 2021.

A regra de vigência ambivalente abrange também a Lei n. 10.520/2002 (Lei do Pregão) e o Capítulo I da Lei n. 12.462/2011 (Regime Diferenciado de Contratações Públicas – RDC).

Por conseguinte, desde 1º de abril de 2021, o administrador público pode optar pelo cumprimento imediato da Lei n. 14.133/2021 ou pela observância de uma das leis antigas, não sendo permitida a aplicação combinada da nova lei com disposições das leis antigas.

Dessarte, uma licitação promovida segundo a Lei n. 8.666/93 reger-se-á unicamente por essa lei, valendo a mesma regra para as licitações promovidas de acordo com a Lei n. 14.133/2021, que serão regidas por essa lei durante todo o certame e posterior contrato administrativo.

Essa ambivalência permanecerá até o momento de revogação das leis antigas, que ocorrerá após dois anos da publicação da Lei n. 14.133/2021, isto é, em 1º de abril de 2023, produzindo-se a revogação diferida dos antigos diplomas legais.

É imprescindível que a opção levada a efeito pela Administração – acerca do diploma legal aplicável – seja motivada no instrumento editalício, para fins de controle interno, externo e social. Nesse ponto, convém lembrar a positivação do princípio da motivação no art. 5º da Lei n. 14.133/2021, o que ressalta sua força normativa.

28.19.4. Regulamentação

A Lei n. 14.133/2021 contém vários mandados de regulamentação, impondo--se ao administrador a elaboração da disciplina para o fiel cumprimento dos requisitos discriminados pela lei, seja no que concerne à atuação dos agentes públicos e licitantes, seja em relação aos procedimentos por serem observados durante todas as fases da licitação.

O texto legal revela significativa preocupação quanto à uniformização de procedimentos, determinando-se aos órgãos dotados de competência regulamentar a edição de atos normativos com vistas à padronização de compras, serviços e obras, a centralização dos procedimentos de contratação de bens e serviços, a elaboração de minutas editalícias e termos de contrato padronizados, admitindo-se o emprego das minutas do Poder Executivo Federal por todos os entes federativos.

Com efeito, o legislador, considerando a vocação do Poder Executivo para a realização de licitações e contratos, e a abrangência da esfera federal, optou por centralizar no Executivo da União a definição de normas referenciais para toda a Administração Pública, consoante disposição explícita do art. 187: "Os Estados, o Distrito Federal e os Municípios poderão aplicar os regulamentos editados pela União para execução desta Lei".

O comando normativo é bastante salutar, consideradas as discrepâncias e complexidades da federação brasileira, formada por União, 26 Estados, Distrito Federal e 5.570 Municípios.

Considerando-se a atuação de licitantes em pontos esparsos do território nacional, as distinções entre normas editadas por diversas administrações é fator que desencoraja a ampla participação nos certames, haja vista o incremento dos custos de transação e necessidade de assimilação de procedimentos distintos para um mesmo fim: licitar.

Em respeito à autonomia dos entes federados, o dispositivo legal em comento tem natureza jurídica indicativa, com o fim de permitir aos entes federados a aplicação dos regulamentos da União, sem lhes suprimir a possibilidade de dispor de forma diversa, mediante regulamento próprio.

28.19.5. Regras e prazos de adequação para as compras públicas

Durante o período de vigência ambivalente da Lei n. 14.133/2021, da Lei n. 8.666/93, da Lei n. 10.520/2002 e do Capítulo I da Lei n. 12.462/2011, o gestor público poderá escolher entre aplicar qualquer dessas leis, desde que adequada ao objeto colimado, não sendo permitida a aplicação combinada da Lei n. 14.133/2021 com disposições das leis antigas.

A lei exige, porém, a regulamentação de determinadas matérias previamente às contratações públicas, qualquer que seja o marco legal aplicado para a licitação. É o que ocorre em relação às aquisições de bens de consumo, para o que a Lei n. 14.133/2021 impõe imediata vedação às aquisições de artigos de luxo, reclamando-se a suficiente regulamentação de seu conteúdo.

28.19.5.1. Categorias de bens de consumo

Quanto à aquisição de bens de consumo, o art. 20, §2º, da Lei n. 14.133/2021, determina prazo de 180 dias para a edição de regulamento específico, com o fim de estabelecer os traços distintivos entre bens comuns e bens de luxo.

A edição do regulamento – pelos Poderes da União, dos Estados, do Distrito Federal e dos Municípios – até 180 dias da promulgação da Lei n. 14.133/2021 é condição indispensável para novas compras de bens de consumo.

Embora a Lei n. 14.133/2021 explicite a obrigação para os poderes da República, a autonomia administrativa do Ministério Público, Defensoria Pública e Tribunais de Contas requer desses órgãos a edição de regulamento semelhante, uma vez que exercem, atipicamente, a função administrativa, destinada à manutenção de suas atividades, especialmente no que tange à aquisição de bens de consumo.

Saliente-se que a obrigação em comento é exigível qualquer que seja o regime jurídico aplicado para a licitação – quer pelas regras de alguma das leis antigas, quer segundo a Lei n. 14.133/2021.

O regulamento exigido pela lei sobreveio na forma do Decreto n. 10.818, de 27 de setembro de 2021, que estabelece o enquadramento dos bens de consumo adquiridos para suprir as demandas das estruturas da administração pública federal nas categorias de qualidade comum e de luxo.

Conforme a regra do art. 1º, parágrafo único, do Decreto n. 10.818/2021, as disposições desse regulamento aplicam-se às contratações realizadas por outros entes federativos com a utilização de recursos da União oriundos de transferências voluntárias.

Conforme a definição do art. 2º, III, do mencionado Regulamento, bem de consumo é aquele que se enquadre em algum dos seguintes requisitos de durabilidade, fragilidade, perecibilidade, incorporabilidade e transformabilidade.

BENS DE CONSUMO	
CRITÉRIO DE IDENTIFICAÇÃO	CARACTERÍSTICAS
DURABILIDADE	Em uso normal, perde ou reduz as suas condições de uso, no prazo de dois anos.
FRAGILIDADE	Facilmente quebradiço ou deformável, de modo irrecuperável ou com perda de sua identidade.

PERECIBILIDADE	Sujeito a modificações químicas ou físicas que levam à deterioração ou à perda de suas condições de uso com o decorrer do tempo.
INCORPORABILIDADE	Destinado à incorporação em outro bem, ainda que suas características originais sejam alteradas, de modo que sua retirada acarrete prejuízo à essência do bem principal.
TRANSFORMABILIDADE	Adquirido para fins de utilização como matéria-prima ou matéria intermediária para a geração de outro bem.

Atendido um ou mais desses critérios, configura-se o bem de consumo, ao qual correspondem as seguintes espécies: *bem de qualidade comum* e *bem de luxo*.

28.19.5.1.1 Bem de qualidade comum

O art. 20, *caput*, da Lei n. 14.133/2021 dispõe que bens de consumo adquiridos para suprir as demandas da Administração devem ter qualidade comum, não superior à mínima necessária para o cumprimento das finalidades a que se destinam. Disso não se depreende, porém, a aquisição de qualquer produto, pois a economicidade decorre da qualidade das especificações técnicas exigidas.

Consoante o art. 2º, II, do Decreto n. 10.818/2021, o bem de qualidade comum é caracterizado pela baixa ou moderada elasticidade-renda da demanda, a razão entre a variação percentual da quantidade demandada e a variação percentual da renda média.

Bens de qualidade comum integram o cotidiano das pessoas e organizações, são os bens consumidos normalmente para o desempenho das atividades do dia a dia e, por isso, apresentam baixa ou moderada elasticidade-renda da demanda, haja vista que têm caráter de necessidade ou utilidade afeto às diversas categorias de consumidores.

28.19.5.1.2 Bem de luxo

Bens de luxo são aqueles indicativos de alto padrão de consumo, afetados pelo denominado efeito de *Veblen*, quando a procura pelo bem decorre exatamente de seu preço exorbitante, como elemento de ostentação de riqueza e reputação social.

Conforme o art. 2º, I, do Decreto n. 10.818/2021, o bem de luxo é configurado pela alta elasticidade-renda da demanda, que pode ser identificada por características como ostentação, opulência, forte apelo estético ou requinte, elencadas em rol exemplificativo.

É vedada à Administração a aquisição de bens de luxo, porquanto tal pretensão não se compatibiliza com os princípios constitucionais regentes da Administração Pública – art. 37, *caput*, da CRFB – e de gestão da coisa pública.

Há situações, porém, em que mesmo que o produto tenha as características de bem de luxo, não se enquadrará nessa categoria, admitindo-se sua aquisição quando: (i) for adquirido a preço equivalente ou inferior ao preço do bem de qualidade comum de mesma natureza; ou (ii) tenha as características superiores justificadas em face da estrita atividade do órgão ou da entidade.

28.19.5.2. Cláusulas específicas para os Municípios

Para os Municípios com população de até vinte mil habitantes, o art. 176, *caput*, da Lei n. 14.133/2021, institui o prazo de seis anos, desde a sua publicação, para o cumprimento dos requisitos de capacitação e atuação dos agentes públicos dispostos na lei, realização da licitação sob forma eletrônica e divulgação das licitações e contratações em sítio eletrônico oficial.

Para municípios com população maior que vinte mil habitantes, por interpretação lógica, o prazo para cumprimento dessas obrigações é de dois anos. Essas obrigações traduzem motivo de preocupação para muitos municípios, máxime nas regiões Norte e Nordeste do país, observadas restrições orçamentárias, tecnológicas e de pessoal.

No que concerne à formação de agentes públicos para a atuação em licitações e contratos, impõe-se a profissionalização dos servidores, mediante a instituição ou organização de carreiras, abrangendo-se os integrantes de órgãos de auditoria e da advocacia pública.

O fortalecimento das carreiras públicas é necessário para o respeito ao princípio da segregação de funções, porquanto o art. 7º, §1º, da Lei n. 14.133/2021 proíbe a designação do mesmo agente público para atuação simultânea em funções mais suscetíveis a riscos, de modo a reduzir a possibilidade de ocultação de erros e de ocorrência de fraudes na respectiva contratação.

Dadas as discrepâncias do modelo federativo brasileiro, há muitas administrações municipais atendidas por estrutura material ínfima e insuficiência de pessoal, além das restrições da infraestrutura de telecomunicações, problema cuja solução transcende a gestão dos municípios, haja vista a competência da União para a regulação desses serviços e implantação de infraestrutura, seja diretamente, seja mediante delegação, na forma do art. 21, XI, da CRFB.

O art. 181 da Lei n. 14.133/2021 dispõe sobre a instituição de centrais de compras pelos entes federados, com o propósito de realizar compras em grande escala. A inteligência do dispositivo relaciona-se com a teoria da produção econômica, considerando-se que a mitigação dos custos marginais, a partir do aumento de produção, tem o efeito de diminuição do custo médio dos produtos. Ademais, a compra em escala potencializa o poder de mercado da Administração, isto é, sua capacidade de influir na formação de preços.

Para os pequenos municípios, esse ganho de escala é reduzido, haja que usualmente suas aquisições têm volumes de menor lastro. Por isso, o art. 181, parágrafo único, da Lei n. 14.133/2021, traz diretriz a fim de que os municípios com até dez mil habitantes constituam consórcios públicos para a realização de compras em grande escala. Enquanto entidade resultante da conjugação de vontades políticas entre os entes, a formação de consórcios dependerá das habilidades políticas de seus mandatários e convergência de interesses dos entes.

Em regiões abrangidas por municípios limítrofes, a formação de consórcios públicos provavelmente ensejaria redução de custos de aquisição para todas as partes da associação pública instaladas na microrregião. Essa vantagem demonstra maior relevo quando considerada a redução dos custos logísticos, sobretudo em localidades no interior, não alcançadas pelos principais corredores viários nacionais.

Não raro, os custos logísticos podem mesmo superar o preço dos produtos objeto do negócio jurídico, ou mesmo afastar o interesse de fornecedores, prejudicando-se as contratações indispensáveis para a Administração.

28.19.6. Princípios

O Capítulo II do Título I da Lei n. 14.133/2021 dedica-se unicamente à positivação dos cânones normativos regentes da lei, na forma dos seguintes princípios: da legalidade, da impessoalidade, da moralidade, da publicidade, da eficiência, do interesse público, da probidade administrativa, da igualdade, do planejamento, da transparência, da eficácia, da segregação de funções, da motivação, da vinculação ao edital, do julgamento objetivo, da segurança jurídica, da razoabilidade, da competitividade, da proporcionalidade, da celeridade, da economicidade e do desenvolvimento nacional sustentável.

Alguns desses princípios, clássicos do Direito Administrativo, a exemplo daqueles insculpidos no art. 37, *caput*, da CRFB, foram mantidos do regime jurídico anterior, enquanto outros constituem a nova face jurídica do estatuto de licitações, a orientar a atuação dos agentes públicos e órgãos de controle, razão por que merecem comentário.

28.19.6.1. Princípio da eficiência

O Princípio da Eficiência não têm sua gênese na Ciência do Direito, mas na Economia. A abordagem desse princípio no Direito pátrio observa percurso histórico recente, sobretudo a partir da promulgação da Emenda Constitucional n. 19, de 4 de junho de 1998, conhecida como Reforma Administrativa, que alterou a redação do caput do artigo 37 da CRFB/88, incluindo-se o Princípio da Eficiência entre os cânones norteadores da atuação administrativa[68].

Mesmo nas empresas privadas, porém, o conceito de eficiência tem abordagem recente, e sua compreensão como medida de desempenho é convenção moderna, desprovida de categorização operacional ou percuciente definição científica, empregada como noção autoexplicativa[69].

Na Economia residem os ensaios que conceberam a eficiência segundo parâmetros científicos, ressaltando-se a importância dos estudos de Pareto, que introduziu os conceitos denominados superioridade de Pareto e optimalidade de Pareto[70].

A superioridade satisfaz-se quando, em movimento de transformação do estado de coisas, pelo menos uma pessoa tem sua posição melhorada sem que disso resulte prejuízo a qualquer outra. A optimalidade, por sua vez, situa-se no ponto em que qualquer modificação do estado de coisas provoque a piora da posição de qualquer indivíduo; daí se extrai a definição de quando uma situação é ótima ou eficiente, não sendo possível alcançar melhor situação sem que disso resulte prejuízo a alguma pessoa.

Na sequência da obra de Pareto, desenvolveram-se os estudos de Kaldor e Hicks que, aproximando a lição paretiana da realidade dinâmica das atividades econômicas, conceberam a determinação de eficiência mediante a ponderação entre benefícios e prejuízos causados pela mudança do estado de coisas, em universo onde há ganhadores e perdedores.

---

[68] O artigo 37, *caput*, da CF/88, com redação dada pela EC n. 19/98, assim dispõe: "A administração pública direta e indireta de qualquer dos Poderes da União, dos Estados, do Distrito Federal e dos Municípios obedecerá aos princípios de legalidade, impessoalidade, moralidade, publicidade e eficiência e, também, ao seguinte:".

[69] MAXIMINIANO, Antonio Cesar Amaru; NOHARA, Irene Patrícia. *Gestão pública: abordagem integrada da Administração e do Direito Administrativo*. São Paulo: Atlas, 2017.

[70] Publicada em 1909, a obra *Manuale di Politica Economica*, de Wilfried Fritz Pareto, prelecionou o conceito que veio a ser denominado na Microeconomia como "ótimo de Pareto", espraiando-se por diversos campos da atividade econômica, principalmente nos segmentos da indústria e comércio

676 CURSO DE DIREITO ADMINISTRATIVO

No mundo real, caracterizado por interesses em conflito, sempre há ganhadores e perdedores, então o ponto ótimo na curva de alteração do estado de coisas acontece quando extraído o máximo benefício, possibilitando-se a compensação dos prejuízos causados. Quando não é possível a compensação em favor dos perdedores, não há que se dizer de eficiência.

A doutrina administrativista aponta que a gestão eficiente perfaz-se mediante a entrega de serviços de qualidade mais elevada, em termos de resultados, produtividade e desempenho, em relação aos fatores de produção empregados, como mão de obra, material, dinheiro, máquinas e tempo[71].

Satisfatório nível de eficiência requer, pois, o emprego de pessoas qualificadas, equipamentos adequados – em termos de funcionalidade, operação e rendimento – para o serviço e processos organizacionais que assegurem a prestação de maneira adequada e no tempo propício ao seu fim.

O texto da Lei n. 8.666/93, anterior à emenda constitucional, não contempla predito princípio dentre aqueles que norteiam as licitações e contratos. O princípio da eficiência tem por inspiração a transmudação da administração burocrática em administração gerencial, de modo a direcionar a Administração Pública ao engajamento para a efetividade de seus processos, por meio do emprego produtivo dos recursos materiais, pessoas e tecnologias.

O princípio da eficiência realiza-se, por exemplo, com a adoção de minutas-padrão para procedimentos repetitivos, que não exijam apreciação singular, e uso dos meios de TIC, como certificações digitais para assinaturas, dispensando-se a remessa física de documentos. Também é relevante a supressão de atos processuais meramente formais – quando não exigidos por lei –, sem qualquer relevância para a efetividade da licitação ou contrato.

Importa salientar que no regime jurídico-administrativo, a eficiência é sempre subordinada à legalidade, visto que a busca pela eficiência implantada somente pelo gestor, de modo a desconsiderar o estabelecido pelo legislador, não encontra guarida no Estado Democrático de Direito.

28.19.6.2. *Princípio do interesse público*

A explicitação do princípio do interesse público é bem recebida no texto da lei: seu conteúdo hermenêutico atua como vetor dos atos administrativos, cuja finalidade não é outra senão a satisfação do interesse público.

---

[71] NOHARA, Irene Patrícia. *Reforma administrativa e burocracia*: impacto da eficiência na configuração do direito administrativo brasileiro. São Paulo: Atlas, 2012.

Não raro, a automatização das atividades administrativas afasta a atuação estatal – seja na consecução dos interesses primários do Estado, seja na satisfação dos interesses secundários da Administração – de sua essência existencial, que deve ter por azimute a realização dos interesses da coletividade, evitando-se o movimento da Administração em vazio ou, em pior situação, o mau emprego da máquina pública para fins espúrios, por desvio de finalidade.

O interesse público é balizador dos atos e escolhas da Administração, desde a especificação de um objeto, a adoção de critérios de discrímen – como requisitos socioambientais –, até a convalidação de efeitos de atos administrativos quando, embora defeituosos, da total supressão de seus efeitos resultariam graves danos à sociedade ou à Administração Pública.

28.19.6.3. Princípio do planejamento

Infelizmente, a realidade cotidiana da Administração Pública, salvo alguns centros de excelência, ocorre mediante tomada de decisão sem qualquer estudo prévio, baseadas em percepções subjetivas dos gestores, não se instruindo processo de decisão lógica, que contemple os benefícios e riscos advindos da decisão.

Na área de licitações, esse problema sistêmico é bastante perceptível nos períodos de fim do ciclo orçamentário anual, quando muitos órgãos e entidades engendram licitações às pressas – ou adesão a atas de registro de preços – a fim de promover a execução orçamentária das rubricas com as quais foram contemplados.

Quando da execução dos contratos, é frequente a ausência de procedimentos de medição e correção de não conformidades, sem o que a Administração desconhece se os contratos firmados efetivamente servem aos fins que motivaram sua formação.

A NLLC traz em seu bojo diversos mecanismos de planejamento, como o estudo técnico preliminar (art. 18, I) e matriz dos riscos alocados ao contratante e contratado (art. 22, §1º), instrumentalizando-se adequado planejamento das licitações e contratações, tal como os meios de controle.

28.19.6.4. Princípio da transparência

A transparência constitui dever maior que a publicidade, porque transcende a dimensão formal desta. É comum o respeito às regras de publicidade dos atos oficiais, sem a observância do princípio da transparência.

Isso ocorre, por exemplo, mediante o uso de linguagem extremamente tecnicista – quando desnecessária – em documentos oficiais, ou quando, embora possível a ampla divulgação de projetos da Administração, mediante chamamento público e lançamento na internet, opta-se apenas pelo meio de publicidade formal, com publicação de extrato na imprensa oficial, do qual se presume ciência ficta.

Quando atua dessa forma, a Administração não favorece o processo de participação e controle social, enfraquece os preceitos de *accountability*, e torna a coisa pública blindada em relação ao povo, que é seu titular.

Acerca da característica redacional, as regras de transparência dispostas na Lei n. 14.133/2021 alcançam não apenas os gestores, mas os advogados públicos. O art. 53, II, da Lei, determina a redação de parecer jurídico em linguagem simples e compreensível e de forma clara e objetiva.

Obviamente, disso não se extrai qualquer autorização legislativa para o emprego de linguagem vulgar em documentos oficiais, mas de linguagem compatível com o nível intelectual mediano dos indivíduos da sociedade, de forma a maximizar o alcance da informação.

Excepcionalizam-se situações em que o assunto é pertinente a matéria de elevada tecnicalidade ou cientificidade, quando o uso de vocábulos e expressões de significado próprio é indispensável para a compreensão do conteúdo.

28.19.6.5. *Princípio da eficácia*

O princípio da eficácia relaciona-se diretamente aos objetivos alcançados a partir dos processos, enquanto a eficiência refere-se à efetividade do processo; a eficácia mede-se pelo resultado da licitação.

Importa salientar que o princípio da eficácia em nada se relaciona com os planos de existência, validade e eficácia dos negócios jurídicos. Sua gênese não está no Direito, mas na Teoria da Administração, sobretudo no campo de gestão de processos.

É possível, pois, que uma licitação seja eficiente, mas não seja eficaz, quando embora o processo tenha transcorrido sem vícios ou empecilhos, a contratação não alcance o resultado almejado.

Também é possível que a licitação seja eficaz, mas não eficiente, quando tenha a capacidade de satisfazer o resultado desejado, mas o processo seja conturbado, lento ou oneroso.

Por óbvio, da correlação entre os princípios da eficiência e da eficácia, a vontade da lei manifesta-se em processos eficientes e resultados eficazes.

A constatação da eficácia é possível por meio da determinação precisa de resultados, metas e objetivos, conforme a sistemática adotada em sistemas de gestão da qualidade, a exemplo dos requisitos constantes da norma técnica NBR ISO 9001.

28.19.6.6. Princípio da segregação de funções

A segregação de funções tem especial relevância nas atividades de contabilidade e auditoria, com vistas à prevenção de erros ou fraudes. O Conselho Federal de Contabilidade conceitua a segregação de funções como "princípio básico do sistema de controle interno que consiste na separação de funções, nomeadamente de autorização, aprovação, execução, controle e contabilização das operações"[72].

Por conseguinte, o agente público responsável pela licitação não deve fiscalizar o contrato. Quem emite a nota de empenho não deve efetuar a liquidação da despesa, e quem realiza a liquidação não deve emitir a ordem bancária em favor do credor.

A separação de funções é recomendada pela Organização Internacional de Entidades Fiscalizadoras Superiores (*International Organization of Supreme Audit Institutions – INTOSAI*), cujas diretrizes são adotadas pelo TCU, que é membro pleno da organização, razão por que a Corte de Contas considera referido princípio em suas normas de auditoria, o que reflete em suas decisões.

Tem-se como exemplo o recente excerto em que o órgão de controle externo aponta ausência de separação entre as funções de gestores "e de fiscais de contratos, bem como a falta de segregação de funções no recebimento provisório e definitivo dos objetos contratados, com vistas a que o recebimento provisório ateste a realização do serviço e o definitivo"[73].

Por força do princípio em comento, obriga-se a segregação entre as atividades de planejamento da licitação, execução do certame e fiscalização do contrato. Portanto, quem elabora o termo de referência, não deve exercer a função de agente de contratação, tal como quem participa do processo licitatório não deve exercer a fiscalização do contrato.

O art. 7º, §1º, da Lei n. 14.133/2021 dispõe sobre a segregação de funções e proíbe a designação do mesmo agente público para atuação simultânea em funções mais suscetíveis a riscos, de modo a reduzir a possibilidade de ocultação de erros e de ocorrência de fraudes na respectiva contratação.

---

[72] CFC. *Manual de Auditoria do Sistema CFC/CRCs*. Brasília: CFC, 2007. p. 109.

[73] TCU, RA, Acórdão 4039/2020, rel. Min. Walton Alencar Rodrigues, Plenário, julgado em 8-12-2020.

680 CURSO DE DIREITO ADMINISTRATIVO

28.19.6.7. Princípio da motivação

A motivação é a razão ou justificativa de decidir; representa a fundamentação fática e jurídica do ato administrativo editado. Não é somente a exposição dos motivos, mas a explicação do objeto adotado em relação aos motivos advindos.

Ressalte-se que motivo e motivação não são, na linguagem técnica, sinônimos. Aquele é a situação que enseja a edição do ato administrativo, a causa necessária à edição do ato ou acontecimento fático ou jurídico que exige ou faculta a ação administrativa, esta é a justificação da existência do motivo (fato) e da adequação do ato decorrente do fato aos postulados normativos (fundamento jurídico).

O motivo é elemento do ato administrativo, precedente à declaração da Administração, porquanto integra o universo dos fatos. A motivação, por sua vez, integra a forma do ato, que também é elemento de sua constituição. Por conseguinte, vícios de motivação repercutem vícios de forma.

A motivação aliunde – que admite a mera declaração de concordância com fundamentos de anteriores pareceres, informações, decisões ou propostas –, e a motivação padrão, utilizada para matérias repetitivas, da mesma natureza, com fundamentos respectivos no art. 50, §§ 1º e 2º, Lei n. 9.784/99, são possibilidades jurídicas que se coadunam com o princípio da eficiência.

No que concerne à motivação para as licitações, o art. 18, IX, da Lei n. 14.133/2021, determina a motivação circunstanciada das condições do edital, elemento indispensável à validade do certame.

28.19.6.8. Princípio da segurança jurídica

A segurança jurídica não existe essencialmente para prevenir violações a direitos, mas para dar estabilidade ao sistema jurídico, possibilitando inclusive que lesões a direito efetivadas não possam mais ser debatidas em juízo.

O princípio da segurança jurídica representa o conjunto de imperativos e garantias que torna possível às pessoas o conhecimento antecipado das consequências diretas dos seus atos e fatos à luz de uma liberdade conhecida; representa também a estabilização e a desejada imutabilidade do que foi praticado com base nessa liberdade.

Como decorrência do princípio da segurança jurídica, nota-se o princípio da proteção da confiança; o primeiro está ligado a elementos objetivos da ordem jurídica, garantindo a estabilidade jurídica, a segurança de orientação e realização do direito; o segundo está ligado às ações dos indivíduos em relação aos efeitos dos atos jurídicos do Poder Público.

Para efetividade do princípio da segurança jurídica, tem-se, dentre outros comandos normativos, a obrigação estipulada no art. 22, §1º, da Lei n. 14.133/2021, referente à alocação dos riscos e responsabilidades das partes contratantes.

Logo, a definição precisa dos riscos delimita as consequências para a Administração e para o contratado, e a exata compreensão das "regras do jogo", evitando-se surpresas e, consequentemente, insegurança jurídica.

Como mandamento para os administradores, o art. 30 da LINDB determina que "as autoridades públicas devem atuar para aumentar a segurança jurídica na aplicação das normas, inclusive por meio de regulamentos, súmulas administrativas e respostas a consultas".

28.19.6.9. *Princípio da razoabilidade*

O princípio da razoabilidade realiza-se quando, na determinação de obrigações e na tomada de decisão, o Administrador tenha em vista os problemas que realmente precisa considerar, devendo excluir da sua avaliação problemas reputados irrelevantes.

A razoabilidade é observada quando, na interpretação da lei, do edital e do contrato, presuma-se o que normalmente acontece, não o extraordinário ou improvável, de modo que as normas indiquem, em relação aos fatos jurídicos, aqueles que se adstringem ao universo da normalidade e aqueles que mereçam a repulsa do Direito[74].

Os acontecimentos e atitudes tidos por razoáveis balizam-se pela Teoria do Homem Médio, concebida no direito britânico, que consiste em considerar o adequado grau de sensatez vista não no homem dotado de racionalidade acima do normal nem no mais estúpido dos seres humanos, e sim na maioria dos membros da sua sociedade[75].

Não é razoável, portanto, que a Administração exija atestados de capacidade técnica que demonstrem a realização de objetos desnecessários ou impertinentes em relação ao objeto da licitação, o que importaria em ofensa ao art. 62, *caput*, da Lei n. 14.133/2021, o qual define a habilitação como fase do certame "em que se verifica o conjunto de informações e documentos necessários e suficientes para demonstrar a capacidade do licitante de realizar o objeto da licitação".

---

[74] ÁVILA, Humberto. *Teoria dos Princípios da definição à aplicação dos princípios jurídicos.* 20. ed. São Paulo: Malheiros, 2021.

[75] STJ, REsp 658.458/PR, 1ª Turma, rel. Min. Luiz Fux, Brasília, DF, 2-6-2015.

28.19.6.10. Princípio da competitividade

O princípio da competitividade veda à pessoa licitante criar barreira ou impedimento à participação na licitação, a fim de que esta tenha o maior nível de universalidade possível, não sendo válidas disposições do edital que comprometam, restrinjam ou frustrem o caráter competitivo.

Norma jurídica que exemplifica a adoção do princípio em tela pode ser vista no art. 9º, I, *a*, da Lei n. 14.133/2021, que proíbe aos agentes públicos admitir, prever, incluir ou tolerar situações que "comprometam, restrinjam ou frustrem o caráter competitivo do processo licitatório".

Determinadas regras licitatórias, como o dever de sigilo das propostas, asseguram a competitividade e inibem que os preços sejam artificialmente alterados ou acordados para beneficiar licitantes e prejudicar a Administração.

A proibição de exigências desnecessárias para o cumprimento do objeto da licitação e a obrigação de publicidade e transparência são fatores que maximizam o alcance da licitação e a potencial participação de interessados.

28.19.6.11. Princípio da proporcionalidade

O princípio da proporcionalidade ou da proibição de excessos tem nítido escopo de proteção dos direitos fundamentais, por limitar a discricionariedade do Estado perante os direitos conquistados pelos indivíduos nos Estados Constitucionais modernos.

A proporcionalidade é a relação equilibrada entre causa e consequência; é respeitada quando coexistentes os seguintes pressupostos: (i) a medida levar à realização da finalidade (exame da adequação); (ii) a medida ser a menos restritiva aos direitos envolvidos dentre aquelas que poderiam ser utilizadas para atingir a finalidade (exame da necessidade) e; (iii) a finalidade pública ser tão valorosa que justifique tamanha restrição (exame da proporcionalidade em sentido estrito)[76].

O exame de adequação consiste em determinar a relação empírica entre meio e fim, isto é, aferir se efetivamente o meio eleito para a promoção do bem jurídico tem a capacidade de realizar o fim pretendido.

O exame da necessidade funda-se no sentido de cotejar a relação de adequação dos meios possíveis e, dentre as medidas possíveis, qual apresenta menor restrição ao administrado, promovendo-se o mesmo fim.

---

[76] ÁVILA, Humberto. *Teoria dos Princípios da definição à aplicação dos princípios jurídicos.* 20. ed. São Paulo: Malheiros, 2021.

O exame da proporcionalidade em sentido estrito perfaz-se na ponderação entre os benefícios colimados pela norma e as restrições impostas ao administrado e o conjunto de fatores que o circundam.

As exigências determinadas no edital de licitação, portanto, devem ser aptas à satisfação das necessidades da Administração e considerada a menos restritiva dentre as opções existentes, de modo a resultar em efetivo benefício quando da contratação, que supere os custos e restrições justificados no certame.

28.19.6.12. *Princípio da celeridade*

O princípio da celeridade traduz-se na agilidade dos atos e procedimentos, com vistas à realização da licitação e à formação dos contratos em tempo hábil e satisfatório. A promoção da celeridade requer a supressão de entraves burocráticos desnecessários, como o reconhecimento de firma. A esse respeito, o art. 12, V, da Lei n. 14.133/2021 dispõe que no processo licitatório "o reconhecimento de firma somente será exigido quando houver dúvida de autenticidade, salvo imposição legal".

Principalmente antes da estruturação de processos eletrônicos na Administração, e mecanismos de assinatura e certificação digital, eram frequentes idas e vindas de representantes de licitantes a estabelecimentos cartoriais com o único fim de autenticar documentos ou reconhecimento de firma, desperdiçando-se tempo e recursos das empresas, onerando-se os procedimentos licitatórios.

Nesse sentido, a celeridade impõe-se não apenas no delineamento das rotinas internas da Administração, mas no tratamento dispensado ao particular. Prática também bastante frequente consiste na redação de pareceres e peças informativas exageradamente prolixas, que excedem em muito os requisitos exigidos para aptidão ao fim a que se destina. Quando o agente público atua dessa maneira, desperdiça recursos da Administração, porque estende o tempo necessário para a realização dos atos, afetando-se a celeridade do processo.

A celeridade é componente do princípio da eficiência. Enquanto a eficiência é aferida a partir da otimização dos recursos para a condução dos processos, a celeridade concerne diretamente ao tempo do processo.

28.19.6.13. *Princípio do desenvolvimento nacional sustentável*

A sustentabilidade socioeconômico-ambiental constitui um dos mais atuais e sensíveis temas relacionados às políticas públicas e ordenamento da atuação dos agentes econômicos.

684 CURSO DE DIREITO ADMINISTRATIVO

A preocupação com a sustentabilidade partiu de uma concepção voltada ao meio ambiente. Estudiosos da segunda metade do século XX definiam sustentabilidade como a possibilidade de manutenção, por longo período, das atividades baseadas na exploração de recursos naturais.

O conceito inicial de sustentabilidade ligava-se à noção de preservação de reservas naturais com vistas à continuidade das atividades econômicas, que deveriam evitar o esgotamento dos recursos necessários para a produção[77].

Com a evolução do tema, agregaram-se outros valores à matriz ambiental, compreendendo-se o desenvolvimento sustentável como o nível de desenvolvimento dos povos fundado em um patamar ótimo de interação entre os sistemas ambiental, produtivo e social[78].

Preconizavam-se as primeiras ideias que viriam a formar o conceito de *triple bottom line*, expressão cunhada em 1994 por John Elkington, que conjuga os componentes *people, planet and profit*, designados pela sigla 3P.

A expressão é conhecida entre nós como "tripé da sustentabilidade", e funda-se na ideia de que os elementos social, ambiental e econômico devem estar em equilíbrio para que se alcance o saldo positivo das organizações.

Tal como nas técnicas de ponderação existentes na ferramenta de gestão estratégica denominada *balanced scorecard*, os aspectos não econômicos merecem tanta atenção quanto os econômicos, haja vista que da combinação entre esses fatores resulta a eficiência da organização.

O conceito mais propalado sobre desenvolvimento sustentável tem origem no relatório "Nosso Futuro Comum", publicado em 1987 pela Comissão Mundial sobre o Meio Ambiente e Desenvolvimento, conhecida como Comissão *Brundtland*[79], segundo o qual desenvolvimento sustentável é "o desenvolvimento que encontra as necessidades atuais sem comprometer a habilidade das futuras gerações de atender suas próprias necessidades".

O Relatório *Brundtland* define os alicerces do desenvolvimento sustentável, elementos norteadores que devem orientar toda a atuação pública e privada na construção da sustentabilidade. Tais elementos revestem-se do conteúdo herme-

---

[77] Por todos: HOWE, Charles W. *Natural resource economics*: issues, analysis, and policy. New York: John Wiley and Sons, 1979.

[78] BARBIER, E. *Economics, natural resource scarcity and development*: conventional and alternative views. London: Earthscan, 1989.

[79] A Comissão Mundial sobre o Meio Ambiente e Desenvolvimento, instituída no âmbito do Programa das Nações Unidas para o Meio Ambiente, era presidida pela médica Gro Harlem Brundtland, mestre em saúde pública e ex-Primeira Ministra da Noruega.

nêutico principiológico, fontes para a estruturação de uma ordem jurídica internacional de fomento e proteção ao desenvolvimento sustentável.

Do princípio do desenvolvimento nacional sustentável, edificado a partir do tripé da sustentabilidade, espraiam-se os subprincípios da eficácia econômica, da equidade social e da preservação ambiental.

A eficácia econômica é compreendida como o dimensionamento dos custos de concepção, instalação, desenvolvimento, operação, entrega e prestação de produtos e serviços considerando-se não apenas os custos econômicos, mas os custos socioambientais. Os índices econômicos, isoladamente considerados, conduzem às soluções técnicas menos onerosas, despreocupadas com a preservação ambiental e com os impactos da atividade produtiva sobre a vida das comunidades afetadas. A projeção macroeconômica da eficácia econômica transpõe o país do rumo do crescimento para a trilha do desenvolvimento, composto por indicadores econômicos e sociais.

A equidade social importa no tratamento justo sobre as necessidades apresentadas pelos indivíduos e comunidades de uma região, ponderando-se suas semelhanças e diferenças, na busca da concretização de seus interesses comuns. A equidade projeta-se no tempo, zelando-se pelos direitos intergeracionais a um meio ambiente hígido e equacionamento das dívidas públicas, e no espaço, o que se concretiza pelo respeito às diversidades culturais nas diversas regiões de um país, continente ou no mundo.

A preservação ambiental envolve o uso inteligente dos recursos naturais, assegurando-se a conservação dos ecossistemas e a qualidade de vida da população atual e das gerações futuras. Em observância ao subprincípio da preservação ambiental, o Estado deve adotar políticas de incentivo às iniciativas técnicas e industriais de preservação ambiental, bem como medidas de desestímulo às práticas poluentes e degradantes.

O desenvolvimento nacional sustentável, edificado sobre o tripé socioeconômico-ambiental, dinamiza-se a partir da harmônica relação entre as forças econômicas de produção, as necessidades humanas e as limitações do meio físico, de modo a se impor uma barreira ao impulso desenfreado de apropriação e esgotamento dos recursos naturais e bem-estar das pessoas.

A preservação ambiental é pensada no futuro, projetando-se o uso racional dos recursos naturais, conservando-os para as próximas gerações, inibindo-se medidas e intentos de máximo aproveitamento imediato. No direito ambiental brasileiro, a natureza intergeracional do princípio do desenvolvimento sustentável decorre do art. 225, *caput*, da CRFB, consistente no dever do Estado e da coletividade em assegurar o meio ambiente ecologicamente equilibrado e "preservá-lo para as presentes e futuras gerações".

O Estado, por meio das licitações, tem elevado potencial para influenciar o comportamento de agentes econômicos, mediante requisitos de sustentabilidade para a participação em licitações ou critérios de preferência. Tem-se o exemplo do art. 26, II, da Lei n. 14.133/2021, que dispõe sobre a opção de determinação, no edital da licitação, de margem de preferência para "bens reciclados, recicláveis ou biodegradáveis, conforme regulamento".

28.19.6.14. Princípios tabulados na LINDB

A Lei de Introdução às normas do Direito Brasileiro (Decreto-Lei n. 4.657, de 4 de setembro de 1942), tem natureza de *lex legum*, isto é, norma sobre normas, que tem a finalidade de orientar a aplicação do Direito. Seus dispositivos contêm cânones hermenêuticos que, lidos de forma sistêmica com os diplomas normativos, indicam o melhor caminho para o intérprete da lei, como nas situações em que houver lacuna da lei ou regulamento, situação para a qual o art. 4º da LINDB dispõe que, "quando a lei for omissa, o juiz decidirá o caso de acordo com a analogia, os costumes e os princípios gerais de direito".

O art. 5º da LINDB dita que "na aplicação da lei, o juiz atenderá aos fins sociais a que ela se dirige e às exigências do bem comum". Logo, a LINDB dispõe sobre a interpretação teleológica das normas, de modo que o intérprete observe, quanto ao seu conteúdo e alcance, o bem jurídico tutelado, a fim de que os atos e formalidades do processo não sejam vistos como fim em si mesmo, mas como meios para a consecução de fins residentes na vontade da lei.

28.19.7. Agentes públicos

Para os fins da Lei n. 14.133/2021, agente público é a pessoa que, "em virtude de eleição, nomeação, designação, contratação ou qualquer outra forma de investidura ou vínculo, exerce mandato, cargo, emprego ou função em pessoa jurídica integrante da Administração Pública" (art. 6º, V, da Lei n. 14.133/2021). Se dotado de poder de decisão, o agente público é autoridade administrativa.

O Capítulo IV do Título I da Lei n. 14.133/2021 dispõe sobre diretrizes e obrigações para a atuação dos agentes públicos em licitações e contratos, de forma que a nova lei exige a profissionalização dos ativos intelectuais da Administração. Infelizmente, é corriqueira a atuação de agentes públicos em licitações ou fiscalização de contratos sem a necessária capacitação, causando-se a responsabilização dessas pessoas por erros ou a ocorrência de danos à Administração, em detrimento do interesse público.

Com vistas a superar essa falha histórica, o art. 7º, II, da Lei n. 14.133/2021 impõe a gestão por competências e a exigência de que os agentes exerçam "atribuições relacionadas a licitações e contratos ou possuam formação compatível ou qualificação atestada por certificação profissional emitida por escola de governo criada e mantida pelo poder público".

Logo, a autoridade não poderá designar agentes públicos à sua livre e irrestrita escolha para atuação na área de licitações e contratos, porquanto a lei impõe limites para a aferição da discricionariedade.

São alternativos os pressupostos de comprovação: atribuições relacionadas a licitações e contratos; formação compatível ou; qualificação profissional emitida por escola de governo. Dessarte, a lei elenca três opções para a aferição da capacidade do agente público: a atribuição – constatada por experiência pretérita ou exercício de cargo ou função específica –, a formação – sendo razoável que compreenda os níveis superior e técnico –, ou, na ausência de um desses elementos, a capacitação profissional.

Evidentemente, a capacitação profissional por escola de governo é o requisito de base para a designação dos agentes públicos, o que não inviabiliza a complementação por capacitação específica, mediante ações de treinamento destinadas ao aperfeiçoamento ou formação.

Os requisitos de qualificação exigidos dos gestores estendem-se aos membros das unidades de consultoria e assessoramento jurídico e de controle.

28.19.7.1. Agente de contratação

No anterior regime jurídico, da Lei n. 8.666/93, as propostas dos licitantes são "processadas e julgadas por comissão permanente ou especial de, no mínimo, três membros" (art. 51, *caput*, da Lei n. 8.666/93).

Na modalidade Pregão, a condução do certame é realizada por pregoeiro, designado dentre os servidores do órgão ou entidade, para o "recebimento das propostas e lances, a análise de sua aceitabilidade e sua classificação, bem como a habilitação e a adjudicação do objeto do certame ao licitante vencedor" (art. 3º, IV, da Lei n. 10.520/02). Portanto, a regra geral é a atuação de comissão de licitações, salvo quando realizada a licitação segundo a modalidade pregão.

A Lei n. 14.133/2021 inverte essa lógica, de modo que "a licitação será conduzida por agente de contratação designado dentre os agentes públicos dos quadros permanentes da Administração" (art. 8º, *caput*, da Lei n. 14.133/2021).

688   CURSO DE DIREITO ADMINISTRATIVO

Tal como a equipe de apoio do pregoeiro (no regime da Lei n. 10.520/02), o **agente de contratação** será auxiliado por equipe de apoio, e a responsabilização por seus atos será individualizada, exceto se induzido a erro pela equipe de apoio.

Conjecture-se a hipótese em que a licitação requeira conhecimentos técnicos especializados, providos pela equipe de apoio, cujas informações induzam a erro o agente de contratação. Nesse caso, cabe a responsabilização não do agente de contratação, mas dos servidores culpáveis pelo erro.

A disciplina sobre a modalidade pregão, outrora regulamentada por lei esparsa, agora integra o corpo da Lei n. 14.133/2021, e quando escolhida essa modalidade, dá-se ao agente de contratação o nome de **pregoeiro**.

28.19.7.2.   Comissão de contratação

Quando o objeto da licitação contemplar bens ou serviços especiais, a licitação **poderá** ser efetuada por **comissão de contratação**, formada por no mínimo três membros, exigida de todos a comprovação de formação, atribuição ou qualificação profissional requerida do agente de contratação.

A regra geral, pois, é da condução da licitação por órgão singular: agente de contratação. Nas situações em que a Administração considerar que o objeto possui alta complexidade, poder-se-á designar comissão, segundo decisão discricionária da autoridade competente.

A lógica do processamento da licitação por um único servidor – auxiliado por equipe de apoio, já tem sido observada a algum tempo, com a gradativa ampliação do conceito de bens e serviços comuns adotado no pregão. Com efeito, mesmo objetos de maior complexidade consideram-se comuns quando admitem especificações usuais de mercado.

Por isso, o conceito de bens e serviços especiais abarca categorias de produtos e prestações deveras singulares, razão por que se espera que o emprego de comissões de contratação ocorrerá em situações peculiares.

Os membros da comissão de contratação respondem solidariamente pelos atos praticados, salvo quem anotar em ata seu posicionamento divergente.

28.19.7.3.   Assessores jurídicos e auditores internos

A Lei n. 14.133/2021 reclama dos assessores jurídicos e membros de controle interno o exercício de efetivo assessoramento aos agentes de contratação. No caso do *staff* jurídico, a atividade de consultoria mormente exaure-se a partir da assinatura de parecer, enquanto a assessoria requer do assessor jurídico a atuação junto dos agentes atribuídos dos atos administrativos, com a efetiva participação do órgão jurídico na preparação e realização dos processos.

Quanto ao controle interno, a atuação em sincronismo com os agentes de contratação ensejará o fortalecimento das atividades de monitoramento e significativo efeito preventivo contra erros e fraudes.

Os assessores jurídicos e membros do controle interno, assim como os agentes de contratação, devem ter formação compatível com as atribuições desempenhadas. O art. 8º, §3º, da Lei n. 14.133/2021 obriga a Administração a disciplinar em regulamento a possibilidade de apoio dos órgãos de assessoramento jurídico e de controle interno aos agentes de contratação, comissões de contratação, fiscais e gestores de contratos.

Essa medida contribui para a eficiência, celeridade e eficácia das licitações, uma vez que a atuação simultânea dos órgãos de assessoramento jurídico e de controle interno terá a capacidade de sanar vícios logo que percebidos, evitando-se o transcurso da licitação contaminada por atos inválidos.

Frequentemente, procedimentos administrativos transcorrem desde a origem permeados por vícios – às vezes, desde a sua formação – e nesse estado tramitam até o momento de análise dos órgãos de assessoria jurídica e de controle interno, que então se manifestam pela irregularidade dos atos desencadeados.

Em situações outras, anotam-se divergências entre os órgãos de assessoria jurídica e de controle interno, prejudicando-se o impulso processual.

Essas práticas induzem perda de tempo e recursos, em detrimento dos princípios regentes das licitações públicas. A dinâmica estatuída pela Lei n. 14.133/2021 tem por bússola a correção dessa linha de atuação dos agentes públicos, órgãos e entidades.

28.19.8. Processo licitatório

A licitação é realizada pela Administração Pública para selecionar a proposta mais vantajosa à satisfação do interesse público em questão. Trata-se de um procedimento prévio à contratação que atinge a sua finalidade quando a melhor proposta é escolhida.

O procedimento licitatório é uma série de atos concatenados, praticados pelas partes em colaboração, tendentes a um ato administrativo final dependente dos anteriores. A licitação é preordenada para a satisfação de determinado objeto, que traduz o bem ou serviço pretendido pela Administração, guiada por certos objetivos por serem alcançados.

28.19.8.1. Objetivos

Os objetivos da licitação colmatam o feixe de valores que o procedimento visa a concretizar, orientando a atuação da Administração com vistas ao alcance de resultados indicados pela lei.

O grau de satisfação dos objetivos enumerados na Lei n. 14.133/2021 traduz o êxito do certame. O alcance dos objetivos é a medida da eficácia da licitação.

28.19.8.1.1. Vantajosidade

A licitação tem por objetivo assegurar que o resultado da contratação seja o mais vantajoso para a Administração. Há de se considerar, porém, que a vantajosidade não se infere tão somente do menor preço ou qualidade do produto ou serviço, mas de fatores que mensuram o desempenho do objeto na linha do tempo, como o ciclo de vida.

Determinada aquisição, cujo bem tenha ciclo de vida maior que um exemplar símile de menor custo, pode resultar em maior economicidade e, por isso, satisfazer em maior grau o objetivo de vantajosidade.

Por isso, o art. 34, §1º, da Lei n. 14.133/2021, dispõe que custos indiretos de manutenção, utilização, reposição, depreciação, impacto ambiental e outros poderão ser considerados para a definição do menor dispêndio.

28.19.8.1.2. Isonomia

A isonomia comporta duas dimensões: formal e material. A isonomia formal realiza-se pela estipulação das mesmas regras para todos os administrados a ela sujeitos; a isonomia material perfaz-se segundo a máxima aristotélica de conferir aos desiguais tratamentos diferenciados com o fim de equipará-los na disputa.

O objetivo isonômico da licitação aperfeiçoa-se com a ampla e justa competitividade entre os interessados, evitando-se critérios ilegítimos que limitem a participação ou ofereçam vantagem indevida a alguns licitantes.

Situações há, porém, em que critérios de discrímen propiciam exatamente a isonomia e competitividade, desde que o fator de desigualação obedeça a elementos objetivos e guarde correlação lógica com os interesses absorvidos no sistema constitucional.

É o que ocorre em relação às microempresas e empresas de pequeno porte, que têm preferência para contratação em situações de empate, configurada quando "as propostas apresentadas pelas microempresas e empresas de pequeno porte sejam iguais ou até dez por cento superiores à proposta mais bem classificada" (art. 44, §1º, da Lei Complementar n. 123/06 c/c o art. 4º, *caput*, da Lei n. 14.133/2021).

O tratamento diferenciado para microempresas e empresas de pequeno porte funda-se no art. 179 da Constituição Federal, mediante mecanismos de estímulos para a inserção dessas empresas no rol de competidores, oferecendo-lhes condições de participação em grau de equivalência com grandes empresas.

28.19.8.1.3. Preço justo

A licitação visa a assegurar que a contratação dos agentes econômicos observe preço justo, afastando-se tanto do sobrepreço, que importaria em prejuízo à Administração, quanto preços demasiadamente reduzidos, que em comparação com os valores médios de mercado mostrem-se inexequíveis.

O sobrepreço fere o objetivo de vantajosidade, enquanto o preço ínfimo, além de enriquecimento sem causa da Administração, incrementa risco de inadimplemento contratual, comprometendo-se a eficácia da licitação.

28.19.8.1.4. Inovação e sustentabilidade

Enquanto agente normativo e regulador da economia, compete ao Estado, na forma da lei, a fiscalização, incentivo e planejamento das atividades de produção, circulação, distribuição e consumo (art. 174, *caput*, da CRFB).

A era globalizada tem destacado a proeminência da expressão científico-tecnológica como meio de potencialização de outras dimensões da vida nacional. A integração do mercado demanda atento olhar para as tendências globais, nas áreas do conhecimento, informação e inovação tecnológica. "Essas áreas significam a ruptura com o passado, reformatam o presente e propõem o futuro da sociedade e da economia"[80].

A inovação, elemento de soberania e desenvolvimento nacional, merece políticas de incentivo, sobretudo por meio de licitações. Essa lógica reflete-se em certos instrumentos manejáveis pela Administração, como a restrição de procedimentos de manifestação de interesse a startups de alto potencial, dedicadas "à pesquisa, ao desenvolvimento e à implementação de novos produtos ou serviços baseados em soluções tecnológicas inovadoras que possam causar alto impacto" (art. 81, §4º, da Lei n. 14.133/2021).

---

[80] MORGENTHAU, Hans J. *A Política entre as Nações*: A luta pelo poder e pela paz. São Paulo: IPRI, 2003. p. xxxvi.

692 CURSO DE DIREITO ADMINISTRATIVO

28.19.8.2. Fases

A licitação, destinada à realização de determinado objeto, transcorre mediante fases, vocacionadas à realização de atos específicos conforme o nível de instrução e maturidade do procedimento.

A Lei n. 8.666/93 não contém definição legal sobre as fases do procedimento licitatório, conteúdo formado a partir das lições doutrinárias, formando-se nítido consenso acerca da existência de duas fases da licitação: interna e externa.

A Lei n. 14.133/2021, por sua vez, traz definição precisa sobre as fases do procedimento, atos e documentos que a compõem.

28.19.8.2.1. Preparatória

A fase preparatória é caracterizada pelo planejamento e deve "abordar todas as considerações técnicas, mercadológicas e de gestão que podem interferir na contratação" (art. 18, *caput*, da Lei n. 14.133/2021).

Essa fase é interna, consiste na elaboração de especificações técnicas, consideração do motivo para a licitação e concepção do ato convocatório.

A fase preparatória orienta-se pelo princípio do planejamento, e deve guardar aderência com o Plano Anual de Contratações, documento instituído pelos entes federados, mediante decisão discricionária, a fim de "racionalizar as contratações dos órgãos e entidades sob sua competência, garantir o alinhamento com o seu planejamento estratégico e subsidiar a elaboração das respectivas leis orçamentárias" (art. 12, VII, da Lei n. 14.133/2021).

A preparação da licitação deve abranger conjunto de documentos suficientes para fundamentar as escolhas da Administração, tal como a modelagem contratual por ser adotada. Dentre os itens indispensáveis à instrução processual, destacam-se os seguintes:

a) Estudo Técnico Preliminar;

b) Termo de Referência;

c) Projeto Básico;

d) Anteprojeto;

e) Projeto Executivo;

f) Pesquisa de preços;

g) Orçamento.

28.19.8.2.1.1 Estudo Técnico Preliminar

O Estudo Técnico Preliminar (ETP) consta do texto da Lei n. 8.666/93, tal como no Regime Diferenciado de Contratações Públicas (RDC). Porém, sua menção é restrita a obras e serviços. Ademais, carece de definição e pressupostos para a sua formação.

No caso de licitação para a concessão de serviço público, o Estudo de Viabilidade Técnica, Econômica e Ambiental (EVTEA) é imprescindível à instrução do procedimento licitatório, por força do art. 21 da Lei n. 8.987/95.

Embora não tenha a mesma complexidade do EVTEA, o ETP tem fins semelhantes: demonstrar a necessidade, viabilidade, impactos, custos e solução para a contratação.

No regime da Lei n. 14.133/2021, o ETP é documento indispensável ao planejamento da licitação, qualquer que seja o objeto do contrato. É "documento constitutivo da primeira etapa do planejamento de uma contratação que caracteriza o interesse público envolvido e a sua melhor solução" (art. 6º, XX).

O Estudo tem por principal finalidade indicar a viabilidade técnica e econômica da contratação, a partir da explicitação da necessidade da contratação, sua aderência ao Plano Anual de Contratações (se adotado pelo ente federativo), requisitos da contratação, levantamento de mercado e estimativa das quantidades e valor da contratação.

O ETP deve demonstrar os resultados pretendidos quanto à economicidade, as providências por serem adotadas quanto à capacitação de servidores, impactos ambientais previamente identificados, tal como contratações correlatas ou interdependentes.

Imagine-se licitação para a aquisição de equipamentos biomédicos – até então indisponíveis – para um hospital público, e a licitação em si seja exitosa, perfazendo-se o adimplemento contratual, mediante a entrega tempestiva dos equipamentos, conforme as especificações exigidas.

Todavia, durante a preparação da licitação, os gestores esqueceram-se de que os servidores públicos incumbidos da operação desses equipamentos não têm qualificação técnica para esse mister.

Além disso, não se providenciou a aquisição de peças sobressalentes e, a edificação não comporta espaço adequado e suficiente para a instalação dos equipamentos, que requerem ambiente climatizado para o seu funcionamento. Mais, os componentes descartados quando exaurido o ciclo de vida demandam transporte especial, sujeito aos regulamentos de transporte de produtos perigosos.

O caso hipotético – não muito distante de lastimáveis experiências ocorridas no país – serve para ilustrar que uma contratação permeia-se por diversas circunstâncias e negócios acessórios que, quando ignorados, comprometem a eficácia do processo, em detrimento do interesse público.

São elementos obrigatórios do ETP, *ex vi* do art. 18, §2º, da Lei n. 14.133/2021: (i) motivação da necessidade da contratação; (ii) estimativa das quantidades contratadas; (iii) estimativa do valor contratado; (iv) justificativa para o parcelamento ou não da solução.

Outrossim, o Estudo sempre deve concluir pela adequação ou não da contratação para o atendimento da necessidade a que se destina. Nesse sentido, o ETP é um poderoso instrumento de planejamento das licitações, que obriga a mudança de cultura dos gestores públicos, a fim de que as contratações públicas aconteçam de modo inteligente e eficaz.

28.19.8.2.1.2 Termo de Referência

O Termo de Referência é instrumento disciplinado para o pregão, conforme regulamentado pelo Decreto n. 5.450/2005. É documento que contém elementos para a avaliação do custo pela Administração, ante orçamento detalhado, a definição dos métodos, a estratégia de suprimento, o valor estimado conforme o preço de mercado, o cronograma físico-financeiro, o critério de aceitação do objeto, os deveres do contratado e do contratante, os procedimentos de fiscalização e o gerenciamento do contrato, o prazo de execução e as sanções.

A Lei n. 14.133/2021 consolida a experiência advinda para a Administração Pública, a partir da modalidade pregão, e incorpora ao seu texto as disposições atinentes ao Termo de Referência. Baseado no Estudo Técnico Preliminar, o Termo de Referência é o documento descritivo, continente das especificações do objeto, necessário para a contratação de bens e serviços.

O art. 6º, XXIII, enumera requisitos necessariamente abrangidos pelo Termo de Referência: (i) definição do objeto; (ii) fundamentação da contratação; (iii) descrição da solução; (iv) requisitos da contratação; (v) modelo de execução do objeto; (vi) modelo de gestão do contrato; (viii) critérios de medição e de pagamento; (vii) forma e critérios de seleção do fornecedor; (viii) estimativas do valor da contratação; (ix) adequação orçamentária.

O Termo de Referência contém, pois, a modelagem do negócio que a Administração pretende realizar – consoante as informações contidas no Estudo Técnico Preliminar –, os pressupostos para o certame, como a motivação e a disponibilidade orçamentária, a forma de execução, os resultados almejados e os mecanismos de fiscalização contratual. Interessante novidade trazida pela Lei n. 14.133/2021 concerne à abrangência exigida para a descrição da solução no Termo de Referência, que deve considerar o ciclo de vida do objeto.

Para a contratação de compras, o Termo de Referência deve enumerar, adicionalmente: a especificação do produto, preferencialmente conforme catálogo eletrônico de padronização; os locais de entrega e as regras para recebimento provisório e definitivo; e garantia exigida e condições de manutenção e assistência técnica, quando cabíveis (art. 40, § 1º, da Lei n. 14.133/2021).

Em continuidade à tendência já observada nas licitações públicas, o Termo de Referência será o documento especificativo comumente empregado nos certames, haja vista contemplar a maioria dos bens e serviços a serem contratados pela Administração Pública.

Nesse diapasão, admite-se o uso do Termo de Referência para a especificação de obras e serviços comuns de engenharia – dispensando-se os projetos básico e executivo –, desde que o Estudo Técnico Preliminar aponte a "inexistência de prejuízos para aferição dos padrões de desempenho e qualidade almejados" (art. 18, § 3º, da Lei n. 14.133/2021).

28.19.8.2.1.3 Projeto Básico

Por definição do art. 6º, IX, da Lei n. 8.666/93, Projeto Básico é o conjunto de elementos, com adequada precisão, "para caracterizar a obra ou serviço, ou complexo de obras ou serviços objeto da licitação, elaborado com base nas indicações dos estudos técnicos preliminares".

Da leitura da norma, depreende-se a vocação do Projeto Básico para licitações de obras e serviços de engenharia; a *contrario sensu*, o instrumento seria dispensado para a licitação de objetos não abarcados por essa definição.

Dessarte, a interpretação lógica dos dispositivos legais em comento conduz ao alcance restritivo do verbete "serviços" gravado no art. 7º da Lei n. 8.666/93, que exige a elaboração de projeto básico e projeto executivo para as "licitações para a execução de obras e para a prestação de serviços".

Não há sentido em exigir projeto básico em outras espécies de serviço, senão de engenharia. Para o documento que, nas contratações não categorizadas como obras e serviços de engenharia, exerça função semelhante ao projeto básico, a Lei n. 8.666/93 não atribui nome. Em qualquer situação, porém, é imperioso que as licitações "deverão ser antecedidas da elaboração de documentos equivalentes ao projeto básico e ao projeto executivo"[81].

Obviamente, o gestor pode editar documento especificativo para outros objetos de contratação e lhe atribuir o nome de projeto básico. Nisso, irregularidade nenhuma existe, embora o documento não contenha todos os elementos distintivos de um projeto básico.

---

[81] JUSTEN FILHO, Marçal. *Comentários à lei de licitações e contratos administrativos*: Lei 8.666/93. 18. ed. rev., atual. e ampl. São Paulo: Thomson Reuters Brasil, 2019. p. 215.

Logo, no atual quadro de licitações, tem-se que o Projeto Básico é o documento especificativo utilizado para obras e serviços de engenharia, caracterizados por nível de complexidade e características técnicas próprias para o uso desse documento.

O projeto básico é conceito vindo da Engenharia para as licitações; sua gênese é extrínseca ao direito. Segundo o art. 1º da Resolução n. 361, de 10 de dezembro de 1991, do Conselho Federal de Engenharia, Arquitetura e Agronomia[82], projeto básico é o "conjunto de elementos que define a obra, o serviço ou complexo de obras e serviços que compõem o empreendimento", de modo a possibilitar a estimativa de custos e prazos de execução.

Desde o advento da modalidade Pregão (Lei n. 10.520/2002), aventava-se a possibilidade de seu uso – cujo edital instrui-se não por Projeto Básico, mas por Termo de Referência – para a contratação de obras e serviços de engenharia.

Em sede jurisprudencial, a questão tornou-se pacífica desde a edição, em 28 de abril de 2010, da Súmula 257 do Tribunal de Contas da União, a qual assevera que o "uso do pregão nas contratações de serviços comuns de engenharia encontra amparo na Lei n. 10.520/2002".

A Lei n. 14.133/2021 sistematiza os desdobramentos observados no regime anterior, confere maior segurança jurídica e precisão às licitações e contratos, mediante conjunto de requisitos obrigatórios para o Projeto Básico, cujo conceito, esculpido no art. 6º, XXV, contém sutil aperfeiçoamento redacional em relação ao diploma anterior.

A lei confere maior rigor aos requisitos do Projeto Básico, como "levantamentos topográficos e cadastrais, sondagens e ensaios geotécnicos, ensaios e análises laboratoriais, estudos socioambientais e demais dados e levantamentos necessários para execução da solução escolhida" (art. 6º, XXV, *a*, Lei n. 14.133/2021).

A norma colima transformar a indesejável realidade consistente em celebrações de termos aditivos causadas por insuficiência ou falha de projeto em situações que não configurariam caso fortuito, que poderiam ser tratadas nos projetos básico e executivo. Tem-se como exemplo a exigência de investigação geotécnica, com o fim de fornecer informações como tipos de solos, suas -pro-

---

[82] Desde a publicação da Lei n. 12.378/2010, os profissionais de arquitetura e urbanismo têm sua atividade normatizada pelo Conselho de Arquitetura e Urbanismo do Brasil, de forma que a antiga autarquia federal passou a ser denominada Conselho Federal de Engenharia e Agronomia, mantendo-se a sigla tradicionalmente utilizada para o sistema Confea/Crea.

REINALDO COUTO / ÁLVARO CAPAGIO 697

fundidades e ocorrências, posição no nível de água e índice de resistência à penetração[83].

Pareceres de sondagem são altamente relevantes para a definição do tipo de fundação, elemento de infraestrutura em que defeitos têm elevado potencial para inviabilizar a obra ou onerá-la demasiadamente, ante circunstâncias que seriam facilmente evitáveis se adotados os devidos cuidados na elaboração do Projeto Básico.

28.19.8.2.1.4 *Anteprojeto*

O anteprojeto é legalmente regulamentado desde a edição do RDC. O art. 9º, § 2º, I, da Lei n. 12.462/2011 dispõe que no caso de contratação integrada o "instrumento convocatório deverá conter anteprojeto de engenharia que contemple os documentos técnicos destinados a possibilitar a caracterização da obra ou serviço".

O art. 6º, XXIV, da Lei n. 14.133/2011, define Anteprojeto como "peça técnica com todos os subsídios necessários à elaboração do projeto básico". A redação é clara: reúnem-se no Anteprojeto todas as informações sem as quais não é possível a satisfatória elaboração do projeto básico, o que se faz mediante a satisfação dos requisitos mínimos elencados nas alíneas do inciso XXIV do art. 6º da lei, tais quais: visão global dos investimentos e definições relacionadas ao nível de serviço desejado; condições de solidez, de segurança e de durabilidade; traçado geométrico; projeto da área de influência; pareceres de sondagem; parâmetros de impacto ambiental e de acessibilidade. Os elementos definidores do anteprojeto conferem nítida ênfase aos projetos de empreendimentos de infraestrutura, como na área de transportes, em que parâmetros geométricos e de nível de serviço devem ser minuciosamente dimensionados para a adequação do bem construído às finalidades pretendidas.

O diagnóstico correto dos fatores de influência para o projeto requer, pois, a identificação: (i) dos aspectos e impactos técnicos – como características de relevo, contorno ou passagens em nível, canalização de cursos d'água, adequação de materiais e tecnologias às características ambientais; (ii) dos impactos sociais, como áreas de povoamento afetadas ou interceptadas pela infraestrutura, necessidades de reassentamento ou mitigação dos impactos, restrições atinentes às áreas remanescentes de comunidades de quilombos e reservas indígenas; e (iii)

---

[83] ABNT. ABNT NBR 6.484:2020: Solo: Sondagem de simples reconhecimento com SPT: Método de ensaio. Rio de Janeiro, 2020.

dos impactos ambientais, como volumes de cortes e rejeitos, localização e exploração de jazidas, áreas de preservação ambiental, remanejamento de área verde e mecanismos de compensação.

Somente quando identificadas as soluções e restrições para o objeto da contratação, consideradas todas as variáveis sensíveis, anota-se o atendimento dos pressupostos para o projeto básico, evitando-se surpresas, medidas contraproducentes, desperdício de tempo e recursos materiais.

Portanto, o Anteprojeto, concebido a partir das indicações do Estudo Técnico Preliminar, é importante documento para o planejamento da licitação, visando-se à sua eficiência e eficácia.

28.19.8.2.1.5 Projeto Executivo

Projeto Executivo é o documento que descreve o detalhamento necessário para a execução de obra ou serviço de engenharia, seu cronograma, plantas, quantificação de materiais e equipamentos, orçamentos e especificações técnicas.

Conforme o art. 6º, X, da Lei n. 8.666/93, projeto executivo é o "conjunto dos elementos necessários e suficientes à execução completa da obra, de acordo com as normas pertinentes da Associação Brasileira de Normas Técnicas – ABNT".

O art. 6º, XXVI, da Lei n. 14.133/2021 promove a reformulação da definição, vinculando-se o projeto executivo ao detalhamento das soluções previstas no projeto básico, e obrigando a "identificação de serviços, de materiais e de equipamentos a serem incorporados à obra, bem como suas especificações técnicas, de acordo com as normas técnicas pertinentes".

A respeito do Projeto Executivo, a Lei n. 14.133/2021 traz dois pontos muito importantes. O primeiro, concernente à vinculação entre o Projeto Executivo e detalhamentos do Projeto Básico. O comando legal atua como enlace ao Projeto Básico, exigindo-se a completude deste, de forma a impossibilitar a elaboração de Projeto Executivo sem que todas as informações necessárias para a obra ou serviço de engenharia sejam analisadas.

Outra alteração significativa refere-se à qualificação das normas técnicas, para o que não se faz menção à ABNT, mas às normas técnicas pertinentes.

A ABNT é entidade privada, criada sob a forma de associação civil, sem fins lucrativos, com prazo de duração indeterminado e sede na cidade do Rio de Janeiro, responsável pela normalização técnica nacional, declarada de utilidade pública pela Lei n. 4.150/62 e reconhecida como único foro nacional de normalização, por meio da Resolução n. 7/92, do Conmetro.

Conquanto bastante difundida a ideia de que normas técnicas têm aplicação obrigatória, esse entendimento traduz-se em equívoco, que não se compatibiliza com os pressupostos de juridicidade. Normas técnicas são documentos cuja elaboração é voluntária, tal como sua aplicabilidade. Enquanto instituição privada, a ABNT não tem legitimidade para obrigar terceiros ao cumprimento das normas técnicas, porque desprovidas do caráter de heteronomia típico das leis e regulamentos. Significa dizer, carece a ABNT do poder extroverso que reveste os atos da Administração, ainda que dotada de distintivo reconhecimento oficial, por sua utilidade pública e relevância para a ciência e tecnologia.

Portanto, normas técnicas, *per se*, são voluntárias, consoante o item 3.1 do Termo de Referência do Sistema Brasileiro de Normalização, aprovado pela Resolução n. 6/02, do Conmetro, documento que estabelece as diretrizes da atividade de normalização no Brasil. Consequentemente, a decisão sobre usar normas técnicas ou participar de seus processos de elaboração adstringe-se unicamente ao âmbito da autonomia da vontade.

É juridicamente possível a imposição de caráter compulsório às normas técnicas, o que prescinde da elaboração de lei em sentido formal, bastando que se observem os requisitos de validade e eficácia, podendo essa determinação resultar da edição de ato administrativo, emanado da autoridade investida de competência regulatória sobre a matéria. É o que comumente acontece no espaço normativo de atuação das agências reguladoras, legalmente atribuídas da regulação técnica setorial, e do Inmetro, nas matérias que não sejam privativas de outras entidades.

Para o fim de cumprimento da norma jurídica de regência, a norma técnica (voluntária) será obrigatória, não por iniciativa do organismo de normalização que a elaborou, mas por ato de império do poder público, na forma de lei ou regulamento.

Não seria possível que normas técnicas, elaboradas por instituições privadas, tivessem caráter compulsório, sendo que o Texto Constitucional gravou o princípio da legalidade como cláusula pétrea condicionante para a imposição de deveres limitadores da liberdade individual. É exatamente esse o modelo regulatório da Lei n. 8.666/93: as normas brasileiras (NBR), embora voluntárias, na seara das licitações e contratos administrativos têm força cogente, por obrigação legal.

A Lei n. 14.133/2021 trilha outro caminho: não delimita a observância de normas técnicas àquelas editadas pela ABNT. O que parece, a um primeiro olhar, ofender o interesse nacional, em verdade compatibiliza o estatuto de licitações com os institutos de comércio multilateral.

O Acordo sobre Barreiras Técnicas ao Comércio, no âmbito da OMC, de que o Brasil é signatário, convenciona que quando necessária a edição de "regulamentos técnicos e existam normas internacionais pertinentes ou sua formulação definitiva for iminente, os Membros utilizarão estas normas, ou seus elementos pertinentes, como base de seus regulamentos técnicos"[84].

O art. 3º, VI, da Lei n. 13.874/19, chamada Lei de Liberdade Econômica, dispõe sobre o desenvolvimento de "produtos e de serviços quando as normas infralegais se tornarem desatualizadas por força de desenvolvimento tecnológico consolidado internacionalmente".

O comando legal é regulamentado pelo Decreto n. 10.229/20, que em seu art. 5º, *caput*, define que "a legitimidade para receber e processar requerimentos de revisão de normas desatualizadas é do órgão ou da entidade responsável pela edição de norma sobre a matéria".

A exegese que se pode extrair do vocábulo "normas" cinzelado no dispositivo regulamentar abrange, em sentido lato, normas técnicas (editadas por pessoas de direito privado ou de direito público) e regulamentos técnicos, documentos exclusivos de autoridades públicas. Isso porque tanto as normas técnicas quanto os regulamentos podem ser obsoletos ou mesmo já serem publicados nessa situação, ante o conteúdo das normas técnicas internacionais.

Há de se considerar, ainda, que no caso de empreendimentos de infraestrutura, a restrição às normas técnicas nacionais pode ensejar lacunas técnicas – quando não existir norma publicada sobre determinado componente ou técnica projetada para a solução de engenharia – ou mesmo a inviabilização de participação, nos certames, de empresas estrangeiras, propiciando-se a concentração de mercado ou mesmo a formação de cartéis.

Como exemplo de entidades que desenvolvem atividades de normalização mundialmente referenciadas, citem-se a *American Association of State Highway and Transportation Officials* (AASHTO), *American Railway Engineering and Maintenance-of-Way Association* (AREMA) e *World Association for Waterborne Transport Infrastructure* (PIANC), respectivamente nos segmentos de engenharia rodoviária, ferroviária e aquaviária.

Em muitas situações, normas brasileiras serão as mais completas e eficazes para a solução proposta. Para algumas soluções, porém, é possível que não existam normas brasileiras e, quando existirem, não tenha a completude de normas editadas por outros organismos de normalização.

A Lei n. 14.133/2021 admite, pois, que o Projeto Executivo contenha especificações técnicas extraídas de normas técnicas pertinentes ou eficazes para a solução adotada, não necessariamente normas brasileiras.

---

[84] BRASIL. Decreto n. 1.355, de 30 de dezembro de 1994. Promulga a Ata Final que Incorpora os Resultados da Rodada Uruguai de Negociações Comerciais Multilaterais do GATT. *Diário Oficial da União*, Brasília, DF, 31 dez. 1994. Seção 1, p. 21394.

28.19.8.2.1.6 Pesquisa de preços

A pesquisa de preços visa à satisfação do objetivo indigitado no art. 11, III, da Lei n. 14.133/2021: "evitar contratações com sobrepreço ou com preços manifestamente inexequíveis e superfaturamento na execução dos contratos".

A pesquisa de preços singulariza-se em conhecida tormenta para os agentes públicos atribuídos dessa função, haja vista as técnicas arcaicas comumente empregadas. Na pesquisa de preços perante fornecedores, é comum o desinteresse destes em colaborar com as unidades de compras dos órgãos e entidades, haja vista que do tempo dispendido para isso não resulta expectativa de contratação.

A consequência das amarras burocráticas é conhecida: sobrepreços, que elevam exageradamente o orçamento para a contratação, podendo comprometer a disponibilidade orçamentária para outras despesas, e a conhecida prática dos "orçamentos de cobertura", quando o mesmo fornecedor obtém cotações em nome de outras pessoas jurídicas, de modo simulado.

O gradual incremento de meios informatizados e integração de dados tem permitido maior eficiência à atividade de pesquisa de preços, para o que o marco legal de licitações até então não oferecia parâmetros.

Para a pesquisa de preços, admitem-se formas como a consulta ao Portal Nacional de Contratações Públicas, verificação de contratações similares feitas pela Administração, documentos referenciais aprovados pelo Poder Executivo Federal e sítios eletrônicos especializados.

Merecem destaque instrumentos regulamentados por meio do Decreto n. 7.983/13, como o Sistema Nacional de Pesquisa de Custos e Índices da Construção Civil (SINAPI), alimentado com parâmetros de engenharia da Caixa Econômica Federal e pesquisa de preço pelo Instituto Brasileiro de Geografia e Estatística (IBGE), e o Sistema de Custos Referenciais de Obras (SICRO), gerido pelo Departamento Nacional de Infraestrutura de Transportes (DNIT).

A formação de preços também pode ser efetuada mediante consulta à base nacional de notas fiscais eletrônicas, na forma de regulamento. Por fim, a pesquisa de preços pode ser instruída a partir de cotações obtidas junto a pelo menos três fornecedores, mediante solicitação formal, colacionando-se aos autos a justificativa da escolha desses fornecedores.

28.19.8.2.1.7 Orçamento

O orçamento, com as composições dos preços utilizados para sua formação, é pressuposto indispensável para a licitação, devendo ser elaborado em sua fase preparatória; visa à satisfação de distintos fins: (i) planejamento, execução e controle orçamentário; (ii) adequação ao planejamento anual de contratações, uma vez que a disponibilidade orçamentária para determinada contratação pode afetar outras contratações; (iii) preço justo, evitando-se contratações com sobrepreço ou com preços manifestamente inexequíveis e superfaturamento na execução dos contratos e; (iv) controle interno, externo e social das contratações públicas.

Questão proeminente concerne à publicidade do orçamento. A publicidade e transparência são valores jurídicos alicerçados em princípios reitores das licitações e contratações públicas. Porém, certas vezes há em que a plena observância desses princípios cria rota de colisão com outros princípios, como a vantajosidade e a competitividade, ruindo os objetivos e a eficácia da licitação, em detrimento do interesse público que a publicidade almeja tutelar.

Isso acontece porque, principalmente quando existem poucos licitantes, em vista da especialidade do objeto ou das limitações geográficas atinentes ao local de cumprimento da obrigação, o prévio conhecimento do valor estimado da contratação serve de estímulo à hipertrofia de preços e às práticas antijurídicas de acordo, combinação, manipulação ou ajuste de preços entre licitantes.

No regime da Lei n. 8.666/93, a regra da publicidade do orçamento é inescusável, por força de seu art. 40, § 2º, que institui como anexo do edital o "orçamento estimado em planilhas de quantitativos e preços unitários".

Em licitações promovidas com base no RDC, o art. 6º, § 3º, da Lei n. 12.462/2011 admite a manutenção do sigilo do orçamento até o encerramento da licitação, salvo em relação aos órgãos de controle.

Quanto à modalidade pregão, haja vista a inexistência de cláusula de publicidade do orçamento no teor do art. 3º, III, c/c o art. 4º, III, da Lei n. 10.520/2002 – conquanto o orçamento necessariamente conste nos autos do processo licitatório –, a jurisprudência tem efetuado interpretação consentânea com a realidade de mercado, em prol do princípio da competitividade, cuja expressão é mais acentuada na modalidade pregão.

O art. 24, *caput*, da Lei n. 14.133/2021 prestigia o princípio da segurança jurídica, ao admitir expressamente a manutenção de sigilo do orçamento, desde que justificada essa escolha pela Administração, tornando-se pública a peça estimativa de custos imediatamente após o julgamento das propostas. Evidentemente, nenhuma razão existiria para a oposição de sigilo perante os órgãos de controle, o que inviabilizaria o exercício de suas funções institucionais.

28.19.8.2.2. *Divulgação do edital de licitação*

O edital é o instrumento convocatório da licitação, por meio do qual a Administração confere ampla publicidade e externaliza as regras para a participação no certame, requisitos de habilitação, critério de julgamento, sanções, formas de execução, tal como as condições de pagamento.

O princípio da vinculação ao instrumento convocatório exige absoluta clareza e objetividade do edital ou do substitutivo, a fim de que os interessados possam elaborar as suas propostas. Logo, o edital deve reunir as informações necessárias para que potenciais interessados decidam sobre o ingresso no procedimento competitivo.

A minuta do contrato, o termo de referência, o anteprojeto, o projeto básico, o projeto executivo, o orçamento e outros documentos especificativos do objeto e das obrigações encartam-se como anexos do edital.

Ao fim da fase preparatória, analisados os aspectos técnicos, os pressupostos jurídicos – pelo órgão de consultoria e assessoramento jurídico –, a conveniência e a oportunidade da licitação, a autoridade competente determinará a divulgação do edital e anexos em sítio eletrônico oficial, "sem necessidade de registro ou de identificação para acesso" (art. 25, § 3º, da Lei n. 14.133/2021).

A prática infelizmente corriqueira de exigência de cadastro para o acesso às informações públicas que deveriam ser ostensivas, ante as normas tabuladas na Lei n. 14.133/2021, é ilegal, propiciando-se a responsabilização dos agentes públicos que lhes derem ensejo.

Para o cumprimento da regra de publicidade, é obrigatória a divulgação e a manutenção do edital e anexos no Portal Nacional de Contratações Públicas (PNCP), por força do art. 54, *caput*, da Lei n. 14.133/2021.

A Lei n. 14.133/2021 coaduna-se com os costumes e a evolução social, prestigiando-se a divulgação dos atos da Administração em sítio eletrônico, em prol da transparência, atenuando-se tradicionais exigências que prestigiam mais a forma que a eficácia, como a publicação na imprensa oficial.

Se efetuada alteração no instrumento convocatório que influencie a formulação de propostas, impõe-se a republicação, pelos mesmos meios, reiniciando-se os prazos para apresentação de propostas e lances.

28.19.8.2.3. *Apresentação de propostas e lances*

A Lei n. 14.133/2021 estabelece prazos mínimos para apresentação de propostas e lances sob dinâmica bastante distinta da Lei n. 8.666/93; enquanto este diploma vincula referidos prazos às modalidades de licitação, a Lei n. 14.133/2021 toma em consideração o objeto da licitação e o critério de julgamento.

Efetivamente, essa configuração é mais adequada, porquanto o grau de complexidade da licitação não decorre tão somente da modalidade, mas de seu objeto e da forma de processamento e aceitação das propostas e lances.

No regime da Lei n. 8.666/93, é possível a especificação de bens ou serviços comuns que, por seu valor, submetam a contratação à licitação na modalidade concorrência, com prazo editalício mínimo de trinta dias até o recebimento das propostas, a despeito da simplicidade do objeto.

Consoante o art. 55 e seus incisos da Lei n. 14.133/2021, anotam-se os seguintes prazos para apresentação de propostas e lances, a partir da divulgação do edital:

(i) para aquisição de bens: oito dias úteis, se adotado o julgamento por menor preço ou maior desconto; quinze dias úteis, se adotado outro critério de julgamento;

(ii) para contratação de serviços comuns e de obras e serviços comuns de engenharia: dez dias úteis, quando adotados os critérios de julgamento de menor preço ou de maior desconto;

(iii) para contratação de serviços especiais e de obras e serviços especiais de engenharia: vinte e cinco dias úteis, quando adotados os critérios de julgamento de menor preço ou de maior desconto;

(iv) quando o regime de execução for de contratação integrada: sessenta dias úteis;

(v) quando o regime de execução for de contratação semi-integrada ou para contratação de serviços e obras não abrangidos pelas hipóteses anteriores: trinta e cinco dias úteis;

(vi) quando o critério de julgamento for de maior lance: quinze dias úteis;

(vii) quando o critério de julgamento for de técnica e preço ou de melhor técnica ou conteúdo artístico: trinta e cinco dias úteis.

Todos os prazos contam-se em dias úteis, em perfeita consonância com a tendência legiferante. Cada vez mais, acentua-se a percepção de que prazos contados em dias corridos importam efeitos práticos de supressão de prazo. Não por outra razão, o art. 219, *caput*, do CPC dita nova métrica para os prazos processuais, computando-se somente os dias úteis.

Exclusivamente nas licitações promovidas pelo Ministério da Saúde, no âmbito do SUS, os prazos mínimos para apresentação de propostas e lances poderão ser reduzidos até a metade, mediante cláusula editalícia explícita e decisão fundamentada (art. 55, § 2º, da Lei n. 14.133/2021). A previsão legal é bem-vinda, haja vista situações para as quais não há motivo suficiente para a contratação direta, mas os prazos convencionais provoquem risco à contratação e ao cumprimento do objeto.

Para a apresentação de propostas e lances, admitem-se os modos de disputas aberto, fechado ou a combinação destes, procedimento semelhante ao já adotado no RDC e no pregão eletrônico.

28.19.8.2.4. Julgamento

O julgamento é a fase do processo licitatório em que o agente ou comissão de contratação decide sobre a aceitação das propostas ofertadas pelas licitantes e consequente classificação.

A decisão deve ocorrer em estrita observância ao princípio do julgamento objetivo (art. 5º da Lei n. 14.133/2021), de modo que julgamento pautado em preferências pessoais dos agentes públicos ou fatores de diferenciação não autorizados por lei é nulo. Logo, é vedada a utilização de qualquer elemento, critério ou fator sigiloso, secreto, subjetivo ou reservado que possa, ainda que indiretamente, elidir o princípio da igualdade entre os licitantes.

Serão desclassificadas propostas que não atendam às especificações do edital, que sejam inexequíveis ou superiores ao orçamento estimado para contratação ou que contenham vícios insanáveis.

Em caso de empate entre propostas, aplicam-se sucessivamente esses critérios de desempate entre as licitantes: (i) disputa final, possibilitando-se a apresentação de nova proposta; (ii) avaliação do desempenho contratual prévio; (iii) prática demonstrada de ações de equidade entre homens e mulheres no trabalho; e (iv) desenvolvimento de programa de integridade.

A verificação de conformidade da proposta em relação às regras da licitação poderá ser feita exclusivamente em relação à proposta mais bem classificada (art. 59, § 1º, da Lei n. 14.133/2021). Nessa esteira, a Lei n. 14.133/2021 acolhe o teor integral do § 1º do art. 24 do RDC, conferindo-se a todas as licitações a economia processual praticada por meio do regime diferenciado.

A avaliação de todas as propostas é providência que requer tempo, dispêndio de recursos materiais, do capital intelectual da Administração, e traduz-se em pouca utilidade, uma vez que a ordem de classificação é pressuposto para a adjudicação do objeto.

A Lei n. 14.133/2021 também traz importantes inovações em relação aos critérios de julgamento, ao acolher as premissas regidas pelo RDC. Outrossim, em vez da categorização em tipos de licitação – modelo adotado pela Lei n. 8.666/93 –, a Lei n. 14.133/2021 institui terminologia relacionada aos critérios de julgamento:

28.19.8.2.4.1 *Menor preço*

O critério de julgamento por menor preço sempre foi objeto de contundentes críticas dos gestores públicos, haja vista os malefícios decorrentes da consideração do preço como fator único para classificação da proposta.

A licitação de menor preço tem como objetivo selecionar a proposta que contenha o menor preço, entretanto o princípio da eficiência, o princípio da economicidade na Administração Pública e o da indisponibilidade do patrimônio público impõem que sejam observados padrões mínimos de qualidade.

A aquisição de produtos de qualidade duvidosa, considerando-se apenas o seu valor nominal, pode acarretar mais custos para a Administração Pública do que a aquisição de produtos com qualidade comprovada.

Assim, o gestor público deve, no edital ou no outro ato convocatório, estabelecer critérios mínimos de qualidade, baseados na média ofertada pelo mercado; deve também ficar atento às tentativas de fraudar o critério de escolha através da apresentação de proposta de menor preço inexequível ou exequível mediante complementação.

É incorreto inferir que a licitação por menor preço relaciona-se a qualidade técnica irrelevante do produto ou serviço, dado que a qualidade técnica mínima é imprescindível para a satisfação do interesse da Administração.

Há diversos elementos que gravitam em torno das especificações de um produto – mesmo um bem comum – para a mensuração de sua economicidade, como o rendimento energético, a demanda de manutenção, custos de insumos e vida útil.

Por isso, é perfeitamente possível que determinado produto ofertado com o menor preço, ao longo do tempo, resulte em maior custo para a Administração, dados outros fatores relacionados ao seu funcionamento.

Dentre os exemplos de bens comuns afetados por essas nuances, menciona-se a impressora de papel, quando o custo do equipamento é reduzido, mas os cartuchos de tinta são excessivamente onerosos. Tal produto constaria com facilidade de proposta mais bem classificada e, nessa hipótese, o menor preço importaria maior dispêndio para a Administração do que se fosse adquirido produto de maior preço e menor custo de operação e manutenção.

A Lei n. 14.133/2021 confere inteligência ao conceito de menor preço, atrelando-o à economicidade contínua. Por isso, custos indiretos, relacionados a despesas de "manutenção, utilização, reposição, depreciação e impacto ambiental do objeto licitado, entre outros fatores vinculados ao seu ciclo de vida, poderão ser considerados para a definição do menor dispêndio" (art. 34, § 1º, da Lei n. 14.133/2021).

Nesse diapasão, fica muito claro que o critério "menor preço" sempre estará associado a padrões mínimos de qualidade, segurança, utilidade, rendimento e resistência.

28.19.8.2.4.2 Maior desconto

O critério de julgamento por maior desconto é aplicável quando a Administração, para a contratação de obras e serviços de engenharia, possui suficiente conhecimento sobre os valores praticados no mercado para o objeto da contratação.

Vislumbre-se a realização de obras baseadas em projetos idênticos, variáveis apenas no que concerne à localização, de maneira que a precificação seria adequadamente realizada mediante a aplicação de custos referenciais.

Inspirando-se no conteúdo do § 2º do art. 19 do RDC, o § 2º do art. 34 da Lei n. 14.133/2021 dispõe que "o julgamento por maior desconto terá como referência o preço global fixado no edital de licitação, e o desconto será estendido aos eventuais termos aditivos".

Em similitude ao regramento do RDC, o maior desconto incidirá sobre o preço global e afetará o termo aditivo, se celebrado. A norma em comento impossibilita a prática do conhecido "jogo de planilha", quando o licitante, conhecedor das imperfeições do projeto básico, superdimensiona os valores de itens para os quais identifica que serão necessários acréscimos, por meio de futuro termo aditivo necessário para viabilizar a conclusão da obra, locupletando-se em prejuízo da Administração.

28.19.8.2.4.3 Melhor técnica ou conteúdo artístico

O critério de julgamento por melhor técnica ou conteúdo artístico aplica-se à licitação para a contratação de projetos e trabalhos de natureza técnica, científica ou artística, para o que a Administração definirá previamente o prêmio ou a remuneração atribuída à vencedora.

Esse critério de julgamento, a reger contratações peculiares, tem importância quando a Administração conhece os requisitos que pretende alcançar, mas não o seu modo, atribuindo liberdade de criação aos licitantes, para que suas propostas sejam avaliadas mediante parâmetros objetivos.

Em situações dessa natureza, possibilita-se a escolha, avaliadas as propostas ofertadas à Administração, daquela que melhor realize o objeto. Igualmente, esse critério de julgamento permite a competição em contratações de conteúdo artístico, a exemplo das cerimônias esportivas durante a Copa do Mundo de 2014 e as Olimpíadas de 2016, na cidade do Rio de Janeiro, eventos que motivaram a edição do RDC, com vistas à celeridade das contratações.

28.19.8.2.4.4 Técnica e preço

O critério de técnica e preço segue os mesmos moldes da Lei n. 8.666/93, de forma a considerar a pontuação obtida da ponderação entre os quesitos técnicos e a proposta de preço, para licitações em que o menor preço não se revele como critério adequado, porquanto atinente a objetos de maior complexidade especificativa ou obrigacional.

Para o emprego desse critério de julgamento, o § 1º do art. 36 da Lei n. 14.133/2021 obriga a demonstração em Estudo Técnico Preliminar da prevalência da qualidade técnica das propostas, em relação aos requisitos especificados no edital, para a satisfação dos fins pretendidos pela Administração.

O critério de técnica e preço é aplicável preferencialmente para serviços técnicos especializados de natureza predominantemente intelectual, serviços majoritariamente dependentes de tecnologia sofisticada e de domínio restrito, bens e serviços especiais de Tecnologia da Informação e Comunicação (TIC), obras e serviços especiais de engenharia.

O julgamento por técnica e preço também é cabível para a licitação de objetos que admitam soluções específicas e alternativas e variações de execução que puderem ser adotadas à livre escolha das licitantes.

Questão bastante sensível refere-se ao quantum de valoração da proposta técnica, sobre o que havia certa lacuna legislativa no regime jurídico da Lei n. 8.666/93. Ao se espelhar na disciplina do § 2º do art. 20 do RDC, o § 2º do art. 36 da Lei n. 14.133/2021 determina a proporção máxima de 70% (setenta por cento) de valoração para a proposta técnica.

Para a atribuição de notas aos quesitos técnicos, formar-se-á banca com no mínimo três membros, agentes públicos ou profissionais contratados por seu reconhecido conhecimento sobre a matéria. Ademais, o desempenho passado em contratações com a Administração Pública, consignado em cadastro de atesto de cumprimento de obrigações – por ser regulamentado –, deve ser considerado na pontuação técnica.

É obrigatório o julgamento por melhor técnica ou técnica e preço para contratações com valor estimado superior a trezentos mil reais, cujo objeto seja estudo técnico, planejamento, projeto básico, projeto executivo, fiscalização, supervisão e gerenciamento de obras e serviços, serviços de controle de qualidade e tecnológico, análises, testes e ensaios de campo e laboratoriais, instrumentação e monitoramento de parâmetros específicos de obras.

28.19.8.2.4.5 Maior lance

O critério de julgamento por maior lance observa normas semelhantes às regidas pela Lei n. 8.666/93, aplicável somente à modalidade leilão.

O art. 56, § 3º, I, da Lei n. 14.133/2021, aperfeiçoa o regramento pertinente à apresentação de lances, ao dispor que, quando adotado o critério de maior lance, serão intermediários aqueles iguais ou inferiores ao maior ofertado.

Evidentemente, essa definição de lances intermediários aplica-se somente quando adotado o critério de maior lance, hipótese em que a Administração é quem dispõe dos bens ou direitos.

A licitação de maior lance é a que busca mais benefícios econômicos para a Administração Pública, em regra consiste na maior oferta em pecúnia, mas pode consistir em outras vantagens economicamente mensuráveis para o Poder Público.

28.19.8.2.4.6 Maior retorno econômico

O critério de julgamento por maior retorno econômico inspira-se no art. 23 do RDC, cuja disciplina jurídica a Lei n. 14.133/2021 transcreve, e destina-se unicamente à celebração de contratos de eficiência.

O contrato de eficiência visa à "prestação de serviços, que pode incluir a realização de obras e o fornecimento de bens, com o objetivo de proporcionar economia ao contratante, na forma de redução de despesas correntes" (art. 6º, LIII, da Lei n. 14.133/2021).

Nessa espécie de contrato, a remuneração do contratado é diretamente proporcional à economia gerada para a Administração. A licitação sob esse critério de julgamento requer a apresentação, pelos licitantes, de:

(i) proposta de trabalho que contemple as obras, serviços ou bens e prazos de entrega, tal como a economia estimada, expressa em grandeza física e seu equivalente monetário; e
(ii) proposta de preços.

Será vencedora a proposta que proporcionar maior economia, deduzido o valor da proposta de preço. Na execução contratual, se a economia efetiva for inferior, a variação será descontada da remuneração do contratado.

28.19.8.2.5. Habilitação

A habilitação dos licitantes preserva a mesma lógica da Lei n. 8.666/93. É a fase destinada à verificação de informações que demonstrem aptidão para a realização do objeto da licitação, mediante o exame de documentação: jurídica; técnica; fiscal, social e trabalhista e; econômico-financeira.

A Lei n. 14.133/2021 adere à sistemática procedimental já admitida na Lei do Pregão (Lei n. 10.520/02), na Lei de Concessões (Lei n. 8.987/95), no RDC (Lei n.12.462/11) e na Lei das Estatais (Lei n. 13.303/16), promovendo-se a inversão das fases, a fim de que a apresentação e julgamento de propostas aconteçam antes da fase de habilitação.

Aliás, a Lei n. 14.133/2021 inverte o procedimento adotado na Lei n. 8.666/93, tornando-se impositiva a habilitação após o julgamento. Portanto, o que antes se considerava inversão de fases, agora é o procedimento natural.

Quando houver fundamentos para que a habilitação seja prévia à apresentação e julgamento das propostas, a Administração tem o dever de justificar os benefícios dessa escolha no edital de licitação (art. 17, §1º, da Lei n. 14.133/2021).

Em outro ponto a Lei n. 8.666/93 também é anacrônica, por disciplinar procedimento contraproducente, exigindo-se a habilitação para todos os licitantes, afetando-se a eficiência do procedimento, principalmente em licitações das quais participem número expressivo de empresas.

A Lei n. 14.133/2021, diferentemente, dispõe que "será exigida a apresentação dos documentos de habilitação apenas pelo licitante vencedor" (art. 63, II, da Lei n. 14.133/2021), salvo quando a fase de habilitação preceder a fase de julgamento, mediante motivação consignada no instrumento convocatório.

No que concerne à exigência de atestados de capacidade técnica para as parcelas de maior relevância do objeto da licitação, enquanto a Lei n. 8.666/93 confere discricionariedade ao gestor público para a sua definição em instrumento convocatório, o §1º do art. 67 da Lei n. 14.133/2021 contém restrição explícita, considerando-se relevantes as parcelas cujo valor individual seja igual ou superior a 4% do valor total estimado da contratação.

O comando legal tem por fim impossibilitar abusos no exercício da discricionariedade administrativa, ou mesmo desvio de finalidade, impondo-se obrigações técnicas írritas para o cumprimento do objeto, com o intuito de restringir a competitividade em benefício de determinado licitante.

28.19.8.2.6. *Recursal*

Conquanto o art. 17, VI, da Lei n. 14.133/2021 inclua a fase recursal dentre aquelas do procedimento licitatório, é certo que a interposição de recurso é faculdade processual cabível em diversos momentos, sempre que a decisão administrativa afetar a esfera jurídica da parte interessada.

Depreende-se da leitura da lei que a mencionada fase recursal é imediatamente posterior à habilitação – ou julgamento, quando invertidas as fases –, ocasião em que o procedimento é encaminhado à autoridade superior para homologação da licitação.

Editado o ato de habilitação ou inabilitação da licitante ou de julgamento das propostas, cabe recurso no prazo de três dias úteis, precedida de imediata manifestação, sob pena de preclusão, quando da intimação ou lavratura de ata.

Assiste ao licitante também o direito de interpor recurso contra decisão sobre pré-qualificação ou inscrição em registro cadastral, anulação ou revogação da licitação e extinção de contrato mediante ato unilateral da Administração.

Admite-se pedido de reconsideração sobre atos para os quais não caibam recursos e, quanto à impugnação de edital, é legitimado qualquer cidadão, mediante pedido protocolado com a antecedência mínima de três dias em relação à data de abertura das propostas.

28.19.8.2.7. Homologação

A fase de homologação ocorre após a habilitação e exaurimento dos recursos, quando os autos já não estão em poder do agente ou comissão de contratação, mas da autoridade superior.

O ato homologatório tem natureza jurídica declaratória, isto é, não constitui direitos, tão somente reconhece a validade dos atos praticados no certame. A homologação é condição para a adjudicação do objeto à licitante vencedora, obrigando-se-lhe à contratação, se mantidas as razões de conveniência e oportunidade que motivaram a realização da licitação.

Se, na fase de homologação, a autoridade superior identificar vícios sanáveis, deve regressar os autos ao agente ou comissão de contratação para o seu saneamento e, ante a detecção de vícios insanáveis, declarar a anulação da licitação, hipótese em que não haverá homologação.

28.19.8.3. Modalidades

No regime jurídico da Lei n. 8.666/93, existem cinco modalidades de licitação: concorrência; tomada de preços; convite; concurso; leilão. A Lei n. 10.520/02, por sua vez, regula a modalidade pregão.

A Lei n. 14.133/2021 extingue as modalidades tomada de preços e convite, e cria o diálogo competitivo. Preservam-se as modalidades concorrência, concurso, leilão e pregão, com pressupostos formais aperfeiçoados.

No regime anterior, as modalidades aplicáveis variam de acordo com o objeto e valor estimado da contratação. Na Lei n. 14.133/2021, as modalidades vocacionam-se à melhor forma de licitar os distintos objetos em razão de suas características.

28.19.8.3.1. Pregão

O Pregão, regulado pela Lei n. 10.520/2002, surgiu como apêndice ao regime de licitações e, ao longo do tempo, assumiu a preponderância no universo das licitações, aplicando-se à maioria dos certames.

No regime jurídico anterior, facultava-se o uso da modalidade pregão para aquisição de bens e serviços comuns, oferecendo-se à Administração um rito mais eficiente que os modelos regidos pela Lei n. 8.666/93.

Agora, o pregão é obrigatório "sempre que o objeto possuir padrões de desempenho e qualidade que possam ser objetivamente definidos pelo edital, por meio de especificações usuais de mercado" (art. 29, *caput*, da Lei n. 14.133/2021).

Enfatize-se: nas situações em que o objeto tenha especificações usuais de mercado – o que abrange a maioria das licitações – o pregão não é mais legalmente uma faculdade, é obrigatório.

Na esfera federal, o pregão, na forma eletrônica, de acordo com §1º do art. 1º do Decreto Presidencial n. 10.024/2019, já era obrigatório, mesmo a Lei n. 10.520/2002 denotando, no seu art. 1º, facultatividade.

A modalidade não se aplica a contratações de serviços técnicos especializados de natureza predominantemente intelectual nem obras e serviços de engenharia.

Admite-se o seu uso, porém, para a contratação de serviço comum de engenharia, que tem por objeto "ações, objetivamente padronizáveis em termos de desempenho e qualidade, de manutenção, de adequação e de adaptação de bens móveis e imóveis, com preservação das características originais dos bens".

Nessa modalidade de licitação, o agente de contratação incumbido de sua realização denomina-se **pregoeiro**.

28.19.8.3.2. Concorrência

Enquanto na Lei n. 8.666/93 a concorrência é modalidade de licitação vinculada ao valor estimado da contratação, na Lei n. 14.133/2021 sua aplicabilidade existe puramente em razão do objeto.

Conforme o art. 6º, XXXVIII, da Lei n. 14.133/2021, cabe concorrência para a "contratação de bens e serviços especiais e de obras e serviços comuns e especiais de engenharia". Logo, essa modalidade restringe-se aos objetos qualificados como obras e serviços de engenharia. Para outros objetos, prevalecerá o pregão.

A concorrência admite todos os critérios de julgamento regidos pela Lei n. 14.133/2021, salvo o critério de maior lance, restrito à modalidade leilão.

Em concorrência para a contratação de bens e serviços especiais, da análise de sua complexidade, a autoridade por constituir comissão de contratação, em substituição ao singular agente de contratação.

28.19.8.3.3. Concurso

Concurso é modalidade destinada à seleção de trabalho técnico, científico ou artístico, oferecendo-se prêmio ou remuneração ao vencedor; admite único critério de julgamento: melhor técnica ou conteúdo artístico.

Igualmente ao regramento da Lei n. 8.666/93, o edital de concurso deve disciplinar a qualificação exigida dos participantes, diretrizes e formas de apresentação do trabalho e condições de realização, além do prêmio ou remuneração predeterminado.

Em concursos destinados à seleção de projeto, o titular dos direitos autorais deverá ceder à Administração todos os direitos patrimoniais relativos ao projeto e autorizar sua execução conforme a conveniência e oportunidade da Administração (art. 30, parágrafo único, da Lei n. 14.133/2021).

28.19.8.3.4. Leilão

Segundo a mesma dinâmica regida pela Lei n. 8.666/93, o leilão é cabível para "alienação de bens imóveis ou de bens móveis inservíveis ou legalmente apreendidos a quem oferecer o maior lance" (art. 6º, XL, da Lei n. 14.133/2021).

O leilão pode ser cometido a agente de contratação ou a leiloeiro oficial, para o que o art. 31, §1º, da Lei n. 14.133/2021, dispõe sobre o uso de credenciamento ou licitação na modalidade pregão, mediante critério de julgamento de maior desconto, observando-se a remuneração característica da profissão.

O edital de leilão deve ser divulgado em sítio eletrônico oficial e afixado em local de ampla circulação de pessoas na sede da Administração, permitindo-se meios adicionais para sua máxima publicidade.

A licitação por leilão não tem fase de habilitação, e o critério de julgamento é de maior lance.

28.19.8.3.5. Diálogo competitivo

O diálogo competitivo traduz significativa inovação regulatória, decorrente de exercício de direito administrativo comparado. No marco jurídico comunitário da União Europeia contempla distintos "procedimentos de adjudicação", a exemplo de parcerias para inovação – para aquisição de bem ou serviço ainda não disponível no mercado – e concursos de conceção, para a obtenção de ideias inovadoras.

Dentre os procedimentos de adjudicação empregados na União Europeia, figura o diálogo concorrencial, voltado à realização de propostas pelas licitantes com vistas a suprir determinada necessidade da Administração.

Consoante as considerações da Diretiva 2014/24/UE do Parlamento Europeu e do Conselho, de 26 de fevereiro de 2014, o procedimento é útil nas situações em que a Administração não consegue "definir as formas de satisfazer as suas necessidades ou avaliar o que o mercado pode oferecer em termos de soluções técnicas, financeiras ou jurídicas".

O diálogo competitivo serve à contratação de obras, serviços e compras, por meio de que a Administração efetua diálogos com licitantes previamente selecionados mediante critérios objetivos, com o intuito de desenvolver uma ou mais alternativas capazes de atender às suas necessidades.

A modalidade restringe-se a situações peculiares, em que a Administração vise a contratar objeto caracterizado por inovação tecnológica ou técnica, quando impossível satisfazer a necessidade mediante a adaptação de soluções existentes, tal como a imprecisão das especificações técnicas. Logo, no diálogo competitivo a Administração conhece sua necessidade, mas não possui conhecimento técnico bastante para especificar a solução mais apta.

Por meio do diálogo competitivo desenvolve-se processo dialético, mediante a interação com os agentes de mercado, mitigando-se a assimetria de informações que pesa em desfavor da Administração. Nessa modalidade, a licitação tem início com a publicação de edital em sítio eletrônico oficial, em que descritas as necessidades e as exigências previamente definidas, conferindo-se o prazo de 25 (vinte e cinco) dias para manifestação dos interessados.

Possibilita-se a determinação de fases sucessivas, restringindo-se gradativamente as soluções e propostas a serem discutidas em cada momento. Quando a Administração identifica a solução ou soluções que preencham os requisitos especificados, declara-se a conclusão do diálogo, mediante a publicação de "edital contendo a especificação da solução que atenda às suas necessidades e os critérios objetivos a serem utilizados para seleção da proposta mais vantajosa" (art. 32, §1º, VIII, da Lei n. 14.133/2021).

Referido edital inaugura a fase competitiva da licitação, concedendo-se prazo não inferior a sessenta dias para que os licitantes apresentem suas propostas, definindo-se como vencedora a mais vantajosa, de acordo com os critérios divulgados no início da competição.

O diálogo competitivo é imprescindivelmente conduzido por comissão de contratação, composta de ao menos três servidores efetivos integrantes dos quadros da Administração, possibilitando-se a contratação de especialistas para o fim de assessoramento técnico à comissão.

Reserva-se ao órgão de controle externo o direito de monitorar e se manifestar sobre a legalidade, legitimidade e economicidade da licitação, previamente à celebração de contrato.

O diálogo competitivo aplica-se também às licitações para **concessão de serviço público**, possibilitando-se ao Poder Concedente escolher entre essa modalidade e a concorrência.

28.19.9. Procedimentos Auxiliares

O Capítulo X da Lei n. 14.133/2021 dispõe sobre instrumentos auxiliares, e a correspondente Seção I trata dos procedimentos auxiliares de licitações e contratações. Uma rápida leitura indicaria que os procedimentos auxiliares são espécie do gênero instrumentos auxiliares. A despeito da distinção terminológica, da interpretação lógica do texto infere-se que, em verdade, está-se a tratar do mesmo instituto.

Os procedimentos auxiliares comportam as seguintes espécies: credenciamento; pré-qualificação; procedimento de manifestação de interesse; sistema de registro de preços e; registro cadastral.

28.19.9.1. Credenciamento

O credenciamento de licitantes é precedido de chamamento público, mediante edital divulgado pelo órgão ou entidade em sítio eletrônico oficial, possibilitando-se permanentemente o cadastramento de licitantes interessados em fornecer bens ou prestar serviços à Administração.

É cabível o credenciamento nas seguintes hipóteses de contratação:

(i) paralela e não excludente, sendo viável e vantajosa para a Administração a realização de contratações simultâneas em condições padronizadas;

(ii) quando a seleção do contratado está a cargo de terceiro, beneficiário direto da prestação;

(iii) em mercados fluidos, quando a flutuação constante do valor da prestação e das condições de contratação inviabiliza a licitação.

Na hipótese de contratação em mercados fluidos, a Administração deve registrar as cotações de mercado vigentes no momento da contratação e, nos outros casos, o edital deve consignar o valor da contratação.

Quando viável a contratação paralela e não excludente, mas o objeto não permitir a contratação imediata e simultânea de todos os credenciados, adotar-se-ão critérios objetivos de distribuição da demanda. Admite-se a denúncia por qualquer das partes, segundo os prazos discriminados em edital.

Com base no art. 74, IV, da Lei n. 14.133/2021, é inexigível a licitação nas hipóteses de credenciamento. A inexigibilidade fundamenta-se porque o credenciamento possui lógica oposta àquela regente da licitação.

Quando a Administração engendra procedimento licitatório, quer-se, mediante critérios objetivos, a seleção da proposta mais vantajosa, dentre todas as ofertadas. No credenciamento, o sentido é outro: a Administração almeja ter ao seu dispor a maior quantidade possível de interessados, porque da pluralidade de fornecedores advém a vantajosidade.

É o caso, por exemplo, de contratação de serviços de aviação civil. O transporte aéreo é regido por regime de liberdade tarifária, apresentando sensíveis variações conforme a curva de elasticidade-preço característica desse setor. Logo, o cadastramento de um único prestador de serviço seria desinteressante para a Administração, porquanto outros prestadores, em momentos distintos, apresentariam propostas mais vantajosas.

28.19.9.2. Pré-qualificação

A pré-qualificação é procedimento técnico-administrativo seletivo prévio à licitação, externado mediante a publicação de edital, com o conteúdo das condições de habilitação dos interessados ou do objeto. O instrumento revela sua utilidade quando o objeto possui determinado nível de complexidade, ou sua realização demande capacidades específicas dos licitantes.

Dessa forma, a pré-qualificação minimiza os riscos da licitação, inerentes à inabilitação de preocupante quantidade de licitantes, em prejuízo da competitividade e da vantajosidade colimada na contratação.

O instituto é previsto no art. 114 da Lei n. 8.666/93, porém restrito à modalidade de concorrência. A Lei n. 14.133/2021 amplia a aplicabilidade do procedimento, inspirada na disciplina insculpida pelo RDC.

O procedimento de pré-qualificação deve permanecer franqueado à inscrição de interessados, e do edital devem constar a definição mínima do objeto e a modalidade da futura licitação e critérios de julgamento.

O pedido de pré-qualificação será apresentado a órgão ou comissão designada para esse fim, que se manifestará no prazo de dez dias úteis, podendo determinar a correção ou reapresentação de documentos.

A pré-qualificação pode ser total ou parcial, conforme os requisitos atendidos pelos bens ou licitantes. Bens e serviços pré-qualificados devem integrar o catálogo de bens e serviços da Administração.

A pré-qualificação terá prazo máximo de validade de um ano e não superior ao prazo de validade dos documentos cadastrados, possibilitando-se a atualização a qualquer tempo, e a licitação que se seguir ao procedimento da pré-qualificação poderá ser restrita a licitantes ou bens pré-qualificados.

28.19.9.2.1 Bens

A pré-qualificação de bens destina-se à catalogação de produtos que atendam as especificações exigidas pela Administração.

A Administração pode exigir a comprovação de qualidade do bem apresentado, mediante catálogo do fabricante e manuais técnicos. Para o fim de atestação da qualidade, a Administração também pode ser servir de mecanismos de avaliação da conformidade: ensaios, inspeções, etiquetagem, rotulagem ambiental, declaração de conformidade, certificações ou verificação de desempenho, conforme o objeto por ser avaliado e de acordo com os requisitos técnicos especificados.

28.19.9.2.2 Licitantes

A pré-qualificação de licitantes, por sua vez, relaciona-se não diretamente à qualidade do bem por ser adquirido ou serviço prestado, mas à capacidade do licitante para a sua satisfatória execução.

A execução de determinados objetos, permeados por peculiaridades técnicas, não se satisfaz tão somente com o domínio de tecnologia empregada, mas requer a capacidade de determinada licitante para o seu cumprimento, mediante sistemas e pessoal qualificado para o cumprimento do contrato.

Por conseguinte, a restrição para participação no certame a licitantes pré-qualificadas tem o condão de empreender eficiência e eficácia à licitação.

28.19.9.3. Procedimento de Manifestação de Interesse

Amplamente utilizado nas licitações para concessões de serviço público, o Procedimento de Manifestação de Interesse (PMI) tem fundamento no art. 21 da Lei n. 8.987/95, e regulamentado pelo Decreto n. 10.104/19.

Segundo a norma infralegal, o PMI é observado na apresentação de "projetos, levantamentos, investigações ou estudos, por pessoa física ou jurídica de direito privado, com a finalidade de subsidiar a administração pública na estruturação de desestatização de empresa e de contratos de parcerias".

718 CURSO DE DIREITO ADMINISTRATIVO

Contratos de parceria são aqueles que pactuam concessão de serviço público – comum, patrocinada, administrativa ou regida por legislação setorial –, permissão de serviço público, arrendamento de bem público, concessão de direito real e os outros negócios público-privados que, por seu caráter estratégico e "complexidade, especificidade, volume de investimentos, longo prazo, riscos ou incertezas envolvidos, adotem estrutura jurídica semelhante" (art. 1º, §2º, da Lei n. 13.334/16).

O PMI é importantíssimo instrumento de planejamento de negócios jurídicos de vulto e complexidade, nos quais se enquadram os contratos de parceria público-privada para a construção e exploração de infraestrutura, por exemplo: instalações de geração, transmissão e distribuição de energia elétrica, óleo e gás, ferrovias, rodovias, portos, aeroportos, armazéns e hospitais.

Com a publicação da Lei n. 14.133/2021, estatui-se o PMI em lei formal. Por meio desse instrumento, a Administração poderá solicitar à iniciativa privada, na forma de edital de chamamento público, a propositura e realização de estudos, investigações, levantamentos e projetos de soluções inovadoras de relevância pública.

Cabe ao licitante vencedor o dispêndio para a remuneração dos estudos, investigações, levantamentos e projetos vinculados à contratação e de utilidade para a licitação, realizados pela Administração ou com a sua autorização.

O PMI não vincula a Administração, que não será obrigada a realizar a licitação, nem confere ao realizador direito de preferência no certame, tampouco direito a ressarcimento de valores dispendidos.

Esse procedimento auxiliar tem extrema utilidade quando a Administração, com o fim de executar políticas públicas mediante licitações, tem conhecimento das limitações de seus quadros para o adequado dimensionamento de projetos, especificações e circunstâncias que gravitam em torno do objeto. Para se desincumbir desse mister, a Administração convoca a iniciativa privada para a colaboração com o Poder Público.

A aceitação dos produtos e serviços realizados mediante PMI formaliza-se por parecer fundamentado, no qual a Administração assinala que o produto ou serviço é adequado e suficiente à compreensão do objeto, as premissas são compatíveis com as necessidades da Administração e a metodologia proposta é a que propicia maior economia e vantagem entre as demais possíveis.

Merece realce a possibilidade jurídica de restrição do PMI a startups dedicadas à pesquisa, desenvolvimento e implementação de novos produtos ou serviços baseados em soluções tecnológicas inovadoras que possam causar alto impacto, servindo o instrumento como importante motriz de desenvolvimento, pautado no estímulo à produção de conhecimento científico e tecnológico.

28.19.9.4. Sistema de Registro de Preços

O Sistema de Registro de Preços (SRP) destina-se à realização, por meio de "contratação direta ou licitação nas modalidades pregão ou concorrência, de registro formal de preços relativos a prestação de serviços, a obras e a aquisição e locação de bens para contratações futuras" (art. 6º, XLV, da Lei n. 14.133/2021).

O procedimento possibilita futura e eventual contratação do escolhido, sendo que a existência de preços registrados não obriga a Administração a firmar as contratações que deles poderão advir, facultando-se a realização de licitação específica para a aquisição pretendida, sendo assegurado ao beneficiário do registro a preferência de fornecimento em igualdade de condições.

O SRP é amplamente utilizado pela Administração Pública, regido pelo art. 15 da Lei n. 8.666/93, exigindo-se seleção mediante concorrência. Desde a publicação da Lei n. 10.520/02, que instituiu o pregão, admite-se o seu uso também por meio dessa modalidade, a qual é mormente utilizada para o SRP.

O art. 29, III, do RDC, categoriza o SRP como procedimento auxiliar das licitações, mesma lógica adotada pela nova lei. O registro de preços já tem disciplina bastante conhecida, regulamentado na forma do Decreto n. 7.892/2013. Por conseguinte, a Lei n. 14.133/2021 tratou de elevar ao patamar de lei formal certos requisitos para o aperfeiçoamento do instituto.

Importante exemplo refere-se à quantidade de cada item que poderá ser adquirida. O art. 9º, IV, do Regulamento do SRP, determina que o edital discrimine quantidade mínima de bens a ser cotada.

A exigência justifica-se para o satisfatório dimensionamento dos custos marginais do licitante, que tende a diminuir com o aumento de produção, haja vista a manutenção dos custos fixos.

Situações há em que os custos fixos são bastante onerosos, de modo que a produção de pouca monta é desinteressante. Tenha-se por exemplo o serviço de impressão offset: qualquer que seja a quantidade de material impresso, tal serviço demanda a prévia gravação de chapas usadas na impressão. Essa etapa de produção é necessária mesmo que seja impressa apenas uma unidade, para o que o trabalho de separação de cores, pulverização da matriz e revelação é imprescindível. Logo, a indefinição de custos mínimos impossibilita ao licitante a razoável mensuração do preço por unidade.

O art. 82 da Lei n. 14.133/2021 dispõe, além da quantidade mínima, da quantidade máxima de cada item que poderá ser adquirida. De igual modo, a informação é relevante para a precificação dos serviços, uma vez que, ao contrário do que dita o senso comum, a economia de escala nem sempre é uma constante.

Em certos casos, os custos fixos – como salários, operação e manutenção de máquinas e aluguel de edificação – elavam-se para que a produção seja atendida, aumentando-se o custo marginal em relação ao custo médio de produção.

Por essa razão, o art. 82, IV, da Lei n. 14.133/2021 dispõe sobre a possibilidade de o licitante oferecer ou não proposta em quantitativo inferior ao máximo previsto no edital, obrigando-se nos limites dela, o que favorece a competitividade. Logo, tanto a quantidade mínima quanto a máxima são importantíssimas para a precificação dos bens e serviços.

Quanto à seara da integridade, a definição de quantidade máxima impede o favorecimento de licitante mediante fornecimento de quantidades superiores àquelas necessárias para a Administração, situação que se agrava com a possibilidade de adesão, por outros órgãos, à ata de registro de preços.

Principalmente em órgãos e entidades dotados de baixo nível de planejamento orçamentário e de compras, é conhecida a prática frequente de, ao invés de empreender esforço para licitar, ou atuar como órgão ou entidade participante, optar pela mera e simples adesão a atas de registro de preços publicadas por órgãos gerenciadores. É uma faculdade salutar, em favor da eficiência, mas suscetível a abusos.

Por isso, é vedada a participação do órgão ou entidade em mais de uma ata de registro de preços com o mesmo objeto durante o prazo de validade daquela de que já tiver participado, salvo quando a ata houver registrado quantitativo inferior ao máximo previsto no edital.

O critério de julgamento da licitação será o de menor preço ou o de maior desconto sobre tabela de preços praticada no mercado, admitindo-se o critério de julgamento de menor preço por grupo de itens somente quando demonstrada a inviabilidade de se promover a adjudicação por item e evidenciada a sua vantagem técnica e econômica.

O prazo de validade da ata de registro de preços é de um ano, prorrogável por igual período, desde que demonstrada a vantajosidade. A ata pode contemplar, por fatores justificados, preços distintos:

    (i) se o objeto for realizado ou entregue em locais diferentes;
    (ii) em razão da forma e do local de acondicionamento;

(iii) quando admitida cotação variável em razão do tamanho do lote ou outros motivos justificados.

Mediante certas condições, como a prévia e ampla pesquisa de mercado, atualização periódica dos preços registrados e desenvolvimento de rotina de controle, possibilita-se o uso do SRP para a contratação de bens e serviços comuns e de engenharia e de obras.

28.19.9.5. Registro cadastral

O registro cadastral é contemplado na Lei n. 8.666/93, para efeito de habilitação, tendo maior realce em licitações segundo a modalidade tomada de preços, da qual participam licitantes "devidamente cadastrados ou que atenderem a todas as condições exigidas para cadastramento até o terceiro dia anterior à data do recebimento das propostas" (art. 22, §2º, da Lei n. 8.666/93).

A Lei n. 14.133/2021 preserva a ideia de registro cadastral da antiga lei, mas traz novas regras, com realce para o "sistema de registro cadastral unificado disponível no Portal Nacional de Contratações Públicas, para efeito de cadastro unificado de licitantes, na forma disposta em regulamento" (art. 87, *caput*, da Lei n. 14.133/2021).

A vontade da lei dirige-se à imposição de cadastro único, de caráter nacional, para o que o Poder Executivo Federal tem significativa experiência, advinda com a implantação do Sistema de Cadastramento Unificado de Fornecedores (SICAF), regulamentado pelo Decreto n. 3.722/01. O sistema de registro cadastral unificado será uma funcionalidade do PNCP.

No procedimento de pré-qualificação de licitantes, poderão ser dispensados os documentos que constarem do registro cadastral, conferindo-se agilidade ao procedimento.

A Administração poderá realizar licitação restrita a fornecedores cadastrados, atendidos critérios, condições e limites estabelecidos em regulamento, bem como a ampla publicidade dos procedimentos para o cadastramento (art. 87, §3º, da Lei n. 14.133/2021).

Dessa possibilidade ressalva-se a licitação segundo a modalidade leilão, que não exige registro cadastral prévio, haja vista não possuir fase de habilitação.

28.19.10. Especificações técnicas

A Lei n. 14.133/2021 não contém definição de especificação técnica, embora faça diversas menções à expressão, tecendo-se os seguintes exemplos:

722 CURSO DE DIREITO ADMINISTRATIVO

(i) ao descrever o projeto executivo, determina que as especificações técnicas devem respeitar as normas técnicas pertinentes (art. 6º, XXVI);

(ii) ao normatizar a observância do princípio da padronização, considera a compatibilidade de especificações estéticas, técnicas ou de desempenho (art. 40, V, *a*);

(iii) ao reger a desclassificação de propostas, elenca as que não obedecerem às especificações técnicas pormenorizadas no edital (art. 59, II).

Em harmonia com a terminologia técnica internacional, poder-se-ia conceituar especificação técnica como o conjunto de requisitos técnicos a serem atendidos por um produto ou serviço[85].

A especificação contém descrição detalhada dos elementos que devem compor o objeto, segundo requisitos determinados em grau absoluto – quando aceita grandeza física, química ou de outra natureza precisa e unicamente – ou relativo, quando admitidas variações que preencham certos limites.

De modo geral, especificações técnicas devem conter, para um produto ou serviço, características como qualidade, desempenho, interoperabilidade e segurança, fatores relevantes para a descrição de bens, sobretudo no que concerne à padronização de produtos e serviços.

28.19.10.1. Catálogo eletrônico de padronização

O catálogo eletrônico de padronização de compras, serviços e obras, é "sistema informatizado, de gerenciamento centralizado e com indicação de preços, destinado a permitir a padronização de itens a serem adquiridos pela Administração Pública e que estarão disponíveis para a licitação" (art. 6º, LI, da Lei n. 14.133/2021).

O art. 19, II, da Lei n. 14.133/2021 determina que os órgãos da Administração dotados de competência regulamentar sobre administração de materiais, de obras e serviços e de licitações e contratos deverão, deverão "criar catálogo eletrônico de padronização de compras, serviços e obras, admitida a adoção do catálogo do Poder Executivo federal por todos os entes federativos".

No Poder Executivo Federal, rege-se em nível infralegal a catalogação dos materiais destinados às atividades da Administração, abrangendo a identificação, descrição e classificação dos materiais, na forma do Catálogo de Materiais e Serviços (CATMAT/CATSER), conforme Instrução Normativa n. 2, de 16 de

---

[85] ABNT. ABNT ISO IEC Guia 2: normalização e atividades relacionadas: vocabulário geral. Rio de Janeiro, 2006.

agosto de 2011, da Secretaria de Logística e Tecnologia da Informação do Ministério do Planejamento, Orçamento e Gestão[86].

A observância do princípio da padronização perfaz-se mediante a compatibilidade das especificações técnicas. Nesse sentido, a padronização importa, sobretudo, no uso de especificações técnicas alinhadas a um grau de semelhança ou compatibilidade, com vistas à uniformidade, interoperabilidade, eficiência e economicidade de produtos, serviços e sistemas.

O catálogo eletrônico de padronização é aplicável às licitações com julgamento por critério de menor preço ou o de maior desconto, tipicamente usados em licitações para aquisição de bens e serviços comuns. Nessas licitações, a não utilização do catálogo deve ser justificada pelo agente público responsável.

28.19.10.2. Ciclo de vida

O clico de vida deve ser considerado na elaboração do Termo de Referência, como elemento descritivo do objeto, relacionando-se diretamente com o conceito de vantajosidade da contratação. É composto de "estágios consecutivos e encadeados de um sistema de produto, desde a aquisição da matéria-prima ou de sua geração a partir de recursos naturais até a disposição final"[87].

O custo total de um produto não se compõe tão somente por seu preço, mas por todos os custos associados à sua manutenção durante todo o ciclo de vida. É possível, pois, que um produto cujo preço seja significativamente superior a outro, revele-se mais econômico se os valores despendidos para a sua manutenção, insumos e garantia compensarem o custo de aquisição.

A análise do ciclo de vida, agora, é requisito legal, constante do art. 6º, XXIII, c, da Lei n. 14.133/2021. Não é algo simples. Métodos internacionais estipulam fases interrelacionadas para a definição do objeto e escopo, análise de inventário, avaliação de impactos e interpretação do ciclo de vida.

O Termo de Referência deve abordar, tanto quanto possível, a avaliação das entradas e saídas relacionadas ao produto, tal como os impactos ambientais previsíveis durante seu ciclo de vida.

---

[86] A Secretaria de Secretaria de Logística e Tecnologia da Informação (SLTI) foi extinta por força do Decreto n. 8.578/2015. O Ministério do Planejamento, Orçamento e Gestão foi extinto por força da Medida Provisória n. 870/2019, convertida na Lei n. 13.844/2019. Atualmente, as atribuições outrora incumbidas à SLTI competem à Secretaria de Gestão da Secretaria Especial de Desburocratização, Gestão e Governo Digital do Ministério da Economia.

[87] ABNT. ABNT NBR ISO 14040:2009: gestão ambiental: avaliação do ciclo de vida: princípios e estrutura. Rio de Janeiro, 2009. p. 1.

724 CURSO DE DIREITO ADMINISTRATIVO

A esse respeito, importante iniciativa oficial provém do Programa Brasileiro de Avaliação do Ciclo de Vida (PBACV), instituído no âmbito do Sistema Nacional de Metrologia, Normalização e Qualidade Industrial (Sinmetro), que tem por objetivo desenvolver e difundir metodologia para avaliação do ciclo de vida, a fim de avaliar: (i) as cargas ambientais associadas a um produto, processo ou atividade; (ii) o impacto da energia e materiais lançados no meio ambiente e; (iii) oportunidades de melhoramento ambiental durante o ciclo de vida do produto, processo ou atividade, abrangida "a extração e o processamento de matérias-primas brutas, manufatura, transporte, distribuição, uso, reuso, manutenção, reciclagem e destinação final"[88].

28.19.10.3. Certificação

A certificação é "atestação relativa a produtos, sistemas ou pessoas por terceira parte"[89]. Por meio da certificação, uma entidade não integrante da cadeia de produção e consumo e, economicamente desinteressada, atesta a conformidade do objeto em relação às normas ou regulamentos técnicos pertinentes.

O principal objetivo da certificação é prover confiança a todas as partes interessadas de que um produto, processo, serviço ou sistema atende a requisitos especificados. A atestação resultante do procedimento de certificação materializa-se na forma de certificado de conformidade.

Historicamente, a exigência de certificado de conformidade em licitações comporta questões polêmicas. A jurisprudência do TCU pacifica-se no sentido de admitir certificações de produtos por organismos acreditados, desde que fundamentada essa exigência; as certificações de sistema – como sistema de gestão da qualidade e ambiental –, por sua vez, cabem como critérios de pontuação técnica em licitações do tipo técnica e preço. Ambas as espécies de certificações, porém, não podem ser exigidas como critério de habilitação[90].

---

[88] Conmetro. Resolução n. 4, de 15 de dezembro de 2010. Dispõe sobre a Aprovação do Programa Brasileiro de Avaliação do Ciclo de Vida e dá outras providências. *Diário Oficial da União*, Brasília, DF, 4 jan. 2011.

[89] ABNT. ABNT NBR ISO/IEC 17000: 2005: avaliação de conformidade: vocabulário e princípios gerais. Rio de Janeiro, 2005. p. 4.

[90] A esse respeito, o seguinte excerto: "a exigência de certificado ISO 9001 de qualidade como condição de aceitabilidade das propostas, e não como critério de pontuação de propostas técnicas, também é considerada injustificadamente restritiva por esta Casa". (TCU. Representação. Acórdão 2001/2019, rel. Min. Augusto Sherman, Plenário, julgado em 28-8-2019.)

A carência de disciplina legal sobre a matéria enseja receio aos gestores públicos, ante a possibilidade de uso indevido dos mecanismos de avaliação de conformidade e consequente responsabilização pelos órgãos de controle.

A Lei n. 14.133/2021 trata da avaliação de conformidade, mas de maneira atécnica, afastando-se da sistemática dos institutos manejados. O art. 42, §1º, da Lei n. 14.133/2021, dispõe que o "edital poderá exigir, como condição de aceitabilidade da proposta, certificação de qualidade do produto por instituição credenciada pelo Conselho Nacional de Metrologia, Normalização e Qualidade Industrial (Conmetro)".

Da instituição em comento, depreende-se organismo de avaliação de conformidade, que é, de acordo com o Termo de Referência do Sistema Brasileiro de Avaliação da Conformidade (SBAC), a instituição atribuída da condução de mecanismos de avaliação de conformidade, como a certificação.

A Lei n. 14.133/2021 transcreve conceitos vetustos, constantes do art. 3º, "e", da Lei n. 5.966/73, enquanto o SBAC configurou-se a partir da Resolução Conmetro n. 4/2002, com base na Lei n. 9.933/99, que dispõe especificamente sobre as competências do Conmetro e do Inmetro. Da leitura dos diplomas legais em comento, ainda que se constatasse alguma antinomia, os critérios de cronologia e de especialização da norma penderiam em favor do sistema mais recente e em vigor. Quanto ao termo credenciamento, convém lembrar que desde 2003 o Brasil aderiu à terminologia internacional. A Resolução Conmetro n. 5/03 dispõe sobre a alteração do termo "credenciamento" para "acreditação" de organismos de avaliação da conformidade no âmbito do Sinmetro.

Atualmente, as palavras credenciamento e acreditação não têm relação de sinonímia. O credenciamento refere-se, por exemplo, à forma de habilitação de avaliadores e especialistas para atuação em etapas de procedimentos de acreditação, nas áreas de laboratório, certificação, inspeção, produção de materiais de referência ou provimento de ensaios de proficiência.

O Conmetro tem competência estritamente normativa, não para atos de execução. A Resolução Conmetro n. 9/08 explicita as atribuições da Coordenação Geral de Acreditação do Inmetro para "atuar como órgão acreditador de Organismos de Avaliação da Conformidade – OAC, em conformidade com normas, guias e regulamentos internacionalmente reconhecidos".

Por conseguinte, no §1º do art. 42 da Lei n. 14.133/2021, onde se lê instituição "credenciada", quer-se dizer "acreditada", não pelo Conmetro, que não possui qualquer competência legal para esse ato, mas pela Coordenação Geral de Acreditação do Inmetro (CGCRE).

28.19.10.4. Acreditação

Para a concepção de produtos e serviços segundo padrões de qualidade e segurança, normas técnicas descrevem conteúdos como requisitos, métodos e padrões de desempenho, cujo cumprimento pode ser atestado mediante mecanismos de avaliação da conformidade, como o ensaio, a inspeção e a certificação.

O universo de instituições e aparatos técnicos dedicados a esse tema visa, pois, a promover concorrência justa, compensando-se a hipossuficiência técnica de consumidores, mitigando-se a assimetria de informação que ocorre em desfavor das agências reguladoras e conferindo transparência às relações negociais, em prol do interesse de investidores e órgãos fiscais e de controle[91].

A confiança na avaliação de conformidade tem como pressuposto inicial a demonstração de competência do organismo que emite a atestação, em termos de estrutura, conhecimentos técnicos, pessoal qualificado, independência econômica, imparcialidade e idoneidade moral.

Nesse contexto, convém que os organismos de avaliação da conformidade demonstrem suas competências por um mecanismo adequado, a acreditação, que é "atestação de terceira parte relacionada a um organismo de avaliação da conformidade, comunicando a demonstração formal de sua competência para realizar tarefas específicas de avaliação da conformidade"[92].

A acreditação funciona como ato de reconhecimento da competência de um organismo de avaliação da conformidade para atuar sobre determinado escopo, o conjunto de serviços específicos de avaliação de conformidade para os quais a acreditação foi concedida. O procedimento de acreditação culmina com a emissão de certificado de acreditação, "documento formal ou um conjunto de documentos declarando que uma acreditação foi concedida para um escopo definido"[93].

No Brasil, essa atribuição compete à Coordenação Geral de Acreditação do Inmetro (CGCRE), com fulcro no art. 3º, VI, da Lei n. 9.933/99 c/c o art. 8º, II, do Decreto n. 6.275/07, regulamento que atribui à CGCRE a função de acredita-

---

[91] A transparência das relações negociais não pode deixar de preservar, porém, informações confidenciais legitimamente tuteladas pelo ordenamento jurídico, a exemplo dos segredos de indústria ou de comércio de que tratam a Lei n. 9279, de 14 de maio de 1996, e a Lei n. 10.603, de 17 de dezembro de 2002.

[92] ABNT (Associação Brasileira de Normas Técnicas). ABNT NBR ISO/IEC 17000: 2005: avaliação de conformidade: vocabulário e princípios gerais. Rio de Janeiro, 2005. p. 5.

[93] ABNT. ABNT NBR ISO/IEC 17011:2005: avaliação da conformidade: requisitos gerais para os organismos de acreditação que realizam acreditação de organismos de avaliação de conformidade. Rio de Janeiro, 2005. p. 2.

ção de organismos de avaliação de conformidade, conforme as normas, guias e regulamentos internacionalmente reconhecidos.

Logo, por razões de política legislativa, o Brasil adotou a máxima da *single voice accreditation*, regida pelo princípio da oficialidade, em alinhamento ao modelo predominante no mundo, com ênfase para a União Europeia.

Considerando-se que a acreditação é serviço técnico de caráter não comercial e não concorrencial, as atividades desenvolvidas pelo organismo de acreditação não comportam fins de lucro. Por isso, a acreditação é função singularmente incumbida ao organismo de acreditação, cujas atribuições devem ser nitidamente diferenciadas das de outros órgãos e entidades nacionais.

Quanto às licitações, o art. 17, §6º, da Lei n. 14.133/2021, dispõe, como condição para a aceitação de projetos, demonstração de adequação de material e corpo técnico e outros requisitos, que a "Administração poderá exigir certificação por organização independente acreditada pelo Instituto Nacional de Metrologia, Qualidade e Tecnologia (Inmetro)".

O dispositivo legal é aderente ao princípio da oficialidade da acreditação, cabendo a mera ressalva de que o organismo de acreditação atua em respeito ao princípio da singularidade, de forma que exerce única e privativamente o desempenho das atividades de acreditação, não se admitindo o desempenho de atividades de outra natureza, ainda que relevantes.

O Inmetro tem competência regulatória privativa no âmbito da metrologia legal e competência residual em outros segmentos da regulação técnica. Considerando-se a diversidade de setores produtivos não abrangidos por entidades de regulação setorial – como as agências reguladoras –, a competência regulatória da autarquia metrológica alcança uma infinidade de objetos, demandas e programas específicos.

Dada a diversidade de atribuições do Inmetro, essas circunstâncias poderiam sinalizar ofensa ao princípio da singularidade, se a estrutura regimental da autarquia metrológica federal não delimitasse, na forma do art. 8º, II, do Decreto n. 6.275/07, a competência sobre acreditação à CGCRE.

A CGCRE não tem relação hierárquica com as outras áreas da autarquia, como as unidades de avaliação de conformidade e de metrologia científica e tecnologia. A CGCRE tem símbolos próprios, que evitam a confusão de suas atividades em relação às outras atribuições do Inmetro. A concessão de certificado de acreditação compete ao Coordenador Geral de Acreditação, sem qualquer possibilidade de influência da máxima autoridade autárquica.

A acreditação comporta duas dimensões: o reconhecimento oficial da competência técnica de um organismo para a emissão de atestações referentes a um

728 CURSO DE DIREITO ADMINISTRATIVO

produto e o reconhecimento multilateral decorrente da assinatura de acordos internacionais.

Nesse contexto, não o Inmetro, enquanto autarquia, mas a CGCRE, enquanto organismo nacional de acreditação, é dotada de reconhecimento formal por fóruns internacionais como a *Inter American Accreditation Cooperation* (IAAC), a *International Laboratory Accreditation Cooperation* (ILAC) e o *International Accreditation Forum* (IAF).

O arranjo jurídico adotado pode causar estranheza, dados os princípios de direito administrativo – como o da hierarquia – uma vez que a CGCRE é unidade do organograma do Inmetro. Mas a acreditação, tal como a normalização técnica e avaliação da conformidade, é orientada por princípios de direito econômico internacional, que escapam aos dogmas clássicos do direito administrativo.

Arranjos jurídicos semelhantes são adotados em outros países. Na Áustria, a acreditação é legalmente designada ao *Bundesministerium für Wissenschaft, Forschung und Wirtschaft* (Ministério Federal da Ciência, Pesquisa e Economia), que instituiu em sua estrutura a *Akkreditierung Austria*, unidade organizacional responsável pela acreditação no país. Na Bélgica, o *Belgische Accreditatie-instelling* integra a estrutura do ministério da economia, o *FOD Economie*, K.M.O., *Middenstand en Energie*. Na Finlândia, o *Finnish Accreditation Service* vincula-se à *Finnish Safety and Chemicals Agency*. Configurações semelhantes, em que ocorre a delimitação de competências na estrutura de um órgão ou agência pública, ocorrem em outros países, como Suécia, Suíça, Noruega, Singapura, Egito e Perú.

28.19.10.5. Amostras

A Lei n. 14.133/2021 trata de questão regida pelo art. 7º, II, do RDC, mas ausente na Lei n. 8.666/93, no que se refere à exigência e apresentação de amostras.

A exigência de amostras tem sido admitida pelos órgãos de controle, mas nunca como critério de habilitação; deve respeitar parâmetros de razoabilidade, de modo que seja pertinente para a demonstração dos atributos objetivos que a Administração pretende satisfazer. Outrossim, o prazo para apresentação de amostras deve ser compatível com a natureza do objeto e circunstâncias logísticas para a sua entrega à Administração[94].

---

[94] Sobre apresentação de amostras, em sede de pregão, o seguinte excerto: "esse tipo de exigência somente se justifica quando necessário à Administração atestar a qualidade do bem a ser fornecido ou a sua conformidade com as especificações técnicas do edital". No mesmo julgado: "ilegal a exigência de apresentação de amostras em prazo insuficiente e desarrazoado em face

O art. 17, §3º, da Lei n. 14.133/2021, dispõe sobre a possibilidade de se exigir do licitante provisoriamente vencedor, na fase de julgamento, a homologação de amostras, exame de conformidade e prova de conceito, entre outros testes de interesse da Administração, com o fim de se demonstrar o atendimento das especificações constantes do termo de referência ou projeto básico.

A constatação da conformidade do produto entregue como amostra pode ocorrer mediante a verificação das especificações constantes de nota técnica ou manual do fabricante, por certificado de conformidade, laudo de ensaio, laudo de inspeção e outros meios hábeis de atestação.

A exigência de amostras pode ocorrer, conforme previsto no edital, no procedimento de pré-qualificação, na fase de julgamento das propostas ou de lances, durante a execução contratual ou vigência de ata de registro de preços.

O art. 42, §3º, da Lei n. 14.133/2021, dispõe sobre a possibilidade de exame das amostras por "instituição com reputação ético-profissional na especialidade do objeto, previamente indicada no edital".

Não dispondo a Administração de pessoal qualificado para exame das amostras, é desejável que tal mister seja cumprido por instituição dotada de suficiente qualificação técnica, como organismos de avaliação de conformidade, institutos de pesquisa e laboratórios.

É de alta importância que o exame da amostra seja documentado com suficiente grau de precisão, com vistas à vinculação do licitante, evitando-se práticas indesejáveis – e antijurídicas – de fornecimento de exemplares em desconformidade com a amostra aprovada.

28.19.11. Novos regimes de contratação de obras e serviços de engenharia

O art. 46 da Lei n. 14.133/2021 dispõe sobre regimes de contratação de obras e serviços de engenharia, mantendo os regimes contemplados no art. 6º, VIII, da Lei n. 8.666/93, e acolhendo também os regimes instituídos pelo art. 8º do RDC e pelo art. 42 da Lei das Estatais (Lei n. 13.303/16).

Com sutis aperfeiçoamentos redacionais, a Lei n. 14.133/2021 trata dos seguintes regimes de execução de obras e serviços de engenharia enumerados na Lei n. 8.666/93: (i) empreitada por preço unitário; (ii) empreitada por preço global; (iii) empreitada integral e; (iv) contratação por tarefa.

---

de dificuldades logísticas ou outros fatores impostos aos licitantes". (TCU. Representação. Acórdão 2972/2020. Plenário. Rel: Min. Ana Arraes. Brasília, DF, 4 de novembro de 2020)

A Lei n. 14.133/2021 acolhe o regime de contratação integrada, disposto no RDC, e institui dois novos regimes: a contratação semi-integrada, instituída pela Lei das Estatais; e fornecimento e prestação de serviço associado.

28.19.11.1. Contratação integrada

A contratação integrada, regime de execução de obras e serviços de engenharia instituído no ordenamento jurídico por meio do Regulamento do Procedimento Licitatório Simplificado da Petrobras, aprovado pelo Decreto n. 2.745/98, e posteriormente abarcado pelo RDC, aproxima-se do regime de empreitada integral, este já contemplado na Lei n. 8.666/93.

Na empreitada integral, contrata-se o empreendimento em sua totalidade, de modo que todas as obras, os serviços e as instalações cabem ao contratado, sob sua total responsabilidade, adimplindo-se a obrigação mediante a entrega do empreendimento em perfeitas condições de operação.

Na contratação integrada, além da execução das obras, montagem, teste, pré-operação e demais operações necessárias para a entrega do objeto, o contratado é incumbido também da elaboração e do desenvolvimento dos projetos básico e executivo.

Logo, na contratação integrada, a Administração transfere ao contratado o mister de elaboração e desenvolvimento dos projetos necessários ao empreendimento. Esse regime de execução tem máxime importância para a realização de empreendimentos de infraestrutura em que a própria concepção do projeto é de difícil realização pela Administração.

A contratação integrada é configurada pelo modelo *turn-key*: o contratado entrega a infraestrutura operante, após testes e operação assistida, como na entrega de usinas, metrôs e outras construções de grande porte.

O julgamento das propostas deve observar o preço global, e o pagamento deve respeitar as etapas do cronograma físico-financeiro, vedada a adoção de sistemática de remuneração orientada por preços unitários ou referenciada pela execução de quantidades de itens unitários.

Alocam-se ao contratado os riscos decorrentes de fatos supervenientes à contratação associados à escolha da solução de projeto básico.

A contratação integrada tem singular relevância para empreendimentos de infraestrutura, consideradas as complexidades técnicas e operacionais características de sua realização.

28.19.11.2. Contratação semi-integrada

A contratação semi-integrada foi instituída no ordenamento jurídico por meio da Lei das Estatais e adotada pela Lei n. 14.133/2021. Sua definição é quase idêntica à contratação integrada, anotando-se a crucial distinção de que, na contratação semi-integrada, o projeto básico compete necessariamente à Administração, sendo o contratado responsável pela elaboração do projeto executivo.

É possível, porém, que o contratado, ao examinar o projeto básico, conste pontos de aperfeiçoamento e apresente inovações que possam importar em diminuição de custo, aumento da qualidade, redução do prazo de execução ou facilidade de manutenção ou operação.

Nesse caso, se autorizado pela Administração, o projeto básico poderá ser alterado, assumindo o contratado a responsabilidade integral pelos riscos associados à sua alteração. Conforme o art. 46, § 6º, da Lei n. 14.133/2021, a "execução de cada etapa será obrigatoriamente precedida da conclusão e da aprovação, pela autoridade competente, dos trabalhos relativos às etapas anteriores".

Quanto à forma de licitação e conteúdos obrigacionais, como julgamento das propostas, valores de contratação, regras contratuais sobre providências para desapropriações e alocação de riscos entre Administração e contratado, a contratação semi-integrada respeita os mesmos regramentos que incidem sobre a contratação integrada.

28.19.11.3. Fornecimento e prestação de serviço associado

No regime de execução de fornecimento e prestação de serviço associado, o contratado, além do fornecimento do objeto, responsabiliza-se por sua operação, manutenção ou ambas, por tempo determinado.

O modelo é eficaz para a mitigação do risco moral que permeia determinadas contratações, dada a característica de assimetria de informação que pesa sobre a Administração.

Não é ocorrência rara que licitantes aproveitem-se de imperfeições nas especificações técnicas ou, ainda que as especificações sejam adequadas, engajem esforço para a entrega de produto insatisfatório ante os fins almejados, mas conforme as especificações.

Se o contratado, além de entregar a coisa, obriga-se à sua operação e manutenção, a astúcia empregada para a máxima obtenção de vantagem pode ter consequências bastante onerosas. Nesse regime de execução, o contrato terá vigência máxima definida pela soma do prazo relativo ao fornecimento inicial ou à entrega da obra com o prazo relativo ao serviço de operação e manutenção, este limitado a cinco anos contados da data de recebimento da coisa.

Para contratos que estabeleçam operação continuada de sistemas estruturantes de tecnologia da informação, admite-se vigência máxima de quinze anos, e contratos de serviços e fornecimentos contínuos poderão ser prorrogados sucessivamente, respeitada a vigência máxima decenal, desde que haja previsão em edital e que a autoridade competente ateste a vantajosidade.

Máxime em contratos cujo objeto contenha o fornecimento de produtos e operação na área de TIC, o regime de execução em comento é bastante pertinente, amoldando-se à tendência observada nesse setor, cujo incremento caracteriza-se pela prestação de serviços associados ao produto, segundo o modelo de negócio *Software as a Service* (SaaS).

28.19.12. Contratação direta

A contratação direta é realizada nos casos em que o contrato administrativo não é precedido de licitação, segundo as cláusulas legais de exceção. A Lei n. 14.133/2021 adota as mesmas espécies de contratação direta regidas pela Lei n. 8.666/93, promovendo-se alguns aperfeiçoamentos.

Mesmo se realizada a contratação direta, impõe-se sua fundamentação, mediante documentos características da fase preparatória de licitação, como estudo técnico preliminar, termo de referência, análise de risco, estimativa de despesa e parecer jurídico. Logo, a Administração deve realizar instrução a fim de justificar a razão de escolha do contratado e o valor da contratação.

A contratação direta, para a qual se exige autorização da autoridade competente, abrange a inexigibilidade e a dispensa de licitação.

28.19.12.1. Inexigibilidade de licitação

A licitação, orientada pelos princípios tabulados no art. 5º da Lei n. 14.133/2021, visa à satisfação de certos objetivos, como a vantajosidade, isonomia e preço justo da contratação, mediante prévio procedimento competitivo. Situações há, porém, em que a competitividade é impossível, razão por que inexigível a licitação, dado que sua realização teria efeito inócuo.

A Lei n. 14.133/2021 mantém as hipóteses de inexigibilidade previstas no art. 25 da Lei n. 8.666/93 e acresce novas cláusulas, como contratações de serviços técnicos especializados de natureza predominantemente intelectual com profissionais ou empresas de notória especialização, para controles de qualidade e tecnológico, análises, testes e ensaios de campo e laboratoriais.

É inexigível a licitação referente a objetos que devam ou possam ser contratados por meio de credenciamento, e para "aquisição ou locação de imóvel cujas características de instalações e de localização tornem necessária sua escolha" (art. 74, V, da LLC).

O art. 24, X, da Lei n. 8.666/93, admite a compra ou locação de imóvel destinado ao atendimento de finalidades precípuas da Administração mediante dispensa de licitação, isto é, atribui ao Administrador a decisão sobre licitar.

A Lei n. 14.133/2021 inclui a compra ou locação de imóvel de característica singular, mediante certificação dessa circunstância e da vantajosidade da contratação, entre as hipóteses de inexigibilidade. A técnica adotada pela Lei n. 14.133/2021 é bastante coerente, pois, se identificado que um único imóvel, dentre todos os existentes, satisfaz a necessidade da Administração, por características singulares de instalações e de localização, nenhum sentido existe em promover licitação.

28.19.12.2. Dispensa de licitação

A Lei n. 8.666/93 elenca hipóteses de dispensa de licitação em situações distintas. O art. 17 da lei trata de situações em que a licitação é dispensada para a alienação de bens móveis e imóveis, enquanto no art. 24 enumera hipóteses em que a licitação é dispensável, para compras e contratações de obras e serviços de engenharia, adstrito a determinados valores.

Parcela da doutrina considera que, no primeiro caso, a licitação é dispensada por força da lei, enquanto no segundo a decisão sobre licitar compete à Administração.

A Lei n. 14.133/2021 resolve a questão, ao tratar no art. 74 dos casos em que "é dispensável a licitação". A lei mantém as hipóteses de dispensa de licitação previstas na Lei n. 8.666/93 e acresce outras cláusulas de dispensa, como o "abastecimento ou suprimento de efetivos militares em estada eventual de curta duração em portos, aeroportos ou localidades diferentes de suas sedes, por motivo de movimentação operacional ou de adestramento" (art. 75, IV, *i*, da Lei n. 14.133/2021).

No regime da Lei n. 8.666/93, admite-se a dispensa de licitação para compra de suprimentos para contingentes militares em operação de paz no exterior. A Lei n. 14.133/2021 mantém a cláusula de dispensa, mas acresce as hipóteses de emprego e mobilização nacional, o que se coaduna com a realidade contemporânea, consideradas as numerosas missões de Garantia da Lei e da Ordem (GLO) desempenhadas pelas Forças Armadas.

Também se admite a dispensa de licitação para a contratação de serviços especializados ou aquisição ou locação de equipamentos destinados ao rastreamento e à obtenção de provas por meio de captação ambiental de sinais eletromagnéticos, ópticos ou acústicos ou interceptação de comunicações telefônicas e telemáticas, em sede de investigação criminal, nos termos da Lei n. 12.850/13.

CURSO DE DIREITO ADMINISTRATIVO

Outras hipóteses de dispensa de licitação referem-se à compra de medicamentos destinados exclusivamente ao tratamento de doenças raras, assim definidas pelo Ministério da Saúde, e contratação de profissionais para compor comissão de avaliação de critérios de técnica.

É possível a dispensa de licitação para a contratação de: (i) obras e de serviços de engenharia ou de serviços de manutenção de veículos automotores, cujo valor seja inferior a cem mil reais; (ii) outros serviços e compras cujo valor seja inferior a cinquenta mil reais e; (iii) produtos para pesquisa e desenvolvimento, limitada a contratação, no caso de obras e serviços de engenharia, ao valor trezentos mil reais. Esses valores são duplicados para compras, obras e serviços contratados por consórcio público ou por autarquia ou fundação qualificada como agência executiva.

Para a aferição dos limites acima referidos, devem ser observados: o somatório do que for despendido no exercício financeiro pela respectiva unidade gestora e; o somatório da despesa realizada com objetos de mesma natureza, entendidos como tais aqueles relativos a contratações no mesmo ramo de atividade. Não se aplicam esses limites para contratações de serviços de manutenção de veículos automotores de propriedade do órgão ou entidade contratante, incluído o fornecimento de peças, de valor até oito mil reais.

28.19.13. Portal Nacional de Contratações Públicas

O art. 174 da Lei n. 14.133/2021 dispõe sobre a criação do Portal Nacional de Contratações Públicas (PNCP), sítio eletrônico oficial destinado à divulgação obrigatória de atos referentes às licitações e contratos administrativos. O PNCP tem abrangência nacional, abarcando todos os entes federados e poderes da República, de modo a centralizar o meio de divulgação, otimizando-se a gestão pública, o engajamento de licitantes, a atuação dos órgãos de controle e participação social.

Haja vista que o art. 17, §2º, da Lei n. 14.133/2021 determina que as licitações sejam realizadas preferencialmente sob a forma eletrônica – exigindo-se justificativa para o procedimento presencial –, faculta-se aos órgãos e entidades dos poderes Executivo, Legislativo e Judiciário de todos os entes federativos o uso do PNCP para as licitações e contratações públicas.

O conteúdo do PNCP deve conter, entre outras, as seguintes informações: planos de contratação anuais; catálogos eletrônicos de padronização; editais de credenciamento e de pré-qualificação; avisos de contratação direta; editais de licitação e anexos; atas de registro de preços; contratos e termos aditivos.

O portal é gerido pelo Comitê Gestor da Rede Nacional de Contratações Públicas, presidido por representante indicado pelo Presidente da República e composto de: (i) três representantes da União indicados pelo Presidente da República; (ii) dois representantes dos Estados e do Distrito Federal indicados pelo Conselho Nacional de Secretários de Estado da Administração e; (iii) dois representantes dos Municípios indicados pela Confederação Nacional de Municípios.

As atribuições do predito comitê são disciplinadas por meio do Decreto n. 10.764, de 9 de agosto de 2021, que dispõe sobre obrigações como a padronização dos aspectos técnicos e de suporte tecnológico, tal como iniciativas de cooperação, integração e compartilhamento de dados, soluções, produtos e tecnologias para o aperfeiçoamento do portal.

O art. 2º, V, do Decreto n. 10.764/2021 determina que o PNCP adote o formato de dados abertos, observado o disposto na Lei n. 12.527/2011 (Lei de Acesso à Informação), e uso de linguagem simples e de tecnologia, para otimização de processos, em conformidade com os princípios e diretrizes do governo digital e da eficiência pública, tabulados no art. 3º da Lei n. 14.129/2021 (Lei do Governo Digital).

28.19.14. Controle interno e externo

O controle interno é formado pelas estruturas de controle existentes nos órgãos e entidades da Administração. Na Administração Pública Federal, o controle interno foi estabelecido pelos arts. 76 a 80 da Lei n. 4.320/64, sendo exercido prévia, concomitante e posteriormente, sem prejuízo da atuação do controle externo.

O controle interno avalia o cumprimento das metas dos instrumentos orçamentários, comprova a legalidade, avalia a eficácia e eficiência da gestão orçamentária financeira e patrimonial e avalia a aplicação de recursos públicos por pessoas jurídicas de direito privado. Interessante notar que, no âmbito do Poder Executivo, exerce a fiscalização das operações de crédito, avais e garantias, bem como dos direitos e haveres.

Além disso, o controle interno tem o dever de apoiar o controle externo na sua missão institucional, tendo também os seus responsáveis, sob pena de responsabilização solidária, o dever funcional de dar ciência ao Tribunal de Contas das irregularidades ou ilegalidades de que tiverem conhecimento.

O sistema de controle interno do Poder Executivo Federal foi regulamentado pela Lei n. 10.180/2001. O art. 19, *caput*, do diploma legal dispõe que o Sistema de Controle Interno do Poder Executivo Federal visa à avaliação da ação governamental e da gestão dos administradores públicos federais, por intermédio da fiscalização contábil, financeira, orçamentária, operacional e patrimonial, e a apoiar o controle externo no exercício de sua missão institucional.

A coordenação e gestão do Sistema de Controle Interno do Poder Executivo Federal compete à Controladoria-Geral da União, conforme o art. 51, XII, da Lei n. 13.844/2019. No Poder Judiciário, o Sistema de Auditoria Interna tem como órgão central o Conselho Nacional de Justiça, conforme a Resolução n. 308, de 11 de março de 2020, do CNJ. Por força do art. 103-B, §4º, da CF/88, com redação dada pela Emenda Constitucional n. 45/2004 (Reforma do Judiciário), compete ao Conselho o controle da atuação administrativa e financeira do Poder Judiciário e do cumprimento dos deveres funcionais dos juízes.

Quanto ao controle externo, no modelo adotado na República Federativa do Brasil, cabe enfatizar que figuram entre as funções típicas do Congresso Nacional o exercício da competência legislativa e a função fiscalizatória, proclamadas, respectivamente, nos arts. 59 e 70 da Lei Maior.

O art. 71, *caput*, da Constituição Federal, enuncia que o controle externo, a cargo do Congresso Nacional, será exercido com o auxílio do Tribunal de Contas da União. Com efeito, o Tribunal de Contas da União não é um órgão auxiliar, no sentido de subalternidade; é um órgão autônomo, tanto que lhe foram atribuídas as prerrogativas de autogoverno própria dos tribunais integrantes do Poder Judiciário (CF, arts. 73, *in fine*, e 96).

Assim, o controle externo exercido pelo Poder Legislativo Federal desdobra-se em duas vertentes: o controle político, realizado pelas Casas Legislativas, e o controle técnico, exercido com o auxílio do Tribunal de Contas da União[95]. Tal organização de competências reflete-se na relação entre as casas legislativas e cortes de contas dos outros entes federados.

As competências constitucionais das cortes de contas classificam-se em parajudicial (porquanto órgão administrativo) e fiscalizadora. A função parajudicial é desempenhada sobretudo quando julgam esses órgãos julgam as contas dos administradores e demais responsáveis por bens, dinheiros e valores públicos.

Na seara das licitações e contratos, as frentes de atuação do controle interno e externo organizam-se em linhas de defesa, indigitadas no art. 169 da Lei n. 14.133/2021, com vistas à gestão de riscos, controle preventivo de legalidade, eficiência, eficácia e efetividade das contratações públicas:

---

[95] ZYMLER, Benjamin. *Direito Administrativo e controle*. Belo Horizonte: Fórum, 2005.

(i) primeira linha de defesa: integrada por servidores e empregados públicos, agentes de licitação e autoridades que atuam na estrutura de governança do órgão ou entidade;
(ii) segunda linha de defesa, integrada pelas unidades de assessoramento jurídico e de controle interno do próprio órgão ou entidade;
(iii) terceira linha de defesa, integrada pelo órgão central de controle interno da Administração e pelo tribunal de contas.

O dispositivo conforma-se ao conceito de barreiras de contenção sucessivas, sendo a primeira barreira inerente aos agentes de contratação e a última ao órgão de controle externo.

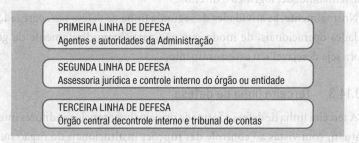

O conceito de linhas de defesa é bastante difundido nos manuais internacionais de auditoria, com destaque para o *Committee of Sponsoring Organizations of the Treadway Commission* (COSO).

28.19.14.1. Primeira linha de defesa

A primeira linha de defesa é formada pelos agentes engajados nas atividades de licitação e contratos: agentes de contratação, comissões de contratação, equipes de apoio, gestores e fiscais de contrato e autoridades tomadoras de decisão.

Esses agentes experimentam o dia a dia das licitações e contratos, atividades que integram suas rotinas, e devem contar com o apoio da alta gestão para o aperfeiçoamento de seus modelos de trabalho e gestão de riscos.

Os agentes da primeira linha de defesa são os que oferecem os mais importantes subsídios para o mapeamento de processos e gestão de riscos, aproveitando-se da experiência em casos concretos.

28.19.14.2. Segunda linha de defesa

A segunda linha de defesa é formada pelos agentes incumbidos precipuamente de atividades de controle interno, consultoria e assessoramento jurídico,

738 CURSO DE DIREITO ADMINISTRATIVO

e visa à verificação de conformidade técnica, financeira e jurídica dos atos praticados pela Administração.

Os integrantes da segunda linha de defesa devem trabalhar em estrita cooperação com os gestores responsáveis pelas licitações e contratações, com vistas à constatação prematura de falhas ou oportunidades de melhoria, tal como a coleta de informações para a formação de uma visão de riscos propícia ao funcionamento e atividades desenvolvidas pelo órgão ou entidade.

As funções de segunda linha de defesa incluem comumente atividades que requerem conhecimento especializado em gerenciamento de riscos, segurança da informação, controle financeiro, qualidade, saúde, avaliação da conformidade, sustentabilidade, logística e direito[96].

Normalmente, as atividades de segunda linha de defesa são segregadas das atividades operacionais, de modo que não participam diretamente da gestão, embora seja desejável seu assessoramento.

28.19.14.3. Terceira linha de defesa

A terceira linha de defesa é formada principalmente pelos auditores internos, que atuam com vistas ao controle das funções institucionais do órgão ou entidade, zelando pela conformidade às leis.

A auditoria interna deve ser unidade dotada de independência funcional, ligada diretamente à alta direção, de modo a não guardar qualquer relação de subordinação hierárquica com as unidades auditadas.

É recomendável a elaboração de planos de auditoria, em que contidos elementos de planejamento para as atividades de controle por serem desenvolvidas em período determinado, o que não impede a realização de auditorias extraordinárias, sempre que constatada a necessidade.

Da terceira linha de defesa deflui relação biunívoca entre as unidades de controle interno e os órgãos de controle externo, máxime quanto ao que dispõe o art. 74, IV, § 1º, da Constituição Federal.

Os órgãos de contas – na União, o TCU – não ostentam atribuição jurisdicional, posto que seus processos têm natureza administrativa. É inegável, porém, que na seara administrativa suas decisões são definitivas, delas resultando, inclusive, eficácia de título executivo, por força do art. 71, § 3º, da Constituição da

---

[96] ANDERSON, Douglas, J.; EUBANKS, Gina. *Leveraging Coso across the three lines of defense*. COSO, 2015.

República: "As decisões do Tribunal de que resulte imputação de débito ou multa terão eficácia de título executivo".

Da competência conferida à Corte de Contas para a imposição de sanções aos administradores ou responsáveis pelos atos ou negócios públicos decorre importante aspecto preventivo, haja vista a expectativa de controle, bem como a atuação repressiva no combate à fraude e outros meios de ofensa à lei ou lesão ao erário.

Desse pressuposto de responsabilidade que pesa sobre os administradores públicos deflui uma relação biunívoca entre as unidades de controle interno e os órgãos de controle externo, máxime quanto ao que dispõe o art. 74, IV, § 1º, da Constituição Federal:

> Art. 74. Os Poderes Legislativo, Executivo e Judiciário manterão, de forma integrada, sistema de controle interno com a finalidade de:
> (...)
> IV - apoiar o controle externo no exercício de sua missão institucional.
> § 1º - Os responsáveis pelo controle interno, ao tomarem conhecimento de qualquer irregularidade ou ilegalidade, dela darão ciência ao Tribunal de Contas da União, sob pena de responsabilidade solidária.

É incisivo o Texto Supremo quando impõe aos agentes de controle interno responsabilidade solidária por omissão diante de irregularidades ou ilegalidades praticadas pela Administração. Não existe vínculo hierárquico entre o controle interno e o tribunal de contas, e entendimento contrário importaria em violação ao princípio da separação de poderes. Entretanto, a opção do constituinte delineou-se a fim de construir uma estrutura de controle transcendente aos limites de cada Poder.

Por isso, a unidade de controle interno deve atuar operacionalmente como uma *longa manus* da corte de contas, porque apoiar o controle externo no exercício de sua missão institucional é um mister que não se limita a abrir as portas aos auditores, mas adotar na rotina da Administração a conduta proativa de fazer cumprir a lei.

28.19.15. Responsabilidades

Em relação à Lei n. 8.666/93, a Lei n. 14.133/2021 possui rol detalhado de infrações administrativas e critérios de dosimetria da pena, abordando-se preceitos do marco jurídico anticorrupção.

O aperfeiçoamento das normas de responsabilidade é matéria de significativa importância para a integridade da atuação administrativa dedicada às lici-

740 CURSO DE DIREITO ADMINISTRATIVO

tações e contratos, considerados os elevados dispêndios de recursos públicos atinentes às contratações, das diversas esferas federativas e poderes da República.

28.19.15.1. Sanções

A Lei n. 14.133/2021 preserva as espécies de pena previstas na Lei n. 8.666/93: advertência; multa; impedimento de licitar e contratar; declaração de inidoneidade para licitar ou contratar.

O art. 156, §1º, da Lei n. 14.133/2021, enumera critérios de dosimetria da pena, conferindo-se especial destaque à implantação ou aperfeiçoamento de **programa de integridade**, que é considerado na aplicação da sanção.

Se a sanção resultar da infração de apresentação falsa de declaração ou documento exigido para o certame ou durante a execução do contrato, ou ato lesivo à Administração Pública previsto no art. 5º da Lei Anticorrupção, a implantação de programa de integridade é condição de reabilitação do licitante. Tais dispositivos traduzem significativo *enforcement* para a implantação de programa de integridade pelas empresas comumente contratadas pelo Poder Público.

O art. 156, §3º, da Lei n. 14.133/2021, estabelece limites mínimo e máximo do valor de multa (entre 0,5 e 30% do valor do contrato). A regra evitará multas contratuais confiscatórias, que extrapolem os limites da proporcionalidade. Caberá ao órgão estabelecer o adequado percentual de multa conforme a relevância do objeto. Considere-se, por exemplo, a aquisição de materiais para uso nas eleições, em contratação promovida pela Justiça Eleitoral, cujo inadimplemento poderia prejudicar a realização do pleito. Para contratos dessa natureza, justifica-se a imposição de percentual de multa em valor elevado, como mecanismo de desestímulo ao inadimplemento.

A penalidade de multa restringe-se à hipótese de inexecução parcial do contrato, quando não ensejar penalidade mais grave. O atraso injustificado na execução do contrato ensejará multa de mora, aplicada pelo gestor do contrato, o que não impedirá que a Administração a converta em multa compensatória, promovendo-se a extinção do contrato e outras penalidades cabíveis.

A inexecução total do contrato, por sua vez, invariavelmente causará o impedimento de licitar e contratar, por até três anos. A conduta de deixar de entregar documentação exigida para o certame ensejará ao licitante a mesma pena, porém com prazo entre três e seis anos.

As sanções de impedimento de licitar e contratar ou declaração de inidoneidade para licitar ou contratar requerem o processamento por comissão composta por ao menos dois servidores estáveis, assinalando-se ao licitante o prazo de quinze dias úteis, dede a intimação, para apresentar defesa escrita.

28.19.15.2. Acordo de leniência

Os atos tipificados como infrações administrativas na Lei n. 14.133/2021 ou em outras leis de licitações e contratos da Administração Pública, que também sejam tipificados como atos lesivos pela Lei Anticorrupção, serão apurados e julgados conjuntamente, nos mesmos autos, na forma desta lei, admitindo-se a celebração de acordo de leniência, que suspenderá a prescrição.

O acordo de leniência, inspirado no dilema do prisioneiro, é instituto que promove significativa efetividade à apuração de condutas infracionais pratica-das contra a Administração, sobretudo em contratos de elevada monta, em setores estratégicos como tecnologia e infraestrutura, em que a articulação entre os agentes econômicos, para fins ilícitos, é de difícil apuração pela Administração Pública.

Conforme o art. 16 da Lei n. 12.846/2013, a autoridade máxima de cada órgão ou entidade pública poderá celebrar acordo de leniência com as pessoas jurídicas responsáveis pela prática dos atos previstos nessa Lei que colaborem efetivamente com as investigações e o processo administrativo, sendo que dessa colaboração resulte: (i) a identificação dos demais envolvidos na infração, quan-do couber; e (ii) a obtenção célere de informações e documentos que comprovem o ilícito sob apuração.

No âmbito do Poder Executivo Federal, a Controladoria-Geral da União é o órgão competente para celebrar os acordos de leniência, bem como no caso de atos lesivos praticados contra a administração pública estrangeira.

28.19.15.3. Desconsideração da personalidade jurídica

Consoante a regra do art. 160 da Lei n. 14.133/2021, o abuso do direito para facilitar, encobrir ou dissimular a prática dos atos ilícitos previstos na lei ou para provocar confusão patrimonial poderá ensejar a desconsideração da personali-dade jurídica.

Nessa hipótese, os efeitos das sanções cominadas à pessoa jurídica al-cançarão seus administradores e sócios com poderes de administração, à pessoa jurídica sucessora ou à empresa do mesmo ramo com relação de coli-gação ou controle, de fato ou de direito, com o sancionado, respeitado o devido processo legal.

28.19.16. Crimes

A Lei n. 14.133/2021 mantém as seguintes figuras delitivas previstas na Lei n. 8.666/93, promovendo-se o aperfeiçoamento textual das elementares dos tipos:

(i) contratação direta ilegal;
(ii) frustração do caráter competitivo de licitação;
(iii) patrocínio de contratação indevida;
(iv) modificação ou pagamento irregular em contrato administrativo;
(v) perturbação de processo licitatório;
(vi) violação de sigilo em licitação;
(vii) afastamento de licitante;
(viii) fraude em licitação ou contrato;
(ix) contratação inidônea e;
(x) impedimento indevido.

Em relação ao regime anterior, tem-se como sensível distinção a majoração das penas: a Lei n. 8.666/93 comina a pena de detenção – cujo prazo mínimo varia, conforme o tipo penal, entre seis meses e três anos, e prazo máximo entre dois e seis anos – e multa a todos os crimes positivados na lei.

A Lei n. 14.133/2021 inclui o Capítulo II-B no texto do Código Penal, em que rege os crimes em licitações e contratos administrativos. Dessarte, a matéria penal de licitações e contratos, desde 1º de abril de 2021, data de publicação da Lei n. 14.133/2021, consta do Código Penal.

Merece ênfase a imediata revogação da matéria penal constante da Lei n. 8.666/93, de modo que, qualquer que seja o regime jurídico – Lei n. 8.666/93, Lei n. 10.520/2002, Lei n. 12.462/2011 ou Lei n. 14.133/2021 –, os crimes em licitações e contratos administrativos regem-se unicamente pelo Código Penal.

A Lei n. 14.133/2021 comina a pena de reclusão a quase todos os crimes previstos na lei, cujo prazo mínimo varia, conforme o tipo penal, entre seis meses e quatro anos, e prazo máximo entre três e oito anos. Admite-se a pena de detenção apenas para os crimes de perturbação de processo licitatório (detenção de seis meses a três anos e multa) e violação de sigilo em licitação (detenção de dois a três anos e multa). Em todos os casos, a pena de multa não será inferior a dois por cento do valor do contrato.

Conforme o art. 33 do Código Penal, a pena de reclusão deve ser cumprida em regime fechado, semiaberto ou aberto e a pena de detenção em regime semiaberto, ou aberto, salvo necessidade de transferência a regime fechado.

O art. 337-O da Lei n. 14.133/2021 dispõe sobre tipo penal não regido pela legislação anterior: omissão grave de dado ou de informação por projetista. Incide em casos nos quais o licitante pratique omissão, modificação ou entrega de levantamento cadastral ou condição de contorno dissonante da realidade, frustrando-se o caráter competitivo, em contratação para a elaboração de projeto básico, projeto executivo ou anteprojeto, em diálogo competitivo ou em procedimento de manifestação de interesse. Do tipo penal em comento, depreende-se sua aplicabilidade aos casos de obras de infraestrutura, em que o cadastro e as condições de contorno constituem elementos essenciais para a precificação do projeto ou obra e definição das soluções adequadas.

29
CONTRATO ADMINISTRATIVO

29.1. CONTRATOS PRIVADOS DA ADMINISTRAÇÃO PÚBLICA E CONTRATOS ADMINISTRATIVOS

A Administração Pública, para a execução de suas finalidades, necessita de bens e serviços; precisa também, em certos casos previstos no ordenamento nacional, atribuir algum direito seu ao particular.

O Estado pode atuar de duas formas distintas:

a) exercendo *sponte sua* a atividade que necessita ou fabricando o bem que deseja; ou
b) utilizando-se do administrado para tal.

Quando opta pelo fornecimento do bem ou do serviço por terceiros, deve valer-se do instrumento idôneo à avença: o contrato.

O **contrato é instituto eminentemente de direito privado**, consequentemente sua utilização no Direito Público enseja diversas adaptações, inclusive no que toca aos seus elementos essenciais.

César Fiúza[1] afirma, sob a ótica de Direito Privado, que o contrato é negócio jurídico bilateral ou plurilateral que cria, extingue, modifica ou transforma re-

---
[1] FIÚZA, César. *Contratos*. Belo Horizonte: Del Rey, 2010.

lações convencionais dinâmicas, de caráter patrimonial, entre pelo menos duas pessoas que, em regime de cooperação, visam atender aos desejos ou às necessidades individuais ou coletivas.

A essência do contrato na esfera do Direito Privado é brilhantemente demonstrada por Otavio Luiz Rodrigues Júnior[2], ao afirmar que o instrumento por excelência de realização da autonomia da vontade é o contrato, havendo liberdade de escolha, pois o homem nasce livre para contratar ou não, mas, uma vez constituído o vínculo, dele não se pode desobrigar.

José Manuel Sérvulo Correia[3] ilustra que a noção básica de contrato jamais deve ser esquecida, sob pena de confusão entre contrato administrativo e ato administrativo, considerando que, de acordo com a tradição do pensamento administrativista português, a noção básica de contrato é a mesma para todos os ramos de Direito. Portanto, o contrato é acordo vinculativo por força da lei, assente sobre duas ou mais declarações de vontade, contrapostas, mas perfeitamente harmonizáveis entre si, que vise a criar, modificar ou extinguir relações jurídicas.

Para Hely Lopes Meirelles, o contrato é todo acordo de vontades, firmado livremente pelas partes para criar obrigações e direitos recíprocos, sendo que, em princípio, todo contrato é negócio jurídico bilateral e comutativo. O mestre paulista afirma:

> Embora típica do Direito Privado, a instituição do contrato é utilizada pela Administração Pública na sua pureza originária (contratos privados realizados pela Administração) ou com as adaptações necessárias aos negócios públicos (contratos administrativos propriamente ditos). Daí por que a teoria geral do contrato é a mesma tanto para os contratos privados como para os contratos públicos, de que são espécies os contratos administrativos e os acordos internacionais. Todavia, os contratos públicos são regidos por normas e princípios próprios do Direito Público, atuando o Direito Privado apenas supletivamente, jamais substituindo ou derrogando as regras privativas da Administração[4].

Léon Duguit[5] afirmava que não existia diferença entre contrato de Direito Público e contrato de Direito Privado, uma vez que a noção de contrato independe das especificidades das suas cláusulas ou das prescrições legais, havendo

---

[2] RODRIGUES JÚNIOR, Otavio Luiz. *Revisão judicial dos contratos*: autonomia da vontade e teoria da imprevisão. 2. ed. São Paulo: Atlas, 2006.

[3] CORREIA, José Manuel Sérvulo. *Legalidade e autonomia contratual nos contratos administrativos*. Coimbra: Almedina, 1987.

[4] MEIRELLES, Hely Lopes; BURLE FILHO, José Emannuel. *Direito administrativo brasileiro*. 42. ed. São Paulo: Malheiros, 2016. p. 238-239.

[5] DUGUIT, Léon. *Manuel de droit constitutionnel*. Paris: Fontemoing et Cie., 1927.

746 CURSO DE DIREITO ADMINISTRATIVO

apenas a distinção entre contrato e ato administrativo. A sua corrente doutrinária não é a adotada pela maioria dos autores.

Segundo Celso Antônio Bandeira de Mello[6], nem todas as relações travadas entre Administração e terceiros resultam de atos unilaterais. Muitas delas procedem de acordos de vontade entre o Poder Público e terceiros que são denominados "contratos".

André de Laubadère[7] afirmava, com razão, que, apesar de a noção de contrato ser única, a existência de regime jurídico visivelmente diferenciado, inclusive com a clara desigualdade de poderes entre os contratantes, justifica a qualificação "contrato administrativo".

Assim, resta claro que o conceito de contrato foi extraído do Direito Civil e adaptado à sua espécie que mais interessa nesta obra: o contrato administrativo.

CONTRATOS CELEBRADOS PELA ADMINISTRAÇÃO	CONTRATOS PRIVADOS DA ADMINISTRAÇÃO
	CONTRATOS ADMINISTRATIVOS

Os contratos firmados ou celebrados pela Administração Pública podem ser:

a) Contratos privados da Administração Pública, que são regidos essencialmente pelas normas de Direito Privado; e

b) Contratos Administrativos, que são regidos essencialmente pelas normas de Direito Público.

29.1.1. CONTRATOS PRIVADOS DA ADMINISTRAÇÃO PÚBLICA

Os contratos privados celebrados pela Administração Pública apresentam grandes diferenças em relação aos contratos administrativos.

Marienhoff[8] mostra que, na Argentina, existe também a diferença entre contratos privados firmados pela Administração e contratos administrativos propriamente ditos. O autor informa que no país vizinho a Administração pode

---

[6] MELLO, Celso Antônio Bandeira de. *Curso de direito administrativo.* 35. ed. São Paulo: Malheiros, 2021.

[7] LAUBADÈRE, André de. *Traité élémentaire de droit administratif.* Paris: LGDJ, 1963. *Vide* também do mesmo autor: *Traité théorique et pratique des contrats administratifs.* Paris: LGDJ, 1956, tome premier, n. 1 a 422.

[8] MARIENHOFF, Miguel S. *Tratado de derecho administrativo.* 3. ed. atual. Buenos Aires: Abeledo-Perrot, 1980.

celebrar dois tipos de contratos: 'administrativos', propriamente ditos, e de 'direito comum' (civil ou comercial). Ambas as categorias integram o gênero 'contratos da Administração Pública'. Nesta ordem de ideias, ocorre com os 'contratos' da Administração o mesmo que com os seus 'atos', que podem ser 'administrativos', propriamente ditos, ou de 'direito comum' (civil ou comercial).

No **contrato privado realizado pela Administração**, não será encontrada qualquer diferença externa em relação aos contratos sob o regime de Direito Privado. O Poder Público ajustará desprovido dos seus poderes exorbitantes decorrentes do regime jurídico-administrativo.

No entanto, o procedimento interno de declaração de vontade observará as normas de Direito Público, não restando dúvida de que a escolha do contratado deve ser devidamente fundamentada, a fim de ilustrar que algum procedimento objetivo foi adotado para preservar o princípio constitucional da impessoalidade.

A locação de imóvel para atender às necessidades de instalação da Administração Pública é exemplo de contrato privado do Estado, mas a escolha do imóvel deverá observar critérios objetivos, inclusive avaliação prévia[9], e deverá ser devidamente fundamentada.

Agustín Gordillo[10] lista alguns exemplos de contratos privados da Administração. Eis as suas palavras: "Mais próximo do direito privado encontramos o contrato de compra e venda de imóveis, o de locação e em seguida os demais contratos: cessão, permuta, doação, empréstimo etc. que, é bom repetir, não se mantêm sempre com os seus típicos caracteres civilistas".

Nesse diapasão, podem ser dados como exemplo de contratos privados da Administração Pública os de compra e venda de imóveis pertencentes a particulares, os de locação de imóveis de particular, os de empréstimos internos ou externos etc. Ressalte-se que esses contratos, mesmo firmados sob regime jurídico de Direito Privado, podem conter cláusulas protetoras do interesse público[11].

---

[9]   "Art. 24. É dispensável a licitação:

   (...)

   X – para a compra ou locação de imóvel destinado ao atendimento das finalidades precípuas da administração, cujas necessidades de instalação e localização condicionem a sua escolha, desde que o preço seja compatível com o valor de mercado, segundo avaliação prévia" (Lei n. 8.666/93).

[10]   GORDILLO, Agustín. *Tratado de derecho administrativo*: parte general. 7. ed. Belo Horizonte: Del Rey e Fundación de Derecho Administrativo, 2003, t. I. p. XI-43, tradução nossa.

[11]   Jessé Torres Pereira Júnior destaca: "Ao comentar a ementa da Lei n. 8.666/93, anotei que esta não trata somente dos contratos administrativos, como pode fazer crer, à primeira vista, a dicção de seu art. 1º. Cuida de todos os contratos celebráveis pela Administração

29.1.2. Contrato administrativo

29.1.2.1. Conceito

O contrato administrativo é o "ajuste que a Administração Pública direta ou indireta, agindo nessa qualidade, firma com o particular ou outra entidade administrativa para a consecução de objetivos de interesse público, nas condições estabelecidas pela própria Administração"[12]. Segundo Celso Antônio Bandeira de Mello[13], o contrato administrativo é um "tipo de avença travada entre a Administração e terceiros na qual, por força de lei, de cláusulas pactuadas ou do tipo de objeto, a permanência do vínculo e as condições preestabelecidas sujeitam-se a cambiáveis imposições de interesse público, ressalvados os interesses patrimoniais do contratante privado".

Marienhoff[14] define contrato administrativo da seguinte forma: "Na questão em tela, o contrato administrativo pode ser definido nos seguintes termos: é o acordo de vontades, gerador de obrigações, celebrado entre um órgão do Estado, no exercício das funções administrativas que lhe competem, com outro órgão administrativo ou com um particular ou administrado, para satisfazer finalidades públicas".

Apesar da finalidade do **contrato administrativo** ser a satisfação do *interesse público*, não há qualquer menosprezo ao *interesse particular de lucrar* com a avença. Ao contrário, o particular não deve ser compelido a prestar o seu serviço, explorar bem do Estado ou fornecer produto sem que a finalidade de obtenção de lucro da sua atividade seja preservada, sob pena de estar configurada expropriação ilegal.

Pública, o que equivale a dizer que reconhece a existência de um gênero (os contratos públicos), que se subdivide em duas espécies: a dos contratos administrativos, mencionados nos arts. 1º a 54; e a dos contratos cujo conteúdo seja regido, predominantemente, por norma de direito privado, tal como apontado no art. 62, §3º, e que nem por isso escapam da incidência de regime obrigacional publicizado, já que a eles estendem-se certos preceitos típicos dos contratos administrativos (arts. 55 e 58 a 61)". PEREIRA JÚNIOR, Jessé Torres. *Comentários à lei das licitações e contratações da administração pública. 7.* ed. Rio de Janeiro: Renovar, 2007.

[12] MEIRELLES, Hely Lopes; BURLE FILHO, José Emannuel. *Direito administrativo brasileiro.* 42. ed. São Paulo: Malheiros, 2016. p. 239.

[13] MELLO, Celso Antônio Bandeira de. *Curso de direito administrativo.* 35. ed. São Paulo: Malheiros, 2021. p. 577.

[14] MARIENHOFF, Miguel S. *Tratado de derecho administrativo.* 3. ed. atual. Buenos Aires: Abeledo-Perrot, 1980.

Os interesses no contrato administrativo devem ser harmônicos, há cooperação para o objetivo final, não se trata de relação essencialmente conflituosa. A avença deve ser comutativa e sinalagmática. Caso contrário, estar-se-ia diante de intervenção do Estado no domínio econômico, o que, definitivamente, não é a finalidade da licitação nem do contrato administrativo.

A definição de contrato administrativo é ofertada pela doutrina e pela lei, pois há conceito jurídico-formal estabelecido. Eis o texto do parágrafo único do art. 2º da Lei n. 8.666/93: "Para os fins desta Lei, considera-se contrato todo e qualquer ajuste entre órgãos ou entidades da Administração Pública e particulares, em que haja um acordo de vontades para a formação de vínculo e a estipulação de obrigações recíprocas, seja qual for a denominação utilizada".

O *caput* do art. 54 da Lei n. 8.666/93 afirma que os contratos administrativos regulam-se pelas suas cláusulas e preceitos de direito público, aplicando--se-lhes, supletivamente, os princípios da teoria geral dos contratos e as disposições de Direito Privado.

Resta evidente que a lei buscou estabelecer diálogo entre o Direito Público e o Direito Privado, a fim de assegurar a coerência e a completude do sistema jurídico[15]. Realmente, as normas jurídicas de Direito Público não preveem todos os fatos e implicações oriundos da celebração e execução de um contrato administrativo, devendo ser observado, supletivamente, o Direito Privado.

O contrato administrativo pode ser conceituado como a avença ou ajuste celebrado entre a Administração Pública – sob um regime jurídico diferenciado de direito público que lhe outorga certas prerrogativas normativamente estabelecidas – e o particular ou outras entidades da própria Administração Pública para a consecução de objeto relacionado ao interesse público.

Há, além dos **contratos administrativos comuns**, os **contratos tipicamente administrativos**, avenças que não encontram similitude com qualquer dos contratos vistos no Direito Privado, por exemplo, o **contrato de concessão de serviço público**.

Podem ser listados como exemplos de contratos administrativos os seguintes:

a)	contrato de execução de obra;

b)	contrato de prestação de serviço;

c)	contrato de fornecimento de bens;

d)	contrato de concessão de serviço público;

e)	contrato de permissão de serviço público;

15	BOBBIO, Norberto. *O positivismo jurídico*: lições de filosofia do direito. São Paulo: Ícone, 2006.

f) contrato de concessão de uso de bem público; e

g) contrato de gestão.

Em relação ao contrato de gestão, não é pacífica a sua classificação como contrato administrativo.

Por fim, a maioria dos autores classifica os contratos administrativos em duas modalidades: **colaboração** e **atribuição**. O primeiro representa a conjugação das forças da Administração Pública e do particular para atender às necessidades daquela; o segundo atribui determinado direito da Administração Pública ao particular, em regra, para atender às necessidades deste último.

29.1.2.2. Competência legislativa

A competência para legislar sobre contratos administrativos é a mesma para legislar sobre licitação. O inciso XXVII do art. 22 da CF/88 estabelece que:

> Art. 22. Compete privativamente à União legislar sobre:
> (...)
> XXVII – normas gerais de licitação e **contratação**, em todas as modalidades, para as administrações públicas diretas, autárquicas e fundacionais da União, Estados, Distrito Federal e Municípios, obedecido o disposto no art. 37, XXI, e para as empresas públicas e sociedades de economia mista, nos termos do art. 173, §1º, III.

A União terá competência para editar normas gerais e cada ente da federação, Estados, Distrito Federal e Municípios, terá competência para editar normas específicas. Caso não haja norma específica de determinado ente da federação, o seu Poder Legislativo terá a faculdade de editar lei autorizando a utilização das normas sobre contratos administrativos de outro ente da federação que as tenha.

29.1.2.3. Características

Afirma Hely Lopes Meirelles[16] que: "O contrato administrativo é sempre consensual e, em regra, formal, oneroso, comutativo e realizado *intuitu personae*. É consensual porque consubstancia um acordo de vontades, e não um ato unilateral e impositivo da Administração; é formal porque se expressa por escrito e com requisitos especiais; é oneroso porque remunerado na forma convencionada; é comutativo porque estabelece compensações recíprocas e equivalentes para as partes; é *intuitu personae* porque deve ser executado pelo próprio contratado, vedadas, em princípio, a sua substituição por outrem ou a transferência do ajuste".

---

[16] MEIRELLES, Hely Lopes; BURLE FILHO, José Emannuel. *Direito administrativo brasileiro*. 42. ed. São Paulo: Malheiros, 2016. p. 240.

Assim, pode ser dito que o contrato administrativo tem as seguintes características:

a) **consensual**: o simples acordo de vontade mediante manifestação conforme as formas previstas no ordenamento jurídico é suficiente para a sua celebração, não dependendo a sua perfeição de outros atos;

b) **comutativo**: gera direito e obrigações para ambas as partes, havendo relativa equivalência entre as prestações anteriormente conhecidas, certas e determinadas;

c) **de adesão**: em virtude do regime jurídico diferenciado ao qual está submetido o contrato administrativo por imposição legal, não há possibilidade de negociar as suas cláusulas, podendo o particular aderir ou não, contudo, sem que haja margem de negociação. O particular, normalmente, não faz parte da sua elaboração, posto que muitas vezes o contrato administrativo a ser firmado já é parte integrante do instrumento convocatório;

d) **formal**: os contratos administrativos obedecem a formas legalmente estabelecidas, precisando observar certos requisitos e elementos indispensáveis. Isso não impede a existência de contratos administrativos verbais, conforme o parágrafo único do art. 60 da Lei n. 8.666/93, cujo valor não ultrapasse (**com a atualização de valor dada pelo Decreto n. 9.412/18**) R$ 8.800,00 (oito mil e oitocentos reais);

e) **oneroso**: há normalmente um objeto economicamente quantificável, ainda que, em alguns casos, os valores sejam muito reduzidos;

f) **sinalagmático**: por existir reciprocidade nas obrigações estipuladas;

g) **personalíssimo**: os contratos administrativos são firmados especificamente com o particular escolhido pela Administração Pública através de procedimento licitatório ou de procedimento de contratação direta. Assim, a sua natureza é *intuito personae*, admitindo-se a subcontratação em casos restritos e legalmente permitidos.

	CONSENSUAL
	COMUTATIVO
	DE ADESÃO
CARACTERÍSTICAS	FORMAL
	ONEROSO
	SINALAGMÁTICO
	PERSONALÍSSIMO

29.1.2.4. Cláusulas exorbitantes (Lei n. 8.666/93)

De nada adianta discorrer vagamente sobre o regime jurídico-administrativo sem ilustrar exatamente qual o seu traço especial, o que diferencia o contrato administrativo do contrato privado comum ou do contrato privado celebrado pela Administração Pública.

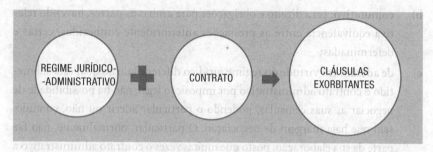

A atribuição de potestades à Administração Pública nos contratos administrativos é feita pela lei ao determinar, independentemente da vontade do contratado, a existência de cláusulas exorbitantes que poderiam até ser toleradas no regime de Direito Privado desde que pactuadas livremente.

Pontue-se que as cláusulas exorbitantes do contrato administrativo não são encontradas apenas na Lei n. 8.666/93, podem ser encontradas também, por exemplo, na Lei n. 8.987/95, que trata da concessão e da permissão de serviços públicos.

As cláusulas exorbitantes, apesar da denominação, são poderes-deveres de natureza legal e não apenas contratual, pois são listadas pela lei, representando, na essência, imperativos verdadeiramente estatutários que colocam a Administração Pública em posição de supremacia em relação ao contratado nos contratos administrativos.

Assim, ainda que não estejam mencionadas nos contratos administrativos, apesar da necessidade de menção, as cláusulas exorbitantes poderão ser usadas em seu favor pela Administração Pública.

As cláusulas exorbitantes características dos contratos administrativos têm origem no Direito francês, como lembra Carla Amado Gomes[17]:

A teoria dos "poderes exorbitantes" tem a sua raiz no *Arrêt Societé des granits porphyroides des Vosges*, prolatado pelo Conselho de Estado francês no ano de 1912 (embora a expressão só bem mais tarde – em 1973 – tenha sido utilizada pelo

---

[17] GOMES, Carla Amado. A conformação da relação contratual no código dos contratos públicos. In: *Estudos de contratação pública I*. Coimbra: Coimbra Editora, 2008. p. 523.

mesmo Tribunal, no *Arrêt Société d'exploitation électrique de la rivière du Sant*, vulgarizando-se desde então). Curiosamente, o Conselho de Estado não se ocupou do caso, declarando-se incompetente, na medida em que o contrato (de fornecimento de pavimento à cidade de Lille) não conteria qualquer indício de "administratividade". É nas Conclusões do Comissário de Governo que desponta a teoria dos poderes exorbitantes: com efeito, se, ao contrário do que concretamente se verificava, o contrato contivesse cláusulas atributivas de prerrogativas especiais à Administração, que ela não pudesse exercer senão enquanto investida no seu estatuto de poder público, então aí a competência do Conselho de Estado revelar-se-ia inequívoca porque inequívoca seria a natureza administrativa do contrato.

Segundo Agustín Gordillo[18], no ordenamento argentino, o contrato pode ser qualificado como administrativo por qualquer uma das seguintes razões:

a) determinação legal;
b) vontade das partes; e
c) razões de interesse público dos usuários afetados.

No ordenamento jurídico brasileiro, as vontades das partes envolvidas não são suficientes para qualificar o contrato como administrativo, pois o contrato é administrativo não em virtude da vontade do gestor público, mas em virtude da **vontade expressa na lei**.

Celso Antônio Bandeira de Mello[19] afirma, afastando a vagueza da expressão "regime jurídico-administrativo", que:

> Em decorrência dos poderes que lhe assistem, a Administração fica autorizada – respeitado o objeto do contrato – a determinar modificações nas prestações devidas pelo contratante em função das necessidades públicas, a acompanhar e fiscalizar continuamente a execução dele, a impor as sanções estipuladas quando faltas do obrigado as ensejarem e a rescindir o contrato *sponte propria* se o interesse público o demandar.

Apesar de todas as mitigações ao regime de Direito Privado, o contrato administrativo tem uma vantagem para o contratado inexistente naquele regime: a manutenção do equilíbrio econômico-financeiro inicial, garantida pelo inciso

---

[18] GORDILLO, Agustín. *Tratado de derecho administrativo*: parte general. 7. ed. Belo Horizonte: Del Rey e Fundación de Derecho Administrativo, 2003, t. I. "El contrato también puede ser administrativo por determinación expresa o implícita de las partes, aun en ausencia de un texto legal expreso que lo califique de administrativo." p. XI-15.

[19] MELLO, Celso Antônio Bandeira de. *Curso de direito administrativo*. 35. ed. São Paulo: Malheiros, 2021. p. 578.

XXI do art. 37 da CF/88, que impede o enriquecimento sem causa da Administração Pública[20].

Rafael Bielsa[21] mostra que as normas impeditivas do enriquecimento sem causa da Administração Pública, por serem universais e aplicáveis a qualquer ramo do Direito, podem ser extraídas do Direito Civil, ao afirmar que no enriquecimento sem causa se aplica a regra segundo a qual a *actio in rem* verso autoriza a exigir a soma equivalente àquela em que tenham enriquecido os beneficiários da ação que lhe foi útil.

Cláusulas exorbitantes podem ser vistas nos incisos do art. 58 da Lei n. 8.666/93:

Art. 58. O regime jurídico dos contratos administrativos instituído por esta Lei confere à Administração, em relação a eles, a prerrogativa de:

I – modificá-los, unilateralmente, para melhor adequação às finalidades de interesse público, respeitados os direitos do contratado;

II – rescindi-los, unilateralmente, nos casos especificados no inciso I do art. 79 desta Lei;

III – fiscalizar-lhes a execução;

IV – aplicar sanções motivadas pela inexecução total ou parcial do ajuste;

V – nos casos de serviços essenciais, ocupar provisoriamente bens móveis, imóveis, pessoal e serviços vinculados ao objeto do contrato, na hipótese da necessidade de acautelar apuração administrativa de faltas contratuais pelo contratado, bem como na hipótese de rescisão do contrato administrativo.

As **cláusulas exorbitantes** podem consignar as mais diversas prerrogativas, no interesse do serviço público, tais como:

a ocupação do domínio público, o poder expropriatório e a atribuição de arrecadar tributos, concedidos ao particular para a cabal execução do contrato. Todavia, as principais são as que se exteriorizam na *possibilidade de alteração*

---

[20] A propósito, deve ser citado trecho do laborioso artigo de José Alfredo de Oliveira Baracho, intitulado "O enriquecimento injusto como princípio geral do Direito Administrativo" (publicado na *RT* 755/11): "A aplicação do enriquecimento injusto, no âmbito das relações administrativas, começou pelo reconhecimento de ações que visavam a conter abusos da administração pública. Como pressupostos do enriquecimento injusto, podemos entender que: configura-se o enriquecimento quando surge uma vantagem patrimonial, que pode levar ao aumento do patrimônio (*lucrum emergens*), ao lado da diminuição do patrimônio (*damnum cessans*); ocorre o empobrecimento, representado por um dano, que se constitui em um *damnum emergens* e um *lucrum cessans*, de onde decorre o enriquecimento, sem causa justificadora do mesmo; inexiste preceito legal que exclua a aplicação do enriquecimento sem causa".

[21] BIELSA, Rafael. *Derecho administrativo*. 6. ed. Buenos Aires: 1964, t. II.

e rescisão unilateral do contrato; no *equilíbrio econômico e financeiro;* na *revisão de preços e tarifas;* na *inoponibilidade da exceção de contrato não cumprido;* no *controle do contrato,* na *ocupação provisória* e na *aplicação de penalidades contratuais* pela Administração[22].

O poder-dever de fiscalizar, apesar de previsto no rol das cláusulas exorbitantes, é visto em todos os contratos, inclusive nos firmados sob o regime de Direito Privado, pois nada mais óbvio que o direito de a parte credora fiscalizar a execução da prestação que lhe é devida.

Por fim, a possibilidade de exigir garantia também pode ser vista nos contratos de Direito Privado sem que sejam erigidos a contatos administrativos. Ressalte-se, entretanto, que alguns autores entendem ser cláusulas exorbitantes o poder-dever de fiscalizar e a faculdade de pedir garantia.

29.1.2.5. Cláusulas obrigatórias (Lei n. 8.666/93)

Quanto ao conteúdo, tem-se que os contratos administrativos, **diferentemente da maioria dos contratos privados**, devem conter as cláusulas obrigatórias, pautadas na supremacia de poder, estabelecidas no art. 55 da Lei de Licitação e Contratos Administrativos:

I – o objeto e seus elementos característicos;

II – o regime de execução ou a forma de fornecimento;

III – o preço e as condições de pagamento, os critérios, data-base e periodicidade do reajustamento de preços, os critérios de atualização monetária entre a data do adimplemento das obrigações e a do efetivo pagamento;

IV – os prazos de início de etapas de execução, de conclusão, de entrega, de observação e de recebimento definitivo, conforme o caso;

V – o crédito pelo qual correrá a despesa, com a indicação da classificação funcional programática e da categoria econômica;

VI – as garantias oferecidas para assegurar sua plena execução, quando exigidas;

VII – os direitos e as responsabilidades das partes, as penalidades cabíveis e os valores das multas;

VIII – os casos de rescisão;

IX – o reconhecimento dos direitos da Administração, em caso de rescisão administrativa prevista no art. 77 da citada Lei;

X – as condições de importação, a data e a taxa de câmbio para conversão, quando for o caso;

---

[22] MEIRELLES, Hely Lopes; BURLE FILHO, José Emannuel. *Direito administrativo brasileiro.* 42. ed. São Paulo: Malheiros, 2016. p. 242.

756 CURSO DE DIREITO ADMINISTRATIVO

XI – a vinculação ao edital de licitação ou ao termo que a dispensou ou a inexigiu, ao convite e à proposta do licitante vencedor;

XII – a legislação aplicável à execução do contrato e especialmente aos casos omissos; e

XIII – a obrigação do contratado de manter, durante toda a execução do contrato, em compatibilidade com as obrigações por ele assumidas, todas as condições de habilitação e qualificação exigidas na licitação.

Além disso, deverá constar obrigatoriamente cláusula que fixe como competente o foro da sede da Administração para dirimir qualquer litígio relativo ao contrato, salvo o disposto no §6º do art. 32 da Lei n. 8.666/93, no que concerne às licitações internacionais para a aquisição de bens e serviços cujo pagamento seja feito com o produto de financiamento concedido por organismo financeiro internacional de que o Brasil faça parte, ou por agência estrangeira de cooperação, aos casos de contratação com empresa estrangeira, para a compra de equipamentos fabricados e entregues no exterior, desde que para este caso tenha havido prévia autorização do Chefe do Poder Executivo, e aos casos de aquisição de bens e serviços realizada por unidades administrativas com sede no exterior. Todavia, não se aplica tal imposição de foro nas relações travadas sob o regime jurídico de Direito Privado pelo Poder Público.

29.1.2.6. Garantias (Lei n. 8.666/93)

Pode ser listada como cláusula facultativa prevista em lei, na forma do art. 56 da LLC, a **possibilidade** de a autoridade competente, desde que haja previsão no instrumento convocatório, exigir prestação de garantia na contratação de obras, serviços e compras. Não se confunde com a garantia das propostas nos procedimentos licitatórios.

A exigência de garantia pela Administração Pública é discricionária. Assim, para exigir ou dispensar garantia, será necessária motivação. Consoante o §1º do art. 56 da Lei n. 8.666/93, o contratado poderá optar entre três modalidades de garantia:

1 CAUÇÃO:
    1.1 em dinheiro; ou
    1.2 em títulos da dívida pública, devendo estes ser emitidos sob a forma escritural, mediante registro em sistema centralizado de liquidação e de custódia autorizado pelo Banco Central do Brasil e avaliados pelos seus valores econômicos, conforme definido pelo Ministério da Fazenda;

2 SEGURO-GARANTIA; ou

3 FIANÇA BANCÁRIA.

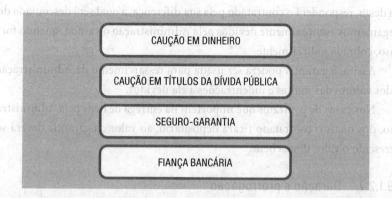

Apesar de possibilitar, no inciso VI do art. 55 e no art. 56, ambos da Lei n. 8.666/93, à Administração Pública a exigência de garantia, deixou-se para o contratado a escolha da modalidade.

A garantia não excederá a **5% (cinco por cento)** do **valor do contrato** e terá seu valor atualizado nas mesmas condições daquele, **salvo, como já foi mencionado, quando se tratar de obras, serviços e fornecimentos de grande vulto envolvendo alta complexidade técnica e riscos financeiros consideráveis, demonstrados através de parecer tecnicamente aprovado pela autoridade competente**, cujo limite de garantia poderá ser elevado para até **10% (dez por cento)** do **valor do contrato**.

GARANTIA	ORDINÁRIA	ATÉ 5%	OBRAS, SERVIÇOS E FORNECIMENTOS NORMAIS
	EXTRAORDINÁRIA	ATÉ 10%	OBRAS, SERVIÇOS E FORNECIMENTOS DE GRANDE VULTO ENVOLVENDO ALTA COMPLEXIDADE TÉCNICA E RISCOS FINANCEIROS CONSIDERÁVEIS

A garantia prestada pelo contratado será **liberada ou restituída** após a execução do contrato e, quando em dinheiro, atualizada monetariamente.

O **atraso injustificado na execução** do contrato sujeitará o contratado à multa de mora, na forma prevista no instrumento convocatório ou no contrato. A multa, aplicada após regular processo administrativo, será **descontada da garantia** do respectivo contratado.

Se a multa for de valor superior ao valor da garantia prestada, além da perda desta, responderá o contratado pela sua diferença, a qual será descontada dos pagamentos eventualmente devidos pela Administração ou ainda, quando for o caso, cobrada judicialmente.

Assim, a garantia poderá ser usada para ressarcimento da Administração, e dos valores das multas e indenizações a ela devidos.

Nos casos de contratos que importem na entrega de bens pela Administração, dos quais o contratado ficará depositário, ao valor da garantia deverá ser acrescido o valor desses bens.

29.1.2.7. Duração e prorrogação

A Lei n. 8.666/93, considerando o princípio da responsabilidade fiscal, impõe que a duração dos contratos regulados no seu texto deve ser limitada à vigência dos respectivos créditos orçamentários, exceto quanto:

a) aos projetos cujos produtos estejam contemplados nas metas estabelecidas no Plano Plurianual, os quais poderão ser prorrogados se houver interesse da Administração e desde que isso tenha sido previsto no ato convocatório;

b) à prestação de serviços a serem executados de forma contínua, que poderão ter a sua duração prorrogada por iguais e sucessivos períodos com vistas à obtenção de preços e condições mais vantajosas para a Administração, limitada a sessenta meses;

c) ao aluguel de equipamentos e à utilização de programas de informática, podendo a duração estender-se pelo prazo de até 48 (quarenta e oito) meses após o início da vigência do contrato; e

d) às hipóteses previstas nos incisos IX, XIX, XXVIII e XXXI do art. 24 da Lei em tela, cujos contratos poderão ter vigência por até *cento e vinte meses*, caso haja interesse da Administração.

Em caráter excepcional, devidamente justificado e mediante autorização da autoridade superior, o prazo de que trata o item "b" acima poderá ser prorrogado por até doze meses.

Os prazos de início de etapas de execução, de conclusão e de entrega admitem **prorrogação** – que representa uma alteração contratual – mantidas as demais cláusulas do contrato e assegurada a manutenção de seu **equilíbrio econômico-financeiro**, desde que ocorra algum dos seguintes motivos, devidamente autuados em processo:

a) alteração do projeto ou especificações, pela Administração;

b) superveniência de fato excepcional ou imprevisível, estranho à vontade das partes, que altere fundamentalmente as condições de execução do contrato;

c) interrupção da execução do contrato ou diminuição do ritmo de trabalho por ordem e no interesse da Administração;

d) aumento das quantidades inicialmente previstas no contrato, nos limites permitidos pela Lei n. 8.666/93;

e) impedimento de execução do contrato por fato ou ato de terceiro reconhe-cido pela Administração em documento contemporâneo à sua ocorrência; e

f) omissão ou atraso de providências a cargo da Administração, inclusive quanto aos pagamentos previstos de que resulte, diretamente, impedi-mento ou retardamento na execução do contrato, sem prejuízo das san-ções legais aplicáveis aos responsáveis.

Toda prorrogação de prazo deverá ser justificada por escrito e previamente autorizada pela autoridade competente para celebrar o contrato, sendo vedada a estipulação de prazo indeterminado de vigência.

29.1.2.8. Alteração contratual

Há, nos contratos administrativos, duas formas de alteração: a **bilateral**, ou consensual, e a **unilateral**, esta baseada nos poderes atribuídos à Administração Pública pelo regime jurídico-administrativo como contratante.

As alterações do contrato administrativo são apresentadas pelo art. 65 da Lei n. 8.666/93. Eis o seu texto:

> Art. 65. Os contratos regidos por esta Lei poderão ser alterados, com as devidas justificativas, nos seguintes casos:
>
> I – unilateralmente pela Administração:
>
> *a*) quando houver modificação do projeto ou das especificações, para me-lhor adequação técnica aos seus objetivos;
>
> *b*) quando necessária a modificação do valor contratual em decorrência de acréscimo ou diminuição quantitativa de seu objeto, nos limites permitidos por esta Lei.
>
> II – por acordo das partes:
>
> *a*) quando conveniente a substituição da garantia de execução;
>
> *b*) quando necessária a modificação do regime de execução da obra ou serviço, bem como do modo de fornecimento, em face de verificação téc-nica da inaplicabilidade dos termos contratuais originários;

CURSO DE DIREITO ADMINISTRATIVO

c) quando necessária a modificação da forma de pagamento, por imposição de circunstâncias supervenientes, mantido o valor inicial atualizado, vedada a antecipação do pagamento, com relação ao cronograma financeiro fixado, sem a correspondente contraprestação de fornecimento de bens ou execução de obra ou serviço;

d) para restabelecer a relação que as partes pactuaram inicialmente entre os encargos do contratado e a retribuição da administração para a justa remuneração da obra, serviço ou fornecimento, objetivando a manutenção do equilíbrio econômico-financeiro inicial do contrato, na hipótese de sobrevirem fatos imprevisíveis, ou previsíveis porém de consequências incalculáveis, retardadores ou impeditivos da execução do ajustado, ou, ainda, em caso de força maior, caso fortuito ou fato do príncipe, configurando álea econômica extraordinária e extracontratual. *(Redação dada pela Lei n. 8.883, de 1994).*

§1º O contratado fica obrigado a aceitar, nas mesmas condições contratuais, os acréscimos ou supressões que se fizerem nas obras, serviços ou compras, até 25% (vinte e cinco por cento) do valor inicial atualizado do contrato, e, no caso particular de reforma de edifício ou de equipamento, até o limite de 50% (cinquenta por cento) para os seus acréscimos.

§2º Nenhum acréscimo ou supressão poderá exceder os limites estabelecidos no parágrafo anterior, salvo: *(Redação dada pela Lei n. 9.648, de 1998).*

I – (VETADO) *(Incluído pela Lei n. 9.648, de 1998).*

II – as supressões resultantes de acordo celebrado entre os contratantes. *(Incluí-do pela Lei n. 9.648, de 1998).*

§3º Se no contrato não houver sido contemplados preços unitários para obras ou serviços, estes serão fixados mediante acordo entre as partes, respeitados os limites estabelecidos no §1º deste artigo.

§4º No caso de supressão de obras, bens ou serviços, se o contratado já houver adquirido os materiais e posto no local dos trabalhos, estes deverão ser pagos pela Administração pelos custos de aquisição regularmente comprovados e monetariamente corrigidos, podendo caber indenização por outros danos eventualmente decorrentes da supressão, desde que regularmente comprovados.

§5º Quaisquer tributos ou encargos legais criados, alterados ou extintos, bem como a superveniência de disposições legais, quando ocorridas após a data da apresentação da proposta, de comprovada repercussão nos preços contratados, implicarão a revisão destes para mais ou para menos, conforme o caso.

§6º Em havendo alteração unilateral do contrato que aumente os encargos do contratado, a Administração deverá restabelecer, por aditamento, o equilíbrio econômico-financeiro inicial.

§7º (VETADO)

§8º A variação do valor contratual para fazer face ao reajuste de preços previsto no próprio contrato, as atualizações, compensações ou penalizações financeiras decorrentes das condições de pagamento nele previstas, bem como o empenho de dotações orçamentárias suplementares até o limite do seu valor corrigido, não caracterizam alteração do mesmo, podendo ser registrados por simples apostila, dispensando a celebração de aditamento.

Em outros países, podem ser encontradas também essas duas formas de alteração, quais sejam: a unilateral e a bilateral. O art. 311 do Código de Contratos Públicos[23] de Portugal ilustra, segundo Carla Amado Gomes[24], o seguinte:

> Conforme dispõe o art. 311º, a modificação do contrato pode ocorrer por via negocial, por decisão judicial ou arbitral, ou por actuação do poder de modificação unilateral da Administração. Na verdade, a decisão judicial poderá resultar (entre outras): da impossibilidade de alcançar a modificação por via negocial; do desfecho de um processo de impugnação de um acto administrativo que determine a modificação unilateral por razões de interesse público (desfavorável ao cocontratante); da decisão favorável de um pedido apresentado pelo cocontratante, no sentido da modificação do contrato cujo equilíbrio se rompera por superveniência de circunstâncias fácticas imprevistas que tornaram o seu cumprimento, nos termos iniciais, demasiado oneroso.

29.1.2.8.1. Bilateral

A **alteração bilateral**, nos contratos administrativos, *não difere* da perpetrada sob o regime de Direito Privado; exige o assentimento de todos os contratantes, não podendo ser feita se houver oposição de qualquer dos envolvidos.

Não denota supremacia ou regime diferenciado imposto por qualquer dos contratantes, todos apresentam os mesmos poderes para negociar, implementar ou não a mudança. A alteração bilateral assemelha-se à celebração de nova avença. Ressalte-se que, quando a lei não facultar a alteração unilateral à Administração Pública, somente poderão ser alteradas as cláusulas contratuais através da composição, alteração consensual.

A alteração bilateral é facultada à Administração quando:

a) conveniente a substituição da garantia de execução;

b) necessária a modificação do regime de execução da obra ou serviço, bem como do modo de fornecimento, em face de verificação técnica da inaplicabilidade dos termos contratuais originários;

---

[23] Denominação mais apropriada do que a nossa para o conjunto de normas que tratam dos contratos celebrados pela Administração Pública, seja sob o regime de Direito Público, seja sob o regime de Direito Privado.

[24] GOMES, Carla Amado. A conformação da relação contratual no código dos contratos públicos. In: *Estudos de contratação pública I*. Coimbra: Coimbra Editora, 2008. p. 526.

c) necessária a modificação da forma de pagamento, por imposição de circunstâncias supervenientes, mantido o valor inicial atualizado, vedada a antecipação do pagamento, com relação ao cronograma financeiro fixado, sem a correspondente contraprestação de fornecimento de bens ou execução de obra ou serviço; e

d) necessário o restabelecimento da relação que as partes pactuaram inicialmente entre os encargos do contratado e da retribuição da Administração para a justa remuneração da obra, serviço ou fornecimento, objetivando a manutenção do equilíbrio econômico-financeiro inicial do contrato, na hipótese de sobrevirem fatos imprevisíveis, ou previsíveis porém de consequências incalculáveis, retardadores ou impeditivos da execução do ajustado, ou, ainda, em caso de força maior, caso fortuito ou fato do príncipe, configurando álea econômica extraordinária e extracontratual.

Observe-se que, na forma do inciso II do §2º do art. 65 da Lei n. 8.666/93, também é caso de alteração bilateral o acréscimo ou supressão nas obras, serviços ou compras, **acima de 25% do valor inicial atualizado do contrato**, e, no caso particular de reforma de edifício ou de equipamento, **acima de 50%**.

A estipulação é bilateral também no caso de omissão na fixação dos preços unitários para obras ou serviços, desde que observados os limites estabelecidos no §1º do art. 65 da Lei n. 8.666/93.

As cláusulas econômico-financeiras e monetárias dos contratos administrativos não poderão ser alteradas sem prévia concordância do contratado, o que demonstra a bilateralidade deste tipo de alteração.

29.1.2.8.2. Unilateral (cláusula exorbitante)

As **alterações unilaterais** podem ocorrer, segundo o inciso I do art. 65 da Lei em debate, quando:

a) houver modificação do projeto ou das especificações, para melhor adequação técnica aos seus objetivos; e

b) quando necessária a modificação do valor contratual em decorrência de acréscimo ou diminuição quantitativa de seu objeto, nos limites legalmente permitidos.

A alteração ou modificação unilateral para melhor adequação às finalidades de interesse público, respeitados os direitos do contratado, é uma das **cláusulas exorbitantes** do art. 58 da Lei em estudo.

Observe-se que a Administração Pública poder **impor** ao contratado unilateralmente a alteração na quantidade do objeto do contrato, ficando a parte contrária obrigada a aceitar, nas mesmas condições contratuais, os **acréscimos ou supressões** que se fizerem nas obras, serviços ou compras, até **25% do valor inicial atualizado do contrato**, e, no caso particular de reforma de edifício ou de equipamento, até o limite de **50% para os seus acréscimos.**

Entretanto, no caso de supressão de obras, bens ou serviços, se o contratado já houver adquirido os materiais e posto no local dos trabalhos, estes deverão ser pagos pela Administração pelos custos de aquisição regularmente comprovados e monetariamente corrigidos, **podendo caber indenização por outros danos eventualmente decorrentes da supressão, desde que regularmente comprovados.**

Se houver alteração unilateral do contrato que aumente os encargos do particular, a Administração deverá **restabelecer**, por aditamento, o **equilíbrio econômico-financeiro inicial**.

O poder atribuído pela lei à Administração Pública de alterar unilateralmente o contrato esbarra no princípio da proibição do enriquecimento sem causa, consubstanciado em regra pela imposição de manutenção do equilíbrio econômico-financeiro.

Caso não houvesse tal proteção para o contratado, a Administração Pública não encontraria, no mercado, fornecedores para os bens e serviços necessários às suas atividades, visto que no Estado Democrático de Direito ninguém é obrigado a contratar e os atores da economia não poderiam ser compelidos a suportar prejuízo financeiro, sob pena de ficar caracterizada uma expropriação velada, fora das hipóteses constitucionalmente possíveis.

Duas figuras são importantes na aplicação do princípio da vedação ao enriquecimento sem causa: o **reajuste** e a **revisão**.

29.1.2.9. Reequilíbrio econômico-financeiro do contrato

29.1.2.9.1. *Reajuste ou reajustamento*

O **reajuste ou reajustamento** é decorrente de elemento interno, portanto já faz parte do contrato com o objetivo de evitar que o contratado suporte ônus exagerado na execução da avença, sendo tratado no §8º do art. 65 da Lei em questão: "A variação do valor contratual para fazer face ao reajuste de preços previsto no próprio contrato, as atualizações, compensações ou penalizações financeiras decorrentes das condições de pagamento nele previstas, bem como o empenho de dotações orçamentárias suplementares até o limite do seu valor corrigido, não caracterizam alteração do mesmo, podendo ser registrados por simples apostila, dispensando a celebração de aditamento".

A cláusula de reajustamento do preço, quando a natureza do objeto contratual permitir, é obrigatória, na forma do inciso III do art. 55 da Lei n. 8.666/93, que assim dispõe:

> Art. 55. São cláusulas necessárias em todo contrato as que estabeleçam:
> (...)
> III – o preço e as condições de pagamento, os critérios, data-base e periodicidade do reajustamento de preços, os critérios de atualização monetária entre a data do adimplemento das obrigações e a do efetivo pagamento.

Além disso, já no instrumento convocatório da licitação, na forma do inciso XI do art. 40 da Lei em estudo, deve haver previsão de critério de reajuste, que deverá retratar a variação efetiva do custo de produção, admitida a adoção de índices específicos ou setoriais, desde a data prevista para apresentação da proposta, ou do orçamento a que essa proposta se referir, até a data do adimplemento de cada parcela.

A variação do valor contratual para fazer face ao reajuste de preços previsto no próprio contrato, as atualizações, compensações ou penalizações financeiras decorrentes das condições de pagamento nele previstas, bem como o empenho de dotações orçamentárias suplementares até o limite do seu valor corrigido, **não caracterizam alteração do mesmo**, podendo ser registrados por simples apostila, dispensando-se a celebração de aditamento.

O art. 144 da Lei de Licitações e Contratos do Estado da Bahia, Lei n. 9.433/2005, ao tratar do reajustamento, diz: "O reajustamento dos preços contratuais, previsto nesta Lei, deverá retratar a variação efetiva do custo de produção, optando a Administração pela adoção dos índices específicos ou setoriais mais adequados à natureza da obra, compra ou serviço, sempre que existentes".

No reajuste, o risco é ordinário e previsível, portanto, não é tipicamente uma alteração contratual, mas a aplicação de uma das cláusulas avençadas para a manutenção da equação econômico-financeira.

29.1.2.9.2. Revisão

A **revisão** é circunstância externa – não faz parte do contrato – que também tem como finalidade evitar o desequilíbrio econômico-financeiro.

José dos Santos Carvalho Filho[25] afirma que "a revisão do preço, embora

---

[25] CARVALHO FILHO, José dos Santos. *Manual de direito administrativo*. 28. ed. São Paulo: Atlas, 2015. p. 202-203.

objetive também o reequilíbrio contratual, tem contorno diverso. Enquanto o reajuste já é prefixado pelas partes para neutralizar fato certo, por exemplo, a inflação, a revisão deriva da ocorrência de fato superveniente, apenas suposto (mas não conhecido) pelos contratantes quando firmam o ajuste".

A alteração unilateral pode, caso afete o equilíbrio econômico-financeiro, ensejar a revisão, na forma do §2º do art. 58 da Lei n. 8.666/93. Eis a norma:

> Art. 58. O regime jurídico dos contratos administrativos instituído por esta Lei confere à Administração, em relação a eles, a prerrogativa de:
> I – modificá-los, unilateralmente, para melhor adequação às finalidades de interesse público, respeitados os direitos do contratado;
> §2º Na hipótese do inciso I deste artigo, as cláusulas econômico-financeiras do contrato deverão ser revistas para que se mantenha o equilíbrio contratual.

Também na forma do §6º do art. 65 da Lei em tela. *Vide* o seu texto:

> §6º Em havendo alteração unilateral do contrato que aumente os encargos do contratado, a Administração deverá restabelecer, por aditamento, o equilíbrio econômico-financeiro inicial.

No entanto, o vocábulo revisão foi também utilizado no §5º do citado artigo: "Quaisquer tributos ou encargos legais criados, alterados ou extintos, bem como a superveniência de disposições legais, quando ocorridas após a data da apresentação da proposta, de comprovada repercussão nos preços contratados, implicarão a revisão destes para mais ou para menos, conforme o caso".

A Lei de Licitações e Contratos do Estado da Bahia, Lei n. 9.433/2005, ao tratar da revisão, afirma, no §7º do art. 143: "A revisão do preço original do contrato, quando imposta em decorrência das disposições deste artigo, dependerá da efetiva comprovação do desequilíbrio, das necessárias justificativas, dos pronunciamentos dos setores técnico e jurídico e da aprovação da autoridade competente".

A Lei Federal é limitada quando trata das hipóteses de revisão, mas deve ser considerada como seu fato gerador toda ocorrência não prevista contratualmente que implique desequilíbrio econômico-financeiro não imputado ao seu beneficiário.

Nunca é demais lembrar que o imperativo de recomposição do equilíbrio econômico-financeiro foi erigido pelo Poder Constituinte Originário como norma constitucional, consequentemente a legislação infraconstitucional não tem o condão de restringir o seu alcance.

O objetivo do inciso XXI do art. 37 da CF/88 é, basicamente, restabelecer a relação que as partes pactuaram inicialmente entre os encargos do contratado e a retribuição da Administração para a justa remuneração da obra, serviço ou fornecimento, objetivando a manutenção do equilíbrio econômico-financeiro inicial do contrato, na hipótese de sobrevirem fatos imprevisíveis, ou previsíveis porém de consequências incalculáveis, retardadores ou impeditivos da execução do ajustado, ou, ainda, em caso de força maior, caso fortuito ou fato do príncipe, configurando álea econômica extraordinária e extracontratual[26].

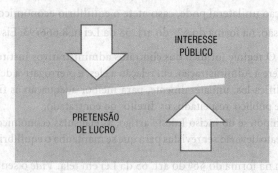

Assim, a revisão, apesar de ser originada de alteração consensual ou unilateral da Administração Pública, somente pode ser implementada bilateralmente, pois o contratado tem o direito de dispor do seu patrimônio e, se desejar, pode suportar a alteração sem a devida compensação financeira, o que é, de fato, inconcebível no sistema capitalista, mas juridicamente facultado, afinal, não há, no sistema jurídico, dever de exercício de direito potestativo ou subjetivo.

A alínea *d* do inciso II do art. 65 da Lei n. 8.666/93 ilustra bem a necessidade de acordo das partes para restabelecer a relação que pactuaram inicialmente entre os encargos do contratado e a retribuição da administração para a justa remuneração da obra, serviço ou fornecimento, objetivando a **manutenção do equilíbrio econômico-financeiro inicial do contrato**, na hipótese de sobrevirem fatos imprevisíveis, ou previsíveis porém de consequências incalculáveis, retardadores ou impeditivos da execução do ajustado, ou, ainda, em caso de força maior, caso fortuito ou fato do príncipe, configurando álea econômica extraordinária e extracontratual.

São hipóteses de reequilíbrio econômico-financeiro que serão tratadas em itens próprios:

a) ocorrência de fatos imprevisíveis, ou previsíveis, porém, de consequências incalculáveis, retardadores ou impeditivos da execução do ajustado; ou

b) ocorrência de força maior, caso fortuito ou fato do príncipe, configurando álea econômica extraordinária e extracontratual.

---

[26] STJ, REsp 734.696/SP, rel. Min. Eliana Calmon, 2ª Turma, julgado em 16-10-2007, *DJe* 7-4-2009.

Além disso, o §5º do art. 65 da Lei em estudo determina que quaisquer **tributos ou encargos legais criados, alterados ou extintos, bem como a superveniência de disposições legais**, quando ocorridas após a data da apresentação da proposta, de comprovada repercussão nos preços contratados, implicarão a **revisão** destes para mais ou para menos, conforme o caso, sendo essa hipótese enquadrada como fato do príncipe.

A manutenção do equilíbrio econômico-financeiro ou da equação econômico-financeira original representa também garantia da Administração Pública contra contratos antieconômicos que possam resultar prejuízo às finanças estatais[27].

Realmente, a inexecução do contrato pode causar mais prejuízo do que a justa remuneração do particular; não deve haver interesses antagônicos nos contratos administrativos e sim interesses conciliáveis, a fim de que sejam preservadas a colaboração e a confiança entre os contratantes.

29.1.2.10. Formalização do contrato

Na Administração Pública, o **formalismo** é garantia de publicidade e regularidade do agir administrativo, portanto, não se concebe, salvo a exceção do parágrafo único do art. 60 da Lei de Licitações e Contratos Administrativos[28], possibilidade de celebração de contratos ou avenças orais.

A citada norma, ao usar o **vocábulo "verbal"**, apresenta impertinência terminológica, visto que as ações verbais são gêneros das quais derivam duas espécies: as ações orais e as ações escritas. A verbalização é a codificação do pensamento ou do sentimento fazendo uso das palavras e do sistema linguístico, portanto poderá dar-se de duas formas: a oral e a escrita.

Logo, o **"contrato verbal"** tratado no parágrafo único do art. 60 da Lei de Licitações e Contratos Administrativos é, precisamente, o contrato oral ou não escrito.

---

[27] TORRES, Ronny Charles Lopes de. *Leis de Licitações Públicas comentadas*. Salvador: Jus-Podivm, 2008.

[28] "Art. 60. Os contratos e seus aditamentos serão lavrados nas repartições interessadas, as quais manterão arquivo cronológico dos seus autógrafos e registro sistemático do seu extrato, salvo os relativos a direitos reais sobre imóveis, que se formalizam por instrumento lavrado em cartório de notas, de tudo juntando-se cópia no processo que lhe deu origem. Parágrafo único. É nulo e de nenhum efeito o contrato verbal com a Administração, salvo o de pequenas compras de pronto pagamento, assim entendidas aquelas de valor não superior a 5% (cinco por cento) do limite estabelecido no art. 23, inciso II, alínea a desta Lei, feitas em regime de adiantamento."

Apesar da possibilidade legal de celebração de **"contrato verbal"** pela Administração Pública, desde que presente a exceção estabelecida no parágrafo único do artigo citado, Lúcia Valle Figueiredo[29] afirma: "Contrato verbal com a Administração não existe. Deve haver, obrigatoriamente, termo de contrato, substituído, em algumas hipóteses, pela nota de empenho prévio, pela carta-contrato e, em certas hipóteses, autorização de compra ou ordem de serviço".

Assim, Lúcia Valle Figueiredo, mesmo havendo norma permissiva, é contra a sua existência, opinião que somente deve ser levada em conta em sede de política legislativa, visto que a doutrina, por mais consistente, não tem a força de observância obrigatória da lei nem os acadêmicos têm a legitimidade popular dos criadores da norma jurídica.

O parágrafo único do art. 60 da Lei n. 8.666/93 dispõe que:

> Parágrafo único. É nulo e de nenhum efeito o contrato verbal com a Administração, salvo o de pequenas compras de pronto pagamento, assim entendidas aquelas de valor não superior a 5% (cinco por cento) do limite estabelecido no art. 23, inciso II, alínea *a* desta Lei, feitas em regime de adiantamento.

Assim, os contratos podem ser verbais para pequenas compras de pronto pagamento feitas em regime de adiantamento de até R$ 8.800,00 (oito mil e oitocentos reais), conforme a atualização de valor dada pelo Decreto n. 9.412/18 ao art. 23 da Lei n. 8.666/93.

Não se deve confundir **contrato** com **instrumento de contrato**. O primeiro é o ajuste existente apenas no mundo das ideias, portanto, representa criação abstrata e mental do ser humano. O segundo é a representação do primeiro, podendo ser física, no caso dos escritos, ou também abstrata, no caso dos orais.

A formalização dos contratos é tratada de maneira mais completa pela Lei n. 8.666/93 do que nas normas de Direito Privado, o que ilustra a sua importância para o Direito Administrativo.

Não há eliminação do formalismo quando se substitui o instrumento de contrato por outros documentos escritos mais simples, porém idôneos a comprovar o ajuste, havendo tal extirpação apenas nos ajustes orais.

De acordo com o art. 60 do citado estatuto normativo, os contratos e seus aditamentos serão lavrados nas repartições interessadas, as quais manterão arquivo cronológico dos seus autógrafos e registro sistemático do seu extrato, salvo os relativos a direitos reais sobre imóveis, que se formalizam por instru-

---

[29] FIGUEIREDO, Lúcia Valle. *Curso de direito administrativo*. 9. ed. rev. ampl. e atual. São Paulo: Malheiros, 2008.

mento lavrado em cartório de notas, de tudo juntando-se cópia no processo que lhe deu origem.

É nulo e de nenhum efeito o "contrato verbal" com a Administração, salvo, como já foi dito, o de pequenas compras de pronto pagamento, assim entendidas aquelas de valor não superior a R$ 8.800,00, feitas em regime de adiantamento.

A nulidade e a impossibilidade de geração de efeitos, na forma do art. 59 da Lei em comento, devem ser afastadas nas hipóteses em que houver prejuízo ao contratante de boa-fé e enriquecimento sem causa da Administração Pública, pois os imperativos de formalização das avenças são mais dirigidos ao gestor da coisa pública do que ao contratado, que muitas vezes desconhece a norma. Consequentemente, a falha do agente público não pode lesar o particular que forneceu o produto ou o serviço de boa-fé. A esse respeito, convém enfatizar a jurisprudência do Superior Tribunal de Justiça:

> É pacífico no STJ que, embora o contrato ou convênio tenha sido realizado com a Administração sem prévia licitação, o ente público não poderá deixar de efetuar o pagamento pelos serviços efetiva e comprovadamente prestados, ressalvadas as hipóteses de má-fé ou de ter o particular concorrido para a nulidade. Nesses casos excepcionais, o pagamento, à título de ressarcimento, será realizado "pelo custo básico do que foi produzido, sem qualquer margem de lucro" (REsp 1.153.337/AC, Rel. Ministro Castro Meira, Segunda Turma, *DJe* 24-5-2012, grifo acrescentado)[30].

Há também algumas situações de emergência real – ou seja, devidamente comprovadas e que jamais poderiam ter sido supostas ou previstas pelo Administrador Público – idôneas a possibilitar a mitigação das formas desde que devidamente fundamentada através do "reconhecimento de dívida"[31]. Exemplo: catástrofes naturais.

Todo contrato, na forma do art. 61 da Lei n. 8.666/93, deve mencionar os **nomes das partes e os de seus representantes, a finalidade, o ato que autorizou a sua lavratura, o número do processo da licitação, da dispensa ou da inexigibilidade, a sujeição dos contratantes às normas da Lei e às cláusulas contratuais.**

Sem dúvidas, há exigências prévias à celebração dos contratos administrativos relacionadas ao devido procedimento licitatório ou ao devido procedimento de contratação direta através das hipóteses legalmente permitidas.

---

[30] STJ, AREsp 1522047/RS, rel. Min. Herman Benjamin, 2ª Turma, julgado em 1º-10-2019, *DJe* 11-10-2019.

[31] Somente em situações excepcionais pode ser feito o "reconhecimento de dívida", sob pena de violação ao art. 60 da Lei n. 4.320/64.

A **publicação resumida** do instrumento de contrato ou de seus aditamentos na imprensa oficial, que é condição indispensável para sua eficácia, deverá ser providenciada pela Administração **até o quinto dia útil do mês seguinte ao de sua assinatura**, para ocorrer no prazo de vinte dias daquela data, qualquer que seja o seu valor, ainda que sem ônus, ressalvado o disposto no art. 26 da Lei citada (art. 61, parágrafo único, da Lei n. 8.666/93).

Sublinhe-se que, na forma do art. 62, o instrumento de contrato é **obrigatório** para a avença advinda de concorrência e de tomada de preços e nos casos de avença resultante de dispensa ou inexigibilidade cujo **preço** esteja compreendido nos limites dessas duas modalidades.

De fato, o dispêndio de valores mais significativos deve ficar cercado de cautelas para a Administração Pública e de publicidade de todos os seus termos para a sociedade.

O instrumento de contrato é, entretanto, **facultativo** nos demais casos em que a Administração Pública puder substituí-lo por outros instrumentos hábeis, tais como:

a)   carta-contrato;

b)   nota de empenho de despesa;

c)   autorização de compra; ou

d)   ordem de execução de serviço.

Em relação aos outros instrumentos hábeis, exigem-se, no que couber, as **cláusulas contratuais necessárias** dos contratos em geral. Ressalte-se que a substituição por outros instrumentos não significa que o contrato será verbal.

É dispensável o "termo de contrato" e facultada a substituição acima prevista, a critério da Administração e independentemente de seu valor, nos casos de **compra com entrega imediata e integral dos bens adquiridos, dos quais não resultem obrigações futuras, inclusive assistência técnica.**

A minuta do futuro contrato integrará o edital ou ato convocatório da licitação. As normas dos arts. 55 e 58 a 61 da Lei n. 8.666/93 devem ser aplicadas, no que couber, aos:

a)   contratos de seguro, de financiamento, de locação em que o Poder Público seja locatário, e aos demais cujo conteúdo seja regido, predominantemente, por norma de direito privado; e

b)   contratos em que a Administração for parte como usuária de serviço público.

Fica claro, desta forma, que a Lei n. 8.666/93 não se aplica apenas aos contratos administrativos, mas também a alguns contratos celebrados pela Administração Pública sob o **regime de Direito Privado**.

Lucas Rocha Furtado[32] tem posição peculiar sobre a publicização dos contratos firmados pela Administração Pública sob o regime de Direito Privado. Eis as suas palavras: "Ora, se os tradicionalmente denominados contratos de direito privado, tais como seguro, financiamento, locação etc., celebrados pela Administração estão subordinados aos artigos mencionados (arts. 55 e 58 a 61), eles deixam de ser contratos de direito privado e passam a apresentar a principal característica dos contratos administrativos: a presença de cláusulas exorbitantes. Nestes termos, se durante a execução ou formalização dos contratos indicados houver qualquer dúvida entre a aplicação de normas, regras ou princípios do direito privado ou do direito administrativo, deverão ser aplicados esses últimos, e somente em caráter supletivo serão aplicadas as regras e princípios do direito privado".

A solução acima preconizada, apesar de resguardar de forma mais ampla o interesse público secundário, é mais radical do que a estabelecida na norma jurídica.

A Lei de Licitação e Contratos Administrativos trata também da fase que ocorre depois da homologação e adjudicação do objeto e antes da assinatura do contrato, chamando-a de fase de **convocação**.

A Administração Pública, na forma do art. 64 da Lei n. 8.666/93, convocará regularmente o interessado para assinar o termo de contrato, aceitar ou retirar o instrumento equivalente, dentro do prazo e condições estabelecidos, sob pena de decair o direito à contratação, sem prejuízo das sanções previstas no art. 81 da Lei em tela.

O prazo de convocação poderá ser prorrogado uma vez, por igual período, quando solicitado pela parte durante o seu transcurso e desde que ocorra motivo justificado aceito pela Administração.

A Administração Pública poderá, quando o convocado não assinar o termo de contrato ou não aceitar ou retirar o instrumento equivalente no prazo e condições estabelecidos, convocar os licitantes remanescentes, na ordem de classificação, para fazê-lo em igual prazo e nas mesmas condições propostas pelo primeiro classificado, inclusive quanto aos preços atualizados de conformidade com o ato convocatório, ou revogar a licitação independentemente da cominação prevista no art. 81 citado.

---

[32] FURTADO, Lucas Rocha. *Curso de licitações e contratos administrativos*. São Paulo: Atlas, 2001.

Todavia, a **demora injustificada do Poder Público** em convocar possibilita – desde que decorridos 60 (sessenta) dias da data da entrega das propostas sem convocação para a contratação – a liberação dos licitantes em relação aos compromissos assumidos.

Isso se justifica porque os licitantes não podem ficar vinculados às propostas apresentadas por muito tempo, pois as condições de mercado que possibilitaram a oferta daquelas propostas podem ter mudado de forma vertiginosa, a ponto de tornar os orçamentos inexequíveis ou de ensejar enriquecimento sem causa da Administração Pública.

Outrossim, a apresentação de proposta é ato que, *per se*, importa na realização de esforços da licitante, haja vista que, durante o prazo de validade de sua proposta, deve permanecer pronta para firmar a avença e dar início à execução do objeto, de maneira que o alongamento demasiado dessa situação obrigacional importaria em grave ofensa ao princípio da segurança jurídica. Com efeito, a licitante poderia ter que desistir de outros negócios de seu interesse porque não seria possível honrá-los se convocada pela Administração, quando insuficientes seus recursos para o cumprimento simultâneo de múltiplos ajustes.

Deve ser ressaltado que a Lei n. 9.069/95 estipulou prazo mínimo de um ano para a execução de cláusulas de reajuste e o art. 5º do Decreto Federal n. 2.271/97 estabeleceu especificamente aquele mesmo prazo para os contratos relativos à prestação de serviço à Administração Pública.

Indubitável que, em abstrato, o legislador preocupou-se bastante em evitar a assunção de prejuízos pelos contratados e evitar o **enriquecimento sem causa da Administração Pública** em virtude do seu regime jurídico de contratação, mas, como em toda atividade legislativa, não conseguiu prever todas as situações concretas e fáticas que poderiam ensejar desequilíbrio.

Desta forma, o gestor público deve, dentro da margem de discricionariedade que lhe foi atribuída pelo Poder Legislativo, agir mais como magistrado do que como parte envolvida, buscando o equilíbrio entre as suas necessidades e o regular desempenho da atividade econômica pelos seus contratados.

A defesa do interesse público secundário não deve se afastar da boa-fé e dos imperativos de fomento à atividade econômica privada apresentados pelos arts. 170 a 181 da CF/88.

29.1.2.11. Fiscalização contratual (cláusula exorbitante)

O art. 67 da Lei n. 8.666/93 afirma que a execução do contrato deverá ser acompanhada e fiscalizada por representante da Administração especialmente designado, permitida a contratação de terceiros para assisti-lo e subsidiá-lo de informações pertinentes a essa atribuição. Trata-se de uma das **cláusulas exorbitantes** descritas no art. 58 da Lei em tela.

O representante da Administração anotará em registro próprio todas as ocorrências relacionadas com a execução do contrato, determinando o que for necessário à regularização das faltas ou defeitos observados. As decisões e providências que ultrapassarem a competência do representante deverão ser solicitadas a seus superiores em tempo hábil para a adoção das medidas convenientes.

O comando normativo citado aplica-se mais às relações internas da Administração Pública do que ao contrato propriamente dito, pois as formas de fiscalização do cumprimento das prestações devem ser escolhidas pelo credor sem que isso exima o devedor de executar a sua obrigação.

Nos contratos com objetos mais complexos, nem sempre há, nos quadros do órgão responsável pela fiscalização da execução, agente público devidamente capacitado, sem, com esta afirmação, mostrar qualquer demérito dos servidores públicos. Exemplo: não haverá, em virtude das atribuições constitucionais da Advocacia-Geral da União, membro que possa fiscalizar contrato administrativo cujo objeto esteja relacionado à medicina.

Assim, desde que haja justificativa pertinente, poderá a Administração Pública contratar terceiro para auxiliar o seu representante, relação interna do ente ou entidade em questão que não faz parte da relação contratual a ser fiscalizada.

Já o comando constante do art. 68 da lei citada faz parte das exigências do contrato principal, pois é obrigação do contratado manter preposto, aceito pela Administração, no local da obra ou serviço, para representá-lo na execução do contrato.

O contratado é obrigado a reparar, corrigir, remover, reconstruir ou substituir, às suas expensas, no total ou em parte, o objeto do contrato em que se verificarem vícios, defeitos ou incorreções resultantes da execução ou de materiais empregados.

O contratado é responsável pelos danos causados diretamente à Administração ou a terceiros, decorrentes de sua culpa ou dolo na execução do contrato, não excluindo ou reduzindo essa responsabilidade a fiscalização ou o acompanhamento pelo órgão interessado.

O contratado é responsável pelos encargos trabalhistas, previdenciários, fiscais e comerciais resultantes da execução do contrato.

O fiscal do contrato, sob pena de responsabilização funcional, penal e cível, deve exigir mês a mês do contratado comprovação do cumprimento dos **encargos previdenciários**, visto que, caso o contratado não os honre, **a Administração**

Pública responderá solidariamente, na forma do §2º do art. 71 da Lei de Licitação e Contratos Administrativos[33].

O §1º do citado artigo estabelece que a inadimplência do contratado, com referência aos encargos trabalhistas, fiscais e comerciais não transfere à Administração Pública a responsabilidade por seu pagamento, nem poderá onerar o objeto do contrato ou restringir a regularização e o uso das obras e edificações, inclusive perante o Registro de Imóveis.

Não obstante, o TST editou a Súmula n. 331, cujo item IV apresentava o seguinte teor: "IV – O inadimplemento das obrigações trabalhistas, por parte do empregador, implica a responsabilidade subsidiária do tomador dos serviços, quanto àquelas obrigações, inclusive quanto aos órgãos da administração direta, das autarquias, das fundações públicas, das empresas públicas e das sociedades de economia mista, desde que hajam participado da relação processual e constem também do título executivo judicial (art. 71 da Lei n. 8.666, de 21.6.1993)".

A incompatibilidade com a lei não impedia que a Justiça do Trabalho aplicasse o item em questão, o que ensejou o ajuizamento da Ação Declaratória de Constitucionalidade n. 16/DF pelo Governador do Distrito Federal, a fim de que fosse declarada a constitucionalidade do §1º do art. 71 da Lei n. 8.666/93 e de que a Justiça do Trabalho não afastasse a sua aplicabilidade.

O STF, em 24 de novembro de 2010, finalmente afastou o entendimento do TST, pois a Corte Maior julgou constitucional o parágrafo em tela. Apesar disso, ainda há resistência dos operadores do Direito do Trabalho em aceitar a decisão. Assim, não há falar mais em responsabilidade subsidiária do Estado pelos débitos trabalhistas das empresas contratadas.

Diante da decisão do STF, o TST modificou a redação da sua Súmula n. 331. Eis a **nova redação** do item relativo à Administração Pública:

> **V – Os entes integrantes da Administração Pública direta e indireta respondem subsidiariamente, nas mesmas condições do item IV, caso evidenciada a sua conduta culposa no cumprimento das obrigações da Lei n. 8.666, de 21-6-1993, especialmente na fiscalização do cumprimento das obrigações contratuais e legais da prestadora de serviço como empregadora. A aludida responsabilidade não decorre de mero inadimplemento das obrigações trabalhistas assumidas pela empresa regularmente contratada.**

Agora, a Justiça do Trabalho tem responsabilizado a Administração Pública com base na responsabilidade subsidiária por omissão.

---

[33] STJ, REsp 506.647/RS, rel. Min. João Otávio de Noronha, 2ª Turma, julgado em 13-2-2007, *DJ* 6-3-2007, p. 244.

O STF apreciou também a nova redação acima do item V da Súmula TST n. 331. Dessa vez, a Corte Suprema declarou válida a nova redação, afirmando, no RE n. 760931/DF, que não haverá responsabilidade subsidiária automática, mas apenas quando houver culpa *in vigilando*. Eis a parte final do acórdão mencionado:

> 7. O art. 71, §1º, da Lei n. 8.666/93, ao definir que a inadimplência do contratado, com referência aos encargos trabalhistas, não transfere à Administração Pública a responsabilidade por seu pagamento, representa legítima escolha do legislador, máxime porque a Lei n. 9.032/95 incluiu no dispositivo exceção à regra de não responsabilização com referência a encargos trabalhistas. 8. Constitucionalidade do art. 71, §1º, da Lei n. 8.666/93 já reconhecida por esta Corte em caráter *erga omnes* e vinculante: ADC 16, Relator(a): Min. CEZAR PELUSO, Tribunal Pleno, julgado em 24-11-2010. 9. Recurso Extraordinário parcialmente conhecido e, na parte admitida, julgado procedente para fixar a seguinte tese para casos semelhantes: "**O inadimplemento dos encargos trabalhistas dos empregados do contratado não transfere automaticamente ao Poder Público contratante a responsabilidade pelo seu pagamento, seja em caráter solidário ou subsidiário, nos termos do art. 71, §1º, da Lei n. 8.666/93**".

Não há falar, inicialmente, em culpa *in eligendo*, pois a escolha do contratado observará sempre procedimento normativamente estabelecido de licitação ou de contratação direta. A contratação direta exige também requisitos de idoneidade do contratado.

Somente vícios no procedimento de licitação ou contratação direta poderiam ser usados como argumentos para a responsabilização subsidiária da Administração Pública por culpa *in eligendo*.

Eis trecho do debate ocorrido no STF por ocasião do julgamento do RE n. 760931/DF:

> O SENHOR MINISTRO LUIZ FUX – Pois é, mas a propositura aqui pressupõe a culpa *in vigilando*.
> O SENHOR MINISTRO MARCO AURÉLIO – Teve um caso em que a Justiça do Trabalho chegou a cogitar da culpa na escolha, esquecendo que esta se faz mediante licitação, não a dedo.

Assim, fixada a possibilidade de responsabilização subsidiária da Administração Pública, quando figura como tomadora, pelas verbas trabalhistas aos empregados de empresas terceirizadas quando há culpa *in vigilando* (excepcionalmente culpa *in eligendo*) relativa aos recolhimentos das verbas, indaga-se de quem é o **ônus de provar** a mencionada culpa.

Nos debates ocorridos no STF (RE n. 760931), ficou implícito que o **ônus da prova** de irregularidade na fiscalização do recolhimento das verbas -trabalhistas é do **reclamante**. Seguindo essa linha, o Tribunal Superior do Trabalho (TST) ratificou de maneira definitiva a tese de que, com base na possibilidade de utilização dos instrumentos da Lei de Acesso à Informação e na presunção relativa de legitimidade dos atos da Administração Pública, o empregado pode requerer todos os documentos concernentes à fiscalização e afastar a presunção de regularidade. Eis acórdão do TST:

> AGRAVO DE INSTRUMENTO EM RECURSO DE REVISTA. ACÓRDÃO PUBLICADO NA VIGÊNCIA DA LEI N. 13.015/2014. ADMINISTRAÇÃO PÚBLICA. RESPONSABILIDADE SUBSIDIÁRIA. **CULPA *IN VIGILANDO*. ÔNUS DA PROVA DO EMPREGADO. LEI DE ACESSO À INFORMAÇÃO. PRESUNÇÃO DE LEGITIMIDADE DOS ATOS PRATICADOS PELOS AGENTES PÚBLICOS**. Em razão de provável caracterização de ofensa ao art. 71, §1º, da Lei n. 8.666/93, dá-se provimento ao agravo de instrumento para determinar o prosseguimento do recurso de revista. Agravo de instrumento provido. RECURSO DE REVISTA. ACÓRDÃO PUBLICADO NA VIGÊNCIA DA LEI N. 13.015/2014. ADMINISTRAÇÃO PÚBLICA. RESPONSABILIDADE SUBSIDIÁRIA. CULPA *IN VIGILANDO*. ÔNUS DA PROVA DO RECLAMANTE. LEI DE ACESSO à INFORMAçÃO. PRESUNÇÃO DE LEGITIMIDADE DOS ATOS PRATICADOS PELOS AGENTES PÚBLICOS. IMPOSSIBILIDADE DE RESPONSABILIZAÇÃO AUTOMÁTICA. O Supremo Tribunal Federal, após declarar a constitucionalidade do art. 71, §1º, da Lei n. 8.666/93 nos autos da ADC 16/DF, alertou ser possível o reconhecimento da responsabilidade subsidiária quando constatada omissão do ente público na fiscalização do cumprimento das obrigações trabalhistas por parte da prestadora de serviços. Em sede de repercussão geral, julgou o mérito do RE 760931/DF, mas deixou de fixar tese acerca do ônus da prova do dever de fiscalização. Para sua definição, é imprópria a adoção da teoria da aptidão da prova ou mesmo o enquadramento na exceção do art. 373, §1º, do CPC de 2015. Isso não só em razão da ausência de maiores dificuldades para obtenção do substrato probatório, amenizadas, aliás, com a superveniência da Lei de Acesso à Informação (Lei n. 12.527/11), mas, sobretudo, por conta da presunção relativa de legitimidade das informações oficiais de agentes públicos. **Impor ao Poder Público o ônus da prova significa, ao revés, presumir sua culpa *in vigilando,* presunção cuja resultante natural é a "transferência automática" da responsabilidade pelo pagamento dos haveres trabalhistas, na contramão da ratio decidendi firmada no RE 760931/DF, erigido à condição de *leading case*.** Dessa forma, o e. TRT, ao imputar ao tomador de serviços o encargo processual de comprovar a ausência de conduta culposa, acabou por transferir automaticamente à Administração Pública a responsabilidade subsidiária, mediante decisão proferida à míngua de prova robusta de sua culpa *in vigilando*. Recurso de revista conhecido e provido. (TST – RR: 102173420165150088, Relator: Breno Medeiros, Data de Julgamento: 21-2-2018, 5ª Turma, Data de Publicação: *DEJT* 2-3-2018).

Observe-se, por fim, que a fiscalização não atenua nem retira as responsabilidades técnicas e os encargos próprios do contratado, salvo se expressamente ressalvados pela Administração Pública, quando emite ordem diversa do contrato ou determina a execução de trabalho em oposição a norma técnica ou a preceitos ético-profissionais, em circunstâncias excepcionais criadas por interesse público superior[34].

29.1.2.12. Recebimento do objeto

O **recebimento do objeto** do contrato administrativo é tratado nos arts. 73 a 76 da Lei n. 8.666/93.

Assim, executado o contrato, o seu objeto será recebido:

I – em se tratando de obras e serviços:
  a) provisoriamente, pelo responsável por seu acompanhamento e fiscalização, mediante termo circunstanciado, assinado pelas partes em até 15 (quinze) dias da comunicação escrita do contratado;
  b) definitivamente, por servidor ou comissão designada pela autoridade competente, mediante termo circunstanciado, assinado pelas partes, após o decurso do prazo de observação, ou vistoria que comprove a adequação do objeto aos termos contratuais, observados os deveres relacionados a vícios defeitos e incorreções;

II – em se tratando de compras ou de locação de equipamentos:
  a) provisoriamente, para efeito de posterior verificação da conformidade do material com a especificação;
  b) definitivamente, após a verificação da qualidade e quantidade do material e consequente aceitação.

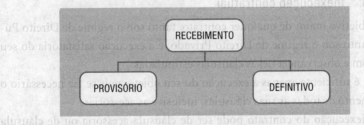

Como já foi dito, nos casos de aquisição de equipamentos de grande vulto, o recebimento far-se-á mediante termo circunstanciado e, nos demais, mediante recibo.

---

[34] MEIRELLES, Hely Lopes; BURLE FILHO, José Emannuel. *Direito administrativo brasileiro*. 42. ed. São Paulo: Malheiros, 2016.

O recebimento provisório ou definitivo não exclui a responsabilidade civil pela solidez e segurança da obra ou do serviço, nem ético-profissional pela perfeita execução do objeto, dentro dos limites estabelecidos pela lei e pelo contrato.

O prazo a que se refere a alínea *b* do item I acima não poderá ser superior a 90 (noventa) dias, salvo em casos excepcionais, devidamente justificados e previstos no edital.

Na hipótese de o termo circunstanciado ou a verificação não serem, respectivamente, lavrado ou procedida dentro dos prazos fixados, reputar-se-ão como realizados, desde que comunicados à Administração nos 15 (quinze) dias anteriores à exaustão dos mesmos.

Poderá ser dispensado o recebimento provisório nos seguintes casos:

I – gêneros perecíveis e alimentação preparada;

II – serviços profissionais;

III – obras e serviços de valor até o previsto no art. 23, inciso II, alínea *a*, da Lei n. 8.666/93, desde que não se componham de aparelhos, equipamentos e instalações sujeitos à verificação de funcionamento e produtividade.

Nos casos de dispensa de recebimento provisório, o recebimento será feito mediante recibo.

Salvo disposições em contrário constantes do edital, do convite ou de ato normativo, os ensaios, testes e demais provas exigidos por normas técnicas oficiais para a boa execução do objeto do contrato correm por conta do contratado.

A Administração rejeitará, no todo ou em parte, obra, serviço ou fornecimento executado em desacordo com o contrato.

29.1.2.13. Inexecução contratual

O objetivo maior de qualquer contrato, tanto sob o regime de Direito Público quanto sob o regime de Direito Privado, é a execução satisfatória do seu objeto com a observância fiel às cláusulas estipuladas.

Não é suficiente apenas a execução do seu objeto, pois se faz necessário o cumprimento de todas as suas cláusulas, inclusive as acessórias.

A inexecução do contrato pode ser de cláusula acessória ou de cláusula principal, pode ser total ou parcial, pode ser culposa ou não e pode ensejar a mora ou o inadimplemento.

A inexecução é o não cumprimento ou inobservância do contrato ou de cláusula contratual – sendo tratada pela Lei n. 8.666/93 no seu art. 77[35]

---

[35] "Art. 77. A inexecução total ou parcial do contrato enseja a sua rescisão, com as consequências contratuais e as previstas em lei ou regulamento."

– que pode gerar a sua extinção ou apenas retardar a consecução do seu objetivo final.

A complexidade das relações jurídicas contratuais está diretamente vinculada à complexidade do objeto contratual, sendo certo que ambas são proporcionais ao número de cláusulas contratuais.

Não se admite que a Administração Pública, ao dispor de vultosa quantia, deixe de se cercar das mais amplas garantias e comodidades na execução do objeto pelo contratado.

Cláusula principal, por exemplo, na aquisição de bens de consumo é a que exige a tradição dos bens e a contraprestação pecuniária. Cláusula acessória é, *verbi gratia*, a relativa ao acondicionamento do bem nos casos em que a sua não realização não altere, ainda que minimamente, a qualidade dos objetos adquiridos.

Imperfeições no acondicionamento de brita (agregado graúdo) ou mesmo a inexistência de acondicionamento por breve período, desde que o material não seja atingido por poeira ou detritos, dificilmente afetarão sua qualidade para a construção de laje em edificação. Todavia, a acessoriedade nem sempre é relativa, visto que a cláusula de acondicionamento pode ser determinante para a conservação do bem, como no caso de produtos alimentícios.

A inexecução parcial é o não cumprimento de parte do contrato ou o não cumprimento de parte de cláusula contratual. O primeiro ocorre quando alguma cláusula é inobservada. Já o segundo, quando parte de uma cláusula não é cumprida.

Nesse diapasão, em linhas gerais, há inexecução parcial quando a avença não é cumprida integralmente. Exemplo: apesar de não executar o objeto contratual, a contratada apresentou garantia. *In casu*, a cláusula principal não foi cumprida, porém a cláusula referente à garantia foi observada.

A inexecução total ocorre quando o contrato é integralmente descumprido, a parte não executa qualquer das cláusulas contratuais.

Deve ser ressaltado que inexecução parcial não se confunde com mora e que inexecução total não se confunde com inadimplemento. A mora e o inadimplemento podem acontecer nos dois casos, pois a inexecução pode ser total, mas reversível em virtude da possibilidade de cumprimento posterior satisfatório da obrigação.

A mora é a inexecução relativa e o inadimplemento é a inexecução absoluta da obrigação.

O inadimplemento e a mora se relacionam às obrigações do contrato, devendo ser verificadas em cada uma das várias obrigações estipuladas.

780 CURSO DE DIREITO ADMINISTRATIVO

O contratado pode cumprir a maioria das cláusulas contratuais, dentre elas, a referente à prestação de garantia, mas deixar de cumprir a *cláusula principal* de entrega de objeto infungível que pereceu por sua culpa. Neste caso, apesar de não ter havido inexecução total do contrato, houve inadimplemento ou inexecução absoluta da obrigação, em virtude da impossibilidade de a cláusula ser cumprida extemporaneamente.

Dessa forma, a inexecução total ou parcial está relacionada ao contrato como um todo e a mora e a inadimplência estão relacionadas especificamente a cada uma das obrigações.

29.1.2.13.1. Inexecução culposa

A culpa no descumprimento dos contratos tem acepção mais abrangente do que no Direito Penal, por se tratar de culpa em sentido amplo, abarcando, assim, tanto o dolo – consistente no desejo do resultado ou na assunção do risco de produzi-lo – quanto a culpa em sentido estrito consistente na imperícia, negligência e imprudência.

Observe-se que a tarifação da responsabilidade civil no caso de culpa concorrente também é possível nos contatos firmados com base na Lei n. 8.666/93. Caso contrário, estar-se-ia violando o princípio que veda o enriquecimento sem causa da Administração Pública. Nunca é demais lembrar que o regime jurídico-administrativo outorgado ao Poder Público deve ser utilizado com extremo cuidado para não prejudicar ou impor ônus além da capacidade dos contratados ou administrados.

A inexecução culposa tem como motivo a culpa de uma ou de ambas as partes contratantes, sendo a forma mais comum de inexecução. Não se pode esquecer que a Administração Pública, apesar de pautar-se pelo princípio da legalidade estrita, também pode descumprir a avença culposamente.

29.1.2.13.2. Inexecução sem culpa

A inexecução sem culpa é o descumprimento contratual pela parte que estava obrigada independentemente da sua vontade (sem desejo do resultado ou sem a assunção do risco de produzi-lo, e sem qualquer indício de imperícia, de negligência ou de imprudência).

Tal modalidade acontece por motivos alheios à parte que deixou de prestar a obrigação acordada em virtude de fatos concomitantes[36] ou supervenientes à

---

[36] Criação de plano econômico na mesma data da celebração do contrato.

celebração do contrato. Como regra, tais fatos "são extraordinários e imprevisíveis ao momento da celebração do contrato, mas, quando aparecem, provocam inevitáveis efeitos no regime de cumprimento contratual"[37].

Por isso, os fatos supervenientes aos quais o contratado não deu causa, que inviabilizem o cumprimento da avença nos termos em que originalmente pactuada, ensejam a aplicabilidade da Teoria da Imprevisão, a justificar a reformulação do conteúdo obrigacional, como a celebração de termo aditivo ao contrato com vistas à prorrogação de prazo para execução do objeto ou mesmo o reequilíbrio-econômico financeiro do ajuste.

29.1.2.13.2.1. Exceção do contrato não cumprido

Questão interessante surge no contrato administrativo quando a Administração Pública dá ensejo à inexecução culposa da avença. Pode o contratado deixar de executar as suas obrigações com base na *exceptio non adimplenti contractus*?

A **exceção do contrato não cumprido** ou *exceptio non adimplenti contractus* é uma figura do Direito Privado que pode ser alegada como matéria de defesa nos contratos bilaterais, representando **a faculdade de o contratante deixar de cumprir a sua prestação com base no descumprimento de prestação anterior da qual era credor.** Portanto, nenhuma das partes pode exigir o cumprimento de prestação que cabe à outra, sem que tenha cumprido a sua[38].

A *exceptio non adimplenti contractus* paralisa a ação do autor, ante a alegação do réu de não haver recebido a contraprestação que lhe é devida; não se discute o mérito do direito arguido, nem o excipiente nega a obrigação, mas apenas contesta sua exigibilidade, em face do não haver o *excepto adimplido* o contrato[39].

A exceção do contrato não cumprido é uma exceção material com previsão legal no artigo 476 do Código Civil de 2002: "Nos contratos bilaterais, nenhum dos contratantes, antes de cumprida a sua obrigação, pode exigir o implemento da do outro".

Apesar da sua aplicação irrestrita no Direito Privado, a exceção do contrato não cumprido não pode, em regra, ser oposta à Administração Pública, visto que o princípio da continuidade do serviço público restringe a sua alegação pelo

---

[37] CARVALHO FILHO, José dos Santos. *Manual de direito administrativo*. 35. ed. Barueri: Atlas, 2021. p. 206.

[38] RODRIGUES, Silvio. *Direito civil*: parte geral. 29. ed. rev. São Paulo: Saraiva, 1999.

[39] LOPES, Miguel Maria de Serpa. *Execuções substanciais*: exceção do contrato não cumprido. Rio de Janeiro: Freitas Bastos, 1959.

contratado. **Assim, o contratado não poderá, de imediato, deixar de cumprir as suas obrigações mesmo que a Administração Pública não esteja cumprindo as suas, salvo nas seguintes hipóteses:**

I) atraso superior a noventa dias dos pagamentos devidos pela Administração decorrentes de obras, serviços ou fornecimento, ou parcelas destes, já recebidos ou executados, salvo em caso de calamidade pública, grave perturbação da ordem interna ou guerra, restando assegurado ao contratado o direito de optar pela suspensão do cumprimento de suas obrigações até que seja normalizada a situação, na forma do inciso XV do art. 78 da Lei n. 8.666/93; e

II) não liberação, por parte da Administração, de área, local ou objeto para execução de obra, serviço ou fornecimento, nos prazos contratuais, bem como das fontes de materiais naturais especificadas no projeto, na forma do inciso XVI do artigo citado, há falar na oposição da citada exceção material contra o Estado.

No último caso, a norma não foi expressa quanto à possibilidade de suspensão na execução do contrato, mas é óbvio que, se o contratado pode rescindir o contrato, também pode suspender a sua execução até que a situação seja normalizada.

A despeito de tal exceção não ser, normalmente[40], oponível à Administração Pública, será sempre oponível ao contratado, visto que o Poder Público poderá deixar de cumprir as suas obrigações em virtude de inexecução culposa da parte contrária.

Maria Sylvia Zanella Di Pietro[41] afirma que o rigor da inoponibilidade desta exceção à Administração Pública tem sido abrandado pela doutrina e pela jurisprudência, quando a "inadimplência do Poder Público impeça de fato e diretamente a execução do serviço ou da obra"[42].

Além disso – entende a autora – torna-se injustificável tal rigor quando o contrato não tenha por objeto serviço público, visto que inaplicável o princípio da continuidade.

Tal colocação deve ser vista com temperamento, pois o contrato de aquisição de bens não duráveis para abastecer a repartição pública de materiais de escritório não é contrato de concessão de serviço público, porém a falta de tais materiais pode prejudicar a execução direta de determinadas funções pelo Estado.

---

40 STJ, AgRg no REsp 326.871/PR, rel. Min. Humberto Martins, 2ª Turma, julgado em 7-2-2008, *DJ* 20-2-2008, p. 124.

41 DI PIETRO, Maria Sylvia Zanella. *Direito administrativo*. 34. ed. Rio de Janeiro: Forense, 2021. p. 289.

42 BARROS JÚNIOR, Carlos Schmidt de. *Contratos administrativos*. São Paulo: Saraiva, 1986. p. 74.

É sabido que os serviços públicos são de titularidade do Estado, prestados diretamente ou mediante delegação. A prestação de serviço público é obrigação estatal que comumente satisfaz necessidades ínsitas à dignidade da pessoa humana. Esse é um importante ponto de distinção entre serviço público e atividade econômica propriamente dita.

Por tão relevante para a preservação da normalidade da vida nacional, os serviços públicos são regidos pelo princípio da continuidade, haja vista os transtornos e graves prejuízos econômicos e sociais que resultariam de sua cessação.

Todavia, significativa parcela dos órgãos e entidades da Administração Pública dedicam-se não à prestação de serviços públicos, mas ao exercício de função administrativa, que pode assumir alguns desdobramentos, como o exercício de poder normativo, poder de polícia e poder regulatório.

Ilustre-se o caso das agências reguladoras de serviços públicos delegados. Com efeito, essas instituições não prestam serviço público. Em vez disso, incumbem-se de sua regulação e fiscalização. A paralisação das agências reguladoras poderia causar efeitos tão nefastos quanto a cessação do serviço público prestado, pois o aparato estatal de fiscalização tem por finalidade coibir e punir abusos que afrontem a ordem econômica e princípios que visam a tutelar o interesse dos usuários, como a eficiência e segurança.

Nesses casos, não se trata da prestação de serviço público, mas de função administrativa não menos importante que o serviço público de titularidade estatal, havendo de se realçar que o serviço público em si admite delegação, na forma prevista em lei, ao passo que o poder de polícia não comporta, no ordenamento jurídico brasileiro, atribuição ao particular.

A proteção jurídica dessas entidades tem por fundamento não o princípio da continuidade do serviço público, mas o **princípio da continuidade do exercício da função administrativa**.

Assim, a inexecução culposa da Administração Pública somente possibilita a paralisação das atividades do contratado ou a rescisão dos contratos pelo particular nos casos dos incisos XV e XVI do art. 78 da Lei n. 8.666/93, mas nada o impede, nos demais casos, de buscar a tutela judicial com o intento de parar a execução da avença.

29.1.2.13.2.2. *Teoria da imprevisão*

Os contratos podem ser executados de duas maneiras:

a) com cumprimento das suas obrigações no momento da celebração; ou

b) com cumprimento das suas obrigações em momento posterior.

Em relação à primeira maneira, não há qualquer dissociação entre o estado das coisas da época da celebração e o estado das coisas à época da execução. Já em relação à segunda, podem restar mantidas ou ter sido alteradas as condições vislumbradas no momento da avença.

A regra geral é que os contratos sejam cumpridos tal como celebrados, consubstanciando o *princípio do pacta sunt servanda*, sendo os contratos leis entre as partes.

Ora, havendo autonomia da vontade, portanto, liberdade para contratar e liberdade para pactuar ou aderir às cláusulas contratuais, deve haver – para prestígio do princípio da segurança jurídica – inalterabilidade do que fora estipulado livremente.

De fato, o princípio do *pacta sunt servanda* implica não somente segurança jurídica, mas também é garantidor do comércio jurídico que embasou o surgimento e o crescimento da civilização.

O princípio em tela já era visto na Roma antiga através dos estudos de Ulpiano (170-228 d.C.) que, apesar de não utilizar a expressão *pacta sunt servanda*, entendia que as cláusulas estipuladas contratualmente eram de cumprimento compulsório.

A evolução do comércio jurídico mostrou, entretanto, que a utilização do princípio do *pacta sunt servanda* sem temperamento ou sem qualquer exceção poderia tornar algumas contratações inviáveis, pois uma das partes precisaria assumir riscos intoleráveis que poderiam gerar, inclusive, a sua ruína.

A desproporção ruinosa possibilitou o surgimento – para os contratos de execução posterior ao momento da celebração – do princípio da *rebus sic stantibus (contractus qui habent tractum sucessivum et dependentiam de futuro, rebus sic stantibus intelliguntur)*.

É óbvio que, mesmo com o surgimento do princípio da *rebus sic stantibus*, a regra contratual é pautada no princípio do *pacta sunt servanda*, sob pena de desaparecer o instituto jurídico "contrato". A flexibilização da execução futura será sempre exceção; nunca regra sistêmica.

TEORIAS	*pacta sunt servanda*
	rebus sic stantibus

Na Roma antiga, a *rebus sic stantibus* poderia, em alguns casos previstos pelo ordenamento ou naturalmente aceitáveis, justificar a inexecução do contrato, transmudando-a de culposa para sem culpa.

São Tomás de Aquino[43] afirmava:

Quem promete alguma coisa, com intenção de cumprir a promessa, não mente, porque não fala contra o que tem na mente. Mas, não a cumprindo, é-lhe infiel, mudando de intenção. Pode, porém, ser escusado por duas razões: primeiro se prometeu o que é manifestamente ilícito, pecou quando assim procedeu e, portanto, age bem mudando de propósito; segundo, **se mudaram as condições das pessoas e os atos, pois, como diz Sêneca, para estarmos obrigados a fazer o que prometemos, é necessário que todas as circunstâncias permaneçam as mesmas**. Do contrário, não mentimos quando prometemos, nem somos infiéis à promessa por não a cumprir, pois já as condições não eram as mesmas. Por isso, o Apóstolo não mentiu por não ter ido a Corinto, como prometera, pois obstáculos supervenientes lho impediram (grifo).

O princípio da *rebus sic stantibus* é utilizado na teoria da imprevisão, mas não há confusão entre eles. A teoria utiliza aquele princípio nos casos em que as circunstâncias exteriores da época do cumprimento sejam imprevisíveis ou, se previsíveis, as consequências não possam ser estimadas ao tempo da celebração. Nessa esteira, convém destacar a jurisprudência do Superior Tribunal de Justiça, no que concerne à ocorrência de eventos que, conquanto supervenientes à execução da avença, não se revelem como imprevisíveis:

Esta Corte tem o entendimento de que não se aplica a Teoria da Imprevisão para a recomposição do equilíbrio econômico-financeiro do contrato administrativo (Lei n. 8.666/1993, art. 65, II, "d") nahipótese de aumento salarial dos empregados da contratada em decorrência de dissídio coletivo, pois constitui evento certo que deveria ser levado em conta quando da efetivação da proposta[44].

As partes podem até ter previsto as circunstâncias, entretanto a considerável imprevisibilidade das consequências gera também a possibilidade de invocação da teoria da imprevisão.

---

[43] São Tomás de Aquino. *Summa theologica cura fratum ordinis preedecatorum.* Domínio Público.

[44] STJ, AgInt no REsp 1776360/AM, rel. Min. Gurgel de Faria, 1ª Turma, julgado em 16-11-2020, *DJe* 27-11-2020.

A imprevisibilidade deve ser relevante para a execução do contrato, pois variações mínimas à época do adimplemento da avença fazem parte do **risco esperado do negócio**. É razoável que, em um lapso considerável de tempo entre a celebração e o cumprimento da avença, haja mudança das circunstâncias, entretanto, somente ocorrendo variações consideráveis para o objeto do contrato, a teoria da imprevisão pode ser oposta pela parte prejudicada.

No contrato administrativo, o princípio da *rebus sic stantibus* somente pode ser invocado dentro dos limites da teoria da imprevisão, pois o contratado não pode atribuir os riscos normais da atividade econômica à Administração Pública.

A teoria da imprevisão foi aplicada inicialmente aos contratos administrativos na decisão do Conselho de Estado francês, de 30 de março de 1916, no caso da *Compagnie générale d'éclairage de Bordeaux*.

Àquela época, o carvão era insumo para a produção de gás e, devido ao aumento exorbitante causado pela guerra no seu preço, ficou difícil o cumprimento dos contratos administrativos sem que o concessionário fosse levado à falência.

Com o objetivo de equalizar o problema das concessionárias de gás, o Conselho de Estado francês permitiu a revisão das tarifas cobradas aos consumidores. **Deve sempre ser lembrado que a sua aplicação tem espaço somente nos riscos econômicos extraordinários que podem ser experimentados pelo contratado.**

Martine Lombard[45] aduz que o estado de imprevisibilidade pode ser levado em conta se resulta de um evento exterior às partes e imprevisível até a conclusão do contrato, e se resulta de uma verdadeira revolução passada na economia.

No ordenamento jurídico pátrio, a própria Constituição Federal deixou clara a observância obrigatória da teoria da imprevisão pela Administração Pública quando estabeleceu, no inciso XXI do seu art. 37:

> ressalvados os casos especificados na legislação, as obras, serviços, compras e alienações serão contratados mediante processo de licitação pública que assegure igualdade de condições a todos os concorrentes, com cláusulas que estabeleçam obrigações de pagamento, **mantidas as condições efetivas da proposta**, nos termos da lei, o qual somente permitirá as exigências de qualificação técnica e econômica indispensáveis à garantia do cumprimento das obrigações. (grifo)

A aplicação da teoria da imprevisão dar-se-á quando for possível a execução do contrato, entretanto o seu cumprimento fatalmente causará grande e injusto prejuízo ao contratado em virtude de álea econômica extraordinária e extracontratual. A mudança nas condições de execução deve ser sempre cau-

---

45 LOMBARD, Martine. *Droit administratif*. 4. ed. Paris: Dalloz, 2001.

sada por elemento externo à avença, portanto, estranho à vontade de qualquer das partes envolvidas.

Logo, somente estando presentes todos os elementos da teoria da imprevisão, é possível afirmar que a inexecução do contratado foi sem culpa.

29.1.2.13.2.3.   Fato do príncipe

O Estado é uno mesmo havendo divisão das suas funções ou poderes[46], podendo, consequentemente, atuar ao mesmo tempo como contratante e como ente político dotado de autonomia para decidir, sob o regime constitucional adotado, acerca das diversas relações sociais abarcadas pelo Direito Público e pelo Direito Privado.

As opções políticas estatais guiam a sociedade como um todo e podem ter reflexos nas suas próprias relações jurídicas tanto internas quanto externas. No contrato, o atuar do Estado é individual, mas o seu atuar na condução das relações sociais é, em regra, geral e abstrato.

Ao atuar de forma geral, o Estado não tem como foco os contratos dos quais participa, mas as políticas públicas que devem ser implantadas, portanto, não age como parte contratual.

O **fato do príncipe** é todo **ato imprevisto e imprevisível** do Estado praticado com as suas prerrogativas de ente político, geral e sem relação direta com o contrato do qual é parte – mas cujos reflexos tocam suas disposições – que repercute no equilíbrio econômico-financeiro inicial do acordo. Nota-se que há ato externo ao contrato, porém praticado por uma de suas partes.

A variação cambial é fenômeno natural na regulação monetária, de maneira que não existe qualquer imprevisibilidade atinente à flutuação de valor da moeda nacional ante as nuanças de mercado. Porém, entre os anos de 1994 e 1998, o Brasil adotou regime de câmbio fixo, indexando-se a moeda nacional ao dólar, como medida de estabilização integrante do Plano Real. A partir de 1999, passou a viger o câmbio flutuante, em que a cotação da moeda é determinada pelas relações de oferta e demanda no mercado, sem interferência da autoridade monetária. A decisão de governo importou em sensível variação de valor da moeda nacional, impactando-se sobremaneira a execução de contratos cujo objeto seja constituído por bens adquiridos em moeda estrangeira. Sobre esse evento, destaca-se interessante caso julgado pelo Superior Tribunal de Justiça, no qual se anota que:

> [...] No caso concreto, a empresa autora, ora recorrente, requer indenização pecuniária, mediante a revisão de contrato administrativo para o fornecimen-

---

[46] Legislativo, Executivo e Judiciário.

to de helicópteros (por elaentregues) destinados ao serviço de remoção de vítimas de acidentes, resgates e operações especiais do Departamento da Polícia Rodoviária Federal, com preço originariamente fixado em moeda nacional (real), ante a alegada quebra da equação econômico-financeira, decorrente da forte desvalorização da moeda brasileira frente ao dólar, fenômeno ocorrido em janeiro de 1999, como consequência da mudança de política cambial então implementada pelo Banco Central.

[...] Uma vez demonstrado que as aeronaves necessitavam ser adquiridas pela licitante vencedora no exterior, com o desembolso em dólar realizado logo após a mencionada e drástica alteração da política cambial (passando-se do sistema de bandas para o de livre flutuação do dólar), fato esse que, à época, não poderia ser previsto e que acabou por onerar sobremaneira a empresa recorrente, configurada resulta a álea econômica extraordinária e extracontratual de que trata o art. 65, II, *d*, da Lei n. 8.666/93, legitimando a indenização por ela pleiteada[47].

Cumpre lembrar que a República Federativa do Brasil, como bem explicitado no seu nome, é uma federação formada, segundo o art. 1º da CF/88, por quatro entes e três esferas de competência. Os quatro entes são: a União, os Estados, o Distrito Federal e os Municípios. As três esferas de competência são: a federal, a estadual e a municipal, visto que não existe competência distrital, em virtude de o Distrito Federal acumular competências estaduais e municipais.

Ante a estrutura do federalismo brasileiro, alguns autores debatem sobre a configuração de fato do príncipe em ato praticado por ente federativo diverso do que figura como parte no contrato.

O saudoso Diogenes Gasparini[48] afirma que somente se poderá configurar fato do príncipe quando o mesmo ente da federação for o editor do ato geral e parte no contrato, ou seja, somente ato editado pela União que tenha reflexos em avenças firmadas pela União configurará tal instituto jurídico. Ressalta o jurista, com pertinência, que, se o ato e a Administração Pública forem de entes diversos, aplicar-se-á não o fato do príncipe, mas a teoria da imprevisão. Eis as suas -palavras: "Nos países federados, como é o nosso, o fato do príncipe somente se configura se o ato ou fato provir da própria Administração Pública contratante. Se o ato tiver outra origem, os inconvenientes que causar serão resolvidos pela teoria da imprevisão".

É semelhante o entendimento de Maria Sylvia Zanella Di Pietro[49], para quem no direito brasileiro, de regime federativo, "a teoria do fato do príncipe somente

---

[47] STJ, REsp 1433434 / DF, rel. Min. Sérgio Kukina, 1ª Turma, julgado em 20-2-2018, *DJe* 21-3-2018.

[48] GASPARINI, Diogenes. *Direito administrativo*. 15. ed. São Paulo: Saraiva, 2010. p. 663.

[49] DI PIETRO, Maria Sylvia Zanella. *Direito administrativo*. 34. ed. Rio de Janeiro: Forense, 2021. p. 293.

se aplica se a autoridade responsável pelo fato do príncipe for da mesma esfera de governo em que se celebrou o contrato (União, Estados e Municípios); se for de outra esfera, aplica-se a teoria da imprevisão".

Segundo alguns autores, a solução apresentada é engenhosa em um Estado unitário (França) ou em um federalismo simétrico[50], mas a **assimetria do federalismo brasileiro** notada na hipertrofia da União em relação aos Estados e Municípios e na hipertrofia dos Estados em relação aos Municípios não invalida o argumento de que o ato geral editado por ente federado que detenha mais competências e relevância sistêmica do que o ente parte do contrato é fato do príncipe. Porém esse não é o melhor argumento.

Aduz-se o fato do príncipe como "toda determinação estatal, positiva ou negativa, geral, imprevista e imprevisível, que onera substancialmente a execução do contrato administrativo"[51].

Miguel Marienhoff[52] expõe a diferença entre responsabilidade por fato do príncipe e responsabilidade contratual do Estado é deduzida pela seguinte forma: o fato do príncipe pressupõe uma norma geral emanada de autoridade pública – de qualquer autoridade pública –, enquanto a responsabilidade contratual do Estado pressupõe uma norma particular, específica, emanada de qualquer autoridade pública relacionada com o contrato administrativo em questão. A responsabilidade pelo fato do príncipe não é direta; apenas reflexa, incide no âmbito jurídico do cocontratante, causando-lhe dano ressarcível.

O **fato do príncipe** pode gerar a inexecução sem culpa do contratado, mas somente terá tal qualificação quando emanado do **mesmo ente federativo**, conforme magistralmente ilustrado pelo saudoso Diogenes Gasparini[53].

29.1.2.13.2.4.   Fato da administração

Enquanto o fato do príncipe não está diretamente relacionado ao contrato administrativo, o **fato da administração** é a ação ou a omissão diretamente relacionada à avença praticada pela Administração Pública, na qualidade de parte do contrato, que retarda ou impede o cumprimento das prestações do outro

---

[50] É possível afirmar, sem medo de errar, que o federalismo simétrico, na prática, é ideal e inexistente, pois a perfeição na distribuição da competência, sem que houvesse um ente central, tornaria os membros federados soberanos, ensejando a autofagia.

[51] MEIRELLES, Hely Lopes; BURLE FILHO, José Emannuel. *Direito administrativo brasileiro*. 42. ed. São Paulo: Malheiros, 2016. p. 270.

[52] MARIENHOFF, Miguel S. Contratos administrativos. *Primer Congreso Internacional y IV Jornadas Nacionales de Derecho Administrativo*. Mendonza, 1977.

[53] GASPARINI, Diogenes. *Direito administrativo*. 15. ed. São Paulo: Saraiva, 2010.

contraente, portanto não há qualquer dúvida acerca da ausência de culpa do contratado, sendo caso de inexecução sem culpa.

Logo, no fato do príncipe o ato é praticado por autoridade no exercício das funções de Estado (autoridade pública), em caráter geral, mas cujos efeitos repercutem na execução do contrato administrativo. No fato da Administração, o ato é praticado pela autoridade na qualidade de parte do contrato.

O fato da administração poderá ensejar tanto a rescisão contratual quanto o reequilíbrio econômico-financeiro e pode ser visto nas condutas atribuíveis à Administração Pública descritas no art. 78 da Lei n. 8.666/93.

29.1.2.13.2.5. Caso fortuito e força maior

Inicialmente, cumpre esclarecer: não há uniformidade na doutrina sobre os conceitos de caso fortuito e força maior.

Segundo Hely Lopes Meirelles[54], força maior é o **evento humano** que, por sua imprevisibilidade e inevitabilidade, cria, para o contratado, uma impossibilidade intransponível à execução da avença. Já o caso fortuito é o **evento da natureza** que, por sua imprevisibilidade e inevitabilidade, cria, para o contratado, uma impossibilidade intransponível para a execução do contrato.

José Cretella Júnior[55] afirma, em sentido oposto, que força maior é o acontecimento exterior, **independente da vontade humana**, cuja causa é conhecida, mas com caráter nítido de irresistibilidade. Segundo suas palavras, o caso fortuito refere-se a algo interno, cuja causa é desconhecida.

O Código Civil de 2002, ao tratar do caso fortuito e da força maior, afirma:

> Art. 393. O devedor não responde pelos prejuízos resultantes de caso fortuito ou força maior, se expressamente não se houver por eles responsabilizado.
> Parágrafo único. O caso fortuito ou de força maior verifica-se no fato necessário, cujos efeitos não era possível evitar ou impedir.

Conquanto os conceitos de mestre Hely Lopes Meirelles apontem a **inevitabilidade e imprevisibilidade** da causa, o artigo acima transcrito afirma apenas a inevitabilidade dos efeitos da causa. Portanto, a causa em si, na força maior, pode – conforme colocado por Cretella Júnior – ser conhecida sem impossibilitar a invocação da excludente de responsabilidade ora tratada[56].

---

[54] MEIRELLES, Hely Lopes; BURLE FILHO, José Emannuel. *Direito administrativo brasileiro*. 42. ed. São Paulo: Malheiros, 2016.

[55] CRETELLA JÚNIOR, José. *O Estado e a obrigação de indenizar*. São Paulo: Saraiva, 1980.

[56] STJ, REsp 710.078/SP, rel. Min. Mauro Campbell Marques, 2ª Turma, julgado em 23-3-2010, *DJe* 12-4-2010.

Ninguém mais capacitado para encerrar a polêmica terminológica ou conceitual do que Pontes de Miranda[57]. Segundo o prestigiado embaixador, a distinção entre força maior e caso fortuito só teria de ser feita, só seria importante, se as regras jurídicas a respeito deste e daquela fossem diferentes. Então, ter-se-ia de definir força maior e caso fortuito conforme a comodidade da exposição; não ocorrendo tal necessidade, é escusado estarem os juristas a atribuir significados sem base histórica, sem segurança doutrinária.

Assim como o atual Código Civil, o Código Civil de 1916 atribuía as mesmas consequências aos dois institutos. Eis a sua norma:

> Art. 1.058. O devedor não responde pelos prejuízos resultantes de caso fortuito, ou força maior, se expressamente não se houver por eles responsabilizado, exceto nos casos dos arts. 955, 956 e 957.
>
> Parágrafo único. O caso fortuito, ou de força maior, verifica-se no fato necessário, cujos efeitos não era possível evitar, ou impedir.

É certo que, apesar dos debates sobre o conceito de caso fortuito e força maior, o efeito será sempre o mesmo para o contrato, qual seja, a inexecução sem culpa que poderá, inclusive, ensejar o reequilíbrio econômico-financeiro.

Ambos representam cláusulas excludentes de obrigação, extirpando também por consequência a responsabilidade em virtude do não cumprimento da prestação estipulada.

Em virtude de o ato geral e abstrato praticado por outro ente federativo que possa influenciar o contrato administrativo não representar, de acordo com a maioria dos autores, fato do príncipe, deve ser classificado como caso fortuito ou força maior.

Os conceitos jurídicos tendem a ser universais, pois não variam de acordo com o ramo do Direito estudado. Por isso, foram citadas, aqui, algumas normas do Direito Civil.

29.1.2.14. Extinção do contrato

A extinção do contrato é o seu fim, o seu término em virtude de algum acontecimento fático ou normativo, interno ou externo que tenha efeito sobre a avença.

29.1.2.14.1. *Extinção subjetiva (pleno direito)*

Vige o princípio da impessoalidade na escolha dos contratantes com a Administração Pública. Consequentemente, a atribuição do objeto contratual depende de critérios objetivamente estabelecidos pela lei.

---

[57] MIRANDA, Pontes de. *Tratado de direito privado*. Campinas: Bookseller, 2000, t. XXIII.

792 CURSO DE DIREITO ADMINISTRATIVO

Logo, em regra, não há possibilidade de substituição do contratado sem a renovação do procedimento preestabelecido de escolha, o que implica **intransferibilidade do objeto contratual** no caso de morte do contratado pessoa física ou de desaparecimento da pessoa jurídica contratada.

Deve ser ressaltado: mesmo a Administração Pública concordando com a previsão de assunção pelo sucessor, a inobservância do procedimento legal de escolha tornaria inválida a assunção.

As normas de Direito Privado que possibilitam a assunção do objeto pelos herdeiros ou sucessores dos contratados não se aplicam aos contratos administrativos. Todavia, as operações internas da pessoa jurídica contratada, quando permitidas pelo ordenamento jurídico e pelas cláusulas contratuais e não impliquem mudança substancial da empresa, poderão ser toleradas e o contrato poderá ser mantido.

Ainda que o contrato não seja celebrado *intuitu personae,* a possibilidade de substituição do contratado poderia violar a obrigatoriedade do procedimento licitatório ou as exigências pessoais de escolha estabelecidas pela lei para a contratação direta através de dispensa de licitação ou de inexigibilidade.

Por óbvio, a substituição nos contratos celebrados *intuitu personae* é completamente vedada, em virtude da natureza pessoal da execução do objeto, mas, observando o princípio da continuidade do serviço público, alguns atos praticados por terceiros nos contratos personalíssimos podem ser reputados válidos para evitar o perecimento de direito e resguardar o interesse público[58].

Assim, por não haver possibilidade de substituição do contratado sem novo procedimento objetivo de escolha, a sua extinção ou morte enseja a extinção do contrato administrativo (extinção de pleno direito).

Pode haver também **extinção da entidade contratante**, ou seja, a pessoa jurídica da Administração Pública pode deixar de existir. Tal fato extingue igualmente o contrato, ressaltando-se que o ente criador ou sucessor pode assumir a sua posição contratual se for do interesse público e tem o dever, caso não opte por suceder, de evitar o seu enriquecimento sem causa e prejuízos ao contratado.

29.1.2.14.2. *Extinção em virtude do cumprimento do objeto ou do decurso do prazo*

A **anomalia** no contrato é o não cumprimento do seu objeto, pois as pessoas contratantes, em regra, não celebram avenças para descumpri-las. A coopera-

---

[58] STASSINOPOULOS, Michel. *Traité des actes administratifs.* Atenas: LGDJ, 1973.

ção proposta nas cláusulas contratuais tem como objetivo atender aos interesses de todas as partes, caso contrário, estaria criada a figura do contrato sanção.

O **cumprimento do objeto** é, portanto, a maneira clássica e mais virtuosa de extinção do contrato tanto para as partes envolvidas quanto para a sociedade.

O **esgotamento do prazo contratual** desde que cumpridas todas as suas prestações e observadas todas as suas cláusulas também extingue virtuosamente o contrato.

29.1.2.14.3. *Extinção por impossibilidade fática (pleno direito) ou jurídica*

A **impossibilidade fática** é o surgimento de óbice no *mundo dos fatos* que inviabilize o cumprimento do contrato, podendo decorrer de comportamento humano – das partes ou de terceiros, culposo ou sem culpa – e de eventos naturais.

Exemplo de acontecimento natural que extingue o objeto: determinado Município firmou contrato administrativo para capacitar todos os seus cidadãos desempregados. Entretanto, durante a execução do contrato, ocorre devastador terremoto que exige a mudança de todos os munícipes para a cidade vizinha.

Exemplo de comportamento humano que extingue o objeto é a realocação em virtude de guerra ou comoção interna.

O perecimento do objeto também gera a impossibilidade fática de execução do objeto e, consequentemente, a extinção de pleno direito do contrato administrativo (extinção de pleno direito).

A impossibilidade jurídica é o surgimento de entrave jurídico que inviabilize o cumprimento do contrato, tendo-se como exemplo a edição de norma que torne a aquisição de determinado produto utilizado pela Administração Pública ilegal.

É lógico que os contratos firmados para fornecimento de tal produto devem ser extintos por ilegalidade do objeto, inclusive sob pena de a Administração Pública violar o ordenamento jurídico.

29.1.2.14.4. *Nulidade*

Há três planos que devem ser considerados para a imputação jurídica ou para o Direito: o da *existência*, o da *validade* e o da *eficácia*. A nulidade representa vício de validade do contrato.

A **validade**, como já foi dito, depende da observância do procedimento ou processo e da regra de competência estabelecidas pela norma jurídica. A invalidade pode gerar a anulabilidade ou a nulidade do contrato.

794 CURSO DE DIREITO ADMINISTRATIVO

Apesar de não ser comum, a lei pode fixar hipóteses de anulabilidade do contrato administrativo, pois a lei pode reverter conceitos e dogmas doutrinários, devendo submeter-se somente à Constituição.

Nesse sentido, a lei também pode, ao contrário do defendido por alguns autores, fixar hipóteses nas quais o gestor público, ou o advogado público, possa transigir, criando inclusive câmaras de conciliação de interesses públicos divergentes, afastando, assim, sob o manto da lei, a nulidade com a composição do conflito.

Mais comum, nos contratos administrativos, é a invalidade ensejar a nulidade contratual e, consequentemente, a sua extinção. A anulação do contrato é ato declaratório unilateral de que houve violação à lei, operando efeitos retroativos (*ex tunc*).

A sua declaração observa a mesma sistemática adotada para os atos administrativos, podendo ser declarada pelo Poder Judiciário mediante provocação ou pela própria Administração Pública através de provocação ou de ofício com base no seu poder-dever de autotutela.

A maioria dos autores de Direito Administrativo não distingue, como fazem os autores de Direito Civil, entre declaração de nulidade e anulação, utilizando o vocábulo "anulação" para o efeito de qualquer invalidade ou violação à lei.

Na hipótese de o contratado não ter ensejado a violação à lei[59], aplica-se o parágrafo único do seguinte artigo da Lei de Licitação e Contratos Administrativos:

> Art. 59. A declaração de nulidade do contrato administrativo opera retroativamente impedindo os efeitos jurídicos que ele, ordinariamente, deveria produzir, além de desconstituir os já produzidos.
>
> **Parágrafo único. A nulidade não exonera a Administração do dever de indenizar o contratado pelo que este houver executado até a data em que ela for declarada e por outros prejuízos regularmente comprovados, contanto que não lhe seja imputável, promovendo-se a responsabilidade de quem lhe deu causa.**

Por fim, cabe esclarecer que não existe revogação de contrato, porque o instituto é privativo dos atos unilaterais, assinalando-se que os mesmos motivos ensejadores da revogação dos atos administrativos podem autorizar a rescisão unilateral da avença[60].

---

[59] STJ, REsp 876.140/SE, rel. Min. Mauro Campbell Marques, 2ª Turma, julgado em 4-6-2009, *DJe* 23-6-2009.

[60] MEIRELLES, Hely Lopes; BURLE FILHO, José Emannuel. *Direito administrativo brasileiro*. 42. ed. São Paulo: Malheiros, 2016.

29.1.2.14.5. Rescisão

A doutrina não é unânime quando trata do conceito de rescisão. Alguns dos elementos são pacíficos e outros variam de acordo com a linha adotada pelo doutrinador.

A **rescisão**, *apesar de ter outro significado no Direito Civil*, é, na Lei n. 8.666/93, o direito do credor de exigir a extinção da avença em virtude do não cumprimento voluntário ou involuntário da prestação pelo devedor com efeitos *ex tunc* ou *ex nunc*, podendo haver cláusula expressa prevendo tal extinção no contrato.

Não há dúvida de que a análise do instituto rescisão deve ser feita de acordo com o estabelecido pela Lei n. 8.666/93, visto que o doutrinador pode criticar, sob o aspecto técnico, a norma posta pelo Poder Legitimado não para pregar a sua inobservância, mas apenas para, em sede de política legislativa, propor a sua adequação à técnica jurídica.

As hipóteses de rescisão contratual são apresentadas pelo art. 78 da Lei de Licitação e Contratos Administrativos:

> Art. 78. Constituem motivo para rescisão do contrato:
>
> I – o não cumprimento de cláusulas contratuais, especificações, projetos ou prazos;
>
> II – o cumprimento irregular de cláusulas contratuais, especificações, projetos e prazos;
>
> III – a lentidão do seu cumprimento, levando a Administração a comprovar a impossibilidade da conclusão da obra, do serviço ou do fornecimento, nos prazos estipulados;
>
> IV – o atraso injustificado no início da obra, serviço ou fornecimento;
>
> V – a paralisação da obra, do serviço ou do fornecimento, sem justa causa e prévia comunicação à Administração;
>
> VI – a subcontratação total ou parcial do seu objeto, a associação do contratado com outrem, a cessão ou transferência, total ou parcial, bem como a fusão, cisão ou incorporação, não admitidas no edital e no contrato;
>
> VII – o desatendimento das determinações regulares da autoridade designada para acompanhar e fiscalizar a sua execução, assim como as de seus superiores;
>
> VIII – o cometimento reiterado de faltas na sua execução, anotadas na forma do §1º do art. 67 desta Lei;
>
> IX – a decretação de falência ou a instauração de insolvência civil;
>
> X – a dissolução da sociedade ou o falecimento do contratado;
>
> XI – a alteração social ou a modificação da finalidade ou da estrutura da empresa, que prejudique a execução do contrato;
>
> XII – razões de interesse público, de alta relevância e amplo conhecimento, justificadas e determinadas pela máxima autoridade da esfera administrativa a que está subordinado o contratante e exaradas no processo administrativo a que se refere o contrato;

XIII – a supressão, por parte da Administração, de obras, serviços ou compras, acarretando modificação do valor inicial do contrato além do limite permitido no §1º do art. 65 desta Lei;

XIV – a suspensão de sua execução, por ordem escrita da Administração, por prazo superior a 120 (cento e vinte) dias, salvo em caso de calamidade pública, grave perturbação da ordem interna ou guerra, ou ainda por repetidas suspensões que totalizem o mesmo prazo, independentemente do pagamento obrigatório de indenizações pelas sucessivas e contratualmente imprevistas desmobilizações e mobilizações e outras previstas, assegurado ao contratado, nesses casos, o direito de optar pela suspensão do cumprimento das obrigações assumidas até que seja normalizada a situação;

XV – o atraso superior a 90 (noventa) dias dos pagamentos devidos pela Administração decorrentes de obras, serviços ou fornecimento, ou parcelas destes, já recebidos ou executados, salvo em caso de calamidade pública, grave perturbação da ordem interna ou guerra, assegurado ao contratado o direito de optar pela suspensão do cumprimento de suas obrigações até que seja normalizada a situação;

XVI – a não liberação, por parte da Administração, de área, local ou objeto para execução de obra, serviço ou fornecimento, nos prazos contratuais, bem como das fontes de materiais naturais especificadas no projeto;

XVII – a ocorrência de caso fortuito ou de força maior, regularmente comprovada, impeditiva da execução do contrato;

XVIII – descumprimento do disposto no inciso V do art. 27, sem prejuízo das sanções penais cabíveis.

Parágrafo único. Os casos de rescisão contratual serão formalmente motivados nos autos do processo, assegurado o contraditório e a ampla defesa.

Há, na Lei n. 8.666/93, três formas básicas de rescisão: a **amigável ou consensual, a judicial e a unilateral**.

Além das três citadas, pode ser lembrada a **rescisão arbitral** que não foi mencionada na lei em tela.

29.1.2.14.5.1. *Rescisão consensual ou amigável*

A **rescisão amigável**, prevista no inciso II do art. 79 da Lei n. 8.666/93, é resultado de **acordo de vontades** entre as partes envolvidas; não há grandes formalidades para a manifestação de vontade do particular.

Contudo, a manifestação de vontade da Administração Pública depende, na forma do §1º do artigo citado, de autorização escrita e fundamentada da autoridade competente e redução a termo no procedimento de licitação, devendo estar presente também a conveniência administrativa.

A rescisão amigável tem forma de distrato, consequentemente submete-se ao princípio da similitude das formas, operando efeitos *ex nunc*.

29.1.2.14.5.2. Rescisão judicial

A **rescisão judicial** é a determinada pelo Poder Judiciário. Apesar de possível a sua utilização por todos os envolvidos, é um instrumento normalmente usado pelos contratados, pois a Administração Pública possui a potestade da rescisão unilateral.

O contratado não pode opor a exceção material do contrato não cumprido contra a Administração Pública, devendo – ainda que o Poder Público não cumpra as suas obrigações, salvo nas hipóteses dos incisos XV e XVI do art. 78 da Lei de Licitação e Contratos Administrativos – continuar cumprindo as suas, sob pena de violação ao princípio da continuidade do serviço público. Contudo, pode pedir judicialmente a extinção do contrato com a consequente exoneração dos seus deveres.

29.1.2.14.5.3. Rescisão unilateral ou administrativa (cláusula exorbitante)

Esta modalidade de rescisão caracteriza bem o regime jurídico-administrativo próprio dos contratos administrativos, pois decorre da supremacia do interesse público sobre o interesse privado e representa uma potestade ofertada pelo ordenamento jurídico à Administração Pública.

Trata-se de uma das **cláusulas exorbitantes** descritas no art. 58 da Lei n. 8.666/93.

Martine Lombard[61] afirma sobre o poder de rescindir que a Administração pode pronunciar unilateralmente a rescisão de um contrato administrativo, seja a título de sanção (exceto em matéria de concessão ou em relação àquela que pode ser declarada pelo juiz), seja, mesmo na ausência de falta do cocontratante, por motivos de interesse geral. O poder de rescisão do contrato em virtude do interesse do serviço existe mesmo na ausência de cláusula específica neste sentido no contrato.

A Lei n. 8.666/93, no inciso I do seu art. 79, oferta conceito jurídico formal de rescisão unilateral ou administrativa, afirmando que tal modalidade é aquela determinada por ato unilateral e escrito da Administração.

A **rescisão unilateral** pode decorrer de:

a) inexecução objetiva ou subjetiva pelo contratado, culposa ou sem culpa, que acarrete mora ou inadimplemento; e

b) razões de interesse público devidamente motivadas.

---

[61] LOMBARD, Martine. *Droit administratif.* 4. ed. Paris: Dalloz, 2001.

798 CURSO DE DIREITO ADMINISTRATIVO

A rescisão administrativa é possível nas hipóteses descritas nos incisos I a XII e XVII do art. 78 da Lei de Licitação e Contratos Administrativos, conforme estabelecido no inciso I do seu art. 79.[62]

A rescisão unilateral possibilita a adoção das seguintes medidas pela Administração Pública, na forma dos incisos do art. 80:

a) assunção imediata do objeto do contrato, no estado e local em que se encontrar, por ato próprio da Administração;

b) ocupação e utilização do local, instalações, equipamentos, material e pessoal empregados na execução do contrato, necessários à sua continuidade, na forma do inciso V do art. 58 da LLC;

c) execução da garantia contratual, para ressarcimento da Administração, e dos valores das multas e indenizações a ela devidos; e

d) retenção dos créditos decorrentes do contrato até o limite dos prejuízos causados à Administração.

Todavia, quando a **rescisão forçada** for em virtude dos fatos descritos nos incisos XII a XVII do art. 78, sem culpa do contratado, ser-lhe-á devolvida, se for o caso, a garantia ofertada e ser-lhe-ão devidos os pagamentos pela execução do contrato até a data da rescisão e referentes aos custos de desmobilização.

29.1.2.14.5.4. Rescisão arbitral

A Lei n. 9.307/96 prevê a composição dos conflitos oriundos dos contratos através do instituto da arbitragem, podendo estar disciplinada no contrato (cláusula compromissória) ou ser superveniente à sua celebração (compromisso arbitral).

O Tribunal de Contas da União entendeu, no Acórdão n. 537/2006 – 2ª Câmara, que: "É ilegal a previsão, em contrato administrativo, da adoção de juízo arbitral para a solução de conflitos, bem como a estipulação de cláusula de confidencialidade, por afronta ao princípio da publicidade".

O citado Tribunal era contra a **arbitragem** em contratos administrativos, pois entendia não haver previsão legal para a utilização desse instrumento de solução das controvérsias contratuais e que a sua aplicação violaria preceitos do regime jurídico-administrativo.

---

[62] "Art. 79. A rescisão do contrato poderá ser:
I – determinada por ato unilateral e escrito da Administração, nos casos enumerados nos incisos I a XII e XVII do artigo anterior."

O STJ já decidiu pela possibilidade do seu uso em relação às **sociedades de economia mista**.

A polêmica foi encerrada pela Lei n. 13.129/15 que, ao alterar normas da Lei n. 9.307/96, estabeleceu a possibilidade de a Administração Pública utilizar-se da arbitragem para dirimir conflitos patrimoniais disponíveis.

A autoridade ou o órgão competente da Administração Pública direta para a celebração de convenção de arbitragem é a mesma para a realização de acordos ou transações.

A arbitragem que envolva a Administração Pública será sempre de **direito** e respeitará o princípio da publicidade.

Considera-se instituída a arbitragem quando aceita a nomeação pelo árbitro, se for único, ou por todos, se forem vários.

A instituição da arbitragem interrompe a prescrição, retroagindo à data do requerimento de sua instauração, ainda que extinta a arbitragem por ausência de jurisdição.

Observe-se que o poder de decisão dos árbitros em relação aos contratos administrativos tem limites, pois as prerrogativas da Administração Pública decorrentes das cláusulas exorbitantes não podem ser afastadas.

EXTINÇÃO DO CONTRATO	Extinção subjetiva (pleno direito)	
	Extinção em virtude do cumprimento do objeto ou do decurso do prazo	
	Extinção por impossibilidade fática (pleno direito) ou jurídica	
	Nulidade	
	Rescisão	Rescisão consensual ou amigável
		Rescisão judicial
		Rescisão unilateral ou administrativa (cláusula exorbitante)
		Rescisão arbitral

29.1.2.15. Sanções ou penalidades administrativas (cláusula exorbitante)

O poder de sancionar os contratados, independentemente de cláusula contratual nesse sentido, decorre do regime jurídico-administrativo, pois se trata de uma das **cláusulas exorbitantes** descritas no art. 58 da Lei n. 8.666/93. A Administração Pública pode aplicar, independentemente do Poder Judiciário, sanções às outras partes quando houver descumprimento do que fora avençado.

A pretensão de aplicar sanção administrativa requer a instauração de **processo administrativo**, pois enseja o surgimento de lide, de maneira que inexoravelmente deve observar o disposto no inciso LV do art. 5º da CF/88[63].

O processo judicial ou administrativo não prescinde do **contraditório e da ampla defesa**, com os meios e recursos a ela inerentes. Enfatize-se que as decisões restritivas de direitos do contratado comportam recurso, representação ou pedido de reconsideração a depender do caso.

Martine Lombard[64] ilustra a existência de dois tipos de sanções, ao dizer que o poder de direção da Administração é ainda mais importante porque é acompanhado de uma potencialidade de sanção; as sanções podem ser pecuniárias ou coercitivas.

Todavia, o ordenamento jurídico brasileiro não faz tal distinção, apresentando, no art. 87 da Lei n. 8.666/93, quatro tipos de sanção:

a) advertência;
b) multa;
c) suspensão temporária ou impedimento; e
d) declaração de inidoneidade.

---

[63] "LV – aos litigantes, em processo judicial ou administrativo, e aos acusados em geral são assegurados o contraditório e ampla defesa, com os meios e recursos a ela inerentes."
[64] LOMBARD, Martine. *Droit administratif*. 4. ed. Paris: Dalloz, 2001.

Eis a literalidade do artigo:

Art. 87. Pela inexecução total ou parcial do contrato a Administração poderá, garantida a prévia defesa, aplicar ao contratado as seguintes sanções:

I – advertência;

II – multa, na forma prevista no instrumento convocatório ou no contrato;

III – suspensão temporária de participação em licitação e impedimento de contratar com a Administração, por prazo não superior a 2 (dois) anos;

IV – declaração de inidoneidade para licitar ou contratar com a Administração Pública enquanto perdurarem os motivos determinantes da punição ou até que seja promovida a reabilitação perante a própria autoridade que aplicou a penalidade, que será concedida sempre que o contratado ressarcir a Administração pelos prejuízos resultantes e após decorrido o prazo da sanção aplicada com base no inciso anterior.

A aplicação de qualquer dessas **sanções** somente pode ser feita após o prazo concedido ao interessado para a **defesa prévia**. Eis a previsão legal da defesa prévia e do seu prazo no §2º do art. 87 da Lei n. 8.666/93:

§2º As sanções previstas nos incisos I, III e IV deste artigo poderão ser aplicadas juntamente com a do inciso II, facultada a **defesa prévia** do interessado, no respectivo processo, no prazo de **5 (cinco) dias úteis**.

O rol apresenta claramente uma gradação crescente de gravidade das sanções aplicáveis. O gestor público, ao exercer o poder-dever sancionatório, deve observar os princípios da legalidade, do contraditório e da ampla defesa, da razoabilidade e da proporcionalidade.

O Superior Tribunal de Justiça[65], em julgado no qual trata da interpretação do art. 87 da Lei n. 8.666/93, fixa o seguinte entendimento:

[...] O art. 87, da Lei n. 8.666/93, não estabelece critérios claros e objetivos acerca das sanções decorrentes do descumprimento do contrato, mas por óbvio existe uma gradação acerca das penalidades previstas nos quatro incisos do dispositivo legal.

[...] Na contemporaneidade, os valores e princípios constitucionais relacionados à igualdade substancial, justiça social e solidariedade, fundamentam mudanças de paradigmas antigos em matéria de contrato, inclusive no campo do contrato administrativo que, desse modo, sem perder suas características e atributos do período anterior, passa a ser informado pela noção de boa-fé objetiva, transparência e razoabilidade no campo pré-contratual, durante o contrato e pós-contratual.

---

[65] STJ, REsp 914.087/RJ, rel. Min. José Delgado, 1ª Turma, julgado em 4-10-2007, *DJ* 29-10-2007, p. 190.

[...] Assim deve ser analisada a questão referente à possível penalidade aplicada ao contratado pela Administração Pública, e desse modo, o art. 87, da Lei n. 8.666/93, somente pode ser interpretado com base na razoabilidade, adotando, entre outros critérios, a própria gravidade do descumprimento do contrato, a noção de adimplemento substancial e a proporcionalidade.

Não se prescinde também de **motivação** para a escolha de uma entre as quatro sanções apresentadas pelo artigo em questão. O agente público deve ilustrar na sua motivação que a sanção aplicada é **proporcional** à conduta praticada, sob pena de invalidação do ato pelas instâncias recursais da própria Administração Pública ou pelo Poder Judiciário.

As penas não podem ser aplicadas simultaneamente para o mesmo fato, salvo a multa que pode ser cumulada com as outras sanções, na forma do §2º do art. 87 da Lei de Licitação e Contratos Administrativos.

A **advertência** é, sem dúvida, a pena mais leve dentre as estabelecidas, mesmo assim depende do escoamento do prazo de defesa prévia.

A aplicação de **multa** depende também de previsão no **instrumento convocatório ou no contrato**; a previsão legal apenas não é suficiente para que seja facultada à Administração Pública sua utilização[66].

Se a multa aplicada for superior ao valor da garantia prestada, além da sua perda, responderá o contratado pela diferença, a ser descontada dos pagamentos eventualmente devidos pela Administração ou *cobrada judicialmente*.

A **suspensão temporária** de participação em licitação e o impedimento de contratar com a Administração Pública observam o princípio da transitoriedade da pena.

O sistema constitucional brasileiro não admite penas perpétuas quando se trata de violação a bens jurídicos mais relevantes do que o patrimônio público, consequentemente, não seria diferente em relação às condutas ilegais nas licitações e contratos administrativos. Assim, essas sanções não podem ultrapassar **2 (dois anos)**.

A **declaração de inidoneidade** é de competência exclusiva de **Ministro de Estado, Secretário Estadual ou Municipal**, apresenta-se como a mais grave das sanções, mas também é transitória, sendo facultada a **defesa** do interessado no respectivo processo, no prazo de 10 (dez) dias da abertura de vista, podendo a reabilitação ser requerida após 2 (dois) anos de sua aplicação.

Passados os **motivos determinantes da sua aplicação ou promovida a reabilitação** da pessoa faltosa perante a Administração que aplicou a penalidade, o Poder Público poderá afastar a declaração de inidoneidade.

---

[66] STJ, REsp 709.378/PE, rel. Min. Teori Albino Zavascki, 1ª Turma, julgado em 21-10-2008, *DJe* 3-11-2008.

A **reabilitação** depende dos seguintes requisitos, em conjunto:

a) ressarcimento dos prejuízos causados; e
b) lapso temporal de 2 (dois anos).

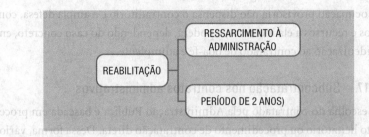

As sanções de suspensão temporária e de declaração de inidoneidade para licitar ou contratar com a Administração Pública poderão também ser aplicadas às empresas ou aos profissionais que, em razão de contratos administrativos regidos pela Lei n. 8.666/93:

I – tenham sofrido condenação definitiva por praticarem, por meios dolosos, fraude fiscal no recolhimento de quaisquer tributos;

II – tenham praticado atos ilícitos visando frustrar os objetivos da licitação;

III – demonstrem não possuir idoneidade para contratar com a Administração em virtude de atos ilícitos praticados.

A declaração de inidoneidade atinge toda Administração Pública direta e indireta[67], pois a norma tem natureza geral e mostra a sua eficácia extensiva ao afirmar que a reabilitação dar-se-á apenas *"perante a própria autoridade que aplicou a penalidade"*. Os seus efeitos são *ex nunc*[68].

29.1.2.16. Ocupação temporária (cláusula exorbitante)

Mais uma das **cláusulas exorbitantes** do contrato administrativo é a possibilidade de a Administração Pública, de maneira unilateral, ocupar, nos casos de serviços essenciais, provisoriamente bens móveis, imóveis, pessoal e serviços vinculados ao objeto do contrato, na hipótese da necessidade de acautelar apuração administrativa de faltas contratuais pelo contratado, bem como na hipótese de rescisão do contrato administrativo.

---

[67] STJ, REsp 151.567/RJ, rel. Min. Francisco Peçanha Martins, 2ª Turma, julgado em 25-2-2003, *DJ* 14-4-2003, p. 208.

[68] STJ, MS 14.002/DF, rel. Min. Teori Albino Zavascki, 1ª Seção, julgado em 28-10-2009, *DJe* 6-11-2009.

804 CURSO DE DIREITO ADMINISTRATIVO

Essa possibilidade excepcional tem o objetivo de resguardar a continuidade de serviço essencial, visto que a descontinuidade de alguns serviços públicos, por exemplo o de saúde, pode acarretar danos irreversíveis aos valores mais caros à sociedade como a vida e integridade física humanas.

A ocupação provisória não dispensa o contraditório e a ampla defesa, com os meios e recursos a ela inerentes, e poderá, dependendo do caso concreto, ensejar indenização ao contratado de boa-fé e adimplente.

29.1.2.17. Subcontratação nos contratos administrativos

A escolha do contratado pela Administração Pública é baseada em procedimento licitatório ou procedimento de contratação direta. Dessa forma, vários requisitos precisam ser observados, o que torna a contratação personalíssima.

Caso o contratado pudesse ser substituído, os procedimentos prévios normativamente exigidos perderiam utilidade e a exigência de licitação e de observância de requisitos na contratação direta seriam violadas.

Assim, em regra, a subcontratação é vedada. *Vide* abaixo o inciso VI do art. 78 da Lei n. 8.666/93:

> Art. 78. Constituem motivo para rescisão do contrato:
> (...)
> VI – a subcontratação total ou parcial do seu objeto, a associação do contratado com outrem, a cessão ou transferência, total ou parcial, bem como a fusão, cisão ou incorporação, não admitidas no edital e no contrato.

Observe-se, todavia, que o inciso transcrito apresentou exceção à vedação de subcontratação ao afirmar a sua possibilidade caso seja admitida no edital e no contrato.

A subcontratação ou outras formas de colaboração de terceiro não pode ser total, sob pena de fraude aos procedimentos prévios normativamente exigidos para a contratação.

O art. 72 da lei em comento ratifica a proibição de subcontratação total, ao dizer que somente partes da obra, serviço ou fornecimento podem ser atribuídas a terceiros quando a Administração Pública admitir. *Vide* seu texto:

> Art. 72. O contratado, na execução do contrato, sem prejuízo das responsabilidades contratuais e legais, poderá subcontratar partes da obra, serviço ou fornecimento, até o limite admitido, em cada caso, pela Administração.

A fim de que a subcontratação não se torne uma medida para burlar exigências de habilitação, o Poder Público pode exigir que os subcontratados demonstrem que possuem todos os requisitos exigidos para o contratado principal.

29.1.2.18. Contatos administrativos das empresas estatais

A Lei n. 13.303/16, no seu art. 68, aduziu que os contratos administrativos das empresas estatais regulam-se pelo disposto nas suas cláusulas, na lei em questão e nos preceitos de direito privado.

São **cláusulas necessárias** nos contratos administrativos das empresas estatais:

I – o objeto e seus elementos característicos;

II – o regime de execução ou a forma de fornecimento;

III – o preço e as condições de pagamento, os critérios, a data-base e a periodicidade do reajustamento de preços e os critérios de atualização monetária entre a data do adimplemento das obrigações e a do efetivo pagamento;

IV – os prazos de início de cada etapa de execução, de conclusão, de entrega, de observação, quando for o caso, e de recebimento;

V – as garantias oferecidas para assegurar a plena execução do objeto contratual, quando exigidas, observado o disposto no art. 68;

VI – os direitos e as responsabilidades das partes, as tipificações das infrações e as respectivas penalidades e valores das multas;

VII – os casos de rescisão do contrato e os mecanismos para alteração de seus termos;

VIII – a vinculação ao instrumento convocatório da respectiva licitação ou ao termo que a dispensou ou a inexigiu, bem como ao lance ou proposta do licitante vencedor;

IX – a obrigação do contratado de manter, durante a execução do contrato, em compatibilidade com as obrigações por ele assumidas, as condições de habilitação e qualificação exigidas no curso do procedimento licitatório;

X – matriz de riscos.

Nos contratos decorrentes de licitações de obras ou serviços de engenharia em que tenha sido adotado o modo de disputa aberto, o contratado deverá reelaborar e apresentar à empresa pública ou à sociedade de economia mista e às suas respectivas subsidiárias, por meio eletrônico, as planilhas com indicação dos quantitativos e dos custos unitários, bem como do detalhamento das Bonificações e Despesas Indiretas (BDI) e dos Encargos Sociais (ES), com os respectivos valores adequados ao lance vencedor, para fins do disposto no item III acima.

Poderá ser exigida **prestação de garantia** nas contratações de obras, serviços e compras.

Caberá ao contratado optar por uma das seguintes **modalidades de garantia**:

I – caução em dinheiro;

II – seguro-garantia; ou

III – fiança bancária.

A garantia não excederá a **5% (cinco por cento) do valor do contrato** e terá seu valor atualizado nas mesmas condições nele estabelecidas.

Para obras, serviços e fornecimentos de **grande vulto** envolvendo **complexidade técnica** e **riscos financeiros elevados**, o limite de garantia poderá ser elevado para até **10% (dez por cento) do valor do contrato**.

A garantia prestada pelo contratado será liberada ou restituída após a execução do contrato, devendo ser atualizada monetariamente na hipótese de caução em dinheiro.

A **duração dos contratos** não excederá a 5 (cinco) anos, contados a partir de sua celebração, exceto:

I – para projetos contemplados no plano de negócios e investimentos da empresa pública ou da sociedade de economia mista;
II – nos casos em que a pactuação por prazo superior a 5 (cinco) anos seja prática rotineira de mercado e a imposição desse prazo inviabilize ou onere excessivamente a realização do negócio.

É vedado o contrato por prazo indeterminado.

Os contratos somente poderão ser **alterados** por acordo entre as partes, vedando-se ajuste que resulte em violação da obrigação de licitar.

A **redução a termo do contrato** poderá ser dispensada no caso de pequenas despesas de pronta entrega e pagamento das quais não resultem obrigações futuras por parte da empresa pública ou da sociedade de economia mista, o que não prejudicará o registro contábil exaustivo dos valores despendidos e a exigência de recibo por parte dos respectivos destinatários.

É permitido a qualquer interessado o conhecimento dos termos do contrato e a obtenção de cópia autenticada de seu inteiro teor ou de qualquer de suas partes, admitida a exigência de ressarcimento dos custos, nos termos previstos na Lei n. 12.527, de 18 de novembro de 2011.

A empresa pública e a sociedade de economia mista **convocarão o licitante vencedor ou o destinatário de contratação com dispensa ou inexigibilidade de licitação** para assinar o termo de contrato, observados o prazo e condições estabelecidas, sob pena de decadência do direito à contratação.

O **prazo de convocação** poderá ser prorrogado 1 (uma) vez, por igual período. É facultado à empresa pública ou à sociedade de economia mista, quando o convocado não assinar o termo de contrato no prazo e condições estabelecidas:

I – convocar os licitantes remanescentes, na ordem de classificação, para fazê-lo em igual prazo e nas mesmas condições propostas pelo primeiro classificado, inclusive quanto aos preços atualizados em conformidade com o instrumento convocatório;
II – revogar a licitação.

O contratado é obrigado a **reparar, corrigir, remover, reconstruir ou substituir**, às suas expensas, no total ou em parte, o objeto do contrato em que se verificarem vícios, defeitos ou incorreções resultantes da execução ou de materiais empregados, e responderá por danos causados diretamente a terceiros ou à empresa pública ou sociedade de economia mista, independentemente da comprovação de sua culpa ou dolo na execução do contrato.

O contratado é responsável pelos **encargos trabalhistas, fiscais e comerciais resultantes da execução do contrato**.

A **inadimplência do contratado** quanto aos encargos trabalhistas, fiscais e comerciais não transfere à empresa pública ou à sociedade de economia mista a responsabilidade por seu pagamento, nem poderá onerar o objeto do contrato ou restringir a regularização e o uso das obras e edificações, inclusive perante o Registro de Imóveis.

O contratado, na execução do contrato, sem prejuízo das responsabilidades contratuais e legais, poderá **subcontratar** partes da obra, serviço ou fornecimento, até o limite admitido, em cada caso, pela empresa pública ou pela sociedade de economia mista, conforme previsto no edital do certame.

A empresa **subcontratada** deverá atender, em relação ao objeto da subcontratação, as exigências de **qualificação técnica** impostas ao licitante vencedor.

É **vedada a subcontratação** de empresa ou consórcio que tenha participado:

I – do procedimento licitatório do qual se originou a contratação;
II – direta ou indiretamente, da elaboração de projeto básico ou executivo.

As empresas de prestação de serviços técnicos especializados deverão garantir que os integrantes de seu corpo técnico executem pessoal e diretamente as obrigações a eles imputadas, quando a respectiva relação for apresentada em procedimento licitatório ou em contratação direta.

Na hipótese de licitação do tipo **maior retorno econômico**, quando não for gerada a economia prevista no lance ou proposta, a diferença entre a economia contratada e a efetivamente obtida será descontada da remuneração do contratado.

Se a diferença entre a economia contratada e a efetivamente obtida for superior à remuneração do contratado, será aplicada a sanção prevista no contrato.

Os direitos patrimoniais e autorais de projetos ou serviços técnicos especializados desenvolvidos por profissionais autônomos ou por empresas contratadas passam a ser propriedade da empresa pública ou sociedade de economia mista que os tenha contratado, sem prejuízo da preservação da identificação dos respectivos autores e da responsabilidade técnica a eles atribuída.

Os contratos celebrados nos regimes previstos nos incisos I a V do art. 43 da lei em comento contarão com cláusula que estabeleça a **possibilidade de alteração**, por acordo entre as partes, nos seguintes casos:

I – quando houver modificação do projeto ou das especificações, para melhor adequação técnica aos seus objetivos;

II – quando necessária a modificação do valor contratual em decorrência de acréscimo ou diminuição quantitativa de seu objeto, nos limites permitidos por esta Lei;

III – quando conveniente a substituição da garantia de execução;

IV – quando necessária a modificação do regime de execução da obra ou serviço, bem como do modo de fornecimento, em face de verificação técnica da inaplicabilidade dos termos contratuais originários;

V – quando necessária a modificação da forma de pagamento, por imposição de circunstâncias supervenientes, mantido o valor inicial atualizado, vedada a antecipação do pagamento, com relação ao cronograma financeiro fixado, sem a correspondente contraprestação de fornecimento de bens ou execução de obra ou serviço;

VI – para restabelecer a relação que as partes pactuaram inicialmente entre os encargos do contratado e a retribuição da administração para a justa remuneração da obra, serviço ou fornecimento, objetivando a manutenção do equilíbrio econômico-financeiro inicial do contrato, na hipótese de sobrevirem fatos imprevisíveis, ou previsíveis porém de consequências incalculáveis, retardadores ou impeditivos da execução do ajustado, ou, ainda, em caso de força maior, caso fortuito ou fato do príncipe, configurando álea econômica extraordinária e extracontratual.

O contratado poderá aceitar, nas mesmas condições contratuais, os **acréscimos ou supressões** que se fizerem nas obras, serviços ou compras, até 25% (vinte e cinco por cento) do valor inicial atualizado do contrato, e, no caso particular de reforma de edifício ou de equipamento, até o limite de 50% (cinquenta por cento) para os seus acréscimos.

Nenhum acréscimo ou supressão poderá exceder os **limites estabelecidos** acima, salvo as supressões resultantes de acordo celebrado entre os contratantes.

Se no contrato não tiverem sido contemplados preços unitários para obras ou serviços, estes serão fixados mediante acordo entre as partes, respeitados os limites estabelecidos acima.

No caso de supressão de obras, bens ou serviços, se o contratado já houver adquirido os materiais e posto no local dos trabalhos, esses materiais deverão ser pagos pela empresa pública ou sociedade de economia mista pelos custos de aquisição regularmente comprovados e monetariamente corrigidos, podendo caber indenização por outros danos eventualmente decorrentes da supressão, desde que regularmente comprovados.

A criação, a alteração ou a extinção de quaisquer tributos ou encargos legais, bem como a superveniência de disposições legais, quando ocorridas após a data da apresentação da proposta, com comprovada repercussão nos preços contratados, implicarão a **revisão** destes para mais ou para menos, conforme o caso.

Em havendo alteração do contrato que aumente os encargos do contratado, a empresa pública ou a sociedade de economia mista deverá restabelecer, por aditamento, o **equilíbrio econômico-financeiro** inicial.

A variação do valor contratual para fazer face ao **reajuste de preços** previsto no próprio contrato e as atualizações, compensações ou penalizações financeiras decorrentes das condições de pagamento nele previstas, bem como o empenho de dotações orçamentárias suplementares até o limite do seu valor corrigido, não caracterizam alteração do contrato e podem ser registrados por simples apostila, dispensada a celebração de aditamento.

É vedada a celebração de aditivos decorrentes de eventos supervenientes alocados, na matriz de riscos, como de responsabilidade da contratada.

Os contratos devem conter cláusulas com **sanções administrativas** a serem aplicadas em decorrência de atraso injustificado na execução do contrato, sujeitando o contratado a **multa de mora**, na forma prevista no instrumento convocatório ou no contrato.

A multa de mora não impede que a empresa pública ou a sociedade de economia mista rescinda o contrato e aplique as outras sanções previstas na lei.

A multa, aplicada após regular processo administrativo, será descontada da garantia do respectivo contratado. Se a multa for de valor superior ao valor da garantia prestada, além da perda desta, responderá o contratado pela sua diferença, a qual será descontada dos pagamentos eventualmente devidos pela empresa pública ou pela sociedade de economia mista ou, ainda, quando for o caso, cobrada judicialmente.

Pela **inexecução total ou parcial do contrato** a empresa pública ou a sociedade de economia mista poderá, garantida a prévia defesa, aplicar ao contratado as seguintes sanções:

CURSO DE DIREITO ADMINISTRATIVO

I – advertência;

II – multa, na forma prevista no instrumento convocatório ou no contrato;

III – suspensão temporária de participação em licitação e impedimento de contratar com a entidade sancionadora, por prazo não superior a 2 (dois) anos.

SANÇÕES PELA INEXE-CUÇÃO TOTAL OU PARCIAL DO CONTRATO	ADVERTÊNCIA
	MULTA
	SUSPENSÃO TEMPORÁRIA DE PARTICIPAÇÃO EM LICITAÇÃO E IMPEDIMENTO DE CONTRATAR COM A ENTIDADE SANCIONADORA, POR PRAZO NÃO SUPERIOR A 2 (DOIS) ANOS

As sanções previstas de advertência e suspensão temporária de participação em licitação e impedimento de contratar poderão ser aplicadas juntamente com a de multa, devendo a **defesa prévia** do interessado, no respectivo processo, ser apresentada no prazo de 10 (dez) dias úteis.

As sanções suspensão temporária de participação em licitação e impedimento de contratar poderão também ser aplicadas às empresas ou aos profissionais que, em razão dos contratos regidos pela Lei n. 13.303/16:

I – tenham sofrido condenação definitiva por praticar, por meios dolosos, fraude fiscal no recolhimento de quaisquer tributos;

II – tenham praticado atos ilícitos visando frustrar os objetivos da licitação;

III – demonstrem não possuir idoneidade para contratar com a empresa pública ou a sociedade de economia mista em virtude de atos ilícitos praticados.

29.2. REGRAS DA LEI N. 14.133/2021 SOBRE CONTRATOS ADMINISTRATIVOS

Sob a égide da Lei n. 14.133/2021, os contratos regem-se de acordo com os mesmos dogmas jurídicos positivados na Lei n. 8.666/93, a aplicação dos preceitos de direito público e, supletivamente, os princípios da teoria geral dos contratos e as disposições de direito privado. O texto da Lei n. 14.133/2021 traz, porém, algumas importantes inovações que merecem comentários.

Importa salientar que até a revogação diferida da Lei n. 8.666/93, da Lei n. 10.520/2002 (Lei do Pregão) e dos artigos do Capítulo I da Lei n. 12.462/2011 (RDC), em 1º de abril de 2023 – por força do art. 193, II, da Lei n. 14.133/2021– o marco regulatório da licitação configurar-se-á pela vigência ambivalente desses diplomas legais.

Conforme o art. 191, *caput*, da Lei n. 14.133/2021, o administrador público pode optar pelo cumprimento da Lei n. 14.133/2021 ou pela observância de uma das leis antigas, não sendo permitida a aplicação combinada da nova lei com disposições das leis antigas. Dessarte, a licitação promovida segundo a Lei n. 8.666/93 reger-se-á unicamente por essa lei, valendo a mesma regra para as licitações promovidas de acordo com a Lei n. 14.133/2021, que serão regidas por essa lei durante todo o certame.

Por força do art. 191, parágrafo único, da Lei n. 14.133/2021, a mesma regra de vinculação do regime jurídico da licitação alcança os contratos administrativos resultantes da licitação ou do procedimento de contratação direta.

Portanto, o contrato precedido de licitação ou procedimento de contratação direta fundado na Lei n. 8.666/93, obedecerá às disposições dessa lei, tal como o contrato celebrado mediante licitação, dispensa ou inexigibilidade de licitação, segundo as regras da Lei n. 14.133/2021, deverá respeitar as novas disposições contidas nesta lei.

29.2.1. Publicidade

Ex vi do art. 91 da Lei n. 14.133/2021, os termos de contrato e de aditamento devem ser obrigatoriamente divulgados e mantidos à disposição do público em sítio eletrônico oficial.

O art. 175 da Lei dispõe que, sem prejuízo do disposto no art. 174 – que trata da criação do Portal Nacional de Contratações Públicas (PNCP) –, os entes federativos poderão instituir sítio eletrônico oficial para divulgação complementar e realização das respectivas contratações.

Dentre os atos jurídicos cuja divulgação no PNCP é obrigatória, o art. 174, §2º, V, da Lei n. 14.133/2021 enumera os contratos e termos aditivos.

Portanto, a divulgação dos instrumentos de contrato e termos aditivos resultantes de licitação ou contratação direta realizada com base na Lei n. 14.133/2021 tem como condição indispensável de eficácia a divulgação no PNCP.

Ainda que realizada a divulgação por outros meios, inclusive sítios eletrônicos oficiais, a divulgação no PNCP dos instrumentos de contrato e termos aditivos é pressuposto para a conformidade do negócio jurídico ao mandamento legal.

Segundo a regra do art. 94 da Lei n. 14.133/2021, a divulgação dos contratos e termos aditivos no PNCP deve respeitar os seguintes prazos a partir da assinatura do instrumento: 20 dias, o contrato for precedido de licitação ou 10 dias, quando houver contratação direta.

812 CURSO DE DIREITO ADMINISTRATIVO

Quando celebrados em situação de urgência, os contratos serão eficazes desde a assinatura, obrigando-se a publicação nos mesmos prazos acima, sob pena de nulidade.

Com base no parágrafo único do art. 91 da lei em estudo, admite-se o sigilo de contratos e de termos aditivos quando imprescindível à segurança da sociedade e do Estado, observada a Lei de Acesso à Informação.

29.2.2. Forma

Conforme o art. 95, §2º, da Lei n. 14.133/2021, não se exige termo de contrato para os negócios jurídicos atinentes a pequenas compras ou prestação de serviços de pronto pagamento, cujo valor não supere a quantia de dez mil reais. A celebração de ajuste não escrito, em outras hipóteses, será nula de pleno direito.

Admite-se a substituição do contrato por outro instrumento hábil, como carta-contrato, nota de empenho de despesa, autorização de compra ou ordem de execução de serviço quando realizada:

(i) dispensa de licitação em razão de valor; ou

(ii) compras com entrega imediata e integral dos bens adquiridos e dos quais não resultem obrigações futuras, inclusive quanto a assistência técnica, independentemente de seu valor.

Havendo substituição do termo de contrato por outro instrumento, nele devem constar as cláusulas necessárias dispostas na lei.

Na forma de regulamento, será admitida a forma eletrônica na celebração de contratos e de termos aditivos.

29.2.3. Matriz de riscos

O art. 92, IX, da Lei n. 14.133/2021 determina como necessária a cláusula de matriz de riscos, quando aplicável ao negócio jurídico ajustado.

Na execução de um contrato, existem fatos e circunstâncias suficientes para a ruptura de seu equilíbrio econômico-financeiro, ensejando-se sua recomposição; o equilíbrio econômico-financeiro é preservado quando mantida a execução do contrato nos exatos termos em que firmado.

Quando ocorrem fatos supervenientes, a indefinição de responsabilidades causa insegurança jurídica e enseja a instauração de lide entre as partes do contrato. Em negócios de obras e serviços de engenharia, por exemplo, existem riscos como a readequação de projeto, em vista de circunstâncias identificadas em campo e não dimensionadas no projeto executivo, ou o refazimento de estruturas destruídas por intempéries.

Existem fatos imprevisíveis, causadores de surpresa durante a execução contratual, como abalos sísmicos em região nunca afetada por perturbações tectônicas, ou a decretação de falência de um único fabricante de determinado componente utilizado na obra. Esses fatos escapam a qualquer chance de previsibilidade. Outros fatos, porém, embora indesejáveis, danosos e pouco frequentes, são previsíveis, como a mudança do ciclo de chuvas, oscilações cambiais e aumento do custo de insumos precificados em moeda estrangeira.

É essencial a distinção entre risco e incerteza. O risco pode ser calculado *ex ante*, possibilitando-se a repartição contratual das responsabilidades de cada parte por sua ocorrência, enquanto a incerteza não possibilita mensuração, porquanto sujeita a maior nível de indeterminação.

A matriz de risco deve contemplar os fatores previsíveis a ensejar o desequilíbrio da razão econômico-financeira, de modo a proporcionar adequada formulação da proposta pela licitante e, na execução contratual, segurança jurídica acerca dos riscos e responsabilidades.

29.2.4. Modelo de gestão

O art. 92, XVIII, da Lei n. 14.133/2021 determina como necessária a cláusula de modelo de gestão do contrato, observados os requisitos definidos em regulamento.

A indefinição sobre a forma de fiscalização é causa de embaraço na execução contratual, desperdício de tempo e materiais.

O modelo de gestão do contrato deve especificar elementos como a forma de fiscalização, unidade organizacional e agentes públicos designados para esse mister, meios de comunicação entre contratado e Administração, condições de pagamento, procedimentos de recebimento provisório e definitivo e outros pressupostos relevantes para a eficaz execução contratual.

29.2.5. Prazos de duração dos contratos

A duração dos contratos regidos pela Lei n. 14.133/2021 é determinada no edital, respeitando-se a disponibilidade orçamentária e a previsão no plano plurianual quando por tempo superior a um exercício financeiro.

A Administração pode celebrar contratos com prazo de até 5 (cinco) anos nas hipóteses de serviços e fornecimentos contínuos, observadas as seguintes diretrizes:

(i) a autoridade competente do órgão ou entidade contratante deverá atestar a maior vantagem econômica vislumbrada em razão da contratação plurianual;

(ii) a Administração deverá atestar, no início da contratação e de cada exercício, a existência de créditos orçamentários vinculados à contratação e a vantagem em sua manutenção;

(iii) a Administração terá a opção de extinguir o contrato, sem ônus, quando não dispuser de créditos orçamentários para sua continuidade ou quando entender que o contrato não mais lhe oferece vantagem.

Os contratos de serviços e fornecimentos contínuos podem ser prorrogados sucessivamente, respeitada a **vigência máxima decenal**, desde que haja previsão em edital e que a autoridade competente ateste que as condições e os preços permanecem vantajosos para a Administração.

Os contratos de operação continuada de sistemas estruturantes de TIC podem viger por até quinze anos. Nessas espécies de contratos, o maior prazo de vigência contratual tem bastante utilidade para a amortização dos custos assumidos pelo contratado para a execução do objeto, o que justifica o contrato com vigência plurianual, porquanto extraídas vantagens para o contratado e para a Administração, dada a potencial redução de custos.

Porém, se a Administração não dispuser de crédito orçamentário, não será possível obrigá-la à manutenção da avença, reservando-se-lhe o direito de declarar a extinção do contrato, mas tal medida não pode ser declarada mediante total surpresa para o contratado, razão por que necessário o prazo mínimo de dois meses da data de aniversário do contrato, conferindo-se ao contratado tempo suficiente para a desmobilização de pessoal e materiais, e a desconstituição de outras obrigações assumidas para a execução do contrato.

Ressalta-se que a extinção do contrato de prestação de serviços e fornecimentos contínuos também pode ocorrer quando os preços não mais se compatibilizem com a realidade do mercado, o que afeta a vantajosidade da avença. Nesse caso, a Administração pode negociar com o contratado a revisão do preço e, não havendo acordo entre as partes sobre o justo valor, impõe-se a extinção do contrato.

A Administração pode celebrar contratos com prazos de até dez anos quando o objeto se referir a:

a) bens ou serviços nacionais de alta complexidade tecnológica e defesa;

b) inovação científica e tecnológica;

c) materiais de uso exclusivo das Forças Armadas;

d) contratações sensíveis para a segurança nacional;

e) negócios com transferência de tecnologia para o SUS;

f) aquisição por pessoa jurídica de direito público interno de insumos estratégicos para a saúde.

Esses tipos de objetos, por sua complexidade tecnológica ou finalidade específica, usualmente requerem maior período de vigência não apenas para a viabilização econômica do ajuste, mas a fim de conferir prazo suficiente para a efetiva entrega. É o caso da contratação de materiais de uso exclusivo das Forças Armadas que, conforme os projetos estratégicos de defesa, podem assumir especificações próprias por serem implementadas pelos fornecedores, com alto grau de complexidade técnica e industrial.

Nas contratações que produzam receita e contratos de eficiência que gerem economia para a Administração, os prazos serão de até dez anos, ou até trinta e cinco anos, quando houver investimentos às expensas do contratado. O contrato que prever a operação continuada de sistemas estruturantes de tecnologia da informação poderá ter vigência máxima de 15 (quinze) anos.

No que concerne à contratação de serviços públicos, merece realce o fato de que a Lei n. 8.666/93 veda a celebração de contrato por prazo indeterminado. Por conseguinte, a prestação de serviços públicos à Administração – como o fornecimento de água e energia elétrica – demanda sucessivas prorrogações e celebração de novos contratos para evitar a descontinuidade do fornecimento, o que inviabilizaria o funcionamento dos órgãos e entidades.

Na disciplina da Lei n. 14.133/2021, para contratos celebrados com prestador de serviço público sob regime de monopólio, admite-se contrato por prazo indeterminado. A inteligência da norma toma em consideração que não há sentido em promover sucessivas prorrogações contratuais para a continuidade da prestação de serviço para o qual a Administração não tem outra escolha, nos casos em que os serviços públicos sejam explorados sob regime de monopólio, diretamente pelo Poder Público ou mediante delegação.

Os prazos contratuais previstos na Lei n. 14.133/2021 não excluem nem revogam os prazos contratuais previstos em lei especial.

29.2.6. Reajustamento de preço

Nos contratos celebrados para a prestação de serviços contínuos, admitir-se-ão distintos critérios de reajustamento, conforme a natureza do serviço: reajustamento em sentido estrito ou repactuação.

Quando não houver regime de dedicação exclusiva de mão de obra ou predominância de mão de obra, realizar-se-á o reajustamento em sentido estrito, com base em índices específicos ou setoriais. Esse reajustamento corresponde ao que se compreende simplesmente por reajuste contratual, destinado à correção das perdas inflacionárias.

Quando houver regime de dedicação exclusiva de mão de obra ou predominância de mão de obra, após demonstração analítica da variação dos custos, promover-se-á a repactuação, reajustamento que equivale à revisão contratual, voltada à recomposição do equilíbrio econômico-financeiro.

29.2.7. Garantias

Pode ser listada como cláusula facultativa prevista em lei, na forma do art. 96 da Lei n. 14.133/2021, a possibilidade de a autoridade competente, desde que haja previsão no instrumento convocatório, exigir prestação de garantia na contratação de obras, serviços e compras, que não se confunde com a garantia das propostas nos procedimentos licitatórios.

A exigência de garantia pela Administração Pública é discricionária. Assim, para exigir ou dispensar será necessária motivação. A Lei n. 14.133/2021 adota as modalidades de garantia também contempladas na Lei n. 8.666/93: caução em dinheiro ou em títulos da dívida pública; seguro-garantia; e fiança bancária, mas possibilita maiores percentuais. Apesar de facultar, no *caput* do art. 96 da Lei n. 14.133/2021, à Administração Pública a exigência de garantia, deixou-se para o contratado a escolha da modalidade, conforme o § 1º do art. 96 da lei.

Nas contratações de obras, serviços e fornecimentos, a garantia poderá ser de até cinco por cento do valor inicial do contrato, autorizada a majoração para até dez por cento, desde que justificada a complexidade técnica e os riscos envolvidos. Nas contratações de obras e serviços de engenharia de grande vulto, poderá ser exigida garantia, na modalidade seguro-garantia, com cláusula de retomada, em percentual de até trinta por cento do valor inicial do contrato.

A garantia prestada pelo contratado será liberada ou restituída após a execução do contrato e, quando em dinheiro, atualizada monetariamente. O atraso injustificado na execução do contrato sujeitará o contratado à multa de mora, na forma prevista no instrumento convocatório ou no contrato.

A multa, aplicada após regular processo administrativo, será descontada da garantia do respectivo contratado. Se a multa for de valor superior ao valor da garantia prestada, além da perda desta, responderá o contratado pela sua diferença, a qual será descontada dos pagamentos eventualmente devidos pela Administração ou ainda, quando for o caso, cobrada judicialmente. Assim, a garantia poderá ser usada para ressarcimento da Administração, e dos valores das multas e indenizações a ela devidos.

Nos casos de contratos que importem na entrega de bens pela Administração, dos quais o contratado ficará depositário, ao valor da garantia deverá ser acrescido o valor desses bens.

29.2.8. Retomada

O art. 99 da Lei n. 14.133/2021 dispõe sobre a exigência de garantia com cláusula de retomada nas contratações de **obras e serviços de engenharia de grande vulto**. O valor de garantia pode alcançar o montante de trinta por cento do valor inicial do contrato.

Importa salientar que a expressão "de grande vulto" não se traduz em conceito jurídico indeterminado, mas precisamente definido em termos pecuniários, na forma do art. 6º, XXII, da Lei n. 14.133/2021, o qual define obras, serviços e fornecimentos de grande vulto como "aqueles cujo valor estimado supera R\$ 200.000.000,00 (duzentos milhões de reais)".

Numerários dessa dimensão comumente correspondem a obras em empreendimentos de infraestrutura, por exemplo: usinas de energia, represas, estações de tratamento d'água, canais fluviais, portos, aeroportos, instalações de metrô, vias urbanas, rodovias e instalações de saneamento básico. A complexidade e riscos envolvidos nessas contratações podem justificar a majoração do valor de garantia até o limite de trinta por cento do valor inicial do contrato, ajustando-se cláusula de retomada.

Da cláusula de retomada resulta que, em caso de inadimplemento pelo contratado, a seguradora deve assumir a execução contratual até a conclusão do objeto, podendo subcontratar a conclusão do contrato, total ou parcialmente. Para isso, a seguradora deverá firmar o contrato e aditivos, se houver, na qualidade de interveniente anuente, assistindo-lhe o acesso às instalações, relatórios de auditorias e meios necessários para o acompanhamento da execução do contrato.

A cláusula de retomada serve como mecanismo de estímulo para que a seguradora engendre esforços para a monitoração da execução do ajuste e, por consequência, atue como importante instrumento de *enforcement* contratual, mitigando-se o risco de inadimplemento.

29.2.9. Nulidades

A nulidade emana da vontade da lei, enquanto a anulabilidade depende de decisão administrativa ou judicial. Portanto, a decisão que proclama a nulidade absoluta é declaratória, enquanto a decisão que afirma a nulidade relativa é constitutiva.

No que concerne à declaração de nulidade, o art. 59, *caput*, da Lei n. 8.666/93 insculpe a seguinte regra: "a declaração de nulidade do contrato administrativo opera retroativamente impedindo os efeitos jurídicos que ele, ordinariamente, deveria produzir, além de desconstituir os já produzidos".

A Lei n. 14.133/2021 inova sensivelmente a disciplina atinente à nulidade do contrato administrativo e seus efeitos. O art. 147, *caput*, dispõe que, se constatada irregularidade no procedimento licitatório ou na execução contratual, não sendo possível o saneamento, a decisão sobre a suspensão da execução ou anulação do contrato somente deve acontecer quando corresponder ao interesse público, avaliando-se aspectos como: impactos econômicos e financeiros; riscos sociais e ambientais; custo da deterioração das parcelas executadas ou despesas para sua preservação; custo de desmobilização; demissões de trabalhadores e custo de nova licitação.

Imagine-se a situação em que, durante a construção de um hospital, sejam identificadas em auditoria uma série de vícios insanáveis na formação do contrato, ou mesmo na condução do procedimento licitatório. Havendo vício insanável, o negócio jurídico é nulo, a merecer total repulsa do direito, razão por que a declaração de nulidade opera efeitos *ex tunc*.

Porém, situações há em que a declaração de nulidade e posterior procedimento para a contratação de empresa para a conclusão da obra, atraso na entrega e permanência da deficiência do serviço público de saúde traz consequências mais graves para o Estado e a sociedade do que aquelas atinentes à nulidade do contrato.

Nessa situação, o interesse público manifesta-se pela continuidade do contrato, sem prejuízo da apuração de responsabilidade de quem deu causa aos vícios e indenização por perdas e danos à Administração.

O texto da Lei n. 14.133/2021 alinha-se aos preceitos de análise econômica do direito, a fim de colocar "no centro dos estudos jurídicos os problemas relativos à eficiência do direito, o custo dos instrumentos jurídicos na persecução de seus fins e as consequências econômicas das intervenções jurídicas"[69].

Outrossim, o dispositivo legal em comento colmata-se com os valores esculpidos no art. 20, *caput*, da LINDB: "Nas esferas administrativa, controladora e judicial, não se decidirá com base em valores jurídicos abstratos sem que sejam consideradas as consequências práticas da decisão".

As inovações promovidas pela Lei n. 13.665/2018, que inclui na LINDB disposições sobre segurança jurídica e eficiência na criação e na aplicação do direito público, vedam a adoção de decisões de conteúdo abstrativo.

A partir da técnica da hermenêutica consequencialista, "a verificação de legalidade da atuação estatal passa da mera conformação do texto legal com o

---

[69] GONÇALVES, Everton das Neves; STRINGARI, Amana Kauling. A análise econômica do direito e a teoria de Richard Allen Posner. XXVII Congresso Nacional do Conpedi, 2018, Porto Alegre. Anais... Porto Alegre: Conpedi, 2018. p. 78.

fato jurídico analisado para, de outro modo, a realização do exame das consequências da aplicação do texto legal no mundo *real e jurídico*"[70].

Consideradas essas premissas, o ato administrativo ilegal não pode ser tomado como legal pelo agente público, mas, em certas situações, os seus efeitos podem ser convalidados e aceitos pelo ordenamento jurídico. Desssarte, o ato não será acolhido pelo sistema jurídico, porém seus efeitos serão.

29.2.9.1. Declaração de nulidade

O art. 148 da Lei n. 14.133/2021 dispõe: "A declaração de nulidade do contrato administrativo requererá análise prévia do interesse público envolvido, na forma do art. 147 desta Lei, e operará retroativamente, impedindo os efeitos jurídicos que o contrato deveria produzir ordinariamente e desconstituindo os já produzidos".

Logo, o comando legal sobredito verte-se no sentido de aceitar os efeitos dos atos nulos de igual modo aos anuláveis, desde que manifesto o interesse público.

Porém, a redação da lei peca no que tange ao instituto jurídico aplicável. Se um ato é nulo, não resta qualquer escolha entre declarar sua nulidade ou não, pois o ato nulo não encontra guarida no ordenamento jurídico. Está-se a tratar, em verdade, da convalidação de seus efeitos.

Importante ressaltar que a convalidação dos efeitos de ato nulo ocorrido no procedimento licitatório ou na formação do contrato é possível tão somente durante a execução do objeto do contrato, haja vista os prejuízos que decorreriam da rescisão contratual.

29.2.9.2. Modulação dos efeitos da declaração de nulidade

O § 2º do art. 148 da Lei n. 14.133/2021 dispõe que, quando declarar a nulidade do contrato, a autoridade competente, visando à continuidade da atividade administrativa "poderá decidir que ela só tenha eficácia em momento futuro, suficiente para efetuar nova contratação, por prazo de até 6 (seis) meses, prorrogável uma única vez".

Por conseguinte, concluída a avaliação dos aspectos enumerados nos incisos do art. 147 da Lei e outros relevantes no caso concreto, manifestando a

---

[70] FRANÇA, Philip Gil. Algumas considerações sobre como decidir conforme o consequencialismo jurídico da Lei 13.655/2018. *In:* MAFFINI, Rafael; RAMOS, Rafael. (Coords.) *Nova LINDB*: consequencialismo, deferência judicial, motivação e responsabilidade do gestor público. Rio de Janeiro: Lumen Juris, 2020. p. 123-142. p. 124.

autoridade que o interesse público satisfaz-se pela não convalidação dos efeitos do contrato nulo, possibilita-se a modulação temporal dos efeitos dessa decisão.

Quando o ato jurídico é nulo, a declaração de nulidade produz efeitos retroativos (*ex tunc*), de forma a alcançar a gênese do ato, desconstituindo-se as relações jurídicas contaminadas pela nulidade. Todavia, a Lei n. 14.133/2021 dispõe de forma distinta sobre os efeitos da declaração de nulidade, possibilitando-se que os efeitos da declaração de nulidade, em vez de retroagirem ao momento de edição do ato nulo, ocorram prospectivamente, em momento futuro, operando-se a modulação temporal dos efeitos da declaração de nulidade.

A legitimidade e legalidade da decisão da autoridade competente terá como ponto de análise sua fundamentação, assinalando-se que o ato declaratório da nulidade do contrato administrativo – por vício insanável na formação deste negócio jurídico ou no procedimento licitatório (ou de contratação direta) precedente, deve adotar por elemento norteador evitar "externalidades negativas desproporcionais. A modulação dos efeitos tem a capacidade precípua de ofertar 'a melhor saída', protegendo o ordenamento jurídico e determinando a menor onerosidade para a Administração e os respectivos cidadãos interessados"[71].

Independentemente do momento em que a declaração de nulidade começar a surtir efeitos, porém, é certo que tem por consequência direta a desconstituição das relações jurídicas afetadas pela nulidade. Mas a declaração de nulidade não pode resultar em enriquecimento sem causa da Administração, em prejuízo do contratado, impondo-se o dever de indenizá-lo pelo que houver executado até a data em que for declarada ou tornada eficaz, bem como por outros prejuízos regularmente comprovados.

Por óbvio, a indenização por perdas e danos pressupõe que o contratado não tenha dado causa à nulidade. Nessa situação, a indenização teria efeitos práticos ao de uma premiação pela conduta ilícita, o que evidentemente não pode ser tutelado pelo Direito.

29.2.10. Meios alternativos de solução de controvérsias

O art. 151 da Lei n. 14.133/2021 dispõe sobre a utilização de meios alternativos de solução de controvérsias relacionados a direitos patrimoniais disponíveis, conforme a disciplina contratual e as leis de regência.

---

[71] CRISTÓVAM, José Sérgio da Silva; SOUSA, Thanderson Pereira de. Motivação, invalidação e modulação de efeitos do ato administrativo a partir da Lei n. 13.655/2018. *In*: MAFFINI, Rafael; RAMOS, Rafael. (Coords.) *Nova LINDB*: consequencialismo, deferência judicial, motivação e responsabilidade do gestor público. Rio de Janeiro: Lumen Juris, 2020. p. 157-168. p. 164.

A Lei n. 14.133/2021 elenca os seguintes meios de solução de controvérsias: conciliação, mediação, comitê de resolução de disputas e arbitragem. Uma vez que o rol é exemplificativo, admitem-se outras formas, de acordo com a inteligência do contrato e peculiaridade do objeto.

Quando o contrato não contemplar meios alternativos de solução de controvérsias, é possível o seu aditamento para esse fim. Qualquer que seja o meio escolhido para a solução de conflitos, porém, é inescusável o respeito aos princípios regentes da lei, como impessoalidade, transparência e isonomia.

29.2.10.1. Arbitragem

A arbitragem é meio de solução de conflitos por meio de que as partes, a partir de cláusula arbitral convencionada no contrato, atribuem a um terceiro a decisão sobre a controvérsia. O art. 4º, *caput*, da Lei n. 9.307/96 assim define a cláusula compromissória: "convenção através da qual as partes em um contrato comprometem-se a submeter à arbitragem os litígios que possam vir a surgir, relativamente a tal contrato".

A arbitragem poderá ser utilizada pela administração pública direta e indireta, a dirimir conflitos sobre direitos patrimoniais disponíveis, respeitando-se o princípio da publicidade. Mediante o compromisso arbitral, as partes abdicam do exercício do direito de ação e, em vez de postular ao Poder Judiciário, levam o conflito à decisão de árbitro não necessariamente bacharel em Direito, mas notório conhecedor da matéria posta à sua apreciação.

Nesse ponto se estabelece importante valor para a solução de controvérsias relativas à execução de contratos administrativos, haja vista que comumente o objeto do contrato tem conteúdo técnico especializado, razão por que em conflitos cujo cerne seja matéria técnica extrajurídica, a arbitragem tem elevado potencial para ensejar decisões revestidas de maior assertividade que as decisões judiciais, além de atenuar a conhecida sobrecarga dos órgãos jurisdicionais.

Por exemplo, quando discutida a observância de obrigações atinentes a projetos, obras e serviços de engenharia, há de se presumir que o profissional de engenharia tenha maior capacidade técnica para proferir decisão que pacifique satisfatoriamente a questão.

Ponto interessante relaciona-se à natureza jurídica da sentença arbitral, que encontra na doutrina duas correntes: a contratualista e a jurisdicional. Para Marçal Justen Filho[72], "o acordo de vontades prevendo a solução arbitral não

---

[72] JUSTEN FILHO, Marçal. Administração Pública e arbitragem: o vínculo com a Câmara de Arbitragem e os árbitros. *Revista Brasileira da Advocacia*. vol. 1. ano 1. p. 103-150. São Paulo: Ed. RT, abr.-jun. 2016. p. 109.

822 CURSO DE DIREITO ADMINISTRATIVO

determina diretamente a obrigação de uma das partes realizar prestação em favor da outra, ou de ambas as partes executarem prestações recíprocas". Com efeito, o árbitro não assume nenhuma obrigação no sentido de realizar a pretensão de qualquer das partes sujeitas ao compromisso arbitral, o que seria característica ínsita a um contrato. Ao invés, espera-se do árbitro atuação imparcial.

Não consistindo a obrigação em contrato, não haveria que se dizer de licitação ou procedimento de contratação direta para a escolha do árbitro. Se o processo arbitral tem por intuito a célere solução dos conflitos, impor a observância de procedimento licitatório para a nomeação do árbitro traduzir-se-ia em medida contraproducente.

Disso não se infere que a escolha do árbitro incumbido de decidir conflito no bojo de contrato administrativo não deva observar qualquer baliza, imergindo no espaço da subjetividade. Consoante o art. 154 da Lei n. 14.133/2021, o processo para sua escolha deve observar critérios isonômicos, técnicos e transparentes, o que pressupõe requisitos objetivos para a sua designação.

Quanto ao alcance da sentença arbitral, não se pode olvidar que o poder de decisão dos árbitros em relação aos contratos administrativos tem limites, pois as prerrogativas da Administração decorrentes das cláusulas exorbitantes não podem ser afastadas.

29.2.10.2. Conciliação e mediação

A conciliação e a mediação constituem meios de autocomposição de conflitos, a partir da atuação de um terceiro desinteressado na causa: o conciliador ou mediador. Tanto a conciliação quanto a mediação podem ser judiciais ou extrajudiciais. Os institutos assemelham-se, apresentando diferenças sutis, indicadas no art. 165, §§ 2º e 3º, do CPC.

Na conciliação, o conciliador empreende esforços para que as partes alcancem o consenso, oferecendo sugestões e estimulando as tratativas; na mediação, o mediador auxilia as partes na compreensão das questões em disputa, a fim de que, por si próprias, identifiquem a solução. Perceba-se a crucial distinção entre os institutos: enquanto é desejável que o conciliador ofereça sugestões para a solução da controvérsia, tal faculdade é vedada ao mediador, cuja atribuição consiste na aproximação entre as partes e estabelecimento de diálogo dirigido ao consenso.

A mediação é regida pela Lei n. 13.105/2015, cujas regras podem ser aplicadas, por analogia, à conciliação. Quando envolve órgão ou entidade da Administração Pública Federal, a conciliação e a mediação atribuem-se à Câmara de

Mediação e de Conciliação da Administração Pública Federal, instituída no âmbito da AGU, na forma do art. 18 do Decreto n. 10.608/2021.

No que concerne à publicidade, enfatize-se que enquanto na arbitragem a publicidade é regra, na mediação convém a relativização desse princípio. A suspensão provisória da publicidade é providência sensível para o sucesso da mediação. Admita-se que se torne pública a existência da mediação – instalação, local e parâmetros de desenvolvimento –, mas não seu conteúdo.

De modo ilustrativo, a imposição da publicidade durante o curso da mediação equivaleria a um jogo de cartas em que somente a Administração estaria obrigada a expor suas cartas e possíveis jogadas (disposição negocial máxima e mínima), de modo que seria praticamente impossível que a Administração fosse bem-sucedida na mediação.

Egon Bockmann Moreira e Leila Cuéllar[73] esclarecem como se dá a ponderação entre os princípios da confidencialidade e da publicidade no processo de mediação, ao explicarem que, de fato, esse conflito não existe, o que ocorre é "a modulação da eficácia do princípio da publicidade. Ele será aplicado no tempo, modo e lugar que, simultaneamente, o preservem e não corrompam a própria razão de ser do instituto legal da mediação".

Uma vez concluída a mediação, seja todo o processo acessível ao público, submetendo-se, então, ao controle externo e social.

29.2.10.3. Comitê de Resolução de Disputas (*Dispute Board*)

O conceito de *dispute board* surgiu nos EUA, onde é empregado há décadas para a resolução de controvérsias durante obras de engenharia, particularmente no setor de infraestrutura, como barragens, saneamento e construções subterrâneas. Seu primeiro uso ocorreu durante as obras da barragem *Boundary*, em Washington, na década de 60[74].

A crucial diferença entre o *dispute board* e outros meios alternativos de solução de controvérsias reside na matéria sob discussão, de natureza precipuamente técnica, máxime de engenharia. Em construções de infraestrutura, que usualmente demandam grandes volumes de corte, aterro e manejo de outros

---

[73] CUÉLLAR, Leila et al. *Direito Administrativo e* Alternative Dispute Resolution: arbitragem, *dispute board*, mediação e negociação. Com comentários à legislação do Rio de Janeiro, São Paulo e União sobre arbitragem e mediação em contratos administrativos e desapropriações. Belo Horizonte: Forum, 2020. p. 66.

[74] CHAPMAN, P. H. J. Dispute boards on major infrastructure projects. *Management, Procurement and Law*, London, v. 162, n. 1, p. 7-16, fev. 2009.

elementos físicos do terreno, não é rara a ocorrência de fatos supervenientes, a requerer a adequação do projeto e emprego de técnicas ou materiais diversos daqueles abrangidos no projeto original. Principalmente quando se trata de solos e rochas, a heterogeneidade é fator prevalecente.

Por isso, as indústrias de construção em muitos países estão sujeitas a disputas que afetam a qualidade e custo dos projetos, e para a solução desses problemas até mesmo a arbitragem é vista como procedimento demorado, oneroso e inquietante como o litígio[75].

Comumente, o *dispute board* é formado por três membros, especialistas no assunto da disputa: um designado pela Administração Pública, um escolhido pelo contratado, e o terceiro, a presidir o colegiado, nomeado em comum acordo pelas partes. Conforme a complexidade da matéria, é possível a composição do colegiado em maior número.

As práticas internacionais apresentam as seguintes configurações:

(i) *dispute review boards*, que emitem recomendações não vinculantes às partes;

(ii) *dispute adjudication boards*, que emitem decisões obrigatórias para as partes e;

(iii) *combined dispute boards*, que emitem recomendações ou decisões, conforme a disputa tenha sido instaurada.

Na cidade de São Paulo, a matéria é regulada por meio da Lei Municipal n. 16.873/2018. Em nível nacional, não existe uniformização normativa sobre o funcionamento de *dispute boards*. O PL 9.883/2018, em trâmite na Câmara dos Deputados, dispõe sobre o uso de *dispute boards* em contratos administrativos.

A inexistência de lei a reger a instalação e funcionamento de *dispute boards* não impossibilita a previsão do instituto em contratos administrativos, tal como sua instalação nas hipóteses convencionadas, vez que o art. 151 da Lei n. 14.133/2021 expressamente admite esse meio de solução de controvérsias. Ante a superveniência de lei a disciplinar a matéria, a Administração deverá adequar seus normativos internos às normas de ordem pública vigentes.

29.2.11. Programa de integridade

Os arts. 317 e 333 do Código Penal tipificam, respectivamente, os crimes de corrupção passiva (conduta de funcionário público) e ativa (conduta de -particular). Em resposta ao cenário de corrupção no ambiente de negócios públicos,

---

[75] NDEKUGRI, Issaka et al. Best Practice in the Training, Appointment, and Remuneration of Members of Dispute Boards for Large Infrastructure Projects. *Journal of Management in Engineering*, Reston, v. 30, n. 2, p. 185-193, mar. 2014.

editou-se como norma especial coibidora de práticas de corrupção por particulares, a Lei n. 12.846/2013 – Lei Anticorrupção –, que dispõe sobre a responsabilização administrativa e civil de pessoas jurídicas pela prática de atos contra a administração pública, nacional ou estrangeira.

O art. 41, *caput*, do Decreto n. 8.420/2015, regulamento da Lei Anticorrupção, define programa de integridade como, no âmbito de uma pessoa jurídica, conjunto de mecanismos e procedimentos internos de integridade, auditoria e incentivo à denúncia de irregularidades e na aplicação efetiva de códigos de ética e de conduta, políticas e diretrizes com objetivo de detectar e sanar desvios, fraudes, irregularidades e atos ilícitos praticados contra a administração pública, nacional ou estrangeira.

A implementação de programa de integridade pode ser orientada a partir de normas técnicas de *compliance*, como a norma internacional ISO 19600 (Sistema de gestão de *compliance* – Diretrizes) e a norma ABNT NBR ISO 37001 (Sistemas de gestão antissuborno – Requisitos com orientações para uso), que admitem certificação.

Obviamente, a existência de sistema de gestão de *compliance*, certificado por terceira parte, não impede a ocorrência de corrupção, mas minimiza os riscos de que ela aconteça, mediante ferramentas de controle.

O programa de integridade é um programa de *compliance* específico para prevenção de atos lesivos gravados na Lei Anticorrupção, que "tem como foco, além da ocorrência de suborno, também fraudes nos processos de licitações e execução de contratos com o setor público"[76].

Além de servir como instrumento de aperfeiçoamento das contratações públicas, a exigência de programas de integridade pela Lei de Licitações e Contratos Administrativos incrementa política pública voltada a estimular a disseminação do *compliance* entre os agentes econômicos, aperfeiçoando-se os padrões e cultura de funcionamento do mercado.

As inovações regulatórias têm efeito significativo para o enfrentamento à corrupção nas contratações públicas, pois "além de tornarem obrigatória a implementação de programas de integridade e *compliance* nas empresas privadas no Brasil, também exigem a necessária comprovação da efetividade desses programas, o que denota coragem na busca por mudança cultural na atuação das empresas privadas e da própria Administração"[77].

---

[76] CGU. *Programa de Integridade*: Diretrizes para empresas privadas. Brasília: CGU, 2015. p. 6.

[77] ZILIOTO, Mirela Mirô. A arte de exigir programas de integridade nas contratações públicas: ato de coragem ou loucura? *In*: ZENKNER, Marcelo; CASTRO, Rodrigo Pironti Aguirre de. *Compliance no setor público*. Belo Horizonte: Forum, 2020. p. 258.

Sabidamente, contratos que têm por objeto obras e serviços de engenharia são historicamente espaço fértil para a corrupção, haja vista a complexidade técnica e elevadas cifras. Por isso, o art. 25, §4º, da Lei n. 14.133/2021, dispõe que para contratações de obras, serviços e fornecimentos de grande vulto, o edital regerá a obrigatoriedade de implantação de programa de integridade pelo licitante vencedor, em até seis meses desde a celebração do contrato.

29.3. REGRAS EXCEPCIONAIS DE CONTRATAÇÃO DURANTE A PANDEMIA (COVID-19)

A licitação é procedimento que visa à obtenção da proposta mais vantajosa para a Administração, com vistas à celebração de contrato. Quando inviável a competição, a licitação é inexigível, pois ausente o pressuposto lógico consistente na pluralidade de ofertantes.

Outras situações fundamentam a dispensa da licitação, de acordo com os ditames legais, por exemplo: quando o custo do procedimento licitatório não se justifique, sendo demasiado em relação ao valor do objeto por ser contratado; quando a demora da contratação possa acarretar a ineficácia da contratação; quando inexistir potencialidade de benefício.

As situações de contratação direta observam pressupostos invariáveis: a dispensa de licitação respeita condições *numerus clausus*, dispostas na Lei de Licitações e Contratos, enquanto a inexigibilidade de licitação, conquanto admita os mais variados motivos, reside sempre no mesmo fundamento nuclear: a inviabilidade de competição.

Tanto o procedimento licitatório quanto a contratação direta devem observar regras tabuladas na Lei de Licitações e Contratos (Lei n. 8.666/1993, Lei n. 10.520/2002, RDC ou Lei n. 14.133/2021). Todavia, eventos excepcionais e transitórios da vida nacional podem motivar a edição de regras legais para a realização de objetos para os quais as normas ordinariamente aplicáveis não se revelem adequadas.

É o que ocorre em situações de crise, como guerras, epidemias e desastres naturais, quando a vida se adstringe a circunstâncias anormais, de maneira que situações excepcionais requerem tratamento excepcional, cenário que pauta a edição de lei temporária, como os diplomas editados para o enfrentamento da pandemia de Covid-19.

29.3.1. Lei n. 14.124/2021 (medidas excepcionais para aquisição de vacinas)

A Lei n. 14.124, de 10 de março de 2021 é conversão da Medida Provisória n. 1.026, de 6 de janeiro de 2021, cuja exposição de motivos relata:

A motivação precípua para a adequação da legislação pátria decorre da evidente e inequívoca corrida mundial para o acesso a imunobiológicos, insumos, bens e serviços para o enfrentamento à pandemia de SARS-CoV-2, da extrema escassez da oferta e das poucas opções disponíveis de vacinas contra Covid-19. Ademais, insta aludir como razão basilar a premência de saúde pública de promover o acesso a vacinas em tempo oportuno.

A concepção de vacina para a imunização contra vírus requer diferenciada capacidade produtiva, pesquisadores qualificados, ensaios laboratoriais, insumos, envasamento, armazenamento e distribuição, registrando-se poucos fabricantes no mundo com domínio da tecnologia.

Em um cenário em que a normalização da vida nacional requer a superação da crise em saúde pública e da crise econômica, a imunização da população assume caráter de imperiosa necessidade. Porém, a mesma necessidade que existe no Brasil, existe em outros países, e os critérios legais para contratação podem servir de severos obstáculos para a superação da crise.

A situação de pandemia enseja a disputa entre países pelo acesso às vacinas, em um ambiente global em que os fabricantes estão em posição de vantagem em relação aos governos nacionais.

A atual conjuntura impõe às autoridades de saúde dinamismo e poder de negociação, com vistas a assegurar satisfatórias contratações. A Lei de Licitações e Contratos Administrativos não lhes atribui, porém, satisfatório grau de discricionariedade. Nesse caso, a lei surte efeito oposto àquele para o qual foi editada: em vez de servir ao interesse público, atua em seu prejuízo.

A Lei n. 14.124/2021 dispõe sobre as medidas excepcionais relativas à aquisição de vacinas e de insumos e à contratação de bens e serviços de logística, de tecnologia da informação e comunicação, de comunicação social e publicitária e de treinamentos destinados à vacinação contra a covid-19 e sobre o Plano Nacional de Operacionalização da Vacinação contra a Covid-19.

Autoriza-se a dispensa de licitação para a celebração de contratos ou instrumentos congêneres para: (i) a aquisição de vacinas e de insumos destinados à vacinação contra a covid-19, inclusive antes do registro sanitário ou da autorização temporária de uso emergencial; e (ii) a contratação de bens e serviços de logística, de tecnologia da informação e comunicação, de comunicação social e publicitária, de treinamentos e de outros bens e serviços necessários à implementação da vacinação contra a covid-19.

A dispensa de licitação não prescinde, porém, da instrução de procedimento administrativo em que demonstrados os elementos técnicos referentes à escolha da opção de contratação e à justificativa do preço ajustado, tal como a ampla transparência das contratações.

Interessante a regra do § 3º do art. 2º da Lei: "Fica autorizada a contratação de fornecedor exclusivo de bem ou serviço de que trata esta Lei, inclusive no caso da existência de sanção de impedimento ou de suspensão para celebração de contrato com o poder público".

Referidas sanções constituem fatores de absoluto impedimento à contratação, cuja inobservância impõe a responsabilização dos agentes que lhes derem causa. Imagine-se, porém, a situação em que o único fornecedor disponível do bem pretendido pela Administração – por exemplo, Ingrediente Farmacêutico Ativo (IFA) – tenha sido sancionado com alguma das referidas penalidades. A hipótese de premência da Administração recomenda o contorno desse óbice, adotando-se razoável medida de cautela, como a exigência de garantia.

Na dispensa de licitação realizada conforme as regras da Lei em tela, presumem-se comprovadas a ocorrência de emergência em saúde pública de importância nacional decorrente do coronavírus responsável pela Covid-19 e a necessidade de pronto atendimento a essa situação de emergência.

A lei em comento dispõe que não se exigirá a elaboração de estudos técnicos preliminares quando se tratar da contratação de bens e serviços comuns e, em contratos cujo valor seja inferior a duzentos milhões de reais, o gerenciamento de riscos da contratação poderá ser exigido somente durante a gestão do contrato.

Merece destaque a regra disposta no art. 12 da lei, que possibilita o afastamento de cláusulas necessárias estabelecidas pela Lei Geral de Licitações:

> Art. 12. O contrato ou o instrumento congênere para aquisição ou fornecimento de vacinas contra a covid-19, firmado antes ou após o registro ou a autorização de uso emergencial concedidos pela Agência Nacional de Vigilância Sanitária (Anvisa), poderá estabelecer as seguintes cláusulas especiais, desde que representem condição indispensável para obter o bem ou para assegurar a prestação do serviço:
>
> I – eventual pagamento antecipado, inclusive com a possibilidade de perda do valor antecipado;
>
> II – hipóteses de não imposição de penalidade à contratada; e
>
> III – outras condições indispensáveis, devidamente fundamentadas.

Tanto a Lei n. 8.666/1993 (art. 55, VII) quanto a Lei n. 14.133/2021 (art. 92, XIV) dispõem sobre direitos e responsabilidades das partes, penalidades cabíveis e valores de multas como **cláusulas necessárias** em todo contrato administrativo.

O art. 12 da Lei n. 14.124/2021 faculta o não estabelecimento das cláusulas penais. Inclusive, possibilita a o pagamento antecipado e possibilidade de perda do valor antecipado. Evidentemente, são situações que requerem sólida fundamentação, por se afastarem sensivelmente do regime jurídico normalmente aplicável às contratações públicas.

O § 4º do mesmo artigo admite que, se exigido pelo contratado, o contrato pode conter cláusula de confidencialidade. Obviamente, o conteúdo abrangido pela cláusula de confidencialidade não pode ser oposto aos órgãos de controle interno e externo e aos órgãos do sistema de justiça.

O art. 16 do diploma legal em tela dispõe que a Agência Nacional de Vigilância Sanitária (Anvisa) possibilita o aproveitamento, para fins de controle regulatório sanitário brasileiro, de atos implementados por autoridades sanitárias estrangeiras. Eis a norma:

Art. 16. A Anvisa, conforme estabelecido em ato regulamentar próprio, oferecerá parecer sobre a autorização excepcional e temporária para a importação e a distribuição e a autorização para uso emergencial de quaisquer vacinas e medicamentos contra a covid-19, com estudos clínicos de fase 3 concluídos ou com os resultados provisórios de um ou mais estudos clínicos, além de materiais, equipamentos e insumos da área de saúde sujeitos à vigilância sanitária, que não possuam o registro sanitário definitivo na Anvisa e considerados essenciais para auxiliar no combate à covid-19, desde que registrados ou autorizados para uso emergencial por, no mínimo, uma das seguintes autoridades sanitárias estrangeiras e autorizados à distribuição em seus respectivos países:

I – Food and Drug Administration (FDA), dos Estados Unidos da América;

II – European Medicines Agency (EMA), da União Europeia;

III – Pharmaceuticals and Medical Devices Agency (PMDA), do Japão;

IV – National Medical Products Administration (NMPA), da República Popular da China;

V – Medicines and Healthcare Products Regulatory Agency (MHRA), do Reino Unido da Grã-Bretanha e Irlanda do Norte;

VI – Ministry of Health of the Russian Federation, da Federação da Rússia;

VII – Central Drugs Standard Control Organization (CDSCO), da República da Índia;

VIII – Korea Disease Control and Prevention Agency (KDCA), da República da Coreia;

IX – Health Canada (HC), do Canadá;

X – Therapeutic Goods Administration (TGA), da Comunidade da Austrália;

XI – Administración Nacional de Medicamentos, Alimentos y Tecnología Médica (ANMAT), da República Argentina;

XII – outras autoridades sanitárias estrangeiras com reconhecimento internacional e certificadas, com nível de maturidade IV, pela Organização Mundial da Saúde (OMS) ou pelo International Council for Harmonisation of Technical Requirements for Pharmaceuticals for Human Use – Conselho Internacional para Harmonização de Requisitos Técnicos para Registro de Medicamentos de Uso Humano (ICH) e pelo Pharmaceutical Inspection Co-operation Scheme – Esquema de Cooperação em Inspeção Farmacêutica (PIC/S).

Da leitura do dispositivo legal sobredito, denota-se que o legislador brasileiro atribuiu tratamento diferenciado a processos desenvolvidos em agências reguladoras estrangeiras conceituadas em sua área de atuação, a partir de mecanismos de reconhecimento multilateral.

Por fim, o art. 20 da lei em tela dispõe que ela se aplica aos atos praticados e aos contratos e instrumentos congêneres firmados enquanto durar a declaração de emergência em saúde pública de importância nacional, independentemente do seu prazo de execução ou de suas prorrogações.

Trata-se, pois, de lei excepcional, com vigência temporária, a cessar quando extinta a situação de anormalidade que motivou sua edição: a emergência em saúde pública de importância nacional.

29.3.2. Lei n. 14.217/2021 (medidas excepcionais para aquisição de bens e contratação de serviços)

A Lei n. 14.217, de 13 de outubro de 2021, é conversão da Medida Provisória n. 1.047, cuja exposição de motivos informa:

> A moção exsurge após o exaurimento das Leis n. 13.979, de 6 de fevereiro de 2020 ("dispõe sobre as medidas para enfrentamento da emergência de saúde pública de importância internacional decorrente do coronavírus responsável pelo surto de 2019"), e n. 14.065, de 30 de setembro de 2020 ("autoriza pagamentos antecipados nas licitações e nos contratos realizados no âmbito da administração pública; adequa os limites de dispensa de licitação; amplia o uso do Regime Diferenciado de Contratações Públicas (RDC) durante o estado de calamidade pública reconhecido pelo Decreto Legislativo n. 6, de 20 de março de 2020; e altera a Lei n. 13.979, de 6 de fevereiro de 2020"); que tratavam de matéria de similar ao da proposta: (i) dispensa de licitação; (ii) licitação na modalidade pregão, eletrônico ou presencial, com prazos reduzidos; e (iii) previsão em contrato ou em instrumento congênere cláusula que estabelece o pagamento antecipado; (iv) planejamento da contratação; (v) suprimento de fundos; (vi) forma de publicação dos atos praticados.

A lei em tela dispõe sobre medidas excepcionais para a aquisição de bens e de insumos e para a contratação de serviços, inclusive de engenharia, destinados ao enfrentamento da pandemia da Covid-19.

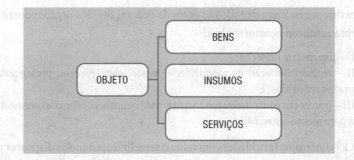

O parágrafo único do art. 1º da Lei delimita que a aquisição de vacinas e de insumos e a contratação de bens e de serviços necessários à implementação da vacinação contra a Covid-19 são regidas pelo disposto na Lei n. 14.124, de 10 de março de 2021.

Tem-se, pois, a seguinte configuração: a Lei n. 14.217/2021 tem conteúdo mais amplo que a Lei n. 14.124/2021, esta trata de contratações atinentes à vacinação, aquela cuida de contratações para o enfrentamento da pandemia, exceto a aquisição de vacinas e de insumos e a contratação de bens e de serviços necessários à vacinação.

Logo, o marco legal excepcional de contratações públicas inerentes ao enfrentamento da pandemia de Covid-19 abrange os seguintes diplomas:

MARCO LEGAL EXCEPCIONAL DE CONTRATAÇÕES PARA O ENFRENTAMENTO À COVID-19	
OBJETO	**DIPLOMA LEGAL**
Aquisição de vacinas e de insumos e a contratação de bens e serviços de logística, de tecnologia da informação e comunicação, de comunicação social e publicitária e de treinamentos destinados à vacinação contra a covid-19 e sobre o Plano Nacional de Operacionalização da Vacinação contra a Covid-19.	Lei n. 14.124/2021
Aquisição de bens e de insumos e para a contratação de serviços, inclusive de engenharia, destinados ao enfrentamento da pandemia da Covid-19 (não relacionados à vacinação)	Lei n. 14.217/2021

O art. 2º da Lei n. 14.217/2021 dispõe que, enquanto **perdurar a Emergência em Saúde Pública de Importância Nacional (Espin)** declarada em decorrência da infecção humana pelo coronavírus SARS-CoV-2, fica a administração pública direta e indireta de todos os entes da Federação e dos órgãos constitucionalmente autônomos autorizada a:

I – dispensar a licitação;
II – realizar licitação na modalidade pregão, eletrônico ou presencial, com prazos reduzidos; e
III – prever em contrato ou em instrumento congênere cláusula que estabeleça o pagamento antecipado.

A lei contempla faculdades contratuais semelhantes àquelas dispostas na Lei n. 14.124/2021, no que tange à possibilidade de pagamento antecipado, termo de referência ou projeto básico simplificado, afastamento de cláusulas penais e redução de prazos nos procedimentos licitatórios.

Aplicam-se supletivamente a Lei n. 8.666/93 e, nas contratações realizadas por empresas públicas e sociedades de economia mista, quanto às cláusulas dos contratos e dos instrumentos congêneres, a Lei n. 13.303/2016.

As disposições da Lei n. 14.217/2021 aplicam-se aos atos praticados e aos contratos ou instrumentos congêneres firmados até a declaração, pelo Ministro de Estado da Saúde, do encerramento da Emergência em Saúde Pública de Importância Nacional declarada em decorrência da infecção humana pelo coronavírus SARS-CoV-2, independentemente do seu prazo de execução ou de suas prorrogações.

30

CONVÊNIO ADMINISTRATIVO

30.1. CONCEITO E OBJETIVOS

A definição de convênio administrativo não é uniforme, em virtude da dificuldade de sua formulação, pois diversos dos seus elementos são vistos na definição de contrato administrativo.

O **convênio administrativo** é o acordo de vontades entre a Administração Pública e outras pessoas estatais de esferas distintas ou organizações de direito privado sem fins lucrativos idôneas[1], no qual todos os partícipes têm como objetivo primordial a satisfação de determinado interesse público.

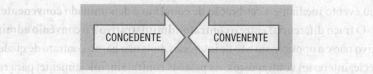

O inciso I do §1º do art. 1º do Decreto Federal n. 6.170/2007, que regulamenta o art. 116 da Lei n. 8.666/93, apresenta o seguinte conceito jurídico formal de convênio:

> **I – convênio – acordo, ajuste ou qualquer outro instrumento que discipline a transferência de recursos financeiros de dotações consignadas nos Orçamentos Fiscal e da Seguridade Social da União e tenha como partícipe, de um lado, órgão ou entidade da administração pública federal, direta ou indireta, e, de outro lado, órgão ou entidade da administração pública estadual, distrital ou municipal, direta ou indireta, ou ainda, entidades privadas sem fins lucrativos, visando a execução de programa de governo, envolvendo a realização de projeto, atividade, serviço, aquisição de bens ou evento de interesse recíproco, em regime de mútua cooperação.**

---

[1] STJ, MS 13.985/DF, rel. Min. Humberto Martins, 1ª Seção, julgado em 16-12-2009, *DJe* 5-3-2009.

O **contrato de repasse** é definido pelo Decreto em tela da seguinte maneira:

> II – contrato de repasse – instrumento administrativo, de interesse recíproco, por meio do qual a transferência dos recursos financeiros se processa por intermédio de instituição ou agente financeiro público federal, que atua como mandatário da União.

O **termo de execução descentralizada** tem o seguinte conceito no Decreto em questão:

> III – termo de execução descentralizada – instrumento por meio do qual é ajustada a descentralização de crédito entre órgãos e/ou entidades integrantes dos Orçamentos Fiscal e da Seguridade Social da União, para execução de ações de interesse da unidade orçamentária descentralizadora e consecução do objeto previsto no programa de trabalho, respeitada fielmente a classificação funcional programática.

O órgão da Administração Pública direta ou indireta, responsável pela transferência dos recursos financeiros ou pela descentralização dos créditos orçamentários destinados à execução do objeto do convênio é denominado **concedente** e o órgão ou a entidade da Administração Pública direta e indireta, de qualquer esfera de governo, bem como entidade privada sem fins lucrativos, com o qual a administração federal pactua a execução de programa, projeto/atividade ou evento mediante a celebração de convênio é denominado **convenente**.

O traço diferencial entre o **contrato administrativo** e o **convênio administrativo** não é a oposição ou não de interesses, pois não há, no contrato de qualquer espécie, interesses contrapostos. As pessoas contratam, inicialmente, para realizar, através da cooperação e da colaboração mútuas, determinado objeto.

Os interesses colidentes somente surgem do não cumprimento das cláusulas contratuais ou mesmo das cláusulas do convênio, mas, em ambos, não havendo patologia na execução da avença, os interesses são convergentes, pois todos os envolvidos desejam a consecução do seu objeto.

Os **objetivos**, nos **contratos administrativos** – estes sim –, são **diversos**. O contratado, em regra, busca o **lucro** e a Administração Pública intenta a satisfação do interesse público.

Os **objetivos**, nos **convênios administrativos**, são **idênticos**. O concedente e o convenente buscam a satisfação de determinado interesse público. Assim, mesmo as partes que possuem natureza jurídica de direito privado, nos convênios administrativos, têm como fim institucional – previsto, inclusive, nos seus atos constitutivos – a consecução do interesse público.

30.2. VEDAÇÕES

Na forma do art. 10 da Portaria Interministerial MPOG/CGU n. 507, de 24-11-2011, é **vedada** a celebração de convênios:

I – com órgãos e entidades da Administração Pública direta e indireta dos Estados, Distrito Federal e Municípios cujo valor seja inferior a R$ 100.000,00 (cem mil reais) ou, no caso de execução de obras e serviços de engenharia, exceto elaboração de projetos de engenharia, nos quais o valor da transferência da União seja inferior a R$ 250.000,00 (duzentos e cinquenta mil reais);

II – com entidades privadas sem fins lucrativos que tenham como dirigente agente político de Poder ou do Ministério Público, tanto quanto dirigente de órgão ou entidade da Administração Pública, de qualquer esfera governamental, ou respectivo cônjuge ou companheiro, bem como parente em linha reta, colateral ou por afinidade, até o segundo grau;

III – entre órgãos e entidades da Administração Pública federal, casos em que deverão ser firmados termos de cooperação;

IV – com órgão ou entidade, de direito público ou privado, que esteja em mora, inadimplente com outros convênios celebrados com órgãos ou entidades da Administração Pública Federal, ou irregular em qualquer das exigências desta Portaria;

V – com pessoas físicas ou entidades privadas com fins lucrativos;

VI – visando à realização de serviços ou execução de obras a serem custeadas, ainda que apenas parcialmente, com recursos externos sem a prévia contratação da operação de crédito externo;

VII – com entidades públicas ou privadas cujo objeto social não se relacione às características do programa ou que não disponham de condições técnicas para executar o convênio;

VIII – com entidades privadas sem fins lucrativos que não comprovem ter desenvolvido, nos últimos três anos, atividades referentes à matéria objeto do convênio; e

IX – com entidades privadas sem fins lucrativos que tenham, em suas relações anteriores com a União, incorrido em pelo menos uma das seguintes condutas:

a) omissão no dever de prestar contas;

b) descumprimento injustificado do objeto de convênios, contratos de repasse ou termos de parceria;

c) desvio de finalidade na aplicação dos recursos transferidos;

d) ocorrência de dano ao erário; ou

836 CURSO DE DIREITO ADMINISTRATIVO

e) prática de outros atos ilícitos na execução de convênios, contratos de repasse ou termos de parceria.

Para fins de alcance do limite estabelecido no item I acima, é permitido:

I – consorciamento entre os órgãos e entidades da administração pública direta e indireta dos Estados, Distrito Federal e Municípios; e

II – celebração de convênios com objeto que englobe vários programas e ações federais a serem executados de forma descentralizada, devendo o objeto conter a descrição pormenorizada e objetiva de todas as atividades a serem realizadas com os recursos federais.

30.3. CELEBRAÇÃO E EXECUÇÃO

As entidades privadas sem fins lucrativos que pretendam celebrar convênio ou contrato de repasse com órgãos ou entidades da Administração Pública federal deverão realizar cadastro no **Sistema de Gestão de Convênios e Contratos de Repasse – SICONV**, conforme normas do órgão central do sistema.

Na forma do art. 8º da Portaria Interministerial MPOG/CGU n. 507, de 24-11-2011, a formação de parceria para execução descentralizada de atividades, por meio de convênio ou termo de parceria, com entidades privadas sem fins lucrativos deverá ser precedida de **chamamento público** ou **concurso de projetos** a ser realizado pelo órgão ou entidade concedente, visando à seleção de projetos ou entidades que tornem eficaz o objeto do ajuste.

O titular do órgão ou da entidade concedente poderá, mediante decisão fundamentada, **deixar de realizar chamamento público ou concurso de projetos** nas seguintes situações:

I – nos casos de emergência ou calamidade pública, quando caracterizada situação que demande a realização ou manutenção de convênio, termo de parceria ou contrato de repasse pelo prazo máximo de 180 (cento e oitenta) dias consecutivos e ininterruptos, contados da ocorrência da emergência ou calamidade, vedada a prorrogação da vigência do instrumento;

II – para a realização de programas de proteção a pessoas ameaçadas ou em situação que possa comprometer sua segurança; e

III – nos casos em que o projeto, atividade ou serviço objeto do convênio ou contrato de repasse já seja realizado adequadamente mediante parceria com a mesma entidade há pelo menos cinco anos e cujas respectivas prestações de contas tenham sido devidamente aprovadas.

Não há procedimento licitatório prévio como acontece em relação a boa parte dos contratos administrativos.

O **edital** do chamamento público ou concurso de projetos conterá, no mínimo, as seguintes informações:

I – especificação do objeto da parceria;

II – datas, prazos, condições, local e forma de apresentação das propostas;

III – datas e critérios objetivos de seleção e julgamento das propostas;

IV – exigência de declaração da entidade proponente de que apresentará, para celebração do instrumento, comprovante do exercício, nos últimos 3 (três) anos de atividades referentes à matéria objeto do convênio ou termo de parceria que pretenda celebrar com órgão ou entidade;

V – valor previsto para a realização do objeto da parceria; e

VI – previsão de contrapartida, quando cabível.

A **análise das propostas** submetidas ao chamamento público ou concurso de projetos deverá observar os seguintes aspectos, dentre outros que poderão ser fixados pelo órgão ou entidade concedente:

I – a capacidade técnica e operacional do proponente para a execução do objeto da parceria; e

II – a adequação da proposta apresentada ao objeto da parceria, inclusive quanto aos custos, cronograma e resultados previstos.

O resultado do chamamento público ou concurso de projetos deverá ser devidamente fundamentado pelo órgão ou entidade concedente.

Deverá ser dada **publicidade ao chamamento público ou concurso de projetos**, inclusive ao seu resultado, especialmente por intermédio da divulgação na primeira página do **sítio oficial do órgão ou entidade concedente, bem como no Portal dos Convênios**.

A **celebração de convênio**, acordo ou ajuste pelos órgãos ou entidades da Administração Pública depende, na forma do §1º do art. 116 da Lei n. 8.666/93, de prévia aprovação de competente plano de trabalho proposto pela organização interessada, que deverá conter, no mínimo, as seguintes informações:

a)   identificação do objeto a ser executado;

b)   metas a serem atingidas;

c)   etapas ou fases de execução;

d)   plano de aplicação dos recursos financeiros;

e)   cronograma de desembolso;

f)   previsão de início e fim da execução do objeto, bem como da conclusão das etapas ou fases programadas; e

g)   se o ajuste compreender obra ou serviço de engenharia, comprovação de que os recursos próprios para complementar a execução do objeto estão devidamente assegurados, salvo se o custo total do empreendimento recair sobre a entidade ou órgão descentralizador.

É dispensada a formalização de **termo de execução descentralizada** nos processos de aquisição e contratação de bens e serviços em que a execução contratual for centralizada por meio da Central de Compras da Secretaria de Gestão do Ministério do Planejamento, Desenvolvimento e Gestão, sendo a sua operação definida por ato do Secretário de Gestão.

Constituem **cláusulas necessárias** em qualquer convênio ou contrato de repasse celebrado pela União e suas entidades:

I – a indicação da forma pela qual a execução do objeto será acompanhada pelo concedente; e

II – a vedação para o convenente de estabelecer contrato ou convênio com entidades impedidas de receber recursos federais.

Outra cláusula do convênio é a que estabelece o dever da parte que receber os recursos de **prestar contas**. O convenente tem a faculdade, com base na sua autonomia, de celebrar ou não a avença, mas, tendo sido celebrada, não pode opor a sua autonomia de ente federativo para se furtar de prestar contas na forma estabelecida[2].

Não se trata de interferência na autonomia de outro ente federativo a exigência de documentos relativos aos programas e ações do convênio. Além disso, o dever de prestar contas é tão caro à sociedade brasileira que foi consignado pelo Poder Constituinte Originário como um dos princípios sensíveis autorizadores da intervenção, na forma da alínea *d* do inciso VII do art. 34 e do inciso II do art. 35, tudo da CF/88.

O dever de prestar contas dos convenentes não representa controle interno ou externo do ente concedente perante o ente convenente, pois decorre de imposição das normas constitucionais citadas e de cláusula do convênio.

Podem existir, desta maneira, quatro formas de fiscalização das verbas: a da pessoa concedente (exigência contratual de prestação de contas), a de controle externo pelo Poder Legislativo do ente concedente, a de controle interno do ente convenente e a de controle externo do Poder Legislativo do ente convenente.

Observe-se que o controle e o direito de exigir prestação de contas do concedente se limita às verbas voluntariamente repassadas e que os controles interno e externo do convenente abrangem tanto a verba recebida quanto a contrapartida empregada.

O órgão ou entidade que receber recursos na forma estabelecida nesta Portaria citada estará sujeito a **prestar contas da sua boa e regular aplicação**, observando-se o seguinte:

---

2   *Venire contra factum proprium.*

I – o prazo para apresentação das prestações de contas será de até 60 (sessenta) dias após o encerramento da vigência ou a conclusão da execução do objeto, o que ocorrer primeiro; e

II – o prazo mencionado na alínea anterior constará do convênio.

Quando a prestação de contas não for encaminhada no prazo estabelecido no convênio, o concedente estabelecerá o prazo máximo de 30 (trinta) dias para sua apresentação, ou recolhimento dos recursos, incluídos os rendimentos da aplicação no mercado financeiro, atualizados monetariamente e acrescidos de juros de mora, na forma da lei.

Para os convênios em que não tenha havido qualquer execução física, nem utilização dos recursos, o recolhimento à conta única do Tesouro deverá ocorrer sem a incidência dos juros de mora.

Se, ao término do prazo estabelecido, o convenente não apresentar a prestação de contas nem devolver os recursos nos termos acima, o concedente registrará a inadimplência no SICONV por omissão do dever de prestar contas e comunicará o fato ao órgão de contabilidade analítica a que estiver vinculado, para fins de instauração de tomada de contas especial sob aquele argumento e adoção de outras medidas para reparação do dano ao erário, sob pena de responsabilização solidária.

Cabe ao prefeito e ao governador sucessor prestar contas dos recursos provenientes de convênios firmados pelos seus antecessores.

Na impossibilidade de atender ao disposto acima, deverá apresentar ao concedente justificativas que demonstrem o impedimento de prestar contas e as medidas adotadas para o resguardo do patrimônio público.

Quando a impossibilidade de prestar contas decorrer de ação ou omissão do antecessor, o novo administrador solicitará ao concedente a instauração de tomada de contas especial.

A **prestação de contas** será composta, além dos documentos e informações apresentados pelo convenente no SICONV, do seguinte:

I – Relatório de Cumprimento do Objeto;

II – Notas e comprovantes fiscais, quanto aos seguintes aspectos: data do documento, compatibilidade entre o emissor e os pagamentos registrados no SICONV, valor, aposição de dados do convenente, programa e número do convênio;

III – Relatório de prestação de contas aprovado e registrado no SICONV pelo convenente;

IV – declaração de realização dos objetivos a que se propunha o instrumento;

V – relação de bens adquiridos, produzidos ou construídos, quando for o caso;

VI – a relação de treinados ou capacitados, quando for o caso;

VII – a relação dos serviços prestados, quando for o caso;

VIII – comprovante de recolhimento do saldo de recursos, quando houver; e

IX – termo de compromisso por meio do qual o convenente será obrigado a manter os documentos relacionados ao convênio.

Na forma do §2º do art. 116 da Lei n. 8.666/93, a entidade ou órgão repassador dará ciência do convênio à **Assembleia Legislativa ou à Câmara Municipal** respectiva após a sua assinatura. Apesar de não haver prazo estabelecido para este ato, o gestor público deve agir com razoabilidade e dar ciência ao Poder Legislativo depois de iniciada a sua execução.

As **parcelas do convênio** serão liberadas em estrita conformidade com o plano de aplicação aprovado, exceto nos casos a seguir, nos quais ficarão retidas até o saneamento das impropriedades (§3º do art. 116):

I – quando não tiver havido comprovação da boa e regular aplicação da parcela anteriormente recebida, na forma da legislação aplicável, inclusive mediante procedimentos de fiscalização local, realizados periodicamente pela entidade ou órgão descentralizador dos recursos ou pelo órgão competente do sistema de controle interno da Administração Pública;

II – quando verificado desvio de finalidade na aplicação dos recursos, atrasos não justificados no cumprimento das etapas ou fases programadas, práticas atentatórias aos princípios fundamentais de Administração Pública nas contratações e demais atos praticados na execução do convênio, ou o inadimplemento do executor com relação a outras cláusulas conveniais básicas; e

III – quando o executor deixar de adotar as medidas saneadoras apontadas pelo partícipe repassador dos recursos ou por integrantes do respectivo sistema de controle interno.

Os **saldos de convênio**, enquanto não utilizados, serão obrigatoriamente aplicados em cadernetas de poupança de instituição financeira oficial se a previsão de seu uso for igual ou superior a um mês, ou em fundo de aplicação financeira de curto prazo ou operação de mercado aberto lastreada em títulos da dívida pública, quando a utilização dos mesmos verificar-se em prazos menores que um mês (§4º do art. 116).

As **receitas financeiras auferidas** serão obrigatoriamente computadas a crédito do convênio e aplicadas, exclusivamente, no objeto de sua finalidade, devendo constar de demonstrativo específico que integrará as prestações de contas do ajuste (§5º do art. 116).

O convênio poderá ser **denunciado** a qualquer tempo, ficando os partícipes responsáveis somente pelas obrigações e auferindo as vantagens do tempo em que participaram voluntariamente da avença, não sendo admissível cláusula obrigatória de permanência ou sancionadora dos denunciantes.

Quando da conclusão, denúncia, rescisão ou extinção do convênio, os **saldos financeiros remanescentes**, inclusive os provenientes das receitas obtidas das aplicações financeiras realizadas, serão devolvidos à entidade ou órgão repassador dos recursos, no prazo improrrogável de trinta dias do evento, sob pena da imediata instauração de tomada de contas especial do responsável, providenciada pela autoridade competente do órgão ou entidade titular dos recursos.

Em sendo evidenciados pelos **órgãos de controle** ou Ministério Publico vícios insanáveis que impliquem nulidade da licitação realizada, adotar-se-ão as medidas administrativas necessárias à recomposição do erário no montante atualizado da parcela já aplicada, o que pode incluir a reversão da aprovação da prestação de contas e a instauração de Tomada de Contas Especial, independentemente da comunicação do fato ao Tribunal de Contas da União e ao Ministério Público.

Constituem motivos para **rescisão** do convênio:

I – o inadimplemento de qualquer das cláusulas pactuadas;
II – constatação, a qualquer tempo, de falsidade ou incorreção de informação em qualquer documento apresentado; e
III – a verificação que qualquer circunstância que enseje a instauração de tomada de contas especial. Parágrafo único. A rescisão do convênio, quando resulte dano ao erário, enseja a instauração de tomada de contas especial.

As **transferências voluntárias** de recursos de um ente federativo de menor abrangência para outro são feitas, em regra, através de *convênios administrativos*. O art. 25 da Lei Complementar n. 101/2000, Lei de Responsabilidade Fiscal (LRF), define transferência voluntária como a entrega de recursos correntes ou de capital a outro ente da Federação, a título de cooperação, auxílio ou assistência financeira, que não decorra de determinação constitucional, legal ou os destinados ao Sistema Único de Saúde.

As exigências para a sua efetivação são, além das estabelecidas na lei de diretrizes orçamentárias, as seguintes:

I – existência de dotação específica;
II – observância do disposto no inciso X do art. 167 da Constituição; e
III – comprovação, por parte do beneficiário, de:
a) que se acha em dia quanto ao pagamento de tributos, empréstimos e financiamentos devidos ao ente transferidor, bem como quanto à prestação de contas de recursos anteriormente dele recebidos;
b) cumprimento dos limites constitucionais relativos à educação e à saúde;
c) observância dos limites das dívidas consolidada e mobiliária, de operações de crédito, inclusive por antecipação de receita, de inscrição em Restos a Pagar e de despesa total com pessoal; e
d) previsão orçamentária de contrapartida (art. 25, §1º).

Além disso, o parágrafo único do art. 11 da Lei Complementar n. 101/2000 proíbe transferências voluntárias para os entes que não instituam, prevejam e arrecadem todos os impostos da sua competência constitucional.

O §2º do artigo citado estabeleceu, de maneira sábia, a vedação de utilização dos recursos transferidos em **finalidade diversa da pactuada**.

A opção constitucional por um Estado pautado em Direitos Fundamentais exigiu a ressalva consignada no §3º do art. 25: "para fins da aplicação das sanções de suspensão de transferências voluntárias constantes desta Lei Complementar, excetuam-se aquelas relativas a ações de educação, saúde e assistência social".

A União, a fim de facilitar a comprovação da regularidade dos entes menos abrangentes que pretendam receber transferências voluntárias de recursos, criou o *Cadastro Único de Convênios (CAUC)* através da Instrução Normativa (IN) n. 1, de 4-5-2001, sucedida pela Instrução Normativa n. 1, de 17-10-2005, ambas da Secretaria do Tesouro Nacional (STN).

O CAUC é um subsistema desenvolvido dentro do Sistema Integrado de Administração Financeira do Governo Federal (Siafi), disponibilizado em rede a todas as unidades do Governo Federal e, na internet, no sítio da Secretaria do Tesouro Nacional, não sendo um cadastro de inadimplência nem tendo poderes ou atribuições legais para tornar qualquer ente inadimplente[3].

A grande questão enfrentada pelo STJ sobre o CAUC está relacionada à insuficiência ou falta de prestação de contas de recursos recebidos por transferência voluntária pelo Prefeito anterior que impede a celebração de novos convênios pelo Prefeito sucessor.

As transferências voluntárias relativas às ações de educação, saúde e assistência social não podem ser impedidas mesmo que o ente esteja irregular perante o CAUC ou a sua documentação de referência esteja incompleta, conforme o §3º do art. 25 da Lei de Responsabilidade Fiscal (LRF).

Os Municípios e os Estados localizados em faixa de fronteira também não podem ser impedidos de receber transferências voluntárias ainda que haja irregularidade, na forma do art. 26 da Lei n. 10.522/2002. Somente no caso de inadimplemento junto ao INSS, tais Municípios e Estados fronteiriços deixarão de receber, salvo em relação a ações de assistência social.

A Instrução Normativa n. 1/2005, com o objetivo de evitar que o bom Prefeito e a população paguem pelo mau Prefeito anterior, reza, no §2º do seu art. 5º, que:

---

[3] Disponível em: <http://www.tesouro.fazenda.gov.br/siafi/cauc/download/cauc.pdf>.

§2º Nas hipóteses dos incisos I e II do parágrafo anterior, a entidade, se tiver outro administrador que não o faltoso, e uma vez comprovada a instauração da devida tomada de contas especial, com imediata inscrição, pela unidade de contabilidade analítica, do potencial responsável em conta de ativo "Diversos Responsáveis", poderá ser liberada para receber novas transferências, mediante suspensão da inadimplência por ato expresso do ordenador de despesas do órgão concedente (*Redação alterada p/IN 5/2001*).

Por fim, tem-se que o STJ ratificou essa possibilidade de redenção do bom Prefeito em diversos dos seus acórdãos, entre eles:

ADMINISTRATIVO – LEI DE RESPONSABILIDADE FISCAL – NÃO ALIMENTAÇÃO DO CAUC PELA RECORRIDA – BLOQUEIO DE REPASSE DE RECURSOS VOLUNTÁRIOS – INADIMPLÊNCIA OCASIONADA POR MÁ GESTÃO DE PREFEITO ANTERIOR – PROVIDÊNCIAS ADOTADAS PELO GESTOR ATUAL.
1. A transferência voluntária, que se caracteriza pelo repasse, a cargo da CEF, das verbas provenientes da União impõe, dentre as inúmeras exigências, estar a municipalidade em dia com as suas obrigações.
2. Descumprimento da exigência consistente na declaração de atendimento dos limites definidos pelo art. 25, §1º, IV, alínea *c*, da Lei Complementar n. 101/2000.
3. A nova administração, que tomou todas as providências cabíveis para a regularização da situação, não pode ser penalizada.
Agravo regimental improvido[4].

---

4   AgRg no REsp 1087465/SC, rel. Min. Humberto Martins, 2ª Turma, julgado em 25-8-2009, *DJe* 16-9-2009.

31

PARCERIA PÚBLICO-PRIVADA (PPP)

As **necessidades públicas** são infinitas, mas os **recursos públicos** são limitados. Assim, o Estado não consegue suprir todas as demandas sociais, precisando, em diversos casos, do apoio da iniciativa privada.

Não há qualquer altruísmo da iniciativa privada na persecução do interesse público, visto que a satisfação daquele interesse pode gerar reflexos positivos também para os detentores dos meios de produção.

Neste espírito de cooperação, foi criado o instituto da **parceria público--privada** pela **Lei n. 11.079, de 30-12-2004**, que tem como finalidade primordial a execução de objetos de maior vulto. A lei em tela aplica-se aos órgãos da Administração Pública direta dos Poderes Executivo e Legislativo, aos fundos especiais, às autarquias, às fundações públicas, às empresas públicas, às sociedades de economia mista e às demais entidades controladas direta ou indiretamente pela União, Estados, Distrito Federal e Municípios.

A Exposição de Motivos 355/2003, parte integrante do Projeto de Lei n. 2.546/2003, encaminhado pelo Poder Executivo ao Congresso Nacional em 19-11-2003, ilustra que a parceria público-privada "constitui *modalidade de contratação* em que os entes públicos e as organizações privadas, mediante o compartilhamento de riscos e com financiamento obtido pelo setor privado, assumem a realização de serviços ou empreendimentos públicos".

Paulo Fernando Mohn e Souza[1] faz excelente resumo sobre o surgimento do presente instituto, ao afirmar: "A partir da experiência inglesa com o projeto Private Finance Initiative (PFI), iniciado em 1992 pelo Partido Conservador e encampado pelo governo trabalhista seguinte, após 1997, dissemina-se o mode-

---

[1] O Modelo Nacional de Parcerias Público-Privadas (PPP), publicado na *RT* 860/62.

lo das Public-Private Partnerships (PPP) por diversos países. Segundo Paiva e Rocha (2005, p. 5), sua popularidade exprime tanto a busca por maior eficiência econômica e social quanto a necessidade de contornar restrições enfrentadas pelo setor público, de modo a possibilitar a elevação dos investimentos públicos sem que o orçamento e o volume da dívida do governo sejam afetados. As parcerias são firmadas entre os governos e as empresas privadas para realizar empreendimentos que não sejam autossustentáveis ou cujo processo de maturação seja muito longo. O setor privado participa como empreendedor e o setor público atua como concedente e remunerador parcial do serviço. Desse modo, podem ser obtidos capitais e capacidade gerencial privados para investimentos em serviços ou empreendimentos de interesse público, sobretudo em infraestrutura. Portanto, as parcerias público-privadas estão associadas não só ao fornecimento de novas fontes de investimento de capital para o setor público, mas também ao transplante de habilidades, especialidades e inovações do setor privado para a consecução de interesses públicos (Horbach, 2004, p. 2)".

A parceria público-privada pauta-se no **binômio clássico licitação-contrato administrativo**, pois a CF/88 impede qualquer inovação legal para mitigar os postulados de tais institutos.

A sua regulamentação veio com a edição do Decreto n. 5.977/06 revogado pelo Decreto n. 8.428/15.

O Decreto n. 5.385/05 criou o Comitê Gestor de Parceria Público-Privada Federal – CGP.

A **parceria público-privada representa o contrato de concessão na modalidade patrocinada ou administrativa**, sendo que o seu traço característico – inclusive que a difere das concessões regidas pela Lei n. 8.987/95 – é a existência de **contraprestação pecuniária do parceiro público ao parceiro privado**.

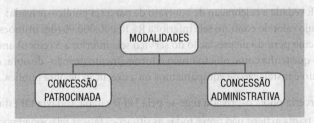

A **concessão patrocinada**, na forma do §1º do art. 2º da Lei n. 11.079/2004, é concessão de serviços públicos ou de obras públicas de que trata a Lei n. 8.987, de 13 de fevereiro de 1995, quando envolver, adicionalmente à tarifa cobrada dos usuários contraprestação pecuniária do parceiro público ao parceiro privado.

CURSO DE DIREITO ADMINISTRATIVO

Busca-se com esta modalidade:

I – atrair a iniciativa privada para os projetos que levarão um tempo maior para render lucro; e

II – garantir a modicidade das tarifas para os usuários.

Ressalte-se que, na forma do §3º do art. 10 da Lei n. 11.079/2004, as concessões patrocinadas em que mais de 70% (setenta por cento) da remuneração do parceiro privado for paga pela Administração Pública dependerão de **autorização legislativa específica**.

As concessões patrocinadas regem-se pela lei acima mencionada, aplicando--se-lhes subsidiariamente o disposto na Lei n. 8.987, de 13 de fevereiro de 1995, e nas leis que lhe são correlatas.

A **concessão administrativa**, na forma do §2º do art. 2º da Lei das PPP, é o contrato de prestação de serviços de que a Administração Pública seja a usuária direta ou indireta, ainda que envolva execução de obra ou fornecimento e instalação de bens.

Como já foi dito, o regime jurídico-financeiro da PPP tem mais um elemento, qual seja, a remuneração feita pelo Poder Público ao concessionário.

CONCESSÃO PATROCINADA	CONCESSÃO ADMINISTRATIVA
TARIFA USUÁRIO + CONTRAPRESTAÇÃO PECUNIÁRIA DO PARCEIRO PÚBLICO	ADMINISTRAÇÃO PÚBLICA USUÁRIA DIRETA OU INDIRETA

A Lei n. 11.079/2004 tem como **objeto as contratações administrativas de** maior vulto e complexidade, tanto que o §4º do seu art. 2º estabelece:

§4º É vedada a celebração de contrato de parceria público-privada:
I – cujo valor do contrato seja inferior a R$ 10.000.000,00 (dez milhões de reais);
II – cujo período de prestação do serviço seja inferior a 5 (cinco) anos; ou
III – que tenha como objeto único o fornecimento de mão- de obra, o fornecimento e instalação de equipamentos ou a execução de obra pública.

A parceria público-privada rege-se pela Lei já citada, todavia tal estatuto normativo de trinta artigos não prevê todas as situações fáticas relacionadas com a licitação e com a contratação. Desta forma, como já foi dito, há, no seu próprio texto, norma que permite a aplicação subsidiária da Lei n. 8.987/95 aos casos omissos.

Na contratação de parceria público-privada, serão observadas as seguintes **diretrizes**:

a) eficiência no cumprimento das missões de Estado e no emprego dos recursos da sociedade;
b) respeito aos interesses e direitos dos destinatários dos serviços e dos entes privados incumbidos da sua execução;
c) indelegabilidade das funções de regulação, jurisdicional, do exercício do poder de polícia e de outras atividades exclusivas do Estado;
d) responsabilidade fiscal na celebração e execução das parcerias;
e) transparência dos procedimentos e das decisões;
f) repartição objetiva de riscos entre as partes; e
g) sustentabilidade financeira e vantagens socioeconômicas dos projetos de parceria.

Entre as diretrizes acima citadas, estabelecidas pelo art. 4º, uma chama mais a atenção – visto que todas as outras podem ser extraídas facilmente do regime jurídico-administrativo –, a **repartição objetiva de riscos entre as partes**.

Nos contratos administrativos convencionais, a Administração Pública não pode repartir os **riscos** com a contratada, mas, na parceria público-privada, esta repartição, em virtude de a cooperação ser mais efetiva, deve existir.

Novamente, a lei mitiga o dogma da indisponibilidade do patrimônio público, permitindo que sejam assumidos **riscos patrimoniais pelo Estado**.

O art. 5º da Lei em tela também apresenta várias exceções à conhecida sistemática do contrato administrativo. Segue o seu texto:

Art. 5º As cláusulas dos contratos de parceria público-privada atenderão ao disposto no art. 23 da Lei n. 8.987, de 13 de fevereiro de 1995, no que couber, devendo também prever:
I – **o prazo de vigência do contrato, compatível com a amortização dos investimentos realizados, não inferior a 5 (cinco), nem superior a** 35 *(trinta e cinco) anos*, **incluindo eventual prorrogação;**
II – *as penalidades aplicáveis à Administração Pública* e ao parceiro privado em caso de inadimplemento contratual, fixadas sempre de forma proporcional à gravidade da falta cometida, e às obrigações assumidas;
III – **a repartição de riscos entre as partes, inclusive os referentes a caso fortuito, força maior, fato do príncipe e álea econômica extraordinária;**
IV – as formas de remuneração e de atualização dos valores contratuais;
V – os mecanismos para a preservação da atualidade da prestação dos serviços;
VI – os fatos que caracterizem a inadimplência pecuniária do parceiro público, os modos e o prazo de regularização e, quando houver, a forma de acionamento da garantia;
VII – os critérios objetivos de avaliação do desempenho do parceiro privado;

848 CURSO DE DIREITO ADMINISTRATIVO

VIII – a prestação, pelo parceiro privado, de garantias de execução suficientes e compatíveis com os ônus e riscos envolvidos, observados os limites dos §§3º e 5º do art. 56 da Lei n. 8.666, de 21 de junho de 1993, e, no que se refere às concessões patrocinadas, o disposto no inciso XV do art. 18 da Lei n. 8.987, de 13 de fevereiro de 1995;

IX – **o compartilhamento com a Administração Pública de ganhos econômicos efetivos do parceiro privado decorrentes da redução do risco de crédito dos financiamentos utilizados pelo parceiro privado;**

X – a realização de vistoria dos bens reversíveis, podendo o parceiro público reter os pagamentos ao parceiro privado, no valor necessário para reparar as irregularidades eventualmente detectadas;

XI – o cronograma e os marcos para o repasse ao parceiro privado das parcelas do aporte de recursos, na fase de investimentos do projeto e/ou após a disponibilização dos serviços, sempre que verificada a hipótese do §2º do art. 6º desta Lei. *(Incluído pela Lei n. 12.766, de 2012).*

§1º As cláusulas contratuais de atualização automática de valores baseadas em índices e fórmulas matemáticas, quando houver, serão aplicadas sem necessidade de homologação pela Administração Pública, exceto se esta publicar, na imprensa oficial, onde houver, até o prazo de 15 (quinze) dias após apresentação da fatura, razões fundamentadas nesta Lei ou no contrato para a rejeição da atualização.

§2º Os contratos poderão prever adicionalmente:

I – os requisitos e condições em que o parceiro público autorizará a transferência do controle da **sociedade de propósito específico** para os seus financiadores, com o objetivo de promover a sua reestruturação financeira e assegurar a continuidade da prestação dos serviços, não se aplicando para este efeito o previsto no inciso I do parágrafo único do art. 27 da Lei n. 8.987, de 13 de fevereiro de 1995;

II – a possibilidade de emissão de **empenho em nome dos financiadores do projeto** em relação às obrigações pecuniárias da Administração Pública;

III – a **legitimidade dos financiadores do projeto para receber indenizações** por extinção antecipada do contrato, bem como pagamentos efetuados pelos fundos e empresas estatais garantidores de parcerias público-privadas. (grifo)

São exceções claras os incisos I, II, III e IX do *caput* do artigo acima. Além disso, foi editada a Lei n. 12.766/2012 que alterou o §1º do art. 6º da Lei n. 11.079/2004, contemplando a possibilidade de o contrato prever o pagamento ao parceiro privado de **remuneração variável vinculada ao seu desempenho**, conforme metas e padrões de qualidade e disponibilidade definidos no contrato e contemplando também, no seu §2º, a possibilidade de aporte de recursos em favor do parceiro privado para a realização de obras e aquisição de bens reversíveis, nos termos dos incisos X e XI do *caput* do art. 18 da Lei n. 8.987, de 13-2-1995, desde que autorizado no edital de licitação, se contratos novos, ou em lei específica, se contratos celebrados até 8 de agosto de 2012.

A legalidade da utilização de remuneração variável não era novidade quando foi editada a lei em questão, pois o Regime Diferenciado de Contratação (RDC), trazido pela Lei n. 12.462/2011, já oferecia essa hipótese nos seus contratos.

Os contratos administrativos de PPP não se submetem ao limite de **prazo de sessenta meses** estabelecido no inciso II do art. 57 da Lei n. 8.666/93. Ao contrário, o prazo mínimo é de 5 (cinco anos) e o máximo de 35 (trinta e cinco anos), incluídas as prorrogações.

A Administração Pública, nas contratações aqui descritas, pode sofrer **penalidades**, o que não ocorre nos contratos administrativos gerais, nos quais a opção do contratado é, havendo mora ou inadimplemento do Poder Público, buscar a rescisão judicial.

Como já foi dito, a **repartição do risco é possível**, podendo abranger, inclusive, o caso fortuito, a força maior e a álea extraordinária. Assim, nem a Administração Pública nem a concessionária poderão alegar tais excludentes de responsabilidade contratual.

Apesar de o Estado buscar o atendimento ao interesse público, é possível o **compartilhamento com a Administração Pública de ganhos econômicos** efetivos do parceiro privado decorrentes da redução do risco de crédito dos financiamentos utilizados pelo parceiro privado.

O contrato administrativo de PPP poderá irradiar efeitos a terceiros, visto que:

a) o parceiro público poderá autorizar a transferência do controle da sociedade de propósito específico para os seus financiadores, com o objetivo de promover a sua reestruturação financeira e assegurar a continuidade da prestação dos serviços, não se aplicando para este efeito o previsto no inciso I do parágrafo único do art. 27 da Lei n. 8.987, de 13-2-1995;

b) é possível a emissão de empenho em nome dos financiadores do projeto em relação às obrigações pecuniárias da Administração Pública; e

c) é possível estabelecer contratualmente a legitimidade dos financiadores do projeto para receber indenizações por extinção antecipada do contrato, bem como pagamentos efetuados pelos fundos e empresas estatais garantidores de parcerias público-privadas.

Outra peculiaridade na PPP é a **obrigatoriedade** de criação de uma **Sociedade de Propósito Específico (SPE)** antes da celebração do contrato, para, na forma do art. 9º, implantar e gerir o objeto da parceria.

A SPE poderá assumir a forma de **companhia aberta**, com valores mobiliá-rios admitidos a negociação no mercado, deverá obedecer a padrões de governança corporativa e adotar contabilidade e demonstrações financeiras padronizadas, conforme regulamento.

Fica vedado à Administração Pública ser titular da maioria do capital votante das sociedades de que trata este Capítulo, porém a vedação não se aplica à eventual aquisição da maioria do capital votante da sociedade de propósito específico por instituição financeira controlada pelo Poder Público em caso de inadimplemento de contratos de financiamento.

Indubitável que, mesmo com diversas mitigações ao regime jurídico-administrativo, a transferência do controle da SPE dependerá da anuência do parceiro público.

A **contraprestação da Administração Pública** nos contratos de parceria público-privada poderá ser feita por:

I – ordem bancária;
II – cessão de créditos não tributários;
III – outorga de direitos em face da Administração Pública;
IV – outorga de direitos sobre bens públicos dominicais;
V – outros meios admitidos em lei.

A contraprestação da Administração Pública será obrigatoriamente precedida da disponibilização do serviço objeto do contrato de parceria público-privada.

É facultado à Administração Pública, nos termos do contrato, efetuar o pagamento da contraprestação relativa à parcela fruível do serviço objeto do contrato de parceria público-privada.

O aporte de recursos da Administração Pública, quando realizado durante a fase dos investimentos a cargo do parceiro privado, deverá guardar **proporcionalidade** com as etapas efetivamente executadas.

As obrigações pecuniárias contraídas pela Administração Pública em contrato de parceria público-privada poderão ser garantidas mediante:

I – vinculação de receitas, observado o disposto no inciso IV do art. 167 da Constituição Federal;
II – instituição ou utilização de fundos especiais previstos em lei;
III – contratação de seguro-garantia com as companhias seguradoras que não sejam controladas pelo Poder Público;
IV – garantia prestada por organismos internacionais ou instituições financeiras que não sejam controladas pelo Poder Público;
V – garantias prestadas por fundo garantidor ou empresa estatal criada para essa finalidade;
VI – outros mecanismos admitidos em lei.

A contratação de parceria público-privada será precedida de **licitação na modalidade de concorrência**, estando a abertura do processo licitatório condicionada a:

I – **autorização da autoridade competente**, fundamentada em estudo técnico que demonstre:

    a) a **conveniência e a oportunidade** da contratação, mediante identificação das razões que justifiquem a opção pela forma de parceria público-privada;

    b) que as **despesas criadas ou aumentadas não afetarão as metas de resultados fiscais previstas na Lei de Responsabilidade Fiscal**, devendo seus efeitos financeiros, nos períodos seguintes, ser compensados pelo aumento permanente de receita ou pela redução permanente de despesa; e

    c) quando for o caso, conforme as normas gerais editadas pela Secretaria do Tesouro Nacional, na forma da legislação pertinente, relativas à consolidação das contas públicas aplicáveis aos contratos de parceria público-privada, **a observância dos limites e condições decorrentes da Lei de Responsabilidade Fiscal, pelas obrigações contraídas pela Administração Pública relativas ao objeto do contrato**;

II – **elaboração de estimativa do impacto orçamentário-financeiro** nos exercícios em que deva vigorar o contrato de parceria público-privada;

III – **declaração do ordenador da despesa** de que as obrigações contraídas pela Administração Pública no decorrer do contrato são compatíveis com a lei de diretrizes orçamentárias e estão previstas na lei orçamentária anual;

IV – **estimativa do fluxo de recursos públicos suficientes para o cumprimento**, durante a vigência do contrato e por exercício financeiro, das obrigações contraídas pela Administração Pública;

V – seu **objeto estar previsto no plano plurianual** em vigor no âmbito onde o contrato será celebrado;

VI – submissão da minuta de edital e de contrato à **consulta pública**, mediante publicação na imprensa oficial, em jornais de grande circulação e por meio eletrônico, que deverá informar a justificativa para a contratação, a identificação do objeto, o prazo de duração do contrato, seu valor estimado, fixando-se prazo mínimo de 30 (trinta) dias para recebimento de sugestões, cujo termo dar-se-á pelo menos 7 (sete) dias antes da data prevista para a publicação do edital; e

VII – **licença ambiental prévia ou expedição das diretrizes para o licenciamento ambiental do empreendimento**, na forma do regulamento, sempre que o objeto do contrato exigir.

O **instrumento convocatório** conterá minuta do contrato, indicará expressamente a submissão da licitação às normas da Lei de PPP e observará, no que couber, os §3º e §4º do art. 15, os arts. 18, 19 e 21 da Lei n. 8.987, de 13 de fevereiro de 1995, podendo ainda prever:

I – exigência de garantia de proposta do licitante, observado o limite do inciso III do art. 31 da Lei n. 8.666, de 21 de junho de 1993;

II – o emprego dos mecanismos privados de resolução de disputas, inclusive a arbitragem, a ser realizada no Brasil e em língua portuguesa, nos termos da Lei n. 9.307, de 23 de setembro de 1996, para dirimir conflitos decorrentes ou relacionados ao contrato.

O **edital** deverá especificar, quando houver, as garantias da contraprestação do parceiro público a serem concedidas ao parceiro privado.

O **certame** para a contratação de parcerias público-privadas obedecerá ao **procedimento** previsto na legislação vigente sobre licitações e contratos administrativos e também ao seguinte:

I – o **julgamento** poderá ser precedido de etapa de qualificação de propostas técnicas, desclassificando-se os licitantes que não alcançarem a pontuação mínima, os quais não participarão das etapas seguintes;

II – o **julgamento poderá adotar como critérios**, além dos previstos nos incisos I e V do art. 15 da Lei n. 8.987, de 13 de fevereiro de 1995, os seguintes:

 a) o **menor valor da tarifa** do serviço público a ser prestado;

 b) **melhor proposta em razão da combinação** dos critérios de **menor valor da tarifa do serviço público a ser prestado** com o de **melhor técnica**;

 c) **menor valor da contraprestação** a ser paga pela Administração Pública;

 d) **melhor proposta em razão da combinação** do critério de **menor valor da contraprestação** a ser paga pela Administração Pública com o de **melhor técnica**, de acordo com os pesos estabelecidos no edital;

III – o **edital** definirá a **forma de apresentação das propostas econômicas**, admitindo-se:

 a) **propostas escritas em envelopes lacrados**; ou

 b) **propostas escritas, seguidas de lances em viva voz**;

IV – o edital poderá prever a possibilidade de **saneamento de falhas**, de complementação de insuficiências ou ainda de correções de caráter formal no curso do procedimento, desde que o licitante possa satisfazer as exigências dentro do prazo fixado no instrumento convocatório.

Na hipótese de **propostas escritas, seguidas de lances em viva voz:**

I – os lances em viva voz serão sempre oferecidos na ordem inversa da classificação das propostas escritas, sendo vedado ao edital limitar a quantidade de lances;

II – o edital poderá restringir a apresentação de lances em viva voz aos licitantes cuja proposta escrita for no máximo 20% (vinte por cento) maior que o valor da melhor proposta.

O **exame de propostas técnicas,** para fins de qualificação ou julgamento, será feito por ato motivado, com base em exigências, parâmetros e indicadores de resultado pertinentes ao objeto, definidos com clareza e objetividade no edital.

Por fim, o edital poderá prever a **inversão da ordem das fases de habilitação e julgamento**, hipótese em que:

I – encerrada a fase de classificação das propostas ou o oferecimento de lances, será aberto o invólucro com os documentos de habilitação do licitante mais bem classificado, para verificação do atendimento das condições fixadas no edital;

II – verificado o atendimento das exigências do edital, o licitante será declarado vencedor;

III – inabilitado o licitante melhor classificado, serão analisados os documentos habilitatórios do licitante com a proposta classificada em 2º (segundo) lugar, e assim sucessivamente, até que um licitante classificado atenda às condições fixadas no edital;

IV – proclamado o resultado final do certame, o objeto será adjudicado ao vencedor nas condições técnicas e econômicas por ele ofertadas.

32

PROGRAMA DE PARCERIAS DE INVESTIMENTOS

O Governo Federal criou, através da Lei n. 13.334/2016, o Programa de Parcerias de Investimentos – PPI, destinado à ampliação e fortalecimento da interação entre o Estado e a iniciativa privada por meio da celebração de **contratos de parceria** para a execução de empreendimentos públicos de infraestrutura e de outras medidas de desestatização.

São princípios do PPI:

I – estabilidade das políticas públicas de infraestrutura;
II – legalidade, qualidade, eficiência e transparência da atuação estatal; e
III – garantia de segurança jurídica aos agentes públicos, às entidades estatais e aos particulares envolvidos.

Nota-se que há uma grande preocupação com a **segurança jurídica** do capital investido pelos parceiros privados.

Podem fazer parte do PPI:

I – os empreendimentos públicos de infraestrutura em execução ou a serem executados por meio de contratos de parceria celebrados pela administração pública direta e indireta da União;
II – os empreendimentos públicos de infraestrutura que, por delegação ou com o fomento da União, sejam executados por meio de contratos de parceria celebrados pela administração pública direta ou indireta dos Estados, do Distrito Federal ou dos Municípios;
III – as demais medidas do Programa Nacional de Desestatização a que se refere a Lei n. 9.491, de 9 de setembro de 1997; e
IV – as obras e os serviços de engenharia de interesse estratégico.

Consideram-se **contratos de parceria de PPI** a concessão comum, a concessão patrocinada, a concessão administrativa, a concessão regida por legislação setorial, a permissão de serviço público, o arrendamento de bem público, a concessão de direito real e os outros negócios público-privados que, em função de seu caráter estratégico e de sua complexidade, especificidade, volume de investimentos, longo prazo, riscos ou incertezas envolvidos, adotem estrutura jurídica semelhante.

O Programa tem claros **objetivos** desenvolvimentistas, sendo eles:

I – ampliar as oportunidades de investimento e emprego e estimular o desenvolvimento tecnológico e industrial, em harmonia com as metas de desenvolvimento social e econômico do país;

II – garantir a expansão com qualidade da infraestrutura pública, com tarifas adequadas;

III – promover ampla e justa competição na celebração das parcerias e na prestação dos serviços;

IV – assegurar a estabilidade e a segurança jurídica, com a garantia da mínima intervenção nos negócios e investimentos;

V – fortalecer o papel regulador do Estado e a autonomia das entidades estatais de regulação; e

VI – fortalecer políticas nacionais de integração dos diferentes modais de transporte de pessoas e bens, em conformidade com as políticas de desenvolvimento nacional, regional e urbano, de defesa nacional, de meio ambiente e de segurança das populações, formuladas pelas diversas esferas de governo.

O PPI será **regulamentado** por meio de decretos que, nos termos e limites das leis setoriais e da legislação geral aplicável, definirão:

I – as políticas federais de longo prazo para o investimento por meio de parcerias em empreendimentos públicos federais de infraestrutura e para a desestatização;

II – os empreendimentos públicos federais de infraestrutura qualificados para a implantação por parceria;

III – as políticas federais de fomento às parcerias em empreendimentos públicos de infraestrutura dos Estados, do Distrito Federal ou dos Municípios; e

IV – as obras e os serviços de engenharia de interesse estratégico.

Os projetos qualificados no PPI serão tratados como empreendimentos de interesse estratégico e terão **prioridade nacional** junto a todos os agentes públicos nas esferas administrativa e controladora da União, dos Estados, do Distrito Federal e dos Municípios.

Os órgãos, entidades e autoridades da Administração Pública da União com competências relacionadas aos empreendimentos do PPI formularão programas próprios visando à adoção, na regulação administrativa, independentemente de exigência legal, das práticas avançadas recomendadas pelas melhores experiências nacionais e internacionais, inclusive:

I – edição de planos, regulamentos e atos que formalizem e tornem estáveis as políticas de Estado fixadas pelo Poder Executivo para cada setor regulado, de forma a tornar segura sua execução no âmbito da regulação administrativa, observadas as competências da legislação específica, e mediante consulta pública prévia;
II – eliminação de barreiras burocráticas à livre organização da atividade empresarial;
III – articulação com o Conselho Administrativo de Defesa Econômica – CADE, bem como com a Secretaria de Acompanhamento Econômico – SEAE do Ministério da Fazenda, para fins de **compliance** com a defesa da concorrência; e
IV – articulação com os órgãos e autoridades de controle, para aumento da transparência das ações administrativas e para a eficiência no recebimento e consideração das contribuições e recomendações.

Foram criados dois órgãos para tratar do PPI, são eles:

a) o **Conselho do Programa de Parcerias de Investimentos da Presidência da República** – CPPI; e
b) a **Secretaria Especial do Programa de Parcerias de Investimentos** – SEPPI.

Para a estruturação dos projetos que integrem ou que venham a integrar o PPI, o órgão ou entidade competente poderá, sem prejuízo de outros mecanismos previstos na legislação:

I – utilizar a estrutura interna da própria administração pública;
II – contratar serviços técnicos profissionais especializados;
III – abrir chamamento público;
IV – receber sugestões de projetos.

O BNDES foi autorizado a constituir e participar do Fundo de Apoio à Estruturação de Parcerias – FAEP, que tem por finalidade a aplicação de recursos para a prestação onerosa, por meio de contrato, de serviços técnicos profissionais especializados destinados à estruturação de parcerias de investimentos e de medidas de desestatização.

Os contratos de parceria que vierem a integrar a carteira de projetos do PPI não terão seus projetos licitados antes da submissão das minutas do edital e do contrato à consulta pública ou à audiência pública.

A Lei n. 13.448/17 estabeleceu diretrizes gerais para prorrogação e relicitação dos contratos de parceria definidos no Programa de Parcerias de Investimentos, nos setores rodoviário, ferroviário e aeroportuário da Administração Pública federal.

A novidade apresentada pela citada lei foi a possibilidade de **relicitação**.

Assim, com o objetivo de assegurar a continuidade da prestação dos serviços, o órgão ou a entidade competente poderá realizar, observadas as condições fixadas na citada lei, a relicitação do objeto dos contratos de parceria nos setores rodoviário, ferroviário e aeroportuário cujas **disposições contratuais não estejam sendo atendidas** ou cujos **contratados demonstrem incapacidade de adimplir as obrigações contratuais ou financeiras assumidas originalmente**.

A relicitação ocorrerá por meio de **acordo entre as partes**, nos termos e prazos definidos em ato do Poder Executivo.

Caberá ao órgão ou à entidade competente, em qualquer caso, avaliar a necessidade, a pertinência e a razoabilidade da instauração do processo de relicitação do objeto do contrato de parceria, tendo em vista os aspectos operacionais e econômico-financeiros e a continuidade dos serviços envolvidos.

Sem prejuízo de outros requisitos definidos em ato do Poder Executivo, a instauração do processo de relicitação é condicionada à apresentação pelo contratado:

I – das justificativas e dos elementos técnicos que demonstrem a necessidade e a conveniência da adoção do processo de relicitação, com as eventuais propostas de solução para as questões enfrentadas;

II – da renúncia ao prazo para corrigir eventuais falhas e transgressões e para o enquadramento previsto no §3º do art. 38 da Lei n. 8.987, de 13 de fevereiro de 1995, caso seja posteriormente instaurado ou retomado o processo de caducidade;

III – de declaração formal quanto à intenção de aderir, de maneira irrevogável e irretratável, ao processo de relicitação do contrato de parceria;

IV – da renúncia expressa quanto à participação no novo certame ou no futuro contrato de parceria relicitado;

V – das informações necessárias à realização do processo de relicitação, em especial as demonstrações relacionadas aos investimentos em bens reversíveis vinculados ao empreendimento e aos eventuais instrumentos de financiamento utilizados no contrato, bem como de todos os contratos em vigor de cessão de uso de áreas para fins comerciais e de prestação de serviços, nos espaços sob a titularidade do atual contratado.

Qualificado o contrato de parceria para a relicitação, serão sobrestadas as medidas destinadas a instaurar ou a dar seguimento a processos de caducidade eventualmente em curso contra o contratado.

A relicitação do contrato de parceria será condicionada à celebração de termo aditivo com o atual contratado, do qual constarão, entre outros elementos julgados pertinentes pelo órgão ou pela entidade competente:

I – a aderência irrevogável e irretratável do atual contratado à relicitação do empreendimento e à posterior extinção amigável do ajuste originário, nos termos desta Lei;

II – a suspensão das obrigações de investimento vincendas a partir da celebração do termo aditivo e as condições mínimas em que os serviços deverão continuar sendo prestados pelo atual contratado até a assinatura do novo contrato de parceria, garantindo-se, em qualquer caso, a continuidade e a segurança dos serviços essenciais relacionados ao empreendimento;

III – o compromisso arbitral entre as partes com previsão de submissão, à arbitragem ou a outro mecanismo privado de resolução de conflitos admitido na legislação aplicável, das questões que envolvam o cálculo das indenizações pelo órgão ou pela entidade competente, relativamente aos procedimentos estabelecidos na lei em estudo.

São impedidos de participar do certame licitatório da relicitação:

I – o contratado ou a Sociedade de Propósito Específico (SPE) responsável pela execução do contrato de parceria;

II – os acionistas da SPE responsável pela execução do contrato de parceria titulares de, no mínimo, 20% (vinte por cento) do capital votante em qualquer momento anterior à instauração do processo de relicitação.

As vedações também alcançam a participação das entidades mencionadas:

I – em consórcios constituídos para participar da relicitação;

II – no capital social de empresa participante da relicitação;

III – na nova SPE constituída para executar o empreendimento relicitado.

A concessionária que terá o contrato extinto poderá receber indenização que será estipulada por meio de arbitragem ou outro mecanismo privado de resolução de conflitos.

Por fim, tem-se que a relicitação nada mais é do que **extinção amigável**, sem certas sanções, do contrato de parceria (Lei n. 13.334/2016) e a celebração de nova avença, através de licitação, para o empreendimento com novas condições contratuais e com novos contratados.

33

SERVIÇO PÚBLICO

33.1. CONCEITO

Os conceitos de serviço público (atividade prestacional)[1] apresentados pelos autores de Direito Administrativo afastam-se bastante de qualquer uniformidade. Normalmente, os autores clássicos conceituam-no baseados somente em um ou dois dos seus três aspectos: o material, o subjetivo ou o formal.

A noção de serviço público foi construída através das decisões do Conselho de Estado da França e está intimamente ligada à afirmação da sua competência para julgar as concessionárias daquele serviço.

No caso *Blanco*[2], *leading case*, julgado em 1873, o Conselho de Estado da França decidiu que a apuração da responsabilidade civil do Estado, decorrente do atropelamento da menina *Agnès Blanco* por veículo da Companhia Nacional de Manufatura de Fumo, deveria ser realizada pelos órgãos da jurisdição admi-

---

[1] Juan Alfonso Santamaría Pastor (*Principios de derecho administrativo general*. Madrid: Iustel, 2004, v. II) afirma serem sinônimas, no Direito Administrativo Espanhol, as expressões "serviço público" e "atividade prestacional".

[2] No dia 3 de novembro de 1871, Agnès Blanco, que tinha cinco anos, foi atropelada e ferida com gravidade por um vagonete que saiu, de maneira inesperada, do estabelecimento da empresa estatal de manufatura de tabaco de Bordeaux. Irresignado, o pai de Agnès, Jean Blanco, ajuizou junto à Justiça Civil ação de indenização contra o Estado, aduzindo a responsabilidade do ente pela falta (*faut du service*) cometida pelos quatro funcionários que dirigiam o veículo. A busca da Justiça Civil gerou um conflito de competência entre aquela e a Jurisdição Administrativa que deveria ser resolvido pelo Tribunal de Conflitos. Ao julgar o conflito, aquele Tribunal chegou ao empate, pois quatro julgadores entendiam ser a competência da Justiça Civil e outros quatro pensavam ser da Justiça Administrativa. O voto de minerva foi proferido pelo Ministro da Justiça, Jules Dufaure, que acumulava a presidência do Tribunal de Conflitos, em favor do julgamento pela Justiça Administrativa. Assim, o caso foi julgado pelo Conselho de Estado, que concedeu pensão vitalícia à vítima, lançando as bases do conceito de serviço público e da teoria do risco administrativo.

nistrativa em termos publicísticos, afastando-se o Direito Civil, não apenas pela presença do Estado como parte, mas em virtude da prestação de serviço público por quem fazia as vezes da Administração Pública.

Neste julgamento, várias noções foram consolidadas, dentre elas:

a) mesmo não estando presente o Estado, as empresas estatais, o seu permissionário, delegatário ou concessionário não deixam, em virtude da sua natureza jurídica de Direito Privado, de prestar serviço público; e

b) a prestação de serviço público não se pauta pelas normas de responsabilidade civil de Direito Privado, pois o seu regime jurídico é diferenciado pela finalidade de satisfação das necessidades coletivas.

A expressão "serviço público", muitas vezes, é empregada como sinônimo de Administração Pública, confundindo-se, dessa maneira, o objeto – a atividade desempenhada – com as pessoas que a realizam. Essa falha terminológica pode ser vista inclusive na Constituição Federal de 1988.

Os seus parâmetros gerais constitucionais foram apresentados no art. 175 da Carta Maior:

> Art. 175. Incumbe ao Poder Público, na forma da lei, diretamente ou sob regime de concessão ou permissão, sempre através de licitação, a prestação de serviços públicos.
>
> Parágrafo único. A lei disporá sobre:
>
> I – o regime das empresas concessionárias e permissionárias de serviços públicos, o caráter especial de seu contrato e de sua prorrogação, bem como as condições de caducidade, fiscalização e rescisão da concessão ou permissão;
>
> II – os direitos dos usuários;
>
> III – política tarifária;
>
> IV – a obrigação de manter serviço adequado.

Sob o **aspecto material**, serviço público é a atividade prestacional concernente à comodidade ou à utilidade ofertada ao particular, de maneira contínua, excluídas as suas funções constitucionais de Legislar, Julgar e Política do Executivo e não relacionada à exploração de atividade econômica, execução de obra pública ou exercício de poder de polícia.

Sob o **aspecto subjetivo**, serviço público é o prestado pelo Estado ou por quem faça as suas vezes.

Sob o **aspecto formal**, serviço público é a atividade desenvolvida sob o regime jurídico-administrativo que outorga à Administração Pública, ou quem faça as suas vezes, algumas prerrogativas e, em contrapartida, exige observância absoluta à lei.

Não adianta afirmar apenas que o serviço público é prestado sob o regime de Direito Público, pois diversas outras atividades estatais que são regidas pelo Direito Público não podem ser classificadas como serviço público, por exemplo, o exercício do poder de polícia.

O conceito de serviço público não pode ser construído sem a reunião dos três aspectos acima citados, portanto, **serviço público é a atividade desenvolvida pelo Estado, ou por quem faça suas vezes, excluídas as funções de Legislar, Julgar e Política do Executivo, sob o regime jurídico-administrativo de supremacia estatal, para a satisfação das necessidades coletivas, ofertando utilidades ou comodidades à população.**

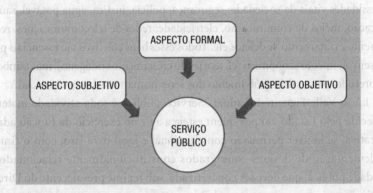

Segundo Marçal Justen Filho[3], a proteção da dignidade da pessoa humana é também um dos objetivos do serviço público. Eis as suas palavras: "Deve reputar-se que o ponto nuclear da distinção entre serviço público e atividade econômica reside na relação entre a necessidade a ser satisfeita e a dignidade da pessoa humana. Quando se alude à satisfação de uma necessidade essencial, está a se indicar um vínculo de instrumentalidade direta e imediata entre a atividade e a dignidade da pessoa humana. Sempre que certa necessidade humana for qualificável como manifestação direta e imediata da dignidade inerente ao ser humano, sua satisfação tenderá a produzir um serviço público. Nesses casos, configura-se a obrigatoriedade da satisfação de certa necessidade. Portanto, as atividades materiais necessárias ao suprimento dessa necessidade e a titularidade da competência para desempenho serão atribuídas ao Estado".

Há, entretanto, elementos do **mínimo existencial** à dignidade da pessoa humana que não dependem essencialmente do serviço público para a sua efetivação, como, por exemplo, o trabalho e o lazer.

---

[3] JUSTEN FILHO, Marçal. *Teoria geral das concessões de serviço público*. São Paulo: Dialética, 2003.

O mínimo existencial é apresentado pelo art. 6º da CF/88: "São direitos sociais a educação, a saúde, a alimentação, o trabalho, a moradia, o lazer, a segurança, a previdência social, a proteção à maternidade e à infância, a assistência aos desamparados, na forma desta Constituição".

A **dignidade da pessoa humana** não depende apenas de ações do Estado, ou de quem lhe faça as vezes, depende também da sociedade civil organizada e dos particulares, pois os direitos fundamentais, no estágio atual, são oponíveis também a todos os membros da sociedade; não somente ao Poder Público.

Milan Vujisic[4] afirma sobre o tema: "Os serviços públicos abrangem o conjunto de atividades de suporte, direto ou indireto, à coletividade para atender às necessidades vitais da sociedade: segurança, polícia, justiça, água potável, saúde, educação, meios de comunicação, eletricidade, redes de telecomunicações, recolhimento e tratamento de dejetos etc. Todos esses bens coletivos são essenciais para o desenvolvimento econômico (cf. teorias do crescimento endógeno), mas também, e sobretudo, para o desenvolvimento dos seres humanos e da coesão social".

Lúcia Valle Figueiredo[5] aduz: "Serviço público é toda atividade material fornecida pelo Estado, ou por quem esteja a agir no exercício da função administrativa, se houver permissão constitucional e legal para isso, com o fim de implementação de deveres consagrados constitucionalmente relacionados à utilidade pública, que deve ser concretizada, sob regime prevalecente do Direito Público".

Martine Lombard[6] apresenta conceito que considera apenas dois dos três elementos. Eis as suas palavras: "Os serviços públicos podem ser definidos como a reunião de elementos orgânicos, ligados direta ou indiretamente a uma coletividade pública, e de elementos materiais, relacionados à busca de uma finalidade de utilidade pública".

Dirley da Cunha Júnior[7] aduz que "serviço público é uma atividade administrativa e material, prestada pelos órgãos da Administração direta do Estado ou por suas entidades da Administração indireta ou, ainda, por empresas privadas que atuam por delegação do Estado (são as concessionárias, permissionárias ou autorizatárias), consistente em utilidades ou comodidades materiais, criadas

---

4   *Quel avenir pour les services publics en Europe?* Versailles Creg, disponível em: <http://www. creg.ac-versailles.fr/article.php3?id_article=111>.

5   FIGUEIREDO, Lúcia Valle. *Curso de direito administrativo.* 9. ed. rev. ampl. e atual. São Paulo: Malheiros, 2008.

6   LOMBARD, Martine. *Droit administratif.* 4. ed. Paris: Dalloz, 2001.

7   CUNHA JÚNIOR, Dirley da. *Curso de direito administrativo.* 4. ed. Salvador: JusPodivm, 2006.

por lei, fruíveis direta ou indiretamente pelos administrados, sujeita a regime total ou parcialmente público".

Deve ser esclarecido, de logo, que a intervenção direta do Estado na atividade econômica, prevista no art. 173 da CF/88, pauta-se no poder político atribuído pela Carta Maior ao Executivo, consequentemente não transforma a atividade privada em serviço público.

Por fim, o conceito de serviço público aqui listado é pautado em concepções de Estado Democrático de Direito, na forma do art. 1º da CF/88, e da livre-iniciativa, estabelecida no art. 170 daquela Carta, não havendo dúvida de que, nos regimes socialistas, o conceito de serviço público apresenta elementos específicos e diferentes.

33.2. PRINCÍPIOS

Os princípios de funcionamento do serviço público são listados no §1º do art. 6º da Lei n. 8.987/95, que dispõe sobre o regime de concessão e permissão da sua prestação previsto no art. 175 da Constituição Federal, e dá outras providências.

Eis a norma: "Serviço adequado é o que satisfaz as condições de regularidade, continuidade, eficiência, segurança, atualidade, generalidade, cortesia na sua prestação e modicidade das tarifas".

Por óbvio, a exigência consignada para os concessionários e permissionários de serviço público aplica-se também à própria Administração Pública quando desempenha esta atividade.

Ressalte-se que alguns princípios não estão listados expressamente na lei, sendo a sua criação derivada da doutrina e da jurisprudência.

O **dever de prestação** é um princípio específico e doutrinário que estabelece a impossibilidade do Poder Público ou quem faça as suas vezes de se recusar a prestar serviço público. A omissão na prestação poderá, inclusive, gerar responsabilidade civil de quem deveria prestar.

A **mutabilidade**, apesar de não prevista expressamente no §1º, apresenta-se também como princípio de funcionamento. A Administração Pública pode, de forma unilateral, alterar o regime de prestação. Consequentemente, o administrado não tem direito adquirido a regime jurídico de prestação de serviço público.

O vocábulo "mutabilidade", segundo o Dicionário de português *Michaelis*, significa:

Mutabilidade
mu.ta.bi.li.da.de
sf (*lat mutabilitate*) Qualidade de mudável; inconstância, instabilidade, versatilidade, volubilidade.

Sobre tal princípio, Martine Lombard[8] afirma: "Este princípio é notadamente a fonte da jurisprudência relativa ao poder de modificação unilateral dos contratos pela Administração *(CE, 10 janv. 1902, Cie nouvelle du gaz de Deville-Lès-Rouen, GAJA n. 9; CE, 21 mars 1910, Cie générale française des tramways, GAJA n. 23; v. n. 273)"*. Observe-se que o citado autor apresenta os dois primeiros precedentes do Conselho de Estado Francês sobre mutabilidade.

A **regularidade** é a adequação do serviço às exigências mínimas de quantidade e qualidade. Apesar de o cidadão não ser considerado cliente, como muitos teóricos pregam – pois esta qualificação pretende sutilmente afastar as garantias dos agentes públicos e relativizar o regime jurídico-administrativo –, a contraprestação do Estado deve atender satisfatoriamente às suas necessidades.

O vocábulo "regularidade", segundo o Dicionário de português *Michaelis*, significa:

> Regularidade
> re.gu.la.ri.da.de
> *sf (regular+i+dade)* 1 Qualidade de regular. 2 Boa proporção, harmonia entre as partes de um todo. 3 Maneira comum e ordinária dos acontecimentos e dos atos humanos; normalidade. 4 Cumprimento exato das leis e dos deveres. 5 Método, ordem. 6 Pontualidade. 7 Estrita observância das regras de uma ordem monástica.

O serviço público apresenta grande importância para a sociedade, pois preserva bens reputados valiosos pela CF/88. Assim, deve ser contínuo.

O princípio da **continuidade** busca impedir paralisação na prestação. Deve ser observado que este princípio se aplica também aos serviços públicos não essenciais. É chamado também de **princípio da permanência**. O vocábulo "continuidade", segundo o Dicionário de português *Michaelis*, significa:

> Continuidade
> con.ti.nu:i.da.de
> *sf (lat continuitate)* 1 Qualidade daquilo que é contínuo, cronológica ou fisicamente. 2 Ligação ininterrupta das partes de um todo. 3 Série não interrompida. 4 Comunicação, contiguidade. 5 Repetição incessante. *Antôn: interrupção. C. cultural* ou *C. social, Sociol:* persistência de uma configuração cultural, apesar das mudanças incessantes que se observam na população. 6 *Cin* e *Telev* Conjunto de providências necessárias para conferir lógica à sucessão de cortes visuais e sonoros em uma filmagem, conservando unidade de expressão e movimento de um plano para outro. 7 *Rád* e *Telev* Desenvolvimento lógico e coe-rente de um programa de rádio ou de TV.

---

[8] LOMBARD, Martine. *Droit administratif*. 4. ed. Paris: Dalloz, 2001.

Cada servidor público que desempenhe função relevante na estrutura administrativa deve ter substituto para os casos de ausência, afastamento e impedimento, a fim de assegurar a continuidade. Além disso, a CF/88, ao prever a regulamentação da greve no serviço público, torna jurídica uma situação de fato para impedir que os movimentos paredistas prejudiquem o interesse público.

Observe-se que a proibição de alegação da exceção do contrato não cumprido pelo contratado nos contratos administrativos tem como objetivo resguardar o princípio da continuidade.

O §3º do art. 6º da Lei n. 8.987/95 prevê que não se caracteriza como descontinuidade do serviço a sua interrupção em situação de emergência ou após prévio aviso, quando:

I – motivada por razões de ordem técnica ou de segurança das instalações; e
II – por inadimplemento do usuário, considerado o interesse da coletividade.

A **eficiência**, como já foi dito, exige que a atividade administrativa seja exercida com presteza, com a busca da perfeição e com bom rendimento funcional[9], derivando tal imperativo do direito fundamental à "boa administração pública".

Eficiência não é um conceito jurídico e sim da administração privada, representando a busca dos melhores resultados com os menores custos e a organização racional dos meios, recursos humanos, materiais e institucionais, para a prestação de serviço público e qualidade com razoável rapidez[10].

O vocábulo "eficiência", segundo o Dicionário de português *Michaelis*, significa:

> Eficiência
> e.fi.ci.ên.cia
> *sf* (*lat efficientia*) 1 Ação, capacidade de produzir um efeito; eficácia. 2 *Mec* Rendimento.

Representa a busca incessante, pautada na legalidade, pela maior rentabilidade social, tendo inclusive clara atuação na atividade dos servidores públicos que podem perder o cargo por insuficiência de desempenho na forma do inciso III do §1º do art. 41 da CF/88.

A **segurança** na prestação do serviço público implica que sejam reduzidos os riscos da atividade. A complexidade das relações sociais e econômicas produz

---

[9]   MEIRELLES, Hely Lopes; BURLE FILHO, José Emannuel. *Direito administrativo brasileiro*. 42. ed. São Paulo: Malheiros, 2016.

[10]   SILVA, José Afonso da. *Curso de direito constitucional positivo*. 29. ed. São Paulo: Malheiros, 2007.

CURSO DE DIREITO ADMINISTRATIVO

diversos benefícios e comodidades para os seus integrantes, mas, na mesma proporção, incrementa os riscos à vida e à integridade física dos cidadãos.

O vocábulo "segurança", segundo o Dicionário de português *Michaelis*, significa:

> Segurança
> se.gu.ran.ça
> *sf (seguro+ança)* 1 Ato ou efeito de segurar; seguração. 2 Estado do que se acha seguro; garantia. 3 Proteção: *Os abrigos antiaéreos não oferecem segurança contra bombas atômicas.* 4 Certeza, confiança, firmeza, infalibilidade. 5 Afirmação, certificado, protesto. 6 Força ou firmeza nos movimentos. 7 Penhor de garantia de uma dívida; caução. 8 Pessoa ou coisa que serve de estudo ou de apoio a outrem ou a outro. 9 Afoiteza, confiança em si, firmeza de ânimo, resolução. Prenhez das fêmeas dos quadrúpedes. *Antôn* (acepção 3): *insegurança, risco, perigo. S. do juízo, Dir:* oferecimento, feito pelo executado, de garantia em bens de valor equivalente ao do objeto da condenação, a fim de apresentar embargos à execução. *S. nacional, Dir:* garantia das instituições políticas do Estado proporcionada pelas instituições militares. *S. no nível de compartilhamento, Inform:* sistema operacional de rede que, para limitar o acesso, atribui senhas para os recursos. *S. pública, Dir:* garantia e tranquilidade asseguradas ao indivíduo e à coletividade pela ação preventiva da polícia. *Com segurança:* com firmeza; livre de risco; seguramente; sem temor.

Segundo Ulrich Beck[11], a busca pela segurança se confunde com a busca pela *redução ou manutenção dos riscos existentes*, ficando claro que os riscos sociais devem ser compartilhados equitativamente por todas as classes sociais.

A Administração Pública, ou quem faça suas vezes, deve estar sempre atenta aos riscos causados pela sua atividade e deve reunir esforços para minimizá-los.

A segurança, a eficiência, a regularidade e a continuidade dependem também da **atualidade** das técnicas e dos instrumentos usados na prestação do serviço público. A busca pela redução dos custos de prestação não pode comprometer a adequação das técnicas e dos instrumentos. Também é chamado por alguns autores de **princípio da adaptabilidade**. A modernidade e o desenvolvimento tecnológico devem pautar a prestação do serviço público.

Na forma do §2º do art. 6º da Lei n. 8.987/95, **a atualidade compreende a modernidade das técnicas, do equipamento e das instalações e a sua conservação, bem como a melhoria e expansão do serviço**.

O vocábulo "atualidade", segundo o Dicionário de português *Michaelis*, significa:

---

[11] BECK, Ulrich. *Risk society. Towards a new modernity.* Londres: Sage Publications, 1992.

Atualidade
a.tu.a.li.da.de
sf (*atual*+*dade*) 1 Natureza do que é atual. 2 Ocasião presente; o tempo presente. 3 Efetividade. 4 Oportunidade. *sf pl* Informações ou notícias sobre o momento atual.

A **generalidade** decorre do princípio constitucional da igualdade do *caput* do art. 5º e do princípio da impessoalidade do *caput* do art. 37. Os usuários dos serviços públicos devem ser tratados com isonomia, não podendo haver discriminações não previstas em lei. Alguns autores denominam-no de **princípio da universalidade**.

O serviço público deve ser colocado à disposição do maior número de pessoas possível, não podendo ser direcionado, sem que haja previsão em lei, a pessoas ou grupos específicos.

O vocábulo "generalidade", segundo o Dicionário de português *Michaelis*, significa:

> Generalidade
> ge.ne.ra.li.da.de
> *sf* (*lat generalitate*) 1 Qualidade de geral. 2 Ideia ou princípio geral. 3 Totalidade. 4 O maior número. *sf pl* 1 Princípios elementares; rudimentos. 2 Frases ou expressões vagas que deixam de exprimir suficiente ou adequadamente o essencial de um assunto ou questão.

Martine Lombard[12] classifica tal princípio como da igualdade, afirmando que "Se o princípio da igualdade exige o tratamento igualitário aos que se encontram em situações semelhantes, certas diferenciações de tratamento são lícitas quando estão relacionadas a diferentes situações perceptíveis".

A norma do §1º do art. 6º citado listou como princípio de funcionamento do serviço público a **cortesia**. O Administrado deve ser tratado com urbanidade, com respeito, com civilidade, com polidez e, sobretudo, como fim da existência de todo o sistema jurídico, pois o homem é o fim em si mesmo. Aplica-se aqui tudo o que foi dito no item que trata dos aspectos gerais do princípio da cortesia.

O vocábulo "cortesia", segundo o Dicionário de português *Michaelis*, significa:

> Cortesia
> cor.te.si.a
> *sf* (*cortês*+*ia*) 1 Qualidade do que ou de quem é cortês. 2 Civilidade, maneiras delicadas, polidez, urbanidade. 3 Cumprimento, mesura, reverência. 4 Cortesania. 5 Homenagem. 6 Gesto representado por um obséquio, doação, dilação

---

12 LOMBARD, Martine. *Droit administratif*. 4. ed. Paris: Dalloz, 2001.

de prazo de pagamento, patrocínio de despesa etc. *Fazer cortesia com chapéu alheio:* distinguir-se, provocar admiração ou gratidão à custa de outrem.

Muitos *agentes públicos*, ou prepostos de quem faz as vezes da Administração Pública, esquecem que são **remunerados pelo povo** e que a existência dos seus cargos e funções públicos somente se justifica em virtude das necessidades coletivas.

A **modicidade das tarifas** é a adequação qualitativa e quantitativa entre serviço público prestado e a contraprestação exigida do usuário. A modicidade é um princípio que somente apresenta utilidade nos serviços públicos explorados por pessoa jurídica de direito privado.

O vocábulo "modicidade", segundo o Dicionário de português *Michaelis*, significa:

Modicidade
mo.di.ci.da.de
sf (lat modicitate) Qualidade de módico.

Os serviços públicos prestados diretamente pelo Estado ou por suas pessoas jurídicas de direito público são remunerados através de taxa, e tais pessoas não têm como finalidade a obtenção de lucro, o que torna mais fácil a observância do princípio em questão.

A *modicidade das tarifas* representa um limitador ao desejo de lucro do prestador de serviço público, pois o regime de jurídico-administrativo apresenta limitações não experimentadas nas relações puramente privadas.

Diogenes Gasparini[13] entende, apesar dos argumentos acima, que o princípio da modicidade das tarifas aplica-se também às taxas, portanto às hipóteses de prestação direta pelo Estado ou pelas pessoas jurídicas de direito público. Eis as suas palavras: "A modicidade impõe sejam os serviços públicos prestados mediante taxas ou tarifas justas, pagas pelos usuários para remunerar os benefícios recebidos e permitir o seu melhoramento e expansão".

Apesar da opinião respeitável do saudoso jurista, a opção do Legislador – Poder Constituído diretamente legitimado pelo detentor do poder de legislar no Estado Democrático de Direito brasileiro – foi por estabelecer "modicidade das tarifas", não "modicidade das taxas e das tarifas".

Afastar tal comando legislativo implica macular os princípios norteadores do Estado Democrático de Direito, mesmo que o afastamento da norma validamente posta seja embasado no critério de abertura do texto normativo.

---

[13] GASPARINI, Diogenes. *Direito administrativo*. 15. ed. São Paulo: Saraiva, 2010.

O brocardo *in claris cessat interpretatio* é bastante criticado pelos estudiosos da teoria da interpretação moderna, sob o argumento de que a própria constatação da clareza da norma exige atividade interpretativa, mas não se devem buscar os extremos, o intérprete não pode sem justificação plausível e consensual afastar o comando claro da norma jurídica.

Assim, a modicidade, segundo o Legislador, aplica-se somente às tarifas, pois desnecessária a sua aposição às taxas.

PRINCÍPIOS DE FUNCIONAMENTO DO SERVIÇO PÚBLICO	MUTABILIDADE
	REGULARIDADE
	CONTINUIDADE
	EFICIÊNCIA
	SEGURANÇA
	ATUALIDADE
	GENERALIDADE
	CORTESIA
	MODICIDADE DAS TARIFAS

33.3. MANEIRAS DE PRESTAÇÃO DE SERVIÇO PÚBLICO

A Administração Pública pode prestar diretamente os serviços públicos ou indiretamente. Na primeira hipótese, a Administração Pública direta ou indireta (pessoas jurídicas de direito público) os titulariza e os executa. Na segunda hipótese, a titularidade é conservada pelo Poder Público, mas a sua execução é delegada a particular.

Observe-se que mesmo nos casos em que haja transferência de titularidade do serviço público as entidades estatais não estão isentas de controle pela Administração Pública direta.

PRESTAÇÃO DIRETA PELA ADMINISTRAÇÃO PÚBLICA	
ADMINISTRAÇÃO PÚBLICA DIRETA (ENTES: UNIÃO, ESTADOS, DISTRITO FEDERAL, MUNICÍPIOS)	**ADMINISTRAÇÃO PÚBLICA INDIRETA** (AUTARQUIAS, FUNDAÇÕES PÚBLICAS E ASSOCIAÇÕES PÚBLICAS)
CENTRALIZAÇÃO	**DESCENTRALIZAÇÃO POR OUTORGA** (COM TRANSFERÊNCIA DA TITULARIDADE PARA AS PESSOAS JURÍDICAS DE DIREITO PÚBLICO)

PRESTAÇÃO INDIRETA PELO PARTICULAR POR DELEGAÇÃO	
FORMA	DESCENTRALIZAÇÃO (SEM TRANSFERÊNCIA DA TITULARIDADE)
MODO	DELEGAÇÃO
INSTRUMENTOS	CONCESSÃO E PERMISSÃO

A prestação direta pela Administração Pública poderá se dar de maneira centralizada no ente ou descentralizada para as demais pessoas estatais da Administração Pública indireta. Já a prestação pelo particular através de delegação será descentralizada.

Hely Lopes Meirelles[14] ilustra, com o brilhantismo que lhe é peculiar, que a **descentralização administrativa** pressupõe a existência de pessoa distinta do ente estatal, a qual, investida de poderes administrativos e de administração, exerce atividade de consecução de interesse público. A pessoa descentralizada age sempre em nome próprio, apesar da transferência do serviço ou da atividade pelo ente central[15].

Dessa forma, para a prestação de um serviço público que não pode mais ser prestado com eficiência diretamente pelo ente federado, cria-se uma nova pessoa jurídica dotada de autonomia administrativa, personalidade jurídica própria e **sem relação hierárquica** com o ente criador.

A ausência de relação hierárquica não elimina as formas de controle relacionados à finalidade da descentralização. O controle finalístico (supervisão) é exercido sobre as entidades da Administração Pública indireta pelo órgão da Administração Pública direta que trata da matéria. Por exemplo, o Ministério da Previdência Social exerce o controle finalístico (supervisão) sobre a autarquia INSS.

Há, segundo §1º do art. 10 do Decreto-Lei n. 200/67, três planos ou tipos de descentralização:

a) dentro dos quadros da Administração Federal, distinguindo-se claramente o nível de direção do de execução;

b) da Administração Federal para a das unidades federadas, quando estejam devidamente aparelhadas e mediante convênio (chamada de descentralização política); e

---

[14] MEIRELLES, Hely Lopes; BURLE FILHO, José Emannuel. *Direito administrativo brasileiro*. 42. ed. São Paulo: Malheiros, 2016.

[15] Observe-se que os autores que advogam a existência de descentralização por colaboração entendem que, neste caso, a entidade descentralizada não age como titular do serviço.

c) da Administração Federal para a órbita privada, mediante contratos ou concessões.

DESCENTRALIZAÇÃO DENTRO DOS QUADROS DA ADMINISTRAÇÃO FEDERAL

ENTE FEDERATIVO (UNIÃO)	AUTARQUIA (EX.: INSS)
	FUNDAÇÃO PÚBLICA (EX.: IBGE)
	EMPRESA PÚBLICA (EX.: CAIXA ECONÔMICA FEDERAL)
	SOCIEDADE DE ECONOMIA MISTA (EX.: BANCO DO BRASIL)

DESCENTRALIZAÇÃO PARA UNIDADES FEDERADAS ATRAVÉS DE CONVÊNIO

ENTE FEDERATIVO (UNIÃO)	ESTADOS
	MUNICÍPIOS
	DISTRITO FEDERAL

DESCENTRALIZAÇÃO PARA PESSOAS JURÍDICAS PRIVADAS NÃO ESTATAIS

UNIÃO	EMPRESAS PRIVADAS NÃO ESTATAIS (CONCESSIONÁRIAS E PERMISSIONÁRIAS)
ESTADOS	
DISTRITO FEDERAL	
MUNICÍPIOS	

A descentralização poderá ser por **outorga** ou **delegação**. No primeiro caso, haverá a transferência da titularidade e da execução do serviço público; já no segundo caso, ter-se-á a transferência apenas da sua execução.

A **outorga** é chamada também de **delegação por serviço**, **delegação funcional** ou outorga **legal**, sendo feita, através de lei, para outra **pessoa jurídica de direito público**, por exemplo, autarquias e fundações públicas.

A **delegação** que é chamada também de **delegação por colaboração** é feita para que particulares executem através de contratos de concessão ou permissão serviços públicos, excepcionalmente através de autorização, que não podem ser desempenhados de maneira eficiente pelo Poder Público. Assim, a descentralização pode resultar na atribuição de atividade pública a pessoa jurídica de direito privado, inclusive para empresas públicas e sociedades de economia mista.

872 CURSO DE DIREITO ADMINISTRATIVO

Questão interessante surge quando o serviço público é descentralizado para empresas públicas e sociedades de economia mista que têm natureza de pessoas jurídicas de direito privado e como finalidade, na forma do art. 173 da CF/88, explorar a atividade econômica em paridade com os particulares para resguardar relevante interesse coletivo e imperativos de segurança nacional.

Não haverá transferência da titularidade do serviço público para as citadas pessoas estatais e, em regra, a descentralização será por delegação e não outorga. Contudo, existem leis que impõem a prestação de certos serviços públicos pelas empresas públicas e sociedades de economia mista.

33.4. CLASSIFICAÇÃO

Há grande variedade de métodos de classificação de serviço público no Direito Administrativo, sendo impossível adotar ou apontar classificação uniforme. Assim, adotar-se-á, sem embargo de outras classificações, a seguinte:

Quanto ao **aspecto subjetivo**, os serviços públicos podem ser prestados:

a) em três esferas: a federal, a estadual e a municipal;
b) por quatro entes federativos: a União, os Estados, o Distrito Federal e os Municípios;
c) pela Administração Direta ou pela Administração Indireta;
d) por pessoa jurídica de direito público ou por pessoa jurídica de direito privado; e
e) por concessionários, permissionários, delegados, autorizatários e particulares em colaboração com o Poder Público.

Podem ainda ser **monofederativos** ou **multifederativos**. Os monofederativos somente são prestados por um ente da Federação. Os multifederativos são prestados por todos os entes da Federação.

Têm-se como exemplos de serviços públicos multifederativos os relativos à saúde e à assistência pública; já como exemplos de serviços públicos monofederativos, é possível citar os relativos ao serviço postal, conforme a classificação da CF/88.

Quanto à **essencialidade**, podem ser essenciais e não essenciais. Os **essenciais** são aqueles, segundo a norma jurídica ou a sua natureza, sem os quais a própria existência em curto, longo ou médio prazo do Estado ou do cidadão estaria comprometida ou em risco. Os **não essenciais** são aqueles cuja ausência de prestação não causa maiores danos ao Estado, à sociedade ou ao cidadão.

Podem ser citados como exemplos de serviços públicos essenciais os relativos à segurança pública e à saúde. Como exemplos de serviços públicos não essenciais, é possível citar os relativos ao registro de imóveis e ao protesto de títulos.

Quanto à possibilidade de delegação, podem ser:

a) **serviços públicos exclusivos indelegáveis**, os que somente podem ser prestados pelo Estado, não podem ser prestados pelos particulares. A indelegabilidade não exclui a *outorga*, que consiste na atribuição para prestar o serviço público a uma pessoa jurídica de direito público da Administração Pública indireta.

Apesar de haver, no ordenamento jurídico pátrio, a atribuição legal da prestação de serviços públicos a pessoas jurídicas de direito privado integrantes da Administração Pública indireta, mais coerente com as definições legais e com os objetos das empresas estatais é possibilitar a outorga dos serviços públicos indelegáveis apenas às pessoas jurídicas de direito público.

Primeiro, tem-se que as empresas estatais atuam em igualdade com as outras pessoas jurídicas de direito privado, portanto, se estas não podem ser delegatárias de determinado serviço público, haveria uma quebra de isonomia em favor das empresas estatais.

A utilização errônea do instrumento empresa estatal é conduta de praxe do Poder Executivo chancelada pelo Poder Legislativo. Não há falar em atividade econômica em sentido amplo para qualificar o serviço público como uma das suas espécies, pois a sua exploração com o objetivo de obter lucro pelas pessoas de direito privado através de delegação revela uma característica essencial daquele agente de mercado que, inclusive, submete-se às normas e instituições reguladoras e não, como muitos pensam, uma caraterística essencial do conceito de serviço público.

O art. 173 da CF/88 é claro ao afirmar que a exploração direta da atividade econômica pelo Estado através das empresas públicas e sociedades de economia mista deve ser excepcionalíssima, sendo o contrário em relação à prestação de serviços públicos que deve ser constante. A inserção do art. 175 no capítulo *"dos princípios gerais da atividade econômica"* da Carta de 1988 teve como objetivo mostrar que, apesar de serem *passíveis de exploração econômica* pelas delegatárias, os serviços públicos não representam atividade econômica.

Caso contrário, haverá banalização do conceito de serviço público que, fatalmente, causará o seu enfraquecimento como instrumento de satisfação do interesse público primário. A pressão das ideias liberais em relação ao serviço público pretende torná-lo mensurável economicamente para demonstrar que o cumprimento de imperativos relacionados com direitos fundamentais apresenta custos econômicos desnecessários. Por fim, tem-se como exemplo de serviço público indelegável a segurança pública.

b) **serviços públicos exclusivos delegáveis**, os que devem ser prestados pelo Estado, mas comportam delegação ao particular. Assim, a prestação quando é realizada pelo particular depende, necessariamente, de entrega da atribuição pelo Estado através de contato. Exemplos: prestação de serviço de transporte público e fornecimento de energia elétrica.

c) **serviço público de delegação obrigatória**, os que a Constituição determinou expressamente que sejam delegados. A prestação direta pelo Estado não é possível, mas deverá existir um ato administrativo ou um contrato administrativo de transferência da prestação para o particular. O exemplo clássico é a delegação de serviços notariais e de registro.

d) **serviços públicos não exclusivos do Estado**, os prestados pelo Estado e de livre prestação pelos particulares. A livre prestação pelos particulares induz a desnecessidade de delegação. A atuação da iniciativa privada é complementar à atuação estatal, não se fazendo necessária a celebração de contrato. Os exemplos clássicos são os serviços públicos de educação e saúde. A autorização eventualmente fornecida para a sua prestação não tem natureza contratual e mostra-se mais como um instrumento do poder de polícia. Quando é prestado diretamente pelo Poder Público, considera-se serviço público, mas quando é prestado pelo particular, segundo o entendimento do STF na ADI n. 1923, são chamados **serviço de relevância pública**, **serviço de utilidade pública**, **serviço público social** ou **serviço impróprio**.

Quanto à abrangência, podem ser:

a) **Gerais ou indivisíveis** (*uti universi*). Os gerais são os prestados ou colocados à disposição de toda a população ou de parcela indeterminada, sendo que a sua utilização não pode ser mensurada individualmente. São exemplos de serviços públicos gerais os relativos à segurança e à iluminação públicas. A sua prestação é financiada por impostos.

b) **Específicos ou divisíveis** (*uti singuli*). Os específicos são os prestados ou colocados à disposição da toda a comunidade, mas a sua utilização se dar por usuário determinado, sendo perfeitamente mensuráveis individualmente a sua fruição. Se são exemplos de serviços públicos específicos os relativos a energia elétrica e a telefonia. A sua prestação é financiada por taxas ou tarifas.

Quanto à utilização, podem ser **compulsórios** ou **facultativos**. São compulsórios aqueles cuja utilização não permite escolha pelos usuários, não podem ser substituídos a critério do particular. Os facultativos são aqueles cuja utilização depende da vontade do usuário. Têm-se como exemplo de *serviço público compulsório* os relativos ao abastecimento de água para edificações (art. 6º do Decreto n. 7.217/2010); já como exemplos de serviços públicos facultativos, é possível citar os relativos a transporte público e a telefonia.

Há autores que classificam também como **serviços administrativos, serviços sociais e serviços econômicos**:

a) Os **administrativos** são considerados as atividades cotidianas e corriqueiras, as ditas atividades-meio, não representando uma conduta diretamente sentida pelos cidadãos, representam atividades preparatórias, acessórias ou internas. Por exemplo, o serviço de imprensa oficial;

b) Os **serviços sociais** são os que efetivam o mínimo existencial descrito no art. 6º da Carta Maior, denotam a prestação de serviços, por exemplo, de saúde, educação, segurança etc.;

c) Os **econômicos** seriam, *classificação em relação à qual se discorda*, as atividades econômicas em sentido amplo que podem ser exploradas com o objetivo de lucro, *v. g.*, serviços de telefonia, de fornecimento de energia elétrica etc.

Por fim, outra classificação diz respeito aos **serviços públicos próprios** e aos **serviços públicos impróprios**. Os primeiros representam prestações relativas a comodidades materiais, efetivadas sob um regime jurídico de direito público pela Administração Pública, ou que faça as suas vezes, aos particulares. Os segundos seriam as atividades privadas de utilidade pública executadas espontaneamente por particulares (sem delegação), sob o regime jurídico de direito privado, submetidas à fiscalização e regulação do Poder Público. Exemplos (*com os quais não se concorda*): saúde, educação e assistência social.

33.5. CONCESSÃO DE SERVIÇO PÚBLICO

33.5.1. Natureza jurídica e conceito

A CF/88 estabelece, no seu art. 175:

Art. 175. Incumbe ao Poder Público, na forma da lei, diretamente ou sob regime de concessão ou permissão, sempre através de licitação, a prestação de serviços públicos.

Parágrafo único. A lei disporá sobre:

I – o regime das empresas concessionárias e permissionárias de serviços públicos, o caráter especial de seu contrato e de sua prorrogação, bem como as condições de caducidade, fiscalização e rescisão da concessão ou permissão;

II – os direitos dos usuários;

III – política tarifária;

IV – a obrigação de manter serviço adequado.

Foram estabelecidas duas **formas gerais de prestação de serviço público**: a direta e a indireta. A direta representa a realizada pelo próprio Ente Federado. A indireta é a transferida pela Administração Pública a terceiro.

Na indireta, o terceiro pode ser o particular ou pessoa jurídica integrante da Administração Pública indireta. A pessoa jurídica de direito privado presta serviço público sob o regime de concessão ou permissão. Já as pessoas jurídicas de direito público integrantes da Administração Pública indireta prestam serviço público através de outorga legal.

A delegação da prestação de serviço público a terceiro representa uma prerrogativa do Ente Federativo, pois é uma opção política inserida na Carta Maior. Assim, a concessão e a permissão não são obrigatórias, sendo certo que o Estado pode optar entre prestar diretamente ou transferir a sua prestação.

876 CURSO DE DIREITO ADMINISTRATIVO

A própria CF/88 estabeleceu, no inciso I do parágrafo único do art. 175, a natureza jurídica da concessão de serviço público ao afirmar que a lei disporá sobre "*o caráter especial de seu contrato*".

Inquestionável, portanto, que a sua **natureza jurídica é contratual**, mas o seu regime contratual é especial, devendo a avença submeter-se ao regime jurídico-administrativo.

A incidência do regime diferenciado pode ser vista também na fase pré-contratual, pois a escolha do particular que prestará o serviço público deverá ser feita através de licitação, a fim de que seja observado o princípio da impessoalidade.

Tanto o procedimento licitatório quanto as normas jurídicas que regem o contrato administrativo de concessão de serviço público têm como imperativos reitores não os artigos da Lei n. 14.133/2021, mas as normas da **Lei n. 8.987/95**.

A **concessão de serviço público** é a transferência, por prazo determinado, da prestação de serviço público, através de licitação, na modalidade de concorrência, ao particular, por sua conta e risco, mediante a cobrança de contraprestação do usuário ou outra maneira de remuneração. A permissão possui a mesma natureza, porém com algumas características especiais.

A Lei n. 8.987/95 apresenta, no inciso II do seu art. 2º, o conceito jurídico formal de concessão de serviço público. Eis o texto: "concessão de serviço público: a delegação de sua prestação, feita pelo poder concedente, mediante licitação, na modalidade concorrência ou diálogo competitivo, a pessoa jurídica ou consórcio de empresas que demonstre capacidade para seu desempenho, por sua conta e risco e por prazo determinado".

Por fim, deve ser apresentado o pertinente conceito de Maria Sylvia Zanella Di Pietro[16] acerca de concessão de serviço público: "(...) o contrato administrativo pelo qual a Administração Pública delega a outrem a execução de um serviço público, para que o execute em seu próprio nome, por sua conta e risco, mediante tarifa paga pelo usuário ou outra forma de remuneração decorrente da exploração do serviço".

33.5.2. Espécies de concessão de serviço público

A Lei n. 8.987/95 estabeleceu **duas espécies** de concessão de serviço público, são elas:

---

[16] DI PIETRO, Maria Sylvia Zanella. *Parcerias na Administração Pública*: concessão, permissão, franquia, terceirização e outras formas. 4. ed. São Paulo: Atlas, 2002.

a)   concessão de serviço público (concessão simples); e

b)   concessão de serviço público precedida de execução de obra pública.

ESPÉCIES	
CONCESSÃO DE SERVIÇO PÚBLICO (CONCESSÃO SIMPLES)	CONCESSÃO DE SERVIÇO PÚBLICO PRECEDIDA DE EXECUÇÃO DE OBRA PÚBLICA

A **concessão de serviço público ou concessão simples** já teve a sua natureza jurídica e o seu conceito analisados acima.

A **concessão de serviço público pode ser precedida de execução de obra pública pela concessionária,** sendo que no edital da concorrência serão listados, na forma do inciso XV do art. 18 da Lei n. 8.987/95, os dados relativos à obra, dentre os quais os elementos do projeto básico que permitam sua plena caracterização, bem como as garantias exigidas para essa parte específica do contrato, adequadas a cada caso e limitadas ao valor da obra.

O inciso III do art. 2º da Lei citada definiu a *concessão de serviço público precedida de execução de obra pública* da seguinte forma: "III – concessão de serviço público precedida da execução de obra pública: a construção, total ou parcial, conservação, reforma, ampliação ou melhoramento de quaisquer obras de interesse público, delegada pelo poder concedente, mediante licitação, na modalidade de concorrência, à pessoa jurídica ou consórcio de empresas que demonstre capacidade para a sua realização, por sua conta e risco, de forma que o investimento da concessionária seja remunerado e amortizado mediante a exploração do serviço ou da obra por prazo determinado".

Os contratos relativos à concessão de serviço público precedida da execução de obra pública deverão, adicionalmente:

a)   estipular os **cronogramas físico-financeiros de execução das obras** vinculadas à concessão; e

b)   exigir garantia do fiel cumprimento, pela concessionária, das obrigações relativas às obras vinculadas à concessão.

Nos casos de concessão de serviços públicos precedida da execução de obra pública, os dados relativos à obra, dentre os quais os elementos do projeto básico que permitam sua plena caracterização, bem como as garantias exigidas para essa parte específica do contrato, adequadas a cada caso e limitadas ao valor da obra.

Fora isso, não há outras peculiaridades legais importantes para esta modalidade de concessão.

33.5.3. Poder concedente

A República Federativa do Brasil enquadra-se no federalismo centrífugo (fuga do centro), pois, ao contrário do que aconteceu nos Estados Unidos da América, havia um Estado unitário disciplinado pela Constituição Imperial de 1824 que se transformou – após a proclamação da República, em 1889 e, formalmente, com a edição da Constituição de 1891 – em Estado federado.

Dessa forma, no caso brasileiro, não foram Estados independentes que se uniram para formar uma só nação, o Estado unitário foi cindido para que fossem criados outros entes da federação dotados de autonomia.

O federalismo dos Estados Unidos da América é centrípeto, uma vez que os Estados independentes se agregaram por vontade própria para a formação de um novo ente, abrindo mão somente da sua soberania, mas conservando a -independência.

A criação dos entes da federação, **Administração Pública Direta**, antecede logicamente a criação das entidades da Administração Pública Indireta, configurando o marco fundamental da formação do Estado. No Brasil, segundo o *caput* do art. 1º da CF/88, os entes são: **a União, os Estados, os Municípios e o Distrito Federal**.

Os entes federados são pessoas jurídicas de direito público interno, sendo certo que essas pessoas gozam dos poderes, das prerrogativas e dos deveres do regime jurídico-administrativo. Por exemplo, editam atos administrativos, celebram contratos administrativos com cláusulas exorbitantes, exercem poder de polícia, submetem-se às restrições constitucionais e legais para a aquisição de bens e serviços, para a contratação ou nomeação de empregados e servidores públicos, podem intervir no domínio econômico e na propriedade privada etc.

Tais pessoas jurídicas de direito público têm **prevalência** sobre as suas criaturas, podendo dispor, dentro dos limites constitucionais, sobre todos os aspectos das suas entidades da Administração Indireta. Assim, gozam de todos os poderes e prerrogativas das suas criaturas e do poder e da discricionariedade política atribuídos pela Carta Maior.

A distribuição dos deveres de prestação de serviços públicos foi realizada pela própria Constituição que estabeleceu quais serviços públicos devem ser prestados pelos entes federativos.

Pautou-se no **princípio da preponderância do interesse**, que impõe sejam outorgadas competências de acordo com interesse predominante para o ente. Assim, foram classificados três tipos de interesses:

a) o **interesse geral ou nacional**, que é relativo à União;
b) o **interesse regional**, que é relativo aos Estado e ao Distrito Federal; e
c) o **interesse local**, que é relativo ao Município e ao Distrito Federal.

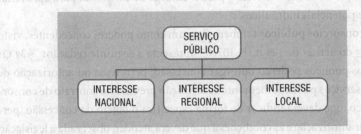

O Distrito Federal, por força do §1º do art. 32 da CF/88, acumula as competências legislativas reservadas aos Estados e aos Municípios. Consequentemente, acumula as mesmas competências executivas.

Competências constitucionais dos entes federativos:

a) os arts. 21 e 22 da CF/88 enumeraram **taxativamente** as competências da **União**;
b) o art. 30 da CF/88 enumerou **taxativamente** as competências dos **Municípios**;
c) como já foi dito o §1º do art. 32 da CF/88 disciplinou as competências do Distrito Federal;
d) os **Estados** não tiveram as suas competências enumeradas, portanto, são **remanescentes, residuais ou não enumeradas**, porém os contornos foram dados pelo §1º do art. 25 da CF/88;
e) o art. 23 da CF/88 apresenta **competências administrativas comuns** entre a **União**, os **Estados**, o **Distrito Federal** e os **Municípios**;
f) o art. 24 da CF/88 fixou **competências legislativas concorrentes** entre a **União**, os **Estados** e o **Distrito Federal**.

O conceito de **poder concedente** foi trazido pelo inciso I do art. 2º da Lei n. 8.987/95. Eis o seu texto:

I – **poder concedente**: a União, o Estado, o Distrito Federal ou o Município, em cuja competência se encontre o serviço público, precedido ou não da execução de obra pública, objeto de concessão ou permissão.

Apesar do conceito acima trazido, há leis especiais que possibilitam a ampliação do concedentes.

A Lei n. 9.427/96 possibilita, no inciso II do seu art. 3º, à **ANEEL**: "II – promover, mediante delegação, com base no plano de outorgas e diretrizes aprovadas pelo Poder Concedente, os procedimentos licitatórios para a contratação de concessionárias e permissionárias de serviço público para produção, transmissão e distribuição de energia elétrica e para a outorga de concessão para aproveitamento de potenciais hidráulicos".

Os **consórcios públicos** também figuram como poderes concedentes, visto que o §3º do art. 2º da Lei n. 11.107/05 apresenta a seguinte redação: "§3º Os consórcios públicos poderão outorgar concessão, permissão ou autorização de obras ou serviços públicos mediante autorização prevista no contrato de consórcio público, que deverá indicar de forma específica o objeto da concessão, permissão ou autorização e as condições a que deverá atender, observada a legislação de normas gerais em vigor".

33.5.4. Encargos do poder concedente

Na forma do art. 29 da Lei n. 8.987/95, **incumbe ao poder concedente**:

I – **regulamentar** o serviço concedido e **fiscalizar** permanentemente a sua prestação;

II – aplicar as **penalidades** regulamentares e contratuais;

III – **intervir** na prestação do serviço, nos casos e condições previstos em lei;

IV – **extinguir a concessão**, nos casos previstos nesta Lei e na forma prevista no contrato;

V – **homologar reajustes** e **proceder à revisão** das tarifas na forma desta Lei, das normas pertinentes e do contrato;

VI – **cumprir e fazer cumprir as disposições regulamentares** do serviço e as **cláusulas contratuais** da concessão;

VII – **zelar pela boa qualidade do serviço**, receber, apurar e solucionar queixas e reclamações dos usuários, que serão cientificados, em até trinta dias, das providências tomadas;

VIII – **declarar de utilidade pública os bens necessários à execução do serviço ou obra pública**, promovendo as **desapropriações**, diretamente ou mediante outorga de poderes à concessionária, caso em que será desta a responsabilidade pelas indenizações cabíveis;

IX – **declarar de necessidade ou utilidade pública**, para fins de instituição de **servidão administrativa**, os bens necessários à execução de serviço ou obra pública, promovendo-a diretamente ou mediante outorga de poderes à concessionária, caso em que será desta a responsabilidade pelas indenizações cabíveis;

X – **estimular o aumento da qualidade, produtividade, preservação do meio-ambiente e conservação;**

XI – incentivar a **competitividade;** e

XII – estimular a formação de **associações de usuários** para defesa de interesses relativos ao serviço.

No exercício da **fiscalização**, o poder concedente terá acesso aos dados relativos à administração, contabilidade, recursos técnicos, econômicos e financeiros da concessionária.

A fiscalização do serviço será feita por intermédio de órgão técnico do poder concedente ou por entidade com ele conveniada, e, periodicamente, conforme previsto em norma regulamentar, por comissão composta de representantes do poder concedente, da concessionária e dos usuários.

Como decorrência das cláusulas exorbitantes dos contratos administrativos, poderá, na forma do §4º do art. 9º da Lei n. 8.987/95, o poder concedente **alterar unilateralmente o contrato**, restabelecendo o equilíbrio econômico-financeira caso seja afetado.

Poderá haver também a **ocupação**, na forma do §3º do art. 35 da lei em estudo.

33.5.5. Concessionária

A concessionária é a pessoa jurídica de direito privado que, com base em contrato administrativo precedido de licitação, executa serviço público de maneira descentralizada por delegação. A concessionária será sempre uma pessoa jurídica de direito privado, não podendo ter essa qualificação as pessoas físicas.

Observe-se que pessoas jurídicas de direito privado estatais, em especial de outros entes federativos, podem ser concessionárias de serviços públicos.

33.5.5.1. Encargos da concessionária

São encargos da concessionária, na forma do art. 31 da Lei n. 8.987/95:

I – prestar serviço adequado, na forma prevista nesta Lei, nas normas técnicas aplicáveis e no contrato;

II – manter em dia o inventário e o registro dos bens vinculados à concessão;

III – prestar contas da gestão do serviço ao poder concedente e aos usuários, nos termos definidos no contrato;

IV – cumprir e fazer cumprir as normas do serviço e as cláusulas contratuais da concessão;

882 CURSO DE DIREITO ADMINISTRATIVO

V – permitir aos encarregados da fiscalização livre acesso, em qualquer época, às obras, aos equipamentos e às instalações integrantes do serviço, bem como a seus registros contábeis;

VI – promover as desapropriações e constituir servidões autorizadas pelo poder concedente, conforme previsto no edital e no contrato;

VII – zelar pela integridade dos bens vinculados à prestação do serviço, bem como segurá-los adequadamente; e

VIII – captar, aplicar e gerir os recursos financeiros necessários à prestação do serviço.

A concessionária deverá divulgar em seu sítio eletrônico, de forma clara e de fácil compreensão pelos usuários, tabela com o valor das tarifas praticadas e a evolução das revisões ou reajustes realizados nos últimos cinco anos.

As contratações, inclusive de mão- de- obra, feitas pela concessionária serão regidas pelas disposições de direito privado e pela legislação trabalhista, não se estabelecendo qualquer relação entre os terceiros contratados pela concessionária e o poder concedente.

33.5.5.2. Subconcessão

Na forma do art. 26 da lei em estudo, é admitida a subconcessão, nos termos previstos no contrato de concessão, desde que expressamente autorizada pelo poder concedente.

A outorga de **subconcessão** será sempre precedida de **concorrência**. O subconcessionário sub-rogar-se-á de todos os direitos e obrigações da subconcedente dentro dos limites da subconcessão.

33.5.5.3. Transferência de concessão ou controle acionário da concessionária

A transferência de concessão ou do controle societário da concessionária sem prévia anuência do poder concedente implicará a caducidade da concessão.

Para fins de obtenção da anuência, o pretendente deverá:

I – atender às exigências de capacidade técnica, idoneidade financeira e regularidade jurídica e fiscal necessárias à assunção do serviço; e

II – comprometer-se a cumprir todas as cláusulas do contrato em vigor.

Nas condições estabelecidas no contrato de concessão, o poder concedente autorizará a assunção do controle ou da administração temporária da concessionária por seus financiadores e garantidores com quem não mantenha vínculo societário direto, para promover sua reestruturação financeira e assegurar a continuidade da prestação dos serviços.

Nessa hipótese, o poder concedente exigirá dos financiadores e dos garantidores que atendam às exigências de regularidade jurídica e fiscal, podendo alterar ou dispensar os demais requisitos de capacidade técnica, idoneidade financeira e regularidade jurídica e fiscal necessárias à assunção do serviço.

A assunção do controle ou da administração temporária não alterará as obrigações da concessionária e de seus controladores para com terceiros, poder concedente e usuários dos serviços públicos.

Configura-se o controle da concessionária, a propriedade resolúvel de ações ou quotas por seus financiadores e garantidores que atendam aos requisitos do art. 116 da Lei n. 6.404, de 15 de dezembro de 1976.

Configura-se a administração temporária da concessionária por seus financiadores e garantidores quando, sem a transferência da propriedade de ações ou quotas, forem outorgados os seguintes poderes:

I – indicar os membros do Conselho de Administração, a serem eleitos em Assembleia Geral pelos acionistas, nas sociedades regidas pela Lei n. 6.404, de 15 de dezembro de 1976; ou administradores, a serem eleitos pelos quotistas, nas demais sociedades;

II – indicar os membros do Conselho Fiscal, a serem eleitos pelos acionistas ou quotistas controladores em Assembleia Geral;

III – exercer poder de veto sobre qualquer proposta submetida à votação dos acionistas ou quotistas da concessionária, que representem, ou possam representar, prejuízos à assunção do controle ou à administração;

IV – outros poderes necessários ao alcance dos fins relativos à assunção do controle ou à administração.

A administração temporária autorizada na forma deste artigo não acarretará responsabilidade aos financiadores e garantidores em relação à tributação, encargos, ônus, sanções, obrigações ou compromissos com terceiros, inclusive com o poder concedente ou empregados.

O poder concedente disciplinará sobre o prazo da administração temporária.

33.5.6. Responsabilidade da concessionária

A responsabilidade da concessionária de serviços públicos deriva diretamente do §6º do art. 37 da CF/88. Segue o seu texto:

§6º As pessoas jurídicas de direito público e as de direito privado prestadoras de serviços públicos responderão pelos danos que seus agentes, nessa qualidade, causarem a terceiros, assegurado o direito de regresso contra o responsável nos casos de dolo ou culpa.

CURSO DE DIREITO ADMINISTRATIVO

Em complemento à responsabilidade objetiva do prestador de serviços públicos, o art. 25 da Lei n. 8.987/95 afirma que incumbe à concessionária a execução do serviço concedido, cabendo-lhe responder por todos os prejuízos causados ao poder concedente, aos usuários ou a terceiros, sem que a fiscalização exercida pelo órgão competente exclua ou atenue essa responsabilidade.

Sem prejuízo dessa responsabilidade, a concessionária poderá contratar com terceiros o desenvolvimento de atividades inerentes, acessórias ou complementares ao serviço concedido, bem como a implementação de projetos associados.

Como já foi dito, os contratos celebrados entre a concessionária e os terceiros a que se refere o parágrafo anterior reger-se-ão pelo direito privado, não se estabelecendo qualquer relação jurídica entre os terceiros e o poder concedente.

A execução das atividades contratadas com terceiros pressupõe o cumprimento das normas regulamentares da modalidade do serviço concedido.

Ao fim, deve ser dito que o poder concedente possui responsabilidade subsidiária em relação à concessionária de serviços públicos. Assim, se os recursos financeiros desta não forem suficientes, o Estado será demandado. *Vide* julgado do STJ abaixo:

> ADMINISTRATIVO. RECURSO ESPECIAL. RESPONSABILIDADE CIVIL ADMINISTRATIVA. RESPONSABILIDADE OBJETIVA. **RESPONSABILIDADE SUBSIDIÁRIA DO ESTADO**.
> 1. As regras de Direito Administrativo e Constitucional dispõem que as empresas criadas pelo Governo respondem por danos segundo as regras da responsabilidade objetiva, e, na hipótese de exaurimento dos recursos da prestadora de serviços, o Estado responde subsidiariamente (art. 37, §6º, da Constituição Federal).
> 2. É defeso atribuir o cumprimento de obrigação por ato ilícito contraída por empresa prestadora de serviços públicos a outra que não concorreu para o evento danoso, apenas porque também é prestadora dos mesmos serviços públicos executados pela verdadeira devedora. Tal atribuição não encontra amparo no instituto da responsabilidade administrativa, assentado na responsabilidade objetiva da causadora do dano e **na subsidiária do Estado, diante da impotência econômica ou financeira daquela**.
> 3. Recurso especial provido. (REsp 738.026/RJ, Rel. Ministra ELIANA CALMON, Rel. p/ Acórdão Ministro JOÃO OTÁVIO DE NORONHA, SEGUNDA TURMA, julgado em 26-6-2007, *DJ* 22-8-2007, p. 452).

33.5.7. Licitação da concessão

Toda concessão de serviço público, precedida ou não da execução de obra pública, será objeto de prévia licitação, nos termos da legislação própria e com observância dos princípios da legalidade, moralidade, publicidade, igualdade, do julgamento por critérios objetivos e da vinculação ao instrumento convocatório.

No julgamento da licitação será considerado um dos seguintes critérios:

I – o menor valor da tarifa do serviço público a ser prestado;

II – a maior oferta, nos casos de pagamento ao poder concedente pela outorga da concessão;

III – a combinação, dois a dois, dos critérios referidos nos itens I, II e VII aqui mencionados;

IV – melhor proposta técnica, com preço fixado no edital;

V – melhor proposta em razão da combinação dos critérios de menor valor da tarifa do serviço público a ser prestado com o de melhor técnica;

VI – melhor proposta em razão da combinação dos critérios de maior oferta pela outorga da concessão com o de melhor técnica; ou

VII – melhor oferta de pagamento pela outorga após qualificação de propostas técnicas.

A aplicação do critério previsto no item III acima só será admitida quando previamente estabelecida no edital de licitação, inclusive com regras e fórmulas precisas para avaliação econômico-financeira.

Para fins de aplicação do disposto nos itens IV, V, VI e VII acima, o edital de licitação conterá parâmetros e exigências para formulação de propostas técnicas.

O poder concedente recusará propostas manifestamente inexequíveis ou financeiramente incompatíveis com os objetivos da licitação.

Em igualdade de condições, será dada preferência à proposta apresentada por empresa brasileira.

A outorga de concessão ou permissão não terá caráter de exclusividade, salvo no caso de inviabilidade técnica ou econômica justificada no ato a que se refere o art. 5º da Lei n. 8.987/95.

Considerar-se-á desclassificada a proposta que, para sua viabilização, necessite de vantagens ou subsídios que não estejam previamente autorizados em lei e à disposição de todos os concorrentes.

Considerar-se-á, também, desclassificada a proposta de entidade estatal alheia à esfera político-administrativa do poder concedente que, para sua viabilização, necessite de vantagens ou subsídios do poder público controlador da referida entidade.

Inclui-se nas vantagens ou subsídios de que trata este artigo, qualquer tipo de tratamento tributário diferenciado, ainda que em consequência da natureza jurídica do licitante, que comprometa a isonomia fiscal que deve prevalecer entre todos os concorrentes.

O edital de licitação será elaborado pelo poder concedente, observados, no que couber, os critérios e as normas gerais da legislação própria sobre licitações e contratos e conterá, especialmente:

I – o objeto, metas e prazo da concessão;

II – a descrição das condições necessárias à prestação adequada do serviço;

III – os prazos para recebimento das propostas, julgamento da licitação e assinatura do contrato;

IV – prazo, local e horário em que serão fornecidos, aos interessados, os dados, estudos e projetos necessários à elaboração dos orçamentos e apresentação das propostas;

V – os critérios e a relação dos documentos exigidos para a aferição da capacidade técnica, da idoneidade financeira e da regularidade jurídica e fiscal;

VI – as possíveis fontes de receitas alternativas, complementares ou acessórias, bem como as provenientes de projetos associados;

VII – os direitos e obrigações do poder concedente e da concessionária em relação a alterações e expansões a serem realizadas no futuro, para garantir a continuidade da prestação do serviço;

VIII – os critérios de reajuste e revisão da tarifa;

IX – os critérios, indicadores, fórmulas e parâmetros a serem utilizados no julgamento técnico e econômico-financeiro da proposta;

X – a indicação dos bens reversíveis;

XI – as características dos bens reversíveis e as condições em que estes serão postos à disposição, nos casos em que houver sido extinta a concessão anterior;

XII – a expressa indicação do responsável pelo ônus das desapropriações necessárias à execução do serviço ou da obra pública, ou para a instituição de servidão administrativa;

XIII – as condições de liderança da empresa responsável, na hipótese em que for permitida a participação de empresas em consórcio;

XIV – nos casos de concessão, a minuta do respectivo contrato, que conterá as cláusulas essenciais referidas no art. 23 da Lei n. 8.987/95, quando aplicáveis;

XV – nos casos de concessão de serviços públicos precedida da execução de obra pública, os dados relativos à obra, dentre os quais os elementos do projeto básico que permitam sua plena caracterização, bem assim as garantias exigidas para essa parte específica do contrato, adequadas a cada caso e limitadas ao valor da obra;

XVI – nos casos de permissão, os termos do contrato de adesão a ser firmado.

O edital poderá prever a inversão da ordem das fases de habilitação e julgamento, hipótese em que:

I – encerrada a fase de classificação das propostas ou o oferecimento de lances, será aberto o invólucro com os documentos de habilitação do licitante mais bem classificado, para verificação do atendimento das condições fixadas no edital;

II – verificado o atendimento das exigências do edital, o licitante será declarado vencedor;

III – inabilitado o licitante mais bem classificado, serão analisados os documentos habilitatórios do licitante com a proposta classificada em segundo lugar, e assim sucessivamente, até que um licitante classificado atenda às condições fixadas no edital;

IV – proclamado o resultado final do certame, o objeto será adjudicado ao vencedor nas condições técnicas e econômicas por ele ofertadas.

Quando permitida, na licitação, a participação de empresas em consórcio, observar-se-ão as seguintes normas:

I – comprovação de compromisso, público ou particular, de constituição de consórcio, subscrito pelas consorciadas;

II – indicação da empresa responsável pelo consórcio;

III – apresentação dos critérios e a relação dos documentos exigidos para a aferição da capacidade técnica, da idoneidade financeira e da regularidade jurídica e fiscal e das condições de liderança da empresa responsável, na hipótese em que for permitida a participação de empresas em consórcio, por parte de cada consorciada;

IV – impedimento de participação de empresas consorciadas na mesma licitação, por intermédio de mais de um consórcio ou isoladamente.

O licitante vencedor fica obrigado a promover, antes da celebração do contrato, a constituição e registro do consórcio, nos termos do compromisso, público ou particular, de constituição de consórcio, subscrito pelas consorciadas.

A empresa líder do consórcio é a responsável perante o poder concedente pelo cumprimento do contrato de concessão, sem prejuízo da responsabilidade solidária das demais consorciadas.

É facultado ao poder concedente, desde que previsto no edital, no interesse do serviço a ser concedido, determinar que o licitante vencedor, no caso de consórcio, constitua-se em empresa antes da celebração do contrato.

Os estudos, investigações, levantamentos, projetos, obras e despesas ou investimentos já efetuados, vinculados à concessão, de utilidade para a licitação, realizados pelo poder concedente ou com a sua autorização, estarão à disposição dos interessados, devendo o vencedor da licitação ressarcir os dispêndios correspondentes, especificados no edital.

É assegurada a qualquer pessoa a obtenção de certidão sobre atos, contratos, decisões ou pareceres relativos à licitação ou às próprias concessões.

888 CURSO DE DIREITO ADMINISTRATIVO

33.5.8. Contrato de concessão

São cláusulas essenciais do contrato de concessão as relativas:

I – ao objeto, à área e ao prazo da concessão;

II – ao modo, forma e condições de prestação do serviço;

III – aos critérios, indicadores, fórmulas e parâmetros definidores da qualidade do serviço;

IV – ao preço do serviço e aos critérios e procedimentos para o reajuste e a revisão das tarifas;

V – aos direitos, garantias e obrigações do poder concedente e da concessionária, inclusive os relacionados às previsíveis necessidades de futura alteração e expansão do serviço e consequente modernização, aperfeiçoamento e ampliação dos equipamentos e das instalações;

VI – aos direitos e deveres dos usuários para obtenção e utilização do serviço;

VII – à forma de fiscalização das instalações, dos equipamentos, dos métodos e práticas de execução do serviço, bem como a indicação dos órgãos competentes para exercê-la;

VIII – às penalidades contratuais e administrativas a que se sujeita a concessionária e sua forma de aplicação;

IX – aos casos de extinção da concessão;

X – aos bens reversíveis;

XI – aos critérios para o cálculo e a forma de pagamento das indenizações devidas à concessionária, quando for o caso;

XII – às condições para prorrogação do contrato;

XIII – à obrigatoriedade, forma e periodicidade da prestação de contas da concessionária ao poder concedente;

XIV – à exigência da publicação de demonstrações financeiras periódicas da concessionária; e

XV – ao foro e ao modo amigável de solução das divergências contratuais.

Os contratos relativos à concessão de serviço público precedido da execução de obra pública deverão, adicionalmente:

I – estipular os cronogramas físico-financeiros de execução das obras vinculadas à concessão; e

II – exigir garantia do fiel cumprimento, pela concessionária, das obrigações relativas às obras vinculadas à concessão.

O contrato de concessão poderá prever o emprego de mecanismos privados para resolução de disputas decorrentes ou relacionadas ao contrato, inclusive a **arbitragem**, a ser realizada no Brasil e em língua portuguesa, nos termos da Lei n. 9.307, de 23 de setembro de 1996.

33.5.9. Remuneração

A **remuneração ou custeio do serviço público** é a contraprestação devida em virtude da sua utilização ou colocação à disposição do administrado. São quatro as formas de remuneração ou custeio: as taxas, as tarifas, os impostos e as contribuições.

Os serviços públicos podem ser também classificados como divisíveis ou indivisíveis, sendo que a maioria dos autores somente considera a remuneração dos divisíveis, pois os indivisíveis não são remunerados e sim custeados através de impostos e contribuições.

Os divisíveis foram conceituados da seguinte forma pelo inciso III do art. 79 do CTN:

> Art. 79. Os serviços públicos a que se refere o art. 77 consideram-se:
> (...)
> III – *divisíveis, quando suscetíveis de utilização, separadamente, por parte de cada um dos seus usuários.* (grifo)

Ao reverso, os indivisíveis são os insuscetíveis de utilização separada por parte de cada um dos usuários. Observe-se que a indivisibilidade não retira a natureza pública do serviço.

A segurança pública é serviço indivisível custeado através de impostos e a "saúde" também é serviço indivisível custeado pelos impostos e contribuições sociais. Assim, não há dúvida de que os serviços públicos podem ser custeados também por impostos e contribuições.

Celeuma maior existe na diferenciação entre tarifa e taxa.

O Código Tributário Nacional conceitua a *taxa* da seguinte forma: "Art. 77. As taxas cobradas pela União, pelos Estados, pelo Distrito Federal ou pelos Municípios, no âmbito de suas respectivas atribuições, têm como fato gerador o exercício regular do poder de polícia, ou a utilização, efetiva ou potencial, de serviço público específico e divisível, prestado ao contribuinte ou posto à sua disposição".

Os **preços públicos** podem ser classificados em tarifa e pedágio. Todavia, boa parte da doutrina afirma que tarifa é sinônimo de preço público.

O **pedágio** é a contraprestação devida pelo usuário em virtude da utilização de via pública cuja exploração, conservação e manutenção foram outorgadas a particular.

A **tarifa** é a remuneração devida pelos usuários de serviços públicos, explorados por concessionário ou permissionário, sob regime de Direito Administrativo[17].

---

[17] MELO, José Eduardo Soares de. *Curso de direito tributário*. 6. ed. São Paulo: Dialética, 2005.

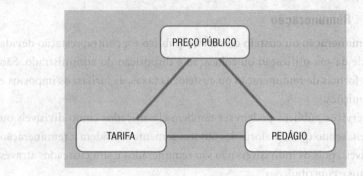

O STF editou, em 10-12-1969, a seguinte súmula sobre o tema: "Súmula 545. Preços de serviços públicos e taxas não se confundem, porque estas, diferentemente daqueles, são compulsórias e têm sua cobrança condicionada à prévia autorização orçamentária, em relação à lei que as instituiu".

A Suprema Corte listou dois elementos de distinção entre a taxa e os preços públicos, quais sejam: a **compulsoriedade** e a **anualidade**, entendendo que ambas estão presentes na taxa e ausentes na tarifa.

No entanto, tais elementos pertenciam a outro sistema constitucional, pois a Súmula em tela foi editada em 1969. A anualidade para a cobrança de tributos não existe mais no sistema atual e a compulsoriedade foi relativizada de acordo com a natureza jurídica da credora da contraprestação.

O princípio da anualidade exige que, para a cobrança de tributo, haja previsão no orçamento anual. Todavia, a Carta Maior não mais prevê tal princípio para as receitas derivadas.

Sem dúvida, quando se tratar de serviço público compulsório cuja contraprestação for cobrada por pessoa jurídica de direito público, estar-se-á diante de taxa[18]. Quando houver ou não compulsoriedade do serviço público e a remuneração for cobrada por pessoa jurídica de direito privado, estar-se-á diante de tarifa[19].

São exemplos de serviços de utilização compulsória o de água e o de esgotamento sanitário, em face da obrigatoriedade de ligação ao sistema, mas o Supremo decidiu que a sua contraprestação não é taxa e sim tarifa. Logo, o elemento distintivo não é a compulsoriedade, mas a natureza jurídica do prestador do serviço[20].

---

[18] Nesse sentido: MELO, José Eduardo Soares de. *Curso de direito tributário*. 6. ed. São Paulo: Dialética, 2005.

[19] STJ, REsp 1027916/MS, rel. Min. Herman Benjamin, 2ª Turma, julgado em 25-3-2008, *DJe* 19-12-2008.

[20] STF, RE 447536 EDcl, rel. Min. Carlos Velloso, 2ª Turma, julgado em 28-6-2005, *DJ* 26-8-2005, LEXSTF v. 27, n. 321, 2005, p. 319 322, JC v. 31, n. 108/109, 2005, p. 265-267.

Como exemplo de serviço público remunerado por taxa pode ser mencionado o serviço cartorário do Poder Judiciário, pois o STF já decidiu que as custas judiciais são taxas[21].

A tarifa do serviço público concedido será fixada pelo preço da proposta vencedora da licitação e preservada pelas regras de revisão previstas na lei, no edital e no contrato.

A tarifa não será subordinada à legislação específica anterior e somente nos casos expressamente previstos em lei, sua cobrança poderá ser condicionada à existência de serviço público alternativo e gratuito para o usuário.

Os contratos poderão prever mecanismos de revisão das tarifas, a fim de manter-se o equilíbrio econômico-financeiro.

Ressalvados os impostos sobre a renda, a criação, alteração ou extinção de quaisquer tributos ou encargos legais, após a apresentação da proposta, quando comprovado seu impacto, implicará a revisão da tarifa, para mais ou para menos, conforme o caso.

Em havendo alteração unilateral do contrato que afete o seu inicial equilíbrio econômico-financeiro, o poder concedente deverá restabelecê-lo, concomitantemente à alteração. Sempre que forem atendidas as condições do contrato, considera-se mantido seu equilíbrio econômico-financeiro.

No atendimento às peculiaridades de cada serviço público, poderá o poder concedente prever, em favor da concessionária, no edital de licitação, a possibilidade de outras fontes provenientes de receitas alternativas, complementares, acessórias ou de projetos associados, com ou sem exclusividade, com vistas a favorecer a modicidade das tarifas.

As fontes de receita acima previstas serão obrigatoriamente consideradas para a aferição do inicial equilíbrio econômico-financeiro do contrato.

As tarifas poderão ser diferenciadas em função das características técnicas e dos custos específicos provenientes do atendimento aos distintos segmentos de usuários.

33.5.10. Direitos e deveres do usuário

33.5.10.1. Serviços públicos prestados por concessionárias e permissionárias

A CF/88 determina no §3º do seu art. 37 a participação do usuário na Administração Pública direta e indireta. Assim, a norma em tela não tratou expressamente das concessões e permissões de serviços públicos.

---

[21] STF, ADI 3694, rel. Min. Sepúlveda Pertence, Tribunal Pleno, julgado em 20-9-2006, *DJ* 6-11-2006, *RTJ* v. 201-03, p. 942, *RDDT* n. 136, 2007, p. 221.

Os direitos e deveres dos usuários de serviços públicos prestados por concessionárias e permissionárias são listados na Lei n. 8.987/95, que trata do regime de concessão e permissão da prestação de serviços públicos previsto no art. 175 da Constituição Federal, e dá outras providências.

A Lei n. 8.987/95 trata de serviços públicos que não são prestados pela Administração Pública direta ou indireta e sim pelo particular. A participação, a proteção e a defesa dos direitos dos usuários dos serviços públicos prestados pela Administração Pública direta ou indireta são disciplinadas pela Lei n. 13.460/2017, assunto que não será abordado neste item, mas no item subsequente.

O art. 7º da Lei n. 8.987/95 apresenta direitos e obrigações dos usuários, porém o vocábulo "obrigações" não é o mais preciso para designar as normas de observância obrigatória pelo destinatário do serviço público.

Obrigação é o vínculo jurídico cujo objeto é prestação de cunho econômico devida ao credor pelo devedor, sob pena de, em caso de descumprimento, invasão do patrimônio deste.

Ora, nem todas as prestações estabelecidas no art. 7º em tela têm cunho ou caráter econômico. Exemplo: o dever de levar ao conhecimento do Poder Público e da concessionária as irregularidades, de que tenham conhecimento, referentes ao serviço prestado.

Nesse diapasão, a pertinência terminológica exige que seja utilizado o vocábulo "deveres" ao invés de "obrigações" dos usuários.

Na forma do art. 7º da Lei n. 8.987/95, são direitos e deveres do usuário de serviços públicos:

I – receber serviço adequado;
II – receber do poder concedente e da concessionária informações para a defesa de interesses individuais ou coletivos;
III – obter e utilizar o serviço, com liberdade de escolha entre vários prestadores de serviços, quando for o caso, observadas as normas do poder concedente;
IV – levar ao conhecimento do poder público e da concessionária as irregularidades de que tenham conhecimento referentes ao serviço prestado;
V – comunicar às autoridades competentes os atos ilícitos praticados pela concessionária na prestação do serviço;
VI – contribuir para a permanência das boas condições dos bens públicos através dos quais lhes são prestados os serviços.

Além disso, as concessionárias de serviços públicos, de direito público e privado, nos Estados e no Distrito Federal, são obrigadas a oferecer ao consumidor e ao usuário, dentro do mês de vencimento, o mínimo de seis datas opcionais para escolherem os dias de vencimento de seus débitos (art. 7º-A).

O Código de Defesa do Consumidor (Lei n. 8.078/90) aplica-se também às pessoas jurídicas de direito público, pois se encontram no conceito de fornecedor apresentado pelo seu art. 3º: "Fornecedor é toda pessoa física ou jurídica, pública ou privada, nacional ou estrangeira, bem como os entes despersonalizados, que desenvolvem atividades de produção, montagem, criação, construção, transformação, importação, exportação, distribuição ou comercialização de produtos ou prestação de serviços".

Todavia, nem todos os serviços públicos podem ser regidos pelo Código de Defesa do Consumidor, somente os serviços públicos divisíveis fornecidos ao mercado de consumo podem ser enquadrados à norma do §2º do art. 3º da Lei em tela.

Roberto Augusto Castellanos Pfeiffer, no seu artigo intitulado "Aplicação do Código de Defesa do Consumidor aos Serviços Públicos"[22], afirma que: "Com a devida vênia, não compartilho da tese de que como tais serviços são custeados através da arrecadação de impostos, o Estado deveria ser considerado fornecedor, por receber uma remuneração indireta. A uma, porque o pagamento do imposto é absolutamente desvinculado da prestação do serviço, tanto que a verba arrecadada pelo imposto não pode ser vinculada à prestação do serviço. A duas, porque o pagamento do imposto é feito de forma independente da utilização do serviço. Na realidade a relação que se instaura é de natureza tributária, sendo compulsório o pagamento e não gerando ao contribuinte qualquer contraprestação específica do Estado. Assim, não há que se falar em remuneração, sequer indireta, nos serviços públicos *uti universi*. Também não me parecem passíveis de enquadramento os serviços remunerados por taxa. Embora eles sejam prestados de forma divisível (*uti singuli*), a sua prestação decorre do exercício de um poder de polícia do Estado, sendo, ademais, compulsório o pagamento da taxa. Neste caso, incide uma relação tributária e não uma relação contratual de consumo".

Segundo o STJ, o CDC aplica-se aos serviços públicos.

33.5.10.2. Serviços públicos prestados pela Administração Pública direta e indireta

Em 26-6-2017, foi editada a Lei n. 13.460, que se aplica especificamente aos serviços públicos prestados pela **Administração Pública direta e indireta da União, dos Estados, do Distrito Federal e dos Municípios**, nos termos do inciso I do §3º do art. 37 da Constituição Federal.

---

[22] Publicado na *RDC* 65/226.

894 CURSO DE DIREITO ADMINISTRATIVO

A aplicação da lei em tela não afasta a necessidade de cumprimento do disposto:

I – em normas regulamentadoras específicas, quando se tratar de serviço ou atividade sujeitos a regulação ou supervisão; e

II – na Lei n. 8.078, de 11 de setembro de 1990, quando caracterizada relação de consumo.

A aplicabilidade do CDC aos serviços públicos prestados pela Administração Pública direta e indireta ficou expressa, ficando claro, contudo, a impossibilidade de aplicação do Código Consumerista aos serviços públicos indivisíveis.

Outro ponto que merece destaque é a possibilidade de utilização subsidiária da Lei n. 13.460/2017 em relação aos serviços públicos prestados por particular.

Com periodicidade mínima anual, cada Poder e esfera de Governo publicará quadro geral dos serviços públicos prestados, que especificará os órgãos ou entidades responsáveis por sua realização e a autoridade administrativa a quem estão subordinados ou vinculados.

O usuário de serviço público tem direito à adequada prestação dos serviços, devendo os agentes públicos e prestadores de serviços públicos observar as seguintes diretrizes:

I – urbanidade, respeito, acessibilidade e cortesia no atendimento aos usuários;

II – presunção de boa-fé do usuário;

III – atendimento por ordem de chegada, ressalvados casos de urgência e aqueles em que houver possibilidade de agendamento, asseguradas as prioridades legais às pessoas com deficiência, aos idosos, às gestantes, às lactantes e às pessoas acompanhadas por crianças de colo;

IV – adequação entre meios e fins, vedada a imposição de exigências, obrigações, restrições e sanções não previstas na legislação;

V – igualdade no tratamento aos usuários, vedado qualquer tipo de discriminação;

VI – cumprimento de prazos e normas procedimentais;

VII – definição, publicidade e observância de horários e normas compatíveis com o bom atendimento ao usuário;

VIII – adoção de medidas visando a proteção à saúde e a segurança dos usuários;

IX – autenticação de documentos pelo próprio agente público, à vista dos originais apresentados pelo usuário, vedada a exigência de reconhecimento de firma, salvo em caso de dúvida de autenticidade;

X – manutenção de instalações salubres, seguras, sinalizadas, acessíveis e adequadas ao serviço e ao atendimento;

XI – eliminação de formalidades e de exigências cujo custo econômico ou social seja superior ao risco envolvido;

XII – observância dos códigos de ética ou de conduta aplicáveis às várias categorias de agentes públicos;

XIII – aplicação de soluções tecnológicas que visem simplificar processos e procedimentos de atendimento ao usuário e propiciar melhores condições para o compartilhamento das informações;

XIV – utilização de linguagem simples e compreensível, evitando o uso de siglas, jargões e estrangeirismos; e

XV – vedação da exigência de nova prova sobre fato já comprovado em documentação válida apresentada.

São direitos básicos do usuário:

I – participação no acompanhamento da prestação e na avaliação dos serviços;

II – obtenção e utilização dos serviços com liberdade de escolha entre os meios oferecidos e sem discriminação;

III – acesso e obtenção de informações relativas à sua pessoa constantes de registros ou bancos de dados, observado o disposto no inciso X do *caput* do art. 5º da Constituição Federal e na Lei n. 12.527, de 18 de novembro de 2011;

IV – proteção de suas informações pessoais, nos termos da Lei n. 12.527, de 18 de novembro de 2011;

V – atuação integrada e sistêmica na expedição de atestados, certidões e documentos comprobatórios de regularidade; e

VI – obtenção de informações precisas e de fácil acesso nos locais de prestação do serviço, assim como sua disponibilização na internet, especialmente sobre:

a) horário de funcionamento das unidades administrativas;

b) serviços prestados pelo órgão ou entidade, sua localização exata e a indicação do setor responsável pelo atendimento ao público;

c) acesso ao agente público ou ao órgão encarregado de receber manifestações;

d) situação da tramitação dos processos administrativos em que figure como interessado; e

e) valor das taxas e tarifas cobradas pela prestação dos serviços, contendo informações para a compreensão exata da extensão do serviço prestado.

Os órgãos e entidades divulgarão Carta de Serviços ao Usuário, cujo objetivo é informar o usuário sobre os serviços prestados pelo órgão ou entidade, as formas de acesso a esses serviços e seus compromissos e padrões de qualidade de atendimento ao público.

A Carta de Serviços ao Usuário deverá trazer informações claras e precisas em relação a cada um dos serviços prestados, apresentando, no mínimo, informações relacionadas a:

I – serviços oferecidos;

II – requisitos, documentos, formas e informações necessárias para acessar o serviço;

III – principais etapas para processamento do serviço;

IV – previsão do prazo máximo para a prestação do serviço;

V – forma de prestação do serviço; e

VI – locais e formas para o usuário apresentar eventual manifestação sobre a prestação do serviço.

Além das informações descritas acima, a Carta de Serviços ao Usuário deverá detalhar os compromissos e padrões de qualidade do atendimento relativos, no mínimo, aos seguintes aspectos:

I – prioridades de atendimento;
II – previsão de tempo de espera para atendimento;
III – mecanismos de comunicação com os usuários;
IV – procedimentos para receber e responder as manifestações dos usuários; e
V – mecanismos de consulta, por parte dos usuários, acerca do andamento do serviço solicitado e de eventual manifestação.

A Carta de Serviços ao Usuário será objeto de atualização periódica e de permanente divulgação mediante publicação em sítio eletrônico do órgão ou entidade na internet.

Regulamento específico de cada Poder e esfera de Governo disporá sobre a operacionalização da Carta de Serviços ao Usuário.

São deveres do usuário:

I – utilizar adequadamente os serviços, procedendo com urbanidade e boa-fé;
II – prestar as informações pertinentes ao serviço prestado quando solicitadas;
III – colaborar para a adequada prestação do serviço; e
IV – preservar as condições dos bens públicos por meio dos quais lhe são prestados os serviços de que trata esta Lei.

Para garantir seus direitos, o usuário poderá apresentar manifestações perante a Administração Pública acerca da prestação de serviços públicos.

A manifestação será dirigida à **ouvidoria do órgão ou entidade** responsável e conterá a identificação do requerente.

A identificação do requerente não conterá exigências que inviabilizem sua manifestação.

São vedadas quaisquer exigências relativas aos motivos determinantes da apresentação de manifestações perante a ouvidoria.

Caso não haja ouvidoria, o usuário poderá apresentar manifestações diretamente ao órgão ou entidade responsável pela execução do serviço e ao órgão ou entidade a que se subordinem ou se vinculem.

A manifestação poderá ser feita por meio eletrônico, ou correspondência convencional, ou verbalmente, hipótese em que deverá ser reduzida a termo.

No caso de manifestação por meio eletrônico, respeitada a legislação específica de sigilo e proteção de dados, poderá a Administração Pública ou sua ouvidoria requerer meio de certificação da identidade do usuário.

Os órgãos e entidades públicos deverão colocar à disposição do usuário formulários simplificados e de fácil compreensão para a apresentação do requerimento, facultada ao usuário sua utilização.

A identificação do requerente é informação pessoal protegida com restrição de acesso nos termos da Lei n. 12.527, de 18 de novembro de 2011.

Em nenhuma hipótese será recusado o recebimento de manifestações formuladas com base nas normas da lei em estudo, sob pena de responsabilidade do agente público.

Os procedimentos administrativos relativos à análise das manifestações observarão os princípios da eficiência e da celeridade, visando a sua efetiva resolução.

A efetiva resolução das manifestações dos usuários compreende:

I – recepção da manifestação no canal de atendimento adequado;
II – emissão de comprovante de recebimento da manifestação;
III – análise e obtenção de informações, quando necessário;
IV – decisão administrativa final; e
V – ciência ao usuário.

As **ouvidorias** terão como atribuições precípuas, sem prejuízo de outras estabelecidas em regulamento específico:

I – promover a participação do usuário na administração pública, em cooperação com outras entidades de defesa do usuário;
II – acompanhar a prestação dos serviços, visando garantir a sua efetividade;
III – propor aperfeiçoamentos na prestação dos serviços;
IV – auxiliar na prevenção e correção dos atos e procedimentos incompatíveis com os princípios estabelecidos na lei em tela;
V – propor a adoção de medidas para a defesa dos direitos do usuário;
VI – receber, analisar e encaminhar às autoridades competentes as manifestações, acompanhando o tratamento e a efetiva conclusão das manifestações de usuário perante órgão ou entidade a que se vincula; e
VII – promover a adoção de mediação e conciliação entre o usuário e o órgão ou a entidade pública, sem prejuízo de outros órgãos competentes.

Com vistas à realização de seus objetivos, as **ouvidorias** deverão:

I – receber, analisar e responder, por meio de mecanismos proativos e reativos, as manifestações encaminhadas por usuários de serviços públicos; e
II – elaborar, anualmente, relatório de gestão, que deverá consolidar as informações, e, com base nelas, apontar falhas e sugerir melhorias na prestação de serviços públicos.

O **relatório de gestão** deverá indicar, ao menos:

I – o número de manifestações recebidas no ano anterior;

II – os motivos das manifestações;

III – a análise dos pontos recorrentes; e

IV – as providências adotadas pela administração pública nas soluções apresentadas.

O **relatório de gestão** será:

I – encaminhado à autoridade máxima do órgão a que pertence a unidade de ouvidoria; e

II – disponibilizado integralmente na internet.

A **ouvidoria** encaminhará a decisão administrativa final ao usuário, observado o prazo de trinta dias, prorrogável de forma justificada uma única vez, por igual período.

Observado o prazo previsto acima, a ouvidoria poderá solicitar informações e esclarecimentos diretamente a agentes públicos do órgão ou entidade a que se vincula, e as solicitações devem ser respondidas no prazo de vinte dias, prorrogável de forma justificada uma única vez, por igual período.

Atos normativos específicos de cada Poder e esfera de Governo disporão sobre a organização e o funcionamento de suas ouvidorias.

Sem prejuízo de outras formas previstas na legislação, a participação dos usuários no acompanhamento da prestação e na avaliação dos serviços públicos será feita por meio de conselhos de usuários.

Os **conselhos de usuários** são órgãos consultivos dotados das seguintes atribuições:

I – acompanhar a prestação dos serviços;

II – participar na avaliação dos serviços;

III – propor melhorias na prestação dos serviços;

IV – contribuir na definição de diretrizes para o adequado atendimento ao usuário; e

V – acompanhar e avaliar a atuação do ouvidor.

A composição dos conselhos deve observar os critérios de representatividade e pluralidade das partes interessadas, com vistas ao equilíbrio em sua representação. A escolha dos representantes será feita em processo aberto ao público e diferenciado por tipo de usuário a ser representado.

O conselho de usuários poderá ser consultado quanto à indicação do ouvidor.

A participação do usuário no conselho será considerada serviço relevante e sem remuneração.

Regulamento específico de cada Poder e esfera de Governo disporá sobre a organização e funcionamento dos conselhos de usuários.

Os órgãos e entidades públicos deverão **avaliar** os serviços prestados nos seguintes aspectos:

I – satisfação do usuário com o serviço prestado;

II – qualidade do atendimento prestado ao usuário;

III – cumprimento dos compromissos e prazos definidos para a prestação dos serviços;

IV – quantidade de manifestações de usuários; e

V – medidas adotadas pela administração pública para melhoria e aperfeiçoamento da prestação do serviço.

A avaliação será realizada por pesquisa de satisfação feita, no mínimo, a cada um ano, ou por qualquer outro meio que garanta significância estatística aos resultados.

O resultado da avaliação deverá ser integralmente publicado no sítio do órgão ou entidade, incluindo o **ranking** das entidades com maior incidência de reclamação dos usuários na periodicidade acima, e servirá de subsídio para reorientar e ajustar os serviços prestados, em especial quanto ao cumprimento dos compromissos e dos padrões de qualidade de atendimento divulgados na Carta de Serviços ao Usuário.

Regulamento específico de cada Poder e esfera de Governo disporá sobre a avaliação da efetividade e dos níveis de satisfação dos usuários.

33.5.11. Regime jurídico-financeiro

O regime jurídico-financeiro é o conjunto de normas jurídicas relativas à remuneração do serviço prestado, a fim de que haja equilíbrio entre o interesse público e o interesse de obtenção de lucro.

A **empresa concessionária**, em regra, não tem como objetivo apenas a prestação do serviço público com o mero equilíbrio entre as receitas e as despesas, pois busca, principalmente, a **obtenção de lucro**, sendo certo: nada há de ilegal ou ilegítimo no seu intuito.

A produção de riqueza em uma nação é benéfica e acarreta o desenvolvimento do seu parque industrial, do seu comércio, o aumento de renda ou a inclusão de trabalhadores no mercado, o aumento na arrecadação dos tributos etc.

O interesse privado não pode ser visto como o antônimo do interesse público, visto que ambos são importantes para a sociedade. Não deve haver exclusão do interesse privado pelo interesse público, e sim integração e ponderação.

A **tarifa** é, sem dúvida, a principal forma de remuneração do serviço público prestado por concessionária, apesar do STJ, em jurisprudência ultrapassada, já ter decidido que o fornecimento de água e a coleta de esgoto devem ser remunerados por taxa, questão superada com o entendimento de que tal contraprestação é tarifa[23].

A Lei n. 8.987/95, no seu art. 11, aduz que: "No atendimento às peculiaridades de cada serviço público, poderá o poder concedente prever, em favor da concessionária, no edital de licitação, a possibilidade de outras fontes provenientes de receitas alternativas, complementares, acessórias ou de projetos associados, com ou sem exclusividade, com vistas a favorecer a modicidade das tarifas, observado o disposto no art. 17 desta Lei".

Como já foi dito, a Administração Pública, no edital, pode prever, especialmente nos casos de inidoneidade da tarifa para o suprimento dos custos, a instituição de **receitas alternativas**, complementares, acessórias ou de projetos associados, com ou sem exclusividade.

Observe que, mesmo nos casos de idoneidade da tarifa para custear o serviço, as outras formas de receita podem ser instituídas não para aumentar o lucro da concessionária, e sim para efetivar o **princípio da modicidade das tarifas** insculpido no §1º do art. 6º da Lei em tela.

As tarifas poderão ser diferenciadas em função das características técnicas e dos custos específicos provenientes do atendimento aos distintos segmentos de usuários (art. 13).

Nem todos os usuários são iguais, sendo certo que alguns grupos ou usuários precisam do serviço ofertado com características técnicas e formas diferentes do usuário comum.

A **manutenção do equilíbrio econômico-financeiro** é assegurada pelos §§2º, 3º e 4º do art. 9º da Lei citada, sendo que as receitas obtidas além da tarifa também serão consideradas para a manutenção do equilíbrio, conforme afirmado anteriormente.

33.5.12. Intervenção

Na forma do art. 32 da lei em estudo, o poder concedente poderá intervir na concessão, com o fim de assegurar a adequação na prestação do serviço, bem como o fiel cumprimento das normas contratuais, regulamentares e legais pertinentes.

A intervenção far-se-á por decreto do poder concedente, que conterá a designação do interventor, o prazo da intervenção e os objetivos e limites da medida.

---

[23] STJ, REsp 1117903/RS, rel. Min. Luiz Fux, 1ª Seção, julgado em 9-12-2009, *DJe* 1º-2-2010.

Declarada a intervenção, o poder concedente deverá, no prazo de trinta dias, instaurar procedimento administrativo para comprovar as causas determinantes da medida e apurar responsabilidades, assegurando o direito de ampla defesa.

Se ficar comprovado que a intervenção não observou os pressupostos legais e regulamentares será declarada sua nulidade, devendo o serviço ser imediatamente devolvido à concessionária, sem prejuízo de seu direito à indenização.

O procedimento administrativo de intervenção deverá ser concluído no prazo de até cento e oitenta dias, sob pena de considerar-se inválida a intervenção.

Cessada a intervenção, se não for extinta a concessão, a administração do serviço será devolvida à concessionária, precedida de prestação de contas pelo interventor, que responderá pelos atos praticados durante a sua gestão.

33.5.13. Extinção da concessão de serviço público e reversão dos bens

A **extinção extraordinária da concessão** é medida *extrema* que somente deve ser adotada após o fracasso de todas as formas de composição da divergência instaurada no contrato.

Antes da extinção, o Poder Concedente, sem prejuízo de posterior procedimento administrativo a ser realizado com a observância da ampla defesa e do contraditório, pode intervir na concessão com o fim de assegurar a adequação na prestação do serviço, bem como o fiel cumprimento das normas contratuais, regulamentares e legais pertinentes.

Como acima descrito, a intervenção, na forma do art. 32 da Lei n. 8.987/95, far-se-á por decreto do poder concedente, que conterá a designação do interventor, o prazo da intervenção e os objetivos e limites da medida.

A **intervenção** poderá cessar em virtude da adequação na prestação do serviço, com o cumprimento das normas regentes ou em virtude de extinção da concessão, sendo que o art. 35 da Lei em questão estabelece as formas de extinção. Eis o texto:

Art. 35. Extingue-se a concessão por:
I – advento do termo contratual;
II – encampação;
III – caducidade;
IV – rescisão;
V – anulação; e
VI – falência ou extinção da empresa concessionária e falecimento ou incapacidade do titular, no caso de empresa individual.

A forma normal de extinção da concessão é o **advento do termo contratual**, visto que todo contrato é celebrado para ser regularmente cumprido.

A **encampação** é, conforme o art. 37, a retomada do serviço pelo poder concedente durante o prazo da concessão, por motivo de interesse público, mediante *lei autorizativa específica* e após prévio pagamento da indenização das parcelas dos investimentos vinculados a bens reversíveis, ainda não amortizados ou depreciados, que tenham sido realizados com o objetivo de garantir a continuidade e atualidade do serviço concedido.

É, de fato, ato unilateral da Administração Pública pautado no seu poder exorbitante decorrente do seu regime diferenciado.

A **caducidade** decorre, na forma do art. 38, da grave inexecução total ou parcial do contrato, sendo que o Poder Público poderá, nestes casos, optar entre a declaração da caducidade ou a aplicação das sanções pertinentes.

A **rescisão**, prevista no inciso IV do art. 35 acima transcrito, tem características especiais, pois é instrumento colocado à disposição da concessionária em caso de descumprimento das normas contratuais pelo Poder Concedente e somente pode ser decretada através do Judiciário; entretanto, os serviços somente podem ser paralisados ou interrompidos após o trânsito em julgado da decisão.

A **anulação** do contrato é o ato declaratório unilateral de que houve violação à lei, operando efeitos retroativos, ou *ex tunc*. Sua declaração observa a mesma sistemática adotada nos atos administrativos, podendo ser declarada pelo Poder Judiciário através de provocação ou pela própria Administração Pública através de provocação ou de ofício com base no seu poder-dever de autotutela.

Como já foi dito, a maioria dos autores de Direito Administrativo não distingue entre declaração de nulidade e anulação, utilizando o vocábulo "anulação" para o efeito de qualquer invalidade ou violação à lei.

Na hipótese de o contratado não ter dado ensejo à violação à lei[24], aplica-se também à concessão de serviço público supletivamente o parágrafo único do art. 59 da Lei n. 8.666/93:

> Art. 59. A declaração de nulidade do contrato administrativo opera retroativamente impedindo os efeitos jurídicos que ele, ordinariamente, deveria produzir, além de desconstituir os já produzidos.
>
> Parágrafo único. A nulidade não exonera a Administração do dever de indenizar o contratado pelo que este houver executado até a data em que ela for declarada e por outros prejuízos regularmente comprovados, contanto que não lhe seja imputável, promovendo-se a responsabilidade de quem lhe deu causa.

A última forma de extinção, prevista no inciso VI, ilustra que a concessão de serviço público pressupõe a *existência e a regularidade da concessionária*, não

---

[24] STJ, REsp 876.140/SE, rel. Min. Mauro Campbell Marques, 2ª Turma, julgado em 4-6-2009, *DJe* 23-6-2009.

sendo possível a manutenção do contrato administrativo nos casos de **falência ou extinção da empresa**.

A continuidade na prestação do serviço público exige a possibilidade de afetação dos bens da concessionária que forem relevantes durante a prestação e reversão dos bens[25] no caso de extinção da concessão.

A **afetação ou consagração** é a destinação, relativamente inafastável e pautada pelo interesse público, de um bem ou determinados bens utilizados pela concessionária na prestação do serviço público a uma finalidade específica, sem que seja alterada a sua titularidade. A afetação faz com que o bem ou os bens fiquem dotados das garantias existentes para os bens públicos.

A **reversão** é a transferência, em virtude da extinção da concessão, do bem ou dos bens da concessionária usados na prestação do serviço público para o domínio do Poder Público. Observe-se, porém, que o particular deve, a depender do caso, ser posteriormente indenizado sob pena de enriquecimento sem causa da Administração Pública.

Extinta a concessão, retornam ao poder concedente todos os bens reversíveis, direitos e privilégios transferidos ao concessionário conforme previsto no edital e estabelecido no contrato.

Extinta a concessão, haverá a imediata assunção do serviço pelo poder concedente, procedendo-se aos levantamentos, avaliações e liquidações -necessários.

A assunção do serviço autoriza a ocupação das instalações e a utilização, pelo poder concedente, de todos os bens reversíveis.

Nos casos de advento do termo contratual e de encampação, o poder concedente, antecipando-se à extinção da concessão, procederá aos levantamentos e avaliações necessários à determinação dos montantes da indenização que será devida à concessionária.

A reversão no advento do termo contratual far-se-á com a indenização das parcelas dos investimentos vinculados a bens reversíveis, ainda não amortizados ou depreciados, que tenham sido realizados com o objetivo de garantir a continuidade e atualidade do serviço concedido.

A inexecução total ou parcial do contrato acarretará, a critério do poder concedente, a declaração de caducidade da concessão ou a aplicação das sanções contratuais.

---

[25] STJ, REsp 1059137/SC, rel. Min. Francisco Falcão, 1ª Turma, julgado em 14-10-2008, *DJe* 29-10-2008.

904 CURSO DE DIREITO ADMINISTRATIVO

A **caducidade** da concessão poderá ser declarada pelo poder concedente quando:

I – o serviço estiver sendo prestado de forma inadequada ou deficiente, tendo por base as normas, critérios, indicadores e parâmetros definidores da qualidade do serviço;

II – a concessionária descumprir cláusulas contratuais ou disposições legais ou regulamentares concernentes à concessão;

III – a concessionária paralisar o serviço ou concorrer para tanto, ressalvadas as hipóteses decorrentes de caso fortuito ou força maior;

IV – a concessionária perder as condições econômicas, técnicas ou operacionais para manter a adequada prestação do serviço concedido;

V – a concessionária não cumprir as penalidades impostas por infrações, nos devidos prazos;

VI – a concessionária não atender a intimação do poder concedente no sentido de regularizar a prestação do serviço; e

VII – a concessionária não atender a intimação do poder concedente para, em 180 (cento e oitenta) dias, apresentar a documentação relativa a regularidade fiscal, no curso da concessão, na forma do art. 29 da Lei n. 8.666, de 21 de junho de 1993.

A declaração da caducidade da concessão deverá ser precedida da verificação da inadimplência da concessionária em processo administrativo, assegurado o direito de ampla defesa.

Não será instaurado **processo administrativo de inadimplência** antes de comunicados à concessionária, detalhadamente, os descumprimentos contra-tuais, dando-lhe um prazo para corrigir as falhas e transgressões apontadas e para o enquadramento, nos termos contratuais.

Instaurado o processo administrativo e comprovada a inadimplência, a caducidade será declarada por decreto do poder concedente, independentemen-te de indenização prévia, calculada no decurso do processo.

A indenização acima tratada será devida com o desconto do valor das mul-tas contratuais e dos danos causados pela concessionária.

Declarada a caducidade, não resultará para o poder concedente qualquer espécie de responsabilidade em relação aos encargos, ônus, obrigações ou com-promissos com terceiros ou com empregados da concessionária.

O contrato de concessão poderá ser rescindido por iniciativa da concessio-nária, no caso de descumprimento das normas contratuais pelo poder conceden-te, mediante ação judicial especialmente intentada para esse fim.

Na hipótese acima, os serviços prestados pela concessionária não poderão ser interrompidos ou paralisados, até a decisão judicial transitada em julgado.

	ADVENTO DO TERMO CONTRATUAL
	ENCAMPAÇÃO
	CADUCIDADE
EXTINÇÃO	RESCISÃO
	ANULAÇÃO
	FALÊNCIA OU EXTINÇÃO DA EMPRESA CONCESSIONÁRIA E FALECIMENTO OU INCAPACIDADE DO TITULAR, NO CASO DE EMPRESA INDIVIDUAL

33.6. PERMISSÃO DE SERVIÇO PÚBLICO

A Lei n. 8.987/95 não reservou muitos artigos para tratar da **permissão**, pois aplicam-se, no que couber, todas as normas jurídicas relativas à concessão aos contratos de permissão de serviço público.

A permissão foi definida pelo inciso IV do art. 2º da Lei citada da seguinte forma: "IV – permissão de serviço público: a delegação, a título precário, mediante licitação, da prestação de serviços públicos, feita pelo poder concedente à pessoa física ou jurídica que demonstre capacidade para seu desempenho, por sua conta e risco".

A primordial diferença entre a permissão e a concessão é a **precariedade** da primeira modalidade. Observe-se, porém, que ambas são temporárias.

O art. 40 fala também da **revogabilidade unilateral da permissão**; entretanto, nas concessões, é possível, como já foi dito, a **encampação** que representa ato unilateral de extinção do contrato administrativo. Assim, este não pode ser considerado o ponto essencial de distinção entre tais figuras de delegação.

Hely Lopes Meirelles[26] afirma: "Permissão é o ato administrativo negocial, discricionário e precário, pelo qual o Poder Público faculta ao particular a execução de serviços de interesse coletivo, ou o uso especial de bens públicos, a título gratuito ou remunerado, nas condições estabelecidas pela Administração. Não se confunde com a concessão, nem com a autorização: a concessão é contrato bilateral; a autorização é ato administrativo unilateral. Pela concessão contrata-se um serviço de utilidade pública; pela autorização consente-se numa

---

[26] MEIRELLES, Hely Lopes; BURLE FILHO, José Emannuel. *Direito administrativo brasileiro*. 42. ed. São Paulo: Malheiros, 2016. p. 644.

atividade ou situação de interesse exclusivo ou predominante do particular; pela permissão faculta-se a realização de uma atividade de interesse concorrente do permitente, do permissionário e do público".

Apesar de o citado mestre tratar naquele conceito da permissão geral, a natureza jurídica da permissão de serviço público foi estabelecida pela CF/88, no seu art. 175:

> Art. 175. Incumbe ao Poder Público, na forma da lei, diretamente ou sob regime de concessão ou permissão, sempre através de licitação, a prestação de serviços públicos.
> Parágrafo único. A lei disporá sobre:
> I – o regime das empresas concessionárias e permissionárias de serviços públicos, o *caráter especial de seu contrato* e de sua prorrogação, bem como as condições de caducidade, fiscalização e rescisão da concessão ou permissão. (grifo)

A própria Carta Maior fixou a **natureza jurídica** da permissão de serviço público como **contratual**, sendo que, em decorrência do comando constitucional, a Lei n. 8.987/95 estabeleceu, no seu art. 40:

> Art. 40. A permissão de serviço público será formalizada mediante contrato de adesão, que observará os termos desta Lei, das demais normas pertinentes e do edital de licitação, inclusive quanto à precariedade e à revogabilidade unilateral do contrato pelo poder concedente.
> Parágrafo único. Aplica-se às permissões o disposto nesta Lei.

O contrato administrativo de **permissão de serviço público** tem forma de **contrato de adesão** – deverá constar do edital de licitação, na forma do inciso XVI do art. 18 da Lei em questão –, no qual o permissionário aceita as cláusulas criadas unilateralmente pelo Poder Concedente.

O aspecto primordial para caracterizar a permissão de serviço público é a precariedade e não a natureza do seu contrato, pois, em quase todos os contratos administrativos, a vontade do contratado é colocada em segundo plano.

O contrato de permissão de serviço público pode ser firmado com pessoas jurídicas e também com **pessoas físicas**.

33.7. AUTORIZAÇÃO DE SERVIÇO PÚBLICO

Maria Sylvia Zanella Di Pietro[27] afirma que, no Direito Nacional, o vocábulo "**autorização**" tem diversas acepções, dentre elas: a de ato administrativo

---

[27] DI PIETRO, Maria Sylvia Zanella. *Direito administrativo*. 34. ed. Rio de Janeiro: Forense, 2021.

unilateral e discricionário pelo qual o Poder Público delega ao particular a exploração de serviço público, a título precário.

A autorização de serviço público foi claramente delineada na Lei n. 9.472/97. Conforme o seu texto:

> Art. 131. A exploração de serviço no regime privado dependerá de prévia autorização da Agência, que acarretará direito de uso das radiofrequências necessárias.
>
> §1º *Autorização de serviço de telecomunicações é o ato administrativo vinculado que faculta a exploração, no regime privado, de modalidade de serviço de telecomunicações, quando preenchidas as condições objetivas e subjetivas necessárias.*
>
> §2º A Agência definirá os casos que independerão de autorização.
>
> §3º A prestadora de serviço que independa de autorização comunicará previamente à Agência o início de suas atividades, salvo nos casos previstos nas normas correspondentes.
>
> §4º A eficácia da autorização dependerá da publicação de extrato no Diário Oficial da União.

O **conceito de autorização** de serviço público fornecido pela norma jurídica acima pode ser aplicado não somente ao serviço de telecomunicações, mas também a outros tipos de serviço público. Ressalvando que o ato administrativo somente é vinculado – por expressa disposição legal – no serviço de telecomunicação.

Assim, autorização de serviço público é o ato administrativo discricionário, precário[28], que faculta a sua exploração, no regime privado, quando preenchidas as condições objetivas e subjetivas necessárias estabelecidas pela Lei.

---

[28] STJ, RMS 5.159/RJ, rel. Min. Laurita Vaz, 2ª Turma, julgado em 4-9-2001, *DJ* 15-10-2001, p. 252.

34

BENS PÚBLICOS

34.1. DOMÍNIO PÚBLICO, DOMÍNIO EMINENTE E DOMÍNIO PATRIMONIAL

A expressão **domínio público** tem, ao menos, duas acepções:

a) possibilidade de utilização e reprodução de algo que foi criado pelo homem por todos os integrantes da sociedade; e

b) o poder de dominação ou regulamentação que o Estado exerce sobre os bens privados ou sobre os bens do seu patrimônio, estando relacionado à *soberania* e ao *direito de propriedade*[1].

A segunda acepção tem duas espécies, quais sejam, *domínio eminente e domínio patrimonial*.

O **domínio eminente** ou domínio político é o poder potestativo que o Estado exerce sobre as pessoas e os bens sujeitos à sua soberania, não tem relação com o direito de propriedade, mas com o direito de regulação e regulamentação de condutas.

O **domínio patrimonial** ou domínio jurídico é o direito de propriedade que a pessoa jurídica de Direito Público exerce sobre os seus bens, de acordo com o regime jurídico-administrativo.

---

[1] MEIRELLES, Hely Lopes; BURLE FILHO, José Emannuel. *Direito administrativo brasileiro*. 42. ed. São Paulo: Malheiros, 2016.

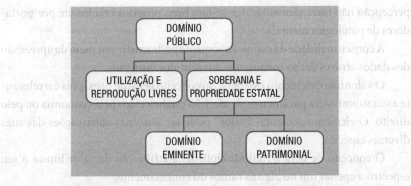

Considerando o Direito Comparado, a Constituição da República Portuguesa afirma, no seu art. 84º, o seguinte sobre domínio público:

Art. 84º Domínio público
1. Pertencem ao domínio público:
a) As águas territoriais com os seus leitos e os fundos marinhos contíguos, bem como os lagos, lagoas e cursos de água navegáveis ou flutuáveis, com os respectivos leitos;
b) As camadas aéreas superiores ao território acima do limite reconhecido ao proprietário ou superficiário;
c) Os jazigos minerais, as nascentes de águas mineromedicinais, as cavidades naturais subterrâneas existentes no subsolo, com excepção das rochas, terras comuns e outros materiais habitualmente usados na construção;
d) As estradas;
e) As linhas férreas nacionais;
f) Outros bens como tal classificados por lei.
2. A lei define quais os bens que integram o domínio público do Estado, o domínio público das regiões autónomas e o domínio público das autarquias locais, bem como o seu regime, condições de utilização e limites.

Atualmente, tais conceitos não são muito usados pela doutrina nacional, mas devem ser apresentados, a fim de que se tenha noção das diversas classificações sobre domínio apresentadas durante a evolução do Direito Administrativo.

34.2. CONCEITO

Bem é o objeto físico ou ideal consensualmente perceptível pelo ser humano através de qualquer dos seus sentidos. O bem pode ser **físico** quando a sua constituição é apreensível através de estrutura atômica ou **ideal** quando a sua existência decorre de imputação, ou seja, da criação da mente humana.

Será sempre consensualmente perceptível, não constituindo bem objeto de percepção única ou arbitrária. Caso contrário, o número de bens poderia variar de acordo com a autonomia individual. Explica-se: se a consensualidade da percepção não fosse elementar, ter-se-iam bens próprios criados até por portadores de patologias mentais.

A consensualidade da cognição somente pode existir por meio da apreensão dos dados através de, ao menos, um dos sentidos humanos.

O valor não é elemento essencial do conceito geral de bem, pois é irrelevante a sua submissão a parâmetros de aferição estabelecidos pela economia ou pelo direito. O elemento acidental "valor" pode ser visto nas adjetivações das suas diversas espécies.

O conceito de bem é multidisciplinar; a atribuição de valor limita o seu espectro a apenas um ou alguns ramos do conhecimento.

Lúcia Reisewitz[2] afirma que bem é a soma de coisa e valor, porém algumas objeções devem ser postas a tal afirmação.

Primeiro, o vocábulo "coisa" substitui todos os objetos assimiláveis pelo ser humano, representa tudo e nada define ao mesmo tempo, afastando-se claramente da linguagem técnica exigida pela ciência jurídica. Sempre que o emissor da mensagem não consegue precisar algum objeto, utiliza-se do signo "coisa" para pretender alguma definição.

O sistema de símbolos usado pelo emissor e pelo receptor da mensagem possui diversos graus de artificialidade para, primordialmente, evitar a polissemia.

Dessa forma, tem-se como sistemas a linguagem natural, a linguagem técnica e a linguagem artificial. A **linguagem natural** é a utilizada para a comunicação comum ou ordinária[3]. A **linguagem técnica** decorre da própria linguagem natural acrescida de termos técnicos próprios da ciência envolvida; estes têm como escopo facilitar o mister através do desejo de evitar a polissemia. A **linguagem artificial** é utilizada nos casos de ineficácia da linguagem técnica, portanto quando a precisão da adequação entre o signo e o significado deve ser extrema, não decorrendo da linguagem natural e possuindo grau máximo de artificialidade.

---

[2] REISEWITZ, Lúcia. *Direito ambiental e patrimônio cultural*: direito à preservação da memória, ação e identidade do povo brasileiro. São Paulo: Juarez de Oliveira, 2004.
[3] GUIBOURG, Ricardo A.; GHIGLIANI, Alejandro M.; GUARINONI, Ricardo V. *Introducción al conocimiento científico*. 3. ed. Buenos Aires: Eudeba, 2000.

O vocábulo "coisa" pertence, fora de dúvida, à linguagem natural ou ordinária; consequentemente não pode ser usado com a eficácia necessária para substituir objetos jurídicos.

Lúcia Reisewitz[4] aduz que "as coisas em si, materiais ou imateriais, ainda não são bens. Para que algo passe de coisa para bem é preciso que receba um valor".

A classificação de coisa como material ou imaterial é imprecisa, visto que o próprio Código Civil de 2002, apesar das suas falhas terminológicas naturais decorrentes da sua magnitude e do seu processo de elaboração, tende a desconsiderar a existência de coisa além das estruturas atômicas. Caso contrário, não haveria distinção entre Direito das Coisas e Direito Obrigacional, aquele referente a objeto material e este referente a objeto imaterial (prestação). Assim, para o Código Civil de 2002, não existem coisas imateriais.

Segundo, o acréscimo de valor não tem o condão de alterar a essência do objeto, visto que algo sem qualquer valor atualmente pode, no futuro, adquirir grande valor sem que a sua essência sofra qualquer alteração. Plutão, *verbi gratia*, não tem qualquer valor econômico hoje, mas, passados alguns milênios, poderá ter grande valor.

Terceiro, determinado objeto pode ter valor para uma área do conhecimento e não possuir qualquer valor para outra, o que não a torna coisa para uma e bem para outra. Por exemplo, a língua portuguesa tem valor linguístico e cultural, porém não possui valor econômico diretamente mensurável.

Quarto, a atribuição de valor e sua medida nem sempre são uniformes, determinado sujeito pode atribuir grande valor a um objeto que, para outra pessoa, pode ser completamente desprezível. Um título de nobreza pode ter grande valor para o indivíduo A e nada representar para o indivíduo B.

José de Oliveira Ascenção[5] afirma que bem é gênero do qual a coisa faz parte. Apesar de atribuir relevância jurídica ao vocábulo "coisa", a sua análise mostra que valor não é elemento essencial ao conceito de bem.

Outro elemento acidental à noção geral de bem é a proteção, sendo certo que há objetos físicos comumente perceptíveis aos quais o ordenamento jurídico não oferece qualquer proteção, portanto há bens que não dispõem de qualquer proteção humana. Por exemplo, um pedaço de rocha em Marte não recebe proteção jurídica, mas o mesmo pedaço de rocha trazido à terra torna-se objeto de proteção, podendo, inclusive, fazer parte do acervo de museu especializado.

---

4   REISEWITZ, Lúcia. *Direito ambiental e patrimônio cultural*: direito à preservação da memória, ação e identidade do povo brasileiro. São Paulo: Juarez de Oliveira, 2004.

5   ASCENÇÃO, José de Oliveira. *Direito civil*: teoria geral. São Paulo: Saraiva, 2010, v. 1.

Em relação aos bens públicos, o elemento acidental é a titularidade e a submissão ao regime jurídico-administrativo que lhe oferece instrumentos especiais de proteção.

O Código Civil brasileiro, com o objetivo de delimitar o conceito de bens privados, fixou o **conceito de bens públicos**, adotando como critério para a sua caracterização o subjetivo.

Segundo o seu art. 98, são públicos os bens do domínio nacional pertencentes às pessoas jurídicas de direito público interno. Já os particulares são todos os outros, inclusive os pertencentes às pessoas jurídicas de direito privado estatais. Eis o seu texto: "Art. 98. São públicos os bens do domínio nacional pertencentes às pessoas jurídicas de direito público interno; todos os outros são particulares, seja qual for a pessoa a que pertencerem".

BENS PÚBLICOS	BENS PARTICULARES
PESSOAS JURÍDICAS DE DIREITO PÚBLICO	PESSOAS FÍSICAS E PESSOAS JURÍDICAS DE DIREITO PRIVADO

Assim, bens públicos são aqueles que pertencem à União, aos Estados, aos Municípios, ao Distrito Federal, ou às suas autarquias e fundações públicas. Como já foi dito alhures, aqueles entes e entidades citados são pessoas jurídicas de direito público interno.

No entanto, este maniqueísmo tem sido abrandado por decisões do STF[6] e do STJ[7] com a aplicação do **regime de direito público a bens particulares afetos à prestação de serviço público.**

Esta **hibridez** pode ser notada também na Lei n. 8.987/95, que trata do regime de concessão e permissão da prestação de serviços públicos previsto no art. 175 da Constituição Federal, e dá outras providências.

José dos Santos Carvalho Filho[8] afirma que **bens públicos são todos aqueles que, "de qualquer natureza e a qualquer título, pertençam às pessoas jurídicas de direito público, sejam elas federativas, como a União, os Estados, o**

---

[6] STF, AI 313854-AgRg, rel. Min. Néri da Silveira, 2ª Turma, julgado em 25-9-2001, *DJ* 26-10-2001.

[7] STJ, REsp 620.279/MG, rel. Min. Carlos Alberto Menezes Direito, 3ª Turma, julgado em 25-10-2005, *DJ* 6-3-2006, p. 373.

[8] CARVALHO FILHO, José dos Santos. *Manual de direito administrativo*. 35. ed. Barueri: Atlas, 2021. p. 1197.

Distrito Federal e os Municípios, sejam da Administração descentralizada, como as autarquias, nestas incluindo-se as fundações de direito público e as associações públicas".

Deve ser ressaltado que os bens dos **consórcios públicos**, quando constituí-dos sob a forma de **associações públicas** (regime jurídico de direito público), terão natureza de bens públicos.

Os bens públicos, para Hely Lopes Meirelles[9], são, em sentido amplo, **todas as coisas, corpóreas e incorpóreas, imóveis, móveis ou semoventes, créditos, direitos e ações, que pertençam, a qualquer título, às entidades estatais, autár-quicas, fundacionais e empresas governamentais.**

O conceito acima apresentado engloba como bens públicos os pertencentes também às empresas governamentais, mas a regra é que os bens pertencentes a estas pessoas tenham natureza privada, mesmo, em certos casos, sujeitando-se a alguns preceitos do regime jurídico administrativo[10].

34.3. CLASSIFICAÇÃO E CARACTERES JURÍDICOS

Incialmente, deve ser dito que a **competência para legislar** sobre bens é da União, pois o inciso I do art. 22 da CF/88 aduz que compete à União legislar sobre direito civil. Assim, em virtude de a disciplina dos bens ser relativa a direi-to civil, é a União que trata de maneira geral sobre bens. Contudo, os demais entes federativos podem legislar sobre **questões específicas** dos seus bens.

A **classificação dos bens públicos** é bastante subjetiva, pois varia de acordo com as concepções pessoais dos doutrinadores e de acordo com a sua formação teórica.

A classificação dos bens públicos **quanto ao titular** pode ser vista em quase todos os escritos doutrinários. A própria CF/88 endossa tal classificação.

Os **bens públicos** podem ter como **titular:**

a)   a União;

b)   o Estado;

c)   o Distrito Federal;

d)   o Município;

e)   as autarquias, associações ou fundações públicas destes entes federados.

---

9   MEIRELLES, Hely Lopes; BURLE FILHO, José Emannuel. *Direito administrativo brasilei-ro*. 42. ed. São Paulo: Malheiros, 2016.

10   Lúcia Valle Figueiredo discorda, de forma correta, da inclusão dos bens de empresas esta-tais no rol dos bens públicos. FIGUEIREDO, Lúcia Valle. *Curso de direito administrativo*. 9. ed. rev. ampl. e atual. São Paulo: Malheiros, 2008.

O art. 20 da Carta Maior lista os **bens da União**:

> Art. 20. São bens da União:
> I – os que atualmente lhe pertencem e os que lhe vierem a ser atribuídos;
> II – as terras devolutas indispensáveis à defesa das fronteiras, das fortificações e construções militares, das vias federais de comunicação e à preservação ambiental, definidas em lei;
> III – os lagos, rios e quaisquer correntes de água em terrenos de seu domínio, ou que banhem mais de um Estado, sirvam de limites com outros países, ou se estendam a território estrangeiro ou dele provenham, bem como os terrenos marginais e as praias fluviais;
> IV – as ilhas fluviais e lacustres nas zonas limítrofes com outros países; as praias marítimas; as ilhas oceânicas e as costeiras, excluídas, destas, as que contenham a sede de Municípios, exceto aquelas áreas afetadas ao serviço público e a unidade ambiental federal, e as referidas no art. 26, II;
> V – os recursos naturais da plataforma continental e da zona econômica exclusiva;
> VI – o mar territorial;
> VII – os terrenos de marinha e seus acrescidos;
> VIII – os potenciais de energia hidráulica;
> IX – os recursos minerais, inclusive os do subsolo;
> X – as cavidades naturais subterrâneas e os sítios arqueológicos e pré-históricos;
> XI – as terras tradicionalmente ocupadas pelos índios.

O Poder Constituinte preocupou-se, basicamente, em atribuir à União os bens que ultrapassam o território de um Estado e os bens cujos interesses são nacionais, inclusive os referentes à segurança nacional.

Sobre os **bens dos Estados**, a CF/88 afirma, no seu art. 26:

> Art. 26. Incluem-se entre os bens dos Estados:
> I – as águas superficiais ou subterrâneas, fluentes, emergentes e em depósito, ressalvadas, neste caso, na forma da lei, as decorrentes de obras da União;
> II – as áreas, nas ilhas oceânicas e costeiras, que estiverem no seu domínio, excluídas aquelas sob domínio da União, Municípios ou terceiros;
> III – as ilhas fluviais e lacustres não pertencentes à União;
> IV – as terras devolutas não compreendidas entre as da União.

Observe-se que, tanto em relação à União quanto em relação ao Estado, o rol constitucional não é taxativo, havendo outros bens públicos de titularidade daqueles entes.

A Carta Maior não listou os **bens públicos municipais**, mas, por exclusão, são todos aqueles que não pertençam à União, aos Estados, ao Distrito Federal, às suas autarquias ou às suas Fundações Públicas ou que não sejam classificados como privados; têm-se como exemplos as praças, os jardins, as ruas, os seus créditos tributários etc.

Os **bens públicos do Distrito Federal** são aqueles atribuídos dentro do seu território aos Estados e aos Municípios. Observe-se que o §3º do art. 16 do ADCT da Carta de 1988 possibilita a atribuição de bens públicos ao Distrito Federal pela União. Eis a norma: "Incluem-se entre os bens do Distrito Federal aqueles que lhe vierem a ser atribuídos pela União na forma da lei".

Os bens das autarquias, associações e fundações públicas são aqueles que as leis lhes atribuírem ou aqueles cuja aquisição seja permitida por lei.

Por fim, deve ser esclarecido que poderá haver **condomínio de bens públicos** entre pessoas jurídicas de direito público, sendo mais comum em relação aos bens dominicais ou dominiais[11].

Outra classificação bastante utilizada, em virtude de derivar do art. 99 do CC de 2002, é a referente à **destinação dos bens públicos**.

As suas afetações ou consagrações podem ser para uso comum do povo ou para uso especial, sendo que o uso comum possibilita a utilização mais ampla, com menos restrições e por um número maior de pessoas do que o de uso especial[12].

Já o de uso especial é afetado, normalmente, como **instrumento** de prestação direta ou indireta de serviço público.

Afetação ou **consagração** é, como já foi dito, a destinação de determinado bem a uma finalidade específica. Os bens públicos, salvo os dominiais, são usados para a satisfação direta e imediata de um interesse público preciso, portanto são afetados. Ressalte-se que pode haver afetação de **bens privados** também.

Os incisos I e II do art. 99 do CC, de 2002, apresentam exemplos de cada uma das modalidades, ao afirmar:

> Art. 99. São bens públicos:
> I – os de **uso comum do povo**, tais como rios, mares, estradas, ruas e praças;
> II – os de **uso especial**, tais como edifícios ou terrenos destinados a serviço ou estabelecimento da administração federal, estadual, territorial ou municipal, inclusive os de suas autarquias;
> III – os **dominicais**, que constituem o patrimônio das pessoas jurídicas de direito público, como objeto de direito pessoal, ou real, de cada uma dessas entidades.
> Parágrafo único. Não dispondo a lei em contrário, consideram-se dominicais os bens pertencentes às pessoas jurídicas de direito público a que se tenha dado estrutura de direito privado.

---

[11] STJ, REsp 655.787/MG, rel. Min. Teori Albino Zavascki, 1ª Turma, julgado em 9-8-2005, *DJ* 5-9-2005. p. 238.

[12] STJ, RMS 20.043/SP, rel. Min. Teori Albino Zavascki, 1ª Turma, julgado em 8-8-2006, *DJ* 21-9-2006. p. 215.

Os **dominicais ou dominiais** são aqueles que não possuem **destinação específica**, consequentemente não precisam ser **desafetados** para a alienação, entretanto, ao contrário do que entendem alguns autores, a sua alienação obedece ao regime jurídico-administrativo, somente sendo possível com observância ao disposto em lei.

A alienação dos bens dominicais ou dominiais da União observa as normas dos arts. 17 a 19 da Lei n. 8.666/93.

A atribuição de estrutura de direito privado aos **bens dominicais ou dominiais** não retira a sua natureza de bem público[13, 14].

Distinguir os bens públicos de uso comum e especial do bem dominical, afirmando que os dois primeiros são inalienáveis e o último é alienável, não tem grande relevância em virtude de a alienação de todos os bens públicos ser possível desde que haja previsão em lei, independentemente da sua classificação, sendo certo que a **desafetação (desconsagração)**[15] dos dois primeiros é um comando extremamente simples que pode constar da lei de alienação[16].

Assim, são redundantes as normas jurídicas dispostas no art. 100 e no art. 101, ambos do CC de 2002, pois quase todos os bens públicos[17], quaisquer que sejam as suas classificações, são alienáveis, contanto que observadas as exigências constitucionais e legais. Ora, a lei, salvo limitação constitucional, tudo pode em relação à alienação de bens públicos.

Dessa forma, quanto à **disponibilidade**, ter-se-ão:

a)   os bens públicos indisponíveis por natureza;

b)   os bens públicos patrimoniais relativamente indisponíveis; e

c)   os bens públicos patrimoniais disponíveis.

Os **bens públicos indisponíveis por natureza** são aqueles cuja própria essência impede o seu comércio jurídico. Por exemplo, os mares, os rios etc.

---

[13]   Nesse sentido: FIGUEIREDO, Lúcia Valle. *Curso de direito administrativo*. 9. ed. rev. ampl. e atual. São Paulo: Malheiros, 2008.

[14]   Súmula 340 do STF: "Desde a vigência do Código Civil, os bens dominicais, como os demais bens públicos, não podem ser adquiridos por usucapião".

[15]   *Desafetação* é o inverso de afetação, ou seja, é a retirada da destinação específica de determinado bem.

[16]   CC/2002: "Art. 100. Os bens públicos de uso comum do povo e os de uso especial são inalienáveis, enquanto conservarem a sua qualificação, na forma que a lei determinar".

[17]   Salvo aqueles cuja inalienabilidade decorra da sua própria essência.

Os **bens públicos patrimoniais relativamente indisponíveis** são aqueles cuja essência permite a disponibilidade, mas o Poder Público não pode fazê-lo seja por ausência de determinação legal, seja em virtude da afetação a uma destinação específica. Contudo, a lei e a desafetação poderão possibilitar a sua alienação.

Os **bens públicos patrimoniais disponíveis** são aqueles que podem ser livremente negociados, na forma e nas condições legalmente estabelecidas, por não estarem afetados a uma destinação pública.

Quanto ao **meio ambiente**, há duas correntes:

a) a primeira entende tratar-se de bem público[18], pois o art. 225 da CF/88 utilizou a expressão "**bem de uso comum do povo**", sendo que essa modalidade de bem é classificada entre os bens públicos descritos no art. 99 do CC de 2002; e

b) a segunda entende não se tratar de bem público ou de bem privado, mas de **bem jurídico de titularidade difusa ou da sociedade.**

A segunda corrente[19] parece mais acertada, pois não se pode interpretar conceitos constitucionais com base em normas infraconstitucionais. Caso o Poder Constituinte desejasse que todo bem relacionado à proteção do meio ambiente fosse classificado como bem público, teria dito de maneira expressa.

Além disso, a **transindividualidade** do bem ambiental é incompatível com a atribuição de titularidade precisa e unívoca[20].

Ressalte-se que se deve distinguir sempre entre o bem propriamente dito e o bem ambiental. O primeiro pertence ao seu titular – seja pessoa física, jurídica de direito público ou de direito privado –, mas os bens ambientais associados ao bem propriamente dito são de titularidade difusa.

A curadoria do bem ambiental é **transfederativa**, pois, além de fazer parte das atribuições de todos os entes da Federação, ultrapassa as competências individuais da União, dos Estados, dos Municípios e do Distrito Federal para formar um sistema institucional complexo de proteção estatal aliado ao sistema de proteção realizada pela sociedade.

---

[18] FIGUEIREDO, Lúcia Valle. *Curso de direito administrativo.* 9. ed. rev. ampl. e atual. São Paulo: Malheiros, 2008.

[19] MORATO, Antonio Carlos. A proteção jurídica do bem ambiental. *Revista do IASP* 9/24.

[20] BENJAMIN, Antonio Herman. *Função ambiental, dano ambiental:* prevenção, reparação e repressão. São Paulo: Revista dos Tribunais, 1993.

918 CURSO DE DIREITO ADMINISTRATIVO

TITULARIDADE	UNIÃO
	ESTADO
	DISTRITO FEDERAL
	MUNICÍPIO
	AUTARQUIAS, ASSOCIAÇÕES OU FUNDAÇÕES PÚBLICAS DESTES ENTES FEDERADOS
DESTINAÇÃO	USO COMUM DO POVO
	USO ESPECIAL
	DOMINICAIS OU DOMINIAIS
DISPONIBILIDADE	INDISPONÍVEIS POR NATUREZA
	PATRIMONIAIS RELATIVAMENTE INDISPONÍVEIS
	PATRIMONIAIS DISPONÍVEIS

34.4. REGIME JURÍDICO

34.4.1. Inalienabilidade

Segundo o art. 100 do CC de 2002, os **bens públicos de uso comum e de uso especial** são inalienáveis, enquanto conservarem tal qualificação, na forma que a lei determinar.

A **inalienabilidade** é a supressão de determinado bem jurídico material ou imaterial do comércio jurídico, impossibilitando, dessa maneira, a alteração do titular do direito de propriedade. O bem não pode ser vendido, dado em pagamento, doado, ser objeto de permuta etc.

Como já foi dito quando se tratou de indisponibilidade do interesse público, a **inalienabilidade** de qualquer bem público é **relativa**, pois sucumbirá ao comando de alienação disposto em lei[21]. Deve ser observado que existe – condicionada a previsão legal – a possibilidade de transferência do domínio de todos os bens públicos, salvo aqueles que são insuscetíveis de transferência de domínio em virtude da sua própria natureza.

---

[21] STJ, REsp 1087273/MG, rel. Min. Humberto Martins, 2ª Turma, julgado em 12-5-2009, *DJe* 27-5-2009.

Em alguns casos, a alienação de bens públicos exige norma jurídica específica, tendo-se como exemplo a exigência do §1º do art. 188 da CF/88:

Art. 188. A destinação de terras públicas e devolutas será compatibilizada com a política agrícola e com o plano nacional de reforma agrária.

§1º A alienação ou a concessão, a qualquer título, de terras públicas com área superior a dois mil e quinhentos hectares a pessoa física ou jurídica, ainda que por interposta pessoa, dependerá de prévia aprovação do Congresso Nacional.

§2º Excetuam-se do disposto no parágrafo anterior as alienações ou as concessões de terras públicas para fins de reforma agrária. (grifo)

A Lei n. 8.666/93 ilustra, nos seus arts. 17 a 19, as formas mais comuns de alienação de bens públicos, mostrando claramente que a alienabilidade – observados os procedimentos legais, inclusive de desafetação – é a regra e a inalienabilidade é exceção.

34.4.2. Imprescritibilidade

Outra característica do regime jurídico dos bens públicos é a **imprescritibilidade**.

As lesões causadas aos imóveis públicos não se convalidam com o decurso do tempo, consequentemente são imprescritíveis. A prescrição é a convalidação de lesão a direito pelo decurso do tempo[22].

A **usucapião** é a prescrição aquisitiva, ou seja, a convalidação de uma lesão ao direito de propriedade pelo decurso do tempo que inverte a titularidade do bem.

Os imóveis públicos, na forma do §3º do art. 183 e do parágrafo único do art. 191, ambos da CF/88 e do art. 102 do CC de 2002, não estão sujeitos a usucapião[23], sendo que inexiste exceção a esta imprescritibilidade.

Sobre imprescritibilidade, aduzem Ismael Farrando e Patricia R. Martínez[24]: "É a consequência da condição de inalienabilidade relativa dos bens dominiais e consiste na impossibilidade jurídica de que tais bens sejam objeto de prescrição aquisitiva por parte de terceiros".

---

[22] AMORIM FILHO, Agnelo. Critério científico para distinguir a prescrição da decadência e para identificar as ações imprescritíveis, *RT* 744/725.

[23] STJ, REsp 73.696/RJ, rel. Min. Hélio Mosimann, 2ª Turma, julgado em 5-2-1996, *DJ* 11-3-1996, p. 6607.

[24] FARRANDO, Ismael; Martínez, Patricia R. *Manual de derecho administrativo*. Buenos Aires: Depalma, 1996.

920 CURSO DE DIREITO ADMINISTRATIVO

34.4.3. Impenhorabilidade

Os bens públicos são, na forma do art. 100 da CF/88, **impenhoráveis**. O procedimento constitucionalmente estabelecido para a satisfação dos créditos judiciais oponíveis às Fazendas Públicas é o do **precatório**, portanto os bens públicos não podem garantir a execução contra o ente ou contra as entidades públicas[25].

O procedimento do *precatório* deve ser observado para todas as pessoas jurídicas de Direito Público, consequentemente os quatro entes e as suas autarquias, associações ou fundações públicas estão sujeitos ao comando do art. 100 da CF/88. Eis o seu *caput*: "Os pagamentos devidos pelas Fazendas Públicas Federal, Estaduais, Distrital e Municipais, em virtude de sentença judiciária, far-se-ão exclusivamente na ordem cronológica de apresentação dos precatórios e à conta dos créditos respectivos, proibida a designação de casos ou de pessoas nas dotações orçamentárias e nos créditos adicionais abertos para este fim".

Caso fosse possível a penhora de bens públicos, a harmonia e independência dos Poderes, preconizadas no art. 2º da CF/88, restariam violada, visto que a interferência do Judiciário na Administração Pública afastaria as opções políticas relativas aos seus bens facultadas pelo ordenamento jurídico.

A **afetação**, ato administrativo ou emanação de vontade contratual do Poder Público de destinação específica de certo bem, público ou privado, a um serviço público, é decisão discricionária da Administração Pública que poderia ser limitada ou afastada pela possibilidade de penhora.

A **impenhorabilidade**, sem dúvida, resguarda importantes valores constitucionais, preserva a independência dos Poderes para atuar segundo as folgas permitidas pela Carta Maior e assegura a continuidade da prestação do serviço público, abarcando também bens privados destinados à prestação de serviços públicos.

34.4.4. Impossibilidade de oneração

Onerar um bem significa outorgá-lo em garantia para, caso não adimplida a prestação, responder pelo seu descumprimento, o que somente tem sentido quando o credor pode utilizar o principal instrumento de satisfação de crédito não adimplido: *a execução*.

Os bens públicos, como já foi dito, são impenhoráveis, conforme o imperativo constitucional do art. 100, portanto *não podem ser objeto de execução*.

---

[25] STJ, RMS 28.084/GO, rel. Min. Herman Benjamin, 2ª Turma, julgado em 23-4-2009, *DJe* 19-5-2009.

Nesse diapasão, a lei que possibilitasse a sua outorga em garantia (oneração) estaria em claro conflito com o disposto no citado artigo, sendo inconstitucional.

RESTRIÇÕES			
Inalienabilidade	Imprescritibilidade	Impenhorabilidade	Impossibilidade de oneração

34.4.5. Formas de aquisição

A aquisição de bens por pessoa jurídica de direito público dar-se-á pelas formas convencionais de Direito Privado, desde que, a fim de garantir a impessoalidade, sejam observados os **procedimentos de escolha do regime jurídico-administrativo**, pois mesmo na dispensa de licitação há, por exemplo, em relação aos bens imóveis, a necessidade de avaliação prévia e compatibilidade do preço com o valor de mercado[26].

Existem duas formas de aquisição de bens pelo Poder Público, quais sejam: a **originária** e a **derivada**.

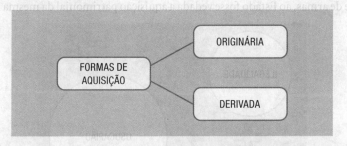

A **originária** inicia uma inédita relação entre o proprietário e o bem adquirido sem considerar as relações anteriores de propriedade, podendo ser dito que a transmissão independe da vontade ou existência de titular anterior. O adquirente originário não assume qualquer restrição ou ônus anterior em relação ao bem. Pode ser citada como exemplo de forma de aquisição originária a desapropriação.

A **derivada** parte da anterior relação de propriedade do bem, considerando a vontade do antigo titular sem desfazer a cadeia de titularidade. Assim, todos

---

[26] "Art. 24. É dispensável a licitação:
(...)
X – para a compra ou locação de imóvel destinado ao atendimento das finalidades precípuas da administração, cujas necessidades de instalação e localização condicionem a sua escolha, desde que o preço seja compatível com o valor de mercado, segundo avaliação prévia."

os ônus e todas as restrições reais são transferidas ao novo adquirente. A compra e venda é um claro exemplo de aquisição derivada.

A **compra e venda** é uma das formas convencionais de direito privado utilizadas pela Administração Pública para a aquisição de bens. São exemplos também a **doação em pagamento, a permuta, acessão natural e a doação**.

Existem também as formas próprias do Estado para adquirir bens, *v. g.*, a **desapropriação**, que será tratada em capítulo próprio, **o perdimento de bens** e o **confisco constitucional**.

Todavia, a **usucapião** pelo Estado mostra-se como forma controversa de aquisição de bem, pois a prescrição aquisitiva pressupõe existência de lesão a direito de terceiro.

O Estado deve não somente exigir que os nacionais cumpram o ordenamento jurídico, mas também cumprir os seus preceitos, sob pena de total incongruência entre o que prega e o que faz.

Se o Estado elencar as lesões ao Direito e aplicar as punições, não poderá inobservar os seus próprios mandamentos. Além disso, os bens públicos não podem ser adquiridos por usucapião, portanto seria salutar que, por uma questão de paridade de armas, ao Estado fosse vedada a aquisição patrimonial da mesma forma.

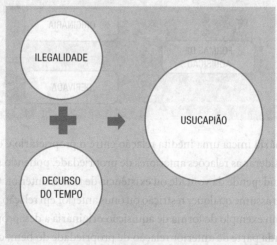

José dos Santos Carvalho Filho[27] discorda deste entendimento, afirmando que: "Poder-se-ia indagar se a União, um Estado ou Município, ou ainda uma autarquia podem adquirir bens por usucapião. A resposta é positiva. A lei civil,

---

[27] CARVALHO FILHO, José dos Santos. *Manual de direito administrativo*. 35. ed. Barueri: Atlas, 2021. p. 1216.

ao estabelecer os requisitos para a aquisição da propriedade por usucapião, não descartou o Estado como possível titular do direito. Segue-se, pois, que, observados os requisitos legais exigidos para os possuidores particulares de modo geral, podem as pessoas de direito público adquirir bens por usucapião. Esses bens, uma vez consumado o processo aquisitivo, tornar-se-ão bens públicos".

O ilustre autor desconsidera que não é o particular o criador do ordenamento jurídico e sim o Estado, portanto a possibilidade deste último usucapir cria vício capaz de macular a premissa básica do sistema: o Estado é o guardião da legalidade.

Sob o império do Estado Democrático de Direito, na forma do art. 1º da CF/88, não há falar em possibilidade de a Administração Pública, como instituição, aceitar a prática de atos ilegais, inclusive dos seus, sem qualificá-los como anomalias sistêmicas.

Assim, apesar da opinião da *maioria dos autores* de que é possível a aquisição de bens pelas pessoas jurídicas de Direito Público através da usucapião, não se pode concordar com tal entendimento em um Estado Democrático de Direito.

Outra forma característica de aquisição é a **sucessão**; pode-se afirmar que há uma espécie de sucessão que faz parte do regime jurídico-administrativo, ou seja, pauta-se sob o regime jurídico de Direito Público, pois o Poder Público não se encontra em igualdade com particular.

Trata-se, a **sucessão** em tela, de arrecadação e destinação de bens deixados por pessoas reputadas ausentes ao Município, ao Distrito Federal ou à União, quando o ausente não regressar no prazo legal e os interessados não promoverem a sucessão definitiva.

Eis o art. 39 do CC de 2002, que disciplinou a sucessão relacionada à aquisição de bens para o Poder Público:

> Art. 39. Regressando o ausente nos dez anos seguintes à abertura da sucessão definitiva, ou algum de seus descendentes ou ascendentes, aquele ou estes haverão só os bens existentes no estado em que se acharem, os sub-rogados em seu lugar, ou o preço que os herdeiros e demais interessados houverem recebido pelos bens alienados depois daquele tempo.
>
> **Parágrafo único. Se, nos dez anos a que se refere este artigo, o ausente não regressar, e nenhum interessado promover a sucessão definitiva, os bens arrecadados passarão ao domínio do Município ou do Distrito Federal, se localizados nas respectivas circunscrições, incorporando-se ao domínio da União, quando situados em território federal.** (grifo)

Outra sucessão que pode ensejar o acréscimo patrimonial de pessoa jurídica de direito público é a do art. 1.844 do CC de 2002: "Não sobrevivendo cônjuge, ou companheiro, nem parente algum sucessível, ou tendo eles renunciado a herança, esta se devolve ao Município ou ao Distrito Federal, se localizada nas respectivas circunscrições, ou à União, quando situada em território federal".

A **dissolução de associações** também pode gerar a destinação de bens ao Poder Público, na forma do art. 61 do CC de 2002:

> Art. 61. Dissolvida a associação, o remanescente do seu patrimônio líquido, depois de deduzidas, se for o caso, as quotas ou frações ideais referidas no parágrafo único do art. 56, será destinado à entidade de fins não econômicos designada no estatuto, ou, omisso este, por deliberação dos associados, à instituição municipal, estadual ou federal, de fins idênticos ou semelhantes.
>
> §1º Por cláusula do estatuto ou, no seu silêncio, por deliberação dos associados, podem estes, antes da destinação do remanescente referida neste artigo, receber em restituição, atualizado o respectivo valor, as contribuições que tiverem prestado ao patrimônio da associação.
>
> §2º Não existindo no Município, no Estado, no Distrito Federal ou no Território, em que a associação tiver sede, instituição nas condições indicadas neste artigo, o que remanescer do seu patrimônio se devolverá à Fazenda do Estado, do Distrito Federal ou da União.

O **abandono** pelo titular é outra forma que enseja a aquisição de bens pelo Estado, distinguindo-se o ente destinatário de acordo com a classificação do bem, na forma do seguinte artigo do Código Civil de 2002:

> Art. 1.276. O imóvel urbano que o proprietário abandonar, com a intenção de não mais o conservar em seu patrimônio, e que se não encontrar na posse de outrem, poderá ser arrecadado, como bem vago, e passar, três anos depois, à propriedade do Município ou à do Distrito Federal, se se achar nas respectivas circunscrições.
>
> §1º O imóvel situado na zona rural, abandonado nas mesmas circunstâncias, poderá ser arrecadado, como bem vago, e passar, três anos depois, à propriedade da União, onde quer que ele se localize.
>
> §2º Presumir-se-á de modo absoluto a intenção a que se refere este artigo, quando, cessados os atos de posse, deixar o proprietário de satisfazer os ônus fiscais.

Observe-se que há também a figura do **abandono presumido** quando o particular deixar de satisfazer os ônus fiscais, possibilidade legal classificada por alguns tributaristas com confisco não previsto na CF/88, portanto inconstitucional.

A **descoberta**, descrita no art. 1.237 do CC de 2002, pode ensejar a aquisição de patrimônio pelo Município da seguinte forma:

Art. 1.237. Decorridos sessenta dias da divulgação da notícia pela imprensa, ou do edital, não se apresentando quem comprove a propriedade sobre a coisa, será esta vendida em hasta pública e, deduzidas do preço as despesas, mais a recompensa do descobridor, pertencerá o remanescente ao Município em cuja circunscrição se deparou o objeto perdido.

Parágrafo único. Sendo de diminuto valor, poderá o Município abandonar a coisa em favor de quem a achou.

A **herança vacante** também integrará o patrimônio público na forma do artigo do Código Civil de 2002 abaixo transcrito:

Art. 1.822. A declaração de vacância da herança não prejudicará os herdeiros que legalmente se habilitarem; mas, decorridos cinco anos da abertura da sucessão, os bens arrecadados passarão ao domínio do Município ou do Distrito Federal, se localizados nas respectivas circunscrições, incorporando-se ao domínio da União quando situados em território federal.

Parágrafo único. Não se habilitando até a declaração de vacância, os colaterais ficarão excluídos da sucessão.

Um dos efeitos da **condenação penal** é, segundo o inciso II do art. 91 do CP, a **perda em favor da União**, ressalvado o direito do lesado ou de terceiro de boa-fé:

a) dos instrumentos do crime, desde que consistam em coisas cujo fabrico, alienação, uso, porte ou detenção constitua fato ilícito; e

b) do produto do crime ou de qualquer bem ou valor que constitua proveito auferido pelo agente com a prática do fato criminoso.

A CF/88 estabelece também, no seu art. 243, que as glebas de qualquer região do país onde forem localizadas **culturas ilegais de plantas psicotrópicas** serão imediatamente expropriadas e especificamente destinadas ao assentamento de colonos, para o cultivo de produtos alimentícios e medicamentosos, sem qualquer indenização ao proprietário e sem prejuízo de outras sanções previstas em lei.

Além disso, todo e qualquer bem de valor econômico apreendido em decorrência do tráfico ilícito de entorpecentes e drogas afins será confiscado e reverterá em benefício de instituições e pessoal especializados no tratamento e recuperação de viciados e no aparelhamento e custeio de atividades de fiscalização, controle, prevenção e repressão do crime de tráfico dessas substâncias.

Outra hipótese de **perda de bens** é a trazida como sanção a **ato de improbidade administrativa** no art. 12 da Lei n. 8.429/92.

Por fim, a **reversão** dos bens da concessionária ou permissionária de serviço público também é uma forma de aquisição de bens pelo Poder Público concedente, na forma do art. 36 da Lei n. 8.987/95.

34.4.6. Uso de bem público por terceiro

O **uso de bem público** poderá ser feito por toda sociedade, pela pessoa jurídica de direito público ou, de forma privativa, por terceiro. O uso pela sociedade é qualificado como uso comum, o uso pela pessoa jurídica de direito público é qualificado como uso especial e o uso por terceiro pode ser classificado de acordo com o regime a que estiver submetido: de Direito Público ou de Direito Privado.

A outorga de uso de bem público a terceiro pode ser feita – havendo previsão legal e observância ao procedimento legal estabelecido – através de qualquer dos instrumentos ofertados ao particular para possibilitar que outro utilize bem do patrimônio do Poder Público.

O art. 64 do Decreto-Lei n. 9.760/46, por exemplo, possibilita a utilização pelo particular dos bens públicos da União, não usados no serviço público, através da locação, do aforamento[28] ou da cessão.

Sob o regime de Direito Público, o uso de bem público poderá ser atribuído ao administrado de três formas: *autorização, permissão* ou *concessão*.

A **utilização** dos bens públicos pode ser classificada como:

a) **normal ou comum**, quando se observa a finalidade essencial do bem. Podem ser utilizados como exemplos os usos das vias públicas para o deslocamento de veículos, das praças para o lazer e das bibliotecas públicas para consulta e leitura de livros;

b) **anormal ou especial**, quando não se observa a finalidade essencial do bem. Por exemplo, utilização de vias públicas para o carnaval, para corridas esportivas e a utilização de áreas públicas para a instalação de camarotes. A utilização anormal tem as seguintes espécies:

b.1) **utilização especial remunerada**, quando há contraprestação cobrada pela utilização aberta à sociedade em geral. Por exemplo, a instalação de um circo na área do Município, cujo acesso ao espetáculo, apesar de ser

---

[28] Observe-se que está defesa a constituição de enfiteuses e subenfiteuses pelo art. 2.038 do CC de 2002, ressalvando apenas a enfiteuse dos terrenos de marinha e acrescidos. Eis o seu texto:

"Art. 2.038. Fica proibida a constituição de enfiteuses e subenfiteuses, subordinando-se as existentes, até sua extinção, às disposições do Código Civil anterior, Lei n. 3.071, de 1º de janeiro de 1916, e leis posteriores.

§1º Nos aforamentos a que se refere este artigo é defeso:

I – cobrar laudêmio ou prestação análoga nas transmissões de bem aforado, sobre o valor das construções ou plantações;

II – constituir subenfiteuse.

§2º A enfiteuse dos terrenos de marinha e acrescidos regula-se por lei especial".

aberto a todos, somente poderá ser permitido através de pagamento do ingresso;

b.2) **utilização especial privativa,** quando o particular utiliza de maneira exclusiva sem a possibilidade de acesso ao público em geral. Por exemplo, um casamento realizado em um museu público.

A utilização anormal exigirá um ato administrativo formal que seja apto a permitir tal situação.

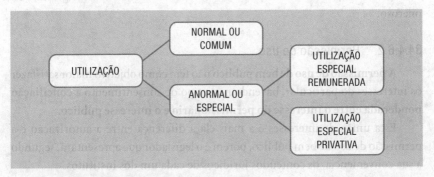

34.4.6.1. Autorização de uso

A **autorização de uso de bem público** é, segundo Lúcia Valle Figueiredo[29], o ato unilateral, precário, que possibilita ao beneficiário a utilização de bem público para execução de determinada atividade necessária, urgente e absolutamente precária.

A autorização satisfaz mais uma **necessidade do beneficiário** do que do Poder Público, é veiculada através de ato administrativo – devendo, consequentemente, observar o seu regime jurídico de edição –, é precária, não gerando direito subjetivo para o particular, e discricionária, expedida de acordo com a conveniência e oportunidade da Administração Pública.

Segundo Maria Sylvia Zanella Di Pietro[30], a autorização de uso é "o ato administrativo unilateral e discricionário, pelo qual a Administração consente, a título precário, que o particular se utilize de bem público com exclusividade".

O inciso VIII do art. 20 da CF/88 lista como bens da União os potenciais de energia hidráulica; portanto, tem-se como exemplo de autorização de uso de bem público a constante do inciso II do art. 7º da Lei n. 9.074/95. Segue o texto normativo:

---

[29] FIGUEIREDO, Lúcia Valle. *Curso de direito administrativo*. 9. ed. rev. ampl. e atual. São Paulo: Malheiros, 2008.

[30] DI PIETRO, Maria Sylvia Zanella. *Direito administrativo*. 34. ed. Rio de Janeiro: Forense, 2021. p. 854.

928   CURSO DE DIREITO ADMINISTRATIVO

Art. 7º São objeto de autorização:

(...)

II – o aproveitamento de potenciais hidráulicos de potência superior a 5.000 kW (cinco mil quilowatts) e igual ou inferior a 50.000 kW (cinquenta mil quilowatts) destinados a uso exclusivo do autoprodutor e a produção independente de energia.

A autorização de uso independe de licitação e dar-se-á de modo gratuito ou oneroso.

34.4.6.2.   Permissão de uso

A **permissão de uso de bem público** não tem como objetivo maior satisfazer os interesses do particular, havendo neste tipo de consentimento a **conciliação ponderada entre o interesse do permissionário e o interesse público**.

Esta união de interesses é a mais clara diferença entre a autorização e a permissão de uso de bem público, porém é o legislador que apresentará, segundo a sua conveniência, os conteúdos jurídicos de cada um dos institutos.

Lúcia Valle Figueiredo[31] define a permissão como o **ato administrativo unilateral**, discricionário, em que se atribui a alguém a possibilidade de utilização desse bem, enquanto a Administração dele não necessitar, ou enquanto permanecer o interesse público existente à época da emanação do ato. A precariedade é uma das características essenciais de tal ato[32].

A despeito dessa definição, nada impede que o Poder Legislativo crie possibilidade de autorização de uso na qual o interesse público seja prevalente. Assim, a distinção é meramente doutrinária e existe apenas para dar mais precisão à linguagem técnica do Direito.

Tal impertinência pode ser vista no art. 22 da Lei n. 9.636/98, no qual o legislador utilizou a expressão "autorizar a permissão". Eis a norma:

Art. 22. A utilização, a título precário, de áreas de domínio da União para a realização de eventos de curta duração, de natureza recreativa, esportiva, cultural, religiosa ou educacional, *poderá ser autorizada, na forma do regulamento, sob o regime de permissão de uso*, em ato do Secretário do Patrimônio da União, publicado no Diário Oficial da União.

§1º A competência para *autorizar a permissão de uso* de que trata este artigo poderá ser delegada aos titulares das Delegacias do Patrimônio da União nos Estados.

---

[31]   FIGUEIREDO, Lúcia Valle. *Curso de direito administrativo*. 9. ed. rev. ampl. e atual. São Paulo: Malheiros, 2008.

[32]   STJ, REsp 904.676/DF, rel. Min. Luiz Fux, 1ª Turma, julgado em 18-11-2008, *DJe* 15-12-2008.

§2º Em áreas específicas, devidamente identificadas, a competência para *autorizar a permissão de uso* poderá ser repassada aos Estados e Municípios, devendo, para tal fim, as áreas envolvidas lhes serem cedidas sob o regime de cessão de uso, na forma do art. 18. (grifo)

A **permissão** depende, na maioria dos casos, de licitação prévia, a fim de que seja observado o princípio da impessoalidade. Entretanto, o legislador, em virtude da natureza do bem cuja utilização for outorgada, poderá afastar a exigência do certame, observada a impessoalidade possível para o caso.

34.4.6.3. Concessão de uso

A **concessão de uso de bem público** é a outorga de **direito pessoal**[33] ao particular, através de **contrato administrativo** decorrente de **licitação pública**, para a utilização exclusiva de bem pertencente a pessoa jurídica de direito público durante prazo certo.

Em virtude da **segurança jurídica** ofertada pela concessão de uso de bem público, é, sem dúvida, a modalidade primordial em relação a objetos de grande vulto ou de grande complexidade, pois tanto a Administração Pública quanto o concessionário terão mais garantias de cumprimento das suas demandas.

O particular poderá ter maior certeza acerca do termo final da outorga, o que possibilita, inclusive, melhor planejamento financeiro e a redução dos custos para os destinatários de uma eventual utilidade pública.

O que caracteriza a concessão de uso e a distingue dos demais institutos assemelhados – autorização e permissão de uso – é o caráter contratual e estável da outorga do uso do bem público ao particular, para que o utilize com exclusividade e nas condições convencionadas com a Administração[34].

Observe-se, porém, que a permissão de uso é outorgada através de ato administrativo, mas a permissão prestação de serviços públicos é outorgada através de contrato de adesão, na forma do art. 40 da Lei n. 8.987/95[35].

---

[33] STJ, AgRg no Ag 1243867/RJ, rel. Min. Humberto Martins, 2ª Turma, julgado em 4-3-2010, *DJe* 12-3-2010.

[34] MEIRELLES, Hely Lopes; BURLE FILHO, José Emannuel. *Direito administrativo brasileiro*. 42. ed. São Paulo: Malheiros, 2016.

[35] "Art. 40. A permissão de serviço público será formalizada mediante contrato de adesão, que observará os termos desta Lei, das demais normas pertinentes e do edital de licitação, inclusive quanto à precariedade e à revogabilidade unilateral do contrato pelo poder concedente.
Parágrafo único. Aplica-se às permissões o disposto nesta Lei."

930 CURSO DE DIREITO ADMINISTRATIVO

Exemplo claro de concessão de uso de bem público pode ser visto no art. 5º da Lei n. 9.074/95:

> Art. 5º São objeto de concessão, mediante licitação:
> I – o aproveitamento de potenciais hidráulicos e a implantação de usinas termoelétricas de potência superior a 50.000 kW (cinquenta mil quilowatts) destinados a execução de serviço público;
> II – o aproveitamento de potenciais hidráulicos de potência superior a 50.000 kW (cinquenta mil quilowatts) destinados a produção independente de energia elétrica;
> III – de UBP, o aproveitamento de potenciais hidráulicos de potência superior a 50.000 kW (cinquenta mil quilowatts) destinados a uso exclusivo de autoprodutor, resguardado direito adquirido relativo às concessões existentes.

34.4.6.4. Concessão de direito real de uso

O mais antigo estatuto a disciplinar a concessão de direito real de uso foi o Decreto-Lei n. 271/67, sendo que, atualmente, os seus arts. 7º e 8º tratam:

a) da concessão de uso de terrenos públicos ou particulares remunerada ou gratuita, por tempo certo ou indeterminado, como direito real resolúvel, para fins específicos de regularização fundiária de interesse social, urbanização, industrialização, edificação, cultivo da terra, aproveitamento sustentável das várzeas, preservação das comunidades tradicionais e seus meios de subsistência ou outras modalidades de interesse social em áreas urbanas; e

b) da concessão de uso do espaço aéreo sobre a superfície de terrenos públicos ou particulares, tomada em projeção vertical.

A **concessão de direito real de uso**, na forma do §1º do art. 7º citado, poderá ser **contratada, por instrumento público ou particular, ou por simples termo administrativo**, e será inscrita e cancelada em livro especial, sendo que desde a inscrição da concessão de uso, o concessionário fruirá plenamente do terreno para os fins estabelecidos no contrato e responderá por todos os encargos civis, administrativos e tributários incidentes sobre o imóvel e suas rendas.

Nesse diapasão, o direito real de uso aqui tratado transfere para o titular – desde que haja o seu efetivo exercício[36] – *todas as obrigações civis, as administrativas e as tributárias*. Não há dúvida, por exemplo, de que despesas condominiais,

---

[36] STJ, REsp 863.396/DF, rel. Min. Luiz Fux, 1ª Turma, julgado em 27-2-2007, *DJ* 2-4-2007, p. 253.

despesas relativas a licenças e despesas relativas a imposto territorial são devidas pelo concessionário.

A concessão de direito real de uso tem destinação especificada no contrato ou termo administrativo, não podendo o concessionário dar destinação diversa, sob pena de resolução antes do termo final.

O descumprimento de cláusula resolutória, condição ou termo que ponha fim à concessão ensejará a perda das benfeitorias de qualquer natureza feitas no bem.

A *concessão de direito real de uso* pode ser transferida, salvo disposição em contrário no contrato ou termo administrativo, por ato *inter vivos*, ou por sucessão legítima ou testamentária, como os demais direitos reais sobre coisas alheias, registrando-se a transferência, sendo esta uma das suas principais diferenças da concessão de uso de bem público regida pelas normas obrigacionais.

34.4.6.5. Concessão de uso especial para fins de moradia

A Medida Provisória n. 2.220/2001 apresentou solução controversa e de duvidosa validade no ordenamento jurídico brasileiro, para contornar a vedação constitucional do §3º do art. 183 da CF/88 de usucapião de bens públicos, estabelecendo a **concessão de uso especial para fins de moradia**.

Observe-se que o art. 1º da citada Medida Provisória estabeleceu, ao contrário do §1º do art. 7º do Decreto-Lei n. 271/67, exatamente os mesmos requisitos para a usucapião de imóveis urbanos ou rurais descritos no *caput* do art. 183 da CF/88, entretanto a Medida Provisória tem como objeto imóvel público situado em área urbana e a norma constitucional tem como objeto imóvel particular.

A **concessão de uso especial para fins de moradia** descrita no art. 1º da Medida Provisória n. 2.220/2001, é possível àquele que, até 22 de dezembro de 2016, possuiu como seu, por cinco anos, ininterruptamente e sem oposição, até duzentos e cinquenta metros quadrados de **imóvel público** situado em área com características e finalidade urbanas, e que o utilize para sua moradia ou de sua família, tem o direito à concessão de uso especial para fins de moradia em relação ao bem objeto da posse, desde que não seja proprietário ou concessionário, a qualquer título, de outro imóvel urbano ou rural.

O art. 2º da Medida Provisória em tela estabeleceu a concessão de uso especial **coletiva** para fins de moradia, aduzindo que:

"Art. 2º Nos imóveis de que trata o art. 1º, com mais de duzentos e cinquenta metros quadrados, ocupados até 22 de dezembro de 2016, por população de baixa renda para sua moradia, por cinco anos, ininterruptamente e sem oposição, cuja área total dividida pelo número de possuidores seja inferior a duzentos e cinquenta metros quadrados por possuidor, a concessão de uso especial para fins de moradia será conferida de forma coletiva, desde que os -possuidores não sejam proprietários ou concessionários, a qualquer título, de outro imóvel urbano ou rural".

A **usucapião** é forma originária de aquisição de direito real; não apenas da propriedade. Caio Mário da Silva Pereira[37] ilustra bem a generalidade da usucapião, ao afirmar que "usucapião é aquisição da propriedade ou outro direito real pelo decurso do tempo estabelecido e com a observância dos requisitos instituí-dos em lei".

O **direito real de uso** também pode ser adquirido por **usucapião**[38], sendo que a vedação constitucional do §3º do art. 183 não se referiu especificamente ao direito de propriedade, pois utilizou apenas a expressão "os imóveis públicos não serão adquiridos por usucapião".

Se o Poder Constituinte Originário desejasse que outros direitos reais sobre imóveis públicos fossem adquiridos através de **usucapião**, teria dito: "a propriedade dos imóveis públicos não será adquirida por usucapião".

Assim, a vedação constitucional estende-se a todos os direitos reais sobre imóveis públicos, o que implica duvidosa constitucionalidade material da Medida Provisória n. 2.220/2001.

Gize-se, porém, que a maioria dos autores não questiona a constitucionalidade de tal estatuto normativo, considerando possível a concessão de uso especial para fins de moradia.

34.4.6.6. Cessão de uso

A **cessão de uso** de bem público da União foi tratada pelos arts. 18 a 21 da Lei n. 9.636/98. A cessão de uso é a outorga de direito pessoal[39] ou real de uso, gratuitamente ou sob regime especial, de bem público a entes da Federação, entidades sem fins lucrativos das áreas de educação, cultura, assistência social ou saúde; ou pessoas físicas ou jurídicas que utilizem o bem para atividades relacionadas ao interesse público ou social ou ao aproveitamento econômico de interesse nacional.

Os imóveis da União que estiverem ocupados por entidades desportivas de quaisquer modalidades poderão ser objeto de cessão em condições especiais, dispensado o procedimento licitatório e observadas as seguintes condições:

---

[37] PEREIRA, Caio Mário da Silva. *Instituições de direito civil*. Rio de Janeiro: Forense, 1981, v. IV.

[38] STJ, REsp 90.687/RJ, rel. Min. Salvio de Figueiredo Teixeira, 4ª Turma, julgado em 28-5-1996, *DJ* 24-6-1996, p. 22775.

[39] STJ, AgRg no REsp 947.267/RJ, rel. Min. Francisco Falcão, 1ª Turma, julgado em 18-9-2007, *DJ* 18-10-2007, p. 319.

I – que as ocupações sejam anteriores a 5 de outubro de 1988, exclusivamente; e

II – que a cessão seja pelo prazo máximo de 30 (trinta) anos, admitidas prorrogações por iguais períodos.

A cessão será formalizada por meio de termo ou de contrato, do qual constarão expressamente as condições estabelecidas.

A cessão será tornada nula, independentemente de ato especial, se ao imóvel vier a ser dada aplicação diversa da prevista no termo ou no contrato, no todo ou em parte.

A **cessão de uso**, conforme o §1º do art. 18 da Lei n. 9.636/98, poderá ser realizada, ainda, sob o regime de **concessão de direito real de uso resolúvel**, previsto no art. 7º do Decreto-Lei n. 271, de 28-2-1967, aplicando-se, inclusive, em terrenos de marinha e acrescidos, dispensando-se o procedimento licitatório para associações e cooperativas que utilizem o bem para atividades relacionadas ao interesse público ou social ou ao aproveitamento econômico de interesse nacional.

A *cessão* será autorizada por ato do Presidente da República e formalizar-se-á mediante termo ou contrato, do qual constarão expressamente as condições estabelecidas, entre as quais a finalidade da sua realização e o prazo para seu cumprimento, e tornar-se-á nula, independentemente de ato especial, se ao imóvel, no todo ou em parte, vier a ser dada aplicação diversa da prevista no ato autorizativo e, consequentemente, no termo ou no contrato.

A cessão, quando destinada à execução de empreendimento de fim lucrativo, será onerosa e, sempre que houver condições de competitividade, deverão ser observados os procedimentos licitatórios previstos em lei.

34.5. BENS PÚBLICOS EM ESPÉCIE

34.5.1. Terras devolutas

O primeiro estatuto normativo a tratar das **terras devolutas** foi a Lei n. 601/1850, regulamentada pelo Decreto n. 1.318/1854, que no seu art. 3º as definia da seguinte forma:

Art. 3º São terras devolutas:

§1º As que não se acharem applicadas a algum uso público nacional, provincial, ou municipal.

§2º As que não se acharem no dominio particular por qualquer titulo legitimo, nem forem havidas por sesmarias e outras concessões do Governo Geral ou Provincial, não incursas em commisso por falta do cumprimento das condições de medição, confirmação e cultura.

§3º As que não se acharem dadas por sesmarias, ou outras concessões do Governo, que, apezar de incursas em commisso, forem revalidadas por esta Lei.

§4º As que não se acharem occupadas por posses, que, apezar de não se fundarem em titulo legal, forem legitimadas por esta Lei.

O conceito de **terras devolutas** é residual, visto que é obtido por exclusão. José Cretella Júnior[40] aduz que terra devoluta "é toda terra que, por qualquer título, não se achasse aplicada a nenhum uso por um lado, e, por outro, ainda não se tivesse integrado, por qualquer título, no domínio privado. Regulamentando essa lei, o Dec. 1.318, de 30-1-1854, também conceituou, na mesma linha, como 'devoluta' a terra que – em nossas palavras, de um modo mais simples, mas que bem retrata esse tipo de gleba – 'ainda não é definitivamente pública, nem definitivamente privada'. É a gleba 'marginalizada', no sentido sociológico do termo".

Após as definições ofertadas nas normas jurídicas imperiais, o Decreto-Lei n. 9.760/46 conceituou, no seu art. 5º, **terras devolutas** afirmando que: "São devolutas, na faixa da fronteira, nos Territórios Federais e no Distrito Federal, as terras que, não sendo próprias nem aplicadas a algum uso público federal, estadual territorial ou municipal, não se incorporaram ao domínio privado".

As *terras devolutas* são terras públicas que integram a categoria dos bens dominicais ou dominiais, cuja qualificação é obtida residualmente por não pertencerem às outras categorias normativas de terras públicas, não terem destinação específica e não pertencerem ao domínio privado.

As terras devolutas indispensáveis à defesa das fronteiras, das fortificações e construções militares, das vias federais de comunicação e à preservação ambiental fazem parte dos bens da União, na forma do inciso II do art. 20 da CF/88.

Já **as não compreendidas entre os bens da União** incluem-se, na forma do inciso IV do art. 26 da CF/88, entre os **bens dos Estados**.

O §5º do art. 225 da Carta Maior estabelece, com o objetivo de preservar o meio ambiente, a indisponibilidade das terras devolutas ou arrecadadas pelos Estados, por ações discriminatórias, necessárias à proteção dos ecossistemas naturais.

Há entre o inciso II do art. 20 e o §5º do art. 225, ambos da Carta Maior, certa contradição, pois aquele inciso afirma que pertencem à União as terras devolutas indispensáveis à preservação ambiental e o citado §5º possibilita aos Estados a arrecadação, através de ações discriminatórias, das terras devolutas necessárias à proteção dos ecossistemas naturais.

---

[40] Dos bens públicos na Constituição de 1988, *RT* 653/16.

Maria Sylvia Zanella Di Pietro[41] afirma, ao tratar da citada antinomia: "Parece que, com relação a esses bens por último mencionados, houve uma reversão, ao domínio público federal, de terras devolutas antes pertencentes aos Estados. Caberá à lei definir quais sejam esses bens; a eles é que se aplica o art. 225, §5º, da Constituição".

A característica residual das terras devolutas exige um processo especial de separação das terras particulares, através da análise dos títulos de domínio privados[42].

Os processos, judicial e administrativo, discriminatórios de terras devolutas da União são regulados pela Lei n. 6.383/76, sendo que o seu art. 18 determinou que o Instituto Nacional de Colonização e Reforma Agrária – Incra ficasse investido de poderes de representação da União, para promover a discriminação judicial das terras devolutas da União.

34.5.2. Mar territorial

O **mar territorial** é definido pelo art. 1º da Lei n. 8.617/93 como a faixa de **doze milhas marítimas** de largura, medidas a partir da linha de baixa-mar do litoral continental e insular, tal como indicada nas cartas náuticas de grande escala, reconhecidas oficialmente no Brasil.

A CF/88, no inciso VI do seu art. 20, listou textualmente o mar territorial entre os bens da União.

Assim, além do exercício da soberania sobre tal área exercida pela República Federativa do Brasil, a União tem o domínio do mar territorial.

34.5.3. Plataforma continental

A **plataforma continental**, na forma do art. 11 da Lei n. 8.617/93, compreende o leito e o subsolo das áreas submarinas que se estendem além do seu mar territorial, em toda a extensão do prolongamento natural de seu território terrestre, até o bordo exterior da margem continental, ou até uma distância de **duzentas milhas marítimas** das linhas de base, a partir das quais se mede a largura do mar territorial, nos casos em que o bordo exterior da margem continental não atinja essa distância.

---

[41] DI PIETRO, Maria Sylvia Zanella. *Direito administrativo*. 34. ed. Rio de Janeiro: Forense, 2021. p. 879.

[42] STJ, REsp 113.255/MT, rel. Min. Ari Pargendler, 3ª Turma, julgado em 10-4-2000, *DJ* 8-5-2000, p. 89.

O limite exterior da plataforma continental será fixado em conformidade com os critérios estabelecidos no art. 76 da Convenção das Nações Unidas sobre o Direito do Mar, celebrada em Montego Bay, em 10 de dezembro de 1982.

O Brasil, conforme o art. 12 da citada lei, exerce direitos de soberania sobre a plataforma continental, para efeitos de exploração dos recursos naturais, portanto, é bem da União[43]. O exercício de poderes inerentes à soberania é muito mais extenso do que o direito de propriedade, mas não implica necessariamente propriedade. Todavia, não pertencendo a plataforma continental a particular, por não haver cadeia de domínio válida, é, fatalmente, bem público.

34.5.4. Faixa de fronteira

A **faixa de fronteira** não é necessariamente bem público, mas a sua ocupação e utilização podem sofrer restrições estabelecidas em lei, em virtude dos imperativos de soberania da República Federativa do Brasil.

As terras devolutas, bens públicos, podem estar ou não situadas em faixa de fronteira; as que estiverem situadas são bens públicos da União, conforme o inciso II do art. 20 da CF/88.

Maria Sylvia Zanella Di Pietro[44] ratifica tal entendimento, afirmando que: "Isto não quer dizer que todas as terras situadas na faixa de fronteira sejam públicas e de propriedade da União; a Constituição faz referência às *terras devolutas*. Existem terras particulares nessa faixa, que ficam sujeitas a uma série de restrições estabelecidas em lei, em benefício da segurança nacional".

Assim, não há dúvida do desacerto do acórdão prolatado pelo STJ[45], pois na faixa de fronteira podem coexistir imóveis públicos que sempre pertencerão à União e imóveis particulares que observarão normas rígidas de ocupação e utilização.

Mesmo editado com base na Constituição anterior, o acórdão do STF abaixo transcrito ilustra bem a existência de **terras particulares** na faixa de fronteira. Eis o texto:

> AÇÃO POSSESSÓRIA. Demanda entre particulares sobre a posse de terras na faixa de fronteira. Não intervenção da União. Posição da União em relação às terras na faixa de fronteira. Evolução constitucional. Regime vigente (art. 4º) só considera bens da União as terras devolutas necessárias à defesa

---

[43] STF, MS 24312, rel. Min. Ellen Gracie, Tribunal Pleno, julgado em 19-2-2003, *DJ* 19-12-2003.

[44] DI PIETRO, Maria Sylvia Zanella. *Direito administrativo*. 34. ed. Rio de Janeiro: Forense, 2021.

[45] STJ, REsp 1015133/MT, rel. Min. Eliana Calmon, Rel. p/ acórdão Min. Castro Meira, 2ª Turma, julgado em 2-3-2010, *DJe* 23-4-2010.

nacional. Conhecimento e provimento do recurso para julgar competente a Justiça Estadual[46].

De acordo com o §2º do art. 20 da Carta Maior, a faixa de até **cento e cinquenta quilômetros de largura**, ao longo das fronteiras terrestres, designada como faixa de fronteira, é considerada fundamental para defesa do território nacional, e sua ocupação e utilização serão reguladas em lei. Consequentemente, foi o próprio Poder Constituinte Originário que estabeleceu o conceito jurídico formal de "faixa de fronteira".

A pesquisa e a lavra de recursos minerais e o aproveitamento dos potenciais de energia hidráulica na faixa de fronteira estão **limitados**, na forma do §1º do art. 176 da CF/88, a condições específicas estabelecidas em lei.

Além disso, compete ao **Conselho de Defesa Nacional** propor os critérios e condições de utilização de áreas indispensáveis à segurança do território nacional e opinar sobre seu efetivo uso, especialmente na faixa de fronteira e nas relacionadas com a preservação e a exploração dos recursos naturais de qualquer tipo.

A norma jurídica infraconstitucional referente à faixa de fronteira é a Lei n. 6.634/79, que traz inúmeras restrições à sua ocupação e utilização.

34.5.5. Terrenos de marinha e seus acrescidos

A CF/88 qualificou, no inciso VII do seu art. 20, os **terrenos de marinha e seus acrescidos** como bens da União. Eis a norma: "Art. 20. São bens da União: [...] VII – os terrenos de marinha e seus acrescidos".

De logo, deve ser ressaltado que os terrenos de marinha não são **terrenos da marinha**, pois a Marinha não tem personalidade jurídica própria, fazendo parte da União como uma das três Forças Armadas.

O patrimônio afetado à Marinha é controlado pela Secretaria de Coordenação e Governança do Patrimônio da União, órgão do Ministério da Fazenda, e pertence ao ente do qual a Marinha faz parte, a União.

Os terrenos de marinha têm essa nomenclatura por estarem **limitados pelo mar, a sua natureza é de bem dominical**[47]. A norma jurídica em vigor que trata dos terrenos de marinha é o Decreto-Lei n. 9.760/46.

Na forma do art. 2º do Decreto-Lei n. 9.760/46, são **terrenos de marinha** – em uma profundidade de 33 (trinta e três) metros, medidos horizontalmente,

---

[46] RE 64.465, rel. Min. Themístocles Cavalcanti, 2ª Turma, julgado em 15-8-1969, *DJ* 24-10-1969, *RTJ* v. 51-02, p. 439.

[47] STJ, REsp 1147589/RS, rel. Min. Eliana Calmon, 2ª Turma, julgado em 16-3-2010, *DJe* 24-3-2010.

938 CURSO DE DIREITO ADMINISTRATIVO

para a parte da terra, da posição da linha do preamar-médio de 1831 – os situados no continente, na costa marítima e nas margens dos rios e lagoas, até onde se faça sentir a influência das marés e os que contornam as ilhas situadas em zona onde se faça sentir a influência das marés.

A Carta Maior atribuiu também à **União** a propriedade dos terrenos acrescidos de marinha que são conceituados pelo parágrafo único do art. 2º acima citado da seguinte forma: "São terrenos acrescidos de marinha os que se tiverem formado, natural ou artificialmente, para o lado do mar ou dos rios e lagoas, em seguimento aos terrenos de marinha".

Apesar de restar vedada a constituição de enfiteuse após a entrada em vigor do Código Civil de 2002 – na forma do *caput* do seu art. 2.038 –, a enfiteuse dos terrenos de marinha e acrescidos regula-se por lei especial, portanto **ainda podem ser constituídas**, na forma do art. 99 do Decreto-Lei n. 9.760/46.

34.5.6. Terras tradicionalmente ocupadas pelos índios

Os **índios** representam uma das minorias da população brasileira, sendo certo que, em virtude da sua **hipossuficiência**, a cultura indígena tende a desaparecer. Assim, o Poder Constituinte Originário optou por atribuir à União a tutela de alguns dos seus interesses e direitos, inclusive a titularidade das terras tradicionalmente ocupadas por eles[48].

O inciso XI do art. 20 da CF/88 afirma claramente serem bens da União as **terras tradicionalmente[49] ocupadas pelos índios**.

Na forma do §1º do art. 231 da Carta Maior, são terras tradicionalmente ocupadas pelos índios as por eles habitadas em caráter permanente, as utilizadas para suas atividades produtivas, as imprescindíveis à preservação dos recursos ambientais necessários a seu bem-estar e as necessárias à sua reprodução física e cultural, segundo seus usos, costumes e tradições, sendo vedada a remoção dos grupos indígenas de suas terras, salvo, *ad referendum* do Congresso Nacional, em caso de catástrofe ou epidemia que ponha em risco sua população, ou no interesse da soberania do país, após deliberação do Congresso Nacional, garantido, em qualquer hipótese, o retorno imediato logo que cesse o risco.

As **terras tradicionalmente ocupadas pelos índios** destinam-se a sua posse permanente, cabendo-lhes o usufruto exclusivo das riquezas do solo, dos rios

---

[48]   STF, Pet 3388, rel. Min. Carlos Britto, Tribunal Pleno, julgado em 19-3-2009, *DJe* 25-9-2009.

[49]   Súmula 650 do STF: "Os incisos I e XI do art. 20 da Constituição Federal não alcançam terras de aldeamentos extintos, ainda que ocupadas por indígenas em passado remoto".

e dos lagos nelas existentes, sendo tais terras inalienáveis e indisponíveis, e os direitos sobre elas, imprescritíveis, conforme os §§2º e 4º do artigo citado.

O aproveitamento dos **recursos hídricos**, incluídos os potenciais energéticos, a pesquisa e a lavra das riquezas minerais em terras indígenas só podem ser efetivados com **autorização do Congresso Nacional**, ouvidas as comunidades afetadas, ficando-lhes assegurada participação nos resultados da lavra, na forma da lei.

São **nulos e extintos**, não produzindo efeitos jurídicos, os atos que tenham por objeto a ocupação, o domínio e a posse das terras tradicionalmente ocupadas pelos índios, ou a exploração das riquezas naturais do solo, dos rios e dos lagos nelas existentes, ressalvado relevante interesse público da União, segundo o que dispuser lei complementar, não gerando a nulidade e a extinção de direito à indenização ou a ações contra a União, salvo, na forma da lei, quanto às benfeitorias derivadas da ocupação de boa-fé.

34.5.7. Ilhas

As **ilhas** são porções de terra cercadas de água por todos os lados. As surgidas ou encontradas no mar são classificadas de marítimas; nos rios, são chamadas de fluviais; já nos lagos, são qualificadas como lacustres.

As **ilhas marítimas** podem ser **costeiras ou oceânicas**. As primeiras estão dentro da plataforma continental e as segundas são vistas fora da plataforma continental.

Segundo o inciso IV do art. 20 da CF/88, as ilhas fluviais e lacustres nas zonas limítrofes com outros países, as praias marítimas e as ilhas oceânicas e as costeiras são bens da União, excluídas as ilhas costeiras que contenham a sede de Municípios, exceto aquelas áreas afetadas ao serviço público e a unidade ambiental federal.

Consequentemente, as **ilhas costeiras** que contenham sede de Município não pertencem à União, salvo se, mesmo contendo sede, estejam afetadas a serviço público e a unidade ambiental federal.

Salutar esta exceção, pois evita que os Estados criem Municípios[50] em ilhas oceânicas ou costeiras afetadas a serviço público e a unidade ambiental federal para retirá-las dos domínios da União.

---

[50] Eis o §4º do art. 18 da CF/88: "§4º A criação, a incorporação, a fusão e o desmembramento de Municípios far-se-ão por lei estadual, dentro do período determinado por lei complementar federal, e dependerão de consulta prévia, mediante plebiscito, às populações dos Municípios envolvidos, após divulgação dos Estudos de Viabilidade Municipal, apresentados e publicados na forma da lei".

Por fim, pontue-se que, na forma dos incisos II e III do art. 26 da CF/88, pertencem ao Estado:

a)   as áreas, nas ilhas oceânicas e costeiras, que estiverem no seu domínio, excluídas aquelas sob domínio da União, Municípios ou terceiros; e

b)   as ilhas fluviais e lacustres não pertencentes à União.

34.5.8.   Terrenos reservados

O art. 14 do Código de Águas (Decreto n. 26.643/34) define os **terrenos reservados** como aqueles que, banhados pelas correntes navegáveis, fora do alcance das marés, vão até a distância de 15 metros para a parte de terra, contados desde o ponto médio das enchentes ordinárias.

A **titularidade dos terrenos reservados** é imprecisa, pois o art. 31 do Código de Águas estabeleceu norma jurídica residual sem que fossem listadas as hipóteses principais de domínio.

Segundo o artigo, "pertencem aos Estados os terrenos reservados as margens das correntes e lagos navegáveis, si, por algum título, não forem do domínio federal, municipal ou particular", mas não há norma jurídica estabelecendo quais são os de domínio municipal e particular.

O item 2º do art. 11 do Código de Águas afirma que a sua natureza jurídica é, se não estiverem afetados ou não forem privados, de bem público dominical. Entretanto, de acordo com Hely Lopes Meirelles[51], os terrenos em questão são faixas de terras particulares.

Ora, o próprio art. 31 estabelece que os terrenos reservados podem ser públicos ou privados; para serem privados dependem de título legítimo ou, se foram a qualquer tempo públicos, do ato de transferência de domínio da pessoa jurídica de Direito Público que os detinha para o particular.

Os **terrenos reservados**, quando particulares, podem, inclusive, ser desapropriados. José Guilherme Braga Teixeira[52] faz bom resumo ao afirmar: "No que concerne ao assunto, externamos, agora, a nossa opinião, sinteticamente, nos seguintes pontos: 1º) os terrenos marginais aos rios navegáveis ou flutuáveis constituem, quando pertencentes a particulares, bens de propriedade privada, sofrendo, contudo, a limitação administrativa que importa em não construírem

---

[51]   MEIRELLES, Hely Lopes; BURLE FILHO, José Emannuel. *Direito administrativo brasileiro*. 42. ed. São Paulo: Malheiros, 2016.

[52]   A questão dos "terrenos reservados" à margem dos rios navegáveis e flutuáveis, *Revista de Direito Imobiliário*, 41/49.

ou plantarem os seus proprietários, numa faixa determinada ao longo dos rios; 2º) trata-se tal restrição de mera limitação (ao direito de propriedade), a qual tem termo final quando o rio deixa de ser navegável ou flutuável; 3º) essa limitação ou restrição (a sinonímia entre os dois vocábulos é perfeita) não implica (nem pode implicar) retirar do particular o domínio do imóvel que grava, o qual, mesmo assim gravado, permanece na propriedade do particular, exceto em casos de desapropriação do terreno gravado pela restrição ou aquisição dele, pelo poder público ao seu proprietário, mediante indenização do respectivo valor, na desapropriação, ou pagamento do seu preço, na compra e venda".

Segundo o STJ, os **terrenos reservados públicos** são dos **Estados** se não restar provado o domínio da União, de Município ou de particular[53]. Todavia, deve ser notado que, na forma do inciso III do art. 20 da CF/88, são bens da União os lagos, rios e quaisquer correntes de água em terrenos de seu domínio, ou que banhem mais de um Estado, sirvam de limites com outros países, ou se estendam a território estrangeiro ou dele provenham, bem como os **terrenos marginais** e as praias fluviais.

Desta maneira, os terrenos fluviais, fora do alcance das marés, banhados por correntes navegáveis, que podem ser enquadrados no inciso III do art. 20 da CF/88 (terrenos reservados), pertencem à União. Logo, nem todos os terrenos reservados públicos são dos Estados.

34.5.9. Vias e logradouros públicos

Via e logradouro público têm conceitos jurídicos ofertados pela própria lei.

O Anexo I da Lei n. 9.503/97, que institui o Código de Trânsito Brasileiro, define **logradouro público** como o espaço livre destinado pela Municipalidade à circulação, parada ou estacionamento de veículos, ou à circulação de pedestres, tais como calçadas, parques, áreas de lazer e calçadões.

Há dois elementos importantes nesta definição: "espaço livre" e "municipalidade". O primeiro ilustra a classificação dos logradouros como bens de uso comum, na forma do inciso I do art. 99 do CC de 2002. O segundo mostra a titularidade de tais bens, pertencem ao Município nos quais estejam localizados.

O citado Anexo conceitua **via** como superfície por onde transitam veículos, pessoas e animais, compreendendo a pista, a calçada, o acostamento, ilha e canteiro central.

O elemento **trânsito** ilustra a classificação da via como bem de uso comum, conforme o inciso I do art. 99 do CC de 2002, entretanto a sua titularidade pode

---

[53] STJ, REsp 775.476/SP, rel. Min. Teori Albino Zavascki, 1ª Turma, julgado em 4-11-2008, *DJe* 12-11-2008.

942 CURSO DE DIREITO ADMINISTRATIVO

ser atribuída a qualquer pessoa jurídica de direito público, podendo também pertencer ao domínio privado.

O art. 2º da Lei n. 9.503/97 aduz: "São vias terrestres urbanas e rurais as ruas, as avenidas, os logradouros, os caminhos, as passagens, as estradas e as rodovias, que terão seu uso regulamentado pelo órgão ou entidade com circunscrição sobre elas, de acordo com as peculiaridades locais e as circunstâncias especiais".

Já o seu parágrafo único ilustra com clareza a possibilidade de a via pertencer ao domínio privado, ao afirmar: "Para os efeitos deste Código, são consideradas vias terrestres as praias abertas à circulação pública *e as vias internas pertencentes aos condomínios constituídos por unidades autônomas*". (grifo)

As **rodovias e estradas** – espécies de vias rurais, sendo a primeira pavimentada e a segunda não – pertencem, salvo disposição legal em contrário, à pessoa jurídica de direito público que a construiu. Normalmente, a via que ultrapassa os limites estaduais pertence à União, a que ultrapassa limites de um Município e não alcança outro Estado é estadual e a que serve apenas a determinado Município é municipal.

34.5.10. Domínio aéreo

O Código Brasileiro de Aeronáutica (Lei n. 7.565/86), no *caput* do seu art. 16, ilustra que o direito de propriedade do solo compreende o espaço aéreo, mas ninguém poderá opor-se, em razão de direito de propriedade na superfície, ao sobrevoo de aeronave, sempre que este se realize de acordo com as normas vigentes.

O art. 1.229 do CC de 2002 tem norma no mesmo sentido, estabelecendo que "a propriedade do solo abrange a do espaço aéreo e subsolo correspondentes, em altura e profundidade úteis ao seu exercício, não podendo o proprietário opor-se a atividades que sejam realizadas, por terceiros, a uma altura ou profundidade tais, que não tenha ele interesse legítimo em impedi-las".

Nesse diapasão, o **espaço aéreo** tem o mesmo titular que o solo respectivo, podendo ser público ou privado, sendo que, em ambos os casos, o domínio do espaço aéreo sofrerá as limitações administrativas necessárias ao tráfego correspondente.

34.5.11. Recursos minerais

34.5.11.1. Águas

As águas eram classificadas como públicas, comuns e particulares.

O Código de Águas (Decreto n. 24.643/34) classifica, no seu art. 1º, as águas públicas de duas formas: as de uso comum e as dominicais.

São **águas públicas de uso comum**, na forma do art. 2º:

a)   os mares territoriais, nos mesmos incluídos os golfos, baías, enseadas e portos;

b)   as correntes, canais, lagos e lagoas navegáveis ou flutuáveis;

c)   as correntes de que se façam estas águas;

d)   as fontes e reservatórios públicos;

e)   as nascentes quando forem de tal modo consideráveis que, por si só, constituam o caput fluminis; e

f)   os braços de quaisquer correntes públicas, desde que os mesmos influam na navegabilidade ou flutuabilidade.

São **águas públicas dominicais**, na forma do art. 6º, todas as águas situadas em terrenos que também o sejam, quando as mesmas não forem do domínio público de uso comum, ou não forem comuns.

São **águas comuns** as correntes não navegáveis ou flutuáveis e de que essas não se façam, na forma do art. 7º.

As **águas particulares** são os lagos e as lagoas situados em um só prédio particular e por ele exclusivamente cercado, quando não sejam alimentados por alguma corrente de uso comum e as nascentes e todas as águas situadas em terrenos que também o sejam, quando as mesmas não estiverem classificadas entre as águas comuns de todos, as águas públicas ou as águas comuns.

A classificação ofertada pelo Código de Águas não foi adotada pela Lei n. 9.433/97, que institui a Política Nacional de Recursos Hídricos, cria o Sistema Nacional de Gerenciamento de Recursos Hídricos e regulamenta o inciso XIX do art. 21 da Constituição Federal, pois, segundo o inciso I do seu art. 1º, a **água é bem de domínio público**[54], não existindo mais qualquer distinção entre águas públicas, águas comuns e águas particulares.

Assim, fica explícito que a água, atualmente, tem natureza jurídica de bem público.

De acordo com o inciso IV do art. 22 da CF/88, a competência para legislar sobre águas é da União, não significando que a sua titularidade será sempre daquele ente. Incluem-se, por exemplo, entre os **bens dos Estados**, conforme o inciso I do art. 26 da CF/88, **as águas superficiais ou subterrâneas, fluentes, emergentes e em depósito**, ressalvadas, neste caso, na forma da lei, as decorrentes de obras da União.

---

[54]   STJ, REsp 518.744/RN, rel. Min. Luiz Fux, 1ª Turma, julgado em 3-2-2004, *DJ* 25-2-2004, p. 108.

Todavia, pertencem à União, de acordo com o inciso III do art. 20 da CF/88, **os lagos, rios e quaisquer correntes de água** em terrenos de seu domínio, ou que banhem mais de um Estado, sirvam de limites com outros países, ou se estendam a território estrangeiro ou dele provenham, bem como os terrenos marginais e as praias fluviais.

34.5.11.2. Minas e jazidas

O art. 4º do Decreto-Lei n. 227/67 conceitua as minas e jazidas, portanto os seus conceitos são *ofertados pela própria norma jurídica.*

Considera-se **jazida** toda massa individualizada de substância mineral ou fóssil, aflorando à superfície ou existente no interior da terra, e que tenha valor econômico; e **mina**, a jazida em lavra, ainda que suspensa.

A *competência para legislar* sobre jazidas e minas, outros recursos minerais e metalurgia é, de acordo com o inciso XII do art. 22 da CF/88, da União.

As jazidas, as minas, demais recursos minerais e os potenciais de energia hidráulica, na forma do art. 176 da CF/88, são bens públicos pertencentes à União e representam **propriedade distinta da do solo**, sendo que a exploração, o aproveitamento e a pesquisa podem ser feitos através de **autorização ou concessão** da União, garantindo-se ao concessionário, na exploração ou aproveitamento, a propriedade do produto da lavra.

A pesquisa e a lavra de recursos minerais e o aproveitamento dos potenciais de energia hidráulica somente poderão ser efetuados mediante autorização ou concessão da União, no interesse nacional, por brasileiros ou empresa constituí-da sob as leis brasileiras e que tenha sua sede e administração no país, na forma da lei, que estabelecerá as condições específicas quando essas atividades se desenvolverem em faixa de fronteira ou terras indígenas.

O Poder Constituinte fez a devida ressalva em relação à **faixa de fronteira** e às **terras indígenas**, visto que, no primeiro caso, a **soberania** deve ser preservada como bem jurídico de alta relevância para a nação e, no segundo caso, os **direitos sociais**, culturais e patrimoniais dos índios não podem ser violados em função da extração de recursos minerais ou do aproveitamento dos potenciais de energia elétrica.

Apesar de a propriedade do solo ser distinta da propriedade dos recursos subterrâneos, o §2º do art. 176 da CF/88 assegura **participação** ao proprietário do solo nos resultados da lavra, na forma e no valor que dispuser a lei.

Na forma do §3º do artigo acima citado, a autorização de pesquisa será sempre por **prazo determinado**, e as autorizações e concessões não poderão ser cedidas ou transferidas, total ou parcialmente, sem prévia anuência do poder concedente[55].

Não dependerá de autorização ou concessão o aproveitamento do potencial de energia renovável de **capacidade reduzida**, conforme prevê o §4º do artigo em tela.

34.5.12. Cavidades naturais subterrâneas e sítios arqueológicos e pré-históricos

As **cavidades naturais subterrâneas** são todo e qualquer espaço subterrâneo acessível pelo ser humano, com ou sem abertura identificada, popularmente conhecido como caverna, gruta, lapa, toca, abismo, furna ou buraco, incluindo seu ambiente, conteúdo mineral e hídrico, a fauna e a flora ali encontrados e o corpo rochoso onde todos estes se inserem, desde que tenham sido formados por processos naturais, independentemente de suas dimensões ou tipo de rocha encaixante.

Sem dúvida, devem ser classificadas como bens ambientais protegidos pelo sistema consolidado a partir do art. 225 da Constituição Federal. Assim, apesar do inciso X do art. 20 da Carta Maior afirmar a titularidade da União, a sua natureza é transindividual.

O **Decreto Federal n. 99.556/90**, que dispõe sobre a proteção das cavidades naturais subterrâneas existentes no território nacional, e dá outras providências, no seu art. 2º, classifica tais bens de acordo com seu grau de relevância em máximo, alto, médio ou baixo, determinado pela análise de atributos ecológicos, biológicos, geológicos, hidrológicos, paleontológicos, cênicos, histórico-culturais e socioeconômicos, avaliados sob enfoque regional e local.

Quanto à competência para proteção, o art. 5º-B do Decreto Federal n. 99.556/90 estabelece que cabe à União, por intermédio do Ibama e do Instituto Chico Mendes, aos Estados, ao Distrito Federal e aos Municípios, no exercício da competência comum a que se refere o art. 23 da Constituição, preservar, conservar, fiscalizar e controlar o uso do patrimônio espeleológico brasileiro, bem como fomentar levantamentos, estudos e pesquisas que possibilitem ampliar o conhecimento sobre as cavidades naturais subterrâneas existentes no território nacional.

Além disso, os órgãos ambientais podem efetivar, na forma da lei, acordos, convênios, ajustes e contratos com entidades públicas ou privadas, nacionais,

---

[55] STJ, MS 11.036/DF, rel. Min. Herman Benjamin, 1ª Seção, julgado em 28-10-2009, *DJe* 6-11-2009.

internacionais ou estrangeiras, para auxiliá-los nas ações de preservação e conservação, bem como de fomento aos levantamentos, estudos e pesquisas que possibilitem ampliar o conhecimento sobre as cavidades naturais subterrâneas existentes no território nacional.

Os **monumentos ou sítios arqueológicos e pré-históricos** são tratados pela Lei n. 3.924/61. De acordo com o seu art. 2º, consideram-se monumentos arqueo-lógicos ou pré-históricos:

a)   as jazidas de qualquer natureza, origem ou finalidade, que representem testemunhos de cultura dos paleoameríndios do Brasil, tais como sambaquis, montes artificiais ou tesos, poços sepulcrais, jazigos, aterrados, estea-rias e quaisquer outras não especificadas aqui, mas de significado idêntico a juízo da autoridade competente;

b)   os sítios nos quais se encontram vestígios positivos de ocupação pelos paleoameríndios, tais como grutas, lapas e abrigos sob rocha;

c)   os sítios identificados como cemitérios, sepulturas ou locais de pouso prolongado ou de aldeamento, "estações" e "cerâmios", nos quais se encontram vestígios humanos de interesse arqueológico ou paleoetnográfico;

d)   as inscrições rupestres ou locais como sulcos de polimentos de utensílios e outros vestígios de atividade de paleoameríndios.

Os monumentos ou sítios arqueológicos e pré-históricos também são bens ambientais, portanto, a despeito da titularidade da União estabelecida no inciso X do art. 20 da Carta Magna, a sua natureza é transindividual.

Os demais artigos da Lei n. 3.924/61 disciplinam as proibições e as formas de aproveitamento de tais bens.

35

INTERVENÇÕES DO ESTADO NA PROPRIEDADE

35.1. INTRODUÇÃO

O **patrimonialismo** do Código Beviláqua (Código Civil de 1916) foi mitigado através da utilização da interpretação baseada na dignidade da pessoa humana e nos postulados de que o ser humano existe como fim em si mesmo. O Direito tem que ser construído a partir do indivíduo, sendo a pessoa o fim na construção do sistema jurídico emanador de um núcleo básico e indispensável de direitos fundamentais, não podendo haver primazia das regras sobre os indivíduos ou sobre a sociedade.

Deve haver esforço para recuperar a **precedência da pessoa** em relação ao patrimônio. Mesmo no Direito Natural, existe a prevalência do direito fundamental à vida sobre o direito de propriedade. Todo direito patrimonial deve ser relativizado e colocado em segundo plano quando confrontado com os direitos fundamentais da pessoa humana, sendo certo que o Estado deve ser o guardião de tais direitos.

A ideia de patrimônio, criada no século XIX, não apresentava, inicialmente, a **deturpação do patrimonialismo**, tendo como escopo originário a preservação do indivíduo perante o Estado. As pessoas teriam o seu patrimônio protegido, até certo ponto, da atuação estatal e a universalidade de bens estaria submetida à vontade do seu titular.

Através dos tempos, entretanto, operou-se a sua desvinculação da pessoa, processo que transformou o patrimônio em mero instrumento de atuação econômica.

Segundo Fachin[1], de acordo com a defasada concepção tradicional, não só o patrimônio não é a dimensão econômica da personalidade, mas também não

---

[1] FACHIN, Luiz Edson. *Estatuto jurídico do patrimônio mínimo*. Rio de Janeiro: Renovar, 2001.

recebe do Direito a feição de algo visando à emancipação do seu titular, representando apenas a garantia de terceiros, credores.

Dessa forma, pode-se concluir, com base na equivocada corrente da patrimonialização absoluta, que o elemento de maior destaque é a garantia dos débitos e não a viabilização de uma existência digna.

Ernesto Benda[2] afirma que, na Alemanha, a interpretação do art. 1.1 da Lei Fundamental de Bonn, de 1949, impunha, além da proteção contra a arbitrariedade, um respeito cada vez maior pela sobrevivência do homem; segundo tal artigo, afigura-se inadmissível que o cidadão seja despojado dos recursos indispensáveis à sua **existência digna**.

Logo, a **intervenção estatal na propriedade** – atividade do Poder Público que tem como objetivo conciliar ou adequar o exercício dos direitos relativos à propriedade particular com o interesse público – **é possível, mas não poderá privar o cidadão dos meios básicos para a sobrevivência**.

Atualmente, o **direito de propriedade**, assim como os outros direitos patrimoniais, não tem caráter absoluto. Mesmo os outros direitos fundamentais descritos no art. 5º da CF/88 são relativizados, quando em confronto, para assegurar a pacífica e isonômica convivência entre os membros da sociedade. Consequentemente não poderia ser diferente em relação ao direito de propriedade. A sua extensão é limitada pelo que fora estabelecido como fundamentos da sociedade brasileira, dentre os quais a dignidade da pessoa humana e a função social.

Sob a perspectiva humanista, inserida na Constituição Cidadã de 1988, a pessoa é o elemento máximo do ordenamento jurídico, não o patrimônio, o que possibilita a mais ampla tutela jurídica à pessoa e uma tutela limitada ao patrimônio, afastando, dessa forma, o exacerbado individualismo do Código Civil de 1916.

Carlos Fernández Sessarego[3] sugere que, ante a crise, os juristas tomem consciência do seu dever histórico, abandonando a mentalidade técnica para adotar postura ativa e interdisciplinar, buscando a adequação do ordenamento jurídico aos postulados do **personalismo jurídico**. Feita tal adequação, o Poder Judiciário deve permanecer vigilante para que seja dada máxima eficácia ao personalismo, de forma a converter o patrimônio em meio endereçado ao **desenvolvimento integral do ser humano**.

---

[2] BENDA, Ernesto. *Manual de derecho constitucional*. Madrid: Marcial Pons, 1996.

[3] SESSAREGO, Carlos Fernández. *Derecho y persona*. 2. ed. Truzillo-Peru: Normas Legales, 1995.

Neste diapasão, a opção do Poder Constituinte Originário de, no inciso XXIII do art. 5º da CF/88, submeter a propriedade à **função social** ilustra bem, *ultima ratio*, que se busca, de maneira coletiva, a efetivação da **dignidade da pessoa humana**.

No entanto, a função social da propriedade não pode ter conteúdo vazio, devendo ser dotada de instrumentos efetivos de implantação, sendo certo que o particular, nos casos de privação de bem através de tais instrumentos, deve receber a contraprestação proporcional, sob pena de violação ao princípio do patrimônio mínimo ou ao princípio que veda o enriquecimento sem causa da Administração Pública.

Os tipos de intervenções do Estado na propriedade são:
a) limitação administrativa;
b) ocupação temporária;
c) requisição;
d) tombamento;
e) servidão administrativa; e
f) desapropriação.

35.2. MODALIDADES DE INTERVENÇÃO

A intervenção do Poder Público na propriedade pode ter duas modalidades:
a) supressiva; e
b) restritiva.

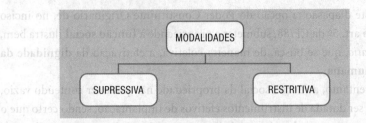

A **supressiva** implica retirada (limitação total) do direito de propriedade anterior, não permitindo que o particular tenha mais qualquer poder em relação ao bem. Exemplo clássico é a desapropriação.

A **restritiva** implica limitação parcial ao direito de propriedade. O particular conserva o seu direito, mas sofre restrições, ônus ou condicionamentos. Exemplo clássico é a servidão administrativa.

35.3. LIMITAÇÃO ADMINISTRATIVA

As **limitações administrativas** são imposições gerais do Estado ao particular para compatibilizar os imperativos do regime jurídico-administrativo com os imperativos de Direito Privado e a distribuição isonômica[4] dos ônus decorrentes.

Alguns autores[5] entendem haver diferença entre **restrição administrativa** e limitação administrativa. A primeira teria eficácia e objetivo específicos e comporta a indenização pelos danos sofridos, enquanto a segunda seria geral e não ensejaria indenização.

Hely Lopes Meirelles[6] afirma que "limitação administrativa é toda imposição geral, gratuita, unilateral e de ordem pública condicionadora do exercício de direitos ou de atividades particulares às exigências do bem-estar social".

A sua **generalidade** implica desnecessidade, em regra, de o Poder Público ofertar qualquer contraprestação em virtude da sua incidência[7].

Não se busca apenas evitar danos à sociedade ou danos individuais com as limitações administrativas, mas busca-se também a integração entre os anseios da sociedade com os direitos dos particulares.

---

[4] A distribuição isonômica dos ônus decorrentes torna a limitação administrativa geral e gratuita.

[5] Dentre eles: FIGUEIREDO, Lúcia Valle. *Curso de direito administrativo*. 9. ed. rev. ampl. e atual. São Paulo: Malheiros, 2008.

[6] MEIRELLES, Hely Lopes; BURLE FILHO, José Emannuel. *Direito administrativo brasileiro*. 42. ed. São Paulo: Malheiros, 2016. p. 762.

[7] STJ, AgRg no REsp 769.405/SP, rel. Min. Mauro Campbell Marques, 2ª Turma, julgado em 6-4-2010, *DJe* 16-4-2010.

As limitações, normalmente, não geram direito real; criam **obrigações de não fazer**, mas podem também ensejar **obrigações de fazer**[8] *ou* **deveres de suportar**.

As limitações administrativas estão relacionadas a restrições ao direito de propriedade, mas podem ser implementadas em qualquer objeto sob o regime de Direito Privado que seja incompatível com o bem-estar geral.

O Estatuto das Cidades (Lei n. 10.257/2001) lista, na alínea *c* do inciso V do seu art. 4º, as limitações administrativas como instrumentos jurídicos e políticos da política urbana.

As formas de exteriorização das limitações administrativas são atos legislativos ou atos administrativos gerais.

Exemplo[9] deste instituto pode ser visto no art. 256 da Lei n. 7.400/2008, que dispõe sobre o Plano Diretor de Desenvolvimento Urbano do Município de

---

[8] Por exemplo, o parcelamento e edificação compulsórios descritos no inciso I do §4º do art. 182 da CF/88.

[9] PDDU 2007 – Município de Salvador. Exemplo de norma de recuo:

"Art. 344. Os recuos frontal, laterais e de fundo das edificações localizadas nos trechos 04 a 12 da Área de Borda Marítima, conforme o Mapa 08 do Anexo 3 desta Lei, deverão atender aos seguintes critérios:

I – observado o mínimo de 5,00 m (cinco metros), o recuo frontal será resultante da aplicação da fórmula:

RFP = 5,00 m + 0,60 m × [(N – 6,00 m) ÷ 3,00 m], em que:

a) RFP – é o recuo frontal progressivo, definido em metros;

b) N – é o gabarito de altura máximo da edificação, definido em metros;

II – observado o mínimo de 2m (dois metros) de RLP, nos terrenos com Testada abaixo de 20m (vinte metros); mínimo de 3m (três metros) de RLP, nos terrenos com Testada entre 20m (vinte metros) e 49m (quarenta e nove metros) e mínimo de 7,0m (sete metros) de RLP nos terrenos com Testada acima de 49m (quarenta e nove metros), os recuos laterais serão resultantes da aplicação das fórmulas:

a – terrenos com Testada abaixo de 20m (vinte metros); RLP= 2,00 m + 0,30 m × [(N – 12,00 m) ÷ 3,00 m];

b – terrenos com Testada entre 20m (vinte metros) e 49m (quarenta e nove metros); RLP = 3,00 m + 0,30 m × [(N – 12,00 m) ÷ 3,00 m];

c – terrenos com Testada acima de 49m (quarenta e nove metros): RLP = 7,00 m + 0,30 m × [(N – 12,00 m) ÷ 3,00 m], em que:

RLP – é o Recuo Lateral Progressivo, definido em metros; N – é o gabarito de altura máximo da edificação, definido em metros;

III – recuo de fundo, será no mínimo de 3,00 m (três metros).

Parágrafo único. O Recuo Lateral Progressivo será aplicado igualmente em relação a ambas as divisas laterais do terreno".

Salvador – PDDU 2007 e dá outras providências. Conforme o seu texto: "Art. 256. A Outorga Onerosa do Direito de Construir será concedida apenas depois de constatada a inexistência de prejuízos reais ou potenciais ao patrimônio cultural, à paisagem, ao meio ambiente e à mobilidade na área, respeitados os gabaritos de altura das edificações, os índices de ocupação e de permeabilidade, e **os recuos e afastamentos fixados pela legislação para as zonas ou corredores**, nas quais seja admitida a recepção de potencial construtivo adicional, nos termos desta Lei".

Por fim, deve ser observado que as **restrições convencionais**, apesar da sua validade, não podem ser sobrepostas às limitações administrativas. As primeiras são muito comuns nos condomínios imobiliários, sendo instituídas nas convenções de condomínio, nas escrituras etc., mas jamais poderão ser aplicadas quando estiverem em confronto com as imposições de Direito Público[10].

35.4. OCUPAÇÃO TEMPORÁRIA

Segundo as normas de Direito Civil, a ocupação é forma originária de aquisição de *bem móvel*; o art. 1.263 do CC de 2002 afirma: "Quem se assenhorear de coisa sem dono para logo lhe adquire a propriedade, não sendo essa ocupação defesa por lei".

Apesar da sua relação, no Direito Civil, com os bens móveis, a CF/88 associa a ocupação temporária a **bem imóvel** em vários dos seus artigos.

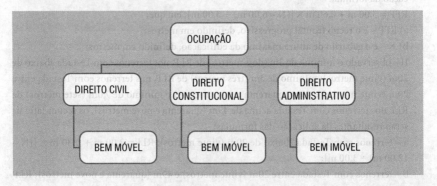

A Carta Maior, ao tratar da **faixa de fronteira** no §2º do seu art. 20, afirma que a sua **ocupação** e utilização serão reguladas em lei; estipula, no inciso VIII do seu art. 30, que compete ao Município promover, no que couber, adequado

---

[10] STJ, REsp 289.093/SP, rel. Min. Milton Luiz Pereira, Rel. p/ acórdão Min. Luiz Fux, 1ª Turma, julgado em 2-9-2003, *DJ* 20-10-2003, p. 179.

ordenamento territorial, mediante planejamento e controle do uso, do parcelamento e da *ocupação* do solo urbano; e, aduz, no §6º do seu art. 231, que são nulos e extintos, não produzindo efeitos jurídicos, os atos que tenham por objeto a **ocupação**, o domínio e a posse das terras indígenas, ou a exploração das riquezas naturais do solo, dos rios e dos lagos nelas existentes, ressalvado relevante interesse público da União, segundo o que dispuser lei complementar, não gerando a nulidade e a extinção direito a indenização ou a ações contra a União, salvo, na forma da lei, quanto às benfeitorias derivadas da *ocupação* de boa-fé.

Não obstante tais normas, o dispositivo constitucional que mais se aproxima da definição de ocupação temporária aqui tratada é o do inciso II do §1º do art. 136, que possibilita, durante o Estado de Defesa, a ocupação e o uso temporário de bens e serviços públicos, na hipótese de calamidade pública, respondendo a União pelos danos e custos decorrentes.

Observe-se que a ocupação não se relaciona a serviços públicos, visto que o seu objeto é bem imóvel.

Relevante consequência da ocupação temporária pode ser extraída do inciso II do §1º do art. 136 da CF/88: os danos e custos decorrentes devem ser indenizados[11].

Assim, mesmo na ocupação temporária gratuita, os custos e danos impostos ao particular ou a outro ente federativo devem ser suportados pelo Poder Público que se utilizou daquele instrumento administrativo.

Maria Sylvia Zanella Di Pietro[12] afirma: "**Ocupação temporária é a forma de limitação do Estado à propriedade privada que se caracteriza pela utilização transitória, gratuita ou remunerada, de *imóvel de propriedade particular*, para fins de interesse público**".

O Decreto-Lei n. 3.365/41, no seu art. 36, afirma, ao tratar de possíveis obstáculos à destinação eficaz do bem desapropriado, que é permitida a ocupação temporária – indenizável em ação própria – de terrenos não edificados, vizinhos às obras e necessários à sua realização.

Há situações nas quais o espaço do imóvel desapropriado é suficiente para a construção desejada pelo Poder Público, mas os equipamentos necessários à obra não podem ser todos instalados nos limites do imóvel. Assim, a Administração Pública, apesar de não precisar de mais espaço para o produto final, pode

---

[11] STJ, REsp 174.326/PR, rel. Min. Ari Pargendler, 2ª Turma, julgado em 20-8-1998, *DJ* 8-9-1998, p. 53.

[12] DI PIETRO, Maria Sylvia Zanella. *Direito administrativo*. 34. ed. Rio de Janeiro: Forense, 2021. p. 152.

precisar temporariamente de imóveis limítrofes para a execução do seu objeto.

Neste caso, a **ocupação temporária** da Lei de Desapropriação é o instrumento adequado, pois não retira do administrado a sua propriedade sem necessidade e permite que a obra seja finalizada. O particular deverá ser **notificado**.

A indenização, neste caso, somente será devida caso a ocupação temporária tenha causado algum **dano** ao administrado, entretanto o expropriante prestará caução, quando exigida[13].

A Lei n. 3.924/61, nos seus arts. 13 e 14, traz outra hipótese de ocupação temporária. Eis os seus comandos:

> Art. 13. A União, bem como os Estados e Municípios mediante autorização federal, poderão proceder a escavações e pesquisas, no interesse da arqueologia e da pré-história em terrenos de propriedade particular, com exceção das áreas muradas que envolvem construções domiciliares.
>
> *Parágrafo único. À falta de acordo amigável com o proprietário da área onde situar-se a jazida, será esta declarada de utilidade pública e autorizada a sua ocupação pelo período necessário à execução dos estudos, nos termos do art. 36 do Decreto-Lei n. 3.365, de 21 de junho de 1941.*
>
> Art. 14. No caso de *ocupação temporária* do terreno, para realização de escavações nas jazidas declaradas de utilidade pública, deverá ser lavrado um auto, antes do início dos estudos, no qual se descreva o aspecto exato do local.
>
> §1º Terminados os estudos, o local deverá ser restabelecido, sempre que possível, na sua feição primitiva.
>
> §2º Em caso de escavações produzirem a destruição de um relevo qualquer, essa obrigação só terá cabimento quando se comprovar que, desse aspecto particular do terreno, resultavam incontestáveis vantagens para o proprietário. (grifo)

A **ocupação temporária** para os estudos de arqueologia e pré-história em terrenos particulares somente poderá ser utilizada pelo Poder Público de forma subsidiária, pois se houver acordo a sua efetivação é desnecessária.

Há ainda a **ocupação** descrita no inciso II do art. 80 da Lei n. 8.666/93, que dispõe sobre Licitação e Contratos Administrativos, derivada, ao contrário das outras modalidades já descritas, de relação contratual, sendo uma das consequên-cias da rescisão unilateral do contrato administrativo promovida pela Administração Pública e consiste, especificamente, na utilização do local, instalações, equipamentos, material e pessoal empregados na execução do contrato, necessários à sua continuidade.

---

[13] STF, RE 84986, rel. Min. Thompson Flores, 2ª Turma, julgado em 10-8-1976, *DJ* 24-9-1976, *RTJ* v. 84-02, p. 592.

Por fim, a Lei n. 8.987/95 possibilita, no §3º do seu art. 35, em caso de extinção do contrato de concessão de serviço público, a **ocupação** das instalações e a utilização, pelo poder concedente, de todos os bens reversíveis.

Nos dois casos acima, o primeiro relacionado à Lei n. 8.666/93 e o segundo relacionado à Lei n. 8.987/95, há falar em ocupação de bens móveis e serviços.

Deve ser ressaltado, porém, que os casos de ocupação decorrentes de extinção de contratos administrativos não apresentam a mesma transitoriedade das outras modalidades inicialmente estudadas.

35.5. REQUISIÇÃO ADMINISTRATIVA

A **requisição administrativa** é o ato unilateral referente à solicitação imperativa de **bem móvel, imóvel ou serviço** do administrado para satisfazer o interesse público em casos de **iminente perigo público**, na forma do inciso XXV do art. 5º da CF/88, sendo assegurada, se houver dano, indenização posterior.

A requisição administrativa é **autoexecutória**.

Maria Sylvia Zanella Di Pietro[14] aduz que: "Fixados os seus elementos característicos, pode-se conceituar a requisição como ato administrativo unilateral, autoexecutório e oneroso, consistente na utilização de bens ou de serviços particulares pela Administração, para atender a necessidades coletivas em tempo de guerra ou em caso de perigo público iminente".

O §3º do art. 1.228 do CC de 2002 também trata do presente instituto ao afirmar que: "O proprietário pode ser privado da coisa, nos casos de desapropriação, por necessidade ou utilidade pública ou interesse social, bem como no de requisição, em caso de perigo público iminente".

A competência para legislar sobre requisição civil e militar é da União, na forma do inciso III do art. 22 da CF/88.

A sua utilização é gratuita e compulsória, consequentemente, somente haverá qualquer contraprestação ou indenização em caso de dano.

O inciso VII do art. 139 da Carta Maior estabelece a possibilidade de **requisição** de bens no caso de decretação de **estado de sítio**.

A natureza do bem é fundamental para a caracterização da requisição administrativa, pois se o bem for, na forma do art. 86 do CC de 2002, **consumível**[15], estar-se-á diante de desapropriação indireta e não de requisição administrativa. Portanto, seria devida a indenização referente à expropriação do objeto.

---

[14] DI PIETRO, Maria Sylvia Zanella. *Direito administrativo*. 34. ed. Rio de Janeiro: Forense, 2021. p. 156.

[15] Bem móvel cujo uso importa destruição imediata da própria substância, sendo também considerados tais os destinados à alienação.

956 CURSO DE DIREITO ADMINISTRATIVO

Observe-se, por fim, que a requisição administrativa como espécie do gênero intervenção do Estado na propriedade não se confunde com a requisição *de servidor ou empregado público*.

A requisição de servidor ou empregador público é o ato administrativo emanado de órgão com funções especiais que determina o ingresso no seu quadro de servidor público ou empregado de outro órgão, sem alteração real da lotação no órgão de origem e sem assunção de cargo efetivo[16]. Exemplo de requisição é o da Lei n. 6.999/82, que dispõe sobre a requisição de servidores públicos pela Justiça Eleitoral e dá outras providências.

OCUPAÇÃO TEMPORÁRIA	REQUISIÇÃO
BEM IMÓVEL	BENS IMÓVEIS, MÓVEIS OU SERVIÇOS
PODE HAVER URGÊNCIA OU NÃO	PERIGO PÚBLICO IMINENTE
INTERESSE PÚBLICO	INTERESSE PÚBLICO

35.6. TOMBAMENTO

A CF/88, ao tratar do tombamento, aduz:

Art. 216. Constituem **patrimônio cultural brasileiro** os bens de natureza material e imaterial, **tomados individualmente ou em conjunto**, portadores de referência à identidade, à ação, à memória dos diferentes grupos formadores da sociedade brasileira, nos quais se incluem:
I – as formas de expressão;
II – os modos de criar, fazer e viver;
III – as criações científicas, artísticas e tecnológicas;
IV – as obras, objetos, documentos, edificações e demais espaços destinados às manifestações artístico-culturais;
V – os conjuntos urbanos e sítios de valor histórico, paisagístico, artístico, arqueológico, paleontológico, ecológico e científico.
§1º O Poder Público, com a colaboração da comunidade, promoverá e protegerá o patrimônio cultural brasileiro, por meio de inventários, registros, vigilância, *tombamento* e desapropriação, e de outras formas de acautelamento e preservação.
§2º Cabem à administração pública, na forma da lei, a gestão da documentação governamental e as providências para franquear sua consulta a quantos dela necessitem.

---

[16] STJ, REsp 81.459/DF, rel. Min. Luiz Vicente Cernicchiaro, 6ª Turma, julgado em 8-10-1996, *DJ* 5-5-1997, p. 17134.

§3º A lei estabelecerá incentivos para a produção e o conhecimento de bens e valores culturais.

§4º Os danos e ameaças ao patrimônio cultural serão punidos, na forma da lei.

§5º Ficam *tombados* todos os documentos e os sítios detentores de reminiscências históricas dos antigos quilombos. (grifo)

O **tombamento** é a inscrição, compulsória ou voluntária, de determinado bem de natureza material ou imaterial do patrimônio cultural brasileiro, com a finalidade de proteção, em Livro de Tombo.

A norma federal sobre tombamento é o Decreto-Lei n. 25/37, sendo que os efeitos mais abrangentes deste ato administrativo restritivo[17] são **o dever de conservação, o dever de prestar informações sobre o bem e a necessidade de autorização do Poder Público para qualquer alteração no bem**[18].

Observe-se que o dever de conservação do bem tombado não exige que seja **reconstruído** pelo particular quando a sua essência já estiver ausente.

Marco Antônio Borges[19] afirma: "O parágrafo supracitado pôs fim ao argumento de que seria indispensável o prévio tombamento para proteção jurídica do bem de valor cultural, sendo a natureza jurídica do tombamento um ato administrativo complexo, que se declara ou reconhece a preexistência do valor cultural do bem e constitui limitações especiais ao uso e à propriedade do bem, sendo ato de natureza constitutiva, pois muda a situação do bem, com efeito *ex nunc*, instituindo-se uma servidão administrativa, traduzida na incidência de um regime especial de proteção ao bem, com a finalidade de atender o interesse público de preservação da cultura, sendo que sua materialização se dá de forma declaratória, o que faz com que haja divergência por parte de alguns doutrinadores, quanto à natureza constitutiva".

A proteção dos documentos, das obras e outros bens de valor histórico, artístico e cultural, dos monumentos, das paisagens naturais notáveis e dos sítios arqueológicos é, na forma do inciso III do art. 23 da CF/88, competência comum da União, dos Estados, do Distrito Federal e dos Municípios e a competência para legislar sobre proteção ao patrimônio histórico, cultural, artístico, turístico e paisagístico é concorrente entre a União, os Estados e o Distrito Federal.

---

[17] STJ, REsp 761.756/DF, rel. Min. Teori Albino Zavascki, 1ª Turma, julgado em 15-12-2009, *DJe* 2-2-2010.

[18] STJ, REsp 1075043/MG, rel. Min. Francisco Falcão, 1ª Turma, julgado em 16-6-2009, *DJe* 29-6-2009.

[19] O tombamento como instrumento jurídico para a proteção do patrimônio cultural, *RDA* 22/259.

Existem, na forma do art. 4º do Decreto-Lei n. 25/37, **quatro livros de tombo**:

a) o **Livro do Tombo Arqueológico, Etnográfico e Paisagístico**, que registra as coisas pertencentes às categorias de arte arqueológica, etnográfica, ameríndia e popular, bem como os monumentos naturais, os sítios e paisagens que importe conservar e proteger pela feição notável com que tenham sido dotados pela natureza ou agenciados pela indústria humana;

b) o **Livro do Tombo Histórico**, que registra as coisas de interesse histórico e as obras de arte histórica;

c) o **Livro do Tombo das Belas Artes**, que registra as coisas de arte erudita, nacional ou estrangeira; e

d) o **Livro do Tombo das Artes Aplicadas**, que registra as obras incluídas na categoria das artes aplicadas, nacionais ou estrangeiras.

O tombamento pode ser **provisório** ou **definitivo**, dependendo da fase em que se encontrar o seu processamento. Na forma do art. 6º do Decreto-Lei em tela, poderá ser **voluntário** ou **compulsório**.

Poderá ser também **geral** ou **individual**. No primeiro, é emitido um comando pela Administração Pública que abrangerá diversos bens. No segundo, o comando da Administração Pública será direcionado a um bem específico.

O tombamento poderá ser **total** ou **parcial**. Assim, poderá atingir a integralidade do bem ou atingir apenas parte do bem tombado.

No tombamento, a propriedade continua com o particular. Assim, **não há**, em regra, **indenização** em virtude da sua constituição, excepcionando-se quando houver significativa redução do valor econômico do bem causada pela restrição ou a sua conservação demandar despesas que ordinariamente não podem ser suportadas pelo administrado.

As coisas tombadas, que pertençam à União, aos Estados ou aos Municípios, inalienáveis por natureza, só poderão ser transferidas de uma à outra das referidas entidades. Feita a transferência, dela deve o adquirente dar imediato conhecimento ao Serviço do Patrimônio Histórico e Artístico Nacional.

A alienabilidade das obras históricas ou artísticas tombadas, de propriedade de pessoas naturais ou jurídicas de direito privado sofrerá as restrições constantes no Decreto-Lei em estudo.

O tombamento definitivo dos bens de propriedade particular será, por iniciativa do órgão competente do Serviço do Patrimônio Histórico e Artístico Nacional, transcrito para os devidos efeitos em livro a cargo dos oficiais do registro de imóveis e averbado ao lado da transcrição do domínio.

No caso de transferência de propriedade dos bens, deverá o adquirente, dentro do prazo de trinta dias, sob pena de multa de dez por cento sobre o respectivo valor, fazê-la constar do registro, ainda que se trate de transmissão judicial ou *causa mortis*.

Na hipótese de deslocação de tais bens, deverá o proprietário, dentro do mesmo prazo e sob pena da mesma multa, inscrevê-los no registro do lugar para que tiverem sido deslocados.

A transferência deve ser comunicada pelo adquirente, e a deslocação pelo proprietário, ao Serviço do Patrimônio Histórico e Artístico Nacional, dentro do mesmo prazo e sob a mesma pena.

A coisa tombada não poderá sair do país, senão por curto prazo, sem transferência de domínio e para fim de intercâmbio cultural, a juízo do Conselho Consultivo do Serviço do Patrimônio Histórico e Artístico Nacional.

Tentada, a não ser no caso acima previsto, a exportação, para fora do país, da coisa tombada, será esta sequestrada pela União ou pelo Estado em que se encontrar.

Apurada a responsabilidade do proprietário, ser-lhe-á imposta a multa de cinquenta por cento do valor da coisa, que permanecerá sequestrada em garantia do pagamento, e até que este se faça. No caso de reincidência, a multa será elevada ao dobro.

A pessoa que tentar a exportação de coisa tombada, além de incidir na multa a que se referem os parágrafos anteriores, incorrerá, nas penas cominadas no Código Penal para o crime de contrabando.

No caso de extravio ou furto de qualquer objeto tombado, o respectivo proprietário deverá dar conhecimento do fato ao Serviço do Patrimônio Histórico e Artístico Nacional, dentro do prazo de cinco dias, sob pena de multa de dez por cento sobre o valor da coisa.

As coisas tombadas não poderão, em caso nenhum, ser destruídas, demolidas ou mutiladas, nem, sem prévia autorização especial do Serviço do Patrimônio Histórico e Artístico Nacional, ser reparadas, pintadas ou restauradas, sob pena de multa de cinquenta por cento do dano causado.

Tratando-se de bens pertencentes à União, aos Estados ou aos Municípios, a autoridade responsável pela infração do presente artigo incorrerá pessoalmente na multa.

Sem prévia autorização do Serviço do Patrimônio Histórico e Artístico Nacional, não se poderá, na vizinhança da coisa tombada, fazer construção que lhe impeça ou reduza a visibilidade, nem nela colocar anúncios ou cartazes, sob pena de ser mandada destruir a obra ou retirar o objeto, impondo-se neste caso a multa de cinquenta por cento do valor do mesmo objeto.

O proprietário de coisa tombada, que não dispuser de recursos para proceder às obras de conservação e reparação que a mesma requerer, levará ao conhecimento do Serviço do Patrimônio Histórico e Artístico Nacional a necessidade das mencionadas obras, sob pena de multa correspondente ao dobro da importância em que for avaliado o dano sofrido pela mesma coisa.

Recebida a comunicação, e consideradas necessárias as obras, o diretor do Serviço do Patrimônio Histórico e Artístico Nacional mandará executá-las, a expensas da União, devendo estas ser iniciadas dentro do prazo de seis meses, ou providenciará para que seja feita a desapropriação da coisa.

A falta de qualquer das providências previstas, poderá o proprietário requerer que seja cancelado o tombamento da coisa.

Uma vez que verifique haver urgência na realização de obras e conservação ou reparação em qualquer coisa tombada, poderá o Serviço do Patrimônio Histórico e Artístico Nacional tomar a iniciativa de projetá-las e executá-las, a expensas da União, independentemente da comunicação a que alude este artigo, por parte do proprietário.

As coisas tombadas ficam sujeitas à vigilância permanente do Serviço do Patrimônio Histórico e Artístico Nacional, que poderá inspecioná-las sempre que for julgado conveniente, não podendo os respectivos proprietários ou responsáveis criar obstáculos à inspeção, sob pena de multa de cem mil réis (valor que deve ser atualizado em reais), elevada ao dobro em caso de reincidência.

Os atentados cometidos contra o conjunto dos bens móveis e imóveis existentes no país e cuja conservação seja de interesse público, quer por sua vinculação a fatos memoráveis da história do Brasil, quer por seu excepcional valor arqueológico ou etnográfico, bibliográfico ou artístico, são equiparados aos cometidos contra o patrimônio nacional.

DURAÇÃO	PROVISÓRIO
	DEFINITIVO
VONTADE	VOLUNTÁRIO
	COMPULSÓRIO
MULTIPLICIDADE	GERAL
	INDIVIDUAL
ABRANGÊNCIA	TOTAL
	PARCIAL

35.7. SERVIDÃO ADMINISTRATIVA

O conceito de servidão surgiu no Direito Civil, sendo um **direito real** que proporciona utilidade para o **prédio dominante**, e grava ou onera o **prédio serviente**, pertencente a dono diverso.

A servidão tem por objeto bens imóveis e gera uma relação *propter rem*, sendo pouco relevante, nas relações entre os particulares, a titularidade dos bens e submete-se à **teoria do mínimo encargo**, ou seja, o exercício da servidão, sob pena de configurar-se expropriação, deve ser restrito às necessidades do prédio dominante, evitando-se, sempre que possível, agravar o encargo do prédio serviente.

Não há dúvida de que, se houver diversas formas para o exercício deste direito, dever-se-á escolher a causadora de **menor prejuízo** e de **menor restrição ao prédio** que a deva **suportar**. Sua interpretação é restritiva, pois, se constituída para determinado fim, não pode ser estendida para causar outras restrições. A oponibilidade da servidão é *erga omnes* (a todos), devendo ser registrada no Cartório de Registro de Imóveis respectivo.

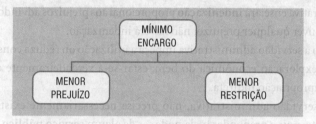

A alusão à disciplina privatista da servidão justifica-se pela existência de diversos traços comuns entre a servidão do Código Civil de 2002 e a servidão administrativa, apesar de Hely Lopes Meirelles[20] afirmar que "as servidões administrativas não se confundem com as servidões civis de Direito Privado, nem com as desapropriações".

Correta é a opinião de Maria Sylvia Zanella Di Pietro[21] ao aduzir que: "Embora servidão tenha nascido e se desenvolvido no direito privado, o seu conceito pertence à teoria geral do direito, ou seja, não é comprometido com o Direito Civil nem com o Direito Administrativo. Deve-se procurar uma noção genérica – categoria jurídica – para, a partir dela, chegar aos dois conceitos próprios de cada um daqueles ramos jurídicos".

---

[20] MEIRELLES, Hely Lopes; BURLE FILHO, José Emannuel. *Direito administrativo brasileiro*. 42. ed. São Paulo: Malheiros, 2016. p. 755.
[21] DI PIETRO, Maria Sylvia Zanella. *Direito administrativo*. 34. ed. Rio de Janeiro: Forense, 2021. p. 164.

962   CURSO DE DIREITO ADMINISTRATIVO

Há inúmeros elementos comuns entre a servidão privada e a servidão administrativa, dentre eles:

a)   ambas têm como objeto imóvel;

b)   ambas são *propter rem;*

c)   ambas são pautadas na teoria do mínimo encargo;

d)   ambas implicam sujeição;

e)   ambas limitam a propriedade, mas não a retiram; e

f)   ambas são, em regra, perpétuas.

A servidão administrativa é o direito real de utilidade, em regra, perpétuo; instituído sobre imóvel particular, outorgado, com base em lei, a um ente, entidade ou delegatário da Administração Pública, a fim de satisfazer um interesse público, que não suprime direito real do particular, causando-lhe apenas alguma restrição.

Na forma do art. 40 do Decreto-Lei n. 3.365/41, a instituição de servidão administrativa ensejará **indenização** proporcional aos prejuízos advindos. Assim, se não houver qualquer prejuízo, não haverá indenização.

Caso a servidão administrativa impeça a utilização ou reduza consideravelmente a exploração econômica do bem, estar-se-á verdadeiramente diante de uma desapropriação indireta.

Na servidão administrativa, não precisa necessariamente existir prédio dominante, pois a preponderância pode ser de algum **serviço público**.

Não é autoexecutável, pois depende de acordo entre as partes ou decisão judicial.

As servidões administrativas são constituídas através de:

a)   **lei** (independentemente de qualquer ato jurídico, unilateral ou bilateral);

b)   **acordo** (precedido de ato declaratório de utilidade pública); ou

c)   **sentença judicial** (quando não houver acordo).

FORMAS DE CONSTITUIÇÃO		
LEI	ACORDO	SENTENÇA JUDICIAL

A servidão administrativa deverá sempre ser **autorizada por lei**, mas a sua instituição pode ser por lei, acordo ou decisão judicial.

Todavia, mesmo que não observadas estas formalidades, em atenção ao princípio da eficiência e da continuidade do serviço público, deve ser mantida a servidão administrativa, com a indenização correspondente à justa reparação dos prejuízos e das restrições ao uso do imóvel, como ocorre com a desapropriação indireta, obedecido o regime jurídico desta[22].

A servidão administrativa instituída **por lei**, em regra, prescinde de **indenização**, se houver restrição geral que deve ser suportada de maneira indistinta por uma coletividade, mas quando decorrente de acordo de vontades ou de sentença judicial e causar danos é, normalmente, indenizável[23].

A servidão administrativa tem prazo de duração, em regra, **perpétuo**. A sua duração pode ser limitada no ato de instituição sem que restem descaracterizados os seus outros elementos, pois a sua manutenção, quando findo o interesse público que a justificou, violaria o princípio do mínimo encargo, o princípio da proporcionalidade e o princípio da razoabilidade.

A *prescrição aquisitiva*, a *supressio* e a *surrectio* não extinguem a servidão administrativa, pois não há, nestes casos, como o interesse privado patrimonial sobrepor-se ao interesse público.

Extinguem a servidão administrativa:

a) o **perecimento ou a mudança** da natureza do imóvel serviente;

b) a **desafetação** do bem ou do serviço público dominante;

c) a **aquisição do imóvel serviente** pela Administração Pública ou delegatário dominante; ou

d) a **perda do interesse público** relacionado à restrição.

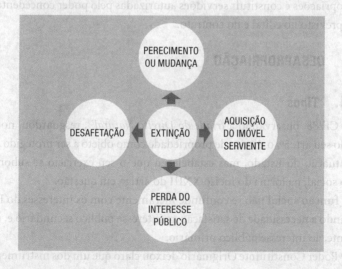

---

[22] STJ, REsp 977.875/RS, rel. Min. Luiz Fux, 1ª Turma, julgado em 13-10-2009, *DJe* 4-11-2009.

[23] STJ, REsp 953.910/BA, rel. Min. Mauro Campbell Marques, 2ª Turma, julgado em 18-8-2009, *DJe* 10-9-2009.

A servidão administrativa exige **autorização legislativa** para que seja constituída e deve observar a hipertrofia federativa, pois, da mesma forma que acontece com a desapropriação, a União pode instituir servidão administrativa sobre bens estaduais, distritais e municipais e os Estados podem instituir servidão administrativa sobre os bens municipais, não sendo possível o inverso nos dois casos.

Exemplo de servidão administrativa é a prevista no art. 18 do Decreto-Lei n. 25/37. Eis a norma: "Art. 18. Sem prévia autorização do Serviço do Patrimônio Histórico e Artístico Nacional, não se poderá, na vizinhança da coisa tombada, fazer construção que lhe impeça ou reduza a visibilidade, nem nela colocar anúncios ou cartazes, sob pena de ser mandada destruir a obra ou retirar o objeto, impondo-se neste caso a multa de cinquenta por cento do valor do mesmo objeto".

Outro exemplo é o previsto no art. 12 do Decreto-Lei n. 7.841/45: "Art. 12. As fontes de água mineral, termal ou gasosa, em exploração regular, poderá ser assinalado, por decreto, um perímetro de proteção, sujeito a modificações posteriores se novas circunstâncias o exigirem".

A passagem de fios ou tubulação em um imóvel particular desde que não inviabilize a sua utilização e exploração também é exemplo de servidão administrativa.

Por fim, tem-se que, na forma do inciso VI do art. 31 da Lei n. 8.987/95, estabeleceu a possibilidade de o concessionário de serviço público promover as desapropriações e constituir servidões autorizadas pelo poder concedente, conforme previsto no edital e no contrato.

35.8. DESAPROPRIAÇÃO

35.8.1. Tipos

A CF/88, observando a *tríade do Direito Natural*[24], resguardou, no inciso XXII do seu art. 5º, o direito de propriedade como objeto a ser protegido e limite da atuação do Estado, mas estabeleceu que o seu exercício se subordina à função social, na forma do inciso XXIII do artigo em questão.

A **função social** não se confunde meramente com os interesses do Estado, denotando a necessidade de satisfação ao interesse público secundário e, principalmente, ao interesse público primário.

O Poder Constituinte Originário deixou claro que um dos instrumentos de atendimento à função social da propriedade é a desapropriação. Eis a norma:

---

[24] Direito à vida, direito à liberdade e direito à propriedade.

Art. 5º Todos são iguais perante a lei, sem distinção de qualquer natureza, garantindo-se aos brasileiros e aos estrangeiros residentes no país a inviolabilidade do direito à vida, à liberdade, à igualdade, à segurança e à propriedade, nos termos seguintes:

(...)

XXIV – *a lei estabelecerá o procedimento para desapropriação por necessidade ou utilidade pública, ou por interesse social, mediante justa e prévia indenização em dinheiro, ressalvados os casos previstos nesta Constituição.*

Determinadas situações exigem não apenas limitação temporária ou parcial, mas sim a **inversão duradoura e completa do direito de propriedade**, a fim de que o interesse público seja satisfeito ou, no caso de certas expropriações, seja resguardado interesse privado legítimo e socialmente relevante (direito fundamental). As expropriações realizadas pelo Poder Público são **supressivas** e **formas originárias de aquisição** do direito real envolvido.

Inicialmente, cumpre esclarecer que **expropriação** é gênero da espécie desapropriação, sendo a expropriação qualquer inversão compulsória do direito de propriedade.

Observe-se, porém, que este não é o entendimento da maioria da doutrina. Boa parte dos autores nacionais entende que as palavras expropriação e desapropriação são sinônimas.

A expropriação apresentada no art. 243[25] da Carta Maior, que trata das glebas[26] de qualquer região do país onde forem localizadas culturas ilegais de **plantas psicotrópicas ou trabalho escravo**, não representa espécie de desapropriação-sanção, pois, em todos os tipos de desapropriação, inclusive sanção, o titular do bem desapropriado deverá ser indenizado.

O **confisco das glebas pela União** estabelecido no artigo acima citado é judicial, pois depende de ação expropriatória, cujo procedimento é definido na Lei n. 8.257/91.

---

[25] "Art. 243. As propriedades rurais e urbanas de qualquer região do país onde forem localizadas culturas ilegais de plantas psicotrópicas ou a exploração de trabalho escravo na forma da lei serão expropriadas e destinadas à reforma agrária e a programas de habitação popular, sem qualquer indenização ao proprietário e sem prejuízo de outras sanções previstas em lei, observado, no que couber, o disposto no art. 5º.

Parágrafo único. Todo e qualquer bem de valor econômico apreendido em decorrência do tráfico ilícito de entorpecentes e drogas afins e da exploração de trabalho escravo será confiscado e reverterá a fundo especial com destinação específica, na forma da lei."

[26] STF, RE 543974, rel. Min. Eros Grau, Tribunal Pleno, julgado em 26-3-2009, *DJe*29-5-2009, *RTJ* v. 209-01, p. 395.

As glebas de qualquer região do país onde forem localizadas culturas ilegais de plantas psicotrópicas serão imediatamente expropriadas e especificamente destinadas ao assentamento de colonos, para o cultivo de produtos alimentícios e medicamentosos, sem qualquer indenização ao proprietário e sem prejuízo de outras sanções previstas em lei, conforme o art. 243 da Constituição Federal.

Todo e qualquer bem de valor econômico apreendido em decorrência do tráfico ilícito de entorpecentes e drogas afins será confiscado e reverterá em benefício de instituições e pessoal especializado no tratamento e recuperação de viciados e no aparelhamento e custeio de atividades de fiscalização, controle, prevenção e repressão do crime de tráfico dessas substâncias.

Plantas psicotrópicas são aquelas que permitem a obtenção de substância entorpecente proscrita, plantas estas elencadas no rol emitido pelo órgão sanitário competente do Ministério da Saúde.

A autorização para a cultura de plantas psicotrópicas será concedida pelo órgão competente do Ministério da Saúde, atendendo exclusivamente a finalidades terapêuticas e científicas.

A cultura das plantas psicotrópicas caracteriza-se pelo preparo da terra destinada a semeadura, plantio ou colheita.

As glebas sujeitas à expropriação são aquelas possuídas a qualquer título.

A ação expropriatória seguirá o procedimento judicial seguintes:

a) Recebida a inicial, o Juiz determinará a citação dos expropriados, no prazo de cinco dias.

b) Ao ordenar a citação, o Juiz nomeará perito. Após a investidura, o perito terá oito dias de prazo para entregar o laudo em cartório.

c) O prazo para contestação e indicação de assistentes técnicos será de dez dias, a contar da data da juntada do mandado de citação aos autos.

d) O Juiz determinará audiência de instrução e julgamento para dentro de quinze dias, a contar da data da contestação.

e) O Juiz poderá imitir, liminarmente, a União na posse do imóvel expropriando, garantindo-se o contraditório pela realização de audiência de justificação.

f) Na audiência de instrução e julgamento, cada parte poderá indicar até cinco testemunhas. É vedado o adiamento da audiência, salvo motivo de força maior, devidamente justificado. Se a audiência, pela impossibilidade da produção de toda a prova oral no mesmo dia, tiver que ser postergada, em nenhuma hipótese será ela marcada para data posterior a três dias.

g) Encerrada a instrução, o Juiz prolatará a sentença em cinco dias.

h) Da sentença caberá recurso na forma da lei processual.

i) Transitada em julgado a sentença expropriatória, o imóvel será incorporado ao patrimônio da União. Se a gleba expropriada, após o trânsito em julgado da sentença, não puder ter em cento e vinte dias destinação ao assentamento de colonos, para o cultivo de produtos alimentícios e medicamentosos, ficará incorporada ao patrimônio da União, reservada, até que sobrevenham as condições necessárias àquela utilização.

A expropriação confisco prevalecerá sobre direitos reais de garantia, não se admitindo embargos de terceiro fundados em dívida hipotecária, anticrética ou pignoratícia.

O não cumprimento dos prazos previstos acima sujeitará o funcionário público responsável ou o perito judicial a multa diária, a ser fixada pelo Juiz.

Aplicam-se subsidiariamente as normas do Código de Processo Civil.

Pode ser citada também como espécie de expropriação a descrita nos §§4º e 5º do art. 1.228 do CC de 2002[27].

No Processo Civil, podem ser encontradas outras espécies de expropriação, porém, por óbvio, não serão tratadas neste livro.

Além do confisco de glebas utilizadas para culturas ilegais de **plantas psicotrópicas ou trabalho escravo**, *interessa para o Direito Administrativo a modalidade expropriatória chamada desapropriação.*

A desapropriação pode ser conceituada como a transferência compulsória ao Poder Público, de forma originária, da propriedade de particular, de ente, ou de pessoa jurídica de direito público, menos abrangente, mediante declaração prévia de necessidade pública, utilidade pública ou interesse social e justa indenização.

A **competência para legislar** sobre desapropriação é, na forma do inciso II do art. 22 da Carta Magna, da União. Contudo, leis específicas podem ser editadas por outros entes da Federação, na forma do §4º do seu art. 182.

A **indenização** deve, salvo no caso de desapropriação-sanção de imóvel urbano do §4º do art. 182, ser **prévia**.

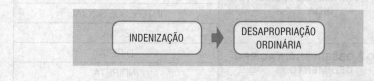

---

[27] ARAÚJO, Fabiana Pacheco de. Desapropriação judicial por interesse social – art. 1.228, §§4º e 5º, do novo Código Civil. Disponível em: <http://www.buscalegis.ufsc.br/revistas/index.php/buscalegis/article/viewFile/7238/6805>.

968 CURSO DE DIREITO ADMINISTRATIVO

Atualmente, o sistema de valoração do bem a ser desapropriado está em crise, em virtude da falta de objetividade nos critérios adotados nas decisões judiciais, pois a bens com características bastante semelhantes podem ser atribuídos valores proporcionalmente diversos.

O Poder Judiciário deve buscar isonomia, sob pena de restar violado o postulado da justa indenização que tem como parâmetro também o que fora conseguido judicialmente ou extrajudicialmente por administrado em situação semelhante.

Juan Alfonso Santamaría Pastor[28] mostra que a crise é vista em muitos Estados Democráticos de Direito, inclusive na Espanha, ao afirmar que uma das crises do modelo expropriatório clássico é a *crisis del sistema de valoraciones*.

As desapropriações podem ser classificadas da seguinte forma:

Quanto ao comportamento do titular do bem desapropriado:

a)	ordinária; e

b)	sanção.

Quanto à finalidade a ser atendida:

a)	necessidade pública;

b)	utilidade pública;

c)	interesse social; e

d)	zona.

Quanto à observância ao procedimento:

a)	direta; e

b)	indireta.

QUANTO AO COMPORTAMENTO DO TITULAR DO BEM DESAPROPRIADO	ORDINÁRIA
	SANÇÃO
QUANTO À FINALIDADE A SER ATENDIDA	NECESSIDADE PÚBLICA
	UTILIDADE PÚBLICA
	INTERESSE SOCIAL
	ZONA
QUANTO À OBSERVÂNCIA AO PROCEDIMENTO	DIRETA
	INDIRETA

[28]	SANTAMARÍA PASTOR, Juan Alfonso. *Principios de derecho administrativo general*. Madrid: Iustel, 2004, v. II.

35.8.1.1. Desapropriação ordinária

A **desapropriação ordinária** é aquela efetivada independentemente da conduta do titular do bem, decorrendo apenas das demandas do Poder Público e da sociedade.

O único motivo é a satisfação do interesse público. O titular do bem, nesta hipótese, não descumpriu qualquer dos seus deveres estabelecidos no ordenamento jurídico.

35.8.1.2. Desapropriação-sanção

A **desapropriação-sanção** decorre da ausência de cumprimento de **dever imposto** ao proprietário do bem, não havendo, desta forma, demanda direta e imediata do Poder Público e da sociedade.

A CF/88 estabelece duas modalidades de desapropriação-sanção:

a) a desapropriação por descumprimento da função social da propriedade urbana; e

b) a desapropriação por descumprimento da função social da propriedade rural.

A **desapropriação-sanção do imóvel urbano** que não esteja cumprindo a sua função social é a última medida da qual o **Poder Público municipal** pode se valer para que lhe seja dada a destinação correta[29].

Segundo o §4º do art. 182 da CF/88, é facultado ao Poder Público municipal, mediante lei específica para área incluída no plano diretor, exigir, nos termos da lei federal (Lei n. 10.257/2001, Estatuto das Cidades), do proprietário do solo urbano não edificado, subutilizado ou não utilizado, que promova seu adequado aproveitamento, sob pena, **sucessivamente**, de:

a) parcelamento ou edificação compulsórios;

b) imposto sobre a propriedade predial e territorial urbana progressivo no tempo; e

c) desapropriação com pagamento mediante títulos da dívida pública de emissão previamente aprovada pelo Senado Federal, com prazo de resgate de até dez anos, em parcelas anuais, iguais e sucessivas, assegurados o valor real da indenização e os juros legais.

---

[29] VINHAS DA CRUZ, André Luiz. O Estatuto da Cidade e a questão do pagamento da indenização pela desapropriação sancionatória em títulos da dívida pública, *Jus Navigandi*, Teresina, ano 9, n. 534, 23 dez. 2004, disponível em: <http://jus2.uol.com.br/doutrina/texto.asp?id=6093>, acesso em: 19 set. 2010.

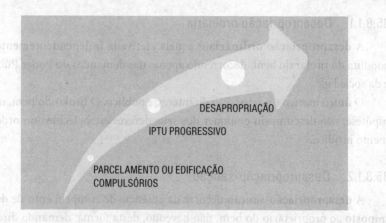

A competência constitucional para a sua decretação é do Município no qual se encontra o imóvel, na forma do art. 8º da Lei n. 10.257/2001.

A **desapropriação-sanção do imóvel rural** é da **competência da União** e não exige adoção de medidas anteriores e sucessivas, podendo, observados os requisitos constitucionais, ser, de logo, decretada.

De acordo com o *caput* do art. 184 da Carta Cidadã, compete à União desapropriar por interesse social, para fins de reforma agrária, o imóvel rural que não esteja cumprindo sua **função social**, mediante prévia e justa indenização em títulos da dívida agrária, com cláusula de preservação do valor real, resgatáveis no prazo de até vinte anos, a partir do segundo ano de sua emissão, e cuja utilização será definida em lei.

Em ambos os casos de desapropriação-sanção, as indenizações dar-se-ão em **títulos da dívida agrária ou pública, respectivamente agrária para a rural ou e pública para a urbana**. Contudo, na do imóvel rural, as benfeitorias úteis e necessárias, na forma do §1º do art. 184, serão indenizadas em dinheiro.

O art. 185 estabeleceu que são insuscetíveis de desapropriação para fins de reforma agrária:

a) a pequena e média propriedade rural, assim definida em lei, desde que seu proprietário não possua outra; e
b) a propriedade produtiva.

Nesse diapasão, o escopo da citada desapropriação é evitar a subutilização das **grandes propriedades rurais**.

Mesmo que não estejam cumprindo a sua função social, conforme estabelecido no art. 186 da CF/88, a **pequena e média propriedade rural**, assim definida em lei, desde que seu proprietário não possua outra, e a propriedade produtiva não podem ser desapropriadas pela União para fim de reforma agrária.

Além destas duas exceções, o imóvel rural cumpridor da sua função social não poderá ser desapropriado para reforma agrária. A própria Carta Magna estabeleceu quando a propriedade cumpre a sua função social. Segue o seu art. 186:

> Art. 186. A função social é cumprida quando a propriedade rural atende, simultaneamente, segundo critérios e graus de exigência estabelecidos em lei, aos seguintes requisitos:
> I – aproveitamento racional e adequado;
> II – utilização adequada dos recursos naturais disponíveis e preservação do meio ambiente;
> III – observância das disposições que regulam as relações de trabalho;
> IV – exploração que favoreça o bem-estar dos proprietários e dos trabalhadores.

Apesar de ter deixado a regulamentação dos elementos que ilustram o cumprimento da função social para a lei[30], a Carta Maior estabeleceu como indispensáveis, simultaneamente, o aproveitamento racional e adequado do imóvel rural, a utilização adequada dos recursos naturais disponíveis e preservação do meio ambiente, a observância das disposições relativas às relações de trabalho e a exploração que favoreça o bem-estar dos proprietários e dos trabalhadores.

Norma jurídica que ilustra a sua **preocupação multidisciplinar**, relacionada não somente a Direito Agrário, mas também a Direito Ambiental, a Direitos Fundamentais e a Direito do Trabalho.

O Decreto-Lei n. 554/69 estabelecia o procedimento de desapropriação de imóvel rural, por interesse social, para fins de reforma agrária, mas a nova ordem constitucional exigiu nova disciplina normativa.

Atualmente, o procedimento judicial da desapropriação de imóvel rural, por interesse social, para fins de reforma agrária, obedecerá ao contraditório especial, de **rito sumário**, previsto na Lei Complementar n. 76/93.

35.8.1.3. Desapropriação por necessidade pública

O §1º do art. 590 do Código Civil de 1916, atualmente revogado, estabelecia que os casos de necessidade pública eram a defesa do território nacional, a segurança pública, os socorros públicos, a calamidade e a salubridade públicas.

No entanto, o Decreto-Lei n. 3.365/41 revogou a categoria necessidade pública, enquadrando todos estes casos como utilidade pública. Assim, a classificação "necessidade pública" apresenta, atualmente, relevância apenas doutrinária.

---

[30] Lei n. 8.629/93, que dispõe sobre a regulamentação dos dispositivos constitucionais relativos à reforma agrária, previstos no Capítulo III do Título VII da Constituição Federal.

972   CURSO DE DIREITO ADMINISTRATIVO

O texto do Decreto-Lei citado apresenta-se contraditório, pois apesar de ter revogado esta classificação, a Medida Provisória n. 2.183-56, de 2001, que alterou o texto do Decreto-Lei em questão, citou-a no art. 15-A. Eis o texto: "Art. 15-A. No caso de imissão prévia na posse, na **desapropriação por necessidade** ou utilidade pública e interesse social, inclusive para fins de reforma agrária, havendo divergência entre o preço ofertado em juízo e o valor do bem, fixado na sentença, expressos em termos reais, incidirão juros compensatórios de até seis por cento ao ano sobre o valor da diferença eventualmente apurada, a contar da imissão na posse, vedado o cálculo de juros compostos" (grifo).

Mesmo com tal contradição, resta claro que, com base em uma interpretação sistêmica, não existe **legalmente** a classificação própria de hipóteses de desapropriação por necessidade pública, mas observe-se que a CF/88, no inciso XXIV do seu art. 5º, fala em desapropriação por necessidade ou utilidade pública, ou por interesse social.

35.8.1.4.   Desapropriação por utilidade pública

Depois da análise supracitada sobre a desapropriação por necessidade pública, chega-se à conclusão de que os conceitos doutrinários sobre **utilidade e necessidade pública** são considerados irrelevantes para o legislador.

O art. 5º do Decreto-Lei n. 3.365/41 lista os casos de **desapropriação por utilidade pública** que englobam também as hipóteses de necessidade pública:

a)   a segurança nacional;

b)   a defesa do Estado;

c)   o socorro público em caso de calamidade;

d)   a salubridade pública;

e)   a criação e o melhoramento de centros de população, seu abastecimento regular de meios de subsistência;

f)   o aproveitamento industrial das minas e das jazidas minerais, das águas e da energia hidráulica;

g)   a assistência pública, as obras de higiene e decoração, casas de saúde, clínicas, estações de clima e fontes medicinais;

h)   a exploração ou a conservação dos serviços públicos;

i)   a abertura, a conservação e o melhoramento de vias ou logradouros públicos; a execução de planos de urbanização; o parcelamento do solo, com ou sem edificação, para sua melhor utilização econômica, higiênica ou estética; a construção ou ampliação de distritos industriais;

j) o funcionamento dos meios de transporte coletivo;

k) a preservação e conservação dos monumentos históricos e artísticos, isolados ou integrados em conjuntos urbanos ou rurais, bem como as medidas necessárias a manter-lhes e realçar-lhes os aspectos mais valiosos ou característicos e, ainda, a proteção de paisagens e locais particularmente dotados pela natureza;

l) a preservação e a conservação adequada de arquivos, documentos e outros bens móveis de valor histórico ou artístico;

m) a construção de edifícios públicos, monumentos comemorativos e cemitérios;

n) a criação de estádios, aeródromos ou campos de pouso para aeronaves;

o) a reedição ou divulgação de obra ou invento de natureza científica, artística ou literária;

p) os demais casos previstos por leis especiais.

Os casos de desapropriação não podem ser ampliados por ato do Poder Executivo, pois somente a lei poderá disciplinar tal matéria.

35.8.1.5. Desapropriação por interesse social

As duas formas listadas constitucionalmente de desapropriação por interesse social do imóvel urbano e do imóvel rural já foram acima tratadas quando se falou de desapropriação-sanção, mas tais formas não representam todos os casos desta modalidade de desapropriação no ordenamento jurídico.

A **desapropriação por interesse social** ilustra claramente o escopo de satisfazer ao **interesse público primário ou ao interesse privado legítimo e socialmente relevante (direito fundamental)**, pois, em regra, o destino dos bens desapropriados não é a Administração Pública e sim a sociedade ou certos administrados, desde que preencham requisitos objetivos fixados no ordenamento jurídico.

A Lei n. 4.132/62, que trata de outras hipóteses de desapropriação por interesse social além das descritas na CF/88, lista os seguintes casos de **interesse social**:

I) o aproveitamento de todo bem improdutivo ou explorado sem correspondência com as necessidades de habitação, trabalho e consumo dos centros de população a que deve ou possa suprir por seu destino econômico;

II) a instalação ou a intensificação das culturas nas áreas em cuja exploração não se obedeça a plano de zoneamento agrícola;

974 CURSO DE DIREITO ADMINISTRATIVO

III) o estabelecimento e a manutenção de colônias ou cooperativas de povoamento e trabalho agrícola;

IV) a manutenção de posseiros em terrenos urbanos onde, com a tolerância expressa ou tácita do proprietário, tenham construído sua habilitação, formando núcleos residenciais de mais de 10 (dez) famílias;

V) a construção de casas populares;

VI) as terras e águas suscetíveis de valorização extraordinária, pela conclusão de obras e serviços públicos, notadamente de saneamento, portos, transporte, eletrificação, armazenamento de água e irrigação, no caso em que não sejam ditas áreas socialmente aproveitadas;

VII) a proteção do solo e a preservação de cursos e mananciais de água e de reservas florestais; e

VIII) a utilização de áreas, locais ou bens que, por suas características, sejam apropriados ao desenvolvimento de atividades turísticas.

Os incisos I e III do artigo em tela não poderão ser aplicados aos casos que estejam abrangidos pelas desapropriações do inciso III do §4º do art. 182 e do art. 184, ambos da CF/88, pois as duas hipóteses constitucionais, a desapropriação por interesse social de imóvel urbano e a desapropriação por interesse social de imóvel rural, são regulamentadas, respectivamente, pela Lei n. 10.257/2001 e pela Lei Complementar n. 76/93.

Assim, somente poderão ser considerados casos de desapropriação por interesse social da Lei n. 4.132/62 **os que não estejam abrangidos nas desapropriações-sanções estabelecidas na Carta Magna**.

A análise da Lei n. 4.132/62 leva à conclusão de que, excluídas as hipóteses constitucionais de desapropriação-sanção que têm legitimados específicos, todos os entes federativos são sujeitos ativos para a sua desapropriação por interesse social[31].

Por fim, tem-se que o **prazo de caducidade** é de dois anos, visto que expropriante tem o prazo de 2 (dois) anos, a partir da decretação da desapropriação por interesse social, para efetivar a aludida desapropriação e iniciar as providências de aproveitamento do bem expropriado.

35.8.1.6. Desapropriação por zona

A **desapropriação por zona** abarca área limítrofe necessária ao desenvolvimento da área principal ou áreas que se valorizem extraordinariamente em consequência da realização do serviço.

---

[31] STJ, REsp 20.896/SP, rel. Min. Eliana Calmon, 2ª Turma, julgado em 19-10-1999, *DJ* 13-12-1999, p. 128.

É o art. 4º do Decreto-Lei n. 3.365/41 que possibilita essa forma de desapropriação. Eis a norma: "Art. 4º A desapropriação poderá abranger a área contígua necessária ao desenvolvimento da obra a que se destina, e as zonas que se valorizarem extraordinariamente, em consequência da realização do serviço. Em qualquer caso, a declaração de utilidade pública deverá compreendê-las, mencionando-se quais as indispensáveis à continuação da obra e as que se destinam à revenda. Parágrafo único. Quando a desapropriação se destinar à urbanização ou à reurbanização realizada mediante concessão ou parceria público-privada, o edital de licitação poderá prever que a receita decorrente da revenda ou utilização imobiliária integre projeto associado por conta e risco do concessionário, garantido ao poder concedente no mínimo o ressarcimento dos desembolsos com indenizações, quando estas ficarem sob sua responsabilidade".

A primeira hipótese de desapropriação por zona, referente à indispensabilidade de **continuação da obra**, não gera grandes debates, pois seria impensável limitar a expropriação a ponto de não ser alcançada a sua completa finalidade.

Já a segunda hipótese, referente às zonas que se **valorizarem extraordinariamente**, em consequência da realização do serviço, gera alguma controvérsia, pois há autores que defendem a sua inconstitucionalidade em virtude da possibilidade de instituição, neste caso, de **contribuição de melhoria**.

Todavia, não há como prosperar o argumento de inconstitucionalidade, pois o Poder Público deve desapropriar nos casos de valorização extraordinária que impeça, em virtude do valor global da obra, a instituição de contribuição de melhoria[32], sob pena de enriquecimento sem causa do particular, conforme explicação magistral dada pelo Ministro Castro Meira no seguinte acórdão:

> PROCESSUAL CIVIL E ADMINISTRATIVO. SERVIDÃO. REDE DE ENERGIA ELÉTRICA. VALORIZAÇÃO DA ÁREA REMANESCENTE. ABATIMENTO. 1. "Na desapropriação, direta ou indireta, quando há valorização da área remanescente não desapropriada em decorrência de obra ou serviço público, dispõe o Estado de três instrumentos legais para evitar que a mais-valia, decorrente da iniciativa estatal, locuplete sem justa causa o patrimônio de um ou de poucos: a desapropriação por zona ou extensiva, a cobrança de contribuição de melhoria e o abatimento proporcional, na indenização a ser paga, da valorização trazida ao imóvel" (REsp 795.580/SC, *DJU* de 1-2-07).

---

[32] Código Tributário Nacional: "Art. 81. A contribuição de melhoria cobrada pela União, pelos Estados, pelo Distrito Federal ou pelos Municípios, no âmbito de suas respectivas atribuições, é instituída para fazer face ao custo de obras públicas de que decorra valorização imobiliária, tendo como limite total a despesa realizada e como limite individual o acréscimo de valor que da obra resultar para cada imóvel beneficiado".

976 CURSO DE DIREITO ADMINISTRATIVO

2. A valorização imobiliária decorrente da obra ou serviço público pode ser geral, quando beneficia indistintamente um grupo considerável de administrados, ou especial, que ocorre quando o benefício se restringe a um ou alguns particulares identificados ou, pelo menos, identificáveis.

3. A mais-valia geral subdivide-se em ordinária e extraordinária. A primeira tem lugar quando todos os imóveis lindeiros à obra pública se valorizam em proporção semelhante. A segunda, diferentemente, toma parte quando algum ou alguns imóveis se valorizam mais que outros, atingidos pela mais-valia ordinária.

4. Na hipótese de valorização geral ordinária, dispõe o Poder Público da contribuição de melhoria como instrumento legal apto a "diluir", entre os proprietários beneficiados com a obra, o custo de sua realização.

5. No caso de valorização geral extraordinária, pode o Estado valer-se da desapropriação por zona ou extensiva, prevista no art. 4º do Decreto-lei 3.365/41. Havendo valorização exorbitante de uma área, pode o Estado incluí-la no plano de desapropriação e, com a revenda futura dos imóveis ali abrangidos, socializar o benefício a toda coletividade, evitando que apenas um ou alguns proprietários venham a ser beneficiados com a extraordinária mais-valia.

6. Por fim, tratando-se de valorização específica, e somente nessa hipótese, poderá o Estado abater, do valor a ser indenizado, a valorização experimentada pela área remanescente, não desapropriada, nos termos do art. 27 do Decreto-lei 3.365/41.

7. No caso, a área remanescente valorizou em decorrência da construção de rede de energia elétrica. A valorização experimentada pelo imóvel não é especial, mas genérica, atingindo em patamares semelhantes todos os imóveis da região, o que torna inviável compensá-la com a eventual depreciação do imóvel.

8. Reconhecida pelo perito a necessidade de despesas para instalação de meios para evitar acidentes, cabe incluí-las no montante final a ser indenizado, não sendo suficiente o argumento de que não é da prática da região adotar tais procedimentos.

9. Aplicação da Súmula 56/STJ: "Na desapropriação para instituir servidão administrativa são devidos os juros compensatórios pela limitação de uso da propriedade".

10. Recurso especial provido[33].

35.8.1.7. Desapropriação indireta

Antes de tratar da **desapropriação indireta**, cumpre esclarecer o que é a direta.

---

[33] STJ, REsp 951.533/MG, rel. Min. Castro Meira, 2ª Turma, julgado em 19-2-2008, *DJe* 5-3-2008.

A *desapropriação direta*, se não for amigável (via administrativa), deve observar o processo judicial legalmente estabelecido. Como limitação patrimonial extrema, a desapropriação deve ter previsão constitucional ou legal não apenas das suas hipóteses, mas também do rito processual no caso de não contar com a anuência do titular do bem. Todas as espécies já abordadas nos itens anteriores são enquadradas como desapropriação direta.

A essência do Estado Democrático de Direito, estabelecido pelo *caput* do art. 1º da CF/88, aplica-se tanto ao administrado quanto ao Poder Público. Assim, a atuação estatal para restringir direitos, na forma do inciso II do art. 5º daquela Carta, deve ser precedida de lei.

A **desapropriação indireta ou apossamento administrativo** é a que ocorre sem a concordância do titular do bem e sem a observância do processo legalmente estabelecido. O Poder Público apodera-se do bem ilegalmente.

Alguns autores defendem que a prescrição da ação que vise a indenização por restrições decorrentes de atos do Poder Público implica usucapião em favor do Poder Público, porém não se trata de prazo prescricional para a retomada do imóvel tal como acontece na prescrição aquisitiva e sim prazo prescricional para a indenização.

É certo que a violação ao direito de propriedade privada perpetrada por outro particular tendente a consolidar a *usucapião* enseja, em regra, provimento judicial principal de retorno ao *status quo ante*, o que não é possível quando o violador é o Poder Público, em virtude de a lesão resolver-se em **perdas e danos**.

A desapropriação indireta, segundo o STJ[34], pressupõe três situações, quais sejam:

(i) apossamento do bem pelo Estado sem prévia observância do devido processo legal;

(ii) afetação do bem, ou seja, destina-lo à utilização pública; e

(iii) irreversibilidade da situação fática a tornar ineficaz a tutela judicial específica.

Em relação aos juros compensatórios, deve ser observada a Súmula 114, do STJ. Eis o seu teor:

OS JUROS COMPENSATÓRIOS, NA DESAPROPRIAÇÃO INDIRETA, INCIDEM **A PARTIR DA OCUPAÇÃO**, CALCULADOS SOBRE O VALOR DA INDENIZAÇÃO, CORRIGIDO MONETARIAMENTE.

---

[34] EREsp 922.786/SC, Rel. Min. Benedito Gonçalves, 1ª Seção, julgado em 9-9-2009, *DJe* 15-9-2009.

Em relação aos juros moratórios, deve ser observado o art. 15-B do Decreto-Lei n. 3.365/41. *Vide* o seu texto:

> Art. 15-B. Nas ações a que se refere o art. 15-A, os juros moratórios destinam-se a recompor a perda decorrente do atraso no efetivo pagamento da indenização fixada na decisão final de mérito, e somente serão devidos à razão de até **seis por cento ao ano**, a partir de 1º de janeiro do exercício seguinte àquele em que o pagamento deveria ser feito, nos termos do art. 100 da Constituição.

O art. 10 do Decreto-Lei n. 3.365/41, alterado pela Medida Provisória n. 2.183-56, de 2001, estabelece que o **prazo prescricional** da ação que vise a indenização por restrições, inclusive desapropriação, decorrentes de atos do Estado, é de **cinco anos**.

O STJ, **apesar do dispositivo legal**, entende – com base na sua Súmula 119[35], publicada em 16-11-1994 e na ADI 2.260-DF (STF) – que, até a entrada em vigor do Código Civil de 2002, a prescrição é vintenária na desapropriação indireta[36], prazo relativo às pretensões pessoais na vigência do Código Civil de 1916.

Observe-se, porém, que o Código Civil de 2002 estabeleceu o prazo prescricional de **dez anos** para as ações referentes a direitos pessoais[37]. Não se trata aqui de usucapião, pois o expropriado não pode reivindicar o bem, cabendo-lhe exigir apenas as perdas e danos decorrentes de pretensão pessoal, consequentemente aplicável o prazo prescricional de dez anos. Eis julgamento do STJ que ratifica o prazo prescricional de dez anos:

Segundo a assessoria de imprensa do STJ, a sua Primeira Seção decidiu afetar os Recursos Especiais 1.757.352 e 1.757.385 – ambos de relatoria do ministro Herman Benjamin – para julgamento sob o rito dos repetitivos. A controvérsia, que corresponde ao Tema 1019 na página de repetitivos do tribunal, está assim delimitada:

> "Definição do prazo prescricional aplicável à desapropriação indireta na hipótese em que o Poder Público tenha realizado obras no local ou atribuído natureza de utilidade pública ou de interesse social ao imóvel, se de 15 anos, previsto no *caput* do artigo 1.238 do Código Civil, ou de 10 anos, nos termos do parágrafo único."

---

[35] "A ação de desapropriação indireta prescreve em vinte anos."

[36] STJ, AgRg no REsp 1159721/RN, rel. Min. Luiz Fux, 1ª Turma, julgado em 1º-6-2010, *DJe* 18-6-2010.

[37] "Art. 205. A prescrição ocorre em dez anos, quando a lei não lhe haja fixado prazo menor."

A proposta foi apreciada na sessão eletrônica iniciada em 19 de junho e finalizada no dia 25 do mesmo mês. Os processos foram selecionados pelo Tribunal de Justiça do Estado de Santa Catarina (TJSC) como representativos de controvérsia, de acordo com o disposto no art. 1.036 do Código de Processo Civil.

O colegiado determinou ainda a suspensão da tramitação de todos os processos pendentes, individuais ou coletivos, que versem sobre a questão delimitada. A suspensão tem efeito em todo o território nacional.

Na proposta de afetação, o relator ressaltou que a matéria destacada é de fato controvertida no tribunal, visto que a Segunda Turma se posiciona pela prescrição decenal – hipótese redutora prevista no art. 1.238, parágrafo único, do Código Civil nos casos de desapropriação indireta.

Já a Primeira Turma, por maioria de votos, reafirmou seu posicionamento no sentido de que, nas desapropriações indiretas, o prazo de prescrição é de quinze anos, por não se aplicar ao Poder Público a hipótese redutora prevista no art. 1.238, parágrafo único, do Código Civil.

Destacou, ainda, que, apesar de os casos que deram origem à controvérsia terem ocorrido em Santa Catarina, "a questão pode surgir em qualquer unidade federativa, já que a desapropriação de imóveis para a implantação de vias públicas constitui prática corriqueira do Poder Público nas três esferas (municipal, estadual e federal) por todo o território nacional, o que demonstra a extensão em potencial do debate".

Eis o acórdão abaixo da Corte em questão:

RECURSOS ESPECIAIS REPRESENTATIVOS DE CONTROVÉRSIA. RITO DOS ARTIGOS 1.036 E SEGUINTES DO CPC/2015. RESP 1.757.385/SC E RESP 1.757.352/SC. PROCESSUAL CIVIL E ADMINISTRATIVO. DESAPROPRIAÇÃO INDIRETA. IMÓVEL LOCALIZADO EM FAIXA DE DOMÍNIO DE RODOVIA. DECLARAÇÃO DE UTILIDADE PÚBLICA E REALIZAÇÃO DE OBRAS NO LOCAL.PRESCRIÇÃO. APLICAÇÃO DO PRAZO DE 15 ANOS PREVISTO NO *CAPUT* DO ART. 1.238 DO CC OU DE 10 ANOS DO SEU PARÁGRAFO ÚNICO. APRESENTAÇÃO DE PROPOSTA DE AFETAÇÃO À PRIMEIRA SEÇÃO. ADMISSÃO.

1. Admitida a afetação com a seguinte delimitação da tese controvertida: "Definição do prazo prescricional aplicável à desapropriação indireta na hipótese em que o Poder Público tenha realizado obras no local ou atribuído natureza de utilidade pública ou de interesse social ao imóvel, se de 15 anos, previsto no *caput* do art. 1.238 do CC, ou de 10 anos, nos termos do parágrafo único".

2. Recursos Especiais submetidos ao regime dos arts. 1.036 e seguintes do CPC.

(ProAfR no REsp 1757352/SC, Rel. Ministro HERMAN BENJAMIN, Primeira Seção, julgado em 25-6-2019, *DJe* 1º-8-2019)

980 CURSO DE DIREITO ADMINISTRATIVO

35.8.2. Ritos

35.8.2.1. Por utilidade pública

35.8.2.1.1. Fase declaratória

Na desapropriação por utilidade pública, que, atualmente, abarca a necessidade pública, devem ser observadas as normas procedimentais do Decreto-Lei n. 3.365/41.

A primeira fase é a **declaratória**, que será efetivada, com base em um juízo de discricionariedade, por **decreto do chefe do Poder Executivo federal, estadual, distrital ou municipal**, no qual declarará a utilidade pública do bem devidamente individualizado, na forma do art. 6º do Decreto-Lei n. 3.365/41.

Excepcionalmente, o atual art. 10 da Lei n. 9.074/95[38] possibilita, através de Portaria, a declaração pela ANEEL, e o inciso IX do art. 82 da Lei n. 10.233/2001[39] também possibilita, através de Portaria, a declaração pelo DNIT.

O Poder Legislativo também poderá tomar a iniciativa da desapropriação através da edição de lei de efeito concreto, cumprindo, neste caso, ao Executivo, praticar os atos necessários à sua efetivação.

Observe-se que é indispensável a autorização do Legislador nos casos de desapropriação de bens do domínio dos Estados, Municípios, Distrito Federal e Territórios pela União e nos casos de desapropriação de bens dos Municípios pelos Estados, de acordo com a exigência do §2º do art. 2º do Decreto-Lei n. 3.365/41.

Em relação à ótica federativa, na forma do §3º do art. 2º do Decreto-Lei n. 3.365/41, deve ser ressaltado novamente que é vedada a desapropriação, pelos Estados, Distrito Federal, Territórios e Municípios de ações, cotas e direitos representativos do capital de instituições e empresas cujo funcionamento dependa de autorização do Governo Federal e se subordine à sua fiscalização, salvo mediante prévia autorização, por decreto do Presidente da República.

---

[38] "Art. 10. Cabe à Agência Nacional de Energia Elétrica – ANEEL declarar a utilidade pública, para fins de desapropriação ou instituição de servidão administrativa, das áreas necessárias à implantação de instalações de concessionários, permissionários e autorizados de energia elétrica." (*Redação dada pela Lei n. 9.648, de 1998*)

[39] "Art. 82. São atribuições do DNIT, em sua esfera de atuação:

(...)

IX – declarar a utilidade pública de bens e propriedades a serem desapropriados para implantação do Sistema Federal de Viação."

O juízo realizado pelo chefe do Poder Executivo sobre a **utilidade pública do bem** é, conforme o art. 9º do Decreto-Lei n. 3.365/41, insuscetível de avaliação pelo Poder Judiciário, sob pena de violação do art. 2º da CF/88.

Assim, a fase declaratória compreende a **edição do decreto ou da lei** que declara o bem devidamente individualizado de utilidade pública, enquadrando-se em uma das hipóteses descritas nas alíneas do art. 5º do Decreto-Lei n. 3.365/41.

Efeitos da declaração de utilidade pública:

a) O principal **efeito da declaração** de utilidade pública do bem está descrito no art. 7º, qual seja, **autorizar as autoridades administrativas a penetrarem no imóvel**, podendo utilizar, em caso de oposição, auxílio de força policial;

b) A **fixação do estado do bem** é um dos seus efeitos, pois a penetração do expropriante no imóvel pode alterar o seu estado e dos seus acessórios;

c) Outro efeito importante é **propiciar o início da contagem do prazo de caducidade** descrito no *caput* do art. 10. Eis a norma: *"Art. 10. A desapropriação deverá efetivar-se mediante acordo ou intentar-se judicialmente, dentro de* **CINCO ANOS***, contados da data da expedição do respectivo decreto e findos os quais este caducará. Neste caso, somente decorrido um ano, poderá ser o mesmo bem objeto de nova declaração".*

Gize-se que o prazo de caducidade da declaração de **interesse social, rural ou urbana**, é de dois anos.

As benfeitorias realizadas no bem após a declaração de utilidade pública serão indenizáveis quando necessárias, sendo que as úteis poderão ser indenizadas se autorizadas pelo expropriante[40], conforme o §1º do art. 26 do Decreto-Lei n. 3.365/41.

35.8.2.1.2. Fase executória

A **fase executória** pode ser **consensual** ou **litigiosa**[41].

Na fase declaratória, os entes da Federação, através dos titulares do Poder Executivo ou do seu Poder Legislativo, devem, em regra, atuar.

---

[40] STJ, REsp 1121057/RS, rel. Min. Eliana Calmon, 2ª Turma, julgado em 20-4-2010, *DJe* 3-5-2010.

[41] "Art. 10. A desapropriação deverá efetivar-se mediante *acordo ou intentar-se judicialmente*, dentro de cinco anos, contados da data da expedição do respectivo decreto e findos os quais este caducará."

Nesta segunda etapa, a fase executória, na forma do art. 3º do Decreto-Lei n. 3.365/41, também os concessionários de serviços públicos e os estabelecimentos de caráter público ou que exerçam funções delegadas de poder público poderão **promover** desapropriações mediante autorização expressa constante em lei ou contrato.

A **declaração de utilidade pública** é feita normalmente pelo ente da Federação, mas a promoção ou execução poderá ser feita pelo ente da federação ou por outras pessoas, inclusive pessoas jurídicas de direito privado, desde que exerçam funções ou serviços públicos.

A **execução administrativa ou consensual** somente será possível se houver **concordância** do titular do bem desapropriado em relação à própria desapropriação e ao valor ofertado.

Neste tipo de execução, será iniciado **procedimento administrativo**, no qual os atos principais são a **avaliação do bem** e a **verificação da dotação orçamentária** para a efetivação da desapropriação.

Na forma do art. 10-A incluído no Decreto-Lei n. 3.365/41 pela Lei n. 13.867/2019, o poder público deverá notificar o proprietário e apresentar-lhe oferta de indenização, sendo que a notificação conterá:

I – cópia do ato de declaração de utilidade pública;
II – planta ou descrição dos bens e suas confrontações;
III – valor da oferta; e
IV – informação de que o prazo para aceitar ou rejeitar a oferta é de 15 (quinze) dias e de que o silêncio será considerado rejeição.

Caso seja aceita a oferta e realizado o pagamento, será lavrado acordo, o qual será título hábil para a transcrição no registro de imóveis. Rejeitada a oferta, ou transcorrido o prazo sem manifestação, o poder público deverá ajuizar a ação de desapropriação.

A verdadeira novidade trazida pela Lei n. 13.867/2019 foi a inclusão do art. 10-B ao Decreto-Lei n. 3.365/41 que possibilita e trata da **mediação e da arbitragem** no caso de desapropriação.

Ficou estabelecido que, feita a opção pela mediação ou pela via arbitral, o particular indicará um dos órgãos ou instituições especializados em mediação ou arbitragem previamente cadastrados pelo órgão responsável pela desapropriação.

A **mediação** seguirá as normas da Lei n. 13.140, de 26 de junho de 2015, e, subsidiariamente, os regulamentos do órgão ou instituição responsável.

Poderá ser eleita câmara de mediação criada pelo poder público, nos termos do art. 32 da Lei n. 13.140, de 26 de junho de 2015.

A **arbitragem** seguirá as normas da Lei n. 9.307, de 23 de setembro de 1996, e, subsidiariamente, os regulamentos do órgão ou instituição responsável.

Não há falar em lide na **desapropriação consensual**, consequentemente não serão necessários o contraditório e a ampla defesa.

Não havendo acordo ou sentença arbitral em relação ao preço ofertado, os legitimados promoverão a **desapropriação judicial**, na qual o titular do bem desapropriado somente poderá, na forma do art. 20, alegar questões relativas ao **preço ofertado** ou a **vício processual**, sendo que as outras questões devem ser objeto de ação direta.

A ação, quando a União for autora, será **proposta** no Distrito Federal ou no foro da Capital do Estado onde for domiciliado o réu, perante o juízo privativo, se houver; sendo outro o autor, no foro da situação dos bens.

Somente os juízes que tiverem garantia de **vitaliciedade, inamovibilidade** e **irredutibilidade de vencimentos** poderão conhecer dos processos de desapropriação.

No processo de desapropriação, vige o **princípio da contenciosidade limitada**, ou seja, a sindicabilidade judicial foi restringida pela lei, não podendo o magistrado decidir sobre a utilidade pública do bem ou questões além do preço e dos vícios processuais, *vide* art. 20 do Decreto-Lei em tela.

Nesse diapasão, os **critérios de validade** do ato declaratório da desapropriação não podem ser debatidos no processo judicial de desapropriação. Caso, por exemplo, o ato tenha sido editado por Ministro de Estado, a sua nulidade deverá ser objeto de **ação própria**, não podendo ser considerada na ação de desapropriação.

A designação de **perito** para avaliar o bem é exigência do art. 14 do Decreto-Lei n. 3.365/41, sendo facultada às partes a indicação de assistentes técnicos do perito.

Na forma do art. 15, se o expropriante **alegar urgência** e **depositar quantia arbitrada** em conformidade com o CPC, o juiz mandará **imiti-lo provisoriamente na posse dos bens**, podendo, inclusive, a imissão na posse ocorrer **antes da citação do expropriado**, desde que realizado um dos depósitos descritos no §1º do artigo em tela. Eis o seu texto:

§1º A imissão provisória poderá ser feita, independente da citação do réu, mediante o depósito:

a) do preço oferecido, se êste fôr superior a 20 (vinte) vêzes o valor locativo, caso o imóvel esteja sujeito ao impôsto predial;

b) da quantia correspondente a 20 (vinte) vêzes o valor locativo, estando o imóvel sujeito ao impôsto predial e sendo menor o preço oferecido;

c) do valor cadastral do imóvel, para fins de lançamento do impôsto territorial, urbano ou rural, caso o referido valor tenha sido atualizado no ano fiscal imediatamente anterior;

d) não tendo havido a atualização a que se refere o inciso c, o juiz fixará independente de avaliação, a importância do depósito, tendo em vista a época em que houver sido fixado originalmente o valor cadastral e a valorização ou desvalorização posterior do imóvel.

A alegação de urgência, que não poderá ser renovada, obrigará o expropriante a requerer a imissão provisória dentro do **prazo improrrogável de 120 (cento e vinte) dias**, excedido o prazo não será concedida a imissão provisória. A imissão provisória na posse será registrada no registro de imóveis competente.

A **citação**, na forma do *caput* do art. 16, far-se-á por mandado na pessoa do proprietário dos bens; a do marido dispensa a da mulher; a de um sócio, ou administrador, a dos demais, quando o bem pertencer a sociedade; a do administrador da coisa no caso de condomínio – exceto o de edifício de apartamento constituindo cada um propriedade autônoma – a dos demais condôminos, e a do inventariante, e, se não houver, a do cônjuge, herdeiro, ou legatário, detentor da herança, a dos demais interessados, quando o bem pertencer a espólio.

Quando não encontrar o citando, mas ciente de que se encontra no território da jurisdição do juiz, o oficial portador do mandado marcará desde logo hora certa para a citação, ao fim de 48 horas, independentemente de nova diligência ou despacho.

Quando a ação não for proposta no foro do domicílio ou da residência do réu, a citação far-se-á por precatória, se o mesmo estiver em lugar certo, fora do território da jurisdição do juiz.

A citação far-se-á por **edital** se o citando não for conhecido, ou estiver em lugar ignorado, incerto ou inacessível, ou, ainda, no estrangeiro, o que dois oficiais do juízo certificarão.

Feita a citação, a causa seguirá o **rito ordinário**, conforme estabelecido no art. 19.

A instância não se interrompe. No caso de falecimento do réu, ou perda de sua capacidade civil, o juiz, logo que disso tenha conhecimento, nomeará curador à lide, até que se lhe habilite o interessado. Os atos praticados da data do falecimento ou perda da capacidade à investidura do curador à lide poderão ser ratificados ou impugnados por ele, ou pelo representante do espólio, ou do incapaz.

Havendo **concordância sobre o preço**, o juiz o homologará por sentença no despacho saneador.

Findo o prazo para a contestação e não havendo concordância expressa quanto ao preço, o perito apresentará o laudo em cartório até cinco dias, pelo menos, antes da audiência de instrução e julgamento. Antes de proferido o despacho saneador, poderá o perito solicitar prazo especial para apresentação do laudo.

Na audiência de instrução e julgamento proceder-se-á na conformidade do Código de Processo Civil. Encerrado o debate, o juiz proferirá sentença fixando o preço da indenização. Se não se julgar habilitado a decidir, o juiz designará desde logo outra audiência que se realizará dentro de 10 dias, a fim de publicar a sentença.

O juiz indicará na sentença os fatos que motivaram o seu convencimento e deverá atender, especialmente, à estimação dos bens para efeitos fiscais; ao preço de aquisição e interesse que deles aufere o proprietário; à sua situação, estado de conservação e segurança; ao valor venal dos da mesma espécie, nos últimos cinco anos, e à valorização ou depreciação de área remanescente, pertencente ao réu.

Da sentença que fixar o preço da indenização caberá apelação com efeito simplesmente devolutivo, quando interposta pelo expropriado, e com ambos os efeitos (devolutivo e suspensivo), quando o for pelo expropriante.

A desapropriação é **forma originária de aquisição da propriedade**, logo as relações travadas entre o particular titular do bem e terceiros, ainda que tenham por objeto direito real ou divergência sobre domínio, não são oponíveis ao expropriante.

Assim, o eventual **fundo de comércio** do locatário não estará abrangido na indenização, conforme denota o seguinte artigo: "Art. 26. No valor da indenização, que será contemporâneo da avaliação, não se incluirão os direitos de terceiros contra o expropriado".

O bem desapropriado não será utilizado para a exploração comercial e sim para a satisfação do interesse público. No entanto, esta situação pode, em alguns casos, ensejar grande injustiça para o locatário surpreendido pela atuação do Estado que deverá buscar, através de ação própria, o ressarcimento das perdas e danos causados[42].

O **fundo de comércio** do próprio titular do bem deve ser abrangido pelo valor da indenização, portanto precisa ser considerado na avaliação[43].

---

[42] STJ, REsp 406.502/SP, rel. Min. Garcia Vieira, 1ª Turma, julgado em 23-4-2002, *DJ* 27-5-2002 p. 139.

[43] STJ, REsp 1076124/RJ, rel. Min. Eliana Calmon, 2ª Turma, julgado em 18-8-2009, *DJe* 3-9-2009.

986 CURSO DE DIREITO ADMINISTRATIVO

A supremacia estatal pode ser vista também em relação ao credor do titular do bem que possua garantia real, pois o art. 31 determina que ficam *sub-rogados* no preço quaisquer ônus ou direitos sobre o bem expropriado.

Deve ser ressaltado que, apesar das prerrogativas relacionadas ao interesse público, o expropriante não está dispensado de **registrar a desapropriação**, seja consensual ou litigiosa, no **Cartório de Registro de Imóveis**.

RITO	FASE DECLARATÓRIA
	FASE EXECUTÓRIA

35.8.2.1.3. *Honorários advocatícios*

A Medida Provisória n. 2.186-56, de 2001, deu a seguinte redação ao §1º do art. 27 do Decreto-Lei n. 3.365/41: "§1º A sentença que fixar o valor da indenização quando este for superior ao preço oferecido condenará o desapropriante a pagar honorários do advogado, que serão fixados entre meio e cinco por cento do valor da diferença, observado o disposto no §4º do art. 20 do Código de Processo Civil, não podendo os honorários ultrapassar R$ 151.000,00 (cento e cinquenta e um mil reais)".

Todavia, a Medida Cautelar na Ação Direta de Inconstitucionalidade n. 2.332/DF suspendeu a eficácia da expressão "não podendo os honorários ultrapassar R$ 151.000,00 (cento e cinquenta e um mil reais)".

No dia 17-5-2018, o STF julgou, de maneira definitiva, a inconstitucionalidade da limitação em tela.

Assim, não há limites preestabelecidos para os honorários.

Os **honorários de advogado**, por questão de justiça, **incidem sobre a diferença**[44] **entre o valor ofertado e o valor da condenação**[45], devendo ser fixados, no mínimo, em meio e, no máximo, em cinco por cento, observada a forma de fixação de honorários de sucumbência contra a Fazenda Pública do CPC[46].

O STF, ao editar a Súmula 617, ratificou o entendimento acima. Eis o seu teor:

---

[44] O objeto da lide é a diferença entre o valor ofertado e o considerado justo pelo Poder Judiciário.

[45] "Nas ações de desapropriação incluem-se no cálculo da verba advocatícia as parcelas relativas aos juros compensatórios e moratórios, devidamente corrigidas" (Súmula 131, 1ª Seção, julgado em 18-4-1995, *DJ* 24-4-1995, p. 10455).

[46] REsp 964.046/MG, rel. Min. Mauro Campbell Marques, 2ª Turma, julgado em 28-9-2010, *DJe* 15-10-2010.

A base de cálculo dos honorários de advogado em desapropriação é a diferença entre a oferta e a indenização, corrigidas ambas monetariamente.

Por fim, tem-se que, na forma da Súmula 306, do STJ, quando houver **sucumbência recíproca** os honorários advocatícios devem ser compensados, assegurado o direito autônomo do advogado à execução do saldo sem excluir a legitimidade da própria parte.

35.8.2.2. Por interesse social

Quanto à desapropriação por interesse social baseada na Lei n. 4.132/62, tem-se que, na forma do seu art. 3º, o expropriante dispõe do **prazo de dois anos**, a partir da decretação da desapropriação por interesse social, para efetivar a aludida desapropriação e iniciar as providências de aproveitamento do bem expropriado; consequentemente o prazo de caducidade é menor do que o prazo da desapropriação por utilidade pública[47] que é de cinco anos.

Apesar da diferença em relação ao prazo de caducidade, o procedimento da desapropriação por utilidade pública deve ser utilizado na desapropriação por interesse social, na forma do art. 5º da Lei n. 4.132/62.

A desapropriação de imóvel urbano que não esteja cumprindo a sua função social observará o procedimento da Lei n. 10.257/2001 e, subsidiariamente, o do Decreto-Lei n. 3.365/41.

A desapropriação de imóvel rural, por interesse social, para fim de reforma agrária, prevista no art. 184 da CF/88, tem procedimento próprio disciplinado pela Lei Complementar n. 76/93.

O seu rito, ao contrário do que ocorre com a desapropriação por utilidade pública, será o **sumário** e o **contraditório será especial**, conforme estabelecido no art. 1º.

Haverá também duas fases: **a declaratória** *e a* **executória**. A União, que detém a competência privativa para esta modalidade de desapropriação, declarará o imóvel de interesse social para fim de reforma agrária (*caput* do art. 2º).

O direito de penetrar[48] no imóvel após a declaração na desapropriação por utilidade pública do Decreto-Lei n. 3.365/41 independe de autorização judicial, portanto faz parte da fase declaratória.

Em relação à desapropriação regulamentada na Lei Complementar n. 76/93, é indispensável prévia autorização do magistrado federal para que o exproprian-

---

[47] STJ, REsp 631.543/MG, rel. Min. Francisco Falcão, 1ª Turma, julgado em 6-12-2005, *DJ* 6-3-2006, p. 172.

[48] O direito de penetrar no imóvel não se confunde com a imissão na posse.

988 CURSO DE DIREITO ADMINISTRATIVO

te possa penetrar no imóvel. Eis a norma do §2º do art. 2º: "§2º Declarado o interesse social, para fins de reforma agrária, fica o expropriante legitimado a promover a vistoria e a avaliação do imóvel, inclusive com o auxílio de força policial, mediante prévia autorização do juiz, responsabilizando-se por eventuais perdas e danos que seus agentes vierem a causar, sem prejuízo das sanções penais cabíveis".

O **prazo de caducidade** da declaração na desapropriação do imóvel rural, por interesse público, para fim de reforma agrária, na forma do art. 3º da Lei Complementar n. 76/93, é de dois anos, portanto idêntico ao estabelecido para os outros tipos de desapropriação por interesse social da Lei n. 4.132/62.

Apesar de também viger o **princípio da contenciosidade limitada** na desapropriação da Lei Complementar n. 76/93, somente estará excluída das matérias que podem ser alegadas na defesa **a apreciação quanto ao interesse social declarado**, na forma do art. 9º da citada lei.

O art. 4º denota a **menor incidência do princípio** citado, visto que, intentada a desapropriação parcial, o proprietário poderá requerer, na **contestação**, a desapropriação de todo o imóvel, quando a área remanescente ficar reduzida a superfície inferior à da pequena propriedade rural ou prejudicada substancialmente em suas condições de exploração econômica, caso seja o seu valor inferior ao da parte desapropriada.

Observe-se que, no procedimento de desapropriação da Lei Complementar n. 76/93, a **intervenção do Ministério Público Federal** é **obrigatória** após a manifestação das partes, antes de cada decisão no processo, em qualquer instância (§2º do art. 18).

35.8.3. Objeto

O art. 2º do Decreto-Lei n. 3.365/41 aduz que:

> Art. 2º Mediante declaração de utilidade pública, todos os bens poderão ser desapropriados pela União, pelos Estados, Municípios, Distrito Federal e Territórios.
> §1º A desapropriação do espaço aéreo ou do subsolo só se tornará necessária, quando de sua utilização resultar prejuízo patrimonial do proprietário do solo.
> §2º Os bens do domínio dos Estados, Municípios, Distrito Federal e Territórios poderão ser desapropriados pela União, e os dos Municípios pelos Estados, mas, em qualquer caso, ao ato deverá **preceder autorização legislativa**.
> §3º É vedada a desapropriação, pelos Estados, Distrito Federal, Territórios e Municípios de ações, cotas e direitos representativos do capital de instituições e empresas cujo funcionamento dependa de autorização do Governo Federal e se subordine à sua fiscalização, salvo mediante prévia autorização, por decreto do Presidente da República.

A maior parte dos bens e direitos economicamente apreciáveis é passível de desapropriação, sejam imóveis, móveis, corpóreos, incorpóreos, públicos, privados, ações e cotas empresariais, havendo apenas restrições pontuais apresentadas pelo ordenamento jurídico, por exemplo:

a) os bens da União não podem ser desapropriados, mas a União poderá desapropriar os bens estaduais, distritais e municipais, ainda que pertencentes à sua Administração Indireta;

b) os bens, os Estados não podem ser desapropriados pelos municípios, mas os Estados podem desapropriar bens municipais, ainda que pertencentes à sua Administração Indireta;

c) os bens personalíssimos como a honra, a intimidade e a liberdade não podem ser desapropriados; e

d) o dinheiro em espécie não pode ser desapropriado, visto que constitui instrumento da própria indenização.

Os **bens personalíssimos** não são expropriáveis, pois fazem parte da essência das pessoas que detêm a sua titularidade.

Não há, por exemplo, como expropriar partes do *corpo humano vivo ou morto*, ainda que economicamente mensuráveis, ou as *pessoas jurídicas*. Mesmo quando o Estado assume a titularidade de uma pessoa jurídica não a desapropria, torna-se proprietário das suas quotas, títulos ou ações por desapropriação destes elementos.

Fora isso, os bens móveis, imóveis, materiais, imateriais, corpóreos ou incorpóreos podem ser desapropriados.

35.8.4. Vedação à desapropriação relacionada a precatório

A alteração mais relevante para as desapropriações foi a do parágrafo único do art. 103 do ADCT que, na vigência do regime especial previsto no art. 101 deste Ato das Disposições Constitucionais Transitórias, veda desapropriações pelos Estados, pelo Distrito Federal e pelos Municípios, cujos estoques de precatórios ainda pendentes de pagamento, incluídos os precatórios a pagar de suas entidades da administração indireta, sejam superiores a 70% (setenta por cento) das respectivas receitas correntes líquidas, excetuadas as desapropriações para fins de necessidade pública nas áreas de saúde, educação, segurança pública, transporte público, saneamento básico e habitação de interesse social.

35.8.5. Juros

Em virtude do **princípio da contenciosidade limitada**, os dois temas mais *importantes* sobre desapropriação são a justa indenização e os juros. A justa indenização já foi tratada nas modalidades de desapropriação.

Os juros são obrigações acessórias legais ou convencionais que têm como escopo ressarcir o despojamento ou não recebimento de determinado bem jurídico.

Nem sempre os juros estão associados à prática de ato ilícito pelo devedor, ressarcindo a ausência da posse do bem ou a impossibilidade de utilização do capital voluntária ou involuntária.

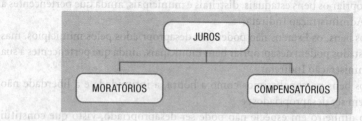

Os **juros moratórios** são os decorrentes da não **extinção da obrigação** na época exigida ou convencionada, sendo devidos por quem der causa ao não cumprimento da obrigação principal. A sua natureza é claramente sancionatória do descumprimento da obrigação pelo devedor ou pelo não recebimento do objeto pelo credor.

Os **juros compensatórios** são os decorrentes do uso e da fruição legal, decorrente de decisão do Poder Judiciário ou convencional do bem jurídico, a fim de que seja evitado o enriquecimento sem causa do beneficiário e de que o titular do direito não seja prejudicado. A sua natureza não é sancionatória.

Os arts. 15-A e 15-B do Decreto-Lei n. 3.365/41 estabelecem:

Art. 15-A. A No caso de imissão prévia na posse, na desapropriação por necessidade ou utilidade pública e interesse social, inclusive para fins de reforma agrária, havendo divergência entre o preço ofertado em juízo e o valor do bem, fixado na sentença, expressos em termos reais, incidirão juros compensatórios de até seis por cento ao ano sobre o valor da diferença eventualmente apurada, a contar da imissão na posse, vedado o cálculo de juros compostos. *(Incluído pela Medida Provisória n. 2.183-56, de 2001)*

§1º Os juros compensatórios destinam-se, apenas, a compensar a perda de renda comprovadamente sofrida pelo proprietário. *(Incluído pela Medida Provisória n. 2.183-56, de 2001)* (Vide *ADI n. 2.332-2*)

§2º Não serão devidos juros compensatórios quando o imóvel possuir graus de utilização da terra e de eficiência na exploração iguais a zero. *(Incluído pela Medida Provisória n. 2.183-56, de 2001)* (Vide *ADI n. 2.332-2*)

§3º O disposto no *caput* deste artigo aplica-se também às ações ordinárias de indenização por apossamento administrativo ou desapropriação indireta, bem assim às ações que visem a indenização por restrições decorrentes de atos do Poder Público, em especial aqueles destinados à proteção ambiental, incidindo os juros sobre o valor fixado na sentença. *(Incluído pela Medida Provisória n. 2.183-56, de 2001)*

§4º Nas ações referidas no §3º, não será o Poder Público onerado por juros compensatórios relativos a período anterior à aquisição da propriedade ou posse titulada pelo autor da ação." *(Incluído pela Medida Provisória n. 2.183-56, de 2001) (Vide ADI n. 2.332-2)*

Art. 15-B. Nas ações a que se refere o art. 15-A, os juros moratórios destinam--se a recompor a perda decorrente do atraso no efetivo pagamento da indenização fixada na decisão final de mérito, e somente serão devidos à razão de até seis por cento ao ano, a partir de 1º de janeiro do exercício seguinte àquele em que o pagamento deveria ser feito, nos termos do art. 100 da Constituição. *(Incluído pela Medida Provisória n. 2.183-56, de 2001)*

Os arts. 15-A e 15-B incidem sobre todos os tipos de desapropriação, inclusive indireta, estabelecendo os critérios de fixação dos **juros compensatórios** e **moratórios** devidos pelo expropriante.

Sobre os juros compensatórios, faz-se necessária uma **análise histórica das decisões do STF**.

Observe-se, inicialmente, que o STF suspendeu, na Medida Cautelar na Ação Direta de Inconstitucionalidade n. 2.332/DF, **acórdão publicado em 13-9-2001**, a eficácia da expressão *até seis por cento ao ano*, constante do *caput*, e dos §§1º, 2º e 4º, todos do art. 15-A acima transcrito, em relação aos **juros compensatórios**.

O STF, na forma da sua superada Súmula 618[49], estabeleceu, para garantir a justa indenização, que os **juros compensatórios** eram de *12% (doze por cento)* ao ano da diferença entre *80% (oitenta por cento)* do preço ofertado em juízo e o valor do bem fixado na sentença expressos em termos reais, a fim de assegurar a justa indenização.

Portanto, após a publicação do acórdão da Medida Cautelar, os **juros compensatórios** não seriam de até 6% (seis por cento) e a base de cálculo não seria a diferença entre o valor ofertado em juízo e o fixado na sentença.

Resumindo, conforme a Súmula 408 do STJ, nas ações de desapropriação, os **juros compensatórios** incidentes após a Medida Provisória n. 1.577, de 11-6-1997, devem ser fixados em até 6% ao ano até 13-9-2001 e, a partir de **13-9-2001**, em 12% ao ano, na forma da Medida Cautelar na ADI citada e da Súmula 618 do STF[50].

Contudo, no dia 17-5-2018, Supremo Tribunal Federal, mudando o seu entendimento anterior da concessão da Medida Cautelar, **decidiu que devem ser**

---

[49] "Na desapropriação, direta ou indireta, a taxa dos juros compensatórios é de 12% (doze por cento) ao ano." **(entendimento superado com o julgamento, em 17-5-2018, da ADI 2332/DF que fixou os juros compensatórios em exatos 6% ao ano)**

[50] STJ, AgRg no REsp 1081512/CE, rel. Min. Luiz Fux, 1ª Turma, julgado em 28-9-2010, *DJe* 8-10-2010.

de exatamente de 6%, e não mais de 12%, os juros compensatórios incidentes sobre as desapropriações por necessidade ou utilidade pública e interesse social ou para fins de reforma agrária, no caso em que haja imissão prévia na posse pelo Poder Público e divergência entre o preço ofertado em juízo e o valor do bem, fixado em sentença judicial. Os ministros, por maioria do Plenário, julgaram parcialmente procedente a Ação Direta de Inconstitucionalidade n. 2332, ajuizada pelo Conselho Federal da Ordem dos Advogados do Brasil contra dispositivos da Medida Provisória 2.027-43/2000 e demais reedições, que alterou o Decreto-Lei 3.365/1941, que trata de desapropriações por utilidade pública. Os dispositivos estavam suspensos desde 13-9-2001, em razão de medida liminar concedida pelo Plenário do STF.

No mesmo julgamento do dia 17-5-2018, foram consideradas – também alterando o entendimento anterior – constitucionais as restrições à incidência dos juros compensatórios quando não houver comprovação de efetiva perda de renda pelo proprietário com a imissão provisória na posse (art. 15-A, parágrafo 1º) e quando o imóvel tenha graus de utilização da terra e de eficiên-cia na exploração iguais a zero (parágrafo 2º do mesmo artigo).

Antes do julgamento da ADI 2332/DF pelo STF, em 17-5-2018, os **juros compensatórios eram** devidos mesmo quando a desapropriação se dava em relação a propriedades improdutivas, conforme decidiu o STJ em acórdãos **superados.**

Por fim, foi mantida a interpretação conforme para adotar como base de cálculo a diferença entre 80% do preço ofertado pelo ente público e o valor fixado na sentença judicial.

São devidos **juros compensatórios** nas ações ordinárias de indenização por apossamento administrativo ou **desapropriação indireta**, bem assim nas ações que visem a indenização por restrições decorrentes de atos do Poder Público, em especial aqueles destinados à proteção ambiental, incidindo os juros sobre o valor fixado na sentença.

Os **juros moratórios** limitam-se a 6% (seis por cento) ao ano e destinam-se a recompor a perda decorrente do atraso no efetivo pagamento da indenização fixada na **decisão final de mérito**, sendo devidos a contar de 1º de janeiro do exercício seguinte àquele em que o pagamento deveria ser feito, na forma do art. 100 da CF/88.

A Súmula Vinculante n. 17, do STF, estabeleceu que, durante o período previsto no § 1º do art. 100 da Constituição, não incidem **juros moratórios** sobre os precatórios que nele sejam pagos.

Os **juros moratórios** e os **juros compensatórios** incidem a partir de momentos diversos, não sendo mais possível a cumulação. Assim, na forma do novo entendimento abaixo do STJ, a sua Súmula 12 não tem mais aplicabilidade. Eis acórdão recente:

ADMINISTRATIVO. PROCESSUAL CIVIL. RECURSO ESPECIAL. ENUNCIADO ADMINISTRATIVO 2/STJ. INTERVENÇÃO DO ESTADO NA PROPRIEDADE. DESAPROPRIAÇÃO POR INTERESSE SOCIAL PARA FINS DE REFORMA AGRÁRIA. INDENIZAÇÃO LASTREADA NO LAUDO PERICIAL. CONTEMPORANEIDADE. COMINAÇÃO DE JUROS COMPENSATÓRIOS, JUROS MORATÓRIOS E CORREÇÃO MONETÁRIA. VIOLAÇÃO A NORMATIVOS FEDERAIS. PRESTAÇÃO JURISDICIONAL INCOMPLETA. DESCARACTERIZAÇÃO. JULGAMENTO CONTRÁRIO AOS INTERESSES DA PARTE. VALOR INDENIZATÓRIO. CONTEMPORANEIDADE À AVALIAÇÃO JUDICIAL. JURISPRUDÊNCIA DO STJ. DESCONSTITUIÇÃO DO VALOR INDENIZATÓRIO. REVISÃO DO LAUDO PERICIAL. IMPOSSIBILIDADE. SÚMULA 07/STJ. CABIMENTO DE JUROS COMPENSATÓRIOS. IRRELEVÂNCIA DA IMPRODUTIVIDADE DO IMÓVEL RURAL. JURISPRUDÊNCIA DO STF E DO STJ. CUMULAÇÃO DE JUROS. INEXISTÊNCIA. PERÍODOS DISTINTOS.
(...)
5. "Segundo jurisprudência assentada por ambas as Turmas da 1ª Seção, os juros compensatórios, em desapropriação, somente incidem até a data da expedição do precatório original. Tal entendimento está agora também confirmado pelo §12 do art. 100 da CF, com a redação dada pela EC 62/09. Sendo assim, não ocorre, no atual quadro normativo, hipótese de cumulação de juros moratórios e juros compensatórios, eis que se tratam de encargos que incidem em períodos diferentes: os juros compensatórios têm incidência até a data da expedição de precatório, enquanto que os moratórios somente incidirão se o precatório expedido não for pago no prazo constitucional" (REsp 1.118.103/SP, Rel. **Ministro Teori Albino Zavascki, Primeira Seção, julgado em 24-02-2010,** *DJe* **08-03-2010).**
6. Recurso especial conhecido em parte e, nessa extensão, não provido. (REsp 1713075/MT, Rel. Ministro MAURO CAMPBELL MARQUES, SEGUNDA TURMA, julgado em 01-03-2018, *DJe* 07-03-2018)

O STJ tem súmulas sobre juros em desapropriação. Eis o teor de cada uma delas:

Súmula 12. Em desapropriação, são cumuláveis juros compensatórios e moratórios[51] **(atualmente, não está sendo adotada pela Corte).**

---

[51] 1ª Seção, julgado em 30-10-1990, *DJ* 5-11-1990, p. 12448.

994 CURSO DE DIREITO ADMINISTRATIVO

Súmula 56. Na desapropriação para instituir servidão administrativa são devidos os juros compensatórios pela limitação de uso da propriedade[52].

Súmula 67. Na desapropriação, cabe a atualização monetária, ainda que por mais de uma vez, independente do decurso de prazo superior a um ano entre o cálculo e o efetivo pagamento da indenização.

Súmula 69. Na desapropriação direta, os juros compensatórios são devidos desde a antecipada imissão na posse e, na desapropriação indireta, a partir da efetiva ocupação do imóvel[53].

Súmula 70. Os juros moratórios, na desapropriação direta ou indireta, contam-se desde o trânsito em julgado da sentença[54].

Súmula 113. Os juros compensatórios, na desapropriação direta, incidem a partir da imissão na posse, calculados sobre o valor da indenização, corrigido monetariamente[55].

Súmula 114. Os juros compensatórios, na desapropriação indireta, incidem a partir da ocupação, calculados sobre o valor da indenização, corrigido monetariamente[56].

Súmula 119. A ação de desapropriação indireta prescreve em vinte anos (**superada pelo entendimento atual do STJ e será objeto de uniformização**).

Súmula 131. Nas ações de desapropriação incluem-se no cálculo da verba advocatícia as parcelas relativas aos juros compensatórios e moratórios, devidamente corrigidas.

Súmula 141. Os honorários de advogado em desapropriação direta são calculados sobre a diferença entre a indenização e a oferta, corrigidas monetariamente (**superada pela interpretação conforme do STF que adotou como base de cálculo a diferença entre 80% do preço ofertado pelo ente público e o valor fixado na sentença judicial**).

Súmula 408. Nas ações de desapropriação, os juros compensatórios incidentes após a Medida Provisória n. 1.577, de 11-6-1997, devem ser fixados em 6% ao ano até 13-9-2001 e, a partir de então, em 12% ao ano, na forma da Súmula 618 do Supremo Tribunal Federal[57] (**entendimento superado pelo julgamento da ADI 2332/ DF, em 17-5-2018, que fixou os juros compensatórios em exatos 6% ao ano**).

35.8.6. Correção monetária

A **correção monetária** representa os ajustes contábeis e financeiros feitos com o objetivo de demonstrar os preços de aquisição em moeda em circulação

---

[52] 1ª Seção, julgado em 29-9-1992, *DJ* 6-10-1992, p. 17215.

[53] 1ª Seção, julgado em 15-12-1992, *DJ* 4-2-1993, p. 775.

[54] 1ª Seção, julgado em 15-12-1992, *DJ* 4-2-1993, p. 775.

[55] 1ª Seção, julgado em 25-10-1994, *DJ* 3-11-1994, p. 29768.

[56] 1ª Seção, julgado em 25-10-1994, *DJ* 3-11-1994, p. 29768.

[57] 1ª Seção, julgado em 28-10-2009, *DJe* 24-11-2009, republicado em 25-11-2009.

no país em relação a índices de inflação e com o objetivo de compensar a perda de valor da moeda.

Em relação ao valor da indenização devido ao titular do bem desapropriado, o §2º do art. 26 do Decreto-Lei em estudo determina que, decorrido prazo superior a um ano a partir da avaliação, o Juiz ou Tribunal, antes da decisão final, determinará a **correção monetária** do valor apurado, conforme índice que será fixado, trimestralmente, pela Secretaria de Planejamento da Presidência da República.

O §12 do art. 100 da CF/88 estabeleceu que, a partir da promulgação da Emenda Constitucional n. 62, de 9-12-2009, a atualização de valores de requisitórios, após sua expedição, até o efetivo pagamento, independentemente de sua natureza, será feita pelo índice oficial de remuneração básica da caderneta de poupança, e, para fins de compensação da mora, incidirão juros simples no mesmo percentual de juros incidentes sobre a caderneta de poupança, ficando excluída a incidência de juros compensatórios.

Apesar de a norma acima contar da expedição de precatório ou requisição de pequeno valor (RPV), poderá incidir atualização ou correção monetária antes se a sentença ou acordão determinar.

O STF, ao julgar a ADI n. 4.425, declarou inconstitucional a utilização do índice oficial de remuneração básica da caderneta de poupança para a correção ou atualização monetária por não ser suficiente para compensar a inflação.

Contudo, precisou modular os efeitos da declaração de inconstitucionalidade da seguinte forma:

> QUESTÃO DE ORDEM. MODULAÇÃO TEMPORAL DOS EFEITOS DE DECISÃO DECLARATÓRIA DE INCONSTITUCIONALIDADE (LEI 9.868/99, ART. 27). POSSIBILIDADE. NECESSIDADE DE ACOMODAÇÃO OTIMIZADA DE VALORES CONSTITUCIONAIS CONFLITANTES. PRECEDENTES DO STF. REGIME DE EXECUÇÃO DA FAZENDA PÚBLICA MEDIANTE PRECATÓRIO. EMENDA CONSTITUCIONAL N. 62/2009. EXISTÊNCIA DE RAZÕES DE SEGURANÇA JURÍDICA QUE JUSTIFICAM A MANUTENÇÃO TEMPORÁRIA DO REGIME ESPECIAL NOS TERMOS EM QUE DECIDIDO PELO PLENÁRIO DO SUPREMO TRIBUNAL FEDERAL.
> (...)
> **2. *In casu*, modulam-se os efeitos das decisões declaratórias de inconstitucionalidade proferidas nas ADIs n. 4.357 e 4.425 para manter a vigência do regime especial de pagamento de precatórios instituído pela Emenda Constitucional n. 62/2009 por 5 (cinco) exercícios financeiros a contar de primeiro de janeiro de 2016. 3. Confere-se eficácia prospectiva à declaração de inconstitucionalidade dos seguintes aspectos da ADI, fixando como marco**

996 CURSO DE DIREITO ADMINISTRATIVO

inicial a data de conclusão do julgamento da presente questão de ordem (25-03-2015) e mantendo-se válidos os precatórios expedidos ou pagos até esta data, a saber: (i) fica mantida a aplicação do índice oficial de remuneração básica da caderneta de poupança (TR), nos termos da Emenda Constitucional n. 62/2009, até 25-3-2015, data após a qual (a) os créditos em precatórios deverão ser corrigidos pelo Índice de Preços ao Consumidor Amplo Especial (IPCA-E) e (b) os precatórios tributários deverão observar os mesmos critérios pelos quais a Fazenda Pública corrige seus créditos tributários; e (ii) ficam resguardados os precatórios expedidos, no âmbito da administração pública federal, com base nos arts. 27 das Leis n. 12.919/13 e n. 13.080/15, que fixam o IPCA-E como índice de correção monetária. (...)
(ADI 4425 QO, Relator(a): Min. LUIZ FUX, Tribunal Pleno, julgado em 25-03-2015, PROCESSO ELETRÔNICO *DJe*-152 DIVULG 03-08-2015 PUBLIC 04-08-2015).

35.8.7. Direito de extensão

A desapropriação pode ser total ou parcial, sendo que a parcial pode tornar o restante do bem inservível ou causar o seu esvaziamento econômico. O Poder Público não deve imputar prejuízos injustificados aos administrados, portanto, neste caso, ressarcirá o dano causado através da desapropriação do restante do bem.

O **direito de extensão** implica possibilidade daquele que teve o seu bem parcialmente desapropriado de exigir – em caso de esvaziamento econômico ou impossibilidade de uso da parte remanescente – **a desapropriação do restante**.

O Decreto-Lei n. 3.365/41 e a Lei n. 4.132/62 não trataram expressamente sobre o direito de extensão, mas a Lei Complementar n. 76/93, mitigando o princípio da **contenciosidade limitada**, permitiu, no inciso II do seu art. 4º, que o proprietário alegasse na contestação redução da área à superfície inferior à da pequena propriedade rural ou prejuízo substancial em suas condições de exploração econômica, caso o seu valor seja inferior ao da parte desapropriada.

Nada impede, no entanto, que o **direito de extensão** seja oponível em todas as modalidades de desapropriação[58], inclusive na desapropriação indireta, a fim de que sejam evitadas as interferências desproporcionais e injustas do Poder Público no domínio privado.

O direito de extensão, quando exercido, implica apenas aumento no valor da indenização devida, não tendo o condão de impedir a desapropriação.

---

[58] STJ, REsp 986.386/SP, rel. Min. Castro Meira, 2ª Turma, julgado em 4-3-2008, *DJe* 17-3-2008.

35.8.8. Preferência, tredestinação e retrocessão

O bem desapropriado passava a integrar o patrimônio público, não podendo o expropriado reivindicá-lo seja qual for a alegação, na forma do art. 35 do Decreto-Lei n. 3.365/41, mas o art. 519 do CC de 2002, ao tratar do direito pessoal de preempção ou preferência, afirma que *"se a coisa expropriada para fins de necessidade ou utilidade pública, ou por interesse social, não tiver o destino para que se desapropriou, ou não for utilizada em obras ou serviços públicos, caberá ao expropriado direito de preferência[59], pelo preço atual da coisa"*, revogando a norma do art. 35 do Decreto-Lei n. 3.365/41.

A **preempção, ou preferência**, impõe ao comprador a obrigação de oferecer ao vendedor a coisa que vai vender ou dar em pagamento, para que este use de seu direito de prelação na compra, tanto por tanto. Assim, estipula-se para aquele que adquiriu anteriormente a coisa o dever de, querendo vendê-la ou quitar uma dívida com ela, ofertar, em igualdade de condições, à pessoa que lhe tinha vendido.

Exemplo da esfera privada: A vende um veículo para B, sendo que, no contrato de compra e venda, estipula-se direito de preferência para A se B desejar vender o carro. B, meses após a aquisição, pretende vender o veículo e C oferece 10×. B tem o dever de ofertar o veículo a A por 10×, sob pena de invalidação do futuro negócio com C. Contudo, se A não tiver interesse em adquirir por 10×, B poderá vender para C.

Assim, em relação à preferência ou preempção na desapropriação, caso o expropriado não esteja disposto a pagar o valor, a Administração Pública poderá, observado o procedimento legal, ofertar o bem a outros interessados, a fim de obter a melhor proposta ou conservar o bem no seu patrimônio.

Ressalte-se, por fim, que, quando a venda for a própria finalidade da desapropriação, não haverá falar em direito de preempção ou preferência.

A **retrocessão** é a possibilidade de retorno do bem expropriado ao patrimônio do particular, em virtude de a Administração Pública não ter dado a destinação prevista no ato de desapropriação ou outra destinação de interesse público, mediante o pagamento do preço atual da coisa. Não se trata de venda ou dação em pagamento.

Não basta apenas a devolução da indenização auferida, sendo necessário o pagamento baseado no preço de mercado.

---

[59] CC/2002: "Art. 513. A *preempção, ou preferência*, impõe ao comprador a obrigação de oferecer ao vendedor a coisa que aquele vai *vender, ou dar em pagamento*, para que este use de seu direito de prelação na compra, tanto por tanto".

A retrocessão não seria voluntária para a Administração Pública como nos casos de venda e dação em pagamento, gerando uma faculdade para o expropriado, o que torna a constitucionalidade do art. 519 do CC de 2002 e a sua possibilidade algo controverso na doutrina.

Alguns autores entendem ser um direito real e outros entendem ser um direito pessoal a possibilidade de o expropriado reaver o bem em virtude da inércia da Administração Pública.

O STF entende que se aplica o prazo de prescrição das **ações reais** para o caso de retrocessão em alguns dos seus acórdãos[60].

Observe-se, por fim, que o STJ tem reconhecido o direito do expropriado à retrocessão quando houver tredestinação ilícita do bem desapropriado. Eis acórdão do STJ sobre a questão:

> ADMINISTRATIVO. E PROCESSUAL CIVIL. DESAPROPRIAÇÃO. MUNICÍPIO DE CUBATÃO. TREDESTINAÇÃO LÍCITA. RETROCESSÃO. INOCORRÊNCIA
> **1. O Tribunal de origem, ao avaliar o conteúdo fático probatório dos autos, concluiu que não houve retrocessão, pois o imóvel recebeu destinação pública relevante.**
> **2. A discussão sobre eventual cláusula de renúncia ao direito de preempção inserida em escritura pública de desapropriação amigável se mostra inócua após constatada a não ocorrência da retrocessão.**
> 3. Recurso especial não provido. (REsp 814.570/SP, Rel. Ministro MAURO CAMPBELL MARQUES, SEGUNDA TURMA, julgado em 17-08-2010, *DJe* 20-9-2010).

A **tredestinação lícita**, ou seja, a utilização do bem em finalidade diversa da estipulada no ato de desapropriação, mas atendendo ao interesse público, não enseja, como já foi dito, retrocessão[61].

Deve ser observado que, na preferência, não há um dever jurídico imediato para o Poder Público, pois, ainda que não utilizado o bem, o particular somente terá direito se a Administração resolver vender a coisa ou dá-la em pagamento. Na retrocessão, surge o dever jurídico imediato, pois, não o utilizando, o particular terá a possibilidade de retorno do bem.

A **tredestinação ilícita ou adestinação** ocorre quando a desapropriação servir para a transferência do bem a terceiro com desvio de finalidade (ausência de interesse público). Como já foi dito, parte da doutrina entende que não ense-

---

[60] STF, RE 104591, rel. Min. Octavio Gallotti, 1ª Turma, julgado em 18-4-1986, *DJ* 16-5-1986.
[61] STJ, REsp 995.724/SP, rel. Min. José Delgado, 1ª Turma, julgado em 27-5-2008, *DJe* 23-6-2008.

ja qualquer ação real do expropriado, mas apenas a possibilidade de como cidadão buscar, através de ação popular, a nulidade do ato ilegal e perdas e danos em virtude da não observância do seu direito de preferência.

Contudo, o acordão abaixo reafirma o entendimento do STJ de ser possível a retrocessão neste caso:

> ADMINISTRATIVO E PROCESSUAL CIVIL. AÇÃO INDENIZATÓRIA MOVIDA PELA SUCESSORA DA PARTE EXPROPRIADA CONTRA O MUNICÍPIO SUCESSOR DO ESTADO EXPROPRIANTE. ALEGAÇÃO DE IRREGULAR ALTERAÇÃO DA DESTINAÇÃO ORIGINARIAMENTE PREVISTA PARA O IMÓVEL EXPROPRIADO. FALHA NA PRESTAÇÃO JURISDICIONAL NÃO CONFIGURADA. LIMITES OBJETIVOS DA COISA JULGADA. VIOLAÇÃO. INOCORRÊNCIA. DESAPROPRIAÇÃO DIRETA. RESERVA BIOLÓGICA. POSTERIOR MUDANÇA NO ZONEAMENTO URBANO DO MUNICÍPIO. IMPLANTAÇÃO DE POLO DE CINE, VÍDEO E COMUNICAÇÃO. TREDESTINAÇÃO ILÍCITA NÃO CARACTERIZADA. INTERESSE PÚBLICO MANTIDO.
>
> (...)
>
> **5. Conforme preconizado no art. 1.150 do CC/16 (atual art. 519 do CC/2002), não atendido o objetivo descrito no decreto expropriatório, constitui obrigação do Poder Público oferecer ao expropriado o direito de reaver o bem (retrocessão) ou, não sendo isso possível, de reparar os danos daí decorrentes.**
>
> **6. Entretanto, pretensão desse jaez terá lugar somente quando o bem expropriado, comprovadamente, deixar de atender ao interesse público, em contexto que possa caracterizar a denominada tredestinação ilícita, esta sim geradora do direito à retrocessão ou, na sua impossibilidade, à correspondente indenização por perdas e danos em prol da parte expropriada. A tal propósito, como explica KIYOSHI HARADA, "Só a destinação efetiva do bem a uma finalidade que não seja de interesse público é que revela objetivamente o desvio de finalidade ensejador da retrocessão" (Desapropriação. 11. ed. São Paulo: Atlas, 2015, p. 278).**
>
> (...)
>
> 8. Recurso especial a que se nega provimento. (REsp 1421618/RJ, Rel. Ministro BENEDITO GONÇALVES, Rel. p/ Acórdão Ministro SÉRGIO KUKINA, PRIMEIRA TURMA, julgado em 26-09-2017, *DJe* 20-11-2017)

36

CONTROLE INTERNO E EXTERNO DA ADMINISTRAÇÃO PÚBLICA

36.1. INTRODUÇÃO

Mesmo antes do surgimento do *État Legal* ou da *The Rule of Law*, o Controle da Administração Pública já fazia parte de uma das funções do Estado.

Ao contrário do que pode parecer, nos regimes despóticos, havia rígido controle das contas públicas, pois o titular do interesse público, o rei ou o imperador, não tolerava qualquer desvio do patrimônio do Estado que, em última razão, existia para satisfazer as suas necessidades e desejos individuais.

Mesmo em Roma ou no Egito antigos, os governantes tinham funcionários encarregados do controle dos gastos e patrimônio públicos (gastos dos reis), portanto a ideia de controle é inerente ao surgimento do Estado, qualquer que seja a sua configuração.

As tribos que, em época remota, substituíram o poder familiar como célula inicial de agregação tinham membros encarregados da verificação da gestão racional dos haveres.

Dessa forma, o Controle da Administração Pública pode ser classificado de duas formas, quais sejam: o antigo e o moderno. O antigo dispensa a existência de Estado de Direito, já o moderno somente passou a existir juntamente com as garantias apresentadas pelo *État Legal*.

O Parlamento da Inglaterra, desde 1215, já possuía a dupla função finalística de editar normas gerais e abstratas e de fiscalizar a Administração Pública de todos os Poderes instituídos. Ressalte-se que o conceito de Administração Pública aqui apresentado não se limita ao Poder Executivo, posto que os demais Poderes do Estado exercem como função meio a Administração Pública.

O Poder Judiciário tem como função principal aplicar a lei ao caso concreto de maneira definitiva, porém exerce como atividade-meio função administrativa. O Poder Legislativo tem como funções principais a de legislar e de fiscalizar, mas desempenha como atividade meio função administrativa. O Poder Executivo tem como atividades principais a função de governo, que decorre da máxima discricionariedade constitucional, e a função de administrar.

A outorga histórica da função de controle (fiscalização) da Administração Pública ao Poder Legislativo tem clara relação com a sua legitimação direta, pois os seus membros decidem de maneira colegiada e são todos escolhidos diretamente pelo povo através de sufrágio universal, consagrando-se, dessa maneira, a norma do parágrafo único do art. 1º da CF/88. Assim, são os representantes diretos do titular do Poder estatal e do interesse público primário e secundário que exercem o controle sobre os haveres públicos.

O Poder Executivo, apesar de ser também diretamente legitimado, tem somente o seu chefe escolhido pelo povo, os demais gestores públicos são escolhidos através de sistemas meritórios ou de confiança. Portanto, o Presidente da República pode exercer a discricionariedade constitucional, mas os agentes públicos inferiores, bem como as administrações públicas dos demais poderes, legitimam os seus atos com a motivação, com a legalidade e com a possibilidade de controles interno e externo.

O Poder Judiciário é indiretamente legitimado, uma vez que busca a sua legitimação no Poder Constituinte Originário (CF/88), na motivação das suas decisões e na participação das partes interessadas na decisão final através do contraditório e da ampla defesa assegurados no inciso LV do art. 5º da Carta Maior.

Consequentemente, apesar da possibilidade de todos os Poderes Constituídos instituírem controles internos, as suas contas estão sujeitas, salvo em relação ao Poder Legislativo, a controle externo. Em relação às Casas Legislativas o controle externo tem natureza de controle interno, visto que os tribunais de contas fazerem parte da estrutura do Legislativo.

Observe-se que, no Estado da Bahia, há situação peculiar, pois o Tribunal de Contas do Estado (TCE) e o Tribunal de Contas dos Municípios (TCM) são órgãos estaduais. Consequentemente, o TCM é órgão externo em relação às Câmaras de Vereadores dos Municípios baianos.

O sistema de controle externo atual é o sistema possível, não representando o sistema ideal, posto que há uma pequena falha na sua essência em relação aos atos e contratos administrativos do Poder Legislativo, qual seja: a inexistência em relação a tal Poder de controle externo extrajudicial. Não obstante, pode haver controle externo judicial limitado à legalidade, razoabilidade e proporcionalidade. Assim, não serão sindicáveis por órgão externo certos aspectos meritórios que, por força dos arts. 70 e 71, podem ser analisados.

Os aspectos meritórios dos atos e contratos do Poder Legislativo serão sindicados pelas Cortes de Contas, mas, como já foi dito, não se pode falar em controle externo e sim controle interno.

A primeira e mais conhecida norma que tratou de controle externo nos tempos modernos foi a do art. 15 da Declaração de 1789. Eis o seu texto:

A sociedade tem o direito de demandar contas a todo agente público de sua administração.

O direito de exigir contas dos administradores públicos foi elevado a direito fundamental de primeira geração, segundo a classificação tríplice do lema da Revolução Francesa – *liberté, egalité* e *fraternité* –, e a um dos alicerces das liberdades públicas.

Adotando os ideais revolucionários, Napoleão, em 1807, criou a *Cour de Compte* francesa, sendo tal órgão a primeira Corte de Contas com feições atuais. Os seus julgamentos eram colegiados, os seus membros gozavam de garantias instrumentais para o bom exercício das suas atribuições e havia independência em relação aos agentes públicos fiscalizados.

Apesar do vanguardismo de Napoleão, nem todas as nações que adotam o Estado Democrático de Direito como fundamento da sua existência escolheram as Cortes de Contas como mecanismo de controle externo da Administração Pública.

Muitas adotaram sistemas de órgão unipessoal de controle externo, denominados Auditores-Gerais ou Controladores-Gerais, dando-lhes grande autonomia e possibilitando-lhe um controle eficaz. Exemplos: Argentina e Inglaterra.

O Brasil adotou o sistema de Corte de Contas, tendo criado um órgão pluripessoal dotado de garantias da magistratura para o bom exercício das suas funções.

O sistema de Corte de Contas, mesmo não sendo o único possível nos Estados Democráticos de Direito, revela-se mais coerente, pois o formato de colegiado permite que as decisões sejam proferidas após a reflexão de diversos membros e, por vezes, após intensos debates de convencimento que geram consenso da maioria. Ainda que não haja unanimidade, a possibilidade de divergência denota que vários pontos de vista foram expostos e considerados.

Já a decisão unipessoal pode esbarrar no subjetivismo próprio do ser humano sem que a objetividade defendida por Kant seja devidamente preservada. O colegiado tende a indicar legitimidade, a singularidade pode ensejar desvios pessoais.

Em relação ao Brasil, a Constituição de 1824 já previa a existência de um tribunal administrativo, porém estava em vigor o sistema de monarquia constitucional. O poder daquele órgão de controle externo era extremamente limitado pela possibilidade de o monarca exercer o seu poder moderador que se encontrava acima dos demais poderes constituídos. Eis a norma:

> Art. 170. A Receita, e despeza da Fazenda Nacional será encarregada a um Tribunal, debaixo de nome de 'Thesouro Nacional" aonde em diversas Estações, devidamente estabelecidas por Lei, se regulará a sua administração, arrecadação e contabilidade, em reciproca correspondencia com as Thesourarias, e Autoridades das Provincias do Imperio.

Com os ares da República, as Constituições de 1891, 1934, 1937, 1946, 1967 e de 1988 conceberam Cortes de Contas compatíveis com os desejos populares de legitimação e independência.

A Constituição atual, nos seus arts. 70 a 75, apresenta o Tribunal de Contas da União e os tribunais de Contas dos estados, proibindo a criação de tribunais ou cortes de Contas de municípios, ressalvando a possibilidade de manutenção dos já existentes.

O Estado de São Paulo, por exemplo, tem o seu Tribunal de Contas Estadual e o município de São Paulo tem a sua corte municipal de Contas.

Ficou estabelecido que as cortes de Contas são órgãos auxiliares do Poder Legislativo. Observe-se, porém, que não há relação de subordinação, pois as Casas Legislativas e as de Contas têm competências estabelecidas na própria Carta Maior, não sendo possível avocação pelos legisladores.

Nota-se que o controle externo da Administração Pública é, historicamente, mais um valioso instrumento de preservação do Estado Democrático de Direito e deve ser conhecido e utilizado pelo cidadão para, inclusive, representar contra qualquer tipo de ilegalidade que entrar na sua esfera de cognição.

A Constituição Federal de 1988 apresenta outros atores de controle externo além do Parlamento, pois permite que o Poder Judiciário, sempre que provocado, possa exercer o controle da Administração Pública, porém sem adentrar o mérito da função administrativa.

As Cortes de Contas e o Parlamento podem, na estrita medida trazida pelo art. 70 da CF/88, avaliar não apenas a legalidade, mas também e legitimidade e a economicidade, o que permite adentrar no mérito administrativo sem, todavia, substituir-se à atuação do gestor público.

1004 CURSO DE DIREITO ADMINISTRATIVO

Ao lado do controle externo, os próprios Poderes manterão de forma integrada sistema de controle interno.

Por fim, tem-se que controle administrativo é a soma dos instrumentos ofertados pelo sistema jurídico relativos à fiscalização, apreciação e julgamento do exercício da função administrativa pelos órgãos e entidades do Poder Executivo, do Poder Judiciário e do Poder Legislativo e por quem de qualquer maneira se beneficie de recursos, servidores ou bens públicos. Os instrumentos podem ser utilizados pelas instituições estatais ou pelo próprio cidadão.

36.2. CONTROLE INTERNO OU ADMINISTRATIVO

Na Administração Pública Federal, o controle interno foi estabelecido pelos arts. 76 a 80 da Lei n. 4.320/64, sendo exercido **previamente, concomitantemente e posteriormente**, sem prejuízo da atuação do controle externo.

Atualmente, a CF/88, no seu art. 74, prevê que os Poderes Legislativo, Judiciário e Executivo manterão, de forma integrada, sistema de controle interno com a finalidade de:

I – avaliar o cumprimento das metas previstas no plano plurianual, a execução dos programas de governo e dos orçamentos da União;

II – comprovar a legalidade e avaliar os resultados, quanto à eficácia e eficiência, da gestão orçamentária, financeira e patrimonial nos órgãos e entidades da administração federal, bem como da aplicação de recursos públicos por entidades de direito privado;

III – exercer o controle das operações de crédito, avais e garantias, bem como dos direitos e haveres da União;

IV – apoiar o controle externo no exercício de sua missão institucional.

O controle interno avalia o cumprimento das metas dos instrumentos orçamentários, comprova a legalidade, avalia a **eficácia** e **eficiência** da gestão orçamentária financeira e patrimonial e avalia a aplicação de recursos públicos por pessoas jurídicas de direito privado.

Interessante notar que o controle interno, no âmbito do Poder Executivo, exerce a fiscalização das operações de crédito, avais e garantias, bem como dos direitos e haveres.

Além disso, o **controle interno** tem o dever de apoiar o controle externo na sua missão institucional, tendo também os seus responsáveis, sob pena de responsabilização solidária, o dever funcional de dar ciência ao Tribunal de Contas das irregularidades ou ilegalidades de que tiverem conhecimento.

O sistema de controle interno do Poder Executivo Federal foi regulamentado pela Lei n. 10.180/2001, tendo o seu art. 19 estabelecido que "o Sistema de

Controle Interno do Poder Executivo Federal visa à avaliação da ação governamental e da gestão dos administradores públicos federais, por intermédio da fiscalização contábil, financeira, orçamentária, operacional e patrimonial, e a apoiar o controle externo no exercício de sua missão institucional".

O controle interno, quando bem realizado, reduz a necessidade de análises demoradas – que podem refletir no bom andamento das atividades do órgão auditado – pelo controle externo.

Os agentes públicos do controle exercido no âmbito do próprio Poder devem ter autonomia e independência técnica na sua atuação, pois não é possível a realização de um bom controle quando existe dependência entre o agente fiscalizador e o fiscalizado.

O controle interno utiliza-se da **autotutela** para garantir a observância ao que fora estabelecido na lei e para garantir que a função administrativa observou critérios de conveniência e oportunidade.

A anulação e a revogação dos atos administrativos ilegais ou inconvenientes e inoportunos são faces do controle interno, bem como o **controle finalístico** das entidades estatais que possuem personalidade própria, mas estão **vinculadas** a uma pasta ministerial.

36.3. CONTROLE EXTERNO LEGISLATIVO

O controle externo federal será exercido pelo Congresso Nacional com o auxílio do Tribunal de Contas da União (TCU); entretanto essa Corte de Contas **não é subordinada ao Parlamento**, pois, como já se sabe, as suas atribuições decorrem diretamente da Carta Maior (art. 71 da CF/88).

O auxílio técnico exercido pelo TCU não implica subordinação nem hierarquia, as decisões adotadas em conformidade com a sua competência constitucional não podem ser revistas pelo Parlamento, mas apenas pelo Poder Judiciário[1].

A competência de apreciar através de **parecer prévio** as contas de governo do Presidente da República em sessenta dias, a fim de que sejam julgadas pelo Congresso Nacional (art. 71, I), não denota qualquer hierarquia mesmo havendo a possibilidade de o Parlamento rejeitar o parecer, pois não há reforma, alteração ou anulação de decisão e sim o acolhimento ou não de um ato praticado na esfera da sua competência constitucional técnico-consultiva.

---

[1] STF, ADI 4190 REF-MC, rel. Min. Celso de Mello, Tribunal Pleno, julgado em 10-3-2010, *DJe* 11-6-2010.

O inciso II do art. 71 da CF/88 estabelece que o Tribunal de Contas da União tem competência para **julgar** as contas dos administradores e demais responsáveis por dinheiros, bens e valores públicos da Administração Direta e Indireta, incluídas as fundações e sociedades instituídas e mantidas pelo Poder Público federal, e as contas daqueles que derem causa a perda, extravio ou outra irregularidade de que resulte prejuízo ao erário público.

O vocábulo "julgar" acima descrito tem causado alguma controvérsia na doutrina sobre a natureza jurídica da competência das Cortes de Contas. Alguns autores afirmam que a sua natureza é jurisdicional, mas o STF deixou bem claro tratar-se de julgamento administrativo ao ressalvar a competência revisora do Poder Judiciário, aplicável a todas as decisões dos Tribunais de Contas.

Assim, os Tribunais de Contas não têm atribuição jurisdicional, o seu processo tem **natureza administrativa**.

As Cortes de Contas julgam administrativamente as contas de gestão.

Grave problema surge quando o chefe do executivo é ordenador de despesas. O Presidente da República e os governadores de Estado, em regra, não são ordenadores de despesas, mas os prefeitos podem cumular a direção superior do seu ente com a gestão direta da Administração Pública. Assim, terão contas de governo e de gestão a prestar.

Seria mais apropriada a divisão de competências, a Câmara Municipal julgaria as contas de governo e o Tribunal de Contas do Estado, dos Municípios ou do Município julgaria as contas de gestão, porém o STF, na Rcl 10.493-MC/CE, entendeu que ambas as contas são julgadas pela Câmara Municipal, cabendo ao Tribunal de Contas respectivo apenas a emissão do parecer prévio.

A competência do art. 71, III, trata de **ato administrativo complexo** praticado pela Administração Pública e pela Corte de Contas, no qual esta aprecia, para fins de registro, a legalidade dos atos de admissão de pessoal, a qualquer título, na Administração Direta e Indireta, incluídas as fundações instituídas e mantidas pelo Poder Público – excetuadas as nomeações para cargo de provimento em comissão –, bem como a das concessões de aposentadorias, reformas e pensões, ressalvadas as melhorias posteriores que não alterem o fundamento legal do ato concessório[2].

Aos Tribunais de Contas compete também, na forma dos incisos IV a XI do art. 71: "IV – realizar, por iniciativa própria, da Câmara dos Deputados, do Senado Federal, de Comissão técnica ou de inquérito, inspeções e auditorias de

---

[2] Considerações no item 41.4.6.22.6.1.1, sobre a natureza jurídica do ato de concessão da aposentadoria.

natureza contábil, financeira, orçamentária, operacional e patrimonial, nas unidades administrativas dos Poderes Legislativo, Executivo e Judiciário, e demais entidades referidas no inciso II; V – fiscalizar as contas nacionais das empresas supranacionais de cujo capital social a União participe, de forma direta ou indireta, nos termos do tratado constitutivo; VI – fiscalizar a aplicação de quaisquer recursos repassados pela União mediante convênio, acordo, ajuste ou outros instrumentos congêneres, a Estado, ao Distrito Federal ou a Município; VII – prestar as informações solicitadas pelo Congresso Nacional, por qualquer de suas Casas, ou por qualquer das respectivas Comissões, sobre a fiscalização contábil, financeira, orçamentária, operacional e patrimonial e sobre resultados de auditorias e inspeções realizadas; VIII – aplicar aos responsáveis, em caso de ilegalidade de despesa ou irregularidade de contas, as sanções previstas em lei, que estabelecerá, entre outras cominações, multa proporcional ao dano causado ao erário; IX – assinar prazo para que o órgão ou entidade adote as providências necessárias ao exato cumprimento da lei, se verificada ilegalidade; X – sustar, se não atendido, a execução do ato impugnado, comunicando a decisão à Câmara dos Deputados e ao Senado Federal; XI – representar ao Poder competente sobre irregularidades ou abusos apurados".

No caso de contrato, o ato de sustação será adotado diretamente pelo Congresso Nacional, que solicitará, de imediato, ao Poder Executivo as medidas cabíveis (§1º do art. 71). Se o Congresso Nacional ou o Poder Executivo, no prazo de noventa dias, não efetivar as medidas previstas, o Tribunal decidirá a respeito (§2º do art. 71), portanto em relação a contratos os Tribunais de Contas exercerão competência subsidiária, o que não impede a sua atuação no procedimento licitatório.

As decisões do Tribunal de que resulte imputação de débito ou multa terão eficácia de **título executivo** (§3º). Pode haver, todavia, duas relações jurídicas quando o título imputar multa e débito e decorrer de controle externo feito por Corte de Contas estadual exercido sobre Município: a **relativa à multa** e a **relativa ao débito**.

A multa terá sido cominada por órgão do Estado, consequentemente deverá ser executada pela Procuradoria do Estado. O débito é do gestor para com o Município, portanto deverá ser executado pelo Município.

A questão não está pacificada no âmbito do Poder Judiciário, havendo decisões entendendo ser do Município a titularidade da execução tanto do débito quanto da multa. Porém, as Cortes de Contas e a melhor doutrina sobre controle externo entendem pela existência de duas relações jurídicas autônomas.

O art. 72 da CF/88 traz uma competência consultiva dos Tribunais de Contas em relação a despesas não autorizadas, ainda que sob a forma de investimentos não programados ou a subsídios não aprovados.

Nestes casos, será elaborado um **parecer obrigatório e vinculante** para a Comissão Mista Permanente de Orçamento e Finanças dos Deputados e Senadores.

O **Tribunal de Contas da União**, integrado por **nove Ministros**, tem sede no Distrito Federal, quadro próprio de pessoal e jurisdição em todo o território nacional. Os Ministros serão nomeados dentre brasileiros que satisfaçam os seguintes requisitos:

I – mais de 35 e menos de 65 anos de idade;

II – idoneidade moral e reputação ilibada;

III – notórios conhecimentos jurídicos, contábeis, econômicos e financeiros ou de administração pública;

IV – mais de dez anos de exercício de função ou de efetiva atividade profissional que exija os conhecimentos mencionados no inciso anterior (art. 73, *caput* e §1º).

Os Ministros serão escolhidos:

I – um terço pelo Presidente da República, com aprovação do Senado Federal, sendo dois alternadamente dentre auditores e membros do Ministério Público junto ao Tribunal, indicados em lista tríplice pelo Tribunal, segundo os critérios de antiguidade e merecimento;

II – dois terços pelo Congresso Nacional (art. 73, §2º).

Os Ministros do Tribunal de Contas da União terão as mesmas garantias, prerrogativas, impedimentos, vencimentos e vantagens dos Ministros do STJ (art. 73, §3º). O auditor, quando em substituição a Ministro, terá as mesmas garantias e impedimentos do titular e, quando no exercício das demais atribuições da judicatura, as de juiz de Tribunal Regional Federal (art. 73, §4º).

Qualquer cidadão, partido político, associação ou sindicato é parte legítima para, na forma da lei, denunciar irregularidades ou ilegalidades perante o Tribunal de Contas da União (art. 74, §2º).

As normas que tratam do Tribunal de Contas da União aplicam-se, no que couber, à organização, composição e fiscalização dos Tribunais de Contas dos Estados e do Distrito Federal, bem como dos Tribunais e Conselhos de Contas dos Municípios. As Constituições estaduais disporão sobre os Tribunais de Contas respectivos, que serão integrados por sete Conselheiros (art. 75).

Não se deve esquecer que a possibilidade do Congresso Nacional, na forma do inciso V do art. 49 da CF/88, sustar os atos normativos do Poder Executivo que exorbitem do poder regulamentar ou dos limites de delegação legislativa é um dos instrumentos de controle externo da Administração Pública pelo Poder Legislativo.

Por fim, cumpre ressaltar que os Tribunais de Contas possuem **também competência consultiva abstrata e normativa**[3] em relação às dúvidas afetas às matérias das suas competências vislumbradas pelos gestores da alta hierarquia da Administração Pública. Este tipo de consulta tem sido pouco utilizada pelos gestores, em virtude das supostas limitações e vinculações decorrentes da resposta ofertada, mas se fosse bem utilizada poderia reduzir as condenações impostas aos Administradores Públicos por atos administrativos ilegais ou ilegítimos.

36.4. CONTROLE EXTERNO JURISDICIONAL DA ADMINISTRAÇÃO PÚBLICA

O Direito Administrativo do Brasil foi extremamente influenciado pelo Direito Administrativo da França, mas não se adotou aqui o sistema dualista de jurisdição que consiste na existência de órgão julgador administrativo sem que os órgãos do Poder Judiciário possam alterar o que fora decidido na esfera administrativa.

A **jurisdição dualista francesa** tem como fonte primordial a Constituição, pois não há como conceber o deslocamento de competências constitucionais da jurisdição comum para uma jurisdição administrativa sem a observância ao princípio da similitude das formas, em virtude da disciplina geral do Poder Judiciário, nos Estados Democráticos de Direito, estar assentada na Carta Maior.

Apesar da existência das duas jurisdições independentes, o art. 66 da Constituição Francesa erige a autoridade judiciária como a guardiã da liberdade individual e da propriedade privada. Assim, certas ações da Administração Pública, quando relacionadas a esses bens jurídicos considerados muito relevantes, ficam sujeitas à magistratura judiciária.

---

[3] A Lei n. 8.443/92, que dispõe sobre a Lei Orgânica do Tribunal de Contas da União e dá outras providências, afirma que:

"Art. 1º Ao Tribunal de Contas da União, órgão de controle externo, compete, nos termos da Constituição Federal e na forma estabelecida nesta Lei:

(...)

XVII – decidir sobre *consulta* que lhe seja formulada por autoridade competente, a respeito de dúvida suscitada na aplicação de dispositivos legais e regulamentares concernentes a matéria de sua competência, na forma estabelecida no Regimento Interno.

(...)

§2º A resposta à *consulta* a que se refere o inciso XVII deste artigo tem caráter normativo e constitui prejulgamento da tese, mas não do fato ou caso concreto".

Os conflitos positivos ou negativos de jurisdição entre a administrativa e a judiciária são processados e julgados pelo *Tribunal de Conflits,* que é presidido pelo Ministro da Justiça.

A jurisdição administrativa é composta dos Tribunais Administrativos, das Cortes Administrativas de Apelação, do Conselho de Estado e das jurisdições administrativas especializadas.

Os três primeiros órgãos apresentam configuração semelhante às instâncias da justiça nacional e a jurisdição administrativa especializada apresenta alguma semelhança com as agências reguladoras brasileiras com um ponto distintivo primordial: as decisões das agências não se revestem do manto da coisa julgada.

A Constituição da República Federativa do Brasil de 1988 estabeleceu a **jurisdição una**, ou seja, somente o Poder Judiciário pode dizer o Direito de forma definitiva em todas as matérias e, na forma do inciso XXXV do seu art. 5º, a lei não excluirá da apreciação do Poder Judiciário lesão ou ameaça a direito.

Dessa forma, apesar da grande influência vista sob o aspecto material vinda do Direito Administrativo francês, no que concerne à jurisdição, adotou-se, no Brasil, o modelo inglês de unicidade.

Não há, consequentemente, **coisa julgada administrativa**[4] no ordenamento jurídico pátrio, existindo apenas a preclusão administrativa de efeitos internos. Entretanto, o *caput* do art. 54 da Lei n. 9.784/99 estabeleceu uma espécie de **inalterabilidade interna do ato ou processo administrativo**[5], visto que é defeso à Administração anular os atos administrativos de que decorram efeitos favoráveis para os destinatários *após o prazo de cinco anos*, contados da data em que foram praticados, salvo comprovada má-fé e ressalvada também a possibilidade de o Poder Judiciário fazê-lo (inciso XXXV do art. 5º da CF/88).

Contudo, alguns autores defendem que se pode usar, no Brasil, a expressão coisa julgada administrativa, apesar da sua característica de definitividade apenas para a Administração Pública.

Deve ser observado que existem limites à apreciação do Poder Judiciário dos atos oriundos da Administração Pública.

Não serão examinados aqui os atos políticos do Poder Executivo, pois, em regra, não são suscetíveis de controle e não são atos da Administração Pública.

Os limites que interessam à Administração Pública são os relacionados ao **mérito administrativo**, pois, como já foi demonstrado em passagem anterior, é

---

[4] Imutabilidade absoluta de ato ou decisão proferido pela Administração Pública.

[5] Imutabilidade relativa, endógena ou interna de ato ou decisão proferido pela Administração Pública.

óbvio que o magistrado, quando provocado, pode apreciar todas as questões relacionadas com a legalidade, proporcionalidade, razoabilidade e adequação dos fundamentos aos fatos reais.

A possibilidade de o Poder Judiciário apreciar os atos da Administração Pública surgiu da evolução histórica das liberdades públicas, pois o Estado que impossibilita a apreciação dos atos administrativos por órgão autônomo e isento não pode ser qualificado como Democrático de Direito.

Apesar de a experiência francesa optar por duas jurisdições – uma delas administrativa –, ambas são dotadas de verdadeira autonomia em relação ao órgão administrativo que editou o ato a ser sindicado.

Essa conquista moderna foi equilibrada com a insindicabilidade da **discricionariedade administrativa** ou, conforme a doutrina italiana, do mérito administrativo. Como já foi dito no item que tratou do ato administrativo, a maioria da doutrina afirma que, se o ato administrativo for discricionário, tal liberdade do agente público será vista em apenas dois dos seus elementos: o motivo e o objeto, pois os demais, competência, forma e finalidade, são sempre vinculados.

Observe-se que a **insindicabilidade** não é absoluta, pois o Poder Judiciário somente pode examinar o que exorbita o mérito analisando-o de maneira profunda e detida. O exercício irregular da discricionariedade não tem como parâmetros apenas elementos externos, mas também aspectos internos do seu próprio conteúdo.

A conveniência e a oportunidade, quando exercidas da forma estabelecida na lei, esbarram em três limites jurisdicionais: a realidade, a razoabilidade e a proporcionalidade.

O limite da realidade relaciona-se à **eficácia técnica** da ação, devendo o objeto ser possível. Diante de um objeto impossível não há como afastar a atuação do Poder Judiciário, inclusive para evitar a dilapidação do patrimônio e dos recursos públicos sem a eficácia esperada.

Como já foi dito, a *proporcionalidade é a relação equilibrada entre causa e consequência*, é a imputação balanceada do efeito que envolve lógica (elemento metajurídico). A clássica frase de Jellinek[6] ilustra bem a dificuldade de elaboração de um conceito único de proporcionalidade e a facilidade de percepção do seu conteúdo quando aplicado ao caso concreto.

---

6   "Não se abatem pardais disparando canhões."

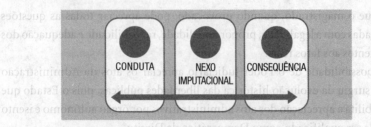

A proporcionalidade pode ser aferida com questionamentos sobre a necessidade, adequação e proporcionalidade estrita do agir discricionário. Se o magistrado entender que foi inobservado este princípio, poderá ultrapassar a fronteira do mérito.

Conforme anteriormente afirmado, Germana de Oliveira Moraes[7] ilustra que o **princípio da razoabilidade** surgiu no caso Associated Provincial Pictures Houses Ltd. *versus* Wednesbury Corporation, em 1948, julgado por Tribunal britânico.

A decisão judicial criou o teste de razoabilidade. Lord Greene, presidente do Tribunal, em *obiter dictum*, afirmou que: "É verdade, discricionariedade deve ser exercida com razoabilidade... Por exemplo, uma pessoa investida de discricionariedade deve, por assim dizer, conduzir-se dentro da lei. Ela deve chamar a sua própria atenção para as matérias que são de consideração obrigatória. Ela deve excluir das suas considerações as matérias irrelevantes. Se não obedecer tais regras, ela pode realmente ter a sua ação classificada como irrazoável. Da mesma forma, pode haver algo tão absurdo, que nenhuma pessoa sensata poderia sonhar que estava dentro dos poderes de autoridade".

O magistrado inglês entende que o poder discricionário precisa ser exercido de maneira razoável. A pessoa dotada deste poder deve direcionar-se ao domínio da lei. Ela deve prestar atenção aos problemas que realmente precisa considerar, devendo excluir da sua avaliação problemas reputados irrelevantes. Se não forem obedecidas tais normas, as suas ações serão qualificadas como desarrazoadas e ilustrarão algo tão absurdo que nenhuma pessoa sensata poderia sonhar que tais ações fariam parte dos poderes da autoridade.

A partir deste julgamento, formulou-se no Direito Britânico o *"princípio Wednesbury"*, como limite às decisões irrazoáveis. Os Tribunais ingleses deixaram de se contentar apenas com o exame da **legalidade** e da **regularidade processual ou procedimental** da decisão administrativa.

---

[7] MORAES, Germana de Oliveira. *Controle jurisdicional da administração pública*. São Paulo: Dialética, 1999.

Atualmente, apesar dos benefícios para a sociedade da possibilidade de o Poder Judiciário tocar, em alguns casos, o mérito administrativo, pode ser notada uma grave crise institucional com a **judicialização** das decisões relativas a políticas públicas.

A defesa da sociedade não pode servir de subterfúgio para a **usurpação de competências constitucionais do Poder Executivo**. A possibilidade de grupos sociais de pressão – em virtude do acesso irrestrito ao Poder Judiciário que lhes foi outorgado pela Constituição Federal – substituírem a sua participação legítima na elaboração das leis e dos atos administrativos por ações judiciais não pode ser chancelada de maneira indiscriminada pelos Tribunais.

O Poder Judiciário não deve encantar-se com a possibilidade de implantar políticas públicas e sim agir como **censor dos seus próprios excessos**, sob pena de violação à norma do art. 2º da CF/88 e sob pena de fomentar rupturas institucionais somente sanáveis através de nova Assembleia Nacional Constituinte.

A jurisprudência alemã, antevendo o perigo institucional, construiu o princípio da **reserva do possível** (*Vorbehalt des Möglichen*). O Tribunal Constitucional da Alemanha (*Bundesverfassungsgericht*), ao julgar questão sobre o direito fundamental ao livre exercício do trabalho do art. 12, item 1, da Constituição Alemã (*Grundgesetz*)[8], restringido pelo limitado acesso ao curso universitário de medicina, entendeu que o Estado pode opor a insuficiência de recursos financeiros para deixar atender plenamente o **direito fundamental** em questão.

Nesse diapasão, as normas infraconstitucionais restritivas do acesso ao ensino superior, quando fundadas em critérios objetivos e na insuficiência de recursos para possibilitar o ingresso de todos que desejam, não poderão ser reputadas inconstitucionais no Direito alemão.

A aplicação da cláusula da *reserva do possível* para afastar o mínimo existencial ainda não está pacificada no STJ, mas há decisões que afirmam a inoponibilidade da reserva do possível em situações excepcionais que afrontem o princípio da dignidade da pessoa humana, a reclamar a atuação do Poder Judiciário:

> PROCESSUAL E ADMINISTRATIVO. EMBARGOS DE DECLARAÇÃO NO RECURSO EM MANDADO DE SEGURANÇA. REALIZAÇÃO DE OBRAS EM CADEIA PÚBLICA E VEDAÇÃO AO RECEBIMENTO DE DETENTAS DO GÊNERO FEMININO. POSSIBILIDADE DE INTERVENÇÃO JUDICIAL, CONFORME O ENTENDIMENTO FIXADO PELO STF EM SEDE DE -RE-

---

[8] "Todos os alemães têm direito de livre escolha de profissão, emprego e formação profissional. O exercício de uma profissão pode ser regulamentado por meio de lei ou em razão de determinação legal."

PERCUSSÃO GERAL (RE 592.581/RS, REL. MIN. RICARDO -LEWANDO-WSKI, *DJE* 1º-2-2016, TEMA 220). INOPONIBILIDADE DA RESERVA DO POSSÍVEL E DA SEPARAÇÃO DE PODERES. AUSÊNCIA DE OMISSÃO, DE OBSCURIDADE E DE CONTRADIÇÃO. MERO INCONFORMISMO DA PARTE EMBARGANTE. EMBARGOS DE DECLARAÇÃO DO ENTE ESTATAL REJEITADOS.

[...] Com efeito, o acórdão embargado consignou, claramente, as razões para o desprovimento do Agravo Interno, fundamentando-se no entendimento consolidado desta Corte Superior que admite a intervenção judicial no funcionamento do sistema prisional para garantir os direitos das pessoas encarceradas, inclusive com a determinação de que a Administração Pública realize as obras necessárias. Não são oponíveis, neste cenário, o princípio da separação dos Poderes e a cláusula da reserva do possível, diante da necessidade de preservação da dignidade dos indivíduos submetidos à situação de encarceramento[9].

Martine Lombard[10] aduz que: "A avaliação das políticas públicas distingue-se dos trabalhos de inspeção e de controle na medida em que não é apenas a verificação do cumprimento das normas administrativas ou técnicas, mas tende a comparar os resultados de uma política pública aos objetivos inicialmente fixados e aos meios utilizados".

O autor francês mostra que a avaliação da **política pública** é diferente do trabalho de inspeção e controle, pois não se concentra apenas na fiscalização do cumprimento de normas administrativas ou técnicas, mas tende a comparar os resultados de uma política pública aos objetivos inicialmente fixados e aos meios utilizados.

A extrema **judicialização** pode inviabilizar coletivamente uma política pública, pois as diversas decisões individuais podem tornar os resultados gerais inexpressivos, satisfazendo os interesses de poucos em detrimento dos interesses de muitos.

Não é fácil para a Administração Pública escolher entre um meio que restringe pouco um direito fundamental, mas, em contrapartida, promove pouco o fim colimado, e um outro meio que, ao mesmo tempo, promove intensamente o fim, mas provoca restrições a direitos fundamentais na mesma intensidade[11].

Por fim, tem-se que a Constituição Federal de 1988 ofertou exemplificativamente os seguintes instrumentos de controle judicial da Administração Pú-

---

9   STJ, EDcl no AgInt no RMS 55163/RS, rel. Min. Manoel Erhardt (desembargador convocado do TRF 5ª Região), 1ª Turma, julgado em12-4-2021, *DJe* 20-4-2021.

10   LOMBARD, Martine. *Droit administratif*. 4. ed. Paris: Dalloz, 2001.

11   STJ, REsp 1.132.476-PR (2009/0062389-6), rel. Min. Humberto Martins.

blica: *habeas data,* mandado de injunção, mandado de segurança, ação popular e ação civil pública.

36.5. CONTROLE E A LEI DE INTRODUÇÃO ÀS NORMAS DO DIREITO BRASILEIRO

36.5.1. Novos dispositivos legais

Não há questionamento de que vigora na Administração Pública direta e indireta de todos os entes da federação a máxima "na dúvida, é melhor decidir contra o particular". O legislador, atento às questões de insegurança jurídica e técnica que tocam a atividade do agente público, procurou, com base em critérios objetivos, conferir mais segurança à atuação legal em favor do administrado, inclusive para reduzir a busca ao Poder Judiciário e reduzir a litigiosidade contra o Estado.

No dia 25 de abril de 2018, foi editada a Lei n. 13.655/18 que, alterando a Lei de Introdução às normas do Direito Brasileiro, dispôs sobre segurança jurídica e eficiência na criação e na aplicação do direito público.

Estabeleceu-se que, nas esferas administrativa, controladora e judicial, não se decidirá com base em **valores jurídicos abstratos** sem que sejam consideradas as **consequências práticas da decisão**.

O administrado terá como avaliar os critérios objetivamente usados pela administração para decidir.

A motivação demonstrará a necessidade e a adequação da medida imposta ou da invalidação de ato, contrato, ajuste, processo ou norma administrativa, inclusive em face das **possíveis alternativas**.

A decisão que, nas esferas administrativa, controladora ou judicial, decretar a invalidação de ato, contrato, ajuste, processo ou norma administrativa deverá indicar de modo expresso suas **consequências jurídicas e administrativas**.

A decisão deverá, quando for o caso, indicar as condições para que a regularização ocorra de modo proporcional e equânime e sem prejuízo aos interesses gerais, não se podendo impor aos sujeitos atingidos ônus ou perdas que, em função das peculiaridades do caso, sejam anormais ou excessivos.

A busca por alternativas possibilitará a adoção do **princípio da eficiência** para a Administração Pública e da **menor lesividade** para o administrado.

Na interpretação de normas sobre gestão pública, serão considerados **os obstáculos** e **as dificuldades** reais do gestor e as exigências das políticas públicas a seu cargo, sem prejuízo dos direitos dos administrados.

Em decisão sobre regularidade de conduta ou validade de ato, contrato, ajuste, processo ou norma administrativa, serão consideradas as circunstâncias práticas que houverem imposto, limitado ou condicionado a ação do agente.

Na aplicação de sanções, serão consideradas a **natureza** e a **gravidade** da infração cometida, os danos que dela provierem para a Administração Pública, as circunstâncias **agravantes** ou **atenuantes** e os **antecedentes** do agente. As sanções aplicadas ao agente serão levadas em conta na **dosimetria** das demais sanções de mesma natureza e relativas ao mesmo fato.

A decisão administrativa, controladora ou judicial que estabelecer interpretação ou orientação nova sobre norma de conteúdo indeterminado, impondo novo dever ou novo condicionamento de direito, deverá prever **regime de transição** quando indispensável para que o novo dever ou condicionamento de direito seja cumprido de modo proporcional, equânime e eficiente e sem prejuízo aos interesses gerais.

A revisão, nas esferas administrativa, controladora ou judicial, quanto à validade de ato, contrato, ajuste, processo ou norma administrativa cuja produção já se houver completado levará em conta as orientações gerais da época, sendo vedado que, com base em mudança posterior de orientação geral, se declarem inválidas situações plenamente constituídas. Consideram-se orientações gerais as interpretações e especificações contidas em atos públicos de caráter geral ou em jurisprudência judicial ou administrativa majoritária, e ainda as adotadas por prática administrativa reiterada e de amplo conhecimento público.

Para eliminar irregularidade, incerteza jurídica ou situação contenciosa na aplicação do direito público, inclusive no caso de expedição de licença, a autoridade administrativa poderá, após oitiva do **órgão jurídico** e, quando for o caso, após realização de **consulta pública**, e presentes razões de relevante interesse geral, celebrar compromisso com os interessados, observada a legislação aplicável, o qual só produzirá efeitos a partir de sua publicação oficial.

O **compromisso**:

I – buscará solução jurídica proporcional, equânime, eficiente e compatível com os interesses gerais;

II – não poderá conferir desoneração permanente de dever ou condicionamento de direito reconhecidos por orientação geral;

III – deverá prever com clareza as obrigações das partes, o prazo para seu cumprimento e as sanções aplicáveis em caso de descumprimento.

A decisão do processo, nas esferas administrativa, controladora ou judicial, poderá impor **compensação** por benefícios indevidos ou prejuízos anormais ou injustos resultantes do processo ou da conduta dos envolvidos.

A decisão sobre a compensação será motivada, ouvidas previamente as partes sobre seu cabimento, sua forma e, se for o caso, seu valor. Para prevenir ou regular a compensação, poderá ser celebrado compromisso processual entre os envolvidos.

O agente público responderá pessoalmente por suas decisões ou opiniões técnicas em caso de **dolo** ou **erro grosseiro**.

Em qualquer órgão ou Poder, a edição de atos normativos por autoridade administrativa, salvo os de mera organização interna, poderá ser precedida de **consulta pública** para manifestação de interessados, preferencialmente por meio eletrônico, a qual será considerada na decisão.

A convocação conterá a minuta do ato normativo e fixará o prazo e demais condições da consulta pública, observadas as normas legais e regulamentares específicas, se houver.

As autoridades públicas devem atuar para aumentar a **segurança jurídica** na aplicação das normas, inclusive por meio de regulamentos, súmulas administrativas e respostas a consultas. Os instrumentos em tela terão caráter vinculante em relação ao órgão ou entidade a que se destinam, até ulterior revisão.

Os novos artigos que tratam de Direito Administrativo da Lei de Introdução às Normas do Direito Brasileiro foram regulamentados pelo Decreto n. 9.830, de 10 de junho de 2019.

36.5.2. Regulamentação

36.5.2.1. Motivação e decisão

A decisão será motivada com a contextualização dos fatos, quando cabível, e com a indicação dos fundamentos de mérito e jurídicos.

A **motivação da decisão**:

I – conterá os seus fundamentos e apresentará a congruência entre as normas e os fatos que a embasaram, de forma argumentativa.

II – indicará as normas, a interpretação jurídica, a jurisprudência ou a doutrina que a embasaram.

III – poderá ser constituída por declaração de concordância com o conteúdo de notas técnicas, pareceres, informações, decisões ou propostas que precederam a decisão.

A decisão que se basear exclusivamente em **valores jurídicos abstratos** observará os itens acima e as consequências práticas da decisão, consideram-se valores jurídicos abstratos aqueles previstos em normas jurídicas com alto grau de indeterminação e abstração.

1018 CURSO DE DIREITO ADMINISTRATIVO

Na indicação das consequências práticas da decisão, o decisor apresentará apenas aquelas consequências práticas que, no exercício diligente de sua atuação, consiga vislumbrar diante dos fatos e fundamentos de mérito e jurídicos.

A motivação demonstrará a necessidade e a adequação da medida imposta, inclusive consideradas as possíveis alternativas e observados os critérios de adequação, proporcionalidade e de razoabilidade.

A decisão que decretar invalidação de atos, contratos, ajustes, processos ou normas administrativos declinará os elementos de motivação e indicará, de modo expresso, as suas **consequências jurídicas e administrativas**.

A consideração das consequências jurídicas e administrativas é limitada aos fatos e fundamentos de mérito e jurídicos que se espera do decisor no **exercício diligente de sua atuação**.

A motivação demonstrará a necessidade e a adequação da medida imposta, consideradas as possíveis alternativas e observados os critérios de proporcionalidade e de razoabilidade.

Quando cabível, a decisão de invalidação indicará, na **modulação de seus efeitos**, as condições para que a regularização ocorra de forma proporcional e equânime e sem prejuízo aos interesses gerais.

Na declaração de invalidade de atos, contratos, ajustes, processos ou normas administrativos, o decisor poderá, consideradas as consequências jurídicas e administrativas da decisão para a Administração Pública e para o administrado:

I – restringir os efeitos da declaração; ou
II – decidir que sua eficácia se iniciará em momento posteriormente definido.

A **modulação dos efeitos** da decisão buscará a mitigação dos ônus ou das perdas dos administrados ou da Administração Pública que sejam anormais ou excessivos em função das peculiaridades do caso.

36.5.2.2. Revisão quanto à validade por mudança de orientação geral

Considera-se **nova interpretação ou nova orientação** aquela que altera o entendimento anterior consolidado.

A decisão administrativa que estabelecer interpretação ou orientação nova sobre norma de conteúdo indeterminado e impuser novo dever ou novo condicionamento de direito, preverá **regime de transição**, quando indispensável para que o novo dever ou o novo condicionamento de direito seja cumprido de modo proporcional, equânime e eficiente e sem prejuízo aos interesses gerais.

A instituição do regime de transição será motivada.

A motivação considerará as condições e o tempo necessário para o cumprimento proporcional, equânime e eficiente do novo dever ou do novo condicionamento de direito e os eventuais prejuízos aos interesses gerais.

36.5.2.3. Regime de transição

Quando cabível, o regime de transição preverá:

I – os órgãos e as entidades da administração pública e os terceiros destinatários;
II – as medidas administrativas a serem adotadas para adequação à interpretação ou à nova orientação sobre norma de conteúdo indeterminado; e
III – o prazo e o modo para que o novo dever ou novo condicionamento de direito seja cumprido.

36.5.2.4. Interpretação de normas sobre gestão pública

Na interpretação de normas sobre gestão pública, serão considerados os obstáculos, as dificuldades reais do agente público e as exigências das políticas públicas a seu cargo, sem prejuízo dos direitos dos administrados.

Na decisão sempre motivada sobre a regularidade de conduta ou a validade de atos, contratos, ajustes, processos ou normas administrativos, serão consideradas as circunstâncias práticas que impuseram, limitaram ou condicionaram a ação do agente público.

36.5.2.5. Compensação

A decisão do processo administrativo poderá impor diretamente à pessoa obrigada **compensação** por benefícios indevidos ou prejuízos anormais ou injustos resultantes do processo ou da conduta dos envolvidos, com a finalidade de evitar procedimentos contenciosos de ressarcimento de danos.

A decisão do processo administrativo é de competência da autoridade pública, que poderá exigir compensação por benefícios indevidamente fruídos pelo particular ou por prejuízos resultantes do processo ou da conduta do particular.

A compensação será motivada e será precedida de manifestação das partes obrigadas sobre seu cabimento, sua forma e, se for o caso, seu valor. Além disso, poderá ser efetivada por meio do compromisso com os interessados.

36.5.2.6. Compromisso

Na hipótese de a autoridade entender conveniente para eliminar irregularidade, incerteza jurídica ou situações contenciosas na aplicação do direito público, poderá celebrar compromisso com os interessados, observada a legislação aplicável e as seguintes condições:

I – após oitiva do órgão jurídico;

II – após realização de consulta pública, caso seja cabível; e

III – presença de razões de relevante interesse geral.

A decisão de celebrar o compromisso será motivada. E esse compromisso:

I – buscará solução proporcional, equânime, eficiente e compatível com os interesses gerais;

II – não poderá conferir desoneração permanente de dever ou condicionamento de direito reconhecido por orientação geral; e

III – preverá:

    a) as obrigações das partes;

    b) o prazo e o modo para seu cumprimento;

    c) a forma de fiscalização quanto a sua observância;

    d) os fundamentos de fato e de direito;

    e) a sua eficácia de título executivo extrajudicial; e

    f) as sanções aplicáveis em caso de descumprimento.

O compromisso firmado somente produzirá efeitos a partir de sua publicação.

O processo que subsidiar a decisão de celebrar o compromisso será instruído com:

I – o parecer técnico conclusivo do órgão competente sobre a viabilidade técnica, operacional e, quando for o caso, sobre as obrigações orçamentário-financeiras a serem assumidas;

II – o parecer conclusivo do órgão jurídico sobre a viabilidade jurídica do compromisso, que conterá a análise da minuta proposta;

III – a minuta do compromisso, que conterá as alterações decorrentes das análises técnica e jurídica previstas acima; e

IV – a cópia de outros documentos que possam auxiliar na decisão de celebrar o compromisso.

Na hipótese de o compromisso depender de autorização do Advogado-Geral da União e de Ministro de Estado ou ser firmado pela Advocacia-Geral da União, será acompanhado de manifestação de interesse da autoridade máxima do órgão ou da entidade da Administração Pública na celebração do compromisso.

A decisão final quanto à celebração do compromisso será do Advogado-Geral da União.

36.5.2.7. Termo de ajustamento de gestão

Poderá ser celebrado termo de ajustamento de gestão entre os agentes públicos e os órgãos de controle interno da Administração Pública com a finalidade de corrigir falhas apontadas em ações de controle, aprimorar procedimentos, assegurar a continuidade da execução do objeto, sempre que possível, e garantir o atendimento do interesse geral.

A decisão de celebrar o termo de ajustamento de gestão será motivada.

Não será celebrado termo de ajustamento de gestão na hipótese de ocorrência de dano ao erário praticado por agentes públicos que agirem com dolo ou erro grosseiro.

A assinatura de termo de ajustamento de gestão será comunicada ao órgão central do sistema de controle interno.

36.5.2.8. Responsabilização do agente público

36.5.2.8.1. Responsabilização na hipótese de dolo ou erro grosseiro

O agente público somente poderá ser responsabilizado por suas decisões ou opiniões técnicas se agir ou se omitir com dolo, direto ou eventual, ou cometer erro grosseiro, no desempenho de suas funções.

Considera-se erro grosseiro aquele manifesto, evidente e inescusável praticado com culpa grave, caracterizado por ação ou omissão com elevado grau de negligência, imprudência ou imperícia.

Não será configurado dolo ou erro grosseiro do agente público se não restar comprovada, nos autos do processo de responsabilização, situação ou circunstância fática capaz de caracterizar o dolo ou o erro grosseiro.

O mero nexo de causalidade entre a conduta e o resultado danoso não implica responsabilização, exceto se comprovado o dolo ou o erro grosseiro do agente público.

A complexidade da matéria e das atribuições exercidas pelo agente público serão consideradas em eventual responsabilização do agente público.

O montante do dano ao erário, ainda que expressivo, não poderá, por si só, ser elemento para caracterizar o erro grosseiro ou o dolo.

A responsabilização pela opinião técnica não se estende de forma automática ao decisor que a adotou como fundamento de decidir e somente se configurará se estiverem presentes elementos suficientes para o decisor aferir o dolo ou o erro grosseiro da opinião técnica ou se houver conluio entre os agentes.

No exercício do poder hierárquico, só responderá por *culpa in vigilando* aquele cuja omissão caracterizar erro grosseiro ou dolo.

O disposto acima não exime o agente público de atuar de forma diligente e eficiente no cumprimento dos seus deveres constitucionais e legais.

1022 CURSO DE DIREITO ADMINISTRATIVO

36.5.2.8.2. Análise de regularidade da decisão

A análise da regularidade da decisão não poderá substituir a atribuição do agente público, dos órgãos ou das entidades da Administração Pública no exercício de suas atribuições e competências, inclusive quanto à definição de políticas públicas.

A atuação de órgãos de controle privilegiará ações de prevenção antes de processos sancionadores.

A eventual estimativa de prejuízo causado ao erário não poderá ser considerada isolada e exclusivamente como motivação para se concluir pela irregularidade de atos, contratos, ajustes, processos ou normas administrativos.

36.5.2.8.3. Direito de regresso, defesa judicial e extrajudicial

No âmbito do Poder Executivo federal, o direito de regresso previsto no § 6º do art. 37 da Constituição somente será exercido na hipótese de o agente público ter agido com dolo ou erro grosseiro em suas decisões ou opiniões técnicas, nos termos do disposto no art. 28 do Decreto-Lei n. 4.657/1942, e com observância aos princípios constitucionais da proporcionalidade e da razoabilidade.

O agente público federal que tiver que se defender, judicial ou extrajudicialmente, por ato ou conduta praticada no exercício regular de suas atribuições institucionais, poderá solicitar à Advocacia-Geral da União que avalie a verossimilhança de suas alegações e a consequente possibilidade de realizar sua defesa, nos termos do disposto no art. 22 da Lei n. 9.028, de 12 de abril de 1995, e nas demais normas de regência.

36.5.2.8.4. Decisão que impuser sanção ao agente público

A decisão que impuser sanção ao agente público considerará:

I – a natureza e a gravidade da infração cometida;
II – os danos que dela provierem para a administração pública;
III – as circunstâncias agravantes ou atenuantes;
IV – os antecedentes do agente;
V – o nexo de causalidade; e
VI – a culpabilidade do agente.

A motivação da decisão acima observará o estabelecido no decreto em estudo.

As sanções aplicadas ao agente público serão levadas em conta na dosimetria das demais sanções da mesma natureza e relativas ao mesmo fato.

O disposto no decreto em comento não afasta a possibilidade de aplicação de sanções previstas em normas disciplinares, inclusive nos casos de ação ou de omissão culposas de natureza leve.

36.5.2.9. Da segurança jurídica na aplicação das normas

36.5.2.9.1. Consulta pública para edição de atos normativos

A edição de atos normativos por autoridade administrativa poderá ser precedida de consulta pública para manifestação de interessados, preferencialmente por meio eletrônico. A decisão pela convocação de consulta pública será motivada.

A convocação de consulta pública conterá a minuta do ato normativo, disponibilizará a motivação do ato e fixará o prazo e as demais condições.

A autoridade decisora não será obrigada a comentar ou considerar individualmente as manifestações apresentadas e poderá agrupar manifestações por conexão e eliminar aquelas repetitivas ou de conteúdo não conexo ou irrelevante para a matéria em apreciação.

As propostas de consulta pública que envolverem atos normativos sujeitos a despacho presidencial serão formuladas nos termos do disposto no Decreto n. 9.191, de 1º de novembro de 2017.

36.5.2.9.2. Segurança jurídica na aplicação das normas

As autoridades públicas atuarão com vistas a aumentar a segurança jurídica na aplicação das normas, inclusive por meio de normas complementares, orientações normativas, súmulas, enunciados e respostas a consultas.

Os instrumentos previstos acima terão caráter vinculante em relação ao órgão ou à entidade da Administração Pública a que se destinarem, até ulterior revisão.

36.5.2.9.3. Parecer do Advogado-Geral da União e de consultorias jurídicas e súmulas da Advocacia-Geral da União

O parecer do Advogado-Geral da União de que tratam os arts. 40 e 41 da Lei Complementar n. 73, 10 de fevereiro de 1993, aprovado pelo Presidente da República e publicado no Diário Oficial da União juntamente com o despacho presidencial, vincula os órgãos e as entidades da Administração Pública federal, que ficam obrigados a lhe dar fiel cumprimento.

O parecer do Advogado-Geral da União aprovado pelo Presidente da República, mas não publicado, obriga apenas as repartições interessadas, a partir do momento em que dele tenham ciência.

Os pareceres acima citados têm prevalência sobre outros mecanismos de uniformização de entendimento.

1024 CURSO DE DIREITO ADMINISTRATIVO

Os pareceres das consultorias jurídicas e dos órgãos de assessoramento jurídico, de que trata o art. 42 da Lei Complementar n. 73/93, aprovados pelo respectivo Ministro de Estado, vinculam o órgão e as respectivas entidades vinculadas.

36.5.2.9.4. Orientações normativas

A autoridade que representa órgão central de sistema poderá editar orientações normativas ou enunciados que vincularão os órgãos setoriais e seccionais.

As controvérsias jurídicas sobre a interpretação de norma, instrução ou orientação de órgão central de sistema poderão ser submetidas à Advocacia-Geral da União.

A submissão à Advocacia-Geral da União acima tratada será instruída com a posição do órgão jurídico do órgão central de sistema, do órgão jurídico que divergiu e dos outros órgãos que se pronunciaram sobre o caso.

36.5.2.9.5. Enunciados e transparência

A autoridade máxima de órgão ou da entidade da Administração Pública poderá editar enunciados que vinculem o próprio órgão ou a entidade e os seus órgãos subordinados.

Compete aos órgãos e às entidades da Administração Pública manter atualizados, em seus sítios eletrônicos, as normas complementares, as orientações normativas, as súmulas e os enunciados.

36.6. AÇÕES JUDICIAIS

36.6.1. Habeas data

O inciso LXIX do art. 5º da CF/88 estabeleceu que conceder-se-á mandado de segurança para proteger direito líquido e certo, não amparado por *habeas corpus* ou *habeas data*, quando o responsável pela ilegalidade ou abuso de poder for autoridade pública ou agente de pessoa jurídica no exercício de atribuições do Poder Público.

Conceder-se-á *habeas data* nas seguintes hipóteses trazidas pelo inciso LXXII do art. 5º da Carta Maior:

a)   para assegurar o conhecimento de informações relativas à pessoa do impetrante, constantes de registros ou bancos de dados de entidades governamentais ou de caráter público;

b)   para a retificação de dados, quando não se prefira fazê-lo por processo sigiloso, judicial ou administrativo;

HIPÓTESES CONSTITUCIONAIS	para assegurar o conhecimento de informações relativas à pessoa do impetrante, constantes de registros ou bancos de dados de entidades governamentais ou de caráter público
	para a retificação de dados, quando não se prefira fazê-lo por processo sigiloso, judicial ou administrativo

As finalidades do *habeas data* são garantir o direito fundamental à informação e garantir o direito à veracidade dos dados constantes nos arquivos da Administração Pública.

As ações de *habeas data* são **gratuitas**.

O seu rito processual foi estabelecido na Lei n. 9.507/97, sendo que a citada lei expandiu as hipóteses de concessão. O seu art. 7º estabeleceu que será concedido *habeas data* nas seguintes **hipóteses**:

I – para assegurar o conhecimento de informações relativas à pessoa do impetrante, constantes de registro ou banco de dados de entidades governamentais ou de caráter público;
II – para a retificação de dados, quando não se prefira fazê-lo por processo sigiloso, judicial ou administrativo;
III – para a anotação nos assentamentos do interessado, de contestação ou explicação sobre dado verdadeiro, mas justificável e que esteja sob pendência judicial ou amigável.

HIPÓTESES LEGAIS	para assegurar o conhecimento de informações relativas à pessoa do impetrante, constantes de registro ou banco de dados de entidades governamentais ou de caráter público
	para a retificação de dados, quando não se prefira fazê-lo por processo sigiloso, judicial ou administrativo
	para a anotação nos assentamentos do interessado, de contestação ou explicação sobre dado verdadeiro, mas justificável e que esteja sob pendência judicial ou amigável

A petição inicial, que deverá preencher os requisitos do CPC, será apresentada em duas vias, e os documentos que instruírem a primeira serão reproduzidos por cópia na segunda.

A petição inicial deverá ser instruída com prova:

I – da **recusa ao acesso** às informações ou do decurso de mais de dez dias sem decisão;
II – da **recusa em fazer-se a retificação** ou do decurso de mais de quinze dias, sem decisão; ou

1026 CURSO DE DIREITO ADMINISTRATIVO

III – da **recusa em fazer-se a anotação** ou do decurso de mais de quinze dias sem decisão.

Ao despachar a inicial, o juiz ordenará que se notifique o coator do conteú-do da petição, entregando-lhe a segunda via apresentada pelo impetrante, com as cópias dos documentos, a fim de que, no prazo de dez dias, preste as informações que julgar necessárias.

A inicial será desde logo **indeferida**, quando não for o caso de *habeas data*, ou se lhe faltar algum dos requisitos previstos na Lei n. 9.507/97.

Do despacho de indeferimento caberá **recurso de apelação**.

Feita a notificação, o serventuário em cujo cartório corra o feito, juntará aos autos cópia autêntica do ofício endereçado ao coator, bem como a prova da sua entrega a este ou da recusa, seja de recebê-lo, seja de dar recibo.

Findo o prazo de 10 (dez) dias para as informações, e ouvido o representante do Ministério Público dentro de cinco dias, os autos serão conclusos ao juiz para decisão a ser proferida em cinco dias.

Na decisão, se julgar procedente o pedido, o juiz marcará data e horário para que o coator:

I – apresente ao impetrante as informações a seu respeito, constantes de registros ou bancos de dadas; ou

II – apresente em juízo a prova da retificação ou da anotação feita nos assentamentos do impetrante.

A decisão será comunicada ao coator, por correio, com aviso de recebimento, ou por telegrama, radiograma ou telefonema, conforme o requerer o impetrante.

Os originais, no caso de transmissão telegráfica, radiofônica ou telefônica deverão ser apresentados à agência expedidora, com a firma do juiz devidamente reconhecida.

Da sentença que conceder ou negar o *habeas data* cabe **apelação**. Quando a sentença conceder o *habeas data*, o recurso terá efeito meramente devolutivo.

Quando o *habeas data* for concedido e o Presidente do Tribunal ao qual competir o conhecimento do recurso ordenar ao juiz a suspensão da execução da sentença, desse seu ato caberá agravo para o Tribunal a que presida.

Nos casos de competência do Supremo Tribunal Federal e dos demais Tribunais caberá ao relator a instrução do processo.

O pedido de *habeas data* poderá ser **renovado** se a decisão denegatória não lhe houver apreciado o mérito.

Os processos de *habeas data* terão **prioridade** sobre todos os atos judiciais, exceto *habeas corpus* e mandado de segurança. Na instância superior, deverão ser levados a julgamento na primeira sessão que se seguir à data em que, feita a distribuição, forem conclusos ao relator.

O prazo para a conclusão não poderá exceder de vinte e quatro horas, a contar da distribuição.

36.6.2. Mandado de injunção

O inciso LXXI do art. 5º da CF/88 estabelece que conceder-se-á **mandado de injunção** sempre que a falta de norma regulamentadora torne inviável o exercício dos direitos e liberdades constitucionais e das prerrogativas inerentes à nacionalidade, à soberania e à cidadania.

Com o objetivo de regulamentar o processo e o julgamento dos mandados de injunção individual e coletivo foi editada a Lei n. 13.300/16.

A lei em tela classificou a falta de norma de duas maneiras:

a) total; e
b) parcial.

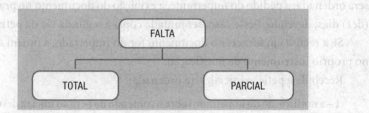

Assim, conceder-se-á mandado de injunção sempre que a **falta total ou parcial** de norma regulamentadora torne inviável o exercício dos direitos e liberdades constitucionais e das prerrogativas inerentes à nacionalidade, à soberania e à cidadania.

Considera-se **parcial** a regulamentação quando forem insuficientes as normas editadas pelo órgão legislador competente.

São legitimados para o mandado de injunção, como impetrantes, as pessoas naturais ou jurídicas que se afirmam titulares dos direitos, das liberdades ou das prerrogativas referidos na norma constitucional acima mencionada e, como impetrado, o Poder, o órgão ou a autoridade com atribuição para editar a norma regulamentadora.

Há duas espécies de mandado de injunção, são elas:

a) o **individual**; e
b) o **coletivo**.

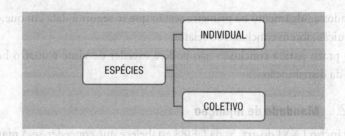

A petição inicial deverá preencher os requisitos estabelecidos pela lei processual e indicará, além do órgão impetrado, a pessoa jurídica que ele integra ou aquela a que está vinculado.

Quando não for transmitida por meio eletrônico, a petição inicial e os documentos que a instruem serão acompanhados de tantas vias quantos forem os impetrados.

Quando o documento necessário à prova do alegado encontrar-se em repartição ou estabelecimento público, em poder de autoridade ou de terceiro, havendo recusa em fornecê-lo por certidão, no original, ou em cópia autêntica, será ordenada, a pedido do impetrante, a exibição do documento no prazo de 10 (dez) dias, devendo, nesse caso, ser juntada cópia à segunda via da petição.

Se a recusa em fornecer o documento for do impetrado, a ordem será feita no próprio instrumento da notificação.

Recebida a petição inicial, será ordenada:

I – a notificação do impetrado sobre o conteúdo da petição inicial, devendo-lhe ser enviada a segunda via apresentada com as cópias dos documentos, a fim de que, no prazo de 10 (dez) dias, preste informações;

II – a ciência do ajuizamento da ação ao órgão de representação judicial da pessoa jurídica interessada, devendo-lhe ser enviada cópia da petição inicial, para que, querendo, ingresse no feito.

A petição inicial será desde logo indeferida quando a impetração for manifestamente incabível ou manifestamente improcedente. Da decisão de relator que indeferir a petição inicial, caberá agravo, em 5 (cinco) dias, para o órgão colegiado competente para o julgamento da impetração.

Findo o prazo para apresentação das informações, será ouvido o Ministério Público, que opinará em 10 (dez) dias, após o que, com ou sem parecer, os autos serão conclusos para decisão.

Reconhecido o estado de mora legislativa, será deferida a injunção para:

I – determinar prazo razoável para que o impetrado promova a edição da norma regulamentadora;

II – estabelecer as condições em que se dará o exercício dos direitos, das liberdades ou das prerrogativas reclamados ou, se for o caso, as condições em que poderá o interessado promover ação própria visando a exercê-los, caso não seja suprida a mora legislativa no prazo determinado.

Será dispensada a determinação de prazo razoável para que o impetrado promova a edição da norma regulamentadora quando comprovado que o impetrado deixou de atender, em mandado de injunção anterior, ao prazo estabelecido para a edição da norma.

A decisão terá eficácia subjetiva limitada às partes e produzirá efeitos até o advento da norma regulamentadora.

Poderá ser conferida eficácia ultra partes ou erga omnes à decisão, quando isso for inerente ou indispensável ao exercício do direito, da liberdade ou da prerrogativa objeto da impetração.

Transitada em julgado a decisão, seus efeitos poderão ser estendidos aos casos análogos por decisão monocrática do relator.

O indeferimento do pedido por insuficiência de prova não impede a renovação da impetração fundada em outros elementos probatórios.

Sem prejuízo dos efeitos já produzidos, a decisão poderá ser revista, a pedido de qualquer interessado, quando sobrevierem relevantes modificações das circunstâncias de fato ou de direito.

A norma regulamentadora superveniente produzirá efeitos *ex nunc* em relação aos beneficiados por decisão transitada em julgado, salvo se a aplicação da norma editada lhes for mais favorável.

Estará prejudicada a impetração se a norma regulamentadora for editada antes da decisão, caso em que o processo será extinto sem resolução de mérito.

O **mandado de injunção coletivo** pode ser promovido:

I – pelo Ministério Público, quando a tutela requerida for especialmente relevante para a defesa da ordem jurídica, do regime democrático ou dos interesses sociais ou individuais indisponíveis;

II – por partido político com representação no Congresso Nacional, para assegurar o exercício de direitos, liberdades e prerrogativas de seus integrantes ou relacionados com a finalidade partidária;

III – por organização sindical, entidade de classe ou associação legalmente constituída e em funcionamento há pelo menos 1 (um) ano, para assegurar o exercício de direitos, liberdades e prerrogativas em favor da totalidade ou de parte de seus membros ou associados, na forma de seus estatutos e desde que pertinentes a suas finalidades, dispensada, para tanto, autorização especial;

IV – pela Defensoria Pública, quando a tutela requerida for especialmente relevante para a promoção dos direitos humanos e a defesa dos direitos individuais e coletivos dos necessitados, na forma do inciso LXXIV do art. 5º da Constituição Federal.

Os direitos, as liberdades e as prerrogativas protegidos por mandado de injunção coletivo são os pertencentes, indistintamente, a uma coletividade indeterminada de pessoas ou determinada por grupo, classe ou categoria.

No mandado de injunção coletivo, a sentença fará coisa julgada limitadamente às pessoas integrantes da coletividade, do grupo, da classe ou da categoria substituídos pelo impetrante, sem prejuízo do aplicável ao mandado de injunção individual em relação à eficácia da decisão e à utilização em casos análogos.

O mandado de injunção coletivo não induz litispendência em relação aos individuais, mas os efeitos da coisa julgada não beneficiarão o impetrante que não requerer a desistência da demanda individual no prazo de 30 (trinta) dias a contar da ciência comprovada da impetração coletiva.

Aplicam-se subsidiariamente ao mandado de injunção as normas do mandado de segurança, disciplinado pela Lei n. 12.016, de 7 de agosto de 2009, e do Código de Processo Civil, instituído pela Lei n. 5.869, de 11 de janeiro de 1973, e pela Lei n. 13.105, de 16 de março de 2015, observado o disposto em seus arts. 1.045 e 1.046.

36.6.3. Mandado de segurança

O inciso LXIX do art. 5º da CF/88 estabeleceu que conceder-se-á **mandado de segurança** para proteger **direito líquido** e **certo**, não amparado por *habeas corpus* ou *habeas data*, quando o responsável pela ilegalidade ou abuso de poder for autoridade pública ou agente de pessoa jurídica no exercício de atribuições do Poder Público.

Não há direito líquido e certo, amparado pelo mandado de segurança, quando se escuda em lei cujos efeitos foram anulados por outra, declarada constitucional pelo Supremo Tribunal Federal, conforme a Súmula 474, do STF.

O mandado de segurança foi regulamentado pela Lei n. 12.016/09, podendo ser classificado de duas formas:

1) quanto ao **momento da lesão**:

a) **preventivo**; e

b) **repressivo**.

2) quanto ao aspecto subjetivo:

a) **individual**; e

b) **coletivo**.

MOMENTO DA LESÃO	PREVENTIVO
	REPRESSIVO
ASPECTO SUBJETIVO	INDIVIDUAL
	COLETIVO

O mandado de segurança **preventivo** pode ser usado quando houver justo receio de que o impetrante poderá ter o seu direito líquido certo violado por ato ilegal ou abusivo de autoridade. O preventivo pode ser convertido em repressivo se, no curso do mandado de segurança, o justo receio se concretizar.

O mandado de segurança **repressivo** poderá ser manejado quando houver violação a direito líquido e certo por ilegalidade ou abuso de poder por autoridade.

O mandado de segurança **individual** pode ser proposto por qualquer particular que pretenda proteger direito líquido e certo, não amparado por *habeas corpus* ou *habeas data*, sempre que, ilegalmente ou com abuso de poder, qualquer pessoa física ou jurídica sofrer violação ou houver justo receio de sofrê-la por parte de autoridade, seja de que categoria for e sejam quais forem as funções que exerça.

Mesmo que haja litisconsórcio ativo o mandado de segurança será individual.

O mandado de segurança **coletivo** pode ser impetrado por partido político com representação no Congresso Nacional, na defesa de seus interesses legítimos relativos a seus integrantes ou à finalidade partidária, ou por organização sindical, entidade de classe ou associação legalmente constituída e em funcionamento há, pelo menos, 1 (um) ano, em defesa de direitos líquidos e certos da totalidade, ou de parte, dos seus membros ou associados, na forma dos seus estatutos e desde que pertinentes às suas finalidades, dispensada, para tanto, autorização especial.

Na forma da Súmula 629, do STF, a impetração de mandado de segurança coletivo por entidade de classe em favor dos associados **independe da autorização** destes.

A entidade de classe tem legitimação para o mandado de segurança ainda quando a pretensão veiculada interesse apenas a uma **parte da respectiva categoria** (Súmula 630, do STF).

Os direitos protegidos pelo mandado de segurança coletivo podem ser:

I – coletivos, assim entendidos, para efeito desta Lei, os transindividuais, de natureza indivisível, de que seja titular grupo ou categoria de pessoas ligadas entre si ou com a parte contrária por uma relação jurídica básica;

II – individuais homogêneos, assim entendidos, para efeito desta Lei, os decorrentes de origem comum e da atividade ou situação específica da totalidade ou de parte dos associados ou membros do impetrante.

No mandado de segurança coletivo, a sentença fará coisa julgada limitadamente aos membros do grupo ou categoria substituídos pelo impetrante.

O mandado de segurança coletivo não induz **litispendência** para as ações individuais, mas os efeitos da coisa julgada não beneficiarão o impetrante a título individual se não requerer a desistência de seu mandado de segurança no prazo de 30 (trinta) dias a contar da ciência comprovada da impetração da segurança coletiva.

No mandado de segurança coletivo, a liminar só poderá ser concedida após a audiência do representante judicial da pessoa jurídica de direito público, que deverá se pronunciar no prazo de 72 (setenta e duas) horas.

Não há falar, no mandado de segurança, em réu e sim **autoridade coatora**. Além disso, a impetração é contra o ato ilegal ou abusivo que violou direito líquido e certo. Equiparam-se às autoridades, para os efeitos desta Lei, os representantes ou órgãos de partidos políticos e os administradores de entidades autárquicas, bem como os dirigentes de pessoas jurídicas ou as pessoas naturais no exercício de atribuições do poder público, somente no que disser respeito a essas atribuições.

Considera-se autoridade coatora aquela que tenha praticado o ato impugnado ou da qual emane a ordem para a sua prática.

Considerar-se-á federal a autoridade coatora se as consequências de ordem patrimonial do ato contra o qual se requer o mandado houverem de ser suportadas pela União ou entidade por ela controlada.

No caso de competência delegada, deve ser observada a Súmula n. 510, do STF. Eis o seu teor:

Praticado o ato por autoridade, no exercício de competência delegada, contra ela cabe o mandado de segurança ou a medida judicial.

Não cabe mandado de segurança contra os **atos de gestão comercial** praticados pelos administradores de empresas públicas, de sociedade de economia mista e de concessionárias de serviço público.

Quando o direito ameaçado ou violado couber a várias pessoas, qualquer delas poderá requerer o mandado de segurança.

O titular de direito líquido e certo decorrente de direito, em condições idênticas, de terceiro poderá impetrar mandado de segurança a favor do direito originário, se o seu titular não o fizer, no prazo de 30 (trinta) dias, quando notificado judicialmente. O exercício do direito desse direito submete-se ao prazo decadencial de 120 (cento e vinte) dias, contado da notificação.

O direito de requerer mandado de segurança extinguir-se-á decorridos 120 (cento e vinte) dias, contados da ciência, pelo interessado, do ato impugnado. Trata-se de prazo decadencial.

Em caso de **urgência**, é permitido, observados os requisitos legais, impetrar mandado de segurança por telegrama, radiograma, fax ou outro meio eletrônico de autenticidade comprovada.

Poderá o juiz, em caso de urgência, notificar a autoridade por telegrama, radiograma ou outro meio que assegure a autenticidade do documento e a imediata ciência pela autoridade.

O texto original da petição deverá ser apresentado nos 5 (cinco) dias úteis seguintes.

Em se tratando de documento eletrônico, serão observadas as regras da Infraestrutura de Chaves Públicas Brasileira – ICP-Brasil.

Não se concederá mandado de segurança quando se tratar:

I – de ato do qual caiba recurso administrativo com efeito suspensivo, independentemente de caução;

II – de decisão judicial da qual caiba recurso com efeito suspensivo;

III – de decisão judicial transitada em julgado.

Não caberá mandado de segurança também quando:

a)   houver necessidade de dilação probatória, pois a prova precisa ser pré--constituída;

b)   se tratar de cobrança de valores devidos ao impetrante (Súmulas 269, 271 e 304, do STF);

c)   couber ação popular (Súmula 101, do STF);

d)   se discutir lei em tese, pois o mandado de segurança não pode substituir as ações declaratórias de constitucionalidade e inconstitucionalidade (Súmula 266, do STF); e

e)   se tratar de decisão transitada em julgado (Súmula 268, do STF).

A petição inicial, que deverá preencher os requisitos estabelecidos pela lei processual, será apresentada em 2 (duas) vias com os documentos que instruírem a primeira reproduzidos na segunda e indicará, além da autoridade coatora, a pessoa jurídica que esta integra, à qual se acha vinculada ou da qual exerce atribuições.

No caso em que o documento necessário à prova do alegado se ache em repartição ou estabelecimento público ou em poder de autoridade que se recuse a fornecê-lo por certidão ou de terceiro, o juiz ordenará, preliminarmente, por ofício, a exibição desse documento em original ou em cópia autêntica e marcará, para o cumprimento da ordem, o prazo de 10 (dez) dias. O escrivão extrairá cópias do documento para juntá-las à segunda via da petição.

Se a autoridade que tiver procedido dessa maneira for a própria coatora, a ordem far-se-á no próprio instrumento da notificação.

Denega-se o mandado de segurança nos casos de **extinção sem resolução de mérito**.

Decisão denegatória de mandado de segurança, não fazendo coisa julgada contra o impetrante, não impede o uso da ação própria (Súmula 304, do STF).

Na forma da Súmula 405, do STF, denegado o mandado de segurança pela sentença, ou no julgamento do agravo, dela interposto, fica sem efeito a liminar concedida, retroagindo os efeitos da decisão contrária.

O pedido de mandado de segurança poderá ser **renovado** dentro do prazo decadencial, se a decisão denegatória não lhe houver apreciado o mérito.

Ao despachar a inicial, o juiz ordenará:

I – que se notifique o coator do conteúdo da petição inicial, enviando-lhe a segunda via apresentada com as cópias dos documentos, a fim de que, no prazo de 10 (dez) dias, preste as informações;

II – que se dê ciência do feito ao órgão de representação judicial da pessoa jurídica interessada, enviando-lhe cópia da inicial sem documentos, para que, querendo, ingresse no feito;

III – que se suspenda o ato que deu motivo ao pedido, quando houver fundamento relevante e do ato impugnado puder resultar a ineficácia da medida, caso seja finalmente deferida, sendo facultado exigir do impetrante caução, fiança ou depósito, com o objetivo de assegurar o ressarcimento à pessoa jurídica.

Da decisão do juiz de primeiro grau que conceder ou denegar a liminar caberá **agravo de instrumento**.

Nos casos de competência originária dos tribunais, caberá ao relator a instrução do processo, sendo assegurada a **defesa oral** na sessão do julgamento do mérito ou do pedido liminar.

Não será concedida medida liminar que tenha por objeto a compensação de créditos tributários, a entrega de mercadorias e bens provenientes do exterior, a reclassificação ou equiparação de servidores públicos e a concessão de aumento ou a extensão de vantagens ou pagamento de qualquer natureza.

Os efeitos da medida liminar, salvo se revogada ou cassada, persistirão até a prolação da sentença.

Deferida a medida liminar, o processo terá prioridade para julgamento.

Será decretada a perempção ou caducidade da medida liminar *ex officio* ou a requerimento do Ministério Público quando, concedida a medida, o impetrante criar obstáculo ao normal andamento do processo ou deixar de promover, por mais de 3 (três) dias úteis, os atos e as diligências que lhe cumprirem.

As autoridades administrativas, no prazo de 48 (quarenta e oito) horas da notificação da medida liminar, remeterão ao Ministério ou órgão a que se acham subordinadas e ao Advogado-Geral da União ou a quem tiver a representação judicial da União, do Estado, do Município ou da entidade apontada como coatora cópia autenticada do mandado notificatório, assim como indicações e elementos outros necessários às providências a serem tomadas para a eventual suspensão da medida e defesa do ato apontado como ilegal ou abusivo de poder.

A inicial será desde logo indeferida, por decisão motivada, quando não for o caso de mandado de segurança ou lhe faltar algum dos requisitos legais ou quando decorrido o prazo legal para a impetração.

Do indeferimento da inicial pelo juiz de primeiro grau caberá apelação e, quando a competência para o julgamento do mandado de segurança couber originariamente a um dos tribunais, do ato do relator caberá agravo para o órgão competente do tribunal que integre.

O ingresso de litisconsorte ativo não será admitido após o despacho da petição inicial.

Feitas as notificações, o serventuário em cujo cartório corra o feito juntará aos autos cópia autêntica dos ofícios endereçados ao coator e ao órgão de representação judicial da pessoa jurídica interessada, bem como a prova da entrega a estes ou da sua recusa em aceitá-los ou dar recibo e, no caso de utilização de meios de urgência, a comprovação da remessa.

Findo o prazo para a autoridade coatora prestar informações, o juiz ouvirá o representante do Ministério Público, que opinará, dentro do prazo improrrogável de 10 (dez) dias.

Com ou sem o parecer do Ministério Público, os autos serão conclusos ao juiz, para a decisão, a qual deverá ser necessariamente proferida em 30 (trinta) dias.

Concedido o mandado, o juiz transmitirá em ofício, por intermédio do oficial do juízo, ou pelo correio, mediante correspondência com aviso de recebimento, o inteiro teor da sentença à autoridade coatora e à pessoa jurídica interessada.

Em caso de urgência, poderá o juiz notificar a autoridade por telegrama, radiograma ou outro meio que assegure a autenticidade do documento e a imediata ciência pela autoridade.

Da sentença, denegando ou concedendo o mandado, cabe **apelação**.

Concedida a segurança, a sentença estará sujeita obrigatoriamente ao **duplo grau de jurisdição**.

Estende-se à autoridade coatora o direito de recorrer.

A sentença que conceder o mandado de segurança pode ser executada provisoriamente, salvo nos casos em que for vedada a concessão da medida liminar.

O pagamento de vencimentos e vantagens pecuniárias assegurados em sentença concessiva de mandado de segurança a servidor público da administração direta ou autárquica federal, estadual e municipal somente será efetuado relativamente às prestações que se vencerem a contar da data do ajuizamento da inicial.

Quando, a requerimento de pessoa jurídica de direito público interessada ou do Ministério Público e para evitar grave lesão à ordem, à saúde, à segurança e à economia públicas, o presidente do tribunal ao qual couber o conhecimento do respectivo recurso suspender, em decisão fundamentada, a execução da liminar e da sentença, dessa decisão caberá agravo, sem efeito suspensivo, no prazo de 5 (cinco) dias, que será levado a julgamento na sessão seguinte à sua interposição.

Indeferido o pedido de suspensão ou provido o agravo a que se refere acima, caberá novo pedido de suspensão ao presidente do tribunal competente para conhecer de eventual recurso especial ou extraordinário. É cabível também o pedido de suspensão em tela, quando negado provimento a agravo de instrumento interposto contra a liminar a que se refere este artigo.

A interposição de agravo de instrumento contra liminar concedida nas ações movidas contra o poder público e seus agentes não prejudica nem condiciona o julgamento do pedido de suspensão a que se refere este artigo.

O presidente do tribunal poderá conferir ao pedido efeito suspensivo liminar se constatar, em juízo prévio, a plausibilidade do direito invocado e a urgência na concessão da medida.

As liminares cujo objeto seja idêntico poderão ser suspensas em uma única decisão, podendo o presidente do tribunal estender os efeitos da suspensão a liminares supervenientes, mediante simples aditamento do pedido original.

Da decisão do relator que conceder ou denegar a medida liminar caberá agravo ao órgão competente do tribunal que integre.

Nas decisões proferidas em mandado de segurança e nos respectivos recursos, quando não publicado, no prazo de 30 (trinta) dias, contado da data do julgamento, o acórdão será substituído pelas respectivas notas taquigráficas, independentemente de revisão.

Das decisões em mandado de segurança proferidas em única instância pelos tribunais cabe recurso especial e extraordinário, nos casos legalmente previstos, e recurso ordinário, quando a ordem for denegada.

A sentença ou o acórdão que denegar mandado de segurança, sem decidir o mérito, não impedirá que o requerente, por ação própria, pleiteie os seus direitos e os respectivos efeitos patrimoniais.

Os processos de mandado de segurança e os respectivos recursos terão prioridade sobre todos os atos judiciais, salvo *habeas corpus*.

Na instância superior, deverão ser levados a julgamento na primeira sessão que se seguir à data em que forem conclusos ao relator.

O prazo para a conclusão dos autos não poderá exceder de 5 (cinco) dias.

Não cabem, no processo de mandado de segurança, a interposição de embargos infringentes e a condenação ao pagamento dos honorários advocatícios, sem prejuízo da aplicação de sanções no caso de litigância de má-fé.

36.6.4. Ação popular

O inciso LXXIII do art. 5º da CF/88 afirma que qualquer cidadão é parte legítima para propor **ação popular** que vise a anular ato lesivo ao patrimônio público ou de entidade de que o Estado participe, à moralidade administrativa, ao meio ambiente e ao patrimônio histórico e cultural, ficando o autor, salvo comprovada má-fé, isento de custas judiciais e do ônus da sucumbência.

A Lei n. 4.717/65, recepcionada pela atual Constituição, regulamenta a Ação Popular, dizendo, no seu art. 1º, que qualquer cidadão será parte legítima para pleitear a anulação ou a declaração de nulidade de atos lesivos ao patrimônio da **União, do Distrito Federal, dos Estados, dos Municípios, de entidades autárquicas, de sociedades de economia mista, de sociedades mútuas de seguro nas quais a União represente os segurados ausentes, de empresas públicas, de serviços sociais autônomos, de instituições ou fundações para cuja criação ou custeio o tesouro público haja concorrido ou concorra com mais de cinquenta por cento do patrimônio ou da receita ânua, de empresas incorporadas ao patrimônio da União, do Distrito Federal, dos Estados e dos Municípios, e de quaisquer pessoas jurídicas ou entidades subvencionadas pelos cofres públicos.**

Consideram-se patrimônio público os bens e direitos de valor econômico, artístico, estético, histórico ou turístico.

Em se tratando de instituições ou fundações, para cuja criação ou custeio o tesouro público concorra com menos de cinquenta por cento do patrimônio ou da receita anual, bem como de pessoas jurídicas ou entidades subvencionadas, as consequências patrimoniais da invalidez dos atos lesivos terão por limite a repercussão deles sobre a contribuição dos cofres públicos.

A prova da cidadania, para ingresso em juízo, será feita com o **título eleitoral**, ou com documento que a ele corresponda.

Pessoa jurídica não tem legitimidade para propor ação popular (Súmula 365, do STF).

Para instruir a inicial, o cidadão poderá requerer às entidades e aos órgãos/entes que podem ser demandados as certidões e informações que julgar necessárias, bastando para isso indicar a finalidade das mesmas.

As certidões e informações deverão ser fornecidas dentro de 15 (quinze) dias da entrega, sob recibo, dos respectivos requerimentos, e só poderão ser utilizadas para a instrução de ação popular.

Somente nos casos em que o interesse público, devidamente justificado, impuser sigilo, poderá ser negada certidão ou informação.

Em caso de negativa, a ação poderá ser proposta desacompanhada das certidões ou informações negadas, cabendo ao juiz, após apreciar os motivos do indeferimento, e salvo em se tratando de razão de segurança nacional, requisitar umas e outras; feita a requisição, o processo correrá em segredo de justiça, que cessará com o trânsito em julgado de sentença condenatória.

Conforme a origem do ato impugnado, é **competente** para conhecer da ação, processá-la e julgá-la o juiz que, de acordo com a organização judiciária de cada Estado, o for para as causas que interessem à União, ao Distrito Federal, ao Estado ou ao Município.

Para fins de competência, equiparam-se atos da União, do Distrito Federal, do Estado ou dos Municípios os atos das pessoas criadas ou mantidas por essas pessoas jurídicas de direito público, bem como os atos das sociedades de que elas sejam acionistas e os das pessoas ou entidades por elas subvencionadas ou em relação às quais tenham interesse patrimonial.

Quando o pleito interessar simultaneamente à União e a qualquer outra pessoa ou entidade, será competente o **juiz das causas da União**, se houver; quando interessar simultaneamente ao Estado e ao Município, será competente o juiz das causas do Estado, se houver.

A propositura da ação prevenirá a jurisdição do juízo para todas as ações, que forem posteriormente intentadas contra as mesmas partes e sob os mesmos fundamentos.

Na defesa do patrimônio público caberá a **suspensão liminar** do ato lesivo impugnado.

A ação será proposta contra as pessoas públicas ou privadas e as entidades referidas no art. 1º da lei em tela, contra as autoridades, funcionários ou administradores que houverem autorizado, aprovado, ratificado ou praticado o ato impugnado, ou que, por omissas, tiverem dado oportunidade à lesão, e contra os beneficiários diretos do mesmo.

Se não houver benefício direto do ato lesivo, ou se for ele indeterminado ou desconhecido, a ação será proposta somente contra as outras pessoas indicadas no citado art. 1º.

A pessoa jurídica de direito público ou de direito privado, cujo ato seja objeto de impugnação, poderá abster-se de contestar o pedido, ou poderá atuar ao lado do autor, desde que isso se afigure útil ao interesse público, a juízo do respectivo representante legal ou dirigente.

O Ministério Público acompanhará a ação, cabendo-lhe apressar a produção da prova e promover a responsabilidade, civil ou criminal, dos que nela incidirem, sendo-lhe vedado, em qualquer hipótese, assumir a defesa do ato impugnado ou dos seus autores.

É facultado a qualquer cidadão habilitar-se como litisconsorte ou assistente do autor da ação popular.

As partes só pagarão custas e preparo a final.

A sentença que, julgando procedente a ação popular, decretar a invalidade do ato impugnado, condenará ao pagamento de perdas e danos os responsáveis pela sua prática e os beneficiários dele, ressalvada a ação regressiva contra os funcionários causadores de dano, quando incorrerem em culpa.

A sentença incluirá sempre, na condenação dos réus, o pagamento, ao autor, das custas e demais despesas, judiciais e extrajudiciais, diretamente relacionadas com a ação e comprovadas, bem como o dos honorários de advogado.

A sentença que, apreciando o fundamento de direito do pedido, julgar a lide manifestamente temerária, condenará o autor ao pagamento do décuplo das custas.

Se o valor da lesão ficar provado no curso da causa, será indicado na sentença; se depender de avaliação ou perícia, será apurado na execução.

Quando a lesão resultar da falta ou isenção de qualquer pagamento, a condenação imporá o pagamento devido, com acréscimo de juros de mora e multa legal ou contratual, se houver.

Quando a lesão resultar da execução fraudulenta, simulada ou irreal de contratos, a condenação versará sobre a reposição do débito, com juros de mora.

Quando o réu condenado perceber dos cofres públicos, a execução far-se-á por desconto em folha até o integral ressarcimento do dano causado, se assim mais convier ao interesse público.

A parte condenada a restituir bens ou valores ficará sujeita a sequestro e penhora, desde a prolação da sentença condenatória.

Se, no curso da ação, ficar provada a infringência da lei penal ou a prática de falta disciplinar a que a lei comine a pena de demissão ou a de rescisão de contrato de trabalho, o juiz, "ex-officio", determinará a remessa de cópia autenticada das peças necessárias às autoridades ou aos administradores a quem competir aplicar a sanção.

Caso decorridos 60 (sessenta) dias da publicação da sentença condenatória de segunda instância, sem que o autor ou terceiro promova a respectiva execução, o representante do Ministério Público a promoverá nos 30 (trinta) dias seguintes, sob pena de falta grave.

É sempre permitida às pessoas ou entidades prejudicadas, ainda que hajam contestando a ação, promover, em qualquer tempo, e no que as beneficiar a execução da sentença contra os demais réus.

A sentença terá eficácia de coisa julgada oponível "erga omnes", exceto no caso de haver sido a ação julgada improcedente por deficiência de prova; neste caso, qualquer cidadão poderá intentar outra ação com idêntico fundamento, valendo-se de nova prova.

A sentença que concluir pela carência ou pela improcedência da ação está sujeita ao duplo grau de jurisdição, não produzindo efeito senão depois de confirmada pelo tribunal; da que julgar a ação procedente caberá apelação, com efeito suspensivo.

Das decisões interlocutórias cabe **agravo de instrumento**.

Das sentenças e decisões proferidas contra o autor da ação e suscetíveis de recurso, poderá recorrer qualquer cidadão e também o Ministério Público.

Por fim, tem-se que a ação popular **prescreve** em 5 (cinco) anos.

36.6.5. Ação civil pública

A ação civil pública foi tratada pela Lei n. 7.347/85 com o objetivo principal de, sem prejuízo da ação popular, resguardar contra danos morais e patrimoniais:

I – o meio- ambiente;

II – o consumidor;

III – bens e direitos de valor artístico, estético, histórico, turístico e paisagístico;

IV – qualquer outro interesse difuso ou coletivo;

V – a ordem econômica;

VI – a ordem urbanística.

VII – a honra e a dignidade de grupos raciais, étnicos ou religiosos;

VIII – o patrimônio público e social.

	MEIO AMBIENTE
	CONSUMIDOR
	BENS E DIREITOS DE VALOR ARTÍSTICO, ESTÉTICO, HISTÓRICO, TURÍSTICO E PAISAGÍSTICO
OBJETOS	QUALQUER OUTRO INTERESSE DIFUSO OU COLETIVO
	ORDEM ECONÔMICA
	ORDEM URBANÍSTICA
	HONRA E A DIGNIDADE DE GRUPOS RACIAIS, ÉTNICOS OU RELIGIOSOS
	PATRIMÔNIO PÚBLICO E SOCIAL

Não será cabível ação civil pública para veicular pretensões que envolvam tributos, contribuições previdenciárias, o Fundo de Garantia do Tempo de Serviço – FGTS ou outros fundos de natureza institucional cujos beneficiários podem ser individualmente determinados.

As ações previstas nesta Lei serão propostas no **foro do local onde ocorrer o dano**, cujo juízo terá competência funcional para processar e julgar a causa.

A propositura da ação prevenirá a jurisdição do juízo para todas as ações posteriormente intentadas que possuam a mesma causa de pedir ou o mesmo objeto.

A ação civil poderá ter por objeto a condenação em dinheiro ou o cumprimento de obrigação de fazer ou não fazer.

Poderá ser ajuizada ação cautelar para os fins desta Lei, objetivando, inclusive, evitar dano ao patrimônio público e social, ao meio ambiente, ao consumidor, à honra e à dignidade de grupos raciais, étnicos ou religiosos, à ordem urbanística ou aos bens e direitos de valor artístico, estético, histórico, turístico e paisagístico.

Têm **legitimidade** para propor a ação principal e a ação cautelar:

I – o Ministério Público;

II – a Defensoria Pública;

III – a União, os Estados, o Distrito Federal e os Municípios;

IV – a autarquia, empresa pública, fundação ou sociedade de economia mista;

V – a associação que, concomitantemente:

a) esteja constituída há pelo menos 1 (um) ano nos termos da lei civil;

b) inclua, entre suas finalidades institucionais, a proteção ao patrimônio público e social, ao meio ambiente, ao consumidor, à ordem econômica, à livre concorrência, aos direitos de grupos raciais, étnicos ou religiosos ou ao patrimônio artístico, estético, histórico, turístico e paisagístico.

	MINISTÉRIO PÚBLICO
	DEFENSORIA PÚBLICA
LEGITIMADOS	UNIÃO, ESTADOS, DISTRITO FEDERAL E MUNICÍPIOS
	AUTARQUIA, EMPRESA PÚBLICA, FUNDAÇÃO OU SOCIEDADE DE ECONOMIA MISTA
	ASSOCIAÇÃO

O Ministério Público, se não intervier no processo como parte, atuará obrigatoriamente como **fiscal da lei**.

Fica facultado ao Poder Público e a outras associações legitimadas nos termos deste artigo habilitar-se como litisconsortes de qualquer das partes.

Em caso de desistência infundada ou abandono da ação por associação legitimada, o Ministério Público ou outro legitimado assumirá a titularidade ativa.

O requisito da pré-constituição poderá ser dispensado pelo juiz, quando haja manifesto interesse social evidenciado pela dimensão ou característica do dano, ou pela relevância do bem jurídico a ser protegido.

Admitir-se-á o litisconsórcio facultativo entre os Ministérios Públicos da União, do Distrito Federal e dos Estados na defesa dos interesses e direitos de que cuida esta lei.

Os órgãos públicos legitimados poderão tomar dos interessados compromisso de ajustamento de sua conduta às exigências legais, mediante cominações, que terá eficácia de título executivo extrajudicial.

Qualquer pessoa poderá e o servidor público deverá provocar a iniciativa do Ministério Público, ministrando-lhe informações sobre fatos que constituam objeto da ação civil e indicando-lhe os elementos de convicção.

Se, no exercício de suas funções, os juízes e tribunais tiverem conhecimento de fatos que possam ensejar a propositura da ação civil, remeterão peças ao Ministério Público para as providências cabíveis.

Para instruir a inicial, o interessado poderá requerer às autoridades competentes as certidões e informações que julgar necessárias, a serem fornecidas no prazo de 15 (quinze) dias.

O Ministério Público poderá instaurar, sob sua presidência, **inquérito civil**, ou requisitar, de qualquer organismo público ou particular, certidões, informações, exames ou perícias, no prazo que assinalar, o qual não poderá ser inferior a 10 (dez) dias úteis.

Somente nos casos em que a lei impuser sigilo, poderá ser negada certidão ou informação, hipótese em que a ação poderá ser proposta desacompanhada daqueles documentos, cabendo ao juiz requisitá-los.

Se o órgão do Ministério Público, esgotadas todas as diligências, se convencer da inexistência de fundamento para a propositura da ação civil, promoverá o **arquivamento dos autos do inquérito civil ou das peças informativas**, fazendo-o fundamentadamente.

Os autos do inquérito civil ou das peças de informação arquivadas serão remetidos, sob pena de se incorrer em falta grave, no prazo de 3 (três) dias, ao Conselho Superior do Ministério Público.

Até que, em sessão do Conselho Superior do Ministério Público, seja homologada ou rejeitada a promoção de arquivamento, poderão as associações legitimadas apresentar razões escritas ou documentos, que serão juntados aos autos do inquérito ou anexados às peças de informação.

A promoção de arquivamento será submetida a exame e deliberação do Conselho Superior do Ministério Público, conforme dispuser o seu Regimento.

Deixando o Conselho Superior de homologar a promoção de arquivamento, designará, desde logo, outro órgão do Ministério Público para o ajuizamento da ação.

Na ação que tenha por objeto o cumprimento de obrigação de fazer ou não fazer, o juiz determinará o cumprimento da prestação da atividade devida ou a cessação da atividade nociva, sob pena de execução específica, ou de cominação de multa diária, se esta for suficiente ou compatível, independentemente de requerimento do autor.

Poderá o juiz conceder mandado liminar, **com ou sem justificação prévia**, em decisão sujeita a agravo.

A requerimento de pessoa jurídica de direito público interessada, e para evitar grave lesão à ordem, à saúde, à segurança e à economia pública, poderá o Presidente do Tribunal a que competir o conhecimento do respectivo recurso suspender a execução da liminar, em decisão fundamentada, da qual caberá agravo para uma das turmas julgadoras, no prazo de 5 (cinco) dias a partir da publicação do ato.

A multa cominada liminarmente só será exigível do réu após o trânsito em julgado da decisão favorável ao autor, mas será devida desde o dia em que se houver configurado o descumprimento.

Havendo condenação em dinheiro, a indenização pelo dano causado reverterá a um fundo gerido por um Conselho Federal ou por Conselhos Estaduais de que participarão necessariamente o Ministério Público e representantes da comunidade, sendo seus recursos destinados à reconstituição dos bens lesados.

Enquanto o fundo não for regulamentado, o dinheiro ficará depositado em estabelecimento oficial de crédito, em conta com correção monetária.

O juiz poderá conferir efeito suspensivo aos recursos, para evitar dano irreparável à parte.

Decorridos sessenta dias do trânsito em julgado da sentença condenatória, sem que a associação autora lhe promova a execução, deverá fazê-lo o Ministério Público, facultada igual iniciativa aos demais legitimados.

A sentença civil fará coisa julgada erga omnes, nos limites da competência territorial do órgão prolator, exceto se o pedido for julgado improcedente por insuficiência de provas, hipótese em que qualquer legitimado poderá intentar outra ação com idêntico fundamento, valendo-se de nova prova.

Em caso de litigância de má-fé, a associação autora e os diretores responsáveis pela propositura da ação serão solidariamente condenados em honorários advocatícios e ao décuplo das custas, sem prejuízo da responsabilidade por perdas e danos.

Nas ações de que trata esta lei, não haverá adiantamento de custas, emolumentos, honorários periciais e quaisquer outras despesas, nem condenação da associação autora, salvo comprovada má-fé, em honorários de advogado, custas e despesas processuais.

37

RESPONSABILIDADE CIVIL DO ESTADO

37.1. EVOLUÇÃO HISTÓRICA E FUNDAMENTOS JURÍDICOS

De logo, deve ser definida responsabilidade civil ou patrimonial como a possibilidade de **invasão do patrimônio** daquele que não cumpriu a prestação devida. A responsabilidade civil surge, em regra, no seio de uma obrigação decorrente da vontade, da lei ou de ato ilícito.

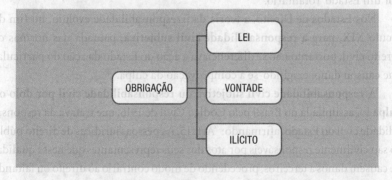

As obrigações decorrentes da vontade da Administração Pública já foram devidamente vistas no item referente ao contrato administrativo. A responsabilidade civil contratual é regida pelas normas que tratam dos contratos da Administração Pública e por suas próprias cláusulas. **Aqui, abordar-se-á a responsabilidade civil do Estado extracontratual ou aquiliana** (*Lex Aquilia*).

A responsabilidade civil do Estado tem origem recente com os governos constitucionais, pois os Estados Despóticos Absolutistas tinham como regra a irresponsabilidade do governante e dos que agiam em seu nome. O Estado não errava: *the king can do no wrong* ou *le roi ne peut mal faire*.

A **teoria da irresponsabilidade estatal** tem como bases o eudemonismo[1], a inexistência de autonomia dos órgãos estatais, considerados extensões do governante, e a soberania.

Apesar das diversas afirmações dos direitos humanos de primeira geração, poderia ser encontrada a teoria da irresponsabilidade, mesmo em países que adotavam o Estado de Direito, até o século XIX.

A Constituição do Império de 1824 afirmava, no art. 99: "A Pessoa do Imperador é inviolável, e Sagrada: Elle não está sujeito a responsabilidade alguma".

Por óbvio, os países que não adotam *the rule of law (o império da lei)* são afetos à adoção da teoria da irresponsabilidade, inclusive para afastar o dever de indenizar os súditos que sofrem ou sofreram diversas formas de danos causados por um Estado Totalitário.

Nos Estados de Direito, a teoria da irresponsabilidade evoluiu, no fim do século XIX, para a **responsabilidade civil subjetiva**, pautada nas normas de direito civil, portanto não se diferenciava a ação do Estado da ação do particular que causou dano, exigindo-se a comprovação da culpa.

A **responsabilidade civil subjetiva** ou **responsabilidade civil por dolo ou culpa** foi assimilada no Brasil pelo Código Civil de 1916, que tratava da responsabilidade civil do Estado, afirmando: "Art. 15. As pessoas jurídicas de direito público são civilmente responsáveis por atos dos seus representantes que nessa qualidade causem danos a terceiros, procedendo de modo contrário ao direito ou faltando a dever prescrito por lei, salvo o direito regressivo contra os causadores do dano".

A culpa civilística da pessoa jurídica é justificada na culpa *in eligendo* e na culpa *in vigilando*, pois o Estado seria considerado o patrão dos seus agentes públicos, devendo responder pelos seus atos danosos.

A possibilidade de responsabilização do Estado não era absoluta, pois remanescia ainda fortemente a distinção entre **atos de império** e **atos de gestão**, sendo que aqueles eram acobertados pela irresponsabilidade, porém essa distinção não mais permanece no Direito Administrativo atual.

---

[1] Os critérios de felicidade dos cidadãos são estabelecidos pelo governante.

O marco para criação da **teoria publicista da responsabilidade civil** do Estado no ordenamento jurídico francês foi o já mencionado caso Blanco, *leading case*, julgado em 1873, no qual o Conselho de Estado da França decidiu que a apreciação da responsabilidade civil do Estado, decorrente do atropelamento da menina *Agnès Blanco* por veículo da Companhia Nacional de Manufatura de Fumo, deveria ser realizada pelos órgãos da jurisdição administrativa em termos publicísticos, afastado o direito civil, não apenas pela presença do Estado como parte, mas em virtude da prestação de serviço público por quem fazia as vezes da Administração Pública.

Nesse julgamento, várias noções foram consolidadas, dentre elas:

a) a de que, mesmo não estando presente o Estado, as suas empresas estatais, o seu permissionário, delegatário e concessionário não deixam, em virtude da sua natureza jurídica de Direito Privado, de prestar serviço público; e

b) a de que a prestação de serviço público não se pauta pelas normas de responsabilidade civil de Direito Privado, visto que o seu regime jurídico é diferenciado pela sua finalidade de satisfação das necessidades coletivas.

Deslocou-se a culpa do servidor (*faute personnelle*) para o serviço (*faute du service*). **A apreciação da** *culpa do serviço* **independe da análise da** *culpa pessoal do servidor***, pois em muitos casos sindicar a culpa do servidor é mais difícil do que analisar, de forma geral, a culpa do serviço.**

A **teoria da culpa administrativa, culpa anônima ou culpa do serviço (falta ou falha do serviço)** consolidou-se ainda mais após o caso *Blanco* com o *Caso Anguet*. Em 3 de fevereiro de 1891, o Conselho de Estado francês proferiu decisão condenando o Estado no caso em que um cidadão foi impedido de sair de uma agência do correio pela porta principal, em virtude de ter sido fechada antes da hora regulamentar, e, ao sair por via destinada aos funcionários, foi agredido e expulso por dois carteiros, tendo, inclusive, a sua perna quebrada em virtude da ação violenta.

A causa próxima do resultado foi a ação dos carteiros e a causa remota foi a falha geral e anônima no funcionamento do serviço.

Não se aboliu a necessidade de o particular provar o ilícito na culpa administrativa, sendo exigida a prova do dano, do nexo causal, da conduta e da culpa da administração. Era verificado o **não funcionamento** (ou a inexistência), **o mau funcionamento** ou o **funcionamento retardado do serviço.**

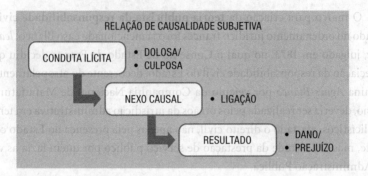

A **teoria da culpa administrativa, culpa anônima ou culpa do serviço** de viés subjetivo evoluiu para a **teoria do risco** na prestação do serviço público de viés objetivo, ou seja: para a teoria da responsabilidade objetiva do Estado na modalidade risco administrativo.

A sociedade atual tem como finalidade a produção de riqueza e de conforto para o cidadão, buscando o seu bem-estar. O desenvolvimento, sem dúvida, proporciona os meios para a satisfação do mínimo existencial.

Os bens jurídicos patrimoniais, afastada a concentração maléfica, servem para suprir as necessidades humanas, mas a satisfação de necessidades humanas implica, por outro lado, produção de riscos sociais que podem ser toleráveis ou não.

As *atividades humanas* são classificadas de três maneiras: as que reduzem os riscos, as que mantêm os riscos e as que aumentam os riscos. O desenvolvimento e a produção de riqueza devem ser constantemente confrontados com os riscos criados, a fim de que haja uma ponderação de valores sobre os riscos que podem ser suportados.

Nenhuma atividade será tão valiosa a ponto de justificar riscos de *extinção da pessoa humana*, pois *o ser humano é fim em si mesmo* e todos os benefícios de uma sociedade organizada somente se justificam desde que preservada a sua existência e não lhe seja causado sofrimento.

O ser humano não é obrigado a suportar certos riscos para o *desenvolvimento da sociedade* sem o devido ressarcimento. Os riscos naturais são imponderáveis, mas os riscos criados pela ação humana, em regra, podem ser controlados ou mitigados pelo próprio homem.

Ulrich Beck[2] afirma magistralmente:

---

[2] BECK, Ulrich. *Sociedade de risco*: rumo a uma outra modernidade, trad. Sebastião Nascimento, São Paulo: Ed. 34, 2010. p. 19.

Na modernidade tardia, a produção social de riqueza é acompanhada sistematicamente pela produção social de riscos. Consequentemente, aos problemas e conflitos distributivos da sociedade da escassez sobrepõem-se os problemas e conflitos surgidos a partir da produção, definição e distribuição de riscos científicos tecnologicamente produzidos.

Essa passagem da lógica da distribuição de riqueza na sociedade da escassez para a lógica da distribuição de risco na modernidade tardia está ligada historicamente a (pelo menos) duas condições. Ela consuma-se, em primeiro lugar – como se pode reconhecer atualmente –, quando e na medida em que, através do nível alcançado pelas forças produtivas humanas e tecnológicas, assim como pelas garantias e regras jurídicas e do Estado Social, é objetivamente reduzida e socialmente isolada a autêntica carência material. Em segundo lugar, essa mudança categorial deve-se simultaneamente ao fato de que, a reboque das forças produtivas exponencialmente crescentes no processo de modernização, são desencadeados riscos e potenciais de autoameaça numa medida até então desconhecida.

A conduta que interessa para a teoria dos riscos é a que os *aumenta*, pois a redução beneficia a sociedade e a manutenção não altera o cenário vivido.

Apesar de anterior ao *Caso Anguet*, que tratou da culpa administrativa, o *Caso Cames*, julgado, em 21 de junho de 1895, pelo Conselho de Estado da França, foi a primeira decisão pautada na teoria do risco.

Cames, operário que laborava no arsenal de Tarbes, teve a sua mão esquerda perfurada, em virtude de grande choque causador de dispersão de estilhaços. O acidente ensejou completa atrofia da mão atingida, o que ensejou a concessão de indenização pelo Ministério da Guerra, mas Cames pediu ao Conselho de Estado a elevação da indenização concedida.

O advogado do Estado argumentou que não houve culpa do operário, mas que também não houve culpa do Estado, não ficando realmente provada qualquer culpa do Estado no ocorrido.

O Conselho de Estado, apesar da inexistência de culpa administrativa, entendeu que a Administração Pública deve garantir seus operários contra os riscos resultantes dos trabalhos que ordena sejam executados.

O *Caso Cames,* apesar de embasar o surgimento da **teoria do risco administrativo**, distanciou-se, ao longo do tempo, da responsabilidade civil do Estado atualmente adotada no Brasil, pois a teoria objetiva aplica-se apenas à prestação de serviço público, não havendo prestação de serviço público nas relações estatutárias travadas entre a Administração Pública e os seus agentes.

37.2. RESPONSABILIDADE CIVIL NA PRESTAÇÃO DE SERVIÇO PÚBLICO: RESPONSABILIDADE OBJETIVA (TEORIA DO RISCO ADMINISTRATIVO)

A teoria dos riscos que fundamenta a responsabilidade objetiva do Estado, ou independentemente de culpa, adota o **princípio da igualdade de todos diante dos ônus públicos**. Nesta teoria, tem-se como fundamental o nexo de causalidade entre a prestação do serviço público e o dano causado ao particular, independentemente da conduta do Estado ser lícita.

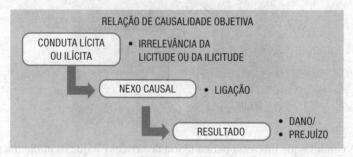

Assim, o aumento do risco pode ter previsão legal, mas, se houver dano, a Administração Pública deve indenizar aquele que o suportou, salvo se todos tiverem suportado o dano. Somente quando houver mitigação do princípio da igualdade de todos diante dos ônus públicos, falar-se-á em dano indenizável[3].

Duas são as espécies da teoria do risco:

1) a teoria do risco administrativo; e
2) a teoria do risco integral.

Teoria do Risco	
RISCO ADMINISTRATIVO	RISCO INTEGRAL

---

[3] STJ, REsp 963.353/PR, rel. Min. Herman Benjamin, 2ª Turma, julgado em 20-8-2009, *DJe* 27-8-2009.

Ambas ensejam a responsabilidade objetiva do Estado, ou seja, independentemente de dolo ou culpa e ambas invertem o ônus da prova de demonstrar a existência de excludente de responsabilidade – como culpa exclusiva da vítima, caso fortuito ou força maior – para o Estado.

De acordo com a **teoria do risco administrativo**, a Administração Pública – seja a sua conduta **lícita ou ilícita** – fica compelida a indenizar o particular pelos danos causados, desde que provada a conduta comissiva (ação), o nexo de causalidade e o resultado, **salvo se a culpa for exclusivamente da vítima ou de terceiro ou houver caso fortuito ou força maior (quebra da relação de causalidade).**

Adotou-se, no Brasil, a **Teoria da Causalidade Adequada** para a aplicação da teoria do risco administrativo, permitindo-se a **quebra da relação de causalidade** ou a **interrupção do nexo causal** quando ocorrerem as exceções acima.

Inicialmente, foi o art. 194 da Constituição dos Estados Unidos do Brasil de 1946 que introduziu a responsabilidade civil objetiva do Estado pautada no risco administrativo.

Observe-se que, se a conduta da Administração Pública não for a única causa do dano ou existir culpa concorrente da vítima, a responsabilidade civil do Estado será atenuada.

A *teoria do risco administrativo* é a utilizada nos casos de *prestação de serviço público* na forma do §6º do art. 37 da CF/88: "As pessoas jurídicas de direito público e as de direito privado prestadoras de serviços públicos responderão pelos danos que seus agentes, nessa qualidade, causarem a terceiros, assegurado o direito de regresso contra o responsável nos casos de dolo ou culpa".

O Poder Constituinte Originário deixou claro que a responsabilidade será objetiva na prestação de serviço público pelas **pessoas jurídicas de direito público** e pelas **pessoas jurídicas de direito privado** que exercem tal atividade.

A prestação de serviço público, ainda quando realizada por máquinas, será sempre controlada pelo agente da pessoa jurídica, sendo que a culpa ou o dolo do agente não serão analisados para configurar a responsabilidade da pessoa jurídica; somente terão relevância para o exercício do direito de regresso.

A pessoa jurídica que indenizar com base na responsabilidade objetiva poderá exigir o ressarcimento do seu agente caso a sua conduta tenha sido dolosa ou culposa, trata-se do **direito de regresso**. Contudo, se ficar comprovado que o agente não agiu com dolo ou culpa, a prestadora de serviço público arcará sozinha com a indenização, ainda que a sua conduta tenha sido totalmente lícita.

Segundo a **teoria do risco integral**, a Administração Pública ficaria compelida a indenizar o particular por todos os tipos de danos causados, inclusive quando decorrentes de culpa exclusiva da vítima ou de terceiro, caso fortuito ou força maior. Assim, não se admite, nesta modalidade, qualquer causa excludente de responsabilidade civil, ou seja, mesmo que não haja relação de causalidade, em virtude da inexistência de conduta, haverá dever de indenizar por conduta de terceiro ou fato da natureza.

No ordenamento jurídico, há, ao menos, uma hipótese de utilização da teoria do risco integral, trazida pelo art. 1º da Lei n. 10.744/03. *Vide* a norma:

> **Art. 1º Fica a União autorizada, na forma e critérios estabelecidos pelo Poder Executivo, a assumir despesas de responsabilidades civis perante terceiros na hipótese da ocorrência de danos a bens e pessoas, passageiros ou não, provocados por atentados terroristas, atos de guerra ou eventos correlatos, ocorridos no Brasil ou no exterior, contra aeronaves de matrícula brasileira operadas por empresas brasileiras de transporte aéreo público, excluídas as empresas de táxi aéreo.**

O STJ tem afirmado que, nos casos de danos ao meio ambiente, a teoria do risco integral também se aplica:

> AGRAVO REGIMENTAL NO AGRAVO (ART. 544 DO CPC) – AÇÃO INDENIZATÓRIA – DANO AMBIENTAL – ROMPIMENTO DO POLIDUTO "OLAPA" – **VAZAMENTO DE ÓLEO COMBUSTÍVEL NA SERRA DO MAR – TEORIA DO RISCO INTEGRAL** – RESPONSABILIDADE OBJETIVA DA PETROBRÁS – APLICABILIDADE, AO CASO, DAS TESES DE DIREITO FIRMADAS NO RESP 1.114.398/PR JULGADO SOB O RITO DOS RECURSOS REPETITIVOS – ART. 543-C DO CPC – DECISÃO MONOCRÁTICA QUE NEGOU PROVIMENTO AO RECLAMO.
> INSURGÊNCIA DA PARTE RÉ. 1. A tese fixada no julgamento do REsp n. 1.114.398/PR, Relator Ministro SIDNEI BENETI, julgado em 8-2-2012, *DJe* 16-2-2012, sob o rito do art. 543-C do CPC, no tocante à **teoria do risco integral** e da responsabilidade objetiva ínsita ao **dano ambiental**, aplica-se inteiramente à espécie, sendo irrelevante o questionamento sobre a diferença entre as excludentes de responsabilidade civil suscitadas na defesa de cada caso. Precedentes.
> 2. Agravo regimental desprovido. (AgRg no AREsp 232.494/PR, Rel. Ministro MARCO BUZZI, QUARTA TURMA, julgado em 20-10-2015, *DJe* 26-10-2015)

Alguns autores e bancas examinadoras aduzem que a responsabilidade civil decorrente de **acidente nuclear** é pautada no risco integral, mas as normas abaixo da Lei n. 6.453/77 afastam essa possibilidade:

> Art. 6º Uma vez provado haver o dano resultado exclusivamente de culpa da vítima, o operador será exonerado, apenas em relação a ela, da obrigação de indenizar.
> Art. 8º O operador não responde pela reparação do dano resultante de acidente nuclear causado diretamente por conflito armado, hostilidades, guerra civil, insurreição ou excepcional fato da natureza.

Também se afirma que a responsabilidade decorrente do seguro obrigatório de **Danos Pessoais causados por Veículos Automotores – DPVAT**, tratado na alínea "l" do art. 20 do Decreto-Lei n. 73/66, seria extracontratual do Estado baseada no risco integral. Apesar de este ser o entendimento da maioria da doutrina e das bancas examinadoras, não se trata de responsabilidade civil extracontratual e sim contratual, pois os seguros obrigatórios são contratados. Além disso, o Poder Público não figura como parte na relação contratual. Assim, não podem ser classificados como objeto de estudo do presente tópico, apesar de refletirem a adoção do **risco integral**, porém em relação contratual da qual o Poder Público não faz parte.

Afigura-se incabível, da mesma forma, a menção de **acidente de trabalho** do empregado público como hipótese de aplicação da responsabilidade objetiva extracontratual na modalidade do risco integral. Primeiro, em virtude da natureza contratual da relação de emprego, não se trata de responsabilidade extracontratual. Segundo, em virtude da inexistência de prestação de serviço público entre a pessoa jurídica de direito público e seu empregado, não há enquadramento na norma do §6º do art. 37 da CF/88. Trata-se, em verdade, de responsabilidade objetiva legal decorrente de contrato, conforme o art. 933 c/c o inciso III do art. 932, ambos do Código Civil de 2002.

Contudo, ressalte-se, à exaustão, que a maioria da doutrina e das bancas examinadoras, em relação às quais não se filia esta obra, adota o entendimento de que a teoria do risco integral decorrente da responsabilidade civil objetiva do Estado aplica-se a:

– ACIDENTES DE TRABALHO;
– INDENIZAÇÃO PELO SEGURO OBRIGATÓRIO DPVAT;
– ATENTADOS TERRORISTAS EM AERONAVES;
– DANO AMBIENTAL; E
– DANO NUCLEAR.

A **pessoa jurídica de direito público** prestadora de serviço público poderá exercer o seu **direito de regresso** contra o agente público mediante **ação regressiva própria contra o seu agente**, não cabendo o manejo da denunciação à lide prevista no art. 125, II, do CPC.

A responsabilidade do agente público por danos causados a terceiros foi objeto de tema em que reconhecida repercussão geral pelo STF (Tema 940): "Responsabilidade civil subjetiva do agente público por danos causados a terceiros, no exercício de atividade pública". Na decisão de mérito sobre o caso, a Corte Constitucional ficou a seguinte tese:

A teor do disposto no art. 37, § 6º, da Constituição Federal, a ação por danos causados por agente público deve ser ajuizada contra o Estado ou a pessoa jurídica de direito privado prestadora de serviço público, sendo parte ilegítima para a ação o autor do ato, assegurado o direito de regresso contra o responsável nos casos de dolo ou culpa.

Por isso, não assiste à vítima o direito de demandar diretamente contra o agente público. Em seu voto, o Ministro Alexandre de Moraes informa que "na prática, atribuir à vítima do dano a possibilidade de demandar diretamente em face do agente que entende ser o causador do dano implicaria um regime de solidariedade entre agente e Poder Público pela responsabilidade que o art. 37, § 6º, da CF endereçou exclusivamente às pessoas de direito público e pessoas de direito privado prestadoras de serviço público"[4].

O ajuizamento de ação regressiva própria é o meio adequado porque o debate probatório na ação intentada pelo particular contra a pessoa jurídica prestadora de serviço público é diferente do debate probatório desenvolvido na ação ajuizada pela prestadora contra o seu agente. O primeiro debate não envolve dolo ou culpa, mas apenas a prova do nexo causal. Já o segundo debate envolve também a prova do dolo ou da culpa.

A responsabilidade civil do agente público em qualquer hipótese será subjetiva em relação a todos os atos comissivos (ação), omissivos (inação), relacionados à função administrativa, legislativa ou judicial. Por duas razões:

a) **na prestação de serviço público, o §6º do art. 37 da CF/88 aduz que somente no caso de dolo ou culpa o agente público poderá responder; e**

b) **na omissão da prestação do serviço público, no exercício das outras funções administrativas, da função legislativa ou da função judicial, a responsabilidade do próprio Estado será subjetiva. Consequentemente, a do agente público terá a mesma natureza.**

Além disso, deve ser lembrado que a responsabilidade civil objetiva para existir depende de norma expressa e não há, no ordenamento jurídico, qualquer determinação de responsabilidade civil objetiva para os agentes públicos nos casos de atuação estatal.

Observe-se que o particular não poderá ajuizar a **ação indenizatória diretamente contra o agente público ou preposto da pessoa jurídica** que lhe causou prejuízo (*per saltum*), a ação deverá ser ajuizada contra a pessoa jurídica, conforme o entendimento do STF que segue:

---

4   STF, RE 1027633, rel. Min. Marco Aurélio, julgado em 14.8.2019, DJe 6.12.2019. p. 4.

RECURSO EXTRAORDINÁRIO. ADMINISTRATIVO. RESPONSABILIDA-DE OBJETIVA DO ESTADO: §6º DO ART. 37 DA MAGNA CARTA. **ILEGI-TIMIDADE PASSIVA AD CAUSAM. AGENTE PÚBLICO (EX-PREFEITO).** PRÁTICA DE ATO PRÓPRIO DA FUNÇÃO. DECRETO DE INTERVENÇÃO. O §6º do art. 37 da Magna Carta autoriza a proposição de que somente as pessoas jurídicas de direito público, ou as pessoas jurídicas de direito privado que prestem serviços públicos, é que poderão responder, objetivamente, pela reparação de danos a terceiros. Isto por ato ou omissão dos respectivos agentes, agindo estes na qualidade de agentes públicos, e não como pessoas comuns. Esse mesmo dispositivo constitucional consagra, ainda, **dupla garantia**: uma, em favor do particular, possibilitando-lhe ação indenizatória contra a pessoa jurídica de direito público, ou de direito privado que preste serviço público, dado que bem maior, praticamente certa, a possibilidade de pagamento do dano objetivamente sofrido. Outra garantia, no entanto, em prol do servidor estatal, que somente responde administrativa e civilmente perante a pessoa jurídica a cujo quadro funcional se vincular. Recurso extraordinário a que se nega provimento. (RE 327904, Relator(a): Min. CARLOS BRITTO, Primeira Turma, julgado em 15-08-2006, *DJ* 08-09-2006 PP-00043 EMENT VOL-02246-03 PP-00454 RTJ VOL-00200-01 PP-00162 RNDJ v. 8, n. 86, 2007, p. 75-78).

Trata-se, dessa maneira, da **teoria da dupla garantia** baseada no **princípio da impessoalidade** da atuação estatal.

A **prescrição** do dever do Estado, ou quem faça as suas vezes, de indenizar ocorre em cinco anos, conforme o art. 1º-C da Lei n. 9.494/97. Eis a norma: "Prescreverá em cinco anos o direito de obter indenização dos danos causados por agentes de pessoas jurídicas de direito público e de pessoas jurídicas de direito privado prestadoras de serviços públicos".

Deve ser lembrado também que determinada conduta lesiva da Administração Pública pode gerar dever de indenizar apenas algumas pessoas por causar um dano anormal e específico a essas pessoas e causar um dano genérico e normal não indenizável a outras, é o que se chama de **Teoria do duplo efeito dos atos administrativos**[5]. Cite-se, como exemplo, o dano causado por fato da obra de infraestrutura relacionada à prestação de determinado serviço público realizada pela União em instalação portuária. As empresas que se utilizam do porto para as suas operações constantes sofrerão um dano indenizável anormal e específico, porém os passageiros de um cruzeiro internacional que eventual e raramente o utilizam para atracar sofrerão, em virtude do seu navio ter parado em outro porto que dista 150 km, dano genérico e normal que gerará mais custos, porém não indenizável.

---

[5] STF, Rcl 6568, rel. Min. Eros Grau, Plenário, julgado em 21-5-2009, *DJe* 25-9-2009.

Por fim, importante lembrar que as pessoas jurídicas de *direito privado* prestadoras de serviço público, na forma do §6º do art. 37 da CF/88, responderão objetivamente pelos danos causados. Todavia, nem sempre tais pessoas jurídicas têm condição de arcar com a indenização, surgindo para o titular do serviço público prestado, a Administração Pública, **responsabilidade subsidiária**. O administrado deve, através dos instrumentos ofertados pelo ordenamento jurídico, esgotar o patrimônio da prestadora e, caso não seja suficiente, deve buscar o patrimônio do ente federado[6].

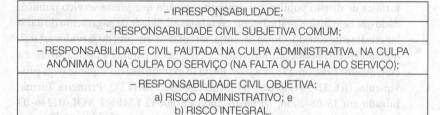

37.3. RESPONSABILIDADE POR OBRA PÚBLICA

Existem dois aspectos que devem ser abordados em relação à responsabilidade civil decorrente de obra pública:

a)   a má execução da obra; e
b)   o fato da obra.

No caso de **má execução da obra**, é preciso distinguir duas hipóteses. Se for a própria Administração Pública que estiver executando a obra, a responsabilidade civil será objetiva e extracontratual, por enquadramento na norma do §6º do art. 37 da CF/88. Se a obra estiver sendo realizada por terceiro através de contrato adminis-

---

[6]   STJ, REsp 1135927/MG, rel. Min. Castro Meira, 2ª Turma, julgado em 10-8-2010, *DJe* 19-8-2010.

trativo, a responsabilidade civil será do executor e subjetiva (art. 120 da Lei n. 14.133/2021), porém, se não houver efetiva fiscalização do Poder Público, este poderá ser responsabilizado também subjetivamente desde que provada a sua omissão.

No caso de **fato da obra**, o dano decorrerá da própria obra sem que haja qualquer falha ou culpa, o que ensejará responsabilidade civil extracontratual e objetiva, independentemente de quem esteja executando a obra (a própria Administração Pública ou o contatado). A indenização que será suportada pela Administração Pública tem fundamento no compartilhamento dos ônus decorrentes da satisfação das necessidades públicas gerais, pois um particular ou alguns particulares não podem suportar mais ônus do que os demais beneficiados, exige-se a repartição equivalente dos ônus. Exemplo, neste caso, é a regular construção de uma ponte que altere a nivelação de um imóvel limítrofe, causando desvalorização perceptível ou inviabilizando a sua utilização.

O contratado não responderá por dano decorrente de fato da obra por não ter sido configurada a má execução por imperícia, imprudência ou negligência. A própria ordem de execução é o móvel da responsabilidade, portanto nada mais justo que a responsabilidade seja do Poder Público contratante.

37.4. RESPONSABILIDADE CIVIL POR CONDUTA OMISSIVA DO ESTADO

Toda **omissão relevante** surge de uma relação imputacional (mental), ou seja, a norma jurídica impõe dever jurídico ao agente de evitar o resultado danoso. Não há relação de causalidade entre a omissão e o dano, pois aquela não é a causa direta deste.

A omissão relevante é a ausência de ação quando o ordenamento jurídico impõe o dever de agir. A Administração Pública tem o dever de agir em inúmeras situações, especialmente para proteger a vida, a integridade física, a liberdade, o patrimônio e os demais direitos fundamentais dos particulares.

A responsabilidade civil objetiva é exceção, logo não pode ser pautada em presunção, devendo ser estabelecida em lei, sendo certo que o §6º do art. 37 da CF/88 somente a utiliza nos casos de **prestação** de serviço público e não de **omissão do Estado**.

Assim, se a omissão implicar não realização de **dever estabelecido no ordenamento jurídico**, representará ilícito, consequentemente a **responsabilidade civil do Estado será subjetiva**[7].

---

[7] STJ, REsp 647.493/SC, rel. Min. João Otávio de Noronha, 2ª Turma, julgado em 22-5-2007, *DJ* 22-10-2007, p. 233.

Os arts. 186 e 187 combinados com o art. 927, todos do CC de 2002, são os que configuram a responsabilidade civil subjetiva do Estado.

Nos casos de **omissão**, haverá **culpa administrativa** (*faute du service*), portanto o particular deve comprovar a culpa ou o dolo, a omissão e o dano para ser indenizado. A culpa e o dolo da Administração Pública podem ser provados através da inexistência, mau funcionamento ou retardamento no serviço e podem ser provados com a confrontação da omissão com o dever de agir.

Observe-se que, nos casos de responsabilidade civil do Estado, não se utiliza a tipicidade nos moldes do Direito Penal. Assim, é possível, naqueles casos, a ocorrência de omissão culposa.

Dever ser demostrado também um nexo entre a omissão relevante e o dano sofrido, pois sem que exista relação não haverá responsabilidade estatal.

O STJ tem, com base nos precedentes do STF, adotado o seguinte posicionamento:

> ADMINISTRATIVO. RESPONSABILIDADE CIVIL DO ESTADO. INDENIZAÇÃO POR DANO MORAL. FALECIMENTO EM SISTEMA PENITENCIÁRIO DO ESTADO. PENSIONAMENTO MENSAL. DESNECESSIDADE DE COMPROVAÇÃO DO EXERCÍCIO DE ATIVIDADE REMUNERADA PELA VÍTIMA. PRECEDENTES. RECURSO ESPECIAL PROVIDO.
>
> **I – O Supremo Tribunal Federal, nos autos do Recurso Extraordinário n. 841526, Tema n. 592, em regime de repercussão geral, firmou entendimento de que "em caso de inobservância do seu dever específico de proteção previsto no art. 5º, inciso XLIX, da Constituição Federal, o Estado é responsável pela morte de detento".**
>
> II – Assim, a jurisprudência desta Corte consolidou-se no sentido de que em caso de responsabilidade civil por morte, é devida a condenação ao pagamento de pensão mensal a familiares do falecido, ainda que a vítima não exerça atividade remunerada.
>
> III – No caso dos autos, o Tribunal de origem, em desconformidade com a citada jurisprudência, apesar de consignar que ficou comprovado o nexo causal entre a conduta negligente dos agentes do Estado e a morte do detento, afastou o pensionamento pleiteado pelas partes autoras. Assim sendo, o acórdão regional deve ser reformado para restabelecer o pensionamento fixado na sentença.
>
> IV – Agravo interno improvido. (AgInt no REsp 1605821/RS, Rel. Ministro FRANCISCO FALCÃO, SEGUNDA TURMA, julgado em 16-11-2017, *DJe* 22-11-2017)

Além da necessidade de a omissão estatal configurar ilícito, faz-se necessária a observância ao **princípio da reserva do possível**, visto que o Poder Público não tem como estar presente em todas as situações que geram risco ao particular. As necessidades humanas são ilimitadas, mas os recursos públicos são limitados.

Assim, a omissão relevante que possa configurar a responsabilidade civil do Estado dever observar também critérios de proporcionalidade e razoabilidade.

Trata-se também de uma modalidade de responsabilidade civil extracontratual ou aquiliana. Não há falar, neste caso, em vínculo contratual entre aquele cidadão que sofreu dano e o Poder Público.

As **excludentes de responsabilidade** podem ser alegadas pelo Estado para afastar o seu dever de indenizar. Assim, não pode, em regra, ser responsabilizado por **eventos da natureza** como chuvas, nevascas, terremotos, tufões, raios etc. Todavia, se o Estado, no caso de chuvas, não mantiver a rede de esgoto desobstruída, no caso de nevascas, não mantiver os serviços básicos de preservação da vida e da integridade dos cidadãos, no caso de terremoto e tufão previsíveis, não mantiver os sistemas em alerta, no caso de raios constantes, não instalar para-raios, deverá ser responsabilizado por omissão.

O mesmo ocorre em relação às condutas humanas, pois os **atos de terceiros** não podem, em regra, ter as suas consequências imputadas ao Poder Público. Assim, os atos de multidões, os arrastões, os atos decorrentes de greves que causem danos aos particulares não são indenizáveis pelo Estado e sim por quem os praticou. Contudo, se restar comprovado que o Poder Público, com base nas suas forças, poderia ter minorado ou evitado os danos, restará configurado o dever de indenizar.

Se ficar comprovado que houve dano evitável, não será excluída a responsabilidade por omissão.

O Estado pode, em alguns casos, criar ou aumentar os riscos existentes, o que enseja a utilização da **teoria do risco criado**.

Nessas hipóteses, não se poderá mais falar em responsabilidade civil subjetiva, pois uma conduta inicial cria ou aumenta o risco e, na sequência, o Poder Público se mantém inerte, portanto não evitando o dano que adveio da sua própria conduta.

A conduta do Estado que criar ou aumentar o risco poderá, inclusive, ser lícita, mas se resultar evento danoso que poderia ser evitado estar-se-á diante de **responsabilidade civil objetiva** mesmo para a sua posterior omissão. Eis o entendimento do STJ:

> RESPONSABILIDADE CIVIL DO ESTADO. DANO MORAL E MATERIAL. ATROPELAMENTO DE MENOR CAUSADO POR VIATURA DA GUARDA MUNICIPAL. CABIMENTO. INDEPENDÊNCIA DAS ESFERAS PENAL E CIVIL. QUANTUM DEBEATUR. VALOR EXCESSIVO. REDUÇÃO. POSSIBILIDADE. PRECEDENTES.
> **1. A responsabilidade civil do Estado é objetiva, mormente quando se tratar de risco criado por ato comissivo de seus agentes. 2. A comprovação de dano e autoria basta para fazer incidir as regras dos arts. 37, §6º, da Constituição, e**

927, parágrafo único, do CC. 3. Ainda que o agente estatal tenha sido absolvido na esfera criminal, mesmo sob fundamento de ausência de culpa, entende-se haver total independência com respeito ao juízo cível, salvo as hipóteses previstas em lei. Precedentes do STJ. 4. Em caso de atropelamento de cidadão, por viatura do Estado, que ocasione lesões corporais, deve-se arbitrar o quantum indenizatório com maior parcimônia do que geralmente cogitado para situações mais graves (morte da vítima ou sua redução a estado vegetativo). Precedentes do STJ. 5. Recurso Especial parcialmente provido tão-somente para reduzir o quantum indenizatório por danos morais de R$ 300.000,00 (trezentos mil reais) para R$ 100.000,00 (cem mil reais), mantendo-se os demais dispositivos do aresto objurgado. (STJ, REsp 1140387/SP, Rel. Ministro HERMAN BENJAMIN, SEGUNDA TURMA, julgado em 13-04-2010, *DJe* 23-04-2010).

A **teoria do risco criado afasta o caso fortuito interno**. Explica-se: existem duas espécies de caso fortuito, quais sejam:

a) o fortuito interno; e
b) o fortuito externo.

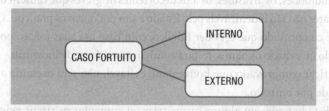

O **fortuito interno** pode ser notado quando o Estado, apesar de dispor dos recursos financeiros para nomear mais agentes carcerários, não o faz para alcançar superávit orçamentário e, em virtude da sua omissão, aumenta o risco de rebelião em determinado presídio e, ocorrendo a rebelião, falece um refém. O Poder Público será responsabilizado objetivamente pela morte.

O **fortuito externo** pode ser notado quando acontece um terremoto imprevisível que destrói completamente uma cadeia pública. O Estado não será responsabilizado.

Por fim, a omissão pode ser classificada como **genérica** ou como **específica**. A primeira observa o princípio da reserva do possível, ou seja: parte da ideia que o Poder Público não conseguiria prever, prevenir e evitar todas as situações danosas ao particular. Por exemplo, o Estado não será responsabilizado por um assalto cometido nas vias públicas. A segunda acontece quando o estado podia prever, prevenir ou evitar. Por exemplo, um assalto ocorrido na frente de um posto policial. Quando há inobservância de dever específico de garantir a integridade física de pessoas ou bens custodiados, o Estado será responsável.

37.5. RESPONSABILIDADE CIVIL DO ESTADO PELA EDIÇÃO DE ATO LEGISLATIVO

Inicialmente, deve ser notado que o ato legislativo primordial, a lei, representa ato de soberania, cuja edição remonta diretamente à CF/88, sendo geral, abstrato, impessoal e elaborado pelos representantes dos que serão atingidos pelos seus efeitos.

Com a **edição da lei**, normalmente, não haverá discrepância entre os **ônus que serão suportados pelos particulares individualmente**. Assim, a regra é a impossibilidade de indenização do dano causado por ato legislativo.

Entretanto, a lei submete-se à CF/88, não sendo justo o particular suportar dano decorrente de **lei inconstitucional ou decorrente de omissão em legislar** quando a Carta Maior exige a edição da norma.

A **lei meramente formal** – que não apresenta as características de generalidade, abstração, impessoalidade, tendo conteúdo concreto e específico – equipara-se ao ato administrativo, podendo impor ônus desigual indenizável ao particular e, consequentemente, gerar responsabilidade civil objetiva do Poder Público e dever de indenizar, na forma do §6º do art. 37 da CF/88.

O Conselho de Estado da França, em 14 de janeiro de 1938, julgou conhecido processo relativo à indenização decorrente de responsabilidade civil do Estado por ato legislativo: o caso *La Fleurette*.

A indústria de laticínios estava sob risco de colapso e, para reverter a situação, o Estado francês editou lei, de 29-6-1934, vedando a substituição do leite por outros produtos que não proviessem exclusivamente do próprio leite, medida que, apesar da generalidade, **atingiu especialmente a** *Companhia La Fleurette, causando danos à sua atividade empresarial, pois o seu creme da natas, apesar de ser laticínio, tinha na sua composição um percentual inferior a 100% por utilizar outros produtos e não havia como usar somente leite sem aumentar muito o preço do produto e, consequentemente, gerar redução nas vendas.*

Os danos causados pela edição da lei atingiram apenas aquela empresa e o Conselho de Estado determinou que o Estado a indenizasse, com base na necessidade de distribuição equânime dos encargos públicos.

Em 23 de janeiro de 1963, o Conselho de Estado francês julgou o caso *Bovero*. O Estado editou lei que proibia o despejo de locatários de imóveis cujos filhos estivessem lutando na Argélia pela República Francesa. Mesmo com decisão judicial favorável, determinado locador não conseguiu o despejo desejado, em virtude da nova disposição legal.

Insatisfeito, pediu que o Estado fosse condenado com base no precedente *La Fleurette* e teve o seu pedido julgado procedente pelo Conselho de Estado.

1062 CURSO DE DIREITO ADMINISTRATIVO

Em ambos os casos, não houve declaração direta de inconstitucionalidade da lei, mas foram as liberdades públicas inseridas na Constituição francesa que justificaram a utilização do princípio da igualdade de todos diante dos encargos públicos.

A **lei formal e material** – que apresenta as características de generalidade, abstração, impessoalidade – é ato típico e essencialmente legislativo, portanto distribui, de maneira isonômica, os ônus de satisfação do interesse público. Dessa maneira, em regra, não enseja responsabilidade civil do Poder Público em relação aos eventuais danos suportados pelos destinatários da norma.

Contudo, caso seja declarada a **inconstitucionalidade**[8] da lei, em controle concentrado, e seja comprovado individualmente dano a particular, poderá ser responsabilizado o Poder Público com base na desconformidade da norma com a Carta Maior. Não se trata de responsabilidade objetiva e sim subjetiva, pois a própria inconstitucionalidade mostraria falha na atuação do parlamento e, nos casos *La Fleurette e Bovero, apesar de não ter sido declarada inconstitucionalidade das leis, as violações a normas constitucionais relativas ao princípio da igualdade são claras.*

Por fim, tem-se que, em relação aos atos legislativos, não há falar em **direito de regresso** do Estado contra o membro do Poder Legislativo, pois, na forma do art. 53 da CF/88, pelas suas opiniões, palavras e votos são invioláveis civil e penalmente, o que se aplica, pelo princípio da simetria, a todos os entes da federação.

37.6. RESPONSABILIDADE CIVIL DO ESTADO POR ATO JUDICIAL E DOS TITULARES DE CARTÓRIOS EXTRAJUDICIAIS

37.6.1. Ato judicial

De logo, deve ser afastada a irresponsabilidade por ato judicial, visto que no Estado Democrático de Direito nenhum ato emanado do Poder Público pode causar dano ao particular sem que seja aplicado o princípio da divisão igualitária dos ônus decorrentes da consecução do interesse público.

O Estado-juiz responde civilmente pelos danos causados ao particular com base na **culpa administrativa**, pois o §6º do art. 37 da CF/88 estabeleceu apenas para a prestação de serviço público a responsabilidade civil objetiva na modalidade risco administrativo[9] e não há outra norma jurídica que tenha estabelecido a responsabilidade civil objetiva para os atos judiciais.

---

[8] STF, ADI 2061, rel. Min. Ilmar Galvão, Tribunal Pleno, julgado em 25-4-2001, *DJ* 29-6-2001, p. 587.

[9] STF, RE 219117, rel. Min. Ilmar Galvão, 1ª Turma, julgado em 3-8-1999, *DJ* 29-10-1999.

Advirta-se, porém, que o STF entende que a responsabilidade civil do Estado nos casos de condenação por erro judiciário ou nos casos de excesso de prisão é objetiva.

A atividade jurisdicional, de acordo com o que já foi explicitado ao longo desta obra, não se confunde com a espécie de atividade administrativa denominada serviço público.

Há duas modalidades de responsabilidade civil por ato judicial: a relacionada à **demora na prestação jurisdicional** e a relacionada ao **conteúdo da decisão judicial**.

O ordenamento jurídico francês, na Lei n. 78-329/1978 (Código de Organização Judiciária da França), prevê a responsabilidade civil do Estado pela demora na prestação jurisdicional.

A norma francesa não estabelece apenas o direito à razoável duração do processo, conforme faz o inciso LXXVIII do art. 5º da CF/88, mas também estipula que o Estado deve reparar o dano causado pelo funcionamento defeituoso do serviço de justiça.

A jurisprudência da França foi ainda mais longe a ponto de, atualmente, permitir a responsabilização do Estado pelo conteúdo das decisões judiciais.

O ordenamento jurídico brasileiro também foi explícito, permitindo expressamente uma hipótese de responsabilização pelo conteúdo da decisão judicial, no inciso LXXV do art. 5º da CF/88, ao afirmar que "o Estado indenizará o condenado por erro judiciário, assim como o que ficar preso além do tempo fixado na sentença".

Além disso, a República Federativa do Brasil é signatária do Pacto Internacional sobre Direitos Civis e Políticos, Decreto n. 592/92, que no item 6 do seu art. 14 afirma: "Se uma sentença condenatória passada em julgado for posteriormente anulada ou se um indulto for concedido, pela ocorrência ou descoberta de fatos novos que provem cabalmente a existência de erro judicial, a pessoa que sofreu a pena decorrente dessa condenação deverá ser indenizada, de acordo com a lei, a menos que fique provado que se lhe pode imputar, total ou parcialmente, a não revelação dos fatos desconhecidos em tempo útil".

O erro judiciário, bem como qualquer outra ação ou omissão do Estado, pode causar danos materiais ou morais, sendo certo que, apesar da natureza personalíssima destes últimos, haverá, em caso de morte da vítima, sucessão na ação judicial proposta contra o Poder Público pelos herdeiros, pois a impossibilidade de sucessão em caso de danos morais ressuscitaria a odiosa irresponsabilidade estatal por tais danos em caso de falecimento[10].

---

[10] STJ, REsp 829.789/RJ, rel. Min. Castro Meira, 2ª Turma, julgado em 5-9-2006, *DJ* 15-9-2006, p. 299.

O **conceito** de erro judiciário traz mais incertezas do que convicções, pois o Direito, na maioria dos casos, pode ser interpretado de formas diversas, porém igualmente razoáveis e justificáveis. Assim, como fixar parâmetros objetivos de **erro judiciário?**

Seria o **erro grosseiro, a má-fé?**

Não há como estabelecer critérios hipotéticos, apenas a análise do caso concreto com a confrontação do que a sociedade espera legitimamente de um magistrado pode ilustrar o erro judiciário. Não é, definitivamente, tarefa simples, mas, diante do caso específico, a busca pelo parâmetro de razoabilidade não se torna impossível. Em contrário, ter-se-iam atos do Estado ungidos pela irresponsabilidade.

Maria Sylvia Zanella Di Pietro[11] afirma que a "jurisprudência brasileira, como regra, não aceita a responsabilidade do Estado por atos jurisdicionais, o que é lamentável porque podem existir erros flagrantes não só em decisões criminais, em relação às quais a Constituição adotou a tese da responsabilidade, como também nas áreas cível e trabalhista. Pode até ocorrer o caso em que o juiz tenha decidido com dolo ou culpa; não haveria como afastar a responsabilidade do Estado. Mas, mesmo em caso de inexistência de culpa ou dolo, poderia incidir essa responsabilidade, se comprovado o erro da decisão".

Indubitável que haverá colidência entre o princípio da segurança jurídica (imutabilidade da coisa julgada) e o princípio da distribuição equitativa dos prejuízos causados pelos encargos públicos.

Há de se compreender que a possibilidade de responsabilização por erro judiciário não afasta o instituto da coisa julgada. Ocorrendo o trânsito em julgado da decisão, extingue-se a lide, pacificando-se o conflito e, não cabendo sequer o ajuizamento de ação rescisória, pelo escoamento do prazo disposto do art. 975 do CPC[12], faz-se imutável a decisão, seja esta justa ou injusta. A inteligência da lei verte-se no sentido de que seria inócuo o exercício da jurisdição se possibilitasse a eternização dos conflitos postos ao exame do Poder Judiciário.

Porém, constatado o erro e, juridicamente impossível a reforma da decisão da qual resulte injustificável dano ao jurisdicionado, por erro do juiz ou tribunal, a imutabilidade da decisão em nada inviabiliza a indenização da parte prejudicada, porquanto a decisão que condenar o Estado a indenizar não terá o condão de reformar a decisão proferida mediante erro, mas tão somente declarar a existência desse erro e constituir o direito à indenização.

---

[11] DI PIETRO, Maria Sylvia Zanella. *Direito administrativo*. 34. ed. Rio de Janeiro: Forense, 2021. p. 823.

[12] Art. 975. O direito à rescisão se extingue em 2 (dois) anos contados do trânsito em julgado da última decisão proferida no processo.

A melhor opção, com base no ordenamento jurídico atual, é responsabilizar o Estado subjetivamente por erro judiciário (ilícito) através de ação própria que não afetará a máxima coisa julgada na ação cujo erro foi praticado, a fim de que seja prestigiado o princípio da segurança jurídica.

Já a responsabilização civil do Estado pela demora na prestação jurisdicional – quando reconhecida pelo próprio Poder Judiciário ou pelo CNJ através da forma descrita no parágrafo único do art. 49 da Lei Complementar n. 35/79 ou de punição disciplinar ao magistrado relapso – torna-se mais fácil, pois, desta maneira, estará configurada também, ao menos, a culpa do agente público.

O CPP é mais técnico ao prever, no seu art. 630, a responsabilidade civil do próprio Estado:

> Art. 630. O tribunal, se o interessado o requerer, poderá reconhecer o direito a uma justa indenização pelos prejuízos sofridos.
> §1º Por essa indenização, que será liquidada no juízo cível, responderá a União, se a condenação tiver sido proferida pela justiça do Distrito Federal ou de Território, ou o Estado, se o tiver sido pela respectiva justiça.
> §2º A indenização não será devida:
> *a)* se o erro ou a injustiça da condenação proceder de ato ou falta imputável ao próprio impetrante, como a confissão ou a ocultação de prova em seu poder;
> *b)* se a acusação houver sido meramente privada.

Ressalte-se que a previsão de responsabilidade civil do Estado no art. 630 acima não exclui o direito de regresso do Estado contra o seu agente público, pois o magistrado não pode ser considerado pessoalmente irresponsável pelos ilícitos que comete no exercício da função de julgar.

O magistrado, porém, somente poderá ser responsabilizado pessoalmente e tornar-se réu em ação regressiva em duas hipóteses. Ambas estão previstas no art. 49 da LC n. 35/79. Eis a norma:

> Art. 49. Responderá por perdas e danos o magistrado, quando:
> I – no exercício de suas funções, proceder com dolo ou fraude;
> II – recusar, omitir ou retardar, sem justo motivo, providência que deva ordenar o ofício, ou a requerimento das partes.
> Parágrafo único. Reputar-se-ão verificadas as hipóteses previstas no inciso II somente depois que a parte, por intermédio do Escrivão, requerer ao magistrado que determine a providência, e este não lhe atender o pedido dentro de dez dias.

O CPC, no seu art. 143, também fixa a responsabilidade civil pessoal do magistrado, sendo que o texto da sua norma é quase idêntico ao texto do art. 49 da Lei Complementar n. 35/79.

1066 CURSO DE DIREITO ADMINISTRATIVO

Assim, cabe **responsabilização civil subjetiva do Estado** pela demora na prestação judicial e por erro judiciário na esfera penal[13].

37.6.2. Titulares de cartórios extrajudiciais

Segundo o art. 236 da CF/88, os serviços notariais e de registros são exercidos em caráter privado, por delegação do Poder Público, cabendo à lei regular as atividades, disciplinar a responsabilidade civil e criminal dos notários, dos oficiais de registo e de seus prepostos e definir a fiscalização pelo Poder Judiciário.

A Lei n. 8.935/94 foi editada para regulamentar o artigo acima citado da CF/88. Em relação à responsabilidade civil, aduz, no seu art. 22, que os **notários e oficiais de registro são civilmente responsáveis por todos os prejuízos que causarem a terceiros, por culpa ou dolo, pessoalmente, pelos substitutos que designarem ou escreventes que autorizarem, assegurado o direito de regresso.** Prescreve em três anos a pretensão de reparação civil, contado o prazo da data de lavratura do ato registral ou notarial.

Apesar de a norma acima ter estabelecido responsabilidade civil subjetiva e pessoal dos titulares, o STF tem jurisprudência **contrária**, afirmando que a responsabilidade civil é objetiva e do ente da federação.

Em 2019, o STF reafirmou esse entendimento no julgamento de caso em que reconhecida a repercussão geral:

> DIREITO ADMINISTRATIVO. RECURSO EXTRAORDINÁRIO. REPERCUSSÃO GERAL. DANO MATERIAL. ATOS E OMISSÕES DANOSAS DE NOTÁRIOS E REGISTRADORES. TEMA 777. ATIVIDADE DELEGADA. RESPONSABILIDADE CIVIL DO DELEGATÁRIO E DO ESTADO EM DECORRÊNCIA DE DANOS CAUSADOS A TERCEIROS POR TABELIÃES E OFICIAIS DE REGISTRO NO EXERCÍCIO DE SUAS FUNÇÕES. SERVENTIAS EXTRAJUDICIAIS. ART. 236, §1º, DA CONSTITUIÇÃO DA REPÚBLICA. RESPONSABILIDADE OBJETIVA DO ESTADO PELOS ATOS DE TABELIÃES

---

[13] AGRAVO REGIMENTAL NO AGRAVO DE INSTRUMENTO. PRISÃO ILEGAL. DEPOSITÁRIO INFIEL. MANDADO DE PRISÃO QUE RECAIU SOB PESSOA DIVERSA. ERRO DO PODER JUDICIÁRIO. RESPONSABILIDADE OBJETIVA DO ESTADO. 1. Indenização por danos morais. Necessidade de reexame de fatos e provas: Súmula n. 279 do Supremo Tribunal Federal. 2. Este Supremo Tribunal assentou que a teoria da responsabilidade objetiva do Estado não se aplica aos atos judiciais, salvo nos casos de erro judiciário e de prisão além do tempo fixado na sentença (inc. LXXV do art. 5º da Constituição da República) e nas hipóteses expressamente previstas em lei. 3. Agravo regimental ao qual se nega provimento. (STF, AI 599501 AgR, Relator(a): Min. CÁRMEN LÚCIA, Segunda Turma, julgado em 19-11-2013, ACÓRDÃO ELETRÔNICO *DJe*-232 DIVULG 25-11-2013 PUBLIC 26-11-2013)

E REGISTRADORES OFICIAIS QUE, NO EXERCÍCIO DE SUAS FUNÇÕES, CAUSEM DANOS A TERCEIROS, ASSEGURADO O DIREITO DE REGRESSO CONTRA O RESPONSÁVEL NOS CASOS DE DOLO OU CULPA. POSSIBILIDADE. 1. Os serviços notariais e de registro são exercidos em caráter privado, por delegação do Poder Público. Tabeliães e registradores oficiais são particulares em colaboração com o poder público que exercem suas atividades *in nomine* do Estado, com lastro em delegação prescrita expressamente no tecido constitucional (art. 236, CRFB/88). 2. Os tabeliães e registradores oficiais exercem função munida de fé pública, que destina-se a conferir autenticidade, publicidade, segurança e eficácia às declarações de vontade. 3. O ingresso na atividade notarial e de registro depende de concurso público e os atos de seus agentes estão sujeitos à fiscalização do Poder Judiciário, consoante expressa determinação constitucional (art. 236, CRFB/88). Por exercerem um feixe de competências estatais, os titulares de serventias extrajudiciais qualificam-se como agentes públicos. 4. O Estado responde, objetivamente, pelos atos dos tabeliães e registradores oficiais que, no exercício de suas funções, causem dano a terceiros, assentado o dever de regresso contra o responsável, nos casos de dolo ou culpa, sob pena de improbidade administrativa[14].

Por ocasião da predita decisão, fixou-se a seguinte tese (Tema 777): "O Estado responde, objetivamente, pelos atos dos tabeliães e registradores oficiais que, no exercício de suas funções, causem dano a terceiros, assentado o dever de regresso contra o responsável, nos casos de dolo ou culpa, sob pena de improbidade administrativa".

37.7. PRESCRIÇÃO

Por fim, tem-se que a prescrição, em todos os casos de responsabilidade civil do Estado, é regulada, salvo existência de norma especial, pelo art. 1º do Decreto n. 20.910/35, ocorrendo em cinco anos contados da data do ato ou fato do qual surgiu a obrigação.[15]

---

[14] STF, RE 842846, rel. Min. Luiz Fux, Plenário, julgado em 27-2-2019, *DJe* 13-8-2019.

[15] STJ, REsp 1145494/PR, rel. Min. Mauro Campbell Marques, 2ª Turma, julgado em 10-8-2010, *DJe* 10-9-2010.

38

LEI ANTICORRUPÇÃO

38.1. SURGIMENTO

A Lei n. 12.846/13 (Lei Anticorrupção) foi editada para dar aplicabilidade aos arts. 5º e 26 da Convenção das Nações Unidas contra a Corrupção que foi introduzida ao ordenamento jurídico nacional pelo Decreto n. 5.687/06.

O art. 5º afirma que:

1. Cada Estado Parte, de conformidade com os princípios fundamentais de seu ordenamento jurídico, formulará e aplicará ou manterá em vigor políticas coordenadas e eficazes contra a corrupção que promovam a participação da sociedade e reflitam os princípios do Estado de Direito, a devida gestão dos assuntos e bens públicos, a integridade, a transparência e a obrigação de render contas.
2. Cada Estado Parte procurará estabelecer e fomentar práticas eficazes encaminhadas a prevenir a corrupção.
3. Cada Estado Parte procurará avaliar periodicamente os instrumentos jurídicos e as medidas administrativas pertinentes a fim de determinar se são adequadas para combater a corrupção.
4. Os Estados Partes, segundo procede e de conformidade com os princípios fundamentais de seu ordenamento jurídico, colaborarão entre si e com as organizações internacionais e regionais pertinentes na promoção e formulação das medidas mencionadas no presente Artigo. Essa colaboração poderá compreender a participação em programas e projetos internacionais destinados a prevenir a corrupção.

O art. 26 diz que:

1. Cada Estado Parte adotará as medidas que sejam necessárias, em consonância com seus princípios jurídicos, a fim de estabelecer a responsabilidade de pessoas jurídicas por sua participação nos delitos qualificados de acordo com a presente Convenção.
2. Sujeito aos princípios jurídicos do Estado Parte, a responsabilidade das pessoas jurídicas poderá ser de índole penal, civil ou administrativa.

3. Tal responsabilidade existirá sem prejuízo à responsabilidade penal que incumba às pessoas físicas que tenham cometido os delitos.

4. Cada Estado Parte velará em particular para que se imponham sanções penais ou não penais eficazes, proporcionadas e dissuasivas, incluídas sanções monetárias, às pessoas jurídicas consideradas responsáveis de acordo com o presente Artigo.

Dessa forma, a Lei Anticorrupção surgiu com o intuito de disciplinar a responsabilização objetiva administrativa e civil de pessoas jurídicas contra a Administração Pública, nacional ou estrangeira.

Antonio Carlos Vasconcellos Nóbrega[1] informa que a integridade empresarial tem assumido uma nova feição nos últimos anos e destaca que os "incentivos para que organizações empresariais adotem um conjunto de boas práticas em suas estruturas internas e no relacionamento com o Poder Público decorrem da própria natureza repressiva e inibitória da Lei Anticorrupção".

Realmente, a decisão sobre cumprir ou infringir as leis não é afeta apenas à esfera jurídica. Não se trata isoladamente de adequação do comportamento ao conjunto de normas que norteiam o dever-ser. Em qualquer esfera do Direito – não somente a criminal – a decisão sobre aderência à lei é também uma decisão econômica, de maneira que mecanismos de estímulo ao cumprimento e de desestímulo ao descumprimento integram a complexidade de fatores que convergem para a escolha de um indivíduo entre praticar determinados atos, o que abrange também os atos ilícitos.

Em lição clássica, o economista americano Gary Stanley Becker[2], professor da Universidade de Chicago, afirma:

> Um resultado conhecido afirma que, em equilíbrio, os rendimentos reais de pessoas em atividades de risco são, na margem, relativamente altas ou baixas conforme as pessoas geralmente evitam ou preferem riscos. Se o perfil dos infratores fosse de preferência pelo risco, isso implicaria que a renda real dos infratores seria menor, na margem, do que as rendas que poderiam receber em atividades lícitas menos arriscadas e, inversamente, se evitassem riscos. Se o "crime compensa", isso é uma implicação das atitudes dos infratores em relação ao risco, o que não é diretamente relacionado à eficiência da polícia ou ao valor gasto com combate ao crime.

---

[1] NÓBREGA, Antonio Carlos Vasconcellos. Aplicação da Lei Anticorrupção em Estados e Municípios e a questão dos acordos de leniência. *In*: ZENKNER, Marcelo; CASTRO, Rodrigo Pironti Aguirre de. *Compliance no setor público*. Belo Horizonte: Forum, 2020. p. 21.

[2] BECKER, Gary S. Crime and Punishment: An Economic Approach. *Journal of Political Economy*, v. 76, n. 2, pp. 169-217, mar./apr. 1968. p. 179.

1070 CURSO DE DIREITO ADMINISTRATIVO

Onde o risco é preferido em determinados patamares de retorno econômico, nos quais a atividade ilícita compensa, a política pública pode influenciar essa escolha, pois as pessoas (e organizações), mediante decisão racional sobre a prática de ato ilícito, ponderam os custos e benefícios da imersão na zona de risco.

Nesse jaez, Pedro Mercado Pacheco[3] enfatiza a renovação da ciência jurídica, por meio de instrumentos como a análise de custo-benefício no desenvolvimento de políticas legislativas e na justificação das decisões judiciais, a abertura do discurso jurídico às consequências econômicas e sociais do Direito, e a importância da eficiência econômica como um valor legal.

É nesse contexto que surge a Lei Anticorrupção, cuja inteligência aproxima o poder de punir das matrizes econômicas de decisão, erigindo-se marco legal que efetiva desestímulo à infração.

38.2. SUJEITOS

A responsabilização aplica-se às sociedades empresárias e às sociedades simples, personificadas ou não, independentemente da forma de organização ou modelo societário adotado, bem como a quaisquer fundações, associações de entidades ou pessoas, ou sociedades estrangeiras, que tenham sede, filial ou representação no território brasileiro, constituídas de fato ou de direito, ainda que temporariamente.

As pessoas jurídicas serão responsabilizadas objetivamente, nos âmbitos administrativo e civil, pelos atos lesivos praticados em seu interesse ou benefício, exclusivo ou não.

Como pode ser visto no art. 3º da Lei em tela, a responsabilização da pessoa jurídica não exclui a **responsabilidade individual** de seus dirigentes ou administradores ou de qualquer pessoa natural, autora, coautora ou partícipe do ato ilícito.

A pessoa jurídica será responsabilizada **independentemente** da responsabilização individual de seus dirigentes ou administradores ou de qualquer pessoa natural, autora, coautora ou partícipe do ato ilícito.

Contudo, a **proporcionalidade da sanção** precisa ser observada, visto que os dirigentes ou administradores somente serão responsabilizados por atos ilícitos na medida da sua culpabilidade.

A lei procurou evitar que alterações formais afastassem o seu objetivo, pois subsiste a responsabilidade da pessoa jurídica na hipótese de alteração contra-tual, transformação, incorporação, fusão ou cisão societária.

---

[3] PACHECO, Pedro Mercado. *El análisis economico del derecho*: uma reconstrución teórica. Madri: Centro de Estúdios Constitucionales, 1994.

Nas hipóteses de fusão e incorporação, a responsabilidade da sucessora será restrita à obrigação de **pagamento de multa e reparação integral do dano causado**, até o limite do patrimônio transferido, não lhe sendo aplicáveis as demais sanções previstas na Lei Anticorrupção decorrentes de atos e fatos ocorridos antes da data da fusão ou incorporação, exceto no caso de simulação ou evidente intuito de fraude, devidamente comprovados.

As sociedades controladoras, controladas, coligadas ou, no âmbito do respectivo contrato, as consorciadas serão **solidariamente responsáveis** pela prática dos atos lesivos, restringindo-se tal responsabilidade à obrigação de pagamento de multa e reparação integral do dano causado.

A Lei anticorrupção aplica-se aos atos lesivos praticados por pessoa jurídica brasileira contra a Administração Pública estrangeira, ainda que cometidos no exterior.

38.3. ATOS LESIVOS

Constituem atos lesivos à Administração Pública, nacional ou estrangeira todos aqueles praticados pelas pessoas jurídicas mencionadas na lei em tela, que atentem contra o patrimônio público nacional ou estrangeiro, contra princípios da Administração Pública ou contra os compromissos internacionais assumidos pelo Brasil, assim definidos:

I – prometer, oferecer ou dar, direta ou indiretamente, vantagem indevida a agente público, ou a terceira pessoa a ele relacionada;

II – comprovadamente, financiar, custear, patrocinar ou de qualquer modo subvencionar a prática dos atos ilícitos previstos na Lei Anticorrupção;

III – comprovadamente, utilizar-se de interposta pessoa física ou jurídica para ocultar ou dissimular seus reais interesses ou a identidade dos beneficiários dos atos praticados;

IV – no tocante a licitações e contratos:

a) frustrar ou fraudar, mediante ajuste, combinação ou qualquer outro expediente, o caráter competitivo de procedimento licitatório público;

b) impedir, perturbar ou fraudar a realização de qualquer ato de procedimento licitatório público;

c) afastar ou procurar afastar licitante, por meio de fraude ou oferecimento de vantagem de qualquer tipo;

d) fraudar licitação pública ou contrato dela decorrente;

e) criar, de modo fraudulento ou irregular, pessoa jurídica para participar de licitação pública ou celebrar contrato administrativo;

f) obter vantagem ou benefício indevido, de modo fraudulento, de modificações ou prorrogações de contratos celebrados com a administração pública, sem autorização em lei, no ato convocatório da licitação pública ou nos respectivos instrumentos contratuais; ou

g) manipular ou fraudar o equilíbrio econômico-financeiro dos contratos celebrados com a administração pública;

V – dificultar atividade de investigação ou fiscalização de órgãos, entidades ou agentes públicos, ou intervir em sua atuação, inclusive no âmbito das agências reguladoras e dos órgãos de fiscalização do sistema financeiro nacional.

Considera-se Administração Pública estrangeira os órgãos e entidades estatais ou representações diplomáticas de país estrangeiro, de qualquer nível ou esfera de governo, bem como as pessoas jurídicas controladas, direta ou indiretamente, pelo poder público de país estrangeiro.

Equiparam-se à Administração Pública estrangeira as **organizações públicas internacionais**.

Considera-se **agente público estrangeiro** quem, ainda que transitoriamente ou sem remuneração, exerça cargo, emprego ou função pública em órgãos, entidades estatais ou em representações diplomáticas de país estrangeiro, assim como em pessoas jurídicas controladas, direta ou indiretamente, pelo poder público de país estrangeiro ou em organizações públicas internacionais.

38.4. RESPONSABILIZAÇÃO ADMINISTRATIVA

Na esfera administrativa, serão aplicadas às pessoas jurídicas consideradas responsáveis pelos atos lesivos as seguintes sanções:

I – **multa**, no valor de 0,1% (um décimo por cento) a 20% (vinte por cento) do faturamento bruto do último exercício anterior ao da instauração do processo administrativo, excluídos os tributos, a qual nunca será inferior à vantagem auferida, quando for possível sua estimação; e

II – **publicação extraordinária da decisão condenatória**.

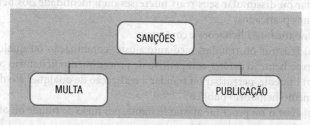

As sanções serão aplicadas fundamentadamente, isolada ou cumulativamente, de acordo com as peculiaridades do caso concreto e com a gravidade e natureza das infrações.

A aplicação das sanções será precedida da **manifestação jurídica** elaborada pela Advocacia Pública ou pelo órgão de assistência jurídica, ou equivalente, do ente público.

REINALDO COUTO / ÁLVARO CAPAGIO   **1073**

A aplicação das sanções acima não exclui, em qualquer hipótese, a obrigação da reparação integral do dano causado.

A multa e o perdimento de bens, direitos ou valores serão destinados preferencialmente aos órgãos ou entidades públicas lesadas.

Na hipótese de multa, caso não seja possível utilizar o critério do valor do faturamento bruto da pessoa jurídica, a multa será de R$ 6.000,00 (seis mil reais) a R$ 60.000.000,00 (sessenta milhões de reais).

A **publicação extraordinária da decisão** condenatória ocorrerá na forma de extrato de sentença, a expensas da pessoa jurídica, em meios de comunicação de grande circulação na área da prática da infração e de atuação da pessoa jurídica ou, na sua falta, em publicação de circulação nacional, bem como por meio de afixação de edital, pelo prazo mínimo de 30 (trinta) dias, no próprio estabelecimento ou no local de exercício da atividade, de modo visível ao público, e no sítio eletrônico na rede mundial de computadores.

Referidas sanções administrativas caracterizam-se pela otimização da atuação estatal, quanto à eficácia do processo sancionador e prevenção de novas práticas ilícitas.

Samuel Ebel Braga Ramos[4] enfatiza que, em termos práticos, a imposição de sanção como a publicidade de sentença criminal que condene pessoa jurídica não acarreta ao Estado significativos custos para aplicação. Ademais, tal como "os indivíduos procuram maximizar seus resultados, sujeitos às restrições que lhes são impostas, o Estado procura maximizar sua utilidade. E à luz dos custos associados à aplicação da lei, a função de utilidade do Estado pode ser formulada de forma a minimizar os custos globais esperados de crime e sua prevenção (ao conseguir uma dissuasão ótima em vez de máxima)".

38.5. DOSIMETRIA DAS SANÇÕES

Serão levados em consideração na **aplicação das sanções**:

I – a gravidade da infração;

II – a vantagem auferida ou pretendida pelo infrator;

III – a consumação ou não da infração;

IV – o grau de lesão ou perigo de lesão;

V – o efeito negativo produzido pela infração;

VI – a situação econômica do infrator;

---

4   RAMOS, Samuel Ebel Braga. Análise econômica do Direito Penal: uma abordagem para para uma possível sanção penal ótima para os delitos cometidos por pessoas jurídicas. *Revista Justiça e Sistema Criminal*, v. 10, n. 18, p. 115-138, jan./jun. 2018. p. 132.

1074 CURSO DE DIREITO ADMINISTRATIVO

VII – a cooperação da pessoa jurídica para a apuração das infrações;

VIII – a existência de mecanismos e procedimentos internos de integridade, auditoria e incentivo à denúncia de irregularidades e a aplicação efetiva de códigos de ética e de conduta no âmbito da pessoa jurídica; e

IX – o valor dos contratos mantidos pela pessoa jurídica com o órgão ou entidade pública lesados.

Os parâmetros de avaliação de mecanismos e procedimentos previstos no item VIII acima serão estabelecidos em regulamento do Poder Executivo federal.

O regulamento veio com a edição do Decreto n. 8.420/15.

38.6. PROCESSO ADMINISTRATIVO DE RESPONSABILIZAÇÃO

A **instauração e o julgamento** de processo administrativo para apuração da responsabilidade de pessoa jurídica cabem à **autoridade máxima** de cada órgão ou entidade dos Poderes Executivo, Legislativo e Judiciário, que agirá de ofício ou mediante provocação, observados o contraditório e a ampla defesa.

A competência para a instauração e o julgamento do processo administrativo de apuração de responsabilidade da pessoa jurídica poderá ser **delegada**, vedada a subdelegação.

No âmbito do Poder Executivo federal, a Controladoria-Geral da União (CGU) tem competência concorrente para instaurar processos administrativos de responsabilização de pessoas jurídicas ou para avocar os processos instaurados com fundamento nesta Lei, para exame de sua regularidade ou para corrigir-lhes o andamento.

Compete à CGU a apuração, o processo e o julgamento dos atos ilícitos previstos na Lei Anticorrupção, praticados contra a Administração Pública estrangeira, observado o disposto no Artigo 4 da Convenção sobre o Combate da Corrupção de Funcionários Públicos Estrangeiros em Transações Comerciais Internacionais, promulgada pelo Decreto n. 3.678, de 30 de novembro de 2000.

O processo administrativo para apuração da responsabilidade de pessoa jurídica será conduzido por **comissão** designada pela autoridade instauradora e **composta por 2 (dois) ou mais servidores estáveis**.

O ente público, por meio do seu órgão de representação judicial, ou equivalente, a pedido da comissão, poderá requerer as **medidas judiciais** necessárias para a investigação e o processamento das infrações, **inclusive de busca e apreensão**.

A comissão poderá, cautelarmente, propor à autoridade instauradora que **suspenda os efeitos do ato ou processo objeto da investigação**.

A comissão deverá concluir o processo no **prazo de 180 (cento e oitenta) dias** contados da data da publicação do ato que a instituir e, ao fim, apresentar

relatórios sobre os fatos apurados e eventual responsabilidade da pessoa jurídica, sugerindo de forma motivada as sanções a serem aplicadas.

O prazo acima poderá ser **prorrogado**, mediante ato fundamentado da autoridade instauradora.

No processo administrativo para apuração de responsabilidade, será concedido à pessoa jurídica **prazo de 30 (trinta) dias para defesa**, contados a partir da intimação.

O processo administrativo, com o relatório da comissão, será remetido à **autoridade instauradora** para **julgamento**.

A instauração de processo administrativo específico de reparação integral do dano não prejudica a aplicação imediata das sanções da Lei Anticorrupção.

Concluído o processo e não havendo pagamento, o **crédito** apurado será inscrito em **dívida ativa** da fazenda pública.

A **personalidade jurídica** poderá ser **desconsiderada** sempre que utilizada com abuso do direito para facilitar, encobrir ou dissimular a prática dos atos ilícitos previstos na Lei Anticorrupção ou para provocar confusão patrimonial, sendo estendidos todos os efeitos das sanções aplicadas à pessoa jurídica aos seus administradores e sócios com poderes de administração, observados o contraditório e a ampla defesa.

A comissão designada para apuração da responsabilidade de pessoa jurídica, após a conclusão do procedimento administrativo, dará conhecimento ao **Ministério Público** de sua existência, para apuração de eventuais delitos.

38.7. ACORDO DE LENIÊNCIA

A autoridade máxima de cada órgão ou entidade pública poderá celebrar **acordo de leniência** com as pessoas jurídicas responsáveis pela prática de atos lesivos que colaborem efetivamente com as investigações e o processo administrativo, sendo que dessa colaboração resulte:

I – a identificação dos demais envolvidos na infração, quando couber; e
II – a obtenção célere de informações e documentos que comprovem o ilícito sob apuração.

O acordo de leniência somente poderá ser celebrado se preenchidos, cumulativamente, os seguintes **requisitos**:

I – a pessoa jurídica seja a primeira a se manifestar sobre seu interesse em coope-rar para a apuração do ato ilícito;
II – a pessoa jurídica cesse completamente seu envolvimento na infração investigada a partir da data de propositura do acordo;

1076 CURSO DE DIREITO ADMINISTRATIVO

III – a pessoa jurídica admita sua participação no ilícito e coopere plena e permanentemente com as investigações e o processo administrativo, comparecendo, sob suas expensas, sempre que solicitada, a todos os atos processuais, até seu encerramento.

A celebração do acordo de leniência isentará a pessoa jurídica das sanções de publicação extraordinária da decisão condenatória e proibição de receber incentivos, subsídios, subvenções, doações ou empréstimos de órgãos ou entidades públicas e de instituições financeiras públicas ou controladas pelo poder público, pelo prazo mínimo de 1 (um) e máximo de 5 (cinco) anos e reduzirá em até 2/3 (dois terços) o valor da multa aplicável.

O acordo de leniência não exime a pessoa jurídica da obrigação de reparar integralmente o dano causado.

O Ministério da Transparência e Controladoria-Geral da União – CGU é o órgão competente para celebrar os acordos de leniência no âmbito do Poder Executivo federal, bem como no caso de atos lesivos praticados contra a Administração Pública estrangeira.

A Administração Pública poderá também celebrar acordo de leniência com a pessoa jurídica responsável pela prática de ilícitos previstos na Lei n. 8.666, de 21 de junho de 1993, com vistas à isenção ou atenuação das sanções administrativas estabelecidas em seus arts. 86 a 88.

38.8. RESPONSABILIZAÇÃO JUDICIAL

Na esfera administrativa, a responsabilidade da pessoa jurídica não afasta a possibilidade de sua responsabilização na esfera judicial.

Em razão da prática de atos lesivos, a União, os Estados, o Distrito Federal e os Municípios, por meio das respectivas **Advocacias Públicas ou órgãos de representação judicial, ou equivalentes, e o Ministério Público**, poderão ajuizar ação com vistas à aplicação das seguintes sanções às pessoas jurídicas infratoras:

I – perdimento dos bens, direitos ou valores que representem vantagem ou proveito direta ou indiretamente obtidos da infração, ressalvado o direito do lesado ou de terceiro de boa-fé;

II – suspensão ou interdição parcial de suas atividades;

III – dissolução compulsória da pessoa jurídica;

IV – proibição de receber incentivos, subsídios, subvenções, doações ou empréstimos de órgãos ou entidades públicas e de instituições financeiras públicas ou controladas pelo poder público, pelo prazo mínimo de 1 (um) e máximo de 5 (cinco) anos.

A **dissolução compulsória** da pessoa jurídica será determinada quando comprovado:

I – ter sido a personalidade jurídica utilizada de forma habitual para facilitar ou promover a prática de atos ilícitos; ou

II – ter sido constituída para ocultar ou dissimular interesses ilícitos ou a identidade dos beneficiários dos atos praticados.

As sanções poderão ser aplicadas de **forma isolada ou cumulativa**.

O Ministério Público ou a Advocacia Pública ou órgão de representação judicial, ou equivalente, do ente público poderá requerer a indisponibilidade de bens, direitos ou valores necessários à garantia do pagamento da multa ou da reparação integral do dano causado, conforme a dosimetria prevista no art. 7º da Lei Anticorrupção, ressalvado o direito do terceiro de boa-fé.

Nas ações ajuizadas pelo Ministério Público, poderão ser aplicadas as sanções previstas no art. 6º da Lei Anticorrupção, sem prejuízo daquelas previstas neste Capítulo, desde que constatada a omissão das autoridades competentes para promover a responsabilização administrativa.

Nas ações de responsabilização judicial, será adotado o rito da **Ação Civil Pública**.

A condenação torna certa a obrigação de reparar, integralmente, o dano causado pelo ilícito, cujo valor será apurado em posterior liquidação, se não constar expressamente da sentença.

38.9. CADASTRO NACIONAL DE EMPRESAS PUNIDAS

Foi criado no âmbito do Poder Executivo federal o Cadastro Nacional de Empresas Punidas – CNEP, que reunirá e dará publicidade às sanções aplicadas pelos órgãos ou entidades dos Poderes Executivo, Legislativo e Judiciário de todas as esferas de governo.

Os registros das sanções e acordos de leniência serão excluídos depois de decorrido o prazo previamente estabelecido no ato sancionador ou do cumprimento integral do acordo de leniência e da reparação do eventual dano causado, mediante solicitação do órgão ou entidade sancionadora.

38.10. PRESCRIÇÃO

Na forma do art. 25 da Lei Anticorrupção, prescrevem em 5 (cinco) anos as infrações previstas nesta Lei, contados da data da ciência da infração ou, no caso de infração permanente ou continuada, do dia em que tiver cessado.

Na esfera administrativa ou judicial, a prescrição será interrompida com a instauração de processo que tenha por objeto a apuração da infração.

38.11. OUTRAS ESFERAS

O disposto na Lei Anticorrupção não exclui as competências do Conselho Administrativo de Defesa Econômica, do Ministério da Justiça e do Ministério da Fazenda para processar e julgar fato que constitua infração à ordem econômica.

A aplicação das sanções previstas nesta Lei não afeta os processos de responsabilização e aplicação de penalidades decorrentes de:

I – ato de improbidade administrativa nos termos da Lei n. 8.429, de 2 de junho de 1992; e

II – atos ilícitos alcançados pela Lei n. 8.666, de 21 de junho de 1993, ou outras normas de licitações e contratos da administração pública, inclusive no tocante ao Regime Diferenciado de Contratações Públicas – RDC instituído pela Lei n. 12.462, de 4 de agosto de 2011.

39

IMPROBIDADE ADMINISTRATIVA

39.1. INTRODUÇÃO

39.1.1. Ancedentes Históricos

A análise dos antecedentes históricos exige um corte para que o objetivo desta obra seja atingido, pois às teses de doutorado e às dissertações de mestrado cabem os estudos históricos mais profundos e aos livros de história e filosofia é destinada a incumbência de traçar o panorama sobre a moral.

Algumas digressões históricas e filosóficas serão, todavia, necessárias para que se possa entender a relação da atividade estatal, necessariamente normativa, com os valores morais julgados relevantes em cada sociedade e época.

A variação de valores morais pode ser constatada em uma mesma sociedade, em virtude da sua evolução ou involução através dos tempos. A regra é que haja evolução e que, em futuro, demonstre-se maior intolerância ao mal do que em passado.

O ser humano direciona-se para a sua felicidade e para a satisfação dos seus desejos, sendo incutidas, ao longo do seu desenvolvimento da infância para a fase adulta, as ideias de bem e de mal de acordo com o meio no qual está inserido.

A necessidade de satisfação de desejos individuais começa a submeter-se ao desejo de aceitação no seio da sua família e da sua comunidade, sendo a culpa psicológica e a aprovação de terceiros elementos fundamentais para o balizamento das suas ações.

Enquanto na fase infantil as amarras são mais frágeis, na fase adulta, desde que se possua higidez mental, as amarras são mais fortes e podem gerar grandes angústias. Inverte-se o critério de felicidade da satisfação individual para a aceitação entre os pares.

A grosso modo, os critérios morais estão relacionados a agir bem ou agir mal de acordo com o julgamento daqueles que observam ou podem ser atingidos por suas condutas e de acordo com os valores que foram incutidos na mente do sujeito.

Os valores variam em cada sociedade também, pois, apesar de não existir divisão genética relevante para a sociologia entre os seres humanos, diversos aspectos culturais, climáticos e territoriais ilustram a diversidade das nações.

A religião mostra-se como elemento essencial de gênese dos valores morais adotados por uma determinada comunidade ou sociedade, pois a fragilidade do ser humano diante da natureza e da morte permite a criação de dogmas e freios à satisfação dos desejos pessoais egoísticos.

A finalidade principal das religiões é manter a paz social com a ligação do indivíduo a algo que esteja além da sua compreensão. Assim, tanto o Direito quanto a moral têm como objetivo primordial a estabilização das relações sociais, guiando o homem para o bem e para o justo.

Aqui cabe relembrar do que foi dito quando o princípio da moralidade foi analisado.

No século XIX, restou consolidada a distinção entre moral e Direito. Kant[1] ilustra que a moral faz parte da autonomia, do estatuto interno, e o Direito é consensual, faz parte do estatuto externo; é heterônomo. A **moral** está ligada à **vontade pura** como **imperativo categórico** que não comporta juízo externo de valor, está vinculada ao desejo interno e não comporta qualquer convenção. O Direito é vinculado ao dever-ser, comportando conduta contrária à convencionalmente desejada e, consequentemente, sanção.

A ação legal é que se apresenta em conformidade com o Direito, não interessando para os neokantianos[2] o seu motivo, podendo, consequentemente, ser movida por qualquer desígnio. Não há relevância se o dever jurídico foi cumprido por medo de sanção, por medo da não obtenção de prêmio após a morte ou por considerar a observância da norma salutar para a sua comunidade.

O juízo é objetivo: interessa apenas o cumprimento do que foi estabelecido pela norma jurídica.

A conduta moral independe para a sua consecução de outro juízo além do puro respeito ao seu desejo. Assim, o Direito, ao contrário da moral, admite coação exterior. Apesar de haver reprovabilidade social da conduta imoral.

---

[1] KANT, Immanuel. *Fundamentação da metafísica dos costumes*. Lisboa: Lisboa Editora, 1999.

[2] TRIVISONNO, Alexandre Travessoni Gomes; Merle, Jean-Christophe. *A moral e o direito em Kant*: ensaios analíticos. Belo Horizonte: Mandamentos, 2007.

Após os estudos de Kant acerca da moral, surgiu a corrente capitaneada por Maurice Hauriou, ex-professor da Universidade de Toulouse, de que o administrador público não está sujeito apenas ao princípio da legalidade, mas também ao princípio da moralidade, em virtude dos conjuntos Direito e moral representarem círculos em interseção, havendo, portanto, normas jurídicas pautadas em valores de uma moralidade consensual mínima.

Alguns afirmam que o círculo do Direito está contido no círculo da Moral, porém não se pode esquecer que há artigos de leis relativos, por exemplo, à fixação de sede de órgãos públicos, algo que jamais terá qualquer relação com valores morais.

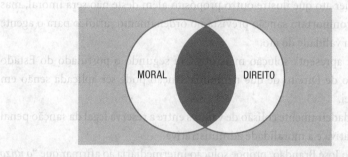

Para Hauriou[3], existe uma moral comum e cognoscível pela maioria dentro da comunidade, havendo condutas que, apesar de não serem punidas pelo ordenamento jurídico, são reprovadas pelos outros membros do convívio social. A **sanção é psicológica**, pois inflige ao imoral sofrimento decorrente da rejeição da sua conduta ou presença pelos seus pares.

Para o ex-professor da Universidade de Toulouse, qualquer ser humano é capaz de distinguir o bem do mal e a atividade administrativa não foge a essa possibilidade.

Adepta desta corrente, Germana de Oliveira Moraes[4] aduz, em síntese, que o princípio da moralidade administrativa, no sentido estrito de confrontação da conduta dos agentes públicos, sob a perspectiva da ética, além de conexo aos princípios da impessoalidade e da publicidade, relaciona-se aos valores confiança, honestidade e lealdade e respeito aos valores culturais predominantes em determinada sociedade, aos quais correspondem as seguintes dimensões: (i) boa-fé (tutela da confiança); (ii) probidade administrativa (deveres de honesti-

---

[3] HAURIOU, Maurice. *Précis de droit administratif et de droit public*. 7. ed. Paris: Sirey, 1911.
[4] MORAES, Germana de Oliveira. *Controle jurisdicional da administração pública*. São Paulo: Dialética, 1999.

dade e de lealdade); (iii) razoabilidade (expectativa de conduta *civiliter*, do homem comum, da parte do agente público).

Essa corrente entende que, além dos deveres de licitude, o gestor público está adstrito aos imperativos de honestidade, ainda que a lei não apresente sanção clara para a violação daqueles imperativos.

A corrente que despreza o princípio da moralidade, por entender ser inútil, foi liderada por Léon Duguit[5]. Ele, usando os postulados de Kant, afirma que todo ato reputado imoral implicará **desvio de finalidade** ou, como preferem alguns autores, **desvio de poder**, pois a finalidade que norteia a prática de qualquer ato da Administração é a satisfação do interesse público.

Qualquer ato que ilustre outro propósito além deste não será imoral, mas será ilegal, comportará sanção prevista no ordenamento jurídico para o agente e maculará a validade do ato.

Duguit apresenta solução mais objetiva segundo o postulado do Estado Democrático de Direito de que nenhuma sanção pode ser aplicada senão em virtude de lei.

Há verdadeiramente colisão de valores entre a reserva legal da sanção penal e administrativa e a moralidade administrativa.

Antônio José Brandão[6] propõe solução intermediária ao afirmar que *"o juízo do desvio de poder é, com efeito, mais do que um juiz de legalidade, – isto é: da mera conformidade da Administração à lei, – porque atua como juiz dos institutos morais das autoridades administrativas, na medida em que esses intuitos podem afetar a regularidade jurídica do ato praticado, – e, por conseguinte, a própria ordem jurídica".*

De fato, sob o aspecto prático da Administração Pública, o princípio da moralidade é de grande valia, pois possibilita controle além da legalidade, permitindo a aferição dos desejos do administrador mesmo quando observada a lei.

Com o objetivo de solucionar esse problema teórico no Brasil, a CF/88 criou a figura jurídica da improbidade administrativa que representa, em um Estado Democrático de Direito, a imoralidade administrativa contextualizada na lei.

O inciso II do art. 5º da Carta Maior afirma que: *"ninguém será obrigado a fazer ou deixar de fazer alguma coisa senão em virtude de lei"*. O Poder Constituinte Originário foi engenhoso ao estabelecer a legalidade extrema e ao compatibilizá-la com a proteção à moralidade administrativa, aduzindo no §4º do seu art. 37 que a improbidade administrativa ensejaria punições estabelecidas em lei.

---

5   DUGUIT, Léon. *Manuel de droit constitutionnel*. Paris: Fontemoing et Cie.: 1927.

6   BRANDÃO, Antônio José. Moralidade administrativa. *Boletim de Direito Administrativo*, v. 12, *n. 2, p. 62–72, fev. 1996.*

Dessa forma, para manter as garantias fundamentais adquiridas ao longo da evolução que foi coroada pelo império do Direito, as condutas que ferem a moralidade administrativa e as respectivas punições devem estar previstas em lei.

Foi, então, editada em 2 de junho de 1992 e publicada em 3 de junho de 1992 a Lei n. 8.429, que dispõe sobre as sanções aplicáveis em virtude da prática de atos de improbidade administrativa, de que trata o § 4º do art. 37 da Constituição Federal, para regrar a proteção ao princípio da moralidade através do estabelecimento de condutas, ações ou omissões, caracterizadoras de improbidade administrativa.

A irretroatividade dos preceitos da Lei em tela demonstra que o Estado não dispunha de instrumentos efetivos para sancionar todas as violações abstratas ao princípio da moralidade.

39.1.2. Evolução da probidade no Brasil

As Constituições Brasileiras e as leis anteriores sempre foram generalistas ao tratar do tema probidade na Administração Pública.

A Constituição Imperial de 1824 tinha a sua legitimação pautada na figura individual do imperador e não no povo. Dessa forma, a noção de interesse público não guardava compatibilidade com a noção atual.

Não havia definição clara sobre a titularidade dos interesses estatais, o imperador foi colocado como um *pater familias* com posição de supremacia à lei e aos comandos de probidade.

O art. 4º mostra bem a situação privilegiada do imperador. Eis o texto: *"Art. 4. A Dynastia Imperante é a do Senhor Dom Pedro I actual Imperador, e Defensor Perpetuo do Brazil"*.

Os arts. 98 e 99 atestam ainda mais a inviolabilidade e a supremacia do citado governante. Segue a transcrição:

> Art. 98. O Poder Moderador é a chave de toda a organisação politica, e é delegado privativamente ao Imperador, como Chefe Supremo da Nação, e seu Primeiro Representante, para que incessantemente vele sobre a manutenção da Independencia, equilibrio, e harmonia dos mais Poderes Politicos.
>
> Art. 99. A Pessoa do Imperador é inviolavel, e Sagrada: Elle não está sujeito a responsabilidade alguma.

A função de poder moderador que estava acima dos demais poderes constituídos também era exercida pelo monarca, fato que ilustra o seu *status* de titular em vez de gestor dos interesses estatais.

1084 CURSO DE DIREITO ADMINISTRATIVO

Além disso, a irresponsabilidade do imperador era absoluta, portanto abrangia qualquer tipo de ilicitude, seja penal, civil ou administrativa.

Não obstante, existia, na Constituição de 1824, como requisito para o exercício da função de membro dos Conselhos Gerais a probidade. *Vide* o artigo abaixo:

> Art. 75. A idade de vinte e cinco annos, **probidade**, e decente subsistencia são as qualidades necessarias para ser Membro destes Conselhos. (grifo)

Os ministros de estado poderiam ser responsabilizados, na forma do art. 133 da Constituição Imperial, em casos de traição, por peita, suborno ou concussão, por abuso do poder, pela falta de observância da lei, pelo que obrarem contra a liberdade, a segurança ou a propriedade dos cidadãos, por qualquer dissipação de bens públicos.

Exigiu-se, no art. 134 da mesma Carta, uma lei particular para especificar a natureza e a maneira de proceder em relação aos delitos acima citados.

A análise das hipóteses de responsabilização dos ministros de estado da fase imperial demonstra diversas semelhanças com os tipos de improbidade administrativa estabelecidos na Lei n. 8.429/92.

Porém, as condutas descritas no art. 133 representavam crimes descritos nos arts. 129 a 166 da Lei de 16 de dezembro de 1830, que manda executar o Código Criminal do império.

Ainda hoje, segundo a jurisprudência do STF, os ministros de estado quando violam a probidade administrativa estão sujeitos ao art. 9º da Lei n. 1.079/50, que define os crimes de responsabilidade e regula o respectivo processo de julgamento.

Dessa forma, como já foi dito, Kant[7] demonstrou que a moral faz parte do estatuto interno, consequentemente refere-se à autonomia, não havendo critérios objetivos, uniformes ou consensuais para imputar sanções jurídicas a atos imorais.

A CF/88 estabeleceu como direito fundamental de primeira geração a legalidade, afirmando, no seu inciso II do art. 5º, que "ninguém será obrigado a fazer ou deixar de fazer alguma coisa senão em virtude de lei".

Dessa forma, surge o seguinte dilema:

Como compatibilizar as exigências de legalidade do Estado Democrático de Direito com a possibilidade de imputar sanção jurídica a condutas imorais?

O Poder Constituinte Originário adotou solução engenhosa para a impossibilidade de aplicar sanção jurídica a condutas reputadas imorais: aumentar a área de interseção entre o conjunto de condutas imorais e o conjunto de condu-

---

[7] KANT, Immanuel. *Fundamentação da metafísica dos costumes.* Lisboa: Lisboa Editora, 1999.

tas ilegais, afirmando, no §4º do art. 37 da Carta Maior, que "os atos de improbidade administrativa importarão a suspensão dos direitos políticos, a perda da função pública, a indisponibilidade dos bens e o ressarcimento ao erário, na forma e gradação previstas em lei, sem prejuízo da ação penal cabível".

Observe-se que os atos de improbidade administrativa serão sancionados na forma e na gradação previstas em **lei**.

Ora, havendo necessidade de **previsão legal**, não há dúvida quanto à existência da interseção.

O **princípio da moralidade** estabelecido no *caput* do art. 37 da Carta Maior tem dupla função: **criadora** e **interpretativa**, pois exige seja protegida a moralidade ou probidade na Administração Pública, através do instrumento constitucionalmente ofertado (art. 5º, II, da CF/88), e define a forma de interpretação das normas jurídicas que estabelecem as condutas dos gestores públicos.

Outra baliza estabelecida pelo Poder Constituinte Originário foi a **natureza jurídica da improbidade administrativa** ao deixar claro que as sanções listadas serão estabelecidas *"sem prejuízo da ação penal cabível"*. Ante a literalidade da opção constituinte, não são necessários outros argumentos para afastar definitivamente qualquer natureza penal. Assim, a **natureza da ação de improbidade administrativa é cível**.

Saliente-se, porém, que há condutas de improbidade administrativa que podem também configurar ilícitos penais puníveis na forma estabelecida nas normas processuais penais[8].

A improbidade administrativa não se confunde com a **má administração** ou com a **inabilidade**; o administrador desidioso ou desleixado deve ser sancionado com base no seu estatuto ou contrato de trabalho e não com as disposições relativas à improbidade administrativa[9]. É certo também que quando a conduta for enquadrada de maneira mais específica como crime de responsabilidade da Lei n. 1.079/50 não será aplicada a Lei n. 8.429/92 e sim o rito próprio referente a tal crime[10].

As condutas de improbidade administrativa têm gravidade muito maior do que aquelas ações ou omissões que são listadas apenas como faltas funcionais.

---

[8] STJ, REsp 1106657/SC, rel. Min. Mauro Campbell Marques, 2ª Turma, julgado em 17-8-2010, *DJe* 20-9-2010.
[9] STJ, REsp 734.984/SP, rel. Min. José Delgado, rel. p/ acórdão Min. Luiz Fux, 1ª Turma, julgado em 18-12-2007, *DJe* 16-6-2008.
[10] STF, Rcl 2138, rel. Min. Nelson Jobim, rel. p/ acórdão Min. Gilmar Mendes, Plenário, julgado em13-6-2007, *DJe* 18-4-2008.

Assim, sob pena de violação aos princípios da razoabilidade e da proporcionalidade, o magistrado deve distinguir bem entre a *má administração e a improbidade administrativa*.

O texto normativo que regulamentou o §4º do art. 37 da Carta Maior é a Lei n. 8.429/92, sancionada pelo Presidente Fernando Affonso Collor de Mello.

A sua constitucionalidade formal foi questionada pelo Partido Trabalhista Nacional, através do ajuizamento, perante a Suprema Corte, da ADI 2.182/DF, que alegou a inobservância de ato obrigatório do processo legislativo exigido no art. 65 da Carta Maior. Afirmou-se que a lei foi promulgada sem ter sido novamente apreciada pelo Senado após as últimas alterações feitas pela Câmara dos Deputados. O Ministro Marco Aurélio, relator, entendeu que a alegação feita na petição inicial estava embasada no artigo citado e que, de tal maneira, o pedido deveria ser julgado procedente. Eis as suas palavras:

> Reafirmando que se paga um preço por se viver em um Estado Democrático de Direito, sendo ele módico, por estar afigurado na observância irrestrita do arcabouço normativo, especialmente da Carta da República, julgo procedente o pedido formulado na inicial desta ação direta de inconstitucionalidade e concluo pelo vício formal da Lei n. 8.429, de 2 de junho de 1992.

Apesar do entendimento do relator, a maioria do STF entendeu inexistir vício formal e, consequentemente, julgou improcedente o pedido na ADI 2.182/DF; afirmou-se que o substitutivo aprovado no Senado da República, atuando como Casa revisora, não caracterizou novo projeto de lei a exigir uma segunda revisão[11].

Feitas essas considerações, a improbidade administrativa poderia ser conceituada como conduta contrária ao ordenamento jurídico praticada por agente público ou terceiro que tenha relação com função pública ou concorra para a conduta daquele, dolosa ou culposa, contra entes e entidades públicas ou entidades privadas constituídas ou destinatárias de recursos públicos, importando enriquecimento ilícito, lesão ao erário, outorga de benefício indevido ou violação aos princípios da Administração Pública.

Por fim, mesmo havendo debate na doutrina sobre incidência federativa, a Lei n. 8.429/92, Lei de Improbidade Administrativa, aplica-se em todos os entes da Federação, portanto estão sujeitos às suas disposições a União, os Estados, os Municípios e o Distrito Federal[12].

---

[11] STF, ADI 2182, rel. Min. Marco Aurélio, rel. p/ acórdão Min. Cármen Lúcia, Plenário, julgado em 12-5-2010, *DJe* 10-9-2010.

[12] STJ, REsp 1148996/RS, rel. Min. Castro Meira, 2ª Turma, julgado em 1º-6-2010, *DJe* 11-6-2010.

39.1.3. A casuística disfuncional nas ações de improbidade

A Lei de Improbidade Administrativa (LIA) representa significativos avanços para a construção do ambiente de lisura na condução dos negócios públicos e repressão aos atos desviantes da finalidade pública, horizonte que nunca deve ser esquecido pelo gestor, porquanto é a razão dos poderes de que é investido.

Os atos de improbidade administrativa comportam três espécies, tipificadas nos arts. 9º, 10 e 11 da LIA, a saber:

(i) atos de improbidade administrativa que importam enriquecimento ilícito;
(ii) atos de improbidade administrativa que causam prejuízo ao erário; e
(iii) atos de improbidade administrativa que atentam contra os princípios da Administração Pública.

Somente no ano de 2019, foram condenadas mais de dezoito mil pessoas no país por improbidade administrativa, número deveras expressivo, a relevar a efetividade do diploma legal[13].

Porém, a técnica legislativa empregada para a edificação do texto legal, consubstanciado em cláusulas demasiadamente elásticas, a possibilitar amplo espectro de interpretações e consequências, tem sido objeto de preocupação da doutrina, porque a lei em comento torna-se fonte geradora de efeitos colaterais, indesejáveis aos fins colimados, quando serve como instrumento de tormenta contra gestores cuja conduta moral é guiada pela linha da honestidade.

Rodrigo Valgas dos Santos[14] destaca aspectos procelosos da Lei n. 8.429/92, causadores de insegurança jurídica e severa injustiça: (i) conceito de improbidade administrativa; (ii) os tipos abertos esculpidos na lei; (iii) a configuração de dolo e culpa nas ações de improbidade administrativa; (iv) a mensuração da

---

[13] Conforme os dados do Cadastro Nacional de Condenados por Ato de Improbidade Administrativa e por Ato que implique Inelegibilidade – CNCIA, registram-se: total de condenados: 18.366 (1.179 por órgãos jurisdicionais federais; 17.187 por órgãos jurisdicionais estaduais/distritais); perda de bens ou valores acrescidos ilicitamente ao patrimônio: R$ 764.961.648,83; pagamento de multa: R$ 396.912.199,13; ressarcimento integral do dano: R$ 2.414.841.807,91. Em 2020 e 2021, os números do CNCIA apresentam significativa redução, mas mantêm patamares elevados, acima de 10 mil condenações anuais. Em 2021, relatório do dia 15 de novembro registra a condenação de 11.816 pessoas durante esse ano. Presumível que a queda da curva crescente registrada nos anos anteriores seja atribuída aos impactos da pandemia de Covid-19, a demandar a adaptação dos meios e rotinas da atuação jurisdicional.

[14] SANTOS, Rodrigo Valgas dos. *Direito Administrativo do medo*: risco e fuga da responsabilização dos agentes públicos. 1. ed. São Paulo: Thomson Reuters Brasil, 2020. p. 163.

1088 CURSO DE DIREITO ADMINISTRATIVO

proporcionalidade das sanções. Segundo o autor, não seria exagero afirmar que nesses aspectos residem os principais problemas da LIA, "gerando absoluto pânico em qualquer gestor minimamente preocupado com seu patrimônio, sua honra e manutenção do pleno exercício dos seus direitos políticos fundamentais".

A LIA dispõe sobre amplo conjunto de penalidades, segundo variáveis gradações e limites: perda dos bens ou valores acrescidos ilicitamente ao patrimônio; ressarcimento integral do dano, quando houver; perda da função pública; suspensão dos direitos políticos; pagamento de multa civil; proibição de contratar com o Poder Público ou receber benefícios ou incentivos fiscais ou creditícios, direta ou indiretamente, ainda que por intermédio de pessoa jurídica da qual seja sócio majoritário.

Ocorre que o texto legal redigido em cláusulas gerais, a falta de critérios adequados para a dosimetria da pena, a ampla discricionariedade para o manejo da ação de improbidade e os radicais efeitos sobre os direitos políticos dos acusados são fatores a ensejar graves disfunções nas ações de improbidade.

Para a compreensão do problema, transcrever-se-ão os *caputs* dos **art. 9º, 10 e 11**, constantes da **redação original da Lei n. 8.429/92**, isto é, antes das alterações de texto realizadas pela Lei n. 14.230/2021:

Atos de Improbidade que Importam Enriquecimento Ilícito
Art. 9º Constitui ato de improbidade administrativa importando enriquecimento ilícito auferir **qualquer tipo de vantagem patrimonial indevida** em razão do exercício de cargo, mandato, função, emprego ou atividade nas entidades mencionadas no art. 1º desta lei, e notadamente:
Atos de Improbidade que Causam Prejuízo ao Erário
Art. 10. Constitui ato de improbidade administrativa que causa lesão ao erário qualquer ação ou omissão, dolosa ou culposa, que enseje perda patrimonial, desvio, apropriação, malbaratamento ou dilapidação dos bens ou haveres das entidades referidas no art. 1º desta lei, e notadamente:
Atos de Improbidade que Atentam Contra os Princípios da Administração Pública
Art. 11. Constitui ato de improbidade administrativa que atenta contra os princípios da administração pública qualquer ação ou omissão que viole os deveres de honestidade, imparcialidade, legalidade, e lealdade às instituições, e notadamente:

A leitura dos dispositivos legais sobreditos permite observar a elasticidade do texto, de maneira a conferir significativa amplitude das condutas por ele abrangidas, principalmente na redação do art. 11 da lei, no que tange aos atos de improbidade que violem os deveres de honestidade, imparcialidade, legalidade e lealdade às instituições, caracterizados por elementos valorativos cujo exame escapa aos parâmetros de taxatividade que devem nortear normas sancionadoras cujas penas caracterizem-se por caráter tão severo.

Acerca do exercício do poder de punir do Estado (*jus puniendi*), cabe breve comentário sobre os pressupostos de formação das leis penais: estas são orientadas pelo princípio da estrita legalidade, positivado no art. 1º do Código Penal: "Não há crime sem lei anterior que o defina. Não há pena sem prévia cominação legal".

O princípio da estrita legalidade tem como corolário o princípio da taxatividade da norma penal (*nullum crimen, nulla poena sine lege certa*), impondo-se ao legislador a caracterização precisa das condutas proibidas, evitando-se regras ambíguas, vagas ou indeterminadas, de forma que referido princípio vincula o legislador e o aplicador da lei penal, o juiz. Por isso, os tipos penais insculpem-se em regras precisas, havendo o necessário perfazimento de suas elementares para a consumação do ato ilícito.

O ato de improbidade administrativa é ilícito administrativo. Porém, as penalidades aplicáveis são tão ou mais severas que aquelas cominadas pela prática de determinados crimes. Por isso, seria adequado que a Lei de Improbidade Administrativa, conquanto ínsita à esfera do Direito Administrativo Sancionador, adotasse a mesma técnica legislativa utilizada para a elaboração dos diplomas criminais, mediante comandos taxativos. Entretanto, não foi essa a técnica efetuada pelo legislador pátrio. Ao invés, as cláusulas constantes da lei redigiram-se em moldura aberta e exemplificativa.

Observe-se o texto do *caput* do art. 11 da LIA: "Constitui ato de improbidade administrativa que atenta contra os princípios da administração pública **qualquer ação ou omissão** que viole os deveres de honestidade, imparcialidade, legalidade, e **lealdade às instituições**".

A título de exemplo, o art. 116, II, da Lei n. 8.112/90, elenca o dever de lealdade às instituições, exigível do servidor público federal. Eis a norma: "Art. 116. São deveres do servidor: (...) II – ser leal às instituições a que servir". Consoante o art. 130 da Lei n. 8.112/90, a infração a esse dever funcional implica a penalidade de suspensão até 90 (noventa) dias, conforme as circunstâncias agravantes e atenuantes, os antecedentes funcionais e os danos que provierem para a Administração.

Porém, o que enquadraria determinado ato comissivo ou omissivo como desleal? O valor de lealdade varia conforme a formação e costumes de um indivíduo, de maneira que, para um profissional excessivamente rigoroso, um servidor medianamente dedicado e imbuído dos valores da instituição poderia afigurar-se alguém desleixado e desleal, ante o mínimo descumprimento de regras ou mesmo recomendações. Em situação mais discrepante, um servidor cumpridor dos mandamentos funcionais poderia ser considerado alguém desleal pelo só fato de não satisfazer as expectativas que dele esperam, ou pela tomada de decisões que contrariem a preferência de seus superiores ou de órgãos de controle.

A cláusula aberta, desprovida de elementos descritivos, é causa de graves problemas de interpretação, porque a sanção decorre da infração a conceito jurídico indeterminado, o que demanda adequada ponderação, a partir dos elementos informados pela teoria do homem médio.

O exemplo mencionado tem por intuito ilustrar que, pela prática de um mesmo ato, um agente público poderia ser punido com suspensão, em sede de processo administrativo disciplinar ou sindicância acusatória, enquanto outro agente público poderia ser acusado de improbidade administrativa, sujeitando-se às seguintes penas, previstas no texto original do inciso III do art. 12 da LIA: ressarcimento integral do dano, se houver, perda da função pública, suspensão dos direitos políticos de três a cinco anos, pagamento de multa civil de até cem vezes o valor da remuneração percebida pelo agente e proibição de contratar com o Poder Público ou receber benefícios ou incentivos fiscais ou creditícios, direta ou indiretamente, ainda que por intermédio de pessoa jurídica da qual seja sócio majoritário, pelo prazo de três anos.

Em outra hipótese, imagine-se a situação de professor público em regime de dedicação exclusiva que, pelo exercício de outra atividade, mesmo cumprindo sua carga horária, seja condenado por improbidade administrativa, quando deveria ser apenas demitido.

Rodrigo Valgas dos Santos[15] lembra o caso de acusação de vereador por improbidade administrativa pelo uso de 14 folhas de papel timbrado e do serviço de assessoria jurídica da edilidade por realizar defesa prévia em outra ação de improbidade, ocasião em que o Tribunal de Justiça do Rio Grande do Sul entendeu que incidiria no caso o princípio da insignificância, pois o custo "de 14 folhas de papel timbrado seria absolutamente irrelevante, além de que o referido advogado da Câmara não estaria impedido de atuar em prol dos vereadores de modo

---

[15] SANTOS, Rodrigo Valgas dos. *Direito Administrativo do medo*: risco e fuga da responsabilização dos agentes públicos. 1. ed. São Paulo: Thomson Reuters Brasil, 2020. p. 195.

privado, além do que, a defesa institucional do seu presidente não seria incompatível com as atribuições do seu cargo".

A situação comentada consiste em patente discrepância na aplicação da lei. Mas não é só. Note-se o conteúdo do *caput* do art. 10 da LIA: "Constitui ato de improbidade administrativa que causa lesão ao erário qualquer ação ou omissão, **dolosa ou culposa**, que enseje perda patrimonial...".

Decerto, o agente público que por sua ação ou omissão causar prejuízo ao erário deve ressarci-lo. Porém, não se revela razoável a imposição de suspensão dos direitos políticos, multa e outras sanções ao agente público que tenha incorrido em erro, mediante conduta culposa. Mesmo o Direito Penal, cujo caráter é fragmentário, que trata da resposta coercitiva contra os atos revestidos de máximo grau de reprovabilidade social, requer a presença de dolo para a configuração do ilícito. Em raras hipóteses admite-se a culpabilidade de um indivíduo por conduta que não tenha praticado intencionalmente, como é o caso do homicídio[16].

Portanto, punir alguém, suprimindo-se-lhe direitos fundamentais – como os direitos políticos – inerentes ao exercício da cidadania, por ato não intencional, é medida que afronta o princípio da proporcionalidade. Ademais, as cláusulas abertas dispostas na lei possibilitam que determinados sujeitos sejam punidos, conforme o *animus* da acusação e a interpretação do julgador, enquanto outros, pelos mesmos fatos, sejam absolvidos ou sequer sejam acusados, o que fere gravemente o princípio da igualdade.

O princípio da igualdade vincula incondicionalmente todas as manifestações do Poder Público, tem por precípua função evitar discriminações, sob duplo aspecto: a igualdade na lei e a igualdade perante a lei. A igualdade na lei tem cunho abstrato, a fim de que as normas sejam concebidas de forma a homenagear a isonomia entre todos, enquanto a igualdade perante a lei refere-se ao momento de aplicação da norma, com o fim de atribuir o mesmo tratamento e efeitos a quem está sob a mesma situação jurídica. A respeito, convém destacar o posicionamento do STF:

> A igualdade na lei – que opera numa fase de generalidade puramente abstrata – constitui exigência destinada ao legislador que, no processo de sua formação, nela não poderá incluir fatores de discriminação, responsáveis pela ruptura da

---

[16] A vida, por seu altaneiro grau de proteção constitucional, quando suprimida por ato de outrem, enseja a imputação criminal deste, ainda que o ato seja cometido por negligência, imprudência ou imperícia, espécies da culpa. Ressalte-se que o direito à vida é indisponível, mas não absoluto. O art. 5º, XLVII, *a*, da CF/88, admite a pena de morte em caso de guerra declarada.

ordem isonômica. A igualdade perante a lei, contudo, pressupondo lei já elaborada, traduz imposição destinada aos demais poderes estatais, que, na aplicação da norma legal, não poderão subordiná-la a critérios que ensejem tratamento seletivo ou discriminatório[17].

Principalmente em relação às condutas tipificadas no art. 11 do texto original da Lei de Improbidade Administrativa, as cláusulas abertas permitem análises extremamente subjetivas e presume a improbidade daquele que apenas errou por desconhecimento ou falta de pessoal na sua estrutura organizacional.

Merece ênfase o impacto das ações por improbidade administrativa em relação à execução de políticas públicas. Por vocação legal e funcional, cabe aos agentes políticos e aos quadros técnicos da Administração a definição sobre as prioridades e formas de execução de políticas públicas, por exemplo, o local de instalação de estabelecimento de ensino ou de saúde.

O papel de administrador da coisa pública compete aos agentes da Administração, não ao Ministério Público. O cenário mostra-se ainda mais desanimador porque a atuação do órgão ministerial não é uniforme: cada membro do Ministério Público segue determinada linha de atuação, conforme sua consciência. Disso resulta grave insegurança para o gestor, para quem é impossível prever qual será o entendimento do órgão ministerial sobre seus atos de gestão, produzindo-se situação deveras assimétrica.

Logo, o controle exercido sobre os gestores de maneira desarrazoada e o manejo de ações por improbidade em casos para os quais não seria o instrumento propício permitem constatar disfuncionalidades casuísticas, propiciando-se a formação da doutrina do Direito Administrativo do Medo[18], que acentua o fenômeno da fuga da responsabilização dos agentes públicos.

39.1.4. A fuga da responsabilização dos agentes públicos

A elasticidade das cláusulas definidoras de improbidade administrativa, com especial ênfase para aquelas tabuladas no art. 10 do texto original da LIA (que admite sanção ainda que inexistente o dolo) e no art. 11, que engloba ampla gama de princípios que admitem interpretações em variados graus, é inolvidável causa de temor dos gestores públicos, máxime quando no exercício de funções diretamente relacionadas a dispêndios.

---

[17] STF, MI 58, rel. Min. Carlos Velloso, Plenário, julgado em 14-12-1990, *DJ* 19-4-1991.

[18] SANTOS, Rodrigo Valgas dos. *Direito Administrativo do medo*: risco e fuga da responsabilização dos agentes públicos. 1. ed. São Paulo: Thomson Reuters Brasil, 2020.

À insegurança jurídica, provocada pelo diploma legal, acrescenta-se o agigantamento dos órgãos de controle, não raro substituindo-se ao papel do administrador público, em nítida exacerbação de suas funções constitucionais de controle, imiscuindo-se no mérito administrativo dos órgãos e entidades controlados, questão que Fernando Vernalha Guimarães[19] pontua com clareza:

> O administrador público vem, aos poucos, desistindo de decidir. Ele não quer mais correr riscos. Desde a edição da Constituição de 88, que inspirou um modelo de controle fortemente inibidor da liberdade e da autonomia do gestor público, assistimos a uma crescente ampliação e sofisticação do controle sobre as suas ações. Decidir sobre o dia a dia da Administração passou a atrair riscos jurídicos de toda a ordem, que podem chegar ao ponto da criminalização da conduta. Sob as garras de todo esse controle, o administrador desistiu de decidir. Viu seus riscos ampliados e, por um instinto de autoproteção, demarcou suas ações à sua "zona de conforto". Com isso, instalou-se o que se poderia denominar de crise da ineficiência pelo controle: acuados, os gestores não mais atuam apenas na busca da melhor solução ao interesse administrativo, mas também para se proteger.

Evidentemente, o comportamento proativo reveste-se de maior risco de erro. O agente público engajado para a busca de novas soluções corre mais riscos que aquele acomodado, que repete os mesmos atos e procedimentos desempenhados há muitos anos da mesma maneira, mesmo que já não contenham qualquer razão lógica. Por isso, o agente público que tem perfil realizador corre mais riscos do que aquele que nada faz[20].

Considerando-se a normalidade das rotinas praticadas, dificilmente o agente público que não tem qualquer preocupação com a eficiência seria punido. Imagine-se a hipótese de dispensa de licitação. Conforme o art. 75, I e II, da Lei n. 14.133/2021, c/c o Decreto 10.922/2021, admite-se a dispensa de licitação para contratação que envolva valores inferiores a R$ 108.040,82 (cento e oito mil quarenta reais e oitenta e dois centavos), no caso de obras e serviços de engenharia ou de serviços de manutenção de veículos automotores, ou inferiores a R$ 54.020,41 (cinquenta e quatro mil vinte reais e quarenta e um centavos), no caso de outros serviços e compras.

---

[19] GUIMARÃES, Fernando Vernalha. O Direito Administrativo do Medo: a crise da ineficiência pelo controle. Disponível em: <http://www.direitodoestado.com.br>. Acesso em: 16 nov. 2021.

[20] No caso dos servidores públicos federais, o comportamento de desprezo às obrigações laborais pode configurar desídia, infração disciplinar punível com demissão, conforme o art. 117, XV, c/c o art. 132, XIII, da Lei n. 8.112/90.

Em muitas situações, o custo administrativo da licitação é superior ao valor do objeto, razão por que o procedimento licitatório revela-se como escolha ineficiente. Por isso, o legislador facultou essa escolha ao gestor. No entanto, a contratação direta historicamente situa-se em um cenário de desconfiança, atraindo maior risco para o gestor. Ao invés, nenhum risco haveria para o gestor que optasse por realizar a licitação, ainda que o procedimento fosse antieconômico e, consequentemente, implicasse maior custo para a Administração.

O art. 4º do Decreto n. 7.983/2013 dispõe sobre a métrica de composição de custos de obras de infraestrutura de transportes, nos seguintes termos:

> O custo global de referência dos serviços e obras de infraestrutura de transportes será obtido a partir das composições dos custos unitários previstas no projeto que integra o edital de licitação, menores ou iguais aos seus correspondentes nos custos unitários de referência do **Sistema de Custos Referenciais de Obras – Sicro**, cuja manutenção e divulgação caberá ao Departamento Nacional de Infraestrutura de Transportes – DNIT, excetuados os itens caracterizados como montagem industrial ou que não possam ser considerados como de infraestrutura de transportes.

Ocorre que, por vezes, determinado item ou serviço por ser contratado não possui correspondente exato ou similar no Sistema de Custos Referenciais de Obras, apesar da gradativa ampliação do sistema. Nessas situações, requer-se do agente público investido em cargo de engenheiro a capacidade de, a partir dos parâmetros oferecidos pelo sistema, referenciais teóricos, ou ainda de outros sistemas de custos referenciais, montar uma composição de custos unitários para servir de referência para a Administração. Tal trabalho envolve a coleta de análise de informações como: todas as etapas que envolvem a execução do serviço, a quantidade e os maquinários envolvidos, a mão de obra necessária (quantitativo e qualificação), elementos que permitam aferir a produtividade de mão de obra e equipamentos, custo e consumo de materiais, custos de transporte, entre outros, a fim de se aferir o custo daquele determinado item da obra ou serviço. Após estabelecer o custo unitário, é aplicado o valor de Benefícios e Despesas Indiretas (BDI) e, assim, calculado o preço da obra ou serviço de engenharia.

Evidentemente, não é mister simples, principalmente ante situações ainda não enfrentadas, para as quais não exista suficiente parâmetro de referência. Um profissional inexperiente poderia ser induzido ao erro, ao quantificar equivocadamente, por exemplo, a quantidade de mão de obra ou o tempo de execução da tarefa.

Caso o agente público superdimensione intencionalmente o valor da obra ou serviço, imbuído de má-fé, deve responder administrativa, civil e criminalmente por seus atos, e demitido dos quadros da Administração, mediante processo administrativo disciplinar em que assegurada a ampla defesa e o contraditório. Constatando-se, porém, que a falha não foi intencional, isto é, desprovida de dolo, revela-se um exagero puni-lo com todas as sanções estabelecidas na LIA[21], e inquiná-lo com a chancela de "ímprobo", posto que, nesse caso, não se está diante de pessoa desonesta, que seria o alvo da lei de improbidade.

Em situação de maior gravidade, o medo se impõe quando as metodologias e escolhas técnicas do gestor não coincidem com o entendimento do controlador, o que ocorre frequentemente no âmbito das agências reguladoras, cuja atuação transcende a mera aplicação de normas, mas requer a atividade de criação das normas regentes dos setores regulados, no exercício do poder normativo atribuído a essas entidades pelas suas respectivas leis de criação. Sobre esse problema, são consideráveis os ônus atrelados às determinações do controlador, muitas vezes substituindo-se ao papel do regulador, como nas hipóteses de elaboração de editais licitatórios de concessão de infraestrutura, que observam metodologias e modelagens próprias, elaboradas pelos quadros técnicos das agências reguladoras.

Carlos Ari Sundfeld[22] informa que a máquina pública funciona cada vez menos, porque o gestor, temendo os excessos da fiscalização, "cruza os braços e fica esperando a aposentadoria chegar". O professor administrativista relata a realidade contemporânea:

> [...] se espalhou no Brasil uma verdadeira obsessão em punir gestores públicos: falhou, pagou; um exagero. Claro que a corrupção e o desvio de recursos públicos têm de ser combatidos com severidade. Mas grande parte dos processos punitivos contra gestores públicos é por falhas operacionais, por questões formais ou por divergências de opinião. Ora, falhas são próprias de qualquer organização; só não erra quem não age. Os controladores por acaso são punidos quando falham? De outro lado, é normal as opções do gestor não coincidirem com as preferências do controlador: o direito tem muitas incertezas, não é matemática; divergência de interpretação sobre fatos e leis não é crime.

---

[21] Conforme o texto original do inciso II do art. 12 da Lei n. 8.429/92, estas são as sanções cominéveis pela prática de ato de improbidade administrativa que cause prejuízo ao erário: ressarcimento integral do dano, perda dos bens ou valores acrescidos ilicitamente ao patrimônio, se concorrer esta circunstância, perda da função pública, suspensão dos direitos políticos de cinco a oito anos, pagamento de multa civil de até duas vezes o valor do dano e proibição de contratar com o Poder Público ou receber benefícios ou incentivos fiscais ou creditícios, direta ou indiretamente, ainda que por intermédio de pessoa jurídica da qual seja sócio majoritário, pelo prazo de cinco anos.

[22] SUNDFELD, Carlos Ari. Chega de axé no direito administrativo. *Brasil Post*. The Huffington Post associado à Editora Abril, 21 mar. 2014.

Priscilla de Souza Pestana Campana[23] considera que embora as atividades de controle sejam louváveis, é certo que sua atuação demasiada não impediu a ocorrência de graves casos de corrupção. A autora afirma que o administrador público, sob excesso de controle, não tem incentivos para aperfeiçoar a gestão e buscar soluções para os desafios enfrentados, constatando-se o seguinte efeito: "o principal atingido por esse intenso controle da Administração Pública é o bom administrador, de conduta proba, que só quer exercer seu trabalho da melhor maneira possível e para o bem da Administração Pública e da sociedade".

É de se notar que a Lei de Improbidade Administrativa, embora tenha promovido inegáveis avanços no esforço contra a corrupção e outras práticas nefastas de malversação das verbas públicas e malferimento aos princípios reitores da Administração, por outro lado, ensejou o temor de agentes públicos honestos.

Se os agentes públicos que atuam com retidão – como servidores efetivos que se engajaram em trilhar uma carreira ou cargo isolado, muitas vezes durante toda a vida profissional – são aqueles que cuidam dos atos indispensáveis ao funcionamento da Administração, o medo desses agentes públicos causa a paralisia da máquina estatal, fenômeno que tem sido denominado como "apagão das canetas".

É fácil explicar: se um servidor íntegro percebe desproporcional risco ao assumir função que lhe atribua maior responsabilidade, por que o faria? O resultado é que as funções relevantes da Administração Pública vão se tornando espaço de atuação de aventureiros ou agentes corruptos, que não têm qualquer receio dos órgãos de controle, enquanto os grandes talentos da Administração relegam-se a atividades desprovidas de maior relevância. Obviamente, quem mais sofre com isso é a sociedade nacional, que observa a cada dia uma Administração Pública hipertrofiada e ineficiente.

39.1.5. Reforma promovida pela Lei n. 14.230/2021

Em 2018, constituiu-se comissão de juristas, presidida pelo Ministro Mauro Campbell Marques, do STJ, para a elaboração de anteprojeto de lei na Câmara dos Deputados, com vistas à reforma da Lei de Improbidade Administrativa, que resultou no Projeto de Lei n. 10.887/2018, transformado na Lei n. 14.230/2021, sancionada em 25 de outubro de 2021 e publicada no dia seguinte.

---

[23] CAMPANA, Priscilla de Souza Pestana. A cultura do medo na administração pública e a ineficiência gerada pelo atual sistema de controle. *Revista de Direito*, Viçosa, v. 9, n. 1, p. 189-216, 2017. p. 210.

A Lei n. 14.230/2021 altera a Lei n. 8.429/92, promovendo-se a modificação, revogação e inclusão de vários dispositivos, conferindo-se uma nova feição à Lei de Improbidade Administrativa.

Como exemplo de dispositivos alterados: mencionem-se os *caputs* dos arts. 9º, 10 e 11 da LIA, sendo estes os conteúdos anteriores e atuais dos dispositivos:

Art. 9º, *caput*
redação anterior
redação atual

redação anterior	Art. 9º Constitui ato de improbidade administrativa importando enriquecimento ilícito auferir qualquer tipo de vantagem patrimonial indevida em razão do exercício de cargo, mandato, função, emprego ou atividade nas entidades mencionadas no art. 1º desta lei, e notadamente:
redação atual	Art. 9º Constitui ato de improbidade administrativa importando em enriquecimento ilícito auferir, mediante a prática de **ato doloso**, qualquer tipo de vantagem patrimonial indevida em razão do exercício de cargo, de mandato, de função, de emprego ou de atividade nas entidades referidas no art. 1º desta Lei, e notadamente:

Art. 10, *caput*

redação anterior	Art. 10. Constitui ato de improbidade administrativa que causa lesão ao erário qualquer **ação ou omissão, dolosa ou culposa**, que enseje perda patrimonial, desvio, apropriação, malbaratamento ou dilapidação dos bens ou haveres das entidades referidas no art. 1º desta lei, e notadamente:
redação atual	Art. 10. Constitui ato de improbidade administrativa que causa lesão ao erário qualquer **ação ou omissão dolosa**, que enseje, efetiva e comprovadamente, perda patrimonial, desvio, apropriação, malbaratamento ou dilapidação dos bens ou haveres das entidades referidas no art. 1º desta Lei, e notadamente:

Art. 11, *caput*

redação anterior	Art. 11. Constitui ato de improbidade administrativa que atenta contra os princípios da administração pública qualquer *ação ou omissão* que viole os deveres de honestidade, imparcialidade, legalidade, e lealdade às instituições, e notadamente:
redação atual	Art. 11. Constitui ato de improbidade administrativa que atenta contra os princípios da administração pública a **ação ou omissão dolosa** que viole os deveres de honestidade, de imparcialidade e de legalidade, caracterizada por uma das seguintes condutas:

1098 CURSO DE DIREITO ADMINISTRATIVO

Observa-se que houve a preocupação do legislador em determinar em todos os comandos legais sobreditos o elemento subjetivo imprescindível para a consumação do ato ilícito: o dolo. Por isso, o texto legal, após essa reforma, é mais protetivo para os indivíduos sujeitos à lei, além de lhes conferir maior grau de segurança jurídica.

Porém, algumas alterações de texto promoveram a majoração das penas comináveis pela prática de improbidade administrativa, como aquelas inerentes ao ato que cause lesão ao erário, exigindo-se, agora, a comprovação de dolo, conforme a regra do art. 12, I, da LIA:

Art. 12, I	
redação anterior	Art. 12. Independentemente das sanções penais, civis e administrativas previstas na legislação específica, está o responsável pelo ato de improbidade sujeito às seguintes cominações, que podem ser aplicadas isolada ou cumulativamente, de acordo com a gravidade do fato: I – na hipótese do art. 9º, perda dos bens ou valores acrescidos ilicitamente ao patrimônio, ressarcimento integral do dano, quando houver, perda da função pública, **suspensão dos direitos políticos de oito a dez anos**, pagamento de multa civil de até três vezes o valor do acréscimo patrimonial e proibição de contratar com o Poder Público ou receber benefícios ou incentivos fiscais ou creditícios, direta ou indiretamente, ainda que por intermédio de pessoa jurídica da qual seja sócio majoritário, **pelo prazo de dez anos**;
redação atual	Art. 12. Independentemente do ressarcimento integral do dano patrimonial, se efetivo, e das sanções penais comuns e de responsabilidade, civis e administrativas previstas na legislação específica, está o responsável pelo ato de improbidade sujeito às seguintes cominações, que podem ser aplicadas isolada ou cumulativamente, de acordo com a gravidade do fato: I – na hipótese do art. 9º desta Lei, perda dos bens ou valores acrescidos ilicitamente ao patrimônio, perda da função pública, **suspensão dos direitos políticos até 14 (catorze) anos**, pagamento de multa civil equivalente ao valor do acréscimo patrimonial e proibição de contratar com o poder público ou de receber benefícios ou incentivos fiscais ou creditícios, direta ou indiretamente, ainda que por intermédio de pessoa jurídica da qual seja sócio majoritário, **pelo prazo não superior a 14 (catorze) anos**;

Portanto, o comando legal, após a reforma promovida pela Lei n. 14.230/2021, produz o agravamento da situação dos jurisdicionados que incorrerem em ato de improbidade administrativa que cause lesão ao erário mediante conduta dolosa, admitindo-se a cominação de pena por prazo maior.

Como exemplo de dispositivo revogado pela Lei n. 14.230/2021, tem-se o inciso IX do art. 11 Eis a norma: "IX – deixar de cumprir a exigência de requisitos de acessibilidade previstos na legislação". Portanto, o ato de improbidade inerente ao descumprimento de requisitos de acessibilidade, na forma em que tipificado no art. 11, IX, da Lei n. 8.429/92, foi expurgado do ordenamento jurídico, haja vista a revogação expressa do dispositivo legal em tela.

A exclusão é salutar. Não se pretende negar a elevada importância dos requisitos de acessibilidade para a promoção dos direitos das pessoas com deficiência, acentuando-se que é dever da União, Estados, Distrito Federal e Municípios cuidar da proteção e garantia das pessoas com deficiência, na forma do art. 23, II, da CF/88.

Todavia, existem limitações à atuação do administrador, que atua em um mundo real, dotado de imperfeições e limitações (princípio da reserva do possível). Conjecture-se por exemplo os meios de acessibilidade em veículos de transporte coletivo. Seria melhor para uma cidade ter poucos veículos – todos equipados com meios de acessibilidade, como elevadores para cadeirantes – ou ter uma frota maior, capaz de atender maior demanda da população, reservando-se um percentual de veículos equipados com meios de acessibilidade? A decisão não é fácil, e implica custos, que se deparam com limitações orçamentárias.

Qualquer que seja a decisão, ela não será capaz de agradar a todos, cabendo ao gestor o equilíbrio técnico para tomar decisões que maximizem a oferta do serviço público à maior parcela possível de usuários, abrangendo-se também aqueles que sofrem com restrições físicas. Uma decisão administrativa, fundamentada em estudos técnicos, que conclua pelo descumprimento de requisitos de acessibilidade em parte dos veículos, com vistas ao uso dos recursos para ampliação da frota, seria inegavelmente um ato intencional e, consequentemente, caracterizaria improbidade administrativa, por melhor que fossem os propósitos do gestor público.

Não se pretende aqui apontar qual seria a decisão acertada, o que dependeria das circunstâncias de tempo, recursos, lugar, demanda, idade da frota, uma série de variáveis a compor a matriz de decisão. Entretanto, engessar a atuação do gestor, impondo-lhe determinada medida em detrimento do mérito administrativo não parece a melhor solução.

Exemplo de dispositivo incluído consiste no § 9º do art. 12 da LIA: "As sanções previstas neste artigo somente poderão ser executadas após o trânsito em julgado da sentença condenatória". Neste ponto, é preciso lembrar que a administração da Justiça é problema que interessa a todos. É preciso que o Judiciário assegure a execução das leis em cada caso concreto, pois "a norma jurídica só ganha corpo e produz efeitos quando fielmente aplicada. É através dos julgados que os direitos se tornam incontestáveis e a vontade de seus titulares se apresenta em forma coercitiva. As decisões dos juízes e tribunais são, portanto, a última etapa da vida do Direito"[24]. Portanto, os efeitos da lentidão do Poder Judiciário não podem ser atribuídos ao acusado.

Da leitura do texto legal, assinalam-se alterações que atenuam os ônus dos acusados e outras que agravam esses ônus. Para os fatos ocorridos após a publicação da Lei n. 14.230/2021, não há dúvida: regem-se pela lei atual.

Em relação aos atos de improbidade cometidos antes da publicação da Lei n. 14.230/2021, há de se considerar que, em regra, a lei não retroage no tempo, haja vista que o ordenamento jurídico é orientado segundo o axioma *tempus regit actum*.

Todavia, o art. 5º, XL, da CF/88, contempla a retroatividade da lei penal em benefício do réu.[25] Logo, se da aplicação da lei penal nova resulta benefício para o réu, a lei retroage no tempo, admitindo-se os mais variados efeitos: um fato típico, alcançado pela lei penal, pode ser descriminalizado pelo ordenamento jurídico, tornando-se fato atípico e, portanto, irrelevante para o Direito Penal. Determinada sanção pode ser atenuada, no que tange ao tipo de sanção, de maneira que em vez de pena privativa de liberdade a lei penal passe a cominar pena restritiva de direito; quanto ao tempo da pena privativa de liberdade, pode haver sua diminuição. Logo, sempre que a lei penal nova beneficie o réu, afasta-se a máxima *tempus regit actum*, retroagindo os seus efeitos.

Em outro sentido, pode ocorrer de a lei nova ser mais gravosa, de modo a prejudicar a situação do réu. Mas se o fato típico ocorreu durante a vigência de lei antiga (mais benéfica), ainda que esta tenha sido revogada pela lei nova, o fato será regido pela lei antiga, promovendo-se a sua ultratividade no tempo.

Existe consenso doutrinário de que a ação de improbidade administrativa tem natureza cível, o que se aduz da opção feita pelo Poder Constituinte Originário, na forma do § 4º do art. 37 da CF/88, que dispõe: "Os atos de improbidade administrativa importarão a suspensão dos direitos políticos, a perda da função pública, a indisponibilidade dos bens e o ressarcimento ao erário, na forma e gradação previstas em lei, sem prejuízo da ação penal cabível".

---

[24] COUTO, Reinaldo. O prestígio à instância administrativa como solução para o judiciário. Disponível em: <www.emporiododireito.com.br>. Acesso em: 23 nov. 2021.

[25] O inciso XL do art. 5º da CF/88 dispõe que: "a lei penal não retroagirá, salvo para beneficiar o réu".

Ante a literalidade da opção constituinte, que deixa claro que as sanções listadas serão estabelecidas "sem prejuízo da ação penal cabível", tornam-se desnecessárias maiores ilações para afastar definitivamente qualquer natureza penal. No mesmo sentido aponta a jurisprudência do STF:

[...] O foro especial por prerrogativa de função previsto na Constituição Federal em relação às infrações penais comuns não é extensível às ações de improbidade administrativa, de natureza **civil**. Em primeiro lugar, o foro privilegiado é destinado a abarcar apenas as infrações penais. A suposta gravidade das sanções previstas no art. 37, § 4º, da Constituição, não reveste a ação de improbidade administrativa de natureza penal[26].

Outra questão, porém, refere-se não à natureza da ação de improbidade, mas do ato de improbidade, sobre o que existem algumas divergências doutrinárias.

De acordo com Fernanda Marinela[27], "aquele que pratica ato de improbidade administrativa torna-se indigno, principalmente, ao exercício da cidadania, atingindo, com isso, direitos de índole civil e política. Logo, podemos inferir que se trata de ilícito de natureza civil e política".

Para Marino Pazzaglini Filho[28], o ato de improbidade tem natureza político-civil-administrativa, o que decorre da natureza das penas, que abarcam a suspensão de direitos políticos (sanção política); perda da função pública (sanção político-administrativa); proibição de contratar e de receber benefícios (sanção administrativa); multa civil (sanção civil).

Fernando Capez[29], em análise percuciente, ressalta o conteúdo do art. 12 da Lei de Improbidade Administrativa, que delimita outras esferas de responsabilidade (no texto original do art. 12 da lei: "independentemente das sanções penais, civis e administrativas"). Para o penalista, os atos de improbidade inserem-se em zona cinzenta, tratando-se de uma esfera própria de responsabilidade. Mas o autor afirma a possibilidade de classificação conforme a natureza das sanções impostas.

Qualquer que seja a corrente adotada, a jurisprudência é pacífica no sentido de que o ato de improbidade administrativa não é ilícito penal.

---

[26] STF, Pet 3240 AgR, rel. Min. Teori Zavascki, Plenário, julgado em 10-5-2018, *DJe* 22-8-2018.

[27] MARINELA, Fernanda. *Manual de Direito Administrativo*. 15 ed. Salvador: JusPodivm, 2021. p. 1243.

[28] PAZZAGLINI FILHO, Marino. *Lei de improbidade administrativa comentada*.São Paulo, Atlas, 2009.

[29] CAPEZ, Fernando. *Limites constitucionais à Lei de Improbidade*. São Paulo: Saraiva, 2009.

Apesar disso, considerada a gravidade das sanções previstas na LIA – que em alguns casos têm maior impacto do que sanções criminais –, é adequada a adoção dos princípios de direito penal na interpretação da lei, de modo a operar a retroatividade da lei mais benéfica ao acusado.

Celso Antônio Bandeira de Mello[30], ao discorrer sobre sanções administrativas, esclarece que é reconhecida "a natureza administrativa de uma infração pela natureza da sanção que lhe corresponde, e se reconhece a natureza da sanção pela autoridade competente para impô-la. Não há, pois, cogitar de qualquer distinção substancial entre infrações e sanções administrativas e infrações e sanções penais".

A lição do saudoso Nelson Hungria[31] ensina que tem sido "em vão a tentativa de uma distinção ontológica entre o ilícito penal e o ilícito administrativo. A separação entre um e outro também atende apenas a critérios de conveniência ou oportunidade, afeiçoados à variável medida do interesse da sociedade e do Estado".

Na mesma linha, Régis Fernandes de Oliveira[32] afirma que não existe "diferença de conteúdo entre crime, contravenção e infração administrativa. Avém ela de lei exclusivamente. Inexiste diferença de substância entre pena e sanção administrativa".

Sandro Lúcio Dezan[33] explica que o *jus puniendi*, embora dividido em ramos epistemológicos que colimam proteger bens jurídicos específicos, "possui base ontológica unitária, formada por princípios jurídicos, expressos e implícitos, de direito sancionador, que delineiam a uniformidade de regras e outros princípios informativos nos mais variados ramos epistemológicos-punitivos do direito público".

Por isso, na aplicação da Lei de Improbidade Administrativa, se o fato apurado for anterior à publicação da Lei n. 14.230/2021, operar-se-á a retroatividade da lei nova, se mais benéfica ao acusado:

---

30 MELLO, Celso Antônio Bandeira de. *Curso de direito administrativo.* 35. ed. São Paulo: Malheiros, 2021. p. 808.

31 HUNGRIA, Nélson; FRAGOSO, Heleno Cláudio. *Comentários ao Código Penal.* v. 1. 5. ed. Rio de Janeiro: Forense, 1978. p. 35.

32 OLIVEIRA, Régis Fernandes de. *Infrações e sanções administrativas.* 3. ed. São Paulo: Revista dos Tribunais, 2012. p. 29.

33 DEZAN, Sandro Lúcio. *Uma teoria do direito público sancionador*: fundamentos da unidade do sistema punitivo. Rio de Janeiro: Lumen Juris, 2021. p. 37.

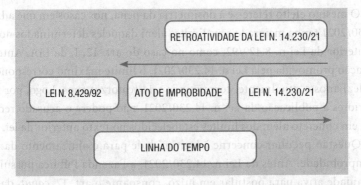

Igualmente, na aplicação da Lei de Improbidade Administrativa, se o fato apurado for anterior à publicação da Lei n. 14.230/2021, operar-se-á a ultratividade da disposição antiga, mesmo que revogada, se mais benéfica ao acusado:

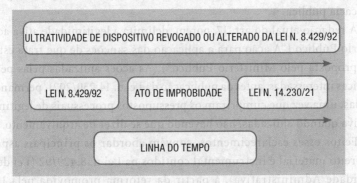

Portanto, a retroatividade da lei implicará o arquivamento de processo em que apurado fato tipificado com base em dispositivo revogado pela Lei n. 14.230/2021, se não houver outros fatos sob apuração, operando-se efeito símile ao que ocorreria em relação à *abolitio criminis*. É o caso, por exemplo, de ação de improbidade ajuizada por infração ao art. 11, IX (deixar de cumprir a exigência de requisitos de acessibilidade previstos na legislação), haja vista que referido dispositivo foi revogado pela Lei n. 14.230/2021.

Obviamente, não haverá arquivamento se a conduta apurada for enquadrada também em outro dispositivo legal vigente. Nesse caso, operar-se-á a ultratividade da norma anterior, se for mais benéfica ao acusado, como no caso do art. 10 (ato de improbidade administrativa que causa lesão ao erário qualquer ação ou omissão dolosa, que enseje, efetiva e comprovadamente, perda patrimonial, desvio, apropriação, malbaratamento ou dilapidação dos bens ou haveres...), em que agora exigível a comprovação do dolo. Se o ato de improbidade tiver sido praticado culposamente, disso resultará o arquivamento do feito.

1104 CURSO DE DIREITO ADMINISTRATIVO

O mesmo efeito refere-se à dosimetria da pena, nos casos em que a Lei n. 14.230/2021 tenha majorado seus limites além daqueles determinados no texto anterior da Lei n. 8.429/92, como no caso do art. 12, I, da LIA. Antes da alteração promovida pela Lei n. 14.230/2021, o limite máximo correspondia a 10 (dez) anos e, atualmente, corresponde a 14 (catorze) anos. Logo, por fatos anteriores à publicação da Lei n. 14.230/2021, não poderá o acusado receber pena em concreto além dos limites estabelecidos no texto anterior da lei.

Questão peculiar concerne à legitimidade para o ajuizamento da ação de improbidade. Antes da Lei n. 14.230/2021, a Fazenda Pública possuía legitimidade ativa para postular em juízo, consoante o art. 17, *caput*, da LIA (texto anterior: "A ação principal, que terá o rito ordinário, será proposta pelo Ministério Público **ou pela pessoa jurídica interessada**"). Portanto, a ação de improbidade administrativa poderia ser postulada pelos órgãos de advocacia pública.

A redação atual do art. 17, porém, delimita a legitimidade ativa ao Ministério Público ("A ação para a aplicação das sanções de que trata esta Lei será proposta pelo Ministério Público"). As ações ajuizadas pelas pessoas jurídicas interessadas, antes da publicação da Lei n. 14.230/2021, permanecem hígidas, uma vez que cumpriram os pressupostos processuais de legitimidade ativa quando ajuizadas, não havendo que se dizer de arquivamento.

Feitos esses esclarecimentos, convém abordar os principais aspectos de direito material e instrumental contidos na Lei n. 8.429/92 (Lei de Improbidade Administrativa), a partir da reforma promovida pela Lei n. 14.230/2021.

39.2. SUJEITO ATIVO

O sujeito ativo do ato de improbidade administrativa é o agente público, servidor público ou não, e aquele que, mesmo não sendo agente público, **induza ou concorra dolosamente** para a prática do ato de improbidade.

Para os fins da Lei de Improbidade Administrativa, considera-se agente público o agente político, o servidor público e todo aquele que exerce, ainda que transitoriamente ou sem remuneração, por eleição, nomeação, designação, contratação ou qualquer outra forma de investidura ou vínculo, mandato, cargo, emprego ou função na administração direta e indireta, no âmbito da União, dos Estados, dos Municípios e do Distrito Federal.

Ressalte-se que o **funcionário ou agente de fato** também pode ser sujeito ativo de conduta de improbidade administrativa.

O particular que não seja agente público somente será sujeito ativo em co-autoria com o agente público, nunca sozinho[34].

Célebre caso sobre improbidade administrativa imputada a quem não é agente público e sem participação de agente público é o REsp 1129121/GO, do STJ, no qual o Ministério Público Federal entende que o Tribunal de origem deveria ter aplicado as disposições referentes à improbidade administrativa à conduta do ex-Presidente da República Fernando Affonso Collor de Mello – que promulgou a própria lei – por irregularidades na arrecadação e utilização de verbas de campanha presidencial não relacionadas com o fundo partidário.

O intérprete e o aplicador do Direito devem afastar seus sentimentos pessoais para observar os postulados do Estado Democrático de Direito (*the rule of law*), uma vez que os órgãos criadores do Direito no sistema brasileiro (Senado, Câmara dos Deputados e Presidente da República) são diretamente legitimados, enquanto os magistrados, aplicadores do Direito, são órgãos indiretamente legitimados.

O preconceito deve ser afastado, especialmente nas análises doutrinárias e nas decisões judiciais.

No REsp 1129121/GO, do STJ, não prosperou o entendimento do Ministério Público Federal, pois nenhum dos corréus era agente público à época das condutas – Fernando Collor de Mello era apenas candidato a Presidente da República – e verbas de campanha não pertencentes ao fundo partidário não são recursos públicos, devendo a sua arrecadação e aplicação ser fiscalizadas pela Justiça Eleitoral e a improbidade administrativa não pode ser utilizada sem critério, sob pena de tornar-se letra morta.

Por óbvio, existem outros instrumentos jurídicos que poderão ser usados pela Justiça Eleitoral para, caso constatada ilegalidade, punir as condutas praticadas pelo ex-Presidente da República e seus correligionários. Eis o acórdão:

---

[34] PROCESSUAL CIVIL E ADMINISTRATIVO. RECURSO ESPECIAL. AÇÃO DE IMPROBIDADE ADMINISTRATIVA PROPOSTA APENAS CONTRA PARTICULAR. EXTINÇÃO SEM RESOLUÇÃO DO MÉRITO. AUSÊNCIA DE AGENTE PÚBLICO NO POLO PASSIVO. IMPOSSIBILIDADE. RECURSO NÃO PROVIDO. PRECEDENTES.

(...)

IV – Inviável a propositura de ação de improbidade administrativa contra o particular, sem a presença de um agente público no polo passivo, o que não impede eventual responsabilização penal ou ressarcimento ao Erário, pelas vias adequadas. Precedentes.

V – Recurso especial improvido. (STJ, REsp 1405748/RJ, rel. Min. Marga Tessler (juíza federal convocada do TRF 4ª Região), rel. p/ acórdão Min. Regina Helena Costa, 1ª Turma, julgado em 21-5-2015, *DJe* 17-8-2015.

ADMINISTRATIVO. LEI DE IMPROBIDADE ADMINISTRATIVA. APLICA-ÇÃO RETROATIVA A FATOS POSTERIORES À EDIÇÃO DA CONSTITUI-ÇÃO FEDERAL DE 1988. IMPOSSIBILIDADE.

1. A Lei de Improbidade Administrativa não pode ser aplicada retroativamente para alcançar fatos anteriores a sua vigência, ainda que ocorridos após a edição da Constituição Federal de 1988.

2. A observância da garantia constitucional da irretroatividade da lei mais gravosa, esteio da segurança jurídica e das garantias do cidadão, não impede a reparação do dano ao erário, tendo em vista que, de há muito, o princípio da responsabilidade subjetiva se acha incrustado em nosso sistema jurídico.

3. Consoante iterativa jurisprudência desta Corte, a condenação do Parquet ao pagamento de honorários advocatícios no âmbito de ação civil pública está condicionada à demonstração de inequívoca má-fé, o que não ocorreu no caso.

4. Recurso especial provido em parte, apenas para afastar a condenação do recorrente em honorários advocatícios[35].

Em relação aos **agentes políticos,** estes são agentes públicos da mais **alta hierarquia do Estado**, estabelecida pela Carta Magna, cujos vínculos não têm natureza permanente, que, com base no seu poder, traçam e implementam as **políticas públicas constitucionais** e as **políticas públicas de governo**.

Normalmente, os agentes políticos são os detentores de mandatos ou são aqueles sem vínculo efetivo com o Estado que têm o seu regime e as suas atribuições claramente listadas na CF/88.

São agentes políticos o Presidente da República, os Governadores, Prefeitos e respectivos Vices, os auxiliares imediatos dos Chefes de Executivo, isto é, Ministros e Secretários das diversas Pastas, bem como os Senadores, Deputados federais, estaduais e os Vereadores.

Observe-se que não há qualquer exigência de **qualificação técnica** para o exercício do *munus* público atribuído a tais agentes.

Apesar da grande relevância dos outros agentes públicos para o Estado, por exemplo, magistrados, membros do Ministério Público, da Defensoria Pública, da Advocacia Pública e da Diplomacia, o Poder Constituinte Originário não pretendeu erigi-los à classe dos agentes políticos.

Os parlamentares, no exercício da função legislativa ou em virtude das suas palavras, opiniões e votos, não podem ser sancionados com base na Lei de Improbidade Administrativa. Contudo, em relação ao exercício de funções administrativas ou como terceiros podem sofrer as sanções da lei em tela, salvo a de perda da função pública.

---

[35] STJ, REsp 1129121/GO, rel. Min. Eliana Calmon, rel. p/ acórdão Min. Castro Meira, 2ª Turma, julgado em 3-5-2012, *DJe* 15-3-2013.

Os Senadores, os Deputados Federais e os Deputados Estaduais, na forma dos §§2º e 3º do art. 55 e do §1º do art. 27, tudo da CF/88, somente podem perder os mandatos por decisão das suas respectivas Casas. Os vereadores não gozam dessa garantia.

A Lei n. 1.079/50 e a Lei n. 7.106/83 tratam de crimes de responsabilidade de agentes políticos e de alguns outros agentes públicos, sendo certo que diversas das condutas descritas naquelas normas coincidem com as condutas descritas na Lei n. 8.429/92.

Dessa maneira, para evitar-se duplicidade de punição ou *bis in idem*, é importante fixar qual norma pode ser aplicada aos agentes públicos listados nas leis que tratam de crimes de responsabilidade.

São agentes políticos listados na Lei n. 1.079/50 e na Lei n. 7.106/83 os seguintes:

a) Presidente da República;
b) Ministros de Estado;
c) Ministros do Supremo Tribunal Federal;
d) Procurador Geral da República;
e) Governadores dos Estados e do Distrito Federal;
f) Secretários de Estado e do Distrito Federal;
g) Presidentes, e respectivos substitutos quando no exercício da Presidência, dos Tribunais Superiores, dos Tribunais de Contas, dos Tribunais Regionais Federais, do Trabalho e Eleitorais, dos Tribunais de Justiça e de Alçada dos Estados e do Distrito Federal;
h) Juízes Diretores de Foro ou função equivalente no primeiro grau de jurisdição;
i) Advogado-Geral da União; e
j) Procuradores-Gerais do Trabalho, Eleitoral e Militar, aos Procuradores--Gerais de Justiça dos Estados e do Distrito Federal, aos Procuradores-Gerais dos Estados e do Distrito Federal, e aos membros do Ministério Público da União e dos Estados, da Advocacia-Geral da União, das Procuradorias dos Estados e do Distrito Federal, quando no exercício de função de chefia das unidades regionais ou locais das respectivas instituições.

O Decreto-Lei n. 201/67 estabelece que estão sujeitos a crimes de responsabilidade também:

a) os Prefeitos Municipais; e
b) os vereadores.

Os Membros do Conselho Nacional de Justiça e os Membros do Conselho Nacional do Ministério Público também estão sujeitos às normas constitucionais sobre crimes de responsabilidade.

A aplicação da Lei n. 8.429/92 aos agentes acima descritos, submetidos ao regime especial de crime de responsabilidade, não é pacífica, existindo três entendimentos:

1) os agentes públicos submetidos à legislação especial que trata de crime de responsabilidade não se submetem à Lei n. 8.429/92, pois a própria Constituição teria dado dois tratamentos:

  a) os agentes públicos gerais, sujeitos à Lei de Improbidade Administrativa, nos termos do §4º do art. 37 da CF/88; e

  b) os agentes listados nos arts. 52, inciso I, 85, inciso V, e 102, inciso I, alínea "c", tudo da CF/88, regulamentados pela Lei n. 1.079/50, pelo Decreto-Lei n. 201/67 e pela Lei n. 7.106/83;

2) os agentes públicos submetidos à legislação especial que trata de crime de responsabilidade submetem-se também à Lei n. 8.429/92, sem que haja *bis in idem* com a aplicação de sanções cumulativas, salvo em relação ao Presidente da República[36], conforme entendimento do STJ;

3) os agentes públicos submetidos à legislação especial que trata de crime de responsabilidade submetem-se também à Lei n. 8.429/92, porém as sanções de natureza política somente podem ser aplicadas através do processo de crime de responsabilidade. Assim, a perda do cargo e a inabilitação para o exercício de função pública somente poderiam ser aplicadas no rito do crime de responsabilidade.

O segundo entendimento é adotado pelo STJ e pelo STF[37]. Ambas as Cortes entendem que há **possibilidade de dupla sujeição tanto ao regime de responsabilização política, mediante *"impeachment"* (Lei n. 1.079/50),**

---

[36] ADMINISTRATIVO. AGRAVO REGIMENTAL NO RECURSO ESPECIAL. IMPROBIDADE ADMINISTRATIVA. OS AGENTES POLÍTICOS ESTÃO SUJEITOS ÀS SANÇÕES POR ATO DE IMPROBIDADE (LEI 8.429/92). ENTENDIMENTO FIRMADO PELA CORTE ESPECIAL/STJ NA RCL 2.790/SC, REL. MIN. TEORI ALBINO ZAVASCKI, *DJE* 4-3-2010. RESSALVA DO PONTO DE VISTA DO RELATOR. AGRAVO REGIMENTAL DESPROVIDO.

1. Excetuada a hipótese de atos de improbidade praticados pelo Presidente da República, cujo julgamento se dá em regime especial pelo Senado Federal (arts. 85 e 86 da CF/88), não há norma constitucional alguma que imunize os agentes políticos, sujeitos a crime de responsabilidade, de quaisquer das sanções por ato de improbidade previstas no art. 37, §4º da Constituição Federal. Ressalva do ponto de vista do Relator.

2. Agravo Regimental desprovido. (STJ, AgRg no REsp 1197469/RJ, rel. Min. Napoleão Nunes Maia Filho, 1ª Turma, julgado em 24-11-2015, *DJe* 11-12-2015).

[37] AC 3585 AgR, Relator(a): Min. Celso de Mello, 2ª Turma, julgado em 2-9-2014, *DJe* 28-10-2014.

desde que ainda titular de referido mandato eletivo, quanto à disciplina normativa da responsabilização civil por improbidade administrativa (Lei n. 8.429/92).

39.3. PRERROGATIVA DE FORO

As prerrogativas de foro estabelecidas na Constituição Federal e nas Constituições Estaduais são relativas ao processamento e julgamento de ilícitos penais, não se aplicando às ações não penais de qualquer natureza, por exemplo, cíveis, tributárias, previdenciárias, de improbidade administrativa etc.

Se o Poder Constituinte Originário desejasse estabelecer prerrogativa de foro para processamento e julgamento de ato de improbidade administrativa, teria feito a ressalva no próprio §4º do art. 37 da CF/88, quando elencou como uma das sanções possíveis a perda da função pública. Se desejasse excluir os agentes políticos, trataria da improbidade administrativa nos arts. 39 a 42 da CF/88.

A construção jurídica de que a perda da função pública dos que gozam de prerrogativa de foro não pode ser decretada na ação de improbidade administrativa afirma algo que não foi dito na Carta Maior. A omissão não foi descuido do Poder Constituinte Originário, mas opção pela intolerância com os atos de improbidade administrativa, foi uma opção pela irrestrita probidade.

A CF/88 pretendeu mostrar à sociedade que os agentes públicos mais importantes do país devem dar o **exemplo de probidade** e, caso não procedam desta maneira, serão punidos da mesma forma que **o mais simples servidor público**.

A ausência de prerrogativa de foro nestes casos é decorrente do **regime republicano** adotado no Brasil, afinal a qualidade de agente político não é título de nobreza nem título acadêmico, existindo não em função da pessoa que a exerce, mas em razão do interesse público primário, devendo, consequentemente, haver previsões legais e efetivas de perda da função pública.

A inexistência de foro privilegiado para as ações de improbidade administrativa ajuizadas em desfavor de agentes políticos é mandamento constitucional que se estende a todas as esferas federativas, sobre o que a jurisprudência do STF não deixa qualquer dúvida, a exemplo desta ementa, em que julgada a inconstitucionalidade de emenda à Constituição do Estado do Espírito Santo que instituiu hipóteses de prerrogativa de foto para o processamento de ação de improbidade administrativa:

> Ação direta de inconstitucionalidade. Emenda Constitucional n. 85/12, do Estado do Espírito Santo, que acrescentou a alínea "h" ao art. 109, inciso I, da

Constituição estadual. Criação de nova hipótese de foro por prerrogativa de função. Ações de natureza civil que possam resultar em perda ou suspensão de direitos políticos e/ou perda da função pública ou do mandato eletivo. Ofensa ao princípio da simetria. Precedentes. Inconstitucionalidade. 1. Por obra do constituinte originário, foi fixada a primazia da União para legislar sobre direito processual (art. 22, I, CF/88). Contudo, extraem-se do próprio texto constitucional outorgas pontuais aos estados-membros da competência para a elaboração de normas de cunho processual. Destaca-se aqui a possibilidade de a constituição estadual definir as causas afetas ao juízo natural do Tribunal de Justiça, desde que atendidos os princípios estabelecidos na Lei Fundamental (art. 125, CF/88). 2. A Emenda Constitucional n. 85/12, do Estado do Espírito Santo, ao estender as hipóteses de foro por prerrogativa de função a ações que não tenham natureza criminal, mas que possam resultar em perda ou suspensão de direitos políticos e/ou perda da função pública ou do mandato eletivo, como é o caso da ação de improbidade administrativa, contrariou o princípio da simetria e foi de encontro à jurisprudência pacífica do Supremo Tribunal Federal. Precedentes: ADI n. 2.797, Rel. Min. Sepúlveda Pertence, *DJe* de 19-12-06; ADI n. 2.860, Rel. Min. Sepúlveda Pertence, *DJe* de 19-12-06; Pet n. 3.240-AgR, Rel. p/ o ac. Min. Roberto Barroso, *DJe* de 22-8-18. 3. Modulam-se os efeitos da decisão para que não alcance os processos já transitados em julgado. 4. Ação julgada procedente[38].

A **prerrogativa de foro é excepcional** no regime republicano, devendo ser interpretada de maneira restrita, sendo certo que a sua extensão para a ação de improbidade administrativa implica não somente interpretação extensiva, mas verdadeira criação de norma inexistente, não prevista pelo Poder que elaborou a Carta Maior.

Apesar disso, em dezembro de 2002, entrou em vigor a Lei n. 10.628, que acrescentou os §§1º e 2º ao art. 84 do CPP, determinando o §1º que "a competência especial por prerrogativa de função, relativa a atos administrativos do agente, prevalece ainda que o inquérito ou a ação judicial sejam iniciados após a cessação do exercício da função pública".

Já o §2º estabeleceu que "a ação de improbidade, de que trata a Lei n. 8.429, de 2 de junho de 1992, será proposta perante o tribunal competente para processar e julgar criminalmente o funcionário ou autoridade na hipótese de prerrogativa de foro em razão do exercício de função pública, observado o disposto no §1º".

Assim, foi fixada pela Lei citada a prerrogativa de foro para as ações de improbidade administrativa, o que não foi previsto pela CF/88 e mostrava-se incompatível com a sua sistemática.

---

[38] STF, ADI 4870, rel. Min. Dias Toffoli, Plenário, julgado em 15-12-2020, *DJe* 23-2-2021.

O STF, ao julgar a ADI 2.797/DF, declarou a inconstitucionalidade da Lei n. 10.628/2002, que acrescentou os §§1º e 2º ao art. 84 do CPP, afirmando que não existe prerrogativa de foro nas ações de improbidade administrativa e que a citada prerrogativa, se existisse, não seria extensível após a cessação do exercício da função pública.

A ação de improbidade administrativa deveria ser iniciada na **primeira instância** sempre, não importando o cargo ocupado pelo agente público. No entanto, o próprio STF excepcionou a regra da inexistência de prerrogativa de foro quando o réu na ação de improbidade administrativa for um dos **seus ministros**.

Em decisão de 13 de março de 2008, a Suprema Corte, por maioria, declarou que "compete ao Supremo Tribunal Federal julgar ação de improbidade contra seus membros"[39].

Segundo a decisão, a prerrogativa de foro, em casos tais, decorre diretamente do sistema de competências estabelecido na Constituição, que assegura a seus Ministros foro por prerrogativa de função, tanto em crimes comuns, na própria Corte, quanto em crimes de responsabilidade, no Senado Federal.

Logo, "seria absurdo ou o máximo do contrassenso conceber que ordem jurídica permita que Ministro possa ser julgado por outro órgão em ação diversa, mas entre cujas sanções está também a perda do cargo. Isto seria a desestruturação de todo o sistema que fundamenta a distribuição da competência".

Dessa forma, criou-se precedente nefasto à regra da inexistência de prerrogativa de foro na ação de improbidade administrativa que serviu de fundamento para a Corte Especial do STJ entender que o juiz natural, para processar e julgar **governadores de Estado** e do **Distrito Federal** por improbidade administrativa, tal como em crimes comuns, é o próprio STJ[40].

Contudo, a Corte Especial do STJ, acertadamente alterando o seu entendimento, em 21 de maio de 2014, deixou claro que **não há prerrogativa de foro nas ações civis públicas relativas a atos de improbidade administrativa, estando tal privilégio adstrito à persecução criminal**[41].

O STF causou insegurança jurídica com o precedente em questão, sendo que se espera, no futuro, retorne a segurança jurídica em relação ao tema.

---

[39] QO na Pet. 3.211-0, Min. Menezes Direito, *DJ* 27-6-2008.

[40] STJ, Rcl 2.790/SC, rel. Min. Teori Albino Zavascki, Corte Especial, julgado em 2-12-2009, *DJe* 4-3-2010.

[41] STJ, EDcl na AIA 200400405873, rel. Min. Laurita Vaz, Corte Especial, julgado em 21-5-2014, *DJe* 28-5-2014.

39.4. SUJEITOS PASSIVOS

O art. 1º, §§ 5º a 7º da LIA, dispõe sobre os sujeitos passivos de atos de improbidade administrativa, nestes termos:

Art. 1º O sistema de responsabilização por atos de improbidade administrativa tutelará a probidade na organização do Estado e no exercício de suas funções, como forma de assegurar a integridade do patrimônio público e social, nos termos desta Lei.

(...)

§ 5º Os atos de improbidade violam a probidade na organização do Estado e no exercício de suas funções e a integridade do patrimônio público e social dos Poderes Executivo, Legislativo e Judiciário, bem como da administração direta e indireta, no âmbito da União, dos Estados, dos Municípios e do Distrito Federal.

§ 6º Estão sujeitos às sanções desta Lei os atos de improbidade praticados contra o patrimônio de entidade privada que receba subvenção, benefício ou incentivo, fiscal ou creditício, de entes públicos ou governamentais, previstos no § 5º deste artigo.

§ 7º Independentemente de integrar a administração indireta, estão sujeitos às sanções desta Lei os atos de improbidade praticados contra o patrimônio de entidade privada para cuja criação ou custeio o erário haja concorrido ou concorra no seu patrimônio ou receita atual, limitado o ressarcimento de prejuízos, nesse caso, à repercussão do ilícito sobre a contribuição dos cofres públicos.

Da leitura dos dispositivos legais, depreende-se que a lei visa a tutelar não apenas as pessoas políticas (União, Estados, Distrito Federal e Municípios) e suas entidades vinculadas, integrantes da administração pública indireta, mas também os bens jurídicos consistentes na organização do Estado e no exercício de suas funções e a integridade do patrimônio público e social dos Poderes Executivo, Legislativo e Judiciário.

Outrossim, a lei colima proteger o patrimônio de entidade privada que receba subvenção, benefício ou incentivo, fiscal ou creditício, de entes públicos, uma vez que, a despeito da natureza jurídica de direito privado, o recebimento de benefícios, na forma de fomento ou desagravamento fiscal revela o interesse público na preservação dessas instituições, mediante dispêndio, como em operações de crédito ou renúncia fiscal.

Igual lógica aplica-se ao patrimônio de entidade privada para cuja criação ou custeio o erário haja concorrido ou concorra no seu patrimônio ou receita atual, a exemplo das empresas privadas contempladas com a participação acionária do Banco Nacional de Desenvolvimento Econômico e Social (BNDES).

Nesse caso, o ressarcimento dos prejuízos limita-se à repercussão do ilícito sobre a contribuição dos cofres públicos.

39.5. RESSARCIMENTO DO DANO, PERDA DO ACRÉSCIMO PATRIMONIAL ILÍCITO E INDISPONIBILIDADE DOS BENS

Ocorrendo lesão ao patrimônio público por ação ou omissão dolosa ou culposa, do agente ou de terceiro, dar-se-á o integral ressarcimento do dano. No caso de enriquecimento ilícito, perderá o agente público ou terceiro beneficiário os bens ou valores acrescidos ao seu patrimônio. Em ambos os casos, poderá ser formulado, em caráter antecedente ou incidente, pedido de indisponibilidade de bens dos réus, a fim de garantir a integral recomposição do erário ou do acréscimo patrimonial resultante de enriquecimento ilícito.

Conforme o art. 16, §1º, da LIA, o pedido de indisponibilidade de bens independe da representação ao Ministério Público.

O deferimento do pedido de indisponibilidade de bens requer a demonstração de perigo de dano irreparável ou de risco ao resultado útil do processo, na forma do art. 16, § 3º, da LIA. Referido pressuposto legal tem por finalidade evitar a imposição de medida tão gravosa ao patrimônio do jurisdicionado sem razões que a justifiquem satisfatoriamente.

Havendo razões de urgência, a indisponibilidade dos bens poderá ser decretada antes da oitiva do réu, quando houver risco de que a posterior decretação da medida seja inefetiva ou sobrevierem outras circunstâncias que a recomendem. Todavia, as razões de urgência não podem ser presumidas, exigindo-se sua demonstração.

O valor dos bens declarados indisponíveis considerará a estimativa de dano indicada na petição inicial, admitindo-se sua substituição por caução idônea, fiança bancária ou seguro-garantia judicial, mediante requerimento do réu. Ora, se a decretação de indisponibilidade dos bens tem por finalidade assegurar o resultado útil da ação, no que concerne ao ressarcimento do dano e devolução do acréscimo patrimonial ilícito e, oferecendo o acusado outros meios que satisfaçam essa pretensão, não haveria por que negar-lhe essa possibilidade.

A indisponibilidade recairá sobre bens que assegurem exclusivamente o integral ressarcimento do dano ao erário, sem incidir sobre os valores a serem eventualmente aplicados a título de multa civil ou sobre acréscimo patrimonial decorrente de atividade lícita.

O art. 16, § 11, da LIA, dispõe sobre tipos de bens preferenciais para o alcance da declaração de indisponibilidade, priorizando-se veículos terrestres, bens imóveis, bens móveis em geral, semoventes, navios e aeronaves, ações e quotas de sociedades simples e empresárias, pedras e metais preciosos e, apenas na inexistência desses, o bloqueio de contas bancárias, de forma a garantir a subsistência do acusado e a manutenção da atividade empresária ao longo do processo.

O juiz, ao apreciar o pedido de indisponibilidade de bens do réu a que se refere o *caput* deste artigo, observará os efeitos práticos da decisão, vedada a adoção de medida capaz de acarretar prejuízo à prestação de serviços públicos.

É vedada a decretação de indisponibilidade da quantia de até 40 (quarenta) salários mínimos depositados em caderneta de poupança, em outras aplicações financeiras ou em conta-corrente, tal como a decretação de indisponibilidade do bem de família do réu, salvo se comprovado que o imóvel seja fruto de vantagem patrimonial indevida.

Quanto aos sucessores e herdeiros de pessoa condenada por ato de improbidade administrativa que cause dano ao erário ou enriquecimento ilícito, o art. 8º da LIA determina que estão sujeitos apenas à obrigação de repará-lo até o limite do valor da herança ou do patrimônio transferido.

39.6. TIPOS DE ATOS DE IMPROBIDADE ADMINISTRATIVA

Os atos de improbidade administrativa comportam três espécies, tipificadas nos arts. 9º a 11 da LIA, a saber:

(i) atos de improbidade administrativa que importam enriquecimento ilícito;
(ii) atos de improbidade administrativa que causam prejuízo ao erário e;
(iii) atos de improbidade administrativa que atentam contra os princípios da Administração Pública.

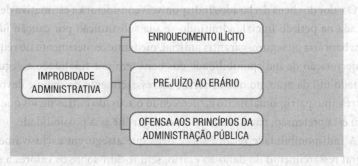

Conforme o art. 9º da LIA, constitui **ato de improbidade administrativa importando em enriquecimento ilícito** auferir, mediante a prática de ato doloso, qualquer tipo de vantagem patrimonial indevida em razão do exercício de cargo, de mandato, de função, de emprego ou de atividade nas entidades referidas no art. 1º da lei em comento. Em rol exemplificativo, enumeram-se as seguintes condutas:

a) receber, para si ou para outrem, dinheiro, bem móvel ou imóvel, ou qualquer outra vantagem econômica, direta ou indireta, a título de comissão, percentagem, gratificação ou presente de quem tenha interesse, direto ou indireto, que possa ser atingido ou amparado por ação ou omissão decorrente das atribuições do agente público;

b) perceber vantagem econômica, direta ou indireta, para facilitar a aquisição, permuta ou locação de bem móvel ou imóvel, ou a contratação de serviços pelas entidades referidas no art. 1º da LIA por preço superior ao valor de mercado;

c) perceber vantagem econômica, direta ou indireta, para facilitar a alienação, permuta ou locação de bem público ou o fornecimento de serviço por ente estatal por preço inferior ao valor de mercado;

d) utilizar, em obra ou serviço particular, qualquer bem móvel, de propriedade ou à disposição de qualquer das entidades referidas no art. 1º da LIA, bem como o trabalho de servidores, de empregados ou de terceiros contratados por essas entidades;

e) receber vantagem econômica de qualquer natureza, direta ou indireta, para tolerar a exploração ou a prática de jogos de azar, de lenocínio, de narcotráfico, de contrabando, de usura ou de qualquer outra atividade ilícita, ou aceitar promessa de tal vantagem;

f) receber vantagem econômica de qualquer natureza, direta ou indireta, para fazer declaração falsa sobre qualquer dado técnico que envolva obras públicas ou qualquer outro serviço ou sobre quantidade, peso, medida, qualidade ou característica de mercadorias ou bens fornecidos a qualquer das entidades referidas no art. 1º da LIA;

g) adquirir, para si ou para outrem, no exercício de mandato, de cargo, de emprego ou de função pública, e em razão deles, bens de qualquer natureza, decorrentes dos atos descritos no *caput* deste artigo, cujo valor seja desproporcional à evolução do patrimônio ou à renda do agente público, assegurada a demonstração pelo agente da licitude da origem dessa evolução;

h) aceitar emprego, comissão ou exercer atividade de consultoria ou assessoramento para pessoa física ou jurídica que tenha interesse suscetível de ser atingido ou amparado por ação ou omissão decorrente das atribuições do agente público, durante a atividade;

i) perceber vantagem econômica para intermediar a liberação ou aplicação de verba pública de qualquer natureza;

j) receber vantagem econômica de qualquer natureza, direta ou indiretamente, para omitir ato de ofício, providência ou declaração a que esteja obrigado;

k) incorporar, por qualquer forma, ao seu patrimônio bens, rendas, verbas ou valores integrantes do acervo patrimonial das entidades mencionadas no art. 1º da LIA;

l) usar, em proveito próprio, bens, rendas, verbas ou valores integrantes do acervo patrimonial das entidades mencionadas no art. 1º da LIA.

Conforme o art. 10 da LIA, constitui **ato de improbidade administrativa que causa lesão ao erário** qualquer ação ou omissão dolosa, que enseje, efetiva e comprovadamente, perda patrimonial, desvio, apropriação, malbaratamento ou dilapidação dos bens ou haveres das entidades referidas no art. 1º da lei. Em rol exemplificativo, enumeram-se as seguintes condutas:

a) facilitar ou concorrer, por qualquer forma, para a indevida incorporação ao patrimônio particular, de pessoa física ou jurídica, de bens, de rendas, de verbas ou de valores integrantes do acervo patrimonial das entidades referidas no art. 1º da LIA;

b) permitir ou concorrer para que pessoa física ou jurídica privada utilize bens, rendas, verbas ou valores integrantes do acervo patrimonial das entidades mencionadas no art. 1º da LIA, sem a observância das formalidades legais ou regulamentares aplicáveis à espécie;

c) doar à pessoa física ou jurídica bem como ao ente despersonalizado, ainda que de fins educativos ou assistências, bens, rendas, verbas ou valores do patrimônio de qualquer das entidades mencionadas no art. 1º da LIA, sem observância das formalidades legais e regulamentares aplicáveis à espécie;

d) permitir ou facilitar a alienação, permuta ou locação de bem integrante do patrimônio de qualquer das entidades referidas no art. 1º da LIA, ou ainda a prestação de serviço por parte delas, por preço inferior ao de mercado;

e) permitir ou facilitar a aquisição, permuta ou locação de bem ou serviço por preço superior ao de mercado;

f) realizar operação financeira sem observância das normas legais e regulamentares ou aceitar garantia insuficiente ou inidônea;

g) conceder benefício administrativo ou fiscal sem a observância das formalidades legais ou regulamentares aplicáveis à espécie;

h) frustrar a licitude de processo licitatório ou de processo seletivo para celebração de parcerias com entidades sem fins lucrativos, ou dispensá-los indevidamente, acarretando perda patrimonial efetiva;

i) ordenar ou permitir a realização de despesas não autorizadas em lei ou regulamento;

j) agir ilicitamente na arrecadação de tributo ou de renda, bem como no que diz respeito à conservação do patrimônio público;

k) liberar verba pública sem a estrita observância das normas pertinentes ou influir de qualquer forma para a sua aplicação irregular;

l) permitir, facilitar ou concorrer para que terceiro se enriqueça ilicitamente;

m) permitir que se utilize, em obra ou serviço particular, veículos, máquinas, equipamentos ou material de qualquer natureza, de propriedade ou à disposição de qualquer das entidades mencionadas no art. 1º da LIA, bem como o trabalho de servidor público, empregados ou terceiros contratados por essas entidades.

n) celebrar contrato ou outro instrumento que tenha por objeto a prestação de serviços públicos por meio da gestão associada sem observar as formalidades previstas na lei;

o) celebrar contrato de rateio de consórcio público sem suficiente e prévia dotação orçamentária, ou sem observar as formalidades previstas na lei.

p) facilitar ou concorrer, por qualquer forma, para a incorporação, ao patrimônio particular de pessoa física ou jurídica, de bens, rendas, verbas ou valores públicos transferidos pela administração pública a entidades privadas mediante celebração de parcerias, sem a observância das formalidades legais ou regulamentares aplicáveis à espécie;

q) permitir ou concorrer para que pessoa física ou jurídica privada utilize bens, rendas, verbas ou valores públicos transferidos pela administração pública a entidade privada mediante celebração de parcerias, sem a observância das formalidades legais ou regulamentares aplicáveis à espécie;

r) celebrar parcerias da administração pública com entidades privadas sem a observância das formalidades legais ou regulamentares aplicáveis à espécie;

s) agir para a configuração de ilícito na celebração, na fiscalização e na análise das prestações de contas de parcerias firmadas pela administração pública com entidades privadas;

t) liberar recursos de parcerias firmadas pela administração pública com entidades privadas sem a estrita observância das normas pertinentes ou influir de qualquer forma para a sua aplicação irregular.

u) conceder, aplicar ou manter benefício financeiro ou tributário contrário ao que dispõem o *caput* e o § 1º do art. 8º-A da Lei Complementar n. 116, de 31 de julho de 2003.

Nos casos em que a inobservância de formalidades legais ou regulamentares não implicar perda patrimonial efetiva, não ocorrerá imposição de ressarcimento, e a mera perda patrimonial decorrente da atividade econômica não acarretará improbidade administrativa, salvo se comprovado ato doloso praticado com essa finalidade.

Conforme o art. 11 da LIA, constitui **ato de improbidade administrativa que atenta contra os princípios da administração pública** a ação ou omissão dolosa que viole os deveres de honestidade, de imparcialidade e de legalidade. Em rol taxativo, enumeram-se as seguintes condutas:

a) revelar fato ou circunstância de que tem ciência em razão das atribuições e que deva permanecer em segredo, propiciando beneficiamento por informação privilegiada ou colocando em risco a segurança da sociedade e do Estado;

b) negar publicidade aos atos oficiais, exceto em razão de sua imprescindibilidade para a segurança da sociedade e do Estado ou de outras hipóteses instituídas em lei;

c) frustrar, em ofensa à imparcialidade, o caráter concorrencial de concurso público, de chamamento ou de procedimento licitatório, com vistas à obtenção de benefício próprio, direto ou indireto, ou de terceiros;

d) deixar de prestar contas quando esteja obrigado a fazê-lo, desde que disponha das condições para isso, com vistas a ocultar irregularidades;

e) revelar ou permitir que chegue ao conhecimento de terceiro, antes da respectiva divulgação oficial, teor de medida política ou econômica capaz de afetar o preço de mercadoria, bem ou serviço;

f) descumprir as normas relativas à celebração, fiscalização e aprovação de contas de parcerias firmadas pela administração pública com entidades privadas;

g) nomear cônjuge, companheiro ou parente em linha reta, colateral ou por afinidade, até o terceiro grau, inclusive, da autoridade nomeante ou de servidor da mesma pessoa jurídica investido em cargo de direção, chefia ou assessoramento, para o exercício de cargo em comissão ou de confiança ou, ainda, de função gratificada na administração pública direta e indireta em qualquer dos Poderes da União, dos Estados, do Distrito Federal e dos Municípios, compreendido o ajuste mediante designações recíprocas;

h) praticar, no âmbito da administração pública e com recursos do erário, ato de publicidade que contrarie o disposto no § 1º do art. 37 da Constituição Federal, de forma a promover inequívoco enaltecimento do agente público e personalização de atos, de programas, de obras, de serviços ou de campanhas dos órgãos públicos.

Somente haverá improbidade administrativa quando for comprovado na conduta funcional do agente público o fim de obter proveito ou benefício indevido para si ou para outra pessoa ou entidade.

O ato de improbidade administrativa que que causa lesão ao erário exige lesividade relevante ao bem jurídico tutelado para ser passível de sancionamento e independe do reconhecimento da produção de danos ao erário e de enriquecimento ilícito do agente público.

Não configura improbidade administrativa a mera nomeação ou indicação política por parte dos detentores de mandatos eletivos, sendo necessária a aferição de dolo com finalidade ilícita por parte do agente.

Apesar do princípio da legalidade insculpido no inciso II do art. 5º da CF/88, a doutrina e a jurisprudência consideravam o rol de atos de improbidade administrativa estabelecidos nos arts. 9º, 10 e 11 da Lei n. 8.429/92, meramente exemplificativos, antes da edição da Lei n. 14.230/2021.

Afirmava-se que as cabeças dos arts. 9º, 10 e 11 da Lei n. 8.429/92 apresentavam pauta aberta para a interpretação extensiva, pois, ainda que a conduta não estivesse prevista de maneira exata nos incisos, possibilitava-se a qualificação do ato como de improbidade administrativa. Nesse sentido, destaca-se a jurisprudência do STJ:

> CARÁTER ABERTO DO ART. 11 DA LEI DE IMPROBIDADE ADMINISTRATIVA
>
> [...] Diante do caráter aberto do art. 11 da Lei 8.429/1992, descabe fazer enumeração judicial em *numerus clausus* de modalidades de improbidade administrativa atinentes a afronta aos princípios da Administração Pública.
>
> [...] A conduta do agente ímprobo pode, sim, ser emoldurada no próprio *caput* do art. 11, sem a necessidade de se encaixar, obrigatoriamente, em uma das figuras previstas nos oito incisos que integram o mesmo artigo. Máxime porque os incisos possuem índole claramente exemplificativa e não de *numerus clausus*. Basta conferir o final da redação do *caput* (nave-mãe) que, após indicar a base normativa da conduta ímproba ofensiva a princípios, realça que esse mesmo núcleo estará também caracterizado, "notadamente" (mas não exclusivamente) nas demais condutas identificadas nos incisos subsequentes. Daí resulta que a conduta ímproba realiza-se não só por infração aos incisos do art. 11, mas, antes até, faz-se reconhecível, igual e autonomamente, no tipo gené-

rico e aberto do próprio *caput*. O STJ já travou discussão anterior e pacificou o entendimento a respeito do caráter exemplificativo das hipóteses previstas no art. 11 da Lei 8.429/1992[42].

Haja vista a recentíssima publicação da Lei n. 14.230, de 25 de outubro de 2021, é imperioso notar que, **em relação a todos os atos de improbidade administrativa** – tipificados nos art. 9º, 10 e 11 da lei –, o texto atual requer a prática de conduta dolosa para a configuração do ilícito. Consequentemente, **não existe ato de improbidade administrativa praticado mediante conduta culposa.**

Outrossim, enquanto os atos de improbidade administrativa que importam enriquecimento ilícito (art. 9º da LIA) e os atos de improbidade administrativa que causam prejuízo ao erário (art. 10 da LIA) enumeram-se em rol exemplificativo, os **atos de improbidade administrativa que atentam contra os princípios da administração pública possuem natureza taxativa.**

A *mens legis* contida na Lei n. n. 14.230/2021, que alterou a Lei n. 8.429/92, verte-se no sentido de conferir segurança jurídica aos jurisdicionados e ao aplicador da lei.

ATOS DE IMPROBIDADE ADMINISTRATIVA	
ESPÉCIE	ROL DE CONDUTAS TIPIFICADAS NA LEI
Que importam enriquecimento ilícito	*Numerus apertus*
Que causam prejuízo ao erário	*Numerus apertus*
Que atentam contra os princípios da administração pública	*Numerus clausus*

39.7. GRAVIDADE DA LESÃO À MORALIDADE

As sanções estabelecidas no art. 12 da Lei de Improbidade Administrativa deixam claro que o legislador estabeleceu uma escala de gravidade entre os três tipos gerais de atos de improbidade administrativa.

De **alta** gravidade são os atos de improbidade administrativa que importam enriquecimento ilícito; de **média** gravidade são os atos de improbidade administrativa que causam prejuízo ao erário; e de **menor** gravidade são os atos de improbidade administrativa que atentam contra os princípios da Administração Pública.

---

[42] STJ, EREsp 1193248/MG, rel. Min. Og Fernandes, rel. p/ acórdão Min. Herman Benjamin, julgado em 26-6-2019, *DJe* 18-12-2020.

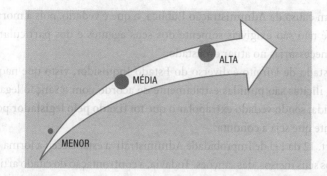

Este critério tem apenas o escopo de mostrar a gravidade dos atos em questão quando comparados entre si, não significando afirmar que os atos de improbidade administrativa que atentam contra os princípios da Administração Pública não tenham notável gravidade, pois todos eles violam valores caros para a sociedade e protegidos pela Carta Maior.

Ressalte-se, porém, que **não há necessidade de dano ao erário** para que exista ato de improbidade administrativa, pois as condutas dos arts. 9º e 11 da Lei em tela não exigem a ocorrência de dano. Entretanto, não ocorrendo dano, inexiste justificativa para aplicação das sanções de ressarcimento ao erário, conforme dispõe o § 1º do art. 10 da lei, uma vez que o ressarcimento, nesses casos, implicaria o enriquecimento sem causa da Administração.

39.8. SANÇÕES AOS ATOS DE IMPROBIDADE ADMINISTRATIVA

As consequências para os atos de improbidade administrativa foram estabelecidas, de maneira geral, pelo §4º do art. 37 da Carta Maior: "Os atos de improbidade administrativa importarão a suspensão dos direitos políticos, a perda da função pública, a indisponibilidade dos bens e o ressarcimento ao erário, na forma e gradação previstas em lei, sem prejuízo da ação penal cabível".

Podem ser, segundo a CF/88, aplicados:

a) suspensão dos direitos políticos;
b) perda da função pública;
c) indisponibilidade dos bens; e
d) ressarcimento ao erário.

A **indisponibilidade de bens** não tem natureza sancionatória, mas **cautelar**, sendo o seu objetivo garantir a eficácia da decisão final que determinar o ressarcimento do dano causado ao erário.

O **ressarcimento ao erário** somente poderá ser cominado como sanção nas hipóteses de prejuízo ao patrimônio público. Caso contrário, haveria enriquecimento sem causa da Administração Pública, o que é vedado, pois a moralidade e a boa-fé não são exigíveis somente dos seus agentes e dos particulares, são também necessárias no atuar do Estado.

O Estado de Direito é diverso do Estado Inquisidor, visto que naquele as condutas ilícitas são punidas estritamente de acordo com a sanção legalmente estabelecida, sendo vedado extrapolar o que foi **fixado pelo legislador** por mais repugnante que seja a conduta.

O art. 12 da Lei de Improbidade Administrativa estabeleceu a forma e a gradação, nos seus incisos, das sanções. Todavia, a confrontação do citado artigo com as normas constitucionais sobre o mesmo tema apresenta relevante desconexão.

Surge a dúvida: o §4º do art. 37 da CF/88 listou exemplificativamente ou taxativamente as medidas que podem ser adotadas para os atos de improbidade administrativa?

A **maioria da doutrina e da jurisprudência** entende que a lista é **exemplificativa**, podendo a lei estabelecer outras sanções além daquelas previstas no §4º do art. 37 da CF/88.

Para os atos de improbidade administrativa que importam **enriquecimento ilícito**, o inciso I do art. 12 da Lei n. 8.429/92 estabeleceu as seguintes consequências que, observada a gravidade do fato, podem ser aplicadas isolada ou cumulativamente: "perda dos bens ou valores acrescidos ilicitamente ao patrimônio, perda da função pública, suspensão dos direitos políticos até 14 (catorze) anos, pagamento de multa civil equivalente ao valor do acréscimo patrimonial e proibição de contratar com o poder público ou de receber benefícios ou incentivos fiscais ou creditícios, direta ou indiretamente, ainda que por intermédio de pessoa jurídica da qual seja sócio majoritário, pelo prazo não superior a 14 (catorze) anos".

A perda dos bens ou valores acrescidos ilicitamente ao patrimônio, apesar de não listada no §4º do art. 37 da CF/88, pode ser extraída da norma que veda o enriquecimento sem causa, tendo feição de retorno ao *status quo ante*, na forma do §5º do art. 37 da Carta Maior.

A suspensão dos direitos políticos, a perda da função pública, a indisponibilidade dos bens e o ressarcimento ao erário são medidas constitucionais listadas na norma do parágrafo acima citado.

A multa civil e proibição de contratar com o Poder Público ou receber benefícios ou incentivos fiscais ou creditícios, direta ou indiretamente, ainda que por intermédio de pessoa jurídica da qual seja sócio majoritário, representam sanções não estabelecidas no §4º do art. 37 da CF/88, mas a sua constitucionalidade não comporta mais controvérsia. O STF e o STJ têm julgado constitucionais tais medidas.

Para os casos de improbidade administrativa que **causam prejuízo ao erário**, o inciso II do art. 12 da Lei n. 8.429/92 estabeleceu as seguintes sanções que, observada a gravidade do fato, podem ser aplicadas isolada ou cumulativamente: "perda dos bens ou valores acrescidos ilicitamente ao patrimônio, se concorrer esta circunstância, perda da função pública, suspensão dos direitos políticos até 12 (doze) anos, pagamento de multa civil equivalente ao valor do dano e proibição de contratar com o poder público ou de receber benefícios ou incentivos fiscais ou creditícios, direta ou indiretamente, ainda que por intermédio de pessoa jurídica da qual seja sócio majoritário, pelo prazo não superior a 12 (doze) anos".

Para os casos de improbidade administrativa que atentam contra os **princípios da Administração Pública**, o inciso III do art. 12 da Lei n. 8.429/92 estabeleceu as seguintes medidas que, observada a gravidade do fato, podem ser aplicadas isolada ou cumulativamente: "pagamento de multa civil de até 24 (vinte e quatro) vezes o valor da remuneração percebida pelo agente e proibição de contratar com o poder público ou de receber benefícios ou incentivos fiscais ou creditícios, direta ou indiretamente, ainda que por intermédio de pessoa jurídica da qual seja sócio majoritário, pelo prazo não superior a 4 (quatro) anos".

Deve ser transcrita a opinião de Emerson Garcia e Rogério Pacheco Alves[43] sobre a constitucionalidade do art. 12 da Lei n. 8.429/92:

> Os feixes de sanções cominados ao ímprobo pela Lei n. 8.429/1992 elasteceram o rol previsto no art. 37, §4º da Constituição, o qual dispõe que: *Os atos de improbidade administrativa importarão a suspensão dos direitos políticos, a perda da função pública, a indisponibilidade dos bens e o ressarcimento ao erário, na forma e gradação previstas em lei, sem prejuízo da ação penal cabível.*
>
> Em que pese o fato de o dispositivo constitucional não ter previsto as sanções de perda dos bens, multa e proibição de contratar com o Poder Público ou receber incentivos fiscais ou creditício, tal não tem o condão de acarretar a inconstitucionalidade material de parte das sanções prevista nos incisos do art. 12 da Lei n. 8.429/1992.
>
> Adotando-se a conhecida classificação de José Afonso da Silva, verifica-se que o art. 37, §4º, da Constituição veicula norma constitucional de eficácia limitada, definidora de princípios programáticos, sendo assim denominadas as "normas constitucionais através das quais o constituinte, em vez de regular, direta e imediatamente, determinados interesses, limitou-se a traçar-lhes os princípios para serem cumpridos por seus órgãos (legislativo, executivo, jurisdicionais e administrativos), como programas das respectivas atividades, visando à realização dos fins sociais do Estado".

---

[43] GARCIA, Emerson; ALVES, Rogério Pacheco. *Improbidade administrativa.* 4. ed. Rio de Janeiro: Lumen Juris, 2008. p. 581-582.

CURSO DE DIREITO ADMINISTRATIVO

Conforme o art. 17-C da LIA, a sentença proferida nos processos regidos por essa lei, além de observar os elementos essenciais da sentença dispostos no art. 489 do Código de Processo Civil, deverá:

I – indicar de modo preciso os fundamentos que demonstram os elementos a que se referem os arts. 9º, 10 e 11 da LIA, que não podem ser presumidos;

II – considerar as consequências práticas da decisão, sempre que decidir com base em valores jurídicos abstratos;

III – considerar os obstáculos e as dificuldades reais do gestor e as exigências das políticas públicas a seu cargo, sem prejuízo dos direitos dos administrados e das circunstâncias práticas que houverem imposto, limitado ou condicionado a ação do agente;

IV – considerar, para a aplicação das sanções, de forma isolada ou cumulativa:
a) os princípios da proporcionalidade e da razoabilidade;
b) a natureza, a gravidade e o impacto da infração cometida;
c) a extensão do dano causado;
d) o proveito patrimonial obtido pelo agente;
e) as circunstâncias agravantes ou atenuantes;
f) a atuação do agente em minorar os prejuízos e as consequências advindas de sua conduta omissiva ou comissiva;
g) os antecedentes do agente;

V – considerar na aplicação das sanções a dosimetria das sanções relativas ao mesmo fato já aplicadas ao agente;

VI – considerar, na fixação das penas relativamente ao terceiro, quando for o caso, a sua atuação específica, não admitida a sua responsabilização por ações ou omissões para as quais não tiver concorrido ou das quais não tiver obtido vantagens patrimoniais indevidas;

VII – indicar, na apuração da ofensa a princípios, critérios objetivos que justifiquem a imposição da sanção.

39.9. ELEMENTOS SUBJETIVOS

Não é possível a responsabilização objetiva dos sujeitos ativos listados na Lei de Improbidade Administrativa. Observe-se que o Ministro Castro Meira, do STJ, em seus votos, defendia a responsabilidade objetiva e a inexigibilidade de má-fé para a configuração da improbidade administrativa, porém curvou-se ao entendimento da 2ª Turma que elegeu a **responsabilidade subjetiva** como aplicável aos casos da Lei n. 8.429/92.[44]

Assim, como ocorre no Direito Penal, **somente haverá improbidade administrativa culposa quando a norma expressamente previr.** Quando a norma for

---

[44] STJ, REsp 1140315/SP, rel. Min. Castro Meira, 2ª Turma, julgado em 10-8-2010, *DJe* 19-8-2010.

silente quanto à conduta culposa, inexistirá adequação típica e somente a conduta dolosa poderá ser sancionada.

Apesar da duradoura celeuma sobre o elemento subjetivo no STJ que somente foi resolvida em 2010 pela 1ª Seção[45], a Lei n. 8.429/92 foi bem clara, somente estabelecendo a **modalidade culposa** para os atos de improbidade administrativa que causam **prejuízo ao erário**, na forma do *caput* do seu art. 10. Eis o texto: "Art. 10. Constitui ato de improbidade administrativa que causa lesão ao erário qualquer ação ou omissão, dolosa ou culposa, que enseje perda patrimonial, desvio, apropriação, malbaratamento ou dilapidação dos bens ou haveres das entidades referidas no art. 1º desta Lei, e notadamente".

Todavia, desde a publicação da Lei n. 14.230/2021, que alterou o art. 10 da Lei n. 8.429/92, e onde constava a expressão "qualquer ação ou omissão, dolosa ou culposa" excluiu-se a elementar alternativa "culposa", **não existe ato de improbidade administrativa de modalidade culposa.**

39.10. DECLARAÇÃO DE BENS

A posse e o exercício de agente público ficam condicionados à apresentação de declaração dos bens e valores que compõem o seu patrimônio privado, a fim de ser arquivada no serviço de pessoal competente.

A declaração compreenderá imóveis, móveis, semoventes, dinheiro, títulos, ações, e qualquer outra espécie de bens e valores patrimoniais, localizado no país ou no exterior, e, quando for o caso, abrangerá os bens e valores patrimoniais do cônjuge ou companheiro, dos filhos e de outras pessoas que vivam sob a dependência econômica do declarante, excluídos apenas os objetos e utensílios de uso doméstico.

A declaração de bens será anualmente atualizada e na data em que o agente público deixar o exercício do mandato, cargo, emprego ou função.

Será punido com a pena de demissão, a bem do serviço público, sem prejuízo de outras sanções cabíveis, o agente público que se recusar a prestar declaração dos bens, dentro do prazo determinado, ou que a prestar falsa.

O declarante, a seu critério, poderá entregar cópia da declaração anual de bens apresentada à Delegacia da Receita Federal na conformidade da legislação do Imposto sobre a Renda e proventos de qualquer natureza, com as necessárias atualizações, para suprir a exigência aqui tratada.

---

[45] STJ, EREsp 479.812/SP, rel. Min. Teori Albino Zavascki, 1ª Seção, julgado em 25-8-2010, *DJe* 27-9-2010.

39.11. PROCESSO

A Lei n. 8.429/92 estabelece duas formas para a apuração do ato de improbidade administrativa: **o procedimento administrativo** *e o* **processo judicial**.

Qualquer pessoa poderá **representar** à autoridade administrativa competente para que seja instaurada investigação destinada a apurar a prática de ato de improbidade, conforme o art. 14 da Lei de Improbidade Administrativa.

A representação, que será **escrita ou reduzida a termo e assinada**, conterá a qualificação do representante, as informações sobre o fato e sua autoria e a indicação das provas de que tenha conhecimento. Caso a representação não cumpra esses pressupostos formais, a autoridade administrativa a rejeitará, em despacho fundamentado, sendo que a rejeição não impede a representação ao Ministério Público.

Atendidos os requisitos da representação, a autoridade determinará a imediata apuração dos fatos, observada a legislação que regula o processo administrativo disciplinar aplicável ao agente. A apuração dos fatos na esfera administrativa poderá ocorrer também em relação ao sujeito ativo que não seja agente público, mas a sua punição somente poderá ser imposta pelo Poder Judiciário.

No processo administrativo, aceita a representação, será formada a comissão processante que dará ciência do processo ao **Ministério Público e ao Tribunal de Contas**, que poderão designar **representante para acompanhar o feito**.

A ação de improbidade administrativa é de iniciativa do Ministério Público, segue o procedimento comum previsto no CPC, e deve ser proposta perante o foro do local onde ocorrer o dano ou da pessoa jurídica prejudicada, prevenindo-se a competência do juízo para todas as ações posteriormente intentadas que possuam a mesma causa de pedir ou o mesmo objeto.

Para cada ato de improbidade administrativa deverá necessariamente ser indicado apenas um tipo dentre aqueles previstos nos arts. 9º, 10 e 11 da LIA. Sem prejuízo da citação dos réus, a pessoa jurídica interessada será intimada para, caso queira, intervir no processo.

Em qualquer momento, verificada a inexistência do ato de improbidade, o juiz julgará a demanda improcedente; se identificar a existência de ilegalidades ou irregularidades administrativas a serem sanadas sem que estejam presentes todos os requisitos para a imposição das sanções aos agentes incluídos no polo passivo da demanda, poderá converter a ação de improbidade administrativa em ação civil pública, regulada pela Lei n. 7.347/85.

Consoante o § 19 do art. 17 da LIA, não se aplicam na ação de improbidade administrativa: (i) a presunção de veracidade dos fatos alegados pelo autor em caso de revelia; (ii) a imposição de ônus da prova ao réu, na forma dos §§ 1º e 2º do art. 373 do CPC; (iii) o ajuizamento de mais de uma ação de improbidade administrativa pelo mesmo fato, competindo ao Conselho Nacional do Ministério Público dirimir conflitos de atribuições entre membros de Ministérios Públicos distintos; (iv) o reexame obrigatório da sentença de improcedência ou de extinção sem resolução de mérito.

Quando o agente público praticar o ato inquinado de ilegalidade com base em parecer jurídico, o órgão de assessoria jurídica emitente do parecer que atestara a legalidade obrigar-se-á à defesa judicial do acusado, até o trânsito em julgado da decisão.

O Ministério Público poderá, conforme as circunstâncias do caso concreto, celebrar acordo de não persecução civil, desde que dele advenham o integral ressarcimento do dano e a reversão à pessoa jurídica lesada da vantagem indevida obtida, ainda que oriunda de agentes privados. A celebração do acordo dependerá, cumulativamente: (i) da oitiva do ente federativo lesado, em momento anterior ou posterior à propositura da ação; (ii) de aprovação, no prazo de até 60 (sessenta) dias, pelo órgão do Ministério Público competente para apreciar as promoções de arquivamento de inquéritos civis, se anterior ao ajuizamento da ação; (iii) de homologação judicial, independentemente de o acordo ocorrer antes ou depois do ajuizamento da ação de improbidade administrativa.

A celebração do acordo considerará a personalidade do agente, a natureza, as circunstâncias, a gravidade e a repercussão social do ato de improbidade, bem como as vantagens, para o interesse público, da rápida solução do caso. Para apuração do valor do dano a ser ressarcido, deverá ser realizada a oitiva do Tribunal de Contas competente, que se manifestará, com indicação dos parâmetros utilizados, no prazo de 90 (noventa) dias.

O acordo poderá ser celebrado no curso da investigação de apuração do ilícito, no curso da ação de improbidade ou no momento da execução da sentença condenatória, e as negociações para a sua celebração ocorrerão entre o Ministério Público e o investigado ou demandado e o seu defensor.

Em caso de descumprimento do acordo, o investigado ou demandado ficará impedido de celebrar novo acordo pelo prazo de 5 (cinco) anos, contado do conhecimento pelo Ministério Público do efetivo descumprimento.

Conforme o art. 18 da LIA, a sentença que julgar procedente a ação fundada nos arts. 9º e 10 desta Lei condenará ao ressarcimento dos danos e à perda ou à reversão dos bens e valores ilicitamente adquiridos, conforme o caso, em favor da pessoa jurídica prejudicada pelo ilícito. Isso porque, evidentemente, só haveria de se dizer de ressarcimento dos danos e perda ou reversão dos bens e valores ilicitamente adquiridos nas hipóteses de ato de improbidade administrativa que cause prejuízo ao erário ou enriquecimento ilícito.

Quanto aos atos de improbidade administrativa que atentam contra os princípios da Administração Pública, não havendo lesão ao erário nem enriquecimento ilícito, não existiria qualquer correlação lógica entre a prática do ato ilícito e as sanções de ressarcimento do dano e perda dos bens e valores ilicitamente adquiridos, porquanto inexistentes os elementos fáticos correspondentes a tais lesões.

Constatando-se, pois, enriquecimento ilícito ou lesão ao erário como consequências do ato de improbidade, a tipificação do ato fundar-se-ia nos arts. 9º ou 10 da LIA, reservando-se ao art. 11 caráter residual. Sobre a tipificação do ato, convém lembrar o comando do § 10-D do art. 17 da LIA: "Para cada ato de improbidade administrativa, deverá necessariamente ser indicado apenas um tipo dentre aqueles previstos nos arts. 9º, 10 e 11 desta Lei".

Nesse ponto, é grave o retrocesso promovido pela reforma legislativa e o risco de impunidade. Emoldure-se situação em que seja imputada ao acusado a prática de ato de improbidade administrativa que cause prejuízo ao erário. No curso da instrução, porém, identifica-se que não houve lesão ao erário, mas ocorreu enriquecimento sem causa. Por força do art. 17, § 10-F, I, não se admite a *emendatio libelli*, instituto processual que possibilitaria o ajuste da tipificação. Eis a norma em comento:

> § 10-F. Será nula a decisão de mérito total ou parcial da ação de improbidade administrativa que:
> I – condenar o requerido por tipo diverso daquele definido na petição inicial;

A reforma legislativa adotou restrição que, ao exigir tal nível de certeza na tipificação colacionada na petição inicial, pode trazer significativo risco à efetividade do Direito Sancionador, haja vista que implicaria o arquivamento do feito mesmo quando inequívoca a prática de atos ilícitos.

Se houver necessidade de liquidação do dano, a pessoa jurídica prejudicada procederá a essa determinação e ao ulterior procedimento para cumprimento da sentença referente ao ressarcimento do patrimônio público ou à perda ou à reversão dos bens. Caso a pessoa jurídica prejudicada não adote essas providências no prazo de 6 (seis) meses, contado do trânsito em julgado da sentença de procedência da ação, caberá ao Ministério Público proceder à respectiva liquidação do dano e ao cumprimento da sentença referente ao ressarcimento do patrimônio público ou à perda ou à reversão dos bens, sem prejuízo de eventual responsabilização pela omissão verificada.

Na fase de cumprimento de sentença, a requerimento do réu, o juiz unificará eventuais sanções aplicadas com outras já impostas em outros processos, tendo em vista a eventual continuidade de ilícito ou a prática de diversas ilicitudes, observado o seguinte:(i) no caso de continuidade de ilícito, o juiz promoverá a maior sanção aplicada, aumentada de um terço, ou a soma das penas, o que for mais benéfico ao réu; (ii) no caso de prática de novos atos ilícitos pelo mesmo sujeito, o juiz somará as sanções. As sanções de suspensão de direitos políticos e de proibição de contratar ou de receber incentivos fiscais ou creditícios do poder público observarão o limite máximo de vinte anos.

O art. 17-D da LIA dispõe que "a ação por improbidade administrativa é repressiva, de caráter sancionatório, destinada à aplicação de sanções de caráter pessoal previstas nesta Lei, e **não constitui ação civil**, vedado seu ajuizamento para o controle de legalidade de políticas públicas e para a proteção do patrimônio público e social, do meio ambiente e de outros interesses difusos, coletivos e individuais homogêneos".

No texto do *caput* do art. 10-D, faltou precisão ao texto escrito pelo legislador, a merecer interpretação restritiva, pois não existe qualquer dúvida de que a ação de improbidade administrativa tem natureza civil. Com efeito, quer-se dizer ação civil pública, com o fim de impossibilitar o manejo da ação por improbidade em razão de fatos alcançados pela Lei da Ação Civil Pública. Essa constatação fica ainda mais clara a partir da leitura do parágrafo único do *caput* do art. 17-D da LIA:

> Ressalvado o disposto nesta Lei, o controle de legalidade de políticas públicas e a responsabilidade de agentes públicos, inclusive políticos, entes públicos e governamentais, por danos ao meio ambiente, ao consumidor, a bens e direitos de valor artístico, estético, histórico, turístico e paisagístico, a qualquer outro interesse difuso ou coletivo, à ordem econômica, à ordem urbanística, à honra e à dignidade de grupos raciais, étnicos ou religiosos e ao patrimônio público e social submetem-se aos termos da Lei n. 7.347, de 24 de julho de 1985.

De igual modo, atos que ensejem enriquecimento ilícito, perda patrimonial, desvio, apropriação, malbaratamento ou dilapidação de recursos públicos dos partidos políticos, ou de suas fundações, serão responsabilizados nos termos da Lei nº 9.096/95 (Lei dos Partidos Políticos).

A reforma da Lei de Improbidade Administrativa, levada a efeito pela Lei n. 14.230/2021 tem entre alguns de seus intentos promover segurança jurídica, mediante a precisa tipificação das condutas ilícitas, e evitar a banalização da ação de improbidade e, consequentemente, o abuso do instrumento repressivo, principalmente nos casos em que as condutas apuradas enquadrem-se em normas próprias, dispostas em diplomas legais específicos.

A própria Lei n. 8.429/92 estabeleceu como crime a representação por ato de improbidade contra agente público ou terceiro beneficiário, quando o autor da denúncia o sabe inocente (art. 19). Cabendo também, por óbvio, a reparação dos danos morais, materiais e à imagem causados pela **representação temerária**.

A perda da função pública e a suspensão dos direitos políticos só se efetivam com o **trânsito em julgado da sentença condenatória**.

Na forma dos §§ 1º e 2º do art. 20 da LIA, a autoridade judicial competente poderá determinar o afastamento do agente público do exercício do cargo, do emprego ou da função, sem prejuízo da remuneração, quando a medida for necessária à instrução processual ou para evitar a iminente prática de novos ilícitos, pelo prazo de até 90 (noventa) dias, prorrogáveis uma única vez por igual prazo, mediante decisão motivada.

Para apurar qualquer ilícito previsto na LIA, o Ministério Público, de ofício, a requerimento de autoridade administrativa ou mediante representação, poderá instaurar inquérito civil ou procedimento investigativo assemelhado e requisitar a instauração de inquérito policial.

Ainda que o controle interno ou o Tribunal de Contas aprove as contas do sujeito ativo e ainda que não ocorra dano ao patrimônio público (salvo, por óbvio, quanto à pena de ressarcimento), as sanções da Lei de Improbidade Administrativa poderão ser aplicadas (art. 21).

Por fim, em caso improcedência da ação de improbidade, comprovada a má-fé, haverá condenação em honorários sucumbenciais.

39.12. PRESCRIÇÃO

A **prescrição** nas ações de improbidade administrativa é disciplinada pelo art. 23 da LIA.

Antes da reforma promovida pela Lei n. 14.230/2021, a LIA previa dois marcos temporais distintos para a delimitação do prazo prescricional relacionado às ações por improbidade administrativa: (i) até cinco anos após o término do exercício de mandato, de cargo em comissão ou de função de confiança; (ii) dentro do prazo prescricional previsto em lei específica para faltas disciplinares puníveis com demissão a bem do serviço público, nos casos de exercício de cargo efetivo ou emprego.

Nota-se que a prescrição, na forma em que anteriormente disciplinada, rege-se pelo término da relação jurídica do agente com o Poder Público (cargo ou mandato) ou por normas específicas de natureza disciplinar para o processamento de infrações puníveis com demissão.

Logo, em relação aos agentes públicos que têm cargo efetivo ou emprego com o Poder Público, era observada a prescrição prevista no estatuto do servidor federal, estadual, distrital ou municipal para a pena de demissão.

O particular – aquele que não é agente público, mas praticou a conduta juntamente com o agente público – não está sujeito à sanção de perda da função pública ou sujeito às penas do estatuto do servidor, porém todas as outras medidas do art. 12 da Lei de Improbidade Administrativa poder-lhe-ão ser aplicadas.

O art. 23 da citada lei não tratou da prescrição em relação ao particular, porém o STJ já decidiu que tal artigo será aplicado também àquele que não é agente público, portanto a prescrição dar-se-á em **cinco anos**, *salvo em relação ao ressarcimento relacionado a ato doloso de improbidade administrativa que é imprescritível, conforme a seguinte jurisprudência do STJ:*

ADMINISTRATIVO – AÇÃO DE IMPROBIDADE ADMINISTRATIVA – SANÇÕES APLICÁVEIS – RESSARCIMENTO DE DANO AO ERÁRIO PÚBLICO – PRESCRIÇÃO.
1. As punições dos agentes públicos, nestes abrangidos o servidor público e o particular, por cometimento de ato de improbidade administrativa estão sujeitas à prescrição quinquenal (art. 23 da Lei n. 8.429/92).
2. Diferentemente, a ação de ressarcimento dos prejuízos causados ao erário é imprescritível (art. 37, §5º, da Constituição).
3. Recurso especial conhecido e provido. (REsp 1067561/AM, Rel. Ministra Eliana Calmon, Segunda Turma, julgado em 5-2-2009, *DJe* 27-2-2009).

A partir da recente reforma da Lei n. 8.429/92, a pretensão punitiva na ação por improbidade administrativa **prescreve em 8 (oito) anos** a partir da ocorrência do fato ou, no caso de infração permanente, do dia de sua cessação. Eis a norma do art. 23 da lei, com a redação dada pela Lei n. 14.230/2021: "A ação para a aplicação das sanções previstas nesta Lei prescreve em 8 (oito) anos, contados a partir da ocorrência do fato ou, no caso de infrações permanentes, do dia em que cessou a permanência".

Observa-se que, segundo a norma vigente, independentemente da relação jurídica existente entre o sujeito ativo (agente público ou particular) e o sujeito passivo do ato de improbidade (pessoas políticas ou entidades tuteladas pela lei), o termo inicial do prazo prescricional marca-se pelo momento de ocorrência do fato típico ou, quando continuado, da cessação de sua prática.

A instauração de inquérito civil ou de processo administrativo para apuração de ato de improbidade administrativa suspende o curso do prazo prescricional por, no máximo, 180 (cento e oitenta) dias corridos, recomeçando a correr após a sua conclusão ou, caso não concluído o processo, esgotado o prazo de suspensão.

O inquérito civil para apuração do ato de improbidade será concluído no prazo de 365 (trezentos e sessenta e cinco) dias corridos, prorrogável uma única vez por igual período, mediante ato fundamentado submetido à revisão da instância competente do órgão ministerial, conforme dispuser a respectiva lei orgânica. Encerrado esse prazo, a ação deverá ser proposta em até 30 (trinta) dias, se não for caso de arquivamento do inquérito civil.

São causas de interrupção do prazo prescricional: (i) ajuizamento da ação de improbidade administrativa; (ii) publicação da sentença condenatória; (iii) publicação de decisão ou acórdão de Tribunal de Justiça ou Tribunal Regional Federal que confirma sentença condenatória ou que reforma sentença de improcedência; (iv) publicação de decisão ou acórdão do Superior Tribunal de Justiça que confirma acórdão condenatório ou que reforma acórdão de improcedência; (v) publicação de decisão ou acórdão do Supremo Tribunal Federal que confirma acórdão condenatório ou que reforma acórdão de improcedência.

Uma vez interrompida a prescrição, o prazo recomeça a fluir do dia da interrupção, pelo prazo de 4 (quatro) anos. Se esse prazo transcorrer entre os marcos interruptivos preditos, o órgão jurisdicional, após a manifestação do Ministério Público, de ofício ou a requerimento da parte interessada, declarará a prescrição intercorrente da pretensão punitiva.

A suspensão e a interrupção da prescrição produzem efeitos relativamente a todos os que concorreram para a prática do ato de improbidade, e nos atos de improbidade conexos que sejam objeto do mesmo processo, a suspensão e a interrupção relativas a qualquer deles estendem-se aos demais.

39.13. RESSARCIMENTO

Problema surge em relação à pena de ressarcimento integral do dano, pois o art. 23 não excepcionou a incidência de prazo prescricional em relação a tal sanção, mas o §5º do art. 37 da CF/88 afirma que a lei estabelecerá os prazos de prescrição para ilícitos praticados por qualquer agente, servidor ou não, que causem prejuízos ao erário, ressalvadas as respectivas ações de ressarcimento.

Em 8 de agosto de 2018, o STF aduziu, no julgamento do RE 852475/SP, que são imprescritíveis as ações de ressarcimento ao erário fundadas na prática de **ato doloso** tipificado na Lei de Improbidade Administrativa.

Dessa forma, a sanção de ressarcimento integral do dano continua, nos casos de improbidade administrativa, **imprescritível**, não sendo possível, na forma do §5º citado, qualquer lei estabelecer prazo prescricional.

Contudo, o STF entendeu caber o prazo prescricional de cinco anos para os **ilícitos civis** contra do Estado e os **atos de improbidade administrativa culposos.** Exemplo de ilícito civil é o dano causado a um prédio público pelo proprietário de um terreno vizinho em decorrência da sua obra. Exemplo de ato de improbidade administrativa culposa seria, antes da publicação da Lei n. 14.230/2021, a gir negligentemente na celebração, fiscalização e análise das prestações de contas de parcerias firmadas pela Administração Pública com entidades privadas.

Ressalte-se que a decisão em comento ocorreu antes da recente reforma da Lei de Improbidade Administrativa, a partir da qual inexiste ato de improbidade administrativa de natureza culposa.

Por fim, sublinhe-se que, na ação judicial, o pedido de ressarcimento do dano causado deve prosseguir mesmo tendo sido declarada a prescrição das outras sanções cominadas para a improbidade administrativa, conforme decidido pelo STJ no REsp 1.089.492/RO.

Considerando-se as alterações no texto da Lei n. 8.429/92 e a jurisprudência sobre a matéria ter-se-iam as seguintes incidências de prescritibilidade no que tange às ações para ressarcimento ao erário:

RESSARCIMENTO AO ERÁRIO	
PRESCRITÍVEL	IMPRESCRITÍVEL
ILÍCITO CIVIL	ATO DE IMPROBIDADE ADMINISTRATIVA

40

PROCESSO ADMINISTRATIVO

40.1. INTRODUÇÃO

No ordenamento jurídico brasileiro, há diversos estatutos normativos que tratam de **processos administrativos específicos** (fiscal, disciplinar etc.), mas neste item será abordado o **processo administrativo geral** aplicável aos casos que não são abrangidos pelos processos administrativos específicos.

Observa-se o seguinte brocardo latino na escolha das normas processuais administrativas que incidirão sobre o fato: *lex specialis derogat generali; semper specialia generalibus insunt; generi per speciem derogantur*. Havendo lei especial, somente será aplicada lei geral de forma subsidiária. Eis o art. 69 da Lei n. 9.784/99: "Os processos administrativos específicos continuarão a reger-se por lei própria, aplicando-se-lhes apenas subsidiariamente os preceitos desta Lei".

Nesse diapasão, aos processos administrativos que não sejam tratados em leis especiais, aplica-se a Lei n. 9.784/99, que regulamenta o processo administrativo no âmbito da Administração Pública Federal.

A lei brasileira teve clara **inspiração** no Código de Procedimento Administrativo português (CPA), que foi aprovado pelo Decreto-Lei n. 442, de 15 de novembro de 1991, e alterado pelo Decreto-Lei n. 6, de 31 de janeiro de 1996, e em algumas normas do ordenamento jurídico francês.

A edição da Lei n. 9.784/99 teve inegável importância para a sociedade, pois possibilita a **resolução extrajudicial de conflitos** entre a Administração Pública e o administrado, mas com a observância dos imperativos constitucionais do contraditório e da ampla defesa.

Apesar de ser conduzido por uma das partes interessadas, o Estado, tem-se que as imposições de legalidade, ainda quando possam resultar prejuízo para a Administração Pública, e os imperativos constitucionais citados possibilitam um processo isento em certa medida. As suas finalidades são a proteção dos direitos dos administrados e o melhor cumprimento dos fins do Estado.

É fato que os prejuízos de uma eventual parcialidade são menos importantes para a sociedade do que a continuação do conflito, pois o trâmite do processo administrativo é infinitamente mais célere do que o trâmite do processo judicial. Além disso, mesmo após a decisão definitiva do processo administrativo, o cidadão poderá buscar a tutela judicial.

O Poder Público tem sido acusado, com razão, de abarrotar os Tribunais com ações e recursos decorrentes das pretensões resistidas dos administrados. Assim, tanto a Administração Pública quanto os administrados devem prestigiar o processo administrativo para resolver as suas contendas.

A **competência para legislar** sobre processo administrativo pode ser exercida por qualquer dos entes federativos, uma vez que a Constituição Federal não listou como competência exclusiva de um ou alguns entes. É possível também a utilização – havendo previsão legal local permitindo – da Lei n. 9.784/99 nos processos administrativos estaduais, municipais e distritais.

Por fim, deve ser lembrado que a **relação processual administrativa é bilateral**, ou seja, firma-se entre a Administração Pública e o interessado, diferente da relação processual judicial, na qual há, em regra, três atores, sendo trilateral em virtude da existência do juiz e de, ao menos, duas partes.

40.2. CONCEITO

O **processo administrativo** é uma série de atos concatenados, praticados extrajudicialmente pelas partes e pela Administração Pública, **em contraposição**, tendentes a um ato administrativo final dependente dos anteriores.

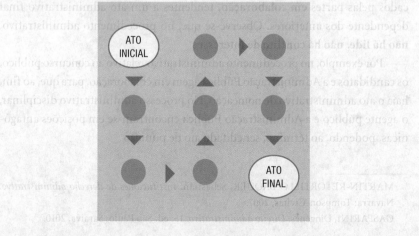

Sebastián Martín-Retortillo Baquer[1] aduz que "la estructura del procedimiento administrativo, en general, es en principio bastante semejante: incluso, en el derecho comparado. Se trata en definitiva, de establecer una serie de fases para poder ir haciendo realidad los principios que acaban de señalarse, y concluir con la correspondiente resolución".

No processo administrativo, **há lide**, ou seja, a contraposição de interesses é fundamental, sendo certo que a própria Constituição Federal entendeu existir sempre lide no processo administrativo ao exigir a observância, no inciso LV do seu art. 5º, do **contraditório, da ampla defesa e dos meios e recursos a ela inerentes**.

O saudoso Diogenes Gasparini[2] conceitua processo administrativo como o conjunto de atos ordenados, cronologicamente praticados e necessários a produzir uma decisão sobre certa **controvérsia** de natureza administrativa.

40.3. PROCESSO ADMINISTRATIVO E PROCEDIMENTO ADMINISTRATIVO

O **procedimento administrativo** é uma série de atos concatenados, praticados pelas partes **em colaboração**, tendentes a um ato administrativo final dependente dos anteriores. Observe-se que, no procedimento administrativo, **não há lide**, **não há conflito de interesses**.

Por exemplo, no procedimento administrativo relativo ao concurso público, os candidatos e a Administração Pública agem em colaboração, para que, ao fim, haja o ato administrativo de nomeação. No processo administrativo disciplinar, o agente público e a Administração Pública encontram-se em posições antagônicas, podendo, ao término, ser editado ato de punição.

---

[1] MARTÍN-RETORTILLO BAQUER, Sebastián. *Instituciones de derecho administrativo*. Navarra: Tompson-Civitas, 2007.
[2] GASPARINI, Diogenes. *Direito administrativo*. 15. ed. São Paulo: Saraiva, 2010.

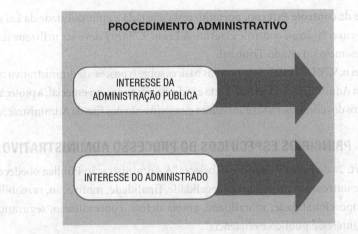

Tanto no processo administrativo quanto no procedimento administrativo cada um dos atos preparatórios do ato administrativo final deve observar a forma estabelecida pela *lei* ou pela Administração Pública nos seus atos normativos.

Não se deve confundir **rito** com procedimento.

O **rito** é a dinâmica do processo ou do procedimento, sendo a forma através da qual os seus diversos atos internos relacionam-se.

Pode-se afirmar que o rito fiscal, o rito disciplinar e o rito geral, no processo administrativo, são diferentes entre si.

O rito licitatório, o rito de provimento de cargos públicos e o rito de desapropriação consensual, no procedimento administrativo, são diferentes entre si.

Este posicionamento não é unânime na doutrina e na jurisprudência, pois há quem entenda que processo e procedimento administrativo são sinônimos.

40.4. APLICABILIDADE E FINALIDADE

Apesar de não terem como finalidade precípua a execução das leis e a administração dos recursos materiais, patrimoniais e humanos do Estado, os Poderes Legislativo e Judiciário, nas suas atividades-meio, exercem funções de Administração Pública.

Considerando as atividades-meio de função administrativa, o §1º do art. 1º da Lei n. 9.784/99 estabeleceu a aplicabilidade das suas normas, além do âmbito da **Administração Direta e Indireta, aos órgãos dos Poderes Legislativo e Judiciário da União**. A aplicabilidade da Lei de Processos Administrativos somente será possível ante a inexistência de lei específica.

O Tribunal de Contas da União (TCU), por exemplo, tem lei específica (Lei n. 8.443/92) disciplinadora dos **processos administrativos** relacionados à sua atividade de **controle externo**, portanto resta afastada a aplicabilidade da Lei n. 9.784/99 em relação ao controle externo. A Lei n. 9.784/99 deve ser utilizada nas atividades-meio do citado Tribunal.

A Lei n. 9.784/99 estabelece normas básicas sobre o processo administrativo no âmbito da Administração Federal direta e indireta, **visando**, em especial, à proteção dos direitos dos administrados e ao melhor cumprimento dos fins da Administração.

40.5. PRINCÍPIOS ESPECÍFICOS DO PROCESSO ADMINISTRATIVO

O art. 2º da Lei n. 9.784/99 estabelece: "A Administração Pública obedecerá, dentre outros, aos princípios da legalidade, finalidade, motivação, razoabilidade, proporcionalidade, moralidade, ampla defesa, contraditório, segurança jurídica, interesse público e eficiência".

Todos os outros princípios não listados a seguir já foram, de alguma forma, tratados nos itens anteriores.

40.5.1. Princípios do contraditório e da ampla defesa

O **contraditório**, previsto no inciso LV do art. 5º da CF/88 para os processos judiciais e administrativos, representa a necessidade de ciência dos atos judiciais ou administrativos[3] e a possibilidade de apresentação de **argumentos contrários**, a fim de que seja formado julgamento entre a **tese** e a **antítese**, representando um **diálogo**, anterior à decisão, entre as partes em vez do monólogo visto em processos inquisitivos.

O direito à ampla defesa, nos processos judiciais ou administrativos, com os meios e recursos a ela inerentes, também foi listado no inciso LV do art. 5º da CF/88.

O comando constitucional exige a conjugação da ampla **defesa formal** – previsão normativa de que a parte possa defender as suas condutas, as suas ideias, os seus interesses e os seus direitos e de recorribilidade da decisão – com a ampla **defesa material**, possibilidade fática e real de apresentação e consideração dos

---

[3] STJ, REsp 1189521/SC, rel. Min. Herman Benjamin, 2ª Turma, julgado em 10-8-2010, *DJe* 16-9-2010.

argumentos de defesa e de produção das provas necessárias à confirmação dos seus argumentos.

A possibilidade de **produção de provas** é um dos meios inerentes à ampla defesa.

A **recorribilidade** deve ser **formal** e **material**, pois de nada adianta haver a possibilidade legal de recorrer condicionada, por exemplo, ao cumprimento irreversível do comando da decisão ou a depósito ou a arrolamento prévio de valores ou bens, conforme afirmam a Súmula Vinculante STF n. 21[4] e a Súmula STJ n. 373[5].

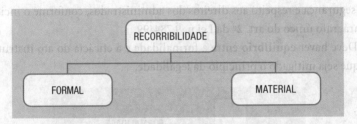

40.5.2. Princípio da oficialidade

O princípio da oficialidade tem dois aspectos: o relativo à possibilidade de a Administração Pública **iniciar** o processo *ex officio* (art. 5º)[6] e o relativo ao **impulso** oficial do processo (inciso XII do art. 2º).

O primeiro aspecto torna o processo administrativo completamente diferente do processo judicial, porque neste é vedado o início de ofício (*ne procedat iudex ex officio*), na forma do art. 2º do CPC.

Tanto o interessado quanto a Administração Pública podem **iniciar o processo administrativo** da Lei n. 9.784/99. Observe-se que, no processo administrativo disciplinar, somente a Administração pode dar início.

Já o segundo aspecto é comum ao processo judicial[7] e ao processo administrativo[8], pois ambos desenvolvem-se por impulso oficial.

---

[4] "É inconstitucional a exigência de depósito ou arrolamento prévios de dinheiro ou bens para admissibilidade de recurso administrativo."
[5] "É ilegítima a exigência de depósito prévio para admissibilidade de recurso administrativo."
[6] "Art. 5º O processo administrativo pode iniciar-se de ofício ou a pedido de interessado."
[7] CPC: "Art. 2º O processo começa por iniciativa da parte e se desenvolve por impulso oficial, salvo as exceções previstas em lei".
[8] Art. 2º, XII, da Lei n. 9.784/99: "XII – impulsão, de ofício, do processo administrativo, sem prejuízo da atuação dos interessados".

Outro ponto relacionado ao princípio da oficialidade é a inoponibilidade da renúncia ou desistência do processo administrativo à Administração Pública. O §2º do art. 51 da Lei n. 9.784/99 afirma que "a desistência ou renúncia do interessado, conforme o caso, não prejudica o prosseguimento do processo, se a Administração considerar que o interesse público assim o exige".

40.5.3. Princípio do formalismo moderado

O princípio do formalismo moderado não dispensa a forma, mas consiste na adoção de **formas simples**, suficientes para propiciar adequado grau de certeza, segurança e respeito aos direitos dos administrados, conforme o inciso IX do parágrafo único do art. 2º da Lei n. 9.784/99.

Deve haver **equilíbrio** entre a formalidade e a eficácia do ato instrutório, sem que seja mitigado o princípio da legalidade.

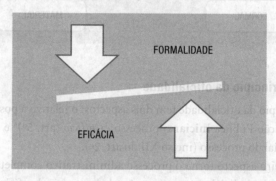

40.5.4. Princípio da verdade real

Não se busca com o processo administrativo a verdade formal ou ficta, trazida apenas pelos autos, tem-se como objetivo primordial a busca pela **verdade real**.

O processo tem como um dos seus objetivos fazer a descrição histórica dos eventuais fatos ocorridos. A verdade formal limita o julgador a considerar, na sua decisão, apenas o que foi provado pelas partes envolvidas, portanto, restringe-se ao que consta dos autos. A verdade real exige que o julgador exerça papel ativo na busca das provas, não se limitando a decidir com base apenas no que foi trazido aos autos pelas partes e não cedendo a presunções.

Por isso, a Administração Pública pode produzir provas *ex officio*, deve **colaborar** com o interessado para a **produção** das suas provas e pode considerar fundamentadamente elementos que não estejam nos autos.

O princípio da verdade real não se confunde com a verdade sabida, visto que, com base nesta, o servidor público era punido em virtude de meros indícios e sem as garantias do contraditório e da ampla defesa. Atualmente, não basta que o agente público tenha certeza do ilícito para a aplicação da punição ou da restrição, sendo indispensável o devido processo legal.

40.6. DEFINIÇÕES E CRITÉRIOS NO PROCESSO ADMINISTRATIVO

Para fins da Lei n. 9.784/99, **consideram-se**:

I – órgão – a unidade de atuação integrante da estrutura da Administração direta e da estrutura da Administração indireta;

II – entidade – a unidade de atuação dotada de personalidade jurídica;

III – autoridade – o servidor ou agente público dotado de poder de decisão.

ÓRGÃO	A UNIDADE DE ATUAÇÃO INTEGRANTE DA ESTRUTURA DA ADMINISTRAÇÃO DIRETA E DA ESTRUTURA DA ADMINISTRAÇÃO INDIRETA
ENTIDADE	A UNIDADE DE ATUAÇÃO DOTADA DE PERSONALIDADE JURÍDICA
AUTORIDADE	O SERVIDOR OU AGENTE PÚBLICO DOTADO DE PODER DE DECISÃO

Nos processos administrativos serão observados, entre outros, os **critérios** de:

I – atuação conforme a lei e o Direito;

O Estado, através da função legislativa, cria o ordenamento jurídico. Dessa forma, no exercício de uma de suas funções, a administrativa, não pode, sob pena de conduta contraditória, ignorar o Direito e as leis que criou.

II – atendimento a fins de interesse geral, vedada a renúncia total ou parcial de poderes ou competências, salvo autorização em lei;

A atuação da Administração Pública deve ser voltada para o interesse geral, preservando os interesses privados legítimos, mas dando prioridade aos anseios coletivos.

A competência administrativa pode ser delegada, mas é irrenunciável pelo gestor público. Assim, somente poderá haver renúncia parcial ou total quando a lei permitir.

CURSO DE DIREITO ADMINISTRATIVO

III – objetividade no atendimento do interesse público, vedada a promoção pessoal de agentes ou autoridades;

A promoção pessoal dos agentes públicos não é permitida no ordenamento jurídico brasileiro. A Administração Pública, na sua atuação, é impessoal, pois quando um agente público se manifesta não o faz em seu nome e sim representando a pessoa jurídica a que pertencer.

IV – atuação segundo padrões éticos de probidade, decoro e boa-fé;

A boa-fé, o decoro e a observância de padrões éticos devem ser observados pela Administração Pública, visto que o particular deve ter a segurança jurídica esperada dos poderes constituídos.

V – divulgação oficial dos atos administrativos, ressalvadas as hipóteses de sigilo previstas na Constituição;

A publicidade dos atos e contratos da Administração Pública deve ser feita, para que haja ciência e, eventualmente, controle social, ressalvadas as hipóteses de sigilo relacionadas à vida privada, à intimidade e à honra das pessoas e a imperativos de segurança nacional e interesse coletivo.

VI – adequação entre meios e fins, vedada a imposição de obrigações, restrições e sanções em medida superior àquelas estritamente necessárias ao atendimento do interesse público;

A atuação da Administração Pública deve observar a teoria da menor lesividade das suas condutas. A sua atuação deve causar o mínimo prejuízo ou dano ao particular. As sanções, restrições e obrigações devem ser aplicadas e estipuladas de maneira proporcional e razoável.

VII – indicação dos pressupostos de fato e de direito que determinarem a decisão;

As decisões estatais devem ser fundamentadas. Assim, devem ser claros e expressos os pressupostos de fato e de direito que embasaram a sua conduta.

VIII – observância das formalidades essenciais à garantia dos direitos dos administrados;

A formalidade deve ter o objetivo de propiciar segurança na atuação administrativa para que sejam evitados desvios à satisfação do interesse público. Além disso, existem formalidades que têm como função garantir os direitos dos administrados, essas são indispensáveis.

IX – adoção de formas simples, suficientes para propiciar adequado grau de certeza, segurança e respeito aos direitos dos administrados;

Aqui, trata-se de aplicação do princípio do formalismo moderado.

X – garantia dos direitos à comunicação, à apresentação de alegações finais, à produção de provas e à interposição de recursos, nos processos de que possam resultar sanções e nas situações de litígio;

Este item efetiva o princípio do contraditório e da ampla defesa, pois somente através da ciência dos atos processuais e da possibilidade de produzir provas, apresentar alegações e defesa, interpor recursos e impugnar a escolha dos julgadores o particular pode alcançar um julgamento justo pautado no devido processo legal.

XI – proibição de cobrança de despesas processuais, ressalvadas as previstas em lei;

A **gratuidade do processo administrativo** *é regra*, somente podendo ser cobradas as despesas eventualmente previstas em lei. Esta foi a forma encontrada pelo legislador de garantir total acessibilidade do particular ao processo administrativo, possibilitando a total e irrestrita defesa dos seus direitos ou interesses.

XII – impulsão, de ofício, do processo administrativo, sem prejuízo da atuação dos interessados;

O processo administrativo representa uma caminhada constante que deve ser titularizada pelo órgão julgador. Consequentemente, é dever da Administração Pública lhe dar impulso. O particular pode provocar as manifestações e a atividade processuais, mas não é o seu dever, sendo apenas ônus em algumas situações.

XIII – interpretação da norma administrativa da forma que melhor garanta o atendimento do fim público a que se dirige, vedada aplicação retroativa de nova interpretação.

A segurança jurídica é um dos princípios do Direito Administrativo como um todo e do processo administrativo. Dessa forma, além da interpretação garantir a melhor aplicação da norma para a satisfação do interesse público, não se deve aplicar retroativamente nova interpretação.

40.7. DIREITOS DOS ADMINISTRADOS

O administrado tem os seguintes direitos perante a Administração, sem prejuízo de outros que lhe sejam assegurados:

I – ser tratado com respeito pelas autoridades e servidores, que deverão facilitar o exercício de seus direitos e o cumprimento de suas obrigações;

Os deveres de urbanidade e cortesia estão dispostos em diversas normas de Direito Administrativo. Os agentes públicos, independentemente das suas objeções pessoais em relação ao administrado ou à conduta praticada, não podem dificultar o exercício de direitos, dificultar o cumprimento de deveras e obrigações ou mesmo tratar com indiferença, rispidez, de maneira jocosa ou humilhar aqueles que figuram ou funcionam em processos administrativos.

II – ter ciência da tramitação dos processos administrativos em que tenha a condição de interessado, ter vista dos autos, obter cópias de documentos neles contidos e conhecer as decisões proferidas;

O direito à ciência da tramitação e de todas as decisões, de obter cópias e ter vista dos autos concretiza um dos aspectos do princípio do contraditório e da ampla defesa. Além de resguardar também o princípio da publicidade da atuação administrativa.

III – formular alegações e apresentar documentos antes da decisão, os quais serão objeto de consideração pelo órgão competente;

A possibilidade de se manifestar, apresentar documentos e ter as manifestações e documentos apreciados fundamentadamente pelos órgãos competentes é outro aspecto relevantíssimo do princípio do contraditório e da ampla defesa.

IV – fazer-se assistir, facultativamente, por advogado, salvo quando obrigatória a representação, por força de lei.

O inciso IV do art. 3º da Lei n. 9.784/99 ilustra que a **participação de advogado** constituído pelo interessado é **facultativa**, salvo quando obrigatória por força de lei. Solução acertada, pois, apesar de não impor a representação por advogado, deixa a critério do interessado a sua constituição.

A Administração Pública poderá consultar facultativamente os seus órgãos jurídicos; entretanto o **parecer jurídico** apresentado não terá qualquer natureza de defesa da Administração; deverá ser **isento**, opinando sobre o caso posto como se fosse ato de órgão julgador.

40.8. DEVERES DO ADMINISTRADO

O administrado tem diversos deveres perante a Administração, sem prejuí-zo de outros previstos em ato normativo.

A dissimulação e os artifícios fraudulentos os mentirosos devem der evitados pelo administrado. Consequentemente, a Administração Pública presume a boa-fé daqueles que interagem consigo, devendo o administrado **expor os fatos conforme a verdade**.

A lealdade processual é exigida tanto da Administração Pública quanto do particular que esteja figurando como parte em processo administrativo. Trata-se de uma via de mão dupla. Além disso, a exigência de urbanidade e cortesia por parte dos agentes públicos traz dever recíproco aos administrados, que devem **proceder com lealdade, urbanidade e boa-fé.**

Os administrados devem evitar pretensões infundadas, absurdas ou claramente ilegais, a fim de evitar que os recursos humanos e materiais da Administração Pública sejam desperdiçados. Dessa forma, **não devem agir de modo temerário.**

Não somente a Administração Pública tem o dever de informação, pois o administrado também tem o dever de **prestar as informações que lhe forem solicitadas e colaborar para o esclarecimento dos fatos.**

40.9. INÍCIO DO PROCESSO ADMINISTRATIVO

O processo administrativo pode iniciar-se **de ofício** ou a **pedido de interessado.** Assim, diferentemente do processo judicial, pode ser começado pelo próprio órgão julgador.

O requerimento inicial do interessado, salvo casos em que for admitida solicitação oral, deve ser formulado por escrito e conter os seguintes dados:

I – órgão ou autoridade administrativa a que se dirige;

II – identificação do interessado ou de quem o represente;

III – domicílio do requerente ou local para recebimento de comunicações;

IV – formulação do pedido, com exposição dos fatos e de seus fundamentos;

V – data e assinatura do requerente ou de seu representante.

É vedada à Administração a **recusa imotivada de recebimento de documentos**, devendo o servidor orientar o interessado quanto ao suprimento de eventuais falhas.

Os órgãos e entidades administrativas deverão elaborar **modelos ou formulários padronizados** para assuntos que importem pretensões equivalentes.

Quando os pedidos de uma pluralidade de interessados tiverem conteúdo e fundamentos idênticos, poderão ser formulados em um **único requerimento**, salvo preceito legal em contrário.

40.10. INTERESSADOS

São legitimados como interessados no processo administrativo:

I – pessoas físicas ou jurídicas que o iniciem como titulares de direitos ou interesses individuais ou no exercício do direito de representação;

II – aqueles que, sem terem iniciado o processo, têm direitos ou interesses que possam ser afetados pela decisão a ser adotada;
III – as organizações e associações representativas, no tocante a direitos e interesses coletivos;
IV – as pessoas ou as associações legalmente constituídas quanto a direitos ou interesses difusos.

São capazes, no processo administrativo, os maiores de dezoito anos, ressalvada previsão especial em ato normativo próprio, sendo que os menores serão assistidos ou representados, de acordo com as normas de Direito Civil.

40.11. COMPETÊNCIA

Em outros tópicos deste livro já se tratou de competência, delegação e avocação. Contudo, optou-se por repetir alguns aspectos, visto que nem todos os leitores fazem a leitura completa da obra.

A competência é **irrenunciável** e se exerce pelos órgãos administrativos a que foi atribuída como própria, salvo os casos de delegação e avocação.

Um órgão administrativo e seu titular poderão, se não houver impedimento legal, **delegar** parte da sua competência a outros órgãos ou titulares, ainda que estes não lhe sejam hierarquicamente subordinados, quando for conveniente, em razão de circunstâncias de índole técnica, social, econômica, jurídica ou territorial.

Pode haver delegação de competência dos **órgãos colegiados** aos respectivos **presidentes**.

Não podem ser objeto de delegação:

I – a edição de atos de **caráter normativo**;
II – a decisão de **recursos administrativos**;
III – as matérias de **competência exclusiva** do órgão ou autoridade.

O ato de delegação e sua revogação deverão ser **publicados** no meio oficial.

O ato de delegação especificará as **matérias** e **poderes transferidos, os limites da atuação do delegado, a duração** e **os objetivos da delegação** e **o recurso cabível**, podendo conter ressalva de exercício da atribuição delegada.

O ato de delegação é **revogável** a qualquer tempo pela autoridade delegante.

As decisões adotadas por delegação devem mencionar explicitamente esta qualidade e considerar-se-ão editadas pelo delegado.

Será permitida, em caráter excepcional e por motivos relevantes devidamente justificados, a **avocação temporária** de competência atribuída a órgão hierarquicamente inferior.

Os órgãos e entidades administrativas divulgarão publicamente os locais das respectivas sedes e, quando conveniente, a unidade fundacional competente em matéria de interesse especial.

Inexistindo competência legal específica, o processo administrativo deverá ser iniciado perante a autoridade de **menor grau hierárquico para decidir**.

40.12. IMPEDIMENTOS E DA SUSPEIÇÃO

É **impedido** de atuar em processo administrativo o servidor ou autoridade que:

I – tenha interesse direto ou indireto na matéria;

II – tenha participado ou venha a participar como perito, testemunha ou representante, ou se tais situações ocorrem quanto ao cônjuge, companheiro ou parente e afins até o terceiro grau;

III – esteja litigando judicial ou administrativamente com o interessado ou respectivo cônjuge ou companheiro.

A autoridade ou servidor que incorrer em impedimento deve **comunicar** o fato à autoridade competente, abstendo-se de atuar.

A **omissão do dever de comunicar** o impedimento constitui **falta grave**, para efeitos disciplinares.

Pode ser arguida a **suspeição de autoridade ou servidor** que tenha **amizade íntima** ou **inimizade notória** com algum dos interessados ou com os respectivos cônjuges, companheiros, parentes e afins até o terceiro grau.

O indeferimento de alegação de suspeição poderá ser objeto de **recurso**, sem efeito suspensivo.

40.13. FORMA, TEMPO E LUGAR DOS ATOS DO PROCESSO

O princípio do formalismo moderado indica que os atos do processo administrativo não dependem de forma determinada senão quando a lei expressamente a exigir.

A oralidade, por ensejar certa insegurança jurídica, não pode ser adotada, exige-se que os atos do processo devam ser produzidos **por escrito**, em -vernáculo, com a data e o local de sua realização e a assinatura da autoridade responsável.

1148 CURSO DE DIREITO ADMINISTRATIVO

Salvo imposição legal, o **reconhecimento de firma** somente será exigido quando houver dúvida de autenticidade, presumir-se-á a boa-fé. A **autenticação** de documentos exigidos em cópia poderá ser feita pelo órgão administrativo.

O processo, por representar uma ordem concatenada de documentos, deverá ter suas **páginas numeradas** sequencialmente e **rubricadas**.

Os atos do processo devem realizar-se em **dias úteis**, no **horário normal de funcionamento** da repartição na qual tramitar o processo. Serão concluídos depois do horário normal os atos já iniciados, cujo adiamento prejudique o curso regular do procedimento ou cause dano ao interessado ou à Administração.

Inexistindo disposição específica, os **atos do órgão ou autoridade responsável pelo processo e dos administrados** que dele participem devem ser praticados no **prazo de cinco dias**, salvo motivo de força maior. O prazo pode ser dilatado até o dobro, mediante comprovada justificação.

Ao contrário do que acontece no processo judicial, o **desrespeito** do agente público aos **prazos** fixados na Lei de Processos Administrativos enseja sua **responsabilização funcional** com base na Lei n. 8.112/90.

Os atos do processo devem realizar-se preferencialmente na sede do órgão, cientificando-se o interessado se outro for o local de realização.

40.14. COMUNICAÇÃO DOS ATOS

O **órgão competente** perante o qual tramita o processo administrativo determinará a **intimação do interessado** para ciência de decisão ou a efetivação de diligências.

A intimação deverá conter:

I – identificação do intimado e nome do órgão ou entidade administrativa;
II – finalidade da intimação;
III – data, hora e local em que deve comparecer;
IV – se o intimado deve comparecer pessoalmente, ou fazer-se representar;
V – informação da continuidade do processo independentemente do seu comparecimento;
VI – indicação dos fatos e fundamentos legais pertinentes.

A intimação observará a **antecedência mínima de três dias úteis** quanto à data de comparecimento. A intimação pode ser efetuada por ciência no processo, por via postal com aviso de recebimento, por telegrama ou outro meio que assegure a certeza da ciência do interessado.

No caso de interessados indeterminados, desconhecidos ou com domicílio indefinido, a intimação deve ser efetuada por meio de publicação oficial.

As intimações serão **nulas** quando feitas sem observância das prescrições legais, mas **o comparecimento do administrado supre sua falta ou irregularidade.**

O desatendimento da intimação não importa o reconhecimento da verdade dos fatos, nem a renúncia a direito pelo administrado. No prosseguimento do processo, será garantido direito de ampla defesa ao interessado.

Devem ser objeto de intimação os atos do processo que resultem para o interessado em imposição de **deveres, ônus, sanções ou restrição ao exercício de direitos e atividades e os atos de outra natureza, de seu interesse.**

40.15. INSTRUÇÃO

As atividades de instrução destinadas a averiguar e comprovar os dados necessários à tomada de decisão realizam-se de ofício ou mediante impulsão do órgão responsável pelo processo, sem prejuízo do direito dos interessados de propor atuações probatórias.

O órgão competente para a instrução fará constar dos autos os dados necessários à decisão do processo.

Os atos de instrução que exijam a atuação dos interessados devem realizar-se do modo **menos oneroso** para estes.

São inadmissíveis no processo administrativo as **provas obtidas por meios ilícitos**.

Quando a matéria do processo envolver assunto de interesse geral, o órgão competente poderá, mediante despacho motivado, abrir período de **consulta pública** para manifestação de terceiros, antes da decisão do pedido, se não houver prejuízo para a parte interessada. Esse instrumento torna, sem dúvida, a participação mais democrática.

A abertura da consulta pública será objeto de divulgação pelos meios oficiais, a fim de que pessoas físicas ou jurídicas possam examinar os autos, fixando-se prazo para oferecimento de alegações escritas.

O comparecimento à consulta pública não confere, por si, a condição de interessado do processo, mas confere o direito de obter da Administração resposta fundamentada, que poderá ser comum a todas as alegações substancialmente iguais.

Antes da tomada de decisão, a juízo da autoridade, diante da relevância da questão, poderá ser realizada **audiência pública** para debates sobre a matéria do processo.

Os órgãos e entidades administrativas, em matéria relevante, poderão estabelecer outros meios de participação de administrados, diretamente ou por meio de **organizações e associações legalmente reconhecidas.**

Os resultados da consulta e audiência pública e de outros meios de participação de administrados deverão ser apresentados com a indicação do procedimento adotado.

Quando necessária à instrução do processo, a audiência de outros órgãos ou entidades administrativas poderá ser realizada em reunião conjunta, com a participação de titulares ou representantes dos órgãos competentes, lavrando-se a respectiva ata, a ser juntada aos autos.

Cabe ao interessado a prova dos fatos que tenha alegado, sem prejuízo do dever atribuído ao órgão competente para a instrução e do disposto a seguir. Quando o interessado declarar que fatos e dados estão registrados em documentos existentes na própria Administração responsável pelo processo ou em outro órgão administrativo, o órgão competente para a instrução proverá, de ofício, à obtenção dos documentos ou das respectivas cópias.

O interessado poderá, na fase instrutória e antes da tomada da decisão, juntar documentos e pareceres, requerer diligências e perícias, bem como aduzir alegações referentes à matéria objeto do processo.

Os elementos probatórios deverão ser considerados na motivação do relatório e da decisão.

Somente poderão ser recusadas, mediante decisão fundamentada, as **provas** propostas pelos interessados quando sejam **ilícitas, impertinentes, desnecessárias ou protelatórias**.

Quando for necessária a prestação de informações ou a apresentação de provas pelos interessados ou terceiros, serão expedidas intimações para esse fim, mencionando-se data, prazo, forma e condições de atendimento.

Não sendo atendida a intimação, poderá o órgão competente se entender relevante a matéria, suprir de ofício a omissão, não se eximindo de proferir a decisão.

Quando dados, atuações ou documentos solicitados ao interessado forem necessários à apreciação de pedido formulado, o não atendimento no prazo fixado pela Administração para a respectiva apresentação implicará arquivamento do processo.

Os interessados serão intimados de prova ou diligência ordenada, com antecedência mínima de três dias úteis, mencionando-se data, hora e local de realização.

Quando deva ser obrigatoriamente ouvido um **órgão consultivo**, o **parecer** deverá ser emitido no prazo máximo de **quinze dias**, salvo norma especial ou comprovada necessidade de maior prazo.

Se um parecer obrigatório e **vinculante** deixar de ser emitido no prazo fixado, o processo não terá seguimento até a respectiva apresentação, responsabilizando-se quem der causa ao atraso.

Se um parecer obrigatório e **não vinculante** deixar de ser emitido no prazo fixado, o processo poderá ter prosseguimento e ser decidido com sua dispensa, sem prejuízo da responsabilidade de quem se omitiu no atendimento.

Quando por disposição de ato normativo devam ser previamente obtidos laudos técnicos de órgãos administrativos e estes não cumprirem o encargo no prazo assinalado, o órgão responsável pela instrução deverá solicitar laudo técnico de outro órgão dotado de qualificação e capacidade técnica equivalentes.

Encerrada a instrução, o interessado terá o direito de manifestar-se no prazo máximo de dez dias, salvo se outro prazo for legalmente fixado.

Em caso de risco iminente, a Administração Pública poderá motivadamente adotar providências acauteladoras sem a prévia manifestação do interessado.

Os interessados têm direito à vista do processo e a obter certidões ou cópias reprográficas dos dados e documentos que o integram, ressalvados os dados e documentos de terceiros protegidos por sigilo ou pelo direito à privacidade, à honra e à imagem.

O órgão de instrução que não for competente para emitir a decisão final elaborará relatório indicando o pedido inicial, o conteúdo das fases do procedimento e formulará proposta de decisão, objetivamente justificada, encaminhando o processo à autoridade competente.

40.16. DEVER DE DECIDIR

A Administração tem o dever de explicitamente emitir decisão nos processos administrativos e sobre solicitações ou reclamações, em matéria de sua competência.

Concluída a instrução de processo administrativo, a Administração tem o prazo de até **trinta dias** para decidir, salvo prorrogação por igual período expressamente motivada.

As sanções, a serem aplicadas por autoridade competente, terão natureza pecuniária ou consistirão em obrigação de fazer ou de não fazer, assegurado sempre o direito de defesa.

40.17. DECISÃO COORDENADA

A Lei n. 14.210, de 30 de setembro de 2021, acrescenta o Capítulo XI-A à Lei n. 9.784, de 29 de janeiro de 1999, para dispor sobre a decisão coordenada no âmbito da administração pública federal.

Conforme o art. 49-A, da Lei n. 9.784/99, as decisões administrativas que exijam a participação de três ou mais setores, órgãos ou entidades, no âmbito da Administração Pública federal, poderão ser tomadas mediante decisão coordenada, sempre que: (i) for justificável pela relevância da matéria; (ii) houver discordância que prejudique a celeridade do processo administrativo decisório.

Considera-se decisão coordenada a instância de natureza interinstitucional ou intersetorial que atua de forma compartilhada com a finalidade de simplificar o processo administrativo mediante participação concomitante de todas as autoridades e agentes decisórios e dos responsáveis pela instrução técnico-jurídica, observada a natureza do objeto e a compatibilidade do procedimento e de sua formalização com a legislação pertinente.

A decisão coordenada é instrumento de aprimoramento da governança. Como destacado por Caroline Stéphanie Francis dos Santos Maciel[9], o desenvolvimento de modelos integrados de "governança pública envolve a implantação de práticas administrativas coerentes e sistemáticas que contribuam para o desempenho institucional. Para tanto, é preciso adotar ações de coordenação na atuação da administração pública, de forma que se realizem os ditames do princípio da eficiência".

Não é rara a discordância sobre atos e procedimentos administrativos entre setores de um mesmo órgão ou entidade, em prejuízo do administrado, que vê distante a satisfação de sua pretensão e, pior que isso, a indefinição sobre o entendimento da Administração sobre determinada matéria, frustrando-se planos e expectativas.

O mesmo dissabor acontece entre órgãos diversos, quando dotados de atribuição comum, de maneira que para um órgão determinados pressupostos sejam atendidos de certa forma que, todavia, não satisfazem os critérios exigidos por outro órgão público.

Esses problemas, que infelizmente retratam o funcionamento da Administração Pública, são causa de insegurança jurídica e ineficiência da Administração. Por isso, não seria exagero dizer que são causa de entrave ao desenvolvimento nacional, potencializado por uma cultura notadamente cartorial e desconectada da essência dinâmica da vida econômica e social.

A decisão coordenada é, pois, instrumento que organiza o entendimento e cooperação entre órgãos e entidades ou entre unidades organizacionais internas,

---

9   MACIEL, Caroline Stéphanie Francis dos Santos. Articulação administrativa: por uma reforma cultural da administração pública. *Revista de Direito Administrativo*, Rio de Janeiro, v. 280, n. 2, p. 201-225, maio/ago. 2021. p. 204.

com vistas à promoção dos princípios reitores da Administração Pública, gravados no art. 37, *caput*, da CF/88.

Consoante o § 6º do 49-A da Lei n. 9.784/99, não se aplica a decisão coordenada aos seguintes tipos de processos:

(i) licitatórios;
(ii) sancionadores;
(iii) que envolvam autoridades de Poderes distintos.

Podem habilitar-se a participar de decisão coordenada, na qualidade de ouvintes, os seguintes interessados, constantes do rol do art. 9º da Lei n. 9.784/99:

(i) pessoas físicas ou jurídicas que o iniciem como titulares de direitos ou interesses individuais ou no exercício do direito de representação;
(ii) aqueles que, sem terem iniciado o processo, têm direitos ou interesses que possam ser afetados pela decisão a ser adotada;
(iii) as organizações e associações representativas, no tocante a direitos e interesses coletivos;
(iv) as pessoas ou as associações legalmente constituídas quanto a direitos ou interesses difusos.

Ora, enquanto destinatários da atuação administrativa, assiste aos administrados o direito de monitorar o funcionamento dos órgãos e entidades da Administração, exigindo-se do Poder Público a transparência de suas ações. É nesse sentido que Leonardo de Araújo Ferraz[10] afirma que a exigência de legitimação dos Estados democráticos contemporâneos passa pela "consideração dos cidadãos (sociedade) não apenas como destinatários das ações estatais, programas de governo e políticas públicas, mas como verdadeiros protagonistas da sua definição, gestão e monitoramento".

Por explícita disposição do § 4º do 49-A da Lei n. 9.784/99, a decisão coordenada não exclui a responsabilidade originária de cada órgão ou autoridade envolvida.

A formalização da decisão coordenada ocorre por meio de ata, a conter as seguintes informações:

(i) relato sobre os itens da pauta;
(ii) síntese dos fundamentos aduzidos;
(iii) síntese das teses pertinentes ao objeto da convocação;

---

[10] FERRAZ, Leonardo de Araújo. A transparência como ferramenta da legitimação do agir estatal por meio do impulsionamento da eficiência e integridade governamentais. *In*: ZENKNER, Marcelo; CASTRO, Rodrigo Pironti Aguirre de. *Compliance no setor público*. Belo Horizonte: Forum, 2020. p. 119.

CURSO DE DIREITO ADMINISTRATIVO

(iv) registro das orientações, das diretrizes, das soluções ou das propostas de atos governamentais relativos ao objeto da convocação;

(v) posicionamento dos participantes para subsidiar futura atuação governamental em matéria idêntica ou similar; e

(vi) decisão de cada órgão ou entidade relativa à matéria sujeita à sua competência.

Sobre o ato administrativo consubstanciado em ata, Egon Bockmann Moreira[11] aduz tratar-se de ato administrativo plurissubjetivo e complexo, eis que emana de várias pessoas e pode conter múltiplos assuntos, todos enfeixados e uniformizados numa só ata-decisão, a "decisão coordenada".

A decisão coordenada é ato que possibilita a formação de consenso para a edição de atos administrativos, mitigando-se a probabilidade de conflitos, propiciando-se a otimização de recursos da Administração, a conjugação de esforços, eficiência e segurança jurídica.

40.18. MOTIVAÇÃO

Já se tratou da motivação em diversos tópicos deste livro. Contudo, como já foi dito, nem todos os leitores fazem a leitura completa da obra, optando pela consulta específica de determinados temas.

Os atos administrativos, segundo o art. 50 da Lei n. 9.784/99, deverão ser motivados, com indicação dos fatos e dos fundamentos jurídicos, quando:

I – neguem, limitem ou afetem direitos ou interesses;

II – imponham ou agravem deveres, encargos ou sanções;

III – decidam processos administrativos de concurso ou seleção pública;

IV – dispensem ou declarem a inexigibilidade de processo licitatório;

V – decidam recursos administrativos;

VI – decorram de reexame de ofício;

VII – deixem de aplicar jurisprudência firmada sobre a questão ou discrepem de pareceres, laudos, propostas e relatórios oficiais;

VIII – importem anulação, revogação, suspensão ou convalidação de ato administrativo.

A **motivação** deve ser **explícita, clara e congruente**, podendo consistir em declaração de concordância com fundamentos de anteriores pareceres, informações, decisões ou propostas, que, neste caso, serão parte integrante do ato.

Na solução de vários assuntos da mesma natureza, pode ser utilizado meio mecânico que reproduza os fundamentos das decisões, desde que não prejudique direito ou garantia dos interessados.

---

[11] MOREIRA, Egon Bockmann. Breves notas sobre a "decisão coordenada". Disponível em: <www.jota.info>. Acesso em 22 nov. 2011.

A motivação das decisões de órgãos colegiados e comissões ou de decisões orais constará da respectiva ata ou de termo escrito.

40.19. DESISTÊNCIA E OUTROS CASOS DE EXTINÇÃO DO PROCESSO

O interessado poderá, mediante manifestação escrita, desistir total ou parcialmente do pedido formulado ou, ainda, renunciar a direitos disponíveis.

Havendo vários interessados, a desistência ou renúncia atinge somente quem a tenha formulado.

Como já foi dito, a desistência ou renúncia do interessado, conforme o caso, não prejudica o prosseguimento do processo, se a Administração considerar que o interesse público assim o exige.

O órgão competente poderá declarar extinto o processo quando exaurida sua finalidade ou o objeto da decisão se tornar impossível, inútil ou prejudicado por fato superveniente.

40.20. ANULAÇÃO, REVOGAÇÃO E CONVALIDAÇÃO

A Administração deve **anular** seus próprios atos, quando eivados de vício de **legalidade**, e pode **revogá-los** por motivo de **conveniência ou oportunidade**, respeitados os direitos adquiridos.

O direito da Administração de anular os atos administrativos de que decorram efeitos favoráveis para os destinatários decai em cinco anos, contados da data em que foram praticados, salvo comprovada má-fé.

No caso de efeitos patrimoniais contínuos, o prazo de decadência contar-se-á da percepção do primeiro pagamento.

Considera-se exercício do direito de anular qualquer medida de autoridade administrativa que importe impugnação à validade do ato.

Em decisão na qual se evidencie não acarretarem lesão ao interesse público nem prejuízo a terceiros, os atos que apresentarem defeitos sanáveis poderão ser convalidados pela própria Administração.

40.21. RECURSO ADMINISTRATIVO, RECONSIDERAÇÃO E REVISÃO

O conceito de **justiça** não comporta critérios objetivos de aferição, portanto varia de acordo com o interesse do agente. Assim, sempre que houver interesses conflitantes e apenas um deles for atendido, remanescerá, ao menos, uma **parte insatisfeita**.

Além disso, a **falibilidade humana** pode ensejar decisões eivadas de vícios processuais, de legalidade ou de mérito que, no Estado Democrático de Direito, devem estar, a critério do interessado, sujeitas à nova análise por órgão diverso.

O inciso LV do art. 5º da CF/88 prevê que seja facultada esta nova análise pelo recurso legalmente previsto tanto no processo judicial quanto no processo administrativo[12].

A Lei n. 9.784/99 traz dois instrumentos de modificação da decisão final por órgão que não seja o prolator: o **recurso** e a **revisão**.

O **recurso** terá como objetos razões de **legalidade** ou de **mérito** (*caput* do art. 56 da Lei n. 9.784/99).

O legislador não mencionou o **vício processual**, visto que o rito processual é estabelecido em lei. Assim, todo vício processual relevante será também vício de legalidade.

O recurso será interposto, no **prazo de dez dias** contado a partir da ciência ou da publicação da decisão, perante a autoridade que a prolatou, salvo disposição legal específica, que deverá intimar e facultar aos outros interessados a apresentação, no prazo de cinco dias, de alegações. Salvo exigência legal, a interposição de recurso administrativo independe de caução.

Quando a lei não fixar prazo diferente, o recurso administrativo deverá ser decidido no prazo máximo de **trinta dias**, a partir do recebimento dos autos pelo órgão competente. O prazo mencionado poderá ser **prorrogado** por igual período, ante justificativa explícita.

Decorrido o prazo para contrarrazoar, portanto depois de instruído o recurso, a autoridade terá cinco dias para **reconsiderar** a decisão e, se não o fizer, encaminhá-lo à autoridade superior (§1º do art. 56).

O **juízo de reconsideração** é próprio da autoridade que prolatou a decisão, não havendo qualquer demérito se o agente, com base na exposição dos fundamentos do pedido de reexame e nos documentos juntados, modificar a sua decisão anterior (art. 60).

---

[12] STJ, MS 7.225/DF, rel. Min. José Delgado, 1ª Seção, julgado em 13-6-2001, *DJ* 25-6-2001. p. 98.

Além da possibilidade do juízo de reconsideração, a autoridade recorrida, em competência que pertence também à autoridade superior, poderá, a pedido ou *ex officio*, conceder **efeito suspensivo** ao recurso (art. 61).

Salvo disposição legal em contrário, o recurso não tem efeito suspensivo. Havendo justo receio de prejuízo de difícil ou incerta reparação decorrente da execução, a autoridade recorrida ou a imediatamente superior poderá, de ofício ou a pedido, dar efeito suspensivo ao recurso.

Têm **legitimidade** para interpor recurso administrativo:

I – os titulares de direitos e interesses que forem parte no processo;

II – aqueles cujos direitos ou interesses forem indiretamente afetados pela decisão recorrida;

III – as organizações e associações representativas, no tocante a direitos e interesses coletivos;

IV – os cidadãos ou associações, quanto a direitos ou interesses difusos.

O recurso interpõe-se por meio de requerimento no qual o recorrente deverá expor os fundamentos do pedido de reexame, podendo juntar os documentos que julgar convenientes.

Segundo o art. 63, o recurso **não será conhecido** quando interposto:

I – fora do prazo;

II – perante órgão incompetente;

III – por quem não seja legitimado; e

IV – após exaurida a esfera administrativa.

Observe-se que o princípio do formalismo moderado permite que, na hipótese do item II acima, seja indicada, ao recorrente, a autoridade competente, sendo-lhe devolvido o prazo para recurso (§1º) e que o princípio da oficialidade e o princípio da autotutela possibilitam, desde que não ocorrida preclusão administrativa, a revisão de ofício do ato ilegal pela Administração Pública mesmo que o recurso não seja conhecido (§2º).

O recurso administrativo tramitará no máximo por **três instâncias administrativas**, salvo disposição legal diversa (art. 57).

Outro aspecto peculiar do recurso administrativo da Lei n. 9.784/99 é a possibilidade de *"reformatio in pejus"*[13] *que decorre do princípio da verdade real e da autotutela da Administração Pública*. No processo judicial, a reforma do julgado para prejudicar o recorrente fora daquelas hipóteses de conhecimento da matéria de ofício é vedada.

---

[13] STJ, RMS 21.981/RJ, rel. Min. Eliana Calmon, 2ª Turma, julgado em 22-6-2010, *DJe* 5-8-2010.

Eis o artigo que possibilita a *reformatio in pejus*: "Art. 64. O órgão competente para decidir o recurso poderá confirmar, modificar, anular ou revogar, total ou parcialmente, a decisão recorrida, se a matéria for de sua competência[14]. Parágrafo único. Se da aplicação do disposto neste artigo puder decorrer gravame à situação do recorrente, este deverá ser cientificado para que formule suas alegações antes da decisão".

O agravamento da situação do interessado somente é possível no caso de recurso administrativo, não sendo cabível no caso de revisão.

A **revisão** assemelha-se mais à **ação rescisória ou à revisão criminal** do que a recurso processual, não há prazo para o seu exercício e pode ser intentada a pedido ou *ex officio*.

Na revisão, vige o princípio da contenciosidade limitada, razão pela qual somente as decisões sancionadoras podem ser objeto deste instrumento processual desde que surjam fatos novos ou circunstâncias relevantes suscetíveis de justificar a inadequação da sanção aplicada.

40.22. SÚMULA VINCULANTE

A Emenda Constitucional n. 45/2004 apresentou uma novidade em relação à força vinculante geral das decisões judiciais, estabelecendo, no art. 103-A da CF/88, que o STF poderá, de ofício ou por provocação, mediante decisão de dois terços dos seus membros, após reiteradas decisões sobre matéria constitucional, aprovar súmula que, a partir de sua publicação na imprensa oficial, terá efeito vinculante em relação aos demais órgãos do Poder Judiciário e à **Administração Pública direta e indireta, nas esferas federal, estadual e municipal**, bem como proceder à sua revisão ou cancelamento, na forma estabelecida em lei.

A *força vinculante da súmula* toca todos os demais órgãos do Poder Judiciário e a Administração Direta e Indireta de todos os entes federativos. A súmula terá por objetivo a validade, a interpretação e a eficácia de normas determinadas, acerca das quais haja controvérsia atual entre órgãos judiciários ou entre esses e a Administração Pública que acarrete grave insegurança jurídica e relevante multiplicação de processos sobre questão idêntica.

Do ato administrativo ou decisão judicial que contrariar a súmula aplicável ou que indevidamente a aplicar, caberá **reclamação** ao STF que, julgando-a procedente, **anulará o ato administrativo** ou cassará a decisão judicial reclamada, e **determinará que outro seja proferido** com ou sem a aplicação da súmula, conforme o caso.

---

[14] Efeito devolutivo de toda a matéria, inclusive do que não fora objeto do recurso.

A Lei n. 11.417/2006, a fim de adequar o processo administrativo aos preceitos constitucionais da súmula vinculante, acrescentou, ao art. 56 da Lei n. 9.784/99, o §3º, determinando que, **se o interessado alegar, no recurso administrativo, que a decisão viola súmula vinculante, caberá à autoridade prolatora da decisão impugnada, se não a reconsiderar, explicitar, antes de encaminhar o recurso à autoridade superior, as razões da aplicabilidade ou inaplicabilidade da súmula, conforme o caso.**

Se o recorrente alegar violação de enunciado da súmula vinculante, o órgão competente para decidir o recurso explicitará as razões da aplicabilidade ou inaplicabilidade da súmula, conforme o caso.

Acolhida pelo STF a reclamação fundada em violação de enunciado da súmula vinculante, dar-se-á ciência à autoridade prolatora e ao órgão competente para o julgamento do recurso, que deverão adequar as futuras decisões administrativas em casos semelhantes, sob pena de responsabilização pessoal nas esferas cível, administrativa e penal.

40.23. PRAZOS

A Lei n. 9.784/99 estabeleceu a sua própria forma de contagem e início dos prazos. Os prazos começam a correr a partir da data da cientificação oficial, **excluindo-se da contagem o dia do começo e incluindo-se o do vencimento.**

Considera-se **prorrogado** o prazo até o primeiro dia útil seguinte se o vencimento cair em dia em que não houver expediente ou este for encerrado antes da hora normal.

Os prazos expressos em dias contam-se de **modo contínuo.**

Denota-se que os prazos do processo administrativo geral não são contados em dias úteis e sim em dias corridos (modo contínuo).

Os prazos fixados em meses ou anos contam-se de data a data. Se no mês do vencimento não houver o dia equivalente àquele do início do prazo, tem-se como termo o último dia do mês.

Salvo motivo de força maior devidamente comprovado, os prazos processuais não se suspendem.

40.24. PRIORIDADE NA TRAMITAÇÃO

Terão prioridade na tramitação, em qualquer órgão ou instância, os procedimentos administrativos em que figure como parte ou interessado:

I – pessoa com idade igual ou superior a 60 (sessenta) anos;

II – pessoa portadora de deficiência, física ou mental;

III – pessoa portadora de tuberculose ativa, esclerose múltipla, neoplasia maligna, hanseníase, paralisia irreversível e incapacitante, cardiopatia grave, doença de Parkinson, espondiloartrose anquilosante, nefropatia grave, hepatopatia grave, estados avançados da doença de Paget (osteíte deformante), contaminação por radiação, síndrome de imunodeficiência adquirida, ou outra doença grave, com base em conclusão da medicina especializada, mesmo que a doença tenha sido contraída após o início do processo.

A pessoa interessada na obtenção do benefício, juntando prova de sua condição, deverá requerê-lo à autoridade administrativa competente, que determinará as providências a serem cumpridas.

Deferida a prioridade, os autos receberão identificação própria que evidencie o regime de tramitação prioritária.

40.25. RECLAMAÇÃO ADMINISTRATIVA

A **reclamação administrativa** está prevista, de forma genérica, no art. 48 da Lei de Processo Administrativo. Todavia, o Decreto n. 20.910/32, no seu art. 6º, já tratava deste instituto.

Nos dois diplomas citados, não há tratamento preciso sobre as suas hipóteses de utilização e sobre o seu rito.

O prazo para sua utilização é de um ano, conforme o art. 6º citado. Assim, diante da ausência de regulamentação, as possibilidades de utilização devem ser as mais amplas possíveis.

40.26. REPRESENTAÇÃO

A **representação** é a cientificação de uma ilegalidade à Administração Pública, estando prevista no inciso III do §3º do art. 37 da CF/88: "§3º A lei disciplinará as formas de participação do usuário na administração pública direta e indireta, regulando especialmente: (...) III – a disciplina da representação contra o exercício negligente ou abusivo de cargo, emprego ou função na administração pública".

A representação mostra-se como um verdadeiro instrumento de exercício da cidadania, pois é através dela que o Administrado exige que seja extirpada do ordenamento jurídico qualquer ilegalidade praticada pelo agente público.

A **denúncia** e a representação possuem traços muito parecidos. Normalmente, o legislador não apresenta elementos conceituais que possam fixar claras diferenças entre ambas.

Eis o texto do §2º do art. 74 da Carta Maior que ilustra a ausência de distinção terminológica: "Qualquer cidadão, partido político, associação ou sindicato é parte legítima para, na forma da lei, denunciar irregularidades ou ilegalidades perante o Tribunal de Contas da União".

Ultrapassada a sinonímia, vislumbra-se, com toda certeza, que a possibilidade de conhecimento das ações de Administração Pública implica existência de formas de impugnação das anormalidades sistêmicas.

Outro aspecto que deve ser considerado é a vedação de a lei estabelecer formalismos complexos para o exercício do direito de representação, sob pena de violação da sua essência. Entretanto, o anonimato deve ser excepcional, em virtude da impossibilidade de apuração do eventual excesso que pode ser encontrado na peça de representação.

Ressalte-se que o anonimato não impede que a Administração Pública, com base nas informações consignadas na representação apócrifa, apure o fato de ofício.

A Constituição de 1988 consagrou também o **direito de petição**, na alínea *a* do inciso XXXIV do art. 5º, estipulando que é a todos assegurado, independentemente do pagamento de taxas, o direito de petição aos Poderes Públicos em defesa de direitos ou contra ilegalidade ou abuso de poder.

40.27. RECURSO HIERÁRQUICO PRÓPRIO E IMPRÓPRIO

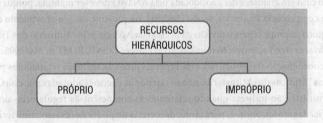

O **recurso hierárquico próprio** é o destinado a órgão superior da mesma estrutura administrativa; pode ser visto nos arts. 56 a 64 da Lei n. 9.784/99, sendo que o seu procedimento já foi analisado em item anterior que trata do processo administrativo.

Celso Antônio Bandeira de Mello[15] afirma que a sua interposição perante a autoridade que proferiu a decisão terminou por extinguir o recurso voluntário e criar um recurso de ofício sucessivo aos pedidos de reconsideração não atendidos e qualifica tal opção legislativa (§1º do art. 56 da Lei n. 9.784/99) como esdrúxula.

---

[15] MELLO, Celso Antônio Bandeira de. *Curso de direito administrativo*. 35. ed. São Paulo: Malheiros, 2021.

Apesar do brilhantismo do mestre, tem-se que a solução em tela é idêntica à solução adotada no recurso processual civil de agravo de instrumento, o recurso é voluntário, facultando-se apenas a possibilidade de reconsideração. Apenas por isso deve ser interposto perante a autoridade inferior.

O **recurso hierárquico impróprio** é o destinado a órgão pertencente à estrutura externa da entidade prolatora da decisão, não havendo hierarquia entre o prolator da decisão e o órgão revisor, podendo, inclusive, pertencer a pessoas jurídicas diversas. Imprescindível, porém, é a existência de supervisão ministerial, de secretaria estadual, distrital, municipal[16] ou do Chefe do respectivo Poder.

Exemplo de recurso hierárquico impróprio é o decorrente de decisão de agência reguladora para o Ministério correspondente[17].

A supervisão ministerial, na forma do art. 26 do Decreto-Lei n. 200/67, visa assegurar, essencialmente, a realização dos objetivos fixados nos atos de constituição da entidade, a harmonia com a política e a programação do Governo no setor de atuação da entidade, a eficiência administrativa e a autonomia administrativa, operacional e financeira da entidade.

---

[16] STJ, RMS 12.386/RJ, rel. Min. Franciulli Netto, 2ª Turma, julgado em 19-2-2004, *DJ* 19-4-2004. p. 168.

[17] IV – No caso em análise, a decisão adotada pela ANTAQ deve ser mantida, porque afeta à sua área de competência finalística, sendo incabível, no presente caso, o provimento de recurso hierárquico impróprio para a revisão da decisão da Agência pelo Ministério dos Transportes, restando sem efeito a aprovação ministerial do Parecer CONJUR/MT n. 244/2005.

V – A coordenação das Procuradorias Federais junto às agências reguladoras pelas Consultorias Jurídicas dos Ministérios não se estende às decisões adotadas por essas entidades da Administração indireta quando referentes às competências regulatórias desses entes especificadas em lei, porque, para tanto, decorreria do poder de revisão ministerial, o qual, se excepcionalmente ausente nas circunstâncias esclarecidas precedentemente, afasta também as competências das Consultorias Jurídicas. O mesmo ocorre em relação à vinculação das agências reguladoras aos pareceres ministeriais, não estando elas obrigadas a rever suas decisões para lhes dar cumprimento, de forma também excepcional, desde que nesse mesmo âmbito de sua atuação regulatória.

VI – Havendo disputa entre os Ministérios e as agências reguladoras quanto à fixação de suas competências, ou mesmo divergência de atribuições entre uma agência reguladora e outra entidade da Administração indireta, a questão deve ser submetida à Advocacia-Geral da União.

VII – As orientações normativas da AGU vinculam as agências reguladoras.

VIII – As agências reguladoras devem adotar todas as providências para que, à exceção dos casos previstos em lei, nenhum agente que não integre a carreira de Procurador Federal exerça quaisquer das atribuições previstas no art. 37 da MP n. 2.229-43/2001" (Parecer AGU n. AC – 051, disponível em: <www.agu.gov.br>).

Os instrumentos efetivos que, na forma do artigo citado, possibilitam a citada supervisão são:

a) a indicação ou nomeação pelo Ministro ou, se for o caso, eleição dos dirigentes da entidade, conforme sua natureza jurídica;

b) a designação, pelo Ministro, dos representantes do Governo Federal nas Assembleias Gerais e órgãos de administração ou controle da entidade;

c) o recebimento sistemático de relatórios, boletins, balancetes, balanços e informações que permitam ao Ministro, acompanhar as atividades da entidade e a execução do orçamento-programa e da programação financeira aprovados pelo Governo;

d) a aprovação anual da proposta de orçamento-programa e da programação financeira da entidade, no caso de autarquia;

e) a aprovação de contas, relatórios e balanços, diretamente ou através dos representantes ministeriais nas Assembleias e órgãos de administração ou controle;

f) a fixação, em níveis compatíveis com os critérios de operação econômica, das despesas de pessoal e de administração;

g) a fixação de critérios para gastos de publicidade, divulgação e relações públicas;

h) a realização de auditoria e avaliação periódica de rendimento e produtividade; e

i) a intervenção, por motivo de interesse público.

Observe-se que o recurso hierárquico impróprio não foi listado como instrumento no art. 26 do Decreto-Lei n. 200/67, mas, normalmente, estará previsto na lei que criar ou autorizar a criação da entidade da Administração Indireta ou decorrerá do art. 170 do Decreto-Lei mencionado. Eis a norma: "Art. 170. O Presidente da República, por motivo relevante de interesse público, poderá avocar e decidir qualquer assunto na esfera da Administração Federal". Eis entendimento da AGU sobre o tema:

> "PORTO DE SALVADOR. THC2. DECISÃO DA ANTAQ. AGÊNCIA REGULADORA. CONHECIMENTO E PROVIMENTO DE RECURSO HIERÁRQUICO IMPRÓPRIO PELO MINISTÉRIO DOS TRANSPORTES. SUPERVISÃO MINISTERIAL. INSTRUMENTOS. REVISÃO ADMINISTRATIVA. LIMITAÇÕES. I – O Presidente da República, por motivo relevante de interesse público, poderá avocar e decidir qualquer assunto na esfera da Administração Federal (DL n. 200/67, art. 170).

II – Estão sujeitas à revisão ministerial, de ofício ou por provocação dos interessados, inclusive pela apresentação de recurso hierárquico impróprio, as decisões das agências reguladoras referentes às suas atividades administrativas ou que ultrapassem os limites de suas competências materiais definidas em lei ou regulamento, ou, ainda, violem as políticas públicas definidas para o setor regulado pela Administração direta.

III – Excepcionalmente, por ausente o instrumento da revisão administrativa ministerial, não pode ser provido recurso hierárquico impróprio dirigido aos Ministérios supervisores contra as decisões das agências reguladoras adotadas finalisticamente no estrito âmbito de suas competências regulatórias previstas em lei e que estejam adequadas às políticas públicas definidas para o setor (Parecer AGU AC-51, de 1º-6-2012).

41

AGENTES PÚBLICOS

41.1. CONCEITO

O Estado, para a realização dos seus fins, depende de **recursos materiais** e **humanos**. Os primeiros são obtidos, em regra, mediante o procedimento licitatório e através das contratações, visto que, apesar de produzir alguns bens e dispor de alguns serviços, a atividade estatal não os produz na variedade e quantidade necessárias para a manutenção das suas ações. Os segundos são os agentes públicos, pessoas físicas que personalizam o Estado, a fim de que a abstração não impossibilite o **cumprimento dos seus objetivos**.

Agente público é a pessoa física que, por força da Constituição, de lei, contrato ou qualquer ato jurídico, exerce, ainda que temporária, excepcional ou eventualmente, com ou sem retribuição financeira, compulsória ou voluntariamente, cargo, emprego, função ou mandato junto às pessoas jurídicas de direito público (*vide* ADI 2.135/DF).

Ressalte-se, por oportuno, que é proibida a **prestação de serviços gratuitos**, salvo os casos previstos em lei.

José Cretella Júnior[1] afirma: "Daremos o nome de agentes públicos a todas as pessoas físicas que participam de maneira permanente, temporária ou acidental, da atividade do Estado, seja por atos jurídicos, seja por atos de ordem técnica material".

Ao menos duas normas jurídicas federais apresentam conceitos de agente público.

O art. 2º da Lei n. 8.429/92 determina: "Para os efeitos desta Lei, consideram-

---

[1] CRETELLA JÚNIOR, José. *Curso de direito administrativo*. 10. ed. rev. e atual. Rio de Janeiro: Forense, 1989.

-se agente público o agente político, o servidor público e todo aquele que exerce, ainda que transitoriamente ou sem remuneração, por eleição, nomeação, designação, contratação ou qualquer outra forma de investidura ou vínculo, mandato, cargo, emprego ou função nas entidades referidas no art. 1º desta Lei".

O parágrafo único do art. 11 do Decreto n. 6.029/2007 (institui Sistema de Gestão da Ética do Poder Executivo Federal, e dá outras providências) aduz: "Entende-se por agente público, para os fins deste Decreto, todo aquele que, por força de lei, contrato ou qualquer ato jurídico, preste serviços de natureza permanente, temporária, excepcional ou eventual, ainda que sem retribuição financeira, a órgão ou entidade da Administração Pública federal, direta e indireta".

O conceito apresentado pelo art. 2º da Lei n. 8.429/92 tem eficácia apenas para a lei em questão e o conceito do art. 11 do Decreto n. 6.029/2007 aplica-se apenas ao decreto em tela, consequentemente, por expressa previsão das normas, não se aplicam de forma geral ao Direito Administrativo.

A inaplicabilidade de forma geral deve-se à amplitude dos conceitos, visto que englobam como destinatárias do labor pessoas jurídicas de direito privado estatais e, em alguns casos, até pessoas jurídicas de direito privado não estatais. Ambos os conceitos **equiparam agentes privados a agentes públicos** para possibilitar a incidência dos seus artigos sobre as condutas por aqueles praticadas.[2]

Os **agentes privados das empresas estatais**, chamados de **empregados estatais**, são **equiparados** a **agentes públicos** também para fim de mandado de segurança em casos de violação a direito líquido e certo em licitação[3], para fim de submissão da sua contratação ao princípio do concurso público, na forma do inciso II do art. 37 da CF/88, para fim de acumulação de cargos, empregos ou funções, na forma do inciso XVII do citado artigo e – somente no caso do empregado de empresa estatal, e suas subsidiárias, que receberem recursos da União, dos Estados, do Distrito Federal ou dos Municípios para pagamento de despesas de pessoal ou de custeio em geral (§9º) – para fim do teto remuneratório do inciso XI.

Assim, a CF/88 possibilitou o recebimento de remuneração superior ao teto do inciso XI do seu art. 37 aos empregados estatais cuja empresa pública, sociedade de economia mista ou subsidiária não receba recursos do ente para pagamento de despesas de pessoal ou de custeio em geral.

Um diretor da Petrobras ou do Banco do Brasil pode, por exemplo, receber **remuneração maior** do que o **subsídio de Ministro do STF**.

---

[2]   STJ, REsp 1081098/DF, rel. Min. Luiz Fux, 1ª Turma, julgado em 4-8-2009, *DJe* 3-9-2009.
[3]   STJ, REsp 789.749/RS, rel. Min. Luiz Fux, 1ª Turma, julgado em 17-5-2007, *DJ* 4-6-2007, p. 310.

O Código Penal também apresenta um conceito próprio e bem abrangente de funcionário público. Eis a norma do *caput* e do §1º do seu art. 327:

> Considera-se funcionário público, para os efeitos penais, quem, embora transitoriamente ou sem remuneração, exerce cargo, emprego ou função pública.
>
> §1º – Equipara-se a funcionário público quem exerce cargo, emprego ou função em entidade paraestatal, e quem trabalha para empresa prestadora de serviço contratada ou conveniada para a execução de atividade típica da Administração Pública.

A Lei n. 12.016/09, relativa ao mandado de segurança individual e coletivo, equipara às autoridades os representantes ou órgãos de partidos políticos e os administradores de entidades autárquicas, bem como os dirigentes de pessoas jurídicas ou as pessoas naturais no exercício de atribuições do poder público, somente no que disser respeito a essas atribuições.

Há uma constatação interessante que pode ser extraída das diversas normas de Direito Administrativo que conceituam agente público, qual seja: sempre que for para aumentar o controle ou impor restrições, o conceito será mais amplo, abarcando o máximo de pessoas possível, e, sempre que for para outorgar benefícios, prerrogativas ou faculdades, o conceito será mais restrito.

Por fim, observe-se que a maioria da doutrina, ao contrário do que foi exposto, entende que os empregados estatais das empresas públicas e sociedades de economia mista são agentes públicos.

41.2. CARGOS PÚBLICOS, EMPREGOS PÚBLICOS, FUNÇÕES PÚBLICAS E MANDATOS PÚBLICOS

Os agentes públicos ocupam cargos públicos ou empregos públicos ou exercem funções públicas.

Cargo público é o conjunto de atribuições, deveres e responsabilidades previstas na estrutura organizacional que devem ser cometidas a um servidor, sob regime estatutário. Na esfera federal, o conceito de cargo público foi estabelecido pelo art. 3º da Lei n. 8.112/90.

Cargo público não é *título de nobreza* nem *título acadêmico*, existindo não em função da pessoa que o exerce, mas em função do interesse público primário a ser atingido. Consequentemente, os servidores públicos dotados de mais autonomia e independência não devem esquecer que a qualidade de membro de Poder ou de órgão dotado de função essencial à Justiça exige cortesia e respeito ao mais simples dos cidadãos e obediência irrestrita aos postulados do Estado Democrático de Direito.

Marçal Justen Filho[4] afirma que "cargo público é uma posição jurídica, utilizada como instrumento de organização da estrutura administrativa, criada e disciplinada por lei, sujeita a regime jurídico de direito público peculiar, caracterizado por mutabilidade por determinação unilateral do Estado e por certas garantias em prol do titular".

A criação, a transformação e a extinção de **cargos**, empregos ou funções públicas, na forma do inciso X do art. 48 da CF/88, dar-se-ão por **lei**. A iniciativa de lei será do poder respectivo. Assim, cargos no Poder Executivo serão criados, transformados ou extintos por iniciativa de lei do Presidente da República, do Governador de Estado ou do Prefeito, cargos no Poder Legislativo por iniciativa de lei ou resolução da Casa Legislativa e cargos no Poder Judiciário por iniciativa de lei dos Tribunais constitucionalmente competentes.

A remuneração dos cargos também será fixada em lei. O parágrafo único do art. 3º da Lei n. 8.112/90 afirma que: "Os cargos públicos, acessíveis a todos os brasileiros, **são criados por lei**, com denominação própria e vencimento pago pelos cofres públicos, para provimento **em caráter efetivo** ou **em comissão**".

Excepcionalmente, o Senado Federal e a Câmara dos Deputados podem criar, transformar ou extinguir cargos, empregos e funções através de **resolução**, e o Presidente da República pode extinguir cargos e funções vagos através de **decreto**, conforme dispõe a alínea *b* do inciso VI do art. 84 da CF/88.

Os cargos podem ser **federais**, **estaduais**, **distritais** ou **municipais**.

O inciso II do art. 37 da CF/88 apresenta dos tipos de cargos:

a) **efetivos**, aqueles que são preenchidos através de concurso público de provas ou de provas e títulos, de acordo com a natureza e complexidade das suas funções, que podem gerar estabilidade após o decurso de três anos e avaliação favorável em estágio probatório de mesmo período, que somente permitem a ruptura do vínculo através de processo administrativo, assegurada a ampla defesa, sentença judicial transitada em julgado, processo de avaliação periódica ou para redução de despesa com pessoal, na forma do §4º do art. 169 da CF/88;

b) **em comissão**, aqueles de livre nomeação e exoneração, observados os casos, condições e percentuais mínimos de ocupação por servidores de carreira, que não geram vínculo estável com a Administração Pública e fazem parte da esfera de confiança direta e pessoal do agente público hierarquicamente superior. Estão associados a atribuições de direção, chefia e assessoramento. Comportam exoneração imotivada ou *ad nutum*. Podem ser ocupados, em regra, por pessoas sem vínculos efetivos com o serviço público.

---

4   JUSTEN FILHO, Marçal. *Curso de direito administrativo*. 10. ed. São Paulo: Editora Revista dos Tribunais, 2014. p. 908.

Exemplo de norma que limita a ocupação de cargos em comissão por quem não faz parte do serviço público é o §7º do art. 5º da Lei n. 11.416/06. Segue o seu texto:

§7º Pelo menos 50% (cinquenta por cento) dos cargos em comissão, a que se refere o *caput* deste artigo, no âmbito de cada órgão do Poder Judiciário, serão destinados a servidores efetivos integrantes de seu quadro de pessoal, na forma prevista em regulamento.

Alguns autores defendem existir a espécie **cargo vitalício.** Porém, trata-se apenas de **cargo efetivo com garantias especiais** contra a ruptura do vínculo com o Poder Público, conforme será visto em item próprio.

Além dos cargos efetivos, em comissão e de confiança, os cargos públicos podem ser de **carreira** ou **isolados.**

a) Os cargos de **carreira** são aqueles em que há um escalonamento de classes ou categorias, cujo acesso para a classe ou categoria superior independe de concurso público, mas apenas de critérios meritórios ou temporais relacionados à progressão ou/e à promoção. A **progressão** é a mudança linear para padrão ou nível superior dentro da mesma classe ou categoria. A **promoção** é a mudança vertical de uma classe ou categoria para a superior na sua carreira funcional.

b) Os cargos **isolados** são os que não se escalonam em classes, existindo isoladamente, sendo impossível qualquer tipo de ascensão meritória ou temporal. Exemplo de cargo isolado é o de Professor Titular-Livre do Magistério Superior das Instituições Federais de Ensino. O §4º do art. 1º da Lei n. 12.772/12 ilustra bem a sua característica, afirmando que: "*Os Cargos Isolados do Plano de Carreiras e Cargos de Magistério Federal são estruturados em uma única classe e nível de vencimento*".

O conjunto de cargos isolados ou de carreira é chamado de **quadro.**

Em relação à carreira, pode ser usado também o exemplo das Instituições Federais de Ensino. O §1º do art. 1º da mencionada lei afirma que: "A Carreira de Magistério Superior é estruturada em classes A, B, C, D e E e respectivos níveis de vencimento na forma do Anexo I".

Dessa maneira, tanto para os cargos iniciais de carreira quanto para os cargos isolados haverá concurso público, porém, aqueles possibilitam ao seu titular promoção e estes não. Observe-se que há uma situação peculiar, visto que o professor promovido até a classe "E" é denominado de Titular e o que ingressou em cargo isolado é chamado de Titular-Livre.

Os cargos públicos, na forma do art. 37 da Lei n. 8.112/90, podem ser redistribuídos para melhor atender às finalidades da Administração Pública. A redistribuição é o deslocamento de cargo de provimento efetivo, ocupado ou vago no âmbito do quadro geral de pessoal, para outro órgão ou entidade do mesmo Poder.

Emprego público é o conjunto de atribuições, deveres e responsabilidades previstas na estrutura organizacional que devem ser cometidas a pessoa física contratada sob o **regime celetista e da Lei n. 9.962/2000**.

O emprego público somente existe em relação às pessoas jurídicas de direito público, não se devendo confundir, conforme será mostrado mais adiante, emprego público com emprego estatal como faz a maioria da doutrina e da jurisprudência.

A principal distinção entre cargos e empregos públicos reside na natureza da relação jurídica travada entre o agente público e o Estado, pois, em relação aos primeiros, há uma série de garantias para o exercício das suas atribuições e, em relação aos segundos, existe um rol de garantias diminuto listado no art. 3º da Lei n. 9.962/2000.

Assim, apesar de antes da promulgação da CF/88 ter havido carreiras privativas de Estado exercidas sob a forma de emprego público, não existe questionamento, após a citada Carta, sobre a imposição da forma estatutária para as carreiras típicas de Estado, em virtude da relevância das suas atribuições para o Estado e para a Sociedade.

O art. 247 da CF/88 ilustra a relevância das carreiras típicas de Estado, nos seguintes termos:

> Art. 247. As leis previstas no inciso III do §1º do art. 41 e no §7º do art. 169 estabelecerão *critérios e garantias especiais para a perda do cargo pelo servidor público estável que, em decorrência das atribuições de seu cargo efetivo, desenvolva atividades exclusivas de Estado.*
>
> Parágrafo único. Na hipótese de insuficiência de desempenho, a perda do cargo somente ocorrerá mediante processo administrativo em que lhe sejam assegurados o contraditório e a ampla defesa.

Como já foi dito, a criação, a transformação e a extinção de cargos, **empregos** e funções públicas, na forma do inciso X do art. 48 da CF/88, dar-se-ão por **lei**. A iniciativa de lei será do poder respectivo. Assim, os empregos públicos no Poder Executivo serão criados, transformados ou extintos por iniciativa de lei do Presidente, do Governador ou do Prefeito, cargos no Poder Legislativo por iniciativa de lei ou resolução da Casa Legislativa e cargos no Poder Judiciário por iniciativa de lei dos Tribunais constitucionalmente competentes. A remuneração dos empregos públicos também será fixada em lei.

A contratação de pessoal para emprego público deverá ser precedida de concurso público de provas ou de provas e títulos, conforme a natureza e a complexidade do emprego.

Função pública é, segundo José dos Santos Carvalho Filho[5], a atividade em si mesma, ou seja, é sinônimo de atribuição e corresponde às inúmeras tarefas que constituem o objeto dos serviços prestados pelos servidores públicos. Nesse sentido, fala-se em função de apoio, função de direção, função técnica".

Na forma do inciso X do art. 48 da CF/88, a competência para a criação, transformação e extinção de cargos, empregos e funções públicos é do Congresso Nacional, ressalvadas as hipóteses de extinção de competência do Presidente da República descritas na alínea *b* do inciso VI e no inciso XXV, tudo do art. 84 da Carta Maior. Todavia, quando se tratar de cargo, emprego ou função da Câmara dos Deputados ou do Senado, as próprias Casas podem criá-los, transformá-los ou extingui-los por meio de resolução (*vide* inciso IV do art. 51 e inciso XIII do art. 52 da CF/88).

Como já foi dito, a fixação da remuneração dos cargos, empregos e funções públicos dependerá de lei[6].

A **função de confiança** é espécie do gênero função pública e é disciplinada no inciso V do art. 37 da CF/88 da seguinte maneira: "as funções de confiança, exercidas exclusivamente por servidores ocupantes de cargo efetivo, e os cargos em comissão, a serem preenchidos por servidores de carreira nos casos, condições e percentuais mínimos previstos em lei, destinam-se apenas às atribuições de direção, chefia e assessoramento".

Somente poderá ser ocupada por titular de cargo efetivo. Consequentemente, pessoas de fora da Administração Pública não poderão exercer função de confiança.

São destinadas, conforme acontece também com os cargos em comissão, às atribuições de direção, chefia e assessoramento.

Todo cargo tem função, pois não pode ser admitida a inexistência de tarefas e atribuições para o titular de cargo público, mas nem toda função pressupõe a existência ou vinculação a um cargo público.

---

[5] CARVALHO FILHO, José dos Santos. *Manual de direito administrativo*. 35. ed. Barueri: Atlas, 2021. p. 627.

[6] Como exemplo da exigência constitucional de lei em sentido formal, mencione-se a Lei n. 10.863, de 29 de abril de 2004, que convalida a Resolução n. 7, de 2002, do Senado Federal, que unifica as tabelas de vencimentos básicos e os demais componentes da estrutura remuneratória aplicável aos cargos de provimento efetivo integrantes do Quadro de Pessoal do Senado Federal e de seus órgãos supervisionados, nos termos do art. 17 da Resolução n. 9, de 1997, do Senado Federal.

CURSO DE DIREITO ADMINISTRATIVO

O ocupante de cargo em comissão ou função de confiança submete-se a **regime de integral dedicação ao serviço**, podendo ser convocado sempre que houver interesse da Administração.

Segundo o art. 35 da Lei n. 8.112/90, a **exoneração de cargo em comissão e a dispensa de função de confiança** dar-se-ão:

I – a juízo da autoridade competente;
II – a pedido do próprio servidor.

Os servidores investidos em cargo ou função de direção ou chefia e os ocupantes de cargo de Natureza Especial terão **substitutos** indicados no regimento interno ou, no caso de omissão, previamente designados pelo dirigente máximo do órgão ou entidade.

O substituto assumirá **automática e cumulativamente**, sem prejuízo do cargo que ocupa, o exercício do cargo ou função de direção ou chefia e os de Natureza Especial, **nos afastamentos, impedimentos legais ou regulamentares do titular e na vacância do cargo**, hipóteses em que deverá optar pela remuneração de um deles durante o respectivo período.

Ao servidor ocupante de cargo efetivo investido em função de direção, chefia ou assessoramento, cargo de provimento em comissão ou de Natureza Especial é devida retribuição pelo seu exercício.

O **mandato público eletivo** é o feixe de relações jurídicas temporárias pautadas nas Constituições e Leis Orgânicas relativas ao exercício, decorrente de sufrágio, de funções políticas de condução dos principais órgãos do Estado. São exemplos de titulares de mandatos: a) senadores; b) deputados; c) presidente da República; d) governadores; e) prefeitos; e f) vereadores.

41.3. NEPOTISMO

Apesar da relativa liberdade de que dispõe o gestor público na nomeação de pessoas para cargos em comissão e na designação de pessoas para as funções de confiança, não pode haver nepotismo.

O **nepotismo** (do latim *nepos*, sobrinho, neto, ou descendente) é a palavra usada para designar o favorecimento pessoal a parentes em detrimento de pessoas mais qualificadas que poderiam ser escolhidas com base em critérios objetivos para cargos e funções públicas.

O STF editou a Súmula Vinculante n. 13 que estabeleceu a vedação do nepotismo na seguinte forma:

> A nomeação de cônjuge, companheiro ou parente em linha reta, colateral ou por afinidade, até o terceiro grau, inclusive, da autoridade nomeante ou de servidor

da mesma pessoa jurídica investido em cargo de direção, chefia ou assessoramento, para o exercício de cargo em comissão ou de confiança ou, ainda, de função gratificada na administração pública direta e indireta em qualquer dos poderes da União, dos Estados, do Distrito Federal e dos Municípios, compreendido o ajuste mediante designações recíprocas, viola a Constituição Federal.

Note-se que o próprio STF limitou a eficácia da súmula acima aos cargos em comissão ou de confiança e às funções gratificadas, não abarcando, portanto, os cargos dos **agentes políticos**. Eis jurisprudência recente daquela Corte:

> **DIREITO CONSTITUCIONAL E ADMINISTRATIVO. AGRAVO REGIMENTAL. RECLAMAÇÃO. NEPOTISMO. NOMEAÇÃO DE CÔNJUGE PARA CARGO POLÍTICO. ALEGADA CONTRARIEDADE À SÚMULA VINCULANTE 13. INOCORRÊNCIA. AGRAVO REGIMENTAL A QUE SE NEGA PROVIMENTO**[7].

O inciso VIII do art. 117 da Lei n. 8.112/90 também vedou o nepotismo da seguinte maneira: "Art. 117. Ao servidor é proibido: (...) VIII – manter sob sua chefia imediata, em cargo ou função de confiança, cônjuge, companheiro ou parente até o segundo grau civil".

Contudo, a Súmula Vinculante n. 13, do STF, foi mais abrangente, incluindo os parentes até o **terceiro grau**.

Como mecanismo de burla à proibição legal do nepotismo, disseminou-se a prática de "nepotismo cruzado", em que uma autoridade pública nomeia parente de outra autoridade que, por sua vez, nomeia parente daquela, mediante troca de favores. É o que a Súmula Vinculante n. 13 denomina como "ajuste mediante designações recíprocas".

As designações recíprocas, haja vista a aparência de legalidade dos atos – pois a pessoa nomeada por cada autoridade não tem relação de parentesco com esta – têm identificação mais difícil, havendo de se comprovar o dolo das autoridades com poderes para a nomeação, enquanto no nepotismo direto o dolo é presumido.

Merece realce o fato de que embora a Constituição Federal e as leis tratem de condutas que caracterizem nepotismo, não há definição legal do nepotismo em si. Com vistas à precisa delimitação do alcance das regras proibitivas, em homenagem aos princípios da isonomia e da moralidade, o Conselho Nacional de Justiça editou a Resolução n. 7, de 18 de outubro de 2005, cujo art. 1º dispõe que "é vedada a prática de nepotismo no âmbito de todos os órgãos do Poder Judiciário, sendo nulos os atos assim caracterizados". O ato normativo trata de

---

[7] STF, Rcl 28681 AgR, rel. Min. Alexandre de Moraes, 1ª Turma, julgado em 18-12-2017, *DJe* 7-2-2018.

diversas condutas que caracterizam nepotismo, no âmbito do Poder Judiciário.

Na mesma linha, o Presidente da República editou o Decreto n. 7.203, de 4 de junho de 2010, que dispõe sobre a vedação do nepotismo no âmbito da administração pública federal. Consequentemente, referido ato regulamentar não obriga os outros poderes da União, nem as outras esferas federativas.

Por força do art. 3º do Decreto n. 7.203/2010, são vedadas, no âmbito de cada órgão ou entidade, as nomeações, contratações ou designações de familiar de Ministro de Estado, familiar da máxima autoridade administrativa correspondente ou, ainda, familiar de ocupante de cargo em comissão ou função de direção, chefia ou assessoramento para:

(i) cargo em comissão ou função de confiança;

(ii) atendimento a necessidade temporária de excepcional interesse público, salvo quando a contratação tiver sido precedida de regular processo seletivo; e

(iii) estágio, salvo se a contratação for precedida de processo seletivo que assegure o princípio da isonomia entre os concorrentes.

Da leitura dos comandos proibitivos, depreende-se que o espírito da norma busca a impossibilitar favorecimentos para o exercício de funções públicas, independentemente da forma como isso ocorre, se mediante a investidura em cargo ou função comissionada, estágio ou mesmo a contratação temporária.

Seja um ocupante de cargo comissionado, um contratado para atendimento a necessidade temporária de excepcional interesse público ou um estagiário, a despeito das distintas relações jurídicas formadas com a Administração, todas oneram o erário, mesmo a relação de estágio que, embora não constitua vínculo laboral, impõe a remuneração em favor da pessoa em relação de aprendizagem, *ex vi* do art. 12, *caput*, da Lei n. 11.788/2008, que dispõe: "O estagiário poderá receber bolsa ou outra forma de contraprestação que venha a ser acordada, sendo compulsória a sua concessão, bem como a do auxílio-transporte, na hipótese de estágio não obrigatório".

A norma visa, pois, a impossibilitar o uso da Administração Pública para o favorecimento de cônjuges, companheiros ou parentes de autoridades públicas.

Não caracteriza nepotismo a assunção de qualquer dessas posições – contratação temporária e excepcional ou estágio – mediante processo seletivo, haja vista que nessa situação o cônjuge, companheiro ou parente da autoridade submete-se aos mesmos pressupostos exigidos de todos os interessados, indistintamente, em observância ao princípio da isonomia.

As referidas vedações estendem-se às situações que caracterizem designações recíprocas, consoante a regra do §1º do art. 3º da norma em comento, o qual dispõe que as proibições aplicam-se também "quando existirem circunstâncias caracterizadoras de ajuste para burlar as restrições ao nepotismo, especialmente mediante nomeações ou designações recíprocas, envolvendo órgão ou entidade da administração pública federal". Convém anotar, ainda, o teor do §3º do art. 3º do predito decreto presidencial:

> É **vedada** também a **contratação direta, sem licitação**, por órgão ou entidade da administração pública federal de pessoa jurídica na qual haja administrador ou sócio com poder de direção, familiar de detentor de cargo em comissão ou função de confiança que atue na área responsável pela demanda ou contratação ou de autoridade a ele hierarquicamente superior no âmbito de cada órgão e de cada entidade. (grifos)

O dispositivo regulamentar expressa com nitidez o espírito da norma: proibir que pessoas ocupem postos atrelados à Administração Pública, direta ou indiretamente, mediante artifício que se traduza em ofensa ao princípio da isonomia.

A prática vedada pode ocorrer por meio do exercício de cargo, emprego ou mesmo estágio de aprendizagem na estrutura da Administração, ou contratação direta, quando efetuada com o propósito de beneficiar empresa cujo administrador ou sócio com poder de direção tenha relação de parentesco com a autoridade do órgão ou entidade contratante.

Infelizmente, é bastante comum no Brasil a existência de administradores que "não reconhecem os limites entre público e privado. Exercem suas atividades buscando apenas satisfazer suas necessidades pessoais ou de certa classe, desconsiderando quais são os desejos e carências reais da população"[8].

O conjunto de normas relacionadas ao nepotismo colima extinguir a nefasta cultura do *patrimonialismo*, termo que tem origem na obra de Max Weber[9]. O pensador germânico enuncia:

> De acordo com seu princípio estrutural, o patrimonialismo era o ambiente específico para o desenvolvimento do "favoritismo": são característicos dele os cargos de confiança junto do senhor, com poder imenso, havendo, porém, sempre a possibilidade de uma queda repentina, em peripécias dramáticas, devida não a motivos objetivos, mas puramente pessoais.

A efetiva abolição de práticas classificadas como nepotismo é, portanto, condição imprescindível para o tratamento da coisa pública conforme os prin-

---

8   SARAIVA, Flávia Carvalho Mendes. *O patrimonialismo e seus reflexos na administração pública brasileira*. Controle, Fortaleza, v. 17, n. 2, p. 334-363, jul./dez. 2019. p. 336.

9   WEBER, Max. *Economia e sociedade*: fundamentos da sociologia compreensiva. Tradução de Regis Barbosa e Karen Elsabe Barbosa. Brasília: Editora UnB, 2004. p. 304.

cípios tabulados no art. 37, *caput*, da Lei Maior, em respeito aos valores e significados da República (*res publica*).

41.4. TIPOS DE AGENTES PÚBLICOS

AGENTES PÚBLICOS	Agentes políticos
	Militares
	Empregados públicos
	Contratados por tempo determinado
	Particulares em colaboração com o poder público
	Servidores públicos

41.4.1. Agentes políticos

Os **agentes políticos** são agentes públicos da mais **alta hierarquia** do Estado, estabelecida pela Carta Magna, cujos vínculos não têm natureza permanente, que, com base no seu poder, traçam e implementam as **políticas públicas constitucionais** e as **políticas públicas de governo**. Normalmente, os agentes políticos são os detentores de mandatos ou são aqueles sem vínculo efetivo com o Estado que têm o seu regime e as suas atribuições claramente listadas na Constituição. Não há falar em vínculo contratual de agentes políticos com o Estado.

Nem todos os agentes políticos são detentores de mandato público eletivo. **São agentes políticos o Presidente da República, os Governadores, Prefeitos e respectivos vices, os auxiliares imediatos dos Chefes de Executivo, isto é, Ministros e Secretários das diversas pastas, bem como os Senadores, Deputados federais, estaduais e os Vereadores.**

Não há qualquer exigência de **qualificação técnica** para o exercício do *munus* público atribuído a tais agentes.

Segundo José dos Santos Carvalho Filho[10] os agentes políticos são aqueles aos quais incumbe a "execução das diretrizes traçadas pelo Poder Público. São estes agentes que desenham os destinos fundamentais do Estado e que criam as estratégias políticas por eles consideradas necessárias e convenientes para que o Estado atinja os seus fins".

---

[10] CARVALHO FILHO, José dos Santos. *Manual de direito administrativo*. 35. ed. Barueri: Atlas, 2021. p. 602.

Apesar da grande relevância dos outros agentes públicos para o Estado, por exemplo, magistrados, membros do Ministério Público, da Defensoria Pública, da Advocacia Pública, dos Tribunais de Contas e da Diplomacia, o Poder Constituinte Originário não pretendeu erigi-los à classe dos agentes políticos. **Contudo, grande parte da doutrina e o STF entendem que os membros do Ministério Público e da Magistratura são agentes políticos.** Eis acórdão daquela Corte:

> Recurso extraordinário. Responsabilidade objetiva. Ação reparatória de dano por ato ilícito. Ilegitimidade de parte passiva. 2. Responsabilidade exclusiva do Estado. A autoridade judiciária não tem responsabilidade civil pelos atos jurisdicionais praticados. **Os magistrados enquadram-se na espécie agente político, investidos para o exercício de atribuições constitucionais, sendo dotados de plena liberdade funcional no desempenho de suas funções, com prerrogativas próprias e legislação específica**[11].

A **contraprestação exclusiva** devida pelo Estado ao agente político pelo seu labor denomina-se, na forma do §4º do art. 39 da CF/88, **subsídio,** fixado em parcela única, vedado o acréscimo de qualquer gratificação, adicional, abono, prêmio, verba de representação ou outra espécie remuneratória, salvo algumas verbas indenizatórias que serão tratadas no item oportuno.

41.4.2. Militares

41.4.2.1. Considerações iniciais

As Forças Armadas, constituídas pela **Marinha**, pelo **Exército** e pela **Aeronáutica**, são instituições nacionais permanentes e regulares, organizadas com base na **hierarquia** e na **disciplina**, sob a autoridade suprema do Presidente da República, e destinam-se à defesa da Pátria, à garantia dos poderes constitucionais e, por iniciativa de qualquer destes, da lei e da ordem, na forma do art. 142 da CF/88.

Os **militares das Forças Armadas** eram considerados servidores militares federais (*caput* do art. 43 da CF/88), mas a Emenda Constitucional n. 18, de 05 de fevereiro de 1998, retirou-lhes a qualificação de servidores e passou a denominá-los apenas de militares (§3º do art. 142 da CF/88).

A Emenda citada também retirou os membros das Polícias Militares e Corpos de Bombeiros Militares dos Estados, do Distrito Federal e dos Territórios da Seção II relativa aos servidores públicos, conforme o título da Seção III do Capítulo VII do Título III da CF/88.

---

[11] STF, RE 228977, rel. Néri da Silveira, 2ª Turma, julgado em 5-3-2002, *DJ* 12-4-2002.

Assim, surge a dúvida: **pretendeu o Poder Constituinte Derivado Reformador retirar a qualidade de servidores públicos dos militares das Forças Armadas e das Polícias Militares e Corpos de Bombeiros Militares dos Estados, do Distrito Federal e dos Territórios?**

A **resposta é positiva**, visto que a opção política foi de afastar o regime previdenciário do servidor público do regime previdenciário do militar das Forças Armadas a das Polícias Militares e Corpos de Bombeiros Militares dos Estados, do Distrito Federal e dos Territórios, a fim de que fossem implantadas as reformas constantes na Emenda Constitucional n. 41, de 19 de dezembro de 2003, que, a contar da sua promulgação, extinguiram a possibilidade de o servidor público ter os seus proventos de aposentadoria, por ocasião da sua concessão, calculados com base na remuneração do cargo efetivo em que se der a aposentadoria, correspondendo à **totalidade da remuneração**.

Todavia, os militares das Forças Armadas da **reserva remunerada** continuam tendo **soldo de valor igual** ao dos militares da ativa, na forma do art. 55[12] da Lei n. 6.880/80, que dispõe sobre o Estatuto dos Militares.

Outra tendência ilustrada pela Emenda Constitucional n. 18, de 5 de fevereiro de 1998, foi a desmilitarização das Polícias Militares e Corpos de Bombeiros Militares dos Estados, do Distrito Federal e dos Territórios, pois tais militares foram mantidos no mesmo capítulo que trata da Administração Pública, portanto, retirados do regime dos militares das Forças Armadas.

O Poder Reformador foi claro ao afirmar *os militares não são considerados servidores públicos*, mas a maioria da doutrina ainda classifica todos os militares, inclusive das Forças Armadas, como servidores públicos militares.

Na forma do inciso VIII do §3º do art. 142 da CF/88, aplica-se aos militares o disposto no art. 7º, incisos VIII, XII, XVII, XVIII, XIX e XXV, e no art. 37, incisos XI, XIII, XIV e XV, ambos da CF/88.

Os militares das Forças Armadas têm direito a décimo terceiro salário com base na remuneração integral ou no valor do soldo de inatividade, salário-família pago em razão do dependente do militar de baixa renda nos termos da lei, gozo de férias anuais remuneradas com, pelo menos, um terço a mais do que o soldo normal, licença à gestante, sem prejuízo do emprego e do salário, licença-paternidade, nos termos fixados em lei, assistência gratuita aos filhos e dependentes desde o nascimento até 5 anos de idade em creches e pré-escolas e irredutibilidade do soldo.

---

[12] "Art. 55. O valor do soldo é igual para o militar da ativa, da reserva remunerada ou reformado, de um mesmo grau hierárquico, ressalvado o disposto no item II, do *caput*, do art. 50."

E estão sujeitos ao teto remuneratório dos Ministros do STF, à vedação de vinculação ou equiparação de quaisquer espécies remuneratórias para o efeito de remuneração de pessoal do serviço público, à impossibilidade de computar ou adicionar, para fins de concessão de acréscimos ulteriores, os acréscimos pecuniários percebidos e à vedação de acumulação de cargos, empregos ou funções dos incisos XVI e XVII do art. 37 da Carta Maior.

Ao militar são proibidas a **sindicalização e a greve** (inciso IV do §3º do art. 142 da CF/88) e, enquanto em serviço ativo, não pode estar filiado a partidos políticos (inciso V).

41.4.2.2. Estatuto dos militares (Lei n. 6.880/80)

A Lei n. 6.880/80 regulamenta a situação, as obrigações, os deveres, os direitos e as prerrogativas dos membros das Forças Armadas, ilustrando que os militares podem ser classificados como da ativa ou em inatividade, estabelecendo como imperativos elementares a hierarquia e a disciplina, listando as formas de ingresso, tratando do cargo e das funções militares, do compromisso e da ética militares, estabelecendo as relações de comando e subordinação e as formas de sanção, dentre outros dispositivos orgânicos da atividade na caserna.

Vislumbra-se, desta forma, que há também nas Forças Armadas atividade administrativa que é desempenhada pelos militares e pelos servidores civis em organizações militares, portanto, aplica-se a esta atividade todas as normas constitucionais que tratam da Administração Pública e, subsidiariamente, a legislação infraconstitucional de Direito Administrativo.

41.4.3. Empregados públicos

41.4.3.1. Conceito

Empregados públicos são os agentes públicos efetivos das pessoas jurídicas de **direito público**, cuja relação com o Estado é regida por contrato de trabalho disciplinado pelo Decreto-Lei n. 5.452, de 1º de maio de 1943, Consolidação das Leis do Trabalho (CLT), pela legislação trabalhista correlata e pela **Lei n. 9.962/2000. Não se confundem com os empregados estatais.**

As diferenças entre o **empregado público** e o **empregado estatal** são:

a) o empregado público é um agente público e o empregado estatal é um agente privado equiparado, nas situações previstas na Constituição e nas leis, ao agente público;

b) o empregado público tem como empregadora uma **pessoa jurídica de direito público** e o empregado estatal tem como empregadora uma **pessoa jurídica de direito privado da Administração Pública Indireta, ou seja, uma empresa estatal**;

c) o empregado público tem a sua relação regida pela CLT, pela legislação trabalhista correlata e pela Lei n. 9.962/2000 e o empregado estatal tem a sua relação regida pela CLT e pela legislação trabalhista correlata, **sem a incidência** da Lei n. 9.962/2000; e

d) o empregado público, segundo o art. 3º da Lei n. 9.962/2000, tem garantias contra a dispensa imotivada e o empregado estatal não as tem, segundo a jurisprudência dominante do Tribunal Superior do Trabalho[13].

Em relação ao **empregado público**, as garantias do art. 3º da Lei n. 9.962/2000 podem ser afastadas quando a contratação decorrer da autonomia de gestão de que trata o §8º do art. 37 da Constituição Federal.

Apesar de a jurisprudência do TST possibilitar a dispensa imotivada do **empregado estatal**, a melhor solução é a despedida com base em **critérios objetivos** e anteriormente estabelecidos na norma geral e abstrata sobre o assunto da empresa pública ou sociedade de economia mista, a fim de que seja observado o princípio da impessoalidade do *caput* do art. 37 da Carta Magna e, especificamente, a similitude das formas, visto que a contratação obedece ao critério objetivo do concurso público. Eis julgado do STF em sentido diverso do entendimento do TST:

> **EMPRESA BRASILEIRA DE CORREIOS E TELÉGRAFOS – ECT. DEMISSÃO IMOTIVADA DE SEUS EMPREGADOS. IMPOSSIBILIDADE. NECESSIDADE DE MOTIVAÇÃO DA DISPENSA. RE PARCIALMENTE PROVIDO.** I – Os empregados públicos não fazem jus à estabilidade prevista no art. 41 da CF, salvo aqueles admitidos em período anterior ao advento da EC n. 19/1998. **Precedentes. II – Em atenção, no entanto, aos princípios da impessoalidade e isonomia, que regem a admissão por concurso público, a dispensa do empregado de empresas públicas e sociedades de economia mista que prestam serviços públicos deve ser motivada, assegurando-se, assim, que tais princípios, observados no momento daquela admissão, sejam também respeitados por ocasião da dispensa. III – A motivação do ato de dispensa, assim, visa a resguardar o empregado de uma possível quebra do postulado da impessoalidade por parte do agente estatal investido do poder de demitir.**

---

[13] TST, RR 886300-12.2001.5.09.0004, rel. Min. Aloysio Corrêa da Veiga, 6ª Turma, julgado em 11-6-2008, publicado em 13-6-2008.

IV – Recurso extraordinário parcialmente provido para afastar a aplicação, ao caso, do art. 41 da CF, exigindo-se, entretanto, a motivação para legitimar a rescisão unilateral do contrato de trabalho. (STF, RE 589998, Relator(a): Min. RICARDO LEWANDOWSKI, Tribunal Pleno, julgado em 20-3-2013, ACÓR-DÃO ELETRÔNICO REPERCUSSÃO GERAL – MÉRITO *DJe*-179 DIVULG 11-09-2013 PUBLIC 12-09-2013).

EMPREGO PÚBLICO	EMPREGO ESTATAL
AGENTE PÚBLICO	AGENTE ESTATAL (em alguns casos equiparado ao agente público)
EMPREGADORA: pessoa jurídica de direito público	EMPREGADORA: pessoa jurídica de direito privado da Administração indireta (empresa estatal)
NORMAS DE REGÊNCIA: CLT, legislação correlata e Lei n. 9.962/2000	NORMAS DE REGÊNCIA: CLT e legislação correlata
INCIDÊNCIA DE ALGUMAS GARANTIAS CONTRA A DISPENSA IMOTIVADA (art. 3º da Lei n. 9.962/2000)	INEXISTÊNCIA DE GARANTIAS CONTRA A DISPENSA IMOTIVADA (TST)
CRIAÇÃO POR LEI	CRIAÇÃO POR ATO DA EMPRESA ESTATAL

Os empregados públicos e os empregados estatais não podem, além das hipóteses trazidas pelo inciso XVI do art. 37 da CF/88, **acumular** cargos, empregos ou funções, de acordo com o inciso XVII do mesmo artigo.

Os empregados públicos não podem receber além do **teto remuneratório** estipulado no inciso XI do art. 37 da CF/88. Em relação ao empregado estatal, não será aplicado o teto remuneratório, salvo se, na forma do §9º do art. 37 da CF/88, fizer parte de empresas públicas e sociedades de economia mista, e suas subsidiárias, que receberem recursos da União, dos Estados, do Distrito Federal ou dos Municípios para pagamento de **despesas de pessoal** ou de **custeio em geral**.

Os empregados públicos e os empregados estatais respondem por **atos de improbidade administrativa** tipificados na Lei n. 8.429/92, podem ser autoridades coatoras para **Mandado de Segurança**, são funcionários públicos para fins **penais** e submetem-se a concurso público de provas ou de provas e títulos.

Não há falar em **estabilidade** para ambos, na forma da Súmula n. 390, II, do TST. *Vide* texto: "Ao empregado de empresa pública ou de sociedade de economia mista, ainda que admitido mediante aprovação em concurso público, não é garantida a estabilidade prevista no art. 41 da CF/1988 (ex-OJ n. 229 da SBDI-1 – inserida em 20.6-.2001)".

41.4.3.2. Histórico

Até a promulgação da CF/88, as pessoas jurídicas de direito público, a União, os Estados, os Municípios, o Distrito Federal, as autarquias e as fundações públicas poderiam adotar dois regimes: o **estatutário** e o **celetista**.

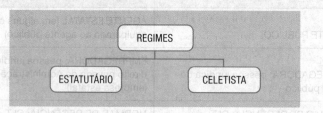

O **regime estatutário** é o decorrente de um conjunto sistematizado de normas jurídicas legais impositivas que disciplinam a relação do Estado com os seus servidores. Não há negociação no regime legal, pois aquele que pretende ser servidor público somente terá as opções de aderir ou não aderir ao estatuto, ainda que não concorde com determinada disposição.

O **regime celetista** é o que decorre das normas da Consolidação das Leis do Trabalho (CLT) e da legislação trabalhista correlata. Consequentemente, torna a relação entre o Estado e aquele que pretende ser agente público contratual, podendo, em alguns poucos casos, ser considerada a vontade do servidor além da adesão ou não ao contrato.

O *caput* do **texto original** do art. 39 da Carta Maior **proibiu** a adoção de mais de um regime pela União, Estados, Municípios, Distrito Federal, autarquias e fundações públicas ao afirmar que: "A União, os Estados, o Distrito Federal e os Municípios instituirão, no âmbito de sua competência, regime jurídico único e planos de carreira para os servidores da administração pública direta, das autarquias e das fundações públicas".

Nesse sentido, vedou-se a contratação de empregado público, pois o ingresso de agente público efetivo que não possuísse lei orgânica própria deveria ter, na esfera federal, a sua relação regida pela Lei n. 1.711/52 que tratava do Estatuto dos Funcionários Públicos Civis da União antes da Lei n. 8.112/90.

Ainda não estava extinta a figura do empregado público, mas a sua admissão estava vedada.

O emprego público federal existiria até a entrada em vigor da Lei n. 8.112, de 12 de dezembro de 1990, pois o seu art. 243 assim dispunha:

Ficam submetidos ao regime jurídico instituído por esta Lei, na qualidade de servidores públicos, os servidores dos Poderes da União, dos ex-Territórios, das autarquias, inclusive as em regime especial, e das fundações públicas, regidos pela Lei n. 1.711, de 28 de outubro de 1952 – Estatuto dos Funcionários Públicos Civis da União, ou pela Consolidação das Leis do Trabalho, aprovada pelo Decreto-Lei n. 5.452, de 1º de maio de 1943, exceto os contratados por prazo determinado, cujos contratos não poderão ser prorrogados após o vencimento do prazo de prorrogação.

O artigo acima extinguiu os empregados públicos, transformando-os em servidores públicos estatutários regidos pela Lei n. 8.112/90, único regime possível para os agentes públicos efetivos que não tivessem lei orgânica própria.

Em novembro de 1995, quase cinco anos depois da edição da Lei n. 8.112/90, o Ministro da Administração Federal e Reforma do Estado Luiz Carlos Bresser--Pereira editou, após a aprovação pela Câmara de Reforma do Estado e do Presidente da República Fernando Henrique Cardoso, o **Plano Diretor da Reforma do Aparelho do Estado**[14].

O Ministro Bresser-Pereira afirmava existir grave crise gerencial na Administração Pública da União, vaticinando:

A legislação que regula as relações de trabalho no setor público é inadequada, notadamente pelo seu caráter protecionista e inibidor do espírito empreendedor. São exemplos imediatos deste quadro a aplicação indiscriminada do instituto da estabilidade para o conjunto dos servidores públicos civis submetidos a regime de cargo público e de critérios rígidos de seleção e contratação de pessoal que impedem o recrutamento direto no mercado, em detrimento do estímulo à competência. Enumeram-se alguns equívocos da Constituição de 1988 no campo da administração de recursos humanos. Por meio da institucionalização do Regime Jurídico Único, deu início ao processo de uniformização do tratamento de todos os servidores da administração direta e indireta. Limitou-se o ingresso ao concurso público, sendo que poderiam ser também utilizadas outras formas de seleção que tornariam mais flexível o recrutamento de pessoal sem permitir a volta do clientelismo patrimonialista (por exemplo, o processo seletivo público para funcionários celetistas, que não façam parte das carreiras exclusivas de Estado). Além disso, a extensão do regime estatutário para todos os servidores civis, ampliando o número de servidores estáveis, não apenas encareceu enormemente os custos da máquina administrativa, mas também levou muitos funcionários a não valorizarem seu cargo, na medida em que a distinção entre eficiência e ineficiência perde relevância. Como os incentivos positivos são também limitados – dada a dificuldade de

---

[14] Disponível em: <http://www.bresserpereira.org.br/Documents/MARE/PlanoDiretor/planodiretor.pdf>.

1184 CURSO DE DIREITO ADMINISTRATIVO

estabelecer gratificações por desempenho, e o fato de que a amplitude das carreiras (distância percentual entre a menor e a maior remuneração) foi violentamente reduzida, na maioria dos casos não superando os 20% –, os administradores públicos ficaram destituídos de instrumentos para motivar seus funcionários, a não ser as gratificações por ocupação de cargos em comissão (DAS). A redução da amplitude de remuneração das carreiras, inclusive de algumas mais recentes como as dos analistas do Tesouro, dos analistas de orçamento e dos gestores, reduziu as mesmas, na verdade, a meros cargos, ao eliminar uma das características típicas das carreiras, que é o estímulo à ascensão ao longo do tempo.

Esses argumentos embasaram a Emenda Constitucional n. 19/98. O Ministro Bresser-Pereira entendia que a garantia da estabilidade do servidor público era prejudicial em um projeto de **administração gerencial** da máquina pública e que os cargos das atividades-meio deveriam ser transformados em empregos públicos, somente aplicando o regime estatutário às carreiras privativas de Estado.

Neste contexto, foi promulgada a citada Emenda Constitucional, em 4 de junho de 1998, que, ao alterar o *caput* do art. 39 da CF/88, excluiu a imposição de **regime jurídico único**, a fim de possibilitar a contratação de empregados públicos.

Realmente, não se pode conceber que um motorista da Administração Pública, apesar da relevância da sua função na logística dos órgãos, seja servidor público e goze das garantias constitucionais e do regime jurídico único da Lei n. 8.112/90.

Contudo, a eficácia da alteração do *caput* do art. 39 da Carta Maior durou apenas o período compreendido entre 4 de junho de 1998 e 7 de março de 2008[15],

---

[15] AÇÃO DIRETA DE INCONSTITUCIONALIDADE. EMBARGOS DE DECLARAÇÃO. CUMPRIMENTO DA DECISÃO. 1. Desnecessário o trânsito em julgado para que a decisão proferida no julgamento do mérito em ADI seja cumprida. Ao ser julgada improcedente a ação direta de inconstitucionalidade – ADI n. 2.335 – a Corte, tacitamente, revogou a decisão contrária, proferida em sede de medida cautelar. Por outro lado, a lei goza da presunção de constitucionalidade. **Além disso, é de ser aplicado o critério adotado por esta Corte, quando do julgamento da Questão de Ordem, na ADI 711 em que a decisão, em julgamento de liminar, é válida a partir da data da publicação no Diário da Justiça da ata da sessão de julgamento.** 2. A interposição de embargos de declaração, cuja consequência fundamental é a interrupção do prazo para interposição de outros recursos (art. 538 do CPC), não impede a implementação da decisão. Nosso sistema processual permite o cumprimento de decisões judiciais, em razão do poder geral de cautela, antes do julgamento final da lide. 3. Reclamação pro-

REINALDO COUTO / ÁLVARO CAPAGIO **1185**

em virtude do deferimento *ex nunc* (irretroativo) da medida cautelar na ADI 2.135/DF pelos Ministros do STF, que declarou inconstitucional a alteração do *caput* citado e manteve a redação original de 5 de outubro de 1988.

Atualmente, a **redação válida** é a que estabelece **regime jurídico único**, portanto a que impede a contratação de empregados públicos, apesar de ter sido possível no período compreendido entre 4-6-1998 e 7-3-2008. Assim, a Lei n. 9.962/2000 teve a sua aplicação restringida aos empregados públicos contratados naquele lapso temporal.

A Lei em questão – que disciplina o regime de emprego público do pessoal da Administração federal direta, autárquica e fundacional, e dá outras providências – estabelece, conforme determina o inciso II do art. 37 da CF/88, a necessidade de concurso público de provas ou de provas e títulos para a contratação e limita as hipóteses de rescisão do contrato de trabalho.

O julgamento definitivo do mérito da ADI 2.135/DF poderá modificar o cenário aqui relatado, a fim de tornar possível a contratação de empregados públicos para as carreiras que não sejam qualificadas como carreiras de Estado.

Deve ser observado também que, segundo decidiu o STF[16], os empregados públicos contratados através de concurso público e que tenham cumprido o estágio probatório antes da promulgação da Emenda Constitucional n. 19, de 4-6-1998, devem ser considerados estáveis no serviço público, na forma da redação original do art. 41 da Carta de 1988.

Situação verdadeiramente inusitada, pois o *caput* do texto original do art. 39 da Carta Maior proibiu adoção de mais de um regime pela União, Estados, Municípios, Distrito Federal, autarquias e fundações públicas, a contar de 5-10-1988 e, com a entrada em vigor da Lei n. 8.112, em 12-12-1990, de acordo com o seu art. 243, os celetistas foram transformados em estatutários. Era impossível antes da Emenda Constitucional n. 19/98, durante a vigência da atual Constituição, admitir celetistas, ou seja, era proibida a contratação de empregados públicos no período compreendido entre 5 de outubro de 1988 e 4 de junho de 1998. Não há como aplicar a estabilidade da redação original do art. 41 da CF/88, pois não deveriam existir celetistas no período que o STF determinou a sua aplicação e, ainda que houvesse, os celetistas não são servidores públicos.

---

cedente. (STF, Rcl 2576, Relator(a): Min. ELLEN GRACIE, Tribunal Pleno, julgado em 23-6-2004, *DJ* 20-08-2004 PP-00038 EMENT VOL-02160-01 PP-00105 RTJ VOL-00193-01 PP-00103).

[16] STF, AI 628888-AgR, rel. Min. Ricardo Lewandowski, 1ª Turma, julgado em 20-11-2007, *DJe* 19-12-2007.

1186 CURSO DE DIREITO ADMINISTRATIVO

A jurisprudência em questão é uma solução esdrúxula para as contratações inconstitucionais ocorridas que violam a integridade sistêmica do ordenamento jurídico, pois não há nem houve, durante a vigência da atual Constituição, qualquer tipo de estabilidade constitucional para empregados públicos[17] e somente foi possível a contratação após a Emenda Constitucional n. 19, de 4 de junho de 1998, consequentemente jamais poderiam ter feito concurso público ou cumprido suposto estágio probatório antes daquela Emenda.

41.4.4. Contratados por tempo determinado (inciso IX do art. 37 da CF/88)

O inciso IX do art. 37 da CF/88 possibilitou à lei estabelecer os casos de contratação por tempo determinado para atender a necessidade temporária de excepcional interesse público.

A Lei n. 8.745/93 regulamentou o citado inciso, estabelecendo, no seu art. 2º, os seguintes casos de necessidade temporária de excepcional interesse público:

I – assistência a situações de calamidade pública;

II – assistência a emergências em saúde pública;

III – realização de recenseamentos e outras pesquisas de natureza estatística efetuadas pela Fundação Instituto Brasileiro de Geografia e Estatística – IBGE;

IV – admissão de professor substituto e professor visitante;

V – admissão de professor e pesquisador visitante estrangeiro;

VI – atividades:

a) especiais nas organizações das Forças Armadas para atender à área industrial ou a encargos temporários de obras e serviços de engenharia;

b) de identificação e demarcação territorial;

c) (Revogada pela Lei n. 10.667, de 2003);

d) finalísticas do Hospital das Forças Armadas;

e) de pesquisa e desenvolvimento de produtos destinados à segurança de sistemas de informações, sob responsabilidade do Centro de Pesquisa e Desenvolvimento para a Segurança das Comunicações – CEPESC;

f) de vigilância e inspeção, relacionadas à defesa agropecuária, no âmbito do Ministério da Agricultura e do Abastecimento, para atendimento de situações emergenciais ligadas ao comércio internacional de produtos de origem animal ou vegetal ou de iminente risco à saúde animal, vegetal ou humana;

g) desenvolvidas no âmbito dos projetos do Sistema de Vigilância da Amazônia – SIVAM e do Sistema de Proteção da Amazônia – SIPAM;

---

[17] Ao contrário do que entende o STF, empregado público não é servidor público.

h) técnicas especializadas, no âmbito de projetos de cooperação com prazo determinado, implementados mediante acordos internacionais, desde que haja, em seu desempenho, subordinação do contratado ao órgão ou entidade -pública;

i) técnicas especializadas necessárias à implantação de órgãos ou entidades ou de novas atribuições definidas para organizações existentes ou as decorrentes de aumento transitório no volume de trabalho que não possam ser atendidas mediante a aplicação do art. 74 da Lei n. 8.112, de 11 de dezembro de 1990;

j) técnicas especializadas de tecnologia da informação, de comunicação e de revisão de processos de trabalho, não alcançadas pela alínea *i* e que não se caracterizem como atividades permanentes do órgão ou entidade;

l) didático-pedagógicas em escolas de governo; e

m) de assistência à saúde para comunidades indígenas.

VII – admissão de professor, pesquisador e tecnólogo substitutos para suprir a falta de professor, pesquisador ou tecnólogo ocupante de cargo efetivo, decorrente de licença para exercer atividade empresarial relativa à inovação;

VIII – admissão de pesquisador, de técnico com formação em área tecnológica de nível intermediário ou de tecnólogo, nacionais ou estrangeiros, para projeto de pesquisa com prazo determinado, em instituição destinada à pesquisa, ao desenvolvimento e à inovação;

IX – combate a emergências ambientais, na hipótese de declaração, pelo Ministro de Estado do Meio Ambiente, da existência de emergência ambiental na região específica;

X – admissão de professor para suprir demandas decorrentes da expansão das instituições federais de ensino, respeitados os limites e as condições fixados em ato conjunto dos Ministérios do Planejamento, Orçamento e Gestão e da Educação;

XI – admissão de professor para suprir demandas excepcionais decorrentes de programas e projetos de aperfeiçoamento de médicos na área de Atenção Básica em saúde em regiões prioritárias para o Sistema Único de Saúde (SUS), mediante integração ensino-serviço, respeitados os limites e as condições fixados em ato conjunto dos Ministros de Estado do Planejamento, Orçamento e Gestão, da Saúde e da Educação;

XII – admissão de profissional de nível superior especializado para atendimento a pessoas com deficiência, nos termos da legislação, matriculadas regularmente em cursos técnicos de nível médio e em cursos de nível superior nas instituições federais de ensino, em ato conjunto do Ministério do Planejamento, Desenvolvimento e Gestão e do Ministério da Educação.

O recrutamento do pessoal a ser contratado, nos termos da lei em tela, será feito mediante **processo seletivo simplificado** sujeito a ampla divulgação, inclusive através do **Diário Oficial da União**, prescindindo de concurso público

CURSO DE DIREITO ADMINISTRATIVO

(art. 3º), sendo que, em casos de **calamidade e urgência**, pode ser dispensado, inclusive, o processo seletivo simplificado.

Os **prazos de contratação** variam de seis meses a quatro anos, admitindo-se, em alguns casos, prorrogação até totalizar seis anos[18].

Os críticos das contratações temporárias por entenderem violar o princípio do concurso público de provas ou de provas e títulos deveriam lembrar que há incompatibilidade entre a duração do certame e o atendimento das calamidades e urgências da Administração Pública.

Assim, a CF/88 apresentou essa modalidade de contratação como instrumento que permite uma atuação gerencial dinâmica do gestor público. A contratação por tempo determinado, ao contrário do que pode parecer, fortalece o princípio citado, afastando a sua aplicação em determinados casos excepcionais; preservando, portanto, sua existência sem desconsiderar os fatos sociais.

Por fim, deve ser ressaltado que a competência para julgar as lides decorrentes da contratação por tempo determinado para atender a necessidade temporária de excepcional interesse público é da **Justiça comum** e não da Justiça do Trabalho[19].

41.4.5. Particulares em colaboração com o poder público

Os **particulares em colaboração com o Poder Público** são as pessoas físicas que, sem vínculo contratual, estatutário, profissional ou político, prestam serviços ao Estado ou em seu nome com ou sem contraprestação e com ou sem benefícios pessoais.

Durante o exercício da colaboração, a pessoa física torna-se agente público, podendo inclusive utilizar alguns poderes-deveres do regime jurídico-administrativo.

Podem ser classificados em:

a) **agentes delegados**: pessoas físicas que executam determinada atividade em nome próprio, por sua conta e risco, porém, segundo as normas do Estado e sob sua permanente fiscalização. Nessa categoria, estão as pessoas físicas permissionárias ou autorizatárias, os tabeliães e notários, os leiloeiros, os tradutores e intérpretes oficiais[20];

---

[18] STJ, RMS 30.651/PA, rel. Min. Eliana Calmon, 2ª Turma, julgado em 19-8-2010, *DJe* 30-8-2010.

[19] STJ, CComp 96.608/PB, rel. Min. Castro Meira, Corte Especial, julgado em 18-12-2009, *DJe* 18-2-2010.

[20] MEIRELLES, Hely Lopes; BURLE FILHO, José Emannuel. *Direito administrativo brasileiro*. 42. ed. São Paulo: Malheiros, 2016.

b) **agentes designados**: pessoas físicas que são convocadas para auxiliar o Estado, exercendo funções relevantes. Por exemplo: o mesário eleitoral, o jurado, o defensor dativo, o curador especial, o escrivão *ad hoc*;
c) **agentes honoríficos**: pessoas físicas que são homenageadas ou escolhidas por sua comunidade com a atribuição de uma função pública como colaboração cívica ou em virtude do seu mérito pessoal. Por exemplo: o cônsul honorário, o conselheiro tutelar, o membro de comissão de elaboração de anteprojeto de lei, o comissário de menores;
d) **agentes credenciados**: pessoas físicas que se qualificam junto ao Estado para praticar certo ato ou representá-lo em alguma situação mediante certa contraprestação. Por exemplo: os advogados estrangeiros que representam o Brasil em foros estrangeiros ou internacionais;
e) **agentes gestores de negócio**: pessoas físicas que, em virtude da excepcionalidade da situação, exercem função pública. Por exemplo: o particular que prende em flagrante o criminoso, na forma do art. 301 do CPP; o particular que em situação de emergência ordena o trânsito, apaga incêndio, auxilia os servidores públicos em resgate, entre outras situações de gravidade e risco.

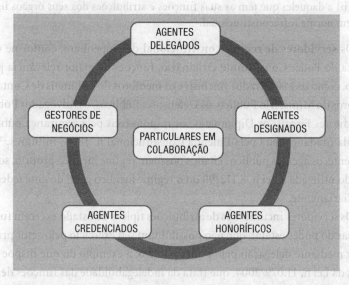

41.4.6. Servidores públicos

Servidor público é o agente público que ocupa permanentemente cargo público, para o **desempenho profissional** de atividade do Estado, integrando o quadro funcional de pessoa jurídica de direito público interno, sob **regime estatutário**.

Enfatize-se que **permanência não implica estabilidade**, visto que há servidores públicos estatutários que não possuem essa garantia, por exemplo, os ocupantes de **cargos em comissão**.

Segundo o art. 2º da Lei n. 8.112/90, o vocábulo servidor somente pode ser usado para ocupante de cargo público. Eis o seu texto: "Para os efeitos desta Lei, **servidor** é a pessoa legalmente investida em **cargo público**".

O art. 3º da Lei em tela define cargo público, nos seguintes termos:

> Art. 3º Cargo público é o conjunto de atribuições e responsabilidades previstas na estrutura organizacional que devem ser cometidas a um servidor.
>
> Parágrafo único. Os cargos públicos, acessíveis a todos os brasileiros, são criados por lei, com denominação própria e vencimento pago pelos cofres públicos, para provimento em caráter efetivo ou em comissão.

A Carta de 1988 criou diferenças entre os servidores públicos, estabelecendo duas classes quanto à **relevância das atribuições**:

> (i) a daqueles que têm as suas funções ou as atribuições dos seus órgãos descritas na Constituição; e
> (ii) a daqueles que têm as suas funções e atribuições dos seus órgãos listadas em norma infraconstitucional.

Os **servidores de regime constitucional** desempenham, conforme opção política do Poder Constituinte Originário, funções de maior relevância para o Estado, como os magistrados (inclusive os membros de Tribunais de Contas), os membros do Ministério Público, os Defensores Públicos, os Advogados Públicos, os Auditores Fiscais, os Diplomatas, os responsáveis pela segurança pública e, antes da mudança feita pela Emenda Constitucional n. 18, os militares.[21] Normalmente, os agentes públicos citados possuem regime jurídico próprio, somente sendo utilizada a Lei n. 8.112/90 ou o regime jurídico geral do ente federativo subsidiariamente.

Os servidores incumbidos de atribuições típicas de Estado exercem funções próprias do poder estatal, que não possibilitam seu exercício pelo setor privado, sequer mediante delegação pelo poder público, a exemplo do que dispõe o art. 4º, III, da Lei n. 11.079/2004, que trata da indelegabilidade das funções de regulação, jurisdicional, do exercício do poder de polícia e de outras atividades

---

[21] Os militares das Forças Armadas continuam sendo agentes públicos que desempenham função de extrema relevância, porém, não figuram mais como servidores públicos.

exclusivas do Estado. Significa dizer que atribuições indelegáveis são as que materializam a expressão do poder estatal.

Os **servidores de regime infraconstitucional** também desempenham funções importantes para o Estado, mas o Constituinte de 1988 reservou-lhes número menor de atribuições tipicamente de Estado e de garantias funcionais e institucionais.

Além disso, **quanto à permanência no cargo**, o inciso II do art. 37 da CF/88 e o já mencionado parágrafo único do art. 3º da Lei n. 8.112/90 apresentaram dois tipos de servidores estatutários:

a) o ocupante de **cargo efetivo**; e
b) o ocupante de **cargo em comissão**.

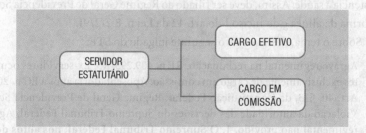

Os cargos públicos, acessíveis a todos os brasileiros, são criados por lei, com denominação própria e vencimento pago pelos cofres públicos, para provimento em **caráter efetivo** ou **em comissão**.

A nomeação far-se-á:

I – em caráter efetivo, quando se tratar de cargo isolado de provimento efetivo ou de carreira;
II – em comissão, inclusive na condição de interino, para cargos de confiança vagos.

Atualmente, para a investidura em **cargo efetivo** exige-se a aprovação prévia em concurso público de provas ou de provas e títulos e, ao contrário do que possa parecer, antes da CF/88 também era imposta a aprovação em concurso público para a nomeação nos cargos efetivos, conforme dispõe o §1º do art. 95 da Constituição Federal da 1967.

Assim, a exigência de concurso público de provas ou de provas e títulos **não é uma inovação da Constituição Federal de 1988.**

O servidor público de cargo efetivo goza, após ultrapassado o prazo de três anos e aprovação no estágio probatório ou, no caso dos vitalícios, de dois anos e aprovação no estágio probatório, de estabilidade ou vitaliciedade, possuindo um regime próprio de previdência social.

Os servidores públicos titulares de cargos em comissão são livremente nomeados e livremente exonerados, pois não há falar em estabilidade ou vitaliciedade. São exoneráveis *ad nutum*, sem que haja a necessidade de motivação. Contudo, se a autoridade motivar a exoneração, ficará vinculada aos motivos alegados.

Em relação ao **regime de previdência do ocupante de cargo em comissão**, o §1º do art. 183 da Lei n. 8.112/90 é claro ao excluí-lo do Plano de Seguridade Social dos servidores titulares de cargos efetivos, ao aduzir que o servidor ocupante de cargo em comissão que não seja, simultaneamente, ocupante de cargo ou emprego efetivo na Administração Pública direta, autárquica e fundacional não terá direito aos benefícios do Plano de Seguridade Social, com exceção da assistência à saúde. Assim, deve ser filiado ao Regime Geral de Previdência Social, na forma da alínea g do inciso I do art. 12 da Lei n. 8.212/91.

Sobre o tema, destaque-se o seguinte julgado do STF:

> Agravo regimental na reclamação. RE n. 409.295/RS. Ex-servidores ocupantes exclusivamente de cargo em comissão. Aposentadoria após a EC n. 20/98. Art. 40, §13, da Constituição Federal. Regime Geral de Previdência Social. Violação da autoridade das decisões do Supremo Tribunal Federal. Agravo regimental não provido. **1. O Supremo Tribunal Federal, nos autos do RE n. 409.295/RS, entendeu que ocupantes de cargo em comissão de forma exclusiva, após a EC n. 20/98, submetem-se ao Regime Geral de Previdência Social. 2. A jurisprudência da Corte é pacífica no sentido de que não há direito adquirido a regime jurídico, inclusive o previdenciário, e que se aplica à aposentadoria a norma vigente à época em que preenchidos os requisitos para sua concessão**[22].

Por fim, deve ser observado que a existência de vínculo estatutário para os servidores públicos, decorrente não de contrato, mas da própria lei, não impede as futuras alterações legislativas para reduzir direitos ou benefícios, portanto não

---

[22] STF, Rcl 24925 AgR, rel. Min. Dias Toffoli, 2ª Turma, julgado em 1º-12-2017, *DJe* 18-12-2017.

há **direito adquirido a regime jurídico**, conforme tem decidido de maneira reiterada o STF.

41.4.6.1. Concurso público

Este item foi inserido no grupo de temas mais pertinentes ao servidor público por questão didática, pois a investidura em emprego público ou em **emprego público e estatal** depende também de aprovação em concurso público de provas ou de provas e títulos.

A CF/88, a fim de resguardar o **princípio da impessoalidade** e o **princípio da isonomia**, exige, no seu inciso II do art. 37, que a investidura em cargo ou emprego público dependa de aprovação prévia em concurso público de provas ou de provas e títulos, de acordo com a natureza e a complexidade do cargo ou emprego, na forma prevista em lei, ressalvadas as nomeações para cargo em comissão declarado em lei de livre nomeação e exoneração. A Carta Maior não permitiu a realização de concurso público apenas de **títulos**.

Alguns autores afirmam que o concurso público tem como escopo também prestigiar o **princípio da eficiência**, uma vez que propicia a escolha dos melhores profissionais que se submeteram ao certame.

Tal assertiva deve ser entendida com reserva, pois nem sempre o melhor profissional é o que logrou aprovação na disputa. Em muitos casos, excelentes profissionais são deixados de lado, em virtude de inadequação da sua estratégia ou mesmo da técnica de avaliação de conhecimentos efetuada no certame.

É cristalino que não se pode mensurar o conhecimento adquirido ao longo da vida inteira em uma ou algumas provas, muitas vezes, com conteúdo diverso ou insuficiente em relação às capacidades relevantes exigidas para o desempenho da função.

Uma fotografia momentânea de vida não tem como ilustrar todas as aptidões e competências de um ser humano, pois ele pode estar no melhor dos seus dias ou no pior dos seus dias durante a elaboração da prova. Outrossim, as pessoas possuem meios, possibilidades e tempo de dedicação que variam conforme as circunstâncias de vida de cada indivíduo.

O sujeito pode ser um excelente profissional, mas apresentar medos e inseguranças durante provas de concurso ou não se adaptar à forma de estudo exigida, inclusive em virtude de capacidade analítica acima da média.

No entanto, não há outro critério melhor de ingresso no serviço público, não existe outro que garanta a impessoalidade e a isonomia entre os participantes e não há outro que com tais garantias avalie minimamente alguma capacidade individual sem grande viés aleatório.

O esforço que deve ser continuamente implementado pela Administração é aperfeiçoar a forma do concurso público, de maneira que o instrumento sirva efetivamente para avaliar o nível de conhecimento, experiência e aptidão para o satisfatório exercício do cargo, em vez da mera capacidade de memorização do conteúdo programático exigido na prova.

Há, atualmente, agentes públicos que são selecionados por **sorteio**, mas tal forma de escolha jamais seria a melhor para o provimento de cargos efetivos. Os **jurados** que atuam no Tribunal do Júri, na forma dos arts. 432 e 433 do CPP, são escolhidos dessa maneira.

O concurso público bem como o regime democrático não são institutos perfeitos, mas, entre todos, são os que mais atingem a finalidade republicana.

O concurso público pode ser conceituado como procedimento administrativo, regido pela Constituição, pela lei e pelo respectivo edital, que tem como finalidade verificar aptidões personalíssimas, selecionando o melhor ou os melhores candidatos, com base em critérios preestabelecidos e objetivos, para o exercício de cargos, empregos ou funções públicas ou estatais.

Não existe, após a promulgação da CF/88, a possibilidade de **ascensão funcional**, ou seja: a transferência ou promoção (elevação) funcional para cargos públicos de carreiras diversas na Administração Pública. Contudo, antes da Constituição atual era possível a ascensão funcional, conforme comprova o Decreto n. 85.645/81, não recepcionado pela CF/88.

A proibição consta, inclusive, da Súmula Vinculante n. 43, do STF. *Vide* o seu conteúdo:

> É inconstitucional toda modalidade de provimento que propicie ao servidor investir-se, sem prévia aprovação em concurso público destinado ao seu provimento, em cargo que não integra a carreira na qual anteriormente investido.

Não há falar também em **concurso interno**, pois qualquer limitação de inscrições externas é inconstitucional e pode, inclusive, sujeitar o agente público que desejou afastar a ampla concorrência a punição, de acordo com o inciso V do art. 11 da Lei n. 8.429/92.

Ressalte-se, todavia, que a CF/88, no §3º do seu art. 41, afirma que, extinto o cargo ou declarada a sua desnecessidade, o servidor estável ficará em disponibilidade, com remuneração proporcional ao tempo de serviço, até seu **adequado aproveitamento em outro cargo**.

Há hipóteses nas quais a Carta Maior de 1988 **dispensa a realização de concurso público**. São elas:

a) nomeação para **cargos em comissão**, de acordo com o inciso II do seu art. 37;

b) nomeação de **alguns magistrados**. Por exemplo, magistrados do Supremo Tribunal Federal, de Tribunais Superiores, de cúpula das Cortes de Contas, Desembargadores e Juízes de segundo grau de Tribunais Regionais. Nestes dois últimos casos, salvo em relação à Justiça Eleitoral, há vagas para promoção de juízes de carreira que fizeram inicialmente concurso e há vagas para advogados e membros do Ministério Público, em quantidade equivalente a um quinto das vagas do órgão colegiado, o chamado "quinto constitucional";

c) contratação por **tempo determinado** para atender a necessidade temporária de excepcional interesse público. Neste caso, o recrutamento será feito mediante **processo seletivo simplificado** sujeito a ampla divulgação, inclusive através do Diário Oficial da União, prescindindo de concurso público, sendo possível, em algumas hipóteses, a mera análise de currículo. A contratação para atender às necessidades decorrentes de calamidade pública, de emergência ambiental e de emergências em saúde pública prescindirá de processo seletivo (art. 3º da Lei n. 8.745/93);

d) assunção de **cargos eletivos**. A escolha, por óbvio, dar-se-á através de sufrágio;

e) nomeação de **ex-combatente** que tenha efetivamente participado de operações bélicas durante a Segunda Guerra Mundial, nos termos da Lei n. 5.315, de 12 de setembro de 1967. O aproveitamento no serviço público pode ser feito sem concurso público com estabilidade assegurada; e

f) admissão de **agentes comunitários de saúde e agentes de combate às endemias**. De acordo com o §4º do art. 198 da CF/88, os gestores locais do sistema único de saúde poderão admiti-los por meio de **processo seletivo público**, de acordo com a natureza e complexidade de suas atribuições e requisitos específicos para sua atuação.

Os **empregados estatais**, conforme já dito antes, também estão sujeitos a concurso público de provas ou de provas e títulos, apesar de não serem essencialmente agentes públicos nem ocuparem cargo. Todavia, os contratados para atividades de chefia, assessoramento e direção superiores nas empresas estatais, em regra, não precisam se submeter a certame. Note-se que não se trata de cargo em comissão.

Em relação aos **Conselhos de Classe ou Conselhos de fiscalização de profissões regulamentadas**, faz-se necessária a realização de concurso público e o

1196 CURSO DE DIREITO ADMINISTRATIVO

regime será estatutário, pois a jurisprudência estabeleceu que a sua natureza jurídica é de autarquia, o mesmo não ocorrendo em relação à **Ordem dos Advogados do Brasil,** que pode contratar livremente pelo regime celetista.

O concurso será de provas ou de provas e títulos, podendo ser realizado em duas etapas, conforme dispuserem a lei e o regulamento do respectivo plano de carreira, condicionada a inscrição do candidato ao pagamento do valor fixado no edital, quando indispensável ao seu custeio, e ressalvadas as hipóteses de isenção nele expressamente previstas.

O prazo de validade do concurso será de até 2 (dois) anos, prorrogável uma vez, por igual período, e as condições de sua realização serão fixadas em **edital**, que será **publicado na imprensa oficial e em jornal diário de grande circulação.**

Assim como ocorre em relação ao procedimento licitatório, pode-se afirmar que o **edital é o estatuto fundamental do concurso público.** A observância ao que fora estabelecido no edital é dever da Administração Pública, das bancas contratadas para a execução do certame e dos candidatos. O edital é um ato administrativo discricionário, mas, uma vez publicado, vincula o emissor e os seus destinatários.

Em situações extraordinárias e devidamente motivadas, a Administração Pública poderá **alterar** as normas do edital, desde que não haja prejuízo à ampla concorrência e aos candidatos.

Como ato administrativo, o edital está sujeito ao **controle** do Poder Judiciá-rio quanto à sua legalidade, razoabilidade, proporcionalidade e adequação aos fatos reais. Não cabe ao magistrado adentrar ao mérito das questões, podendo, todavia, verificar se o assunto consta do conteúdo programático.

Deve ser fixado prazo no próprio edital para a sua **impugnação**, caso existam dispositivos inconstitucionais ou ilegais, a fim de que seja exercida a auto-tutela pelo Poder Público. Mesmo que não haja prazo no edital para a impugna-ção, é dever dos órgãos envolvidos analisar as impugnações apresentadas.

O **prazo de validade** do concurso público, como já foi dito, será de até dois anos, prorrogável uma vez, por igual período (inciso III do art. 37 da CF/88). Ao contrário do que muitos pensam, o prazo de validade do concurso público não é de dois anos, é de **até** dois anos.

Desta forma, poderá o administrador fixar o seu prazo, por exemplo, em seis meses, e poderá também não utilizar a prorrogação, pois tais juízos, o prazo e a prorrogação, são discricionários, pautados na conveniência e na oportunidade[23].

---

[23] STF, RE 581113, rel. Min. Dias Toffoli, 1ª Turma, julgado em 5-4-2011, *DJe* 31-5-2011.

O prazo de validade tem como objetivo garantir que, durante o prazo improrrogável previsto no edital de convocação, o aprovado em concurso público de provas ou de provas e títulos seja convocado com prioridade sobre novos concursados para assumir cargo ou emprego (inciso IV do art. 37 da CF/88).

Não se abrirá novo concurso enquanto houver candidato aprovado em concurso anterior com prazo de validade não expirado.

A **nulificação** do concurso público implica nulidade de todos os atos administrativos que lhes são dependentes e posteriores. Assim, a nomeação será considerada nula, porém, deve ser usada a teoria do funcionário ou agente de fato ou da aparência nos casos em que for cabível. Não haverá aplicação da teoria do fato consumado para manter o agente público nos quadros.

A nomeação de funcionário sem concurso pode ser desfeita antes da posse.

O STF tem entendido que a aprovação do candidato no número de vagas disponíveis no edital do concurso confere-lhe **direito subjetivo à nomeação** para o respectivo cargo. Em relação ao candidato aprovado fora do número de vagas, existe apenas expectativa de direito, que pode se converter em direito subjetivo, se houver vaga e a Administração Pública manifestar, por ato inequívoco, a necessidade do preenchimento. A questão foi reconhecida pelo STF como tema de **repercussão geral (Tema 784)**, cujo julgamento resultou em acórdão do qual se extrai a seguinte ementa:

EMENTA: RECURSO EXTRAORDINÁRIO. CONSTITUCIONAL E ADMINISTRATIVO. REPERCUSSÃO GERAL RECONHECIDA. TEMA 784 DO PLENÁRIO VIRTUAL. CONTROVÉRSIA SOBRE O DIREITO SUBJETIVO À NOMEAÇÃO DE CANDIDATOS APROVADOS ALÉM DO NÚMERO DE VAGAS PREVISTAS NO EDITAL DE CONCURSO PÚBLICO NO CASO DE SURGIMENTO DE NOVAS VAGAS DURANTE O PRAZO DE VALIDADE DO CERTAME. MERA EXPECTATIVA DE DIREITO À NOMEAÇÃO. ADMINISTRAÇÃO PÚBLICA. SITUAÇÕES EXCEPCIONAIS. *IN CASU*, A ABERTURA DE NOVO CONCURSO PÚBLICO FOI ACOMPANHADA DA DEMONSTRAÇÃO INEQUÍVOCA DA NECESSIDADE PREMENTE E INADIÁVEL DE PROVIMENTO DOS CARGOS. INTERPRETAÇÃO DO ART. 37, IV, DA CONSTITUIÇÃO DA REPÚBLICA DE 1988. ARBÍTRIO. PRETERIÇÃO. CONVOLAÇÃO EXCEPCIONAL DA MERA EXPECTATIVA EM DIREITO SUBJETIVO À NOMEAÇÃO. PRINCÍPIOS DA EFICIÊNCIA, BOA-FÉ, MORALIDADE, IMPESSOALIDADE E DA PROTEÇÃO DA CONFIANÇA. FORÇA NORMATIVA DO CONCURSO PÚBLICO. INTERESSE DA SOCIEDADE. RESPEITO À ORDEM DE APROVAÇÃO. ACÓRDÃO RECORRIDO EM SINTONIA COM A TESE ORA DELIMITADA. RECURSO EXTRAORDINÁRIO A QUE SE NEGA PROVIMENTO. 1. O postulado do concurso público traduz-se na necessidade essencial de o Estado conferir efetividade a diversos princípios constitucionais, corolários do *merit system*, dentre eles o de que todos são iguais perante a lei, sem distinção de qualquer natureza (CRFB/88, art. 5º, *caput*). 2. O edital do concurso com número específico de vagas, uma vez publicado, faz exsurgir um dever de nomeação para a própria Administração e um direito à nomeação titularizado pelo candidato aprovado dentro desse número de vagas. Precedente do Plenário: RE 598.099 – RG, Relator Min. Gilmar Mendes, Tribunal Pleno, *DJe* 3-10-2011. 3. O Estado Democrático de Direito republicano impõe à Administração Pública que exerça sua discricionariedade entrincheirada não, apenas, pela sua avaliação unilateral a respeito da conveniência e oportunidade de um ato, mas, sobretudo, pelos direitos fundamentais e demais normas constitucionais em um ambiente de perene diálogo com a sociedade. 4. O Poder Judiciário não deve atuar como "Administrador Positivo", de modo a aniquilar o espaço decisório de titularidade do administrador para decidir sobre o que é melhor para a Administração: se a convocação dos últimos colocados de concurso público na validade ou a dos primeiros aprovados em um novo concurso. Essa escolha é legítima e, ressalvadas as hipóteses de abuso, não encontra obstáculo em qualquer preceito constitucional. 5. Consectariamente, é cediço que a Administração Pública possui discricionariedade para, observadas as normas constitucionais, prover as vagas da maneira que melhor convier para o interesse da coletividade, como *verbi gratia*, ocorre quando, em função de razões orçamentárias, os cargos vagos só possam ser providos em um futuro distante, ou, até mesmo, que sejam extintos, na hipótese de restar caracterizado que não mais serão necessários. 6. A publicação de novo edital de concurso público ou o surgimento de novas vagas durante a validade de outro anteriormente realizado não caracteriza, por si só, a necessidade de provimento imediato dos cargos. É que, a despeito da vacância dos cargos e da publicação do novo edital durante a validade do concurso, podem surgir circunstâncias e legítimas razões de interesse público que justifiquem a inocorrência da nomeação no curto prazo, de modo a obstacular eventual pretensão de reconhecimento do direito subjetivo à nomeação dos aprovados em colocação além do número de vagas. Nesse contexto, a Administração Pública detém a prerrogativa de realizar a escolha entre a prorrogação de um concurso público que esteja na validade ou a realização de novo certame. 7. A tese objetiva assentada em sede desta repercussão geral é a de que o surgimento de novas vagas ou a abertura de novo concurso para o mesmo cargo, durante o prazo de validade do certame anterior, não gera automaticamente o direito à nomeação dos candidatos aprovados fora das vagas previstas no edital, ressalvadas as hipóteses de preterição arbitrária e imotivada por parte da administração, caracterizadas por comportamento tácito ou expresso do Poder Público capaz de revelar a inequívoca necessidade de nomeação do aprovado durante o período de validade do certame, a ser demonstrada de forma cabal pelo candidato. Assim, a discricionariedade da Administração quanto à convocação de aprovados em concurso público fica reduzida ao patamar zero (*Ermessensreduzierung auf Null*), fazendo exsurgir o direito subjetivo à nomeação, *verbi gratia*, nas seguintes hipóteses excepcionais: i) Quando a aprovação ocorrer dentro do número de vagas dentro do edital (RE 598.099); ii) Quando houver preterição na nomeação por não observância da ordem de classificação (Súmula 15 do STF); iii) Quando surgirem novas vagas, ou for aberto novo concurso durante a validade do certame anterior, e ocorrer a preterição de candidatos aprovados fora das vagas de forma arbitrária e imotivada por parte da administração nos termos acima. 8. *In casu*, reconhece-se, excepcionalmente, o direito subjetivo à nomeação aos candidatos devidamente aprovados no concurso público, pois houve, dentro da validade do processo seletivo e, também, logo após expirado o referido prazo, manifestações inequívocas da Administração piauiense acerca da existência de vagas e, sobretudo, da necessidade de chamamento de novos Defensores Públicos para o Estado. 9. Recurso Extraordinário a que se nega provimento[24].

No mesmo sentido, é pacífica a jurisprudência do STJ. Em recente julgado, em sessão de 16 de setembro de 2021, a Corte Superior novamente enfrentou a questão em comento, ocasião em que reafirmou seu entendimento. Eis a ementa:

ADMINISTRATIVO. AGRAVO INTERNO NO RECURSO ORDINÁRIO EM MANDADO DE SEGURANÇA. CONCURSO PÚBLICO. CANDIDATO APROVADO FORA DO NÚMERO DE VAGAS. AUSÊNCIA DE DIREITO LÍQUIDO E CERTO À NOMEAÇÃO. AGRAVO INTERNO DO PARTICULAR A QUE SE NEGA PROVIMENTO.1. É firme o entendimento do STJ de que os candidatos classificados além das vagas inicialmente oferecidas pelo edital não têm direito líquido e certo à nomeação, não sendo a criação de vagas por lei, tampouco o reconhecimento da necessidade de preenchimento dos cargos pela Administração Pública, motivo suficiente para convolar a mera expectativa de direito em direito líquido e certo. Nesse sentido: AgInt nos EDcl no RMS 37.559/DF, Rel. Min. SÉRGIO KUKINA, *DJe* 26-8-2016.2. Neste caso, a parte impetrante foi aprovada na 33ª colocação no concurso para o qual foram previstas apenas 11 vagas, não tendo se configurado quaisquer das hipóteses passíveis de convolação de sua expectativa de direito em direito líquido e certo. 3. Agravo Interno a que se nega provimento[25].

Apesar do direito à nomeação nas situações admitidas pela lei e jurisprudência, o STJ decidiu que "a **nomeação tardia de candidatos** aprovados em concurso público não gera direito à indenização, ainda que a demora tenha origem em erro reconhecido pela própria Administração Pública"[26].

---

24 STF, RE 837311, rel. Min. Luiz Fux, Plenário, julgado em 9-12-2015, *DJe* 18-4-2016.

25 STJ, AgInt no RMS 64572 / GO, rel. Min. Manoel Erhardt (desembargador convocado do TRF5), 1ª Turma, julgado em 14-9-2021, *DJe* 16-9-2021.

26 STJ, REsp 1238344/MG, rel. Min. Sérgio Kukina, 1ª Turma, julgado em 30-11-2017, *DJe* 19-12-2017.

O mesmo entendimento se aplica às vantagens inerentes ao exercício do cargo, cujos efeitos não admitem retroatividade. Nesse sentido, destaca-se ementa de recente acórdão do STJ, cujo conteúdo é deveras esclarecedor:

> ADMINISTRATIVO. PROCESSUAL CIVIL. AGRAVO INTERNO NO RECURSO EM MANDADO DE SEGURANÇA. CONCURSO PÚBLICO. NOMEAÇÃO DECORRENTE DE DECISÃO JUDICIAL. EFEITO FINANCEIRO RETROATIVO. IMPOSSIBILIDADE.
>
> 1. A Corte de origem negou a pretensão da recorrente ao afirmar que: "A nomeação é ato constitutivo de efeito atual, não podendo ser projetada para o passado, portanto, não há falar em efeitos retroativos uma vez que a jurisprudência de nossos tribunais já se encontra sedimentada no sentido de que os proveitos econômicos funcionais decorrentes da aprovação em concurso público condicionam-se ao exercício do respectivo cargo e à contrapartida do serviço, em consonância com o disposto no artigo 40, da Lei 8.112/90".
>
> 2. O entendimento apresentado pela Corte de origem em negar a retroatividade dos benefícios à requerente está em harmonia com a atual jurisprudência do Superior Tribunal de Justiça de que "não é devida indenização ao candidato cuja nomeação tardia decorra de decisão judicial, haja vista que o retardamento não configura preterição ou ato ilegítimo da administração pública a justificar uma contrapartida indenizatória" (EREsp 1.117.974/RS, Rel. Min. Eliana Calmon, Rel. p/ Acórdão Min. Teori Albino Zavascki, Corte Especial, *DJe* 19-12-2011). Precedentes[27].

A questão em tela também constitui tese de repercussão geral reconhecida pelo STF, cuja apreciação de mérito resultou na seguinte ementa, correspondente ao **Tema 454**:

> CONCURSO PÚBLICO – NOMEAÇÃO – ORDEM JUDICIAL – PROMOÇÕES. A nomeação tardia de candidatos aprovados em concurso público, por meio de ato judicial, à qual atribuída eficácia retroativa, não gera direito às promoções ou progressões funcionais que alcançariam houvesse ocorrido, a tempo e modo, a nomeação[28].

Importa anotar que não se admite, no ato de nomeação, a **preterição de candidato aprovado** por outro em classificação pior. A Súmula 15 do STF ratifica esse entendimento. Eis seu enunciado:

> Dentro do prazo de validade do concurso, o candidato aprovado tem direito à nomeação, quando o cargo for preenchido sem observância da classificação.

---

[27] STJ, AgInt no RMS 50568 / TO, rel. Min. Og Fernandes, 2ª Turma, julgado em 13-4-2021, *DJe* 27-4-2021.

[28] STF, RE 629392, rel. Min. Marco Aurélio, Plenário, julgado em 8-6-2017, *DJe* 1º-2-2018.

O Direito Administrativo moderno não permite restrições imotivadas, portanto – se a Administração Pública optar pelo certame (existência de vagas nos seus quadros e existência de dotação orçamentária) – não pode deixar de nomear ou contratar os candidatos aprovados dentro do número de vagas, salvo fato superveniente devidamente motivado e objetivamente relacionado ao interesse público com clara inversão do ônus probatório para o Poder Público.

Dessa forma, a Administração Pública tem o **dever de nomear** tanto os aprovados dentro do **número de vagas previsto no edital** quanto aqueles que se classificaram em cadastro de reserva, nesta última hipótese quando demonstrado o surgimento da vacância e a necessidade de serviço. Tal dever, contudo, pode ser excepcionado, motivadamente, em caso de inexistência de dotação orçamentária e recursos financeiros, o que, em caso de nomeação, poderia ensejar violação às normas da Lei de Responsabilidade Fiscal.

Caso houvesse possibilidade orçamentária, ficaria configurado *venire contra factum proprium*, pois não somente nos casos de licitação devem ser exigidos a prévia dotação orçamentária, o planejamento das necessidades do Poder Público e a observância dos imperativos de economicidade. A abertura de concurso público também deve observar tais requisitos.

O STF já decidiu que, em situações excepcionalíssimas e devidamente justificadas, a Administração Pública pode deixar de nomear candidato aprovado dentro do número de vagas.

O **concurso público** não é exigido apenas para a investidura de cargos e empregos públicos, sendo também indispensável para a **delegação outorgada aos tabeliães e notários**[29], na forma do §3º do art. 236 da Carta Magna.

Na esfera federal, o Decreto n. 9.739/2019 estabelece medidas de eficiência organizacional para o aprimoramento da administração pública federal direta, autárquica e fundacional, estabelece normas sobre concursos públicos e dispõe sobre o Sistema de Organização e Inovação Institucional do Governo Federal – SIORG.

O §1º do art. 42 do decreto citado pacifica o entendimento, nos concursos públicos federais, sobre questão que atormentava muitos candidatos: a fase de comprovação dos requisitos de escolaridade mínima e experiência profissional, fixando-a para a **posse** e **vedando a exigência de comprovação no ato de inscrição no concurso público ou em qualquer de suas etapas, ressalvado o disposto em legislação específica.**

---

[29] Tabeliães e notários não são servidores públicos nem empregados públicos, são particulares em colaboração com o Poder Público.

Em 9 de junho de 2014, foi editada a Lei n. 12.990, que reserva aos **negros** 20% (vinte por cento) das vagas oferecidas nos concursos públicos para provimento de cargos efetivos e empregos públicos no âmbito da Administração Pública federal, das autarquias, das fundações públicas, das empresas públicas e das sociedades de economia mista controladas pela União. De acordo com o seu art. 2º, "poderão concorrer às vagas reservadas a candidatos negros aqueles que se autodeclararem **pretos ou pardos** no ato da inscrição no concurso público, conforme o quesito cor ou raça utilizado pela Fundação Instituto Brasileiro de Geografia e Estatística – IBGE".

A elaboração do conjunto normativo acima citado deu-se em razão da adoção pela República Federativa do Brasil da Convenção Internacional sobre a Eliminação de todas as Formas de Discriminação Racial, por meio do Decreto n. 65.810/69, que, no item 4 do seu artigo I, aduz:

> Não serão consideradas discriminação racial as medidas especiais tomadas com o único objetivo de assegurar progresso adequado de certos grupos raciais ou étnicos ou de indivíduos que necessitem da proteção que possa ser necessária para proporcionar a tais grupos ou indivíduos igual gozo ou exercício de direitos humanos e liberdades fundamentais, contando que, tais medidas não conduzam, em consequência, à manutenção de direitos separados para diferentes grupos raciais e não prossigam após terem sido alcançados os seus objetivos.

A ação afirmativa da Lei n. 12.990/14 observou a **transitoriedade do tratamento mais favorecido,** pois afirmou no seu art. 6º que a sua vigência será de 10 (dez) anos a contar da sua publicação.

Na forma do §2º do art. 5º da Lei n. 8.112/90, às **pessoas portadoras de deficiência** é assegurado o direito de se inscrever em concurso público para provimento de cargo cujas atribuições sejam compatíveis com a deficiência de que são portadoras; para tais pessoas serão reservadas até 20% (vinte por cento) das vagas oferecidas no concurso.

A Súmula n. 552, do STJ, ilustra que o portador de **surdez unilateral** não se qualifica como pessoa com deficiência para o fim de disputar as vagas reservadas em concursos públicos.

O portador de **visão monocular** tem direito de concorrer, em concurso público, às vagas reservadas aos deficientes, de acordo com a Súmula n. 377, do STJ.

Os editais e as leis que tratam das carreiras podem estabelecer **limites de idade**, desde que observada a Súmula n. 683, do STF. *Vide* seus termos:

> O limite de idade para a inscrição em concurso público só se legitima em face do art. 7º, XXX, da Constituição, quando possa ser justificado pela natureza das atribuições do cargo a ser preenchido.

Nos casos de restrições à realização das provas da mesma maneira que os demais candidatos, as normas e a jurisprudência têm estabelecido condições especiais. Em caso sobre o qual reconhecida repercussão geral (Tema 335), que trata de incapacidades transitórias do candidato por problemas de saúde, o STF considera não existir direito constitucional à remarcação de provas, conforme a seguinte ementa:

Recurso extraordinário. 2. Remarcação de teste de aptidão física em concurso público em razão de problema temporário de saúde. 3. Vedação expressa em edital. Constitucionalidade. 4. Violação ao princípio da isonomia. Não ocorrência. Postulado do qual não decorre, de plano, a possibilidade de realização de segunda chamada em etapa de concurso público em virtude de situações pessoais do candidato. Cláusula editalícia que confere eficácia ao princípio da isonomia à luz dos postulados da impessoalidade e da supremacia do interesse público. 5. Inexistência de direito constitucional à remarcação de provas em razão de circunstâncias pessoais dos candidatos. 6. Segurança jurídica. Validade das provas de segunda chamada realizadas até a data da conclusão do julgamento. 7. Recurso extraordinário a que se nega provimento[30].

Quanto à fase de gestação da mulher, a Corte Constitucional, em jurisprudência mais recente, confere tratamento diferenciado à candidata, balizando-se pelo princípio da igualdade de gênero, liberdade reprodutiva e outros valores encartados pelo constituinte como ideário da nação brasileira. Em decisão de mérito sobre caso em que reconhecida repercussão geral (Tema 973), colaciona-se a seguinte ementa:

RECURSO EXTRAORDINÁRIO. CONSTITUCIONAL. ADMINISTRATIVO. CONCURSO PÚBLICO. CANDIDATA GRÁVIDA À ÉPOCA DA REALIZAÇÃO DO TESTE DE APTIDÃO FÍSICA. POSSIBILIDADE DE REMARCAÇÃO INDEPENDENTE DE PREVISÃO EDITALÍCIA. DIREITO À IGUALDADE, DIGNIDADE HUMANA E LIBERDADE REPRODUTIVA. RECURSO EXTRAORDINÁRIO DESPROVIDO. 1) O teste de aptidão física para a candidata gestante pode ser remarcado, posto direito subjetivo que promove a igualdade de gênero, a busca pela felicidade, a liberdade reprodutiva e outros valores encartados pelo constituinte como ideário da nação brasileira. 2) A remarcação do teste de aptidão física, como único meio possível de viabilizar que a candidata gestante à época do teste continue participando do certame, estende-lhe oportunidades de vida que se descortinam para outros, oportunizando o acesso mais isonômico a cargos públicos. 3) O princípio da isonomia se resguarda, ainda, por a candidata ter de, superado o estado gravídico, comprovar que possui a mesma aptidão física exigida para os demais candidatos, obtendo a performance mínima. 4) A família, mercê de ser a base da sociedade, tem especial proteção do

---

[30] STF, RE 630733, rel. Min. Gilmar Mendes, Plenário, julgado em 15-5-2013, *DJ* 20-11-2013.

Estado (artigo 226 da CRFB), sendo certo que a Constituição de República se posicionou expressamente a favor da proteção à maternidade (artigo 6º) e assegurou direito ao planejamento familiar (artigo 226, § 7º), além de encontrar especial tutela no direito de previdência social (artigo 201, II) e no direito de assistência social (artigo 203, I). 5) O direito à saúde, tutelado expressamente no artigo 6º, requer uma especial proteção no presente caso, vez que a prática de esforços físicos incompatíveis com a fase gestacional pode por em risco a saúde da gestante ou mesmo do bebê. 6) O constituinte expressamente vedou qualquer forma coercitiva por parte de instituições oficiais ou privadas que obstaculize o planejamento familiar (art. 226, §7º), assim como assegurou o acesso às informações e meios para sua efetivação e impôs o dever de propiciar recursos educacionais e científicos para o exercício desse direito. 7) A ampla acessibilidade a cargos, empregos e funções públicas é assegurada expressamente em nosso sistema constitucional (art. 37, I), como corolário do princípio da isonomia, da participação política e o da eficiência administrativa. 8) A remarcação do teste de aptidão física realiza com efetividade os postulados constitucionais, atingindo os melhores resultados com recursos mínimos, vez que o certame prossegue quanto aos demais candidatos, sem descuidar do cânone da impessoalidade. 9) A continuidade do concurso em geral, com reserva de vagas em quantidade correspondente ao número de candidatas gestantes, permite que Administração Pública gerencial desde logo supra sua deficiência de contingente profissional, escopo último do concurso, assim como permite que os candidatos aprovados possam ser desde logo nomeados e empossados, respeitada a ordem de classificação. 10) O adiamento fundamentado na condição gestatória se estende pelo período necessário para superação da condição, cujas condições e prazos devem ser determinados pela Administração Pública, preferencialmente em edital, resguardada a discricionariedade do administrador público e o princípio da vinculação às cláusulas editalícias. 11) A inexistência de previsão em em edital do direito à remarcação, como no presente caso, não afasta o direito da candidata gestante, vez que fundado em valores constitucionais maiores cuja juridicidade se irradia por todo o ordenamento jurídico. Por essa mesma razão, ainda que houvesse previsão expressa em sentido contrário, assegurado estaria o direito à remarcação do teste de aptidão para a candidata gestante. 12) A mera previsão em edital do requisito criado pelo administrador público não exsurge o reconhecimento automático de sua juridicidade. 13) A gravidez não se insere na categoria de "problema temporário de saúde" de que trata o Tema 335 de Repercussão Geral. É que a condição de gestante goza de proteção constitucional reforçada, por ter o constituinte estabelecido expressamente a proteção à maternidade, à família e ao planejamento familiar. 14) Nego provimento ao recurso, para fixar a tese de que "É constitucional a remarcação do teste de aptidão física de candidata aprovada nas provas escritas que esteja grávida à época de sua realização, independentemente da previsão expressa em edital do concurso público"[31].

---

[31] STF, RE 1058333, rel. Min. Luiz Fux, Plenário, julgado em 21-11-2018, *DJe* 27-7-2020.

O **diploma ou habilitação legal para o exercício do cargo** deve ser exigido na posse e não na inscrição para o concurso público, conforme a Súmula n. 266, do STJ.

É inconstitucional o **veto** não motivado à participação de candidato a concurso público.

A Súmula Vinculante n. 44, do STF, aduz que só por lei se pode sujeitar a **exame psicotécnico** a habilitação de candidato a cargo público.

Em 30 de abril de 2018 foi editada a Lei n. 13.656, estabelecendo **isenção** para certos candidatos do **pagamento de taxa de inscrição em concursos** para provimento de cargo efetivo ou emprego permanente em órgãos ou entidades da Administração Pública direta e indireta da União. O seu art. 1º estabelece que são isentos do pagamento de taxa de inscrição em concursos públicos para provimento de cargo efetivo ou emprego permanente em órgãos ou entidades da administração pública direta e indireta de qualquer dos Poderes da União:

I – os candidatos que pertençam a família inscrita no Cadastro Único para Programas Sociais (CadÚnico), do Governo Federal, cuja renda familiar mensal per capita seja inferior ou igual a meio salário-mínimo nacional;
II – os candidatos doadores de medula óssea em entidades reconhecidas pelo Ministério da Saúde.

O cumprimento dos requisitos para a concessão da isenção deverá ser comprovado pelo candidato no momento da inscrição, nos termos do edital do concurso. Conforme o art. 2º da Lei n. 13.656/2018, o candidato que prestar informação falsa com o intuito de usufruir da isenção estará sujeito a, sem prejuízo das sanções penais cabíveis:

I – cancelamento da inscrição e exclusão do concurso, se a falsidade for constatada antes da homologação de seu resultado;
II – exclusão da lista de aprovados, se a falsidade for constatada após a homologação do resultado e antes da nomeação para o cargo;
III – declaração de nulidade do ato de nomeação, se a falsidade for constatada após a sua publicação.

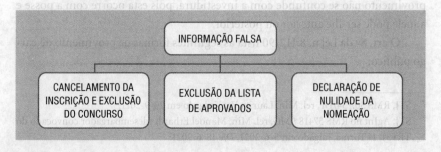

O edital do concurso deverá informar sobre a isenção e sobre as sanções aplicáveis aos candidatos que venham a prestar informação falsa.

Os efeitos da lei de isenção em tela não serão retroativos.

Por fim, deve ser lembrado que alguns concursos têm a fase **de sindicância de vida pregressa** para analisar os acontecimentos juridicamente relevantes da vida do candidato. Muitos questionam, em juízo, a sua constitucionalidade perante o princípio da presunção de inocência. O STJ entende que "não havendo sentença condenatória transitada em julgado, o princípio da presunção de inocência resta maculado, ante a eliminação de candidato a cargo público, ainda na fase de investigação social do certame, por ter sido verificada a existência de inquérito ou ação penal. É desprovido de razoabilidade e proporcionalidade o ato que, na etapa de investigação social, exclui candidato de concurso público baseado no registro deste em cadastro de serviço de proteção ao crédito"[32].

Todavia, a sindicância de vida pregressa não se limita à consulta de ação penal transitada em julgado em que condenado o candidato, mas de fatos que o desabonem, tornando-o inadequado para o exercício do cargo que almeja. Em recente julgado, o STJ assentou o seguinte teor:

[...] Esta Corte Superior tem a diretriz de que (a) a omissão em prestar informações, conforme demandado por edital, na fase de investigação social ou de sindicância da vida pregressa, enseja a eliminação de candidato do concurso público; e (b) a investigação social para admissão de candidato a cargos sensíveis não se restringe a aferição de existência ou não de condenações penais transitadas em julgado, abrangendo, também, a conduta moral e social do candidato, a fim de verificar a sua adequação ao cargo almejado, que requer retidão e probidade[33].

41.4.6.2. Provimento e investidura

O **provimento** é o ato administrativo da autoridade competente que inicia ou altera a relação jurídica estatutária através da ocupação do cargo público. O provimento não se confunde com a investidura, pois esta ocorre com a posse e aquele pode ser-lhe anterior ou posterior.

O art. 8º da Lei n. 8.112/90 lista as seguintes formas de provimento de cargo público:

---

[32] STJ, RMS 30.734/DF, rel. Min. Laurita Vaz, julgado em 20-9-2011.

[33] STJ, AgInt no RMS 57418 / MG, rel. Min. Manoel Erhardt (desembargador convocado do TRF5), 1ª Turma, julgado em 5-6-2021, *DJe* 18-6-2021.

a) nomeação;
b) promoção;
c) readaptação;
d) reversão;
e) aproveitamento;
f) reintegração; e
g) recondução.

O provimento pode ser **originário** ou **derivado**.

O **originário** representa o primeiro ato administrativo de vínculo da pessoa física com o cargo público efetivo ou em comissão, representando o ingresso inicial na carreira ou a assunção do cargo público isolado.

O **derivado** é o ato administrativo que decorre de um vínculo anterior já estabelecido com o cargo público, ainda que o servidor público não esteja no exercício das suas funções, pautando-se na relação jurídica existente e mostrando-se como ato acessório e dependente do provimento originário.

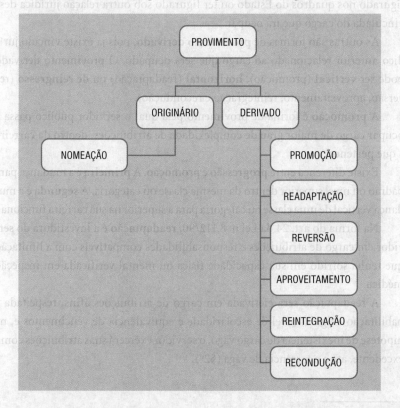

O provimento derivado pode ser ainda **vertical, horizontal** ou **de reingresso**.

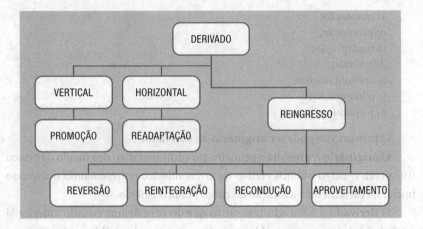

A **nomeação** é a única forma listada de provimento originário, pois não decorre de vínculo anterior com o cargo ocupado, podendo a pessoa jamais ter figurado nos quadros do Estado ou ter figurado sob outra relação jurídica desvinculada do cargo que irá ocupar.

As outras são formas de **provimento derivado**, pois já existe vínculo jurídico anterior relacionado ao cargo que será ocupado. O provimento derivado pode ser **vertical** (promoção), **horizontal** (readaptação) ou **de reingresso** (reversão, aproveitamento, reintegração e recondução).

A **promoção** é forma de provimento pela qual o servidor público passa a ocupar cargo de maior grau de complexidade de atribuições, dentro da carreira a que pertence[34].

Existe diferença entre **progressão** e **promoção**. A **primeira** é a mudança para padrão ou nível superior dentro da mesma classe ou categoria. A **segunda** é a mudança vertical de uma classe ou categoria para a superior na sua carreira funcional.

Na forma do art. 24 da Lei n. 8.112/90, **readaptação** é a investidura do servidor em cargo de atribuições e responsabilidades compatíveis com a limitação que tenha sofrido em sua capacidade física ou mental verificada em inspeção médica.

A readaptação será efetivada em cargo de atribuições afins, respeitada a habilitação exigida, nível de escolaridade e equivalência de vencimentos e, na hipótese de inexistência de cargo vago, o servidor exercerá suas atribuições como excedente, até a ocorrência de vaga (§2º).

---

[34] DI PIETRO, Maria Sylvia Zanella. *Direito administrativo*. 34. ed. Rio de Janeiro: Forense, 2021.

Reversão, na forma do art. 25 da Lei em tela, é o retorno à atividade de servidor aposentado:

I – **por invalidez**, quando junta médica oficial declarar insubsistentes os motivos da aposentadoria; ou

II – **no interesse da administração**, desde que:
  a) tenha solicitado a reversão;
  b) a aposentadoria tenha sido voluntária;
  c) estável quando na atividade;
  d) a aposentadoria tenha ocorrido nos cinco anos anteriores à solicitação;
  e) haja cargo vago.

O **aproveitamento** é a forma de retorno do servidor público em disponibilidade obrigatoriamente em cargo de atribuições e vencimentos compatíveis com o anteriormente ocupado (art. 30).

A **disponibilidade** é a inatividade provisória do servidor público estável decorrente, na forma dos §§1º e 2º do art. 28 da Lei n. 8.112/90, da extinção ou declaração de desnecessidade do seu cargo ou de reintegração de outro servidor sem que o retirado proviesse de cargo anterior ao qual pudesse ser reconduzido ou sem que existisse cargo compatível e da mesma natureza para acomodá-lo.

Por exemplo:

i) Z ocupava o cargo público de auxiliar de copeiro em determinado órgão público, mas o Presidente da República, na forma da alínea *b* do inciso VI do art. 84 da CF/88, editou o Decreto X, extinguindo-o ou declarando a sua desnecessidade. Z será colocado em disponibilidade com remuneração proporcional ao tempo de serviço, de acordo com o §3º do art. 41 da Carta Maior, até eventual aproveitamento; e

ii) Y foi ilegalmente desligado do seu cargo de Procurador Federal e W, em virtude de aprovação em concurso público de provas e títulos, passou a ocupar esse cargo, que estava vago. Decisão judicial reintegra Y ao cargo de Procurador Federal. Consequentemente, W, se for estável, será aproveitado em outro cargo ou posto em disponibilidade com remuneração proporcional ao tempo de serviço. Observe-se que – se, hipoteticamente, W ocupasse, antes, outro cargo e fosse estável – ele retornaria ao cargo de origem sem direito à indenização. Tudo consoante o disposto no §2º do art. 41 da Carta Maior.

Será tornado sem efeito o aproveitamento e cassada a disponibilidade se o servidor não entrar em exercício no prazo legal, salvo doença comprovada por junta médica oficial.

A **reintegração** é a reinvestidura do servidor estável no cargo anteriormente ocupado, ou no cargo resultante de sua transformação, quando invalidada a sua demissão por decisão administrativa ou judicial, com ressarcimento de todas as vantagens (art. 28). Na hipótese de o cargo ter sido extinto, o servidor ficará em disponibilidade. Estando provido o cargo, o seu eventual ocupante será reconduzido ao cargo de origem, sem direito à indenização ou aproveitado em outro cargo, ou, ainda, posto em disponibilidade.

Por fim, a **recondução**, na forma do art. 29, é o retorno do servidor estável ao cargo anteriormente ocupado e decorrerá de:

I – inabilitação em estágio probatório relativo a outro cargo; ou
II – reintegração do anterior ocupante.

A jurisprudência já pacificou o entendimento de que a **desistência do estágio probatório** relativo ao novo cargo enseja também a recondução ao antigo cargo. Leia-se o seguinte acórdão do STJ:

> MANDADO DE SEGURANÇA. SERVIDOR PÚBLICO ESTÁVEL. ESTÁGIO PROBATÓRIO EM OUTRO CARGO PÚBLICO. RECONDUÇÃO AO CARGO ANTERIORMENTE OCUPADO. POSSIBILIDADE. ORDEM PARCIALMENTE CONCEDIDA.
>
> **1. O servidor público estável que desiste do estágio probatório a que foi submetido em razão de ingresso em novo cargo público tem direito a ser reconduzido ao cargo anteriormente ocupado.**
>
> **2. Inteligência do parágrafo 2º do art. 20 da Lei n. 8.112/90. Precedentes do STF**[35].

O provimento pode ocorrer em **cargo efetivo** ou em **cargo em comissão**.

O **provimento originário de cargo efetivo**, atualmente, deve ser precedido de concurso público de provas ou de provas e títulos e outorga ao titular estabilidade após três anos de efetivo exercício e aprovação no estágio probatório (art. 41 da CF/88).

Durante o estágio probatório, segundo o art. 20 da Lei n. 8.112/90, devem ser observados os seguintes fatores:

I – assiduidade;
II – disciplina;
III – capacidade de iniciativa;
IV – produtividade; e
V– responsabilidade.

O **provimento de cargo em comissão**, na forma da parte final do inciso II do art. 37 da Carta Magna, não depende, como já se sabe, de concurso público,

---

[35] STJ, MS 8.339/DF, rel. Min. Hamilton Carvalhido, 3ª Seção, julgado em 11-9-2002, *DJ* 16-12-2002.

sendo livre a sua nomeação e exoneração. Aos ocupantes de cargos em comissão não foi atribuída estabilidade, sendo exoneráveis *ad nutum*, ou seja, de acordo com a potestade de quem nomeou, sem necessidade de qualquer motivação.

Contudo, se a autoridade apresentar motivo inexistente ou irregular, o ato será, de acordo com a teoria dos motivos determinantes, nulo.

A **investidura** é o ato pelo qual o agente público vincula-se ao Estado com a atribuição real e efetiva de parcela de poder-dever necessária e bastante para o desempenho das suas atribuições, ocorrendo com a posse na função pública.

A Lei n. 8.112/90 afirma, no art. 7º, que "a investidura em cargo público ocorrerá com a posse".

41.4.6.3. Posse e exercício

A **posse** é o ato formal de adesão ao regime jurídico do cargo da qual decorre a investidura nos direitos e deveres pertinentes.

Exercício é o efetivo desempenho das atribuições do cargo público ou da função de confiança (art. 15).

Se o servidor público não tomar **posse** no **prazo legal (até trinta dias contados da publicação do provimento)**, o seu ato de provimento (nomeação) perde o efeito, mas se ocorrer a posse sem a entrada em **exercício no prazo de lei (até quinze dias contados da posse)**, o servidor público será exonerado ou será tornado sem efeito o ato de sua designação para função de confiança (§2º do art. 15).

41.4.6.4. Vacância

A **vacância** é a desocupação ou a ausência de titular, decorrente de ato ou fato administrativo, no cargo público. A vacância é uma situação jurídica decorrente, segundo o art. 33 da Lei n. 8.112/90, de:

a) exoneração;
b) demissão;
c) promoção;

1212 CURSO DE DIREITO ADMINISTRATIVO

d) readaptação;
e) aposentadoria;
f) posse em outro cargo inacumulável; ou
g) falecimento.

Vacância	Exoneração
	Demissão
	Promoção
	Readaptação
	Aposentadoria
	Posse de outro cargo
	Falecimento

A **exoneração** é o rompimento do vínculo da Administração Pública com o servidor, implementado pelo Poder Público, que não decorre de sanção disciplinar.

O *caput* do art. 34 ilustra a existência de duas modalidades de exoneração, são elas:

a) de ofício; e

b) a pedido.

Apesar de o seu motivo não estar relacionado à sanção disciplinar, poderá ocorrer a exoneração de ofício:

a) Na forma do parágrafo único do art. 34 da Lei n. 8.112/90, quando não satisfeitas as condições do estágio probatório;

b) Quando, tendo tomado posse, o servidor não entrar em exercício no prazo estabelecido;

c) Quando a avaliação de desempenho for considerada insatisfatória, na forma do inciso III do §1º do art. 41 da CF/88;

d) Quando houver excesso de despesa com pessoal do art. 169 da CF/88; e

e) Quando se tratar de cargo em comissão.

No que tange à exoneração, durante o estágio probatório, ensejada por mau desempenho do servidor no exercício de suas atribuições, importa ressaltar o que assinala a **Súmula 21 do STF**: "Funcionário em estágio probatório não pode ser exonerado nem demitido sem inquérito ou sem as formalidades legais de apuração de sua capacidade".

Por conseguinte, mesmo que em período de estágio probatório – e não protegido pelo instituto da estabilidade – impõe-se a instauração de processo contraditório para a validade do ato de exoneração.

A **exoneração a pedido** é faculdade do servidor público titular de cargo efetivo, cargo em comissão ou de confiança. Tal opção está pautada na autonomia e liberdade laboral conquistada ao longo da história dos direitos fundamentais, dentre eles o direito à liberdade.

A **demissão** é o rompimento do vínculo da Administração Pública com o servidor, implementado pelo Poder Público, que decorre de sanção disciplinar. A demissão será aplicada nos casos listados no art. 132 da Lei n. 8.112/90. Deverá ser observado o imperativo do inciso LV do art. 5º da CF/88, que garante ao acusado o contraditório e a ampla defesa, com os meios e recursos inerentes.

Na forma do art. 24 da Lei n. 8.112/90, a **readaptação**, conforme anteriormente explicitado, é a investidura do servidor em cargo de atribuições e responsabilidades compatíveis com a limitação que tenha sofrido em sua capacidade física ou mental verificada em inspeção médica.

A readaptação será efetivada em cargo de atribuições afins, respeitada a habilitação exigida, nível de escolaridade e equivalência de vencimentos e, na hipótese de inexistência de cargo vago, o servidor exercerá suas atribuições como excedente, até a ocorrência de vaga (§2º).

A partir da **Emenda Constitucional n. 103/2019** (Reforma da Previdência), a readaptação passou a integrar o texto da CF/88, mediante a inclusão do § 13 no art. 37. Eis a norma:

O servidor público titular de cargo efetivo poderá ser readaptado para exercício de cargo cujas atribuições e responsabilidades sejam compatíveis com a limitação que tenha sofrido em sua capacidade física ou mental, enquanto permanecer nesta condição, desde que possua a **habilitação e o nível de escolaridade exigidos para o cargo de destino**, mantida a **remuneração do cargo de origem.**

Interessante notar que a norma não exige que o readaptando seja oriundo de cargo cujos requisitos para a posse sejam idênticos aos do cargo de destino, mas tão somente que o servidor satisfaça esses requisitos.

Ilustre-se a situação de servidor que exerça o cargo de agente de segurança e, em decorrência de acidente, tenha sofrido limitação motora que lhe impeça o exercício do cargo, e que esse servidor seja formado em Administração. Nessa situação, seria perfeitamente viável seu provimento em cargo de agente administrativo.

1214 CURSO DE DIREITO ADMINISTRATIVO

Situação peculiar seria o provimento em cargo cujos requisitos de escolaridade sejam superiores àqueles exigidos para o cargo de origem. Aproveitando-se o mesmo exemplo, imagine-se que o cargo de agente de segurança ocupado pelo servidor integre as carreiras dos servidores do Poder Judiciário[36], e que o mesmo servidor seja bacharel em Direito.

Suponha-se que, sobrevindo incapacidade física, esse servidor seja readaptado no cargo de analista judiciário, cargo de nível superior privativo de bacharel em Direito. Nessa situação, embora o servidor não tivesse logrado aprovação em concurso para o cargo de analista judiciário, é certo que atenderia aos requisitos de habilitação e nível de escolaridade exigidos para o cargo.

Porém, a regra constitucional impõe a manutenção da remuneração do cargo de origem, de maneira que tal exemplo parece traduzir ofensa ao princípio da isonomia, uma vez que o servidor desempenharia as mesmas atribuições desempenhadas por seus pares, ocupantes de cargo idêntico, mas seria remunerado em patamar inferior.

O exemplo ilustrado, além de representar ofensa ao princípio da isonomia, demonstra que o § 13 do art. 37 da CF/88 deve ser interpretado em conjunto com a norma do inciso II do *caput*, que assim dispõe: "a investidura em cargo ou emprego público depende de aprovação prévia em concurso público de provas ou de provas e títulos, de acordo com a natureza e a complexidade do cargo ou emprego, na forma prevista em lei, ressalvadas as nomeações para cargo em comissão declarado em lei de livre nomeação e exoneração".

Portanto, a readaptação não pode servir de instrumento de burla à norma constitucional que exige a aprovação em concurso público, para que não gere ascensão funcional, hipótese não admitida pelo ordenamento jurídico vigente.

Não havendo possibilidade de readaptação e, julgado incapaz para o serviço público, o readaptando será aposentado.

A **aposentadoria** é o ato administrativo que coloca, com base em direito seu, o servidor na inatividade permanente. O servidor público possui um Regime Próprio de Previdência que será analisado em item específico desta obra.

O elemento essencial da relação jurídica é a participação de mais de um sujeito, sendo que, por óbvio, a personalidade mostra-se imprescindível para a existência do sujeito. Assim, o **falecimento**, quando a relação jurídica for perso-

---

[36] Conforme o art. 8º, II, da Lei n. 11.416/2006, exige-se para o cargo de Técnico Judiciário curso de ensino médio, ou curso técnico equivalente, correlacionado com a especialidade. Confere-se ao Técnico Judiciário cujas atribuições estejam relacionadas às funções de segurança a denominação de Agente de Segurança Judiciária.

nalíssima (caso da relação laboral, inclusive com a Administração Pública), extingue-a.

A **posse em outro cargo inacumulável** é uma forma de vacância diretamente decorrente da vedação estabelecida nos incisos XVI e XVII do art. 37 da CF/88. Segue a norma:

> XVI – é vedada a acumulação remunerada de cargos públicos, exceto, quando houver compatibilidade de horários, observado em qualquer caso o disposto no inciso XI:
> a) a de dois cargos de professor;
> b) a de um cargo de professor com outro técnico ou científico;
> c) a de dois cargos ou empregos privativos de profissionais de saúde, com profissões regulamentadas;
> XVII – a proibição de acumular estende-se a empregos e funções e abrange autarquias, fundações, empresas públicas, sociedades de economia mista, suas subsidiárias, e sociedades controladas, direta ou indiretamente, pelo poder público.

A acumulação lícita deve observar a compatibilidade de horário. Os entendimentos do STJ e do STF eram divergentes sobre o limite de horas semanais possíveis para caracterizar a compatibilidade de horário. **Contudo, estão começando a se alinhar.**

O STF, em julgado publicado no dia 6 de novembro de 2017, entendeu que a limitação citada não está prevista na Constituição Federal da 1988, portanto, a análise sobre a possibilidade do cumprimento dos horários e compromissos laborais e dos intervalos de repouso deve ser feita no caso concreto sem considerar o limite preestabelecido de 60 horas semanais. Eis a ementa da decisão:

> RECURSO EXTRAORDINÁRIO – ACUMULAÇÃO DE CARGOS PÚBLICOS – PROFISSIONAIS DA ÁREA DE SAÚDE – LIMITAÇÃO DA JORNADA SEMANAL A 60 (SESSENTA) HORAS POR NORMA INFRACONSTITUCIONAL – REQUISITO NÃO PREVISTO NA CONSTITUIÇÃO DA REPÚBLICA – INVIABILIDADE DA RESTRIÇÃO COM BASE UNICAMENTE NESSE CRITÉRIO, DEVENDO AVERIGUAR-SE A COMPATIBILIDADE DE HORÁRIOS – AGRAVO INTERNO IMPROVIDO[37].

A jurisprudência do STJ não admitia a acumulação de cargos quando a soma das jornadas de ambos fosse superior a 60 horas semanais, mas a Corte Superior passou a orientar suas decisões na linha do entendimento do STF, como retratado na seguinte ementa:

---

[37] STF, RE 1023290 AgR-segundo, rel. Min. Celso de Mello, 2ª Turma, julgado em 6-10-2017, *DJe* 6-11-2017.

ADMINISTRATIVO E PROCESSUAL CIVIL. SERVIDOR PÚBLICO. APOSENTADORIA NOS CARGOS DE MÉDICO-LEGISTA E MÉDICO PERITO. CARGA HORÁRIA DE 80 HORAS SEMANAIS. CANCELAMENTO DA APOSENTADORIA PELO ESTADO DO RIO GRANDE DO SUL. ALEGAÇÃO DE ILEGALIDADE DA ACUMULAÇÃO DE CARGOS, NA ÁREA DA SAÚDE, COM JORNADA SUPERIOR A 60 HORAS. AFRONTA AO ENTENDIMENTO DO SUPREMO TRIBUNAL FEDERAL.

[...] A Primeira Seção do Superior Tribunal de Justiça tem reconhecido a impossibilidade de acumulação remunerada de cargos ou empregos públicos privativos de profissionais da área de saúde quando a jornada de trabalho for superior a 60 horas semanais.

[...] No entanto, o Supremo Tribunal Federal, reiteradamente, tem-se posicionado "[...] no sentido de que a acumulação de cargos públicos de profissionais da área de saúde, prevista no art. 37, XVI, daCF/88, não se sujeita ao limite de 60 horas semanais previsto em norma infraconstitucional, pois inexiste tal requisito na Constituição Federal" (RE 1.094.802 AgR, Relator Min. Alexandre deMoraes, Primeira Turma, julgado em 11-5-2018, *DJe* 24-5-2018).

[...] Segundo a orientação da Corte Maior, o único requisito estabelecido para a acumulação é a compatibilidade de horários no exercício das funções, cujo cumprimento deverá ser aferido pelaadministração pública. Precedentes. Necessidade de adequação do entendimento desta Corte ao posicionamento consolidado pelo Supremo Tribunal Federal sobre o tema[38]

A competência para decidir a questão é, sem dúvida, do STF, portanto, a tendência de que o STJ curvasse-se ao entendimento da Suprema Corte confirmou-se. Ressalte-se, por oportuno, que os julgados acima tratam de acumulação na área de saúde.

Outra questão interessante em relação à acumulação lícita de cargos, empregos ou funções públicas é a relativa à incidência ou não do teto constitucional de remuneração em relação ao somatório da remuneração.

Apesar de as diversas esferas da Administração Pública não cumprirem a jurisprudência pacífica e reiterada do Supremo Tribunal Federal, o seu entendimento é claro sobre a necessidade de se considerar a remuneração de cada cargo e não o somatório para a incidência do corte.

No âmbito da União, a Portaria SGP/SEDGG/ME n. 4.975, de 29 de abril de 2021, revogou a Portaria Normativa SRH/MPOG n. 2, de 8 de novembro de 2011, e previu a possibilidade de incidência isolada da remuneração dos vínculos para fins de cálculo do teto remuneratório:

---

[38] STJ, AgInt no REsp 1799589/RS, rel. Min. Herman Benjamin, 2ª Turma, julgado em 26-11-2019, *DJe* 11-9-2020.

Art. 2º Nas hipóteses constitucionalmente admitidas de acumulação de cargos públicos, o limite remuneratório de que trata o inciso XI do art. 37 da Constituição Federal incide isoladamente em relação a cada um dos vínculos, na seguinte conformidade:

I – de dois cargos ou empregos privativos de profissionais de saúde com profissões regulamentadas;

II – de dois cargos de professor;

III – de um cargo de professor e outro técnico ou científico; ou

IV – de um cargo, emprego ou função com cargo eletivo de vereador, havendo compatibilidade de horários.

Consequentemente, desde 1º de maio de 2021, a Administração Pública Federal está proibida de descontar valores a título de "ABATE TETO (CF ART 37) ATIVO" das acumulações lícitas, nas quais as remunerações, consideradas isoladamente, não ultrapassem o limite remuneratório de que trata o inciso XI do art. 37 da Constituição Federal, o que, sem dúvidas, decorre das seguintes decisões do STF adotadas sob o rito da repercussão geral (Tema 377 e Tema 384):

TETO CONSTITUCIONAL – ACUMULAÇÃO DE CARGOS – ALCANCE. Nas situações jurídicas em que a Constituição Federal autoriza a acumulação de cargos, o teto remuneratório é considerado em relação à remuneração de cada um deles, e não ao somatório do que recebido.
(RE 602043, rel. Min. Marco Aurélio, Plenário, julgado em 27-4-2017, *DJe* 8-9-2017).

TETO CONSTITUCIONAL – ACUMULAÇÃO DE CARGOS – ALCANCE. Nas situações jurídicas em que a Constituição Federal autoriza a acumulação de cargos, o teto remuneratório é considerado em relação à remuneração de cada um deles, e não ao somatório do que recebido.
(RE 612975, rel. Min. Marco Aurélio, Plenário, julgado em 27-4-2017, *DJe* 8-9-2017).

Além disso, a própria AGU emitiu a Orientação em Matéria Constitucional n. 11/2018/SGCT. Eis a sua ementa:

Assunto: Recursos Extraordinários n. 602.043 e n. 612.975. Temas n. 377 e 384. Julgamento de tese em repercussão geral. Acumulação de cargos, empregos e funções. Teto remuneratório. Orientação para reconhecer a procedência do pedido, a abster-se de contestar e de recorrer e a desistir dos recursos já interpostos.

Ao dizer da possibilidade de acumulação de um cargo de técnico ou científico e de professor, não é a mera nomenclatura que importa, pois cargo técnico é aquele que requer conhecimento específico na área de atuação do profissional, com habilitação específica de grau superior ou profissionalizante de nível médio, conforme decidido pelo STJ:

1218 CURSO DE DIREITO ADMINISTRATIVO

ADMINISTRATIVO. ACUMULAÇÃO DE CARGOS. PROFESSOR E AGEN-
TE ADMINISTRATIVO DE NÍVEL MÉDIO. IMPOSSIBILIDADE.
**1. De acordo com a jurisprudência do Superior Tribunal de Justiça, cargo
técnico é aquele que requer conhecimento específico na área de atuação do
profissional, com habilitação específica de grau universitário ou profissionalizante de 2º grau.**
**2. É possível verificar que o cargo ocupado pelo recorrido, "Agente Adminis-
trativo", não exige nível superior ou curso específico, não se enquadrando,
portanto, na definição acima.**
3. Recurso Especial provido[39].

O **militar médico**, na forma do inciso II do §3º do art. 142 da CF/88, pode,
desde que observadas as restrições dos incisos XVI e XVII do art. 37 da CF/88,
acumular dois cargos ou empregos privativos de profissionais da área de saúde.

Por fim, tem-se que, além disso, a Carta Maior admite, no inciso III do seu
art. 38, que o **servidor público da administração direta, autárquica e fundacional**, no exercício de mandato eletivo, investido no mandato de **Vereador**,
havendo compatibilidade de horários, perceberá as vantagens de seu cargo,
emprego ou função, sem prejuízo da remuneração do cargo eletivo.

41.4.6.5. Estabilidade

**A estabilidade pode ser conceituada como garantia constitucional outor-
gada, de maneira personalíssima, aos titulares de cargos públicos efetivos – após
o cumprimento de certas condições e do advento de termo – que impede o
desligamento do serviço público sem a observância de requisitos estabelecidos
na própria Constituição.**

Somente os titulares de **cargos públicos efetivos** podem adquirir estabilidade. A efetividade está relacionada ao cargo e a estabilidade está relacionada ao
titular do cargo efetivo.

Os ocupantes de cargos em comissão, conforme já mencionado, não adquirem estabilidade, pois falta ao cargo em comissão a efetividade.

O Poder Constituinte Originário optou, inicialmente, pela estabilidade
bienal, que foi transformada pela Emenda Constitucional n. 19/98 em **trienal**.
Eis a norma vigente: "Art. 41. São estáveis após três anos de efetivo exercício os
servidores nomeados para cargo de provimento efetivo em virtude de concurso
público" (redação dada pela Emenda Constitucional n. 19, de 1998).

---

[39] STJ, REsp 1678686/RJ, rel. Min. Herman Benjamin, 2ª Turma, julgado em 21-9-2017, *DJe*
16-10-2017.

Há outra condição para a aquisição da estabilidade, qual seja: a aprovação no **estágio probatório** que é aferido através de avaliação especial feita por comissão constituída na esfera do órgão ou entidade do servidor público efetivo.

Assim, a estabilidade relaciona-se aos seguintes requisitos[40]:

a) transcurso do prazo de três anos; e
b) aprovação no estágio probatório.

Com efeito, estágio probatório e estabilidade são institutos jurídicos distintos. O primeiro, estágio probatório, tem por objetivo aferir a aptidão e capacidade do servidor para o desempenho do cargo público de provimento efetivo, conforme o art. 20 da Lei n. 8.112/1990. O segundo, estabilidade, por sua vez, constitui uma garantia constitucional de permanência no serviço público outorgada àquele que transpôs o estágio probatório.

Apesar do disposto no *caput* do art. 20 da Lei n. 8.112/90 ter estabelecido prazo de 24 (vinte e quatro) meses para o estágio probatório, a emenda constitucional mencionada afastou a eficácia dessa norma. Consequentemente, o prazo do **estágio probatório e o prazo para a aquisição da estabilidade são ambos de três anos**, conforme já decidido pelo STF:

> DIREITO CONSTITUCIONAL E ADMINISTRATIVO. AGRAVO REGIMENTAL NO AGRAVO DE INSTRUMENTO. SERVIDOR PÚBLICO. ESTABILIDADE E ESTÁGIO PROBATÓRIO. PRAZO COMUM DE TRÊS ANOS. PRECEDENTES.
> **1. O Supremo Tribunal Federal assentou entendimento no sentido de que "a Emenda Constitucional 19/1998, que alterou o art. 41 da Constituição Federal, elevou para três anos o prazo para a aquisição da estabilidade no serviço público e, por interpretação lógica, o prazo do estágio probatório" (STA 269, rel. Min. Gilmar Mendes). Precedentes.**

---

[40] ADMINISTRATIVO. SERVIDOR PÚBLICO. TÉCNICO JUDICIÁRIO AUXILIAR DO TJSC. ESTÁGIO PROBATÓRIO. CRITÉRIOS DE AVALIAÇÃO. OFENSA AOS PRINCÍPIOS DA PROPORCIONALIDADE E DA RAZOABILIDADE. AUSÊNCIA. DESEMPENHO INSATISFATÓRIO. EXONERAÇÃO. LEGALIDADE.
1. A aquisição da estabilidade no serviço público ocorre após o implemento de 3 anos no cargo e a aprovação na avaliação de estágio probatório.
2. A avaliação do servidor deve levar em consideração o desempenho durante todo o período de três anos, em atenção aos princípios da proporcionalidade e da razoabilidade.
(...)
4. Agravos regimentais providos para negar provimento ao recurso ordinário.
(STJ, AgRg no RMS 49.850/SC, Rel. Ministro NAPOLEÃO NUNES MAIA FILHO, Rel. p/ Acórdão Ministro GURGEL DE FARIA, PRIMEIRA TURMA, julgado em 9-5-2017, *DJe* 30-5-2017).

CURSO DE DIREITO ADMINISTRATIVO

(...)

3. Agravo regimental a que se nega provimento[41].

Contudo, se forem ultrapassados os três anos sem a realização da avaliação, o titular ao cargo público efetivo adquire automaticamente a estabilidade. Nesse sentido é a jurisprudência do STJ:

> DIREITO ADMINISTRATIVO. RECURSO ORDINÁRIO EM MANDADO DE SEGURANÇA. SERVIDOR PÚBLICO EM ESTÁGIO PROBATÓRIO. EXONERAÇÃO. EXIGÊNCIA DOS PRINCÍPIOS DO CONTRADITÓRIO E DA AMPLA DEFESA. EXONERAÇÃO APÓS AQUISIÇÃO DA ESTABILIDA-DE. NÃO CABIMENTO. ART. 41 DA CONSTITUIÇÃO FEDERAL. RECUR-SO PROVIDO.
>
> 1. Em se tratando de exoneração de servidor público que se encontra em está-gio probatório, não se apresenta necessário prévio processo administrativo disciplinar. No entanto, devem-lhe ser assegurados os princípios da ampla defesa e do contraditório. Precedentes do STJ.
>
> 2. Não obstante os fundamentos do acórdão recorrido, não há notícia nos autos da instauração de um procedimento em que tenha o recorrente figurado formalmente como acusado.
>
> **3. Adquire estabilidade o servidor após exercer efetivamente por 3 (três) anos cargo provido mediante concurso público, razão por que, transcorrido esse prazo, não mais se cogita de avaliação de desempenho em estágio probatório, exceto se houver justificativa plausível para a demora da Administração. Inteligência do art. 41 da Constituição Federal.**
>
> **4. A eventual demora na publicação de um ato normativo local, disciplinan-do a avaliação de servidores públicos estaduais, porque destituído de pode-res para alterar o texto constitucional, não se apresenta capaz de dilatar o prazo peremptório em tela.**
>
> **5. Hipótese em que o recorrente tomou posse e entrou em exercício em 29/7/02 e foi "exonerado" do cargo de Professor de Educação Física do Estado de Minas Gerais em 11/2/06, por ter sido reprovado na avaliação do estágio probatório, quando, no entanto, já alcançara estabilidade no serviço público.**
>
> 6. No caso em que servidor público deixa de auferir seus vencimentos, parcial ou integralmente, por ato ilegal ou abusivo da autoridade impetrada, os efeitos patrimoniais da concessão da ordem em mandado de segurança devem retroa--gir à data da prática do ato impugnado, violador de direito líquido e certo. Inaplicabilidade dos enunciados das Súmulas 269/STF e 271/STF.
>
> 7. Recurso ordinário provido[42].

---

[41] STF, AI 744121 AgR, rel. Min. Roberto Barroso, 1ª Turma, julgado em 9-6-2015, *DJe* 30-6-2015.

[42] STJ, RMS 24.602/MG, rel. Min. Arnaldo Esteves Lima, 5ª Turma, julgado em 11-9-2008, *DJe* 1º-12-2008.

Deve ser ressaltado que, mesmo sem a aquisição da estabilidade pelo decurso do prazo de três anos e pela aprovação no estágio probatório, a exoneração do servidor público efetivo não dispensará o prévio contraditório e ampla defesa.

A estabilidade é **mais restrita** do que a vitaliciedade, porém garante a atuação independente do servidor público efetivo que não serve ao grupo político detentor do poder e, sim, à sociedade, através da diuturna observância do mandamento legal.

O servidor público, em muitas situações – como no exercício de funções sensíveis como fiscalização, emissão de pareceres ou atos relacionados à expedição de autorizações e licenças –, é frágil ante a coluna de pressão política e econômica que gravita sobre seus ombros, de modo que sua efetividade para agir conforme a lei e cumprir a missão que a sociedade nacional lhe confia requer a segurança da manutenção de seu vínculo laboral, a impedir seu rompimento de maneira -abusiva.

É para a defesa dos valores republicanos, voltados à consagração do bem comum, que o servidor público é protegido pela estabilidade. É para dizer em vez de calar, encorajar-se contra os arbítrios de toda índole.

A **estabilidade**, na forma do §1º do art. 41 da Carta Maior, alterado pela EC n. 19/98, é a garantia de que o servidor somente perderá o cargo:

I – em virtude de sentença judicial transitada em julgado;

II – mediante processo administrativo em que lhe seja assegurada ampla defesa;

III – mediante procedimento de avaliação periódica de desempenho, na forma de lei complementar, assegurada ampla defesa[43].

A Carta Maior prevê outra hipótese de perda de cargo público por servidor estável, incluída pela EC n. 19/98, além das **hipóteses personalíssimas** acima citadas: o art. 169 criou a possibilidade de perda do cargo público independentemente de qualquer conduta do agente público; tal potestade tem como objetivo resguardar o **princípio da responsabilidade fiscal**.

A **despesa com pessoal ativo e inativo e pensionistas[44] da União, dos Estados, do Distrito Federal e dos Municípios não pode exceder os limites estabelecidos em lei complementar**[45], sendo que para o cumprimento dos limites estabelecidos com base no artigo citado, durante o prazo fixado na lei comple-

---

[43] Hipótese incluída pela EC n. 19/98. Ainda não foi aprovado o Projeto de Lei Complementar sobre o tema.

[44] O texto originário da Constituição Federal abrangia o pessoal ativo e inativo dos entes federados. A Emenda Constitucional n. 109/2021 alterou a redação do *caput* do art. 169 da CF/88, incluindo os pensionistas na regra de limitação de despesa.

[45] Lei Complementar n. 101/2000.

1222 CURSO DE DIREITO ADMINISTRATIVO

mentar referida, a União, os Estados, o Distrito Federal e os Municípios adotarão as seguintes providências (§3º):

I – redução em pelo menos vinte por cento das despesas com cargos em comissão e funções de confiança;

II – exoneração dos servidores não estáveis.

Se as medidas adotadas não forem suficientes para assegurar o cumprimento da determinação da lei complementar referida, o servidor estável poderá perder o cargo, desde que ato normativo motivado de cada um dos Poderes especifique a atividade funcional, o órgão ou unidade administrativa objeto da redução de pessoal (§4º).

O servidor que perder o cargo na forma acima citada fará jus a **indenização** correspondente a um mês de remuneração por ano de serviço (§5º).

O cargo objeto da redução prevista nos parágrafos anteriores será considerado **extinto**, vedada a criação de cargo, emprego ou função com atribuições iguais ou assemelhadas pelo prazo de quatro anos (§6º).

Lei federal disporá sobre as normas gerais a serem obedecidas para a perda do cargo público por servidor estável (§7º).

No inciso X do art. 142 da Constituição, foi garantida também **estabilidade para os militares das Forças Armadas**, porém, não será pautada nas mesmas normas da estabilidade do servidor público, em virtude de o citado inciso ter atribuído sua regulamentação à lei ordinária.

Os **empregados públicos** – ao contrário do que entende o TST[46], baseado em clara confusão terminológica – não foram incluídos no *caput* do art. 41 da CF/88, consequentemente não gozam de estabilidade. A jurisprudência do TST não tem o condão de revogar o art. 3º da Lei n. 9.962/2000, que trata das hipóteses de despedida dos citados agentes públicos.

---

[46] "Súmula 390 do TST:

Estabilidade. Art. 41 da CF/1988. Celetista. Administração direta, autárquica ou fundacional. Aplicabilidade. Empregado de empresa pública e sociedade de economia mista. Inaplicável (conversão das Orientações Jurisprudenciais ns. 229 e 265 da SDI-1 e da Orientação Jurisprudencial n. 22 da SDI-2) – Res. 129/2005 – DJ 20-4-5.

I – O servidor público celetista da administração direta, autárquica ou fundacional é beneficiário da estabilidade prevista no art. 41 da CF/1988 (ex-OJ n. 265 da SDI-1 – Inserida em 27-9-2002 e ex-OJ n. 22 da SDI-2 – Inserida em 20-9-00).

II – Ao empregado de empresa pública ou de sociedade de economia mista, ainda que admitido mediante aprovação em concurso público, não é garantida a estabilidade prevista no art. 41 da CF/1988 (ex-OJ n. 229 – Inserida em 20-6-2001)".

41.4.6.5.1. Estabilidade sem concurso público

A Constituição vigente estabeleceu, no art. 19 do ADCT, norma de transição que possibilitou a servidores públicos civis da União, dos Estados, do Distrito Federal e dos Municípios, da administração direta, autárquica e das fundações públicas – sem nomeação em virtude de concurso público – a aquisição de estabilidade, desde que estivessem em exercício na data da sua promulgação (5 de outubro de 1988) há pelo menos **cinco anos contínuos**.

A estabilidade quinquenal sem concurso público acima descrita não se aplica aos **professores de nível superior**, na forma do §3º do art. 19 da ADCT.

A Carta Maior criou também a **estabilidade meritória** do inciso I do art. 53 do ADCT para o **ex-combatente** que tenha efetivamente participado de operações bélicas durante a Segunda Guerra Mundial, nos termos da Lei n. 5.315, de 12 de setembro de 1967.

Aos veteranos da Segunda Guerra Mundial foi conferido o direito de ser aproveitado no serviço público, sem a exigência de concurso, com estabilidade.

41.4.6.6. Vitaliciedade

Na forma do inciso I do art. 95 e da alínea *a* do inciso I do §5º do art. 128 da Carta Maior, a **vitaliciedade** é a garantia, adquirida após **dois anos** de exercício em primeiro grau, de que o magistrado, o membro do Ministério Público e o membro de Tribunal de Contas[47] somente poderão perder os cargos públicos em virtude de **sentença judicial transitada em julgado**.

Ressalte-se que, em segundo grau, a vitaliciedade é adquirida com a posse.

A vitaliciedade garante ao agente público a nomenclatura do cargo público mesmo após sua aposentação, pois o aposentado não é ex-magistrado ou ex--membro do Ministério Público, mas, por exemplo, juiz de direito aposentado ou promotor de justiça aposentado.

Em relação ao servidor público regido pela Lei n. 8.112/90, vigora a estabilidade. Portanto, a sua aposentação retira-lhe a qualidade de servidor público para torná-lo ex-servidor.

---

[47] Inclusive o auditor do Tribunal de Contas da União, por ser equiparado a Juiz de Tribunal Regional Federal. O auditor sujeita-se ao prazo de dois anos para a aquisição da vitaliciedade, mas o membro de Tribunal de Contas a adquire com a posse. O art. 77, *caput*, da Lei n. 8.443/92 (Lei Orgânica do Tribunal de Contas da União) dispõe que "os auditores, em número de três, serão nomeados pelo Presidente da República, dentre os cidadãos que satisfaçam os requisitos exigidos para o cargo de ministro do Tribunal de Contas da União, mediante concurso público de provas e títulos, observada a ordem de classificação".

1224 CURSO DE DIREITO ADMINISTRATIVO

Os agentes públicos vitalícios têm **leis orgânicas próprias**, não se submetendo, em regra, à Lei n. 8.112/90, somente aplicando-a subsidiariamente.[48] A Lei Orgânica da Magistratura Nacional é a Lei Complementar n. 35/79 e a Lei Orgânica Nacional do Ministério Público é a Lei Federal n. 8.625/93.

41.4.6.7. Remoção

Deve ser esclarecido que a estabilidade não implica **inamovibilidade**, pois o servidor público regido pela Lei n. 8.112/90 pode ser removido a pedido, inclusive independentemente do interesse da Administração, ou de ofício. A **remoção**, segundo o art. 36 da lei citada, é o deslocamento do servidor, a pedido ou de ofício, no âmbito do mesmo quadro, com ou sem mudança de sede.

São modalidades de remoção:

I – de ofício, no interesse da Administração;

II – a pedido, a critério da Administração;

III – a pedido, para outra localidade, independentemente do interesse da Administração:

a) para acompanhar cônjuge ou companheiro, também servidor público civil ou militar, de qualquer dos Poderes da União, dos Estados, do Distrito Federal e dos Municípios, que foi deslocado no interesse da Administração;

b) por motivo de saúde do servidor, cônjuge, companheiro ou dependente que viva às suas expensas e conste do seu assentamento funcional, condicionada à comprovação por junta médica oficial;

c) em virtude de processo seletivo promovido, na hipótese em que o número de interessados for superior ao número de vagas, de acordo com normas preestabelecidas pelo órgão ou entidade em que aqueles estejam lotados.

Quando a remoção se der para acompanhar cônjuge ou companheiro, também servidor público civil ou militar, de qualquer dos Poderes da União, dos Estados, do Distrito Federal e dos Municípios, que foi deslocado no interesse da Administração, preenchidos os pressupostos legais, constitui direito subjetivo do servidor, independente do interesse da Administração e da existência de vaga, como forma de resguardar a unidade familiar. Nos casos em que se pretende o acompanhamento de cônjuge, a norma exige, obrigatoriamente, prévio deslocamento de qualquer deles no interesse da Administração, não sendo admitida qualquer outra forma de alteração de domicílio.

O servidor público federal somente tem direito à remoção prevista no art. 36, parágrafo único, III, *a*, da Lei n. 8.112/1990, na hipótese em que o cônjuge/

---

[48] STJ, REsp 874.980/DF, rel. Min. Laurita Vaz, 5ª Turma, julgado em 26-8-2010, *DJe* 27-9-2010.

companheiro, também servidor, tenha sido deslocado de ofício, para atender ao interesse da Administração (nos moldes do inciso I do mesmo dispositivo legal).

O STJ pacificou o tema para excluir a possibilidade de remoção para acompanhar cônjuge ou companheiro no caso de o prévio deslocamento decorrer de pedido do servidor.

Observe-se também que a "teoria do fato consumado" não pode ser aplicada para consolidar remoção de servidor público destinada a acompanhamento de cônjuge, em hipótese que não se adéque à legalidade estrita, ainda que tal situação haja perdurado por vários anos em virtude de decisão liminar não confirmada por ocasião do julgamento de mérito.

Não obstante, existem servidores estáveis[49] que gozam da garantia de inamovibilidade, garantia mais efetiva contra a remoção de ofício, conferida por estatuto próprio, por exemplo, os Defensores Públicos da União, na forma do art. 34[50] da Lei Complementar n. 80/94. A remoção determinada pela Administração Pública de servidores inamovíveis somente pode ser efetivada em caso de sanção decorrente de processo administrativo disciplinar. Os magistrados e membros do MP também são inamovíveis por força de norma constitucional.

41.4.6.8. Redistribuição

Redistribuição é o deslocamento de cargo de provimento efetivo, ocupado ou vago no âmbito do quadro geral de pessoal, para outro órgão ou entidade do mesmo Poder, com prévia apreciação de órgão central, observados os seguintes preceitos:

I – interesse da administração;

II – equivalência de vencimentos;

III – manutenção da essência das atribuições do cargo;

IV – vinculação entre os graus de responsabilidade e complexidade das atividades;

V – mesmo nível de escolaridade, especialidade ou habilitação profissional;

VI – compatibilidade entre as atribuições do cargo e as finalidades institucionais do órgão ou entidade.

A redistribuição ocorrerá *ex officio* para ajustamento de lotação e da força de trabalho às necessidades dos serviços, inclusive nos casos de reorganização, extinção ou criação de órgão ou entidade.

---

[49] *Vide* inciso IV do art. 43 da Lei Complementar n. 80/94.

[50] "Art. 34. Os membros da Defensoria Pública da União são inamovíveis, salvo se apenados com remoção compulsória, na forma desta Lei Complementar".

A redistribuição de cargos efetivos vagos dar-se-á mediante ato conjunto entre o órgão central e os órgãos e entidades da Administração Pública Federal envolvidos.

Nos casos de reorganização ou extinção de órgão ou entidade, extinto o cargo ou declarada sua desnecessidade no órgão ou entidade, o servidor estável que não for redistribuído será colocado em disponibilidade, até seu aproveitamento.

O servidor que não for redistribuído ou colocado em disponibilidade poderá ser mantido sob responsabilidade de órgão central, e ter exercício provisório em outro órgão ou entidade até seu adequado aproveitamento.

41.4.6.9. Substituição

Os servidores investidos em **cargo ou função de direção ou chefia e os ocupantes de cargo de Natureza Especial** terão **substitutos** indicados no **regimento interno** ou, no caso de omissão, previamente designados pelo dirigente máximo do órgão ou entidade.

O substituto assumirá **automática** e **cumulativamente**, sem prejuízo do cargo que ocupa, o exercício do cargo ou função de direção ou chefia e os de Natureza Especial, nos **afastamentos**, **impedimentos legais ou regulamentares** do titular e na **vacância** do cargo, hipóteses em que deverá optar pela remuneração de um deles durante o respectivo período.

O substituto fará jus à retribuição pelo exercício do cargo ou função de direção ou chefia ou de cargo de Natureza Especial, nos casos dos afastamentos ou impedimentos legais do titular, superiores a trinta dias consecutivos, pagos na proporção dos dias de efetiva substituição, que excederem o referido período, o que se aplica também aos titulares de unidades administrativas organizadas em nível de assessoria.

41.4.6.10. Greve no serviço público

Em França, a Lei Chapellier de 1791 considerava a greve **crime**. Durante a evolução da greve, nota-se que passou de ilícito penal para **ilícito civil**, de ilícito civil para **ato tolerado** pelo Poder Público e de ato tolerado para direito.

Alguns autores modernos entendem que a greve não pode ser erigida a direito, pois a sua natureza essencial é de **movimento de fato**, metajurídico.

A greve ou parede é o **fenômeno social** decorrente do ajuste fático das vontades dos obreiros com a finalidade de reivindicar alguma alteração benéfica nas condições de labor.

A atuação dos sindicatos e associações de trabalhadores é normalmente notada nos movimentos paredistas, mas a atuação de pessoas formais não deveria ser necessária, bastando a conjugação das vontades dos trabalhadores e nada mais.

Os **grupos sociais de pressão** podem ser classificados em grupos formais e grupos informais. Os formais são as coletividades ordenadas segundo regras jurídicas; os informais não vinculam seus membros entre si por relações jurídicas, mas apenas fáticas, apesar de seus indivíduos terem relação jurídica estatutária ou contratual com o destinatário da pressão.

A eterna **tensão entre capital e trabalho** encontra na greve o seu ápice, o movimento paredista quase rompe a relação entre esses dois fatores. Portanto, somente deve ser utilizada após o insucesso de todas as outras formas de negociação.

Apesar de a sua natureza ser fática, o Poder Constituinte Originário optou por classificá-la como um **direito dos trabalhadores,** que deve inclusive ser regulamentado por lei para definir os serviços ou atividades essenciais e dispor sobre o atendimento das necessidades inadiáveis da comunidade. Esta concepção é claramente limitadora do seu exercício, mas, por outro lado, tenta evitar alguns excessos nefastos à sociedade.

Na iniciativa privada, a **parede**[51] foi assegurada como direito no art. 9º da Carta Maior. Estabeleceu-se que:

a) é assegurado o direito de greve, competindo aos trabalhadores decidir sobre a oportunidade de exercê-lo e sobre os interesses que devam por meio dele defender; e

b) a lei definirá os serviços ou atividades essenciais e disporá sobre o atendimento das necessidades inadiáveis da comunidade.

A Lei n. 7.783/89 – que dispõe sobre o exercício do direito de greve, define as atividades essenciais, regula o atendimento das necessidades inadiáveis da comunidade, e dá outras providências – regulamentou a greve, mas foi muito além do que foi reservado à lei pela Constituição, chegando a dispor sobre a forma de se iniciar a greve e tornando obrigatória a participação da "entidade sindical".

Ora, a Carta Maior disse claramente que **a lei definirá apenas os serviços ou atividades essenciais e disporá sobre o atendimento das necessidades inadiáveis da comunidade.**

A **greve** foi conceituada pelo art. 2º da Lei n. 7.783/89 como a suspensão coletiva, temporária e pacífica, total ou parcial, de prestação pessoal de serviços ao empregador.

---

[51] Greve.

Ao servidor público foi garantido o direito à livre **associação sindical** (inciso VI do art. 37 da CF/88) e o **direito de greve**, que será exercido nos termos e nos limites definidos em **lei específica** (inciso VII).

A lei específica exigida até agora **não foi editada** e o STF, seguido pelo STJ, entendia que a eficácia do preceito normativo era limitada, logo o direito não podia ser exercido sem a regulamentação, apesar de sempre ter reconhecido a omissão legislativa.

Entretanto, a jurisprudência do STF evoluiu, a partir do julgamento do MI 670/ES[52]**, para afirmar que, enquanto durar a omissão legislativa, aplicam-se a Lei n. 7.701/88 e a Lei n. 7.783/89 aos conflitos e às ações judiciais que tratarem de greve do servidor público civil.**

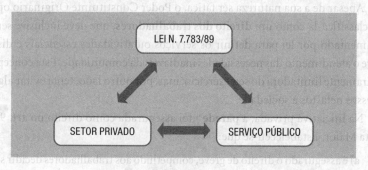

A competência para processar e julgar as ações relativas a greves de servidores públicos é da **Justiça Comum**[53], e não da Justiça do Trabalho, como pode parecer à primeira vista. Já a competência para processar e julgar as ações relativas a greves de empregados públicos e empregados estatais, celetistas, é da **Justiça do Trabalho**.

Em relação ao desconto dos dias parados na remuneração do servidor público, o STF decidiu da seguinte forma:

> DIREITO CONSTITUCIONAL E ADMINISTRATIVO. AGRAVO INTERNO EM MANDADO DE SEGURANÇA. GREVE DE SERVIDORES PÚBLICOS DO MPU E CNMP. DESCONTO DOS DIAS PARADOS.
> **1. O STF fixou, em regime de repercussão geral, a seguinte tese: A administração pública deve proceder ao desconto dos dias de paralisação decorrentes do exercício do direito de greve pelos servidores públicos, em virtude da**

---

[52] STF, MI 670, rel. Min. Maurício Corrêa, Rel. p/ acórdão Min. Gilmar Mendes, Tribunal Pleno, julgado em 25-10-2007, *DJe* 31-10-2008.
[53] STJ, AgRg na Rcl 4.275/GO, rel. Min. Benedito Gonçalves, 1ª Seção, julgado em 8-9-2010, *DJe* 27-9-2010.

suspensão do vínculo funcional que dela decorre, permitida a compensação em caso de acordo. O desconto será, contudo, incabível se ficar demonstrado que a greve foi provocada por conduta ilícita do Poder Público (RE 693.456, rel. Min. Dias Toffoli).

2. No caso concreto, não houve menção a conduta ilícita praticada pelo Poder Público, estando o pedido fundado unicamente na existência de movimento grevista e na alegada impossibilidade de desconto de dias trabalhados.

3. Agravo a que se nega provimento[54].

Por fim, deve ser observado novamente que **ao militar são proibidas a sindicalização e a greve**, na forma do inciso IV do art. 142 da CF/88.

41.4.6.11. Salário, vencimento, remuneração, soldo e subsídio

O desenvolvimento **profissional**, e não eventual, do labor, deve, em regra, gerar retribuição ou contraprestação pecuniária. Apesar de não exercer normalmente atividade econômica, o Estado tem a obrigação de retribuir o trabalho desempenhado pelos seus empregados públicos, contratados por tempo determinado, servidores públicos, militares e agentes políticos.

O art. 833 do CPC estabeleceu a impenhorabilidade relativa dos salários e remunerações, afirmando que:

> Art. 833. São impenhoráveis:
>
> (...)
>
> IV – os vencimentos, os subsídios, os soldos, os salários, as remunerações, os proventos de aposentadoria, as pensões, os pecúlios e os montepios, bem como as quantias recebidas por liberalidade de terceiro e destinadas ao sustento do devedor e de sua família, os ganhos de trabalhador autônomo e os honorários de profissional liberal, ressalvado o §2º;
>
> (...)
>
> §2º O disposto nos incisos IV e X do *caput* não se aplica à hipótese de penhora para pagamento de prestação alimentícia, independentemente de sua origem, bem como às importâncias excedentes a 50 (cinquenta) salários-mínimos mensais, devendo a constrição observar o disposto no art. 528, §8º, e no art. 529, §3º.

O art. 48 da Lei n. 8.112/90 também apresenta a mesma proteção: "O vencimento, a remuneração e o provento não serão objeto de arresto, sequestro ou penhora, exceto nos casos de prestação de alimentos resultante de decisão judicial".

A Lei n. 8.112/90 não estabeleceu a contraprestação devida aos **empregados públicos e aos contratados por tempo determinado**, pois lhes são devidos salários.

---

[54] STF, MS 33757 AgR, rel. Min. Roberto Barroso, 1ª Turma, julgado em 7-11-2017, *DJe* 17-11-2017.

A norma que trata dos salários dos empregados privados é a CLT, mas a fixação dos **salários** dos empregados públicos não decorre da negociação entre o empregador e o empregado, devendo ser estabelecida em lei[55], conforme o disposto no art. 169 da CF/88.[56]

Em relação aos empregados públicos, não cabem **convenções ou acordos coletivos**, pois tais declarações de vontade não se sobrepõem à lei.

Os contratados por tempo determinado são remunerados também por salário fixado em lei e, em alguns casos, por Decreto Federal. A norma jurídica que trata do tema é o art. 7º da Lei n. 8.745/93, dispondo da seguinte forma:

> Art. 7º A remuneração do pessoal contratado nos termos desta Lei será fixada:
> I – nos casos do inciso IV do art. 2º, em importância não superior ao valor da remuneração fixada para os servidores de final de carreira das mesmas categorias, nos planos de retribuição ou nos quadros de cargos e salários do órgão ou entidade contratante;
> II – nos casos dos incisos I a III, V e VI do art. 2º, em importância não superior ao valor da remuneração constante dos planos de retribuição ou nos quadros de cargos e salários do serviço público, para servidores que desempenhem função semelhante, ou, não existindo a semelhança, às condições do mercado de trabalho.
> III – no caso do inciso III do art. 2º, quando se tratar de coleta de dados, o valor da remuneração poderá ser formado por unidade produzida, desde que obedecido ao disposto no inciso II deste artigo.
> §1º Para os efeitos deste artigo, não se consideram as vantagens de natureza individual dos servidores ocupantes de cargos tomados como paradigma.
> §2º Caberá ao Poder Executivo fixar as tabelas de remuneração para as hipóteses de contratações previstas nas alíneas *h, i, j, l* e *m* do inciso VI do *caput* do art. 2º.

---

[55] TST, OJ-SDI1-100: "SALÁRIO. REAJUSTE. ENTES PÚBLICOS. (título alterado e inserido dispositivo, *DJ* 20-4-2005) Os reajustes salariais previstos em legislação federal devem ser observados pelos Estados-membros, suas Autarquias e Fundações Públicas nas relações contratuais trabalhistas que mantiverem com seus empregados".

[56] "Art. 169. A despesa com pessoal ativo e inativo da União, dos Estados, do Distrito Federal e dos Municípios não poderá exceder os limites estabelecidos em lei complementar.
§1º A concessão de qualquer vantagem ou aumento de remuneração, a criação de cargos, empregos e funções ou alteração de estrutura de carreiras, bem como a admissão ou contratação de pessoal, a qualquer título, pelos órgãos e entidades da administração direta ou indireta, inclusive fundações instituídas e mantidas pelo poder público, só poderão ser feitas:
I – se houver prévia dotação orçamentária suficiente para atender às projeções de despesa de pessoal e aos acréscimos dela decorrentes;
II – se houver autorização específica na lei de diretrizes orçamentárias, ressalvadas as empresas públicas e as sociedades de economia mista".

Apesar de o artigo acima transcrito utilizar como parâmetro o vencimento do cargo público que está sendo substituído, a natureza jurídica da remuneração dos contratados continua sendo salário.

Os servidores públicos recebem **remuneração (estipêndio)**, que é o vencimento do cargo efetivo, acrescido das vantagens pecuniárias permanentes estabelecidas em lei, conforme determinado no art. 41 da Lei n. 8.112/90.

A remuneração – a soma de todos os valores – nunca poderá ser inferior ao **salário mínimo**, na forma do §3º do art. 39 c/c o inciso IV do art. 7º, ambos da CF/88.

O vencimento básico poderá ser inferior ao salário mínimo desde que a soma com as vantagens não o seja. O STF editou a Súmula Vinculante n. 16 sobre o tema, com o seguinte teor:

> Os arts. 7º, IV, e 39, §3º (redação da EC 19/98), da Constituição, referem-se ao total da remuneração percebida pelo servidor público.

Assim, nenhum servidor receberá remuneração inferior ao salário mínimo.

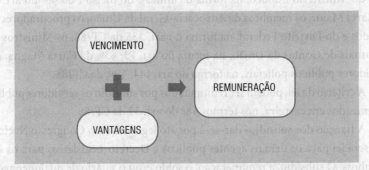

O vencimento, na forma do art. 40 da Lei citada, é a retribuição pecuniária pelo exercício de cargo público, com **valor fixado em lei**[57]. A competência para propor o projeto de lei é do chefe do Poder Executivo, do Supremo Tribunal Federal, dos Tribunais Superiores e dos Tribunais de Justiça, da Câmara dos Deputados e do Senado Federal, de acordo com a CF/88.

Contudo, as remunerações do Presidente da República, do Vice-Presidente da República, dos Ministros de Estado, dos Senadores e Deputados Federais podem ser fixadas através de **decreto legislativo**, desde que observadas as limitações do inciso XI do art. 37 da CF/88, e as Câmaras de Vereadores podem fixar

---

[57] STF, Súmula 679: *"A fixação de vencimentos dos servidores públicos não pode ser objeto de convenção coletiva".*

os subsídios dos vereadores também através de decreto legislativo sem a participação do chefe do Poder Executivo.

Na forma do art. 53 da Lei n. 6.880/80, a **remuneração dos militares** será estabelecida em legislação específica, comum às Forças Armadas, e será constituída, na atividade, do **soldo**, de gratificações e de indenizações regulares. Na inatividade, a remuneração será formada por proventos, constituídos de soldo ou quotas de soldo, gratificações incorporáveis e adicionais.

O **subsídio** foi introduzido na CF/88 pela Emenda Constitucional n. 19/98 como contraprestação, em parcela única, sem o acréscimo de qualquer gratificação, adicional, abono, prêmio, verba de representação ou qualquer outra espécie remuneratória, exceto verba de caráter indenizatório.

São **remunerados por subsídios**, na forma do art. 39, §4º, da CF/88: os membros do Poder Executivo, Legislativo e Judiciário da União, dos Estados e do Distrito Federal, os membros do Poder Executivo e Legislativo municipal, os Ministros de Estado, os Secretários Estaduais, Distritais e Municipais, os membros do Ministério Público, na forma da alínea *c* do inciso I do §5º do art. 128 da Carta Maior, os membros da Advocacia-Geral da União, os procuradores dos Estados e do Distrito Federal, na forma do art. 135 da CF/88, os Ministros dos Tribunais de Contas da União, na forma do art. 73, §3º, da Carta Magna, e os servidores públicos policiais, na forma do art. 144, §9º, da CF/88.

A critério da lei, podem ser remunerados por subsídio os servidores públicos organizados em carreira, nos termos §8º do art. 39 da CF/88.

A fixação dos subsídios dar-se-á por ato legislativo do Congresso Nacional que será lei para os demais agentes públicos e Decreto-Legislativo para os seus membros. O subsídio, a remuneração, o soldo e/ou o salário de qualquer agente público obedecerão ao **teto** estabelecido no inciso XI do art. 37 da Carta de 1988. Eis a norma:

> XI – a remuneração e o subsídio dos ocupantes de cargos, funções e empregos públicos da administração direta, autárquica e fundacional, dos membros de qualquer dos Poderes da União, dos Estados, do Distrito Federal e dos Municípios, dos detentores de mandato eletivo e dos demais agentes políticos e os proventos, pensões ou outra espécie remuneratória, percebidos cumulativamente ou não, incluídas as vantagens pessoais ou de qualquer outra natureza, não poderão exceder o subsídio mensal, em espécie, dos Ministros do STF, aplicando-se como limite, nos Municípios, o subsídio do Prefeito, e nos Estados e no Distrito Federal, o subsídio mensal do Governador no âmbito do Poder Executivo, o subsídio dos Deputados Estaduais e Distritais no âmbito do Poder Legislativo e o subsídio dos Desembargadores do Tribunal de Justiça, limitado a noventa inteiros e vinte e cinco centésimos por cento do subsídio mensal, em espécie, dos Ministros

do STF, no âmbito do Poder Judiciário, aplicável este limite aos membros do Ministério Público, aos Procuradores e aos Defensores Públicos.

O **teto** remuneratório pode ser ultrapassado quando a contraprestação tiver **natureza indenizatória**, entretanto, os simulacros de verbas indenizatórias, ainda que formalmente estabelecidos, devem ser reputados ofensivos aos limites citados.

O art. 17 do ADCT afirma: "Os vencimentos, a remuneração, as vantagens e os adicionais, bem como os proventos de aposentadoria que estejam sendo percebidos em desacordo com a Constituição serão imediatamente reduzidos aos limites dela decorrentes, não se admitindo, neste caso, invocação de direito adquirido ou percepção de excesso a qualquer título".

O teto aplica-se às empresas públicas e às sociedades de economia mista, e suas subsidiárias, que receberem recursos da União, dos Estados, do Distrito Federal ou dos Municípios para pagamento de despesas de pessoal ou de custeio em geral.

O controle da remuneração, do subsídio ou do salário dos agentes públicos pela sociedade e pelas instituições responsáveis não dispensa a sua publicação pela Administração Pública dos três Poderes. O STJ e o STF já decidiram que não viola a privacidade e a intimidade do agente público a publicidade dos valores auferidos. Eis decisão do STJ:

> CONSTITUCIONAL E ADMINISTRATIVO. SERVIDOR PÚBLICO. DIVULGAÇÃO NOMINAL E INDIVIDUALIZADA DE DADOS REFERENTES ÀS RESPECTIVAS REMUNERAÇÕES. MEIO DE CONCRETIZAR A PUBLICIDADE ADMINISTRATIVA.
> AUSÊNCIA DE VIOLAÇÃO À INTIMIDADE. PRECEDENTES DO SUPREMO TRIBUNAL FEDERAL E DO SUPERIOR TRIBUNAL DE JUSTIÇA.
> **1. Caso em que o acórdão recorrido está em consonância com a jurisprudência deste Superior Tribunal de Justiça, no sentido de que é legítima a divulgação nominal e individualizada de dados referentes à remuneração ou ao subsídio recebidos por ocupante de cargo, posto, graduação, função e emprego públicos.**
> **2. O tema já foi, inclusive, objeto de exame pelo Supremo Tribunal Federal, que no julgamento do ARE 652.777/SP, relator Ministro TEORI ZAVASCKI, reconheceu a repercussão da matéria e fixou a tese de que "É legítima a publicação, inclusive em sítio eletrônico mantido pela Administração Pública, dos nomes dos seus servidores e do valor dos correspondentes vencimentos e vantagens pecuniárias" (Tema 483).**
> 3. Agravo regimental a que se nega provimento[58].

---

[58] STJ, AgRg no RMS 46.171/MG, rel. Min. Sérgio Kukina, 1ª Turma, julgado em 6-10-2016, *DJe* 21-10-2016.

O inciso XV do art. 37 da CF/88 estabelece: "o subsídio e os vencimentos dos ocupantes de cargos e empregos públicos são irredutíveis, ressalvado o disposto nos incisos XI e XIV deste artigo e nos arts. 39, §4º, 150, II, 153, III, e 153, §2º, I"

Assim, a **irredutibilidade** de subsídios, vencimentos ou salários dos ocupantes de cargos ou empregos públicos é garantida pela Constituição Federal de 1988. O vencimento do cargo efetivo, acrescido das vantagens de caráter permanente, é irredutível. A impossibilidade de redução abarca apenas o valor nominal, não abrangendo, portanto, o valor real.

Deve ser lembrado que é vedada a **vinculação ou equiparação** de quaisquer espécies remuneratórias para o efeito de remuneração de pessoal do serviço público, na forma do inciso XIII do art. 37 da CF/88, ressalvadas as equiparações e vinculações feitas pela própria Constituição.

A remuneração dos servidores públicos e o subsídio serão fixados ou alterados por lei específica, assegurada revisão geral anual, sempre na mesma data e sem distinção de índices, na forma do inciso X do art. 37 da CF/88.

A norma citada não impede a alteração da remuneração, subsídio ou do plano de carreira para grupos de servidores mediante lei, a fim de que o Estado possa escolher quais atividades, segundo a sua política de governo, devam ser valorizadas. A proposição de projeto de lei para alterar a remuneração, subsídio ou plano de carreira é decisão política do Poder em questão, portanto, discricionária e pautada na sua autonomia.

A **revisão geral anual**, apesar de proposição obrigatória, comporta discricionariedade quanto à época de sua proposição e ao seu índice, que pode ser fixado no projeto de lei pelo Poder Executivo de sua iniciativa exclusiva, segundo os indicadores inflacionários que julgar pertinentes, não cabendo ao Poder Judiciário suprir a omissão[59], com base, inclusive, na Súmula n. 339 e na Súmula Vinculante n. 37, ambas do STF, que possuem o mesmo texto: "Não cabe ao Poder Judiciário, que não tem função legislativa, aumentar vencimentos de servidores públicos sob o fundamento de isonomia".

Na forma do inciso XIII do art. 37 da CF/88, é vedada a **vinculação ou equiparação de quaisquer espécies remuneratórias** para o efeito de remuneração de pessoal do serviço público.

Os vencimentos dos cargos do Poder Legislativo e do Poder Judiciário não

---

[59] STF, AI 713975 AgR, rel. Min. Ricardo Lewandowski, 1ª Turma, julgado em 15-9-2009, *DJe* 9-10-2009.

poderão ser superiores aos pagos pelo Poder Executivo. É assegurada a isonomia de vencimentos para cargos de atribuições iguais ou assemelhadas do mesmo Poder, ou entre servidores dos três Poderes, ressalvadas as vantagens de caráter individual e as relativas à natureza ou ao local de trabalho.

Os acréscimos pecuniários percebidos por servidor público não serão computados nem acumulados para fins de concessão de acréscimos ulteriores.

A **remuneração** é também usada para evitar a acumulação de cargos, empregos e funções públicos, na forma dos seguintes incisos do art. 37 da CF/88: "XVI – é vedada a acumulação **remunerada** de cargos públicos, exceto, quando houver compatibilidade de horários, observado em qualquer caso o disposto no inciso XI: a) a de dois cargos de professor; b) a de um cargo de professor com outro técnico ou científico; c) a de dois cargos ou empregos privativos de profissionais de saúde, com profissões regulamentadas; XVII – a proibição de acumular estende-se a empregos e funções e abrange autarquias, fundações, empresas públicas, sociedades de economia mista, suas subsidiárias, e sociedades controladas, direta ou indiretamente, pelo poder público".

Como já foi mencionado, o STJ optou por uma interpretação restritiva da expressão "cargos técnicos ou científicos", entendendo que somente podem ser configurados quando houver a necessidade de *conhecimentos especializados*, não abrangendo os cargos que não tenham como atribuições o desempenho efetivo de funções diferenciadas[60].

Salvo por imposição legal, ou mandado judicial, nenhum desconto incidirá sobre a remuneração ou provento.

O servidor perderá:

I – a remuneração do dia em que faltar ao serviço, sem motivo justificado;

II – a parcela de remuneração diária, proporcional aos atrasos, ausências justificadas, ressalvadas as concessões e saídas antecipadas, salvo na hipótese de compensação de horário, até o mês subsequente ao da ocorrência, a ser estabelecida pela chefia imediata.

As faltas justificadas decorrentes de caso fortuito ou de força maior poderão ser compensadas a critério da chefia imediata, sendo assim consideradas como efetivo exercício.

Mediante autorização do servidor, poderá haver **consignação em folha de pagamento** em favor de terceiros, a critério da administração e com reposição de custos, na forma definida em regulamento.

---

[60] STJ, MS 8.590/DF, rel. Min. Og Fernandes, 3ª Seção, julgado em 24-6-2009, *DJe* 4-8-2009.

O total de consignações facultativas não excederá a 35% (trinta e cinco por cento)[61] da remuneração mensal, sendo 5% (cinco por cento) reservados exclusivamente para:

I – a amortização de despesas contraídas por meio de cartão de crédito; ou
II – a utilização com a finalidade de saque por meio do cartão de crédito.

As **reposições e indenizações ao erário**, atualizadas até 30 de junho de 1994, serão previamente comunicadas ao servidor ativo, aposentado ou ao pensionista, para pagamento no prazo máximo de trinta dias, podendo ser parceladas, a pedido do interessado.

O valor de cada parcela não poderá ser inferior ao correspondente a dez por cento da remuneração, provento ou pensão.

Quando o pagamento indevido houver ocorrido no mês anterior ao do processamento da folha, a reposição será feita imediatamente, em uma única parcela.

Na hipótese de valores recebidos em decorrência de cumprimento a decisão liminar, tutela antecipada ou sentença que venha a ser revogada ou rescindida, serão eles atualizados até a data da reposição.

O servidor em débito com o erário, que for demitido, exonerado ou que tiver sua aposentadoria ou disponibilidade cassada, terá o prazo de sessenta dias para quitar o débito.

As contraprestações tratadas neste item apresentam clara natureza alimentar, mas o STJ decidiu, com base no art. 46 da Lei n. 8.112/90, que tais valores devem ser restituídos aos cofres públicos quando pagos em razão de decisão judicial precária ou não definitiva que venha a ser reformada. Nesse caso, o servidor não tem elementos fáticos ou jurídicos para acreditar que os recursos recebidos integram em definitivo o seu patrimônio. A utilização de tais recursos, ainda que para fins alimentares, não está amparada pela boa-fé, pois ninguém pode dispor do que não possui[62].

A mesma consequência ocorre quando o servidor recebe valores indevidos por erro de cálculo da Administração, obrigando-se a devolução, salvo quando

---

[61] O art. 1º da Lei n. 14.131, de 30 de março de 2021 (conversão da Medida Provisória n. 1.006, de 1º de outubro de 2020), dispõe sobre a majoração desse percentual para o valor de 40% até 31 de dezembro de 2021. Trata-se de lei temporária, motivada pela emergência de saúde pública de importância internacional decorrente do coronavírus (covid-19), de que trata a Lei n. 13.979, de 6 de fevereiro de 2020.

[62] STJ, AgRg no REsp 1263480/CE, rel. Min. Humberto Martins, 2ª Turma, julgado em 1º-9-2011, *DJe* 9-9-2011.

demonstrada sua boa-fé objetiva. Em Tema Repetitivo 1009, o STJ firmou a seguinte tese:

> Os pagamentos indevidos aos servidores públicos decorrentes de erro administrativo (operacional ou de cálculo), não embasado em interpretação errônea ou equivocada da lei pela Administração, estão sujeitos à devolução, ressalvadas as hipóteses em que o servidor, diante do caso concreto, comprova sua boa-fé objetiva, sobretudo com demonstração de que não lhe era possível constatar o pagamento indevido.

Todavia, quando os pagamentos resultam de interpretação legal equivocada e levada a efeito pela própria Administração, presume-se a boa-fé do servidor, não sendo razoável exigir-lhe a devolução. A questão é objeto do Tema Repetitivo 531, em que fixado este entendimento:

> Quando a Administração Pública interpreta erroneamente uma lei, resultando em pagamento indevido ao servidor, cria-se uma falsa expectativa de que os valores recebidos são legais e definitivos, impedindo, assim, que ocorra desconto dos mesmos, ante a boa-fé do servidor público.

41.4.6.12. Vantagens

Na forma do art. 49 da Lei n. 8.112/90, além dos vencimentos, podem ser pagas as seguintes vantagens ao servidor público:

a) **indenizações**;
b) **gratificações**; e
c) **adicionais**.

As vantagens são contraprestações asseguradas ao servidor público, previstas em lei, que figuram como direito seu em decorrência do acontecimento do fato descrito.

41.4.6.13. Indenizações

As **indenizações** não se incorporam ao vencimento ou provento para qualquer efeito, não incidindo sobre tais verbas qualquer tributo, inclusive contribuição previdenciária.

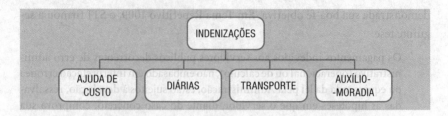

Constituem indenizações ao servidor:

I – ajuda de custo;
II – diárias;
III – transporte; e
IV – auxílio-moradia.

A **ajuda de custo**, tratada no art. 53 da Lei n. 8.112/90, destina-se a compensar as despesas de instalação do servidor que, no interesse do serviço, passar a ter exercício em nova sede, com mudança de domicílio em caráter permanente, vedado o duplo pagamento de indenização, a qualquer tempo, no caso de o cônjuge ou companheiro que detenha também a condição de servidor, vier a ter exercício na mesma sede.

Correm por conta da administração as despesas de transporte do servidor e de sua família, compreendendo passagem, bagagem e bens pessoais.

À família do servidor que falecer na nova sede são assegurados ajuda de custo e transporte para a localidade de origem, dentro do prazo de 1 (um) ano, contado do óbito.

Não será concedida ajuda de custo nas hipóteses de remoção a pedido.

A ajuda de custo é calculada sobre a remuneração do servidor, conforme se dispuser em regulamento, não podendo exceder a importância correspondente a 3 (três) meses.

Não será concedida ajuda de custo ao servidor que se afastar do cargo, ou reassumi-lo, em virtude de mandato eletivo.

Será concedida ajuda de custo também àquele que, não sendo servidor da União, for nomeado para cargo em comissão, com mudança de domicílio.

O servidor ficará obrigado a restituir a ajuda de custo quando, injustificadamente, não se apresentar na nova sede no prazo de 30 (trinta) dias.

As **diárias** são tratadas nos arts. 58 e 59 da Lei n. 8.112/90. O servidor que, a serviço, afastar-se da sede em caráter eventual ou transitório para outro ponto do território nacional ou para o exterior, fará jus a passagens e diárias destinadas a indenizar as parcelas de despesas extraordinárias com pousada, alimentação e locomoção urbana, conforme dispuser em regulamento.

A diária será concedida por dia de afastamento, sendo devida pela metade quando o deslocamento não exigir pernoite fora da sede, ou quando a União custear, por meio diverso, as despesas extraordinárias cobertas por diárias.

Nos casos em que o deslocamento da sede constituir exigência permanente do cargo, o servidor não fará jus a diárias.

Também não fará jus a diárias o servidor que se deslocar dentro da mesma região metropolitana, aglomeração urbana ou microrregião, constituídas por municípios limítrofes e regularmente instituídas, ou em áreas de controle integrado mantidas com países limítrofes, cuja jurisdição e competência dos órgãos, entidades e servidores brasileiros considera-se estendida, salvo se houver pernoite fora da sede, hipóteses em que as diárias pagas serão sempre as fixadas para os afastamentos dentro do território nacional.

O servidor que receber diárias e não se afastar da sede, por qualquer motivo, fica obrigado a restituí-las integralmente, no prazo de 5 (cinco) dias. Na hipótese de o servidor retornar à sede em prazo menor do que o previsto para o seu afastamento, restituirá as diárias recebidas em excesso, no mesmo prazo.

Conceder-se-**á indenização de transporte** ao servidor que realizar despesas com a utilização de meio próprio de locomoção para a execução de serviços externos, por força das atribuições próprias do cargo, conforme se dispuser em regulamento.

O **auxílio-moradia**, tratado no art. 60-A da Lei n. 8.112/90, consiste no ressarcimento das despesas comprovadamente realizadas pelo servidor com aluguel de moradia ou com meio de hospedagem administrado por empresa hoteleira, no prazo de um mês após a comprovação da despesa pelo servidor.

Eis os seus requisitos de concessão:

I – não exista imóvel funcional disponível para uso pelo servidor;

II – o cônjuge ou companheiro do servidor não ocupe imóvel funcional;

III – o servidor ou seu cônjuge ou companheiro não seja ou tenha sido proprietário, promitente comprador, cessionário ou promitente cessionário de imóvel no Município aonde for exercer o cargo, incluída a hipótese de lote edificado sem averbação de construção, nos doze meses que antecederem a sua nomeação;

IV – nenhuma outra pessoa que resida com o servidor receba auxílio-moradia;

V – o servidor tenha se mudado do local de residência para ocupar cargo em comissão ou função de confiança do Grupo-Direção e Assessoramento Superiores – DAS, níveis 4, 5 e 6, de Natureza Especial, de Ministro de Estado ou equivalentes;

VI – o Município no qual assuma o cargo em comissão ou função de confiança não seja da mesma região metropolitana, aglomeração urbana ou microrregião, constituídas por municípios limítrofes e regularmente instituídas, ou em áreas de controle integrado mantidas com países limítrofes, cuja jurisdição e competência dos órgãos, entidades e servidores brasileiros considera-se estendida, em relação ao local de residência ou domicílio do servidor;

VII – o servidor não tenha sido domiciliado ou tenha residido no Município, nos últimos doze meses, aonde for exercer o cargo em comissão ou função de confiança, desconsiderando-se prazo inferior a sessenta dias dentro desse período (*observe-se que, neste caso, não será considerado o prazo em que o servidor já estiver ocupando cargo em comissão ou função de confiança do Grupo-Direção e Assessoramento Superiores – DAS, níveis 4, 5 e 6, de Natureza Especial, de Ministro de Estado ou equivalentes no Município*);

VIII – o deslocamento não tenha sido por força de alteração de lotação ou nomeação para cargo efetivo; e

IX – o deslocamento tenha ocorrido após 30 de junho de 2006.

Ressalte-se que deve ser feita interpretação extensiva da norma para contemplar o **Distrito Federal** quando as normas acima tratam de Município.

O valor mensal do auxílio-moradia é **limitado a 25% (vinte e cinco por cento) do valor do cargo em comissão, função comissionada ou cargo de Ministro de Estado ocupado**.

De maneira geral, o valor do auxílio-moradia não poderá superar 25% (vinte e cinco por cento) da **remuneração** de Ministro de Estado.

Independentemente do valor do cargo em comissão ou função comissionada, fica garantido a todos os que preencherem os requisitos o ressarcimento até o valor de R$ 1.800,00 (mil e oitocentos reais).

No caso de **falecimento, exoneração, colocação de imóvel funcional à disposição do servidor ou aquisição de imóvel**, o auxílio-moradia continuará sendo pago por um mês.

41.4.6.14. Gratificações

As **gratificações** são reconhecimentos trazidos pela lei ou pela CF/88 ao trabalho desempenhado pelo servidor público, configurando, no regime estatutário, direito seu desde que ocorrida a previsão legal.

GRATIFICAÇÕES		
gratificação ou retribuição pelo exercício de função de direção, chefia e assessoramento	gratificação natalina	gratificação por encargo de curso ou concurso

Na forma do art. 61 da Lei n. 8.112/90, são elas:

I – gratificação ou retribuição pelo exercício de função de direção, chefia e assessoramento;
II – gratificação natalina; e
III – gratificação por encargo de curso ou concurso.

Ao servidor ocupante de cargo efetivo investido em função de **direção, chefia ou assessoramento, cargo de provimento em comissão ou de Natureza Especial** é devida retribuição pelo seu exercício.

Como já foi dito, lei específica estabelecerá a remuneração dos cargos em comissão.

A **gratificação natalina** corresponde a 1/12 (um doze avos) da remuneração a que o servidor fizer jus no mês de dezembro, por mês de exercício no respectivo ano.

A fração igual ou superior a 15 (quinze) dias será considerada como mês integral. A gratificação será paga até o dia 20 (vinte) do mês de dezembro de cada ano.

O servidor exonerado receberá sua gratificação natalina, proporcionalmente aos meses de exercício, calculada sobre a remuneração do mês da exoneração.

A gratificação natalina não será considerada para cálculo de qualquer vantagem pecuniária.

A **Gratificação por Encargo de Curso ou Concurso** é devida ao **servidor** que, em caráter eventual:

I – atuar como **instrutor** em curso de formação, de desenvolvimento ou de treinamento regularmente instituído no âmbito da Administração Pública federal;
II – participar de **banca examinadora ou de comissão** para exames orais, para análise curricular, para correção de provas discursivas, para elaboração de questões de provas ou para julgamento de recursos intentados por candidatos;
III – participar da **logística de preparação e de realização** de concurso público envolvendo atividades de planejamento, coordenação, supervisão, execução e avaliação de resultado, quando tais atividades não estiverem incluídas entre as suas atribuições permanentes;
IV – participar da **aplicação, fiscalizar ou avaliar** provas de exame vestibular ou de concurso público ou supervisionar essas atividades.

Os critérios de concessão e os limites da Gratificação por Encargo de Curso ou Concurso serão fixados em regulamento, observados os seguintes **parâmetros**:

I – o valor da gratificação será calculado em horas, observadas a natureza e a complexidade da atividade exercida;
II – a retribuição não poderá ser superior ao equivalente a 120 (cento e vinte) horas de trabalho anuais, ressalvada situação de excepcionalidade, -devidamente justificada e previamente aprovada pela autoridade máxima do órgão

1242 CURSO DE DIREITO ADMINISTRATIVO

ou entidade, que poderá autorizar o acréscimo de até 120 (cento e vinte) horas de trabalho anuais;

III – o valor máximo da hora trabalhada corresponderá aos seguintes percentuais, incidentes sobre o maior vencimento básico da Administração Pública federal:

a) 2,2% (dois inteiros e dois décimos por cento), em se tratando de atuação como instrutor em curso de formação, de desenvolvimento ou de treinamento regularmente instituído no âmbito da administração pública federal ou participação em banca examinadora ou comissão para exames orais, para análise curricular, para correção de provas discursivas, para elaboração de questões de provas ou para julgamento de recursos intentados por candidatos;

b) 1,2% (um inteiro e dois décimos por cento), em se tratando de participação na logística de preparação e realização de concurso público envolvendo atividades de planejamento, coordenação, supervisão, execução e avaliação de resultado, quando tais atividades não estiverem incluídas entre as suas atribuições permanentes ou participação na aplicação, fiscalização ou avaliação de provas de exame vestibular ou de concurso público ou supervisão dessas atividades.

A Gratificação por Encargo de Curso ou Concurso somente será paga se as atividades forem exercidas **sem prejuízo das atribuições do cargo de que o servidor for titular**, devendo ser objeto de **compensação de carga horária** quando desempenhadas durante a jornada de trabalho.

A gratificação em comento **não se incorpora ao vencimento ou salário do servidor** para qualquer efeito e não poderá ser utilizada como base de cálculo para quaisquer outras vantagens, inclusive para fins de cálculo dos proventos da aposentadoria e das pensões.

41.4.6.15. Adicionais

O **adicional** é o incremento contraprestacional devido ao servidor público em virtude de labor em condições especialmente gravosas, seja em relação à saúde física ou mental, ou para compensar a ausência de repouso ou estimular o descanso.

ADICIONAIS				
adicional pelo exercício de atividades insalubres, perigosas ou penosas	adicional pela prestação de serviço extraordinário	adicional noturno	adicional de férias	outros, relativos ao local ou à natureza do trabalho

Na forma do art. 61 da Lei n. 8.112/90, podem ser listados:

I – adicional pelo exercício de atividades insalubres, perigosas ou penosas;
II – adicional pela prestação de serviço extraordinário;
III – adicional noturno;
IV – adicional de férias;
V – outros, relativos ao local ou à natureza do trabalho.

Os servidores que trabalhem com habitualidade em locais **insalubres ou em contato permanente com substâncias tóxicas, radioativas ou com risco de vida**, fazem jus a um adicional sobre o vencimento do cargo efetivo.

O servidor que fizer jus aos adicionais de **insalubridade** e de **periculosidade** deverá **optar** por um deles.

O direito ao adicional de insalubridade ou periculosidade **cessa** com a eliminação das condições ou dos riscos que deram causa à sua concessão.

Haverá permanente **controle da atividade de servidores** em operações ou locais considerados penosos, insalubres ou perigosos.

A **servidora gestante ou lactante** será afastada, enquanto durar a gestação e a lactação, das operações e locais afetados por essas restrições, exercendo suas atividades em local salubre e em serviço não penoso e não perigoso.

Na concessão dos adicionais de atividades penosas, de insalubridade e de periculosidade, serão observadas as situações estabelecidas em legislação específica.

O adicional de atividade penosa será devido aos servidores em exercício em **zonas de fronteira** ou em localidades cujas **condições de vida** o justifiquem, nos termos, condições e limites fixados em regulamento.

Os locais de trabalho e os servidores que operam com Raios X ou substâncias radioativas serão mantidos sob controle permanente, de modo que as doses de radiação ionizante não ultrapassem o nível máximo previsto na legislação própria. Esses servidores serão submetidos a exames médicos a cada 6 (seis) meses.

O **serviço extraordinário** será remunerado com acréscimo de 50% (cinquenta por cento) em relação à hora normal de trabalho.

Somente será permitido **serviço extraordinário** para atender a **situações excepcionais e temporárias**, respeitado o limite máximo de 2 (duas) horas por jornada.

O **serviço noturno**, prestado em horário compreendido entre 22 (vinte e duas) horas de um dia e 5 (cinco) horas do dia seguinte, terá o valor-hora acrescido de 25% (vinte e cinco por cento), computando-se cada hora como cinquenta e dois minutos e trinta segundos.

1244 CURSO DE DIREITO ADMINISTRATIVO

Em se tratando de serviço extraordinário, o acréscimo por serviço noturno incidirá sobre o acréscimo de 50% (cinquenta por cento) em relação à hora normal de trabalho.

Independentemente de solicitação, será pago ao servidor, por ocasião das **férias**, adicional correspondente a 1/3 (um terço) da remuneração do período das férias. No caso de o servidor exercer função de direção, chefia ou assessoramento, ou ocupar cargo em comissão, a respectiva vantagem será considerada no cálculo do adicional.

41.4.6.16. Férias

A saúde física e mental de qualquer trabalhador depende muito do seu descanso e do seu lazer, sendo certo que com o servidor público não seria diferente. Além da limitação da jornada de trabalho e dos descansos semanais, há o direito a férias anuais remuneradas de 30 dias, com mais 1/3 além da remuneração normal.

O direito às férias, regulamentado pelos arts. 77 a 80 da Lei n. 8.112/90, representa não só garantia de que a saúde do trabalhador será preservada, mas também de que não serão esgotadas as suas forças, resguardando-se o bom desempenho das suas atribuições e, indiretamente, o interesse público com a eficiência da máquina administrativa.

O servidor fará jus a **trinta dias de férias**, que podem ser acumuladas, até o máximo de dois períodos, no caso de necessidade do serviço, ressalvadas as hipóteses em que haja legislação específica.

Para o primeiro período aquisitivo de férias serão exigidos 12 (doze) meses de exercício.

É vedado levar à conta de férias qualquer **falta ao serviço**.

As férias poderão ser **parceladas** em até **três etapas**, desde que assim requeridas pelo servidor, e no interesse da Administração Pública.

O pagamento da remuneração das férias será efetuado até 2 (dois) dias antes do início do respectivo período, observando-se a exigência do primeiro período aquisitivo de 12 (doze) meses.

O **servidor exonerado** do cargo efetivo, ou em comissão, perceberá indenização relativa ao período das férias a que tiver direito e ao incompleto, na proporção de um doze avos por mês de efetivo exercício, ou fração superior a quatorze dias.

A indenização será calculada com base na remuneração do mês em que for publicado o ato exoneratório.

Em caso de parcelamento, o servidor receberá o valor adicional de 1/3 quando da utilização do **primeiro período**.

O servidor que opera direta e permanentemente com Raios X ou substâncias radioativas gozará 20 (vinte) dias consecutivos de férias, por semestre de atividade profissional, proibida em qualquer hipótese a acumulação.

As férias somente poderão ser **interrompidas** por motivo de calamidade pública, comoção interna, convocação para júri, serviço militar ou eleitoral, ou por necessidade do serviço declarada pela autoridade máxima do órgão ou entidade.

O restante do período interrompido será gozado de uma só vez, observada a possibilidade de acúmulo de até dois períodos.

41.4.6.17. Licenças

As **licenças** são ausências ao labor diário que não configuram férias e não ensejam faltas ao servidor público.

	por motivo de doença em pessoa da família
	por motivo de afastamento do cônjuge ou companheiro
	para o serviço militar
LICENÇAS	para atividade política
	para capacitação
	para tratar de interesses particulares
	para desempenho de mandato classista

De acordo com o art. 81 da Lei n. 8.112/90, podem ser concedidas as seguintes licenças:

I – por motivo de doença em pessoa da família;

II – por motivo de afastamento do cônjuge ou companheiro;

III – para o serviço militar;

IV – para atividade política;

V – para capacitação;

VI – para tratar de interesses particulares;

VII – para desempenho de mandato classista.

Ao servidor em **estágio probatório**, somente poderão ser concedidas as licenças **por motivo de doença em pessoa da família**, **por motivo de afastamento do cônjuge ou companheiro**, **para o serviço militar** e **para atividade política**.

O estágio probatório ficará **suspenso** durante as licenças, salvo em relação à **licença para o serviço militar**.

A licença **por motivo de doença em pessoa da família**, bem como cada uma de suas prorrogações serão precedidas de exame por perícia médica oficial. Contudo, se inferior a 15 (quinze) dias, dentro de 1 (um) ano, poderá ser dispensada a perícia oficial, na forma definida em regulamento.

É vedado o exercício de atividade remunerada durante o período da licença **por motivo de doença em pessoa da família.**

A licença concedida dentro de 60 (sessenta) dias do término de outra da mesma espécie será considerada como prorrogação.

Poderá ser concedida licença ao **servidor por motivo de doença do cônjuge ou companheiro, dos pais, dos filhos, do padrasto ou madrasta e enteado, ou dependente que viva às suas expensas e conste do seu assentamento funcional**, mediante comprovação por perícia médica oficial.

A licença somente será deferida **se a assistência direta do servidor for indispensável e não puder ser prestada simultaneamente com o exercício do cargo ou mediante compensação de horário.**

A licença de que trata o *caput*, incluídas as prorrogações, poderá ser concedida a cada período de doze meses nas seguintes condições:

I – por até 60 (sessenta) dias, consecutivos ou não, mantida a remuneração do servidor; e
II – por até 90 (noventa) dias, consecutivos ou não, sem remuneração.

O início do interstício de 12 (doze) meses será contado a partir da data do deferimento da primeira licença concedida.

A soma das licenças remuneradas e das licenças não remuneradas, incluídas as respectivas prorrogações, concedidas em um mesmo período de 12 (doze) meses, observado o interstício acima, não poderá ultrapassar os limites de 60 (sessenta) dias, consecutivos ou não, mantida a remuneração do servidor; e de 90 (noventa) dias, consecutivos ou não, sem remuneração.

Poderá ser concedida **licença ao servidor para acompanhar cônjuge ou companheiro que foi deslocado para outro ponto do território nacional, para o exterior ou para o exercício de mandato eletivo** dos Poderes Executivo e Legislativo.

A licença será por **prazo indeterminado** e **sem remuneração.**

No deslocamento de servidor cujo cônjuge ou companheiro também seja servidor público, civil ou militar, de qualquer dos Poderes da União, dos Estados, do Distrito Federal e dos Municípios, poderá haver **exercício provisório** em órgão ou entidade da Administração Federal direta, autárquica ou fundacional, desde que para o exercício de atividade compatível com o seu cargo. No caso de exercício provisório, o estágio probatório não ficará suspenso.

Ao servidor convocado para o **serviço militar**, será concedida licença, na forma e condições previstas na legislação específica. Concluído o serviço militar, o servidor terá até 30 (trinta) dias sem remuneração para reassumir o exercício do cargo.

O servidor terá direito a licença, **sem remuneração**, durante o período que mediar entre a sua escolha em **convenção partidária**, como **candidato a cargo eletivo**, e a véspera do **registro de sua candidatura** perante a Justiça Eleitoral.

O servidor candidato a cargo eletivo na localidade onde desempenha suas funções e que exerça cargo de direção, chefia, assessoramento, arrecadação ou fiscalização, dele será afastado, a partir do dia imediato ao do registro de sua candidatura perante a Justiça Eleitoral, até o décimo dia seguinte ao do pleito.

A partir do registro da candidatura e até o décimo dia seguinte ao da eleição, o servidor fará jus à licença, assegurados os vencimentos do cargo efetivo, somente pelo período de três meses.

Após cada quinquênio de efetivo exercício, o servidor poderá, no interesse da Administração, afastar-se do exercício do cargo efetivo, com a respectiva remuneração, por até três meses, para participar de **curso de capacitação profissional**. Os períodos de licença para capacitação não são acumuláveis.

A critério da Administração, poderá ser concedida ao servidor ocupante de cargo efetivo, desde que não esteja em **estágio probatório, licença para o trato de assuntos particulares pelo prazo de até três anos consecutivos, sem remuneração**. A licença poderá ser interrompida, a qualquer tempo, a pedido do servidor ou no interesse do serviço.

É assegurado ao servidor o direito à licença sem remuneração para o **desempenho de mandato** em confederação, federação, associação de classe de âmbito nacional, sindicato representativo da categoria ou entidade fiscalizadora da profissão ou, ainda, para participar de gerência ou administração em sociedade cooperativa constituída por servidores públicos para prestar serviços a seus membros, conforme disposto em regulamento e observados os seguintes limites:

I – para entidades com até 5.000 (cinco mil) associados, 2 (dois) servidores;
II – para entidades com 5.001 (cinco mil e um) a 30.000 (trinta mil) associados, 4 (quatro) servidores;
III – para entidades com mais de 30.000 (trinta mil) associados, 8 (oito) servidores.

Somente poderão ser licenciados os servidores eleitos para cargos de direção ou de representação nas referidas entidades, desde que cadastradas no órgão competente.

1248 CURSO DE DIREITO ADMINISTRATIVO

A licença terá duração igual à do mandato, podendo ser renovada, no caso de reeleição.

41.4.6.18. Afastamentos

AFASTAMENTOS			
afastamento para servir a outro órgão ou entidade	afastamento para o exercício de mandato eletivo	afastamento para missão ou estudo no exterior	afastamento para participação em programa de pós-graduação *stricto sensu* no país

Os **afastamentos** previstos nos arts. 93 a 96-A da Lei n. 8.112/90 são:

I – afastamento para servir a outro órgão ou entidade;

II – afastamento para o exercício de mandato eletivo;

III – afastamento para missão ou estudo no exterior; e

IV- afastamento para participação em programa de pós-graduação *stricto sensu* no país.

Ao servidor em **estágio probatório**, somente poderão ser concedidos os afastamentos para servir a outro órgão ou entidade, para o exercício de mandato eletivo e para missão ou estudo no exterior, bem como afastamento para participar de curso de formação decorrente de aprovação em concurso para outro cargo na Administração Pública Federal.

O estágio probatório ficará **suspenso** durante o afastamento de servidor para servir em organismo internacional de que o Brasil participe ou com o qual coopere, dar-se-á com perda total da remuneração. O afastamento para participação em curso de formação também suspenderá o estágio probatório, que será retomado a partir do término do impedimento.

O servidor poderá ser **cedido para ter exercício em outro órgão ou entidade dos Poderes da União, dos Estados, do Distrito Federal e dos Municípios**, nas seguintes hipóteses:

I – para exercício de cargo em comissão ou função de confiança;

II – em casos previstos em leis específicas.

Na hipótese de exercício de cargo em comissão ou função de confiança, sendo a cessão para órgãos ou entidades dos Estados, do Distrito Federal ou dos Municípios, o ônus da remuneração será do órgão ou entidade cessionária, mantido o ônus para o cedente nos demais casos.

Na hipótese de o servidor cedido à empresa pública ou sociedade de economia mista, nos termos das respectivas normas, optar pela remuneração do cargo efetivo ou pela remuneração do cargo efetivo acrescida de percentual da retribuição do cargo em comissão, a entidade cessionária efetuará o reembolso das despesas realizadas pelo órgão ou entidade de origem.

A cessão far-se-á mediante Portaria publicada no Diário Oficial da União.

Se expressamente autorizado pelo Presidente da República, o servidor do Poder Executivo poderá ter exercício em outro órgão da Administração Federal direta que não tenha quadro próprio de pessoal, para fim determinado e a prazo certo.

Convém repetir que o servidor público, na forma do art. 86 da Lei n. 8.112/90, terá direito a licença, sem remuneração, durante o período que mediar entre a sua escolha em convenção partidária, como **candidato a cargo eletivo,** e a véspera do registro de sua candidatura perante a Justiça Eleitoral.

O servidor público candidato a cargo eletivo na localidade onde desempenha suas funções e que exerça cargo de direção, chefia, assessoramento, arrecadação ou fiscalização, dele será afastado, a partir do dia imediato ao do registro de sua candidatura perante a Justiça Eleitoral, até o décimo dia seguinte ao do pleito.

A partir do registro da candidatura e até o décimo dia seguinte ao da eleição, o *servidor fará jus à licença*, assegurados os vencimentos do cargo efetivo, somente pelo período de três meses.

A CF/88 trata, no seu art. 38, **do êxito nas eleições**, estabelecendo que, no exercício de **mandato eletivo federal, estadual ou distrital**, o servidor público ou empregado público da administração direta, autárquica e fundacional ficará afastado de seu cargo, emprego ou função.

No caso de **mandato de Prefeito**, também ficará afastado de seu cargo, emprego ou função, sendo-lhe facultado optar pela remuneração.

No exercício de **mandato de Vereador**, havendo compatibilidade de horários, perceberá as vantagens de seu cargo, emprego ou função, sem prejuízo da remuneração do cargo eletivo, e, não havendo compatibilidade, ser-lhe-á facultado optar pela remuneração.

Em qualquer caso que exija o afastamento para o exercício de mandato eletivo, seu **tempo de serviço** será contado para todos os efeitos legais – exceto para promoção por merecimento – e, para efeito de **benefício previdenciário**, no caso de afastamento, os valores serão determinados como se no exercício estivesse.

Resumindo, ao servidor investido em **mandato eletivo** aplicam-se as seguintes disposições:

I – tratando-se de mandato federal, estadual ou distrital, ficará afastado do cargo;

II – investido no mandato de Prefeito, será afastado do cargo, sendo-lhe facultado optar pela sua remuneração;

III – investido no mandato de vereador:

    a) havendo compatibilidade de horário, perceberá as vantagens de seu cargo, sem prejuízo da remuneração do cargo eletivo;

    b) não havendo compatibilidade de horário, será afastado do cargo, sendo-lhe facultado optar pela sua remuneração.

No caso de afastamento do cargo, o servidor contribuirá para a seguridade social como se em exercício estivesse.

O servidor investido em mandato eletivo ou classista não poderá ser removido ou redistribuído de ofício para localidade diversa daquela onde exerce o mandato.

Por força do art. 95 da Lei n. 8.112/90, o **servidor não poderá ausentar-se do País para estudo ou missão oficial**, sem autorização do Presidente da República, Presidente dos Órgãos do Poder Legislativo e Presidente do Supremo Tribunal Federal.

A ausência não excederá a 4 (quatro) anos, e finda a missão ou estudo, somente decorrido igual período, será permitida nova ausência.

Ao servidor beneficiado pelo disposto neste artigo não será concedida exoneração ou licença para tratar de interesse particular antes de decorrido período igual ao do afastamento, ressalvada a hipótese de ressarcimento da despesa havida com seu afastamento.

O disposto neste artigo não se aplica aos servidores da **carreira diplomática**.

As hipóteses, condições e formas para a autorização, inclusive no que se refere à remuneração do servidor, serão disciplinadas em regulamento.

No âmbito do Poder Executivo Federal, a regra de afastamento comentada é disciplinada pelo Decreto n. 1.387/95, que dispõe sobre o afastamento do País de servidores civis da Administração Pública Federal, e dá outras providências.

Conforme o art. 1º do Regulamento predito, o afastamento do País de servidores civis de órgãos e entidades da Administração Pública Federal, com ônus ou com ônus limitado, somente poderá ser autorizado nos seguintes casos:

I – negociação ou formalização de contratações internacionais que, comprovadamente, não possam ser realizadas no Brasil ou por intermédio de embaixadas, representações ou escritórios sediados no exterior;

II – missões militares;

III – prestação de serviços diplomáticos;

IV – serviço ou aperfeiçoamento relacionado com a atividade fim do órgão ou da entidade, de necessidade reconhecida pelo Ministro de Estado ou pelo Presidente do Banco Central do Brasil, conforme o caso;

V – intercâmbio cultural, científico ou tecnológico, acordado com interveniência do Ministério das Relações Exteriores ou de utilidade reconhecida pelo Ministro de Estado ou pelo Presidente do Banco Central do Brasil, conforme o caso; e

VI – bolsas de estudo para curso de pós-graduação *stricto sensu*.

A competência para autorizar os afastamentos do País, sem nomeação ou designação, dos servidores da administração pública federal, é delegada aos Ministros de Estado, aos titulares de órgãos diretamente subordinados ao Presidente da República, ao Presidente do Banco Central do Brasil e aos dirigentes máximos das agências reguladoras federais.

A norma merece interpretação condizente com a realidade contemporânea, haja vista a mudança das rotinas laborais propiciada pela tecnologia da informação e comunicação. O regime de teletrabalho recebeu enorme impulso desde março de 2020, quando adotado amplamente pelos diversos órgãos e entidades da Administração Pública, no Brasil e no mundo, como medida sanitária de contenção da pandemia de Covid-19.

Desde que o servidor em teletrabalho respeite o horário-núcleo de disponibilidade, se disciplinado na norma de regência ou ajustado com o superior hierárquico, e o tempo para apresentação na sede quando convocado, nada impede que concilie suas atividades laborais com atividades no exterior, de naturezas as mais diversas de interesse para o seu aperfeiçoamento técnico ou desenvolvimento pessoal.

A norma em comento foi concebida pensando-se nos métodos clássicos de hierarquia e controle, baseados na presença física do servidor e controle de horário (folha ou sistema de ponto). O fato é que, com a implantação do regime de teletrabalho, não se está a gerir a presença física do servidor ou sua jornada de trabalho, mas sua produtividade, mediante a estimativa do tempo necessário para a entrega de tarefas predeterminadas. O cumprimento da jornada é, portanto, não medido, mas presumido mediante o grau de complexidade das tarefas incumbidas ao servidor.

Por conseguinte, se a norma infralegal regente do sistema de teletrabalho não exigir a presença do servidor em determinada localidade, não se revela como medida proporcional a necessidade de autorização para o afastamento do País para estudo, ao tempo em que nenhuma exigência seria necessária caso o servidor estivesse ausente de sua sede sem nenhum propósito específico, haja vista que estaria afastado fisicamente da sede, não afastado do exercício do cargo.

Se o regime de teletrabalho tem por intuito exatamente oferecer essa liberdade ao servidor, mediante a exigência de metas mais rigorosas do que as exigidas dos servidores em trabalho presencial, nenhum sentido haveria em limitar sua mobilidade, principalmente em um país de dimensões continentais como o Brasil, em que o deslocamento em território nacional pode facilmente abranger maiores distâncias e dificuldades de transporte do que percurso com destino além-fronteira.

O afastamento de servidor para servir em organismo internacional de que o Brasil participe ou com o qual coopere dar-se-á com perda total da remuneração.

O servidor poderá, no interesse da Administração, e desde que a participação não possa ocorrer simultaneamente com o exercício do cargo ou mediante compensação de horário, afastar-se do exercício do cargo efetivo, com a respectiva remuneração, para participar em **programa de pós-graduação *stricto sensu* em instituição de ensino superior no País**.

Ato do dirigente máximo do órgão ou entidade definirá, em conformidade com a legislação vigente, os programas de capacitação e os critérios para participação em programas de pós-graduação no País, com ou sem afastamento do servidor, que serão avaliados por um comitê constituído para este fim.

Os afastamentos para realização de programas de mestrado e doutorado somente serão concedidos aos servidores titulares de cargos efetivos no respectivo órgão ou entidade há pelo menos 3 (três) anos para mestrado e 4 (quatro) anos para doutorado, incluído o período de estágio probatório, que não tenham se afastado por licença para tratar de assuntos particulares, para gozo de licença capacitação ou com fundamento neste artigo nos 2 (dois) anos anteriores à data da solicitação de afastamento.

Os afastamentos para realização de programas de pós-doutorado somente serão concedidos aos servidores titulares de cargos efetivos no respectivo órgão ou entidade há pelo menos quatro anos, incluído o período de estágio probatório, e que não tenham se afastado por licença para tratar de assuntos particulares ou para participação em programa de pós-graduação *stricto sensu* em instituição de ensino superior no País, nos quatro anos anteriores à data da solicitação de afastamento.

Os servidores beneficiados pelos afastamentos terão que permanecer no exercício de suas funções após o seu retorno por um período igual ao do afastamento concedido.

Caso o servidor venha a solicitar exoneração do cargo ou aposentadoria, antes de cumprido o período de permanência, deverá ressarcir o órgão ou entidade dos gastos com seu aperfeiçoamento.

Caso o servidor não obtenha o título ou grau que justificou seu afastamento no período previsto, deverá ressarcir o órgão ou entidade dos gastos, salvo na hipótese comprovada de força maior ou de caso fortuito, a critério do dirigente máximo do órgão ou entidade.

Como já foi visto, aplica-se também à participação em programa de pós-graduação no exterior o rol de condições acima.

41.4.6.19. Concessões

As **concessões**, abordadas nos arts. 97 a 99, também são possibilidades estabelecidas em lei para que o servidor possa ausentar-se do serviço sem que lhe sejam descontados os dias de não comparecimento.

Sem qualquer prejuízo, poderá o servidor ausentar-se do serviço:

I – por 1 (um) dia, para doação de sangue;

II – pelo período comprovadamente necessário para alistamento ou recadastramento eleitoral, limitado, em qualquer caso, a 2 (dois) dias;

III – por 8 (oito) dias consecutivos em razão de:

a) casamento;

b) falecimento do cônjuge, companheiro, pais, madrasta ou padrasto, filhos, enteados, menor sob guarda ou tutela e irmãos.

Será concedido **horário especial ao servidor estudante**, quando comprovada a incompatibilidade entre o horário escolar e o da repartição, sem prejuízo do exercício do cargo.

Não obstante, deverá ser exigida a **compensação de horário** no órgão ou entidade em que o servidor tiver exercício, respeitada a duração semanal do trabalho.

Também será concedido **horário especial** ao servidor **com deficiência**, quando comprovada a necessidade por junta médica oficial, independentemente de compensação de horário, o que se aplica também ao servidor que tenha cônjuge, filho ou dependente com deficiência.

Será igualmente concedido horário especial, vinculado à compensação de horário a ser efetivada no prazo de até 1 (um) ano, ao servidor que:

I – atuar como instrutor em curso de formação, de desenvolvimento ou de treinamento regularmente instituído no âmbito da administração pública federal;

II – participar de banca examinadora ou de comissão para exames orais, para análise curricular, para correção de provas discursivas, para elaboração de questões de provas ou para julgamento de recursos intentados por candidatos.

Ao servidor estudante que mudar de sede no interesse da administração é assegurada, na localidade da nova residência ou na mais próxima, matrícula em instituição de ensino congênere, em qualquer época, independentemente de vaga,

1254   CURSO DE DIREITO ADMINISTRATIVO

o que se estende também ao cônjuge ou companheiro, aos filhos, ou enteados do servidor que vivam na sua companhia, bem como aos menores sob sua guarda, com autorização judicial.

41.4.6.20. Tempo de serviço

O **tempo de serviço** é tratado nos arts. 100 a 103 da Lei n. 8.112/90.

É contado para todos os efeitos o tempo de serviço público federal, inclusive o prestado às Forças Armadas.

A apuração do tempo de serviço será feita em dias, que serão convertidos em anos, considerado o ano como de trezentos e sessenta e cinco dias.

São consideradas como efetivo exercício as seguintes **concessões**:

I – 1 (um) dia, para doação de sangue;

II – período comprovadamente necessário para alistamento ou recadastramento eleitoral, limitado, em qualquer caso, a 2 (dois) dias;

III – 8 (oito) dias consecutivos em razão de:

a) casamento;

b) falecimento do cônjuge, companheiro, pais, madrasta ou padrasto, filhos, enteados, menor sob guarda ou tutela e irmãos.

Além disso, são também considerados como de efetivo exercício os **afastamentos** em virtude de:

I – férias;

II – exercício de cargo em comissão ou equivalente, em órgão ou entidade dos Poderes da União, dos Estados, Municípios e Distrito Federal;

III – exercício de cargo ou função de governo ou administração, em qualquer parte do território nacional, por nomeação do Presidente da República;

IV – participação em programa de treinamento regularmente instituído ou em programa de pós-graduação *stricto sensu* no País, conforme dispuser o regulamento;

V – desempenho de mandato eletivo federal, estadual, municipal ou do Distrito Federal, exceto para promoção por merecimento;

VI – júri e outros serviços obrigatórios por lei;

VII – missão ou estudo no exterior, quando autorizado o afastamento, conforme dispuser o regulamento;

VIII – licença:

a) à gestante, à adotante e à paternidade;

b) para tratamento da própria saúde, até o limite de vinte e quatro meses, cumulativo ao longo do tempo de serviço público prestado à União, em cargo de provimento efetivo;

c) para o desempenho de mandato classista ou participação de gerência ou administração em sociedade cooperativa constituída por servidores para prestar serviços a seus membros, exceto para efeito de promoção por merecimento;

d) por motivo de acidente em serviço ou doença profissional;

e) para capacitação, conforme dispuser o regulamento;

f) por convocação para o serviço militar.

IX – deslocamento de, no mínimo, dez e, no máximo, trinta dias de prazo, contados da publicação do ato, para ter exercício em outro município em razão de ter sido removido, redistribuído, requisitado, cedido ou posto em exercício provisório;

X – participação em competição desportiva nacional ou convocação para integrar representação desportiva nacional, no País ou no exterior, conforme disposto em lei específica;

XI – afastamento para servir em organismo internacional de que o Brasil participe ou com o qual coopere.

Contar-se-á apenas para efeito de **aposentadoria** e **disponibilidade**:

I – o tempo de serviço público prestado aos Estados, Municípios e Distrito Federal;

II – a licença para tratamento de saúde de pessoal da família do servidor, com remuneração, que exceder a 30 (trinta) dias em período de 12 (doze) meses;

III – a licença para atividade política, a partir do registro da candidatura e até o décimo dia seguinte ao da eleição, o servidor fará jus à licença, assegurados os vencimentos do cargo efetivo, somente pelo período de três meses;

IV – o tempo correspondente ao desempenho de mandato eletivo federal, estadual, municipal ou distrital, anterior ao ingresso no serviço público federal;

V – o tempo de serviço em atividade privada, vinculada à Previdência Social;

VI – o tempo de serviço relativo a tiro de guerra; e

VII – o tempo de licença para tratamento da própria saúde que exceder o limite de vinte e quatro meses.

O tempo em que o servidor esteve aposentado será contado apenas para nova aposentadoria.

Será contado em **dobro** o tempo de serviço prestado às **Forças Armadas em operações de guerra**.

É **vedada** a **contagem cumulativa** de tempo de serviço prestado concomitantemente em mais de um cargo ou função de órgão ou entidades dos Poderes da União, Estado, Distrito Federal e Município, autarquia, fundação pública, sociedade de economia mista e empresa pública.

41.4.6.21. Direito de petição

O **direito de petição do servidor público** é tratado nos arts. 104 a 115 da Lei n. 8.112/90.

1256 CURSO DE DIREITO ADMINISTRATIVO

É assegurado ao **servidor** o **direito de requerer** aos Poderes Públicos, em defesa de direito ou interesse legítimo.

O requerimento será dirigido à **autoridade competente** para decidi-lo e encaminhado por intermédio daquela a que estiver imediatamente subordinado o requerente.

Cabe pedido de **reconsideração** à autoridade que houver expedido o ato ou proferido a primeira decisão, não podendo ser renovado.

O requerimento e o pedido de reconsideração de que tratam os artigos anteriores deverão ser despachados no prazo de 5 (cinco) dias e decididos dentro de 30 (trinta) dias.

Caberá **recurso**:

I – do indeferimento do pedido de reconsideração;
II – das decisões sobre os recursos sucessivamente interpostos.

O recurso será dirigido à autoridade competente para decidi-lo.

O recurso será encaminhado por intermédio da autoridade a que estiver imediatamente subordinado o requerente.

O prazo para interposição de pedido de reconsideração ou de **recurso** é de **30 (trinta) dias**, a contar da publicação ou da ciência, pelo interessado, da decisão recorrida.

O recurso poderá ser recebido com **efeito suspensivo**, a juízo da autoridade competente.

Em caso de provimento do pedido de reconsideração ou do recurso, os **efeitos da decisão retroagirão à data do ato impugnado**.

O direito de requerer **prescreve**:

I – em 5 (cinco) anos, quanto aos atos de demissão e de cassação de aposentadoria ou disponibilidade, ou que afetem interesse patrimonial e créditos resultantes das relações de trabalho;
II – em 120 (cento e vinte) dias, nos demais casos, salvo quando outro prazo for fixado em lei.

O prazo de prescrição será contado da data da publicação do ato impugnado ou da data da ciência pelo interessado, quando o ato não for publicado.

O pedido de **reconsideração** e o **recurso**, quando cabíveis, **interrompem** a prescrição.

A prescrição é de ordem pública, não podendo ser relevada pela administração.

Para o exercício do direito de petição, é assegurada vista do processo ou documento, na repartição, ao servidor ou ao procurador por ele constituído.

A administração deverá rever seus atos, a qualquer tempo, quando eivados de ilegalidade.

São fatais e improrrogáveis os prazos estabelecidos para o direito de petição, salvo motivo de força maior.

41.4.6.22. Seguridade social do servidor público

A **seguridade social do servidor público é o sistema especial** de normas com a finalidade de estabelecer a proteção social contra contingências que o impeçam de prover as suas necessidades e da sua família mantido pelo ente federativo ao qual estiver vinculado.

Apesar de a Lei n. 8.112/90 utilizar a expressão "seguridade social do servidor público", trata-se, em verdade, de **previdência social do servidor público**, pois o seu caráter é **contributivo** e, consequentemente, não abarca benefícios de assistência social.

Nesse sentido, importa distinguir que o sistema de seguridade social comporta dois subsistemas: um contributivo, previdenciário, que pressupões o pagamento de prestações pelo segurado; outro não contributivo, integrado pela saúde pública e assistência social, que prescindem de qualquer contrapartida do segurado.

O art. 196 da CF/88 dispõe que "a saúde é direito de todos e dever do Estado, garantido mediante políticas sociais e econômicas que visem à redução do risco de doença e de outros agravos e ao acesso universal e igualitário às ações e serviços para sua promoção, proteção e recuperação".

A assistência social é tabulada no art. 203 da CF/88, o qual determina que "a assistência social será prestada a quem dela necessitar, independentemente de contribuição à seguridade social".

Logo, a seguridade social compõe-se de três dimensões: saúde, assistência social e previdência, esta marcada pelo traço contributivo. O espectro da seguridade social alicerça-se em norma constitucional material e formal, na forma do art. 194, *caput*, da CF/88, que estabelece: "A seguridade social compreende um conjunto integrado de ações de iniciativa dos Poderes Públicos e da sociedade, destinadas a assegurar os direitos relativos à saúde, à previdência e à assistência social".

Logo, resta claro que o conteúdo da seguridade social de que trata o Título VI da Lei n. 8.112/90 trata, especificamente, da previdência social do servidor. Contudo, utilizar-se-á a nomenclatura imposta pela Lei.

O direito à previdência social materializa-se no art. 6º da CF/88, que ínsito ao capítulo dos direitos sociais. Também conforme as disposições da Lei Máxima, a Previdência Social do Servidor Público traz normas diferentes e tem aplicação específica quando comparada com o Regime Geral de Previdência Social. Assim, o servidor público ocupante de cargo efetivo fará parte do regime especial aqui tratado.

Na forma do §1º do art. 183 da Lei n. 8.112/90, os beneficiários, na esfera federal, são os ocupantes de cargo efetivo e os ocupantes de cargo em comissão. Os ocupantes apenas de cargo em comissão não são considerados beneficiários plenos[63], farão jus somente à **assistência à saúde**, pois são filiados obrigatórios ao **Regime Geral de Previdência Social**, de acordo com a alínea g do inciso I do art. 11 da Lei n. 8.213/91.

Os ocupantes apenas de **emprego público** também não são beneficiários do sistema de seguridade social do servidor público, em virtude do estabelecido no art. 1º da Lei n. 9.962/2000, sendo, portanto, filiados ao **Regime Geral de Previdência Social**, de acordo com a alínea a do inciso I do art. 11 da Lei n. 8.213/91.

O *caput* do art. 40 da CF/88 endossa o entendimento acima sobre a exclusão do emprego público e do cargo em comissão ao restringir o sistema especial de previdência social do servidor público expressamente aos servidores titulares de cargos efetivos. Eis o seu texto:

O regime próprio de previdência social dos servidores titulares de cargos efetivos terá caráter contributivo e solidário, mediante contribuição do respectivo ente federativo, de servidores ativos, de aposentados e de pensionistas, observados critérios que preservem o equilíbrio financeiro e atuarial.

Assim, mesmo a inclusão do ocupante de cargo em comissão que seja empregado público é de duvidosa constitucionalidade, pois a norma constitucional foi clara ao estabelecer apenas *"servidores titulares de cargos efetivos"*, portanto mais *correto é afirmar que são beneficiários do regime especial de seguridade social do servidor público apenas os ocupantes de cargo efetivo ou de cargo efetivo cumulado com cargo em comissão.*

O Plano de Seguridade Social, na forma do art. 184 da Lei n. 8.112/90, visa a dar **cobertura aos riscos que são vividos pelo servidor e por sua família**, compreendendo um conjunto de benefícios e ações que atendam às seguintes finalidades:

---

[63] Como pode ser visto também no §13 do art. 40 da Carta Maior.

I – garantir meios de subsistência nos eventos de doença, invalidez, velhice, acidente em serviço, inatividade, falecimento e reclusão;
II – proteção à maternidade, à adoção e à paternidade;
III – assistência à saúde.

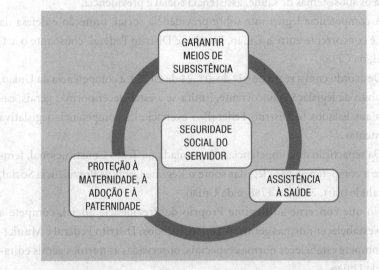

Os benefícios do Plano de Seguridade Social do servidor, de acordo com o art. 185 da lei citada, são:

I – quanto ao servidor:
   a) aposentadoria;
   b) auxílio-natalidade;
   c) salário-família;
   d) licença para tratamento de saúde;
   e) licença à gestante, à adotante e licença-maternidade;
   f) licença por acidente em serviço;
   g) assistência à saúde;
   h) garantia de condições individuais e ambientais de trabalho satisfatórias;
II – quanto ao dependente:
   a) pensão vitalícia e temporária;
   b) auxílio-funeral;
   c) auxílio-reclusão;
   d) assistência à saúde.

As aposentadorias e pensões serão concedidas e mantidas pelos órgãos ou entidades aos quais sejam vinculados os servidores.

O recebimento indevido de benefícios havidos por fraude, dolo ou má-fé, implicará devolução ao erário do total auferido, sem prejuízo da ação penal cabível.

1260 CURSO DE DIREITO ADMINISTRATIVO

41.4.6.22.1. Competência para legislar

Conforme o art. 22, XXIII, da CF/88, compete privativamente à União legislar sobre seguridade social. Cabe lembrar que o sistema de seguridade social abarca os subsistemas de saúde, assistência social e previdência.

A competência legiferante sobre previdência social, proteção e defesa da saúde é concorrente entre a União, Estados e Distrito Federal, consoante o art. 24, XII, da CF/88.

De acordo com a regra do §1º do art. 24 da CF/88, a competência da União, no âmbito da legislação concorrente, limita-se a estabelecer normas gerais, cabendo aos Estados (e Distrito Federal) o exercício da competência legislativa suplementar.

Da repartição de competências diagramada no Texto Constitucional, tem-se que a competência para legislar sobre o Regime Geral de Previdência Social, a que alude o art. 201 da CF/88, é da União.

No que concerne ao Regime Próprio de Previdência Social, compete à União estabelecer normas gerais. À União, Estados, Distrito Federal e Municípios compete estabelecer normas especiais, observadas as normas gerais editadas pela União.

A competência legislativa suplementar dos entes subnacionais para legislar sobre o Regime Próprio de Previdência Social justifica-se porque esse regime delimita-se aos servidores públicos efetivos, que integram os quadros de servidores públicos estaduais, distritais e municipais, distintamente do Regime Geral de Previdência Social, cujas regras são idênticas para todos os segurados.

Nesse jaez, o art. 40, *caput*, da CF/88, dispõe que "o regime próprio de previdência social dos servidores titulares de cargos efetivos terá caráter contributivo e solidário, mediante **contribuição do respectivo ente federativo**, de servidores ativos, de aposentados e de pensionistas, observados critérios que preservem o equilíbrio financeiro e atuarial".

Logo, ao contrário do regime geral, que é único, os regimes próprios de previdência social são geridos pelos entes federados aos quais pertencem os servidores públicos segurados.

41.4.6.22.2. Regimes previdenciários

A Constituição Federal contempla distintos regimes previdenciários, categorizados conforme a natureza pública ou privada, tal como a relação entre o segurado e empregador.

A previdência social pública tem caráter obrigatório, enquanto a previdência privada tem cunho facultativo, com o fim de complementar o benefício previdenciário básico.

Os sistemas de previdência social público e privado agregam os seguintes regimes: geral, próprio e complementar, este de natureza privada, aqueles de natureza pública.

41.4.6.22.2.1. Regime Geral de Previdência Social

O Regime Geral de Previdência Social é tratado no art. 201 da CF/88. É o regime previdenciário concebido para atender a todos os trabalhadores. Seu caráter é contributivo e a filiação obrigatória, visando a assegurar os seguintes benefícios:

I – cobertura dos eventos de incapacidade temporária ou permanente para o trabalho e idade avançada;

II – proteção à maternidade, especialmente à gestante;

III – proteção ao trabalhador em situação de desemprego involuntário;

IV – salário-família e auxílio-reclusão para os dependentes dos segurados de baixa renda;

V – pensão por morte do segurado, homem ou mulher, ao cônjuge ou companheiro e dependentes.

Por força do § 2º do art. 201 da CF/88, nenhum benefício que substitua o salário de contribuição ou o rendimento do trabalho do segurado terá valor mensal inferior ao salário mínimo.

O Regime Geral de Previdência Social abrange os empregados da iniciativa privada e os agentes públicos cujo vínculo laboral seja regulado pela Consolidação das Leis do Trabalho (CLT): empregados públicos, empregados estatais e ocupantes de cargo comissionado (quando não ocupantes de cargo efetivo).

O regime geral é aplicável também aos contratados por tempo determinado (inciso IX do art. 37 da CF/88) e aos exercentes de mandato eletivo.

É o que dispõe o §13 do art. 40 da CF/88: "Aplica-se ao agente público ocupante, exclusivamente, de cargo em comissão declarado em lei de livre nomeação e exoneração, de outro cargo temporário, inclusive mandato eletivo, ou de emprego público, o Regime Geral de Previdência Social".

O regime geral aplica-se, ainda, aos trabalhadores autônomos, de maneira que prescinde da existência de vínculo laboral (contrato de trabalho).

Em consonância com o art. 12 da Lei n. 8.212/91 (Lei Orgânica da Seguridade Social), são segurados obrigatórios as seguintes pessoas:

1262 CURSO DE DIREITO ADMINISTRATIVO

a) empregados urbanos e rurais;
b) empregados domésticos;
c) contribuintes individuais;
d) trabalhadores avulsos;
e) segurados especiais.

Considera-se segurado especial a pessoa física residente no imóvel rural ou em aglomerado urbano ou rural próximo a ele que, individualmente ou em regime de economia familiar, ainda que com o auxílio eventual de terceiros a título de mútua colaboração, na condição de produtor que explore atividade agropecuária ou extrativista vegetal sob determinadas condições discriminadas no art. 12, VII, da Lei n. 8.212/91, ou ainda seu cônjuge, companheiro ou filho maior de 16 anos que comprovadamente trabalhe com o grupo familiar.

O Regime Geral de Previdência Social comporta também os segurados facultativos, pessoas maiores de 16 anos que, embora não tenham renda própria, decidam contribuir para a previdência social. Portanto, o regime geral visa a atender todas as pessoas em atividade laboral (obrigatoriamente) e pessoas sem vínculo laboral que voluntariamente decidam aderir ao sistema, orientando-se pelo **princípio da universalidade**.

Sua gestão compete ao Instituto Nacional do Seguro Social (INSS), autarquia federal vinculada ao Ministério da Economia.

41.4.6.22.2.2. Regime Próprio de Previdência Social

O Regime Próprio de Previdência Social abrange os servidores públicos efetivos, aqueles cujo vínculo com o Estado não tenha caráter transitório ou precário. O regime próprio abrange os servidores públicos efetivos (estatutários) dos órgãos e entidades da Administração Pública, tal como os membros do Poder Judiciário, Ministério Público e Tribunais de Contas. O art. 40, *caput*, da CF/88 dispõe:

O regime próprio de previdência social dos servidores titulares de cargos efetivos terá caráter contributivo e solidário, mediante contribuição do respectivo ente federativo, de servidores ativos, de aposentados e de pensionistas, observados critérios que preservem o equilíbrio financeiro e atuarial.

O regime próprio abrange todos os agentes públicos que podem ser protegidos pela estabilidade ou pela vitaliciedade[64].

---

[64] Exceto os militares, que são abrangidos pelo Sistema de Proteção Social dos Militares, na esfera federal (militares das Forças Armadas) e estadual/distrital (policiais militares e bombeiros militares).

41.4.6.22.2.3. Regime de Previdência Complementar

O Regime de Previdência Complementar tem natureza facultativa, ao contrário do regime geral e do regime próprio. A finalidade do regime complementar é, conforme sua nomenclatura, complementar os proventos de aposentadoria percebidos mediante os regimes de natureza pública. Portanto, qualquer segurado do Regime Geral de Previdência Social ou do Regime Próprio de Previdência Social pode aderir, mediante contrato, a um plano de previdência complementar, que tem natureza privada. O art. 202, *caput*, da CF/88 dispõe que:

> O regime de previdência privada, de caráter complementar e organizado de forma autônoma em relação ao regime geral de previdência social, será facultativo, baseado na constituição de reservas que garantam o benefício contratado, e **regulado por lei complementar**.

A lei complementar a que alude o art. 202, *caput*, da CF/88, é a LC n. 109/2001, que dispõe sobre os planos de benefícios, entidades de previdência, fiscalização, regime disciplinar e outras disposições afetas à previdência complementar. As entidades de previdência complementar podem ser abertas ou fechadas.

As **entidades abertas de previdência complementar** oferecem planos de benefícios que podem ser contratados por qualquer trabalhador interessado da iniciativa privada ou do setor público. Segundo o art. 26 da LC n. 109/2001, os planos de benefícios instituídos por entidades abertas podem ser:

I – **individuais**, quando acessíveis a quaisquer pessoas físicas; ou
II – **coletivos**, quando tenham por objetivo garantir benefícios previdenciários a pessoas físicas vinculadas, direta ou indiretamente, a uma pessoa jurídica contratante.

Os benefícios previdenciários são concedidos em forma de renda continuada ou pagamento único.

Conforme o art. 36 da LC n. 109/2001, as entidades abertas de previdência complementar devem ser constituídas sob a forma de sociedade anônima (S/A), e sua regulação compete à Superintendência de Seguros Privados (SUSEP), autarquia vinculada ao Ministério da Economia, atribuída da regulação de mercados de seguro, capitalização, resseguro e previdência privada aberta.

O art. 111, *caput*, do Decreto-Lei n. 73/66 incumbe à SUSEP a obrigação de expedir normas sobre relatórios e pareceres de prestadores de serviços de auditoria independente às entidades abertas de previdência complementar.

As **entidades fechadas de previdência complementar**, ao invés das entidades abertas, oferecem planos de benefícios cuja adesão requer que o segurado pertença a determinadas categorias de trabalhadores. Seus planos de benefícios que podem ser contratados por:

a) empregados de uma empresa ou grupo de empresas;

b) associados ou membros de pessoas jurídicas de caráter profissional, classista ou setorial;

c) servidores da União, dos Estados, Distrito Federal e Municípios.

Quando o segurado é associado ou membro de pessoa jurídica de caráter profissional, classista ou setorial, dá-se à pessoa jurídica o nome de **instituidor**; quando o segurado é servidor público, dá-se ao ente federado ao qual pertence o cargo o nome de **patrocinador**.

A denominação de patrocinador justifica-se porque o regime jurídico dos planos de previdência complementar de entidades fechadas cujos segurados integram a categoria de servidores públicos possibilitam o aporte de recursos pelos entes federados (União, Estados, Distrito Federal e Municípios) e suas entidades da administração indireta. Todavia, o aporte do ente federado ou entidade vinculada não pode superar o valor de contribuição do servidor. É o que dispõe o § 3º do art. 202 da CF/88:

> É vedado o aporte de recursos a entidade de previdência privada pela União, Estados, Distrito Federal e Municípios, suas autarquias, fundações, empresas públicas, sociedades de economia mista e outras entidades públicas, salvo na qualidade de patrocinador, situação na qual, em hipótese alguma, sua contribuição normal poderá exceder a do segurado.

Conforme o art. 14 da LC n. 109/2001, os planos de benefícios oferecidos por entidades fechadas de previdência complementar devem prever os seguintes institutos:

I – benefício proporcional diferido, em razão da cessação do vínculo empregatício com o patrocinador ou associativo com o instituidor antes da aquisição do direito ao benefício pleno, a ser concedido quando cumpridos os requisitos de elegibilidade;

II – portabilidade do direito acumulado pelo participante para outro plano;

III – resgate da totalidade das contribuições vertidas ao plano pelo participante, descontadas as parcelas do custeio administrativo, na forma regulamentada; e

IV – faculdade de o participante manter o valor de sua contribuição e a do patrocinador, no caso de perda parcial ou total da remuneração recebida, para assegurar a percepção dos benefícios nos níveis correspondentes àquela remuneração ou em outros definidos em normas regulamentares.

Conforme o §1º do art. 31 da LC n. 109/2001, as entidades fechadas de previdência complementar devem ser constituídas sob a forma de fundação ou sociedade civil sem fins lucrativos. Trata-se dos conhecidos "fundos de pensão". A importância dos fundos de pensão reside no fato de as pessoas políticas serem comumente os maiores empregadores individuais em nível nacional ou local. O reflexo negativo dessa magnitude vem da constatação de que os fundos de pensão de servidores públicos "são mais vulneráveis aos riscos de má administração de investimentos. Eles são frequentemente obrigados, direta ou indiretamente, a financiar infraestrutura, projetos sociais ou alocar recursos em investimentos não necessariamente vinculados a objetivos de renda de aposentadoria"[65].

A regulação das entidades fechadas de previdência complementar compete à Superintendência Nacional de Previdência Complementar (PREVIC), autarquia vinculada ao Ministério da Economia. O art. 1º, parágrafo único, da Lei n. 12.154/2009 atribui à PREVIC a fiscalização e supervisão das atividades das entidades fechadas de previdência complementar e execução das políticas para o regime de previdência complementar operado pelas entidades fechadas de previdência complementar.

Os planos de benefícios de entidades de previdência complementar fechadas a servidores públicos efetivos têm fundamento constitucional no §14 do art. 40 da Lei Máxima, cuja redação, a partir da Emenda Constitucional n. 20/98, possibilitava a limitação do valor das aposentadorias e pensões concedidas pelo regime próprio ao limite estabelecido para o regime geral de previdência, desde que instituído o regime de previdência complementar.

A Lei n. 12.618/2012 instituiu o regime de previdência complementar para os **servidores públicos federais titulares de cargo efetivo**. O art. 1º, *caput*, do diploma legal assinala:

> *É instituído, nos termos desta Lei, o regime de previdência complementar a que se referem os §§ 14, 15 e 16 do art. 40 da Constituição Federal para os servidores públicos titulares de cargo efetivo da União, suas autarquias e fundações, inclusive para os membros do Poder Judiciário, do Ministério Público da União e do Tribunal de Contas da União.*

Na forma do art. 4º da Lei n. 12.618/2012, autoriza-se a criação das seguintes entidades fechadas de previdência complementar, mediante ato infralegal:

a) do Presidente da República: a Fundação de Previdência Complementar do Servidor Público Federal do Poder Executivo (**Funpresp-Exe**), para os servidores públicos titulares de cargo efetivo do Poder Executivo;

---

[65] ROMERA, Marcia Paim; LEISTER, Mauricio Dias. Previdência complementar do servidor público: reflexos da Emenda Constitucional n. 103/2019. *In:* VIEIRA, Lucia Vale (Org.). *Regimes Próprios*: aspectos relevantes. v. 13. São Bernardo do Campo: APEPREM, 2019. p. 202.

1266 CURSO DE DIREITO ADMINISTRATIVO

b) dos Presidentes da Câmara dos Deputados e do Senado Federal, conjuntamente: a Fundação de Previdência Complementar do Servidor Público Federal do Poder Legislativo (**Funpresp-Leg**), para os servidores públicos titulares de cargo efetivo do Poder Legislativo e do Tribunal de Contas da União e para os membros deste Tribunal;

c) do Presidente do Supremo Tribunal Federal: Fundação de Previdência Complementar do Servidor Público Federal do Poder Judiciário (**Funpresp-Jud**), para os servidores públicos titulares de cargo efetivo e para os membros do Poder Judiciário.

A Funpresp-Exe, a Funpresp-Leg e a Funpresp-Jud devem obedecer a forma constitutiva de fundação, de natureza pública, com personalidade jurídica de direito privado. Por ato conjunto das autoridades competentes para a criação de cada entidade, possibilita-se a instituição de fundação que contemple servidores públicos de dois ou dos três Poderes da União.

A Funpresp-Exe foi criada por meio do Decreto n. 7.808/2012. Mediante instrumento de convênio assinado em 31 de janeiro de 2013, formalizou-se a adesão do plano Legisprev, destinado aos servidores efetivos da Câmara dos Deputados e do Senado Federal e dos servidores efetivos e membros do Tribunal de Contas da União.

Também mediante convênio, aderiu ao Funpresp-Exe a Defensoria Pública da União. O instrumento de adesão revela-se necessário porque, desde a promulgação da Emenda Constitucional n. 74/2013, atribui-se à Defensoria Pública da União autonomia funcional e administrativa, de maneira que o órgão não mais integra o Poder Executivo.

A Funpresp-Jud foi criada por meio da Resolução n. 496/2012, do Supremo Tribunal Federal. Por meio de instrumento de convênio, celebrou-se a adesão do Ministério Público da União e do Conselho Nacional do Ministério Público, de maneira que a entidade abrange os servidores efetivos e membros do Poder Judiciário Federal e do Ministério Público da União.

41.4.6.22.3. Sucessivas emendas à Constituição Federal

Após a promulgação da Constituição Federal de 1988, ocorreram diversas alterações do texto constitucional, em distintos graus de profundidade, por meio das seguintes emendas constitucionais: EC n. 20/1998, EC n. 41/2003, EC n. 47/2005, EC n. 70/2012, EC n. 88/2015 e EC n. 103/2019.

Algumas emendas promoveram alterações pontuais, como critérios de transição entre regras, enquanto outras instituíram sensíveis alterações do direito, com o condão de reformar as regras previdenciárias gravadas na Constituição.

É o que aconteceu em relação à primeira emenda sobre matéria previdenciária: a Emenda Constitucional n. 20/1998.

A **EC n. 20/1998** efetuou sensíveis alterações – mormente em relação ao Regime Próprio de Previdência Social –, e instituiu, para a concessão de aposentadoria voluntária ao servidor público, requisitos de idade (60 anos para homens e 55 para mulheres), tempo de contribuição (35 para homens e 30 para mulheres), tempo no serviço público (10 anos) e no cargo efetivo (5 anos). Antes dessa Emenda Constitucional, não havia idade mínima para aposentadoria voluntária.

O texto reformador tratou de diversas questões, por exemplo, a limitação de valor de proventos de aposentadoria e pensões às remunerações dos cargos efetivos, dado que em certas ocasiões os aposentados e pensionistas desfrutavam de benefícios previdenciários superiores à remuneração do próprio cargo efetivo que ensejou a aposentadoria ou pensão. A EC n. 20/98 também extinguiu as regras de aposentadoria especial para membros do Poder Judiciário, do Ministério Público e dos Tribunais de Contas, e impôs o teto remuneratório dos servidores públicos aos proventos de aposentadoria. Outrossim, a EC n. 20/1998 vinculou os agentes públicos não ocupantes de cargo efetivo ao Regime Geral de Previdência Social.

Enquanto a EC n. 20/1998 colimou extinguir privilégios injustificados que existiam em favor de uma parcela dos segurados, a segunda emenda promulgada, **EC n. 41/2003**, lhes trouxe gravame, instituindo-se a obrigação de aposentados e pensionistas vinculados ao Regime Próprio de Previdência Social contribuírem sobre o valor excedente ao teto do Regime Geral de Previdência Social, segundo a mesma alíquota cobrada dos servidores ativos. Eis o texto do art. 4º da EC n. 41/2003:

> Os servidores inativos e os pensionistas da União, dos Estados, do Distrito Federal e dos Municípios, incluídas suas autarquias e fundações, em gozo de benefícios na data de publicação desta Emenda, bem como os alcançados pelo disposto no seu art. 3º, contribuirão para o custeio do regime de que trata o art. 40 da Constituição Federal com percentual igual ao estabelecido para os servidores titulares de cargos efetivos.

Em sede de Ação Direta de Inconstitucionalidade, o STF, fundado nos princípios da solidariedade e do equilíbrio financeiro e atuarial, bem como nos objetivos constitucionais de universalidade, equidade na forma de participação no custeio e diversidade da base de financiamento, considerou que o dispositivo compatibiliza-se com a Constituição, asseverando não haver direito adquirido que afigure imunidade tributária aos aposentados e pensionistas. Eis a ementa:

> 1. Inconstitucionalidade. Seguridade social. Servidor público. Vencimentos. Proventos de aposentadoria e pensões. Sujeição à incidência de contribuição

previdenciária. Ofensa a direito adquirido no ato de aposentadoria. Não ocorrência. Contribuição social. Exigência patrimonial de natureza tributária. Inexistência de norma de imunidade tributária absoluta. Emenda Constitucional n. 41/2003 (art. 4º, *caput*). Regra não retroativa. Incidência sobre fatos geradores ocorridos depois do início de sua vigência. Precedentes da Corte. Inteligência dos arts. 5º, XXXVI, 146, III, 149, 150, I e III, 194, 195, *caput*, II e § 6º, da CF, e art. 4º, *caput*, da EC n. 41/2003. No ordenamento jurídico vigente, não há norma, expressa nem sistemática, que atribua à condição jurídico-subjetiva da aposentadoria de servidor público o efeito de lhe gerar direito subjetivo como poder de subtrair *ad aeternum* a percepção dos respectivos proventos e pensões à incidência de lei tributária que, anterior ou ulterior, os submeta à incidência de contribuição previdencial. Noutras palavras, não há, em nosso ordenamento, nenhuma norma jurídica válida que, como efeito específico do fato jurídico da aposentadoria, lhe imunize os proventos e as pensões, de modo absoluto, à tributação de ordem constitucional, qualquer que seja a modalidade do tributo eleito, donde não haver, a respeito, direito adquirido com o aposentamento. 2. Inconstitucionalidade. Ação direta. Seguridade social. Servidor público. Vencimentos. Proventos de aposentadoria e pensões. Sujeição à incidência de contribuição previdenciária, por força de Emenda Constitucional. Ofensa a outros direitos e garantias individuais. Não ocorrência. Contribuição social. Exigência patrimonial de natureza tributária. Inexistência de norma de imunidade tributária absoluta. Regra não retroativa. Instrumento de atuação do Estado na área da previdência social. Obediência aos princípios da solidariedade e do equilíbrio financeiro e atuarial, bem como aos objetivos constitucionais de universalidade, equidade na forma de participação no custeio e diversidade da base de financiamento. Ação julgada improcedente em relação ao art. 4º, *caput*, da EC n 41/2003. Votos vencidos. Aplicação dos arts. 149, *caput*, 150, I e III, 194, 195, *caput*, II e § 6º, e 201, *caput*, da CF. Não é inconstitucional o art. 4º, *caput*, da Emenda Constitucional n. 41, de 19 de dezembro de 2003, que instituiu contribuição previdenciária sobre os proventos de aposentadoria e as pensões dos servidores públicos da União, dos Estados, do Distrito Federal e dos Municípios, incluídas suas autarquias e fundações[66].

A questão em apreço é bastante polêmica. De um lado, a reforma verte esforços para manter a viabilidade do sistema previdenciário; de outro, inegavelmente a abrupta mudança das regras de contribuição ensejam surpresa em desfavor daqueles que contribuíram durante toda a vida laboral, mediante a imposição de ônus que os beneficiários não esperavam.

A EC n. 41/2003 também alterou a forma de cálculo dos proventos de aposentadoria, considerando-se as remunerações utilizadas como base para as

---

[66] STF, ADI 3.105, rel. Min. Ellen Gracie, rel. para o acórdão Min. Cezar Peluso, Plenário, julgado em 18-8-2004, *DJ* 18-2-2005.

contribuições à previdência, em vez do critério de integralidade. O art. 1º, *caput*, da Lei n. 10.887/2004 dispõe que:

> No cálculo dos proventos de aposentadoria dos servidores titulares de cargo efetivo de qualquer dos Poderes da União, dos Estados, do Distrito Federal e dos Municípios, incluídas suas autarquias e fundações, previsto no § 3º do art. 40 da Constituição Federa l e no art. 2º da Emenda Constitucional n. 41, de 19 de dezembro de 2003, será considerada a média aritmética simples das maiores remunerações, utilizadas como base para as contribuições do servidor aos regimes de previdência a que esteve vinculado, correspondentes a 80% (oitenta por cento) de todo o período contributivo desde a competência julho de 1994 ou desde a do início da contribuição, se posterior àquela competência.

A **EC n. 47/2005** criou novas regras de transição para quem ingressou no serviço público até a data de promulgação da EC n. 20/1998. A Emenda Constitucional também explicitou regra de proibição da diferenciação de critérios para a concessão de aposentadoria, ressalvando os casos de servidores que: sejam pessoas com deficiência; exerçam atividades de risco; ou exerçam atividades sob condições especiais que prejudiquem a saúde ou a integridade física.

A **EC n. 70/2012** criou regras de transição para a aposentadoria por invalidez de servidores que ingressaram no serviço público até a data de promulgação da EC n. 41/2003, haja vista que a forma de cálculo desse benefício para aqueles que ingressaram antes e após a promulgação desta emenda não havia sido especificada em seu texto.

A **EC n. 88/2015**, que resultou da chamada "PEC da Bengala" elevou para 75 anos a idade para aposentadoria compulsória dos servidores abrangidos por regime próprio de previdência social, na forma de lei complementar. Todavia, a elevação do tempo de aposentadoria compulsória para os Ministros do Supremo Tribunal Federal, dos Tribunais Superiores e do Tribunal de Contas da União passou a ser de 75 anos a partir da promulgação da emenda constitucional.

A lei complementar de que trata a EC n. 88/2015 é a LC n. 152/2015, cujo art. 2º dispõe que serão aposentados compulsoriamente, com proventos proporcionais ao tempo de contribuição, aos 75 (setenta e cinco) anos de idade:

> I – os servidores titulares de cargos efetivos da União, dos Estados, do Distrito Federal e dos Municípios, incluídas suas autarquias e fundações;
> II – os membros do Poder Judiciário;
> III – os membros do Ministério Público;
> IV – os membros das Defensorias Públicas;
> V – os membros dos Tribunais e dos Conselhos de Contas.

A mais recente emenda à Constituição, em matéria previdenciária, é a EC n. 103/2019, que trouxe significativas mudanças atinentes às regras de vinculação aos regimes previdenciários e concessão de benefícios.

41.4.6.22.4. Emenda Constitucional n. 103/2019 (Reforma da Previdência)

A Reforma da Previdência promovida por meio da Emenda Constitucional n. 103/2019 engendrou profundas modificações nas cláusulas constitucionais previdenciárias.

A EC n. 103/2019 endurentou as regras para concessão de benefícios do Regime Geral de Previdência Social e do Regime Próprio de Previdência Social. Quanto ao regime geral, uma vez que suas regras formam-se unicamente no âmbito do processo legislativo federal – Constituição Federal e leis federais –, as mudanças promovidas afetam todos os trabalhadores.

Interessante notar que, no que toca ao Regime Próprio de Previdência Social, que concerne aos servidores públicos efetivos, as regras dispostas na EC n. 103/2019 restringem-se aos servidores – e, consequentemente, aposentados e pensionistas – da União, suas autarquias e fundações. Quanto aos outros entes federados, o constituinte derivado reformador lhes atribuiu o múnus de tecer suas próprias regras, respeitadas as cláusulas gerais gravadas na CF/88.

Por conseguinte, a EC n. 103/2019 conferiu autonomia aos entes subnacionais para o regramento de seus sistemas de previdência pública, mediante adoção de regras idênticas àquelas dispostas para a União, ou por meio de regras próprias, respeitado o princípio do equilíbrio financeiro e atuarial.

Tatiana Nóbrega e Maurício Benedito[67] anotam as circunstâncias políticas que colmataram a técnica legislativa, lembrando que

> [...] devido ao ônus político que acompanha a aprovação de uma reforma pre-
> videnciária, considerando que, via de regra, a norma reformadora torna mais
> rígido o acesso aos benefícios, objetivando compatibilizar a proteção social
> com a premissa de equilíbrio fiscal dos entes federativos, os congressistas na-
> cionais optaram, com relação aos RPPSs dos servidores públicos, por compar-
> tilhar tal ônus com os parlamentares estaduais e municipais. Para tanto, o
> texto aprovado no Congresso Nacional, que deu origem à EC 103/2019, delegou
> aos entes da Federação competência para legislar sobre as regras de acesso aos
> benefícios previdenciários, sua forma de cálculo e critérios de reajustamento.

---

[67] NÓBREGA, Tatiana de Lima; BENEDITO, Maurício Roberto de Souza. *O regime previden-ciário do servidor público*. Indaiatuba: Foco, 2021. p. 295-296.

Uma das principais mudanças promovidas pela EC n. 103/2019 refere-se à obrigação dos entes federados no que tange à instituição de regime próprio de previdência social para os servidores públicos. Este era o texto do art. 40, *caput*, da CF/88, antes da EC n. 103/2019:

> Aos **servidores titulares de cargos efetivos** da União, dos Estados, do Distrito Federal e dos Municípios, incluídas suas autarquias e fundações, **é assegurado** regime de previdência de caráter contributivo e solidário, mediante contribuição do respectivo ente público, dos servidores ativos e inativos e dos pensionistas, observados critérios que preservem o equilíbrio financeiro e atuarial e o disposto neste artigo.

Da leitura do comando normativo, depreende-se a explícita previsão de instituição de regime previdenciário em benefício dos servidores públicos ocupantes de cargos efetivos, em todos os entes federados, suas autarquias e fundações.

Delúbio Gomes Pereira da Silva[68], ao comentar a redação do art. 40, *caput*, da CF/88 – antes da promulgação da EC n. 103/2019 – e a obrigatoriedade de instituição de regime previdenciário próprio para os servidores públicos, aduz:

> A expressão "é assegurado" está presente no texto constitucional vigente em diversos artigos, tendo sido largamente utilizada pelos constituintes [...]
> Da interpretação do contido no artigo 5º, parágrafo 1º da Constituição Federal não paira qualquer dúvida sobre a obrigatoriedade de aplicação destas normas, não admitindo faculdade do poder público em sua aplicação.
> Seria razoável, considerando uma interpretação literal, sistemática e teleológica do texto constitucional, admitir que a expressão "é assegurado" prevista no art. 40 da Constituição Federal de 1988 fosse facultativa por parte do Município em sua aplicação, entendo que não.

Com a redação dada pela EC n. 103/2019, o *caput* do art. 40 da CF/88 passou a ter o seguinte conteúdo:

> O regime próprio de previdência social dos servidores titulares de cargos efetivos terá caráter contributivo e solidário, mediante contribuição do respectivo ente federativo, de servidores ativos, de aposentados e de pensionistas, observados critérios que preservem o equilíbrio financeiro e atuarial.

Na nova redação do dispositivo constitucional, observa-se a supressão do comando "é assegurado", do que se infere não mais existir obrigação dos entes federados em instituir regime próprio de previdência social.

---

[68] SILVA, Delúbio Gomes Pereira da. Regime Próprio de Previdência Social. In: MOGNON, Alexander (Coord.). *Regimes Próprios*: aspectos relevantes. v. 7. Brasília: Abipem, 2013. p. 252

Com efeito, é exatamente nesse sentido que trilha a Reforma da Previdência. A nova redação do §20 do art. 40 da CF/88 dispõe sobre a unicidade do regime próprio de previdência por ente federado, nestes termos:

> É vedada a existência de mais de um regime próprio de previdência social e de mais de um órgão ou entidade gestora desse regime em cada ente federativo, abrangidos todos os poderes, órgãos e entidades autárquicas e fundacionais, que serão responsáveis pelo seu financiamento, observados os critérios, os parâmetros e a natureza jurídica definidos na lei complementar de que trata o § 22.

No art. 40 da CF/88, o § 22, incluído pela EC n. 103/2019, contém a seguinte norma, proibitiva da instituição de novos regimes próprios de previdência social:

> § 22. Vedada a instituição de novos regimes próprios de previdência social, lei complementar federal estabelecerá, para os que já existam, normas gerais de organização, de funcionamento e de responsabilidade em sua gestão, dispondo, entre outros aspectos, sobre:
>
> I – requisitos para sua extinção e consequente migração para o Regime Geral de Previdência Social;
>
> (...)

Cabe ressaltar que enquanto não editada a lei complementar a que alude o § 22 do art. 40 da CF/88, aplica-se a Lei n. 9.717/98, por explícita disposição do art. 9º, *caput*, da EC n. 103/2019[69].

Ora, a leitura do inciso I do § 22 do art. 40 da CF/88 deixa claro que a pretensão do constituinte reformador caminha no sentido de extinguir o Regime Próprio de Previdência Social, de maneira que, no futuro, coexistam apenas dois regimes: (i) Regime Geral de Previdência Social, de caráter público e universal, a abranger todos os trabalhadores dos setores privado e público e; (ii) Regime de Previdência Complementar, de natureza privada, também acessível a todos os trabalhadores, pela via contratual, mediante adesão a planos de benefícios de entidades aberta ou fechada.

Nesse sentido, o parágrafo único do art. 34 da EC n. 103/2019 dispõe que a "existência de superávit atuarial não constitui óbice à extinção de regime próprio de previdência social e à consequente migração para o Regime Geral de Previdência Social". Significa dizer que, mesmo que o regime próprio -es-

---

[69] "Art. 9º Até que entre em vigor lei complementar que discipline o § 22 do art. 40 da Constituição Federal, aplicam-se aos regimes próprios de previdência social o disposto na Lei n. 9.717, de 27 de novembro de 1998, e o disposto neste artigo".

teja em perfeito funcionamento, com suficiente lastro para a cobertura dos benefícios e riscos atenuados, isto é, em superávit, sobressai a diretriz normativa para sua extinção.

Com essa configuração, todos os trabalhadores, aposentados e pensionistas seriam vinculados obrigatoriamente ao Regime Geral de Previdência Social e, aqueles que desejassem seriam também vinculados ao Regime de Previdência Complementar.

Exatamente por isso, a Reforma da Previdência determina que os entes federados instituam regime de previdência complementar para servidores públicos ocupantes de cargo efetivo, conforme a redação dada ao § 14 do art. 40 da CF/88, integrado às disposições constantes dos parágrafos seguintes:

§ 14. A União, os Estados, o Distrito Federal e os Municípios instituirão, por lei de iniciativa do respectivo Poder Executivo, regime de previdência complementar para servidores públicos ocupantes de cargo efetivo, observado o limite máximo dos benefícios do Regime Geral de Previdência Social para o valor das aposentadorias e das pensões em regime próprio de previdência social, ressalvado o disposto no § 16.

§ 15. O regime de previdência complementar de que trata o §14 oferecerá plano de benefícios somente na modalidade contribuição definida, observará o disposto no art. 202 e será efetivado por intermédio de entidade fechada de previdência complementar ou de entidade aberta de previdência complementar.

§ 16. Somente mediante sua prévia e expressa opção, o disposto nos §§ 14 e 15 poderá ser aplicado ao servidor que tiver ingressado no serviço público até a data da publicação do ato de instituição do correspondente regime de previdência complementar.

Conforme o § 6º do art. 9º da EC n. 103/2019, no prazo máximo de 2 (dois) anos do início de sua vigência, isto é, **até 12 de novembro de 2021**, os entes federados deverão cumprir as seguintes obrigações: instituição de regime de previdência complementar e, quanto ao sistema de previdência pública, assegurar a existência de um único regime próprio de previdência social.

O § 16 do art. 40 da CF/88 torna explícito que a inclusão em regime de previdência complementar de servidor vinculado ao regime próprio cujo vínculo com o ente federado seja anterior à instituição do plano de previdência complementar requer a sua manifesta aquiescência, do que se infere seu direito adquirido à permanência no regime próprio.

Uma vez manifestada pelo servidor sua adesão a plano de benefícios de previdência complementar instituído pelo ente federado, sua contribuição no âmbito do regime próprio limita-se ao teto do valor de contribuição do regime geral de previdência.

Um "mecanismo de estímulo" para a adesão de servidores ao regime de previdência complementar ocorre com a majoração da alíquota de contribuição no regime próprio. Sobre essa matéria, em recentíssimo acórdão, em caso que trata do aumento de alíquota de contribuição previdenciária de servidores públicos do Estado de Goiás, sem que houvesse prévio estudo atuarial, o STF reconheceu a repercussão geral da matéria (Tema 933) e decidiu nos seguintes termos:

> O Tribunal, por unanimidade, apreciando o tema 933 da repercussão geral, deu provimento ao recurso extraordinário interposto pelo Estado de Goiás, para reformar o acórdão recorrido e declarar a constitucionalidade da Lei Complementar estadual n. 100/2012, e fixou a seguinte tese: "1. A ausência de estudo atuarial específico e prévio à edição de lei que aumente a contribuição previdenciária dos servidores públicos não implica vício de inconstitucionalidade, mas mera irregularidade que pode ser sanada pela demonstração do déficit financeiro ou atuarial que justificava a medida. 2. A majoração da alíquota da contribuição previdenciária do servidor público para 13,25% não afronta os princípios da razoabilidade e da vedação ao confisco", nos termos do voto do Relator[70].

A reforma, como era previsível, mais uma vez aumenta os limites de idade e tempo de contribuição para a concessão do benefício de aposentadoria. Conforme o §7º do art. 201 da CF/88, é assegurada aposentadoria no regime geral de previdência social, nos termos da lei, obedecidas as seguintes condições:

> I – 65 (sessenta e cinco) anos de idade, se homem, e 62 (sessenta e dois) anos de idade, se mulher, observado tempo mínimo de contribuição;
> I – 60 (sessenta) anos de idade, se homem, e 55 (cinquenta e cinco) anos de idade, se mulher, para os trabalhadores rurais e para os que exerçam suas atividades em regime de economia familiar, nestes incluídos o produtor rural, o garimpeiro e o pescador artesanal.

Convém notar que, ao longo das sucessivas reformas previdenciárias, embora estas tratem de questões pontuais diversas, existe um núcleo de discussão que se mantém: restrição dos pressupostos para concessão dos benefícios e aumento de idade mínima e tempo de contribuição. Quer-se dizer, as mudanças promovidas no Texto Constitucional têm por propósito dificultar o gozo dos benefícios previdenciários, mitigando-se impactos financeiros ao sistema.

Cláudia Fernanda Iten[71], ao comentar as discussões sobre reforma previdenciária, enfatiza as questões invariavelmente apreciadas:

---

[70] STF, ARE 875958, rel. Min. Roberto Barroso, Plenário, julgado em 19-10-2021.

[71] ITEN, Cláudia Fernanda. Previdência, a arte de prever e olhar além de si. In: VIEIRA, Lucia Helena (Org.). *Regimes Próprios*: aspectos relevantes. v. 15. São Bernardo do Campo: Abipem, 2021. p. 52-53.

Quando se discute o tema reforma previdenciária, grande parte das discussões recai tão somente sobre a necessidade de aumento da idade mínima, aumento do tempo de contribuição para a concessão de aposentadoria, aumento das alíquotas de contribuição, tanto da parte do servidor como da patronal, esta, a cargo do ente.

Estas medidas certamente têm reflexos, pois mantêm o segurado contribuindo mais e por mais tempo, diminuindo o impacto da dinâmica democrática nas contas previdenciárias.

Enquanto não acontece a almejada (pelo constituinte reformador) extinção do Regime Próprio de Previdência Social, a Reforma Previdenciária em comento realizou sensível enxugamento de seu rol de benefícios. É o que se denota, por exemplo, da leitura dos §§ 2º e 3º do art. 9º da EC n. 103/2019:

§ 2º O rol de benefícios dos regimes próprios de previdência social fica limitado às aposentadorias e à pensão por morte.

§ 3º Os afastamentos por incapacidade temporária para o trabalho e o salário-maternidade serão pagos diretamente pelo ente federativo e não correrão à conta do regime próprio de previdência social ao qual o servidor se vincula.

Portanto, benefícios de caráter temporário não mais correrão por conta do Regime Próprio de Previdência Social que, desde a promulgação da EC n. 103/2019, limita-se aos benefícios de aposentadoria e pensão por morte.

Quanto à possibilidade jurídica de extinção do Regime Próprio de Previdência Social, merece destaque a anotação de Magadar Rosália Costa Briguet[72]:

Em primeiro lugar, não se extingue propriamente o regime próprio. O ente poderá, mediante lei, objetivando a extinção, revogar os dispositivos que asseguravam a concessão dos benefícios de aposentadoria e pensão por morte. Mas a gestão dos benefícios concedidos e os a conceder, e que já adquiriram o direito sob a égide da legislação anterior, ficará a cargo do ente.

Destacam-se essas inovações como as principais mudanças promovidas pela Reforma da Previdência no direito constitucional positivo. Ademais, merece realce o redimensionamento que a EC n. 103/2019 confere aos princípios básicos da previdência social. Dentre eles, convém destacar os princípios constitucionais regentes da previdência do servidor público.

---

[72] BRIGUET, Magadar Rosália Costa. A extinção dos regimes próprios de previdência social e as implicações dela decorrentes. *In:* VIEIRA, Lucia Helena (Org.). *Regimes Próprios*: aspectos relevantes. v. 13. São Bernardo do Campo: APEPREM, 2019. p. 428.

1276 CURSO DE DIREITO ADMINISTRATIVO

41.4.6.22.5. Princípios constitucionais da previdência do servidor público

A previdência social funda-se em determinados princípios constitucionais, alguns concernentes a todo o sistema jurídico, como o princípio da isonomia, outros que lhes são próprios, como o princípio do caráter contributivo.

Dentre os princípios constitucionais específicos da previdência social, merecem destaque, para os fins desta obra, aqueles ínsitos ao Regime Próprio de Previdência Social, porquanto relacionados a servidores públicos titulares de cargo efetivo, que compõem significativa parcela dos agentes públicos a conduzir o aparato da Administração nos diversos entes federados e poderes da República.

Os cânones hermenêuticos integrativos do sistema previdenciário foram esculpidos tomando-se por horizonte o Regime Geral de Previdência Social, que é de onde se extraem os princípios regentes do sistema, razão por que, subsidiariamente, aplicam-se ao Regime Próprio de Previdência Social, consoante o § 12 do art. 40 da CF/88. Por isso, os princípios a orientar o funcionamento do regime geral refletem-se no regime próprio de previdência, como o princípio do benefício mínimo, tabulado no art. 201, § 2º, da CF/88.

A vontade constitucional trilha o caminho da proximidade entre os regimes previdenciários, colimando-se a harmonização entre os componentes do sistema previdenciário. Não por outra razão, cinzelou-se regra de comutatividade, no § 9º do art. 201 da CF/88, segundo a qual, para fins de aposentadoria, será assegurada a contagem recíproca do tempo de contribuição entre o Regime Geral de Previdência Social e os regimes próprios de previdência social, e destes entre si, observada a compensação financeira, de acordo com os critérios estabelecidos em lei.

Estritamente em relação ao Regime Próprio de Previdência Social, seu núcleo principiológico é positivado no *caput* do art. 40 da CF/88, o qual grava os elementos norteadores desse regime, que merecem cuidadosa atenção.

41.4.6.22.5.1. Princípio da filiação obrigatória

O princípio da filiação obrigatória rege os sistemas de previdência de natureza pública, tanto o regime geral quanto o regime próprio de previdência social. Referido princípio é escrito no art. 201, *caput*, da CF/88.

A previdência social, enquanto dimensão do sistema de seguridade social, visa a prover os indivíduos de meios que assegurem sua dignidade ante a ocorrência de infortúnios, como acidentes de trabalho que impossibilitem o seu labor, ou mesmo o avançado estágio de vida que, por efeitos naturais do envelhecimento, limitem ou inviabilizem sua capacidade de trabalhar e, consequentemente, manter o sustento próprio e de seus dependentes.

É política pública, portanto, que a filiação ao regime previdenciário seja compulsória, haja vista que a não filiação tornaria desprotegidos os trabalhadores que, ante a ocorrência de fatores limitantes, caso não tenham formado suficiente lastro patrimonial ao longo da vida, poderiam sofrer grave empobrecimento pessoal e provocar sobrecarga do sistema de assistência social.

Existem críticas de que a filiação obrigatória fere a liberdade do trabalhador, que poderia destinar os valores recolhidos a título de contribuição como melhor lhe aprouvesse. Porém, os efeitos da não filiação poderiam ser danosos tanto para o indivíduo, singularmente considerado enquanto pessoa humana, quanto para a coletividade, em vista do considerável risco de aumento de demanda sobre a assistência social, que é mantida por meio do orçamento da seguridade social.

Por isso, quando a pessoa toma posse em cargo público, independentemente de sua manifestação de vontade, a Administração efetua os atos administrativos com vistas à sua filiação, tal como o recolhimento das contribuições previdenciárias.

Situação peculiar acontece quando não existe regime próprio de previdência social no ente federativo em que instituído o cargo público efetivo ocupado pelo servidor, situação que é deveras frequente, principalmente em pequenos municípios.

O art. 1º da Lei n. 9.717/98 dispõe sobre requisitos vários para a organização dos regimes próprios de previdência social dos servidores públicos, pressupondo-se a realização de avaliação atuarial inicial e em cada balanço, para a organização e revisão do plano de custeio e benefícios, e a cobertura de um número mínimo de segurados, de modo que os regimes possam garantir diretamente a totalidade dos riscos cobertos no plano de benefícios, preservando o equilíbrio atuarial sem necessidade de resseguro.

Ora, o equilíbrio financeiro e atuarial do sistema previdenciário requer a formação de uma massa de contribuintes em quantidade suficiente que possibilite a diluição dos riscos, tornando-se plausível o plano de benefícios. Consideradas as anomalias da Federação brasileira, contemplada com milhares de municípios, muitos diminutos em dimensão populacional e econômica, desprovidos de qualquer capacidade arrecadatória que assegure autossuficiência, não é ocorrência rara constatar a total inviabilidade de instituição de regime próprio de previdência para os servidores públicos.

Nessas situações, não resta outra possibilidade senão a filiação dos servidores públicos ao Regime Geral de Previdência Social. Essa medida desonera o ente federativo dos misteres inerentes à administração do regime próprio de previdência, mas demanda o repasse de contribuições, calculadas sobre a folha der pagamento, ao INSS, nos mesmos moldes em que exigíveis do setor privado.

Convém ressaltar que o art. 34 da EC n. 103/2019 enumera requisitos por serem observados se extinto o regime próprio por força de lei, e feita a consequente migração dos segurados para o Regime Geral de Previdência Social, o que depende do cumprimento das seguintes obrigações pelo ente federado:

I – assunção integral da responsabilidade pelo pagamento dos benefícios concedidos durante a vigência do regime extinto, bem como daqueles cujos requisitos já tenham sido implementados antes da sua extinção;

II – previsão de mecanismo de ressarcimento ou de complementação de benefícios aos que tenham contribuído acima do limite máximo do Regime Geral de Previdência Social;

III – vinculação das reservas existentes no momento da extinção, exclusivamente: a) ao pagamento dos benefícios concedidos e a conceder, ao ressarcimento de contribuições ou à complementação de benefícios, na forma dos incisos I e II; e b) à compensação financeira com o Regime Geral de Previdência Social.

Quanto ao servidor público titular de cargo efetivo, quer exista regime próprio no ente federado, quer não, sua filiação será obrigatória, ao regime próprio ou, quando inexistente, ao regime geral de previdência social, observadas as obrigações impostas à pessoa política na qual instituído o cargo público efetivo.

41.4.6.22.5.2. *Princípio do caráter contributivo*

O acesso aos benefícios previdenciários requer a contribuição do segurado e o cumprimento de requisitos legais para o seu deferimento. Significa dizer, a previdência social, a despeito do seu intento de universalidade, não alcança a todos indistintamente – no que difere da saúde e assistência social –, mas apenas aqueles onerados por contribuições.

O princípio do caráter contributivo do Regime Próprio de Previdência Social é positivado no *caput* do art. 40 da CF/88:

O regime próprio de previdência social dos servidores titulares de cargos efetivos terá caráter **contributivo** e **solidário**, mediante contribuição do respectivo ente federativo, de servidores ativos, de aposentados e de pensionistas, observados critérios que preservem o **equilíbrio financeiro e atuarial**.

Mencionado princípio realiza-se mediante arrecadação de contribuições exigidas dos filiados ao regime previdenciário. Quanto à natureza jurídica da contribuição previdenciária, parcela majoritária da doutrina e jurisprudência assinalam tratar-se de espécie tributária.

O art. 145 da CF/88 é taxativo ao enumerar as espécies de tributos: (i) impostos; (ii) taxas, em razão do exercício do poder de polícia ou pela utilização, efetiva ou potencial, de serviços públicos específicos e divisíveis, prestados ao contribuinte ou postos a sua disposição; (iii) contribuição de melhoria, decorrente de obras públicas.

A contribuição para a previdência social, evidentemente, não se enquadra em nenhuma das espécies sobreditas. Todavia, a contribuição de que se trata insere-se no conteúdo do art. 149 da CF/88, o qual dispõe que "compete exclusivamente à União instituir contribuições sociais, de intervenção no domínio econômico e de interesse das categorias profissionais ou econômicas, como instrumento de sua atuação nas respectivas áreas".

Em parecer jurídico em resposta a consulta formulada sobre o conteúdo da PEC 67/2003, José Afonso da Silva esclarece o entendimento prevalecente sobre as contribuições previdenciárias:

> O nome contribuição é aplicado às exações que incidem sobre determinada faixa da população, sobre determinado grupo, em razão de interesse a ele vinculado, direta ou indiretamente, ainda quando ela possa ter a natureza de imposto ou de taxa. Ora, as contribuições sociais, aqui consideradas, são formas de arrecadação compulsória para atender interesses diretos dos trabalhadores, mas são também ligadas a interesses dos empregadores. Sua natureza tributária decorre da compulsoriedade de sua cobrança. Essa natureza lhe dá o conceito de tributo, mas que tributo? O art. 145 só reconhece como espécies de tributos: os impostos, as taxas e a contribuição de melhoria. Então, se as contribuições têm natureza tributária têm que ser enquadradas numa dessas espécies. Exclua-se, desde logo, a contribuição de melhoria cujo fato gerador a distancia muito das contribuições sociais. Há alguns anos, rebatendo a natureza salarial dessas contribuições, adotei a tese tributarista, mas tributo vinculado a determinado tipo de prestação; tributo que se destina a alimentar um fundo, o fundo da seguridade social, vinculado a satisfazer as prestações previdenciárias; por isso, sua arrecadação compulsória só por si não é suficiente para legitimá-la, porque é ainda necessário que os recursos delas provenientes sejam destinados a satisfazer as prestações da seguridade social, porquanto só para tal destino a Constituição Federal fundamenta sua cobrança, e precisamente daí, também, é que se verifica o direito subjetivo do trabalhador às prestações, sempre que ocorrerem os pressupostos que justifiquem receber a vantagem previdenciária[73].

Nessa linha segue a jurisprudência do STF, acentuando-se que a contribuição previdenciária de servidores públicos "configura modalidade de contribuição

---

[73] STF, ADI 3.128, rel. Min. Ellen Gracie, rel. para o acórdão Min. Cezar Peluso, Plenário, julgado em 18-8-2004, *DJe* 18-2-2005. fl. 83.

social, qualificando-se como espécie tributária de caráter vinculado, constitucionalmente destinada ao custeio e ao financiamento do regime de previdência dos servidores públicos titulares de cargo efetivo"[74].

Em outra ocasião em que discutida a natureza jurídica das contribuições previdenciárias, asseverou-se o entendimento no STF, neste sentido: "salvo raras vozes dissonantes sobre o caráter tributário das contribuições sociais como gênero e das previdenciárias como espécie, pode dizer-se assentada e concorde a postura da doutrina e, sobretudo, desta Corte em qualificá-las como verdadeiros tributos"[75].

Importa ressaltar que a EC n. 103/2019 alterou sensivelmente a forma de cálculo das contribuições previdenciárias dos servidores públicos, que era baseada em percentuais fixos sobre a base de cálculo de contribuição. A atual redação do § 1º do art. 149 da CF/88 possibilita a instituição de alíquotas progressivas incidentes sobre faixas de remuneração ou benefício. Eis a norma:

> A União, os Estados, o Distrito Federal e os Municípios instituirão, por meio de lei, contribuições para custeio de regime próprio de previdência social, cobradas dos servidores ativos, dos aposentados e dos pensionistas, que poderão ter alíquotas progressivas de acordo com o valor da base de contribuição ou dos proventos de aposentadoria e de pensões.

O art. 11 da EC n. 103/2019 escalona os valores de redução ou majoração da alíquota de contribuição conforme o valor da base de contribuição ou do benefício recebido, ao tempo em que dispõe sobre regras transitórias para a sua aplicabilidade:

> Art. 11. Até que entre em vigor lei que altere a alíquota da contribuição previdenciária de que tratam os arts. 4º, 5º e 6º da Lei n. 10.887, de 18 de junho de 2004, esta será de **14 (quatorze por cento)**.
> § 1º A alíquota prevista no *caput* será reduzida ou majorada, considerado o valor da base de contribuição ou do benefício recebido, de acordo com os seguintes parâmetros:
> I – até 1 (um) salário mínimo, redução de seis inteiros e cinco décimos pontos percentuais;
> II – acima de 1 (um) salário mínimo até R$ 2.000,00 (dois mil reais), redução de cinco pontos percentuais;
> III – de R$ 2.000,01 (dois mil reais e um centavo) até R$ 3.000,00 (três mil reais), redução de dois pontos percentuais;

---

[74] STF, ADI 2.010, rel. Min. Celso de Mello, Plenário, julgado em 30-9-1999, *DJ* 12-4-2002.

[75] STF, ADI 3.128, rel. Min. Ellen Gracie, rel. para o acórdão Min. Cezar Peluso, Plenário, julgado em 18-8-2004, *DJe* 18-2-2005.

IV – de R$ 3.000,01 (três mil reais e um centavo) até R$ 5.839,45 (cinco mil, oitocentos e trinta e nove reais e quarenta e cinco centavos), sem redução ou acréscimo;

V – de R$ 5.839,46 (cinco mil, oitocentos e trinta e nove reais e quarenta e seis centavos) até R$ 10.000,00 (dez mil reais), acréscimo de meio ponto percentual;

VI – de R$ 10.000,01 (dez mil reais e um centavo) até R$ 20.000,00 (vinte mil reais), acréscimo de dois inteiros e cinco décimos pontos percentuais;

VII – de R$ 20.000,01 (vinte mil reais e um centavo) até R$ 39.000,00 (trinta e nove mil reais), acréscimo de cinco pontos percentuais; e

VIII – acima de R$ 39.000,00 (trinta e nove mil reais), acréscimo de oito pontos percentuais.

(...)

Da leitura dos incisos do § 1º do art. 11 da EC n. 103/2019, observa-se que a progressividade da alíquota incidente sobre a base de contribuição respeita faixas de remuneração ou benefício de maneira a onerar mais os servidores contemplados com maiores faixas de remuneração e atenuar os ônus sobre aqueles que recebem menores valores de remuneração. Quer-se dizer, a técnica de progressividade respeita a capacidade contributiva dos filiados ao Regime Próprio de Previdência Social.

Por explícita disposição do § 4º do art. 11 da EC n. 103/2019, a alíquota de contribuição de 14% de que trata o *caput* do dispositivo mencionado – com acréscimos ou reduções atinentes às faixas de rendimento – incide prontamente sobre os servidores, aposentados e pensionistas de todos os Poderes da União, suas autarquias e fundações.

O art. 36, I, da EC n. 103/2019 dispõe sobre a sua vigência a partir do primeiro dia do quarto mês subsequente ao da data de publicação da Emenda Constitucional, quanto ao disposto nos arts. 11, 28 e 32. Portanto, as regras de mensuração de alíquota de contribuição dos servidores públicos federais efetivos (e aposentados e pensionistas da União com benefício superior ao teto do Regime Geral de Previdência Social), tal como os parâmetros de progressividade, iniciaram sua vigência em 1º de março de 2020.

O art. 9º, II, da Lei n. 9.717/1998, dispõe que compete à União, por intermédio da Secretaria Especial de Previdência e Trabalho do Ministério da Economia, em relação aos regimes próprios de previdência social e aos seus fundos previdenciários:

[...] o estabelecimento e a publicação de parâmetros, diretrizes e critérios de responsabilidade previdenciária na sua instituição, organização e funcionamento, relativos a custeio, benefícios, atuária, contabilidade, aplicação e utilização de recursos e constituição e manutenção dos fundos previdenciários, para preservação do caráter contributivo e solidário e do equilíbrio financeiro e atuarial;

Por conseguinte, editou-se a Portaria n. 2.963, de 3 de fevereiro de 2020, do Secretário Especial de Previdência e Trabalho do Ministério da Economia, que dispõe sobre o reajuste dos valores previstos nos incisos II a VIII do § 1º do art. 11 da Emenda Constitucional n. 103/2019, medida adotada na forma do art. 1º do ato normativo infralegal:

Art. 1º Conforme § 3º do art. 11 da Emenda Constitucional n. 103, de 12 de novembro de 2019, os valores previstos nos incisos II a VIII do § 1º do mesmo artigo, ficam reajustados em 4,48% (quatro inteiros e quarenta e oito décimos por cento), índice aplicado aos benefícios do Regime Geral de Previdência Social.
§ 1º Em razão do reajuste previsto no *caput*, a alíquota de 14% (quatorze por cento) estabelecida no *caput* do art. 11 da Emenda Constitucional n. 103, de 2019, que entrará em vigor em 1º de março de 2020, será reduzida ou majorada, considerado o valor da base de contribuição ou do benefício recebido, de acordo com os seguintes parâmetros:
I – até 1 (um) salário mínimo, redução de seis inteiros e cinco décimos pontos percentuais;
II – acima de 1 (um) salário mínimo até R$ 2.089,60 (dois mil, oitenta e nove reais e sessenta centavos), redução de cinco pontos percentuais;
III – de R$ 2.089,61 (dois mil, oitenta e nove reais e sessenta e um centavos) até R$ 3.134,40 (três mil, cento e trinta e quatro reais e quarenta centavos), redução de dois pontos percentuais;
IV – de R$ 3.134,41 (três mil, cento e trinta e quatro reais e quarenta e um centavos) até R$ 6.101,06 (seis mil, cento e um reais e seis centavos), sem redução ou acréscimo;
V – de R$ 6.101,07 (seis mil, cento e um reais e sete centavos) até R$ 10.448,00 (dez mil, quatrocentos e quarenta e oito reais), acréscimo de meio ponto percentual;
VI – de R$ 10.448,01 (dez mil, quatrocentos e quarenta e oito reais e um centavo) até R$ 20.896,00 (vinte mil, oitocentos e noventa e seis reais), acréscimo de dois inteiros e cinco décimos pontos percentuais;
VII – de R$ 20.896,01 (vinte mil, oitocentos e noventa e seis reais e um centavo) até R$ 40.747,20 (quarenta mil, setecentos e quarenta e sete reais e vinte centavos), acréscimo de cinco pontos percentuais; e
VIII – acima de R$ 40.747,20 (quarenta mil, setecentos e quarenta e sete reais e vinte centavos), acréscimo de oito pontos percentuais.

Quanto aos aposentados e pensionistas, não é demais enfatizar que a contribuição somente é exigível sobre o valor do benefício que supere o teto de benefício do Regime Geral de Previdência Social, considerando-se, para a definição das alíquotas aplicáveis, o valor total do benefício.

Nesse ponto, convém lembrar que os aposentados e pensionistas do Regime Geral de Previdência Social não recolhem contribuição para o sistema previdenciário, razão por que consistiria grave afronta ao princípio da isonomia exigir tal ônus dos aposentados e pensionistas do Regime Próprio de Previdência Social, ainda que consideradas as distinções entre os regimes.

Outrossim, conforme o § 4º do art. 9º da EC n. 103/2019, os Estados, Distrito Federal e Municípios devem respeitar os valores de alíquota de contribuição observados na União, possibilitando-se a exigência de valores inferiores aos da União somente quando demonstrado que o regime próprio em apreço não possui déficit atuarial por ser equacionado. Nessa hipótese, a alíquota não pode ser inferior às aplicáveis no Regime Geral de Previdência Social.

41.4.6.22.5.3. *Princípio do equilíbrio financeiro e atuarial*

O princípio do equilíbrio financeiro e atuarial é tabulado no art. 40 da CF/88, que afirma: "O regime próprio de previdência social dos servidores titulares de cargos efetivos terá caráter contributivo e solidário, mediante contribuição do respectivo ente federativo, de servidores ativos, de aposentados e de pensionistas, observados critérios que preservem o equilíbrio financeiro e atuarial".

Até a promulgação da EC n. 103/2019, não existia norma constitucional formal sobre os pressupostos para a satisfação da regra gravada no *caput* do art. 40 da CF/88. Com efeito, não há norma constitucional a definir o equilíbrio financeiro e atuarial, mas o § 1º do art. 9º da EC n. 103/2019 dispõe sobre as premissas para satisfazê-lo, nestes termos:

> O equilíbrio financeiro e atuarial do regime próprio de previdência social deverá ser comprovado por meio de garantia de equivalência, a valor presente, entre o fluxo das receitas estimadas e das despesas projetadas, apuradas atuarialmente, que, juntamente com os bens, direitos e ativos vinculados, comparados às obrigações assumidas, evidenciem a solvência e a liquidez do plano de benefícios.

Cabe destacar que o Poder Constituinte Originário não teceu qualquer norma explícita sobre o equilíbrio financeiro e atuarial da previdência social, lembrando-se que a menção a esse princípio ocorreu mediante a EC n. 20/98, que alterou a redação do *caput* do art. 40 da CF/88 (Regime Próprio de Previdência Social) e do *caput* do art. 201 da CF/88 (Regime Geral de Previdência Social).

No mesmo ano de promulgação da EC n. 20/98, editou-se a Lei n. 9.717/98, cujo art. 1º, *caput*, dispõe que os "regimes próprios de previdência social dos servidores públicos da União, dos Estados, do Distrito Federal e dos Municípios, dos militares dos Estados e do Distrito Federal deverão ser organizados, baseados em normas gerais de contabilidade e atuária, de modo a garantir o seu equilíbrio financeiro e atuarial".

O equilíbrio financeiro traduz-se pela relação de equivalência entre receitas e despesas durante o exercício financeiro, de modo que os aportes sejam suficientes para cobrir os gastos. Se a previsão de arrecadação de contribuições corresponde a valor maior que o previsto para dispêndios, há superávit; se o valor previsto para arrecadação é insuficiente para suportar os gastos com benefícios, existe déficit.

A saúde financeira do regime previdenciário requer, para a sua manutenção, a adoção de medidas atuariais, mediante o estudo de probabilidades, incertezas e eventos futuros, a partir de métodos estatísticos, com vistas à identificação e gerenciamento de riscos.

O conhecimento e mensuração de riscos possibilita a proposição de ações de mitigação e ajuste do sistema, almejando-se sua permanente sustentabilidade. O equilíbrio atuarial requer o emprego de métodos regulados em lei ou convencionados por entidades atuariais reconhecidas para a realização de projeções futuras que considerem distintos cenários e fatores determinantes, como a expectativa de vida da população de segurados, ocorrência de casos de incapacidade laboral, variação de remuneração e taxa de juros, equacionando-se as variáveis e a modelagem econômico-financeira do sistema.

Como visto dantes, o esforço para a concretização do equilíbrio financeiro e atuarial tem sido o principal elemento de motivação para as sucessivas reformas do sistema previdenciário, a deflagrar o aumento de idade para aposentadoria, do tempo de contribuição e da própria alíquota de contribuição.

Acerca do aumento da alíquota sobre a base de contribuição previdenciária, funda-se sua possibilidade jurídica a partir da natureza da contribuição, que doutrina e jurisprudência apontam como espécie tributária. Nesse jaez, ainda que se pudesse arguir ofensa ao princípio da irredutibilidade dos subsídios e vencimentos (art. 39, XV, da CF/88), tal argumento não teria o condão de neutralizar os efeitos próprios do tributo.

Quando o Estado decide elevar as alíquotas de impostos e contribuições, obviamente, desse ato resulta a diminuição do poder aquisitivo das pessoas sujeitas às exações, haja vista que maior parcela dos salários, subsídios, vencimentos ou proventos seriam adstringidos pelo fisco – *in casu*, pela entidade previdenciária –, o que importaria em efeitos práticos semelhantes à redução de subsídios e vencimentos. Porém, se prevalecesse esse argumento, disso decorreria total inviabilidade do manuseio de alíquotas tributárias, que é uma das mais importantes potestades estatais.

Mesmo as potestades atribuídas ao Estado pelo Poder Constituinte Originário, porém, têm limites, verificáveis no caso concreto. Se o aumento de alíquota, ante as circunstâncias políticas e econômicas, consideradas as regras de planejamento, controle e responsabilidade fiscal, afigurar-se abusivo, pode-se configurar situação de confisco, o que é flagrantemente inconstitucional (art. 150, IV, da CF/88).

Por meio da EC n. 41/2003, arguindo-se os mesmos e repetidos fundamentos, instituiu-se a exigência de contribuição de aposentados e pensionistas, a incidir sobre o valor que exceder o teto do Regime Geral de Previdência Social.

A EC n. 103/2019, por sua vez, institui a possibilidade de contribuição dos aposentados e pensionistas não apenas sobre o valor do benefício que supere o teto do regime geral de previdência, mas, em situação de déficit atuarial, sobre o valor que supere o salário mínimo. Além disso, ante a insuficiência dessa medida para o equacionamento do *déficit* atuarial, faculta-se a instituição de contribuição extraordinária, por período determinado, no âmbito da União, dos servidores públicos ativos, aposentados e pensionistas. É o que dispõem os §§ 1º-A a 1º-C do art. 149 da CF/88, incluídos pela EC n. 103/2019:

> § 1º-A. Quando houver déficit atuarial, a contribuição ordinária dos aposentados e pensionistas poderá incidir sobre o valor dos proventos de aposentadoria e de pensões que supere o salário mínimo
>
> § 1º-B. Demonstrada a insuficiência da medida prevista no § 1º-A para equacionar o déficit atuarial, é facultada a instituição de contribuição extraordinária, no âmbito da União, dos servidores públicos ativos, dos aposentados e dos pensionistas.
>
> § 1º-C. A contribuição extraordinária de que trata o § 1º-B deverá ser instituída simultaneamente com outras medidas para equacionamento do déficit e vigorará por período determinado, contado da data de sua instituição.

Os supracitados dispositivos, incluídos pela EC n. 103/2019, revelam sensíveis traços de inconstitucionalidade, por nítida afronta ao princípio da isonomia.

Ora, se a Lei Maior, colimando a aproximação entre os regimes previdenciários de natureza pública – geral e próprio –, dispõe, no § 12 do art. 40, que "serão observados, em regime próprio de previdência social, no que couber, os requisitos e critérios fixados para o Regime Geral de Previdência Social", e a regra constitucional não impõe aos aposentados e pensionistas do regime geral qualquer espécie de contribuição, seria extremamente desproporcional exigir-lhes dos beneficiários do regime próprio.

Conforme o art. 2º da Portaria n. 477, de 12 de janeiro de 2021, do Secretário Especial de Previdência e Trabalho do Ministério da Economia, a "partir de 1º de janeiro de 2021, o salário de benefício e o salário de contribuição não poderão ser inferiores a R$ 1.100,00 (um mil e cem reais), nem superiores a R$ 6.433,57 (seis mil quatrocentos e trinta e três reais e cinquenta e sete centavos)".

Logo, a prosperarem as regras dos §§ 1º-A a 1º-C do art. 149 da CF/88, coexistiriam aposentados e pensionistas que, percebendo o mesmo valor de benefício previdenciário, por exemplo, seis mil reais, aqueles vinculados ao regime geral estariam livres de qualquer oneração, enquanto os segurados do regime próprio suportariam contribuições sobre o valor que superasse o salário mínimo.

Não sendo suficiente essa medida – que é desproporcional e desigual –, sujeitar-se-iam à possibilidade de contribuições extraordinárias. Ademais, segundo a regra do § 8º do art. 9º da EC n. 103/2019, a contribuição extraordinária, instituída por lei (ordinária, aprovada por maioria simples), poderia alcançar o prazo máximo de vinte anos, o que extrapolaria a própria essência da excepcionalidade e transitoriedade que justificariam a imposição do ônus.

41.4.6.22.5.4. *Princípio da solidariedade*

O princípio da solidariedade não consta do texto originário da CF/88. Por meio da EC n. 41/2003, referido princípio foi positivado no *caput* do art. 40, e mantido durantes as sucessivas alterações.

Interessante notar que o princípio do caráter contributivo e o princípio do equilíbrio financeiro e atuarial foram explicitados, por meio da EC n. 20/98, no *caput* do art. 201, que trata do Regime Geral de Previdência Social, e no *caput* do art. 40, atinente ao Regime Próprio de Previdência Social.

Quanto ao princípio da solidariedade, porém, a EC n. 41/2003 o incluiu somente no *caput* do art. 40 da CF/88. Isso porque naquele momento histórico, a explícita menção ao caráter solidário do Regime Próprio de Previdência Social consubstanciava-se em um dos fatores de fundamentação para a polêmica exigência de contribuição de aposentados e pensionistas, medida inaugurada por aquela Reforma Previdenciária (EC n. 41/2003).

A explicitação do princípio da solidariedade nas letras da Constituição enfatiza sua relevância como eixo axiológico, "podendo ser considerado como princípio estruturante de nosso sistema previdenciário"[76].

---

[76] CANOTILHO, J. J. Gomes; MENDES, Gilmar Ferreira; SARLET, Ingo Wolfgang; STRECK Lenio Luis (Coord.). *Comentários à Constituição do Brasil*. 2. ed. São Paulo: Saraiva, 2018. p. 1840.

O princípio da solidariedade conecta-se diretamente com o princípio do equilíbrio financeiro e atuarial, de modo que o esforço de solidariedade é direcionado para a manutenção da sustentação financeira do modelo previdenciário. Sobre essa característica, Miguel Horvath Júnior[77] afirma:

> [...] em um regime de solidariedade, no qual a população economicamente ativa financia as prestações devidas aos inativos e demais beneficiários do sistema, a diminuição da taxa de natalidade e o aumento da expectativa de vida (ou de sobrevida) da população inevitavelmente concorrerão para uma crise de sustentabilidade no futuro. A redução da base de contribuição (diminuição da quantidade de trabalhadores que servirá de suporte para os futuros inativos) e o aumento do tempo de recebimento dos benefícios (considerando o incremento da expectativa de vida) resultarão em dificuldades para a manutenção do equilíbrio financeiro do sistema.

É com fundamento no princípio da solidariedade que se possibilita a aposentadoria de servidor jovem, recém-ingresso nos quadros da Administração Pública e que, por isso, recolheu pouco montante em contribuições previdenciárias. De outra face, é possível que um servidor de idade avançada, em vias de se aposentar compulsoriamente, faleça sem deixar dependentes, sendo todas as suas contribuições destinadas à sustentação do sistema. No primeiro caso, aquele que pouco contribuiu fez jus ao benefício; no segundo, aquele que contribuiu durante toda a vida laboral nunca recebeu benefício.

José dos Santos Carvalho Filho[78], ao tratar do princípio da solidariedade e seus efeitos sobre a configuração do regime previdenciário, leciona que:

> A solidariedade em relação ao regime está a indicar que a contribuição previdenciária não se destina apenas a assegurar benefício ao contribuinte e à sua família, mas, ao contrário, assume objetivo também de *caráter social*, exigindo-se que pessoas já beneficiadas pelo regime continuem tendo a obrigação de pagar a contribuição previdenciária, agora não mais para o exercício de direito próprio, mas sim em favor do sistema do qual são integrantes, ainda que já tenham conquistado seu direito pessoal. É exatamente nesse aspecto, em que o contribuinte socorre o sistema, que se deve entender ser *solidário* o regime de previdência.

---

[77] HORVATH JÚNIOR, Miguel. O princípio da proximidade entre os regimes na EC 103/2019. *Regimes Próprios*: aspectos relevantes. v. 14. In: Vieira, Lucia Helena (Org.). São Bernardo do Campo: APEPREM, 2020. p. 261-262.

[78] CARVALHO FILHO, José dos Santos. *Manual de direito administrativo*. 35. ed. Barueri: Atlas, 2021. p. 715.

O regime de solidariedade conserva, pois, essência intergeracional, mediante a transcendência de obrigações entre presentes e futuros beneficiários (potenciais beneficiários) no esforço comum para a manutenção do regime de previdência, em favor de todos, inclusive daqueles que já desfrutam do *status* de beneficiários, uma vez que a ruína do sistema também lhes afetaria, a despeito do direito adquirido ao benefício.

A solidariedade não serve de fundamento, porém, para a imposição de obrigações desmedidas. Nesse sentido, a jurisprudência do STF assinala:

> O princípio da solidariedade se presta a universalizar o âmbito de potenciais contribuintes, mitigando a referibilidade que é própria das contribuições. Não se presta o referido postulado a legitimar distorções na base de cálculo das contribuições, as quais, no intuito desmedido de arrecadar, acarretam o desvirtuamento da natureza retributiva que deve marcar os regimes de previdência[79].

Logo, o princípio da solidariedade não se sobrepõe ao princípio da proporcionalidade e ao princípio da confiança, balizadores da atuação do legislador, a fim de que o vetor da solidariedade não sirva como manto argumentativo para a perpetração de arbitrariedades contra os filiados ao regime previdenciário.

41.4.6.22.6. *Benefícios*

Benefício previdenciário é a prestação que o segurado faz jus quando sobrevém evento coberto pelo plano de benefícios oferecido pelo sistema de previdência.

O art. 201 da CF/88 enumera os benefícios concernentes ao Regime Geral de Previdência Social, destinados aos seguintes fins:

I – cobertura dos eventos de incapacidade temporária ou permanente para o trabalho e idade avançada;

II – proteção à maternidade, especialmente à gestante;

III – proteção ao trabalhador em situação de desemprego involuntário;

IV – salário-família e auxílio-reclusão para os dependentes dos segurados de baixa renda;

V – pensão por morte do segurado, homem ou mulher, ao cônjuge ou companheiro e dependentes.

Quanto ao Regime Próprio de Previdência Social, desde a promulgação da EC n. 103/2019, até que entre em vigor lei complementar a dispor sobre as normas de organização, funcionamento e responsabilidade na gestão a que alude o § 22 do art. 40 da CF/88, os **benefícios previdenciários limitar-se-ão**

---

[79] STF, ARE 669.573 AgR, rel. Min. Roberto Barroso, 1ª Turma, julgado em 4-8-2015, *DJe* 26-8-2015.

à aposentadoria e pensão por morte. Eis o comando do art. 9º, §§ 2º e 3º da EC n. 103/2019:

> Art. 9º Até que entre em vigor lei complementar que discipline o § 22 do art. 40 da Constituição Federal, aplicam-se aos regimes próprios de previdência social o disposto na Lei n. 9.717, de 27 de novembro de 1998, e o disposto neste artigo.
>
> (...)
>
> § 2º O rol de benefícios dos regimes próprios de previdência social fica limitado às aposentadorias e à pensão por morte.
>
> § 3º Os afastamentos por incapacidade temporária para o trabalho e o salário-maternidade serão pagos diretamente pelo ente federativo e não correrão à conta do regime próprio de previdência social ao qual o servidor se vincula.
>
> (...)

Como se depreende da leitura do § 3º do art. 9º da EC n. 103/2019, a Reforma da Previdência não promoveu a supressão dos benefícios previdenciários de caráter transitório, atinentes à incapacidade temporária para o trabalho ou maternidade.

Ocorre que, atualmente, tais benefícios não correrão por conta do Regime Próprio de Previdência Social, mas serão suportados diretamente pelo ente federativo ao qual vinculado o servidor público.

Em relação aos servidores públicos federais, a Reforma da Previdência não afeta o direito aos benefícios dispostos no art. 185 da Lei n. 8.112/90, mas tão somente a pessoa jurídica sobre a qual recairão os custos para a satisfação dos benefícios: a União.

41.4.6.22.6.1. *Aposentadoria*

A aposentadoria é direito social assegurado a todos os trabalhadores urbanos e rurais, consoante o art. 7º, XXIV, da CF/88, que pressupõe para sua concessão o cumprimento de requisitos gravados na Constituição e nas leis.

No que concerne ao servidor público, **aposentadoria** é o "direito à **inatividade remunerada**, assegurado ao servidor público em caso de invalidez, idade ou requisitos conjugados de tempo de exercício no serviço público e no cargo, idade mínima e tempo de contribuição".[80]

Quanto ao **fato gerador**, a aposentadoria abrange duas categorias: pode ser benefício previdenciário de natureza **programável** ou de **risco**. A aposentadoria

---

[80] DI PIETRO, Maria Sylvia Zanella. *Direito administrativo*. 34. ed. Rio de Janeiro: Forense, 2021. p. 714.

1290 CURSO DE DIREITO ADMINISTRATIVO

voluntária, compulsória ou especial são benefícios programáveis, porquanto possível mensurar os requisitos de idade, tempo de contribuição e circunstâncias necessárias para a constituição do direito. A aposentadoria por incapacidade permanente para o trabalho é benefício de risco, pois imprevisível a ocorrência do motivo que justifique sua concessão.

Quanto à **vontade do segurado**, a aposentadoria pode ser **voluntária** ou **involuntária**. A aposentadoria voluntária – propriamente dita – e a aposentadoria especial são benefícios de natureza voluntária, pois necessário o pedido do segurado para a deflagração do procedimento para sua concessão. A aposentadoria compulsória e a aposentadoria por incapacidade permanente para o trabalho são benefícios involuntários, dado que independem da vontade do servidor; uma vez consumados os fatos que caracterizem sua concessão, tal efeito é inevitável.

Qualquer que seja o tipo de aposentadoria do servidor, sua concessão acontece mediante a edição de ato administrativo, em procedimento sujeito ao obrigatório controle da corte de contas.

41.4.6.22.6.1.1.   Natureza jurídica do ato de concessão de aposentadoria

Não há consenso sobre a natureza jurídica do ato administrativo constitutivo da aposentadoria. Nos tribunais de superposição, anotam-se decisões em sentidos distintos. Mencione-se este julgado do STJ, no ano de 2011:

> ADMINISTRATIVO. ATO DE APOSENTADORIA. REVISÃO. PRAZO. INÍCIO. ATO DE CONCESSÃO. ART. 54 DA LEI N. 9.784/99. DECADÊNCIA CONFIGURADA.
>
> 1. A aposentadoria de servidor público não é ato complexo, pois não se conjugam as vontades da Administração e do Tribunal de Contas para concedê-la. São atos distintos e praticados no manejo de competências igualmente diversas, na medida em que a primeira concede e o segundo controla sua legalidade.
>
> 2. Aplica-se o prazo decadencial de cinco anos, previsto no art. 54 da Lei n. 9.784/99 aos processos de contas que tenham por objeto o exame da legalidade dos atos concessivos de aposentadorias,
>
> ressalvadas as hipóteses em que comprovada a má-fé do destinatário do ato administrativo.
>
> 3. Transcorridos mais de cinco anos da entrada em vigor da Lei n. 9784/99 e o ato de revisão pelo TCU, caracterizada está a decadência. Agravo regimental improvido[81].

---

[81]   STJ, AgRg no REsp 1233820/RS, rel. Min. Humberto Martins, 2ª Turma, julgado em 7-4-2011, *DJe* 14-4-2011.

Com efeito, o art. 71, III, da CF/88, dispõe sobre a função de controle externo desempenhada polo Tribunal de Contas da União e seu alcance sobre os atos de concessão de benefícios previdenciários aos servidores públicos. Eis a norma:

Art. 71. O controle externo, a cargo do Congresso Nacional, será exercido com o auxílio do Tribunal de Contas da União, ao qual compete:

(...)

III – **apreciar, para fins de registro, a legalidade dos atos** de admissão de pessoal, a qualquer título, na administração direta e indireta, incluídas as fundações instituídas e mantidas pelo Poder Público, excetuadas as nomeações para cargo de provimento em comissão, bem como a das **concessões de aposentadorias**, reformas e pensões, ressalvadas as melhorias posteriores que não alterem o fundamento legal do ato concessório;

O art. 188 da Lei n. 8.112/90 dispõe que a "aposentadoria voluntária ou por invalidez vigorará a partir da data da publicação do respectivo ato". Logo, uma vez publicado o ato que declara a aposentadoria do servidor, ele começa a fazer jus ao benefício previdenciário.

A concessão do benefício submete-se, porém, ao controle do Tribunal de Contas da União – no caso dos servidores federais – conforme o art. 71, III, da CF/88, c/c o art. 1º, V, da Lei n. 8.443/92 (Lei Orgânica do TCU):

Art. 1º Ao Tribunal de Contas da União, órgão de controle externo, compete, nos termos da Constituição Federal e na forma estabelecida nesta Lei:

V – apreciar, para fins de registro, na forma estabelecida no Regimento Interno, a legalidade dos atos de admissão de pessoal, a qualquer título, na administração direta e indireta, incluídas as fundações instituídas e mantidas pelo poder público federal, excetuadas as nomeações para cargo de provimento em comissão, bem como a das concessões de aposentadorias, reformas e pensões, ressalvadas as melhorias posteriores que não alterem o fundamento legal do ato concessório;

Tem-se, pois, que a aposentadoria concretiza-se por meio de ato administrativo de natureza constitutiva, sujeita a posterior ato de controle externo pelo tribunal de contas. Obviamente, a abrangência do órgão de controle externo não supre nem afasta a atuação do órgão de controle interno da Administração.

Todavia, em sede de repercussão geral (Tema 445), em julgamento de recurso extraordinário, o STF firmou entendimento do qual se anota a seguinte ementa:

Recurso extraordinário. Repercussão geral. 2. Aposentadoria. **Ato complexo. Necessária a conjugação das vontades do órgão de origem e do Tribunal de Contas.** Inaplicabilidade do art. 54 da Lei 9.784/1999 antes da perfectibilização do ato de aposentadoria, reforma ou pensão. Manutenção da jurisprudência quanto a este ponto. 3. Princípios da segurança jurídica e da confiança legítima.

CURSO DE DIREITO ADMINISTRATIVO

Necessidade da estabilização das relações jurídicas. Fixação do prazo de 5 anos para que o TCU proceda ao registro dos atos de concessão inicial de aposentadoria, reforma ou pensão, após o qual se considerarão definitivamente registrados. 4. Termo inicial do prazo. Chegada do processo ao Tribunal de Contas. 5. Discussão acerca do contraditório e da ampla defesa prejudicada. 6. TESE: "Em atenção aos princípios da segurança jurídica e da confiança legítima, os Tribunais de Contas estão sujeitos ao prazo de 5 anos para o julgamento da legalidade do ato de concessão inicial de aposentadoria, reforma ou pensão, a contar da chegada do processo à respectiva Corte de Contas". 7. Caso concreto. Ato inicial da concessão de aposentadoria ocorrido em 1995. Chegada do processo ao TCU em 1996. Negativa do registro pela Corte de Contas em 2003. Transcurso de mais de 5 anos. 8. Negado provimento ao recurso[82].

Logo, a jurisprudência do STF estabiliza-se no sentido de considerar a aposentadoria como **ato administrativo complexo**, por entender necessária a conjugação de vontades do órgão de origem do servidor público e do tribunal de contas.

A atual jurisprudência do STJ alinha-se à jurisprudência do STF, no sentido de classificar a aposentadoria como ato administrativo complexo, o que se retrata neste julgado:

> PROCESSUAL CIVIL. AGRAVO INTERNO NO RECURSO ESPECIAL. SERVIDOR PÚBLICO FEDERAL. REVISÃO DE APOSENTADORIA. NEGAÇÃO DE REGISTRO PELO TCU. DECADÊNCIA. AFASTAMENTO.
> ATO COMPLEXO. JURISPRUDÊNCIA DO STJ E DO STF.
> 1. A jurisprudência desta Corte é firme no sentido de que o ato concessivo de aposentadoria tem natureza jurídica de ato administrativo complexo, ou seja, somente se aperfeiçoa após o registro no Tribunal de Contas, momento a partir do qual começa a fluir o prazo decadencial de cinco anos do art. 54 da Lei 9.784/1999.
> 2. Ao julgar o Tema de Repercussão Geral 445/STF, o Supremo Tribunal Federal fixou a tese: "Em atenção aos princípios da segurança jurídica e da confiança legítima, os Tribunais de Contas estãosujeitos ao prazo de 5 anos para o julgamento da legalidade do ato de concessão inicial de aposentadoria, reforma ou pensão, a contar da chegada do processo à respectiva Corte de Contas"[83].

O estudo da jurisprudência dos tribunais de superposição possibilitaria inferir: se a aposentadoria é ato administrativo complexo, que se aperfeiçoa somente com o registro no tribunal de contas, como poderia o beneficiário fazer jus ao benefício antes de se tornar perfeito o ato administrativo?

---

[82] STF, RE 636553, rel. Min. Gilmar Mendes, julgado em 19-2-2020, *DJe* 26-5-2020.

[83] STJ, AgInt no REsp 1883027/RN, rel. Min. Benedito Gonçalves, 1ª Turma, julgado em 26-4-2021, *DJe* 28-4-2021.

O ato administrativo complexo requer a conjugação de vontades de mais de um órgão, para então surtir efeitos jurídicos. Logo, sendo complexo o ato de concessão de aposentadoria, o servidor público não teria direito ao benefício antes de sua homologação pelo órgão de controle externo.

Não é o que acontece: uma vez emanado o ato pela autoridade administrativa, o servidor passa à inatividade, tornando-se aposentado, sujeitando-se o ato de aposentadoria, que é ato administrativo simples, ao controle externo, realizado *a posteriori*.

A nomeação de ministro do STF perfaz-se mediante ato administrativo complexo, que requer a indicação presidencial, arguição na Comissão de Constituição e Justiça do Senado Federal, aprovação do nome do indicado pelo Plenário da Alta Câmara e posterior nomeação pelo Presidente da República. Poderia o indicado tomar posse antes de praticados todos esses atos? Parece não existir dúvida acerca da impossibilidade jurídica dessa opção. De igual modo, se a aposentadoria é ato complexo, não poderia alguém ser aposentado antes de praticados todos os atos necessários para a constituição do direito.

Entretanto, considerar que a aposentadoria constitui-se mediante ato administrativo complexo tem importante efeito prático: o prazo decadencial de cinco anos para o tribunal de contas julgar a concessão de aposentadoria inicia-se com o protocolo do processo no órgão de controle externo. A Administração, por sua vez, tem o **prazo decadencial de cinco anos** para revisar o ato de aposentadoria, a partir do registro definitivo no tribunal de contas.

Referido prazo decadencial é regulado pelo art. 54, *caput*, da Lei n. 9.784/99, que assim dispõe: "O direito da Administração de anular os atos administrativos de que decorram efeitos favoráveis para os destinatários decai em cinco anos, contados da data em que foram praticados, salvo comprovada má-fé".

De outro modo, considerando-se que a aposentadoria ocorreria por meio de ato administrativo simples, tal prazo decadencial começaria a fruir não a partir do registro definitivo na corte de contas, mas desde a concessão da aposentadoria.

Examinando-se os atos incumbidos à Administração e aqueles de competência da corte de contas, ressoam atos distintos: um ato simples, praticado pela Administração, e um ato de controle, exercido pela corte de contas; aquele não depende deste para constituir o direito.

Feitas essas ressalvas, enfatiza-se que a atual jurisprudência do STF, seguida pelo STJ, segue entendimento diverso e pacífico no sentido de atribuir ao ato de concessão de aposentadoria a natureza jurídica de ato administrativo complexo.

41.4.6.22.6.1.2. *Proventos de aposentadoria*

É sempre bom repetir que o **servidor público ocupante apenas de cargos em comissão**, na forma do §1º do art. 183 da Lei n. 8.112/90, não terá direito aos benefícios do Plano de Seguridade Social, com exceção da **assistência à saúde**. Assim, na forma da alínea *g* do art. 12 da Lei n. 8.212/91, será segurado obrigatório do Regime Geral da Previdência Social. Consequentemente, não será objeto deste item o estudo da sua aposentadoria, interessando aqui apenas a inatividade dos servidores públicos efetivos que possuem um Regime Próprio de Previdência Social.

O §13 do art. 40 da CF/88 deixa bem clara a posição do servidor ocupante apenas de cargo em comissão de qualquer esfera federativa. Eis o seu texto:

> Aplica-se ao agente público ocupante, exclusivamente, de cargo em comissão declarado em lei de livre nomeação e exoneração, de outro cargo temporário, inclusive mandato eletivo, ou de emprego público, o Regime Geral de Previdência Social.

Assim, também não se aplica ao servidor ocupante apenas de cargo em comissão a aposentadoria compulsória.

Após a promulgação da CF/88, três grandes alterações de Regime Próprio de Previdência Social do Servidor Público efetivo foram realizadas: a primeira pela Emenda à Constituição n. 20/1998, a segunda pela Emenda à Constituição n. 41/2003 e a terceira pela Emenda à Constituição n. 103/2019. Algumas modificações pontuais foram feitas pelas Emendas à Constituição n. 47/2005 e n. 70/2012. Acabou-se com a integralidade para os proventos de aposentadoria dos servidores públicos efetivos. O novo regime é **contributivo** e **solidário**.

Os servidores públicos titulares de cargo efetivo que iniciaram seu vínculo com a Administração antes da publicação da EC n. 41/2003, em 31 de dezembro de 2003, aposentavam-se com proventos equivalentes à remuneração do cargo efetivo. Desde que cumprido o requisito de idade e tempo de contribuição para aposentadoria voluntária, exigia-se tão somente o tempo de dez anos de efetivo exercício no serviço público e de cinco anos no cargo efetivo em que se daria a aposentadoria. O valor do subsídio percebido no último cargo efetivo seria a base para os proventos de aposentadoria.

A EC n. 41/2003 pôs fim à regra da integralidade, passando a estabelecer para o cálculo dos proventos de aposentadoria, por ocasião de sua concessão, as remunerações utilizadas como base para as contribuições do servidor aos regimes próprios e, se aplicável, ao regime geral de previdência social, na forma da lei.

O diploma regulamentador da EC n. 41/2003 é a Lei n. 10.887/2004, cujo art. 1º, *caput*, dispõe que no cálculo dos proventos de aposentadoria dos servidores titulares de cargo efetivo de qualquer dos Poderes da União, dos Estados, do Distrito Federal e dos Municípios, incluídas suas autarquias e fundações, será considerada a média aritmética simples das maiores remunerações, utilizadas como base para as contribuições do servidor aos regimes de previdência a que esteve vinculado, correspondentes a **80% (oitenta por cento) de todo o período contributivo** desde a competência julho de 1994 ou desde a do início da contribuição, se posterior àquela competência.

A Reforma Previdenciária de 2003 assegurava a manutenção da regra de integralidade para quem: já recebia proventos; já cumprira os requisitos anteriores para aposentadoria; ingressou no serviço público antes de sua vigência, exigido destes maior tempo de efetivo serviço, como regra de transição.

Enquanto a EC n. 41/2003 uniformizou as regras de cálculo para os servidores públicos titulares de cargo efetivo de todas as esferas, a recente EC n. 103/2019 promoveu a desconstitucionalização dessas regras, ao dispor apenas sobre os critérios exigíveis dos servidores públicos federais, delegando aos legisladores ordinários dos entes federados a criação das regras de contribuição dos servidores, conforme o § 1º do art. 149 da CF/88, com a redação dada pela EC n. 103/2019:

> A União, os Estados, o Distrito Federal e os Municípios instituirão, por meio de lei, contribuições para custeio de regime próprio de previdência social, cobradas dos servidores ativos, dos aposentados e dos pensionistas, que poderão ter alíquotas progressivas de acordo com o valor da base de contribuição ou dos proventos de aposentadoria e de pensões.

A EC n. 103/2019 também atribui autonomia aos entes federados subnacionais – Estados, Distrito Federal e Municípios – para dispor, mediante lei complementar, sobre os critérios diferenciados de idade e tempo de contribuição para as aposentadorias especiais, tal como em relação às aposentadorias concedidas segundo as regras normalmente aplicáveis.

Consequentemente, o diploma regulador dessas aposentadorias não mais será unificado em lei complementar federal, mas nas respectivas leis editadas pelos entes federados. Tão somente em relação aos servidores públicos federais ocupantes de cargo efetivo, a EC n. 103/2019 estabelece critérios diferenciados, transitoriamente, até que editada a lei complementar que tratará das regras atinentes aos servidores públicos da União, suas autarquias e fundações.

Para os servidores públicos federais, a Reforma da Previdência de 2019 adota regra de cálculo dos benefícios que incide sobre cem por cento do período contributivo, e o valor do benefício de aposentadoria corresponderá a 60% (sessenta por cento) da média aritmética das remunerações, conforme dispõe o art. 26 da EC n. 103/2019:

> Art. 26. Até que lei discipline o cálculo dos benefícios do regime próprio de previdência social da União e do Regime Geral de Previdência Social, será utilizada a média aritmética simples dos salários de contribuição e das remunerações adotados como base para contribuições a regime próprio de previdência social e ao Regime Geral de Previdência Social, ou como base para contribuições decorrentes das atividades militares de que tratam os arts. 42 e 142 da Constituição Federal, atualizados monetariamente, correspondentes a 100% (cem por cento) do período contributivo desde a competência julho de 1994 ou desde o início da contribuição, se posterior àquela competência.
>
> § 1º A média a que se refere o *caput* será limitada ao valor máximo do salário de contribuição do Regime Geral de Previdência Social para os segurados desse regime e para o servidor que ingressou no serviço público em cargo efetivo após a implantação do regime de previdência complementar ou que tenha exercido a opção correspondente, nos termos do disposto nos §§ 14 a 16 do art. 40 da Constituição Federal.
>
> § 2º O valor do benefício de aposentadoria corresponderá a 60% (sessenta por cento) da média aritmética definida na forma prevista no *caput* e no § 1º, com acréscimo de 2 (dois) pontos percentuais para cada ano de contribuição que exceder o tempo de 20 (vinte) anos de contribuição nos casos:
>
> I – do inciso II do § 6º do art. 4º, do § 4º do art. 15, do § 3º do art. 16 e do § 2º do art. 18;
>
> II – do § 4º do art. 10, ressalvado o disposto no inciso II do § 3º e no § 4º deste artigo;
>
> III – de aposentadoria por incapacidade permanente aos segurados do Regime Geral de Previdência Social, ressalvado o disposto no inciso II do § 3º deste artigo; e
>
> IV – do § 2º do art. 19 e do § 2º do art. 21, ressalvado o disposto no § 5º deste artigo.
>
> § 3º O valor do benefício de aposentadoria corresponderá a 100% (cem por cento) da média aritmética definida na forma prevista no *caput* e no § 1º:
>
> I – no caso do inciso II do § 2º do art. 20;
>
> II – no caso de aposentadoria por incapacidade permanente, quando decorrer de acidente de trabalho, de doença profissional e de doença do trabalho.
>
> § 4º O valor do benefício da aposentadoria de que trata o inciso III do § 1º do art. 10 corresponderá ao resultado do tempo de contribuição dividido por 20 (vinte) anos, limitado a um inteiro, multiplicado pelo valor apurado na forma do *caput* do § 2º deste artigo, ressalvado o caso de cumprimento de critérios de acesso para aposentadoria voluntária que resulte em situação mais favorável.
>
> § 5º O acréscimo a que se refere o *caput* do § 2º será aplicado para cada ano que exceder 15 (quinze) anos de tempo de contribuição para os segurados de que

tratam a alínea "a" do inciso I do § 1º do art. 19 e o inciso I do art. 21 e para as mulheres filiadas ao Regime Geral de Previdência Social.

§ 6º Poderão ser excluídas da média as contribuições que resultem em redução do valor do benefício, desde que mantido o tempo mínimo de contribuição exigido, vedada a utilização do tempo excluído para qualquer finalidade, inclusive para o acréscimo a que se referem os §§ 2º e 5º, para a averbação em outro regime previdenciário ou para a obtenção dos proventos de inatividade das atividades de que tratam os arts. 42 e 142 da Constituição Federal.

§ 7º Os benefícios calculados nos termos do disposto neste artigo serão reajustados nos termos estabelecidos para o Regime Geral de Previdência Social.

A técnica de cálculo utilizada pela Reforma da Previdência de 2019 atua como mecanismo de estímulo para a permanência do servidor em atividade, engajado em alcançar maiores valores percentuais da média aritmética das remunerações usadas como base de cálculo para as contribuições, mediante o acréscimo de dois pontos percentuais por ano, podendo alcançar o valor de 100% (cem por cento), se a idade para aposentadoria compulsória não ocorrer antes.

Outrossim, a Reforma da Previdência de 2019 estabelece teto equivalente aos proventos de aposentadoria pelo Regime Geral de Previdência Social, por meio de regra contida no § 2º do art. 40 da CF/88, o que impele os servidores a aderir ao **Regime de Previdência Complementar**, cuja criação pelos entes federados que não os instituíram também foi determinada, no prazo de dois anos da publicação da EC n. 103/2029, isto é, **até 13 de novembro de 2021**.

A Reforma da Previdência de 2019 não alterou a forma de cálculo do benefício previdenciário de quem já recebe o benefício e dos servidores que já haviam cumprido as regras anteriormente vigentes para a concessão de aposentadoria. Para os servidores públicos que ingressaram no serviço público antes de sua vigência, estabeleceram-se regras de transição, previstas no arts. 4º e 20 da EC n. 103/2019.

De acordo com o art. 40, § 1º, III, da CF/88, com a redação dada pela EC n. 103/2019, a idade mínima para aposentadoria voluntária de servidores públicos federais é de 62 anos para as mulheres e de 65 anos para os homens.

IDADE MÍNIMA PARA APOSENTADORIA VOLUNTÁRIA	
Mulher	62 anos
Homem	65 anos

O art. 4º da EC n. 103/2019 estabelece regra de transição baseada em **sistema de pontos**, resultantes da soma entre idade e tempo de contribuição, além dos tradicionais requisitos de idade mínima, tempo de contribuição, tempo no serviço público e tempo no cargo em que se dará a aposentadoria. Eis a norma:

> Art. 4º O servidor público federal que tenha ingressado no serviço público em cargo efetivo até a data de entrada em vigor desta Emenda Constitucional poderá aposentar-se voluntariamente quando preencher, cumulativamente, os seguintes requisitos:
> I – 56 (cinquenta e seis) anos de idade, se mulher, e 61 (sessenta e um) anos de idade, se homem, observado o disposto no § 1º;
> II – 30 (trinta) anos de contribuição, se mulher, e 35 (trinta e cinco) anos de contribuição, se homem;
> III – 20 (vinte) anos de efetivo exercício no serviço público;
> IV – 5 (cinco) anos no cargo efetivo em que se der a aposentadoria; e
> V – somatório da idade e do tempo de contribuição, incluídas as frações, equivalente a 86 (oitenta e seis) pontos, se mulher, e 96 (noventa e seis) pontos, se homem, observado o disposto nos §§ 2º e 3º.
> § 1º A partir de 1º de janeiro de 2022, a idade mínima a que se refere o inciso I do *caput* será de 57 (cinquenta e sete) anos de idade, se mulher, e 62 (sessenta e dois) anos de idade, se homem.
> § 2º A partir de 1º de janeiro de 2020, a pontuação a que se refere o inciso V do *caput* será acrescida a cada ano de 1 (um) ponto, até atingir o limite de 100 (cem) pontos, se mulher, e de 105 (cento e cinco) pontos, se homem.
> § 3º A idade e o tempo de contribuição serão apurados em dias para o cálculo do somatório de pontos a que se referem o inciso V do *caput* e o § 2º.
> (...)

O art. 20 da EC n. 103/2019 estabelece regra de transição baseada em **tempo adicional**, conhecido como "pedágio", exigido como um período adicional proporcionalmente ao tempo restante para a aposentadoria segundo as regras anteriores, além dos tradicionais requisitos de idade mínima, tempo de contribuição, tempo no serviço público e tempo no cargo em que se dará a aposentadoria. Eis a norma:

> Art. 20. O segurado ou o servidor público federal que se tenha filiado ao Regime Geral de Previdência Social ou ingressado no serviço público em cargo efetivo até a data de entrada em vigor desta Emenda Constitucional poderá aposentar-se voluntariamente quando preencher, cumulativamente, os seguintes requisitos:
> I – 57 (cinquenta e sete) anos de idade, se mulher, e 60 (sessenta) anos de idade, se homem;
> II – 30 (trinta) anos de contribuição, se mulher, e 35 (trinta e cinco) anos de contribuição, se homem;
> III – para os servidores públicos, 20 (vinte) anos de efetivo exercício no serviço público e 5 (cinco) anos no cargo efetivo em que se der a aposentadoria;

IV – período adicional de contribuição correspondente ao tempo que, na data de entrada em vigor desta Emenda Constitucional, faltaria para atingir o tempo mínimo de contribuição referido no inciso II.

(...)

Com fundamento no art. 8º da EC n. 103/2019, o servidor público federal que cumprir as exigências para a concessão de aposentadoria voluntária, mas optar por permanecer em atividade, fará jus a um **abono de permanência** equivalente ao valor da sua contribuição previdenciária, até completar a idade para aposentadoria compulsória.

41.4.6.22.6.1.3. Modalidades de aposentadoria

Os servidores públicos efetivos podem se aposentar de acordo com as seguintes modalidades, que satisfazem critérios específicos:

(i) por incapacidade permanente para o trabalho;

(ii) compulsoriamente ou;

(iii) voluntariamente.

As regras para aposentadoria segundo essas modalidades são dispostas no art. 40, § 1º, I a III, da CF/88:

APOSENTADORIA DO SERVIDOR PÚBLICO TITULAR DE CARGO EFETIVO	
MODALIDADE	**REGRA**
POR INCAPACIDADE PERMANENTE PARA O TRABALHO	No cargo em que estiver investido, quando insuscetível de readaptação, hipótese em que será obrigatória a realização de avaliações periódicas para verificação da continuidade das condições que ensejaram a concessão da aposentadoria, na forma de lei do respectivo ente federativo.
COMPULSÓRIA	Com proventos proporcionais ao tempo de contribuição, aos 70 (setenta) anos de idade, ou aos 75 (setenta e cinco) anos de idade, na forma de lei complementar.
VOLUNTÁRIA	No âmbito da União, aos 62 (sessenta e dois) anos de idade, se mulher, e aos 65 (sessenta e cinco) anos de idade, se homem, e, no âmbito dos Estados, do Distrito Federal e dos Municípios, na idade mínima estabelecida mediante emenda às respectivas Constituições e Leis Orgânicas, observados o tempo de contribuição e os demais requisitos estabelecidos em lei complementar do respectivo ente federativo.

Por expressa disposição do § 4º do art. 40 da CF/88, é vedada a adoção de requisitos ou critérios diferenciados para concessão de benefícios em regime próprio de previdência social, ressalvada a possibilidade de aposentadoria dos seguintes servidores, que admitem critérios de idade e tempo de contribuição diferenciados, o que depende da edição de lei complementar do respectivo ente federado:

(i) **servidores com deficiência,** previamente submetidos a avaliação biopsicossocial realizada por equipe multiprofissional e interdisciplinar;

(ii) **servidores ocupantes do cargo de agente penitenciário, de agente socioeducativo ou de policial,** dos órgãos de que tratam o inciso IV do *caput* do art. 51 (Polícia da Câmara dos Deputados), o inciso XIII do *caput* do art. 52 (Polícia do Senado Federal) e os incisos I a IV do *caput* do art. 144 (Polícia Federal, Polícia Rodoviária Federal, Polícia Ferroviária Federal e Polícias Civis);

(iii) **servidores cujas atividades sejam exercidas com efetiva exposição a agentes químicos, físicos e biológicos prejudiciais à saúde,** ou associação desses agentes, vedada a caracterização por categoria profissional ou ocupação.

Quanto aos **servidores públicos federais com deficiência,** o art. 22 da EC n. 103/2019 traz a seguinte regra:

> Art. 22. Até que lei discipline o § 4º-A do art. 40 e o inciso I do § 1º do art. 201 da Constituição Federal, a aposentadoria da pessoa com deficiência segurada do Regime Geral de Previdência Social ou do servidor público federal com deficiência vinculado a regime próprio de previdência social, desde que cumpridos, no caso do servidor, o tempo mínimo de 10 (dez) anos de efetivo exercício no serviço público e de 5 (cinco) anos no cargo efetivo em que for concedida a aposentadoria, será concedida na forma da Lei Complementar n. 142, de 8 de maio de 2013, inclusive quanto aos critérios de cálculo dos benefícios.

Portanto, até que a União publique lei complementar para regular a aposentadoria de servidores federais com deficiência, esse ato será regido pela Lei Complementar n. 142/2013, que dispõe sobre a aposentadoria da pessoa com deficiência segurada do Regime Geral de Previdência Social. A lei em comento traz a definição de pessoa com deficiência e condições para a concessão de aposentadoria, conforme os dispositivos seguintes:

> Art. 2º Para o reconhecimento do direito à aposentadoria de que trata esta Lei Complementar, considera-se pessoa com deficiência aquela que tem impedimentos de longo prazo de natureza física, mental, intelectual ou sensorial, os quais, em interação com diversas barreiras, podem obstruir sua participação plena e efetiva na sociedade em igualdade de condições com as demais pessoas.
> Art. 3º É assegurada a concessão de aposentadoria pelo RGPS ao segurado com deficiência, observadas as seguintes condições:

I – aos 25 (vinte e cinco) anos de tempo de contribuição, se homem, e 20 (vinte) anos, se mulher, no caso de segurado com deficiência grave;

II – aos 29 (vinte e nove) anos de tempo de contribuição, se homem, e 24 (vinte e quatro) anos, se mulher, no caso de segurado com deficiência moderada;

III – aos 33 (trinta e três) anos de tempo de contribuição, se homem, e 28 (vinte e oito) anos, se mulher, no caso de segurado com deficiência leve; ou

IV – aos 60 (sessenta) anos de idade, se homem, e 55 (cinquenta e cinco) anos de idade, se mulher, independentemente do grau de deficiência, desde que cumprido tempo mínimo de contribuição de 15 (quinze) anos e comprovada a existência de deficiência durante igual período.

Parágrafo único. Regulamento do Poder Executivo definirá as deficiências grave, moderada e leve para os fins desta Lei Complementar.

A Reforma da Previdência de 2019 não determina regra de transição para a aposentadoria especial de servidores com deficiência. Por conseguinte, os critérios para aposentadoria independem da data de ingresso no serviço público.

Enquanto não editada a lei complementar que normatize a aposentadoria de servidores com deficiência, seus proventos serão calculados conforme o art. 26, *caput*, da EC n. 103/2019, combinado com o art. 8º da Lei Complementar n. 142/2013:

> Art. 8º A renda mensal da aposentadoria devida ao segurado com deficiência será calculada aplicando-se sobre o salário de benefício, apurado em conformidade com o disposto no art. 29 da Lei non. 8.213, de 24 de julho de 1991, os seguintes percentuais:
>
> I – 100% (cem por cento), no caso da aposentadoria de que tratam os incisos I, II e III do art. 3º; ou
>
> II – 70% (setenta por cento) mais 1% (um por cento) do salário de benefício por grupo de 12 (doze) contribuições mensais até o máximo de 30% (trinta por cento), no caso de aposentadoria por idade.

Quanto aos **servidores públicos federais cujas atividades sejam exercidas com efetiva exposição a agentes químicos, físicos e biológicos prejudiciais à saúde,** o inciso II do § 2º do art. 10 da EC n. 103/2019 determina regra provisória para concessão de aposentadoria, enquanto não editada lei complementar que trate da matéria. Eis a norma:

> II – o servidor público federal cujas atividades sejam exercidas com efetiva exposição a agentes químicos, físicos e biológicos prejudiciais à saúde, ou associação desses agentes, vedada a caracterização por categoria profissional ou ocupação, aos 60 (sessenta) anos de idade, com 25 (vinte e cinco) anos de efetiva exposição e contribuição, 10 (dez) anos de efetivo exercício de serviço público e 5 (cinco) anos no cargo efetivo em que for concedida a aposentadoria;

Importa observar que a aposentadoria especial em comento requer não apenas o exercício de profissão que envolva esses riscos, mas a efetiva exposição a agentes químicos, físicos e biológicos prejudiciais à saúde, conforme demonstrado em laudo técnico de condições ambientais do trabalho expedido por médico do trabalho ou engenheiro de segurança do trabalho (art. 58, § 1º, da Lei n. 8.213/91).

É importante enfatizar que a EC n. 103/2019 trouxe regras transitórias para a aposentadoria especial de servidores com deficiência e de servidores cujas atividades sejam exercidas com efetiva exposição a agentes químicos, físicos e biológicos prejudiciais à saúde, que serão aplicadas até que seja editada lei complementar da União sobre a matéria.

No âmbito dos Estados, Distrito Federal e Municípios, a aposentadoria especial desses servidores requer a edição de lei complementar do respectivo ente federativo. Ao contrário do tratamento dado aos servidores federais, a Reforma da Previdência não elencou normas transitórias para os servidores públicos dos entes federados diversos da União. É o que dispõem os §§ 4º-A e 4º-C do art. 40 da CF/88:

> § 4º-A. **Poderão ser estabelecidos por lei complementar do respectivo ente federativo** idade e tempo de contribuição diferenciados para aposentadoria de servidores com deficiência, previamente submetidos a avaliação biopsicossocial realizada por equipe multiprofissional e interdisciplinar.
>
> (...)
>
> § 4º-C. **Poderão ser estabelecidos por lei complementar do respectivo ente federativo** idade e tempo de contribuição diferenciados para aposentadoria de servidores cujas atividades sejam exercidas com efetiva exposição a agentes químicos, físicos e biológicos prejudiciais à saúde, ou associação desses agentes, vedada a caracterização por categoria profissional ou ocupação.

Logo, no que concerne aos servidores públicos dos Estados, Distrito Federal e Municípios, o direito sob análise funda-se em **norma constitucional de eficácia limitada**, a depender da edição de lei regulamentadora para surtir efeitos.

Um ponto que merece atenção refere-se ao curso histórico da aposentadoria especial desses servidores no Direito Constitucional. Com a redação dada pela EC n. 20/98, o § 4º do art. 40 da CF/88 já previa a aposentadoria especial de servidores sujeitos a condições especiais que prejudicassem a saúde ou a integridade física, nos termos de lei complementar.

A EC n. 47/2005 promoveu mais uma alteração redacional desse parágrafo e incluiu três incisos, especificando-se as condições merecedoras de tratamento diferenciado. Este era o texto do dispositivo mencionado desde a EC n. 47/2005 até a promulgação da EC n. 103/2019:

§ 4º É vedada a adoção de requisitos e critérios diferenciados para a concessão de aposentadoria aos abrangidos pelo regime de que trata este artigo, ressalvados, nos termos definidos em leis complementares, os casos de servidores:
I portadores de deficiência;
II que exerçam atividades de risco;
III cujas atividades sejam exercidas sob condições especiais que prejudiquem a saúde ou a integridade física.

As leis complementares necessárias para a regulamentação do direito, porém, nunca foram editadas, ensejando-se a impetração de mandado de injunção. Na forma do art. 5º, LXXI, da CF/88, "conceder-se-á mandado de injunção sempre que a falta de norma regulamentadora torne inviável o exercício dos direitos e liberdades constitucionais e das prerrogativas inerentes à nacionalidade, à soberania e à cidadania".

Em relação à aposentadoria especial para **servidores deficientes**, o STF entendeu ser aplicável por analogia a Lei Complementar n. 142/13. Eis acórdão:

MANDADO DE INJUNÇÃO – SERVIDOR PÚBLICO PORTADOR DE DEFICIÊNCIA – DIREITO PÚBLICO SUBJETIVO À APOSENTADORIA ESPECIAL (CF, ART. 40, § 4º, N. I) – RECONHECIMENTO DESSE DIREITO PELO SUPREMO TRIBUNAL FEDERAL – SUPERVENIÊNCIA DA LEI COMPLEMENTAR n. 142/2013 – APLICAÇÃO ANALÓGICA DE SUAS REGRAS À APOSENTADORIA ESPECIAL DO SERVIDOR PÚBLICO PORTADOR DE DEFICIÊNCIA – POSSIBILIDADE – PRECEDENTES – PRETENSÃO RECURSAL DA UNIÃO FEDERAL QUE CONFLITA COM DIRETRIZ JURISPRUDENCIAL PREVALECENTE NESTA SUPREMA CORTE – LEGITIMIDADE DA DECISÃO DO RELATOR QUE EXTINGUE O PROCEDIMENTO RECURSAL – RECURSO DE AGRAVO IMPROVIDO[84].

Quanto à aposentadoria especial para os servidores públicos efetivos que exercem atividades sob **condições especiais que prejudiquem a saúde ou a integridade física**, o STF, em virtude da omissão do legislador na edição da Lei Complementar, entendeu, no Mandado de Injunção n. 721/DF, que deve ser aplicado analogicamente o art. 57 da Lei n. 8.213/91, tendo, inclusive, editado a Súmula Vinculante n. 33, cujo enunciado é o seguinte:

Aplicam-se ao servidor público, no que couber, as regras do regime geral da previdência social sobre aposentadoria especial de que trata o artigo 40, § 4º, inciso III da Constituição Federal, até a edição de lei complementar específica.

---

[84] STF, MI 3322 AgR-segundo-ED-ED-AgR, rel. Min. Celso de Mello, Plenário, julgado em 1º-8-2014, *DJe* 30-10-2014.

Embora essas decisões tenham sido proferidas antes da Reforma da Previdência de 2019, seu conteúdo dispositivo amolda-se perfeitamente à atual configuração normativa, visto que referidos direitos abarcam semelhante universo de destinatários abrangidos pelo ordenamento anterior e, para a sua efetividade, requer-se também a edição de lei complementar. Em razão disso, a omissão legislativa para a regulamentação da matéria ensejaria o mesmo entendimento formado na jurisprudência.

Sobre o texto da EC n. 103/2019, porém, uma sutil questão pode desdobrar-se em controvérsia: a redação atual emprega o verbo "poderá", quando invoca a necessária regulamentação da matéria por lei complementar do ente federativo respectivo. Os §§ 4º-A e 4º-C do art. 40 da CF/88 dispõem que "poderão ser estabelecidos por lei complementar do respectivo ente federativo (...)", do que se traduz uma escolha política do ente, de maneira que alguns entes federativos poderiam dar efetividade ao direito, outros não.

Ora, servidores com deficiência e servidores cujas atividades sejam exercidas com efetiva exposição a agentes químicos, físicos e biológicos prejudiciais à saúde evidentemente não formam grupamento humano de quantidade significativa ante o efetivo total de servidores. Essas condições caracterizam-se por nítida excepcionalidade. Ademais, a proteção dessas pessoas – sobretudo os servidores com deficiência – é dever inescusável dos poderes públicos. Sobre esse assunto, o art. 23, II, da CF/88 grava como competência comum da União, dos Estados, do Distrito Federal e dos Municípios, cuidar da saúde e assistência pública, da proteção e garantia das pessoas portadoras de deficiência".

A omissão legislativa em regulamentar referidos direitos sociais ou a vontade política no sentido de não lhes conferir efetividade por meio da não regulamentação poderia ensejar ofensa ao princípio da vedação ao retrocesso, haja vista que esses direitos conectam-se intimamente ao espectro de direitos fundamentais.

Rodrigo Garcia Schwarz e Candy Florencio Thomé[85], quando comentam a relação entre vedação ao retrocesso e seguridade social, destacam a proteção da confiança, a reserva do possível e a não regressividade em matéria de direitos sociais fundamentais. Aduzem os autores:

> [...] embora a vedação do retrocesso não seja absoluta, este – o retrocesso – deve ser plenamente justificado, de forma que aquelas medidas que implicam retro-

---

[85] SCHWARZ, Rodrigo Garcia; THOMÉ, Candy Florencio. Vedação ao retrocesso e seguridade social: a proteção da segurança e da confiança, a reserva do possível e a não regressividade em matéria de direitos fundamentais sociais. *Revista de Direitos Sociais, Seguridade e Previdência Social*, Curitiba, v. 2, n. 2, p. 74 – 98, jul/dez. 2016. p. 75.

cesso em matéria de direitos fundamentais sociais, especialmente no âmbito dos direitos da seguridade social, devem ser consideradas medidas logicamente violadoras dos deveres do Estado e, portanto, devem estar sujeitas a um alto grau de sindicabilidade constitucional – só se justificando se, de fato, comprovadamente, estiverem destinadas à efetiva viabilização da própria seguridade social, tendo-se, sobretudo, em conta, as bases de viabilização possíveis a partir da necessária conciliação possível entre princípios como o da universalidade da cobertura e do atendimento, no que diz respeito à extensão dos benefícios sociais, e o da diversidade da base de financiamento, no que diz respeito ao custeio desses mesmos benefícios, com fulcro no princípio estrutural de solidariedade.

Por isso, a natureza de direito fundamental que corporifica a proteção jurídica dessas pessoas não deixa escolha ao legislador, impondo-se verdadeiro mandado de regulamentação, para o que a EC n. 103/2019 promoveu a desconstitucionalização das regras de cálculo, não do direito material, que permanece alçado ao patamar de direito constitucional, qualquer que seja a esfera federativa à qual vinculado o servidor público.

Eventual omissão legislativa dos Estados, Distrito Federal e Municípios, porém, distintamente da situação anterior à promulgação da EC n. 103/2019, não fundamentaria a impetração de mandado de injunção perante o STF, haja vista que compete à Corte Máxima julgar o mandado de injunção quando a elaboração da norma regulamentadora for atribuição do Presidente da República, do Congresso Nacional, da Câmara dos Deputados, do Senado Federal, das Mesas de uma dessas Casas Legislativas, do Tribunal de Contas da União, de um dos Tribunais Superiores, ou do próprio Supremo Tribunal Federal, conforme a regra de competência tabulada no art. 102, I, *q*, da CF/88, sobre o que se destaca a seguinte decisão:

A aposentadoria especial de servidor público portador de deficiência está consagrada como direito previsto no art. 40, § 4º-A da Constituição da República (antigo art. 40, § 4º, I), incluído pela Emenda Constitucional 103/2019. A Emenda Constitucional 103/2019 predica, em seu art. 22, *caput*, que a aposentadoria especial de servidor público federal portador de deficiência é assegurada mediante o preenchimento dos requisitos previstos na Lei Complementar 142/2013, que deve ser aplicada inclusive nos períodos de prestação de serviço anteriores à sua vigência, até que seja editada a lei complementar exigida pelo art. 40, § 4º-A da Constituição da República. O art. 57 da Lei 8.213/91 não é aplicável para fins de verificação dos requisitos para a aposentadoria especial de servidor público portador de deficiência, porquanto o diploma legislativo não rege, em nenhum aspecto, os critérios necessários à apreciação administrativa desse modelo de aposentadoria especial. 5. *In casu*, as entidades impetrantes que representam ou substituem servidores federais não mais possuem interesse processual na concessão da ordem injuncional. Isso porque, desde o início da vigência da Emenda Constitucional 103/2019, a autoridade administrativa responsável pela apreciação do pleito de aposentadoria não mais pode negar-se a fazê-lo com fundamento na ausência de norma regulamentadora do art. 40, § 4º-A da Constituição da República. Deveras, embora subsista a ausência de lei complementar específica, o vácuo normativo não mais representa inviabilidade do gozo do direito à aposentadoria em regime especial dos servidores públicos federais portadores de deficiência, na forma do art. 22, *caput*, da Emenda Constitucional 103/2019. O art. 40, § 4º-A, da Carta da República, incluído pela Emenda Constitucional 103/2019, predica que cada ente político da Federação deverá estabelecer, em relação a seus próprios agentes estatais, por meio de leis complementares a serem editadas no âmbito de cada uma das unidades federadas, o respectivo regime especial de aposentadoria dos servidores portadores de deficiência. A colmatação de eventual lacuna legislativa existente na regulamentação da aposentadoria especial de servidores públicos estaduais, municipais ou distritais portadores de deficiência deverá ser realizada por meio da legislação complementar a ser editada pela correspondente unidade da Federação, de sorte que a União Federal não mais possui competência legislativa para dispor sobre a aposentadoria especial desses servidores, nos termos do art. 40, § 4º-A, da Constituição Federal, incluído pela EC 103/2019[86].

Em relação aos **servidores policiais**, cabe notar que os órgãos denominados Polícia da Câmara dos Deputados e Polícia do Senado não são, efetivamente, órgãos de segurança pública. Os órgãos de segurança pública, que executam funções de polícia judiciária e de polícia ostensiva, possuem explícita e taxativa previsão no art. 144 da CF/88. Portanto, qualquer órgão denominado "polícia" não contido nesse dispositivo constitucional não é órgão de segurança pública.

As atividades de polícia legislativa são disciplinadas por atos normativos internos das casas do Congresso, e suas atribuições delimitam-se à esfera dos órgãos legislativos, abarcando funções como investigação, proteção de dignitários e do patrimônio. No âmbito do Poder Judiciário, existem atribuições aproximadas, exercidas por servidores ocupantes de cargo efetivo com especialidade de segurança.

Quanto aos servidores integrantes das Guardas Municipais, órgãos cujo fundamento constitucional assenta-se no art. 144, § 8º, da CF/88, estes não foram contemplados pela regra de discrímen. Em grandes centros urbanos como Rio de Janeiro e São Paulo, a função de guarda municipal pode enfrentar grau de perigo

---

[86] STF, MI 4.245 AgR AgR, rel. Min. Luiz Fux, Plenário, julgado em 27-4-2020, *DJe* 22-6-2020.

tão ou mais severo que a de servidores policiais. A despeito de serem constituídas para a proteção dos bens, serviços e instalações dos Municípios, as guardas municipais têm colaborado ativamente na preservação da ordem pública.

Estritamente em relação ao servidor público policial, foi editada a Lei Complementar n. 144, de 15 de maio de 2014, que alterou a Lei Complementar n. 51, de 20 de dezembro de 1985, estabelecendo o seguinte:

Art. 1º O servidor público policial será aposentado:

I – **compulsoriamente**, com proventos proporcionais ao tempo de contribuição, aos 65 *(sessenta e cinco) anos de idade*, qualquer que seja a natureza dos serviços prestados;

II – **voluntariamente**, com proventos integrais, **independentemente da idade**: a) após 35 (trinta) anos de contribuição, desde que conte, pelo menos, 20 (vinte) anos de exercício em cargo de natureza estritamente policial, se homem; b) após 25 (vinte e cinco) anos de contribuição, desde que conte, pelo menos, 15 (quinze) anos de exercício em cargo de natureza estritamente policial, se mulher.

Note-se que a Lei Complementar n. 51/85 foi editada em momento anterior à promulgação da atual Constituição Federal. Todavia, referido diploma legal foi recepcionado pela Lei Maior. A Lei Complementar tão somente atualizou sua ementa, adotando a terminologia sedimentada no Direito Administrativo para os agentes públicos de que trata – servidores públicos – e alterou os requisitos para aposentadoria, majorando sua quantificação, de forma a adequar o tratamento dados aos servidores policiais à evolução do quadro jurídico previdenciário.

A EC n. 47/2005 incluiu o inciso II no § 4º do art. 40 da CF/88, que conferia critérios diferenciados para aposentadoria de servidores que exercessem atividades de risco, conforme definido em lei complementar. Todavia, referida lei nunca foi editada. Portanto, em relação aos servidores que exercem atividades de risco, até a promulgação da EC n. 103/2019 só havia critérios diferenciados para os policiais. A partir da recente Reforma da Previdência, essa regra abrange os agentes penitenciários e socioeducativos.

O art. 5º da EC n. 103/2019 estabelece a idade mínima de 55 (cinquenta e cinco anos) para aposentadoria, ou o cumprimento de regra de pontos para os servidores que exercem atividades de risco (policiais, agentes penitenciários e socioeducativos), nos seguintes termos:

Art. 5º O policial civil do órgão a que se refere o inciso XIV do *caput do art. 21 da Constituição Federal*, o policial dos órgãos a que se referem o inciso IV do *caput do art. 51*, o inciso XIII do *caput do art. 52* e os incisos I a III do *caput* do art. 144 da Constituição Federal e o ocupante de cargo de agente federal penitenciário ou socioeducativo que tenham ingressado na respectiva carreira até a data de entrada em vigor desta Emenda Constitucional poderão aposentar-se, na forma da Lei Complementar n. 51, de 20 de dezembro de 1985, observada a idade mínima de 55 (cinquenta e cinco) anos para ambos os sexos ou o disposto no § 3º.

Cabe destacar que os policiais civis do Distrito Federal foram abrangidos pelas regras de transição relacionadas aos servidores policiais dos órgãos federais. Isso porque, conforme disposto no art. 21, XIV, da CF/88, compete à União organizar e manter a polícia civil do Distrito Federal, o que consequentemente reflete no regime previdenciário de seus servidores. Quanto às regras para aposentadoria desses servidores, o Parecer n. 00004/2020/CONSUNIAO/CGU/AGU, da Consultoria-Geral da União, publicado na Imprensa Oficial em 17 de junho de 2020, colaciona a seguinte ementa:

EMENTA: SERVIDOR PÚBLICO. ATIVIDADE DE RISCO. POLICIAL CIVIL DA UNIÃO. APOSENTADORIA. PROVENTOS. INTEGRALIDADE. LEI COMPLEMENTAR N. 51/1985. PARIDADE. LEI N. 4.878/1965. EMENDA CONSTITUCIONAL N. 103/2019.

1) Os policiais civis da União, ingressos nas respectivas carreiras até 12-11-2019 (data anterior a vigência da EC n. 103/2019), fazem jus à aposentadoria com base no artigo 5º da Emenda Constitucional n. 103/2019, com proventos integrais (totalidade da remuneração do servidor no cargo efetivo em que se der a aposentadoria), nos termos artigo 1º, II, da Lei Complementar n. 51/1985, e paridade plena, com fundamento no art. 38 da Lei n. 4.878/1965.

2) Os policiais civis da União, ingressos nas respectivas carreiras a partir de 13-11-2019 (com a vigência da EC n. 103/2019), fazem jus à aposentadoria com base no artigo 10, §2º, I, com proventos calculados pela média aritmética e reajustados nos termos estabelecidos para o Regime Geral de Previdência Social, conforme artigo 26, todos da Emenda Constitucional n. 103/2019, bem como passaram a se submeter ao Regime de Previdência Complementar da Lei n. 12.618/2012.

Outrossim, conta-se como tempo de exercício em cargo de natureza estritamente policial o tempo de atividade militar nas Forças Armadas, nas polícias militares e nos corpos de bombeiros militares e de atividade como agente penitenciário ou socioeducativo.

Quanto aos servidores ocupantes do cargo de agente penitenciário, de agente socioeducativo ou de policial no âmbito dos Estados e do Distrito Federal, convém anotar algumas distinções em seus direitos previdenciários. Se não editada pelos Estados a lei complementar para regulamentação da aposentadoria especial dessas categorias, permanecerá aplicável aos policiais civis a Lei Complementar n. 51/1985, que foi recepcionada pela Constituição Federal de 1988.

No que concerne aos agentes penitenciários e socioeducativos dos Estados e do Distrito Federal, porém, a Reforma da Previdência de 2019 foi a primeira norma de estatura constitucional a tratar desses servidores, disciplinando normas transitórias para os servidores federais e atribuindo aos Estados e Distrito Federal a regulamentação de critérios de idade e tempo de contribuição para os servidores vinculados a esses entes federados. Uma vez que não há lei nacional a tratar desses servidores, não é possível atribuir-lhes tratamento idêntico ao dispensado aos policiais civis, razão por que, neste momento, existe lacuna normativa, cujo preenchimento requer a edição de lei complementar pelos Estados e Distrito Federal.

Além dos servidores mencionados, os ocupantes do cargo de **professor** terão idade mínima reduzida em 5 (cinco) anos em relação à idade mínima exigida para aposentadoria voluntária (na União, 62 anos para mulheres e 65 anos para homens), desde que comprovem tempo de efetivo exercício das funções de magistério na educação infantil e no ensino fundamental e médio fixado em lei complementar do respectivo ente federativo.

A regra que determina critérios diferenciados para a aposentadoria de professores é cinzelada no § 5º do art. 40 da CF/88, com a redação dada pela EC n. 103/2019:

> Os ocupantes do cargo de professor terão idade mínima reduzida em 5 (cinco) anos em relação às idades decorrentes da aplicação do disposto no inciso III do § 1º, desde que comprovem tempo de efetivo exercício das funções de magistério na educação infantil e no ensino fundamental e médio fixado em lei complementar do respectivo ente federativo.

A aposentadoria especial em favor de professores com efetivo exercício na educação infantil, no ensino fundamental e no ensino médio já era prevista no regramento anterior, que previa também a diminuição em cinco anos da idade mínima para aposentadoria voluntária. A mudança feita pela Reforma da Previdência de 2019 refere-se substancialmente ao tempo de idade mínima, permanecendo o mesmo tempo de redução previsto dantes.

Ressalte-se que o texto esculpido no § 5º do art. 40 da CF/88, em favor dos professores, tem sensível ponto de distinção em relação ao direito atribuído aos servidores com deficiência, distintamente do conteúdo atribuído aos servidores com deficiência, servidores policiais, agentes penitenciários e socioeducativos e servidores cujas atividades sejam exercidas com efetiva exposição a agentes químicos, físicos e biológicos prejudiciais à saúde. Enquanto para estes servidores as normas dos §§ 4º-A, 4º-B e 4º-C possibilitam discussões quanto à sua eficácia, e sobre a existência de facultatividade dos entes federados para a edição de lei complementar voltada à sua regulamentação, em relação aos professores não existe qualquer resquício de dúvida: a norma do § 5º do art. 40 da CF/88 tem eficácia plena, para todos os servidores públicos alcançados por seu comando, no âmbito da União, Estados, Distrito Federal e Municípios.

Tal como no Regime Geral de Previdência Social, aplica-se à previdência do servidor público o **princípio da preservação do valor real do benefício**, conforme a regra do §8º do art. 40 da CF/88: "É assegurado o reajustamento dos benefícios para preservar-lhes, em caráter permanente, o valor real, conforme critérios estabelecidos em lei".

Para fins de aposentadoria, conta-se o tempo de contribuição federal, estadual, distrital ou municipal, e o tempo de serviço correspondente é contado para fins de disponibilidade do servidor.

Por vedação expressa, constante do § 10 do art. 40 da CF/88, a lei não poderá estabelecer qualquer forma de contagem de **tempo de contribuição fictício**.

O § 9º do art. 201 da CF/88 consigna regra que realiza o **princípio da comutatividade**, ao determinar que para fins de aposentadoria, será assegurada a contagem recíproca do tempo de contribuição entre o Regime Geral de Previdência Social e os regimes próprios de previdência social, e destes entre si, observada a compensação financeira, de acordo com os critérios estabelecidos em lei.

Ressalvadas as aposentadorias decorrentes dos cargos acumuláveis na forma do art. 37, XVI, da CF/88 (dois cargos de professor; um cargo de professor com outro técnico ou científico ou; dois cargos ou empregos privativos de profissionais de saúde, com profissões regulamentadas), é vedada a percepção de mais de uma aposentadoria à conta de regime próprio de previdência social, aplicando-se outras vedações, regras e condições para a acumulação de benefícios previdenciários estabelecidas no Regime Geral de Previdência Social.

41.4.6.22.6.2. Auxílio-natalidade

O **auxílio-natalidade** é tratado no art. 196 da Lei n. 8.112/90 e representa o benefício devido à servidora por motivo de nascimento de filho, em quantia equivalente ao menor vencimento do serviço público, inclusive no caso de natimorto.

Na hipótese de parto múltiplo, o valor será acrescido de 50% (cinquenta por cento), por nascituro. O auxílio será pago ao cônjuge ou companheiro servidor público, quando a parturiente não for servidora.

41.4.6.22.6.3. Salário-família

O **salário-família** é o benefício previdenciário pago ao servidor público efetivo para auxiliar no sustento dos dependentes econômicos, na forma do art. 197 da Lei n. 8.112/90. O salário-família é devido ao servidor ativo ou ao inativo, por dependente econômico.

Consideram-se dependentes econômicos para efeito de percepção do salário-família:

> I – o cônjuge ou companheiro e os filhos, inclusive os enteados até 21 (vinte e um) anos de idade ou, se estudante, até 24 (vinte e quatro) anos ou, se inválido, de qualquer idade;
> II – o menor de 21 (vinte e um) anos que, mediante autorização judicial, viver na companhia e às expensas do servidor, ou do inativo;
> III – a mãe e o pai sem economia própria.

Não se configura a dependência econômica quando o beneficiário do salário-família perceber rendimento do trabalho ou de qualquer outra fonte, inclusive pensão ou provento da aposentadoria, em valor igual ou superior ao salário mínimo.

Quando o pai e mãe forem servidores públicos e viverem em comum, o salário-família será pago a um deles; quando separados, será pago a um e outro, de acordo com a distribuição dos dependentes.

Ao pai e à mãe equiparam-se o padrasto, a madrasta e, na falta destes, os representantes legais dos incapazes.

O afastamento do cargo efetivo, sem remuneração, não acarreta a suspensão do pagamento do salário-família.

A sua natureza jurídica é indenizatória, portanto, não está sujeito a qualquer espécie de tributo, inclusive contribuição previdenciária, tendo como escopo assegurar a proteção da família, à luz do art. 226 da CF/88.

41.4.6.22.6.4. Licença para tratamento de saúde

Na forma do art. 202 da Lei n. 8.112/90, é a licença concedida ao servidor para tratamento da própria saúde, a pedido ou de ofício, com base em perícia médica oficial, sem prejuízo da remuneração a que faz jus.

O tempo que o servidor público efetivo gozou de licença para tratamento de saúde será contado para todos os efeitos.

A licença em tela será concedida com base em perícia oficial, e sempre que necessário, a inspeção médica será realizada na residência do servidor ou no estabelecimento hospitalar onde se encontrar internado.

1312 CURSO DE DIREITO ADMINISTRATIVO

Inexistindo médico no órgão ou entidade no local onde se encontra ou tenha exercício em caráter permanente o servidor, será aceito atestado passado por médico particular. Neste caso, o atestado somente produzirá efeitos depois de recepcionado pela unidade de recursos humanos do órgão ou entidade.

A licença que exceder o prazo de 120 (cento e vinte) dias no período de 12 (doze) meses a contar do primeiro dia de afastamento será concedida mediante avaliação por junta médica oficial.

A perícia oficial para concessão da licença, bem como nos demais casos de perícia oficial, será efetuada por cirurgiões-dentistas, nas hipóteses em que abranger o campo de atuação da odontologia.

A licença para tratamento de saúde inferior a 15 (quinze) dias, dentro de 1 (um) ano, poderá ser dispensada de perícia oficial, na forma definida em regulamento.

O atestado e o laudo da junta médica não se referirão ao nome ou natureza da doença, salvo quando se tratar de lesões produzidas por acidente em serviço, doença profissional ou doença grave, contagiosa ou incurável que motive a aposentadoria por incapacidade permanente para o trabalho.

O servidor que apresentar indícios de lesões orgânicas ou funcionais será submetido a inspeção médica. Para o monitoramento preventivo de saúde, o servidor será submetido a exames médicos periódicos, nos termos e condições definidos em regulamento.

41.4.6.22.6.5.   Licença à gestante, à adotante e licença-paternidade

A licença à gestante era de **120 (cento e vinte dias)** na forma do art. 207 da Lei n. 8.112/90. Todavia, editou-se a Lei n. 11.770/2008, que institui o Programa Empresa Cidadã, destinado à prorrogação da licença-maternidade, pelo prazo de **60 (sessenta) dias**, mediante concessão de incentivo fiscal. O art. 2º do diploma legal autoriza a **administração pública direta, indireta e fundacional** a instituir programa que garanta prorrogação da licença-maternidade para suas servidoras, segundo o mesmo prazo de prorrogação atribuído às trabalhadoras da iniciativa privada.

Uma vez que as fundações públicas são entidades da Administração Pública indireta, bastaria que a lei mencionasse administração pública direta e indireta (que abrange as autarquias, fundações públicas e associações públicas).

A licença poderá ter início no primeiro dia do nono mês de gestação, salvo antecipação por prescrição médica.

No caso de nascimento prematuro, a licença terá início a partir do parto.

No caso de natimorto, decorridos 30 (trinta) dias do evento, a servidora será submetida a exame médico, e se julgada apta, reassumirá o exercício.

No caso de aborto atestado por médico oficial, a servidora terá direito a 30 (trinta) dias de repouso remunerado.

Para amamentar o próprio filho, até a idade de seis meses, a servidora lactante terá direito, durante a jornada de trabalho, a uma hora de descanso, que poderá ser parcelada em dois períodos de meia hora.

À servidora que adotar ou obtiver guarda judicial de criança até 1 (um) ano de idade, serão concedidos 90 (noventa) dias de licença remunerada.

No caso de adoção ou guarda judicial de criança com mais de 1 (um) ano de idade, o prazo de que trata este artigo será de 30 (trinta) dias.

Poderá haver também prorrogação nos casos de adoção ou guarda judicial, com prazos de prorrogação diversos.

O art. 2º da Lei n. 11.770/2008 foi regulamentado pelo Decreto Federal n. 6.690/2008 para a Administração Pública direta, autárquica e fundacional, garantindo a **prorrogação** à servidora que requeira o benefício até o fim do primeiro mês após o parto.

Na forma do art. 210 da Lei n. 8.112/90, à servidora que adotar ou obtiver guarda judicial de criança até 1 (um) ano de idade, eram concedidos noventa dias de licença remunerada, mas o seu período também foi prorrogado pelo §3º do art. 2º do Decreto Federal n. 6.690/2008, da seguinte forma:

> Art. 2º Serão beneficiadas pelo Programa de Prorrogação da Licença à Gestante e à Adotante as servidoras públicas federais lotadas ou em exercício nos órgãos e entidades integrantes da Administração Pública federal direta, autárquica e fundacional.
>
> §1º A prorrogação será garantida à servidora pública que requeira o benefício até o final do primeiro mês após o parto e terá duração de sessenta dias.
>
> §2º A prorrogação a que se refere o §1º iniciar-se-á no dia subsequente ao término da vigência da licença prevista no art. 207 da Lei n. 8.112, de 11 de dezembro de 1990, ou do benefício de que trata o art. 71 da Lei n. 8.213, de 24 de julho de 1991.
>
> §3º O benefício a que fazem jus as servidoras públicas mencionadas no *caput* será igualmente garantido a quem adotar ou obtiver guarda judicial para fins de adoção de criança, na seguinte proporção:
>
> I – para as servidoras públicas em gozo do benefício de que trata o art. 71-A da Lei n. 8.213, de 1991:
>
> *a)* sessenta dias, no caso de criança de até um ano de idade;
>
> *b)* trinta dias, no caso de criança de mais de um e menos de quatro anos de idade; e
>
> *c)* quinze dias, no caso de criança de quatro a oito anos de idade.
>
> II – para as servidoras públicas em gozo do benefício de que trata o art. 210 da Lei n. 8.112, de 1990:

1314 CURSO DE DIREITO ADMINISTRATIVO

a) quarenta e cinco dias, no caso de criança de até um ano de idade; e

b) quinze dias, no caso de criança com mais de um ano de idade.

§4º Para os fins do disposto no §3º, inciso II, alínea *b*, considera-se criança a pessoa de até doze anos de idade incompletos, nos termos do art. 2º da Lei n. 8.069, de 13 de julho de 1990.

§5º A prorrogação da licença será custeada com recurso do Tesouro Nacional.

Pelo nascimento ou adoção de filhos ou obtenção da guarda, o servidor terá direito à licença-paternidade de **5 (cinco dias)** consecutivos, conforme o art. 208 da lei citada. O art. 2º do Decreto n. 8.737/16 estabeleceu que a prorrogação da licença-paternidade será concedida ao servidor público que requeira o benefício no prazo de dois dias úteis após o nascimento ou a adoção de filhos ou obtenção da guarda e terá duração de **quinze dias**, além dos cinco dias concedidos pelo art. 208 da Lei n. 8.112, de 1990.

A prorrogação iniciar-se-á no dia subsequente ao término da licença de que trata o art. 208 da Lei n. 8.112, de 1990.

O beneficiado pela prorrogação da licença-paternidade não poderá exercer qualquer atividade remunerada durante o período de prorrogação. O descumprimento implicará o cancelamento da prorrogação da licença e o registro da ausência como falta ao serviço.

41.4.6.22.6.6. *Licença por acidente em serviço*

Na forma dos arts. 211 a 214 da Lei n. 8.112/90, será licenciado, com remuneração integral, **o servidor acidentado em serviço**. Configura acidente em serviço o dano físico ou mental sofrido pelo servidor, que se relacione, mediata ou imediatamente, com as atribuições do cargo exercido.

Equipara-se ao acidente em serviço o dano:

I – decorrente de agressão sofrida e não provocada pelo servidor no exercício do cargo;

II – sofrido no percurso da residência para o trabalho e vice-versa.

O servidor acidentado em serviço que necessite de tratamento especializado poderá ser tratado em instituição privada, à conta de recursos públicos. O tratamento recomendado por junta médica oficial constitui medida de exceção e somente será admissível quando inexistirem meios e recursos adequados em instituição pública.

A prova do acidente será feita no prazo de dez dias, prorrogável quando as circunstâncias o exigirem.

41.4.6.22.6.7. Assistência à saúde do servidor e dos seus dependentes

A **assistência à saúde do servidor, ativo ou inativo, e de sua família** compreende assistência médica, hospitalar, odontológica, psicológica e farmacêutica. De acordo com o art. 230 da Lei n. 8.112/90, terá como diretriz básica o implemento de ações preventivas voltadas para a promoção da saúde e será prestada pelo Sistema Único de Saúde – SUS, diretamente pelo órgão ou entidade ao qual estiver vinculado o servidor, ou mediante convênio ou contrato, ou ainda na forma de auxílio, mediante ressarcimento parcial do valor despendido pelo servidor, ativo ou inativo, e seus dependentes ou pensionistas com planos ou seguros privados de assistência à saúde, na forma estabelecida em regulamento.

Nas hipóteses em que seja exigida perícia, avaliação ou inspeção médica, na ausência de médico ou junta médica oficial, para a sua realização o órgão ou entidade celebrará, preferencialmente, convênio com unidades de atendimento do sistema público de saúde, entidades sem fins lucrativos declaradas de utilidade pública, ou com o Instituto Nacional do Seguro Social – INSS.

Na impossibilidade, devidamente justificada, da aplicação do disposto no parágrafo anterior, o órgão ou entidade promoverá a contratação da prestação de serviços por pessoa jurídica, que constituirá junta médica especificamente para esses fins, indicando os nomes e especialidades dos seus integrantes, com a comprovação de suas habilitações e de que não estejam respondendo a processo disciplinar junto à entidade fiscalizadora da profissão.

O valor do ressarcimento fica limitado ao total despendido pelo servidor ou pensionista civil com plano ou seguro privado de assistência à saúde.

O Estado tem o dever constitucional de zelar pela saúde de todos os cidadãos, inclusive pela saúde dos seus agentes públicos.

41.4.6.22.6.8. Garantia de condições individuais e ambientais de trabalho satisfatórias

Meio ambiente do trabalho caracteriza-se como a ambiência na qual se desenvolvem as atividades do trabalho humano. Diante das modificações por que passa o trabalho, o meio ambiente laboral não se restringe ao espaço interno da fábrica ou da empresa, mas se estende ao próprio local de moradia ou ao ambiente urbano[87].

---

[87] ROCHA, Júlio César de Sá da. *A defesa processual do meio ambiente do trabalho*: dano, prevenção e proteção jurídica. São Paulo: LTr, 2002.

1316 CURSO DE DIREITO ADMINISTRATIVO

O Estado deve garantir condições de trabalho individuais e ambientais **dignas** aos seus servidores, propiciando espaços adequados, móveis ergonômicos e instrumentos que reduzam os riscos de moléstias funcionais, controlando os ruídos que possam causar situações de estresse, estimulando a boa convivência, através de atividades de integração, reprimindo os assédios dos que ocupam cargos de chefia contra os subordinados, distribuindo equitativamente as tarefas entre os de igual cargo etc.

A proteção do direito do trabalho distingue-se da assegurada ao meio ambiente do trabalho, pois esta visa a tutelar a saúde e a segurança do trabalhador no ambiente onde ele desenvolve suas atividades, enquanto o direito do trabalho regula as relações jurídicas entre empregado e empregador[88].

O direito ao meio ambiente do trabalho equilibrado decorre diretamente do **princípio da dignidade da pessoa humana** consubstanciado no inciso III do art. 1º da CF/88 e pode ser tutelado individualmente, por intermédio das associações e sindicatos ou do Ministério Público.

41.4.6.22.6.9. Pensão vitalícia ou temporária ao dependente

A **pensão por morte do servidor** tem como objetivo amparar os seus dependentes econômicos após o infortúnio. O servidor público contribui para que, ocorrendo tal fato, a sua família não seja desamparada; não se trata de benesse do Estado, mas de benefício devido em decorrência da contribuição previdenciária paga durante o exercício do cargo público efetivo pelo servidor.

A Emenda Constitucional n. 103/2019 promoveu sensíveis alterações acerca do benefício previdenciário de pensão por morte. Antes de sua promulgação, a forma de cálculo do benefício era descrita no texto da CF/88, a reger uniformemente a concessão do benefício em todos os entes federados.

A Reforma da Previdência de 2019 atribuiu autonomia aos entes federados para regular, por meio de lei, a concessão do referido benefício de risco, devendo observar a regras dispostas no § 7º do art. 40 da CF/88:

> § 7º Observado o disposto no § 2º do art. 201, quando se tratar da única fonte de renda formal auferida pelo dependente, o benefício de pensão por morte será concedido nos termos de lei do respectivo ente federativo, a qual tratará de forma diferenciada a hipótese de morte dos servidores de que trata o § 4º-B decorrente de agressão sofrida no exercício ou em razão da função.

---

[88] FIORILLO, Celso Antônio Pacheco. *Curso de direito ambiental brasileiro*. 14. ed. São Paulo: Saraiva, 2013.

Observadas as remissões aos dispositivos constitucionais presentes na norma acima, depreende-se que, quando se tratar de fonte única de renda formal auferida pelo dependente, a pensão por morte ou qualquer benefício que substitua o salário de contribuição ou o rendimento do trabalho do segurado não pode ter valor inferior ao salário mínimo.

Quando o benefício for decorrente de morte de servidor policial, agente penitenciário ou agente socioeducativo como resultado de agressão sofrida no exercício ou em razão da função, deve receber tratamento legal diferenciado.

No caso dos servidores públicos federais, a concessão do benefício rege-se pelo art. 23 da Emenda Constitucional n. 103/2019:

> Art. 23. A pensão por morte concedida a dependente de segurado do Regime Geral de Previdência Social ou de servidor público federal será equivalente a uma cota familiar de 50% (cinquenta por cento) do valor da aposentadoria recebida pelo segurado ou servidor ou daquela a que teria direito se fosse aposentado por incapacidade permanente na data do óbito, acrescida de cotas de 10 (dez) pontos percentuais por dependente, até o máximo de 100% (cem por cento).

Portanto, desde o início de vigência da Emenda Constitucional n. 103/2019, o benefício de pensão por morte passou a ser calculado mediante cotas familiares, que terá valor entre 50 e 100%, conforme a quantidade de dependentes. Essa nova forma de cálculo do benefício não afeta os beneficiários que tiverem a pensão por morte concedida antes da Reforma da Previdência de 2019, em respeito ao direito adquirido.

A pensão é tratada nos arts. 215 a 225 da Lei n. 8.112/90. São beneficiários das pensões:

I – o cônjuge;

II – o cônjuge divorciado ou separado judicialmente ou de fato, com percepção de pensão alimentícia estabelecida judicialmente;

III – o companheiro ou companheira que comprove união estável como entidade familiar;

IV – o filho de qualquer condição que atenda a um dos seguintes requisitos:

    a) seja menor de 21 (vinte e um) anos;

    b) seja inválido;

    c) tenha deficiência intelectual ou mental.

V – a mãe e o pai que comprovem **dependência econômica** do servidor; e

VI – o irmão de qualquer condição que comprove **dependência econômica** do servidor e seja menor de 21 (vinte e um) anos, seja inválido ou tenha deficiência intelectual ou mental.

O **enteado** e o **menor tutelado** equiparam-se a **filho** mediante declaração do servidor e desde que comprovada **dependência econômica**, na forma estabelecida em regulamento.

Em algumas hipóteses, a lei exige a comprovação de dependência econômica e, em outros, presume-a.

A concessão de pensão a cônjuge, a cônjuge divorciado ou separado judicialmente ou de fato, com percepção de pensão alimentícia estabelecida judicialmente, ao companheiro ou companheira que comprove união estável como entidade familiar e ao filho menor de 21 (vinte e um) anos, inválido ou que tenha deficiência intelectual ou mental, **exclui** a concessão de pensão a **mãe** e a **pai** que comprovem dependência econômica do servidor e a **irmão** de qualquer condição que comprove dependência econômica do servidor e seja menor de 21 (vinte e um) anos, seja inválido ou tenha deficiência intelectual ou mental.

A concessão de pensão a **mãe** e a **pai** que comprovem dependência econômica do servidor **exclui** a concessão de pensão a **irmão** de qualquer condição que comprove dependência econômica do servidor e seja menor de 21 (vinte e um) anos, seja inválido ou tenha deficiência intelectual ou mental.

Ocorrendo **habilitação de vários titulares** à pensão, o seu valor será distribuído em **partes iguais** entre os beneficiários habilitados.

A pensão poderá ser requerida a **qualquer tempo**, **prescrevendo** tão-somente as prestações exigíveis há mais de 5 (cinco) anos.

A pensão por morte será devida ao conjunto dos dependentes do segurado que falecer, aposentado ou não, a contar da data:

I – do óbito, quando requerida em até 180 (cento e oitenta dias) após o óbito, para os filhos menores de 16 (dezesseis) anos, ou em até 90 (noventa) dias após o óbito, para os demais dependentes;

II – do requerimento, quando requerida após o prazo previsto no item acima; ou

III – da decisão judicial, na hipótese de morte presumida.

A concessão da pensão por morte não será protelada pela falta de habilitação de outro possível dependente e a habilitação posterior que importe em exclusão ou inclusão de dependente só produzirá efeito a partir da data da publicação da portaria de concessão da pensão ao dependente habilitado.

Ajuizada a ação judicial para reconhecimento da condição de dependente, este poderá requerer a sua habilitação provisória ao benefício de pensão por morte, exclusivamente para fins de rateio dos valores com outros dependentes, vedado o pagamento da respectiva cota até o trânsito em julgado da respectiva ação, ressalvada a existência de decisão judicial em contrário.

Nas ações em que for parte o ente público responsável pela concessão da pensão por morte, este poderá proceder de ofício à habilitação excepcional da referida pensão, apenas para efeitos de rateio, descontando-se os valores referentes a esta habilitação das demais cotas, vedado o pagamento da respectiva cota até o trânsito em julgado da respectiva ação, ressalvada a existência de decisão judicial em contrário.

Julgada improcedente a ação, o valor retido será corrigido pelos índices legais de reajustamento e será pago de forma proporcional aos demais dependentes, de acordo com as suas cotas e o tempo de duração de seus benefícios.

Em qualquer hipótese, fica assegurada ao órgão concessor da pensão por morte a cobrança dos valores indevidamente pagos em função de nova habilitação.

Perde o direito à pensão por morte:

I – após o trânsito em julgado, o beneficiário condenado pela prática de crime de que tenha dolosamente resultado a morte do servidor;

II – o cônjuge, o companheiro ou a companheira se comprovada, a qualquer tempo, simulação ou fraude no casamento ou na união estável, ou a formalização desses com o fim exclusivo de constituir benefício previdenciário, apuradas em processo judicial no qual será assegurado o direito ao contraditório e à ampla defesa.

Será concedida pensão provisória por **morte presumida do servidor**, nos seguintes casos:

I – declaração de ausência, pela autoridade judiciária competente;

II – desaparecimento em desabamento, inundação, incêndio ou acidente não caracterizado como em serviço;

III – desaparecimento no desempenho das atribuições do cargo ou em missão de segurança.

A pensão provisória será transformada em vitalícia ou temporária, conforme o caso, decorridos 5 (cinco) anos de sua vigência, ressalvado o eventual reaparecimento do servidor, hipótese em que o benefício será automaticamente cancelado.

Acarreta **perda da qualidade de beneficiário da pensão por morte**:

I – o seu falecimento;

II – a anulação do casamento, quando a decisão ocorrer após a concessão da pensão ao cônjuge;

III – a cessação da invalidez, em se tratando de beneficiário inválido, ou o afastamento da deficiência, em se tratando de beneficiário com deficiência, respeitados os períodos mínimos decorrentes da aplicação das alíneas *a* e *b* do item VII abaixo;

IV – o implemento da idade de 21 (vinte e um) anos, pelo filho ou irmão;

V – a acumulação de pensão deixada por mais de um cônjuge ou companheiro ou companheira e de mais de 2 (duas) pensões;

VI – a renúncia expressa; e

VII – em relação a cônjuge, o cônjuge divorciado ou separado judicialmente ou de fato, com percepção de pensão alimentícia estabelecida judicialmente, o companheiro ou companheira que comprove união estável como entidade familiar:

a) o decurso de 4 (quatro) meses, se o óbito ocorrer sem que o servidor tenha vertido 18 (dezoito) contribuições mensais ou se o casamento ou a união estável tiverem sido iniciados em menos de 2 (dois) anos antes do óbito do servidor;

b) o decurso dos seguintes períodos, estabelecidos de acordo com a idade do pensionista na data de óbito do servidor, depois de vertidas 18 (dezoito) contribuições mensais e pelo menos 2 (dois) anos após o início do casamento ou da união estável:

1) 3 (três) anos, com menos de 21 (vinte e um) anos de idade;

2) 6 (seis) anos, entre 21 (vinte e um) e 26 (vinte e seis) anos de idade;

3) 10 (dez) anos, entre 27 (vinte e sete) e 29 (vinte e nove) anos de idade;

4) 15 (quinze) anos, entre 30 (trinta) e 40 (quarenta) anos de idade;

5) 20 (vinte) anos, entre 41 (quarenta e um) e 43 (quarenta e três) anos de idade;

6) vitalícia, com 44 (quarenta e quatro) ou mais anos de idade.

A critério da administração, o beneficiário de pensão cuja preservação seja motivada por invalidez, por incapacidade ou por deficiência poderá ser **convocado** a qualquer momento para avaliação das referidas condições.

O beneficiário que não atender à convocação terá o benefício suspenso, observado o disposto nos incisos I e II do *caput* do art. 95 da Lei n. 13.146, de 6 de julho de 2015.

Na hipótese de o servidor falecido estar, na data de seu falecimento, obrigado por determinação judicial a pagar **alimentos temporários** a ex-cônjuge, ex-companheiro ou ex-companheira, a pensão por morte será devida pelo prazo remanescente na data do óbito, caso não incida outra hipótese de cancelamento anterior do benefício.

O exercício de **atividade remunerada**, inclusive na condição de microempreendedor individual, não impede a concessão ou manutenção da cota da pensão de dependente com **deficiência intelectual ou mental ou com deficiência grave**.

No ato de requerimento de benefícios previdenciários, não será exigida apresentação de termo de curatela de titular ou de beneficiário com deficiência, observados os procedimentos a serem estabelecidos em regulamento.

As pensões serão automaticamente **atualizadas** na mesma data e na mesma proporção dos reajustes dos vencimentos dos servidores.

Ressalvado o direito de opção, é **vedada a percepção cumulativa** de pensão deixada por mais de um cônjuge ou companheiro ou companheira e de mais de 2 (duas) pensões.

41.4.6.22.6.10. Auxílio-funeral

O auxílio-funeral é previsto no art. 226 da Lei n. 8.112/90, norma que ilustra o objetivo de assegurar enterro digno ao agente público que dedicou boa parte da sua vida ao Estado.

A família do servidor na atividade ou aposentado tem direito a receber **verba indenizatória** no valor de um mês da remuneração ou do provento para cobrir as despesas do seu funeral.

No caso de acumulação legal de cargos, o auxílio será pago somente em razão do cargo de maior remuneração.

O auxílio será pago no prazo de 48 (quarenta e oito) horas, por meio de procedimento sumaríssimo, à pessoa da família que houver custeado o funeral. Se o funeral for custeado por terceiro, este será indenizado.

Em caso de falecimento de servidor em serviço fora do local de trabalho, inclusive no exterior, as despesas de transporte do corpo correrão à conta de recursos da União, autarquia ou fundação pública.

41.4.6.22.6.11. Auxílio-reclusão aos dependentes

Auxílio-reclusão é o **benefício** devido aos dependentes do servidor preso que não tenha perdido o seu cargo, conforme art. 229 da Lei n. 8.112/90.

À família do servidor ativo é devido o auxílio-reclusão, nos seguintes valores:

I – dois terços da remuneração, quando afastado por motivo de prisão, em flagrante ou preventiva, determinada pela autoridade competente, enquanto perdurar a prisão. Neste caso, o servidor terá direito à integralização da remuneração, desde que absolvido;

II – metade da remuneração, durante o afastamento, em virtude de condenação, por sentença definitiva, a pena que não determine a perda de cargo.

O pagamento do auxílio-reclusão cessará a partir do dia imediato àquele em que o servidor for posto em liberdade, ainda que condicional.

Atualmente, a pena imposta não ultrapassa a pessoa que cometeu o ilícito criminal, haja vista que a aplicação do Direito Penal é orientada pelo princípio da intranscendência da pena, que traduz a garantia tabulada no art. 5º, XLV, da

CF/88. Portanto, não seria justo que a família do servidor público efetivo pagasse com a sua redução à miséria pelo erro cometido pelo mantenedor.

Além disso, deve ser novamente ressaltado que não se trata de benefício gracioso outorgado pelo Estado, mas de contraprestação devida em virtude do pagamento de contribuição previdenciária como ocorreria em um seguro privado.

As críticas sobre a justiça da concessão são dissipadas pela natureza de *contraprestação* deste benefício, pois *não se está premiando um criminoso*, mas retribuindo-lhe a soma que pagou como compensação da responsabilidade que o segurador assume pelos *riscos*.

41.4.6.23. Regime disciplinar dos servidores públicos

41.4.6.23.1. Ilícito administrativo disciplinar

41.4.6.23.1.1. Aspectos gerais

O **agente público responde civil, penal e administrativamente** pelo exercício irregular de suas atribuições, pois o Estado Democrático de Direito tem como um dos princípios fundantes o da isonomia, que impossibilita a existência de classes especiais de cidadãos.

A responsabilidade civil, segundo o art. 122 da Lei n. 8.112/90, decorre de ato omissivo ou comissivo, doloso ou culposo, que resulte em prejuízo ao erário ou a terceiros.

Segundo o art. 123 da lei em tela, a responsabilidade penal abrange os crimes e contravenções imputadas ao servidor, nessa qualidade.

O art. 124 da Lei n. 8.112/90 afirma que a responsabilidade civil-administrativa resulta de ato omissivo ou comissivo praticado no desempenho do cargo ou função.

Em virtude de sua atuação sob regime jurídico diferenciado que lhe outorga certos poderes não extensíveis aos particulares, o agente público deve ser mais cioso, posto que a sociedade tem o direito de conhecer e fiscalizar as suas condutas.

A responsabilidade civil do agente público é subjetiva; depende, consequentemente, da existência de ação ou omissão, culposa ou dolosa. A responsabilidade civil do Estado com o seu agente público também é subjetiva, visto que o Estado não presta serviço público para os seus agentes na relação jurídica laboral.

A conduta do agente público deve ser culposa ou dolosa, a fim de que a sanção seja aplicada. O elemento subjetivo é indispensável, não sendo suficientes apenas a conduta, o nexo de causalidade e o resultado. **Não há falar em responsabilidade objetiva do servidor público.**

As sanções penais, cíveis e administrativas são **cumuláveis** entre si e independentes, na forma do art. 125 da Lei n. 8.112/90. Em regra, a absolvição na esfera penal ou a improcedência na esfera cível não implica arquivamento de sindicância ou de processo administrativo disciplinar. Eis jurisprudência do STF sobre o tema:

> ADMINISTRATIVO. AGRAVO REGIMENTAL. RECURSO ORDINÁRIO EM MANDADO DE SEGURANÇA. POLICIAL RODOVIÁRIO FEDERAL. COBRANÇA DE PROPINA. DEMISSÃO POR IMPROBIDADE ADMINISTRATIVA E PELA UTILIZAÇÃO DO CARGO PARA LOGRAR PROVEITO PESSOAL OU DE OUTREM, EM DETRIMENTO DA DIGNIDADE DA FUNÇÃO PÚBLICA. PROCESSO CRIMINAL. **ABSOLVIÇÃO POR FALTA DE PROVAS. REPERCUSSÃO NO PROCESSO ADMINISTRATIVO DISCIPLINAR. INEXISTÊNCIA. PRECEDENTES. PENA APLICADA POR FORÇA DE PREVISÃO LEGAL, APÓS MINUCIOSA INVESTIGAÇÃO NA SEARA ADMINISTRATIVA. OFENSA AOS PRINCÍPIOS DA PROPORCIONALIDADE E DA RAZOABILIDADE. NÃO CONFIGURAÇÃO.** AGRAVO REGIMENTAL A QUE SE NEGA PROVIMENTO[89].

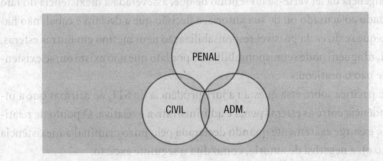

Existe, excepcionalmente, a possibilidade de o julgamento penal influenciar a responsabilidade civil e a responsabilidade administrativa. Conforme o art. 126 da Lei n. 8.112/90, a responsabilidade administrativa será afastada no caso de absolvição criminal que negue a existência do fato ou sua autoria. Segue a norma:

> Art. 126. A responsabilidade administrativa do servidor será afastada no caso de absolvição criminal que negue a existência do fato ou sua autoria.

---

[89] STF, RMS 34041 AgR, rel. Min. Teori Zavascki, 2ª Turma, julgado em 29-3-2016, *DJe* 28-4-2016.

A responsabilidade civil é independente da criminal, porém, não se pode questionar mais sobre a existência do fato, ou sobre quem seja o seu autor, quando estas questões se acharem decididas no juízo criminal, na forma do art. 935 do Código Civil de 2002. *Ipsis litteris*:

> Art. 935. A responsabilidade civil é independente da criminal, não se podendo questionar mais sobre a existência do fato, ou sobre quem seja o seu autor, quando estas questões se acharem decididas no juízo criminal.

O processo penal orienta-se pelo princípio da verdade real e, haja vista os bens jurídicos passíveis de restrição pela cominação de pena (como a liberdade, protegida pelo art. 5º, LIV, da CF/88), pressupõe-se no processo penal o máximo nível de certeza sobre a ocorrência de fatos e suas consequências jurídicas, não se admitindo efeitos processuais característicos do processo civil que possam atribuir ônus ao acusado, como a revelia, sobre o que dispõe o art. 344 do CPC: "Se o réu não contestar a ação, será considerado revel e presumir-se-ão verdadeiras as alegações de fato formuladas pelo autor".

Tal fenômeno processual é impossível no processo penal, impondo-se imprescindivelmente à acusação produzir provas sobre os fatos alegados. Por isso, a inteligência da lei verte-se no sentido de que, asseverada a inexistência do fato imputado ao acusado ou de sua autoria, a decisão que a declara é cabal, não havendo que se dizer da possível responsabilização nem mesmo em outras esferas, afinal, ninguém pode ser responsabilizado por fato que não existe ou, se existente, que não o praticou.

É pacífica sobre essa questão a jurisprudência do STF, ao afirmar que a independência entre as esferas penal e administrativa é relativa. O ponto de relatividade exsurge exatamente quando declarada pelo juízo criminal a inexistência do fato ou a negativa de autoria, como dita o seguinte excerto:

> É pacífica a jurisprudência deste Supremo Tribunal no sentido da independência relativa das esferas penal e administrativa, havendo repercussão apenas em se tratando de absolvição no juízo penal por inexistência do fato ou negativa de autoria[90].

Sobre a sentença do juízo criminal que declara inexistência do fato ou negativa de autoria e seus efeitos sobre a esfera administrativa disciplinar, transcreve-se conteúdo de esclarecedora decisão do STJ:

> [...] O Poder Judiciário pode e deve sindicar amplamente, em mandado de segurança, o ato administrativo que aplica a sanção de demissão a Servidor

---

[90] STF, RMS 32357, rel. Min. Cármen Lúcia, 2ª Turma, julgado em 17-3-2020, *DJe* 17-4-2020.

Público, para verificar (a) a ocorrência dos ilícitos imputados ao Servidor e, (b) mensurar a adequação da reprimenda à gravidade da infração disciplinar, não ficando a análise jurisdicional limitada aos seus aspectos formais.

[...] O Processo Administrativo Disciplinar não é dependente da instância penal, porém, quando o Juízo Penal já se pronunciou sobre os fatos que constituem, ao mesmo tempo, o objeto do PAD, exarando sentença absolutória por negativa de autoria, não há como se negar a sua inevitável repercussão no âmbito administrativo sancionador.

[...] Refoge ao senso de justiça que se tenha o mesmo fato por não provado no crime e provado na esfera administrativa punitiva, como se esta pudesse se satisfazer com prova incompleta, deficiente ou inconclusiva; a necessária independência entre as instâncias administrativa e penal, não exclui o imperioso equilíbrio entre elas, capaz de impingir coerência às decisões sancionatórias emanadas do Poder Público, sejam proferidas pelo Executivo ou pelo Judiciário.

[...] A materialização do dever-poder estatal de punir deve estar compatibilizada com os preceitos fundamentais que tutelam a dignidade da pessoa humana, de sorte que o julgamento do Processo Administrativo Disciplinar não pode consubstanciar ato arbitrário pautado em presunções, mas deve sempre estar calcado em liquidez e certeza, assegurando a aplicação do princípio da segurança jurídica entre as partes[91].

Situação diversa ocorre quando o juízo criminal declara a absolvição do réu por insuficiência de provas. Nesse caso, as provas consideradas insuficientes para a condenação criminal podem ser suficientes para o convencimento do juiz de direito em processo civil ou da autoridade administrativa julgadora em processo administrativo disciplinar, em suas respectivas esferas, sobre a culpa do acusado e consequente responsabilidade.

A Súmula n. 18, do STF, estabelece que "pela falta residual, não compreendida na absolvição pelo juízo criminal, é admissível a punição administrativa do servidor público". Referida súmula orienta também as decisões do STJ, razão por que a Corte Superior de Justiça afirma:

A jurisprudência sedimentada no STJ dispõe que "as esferas criminal e administrativa são independentes, estando a Administração vinculada apenas à decisão do juízo criminal que negar a existência do fato ou a autoria do crime," exceto se houver falta disciplinar residual não englobada pela sentença penal (Súmula 18/STF)[92].

---

[91] STJ, RMS 30511/PE, rel. Min. Napoleão Nunes Maia Filho, 5ª Turma, julgado em 9-11-2010, *DJe* 22-11-2010.

[92] STJ, MS 24766/DF, rel. Herman Benjamin, 1ª Seção, julgado em 9-6-2021, *DJe* 3-8-2021.

1326 CURSO DE DIREITO ADMINISTRATIVO

Impende salientar que o STJ decidiu inexistir ilícito administrativo quando o servidor público pratica a conduta sob a proteção de uma das causas excludentes de ilicitude do Direito Penal (legítima defesa, estado de necessidade, estrito cumprimento do dever legal e exercício regular de direito), afirmando, inclusive, ser ilegal a demissão de servidor que se apropriou de recursos públicos movido por estado de necessidade. É o que se denota no seguinte teor:

> A sentença penal absolutória que reconhece a ocorrência de causa excludente de ilicitude (estado de necessidade) faz coisa julgada no âmbito administrativo, sendo incabível a manutenção de pena de demissão baseada exclusivamente em fato que se reconheceu, em decisão transitada em julgado, como lícito[93].

Nesse jaez, cabe lembrar que não há consenso doutrinário sobre o conceito de crime, coexistindo diversas teorias, que elencam seus elementos estruturantes: bipartida (tipicidade e ilicitude), tripartida (tipicidade, ilicitude e culpabilidade) e quadripartida (tipicidade, ilicitude, culpabilidade e punibilidade). Note-se que qualquer que seja a posição doutrinária acolhida, a **ilicitude** sempre figura entre os elementos do crime. Sobre a ilicitude do fato, Nelson Hungria[94] leciona:

> Para se reconhecer que um fato típico é também antijurídico, basta indagar, dadas as circunstâncias que o acompanham, se não ocorre uma *causa de excepcional licitude (causa excludente de crime, descriminante)*, isto é, se a ação ou omissão não se apresenta como exercício de uma faculdade legal (reação moderada contra uma agressão atual e injusta, sacrifício do bem ou interesse alheio em *estado de necessidade*), ou realização de um direito outorgado ou cumprimento de um dever imposto por outra norma legal (penal ou extrapenal).

Logo, havendo excludente de ilicitude, não há repulsa do Direito contra o fato, porque a excludente tem o condão de afastar sua contradição ao ordenamento jurídico, repercutindo-se os efeitos desse reconhecimento à esfera administrativa de responsabilidade.

Enfatize-se que apesar de existirem diversas classificações de responsabilidade (penal, civil, administrativa contratual, administrativa licitatória, administrativa decorrente do poder de polícia, administrativa regulatória etc.), a responsabilidade que deve ser analisada aqui é a **responsabilidade administrativa funcional do servidor público ou, nas palavras da Lei n. 8.112/90, responsabilidade civil administrativa**.

---

[93] STJ, REsp 1090425/AL, rel. Min. Maria Thereza de Assis Moura, 6ª Turma, julgado em 1º-9-2011, *DJe* 19-9-2011.

[94] HUNGRIA, Nélson; FRAGOSO, Heleno Cláudio. *Comentários ao Código Penal*. v. 1. 5. ed. Rio de Janeiro: Forense, 1978. p. 22.

A República Federativa do Brasil ratificou e promulgou através do Decreto n. 5.687/06 a Convenção das Nações Unidas contra a Corrupção que exige, no seu artigo 8, códigos e normas de condutas para os servidores públicos. Eis a norma internacional:

Artigo 8
Códigos de conduta para funcionários públicos
1. Com o objetivo de combater a corrupção, cada Estado Parte, em conformidade com os princípios fundamentais de seu ordenamento jurídico, promoverá, entre outras coisas, a integridade, a honestidade e a responsabilidade entre seus funcionários públicos.
2. Em particular, cada Estado Parte procurará aplicar, em seus próprios ordenamentos institucionais e jurídicos, códigos ou normas de conduta para o correto, honroso e devido cumprimento das funções públicas.
3. Com vistas a aplicar as disposições do presente Artigo, cada Estado Parte, quando proceder e em conformidade com os princípios fundamentais de seu ordenamento jurídico, tomará nota das iniciativas pertinentes das organizações regionais, inter-regionais e multilaterais, tais como o Código Internacional de Conduta para os titulares de cargos públicos, que figura no anexo da resolução 51/59 da Assembleia Geral de 12 de dezembro de 1996.
4. Cada Estado Parte também considerará, em conformidade com os princípios fundamentais de sua legislação interna, a possibilidade de estabelecer medidas e sistemas para facilitar que os funcionários públicos denunciem todo ato de corrupção às autoridade competentes quando tenham conhecimento deles no exercício de suas funções.
5. Cada Estado Parte procurará, quando proceder e em conformidade com os princípios fundamentais de sua legislação interna, estabelecer medidas e sistemas para exigir aos funcionários públicos que tenham declarações às autoridades competentes em relação, entre outras coisas, com suas atividades externas e com empregos, inversões, ativos e presentes ou benefícios importantes que possam dar lugar a um conflito de interesses relativo a suas atribuições como funcionários públicos.
6. Cada Estado Parte considerará a possibilidade de adotar, em conformidade com os princípios fundamentais de sua legislação interna, medidas disciplinares ou de outra índole contra todo funcionário público que transgrida os códigos ou normas estabelecidos em conformidade com o presente Artigo.

O Brasil, à época da citada Convenção, já possuía diversas normas contra a corrupção, entre elas: a Lei n. 4.717/65, a Lei n. 8.112/90 e a Lei n. 8.429/92.

41.4.6.23.1.2. *Tipicidade, antijuridicidade e culpabilidade disciplinares*

O desenvolvimento do Direito Disciplinar observado nos países de língua espanhola tem permitido a construção de uma dogmática própria e, consequen-

1328 CURSO DE DIREITO ADMINISTRATIVO

temente, a criação de categorias e conceitos bastante específicos para esse ramo que trata da apuração das faltas funcionais dos servidores públicos.

Leon Restrepo[95] afirma com pertinência que, em reiteradas oportunidades, a Corte Constitucional da Colômbia tem se manifestado no sentido de que as garantias do Direito Penal projetam-se para o Direito Disciplinar, de modo que "o conteúdo da ofensa disciplinar tem esquema semelhante à conformação da conduta punível, portanto, no Direito Disciplinar também se pode falar de um fato típico, ilícito e culpável".

Não se pretende afirmar que os crimes ou contravenções têm a mesma natureza dos ilícitos administrativos funcionais. Porém, há sanções aplicáveis ao servidor público em decorrência de falta funcional que podem ter efeitos tão severos quanto sanções criminais, comparando-se, por exemplo, a sanção administrativa expulsória (demissão) e determinadas penas restritivas de direitos gravadas no art. 43 do Código Penal, observados os pressupostos tabulados no art. 44 do mesmo diploma legal:

Art. 43. As penas restritivas de direitos são:
I – prestação pecuniária;
II – perda de bens e valores;
III – limitação de fim de semana;
IV – prestação de serviço à comunidade ou a entidades públicas;
V – interdição temporária de direitos;
VI – limitação de fim de semana.
Art. 44. As penas restritivas de direitos são autônomas e substituem as privativas de liberdade, quando:
I – aplicada pena privativa de liberdade não superior a quatro anos e o crime não for cometido com violência ou grave ameaça à pessoa ou, qualquer que seja a pena aplicada, se o crime for culposo;
II – o réu não for reincidente em crime doloso;
III – a culpabilidade, os antecedentes, a conduta social e a personalidade do condenado, bem como os motivos e as circunstâncias indicarem que essa substituição seja suficiente.

Assim, a apuração da falta disciplinar deve observar as garantias ofertadas pelos elementos do crime e da contravenção, quais sejam, a tipicidade, a ilicitude e a culpabilidade.

---

[95] RESTREPO, Leon David Quintero. Tipicidad en materia disciplinaria: Tipos Abiertos y Numerus Apertus. *Diálogos de Derecho y Política*, n. 7, ano 2, mai/ago 2011. p. 3, tradução nossa.

O **princípio da anterioridade** e o **princípio da reserva legal** orientam o regime disciplinar. Por isso, pode-se aplicar o inciso XXXIX do art. 5º da CF/88 (não há crime sem lei anterior que o defina, nem pena sem prévia cominação legal), ao ilícito administrativo funcional, pois a sua tipicidade decorre do princípio da legalidade, sendo certo que todas as condutas passíveis de sanção devem estar vedadas pela lei e as próprias sanções precisam também ser veiculadas em lei.

Para ter relevância punitiva, a conduta dolosa ou culposa do servidor deve ser típica, ou seja, deve ser passível de enquadramento nas hipóteses descritas pela lei (tipicidade formal), deve constituir algo relevante para o Direito e deve atingir valor juridicamente protegido pelo ordenamento (tipicidade material). A conduta não pode estar protegida por uma das excludentes de ilicitudes (legítima defesa, estado de necessidade, estrito cumprimento do dever legal ou exercício regular de direito) e deve ser culpável (imputabilidade, potencial consciência da ilicitude e exigibilidade de conduta diversa).

Caso qualquer dos três elementos esteja ausente, impõe-se o arquivamento da sindicância punitiva ou do processo administrativo disciplinar.

41.4.6.23.1.3. Extraterritorialidade

Em regra, a lei brasileira aplica-se em solo nacional. Contudo, há diversas hipóteses de incidência das normas além do território do Brasil.

O Código Penal, por exemplo, afirma, no seu art. 7º, que alguns crimes, em virtude da relevância do bem jurídico maculado, ficam sujeitos às leis brasileiras ainda que cometidos no exterior.

Demonstrando também a possibilidade de incidência de norma brasileira fora do território nacional, o §1º do art. 1º da Lei de Introdução às Normas do Direito Brasileiro (Decreto-Lei n. 4.657/42) aduz que, nos Estados Estrangeiros, a lei brasileira, quando admitida, entrará em vigor três meses após oficialmente publicada.

O debate sobre a extraterritorialidade da aplicação da Lei n. 8.112/90 é relevante, visto que há diversos servidores públicos federais que desempenham as suas funções em Estado Estrangeiro, por exemplo, diplomatas e policiais federais.

Caso um servidor público federal pratique ato ilícito no exercício ou em razão do cargo ocupado, deverá ser instaurada sindicância ou processo administrativo disciplinar pela autoridade competente, com base nas normas da Lei n. 8.112/90, mesmo que o processamento se realize no exterior.

1330 CURSO DE DIREITO ADMINISTRATIVO

Trata-se de hipótese de aplicação da norma brasileira além das suas fronteiras. Eis um exemplo de portaria do Ministério das Relações Exteriores sobre a questão:

> **PORTARIA COR n. 02, DE 06 DE MAIO DE 2013**
> **O CORREGEDOR DO SERVIÇO EXTERIOR**, no uso das atribuições que lhe confere o Decreto n. 1.793, de 18 de janeiro de 1996, resolve:
> Designar o Embaixador (...), a Embaixadora (...) e o Embaixador (...), para, sob a presidência do primeiro, comporem Comissão encarregada do Processo Administrativo Disciplinar COR 02/13, com vistas à apuração de denúncias contra o Embaixador (...) e o Conselheiro (...), fazendo uso das informações contidas no "Relatório da investigação inicial sobre denúncias no Consulado-Geral do Brasil em Sydney", do Embaixador (...), de 13 de março de 2013, e anexos, bem como da documentação correlata, de variada procedência, recebida pela Corregedoria do Serviço Exterior.
> HERALDO PÓVOAS DE ARRUDA

Assim, tem-se que, mesmo quando for praticado o ilícito funcional no exterior, deverá haver a apuração na forma da Lei n. 8.112/90.

41.4.6.23.2. Garantias constitucionais

A análise da incidência das garantias constitucionais exige como premissa a definição técnica do instrumento punitivo do servidor público como processo, não como procedimento.

Além disso, deve ficar claro que todas as sanções comináveis devem ter previsão legal, pois não há dúvida de que sanção funcional é restrição a direito decorrente de direito subjetivo do Estado. Da violação ao estatuto funcional, que também observa o princípio da reserva legal, surge para o Estado o direito de sancionar o seu servidor público.

A primeira garantia do servidor público é o princípio da legalidade insculpido tanto no inciso II do art. 5º quanto no *caput* do art. 37, ambos da CF/88.

O primeiro estabelece:

> Art. 5º Todos são iguais perante a lei, sem distinção de qualquer natureza, garantindo-se aos brasileiros e aos estrangeiros residentes no País a inviolabilidade do direito à vida, à liberdade, à igualdade, à segurança e à propriedade, nos termos seguintes:
> (...)
> II – ninguém será obrigado a fazer ou deixar de fazer alguma coisa senão em virtude de lei;

O segundo estabelece:

Art. 37. A administração pública direta e indireta de qualquer dos Poderes da União, dos Estados, do Distrito Federal e dos Municípios obedecerá aos princípios de legalidade, impessoalidade, moralidade, publicidade e eficiência e, também, ao seguinte.

Dessa forma, tanto as proibições e os deveres dos servidores públicos quanto as sanções que lhes são aplicáveis precisam ser veiculados por meio de lei.

Na esfera federal, é a Lei n. 8.112/90 que estabelece os deveres, as proibições, os processos de apuração das faltas funcionais e as sanções.

Nas outras esferas municipal, estadual e distrital faz-se necessária a edição de lei formal para estabelecer os deveres, as proibições, os processos de apuração das faltas funcionais e as sanções, sendo que a inexistência de lei qualifica a relação laboral como celetista, fazendo com que todas as disposições da CLT sejam aplicáveis.

Estritamente em relação aos requisitos instrumentais do processo disciplinar, o STJ decidiu, quanto à aplicabilidade supletiva, que as "disposições da Lei 8.112/1990 são aplicáveis no âmbito dos Estados nas hipóteses em que existam lacunas nas leis locais que regem os servidores públicos e não haja incompatibilidade entre as normas"[96].

A apuração de faltas funcionais e de inobservância dos deveres e proibições legalmente estabelecidos realizar-se-á através de processo administrativo, pois o procedimento administrativo não atribui as garantias constitucionais necessárias ao servidor público.

O procedimento administrativo pode ser usado para a sindicância investigatória, patrimonial e para a verificação preliminar, visto que a sindicância punitiva não dispensa o contraditório e a ampla defesa e os meios e recursos a ela inerentes.

O inciso LV do art. 5º da CF/88 exige a observância das citadas garantias apenas nos processos judiciais ou administrativos. Segue a norma:

Art. 5º Todos são iguais perante a lei, sem distinção de qualquer natureza, garantindo-se aos brasileiros e aos estrangeiros residentes no País a inviolabilidade do direito à vida, à liberdade, à igualdade, à segurança e à propriedade, nos termos seguintes:

(...)

LV – aos litigantes, em processo judicial ou administrativo, e aos acusados em geral são assegurados o contraditório e ampla defesa, com os meios e recursos a ela inerentes;

---

[96] STF, RMS 60493, rel. Min. Herman Benjamin, 2ª Turma, julgado em 19-9-2019, *DJe* 11-10-2019.

CURSO DE DIREITO ADMINISTRATIVO

Como já foi ilustrado, o **processo administrativo** é uma série de atos concatenados, praticados extrajudicialmente pelas partes, em contraposição, tendentes a um ato administrativo final dependente dos anteriores.

No processo administrativo, **há lide**, ou seja, a contraposição de interesses é fundamental, sendo certo que a própria Constituição Federal entendeu existir sempre lide no processo administrativo ao exigir a observância, no inciso LV do seu art. 5º, do contraditório, da ampla defesa e dos meios e recursos a ela inerentes.

O saudoso Diogenes Gasparini[97] conceitua processo administrativo como o conjunto de atos ordenados, cronologicamente praticados e necessários a produzir uma decisão sobre certa controvérsia de natureza administrativa.

Já o **procedimento administrativo** é uma série de atos concatenados, praticados pelas partes em colaboração, tendentes a um ato administrativo final dependente dos anteriores. Observe-se que no procedimento administrativo **não há lide, não há conflito de interesses**.

Por exemplo, no procedimento administrativo relativo ao concurso público, os candidatos e a Administração Pública agem em colaboração, para que, ao fim, haja o ato administrativo de nomeação. No Processo Administrativo Disciplinar, o agente público e a Administração Pública ocupam posições antagônicas, podendo, ao término, ser editado ato de punição.

Tanto no processo administrativo quanto no procedimento administrativo cada um dos atos preparatórios do ato administrativo final deve observar a forma estabelecida pela **lei** ou pela Administração Pública nos seus atos normativos.

Não se deve confundir **rito** com procedimento.

O **rito** é a dinâmica do processo ou do procedimento, sendo a forma através da qual os seus diversos atos internos relacionam-se.

Pode-se afirmar que o rito fiscal, o rito disciplinar e o rito geral, no processo administrativo, são também diferentes entre si.

O rito licitatório, o rito de provimento de cargos públicos e o rito de desapropriação consensual, no procedimento administrativo, são diferentes entre si.

Conforme já dito, este posicionamento não é unânime na doutrina e na jurisprudência, nem se filia à maioria dos autores.

A necessidade de obediência ao contraditório e à ampla defesa atinge tanto a Comissão Processante ou Sindicante quanto o Poder Legislativo.

Na primeira hipótese, devem ser ofertadas materialmente ao servidor público as garantias constitucionais, pois não adianta haver previsão legal formal

---

[97] GASPARINI, Diogenes. *Direito administrativo*. 15. ed. São Paulo: Saraiva, 2010.

de que o processo possibilitará o seu exercício, é preciso que a Comissão materialmente as oferte.

Na segunda hipótese, tem-se como pauta diretiva para legislar as citadas garantias constitucionais, jamais podendo o legislador criar leis que não prevejam tais garantias ou que as limitem, sob pena de violar a Carta Maior.

Logo, resta claro que o Processo Administrativo Disciplinar e a sindicância punitiva são espécies de processos administrativos sempre sujeitos aos princípios do contraditório, da ampla defesa e da legalidade.

41.4.6.23.3. *Previsão constitucional*

O Processo Administrativo Disciplinar tem raiz constitucional. Assim, quando a Norma Maior determinar como instrumento de apuração de falta funcional o processo administrativo, a lei não poderá estabelecer qualquer outra forma.

O inciso II do art. 41 da CF/88 determina:

> Art. 41. São estáveis após três anos de efetivo exercício os servidores nomeados para cargo de provimento efetivo em virtude de concurso público.
> §1º O servidor público estável só perderá o cargo:
> (...)
> II – mediante **processo administrativo** em que lhe seja assegurada ampla defesa; (grifo)

Com relação aos servidores públicos que exercem atividades exclusivas de Estado, o art. 247 da Carta Maior estabelece:

> Art. 247. As leis previstas no inciso III do §1º do art. 41 e no §7º do art. 169 estabelecerão critérios e garantias especiais para a perda do cargo pelo servidor público estável que, em decorrência das atribuições de seu cargo efetivo, desenvolva atividades exclusivas de Estado.
> Parágrafo único. Na hipótese de insuficiência de desempenho, a perda do cargo somente ocorrerá mediante **processo administrativo** em que lhe sejam assegurados o contraditório e a ampla defesa. (grifo)

Observe-se que a Constituição Federal de 1988 estabeleceu o processo administrativo para a aplicação da pena de demissão ao servidor estável, mas a interpretação sistêmica do inciso LV do seu art. 5º mostra que qualquer sanção aplicável pelo Estado ao seu servidor público, ainda que não seja estável, não prescinde de processo administrativo.

Nesse sentido, tem-se a **Súmula n. 20, do STF**: "É necessário processo administrativo com ampla defesa, para demissão de funcionário admitido por concurso".

Ressalte-se também que a insuficiência na avaliação especial de desempenho descrita no §4º do art. 41 da CF/88, impeditiva da aquisição da estabilidade, não representa sanção, mas não dispensa o exercício do contraditório e da ampla defesa, conforme a **Súmula n. 21, do STF**: "Funcionário em estágio probatório não pode ser exonerado nem demitido sem inquérito ou sem as formalidades legais de apuração de sua capacidade".

41.4.6.23.4. *Pessoas sujeitas ao processo administrativo disciplinar e à sindicância da Lei n. 8.112/90: Servidores públicos*

Servidor público é o agente público que ocupa permanentemente cargo público, para o desempenho profissional de atividade do Estado, integrando o quadro funcional de pessoa jurídica de direito público interno, sob regime estatutário.

Observe-se que permanência não implica estabilidade, visto que há servidores públicos estatutários que não possuem essa garantia, por exemplo, os ocupantes de cargos em comissão.

Segundo o art. 2º da Lei n. 8.112/1990, o vocábulo servidor somente pode ser usado para ocupante de cargo público. Eis o seu texto: "Para os efeitos desta Lei, servidor é a pessoa legalmente investida em cargo público".

Estarão, assim, sujeitos ao Processo Administrativo Disciplinar (PAD) e à Sindicância prevista na Lei n. 8.112/90 os que forem nomeados para cargos públicos na forma do art. 9º do citado texto normativo. Eis suas palavras:

> Art. 9º A nomeação far-se-á:
> I – em caráter efetivo, quando se tratar de cargo isolado de provimento efetivo ou de carreira;
> II – em comissão, inclusive na condição de interino, para cargos de confiança vagos.

O servidor efetivo, ainda que no cumprimento do estágio probatório, pode ser acusado em PAD ou sindicância, pois nem sempre há interseção entre as condutas que ensejam exoneração em virtude de reprovação em estágio probatório e as sanções disciplinares.

Se o servidor público efetivo estiver ocupando cargo em comissão no mesmo ente federativo e ambos os cargos forem disciplinados pelo mesmo estatuto normativo, a falta funcional no exercício das atribuições do cargo em comissão refletirá no seu cargo efetivo, salvo se ocupar cargo em comissão em ente federativo diverso do relativo ao seu cargo efetivo ou se os regimes jurídicos forem diversos.

Como já visto, a Carta de 1988 criou discrímen entre os servidores públicos, estabelecendo duas classes: (i) a daqueles que têm as suas funções ou as atribuições dos seus órgãos descritas na Constituição; e (ii) a daqueles que têm as suas funções e atribuições dos seus órgãos listadas em norma infraconstitucional.

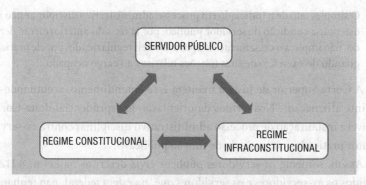

Os servidores de regime constitucional desempenham, conforme opção política do Poder Constituinte, funções de maior relevância para o Estado.

Normalmente, os agentes públicos atribuídos de funções típicas de Estado possuem regime jurídico próprio, sendo utilizada a Lei n. 8.112/90 ou o regime jurídico geral do ente federativo subsidiariamente, o que reflete diretamente no catálogo de direitos e deveres desses agentes.

Por exemplo, o art. 3º, parágrafo único, da Lei n. 10.871/2004 dispõe que aos servidores da carreira da regulação, no exercício das atribuições de natureza fiscal ou decorrentes do poder de polícia, são asseguradas as prerrogativas de promover a interdição de estabelecimentos, instalações ou equipamentos, assim como a apreensão de bens ou produtos, e de requisitar o auxílio de força policial, em caso de desacato ou embaraço ao exercício de suas funções.

De outra face, o art. 23 do diploma legal mencionado impõe a esses servidores diversas obrigações cuja inobservância pode acarretar a pena de demissão, como o dever de sigilo sobre operações ativas e passivas; prestação de serviços a empresa regulada; inobservância de súmula, parecer normativo ou orientação técnica etc., de sorte que os servidores alcançados por essas normas de proibição têm suas atividades disciplinadas por regime disciplinar específico, além das obrigações gerais regidas pela Lei n. 8.112/90.

Os ex-servidores públicos civis também estão sujeitos ao Processo Administrativo Disciplinar. Eis as palavras da Ministra Laurita Vaz, do STJ: "sem desconsiderar a clareza solar do ordenamento jurídico, que não exclui a necessidade de apuração de irregularidades praticadas pelo ex-servidor quando se encontrava no exercício de suas funções, é importante ressaltar que esta egrégia Seção, quando do julgamento do MS 9.497/DF, da relatoria do Ministro José

Arnaldo da Fonseca, já se manifestou sobre esse tema"[98]. No mesmo julgado, destaca-se:

> O simples fato de o Indiciado em processo administrativo disciplinar não mais ostentar a condição de servidor público, por já ter sido anteriormente demitido, não implica o cessamento da apuração de irregularidades por ele praticadas quando do exercício de suas funções relativas ao cargo ocupado.

A Corte Superior de Justiça mantém esse entendimento, acentuando-se a seguinte afirmação: "Nos termos da orientação jurisprudencial desta Corte, é possível a instauração de processo administrativo disciplinar contra ex-servidor por atos praticados no exercício de função pública"[99].

Assim, somente os servidores públicos civis descritos na Lei n. 8.112/90, incluídos os ex-servidores e os servidores que, na esfera federal, não tenham regime disciplinar próprio, estão sujeitos ao Processo Administrativo Disciplinar e à Sindicância tratados naquele conjunto de normas.

Deve ser mencionado que a Primeira Seção do STJ, por unanimidade de votos, anulou portaria do Ministro de Minas e Energia que demitiu servidor da Agência Nacional do Petróleo, Gás Natural e Biocombustíveis (ANP) em razão de falta disciplinar cometida em cargo público ocupado anteriormente. Eis a ementa:

> ADMINISTRATIVO. MANDADO DE SEGURANÇA. SERVIDOR PÚBLICO. PROCESSO ADMINISTRATIVO DISCIPLINAR. PENALIDADE DE DEMISSÃO, COM BASE NO ART. 132, VI DA LEI 8.112/90, DO CARGO DE AGENTE EXECUTIVO DA COMISSÃO DE VALORES MOBILIÁRIOS-CVM (CARGO NÃO MAIS OCUPADO PELO SERVIDOR). PORTARIA, ORA IMPUGNADA, CUJO CONTEÚDO FOI A DEMISSÃO DO CARGO CONTEMPORANEAMENTE OCUPADO PELO IMPETRANTE NA ANP (ANALISTA ADMINISTRATIVO). PARECER DO MPF PELA CONCESSÃO PARCIAL DA ORDEM. ORDEM CONCEDIDA PARA DETERMINAR A IMEDIATA REINTEGRAÇÃO DO IMPETRANTE AO CARGO DE ANALISTA ADMINISTRATIVO, CLASSE A, PADRÃO III, NO QUADRO DE PESSOAL DA AGÊNCIA NACIONAL DO PETRÓLEO, GÁS NATURAL E BIOCOMBUSTÍVEIS.
> 1. Conforme bem ressaltado pelo ilustre Ministro SÉRGIO KUKINA, em esclarecedor voto vista ao qual adiro, de fato, recebendo os autos com a recomendação de demissão do cargo não mais ocupado pelo Servidor processado (Agente Executivo), o Ministro de Estado dasMinas e Energia acabou por expedir a Portaria ora impugnada, cujo conteúdo foi a penalidade de demissão do cargo contemporaneamente ocupado pelo impetrante na ANP (Analista Administrativo).

---

[98] STJ, MS 13.916/DF, rel. Min. Laurita Vaz, 3ª Seção, julgado em 8-2-2012, *DJe* 23-2-2012.

[99] STJ, MS 14.586/DF, rel. Min. Antonio Saldanha Palheiro, 3ª Seção, julgado em 28-11-2018, *DJe* 11-12-2018.

2. Aí residiu o nuclear vício em que incidiu a autoridade impetrada, haja vista que, nesse contexto, o resultado do ato importou em violação de lei (art. 2º, parágrafo único, alínea c da Lei 4.717/1965), inquinando o ato sancionador de nulidade, por vício de objeto, pois não havia registro de nenhuma conduta desviante do então Servidor no exercício de suas atividades junto à ANP (sua falta funcional, repita-se, ocorrera anteriormente, enquanto no exercício do cargo de Agente Executivo da CVM hipótese do art. 132, VI, da Lei 8.112/1990, ou seja, insubordinação grave em serviço). Por isso que tal demissão, à toda vista, revestiu-se de remarcada ilegalidade, justificando, pelo menos quanto a esse aspecto, a concessão do *writ*. (...)[100].

Considerando a esfera federal e as demais esferas, situações interessantes relacionadas à qualidade funcional do acusado podem surgir. Eis algumas:

a) O acusado ocupa cargo efetivo e cargo em comissão na mesma esfera federativa e no mesmo órgão ou entidade:

A sindicância e o PAD serão realizados no órgão ou entidade e terão reflexo em ambos os cargos.

b) O acusado ocupa cargo efetivo e em comissão na mesma esfera federativa, porém, em entidades ou órgãos diversos:

Se, em relação ao cargo efetivo, não houver lei específica relativa à competência para sindicância e PAD, poderá haver sindicância e PAD em qualquer dos órgãos ou entidades com reflexos em ambos, observando-se, em relação à delegação de competência e ao julgamento, o §3º do art. 143 da Lei n. 8.112/90.

c) O acusado ocupa cargo efetivo e foi cedido a outro órgão ou entidade na mesma esfera federativa:

A sindicância e o PAD serão realizados no órgão do cargo efetivo. Contudo, há entendimento do STJ que faculta a instauração no órgão receptor, conforme a seguinte ementa:

MANDADO DE SEGURANÇA. PROCEDIMENTO ADMINISTRATIVO DISCIPLINAR. SERVIDOR EFETIVO CEDIDO. FASES. COMPETÊNCIA. CISÃO. POSSIBILIDADE. INSTAURAÇÃO E APURAÇÃO PELO ÓRGÃO CESSIONÁRIO. JULGAMENTO E EVENTUAL APLICAÇÃO DE SANÇÃO PELO ÓRGÃO CEDENTE.1. A instauração de processo disciplinar contra servidor efetivo cedido deve dar-se, preferencialmente, no órgão em que tenha sido praticada a suposta irregularidade. Contudo, o julgamento e a eventual aplicação de sanção só podem ocorrer no órgão ao qual o servidor efetivo estiver vinculado.

---

[100] STJ, MS 17.918/DF, rel. Min. Napoleão Nunes Maia Filho, 1ª Seção, julgado em 13-9-2017, *DJe* 2-2-2018.

1338 CURSO DE DIREITO ADMINISTRATIVO

2. Ordem concedida[101].

d) O acusado é empregado público e ocupa cargo em comissão na mesma esfera federativa e no mesmo órgão:

Haverá sindicância e PAD descritos na Lei n. 8.112/90 somente em relação ao cargo em comissão. Em relação ao emprego público, o contrato poderá ser rescindido por falta grave, na forma do inciso I do art. 3º da Lei n. 9.962/2000. Nesse sentido, o Enunciado n. 13, de 28 de abril de 2016, da Corregedoria-Geral da União:

> A penalidade de destituição de cargo em comissão aplicada ao empregado público cedido a órgão da Administração Pública Direta, Autárquica e Fundacional poderá repercutir no vínculo empregatício, sendo desnecessária a instauração de novo processo disciplinar no âmbito da empresa estatal.

e) O acusado é empregado público e ocupa cargo em comissão na mesma esfera federativa, porém, em órgãos diversos.

Haverá sindicância e PAD no órgão do cargo em comissão e repercutirá no contrato de emprego, se a conduta for falta grave, causando a sua rescisão.

f) O acusado é empregado público e foi cedido a outro órgão ou entidade na mesma esfera federativa:

Não há falar em PAD ou sindicância da Lei n. 8.112/90, devendo ser observado o inciso I do art. 3º da Lei n. 9.962/2000 no seu órgão de origem.

g) O acusado ocupa cargo efetivo em uma esfera federativa e cargo em comissão em outra esfera federativa:

O PAD e a sindicância ocorrerão no órgão do cargo em comissão que apresentará os resultados ao órgão do cargo efetivo para a adoção de medidas que julgar cabíveis.

h) O acusado ocupa cargo efetivo em uma esfera federativa e foi cedido a outra esfera federativa:

A sindicância e o PAD dar-se-ão no órgão do cargo efetivo que apresentará os resultados ao órgão cessionário para a adoção de medidas que julgar cabíveis. Contudo, há entendimento do STJ que faculta a instauração no órgão receptor.

i) O acusado é empregado público em uma esfera federativa e tem cargo em comissão em outra esfera federativa:

---

[101] STJ, MS 21.991/DF, rel. Min. Humberto Martins, rel. p/ acórdão Min. João Otávio de Noronha, Corte Especial, julgado em 16-11-2016, *DJe* 3-3-2017.

O PAD e a sindicância correrão no órgão do cargo em comissão e poderão ter efeito para a rescisão do contrato se a falta for grave.

j) O acusado é empregado público e foi cedido para outra esfera federativa:

Não há falar em PAD ou sindicância da Lei n. 8.112/90, devendo ser observado o inciso I do art. 3º da Lei n. 9.962/2000 no seu órgão de origem.

Tudo que foi dito em relação aos empregados públicos regidos pela Lei n. 9.962/00 aplica-se aos empregados estatais.

O PAD e a sindicância também são aplicáveis ao servidor em estágio probatório, visto que se houver qualquer ilícito funcional na sua atuação não haverá apenas reprovação no estágio probatório, mas também a aplicação da sanção cabível. Observe-se que simultaneamente devem ocorrer a reprovação no estágio probatório e a sanção, pois se a sanção for anulada, em virtude da conduta não ser tão grave, remanescerá, considerada a menor gravidade da conduta, descumprimento de requisito para a aprovação no estágio probatório. A reprovação no estágio probatório não é sanção funcional e ensejará a sua exoneração. Contudo, nada impede que o servidor seja demitido se cometer falta funcional grave.

1. SERVIDOR EFETIVO NO ÓRGÃO OU ENTIDADE A	CARGO EM COMISSÃO NO ÓRGÃO OU ENTIDADE A	PAD OU SINDICÂNCIA NO ÓRGÃO OU ENTIDADE A
2. SERVIDOR EFETIVO NO ÓRGÃO OU ENTIDADE A	CARGO EM COMISSÃO NA MESMA ESFERA FEDERATIVA, MAS EM ENTIDADE OU ÓRGÃO DIVERSO	PAD OU SINDICÂNCIA EM QUALQUER DOS ÓRGÃOS OU ENTIDADES, OBSERVANDO-SE O §3º DO ART. 143 DA LEI N. 8.112/90
3. SERVIDOR EFETIVO NO ÓRGÃO OU ENTIDADE A	CEDIDO A OUTRO ÓRGÃO OU ENTIDADE NA MESMA ESFERA FEDERATIVA OU EM OUTRA ESFERA FEDERATIVA	SINDICÂNCIA E O PAD SERÃO REALIZADOS NO ÓRGÃO DO CARGO EFETIVO. **CONTUDO, HÁ ENTENDIMENTO DO STJ QUE FACULTA A INSTAURAÇÃO NO ÓRGÃO RECEPTOR E JULGAMENTO NO ÓRGÃO DE ORIGEM (MS 21.991/ DF, Rel. Ministro HUMBERTO MARTINS, Rel. p/ Acórdão Ministro JOÃO OTÁVIO DE NORONHA, CORTE ESPECIAL, julgado em 16-11-2016, DJe 3-3-2017.**

4. EMPREGADO PÚBLICO NO ÓRGÃO OU ENTIDADE A	CARGO EM COMISSÃO NO ÓRGÃO OU ENTIDADE A	SINDICÂNCIA E PAD DESCRITOS NA LEI N. 8.112/90 SOMENTE EM RELAÇÃO AO CARGO EM COMISSÃO
5. EMPREGADO PÚBLICO NO ÓRGÃO OU ENTIDADE A	CARGO EM COMISSÃO NA MESMA ESFERA FEDERATIVA, MAS EM ENTIDADE OU ÓRGÃO DIVERSO	SINDICÂNCIA E PAD NO ÓRGÃO DO CARGO EM COMISSÃO E REPERCUTIRÁ NO CONTRATO DE EMPREGO, SE A CONDUTA FOR FALTA GRAVE, CAUSANDO A SUA RESCISÃO
6. EMPREGADO PÚBLICO NO ÓRGÃO OU ENTIDADE A	CEDIDO A OUTRO ÓRGÃO OU ENTIDADE NA MESMA ESFERA FEDERATIVA OU EM OUTRA ESFERA FEDERATIVA	NÃO HÁ FALAR EM PAD OU SINDICÂNCIA DA LEI N. 8.112/90, DEVENDO SER OBSERVADO O INCISO I DO ART. 3º DA LEI N. 9.962/00 NO SEU ÓRGÃO DE ORIGEM
7. CARGO EFETIVO EM UMA ESFERA FEDERATIVA	CARGO EM COMISSÃO EM OUTRA ESFERA FEDERATIVA	O PAD E A SINDICÂNCIA OCORRERÃO NO ÓRGÃO DO CARGO EM COMISSÃO QUE APRESENTARÁ OS RESULTADOS AO ÓRGÃO DO CARGO EFETIVO PARA A ADOÇÃO DE MEDIDAS QUE JULGAR CABÍVEIS
8. CARGO EFETIVO EM UMA ESFERA FEDERATIVA	CEDIDO A OUTRA ESFERA FEDERATIVA	A SINDICÂNCIA E O PAD DAR-SE-ÃO NO ÓRGÃO DO CARGO EFETIVO QUE APRESENTARÁ OS RESULTADOS AO ÓRGÃO CESSIONÁRIO PARA A ADOÇÃO DE MEDIDAS QUE JULGAR CABÍVEIS
9. EMPREGADO PÚBLICO NO ÓRGÃO OU ENTIDADE A	CARGO EM COMISSÃO EM OUTRA ESFERA FEDERATIVA	O PAD E A SINDICÂNCIA OCORRERÃO NO ÓRGÃO DO CARGO EM COMISSÃO E PODERÃO TER EFEITO PARA A RESCISÃO DO CONTRATO SE A FALTA FOR GRAVE
10. EMPREGADO PÚBLICO NO ÓRGÃO OU ENTIDADE A	CEDIDO A OUTRA ESFERA FEDERATIVA	NÃO HÁ FALAR EM PAD OU SINDICÂNCIA DA LEI N. 8.112/90, DEVENDO SER OBSERVADO O INCISO I DO ART. 3º DA LEI N. 9.962/00 NO SEU ÓRGÃO DE ORIGEM

Por fim, nunca deve ser esquecido que o servidor público continua sujeito aos instrumentos de apuração disciplinar mesmo quando estiver de férias, licença ou afastado.

41.4.6.23.5. *Normas aplicáveis*

É importante deixar claro que o regime disciplinar do servidor público federal é tratado pela Lei n. 8.112/90, em especial, nos seus arts. 116 a 182, sendo que as normas gerais sobre processo administrativo disciplinar concentram-se partir do art. 143.

Contudo, nem sempre todas as situações fáticas relacionadas ao regime disciplinar do servidor público civil da União e de suas autarquias e fundações públicas estão descritas na Lei n. 8.112/90. No caso de omissão daquele estatuto, por determinação expressa do art. 69 da Lei n. 9.784/99, deverão ser utilizadas as normas desta lei.

A Lei n. 9.784/99 trata do processo administrativo de maneira geral e a Lei n. 8.112/90 trata da sindicância e do processo administrativo disciplinar. Dessa maneira, quando a lei específica não tiver previsão sobre o fato, deve-se buscar a solução na lei geral, conforme determina a norma abaixo da Lei n. 9.784/99:

> Art. 69. Os processos administrativos específicos continuarão a reger-se por lei própria, aplicando-se-lhes apenas subsidiariamente os preceitos desta Lei.

Gize-se que a aplicação subsidiária não deve criar outro rito, portanto, deve ser limitada pela natureza do rito original, pela razoabilidade, pela proporcionalidade e pelos direitos do acusado. Nessa linha de entendimento, destaca-se o seguinte teor, acerca da apresentação de alegações finais em processo administrativo disciplinar, segundo o STJ:

> No processo administrativo disciplinar regido pela Lei n. 8.112/90, não há previsão para a apresentação de memoriais após o relatório final da comissão processante, não havendo falar em aplicação subsidiária da Lei n. 9.784/99.[102]

No mesmo sentido aponta a jurisprudência do STF, a exemplo da seguinte ementa de acórdão, que acolhe precedentes da Corte:

> APRESENTAÇÃO DE ALEGAÇÕES APÓS O PARECER DA COMISSÃO PROCESSANTE. IMPOSSIBILIDADE. PRECEDENTES.
> [...] Não há previsão para realização de alegações finais no procedimento previsto pela Lei n. 8112/90. Precedentes (RMS n. 28012 AgR/DF, 1ª Turma, Relator Ministro Luiz Fux, *DJe* de 14.10.2015, RMS n. 27544/DF, 1ª Turma, Relatora Ministra Cármen Lúcia, *DJe* de 17-10-2011, RMS n. 26226/DF, 1ª Turma, Relator Ministro Ayres Britto, *DJe* de 28-9-2007)[103].

---

[102] STJ, MS 12.803/DF, rel. Min. Rogerio Schietti Cruz, 3ª Seção, julgado em 9-4-2014, *DJe* 15-4-2014.

[103] STF, RMS 33582 AgR, rel. Min. Rosa Weber, 1ª Turma, julgado em 28-9-2020, *DJe* 2-10-2020.

Se tanto a Lei n. 8.112/90 quanto a Lei n. 9.784/99 forem omissas, deve ser – na forma da jurisprudência relacionada ao Direito Disciplinar em geral e de diversas leis estaduais referentes a regime disciplinar de servidor público – utilizado o Código de Processo Penal, ressaltando-se que a integração normativa não pode ser usada para restringir direitos do servidor público acusado. Sobre a aplicação subsidiária do CPP em processo administrativo disciplinar, há decisão do STJ a qual assevera que "não caracteriza cerceamento de defesa a restrição do número de testemunhas fundamentada no Código de Processo Penal"[104].

O CPC/2015 trouxe, no seu art. 15, a seguinte norma:

> Art. 15. Na ausência de normas que regulem processos eleitorais, trabalhistas ou administrativos, as disposições deste Código lhes serão aplicadas supletiva e subsidiariamente.

Em um primeiro momento, o artigo em tela parece estabelecer que as disposições do CPC serão aplicadas supletivamente e subsidiariamente ao processo administrativo disciplinar, porém, não se pode confundir o processo administrativo geral da Lei n. 9.784/99 com o PAD e a sindicância da Lei n. 8.112/90.

O art. 15 do CPC menciona "processos administrativos" e não, especificamente, processos administrativos disciplinares, sendo que os primeiros não envolvem necessariamente apuração para aplicação de penalidades como ocorre nos últimos.

Dessa maneira, como já foi debatido quando se tratou da severidade das sanções de demissão, cassação de aposentadoria ou disponibilidade, é mais pertinente a aplicação subsidiária do Código de Processo Penal ao processo administrativo disciplinar e à sindicância punitiva do que o Código de Processo Civil, pois o bem jurídico defendido pelo acusado de ilícito administrativo-funcional guarda mais semelhança com o bem jurídico defendido pelo réu acusado de ilícito penal do que com o bem jurídico defendido pelo réu acusado de ilícito civil.

Se a omissão persistir, deve o aplicador ou intérprete do Direito socorrer-se no art. 4º da Lei de Introdução às Normas do Direito Brasileiro. Eis o seu texto:

> Art. 4º Quando a lei for omissa, o juiz decidirá o caso de acordo com a analogia, os costumes e os princípios gerais de direito.

---

[104] STJ, RMS 31.191/BA, rel. Min. Leopoldo de Arruda Raposo (desembargador convocado do TJ/PE), 5ª Turma, julgado em 1º-10-2015, *DJe* 4-11-2015.

Finalmente, caso o ordenamento jurídico nacional seja insuficiente, nada impede a utilização das normas do Direito Comparado, ou seja, as normas de outros países que tratam do Direito Disciplinar dos servidores públicos.

41.4.6.23.6. Objeto do processo administrativo disciplinar e da sindicância acusatória

O Processo Administrativo Disciplinar e a Sindicância acusatória têm como objeto a apuração da responsabilidade de servidor por infração praticada **no exercício de suas atribuições ou que tenha relação com as atribuições do cargo em que se encontre investido**, conforme o art. 148 da Lei n. 8.112/90.

O servidor público nunca pode esquecer que o seu objetivo final é servir à sociedade, sendo que os *deveres* estabelecidos no art. 116 da Lei n. 8.112/90 são instrumentos para o bom desempenho das suas funções.

A relevância da coisa pública e das atribuições dos servidores públicos exige que sejam estabelecidas algumas condutas proibidas, a fim de que restem preservados, entre outros, os princípios da impessoalidade, da moralidade e da eficiência.

A infração é a violação a um dever ou a uma proibição apresentada nos arts. 116 e 117 da lei em tela. Seguem as suas disposições:

Art. 116. São deveres do servidor:
I – exercer com zelo e dedicação as atribuições do cargo;
II – ser leal às instituições a que servir;
III – observar as normas legais e regulamentares;[105]
IV – cumprir as ordens superiores, exceto quando manifestamente ilegais;[106]

---

[105] Manifestações da Secretaria de Recursos Humanos – Ministério do Planejamento Formulação-Dasp n. 73. Erro de Direito. Aplica-se ao Direito Administrativo o princípio de que ninguém se escusa de cumprir a lei, alegando que não a conhece.

[106] Manifestações da Secretaria de Recursos Humanos – Ministério do Planejamento Formulação-Dasp n. 68. Coautoria. São coautores da infração disciplinar o funcionário que a pratica em obediência à ordem manifestamente ilegal de superior hierárquico e o autor dessa ordem.

CURSO DE DIREITO ADMINISTRATIVO

V – atender com presteza:

a) ao público em geral, prestando as informações requeridas, ressalvadas as protegidas por sigilo;

b) à expedição de certidões requeridas para defesa de direito ou esclarecimento de situações de interesse pessoal;

c) às requisições para a defesa da Fazenda Pública.

VI – levar as irregularidades de que tiver ciência em razão do cargo ao conhecimento da autoridade superior ou, quando houver suspeita de envolvimento desta, ao conhecimento de outra autoridade competente para apuração;

VII – zelar pela economia do material e a conservação do patrimônio público;

VIII – guardar sigilo sobre assunto da repartição;

IX – manter conduta compatível com a moralidade administrativa;

X – ser assíduo e pontual ao serviço;

XI – tratar com urbanidade as pessoas;

XII – representar contra ilegalidade, omissão ou abuso de poder[107].

Parágrafo único. A representação de que trata o inciso XII será encaminhada pela via hierárquica e apreciada pela autoridade superior àquela contra a qual é formulada, assegurando-se ao representando ampla defesa.

Capítulo II
Das Proibições

Art. 117. Ao servidor é proibido:

I – ausentar-se do serviço durante o expediente, sem prévia autorização do chefe imediato;

II – retirar, sem prévia anuência da autoridade competente, qualquer documento ou objeto da repartição[108];

III – recusar fé a documentos públicos;

IV – opor resistência injustificada ao andamento de documento e processo ou execução de serviço;

V – promover manifestação de apreço ou desapreço no recinto da repartição[109];

VI – cometer a pessoa estranha à repartição, fora dos casos previstos em lei, o desempenho de atribuição que seja de sua responsabilidade ou de seu subordinado;

VII – coagir ou aliciar subordinados no sentido de filiarem-se a associação profissional ou sindical, ou a partido político;

---

[107] Art. 320. Código Penal – Condescendência criminosa: Art. 320. Deixar o funcionário, por indulgência, de responsabilizar subordinado que cometeu infração no exercício de cargo ou, quando lhe falte competência, não levar o fato ao conhecimento da autoridade competente: Pena – detenção, de 15 (quinze) dias a 1 (um) mês, ou multa.

[108] Formulação-Dasp n. 82. Infração disciplinar. A infração prevista no item II do art. 195 do Estatuto dos Funcionários pressupõe a intenção de restituir.

[109] Formulação-Dasp n. 2. Manifestação de desapreço. Não constitui manifestação de desapreço reforçar comunicação de fatos verdadeiros com assinatura de companheiros de serviço.

VIII – manter sob sua chefia imediata, em cargo ou função de confiança, cônjuge, companheiro ou parente até o segundo grau civil;

IX – valer-se do cargo para lograr proveito pessoal ou de outrem, em detrimento da dignidade da função pública;

X – participar de gerência ou administração de sociedade privada, personificada ou não personificada, exercer o comércio, exceto na qualidade de acionista, cotista ou comanditário;

XI – atuar, como procurador ou intermediário, junto a repartições públicas, salvo quando se tratar de benefícios previdenciários ou assistenciais de parentes até o segundo grau, e de cônjuge ou companheiro;

XII – receber propina, comissão, presente ou vantagem de qualquer espécie, em razão de suas atribuições;

XIII – aceitar comissão, emprego ou pensão de estado estrangeiro;

XIV – praticar usura sob qualquer de suas formas;

XV – proceder de forma desidiosa[110];

XVI – utilizar pessoal ou recursos materiais da repartição em serviços ou atividades particulares;

XVII – cometer a outro servidor atribuições estranhas ao cargo que ocupa, exceto em situações de emergência e transitórias;

XVIII – exercer quaisquer atividades que sejam incompatíveis com o exercício do cargo ou função e com o horário de trabalho;

XIX – recusar-se a atualizar seus dados cadastrais quando solicitado.

Parágrafo único. A vedação de que trata o inciso X do *caput* deste artigo não se aplica nos seguintes casos:

I – participação nos conselhos de administração e fiscal de empresas ou entidades em que a União detenha, direta ou indiretamente, participação no capital social ou em sociedade cooperativa constituída para prestar serviços a seus membros; e

II – gozo de licença para o trato de interesses particulares, na forma do art. 91 desta Lei, observada a legislação sobre conflito de interesses".

Alguns defendem que atos da vida privada podem ter relação indireta com as atribuições do cargo se ferirem o decoro exigido para a titularidade e,

---

[110] Manifestações da Advocacia-Geral da União Parecer AGU n. GQ-164, vinculante o "(...) 12. (...) 'Desídia (e). É falta culposa, e não dolosa, ligada à negligência: costuma caracterizar-se pela prática ou omissão de vários atos (comparecimento impontual, ausências, produção imperfeita); excepcionalmente poderá estar configurada em um só ato culposo muito grave; se doloso ou querido pertencerá a outra das justas causas. (...)' (Valentim Carrion – *Comentários à Consolidação das Leis do Trabalho*, 18. ed. São Paulo: Revista dos Tribunais, 1994, p. 362/3). (...) 'Quando a desídia é intencional, como na sabotagem, onde há a ideia preconcebida de causar prejuízos ao empregador, por esse aspecto doloso, ela se identifica com a improbidade. (...)' (Mozart Victor Russomano – *Comentários à CLT*, 13. ed. Rio de Janeiro: Forense, 1990, p. 561)".

consequentemente, gerar punição disciplinar. Contudo, não há como concordar com tal argumento, visto que incidem sobre todas as condutas da Administração Pública o imperativo do inciso X do art. 5º da CF/88. Eis a norma:

> Art. 5º Todos são iguais perante a lei, sem distinção de qualquer natureza, garantindo-se aos brasileiros e aos estrangeiros residentes no País a inviolabilidade do direito à vida, à liberdade, à igualdade, à segurança e à propriedade, nos termos seguintes:
>
> (...)
>
> X – são invioláveis a intimidade, a vida privada, a honra e a imagem das pessoas, assegurado o direito à indenização pelo dano material ou moral decorrente de sua violação;

Ora, há atos da vida privada que não podem ser sindicados ou analisados pela Administração Pública, somente se tais atos tiverem relação direta com as atribuições do cargo poderá ser instaurada sindicância ou instaurado PAD.

Exemplo de inconstitucionalidade de norma que invade a esfera privada do servidor público para cominar sanção é o art. 43 da Lei n. 4.878/65. Entre as transgressões absurdamente listadas que podem gerar punição estão:

> V – deixar de pagar, com regularidade, as pensões a que esteja obrigado em virtude de decisão judicial;
>
> VI – deixar, habitualmente, de saldar dívidas legítimas;
>
> VII – manter relações de amizade ou exibir-se em público com pessoas de notórios e desabonadores antecedentes criminais, sem razão de serviço;
>
> (...)
>
> XVIII – utilizar-se do anonimato para qualquer fim;
>
> (...)
>
> XXXV – contrair dívida ou assumir compromisso superior às suas possibilidades financeiras, comprometendo o bom nome da repartição;
>
> XXXVI – frequentar, sem razão de serviço, lugares incompatíveis com o decôro da função policial;
>
> (...)
>
> LI – entregar-se à prática de vícios ou atos atentatórios aos bons costumes;

Além da invasão à vida privada, a sindicabilidade das transgressões acima é dotada de grande subjetivismo que, por si só, já impediria qualquer tipo de punição em um Estado Democrático de Direito.

Os objetos do PAD e da sindicância acusatória terão, por óbvio, relação com as punições que poderão ser aplicadas em cada rito. Assim, uma conduta que hipoteticamente ensejaria demissão não poderia ser objeto de sindicância acusatória, somente poderia ser apurada através de PAD.

O limite material objetivo é o fato apresentado, porém nada impede, desde que assegurados o contraditório e a ampla defesa, o acréscimo superveniente de fatos que tenham **conexão** com o fato originário, a fim de que seja resguardado o princípio da economicidade. Observe-se que o acréscimo deve ser devidamente fundamentado de maneira objetiva, sob pena de ser considerado nulo. Sobre esse ponto, menciona-se o entendimento do STJ:

> A jurisprudência do STJ firmou-se no sentido de reconhecer a desnecessidade de instauração de novo PAD quando, durante o curso das investigações, restar evidenciada a prática de fatos conexos àquele previsto na portaria de instauração e tendo por autores outros agentes públicos, de modo que, a própria Comissão Processante pode determinar a notificação de outros servidores para que acompanhem o PAD, fato este que não afronta a competência da autoridade instauradora do PAD[111].

Sobre conexão no PAD e na sindicância, o Manual de Processo Administrativo Disciplinar da CGU[112] aduz que:

> Deverão ser examinados no mesmo processo, ou seja, apuradas e julgadas num só processo disciplinar:
> a) os fatos ligados entre si, por pontos de conveniências, em que o conhecimento de um deles ajuda a entender outro;
> b) as faltas disciplinares cometidas em coautoria (faltas cometidas por vários acusados quando houver relação acusatória entre eles);
> c) os fatos continuados, quando o mesmo servidor cometeu diversos atos de mesmo conteúdo, em caráter contínuo (infração continuada = série de ilícitos da mesma natureza).

Contudo, se não for configurada conexão entre os fatos, deve ser instaurado novo PAD ou nova sindicância, conforme jurisprudência do STJ abaixo:

> [...] se na investigação dos fatos ensejadores do Procedimento Administrativo que resultou na suspensão do recorrente foram apuradas outras faltas disciplinares, possível é a instauração de novo Processo Disciplinar. Com efeito, não há como sustentar a afronta à Súmula 19/STF, pois os processos versaram sobre fatos distintos. Assim, a pena decorrente do segundo procedimento, qual seja, a de demissão, é válida. Ausência de liquidez e certeza a amparar o alegado direito do recorrente de retorno às suas funções[113].

---

[111] STJ, MS 22.151/DF, rel. Min. Mauro Campbell Marques, 1ª Seção, julgado em 25-2-2016, *DJe* 6-4-2016.

[112] CGU. *Manual de processo administrativo disciplinar*. Brasília: CGU, 2019. p. 93.

[113] STJ, RMS 14.117/SP, rel. Min. Jorge Scartezzini, 5ª Turma, julgado em14-10-2003, *DJ* 19-12-2003.

41.4.6.23.7. Sanções

O art. 127 da Lei n. 8.112/90 estabelece, de **forma taxativa**, as **penalidades ou sanções disciplinares** que podem ser aplicadas ao servidor público, sendo elas:

I) advertência;
II) suspensão;
III) demissão;
IV) cassação de aposentadoria ou disponibilidade;
V) destituição de cargo em comissão; e
VI) destituição de função comissionada.

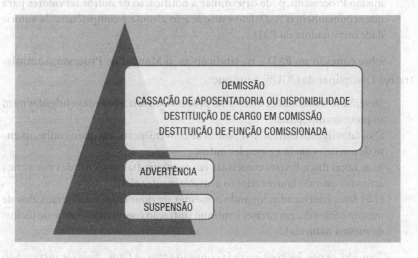

As penas cominavéis com base na Lei n. 8.112/90 observam certo escalonamento, uma gradação proporcional à gravidade da conduta proibida pelo ordenamento disciplinar.

Para resguardar os princípios da razoabilidade e da proporcionalidade, o art. 128 da lei em tela afirma que na aplicação das penalidades serão consideradas **a natureza e a gravidade** da infração cometida, os danos que dela provierem para o serviço público, as circunstâncias agravantes ou atenuantes e os antecedentes funcionais. Além disso, o ato de imposição da penalidade mencionará sempre o fundamento legal e a causa da sanção disciplinar.

O **Direito Administrativo Penal** deixa bem claro que as sanções administrativas devem sempre ter **previsão legal**. Dessa forma, não podem ser aplicadas penas disciplinares outras que não as listadas no citado artigo.

A **advertência**, na forma do art. 129 da Lei n. 8.112/90, deve ser aplicada quando o servidor: a) ausentar-se do serviço durante o expediente, sem prévia autorização do chefe imediato; b) retirar, sem prévia anuência da autoridade competente, qualquer documento ou objeto da repartição; c) recusar fé a documentos públicos; d) opuser resistência injustificada ao andamento de documento e processo ou execução de serviço; e) promover manifestação de apreço ou desapreço no recinto da repartição; f) cometer a pessoa estranha à repartição, fora dos casos previstos em lei, o desempenho de atribuição que seja de sua responsabilidade ou de seu subordinado; g) coagir ou aliciar subordinados no sentido de filiarem-se a associação profissional ou sindical, ou a partido político; h) manter sob sua chefia imediata, em cargo ou função de confiança, cônjuge, companheiro ou parente até o segundo grau civil; i) recusar-se a atualizar seus dados cadastrais quando solicitado; ou j) inobservar dever funcional previsto em lei, regulamentação ou norma interna, que não justifique imposição de penalidade mais grave.

A **suspensão** será aplicada em caso de reincidência[114] das faltas punidas com advertência e de violação das demais proibições que não tipifiquem infração sujeita a penalidade de demissão, não podendo exceder 90 (noventa) dias, de acordo com o art. 130 da lei em questão. Será punido também com suspensão de até 15 (quinze) dias o servidor que, injustificadamente, recusar-se a ser submetido a inspeção médica determinada pela autoridade competente, cessando os efeitos da penalidade uma vez cumprida a determinação. Quando houver conveniência para o serviço, a penalidade de suspensão poderá ser convertida em **multa**, na base de 50% (cinquenta por cento) por dia de vencimento ou remuneração, ficando o servidor obrigado a permanecer em serviço.

A alínea *b* do inciso XLVII do art. 5º da CF/88 estabelece que não haverá, na República Federativa do Brasil, pena de caráter perpétuo, sendo pacífico que tal direito fundamental é oponível a qualquer espécie de sanção, inclusive administrativa.

O art. 131 da Lei n. 8.112/90, dando máxima eficácia ao citado direito fundamental, estabelece que as penalidades de advertência e de suspensão terão seus registros cancelados, após o decurso de 3 (três) e 5 (cinco) anos de efetivo exercício, respectivamente, se o servidor não houver, nesse período, praticado nova infração disciplinar. Observe-se, por óbvio, que o cancelamento do registro da penalidade não surtirá efeitos retroativos.

---

[114] Enunciado CGU n. 25, de 23 de janeiro de 2019 (Publicado no *DOU* de 15-2-2019, Seção I, página 59)

INFRAÇÕES DISCIPLINARES – REINCIDÊNCIA.

A reincidência prevista na Lei n. 8.112, de 11 de dezembro de 1990, é a genérica.

A Lei n. 12.527/11, que trata do **acesso à informação**, estabeleceu, no inciso II do §1º do seu art. 32, a **suspensão como sanção mínima** para o agente público que, submetido à Lei n. 8.112/90: I – recusar-se a fornecer informação requerida nos termos desta Lei, retardar deliberadamente o seu fornecimento ou fornecê-la intencionalmente de forma incorreta, incompleta ou imprecisa; II – utilizar indevidamente, bem como subtrair, destruir, inutilizar, desfigurar, alterar ou ocultar, total ou parcialmente, informação que se encontre sob sua guarda ou a que tenha acesso ou conhecimento em razão do exercício das atribuições de cargo, emprego ou função pública; III – agir com dolo ou má-fé na análise das solicitações de acesso à informação; IV – divulgar ou permitir a divulgação ou acessar ou permitir acesso indevido à informação sigilosa ou informação pessoal; V – impor sigilo à informação para obter proveito pessoal ou de terceiro, ou para fins de ocultação de ato ilegal cometido por si ou por outrem; VI – ocultar da revisão de autoridade superior competente informação sigilosa para beneficiar a si ou a outrem, ou em prejuízo de terceiros; e VII – destruir ou subtrair, por qualquer meio, documentos concernentes a possíveis violações de direitos humanos por parte de agentes do Estado.

A **demissão**, conforme o art. 132 da Lei n. 8.112/90, será aplicada nos seguintes casos: a) crime contra a administração pública; b) abandono de cargo; c) inassiduidade habitual; d) improbidade administrativa; e) incontinência pública e conduta escandalosa, na repartição; f) insubordinação grave em serviço[115]; g) ofensa física, em serviço, a servidor ou a particular, salvo em legítima defesa própria ou de outrem; h) aplicação irregular de dinheiros públicos[116]; i) revelação de segredo do qual se apropriou em razão do cargo; j) lesão aos cofres públicos e dilapidação do patrimônio nacional[117]; l) corrupção; m) acumulação ilegal de cargos, empregos ou funções públicas; n) valer-se do cargo para lograr proveito pessoal ou de outrem, em detrimento da dignidade da função pública; o) participar de gerência ou administração de sociedade privada, personificada ou não

---

[115] Formulação-Dasp n. 296. Insubordinação grave. A insubordinação grave em serviço pressupõe acintoso desrespeito à ordem diretamente recebida de superior hierárquico.

[116] Formulação-Dasp n. 56. Aplicação irregular de dinheiros. A aplicação irregular de dinheiro público não se configura, se houver furto, desvio ou apropriação indébita.

[117] Formulação-Dasp n. 28. Demissão. O funcionário que dissipa bens públicos, não representados por dinheiro, comete dilapidação do patrimônio nacional.

Formulação-Dasp n. 54. Lesão aos cofres públicos. A lesão aos cofres públicos pode configurar-se ainda que não se verifique a prática de peculato.

Formulação-Dasp n. 64. Lesão aos cofres públicos. A lesão culposa aos cofres públicos não é punível com demissão.

personificada, exercer o comércio, exceto na qualidade de acionista, cotista ou comanditário; p) atuar, como procurador ou intermediário, junto a repartições públicas, salvo quando se tratar de benefícios previdenciários ou assistenciais de parentes até o segundo grau, e de cônjuge ou companheiro; q) receber propina, comissão, presente ou vantagem de qualquer espécie, em razão de suas atribuições; r) aceitar comissão, emprego ou pensão de estado estrangeiro; s) praticar usura sob qualquer de suas formas; t) proceder de forma desidiosa; ou u) utilizar pessoal ou recursos materiais da repartição em serviços ou atividades particulares.

Em decisão judicial na esfera criminal, é possível que o réu, se agente público, quando presentes os critérios exigidos em lei, sofra a perda do cargo como efeito acessório da condenação criminal. É o que dispõe o art. 92, I, do Código Penal:

> Art. 92 – São também efeitos da condenação:
> I – a perda de cargo, função pública ou mandato eletivo
> a) quando aplicada pena privativa de liberdade por tempo igual ou superior a um ano, nos crimes praticados com abuso de poder ou violação de dever para com a Administração Pública;
> b) quando for aplicada pena privativa de liberdade por tempo superior a 4 (quatro) anos nos demais casos.

Referido efeito da condenação requer a motivação do órgão jurisdicional[118], conforme a jurisprudência do STJ:

> AGRAVO REGIMENTAL NO AGRAVO EM RECURSO ESPECIAL. PERDA DO CARGO PÚBLICO AFASTADA PELO TRIBUNAL DE ORIGEM. EFEITO NÃO AUTOMÁTICO DA CONDENAÇÃO. NECESSIDADE DE MOTIVAÇÃO. AGRAVO IMPROVIDO.
> 1. Nos termos da jurisprudência desta Corte, a decretação da perda do cargo, uma vez que se trata de efeito não automático da condenação, demanda a devida motivação. Precedentes.2. Agravo regimental improvido[119].

Logo, o Poder Judiciário pode condenar o servidor público à perda do cargo, como consequência da prática de crime contra a Administração Pública ou por outros crimes que se enquadrem nos requisitos legais, o que não é, porém, efeito automático da condenação. Somente o Poder Judiciário pode declarar a

---

[118] Salvo nas hipóteses de condenação por crimes previstos no art. 1º da Lei n. 9.455/1997, conforme dispõe o § 5º do art. 1º do citado diploma legal, em que a perda do cargo, função ou emprego público é efeito automático da condenação, sendo dispensável sua fundamentação concreta (STJ, AgRg no AREsp 1807042/SP, rel. Min. Joel Ilan Paciornik, 5ª Turma, julgado em 5-10-2021, *DJe* 8-10-2021).

[119] STJ, AgRg no AREsp 1733483/MG, rel. Min. Olindo Menezes (desembargador convocado do TRF 1ª Região), 6ª Turma, julgado em 1º-6-2021, *DJe* 7-6-2021.

culpabilidade e a imputabilidade de uma pessoa pela prática de crime, razão por que a sanção disciplinar pela conduta descrita no art. 132, I, da Lei n. 8.112/90 requer a prévia condenação criminal.

Uma vez condenado o réu por juiz ou tribunal pela prática de crime contra a Administração Pública, e ostentando a qualidade de servidor público, possibilita-se à autoridade correcional a instauração de processo administrativo disciplinar para a apuração de responsabilidade e, consequentemente, formada a culpa, seja cominada a sanção de demissão, para o que se possibilita o emprego dos autos do processo judicial como prova emprestada. Nesse sentido é o Parecer AGU N. GQ-124, de 14 de abril de 1997 (vinculante, conforme art. 40 da Lei Complementar n. 73/93:

> Para a demissão fundamentada no inciso I do art. 132 da Lei n. 8.112/90, é imprescindível a existência de sentença judicial transitada em julgado condenando o servidor pela prática de crime contra a administração pública, sob pena de violação do disposto no inciso LVII do art. 5º da Constituição Federal.

Situação diversa acontece em relação à infração disciplinar enumerada no art. 132, XI, da Lei n. 8.112/90 (corrupção). Ora, a corrupção passiva, crime próprio, possível de ser cometido apenas por funcionário público, é tipificada no art. 317 do Código Penal, que integra o Título XI da lei (Dos crimes contra a Administração Pública). Significa dizer, corrupção é crime contra a Administração Pública. Porém, o tipo disciplinar do art. 132, XI, da Lei n. 8.112/90 não se confunde com o tipo do art. 317 do Código Penal, de maneira que o tipo penal serve de norma integrativa para a aplicação do tipo administrativo, mas este é figura própria, de maneira que a subsunção do fato à norma administrativa pode ser reconhecida autonomamente pela autoridade administrativa.

Semelhante integração entre normas ocorre em relação à infração estatuída no art. 132, IV, da Lei n. 8.112/90, conhecendo-se a posterior edição da Lei n. 8.429/92, sobre o que o STJ assinala:

> [...] Na forma da jurisprudência do STJ, a "chamada "Lei de Improbidade Administrativa", Lei 8.429/92, não revogou, de forma tácita ou expressa, dispositivos da Lei 8.112/90, que trata do Regime Jurídico dos Servidores Públicos Civis da União, das Autarquias e das Fundações Públicas Federais. Aquele diploma legal tão somente buscou definir os desvios de conduta que configurariam atos de improbidade administrativa, cominando penas que, segundo seu art. 3º, podem ser aplicadas a agentes públicos ou não. Em consequência, nada impede que a Administração exerça seu poder disciplinar com fundamento em dispositivos do próprio Regime Jurídico dos Servidores.
> [...] pode-se entender que há a possibilidade de utilizar a Lei de Improbidade

Administrativa (Lei n. 8.429/92) em interpretação sistemática, para definir o tipo previsto no art. 132, IV, da Lei n. 8.112/90[120].

O Direito Penal é orientado pelo princípio da estrita legalidade, a proclamar o conteúdo do primeiro comando normativo no Código Penal, gravado no art. 1º do diploma legal, que dispõe: "Não há crime sem lei anterior que o defina. Não há pena sem prévia cominação legal". Do princípio da estrita legalidade desdobra-se, como corolário, o princípio da taxatividade da norma penal (*nullum crimen, nulla poena sine lege certa*), impondo-se ao legislador a necessária caracterização precisa das condutas proibidas pelo ordenamento, evitando-se regras ambíguas, vagas ou indeterminadas, de forma que referido princípio vincula o legislador e o aplicador da lei penal, o juiz. Por isso, os tipos penais insculpem-se em regras precisas, havendo o necessário perfazimento de suas elementares para a consumação do ilícito.

Já as regras disciplinares tabuladas na Lei n. 8.112/90 configuram-se em tipos abertos, a amoldar seus signos para todos os agentes da Administração. O Direito Disciplinar dos servidores públicos é desenhado para aplicação por agentes da Administração, não por Juízes de Direito, e a tipicidade aberta de seus comandos é resultado de técnica legislativa que visa a facilitar sua aplicação nos diversos órgãos e entidades, nas mais variadas estruturas organizacionais, de modo a preservar os valores almejados pela sociedade nacional como vetores de funcionamento da Administração Pública e, por conseguinte, tábula ética de seus agentes.

Tem-se como exemplo de tipo aberto aquele gravado no art. 116, I, da Lei n. 8.112/90, "exercer com zelo e dedicação as atribuições do cargo", cujos elementos normativos requerem do aplicador da lei um exercício de interpretação valorativa com vistas à mensuração de seu alcance. Isso porque o conceito de "zelo" e "dedicação" variam conforme a formação e costumes de um indivíduo, de maneira que para um profissional rigoroso, um servidor medianamente dedicado pareceria agir com algum nível de desleixo. Referido problema resolve-se com a ponderação do aplicador da lei, auxiliado pela teoria do homem médio.

A elasticidade dos tipos administrativos não pode conduzir ao arbítrio do julgador, tampouco decisões permeadas por puro subjetivismo. Ao invés, a decisão em feito disciplinar deve pautar-se em fatos concretos, assegurado o exercício do contraditório e da ampla defesa. Não serve o aparato correcional como

---

[120] STJ, AgRg nos EDcl no REsp 1459867/MA, rel. Min. Humberto Martins, 2ª Turma, julgado em 27-10-2015, *DJe* 13-11-2015.

1354 CURSO DE DIREITO ADMINISTRATIVO

meio de realização da preferência das autoridades disciplinares sobre a linha comportamental por ser adotada pelos servidores públicos. O catálogo de direitos e deveres é tábua de valores da Administração Pública, fundada na Constituição, leis e regulamentos.

Enquanto há tipos em moldura aberta, outros erguem-se em verbetes fechados, desprovidos de qualquer elemento normativo cultural, como a infração gravada no art. 132, III, "inassiduidade habitual", que se traduziria em tipo aberto, não fosse a definição trazida pela lei, no art. 139 do mesmo diploma: "a falta ao serviço, sem causa justificada, por sessenta dias, interpoladamente, durante o período de doze meses".

O tipo fechado não requer proeminente análise metódica ao intérprete da lei; sua carga semântica é dada pelo texto legal, seja na delimitação do fato, seja nas consequências. Todavia, a formação de culpa do servidor não prescinde de sindicar as circunstâncias anímicas que conduzam ao cometimento da infração, como na hipótese de abandono de cargo, infração estatuída no art. 132, II, da Lei n. 8.112/90, cuja cominação requer a constatação do elemento subjetivo do servidor público, conforme o entendimento do STJ:

> PROCESSUAL CIVIL E ADMINISTRATIVO. AGRAVO INTERNO NOS EMBARGOS DE DECLARAÇÃO NO RECURSO EM MANDADO DE SEGURANÇA. SERVIDOR PÚBLICO ESTADUAL. PROCESSO ADMINISTRATIVO DISCIPLINAR. ABANDONO DE CARGO. DEPENDÊNCIA QUÍMICA. DEFICIÊNCIA VOLITIVA COMPROVADA POR LAUDO PERICIAL. AUSÊNCIA DE *ANIMUS ABANDONANDI* EVIDENCIADA. DEMISSÃO. DESCABIMENTO.
>
> 1. A jurisprudência desta Corte reconhece que para a tipificação da infração administrativa de abandono de cargo, punível com demissão, faz-se necessário investigar a intenção deliberada do servidor de abandonar o cargo. Precedentes.
>
> 2. *In casu*, não se visualiza o elemento indispensável à caracterização do abandono de cargo ou da inassiduidade, porquanto comprovado por perícia médica a incapacidade do servidor determinar-se diante de seu estado clínico de dependência de drogas, merecendo destaque, ainda, a afirmação acerca do seu retardamento de entender o caráter ilícito de sua conduta.
>
> 3. Nesse contexto, em que pese o número excessivo de faltas do servidor, é possível constatar que não foi o descaso com o serviço público que as motivou, mas a deficiência volitiva decorrente do seu estado de saúde, porquanto verdadeiro dependente químico, o que definitivamente rechaça a tese de falta de justificativa das ausências.
>
> 4. Em hipótese análoga, esta Corte manifestou a compreensão de que "servidor acometido de dependência crônica de alcoolismo deve ser licenciado, mesmo compulsoriamente, para tratamento de saúde e, se for o caso, aposentado, por

invalidez, mas, nunca, demitido, por ser titular de direito subjetivo à saúde e vítima do insucesso das políticas públicas sociais do Estado" (RMS 18.017/SP, Rel. Ministro Paulo Medina, Sexta Turma, *DJ* 2-5-2006).

5. Agravo interno não provido[121].

A Lei Complementar n. 135/10, Lei da Ficha Limpa, incluiu a alínea *o* ao inciso I do art. 1º da Lei Complementar n. 64/90, estabelecendo como novo efeito da demissão ocorrida em processo administrativo ou judicial a inelegibilidade para qualquer cargo pelo prazo de 8 (oito) anos, contados da decisão, salvo se o ato houver sido suspenso ou anulado pelo Poder Judiciário.

A causa de inelegibilidade acima descrita foi reputada constitucional pelo STF, pois limita apenas a capacidade eleitoral passiva do demitido sem macular a capacidade eleitoral ativa. O sujeito poderá votar, mas não será elegível durante o prazo estabelecido.

Na forma do art. 134 da Lei n. 8.112/90, será **cassada a aposentadoria ou a disponibilidade do inativo** que houver praticado, na atividade, falta punível com a demissão[122].

A **destituição de cargo em comissão** exercido por não ocupante de cargo efetivo será aplicada nos casos de infração sujeita às penalidades de suspensão e de demissão (art. 135 da Lei n. 8.112/90). Neste caso, se tiver ocorrido a exoneração, será convertida em destituição de cargo em comissão.

As hipóteses de incidência da **destituição de função comissionada** não foram descritas na Lei n. 8.112/90.

Os efeitos das sanções variam de acordo com o art. 137 da Lei em tela, pois a demissão ou a destituição de cargo em comissão, por infringência ao seu art. 117, incisos IX e XI, incompatibiliza o ex-servidor para nova investidura em cargo público federal, pelo prazo de 5 (cinco) anos. Contudo, na forma do parágrafo único do citado art. 137, não poderá retornar ao serviço público federal o servidor que for demitido ou destituído do cargo em comissão por enquadramento nos seguintes tipos: crime contra a administração pública, improbidade administrativa, aplicação irregular de dinheiros públicos, lesão aos cofres públicos e dilapidação do patrimônio nacional, e corrupção.

---

[121] STJ, AgInt nos EDcl no RMS 57202/MS, rel. Min. Benedito Gonçalves, 1ª Turma, julgado em 10-5-2021, *DJe* 13-5-2021.

[122] STF – Mandado de Segurança n. 23.299. rel. Min. SEPÚLVEDA PERTENCE. *DJ* de 12-4-2002 "Ementa: I. Cassação de aposentadoria pela prática, na atividade, de falta disciplinar punível com demissão (L. 8.112/90, art. 134): constitucionalidade, sendo irrelevante que não a preveja a Constituição e improcedente a alegação de ofensa do ato jurídico perfeito".

Na Ação Direta de Inconstitucionalidade n. 2.975, proposta pelo Procurador-Geral da República, pede-se a declaração de inconstitucionalidade do parágrafo único do artigo 137 da Lei n. 8.112/90, que dispõe sobre a proibição do retorno ao serviço público de servidor demitido ou destituído de cargo em comissão. O requerente aponta violação ao artigo 5º, XLVII, *b*, da Constituição da República. Alega que o dispositivo impugnado, por não estipular prazo limite para proibição de retorno ao serviço público nos casos de demissão do cargo em comissão inovou e originou sanção de caráter perpétuo aos servidores públicos federais, conduta supostamente vedada pela Carta Magna.

Em 7 de dezembro de 2020, o STF julgou, por maioria de seus membros, procedente o pedido formulado na ação direta para declarar a inconstitucionalidade do parágrafo único do art. 137 da Lei n. 8.112/1990, consignando-se acórdão com a seguinte ementa:

Ação Direta de Inconstitucionalidade. 2. Art. 137, parágrafo único, da Lei 8.112/1990. 3. Direito Administrativo Disciplinar. Sanção perpétua. Impossibilidade de retorno ao serviço público. 4. Inconstitucionalidade material. Afronta ao artigo 5º, XLVII, "b", da Constituição da República. Norma impugnada que, ao impedir o retorno ao serviço público, impõe sanção de caráter perpétuo. 5. Ação direta julgada procedente para declarar a inconstitucionalidade da norma questionada, **sem pronúncia de nulidade**. 6. Comunicação ao Congresso Nacional, para que eventualmente delibere sobre o prazo de proibição de retorno ao serviço público a ser aplicável nas hipóteses do art. 132, I, IV, VIII, X e XI, da Lei 8.112/1990[123].

Observa-se que a Corte Constitucional declarou a inconstitucionalidade do parágrafo único do art. 137 da Lei n. 8.112/1990, sem pronúncia de nulidade, comunicando-se o Congresso Nacional para que exercesse o poder legiferante a fim de normatizar o prazo de proibição de retorno ao serviço público.

Como bem salientado no voto do Min. Luís Roberto Barroso, "a supressão da norma poderá ser mais danosa para o sistema do que a sua preservação temporária, a justificar a não aplicação do princípio da nulidade da lei inconstitucional, diante do interesse público envolvido". Assim manifesta-se o magistrado:

6. Reconheço que há fundamentos suficientes para a declaração de inconstitucionalidade do dispositivo impugnado. De fato, a proibição de retorno ao serviço público, sem qualquer prazo, constitui restrição desproporcional à liberdade, já que a fixação de um prazo determinado para o retorno mostra-se uma medida igualmente adequada e apta a atingir os objetivos pretendidos de proteção ao interesse público, como bem pontua o Relator.

---

[123] STF, ADI 2975, rel. Min. Gilmar Mendes, Plenário, julgado em 7-12-2020, *DJe* 4-2-2021.

7. No entanto, fazendo um juízo de ponderação, tendo em vista a análise fundada no princípio da proporcionalidade, entendo, com todas as vênias ao eminente Relator, que a pronúncia da nulidade do dispositivo não se justifica. A intenção do legislador, no caso, é a proteção do interesse público, de modo que a declaração de nulidade permitirá o imediato retorno ao serviço público federal de servidores demitidos ou destituídos de cargo em comissão por infringência do art. 132, incisos I, IV, VIII, X e XI, sem a observância de um prazo mínimo apto a atingir os objetivos de proteção da Administração Pública que o legislador quis resguardar. Embora haja, no voto do Relator, a determinação de comunicação ao Congresso Nacional, para que, eventualmente, delibere sobre o prazo de proibição de retorno ao serviço público, não há prazo para tal deliberação e nem obrigatoriedade de que seja feita.

O art. 27 da Lei n. 9.868/99 dispõe que ao declarar a inconstitucionalidade de lei ou ato normativo, tendo em vista razões de segurança jurídica ou excepcional interesse social, poderá o STF, por maioria de dois terços de seus membros, restringir os efeitos da declaração ou decidir que ela só tenha eficácia a partir de seu trânsito em julgado ou de outro momento que venha a ser fixado. Trata-se da modulação temporal dos efeitos da decisão.

Haja vista que referida faculdade não foi utilizada pela Corte Máxima e que, na forma do art. 28, parágrafo único, da Lei n. 8.868/99, a declaração de inconstitucionalidade tem eficácia contra todos e efeito vinculante em relação aos órgãos do Poder Judiciário e à Administração Pública, a seguinte conclusão é inevitável: as pessoas demitidas ou destituídas de cargo em comissão, impossibilitadas de retornar ao serviço público por força do parágrafo único do art. 137 da Lei n. 8.112/1990, não mais submetem-se a essa restrição. A ausência de regulamentação do tempo de restrição de direito pelo Poder Legislativo não poderia resultar em lesão à esfera jurídica dos interessados, de maneira que os ex-servidores públicos afetados pela norma inconstitucional podem tornar a ocupar cargos públicos efetivos, via concurso público, ou comissionados, mediante livre nomeação.

41.4.6.23.8. *Prescrição*

Os prazos prescricionais das penalidades foram estabelecidos no art. 142 da lei em tela. Eis o texto:

Art. 142. A ação disciplinar prescreverá:
I – em 5 (cinco) anos, quanto às infrações puníveis com demissão, cassação de aposentadoria ou disponibilidade e destituição de cargo em comissão;
II – em 2 (dois) anos, quanto à suspensão;
III – em 180 (cento e oitenta) dias, quanto à advertência.
§1º O prazo de prescrição começa a correr da data em que o fato se tornou conhecido.

§2º Os prazos de prescrição previstos na lei penal aplicam-se às infrações disciplinares capituladas também como crime.

§3º A abertura de sindicância ou a instauração de processo disciplinar interrompe a prescrição, até a decisão final proferida por autoridade competente.

§4º Interrompido o curso da prescrição, o prazo começará a correr a partir do dia em que cessar a interrupção.

Deve ser observado que nos casos de ilícito funcional que seja capitulado também como crime a prescrição somente observará os prazos da lei penal se a infração penal estiver sendo apurada na esfera própria. Caso o crime não esteja sendo apurado na esfera criminal mesmo que provocadas as autoridades competentes, conservam-se os prazos do artigo acima transcrito, pois não é atribuição constitucional da Comissão afirmar com a certeza das autoridades encarregadas da apuração a existência de crime, o que cabe às autoridades do Poder Judiciário juntamente com o Ministério Público ou o querelante (entendimento minoritário).

A jurisprudência do STJ, em entendimento contrário, assinala que quando o fato objeto da ação punitiva da Administração também constitui crime, o prazo prescricional no âmbito administrativo disciplinar rege-se pela pena cominada em abstrato (art. 109 do CP), enquanto não houver sentença penal condenatória, e pela pena aplicada em concreto, após o trânsito em julgado ou o não provimento do recurso da acusação (art. 110, § 1º, c/c art. 109 do CP).

Esse é o recente entendimento do STJ. Em decisões mais antigas, o Tribunal considerava que a aplicação do prazo prescricional da lei penal ao processo disciplinar exigia a existência de apuração na esfera criminal. A mudança de entendimento da Corte é bastante clara na seguinte ementa:

> ADMINISTRATIVO. MANDADO DE SEGURANÇA. PRAZO. PRESCRIÇÃO. LEI PENAL. APLICAÇÃO ÀS INFRAÇÕES DISCIPLINARES TAMBÉM CAPITULADAS COMO CRIME. ART. 142, § 2º, DA LEI N. 8.112/1990. EXISTÊNCIA DE APURAÇÃO CRIMINAL. DESNECESSIDADE. AUTONOMIA E INDEPENDÊNCIA DAS INSTÂNCIAS ADMINISTRATIVA E PENAL. PRECEDENTES DO STF. SEDIMENTAÇÃO DO NOVO ENTENDIMENTO DA PRIMEIRA SEÇÃO SOBRE A MATÉRIA. PRESCRIÇÃO AFASTADA NO CASO CONCRETO. *WRIT* DENEGADO NO PONTO DEBATIDO.
>
> 1. Era entendimento dominante desta Corte Superior o de que "a aplicação do prazo previsto na lei penal exige a demonstração da existência de apuração criminal da conduta do Servidor. Sobre o tema: MS 13.926/DF, Rel. Min. Og Fernandes, *DJe* 24-4-2013; MS 15.462/DF, Rel. Min. Humberto Martins, *DJe* 22-3-2011 e MS 13.356/DF, Rel. Min. Sebastião Reis Júnior, *DJe* 1º-10-2013".
>
> 2. Referido posicionamento era adotado tanto pela Terceira Seção do STJ – quando tinha competência para o julgamento dessa matéria – quanto pela Primeira Seção, inclusive em precedente por mim relatado (MS 13.926/DF, *DJe* 24-4-2013).

3. Ocorre que, em precedente recente (EDv nos EREsp 1.656.383-SC, Rel. Min. Gurgel de Faria, j. em 27-6-2018, *DJe* 5-9-2018), a Primeira Seção superou seu posicionamento anterior sobre o tema, passando a entender que, diante da rigorosa independência das esferas administrativa e criminal, não se pode entender que a existência de apuração criminal é pré-requisito para a utilização do prazo prescricional penal.

4. Não se pode olvidar, a propósito, o entendimento unânime do Plenário do STF no MS 23.242-SP (Rel. Min. Carlos Velloso, j. em 10-4-2002) e no MS 24.013-DF (Rel. Min. Sepúlveda Pertence, j. em 31-3-2005), de que as instâncias administrativa e penal são independentes, sendo irrelevante, para a aplicação do prazo prescricional previsto para o crime, que tenha ou não sido concluído o inquérito policial ou a ação penal a respeito dos fatos ocorridos.

5. Tal posição da Suprema Corte corrobora o entendimento atual da Primeira Seção do STJ sobre a matéria, pois, diante da independência entre as instâncias administrativa e criminal, fica dispensada a demonstração da existência da apuração criminal da conduta do servidor para fins da aplicação do prazo prescricional penal.

6. Ou seja, tanto para o STF quanto para o STJ, para que seja aplicável o art. 142, § 2º da Lei n. 8.112/1990, não é necessário demonstrar a existência da apuração criminal da conduta do servidor. Isso porque o lapso prescricional não pode variar ao talante da existência ou não de apuração criminal, justamente pelo fato de a prescrição estar relacionada à segurança jurídica. Assim, o critério para fixação do prazo prescricional deve ser o mais objetivo possível – justamente o previsto no dispositivo legal referido –, e não oscilar de forma a gerar instabilidade e insegurança jurídica para todo o sistema.

7. A inexistência de notícia nos autos sobre a instauração da apuração criminal quanto aos fatos imputados à impetrante no caso concreto não impede a aplicação do art. 142, § 2º, da Lei n. 8.112/1990 (...)[124].

Consequentemente, surge o problema do acusado em PAD ou sindicância ter sido absolvido no processo penal. Se tal fato ocorrer, deve haver a revisão do PAD ou da Sindicância no caso de vantagem da prescrição da Lei n. 8.112/90 em relação aos prazos de prescrição penais para o acusado, visto que, por exemplo, poder-se-ia ter usado um prazo prescricional maior pela suposta existência de crime quando o prazo menor decorrente da superveniente comprovação da inexistência de crime ser-lhe-ia mais favorável e poderia ter ensejado o arquivamento do PAD ou da Sindicância.

Apesar de o §2º do art. 142 da Lei n. 8.112/90 ter afirmado que os prazos da lei penal aplicam-se às infrações disciplinares também capituladas como crime, os

---

[124] STJ, MS 20857/DF, rel. Napoleão Nunes Maia Filho, rel. p/ acórdão Min. Og Fernandes, 1ª Seção, julgado em 22-5-2019, *DJe* 12-6-2019.

termos não se alteram. Dessa maneira, o prazo prescricional será, mesmo na hipótese de ter ocorrido crime, contado da data em que o fato tornou-se conhecido.

Interessante notar que a interrupção indigitada no §3º da Lei em comento tem duração de 140 (cento e quarenta) dias, pois, apesar da extrapolação dos prazos de conclusão, 120 (cento e vinte) dias, e de julgamento, 20 (vinte) dias, não ensejar a nulidade do PAD, deve ser garantido ao indiciado o retorno da contagem do prazo prescricional após os prazos legais de conclusão e julgamento, sob pena de inutilidade da fixação de tais lapsos temporais.

Na hipótese de sindicância punitiva, o prazo de interrupção será de 80 (oitenta) dias, pois o seu prazo de conclusão é de até 30 (trinta) dias prorrogáveis por igual período (parágrafo único do art. 145 da Lei n. 8.112/90) e o prazo para julgamento pela autoridade é de 20 (vinte) dias (*caput* do art. 167 da citada Lei).

O STJ tem entendimento contrário, pois considera o prazo prescricional de 140 (cento e quarenta) dias também para a sindicância punitiva, conforme a Súmula 635:

> Os prazos prescricionais previstos no art. 142 da Lei n. 8.112/1990 iniciam-se na data em que a autoridade competente para a abertura do procedimento administrativo toma conhecimento do fato, interrompem-se com o primeiro ato de instauração válido sindicância de caráter punitivo ou processo disciplinar – e voltam a fluir por inteiro, após decorridos 140 dias desde a interrupção.

Se, após a instauração da sindicância punitiva, for instaurado PAD (inciso III do art. 145 da Lei n. 8.112/90), devem ser somados os prazos de interrupção para totalizar até 219 (duzentos e dezenove) dias a contar da instauração da sindicância mencionada. A soma do máximo do prazo de interrupção deve desconsiderar um dia, visto que, se a autoridade que recebeu o relatório da comissão de sindicância punitiva ou autoridade superior resolver instaurar PAD, deve fazê-lo no último dia do prazo total da sindicância em questão, a fim de que não haja solução de continuidade entre o prazo de interrupção.

Caso o prazo de interrupção da sindicância punitiva venha a expirar, a instauração do PAD recomendado será nova causa interruptiva da prescrição, pois o §3º do art. 142 da Lei n. 8.112/90 estipula que a abertura de sindicância ou a instauração de processo disciplinar interrompe a prescrição.

Quando se tratar de sindicância investigativa, não haverá falar em interrupção da prescrição, conforme entendimento acertado do STJ, que anota: "Apenas a sindicância instaurada com caráter punitivo tem o condão de interromper o prazo prescricional, e não aquelas meramente investigatórias ou preparatórias de um processo disciplinar"[125].

---

[125] STJ, MS 12.153/DF, rel. Min. Ericson Maranho (desembargador convocado do TJ/SP), 3ª Seção, julgado em 26-8-2015, *DJe* 8-9-2015.

A sindicância tratada no §3º do art. 142 da Lei n. 8.112/90 é apenas a punitiva, conforme tem decidido o STJ:

> MANDADO DE SEGURANÇA. ADMINISTRATIVO. SERVIDOR PÚBLICO FEDERAL. PENA DE SUSPENSÃO. PRESCRIÇÃO DA PRETENSÃO PUNITIVA DISCIPLINAR ESTATAL. ARTIGO 142, §3º, DA LEI N. 8.112/1990. SINDICÂNCIA. INTERRUPÇÃO DO PRAZO. NÃO OCORRÊNCIA. EXTINÇÃO DA PUNIBILIDADE. EXTINÇÃO DOS EFEITOS.
> (...)
> 4. É assente no Superior Tribunal de Justiça o entendimento de que a prescrição da pretensão punitiva disciplinar para a Administração Pública, no tocante a instauração de sindicância, somente é interrompida quando o procedimento sumário for de caráter punitivo, e não exclusivamente investigatório ou preparatório do processo disciplinar.
> 5. Essa colenda Terceira Seção tem precedente no sentido de determinar a retirada de toda e qualquer anotação referente a penalidade anulada em virtude da prescrição, porquanto, uma vez extinta a punibilidade, não há como subsistir os seus efeitos reflexos.[126]

Todavia, afigura-se arbitrário valer-se da terminologia de procedimento investigativo e, em seu bojo, promover atos característicos de sindicância punitiva, alegando-se a não incidência do prazo prescricional. É o que, com acerto, assinala o STJ:

> [...] Nestes termos, embora a jurisprudência desta Corte afirme que somente a sindicância instaurada com caráter punitivo tem o condão de interromper o prazo prescricional, e não aquelas meramente investigatórias ou preparatórias de um processo disciplinar (precedente: MS 12.153/DF, Rel. Min. ERICSON MARANHO, DJe 8.9.2015), é inadmissível admitir que a nomenclatura conferida à Sindicância tenha o condão de alterar a sua natureza.
> [...] Toda sindicância é promovida com objetivo de justificar a abertura do processo disciplinar punitivo, com intenção de investigar possíveis condutas irregulares praticadas por Servidores. De certo, nem sempre o resultado final da Sindicância resultará em abertura de Processo Administrativo, mas seu resultado em nada desnatura a sua finalidade, que é a investigação para possível punição de Servidor infrator.
> [...] A mesma conclusão sobre o caráter punitivo do procedimento advém da própria condução da Sindicância com concessão de ampla defesa e contraditório, onde se verifica que não há mera apuração dos fatos, mas, sim, a averiguação de fatos que poderão levar ao indiciamento do Servidor, com abertura de prazo para a apresentação de Defesa, a oferta de Defesa Prévia, a oitiva de

---

[126] STJ, MS 11.495/DF, rel. Min. Haroldo Rodrigues (desembargador convocado do TJ/CE), 3ª Seção, julgado em 14-3-2011, *DJe* 1º-4-2011.

testemunhas e a efetivação de diligências requeridas pela Defesa, culminando a instrução com relatório conclusivo da Comissão Sindicante para fins de abertura de Processo Administrativo Disciplinar[127].

As causas interruptivas da esfera penal não são aplicáveis ao PAD. Convém realçar que o instituto da prescrição conecta-se umbilicalmente ao princípio da segurança jurídica, assinalando-se que "o art. 142 destina-se a beneficiar o servidor e o respectivo instituto da prescrição objetiva imprimir estabilização às relações que se estabelecem entre a Administração e os servidores públicos, obstando que se perpetue a viabilidade da sanção disciplinar"[128].

O STJ entende que, se ocorrer a prescrição do direito de punir servidor público antes da instauração de procedimento investigatório, não será possível a abertura de sindicância, sendo, consequentemente, impossível a inclusão de punições relativas ao mesmo fato nos **assentamentos funcionais**.

Diferencia-se, segundo aquele Tribunal, a **prescrição do direito de punir** da **prescrição da pretensão punitiva**. A prescrição do direito de punir é a que ocorre antes da instauração do PAD ou da sindicância, já a prescrição da pretensão punitiva é a que sucede a instauração do PAD, devido à retomada do prazo prescricional.

Contudo, afigura-se mais técnica a distinção entre a **prescrição antecedente** e a **prescrição superveniente**. A primeira diz respeito à ocorrência antes da instauração do PAD ou da Sindicância e a segunda diz respeito à ocorrência depois da instauração do instrumento apuratório (a contar do 141º dia).

A prescrição antecedente implica, como já foi dito, impossibilidade de abertura do PAD ou da Sindicância e impossibilidade de registro de qualquer mácula ou mesmo da sua ocorrência nos assentamentos funcionais.

A prescrição superveniente comportava polêmica, posto que, apesar de impedir a aplicação da penalidade, ensejava, na Administração Pública Federal, o registro da sua ocorrência nos assentamentos funcionais do acusado ou indiciado, na forma do art. 170 da Lei n. 8.112/90. Eis a norma:

> Art. 170. Extinta a punibilidade pela prescrição, a autoridade julgadora determinará o registro do fato nos assentamentos individuais do servidor.

---

[127] STJ, AgRg no MS 15280/DF, rel. Min. Napoleão Nunes Maia Filho, 1ª Seção, julgado em 28-11-2018, *DJe* 19-12-2018.

[128] Parecer Vinculante n. GQ – 1 59 (Processo n. 35000.001395/91-53) o "o término dos prazos de averiguação da falta, incluído o dilatório, e de julgamento, destarte, carecendo o processo de 'decisão final', cessa a interrupção do transcurso do período prescricional, reiniciando a contagem de novo prazo, por inteiro...".

Em relação à questão, o STF declarou incidentalmente, no MS 23.262 – DF, a **inconstitucionalidade do artigo 170 da Lei n. 8.112/90.** Eis a ementa do acórdão:

CONSTITUCIONAL E ADMINISTRATIVO. PODER DISCIPLINAR. PRESCRIÇÃO. ANOTAÇÃO DE FATOS DESABONADORES NOS ASSENTAMENTOS FUNCIONAIS. DECLARAÇÃO INCIDENTAL DE INCONSTITUCIONALIDADE DO ART. 170 DA LEI n. 8.112/90. VIOLAÇÃO DO PRINCÍPIO DA PRESUNÇÃO DE INOCÊNCIA. SEGURANÇA CONCEDIDA.

1. A instauração do processo disciplinar interrompe o curso do prazo prescricional da infração, que volta a correr depois de ultrapassados 140 (cento e quarenta) dias sem que haja decisão definitiva.

2. O princípio da presunção de inocência consiste em pressuposto negativo, o qual refuta a incidência dos efeitos próprios de ato sancionador, administrativo ou judicial, antes do perfazimento ou da conclusão do processo respectivo, com vistas à apuração profunda dos fatos levantados e à realização de juízo certo sobre a ocorrência e a autoria do ilícito imputado ao acusado.

3. É inconstitucional, por afronta ao art. 5º, LVII, da CF/88, o art. 170 da Lei n. 8.112/90, o qual é compreendido como projeção da prática administrativa fundada, em especial, na Formulação n. 36 do antigo DASP, que tinha como finalidade legitimar a utilização dos apontamentos para desabonar a conduta do servidor, a título de maus antecedentes, sem a formação definitiva da culpa.

4. **Reconhecida a prescrição da pretensão punitiva, há impedimento absoluto de ato decisório condenatório ou de formação de culpa definitiva por atos imputados ao investigado no período abrangido pelo PAD.**

5. O status de inocência deixa de ser presumido somente após decisão definitiva na seara administrativa, ou seja, não é possível que qualquer consequência desabonadora da conduta do servidor decorra tão só da instauração de procedimento apuratório ou de decisão que reconheça a incidência da prescrição antes de deliberação definitiva de culpabilidade.

6. Segurança concedida, com a declaração de inconstitucionalidade incidental do art. 170 da Lei n. 8.112/1990[129].

A declaração de inconstitucionalidade somente gerou efeitos para o processo julgado no STF, não tendo efeito vinculante para os outros processos no âmbito da Administração Pública e para o Poder Judiciário.

Apesar da ausência de efeito geral, a Advocacia-Geral da União editou parecer vinculante, aprovado pelo Presidente da República, para toda a Administração Pública Federal, determinando que não seja aplicado o art. 170 da Lei n. 8.112/90. Eis os termos do Parecer n. 005/2016/CGU/AGU/GMF[130]:

---

[129] STF, MS 23262, rel. Min. Dias Toffoli, Plenário, julgado em 23-4-2014, *DJe* 30-10-2014.

[130] Páginas 15/18 da Seção I do *DOU* de 11-1-2017.

EMENTA: I. A Administração Pública Federal deve observar a decisão do Supremo Tribunal Federal no Mandado de Segurança n. 23.262/DF, que declarou a inconstitucionalidade do art. 170 da Lei n. 8.112/1990.

II. No âmbito dos processos administrativos disciplinares, uma vez extinta a punibilidade pela prescrição, a autoridade julgadora não poderá fazer o registro do fato nos assentamentos individuais do servidor público.

(...)

CONCLUSÃO: Estas são as razões pelas quais se conclui que a Administração Pública Federal deve observar, respeitar e dar efetivo cumprimento à decisão do Supremo Tribunal Federal que, no julgamento do Mandado de Segurança n. 23.262/DF, Relator Ministro Dias Toffoli, declarou a inconstitucionalidade do art. 170 da Lei n. 8.112/1990. Ante o exposto, tendo em vista a garantia da presunção de inocência, prevista no art. 5º, LVII, da Constituição, e em razão da decisão do Supremo Tribunal Federal no Mandado de Segurança n. 23.262/DF, a Administração Pública Federal deve observar a norma segundo a qual, no âmbito dos processos administrativos disciplinares, uma vez extinta a punibilidade pela prescrição, a autoridade julgadora não poderá fazer o registro do fato nos assentamentos individuais do servidor público. Em caso de acolhimento das presentes conclusões, este parecer poderá ser submetido à aprovação do Presidente da República, e uma vez publicado juntamente com o despacho presidencial, deverá vincular a Administração Pública Federal, cujos órgãos e entidades ficarão obrigados a lhe dar fiel cumprimento (arts. 40 e 41 da Lei Complementar n. 73/1993), a partir da data dessa publicação.

O PAD e a sindicância punitiva declarados nulos não interrompem a prescrição. Consequentemente, as nulidades beneficiarão o acusado ou o indiciado em relação aos prazos prescricionais. Conserva-se, dessa maneira, o entendimento de que os atos nulos, em regra, não produzem efeitos.

Ressalte-se que o prazo prescricional passa a contar a partir da data em que o fato se tornou conhecido e não da data da conduta infracional, na forma do §1º do art. 142 da Lei n. 8.112/90. O STJ afirma que a prescrição começa a contar da data em que a autoridade competente tomou conhecimento (Súmula n. 635).

Em relação à prescrição desfavorável à Administração Pública, tem-se que, na forma do §2º do art. 169 da Lei n. 8.112/90, a autoridade julgadora que der causa à prescrição de que trata o art. 142, §2º, será responsabilizada na forma do Capítulo IV do Título IV da citada Lei.

Feitas as considerações sobre a prescrição administrativa desfavorável à Administração Pública, deve ser ressaltado que o STJ decidiu que prevalece a orientação de que a ação judicial visando à invalidação de processo administrativo disciplinar, com a consequente reintegração do servidor faltoso, precisa ser ajuizada no prazo de cinco anos contados da aplicação da pena, nos termos do art. 1º do Decreto n. 20.910/32, segundo o seguinte excerto:

Prevalece nesta Corte a orientação de que a ação visando à invalidação de processo administrativo disciplinar, com a consequente reintegração do servidor faltoso, deve ser ajuizada no prazo de cinco anos contados da aplicação da pena, nos termos do art. 1º do Decreto n. 20.910/32[131].

Tal modalidade de prescrição refere-se à ação judicial e é desfavorável ao ex-servidor demitido, o que se aplica também ao que teve a sua aposentadoria ou disponibilidade cassada.

Além disso, em relação à prescrição desfavorável ao ex-servidor, o art. 110 da Lei n. 8.112/90 estabeleceu o seguinte:

Art. 110. O direito de requerer prescreve:
I – em 5 (cinco) anos, quanto aos atos de demissão e de cassação de aposentadoria ou disponibilidade, ou que afetem interesse patrimonial e créditos resultantes das relações de trabalho;
II – em 120 (cento e vinte) dias, nos demais casos, salvo quando outro prazo for fixado em lei.
Parágrafo único. O prazo de prescrição será contado da data da publicação do ato impugnado ou da data da ciência pelo interessado, quando o ato não for publicado.

Por fim, em relação à prescrição, é interessante o caso do Estado de Minas Gerais, pois o Estatuto dos Servidores Públicos Civis (Lei n. 869/52) dispõe, em seu art. 258, que "as penas de repreensão, multa e suspensão prescrevem no prazo de dois anos e a de demissão, por abandono do cargo, no prazo de quatro anos". Não há previsão para a prescrição da pena de demissão por outros motivos. Contudo, não existe transgressão disciplinar imprescritível ou imprescritibilidade da pretensão punitiva do Estado, ante o princípio da segurança jurídica e da estabilidade das relações.

Diante da lacuna ou da falta de clareza na legislação específica, o Órgão Especial do Tribunal de Justiça do Estado de Minas Gerais já se posicionou no sentido de que a referência ao "abandono de cargo" é meramente exemplificativa, de modo que se deve aplicar o prazo de quatro anos também para outras hipóteses de demissão. Esse foi o entendimento esposado no Incidente de Resolução de Demandas Repetitivas (IRDR) n. 1.0000.16.038002-8/000[132].

---

[131] STJ, AgRg no Ag 1259597/MG, rel. Min. Rogerio Schietti Cruz, 6ª Turma, julgado em 10-2-2015, *DJe* 23-2-2015.

[132] TJ/MG, AC 1.000.20.601322-9/001, rel. Des. Renato Dresch, 4ª Câmara Cível, julgado em 18-2-2021, *DJe* 19-2-2021.

1366 CURSO DE DIREITO ADMINISTRATIVO

41.4.6.23.9. Denúncia

A promoção da apuração independe de denúncia, pois basta que a irregularidade seja **conhecida por servidor público ou por autoridade superior** para o início do Processo Administrativo ou da Sindicância. O art. 126 – A da Lei n. 8.112/90, inclusive, isenta de responsabilidade civil, penal ou administrativa o servidor por dar ciência à autoridade superior ou, quando houver suspeita de envolvimento desta, a outra autoridade competente para apuração de informação concernente à prática de crimes ou improbidade de que tenha conhecimento, ainda que em decorrência do exercício de cargo, emprego ou função pública.

Entretanto, **qualquer do povo** pode colaborar com a Administração Pública, oferecendo denúncia sobre irregularidades, desde que, na forma do art. 144 da Lei n. 8.112/90, contenha a identificação e o endereço do denunciante e seja formulada por escrito, confirmada a autenticidade. Seguem os dizeres da norma:

> Art. 144. As denúncias sobre irregularidades serão objeto de apuração, desde que contenham a identificação e o endereço do denunciante e sejam formuladas por escrito, confirmada a autenticidade.
>
> Parágrafo único. Quando o fato narrado não configurar evidente infração disciplinar ou ilícito penal, a denúncia será arquivada, por falta de objeto.

Com o objetivo de evitar **denúncias abusivas** e gastos desnecessários de recursos públicos, o parágrafo único do artigo citado estabeleceu a possibilidade do seu arquivamento sumário quando o fato narrado não configurar evidente infração disciplinar ou ilícito penal. A norma estabeleceu um verdadeiro juízo de admissibilidade que deve ser exercido de maneira fundamentada, a fim de que não seja caracterizada a condescendência criminosa.

Em virtude da superficialidade do juízo inicial, se a autoridade tiver dúvida entre arquivar e promover a apuração, deve optar por promover a apuração, pois, nessa fase, a dúvida resolve-se em favor da sociedade e não em favor do acusado.

A norma do art. 144 da lei em tela está de acordo com o estabelecido no inciso IV do art. 5º da CF/88 que determina a liberdade de manifestação do pensamento, vedando o anonimato, a fim de que haja responsabilização pelos excessos eventualmente cometidos.

Deve ser lembrado que a vedação ao **anonimato** é relativa, portanto não impede, caso haja indícios relevantes, a apuração da irregularidade, pois o item 2 do art. 13 da Convenção das Nações Unidas contra a Corrupção, promulgada pelo Decreto n. 5.867/03, do Presidente da República Federativa do Brasil, atribui relevância à denúncia anônima. Eis o seu texto:

2. Cada Estado Parte adotará medidas apropriadas para garantir que o público tenha conhecimento dos órgãos pertinentes de luta contra a corrupção mencionados na presente Convenção, e facilitará o acesso a tais órgãos, quando proceder, para a denúncia, **inclusive anônima**, de quaisquer incidentes que possam ser considerados constitutivos de um delito qualificado de acordo com a presente Convenção. (grifo)

A jurisprudência do STJ alinha-se a esse entendimento, razão por que a **Súmula 611** contém o seguinte enunciado: "Desde que devidamente motivada e com amparo em investigação ou sindicância, é permitida a instauração de processo administrativo disciplinar com base em denúncia anônima, em face do poder-dever de autotutela imposto à Administração".

Além disso, a Lei n. 8.443/1992, Lei Orgânica do Tribunal de Contas da União, estabeleceu, no §3º do seu art. 55 que, ao decidir, caberá ao Tribunal manter o sigilo do objeto e da autoria da denúncia quando imprescindível à segurança da sociedade e do Estado.

Por fim, tem-se que a Controladoria-Geral da União, por meio da Instrução Normativa Conjunta n. 01 CRG/OGU, de 24 de junho de 2014, estabelece normas de recebimento e tratamento de denúncias anônimas e diretrizes para a reserva de identidade do denunciante.

41.4.6.23.10. Deveres de delação, de promoção da apuração e de apuração

Conforme o art. 116 da Lei n. 8.112/90, entre os deveres exigidos dos servidores públicos, dois merecem especial atenção neste livro, quais sejam:

a) o de levar as irregularidades de que tiver ciência em razão do cargo ao conhecimento da autoridade superior ou, quando houver suspeita de envolvimento desta, ao conhecimento de outra autoridade competente para apuração (inciso VI); e

b) o de representar contra ilegalidade, omissão ou abuso de poder (inciso XII).

Ambos estão também relacionados à apuração das faltas dos servidores públicos apesar de serem mais amplos, pois abarcam também outras ilicitudes além das funcionais.

Tais deveres podem ser chamados de **deveres de comunicação ou de delação**. Além deles, o *caput* do art. 143 da Lei n. 8.112/90 estabeleceu o **dever promoção da apuração**. *Ipsis litteris:*

Art. 143. A autoridade que tiver ciência de irregularidade no serviço público é obrigada a promover a sua apuração imediata, mediante sindicância ou processo administrativo disciplinar, assegurada ao acusado ampla defesa.

O **dever de delação** é inerente a todos os servidores públicos, mas o **dever de promoção da apuração** somente pode ser exigido da autoridade competente para tal mister.

São as normas internas da Administração Pública que estabelecem as autoridades competentes para a promoção da apuração dos ilícitos funcionais dos servidores públicos. Deve ser observado que a promoção da apuração é feita normalmente por uma autoridade competente para constituir a Comissão Processante ou Sindicante.

Se não houver norma interna clara sobre a autoridade, deve ser observado o art. 17 da Lei n. 9.784/99. Segue o seu texto:

Art. 17. Inexistindo competência legal específica, o processo administrativo deverá ser iniciado perante a autoridade de menor grau hierárquico para decidir.

Na forma do §3º do art. 143 da lei em tela, a apuração, por solicitação da autoridade que tiver ciência, poderá ser feita por autoridade de órgão ou entidade diverso daquele em que tenha ocorrido a irregularidade, mediante competência específica para tal finalidade, delegada em caráter permanente ou temporário pelo Presidente da República, pelos presidentes das Casas do Poder Legislativo e dos Tribunais Federais e pelo Procurador-Geral da República, no âmbito do respectivo Poder, órgão ou entidade, preservadas as competências para o julgamento que se seguir à apuração.

O não cumprimento do dever de promoção da apuração ou do dever de delação da irregularidade pode ensejar, além de falta funcional, a sanção penal descrita no art. 320 do Código Penal que trata da condescendência criminosa. Eis o texto:

Art. 320. Deixar o funcionário, por indulgência, de responsabilizar subordinado que cometeu infração no exercício do cargo ou, quando lhe falte competência, não levar o fato ao conhecimento da autoridade competente:

Pena – detenção, de quinze dias a um mês, ou multa.

O **conceito de funcionário público** para fim **penal** é mais amplo do que o conceito de servidor público da Lei n. 8.112/90. Assim, como já foi dito, somente o servidor ou o ex-servidor público civil está sujeito ao PAD e à sindicância da citada lei, mas ao dever de promoção da apuração e ao dever de delação estão sujeitos os que se enquadram no conceito do Código Penal de funcionário público. Segue o artigo do citado Código:

Art. 327. Considera-se funcionário público, para os efeitos penais, quem, embora transitoriamente ou sem remuneração, exerce cargo, emprego ou função pública.

§1º Equipara-se a funcionário público quem exerce cargo, emprego ou função em entidade paraestatal, e quem trabalha para empresa prestadora de serviço contratada ou conveniada para a execução de atividade típica da Administração Pública.

Observe-se que o **dever de promoção da apuração** é diverso do **dever de apuração**. O primeiro toca os atos iniciais de constituição do Processo Administrativo Disciplinar. Já o segundo diz respeito à investigação e à instrução que objetivam, ao menos, a busca pela certeza da materialidade e da autoria do ilícito administrativo.

O **dever de promoção** é da autoridade normativamente competente para instaurar o PAD ou a sindicância; o **dever de apuração** é da Comissão Processante ou Sindicante.

Ressalte-se, novamente, que, se houver dúvida sobre a instauração ou não de sindicância punitiva ou PAD, deverá a autoridade providenciar a instauração, pois aplica-se a expressão latina *in dubio pro societate*.

Mesmo quando o servidor público já tiver sido punido com a pena mais severa de exclusão em outro PAD ou em outra sindicância ou tiver saído espontaneamente do serviço público, a autoridade deve, não havendo prescrição, promover a apuração de outras condutas que possam configurar ilícito funcional.

Por fim, lembre-se que foi incluído o art. 126-A ao texto da Lei n. 8.112/90, dispondo que nenhum servidor poderá ser responsabilizado civil, penal ou administrativamente por dar ciência à autoridade superior ou, quando houver suspeita de envolvimento desta, a outra autoridade competente para apuração de informação concernente à prática de crimes ou improbidade de que tenha conhecimento, ainda que em decorrência do exercício de cargo, emprego ou função pública.

41.4.6.23.11. Verificação preliminar

A verificação preliminar é um procedimento prévio, facultativo, de caráter não punitivo e sigiloso, baseado nos princípios da economicidade e da eficiência, para verificar a existência de justa causa que possibilite a instauração de PAD ou sindicância, tratando-se de verdadeiro juízo de admissibilidade relativo aos instrumentos apuratórios.

Apesar de ser um procedimento facultativo e que não se submete ao contraditório e à ampla defesa – pois serão exercidos se o resultado for desfavorável ao servidor no PAD ou na sindicância –, recomenda-se a todos os órgãos públicos que tratam de assuntos disciplinares a criação de uma Coordenação de Medidas Disciplinares (CMD) para realizar o procedimento e emitir Relatório de Verificação Preliminar (RVP), sempre fundamentado.

A verificação preliminar não se confunde com a sindicância investigativa, visto que aquela deverá ser utilizada ainda que a autoria e a materialidade estejam evidentes. O objetivo principal da verificação preliminar é verificar se há **justa causa** para a abertura de PAD ou sindicância e o objetivo principal da sindicância investigativa é buscar a certeza da materialidade e indícios de autoria.

Contudo, nada impede que a justa causa seja apreciada sempre e em todos os procedimentos e processos e que a materialidade e a autoria sejam também apreciadas na verificação preliminar.

A verificação preliminar apresenta-se mais como um instrumento de análise de indícios e provas do que um procedimento de coleta, já a sindicância investigativa apresenta-se mais como um instrumento de coleta de indícios e provas.

Não é necessária a constituição de comissão para a verificação preliminar, sendo possível que um servidor estável ou não realize o procedimento, recebendo as manifestações de todos os envolvidos, e elabore o RVP.

O RVP deve ser remetido à autoridade competente para instaurar o PAD ou a sindicância, ressaltando-se que o relatório não vinculará a autoridade. Gize-se que, existindo dúvida em relação à instauração de sindicância ou PAD mesmo após o RVP, deverá a autoridade providenciar a instauração, pois aplica-se a expressão latina *in dubio pro societate*.

A verificação preliminar aqui tratada não se confunde com a investigação preliminar do inciso I do art. 4º do Decreto n. 8.420/15, que regulamenta a Lei n. 12.846, de 1º de agosto de 2013, que dispõe sobre a responsabilização administrativa de pessoas jurídicas pela prática de atos contra a Administração Pública, nacional ou estrangeira e dá outras providências.

A instauração de verificação preliminar poderá se dar mediante provocação ou de ofício, devendo sempre ser fundamentada e conter a narrativa dos fatos em linguagem clara e objetiva, com todas as suas circunstâncias, a individualização do servidor público envolvido, acompanhada de indício concernente à irregularidade ou ilegalidade imputada.

Por meio da Instrução Normativa n. 8, de 19 de março de 2020, a Controladoria-Geral da União regulamenta a Investigação Preliminar Sumária (IPS) no âmbito do Sistema de Correição do Poder Executivo Federal. O art. 2º do ato normativo assim define a IPS:

procedimento administrativo de caráter preparatório, informal e de acesso restrito, que objetiva a coleta de elementos de informação para a análise acerca da existência dos elementos de autoria e materialidade relevantes para a instauração de processo administrativo disciplinar acusatório, processo administrativo sancionador ou processo administrativo de responsabilização.

A IPS destina-se à apuração de atos lesivos cometidos por pessoa jurídica contra a Administração Pública e falta disciplinar praticada por servidor ou empregado público federal, no âmbito da Administração Pública Federal direta e indireta (inclusive as entidades de natureza empresarial).

Sua conclusão não poderá resultar em aplicação de sanção, para o que é imprescindível a instauração de processo administrativo, observados os princípios da ampla defesa e contraditório. Com esteio no §2º do art. 3º da IN n. 8/2020, a instauração da IPS pode ser realizada por despacho, pela autoridade correcional legal ou regimentalmente competente, dispensada a sua publicação. O prazo para conclusão do procedimento é de até 180 (cento e oitenta dias), indicando-se alguma das seguintes recomendações:

I – o arquivamento, caso ausentes indícios de autoria e prova da materializada da infração, não sejam aplicáveis penalidades administrativas ou quando houver necessidade de aguardar a obtenção de informações ou realização de diligências necessárias ao desfecho da apuração;
II – a instauração de processo correcional acusatório cabível, caso conclua pela existência de indícios de autoria, prova de materialidade e viabilidade da aplicação de penalidades administrativas; ou
III – a celebração de Termo de Ajustamento de Conduta.

Haja vista que a IPS ou outro procedimento de verificação preliminar não tem o condão de interromper os prazos prescricionais, é recomendável que a autoridade correcional dimensione adequadamente o tempo para conclusão do procedimento, considerando-se a natureza e complexidade dos fatos por serem apurados. Isso porque o esgotamento do prazo de 180 dias para a sua conclusão, ante situações que ensejariam aplicação de penalidade branda, como a advertência (art. 27, I, da Lei n. 8.112/90), acarretariam risco de prescrição da pretensão punitiva.

O prazo regulamentado no art. 5º da IN n. 8/2020 é o máximo admitido para o uso do procedimento investigativo em tela. Portanto, nenhuma vedação há – ao invés, mostra-se recomendável – que a autoridade correcional, ante os elementos informativos de que dispõe e se considerar razoável, determine prazo inferior, visando à celeridade para a conclusão e apresentação de relatório, a fim de decidir, em tempo hábil, a medida legal por ser adotada.

Por fim, tem-se que, caso seja constatada a existência de justa causa ou haja dúvida, o PAD, ou a sindicância, deve ser instaurado, porém, se não for constatada justa causa, aplicar-se-á o parágrafo único do art. 144 da Lei n. 8.112/90. Eis o texto:

> Art. 144. As denúncias sobre irregularidades serão objeto de apuração, desde que contenham a identificação e o endereço do denunciante e sejam formuladas por escrito, confirmada a autenticidade.
> Parágrafo único. Quando o fato narrado não configurar evidente infração disciplinar ou ilícito penal, a denúncia será arquivada, por falta de objeto.

41.4.6.23.12. Termo de ajustamento de conduta

O Ministério da Transparência, Fiscalização e Controladoria-Geral da União[133] editou, em 30 de maio de 2017, a Instrução Normativa n. 2, que trata da possibilidade de o servidor público do Poder Executivo Federal celebrar com órgão ou entidade Termo de Ajustamento de Conduta (TAC).

Apesar de não haver previsão legal para a celebração desse tipo de acordo, a iniciativa é bastante louvável, visto que, segundo o próprio Ministério, o custo da sindicância ou do PAD pode ultrapassar várias dezenas de milhares de reais por acusado para aplicar penas bastante leves relativas a condutas de gravidade diminuta.

O procedimento para celebração do TAC recebeu sucessivas alterações normativas desde a sua instituição e, atualmente, rege-se pela Instrução Normativa n. 4, de 21 de fevereiro de 2020, do Corregedor-Geral da União.

O §1º do art. 1º da IN n. 4/2020 define o TAC como "procedimento administrativo voltado à resolução consensual de conflitos". O instrumento é aplicável nos casos de infração disciplinar de menor potencial ofensivo que, assim conceituada pela norma:

> Considera-se infração disciplinar de menor potencial ofensivo a conduta punível com advertência ou suspensão de até 30 dias, nos termos do artigo 129 da Lei n. 8.112, de 11 de dezembro de 1990, ou com penalidade similar, prevista em lei ou regulamento interno.

Interessante notar que o primeiro ato normativo infralegal a tratar do TAC no Poder Executivo Federal (IN n. 2/2017) delimitava sua aplicação aos casos de faltas puníveis com advertência ou sanção similar, prevista em lei ou regulamento, ao passo que a norma atual amplia o alcance da infração de menor potencial ofensivo, a abranger faltas puníveis com suspensão de até trinta dias.

---

[133] Transformado na Controladoria-Geral da União, por força do art. 57, VII, da Lei n. 13.844, de 18 de junho de 2019.

A inovação normativa demonstra a tendência do aparato disciplinar em concentrar esforços para a apuração de responsabilidade de fatos revestidos de maior nível de gravidade, possibilitando-se aos casos menos danosos o uso de instrumentos consensuais.

Com efeito, considerada a limitação de pessoas, tempo e recursos materiais da Administração, não é razoável, por exemplo, a instauração de processo administrativo disciplinar, constituindo-se comissão processante, cujos membros deverão atribuir significativa parcela de seu tempo de trabalho para a condução do feito se, ao fim, este culminar com a penalidade de advertência.

Evidentemente, nesses casos, o prejudicado não será apenas o agente público apenado, mas a própria Administração, que terá consumido seu capital intelectual para o desempenho de atividades contraproducentes e, por reflexo, a sociedade nacional, haja vista que o funcionamento da Administração é mantido mormente mediante a arrecadação de tributos dos contribuintes.

Por isso, ocorrendo falta de menor potencial ofensivo e, não existindo óbice legal ou regulamentar, nem outro fator que demonstre não ser recomendável a celebração de TAC, o instrumento merece ser prestigiado.

O art. 3º da IN n. 4/2020 dispõe que "por meio do TAC o agente público interessado se compromete a ajustar sua conduta e a observar os deveres e proibições previstos na legislação vigente". Não é demais dizer que o TAC consiste em um voto de confiança oferecido pela Administração, concedendo-se ao agente público a oportunidade de repensar seus atos e corrigir seu comportamento, de modo a não mais incidir nas condutas faltosas que lhe sujeitaram à instância correcional.

Quando o servidor público for ocupante apenas de cargo em comissão, viabiliza-se a celebração de TAC unicamente quando a sanção aplicável à suposta infração for a advertência, uma vez que, por força do art. 135 da Lei n. 8.112/90, ao ocupante de cargo em comissão que não seja simultaneamente ocupante de cargo efetivo, quando comete infração sujeita à penalidade de suspensão, comina-se a pena de destituição de cargo em comissão. Logo, não existe possibilidade jurídica de sancionar servidores ocupantes de cargo comissionado (exclusivamente) com pena de suspensão e, consequentemente, não haveria que se dizer de TAC como instrumento substitutivo a essa pena, que para esses servidores tem consequência expulsória.

Para a celebração do TAC, são requisitos exigidos do servidor ou empregado público federal, enumerados pelo art. 2º da IN n. 4/2020, que este:

I – não tenha registro vigente de penalidade disciplinar em seus assentamentos funcionais;

II – não tenha firmado TAC nos últimos dois anos, contados desde a publicação do instrumento; e

III – tenha ressarcido, ou se comprometido a ressarcir, eventual dano causado à Administração Pública.

Se vigente registro de penalidade disciplinar nos assentos funcionais (na forma do art. 131 da Lei n. 8.112/90) ou da celebração de TAC nos últimos dois anos, essas anotações impossibilitam a celebração do ajuste, de maneira que o caráter pedagógico da atuação disciplinar reclama, para sua efetividade, a progressão da medida levada a efeito pelo órgão correcional. Uma vez frustrado o propósito colimado mediante celebração de TAC anterior – no sentido de corrigir consensualmente faltas administrativas, evitando-se o exercício do poder de punir –, impõe-se a cominação de sanção, exsurgindo a cominação dos arts. 129 e 130 da Lei n. 8.112/90.

Outrossim, tão somente o descumprimento do TAC, independentemente das supostas faltas disciplinares que motivaram sua celebração, é fato que se subsume à norma do art. 116, II, da Lei n. 8.112/90 (dever de lealdade à instituição). É o que determina no art. 6º, § 4º, da IN n. 4/2020.

Realmente, há que se considerar que o ajustamento de conduta é medida que se antecede de percuciente análise da autoridade correcional, órgão de consultoria e assessoramento jurídico e autoridade competente para a sua homologação, isto é, um conjunto de atos administrativos que demandam tempo e esforço de agentes da Administração, com o fim de atenuar o peso do aparato disciplinar sobre o agente público, mitigando-se os impactos inerentes ao processo sancionador. Quando o agente público ignora todo o movimento administrativo para a celebração do pacto solene e, intencionalmente, despreza seus termos, está-se diante de conduta que afronta o dever de lealdade à instituição.

A celebração de TAC pode ser oferecida de ofício pela autoridade competente para a instauração de processo administrativo disciplinar, mas também pode ser pedida pelo agente público interessado ou mesmo sugerida pela Comissão Processante, no curso do Inquérito Administrativo. Nas ocasiões em que a proposta para celebração do ajuste não partir da autoridade correcional, esta poderá, motivadamente, indeferi-la.

O termo deve conter, obrigatoriamente: I – a qualificação do agente público envolvido; II – os fundamentos de fato e de direito para sua celebração; III – a descrição das obrigações assumidas; IV – o prazo e o modo para o cumprimento das obrigações; e V – a forma de fiscalização das obrigações assumidas. Logo que homologado, far-se-á publicação de seu extrato em boletim interno ou na imprensa oficial.

A celebração do TAC será comunicada ao superior hierárquico imediato do agente público, que fiscalizará seu cumprimento. Declarado pelo fiscal do TAC o seu cumprimento, não se possibilitará a instauração de procedimento disciplinar pelos mesmos fatos.

Do contrário, se o fiscal do TAC informar o descumprimento do ajuste à autoridade correcional, esta promoverá a instauração do procedimento disciplinar que decorreria dos fatos apurados ou, se o TAC tiver sido celebrado no curso de processo administrativo disciplinar, determinará sua continuidade. Exatamente por essa razão, a celebração do TAC suspende a prescrição até o recebimento pela autoridade celebrante da declaração de seu cumprimento.

O prazo de cumprimento do TAC não poderá ser superior a 2 (dois) anos, e sua celebração sem a observância dos pressupostos determinados pela IN n. 4/2020 é causa de nulidade.

O TAC terá acesso restrito até o seu efetivo cumprimento ou até a conclusão do processo disciplinar decorrente de seu descumprimento. Convém notar que o art. 8º da IN n. 4/2020 dispõe que o TAC será registrado nos assentamentos funcionais do agente público, mas não determina qualquer prazo para a permanência da anotação.

Ora, se ao agente público efetivamente apenado com advertência ou suspensão, o art. 131 da Lei n. 8.112/90 assegura limites temporais para a manutenção das anotações que o desabonem (por causa justa), não há razão lógica para a manutenção *ad aeternum* de registro referente à celebração de TAC. Para a solução dessa lacuna normativa, poder-se-ia aplicar, por interpretação lógica, o art. 2º, II, da IN n. 4/2020, limitando-se a anotação ao prazo de dois anos, que é o lapso temporal impeditivo da celebração de novo ajuste.

Não se pode olvidar que o registro de penalidade de advertência ou suspensão nos assentamentos funcionais de servidor público não consistem em mera formalidade, mas têm um fim específico: a caracterização da reincidência. De igual modo, a anotação do TAC nos assentamentos funcionais do agente público tem por finalidade constituir fator impeditivo de novo ajuste durante o prazo tabulado no art. 2º, II, da IN n. 4/2020: dois anos. Não há, pois, razão jurídica que justifique a preservação da anotação nos assentamentos funcionais do agente público por tempo que transcenda esse limite.

Ademais, merece realce o fato de que o agente público a quem se cominou pena de advertência ou suspensão, que terá o registro da penalidade nos assentamentos funcionais limitado ao período de três ou cinco anos, respectivamente, sofreu a cominação de sanção, mediante processo administrativo em que assegurada a ampla defesa e o contraditório.

Não é o que ocorre em relação ao agente público que firmou TAC. Existe apenas a suposição de que a infração tenha sido praticada. A aquiescência do agente público com as condições do termo de ajustamento é formal, não tem o condão de transmudar a natureza ou mesmo a ocorrência dos fatos. Por conseguinte, a manutenção por tempo indeterminado do registro do TAC nos assentamentos funcionais do agente público é medida que impõe consequência mais severa do que aquela imposta a quem efetivamente sofreu sanção disciplinar. Além de ser providência desproporcional, não encontra amparo na lei.

Por fim, cabe enfatizar que a autoridade que irregularmente conceder o benefício do termo de ajustamento de conduta sujeita-se à responsabilidade disciplinar, na forma do Capítulo IV, do Título IV, da Lei n. 8.112, de 1990. Evidentemente, o instrumento consensual não pode servir de mecanismo de privilégio injustificado em favor de agentes públicos sujeitos à apuração disciplinar, tampouco de meio de alívio da carga de trabalho das unidades correcionais, cujos deveres de promoção da apuração e de apuração têm natureza vinculante.

41.4.6.23.13. Sindicância

A **sindicância** terá natureza de procedimento ou processo administrativo, pois pode ser **investigativa ou acusatória**. No primeiro caso, será procedimento e, no segundo caso, será processo.

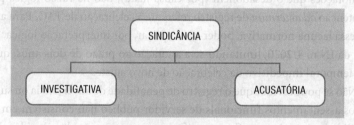

O art. 145 da Lei n. 8.112/90 afirma que:

Art. 145. Da sindicância poderá resultar:
I – arquivamento do processo;
II – aplicação de penalidade de advertência ou suspensão de até 30 (trinta) dias;
III – instauração de processo disciplinar.

Parágrafo único. O prazo para conclusão da sindicância não excederá 30 (trinta) dias, podendo ser prorrogado por igual período, a critério da autoridade superior.

O arquivamento da sindicância pode ocorrer nas duas modalidades. A aplicação de penalidade somente pode ocorrer na sindicância acusatória. E a instauração de Processo Administrativo Disciplinar é resultado da sindicância investigativa ou da sindicância acusatória no caso de a autoridade instauradora entender que não foram colhidos os elementos necessários ou entender que as sanções de advertência ou de suspensão de até trinta dias são insuficientes[134].

A instauração prévia de sindicância não é imprescindível para a instauração de PAD e não será reputado nulo PAD que aplicar a pena de advertência ou de suspensão até 30 (trinta) dias, havendo, neste caso, somente violação ao princípio da economicidade, pois utilizar-se-á um instrumento mais complexo quando poderia ter sido usado um instrumento mais simples.

41.4.6.23.13.1. Sindicância investigativa

A **sindicância investigativa ou investigatória** tem como objetivo estabelecer a **autoria e/ou a materialidade do ilícito funcional**.

Segundo o art. 19, *caput*, da Instrução Normativa n. 14, de 14 de novembro de 2018, do Ministério da Transparência e Controladoria-Geral da União, a sindicância investigativa constitui:

> [...] procedimento de caráter preparatório, destinado a investigar falta disciplinar praticada por servidor ou empregado público federal, quando a complexidade ou os indícios de autoria ou materialidade não justificarem a instauração imediata de procedimento disciplinar acusatório.

A instauração da sindicância investigativa pode ser feita por qualquer servidor com atribuições de chefia, independentemente de previsão expressa de competência para a sua instauração.

A portaria de constituição de sindicância investigativa deve mencionar resumidamente a suposta irregularidade, o órgão onde ocorreu e o nome do sindicante ou dos membros da comissão constituída.

A sindicância investigativa não exige a instituição de comissão sindicante, pois pode ser conduzida por apenas um servidor estável ou não. Não há formas legalmente estabelecidas, sejam de constituição sejam de processamento, para essa modalidade de sindicância, visto que do seu ato final não resultará qualquer sanção, mas apenas arquivamento ou instauração de Processo Administrativo Disciplinar, no qual todas as garantias constitucionais serão ofertadas. Nesse sentido é o entendimento do STJ, quando se afirma:

---

[134] Parecer n. GQ-37 (Parecer vinculante, conforme art. 40 da Lei Complementar n. 73/93) A legalidade do processo disciplinar independe da validade da investigação, efetuada através da sindicância de que adveio aquele apuratório.

1378 CURSO DE DIREITO ADMINISTRATIVO

Tratando-se a sindicância investigativa ou apuratória de procedimento com natureza inquisitorial e preparatória, prescinde ela da observância dos princípios constitucionais do contraditório e da ampla defesa, os quais serão devidamente respeitados se desse processo sobrevier formal acusação aos servidores públicos[135].

Sobre a desnecessidade de observância do contraditório e da ampla defesa nesses tipos de procedimentos investigativos ou de verificação, o STF assevera:

> A estrita reverência aos princípios do contraditório e da ampla defesa só é exigida, como requisito essencial de validez, assim no processo administrativo disciplinar, como na sindicância especial que lhe faz as vezes como procedimento ordenado à aplicação daquelas duas penas mais brandas, que são a advertência e a suspensão por prazo não superior a trinta dias. Nunca, na sindicância que funcione apenas como investigação preliminar tendente a coligir, de maneira inquisitorial, elementos bastantes à imputação de falta ao servidor, em processo disciplinar subsequente[136].

O prazo para conclusão da sindicância investigativa, na forma do parágrafo único do art. 145 da Lei n. 8.112/90, não excederá 30 (trinta) dias, podendo ser prorrogado por igual período, a critério da autoridade superior. Entretanto, a extrapolação justificada do prazo legal não a nulifica.

Assim como acontece em relação à verificação preliminar, não há rito legalmente estabelecido para a sindicância investigativa, como sugestão são apresentadas seguintes etapas:

a) Delimitação do objeto e dos supostos envolvidos, atribuição de caráter sigiloso e designação de comissão ou servidor responsável pela sua condução que ocupe cargo compatível hierarquicamente com os cargos dos envolvidos por ato (portaria) da autoridade titular do dever de promover a apuração;

b) Expedição de ofícios e memorandos aos chefes imediatos, aos envolvidos, solicitando informações, bens móveis e documentos referentes ao fato, fixando prazo razoável para o envio;

c) Determinação de oitiva dos envolvidos e das testemunhas;

d) Após as oitivas e o recebimento das informações, documentos e bens móveis relacionados ao fato, verificação sobre a necessidade de algum apoio

---

[135] STJ, MS 19.243/DF, rel. Min. Eliana Calmon, 1ª Seção, julgado em 11-9-2013, *DJe* 20-9-2013.

[136] STF, MS 22791, rel. Min. Cezar Peluso, Plenário, julgado em 13-11-2003, *DJ* 19-12-2003.

técnico específico para a análise do material recebido, sobre a necessidade de perícia ou acareação dos envolvidos;

e)   Se for o caso, solicitação de apoio de órgãos técnicos ou perícia;

f)   Elaboração de relatório final, abordando a existência do fato e a sua autoria, listando testemunhas, citando depoimentos e documentos relevantes; e

g)   Remessa do relatório final à autoridade titular do dever de promover a apuração.

No âmbito do Poder Executivo Federal, o art. 20, §1º, da IN CGU n. 14/2018, dispõe que é dispensável a publicação do ato de instauração da sindicância investigativa. O art. 21 do ato normativo determina que o prazo para a conclusão da sindicância investigativa não excederá 60 (sessenta) dias e poderá ser prorrogado por igual período, admitindo-se a recondução da comissão, após o encerramento do prazo de prorrogação, quando necessária à conclusão dos trabalhos.

Logo, o ato normativo em tela atribui à prorrogação de prazo e recondução da comissão sindicante a mesma lógica legalmente configurada para o processo administrativo disciplinar.

Importa enfatizar que a sindicância investigativa **não interrompe** o prazo prescricional.

Por fim, se houver dúvida na sindicância investigativa sobre a instauração ou não de sindicância acusatória ou PAD, deverá a autoridade providenciar a instauração, pois aplica-se a expressão latina *in dubio pro societate*.

41.4.6.23.13.1.1.   Sindicância patrimonial

A **sindicância patrimonial** que representa instrumento de apuração de ato de improbidade que possa gerar enriquecimento ilícito descrito no art. 9º da Lei n. 8.429/92, na esfera federal, foi descrita no art. 8º do Decreto n. 5.483/2005. O seu rito pode ser extraído da Instrução Normativa n. 14, de 14 de novembro de 2018, do Ministério da Transparência e Controladoria-Geral da União.

A sua natureza é **investigativa** e decorre da aparente ou real incompatibilidade patrimonial do agente público com os seus vencimentos, as suas rendas ou com herança recebida.

A autoridade competente – ao tomar conhecimento de fundada notícia ou de indícios de enriquecimento ilícito, inclusive evolução patrimonial incompatível com os recursos e disponibilidades do agente público – determinará a instauração de sindicância patrimonial, destinada à apuração dos fatos.

A sindicância patrimonial constituir-se-á em procedimento sigiloso e meramente investigatório, não tendo caráter punitivo, na forma do art. 9º do Decreto em tela. O procedimento de sindicância patrimonial será conduzido por comissão composta por dois ou mais servidores ou empregados efetivos de órgãos ou entidades da administração federal.

O prazo para conclusão do procedimento de sindicância patrimonial será de trinta dias, contados da data da publicação do ato que constituir a comissão, podendo ser prorrogado, por igual período ou por período inferior, pela autoridade competente pela instauração, desde que justificada a necessidade.

Na forma do art. 10 do Decreto n. 5.483/2005, concluído o procedimento de sindicância, nos termos do art. 10 do Decreto mencionado, dar-se-á imediato conhecimento do fato ao Ministério Público Federal, ao Tribunal de Contas da União, à Controladoria-Geral da União, à Secretaria da Receita Federal e ao Conselho de Controle de Atividades Financeiras[137].

41.4.6.23.13.2. *Sindicância acusatória*

Inicialmente, cumpre esclarecer que a sindicância acusatória é também chamada de "**sindicância contraditória**" ou "**sindicância punitiva**". Os críticos desta última nomenclatura afirmam, com pertinência, que o resultado nem sempre será a punição.

Com efeito, a sindicância acusatória é instaurada para a apuração de fatos, que podem resultar na cominação de pena ao agente público, na instauração de processo administrativo disciplinar ou, se não identificada a culpa do acusado, o arquivamento, de maneira que a punição é um dos resultados possíveis do procedimento.

Mesmo na sindicância investigativa, poderá ser, em alguns momentos e eventualmente, invocado o princípio do contraditório. É claro que a essência da sindicância investigativa não é contraditória, mas não se deve excluir tal princípio, visto que a apuração pode violar direitos fundamentais de terceiros.

A **sindicância acusatória** tem como objetivo, além de estabelecer a autoria e materialidade da irregularidade, aplicar a penalidade de advertência ou de suspensão por até trinta dias, podendo também ser arquivada ou, caso seja hipótese de aplicação de pena mais grave, ensejar a abertura de PAD.

Os arts. 129 e 130 da Lei n. 8.112/90 estabelecem as hipóteses de aplicação das penalidades de advertência e suspensão. Eis as normas:

> Art. 129. A advertência será aplicada por escrito, nos casos de violação de proibição constante do art. 117, incisos I a VIII e XIX, e de inobservância de dever

---

[137] Além desses órgãos, o art. 29 da IN n. 14/2020, aplicável ao Poder Executivo Federal, determina a comunicação à Advocacia-Geral da União.

funcional previsto em lei, regulamentação ou norma interna, que não justifique imposição de penalidade mais grave.

Art. 130. A suspensão será aplicada em caso de reincidência das faltas punidas com advertência e de violação das demais proibições que não tipifiquem infração sujeita a penalidade de demissão, não podendo exceder de 90 (noventa) dias.

§1º Será punido com suspensão de até 15 (quinze) dias o servidor que, injustificadamente, recusar-se a ser submetido à inspeção médica determinada pela autoridade competente, cessando os efeitos da penalidade uma vez cumprida a determinação.

§2º Quando houver conveniência para o serviço, a penalidade de suspensão poderá ser convertida em multa, na base de 50% (cinquenta por cento) por dia de vencimento ou remuneração, ficando o servidor obrigado a permanecer em serviço.

A **sindicância acusatória** somente pode ser instaurada pela autoridade normativamente competente, pois a sua instauração por autoridade que não tenha competência para tal é ato administrativo nulo. Entretanto, se a norma for completamente omissa, a sindicância acusatória, para prevenir nulidades, deve ser instaurada pela autoridade de menor grau hierárquico para decidir, conforme aplicação analógica do art. 17 da Lei n. 9.784/99.

A composição da Comissão de Sindicância Acusatória deve observar o estabelecido no art. 149 da Lei n. 8.112/90, pois o seu §2º possibilita a interpretação de que as formalidades daquele artigo são aplicáveis à sindicância punitiva. Segue a norma:

Art. 149. O processo disciplinar será conduzido por comissão composta de três servidores estáveis designados pela autoridade competente, observado o disposto no §3º do art. 143, que indicará, dentre eles, o seu presidente, que deverá ser ocupante de cargo efetivo superior ou de mesmo nível, ou ter nível de escolaridade igual ou superior ao do indiciado.

§1º A Comissão terá como secretário servidor designado pelo seu presidente, podendo a indicação recair em um de seus membros.

§2º Não poderá participar de comissão de sindicância ou de inquérito, cônjuge, companheiro ou parente do acusado, consanguíneo ou afim, em linha reta ou colateral, até o terceiro grau.

Não somente o Processo Administrativo Disciplinar, mas também a sindicância acusatória será conduzida por comissão composta por **três servidores estáveis** designados pela autoridade competente para a sua instauração que indicará, entre eles, o seu presidente.

No âmbito do Poder Executivo Federal, o art. 31, § 1º, da IN CGU n. 14/2018 assim dispõe sobre a composição da comissão sindicante:

A comissão de SINAC será composta por pelo menos dois servidores estáveis, designados pela autoridade competente, por meio de publicação de ato instaurador que indicará, dentre eles, o seu presidente, o qual deverá ser ocupante de cargo efetivo superior ou de mesmo nível, ou ter nível de escolaridade igual ou superior ao do acusado.

Há quem defenda a possibilidade de a comissão de sindicância punitiva ser composta por apenas dois servidores estáveis. Contudo, não parece razoável esse entendimento, vez que se trata de um órgão colegiado e, para que não haja empate insolúvel em algumas questões incidentais que precisam ser decididas pelo presidente e membros, a sua composição deve ser ímpar. Ressalte-se que o relatório final é meramente opinativo, o que não afasta a necessidade de decisões no curso da instrução. Assim, deve ser adotada a configuração abaixo:

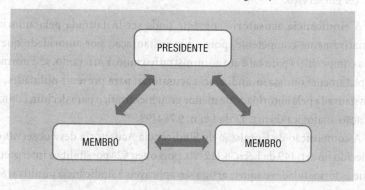

Acerca da composição da comissão de sindicância, há decisões do STJ que assinalam a necessidade de três membros para a condução dos trabalhos, mencionando-se o seguinte exemplo:

> [...] A sindicância, quando instaurada com caráter punitivo e não meramente investigatório ou preparatório de um processo disciplinar, tem natureza de verdadeiro processo disciplinar principal, no qual é indispensável a observância das garantias do contraditório e da ampla defesa e, além disso, do princípio da impessoalidade e da imparcialidade, mediante a convocação de uma comissão disciplinar composta por três servidores[138].

O presidente da comissão sindicante deverá ser ocupante de cargo efetivo superior ou de mesmo nível, ou ter nível de escolaridade igual ou superior, ao do indiciado.

---

[138] STJ, REsp 509.318/PR, rel. Min. Maria Thereza de Assis Moura, 6ª Turma, julgado em 17-2-2009, *DJe* 2-3-2009.

A Comissão de Sindicância Acusatória terá como secretário servidor designado pelo seu presidente, podendo a indicação recair em um de seus membros. Além disso, não poderá participar de comissão quem seja cônjuge, companheiro ou parente do acusado, consanguíneo ou afim, em linha reta ou colateral, até o terceiro grau.

Caso o secretário seja membro da Comissão, será dispensada a assinatura de termo de compromisso com as imposições do art. 150 da Lei n. 8.112/90.

Recomenda-se que os agentes e servidores públicos que participaram de procedimentos anteriores relacionados ao feito não figurem como membro da Comissão.

A portaria inaugural da sindicância acusatória deve conter menção à norma que atribui competência à autoridade instauradora para a sua edição, o nome do órgão a que pertence, os nomes dos servidores (cargo e matrícula) que irão compor a Comissão, a designação do presidente, descrição resumida do fato ou menção a outro instrumento descritivo da irregularidade, indicação do rito (sindicância), prazo, data e assinatura.

Observe-se, porém, que a tipificação e o encerramento, na sindicância acusatória, devem ocorrer antes da defesa e o acusado deve ser intimado de todos os atos, inclusive para, querendo, participar. **Deve ser ressaltado que as normas ritualísticas referentes a Processo Administrativo Disciplinar devem ser usadas subsidiariamente sempre que a lei não tiver regulamentado algum ato da sindicância.**

A ausência do nome do acusado na portaria inaugural é recomendável, pois, ao fim, pode ser confirmada a sua inocência, sendo certo que tal omissão não macula a sindicância acusatória.

O prazo para conclusão da sindicância acusatória, na forma do parágrafo único do art. 145 da Lei n. 8.112/90, não excederá 30 (trinta) dias, podendo ser prorrogado por igual período, a critério da autoridade superior. Deve ser ressaltado que, além disso, a autoridade, na forma do art. 167 da lei em tela, dispõe de 20 (vinte dias) para apresentar a sua decisão, o que totaliza, considerada a prorrogação, 80 (oitenta) dias.

A extrapolação justificada do prazo legal não nulifica a sindicância punitiva, mas possibilita o reinício da contagem do prazo prescricional em favor do acusado. A prorrogação deve ser publicada antes do término do prazo inicialmente fixado, em virtude da impossibilidade de prorrogação do que já fora extinto. Aconselha-se que, após ultrapassagem da prorrogação, a autoridade instauradora edite nova portaria reconduzindo os membros da Comissão.

Por fim, deve ser consignado que todos os atos probatórios praticados anteriormente à instauração da sindicância acusatória sem a intimação do acusado devem ser refeitos, a fim de que possam passar pelo crivo do contraditório e da ampla defesa. Por óbvio, as provas documentais válidas juntadas anteriormente não precisam de ratificação da sua regularidade.

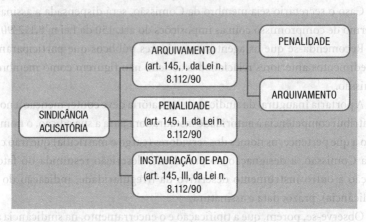

41.4.6.23.14. *Processo administrativo disciplinar (PAD)*

O **Processo Administrativo Disciplinar** pode ser instaurado sem sindicância prévia ou com base em sindicância investigatória ou acusatória, neste caso, ainda que o relatório tenha sido pela aplicação de advertência ou suspensão de até trinta dias, mas a autoridade competente para aplicar a sanção entenda que a gravidade do fato comporta punição mais severa. O art. 146 da Lei n. 8.112/90 afirma que:

> Art. 146. Sempre que o ilícito praticado pelo servidor ensejar a imposição de penalidade de suspensão por mais de 30 (trinta) dias, de demissão, cassação de aposentadoria ou disponibilidade, ou destituição de cargo em comissão, será obrigatória a instauração de processo disciplinar.

Não há dúvida de que é uma garantia do servidor público a instauração de Processo Administrativo Disciplinar para a apuração das suas faltas mais graves, a fim de que lhe seja outorgado, através de um rito mais complexo, um maior feixe de garantias de que será cientificado de todos os atos relevantes, de que poderá produzir a prova que lhe for útil e de que poderá apresentar todos os seus argumentos de defesa e recursos.

Todas as garantias vistas na sindicância acusatória, além de outras mais, devem ser aplicadas ao Processo Administrativo Disciplinar.

Segundo o art. 151 da Lei n. 8.112/90, o Processo Administrativo Disciplinar desenvolver-se-á nas seguintes fases:

I – **instauração**, com a publicação do ato que constituir a comissão.
II – **inquérito administrativo**, que compreenderá instrução, defesa e relatório.
III – **julgamento**.

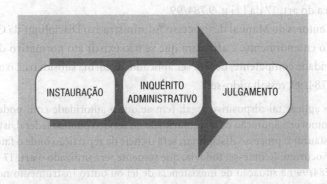

41.4.6.23.14.1. Conceito legal

Como já foi dito, o **processo administrativo** é uma série de atos concatenados, praticados extrajudicialmente pelas partes, em contraposição, tendentes a um ato administrativo final dependente dos anteriores.

O Processo Administrativo Disciplinar é uma série de atos concatenados, praticados extrajudicialmente pela Administração Pública e pelo agente público, em contraposição, relativos à apuração de ilícito funcional e tendentes a um ato final de aplicação de qualquer das sanções funcionais ou de arquivamento.

O art. 148 da Lei n. 8.112/90 define o Processo Administrativo Disciplinar da seguinte forma:

> Art. 148. O processo disciplinar é o instrumento destinado a apurar responsabilidade de servidor por infração praticada no exercício de suas atribuições, ou que tenha relação com as atribuições do cargo em que se encontre investido.

O conceito de Processo Administrativo Disciplinar define também o seu objeto, qual seja, a apuração da responsabilidade do servidor por infração praticada no exercício de suas atribuições, ou que tenha relação com as atribuições do cargo em que se encontre investido.

Assim, as condutas pessoais do servidor público que não tenham relação direta ou indireta com as atribuições do seu cargo não serão objeto de processo disciplinar, podendo, entretanto, ensejar responsabilização civil e penal.

1386 CURSO DE DIREITO ADMINISTRATIVO

41.4.6.23.14.2. *Instauração*

O **Processo Administrativo Disciplinar deve ser instaurado pela autoridade normativamente competente**. Se a norma for completamente omissa, o Processo Administrativo Disciplinar, para prevenir nulidades, deve ser instaurado pela autoridade de menor grau hierárquico para decidir, conforme aplicação analógica do art. 17 da Lei n. 9.784/99.

Os autores do Manual de Processo Administrativo Disciplinar da CGU têm o mesmo entendimento, e afirmam que se não existir ato normativo definidor da autoridade competente, deverá ser aplicado, de forma subsidiária, o art. 17 da Lei n. 9.784/99, ressaltando-se:

> Ao aplicar tal dispositivo legal, tem-se que a autoridade com poderes para promover a apuração de irregularidade no serviço público federal, isto é, para instaurar o processo disciplinar, será o chefe da repartição onde o fato irregular ocorreu. Reitere-se, todavia, que somente será utilizado o art. 17 da Lei n. 9.784/99 na situação de inexistência de lei ou outro instrumento normativo definidor da autoridade competente. Do contrário, a autoridade será aquela apontada no normativo específico (estatuto ou regimento interno)[139].

A instauração do Processo Administrativo Disciplinar é feita através de **portaria**. A portaria inaugural do Processo Administrativo Disciplinar deve conter menção à norma que atribui competência à autoridade instauradora para a sua edição, o nome do órgão a que pertence, os nomes dos servidores (cargo e matrícula) que irão compor a Comissão, a designação do presidente, descrição resumida do fato ou menção a outro instrumento descritivo da irregularidade, indicação do rito (processo disciplinar), prazo, data e assinatura.

Sobre a descrição dos fatos na portaria de instauração do Processo Administrativo Disciplinar, a jurisprudência do STF aponta a desnecessidade de detalhamento, o que se requer no momento em que indiciado o servidor. A Corte Máxima afirma:

> A jurisprudência do Supremo Tribunal Federal é firme no sentido da desnecessidade de descrição pormenorizada das irregularidades em apuração na portaria de instauração de processo administrativo, providência que somente se impõe em momento posterior, qual seja, o do indiciamento do servidor[140].

Ademais, caso o PAD seja resultante de prévia sindicância investigativa ou acusatória, ou ensejado a partir de autos em que descritos os fatos motivadores

---

[139] CGU. *Manual de processo administrativo disciplinar.* Brasília: CGU, 2019. p. 41.

[140] STF, RMS 34170 AgR, rel. Min. Luiz Fux, 1ª Turma, julgado em 15-5-2020, *DJe* 29-5-2020.

da instauração, desde que conferido ao acusado o irrestrito acesso ao conteúdo, basta lhes fazer menção. É o que se depreende do seguinte teor:

> Nos termos da jurisprudência assentada nesta Corte, não se exige, na portaria de instauração de processo disciplinar, descrição detalhada dos fatos investigados, sendo considerado suficiente o registro do processo de sindicância que a originou e do qual o servidor teve ciência[141].

Cabe realçar que a menção aos autos de prévia sindicância, da qual o servidor tenha plena ciência, é técnica que preserva sua reputação, haja vista que, enquanto não sobrevier julgamento, está-se tão somente no terreno da apuração de fatos. Porém, desde que instaurado o PAD, desse ato decorrem efeitos automáticos:

EFEITOS DA INSTAURAÇÃO
– Interrupção da prescrição, fazendo com que o prazo seja novamente contado do início.
– Impossibilidade de ser exonerado a pedido, ou aposentado voluntariamente, até a conclusão do processo e o cumprimento da penalidade, acaso aplicada (art. 172 da Lei n. 8.112/90).
– Dever de realizar a notificação prévia do acusado.

Em relação ao efeito impeditivo de exoneração ou aposentação, tem-se que a sua constitucionalidade é duvidosa. Apesar de o STF não ter se manifestado sobre a questão, decorre do sistema constitucional que ninguém pode ser compelido a trabalhar contra a sua vontade, sob pena de ter a sua liberdade cerceada. Além disso, as penas mais graves como demissão e cassação de aposentadoria ou disponibilidade poderiam ser aplicadas. Não há dúvidas de que a exoneração poderia ser convertida em demissão. Contudo, apesar da crítica, deve ser observado o art. 172 da Lei n. 8.112/90 até manifestação dos órgãos competentes do Judiciário sobre a sua constitucionalidade.

O servidor que realizou as investigações em sindicância prévia e exarou juízo preliminar acerca da possível responsabilidade disciplinar do acusado, considerando presentes a autoria e materialidade de infração administrativa, está **impedido** de determinar, posteriormente, a instauração de processo administrativo disciplinar e de aprovar o relatório final[142].

---

[141] STF, RMS 30575 AgR, rel. Min. Edson Fachin, julgado em 27-9-2019, *DJe* 9-10-2019.

[142] STJ, MS 15.107/DF, rel. Min. Jorge Mussi, 3ª Seção, julgado em 26-9-2012, *DJe* 9-10-2012.

1388 CURSO DE DIREITO ADMINISTRATIVO

A instauração por autoridade incompetente, em alguns casos, não gera nulidade, observando-se, por óbvio, a razoabilidade, visto que somente a dúvida razoável sobre a competência poderá gerar a convalidação/ratificação do ato da autoridade que não tinha competência normativa para o ato[143]. Exemplo de impossibilidade de convalidação é a edição de portaria de instauração de PAD contra Procurador da Fazenda Nacional pelo técnico administrativo que chefia o almoxarifado.

Ora, o inciso VI do art. 5º da Lei Complementar n. 73/93 é claro ao afirmar que somente a Corregedoria-Geral da Advocacia da União poderá instaurar PAD contra Procurador da Fazenda Nacional.

A **ausência do nome do acusado** na portaria inaugural é recomendável, pois, ao fim, pode ser confirmada a sua inocência, sendo certo que tal omissão não macula o Processo Administrativo Disciplinar. Contudo, a colocação do nome do acusado no ato de instauração não enseja qualquer nulidade.

Não deve também ser tipificado o fato, visto que é mais coerente com as garantias estabelecidas no inciso LV do art. 5º da CF/88 a feitura da tipificação no termo de encerramento da instrução e indiciação, na forma do art. 161 da Lei n. 8.112/90[144].

OBJETIVOS DA PORTARIA DE INSTAURAÇÃO
– Designar os membros da Comissão, o seu presidente e, se for o caso, o secretário.
– Interromper a prescrição.
– Indicar a modalidade do instrumento de apuração (PAD ou Sindicância).
– Fixar o prazo de duração dos trabalhos, observados os limites máximos.
– Delimitar, resumidamente, o objeto de apuração.
– Se for o caso, indicar o acusado.

A **descrição minuciosa dos fatos** e a tipificação da conduta do autor ou dos autores são necessárias na **indiciação** – fase posterior à instrução e anterior à defesa – a fim de que seja possível a apresentação dos argumentos do indiciado.

---

[143] STJ, RMS 20.631/PR, rel. Min. Arnaldo Esteves Lima, 5ª Turma, julgado em 10-5-2007, *DJ* 28-5-2007.

[144] STJ, MS 14.836/DF, rel. Min. Celso Limongi (desembargador convocado do TJ/SP), 3ª Seção, julgado em 24-11-2010, *DJe* 3-12-2010.

A apresentação genérica dos fatos[145], nesta fase, pode configurar assédio moral da autoridade instauradora contra o servidor ou outra forma de intimidação. Assim, a própria Comissão Processante deve ficar atenta para não ser instrumento de perseguições institucionais.

A comunicação dos atos praticados pela autoridade instauradora, pela Comissão Processante e pela autoridade julgadora deve seguir o estabelecido nos arts. 26 a 28 e 41 da Lei n. 9.784/99. Eis os textos:

Art. 26. O órgão competente perante o qual tramita o processo administrativo determinará a intimação do interessado para ciência de decisão ou a efetivação de diligências.

§1º A intimação deverá conter:

I – identificação do intimado e nome do órgão ou entidade administrativa;

II – finalidade da intimação;

III – data, hora e local em que deve comparecer;

IV – se o intimado deve comparecer pessoalmente, ou fazer-se representar;

V – informação da continuidade do processo independentemente do seu comparecimento;

VI – indicação dos fatos e fundamentos legais pertinentes.

§2º A intimação observará a antecedência mínima de três dias úteis quanto à data de comparecimento.

§3º A intimação pode ser efetuada por ciência no processo, por via postal com aviso de recebimento, por telegrama ou outro meio que assegure a certeza da ciência do interessado.

§4º No caso de interessados indeterminados, desconhecidos ou com domicílio indefinido, a intimação deve ser efetuada por meio de publicação oficial.

§5º As intimações serão nulas quando feitas sem observância das prescrições legais, mas o comparecimento do administrado supre sua falta ou irregularidade.

Art. 27. O desatendimento da intimação não importa o reconhecimento da verdade dos fatos, nem a renúncia a direito pelo administrado.

Parágrafo único. No prosseguimento do processo, será garantido direito de ampla defesa ao interessado.

Art. 28. Devem ser objeto de intimação os atos do processo que resultem para o interessado em imposição de deveres, ônus, sanções ou restrição ao exercício de direitos e atividades e os atos de outra natureza, de seu interesse.

(...)

Art. 41. Os interessados serão intimados de prova ou diligência ordenada, com antecedência mínima de três dias úteis, mencionando-se data, hora e local de realização.

---

[145] Formulação-Dasp n. 261. Responsabilidade administrativa. "A responsabilidade administrativa deve ser individualizada no respectivo processo, vedada, na impossibilidade de indicação do culpado, a sua diluição por todos os funcionários que lidaram com os valores extraviados".

1390 CURSO DE DIREITO ADMINISTRATIVO

O PAD ou a sindicância deve ser, preferencialmente, instaurado no local onde foi cometido o ilícito funcional ou na sede do órgão (*vide* art. 25 da Lei n. 9.784/99)[146], porém a jurisprudência do STJ entende que não há qualquer nulidade em caso de instauração em local diverso desde que haja motivação idônea[147].

Conforme o art. 23 da Lei n. 9.784/99, os atos do processo devem realizar-se em dias úteis e no horário normal de funcionamento da repartição na qual tramitar o processo. Serão concluídos depois do horário normal os atos já iniciados, cujo adiamento prejudique o curso regular do procedimento ou cause dano ao interessado ou à Administração.

Todavia, a regra acima pode ser excepcionada quando houver motivação suficiente para a prática de ato do processo em dias ou horários anormais.

Desde a instauração, os membros da comissão devem estar cientes de que, inexistindo disposição específica, os atos do órgão ou autoridade responsável pelo processo e dos administrados que dele participem devem ser praticados no prazo de cinco dias, salvo motivo de força maior. O citado prazo pode ser dilatado até o dobro, mediante comprovada justificação (art. 24 da Lei n. 9.784/99).

A **notificação prévia** deve ser feita imediatamente após a instauração pela autoridade, visto que o art. 156 da Lei n. 8.112/90 assegura ao servidor ou ex--servidor o direito de acompanhar o processo pessoalmente ou por intermédio de procurador, arrolar e reinquirir testemunhas, produzir provas e contraprovas e formular quesitos, quando se tratar de prova pericial.

41.4.6.23.14.3. *Medida cautelar de afastamento preventivo*

Após a instauração do Processo Administrativo Disciplinar, poderá a **autoridade instauradora**, como medida cautelar e a fim de evitar influência do servidor público na apuração da irregularidade, determinar o seu afastamento pelo prazo de 60 (sessenta) dias prorrogáveis **unicamente** por igual período, sem prejuízo da sua remuneração[148].

---

[146] Art. 25. Os atos do processo devem realizar-se preferencialmente na sede do órgão, cientificando-se o interessado se outro for o local de realização.

[147] MANDADO DE SEGURANÇA. PROCESSO DISCIPLINAR. IRREGULARIDADES. INOCORRÊNCIA. ORDEM DENEGADA. **I – A legislação prevê (Lei n. 8.112/90, art. 173, I) a hipótese de o processo administrativo ter curso em local diverso da repartição do servidor indiciado.** No caso, o PAD foi instaurado no local onde os fatos ocorreram, inexistindo qualquer vício nesse aspecto. (STJ, MS 13111/DF, rel. Min. Félix Fischer, 3ª Seção, julgamento em 27-2-2008, *DJe* 30-4-2008).

[148] Manifestações da CGU-PR. A prorrogação do afastamento preventivo do acusado não ocorre de forma automática. Por relevante, a autoridade instauradora pode, se entender

Deve ser observado que somente a autoridade instauradora pode áplicar o afastamento preventivo, em virtude de sua excepcionalidade[149].

A **excepcionalidade** é demonstrada pela possibilidade de o servidor público receber a sua remuneração sem efetivamente prestar o seu labor.

Esta é uma medida acauteladora que não tem característica de sanção; o servidor público, que pode ser inocente, continuará recebendo a sua remuneração, na forma do art. 147 da Lei n. 8.112/90. Eis a norma:

> Art. 147. Como medida cautelar e a fim de que o servidor não venha a influir na apuração da irregularidade, a autoridade instauradora do processo disciplinar poderá determinar o seu afastamento do exercício do cargo, pelo prazo de até 60 (sessenta) dias, sem prejuízo da remuneração.
> Parágrafo único. O afastamento poderá ser prorrogado por igual prazo, findo o qual cessarão os seus efeitos, ainda que não concluído o processo.

O seu objetivo é impedir que o servidor possa destruir provas, ameaçar testemunhas ou a vítima, exercer influência ou constranger autoridades superiores ou continuar a praticar ilícitos funcionais.

Nada impede que após o afastamento cautelar o servidor continue a praticar atos ilícitos, mas, certamente, irá pensar duas vezes antes de fazê-lo.

41.4.6.23.14.4. Comissão processante

O Processo Administrativo Disciplinar, na forma do art. 149 da Lei n. 8.112/90, será conduzido por comissão composta de **três servidores estáveis** designados pela autoridade competente que indicará, dentre eles, o seu presidente, que deverá ser ocupante de cargo efetivo superior ou de mesmo nível, ou ter nível de escolaridade igual ou superior ao do indiciado.

Exige-se que os três membros da Comissão Processante sejam servidores **estáveis**, a fim de que a imparcialidade fique resguardada. A avaliação no estágio probatório determinará a aquisição da estabilidade e, caso fosse possível a composição por membros em estágio probatório[150], a comissão constituída para fim de avaliação teria ascendência indesejada sobre sujeitos que precisam ser imparciais.

---

necessária a continuidade do afastamento do servidor de suas tarefas e do impedimento de seu acesso à repartição, prorrogar o afastamento preventivo pelo mesmo período estabelecido inicialmente, devendo, para tanto, observar todas as formalidades necessárias.

[149] Formulação-Dasp n. 39. A suspensão preventiva pode ser ordenada em qualquer fase do inquérito administrativo.

[150] STF, Súmula 21: "Funcionário em estágio probatório não pode ser exonerado nem demitido sem inquérito ou sem as formalidades legais de apuração de sua capacidade".

O STJ entende que a estabilidade deve estar relacionada ao serviço público e não ao cargo, portanto, ainda que o membro da comissão não seja estável no atual cargo, mas já tenha estabilidade no serviço público da esfera correspondente, não haverá nulidade. Em recente decisão, confirma-se esse entendimento:

> ADMINISTRATIVO. PROCESSO DISCIPLINAR. NULIDADE. INEXISTÊNCIA. COMISSÃO PROCESSANTE. SERVIDOR ESTÁVEL NO SERVIÇO PÚBLICO. IMPEDIMENTO OU SUSPEIÇÃO. NÃO OCORRÊNCIA. PROVA DE PREJUÍZO. AUSÊNCIA.
>
> 1. O impedimento legal a que se refere o art. 149 da Lei n. 8.112/1990 e que, vale destacar, visa garantir a imparcialidade dos membros os quais compõem a comissão processante, diz respeito ao serviço público e não ao cargo ocupado no momento de sua designação[151].

Há decisão da Segunda Turma do STJ em sentido contrário, afirmando-se que a **simples estabilidade no serviço público não assegura ao servidor a independência necessária para a condução do processo disciplinar, de maneira que os servidores devem ser estáveis no cargo atual**[152].

Apesar de haver julgamento da Segunda Turma do STJ em sentido contrário, deve ser esclarecido que a jurisprudência da Primeira Seção daquela Corte deve

---

[151] STJ, AgInt no MS 18018 / DF, rel. Min. Gurgel de Faria, 1ª Seção, julgado em 2-3-2021, *DJe* 10-3-2021.

[152] ADMINISTRATIVO. PREQUESTIONAMENTO IMPLÍCITO. PROCESSO ADMINISTRATIVO DISCIPLINAR. MEMBROS DA COMISSÃO PROCESSANTE. ESTABILIDADE NO CARGO E NÃO APENAS NO SERVIÇO PÚBLICO.

2. O art. 149 da Lei n. 8.112/90, quando estabelece que o processo disciplinar será conduzido por comissão composta por três servidores estáveis, tem por escopo assegurar a total independência desses servidores, de modo a evitar que sofram ingerência indevida da atual chefia. Trata-se, na verdade, de uma garantia do investigado, assim como é uma garantia do cidadão as prerrogativas conferidas aos membros da magistratura e do ministério público.

3. A simples estabilidade no serviço público não assegura ao servidor essa independência. Isso porque, o atual cargo é fruto de um desejo do servidor, que se submeteu a um novo concurso público e, portanto, afigura-se-lhe de considerável importância. Toda ameaça a bem valioso – o atual cargo pode ser assim considerado – é suficiente para intimidar, causar temor, receio, o que podem comprometer a imparcialidade no desempenho das funções a serem exercidas na comissão processante.

4. Portanto, em respeito ao art. 149 da Lei n. 8.112/90, os membros da comissão processante devem ser estáveis no atual cargo em que ocupam, e não apenas no serviço público. Agravo regimental improvido.

(STJ, AgRg no REsp 1317278/PE, rel. Min. Humberto Martins, 2ª Turma, julgado em 28-8-2012, *DJe* 24-9-2012).

prevalecer, pois as seções são órgãos compostos pela reunião dos membros das Turmas com a finalidade de pacificar as divergências entre elas. Assim, as decisões da Corte Especial prevalecem sobre as decisões das Seções e as das Seções sobre as decisões das Turmas.

Após o exame da jurisprudência do STJ, tem-se a dizer que o STF proferiu decisão em que afirma a estabilidade no desempenho do cargo como fator de legitimação para compor comissão processante, nestes termos:

> [...] No *caput* do art. 149 da Lei n. 8.112/1990 se determina seja a comissão condutora de processo disciplinar composta por servidores estáveis e se exige que, no momento da designação, estes já tenham atingido a estabilidade no desempenho do cargo que exercem e que os legitima participar da comissão[153].

Embora o teor sobredito conste da ementa do acórdão, da leitura do inteiro teor aduz-se que se trata de questão *obiter dictum*, gravitante em torno do mérito discutido no caso, em que se alegava a nulidade de atos praticados por servidor em estágio probatório nomeado para a comissão processante e, percebido o vício pela Administração, substituído por servidor estável, sem aproveitamento de qualquer ato decisório do servidor substituído. Nos fundamentos da decisão, anota-se:

> [...] a ausência de demonstração de prejuízo concreto resultante da designação do servidor em estágio probatório na comissão processante desautoriza a declaração de nulidade processual, considerado o entendimento deste Supremo Tribunal de o princípio do *pas de nullité sans grief* exigir a demonstração de prejuízo à parte que suscita o vício, pois não se decreta nulidade processual por mera presunção.

Portanto, na linha de entendimento desse acórdão, em casos semelhantes, dificilmente a nomeação de servidores estáveis no serviço público, porém não estáveis no cargo exercido, ensejaria a nulidade do feito, caso não demonstrado prejuízo pelo acusado, o qual não se presume.

Em nosso sentir, como posição doutrinária, é relevante para assegurar a independência dos membros da comissão processante que esses sejam estáveis no cargo atual. Hipoteticamente, imagine-se a situação de agente administrativo do Departamento de Polícia Federal que logra aprovação em concurso público para o cargo de Delegado de Polícia Federal, é nomeado e logo após a posse, com poucos meses de exercício, é designado para presidir comissão processante para a apuração de responsabilidade de delegado ocupante do cargo em comissão de superintendente regional, do que se denota elevado prestígio no alto escalão do órgão. Seria difícil supor a indiferença do servidor entre permanecer no cargo

---

[153] STF, RMS 32357, rel. Min. Cármen Lúcia, 2ª Turma, julgado em 17-3-2020, *DJe* 17-4-2020.

atual ou retornar ao cargo anterior, haja vista os distintos patamares de prerrogativas funcionais (o cargo atual é função exclusiva de Estado, o anterior é cargo da área meio, de regime infraconstitucional), remuneração e reconhecimento social. O temor do servidor por sofrer abusos em sua avaliação para o alcance da estabilidade no cargo seria fator de limitação de sua independência para condução dos trabalhos da Comissão Processante.

Não há nenhum impedimento para que a autoridade instauradora observe essas questões quando da designação da comissão processante, de maneira a preferir servidores estáveis no cargo exercido, com o intento de maximizar o grau de independência dos membros da comissão. Todavia, na linha da jurisprudência do STJ, salienta-se que a designação de servidores não estáveis no cargo atual, desde que estáveis no serviço público, não importa em nulidade do processo administrativo disciplinar.

Gize-se, como já foi dito, que nem todos os membros da Comissão precisam ser ocupantes de cargo efetivo superior ou de mesmo nível, ou ter nível de escolaridade igual ou superior ao do indiciado, mas apenas o seu presidente.

O servidor designado para participar de Comissão de Sindicância ou PAD não pode recusar. Contudo, a autoridade que constituir a Comissão deve usar a discricionariedade que lhe foi outorgada com prudência.

É recomendável, em virtude da exiguidade dos prazos, que os membros da comissão e o secretário não marquem férias coincidentes com o período estabelecido para o processo.

A Comissão terá como secretário servidor designado pelo seu presidente, podendo a indicação recair em um de seus membros. O §1º do art. 149 da lei em tela apresenta uma faculdade muito importante no serviço público deficitário, no qual as necessidades superam os recursos, pois quase sempre não há servidores públicos suficientes para desempenhar as atividades públicas. Assim, é possível a designação de um dos membros da Comissão Processante como secretário.

Caso o secretário seja membro da Comissão, será dispensada a assinatura de termo de compromisso com as imposições do art. 150 da Lei n. 8.112/90.

Entretanto, a insuficiência de recursos não pode ser alegada para permitir que o servidor que tenha participado das investigações em sindicância prévia e emitido juízo sobre a responsabilidade do acusado, posteriormente, determine a instauração do PAD e aprove o seu relatório final. Nessa qualidade, o servidor poderá apenas sugerir a instauração[154].

---

[154] STJ, MS 15107/DF, rel. Min. Jorge Mussi, 3ª Seção, julgado em 26-9-2012, *DJe* 9-10-2012.

Aconselha-se, de maneira efusiva, que os agentes e servidores públicos que participaram de procedimentos anteriores relacionados ao feito não figurem como membro da Comissão.

Sob o argumento de efetivar o princípio da economicidade, alguns defendem que os membros das Comissões devem ser escolhidos na localidade em que aconteceu o fato reputado ilícito, porém esquecem que a imparcialidade é um valor essencial nas sindicâncias e nos processos administrativos disciplinares. Assim, os membros devem ser escolhidos, preferencialmente, em outra localidade para evitar que as relações de amizade ou de inimizade com o acusado possam macular a sua atuação e para evitar a formulação de qualquer juízo prévio.

Deve ser evitada a escolha entre pessoas que se encontram todos os dias para evitar também temores de desagradar alguém com quem o membro da Comissão conviverá até a sua aposentação.

O ideal é que os integrantes sejam designados entre pessoas que jamais tiveram contato pessoal com a chefia da unidade do fato, com eventual vítima, com as testemunhas e com o acusado.

Questão polêmica em relação aos custos da apuração das faltas disciplinares é o pagamento de adicional referente à participação de servidor como membro de Comissão de Sindicância ou PAD.

O STJ – analisando superficialmente a questão, em virtude de não ter adentrado o mérito da constitucionalidade da instituição da gratificação – manteve decisão prolatada em Mandado de Segurança que impedia o pagamento do adicional em tela[155]. Assim, há indício de que o STJ entende incabível o recebi-

---

[155] AGRAVO REGIMENTAL. SUSPENSÃO DE LIMINAR. MANDADO DE SEGURANÇA. ESTADO DE MATO GROSSO. FISCAIS DE TRIBUTO. GRATIFICAÇÃO. EXERCÍCIO NAS COMISSÕES DE SINDICÂNCIA E PROCESSO ADMINISTRATIVO DISCIPLINAR. GRAVE LESÃO À ECONOMIA E EFEITO MULTIPLICADOR DEVIDAMENTE CARACTERIZADOS. EFEITO SUSPENSIVO DEFERIDO.
I – A decisão ora agravada, ao deferir o pedido e suspender a liminar prolatada em autos de mandado de segurança na origem que garantia o percebimento da gratificação adicional relativa ao exercício nas Comissões de Sindicância e Processo Administrativo Disciplinar nos moldes da regência anterior, bem considerou a caracterização da lesão à economia pública e evidente efeito multiplicador a justificar a medida suspensiva.
II – O agravante não conseguiu infirmar os fundamentos do respectivo *decisum*, os quais merecem ser mantidos.
Agravo regimental desprovido.
(STJ, AgRg na SS 2.748/MT, rel. Min. Francisco Falcão, Corte Especial, julgado em 17-12-2014, *DJe* 18-2-2015).

1396 CURSO DE DIREITO ADMINISTRATIVO

mento de excedente remuneratório pelo desempenho da função de membro de Comissão.

A Comissão processante tem **independência funcional** para o desempenho dos seus trabalhos, inexistindo subordinação à autoridade instauradora, ainda que, no exercício cotidiano das atribuições referentes aos seus cargos públicos fora da Comissão, os seus membros sejam subordinados à autoridade instauradora ou à vítima da conduta[156].

Apesar de ser necessária a designação de um presidente entre os membros para coordenar os trabalhos e para representar externamente a Comissão, não há hierarquia entre os seus componentes. Trata-se de um órgão colegiado, portanto as decisões, em regra, devem ser tomadas por maioria dos votos.

PRINCIPAIS ATRIBUIÇÕES DO PRESIDENTE
– Designar secretário, caso a autoridade instauradora não tenha feito.
– Conduzir a produção das atas relativas à instalação dos trabalhos e aos demais atos praticados pela comissão.
– Intimar o acusado ou indiciado de todos os atos e as testemunhas, ou quem venha a funcionar no processo.
– Presidir todos os atos.
– Denegar pedidos considerados impertinentes, meramente protelatórios, ou de nenhum interesse para o esclarecimento dos fatos.
– Informar à autoridade instauradora que o indiciado é revel.
– Pedir a substituição de membro da comissão ou do secretário, em virtude de empecilho normativo.
– Pedir a prorrogação do prazo de conclusão.
– Expedir mandado de citação para que o servidor indiciado, querendo, apresente defesa escrita.
– Remeter o processo à autoridade julgadora.
– Comunicar ao superior hierárquico de testemunha que seja servidor público a data, horário e local do seu depoimento.

---

[156] Parecer-AGU n. GQ-98, não vinculante: "11. Porém, à investigação se procede com o objetivo exclusivo de precisar a verdade dos fatos, sem a preocupação de incriminar ou exculpar indevidamente o servidor. (...) 12. É defeso à autoridade que instaura o processo, por qualquer meio, exercer influência sobre o colegiado a que a Lei assegura independência no seu mister elucidativo (art. 161 aludido) e, a este, não é admitido prejulgar a culpabilidade do servidor".

Francisco Xavier da Silva Guimarães[157] lista outras atribuições do presidente, e elenca as atribuições dos membros e do secretário. Eis as suas palavras:

Atribuições do presidente da comissão

1. Receber o ato de designação da comissão incumbida da sindicância ou do processo disciplinar, tomando conhecimento do teor da denúncia e ciência da sua designação, por escrito. Providenciar o local dos trabalhos e a instalação da comissão.

2. Verificar se não ocorre algum impedimento ou suspeição quanto aos membros da comissão (§2º, do art. 149 da Lei n. 8.112/90).

3. Se for o caso, após a ciência da designação, formular expressa recusa à incumbência, indicando o motivo impeditivo de um ou de todos os membros (§2º, do art. 149 da Lei n. 8.112/90).

4. Verificar se a portaria está correta e perfeita, sem vício que a inquine de nulidade.

5. Providenciar para que a autoridade determinadora da instauração de procedimento disciplinar, por despacho, faça constar que os membros da comissão dedicar-se-ão às apurações, com ou sem prejuízo das suas funções normais, em suas respectivas sedes de exercício (§1º, do art. 149 da Lei n. 8.112/90).

6. Designar o secretário, por portaria (§1º, do art. 149 da Lei n. 8.112/90).

7. Determinar a lavratura do termo de compromisso de fidelidade do secretário.

8. Determinar a lavratura do termo de instalação da comissão e início dos trabalhos, assim como o registro detalhado, em ata, das demais deliberações adotadas (§2º, do art. 152 da Lei n. 8.112/90).

9. Decidir sobre as diligências e as provas que devam ser colhidas ou juntadas e que sejam de real interesse ou importância para a questão (§§1º e 2º, do art. 156 da Lei n. 8.112/90).

10. Providenciar para que o acusado ou, se for o caso, seu advogado, esteja presente a todas as audiências.

11. Notificar o acusado para conhecer a acusação, as diligências programadas e acompanhar o procedimento disciplinar (arts. 153 e 156 da Lei n. 8.112/90).

12. Intimar, se necessário, o denunciante para ratificar a denúncia e oferecer os esclarecimentos adicionais.

13. Intimar as testemunhas para prestarem depoimento.

14. Intimar o acusado para especificar provas, apresentar rol de testemunhas e submeter-se a interrogatório (art. 159).

15. Citar o indiciado, após a lavratura do respectivo termo de indiciamento para oferecer defesa escrita (art. 161 e seus parágrafos da Lei n. 8.112/90).

16. Exigir e conferir o instrumento de mandato, quando exibido, observando se os poderes nele consignados são os adequados.

17. Providenciar para que sejam juntadas as provas consideradas relevantes pela comissão, assim como as requeridas pelo acusado e pelo denunciante.

---

[157] GUIMARÃES, Francisco Xavier da Silva. Regime disciplinar do servidor público civil da União. Rio de Janeiro: Forense, 2006. p. 119-123.

18. Solicitar a nomeação de defensor dativo, após a lavratura do termo de revelia (§2º, do art. 164 da Lei n. 8.112/90).

19. Deferir ou indeferir, por termo de deliberação fundamentado, os requerimentos escritos apresentados pelo acusado, pelo advogado, e pelo defensor dativo (§§1º e 2º, do art. 156 da Lei n. 8.112/90).

20. Presidir e dirigir, pessoalmente, todos os trabalhos internos e os públicos da comissão e representá-la).

21. Qualificar, civil e funcionalmente, aqueles que forem convidados e intimados a depor.

22. Indagar, pessoalmente, do denunciante e das testemunhas, se existem impedimentos legais que os impossibilitem de participar no feito.

23. Compromissar os depoentes, na forma da lei, alertando-os sobre as normas legais que se aplicam aos que faltarem com a verdade, ou emitirem conceitos falsos sobre a questão.

24. Proceder à acareação, sempre que conveniente ou necessária (§2º, do art. 158 da Lei n. 8.112/90).

25. Solicitar designação e requisitar técnicos ou peritos, quando necessário.

26. Tomar medidas que preservem a independência e a imparcialidade e garantam o sigilo necessário à elucidação do fato ou exigido pelo interesse da administração (art. 150 da Lei n. 8.112/90).

27. Indeferir pedidos e diligências considerados impertinentes, meramente protelatórios e sem nenhum interesse para os esclarecimentos dos fatos (§1º, do art. 156 da Lei n. 8.112/90).

28. Assegurar ao servidor o acompanhamento do processo, pessoalmente ou por intermédio de procurador, bem assim a utilização dos meios e recursos admitidos em direito, para comprovar suas alegações (art. 156 da Lei n. 8.112/90).

29. Conceder vista final dos autos, na repartição, ao denunciado ou seu advogado, para apresentação de defesa escrita (§1º do art. 161 da Lei n. 8.112/90).

30. Obedecer, rigorosamente, os prazos legais vigentes, providenciando sua prorrogação, em tempo hábil, sempre que comprovadamente necessária (parágrafo único dos arts. 145 e 152 da Lei n. 8.112/90).

31. Formular indagações e apresentar quesitos.

32. Tomar decisões de urgência, justificando-as perante os demais membros.

33. Reunir-se com os demais membros da comissão para a elaboração do relatório, com ou sem a declaração de voto em separado (§§1º e 2º, do art. 165 da Lei n. 8.112/90).

34. Zelar pela correta formalização dos procedimentos.

35. Encaminhar o processo, por expediente próprio, à autoridade instauradora do feito, para julgamento, por quem de direito (art. 166 da Lei n. 8.112/90).

Atribuições dos membros da comissão

1. Tomar ciência, por escrito, da designação, juntamente com o presidente, aceitando a incumbência ou recusando-a com apresentação, também, por escrito, dos motivos impedientes.

REINALDO COUTO / ÁLVARO CAPAGIO   1399

2. Preparar, adequadamente, o local onde se instalarão os trabalhos da comissão.

3. Auxiliar, assistir e assessorar o presidente no que for solicitado ou se fizer necessário.

4. Guardar, em sigilo, tudo quanto for dito ou programado entre os sindicantes, no curso do processo (art. 150 da Lei n. 8.112/90).

5. Velar pela incomunicabilidade das testemunhas e pelo sigilo das declarações (§1º, do art. 158 da Lei n. 8.112/90).

6. Propor medidas no interesse dos trabalhos à comissão.

7. Reinquirir os depoentes sobre aspectos que não foram abrangidos pela arguição da presidência, ou que não foram perfeitamente claros nas declarações por eles prestadas.

8. Assinar os depoimentos prestados e juntados aos autos, nas vias originais e nas cópias.

9. Participar da elaboração do relatório, subscrevê-lo e, se for o caso, apresentar voto em separado.

Atribuições do secretário

1. Aceitar a designação, assinando o Termo de Compromisso (se não integrante da comissão apuradora), ou recusá-la, quando houver impedimento legal, declarando, por escrito, o motivo da recusa.

2. Atender às determinações do presidente e aos pedidos dos membros da comissão, desde que relacionados com a sindicância.

3. Preparar o local de trabalho e todo o material necessário e imprescindível às apurações.

4. Esmerar-se nos serviços de datilografia, evitando erros de grafismo ou mesmo de redação.

5. Proceder à montagem correta do processo, lavrando os termos de juntada, fazendo os apensamentos e desentranhamento de papéis ou documentos, sempre que autorizado pelo presidente.

6. Rubricar os depoimentos lavrados e datilografados.

7. Assinar todos os termos determinados pelo presidente.

8. Receber e expedir papéis e documentos, ofícios, requerimentos, memorandos e requisições referentes à sindicância.

9. Efetuar diligências pessoais e ligações telefônicas, quando determinadas pelo presidente.

10. Autuar, numerar e rubricar, uma a uma, as folhas do processo, bem como as suas respectivas cópias.

11. Juntar aos autos as vias dos mandados expedidos pela comissão, com o ciente do interessado, bem como os demais documentos determinados pelo presidente.

12. Ter sob sua guarda os documentos e papéis próprios da apuração.

13. Guardar sigilo e comportar-se com discrição e prudência.

Outra medida assecuratória da imparcialidade dos membros da Comissão é a impossibilidade de figurarem como participantes – na forma do §2º do art.

149 da Lei n. 8.112/90 – cônjuge, companheiro ou parente do acusado, consanguíneo ou afim, em linha reta ou colateral, até o terceiro grau. Para entender os graus, devem ser consultados os arts. 1.591 a 1.595 do Código Civil.

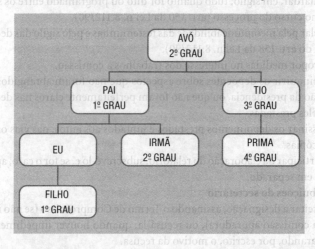

Apesar de a norma não afirmar, entende-se que, em relação aos parentes de linha reta, o impedimento é ilimitado, portanto não se dará apenas até o terceiro grau. Concepção diversa poderia levar à conclusão de que um trisavô poderia participar da comissão do seu trineto, o que ensejaria parcialidade. Dessa forma, a limitação ao terceiro grau aplicar-se-á aos colaterais.

Além da hipótese de **impedimento** acima descrita, aplicam-se analogicamente aos membros de Sindicância e de PAD as demais trazidas no art. 18 da Lei n. 9.784/99. Existe também a possibilidade de arguição da **suspeição** do membro da Comissão na forma do art. 20 da lei citada. Nos casos de impedimento, é dever funcional do membro comunicar a restrição à autoridade que instaurou o processo e faculdade do acusado indicá-la. No caso de suspeição, a alegação cabe ao acusado. Eis os arts. 18 a 20 da Lei em tela:

> Art. 18. É impedido de atuar em processo administrativo o servidor ou autoridade que:
> I – tenha interesse direto ou indireto na matéria;
> II – tenha participado ou venha a participar como perito, testemunha ou representante, ou se tais situações ocorrem quanto ao cônjuge, companheiro ou parente e afins até o terceiro grau;
> III – esteja litigando judicial ou administrativamente com o interessado ou respectivo cônjuge ou companheiro.
> Art. 19. A autoridade ou servidor que incorrer em impedimento deve comunicar o fato à autoridade competente, abstendo-se de atuar.

Parágrafo único. A omissão do dever de comunicar o impedimento constitui falta grave, para efeitos disciplinares.

Art. 20. Pode ser arguida a suspeição de autoridade ou servidor que tenha amizade íntima ou inimizade notória com algum dos interessados ou com os respectivos cônjuges, companheiros, parentes e afins até o terceiro grau.

IMPEDIMENTO
– Cônjuge, companheiro ou parente do acusado, consanguíneo ou afim, em linha reta ou colateral, até o terceiro grau.
– Tenha interesse direto ou indireto na matéria.
– Tenha participado ou venha a participar como perito, testemunha ou representante, ou se tais situações ocorrem quanto ao cônjuge, companheiro ou parente e afins até o terceiro grau.
– Esteja litigando judicial ou administrativamente com o interessado ou respectivo cônjuge ou companheiro.

SUSPEIÇÃO
– Amizade íntima com algum dos interessados ou com os respectivos cônjuges, companheiros, parentes e afins até o terceiro grau.
– Inimizade notória com algum dos interessados ou com os respectivos cônjuges, companheiros, parentes e afins até o terceiro grau.

O acusado, ou o indiciado, poderá alegar, a qualquer tempo, impedimento ou suspeição de membro da Comissão, secretário ou da autoridade instauradora, sendo que, na sequência, deverá ser intimada a pessoa sobre a qual recai a alegação de impedimento ou suspeição para se manifestar. O julgamento da alegação será feito pela autoridade instauradora ou, no caso de esta ser o sujeito, por autoridade superior.

Os autores do Manual de Processo Administrativo Disciplinar da CGU afirmam que a não aquisição de estabilidade pelo membro da comissão processante também seria um impedimento[158]. Contudo, entende-se que a estabilidade é um requisito essencial para figurar como membro e que os impedimentos são acidentais. Caso contrário, ter-se-ia que a falta da qualidade de servidor público classificar-se-ia como um impedimento, quando, na verdade, a qualidade de

---

[158] CGU. *Manual de processo administrativo disciplinar*. Brasília: CGU, 2019. p. 105: "Outra hipótese de impedimento para o integrante da comissão, constante nessa mesma Lei, pode ser a condição de não estabilidade no serviço público (art. 149 da Lei n. 8.112/90)".

1402 CURSO DE DIREITO ADMINISTRATIVO

servidor público efetivo é um requisito essencial para figurar como membro de comissão processante.

As impugnações de impedimento e suspeição podem ser apresentadas a qualquer tempo, inclusive após a aplicação da sanção no recurso, no pedido de reconsideração ou de revisão, e podem ser esgrimidas contra a autoridade instauradora, contra os membros da comissão processante, contra a autoridade julgadora ou contra qualquer ator do PAD ou da sindicância acusatória que tenha dever de imparcialidade. O julgamento das citadas impugnações, por não gerar interrupção ou suspensão do processo, deve acontecer em prazo razoável para não atrapalhar o andamento do feito; recomenda-se o prazo de, no máximo, 5 (cinco) dias.

As autoridades instauradoras e julgadoras bem como os membros da comissão processante precisam ser pessoas que não guardem qualquer vínculo com o fato a ser apurado ou com a própria comunicação do fato ilícito.

Os membros da Comissão Processante não precisam ser do **órgão de origem ou do mesmo órgão do acusado**, mas devem fazer parte da mesma esfera de governo, ou seja, é inconcebível, por exemplo, a participação de um servidor público municipal em uma Comissão Processante federal. Nessa linha, a jurisprudência do STJ assinala:

A legislação aplicável à espécie não exige que o membro da comissão disciplinar seja servidor do órgão de origem, mas apenas que ele não tenha qualquer vínculo de parentesco ou afinidade com o processado, a teor do disposto no art. 149 da Lei n. 8.112/1990[159].

Em virtude do princípio constitucional da **presunção de inocência** – que, ao contrário do que alguns pensam, aplica-se a todos os atos punitivos, ainda que fora da esfera penal – o art. 150 da Lei n. 8.112/90 garante a **independência e a imparcialidade** no exercício das atribuições da Comissão Processante e o sigilo necessário à elucidação do fato ou exigido pelo interesse da administração e determina que as reuniões e as audiências das comissões terão caráter reservado.

Apesar de o artigo acima assegurar o **sigilo** necessário à elucidação do fato ou exigido pelo interesse público, o Processo Administrativo Disciplinar e a sindicância não são, em regra, **sigilosos**, pois qualquer restrição à publicidade deve ser excepcional e ter estrita relação com a apuração e com o interesse público. Assim, somente se, mediante motivação proporcional e razoável da Comissão, ficar comprovado claramente que a publicidade irá comprometer a eficácia do

---

[159] STJ, MS 9.056/DF, rel. Min. Laurita Vaz, 3ª Seção, julgado em 27-4-2005, *DJ* 23-5-2005.

processo ou poderá violar direitos fundamentais dos acusados, das vítimas ou testemunhas falar-se-á em restrição.

O princípio da publicidade na Administração Pública direta e indireta foi trazido por norma constitucional (*caput* do art. 37). Dessa maneira, somente norma constitucional pode restringir a sua incidência. Observe-se que não há, na Carta Maior, qualquer norma expressa sobre restrição à publicidade em sindicância e PAD, devendo ser sempre analisado o caso concreto para utilizar-se o **sigilo** apenas como instrumento de proteção de direitos fundamentais e assecuratório da eficácia da apuração. É o que se denota a partir da seguinte decisão do STJ, que afirma:

> A eventual quebra do sigilo das investigações, com suposto vazamento de informações à imprensa, não tem o condão de revelar processo administrativo falho, porquanto o sigilo, na forma do art. 150 da Lei n. 8.112/90, não é garantia do acusado, senão que instrumento da própria investigação. Precedentes[160].

Obviamente, os documentos sigilosos na origem recebidos pela comissão processante manterão essa característica nos autos do PAD ou da Sindicância.

Não obstante a incidência do princípio da publicidade, deve ser consignado que a discrição é sempre necessária, visto que não se deve expor os atores das sindicâncias ou PAD além do necessário para a apuração dos potenciais ilícitos.

Sempre que necessário, a Comissão dedicará **tempo integral** aos seus trabalhos, ficando seus membros dispensados do ponto, até a entrega do relatório final.

As reuniões da Comissão serão registradas em atas que deverão detalhar as deliberações adotadas.

41.4.6.23.14.5. *Natureza dos atos da comissão: vinculação e discricionariedade*

Em relação ao Processo Administrativo Disciplinar, quase todos os atos processuais são vinculados, pois a lei determina a sua edição. Poucos são os atos discricionários.

Podem ser colocados, exemplificativamente, no grupo dos **atos administrativos discricionários** os seguintes: a possibilidade de conversão de suspensão em multa (§2º do art. 130), o afastamento preventivo (art. 147), a denegação de pedidos considerados impertinentes, meramente protelatórios, ou de nenhum interesse para o esclarecimento dos fatos (§1º do art. 156), a prorrogação do

---

[160] STJ, MS 7.982/DF, rel. Min. Alderita Ramos de Oliveira (desembargadora convocada do TJ/PE), 3ª Seção, julgado em 8-5-2013, *DJe* 20-6-2013.

1404 CURSO DE DIREITO ADMINISTRATIVO

prazo de defesa (§3º do art. 161) e a possibilidade da autoridade julgadora, na revisão do PAD, de determinar diligências (parágrafo único do art. 181)[161].

Apesar de o art. 128 da Lei n. 8.112/90 afirmar que, na aplicação das penalidades, serão consideradas a natureza e a gravidade da infração cometida, os danos que dela provierem para o serviço público, as circunstâncias agravantes ou atenuantes e os antecedentes funcionais, tem-se que a discricionariedade atribuída por tal norma é bastante limitada, pois há normalmente relação vinculada entre a sanção específica e condutas estabelecidas como proibidas pela lei em estudo.

Apenas em relação à suspensão, o artigo acima citado pode ter grande utilidade. Explica-se: o *caput* do art. 130 do Estatuto do Servidor afirma que esse tipo de punição não poderá ultrapassar 90 (noventa) dias, consequentemente, haverá margem de discricionariedade na escolha do tempo de suspensão.

Ressalvada a possibilidade discricionária de conversão da suspensão em multa do §2º do art. 130, as hipóteses descritas pela Lei n. 8.112/90, nas quais a lei **vincula** a Comissão e a autoridade julgadora a sugerir ou aplicar determinada penalidade, serão postas abaixo:

> Art. 129. A advertência será aplicada por escrito, nos casos de violação de proibição constante do art. 117, incisos I a VIII e XIX, e de inobservância de dever funcional previsto em lei, regulamentação ou norma interna, que não justifique imposição de penalidade mais grave. (Redação dada pela Lei n. 9.527, de 10-12-97).
>
> Art. 130. A suspensão será aplicada em caso de reincidência das faltas punidas com advertência e de violação das demais proibições que não tipifiquem infração sujeita a penalidade de demissão, não podendo exceder de 90 (noventa) dias.
>
> §1º Será punido com suspensão de até 15 (quinze) dias o servidor que, injustificadamente, recusar-se a ser submetido à inspeção médica determinada pela autoridade competente, cessando os efeitos da penalidade uma vez cumprida a determinação.
>
> §2º Quando houver conveniência para o serviço, a penalidade de suspensão poderá ser convertida em multa, na base de 50% (cinquenta por cento) por dia de vencimento ou remuneração, ficando o servidor obrigado a permanecer em serviço.
>
> Art. 131. As penalidades de advertência e de suspensão terão seus registros cancelados, após o decurso de 3 (três) e 5 (cinco) anos de efetivo exercício, respectivamente, se o servidor não houver, nesse período, praticado nova infração disciplinar.
>
> Parágrafo único. O cancelamento da penalidade não surtirá efeitos retroativos.
>
> Art. 132. A demissão será aplicada nos seguintes casos:

---

[161] Os artigos citados são da Lei n. 8.112/90.

I – crime contra a administração pública;

II – abandono de cargo;

III – inassiduidade habitual;

IV – improbidade administrativa;

V – incontinência pública e conduta escandalosa, na repartição;

VI – insubordinação grave em serviço;

VII – ofensa física, em serviço, a servidor ou a particular, salvo em legítima defesa própria ou de outrem;

VIII – aplicação irregular de dinheiros públicos;

IX – revelação de segredo do qual se apropriou em razão do cargo;

X – lesão aos cofres públicos e dilapidação do patrimônio nacional;

XI – corrupção;

XII – acumulação ilegal de cargos, empregos ou funções públicas;

XIII – transgressão dos incisos IX a XVI do art. 117.

(...)

§6º Caracterizada a acumulação ilegal e provada a má-fé, aplicar-se-á a pena de demissão, destituição ou cassação de aposentadoria ou disponibilidade em relação aos cargos, empregos ou funções públicas em regime de acumulação ilegal, hipótese em que os órgãos ou entidades de vinculação serão comunicados. (Incluído pela Lei n. 9.527, de 10-12-97).

(...)

Art. 134. Será cassada a aposentadoria ou a disponibilidade do inativo que houver praticado, na atividade, falta punível com a demissão.

Art. 135. A destituição de cargo em comissão exercido por não ocupante de cargo efetivo será aplicada nos casos de infração sujeita às penalidades de suspensão e de demissão.

Parágrafo único. Constatada a hipótese de que trata este artigo, a exoneração efetuada nos termos do art. 35 será convertida em destituição de cargo em comissão.

Quanto às tipificações indicadas nos incisos do art. 132, há de se compreender que determinadas condutas têm per se tão relevante lesividade que a cominação decretada ante sua constatação tem natureza irremissível. Tais condutas, às quais o regime jurídico atribui máxima gravidade, resultam em pena capital: a demissão.

A vontade da lei manifesta-se no sentido de que, quando praticado determinado ato por um servidor, ante a sua máxima reprovabilidade, sua permanência nos quadros da Administração torna-se indesejável, porquanto nociva aos princípios e objetivos da Administração.

Nesse diapasão, o diploma normativo não atribui à estrutura correcional qualquer possibilidade de abrandamento, desnaturação ou relativo poder de clemência, posto que a gravidade do fato e seus efeitos é proclamada não pela

1406 CURSO DE DIREITO ADMINISTRATIVO

vontade da Administração, mas pelo império da lei, quando realizada a tipicidade. Nesse sentido aponta a recente Súmula n. 650, do STJ:

> A autoridade administrativa não dispõe de discricionariedade para aplicar ao servidor pena diversa de demissão quando caraterizadas as hipóteses previstas no art. 132 da Lei n. 8.112/1990.

Não há possibilidade de transmudação da tipificação justificada por circunstâncias que gravitem em torno da conduta. Eventuais circunstâncias excludentes teriam o condão de elidir a tipicidade, não mudá-la. Circunstâncias outras teriam o efeito de, embora reconhecido o fato típico, afastar a cominação de penalidade.

É um axioma que os fatos são dados pela natureza, pelo estado das coisas, pelo trilhar dos acontecimentos, e a lei tipifica fatos. Logo, o acerto da tipificação não é questão ínsita somente ao exame de mérito, mas pressuposto essencial da acepção jurídico-formal do processo.

Nesse jaez, a tipicidade restaria afastada quando presente alguma de suas excludentes: estado de necessidade, estrito cumprimento de dever legal, exercício regular de direito ou legítima defesa. Quando presente qualquer dessas excludentes, configura-se a atipicidade da conduta, de maneira a não merecer qualquer repulsa do Direito, culminando-se no arquivamento do processo administrativo disciplinar, se não houver outros fatos relevantes.

41.4.6.23.14.6.   Prazo de conclusão do processo administrativo disciplinar

Inicialmente, deve ser relembrada a forma de contagem dos prazos estabelecida no art. 238 da Lei n. 8.112/90. Segue seu texto:

> Art. 238. Os prazos previstos nesta Lei serão contados em dias corridos, excluindo-se o dia do começo e incluindo-se o do vencimento, ficando prorrogado, para o primeiro dia útil seguinte, o prazo vencido em dia em que não haja expediente.

O prazo para término do Processo Administrativo Disciplinar é de 60 (sessenta) dias, contados da data de publicação do ato que constituir a Comissão, admitida a sua prorrogação por igual prazo, quando as circunstâncias o exigirem, na forma do art. 152 da Lei n. 8.112/90.

Importante notar que o Processo Administrativo Disciplinar tem prazo impróprio[162] de **60 (sessenta) dias**, a contar da publicação do ato que constituir a Comissão, para a sua conclusão, podendo ser **prorrogado** por igual período

---

[162] Prazo que se não for cumprido não gera consequências processuais.

REINALDO COUTO / ÁLVARO CAPAGIO   1407

somente se as circunstâncias exigirem. A prorrogação deve ser publicada antes do término do prazo inicialmente fixado, em virtude da impossibilidade de prorrogação do que já fora extinto. Aconselha-se que, após ultrapassagem da prorrogação, a autoridade instauradora edite nova portaria reconduzindo os membros da Comissão.

ELEMENTOS INDISPENSÁVEIS AO PEDIDO DE PRORROGAÇÃO
– Endereçamento à autoridade instauradora.
– Justificativa para o pedido.
– Descrição dos atos ou termos pendentes.
– Apresentação antes do término do prazo incialmente fixado, observando-se prazo razoável para a apreciação da autoridade instauradora.

As alegações de nulidade por excesso prazal, em virtude de a comissão processante ter extrapolado os **120 (cento e vinte)** dias legais, são unanimemente repelidas pela jurisprudência, o que é muito razoável, pois existem processos administrativos disciplinares altamente complexos que demandam, por vezes, anos para sua conclusão[163].

O STJ, na sua Súmula 592, estabeleceu que o excesso de prazo para a conclusão do processo administrativo disciplinar só causa nulidade se houver demonstração de prejuízo para a defesa.

Apesar dessa flexibilidade, se não for efetivada a prorrogação antes do término do prazo inicialmente fixado e se não estiver configurada a prescrição, deve ser constituída nova Comissão. Assim, as prorrogações podem ser deferidas até o advento da prescrição.

Por fim, deve ser observado que o prazo total é de 140 (cento e quarenta) dias para conclusão do Processo Administrativo Disciplinar com o julgamento, pois o art. 167 da Lei n. 8.112/90 concede 20 (vinte) dias à autoridade competente para proferir a sua decisão com base no relatório apresentado[164], e deve ser observado que a extrapolação do prazo possibilita o reinício da contagem

---

[163] STJ, RMS 24.798/PE, rel. Min. Felix Fischer, 5ª Turma, julgado em 17-2-2009, *DJe* 16-3-2009.

[164] MANDADO DE SEGURANÇA. ADMINISTRATIVO. SERVIDOR PÚBLICO FEDERAL. PENALIDADE DE SUSPENSÃO. PRESCRIÇÃO DA PRETENSÃO PUNITIVA ESTATAL. NÃO OCORRÊNCIA. PROCESSO ADMINISTRATIVO DISCIPLINAR. OBSERVÂNCIA DO PRAZO DE 140 DIAS PARA CONCLUSÃO. INTERRUPÇÃO DO PRAZO PRESCRICIONAL.

do prazo prescricional em favor do acusado e a concessão de aposentadoria[165].

41.4.6.23.14.7. Inquérito

O **inquérito** é a fase posterior à instauração que compreende a instrução, a defesa e o relatório, conforme o art. 151 da Lei n. 8.112/90. Segue o seu texto:

> Art. 151. O processo disciplinar se desenvolve nas seguintes fases:
> I – instauração, com a publicação do ato que constituir a comissão;
> II – inquérito administrativo, que compreende instrução, defesa e relatório;
> III – julgamento.

Os **princípios do contraditório e da ampla defesa** têm o seu maior espectro de incidência no inquérito, pois é nessa fase que se desenvolve a instrução e a defesa, caso queira o indiciado, será apresentada.

A comunicação ao servidor ou ex-servidor de todos os atos da Comissão é

---

1. De acordo com jurisprudência consolidada deste Superior Tribunal de Justiça, o prazo legal para término do processo administrativo disciplinar é de 140 (cento e quarenta) dias. (...)
(STJ, MS 12.767/DF, rel. Min. Maria Thereza de Assis Moura, 3ª Seção, julgado em 12-5-2010, DJe 20-5-2010.)

[165] AGRAVO REGIMENTAL. RECURSO ESPECIAL. PROCESSO CIVIL. AUSÊNCIA DE PREQUESTIONAMENTO. SÚMULA 211/STJ. SERVIDOR PÚBLICO. PENDÊNCIA DE PROCESSO ADMINISTRATIVO DISCIPLINAR. DEFERIMENTO DE APOSENTADORIA AO SERVIDOR. POSSIBILIDADE. CASSAÇÃO DE APOSENTADORIA. CABIMENTO.
[...] Não sendo observado prazo razoável para a conclusão do processo administrativo disciplinar, não há falar em ilegalidade, à luz de uma interpretação sistêmica da Lei n. 8.112/90, do deferimento de aposentadoria ao servidor. Com efeito, reconhecida ao final do processo disciplinar a prática pelo servidor de infração passível de demissão, poderá a Administração cassar sua aposentadoria, nos termos do art. 134 da Lei n. 8.112/90.
(STJ, AgRg no REsp 916.290/SC, rel. Min Maria Thereza de Assis Moura, 6ª Turma, julgado em 26-10-2010, DJe 22-11-2010).

essencial para o exercício do contraditório e da ampla defesa e, se não for feita de maneira eficaz, pode causar a nulificação do ato praticado e, em alguns casos, até mesmo do processo. Quando não for possível à Comissão praticar determinado ato em virtude da distância física, poder-se-á ser solicitada a outro servidor público estranho ao feito, através do seu superior hierárquico, a realização do ato. Alguns autores classificam essa possibilidade de cumprimento do ato por servidor estranho de **Carta Precatória**.

No início dessa fase, o acusado deve ser notificado pessoalmente da abertura do processo e devem ser fornecidas cópias integrais dos autos, a fim de que seja efetivado o seu direito de defesa que não surge apenas após o indiciamento, mas existe durante todo o rito. Além disso, devem ser notificados previamente também o chefe imediato do servidor e o responsável pelo setor de recursos humanos.

ELEMENTOS DA NOTIFICAÇÃO PRÉVIA
– Cópia da Portaria de instauração com elementos de identificação do instrumento e data de publicação.
– Objeto da apuração como descrito na Portaria de instauração.
– Identificação funcional completa do servidor ou ex-servidor e expressa menção à sua qualidade de acusado.
– Dizeres do *caput* do art. 156 da lei n. 8.112/90.
–– Consignação do local (endereço completo) e horário de funcionamento da Comissão e formas de contato.
– Contrafé para o acusado.

Se o acusado não estiver disposto a assinar, o fato deve ser relatado no verso da notificação prévia ou em documento apartado. Apesar de não haver necessidade, em virtude da fé pública atribuída aos atos dos servidores públicos, mostra-se interessante a indicação ou assinatura de quem tenha testemunhado a recusa.

Merece realce a evolução das formas de comunicação dos atos processuais, admitindo-se o uso de recursos tecnológicos. No âmbito do Poder Executivo Federal, a Instrução Normativa n. 9, de 24 de março de 2020, da Corregedoria-Geral da União, regulamenta o uso de recursos tecnológicos para realização de atos de comunicação em processos correcionais. Eis o conteúdo dos arts. 1º e 2º, *caput*, do mencionado ato normativo:

> Art. 1º As comunicações referentes aos processos correcionais que tramitam nos órgãos e entidades do Poder Executivo Federal podem ser efetuadas por meio de correio eletrônico institucional, aplicativos de mensagens instantâneas ou recursos tecnológicos similares, observadas as diretrizes e as condições

1410 CURSO DE DIREITO ADMINISTRATIVO

estabelecidas nesta Instrução Normativa.

Parágrafo único. Os recursos tecnológicos podem ser utilizados para a realização de qualquer ato de comunicação processual, inclusive:

I – notificação prévia;

II – intimação de testemunha ou declarante;

III – intimação de investigado ou acusado;

IV – intimação para apresentação de alegações escritas e alegações finais; e

IV – citação para apresentação de defesa escrita.

Art. 2º O encaminhamento de comunicações processuais por meio de recursos tecnológicos pode ocorrer mediante mensagem para o endereço de correio eletrônico ou para o número de telefone móvel pessoal, seja funcional ou particular.

Portanto, os regulamentos aplicáveis ao processo administrativo têm flexibilizado os requisitos formais para a comunicação dos atos processuais, adaptando-se a dogmática do processo às práticas contemporâneas, possibilitando-se o uso de *e-mail* e mensagens via telefone móvel. Qualquer que seja o meio utilizado, imprescindível que assegure a efetiva ciência do acusado.

Portanto, se efetuada notificação prévia, intimação, citação para apresentação de defesa escrita ou outro ato processual por meio de correspondência eletrônica, a confirmação de recebimento, mediante resposta do destinatário, deve ser juntada aos autos, como prova de regularidade do ato de comunicação. Consequentemente, somente a partir da resposta do acusado começa a fluir o prazo processual que lhe é atribuído.

Ressalte-se que a discrição é recomendada na realização da notificação prévia que será feita pela comissão processante ou servidor designado.

Não existe previsão normativa para apresentação de **defesa prévia** pelo acusado, porém nada impede que a Comissão receba a sua manifestação e analise os seus argumentos, o que poderá, inclusive, economizar recursos públicos se ficar constatada, de plano, a sua inocência.

O Processo Administrativo Disciplinar, como já foi dito, pode decorrer de anterior sindicância ou ser, de logo, instaurado. No primeiro caso, até para observar o princípio da economicidade extraído das normas da Lei n. 4.320/64, a sindicância deve ser considerada e deve integrar, como peça informativa, a instrução, conforme estabelecido no *caput* do art. 154 da Lei n. 8.112/90.

Sempre que a sindicância ou o Processo Administrativo Disciplinar concluir pela existência de ilícito penal, o Ministério Público deve ser oficiado, a fim de que sejam adotadas as medidas pertinentes. Se o fato apurado consistir em ato de improbidade administrativa, deve ser oficiada também a corte de contas, na forma do art. 15 da Lei n. 8.429/92.

É na fase de inquérito que as **provas** são produzidas ou apresentadas à Comissão, consequentemente, nesta fase haverá tomada de depoimentos, acareações, investigações e diligências cabíveis, objetivando a coleta de prova, recorrendo-se, quando necessário, a técnicos e peritos, de modo a permitir a completa elucidação dos fatos (art. 155 da Lei n. 8.112/90).

Os interessados serão intimados de prova ou diligência ordenada, com antecedência mínima de três dias úteis, mencionando-se data, hora e local de realização (art. 41 da Lei n. 9.784/99).

Os membros da Comissão precisam sempre ter em mente que atos de instrução que exijam a atuação dos interessados devem realizar-se do modo menos oneroso para estes, inclusive para o acusado, na forma do §2º do art. 29 da Lei n. 9.784/99.

O art. 156 da Lei n. 8.112/90 consubstancia o direito fundamental ao contraditório e à ampla defesa, ao afirmar que é assegurado ao servidor o direito de acompanhar o processo pessoalmente ou por intermédio de procurador, arrolar[166] e reinquirir testemunhas, produzir provas e contraprovas e formular quesitos, quando se tratar de prova pericial.

Quando o interessado declarar que fatos e dados estão registrados em documentos existentes na própria Administração responsável pelo processo ou em outro órgão administrativo, o órgão competente para a instrução proverá, de ofício, à obtenção dos documentos ou das respectivas cópias (art. 37 da Lei n. 9.784/99).

Gize-se, entretanto, que o abuso do direito de defesa deve ser reprimido pelo presidente da Comissão, indeferindo **os pedidos considerados impertinentes, meramente protelatórios, ou de nenhum interesse para o esclarecimento dos fatos** (§1º do art. 156)[167].

Não há dúvida de que a norma consignada no art. 187 do Código Civil de 2002 irradia-se para todo o ordenamento jurídico, pois o exercício abusivo de qualquer direito, seja na esfera cível, penal, administrativa, tributária, constitucional etc., equipara-se à prática de ato ilícito.

---

[166] "Não importa em cerceamento de defesa o indeferimento devidamente motivado de produção de prova testemunhal formulado após a instrução do feito."
(STJ, MS 13.498/DF, rel. Min. Maria Thereza de Assis Moura, 3ª Seção, julgado em 25-5-2011, *DJe* 2-6-2011).

[167] "Desde que forma motivada e baseada em elementos fáticos presentes nos autos, pode a comissão processante em sede de processo administrativo disciplinar indeferir o pedido de produção de prova pericial."
(AgRg no RMS 34.130/GO, rel. Min. Mauto Campbell Marques, 2ª Turma, julgado em 11-9-2012, *DJe* 14-9-2012).

1412 CURSO DE DIREITO ADMINISTRATIVO

Exige-se do titular de qualquer direito o seu exercício proporcional e razoável, causando o mínimo encargo à sociedade e aos indivíduos afetados. Não há mais espaço nos Estados Democráticos de Direito pautados no respeito, na proteção e na promoção do princípio da dignidade da pessoa humana para o individualismo notado no final do século XIX e no início do século XX.

A Administração Pública poderá utilizar as provas produzidas em outras esferas[168], com a participação do acusado, para embasar a condenação, portanto, aplicável à sindicância acusatória e ao Processo Administrativo Disciplinar o instituto da **prova compartilhada ou emprestada**[169].

Sobre a possibilidade, o STJ editou a Súmula 591, afirmando que é permitida a prova emprestada no processo administrativo disciplinar, desde que devidamente autorizada pelo juízo competente e respeitados o contraditório e a ampla defesa.

Imperioso lembrar que o ônus da prova do ilícito disciplinar é da Administração Pública, portanto não se pode pautar a condenação na inexistência de prova da inocência do acusado, mas somente na **constatação da autoria e da materialidade do fato**[170].

---

[168] "É cabível a chamada "prova emprestada" no processo administrativo disciplinar, desde que devidamente autorizada pelo Juízo Criminal. Assim, não há impedimento da utilização da interceptação telefônica produzida na ação penal, no processo administrativo disciplinar, desde que observadas as diretrizes da Lei n. 9.296/96. Precedentes".
(STJ, MS 14140/DF, rel. Min. Laurita Vaz, 3ª Seção, julgado em 26-9-2012, *DJe* 8-11-2012).

[169] "Nada impede, no Direito brasileiro, o compartilhamento, na instância disciplinar, de provas civis, administrativas ou penais obtidas em outros processos, inclusive diálogos colhidos mediante interceptação autorizada, assegurando-se, em qualquer caso, o contraditório e a ampla defesa".
(STJ, MS 15.825/DF, rel. Min. Herman Benjamin, 1ª Seção, julgado em 14-3-2011, *DJe* 19-5-2011).

[170] Parecer AGU n. GQ – 147. Ementa: I – Recurso impróprio que, apresentado dentro do prazo legal, pode ser recebido como pedido de reconsideração. II – No Processo Administrativo Disciplinar o ônus da prova incumbe à Administração. III – Para a configuração da inassiduidade habitual imputada ao servidor era imprescindível a prova da ausência de justa causa para as faltas ao serviço. A Comissão Processante não produziu a prova, limitando-se a refutar as alegações do servidor. Inverteram-se as posições, tendo a Comissão presumido a ausência de justa causa, deixando ao servidor a incumbência de provar sua ocorrência. IV – Não provada a ausência de justa causa, não seria de aplicar-se a penalidade extrema ao servidor V – O pedido de revisão deve ser provido para invalidar a demissão do servidor, com a sua consequente reintegração, na forma do art. 28 da Lei n. 8.112, de 1990.

Quanto à **participação de advogado**, a Súmula n. 343, do STJ, afirma que é obrigatória a presença de advogado em todas as fases do Processo Administrativo Disciplinar, mas o Supremo Tribunal Federal editou a Súmula Vinculante n. 5 com o seguinte teor: "a falta de defesa técnica por advogado no processo administrativo disciplinar não ofende a Constituição". Assim, a Súmula do STJ tornou-se inaplicável, **sendo dispensável a participação de advogado**.

Ressalte-se, contudo, que há leis estaduais que exigem a defesa do acusado ou do indiciado por advogado. Eis o art. 223 da Lei do Estado da Bahia n. 6.677/1994:

> Art. 223. A defesa do acusado será promovida por advogado por ele constituído ou por defensor público ou dativo.
>
> §1º Caso o defensor do acusado, regularmente intimado, não compareça sem motivo justificado, o presidente da comissão designará defensor, ainda que somente para o ato.
>
> §2º A designação de defensor público e a nomeação de defensor dativo far-se-á decorrido o prazo para a defesa, se for o caso.
>
> §3º Nenhum ato da instrução poderá ser praticado sem a prévia intimação do acusado e de seu defensor.

A Súmula Vinculante n. 5, do STF, não afasta a aplicabilidade da norma do Estado da Bahia aos seus processos administrativos disciplinares, pois o art. 223 da Lei Estadual não foi declarado inconstitucional e as Súmulas Vinculantes não se encontram acima das leis.

As **testemunhas** serão intimadas a depor mediante mandado expedido pelo presidente da Comissão, devendo a segunda via, com o ciente do interessado, ser anexada aos autos. Entretanto, se a testemunha for servidor público, a expedição do mandado será imediatamente comunicada ao chefe da repartição onde serve, com a indicação do dia e hora marcados para inquirição (art. 157 da Lei n. 8.112/90).

Ressalte-se, novamente, que sempre deve ser observada a antecedência mínima de três dias do §2º do art. 26 da Lei n. 9.784/99 para todas as intimações.

A deferência da comunicação tem como objetivo preservar o princípio da continuidade do serviço público, pois o chefe poderá redistribuir as atribuições dos servidores de acordo com a data do testemunho do servidor faltante.

O depoimento será prestado oralmente e reduzido a termo, não sendo lícito à testemunha trazê-lo por escrito, pois a inquirição de testemunha deve levar em conta as suas reações, a sua linguagem corporal, as suas fisionomias etc., a fim de que a verdade dos fatos seja apurada.

A Instrução Normativa n. 12, de 1º de novembro de 2011, da Corregedoria-Geral da União, regulamenta a adoção de videoconferência na instrução de processos e procedimentos disciplinares no âmbito do Sistema de Correição do Poder Executivo Federal, visando assegurar os direitos ao contraditório e à ampla defesa. O art. 2º do ato normativo dispõe que:

> Art. 2º Poderão ser realizadas audiências e reuniões por meio de teletransmissão de sons e imagens ao vivo e em tempo real, destinadas a garantir a adequada produção da prova, sem prejuízo de seu caráter reservado, nos procedimentos de natureza disciplinar ou investigativa.

Quando de sua edição, o art. 7º da norma determinava a lavratura de termo de depoimento. Com a redação dada pela Instrução Normativa n. 5, de 21 de fevereiro de 2020, da Corregedoria-Geral da União, referido dispositivo contém o seguinte teor:

> Art. 7º O registro audiovisual gerado em audiência deverá ser juntado aos autos, sem necessidade de transcrição em ata, sendo disponibilizado à defesa o acesso ao seu conteúdo ou à respectiva cópia.
> § 1º O presidente da Comissão Disciplinar assinará a ata de audiência lavrada, na qual serão registrados, pelo menos, a data, os locais e os participantes do ato.
> § 2º O registro nominal e individualizado da presença de cada um dos participantes na gravação dispensa as suas assinaturas na ata de audiência.

Por conseguinte, se efetuado o depoimento mediante recurso de videoconferência, a instrução processual prescinde da redução a termo do que fora dito durante a oitiva, inserindo-se nos autos o registro audiovisual da audiência, da qual se lavrará ata, que será perfeita com a assinatura do presidente da comissão processante, desde que a presença de cada um dos participantes seja nominalmente registrada na gravação.

O registro audiovisual é recurso tecnológico que confere fidedignidade ao conteúdo do ato processual, quer para a comissão processante, quer para o acusado e outros atores do processo. Por isso, nada impede que a comissão processante, em audiência presencial, utilize equipamento de gravação para o registro audiovisual do ato, promovendo-se a inserção de seu conteúdo nos autos, dispensando-se, de igual modo, a redução a termo, bastando a lavratura de ata de audiência.

Ora, admitindo-se essa forma em audiências realizadas por videoconferência, razão não existiria para vedá-la em audiências presenciais.

A inquirição dar-se-á em separado, para evitar que haja intimidação ou influência entre as testemunhas, exceto quando houver depoimentos contraditórios ou que se infirmem, hipóteses que podem ensejar a acareação (art. 158 da Lei n. 8.112/90).

As testemunhas do acusado serão ouvidas sempre após a oitiva das que lhe forem contrárias. Apesar de o STJ ter aduzido que a inversão não causa nulidade[171], o prejuízo para a defesa é claro quando não são deixadas para o fim as suas testemunhas, pois dificulta a correta atribuição do ônus de provar a conduta ilícita.

A Administração Pública, ou o denunciante, tem o dever de provar a materialidade e a autoria do ilícito funcional. Dessa forma, não tendo conseguido provar os elementos em questão, o acusado pode, inclusive, dispensar as suas testemunhas, pois deverá ser recomendado e efetivado o arquivamento do feito por falta de provas.

Após o **encerramento da oitiva das testemunhas**, a Comissão promoverá o **interrogatório do acusado**, observados os procedimentos previstos para a inquirição daquelas. O procurador do acusado poderá assistir ao interrogatório, bem como à inquirição das testemunhas, sendo-lhe vedado interferir nas perguntas e respostas, facultando-se-lhe, porém, reinquiri-las, por intermédio do presidente da Comissão (art. 159). A Comissão jamais deve exigir que o acusado preste juramento de dizer a verdade, pois o seu interrogatório é ato de defesa, sendo garantido, portanto, o direito de não se incriminar previsto no inciso LXIII do art. 5º da CF/88 que se estende à apuração do ilícito administrativo[172].

---

[171] "Ausente demonstração de prejuízo, não é causa de nulidade o fato de duas testemunhas de acusação terem sido ouvidas após o encerramento da oitiva das de defesa, o que a autoridade coatora alega ter acontecido em virtude da dificuldade de localização de uma e do fato de somente após o conhecimento do Inquérito Policial é que se teria verificado a necessidade do depoimento da outra. Aplicação do princípio de que não há nulidade sem prejuízo ("pas de nullité sans grief"). [...] O simples fato dos depoimentos terem sido considerados no relatório final nada significa, pois, para haver nulidade, o que se exige não é a existência de prejuízo pelo fato de determinada pessoa ter sido ouvida, mas pelo fato de ela ter sido ouvida após as testemunhas de defesa. O prejuízo de que se fala não é pela oitiva, mas pela inversão da ordem dos depoimentos". (STJ, MS 17.389/DF, rel. Min. Herman Benjamin, 1ª Seção, julgado em 9-11-2016, *DJe* 29-11-2016).

[172] RECURSO ORDINÁRIO EM MANDADO DE SEGURANÇA. SERVIDORA PÚBLICA ESTADUAL. DEMISSÃO. PROCESSO ADMINISTRATIVO DISCIPLINAR. CITAÇÃO. AUSÊNCIA DE INDICAÇÃO DAS ACUSAÇÕES FEITAS. NULIDADE. INTERROGATÓRIO DA INVESTIGADA. COMPROMISSO DE DIZER A VERDADE. PRERROGATIVA CONTRA AUTOINCRIMINAÇÃO. ART. 5º, LXIII, DA CF/88. INFRINGÊNCIA. ANULAÇÃO DO PROCESSO QUE SE IMPÕE DESDE O ATO CITATÓRIO. RECURSO ORDINÁRIO PROVIDO. SEGURANÇA CONCEDIDA. (...)

3. Ao assim proceder, a comissão processante feriu de morte a regra do art. 5º, LXIII, da CF/88, que confere aos acusados o privilégio contra a autoincriminação, bem como as garantias do devido processo legal e da ampla defesa. Com efeito, em vez de constranger a servidora a falar apenas a verdade, deveria ter-lhe avisado do direito de ficar em silêncio.

1416 CURSO DE DIREITO ADMINISTRATIVO

Questão interessante é a relativa à gravação dos depoimentos tomados pela Comissão. O Tribunal Regional Federal da 4ª Região entendeu que a gravação, quando solicitada, é direito do acusado. Resguardou-se, dessa forma, a absoluta fidelidade da prova colhida. Eis a ementa do acórdão:

ADMINISTRATIVO. AGRAVO DE INSTRUMENTO. GARANTIA CONSTITUCIONAL AO CONTRADITÓRIO E AMPLA DEFESA, COM OS MEIOS E RECURSOS A ELA INERENTES. 1. A controvérsia cinge-se à possibilidade de que seja determinada a gravação, por meio de áudio e vídeo da oitiva das testemunhas a fim de possibilitar o exercício do contraditório e da ampla defesa. 2. A Constituição em seu art. 5º, LV, dispõe que "aos litigantes, em processo judicial ou administrativo, e aos acusados em geral são assegurados o contraditório e ampla defesa, com os meios e recursos a ela inerentes". 3. Os arts. 170 e 470 do CPC dispõem que "é lícito o uso da taquigrafia, da estenotipia, ou de outro método idôneo, em qualquer juízo ou tribunal" e que "o depoimento, datilografado ou registrado por taquigrafia, estenotipia ou outro método idôneo de documentação, será assinado pelo juiz, pelo depoente e pelos procuradores, facultando-se às partes a sua gravação". 4. Tendo em vista que a gravação da audiência de instrução, possibilita resguardar o seu direito "o contraditório e ampla defesa, com os meios e recursos a ela inerentes" (art. 5º, LV, da Constituição), qual seja, a absoluta fidelidade da prova colhida na audiência, visando à comprovação dos fatos produzidos em prol da sua defesa, nos termos do art. 170 c/c o art. 470 do CPC, é de ser concedida a segurança para determinar que sejam gravados os depoimentos/testemunhos prestados nos autos do processo administrativo disciplinar 10980.006534/2009-53. 5. Provimento do agravo de instrumento[173].

Deve ser ressaltado, contudo, que a questão não está pacificada no âmbito do Poder Judiciário, pois o STF e o STJ não se manifestaram sobre a necessidade de gravação, quando solicitada, dos depoimentos pela Comissão.

A realização de audiência a distância é possível, porém o contraditório e a ampla defesa devem ser observados durante a sua realização. Inclusive, no

---

4. Os interrogatórios da servidora investigada, destarte, são nulos e, por isso, não poderiam embasar a aplicação da pena de demissão, pois deles não pode advir qualquer efeito. Como, na hipótese em comento, o relatório final da comissão processante que sugeriu a demissão e a manifestação da autoridade coatora que decidiu pela imposição dessa reprimenda se valeram das evidências contidas nos interrogatórios, restaram contaminados de nulidades, motivo pelo qual também não podem subsistir.

5. Recurso ordinário provido. Segurança concedida, em ordem a anular o processo administrativo disciplinar desde a citação. (STJ, RMS 14901/TO, rel. Min. Maria Thereza de Assis Moura, 6ª Turma, julgado em 21-10-2008, *DJe* 10-11-2008).

[173] TRF4, AG 5020432-83.2012.4.04.0000, rel. Des. Fed. Carlos Eduardo Thompson Flores Lenz, 3ª Turma, julgado em 30-1-2013, juntada em 31-1-2013.

âmbito do Poder Executivo Federal, o § 11 do art. 33 da IN CGU n. 14/2018 dispõe que "a tomada de depoimentos de pessoas que se encontrem em localidade distinta da comissão será realizada, preferencialmente, por meio de videoconferência".

Caso a Comissão não opte por audiência à distância, serão assegurados, na forma do art. 173 da Lei n. 8.112/90, **transporte e diárias** ao servidor convocado para prestar depoimento fora da sede de sua repartição, na condição de testemunha, denunciado ou indiciado e aos membros da Comissão e ao secretário, quando obrigados a se deslocarem da sede dos trabalhos para a realização de missão essencial ao esclarecimento dos fatos. Assim, todos os envolvidos diretamente no processo terão os recursos materiais para a defesa, para o desempenho das suas atribuições e para a colaboração na busca da verdade.

Observe-se que o STJ entende que a Sindicância Acusatória e o PAD podem ser realizados em local diverso do domicílio do servidor público acusado, em virtude do inciso I do art. 173 da Lei n. 8.112/90 prever a possibilidade de pagamento de transporte e diárias[174].

Havendo dúvida sobre a **sanidade mental do acusado**, a Comissão proporá à autoridade competente que ele seja submetido a exame por junta médica oficial, da qual participe pelo menos um médico psiquiatra. O incidente de sanidade mental será processado em auto apartado e apenso ao processo principal, após a expedição do laudo pericial, sempre observados o contraditório e a ampla defesa[175].

---

[174] STJ, MS 9.677/DF, rel. Min. Marilza Maynard (desembargadora convocada do TJ/SE), 3ª Seção, julgado em 13-8-2014, *DJe* 22-8-2014).

[175] ADMINISTRATIVO. MANDADO DE SEGURANÇA. POLICIAL RODOVIÁRIO FEDERAL. DEMISSÃO. UTILIZAÇÃO DE INCIDENTE DE SANIDADE MENTAL INSTAURADO EM OUTRO PROCESSO ADMINISTRATIVO DISCIPLINAR, SEM OPORTUNIZAÇÃO DE CONTRADITÓRIO E AMPLA DEFESA. NULIDADE CONFIGURADA. SEGURANÇA CONCEDIDA.

(...)

2. Alega o impetrante que o processo administrativo disciplinar que resultou na sua demissão encontra-se eivado de nulidades, uma vez que nele houve utilização de Incidente de Sanidade Mental instaurado em outro processo administrativo disciplinar, sem oportunização de contraditório e ampla defesa; e, ainda, pela ausência de intimação pessoal relativamente aos atos praticados no PAD.

3. Com razão o impetrante, uma vez que não consta dos autos do Incidente de Sanidade Mental notificação para que pudesse exercer o contraditório e ampla defesa, especialmente indicar assistente técnico e apresentar quesitos; e, ademais, a Junta Médica – cujos membros foram identificados sem a indicação de suas áreas de especialidade médica –, concluiu pela sanidade mental do acusado sem apresentar fundamentação apropriada.

1418 CURSO DE DIREITO ADMINISTRATIVO

Aqui, deve ser dito que se, à época da ação ou omissão supostamente ilícita, o servidor estava comprovadamente acometido de doença mental passível de aposentadoria por invalidez, deve ser arquivada a sindicância acusatória ou PAD e verificada pelo órgão competente a possibilidade de aposentação[176]. restando apenas a apuração de sua responsabilidade civil na ação de regresso[177].

Se ficar constatado que, à época da ação ou omissão ilícita, o acusado gozava de plena saúde mental, a sindicância acusatória ou o PAD prosseguirá. Contudo, precisa ser verificado também no incidente o estado atual do acusado.

Caso o estado seja de higidez, o rito seguirá normalmente, porém, se ficar constatada doença mental, aplicar-se-á, por analogia, o §2º do art. 164 da Lei n. 8.112/90 que determina a designação de defensor dativo.

Ao término, se a pena aplicada ao que adquiriu supervenientemente doença mental, for de demissão ou cassação de aposentadoria ou disponibilidade, não se cogitará a aposentação por invalidez. Todavia, se a pena for de advertência ou suspensão, o setor competente passará a verificar a necessidade da aposentação.

Tipificada a infração disciplinar, será formulada a **indiciação do servidor**, com a especificação dos fatos a ele imputados e das respectivas provas.

O indiciado será citado por mandado expedido pelo presidente da Comissão para, querendo, apresentar **defesa escrita**, no prazo de 10 (dez) dias, asseguran-

---

4. Segurança concedida para anular o processo administrativo disciplinar a partir da utilização do aludido Incidente de Sanidade Mental e determinar a reintegração do impetrante. (STJ, MS 20.336/DF, rel. Min. Mauro Campbell Marques, 1ª Seção, julgado em 26-3-2014, *DJe* 1º-4-2014).

[176] **"A preexistência de doença mental ao tempo da prática do ato de indisciplina impede a aplicação da pena disciplinar se constatada, por qualquer meio, a absoluta inimputabilidade do agente"** (STJ, MS 13.074/DF, rel. Min. Rogerio Schietti Cruz, 3ª Seção, julgado em 27-5-2015, *DJe* 2-6-2015).

Parecer-Dasp. INSANIDADE MENTAL – NEXO DE CAUSALIDADE. Não deve ser demitido o funcionário alienado mental, ainda quando haja dúvidas a respeito de qual seria seu estado psíquico à época em que cometeu a infração.

Orientação Normativa-Dasp n. 37. APOSENTADORIA. Unicamente na hipótese de comprovada alienação mental e, consequentemente, de inimputabilidade, o funcionário que tenha praticado infração disciplinar gravíssima poderá eximir-se da sanção expulsiva e obter aposentadoria por invalidez.

[177] Orientação Normativa-Dasp n. 7. LESÃO AOS COFRES PÚBLICOS. Comprovada a insanidade mental do funcionário autor de lesão aos cofres públicos, deve ser aposentado, sem prejuízo da inscrição da dívida para cobrança amigável ou judicial, remetendo-se, ao Ministério Público (atualmente à AGU), os elementos necessários a que intente a ação penal.

do-se-lhe vista do processo na repartição. Havendo dois ou mais indiciados, o prazo será comum e de 20 (vinte) dias.

Mesmo que, em virtude da convicção preliminar da Comissão quanto à inexistência de ilícito, o acusado não seja indiciado, deve ser feita a **citação** e possibilitada a apresentação de defesa, pois a autoridade julgadora pode, de maneira fundamentada e com base nas provas dos autos, ter entendimento diverso do explicitado pela Comissão, na forma do art. 168 da Lei n. 8.112/90.

No caso de recusa do indiciado em apor o ciente na cópia da citação, o prazo para defesa contar-se-á da data declarada, em termo próprio, pelo membro da Comissão ou servidor que fez a citação, com a assinatura de duas testemunhas.

Observe-se que a vista do processo na repartição não impede que o servidor, às suas expensas, possa tirar cópias dos autos para melhor formulação da sua defesa. Se utilizados autos em formato eletrônico, deve ser mantido amplo acesso aos acusados e seus procuradores, durante toda a tramitação.

O Decreto n. 8.539, de 8 de outubro de 2015, dispõe sobre o uso do meio eletrônico para a realização do processo administrativo no âmbito dos órgãos e das entidades da administração pública federal direta, autárquica e fundacional.

Na Administração Pública Federal, consolidou-se o uso do **Sistema Eletrônico de Informações (SEI)**, desenvolvido pelo Tribunal Regional Federal da 4ª Região e cedido a diversos órgãos e entidades da Administração, mediante acordo de cooperação técnica. Observa-se essa tendência também em relação às administrações estaduais e municipais.

Consequentemente, o processo eletrônico já é o formato usual. Os autos em meio físico (papel) integram os acervos não digitalizados ou tramitam em órgãos e entidades tecnologicamente defasados em relação à nova realidade.

A Lei n. 8.112/90, porém, teve suas normas concebidas em momento histórico no qual o processo eletrônico era projeto em fase embrionária. Mesmo no Poder Judiciário, havia pilhas gigantescas de volumes de papel. Hoje, o processo eletrônico é predominante, e integra as rotinas da Administração. Consequentemente, determinados comandos normativos da Lei merecem releitura, conferindo-se-lhes interpretação coerente com o meio eletrônico de realização dos atos processuais.

O **prazo de defesa** poderá ser **prorrogado** pelo dobro, para diligências reputadas indispensáveis. Tanto o deferimento da prorrogação quanto o indeferimento devem ser motivados, para que não sejam violados os imperativos constitucionais do inciso LV do art. 5º da CF/88.

O indiciado que mudar de residência fica obrigado a comunicar à Comissão o lugar onde poderá ser encontrado. Achando-se o indiciado em **lugar incerto e**

1420 CURSO DE DIREITO ADMINISTRATIVO

não sabido, será citado por edital, publicado no *Diário Oficial da União* e em jornal de grande circulação na localidade do último domicílio conhecido, para apresentar defesa. Nesta hipótese, o prazo para defesa será de 15 (quinze) dias a partir da última publicação do edital.

Considerar-se-á **revel** o indiciado que, regularmente citado, não apresentar defesa no prazo legal. A revelia será declarada, por termo, nos autos do processo e devolverá o prazo para a defesa. Para defender o indiciado revel, a autoridade instauradora do processo designará um servidor como defensor dativo, que deverá ser ocupante de cargo efetivo superior ou de mesmo nível, ou ter nível de escolaridade igual ou superior ao do indiciado (art. 164 da Lei n. 8.112/90).

Após a detida análise da defesa, a Comissão elaborará **relatório minucioso**, no qual resumirá as peças principais dos autos e mencionará as provas em que se baseou para formar a sua convicção[178]. O relatório será sempre conclusivo quanto à inocência ou à responsabilidade do servidor. Reconhecida a responsabilidade do servidor, a Comissão indicará o dispositivo legal ou regulamentar transgredido, bem como as circunstâncias agravantes ou atenuantes (art. 165 da Lei n. 8.112/90).

Na fase do relatório, a dúvida sobre a materialidade ou sobre a autoria milita em favor do indiciado. Ao contrário do que acontece na fase de verificação preliminar, na qual a dúvida milita em favor da instauração.

---

[178] MANDADO DE SEGURANÇA. SERVIDOR PÚBLICO FEDERAL. PROCESSO ADMINISTRATIVO DISCIPLINAR. JULGAMENTO. FALTA DE ELEMENTOS IDÔNEOS PARA CONCLUIR PELA EXISTÊNCIA DE IRREGULARIDADE. INSTAURAÇÃO DE NOVO PROCESSO. ART. 169 DA LEI N. 8.112/1990. IMPRESCINDIBILIDADE DA EXISTÊNCIA DE VÍCIO INSANÁVEL.

(...)

2. A lei não confere à autoridade administrativa a faculdade de determinar a instauração de novo processo administrativo disciplinar ao entendimento, ainda que fundamentado, de ausência de provas suficientes para a formação de sua convicção.

3. Se as provas coligidas no processo originário não são suficientes para a formação da convicção do julgador, cabe a ele isentar o servidor da responsabilidade e encerrar o processo, pois deve prevalecer o princípio da presunção da inocência, que só pode ser elidido com a devida constatação da falta, pois a responsabilidade funcional deve ser objetivamente definida. Ela não se presume.

4. Na hipótese dos autos, a reprodução de outro processo administrativo disciplinar com o mesmo conteúdo e objeto, além de malferir o princípio da legalidade, impõe ao servidor, no mínimo, um constrangimento. Passível, pois, o controle do ato impugnado pelo Poder Judiciário. Precedentes.

5. Segurança concedida. (STJ, MS 15.004/DF, rel. Min. Sebastião Reis Júnior, 3ª Seção, julgado em 13-8-2014, *DJe* 22-8-2014).

O rito do processo administrativo disciplinar não exige manifestação de órgão jurídico do ente ou da entidade pública[179] como ocorre no rito descrito na Lei de Licitação e Contratos Administrativos (art. 53 da Lei n. 14.133/2021), mas, se houver manifestação, será algo salutar à análise imparcial da regularidade formal do feito.

O relatório da Comissão deve ser uma peça concatenada e lógica, sob pena de possibilitar a sua nulidade parcial e a designação de outra Comissão.[180] Assim, deve ser dada a devida atenção à sua confecção.

Do relatório constarão os seguintes elementos:

I – a identificação da comissão;
II – o resumo das principais peças dos autos;
III – o resumo dos antecedentes do processo;
IV – os fatos apurados pela comissão;
V – os fundamentos da indiciação;
VI – a indicação do dispositivo legal ou regulamentar transgredido;
VII – as circunstâncias agravantes ou atenuantes;
VIII – informações sobre os antecedentes funcionais;
IX – a apreciação das questões fáticas e jurídicas, relacionadas ao objeto da apuração, suscitadas na defesa;
X – a conclusão pela inocência ou responsabilidade do servidor;
XI – a menção às provas em que se baseou para formar a sua convicção, indicando as folhas dos autos em que se encontram;

---

[179] PROCESSO CIVIL. ADMINISTRATIVO. PROCESSO ADMINISTRATIVO DISCIPLINAR. VIOLAÇÃO DO ART. 535, II, DO CPC. INEXISTÊNCIA. OFENSA AO ART. 1º, II, DA LEI N. 8.906/1994. MANIFESTAÇÃO DE ÓRGÃO JURÍDICO CONSULTIVO EM PAD. DESNECESSIDADE.

(...)

2. O inciso II do art. 1º do Estatuto da Advocacia (Lei n. 8.906/194) dispõe que somente advogados podem prestar as atividades de consultoria, assessoria e direção jurídicas, dele não se podendo dessumir a obrigatoriedade de manifestação da Procuradoria-Geral do Estado de São Paulo nos processos administrativos disciplinares.

Recurso especial improvido.

(STJ, REsp 1296957/SP, rel. Min. Humberto Martins, 2ª Turma, julgado em 28-2-2012, *DJe* 5-3-2012).

[180] **Parecer AGU n. GM – 04**

EMENTA: Direito Administrativo. Processo Administrativo Disciplinar. **Comissão Processante. Existindo vícios insanáveis no processo no respeitante à duplicidade de opiniões que encerram contradições evidentes e anacrônicas, deve-se declarar a sua nulidade parcial, devendo a autoridade que determinou a sua instauração, ou outra de hierarquia superior, ordenar que seja constituída outra Comissão para a feitura de novo processo.**

XII – as razões que fundamentam a conclusão;
XIII – o enquadramento legal da conduta do servidor, quando for o caso;
XIV – a proposta de aplicação de penalidade, quando for o caso;
XV – manifestação sobre a existência de indícios de possível configuração de crime e de dano ao erário;
XVI – sugestões de medidas que, a juízo da Administração, podem ser adotadas para melhoria dos serviços;
XVII – sugestões de outras medidas necessárias relacionadas ao objeto da apuração.

No relatório final, a apreciação e eventual acolhimento da tese de prescrição, pela comissão, não dispensam a análise do mérito da imputação.

O indiciado não precisa ser intimado do relatório conclusivo. Nesse sentido é a jurisprudência do STJ, conforme o seguinte teor:

> O rito procedimental previsto pela Lei n. 8.112/90 não traz qualquer normatização que imponha a intimação do acusado após a apresentação do Relatório Final pela Comissão Processante, nem a possibilidade de impugnação de seus termos, devendo o processo ser imediatamente remetido à autoridade competente para julgamento[181].

Por fim, o Processo Administrativo Disciplinar, com o relatório da Comissão, será remetido à autoridade que determinou a sua instauração, para julgamento, ficando encerrada a fase de inquérito (art. 166 da Lei n. 8.112/90).

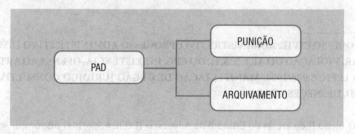

41.4.6.23.14.8. Julgamento

41.4.6.23.14.8.1. Aspectos gerais

Em regra, a **autoridade competente** para o julgamento do processo é a que o instaurou e terá 20 (vinte) dias, a contar do recebimento dos autos, para pro-

---

[181] STJ, MS 13.279/DF, rel. Min. Maria Thereza de Assis Moura, 3ª Seção, julgado em 12-5-2010, DJe 20-5-2010.

ferir a sua decisão, porém, se a penalidade a ser aplicada exceder a alçada da autoridade instauradora, o processo será encaminhado à autoridade competente[182], que decidirá em igual prazo.

O artigo abaixo, transcrito da Lei n. 8.112/90, estabelece os agentes públicos competentes para a aplicação de penalidades. Eis o texto:

Art. 141. As penalidades disciplinares serão aplicadas:

I – pelo Presidente da República, pelos Presidentes das Casas do Poder Legislativo e dos Tribunais Federais e pelo Procurador-Geral da República, quando se tratar de demissão e cassação de aposentadoria ou disponibilidade de servidor vinculado ao respectivo Poder, órgão, ou entidade;

II – pelas autoridades administrativas de hierarquia imediatamente inferior àquelas mencionadas no inciso anterior quando se tratar de suspensão superior a 30 (trinta) dias;

III – pelo chefe da repartição e outras autoridades na forma dos respectivos regimentos ou regulamentos, nos casos de advertência ou de suspensão de até 30 (trinta) dias;

IV – pela autoridade que houver feito a nomeação, quando se tratar de destituição de cargo em comissão.

Nada impede a delegação de competência do Presidente da República aos Ministros de Estados e ao Advogado-Geral da União para a imputação de sanções, inclusive o Decreto n. 3.035/99 o fez. Segue a norma:

Art. 1º Fica delegada competência aos Ministros de Estado e ao Presidente do Banco Central do Brasil, vedada a subdelegação, para, no âmbito dos órgãos da administração pública federal direta, autárquica e fundacional que lhes são subordinados ou vinculados, observadas as disposições legais e regulamentares, especialmente a manifestação prévia e indispensável do órgão de assessoramento jurídico, praticar os seguintes atos:

I – julgar processos administrativos disciplinares e aplicar penalidades, nas hipóteses de demissão e cassação de aposentadoria ou disponibilidade de servidores;

---

[182] ADMINISTRATIVO. SERVIDOR PÚBLICO ESTADUAL. PROCESSO ADMINISTRATIVO DISCIPLINAR. ATO DEMISSÓRIO. MOTIVAÇÃO *"PER RELATIONEM"*. POSSIBILIDADE. PRECEDENTES DO STJ E DO STF.
1. O Supremo Tribunal Federal, pronunciando-se a propósito da técnica da motivação por referência ou por remissão, reconheceu-a compatível com o que dispõe o art. 93, inciso IX, da Constituição da República.
2. Também para esta Corte a fundamentação "per relationem", não importa em nulidade de decisão (cf. AgRg no AgRg no AREsp 630.003/SP, Rel. Ministro ANTONIO CARLOS FERREIRA, QUARTA TURMA, *DJe* 19-5-2015; RHC 39.863/ES, Rel. Ministro GURGEL DE FARIA, QUINTA TURMA, *DJe* 15-5-2015).
3. Agravo regimental não provido (STJ, AgRg no AREsp 724.530/MS, Rel. Ministro MAURO CAMPBELL MARQUES, SEGUNDA TURMA, julgado em 15-9-2015, *DJe* 25-9-2015).

II – exonerar de ofício os servidores ocupantes de cargos de provimento efetivo ou converter a exoneração em demissão;

III – destituir ou converter a exoneração em destituição de cargo em comissão de integrantes do Grupo-Direção e Assessoramento Superiores, níveis 5 e 6, e de Chefe de Assessoria Parlamentar, código DAS-101.4;

IV – reintegrar ex-servidores em cumprimento de decisão judicial.

Outrossim, o §3º do art. 1º do Decreto referido traz a possibilidade de subdelegação para os dirigentes de instituições de ensino vinculadas ao Ministério da Educação. Isso é possível por força da autonomia didático-científica, administrativa e de gestão patrimonial e financeira das universidades veiculada pelo art. 207 da Constituição Federal.

O **princípio da hierarquia na Administração Pública** foi prestigiado no §2º do art. 167 da Lei n. 8.112/90, pois, havendo mais de um indiciado e diversidade de sanções, o julgamento caberá à autoridade competente para a imposição da pena mais grave.

Além disso, em virtude da **gravidade da sanção**, se a penalidade prevista for a demissão ou cassação de aposentadoria ou disponibilidade, o julgamento caberá ao Presidente da República, aos Presidentes das Casas do Poder Legislativo e dos Tribunais Federais e ao Procurador-Geral da República, observada a vinculação ao respectivo Poder, órgão ou entidade.

Em caso de **inocência do servidor**, a autoridade instauradora do processo determinará o seu arquivamento, salvo se flagrantemente contrária à prova dos autos.

Verificada a ocorrência de **vício insanável**, a autoridade que determinou a instauração do processo ou outra de hierarquia superior declarará a sua nulidade, total ou parcial, e ordenará, no mesmo ato, a constituição de outra comissão para instauração de novo processo.

A Lei n. 8.112/90 não afirmou que ultrapassagem do prazo para conclusão do PAD de 60 (sessenta) dias prorrogáveis por igual período não ensejaria sua nulidade. Foi a jurisprudência, pautada no adágio *pas de nullité sans grief,* que entendeu inexistir nulidade. Entretanto, em relação à ultrapassagem do prazo de 20 (vinte) dias para julgamento pela autoridade, foi a própria Lei citada, no §1º do seu art. 169, que afastou a nulidade. Não se pode confundir o prazo para conclusão com o prazo para julgamento do PAD, pois o primeiro é da Comissão Processante e o segundo é da autoridade julgadora.

Quando a infração estiver capitulada como **crime**, o Processo Administrativo Disciplinar será remetido ao Ministério Público para instauração da ação penal, ficando trasladado na repartição (art. 171).

Como já foi asseverado, observados os prazos de conclusão e julgamento, o servidor que responder a PAD só poderá ser exonerado a pedido, ou aposentado voluntariamente, após a conclusão do processo e o cumprimento da penalidade, acaso aplicada. Ocorrida a exoneração quando não satisfeitas as condições do estágio probatório, o ato será convertido em demissão, se for o caso (art. 172).

A exoneração em virtude de descumprimento de requisito imposto no estágio probatório por inaptidão para o serviço público não constitui sanção disciplinar, portanto não impede a abertura de PAD, entendimento que se coaduna com a jurisprudência do STJ:

> A decisão administrativa que conclui pela não permanência de servidor, por não satisfeitos os requisitos do estágio probatório, não constitui penalidade administrativa, mas tão somente um exame sobre a aptidão ou eficiência para o exercício das funções, o qual se exige seja devidamente fundamentado. Inexiste vedação de que sejam levados em consideração fatos já apurados em processo administrativo disciplinar[183].

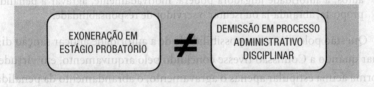

41.4.6.23.14.8.2. Julgamento contrário ao relatório

O julgamento acatará o relatório da Comissão, salvo quando **contrário às provas dos autos**. Quando o relatório da Comissão contrariar as provas dos autos, a autoridade julgadora poderá, motivadamente, agravar a penalidade proposta, abrandá-la ou isentar o servidor de responsabilidade (art. 168 da Lei n. 8.112/90).

O STJ assevera que "o art. 168 da Lei n. 8.112/90 permite que a autoridade julgadora contrarie as conclusões da comissão processante, desde que o faça com a devida motivação, para retificação do julgamento em atenção aos fatos e provas"[184].

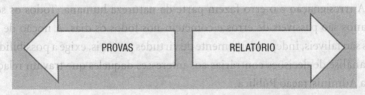

---

[183] STJ, RMS 23.742/MT, rel. Min. Jorge Mussi, 5ª Turma, julgado em 20-9-2011, *DJe* 30-9-2011.
[184] STJ, MS 17.811/DF, rel. Min. Humberto Martins, 1ª Seção, julgado em 26-6-2013, *DJe* 2-8-2013.

CURSO DE DIREITO ADMINISTRATIVO

Trata-se de verdadeira vinculação ao relatório que somente comporta exceção se o conjunto probatório e o entendimento dos apuradores estiverem descoanexos, o que lembra bem a teoria da inexistência de atos administrativos discricionários defendida por Gustavo Binenbojm[185].

Iniciado o processo administrativo disciplinar ou a sindicância acusatória, não há falar em julgamento antecipado do mérito, instituto previsto no CPC, pois o órgão encarregado da instrução não se confunde com o órgão, ou autoridade, responsável pelo julgamento. A Comissão não pode, em caso de arquivamento, elaborar o seu relatório final antes da coleta de todas as provas possíveis e da análise da defesa, sob pena de inutilidade do art. 168 da Lei n. 8.112/90 e, consequentemente, de usurpação da possibilidade de a autoridade julgadora discordar do relatório. Eis o texto da norma:

> Art. 168. O julgamento acatará o relatório da comissão, salvo quando contrário às provas dos autos.
> Parágrafo único. Quando o relatório da comissão contrariar as provas dos autos, a autoridade julgadora poderá, motivadamente, agravar a penalidade proposta, abrandá-la ou isentar o servidor de responsabilidade.

Questão polêmica era a possibilidade de a autoridade aplicar sanção disciplinar quando a Comissão tivesse concluído pelo arquivamento, em virtude de a norma acima estipular apenas o agravamento, o abrandamento da penalidade proposta ou a isenção de responsabilidade. Contudo, como já foi dito, a Lei n. 9.527/97 incluiu o §4º do art. 167 da Lei n. 8.112/90, que possibilitou a aplicação de sanção pela autoridade mesmo que a relatoria tenha concluído pelo arquivamento. Eis o os seus dizeres:

> §4º Reconhecida pela comissão a inocência do servidor, a autoridade instauradora do processo determinará o seu arquivamento, salvo se flagrantemente contrária à prova dos autos.

41.4.6.23.14.9. Reconsideração e recurso

A irresignação e o erro fazem parte da natureza humana. Todos os seres humanos são passíveis de erros e cometem-nos todos os dias. A noção de que todos são falíveis, independentemente de virtudes pessoais, exige a possibilidade de reanálise de decisões contrárias aos interesses daqueles que travam relações com a Administração Pública.

A percepção do próprio erro é tarefa árdua que normalmente apresenta grande dificuldade, não havendo dúvida de que um terceiro poderá notar mais

---

[185] BINENBOJM, Gustavo. *Uma teoria do direito administrativo*. Rio de Janeiro: Renovar, 2006.

facilmente os equívocos cometidos e restaurar a ordem das coisas com mais isenção.

Dessa forma, o recurso administrativo dirigido a autoridade diversa mostra--se instrumento necessário para a correção de eventual equívoco da autoridade administrativa.

A Carta Maior afirma, no inciso LV do seu art. 5º, que aos litigantes, em processo judicial ou administrativo, e aos acusados em geral são assegurados o contraditório e ampla defesa, com os meios e recursos a ela inerentes. Consequentemente, tanto nos processos judiciais quanto nos processos administrativos a possibilidade de manejo de recurso deve ser resguardada.

> Em relação ao Processo Administrativo Disciplinar e à sindicância punitiva, há autores que afirmam inexistir a possibilidade de interposição de recurso administrativo, em virtude de, ao menos, três motivos: a) a inexistência do instrumento no título da Lei n. 8.112/90 que trata de Processo Administrativo Disciplinar; b) a possibilidade de utilização da revisão para corrigir erros; e c) a comum inexistência de autoridade superior à autoridade que impõe as sanções de demissão e cassação de aposentadoria ou disponibilidade.

O primeiro argumento pode ser afastado com base na previsão de recurso administrativo trazida no art. 107 da própria Lei n. 8.112/90. Eis o seu texto:

Art. 107. Caberá recurso:
I – do indeferimento do pedido de reconsideração;
II – das decisões sobre os recursos sucessivamente interpostos.
§1º O recurso será dirigido à autoridade imediatamente superior à que tiver expedido o ato ou proferido a decisão, e, sucessivamente, em escala ascendente, às demais autoridades.
§2º O recurso será encaminhado por intermédio da autoridade a que estiver imediatamente subordinado o requerente.

A previsão geral de recurso administrativo de decisões proferidas com base na Lei n. 8.112/90 não afastou a sua aplicabilidade ao Processo Administrativo Disciplinar ou à sindicância punitiva, tratando-se, ao contrário, de conjunto normativo que deve ser utilizado por todos os títulos da lei em tela.

O segundo argumento pode ser afastado, tendo-se que a revisão descrita nos arts. 174 a 182 da Lei em tela não tem natureza de recurso administrativo, pois deverá ser julgada, na forma do art. 181, pela mesma autoridade que aplicou a pena.

O terceiro argumento também pode ser afastado, visto que a inexistência de autoridade superior não inviabiliza a possibilidade de recurso nos demais casos, tal como ocorre em relação às ações de competência originária do Supremo Tribunal Federal (STF), órgão de cúpula do Poder Judiciário. Não há -recur-

1428 CURSO DE DIREITO ADMINISTRATIVO

so judicial para órgão acima do STF, mas a impossibilidade não macula a sistemática usada nos órgãos inferiores do Poder Judiciário.

Assim, existe previsão de recurso hierárquico próprio para atacar as decisões tomadas pelas autoridades julgadoras com base nos relatórios das Comissões Processantes.

O Superior Tribunal de Justiça tem ratificado o entendimento de que se deve dar máxima efetividade aos imperativos do inciso LV do art. 5º da Carta Maior quando houver dúvida na interpretação da lei ordinária, afirmando-se:

> É irrelevante o fato de o recurso hierárquico não estar previsto no Estatuto dos Servidores, Lei n. 8.112/90. Tal situação não exclui a possibilidade e o direito de o interessado de ter seu recurso examinado pela autoridade superior, a despeito de ter sido interposto no âmbito do processo administrativo disciplinar[186].

Na mesma linha, admitindo-se o recurso como instrumento de realização do princípio do contraditório e da ampla defesa, assim considera a Corte Superior:

> Consoante jurisprudência da Terceira Seção, muito embora a Lei n. 8.112/90 não traga regramento específico de cabimento de recurso hierárquico no capítulo referente ao processo administrativo disciplinar, tal recurso não pode ser afastado nos casos de pena de suspensão, porquanto, além de independer de previsão legal, seu cabimento se dá em nome do contraditório e da ampla defesa[187].

Referido entendimento estende-se aos casos em que a competência para julgamento tenha sido delegada, como nas hipóteses abrangidas pelo Decreto n. 3.035/99, por meio de que o Presidente da República delega aos Ministros de Estado e ao Presidente do Banco Central do Brasil, a competência para julgamento de processos administrativos disciplinares, nos casos de penas capitais, no âmbito dos órgãos da administração pública federal direta, autárquica e fundacional que lhes são subordinados ou vinculados. Ao apreciar caso em que a pena de demissão foi aplicada por autoridade delegada, o STJ assim se manifestou:

> [...] o recurso administrativo, se cabível, é na modalidade própria, ou seja, tendo em vista a estruturação orgânica da Administração Pública, é dirigido à própria autoridade delegante, que, no caso, é o Presidente da República; e, nem a Lei Complementar n. 73/93 nem a Lei n. 8.112/90 regulam a possibilidade de interposição de recurso administrativo em face de decisão prolatada em sede de processo administrativo disciplinar, razão pela qual são aplicáveis as disposições da Lei n. 9.784/99; [...] Nesse contexto, após melhor reflexão, entendo que não

---

[186] STJ, MS 10.222/DF, rel. Min. Laurita Vaz, 3ª Seção, julgado em 14-12-2009, *DJe* 1º-2-2010.

[187] STJ, MS 10.224/DF, rel. Min. Celso Limongi (desembargador convocado do TJ/SP), 3ª Seção, julgado em 10-3-2010, *DJe* 23-3-2010.

há impedimento para que seja interposto recurso hierárquico. Isso porque o art. 14, § 3º, da Lei n. 9.784/99 estabelece expressamente que as decisões proferidas por meio de ato de delegação considerar-se-ão editadas pelo delegado[188].

O prazo para o pedido de reconsideração que deverá ser manejado junto à autoridade que julgou inicialmente o PAD ou a sindicância acusatória, na forma do art. 108 da Lei n. 8.112/90, é de 30 (trinta) dias.

Entende-se que a fase de reconsideração é indispensável para a o julgamento do recurso, pois à autoridade que primeiro julgou não deve ser afastada a possibilidade de rever o seu posicionamento inicial. Não há unanimidade na doutrina sobre o assunto.

A fungibilidade recursal permite que, se o apenado não apresentar pedido de reconsideração, que o seu recurso administrativo seja enviado primeiro à autoridade que decidiu em primeiro grau e, se não houver reconsideração, depois à autoridade superior.

Tal medida, apesar de submeter novamente a questão a autoridade que já decidiu, implica economia de recursos públicos caso o argumento do apenado seja razoável ou apresente novos elementos.

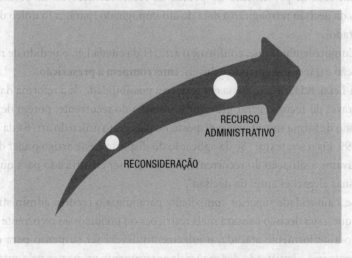

Caso seja indeferido o pedido de reconsideração, o interessado, de acordo com o art. 108 da Lei n. 8.112/90, pode, também no prazo de 30 (trinta) dias, interpor recurso administrativo hierárquico. Contudo, se tiver havido a aplicação

---

[188] STJ, MS 17.449/DF, rel. Min. Mauro Campbell Marques, 1ª Seção, julgado em 14-8-2019, *DJe* 1º-10-2019.

1430 CURSO DE DIREITO ADMINISTRATIVO

da fungibilidade acima descrita, não há falar em novo prazo, visto que o recurso administrativo já terá sido interposto.

Apesar de o parágrafo único do art. 106 da Lei n. 8.112/90 afirmar que o prazo para a autoridade julgar a reconsideração é de 30 (trinta) dias, a inconstitucionalidade de tal norma resta patente, pois fere o princípio da duração razoável do processo, insculpido no inciso LXXVIII do art. 5º da Carta Maior. Consequentemente, deve ser aplicado o prazo de julgamento da reconsideração de 5 (cinco) dias descrito no §1º do art. 56 da Lei n. 9.784/99.

O prazo para julgamento do recurso é de 30 (trinta) dias prorrogáveis por igual período, posto que apesar da omissão da Lei n. 8.112/90, o §1º do art. 59 da Lei n. 9.784/99 assim o fixou.

O recurso administrativo não terá necessariamente efeito suspensivo, posto que o art. 109 da Lei n. 8.112/90 facultou à autoridade competente para julgá-lo a possibilidade de atribuir o citado efeito. Por obvio, o dever de motivar a concessão ou não de efeito suspensivo é decorrência do ordenamento jurídico pátrio. Assim, as penas poderão ser aplicadas ainda que haja recurso administrativo pendente de julgamento desde que não tenha sido atribuído efeito suspensivo.

Em caso de provimento do pedido de reconsideração ou do recurso, os efeitos da decisão retroagirão à data do ato impugnado (parágrafo único do art. 109 citado).

Cumpre lembrar que, conforme o art. 111 da citada Lei, o pedido de reconsideração e o recurso, quando cabíveis, **interrompem a prescrição**.

A Lei n. 8.112/90 é omissa em relação à possibilidade de a reforma da decisão através do recurso gerar gravame à situação do recorrente, porém deve ser utilizado de forma subsidiária o disposto no parágrafo único do art. 64 da Lei n. 9.784/99. Eis o seu texto: "Se da aplicação do disposto neste artigo puder decorrer gravame à situação do recorrente, este deverá ser cientificado para que formule suas alegações antes da decisão".

Se a autoridade superior competente para julgar o recurso administrativo notar que a sua decisão causará mais restrições ou prejuízos ao recorrente que a decisão anteriormente atacada, o julgamento deverá ser suspenso para que o recorrente seja cientificado das razões de agravamento propostas pela autoridade recursal e possa, querendo, contraditá-las.

Quanto às pessoas legitimadas para a interposição de recurso ou pedido de reconsideração, cabe peculiar análise. Viu-se que no curso de sindicância acusatória ou processo administrativo disciplinar, admite-se a aplicação subsidiária de outros diplomas legais – como a Lei do Processo Administrativo Federal, o

Código de Processo Penal e o Código de Processo Civil – com vistas à integração normativa e preenchimento de lacunas da Lei n. 8.112/90, isto é, situações por serem resolvidas em concreto para o que a lei não oferece resposta.

O art. 58 da Lei n. 9.784/99 dispõe sobre os pressupostos de legitimidade para a interposição de recurso administrativo. Eis o comando legal:

Art. 58. Têm legitimidade para interpor recurso administrativo:

I – os titulares de direitos e interesses que forem parte no processo;

II – aqueles cujos direitos ou interesses forem indiretamente afetados pela decisão recorrida;

III – as organizações e associações representativas, no tocante a direitos e interesses coletivos;

IV – os cidadãos ou associações, quanto a direitos ou interesses difusos.

Condutas ilícitas praticadas por servidores públicos podem resultar em danos diretos a terceiros, como, por exemplo, o particular que sofre abuso de poder praticado por agente público no exercício de poder de polícia que extrapole os limites de suas atribuições.

Se configurada a responsabilidade civil pelo ato ilícito, a pessoa que sofreu danos materiais ou imateriais é vítima, exsurgindo seu direito à reparação. A pessoa prejudicada pelo ato ilícito perpetrado pelo servidor público é, pois, parte interessada.

Não é o que ocorre no processo administrativo disciplinar. Ainda que determinada pessoa seja vítima de ato ilícito e, por isso, fique inconformada com decisão de autoridade julgadora por meio de que determine o arquivamento de processo administrativo disciplinar ou a cominação de pena menos severa do que esperava, disso não resulta sua legitimidade para interpor recurso contra a decisão. Não se pode alegar que seus direitos ou interesses foram direta ou indiretamente afetados pela decisão.

Se a Lei n. 8.112/90, que é lei especial, dispõe explicitamente sobre hipóteses de cabimento de recurso em processo administrativo, não se está diante de lacuna normativa que propicie a invocação da Lei n. 9.784/99, cujo art. 69 dispõe que sua aplicação a processos administrativos específicos regidos por lei própria é subsidiária. Portanto, dado que a Lei n. 8.112/90 dispõe expressamente sobre pressupostos recursais objetivos, não subsiste espaço para a incidência das regras dispostas em norma geral.

O processo administrativo disciplinar têm dimensão linear, no que se distingue no processo judicial, cuja relação jurídica perfaz-se mediante a triangulação entre partes, por meio da figura de terceiro estranho à relação jurídica e desinteressado da causa: o juiz.

No processo administrativo disciplinar, a Administração é parte e, simultaneamente, exerce a função judicial atípica, enquanto o outro polo da relação jurídica é ocupado pelo servidor público, na condição de acusado.

Não há no processo administrativo disciplinar – tampouco nos procedimentos disciplinares investigativos – a figura do terceiro juridicamente interessado albergada pela teoria geral do processo. Significa dizer, o processo disciplinar diz respeito à Administração e seus agentes, é instituto de proteção do catálogo de obrigações e valores públicos resguardados pela Administração, não mecanismo de realização de vingança do particular, ainda que este seja prejudicado por conduta abusiva do agente público.

Logo, se o particular sofre danos em sua esfera jurídica por ação ou omissão de agente público, exsurge o dever de reparação na esfera cível, a repercussão na esfera criminal – se a conduta for tipificada como crime ou contravenção penal – ou mesmo providências na esfera administrativa, como a declaração de nulidade de atos ilícitos. O poder de processar e punir o agente público, porém, na esfera administrativa compete à Administração.

Quem sofre os danos de excesso de poder, desvio de finalidade ou qualquer atuação ilícita de agente público tem direito público subjetivo de representar à autoridade disciplinar, figurando-se como noticiante do fato. Com vistas à satisfação do Interesse Público, o noticiante pode servir como testemunha no inquérito administrativo, segundo os mesmos ditames que pautariam sua atuação em processo judicial – consoante o art. 447 do Código de Processo Civil, anotadas as consequências tabuladas no art. 342 do Código Penal –, se intimado pela Comissão de Inquérito para esse fim.

Enfatize-se que a atuação do noticiante no processo disciplinar obedece a deliberação da Comissão de Inquérito, na forma do art. 150 c/c o art. 155 da Lei n. 8.112/90, a realizar o interesse da Administração na apuração de responsabilidades funcionais do servidor. Logo, o particular pode atuar no processo administrativo disciplinar como testemunha, declarante ou fornecedor de informações para a instrução processual. Nunca será admitido, porém, como parte ou terceiro interessado, porque o interesse tutelado no feito correcional adstringe-se à Administração Pública.

Por essa razão, repudiam-se no processo administrativo acusatório ou no procedimento administrativo investigativo os pressupostos de legitimidade elencados no art. 58 da Lei n. 9.784/99, porquanto totalmente incompatíveis com o regime jurídico disciplinar, orientado por princípios e regras que lhe são próprios.

41.4.6.23.14.10. Revisão

O Processo Administrativo Disciplinar poderá ser **revisto**, a qualquer tempo, a pedido ou de ofício, quando se aduzirem fatos novos ou circunstâncias suscetíveis de justificar a inocência do punido ou a inadequação da penalidade aplicada (art. 174 da Lei n. 8.112/90), sendo que o ônus da prova cabe ao requerente. O condenado deve ser devidamente intimado da decisão de **revisão**[189].

Em caso de falecimento, ausência ou desaparecimento do servidor ou ex-servidor, qualquer pessoa da família poderá requerer a revisão do processo e, em caso de incapacidade mental, a revisão será requerida pelo respectivo curador.

Para revisão, será constituída nova Comissão revisora, na forma dos arts. 149 e 177 da Lei n. 8.112/90, que terá 60 (sessenta) dias para concluir os trabalhos de revisão, e a autoridade julgadora terá 20 (vinte) dias para decidir.

O julgamento da revisão caberá à autoridade que aplicou a penalidade, nos termos das competências estabelecidas no art. 141 da Lei n. 8.112/90. Julgada procedente a revisão, será declarada sem efeito a penalidade aplicada, restabelecendo-se todos os direitos do servidor, exceto em relação à destituição do cargo em comissão, que será convertida em exoneração. **Da revisão do processo não poderá resultar agravamento de penalidade (art. 182 da Lei n. 9.112/90).**

---

[189] MANDADO DE SEGURANÇA. ADMINISTRATIVO. SERVIDOR PÚBLICO FEDERAL. PROCESSO ADMINISTRATIVO DISCIPLINAR. ANULAÇÃO DO ATO DE ABSOLVIÇÃO E DESARQUIVAMENTO DOS AUTOS, COM A POSTERIOR APLICAÇÃO DA PENA DE DEMISSÃO. AUSÊNCIA DE PROVA INEQUÍVOCA DE NOTIFICAÇÃO DO SERVIDOR. OFENSA À AMPLA DEFESA E AO CONTRADITÓRIO.

1. Incorre em ofensa aos princípios do contraditório e ampla defesa a aplicação de demissão a servidor público federal, após a anulação de ato de absolvição e desarquivamento do processo administrativo disciplinar, sem comprovação inequívoca de que tenha ocorrido sua prévia notificação pessoal a fim de que se manifestasse acerca daquela anulação e da possibilidade de aplicação de pena disciplinar. Ocorrência de prejuízo à defesa do impetrante, a determinar a anulação da portaria de sua demissão.

2. Segurança concedida para que seja anulada a portaria que demitiu o impetrante e para que seja ele notificado a fim de que se manifeste acerca da anulação do ato de absolvição e da possibilidade de aplicação da pena demissão.

(STJ, MS 14.016/DF, rel. Min. Maria Thereza de Assis Moura, 3ª Seção, julgado em 29-2-2012, *DJe* 9-3-2012).

RECONSIDERAÇÃO	RECURSO	REVISÃO
30 dias de prazo para interposição	30 dias de prazo para a interposição	**Qualquer tempo**
Julgado pela mesma autoridade que decidiu	Julgado por autoridade superior ou diversa da que decidiu	**Julgado pela mesma autoridade que decidiu**
Não comporta agravamento da situação	Comporta agravamento da situação	**Não comporta agravamento da situação**
5 dias de prazo para despachar e 30 dias de prazo para decidir	30 dias prorrogáveis por mais 30 dias, na forma dos §§1º e 2º do art. 59 da Lei n. 9.784/99	**60 dias para a Comissão revisora apresentar o relatório e 20 dias para a autoridade decidir**
Não comporta dilação probatória	Não comporta dilação probatória	**Comporta dilação probatória perante a Comissão revisora**

41.4.6.23.14.11. *Processo administrativo disciplinar sumário*

O **Processo Administrativo Disciplinar sumário**, com rito mais simples, tem como um dos objetivos afastar a acumulação ilegal de cargos, empregos ou funções públicas[190], sendo que, na forma do art. 133 da Lei n. 8.112/90, detectada a qualquer tempo a acumulação ilegal, a autoridade competente para a apuração notificará o servidor, por intermédio de sua chefia imediata, para apresentar opção no prazo improrrogável de dez dias, contados da data da ciência e, na hipótese de omissão, adotará rito em tela para a sua apuração e regularização imediata, cujo Processo Administrativo Disciplinar desenvolver-se-á nas seguintes fases:

---

[190] NOTA TÉCNICA n. 228/2011/CGNOR/ DENOP/SRH/MP ACUMULAÇÃO DE CARGOS EM UNIDADES DA FEDERAÇÃO DISTINTAS. POSSIBILIDADE. "Assim, verifica-se que não há impedimento legal no pleito em apreço, uma vez que a acumulação está em consonância com o disposto na Constituição Federal, art. 37, XVI, respeitando assim a carga horária semanal máxima estabelecida pelo Parecer AGU n. GQ – 145, tendo em vista que o servidor possui duas jornadas de trabalho de 20 (vinte) horas semanais, conciliando, portanto, as cargas horárias, de forma a não haver prejuízo, ainda que parcial, em nenhuma delas".

a) **instauração**, com a publicação do ato que constituir a Comissão, a ser composta por dois servidores estáveis, e simultaneamente **indicação da autoria e da materialidade da transgressão**;
b) **instrução sumária**, que compreende indiciação, defesa e relatório;
c) **julgamento**.

A indicação da autoria dar-se-á pelo nome e matrícula do servidor, e a materialidade pela descrição dos cargos, empregos ou funções públicas em situação de acumulação ilegal, dos órgãos ou entidades de vinculação, das datas de ingresso, do horário de trabalho e do correspondente regime jurídico.

A Comissão lavrará, até três dias após a publicação do ato que a constituiu, termo de indiciação em que serão transcritas as informações de que trata o parágrafo anterior, bem como promoverá a citação pessoal do servidor indiciado, ou por intermédio de sua chefia imediata, para, no prazo de cinco dias, apresentar defesa escrita, assegurando-se-lhe vista do processo na repartição, observado o disposto nos arts. 163 e 164 da Lei n. 8.112/90.

Apresentada a defesa, a Comissão elaborará relatório conclusivo quanto à inocência ou à responsabilidade do servidor, em que resumirá as peças principais dos autos, opinará sobre a licitude da acumulação em exame, indicará o respectivo dispositivo legal e remeterá o processo à autoridade instauradora, para julgamento.

No prazo de cinco dias, contados do recebimento do processo, a autoridade julgadora proferirá a sua decisão, aplicando-se, quando for o caso, o disposto no §3º do art. 167 da Lei n. 8.112/90.

A opção pelo servidor até o último dia de prazo para defesa configurará sua boa-fé, hipótese em que se converterá automaticamente em pedido de exoneração do outro cargo.

Caracterizada a acumulação ilegal e provada a má-fé, aplicar-se-á a pena de demissão, destituição ou cassação de aposentadoria ou disponibilidade em relação aos cargos, empregos ou funções públicas em regime de acumulação ilegal, hipótese em que os órgãos ou entidades de vinculação serão comunicados.

O prazo para a conclusão do Processo Administrativo Disciplinar submetido ao rito sumário não excederá trinta dias, contados da data de publicação do ato que constituir a Comissão, admitida a sua prorrogação por até quinze dias, quando as circunstâncias o exigirem.

O rito sumário é regido pelas disposições do art. 133 da Lei n. 8.112/90, observando-se, no que lhe for aplicável, subsidiariamente, as disposições dos Títulos IV e V da citada lei. Além disso, há completa incidência dos princípios do contraditório e da ampla defesa, com os meios e recursos que lhes são inerentes.

Deve ser ressaltado, na forma do art. 140 da Lei n. 8.112/90, que, na apuração de **abandono de cargo ou inassiduidade habitual**, também será adotado o procedimento sumário a que se refere o art. 133, observando-se especialmente que:

> I – a indicação da materialidade dar-se-á:
> a) na hipótese de abandono de cargo, pela indicação precisa do período de ausência intencional do servidor ao serviço superior a trinta dias;
> b) no caso de inassiduidade habitual, pela indicação dos dias de falta ao serviço sem causa justificada, por período igual ou superior a sessenta dias interpoladamente, durante o período de doze meses;
> II – após a apresentação da defesa a comissão elaborará relatório conclusivo quanto à inocência ou à responsabilidade do servidor, em que resumirá as peças principais dos autos, indicará o respectivo dispositivo legal, opinará, na hipótese de abandono de cargo, sobre a intencionalidade da ausência ao serviço superior a trinta dias e remeterá o processo à autoridade instauradora para julgamento.

41.4.7. Outros agentes públicos

O **agente político** não está sujeito a PAD, visto que o seu regime disciplinar decorre da própria CF/88. Contudo, há entendimento da CGU no seguinte sentido:

> Enunciado CGU n. 23, de 31 de outubro de 2018
> (Publicado no *DOU* de 5-11-2018, Seção I, página 76)
> INSTAURAÇÃO DE PROCESSO ADMINISTRATIVO DISCIPLINAR EM FACE DE AGENTES POLÍTICOS.
> *São passíveis de apuração administrativa disciplinar as infrações cometidas por agentes políticos em razão do exercício de cargo ou emprego público federal.*

O **empregado público** não está sujeito a PAD, podendo sofrer, na forma do art. 3º da Lei n. 9.962/00, a sanção de despedida motivada nas hipóteses de:

I – prática de falta grave, dentre as enumeradas no art. 482 da Consolidação das Leis do Trabalho – CLT;

II – acumulação ilegal de cargos, empregos ou funções públicas;

III – necessidade de redução de quadro de pessoal, por excesso de despesa, nos termos da lei complementar a que se refere o art. 169 da Constituição Federal; e

IV – insuficiência de desempenho, apurada em procedimento no qual se assegurem pelo menos um recurso hierárquico dotado de efeito suspensivo, que será apreciado em trinta dias, e o prévio conhecimento dos padrões mínimos exigidos para continuidade da relação de emprego, obrigatoriamente estabelecidos de acordo com as peculiaridades das atividades exercidas.

Excluem-se da obrigatoriedade dos procedimentos previstos acima as contratações de pessoal decorrentes da **autonomia de gestão** de que trata o §8º do art. 37 da Constituição Federal, portanto, a dispensa pode ser imotivada.

Já as infrações disciplinares atribuídas aos **contratados por tempo determinado**, na forma do art. 10 da Lei n. 8.745/1993, serão apuradas mediante **sindicância**, concluída no prazo de trinta dias e assegurada ampla defesa, podendo resultar em extinção antecipada do contrato.

Deve ser ressaltado que há **mais uma hipótese de rompimento** do vínculo do empregado público ou do contratado por tempo determinado com a pessoa jurídica de direito público empregadora: a extinção desta. Por óbvio, se for extinta a autarquia ou a fundação pública empregadora, não remanesce o contrato de trabalho.

Os processos administrativos disciplinares contra os **magistrados e os membros do Ministério Público** têm tratamento próprio na Lei Complementar n. 35/1979, na Lei n. 8.625/1993 e na Lei Complementar n. 75/1993.

42

INTERVENÇÃO DO ESTADO NO DOMÍNIO ECONÔMICO

42.1. INTRODUÇÃO

A **intervenção do Estado** no domínio econômico é a **ingerência** do Poder Público nas atividades empresariais desenvolvidas sob o regime privado, a fim de, indiretamente, **resguardar o interesse público**.

O grau de intervenção depende do modelo econômico adotado pela nação, tendo-se como extremos o socialismo e o liberalismo. Atualmente, os Estados Democráticos de Direito adotam os postulados da livre-iniciativa e da livre concorrência mitigados pelo bem-estar social, assegurando-se a todos o livre exercício da atividade econômica, salvo exceções relacionadas com a soberania e com o interesse público.

O Estado deve fomentar e permitir o desenvolvimento da atividade econômica geradora de desenvolvimento para o País, impedindo que agentes externos ou internos possam prejudicar a livre concorrência ou mesmo dilapidar o parque industrial brasileiro.

Não há dúvida quanto à adoção do regime capitalista pela CF/88, pois os meios de produção são de propriedade privada, sendo, porém, obrigatória a observância da sua função social.

A liberdade para empreender encontra certos limites que têm como objetivo evitar a antropofagia do sistema econômico. De nada adiantaria a liberdade absoluta que conduzisse o sistema à anarquia ou à extinção.

O art. 170 da CF/88 afirma:

> Art. 170. A ordem econômica, fundada na **valorização do trabalho humano** e na **livre-iniciativa**, tem por fim assegurar a todos existência digna, conforme os ditames da justiça social, observados os seguintes princípios:

I – soberania nacional;

II – propriedade privada;

III – função social da propriedade;

IV – livre concorrência;

V – defesa do consumidor;

VI – defesa do meio ambiente, inclusive mediante tratamento diferenciado conforme o impacto ambiental dos produtos e serviços e de seus processos de elaboração e prestação;

VII – redução das desigualdades regionais e sociais;

VIII – busca do pleno emprego;

IX – tratamento favorecido para as empresas de pequeno porte constituídas sob as leis brasileiras e que tenham sua sede e administração no País.

Parágrafo único. É assegurado a todos o livre exercício de qualquer atividade econômica, independentemente de autorização de órgãos públicos, salvo nos casos previstos em lei.

Há no artigo citado a consagração da liberdade de empreender, mas existem também diversas limitações relacionadas à soberania, aos interesses públicos, aos direitos sociais[1], ao meio ambiente[2] e à dignidade da pessoa humana.

O Estado pode agir como: (a) executor; ou (b) normatizador e regulador.

Quando atua como agente **executor** (art. 173 da CF/88), explora diretamente a atividade privada através dos instrumentos previstos na Carta Maior (intervenção direta).

Quando atua como agente **normativo** e **regulador** (art. 174 da CF/88), fiscaliza e incentiva (fomenta) ou/e planeja a atuação dos agentes econômicos sem exercer a atividade privada sob sua tutela (intervenção indireta).

EXECUTOR (INTERVENÇÃO DIRETA)	CRIAÇÃO DE EMPRESAS ESTATAIS
	MONOPÓLIO
NORMATIVO E REGULADOR (INTERVENÇÃO INDIRETA)	CONTROLE DO ABASTECIMENTO
	TABELAMENTO DE PREÇOS
	REPRESSÃO AO ABUSO DO PODER ECONÔMICO

Alguns autores afirmam que a exploração da atividade econômica pelo Estado poderá ser feita de forma direta, pelo próprio ente, ou de forma indireta, pelas entidades da Administração Indireta. Entretanto, o art. 173 da CF/88 não

---

[1] Direitos fundamentais de segunda geração.

[2] Direito fundamental de terceira geração.

faz tal distinção, afirmando, inclusive, que a atuação direta do Estado dar-se-á através da empresa pública e da sociedade de economia mista.

As formas de atuação ou intervenção do Estado no domínio econômico relacionadas ao Direito Administrativo são:

a) a criação de empresas estatais que explorem a atividade econômica;
b) o monopólio;
c) o controle do abastecimento;
d) o tabelamento de preços; e
e) a repressão ao abuso do poder econômico.

42.2. CRIAÇÃO DE EMPRESAS ESTATAIS (EXECUTOR)

Como já foi dito em item anterior, o Estado é hipersuficiente em relação ao particular, inclusive, considerando-se a República Federativa do Brasil em relação a todas as empresas que operam no seu território, pois o seu orçamento ultrapassa um trilhão de reais, não havendo empresa com tal poder econômico.

A desigualdade baseada no poder administrativo e em regime jurídico diferenciado não pode conviver com a ordem econômica pautada na livre-iniciativa, sob pena da destruição econômica da nação e do próprio enfraquecimento indireto do Estado.

O Poder Constituinte Originário, ciente dessa desproporção, estabeleceu: "Art.

173. Ressalvados os casos previstos nesta Constituição, a exploração direta de atividade econômica pelo Estado só será permitida quando necessária aos imperativos da segurança nacional ou a relevante interesse coletivo, conforme definidos em lei".

O Estado jamais financiará a sua máquina administrativa com a exploração econômica, somente atuando, na iniciativa privada, quando houver **imperativos de segurança nacional** ou **interesse público**, conforme definidos em lei.

A atuação direta na atividade econômica exigirá uma transformação do Estado, a fim de que possa se adequar aos postulados do regime privado. Deverão ser criados instrumentos cuja natureza seja de direito privado e que não possuam qualquer tratamento privilegiado em relação aos outros atores da iniciativa privada.

Os instrumentos para a atuação isonômica são as empresas estatais, quais sejam, a empresa pública e a sociedade de economia mista que, apesar de terem natureza de direito privado e não possuírem privilégios especiais, devem observar o regime jurídico-administrativo nas suas contratações de pessoal, na licitação, na contratação de obras, serviços, compras e nas alienações.

42.3. MONOPÓLIO (EXECUTOR)

O conceito de monopólio, extraído da economia, é o poder de atuar em determinada atividade como único agente econômico. Representa a exclusividade de atuação em determinado mercado.

O monopólio limita a incidência dos princípios da ordem econômica da livre concorrência, da livre-iniciativa e também da defesa do consumidor, pois, neste caso, a inexistência de outro agente econômico impõe ao consumidor a aquisição direcionada e de acordo com as condições estabelecidas pelo fornecedor exclusivo.

Nesse diapasão, o monopólio somente será possível em virtude de norma constitucional permissiva, não há falar em monopólio estabelecido em lei ou fora das hipóteses da CF/88. Consequentemente, a tutela da concorrência somente poderá ser afastada por norma constitucional, sendo outro exemplo dessa possibilidade a sua inobservância em caso de guerra declarada, pois o fundamento da soberania prescrito no inciso I do art. 1º da Constituição de 1988 sobrepõe-se ao imperativo de livre concorrência do inciso IV do seu art. 170.

O monopólio imposto ou garantido pela Carta Maior tem como finalidade o atendimento ao interesse público primário, como bem ilustrado por Ejan-Mackaay e Stéphane Rousseau[3]: "Segundo a concepção de concorrência exposta aqui, os

---

[3]   *Analyse économique du droit.* 2. ed. Paris: Dalloz, 2008.

únicos monopólios duráveis são aqueles cuja existência é garantida pela lei".

A opção do Poder Constituinte por monopólios da União representa os anseios da nação, visto que uma Constituição promulgada é fruto da convergência dos desejos sociais, consequentemente torna legítima a opção por monopólios da União, e ilegítima qualquer outra forma de monopólio.

De acordo com o art. 177 da Carta Maior, constituem monopólio da União:

I – a pesquisa e a lavra das jazidas de petróleo e gás natural e outros hidrocarbonetos fluidos;

II – a refinação do petróleo nacional ou estrangeiro;

III – a importação e exportação dos produtos e derivados básicos resultantes das atividades previstas nos incisos anteriores;

IV – o transporte marítimo do petróleo bruto de origem nacional ou de derivados básicos de petróleo produzidos no País, bem assim o transporte, por meio de conduto, de petróleo bruto, seus derivados e gás natural de qualquer origem;

V – a pesquisa, a lavra, o enriquecimento, o reprocessamento, a industrialização e o comércio de minérios e minerais nucleares e seus derivados, com exceção dos radioisótopos cuja produção, comercialização e utilização poderão ser autorizadas sob regime de permissão, conforme as alíneas *b* e *c* do inciso XXIII do *caput* do art. 21 da CF/88.

A União poderá contratar com empresas estatais ou privadas a realização das atividades previstas nos incisos I a IV citados observadas as condições estabelecidas em lei.

A existência de monopólio não impede que sejam concedidos privilégios de exploração às suas autarquias, fundações públicas, empresas estatais ou a concessionários ou permissionários que observem os imperativos do interesse público, na forma da lei.

Hely Lopes Meirelles[4] entende que as atividades descritas nos incisos VII, X, XI e XII do art. 21 da CF/88[5], por serem exclusivas da União, são **monopólios implícitos**.

---

[4] MEIRELLES, Hely Lopes; BURLE FILHO, José Emannuel. *Direito administrativo brasileiro*. 42. ed. São Paulo: Malheiros, 2016.

[5] "Art. 21. Compete à União:

(...)

VII – emitir moeda;

(...)

X – manter o serviço postal e o correio aéreo nacional;

XI – explorar, diretamente ou mediante autorização, concessão ou permissão, os serviços de telecomunicações, nos termos da lei, que disporá sobre a organização dos serviços, a criação de um órgão regulador e outros aspectos institucionais;

42.4. CONTROLE DO ABASTECIMENTO (NORMATIVO E REGULADOR)

O **controle do abastecimento** é a intervenção do Estado no domínio econômico realizada para garantir a livre distribuição de produtos ou serviços essenciais ao consumo e uso do povo.

Há diversas práticas empresariais que podem afetar a oferta regular de certo produto ou serviço, sendo que algumas podem estar relacionadas às dificuldades enfrentadas no negócio e outras podem estar relacionadas à busca por mais lucro através da especulação.

Em ambos os casos o Estado pode intervir. No primeiro, a sua atuação será pautada na colaboração com a empresa ou as empresas em dificuldades. No segundo, a sua atuação será repressiva, a fim de evitar o desabastecimento, inclusive com medidas repressoras do abuso do poder econômico e até promovendo a desapropriação do produto ou dos bens relacionados ao serviço.

O instrumento normativo que trata do controle do abastecimento é a Lei Delegada n. 4/62, que dispõe sobre a intervenção no domínio econômico para assegurar a livre distribuição de produtos necessários ao consumo do povo.

42.5. TABELAMENTO DE PREÇOS (NORMATIVO E REGULADOR)

O tabelamento de preços é a fixação unilateral feita pelo Estado dos valores que devem ser cobrados por determinados produtos ou serviços fornecidos pela atividade privada.

Com o tabelamento os preços deixam de ser fixados de acordo com as leis de mercado pautadas na oferta e na procura; assim, passam a ser estipulados artificialmente pelo Estado como agente político. O tabelamento de preços, bem como o controle de abastecimento, é tratado pela Lei Delegada n. 4/62.

Por exemplo, a Lei n. 10.742/2003, que define normas de regulação para o setor farmacêutico, cria a Câmara de Regulação do Mercado de Medicamentos

---

XII – explorar, diretamente ou mediante autorização, concessão ou permissão:

a) os serviços de radiodifusão sonora, e de sons e imagens;

b) os serviços e instalações de energia elétrica e o aproveitamento energético dos cursos de água, em articulação com os Estados onde se situam os potenciais hidroenergéticos;

c) a navegação aérea, aeroespacial e a infraestrutura aeroportuária;

d) os serviços de transporte ferroviário e aquaviário entre portos brasileiros e fronteiras nacionais, ou que transponham os limites de Estado ou Território;

e) os serviços de transporte rodoviário interestadual e internacional de passageiros;

f) os portos marítimos, fluviais e lacustres".

– CMED e altera a Lei n. 6.360, de 23-9-1976, e dá outras providências, estabeleceu regras para o ajuste e determinação dos preços dos medicamentos.

O tabelamento deve ser compatível com a livre-iniciativa a ponto de não inviabilizar a atuação privada em determinado setor, ou seja, a saúde financeira das empresas precisa ser preservada, sob pena de restar configurado confisco não previsto na carta maior.

As empresas que se sentirem prejudicadas pela ação estatal podem buscar o Poder Judiciário para evitar abalos à sua estrutura financeira.

42.6 REPRESSÃO AO ABUSO DO PODER ECONÔMICO (NORMATIVO E REGULADOR)

O §4º do art. 173 da CF/88 prescreve: "§4º A lei reprimirá o abuso do poder econômico que vise à dominação dos mercados, à eliminação da concorrência e ao aumento arbitrário dos lucros".

A criação de riquezas é incentivada pelo Estado para que seja alcançado o seu desenvolvimento. Porém, o poder econômico não pode ser usado para impossibilitar a livre concorrência ou para violar os direitos dos consumidores.

A livre concorrência[6] é definida por Luciano Sotero Santiago[7] da seguinte forma: "A livre concorrência se caracteriza pela livre ação dos agentes econômicos, de forma que estes tenham liberdade para empregar os meios que julgarem próprios e adequados para conquistarem a preferência do consumidor. A livre concorrência se caracteriza, também, na liberdade em que os agentes econômicos, atuais ou potenciais, têm para entrar, permanecer e sair do mercado. A livre concorrência se caracteriza, ainda, pela liberdade de escolha para o consumidor".

O Estado tem o dever de reprimir o abuso do poder econômico que vise à dominação dos mercados, à eliminação da concorrência e ao aumento arbitrário dos lucros, a fim de preservar os imperativos de função social da propriedade.

O mercado deve ser regido pela potencial equivalência de forças entre os agentes econômicos, sendo que a dominação dos mercados afasta a equivalência, possibilitando o acúmulo de poder em um ou alguns dos agentes.

A eliminação da concorrência consiste na inviabilização artificial da atuação dos outros agentes econômicos que pode ocorrer através dos preços praticados, de cláusulas de exclusividade de fornecedores de bens e serviços ou da aquisição das empresas rivais.

---

[6] Súmula 646 do STF: "Ofende o princípio da livre concorrência lei municipal que impede a instalação de estabelecimentos comerciais do mesmo ramo em determinada área".

[7] *Direito da concorrência*: doutrina e jurisprudência. Salvador: Juspodivm, 2008.

Dominado o mercado e/ou eliminada a concorrência, abre-se espaço para o aumento arbitrário nos lucros.

São as principais formas de dominação ilegal dos mercados: o truste, o cartel e o dumping.

O **truste** é a **formação de estrutura empresarial**, na qual grandes empresas que já dominam parte expressiva do mercado, unem-se ou acordam para aumentar ou assegurar o controle, impedir a livre concorrência e estabelecer preços que ensejam uma maior margem de lucro.

O **cartel** é o **acordo oculto ou velado** feito por empresas de um mesmo setor de serviço ou produto para **fixar preços iguais ou semelhantes**, para deixar o consumidor sem opção de contratação baseada na livre concorrência.

O **dumping** é a venda de produto ou o fornecimento de serviço por preço inferior aos **custos de produção** para eliminar ou prejudicar a livre concorrência ou aumentar a participação em determinado mercado.

A Lei n. 12.529/2011, que estrutura o Sistema Brasileiro de Defesa da Concorrência, regulamentou §4º do art. 173 da CF/88.

O art. 36 da citada lei dispõe que:

Art. 36. Constituem infração da ordem econômica, independentemente de culpa, os atos sob qualquer forma manifestados, que tenham por objeto ou possam produzir os seguintes efeitos, ainda que não sejam alcançados:
I – limitar, falsear ou de qualquer forma prejudicar a livre concorrência ou a livre-iniciativa;
II – dominar mercado relevante de bens ou serviços;
III – aumentar arbitrariamente os lucros; e
IV – exercer de forma abusiva posição dominante.
§1º A conquista de mercado resultante de processo natural fundado na maior eficiência de agente econômico em relação a seus competidores não caracteriza o ilícito previsto no inciso II do *caput* deste artigo.
§2º Presume-se posição dominante sempre que uma empresa ou grupo de empresas for capaz de alterar unilateral ou coordenadamente as condições de mercado ou quando controlar 20% (vinte por cento) ou mais do mercado relevante, podendo este percentual ser alterado pelo CADE para setores específicos da economia.

§3º As seguintes condutas, além de outras, na medida em que configurem hipótese prevista no *caput* deste artigo e seus incisos, caracterizam infração da ordem econômica:

I – acordar, combinar, manipular ou ajustar com concorrente, sob qualquer forma:

a) os preços de bens ou serviços ofertados individualmente;

b) a produção ou a comercialização de uma quantidade restrita ou limitada de bens ou a prestação de um número, volume ou frequência restrita ou limitada de serviços;

c) a divisão de partes ou segmentos de um mercado atual ou potencial de bens ou serviços, mediante, dentre outros, a distribuição de clientes, fornecedores, regiões ou períodos;

d) preços, condições, vantagens ou abstenção em licitação pública;

II – promover, obter ou influenciar a adoção de conduta comercial uniforme ou concertada entre concorrentes;

III – limitar ou impedir o acesso de novas empresas ao mercado;

IV – criar dificuldades à constituição, ao funcionamento ou ao desenvolvimento de empresa concorrente ou de fornecedor, adquirente ou financiador de bens ou serviços;

V – impedir o acesso de concorrente às fontes de insumo, matérias-primas, equipamentos ou tecnologia, bem como aos canais de distribuição;

VI – exigir ou conceder exclusividade para divulgação de publicidade nos meios de comunicação de massa;

VII – utilizar meios enganosos para provocar a oscilação de preços de terceiros;

VIII – regular mercados de bens ou serviços, estabelecendo acordos para limitar ou controlar a pesquisa e o desenvolvimento tecnológico, a produção de bens ou prestação de serviços, ou para dificultar investimentos destinados à produção de bens ou serviços ou à sua distribuição;

IX – impor, no comércio de bens ou serviços, a distribuidores, varejistas e representantes preços de revenda, descontos, condições de pagamento, quantidades mínimas ou máximas, margem de lucro ou quaisquer outras condições de comercialização relativos a negócios destes com terceiros;

X – discriminar adquirentes ou fornecedores de bens ou serviços por meio da fixação diferenciada de preços, ou de condições operacionais de venda ou prestação de serviços;

XI – recusar a venda de bens ou a prestação de serviços, dentro das condições de pagamento normais aos usos e costumes comerciais;

XII – dificultar ou romper a continuidade ou desenvolvimento de relações comerciais de prazo indeterminado em razão de recusa da outra parte em submeter-se a cláusulas e condições comerciais injustificáveis ou anticoncorrenciais;

XIII – destruir, inutilizar ou açambarcar matérias-primas, produtos intermediários ou acabados, assim como destruir, inutilizar ou dificultar a operação de equipamentos destinados a produzi-los, distribuí-los ou transportá-los;

XIV – açambarcar ou impedir a exploração de direitos de propriedade industrial ou intelectual ou de tecnologia;

XV – vender mercadoria ou prestar serviços injustificadamente abaixo do preço de custo;

XVI – reter bens de produção ou de consumo, exceto para garantir a cobertura dos custos de produção;

XVII – cessar parcial ou totalmente as atividades da empresa sem justa causa comprovada;

XVIII – subordinar a venda de um bem à aquisição de outro ou à utilização de um serviço, ou subordinar a prestação de um serviço à utilização de outro ou à aquisição de um bem; e

XIX – exercer ou explorar abusivamente direitos de propriedade industrial, intelectual, tecnologia ou marca.

Por fim, tem-se que existem diversos atores estatais do sistema de repressão ao abuso do poder econômico, entre eles: o Ministério Público, o CADE, o Ministério da Justiça, as agências reguladoras etc.

REFERÊNCIAS BIBLIOGRÁFICAS

ALCARAZ, Fernando Coppe et al. O acordo de compras governamentais da Organização Mundial do Comércio e o pedido de adesão do Brasil. *Revista Brasileira de Comércio Exterior*, Rio de Janeiro, ano 34, n. 144, p. 4-13, jul/ago/set. 2020.

ALESSI, Renato. *Principi di diritto amministrativo*. Milano: Giuffrè, 1974.

ALEXY, Robert. *Theorie der Grundrechte*. Tradução de Virgílio Afonso da Silva. 5. ed. Frankfurt am Main: Suhrkamp, 2006.

AMORIM FILHO, Agnelo. *Critério científico para distinguir a prescrição da decadência e para identificar as ações imprescritíveis*. Revista de Direito Processual Civil, São Paulo, v. 3, p. 95-135, jan./jun. 1961.

ANDERSON, Douglas, J.; EUBANKS, Gina. *Leveraging Coso across the three lines of defense*. COSO, 2015.

ARANHA, Marcio Iorio. *Manual de Direito Regulatório*: fundamentos de Direito Regulatório. 3. ed. rev. ampl. Londres: Laccademia Publishing, 2015.

ATALIBA, Geraldo. Decreto regulamentar no sistema brasileiro. *Revista de Direito Administrativo*, Rio de Janeiro, v. 97, jul./set. 1969.

ÁVILA, Humberto. *Teoria dos princípios*: da definição à aplicação dos princípios jurídicos. 20. ed. São Paulo: Malheiros, 2021.

BALDWIN, Robert; CAVE, Martin; LODGE, Martin. *Understanding Regulation*. 2. ed. Oxford: Oxford University Press, 2012.

BARBIER, E. *Economics, natural resource scarcity and development*: conventional and alternative views. London: Earthscan, 1989.

BARROS JÚNIOR, Carlos Schmidt de. *Contratos administrativos*. São Paulo: Saraiva, 1986.

BARROS, Alice Monteiro de. *Curso de direito do trabalho*. 3. ed. rev. e ampl. São Paulo: LTr, 2007.

BARTHES, Roland. *Elementos de semiologia*. 14. ed., trad. Izidoro Blikstein, São Paulo: Cultrix, 2001.

BECK, Ulrich. *Risk Society*: Towards a New Modernity. Translated by Mark Ritter. London: Sage Publications, 1992.

BECK, Ulrich. *Sociedade de risco*: rumo a uma outra modernidade. Trad. Sebastião Nascimento. São Paulo: Ed. 34, 2010.

BECKER, Gary S. *Crime and Punishment*: An Economic Approach. *Journal of Political Economy*, v. 76, n. 2, pp. 169-217, mar./apr. 1968.

BENDA, Ernesto. *Manual de derecho constitucional*. Madrid: Marcial Pons, 1996.

BERTALANFFY, Ludwig von. *Théorie générale des systèmes*. Traduit par Jean-Benoit Chabrol. Paris: Dunod, 2012.

BIELSA, Rafael. *Derecho administrativo*. 6. ed. Buenos Aires: 1964, t. II.

BOBBIO, Norberto. *Direito e Estado no pensamento de Emanuel Kant*. 2. ed. Trad. Alfredo Fait. São Paulo: Mandarim, 2000.

BOBBIO, Norberto. *O positivismo jurídico*: lições de filosofia do direito. São Paulo: Ícone, 1995.

BOBBIO, Norberto. *Teoria da norma jurídica*. 2. ed. Trad. Fernando Pavan Baptista e Ariani Bueno Sudatti. Bauru: Edipro, 2003.

BOBBIO, Norberto. *Teoria do ordenamento jurídico*. Trad. Maria Celeste C. J. Santos. 10. ed. Brasília: Ed. UnB, 1999.

BORGES, Alice Gonzalez. Supremacia do interesse público: desconstrução ou reconstrução? *Revista Diálogo Jurídico*, Salvador, Centro de Atualização Jurídica, n. 15, jan./mar. 2007.

BRANDÃO, Antônio José. Moralidade administrativa. *Boletim de Direito Administrativo*, v. 12, n. 2, p. 62–72, fev. 1996.

BRIGUET, Magadar Rosália Costa. A extinção dos regimes próprios de previdência social e as implicações dela decorrentes. In: Vieira, Lucia Helena (Org.). *Regimes Próprios*: aspectos relevantes. v. 13. São Bernardo do Campo: APEPREM, 2019.

CAETANO, Marcello. *Manual de direito administrativo*. Coimbra: Almedina, 1980.

CANOTILHO, J. J. Gomes. *Direito constitucional e teoria da constituição*, 5. ed. Coimbra: Almedina, 2002.

CANOTILHO, J. J. Gomes; MENDES, Gilmar Ferreira; SARLET, Ingo Wolfgang; STRECK Lenio Luis (Coord.). *Comentários à Constituição do Brasil*. 2. ed. São Paulo: Saraiva, 2018.

CANOTILHO, José Joaquim Gomes. *Direito constitucional*. 3. ed. Coimbra: Almedina, 1998.

CAPAGIO, Álvaro do Canto. COUTO, Reinaldo. *Nova Lei de licitações e contratos administrativos*: Lei n. 14.133/2021. São Paulo: Saraiva Jur, 2021.

CAPEZ, Fernando. *Limites Constitucionais à Lei De Improbidade*. São Paulo: Saraiva, 2009.

CARVALHO FILHO, José dos Santos. *Manual de direito administrativo*. 28 ed. São Paulo: Atlas, 2015.

CARVALHO FILHO, José dos Santos. *Manual de direito administrativo*. 35. ed. Barueri: Atlas, 2021.

CARVALHO JÚNIOR, Pedro Lino. *A lesão consumerista no direito brasileiro*. Rio de Janeiro: Lumen Juris, 2005.

CARVALHO, Paulo de Barros. *Curso de direito tributário*. 16. ed. São Paulo: Saraiva, 2004.

CHAPMAN, P. H. J. Dispute boards on major infrastructure projects. *Management, Procurement and Law*, London, v. 162, n. 1, p. 7-16, fev. 2009.

COASE, R. H. The Problem of Social Cost. *Journal of Law and Economics*, Chicago, p. 1-44, oct. 1960.

CORREIA, Fernando Alves. *Alguns conceitos de direito administrativo*. 2. ed. Coimbra: Almedina, 2001.

CORREIA, José Manuel Sérvulo. *Legalidade e autonomia contratual nos contratos administrativos*. Coimbra: Almedina, 1987.

COUTO FILHO, Reinaldo de Souza. *Dívidas condominiais e bem de família no sistema jurídico brasileiro*. Rio de Janeiro: Lumen Juris, 2005.

COUTO, Reinaldo. O *prestígio à instância administrativa como solução para o judiciário*. Disponível em: <www.emporiododireito.com.br>. Acesso em: 23 nov. 2021.

CRETELLA JÚNIOR, José. *Administração indireta brasileira*. Rio de Janeiro: Forense, 1980.

CRETELLA JÚNIOR, José. *Comentários à Lei de Desapropriação* (Constituição de 1988 e leis ordinárias). 2. ed. Rio de Janeiro: Forense, 1991.

CRETELLA JÚNIOR, José. *Curso de direito administrativo*. 10. ed. rev. e atual. Rio de Janeiro: Forense, 1989.

CRETELLA JÚNIOR, José. *Dos bens públicos na Constituição de 1988*. RT 653/16.

CRETELLA JÚNIOR, José. *O Estado e a obrigação de indenizar*. São Paulo: Saraiva, 1980.

CRETELLA JÚNIOR, José. *Retroatividade do ato administrativo*. Revista de Direito Administrativo, Rio de Janeiro, v. 127, p. 1-15, 1977.

CRISTÓVAM, José Sérgio da Silva. SOUSA, Thanderson Pereira de. Motivação, invalidação e modulação de efeitos do ato administrativo a partir da Lei n. 13.655/2018. In: MAFFINI, Rafael; RAMOS, Rafael. (Coords.) *Nova LINDB*: consequencialismo, deferência judicial, motivação e responsabilidade do gestor público. Rio de Janeiro: Lumen Juris, 2020. p. 157-168.

CRISTÓVAM, José Sérgio da Silva; GONDIM, Liliane Sonsol; SOUSA, Thanderson Pereira de. Análise de Impacto Regulatório e participação social no Brasil. *Justiça do Direito*, v. 34, n. 2, p. 351-370, mai./ago. 2020.

1452 CURSO DE DIREITO ADMINISTRATIVO

CUÉLLAR, Leila et al. *Direito Administrativo e Alternative Dispute Resolution*: arbitragem, *dispute board*, mediação e negociação. Com comentários à legislação do Rio de Janeiro, São Paulo e União sobre arbitragem e mediação em contratos administrativos e desapropriações. Belo Horizonte: Forum, 2020.

CUNHA JÚNIOR, Dirley da. *Curso de direito administrativo*. 4. ed. Salvador: JusPodivm, 2006.

DALLARI, Dalmo de Abreu. *Elementos de teoria geral do Estado*. 26. ed. São Paulo: Saraiva, 2007.

DAVI, Kaline Ferreira. *A dimensão política da Administração Pública*: neoconstitucionalismo, democracia e procedimentalização. Porto Alegre: Sérgio Antônio Fabris Editor, 2008.

DE ENTERRÍA, Eduardo Garcia. Actuación pública y actuación privada en el Derecho Urbanístico. *Revista española de derecho administrativo*, n. 1, p. 79-98, 1974.

DE ENTERRÍA, Eduardo Garcia; FERNÁNDEZ, Tomás-Ramón. *Curso de derecho administrativo*. 4. ed. Madrid: Civitas, 1994, v. I.

DE VERGOTTINI, Giuseppe. A "Delegificação" e a sua incidência no sistema de fontes do direito. Tradução de Fernando Aurélio Zilveti. In: BARROS, Sérgio Resende; ZILVETI, Fernando Aurélio (Coords). *Estudos em homenagem a Manoel Gonçalves Ferreira Filho*. São Paulo: Dialética, 1999.

DEZAN, Sandro Lúcio. *Uma teoria do direito público sancionador*: fundamentos da unidade do sistema punitivo. Rio de Janeiro: Lumen Juris, 2021.

DI PIETRO, Maria Sylvia Zanella. *Direito administrativo*. 34. ed. Rio de Janeiro: Forense, 2021.

DICEY, Albert Venn. *Introduction to the study of the law of the Constitution*. 8. ed. London: Macmillan, 1915.

DUGUIT, Léon. *Manuel de droit constitutionnel*. Paris: Fontemoing et Cie.: 1927.

ECO, Umberto. *Os limites da interpretação*. Tradução de Pérola de Carvalho. São Paulo: Perspectiva, 2000.

ENGISCH, Karl. *Introdução ao pensamento jurídico*. Trad. João Baptista Machado, 6. ed. Lisboa: Fundação Calouste Gulbenkian, 1988.

ESTEVES, Júlio César dos Santos. *Responsabilidade civil do Estado por ato legislativo*. Belo Horizonte: Del Rey, 2003.

FACHIN, Luiz Edson. *Estatuto jurídico do patrimônio mínimo*. Rio de Janeiro: Renovar, 2001.

FERRAZ, Leonardo de Araújo. A transparência como ferramenta da legitimação do agir estatal por meio do impulsionamento da eficiência e integridade governamentais. In: ZENKNER, Marcelo; CASTRO, Rodrigo Pironti Aguirre de. *Compliance no setor público*. Belo Horizonte: Forum, 2020.

FIGUEIREDO, Lúcia Valle. *Curso de direito administrativo*. 9. ed. rev. ampl. e atual. São Paulo: Malheiros, 2008.

FIORILLO, Celso Antônio Pacheco. *Curso de direito ambiental brasileiro*. 14. ed. São Paulo: Saraiva, 2013.

FIÚZA, César. *Contratos*. Belo Horizonte: Del Rey, 2010.

FRAJHOF, Isabella Z.; SOMBRA, Thiago L. A transferência internacional de dados pessoais. In: MULHOLLAND, Caitlin (org.). *A LGPD e o novo marco normativo no Brasil*. Porto Alegre: Arquipélago, 2020.

FRANÇA, Philip Gil. Algumas considerações sobre como decidir conforme o consequencialismo jurídico da Lei 13.655/2018. *In:* MAFFINI, Rafael; RAMOS, Rafael. (Coords.) *Nova LINDB*: consequencialismo, deferência judicial, motivação e responsabilidade do gestor público. Rio de Janeiro: Lumen Juris, 2020. p. 123-142.

FRANÇA, Philip Gil. *O controle da Administração Pública*. 3. ed. São Paulo: Revista dos Tribunais, 2011.

FREITAS, Juarez. *Discricionariedade administrativa e direito fundamental à boa Administração Pública*. 2. ed. São Paulo: Malheiros, 2009.

FRIEDRICH, Jürgen. *International Environmental "soft law"*: The Functions and Limits of Nonbinding Instruments in International Environmental Governance and Law. New York: Springer, 2013.

FURTADO, Lucas Rocha. *Curso de licitações e contratos administrativos*. São Paulo: Atlas, 2001.

GARCIA, Emerson; ALVES, Rogério Pacheco. *Improbidade administrativa*. 4. ed. Rio de Janeiro: Lumen Juris, 2008.

GASIOLA, Gustavo Gil; Machado, Diego. O tratamento de dados pessoais pela Administração Pública: transparência, bases legais e limites constitucionais. In: FRANCOSKI, Denise de Souza Luiz; TASSO, Fernando Antonio (Coords.). *A Lei Geral de Proteção de Dados Pessoais LGPD*: aspectos práticos e teóricos relevantes no setor público e privado. 1. ed. São Paulo: Thomson Reuters Brasil, 2021.

GASPARINI, Diogenes. *Direito administrativo*. 15. ed. São Paulo: Saraiva, 2010.

GOMES, Carla Amado. A conformação da relação contratual no código dos contratos públicos. In: *Estudos de contratação pública* I. Coimbra: Coimbra Editora, 2008.

GONÇALVES, Everton das Neves. *A Teoria de Posner e sua aplicabilidade à Ordem Constitucional Econômica Brasileira de 1988*. Dissertação (Mestrado em Ciências Humanas – especialidade Direito). Universidade Federal de Santa Catarina. Florianópolis, SC, 1997.

GONÇALVES, Everton das Neves; Stelzer; Joana. Eficiência e direito: pecado ou virtude; uma incursão pela análise econômica do direito. *Revista Jurídica Unicuritiba*, Curitiba, v. 1, n. 28, p. 77-122, 2012.

GONÇALVES, Everton das Neves; Stelzer; Joana. *Princípio da Eficiência Econômico-Social no Direito Brasileiro*: a tomada de decisão normativo-judicial. *Sequência*, Florianópolis, n. 68, p. 261-290, jun. 2014.

GONÇALVES, Everton das Neves; Stringari, Amana Kauling. *A análise econômica do direito e a teoria de Richard Allen Posner*. XXVII Congresso Nacional do Conpedi, 2018, Porto Alegre. Anais... Porto Alegre: Conpedi, 2018.

GONÇALVES, Pedro Antônio Pimenta da Costa. *Entidades privadas com poderes públicos*: o exercício de poder públicos de autoridade por entidades privadas com funções administrativas. Coimbra: Almedina, 2008.

GONZÁLEZ, José Ignacio López. El principio de proporcionalidad en Derecho Administrativo. *Cuadernos de Derecho Público*, n. 5, set./dez. 1998. p. 155.

GORDILLO, Agustín. *Tratado de derecho administrativo*: parte general. 7. ed. Belo Horizonte: Del Rey e Fundación de Derecho Administrativo, 2003, t. I.

GUASCH, Jose Luis. *Granting and renegotiating infrastructure concessions*: doing it right. Washington, D.C.: The World Bank, 2004.

GUIBOURT, Nicolas Jean Baptiste Gaston. *Manuel légal des pharmaciens et des élèves en pharmacie*. Paris: Baillière, 1852.

GUIMARÃES, Francisco Xavier da Silva. *Regime disciplinar do servidor público civil da União*. Rio de Janeiro: Forense, 2006.

HABERMAS, Jürgen. *Teoría de la acción comunicativa*: Crítica de la razón funcionalista. Madrid: Taurus, 1992.

HAURIOU, Maurice. *Précis de droit administratif et de droit public*. 7. ed. Paris: Sirey, 1911.

HORVATH JÚNIOR, Miguel. O princípio da proximidade entre os regimes na EC 103/2019. *Regimes Próprios*: aspectos relevantes. v. 14. In: VIEIRA, Lucia Helena (Org.). São Bernardo do Campo: APEPREM, 2020.

HOSKEN, Rodrigo Santos. Evolução histórica do saneamento básico no Brasil – do PLANASA até o Novo Marco Legal do Saneamento (Lei n. 14.026/2020). In: GOMES, Fabio Luiz. (Coord.). *Saneamento básico*: aspectos jurídicos. São Paulo: Almedina, 2021.

HOWE, Charles W. *Natural resource economics*: issues, analysis, and policy. New York: John Wiley and Sons, 1979.

HUNGRIA, Nélson; FRAGOSO, Heleno Cláudio. *Comentários ao Código Penal*. v. 1. 5 ed. Rio de Janeiro: Forense, 1978.

ITEN, Cláudia Fernanda. Previdência, a arte de prever e olhar além de si. *In*: VIEIRA, Lucia Helena (Coord.). *Regimes Próprios*: aspectos relevantes. v. 15. São Bernardo do Campo: Abipem, 2021.

JUSTEN FILHO, Marçal. Administração Pública e arbitragem: o vínculo com a Câmara de Arbitragem e os árbitros. *Revista Brasileira da Advocacia*. vol. 1. ano 1. p. 103-150. São Paulo: Ed. RT, abr.-jun. 2016.

JUSTEN FILHO, Marçal. *Comentários à Lei de Licitações e contratos administrativos*. 13. ed. São Paulo: Dialética, 2009.

JUSTEN FILHO, Marçal. *Curso de direito administrativo*. 10. ed. São Paulo: Revista dos Tribunais, 2014.

JUSTEN FILHO, Marçal. *Curso de direito administrativo*. 4. ed. rev. e atual. São Paulo: Saraiva, 2009.

JUSTEN FILHO, Marçal. *O direito das agências reguladoras independentes*. São Paulo: Dialética, 2002.

KAFKA, Frans. *O processo*. Tradução de Modesto Carone. São Paulo: Companhia das Letras, 1997.

KANT, Immanuel. *Fundamentação da metafísica dos costumes*. Lisboa: Lisboa Editora, 1999.

KELSEN, Hans. *Teoria geral do direito e do Estado*. São Paulo: Martins Fontes, 1992.

KELSEN, Hans. *Teoria pura do direito*. Tradução de João Batista Machado. 6. ed. São Paulo: Martins Fontes, 1998.

KIRZNER, Israel M. *The driving force of the market*: essays in Austrian economics. London: Routledge, 2000.

LARENZ, Karl. *Metodologia da ciência do direito*. 3. ed. Lisboa: Fundação Calouste Gulbenkian, 1997.

LASSALLE, Ferdinand. *A essência da Constituição*. 4. ed. Rio de Janeiro: Lumen Juris, 1998.

LAUBADÈRE, André de. *Traité élémentaire de droit administratif*. Paris: LGDJ, 1963.

LIMA, Ruy Cirne. *Princípios de direito administrativo*. 5. ed. São Paulo: Revista dos Tribunais, 1982.

LIMA, Ruy Cirne. *Teoria e prática da desapropriação*: desapropriação direta, desapropriação indireta, constituição de servidão, retrocessão, reforma agrária, ação rescisória. 2. ed. São Paulo: Saraiva, 1999.

LOMBARD, Martine. *Droit administratif*. 4. ed. Paris: Dalloz, 2001.

LOPES, Miguel Maria de Serpa. *Execuções substanciais*: exceção do contrato não cumprido. Rio de Janeiro: Freitas Bastos, 1959.

LUHMANN, Niklas. *I diritti fondamentali come istituzione*. Bari: Dedalo, 2002.

MACHADO NETO, Antônio Luís. *Compêndio de introdução à ciência do direito*. 4. ed. São Paulo: Saraiva, 1977.

MACIEL, Caroline Stéphanie Francis dos Santos. Articulação administrativa: por uma reforma cultural da administração pública. *Revista de Direito Administrativo*, Rio de Janeiro, v. 280, n. 2, p. 201-225, maio/ago. 2021.

MAHER, Imelda. The networked (agency) regulation of competition. In: DRAHOS: Peter (Ed.). *Regulatory theory*: foundations and applications. Camberra: Australian National University Press, 2017. p. 693-710.

MARIENHOFF, Miguel S. *Contratos administrativos*. Primer Congreso Internacional y IV Jornadas Nacionales de Derecho Administrativo. Mendonza, 1977.

MARIENHOFF, Miguel S. *Tratado de derecho administrativo*. 3. ed. atual. Buenos Aires: Abeledo-Perrot, 1980.

MARINELA, Fernanda. *Manual de Direito Administrativo*. 15 ed. Salvador: JusPodivm, 2021.

MARQUES NETO, Floriano Peixoto de Azevedo. As parcerias público-privadas no saneamento ambiental. In: SUNDFELD, Carlos Ari (Org.). *Parcerias público-privadas*. São Paulo: Malheiros, 2005. p. 276-325.

MARTÍN RETORTILLO BAQUER, Sebastián. *Instituciones de derecho administrativo*. Navarra: Tompson-Civitas, 2007.

MAXIMILIANO, Carlos. *Hermenêutica e aplicação do direito*. 19. ed. Rio de Janeiro: Forense, 2003.

MAXIMINIANO, Antonio Cesar Amaru; NOHARA, Irene Patrícia. *Gestão pública*: abordagem integrada da Administração e do Direito Administrativo. São Paulo: Atlas, 2017.

MAZZA, Alexandre. *Manual de direito administrativo*. São Paulo: Saraiva, 2011.

MEDAUAR, Odete. *O direito administrativo em evolução*. São Paulo: Revista dos Tribunais, 1992.

MEIRELLES, Hely Lopes; BURLE FILHO, José Emannuel. *Direito administrativo brasileiro*. 42. ed. São Paulo: Malheiros, 2016.

MELLO, Celso Antônio Bandeira de. *Curso de direito administrativo*. 35. ed. São Paulo: Malheiros, 2021.

MELLO, Oswaldo Aranha Bandeira de. *Princípios gerais de direito administrativo*. 2. ed. Rio de Janeiro: Forense, 1979.

MIRANDA, Pontes de. *Tratado de direito privado*: parte geral. 2. ed. Campinas: Bookseller, 2000, t. I.

MONCADA, Luís S. Cabral de. *Lei e regulamento*. Coimbra: Coimbra ed. 2002.

Monteiro, Washington de Barros. *Curso de direito civil*: parte geral. 27. ed. São Paulo: Saraiva, 1988.

MORAES, Germana de Oliveira. *Controle jurisdicional da administração pública*. São Paulo: Dialética, 1999.

MOREIRA NETO, Diogo de Figueiredo. *Curso de direito administrativo*. 14. ed. Rio de Janeiro: Forense, 2005.

MOREIRA, Egon Bockmann. Breves notas sobre a "decisão coordenada". Disponível em: <www.jota.info>. Acesso em 22 nov. 2011.

MORGENTHAU, Hans J. *A Política entre as Nações*: A luta pelo poder e pela paz. São Paulo: IPRI, 2003.

MUÑOZ AMATO, Pedro. *Introdução à teoria geral de administração pública*. 2. ed. Rio de Janeiro: Fundação Getúlio Vargas, 1971.

NDEKUGRI, Issaka et al. Best Practice in the Training, Appointment, and Remuneration of Members of Dispute Boards for Large Infrastructure Projects. *Journal of Management in Engineering*, Reston, v. 30, n. 2, p. 185-193, mar. 2014.

NIEBUHR, Pedro; OLIVEIRA, Cláudio Ladeira de; MEDEIROS, Isaac Kofi. Controle e deferência judicial à Administração Pública: um ensaio sobre a doutrina Chevron e o artigo 22 da LINDB. In: MAFFINI, Rafael; RAMOS, Rafael. (Coords.) *Nova LINDB*: consequencialismo, deferência judicial, motivação e responsabilidade do gestor público. Rio de Janeiro: Lumen Juris, 2020. p. 73-92.

NÓBREGA, Antonio Carlos Vasconcellos. Aplicação da Lei Anticorrupção em Estados e Municípios e a questão dos acordos de leniência. In: ZENKNER, Marcelo; CASTRO, Rodrigo Pironti Aguirre de. *Compliance no setor público*. Belo Horizonte: Forum, 2020. p. 21.

NÓBREGA, Tatiana de Lima; BENEDITO, Maurício Roberto de Souza. *O regime previdenciário do servidor público*. Indaiatuba: Foco, 2021

NOHARA, Irene Patrícia. *Reforma administrativa e burocracia*: impacto da eficiência na configuração do direito administrativo brasileiro. São Paulo: Atlas, 2012.

OLIVEIRA, Amanda Flávio de. ROLIM, Maria João. (Orgs.). *Abuso de poder regulatório*. Rio de Janeiro: Synergia, 2021.

OLIVEIRA, Gustavo Justino de. Direito ao desenvolvimento como direito fundamental. *Cadernos da Escola de Direito da UniBrasil*, v. 1, n. 6, p. 85-103, 2006.

OLIVEIRA, Rafael Carvalho Rezende. O modelo norte-americano de agências reguladoras e sua recepção pelo direito brasileiro. *Revista da EMERJ*, Rio de Janeiro, v. 12, n. 47, p. 157-176, 2009.

OLIVEIRA, Régis Fernandes de. *Infrações e sanções administrativas*. 3. ed. São Paulo: Revista dos Tribunais, 2012.

PACHECO, Pedro Mercado. *El análisis economico del derecho*: uma reconstrución teórica. Madri: Centro de Estúdios Constitucionales, 1994.

PASQUALINI, Alexandre. *Hermenêutica e sistema jurídico*: uma introdução à interpretação sistemática do direito. Porto Alegre: Livraria do Advogado, 1999.

PAZZAGLINI FILHO, Marino. *Lei de improbidade administrativa comentada*. São Paulo, Atlas, 2009.

PEREIRA, Cláudia Fernanda de Oliveira. *Reforma administrativa*: o Estado, o serviço público e o servidor, Brasília: Brasília Jurídica, 1998.

PIGOU, A. C. The *Economics of Welfare*. New York: The Macmillan Company, 1920.

POSNER, Richard A. *Economic Analysis of Law*. 4. ed. Boston: Little, Brown and Company, 1992.

RAMOS, Samuel Ebel Braga. Análise econômica do Direito Penal: uma abordagem para para uma possível sanção penal ótima para os delitos cometidos por pessoas jurídicas. *Revista Justiça e Sistema Criminal*, v. 10, n. 18, p. 115-138, jan./jun. 2018.

RESTREPO, Leon David Quintero. Tipicidad en materia disciplinaria: Tipos Abiertos y Numerus Apertus. *Diálogos de Derecho y Política*, n. 7, ano 2, mai/ago 2011.

REVESZ, Richard L.; Stavins, Robert N. *Environmental Law and Public Policy*. Washington, D.C.: Resources for the Future, 2004. Discussion Paper 04–30 rev.

REZEK, José Francisco. *Direito internacional público*: curso elementar. 9. ed. rev. São Paulo: Saraiva, 2002.

RIVERO, Jean. *Direito administrativo*. Tradução de Rogério Ehrhardt Soares. Coimbra: Amedina, 1981.

ROCHA, Júlio César de Sá da. *A defesa processual do meio ambiente do trabalho*: dano, prevenção e proteção jurídica. São Paulo: LTr, 2002.

RODRIGUES JÚNIOR, Otavio Luiz. Da renovação das concessões e permissões de serviços de radiodifusão em face do arquivamento por órgão camerário do Congresso Nacional. *Revista de Direito Privado*, v. 6, n. 22, p. 261-269, abr./jun. 2005.

RODRIGUES JÚNIOR, Otavio Luiz. O regime jurídico-constitucional da radiodifusão e das telecomunicações no Brasil em face do conceito de atividades audiovisuais. A inconstitucionalidade do anteprojeto de lei que cria a Agência Nacional do Cinema e do Audiovisual (Ancinav). *Revista de Informação Legislativa*, Brasília, n. 170, p. 357-359, abr./jun. 2006.

RODRIGUES JÚNIOR, Otavio Luiz. Proposta de critério científico para distinção entre os cargos de provimento em comissão e os cargos de natureza especial, quanto ao direito administrativo disciplinar. *RT*, São Paulo, v. 96, n. 865, p. 36-53, nov. 2007.

RODRIGUES JÚNIOR, Otavio Luiz. *Revisão judicial dos contratos*: autonomia da vontade e teoria da imprevisão. 2. ed. São Paulo: Atlas, 2006.

RODRIGUES, Silvio. *Direito civil*: parte geral. 29. ed. rev. São Paulo: Saraiva, 1999.

ROMERA, Marcia Paim; LEISTER, Mauricio Dias. Previdência complementar do servidor público: reflexos da Emenda Constitucional n. 103/2019. *In:* VIEIRA, Lucia Vale (Org.). *Regimes Próprios*: aspectos relevantes. v. 13. São Bernardo do Campo: APEPREM, 2019.

ROSS, Alf. *Direito e justiça*. Bauru: Edipro, 2000.

SANTOS, Rodrigo Valgas dos. *Direito Administrativo do medo*: risco e fuga da responsabilização dos agentes públicos. 1. ed. São Paulo: Thomson Reuters Brasil, 2020.

SARAIVA, Flávia Carvalho Mendes. O patrimonialismo e seus reflexos na administração pública brasileira. *Controle*, Fortaleza, v. 17, n. 2, p. 334-363, jul./dez. 2019.

SARLET, Ingo Wolfgang. *A eficácia dos direitos fundamentais*. Porto Alegre: Livraria do Advogado, 1998.

SARMENTO, Daniel. *Interesses públicos versus Interesses privados: desconstruindo o princípio de supremacia do interesse público*. 3. tir. Rio de Janeiro: Lumen Juris, 2010.

SCHEPEL, Harm. *The constitution of private governance*: product standards in the regulation of integrating markets. Oxford: Hart Publishing, 2014.

SCHWARZ, Rodrigo Garcia; Thomé, Candy Florencio. Vedação ao retrocesso e seguridade social: a proteção da segurança e da confiança, a reserva do possível e a não regressividade em matéria de direitos fundamentais sociais. *Revista de Direitos Sociais, Seguridade e Previdência Social*, Curitiba, v. 2, n. 2, p. 74 – 98, jul/dez. 2016.

SIDOU, José Maria Othon. *Dicionário jurídico*: Academia Brasileira de Letras Jurídicas. 7. ed. Rio de Janeiro: Forense Universitária, 2001.

SILVA, De Plácido e. *Vocabulário jurídico*. 27. ed. Atualizado por Nagib Slaibi Filho e Gláucia Carvalho. Rio de Janeiro: Forense, 2006.

SILVA, Delúbio Gomes Pereira da. Regime Próprio de Previdência Social. In: MOGNON, Alexander (Coord.). *Regimes Próprios*: aspectos relevantes. v. 7. Brasília: Abipem, 2013.

SILVA, José Afonso da. *Curso de direito constitucional positivo*. 29. ed. São Paulo: Malheiros, 2007.

SMITH, Adam. *The theory of moral sentiments*; or, An essay towards an analysis of the principles by which men naturally judge concerning the conduct and character, first of their neighbours, and afterward of themselves. To which is added, a dissertation on the origin of languages. London: Henry G. Bohn, 1853.

SOUSA, Jadson Santana de. Inclusão digital e modernização do Judiciário. *Revista do Instituto Nacional de Tecnologia da Informação*, 2006.

SOUTO, Marcos Juruena Villela. *Direito administrativo contratual*: licitações, contratos administrativos. Rio de Janeiro: Lumen Juris, 2004.

SOUZA, Carlos Aurélio Mota de. *Segurança jurídica e jurisprudência*: um enfoque filosófico-jurídico. São Paulo: LTr, 1996.

STASSINOPOULOS, Michel. *Traité des actes administratifs*. Atenas: LGDJ, 1973.

STIGLER, George. The Theory of Economic Regulation. *The Bell Journal of Economics and Management Science*, v. 1, n. 1, pp. 3-21, 1971.

SUNDFELD, Carlos Ari. Chega de axé no direito administrativo. *Brasil Post*. The Huffington Post associado à Editora Abril, 21 mar. 2014.

TÁCITO, Caio. *Direito administrativo*. São Paulo: Saraiva, 1975.

TANAKA, Sônia Yuriko Kanashiro (Coord.). *Direito administrativo*. São Paulo: Malheiros, 2008.

TORRES, Ronny Charles Lopes de. *Leis de Licitações Públicas comentadas*. Salvador: JusPodivm, 2008.

1460 CURSO DE DIREITO ADMINISTRATIVO

TRIVISONNO, Alexandre Travessoni Gomes; Merle, Jean-Christophe. *A moral e o direito em Kant*: ensaios analíticos. Belo Horizonte: Mandamentos, 2007.

VANOSSI, Jorge Reinaldo A. *El estado de derecho en el constitucionalismo social*. Buenos Aires: Universitaria, 1982.

VATTEL, Emmerich de. *O direito das gentes ou princípios da lei natural aplicados à condução e aos negócios das nações e dos governantes*. Tradução de Ciro Mioranza. Ijuí: Ed. Unijuí, 2008.

WEBER, Max. *Economia e sociedade*: fundamentos da sociologia compreensiva. Tradução de Regis Barbosa e Karen Elsabe Barbosa. Brasília: Editora UnB, 2004.

ZILIOTO, Mirela Mirô. A arte de exigir programas de integridade nas contratações públicas: ato de coragem ou loucura? In: ZENKNER, Marcelo; CASTRO, Rodrigo Pironti Aguirre de. *Compliance no setor público*. Belo Horizonte: Forum, 2020.

ZYMLER, Benjamin. *Direito Administrativo e controle*. Belo Horizonte: Fórum, 2005.